U0628169

温州大典

歷代古籍編

中華書局

經部

禮記通釋

戴禮撰

上册

圖書在版編目(CIP)數據

禮記通釋/戴禮撰. —北京:中華書局,2025. 6. —(温州大典). —ISBN 978-7-101-16845-7

Ⅰ. K892. 9

中國國家版本館 CIP 數據核字第 2024LA6379 號

責任編輯:葛洪春
文字編輯:楊延哲
裝幀設計:劉　麗
責任印製:陳麗娜

温州大典·歷代古籍編

禮記通釋

(全二册)

戴　禮撰

*

中華書局出版發行

(北京市豐臺區太平橋西里 38 號　100073)

http://www.zhbc.com.cn

E-mail:zhbc@zhbc.com.cn

天津裕同印刷有限公司印刷

*

880×1230 毫米 1/16 · 69½印張 · 4 插頁

2025 年 6 月第 1 版　2025 年 6 月第 1 次印刷

定價:780.00 元

ISBN 978-7-101-16845-7

《温州大典》工作委員會

主　　任　張振豐

第一副主任　張文傑

副 主 任　陳應許　王彩蓮　黃陽栩

委　　員　市委辦公室、市政府辦公室、市委宣傳部、市委政研室、市委編辦、市委黨史研究室、市檔案館、市人大常委會教科文衛工委、市發展改革委、市經信局、市教育局、市民宗局、市民政局、市財政局、市自然資源和規劃局、市住建局、市水利局、市農業農村局、市文化廣電旅遊局、市數據局、市政協文化文史和學習委、市文聯、市社科聯、温州大學主要負責人，各縣（市、區）委宣傳部部長

辦公室主任　王彩蓮（兼）

辦公室常務副主任　朱啓來

辦公室副主任　曾偉　馬知遥　葉雪影

《温州大典》學術委員會

主　任　項　楚　金柏東

顧　問（按姓氏筆畫排序）

朱則傑　吴松弟　沈克成　周振鶴　馬忠文
陳增傑　張立文　張如元　張志清　張炳勳
黄顯功　黄靈庚　葉長海　潘悟雲　錢志熙

委　員（按姓氏筆畫排序）

王　宇　方韶毅　李新德　沈　迦　俞爲民
洪振寧　高啓新　陳光熙　陳瑞贊　張　侃
張　索　張聲和　黄瑞庚　葉　建　諸葛憶兵
潘猛補　盧禮陽

《温州大典》編纂委員會

主編　項　楚　金柏東

副主編　洪振寧　盧禮陽　方韶毅　陳瑞贊

編委（按姓氏筆畫排序）

王長明　沈　迦　徐佳貴　高啓新

張　侃　張　索　葉　建　潘猛補

潘德寶　謝作拳

編輯部主任　曾　偉　方韶毅

編輯部副主任　黄　凰　張啓林　金　盾

編輯部成員　吴蛟鵬　王　妍　蔡耀中　陳瑾淵

王長明　謝作拳　王　成　方長山

王　昉　亓　穎　李　尖　鄭静雯

《温州大典》歷代古籍編編纂人員

主　編　洪振寧　潘猛補

編　委　陳增傑　張如元　俞爲民　侯榮川　陳瑞贊

陳瑾淵　謝作拳　趙　丹　王　妍　王　昉

出版説明

温州是國家歷史文化名城，具有鮮明的區域文化特色。特别是宋代以後，人文鼎盛，人才輩出，所創造的文化典籍，成爲中華民族乃至人類文明的寶貴財富。

近代以來，温州鄉邦文獻經過幾次比較系統的整理，先後刊刻出版《永嘉叢書》《永嘉詩人祠堂叢刻》《敬鄉樓叢書》等地方文獻集成，加之永嘉區徵輯鄉先哲遺著委員會徵集抄繕鄉賢著作，温州文脈得以傳承和發揚。進入二十一世紀，《温州文獻叢書》《温州文獻叢刊》《温州市圖書館藏日記稿鈔本叢刊》以及樂清、蒼南、平陽、龍灣、瑞安、甌海等縣（市、區）的歷史文獻叢書陸續出版發行，温州地方文化的影響持續擴大。在此基礎上，二〇二一年十二月，温州市委、市政府啓動《温州大典》研究編纂工程。

《温州大典》是新時代文化温州建設的基礎性工程，也是浙江文化研究工程的重要組成部分，已被列爲浙江文化研究工程省市共建項目。《大典》收録歷代温州人（含寓賢）的著述、有關温州歷史文化的著述以及温州地區的出版物等，以一九四九年爲時間下限，以目前温州市的行政區域爲範圍，部分特殊文獻可適當放寬收録標準。《大典》以「梳理千年文脈，把握文化特質，感悟發展脈絡，增强海内外全體温州人的文化認同，情感互動和精神共鳴」爲宗旨，分七編集中呈現：

（一）歷代古籍編：搜集彙編温州歷代名著，按經、史、子、集、叢分類編排，力求再現各個時代温州文獻的原始面貌，使珍稀的孤本、善本化身千百。

（二）晚近書刊編：收録晚清民國時期出版的温州人著述、有關温州的著述，以及温州出版發行有一定影響和價值的報紙、期刊等，展示温州人在中國現代化進程中的社會面相及其在文化建設上取得的成果。

（三）文物圖像編：收録海内外藏重要温州文物（包括書法、繪畫、金石、雕塑、工藝品等）的圖像資料，呈現温州各個時代在物質文化方面的成就。

（四）檔案史料編：收録海内外公藏機構有關温州政治、社會、經濟、文化等方面的檔案，進行主題化整理，以系統保存温州歷史發展過程的細節。

（五）民間遺存編：選編温州民間現存珍稀族譜以及各類特色文書、宗教科儀書、唱本、日用雜書等文獻，以反映温州民間文化的多元性。

（六）要籍選刊編：選取歷代温州典籍中有代表性的，在中外學術史、文化史上産生重要影響的經典作品，進行深度整理。

（七）專題研究編：按照不同專題，組織專家學者對温州歷史文化的各個方面進行深入研究，以現代語言闡述温州歷史文化的深厚内涵。

歷代古籍、晚近書刊二編屬於基礎文獻，以影印方式出版；文物圖像、檔案史料、民間遺存三編爲彙編文獻，以影印方式爲主出版；要籍選刊、專題研究二編爲研究成果，以點校、論著等方式出版。同步進行數字化，建立《温州大典》數字典藏中心，方便廣大讀者查詢利用。

《温州大典》以兼具科學性、系統性、學術性、實用性、普及性爲目標，努力成爲新編地方文獻叢書的典範，成爲具有温州辨識度的標誌性文化成果。

《温州大典》編纂委員會

《温州大典·歷代古籍編》經部出版説明

經部系列收録《禮》類、《易》類、《書》類、《詩》類、《春秋》類、四書類、小學類等古籍著作七十餘部，爲《温州大典·歷代古籍編》的第一部分。小學類收録字書、韻書，論筆法者另編入子部。除温州學人著作外，亦酌收旅寓或宦遊諸賢之作。

經學，是古代中國文化的基礎。對傳統讀書人而言，經書代表修齊治平的根本之道。經學始於漢，宋代爲其重要的轉變期。温州經學即於此轉變期内孕育成熟，而以南宋永嘉學派成就最高。永嘉學派學者治經學，以「三禮」、《春秋》、《尚書》爲重點，貫穿着「經世致用」的主題，具有鮮明的學術品格與地方特色。數百年來，這一學術品格與地方特色不斷得以延續，形成了地域性傳統，成爲這個地方的「思想氣候」與「文化土壤」。

「禮」在古代，最廣義的用法是指一切制度規範。《禮》爲經世之大經，其作用是治理，落實到個人爲修身，延展到家族爲齊家，推之於國則爲治國、平天下。四庫館臣所謂「古聖王經世之道，莫切於禮」。永嘉學派學者「以經制言事功」，他們探究典章制度，大多從《周禮》、《禮記》等制度性資源中抉發「治」的精髓，爲當時的政治提供借鑒。對「禮」這一中國傳統文化核心思想的探討，温州學者用功頗鉅，成果亦豐。宋代温州學人的《禮》學著作，頗能代表宋代《禮》學的成就：王與之的《東巖周禮訂義》搜羅宏富，是宋代完整流傳至今的唯一一部集解體《周禮》學著作；鄭伯謙的《太平經國之書》有「會計」篇，專門研究周代會計制度，被譽爲我國古代第一部會計學著作；張淳的《儀禮識誤》開宋代全面校勘《儀禮》之先河。不僅如此，宋代温州的

《禮》學傳統延續至清代，出現了兩部集大成的巨著——《禮記集解》與《周禮正義》。孫希旦的《禮記集解》從義理詮釋《禮記》，代表了清代同類著作的水平。孫詒讓的《周禮正義》，被梁啓超譽爲「清代新疏之冠」。在《周禮》研究的基礎上，孫詒讓又撰寫了《周禮政要》，在晚清新政開始實施時提出一系列變法建議和改革思路，將温州經學「經世致用」的精神推向極致。

《春秋》、《尚書》記事記言，與《禮》經同樣具有實際踐行的意義，符合永嘉學派注重事功的特點，因而也備受青睞。在獨特學術取向的觀照下，温州學者的《易》、《詩》及四書類著述也能别開生面，尤其是小學類著作，極富創造性，往往能引領一時之風氣。元代温州塾師盧以緯的《語助》（又名《助語辭》）是中國第一部研究漢語虚詞的專著。清末孫詒讓的《契文舉例》，是我國最早研究甲骨文的專著；《名原》一書以甲骨文考證古文字，提出方法，創立體例，開闢了古文字學研究的新途徑，推動了古文字學的創立，學者因此稱孫詒讓是用科學手段研究古文字的第一人。

經部書系集中體現了古代温州學者的務實學風，有力見證了温州人精神的歷史根脈，突出彰顯了温州文化的地域特色，充分揭示了歷代温州學人對中國學術文化發展所作出的業績與貢獻。書系所用底本力求精善，其中宋刻本有二部，列入國家珍貴古籍名録的有十五部，列入浙江省珍貴古籍名録的有四部。對於慷慨提供珍貴底本的國内外各收藏單位，我們深表感謝！明代樂清學者侯廷訓等所撰《六禮纂要》六卷，吉林大學圖書館藏有嘉靖四年（一五二五）薛祖學刻本，列入第三批國家珍貴古籍名録，《温州大典》編輯部爲獲取該書底本多方努力，却終未如願，有待將來彌補。經部著作提要文稿均經主編或約請專家審定修改，敬請讀者批評教正。

《温州大典》編纂委員會

《禮記通釋》提要

《禮記通釋》八十卷，戴禮撰，民國二十二年（一九三三）鉛印本。原書高二十六·三釐米，寬十八·四釐米。無框。

戴禮（一八八〇—一九三五），字聖儀，浙江玉環楚門人。玉環原屬温州，她也曾任教於樂清東鄉。戴氏自小接受父母的經學傳授，受到温州地區傳統學術風氣的影響，以治禮爲己任。曾問學於台州王舟瑶。光緒三十四年（一九〇八），父母籌資命戴禮赴京師從章梫。居京時撰《女小學》《女小學韻語》，又依章梫囑修撰《清代列女傳》十三卷，此三書均由章梫代進學部或史館。民國六年（一九一七），蒙章梫戚友馬其昶推薦，任北京女子師範學堂經學專修科教師，翌年去職。後又師從陳衍，堅請注弟子籍，嘗爲陳衍作《石遺室詩注》，至第五卷，未竟。戴禮以爲「欲救末流之弊，必自學《禮》始」，於宣統三年（一九一一）撰成《大戴禮記集注》十三卷，又於民國二十一年（一九三二）撰成《禮記通釋》八十卷，陳衍爲《禮記通釋》作序，讚揚之。戴禮刻苦著述三十年，體力遂衰，終於民國二十四年（一九三五）初春病逝於玉環。遺著有《孑遺文鈔》《孑遺吟草》。

清代以來禮學復興，治禮者衆，《禮記》更有「萬世之書」之稱。然《禮記》浩博，多言禮義，且歷代治《禮記》者多，聚訟紛紜。清人或有杭世駿《續禮記集説》之類匯集諸説之作，然卷帙浩繁，學者無所適從，若自成一家，則又恐嫌於鄙陋。學禮者不易，注禮者難爲。戴氏有感於此，精擇前人之説，慎爲案斷，纂成《禮記通釋》。此書共八十卷，依《禮記》篇次解經，書前有陳衍、高潛之叙及戴氏自叙。書中先録經文，次列前人之説，大致以時代先後爲次，末附己説。各經下所列各家之説，必先列鄭注、孔疏，鄭注全録，孔疏則偶有删略，然必留其要義大旨。其餘宋元後諸家注解則采擷菁英，故各經文下所選諸家或不同，數量亦不定。所取前説上及劉彝、張載，下及孫希旦、郭嵩燾，可見戴氏博覽搜集、甄别遴選之功，大體覆蓋所釋經文之重要疑義及代表觀點，如《曲禮》「君子行禮，不求變俗」，前人或解爲國君制禮不改舊俗，或解爲人臣至他國行禮從己俗，接踵相議，然雷同者繁多。戴氏於鄭注、孔疏之外，僅擇選杭世駿、納蘭性德、孫希旦三家，足見理訟之要。且戴氏眼光獨到，於孫希旦《禮記集解》能多加青睞，常取其説。孫氏之説常有新見，兼顧考據、義理，而未爲清代至民國以來治《禮記》者所重，然此書中多見孫氏之説，可見戴氏博觀約取之用心。戴氏之按語，雖常用宋法義理，然亦見漢學根柢。考證禮制，訓詁文字，以先秦兩漢文獻相互參證爲重，如《禮運》「大道既隱」，戴氏引《爾雅》「隱，微也」爲訓，又引《道德經》「失義而後禮」解釋經義。又如《曾子問》「天子崩，三日祝先服」云云，戴氏特云「宜與《喪大記》參觀，其義乃備」。若有意見不同於所列前説，戴氏不擅作辯難，可見其謹慎平允。戴氏於闤闠之中深研禮經，尤爲難得，此書編撰精心，乃戴氏刻苦之作，其見雖有得失，然於前代《禮記》之學或有小補，惜此書刊刻流傳不廣，而關注者鮮少。

此書有民國二十二年（一九三三）鉛印本，南京圖書館、温州市圖書館有藏。今據温州市圖書館藏本影印收入。全書原分八册，大字爲經文，前人及戴禮之説爲雙行小字。因鉛印本字細行密，此次影印特爲放大，以便讀者展閲。

（趙育琇）

目録

禮記通釋

◎

戴禮撰

據温州市圖書館藏民國二十二年鉛印本影印原書高二十六點三釐米寬十八點四釐米

禮記通釋八十卷

第一冊

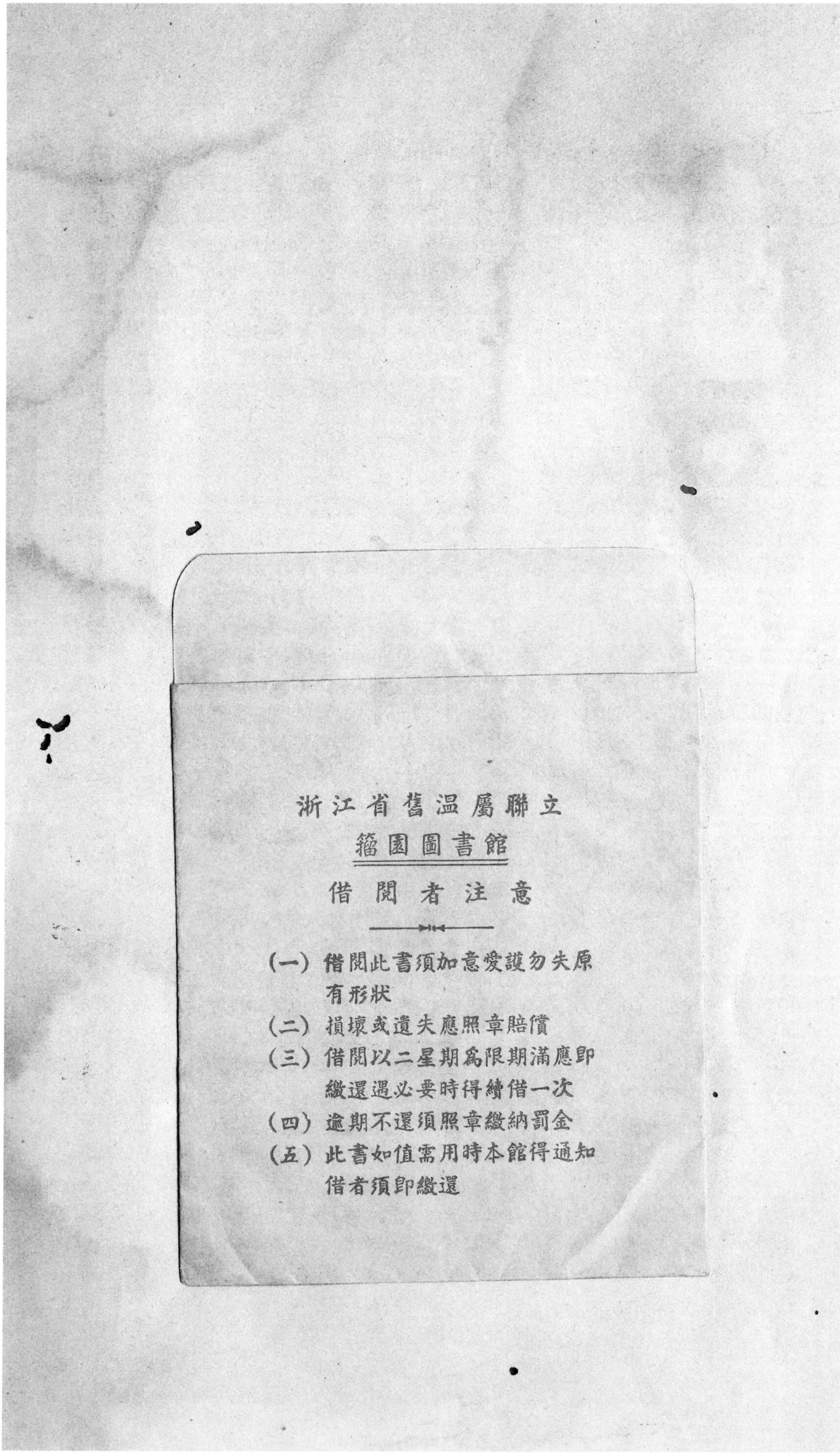
浙江省舊温屬聯立
籀園圖書館
借閱者注意
(一) 借閱此書須加意愛護勿失原有形狀
(二) 損壞或遺失應照章賠償
(三) 借閱以二星期爲限期滿應即繳還遇必要時得續借一次
(四) 逾期不還須照章繳納罰金
(五) 此書如值需用時本館得通知借者須即繳還

敍

昔叔孫穆子以立德立功立言爲三不朽爲男子言之與婦人女子無與也然劉子政古列女傳所載母儀賢明仁智貞順節義辨通六門立德者居多立功則有若姜嫄清靜專一好種稼穡及棄長而教之種樹桑麻簡狄好人事之治上知天文樂於施惠契長而教之理順之序萬世之言教養者祖焉立言分言語文學二彙賢明仁智各傳以言語傳者衆矣以文學著作傳者燕燕爲衛定姜之詩碩人爲莊姜傅母之詩汝墳爲大夫妻之詩載馳爲許穆夫人之詩雀角爲周南申女之詩柏舟爲衛宣夫人之詩芣苢爲蔡人妻之詩式微爲黎莊夫人之詩大車爲息君夫人之詩見於魯詩說者未易悉數此外則陶嬰有黃鵠之歌趙津女娟有河激之歌惟柳下惠之妻能作誄黔婁之妻能議謚緹縈能上書救父耳自古重男輕女右貴族而左平民周禮九嬪掌婦學之法二曰婦言然教於公宮公室非外人所得聞故婦女之秀出者三代下綿綿二千餘年顜不越習爲詞章而已如後漢之曹大家班昭千古一人也其兄所著漢書尙缺八表天文志和帝詔就東觀藏書閣踵成之其他又撰女誡注劉向列女傳於是綦母邃虞貞節相繼而起下至勝淸則王照圓梁端又繼之然猶乙部之書其能問津甲部羽翼經傳者迄未嘗有也無他經訓

澳衍淺學者未嚌其胾焉咀其味非若詞章之風華典贍動足娛人性情故涉獵者尟歟浙江玉環女士戴禮聖儀者古之所謂傷心人窮愁而著書者也其父宿儒其母夫人讀書明大義深以中國女學不振爲憾禮幼湛庭訓母教其咳名取義固以大小戴千載家學顧不以命男而以命女則亦冞其性之所近使之顧名思義蘄於有成禮軀幹修偉如健男而秉性正一不染婦女婀娜態度既笄畢經傳母夫人苦玉環僻處海隅文化鄙陋即措貲使負笈上都從邦人之官京曹而講實學者請業焉居數載經史百家粗涉涯涘而勤劬不閒寒暑撰成淸代列女傳洎女小學女小學韻語諸書若干卷由其師章檢討棱上之學部及史館余亡婦以性嗜樸學著有說文重文管見與古列女傳集解禮以入所撰傳中因介章君欲請業於余未果丁其母夫人憂歸遠道郵書丐余志母墓情詞哀摯余不忍辭嗣復堅請及余門欲以學禮久之成大戴禮集注十三卷寄余余尙未見其人也鼎革後湘陰郭侍講立仙知其才名浼章君求昏不遠數千里浮江渡海就贅於玉環相將歸湘乃未幾竟有中道仳離之事禮矢志冰蘗閉關入都媢嫉馬君通伯薦充女師範教員久之歸里久之乃見余於滬上述身世酸辛外惟夙志欲注小戴記一書求所以致力之道余以爲古者學校教士惟有詩書禮樂皆周公之書也詩書古史也樂經亡

矣周官儀禮皆經大小戴則其傳大戴多漢說小戴比傳禮經尤爲切要仲尼沒而微言絕七十子喪而大義乖其閒夏殷之制秦漢之制東周戰國之說淆亂雜陳不能以經釋經鄭注又時有自相抵牾必不可從者孔疏雖淹晐亦步亦趨無如何也所以寧波黄元同氏父子皆畢世治禮欲重撰正義而不成余著疑義辨證祇舉其甚不安而可是正者是正之子必欲通釋全書亦勉爲其難而已別去又十許年禮乃卒成八十卷之書都百十萬言挈之來蘇富矣哉自來閩閣所未有也乃歎禮素服膺程朱之學治經用宋法根據義理多采宋元各家之說然於禮意關繫多能貫通上視陳澔集說下視孫希旦集解殆突過之蓋非屏絕百爲勇猛精進何以及此禮欲乞余一言余特略述其生平以表其苦心孤詣云玄黓涒灘冬至日友生陳衍敘

敍

論五行之德者以木屬仁以火屬禮禮者附物而行猶火之附物而著也而火之附物也以木爲最故仁者禮之本也孔子之道蓋以仁爲體以禮爲用易文言君子體仁足以長人嘉會足以合禮語曰人而不仁如禮何顔淵問仁孔子告以復禮人之參於天地別於禽獸胥於禮是賴則禮之繫乎治亂文野之分者顧不重哉洙泗删定六藝以禮爲大義所在七十子喪而大義乖故禮亦敗壞散亂而不可止漢代博士説經而曲臺禮書多出抱缺守殘之手千鈞一髮乃在二戴而大戴復少誦習故禮之所存者晞矣此亦世道升降之大原也玉環戴女士湛深經義尤顓心治古禮嘗以鄭注頗有闕略後儒纂註尤多異同禮義之不明暴亂日亟詖行淫辭靡有底止欲救末流之弊必自學禮始於是徧攷諸家説禮之言博觀約取折衷至當成書八十卷雖注疏説解之富有所不及其志可謂閎矣其功可謂勤矣學者得此讀之無異擷取衆説之菁英誠事半而功倍明體達用踐之於行事施之於爲政由禮而進乎仁孝弟忠信之行能恢復而光大之彼洪水猛獸之患自可戢止返國家於禮讓登人民於仁壽豈惟邦本以固而族類亦庶幾可保古聖不作此亦守先待後薪書火傳之業也余衰病侵尋顧瞻斯世有志而未之逮也茲書洵先

得我心之所同然矣將付手民徵序於余謹就鄙見所及綴言簡末好學深思之士或亦有取乎此也歲在癸酉夏五月靖海高潛敬序

自叙

原夫禮也者昭至德開大明宅天衷奠民極爲太一之紀品物之宗類聚羣分禮固行於六合效天法地禮已立於兩儀立極建中徽五典以施化辨方正位修六禮以經邦節冠昏喪祭之情文可傳可繼正父子君臣之秩敍有節有權是故定人情振物恥安社稷儐鬼神無禮則危非禮不備也伏自嬴秦一炬載籍消亡炎漢重光典墳閒出收集亡佚搜輯叢殘崇德勵賢舉遺興化高堂說禮徐生爲頌河閒獻書淹中發簡南宫折衷乎周制東觀攷正於漢儀蕭奮起於瑕丘孟卿述於東海慶戴得曲臺之記橋楊世石渠之傳洎乎絳帳傳經扶風既藩其支葉禮堂受業高密獨抉其菁華故得立學官而垂諸後世降至兩晉爰及六朝南國通儒北都碩彥或探頤索隱符古聖之微言或駁妄釋謬闢前人之曲說唐有孔氏正義綜各家之極歸陸氏釋文辨六書之音韻宋元集說博覽窮搜明清諸儒旁徵遠引嗚呼斯文未喪名世聿興極精微辨同異說郛爲衆鑿窗助明發天祿之奇釋金匱之祕誠爲入門之階主後學之津梁者也然而至隱難推一失不免講學之士羣請多門會禮之家人稱聚訟廣采衆說則涉於繁蕪自成一家或病其仄陋此學禮者之所以不易而注禮者之所以難能也禮 賦性愚冥攝學疏淺齠年讀禮凜厥祖之成

規壯歲治經奉良師之明訓竊不自揣勉竭其愚采取前言纂爲通釋遵漢儒解詁祇取
貫通仿唐人義疏不資辯難冀以塵露之微補益山河螢燭末光增輝日月若曰闡兩漢
之樸學接九江之薪傳竊注標奇則吾豈敢時維壬申孟夏月中澣玉環戴禮聖儀自敘

禮記通釋卷一

玉環戴禮

曲禮上第一

孔疏案鄭目錄云。名曰曲禮者。以其篇記五禮之事。祭祀之說。吉禮也、喪荒去國之說。凶禮也。致貢朝會之說。賓禮也。兵車旌鴻之說。軍禮也。事長敬老執贄納女之說。嘉禮也。此於別錄屬制度。案鄭此說。則此曲禮篇中。有含五禮之義。故其篇名爲曲禮。曲禮之與儀禮。其事是一。以其屈曲行事、則曰曲禮。見於威儀。則曰儀禮。但曲之與儀相對。周禮統心爲號。若總而言之。則周禮亦有曲名。故藝文志云。帝王爲政。世有損益。至周曲爲之防。事爲之制。故曰經禮三百。威儀三千。是二禮互而相通。皆有曲稱也。云上者。對下生名。本以語多。簡策重大。分爲上下。更無義也。禮案此篇自主敬安民。至於教訓正俗。以及洒埽應對。細微曲折之處。莫不既詳且盡。故以曲禮名篇。

曲禮曰。毋不敬。儼若思。安定辭。安民哉。鄭注。禮主於敬。儼。矜莊貌。人之坐思。貌必儼然。安定辭。審言語也。易曰。言語者。君子之樞機。此上三句。可以安民。說曲禮者。美之云耳。孔疏。此明人君立治之本。曲禮曰者。案下文安民哉。是爲君上所行。故記人引儀禮正經。毋不敬以下三句。而爲實驗也。若如也。思計慮也。夫人計慮。狀必端慤。矜莊之貌。如人之思也。戴氏溪曰。學以禮爲先。禮以敬爲本。然而持敬爲難。故去其不敬者。乃所以爲敬也。毋之爲言。禁止之辭也。儼若思者。非眞思也。有所思則坐馳矣。安定辭者。非無辭也。定其辭而後發也。凡此皆主敬之功也。儼若思。則動容貌。而民莫不服。安定辭。則出辭氣。而民莫不信。所謂篤恭而天下平也。其於安民也何有。朱子熹曰。毋不敬、統言主宰處。儼若思。敬者之貌。安定辭。敬者之言。安民哉。敬者之效也。禮案毋不敬。謂誠於中。儼若思。謂形於外。安定辭者。非法不言。故言出而民莫不說。安民哉者。儀型萬方。斯表正而影莫不端。

敖不可長。欲不可從。志不可滿。樂不可極。鄭注。四者慢遊之道。桀紂所以自禍。孔疏。敖者矜慢在心之名。長者行敖著迹之稱。心所貪愛爲欲。飲食男女是也。人皆有欲。但不得縱。在心未見爲志。但不得自滿。樂者人情所不能已。當自抑止。不可極爲。方氏慤曰。心有所放之謂敖。有所放。而不能禁則慢矣。有所慕之謂欲。而不能制則淫矣。有所之。之謂志。不能持則溢。有所湛之謂樂。不能反則荒。此四者皆生於心而已。禮節人心者也。故於此言之。戴氏溪曰。天理人欲。相爲消長。故克己者。始能復禮。四害不除。人欲方熾。天理不存。何禮之云。雖然傲凶德也。一毫不可萌矣。而曰不可長欲不可縱。意聖人誘進學者。其立訓猶若是其恕乎。或者猶曰禮者。聖人所以強人。其亦不察諸此矣。禮案此四者。卽論語克己復禮之功用也。夫敖者慢遊也。無度則喪德。故戒之以長、欲者人情也。不節則流蕩。故戒之以從。志滿則溢。尚書大禹謨所謂滿招損。謙受益是也。樂極則荒。尚書伊訓所謂三風十愆。卿士有一于身家必喪。邦君有一于身國必亡是也。

賢者狎而敬之。畏而愛之。愛而知其惡。憎而知其善。積而能散。安安而能遷。臨財毋苟得。臨難毋苟免。狠毋求勝。分毋求。多疑事毋質。直而勿有。鄭注狎習也。謂附而近之。習其所行也。月令曰。雖有貴戚近習。心服曰畏。曾子曰。吾先子之所畏。謂凡與人交。不可以己心之愛憎。誣人之善惡。謂己有蓄積。見貧窮者。則當能散以賙之。若宋樂氏。謂己今安此之安。圖後有害。則當能遷。晉咎犯與姜氏。醉重耳而行。近之。質成也。直正也。己若不疑。則當稱師友而正之。謙也。孔疏自此至勿有一節。總明愛敬安危忠信之事。賢是有德之稱。朋類附近。習其德藝。易相褻慢。戒令相敬。賢者人心服畏。不可疏之。鄭引宋樂氏。見左傳襄二十九年。引舅犯。見左傳僖二十三年。臨財苟得。入己則傷廉隅。難謂有冠讎謀害君父。爲人臣子。當致身授命以救之。狠謂小小閱狠。當引過歸已。不可求勝。所分之物。人皆貪欲望多入己。故戒求多。人多專固。未知而爲己知。故彼己俱疑。勿得成言之也。勿有。勿謂己有此義也。胡氏銓曰。魏徵云。憎者惟見其惡。愛者止知其善。愛憎之閒。所宜詳謹。春秋傳好不廢過。惡不去善。朱子熹曰。疑事毋質、直而勿有兩句連說。爲是疑事毋質。卽少儀所謂毋身質言語是也。直而勿有。謂陳義所見。聽彼決擇。不可據而有之。專事強辯。不能如此。則是以身質言語矣。郝氏懿行曰。安安而能遷。亦謂善也。孔子曰。主忠信。徙義。姜氏兆錫曰。毋苟得。見利思義也。毋苟免。守死善道也。毋求勝。忿思難也。毋求多。不患寡而患不均也。禮案。狎近親。故戒人以敬。畏恐疏。故教人以愛。積委積。散施也。上安當讀作宴。說文。宴安也。二字古通。閔元年左傳。宴安鴆毒是也。能遷者不溺於宴安也。苟得傷廉。苟免虧義。求勝引禍。求多結怨。當以義制欲。毋使惏滋怨也。昭十年左傳。凡有血氣。皆有爭心。故利不可強。思義爲愈之義。利之本也。蘊利生孽。姑使無蘊乎。疑事不明事也。不可質證。以成人之失。而以直歸己也。

若夫坐如尸。立如齊。鄭注若欲爲丈夫也。春秋傳曰。是謂我非夫。如尸視貌正。如齊磬且聽也。齊謂祭祀時。孔疏尸居神位。坐必矜莊。言人雖不爲尸。當如尸之坐。立之時。雖不齊。亦當如祭前之齊。須磬折屈身。周氏行己曰。君子之所以必莊必敬者。非以飾外貌。所以養其中也。蓋其心肅者。其貌必莊。其意誠者。其體必敬。必莊必敬。然後可以爲尸。故君子之坐如之。必莊必敬。然後可以爲齊。故君子之立如之。禮案。此本大戴禮曾子事父母文。故以若夫發語。注讀夫如字似誤。

禮從宜。使從俗。鄭注事不可常也。晉士匄帥師侵齊。聞齊侯卒乃還。春秋善之。牲幣之屬。則當從俗所出。禮器曰。天不生。地不養。君子不以爲禮。鬼神不享。孔疏禮從宜。謂梱外之事。將軍裁之。知可而進。知難而退。使謂臣爲君出聘之法。皆有皮馬璧帛之等。有則致之。士俗若無。不可境外求物。呂氏大臨曰。禮有不可行者。必變而從宜。如老者不以筋力爲禮。貧者不以貨財爲禮之類。禮使於他邦。必從其俗。故有入境而問禁。入國而問俗之禮。禮案檀弓下云。國無道。君子恥盈禮焉。國奢則示之以儉。國儉則示之以禮。禮從宜也。大戴曾子立事云。君子入人之國。不稱其諱。不犯其禁。使從俗也。若檀弓下所謂。荊人請襲。容居坐含之屬。非禮要求。則豈悉從乎。故治國以禮。必因時制宜。使於殊俗。當擇善而從也。

夫禮者。所以定親疏。決嫌疑。別同異。明是非也。孔疏此明治身立行。交接得否。皆由於禮。定親疏者。五服之內。大功以上。服粗者爲親。小功以下。服精者爲疏。決嫌疑者。若妾爲女君期。女君爲妾。若報之則大重。降之則有舅姑爲婦之嫌。故全不服。是決嫌也。孔子之喪。門人疑所服。子貢請喪夫子。若喪父而無服。是決疑也。別同異者。賀瑒云。本同今異。姑姊妹是也。本異。今同世母、叔母及子婦是也。明是非者，若主人未小斂，子游裼裘而弔，得禮是也；曾子襲裘而弔，失禮非也。葉氏夢得曰：親疏，位也。嫌疑，情也。故言定。言決同異，事也，故言別。是非，理也，故言明。馬氏晞孟曰：喪期有遠近之異，宗廟有遷毀之制，定親疏也。宗廟之儀，迎牲而不迎尸；燕享之禮，宰夫為獻主，而以大夫為賓，所以斷君臣之疑。男女非有行媒不相知名，非受幣不交不親，所以別男女之嫌。禮案：別同異，若周禮春官司服職天揖同姓，士揖異姓。明是非，若檀弓下謂喪道明器是也，用用器則非矣。

禮不妄說人，不辭費。

鄭注：為近佞媚也。君子說之不以其道，則不說也。不辭費，為傷信。孔疏：不以其道說之，是妄說，故君子不說也。凡為人之道，當言行相副，今直有言而無行，為辭費。吳氏澄曰：或謂說人與檀弓稅人同，謂以物遺人也。妄說，謂不當說而說之。辭與不辭貧、不辭賤之辭同。妄以說人而無所揆，是不當用而用也。辭以費之多而有所吝惜，是當用而不用也。陳氏澔曰：求以悅人，已失處己之正，況妄乎？不妄悅人，則知禮矣。禮案：說讀稅、讀悅，義雖可通，然此句明顯，本無異義，正不必過於穿鑿，今從注疏。不妄說人，即論語「吾之於人也，誰毀誰譽？如有所譽者，必有所試矣」。鄭注中庸云：費，猶佹也。不辭費，辭達而已，不為佹譎之辭也。

禮不踰節，不侵侮，不好狎。

鄭注：為傷敬也。人則習近，為好狎。孔疏：禮者，所以辨尊卑，別等級，使上不逼下，下不僭上，故不踰越節度。禮主於敬，自卑而尊人，故不得侵犯侮慢於人也。邵氏淵曰：踰節不已，則至於僭上逼下；侵侮不已，則至於紛爭鬥辨；好狎不已，則至褻瀆慢忽，禮皆在所禁焉。戴氏溪曰：孟子曰「禮之實，節文斯二者」。禮者，節文之謂也，故禮亦謂之節，猶規矩防閑，不可越也。書曰：「德盛不狎侮。」故狎侮人者，皆德薄者也。數侵侮人而好與人狎，不特失人，必且失己，其為無禮也大矣。禮案：夫禮不踰節，故賢者俯就，而不肖者企及也。禮以讓為用，故恭遜而不侵侮也。禮以敬為主，故肅莊而不好狎也。

修身踐言，謂之善行。行修言道，禮之質也。

鄭注：踐，履也。言履而行之。言道，言合於道。質，猶本也。禮為之文飾耳。孔疏：凡為禮之法，皆以忠信仁義為本，禮以為文飾。行修者，忠信之行修。言道者，言合於仁義之道，則可與禮為本也。周氏行己曰：修身者必敬，踐言者必忠。忠與敬，為善之大端，故謂之善行。行篤敬，則行修矣；言忠信，則言道矣。故曰：義以為質，禮以行之。方氏慤曰：禮之文則見乎事，禮之質則存乎人。言行，存乎人者也。蓋惟行修言道，乃能中正無邪。曲禮言其始，樂記言其終，所以為質則一也。禮案：質，體也。禮器曰：「甘受和，白受采，忠信之人，可以學禮。」是也。

禮聞取於人，不聞取人。禮聞來學，不聞往教。

鄭注：謂君人者。取於人，謂高尚其道。取人，謂制服其身。不聞往教，尊道藝。孔疏：熊氏以為此謂人君在上，招賢之禮，當用賢人德行，不得虛致其身。既招致有賢之人，當於身上取於德行，用為政教，不可直取賢人，授之以位，制服而已。故鄭云「謂君人者」。皇氏以為人君取師受學之法，當就其師處北面伏膺，不可以屈師親來就己，故鄭云「尊道藝也」。呂氏大臨曰：取，猶致也。致於人者，我為人所致而教之。在教者言之，則來學者也。取人者，我致人以教己。在教者言之，則往教者也。猶言勞心者治人，乃我治其人；勞力者治於人，乃我為人所治也。胡氏銓曰：取於人，以身下人也。舜取於人以為善是也。取人，謂屈人從己。齊王欲見孟子而使之朝是也。禮聞來學，不聞往教。漢孫寶答張忠云：君欲學文，而移寶自近。禮有來學，義無往教。道不可詘是也。俞氏樾曰：

取。當讀爲趣。釋名取趣也。取於人者。爲人所趣向也。取人者趣向人也。此即王前士前之意。釋文取於舊七樹反。謂趣就師求道也。郭氏嵩燾曰。案朱子經說。以此與治人治於人。語意相類。取於人爲人所取法也。取人者人不來。而我引取之也。禮有取於人。所以彼有來學。無取人所以我無往教。禮案禮聞來學。故天子有入學之禮。不聞往教。故人君有不詔之臣。

道德仁義。非禮不成。教訓正俗。非禮不備。分爭辨訟。非禮不決。君臣上下。父子兄弟。非禮不定。宦學事師。非禮不親。班朝治軍。涖官行法。非禮威嚴不行。禱祠祭祀。供給鬼神。非禮不誠不莊。

鄭注分辯皆別也。宦仕也。班次也。涖臨也。莊敬也。學或爲御。孔疏道者通物之名。德者得理之稱。仁是施恩及物。義是裁斷合宜。道德爲萬事之本。仁義爲羣行之大。故此四者。爲用禮之主。則餘行須禮可知也。熊氏云。教謂教人師法。訓謂訓說義理。周禮司寇。以兩造禁民訟。以兩劑禁民獄。故鄭云爭罪曰獄。爭財曰訟。上謂公卿大夫。下謂士也。君父南面。臣子北面。公卿大夫。列位於上。士列位於下。兄前弟後。唯禮能定也。服虔云。宦學也是學職事爲官也。朝朝廷也。次謂司士正朝儀之位次也。治軍謂師旅卒伍。各正其部分也。涖官謂卿大夫士。各有職掌。行法謂司寇士師。明刑法。皆用禮威嚴乃行也。周禮都宗人。禱祠。鄭注云。祠謂報賽。又宗伯注。求福曰禱。得求曰祠。熊氏云。祭祀者國家常禮。牲幣之屬。以供給鬼神。唯有禮乃能誠敬。馬氏晞孟曰。周之盛時。民之祭祀喪紀。冠昏飲射。皆董於鄉閭之史。動作起居。無一日而不在於禮。此教訓正俗。所以待禮而備也。父子之親。立君臣之義。意論輕重之序。慎測淺深之量。此分爭辯訟。所以待禮而決也。君臣上下。待主於恩。而不可以無分。無分則夷而終於離。此君臣上下。父子兄弟。所以待禮而定也。孫氏希旦曰。宦謂已仕而學者。學謂未仕而學者。故學記云。凡學官先事。士先志。王制云。六十不親學。明未六十。雖已仕猶親學也。禮案道德仁義。非禮不成者。謂或失之過。或流於偏。故必以禮制中也。教訓正俗。非禮不備者。若閨門之內。政刑所不及者。惟禮可以齊之也。分爭辯訟。非禮不決者。若其父攘羊。而其子證之。不知禮則以爲直矣。君臣上下。父子兄弟。非禮不定者。若貴賤尊卑之等。非禮辨異。則無不亂也。宦學事師。非禮不親者。謂不能左右就養。視師猶父。又焉能傳其道藝。使師視我猶子乎。班朝治軍。涖官行法。非禮威嚴不行者。君子有其事。必有其治。治國而無禮。則期廷官爵失其序。軍旅武功失其制。官失其體。政事失其施。則無以祖治於衆矣。禱祠祭祀。供給鬼神。非禮不誠不莊者。禮莫重於祭。君子是以致其敬。盡其情。禮失則內不能盡志。外不能備物。而鬼神不享矣。

是以君子恭敬撙節。退讓以明禮。

鄭注撙猶趨也。孔疏君子是有德有爵之通稱。何胤云。在貌爲恭。在心爲敬。節法度也。言恆趨於法度。應進而遷曰退。應受而推曰讓。君子之身。行恭敬。趨法度。乃退讓之事。以明禮也。王氏子墨曰。禮之大本有三。一曰敬。一念之頃。無不敬也。二曰節。品節之。使之中節也。三曰遜。自卑而尊人也。禮之苟明。則內之修身。外之治人。幽之交神明者。無不得其當。而天下以治。君民以安。禮之不明。則內之修身。外之治人。幽之交神明者。無不失其當。而天下以亂。君臣以危。故曰有禮則安。無禮則危。禮案恭敬行己也。撙節行事也。退讓接物也。此三者皆謙謙之道。史記樂書云。君子以謙退爲禮。故足以明道也。

鸚鵡能言，不離飛鳥。猩猩能言，不離禽獸。今人而無禮，雖能言，不亦禽獸之心乎？夫唯禽獸無禮，故父子聚麀。是故聖人作，爲禮以教人，使人以有禮，知自別於禽獸。鄭注：聚，猶共也。鹿牝曰麀。孔疏：爾雅云：猩猩小而好啼。郭璞山海經云：人面豕身，能言語。案爾雅二足而羽謂之禽，四足而毛謂之獸。今鸚鵡是禽，猩猩是獸，今並云禽獸者，以禽者擒也，言鳥力小可擒捉，獸者守也，言其力多，先須圍守，然後乃獲，故曰獸也。通而爲說，鳥不可曰獸，獸亦可曰禽。白虎通云：禽名通獸者，以其小獸可擒，故得通名禽也。呂氏大臨曰：人之血氣嗜欲視聽食息與禽獸異者幾希，特禽獸之言與人異耳。然猩猩鸚鵡亦或能之，是則所以貴於萬物者，蓋有理義存焉。聖人因理義之同然，而制爲之禮，然後父子有親，君臣有義，男女有別，人道所以立，而與天地參也。陳氏祥道曰：聖人作爲禮以教人，使之行修言道，其大有以同天地之節，其極有以合天地之化，豈特使自別於禽獸哉？然則自別於禽獸者，衆人而已。於明禮言君子，於爲禮言聖人，與作者之謂聖，述者之謂明同意。朱子熹曰：陸農師點聖人作是一句，爲禮以教人是一句。陳氏澔曰：考工記天下之大獸五，鱗羽皆在內，是禽亦可言獸也。禮案：後漢華陀傳以虎鹿熊猨鳥謂之五禽，蓋禽原可讀獸，但此與飛鳥對文，當從釋文引盧本作走獸爲是。吳氏澄從之，是也。說文：鸚鵡能言鳥也。郭注山海經云：青羽赤喙，舌似小兒。凡鳥四指，三指向前，一向後，此鳥兩指向後。夫禽獸能言而不得謂之人，則人之所以異於禽獸者，從可知矣。聖人制禮馭民，彝倫攸敍，所以異乎禽獸之聚麀。若無禮而瀆倫亂紀，則與禽獸何以別與？荀子非相曰：故人所以爲人者，非特以二足而無毛也，以其有辨也。夫禽獸者有父子而無父子之親，有牝牡而無男女之別，故人道莫不有辨，辨莫大於分，分莫大於禮。

大上貴德，其次務施報。禮尚往來。往而不來，非禮也；來而不往，亦非禮也。鄭注：大上，帝皇之世，其民施而不惟報。三王之世，禮始興焉。孔疏：此明世變道殊，所貴有異。大上謂三皇五帝之世，其時猶淳厚，其德不尚往來之禮，所貴者在於有德，德主務施，但施而不希其反也。其次謂三王之世，施則望報，務猶事也，以爲恆事，故其禮主尚往來。劉氏彝曰：大上者，至極之稱，猶言大備全德之人也，自得而已，奪之不以爲損，予之不以爲益，愛之不自以爲仁，利之不自以爲義，所謂不知有之者也。其次奪之知損，予之知益，愛之爲仁，利之爲義，所謂親之譽之者也。故施則必報，是以不可無禮也。自禮記、老子凡所言大上者，皆若此。繫其人，不繫其時。禮案：大上，大古之世，大道之行，天下爲公，故無爲而化也。中古之制，君臣朝聘，建功行爵，饋獻往來之禮者，由大道既隱，人德不齊，先王始爲禮以辨上下，定民志，故禮其次也。

人有禮則安，無禮則危，故曰：禮者不可不學也。夫禮者自卑而尊人，雖負販者必有尊也，而況富貴乎？富貴而知好禮，則不驕不淫；貧賤而知好禮，則志不懾。鄭注：負販者，尤輕恌志利，宜若無禮然。懾，猶怯惑。孔疏：貧者之容，好怯惑畏人，使心志不遂，若知禮者，則持禮而行之，故志不懾怯。是以於負販之中，必有所尊也。何胤云：憚所行爲怯，迷於事爲惑，義或當然。呂氏大臨曰：人生於天地之閒，其強足以凌弱，其衆足以暴寡。然其羣而不亂，或守死而不變者，畏禮而不敢犯也。人君居百姓之上，惟所令而莫之違者，恃禮以爲治也。一人有禮，衆思敬之，有不安乎？一人無禮，衆思伐之，有不危乎？此所以繫人之安危，而不可不學也。方氏慤曰：知崇禮卑，崇效天，卑法地，而禮以地制，故自卑而尊人也。游氏桂曰：鄭說負販，宜若無禮，非也。堯舜三代之世，斑白者不負戴於道路，則夫負販者，亦皆孝弟之人，當勞役之際，長者先而少者後，老者輕而壯者重，若此者，所謂必有尊也。負販於道塗猶爾，況雍容於廟堂之上而不爲禮哉？馬氏晞孟曰：夫富貴之所以驕淫，貴賤之所以懾怯者，以內無素定之分，而與物爲輕重也。好禮則有得於內，而在外者莫能奪矣。禮案：孝經云：居上不驕，爲下不亂。有禮則安之謂也。孟子曰：上無禮，下無學，賊民興，喪無日矣。無禮則危之謂也。自卑而尊人，謙也。易謙卦：謙尊而光，卑而不可踰，君子之道也。釋負販，疏與游氏說是。今從之。負，担也。販，買賤賣貴者。舉負販爲況者，言至賤之人，有禮則尊，矧非至賤之人乎？夫禮者，所以制心，心志定，故富貴不能淫，貴賤不能移，威武不能屈也。

人生十年曰幼，學。二十曰弱，冠。三十曰壯，有室。四十曰強，而仕。五十曰艾，服官政。六十曰耆，指使。七十曰老，而傳。八十九十曰耄。七年曰悼。悼與耄，雖有罪，不加刑焉。百年曰期，頤。

鄭注：名曰幼，時始可學也。內則曰：十年出就外傅，居宿於外，學書計。有室，有家也。妻稱室。艾，老也。指事使人也。六十不與服戎，不親學。傳，傳家事，任子孫，是謂宗子之父。耄，惛忘也。春秋傳曰：謂老將至，耄又及之。悼，憐愛也。不加刑，愛幼而尊老。期，猶要也。頤，養也。不知衣服食味，孝子要盡養道而已。孔疏：此明人幼而從學，至於成德，終始之行，皆遵禮制。以十年爲節，幼者自始生至十九時，故檀弓云：幼名。名者，三月爲名，稱幼。冠禮云：棄爾幼志。是十九以前爲幼。學，就業也。二十成人，初加冠，體猶未壯，故曰弱也。至二十九，通得名弱。三十而立，血氣已定，故曰壯。壯久則強，故四十曰強。強有二義，一則知慮強，二則氣力強也。至五十，氣力已衰，髮蒼白，色如艾，堪爲大夫，得專事其官政者。至也，至老境也。六十不得執事，但指事使人也。六十至老境而未全老，七十其老已全，則傳徙家事，付委子孫也。耄者，僻謬也。人或八十而耄，或九十而耄，故並言之。悼者，幼而無識慮，則可憐愛，老而已耄，而可尊敬，雖有罪而同不加其刑，辟謬也。人年百歲，不復知衣服飲食寒煗氣味，故人子用心，要求親之意，而盡養道也。馬氏晞孟曰：自幼弱壯強，至於艾者，言血氣知慮之變也。自耆老至於耄期者，言齒之逾久也。自學以至於七十者，言其事也。蓋人血氣知慮，率十年而加益，則所學者宜愈深，所任者宜愈大，故仲尼十五而志于學，以至七十而從心，亦十年而進，蓋成德之序也。孫氏希旦曰：喪服有爲夫姊之長殤，又有大夫爲昆弟之長殤，則大夫之冠昏，未必皆至於二十三十，而其材德秀異者，其爲士大夫，亦有不待乎四十又五十者矣。郭氏嵩燾曰：王制言七十致仕，七十不與賓客之事，並不言宗子祭事。傳之子孫，是所傳通謂賓客酬酢繁縟之節，命子弟代主之。宗子老而傳祀事，亦猶是也。鄭云宗子之父，舉其顯而可見者證之。疏據以爲鄭唯云宗子，非庶子是，亦誤會鄭意。王氏念孫曰：期之言極也。詩言萬壽無期，左傳忿類無期，皆究極之義。百年爲數之極，故百年曰期。夫當此之時，萬事皆得於養，故曰頤。禮案：壯有室者，賈疏周禮地官媒氏引盧氏云：三十年盛壯，可以取女。經曰有期，長之殤。衰世之禮也。仕始仕於朝也。鄭注儀禮士冠記云。禮。年未五十。而有賢才者。試以大夫之事。猶服士服。五十乃爵。重官人。卽此所云。服官政也。說文。耆老也。老則更事。故人受其指使也。老而傳。郭說得之。夫十爲成數。故人生每十年而異其稱。謂異其事業。未有七十。而單言宗子。不舉其凡也。且記文凡言宗子之禮。必句有宗子二字。若祭必告於宗子。宗子爲士之屬。此無宗子字。必連類以該宗子。而非專謂宗子明矣。七歲生不加刑。殤爲無服。故舉與耄竝言。實則八九歲之幼童。亦何嘗不在周禮秋官司刺三赦之中乎。耄衰也。尚書大禹謨。耄期倦于勤。

大夫七十而致事。若不得謝。則必賜之几杖。行役以婦人。適四方。乘安車。鄭注致其所掌之事於君而告老。謝猶聽也。君必有命勞苦辭謝之。其有德尚壯。則不聽耳。几杖婦人安車。所以養其身體也。安車坐乘。若今小車也。孔疏七十曰老。在官致所掌職事還君也。君若許其罷職。必辭謝云。在朝日久。劬勞歲積。是許其致事也。今不得聽。是猶堪掌事。不聽去也。熊氏云。既不聽致事。則祭義云。七十杖於朝是也。聽致事。則王制云。七十杖於國。八十杖於朝是也。行役謂婦人能養人。故許自隨也。適四方。謂遠聘異國。安車亦老人所宜。陳氏祥道曰。婦人言行役。安車言適四方。則行役不以安車。適四方不以婦人也。孫氏希旦曰。几杖不入君門。君賜之則得以入朝。郭氏嵩燾曰。王制七十不與賓客之事。則會盟聘弔。自一本國以至異國。皆所不與。此云行役。必非聘使之事。婦人謂內御者。七十需人以養。路室候館。廬餐旅宿。遠近一也。周禮巾車王后之五路。重翟厭翟安車皆有容蓋。婦人不立乘。凡婦人所乘。皆安車也。七十乘安車。則從車亦皆安車。故可以婦人自隨也。禮案白虎通云。臣年七十。懸車致仕者。臣以執事趨走爲職。七十陽道極。耳目不聰明。是以退避賢者。所以長廉恥也。懸車示不用也。卿大夫老有盛德。留賜之几杖。不備之以筋力之禮。在家者三分其祿以一與之。所以厚賢也。行役以婦人。只是言老者。出入扶養。以婦人執役。非自出行役。以婦人隨侍也。安車以蒲裹輪。見前漢申公傳。

自稱曰。老夫。於其國則稱名。越國而問焉。必告之以其制。鄭注老夫老人稱也。亦明君貪賢。春秋傳曰。老夫耄矣。於其國。君雖尊異之。自稱猶若臣。鄰國來問。必問於老者。以答之。制法度。孔疏老臣對他國人自稱老夫。此春秋隱四年。衞石碏辭也。於其國謂自與其君言也。雖老猶自稱名。越國猶他國。若他國來問己國君之政。君雖已達其事。猶宜問於老賢。則稱國之舊制以對他國之問也。呂氏大臨曰。大夫老不得謝。與他國士大夫言。則稱老夫。所以優之也。與己國士大夫言。則稱名。父母之邦。不敢以老自居也。玉藻云。上大夫曰下臣。下大夫自名。此對君之稱。非此比也。胡氏銓曰。賜几杖。如漢元朔中賜淮南王菑川王是也。上大夫而同下大夫稱名者。臣於君單稱名。無嫌也。洛誥周公告成王曰。予旦。老臣越而問。故必告之以制度。不欺於彼國也。古者越國而謀。見左氏。禮案越國而問焉。必告之以其制。有二義焉。一國是使於他邦。若昭元年左傳。鄭公孫僑如問疾。叔向問以實沈臺駘。子產告以災不及君身之屬。一是鄰國來問。若吳伐越。獲骨節專車。使使問於仲尼。告以防風之骨之類。

謀於長者。必操几杖。以從之。長者問。不辭讓而對。非禮也。鄭注從猶就也。長者問當謝不敏。若曾子之爲。孔疏此明有事取謀議於長者。操執持也。杖可以策身。几可以扶已。俱是養尊者之物。故於謀議之時。持就也。呂氏祖謙曰。古者弟子見者。不敢以賓客之禮見。長者處。未必無几杖。所以操而從之者。蓋存養其弟讓之心也。呂氏大臨曰。孔子問曾子。曾子曰。參不敏。何足以知之。公西赤曰。非曰能之。願學焉。是皆辭讓之言禮。案操几杖而從。謂代長者執几持杖。從事左右。若長者之子弟。非謂自攜几杖至長者處也。不辭讓而對。非禮。若論語子路率爾而對。夫子曰。爲國以禮。其言不讓。是故哂之是也。

禮記通釋卷二

玉環戴禮

曲禮上

凡爲人子之禮。冬溫而夏凊。昏定而晨省。在醜夷不爭。鄭注安定其牀衽也。省問其安否何如。醜衆也。夷猶儕也。四皓曰。陛下之等夷。孔疏冬溫夏凊。是四時之法。昏定晨省者。案內則云。同宮則雞初鳴。異宮則昧爽而朝。醜夷皆等類之名。貴賤相臨。則有畏憚。朋儕等輩喜爭勝負。忘身及親。故戒之。朱子熹曰。溫凊定省。雖有四時一日之異。然一日之間。正當隨時安處。省察其或溫或凊之宜也。禮案冬溫夏凊。若東觀漢記謂黃香暑郎扇枕。寒郎以身溫席之屬。孝經曰。在醜而爭則兵。此敬親者之所以不敢惡於人也。況爭奪鬥狠。災及夫身乎。潁考叔雖孝。而挾輈結怨。致死非命。有漸德矣。則甚此矣。在醜夷不爭。之所以爲人子之禮也。

夫爲人子者。三賜不及車馬。鄭注三賜。三命也。凡仕者。一命而受爵。再命而受衣服。三命而受車馬。車馬而身所以尊者備矣。卿大夫士之子不受。不敢以成尊比踰於父。天子諸侯之子不受。自卑遠於君。孔疏大宗伯云。一命受職。三命受位。受位郎受車馬。不受車馬者。命是榮美光顯祖父。故受也。車馬是安身。不關祖父。故不受也。不云不受。而云不及者。明非惟外迹不受。抑亦心所不及於此賜也。王氏引之曰。賜猶予也。言三者多予之辭。言之爲三耳。猶論語言三仕三已三以天下讓也。賜予雖多。不及車馬。不敢自專也。坊記曰。父母在饋獻不及車馬。是其明證矣。逸周書大子晉篇。師曠請歸。王子賜之乘車四馬。孔晁注曰。禮爲人子。三賜不及車馬。此賜則白王。然後行可知也。蓋禮記舊注有如此解者。故晁本之爲說。禮案說是也。尚書大傳曰。古之帝王。必有命民。民能敬長憐孤。取舍好讓。舉事力者。命于其君。得命然後得乘飾車駢馬。衣文錦。又玉藻君賜車馬。乘以拜。豈受賜者。必無父乎。孔叢子衛公子友饋馬四乘於子思。子思曰。伋朝夕受賜。衣食已優。無敢當車馬之賜。禮雖有爵賜人。不踰父兄。今重違公子之盛指。則有陷禮之愆。若何。公子曰。友已言於君矣。是人子之於車馬。不得父命。不可擅予。非爵命當受。而不敢擅受也。

故州閭鄉黨稱其孝也。兄弟親戚稱其慈也。鄭注不敢受重賜者心也。如此而五者備有焉。周禮二十五家爲閭。四閭爲族。五族爲黨。五黨爲州。五州爲鄉。僚友官同

僚友稱其弟也。執友稱其仁也。交遊稱其信也。者。執友志同者。孔疏慈者篤愛之心。兄弟內外通稱。親疏交接。並見其慈而稱之。孝子能接同官。不敢踰越等級。故稱其事長之弟。同師之友。意趣相得。綢繆切磋。故其見仁恩而稱之。結交遊往。本資信合。故稱信也。呂氏大臨曰。五者之稱不同。各以其所見言之也。州閭鄉黨。觀其行者也。見其所以敬親者。故稱其孝。兄弟親戚。貴其恩者也。順於父母者。親親之愛必隆。故稱其慈。僚友見其有所讓者也。有遜弟之心。故稱其弟。執友者。友其德。德莫盛於孝。孝者仁之本。故稱其仁。交遊主於信。知其仁心於孝也。故稱其信。禮案州閭鄉黨至於交遊之稱譽者。實至名歸也。祭義云。君子之所謂孝者。國人稱願然曰。幸哉有子如此。所謂孝也已。故此雖有五者。實

根本於孝。慈弟仁信皆辭之枝葉也。見父之執。不謂之進不敢進。不謂之退不敢退。不問不敢對。此孝子之行也。鄭注：見父同志如事父。孔疏：自上詣下曰見，自下朝上曰見。父執，謂執友，與父同志者也。或故往見，或路中相見也。王氏安石曰：心存於父者，見父之執，猶父也，則其進退對問之際，安得不如此。陳氏祥道曰：坊記曰：睦於父母之黨，可謂孝矣。又曰：於父之執，可以乘其車，不可以衣其衣。廣孝也。蓋父之同類謂之父黨，父之同志謂之父執。見父之黨，無容孝也。此見父之執，廣孝也。古者尊尊之禮行，故爲父黨者，安其尊；事父黨者，盡其卑，而民德於是乎厚矣。方氏慤曰：孔子曰：愛親者不敢惡於人，敬親者不敢慢於人。見父之執，於進退之節，有所不敢，則一舉足不敢忘親可知，於對問之節，有所不敢，則一出言，不敢忘親可知。禮案：此事長之禮，莫不皆然，而獨舉父執者，本孝道而廣敬也。大戴曾子本孝云：又能事父之朋友，是也。夫爲人子者，出必告，反必面，所遊必有常，所習必有業，恆言不稱老。鄭注：告面同耳，反言面者，從外來，宜知親之顏色安否。有常，有業，緣親之意欲知之。孔疏：此明人子事親之法。遊，方習業及汎交之禮。老是尊稱。稱老是已自尊大，非孝子卑退之情，故注言廣敬。言廣者，因敬親，廣敬他人。或云：子若自稱老，父母則甚老。有則感動其親，故舜年五十而慕，是也。呂氏大臨曰：出必告，反必面，受命於親而不敢專也。所游必有常，所習必有業，體親之愛，而不敢貽其憂也。親之愛子至矣，所游必欲其安，所習必欲其正，苟輕身而不自愛，則非所以養其志也。戴氏溪曰：爲人親者，無一念而忘其子，故有倚門倚閭之望。爲人子者，無一念而忘其親，故有出告反面之禮。生則出告反面，沒則告行飲至，事亡如事存也。不敢慢遊，以貽親憂；不敢廢業，以爲親辱；不敢自老，以傷親心。此皆人子兢業恐懼之意也。禮案：凡非大不孝之子，出無不告，反無不面，而此云必告必面者，蓋謂將出必稟命於親，親許然後可行也。反必先見父母，然後可以治他事。論語曰：父母在，不遠遊，遊必有方。大戴曾子立事曰：君子學必由其業。不稱老者，恐觸衰暮之感，此孝子之所以惡言死而有斑衣戲綵之事也。年長以倍，則父事之；十年以長，則兄事之；五年以長，則肩隨之。羣居五人，則長者必異席。鄭注：謂年二十於四十者。人年二十，弱冠成人，有爲人父之端。今四十於二十者，有子道。內則曰：年二十，惇行孝弟。肩隨者，與之並行差退。席以四人爲節，因宜有所尊。孔疏：父事之者，謂鄉里之中，非親非友，但二十以後，年長倍己，則己以父道事之，即父黨隨行也。人年三十而娶，乃有子，則三十於六十，乃是倍年。今鄭言二十於四十者，但二十加冠成人，責以爲人父爲人子之禮，故云爲人父之端，有子道也。兄事之者，謂年二十於三十者，全倍者父事之，半倍故兄事之，則正差退而雁行也。肩隨之者，謂二十於二十五者肩隨，則齊於雁行也。羣，朋友也。古者地敷橫席，而容四人，推長者居席端，若有五人，應一人別席，因推長者一人於異席也。呂氏大臨曰：闕黨童子與先生並行，孔子知其欲速成，疾行先長者，孟子知其爲不弟，皆不知敬長之義。胡氏銓曰：此謂鄉里之中父兄之黨也。禮案：此汎言敬長之禮，所以廣孝也。夫以孝事君則忠，以敬事長則順，堯舜之道，孝弟而已矣。至以父兄事之之說，不過以年加長，則敬之益至耳。若必認定父事年長以倍，苟其人係吾幼輩，曷可以父事之？十年以長者，或吾父執，又焉可以兄事之。疏謂非親非友者是矣。論語曰。弟子入則孝。出則弟。故行必後長者。而弗敢並。坐必下長者。而弗敢先也。

爲人子者。居不主奧。坐不中席。行不中道。立不中門。食饗不爲概。祭祀不爲尸。

鄭注謂與父同宮者也。不敢當其尊處。室中西南隅謂之奧。道有左右。中門謂根闑之中央。內則曰。由命士以上。父子皆異宮。概量也。不制待賓客饌具之所有。爲尸尊者之處。爲其失子之道。然則尸卜筮無父者。孔疏主猶坐也。室向南。戶近東南角。則西南隅隱奧無事。故名爲奧。常推尊者於閑樂無事之處。故尊者居必主奧也。人子不宜處之。一席四人。則席端爲上。獨坐則席中爲尊。尊宜獨不與人共。則坐席居中。卑者不得居中也。男女各路。路各有中。尊者常正路而行。卑者故不得也。門中央有闑。闑旁有棖。棖闑之中。尊者所立。故人子不當之而立。大夫士或相往來。不制設待賓饌具。由尊者所裁。人子不得輒豫限量多少也。尸代尊者。故人子不爲也。焦氏循曰。賈公彥謂門有二臬。注言棖闑之中央。謂兩棖闑之中央也。禮案此俱是家庭之禮。坐不中席。有父在也。若在外。無父黨在前。羣居之人皆少於我而推我異席。則亦不得側席而坐。自等於有憂者也。行不中道者。自庭及大門出入之道。非道路之道。王制云。道路男子由右。女子由左。車從中央。豈爲人父者可以行從中道乎。疏強爲之說。非也。食享不爲概。舉一隅也。爲人子者。父母在。不敢有其財。則凡吉凶大事。飲食燕享出入之數。豐儉之節。未主家事。則惟執役左右而已。既主人家政。亦須請命而行。不得節量多寡。任意厚薄也。祭祀不爲尸。謂內事宗廟之祭。尸於死者孫行。父在爲尸。而其父於死者子行。與祭行禮時。情有難安。故宜避之。若外事神祇之尸。不必其父與祭者。不在此例也。

聽於無聲。視於無形。

鄭注恆若親之將有教使然。孔疏無聲謂聽而不聞父母將有教使之聲。此明人子常禮也。無形謂一視而不見父母之形。雖無聲形。恆常於心想像。似見形聞聲。謂父母將有教使己然也。陳氏祥道曰。聽於無聲。一傾耳不敢忘父母也。視於無形。一舉目不敢忘父母也。眞氏德秀曰。蓋孝子之心。惟恐纖芥之差。須臾之失。故其潛觀默察。至於如此。戴氏溪曰。此孝子之極至也。念念不置。與親爲一。常若親之在吾前。而謦欬於其旁也。禮案聽於無聲者。聲不絕乎耳。故循陔采蘭。馨爾晨餐。心不遑留也。視於無形者。色不絕乎目。故終日三省。問其安否。心不遑安也。

不登高。不臨深。不苟訾。不苟笑。

鄭注爲其近危辱也。人之性不欲見毀訾。不欲見笑。君子樂然後笑。孔疏苟且也。相毀曰訾。不樂而笑爲苟笑。彼雖有是非。而己苟譏毀訾笑之。皆非彼所欲。必反見毀辱。故孝子不爲也。呂氏大臨曰。身也者。親之枝也。履不安以危之。是危親也。行不善以辱之。是辱親也。登高臨深。危道也。苟訾近於讒。苟笑近於諂。是辱親也。方氏慤曰。毀譽者。人之公論。哀樂者。人之常情。可毀則訾之。可樂則笑焉。所不能免也。然苟訾則爲惡於人矣。愛親者。其可惡於人乎。苟笑則爲慢於人矣。敬親者。其可慢於人乎。孫氏希旦曰。少儀曰。毋訾衣服成器。是非但於人不苟訾。於物亦然。禮案此即大戴曾子大孝所謂孝子不登高。不履危。庳亦弗憑。不苟笑。不苟訾。隱不命。臨不指。故不在尤之中也。

孝子不服闇。不登危。懼辱親也。

鄭注服事也。闇冥也。不爲闇冥之中從事。爲卒有非常。且嫌失禮也。男女夜行以燭。孔疏此明孝子自謹愼其身。不行事於闇中也。一則爲卒有非常。二則闇中行事。好生物嫌。故孝子深戒之。陳氏祥道曰。戒愼乎其所不睹。恐懼乎其所不闇。不服闇也。道而不徑。舟而不游。不登危也。父母全而生之。子全而歸之。則不苟訾。不苟笑。不服闇者。謂以全其行。不登高。不臨深。不登危。所以全其體。俞氏樾曰。服當讀爲伏。周易繫辭釋文曰。伏。服也。不服闇。所不潛伏於闇冥之中也。與下句不登危文義一律。禮案。服闇若大戴曾子制言云。鄙夫鄙婦相會于廧陰之屬。登危若尚書費誓謂踰垣牆竊馬牛。誘臣妾之屬。故孝子不爲也。然上文不登高。不臨深。此又言不登危。意似複出。故云懼辱親也。以明之。蓋上謂不虧其體。此謂不辱其身也。

父母存。不許友以死。不有私財。鄭注。爲忘親也。死爲報仇讎。孔疏。親存須供養。則孝子不可死也。若父母存。許友報仇。怨而死。是忘親也。親亡則得許友報仇。故周禮有主友之讎。視從父兄弟。白虎通云。親友之道。不得行者。亦不許友以死耳。不有私財者。家事統於尊。財關尊者。故無私財。戴氏溪曰。爲人子者。髮膚以上皆親之體也。豈敢許友以死。粒粟縷絲以上皆親之物也。豈敢私有其財。高者輕死。卑者重財。皆非純孝之士也。林氏光朝曰。父母存。不許友以死。戰國間傳習之語。不可以爲訓。禮案。不敢以死許友。故專諸之刺王僚。聶政之刺俠累。必俟其親之死也。雖然。此蓋言一介之士。若吾儒則男有死制。女有死節。以不辱爲孝者。雖親存可也。外此則雖親歿。亦不得輕視此身。若論語謂曾子啓手啓足之際。親豈存乎哉。私財。私蓄也。內則曰。子婦無私貨。無私蓄。無私器。

爲人子者。父母存。冠衣不純素。孤子當室。冠衣不純采。鄭注。素爲其有喪象也。純。緣也。玉藻曰。縞冠玄武。子姓之冠也。縞冠素紕。既祥之冠也。孤子。謂年未三十者。蚤喪親。雖除喪。不忘哀也。三十壯。有室。有代親之端。不爲孤也。當室。適子也。深衣曰。具父母。衣純以青。孤子衣純以素。孔疏。冠純謂冠飾也。衣純謂衣領緣也。禮。具父母。大父母。衣純以績。具父母。衣純以青。故親存不得純素也。深衣云。衣純以素。則適庶皆然。今云當室。則似庶子不同。崔靈恩云。當室之孤。內理蒸嘗。外交宗族。所履之事。莫不傷心。故特純素。不當室則純采。孫氏希旦曰。問喪云。童子不緦。唯當室緦。緦者。其免也。當室則免而杖矣。是童子當室者之服。皆重於其不當室者矣。禮案。注疏並據深衣篇。讀純爲緣。然此蓋言有父無父之子冠衣之異。似與深衣不同。鄭注儀禮鄉射禮云。純猶全也。注周禮冬官考工記云。純猶皆也。禮具父母者冠衣純采。故玉藻曰。童子錦緣。錦紳。錦束髮。皆朱錦也。當室之孤。冠衣純素。雖逢嘉事。亦不得純采。故儀禮士冠禮。將冠者采衣紒。而孤子冠唯云紒而迎賓。不得衣采也。

幼子常視毋誑。童子不衣裘裳。立必正方。不傾聽。鄭注。視。今之示字。小未有所知。常示以正物。以正教之。無欺誑。裘大溫。消陰氣。使不堪苦。不衣裘裳。便易。立必正方。習其自端正。孔疏。幼子常習效長者。長者常示以正事。不可示以欺誑。衣猶著也。童子體熱。不宜著裘。大溫傷陰氣也。又應給役。若著裳則不便。故童子並緇布襦袴也。內則曰。二十可以衣裘帛。立宜正向一方。不得傾頭屬聽左右。楊氏時曰。人之生也直。是以君子無所往而不用其直。直則心得其正矣。古人於幼子常示無誑。所以養其直也。呂氏大臨曰。不傾聽者。頭容直。禮案。常視毋誑。導其心術之正也。立必正方。不傾聽。教其行止之正也。大戴保傅所謂目見正事。聞正言。行正道。左視右視。前後皆正人。不能不正也。列女傳周太姒教誨十子。自少及長。未嘗見邪僻之事。文王繼而教之。卒成武王周公之德。荀子性惡云。聖人者。人之所積而致矣。蓋自少時誘之學。諭之善。則習與性成。合乎天理矣。

長者與之提携。則兩手奉長者之手。負劍辟咡詔之。則掩口而對。鄭注：扶持尊者。提攜謂牽將行。負謂置之於背。劍謂挾之於旁。辟咡詔之，謂傾頭與語。口旁曰咡。掩口，習其鄉尊者屛氣也。孔疏：兩手奉長者之手，爲兒長大方當供養扶持長者，故先使學之也。劍謂挾於脅下，如帶劍也。長者負兒之時，傾頭與語，必教之使掩口而對，恐氣觸人也。黃氏榦曰：皆教幼童能行之時，非懷抱之幼也。其負劍辟咡詔之，疑非負挾幼童，乃是長者之身或負劍者，將詔告幼童，不便於屈身俯臨而語之。辟咡者，偏就近耳而詔之也。幼童必掩口而對，辟其口氣，爲童子之禮，則義或通焉。洪氏頤煊曰：傾頭與語，劍凝於旁，故必負劍然後與語。史記刺客列傳：王負劍。負劍遂拔，明無事不負劍也。正義非是。禮案：說是矣。夫拊童幼者，提攜奉負，若挾之脅下而行，必當登涉急遽，非閑暇與語之時也。

從於先生，不越路而與人言。遭先生於道，趨而進，正立拱手。先生與之言則對，不與之言則趨而退。鄭注：不越路而與人言，尊不二也。先生，老人教學者。拱手，爲有教使。趨而退，爲其不欲與己並行。孔疏：從謂從行。稱師爲先生者，言彼先我而生，其德多厚也。見師而起敬，故疾趨而進就之。又不敢斥問先生所爲，故正立拱手而聽先生之教。若問己大事，則辭讓然後對。胡氏銓曰：前文云辭遜而對，此不者，略道路。禮案：不越路，謂必踵先生之後也。不與人言，此人必己同等，又未嘗招呼，則當不與之言。若有事相招，亦宜稟明先生，與之周旋，不得置之不理也。遭先生於道，趨進拱手，蓋獨行於道，或偕行係同輩，則可。設若從於先生，又遭先生於道，則亦須稟明所從者，然後可以致敬於所遭者。雖曰爲弟子者，敬宜專壹，然亦不得失禮於人也。凡如此類，最宜詳審禮意，不可泥於成說也。

從長者而上丘陵，則必鄉長者所視。鄭注：爲遠視不察，有所問。孔疏：長者東視則東視，長者西視則西視。從先生君子亦然。戴氏溪曰：從長者而升高，非以遠覽也，所以承教也。違長者所視，則志在覽物，敬長之意失矣，況長者欲有所問乎。禮案：爾雅釋地：大阜曰陵。邢疏引廣雅云：小陵曰丘。

登城不指，城上不呼。鄭注：爲惑人。戴氏溪曰：論語曰：車中不內顧，不疾言，不親指。在車上猶不可，而況於登城乎。方氏慤曰：不指，爲其惑人之見也；不呼，爲其惑人之聞也。言城者，士民之所會，而聞見者衆故也。禮案：說是也。不指不呼，凡在高處皆然。言登城者，舉其尤要者也。

將適舍，求毋固。鄭注：謂行而就人館。固猶常也。求主人物，不可以舊常，或時乏無。周禮：士訓辨地物，原其生以詔地求。其類。孔疏：適猶往也。舍，主人家也。凡往人家，不可責求於主人覓常舊有之物。黃氏榦曰：謂凡求物於主人，毋固毋必，隨其有無。楊氏鼎熙曰：此必師弟朋友親戚無擯介將命者。孫氏希旦曰：下文方言上堂入戶，此發端乃遽言求主人之物，非其序也。固謂鄙野而不達於禮。言將適人之所居，凡事當求合禮，而不可失之鄙野。禮案：孫說近是。蓋將適合，即求假贈，似非人情。求毋固，所以免於君子所疾。下文言聞則入，言不聞則不入，皆毋固之義。

將上堂，聲必揚。鄭注：警內人也。呂氏大臨曰：揚聲而警之，不欲掩人之私也。戴氏溪曰：禮者所以別嫌疑，而免於人道之患。將上堂，聲不揚而默上，則人得以疑乎我，此禍之階也。禮案：堂上有人，或獨居深念，或同人偶語，不欲人之相干者，故必揚聲使聞，俾知顧忌也。

戶外有二屨，言聞

則入。言不聞則不入。將入戶，視必下。入戶奉扃，視瞻毋回。戶開亦開，戶闔亦闔。有後入者，闔而勿遂。鄭注：不干掩人之私也。奉扃，敬也。亦開亦闔，不以後來變先。勿遂，示不拒人。孔疏：屨人注云：複下曰舄，單下曰屨。戶外二屨，謂兩人體敵，故鄉飲酒賓主皆降脫屨堂下，以體敵故也。若尊卑不同，則長者一人脫屨戶內，故少儀云：一人而已。著內人語聞於戶外，則非私事，外人乃可入也。雖聞言而入，不得舉目，恐覩人私。禮有鼎扃，所以關鼎。今關戶之木與關鼎相似，亦得稱扃。凡常奉扃，必兩手向心而奉之。視必下，而竟不得迴轉廣有瞻視。若戶本開，則今入者不須闔。若戶本闔，則今入者不須開。後猶有人應入者，不得遂闔以拒後人。范氏成大曰：大抵禮以制形爲用，而以制心爲本。一念不正，發於方寸者甚微，而形於舉措者弗可掩，流於放僻邪侈而不自知，故升堂入戶，日用之常，而君子致嚴如此者，以心術之邪正繫焉。孫氏希旦曰：二屨，二兩也。言不聞於外，或密謀私事，故不可入而干之。姜氏兆錫曰：視下，不舉目也。視瞻不回，嫌干人之私。開闔皆如前者，恐違主之意。朱氏彬曰：回，邪也。毋回，猶言毋淫視，非不爲回轉之謂。禮案：玉藻云：頭容直，目容端。入戶若左右瞻顧，失禮容矣，且似察人祕密之狀，故視必下也。戶開闔仍之者，不擅主議也。遂，因也。如有繼入者，則不得因之而亦闔也。

毋踐屨，毋踖席，摳衣趨隅，必慎唯諾。鄭注：趨隅，升席也。由下也。慎唯諾者，不先舉，見問乃應。孔疏：踐，蹋也。既並脫屨戶外，其人既多，後進者不得蹋先入者屨也。踖，猶蹴也。將就坐，當從下而升，已位也。唯，㕧也。㕧諾，應對也。坐定又謹於應對。方氏慤曰：唯之聲遠而質，諾之聲緩而文。與已有上下之辨者，則應之以唯；與已有彼此之辨者，則應之以諾。徐氏師曾曰：欲便於坐，故摳衣；欲示其讓，故趨隅。禮案：下文言奉席布席，即席之禮甚詳。此文上下皆言行走，似非謂升席也。下文云：客踐席，乃坐。則走不蹋席，升席必踐席，可知。儀禮鄉飲酒云：賓升自西方。玉藻曰：升席不由前。未有由席隅而升者。隅，蓋室之隅，行隱奧之處。故必摳衣，恐絆足也。趨，疾行也。疾行室中，未必無事，或人與之語，而應對宜詳，不可以忙遽而失口於人。

大夫士出入君門，由闑右，不踐閾。鄭注：臣統於君。闑，門橛。閾，門限也。孔疏：門以向堂爲正，右在東，主人位在門東，客位在門右。大夫士是臣，臣統於君，不敢自同於賓，故出入君門，恆從闑東也。士之朝位雖在西方東面，入時仍依闑右。踐閾者，一則自高，二則不淨，並爲不敬。王氏引之曰：案玉藻：闔月則闔門左扉，立于其中。左扉者，在東之扉也。則門雖向堂，仍以東爲左矣。況路門之內，始有堂，雉門、庫門之內皆無堂，安所得堂而向之以爲正乎？下文主人入門而右，客入門而左，謂人之左右。出則以東爲左，西爲右；入則以東爲右，西爲左。門之左右，則東爲左，西爲右，一定不易者也。闑之左右，當與門同，不得以爲右在東。凡入由闑右，當爲由闑左，字相似而誤耳。禮案：踐閾，足蹋門限，狀似傲慢。雖家庭出入，恆不宜如此，況君門乎？

凡與客入者，每門讓於客。客至於寢門，則主人請入爲席，然後出迎客。客固辭，主人肅客而入。鄭注：每門讓，下賓也。敵者迎於大門外。聘禮曰：君迎賓於大門內。爲席，猶敷席。雖君亦然。固辭，又讓先入。肅，進也。進客，謂道之。孔疏：每門者，天子五門，諸侯三門，大夫二門。客至寢門，謂燕在寢也。若相朝享食，皆在廟也。主人向己應正席。今客至內門。方請先入敷席者。示重愼。更宜視之。禮有三辭。初曰禮辭。再曰固辭。三曰終辭。客已再辭。故主人進道客也。公食大夫禮。公揖入。賓從是也。李氏惇曰。則主人請入爲席。然後出迎客。當作一句讀。謂客至於寢門。則主人請先獨入敷席。然後出迎客也。禮入門無固辭之文。客固辭者。辭主人之先入爲席。非辭己之入也。禮案讓揖讓也。儀禮聘禮云。公揖入。每門每曲揖是也。肅肅拜也。鄭注周禮大祝云。肅拜但俯下手。今時揖是也。上言讓。下言肅。文互見也。主人入門而右。客入門而左。主人就東階。客就西階。客若降等。則就主人之階。主人固辭。然後客復就西階。鄭注入門右就其右。左就其左。降下也。謂大夫於君。士於大夫也。不敢輒由其階。卑統於尊。不敢自專。復就西階。復其正。孔疏降等卑下之客也。不敢亢禮。故就主人階。繼屬於主人。聘禮公迎賓。賓不就主人階。公食大夫禮。公迎賓。賓入門左。注云。左西方。此皆是降等。不就主人階者。並奉己君之命。不可苟下主人。故從客禮也。若君燕其臣。則宰夫爲主人。與賓皆從西階升。與此殊也。胡氏銓曰。然後出迎客。不敵則不出。客固辭。不肯先入。主人肅客而入。成十六年左氏云。三肅使者。杜云。肅手至地。禮案儀禮士相見禮。主人揖入門右。賓奉贄。入門左。蓋入右則對東階。入左則對西階。便於升趨也。所以然者。地道尚右。故主左而賓右也。主人與客讓登。主人先登。客從之。拾級聚足。連步以上。上於東階則先右足。上於西階則先左足。鄭注拾當爲涉。聲之誤也。級等也。涉等聚足。謂前足躡一等。後足從之併。重蹉跌也。連步謂足相隨不相過也。近於相鄉敬。孔疏讓登者。客主至其階。又各讓。不先升也。讓必以三。三竟而客不從。故主人先登。亦肅客之義。惠氏棟曰。注云。拾當爲涉。案周書嘗麥云。王涉階。故讀久之。注涉階猶歷階也。孫氏希旦曰。拾級謂主人既升第一級。客乃發足升第一級。客既升第一級。主人乃發足升第二級。主人與客更拾而升也。聚足謂後足從前足而并。不栗階也。足聚則步連矣。禮案儀禮鄉射禮云。主人升一等。賓升。郎此之主人先登。客從之是也。投壺禮曰。請拾投。孔疏彼云。賓主更遞而投也。則此拾級謂更拾而升。孫說是矣。主上東階先右足。客上西階先左足。則主客相向矣。帷薄之外不趨。堂上不趨。執玉不趨。堂上接武。堂下布武。室中不翔。鄭注帷薄之外。不見尊者。行自由。不爲容也。入則容。行而張足曰趨。堂上爲其迫也。堂下則趨。執玉志重玉也。聘禮曰。上介擯賓玉於廟門外。武迹也。迹相接。謂每移足半躡之。中人之迹尺二寸。布武謂每移足。各自成迹。不相躡。室中又爲其迫也。行而張拱曰翔。孔疏帷幔也。薄簾也。疾趨而行敬也。貴賤各有臣吏。故其敬處亦各有遠近。禮天子外屏。諸侯內屏。卿大夫以簾。士以帷。外屏門外爲之。內屏門內爲之。邦君樹塞門是也。今言帷薄。謂大夫士也。堂上迫狹。下階則趨。故論語云。沒階趨。進翼如也。執玉須愼。不論堂之上下。皆不疾趨也。若張足疾趨。則或蹉跌失玉。故不趨。孫氏希旦曰。玉藻有疾趨徐趨二法。疾趨起屨離地。徐趨舉前曳踵。堂上接武。郎徐趨。堂下布武。郎疾趨也。疾趨張足。則布武矣。禮案執重器者。當如不勝。故不趨也。行迫隘處。當如不容。故不翔也。並坐不橫肱。授立不跪。授坐不立。鄭注橫肱爲害旁人。不跪不立。爲煩尊者。俛仰受之。孔疏謂尊者立之時。卑者以物授尊者。不得跪煩尊者俯受。若尊者形短，雖卑者得跪以授之。故少儀云：受立授立不跪，性之直者則有之矣。陳氏祥道曰：公食大夫禮，賓者坐取黍，興以授賓，授立不坐也。聘禮賈人坐取圭，不起而授上介，君子不以爲非禮者，賤不足與爲禮也。禮案：肱臂幹，橫肱而坐，非禮容也，豈但妨同坐而已。賈子新書容經曰：坐以經立之容，肘不差而足不跌。又云：廢首低肘，坐容也。授立跪，恐彼跪；授坐立，恐彼立，皆便於受者，非止惟授尊者而已。

凡爲長者糞之禮，必加帚於箕上。以袂拘而退，其塵不及長者。以箕自鄉而扱之。鄭注：加帚於箕，得兩手奉箕，恭也。謂初執而往時也。弟子職曰：執箕膺擖，厥中有帚。袂拘謂掃時也。以袂擁帚之前，掃而却行之。扱讀曰吸，謂收糞時也。箕去棄物，以鄉尊者則不恭。孔疏：拘，障也。當掃時却退，以一手提帚，又一手舉衣袂，以拘障於帚前，且掃且退，故曰拘而退。扱，斂取也。謂以箕自向斂取糞穢，不以箕向尊也。呂氏大臨曰：糞除布席，役之至褻者也。然古之童子未冠，爲長者役，而其心安焉。蓋古教養之道，必本諸孝弟。孝弟之心，雖生於惻隱恭敬之端，孝弟之行，常在於洒掃應對執事趨走之際。以袂拘而退，其塵不及長者，雖糞除之際，不敢忘敬也。扱讀如尸扱以柶祭羊鉶之扱，謂以箕收所扱於糞，如柶扱於鉶也。注以扱爲吸，恐未然。禮案：糞，掃除也。昭三年左傳：糞除先人之敝廬。扱，收也。謂以箕收所掃之塵穢也。

奉席如橋衡。請席何鄉，請衽何趾。席南鄉北鄉，以西方爲上；東鄉西鄉，以南方爲上。鄭注：橫奉之，令左昂右低，如有首尾然。橋，井上㮰槔，衡上低昂。何鄉何趾，順尊者所安也。衽，臥席也。坐問鄉，臥問趾，因於陰陽。布席無常，此其順之也。上謂席端也。坐在陽則上左，坐在陰則上右。孔疏：奉席如橋衡者，衡，橫也。席舒則有首尾，卷則無首尾。此謂奉卷席之法。既奉席來，當隨尊者所欲眠坐也。向，面也。趾，足也。上謂席首所在。凡坐隨乎陰陽，坐在陽則貴左，坐在陰則貴右。南坐是陽，其左在西；北坐是陰，其右亦在西；東坐是陽，其左在南；西坐是陰，其右亦在南也。此謂尋常布席之法。若禮席則不然。鄉飲酒禮注云：賓席牖前南面，主人席阼階上西面，介席西階上東面。與此不同也。朱氏申曰：衡，權衡也。如橋言奉席之高，如衡言奉席之平。禮案：席未展則如長卷，以兩手高舉兩端，故狀若橋然。衡者，謂如持衡之平正而不偏頗也。何向何趾，此日常布事。親事長之衽席，故請問其意而設耳。內則曰：父母舅姑將坐，奉席請何向；將衽，長者奉席請何趾。又管子弟子職云：先生將息，弟子皆起，敬奉枕席，問何所趾。是也。若由命士以上之衽席，則有一定之所，不待請也。玉藻曰：君子之居恆當戶，寢恆東首。是也。

若非飲食之客，則布席，席間函丈。鄭注：非飲食謂講問之客也。函猶容也。講問宜相對，容丈足以指畫也。飲食之客，布席於牖前。丈或爲杖。孔疏：文王世子云：侍坐於大司成，遠近間三席。席之制三尺三寸三分寸之一，則三席是一丈。應氏鏞曰：席間函丈，其地寬則足以揖遜回旋而不至於迫，其分嚴則足以致敬盡禮而不至於褻。非若飲食之客，徒欲便於勸酬，以爲懽也。禮案：疏謂席制三尺三寸三分寸之一者，謂其廣耳。非長止此數也。三禮圖曰：士蒲筵長七尺，廣三尺三寸，無純。又文王世子注云：廣三尺三寸三分，是也。上文云：羣居五人，則長者必異席。席長七尺，故能坐四人。且據李氏惇謂古尺當今尺十之七，然則此云函丈，只七尺

席以西南方爲上者，布主賓對坐之席，故南北相向則並上右，東西相向則並上左，便於講問也。

之地。與一杖之閒。相去亦無幾也。攷武當山記云。山有石室。室中有銅杖。長七尺八寸。又法顯記言那瑞國。有大佛寺。寺中有錫杖。長六七尺。故注謂丈或爲杖也。

主人跪正席。客跪撫席而辭。客徹重席。主人固辭。客踐席乃坐。

鄭注跪正席。雖來講問。猶以客禮待之。異於弟子。撫之者。答主人之親正。徹去也。去重席謙也。再辭曰固。客踐席乃坐。客安主人乃敢安也。講問宜坐。孔疏撫謂以手按止之也。鄉飲酒之禮。公三重。大夫再重。是尊者多卑者少。故主人爲客設多重席。客謙而自徹也。固辭止客之徹。踐履也。客還履席將坐。主人待客坐乃坐也。孫氏希旦曰。此皆敵者之禮。鄭氏以爲講問之客非矣。禮案禮器云。天子之席五重。諸侯三重。大夫再重。士不重。然則此主人其大夫乎。故可與客設重席。抑亦禮席有等。而尋常相見。可以隨便與。

主人不問。客不先舉。

鄭注客自外來。宜問其安否無恙及所爲來故。孔疏舉亦問也。客從外來。宜問路中寒熱無恙。若主人未問。則客不可先問也。孫氏希旦曰。客來詣已。則主人宜問其所爲來。然後客舉其所欲言者告之。若客先舉。則近於卒遽。禮案客若無事來訪。則主人不問。似厭怠慢客。客若先言。似有所干求。如主人有故而來省者。則不妨於先舉。

將即席。容毋怍。兩手摳衣去齊尺。衣毋撥。足毋蹶。

鄭注作顏色變也。齊謂裳下緝也。撥揚貌。蹶行遽貌。孔疏即就也。摳提挈也。衣謂裳也。將就席時。以兩手當裳前。提挈使起。令裳下緝去地一尺。恐衣長轉足躡履之。呂氏大臨曰。作者愧赧不安之野也。齊深衣齊也。深衣下齊如權衡。衣毋撥者。收斂之。不使旁有觸也。足毋蹶。不忽遽使之蹶也。三者謂行容。納蘭氏成德曰。作如劉更始羞作俛首刮席。不敢視。郎吏之比。非謂有失而可愧怍。孫氏希旦曰。去齊尺。則所摳者裳也。而曰摳衣者。深衣衣裳相連也。禮案撥損開也。蹶動也。毋撥手容恭。毋蹶足容重也。

先生書策琴瑟在前。坐而遷之。戒勿越。

鄭注廣敬也。在前謂當行之前。盡後。謙也。孔疏策簡也。坐亦跪也。坐名通跪。跪名不通坐。越踰也。朱子熹曰。古人之坐者。兩膝著地。因反其蹠而坐於其上。故儀禮曰坐取爵。曰坐奠爵。禮記曰一坐再至。曰武坐致右軒左。老子曰坐進此道之類。凡言坐者。皆謂跪也。毛氏奇齡曰。古跪坐通見亦以古坐親地。每從坐起時。必先由跪而後能起。故跪亦稱坐。但坐有二儀。一是危坐。跪者危也。兩膝隱地。體危隉也。大抵侍坐長者。問業則行此禮。如曲禮請業則起。起者謂直身而尻離于踵。名爲長跪。及請畢而還奠其身。則頓尻于踵。即謂之坐。名爲危坐。若坐以身奠席。名爲安坐。曲禮坐必安。言身當奠安也。又謂之橫膝。而坐曲禮並坐不橫肱。謂膝當橫。肱不當橫也。檀弓引子思云。進人若將加諸膝。夫跪則焉從加膝哉。禮案說文琴神農所作。瑟庖犧所作。並弦樂也。君子無故不徹琴瑟。故舉與書策並言。先生書策琴瑟。蓋皆在席前函丈。若當己升席下席之處。宜跪而遷移他處。不可越而過之。雖朋友之物皆然。言先生者。舉其凡也。

虛坐盡後。食坐盡前。

鄭注盡後謙也。盡前爲汙席。孔疏虛空也。空謂非飲食坐也。玉藻云。徒坐不盡席尺是也。食坐謂飲食坐也。古者地鋪席。而俎豆皆陳於席前之地。若坐近後。則濺汙席。玉藻云。讀書食則齊豆去席尺是也。應氏鏞曰。虛坐則書策琴瑟設張於前。且以待他人之周旋往來。故盡後而欲其寬廣焉。食坐則俎豆尊爵前列於地。且欲便賓主之酬酢授受。故盡前而欲其親近焉。禮案盡後示退孫。不敢先人也。

盡前近尊俎。便於餔啜也。

坐必安。執爾顏。長者不及。毋儳言。正爾容。聽必恭。毋勦說。毋雷同。必則古昔。稱先王。

鄭注儳猶暫也。非類雜。恭聽先生之言。既說又敬。勦猶擥也。謂取人之說以爲已說。雷之發聲。物無不同時應者。人之言當各由已。不當然也。孟子曰。無是非之心。非人也。稱先王。言必有依據。孔疏。凡坐好自搖動。故戒令必安坐執守也。久坐好異。故戒之。長者猶先生。互言耳。及謂所及之事也。長者正論甲事。少者不得以乙事暫然雜之。聽宜恭敬。語當稱師友而言。無得擥人說以爲己語。則法也。言雖不當雷同。又不得專輒。必法於古昔之正。所言之事。必稱先王。胡氏銓曰。勦猶抄也。襄二十五年崔慶之盟。杜預云。讀書未終。晏子抄答易其辭。是謂勦說。唐德宗謂陸贄。雷同道聽。加質則窮。禮案。安靜也。手足莊重。不忘動也。執持也。頭目端直。不傾側也。儳雜也。儳言謂長者方與他人問答。而已不待其辭畢。以言儳雜之。猶論語謂言未及之而言是也。正定也。敬慎威儀。不失色也。恭孫也。虛中祇受師長之訓。不旁顧。不惰慢也。勦猶抄。勦說拾人牙慧。鄙也。雷同附和他說。諂也。必則古昔稱先王者。若孝經言昔者。先王有至德要道。孟子道性善。言必稱堯舜是也。

侍坐於先生。先生問焉。終則對。請業則起。請益則起。

鄭注終則對。不敢錯亂尊者之言。請業。請益則起。尊師重道也。起若今摳衣前請也。業謂受說不了。欲師更明說之。子路問政。子曰先之勞之。請益曰無倦。孔疏。請益謂已受說。而不解了。更諮問審之也。方氏慤曰。孔子與曾參言。復坐吾語汝。則弟子之於先生。有所請必起可知矣。禮案。師言未畢。不得徑對。請業求教。請益有未達而生復有質問。或已達而問更端也。起即大戴王言謂曾子摳衣下席是也。

父召無諾。先生召無諾。唯而起。

鄭注應辭。唯恭於諾。孔疏。唯咏也。父與先生呼召。稱諾則似寬緩驕慢。呂氏大臨曰。唯而起。聞召即往也。玉藻云。父命呼。唯而不諾。手執業則投之。食在口則吐之。陳氏祥道曰。內則應唯敬對。事父之禮也。論語曾子曰。唯。事師之禮也。孔案上文請業之起。暫起而復坐也。唯而起。起趨父師之前而聽命也。

待坐於所尊敬。毋餘席。見同等不起。燭至起。食至起。上客起。

鄭注毋餘席。必盡其所近尊者之端。爲有後來者。見同等不爲私敬。燭至異晝夜。食至爲饌變。上客起敬尊者。孔疏坐於近尊者之端。勿使有空餘之席。欲得親近先生。備擬顧問。且擬後人之來。闕在下空處。以待之也。同等後來不爲之起。尊敬先生。不敢曲爲私敬也。上客謂尊者之上客也。尊者見之則起。故侍者宜從之而起。然食燭至起。則尊者不起。孫氏希旦曰。弟子職曰。後至就席。狹坐則起。是非狹坐則不爲之起也。禮案此少者侍長者作客之禮也。見同等不起。而讓之坐。故毋須餘席。以待後來者。若據注疏之說。自居席端。而使後來者坐己之下。恐無此事。且與上文虛坐盡後之禮相悖矣。少儀云。執燭抱燋。又管子弟子職。弟子饌饋。是古者左右執役。皆主人子弟。故燭至起。食至起。上客至而亦起者。貴貴・尊尊。禮之大者也。

燭不見跋。尊客之前不叱狗。讓食不唾。

鄭注跋本也。燭盡則去之。嫌若燼多有厭倦。叱狗。嫌若風去之。唾。嫌有穢惡。孔疏。小爾雅云。跋本也。本把處也。古者未有蠟燭。唯呼火炬爲燭。炬盡則藏所然殘本。恐客見殘本積多。則知夜深。慮主人厭倦。或欲辭退也。尊客至。而主人叱狗。則似厭倦其客。欲去之也。卑客亦然。舉尊爲甚。孫氏希且曰不見跛謂出而去之弟子職曰有隨代燭交坐毋倍尊者乃取厥櫛遂出是去是也禮案此少者侍長者待客之禮也不見跛謂燭燼則易不以殘本示人也不叱狗恐惡聲駭人聽聞失聲容矣讓食而唾非惟不絜亦不敬也內則曰父母之前不敢唾洟是也。

侍坐於君子。君子欠伸。撰杖屨。視日蚤莫。侍坐者請出矣。

鄭注以君子有倦意也撰猶持也孔疏志疲則欠體疲則伸君子執杖在坐脫屨在側則自撰持之或瞻視其庭影望日蚤晚皆是尊者欲起之漸故侍坐者得請出矣胡氏銓曰撰猶數也如撰德自撰之類皆謂數視也升堂則杖屨在側若欲起則撰數其在亡禮案撰省視之也義見內則疏此少者似客於君子處故見其欠伸顧視杖屨有起就他處意即宜請出也若少儀所云君子欠伸問日蚤莫雖請退可也與此義同。

侍坐於君子。君子問更端。則起而對。

鄭注離席對故異事也君子不必令復坐孔疏更端別事也謂向語已畢更問他事則起而對呂氏大臨曰因事有所變而起其敬也禮案此猶上文請業請益則起也。

侍坐於君子。若有告者曰。少閒。願有復也。則左右屏而待。

鄭注復白也言欲少須空閒有所白也屏猶退也隱也孔疏閒謂清閒也卑者正侍坐於君子忽有人來告君子云欲得少時無事已願有所白也侍者聞告欲有所白則自屏退避之方氏慤曰閒與連得閒矣之閒同義呂氏大臨曰人後閒而有復則屏而待不敢干其私也禮案屏暫避左右又弗敢離也蓋屏者遠嫌之道侍者敬上之誠。

毋側聽。毋噭應。毋淫視。毋怠荒。遊毋倨。立毋跛。坐毋箕。寢毋伏。斂髮毋髢。冠毋免。勞毋袒。暑毋褰裳。

鄭注嫌探人之私也側聽耳屬於垣皆爲其不敬噭號呼之聲也視淫睇眄也怠荒放散身體也跛偏任也伏覆也髢髲也毋垂餘如髲也免去也褰袪也髢或爲肆孔疏凡人當正立不得傾欹側聽耳屬於垣壁聽人私言噭謂聲響高急如叫之號呼應答宜徐徐而和淫謂流移也目當直瞻視不得斜眄怠荒謂身體放蹤不自拘斂遊行也倨慢也跛偏也謂挈舉一足一足蹋地立宜如齊雙足並立不得偏也箕謂舒展兩足狀如箕舌寢臥也臥當或側或仰而不覆也髢髲也垂如髲也古人重髮以纚韜之不使垂也免脫也冠常著於首不可脫也袒露也雖有疲勞之事而不得袒露身體暑雖炎熱而不得褰裳取涼俞氏樾曰案倨當讀爲踞昭二十五年左傳曰公徒釋甲執冰而踞二十七年傳曰豈其伐人而說甲執冰以游同一事而前言踞後言游可知游者多蹲踞也倨踞古通用史記酈生陸賈傳曰方倨牀亦是假倨爲踞也禮案側聽則頭頸不中噭應則聲容不靜淫視謂眸子不正怠荒謂侮慢不恭倨微曲謂行容不愓跛跛倚謂立容不德箕坐則驕踞不遜伏寢則精神不斂斂髮故起必櫛縰毋免故禮無科頭無敬事不敢袒裼非涉水不可褰裳。

侍坐於長者。屨不上於堂。解屨不敢當階。就屨。跪而舉之。屏於側。鄉長者而屨。跪而遷屨。俯而納屨。

鄭注屨賤空則不陳於尊者之側不當階爲妨後升者就屨謂獨退也就猶著也屏亦不當階鄉長者謂長者送之也不得屏遷之而已俯俛也納內也遷或爲還孔疏長者在堂而侍者屨賤故脫於階下若侍者獨暫退則先往階側跪取之屏退不當階也若爲

長者所送。則階側取屨稍移之。面向長者而著之。遷徙也。就階側跪取稍移近前。俯身內足著之。坐左納右。坐右納左。孫氏希旦曰。側謂堂下東序之東。長者所不見之處。玉藻隱辟而後屨是也。禮案納屨以俯身。故必面向長者低首。亦致敬之意。

離坐離立。毋往參焉。離立者不出中閒。鄭注爲干人私也。離兩也。孔疏若見彼或二人併坐。或兩人併立。恐密有所論。則已不得輒往參預。若二人併立。當已行路則避之。不得輒當其中閒出也。識與不識。通如此也。方氏慤曰。兩相成之謂離。三相成之謂參。彼坐立者兩人。而我一人往焉。則成三矣。禮案博雅云參三也。毋往參。恐人憎厭。不出中閒。宜從其左右而行也。

禮記通釋卷三

玉環戴禮

曲禮上

男女不雜坐。不同椸枷。不同巾櫛。不親授。嫂叔不通問。諸母不漱裳。外言不入於梱。內言不出於梱。女子許嫁纓。非有大故。不入其門。姑姊妹女子子已嫁而反。兄弟弗與同席而坐。弗與同器而食。鄭注皆為重別防淫亂。不雜坐。謂男子在堂。女子在房也。椸可以枷衣者。通問謂相稱謝也。諸母庶母也。漱浣也。庶母賤可使漱衣。不可使漱裳。裳賤尊之者。亦所以遠別。外言內言。男女之職也。不出入者。不以相問也。梱門限也。女子許嫁繫纓。有從人之端也。大故宮中有災變。若疾病乃後入也。女子有宮者。亦謂由命士以上也。春秋傳曰。羣公子之舍則已卑矣。女子十年而不出。嫁及成人。可以出矣。猶不與男子同席而坐。亦遠別也。孔疏此明遠嫌之法。不親授者。男女有物。不親相授也。內則云。非祭非喪。不相授器。諸母父之諸妾有子者。漱浣也。外言男職。在官政不得令婦人預之。故不入梱。內言女職。謂織紝。男子不得濫預。故不出梱。女子婦人通稱也。質弱不能自固。必有繫屬。故恆繫纓。纓有二時。一是少時常佩香纓。內則云。男女未冠笄。紟纓是也。二是許嫁時繫纓。昏禮主人入親說婦纓。鄭注婦人十五許嫁。笄而禮之。因著纓。是也。蓋以五采為之。其制未聞。大故謂喪病之屬。女子已許嫁。則有宮門。列於成人。唯有喪病等。乃入其門。不云女子。而云女子子者。是別於男子。雖已嫁及成人。猶宜別席。食不得同器。未嫁亦然。不雜謂若大宗收族。宗子燕食族人於堂。宗婦燕食族人於房也。錢氏大昕引異義曰。說文漱盪口也。涑浣也。漱涑異文異義。不漱裳漱字當為涑。杭氏世駿曰。專言女子則姑姊妹亦女子也。言女子子則有父可知。此記者之法。朱氏彬曰。禮小功以下為兄弟。兼從父從父昆弟言之。禮案男女有別。一應起居動作。皆不得雜亂。言不雜坐者。舉一隅也。不親授以器承物。或置使自取。不以手親接也。不通問則無恩。故檀弓上云。嫂叔無服。諸母庶母及保傅之屬。不漱裳。為男子言之。若女子則無嫌也。詩周南云。言告師氏。言告言居歸。薄汙我私。薄浣我衣。言私則褻服可知。大戴本命曰。審倫而明其別謂之知。外言不入也。教令不出閨門。內言不出也。已嫁而反歸甯也。疏謂不云姪父而云兄弟者。姪父尊卑禮殊。不嫌非也。蓋上文已言姑姊妹則已該姪矣。女子子則該父矣。故此獨舉兄弟以文互見也。攷禮記廣言男女之別。姑自七齡而未及天屬之親。雖已嫁而反。則父子兄弟叔姪。均須遠別者。以未嫁環瑜不能掩嫌疑所在。而於已嫁者。尤所當避焉也。嗚乎聖人之立言。微乎微矣。

父子不同席。鄭注異尊卑也。邵氏淵曰。上言兄弟不同席。所以遠嫌。此言父子不同席。所以嚴分。禮案此子似兼男子女子子言也。蓋父為家之嚴君。儀禮喪服傳。父至尊也。與子同席。褻尊嚴矣。

男女非有行媒。不相知名。非受幣。不交不親。故日月以告君。齊戒以告鬼神。為酒食以召鄉黨僚友。

以厚其別也。鄭注見媒往來傳昏姻之言。乃相知姓名。重別有禮。乃相纏固。周禮凡取判妻入子者。媒氏書之以告君。謂此也。昏禮凡受女之禮。皆於廟。爲神席。以告鬼神。謂此也。爲酒食會賓客也。厚重愼也。孔疏昏有六禮。二曰問名。乃相知名也。幣謂聘之玄纁束帛也。先須禮幣。然後可交親。婦來則書取婦之年月日時以告國君。齊戒謂嫁女之家受六禮。竝在廟布席。告先祖也。明女是先祖之遺體。不可專輒許人。而取婦之家。父命子親迎。竝自齊絜。但在已寢。不在廟也。夫家若無父母。則三月廟見。亦是告鬼神。郭氏嵩燾曰。文王世子云。五廟之孫。祖廟未毀。雖爲庶人。冠。取妻必告。昏記曰。凡行事必用昏昕。受諸禰廟。明言親迎之期。質明告廟也。其納吉曰。吾子有貺命。某加諸卜。吉曰吉。卜必於廟。卜吉。卽告廟也。儀禮之文不具者多矣。如昏禮戒女醮子。及三月廟見之文。皆詳見昏禮記中。鄭注以告鬼神屬之女氏。於此節文義。亦爲歧出矣。禮案說是也。隱八年左傳。鄭公子忽先配而後祖。鍼子曰。是不爲夫婦。誣其祖矣。又昭元年楚公子圍聘於鄭。且娶於公孫段氏。曰。圍布几筵。告於莊共之廟而來。皆取必告廟之明證也。厚重也。昏義云。敬愼重正。而後親之。是也。

取妻不取同姓。故買妾不知其姓則卜之。鄭注爲其近禽獸也。妾賤。或時非媵。取之於賤者。世無本繫。孔疏郊特牲云。無別無義。禽獸之道。此不取同姓。爲其近於禽獸故也。杭氏世駿曰。古人有姓有氏。姓者本之於祖。如魯爲姬。晉衛亦姬姓。魯之叔孫季孫。則以王父字爲氏。魯嫁女亦皆媵之。此知其姓者也。其人或微已久。離其祖遠。或大夫士之支子分氏。則其遠祖之姓。或與已同出一祖。亦未可定。故卜之。納蘭氏成德曰。此承上文。取妻不取同姓而言。則卜者卜其是同姓與否。禮案白虎通云。不娶同姓何法。法五行異類乃生也。雖然。昏不避同姓。則自遠及近。必有聚麀之禍。故周道雖百世而昏姻不通。買妾流離轉徙。故或從人之姓。而眞姓不知。必卜其非同姓。乃納之。

寡婦之子。非有見焉。弗與爲友。鄭注辟嫌也。有見謂奇才卓犖不羣。衆人所知。孔疏寡婦無夫。若其子凡庸。與其來往。則於寡婦有嫌也。禮案業師陳氏衍曰。非有見焉之見。當作論語童子見。從者見之之見字解。謂寡婦之子若自知擇交向學。來請見而納交。則從而見之。可爲友。則與友。若寡婦之子。不自知擇交取友。其人又未必才德著聞。則吾何爲與之爲友乎。無故而與之爲友。或不免於嫌疑。說是也。蓋此當是謂未冠之子。若既冠。則其母已老。且無父之子。雖非俊傑。又焉有終身無友者哉。

賀取妻者曰。某子使某聞子有客。使某羞。鄭注謂不在賓客之中。使人往者。羞進也。言進於客。古者謂候爲進。其禮蓋壺酒束脩若犬也。不斥主人。昏禮不賀。孔疏郊特牲云。昏禮不賀。人之序也。此云賀者。聞彼昏而送筐篚將表厚意。某子。賀者名。使某。使自謂也。陳氏祥道曰。賀之者。賀其有客也。非賀昏也。使人羞之而已。非親往也。禮案昏禮不賀。此云賀者。或因俗耳。且謂有客。而使致羞。以供鄉黨僚友之酒食。亦非賀辭也。

貧者不以貨財爲禮。老者不以筋力爲禮。鄭注禮許儉。不非無也。年五十始杖。八十拜君命。一坐再至。呂氏大臨曰。潢汙行潦。可薦於鬼神。瓠葉兔首。不以微薄廢禮。此不以貨財者也。五十杖於家。至一坐再至。此不以筋力者也。陳氏祥道曰。古者凶荒則殺禮。況貧者乎。聘射之禮。非強有力者不能行。況老者乎。禮案檀弓下云。斂手足形。還葬。縣棺而封。人豈有非之者哉。貧者不以貨財爲禮也。五十無車者。不越疆而弔人。老者不以筋力爲禮。也。蓋禮者從宜。故不強人之所不能也。

名子者不以國。不以日月。不以隱疾。不以山川。鄭注此在常語之中。爲後難諱也。春秋傳曰。名終將諱之。隱疾衣中之疾也。謂若黑臀黑肱矣。疾在外者。雖不得言。尚可指摘。此則無時可辟。俗語云。隱疾難爲醫。孔疏名子。不以本國爲名。如他國則得爲名。故桓十三年。衛侯晉卒。襄十五年。晉侯周卒。是也。不以日月者。不以甲乙丙丁爲名。或以爲不以日月二字爲名。隱疾謂體上幽隱之處。傳云以官則廢職。以山川則廢主。名終將諱之。故不可以爲名也。呂氏大臨曰。國若晉宋之屬。天子之所封也。日月若甲子之屬。天下之達稱也。隱疾者人之所難言也。山川者國之望也。名之必可言也。所難言者。不可傳於人。故不以隱疾也。名之必將諱之。諱之必將改之。改天子之所封。則不敬上。故不以國。改天下之達稱。則不同乎俗。故不以日月。改國之望。則不敬鬼神。故不以山川。春秋之時。名字之禮廢。犯此四禁。而莫之恤也。禮案桓六年左傳曰。名子不以國。不以日月。不以山川。不以隱疾。不以器幣。不以官。不以牲。杜注云。隱痛疾病。避不祥也。餘皆爲其難諱。又大戴保傅云。上無取於天。下無取於墜。中無取於名山通谷。無拂於鄉俗。是故君子名難知而易諱也。此所以養恩之道也。

男女異長。男子二十冠而字。父前子名。君前臣名。女子許嫁笄而字。鄭注異長。各自爲伯季也。冠而成人矣。敬其名。父前君前。對至尊。無大小皆相名。女子以許嫁爲成人。孔疏檀弓云。幼名冠字。五十以伯仲。知女子亦自爲叔季者。春秋隱公二年。伯姬歸于紀。七年叔姬歸于紀是也。君前臣名者。成十六年。鄢陵之戰。公陷于淖。欒書欲載晉侯。鍼曰。書退。鍼是書之子。對晉侯而稱書。是於君前臣名其父也。黃氏震曰。異長亦示別也。方氏宗誠曰。蓋冠而字之。敬其名也。然既字之後。人於他處。可稱其字。於君父之前。必仍稱其名。孫氏希旦曰。女子許嫁。不必皆十五。卽笄亦不必皆十五也。故於男子言二十而冠。女子之笄。不著言其年也。禮案笄今簪也。見篇海。內則曰。女子十有五年而笄。儀禮士昏記云。女子許嫁。笄而醴之稱字。雜記下謂女雖未許嫁。年二十而笄。禮之。婦人執其禮。燕則鬈首。字亦若男子之伯仲也。

凡進食之禮。左殽右胾。食居人之左。羹居人之右。膾炙處外。醯醬處內。葱渫處末。酒漿處右。以脯脩置者。左朐右末。鄭注皆便食也。殽骨體也。胾切肉也。食飯屬也。居人左右。明其近也。殽在俎。胾在豆。外內殽胾之外內也。近醯醬者食之主。膾炙皆在豆。渫烝葱也。處醯醬之左。言末者殊加也。渫在豆。處羹之右。此言若酒若漿耳。兩有之則左酒右漿。此大夫士與賓客燕食之禮。其禮食則宜放公食大夫禮云。左朐右末。亦便食也。屈中曰朐。孔疏熟肉帶骨而臠曰殽。純肉切之曰胾。骨是陽。故在左。肉是陰。故在右。飯燥爲陽。故居左。羹溼是陰。故居右。此饌之設。羹食最近人。羹食之外。乃有殽胾。故此膾炙醯醬。知在殽胾之外內也。葱渫菹類。故在豆也。卑客則或酒或漿。尊客則有酒有漿。公食大夫禮。設酒于豆東。是酒在左也。又云賓三飯。設漿飲于稻西。所謂左酒右漿也。鄭注腊人云。薄切曰脯。捶而施薑桂曰腶脩。朐謂中屈。屈脯朐朐然也。左朐。朐置左也。右末。末邊際。置右。右手取祭。擘之便也。方氏愨曰。食以六穀爲主。穀地產也。所以作陽德。故居左。羹以六牲爲主。牲天產也。所以作陰德。故居右。禮案說文。羹五味之和也。膾細切肉也。炙炮肉。醢醯味。脯乾肉。脩脯也。朐脯脡也。正字通。醬麥麵米豆。皆可罨黃。加鹽曝之成醬。王藻云。天子五飲上水漿酒醴酏。醬飲食之主。故處內。酒漿便於取飲。故處右。

客若降等。執食興辭。主人興辭於客。然後客坐。

鄭注。辭者。辭主人之臨已。食若飲食於堂下。然。客坐復坐也。孔疏。降等謂。大夫爲卿之客。興起也。客執飯起以辭謝主人。故主人亦起辭止之。客乃復坐食也。孫氏希旦曰。此燕食賓主皆坐。設席對食。故非降等之客。則不必辭。執食興辭者。惟降等之客。若下文所言。則皆爲賓主燕食之通禮也。禮案。降等謂客卑於主人。不必大夫爲卿之客。士爲大夫之客。即晚輩食於先輩之處。禮亦宜是也。

主人延客祭。祭食。祭所先進。殽之序。偏祭之。

鄭注。延道也。祭。祭先也。君子之有事。不忘本也。客若降等。則先祭。主人所先進。先祭之。後進後祭之。如其次。殽謂胾炙膾也。以其本出於牲體也。公食大夫禮。魚腊湆醬不祭也。孔疏。祭者。君子得食。則種種出少許。置在豆間之地。以報先代造食之人。凡祭食之法。隨主人所設。前後次第而祭次序也。偏匝祭之也。禮案。上文食居人之左。羹居人之右。是設食之序。羹食最近。故祭先食而後徧殽也。

三飯。主人延客食胾。然後辨殽。主人未辨。客不虛口。

鄭注。先食胾。後食殽。殽尊也。凡食殽辨於肩。食肩則飽也。客不虛口。俟主人也。虛口謂酳也。客自敵以上。其酳不待主人飽。主人不先飽也。孔疏。三飯三食也。主人乃道客食胾。然後辨殽。辯匝也。案特牲少牢云。初食殽。次食脊。次食骼。後食肩。鄭云是先食脇脊。次食骼。又屈食脇。脊竟乃食肩。虛口謂食竟。飲酒蕩口使清絜也。胡氏銓曰。公食之禮。雖設酒爲優賓。不得用酳。故鄭注彼云。但以漿漱口。則此虛口。安知是酳耶。愚謂若主人食殽未徧。客不虛口耳。非酳也。禮案說是也。虛猶空。蓋當主人辯殽。客雖已飽。亦宜陪食少許。以安敬主人。不得空口坐待。致主人不能飽也。

侍食於長者。主人親饋則拜而食。主人不親饋則不拜而食。

鄭注。勸長者食耳。雖賤不得執食興辭。拜而已。示敬也。不拜以其禮於己不隆。孔疏。此是。侍從尊長爲客禮也。饋謂進饌也。己雖侍尊長。而主人若自親饋與己。己則拜謝之。而後食也。張子載曰。不親饋。則禮非爲我。不拜而食。不敢當其禮也。與雖不貳不辭同義。禮案。不執食興辭者。明盛饌非爲已設也。親饋不拜。則失於敬。不親饋而拜。過猶不及。故行禮者宜自審慎也。

共食不飽。共飯不澤手。

鄭注。不飽謙也。謂共羹飯之大器也。不澤手。爲汙手不絜也。澤謂挼莎也。禮飯以手。澤或爲擇。孔疏。非禮食。則有同器食法。共食宜謙。不輒之厭飫爲飽也。與人共飯。手宜絜淨。不得臨食。始挼莎手乃食。恐爲人所穢也。呂氏大臨曰。共食者所食非一品也。共飯者。止飯而已。凡與人共者。必先人而後已。共食而求飽。非讓道也。古之飯者以手。與人共飯。摩手而有澤也。人將惡之。而難言也。方氏宗誠曰。惜抱姚氏云。言不得使人久坐。俟吾之飽。人食已。則亦止耳。禮案。論語曰。君子食無求飽。謂共食或食於人者言也。澤手謂取飯急遽。飯熱炙手。而摩運之。若取飯從客。何爲澤手乎。

毋摶飯。毋放飯。毋流歠。毋咤食。毋齧骨。毋反魚肉。毋投與狗骨。毋固獲。毋揚飯。飯黍毋以箸。毋嚃羹。毋絮羹。毋刺齒。毋歠醢。客絮羹。主人辭不能亨。客歠歠。主人辭以窶。濡肉齒決。乾肉不齒決。毋嘬炙。鄭注摶飯爲欲致飽不謙。放飯去手餘飯於器中人所穢大歠。嫌欲疾咤食嫌薄之。齧骨爲有聲響不敬。反魚肉。爲已歷口。人所穢。投狗骨。爲其賤飲食之物。固獲爲其不廉也。欲專之曰固。爭取曰獲。揚飯。飯黍亦嫌欲疾也。嚃爲不嚼菜。絮羹。爲其詳爲味也。絮猶調也。刺齒爲其弄口也。口客止。歠醢。亦嫌詳於味也。歠者爲其淡。故主人辭優賓。決猶斷也。乾肉堅。宜用手。嘬炙爲其貪食甚也。嘬謂一舉盡臠。特牲少牢嚌之。加于俎。孔疏共器若取飯作摶。則易得多。是欲爭飽非謙也。放飯者。手就器中取飯。飯若黏手。不得拂放本器中。流歠謂汁入口。如水流則欲多而速。是傷廉也。咤謂以舌口中作聲。似若嫌主人之食。齧骨一則有聲。二則嫌主人食不足。以骨致飽。毋反魚肉者。謂與人同器也。已齧殘。不可反還器中。少牢禮。尸所食之餘肉。皆別致於肵俎。不反本處也。毋投與狗骨者。言爲客之禮。無得食主肉後。棄其骨與犬。毋固獲者。與人共食。不可專固獨得及爭取也。飯熱當待冷。若揚去熱氣。則爲貪快傷廉。飯黍無用箸。當用匕。故少牢云。廩人溉匕與敦。注云匕於以匕黍稷是也。嚃爲不嚼菜。羹有菜者用梜。故不得歠。當梜嚼也。絮謂就食器中調足鹽梅。是嫌主人食味惡也。口容止。不得刺弄之。爲不敬。容儀欲靜止也。醢肉醬也。醬宜鹹。客若歠之。則是醬淡也。亨煑也。若客失禮而絮羹。則主人宜謝之云。己家不能亨煑。故羹味不調適也。窶無禮也。若客失禮而歠醢。則主人亦致謝云。作醢淡而無鹽。故可歠也。濡溼也。溼軟不可用手擘。故用齒斷決而食之。乾肉脯屬也。堅肕不可齒決。故須手擘而食之。火灼曰炙。炙肉濡。若食炙。先當以齒嚌而反置俎上。不一舉而併食。併食之曰嘬。是貪食也。方氏苞曰。放飯者。餘粒散布。流歠者。餘瀝沾濺也。姜氏兆錫曰。口舌作聲曰咤。惡其聲也。骨齒相攪曰齧。惡其聲也。毋揚。嫌欲食之急。毋箸。貴用已之便。禮案摶飯非惟貪多。然以手揑聚。若食之不盡。仍放飯器中。則同食者必憎。說文歠飲也。飲若流水。言其急也。玉篇咤噴也。噴吐食餘。似嫌殽饌餧敗也。齧骨非祇有聲。且似嫌肉食不足。故齧骨也。凡食不盡。還置器中。則同食者必厭。諸饌皆然。不止魚肉已也。投骨與狗。輕主人之物。亦似憾肉食不腆也。固獲專食所嗜。不與人共也。揚飯散其熱氣。及用箸飯黍。皆嫌急欲入口之狀。嚃羹大嚼作聲。絮羹絮而嚼。刺齒謂肉屑入齒。以指刺齒挑出之。孔疏詩大雅云。醢肉汁也。絮羹似嫌味薄。故主人辭以不善和羹。歠醢似食肉不足。故主人辭以貧窶慢客。濡肉齒決。以軟不刺齒。乾肉不齒決。以堅宜手擘也。炙肉味美。故戒以毋一舉盡臠也。卒食。客自前跪。徹飯齊以授相者。主人興辭於客。然後客坐。鄭注謙也。自從也。齊醬屬也。相者主人贊饌者。公食大夫禮。賓卒食。北面取粱與醬以降也。興辭不聽親徹。孔疏卒食食已也。客起從坐前北面。當已坐而跪。自徹已所食飯與齊。以授相者。飯齊食主故也。答主人初所親饋。主人起辭。不聽親徹。則客亦止而坐也。孫氏希旦曰。禮食食畢即出。此客復坐者。尚有後事故也。禮案客徹必跪者。因相者立俟。坐則不便授立。立又俯身取飯齊不便。故前席而跪也。主人與辭。客即復坐。則亦燕食之常禮耳。疏謂卑者侍食之禮。敵者則否非也。侍飲於長者。酒進則起。拜受於尊所。長者辭。少者反席而飲。長者舉未釂。少者不敢飲。鄭注降席拜受敬也。燕飲之禮。鄉尊不敢飲。不敢先尊者。盡爵曰釂。燕禮曰。公卒爵。而後飲也。孔疏：起謂長者賜酒，進至侍者前，不敢即飲，起而往尊處拜受酒。陳尊之所，貴賤不同，諸侯燕禮設尊在東楹之西，若鄉飲酒及卿大夫燕，則設尊陳於房戶之間。近尊向長者而拜，長者辭少者之起，故少者復反還其席。舉猶飲也。須待長者盡後，少者乃得飲也。王氏安石曰：拜受于尊所，此是初進酒時，一拜受耳。不然則已煩矣。禮案：此少者客，而長者主也。而謂之侍飲者，尊卑異等，謙不以賓禮自居也。酒進則起，重長者之賜也。拜受於尊所，此長者起至設尊之所，親酌以賜之，故少者不敢勞其遞至己席，而至尊所拜受也。長者使少者反席，乃舉爵讓飲，少者必待長者飲盡，而後敢卒爵也。然玉藻君若賜之爵，飲卒爵而俟君卒爵，與此不同者，臣侍君飲，猶子之侍父，先飲若爲君嘗酒然。此侍飲於長者，嫌以賓客之禮自居，故不敢先飲也。

長者賜，少者賤者不敢辭。鄭注：不敢亢禮也。賤者，僮僕之屬。孔疏：少謂幼稚，敵者亢而有辭。少者賤者，故不敢也。陳氏祥道曰：上之賜也以恩，下之受也如義。義之所可，雖長者之賜，不敢辭；義之所不可，雖君之賜，有所不受。禮案：此所云賤者，乃對貴者而言也。若臣之於君，士之於卿大夫也。夫平交貴讓，事尊主敬。不敢辭，敬其命也。

賜果於君前，其有核者懷其核。鄭注：嫌棄尊者物也。木實曰果。呂氏大臨曰：果核當棄，重君賜，故懷之而不棄也。禮案：玉藻云：食棗桃李，弗致于核。是果核不棄，宜懷之以重君賜也。故凡瓜果之皮若蔕，俱不宜輕棄。言懷核者，舉其凡也。說苑晏子對楚王曰：臣聞之，賜人主前者，瓜桃不削，橘柚不剖，是也。

御食於君，君賜餘，器之溉者不寫，其餘皆寫。鄭注：重汙辱君之器也。溉謂陶梓之器。不溉謂萑竹之器也。寫者，傳已器中乃食之也。勸侑曰御。孔疏：御者非侍者。侑君食竟，以殘餘賜御者。溉，滌也。器可滌溉者，則不須倒寫。食訖乃澡絜，以還君也。其餘謂不可滌溉之器也。若不倒寫，又不可澡絜，則壞尊者物也。孫氏希旦曰：御食與侍食不同。侍食者侍君食。而御食者，但勸侑君食，故君食畢，或以餘賜之。若侍食則食畢，執飯齊以授從者，不待君賜，以其食本已所當得故也。禮案：君賜餘者，君使餕己之餘也。不寫謂不易器而食。便食訖可滌濯也。不可滌者，必易器，不敢以口澤汙君之器也。

餕餘不祭。父不祭子，夫不祭妻。鄭注：食人之餘曰餕。餕而不祭，唯此類也。食尊者之餘，則祭盛之。孔疏：祭謂祭先也。因前有賜餘，故明食人之餘不祭者也。朱子熹曰：餕餘之物，不可以祭先祖。如孔子君賜腥，必熟而薦之。賜食則或爲餕餘，固不可薦先祖。雖妻子至卑，亦不可祭。祭只是祭祀之祭，非飲食必有祭之祭。顧氏炎武曰：下二句當別爲一節。蓋以尊臨卑，死者之靈，必有所不安。故其當祭，則有代之者矣。此謂平日四時之祭。若在喪則祥禫之祭，未嘗不行。禮案：餕餘不祭，不敢以殘食褻鬼神也。祭卑不可，況祭尊乎。

御同於長者，雖貳不辭。鄭注：謂侍食於長者，饌宜與之同也。貳謂重殽膳也。辭之爲長者嫌。孔疏：御謂侍也。同謂侍食，而與長者同饌也。侍者雖獲殽膳重，而已不須辭其多也。所以然者，此饌本爲長者設耳。若辭之，則嫌當長者。孫氏希旦曰：貳，益也。謂食盡而又益之也。弟子職曰：三飯二汁，左執虛豆，右執挾匕，周旋而貳，唯嗛之視。禮案：貳謂貳膳也。王制謂七十貳膳是也。

偶坐不辭。鄭注：盛饌不爲己。孔疏：偶，媲也。或彼爲客設饌，而召己往媲偶於客，共食此饌。本不爲己設，故己不辭之也。黃氏榦曰：主人有尊客，因召己媲偶。雖有盛饌，懼妨尊客，己不敢辭退。待尊者辭之可也。故云偶坐不辭。若從疏義。食人之食。而不爲己。有違禮教。知不爲己。則當如避席不食哉禮案偶坐不必主人具饌。而不辭謝者。以有他客在。若己起辭。恐他人不安於坐也。**羹之有菜者用梜。其無菜者不用梜。**鄭注梜猶箸也。今人或謂箸爲梜提。孔疏有菜者爲鉶羹是也。以其有菜交橫。非梜不可。無菜者謂大羹湆也。直歠之而已。其有肉調者。犬羹兔羹之屬。或當用匕也。呂氏大臨曰。事之細者。猶各求其所宜。則先王之謹於禮可知矣。禮案有菜之羹。芼羹也。見內則。無菜之羹肉臐也。見郭注爾雅釋器。**爲天子削瓜者副之。巾以絺。**鄭注副析也。既削又四析之。乃橫斷之。而巾覆焉。孔疏削刊也。絺細葛也。謂先刊其皮。而析爲四解。又橫切之既破。又橫解。而細葛爲巾覆上。而進之也。方氏慤曰。瓜必用巾者。所以奉尊者。不敢褻其物也。巾必以絺綌者。當暑以涼爲貴。李氏格非曰。先王制禮。於削瓜猶有制。然後使後世無以加也。禮案夏小正五月乃瓜。食瓜當暑。故用巾蒙之。所以卻蠅蚋之嘬。巾必用絺綌者。隨時之宜。且葛布疏能透風。庶免炎氣蒸鬱。失眞味也。**爲國君者華之。巾以綌。爲大夫累之。士疐之。庶人齕之。**鄭注華中裂之。不四析也。累倮也。謂不巾覆也。疐之不中裂。橫斷去疐而已。孔疏華謂半破也。綌麤葛也。諸侯禮降。故破而不四析。而橫斷之。巾用粗葛覆而進之。爾雅云。瓜曰華之。郭云。食啖治擇之名。大夫降於諸侯。直削而中裂橫斷而已。不巾覆也。庶人府史之屬。齕齧也。去疐而齕之。此削瓜等級不同。非謂平常之日。當是公庭大會之時也。俞氏樾曰。不巾覆者。大夫至庶人所同也。何獨於大夫特言累之乎。鄭義非也。禮案鄭讀累爲倮是矣。蓋倮謂去皮。而已。不解剖也。大夫以上乃人爲之削。士以下而自疐之。自齕之。故不曰爲士爲庶人云。**父母有疾。冠者不櫛。行不翔。言不惰。琴瑟不御。食肉不至變味。飲酒不至變貌。笑不至矧。怒不至詈。疾止復故。**鄭注不櫛不翔。憂不爲容也。不惰。憂不在私好。惰不正之言。不御。憂不在樂。不變味。變貌。憂不在味。不矧。不詈。憂在心。難變也。齒本曰矧。大笑則見。復故自若常也。孔疏此明親疾人子之禮。言不惰者。惰訛不正之言。食肉不至變味者。少食則味不變。多食則口味變也。方氏慤曰。言冠者別於童子。冠則有時而不櫛可也。童子則無冠矣。無時而不櫛焉。此所以止言冠者不櫛也。言不惰。則以憂勤而不敢惰也。琴瑟不御。不以所樂而忘所憂也。物有常味也。食肉多品。則爲變味。人有常貌也。飲酒過量。則或至變貌。禮案說文櫛梳枇之總名。不櫛謂冠而已。不理髮也。不翔行步蹴踖貌。不惰侍疾竭力。勤不告勞也。不御琴瑟。憂樂不相雜也。變更也。變味更求他味。圖饜足也。變貌飲酒至醉。面色赤也。不樂故笑不至矧也。有憂故無心詈人也。止安也。親疾已安。則復常也。文王世子曰。王季其有不安節。則文王色憂。行不能正履。王季復初。然後亦復初是也。**有憂者側席而坐。有喪者專席而坐。**鄭注側猶特也。憂不在接人。不布他面席。專席降居處也。專猶單也。孔疏憂亦謂親有病也。側猶獨。獨席謂獨坐也。吉時貴賤有重席之禮。若父母始喪。寢苫無席。卒哭後乃有芐翦不納。自齊衰以下。始喪而有席。並不重也。胡氏銓曰。側不正也。漢王嘉傳喜。魏徐弈傳皆云楚有子玉。則文公側席而坐。汪氏紱曰。以側訓獨。自未安。若偶設其席亦非君子。席不正不坐之意。蓋側席只是坐不中席耳。杭氏世駿曰。有憂如左傳。孫子獲罪於君。甯愈職納槖饘。皆是側席。偏設之席。示閉門思愆之意。有喪者寢苫枕塊。坐席不說重數不待言。亦萬無人共坐之理。禮案據此則有喪之喪。宜讀若檀弓上喪欲速貧之喪。蓋大夫士去國。不說人以無罪。故專席而坐。不與人共也。

水潦降。不獻魚鱉。

鄭注不饒益其多。孔疏此明獻遺人物。及授受之儀。不獻魚鱉者。案定四年左傳云。水潦方降。今謂水潦降者。天降下水潦。魚鱉難得。故注云。不饒多也。或云水潦降下魚鱉豐足。不饒益其多。禮案王充論衡。雨水暴下。虫蚰變化爲魚鱉。離本眞暫變之蟲。臣子謹慎。故不敢獻。攷水族若鰻鱔之屬。其尾圓者。爲蛇所化。黿鱉之屬。或與蛇交而生者。並食之殺人。

獻鳥者。佛其首。畜鳥者。則勿佛也。

鄭注爲其喙害人也。佛。戾也。蓋爲小竹籠以冒之。蓄養也。養則馴。孔疏王云。佛謂取首戾轉之。馴善也。鳥經人養。則不喙害人。故獻之不用籠冒及戾之。陸氏佃曰。佛首以翼佛之。若今佛雞鶩矣。孫氏希旦曰。獻鳥若行禽獸之類。少儀曰。其禽加於一雙。則執一雙以將命。鳥喙能傷人。故執以將命。必佛其首於翼下。鄭謂用小竹籠冒之。未知何據。禮案此畜鳥當是家畜雞鵝之類。若係網取飛禽。則雖養熟。見生人喙仍傷人。不能勿佛也。

獻車馬者執策綏。獻甲者執冑。獻杖者執末。獻民虜者操右袂。獻粟者執右契。獻米者操量鼓。獻孰食者操醬齊。獻田宅者操書致。

鄭注凡操執者。謂手所舉以告者也。設其大者。舉其小者。便也。甲。鎧也。冑兜鍪也。民虜軍所獲也。操其右袂。制之。契。券要也。右爲尊。量鼓。量器名。孔疏策是馬杖。綏是上車之繩。車馬不上於堂。但執策綏呈之。甲鎧也。鎧大兜鍪小。小者易舉。執以呈之。杖末拄地不淨。故執以自向。以淨頭授人。民虜征伐所獲。獻之以左手。操囚之右袂。用右手以防其異心。粟粱稻之屬。契謂兩書一札。同而別之。右爲尊。以先書爲尊也。米六米之等。量是斗斛之數。鼓是量器名也。隱義曰。東海樂浪人呼容十二斛爲鼓。以量米。故云量鼓。米可即食爲急。故獻者執量。粟可久儲爲緩。故獻者執契。熟食葱渫之屬。醬齊爲食之主。執主來則食可知。若見芥醬。必知獻魚膾之屬也。書致謂圖書於板。丈尺委曲書之。而致之於尊者也。以上諸物可動。故不云致。田宅箸。故板圖書畫以致之。故言書。又言致也。然古者田宅悉爲官所賦。本不屬民。今此得獻田宅者。或有重勳爲君上所賜。可爲己有。故得有獻。杭氏世駿曰。先以右契獻。俟其來取。則以左契合之。符則與之。以粟米可即與。故以右契先也。朱氏彬曰。廣雅斛謂之鼓。左傳趙簡子賦晉國一鼓鐵。注石四謂之鼓。管子地數篇民自有百鼓之數者不行。注鼓十二斛。孫氏希旦曰。獻田如鄭歸祊田於魯。子產爲豐施歸州田於韓宣子。獻宅如郈成子分宅以處右宰穀臣之妻子。古時此類固多有之。不必以田宅不得獻爲疑。王氏引之曰。致讀爲質劑之質。周官小宰聽賣買以質劑。鄭注曰。質劑謂兩書一札。同而別之。長曰質。短曰劑。今之券書也。文六年左傳由質要。杜注曰。質券契也。此謂獻田宅者操書契以呈於尊者之前。若獻粟者執右契也。禮案獻粟者粟尚未至。故書契以其數之多寡。便其案契執取。米已送到。故操量鼓便其案數量入。

凡遺人弓者。張弓尚筋。弛弓尚角。右手執簫。左手承弣。尊卑垂帨。若主人拜。則客還辟辟拜。主人自受。由客之左接

下承弣。鄉與客並。然後受。

鄭注弓有往來體。皆欲令其下曲。隤然順也。遺人無時。已定體則張之。未定體。則弛之。簫弭頭也。謂之簫。簫邪也。弣把中。帨佩巾也。磬折則佩垂。授受之儀。尊卑一拜。若主人拜受。辟拜謙不敢當。由從也。從客之左右客尊之。接下接客手下也。承弣卻手。則簫覆手與。鄉與客並於堂上。則俱南面。禮敵者並授。孔疏此爲敵體。故稱遺也。弓之爲體。以木爲身。以角爲面。筋在外面。張時曲來向內。故遺人則使筋在上。弓身曲向其下。弛時反張向外。筋在曲內。角在曲外。今遺人角向其上。弓形亦曲向下也。弓頭稍剡差邪似簫。故謂爲簫。又謂爲鞘。執簫謂客覆右手執弓下頭。又卻左手以承弓把。以授主人。還辟猶逡巡也。主人拜客既竟。與客俱向南而立。從客左而受。卻左手接客左手之下。而承弣。又覆右手捉弓下頭。是客主授受。皆卻左手承弣。覆右手執簫也。朱子熹曰。賓主雖或一尊一卑。然皆當磬折垂帨也。郭氏嵩燾曰。尊卑猶高下。此承上執簫承弣之文。以明其高下之節。執弓者磬折而立。承弣當心。則執簫當佩垂處。蓋均爲執弓之容。下文由客之左接下承弣。方及受弓之容。孫氏希旦曰。鄉與客並者。與客同面。而並授也。賓主授受之禮。以訝受爲正。此乃並授者。以授弓禮輕也。客不拜送者。客乃使人。弓非己物故也。凡爲使者於主人之拜受。皆不答。於聘禮可以見之。禮案釋名云。弓末曰簫。中央曰弣。則是弓之兩頭。並謂之簫矣。客主雖位西階阼階上。而授受之時。當在兩楹間。授弓必橫執。客以主在東。東左也。必稍作左高右低之勢。以右手執低一頭之弓末。又以左手執中間高一頭之弣。便主人以左手接受。又以右手。由客之左手下接弣。故必向與客並。然後可受也。古者射以觀德。故說以弓授受之禮。既詳且備也。

進劍者左首。進戈者前其鐏。後其刃。進矛戟者前其鐓。

鄭注左首尊也。後刃敬也。三兵鐏鐓雖在下。猶爲首。鋭底曰鐏。取其鐏也。平底曰鐓。取其鐓也。孔疏首劍拊環也。春秋魯定公十年。叔孫之圉人欲殺公若。僞不解禮。而授劍末。杜云以劍鋒末授之。鋒是末。則環是首也。左首者。主人在左。劍首爲尊。以尊處授主人。戈鉤孑戟也。如戟而橫安刃。但頭不向上。爲鉤也。直刃長八寸。橫刃長六寸。刃下接柄處長四寸。並廣二寸。用以鉤害人也。刃當頭而橫利者也。故不持向人。鐏在尾而鈍。向人爲敬。矛如鋋而三廉。戟今之戟也。古作戟。兩邊皆安橫刃。長六寸。中刃長七寸半。橫刃下接柄處。又長四寸半。並廣寸半。鐓爲矛戟炳尾。平底如鐓。柄下也。以平向人敬也。亦應並授。不云左右。而云前後者。互文也。若相對則前後也。若並授則左右也。孫氏希旦曰。戈之橫刃曰胡。直刃曰援。戟三鋒。其橫刃六寸。下向中矩者曰胡。其中刃長七寸五分。直前曰刺。其橫刃長七寸五分。枝出而磬折者曰援。戈之底鋭謂之鐏。矛戟之底平謂之鐓。鐏鐓蓋皆以金飾之。詩云厹矛鋈鐓是也。禮案凡用兵皆執柄。故進劍左首。進戈矛戟。前其鐏鐓。蓋以柄授人。以鋒刃自向。所以示愼也。若自操柄。以鋒刃向人。是類行刺矣。故禮必前其鐏後其刃也。

進几杖者拂之。效馬效羊者右牽之。效犬者左牽之。執禽者左首。飾羔鴈者以繢。

鄭注几杖尊者所馮依。拂去塵。敬。用右手便。效猶呈見。犬齧齧人。右手當禁備之。左首尊。繢畫也。諸侯大夫以布。天子大夫以畫。孔疏几杖拂去塵埃。爲當馮執故也。或云進几者。以彎外授人。馬羊多力。人右手亦多力。故用右手牽制之。少儀云。獻犬則右牽之。彼是田犬畜犬。不齧人。此是充食之犬。故左牽之。而右手防禦也。狗犬通名。大者爲犬。小者爲狗。爾雅云。未成豪曰狗。禽鳥也。左陽也。首亦陽也。左首謂橫奉之。並授則主人在左。以鳥首授之。飾覆也。畫布爲雲氣。以覆羔鴈爲飾。士相見禮云。下大夫以鴈。上大夫以羔。飾之以布。陸氏佃曰。言飾則繢可知。天子諸侯之大夫無異贄。則亦未必有異飾。呂氏大臨曰。少儀牛則執紖。馬則執靮。皆右牽之。犬雖豢畜。然吠非其主。或有噬人之患。故左牽而以右手制之。如臣虜之比也。禮案進几者必拂。儀禮少牢饋食禮亦有之。執禽左首。執羔亦然。禽固鳥獸可通也。儀禮士相見禮云贄。冬用雉。夏用腒左頭奉之。下大夫相見以鴈。飾之以布。維之以索。如執雉。上大夫相見以羔。飾之以布。四維之結于面。左頭如麛。執之是也。

受珠玉者以掬。受弓劍者以袂。飲玉爵者弗揮。鄭注慎也。掬手中。以袂敬也。弗揮。爲其寶而脆。孔疏受珠玉。置在手中。不用袂承之。恐墜落也。受弓劍。用衣袂承接之。以爲敬也。玉爵玉杯也。揮振去餘也。左傳奉匜沃盥。既而揮之是也。孫氏希旦曰。大射禮云。大射正執弓。以袂順左右隈。上再下壹。左執弣。右執簫。以授公。此授弓用袂。則受弓可知。禮案小爾雅云。兩手所奉爲掬。受珠玉以掬。恐失墜也。袂承恐手澤所汙。弗揮亦慮失慎也。

凡以弓劍苞苴簞笥問人者。操以受命。如使之容。鄭注問猶遺也。苞苴裹魚肉。或以葦。或以茅。簞盛飯食者。圜曰簞。方曰笥。受命謂使者。孔疏苞者。以草苞裹魚肉之屬也。故尚書云。厥苞橘柚。苴者。以草藉器。而貯物也。詩云野有死麕。白茅包之。內則之炮取豚編萑以苴之。既夕禮云。葦苞長三尺是裹魚肉。用茅及葦也。簞笥俱是竹器。問人因問而有物遺之也。或自有事問人。或因彼有事而問之。悉有物將其意。自弓劍以下皆是也。使者操持諸物。進受尊者之命。先習其威儀進退。如至所使國時之儀容。馬氏晞孟曰。苞苴簞笥物之微者也。操而遺人。必習其威儀進退。如使者之容。以禮將之也。故聘義云。使者聘而誤。主君弗親享。古之人相厲以禮如此。禮案簞笥以萑葦及竹爲之。簞形圓。盛飯食之器也。論語云。一簞食。又孟子曰。簞食壺漿是也。笥形方。藏衣裳之器也。內則曰。不敢藏於夫之篋笥。又尚書說命。惟衣裳在笥是也。

凡爲君使者。已受命。君言不宿於家。鄭注急君使也。言謂有故所問也。聘禮曰。君有言則以束帛如享禮。孔疏受君言。宜急去。不敢留宿於家也。故聘禮既受命。遂行舍於郊是也。方氏慤曰。周公言予不敢宿。則禋于文王武王。與此同義。上曰命蓋主於所使之人。下曰言蓋主於所問之事。陳氏祥道曰。爲人臣者。無以有己。故將軍受命之日。則忘其家。臨軍誓衆。則忘其親。援桴而鼓。則忘其身。然則爲君使者。豈異是哉。此聘禮所以言釋幣遂行。此所以言不宿於家也。孫氏希旦曰。君言卽君命也。注說非是。此通言爲君出使之禮。不當專據有言者。禮案此卽前漢賈誼傳所謂爲人臣者主耳忘身。國耳忘私。是故尚書大禹謨云。啓呱呱而泣。予弗子。史記趙奢傳受命之日。不問家事是也。

君言至。則主人出拜君言之辱。使者歸。則必拜送于門外。若使人於君所。則必朝服而命之。使者反。則必下堂而受命。鄭注出拜君言。敬君命也。此謂國君問事於其臣。朝服命之。此臣有所告請於其君。孔疏出。出門拜迎君命也。辱者言屈辱尊者之命來也。朝服命使敬也。命使者朝服則君言至。亦朝服受之。互文也不出門者。己使卑於君使也。孫氏希旦曰。出拜君言之辱。拜送於門外。皆於大門之外也。命使者亦下堂。受命亦朝服。文互相備也。士喪禮乃赴於君主人西階。東南面命赴者拜送。少儀曰。凡膳告於君子。主人展之。以授使者於阼階之南。南面再拜稽首送。是命使亦下堂明矣。受命時當北面。使者於阼階上致君命。而臣於阼階下中庭北面受之也。禮案主人服朝服以遣使。則使者去。必服以待其歸。故下堂受命。不云朝服也。博聞强識而讓。敦善行而不怠。謂之君子。鄭注敦厚。劉氏彝曰。多識前言往行者。聞之博也。窮理盡性以至於命者。識之強也。博聞矣強識也。而猶未敢以爲能也。於是自卑而尊人。抑己以崇德。日新力行。而無厭怠。斯其所以爲君子矣。姜氏兆錫曰。博聞強識而讓。有若無。實若虛也。敦善行而不怠。孳孳爲善也。禮案讓遜也。不怠不息也。尚書說命云爲學遜志務時敏。厥修乃來。易乾卦曰。天行健。君子以自強不息。君子不盡人之歡。不竭人之忠。以全交也。鄭注歡謂飲食。忠謂衣服之物。孔疏與人交者。不宜事事悉受。若使彼罄盡則交結之道不全。若不竭盡。交乃全也。游氏桂曰。盡人之歡。如虞公求玉於虞叔。叔既獻之。而又求其寶劍。故虞叔遂伐虞公。此盡人之歡也。楚共王歸知罃。而問何以報我。知罃不應。而楚子責以必報不穀。是竭人之忠也。如古注之說。則不盡人之懽。若陳敬仲之樂飲。而不繼以燭是矣。不竭人之忠。若孔子出行。不假雨具於子夏是矣。禮案懽樂我心志。忠爲我圖謀。不可因其素交之厚。而責望之深。使人盡力竭誠。難乎爲繼也。禮曰。君子抱孫不抱子。此言孫可以爲王父尸。子不可以爲父尸。鄭注以孫與祖昭穆同。孔疏凡稱禮曰者。皆舊禮語也。祭祀之禮。必須尸。尸必以孫。今子孫行並幼弱。得抱孫爲尸。不得抱子爲尸。記者既引舊禮。又自解之云。此言孫可以爲王父尸。子不可以爲父尸故也。曾子問曰。孫幼則使人抱之。無孫則取於同姓可也。是有抱孫之法也。張子載曰。抱孫不抱子。父於子主於尊嚴。故不抱。孫自有其父在。故祖則可抱。非謂爲尸而抱也。禮案記者云可以爲王父尸。則抱孫不抱子。非爲尸時。張說是也。白虎通云。君子遠子近孫何法。法木遠火近土也。爲君尸者。大夫士見之則下之。君知所以爲尸者。則自下之。尸必式。乘必以几。鄭注尊尸也。下下車也。國君或時幼少。不能盡識羣臣。有以告者乃下之。尸必式禮之。乘必以几。尊者慎也。孔疏此謂臣爲君尸。已被卜吉。君許用者也。古者致齊。各於其家。散齊亦猶出在路。及至祭之旦。俱來入廟。故羣臣得於路見君之尸。皆下車而敬之。散齊之時。君若在路見尸。亦自下車敬之。所以知是散齊者。君致齊不復出行。若祭日君先入廟。後乃尸至也。尸必式者。廟門之外。尸尊未伸。不敢亢禮。不可下車。故式爲敬以答君。式謂俯下頭也。古者車箱長四尺四寸而三分。前一後二。横一木。下去車牀三尺三寸。謂之爲式。又於式上二尺二寸横一木。謂之爲較。較去車牀五尺五寸。若平常則馮較。若應爲敬。則落手下隱式。而頭得俯俛。後云式視馬尾是也。方氏苞曰。祫祭尸非一人。故入齊宮。有先後而散齊期內。或有朝賓聘客。君亦不容不出。故有與尸相遇之禮。郭氏嵩燾曰。大夫以上。筮尸皆先戒尸。故君知所以爲尸。宜在已戒而未筮時。不曰尸而曰所以爲尸。明尚未筮也。禮案爲君尸宗廟之祀。君祖先之尸也。卜取君之同姓。如祭祖廟。則君同輩。祭禰廟則君子行也。外祀則不拘同姓異姓。並可爲尸也。尸必式者。蓋承上文。君及大夫士見之則下車。故尸式以答之也。乘必以几者，李氏惇云。謂履几以登車。猶儀禮昏禮婦乘以几也。

齊者不樂不弔。

鄭注：爲哀樂則失正。散其思也。呂氏大臨曰。古之有敬事者必齊。齊者專致其精明之德。恍惚以與神明交者也。樂則散。哀則動。皆有害於齊也。故不樂不弔。全其所以齊之志也。方氏慤曰。齊之所謂哀樂者。以防外物爲主。祭之所謂哀樂者。以盡內志爲主。惟能防外物之樂。故能盡內志。而樂神之來。惟能防外物之哀。故能盡內志。而哀神之往。齊之不哀不樂。乃所以致祭之哀樂而已。禮案。齊者。專壹致其精誠。所以通於鬼神者也。樂極於樂。弔極於哀。皆足以貳其心。故不爲也。

禮記通釋卷四　　玉環戴禮

曲禮上

居喪之禮。毀瘠不形。視聽不衰。升降不由阼階。出入不當門隧。鄭注爲其廢喪事。形謂骨見。升降出入。常若親存。隧道也。孔疏毀瘠羸瘦也。形骨露也。骨爲人身之主。故謂骨爲形也。居喪乃得羸瘠。不許骨露見也。阼階主人之階也。孝子事死如事生。故在喪思慕。猶若父在。不忍從父阼階上下也。呂氏大臨曰。士喪禮既啓。柩遷于祖。主人從。升自西階。既葬反哭。入升自西階。此不由阼階之節也。孫氏希旦曰。門隧門外當門之中道。既夕禮甸人抗重。出自道是也。禮案毀不滅性。此爲喪過乎哀者戒也。視聽不衰。不喪明。不聵聽也。不由阼階。不當門隧者。人子之心。三年之內。不忍死其親。故仍執子道。而猶立不中門。行不中道也。居喪之禮。頭有創則沐。身有瘍則浴。有疾則飲酒食肉。疾止復初。不勝喪。乃比於不慈不孝。鄭注勝任也。孔疏謂疾不食酒肉。創瘍不沐浴。毀而滅性者也。不留身繼世。是不慈也。滅性違親不生時之意。故云不孝。不云同。而云比者。此滅性本心。實非不孝。故言比也。呂氏大臨曰。汎言居喪。而獨父母。此所以兼言不慈也。禮案玉篇創古文瘡字。鄭注周禮瘍醫云。瘍創癰也。患此皆痛癢。必沐浴。使膿血乾淨乃易痊。故戒以有疾。不可拘禮傷生。宜暫滋酒肉之養。毋使身體羸弱。不能任喪葬大事。蓋此亦恐賢者過之也。五十不致毀。六十不毀。七十唯衰麻在身。飲酒食肉處於內。鄭注所以養衰老。人五十始衰也。孔疏致極也。五十始衰。居喪許毀。而不得極羸瘠也。六十轉衰。都不得毀也。呂氏大臨曰。養老之政。自五十始。血氣既衰。養道所以不可闕。居喪有不能任。故爲之節也。致毀之食。饘粥也。不毀之食。蔬食水飲也。衣服居處。哭泣之節稱之。方氏愨曰。七十則自衰麻之外。與平居無異。飲酒食肉。不必有疾。處於內。則不居門外之倚廬也。禮案致毀謂水漿不入口。及擗踴哭泣之節。五十始衰。宜節哀。六十則否。居室飲酒肉。則唯七十可耳。生與來日。死與往日。鄭注與猶數也。生數來日。謂成服杖。以死明日數也。死數往日。謂殯殮以死日數也。此士禮貶於大夫者。大夫以上。皆以來日數。士喪禮曰。死日而襲。厥明而小斂。又厥明大斂而殯。則死三日而殯。三日而更言三日成服杖。似異日矣。喪大記曰。士之喪二日而殯。三日之朝。主人杖。二者相推。其然明矣。與或爲予。孔疏此士禮。謂生者成服杖。數來日爲三日。死者殯斂。數死日爲三日。士卑屈。故降不如大夫。然惟屈殯日。不屈成服杖日者。成服必在殯後故也。大夫以上尊。則成服及殯日。皆不數死日也。王氏念孫曰。古無謂數爲與者。與猶以也。以與一聲之轉。以可訓與。與可訓以。說見釋詞與字下。三日成服杖。生者之事也。此三日謂以死之明日爲始。是生以來日也。三日而殯。死者之事也。此三日以死之日爲始。是死以往日也。孫氏希旦曰。殯日之連數死日者。固制禮之本法。然而死有早晚之不同。如死在昏暮頃刻之間。不能遽畢襲事。則必至次日乃襲。而小斂大斂。皆當下移一日。士與君大夫。皆當如此也。禮案說是也。苟死於夜半後。則可與來日。若死於夜半前。則不能不與往日矣。

知生者弔。知死者傷。知生而不知死。弔而不傷。知死而不知生。傷而不弔。

鄭注人恩各施於所知也。弔傷皆謂致命辭也。雜記曰。諸侯使人弔辭曰。寡君聞君之喪。寡君使某。如何不淑。此施於生者。傷辭未聞也。說者有弔辭云。皇天降災。子遭罹之。如何不淑。此施於死者。蓋本傷辭。辭畢退皆哭。孔疏弔傷之法。若存之與亡並識。則遺設弔辭傷辭兼行。若但識生而不識亡。則惟遺設弔辭。而無傷辭。若但識亡。惟施傷辭。而無弔辭也。此皆不自往。而遣使。然弔辭乃使口致命。若傷辭當書於板。使者讀之。而奠致殯前也。方氏慤曰。不知死而傷之。則其傷也近於僞。不知生而弔之。則其弔也近於諂。禮案弔禮也。傷情也。檀弓謂子夏喪其子而喪其明。曾子弔之。知生者弔也。子張死。曾子齊衰而往哭之。知死者傷也。曾子之徒。父死。將出哭於巷。曰。反哭於爾次。曾子北面而弔焉。弔而不傷也。孔子之衞。遇舊館人之喪。入而哭之哀。傷而不弔也。注疏云。弔傷皆遣使致命之辭。似未盡其義。

弔喪弗能賻。不問其所費。問疾弗能遺。不問其所欲。見人弗能館。不問其所舍。賜人者不曰來取。與人者不問其所欲。

鄭注皆爲傷恩也。見人見行人館舍也。與人不問其所欲。已物或時非其所欲。將不與也。釋文云。公羊傳曰。錢財曰賻。穀梁傳曰。歸生者曰賻。呂氏大臨曰。君子於其言無所苟而已。所問不由於誠。不如勿問之矣。賜人者使之來取。人之所難取也。與人者問所欲。人之所難言也。陳氏澔曰。此三事不能。則皆不問者。以徒問爲可愧也。禮案以上三事。若問之。恐有乞假之事。如不允其所請。則不情取咎。故必自度能贈之留之者。方可問焉。以物送人。若使來取。似不敬。與人而問其所欲。則將何以應之。亦取怨之道焉耳。

適墓不登壟。助葬必執紼。臨喪不笑。

鄭注爲其不敬。壟冢也。塋域。葬喪之大事。紼引車索。臨喪宜有哀色。孔疏助葬本非爲客。正是助事耳。故宜必執紼也。纒屬棺曰紼。屬車曰引。引紼亦通名。呂氏大臨曰。壟非所登也。助葬執紼。必有事也。弔於葬者必執引。若從柩及壙皆執紼。諸侯之禮曰。寡君有宗廟之事。使一介老某。相執紼。則助葬者。雖諸侯亦執紼也。禮案揚子方言。秦晉之閒。冢謂之壟。蓋葬地平曰墓。封曰冢。高曰墳。登壟登其封土處也。釋名從前引之曰紼。紼發也。發車使前也。至臨喪而笑。則狂悖實甚。不足與言禮矣。記云不笑者。非戒其笑也。蓋言凡與人喪葬之事。必有哀戚之色。以稱其情。不得面有笑容也。

揖人必違其位。

鄭注禮以變爲敬。孔疏位謂己之位也。於位見人。則當離己位。而向彼遙揖也。燕禮君降階。爾卿大夫。爾近也。揖而移近之。明須君臣。皆當違位而揖也。講義曰。孟子言。不歷位而相與言。不踰階而相揖。彼所言者。朝廷之禮。此所言者。燕居之禮。朝廷尚嚴。燕居尚和。言之不同。所主之禮異也。禮案說文違離也。離位揖人。所以示敬也。

望柩不歌。入臨不翔。當食不嘆。鄰有喪。舂不相。里有殯。不巷歌。適墓不歌。哭日不歌。

鄭注哀傷之無容。樂食或以樂。非嘆所。不相不巷歌。助哀也。相謂送杵聲。適墓非樂所。哭日哀未忘也。孔疏臨人之喪。不得趨翔爲容。不翔故不歌也。人君吉食奏樂。既樂故不宜嘆。賤者則無故云或也。哭日弔人日也。論語云。子於是日哭。則不歌。胡氏銓曰。孫卿書多言成相。漢藝文志。有成相雜詞十一篇。樂記言治亂以相。鄭云即拊也。蘇氏云。相謳謠名。呂氏大臨曰。無服之喪。至誠惻怛。當天下共之。況鄰里乎。相者春人歌以助春也。禮案春春米也。周禮地官有春人職。掌米物。淵鑑類函云。秦百里奚死。春者不相杵。又嶺表錄異曰。春堂者。以渾木刳為槽。一槽兩邊。約排十杵。男女間立。以春稻粱。敲磕槽舷。皆有遍拍。聞于數里。雖思婦之巧。秋砧之悽。不能比其瀏澆。故鄭云送杵聲是也。夫喪紀主哀。故不歌。喪客宜蹙。故不翔。論語謂臨喪不哀。夫子猶不欲觀之。況里有殯。及適墓哭日而歌乎。檀弓下云。季武子之喪。曾點倚其門而歌。斯悖禮實甚矣。

送喪不由徑。送葬不辟塗潦。鄭注所哀在此。孔疏前文送喪。此云送葬。上下文勢。皆據他人也。陸氏佃曰。送喪有服者也。送葬不必有服。孫氏希旦曰。喪謂死於外。而以尸若柩歸者。春秋公之喪。至自乾侯是也。於送喪言不由徑。於送葬言不辟塗潦。亦互文也。禮案徑狹路也。塗潦道有積水處也。送喪不由徑。必隨喪車而行。送葬不辟塗潦。必執引而前。不得自趨別路。以貪圖便捷。免溼足也。

臨喪則必有哀色。執紼不笑。臨樂不嘆。介冑則有不可犯之色。故君子戒慎。不失色於人。鄭注所哀在此。貌與事宜相配。介甲也。色厲而內荏。貌恭心很。非情者也。孔疏戎容暨暨。若身被甲。首冠冑。則使形勢高岸。有不可干犯之色。以稱其服。故承上起下之辭。上既言內外宜稱。故君子接人。凡所行用。並使心色。如一。不得色違於心。故云不失色於人也。呂氏大臨曰。執紼不笑。猶臨喪不笑也。當食不嘆。猶臨樂不嘆也。臨喪則必有哀色。介冑則有不可犯之色。色必稱其服。情必稱其色。內外相顧。所謂不失色於人也。禮案此即表記所云。是故君子衰絰。則有哀色。端冕則有敬色。甲冑則有不可辱之色。

國君撫式。大夫下之。大夫撫式。士下之。鄭注撫猶據也。據式小俛。崇敬也。乘車必正立。孔疏謂君臣俱行。君式宗廟。則臣宜下車。若士為大夫之臣。亦如大夫為君也。呂氏大臨曰。下之敬。重於式。所敬皆降一等也。孫氏希旦曰。大夫士尊卑等級不同。故大夫撫式。則士下之。不必為大夫之臣也。禮案乘車之禮。尊者式。則卑者下也。君如式其大夫。則大夫下之。大夫式其士。則士下之。上文君知所以為尸者。則自下之。尸必式是也。

禮不下庶人。鄭注為其遽於事。且不能備物。孔疏庶人貧。無物為禮。又分地是務。不暇燕飲。故此禮不下與庶人行也。白虎通云。禮為有知制。刑為無知設。禮謂酬酢之禮。不及庶人。勉民使至於士也。張逸云。非是都不行禮也。但以其遽務。不能備之。故不著於經文三百。威儀三千耳。其有事。則假士禮行之。黃氏敏求曰。禮不下庶人。若國君見黃髮庶人而拊式。則大夫士所乘。皆天子命車。不必下之。皆式之而已。謂乘車之禮。不為庶人而下。其文連上文。先儒誤認禮不下庶人。與刑不上大夫。辭句相對。而義無歸。孫氏希旦曰。庶人非無禮也。以昏則緇幣五兩。以喪則四寸之棺。五寸之槨。以葬則縣棺而窆。不為雨止。以祭則無廟而薦於寢。此亦庶人之禮也。禮案禮記雜出漢儒。當時以儀禮十七篇。皆士以上之禮。遂謂禮不下庶人也。

刑不上大夫。鄭注不與賢者犯法。其犯法則在八議輕重。不在刑書。孔疏五刑三千之科條。不設大夫犯罪之目。以大夫必用有德。若逆設其刑。則是君不知賢也。而周禮有犯罪致殺。古周禮說。士尸肆諸市。大夫肆諸朝。是大夫有刑。但大夫罪未定之前，則皆在八議。鄭注是也。呂氏大臨曰：大夫有罪，非不刑也，八議所不赦，則刑于隱者。周官掌囚所謂「凡有爵者與王之同族，奉而適甸師氏，以待刑殺」是也。禮案：漢承秦敝，刑戮貴臣，無元首股肱之義，故賈子新書階級云：廉醜禮節，以治君子，故有賜死而無戮辱，是以係縛榜笞、髡刖黥劓之罪，不及士大夫也。攷周禮秋官掌戮職：凡有爵者及王之同族，有罪則死刑焉。是刑不上大夫，非周制明矣。

刑人不在君側。

鄭注：為怨恨為害也。春秋傳曰：近刑人則輕死之道。孔疏：被刑殘者，不得令近君。鄭引春秋公羊傳謂閽殺吳子餘祭，證刑人在君側之失也。陳氏祥道曰：刑人不在君側，禮也。公家不畜刑人，非禮也。周禮掌戮：墨劓宮刖等，非不畜也，不近之而已。畜之者仁也，不近之者智也。禮案：秦以趙高亡國，漢以奄官亂政。刑人不在君側，蓋記者有為而言也。攷周禮天官酒人、籩人、醢人、醯人、鹽人、冪人、內小臣、閽人、寺人、內豎、內司服、縫人之屬，皆有奄人，是刑人非不在君側也。

兵車不式。武車綏旌，德車結旌。

鄭注：兵車尚威武，不崇敬。武車盡飾也。綏謂垂舒之也。武車亦兵車。結旆，不盡飾也。結謂收斂之也。德車，乘車。孔疏：兵車革路也。尚武猛，宜無推讓，故不為式。武車亦革路，取其建戈刃，即云兵車；取其威猛，即云武車。綏謂舒散。旌謂車上旗旛。德車謂玉路、金路、象路、木路，四路不用兵，故曰德車。德美在內，不尚赫奕，故結纏其旒，著於竿也。方氏慤曰：少儀又言「武車不式」者，對言之則如此，獨言之則如彼也。禮案：爾雅釋天：維以縷。注：旄首曰旌。郭注云：用朱縷維連持之，不欲令曳地。鄭注周禮夏官大司馬云：維猶連結也。又節服氏：朝覲，六人維王之大常。即此之所云「結旌」是也。

史載筆，士載言。

鄭注：謂從於會同，各持其職以待事也。筆謂書具之屬，言謂會同盟要之辭。孔疏：史謂國史，書錄王事者。王若舉動，史必書之；王若行往，則史載書具而從之也。不言簡牘而言筆者，筆是書之主，則餘載可知。士謂司盟之士。言謂舊事也。崔靈恩云：必載盟會之辭者，或尋舊盟，或用舊會之禮也。孫氏希旦曰：史謂大史、內史之屬。周禮大史：大朝覲會同，以書協禮事。內史掌書王命。士，大史、內史之士。周禮大史：下大夫二人，上士四人。內史：中大夫一人，下大夫二人，上士四人，中士八人，下士十有六人。君出，則大史、內史載筆以從，以備紀載；其士又載舊時紀載之言，以備徵考也。禮案：王制云：大史執簡。此云載筆，亦互文也。

前有水，則載青旌。前有塵埃，則載鳴鳶。前有車騎，則載飛鴻。前有士師，則載虎皮。前有摯獸，則載貔貅。

鄭注：載謂舉於旌首，以警衆也。禮，君行師從，卿行旅從，前驅舉此，則士衆知所有，所舉各以其類象。青，青雀，水鳥。鳶鳴則將風。鴻取飛有行列也。士師謂兵衆。虎取其有威勇也。貔貅亦摯獸也。書曰：如虎如貔。士或為仕。孔疏：王行宜警備，善惡必先知之，故設備軍陳行止之法。行則並銜枚，無諠聲；若有非常，不能傳道，且人衆廣遠，難可周徧，故前有變異，則舉類示之。宣十二年左傳云：前茅慮無是也。青旌謂畫為青雀旌旗上，舉示軍士，則咸知前值水也。鳶，今時鴟也。鴟鳴則風生，風生則塵埃起，故前有塵埃，則畫鴟於旌首而載之。不直言鳶而云鳴者，鳶不鳴則風不生，故畫作開口，如鳴時。不言旌，從可知也。鴻，鴻雁也。雁飛有行列，與車相似，故前有車騎，則畫鴻於旌首而載之。古人不騎馬，經典無言騎者，今言騎，是周末時禮。虎威猛，亦兵衆之象，若前有兵衆，則舉虎皮於竿首。摯獸猛而能擊，謂虎狼之屬。貔貅是一獸，亦有威猛，若前有猛獸，則舉此貔貅，使衆知爲備也。但不知爲載其皮。爲畫其形耳。貔一名豹。虎類也。王氏引之曰。載之言植也。植此畫青雀之旗於車上。鴻與鳴鳶之載。義與此同。虎皮貔貅之載。則以獸皮所飾之旗。植於車上。故皆謂之載。孫氏希旦曰。既言車騎。又言士師。則士師謂徒兵也。禮案旌以鳥獸爲名者。或繪其象於旌。或懸其皮於竿也。青雀曰青旌。其餘禽獸。不曰旌者。文省也。旌而曰載者。以車上所建。非師徒所執也。攷貔貅當是同類異種之獸。若猿之與猴。麋之與鹿也。史記五帝紀。教熊羆貔貅貙虎。注云此六者猛獸。可以教戰。則似非一獸。記列二名。以其同類。並可用也。虎皮易有。貔貅之皮不易得。有則載其皮。無則圖其形。故虎言皮。而貔貅不言皮也。

行。前朱鳥而後玄武。左青龍而右白虎。招搖在上。急繕其怒。進退有度。左右有局。各司其局。鄭注以此四獸爲軍陳。象天也。急猶堅也。繕讀曰勁。又畫招搖星於旌旗上。以起居堅勁。軍之威怒。象天帝也。招搖星在北斗杓端。主指者。度謂伐與步數。局部分也。孔疏前明軍行逢值之禮。此明軍行象天文。而作陳法也。前南後北。左東右西。朱雀玄武青龍白虎。四方宿名也。軍前宜捷。故用雀。軍後須殿。故用玄武。玄武龜也。龜有甲。能禦侮。左爲陽。陽能發生。象龍變生也。右爲陰。陰沈爲殺。虎沈殺也。軍之左右。生殺變應。威猛如龍虎也。招搖北斗七星也。居四方宿之中。以斗末從十二月建。而指之。則四宿不差。故軍行法之。亦作此以指正四方之陳也。獨云招搖。舉指者爲主。餘從可知也。怒士卒之怒。度步伐也。牧誓武王云。今日之事。不愆于六步七步。四伐五伐。乃止齊焉。軍在左右。各有部分。各須監領。故主帥部分。各有所司也。爾雅云。局分也。郭注云。謂分部也。陸氏佃曰。夫怒所以威衆。急或易竭。無以繕之。後將不繼。禮案鄭注周禮冬官考工記云。玄武龜蛇也。風后握機文曰。天陳地陳風陳雲陳。虎翼陳。蛇蟠陳。飛龍陳。鳥翔陳。八陳四爲正。四爲奇。朱子熹曰。天地風雲爲四正。龍虎鳥蛇爲四奇。天地之前衝爲虎翼。風爲蛇蟠。兵家先陰。以右爲前。又風從虎。虎與蛇皆陰類。同位西北也。天地之後衝爲飛龍。雲爲鳥翔。兵家後陽。以左爲後。又雲從龍。龍與鳥。皆陽類。同位東南也。然則此云。前朱鳥。蓋軍行也。若兩軍對陳。則當前白虎矣。

父之讎。弗與共戴天。兄弟之讎。不反兵。交遊之讎。不同國。鄭注父者子之天。殺己之天。與共載天。非孝子也。行求殺之乃止。不反兵。恆執殺之備。不同國。讎不吾辟則殺之。交遊或爲朋友。孔疏天在上。故曰載。檀弓云。父母之仇。寢苫枕干不仕。弗與共天下也。遇諸市朝。不反兵而鬥。並是不共天下矣。不反兵。謂帶兵自隨也。若行逢仇身不帶兵。方反家取之。比來則仇已逃避。終不可得。故恆帶兵。見即殺之也。交遊朋友也。爲朋友亦報仇也。故前云父母存。不許友以死。禮案白虎通云。子復讎何法。法士勝水。水勝火也。大戴曾子制言曰。父母之讎。不與同生。兄弟之讎。不與聚國。朋友之讎。不與聚鄉。族人之讎。不與聚鄰。

四郊多壘。此卿大夫之辱也。地廣大荒而不治。此亦士之辱也。鄭注卿大夫之辱。辱其謀人之國。不能安也。壘軍壁也。數見侵伐則多壘。士之辱。辱其親。民不能安。荒穢也。孔疏王城四面並有郊。近郊五十里。百里諸侯亦各有四面之郊。里數隨地廣狹。陸氏佃曰。國功曰功。今如此。愧於食功。治功曰力。今如此。愧於食力。士食力者也。禮案尙書大傳曰。古者百里之國。二十里之郊。七十里之國。九里之郊。五十里之國。三里之郊。說文壘軍壘也。周禮夏官量人，掌營軍之壘舍。卿大夫不能安邊靖亂，故國多侵伐。士不能教民種植，故地多曠土。辱謂尸位素餐之辱也。**臨祭不惰。**鄭注：爲無神也。孔疏：鬼神享德，祭若怠惰，則神不歆，是無神也。既謂其不敬，亦是無神之心也。講義曰：事神以敬爲主，故臨祭欲無惰容。語曰：祭如在。記曰：有司跛倚以臨祭，其爲不敬也大矣。禮案：臨祭不惰，卽祭義所謂齊齊乎其敬也，愉愉乎其忠也，勿勿諸其欲其享之也是矣。**祭服敝則焚之，祭器敝則埋之，龜筴敝則埋之，牲死則埋之。**鄭注：此皆不欲人褻之也。焚之必已不用，埋之不知鬼神之所爲。孔疏：若不焚埋，人或用之，爲褻慢鬼神之物。所以焚之埋之異者，服是身著之物，故焚之。牲器之類，並爲鬼神之用，雖敗不知鬼神用與不用，故埋之猶在，焚之則消，故焚埋異也。呂氏大臨曰：祭服者，服以事鬼神，人之所御也。牲器龜筴，鬼神之物，非人之所用也。人之所用則焚之，焚之陽也。鬼神之所用則埋之，埋之陰也。禮案：焚祭服，埋祭器及龜筴者，以事神之物不可褻尊也。白虎通云：蓍龜敗則埋之何？重之不欲人褻尊者也。牲，祭祀之牲，亦以將事神者，人不得食，且牲死則肉敗，食之傷人故也。**凡祭於公者，必自徹其俎。**鄭注：臣不敢煩君使也。大夫以下，或使人歸之。祭於公，助祭於君也。孔疏：此謂士助君祭也。若大夫以上，則君使人歸賓俎，故曾子問云：攝主不歸俎。明正主則歸俎也。呂氏大臨曰：君祭而臣與執事，毋敢視賓客，故自徹其俎以出。陸氏佃曰：言凡則豈特士而已。蓋俎大夫亦自徹以歸，則主人使歸之。據大享卷三牲之俎歸於賓館，則主人之辭。禮案：說是也。徹俎者，助君祭，亦助君徹也。若歸俎，則君使歸之，非臣自徹而歸已也。史記孔子世家：魯郊不致燔俎於大夫，是歸俎必由君命也。**卒哭乃諱。**鄭注：敬鬼神之名也。諱，辟也。生者不相辟名。衛侯名惡，大夫有名惡，君臣同名，春秋不非。孔疏：言人生不諱，故卒哭前猶以生事之，則未諱。至卒哭後，服已變，神靈遷廟，乃神事之，故諱之。馬氏晞孟曰：始死而諱，是之死而致死之，不仁也。卒哭而不諱，是之死而致生之，不智也。聖人知其然，故將葬則有賜謚易名之禮，卒哭則有舍舊諱新之令，以明生事於此畢，鬼事於此始也。禮案：儀禮士虞記云：三月而葬，遂卒哭。明日以其班祔，祔則神之，故諱也。桓六年左傳云：周人以諱事神，名終將諱之，是也。**禮不諱嫌名，二名不偏諱。**鄭注：爲其難辟也。嫌名謂音聲相近，若禹與雨、丘與區也。偏謂二名不一一諱也。孔子之母名徵在，言在不稱徵，言徵不稱在。孔疏：案異義公羊說，譏二名，謂二字作名，若魏曼多也。左氏說：二名者，楚公子棄疾弒君卽位後，改爲熊君，是二名也。俞氏樾曰：偏之言單也，言不偏諱，則見二名固皆當諱，然語言之間，必不可避，則或言上一字而不言下一字，或言下一字而不言上一字可也。此正禮經用字之密。檀弓言徵不稱在，言在不稱徵，足以證明其義。禮案：偏屬也，讀如襄三年左傳「舉其偏」之偏，言不連屬而諱，故二字爲名，則諱一焉，義亦可通。**逮事父母，則諱王父母；不逮事父母，則不諱王父母。**鄭注：逮，及也。謂幼孤不及識父母，恩不至於祖名。孝子聞名心瞿，諱之由心。此謂庶人。適士以上，廟事祖，雖不逮事父母，猶諱祖。孔疏：王父母謂祖父母也。庾云：諱王父母之恩，正應由父，所以連言母者，婦事舅姑，同事父母，且配夫爲體，諱敬不殊，故幼無父而識母者，則可以諱王父母也。張子載曰：言不逮事父母，則不諱王父母，此尤非義。禮雖合諸人情，然未有不諱祖，者也。又如以木鐸徇于廟曰。舍故而諱新。又如先君以獻武諱二山。雖數世祖猶諱也。是難於盡信之書。杭氏世駿曰。庶人無廟。故不逮事父母。不諱王父母。士以上則諱祖。禮案祖之於孫。非旁尊。安有從父而諱之禮。信若此。是孫之諱祖。以義起。非以禮制。張子駁之是也。

君所無私諱。大夫之所有公諱。鄭注無私諱。謂臣言於君前。不辟家諱。尊無二也。有公諱辟君諱也。孔疏或云。大夫所有公諱者。君及大夫諱耳。亦無己之私諱。玉藻云。於大夫所有公諱。無私諱。方氏慤曰。公所無私諱。則私諱之尊。不伸於公故也。私所有公諱。則公之尊。無往而不伸。禮案臣之祖考。生亦君之臣子。君前臣名。故死亦無所諱也。君所無私諱。所以示臣道之卑。生死不易也。

詩書不諱。臨文不諱。鄭注為其失事正。孔疏何胤云。詩書謂教學時也。臨文謂執禮文行事時也。若有所諱。則並失事正。故不諱也。孫氏希旦曰。魯定公名宋。春秋不諱宋。禮案詩書謂造士也。諱則誤後學。臨文謂撰述也。諱則紀載不明。貽

廟中不諱。鄭注為有事於高祖。則不諱曾祖以下。尊無二也。於下則諱上。禮案禮父前子名。故祭祖則不諱禰也。

夫人之諱。雖質君之前。臣不諱也。婦諱不出門。鄭注臣於夫人之家。恩遠也。質猶對也。婦親遠。於宮中言辟之。孔疏夫人本家所諱。臣雖對君前。而言語不為諱也。門謂婦宮門。婦家之諱。但於婦宮中不言耳。若於宮外。則不諱。故臣對君前。不諱也。陳鏗云。雜記母之諱。宮中諱。妻之諱。不舉諸其側。田瓊曰。雜記方分尊卑。故詳言之。曲禮據不出門。大略言之耳。禮案君之前不諱。則夫人之前。必諱可知。婦諱不出門。則入門必諱可知。

大功小功不諱。孔疏古者。期親則為諱。熊氏云。大功亦諱。小功不諱。若小功與父同諱。則亦辟之。雜記王父母。兄弟。世父。叔父。姑姊妹。子與父同諱。父之世叔父。及姑姊妹。皆小功。父為之諱。故己從父為之諱。禮案儀禮喪服。姑姊妹本期服。以出嫁而降服大功。故為之諱。此云不諱。蓋正服也。

入竟而問禁。入國而問俗。入門而問諱。鄭注皆為敬主人也。禁謂政教。俗謂常所行與所惡也。國城中也。孔疏竟界首也。禁謂國中政教所忌。國城中。如今國門內也。入亦先問風俗。常行也。門主人之門。諱主人祖先君名。問諱而以門為節者。主人出至大門迎客。客入門方應交接。故於門為限也。方氏慤曰。范獻子聘魯。而不知先君之諱。則入門可以不問乎。禮案大戴。曾子立事曰。君子入人之國。不稱其諱。不犯其禁。又上文云。使從俗。故必先問此三者。以免身犯其禁。行悖其俗。言犯其諱也。

外事以剛日。內事以柔日。鄭注順其出為陽也。出郊為外事。春秋傳曰。甲午祠兵。順其居內為陰。孔疏十日有五奇五偶。甲丙戊庚壬五奇為剛。乙丁己辛癸五偶為柔。然郊天在國外。應用剛日。而郊特牲云。郊之用辛。又社稷是郊內。應用柔日。而郊特牲云。祀社用甲者。郊社尊。不敢同外內之義。自郊社之外。則皆用之。金氏榜曰。表記云。大事有時日。小事無時日。筮用剛日柔日。蓋謂小事無時日。分別事之內外。而用柔日剛日耳。如郊用辛。社用甲。禘于太廟。日用丁亥之等。皆大事有時日。不用此內外剛柔之限也。孫氏希旦曰。外事謂祭外神。內事謂祭內神。下篇曰。踐阼臨祭祀。內事曰孝王某。外事曰嗣王某是也。納蘭氏成德曰。案黃氏日錄云。凡卜筮日。謂天子諸侯卿大夫士也。凡卜筮吉日。以內外事者。非但謂卜日行祭也。觀上文言。內事外事。下文言。喪事吉事。可見矣。禮案剛日柔日。當別有取義。若如疏謂十干五奇為陽。五偶為陰。

是以剛柔爲陰陽也。陰陽之義。莫非五行。坤爲土爲地陰也。木爲少陽。火爲大陽。金爲少陰。水爲大陰。五行之屬。二陽三陰。見之白虎通義。若果以陽爲剛。則十干前四日爲剛。後六日爲陰也。**凡卜筮日。旬之外曰遠某日。旬之內曰近某日。喪事先遠日。吉事先近日。**鄭注旬十日也。孝子之心。喪事葬事與練祥也。吉事祭祀冠取之屬也。孔疏案少牢禮今月下旬。筮來月上旬。是旬之外日也。主人告筮者云。欲用遠某日。故少牢云。日用丁巳。筮旬有一日。吉乃宮戒。旬之內曰近某日者。案特牲禮云。不諏日。注云。士賤職褻。時至事暇。可以祭。則筮其日。是士於旬初。卽筮旬內之日。主人告筮者云。用近某日。若天子諸侯。凡有雜祭。或用旬內。或用旬外。其辭皆與此同。少牢特牲皆云來日丁亥。不云遠某日近某日者。文不具也。喪事謂葬與二祥。是奪哀之義。非孝子之所欲。但制不獲已。故卜從遠日而起。今月下旬。先卜來月下旬。不吉卜中旬。不吉卜上旬。故宣八年左傳云。禮卜葬先遠日。辟不懷也。尊卑俱然。吉事謂祭祀冠昏之屬。少牢云。若不吉。則及遠日。又筮日如初。是先近日也。納蘭氏成德曰。一月有上中下旬。何必今月下旬。筮來月上旬。而後謂旬之外也。疏家謬矣。禮案若今月下旬。卜旬之外之遠日。自然來月上旬矣。若今月上旬中旬。筮遠日。則本月之中旬下旬。俱在旬之外矣。經文明謂喪事先遠日。蓋先卜遠日不吉。則筮近日。吉事先卜近日。不吉則筮遠日。其義甚明。若據疏義。則遠日宜曰月之外。不當曰旬之外。納蘭氏駁之是也。**曰爲日假爾泰龜有常。假爾泰筮有常。**鄭注命龜筮辭。龜筮於吉凶有常。大事卜。小事筮。孔疏卜擇吉日。故云爲日。假因也。爾汝也。指蓍龜也。泰大中之大。欲褒美此龜。卜故謂爲大龜。大卜也。有常言決判吉凶分明也。凡卜筮大夫以上。命龜涖卜之官。以主人卜事命卜史。序述涖卜所陳之辭。名曰述命。卜人卽席西面命龜云。假爾泰龜有常。命筮則主人以所爲之事命筮史。遂述之爲述命。士喪禮云。命筮人。哀子某爲其父筮宅。筮人許諾。不述命。涖卜命曰。哀子某卜葬其父。無有後悔。許諾不述命。士命龜命筮不述命。則知大夫以上述命也。故少牢云。主人曰。孝孫某來日丁亥。用薦歲事於皇祖伯某。又云史遂述命曰。假爾泰筮有常。孝孫某來日丁亥云云。禮案此命龜筮之辭也。爲日言爲某事求吉日也。假借也。謂龜筴神靈所憑以占吉凶。非人常用之器也。泰尊也。有常不易也。言卜筮所占之貞客。一定不易。人當遵守也。**卜筮不過三。卜筮不相襲。**鄭注求吉不過三。魯四卜郊。春秋譏之。卜不吉則又筮。筮不吉則又卜。是瀆龜筴也。晉獻公卜取驪姬不吉。公曰筮之是也。孔疏一卜不吉而凶。又卜至於三。三若不吉則止。筮亦然也。襲因也。前卜不吉則止。不得因而更筮。筮亦然。表記亦云。卜筮不相襲。鄭注云。大事則卜。小事則筮。與此注不同者。明襲有二義。一則大事小事各有所施。不得因龜卜小事。因蓍筮大事也。二則筮不吉。不可復卜。卜不吉。不可復筮。兩注各舉其一也。馬氏晞孟曰。卜筮吉而不可以襲。卜筮不吉。而不得以過三。詩刺我龜既厭。亦以其過三故也。禮案卜筮不過三。卽易蒙卦所謂初筮告。再三瀆。瀆則不告是也。雖然此蓋言吉凶常事耳。若國有大疑。則又不能不卜筮並用。故尚書洪範有龜從筮從。龜從筮逆之說。是卜筮非不相襲也。**龜爲卜。筴爲筮。卜筮者。先聖王之所以使民信時日。敬鬼神。畏法令也。所以使民決嫌疑。定猶**

與也。故曰疑而筮之。則弗非也。日而行事。則必踐之。鄭注弗非無非之者。日所卜筮之吉日也。踐讀曰善。聲之誤也。筮或爲蓍。孔疏先聖王伏羲以來。聖人爲天子者也。時四時。及一日十二時也。日者甲乙之屬。擇吉而祭祀。所以敬鬼神也。說文猶獸名。玃屬。與亦獸名。象屬。此二獸皆進退多疑。人多疑者。故謂之猶與。王云踐履也。卜得可行之日。必履而行之。孫氏希旦曰。畏法令者。擇日而誓戒之。則人無敢不如期而赴事也。納蘭氏成德曰。老子與兮若冬涉川。猶兮若畏四鄰。故凡遲疑不決者爲猶與。禮案白虎通云。天子下至士。皆有蓍龜者。重事決疑。亦不自專也。乾草枯骨。衆多非一。獨以蓍龜何。此天地之間。壽考之物。故問之也。龜之爲言久也。蓍之爲言耆也。久長意也。龜曰卜。蓍曰筮。何卜赴也。爆見兆也。筮也者。信也。見其卦也。先王制之。所以使君臣上下趨吉避凶。定厥從違也。故有疑宜卜筮。但不得既卜筮。而行事不踐也。

君車將駕。則僕執策立於馬前。已駕。僕展軨效駕。奮衣由右上。取貳綏。跪乘。執策分轡。驅之五步而立。鄭注執策監駕。且爲馬行。展軨具視。效白已駕。奮振去塵也。貳副也。跪乘未敢立敬也。驅之調試之。孔疏僕御車者也。周禮諸侯皆用大夫士。策馬杖也。別有人牽馬駕車。僕知車事。故執策監駕。恐馬奔走。故立馬前。展視也。軨車闌。駕竟。僕從車軨左右。四面視之。上至於闌也。監視竟。僕入白駕竟。先出就車。於車後。振衣去塵。從右邊而升。必從右者。君位在左。故避君空位。貳副也。綏登車索。綏有二。一是正綏。擬君之升。一是副綏。擬僕右之升。故取貳綏而升也。跪乘者。君既未出。未敢依常而立。所以跪而乘之爲敬。然此是暫試。空左不嫌也。轡御馬索也。車一轅而四馬駕之。中兩馬夾轅者名服馬。兩邊名騑馬。亦曰驂馬。每一馬有兩轡。四馬八轡。驂馬內轡。繫於軾前。餘六轡分置兩手。一手執杖。以三轡置空手中。以三轡置杖手中。故曰執策分轡。驅之驅馬行也。僕跪而驅馬得五步止。而僕倚立。待君出也。郭氏嵩燾曰。展軨效駕。至驅之五步而立。當爲一事。效蓋監試之意。車已駕。而先試其事具之完善。馬力之調良也。展軨卽轉轔之意。謂稍移動車輪。以校試之。奮衣由右上者。輪動車行。不復能從容。故言奮矣。孫氏希旦曰。驅馬不可跪。跪乘謂未驅之前。及既立之後也。立駐車也。公食禮曰。賓之乘車。在大門外西方北面立。禮案跪乘者。君未就車。若御者立乘於右。則嫌於曠左。故跪乘。所謂禮以變爲敬也。驅馬行五步者。試四馬之駕車。是否平穩。方可請君就車。愼之至也。

君出就車。則僕并轡授綏。左右攘辟。鄭注車上僕所主。左右謂羣臣陪侍駕者。攘卻也。或者攘古讓字。孔疏君出就車。則僕并六轡及策。置一手中。一手取正綏授君。令登車。此當右手并轡。左手授綏。轉身向後。引君上也。辟遠也。君已上車。車欲進行。故左右侍駕陪位諸臣。皆遷卻以辟車。使不妨車行也。孫氏希旦曰。攘古讓字。荀子盛揖攘之容是也。禮案自君車將駕至此。俱是說僕御之禮。故左右攘辟。乃是說僕者。并轡授綏。引君升車之後。攘左以俟君乘。辟右以待車右也。若左右是君之侍從。必分立兩傍。車行則從。未有當車前而立。必待攘辟。車乃可行也。若巫祝與執戈之士。固當先君車而發。又不須攘辟矣。

車驅而騶。至于大門。君撫僕之手。而顧命車右就車。門閭溝渠必步。鄭注車右。勇力之士。備制非常者。君行則陪乘。君式則下步行。孔疏車驅而騶者。驅車而進。則左右從者。疾趨從車行也。至於大門謂車行至外門。撫按止也。僕手執轡。車行中僕。君欲令駐車。故抑止僕手。顧囘頭也。車右勇力之士。車行則有三人。君在左。僕人中央。勇士在右。初在門內勇士從趨在車後。車行既至大門方履險阻。恐有非常。故命車右上車。門閭溝渠必步。是車右之禮。溝廣深四尺。渠亦溝也。步下車也。勇士必下車者。一則君子不誣十室。過門閭必式。君式則臣當下也。二則溝渠險阻。恐有傾覆。勇士須下扶持之也。僕不下車者。僕下則車無御也。郭氏嵩燾曰。騶即周官趣馬之趣。月令命僕及七騶咸駕。此謂車騶。而騶從之。不敢後也。孫氏希旦曰。門國門。閭巷門也。古者二十五家爲閭。同共一巷。巷首有門。禮案成十六年左傳。晉楚鄢陵之戰。步毅御晉厲公。欒鍼爲右。陷於淖。鍼乃掀公以出。此車右所以必用勇力之士也。

凡僕人之禮。必授人綏。若僕者降等。則受。不然則否。

若僕者降等。則撫僕之手。不然。則自下拘之。鄭注撫小止之謙也。自下拘之。由僕手下取之也。僕與己同爵。則不受。孔疏凡僕人謂爲一切僕。非但爲君僕時也。車上既僕爲主。故爲人僕。必授綏與所升之人。降等謂士與大夫。大夫與卿御也。御者卑降。則主人不須謙。故受取綏。不然謂僕者敵體。主人宜謙。不受其綏也。若僕者降等。則受其不謙。猶當撫止僕手。若不聽。自授。然後乃受也。不降等者。既敵不受。而僕者必授。則主人當卻手。從僕手下。自拘取之。示不用僕授也。陳氏祥道曰。夫禮有六藝。馭居一焉。故司徒以之教萬民。保氏以之教國子。詩以執轡如組爲賢。孔子以執御爲能。而周官大馭。戎僕田僕齊僕之官。皆大夫上士爲之。則御非賤者之事。故有以同等爲之。有以降等爲之。禮案降等則受。若子弟之御父師。故不謙而受。降等則撫僕之手。卽疏謂士御大夫。大夫御卿。故雖降等。不能不謙也。自下拘之者。由僕人手下接綏。猶上文受弓之接下承弣也。

客車不入大門。鄭注謙也。孔疏案公食大夫禮云。賓之乘車。在大門外西方。注云。賓車不入門。廣敬也。與此同。覲禮云。偏駕不入王門。又云。墨車龍旂以朝。墨車得入大門。但不得入廟門耳。馬氏晞孟曰。鄉飲酒禮。主人迎賓于庠門之外。則上至於以賓禮見王。下至於以客禮見者。莫非以得大門之外。爲敬也。禮案敵與尊者至。則主人迎於大門外。不待其車之入也。若降等之客。則益不敢乘車入大門。以故客車。無入大門者也。

婦人不立乘。鄭注異於男子。孔疏婦人質弱不倚乘。坐乘也。方氏慤曰。坐乘則安。婦人所乘。謂之安車者以此。禮案周禮春官巾車職。王后之五路。重翟。厭翟。安車。皆有容蓋。鄭注彼云。安車坐乘車。凡婦人車皆坐乘。故不立乘也。又列女傳曰。后妃踰閾。必乘安車。今立車無輧。非所敢受命是也。

犬馬不上於堂。鄭注非摯幣也。孔疏賓主相見之禮。犬馬將爲禮。而賤不牽上堂也。犬則執緤。馬則執靮。以呈。用充庭實而已。非物聘之贄幣。故不上堂也。講義曰。犬馬雖可獻之於人。然與羔雁玉帛之屬異矣。故效馬者右牽之。效犬者左牽之。惟恐其執之不力。宜不可使上於堂也。禮案犬馬不上於堂。然則效犬效馬者。亦止於堂下與。

故君子式黃髮。下卿位。入國不馳。入里必式。鄭注式黃髮。敬老也。發句言故。明此衆篇。雜辭也。下卿位。尊賢也。卿位卿之朝位也。君出過之而上車。入未至而下車。不馳愛人也。馳善躪人也。必式。不誣十室。孔疏君子謂人君也。人初老則髮白。太老則髮黃。故見而式敬也。人君尚爾。則大夫士可知。卿位路門之內。門東北面位也。

國中人多。若馳車則害人。周官修閭氏禁馳騁於國中。二十五家爲里。里巷首有門。入里則必式而禮之。郭氏嵩燾曰。周禮匠人九分其國。以爲九分。九卿治之。三代建國。統治於君。九卿又有官府。以分治。九卿治所。卽爲卿位也。惠氏棟曰。荀子大略云。禹見耕者耦立而式。過十室之邑必下。大戴禮亦云。禹過十室之邑則下。爲秉德之士存焉。禮案祭義云。八十不俟朝。君問則就之。又天子巡守。先見百年者。據此則人君道逢黃髮。敬不止於式也。卿位臣之虛位。君敬之而下車。毋乃過乎。竊意此文當作下黃髮。式卿位。誤亦猶下文之下齊牛。式宗廟耳。

君命召。雖賤人。大夫士必自御之。鄭注御當爲迓。迓迎也。君雖使賤人來。必自出迎之。尊君命也。春秋傳曰。跛者御跛者。眇者御眇者。皆迓也。世人亂之。孔疏君之使者雖賤。而君命可尊。故雖大夫士貴。亦自出迎之也。鄭引春秋成二年公羊傳。張子載曰。御謂御車也。奉君命而召。雖所召者賤。使者當親御之。禮案此文注疏則謂賤人君使者。詳其文意。不曰君命使而曰君命召。義似張說爲長。今從之。孟子曰。天下有達尊三。爵一德一齒一。此言賤者無爵者也。齒德必有一尊。故大夫士雖貴。必自御之。非止尊君命而已也。

介者不拜。爲其拜而蓌拜。鄭注蓌則失容節。蓌猶詐也。孔疏介甲鎧也。蓌挫也。著甲而屈拜。則挫損其威容也。陳氏祥道曰。兵法軍容不入國。國容不入軍。軍容入國。則民法廢。國容入軍。則民德弱。兵車不式。危事不齒。介者不拜。不以國容入軍也。朱子熹曰。蓌猶言有所挫扰。不利屈伸。臧氏鏞曰。蓌字从坐从久。當爲會意字。欲拜而不能下。但兩足履地。其狀如坐然。禮案說文冑兜鍪也。冑重甲堅。故戴冑披甲。必不便俯身屈膝。故不拜也。史記絳侯世家。周亞夫曰。介冑之士不拜。是也。

祥車曠左。乘君之乘車。不敢曠左。左必式。鄭注曠左空神位也。祥車君之乘車。不敢曠左。君存惡空其位。孔疏祥猶吉也。吉車爲平生所乘。葬時用爲魂車。曠空也。車上尚左。空左以擬神也。乘車謂君之次路也。王有五路。自乘一。餘四皆從行。臣乘。此車不敢曠左。若曠左。則似祥車。故乘者自居左也。處左不敢自安。故恆憑式。乘車君皆在左。若戎路則君在中央。御者居左。馬氏晞孟曰。不敢曠左。不敢虛君位也。左必式。不敢安君位也。禮案以生時所乘之車爲魂車。而謂之祥車者。猶言凶車也。孔疏昭十八年左傳云。祥者善惡之徵。中庸必有禎祥。吉祥也。必有妖孽。凶祥也。尚書序云。亳有祥桑。又洪範五行傳時有青告青祥。白告白祥之類。皆以惡爲祥也。

僕御婦人。則進左手。後右手。御國君。則進右手。後左手而俯。鄭注御婦人遠嫌。御國君敬也。孔疏僕在中央。婦人在左。僕御之時。進左手持轡。形微相背。遠嫌也。御國君則進右手後左手者。禮以相向爲敬也。俯者既御不得恆式。故但俯俛而爲敬也。禮案進左手授綏也。後右手并轡也。乘車之禮。乘者在左。婦人亦當然也。以左手授綏。則御者與乘者不相對面。若以右手授綏。則相向矣。俯謂當國君升車時。俯首爲敬。非謂道見尊者。君式而御者俯也。蓋此俱是言升車之節。若乘車之節。則乘者僕者並向前焉。得相向爲敬乎。

國君不乘奇車。鄭注出入必正。奇車獵衣之屬。孔疏國君不可乘奇邪不正之車。盧氏云。不如法者之車也。隱義曰。獵車之形。今之鉤車是也。衣車如鼈而長。漢桓帝時。禁臣下乘之。胡氏銓曰。自五路之外。皆奇異之車也。如漢宣帝乘輪獵車也。姚氏際恆曰。奇讀如奇偶之奇。猶郊特牲云。鼎俎奇。奇車猶後世言單車。君行必有陪乘。謂之副車。上文乘君之乘車是也。所以備非常。故國君不乘單車而出。禮案王制云。車不中度。不鬻於市。又月令毋或作爲淫巧。以蕩上心。而國君焉得奇異之車而乘之。且此文上下皆言御車乘車之禮。未有禁及異服異器者。似姚說義長。今從之。

車上不廣欬。不妄指。鄭注爲若自矜。廣猶弘也。孔疏廣弘大也。欬聲欬也。車已高。若在上而聲大欬。似自驕矜。又驚衆也。妄虛也。在車上高。若無事。忽虛以手指麾於四方。並爲惑衆也。游氏桂曰。君子於人之瞻視。常爲之法。此則在車顛視之節也。廣欬者矜且泰也。妄指者輕且肆也。古人於一指顧。一瞻視。一謦欬之間。其人之賢不肖。是非禍福。皆可得而分。蓋古人以禮爲常。一失其節。則爲改常。則人之禍福。宜可得而知也。禮案此猶上文登城不指。城上不呼。皆恐駭衆也。

立視五巂。式視馬尾。顧不過轂。鄭注立平視也。巂猶規也。謂車輪之度。巂或爲槊。式小俛。不過轂。爲掩在後。孔疏車輪一周爲一規。乘車之輪高六尺六寸。徑一圍三。總三規爲一丈九尺八寸。五規爲九丈九尺。六尺爲步。總爲十六步半。在車所視。則前十六步半也。馬引車。其尾近在車闌前。故憑式下頭時。不得遠矚。而瞻視馬尾。若轉頭不得過轂。過轂則掩後人私也。論語云。車中不內顧是也。胡氏銓曰。子巂鳥名。車上平視。不過五巂。猶云不過百雉也。雉取其飛不過三丈。則五巂當亦取其飛之遠近爲喻。馬氏晞孟曰。立視五巂。式視馬尾。目之儀也。顧不過轂。首之儀也。立欲平。故視五巂。式欲俯。故視馬尾。禮案六書故轂輪之正中。顧轂旁視也。過轂則微回首向後。似察人之意。猶晉書謝安傳。謂弘以大綱。不存小察也。是

國中以策彗卹勿。驅塵不出軌。鄭注入國不馳。彗竹帚。卹勿搔摩也。孔疏入國不馳。故不用鞭策。但取竹帚帶葉者爲杖。形如埽帚。故曰策彗。卹勿者。以策微近馬體。搔摩之。不欲令疾也。軌車轍也。車行遲。故塵埃不飛揚出軌外也。朱子熹曰。策彗疑謂策之彗。若今時鞭末韋帶耳。禮案彗當作篲。篲馬杖。形聲近而譌也。卹通恤。收也。廣韻馳疾驅也。謂收策篲。勿驅馬。使其行緩。則車塵不出軌外也。

國君下齊牛。式宗廟。大夫士下公門。式路馬。鄭注皆廣敬也。路馬君之馬。孔疏齊右職云。凡有牲事則前馬。注云。王見牲則拱而式。引曲禮曰。國君下宗廟。式齊牛。熊氏云。此文誤。當以周禮爲正。孫氏希旦曰。國君至宗廟下車。敬祖考也。廣其敬。則於齊牛亦式。爲其神之所享也。大夫士至公門下車。敬君也。廣其敬。則於路馬亦式之。爲其君之所乘也。禮案祭牲而謂之齊牛者。以天子諸侯。齊戒沐浴。而躬朝也。且牛之在滌三月者。亦若人之齊宿也。

乘路馬。必朝服。載鞭策。不敢授綏。左必式。鄭注載鞭策。不敢執也。孔疏君之車馬。臣雖得乘之。必朝服而自御。又不敢杖馬。但載杖以行也。君在則僕人授綏。今習儀者。身既居左。自馭以乘。雖有車右。不敢授綏。與己也。既不曠左。故自居左。但式以爲敬。孫氏希旦曰。乘路馬謂以他車駕路馬而調習之也。必朝服者。敬路馬也。蓋御與右皆然。不敢授綏者。不以綏授居左者。辟御君之禮也。此言御者之法。左必式者。又言居左之法也。大夫士式路馬。御者不能式。居左者恆必式也。禮案說是也。不敢授綏。則御車必自有人。疏謂自馭非也。

步路馬。必中道。以足蹙路馬芻有誅。齒路馬有誅。鄭注齒數年也。誅罰也。孔疏步猶行也。若牽行君之馬。必在中道正路。爲敬也。芻食馬草也。此草擬爲供馬所食。若

以足蹴踏之。則有責罰也。齒年也。若論量君馬歲數。亦爲不敬。亦被責罰。皆廣敬也。呂氏大臨曰。誅責也。孔子曰。於予與何誅。傳曰反誅屨於徒人費。皆責也。馬氏晞孟曰。少儀曰。有貳車者之乘馬。服車不齒。觀君子之衣服。服劍乘馬費賈。君子尚然。况其君乎。俞氏樾曰。襄二十六年左傳。左師見夫人之步馬者。杜注曰。步馬習馬。然則此記者言步路馬。亦是謂習路馬也。玉篇馬部⿰馬步盆故切。習馬⿰馬步。今作步。正義但以牽行釋之義未盡。禮案俞說固精。而疏義亦未爲不盡。蓋牽行中道。卽是調習。若就水草。則謂之牧馬。馬食飽。而牽使往來行走。則謂之溜馬也。齒路馬者。謂省數其齒也。馬歲久。則齒增。僖二年左傳晉、獻公曰。吾馬之齒。則已長矣是也。

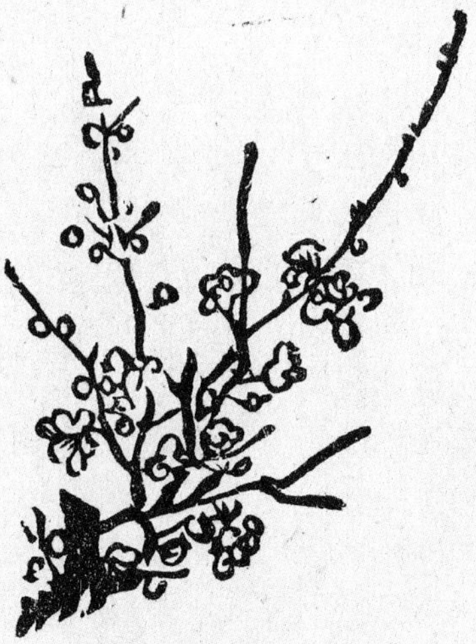

禮記通釋卷五

玉環戴禮

曲禮下第二

孔疏案鄭目錄云。義與前篇同。簡策重多。分爲上下。

凡奉者當心。提者當帶。 鄭注高下之節。孔疏奉謂兩手當心。奉持其物。提謂屈臂當帶。而挈其物。帶有二處。朝服之屬。帶高於心。深衣之類。帶下於脅。玉藻說大帶云。三分帶下。紳居二焉。紳長三尺。而居帶下。三分之二。則帶之下。去地四尺五寸矣。人長八尺爲限。則帶上所餘。正三尺五寸。故知朝服等帶則高也。而深衣之帶。下毋厭髀。上毋厭脅。當無骨者。故知其下也。今云提者當帶。謂深衣之帶。古人恆著深衣。此明尋常提奉也。孫氏希旦曰。人長八尺。頭長一宣一尺三寸三分寸之一。自肩以下。六尺六寸三分寸之二。帶下四尺五寸。則肩之下。二尺一寸三分寸之二。帶之所在也。衣之度二尺有二寸。帶正當其下際。則束衣不固。喪服記云。衣帶下尺。衣當帶下之處。別以一尺續之。然後可以束帶而固衣也。由此言之。朝祭與深衣之帶。爲高下並同。而不在心上明矣。禮案當心謂兩手端奉敬也。當帶謂橫肱而提。臂不下垂愼也。至帶之高下。似孫說爲優。朝祭等服之帶。若果中高於心。則兩旁必束及脅骨。自不能固也。

執天子之器則上衡。國君則平衡。大夫則綏之。士則提之。 鄭注上衡謂高於心。彌敬也。此衡謂與心平。綏讀曰妥。妥之謂下於心。孔疏執持也。上猶高也。衡平也。人之拱手。正當心平。天子至尊。故臣爲擎奉。皆高於心。國君降於天子。故臣爲擎奉。與心齊平。凡言衡有二處。大夫衡視。則面爲衡。此衡謂與心平也。大夫又降於諸侯。故下於心。士卑故提之。又在綏之下。上云提者當帶。陸氏佃曰。衡高七尺七寸。中人八尺。則所謂平衡。與眉齊矣。上衡又少高焉。眉一名衡。豈爲是與。眉爲衡。則鼻爲準。頰爲觀之類可知。上衡若今奉御食器。上眉是也。禮案列女傳。謂梁鴻妻。每進食舉案齊眉。是古有執器以眉爲限者。疑陸說得之。毛詩周南傳。綏安也。執器當心。則安穩無失。綏之提之。卽上文奉者當心。提者當帶是也。

凡執主器。執輕如不克。 鄭注重愼之也。主君也。克勝也。孔疏主亦君也。禮大夫稱主。今此言主。上通天子諸侯。下含大夫。尊者之器。不論輕重。其臣執之。唯宜重愼。器雖實輕而執之。猶如實重。如不勝之容也。故論語云。孔子執圭。鞠躬如也。如不勝。聘禮曰。上介執圭。如重是也。禮案執輕如不克。猶少儀云。執虛如執盈。儼如弗勝者。敬謹之至也。

執主器操幣圭璧。則尙左手。行不舉足。車輪曳踵。 鄭注重愼也。尙左手。尊左也。車輪謂行不絕也。孔疏圭璧瑞玉也。尙上也。謂執持君器及幣玉。則右手在下。左手在上。曳拽也。踵脚後也。執器行時。不得舉足。但起前拽後。使踵如車輪曳地而行也。呂氏大臨曰。人手利於用右。不利於用左。以利用者在下。防失墜也。方氏慤曰。士相見禮曰。執玉者。則唯舒武。舉前曳踵。與此同意。禮案橫渠理窟云。幣者金玉齒革泉布之雜名。車輪曳踵。卽玉藻謂圈豚行。不舉足。執龜玉。舉前曳踵。縮縮如也。

立則磬折垂佩。主佩倚則臣佩垂。主佩垂則臣佩委。 鄭注君臣俛仰之節。倚謂附於身。小俛卽垂。大俛則委於地。孔疏立倚也。佩謂玉佩也。帶佩於兩邊。臣則身宜僂折。故云磬折也。身既僂折。則所帶之佩。從兩邊出。縣垂於前也。君若直立。而佩倚於身。則臣宜曲折。佩不得倚身。故縣垂於前。君若重慎。折身而佩垂。則臣彌曲。故佩委於地也。呂氏大臨曰。禮當加恭於君。故有佩倚佩垂佩委之差也。必俟主佩倚。然後臣佩委。猶授立不跪。授坐不立。亦各從其宜也。禮案。玉藻云。立容辨。卑毋讇。是立宜卑遜。故必磬折佩垂也。或君臣同立。君若直立佩倚。而臣必躬身佩垂也。若君躬身佩垂。則臣當愈恭。故佩委也。

執玉。其有藉者則裼。無藉者則襲。鄭注藉藻也。裼襲文質相變耳。有藻爲文。裼見美亦文。無藻爲質。襲充美亦質。圭璋特而襲。璧琮加束帛而裼亦是也。孔疏。凡執玉之時。必有其藻以承玉。若盡飾見美。必垂藻於下。謂之有藉。所執之人則去外服以見在內裼衣。故云有藉者則裼也。其事質。充美。承玉之藻。不使下垂。屈而在手。謂之無藉。所執之人則掩其上服。襲蓋裼衣。謂之無藉者則襲也。熊氏以爲上明賓介二人爲裼襲。圭璋特以下又明賓主各自爲裼襲。謂朝時用圭璋特。賓主俱襲。行享時用璧琮加束帛。賓主俱裼亦是也。鄭注覲禮云。繅所以藉玉。以韋衣木。廣袤各如其玉之大小。天子則以五采畫之。諸侯三采。子男二采。其卿大夫亦二采。又有五采組繩以爲繫。無事則繫有事則垂爲飾。今言無者。據垂之也。其垂藻之時。則須裼。屈藻之時。則須襲。凡衣近體。有袍襗之屬。其外有裘。夏月則衣葛。其上有裼衣。裼衣上有襲衣。襲衣之上。有常著之服。則皮弁之屬也。掩而不開。則謂之襲。若開此皮弁及中衣。左袒出其裼衣。謂之裼。故鄭注聘禮云。裼者。左袒也。江氏永曰。案聘禮聘君以圭。聘夫人以璋。皆特達。無束帛以藉。其時使者襲。而君受玉亦襲。享君以璧。享夫人以琮。皆有束帛藉之。其時使者裼。而君受玉亦裼。此經所謂有藉無藉者。本此也。鄭注玉藻云。袒而有衣曰裼。注聘禮云。凡袒裼者左。此二語最明。蓋袒而有衣曰裼。對袒而無衣。爲肉袒也。凡喪禮射禮祭禮迎牲割牲之袒皆肉袒也。非肉袒則皆曰裼。凡袒裼者左。謂開衣出前衿。袒出上服之左袖。露其裼衣。惟覲禮侯氏右肉袒請事。注云。刑宜施於右也。後人不識古人袒袖之禮。裼襲之義不明。孔氏此疏謂裼衣外有襲衣。襲衣外有常著之服。至檀弓襲裘及喪大記襲裘加武。非疏則謂裼襲衣之外。即爲上服。前後自違異。賈公彥聘禮疏亦謂裼衣外有上服。當以襲裘爲裼裘正。蓋不裼即謂之襲。別有襲衣。其中衣則在裘之內也。禮案說是也。裼襲係文質相變義。不相因。決無並衣之理。蓋襯衣之外有中衣。冬裘夏葛各隨其時。外必加之以禮服。袒則謂之裼。掩則謂之襲也。夫羔裘不弔。故檀弓上謂曾子襲裘而弔。乃掩其外服。而蔽其裘也。子遊裼裘而弔。乃袒其外服。而露其裘也。

國君不名卿老世婦。大夫不名世臣姪娣。士不名家相長妾。鄭注雖貴於其國家。猶有所尊也。卿老。上卿也。世臣。父時老臣。孔疏。此一節總明稱謂之事。上卿貴。故曰卿老。世婦謂兩媵也。言諸侯雖貴。不得呼其名也。大夫不名世臣姪娣者。姪是妻之兄女。娣是妻之妹。從妻來爲妾。大夫不得呼世臣及貴妾名。然王制云。大夫不世爵。此有世臣者。子襲父爵者也。家相謂助知家事者也。長妾。妾之有子者也。士不得呼此二等人名也。熊氏云。言長妾者。當謂娣。娣尊姪卑也。呂氏大臨曰。老者。即上大夫卿也。諸侯使卿弔于他國。辭曰。一介老某。相執綍。孟莊子不改父之臣與父之政。則大夫有世臣也。禮案上篇云。君前臣名。臣敬君也。此云國君不名卿老世婦。君敬臣也。不名者。或稱其字。或呼其職。若齊桓公之稱管夷吾爲仲父。漢文帝之稱周亞夫爲將軍之屬。**君大夫之子。不敢自稱曰余小子。大夫士之子。不敢自稱曰嗣子某。不敢與世子同名。**鄭注辟天子之子。未除喪之名。君大夫天子大夫。有土地者。大夫士之子。亦辟其君之子。未除喪之名。不與世子同名。辟僭儆也。其先之生。則亦不改。世或爲太。孔疏大夫有地。雖同曰君。而其子在喪。不敢同天子稱也。大夫士之子。諸侯之大夫士之子也。諸侯在喪稱嗣子某。臣之子。宜辟之。世子諸侯之適子也。諸侯之臣。爲其子作名。不得與君適子名同。同則嫌其名自比擬於君也。孫氏希旦曰。下文云。諸侯在凶服曰適子孤。與此稱嗣子某不同者。蓋嗣子某。在喪而稱於臣民之辭。適子孤在喪而稱於諸侯之辭。禮案天子之稱余小子者。不必定宅憂也。尙書顧命。眇眇予末小子。在喪之稱也。詩周頌閔予小子。除喪之稱也。鄭注似誤。世子謂天子諸侯之子也。凡世子之名。天子及諸侯之臣庶。皆當敬辟。疏以經文接嗣子某下。遂止謂諸侯之子。義亦欠詳。**君使士射。不能則辭以疾。言曰某有負薪之憂。**鄭注射者所以觀德。唯有疾。可以辭也。使士射謂以備耦也。憂或爲疾。孔疏射法每兩人相對。以決勝負。名之曰耦。貴賤必對。故卿與卿耦。大夫與大夫耦。或奇餘不足。則使士備耦。案大射君與賓耦。卿大夫自相耦。又有士耦於大夫。司射誓耦。卑者與尊者爲耦。不異侯。是言士得備預爲耦。故此有使士射之禮也。某有負薪之憂。此稱疾之辭也。某士名。負擔也。大樵曰薪。詩云。析薪如之何。匪斧不克。憂勞也。言已擔薪之餘勞。不堪射也。庶人子負薪。今士云者。謙辭也。劉氏彝曰。周之士。以鄉三物選。未有不閑六藝。而爲士者。及其末世。禮教衰微。而士有不能射者。猶未忘乎三物之教。故托以負薪之勞焉。禮案負背也。義見明堂位說文薪章也。易繫辭云。古之葬者。厚衣之以薪。夫人死則仰臥。而背席薪。故謂之有負薪之憂。猶言有澌滅之憂。藉薪如無棺槨然。蓋謙言也。雖然中古雖有棺槨之制。亦以茵著茶藉柩。見儀禮既夕記。茶草屬。乾則薪也。義亦可通。**侍於君子。不顧望而對。非禮也。**鄭注禮尙謙也。不顧望。若子路率爾而對。孔疏謂多人侍。而君子有問。若指問一人。則一人直對。若問多人。則侍者當先顧望坐中。或有勝己者宜前。而己不得率爾先對。非禮也。應氏鏞曰。顧望者。從容詳審。有察言觀色之意。言不輕發。必當其可。非但謙孫而已。禮案上篇云。不辭讓而對非禮。舉侍坐之凡也。此言不顧望而對非禮。有同坐者也。若仲尼燕居子張子貢言游侍是也。如君子有問。宜先望其顏色。似向己言者。己方可答。又須回顧同等。或有越席先對者。亦須俟其辭畢而後對也。**君子行禮。不求變俗。祭祀之禮。居喪之服。哭泣之位。皆如其國之故。謹脩其法而審行之。**鄭注求猶務也。不務變其故俗。重本也。謂去先祖之國。居他國。其法謂其先祖之制度。若夏殷。孔疏君子雖居他國。猶宜重本行故國法。不務變之從新也。祭祀之禮。卽夏立尸。殷坐尸。周旅酬六尸。及先求陰陽。犧牲騂黑之屬也。居喪之服者。殷雖貴猶服傍親周則以尊遞降。哭泣之位者。殷不重適。以班高處上。周貴正嗣。孫居其首。舉此三條。餘冠昏之禮。從可知也。杭氏世駿曰。此條止是泛說治國之道。所謂修其教不易其俗。當謹守祖宗成法。毋作聰明亂舊章。玩謹字審字自見。納蘭氏成德曰。君子指在位者言。不求變俗。不改其舊俗也。特言祭祀。尤人情所不忍變也。孫氏希旦曰。此三者列國所行。容有不同。非但爲夏殷周之殊制也。冢宰八則。六曰禮俗。以馭其民。禮者其所同。俗者其所不盡同者也。禮案抱朴子外篇云。君子行禮。不求變俗。謂違本邦之他國。不改其桑梓之法也。修其法者。因其俗也。審行之者酌其宜也。

去國三世。爵祿有列於朝。出入有詔於國。若兄弟宗族猶存。則反告於宗後。去國三世。爵祿無列於朝。出入無詔於國。唯興之日。從新國之法。

鄭注三世自祖至孫。踰久可以忘故俗。而猶不變者。爵祿有列於朝。謂君不絕其祖祀。復立其族。若臧紇奔邾。立臧爲矣。詔告也。謂與卿大夫。吉凶往來相赴告。反告謂無列無詔者。反告亦謂吉凶也。宗後宗子也。從新國之法。以故國與己無恩。興謂起爲卿大夫。孔疏去國謂三諫不從。於本國無列無詔。然未仕新國。宗族猶存。兄弟猶在己有吉凶。當反還告宗適。不忘本也。若本國無列無詔。而今始仕興國者。所行禮悉改從新也。推此而言。則故國猶有列詔者。雖仕新國。猶行故俗。若無列無詔。而不仕新國者。猶不得從新矣。呂氏大臨曰。以道去君。君未之絕。雖三世之久。爵祿猶有列於朝者。謂君爲之立後。以承先祀。而食其田祿。出入猶有詔者。如去魯之齊。又之晉。後歸於魯。君既未絕之。則出入他國。猶反告於舊君也。如是者。若其兄弟宗族猶存。則必有宗子。冠取妻必告。死必赴。不忘親也。如去國三世。收其田里。掃其宗廟。舊君與己。出入不相聞也。則去父母之國。其日遠。在吾君臣之際。其恩絕。可以變舊國之俗。從新國之法矣。然猶俟起爲卿大夫。然後從新者。厚之至也。方氏慤曰。以傳統而爲後。故謂之宗後。江氏永曰。此經互文見義。兄弟宗族猶存而反告於宗後。於有列有詔者言之。則無列無詔者。而兄弟宗族猶存者。亦當反告可知矣。惟興之日。從新國之法。於無列無詔者言之。則有列有詔而未興者。不忍從新國之法可知矣。孫氏希旦曰。始爵者。得自爲宗。既可以自別於其宗。則雖變其舊俗可矣。其有列有詔者。亦當然。嫌無列無詔者。或不待興。而遽變舊俗。故特明之。禮案史記樂毅傳。毅降趙。趙封毅望諸君。燕復以毅子樂間爲昌國君。毅往來燕趙。以爲客卿。卽此之所謂爵祿有列於朝。出入有詔於國也。去國三世。而君猶念其先人股肱之義。而不奪其爵祿。此君之厚也。君雖與己無恩。而臣在他邦。已歷三世。必至仕時。始從新國之法。此臣之厚也。

君子已孤不更名。已孤暴貴。不爲父作謚。

鄭注亦重本。子事父。無貴賤。孔疏名是父所作。父死更作新名。似遺棄其父也。暴貴謂是士庶起爲諸侯。非一等之位也。謚者列平生德行。爲作美號。父賤無謚。今忽爲造之。似鄙薄父賤。不宜爲貴人之父也。或舉武王爲難。鄭答趙商曰。周道之基。隆於二王。功德由之。王迹興焉。凡爲人父。豈能賢乎。若夏禹殷湯。則不然矣。呂氏大臨曰。古者子生三月。妻以子見。而父名之。斯名也。父之所命也。親存而有所稟命。猶可更也。已孤更之。輕廢父命。孝子之所不忍爲也。父爲士。子爲天子諸侯。則祭以天子諸侯。其尸服以士服。是可以己之祿養其親。不敢以己之爵加其親也。父之爵卑。不當謚。而己之爵當謚。而作其父謚。是以己爵加其父。欲尊其親。而反卑之。非所以敬親也。孫氏希旦曰。君子不奪人親之所名。而況敢自奪乎。謚本於尊者所成。故天子之謚本之於天。諸侯之謚。請之天子。武王庚戌柴望之後。然後三王皆稱王。蓋告於天而王之也。禮案逸周書謚法解。謚者行之迹也。是以大行受大名。細行受細名。天子至尊。故謚成於天。卿大夫賜於其君。若已孤暴貴。而謚爲父作謚。是以卑臨尊矣。曾子問曰。賤不誄貴。幼不誄長。禮也。

居喪未葬讀喪禮。既葬讀祭禮。喪復常讀樂章。

鄭注為禮。各於其時。孔疏喪禮謂朝夕奠。下室朔望奠。殯宮及葬等禮也。祭禮虞卒哭祔小祥大祥之禮也。復常謂大祥除服之後。樂章謂樂書之篇章詩也。禫而後吉祭。故知禫後宜讀之。張子載曰。禮在平日。豈不常學。如祭禮樂章。豈必喪終乃學。此言者。蓋為切用。故至其時又復講求。居喪者他書不可觀。惟喪祭可讀。禮案說是也。檀弓上云。大功廢業。是功服以上。皆不得誦習。唯喪禮則未葬可讀。以資取法。祭禮則既葬可讀。以資參攷也。或誤以為喪祭之禮。必當喪而習。則失之遠矣。夫喪禮祭禮。非一朝一夕所能卒業。若人子平居不學。必待親死而讀。抑亦晚矣。禮凶事不豫。乃是言冒紟衾絞之屬。而俗儒即以為喪葬之事。不可豫習。以誤傳誤。舉凡禮記之說喪禮者。若曾子問。喪服小記之屬。概避不讀。良可慨也。士無故不徹琴瑟。喪復常。則復其弦誦之業也。

居喪不言樂。祭事不言凶。公庭不言婦女。

鄭注非其時也。馬氏晞孟曰。小功之喪。議而不及樂。況大於此。而可言樂乎。古者易服而葬。周官蜡氏。凡大祭祀。禁凶服。祭義。郊之祭。喪者不敢哭。又況祭祀可言凶乎。內言不出。外言不入。凡欲無相瀆而已。況公庭可言婦女乎。居喪不言樂。後世猶有衞孫文子者。公庭不言婦女。後世猶有陳靈公者。此季札洩冶所以譏之。禮案祭主誠敬。自不得妄言他事。不止凶事而已。使果有凶事。則亦不可不言也。檀弓下云。衞有大史曰柳莊。寢疾。公曰。若疾革。雖當祭必告。是也。

振書端書於君前有誅。倒筴側龜於君前有誅。

鄭注臣不豫事不敬也。振去塵也。端正也。倒顛倒也。側反側也。皆謂甫省視之。孔疏書簿領也。不豫拂盤。龜筴君之卜筮所須也。不豫周正。皆宜誅責也。方氏慤曰。端謂正其簡書。筴有本末。故曰倒。龜有背面。故曰側。倒筴側龜。與振書其過非大。然皆有誅。疑若已甚。蓋以羣臣之衆。而奉一人之尊。不可不謹也。抑所以防其漸與。禮案此誅亦謂責罰。猶上篇齒路馬之誅。孔說是也。

龜筴。几杖。席蓋。重素。袗絺綌。不入公門。

鄭注龜筴嫌問國家吉凶。几杖嫌自長老。席蓋載喪車也。雜記曰。士輤葦席以為屋。蒲席以為裳帷。重素衣裳皆素。喪服也。袗單也。孔子曰。當暑袗絺綌。必表而出之。為其形褻。孔疏此以下明臣物不得入公門也。臣之龜筴將入。嫌問國家吉凶。几杖將入。謂欲驕矜。席蓋喪車蓋也。臣有死於公宮。可許將柩出門。不得將喪車凶物入也。袗單也。絺綌葛也。上無衣表。則肉露見。為不敬。不入公門者。并結上諸事。皆不得入。若尸乘以几。至廟門。及八十杖於朝。則几杖可入也。胡氏銓曰。龜筴嫌有異謀。若南蒯將叛。枚筮是也。孫氏希旦曰。大夫七十而致事。若不得謝。則君賜之几杖。未受賜者。不得以几杖入朝也。郭氏嵩燾曰。案朝燕布席。有司掌之。曾子問諸侯相見。及旅見天子。入門雨沾服失容則廢。正為席蓋不入公門之證。禮案白虎通云。天子諸侯大夫士皆有龜蓍。故疏云不見入者。臣之龜筴也。魏志文帝詔賜延年杖及憑几。几杖既由君賜。則不得賜者不可自攜入朝明矣。重素即下文素衣素裳素冠也。袗單也。絺綌葛衣。夏之常服也。單衣葛則體露。故不可單服。若作襯衣。必外加禮服。若作外服。必內著襯衣。以葛布稀疏故也。

苞屨。扱衽。厭冠。不入公門。

鄭注此皆凶服也。苞藨也。齊衰藨蒯之菲也。問喪曰。親始死。扱上衽。厭猶伏也。喪冠厭伏也。苞或為非。孔疏苞屨。杖齊衰之屨也。

喪服杖齊衰章云。疏屨者藨蒯之菲也。此云苞屨不入公門。服問云。唯公門有稅齊衰。注云不杖齊衰也。於公門有免齊衰。則大功有免經也。如鄭此言。五服入公門與否。各有差降。熊氏云。父之喪唯扱上衽。不入公門。冠經衰屨。皆得入也。杖齊衰則屨不得入。不杖齊衰。衰又不得入。其大功經又不得入。其小功以下冠又不得入。此厭冠者。謂小功以下之冠。故云不得入公門。凡喪冠皆厭。大功以上厭冠。宜得入公門也。孫氏希旦曰。未殯之前。主人非君命不出大門。而云扱衽不入公門者。謂臣有死於公宮者。叔弓於禘祭涖事而卒者。則其子不以扱衽入也。喪冠謂之厭冠者。以其無武。而其狀卑伏也。雜記曰。委武玄縞而後蕤。是喪至大祥。冠始有武也。厭冠不入。則必幷首經去之矣。其爲大功以下者。與禮案檀弓下云。士唯公門稅齊衰。此云苞屨厭冠不入公門。文互見也。 **書方衰凶器不以告不入公門。** 鄭注。此謂喪在內。不得不入。當先告君耳。方版也。士喪禮下篇曰。書賵於方。若九若七若五。凶器明器也。孔疏書謂條錄送死者。物件數目多少。如今死人移書也。方版也。百字以上用方板書之。凶器棺材及棺中服器。不得輒將入公門。故須告也。呂氏大臨曰。書方衰凶器三者。皆爲臣妾。有死於宮者。君亦許之殯而成喪。然必告君。乃得入也。禮案上云。苞屨扱衽厭冠。不入公門者。謂孝子不得服之而入也。此言告而可入者。蓋幷凶器持之入宮。俟小斂始成服也。既殯之後。則服喪而從柩歸。知然者。既許其持衰以入。自聽其服衰而出也。 **公事不私議。** 鄭注。嫌若姦也。馬氏晞孟曰。公事而私議。則是弼違者可以後言也。納蘭氏成德曰。公家之事。當與同列議於公朝。不可與家臣謀於私室。若冉有退朝之晏。而曰有政。是公事私議也。故孔子譏之。禮案公事國政也。議於私家。恐謀爲不軌。記禮及此。亦杜漸防微之意。 **君子將營宮室。宗廟爲先。廄庫爲次。居室爲後。** 鄭注。重先祖及國之用。馬氏晞孟曰。大王之遷豳也。宗廟奕奕。然後百堵皆興。宣王之考室也。嗣續妣祖。然後築室百堵。則古人之營宮室者。豈嘗不先宗廟哉。檀弓曰。喪不慮居。爲無廟也。孫氏希旦曰。君子謂諸侯也。廄養馬者。庫藏財物者。宗廟所以奉祖。故爲先。廄庫所以資國用。故爲次。居室所以安身。故爲後。禮案此謂天子諸侯卿大夫也。陸疏爾雅釋宮云。室實也。宮穹也。古者貴賤所居。皆得稱宮。至秦漢以來。乃定於至尊所居之稱。故宮室不能全據人君也。下文云。君子雖貧。不粥祭器。亦豈人君哉。 **凡家造祭器爲先。犧賦爲次。養器爲後。** 鄭注。大夫稱家。謂家始造事。犧賦以稅出牲。孔疏。祭器爲先者。尊崇祖禰也。犧賦爲次者。諸侯大夫少牢。此云犧謂牛。即是天子之大夫。祭祀賦斂邑民。供出牲牢。故曰犧賦。養器。供養人之飲食器也。自贍爲私。宜後造。諸侯言宗廟。大夫言祭器。諸侯言廄庫居室。大夫言犧賦養器。互言也。孫氏希旦曰。月令季冬命大史。次諸侯之列。賦之犧牲。以共皇天上帝社稷之享。命同姓之邦。共寢廟之芻豢。命宰歷卿大夫至於庶民土田之數。而賦犧牲。以共山林名川之祀。大夫有采地。其祭祀之犧牲。亦令民供之。故曰犧賦。郭氏嵩燾曰。注疏言犧謂牛。固知此爲天子之大夫。據下文無田祿者不設祭器。君子雖貧。不粥祭器。是士受田祿。皆得有祭器。王制宗廟之器不粥於市。犧牲不粥於市。經意正分宮室與器用之造於家者之祭。祭牲通名犧。說文犧宗廟之牲也。詩與我犧羊。左傳見雄雞而斷其尾云。自揮其犧也。禮案此承上言。祭器所以事宗廟。犧牲即廄之所養。賦稅即庫之所藏。養器養生之物。與居室同，皆所以自奉，故最後也。

無田祿者不設祭器，有田祿者先爲祭服。鄭注：祭器可假，祭服宜自有。孔疏：大夫及士有田祿者，乃得造器，猶不具。唯天子大夫四命以上者得備具。若諸侯大夫非四命，無田祿，則不得造。故禮運云「大夫聲樂皆具，祭器不假，非禮也」。有田祿者，雖得造器，而先爲祭服，後爲祭器。緣人形參差，衣服有大小，而祭器之品量官同，可以暫假也。孫氏希旦曰：田祿者，大夫士各有采地，無采地者，其祿亦皆出於公田之所入。疏以田祿專爲采地，非也。王制「大夫士有田則祭，無田則薦」，若必采地乃謂之有田，則士之所祭者寡矣。孟子曰「士之失位，猶諸侯之失國家也」，惟士無田則亦不祭，是知凡仕者，即爲有田，不必待賜采地也。禮案：祭器，神之所享，故先；祭服，身之所衣，故後。亦上文先造祭器、後養器之意。下云「君子雖寒不衣祭服」，則雖無田祿者，祭器不設，而祭服必備可知。君子雖貧，不粥祭器；雖寒，不衣祭服；爲宮室，不斬於丘木。鄭注：廣敬鬼神也。粥，賣也。丘，壟也。呂氏大臨曰：祭器所以事其先，粥之則無以祭，不仁也；祭服所以接鬼神，衣之則褻，不敬也。丘木所以庇其宅兆，爲宮室而斬之，是慢其先而濟吾私也。禮案：賣祭器是忘其祖，衣祭服是褻其先也。夫貧至飢凍，尚不可以奉宗廟之物濟己之急，況治居室而可以祖墓之蔭安己之身乎？蓋粥器褻服，乃爲貧所窘；若力能營宮室，則非貧窘可知。然則斬丘木之罪，實浮於粥祭器、衣祭服也。大夫士去國，祭器不踰竟。大夫寓祭器於大夫，士寓祭器於士。鄭注：此用君祿所作，取以出竟，恐辱親也。寓，寄也。與得用者言寄，覬己復還。孔疏：踰，越也。既放出，故祭器不得自隨越竟。無德而出，若猶濫用其器，是辱親也。物不被用則生蟲蠹，既不將去，故寄於同僚，令彼得用，不使毀敗，冀還復用。大夫士義皆然也。馬氏晞孟曰：昔微子去殷，抱祭器而之周者，抱君之祭器也。春秋之時，有載祏而行者，有載寶而歸者，甚有至於己邑自隨者，此君子之所疾也。禮案：此言以道事君，不可則止，猶孔子之去魯，非若有罪出亡，若伍員之去楚，故有賜環之望，而寄祭器於同僚也。且祭器既不可粥，又不可褻瀆，故必寓於人。然經唯云祭器不踰竟，則祭服可攜出竟矣。大夫士去國，踰竟，爲壇位，鄉國而哭。素衣、素裳、素冠，徹緣，鞮屨，素簚，乘髦馬。不蚤鬋，不祭食，不說人以無罪，婦人不當御，三月而復服。鄭注：言以喪禮自處也。臣無君猶無天也。壇位，除地爲位也。徹，猶去也。鞮屨，無絇之菲也。簚，覆笭也。髦馬，不鬣落也。蚤讀爲爪。鬋，鬢也。不自說於人以無罪，嫌惡其君也。御，接見也。三月一時，天氣變，可以遂去也。簚或爲幕。孔疏：此大夫士三諫不從，出在竟上。大夫則待放三年，聽於君命，若予環則還，予玦便去。若士則不待放，臨去皆行此禮也。壇者，除地而爲壇也。去父母之邦，有桑梓之戀，故爲壇位，向國而哭。衣裳冠皆素，爲凶飾也。緣，中衣緣也。素服裏有中衣，吉時用采緣，凶喪故徹緣而純素。屨以絇爲飾，士冠禮云「玄冠黑屨，青絇」，博寸。鄭云「絇之言拘也」。古屨以物繫之，爲行戒，故用繒一寸屈之爲絇，著屨頭以受穿貫。今凶，故無絇也。素簚，白狗皮爲之。簚，車覆闌也。禮，人君羔幦虎犆，大夫鹿幦豹犆，今此喪禮，故用白狗皮也。既夕禮云「主人乘惡車，白狗幦」是也。吉則翦剔馬毛爲飾，凶則無飾，不翦而乘之。蚤，治手足爪也。鬋，剔治鬚鬢也。吉則治鬋爲飾，凶故不翦也。不祭食者。食盛饌則祭食之先。喪凶故不祭也。不說人以無罪者。善則稱君。過則稱己。今雖放逐。猶不得向人說己無罪也。吉時婦人以次侍御。今喪禮自貶。故不說也。自貶三月。然後事事反還如吉禮。而遂去也。三月爲一時。天氣一變。則人情亦宜易也。呂氏大臨曰。大夫士喪位。猶諸侯之失國。去其墳墓。棄其宗廟。無祿以祭。故以喪禮自處。爲壇而哭。衣冠裳以素。輿馬不飾。食不祭。內不御。心喪之禮也。而期以三月。故三月而復服也。鞮屨革屨也。革去毛而未爲韋。非吉屨也。孔子去魯。以微罪行。樂毅云。忠臣去國。不潔其名。以己無罪而說人。則君有罪矣。君子不忍爲也。郭氏嵩燾曰。素衣素裳素冠。非衰也。徹緣。但去深衣之緣。以凶禮自處。禮案素衣素裳素冠。卽上文所謂重素。去國失位。必喪禮自處。故孟子云。古之人三月無君則吊是也。

大夫士見於國君。君若勞之。則還辟再拜稽首。君若迎拜。則還辟不敢答拜。鄭注。謂見君既拜矣。而後見勞也。聘禮曰。君勞使者及介。君皆答拜。不敢答拜。嫌與君亢賓主之禮。迎拜謂君迎而先拜之。聘禮曰。大夫入門再拜。君拜其辱。孔疏。勞慰也。還辟逡巡也。稽首頭至地也。初至行聘享私覿禮畢。而主君又別慰勞己在道路之勤。故逡巡而退辟也。聘禮無還辟之文者。文不備也。君若迎拜。謂聘賓初至大門外。主君迎而拜之。賓是使臣。不敢當禮。則逡巡不敢答主君之拜。故聘禮云。賓入門左。公再拜。賓辟不答拜是也。孫氏希旦曰。大夫士見於國君。及下文大夫見於國君。士見於大夫皆謂大夫士私行出疆。或去己國而適他國。而見於其君。與其大夫者也。注言君勞使介。此聘禮反命。而君勞之之事也。疏言君勞賓介。此賓禮私覿之後。賓出至大門內。而主君勞之之事也。是勞之而再拜稽首於己國及他國之君。皆有此禮矣。然君於其臣。不迎拜。此云君若迎拜。則非見己君。聘禮主君迎拜。乃一定之禮。此云君若迎拜。則固有不迎拜者矣。且聘禮乃爲君奉使。不可云見於國君。以是知此所言。乃私見之禮。而非聘禮也。禮案說是也。蓋此言大夫士見國君之禮。乃承上文。大夫士去國之禮。則此國君。必所適之國之君可知矣。

大夫士相見。雖貴賤不敵。主人敬客。則先拜客。客敬主人。則先拜主人。鄭注。尊賢。孔疏。此謂使臣行禮已竟。次見彼國卿大夫也。唯賢是敬。不計賓主貴賤。雖爲大夫而德劣。亦先拜有德之士也。謂異國則爾。同國則否。又士相見禮。若先生異爵者。謂士則先拜之。此則不必同國也。馬氏睎孟曰。燕禮。賓升自西階。主人先拜。聘禮。賓入大門。主君先拜迎。則先拜之禮。不特大夫士而已。記之所言。亦一端也。孫氏希旦曰。士相見禮。主人皆先拜客。而此乃有客先拜主人者。以下文同國始相見觀之。則此謂尋常相見。而非始相見者也。始相見者。主人必先拜辱。非始相見。則無拜辱之禮。故惟所敬者。則先拜之。禮案主人迎拜。禮之常也。若客先拜者。在他國。必主人齒德之尊。於同國。則降等之客也。

凡非吊喪。非見國君。無不答拜者。鄭注。禮尚往來。喪賓不答拜。不自賓客也。國君見士。不答其拜。士賤。孔疏。吊喪本來爲助於喪事。非行賓主之禮。故主人雖拜己。己不答也。聘禮士介四人。君皆答拜者。以其他國之士故也。呂氏大臨曰。少儀曰。適有喪者曰比。童子曰聽事。適公卿之喪。曰聽役於司徒。諸侯使人相吊辭云。寡君有宗廟之事。不得承事。則凡吊者。非以賓客來。獨主拜賓之辱而已。賓不可申其敬也。禮案凡吊賓之來。致襚執事。蓋致禮於亡者。主人拜之。卽所以答其來意。故賓受其拜也。

大夫

見於國君。國君拜其辱。士見於大夫。大夫拜其辱。同國始相見。主人拜其辱。鄭注自外來而拜。拜見也。自內來而拜。拜辱也。孔疏大夫見於國君。謂見他國君也。故聘禮云。公在門左拜。是拜其辱也。士見於大夫。大夫拜其辱者。謂平常相答拜。非加敬也。故聘禮賓朝服問卿。卿迎於廟門外再拜。是也。同國始相見。主人拜其辱者。前是異國。此明同國。同國則主人必先拜辱也。孫氏希旦曰。拜其辱者。拜其自屈辱至此。卽上文云。君若迎拜是也。君於己臣不拜辱。士相見禮曰。大夫士則奠贄再拜。君答壹拜。同國始相見。謂士自相見。或士見於大夫也。於此言同國。則上言見於國君。見於大夫。爲異國明矣。疏亦以聘禮言之。然大夫奉命出聘。既不可謂見於國君。且士見於大夫。大夫拜其辱。聘禮初無其事。賓問卿大夫。出迎於大門外再拜。大夫與賓相與行禮。而士不與焉。至衆介私面。則入門奠幣再拜。而大夫不迎拜。然則其非聘禮又可知也。禮案下云。同國始相見。則上云大夫見於國君。士見於大夫。皆異國始相見之禮可知。

君於士不答拜也。非其臣則答拜之。大夫於其臣雖賤。必答拜之。鄭注則答拜。不臣人之臣。必答拜。辟正君。孔疏君於己士賤。故不答拜。他國之士。非己尊所加。故答之。然聘禮云。聘使還。士介四人。君旅答拜者。敬其奉使而還。士相見禮。士見國君。君答拜者。以其初爲士。敬之故也。大夫爲君。宜辟正君。故不辨己臣貴賤皆答拜也。馬氏晞孟曰。士之於君。朝則不坐。燕則不與。大享則旅食而已。此君於士所以無答拜之禮也。君於他邦之人。使介者。還其幣。則非其臣答拜之可知矣。大夫之臣。不稽首於大夫。所以辟君也。則其臣雖賤。必答拜之可知矣。禮案禮運云。仕于公曰臣。仕于家曰僕。而大夫君必答拜者。非尊家僕。蓋辟君也。

男女相答拜也。鄭注嫌遠別。不相答拜以明之。孔疏男女宜別。或嫌其不相答。故明雖別。必宜答也。馬氏晞孟曰。昏禮主婦一拜。壻答再拜。則男女相答拜可知矣。禮案坊記云。禮非祭。男女不交爵。以此坊民。陽侯猶殺繆侯。而竊其夫人。故大享廢夫人之禮。然則古者此禮未廢。男女有相見。必有拜禮。拜必有答可知。史記孔子世家。衞靈公夫人南子。願見孔子。孔子辭謝。不得已而見之。夫人在絺帷中。孔子入門。北面稽首。夫人自帷中再拜是也。

國君春田不圍澤。大夫不掩羣。士不取麛卵。鄭注生乳之時。重傷其類。孔疏春時萬物產孕。不欲多傷殺。故不合圍繞取也。夏亦當然。羣謂禽獸共聚也。羣聚則多。不可掩取之。麛鹿子之稱。凡獸子亦得通稱。卵鳥卵也。春方乳長。故不得取也。陳氏祥道曰。春秋傳曰。惟君用鮮。衆給而已。是天子諸侯有四時田獵之禮。大夫士不與焉。故鄭豐卷將祭請田。而子產止之。方氏慤曰。圍澤掩羣。四時之田所同禁。特以春言之者。孕乳之時尤在所禁故也。馬氏晞孟曰。王制天子不合圍。諸侯不掩羣。諸侯曾王田獵之禮也。國君不圍澤。大夫不掩羣。諸侯在國田獵之禮也。郭氏嵩燾曰。王制不麛不卵。是不取麛卵。天子諸侯四時之田並同。獨於士言者。士田取少。麛卵其易取者也。禮案月令孟春之月。犧牲無用牝。無覆巢。無殺孩蟲胎夭飛鳥。無麛無卵。仲春之月。無竭川澤。無漉陂池。無焚山林。祀不用犧牲。季春之月。田獵畢弋罝罘羅網。餧獸之藥。無出九門。蓋春蒐之制。所以搜除害稼之禽獸。非嗜殺戮。以干天地之和也。

歲凶年穀不登。君膳不祭肺。馬不食穀。馳道不除。祭事不縣。大夫不食粱。士飲酒不樂。鄭注皆自爲貶損。憂民也。禮食殺牲。則祭先。有虞氏以首。夏后氏以心。殷人以肝。周人以肺。不祭肺則不殺也。天子食日少牢。朔月大牢。諸侯食日特牲。朔月少牢。除治也。不治道。爲妨民取蔬食也。縣樂器鐘磬之屬也。粱加食也。不樂去琴瑟。孔疏歲凶水旱災害也。鄭注大史職。中數曰歲。朔數曰年。釋者云。年是據有氣之初。歲是舉年中之稱。今謂歲既凶荒。而年中穀稼不登也。膳美食名。盛食必祭。周人重肺。故食先祭肺。歲凶飢不殺牲也。年豐則馬食穀。馳道如今御路。君馳走車馬之處。不除草萊者。凶年人應采蔬食也。樂有縣。鐘磬因曰縣也。凶年雖祭。而不作樂也。大夫食黍稷。以粱爲加。故凶年去之。士平常飲酒奏樂。今凶年猶許飲酒。但不奏樂也。君大夫士。各舉一邊而言。其實互而相通。君尊舉大者而言之。大夫士舉卑小者言耳。禮案家語。孔子在齊。大旱春饑。景公問於孔子曰。如之何。孔子曰。凶年則乘駑馬。力役不興。馳道不脩。祈以幣玉。祭事不縣。祀以下牲。此則賢君自貶以救民之禮也。士飲酒不樂。猶須君賜。則士平常不飲酒。不得奏樂明矣。此云士當凶歲。雖可飲酒。惟不可調琴鼓瑟。若無事之時。下文士無故不徹琴瑟。蓋士以弦誦爲業者也。其不樂即是徹去琴瑟耳。非當燕飲。不使樂人奏樂也。

君無故。玉不去身。大夫無故不徹縣。士無故不徹琴瑟。鄭注憂樂不相干也。故謂災患喪病。孔疏玉謂佩也。徹亦去也。自士以上。皆有玉佩。言君無故不去玉。則知下通於士也。言士不去琴瑟。亦上通於君。但玉以比德。爲重。故於君明之。又大夫言縣。士言琴瑟。亦互言耳。但縣勝。故大夫言之。孫氏希旦曰。琴瑟之樂。通乎上下。若大夫士樂縣。則惟賜樂者乃有之。左傳魏絳始有金石之樂是也。賜樂出於特典。而不以爲常禮。雖大夫亦不必皆有縣。故特牲少牢禮無樂。若公事得用樂者。則不係乎賜否。故鄉飲鄉射禮皆有樂。小胥大夫判縣。士特縣。據已賜樂及公事用樂者言之也。但大夫位尊。賜樂者多。故言無故不徹縣。士卑賜樂者少。故但言琴瑟也。禮案論語云。去喪無所不佩。此無故玉不去身也。喪大記疾病內外皆埽。君大夫徹縣。士去琴瑟。此無故不徹縣。不徹琴瑟也。

士有獻於國君。他日君問之曰。安取彼。再拜稽首而後對。鄭注起敬也。孔疏士有物奉貢於君。他日君問何處取彼物。以士卑德薄。嫌其無有也。不即問。而待他日者。士有貢獻。當日乃自致於外。而不敢容易見。恐君答已拜也。再拜稽首而後對。對得物所由。呂氏大臨曰。君臣上下之交。不間於貴賤。故雖士亦有獻於君。所以達臣子之誠心也。孫氏希旦曰。安取彼者。士祿薄。故問其物之所從來。恐其致之之難。而有所不安。亦禮羣臣之意也。禮案士以職卑。故有獻不敢徑達。而須人代進也。疏謂恐君答己拜非也。上文云。君於士不答拜也。豈有獻拜君。君必答拜。他日無獻拜君。君不答拜。是君臣大禮。可以貨易矣。有是理乎。

大夫私行出疆。必請。反必有獻。士私行出疆。反必告。君勞之則拜。問其行。拜而後對。鄭注臣不敢自專也。私行謂以己事也。士言告者。不必有獻也。告反而已。拜而后對。亦起敬也。問行謂道中無恙。及所經過。孔疏大夫私行。謂非爲君行也。疆界也。既非公事。故宜必請也。然大夫無外交。而此有私行出界。或是新來大夫。姻婭猶存本國。故有私行往來。但不得執交於外耳。大夫還必有獻。士告反而已。行還而君若慰勞己之勞苦。則己拜之。若問其行。拜竟而起對。大夫通如此。先拜後答。急謝似皆衰世之禮。孫氏希旦曰。若慶吊之禮。通於他邦者。輕則遣使。重則自行。固禮之所未嘗禁也。蘧伯玉使人於孔子。孔子問人於他邦。則束修之問出竟矣。雜記有赴於他國君大夫之禮。則赴吊之使出竟矣。春秋季友如陳。葬原仲。士昏禮。若異邦。則贈大夫送者以束錦。是大夫士有娶於異邦者。昏禮必親迎。此則又以情與禮之重。而自行者也。禮案疏云。新來大夫是也。郊特牲曰。爲人臣者無外交。不敢貳君也。此私行出疆。必由他邦來仕。三世以內之大夫士。爵祿有列於本邦。出入有詔於故國。兄弟宗族猶存。故有大事。必反告於本國之宗後也。

國君去其國。止之曰。奈何去社稷也。大夫曰。奈何去宗廟也。士曰。奈何去墳墓也。鄭注皆民臣殷勤之言。孔疏禮運云。君死社稷。無去國之義。左傳說。昔大王居豳。狄人攻之。乃踰梁山。邑於岐山。故知有去國之義也。大夫士去國。皆謂三諫不從。及以罪見黜者。大夫無社稷。故云宗廟。雖無臣民。而屬吏止之也。士亦有廟。辟大夫。故言墳墓。亦與大夫互言也。孝經云。守其祭祀。今不云祭祀者。明雖去此之彼。猶得祭祀。但墳墓不隨耳。陳氏祥道曰。孟子謂滕文公曰。世守也。非身之所能爲也。效死勿去。此重去社稷之義也。春秋傳曰。凡諸侯之大夫違。告於諸侯曰。某氏之守臣某。去宗廟。此重去宗廟之義也。去國則哭於墓而後行。此重去墳墓之義也。去則以私止之。仁也。死則以公責之。義也。禮案此君去其國。國存者也。或同姓篡竊。則國家有後。可老於山林。或權臣內亂。則暫寄他邦。徐圖後舉。故臣庶得以止之。若天子征伐。敵國侵淩。而至失國。則全身遠害之不及。又焉得臣庶而止之。孝經曰。國君守其社稷。大夫守其宗廟。士守其祭祀。故慰留之辭曰。奈何棄之而去。而使社稷無主。宗廟無祀。墳墓不堨也。

國君死社稷。大夫死衆。士死制。鄭注死其所受於天子也。謂見侵伐也。春秋傳曰。國滅君死之。正也。大夫士死其所受於君。衆謂君師。制謂君教令所使爲之。孔疏國君以社稷爲主。若有寇難。當保國。必率衆禦之。以死爲度。士雖不得率師。若君命使之。則唯致死。熊氏云。此不云大夫死宗廟。士死墳墓者。以宗廟墳墓已私有之。爲臣事君。不可爲私事而死也。禮案春秋定四年。蔡滅沈。以沈子嘉歸殺之。何注公羊傳云。書以歸殺之。責不死位也。禮運曰。國有患。君死社稷。謂之義。大夫死宗廟。謂之變。死衆死制。猶檀弓上所謂謀人之軍師。敗則死之。謀人之邦邑。危則亡之。是矣。

禮記通釋卷六

玉環戴禮

曲禮下

君天下曰天子。朝諸侯分職授政任功曰予一人。鄭注皆擯者辭也。天子謂外及四海也。今漢於蠻夷稱天子。於王侯稱皇帝。覲禮曰。伯父實來。余一人嘉之。余予古今字。孔疏擯者稱天子。以四海難伏。宜尊名以威臨之也。父天母地。是上天之子。又爲天所命。子養下民。此尊名也。授政。謂授所縣象魏之法於諸侯也。任功。謂使人專掌委任之功。若五侯九伯。女實征之也。予。我也。予一人者。言我是人中之一人。自謙損也。臣下謂之一人者。以天下之大。四海之內。所共尊者一人耳。胡氏銓曰。覲禮諸侯至郊。稱王命以勞之。知其順命於王所。則稱天子賜之舍。孫氏希旦曰。君天下者。天下之人稱之曰君。猶君一國者。國中之人稱之曰君也。春秋天子使召伯來錫公命。是天子之稱。非但施於蠻夷矣。職。六官之職也。分職。授政。任功。謂分六官之職。而授之以政。任之以功也。予一人。猶諸侯之稱孤寡也。禮案。大戴武王踐阼曰。余一人所聞。以戒後世子孫。尚書大傳云。維予一人某。尚書康王之誥。謂予一人釗。以在喪故自名。然則天子之稱予一人者。在喪未在喪皆然。踐阼臨祭祀。內事曰孝王某。外事曰嗣王某。鄭注皆祝辭也。唯宗廟稱孝。天地社稷。祭之郊內而曰嗣王。不敢同外內。孔疏踐。履也。阼。主人階也。天子祭祀升阼階。內事宗廟是事親。宜言孝。故祝辭云孝王某。某爲天子名也。外事郊社也。天地尊遠。不敢同親。云孝嗣王某。言繼嗣前王而立也。吳氏澄曰。宗廟所祭者。一家之親。內神也。故曰內事。郊社山川之屬。天下一國之神。皆外神也。故曰外事。禮案。大戴諸侯遷廟。稱孝嗣侯某。則天子亦可稱孝嗣王某也。蓋嗣可兼內事。孝不可用外事也。某。天子名。若湯稱予小子履。武王稱周王發也。臨諸侯。畛於鬼神曰有天王某甫。鄭注畛。致也。祝告致於鬼神辭也。曰有天王某甫。某甫。且字也。不名者。不親往也。周禮大會同。過山川則大祝用事焉。鬼神謂百辟卿士也。畛或爲祇。孔疏天子巡守方岳。臨視諸侯。凡所過山川。悉使祝往致辭。告鬼神云有天王某甫者。既不自往。故祝辭不稱名也。某是天子之字。甫是尼甫之類。鬼神謂昔爲諸侯卿士者。若過山川。亦使大祝用事往告。郭氏嵩燾曰。畛當與胗通。說文胗目有所限而止。古者巡守。望秩山川。極目所見謂之望。虞書柴望秩于山川。此言畛於鬼神。正虞書之望也。孫氏希旦曰。鬼神謂諸侯國內山川。及先代諸侯之有功德者。稱字而不稱名者。以其神卑。且告祭禮簡故也。禮案。爾雅釋詁。畛。告也。鬼神只是諸侯國內所祀先代之有功烈於民。若祭法所謂禦大災捍大患之屬是矣。崩曰天王崩。復曰天子復矣。鄭注崩。史書策辭。復。始死時呼魂辭也。不呼名。臣不名君也。諸侯呼字。孔疏自上墜下曰崩。王者死如從天墜下。故曰崩也。復。招魂復魄也。精氣爲魂。身形爲魄。人命終畢。精氣離形。臣子罔極。猶望更生。故使人升屋北面招呼死者之魂。令還復身中。故曰復也。男子呼名。婦人呼字。令魂識知其名字而還。王者不呼名字者。一則臣子不可名君。二則普天率土。一人而已。故止呼天子復。而王者必知呼已而返也。以例而言之，則王后死，亦呼王后復也。禮案：隱三年穀梁傳：高曰崩，厚曰崩，尊曰崩，故天子死而謂之崩也。喪大記曰：唯哭先復，復而後行死事。周禮夏官：夏采掌大喪，以冕服復于大祖，以乘車建綏復于四郊。鄭注：彼云求之王平生常所有事之處。大祖，始祖也。又祭僕大喪復于小廟。鄭云：小廟，高祖以下。又隸僕大喪復于小寢、大寢。鄭云：小寢，高祖以下廟之寢也；始祖曰大寢。又檀弓上曰：君復於小寢、大寢，小祖、大祖，庫門、四郊。鄭注：彼云尊者求之備也，亦他日所嘗有事。

告喪，曰「天王登假」。鄭注：告，赴也。登，上也。假，已也。上已者，若仙去云耳。孔疏：此謂天王崩而遣使告天下萬國之辭。胡氏銓曰：遐，遠也。竹書紀年帝王皆曰陟，陟亦登也。吳氏澄曰：尊之，不敢言其死，但言其升陟於遐遠之處，猶言其登天也。禮案：揚子法言：假言周於天地。李注云：假作遐。此假字亦當作遐，胡氏、吳氏說是也。登遐，猶尚書大甲之陟遐，楚辭九章之遐舉也。

措之廟，立之主，曰「帝」。鄭注：同之天神。春秋傳曰：凡君卒哭而祔，祔而作主。孔疏：措，置也。王葬後卒哭竟而祔，置於廟，立主使神依之也。主用木，方尺，或曰尺二寸。鄭云：周以栗，漢主前方後圓。五經異義云：主狀正方，穿中央，達四方。天子長尺二寸，諸侯一尺。天神曰帝，今號此主同之天神，故題稱帝，若文帝、武帝之類也。崔靈恩云：古者帝王生死同稱，今云立主曰帝，蓋是爲記時有主入廟稱帝之義，記者錄以爲法。呂氏大臨曰：考之禮經，未見有以帝名者，惟易言帝乙，亦不知其何帝。獨史記載夏殷之王皆以帝名，疑夏殷人祔廟稱帝，遷據世本，當有所考。至周人有謚，始不名帝。納蘭氏成德曰：書稱自成湯至于帝乙，是殷王稱帝之明證也，則祔廟固稱帝矣。禮案：大戴五帝德、帝繫二篇及世本、竹書紀年之屬，則稱帝始於軒轅氏，曰黃帝。五帝外紀、帝王世紀等書，則軒轅氏之先又有神農氏，曰炎帝。其於廟號之與否，則不可攷矣。

天子未除喪，曰「予小子」。生名之，死亦名之。鄭注：謙未敢稱一人。春秋傳曰：以諸侯之踰年即位，亦知天子之踰年即位；以天子三年然後稱王，亦知諸侯於其封內三年稱子。生名之曰小子王，死亦曰小子王也。晉有小子侯，是僭取於天子號也。孔疏：適嗣於初喪，未忍即受天王之稱，云予小子者，言我德狹小也。鄭引春秋文九年公羊傳文，證天子三年之內稱予小子也。嗣王既呼爲小子，若於喪中而死，亦謚爲小子王，喪質故不變稱也。呂氏大臨曰：生死皆名之曰小子王，不稱帝，不立謚，未成爲君也。吳氏澄曰：春秋景王崩，悼王未踰年，入於王城，不稱天王而稱王猛，所謂生名之也。死不稱天王崩，而曰王子猛卒，所謂死亦名之也。禮案：下文云諸侯不生名，而況天子，何生名之有？上文云崩曰天王崩，復曰天子復，何死名之有？蓋此所言，俱是天子未除喪之稱也。

天子有后，有夫人，有世婦，有嬪，有妻，有妾。鄭注：妻，八十一御妻，周禮謂之女御，以其御序於王之燕寢。妾，賤者。孔疏：天子立官，先從后妃始，以爲治之法，刑于寡妻，始于家邦，終于四海，故刪詩以后妃爲首。后，後也，言其後於天子，亦以廣後胤也。夫，扶也，言扶持於王也。婦，服也，言其進以服事君子也。以其猶貴，故加以世言之，亦廣世胤也。嬪，婦人之美稱，可賓敬也。妻之言齊也，進御於王，暫有齊同之義。妾之言接也，以得接見於君子也。案周禮王有六寢，一是正寢，餘五寢在後，通名燕寢。凡后妃以下，更以次序而上御王於五寢之中也。孫氏希旦曰：此言天子之內官也。周禮天官有九嬪以下而無三夫人，然酒正有后致飲於賓客之禮，漿人有夫人致飲於賓客之禮，則后之下。有夫人明矣。內官列職。自九嬪以下。而不及三夫人。猶外官列職。自六卿以下。而不及三公也。周禮九嬪。在世婦上。此在世婦下者。從文便耳。其次第則當依周禮。妾即周禮之女御。謂之妻者。蓋諸侯之妃。曰夫人。尊與三夫人同也。大夫之妃。曰世婦。尊與世婦同也。士之妃。直曰妻。而其尊視女御。故女御亦謂之御妻。諸侯則謂之諸妻。喪大記君之喪。夫人世婦諸妻疏食水飲是也。夫人之尊視三公。嬪視孤卿。世婦視大夫。妻視士。其賤而無爵命者曰妾。故不列於周禮。左傳鄭文公有賤妾曰燕姞。晉語鄭伯嘉造納女工妾三十人。韋昭注妾給使者。又鄭語府之童妾。未既齓而造之。皆是也。姚氏際恆曰。此文但爲列名。猶存古意。若周禮之錯雜侈陳。昏義之附會定數。鄭氏之謬妄定夕。皆一掃而空之可也。鄒氏漢勛曰。王度記。天子一娶九女。白虎通天子娶十二女。曲禮天子有后。有夫人。有世婦。有嬪。有妻。有妾。凡有兩義。一謂內官。一謂嬪御。周官經天官世婦無數。春官世婦。每宮卿二人。玉藻記。唯世婦命於奠繭。其他則皆從男子。蓋命士大夫之妻。三妻爲之。故玉藻云然也。禮案說是也。魏志后妃傳序引春秋說。天子十二女。諸侯九女。考之情理。不易之典也。三代宮闈之制。雖不可詳考。要亦不過此數。則此所云。后以下。惟九嬪乃天子旁妻。餘似均內治之官也。周禮冬官考江記。匠人內有九室。九嬪居之。國語周語。內官不過九御。九嬪而謂之九御者。以御于王所也。故月令后妃祀高禖。率九嬪御。以祈嗣。所以惟率王所幸之人以從。而不率夫人世婦以從。可證夫人世婦之非王當夕者也。夫人即畿內諸侯之夫人。后有大事。則入宮佐治內政。故周禮天子漿人有共夫人致飲于賓客之禮。下文諸侯曰夫人。又夫人自稱於天子曰老婦。自稱於其君曰小童。既謂其君。則君之夫人可知。魏志后妃傳。太和元年。封儼世婦爲東鄉君。則世婦者即朝內卿大夫之妻。常日入宮。凡宮中有事。達於外官者。世婦掌之。周禮天官世婦掌祭祀賓客。喪紀之事是也。妻疑即士之妻。以卑無爵命。惟佐世婦理事。若士之爲大夫屬官也。妾宮中之女使。夏小正妾子始蠶是矣。蓋此所舉上自王后。以及宮妾。外自諸侯大夫士之妻。皆有職事。以佐王致內治也。故曰天子有后。有夫人。有世婦。有妻。有妾。而鄭注周禮天官九嬪。則引昏義爲證。皆一天子之妃。又以數多。非一人所能御徧。而謂三人九人當一夕。何其荒謬至此哉。即後世至淫酗之君。亦未聞一夕而御九女者。其非聖王之制明甚。說詳昏義篇。

天子建天官。先六大。曰大宰。大宗。大史。大祝。大士。大卜。典司六典。鄭注典法也。此蓋殷時制也。周則大宰爲天官。大宗曰宗伯。宗伯爲春官。大史以下屬焉。大士以神仕者。孔疏殷家六卿。大宰。司徒。司馬。司空。司士。司寇是也。大宰一卿。以象天時。司徒以下。五卿法於地事。但大宰既尊。故先列之。幷顯大宰之下。所隸屬之官。大宰既法於天。故同受大名云。六大也。典司六典者。結上也。上典是守典。下典是典則。言立此六官。以守主於六事之法。呂氏大臨曰。殷人尊神。率民以事神。先鬼而後禮。大宗以下。皆事鬼神。奉天時之官。故總謂之天官。陳氏澔曰。六者所掌。重於他職。故曰先。孫氏希旦曰。周官無大士。鄭氏以大史以下。皆春官之屬。故以以神仕者當之。然大宰。大宗。皆六卿。大史。大祝。大卜。皆大夫。而以神仕者特中下士。恐未可並列而爲六大。蓋此所言。非周制。不必以周官之名。強求其合也。古者以治天道之官爲重。故少昊紀官。首爲歷正。而堯典一篇。獨詳羲和之命。此言天子建官。先以天六大自大宗以下。皆爲事鬼神。治歷數之職。蓋猶有古之遺意焉。郭氏嵩燾曰。上世命官。皆取法天地。而以天地六四時。分命六官。實瓶始於周。天子建天官。蓋周制也。記禮者。綜古今之宜。合三代典禮。以求其精義之所在。而舉大宗之屬。隸之天官。推本虞書。欽若昊天之意。以事天。蓋論譔之文。非紀述之文也。王氏引之曰。案晏子春秋諫篇。吾爲夫婦獄之不正乎。則泰士子牛存矣。大士蓋若秋官士師。察獄訟之辭矣。又說苑臣術篇。齊成侯卿曰忌。舉北郭力勃子爲大士。而九族益親。民益富。是大士亦掌親九族。富萬民也。禮案大士刑官也。尚書舜典。命皋陶作士。又僖二十八年左傳。士榮爲大士。當卽是官也。天子之五官。曰司徒。司馬。司空。司士。司寇。典司五衆。鄭注衆謂羣臣也。此亦殷時制也。周則司士屬司馬。大宰司徒。宗伯司馬。司寇司空爲六官。孔疏天子立六官。以法天之六氣。此又置五官。以象地之五行也。天地五行踐立。故復云天子。不云建從天官也。又天官尊陽。故一卿以攝衆。地官卑陰。故五卿俱陳也。不云地者。與前互也。天尊故沒其數。地卑故明言其五。典司五衆者。言用此五官。使守其所掌之羣衆也。然此五官。亦各有所領。羣衆如大宰領大宗以下也。而不條出其人者略也。天言六典。地言五衆者。互言也。吳氏華曰。郯子言少昊官名曰。祝鳩氏。司徒也。鴡鳩氏。司馬也。鳲鳩氏。司空也。爽鳩氏。司寇也。鶻鳩氏。司事也。與曲禮五官同。孫氏希旦曰。吳說是也。士事字通。詩勿士行枚。陟降厥士。義皆爲事。司士卽司事也。古者掌水土。與掌百工之官爲二。故虞有司空。又有共工。司事掌百工之事。卽舜時共工之職也。五衆謂五官之屬也。惠氏棟曰。史記周本紀云。古公乃貶戎狄之俗。作五官有司。故鄭據以爲說。金氏鶚曰。王者設官。所以代天工也。故其制必法乎天。三公以法三光。五官以法五行。董子春秋繁露云。五行者。五官也。又云諸侯爵五。法天地之數也。五官亦然。然則五官之制。其義至精。自周以前。皆五官也。逸周書大明武解云。順天行五官。官候厥政。孔晁注五官擧大官言之。此五官之證一。楚語云。古者有天地神民物之官。謂之五官。又一證也。周則以宰相與五官並列爲六。若去冢宰。則亦五官而已。禮案說是也。古者百官總己以聽冢宰。故五官一本冢宰之屬。不得與冢宰並稱六官也。天子之六府。曰司土。司木。司水。司草。司器。司貨。典司六職。鄭注府主藏六物之稅者。此亦殷時制也。周則皆屬司徒。司土。土均也。司木。山虞也。司水。川衡也。司艸稻人也。司器角人也。司貨丱人也。孔疏殷既法天地立官。又爲萬物立府。司土於周爲土均。主平地稅之政令。司木於周爲山虞。虞度也。主量度山之大小所生之物。司水於周爲川衡。衡平也。掌巡行川澤。平其禁令。司草於周爲稻人。掌稼種下地。及除草萊。司器於周爲角人。掌以時徵齒角於山澤之農。供爲器用。司貨於周爲丱人。掌金玉錫石之地。爲之守禁。以時取之。以共器物。金玉曰貨。故稱貨人。立此六官。使各主其所掌職也。禮案六府似說虞夏之制。尚書大禹謨云。水火金木土穀惟修。又六府三事允治。孔疏彼云。府藏財之處六者。卽是水火金木土穀。民用以資生者也。而此云者。唯有司土。司木。司水。而無司火金穀三者何也。蓋火無新不然。故司火謂之司草也。器具之最貴重者。厥惟金質。故司金謂之司器也。養生百貨。莫先五穀。故司穀謂之司貨也。雖然此蓋泛言四代之官制職司。固不必事事求合周禮。鄭惟以不合周官者。卽謂之殷制非也。天子之六工。曰土工。金工。石工。木工。獸工。草工。典制六材。鄭注此亦殷時制也。周則皆屬司空。土工陶旊也。金工築冶鳧㮚段桃也。石工玉人磬人也。木工輪輿弓盧匠車梓也。獸工函鮑韗韋裘也。唯艸工職亡。蓋謂作萑葦之器。孔疏既有六府之物。宜立六工以作爲器物。工能也。言能作器物者也。考工記陶人爲甗。旊人爲簋。卽土工也。築氏掌爲削。削謂書刀。治謂煎金石。治氏掌戈戟。故因呼煎金爲治。梟氏世能爲鍾。以供樂器。㮚氏世能爲量器。謂豆區鬴鍾之屬。段氏主作錢鎛田器。桃氏爲刃刀劍之屬。此卽金工也。玉人作圭璧。磬人作磬。玉及磬出於石。此卽石工也。輪謂車輪。輿謂車牀。車輈不能一人獨成。各有所善。故輪輿不同。弓能作弓者。盧能作戈戟秘者也。匠能作宮室之屬者。車能作大車。及羊車梓謂杯勺箭簴之屬。此七物並用木。皆木工也。函謂能作甲鎧。鮑謂能治皮作甲。韗謂考工記韗人爲皋陶鼓。木謂能以皮冒鼓者。韋熟皮爲衣及韎韐者。裘謂帶毛狐裘之屬。考工記韋裘二職存。此物並用獸皮。卽獸工也。草工謂以萑葦作盛食之器。及葦席之屬也。立此六工。使典制六府之財物也。禮案雖六工職隸司空。然亦天子之官也。於周制亦未必非合。注說泥矣。

五官致貢曰享。

鄭注貢功也。享獻也。致其歲終之功於王謂之獻也。周禮大宰歲終則令百官府。各正其治。受其會。聽其致事。而詔王廢置。孔疏五官后一。天官二。地官三。六府四。六工五。今謂五官則上天子五官。司徒以下。故下文五官之長曰伯。與此五官一也。但大宰總攝羣職。總受五官之貢。故不入其數也。若以五官爲后以下。則下云五官之長。豈有長於后乎。熊氏以爲五等諸侯。亦非也。陳氏祥道曰。五官致貢曰享。與五官之長。所謂五官者。則諸侯而已。蓋以其有侯則曰侯。以其有所主則曰官。以物供上曰貢。以儀致貢曰享。洛誥享多儀是也。周禮凡官府所供。謂之獻。邦國所供。謂之貢。則致貢曰享。爲諸侯之事明矣。禮案下文云。五官之長曰伯。是職方。則此五官。係五等諸侯無疑。熊氏陳氏說並是也。

五官之長曰伯。是職方。其擯於天子也曰天子之吏。天子同姓謂之伯父。異姓謂之伯舅。自稱於諸侯曰天子之老。於外曰公。於其國曰君。

鄭注謂爲三公者。周禮九命作伯。職主也。是伯分主東西者。春秋傳曰。自陝以東。周公主之。自陝以西。召公主之。一相處乎內。是或爲氏。天子之吏。擯者辭也。春秋傳曰。王命委之三吏。謂三公也。稱之以父與舅。親親之辭也。外自其私土之外。天子畿內。孔疏三公加一命。出爲二伯。伯長也。言爲內外官之長。職方言二伯於是職。主當方之事也。擯謂天子接賓之人。若擯者傳辭於天子。則稱此二伯爲天子之吏。亦當言名。記者略之。若三公與王同姓者。王呼爲伯父。伯者長大之名。父乃同姓。重親之稱也。伯舅異族。重親之名也。異族無父稱。故呼爲伯舅。二伯若與九州及四夷之諸侯言。則自謂天子之老。係於天子。威遠國也。外者其私土采地之外。如周公食邑於周。向國外之人。其自稱曰公也。其國采地內也。與臣民言則自稱曰君。孫氏希旦曰。天子之老。亦擯者辭也。於外曰公。謂其國外之人。稱之曰公。若春秋書周公召公是也。於其國曰君。謂其臣民稱之也。禮案鄭注周禮春官宗伯云。上公有功德者。加命爲二伯。得征五侯九伯。鄭司農云。長諸侯爲方伯。孔叢子曰。古之帝王。中分天下。使二公治之。謂之二伯。殷王帝乙之時。王季以功。九命作伯。哀十三年左傳。王合諸侯。則伯率侯牧。以見於王是也。大戴衞將軍文子篇。子貢謂南宮縚。天子信其仁。以爲異姓。鄭注周禮秋官司儀云。異姓昏姻也。逸周書王會解。伯舅中舅。孔注云。成王之舅。姜兄弟也。

九州之長入天子之國曰牧。天子

同姓。謂之叔父。異姓。謂之叔舅。於外曰侯。於其國曰君。鄭注每一州之中。天子選諸侯之賢者。以爲之牧也。周禮曰。乃施典於邦國。而建其牧。牧尊於大國之君。而謂之叔父。辟二伯也。亦以此爲尊。禮或損之而益。謂此類也。外自其國之外。九州之中。曰侯者。本爵也。二王之後不爲牧。孔疏殷曰伯。周曰牧。此云牧。據周禮也。天子於每州之中。選取賢侯。加一命。使主一州爲牧。若入天子之國。則自稱曰牧。牧養也。言其養一州之人。周禮八命作牧是也。伯不言入天子之國者。伯不出。故不入耳。此不云擯於天子者。記者略之也。呂氏大臨曰。父與舅。以姓同異而別也。伯與叔。以位尊卑而別也。必謂之父與舅。尊之親之之辭也。覲禮曰。同姓大國。則曰伯父。其異姓則曰伯舅。同姓小邦。則曰叔父。其異姓則曰叔舅。則天子所以待天下諸侯。大國之禮。視三公。小邦之禮。視九牧也。孫氏希旦曰。入天子之國曰牧。亦擯者辭也。牧在外。亦謂之伯。王制二百一十國以爲州。八州八伯是也。其入天子之國。則曰牧。辟二伯之稱也。牧尊於大國。而曰叔父叔舅者。辟二伯。而因以別異於大國之不爲牧者。玉藻伯曰。天子之力臣。此其擯於諸侯之辭與。禮案五等諸侯之長。方伯也。九州之長。州伯也。晉書桓玄傳曰。父爲九州伯是也。

其在東夷北狄西戎南蠻。雖大曰子。於內自稱曰不穀。於外自稱曰王老。鄭注九州之外長也。天子亦選其諸侯之賢者。以爲之子。子猶牧也。入天子之國曰子。天子亦謂之子。雖有諸伯之地。本爵亦無過子。是以同名曰子。不穀。與民言之謙稱。穀善也。王老。威遠國也。外亦謂其戎狄之中。孔疏此不知幾國立一人。卑不得名爲牧。又不得謂父舅。其本爵不過子男。若本爵是男。亦謂爲子。舉其高者言之也。或有多功益土。雖加侯伯之地。而爵不得進。終守子男。以卑遠故也。葉氏夢得曰。四海之外。先王所主者。故曰外薄四海。咸建五長。使之自長其類而已。夷蠻戎狄。能自養其類。則皆通曰子。子言其道足以養人。此吳楚雖大。亦稱子也。至其朝。則在九門之外。故不言入天子之國。於內曰不穀。示不足以養人也。其反而歸國。出於四夷之外。則曰王老。示有所歸往。而親也。內稱不穀。屈四夷之德。於中國。外稱王老。大中國之德。於四夷也。陸氏佃曰。不言入天子之國。亦卑遠之。禮案爾雅釋地。九夷八狄。七戎六蠻。謂之四海。郭注云。九夷在東。八狄在北。七戎在西。六蠻在南。明堂位九夷八蠻。六戎五狄。皆在門外。故春秋時荊楚雖大。而爵不過子。所以抑夷狄。而尊中夏也。王氏肅曰。子者有德有爵之通稱。則亦不必其定子爵。而稱子也。自稱不穀。對國內臣民也。僖二十三年左傳。晉公子及楚。楚子享之。曰。公子若反晉國。則何以報不穀。則不穀之稱。亦猶寡人。非止於內也。自稱王老。對友邦衆君也。王老猶方伯之稱天子之老。蓋亦擯者辭也。

庶方小侯。入天子之國曰某人。於外曰子。自稱曰孤。鄭注謂戎狄子男君也。男者於外亦曰子。舉尊言之。孔疏庶衆也。小侯四夷之君。非爲牧者也。若入王國。自稱曰某人。若牟人介人也。六服之內。但舉伯之與牧。不顯其餘諸侯。九州之外。既舉大國之子。又舉其餘小國者。以六服下文別更具顯。故於此略之。外曰子者。此君在其本國外四夷之中。依其本爵也。若自與臣民言。則曰孤。孤者特立無德能也。葉氏夢得曰。庶方小侯。乃所謂附庸之君也。其地處乎中國。而其朝異乎四夷。故得入天子之國。以其道止足以自爲。故曰某人。能自爲矣。亦可推而養人。故於外亦得稱子。不足以養民。則民將去而無輔矣。故自稱曰孤。孤則甚於不穀也。先王正名號如此。而後世稱謂。猶失其眞。又況謙德以自孫也。呂氏大臨曰。自稱曰孤。又下於王老也。春秋楚子稱不穀。從其稱也。齊桓公對楚屈完稱不穀以自卑之辭。答楚也。魯弔宋災。宋閔公稱孤。傳云列國有凶。稱孤禮也。亦自貶之稱也。禮案葉氏謂庶方小侯。爲附庸之君是也。入天子之國。擯者曰某人。辟大邦之子爵也。於外曰子者。若春秋書莒子邾子之類。天子當依而立。諸侯北面而見天子曰覲。天子當宁而立。諸公東面。諸侯西面曰朝。鄭注諸侯春見曰朝。受摰於朝。受享於廟。生氣文也。秋見曰覲。一受之於廟。殺氣質也。朝者位於內朝而序進。覲者位於廟門外而序入。王南面立於依宁而受焉。夏宗依春。冬遇依秋。春秋時齊侯唁魯昭公。以遇禮相見。取易略也。覲禮今存。朝宗遇禮今亡。孔疏此一節論諸侯朝宗覲遇之法。依狀如屏風。以絳爲質。高八尺。東西當戶牖之間。繡爲斧文。覲禮天子設斧依。鄭注云。如今綈素屏風。爾雅云。牖戶之間謂之扆。天子當依而立。是於秋受覲禮也。天子袞冕在廟。當依前南面而立。不迎賓。諸侯入廟門右。坐奠圭玉而再拜。擯者命升西階親授。諸侯於是坐取圭玉升堂。王受玉。是當依而立之時也。王既受玉。諸侯一降階。並北面再拜稽首。擯者延之。使升成拜。是北面曰覲。所以同北面者。覲是秋冬陰殺之時。其氣質斂。故并於一處受之。不布散也。當宁而立。此爲春夏受朝時也。宁者爾雅云。門屏之間謂之宁。郭注云。人君視朝所宁立處。天子受朝於路門外之朝。於門外以待諸侯。故云當宁而立也。王既立宁。諸侯次第而進。諸公在西。諸侯在東。而朝王。春朝陽生之時。其氣文舒而布散。故分於兩處受也。地道尊右。故諸公在西也。呂氏大臨曰。考之舜典。二月東巡守。肆覲東后。則春亦曰覲。蓋朝覲互名。至周始以春秋別之。又有夏宗冬遇。以備四時之朝。孫氏希旦曰。依設於廟。宁在治朝。則覲禮在廟。朝禮在朝也。覲禮諸侯受次於廟門外。同姓西面北上。異姓東面北上。至入廟北面而覲。則無東上西上之文。是諸侯雖同受次於廟門外。但一廟一門。入覲不同時旅見也。朝禮諸公東面。諸侯西面。則旅見矣。萬氏斯大曰。覲禮云。侯氏裨冕。乘墨車。載龍旂。弧韣。乃朝。以曲禮此經參之。此時應有朝禮。儀禮不具。文略也。朝覲通言之。皆曰朝。但臣之見君。以北面爲正。故獨以覲名。如先儒說。唯秋冬覲遇者。行北面再拜。春夏朝宗者。止東西一立而退。無北面而朝之禮。何以明君臣之義乎。禮案朝覲互名。呂說是也。尚書舜典。既月乃日覲四岳羣牧。是春朝曰覲也。春秋僖二十四年冬。天王出居于鄭。二十八年夏。公朝于王所。冬。天王狩于河陽。公朝于王所。是夏冬曰朝也。

諸侯未及期相見曰遇。相見於郤地曰會。諸侯使大夫問於諸侯曰聘。約信曰誓。涖牲曰盟。鄭注及至也。郤間也。涖臨也。坎用牲。臨而讀其盟書。聘禮今存。遇會誓盟禮亡。誓之辭。尚書見有六篇。孔疏若未至前所期之日。及非所期之地。而忽相見。則並用遇禮相接。故曰遇。相見於郤地曰會者。此謂及期。又至所期之地也。聘問也。謂大夫往相存問也。約信以其不能自和好。故用言辭共相約束以爲信。故曰誓也。涖牲者。盟所用也。盟之爲法。先鑿地爲方坎。殺牲於坎上。割牲左耳。盛以珠槃。又取血盛以玉敦。用血爲盟書。成乃歃血而讀書。萬氏斯大曰。此即左傳所云。不期而會曰遇也。言兩君未及相期。忽然道塗相見。故曰遇。非謂有期日而先期相見也。舊說非。孫氏希旦曰。以言語相要結。謂之誓。殺牲用書。而臨之以神。謂之盟。春秋有胥命。殆所謂約信曰誓與。禮案春秋隱八年。宋公衛侯遇于垂。此未及期相見曰遇也。又莊十三年。齊侯宋人陳人蔡人邾人會于北杏。此相見於郤地曰會也。周禮秋官大行人。凡諸侯之邦交。歲相問也。殷相聘也。鄭注。玉藻云。大聘使上大夫。小聘使下大夫。此諸侯使大夫問於諸侯曰聘也。尚書大禹謨。禹乃會羣后誓于師。又文王世子。曲藝皆誓之。此約信曰誓也。春秋正義。凡盟禮殺牲歃血。告誓神明。若有違背。欲令神加殃咎。使如此牲。此涖牲曰盟也。

諸侯見天子曰臣某侯某。鄭注。謂嗇夫承命告天子辭也。其為州牧。則曰天子之老臣某侯某。奉珪請覲。孔疏。此謂五等諸侯見天子。而擯者將命之辭。某侯者。若言齊侯。下某是名。若伯子男則云曹伯許男某也。若為州牧。既尊。擯者加天子之老四字。呂氏大臨曰。前章君天下以下。言天子之異稱也。此章言諸侯之異稱也。臣某侯某。如言臣齊侯小白。臣晉侯重耳也。臣者君前之稱。某侯者。所以自別也。方氏慤曰。某侯所以別其國也。繼某侯而又曰某。所以別其人也。禮案詩小雅云。率土之濱。莫非王臣。故見天子無貴賤皆稱臣也。臣某侯某。即玉藻某士之守臣某是也。若魯公之稱東魯之守臣伯禽。猶此云臣某侯某也。

其與民言自稱曰寡人。鄭注。謙也。於臣亦然。孔疏。此亦自與民言法也。寡人者。言已是寡德之人也。胡氏銓曰。衛侯謂甯氏曰。祭則寡人。是也。呂氏大臨曰。寡人猶天子稱予一人。庶方小侯稱孤也。古者兩君相見。及與臣下言。皆自稱曰寡人。此云與民言。舉其略也。禮案隱十一年左傳。公曰。假手與我寡人。此對諸侯稱寡人也。史記齊世家。桓公曰。寡人兵車之會三。乘車之會六。此對其臣亦稱寡人也。玉藻云。其於敵以下曰寡人。是也。

其在凶服曰適子孤。鄭注。凶服亦謂未除喪。孔疏。適子孤者。擯者告賓之辭。雜記云。相者告曰。孤某須矣。彼不云適子。此不云名。皆文不具也。稱孤稱名者。皆謂父死未葬之前。故雜記云。孤某須矣。下則云。既葬蒲席。明孤某是未葬也。孫氏希旦曰。適子孤。諸侯未除喪稱於諸侯之辭。左傳晉平公既葬。諸侯之大夫欲見新君。叔向辭曰。孤斬然在衰絰之中。是既葬之稱猶然也。禮案。稱適子者。明當繼世為君。猶稱世子也。僖九年左傳。在喪。王曰小童。公侯曰子。蓋稱子稍尊。稱名則益降矣。稱名者。以柩在殯宮。人子之心。不忍死其親。故猶執臣子之禮而自名也。諸侯有凶稱孤。禮也。唯非在喪。則不云適子孤也。莊十一年左傳。宋大水。公使弔焉。對曰。孤實不敬。天降之災。此國有大烖。則亦稱孤也。史記楚世家。昭王病甚曰。孤不佞。再辱楚國之師。此喪師辱國。亦稱孤也。

臨祭祀。內事曰孝子某侯某。外事曰曾孫某侯某。鄭注。稱國者。遠辟天子。孔疏。外事謂社稷山川在封內者也。天子外事言嗣王某。諸侯不得稱嗣侯。但稱曾孫。所以然者。天子尊。謂能繼天德而立也。諸侯無德。不繼嗣為侯。故不云嗣。但是父祖重孫。故言曾孫也。呂氏大臨曰。曾孫猶言嗣也。天子繼天而王。故於郊祀百神稱嗣。諸侯不敢言繼。推而祖之。欲重稱曾孫。晉平公伐齊。禱河曰。曾臣彪將帥諸侯以討焉。蓋曾臣猶陪臣也。天子臣於天地百神。諸侯復臣於天子。故稱曾臣。與稱曾孫之義一也。孫氏希旦曰。此皆祝辭所稱也。曰孝子者。謂祭禰廟也。曾。重也。曰曾孫者。言己乃始祖之重孫。上本其得國之始而言。內事自曾祖以上亦曰曾孫。言於所祭者為重孫也。郊特牲曰。稱曾孫某。謂國家也。是也。若祭祖。則曰孝孫。禮案。上某字疑涉下句而衍。祭先祖不必稱國。大戴禮諸侯遷廟。祝辭曰。孝嗣侯某。是也。詩小雅云。先祖是皇。神保是享。孝孫有慶。是祭祖廟稱孝孫。孝子之稱。必祭禰也。外事曰曾孫某。卽尚書武成云。惟有道曾孫周王發是也。

死曰薨。復曰某甫復矣。

鄭注薨亦史書策辭。某甫且字。孔疏上文云。天王崩。書策辭。今諸侯云薨。故亦史策辭。若告於諸侯。則辭當謙退。故雜記云。赴於諸侯曰寡君不祿。天子復則曰天子。諸侯不可復云諸侯復。故呼其字言某甫。故鄭注前文諸侯呼字是也。呂氏大臨曰。稱字與卿大夫士異矣。臣不名君也。不稱爵。與天子異矣。有所降也。方氏慤曰。常人曰皋某復。則名之也。諸侯曰某甫復。則一字也。禮案儀禮士喪禮曰。皋某復。上云天子復。然則復之呼名。必宜簡少。故諸侯宜呼字也。若謂天下諸侯不一如呼諸侯復。恐其魂罔所歸。則稱某國之諸侯亦無不可。

既葬見天子曰類見。言謚曰類。

鄭注代父受國。類猶象也。執皮帛象諸侯之禮見也。其禮亡。言謚。使大夫行。象聘問之禮也。言謚者。序其行及謚所宜。其禮亡。孔疏類見。謂諸侯世子父死葬畢。見於天子禮也。葬後未執玉。而執皮帛。然春秋之義。三年除喪之後乃見。而今云既葬者。謂天子巡守至竟。故得見也。未葬未正君臣。故雖天子巡守亦不見也。言謚謂將葬就君請謚也。謚以表德。必由尊者所裁。故將葬之前。使人請於天子。若檀弓云。其子戍請謚於君曰。日月有時。將葬矣。請所以易其名者也。王肅云。請謚於天子。必以其實爲謚。類於平生之行也。何胤云。類其德而稱之。如經天緯地曰文也。今案鄭旨。謂吉時使大夫行則曰聘。今請謚言類。相聘而行此禮也。杭氏世駿曰。類見之類。與言謚之類。字同而義實異。類見從鄭言。言謚曰類從王說。其義始明。禮案周禮春官喪祝。王吊則與巫前。是天子有吊公卿之禮也。又典路。凡吊于四方。則以路從。此天子有吊諸侯之禮也。或當巡守方岳。至某土。適某侯薨。王必往吊。而適子未有不出見者。禮有墨衰卽事。其此類與。疏謂適子未葬。不見天子非也。

諸侯使人使於諸侯。使者自稱曰寡君之老。

鄭注繫於君以爲尊也。此謂諸侯之卿上大夫。孔疏玉藻云。上大夫曰下臣。擯者曰寡君之老。下大夫自名。擯者曰寡大夫。此云自稱曰寡君之老。則上大夫。擯者傳辭。及自稱於他國。亦曰寡君之老。稱於己君。則玉藻云下臣某。呂氏大臨曰。三公自稱於諸侯。曰天子之老。諸侯之卿。自稱於諸侯曰寡君之老。士大夫家宰。亦曰老。老長稱也。自稱天子之老。寡君之老。比於家臣之長。亦謙辭也。禮案稱己君於他國曰寡君。亦謙辭也。老猶上云。天子之老。蓋擯者辭。若自稱。則曰下臣某。不得云老也。宣十五年左傳。晉解揚對楚子云。下臣獲考是也。

天子穆穆。諸侯皇皇。大夫濟濟。士蹌蹌。庶人僬僬。

鄭注皆行容止之貌也。聘禮曰。賓入門皇。又曰皇且行者。曰衆介北面鏘鏘焉。凡行容尊者體盤。卑者體蹙。孔疏天子尊貴。故穆穆威儀多也。諸侯皇皇。莊盛不及穆穆也。大夫濟濟徐行有節。不得莊盛也。士蹌蹌容貌舒揚。不得濟濟也。僬僬卑盡之貌。庶人卑賤。都無容儀。並自直行而已。崔云。凡形容下不得兼上。上得兼下。故詩有濟濟文王。穆穆魯侯者。詩人頌美。舉盛以言。非對例也。游氏桂曰。穆穆者猶言深且靜也。記曰。王中心無爲以守至正。人君之道。本不當有所爲。苟得其道。則淵默恭已。正南面斯足矣。不然則秦之衡石量書。隋之衞士傳餐。區區然徇天下之末務。是不知人君之道也。禮案詩大雅云。穆穆皇皇。宜君宜王。又小雅云。濟濟蹌蹌。絜爾牛羊。鄭箋云。大夫之威儀也。庶人食力。勤於執業。故不暇習禮貌。儀禮士相見禮曰。庶人見於君不爲容。進退走。僬僬直情徑行貌。卽不爲容也。

天子之妃曰后。諸侯曰夫人。大夫曰孺人。士曰婦人。庶人曰妻。鄭注：后之言後也。夫之言扶。孺之言屬。婦之言服。妻之言齊。孔疏：此一節論天子以下妃妻及臣子稱謂之法。妃，配也。諸侯以下通有妃義，故以妃字冠之。特牲、少牢是大夫士禮，皆云某妃配某氏，尊卑通稱也。后，君也。明配至尊，爲海内小君。夫人之名，惟諸侯得稱。論語云：邦君之妻，邦人稱之曰君夫人是也。孺言其爲親屬。婦言服事其夫。婦號亦上下通稱，故春秋逆婦姜于齊，是諸侯亦呼婦也。穀梁傳云：言婦有姑之辭。服事舅姑，通名婦。庶人賤無別稱，判合齊體而已。通言之，則上下通曰妻。詩曰：刑于寡妻。是天子亦曰妻也。呂氏大臨曰：喪大記，大夫曰世婦，士曰妻，未聞有孺人、婦人之號，或古有之，考之經傳，未之有也。朱氏彬曰：孺謂屬於夫，不專制也。禮案：郊特牲云：婦人無爵，從夫之爵。故天子之妃曰后。白虎通曰：妃，匹也。后者，君也。天子妃至尊，故謂后也。釋名云：諸侯之妃曰夫人。夫者，扶也，扶助其君也。孺，儒弱也。詩小雅：和樂且孺。大夫之妻無梱外之政，則唯虔供中饋，巽順以承其夫也。彙苑曰：婦字從女從帚，蓋女持帚以奉灑埽也。釋名云：士庶人曰妻。妻者，齊也。夫賤不足以稱尊，故齊等言也。

公侯有夫人。有世婦。有妻。有妾。鄭注：貶於天子也。無后與嬪，去上中。孔疏：獨言諸侯，舉其上者，餘從可知也。既下於天子，不得立后，故但得以一人正者爲夫人。有世婦者，謂夫人之姪娣，故公侯之夫人無子，立姪娣子也。左氏以夫人姪娣貴於二媵，則此世婦謂夫人姪娣，其數二人。有妻者，謂二媵及姪娣也。凡六人。有妾者，謂九女之外別有其妾。劉氏彝曰：后者，後也。德配於天子，育其嗣息，以爲之後也。周南之序曰：關雎，后妃之德也，所以風天下而正夫婦也。然則樂得淑女者，其德也；螽斯不妬忌者，其行也；無思犯禮者，其化也；躬儉憂勤者，其志也。故能風天下而正夫婦也。禮案：公侯夫人職有蠶繅祭服之責，故八妾以外亦設世婦、諸侯妻等職，以佐治內政。餘解見上文。

夫人自稱於天子曰老婦。自稱於諸侯曰寡小君。自稱於其君曰小童。自世婦以下自稱曰婢子。鄭注：自稱於天子，謂畿內諸侯之夫人助祭若時事見。自稱於諸侯，謂享來朝諸侯之時。小童，若云未成人也。婢之言卑也。於其君稱此，以接見體敵，嫌其當。孔疏：夫人見天子自稱老婦，言老而服事也。時事見，謂若獻繭之屬。自稱於諸侯，謂他國君也。古者諸侯相享，夫人亦出。坊記云：陽侯殺繆侯，竊其夫人，故大享廢夫人之禮。知前此有夫人享法也。君之妻曰小君，而云寡者，從君爲謙也。其與夫言，自謙稱爲小童，若未成人，言無知也。自世婦以下自稱曰婢子，婢之言卑也。春秋晉懷嬴曰：寡君使婢子侍執巾櫛。是也。方氏苞曰：其稱老婦，以著事實，兼明凡列職於宮中者，皆不宜少艾也。江氏永曰：案寡小君者，臣下擯相之辭也。聘禮曰：君以社稷故，在寡小君。雜記：寡小君不祿。是也。疏謂古者諸侯相享，夫人亦出，故得自稱。愚謂即有相享之禮，亦是擯者贊辭，夫人無自稱之禮也。禮案：外命婦助祭獻繭，皆無擯於天子之禮。夫人自稱於天子，蓋卽昏義所謂三夫人也。三夫人佐后，猶三公之佐天子，故有大事必見天子。擯者稱老婦，猶二伯之稱天子之老，以職配三公而其體尊也。若自見天子，當稱臣某爵某之妻臣妾某氏，無自稱老之禮。曰寡小君者，對他國諸侯，亦擯者辭也。論語云：稱諸異邦曰寡小君。是也。凡諸侯之妻，不必其三夫人也。對其君稱小童，則自稱之辭。論語曰：夫人自稱曰小童。是也。說文：婢，女之卑者。大夫世婦與士之妻。總稱婢子以職卑。猶若婢妾之執役於宮中也。

子於父母則自名也。鄭注名父母所爲也。言子者通男女。呂氏大臨曰。子之名父母所命。敬親之命。不敢有他稱也。孫氏希旦曰。言天子諸侯之女。嫁於諸侯夫人。則於其父母稱名。不用老婦寡小君之稱也。禮案此卽上篇所謂父前子名。君前臣名也。

列國之大夫入天子之國曰某士。自稱曰陪臣某。於外曰子。於其國曰寡君之老。使者自稱曰某。鄭注亦諸侯之卿也。三命以下。於天子爲士。曰某士者。如晉韓起。聘於周。擯者曰。晉士起。陪重也。子有德之稱。魯春秋曰。齊高子來盟。使人。謂使人於諸侯也。某名也。孔疏某士擯者辭也。列國五等諸侯也。五等之臣。唯公國一孤四命耳。自卿大夫從三命而下。其命等於王之士。故入天子之國。則擯者稱爲某國之士也。陪臣者其君已爲王臣。已今又爲已君之臣。故自對王曰重臣也。襄二十一年。晉欒盈辭於行人曰。天子陪臣盈。是也。子亦擯者辭。外謂在他國時也。擯者則稱其姓。而曰子。子是有德之稱。於其國自國中也。其君與民言。稱寡人。故此卿與國人語。自稱曰寡君之老也。若此卿爲使在他國。與彼國君語。則稱名。知者以玉藻云。上下大夫。於他國。擯皆無稱名之事。玉藻又云。大夫私事使私人擯。則稱名。注云私事使謂以君命私行非聘也。若晉韓穿來言汶陽之田。彼以私事使。故稱名。與此相當。故知使謂使人於諸侯也。方氏苞曰。其實諸侯之大夫無於外稱子之禮。春秋書齊高子仍魯史之譌。而不能正也。俞氏樾曰。儀禮燕禮篇載公與客燕之禮。有曰寡君君之私也。君無所辱賜於使臣。臣敢辭。又記載若與四方之賓燕。媵爵曰臣受賜矣。臣請贊執爵者。是使臣於主國之君。亦稱臣。無自稱名之禮。今案使者自稱曰某。與上文本不相蒙。乃通言凡爲人使之禮。上篇賀娶妻者曰某子使某聞子有客。使某羞。此卽使者自稱曰某之證。禮案方說是也。諸侯之大夫稱子。蓋衰世之法。王綱不振。公室凌夷。陪臣勢大。若魯之三桓。晉之六卿。則並有稱子者矣。

禮記通釋卷七

玉環戴禮

曲禮下

天子不言出，諸侯不生名，君子不親惡。鄭注：天子之言出，諸侯之生名，皆有大惡，君子所遠，出名以絶之。春秋傳曰：天王出居於鄭，衛侯朔入於衛，是也。孔疏：此一節論天子諸侯有罪，書出名之事。天子以天下爲家，策書不得言出，所在稱君，諸侯南面之尊，名者質賤之稱，諸侯相見，祗可稱爵，不可稱名。策書君子，謂孔子書經，若見天子大惡，書出以絶之，諸侯大惡，書名以絶之，君子不親此惡人，故書出名以罪之也。陳氏祥道曰：春秋書天王居於某地者二，而不言出，諸侯失地而奔者十五，滅同姓者三，而有不生名者，莫非出居而事有異同，莫非失地滅同姓而罪有輕重故也。呂氏大臨曰：古之賢者貴者，皆謂之君子。故天子不言出，諸侯不生名，皆謂君子不親惡故也。方氏慤曰：凡此皆謂史之所書也。諸侯言其所以名之惡，天子不言所以出之惡者，略至尊之過，而不敢斥故也。江氏永曰：案舊說以君子爲孔子，呂氏以君子爲天子諸侯，疑呂氏得之。蓋謂在上位者爲君，不可親爲大惡也。親爲大惡，雖天子亦言出，而諸侯且生名矣。曲禮皆記禮事，非論孔子作春秋，故呂說爲長。禮案：諸侯見天子，臨祭祀，皆稱名焉，有不生名之事。此云者，蓋記者據春秋傳而作，非禮之正也。下同。疏以君子爲孔子，亦因此意也。

諸侯失地名，滅同姓名。鄭注：絶之。孔疏：春秋莊十年，荆敗蔡師於莘，以蔡侯獻舞歸。公羊云：何以名？絶。曷爲絶之？獲也。此失地名也。僖二十五年，衛侯燬滅邢。公羊云：何以名？絶。曷爲絶之？滅同姓也。此滅同姓名也。胡氏銓曰：春秋衛侯燬名，是時天王居鄭，衛侯不顧天王在難而滅邢，故生名之。諸侯出奔爲失地名者，罪之。然文公十二年，郕伯奔不名，別有旨。春秋晉滅虢、滅虞，齊滅紀，楚滅夔，是皆滅同姓，皆不名，則衛燬之名，非因滅同姓。朱子熹曰：諸侯滅國，未嘗書名。經文只隔夏四月癸酉，使書衛侯燬卒，疑傳寫之誤。孫氏希旦曰：作記者是傳公羊之學，故其言如此。然其義未必皆確。胡氏、朱子之所疑者，亦足以發其墨守之也。禮案：說並是也。春秋乃魯史，列國之事，自未能徧悉，故紀事有詳有略，傳者以一字之異同，即據於是非之定論，中說云：三傳作而春秋散。然則記者復據傳作禮，而古禮焉得不崩乎。

爲人臣之禮，不顯諫，三諫而不聽，則逃之。鄭注：爲奪美也。顯，明也，謂明言其君惡，不幾微。逃，去也。君臣有義則合，無義則離。孔疏：莊二十四年，曹羈出奔陳。公羊傳云：戎將侵曹，曹羈諫曰：戎衆以無義，君請勿自敵也。曹伯曰：不可。三諫不聽，遂去之。何休云：諫有五：一曰諷諫，二曰順諫，三曰直諫，四曰爭諫，五曰戇諫。凡諫諷諫爲上，戇諫爲下。事君不雖當諫爭，亦當依微納進善言，不得顯言君惡，以奪君之美也。君臣有義則合，若三諫不聽，則待放而去也。孫氏希旦曰：此亦據公羊傳爲言。君臣以義合，諫不行，言不聽，則不可以尸位而苟祿也。然事有大小，勢有緩急，誼有疏戚，位有尊卑，任有輕重，故爲人臣者，或從容而諷議，或倉卒而奔告，或不諫而遂行，或至死而不去，要權乎義之所宜，而行其心之所安，未可以一律論也。禮案：荀子臣道篇云：君有過，大臣父兄，有進言於君，不用則可不用則去。謂之諫。不顯諫，微諫也。至於再三者。不倦也。所謂微諫而不倦是也。不聽則逃。即孟子曰。有言責者不得其言則去。然論語謂微子去之。箕子爲之奴。比干諫而死。孔子皆許爲仁。則夫晦跡全身。見危致命。均不失人臣之正。亦非必諫不聽則逃之之爲是也。白虎通云。臣諫君何法。法金正木也。臣諫君不從則去。何法。法水潤下。達於上也。親屬諫不相去。何法。法木枝葉。不相離也。

子之事親也。三諫而不聽。則號泣而隨之。鄭注至親無去。志在感動之。孔疏父子天然。理不可逃。雖不從。則當號泣而隨之。冀有悟而改之。然論語云。事父母幾諫。此不云者。以其略耳。檀弓云事親無犯。相互耳。又云事君有犯。故此論其微。檀弓言事親無犯。此論其犯。亦互言耳。故注云至親無去。志在感動之。方氏愨曰。子之於親。三諫不聽。苟遂絶之。則傷恩矣。傷恩者仁所不忍。故隨之將以感其心也。禮案三諫即內則云父母有過。下氣怡色。柔聲此諫。諫若不入。起敬起孝。說則復諫。不說與其得罪於鄉黨州閭。寧熟諫是也。號泣隨之。答己無狀。不能格親心之非也。尚書大禹謨謂舜日號泣于旻天。于父母負罪引慝是也。白虎通云。子諫父何法。法火揉直木也。

君有疾飲藥。臣先嘗之。親有疾飲藥。子先嘗之。醫不三世。不服其藥。鄭注嘗度其所堪。不服其藥。慎物齊也。孔疏凡人疾病。蓋以筋血不調。故服藥以治之。其藥不愼於物。必無其徵。故宜擇其父子相承。至三世也。又說云三世者。一曰黃帝針灸。二曰神農本草。三曰素女脈訣。若不習此三世之書。不得服食其藥也。焦氏循曰。不知醫而徒以三世。固非愼。徒以其讀神農素問之書。而不三世。亦非愼。彼不能讀書。不可爲醫。而妄稱爲醫者。早屏之不論不議。又何問其三世否也。潛邱劄記言。葛恆齋嘗說醫當視時之盛衰。爲損益。劉守眞張子和值金人強盛。民悍氣剛。故多用宣洩之法。及其衰也。兵革之餘。飢饉相仍。民勞志困。故張潔古李明之多加補益。愚謂司天在泉。素問詳矣。而三元甲子。以百八十年而周。上元風木。中元火土。下元金水。氣化既殊。治法亦異。非三世不足以目驗知之。孫氏希旦曰。醫者之用藥也。其效可以愈病。其誤足以殺人。故君父飲藥。臣子必嘗度其可否。而進之。醫不知三世。則於其業或未必精。故不服其藥。臣子於君父之身。無所不致其謹。而於疾則尤所宜慎者也。禮案三世業醫。非無庸醫。獨習岐黃。非無國手。而記言及此者。欲爲臣子者當君父有疾延醫用藥。愼而又愼也。昔許世子不嘗藥。春秋書以弒君。嗚呼可不謹與。

儗人必於其倫。鄭注儗猶比也。倫猶類也。比大夫當於大夫。比士當於士。不以其類。則有所褻。孔疏凡欲比方於人。當以類相並。不得以貴比賤。則爲不敬也。方氏愨曰。禹稷顏回位不同矣。孔子俱以爲賢。爲其道之倫。而儗之也。夷惠伊尹迹不同矣。孟子俱以爲聖。爲其心之倫。而儗之也。子夏以有若似孔子。而儗之以貌。而不知聖賢之德。不倫也。公孫丑以管仲比孟子。儗之以位。而不知王霸之業。不同也。汪氏紱曰。貴而儗之以賤。是卑之也。賤而儗之以貴。則僭也。其人而儗非其人。則失人也。故歸生以老犧儗其君。卒被弒君之惡。揚雄儗周公於新莽。終貽儒術之羞。言之不可不愼也。禮案比方不類。取憾之道也。如甲有德有才。乙有才無德。以乙方甲。是輕甲也。以甲方乙。是佞乙也。注謂爵同可儗。似未盡其義。

問天子之年。對曰。聞之始服衣若干尺矣。鄭注既不敢言年。又不敢斥至尊。孔疏此謂幼小新立之王。或有遠方異域人來。不知王年大小。問朝廷之臣。答之必有法。禮齒路馬有誅。而至尊體貴。故臣不可輕言君年。及形長短。與才技所堪。故云聞之。謙不敢言見也。服衣若干尺。謂或五尺。或六尺。隨長短而言之也。幼則衣短。長則衣長。問者聞之。則知王之長幼也。古者謂數爲若干。故儀禮數射云。若干純。若如也。干求也。言事本不定。常如此求之也。陳氏澔曰。若未定之辭。數始於一。而成於十。干字从一从十。故言若干。謂或如一。或如十。凡數之未定者。皆可言。顏注食貨志云。干。箇也。謂當如此箇數。意亦近之。孫氏希旦曰。凡問人之長幼。皆不斥言其年者。敬也。古人於年之長幼。多以尺度言之。周禮鄉大夫。國中自七尺。以至六十。野自六尺。以及六十有五。皆征之。孟子言五尺之童。是也。於天子不敢論有能否。又不敢斥言其身之長短。故言其服衣之度。以見之也。禮案少儀云。尊長與己踰等。不敢問其年。此問天子之年。雖非當面。而問非所問。故答以服衣長短。明示不敢妄齒至尊。所以隱斥問者之妄也。問國君之年。長曰能從宗廟社稷之事矣。幼曰未能從宗廟社稷之事也。問大夫之子。長曰能御矣。幼曰未能御也。問士之子。長曰能典謁矣。幼曰未能典謁也。問庶人之子。長曰能負薪矣。幼曰未能負薪也。鄭注皆言其能。則長幼可知。御猶主也。書曰。越乃御事。謂主事者。謁請也。謂能擯贊出入。以事請告也。禮四十強而仕。五十命爲大夫。孔疏國君幼少新立。而他人問其臣。國保宗廟社稷。故以所保答之。人君十五而養子。是十五以上爲長。十四以下爲幼也。問大夫之子者。亦他國人問於大夫之臣也。天子諸侯。繼世象賢。其年不定。故問其年。而大夫五十乃爵。故不問大夫。而問其子。御謂主事也。官有世功。子學父業。故有御事之因也。舉其所能。則長幼可知。大夫子宋。長幼當以二十爲限也。問士之子。問士之屬吏也。四十強而仕。故問其子。士賤無臣。但以子自典告也。庶人謂府史之屬。少儀云。問士之子長幼。長曰能耕。幼曰未能負薪。謂士祿薄。子以農事爲業。與此不同者。亦有田無田之異。熊氏云。庶人無長幼。亦問其子者。順上大夫士而言之。呂氏大臨曰。少儀問國君之子長幼。長則曰能從社稷之事。幼則曰能御未能御。此以能御未能御。爲大夫之子。蓋射御之學。無貴賤之異也。士有隸子弟則士之子將命。典謁其職也。陳氏祥道曰。負薪力也。叔孫穆子問庚宗婦人之姓。對曰。余子長矣。能奉雉而從我矣。然則於庶人之子。對之以力。亦若此也。禮案天子至尊無敵。故不能面問其年。而問朝臣也。若國君以下敵者則可面問。況問其子乎。疏謂皆問屬吏非也。襄九年左傳。晉侯以公宴于河上。問公年。季武子對曰。會于沙隨之歲。寡君以生。是敵者可問其年。臣不得齒君之證也。夫爲國以禮。禮莫重於祭。故以能從宗廟社稷之事答之。舉其大者也。禮樂射御書數六藝。而獨舉御者。以御車任力。必年長乃能勝任。餘則人之資稟不齊。難以藝業。定其年齡也。士之子典謁。庶人之子負薪。亦各從其類也。問國君之富。數地以對。山澤之所出。問大夫之富。曰有宰食力。祭器衣服不假。問士之富。以車數對。問庶人之富、數畜以對。鄭注皆在其所制。以多少對。宰邑士也。食力謂民之賦稅。孔疏不問天子者。率土之物。莫非王有也。諸侯止一國。故問之。數地謂數土地廣狹也。山澤所出。謂魚鹽蜃蛤。金銀錫石。隨所有而對也。宰邑宰。有宰明有采地。即公山弗擾。爲季氏宰是也。食力謂食下民賦稅之力也。祭器衣服不假。謂四命大夫也。衣服祭服也。四命大夫得自造祭器衣服。故云不假。若三命以下。有田者造而不備。則假借也。士有地不多。亦無邑宰。故其屬吏以車數對。上士三命。得賜車馬。副車隨命。中士乘機車。無副車也。畜謂雞豚之屬。閭師云。凡庶民不畜者。祭無牲。鄭注云。始養曰畜。將用曰牲。陸氏佃曰。數地嫌數井牧之地。以對。故曰數地以對山澤之所出。所以釋七數地以對也。葉氏夢得曰。言不及義。古人恥之。問富奚宜至哉。此所以爲曲禮也。王氏念孫曰。邑宰謂之宰。家宰亦謂之宰。但云有宰。無以見其爲邑十。且大夫之富。富於所食之邑。非富於治邑之宰也。宰當讀爲采。謂有采地也。采地之租稅。民力所供。而有采者食之。故曰有采食力。與上文之數地以對義相近也。古字采與宰通。爾雅。尸。寀也。卽主宰之宰。寀官也。卽官宰之宰。寀亦采也。孫氏希旦曰。士已得造祭器。故曰大夫士去國。祭器不踰竟。然惟四命之孤。乃得備。故大宗伯四命受器。大夫之祭器視孤則爲少。視士則爲備。禮運言大夫祭器不假。爲非禮。對孤言之也。此言祭器衣服不假。對士言之也。士喪記士有乘車道車稾車。以車數對。謂其富足以備此車也。庶人受田有定制。而畜牧多寡不同。故數畜以明其富。萬氏斯大曰。士已食祿。公朝不與齊民伍。縱未有命車。亦得自爲之。故問其富。則以車數對也。若如舊說。則命車唯一而已。數豈無定。且又何以見其富乎。禮案。山澤之所出。若尚書禹貢荆州羽毛齒革。雍州球琳琅玕。隨其地之土產以對也。祭器衣服。疏謂三命以下大夫造而不備。蓋就其祿薄者言之。非禮有許制而不許全具之事也。禮運云大夫祭器不假非禮。乃孔子因魯三桓之僭。有爲而言也。王制曰。大夫祭器不假。是其證。尚書大傳云。庶人木車單馬。則士之富者。豈不可自造車輛乎。孫萬之說是也。數畜以論貧富。今北地尚爾也。

天子祭天地。祭四方。祭山川。祭五祀。歲徧。諸侯方祀。祭山川。祭五祀。歲徧。大夫祭五祀。歲徧。士祭其先。

鄭注。祭四方。謂祭五官之神於四郊也。句芒在東。祝融后土在南。蓐收在西。玄冥在北。詩云。來方禋祀。方祀者。各祭其方之官而已。五祀。戶竈中霤門行也。此蓋殷時制也。祭法曰。天子立七祀。諸侯立五祀。大夫立三祀。士立二祀。謂周制也。孔疏。此一節論天子以下祭祀尊卑不制同。天子祭天地者。祭天謂四時迎氣。祭五天帝於四郊。各以當方人帝配之。月令。春曰其帝大皞。夏曰其帝炎帝。季夏曰其帝黃帝。秋曰其帝少皞。冬曰其帝顓頊。案地統書括地象云。地中央曰崑崙。崑崙在西北。別統四方九州。其神州是崑崙東南一州耳。於神州中更分爲九州。則禹貢之九州是也。其配地之神。孝經緯既云后稷爲天地之主。則后稷配天南郊。又配地北郊也。祭山川者。周禮兆五帝於四郊。四望四類。亦如之也。祭五祀者。春爲祭戶。夏祭竈。季夏祭中霤。秋祭門。冬祭行也。歲徧者。爲五方之帝。迎氣雩祀。明堂及郊雖有重者。諸神總徧。故云歲徧。諸侯既不得祭天地。又不得總祭五方之神。唯祀當方。故云方祀。祭山川者。王制云在其地則祭之。亡其地則不祭是也。大夫不得方祀及山川。直祭五祀而已。士祭其先。不云歲徧者。以士祭先祖。歲有四時。更無餘神故也。陳氏祥道曰。諸侯方祀。春秋傳所謂三代命祀。祭不越望是也。儀禮言士禱五祀。則士祭五祀矣。孫氏希旦曰。天子一歲祭天有九。冬至祭天。正祭也。孟春祈穀。孟夏大雩。季秋大享。祈報之祭也。立春祭青帝。立夏祭赤帝。季夏祭黃帝。立秋祭白帝。立冬祭黑帝。迎氣之祭也。冬至及祈穀大雩祭於南郊圜丘。大享於明堂。立所祭皆上帝也。周禮大宗伯以禋祀祀昊天上帝。詩序春夏祈穀於上帝是也。迎氣於四郊所祭者五帝也。小宗伯兆五帝於四郊是也。凡言上帝與五帝別。周禮掌次王旅上帝。則張氊案。設皇邸。祀五帝。則張大次小次。又司服王祀昊天上帝。則服大裘而冕。祀五帝亦如之。此可以見之矣。南郊以后稷配。明堂以文王配。迎氣以五人帝配。祭地謂夏至祭地於北郊方澤也。其祈報告祭則祭社。社通於諸侯大夫。而北郊非天子不得祭也。四方謂五岳。四鎮四瀆之神。各因其方而祭之。大宗伯以玉作六器。以禮天地四方。公羊傳天子有方望之事無所不通是也。山川謂岳瀆之外。小山川也。大宗伯以貍沈祭山林川澤。小宗伯兆山陵墳衍。各因其方。祭法曰。有天下者事百神。歲徧謂一歲中祭此諸神皆徧也。方祀謂祭四望之在其方者。若魯祭泰山。晉祭河是也。山川竟內小山川也。大夫士皆得祭五祀。及其先。於大夫言五祀。士言祭其先。亦互見也。禮案白虎通云。五祀謂門戶井竈中霤也。獨大夫以上祭。何。士位卑祿薄。但祭其先耳。祭五祀。天子諸侯以牛。大夫以羊。豈古者五祀禮尊。不得用特豕。故士以下無力致祭。然則其薦羞與。故儀禮士喪記。疾病乃行禱於五祀是也。

凡祭有其廢之。莫敢舉也。有其舉之。莫敢廢也。非其所祭而祭之。名曰淫祀。淫祀無福。

鄭注為其瀆神也。廢舉謂殷廢農祀棄。後不可復廢棄祀農也。後有德者繼之不嫌也。淫祀無福。妄祭神不享。孔疏祭有常典。不可輒擅廢興。如殷時廢柱祀稷棄。則後人不得復舉柱而祭之。若已舉棄祀之。後人不得復廢棄也。農即柱。有農功。故曰農也。棄即后稷。為稷官。故曰稷也。呂氏大臨曰。魯立武宮煬宮。是舉其廢也。躋僖公。是廢其舉也。魯之郊禘。與祀文王。祀爰居。非其所祭也。淫過也。以過事神。神弗享也。故無福。福者百順之名也。陳氏祥道曰。昔楚昭王不祭河。甯武子不祀相。皆能變易舊俗。以趨於正。可謂知此禮矣。禮案凡非祀典所載之常祀。皆謂之淫祀。淫濫也。濫邀福報也。若世俗之創立妖鬼祠宇。歲時祭賽。佞神求福。即論語所謂非其鬼而祭之諂也。愚氓積習。非典禮所能質正。恨不得狄仁傑其人者。悉舉天下淫祠。投之一炬也。

天子以犧牛。諸侯以肥牛。大夫以索牛。士以羊豕。

鄭注犧純毛也。肥養於滌也。索求得而用之。孔疏此皆上得兼下。下不得僭上。故左傳云。聖王先成民。而後致力於神。故奉牲以告曰。博碩肥腯。是天子亦得以肥也。又公羊傳云。帝牲必在滌三月。稷牛惟具。稷牛有災。故臨時得別求之。是天子諸侯得有索牛也。大夫以索牛。士以羊豕者。天子大夫士也。若諸侯大夫。即用少牢。士則用特牲。其喪祭。大夫亦得用牛。士亦用羊豕。故雜記云。上大夫之虞也。少牢。卒哭成事。祔皆大牢。下大夫之虞也。特牲。卒哭成事。祔皆少牢是也。楚語觀射父云。大者牛羊。必在滌三月。小者犬豕。不過十日。然則即此大夫索牛。士羊豕。既不在滌三月。當十日以上耳。方氏愨曰。牛人凡祭祀。共其求牛。此經特於大夫言索者。以無養獸之官。必索而後得之故也。所謂羊豕者。或以羊。或以豕也。孫氏希旦曰。天子言犧。諸侯言肥。互文耳。祭義曰。君召牛納而視之。擇其毛而卜之。則諸侯之牛。未必不犧也。索簡擇也。襄二年左傳萊人賂齊侯以索馬牛。皆百匹。大夫不得用肥牛。但臨時簡擇其好者也。大夫以索牛。士以羊豕。疏以為天子之大夫士。蓋據少牢禮。諸侯之大夫。不得用大牢。特牲禮諸侯之士。不得用羊豕。然左傳鄭子張黜官。薄祭。祭以特羊。殷以少牢。則諸侯大夫。殷祭當大牢。而士殷祭當羊豕矣。禮案犧牛。肥牛。索牛。

並互文耳。案牛未嘗不可求其純色而肥者。特以無犧賦待擇，難求其備耳。無充人掌繫于牢芻之三月，不必其肥耳。

支子不祭。祭必告於宗子。鄭注：不敢自專，謂宗子有故，支子當攝而祭者也。五宗皆然。孔疏：支子，庶子也。祖禰廟在適子之家，而庶子賤，不敢輒祭之也。若濫祭，亦是淫祀。若宗子有疾，不堪當祭，則庶子代攝可也。猶宜告宗子，然後祭。故鄭云不敢自專。呂氏大臨曰：宗子去在他國，則支子攝主以祭。其禮有殺焉。不厭祭，不旅，不假之類是也。其辭曰：孝子某使介子某執其常事。此所謂必告于宗子也。方氏愨曰：言支則知宗之爲本，言宗則知支之爲庶。支子不祭，公祭也。祭必告于宗子，私祭也。謂祭其先也。凡此所以明其宗，重其本而已。姚氏際恆曰：此謂支子欲祭其先，必告宗子而後行。鄭氏謂宗子有故，支子當攝而祭。夫宗子若有故，必命支子代祭，支子何必又告之耶。禮案：大傳云：庶子不祭，明其宗也。此祭必告於宗子者，請命於宗子，若宗子使之當事然。

凡祭宗廟之禮，牛曰一元大武。豕曰剛鬣。豚曰腯肥。羊曰柔毛。雞曰翰音。犬曰羹獻。雉曰疏趾。兔曰明視。脯曰尹祭。槀魚曰商祭。鮮魚曰脡祭。水曰清滌。酒曰清酌。黍曰薌合。粱曰薌萁。稷曰明粢。稻曰嘉蔬。韭曰豐本。鹽曰鹹鹺。玉曰嘉玉。幣曰量幣。鄭注：號牲物者，異於人用也。元，頭也。武，迹也。腯亦肥也。春秋傳作腯。腯，充貌也。翰，長也。羹獻，食人之餘也。尹，正也。商，猶量也。脡，直也。萁，辭也。嘉，善也。稻，菰蔬之屬也。豐，茂也。大鹹曰鹺。今河東云。幣，帛也。孔疏：此節論祭廟牲幣告神之法。牛肥則腳迹痕大。豕肥則毛鬣剛。腯，充滿貌也。羊肥則毛細而柔弱。雞肥則鳴聲長。人將所食羹餘與犬，犬食之肥，肥則可獻於鬼神。雉肥則兩足開張，趾相去疏。兔肥則目開而視明。自牛至兔，凡有八物，惟牛云一頭，而豕以下不云數者，皆從其所用而言數也。雞雉爲膳及腊，則不數。尹，正也。割截方正可祭。槀，乾也。乾魚商度燥濕得中而祭之。脡，直也。魚鮮則煮熟脡直，若餒則敗碎不直。水，玄酒也。清滌，言其清潔也。酒，三酒也。酌，斟酌也。清酌，言清澈可斟酌也。穀秫者曰黍。秫既軟而相合，氣息又香，故曰薌合。粱，白粱、黃粱也。稷，粟也。明，白也。爾雅云：粢，稷也。此等諸號，若一祭並有，則舉其大者，牲牢酒齊而言。故少牢禮稱敢用柔毛、剛鬣、嘉薦、普淖是也。或唯有雞犬，或唯魚兔及水酒韭鹽之祭，則各舉其美號。故此經備載其名。陳氏祥道曰：犬曰羹獻者，犬膊則湆膏可以充鉶以爲獻。粱曰薌萁者，非獨米之香烈可以薦神，至於萁梗亦有芳薌也。孫氏希旦曰：爾雅，肉謂之羹。儀禮云羹定，左傳云未嘗君之羹。犬肥則肉美可獻，故曰羹獻。黍與稷皆今之小米，黍之性黏，故曰薌合。稷之色白，故曰明粢。明，潔白也。萁，莖也。漢書曰：落而爲萁。粱之莖獨高大於他穀，今俗謂之高粱，以其氣息香而莖高大，故曰薌萁。量幣者，言幣之長短廣狹合制度也。內宰注引逸巡守禮云：制幣丈八尺，純四只。酒曰清酌，而士虞記曰滌酒，所傳異也。焦氏循曰：魯郊以丹雞，祝曰：以斯鶾音赤羽，去魯侯之咎。蓋翰音之名本於雞聲之長，今人祀神必擇雄雞之紅色長尾高鳴者，仍古之道也。江氏永曰：案春官司尊彝云：凡酒修酌。修讀爲滌。鄭注云：滌酌以水和而泲之。今齊人命浩酒曰滌。然則水曰清滌者，謂其清而可以和酒也。禮案：爾雅釋鳥：鶾，天雞。郭注云：鶾，天雞，赤羽。是翰本雞名，而謂之翰音者，以引吭高鳴，聲聞其遠也。易中学卦曰。翰音登于天是也。本根也。韭叢生。故曰豐本。量讀良亦通。義見郭注山海經。嘉玉量幣。皆美其號也。釋文量又音良是也。

天子死曰崩。諸侯曰薨。大夫曰卒。士曰不禄。庶人曰死。

鄭注異死名者。爲人褻其無知。若猶不同然也。自上顛壞曰崩。薨顛壞之聲。卒終也。不禄不終其禄。死之言澌也。精神澌盡也。孔疏此節論死後稱謂尊卑不同之事。崩者墜壞之名。譬若天形墜壓。然則四海必覩。王者登遐。率士咸知。故曰崩。薨者崩之餘聲也。諸侯卑。死不得效崩之形。但如崩後餘聲。劣於形壓也。卒畢竟也。大夫是有德之位。畢了生平。故曰卒。士禄以代耕。而今遂死。是不終其禄。死者澌也。澌是消盡無餘之目。庶人極賤。生無令譽。死絕芳精。氣一去。身名俱盡。故曰死。劉氏彝曰。如天之崩。則萬物失其所覆也。薨陷也。如地之陷。則一國失其所載也。卒終也。施德立義。由此而終也。禄所以崇道而育德。而身既亡。是不禄也。陳氏祥道曰。君子曰終。與卒同義。一草木之稿曰死。一禽獸之斃亦曰死。小人曰死。則與物同類而已。禮案死唯崩薨殂陟四字。卿大夫以下不得僭號。餘則可以通稱也。尙書舜典帝乃殂落。又陟方乃死。竹書紀年。則帝死皆謂之陟。孟子曰。舜卒于鳴條。是春秋不隱三年。宋公和卒。雜記上君薨不計於他國之君曰。寡君不禄。大子之喪曰寡君之適子某死。則是卒不必其大夫。不禄不必其士。死不必其庶人矣。

在牀曰尸。在棺曰柩。

鄭注尸陳也。言形體在也。柩之言究也。孔疏古人病困。氣未絕之時。下置在地。氣絕之後。更還牀上。所以如此者。凡人初生在地。既病將死。故下復其初生。冀脫死得生也。若其不生。牀反本牀。既未殯殮。陳列在牀。故曰尸也。白虎通云。失氣亡神。形體獨陳是也。三日不生。殮之在棺。死事究竟於此也。白虎通云。柩究也。久也。不復變色。然尸柩通亦通名也。案曾子問云。如小殮則子免而從柩。此棺謂小殮舉尸在爲柩也。春秋左氏傳賵死不及尸。是呼未葬之柩爲尸也。呂氏大臨曰。尸者未大殮。柩者已大殮之稱也。故喪禮未殯奠于尸。已殯奠于柩。書名亦曰某之柩。所以別也。禮案說文云。尸陳也。象臥之形也。棺關也。所以掩尸也。又棺柩也。有久義也。故儀禮士喪禮當殯謂之棺。當葬謂之柩也。

羽鳥曰降。四足曰漬。

鄭注異於人也。降落也。漬謂相瀸汙而死也。春秋傳曰。大災者何。大漬也。孔疏鳥獸死異名也。羽鳥飛翔之物。今云其降落。是知死也。四足牛馬之屬。若一箇死。則餘者更相染漬而死。今云其漬。則知死也。異於人耳。春秋傳曰。大災者何。大漬也。公羊莊二十年。夏齊大災。大災者何。大瘠也。大瘠者何。痢也。注云。痢者疾疫也。然此云漬。彼之瘠。字異而意同者也。惠氏棟曰。公羊春秋莊十七年。齊人瀸于遂。傳云。瀸者何。瀸積也。鄭注本此。禮案爾雅釋鳥云。二足而羽謂之禽。四足而毛謂之獸。凡鳥或箭傷。或自死。皆自空而隊。故曰降也。牛馬羊豕之屬。皆有瘟疫傳染。致死。故曰漬也。

死寇曰兵。

鄭注異於凡人。當享禄其後。孔疏謂父祖死君之寇。而子孫爲名也。言人能爲國家捍難禦侮。爲寇所殺者。謂爲兵。兵器仗之名。言其爲器仗之用也。故君恆禄恤其子孫。鄭云享禄其後。春享孤子是也。呂氏大臨曰。兵者死於寇難之稱。有兵死而可褒者。如童汪踦能執干戈以衛社稷。勇於死難者也。有兵死而可貶者。如冢人凡死於兵者。不入兆域是也。孫氏希旦曰。死寇曰兵。言其爲器仗所傷而死。異於疾病而死者也。此但以爲死之異名。至享禄其後與否。則自當論其事之何如。未可一概言也。禮案死寇曰兵。非但死於王事曰兵也。注疏並誤。蓋死寇不禄。必其臨敵而亡。凡身處危邑。道逢喪亂。而死於亂軍之中者皆是也。何補於國。何罪可貶。呂說亦未盡其義。唯孫云死之異名是矣。

祭王父曰皇祖考。王母曰皇祖妣。父曰皇考。母曰皇妣。夫曰皇辟。鄭注更設稱號。尊神異於人也。皇君也。考成也。言其德行之成也。妣之言媲也。媲於考也。辟法也。妻所取法也。孔疏此爲神設尊號。亦廣其義也。王父祖父也。此言祖有君德。已成之也。王母祖母也。言得媲匹於祖也。皇考皇媲。義如上祖父母也。皇辟者夫是妻所取法如君。故言君法也。陳氏祥道曰。書於堯舜禹湯。曰殂曰落。曰死曰沒而已。至周乃曰崩。則崩薨之稱。周制也。大夫謂之卒。而春秋外諸侯亦謂之卒者。略於外故也。士云不祿而禮。諸侯薨訃於諸侯。亦謂之不祿者。嫌於外故也。夫有始則有終。此性命自然之理也。君子曰終。與卒同義。禮案列女傳晉趙衰妻趙姬曰。君其逆之。又古樂府云。十七爲君婦。蓋妻亦可稱夫爲君。辟亦君也。詩大雅云。濟濟辟王是也。

生曰父。曰母。曰妻。死曰考。曰妣。曰嬪。鄭注嬪婦人有法度之稱也。周禮九嬪掌婦學之法。教九御婦德。婦言。婦容婦功。孔疏不言祖及夫者。以生號無別稱也。死曰考曰妣曰嬪者。前是宗廟之祭。加其尊稱。故並曰皇也。此謂非祭時所稱也。此生死異稱。出爾雅文。言其別於生時耳。若通而言之。亦通也。尚書大傷厥考心。又云聰聽祖考之彝訓。倉頡篇云。考妣延年。又云嬪于虞。詩大明云。曰嬪于京。周禮九嬪之官。並非生死異稱矣。陳氏祥道曰。生曰父。曰母。曰妻。親之也。死曰考。曰妣。曰嬪。敬之也。禮案喪服小記。婦人之喪。虞卒哭。其夫若子主之。祔則舅主之。無舅則亦夫主可知。又小記爲父母妻長子禫。是夫之祭妻。唯此數者而已。儀禮不具。故不知所稱也。然夫爲妻綱。妻爲夫相。雖其死而神亡。亦不得尊之於皇嬪。故不列於上文皇辟之下。與此所謂死曰考。曰妣。曰嬪者。蓋即周禮春官大祝所謂鬼號是矣。

壽考曰卒。短折曰不祿。鄭注謂有德行任爲大夫士。不爲者。老而死從大夫之稱。少而死從士之稱。孔疏檀弓云。君子曰終。小人曰死。與此不同者。此據年之老者從大夫之稱。少者從士之稱。檀弓不據年之老少。但據君子取終其成功。小人精神盡澌。與此別也。方氏慤曰。壽言數之有所延。考言德之有所成。蚤死謂之短。中絕謂之折。禮案尚書洪範九五福。五曰考終命。六極。一曰凶短折。卒終也。言以壽終也。即此壽考曰卒是也。短折則不能膺福祿。即此短折曰不祿是也。蓋此二者。只是言壽夭之異稱。與上文大夫曰卒。士曰不祿異也。

天子視不上於袷。不下於帶。國君綏視。大夫衡視。士視五步。鄭注袷交領也。天子至尊。臣視之目不過此。視國君彌高。綏讀爲妥。妥視謂上於袷。視大夫又彌高也。衡平也。平視謂視面也。士視得旁遊目五步之中也。視大夫以上。上下遊目不得旁。孔疏此論天子以下。其臣視君尊卑有異之事。袷謂朝祭服之曲領。臣視天子過袷則慢。供奉至尊須承顏色。又不得下過於帶。國君諸侯也。臣視君不得平看於面。當視面下袷上也。若大夫之臣視大夫。平看其面也。士之屬吏視之。亦不得高面下帶。而得旁視左右五步也。欽定義疏云。先儒俱以人視天子視國君爲說。但不知視天子者。諸侯耶。大夫耶。士庶耶。豈視君者臣民貴賤一節耶。玩本文先以天子視國君視大夫視士視分言之。後以凡視總言之。疑謂天子之視端凝平正。上不上於袷。下不下於帶。妥下也。國君稍俯。下於天子。止及心之上。大夫又俯。上止及心。士更俯。上及心之下。所見之地。亦止五步。俯仰雖殊。而總之不上於面。不下於帶。

則一也。蓋袷之高及耳。又上於面則敖矣。禮案此似言天子至士。視朝之時。所視高下。遠近之節也。賈子容經云。朝廷之視。端泙平衡是也。袷。襘也。昭十一年左傳朝有著定。會有表。衣有襘。帶有結。會朝之言。必聞于表著之位。所以昭事序也。視不過結襘之中。所以道容貌也。言以命之。容貌以明之。失則有闕。**凡視上於面則敖。下於帶則憂。傾則姦。**鄭注敖則仰。憂則低。辟頭旁視。心不正也。傾或為側。孔疏視人過高。則是敖慢。定十五年。邾子執玉高。其容仰。高仰驕也。若視過下。則似有憂。定十五年。魯公受玉卑。其容俯。卑俯替也。又昭十一年。會於厥慭。單子視不登帶是也。傾。欹側也。視欹側。則似有姦惡之意也。孫氏希旦曰。士相見禮曰。若不言立則視足。坐則視膝。然則不下於帶。蓋言時之視容則然。禮案韓詩外傳曰。目心之符也。孟子云。存乎人者莫良於眸子。故心之邪正。恆見之於目也。所謂胸中正則眸子瞭焉。胸中不正。則眸子眊焉。國語周語。單襄公謂晉周視無還。將得晉國。舊唐書隋煬帝謂李密視瞻異常。勿令宿衛是也。**君命大夫與士肄。在官言官。在府言府。在庫言庫。在朝言朝。**鄭注肄習也。君有命大夫則與士展習其事。謂欲肄所發為也。官府庫朝。唯君命所在。就展習之也。官謂版圖文書之處。府謂寶藏貨賄之處也。庫謂車馬兵甲之處也。朝謂君臣謀政事之處也。孔疏此論臣事君。所在皆當謹習其事。君有教命。有所營為。其大夫與士。先習學所為之事。備擬君之所使。言猶議也。若君命之在官。則臣當展習言議。在官之事。命之在府。在庫在朝。亦隨而習議之也。呂氏大臨曰。先時豫慮。思不出其位。皆所以虔君命也。肄謂討論脩飾潤色之也。居是位也。不敢以侵他事。治是事也。不敢以有他慮。此所以志無所分。政無不舉也。陳氏祥道曰。天文東壁為文府。西奎為武庫。此府與庫之辨也。胡氏銓曰。春秋傳曰。臣以為肄業及之是也。君凡命大夫士。肄習所行之事。各有其處。不相瀆亂。禮案此四者。謂在其位。則謀其政。不得言非其事。以越厥職也。故孔子為委吏曰。會計當而已矣。杜蕢之諫君。則引觶以自罰也。**朝言不及犬馬。**鄭注非公議也。孔疏此以下明在朝言朝之事。朝既如此。則官及府庫可知也。朝是謀於政教之處也。不宜私褻論議。以及犬馬也。陸氏佃曰。廄焚。子退朝曰。傷人乎。不問馬。退朝猶如此也。講義曰。朝言不及犬馬之末。謂無補於政者。若夫修車馬之類。則無嫌也。禮案說是也。蓋此與公庭不言婦女。謂無事道及則褻君矣。若朝議大獀。則不能不舉獵犬。議選車徒。則不能不數乘馬。淳于髡謂齊王曰。韓盧者天下之壯犬也。是言犬矣。晉荀息請以璧馬賂虞。是言馬矣。**輟朝而顧。不有異事。必有異慮。故輟朝而顧。君子謂之固。**鄭注心不正。志不在君。輟猶止也。固謂不達於禮也。孔疏輟止也。異事非常之事。異慮非常之慮也。臣於朝矜莊儼恪。視不流目。若忽上朝而迴顧。此若非見異則必有異慮也。固陋也。若身無異事。心無異慮。忽上朝而顧者。君子謂固陋不達禮意也。魯哀公答孔子曰。寡人固不固是也。胡氏銓曰。若衞太子蒯聵朝夫人。太子三顧之類。又陳成子驟顧諸朝。禮案此再言輟朝而顧。本具兩義。上云不有異事。必有異慮。義已盡矣。然世不有秉心無他。鄙不習禮。輟朝而顧。啓人疑竇。唯君子則知其固而已。非有異心也。**在朝言禮。問禮。對以禮。**鄭注於朝廷言。無所不用禮。孔疏朝事既重。謀政不輕。殷勤誠之。言及問對。則宜每事稱禮也。劉氏彝曰。昔者周公思兼三王。以施四事。於天下也。

遂成周禮。以輔成王。用綏萬方。以致刑錯者。亦禮而已矣。曰樂。曰政。曰刑焉者。所以輔成六典。莫非禮以爲歸是以周公之治於朝廷者。止用六典也。故曰在朝所言。莫非禮也。在朝所問。莫非禮也。在朝所對。亦莫非禮也。禮案。問禮對以禮。若哀公問於孔子曰。大禮何如。君子之言禮。何其尊也。孔子曰。丘聞之。也。民之所由生。禮爲大。非禮無以節事天地之神也。非禮無以辨君臣上下長幼之位也。**大饗不問卜。不饒富。**鄭注。祭五帝於明堂。莫適卜也。郊特牲曰。郊血大饗腥。富之言備也。備而已。勿多於禮也。孔疏此大享總祭五帝。其神非一。若卜其牲日。一一問神。恐吉凶不同。故總一卜而已。大享諸帝配以文武。然禮數有常。取備而已。不得豐饒過禮也。陳氏祥道曰。享禮有大小。春秋之享孤。諸侯之享聘卿與大夫之相享。非大享也。郊明堂之享帝。宗廟之享先王。王享諸侯。兩君相見。然後謂之大享。享賓之禮。祼以鬱鬯。牲則房烝。故大司樂大享。不入牲。其他皆如祭祀。周官大宰。祀五帝。祀大神祇。享先王。皆前期十日而卜日。又大宗伯。凡祀大神。享大鬼。祭大祇。帥執事而卜日。春秋書卜郊。卜牛。而記曰。君召牛納而視之。擇其毛而卜之。則祭祀無不用卜矣。不問卜者。特享賓之禮也。享禮几設而不倚。爵盈而不飲。殽乾而不得食。凡以訓恭儉而已。則不饒富可知矣。禮案。說是也。此大享王享諸侯之禮也。禮運云。大饗其王事與是也。白虎通曰。王者不純臣諸侯。朝則迎之于著。覲則待之于階。爲庭燎設九賓。饗禮以行於朝覲之時。故不問卜也。郊特牲云。大饗尙腶脩而已。是不饒富也。**凡摯。天子鬯。諸侯圭。卿羔。大夫雁。士雉。庶人之摯匹。童子委摯而退。**鄭注。摯之言至也。天子無客禮。以鬯爲摯者。所以唯用告神爲至也。童子委摯而退。不與成人爲禮也。說者以匹爲鶩。孔疏。鬯者。釀黑秬黍爲酒。其氣芬芳調暢。故因謂爲鬯也。天子無客禮。必用鬯爲摯者。天子弔臨。適諸侯。必舍其祖廟。以鬯禮於廟神。以表天子之至也。諸侯圭者。謂公侯伯用圭。子男用璧。以朝王。及相朝聘也。卿羔者。鄭注宗伯云。羔小羊。取其羣而不失類也。白虎通云。羔取其不黨。周禮云。公之孤。以皮帛。大夫雁者。鄭注宗伯云。雁取其候時而行。白虎通云。雁取飛有行列也。士雉者。鄭注宗伯云。雉取其守介而死。不失節也。白虎通云。雉取其不可誘之以食。攝之以威。死不可畜也。士摯冬雉。夏腒。羔雁生執。雉則死持。亦取見危致命也。匹。鶩也。野鴨曰鳧。家鴨曰鶩。鶩不能飛騰。如庶人但守耕稼而已。故鄭注宗伯云。鶩取其不飛遷。童子見先生。或尋朋友。不敢與成人相授受。但奠委其摯於地而自退辟之。童子之摯悉用束脩。論語自行束脩以上是也。陳氏祥道曰。天子之摯。不特鬯耳。其執鎭圭以朝日。猶諸侯執圭以朝君也。焦氏循曰。周禮大宗伯以禽作六摯。庶人執鶩。用以相準。故以此匹爲鶩。禮案。春秋繁露云。凡執贄。天子用暢。公侯用玉。卿用羔。大夫用雁。雁乃有類于長者。長者在民上。必施然有先後之隨。必俶然有行列之治。故大夫以爲贄。羔執之不鳴。殺之不諦。類死義者。食於其母。必跪而受之。類知禮者。故卿以爲贄。玉有似君子潤而不汚。是仁而至淸潔也。廉而不殺。是義而不害也。堅而不磬。過而不濡。故公侯以爲贄。暢積美揚芬者。以通之天。取百香之心。獨末之合之。爲一而達其臭氣暢天子。其淳粹無擇。與聖人一也。故天子以爲贄。而各以事上也。觀贄之意。可以見其事。奠置也。鄭注儀禮覲祀云。卑者見尊奠贄而不授。疏謂奠委其贄於地是也。退謂辟主人之拜受。非屏而不見也。儀禮士相見禮曰。賓奉贄入門左。主人再拜受是也。**野外軍中無摯。**

以纓拾矢可也。鄭注非爲禮之處。用時物相禮而已。纓馬繁纓也。拾謂射韝。孔疏馬繁纓卽馬鞅也。矢猶箭也。軍在野。無物。故用此爲摯可也。不直云軍中。而云野外者。若軍在都邑中。則宜依舊禮。不可用軍物也。若非軍中而在野外。亦用時物。或纓拾之徒。隨所有也。舉一隅耳。觸類而長之。則若土地無正幣。則時物皆可也。陳氏祥道曰。周官掌客。在野在外殺禮。君子之爲禮。不以在野在軍。而或廢。亦不以物不足。而求備。故以纓拾矢。各適其宜而已。然不若備物之爲善。故曰以纓拾矢可也。禮案舉纓拾矢。則凡兵甲之類。皆可執以爲摯。良以軍務倥傯。不能備物。故隨軍中所有也。若軍政暇整。得以備物。則自當以玉帛禽獸。不待言矣。

婦人之摯。椇榛脯脩棗栗。鄭注婦人無外事。見以羞物也。椇榛木名。椇枳也。有實。今邳郯之東食之。榛似栗而小。孔疏椇卽今之白石李也。形如珊瑚。味甜美。脯搏肉無骨而曝之。脩取肉鍛治。而加薑桂。乾之如脯者。所以用此六物者。椇訓法也。榛訓至也。脯始也。脩治也。棗早也。栗肅也。婦人有法。始至脩身。早起。肅敬也。故后夫人以下。皆以棗栗爲摯。取其早起戰栗自正也。莊二十四年左傳云。女贄不過椇榛栗棗脩。以告虔也。明諸物皆取名爲義。案昏禮婦見舅以棗栗。見姑以腶脩。其榛椇所用無文。孫氏希旦曰。腶榛棗栗四者。隨其人其地之所有。而用之。以配椇脩也。禮案陽道博施。備物。故男摯有尊卑之等。陰道專靜純一。故女摯無貴賤之分。詩小雅云。無非無儀。唯酒食是議。是也。

納女於天子曰備百姓。於國君曰備酒漿。於大夫曰備埽灑。鄭注納女猶致女也。壻不親迎。則女之家遣人致之。此其辭也。姓之言生也。天子皇后以下。百二十人。廣子姓也。酒漿埽灑。賤婦人之職。孔疏致者言曰此女備王之后妃以下。生廣子姓。故云百姓也。致女於諸侯爲辭轉卑。詩云唯酒食是議是也。埽灑不敢同諸侯彌賤也。唯及大夫不及士。士卑故也。呂氏大臨曰。不敢以伉儷自期。備妾媵之數而已。自卑之辭也。古者因生以賜姓。凡賜姓者。皆天子之別子。故納女於天子。謂之備百姓。周官酒人漿人。有女酒三十人。女漿十有五人。呂公納女於高祖曰。願爲箕帚妾。古之遺語也。惠氏棟曰。吳語越行成于吳曰。一介嫡女。執箕帚以晐姓于王宮。韋昭曰。晐備也。姓庶姓也。時越以王禮尊吳。故云晐姓。孫氏希旦曰。士昏禮問名。主人對辭曰。吾子有命。且以備數而擇之。若天子則曰。以備百姓之數而擇之。國君則曰備酒漿之數。大夫則曰。備埽灑之數也。禮案備百姓。廣嗣續也。詩大雅云。太姒嗣徽音。則百斯男是也。內則曰。女子十年不出。納酒漿。籩豆菹醢。禮相助奠。祭統云。故國君取夫人之辭曰。請君之玉女與寡人。共有敝邑。事宗廟社稷。此云備酒漿者。謙不言共承祭祀也。大夫妻亦有蘋蘩中饋之政。詩召南云。誰其尸之。有齊季女。是也。此言備埽灑者。謙不能勝筐筥錡釜之職。祇可執箕帚。以充埽除之役也。

禮記通釋卷八

玉環戴禮

檀弓上第三

孔疏案鄭目錄云。名曰檀弓者。以其記人善於禮。故著姓名以顯之。姓檀名弓。今山陽有檀氏。此於別錄屬通論。此檀弓在六國之時。知者以仲梁子是六國時人。此篇載仲梁。故知也。案子游譏司寇惠子。廢適立庶。又檀弓亦譏仲子。舍適孫而立庶子。其事同。不以子游名篇。而以檀弓爲首者。子游是孔門習禮之人。未足可嘉。檀弓非是門徒。而能達禮。故善之以爲篇目、杭氏世駿曰。檀弓曾子門人。見魏了翁讀書雜鈔。禮案檀弓與孔子子游同時。若係曾子之門人。亦受業之最先者也。史記仲尼弟子傳。曾子少孔子四十六歲。

公儀仲子之喪。檀弓免焉。仲子舍其孫而立其子。檀弓曰。何居。我未之前聞也。趨而就子服伯子於門右。曰。仲子舍其孫而立其子。何也。伯子曰。仲子亦猶行古之道也。昔者文王舍伯邑考而立武王。微子舍其孫腯而立衍也。夫仲子亦猶行古之道也。子游問諸孔子。孔子曰。否。立孫。鄭注檀弓故爲非禮。以非仲子也。禮朋友皆在他邦。乃袒免。此其所立非也。公儀蓋魯同姓。周禮適子死。適孫爲後。居讀爲姬姓之姬。齊魯之閒語助也。前猶故也。去賓位就主人兄弟之賢者而問之。子服伯子蓋仲孫蔑之玄孫子服景伯。蔑魯大夫。亦猶行古之道。伯子爲親者隱耳。立子非也。文之立武王權也。微子適子死。立其子衍。殷禮也。立孫據周禮。孔疏此論仲子喪亡。檀弓與之爲友。乃非處他邦。爲之著免。故爲重服。譏其適子死。舍適孫而立庶子也。何居猶言是何道理。未聞古昔有此事也。乃從賓位。趨而就子服伯子於門右。案賓位隨主人而變。小斂之前。主人未忍在主位。有事在西階下。賓亦弔於西階。故士喪禮。君使人襚。主人拜送。拜賓。卽位西階下東面。小斂之後。尸出堂廉。然後有飾。主人位在阼階下西面。賓於東階下弔也。故士喪禮。男女奉尸俠于堂。主人降自西階卽位。踊襲絰于序東是也。檀弓之來。當在小斂。蓋以仲子初喪。卽正適庶之位也。初於西階行譏吊。而主人未覺。後乃趨問於伯子。伯子乃爲隱諱。言仲子雖生周世。猶行上古之道也。言亦者。餘人有行古之道。仲子亦如餘人也。釋文免以布廣一寸。從項中而前。交於額上。又却向後。繞於髻。毛氏奇齡曰。史記云。微子開卒。立其弟衍。是爲微仲。所云其弟。謂微子弟也。郝氏懿行曰。免是五服之窮。朋友亦有相免之禮。檀弓或仲子族人。或朋友。未可知。要之必是當免。不然方譏人非禮。恐不當自爲非禮。孫氏希旦曰。記文上言檀弓免焉。下言仲子舍孫立子。則似檀弓既吊。方見仲子立子而怪之。注說亦未知是否也。門右。門內之東。卿大夫吊位之所在。士喪禮。卿大夫在主人之南是也。檀弓魯之士。其吊位在西方東面。見仲子之子爲喪主而拜賓。怪其非禮。故趨就伯子而問之。郭氏嵩燾曰。朋友亦有免義。同姓無不免者。姓統譜。齊公族有食瑕丘檀城。因以爲氏。姓纂亦云。瑕丘魯地。六國時齊有檀子。望之周卿士。亦有檀伯達。此檀弓則魯人也。疑檀氏亦出姬姓。於公儀氏爲遠族。故援五世袒免之例。爲之免以吊。凡吊士無不免。注故爲非禮。恐不可爲訓。禮案。帝王世紀。紂烹文王之長子伯邑考。爲羹賜文王。則是伯邑考死。而立武王也。周封同姓諸侯。未及伯邑考之子。則其無後可知。且伯邑考死時。武王尚未有子。故不能爲之立後。況文王爲殷諸侯。尚從殷制。兄終弟及。即伯邑考有子。武王亦可立也。又逸周書世俘解。武王王烈祖自大王。大伯。王季。虞公。文王。邑考。以列升。則伯邑考非被廢明甚。故武王之追王。猶有兄終弟及之義焉。注謂文之立武王權非也。

事親有隱而無犯。左右就養無方。服勤至死。致喪三年。事君有犯而無隱。左右就養有方。服勤至死。方喪三年。事師無犯無隱。左右就養無方。服勤至死。心喪三年。鄭注。隱謂不稱揚其過失也。無犯不犯顏而諫。論語曰。事父母幾諫。左右謂扶持之。方猶常也。子則然。無常人。勤勞辱之事也。致謂戚容稱其服也。凡此以恩爲制。事君。既諫人有問其國政者。可以語其得失。若齊晏子爲晉叔向言之。有方不可侵官。方喪資於事父。凡此以義爲制。心喪戚容如父而無服也。凡此以恩義之間爲制。孔疏。此據親有尋常之過。故無犯。若有大惡。亦當犯顏。故孝經云。父有爭子。則身不陷於不義是也。凡言左右。據侍從之臣。此左右言扶持之。謂子在親左相右相而奉持之。服勤謂服持勤苦勞辱之事。致之言至。謂哀情至極。戚容稱其服也。方喪謂比方父喪。禮以喪君。但居處飲食同耳。不能戚容稱其服。事師則以恩愛成己。有同於親。不爲制服。故云心喪。戚容如父喪也。無犯是同親之恩。無隱是同君之義。但稱子之親。本主恩愛。不欲聞親有過惡。故有隱。不欲違親顏色。故無犯。臣之事君。利在功義。若有惡不諫。社稷傾亡。故有犯。君之過惡。衆所同知。故云無隱也。饒氏魯曰。子之於親。不分職守。事事皆當理會。無可推托。事師如事父。故皆無方。臣之事君。當各盡職守。故曰有方。孫氏希旦曰。父子主恩。犯則恐其責善而傷於恩。故有幾諫而無犯顏。君臣主義。隱則恐其阿諛而傷於義。故必勿欺也而犯之。致。極也。曾子曰。人未有自致者也。必也親喪乎。禮案。有隱無犯。即大戴曾子大孝三不可入也。吾任其過。可入也。吾辭其罪是也。有犯無隱。即尚書益稷曰。予違汝弼。汝無面從。退有後言是也。唯師者道之所在。質疑問難。欲其匡我之不逮。何隱之有。苟其失道。則不足以爲人師矣。何犯之有。左右謂臣子弟子在父母君師之左右也。大戴曾子立孝之飲食移味。居處溫愉。子養親也。玉藻之有獻於君。膳於君。臣饋君也。論語之有酒食。先生饌。弟奉師也。無方。故後漢戴良傳謂良效驢鳴以娛母。人亦謂之孝。有方。故經濟類編言唐祝欽明作八風舞以樂君。人鄙之。謂五經掃地也。喪服四制曰。其恩厚者其服重。故爲父斬衰三年。以恩制者也。資於事父以事君而敬同。故爲君亦斬衰三年。以義制者也。學記云。師無當於五服。五服弗得不親。故心喪之如父。而聖王不爲制服者。以學無常師。如德高而恩厚者。則成我之德。與生我者同。雖服之三年可也。苟其德薄而恩寡者。則雖服之數月。亦恐無戚容以稱其服也。故與父之至親。君之至尊。義有不同。而心喪無服也。

季武子成寢。杜氏之葬在西階之下。請合葬焉。許之。而不敢哭。武子曰。合葬非古也。自周公以來。未之有改也。吾許其大而不許其細。何居。命之哭。鄭注。武子。魯公子季友之曾孫季孫夙。自見夷人冢墓以爲寢。欲文過之。命之哭。記此者。

善其不奪人之恩。孔疏武子自云。合葬之禮。非古昔之法。從周公以來。始有合葬。至今未改。我成寢之時。謂此家墓。不須合葬。故平之以爲寢。是文飾其過也。先儒皆以杜氏喪從外來。就武子之寢合葬。與孔子合葬於防同。又案晏子春秋。景公成路寢之臺。逢於何盆成适後喪。並得附葬景公寢中。與此同也。聽之葬。是許其大。哭是細也。張子載曰。季武子成寢。杜氏之葬在西階之下。此必是殯。故取其柩以歸合葬也。自伯禽至於武子。多歷年。豈容城中有墓。陸氏佃曰。請遷於外而合葬之。先儒謂杜氏之喪從外來。就武子之寢合葬。不近人情。江氏永曰。案檀弓記事。在戰國之初。距季武子已遠。此事蓋得之傳聞。意武子作別宅。其地先有杜氏之葬。傳聞失實。遂謂武子之居寢耳。居寢之階下。許人合葬。情理所無者也。方氏苞曰。成寢而墓在階下者。蓋勢家縱侈。作苑囿郊野。因成寢室。以恣淫樂也。孫氏希旦曰。古者葬於國北。季武子成寢。必在國中。而乃有杜氏之墓。亦事之末必然者。禮案季氏之寢基。必係杜氏之故址。或君奪其地以益封季氏。或季氏以勢侵占。而營己之寢。故西階之下。有杜氏之葬焉。張陸謂殯非葬。非也。蓋殯止三月。武子如近人情。則當待其出殯而興功。必無於未卒哭之中。而迫使移家他處。又留其殯。待其將葬。而聽其以凶服入宮。哭於新成之室。有是理乎。此記各家皆不得其解。唯疏引晏子春秋之說爲近是。寢本寢園。故武子亦不使遷。而杜氏敢請合葬也。許其大。謂容其祔葬矣。哭係細事。何爲不許其哭乎。

子上之母死而不喪。門人問諸子思曰。昔者子之先君子喪出母乎。曰然。子之不使白也喪之何也。子思曰。昔者吾先君子無所失道。道隆則從而隆。道汙則從而汙。伋則安能。爲伋也妻者。是爲白也母。不爲伋也妻者。是不是白也母。故孔氏之不喪出母。自子思始也。

鄭注子上孔子曾孫。子思伋之子。名白。其母出。禮爲出母期。父卒爲父後者。不服耳。汚猶殺也。有隆有殺。進退如禮。伋則安能。自予不能及。自子思始。記禮所由廢非之。孔疏案喪服齊衰杖期章。出妻之子爲母。又云出妻之子。爲父後者。則爲出母無服。傳云與尊者爲一體。不敢服其私親是也。子思既在。子上當爲出母有服。故門人疑而問之。伯魚之母被出。死期而猶哭。是喪出母也。道猶禮也。可隆則從而隆。謂父在爲出母。宜加隆厚。爲之著服。汚猶殺也。若禮可殺。則從而殺。謂父卒子爲父後。上繼至尊。不敢私爲出母著服。伋則安能者。自以才能淺薄。不及聖祖也。張子載曰。孔子之母非遭出。當其死也。不在孔氏之家。遂疑以爲出。子思於此。又難以劇論。故但言先君子無所失道。謂無不中禮也。子思不使白也喪出母。必是子思止有一子適長。則不爲出母服也。言不喪出母。自子思始。非謂孔氏世世有出母。特於子思見此事耳。江氏永曰。先君子喪出母。謂孔子也。孔子之父先娶施氏。無子而出。後娶顏氏。生孔子。其後施氏卒。孔子猶爲之服。出母之服。蓋閔其無子也。所謂道隆則從而隆也。舊說皆謂伯魚之母出。伯魚猶爲之服誤矣。伯魚之母。未嘗出也。近世豐城甘紱始爲辨明。孫氏希旦曰。喪服惟有母嫁而從者之服。而無母嫁不從者之服。然其言不爲伋也妻。則不爲白也母。則固有微示其意者。蓋妻出而未嫁。猶有可反之義。出而嫁。則彼此皆絕矣。杭氏世駿曰。夫婦人倫之始。刑于齊家之本。春秋之世。黷倫傷化者。接踵而出。出妻一事。則未之經見。

至戰國則吳起欲以求將。章子爲不得近於義。皆人類中所罕覯之事。孔氏明德之後。禮法之宗。何至刑于之化無聞。累代皆有此事。其語祗見於檀弓。檀弓曾子之門人。曾子有蒸梨不熟。出妻一事。焉知檀弓不附會孔氏。嘗有此事。以崇其師乎。禮案此論極正。即蒸梨不熟。而出妻。亦豈人情哉。恐亦非曾子之聖。而忍出此也。白前漢孔光傳作帛。門人曰。白也。父前子名也。下文門人曰。鯉也。義同。子思不使白也喪出母。而已又哭嫁母於祖廟。何其篤於己之母。而薄於子之母乎。喪服小記曰。爲父後者。爲出母無服。鄭注彼云。不敢以己私廢父所傳重之祭祀。則子上父在。爲出母當服。子思豈不知禮者。若非檀弓之誤記。必如孫說。子上之母出而已嫁者也。

孔子曰。拜而后稽顙。頹乎其順也。稽顙而后拜。頎乎其至也。三年之喪。吾從其至者。鄭注拜而后稽顙。此殷之喪拜也。頹順也。先拜賓。順於事也。稽顙而后拜。此周之喪拜也。頎至也。先觸地無容。哀之至重者。尚哀戚。自期如殷可。孔疏拜者。主人拜賓。稽顙者。觸地無容也。頹然不逆之意也。拜是爲賓。稽顙爲己。先賓後己。頹然而順序也。頎惻隱貌也。先觸地無容。後乃拜賓。是爲親痛深貌。惻隱之至也。知二者是殷周之喪拜者。以孔子所論。每以二代相對故也。殷之喪拜。自斬衰以下。緦麻以上。皆拜而后稽顙。殷尚質故也。周則杖期以上。皆先稽顙而后拜。不杖期以下。乃作殷之喪拜。江氏永曰。案頓首稽首之別。周禮疏謂頓首者。頭叩地即舉。稽首者頭至地多時。此爲確詁。稽顙頭觸地無容。問喪篇有明文。與稽首之拜從容引首至地。遲留而後起者。大異也。孫氏希旦曰。周官大祝辨九拜。六曰凶拜。即拜而後稽顙。稽顙而後拜是也。拜而後稽顙者。亦如稽首之爲。但稽首尚左手。稽顙尚右手。稽首以首平至於地。稽顙但引其顙以觸地也。若稽顙而後拜。則先以顙觸地。而後以首加手。爲空手之拜也。姜氏兆錫曰。拜者交手伏地。以敬賓也。稽顙者叩頭觸地。以哀親也。頹卑順之貌。頎痛切之意。先加敬於賓。而後盡哀于己。是得行禮之序。故爲順。哀常於親。而敬暫施于人。是極自盡之道。故爲至。從其至者。亦與甯戚之意也。禮案此二者。皆三年之喪之凶拜也。而鄭注雜記下云。稽顙而後拜曰喪拜。拜而後稽顙曰吉拜。豈殷禮三年之喪。而以吉拜乎。稽顙無容。可謂吉禮乎。說並非也。

孔子既得合葬於防。曰。吾聞之。古也墓而不墳。今丘也。東西南北之人也。不可以弗識也。於是封之。崇四尺。孔子先反。門人後。雨甚至。孔子問焉。曰。爾來何遲也。曰。防墓崩。孔子不應。三。孔子泫然流涕曰。吾聞之。古不脩墓。鄭注言既得者。少孤不知其墓。墓謂兆域。今之封塋也。古謂殷時也。士之高者曰墳。東西南北。言居無常處也。聚土曰封。封之周禮也。周禮曰。以爵等爲丘封之度。崇高也。高四尺。蓋周之士制。先反當脩虞事。後待封也。言所以遲者。脩之而來。不應。以其非禮。三言之。以孔子不聞。脩居治也。孔疏天子之墓一丈。諸侯八尺。其次降差以兩。今丘也。東西南北。不恆在鄉。若久乃歸。不知葬之處所。故不可不作封墳。記識其處。其父梁紇雖爲大夫。周禮公侯伯之大夫再命。與天子中士同。云周之士制者。謂天子之士也。防地之墓。新始積土。遇甚雨而崩。孔子自傷修墓違古。致令今崩。弟子重修。故流涕也。江氏永曰。合葬本非古。自周公以來。未之有改。夫子以夫婦生而同室。死而同穴。爲合於人情。故從之。若夫古人略於墓。而詳於廟。般周皆然。而般人於墓且不墳。不墳則無崩壞之虞。無修墓之事。夫子非不欲從古。自度他日。不免從事四方。宜墳之。易於識別。是以從今日丘封之制。崇四尺。非古禮也。當封時。亦既見其崇四尺矣。先反而修虞事。以餘功委之門人。不料雨甚而崩也。墓之崩。非先時築土之不堅。亦非門人董事之不謹。新土方成。驟雨淹漬。門人卽時修之而後反。度其崩亦未甚也。夫子聞之驚怛泫然流涕。而曰古不修墓。蓋古所以不修墓者。以其不墳也。今不得已而墳。以墳之故而崩。以崩之故而修。夫子蓋自悼其不能從殷。致有違禮之事也。孫氏希旦曰。古不修墓。蓋亦喪事卽遠之意。喪服四制曰。苴衰不補。墳墓不培。示民有終也。禮案史記孔子世家。孔子父叔梁紇死。葬於防山。張氏正義引括地志云。防山在兗州曲阜縣東。二十五里。

孔子哭子路於中庭。有人弔者。而夫子拜之。既哭。進使者而問故。使者曰。醢之矣。遂命覆醢。鄭注寢中庭也。與哭師同親之。拜之爲之主也。使者自衛來赴者。故謂死之意狀。時衛世子蒯聵簒輒而立。子路死之。醢之者。示欲啗食以怖衆。覆棄之。不忍食。孔疏下文云。師吾哭諸寢。今哭子路於中庭。故云與哭師同親之。案哀十五年左傳云。孔子聞衛亂曰。柴也其來。由也其死矣。以是預知。所以進使者問故者。不知其死之委曲也。王氏安石曰。孔子乃哭子路。與師同。或者哭弟子之禮。當如師。猶服之有報乎。陳氏祥道曰。孔子哭於中庭視之猶子也。有人弔焉。而夫子拜之。自視猶父也。遂命覆醢者。非特不忍食之。又不忍見之也。孫氏希旦曰。哭於中庭。於中庭南面而哭也。不於阼階下者。別於兄弟之喪也。凡於異姓之喪。而哭之於寢。其位皆如此。故鄭氏謂與哭師同也。朱氏彬曰。古者食必有醬。醬皆兼醢。醢言之。儀禮正饌。有菹醢。則每食有醢明矣。孔子聞子路之故。適食坐設醢。故不忍食也。禮案下文云。夫子之喪顔淵。若喪子而無服。則哭子路亦如哭子之禮矣。甫哭而入。未必卽忍食肉。醬醢其爲使者而設與。

曾子曰。朋友之墓。有宿草而不哭焉。鄭注宿艸謂陳根也。爲師心喪三年。於朋友期可。孔疏朋友相爲哭。一期艸根陳。乃不哭也。朋友雖無親。而有同道之恩。言朋友期而猶哭者。非謂在家立哭位。以終期年。張敷云。謂於一歲之內。如聞朋友之喪。或過朋友之墓則哭。期外則不哭也。方氏慤曰。朋友期年。是以兄弟之義喪之也。然必以墓草爲節者。蓋生物既變。而慕心可已故也。禮案此只是言過朋友之墓當哭。惟墓有宿草。則日月亦久矣。哀心亦已殺矣。故不哭也。非云哭朋友。而以墓草爲節也。

子思曰。喪三日而殯。凡附於身者。必誠必信。勿之有悔焉耳矣。三月而葬。凡附於棺者。必誠必信。勿之有悔焉耳矣。喪三年以爲極。亡則弗之忘矣。故君子有終身之憂。而無一朝之患。故忌日不樂。鄭注言其日月。欲以盡心修備之。附於身。謂衣衾。附於棺。謂明器之屬。喪三年去已久遠。而除其喪。則之言。曾有終身之憂。念其親。無一朝之患。毀不滅性。不樂謂死日。言忌日不用舉吉事。孔疏三日而殯者。據大夫士禮。夫禮必求仁者之粟。故送終之物。悉用誠信。必令合禮。不使少有非法。彼追悔咎。三月而葬。亦大夫士禮也。棺中物少。三日之期。家計可使量度則必中。棺外物多。三月之餘。思惟必就也。既夕禮。除明器之外有用器。弓矢未粈。兩敦兩杅。槃匜等。故云之屬也。服喪三年以爲極。亡可棄忘。而孝子有終身之痛。曾不暫忘於心。而不得有一朝之間。有滅性之禍患。恐其常毁。故唯忌日不爲樂事也。下篇子卯爲人君忌日。恐此亦爲子卯。故云謂死日也。方氏慤曰。經曰緦小功以爲殺。期九月以爲間。三年以爲隆。故三年之喪。所以爲喪之極也。亡則弗之忘矣。者。死者之形雖亡。而生者之心。未嘗忘之也。忌日不樂。蓋終身之憂。有見於此。朱氏軾曰。蓋喪有盡。而哀無窮。雖親死已久。而追慕之情。終身弗忘。於何見之。於忌日不樂見之也。孫氏希旦曰。春霜秋露。悽愴怵惕。如將見之。故有終身之憂。不敢以父母之遺體行殆。故無一朝之患。禮案。荀子禮論云。故死之爲道也。一而不可得再復也。臣之所以致重其君。子之所以致重其親。於是盡矣。故雖備家。必踰日然後能殯。三日而成服。然後告遠者出矣。備物者作矣。故殯久不過七十日。速不損五十日。是何也。遠者可以至矣。百求可以得矣。百事可以成矣。其忠至矣。其節大矣。其文備矣。然後月朝卜日。月夕卜宅。然後葬也。忌日者。鮮民之痛。始於此日。復何心於作樂乎。

孔子少孤。不知其墓。殯於五父之衢。人之見之者。皆以爲葬也。其愼也。蓋殯也。問於聊曼父之母。然後得合葬於防。

鄭注。孔子之父。聊叔梁紇。與顏氏之女徵在。野合而生孔子。徵在恥焉。不告。殯於五父之衢。欲有所就而問之。孔子亦爲隱焉。殯於家。則知之者。無由怪已。欲發問端。五父衢名。蓋聊曼父之鄰。人見以爲葬也。見柩行於路。愼當爲引。禮家讀然。聲之誤也。殯引飾棺以輤。葬引飾棺以柳翣。孔子是時以殯引。不以葬引。時人見者。謂不知禮。曼父之母。與徵在爲鄰相善。孔疏。孔子既少失父。其母不告父墓之處。今母既死。欲將合葬。而不知父墓所在。意欲問人。故殯母於五父之衢。欲使他人怪而問己。得詢知父墓所在。外人見柩行於路。皆以爲葬。但葬引柩之時。飾棺以柳翣。其殯引之禮。飾棺以輤。夫子飾其所引之棺以輤。故知非葬。蓋殯也。殯不應在外。故稱蓋。爲不定之辭。於時聊曼父之母。素與孔子母相善。見孔子殯母於外。怪問孔子。孔子因而問之。始知父墓所在。而後得以父母尸柩。合葬於防。胡氏銓曰。此一經疑在孔子既得合葬於防之前。江氏永曰。案襄十一年左傳。盟諸僖閎。詛諸五父之衢。杜注云。五父衢道名。在魯國東南。聊曼父者。意其爲聊人也。殯聊大夫。而聊人親其役。是以曼父之母。得其詳耳。俞氏樾曰。案古者墓而不墳。孔子合葬其母之後。然後封。立崇四尺。是叔梁紇之葬。本無此四尺之封也。但有兆域而已。孔子少孤。既未能躬親窀穸之事。母亦年少。未必親見。據歷聘紀年。孔子年二十四歲。母顏氏卒。距三歲喪父。已二十一年。安能實知其體魄之所在哉。孔子曰。丘也東西南北之人也。不可以弗識也。蓋亦翳於父葬時之墓而不墳。不易識別。故不得不爲此也。殯於五父之衢。此孔子欲訪求父墓。故先淺葬其母。以爲遷葬之地也。士禮三月而葬。顏氏之卒。孔子必用殷禮。殯於兩楹之間。未得父墓。而又不敢久留母殯。故就五父之衢。掘肂埋棺。略如殯制。因亦謂之殯。所謂禮以義起也。聖人擧事不苟。雖是暫時淺殯。而附於棺者。必誠必信。與大葬不殊。故人之見之者。皆以爲葬也。以其愼之至也。及徐察之。不止是殯而非葬。故又曰。蓋殯也。禮案。說是也。儀禮士喪禮。主人奉尸斂于棺。乃蓋。設熬旁一筐。乃塗。鄭注彼云。以木覆棺上。而塗之。爲九備。蓋柩尙在殯宮。故不具附棺之物也。殯於五父之衢。則必如葬禮。可知。苟無聊曼父之母告以防地。則或將久厝於此矣。孔子未必不慮及是。故其行事也。焉得不慎。

鄰有喪。舂不相。里有殯。不巷歌。喪冠不緌。鄭注皆所以助哀也。相謂以音聲相勸。不緌去飾。胡氏銓曰。趙良謂商君曰。五羖大夫死。舂者不相。古謳謠之名。多曰相。詳見曲禮。舂不相解。緌冠纓。所謂蟬有緌。孫氏希旦曰。冠纓結於頤下。而垂其餘以爲飾。謂之緌。喪冠不緌。去飾也。五服之冠悉然。雜記曰。委武玄縞而后蕤。則大祥冠乃有緌。禮案上四句說見曲禮上。喪冠不緌。凶服不飾也。玉藻曰。大帛不緌。

有虞氏瓦棺。夏后氏堲周。殷人棺槨。周人牆置翣。周人以殷人之棺槨葬長殤。以夏后氏之堲周葬中殤下殤。以有虞氏之瓦棺葬無服之殤。鄭注瓦棺始不用薪也。有虞氏上陶。火熟曰堲。燒土冶以周於棺也。或謂之土周。由是也。弟子職曰。右手折堲。槨大也。以木爲之。言槨大於棺也。殷人上梓。牆柳衣。凡此言後王之制文。葬殤略未成人。孔疏易繫辭云。古之葬者。厚衣之以薪。葬之中野。不封不樹。喪期無數。後世聖人易之以棺槨。蓋取諸大過。大過者巽下兌上之卦。初六在巽體。巽爲木。上六位在巳。巳當巽位。又爲木。二木在外。以夾四陽。四陽互體爲二乾。乾爲君爲父。二木夾君父。是棺槨之象。今虞氏既造瓦棺。故云始不用薪。然虞氏瓦棺則未有槨也。堲是燒土冶以周於棺。或謂之土周。喪大記註云。在旁曰帷。在上曰荒。縫人云。衣翣柳之材。注云。柳之言聚。諸飾之所聚。是帷荒總稱柳也。有虞氏唯有瓦棺。夏后氏瓦棺之外加堲周。殷人則梓棺替瓦棺。又有木爲槨替堲周。周人棺槨。又更於槨傍置柳。置翣扇。是後王之制。以漸加文也。釋文。十六至十九爲長殤。十二至十五爲中殤。八歲至十一爲下殤。七歲已下爲無服之殤。生未三月不爲殤。馬氏晞孟曰。有虞氏瓦棺而至夏后氏迺以堲周周之。有槨之象。商人以瓦棺堲周。皆陶冶之器。而陶冶出於土。及其久也。必復爲土。不能無使土親膚。遂以木易之。木足以勝土。而仁人孝子之所以深慮長思者。未有易此。聖人之法。相待而復備。故周人則緣商人之棺槨。飾之以牆置翣。棺槨以比化之。牆置翣以爲觀美。皆所以盡孝子之心。無使惡於死而已。當周哀。禮義散亡。而人不知棺槨之度。故中都四寸之棺。五寸之槨。而後以爲出夫子之制。孟子敦匠。而充虞以爲美。不知自周公以來。蓋已有禮也。惟其葬殤有異於成人之禮。故瓦棺堲周與夫棺槨。皆以少長制之。而不爲貴賤之等。何者。天下無生而貴。雖君卿大夫之子。猶士也。尚何有貴賤之別乎。長則其形強。少則其形弱。形強則其化難。形弱則其化易。古之人葬殤。其棺槨必視長少者。蓋以此而已。方氏慤曰。槨之於棺。如城之有郭也。牆以帷柩而周圍如牆。翣以飾柩而翼歛。如羽蓋也。愈久而禮愈備故也。長殤而下。死者愈少。則禮愈殺也。金氏鶚曰。自黃帝創爲宮室。上棟下宇。皆以木爲之。死者有棺槨。猶生者有宮室。其制始于黃帝。則黃帝時已用木爲槨。故蒼頡造字。棺槨皆從木旁也。易繫辭傳言棺槨取諸大過。大過上兌下巽。巽爲木。棺槨木在地下。故用木在下卦也。禮案白虎通云。有虞氏瓦棺。今以木何。虞尚質。故用瓦。夏后氏益文。故易之以堲木相周。無膠漆之用也。陳氏立疏證之。御覽引古史考。禹作土堲以周棺。鹽鐵論散不足篇。古者瓦棺容尸。木板堲周。足以收形骸。藏髮齒而已。蓋虞止用瓦棺。夏則以木爲裏。是較文也。又案高氏彥休闕史下云。壽安山之南。有土峯甚峻。乾符中。因雨而圮。半壁衔土。棺形尚固。邑令滌之。泥汨於水。粉膩而蠟黃。剖其腹。依稀骸骨。因徵近今。無以土爲周身之器者。豈錫圭之世窆耶。

夏后氏尚黑。大事斂用昏。戎事乘驪。牲用玄。殷人尚白。大事斂用日中。戎事乘翰。牲用白。周人尚赤。大事斂用日出。戎事乘騵。牲用騂。鄭注夏以建寅之月爲正。物生色黑。昏時亦黑。此大事謂喪事也。戎兵也。馬黑色曰驪。爾雅曰。騋牝驪牝玄。殷以建丑之月爲正。物牙色白。日中時亦白。翰白色馬也。易曰白馬翰如。周以建子之月爲正。物萌色赤。日出時亦赤。騵騂馬白腹。騂赤類。孔疏此論三代正朔所尚色不同。夏尚黑。殷尚白。周尚赤。此之謂三統。故書傳略說云。天有三統。物有三變。故正色有三。又春秋緯元命包云。夏以十三月爲正。以寅爲朔。殷以十二月爲正。以鷄鳴爲朔。周以十一月爲正。以夜半爲朔。三正記云。子月爲正。以陽始生。物得陽氣稍變動。故爲天統。丑月物在地中。含養萌芽。故爲地統。寅月物出於地。當須人功。故爲人統。統者本也。謂天地人之本也。然王者必以此三月爲正者。以其此月物之始生。王者繼天理物。含養微細。又取其歲初爲正朔之始。天地人所繼不同。故正此三朔不相襲也。萌是芽之細。故鄭注建子曰萌。建丑曰芽。方氏慤曰。滕文公之居喪也。曰恐其不能盡於大事。則喪爲大事可知。春秋傳曰。國之大事。在祀與戎。則戎事之爲大事可知。喪事凶禮也。戎事軍禮也。祀事吉禮也。五禮不及於賓嘉者。以非大事故也。應氏鏞曰。夏后治水。而水德王。故其色尚黑。殷人征伐。而以金德王。故其色尚白。周木德也。而色尚赤。赤亦豈非取木之所生。而用火之色乎。孫氏希旦曰。特言戎事。則非戎事所乘。固有不盡然者矣。明堂位曰。夏后氏駱馬黑鬣。殷人白馬黑首。周人黃馬蕃鬣。禮案尚書大傳。白狐青翰。鄭注彼云。翰長毛也。陳師衍曰。禹貢曰。禹錫玄圭。郎取水色。輯本太誓曰。至于五日。有火自上復於下。至於王屋。流之爲鵰。其色赤。其聲魄。鄭注鵰當爲鴉。燎復五日而有火爲烏。天報武王以此瑞。赤周之正。是鄭亦謂周以火德爲瑞矣。尚書湯誥。敢用玄牡。時湯方克夏。未改正朔易服色也。至洛誥。文王騂牛一。時成王已改正朔易服色也。穆公之母卒。使人問於曾子曰。如之何。對曰。申也聞諸申之父曰。哭泣之哀。齊斬之情。饘粥之食。自天子達。布幕衛也。繆幕魯也。鄭注穆公魯哀公之曾孫。問居喪之禮。曾子曾參之子。名申。子喪父母。尊卑同。幕所以覆棺上也。縿縑也。縿讀如綃。衞諸侯禮。魯天子禮。兩言之者。僭已久矣。幕或爲幦。孔疏案世本傳記。哀公蔣生悼公甯。甯生元公嘉。嘉生穆公不衍。是曾孫也。哭泣之哀。謂有聲之哭。無聲之泣。並爲哀。齊斬之情者。齊是爲母。斬是爲父。饘粥之食者。厚曰饘。希曰粥。朝夕食一溢米。孝子以此爲食也。父母之喪。貴賤不殊。自天子至庶人如一。故云自天子達。覆棺之幕。天子諸侯各別。以布爲幕者。衞是諸侯之禮。以縿爲幕者。魯是天子之制。故曾申舉衞與魯。俱是諸侯。則後代不宜異也。游氏桂曰。父母之喪。貴賤不殊。此所以自天子達也。若幕則天子以綃。諸侯以布。穆公苟欲行禮。所謂貴賤一者。固當一也。所謂天子諸侯異者。固當異也。此二者。喪禮盡矣。且禮文之制。曾申獨舉幕。而不舉其他。則其他推是可知。孫氏希旦曰。衞以布爲幕。魯以縿爲幕。蓋當時禮俗之不同。言此者以見禮文之小。國俗或有少異。正以深明夫上之所言。乃其大體之必不可得而變者耳。禮案論語云。子生三年。而後免於父母之懷。故父母之喪。無貴賤一也。服齊斬。食饘粥。即大戴哀公問五義所謂。斬衰菅屨。杖而歠粥者。

志不在於飲食是也。晉獻公將殺其世子申生。公生重耳謂之曰。子蓋言子之志於公乎。世子曰。不可。君安驪姬。是我傷公之心也。曰。然則蓋行乎。世子曰。不可。君謂我欲弑君也。天下豈有無父之國哉。吾何行如之。使人辭於狐突曰。申生有罪。不念伯氏之言也。以至于死。申生不敢愛其死。雖然。吾君老矣。子少。國家多難。伯氏不出而圖吾君。伯氏苟出而圖吾君。申生受賜而死。再拜稽首。乃卒。是以爲恭世子也。鄭注。獻公信驪姬之譖。蓋皆當爲盍。盍何不也。志。意也。重耳欲使言見譖之意。重耳。申生異母弟。後立爲文公。言其意。則驪姬必誅也。驪姬。獻公伐驪戎所獲女也。申生之母蚤卒。驪姬嬖焉。行猶去也。言人有父。則皆惡欲弑父者。辭猶告也。狐突。申生之傅。舅犯之父也。前此者。獻公使申生伐東山皋落氏。狐突謂申生欲使之行。今言此者。謝之。伯氏。狐突別氏。子。驪姬之子奚齊。圖猶謀也。不出爲君謀國家之政。然則自皋落氏反復。狐突懼乃稱疾。賜猶惠也。既告狐突。乃雉經。言行如此。可以爲恭。於孝則未之有。孔疏。案僖四年左傳云。姬謂太子曰。君夢齊姜。必速祭之。太子祭於曲沃。歸胙於公。公獵。姬寘諸宮六日。毒而獻之。公祭之地。地墳。與犬。犬斃。與小臣。小臣亦斃。姬泣曰。賊由太子。又晉語云。姬寘鴆於酒。寘堇於肉。堇謂烏頭。是驪姬譖申生之事也。重耳欲使言見譖之意者。左傳云。或謂太子曰。子辭。君必辨焉。杜預云。以六日之狀自理。謂毒酒經宿輒敗。若申生初則置毒。何以經六日。其酒尚好。明臨至加藥焉。重耳。申生異母弟。左傳云。太子曰。君非姬氏。居不安。食不飽。君老矣。吾又不樂。謂我若自理。驪姬必誅。姬死之後。公無復懽樂。故此云。是我傷公之心。云。時狐突欲令太子出奔。故使人辭於狐突。曰。申生不念伯氏之言。出奔避禍。以至於死。猶有所憂。君老子幼。國家多難。伯氏又謝病不出。誠能出而謀吾國家之事。申生受伯氏恩賜。甘心以死。雉。牛鼻繩也。申生以牛繩自縊而死。或謂雉鳥耿介。被人所獲。必自屈折其頭而死。漢書載趙人貫高。自絕亢而死。申生當亦然也。春秋左傳云。孝子不陷親於不義。而申生陷父有殺子之惡。故不曰孝。但謚於恭而已。謚法曰。敬慎事上曰恭。胡氏銓曰。案春秋自閔二年至僖二十三年。狐突事晉。未嘗去。此云不出。記禮者誤。禮案。春秋僖九年。晉獻公名詭諸。蓋讀如字亦可通。君安驪姬。故不欲白寃。恐姬反坐。無人可以慰父。即孝子養志之謂也。雖然辯恐妨父之所愛。不可亡。固無不可者。以天下無無父之國。不能相容。毋乃迂與。謚爲恭。以陷父不慈。不足以爲孝。此大舜之所以小受大走也。至狐突既爲申生之傅。又有二子皆長。則年必踰者艾可知。下文云。幼名冠字。五十以伯仲。申生稱爲伯氏。禮所當然。注謂伯氏。突別氏。非也。又疏引左傳謂公祭地。地墳之說。似未必然。蓋祭餘曷可以再祭。姬欲惑公。何患無辭。而必待公祭地。乃見毒乎。魯人有朝祥而莫歌者。子路笑之。夫子曰。由。爾責於人終無已夫。三年之喪。亦已久矣夫。子路出。夫子曰。又多乎哉。踰月則其善也。鄭注。子路笑。笑其爲樂速。夫子曰。爲時如此人行三年喪者。

希抑子路以善彼。又復也。孔疏魯人不辨其姓名。祥謂大祥。歌哭不同日。故仲由笑之。夫子云。由汝罪於人。終無休已之時。三年之喪。計其日月。亦已久矣。時孔子折子路。善彼人。恐學者致惑。待子路出。更以正禮言之。爲人可歌之時節。豈有多經日月哉。但踰後月。卽合於禮。案喪服四制祥之日。鼓素琴。不譏彈琴。而譏歌者。下注云。琴以手。笙歌以氣。手在外而遠。氣在內而近也。方氏慤曰。喪期而小祥。又期而大祥。喪以祥爲吉之先見。大祥宜吉。而謂之祥。則以有禫故也。觀此則祥雖非凶。亦未可以爲吉矣。朝祥而莫歌。豈不爲太速者乎。子路之笑魯人。固亦宜矣。孔子乃以爲責人終無已者。以其兼人。故退之也。禮案祥大祥也。三年之喪。二十五月而畢。踰月而禫。禫而後。可以爲樂。未禫而歌。故子路笑之。夫子以子路言行。恆失之過。故抑之。又恐人聞而惑。故俟其出。而後明之。注謂抑子路是也。善彼非也。

魯莊公及宋人戰于乘丘。縣賁父御。卜國爲右。馬驚敗績。公隊。佐車授綏。公曰。末之卜也。縣賁父曰。他日不敗績。而今敗績。是無勇也。遂死之。圉人浴馬。有流矢在白肉。公曰。非其罪也。遂誄之。士之有誄。自此始也。

鄭注于季夏縣卜皆氏也。凡車右勇力者。爲之馬驚奔失列。戎車之貳曰佐。授綏乘公。末之猶微哉。言卜國無勇。公他日戰。其御馬未嘗驚奔。二人赴敵而死。圉人掌養馬者。白肉股裏肉。公曰流矢中馬。非御與右之罪。誄其赴敵之功。以爲諡。士之有誄。記禮失所由來也。周雖以士爲爵。猶無諡也。殷大夫以上爲爵。孔疏乘丘魯地。莊公十年夏六月。敗宋師于乘丘。案周禮戎僕掌倅車之政。道僕掌貳車之政。田僕掌佐車之政。則戎車之貳曰倅。此云佐者。周禮相對爲異。散言則同稱佐車也。末微也。言卜國微弱無勇。致使我馬敗績。卜國被責。縣賁父職掌馬事。自稱無勇。既序兩人於上。郎明俱死也。左傳云。牛有牧。馬有圉。是圉人掌養馬也。股裏白。故謂之白肉。非謂肉色白也。案掌客云。凡介行人宰史皆有殮饔餼。以其爵等爲之牢禮。凡介行人皆士也。而云爵等。是士有爵也。此云士之有誄自此始。故知周士無諡也。云殷大夫以上爲爵者。案士冠禮云。古者生無爵。死無諡。冠是周禮。而云古者。故知是殷以上。江氏永曰。敗績謂車覆。左傳子產曰。未嘗登車射御。則敗績厭覆是懼。非謂師皆敗也。欽定義疏云。末無也。是時公子偃師竊出。公車遂從之。故不及卜。而因車覆。悔其不卜。賁父恥車敗。以死赴敵。而魯遂因而勝也。馬驚御者之事。公何以舍御而責右。且古無以姓呼臣者。又本經縣賁父死耳。鄭兼指二人。而孔附會之。未免曲說。李氏惇曰。考古者出軍。御與右皆卜。周禮筮人。八曰筮參。注參謂筮御與右也。末之卜。言未嘗卜其吉耳。公意本責賁父。賁父亦遂自責。赴門而死。後因浴馬而知非其罪。遂誄之。孫氏希旦曰。周禮小史。卿大夫之喪。賜諡讀誄。則誄爲諡而設。賁父士也。不當有諡。莊公以其捐軀赴敵。雖無諡。而特爲之誄。故士之有誄自此始。注疏謂誄其赴敵之功以爲諡非也。果爾則當言士之有諡自此始。不當言士之有誄自此始也。禮案春秋桓六年。莊公名同。周禮天官大祝作六辭。六曰誄。鄭注彼云。累舉其平生實行爲誄。而定其諡以稱之也。士有特行。烏可以勿誄。若下篇謂魯人之欲勿殤重汪踦。孔子亦不以爲過也。

曾子寢疾。病。樂正子春坐於牀下。曾元曾申坐於足。童子隅坐而執燭。童子曰。

華而睆。大夫之簀與。子春曰止。曾子聞之。瞿然曰呼。曰華而睆。大夫之簀與。曾子曰然。斯季孫之賜也。我未之能易也。元起易簀。曾元曰夫子之病革矣。不可以變。幸而至於旦。請敬易之。曾子曰爾之愛我也不如彼。君子之愛人也以德。細人之愛人也以姑息。吾何求哉。吾得正而斃焉斯已矣。舉扶而易之。反席未安而沒。

鄭注病謂疾困。子春曾參弟子。元申曾參之子。隅坐不與成人並。華畫也。簀謂牀第也。說者以睆為刮節目。字或為刮。子春曰止。以病困不可動。呼虛憊之聲。未之能易。已病故也。曾元言夫子者。曾子親沒之後。齊嘗聘以為卿而不為也。革急也。變動也。幸覬也。彼童子也。成己之德。息猶安也。言苟容取安也。斃仆也。言病雖困。猶勤於禮。孔疏華而睆者。凡畫五色。必有光華。爾雅釋器。簀謂之第。睆謂刮削木之節目。使其睆睆然好也。詩傳云。晛睆好貌是也。云字或為刮者。謂禮記之本。有以睆字為刮。未之能易。言己病氣力虛弱。未能改易。聞童子之言。乃便驚駭。謂曾元曰。爾之愛我不如彼。童子者。君子之愛人也。必以善事成己德。細小之人。愛人也不顧道理。且相甯息。吾今更何求焉。唯求正道。易換其簀。而即仆焉。斯此也。已猶了也。此則正一世事了。不陷於惡。故君子慎終如始。陳氏祥道曰。曾子之死。其言正顏色。動容貌。出辭氣。而其行。至於易簀。子路之不忘結纓。成子高之死不忘擇葬。是皆全一世之德。正一世之事。而天下後世之言君子者。必稽之矣。彼魯侯薨於小寢。文公薨於臺下。其視君子之所處。不亦遠乎。陸氏佃曰。言細不言小者。與小人微異。其所見不巨耳。納蘭氏成德曰。案尸子云。紂棄黎老之言。而用姑息之語。注姑婦女也。息小兒也。俞氏樾曰。案睆與刮。一聲之轉。考工記刮摩之工五。注曰故書刮作捖。是其例也。疑此睆字。亦捖之假字。捖讀為刮。故舊說以為刮節目。正義以睆睆然好說之。非古義。禮案大戴曾子疾病篇。曾申作曾華。抑申是名。華其字與。瞿驚視貌。簀字从竹。蓋管簟之屬。詩小雅云。下管上簟是也。華謂編織之華紋。睆謂刮摩之光澤也。

始死充充如有窮。既殯瞿瞿（瞿）如有求而弗得。既葬皇皇如有望而弗至。練而慨然。祥而廓然。

鄭注皆憂悼在心之貌也。求猶索物。孔疏事盡理屈為窮。親始死。孝子匍匐而哭。心形充屈。如急行道極。無所復去。窮急之容也。殯後心形稍緩。瞿瞿眼目速瞻之貌。如有所失。而求覓之不得然。既葬又漸緩。皇皇猶栖栖也。親歸草土。孝子栖栖皇皇。無所依託。如望彼人。來而不至也。練而轉緩也。至小祥但歎慨。日月若馳之速也。至大祥而寥廓。情意不樂而已。方氏慤曰。下篇述顏丁之居喪。則言皇皇於始死。言慨焉於既葬。問喪則言皇皇於反哭。所言不同者。蓋君子有終身之喪。恩親之心。豈有隆殺哉。先王制禮。略為之節而已。故其所言不必同。禮案親始死。若中路嬰兒失其怙恃。窮促靡依。茫無所向也。斂尸入棺。體魄忽焉不見。故如有求而弗得者。送形而往。迎精而反。又不見魂氣之所之。故如有望而弗至者。慨然歎息意。廓然孤寂貌也。

邾婁復之以矢。蓋自戰於升陘始也。

鄭注戰於升陘。魯僖二十二年秋也。時師雖勝。死傷亦甚。無衣可以招魂。孔疏此一節。論二國失禮之事。僖二十二年左傳云：邾人以須句故出師，公卑邾，不設備而禦之，戰于升陘，邾師雖勝，死傷亦甚。招魂必用矢者，志在勝敵，矢是心之所好，冀其復反耳。左氏直言邾，公羊云邾婁者，何休云：夷信婁聲相近也。方氏慤曰：矢所以施於射，非所以施於復，復則各以其衣而已，升陘之野，戰已無衣可用，故復之以矢，然邾婁因之而弗改，則非矣。禮案：復說見下篇。復之以矢者，若雜記上云行而死於道，以綏復之義也，蓋皆以生時所執之器復者，乃冀其魂認而復反也。或曰：用矢殺敵，而恐人爭功，故矢上皆刻有死者姓氏，以矢復義或取此與。

魯婦人之髽而弔也，自敗於臺鮐始也。

鄭注：敗於臺鮐，魯襄四年秋也。臺當爲壺，字之誤也。春秋傳作狐鮐。時家家有喪，髽而相弔。去纚而紒曰髽。禮婦人弔服，大夫之妻錫衰，士之妻則疑衰與皆吉笄無首素總。孔疏：去纚而紒曰髽者，案士冠禮纚廣終幅，長六尺，所以韜髮，今以凶事，故去之，但露紒而已。喪服傳云：大夫弔於命婦錫衰，命婦弔於大夫亦錫衰，是大夫之妻弔服錫衰也。士妻弔服無文，故云疑衰。與周禮司服有錫衰、緦衰、疑衰，喪服注云：士之弔服疑衰，則知士妻亦疑衰也。吉笄無首素總，大戴禮文。方氏慤曰：髽所以施於喪，非所以施於弔，弔則各以其衰而已。臺鮐之敗，以家各有喪，故髽而弔，然魯婦人因之而弗改，則非矣。江氏永曰：案鄭注以髽爲露髽，恐未確，髽蓋類於免，於下章毋從從、毋扈扈者推之，從從謂前太高，扈扈謂邊太廣。今人以布廣充幅，方裁而斜疊之，自額結於項前，有尖角，又或摺去尖角，俗謂之包頭，豈古髽之遺象與？髽有麻有布，斬衰麻髽，齊衰布髽。禮案：婦人髽髮，必齊斬之服，下篇云齊衰不以弔，則斬衰可知。然魯婦人之髽而弔也，必其父及夫子均死於軍，故不能不以髽而弔也。若弔他人，則非禮矣。記云自敗於臺鮐始，則當時魯俗婦人髽而相弔，已習爲固然矣。又案吉笄無首素總，今大戴無此文，疑在逸篇。

南宮縚之妻之姑之喪，夫子誨之髽曰：爾毋從從爾，爾毋扈扈爾。蓋榛以爲笄，長尺而總八寸。

鄭注：南宮縚，孟僖子之子南宮閱也。字子容。其妻孔子兄女。誨，教。爾，女也。從從謂太高，扈扈謂太廣。爾，語助。總，束髮垂爲飾，齊衰之總八寸。孔疏：妻之姑，謂夫之母也。以是兄之女，故夫子誨之作髽法。期之髽稍輕，自有常法，無得從從而太高、扈扈而太廣。又教以笄總之法，用榛木爲笄，其長尺，而束髮垂餘之總垂八寸。左氏昭七年傳云：孟僖子將卒，召其大夫云：屬說與何忌於夫子，以事仲尼。以南宮爲氏，故世本云：仲孫貜生南宮縚是也。云字子容，其妻孔子兄女者，論語云：以其兄之子妻之是也。案喪服傳云：總六升，長六寸，謂斬衰也。故此齊衰長八寸也。以二寸爲差。喪服箭笄長一尺，吉笄長尺二寸，榛笄長尺，斬衰齊衰笄同一尺，降於吉笄二寸也。但惡笄或用櫛，或用榛，喪服有櫛笄，故夫子稱蓋以疑之。方氏慤曰：總則束髮之布也。江氏永曰：高謂前當囟者，廣謂所疊之邊，期之髽毋太高太廣，則斬衰之髽宜高廣。孫氏希旦曰：世本仲孫貜生南宮縚，故鄭注以此南宮縚即孟僖子之子仲孫閱。然孔子生於襄公二十二年，孔子之兄，孔子未生時已卒，則其女必稍長於孔子，而仲孫閱生於昭公十一年，至其可昏之年，孔子兄女蓋年逾四十矣，必無相爲夫婦之理。閱與其兄何忌同事孔子，然家語弟子解、史記弟子列傳並無何忌，不應獨載閱，是孔子所妻，家語、史記、廁諸弟子之列者，必非閱也。禮案：大戴禮衞將軍文子篇云：一日三復白圭之沾，是南宮縚之行也。盧注云：字子容，蓋即論語所謂南容是也。儀禮喪服：衰經皆以粗爲重。細無輕。故注疏知孔子之誨縚婁之髽。毋從從。扈扈謂期髽稍輕。不得如斬衰之髽之高廣也。

孟獻子禫縣而不樂。比御而不入。夫子曰。獻子加於人一等矣。鄭注可以御婦人矣。尚不復寢。孟獻子魯大夫仲孫蔑。加猶踰也。孔疏依禮禫祭暫縣。省樂而不作。至二十八月。乃始作樂。又依禮禫後吉祭。乃始復寢。當時人禫祭之後。則恆作樂。未至吉祭而復寢。今孟獻子既禫暫縣。省樂而不作。比可以御婦人。而不入寢。雖於禮是常。而特異餘人。故夫子善之云。獻子加於人一等。不謂加於禮一等。其祥禫之月。先儒不同。王肅以二十五月大祥。其月爲禫。二十六月作樂。所以然者。以下云祥而縞。是月禫。徙月樂。又與上文魯人朝祥而莫歌。孔子云。踰月則其善。是皆祥之後月作樂也。戴德喪服變除禮。二十五月大祥。二十七月而禫。故鄭依而用焉。喪大記云。禫而從御。吉祭而復寢。閒傳云。大祥居復寢云者。去堊室。復殯宮之寢。從御謂禫復得御婦人。必待吉祭。然後復寢。禮案鄭注儀禮士虞禮云。禫祭名也。與大祥間一月。自喪至此。凡二十七月。禫之言淡淡然。平安意也。縣樂縣也。禫縣者。先王制禮。而弗敢過也。不樂者哀未忘也。比例也。禫而從御。例可御女矣。而猶不忍入內寢。此孔子所以善之也。

孔子既祥五日彈琴而不成聲。十日而成笙歌。鄭注不成聲。哀未忘也。成笙歌。踰月且異旬也。祥亦凶事。用遠日。五日彈琴。十日笙歌。除由外也。琴以手。笙歌以氣。孔疏祥是凶事用遠日。故十日得踰月。若其卜遠不吉。則用近日。雖祥後十日。未得成笙歌。以其未踰月也。陳氏祥道曰。祥之日。可以鼓素琴。君子所以與人同。五日彈琴。而不成聲。君子所以與人異。彈之者。禮之所不可廢也。不成聲者。仁之所不忍也。方氏慤曰。祥之日鼓素琴。故孔子五日而彈琴。徙月樂。故孔子十日而笙歌。江氏永曰。案此章與朝祥莫歌章。踰月則善之說。似相妨。如注疏說。方可通。禮案五日彈琴。而不成聲。十日而成笙歌。內除之日期。似乎太促。注疏與江說並是也。

有子蓋既祥而絲屨組纓。鄭注譏其早也。禮既祥白屨無絇。縞冠素紕。有子孔子弟子有若。孔疏蓋是疑辭。傳聞未審。故云蓋。既祥素紕。當用素爲纓。未用組。今用素組爲纓。故譏之。案士冠禮。冬皮屨。夏用葛。無云絲屨者。此絲屨以絲爲飾。絇繶純之屬。鄭注屨人云。絇屨頭飾也。方氏慤曰。有子爲孔子高弟。而失禮若是。疑或不然。抑記者或得於傳聞。故曰蓋焉。禮案大祥雖除衰杖。而餘哀未忘。不忍一旦卽吉。故縞冠素紕。白屨無絇。以伸其未盡之誠。蓋變除有漸。卽遠之義也。

死而不弔者三。畏厭溺。鄭注三謂輕身忘孝也。人或時以非罪攻己。不能有以說之死之者。孔子畏於匡。厭行止危險之下。溺不乘橋船。孔疏案世家云。陽虎嘗侵暴於匡。孔子與陽虎相似。故匡人因圍欲殺之。孔子自說。故匡人解圍也。厭讀爲崩墜所厭殺也。溺謂入水死者。何胤云。馮河潛水。不爲吊也。除此三事之外。其有死不得禮。亦不吊。故昭二十年。衞齊豹欲攻孟縶。宗魯事孟縶。是時齊豹欲攻孟縶。宗魯許齊豹攻之。不告孟縶。及孟縶被殺而死。宗魯亦死之。琴張欲往弔之。孔子止之曰。齊豹之盜。而孟縶之賊。女何吊焉。是失禮者。亦不吊也。陳氏澔曰。先儒言明理可以治懼。見理不明者。畏懼不知所出。多自經於溝瀆。此眞爲死於畏矣。禮案畏謂多行不義。恐罹法網。慚懼而自殺者也。厭謂行坐於頹垣峻壑之間。而崩壓致死者也。溺謂好游泳失足。而沉沒致死者也。此學子之所以愼行其身。庳亦弗憑。道而不徑。舟而不游也。君子以非孝者無親。故不弔也。白虎通云。有不弔三何。爲人臣子。常懷恐懼。深恩遠慮。志在全身命。乃畏厭溺死。用爲不義。故不弔也。子路有姊之喪。可以除之矣而弗除也。孔子曰。何弗除也。子路曰。吾寡兄弟而弗忍也。孔子曰。先王制禮。行道之人。皆弗忍也。子路聞之。遂除之。鄭注。行道猶行仁義。孔疏。庾蔚云。子故緣姊妹無主後。猶可得反服。推已寡兄弟。亦有中其本服之理。故於降制已遠。而猶不除。非在室之姊妹。欲申服過期也。是子路已事仲尼。始服姊喪。明姊已出嫁。非在室也。方氏慤曰。行道之人。與孟子呼爾而與之。行道之人。弗受同義。先王制禮。於可除而必除之。行道之人。於可除而弗忍焉。必除之者。公義也。弗忍焉者。私情也。吳氏莘曰。聖人以中道抑人之情。非惡其過厚。懼其不可繼而已。朱氏彬曰。行道行路之人。秦策秦王謂陳軫曰。儀之言果信也。曰。非獨儀知之也。行道之人。皆知之。禮案儀禮喪服。爲姑姊妹期。出嫁則降服大功。可以除。若期服已小祥。功服已九月矣。行道之釋。朱說得之。今從之。言推不忍人之心。則見行道之人之死。亦惻然傷之。然而不得爲之服者。以先王制禮。非五服之親。則不爲之制服。又抑可因情。而服踰其制乎。

禮記通釋卷九

玉環戴禮

禮弓上

大公封於營丘。比及五世。皆反葬於周。君子曰。樂樂其所自生。禮不忘其本。古之人有言曰。狐死正丘首。仁也。鄭注 齊大公受封。留爲大師。死葬於周。子孫生焉。不忍離也。五世之後。乃葬於齊。齊曰營丘。君子言其似禮樂之義。正丘首。正首丘也。仁恩也。孔疏 大公死。反葬於鎬京。陪文武之墓。其子孫比及五世。雖死於齊以大公在周。故皆自齊反歸周而葬之。先王之制禮樂。若舜能紹堯。即名大韶。禹治水廣大中國。則名大夏。王業由質而興。則禮尚質。由文而興。則禮尚文。禮之與樂。皆是重本。反葬於周。亦是重本之意。君子既引禮樂。又引古人遺言。謂丘是狐窟穴。根本之處。雖狼狽而死。意猶向此丘。是有仁心也。案世本大公望生丁公伋。伋生乙公得。得生癟公慈母。慈母生哀公不臣。案齊世家哀公荒淫。被紀侯譖之周。夷王亨哀公。亦葬周也。哀公死弟胡公靖立。靖死。獻公山立。山死。武公壽立。若以相生爲五世。則武公以上。反葬周。二者未知孰是。云齊曰營丘者。地理志云。臨淄縣齊大公所封。案釋丘云。水出其前而左。曰營丘。以水營遶故也。孫氏希旦曰。五世蓋謂大公至其玄孫哀公也。周禮雖有族葬之法。然古之天子諸侯。皆即其所國而葬。不必皆從其祖宗也。文王葬豐。武王葬鎬。亦可見矣。大公爲周大師。丁公爲虎賁氏。蓋仕於王朝而死。而因葬焉者也。哀公則被烹死於周。而因葬焉者也。乙公癟公無可考。使果葬周。亦必其死於周耳。若死於其國。豈有越數千里。而以柩往葬者。謂五世反葬。爲不忘本。實附會之說。禮案 雅有姜嫄后稷之詩。樂樂其所自生也。祭有大羹玄酒之尚。禮不忘其本也。

伯魚之母死。期而猶哭。夫子聞之曰。誰與哭者。門人曰。鯉也。夫子曰。嘻。其甚也。伯魚聞之。遂除之。鄭注 伯魚孔子子也。名鯉。猶尚也。嘻悲恨之聲。孔疏 伯魚母出。父在爲出母。亦應十三月祥。十五月禫。言期而猶哭。則是祥後禫前。祥外無哭。于時伯魚在外哭。故夫子怪之。恨其甚也。或曰。爲出母無禫。期後全不合哭。張子載曰。爲母期而猶哭。孔子怪鯉何也。禮期至練。必別有服。服練則不哭。時伯魚不除且哭。故夫子怪之。伯魚既聞之。遂除其服而猶不哭也。孫氏希旦曰。案祥而外無哭者。禫而內無哭者。父在爲母十三月而祥。十五月而禫。則祥後禫前內應猶哭。夫子何以怪其甚也。禮案 說是也。云期而猶哭。則似期後不宜復哭者。然爲母本三年之喪。以父在降而爲期。期而哭母。亦屬禮之當然者。夫子何以謂其甚。恐此亦記者之誤也。

舜葬於蒼梧之野。蓋三妃未之從也。季武子曰。周公蓋祔。鄭注 舜征有苗而死。因留葬焉。書說舜曰。陟方乃死。蒼梧於周南越之地。今因爲郡。古者不合葬。帝嚳而立四妃矣。象后妃四星。其一明者爲正妃。餘三小者爲次妃。帝堯因焉。至舜不告而取。不立正妃。但三妃而已。謂之三夫人。離騷所歌湘夫人舜妃也。夏后氏增以三三而九。合十二人。春秋說云。天子取十二。即夏制也。以虞夏及周制差之則殷人又增以三九二十七，合三十九人。周人上法帝嚳，立正妃，又三九二十七爲八十一人，以增之，合百二十一人。其位后也，夫人也，嬪也，世婦也，女御也。五者相參，以定尊卑。祔謂合葬，合葬自周公以來。孔疏：舜南巡狩，因征有苗而死，以天下爲家，故遂葬於蒼梧之野。古不合葬，故三妃不就蒼梧與舜合葬也。記引季武子之言云：周公以來，蓋始祔葬。祔即合也。舜三妃者，案帝王世紀云：長妃娥皇無子，次妃女英生商均，次妃癸比生二女，霄明、燭光是也。禮案：陳師衍曰：竹書紀年，四十九年，帝居於鳴條。五十年，帝陟。史記舜踐位三十九年，南巡狩，崩於蒼梧之野，葬于九疑之山，是爲零陵。三十九年之三字，必四字之誤，與竹書紀年合。古四字作亖，與三近而誤也。又案書舜典：五十載陟方乃死。故其妃莫之能從也。

曾子之喪，浴於爨室。鄭注：見曾元之辭易簀，矯之以謙儉也。禮：死浴於適室。孔疏：曾子達禮之人，應須浴於正寢。今乃浴於爨室，明知意有所爲也。士喪禮：死於適室。下云：甸人掘坎于階間，爲垼於西階下。新盆、槃、瓶，造于西階下，乃浴於適室也。於爨室爲謙，無甸人掘坎爲垼之事，是儉也。王氏安石曰：此自元申失禮，於記曾子無遺言，鄭何以知其矯之謙儉也。任氏啓運曰：死于此室，即浴于此室。屋漏、飯于此室之牖下。小斂畢，乃出室戶。曾子寢疾，未於爨室？安有舉尸出浴于他室者？檀弓多傳聞，此亦不足信。郭氏嵩燾曰：浴於爨室，謂煑所浴之瀋於爨室。不爲垼也。曾元居曾子之喪，容有不能備禮者，以爨室供沐事。以生道事之，而非薄於爲親也。禮案：此說近理。浴於爨室，言於爨室煑湯以浴尸，非謂遷尸浴於爨室也。夫竈爲五祀之一，設若於爨室浴尸，非惟褻尸，亦瀆神明矣。

大功廢業。或曰：大功誦可也。鄭注：許其口習故也。孔疏：業謂所學習業，則身有外營，思慮他事，恐其忘哀。故廢業也。誦則在身所爲，其事稍靜，不慮忘哀，故許其口習。言或曰者，以其事疑。然亦恐有或人之言也。朱子熹曰：居喪初無不得讀書之文。古人居喪不受業者，業謂簨簴上一片板。不受業，謂不敢作樂耳。古人禮樂不離身，唯居喪然後廢樂，故曰喪復常，讀樂章。周禮有司業者，謂司樂也。游氏桂曰：春秋時魯宴甯武子，賦湛露及彤弓。甯武子曰：臣以爲肄業及之。晉厝觚曰：辰在子卯，君徹宴樂，學人舍業，皆以歌詩言之也。故舍業者，舍歌舞之業，以爲哀也。或曰徒可口誦其詩而已。禮案：儀禮喪服，大功之喪，有正服，有降服，故情有隆有殺。其廢業者，乃本服齊衰期，或兄弟叔姪以殤降，或姑姊妹女子子以出嫁降，其誦可者，乃正服也。

子張病，召申祥而語之曰：君子曰終，小人曰死。吾今日其庶幾乎。鄭注：申祥，子張子。欲使執喪成己志也。死之言澌也。事卒爲終，消盡爲澌。太史公傳曰：子張姓顓孫。今曰申祥，周秦之聲，二者相近，未聞孰是。庶幾言易成也。孔疏：君子謂之終，言身終功名尚在。小人謂之死，無功名可錄，但形骸澌盡也。庶幸也，幾冀也。言吾平生以善自修，今日將死，其幸冀爲君子乎。汝但執喪禮，以助我志，則功名得存，但身終而已。黃氏榦曰：終以道言，死以形言。子張言庶幾者，蓋以生平持身，唯恐有不盡之道。今至將歿，幸其得以盡道而終，亦猶曾子知免之意，足以見其平生恐懼之意也。禮案：史記仲尼弟子傳，子張姓顓孫，名師，則申祥其子名也。夫復何疑，而注疏謂顓孫申祥二者聲相近，非也。君子曰終，即大戴曾子大孝所謂父母既歿，慎行其身，不遺父母惡名，可謂能終也。

曾子曰：始死之奠，其餘閣也與。鄭注：不容改新。閣，庋藏食物。孔疏：始死之奠者，鬼神所依於飲食。故必有祭酹。以生時庋閣上所餘脯醢。以爲奠也。士喪禮復魄畢。以脯醢升自阼階。奠于尸東。此之謂也。閣架橙之屬。人老及病。飲食不離寢。恐忽須無當。故並將近置室裏閣上也。若死仍用閣之餘奠者。爲時期切促。急令奠酹。不容方始改新也。陸氏佃曰。閣其餘者。幸其更生。若有待焉耳。如先儒說。以其閣之餘奠。不唯於文不安。亦大夫七十而後有閣。則大夫死有無閣者矣。陸氏奎勳曰。舊解盡失其旨。餘閣者貯物以供老疾也。始死而奠之尸東。孝子之心。猶若親存。而冀其飲食爾。禮案與者未定之辭。言始死之奠。可暫用餘閣。非必定用庋閣之餘也。

曾子曰。小功不爲位也者。是委巷之禮也。子思之哭嫂也爲位。婦人倡踊。申祥之哭言思也亦然。鄭注譏之也。位謂以親疏序列哭也。委巷猶街里委曲所爲也。哭嫂爲位。善之也。禮嫂叔無服。有服者娣姒婦。小功。倡先也。說者云。言思子游之子。申祥妻之昆弟。亦無服。過此以往。獨哭不爲位。孔疏時有哭小功。不爲位者。故曾子非之。云是委曲街巷之禮。非典儀正法。乃引得禮之人子思之哭嫂。爲親疏之位。於時子思婦。與子思之嫂有小功之服。故子思之婦先踊。子思乃隨之而哭。非直子思如此。其申祥哭妻之兄弟言思。亦如二思也。皇氏以爲原憲字子思。若然。鄭無容不注。孔氏連叢云。一子相承。以至九世。或其兄早死。故得有嫂。案喪服小功章。娣姒婦報。傳云弟長也。鄭注娣姒婦者。兄弟之妻相名也。長婦謂穉婦爲娣婦。娣婦謂長婦爲姒婦。自此以外。皆不爲位。故奔喪禮。哭妻之黨於寢。鄭引逸奔喪禮云。一哭而已。不爲位矣。方氏慤曰。親有遠近。服有輕重。不可以無辨。故哭泣之時。各爲之位焉。迨乎周室之衰。典籍多失。而一時之禮。或起於委巷。則有小功不爲位者。此曾子所以譏之。馬氏晞孟曰。妻之昆弟。爲父後者。死哭之適室。子爲主。袒免哭踊。夫入門右。由是言之。則哭妻之昆弟。以子爲主。異於叔嫂之喪也。以子爲主。則婦人不當倡踊矣。陳氏澔曰。委曲也。曲巷猶言陋巷。吳氏澄曰。子思申祥。哭無服之喪。猶且爲位。況小功有服之喪。而可不爲位乎。爲嫂無服。而其妻爲娣姒婦。則有服。爲妻之兄弟無服。而其妻爲其兄弟。則有服。故子思申祥。皆使其妻有服者。倡踊於前。而已無服者。隨踊其後也。江氏永曰。妻之昆弟。固當以子爲主。或申祥是時。未有子。又或幼。或不能爲主。則其妻當倡踊矣。禮案哭妻之昆弟。自由子及妻爲主。若哭嫂理應來兄及姪爲主。而子思使其妻倡踊者。必其嫂死而無夫若子。以爲之主者。疏謂或其兄早死是矣。踊擗踊也。凡哭踊之節。皆男子倡踊。而婦人居間。更拾而踊。此以婦人倡踊。男子居間。記禮之變也。

古者冠縮縫。今也衡縫。故喪冠之反吉。非古也。鄭注縮從也。今禮制。衡讀爲橫。今冠橫縫。以其辟積多。反吉非古。解時人之惑。喪冠縮縫古冠耳。孔疏古者謂殷以上。殷尚質。吉凶冠皆直縫。辟積襵少。故前後直縫之。今周也。周世文。冠多辟積。不復一一直縫。但多作襵。而幷橫縫之。周之吉冠如此。而喪冠猶疏辟而直縫。是喪冠與吉冠相反。故云喪冠之反吉也。時人謂古制如此。故釋云非古也。正是周世如此耳。禮案喪冠大功以上。而縫右辟。小功以下。而縫左辟。此則縮縫之證也。吉冠有緣。而縫合之。則衡縫之證也。

曾子謂子思曰。伋。吾執親之喪也。水漿不入於口者七日。子思曰。先王之制禮也。過之者俯而就之。不至焉者跂而及之。故君子之執親之喪也。水漿不入於口者三日。杖而后能起。鄭注言己以疾時禮而不如。子思爲曾子言難繼。以禮抑之。孔疏此曾子謂子思伋。誇己居親之喪。能行於禮意。疾時人不如也。故子思抑之云。昔先代聖王。制其禮法。使人依而行之。以水漿不入於口三日。尚以杖扶病。若曾子之言。即後難繼也。陳氏祥道曰。先王制爲喪親之禮。其服衰止於三年。其哭泣止於三月。其水漿不入於口。止於三日。蓋三日可以食而食。三月可以沐而沐。三年可以祥而除。使過之者。俯而就之。不至焉者。跂而及之也。若夫以親之恩爲罔極。吾之情爲無窮。徇其無窮之情。而不節之以禮。則在己者不可傳。在人者不可繼。此曾子所以不爲子思取也。樂正子春之母死。五日而不食。既而悔之。況七日乎。秦氏繼宗曰。曾子篤實純孝。不自覺其過中。子思弟也。事師無隱。故以正對之。禮案此曾子必慨時俗禮崩。有親喪三日之內。而飲食者。故言己執親之喪。水漿不入於口者七日。以冀時人跂及耳。注疏謂自誇過矣。俯就謂不敢過情。跂及謂不敢不至。水漿不入於口。止三日者。聖人教人不以死傷生。若曾子者。非惟後難繼。亦恐不勝喪也。子思曾師事曾子。故名之而不字焉。曾子曰。小功不稅。則是遠兄弟終無服也。而可乎。鄭注據禮而言也。日月已過。乃聞喪而服曰稅。大功以上。然小功輕。不服已終無服。言相離遠者。聞之恆晚。而可乎以己恩怪之。孔疏曾子以爲依禮。小功之喪。日月已過。不更稅而追服。則是遠處兄弟。聞喪恆晚。終無服。而可乎。言其不可也。曾子仁厚。禮雖如此。猶以爲薄。故怪之。此據正服小功也。故喪服小記云。降而在緦小功者。則稅之。其餘則否。鄭義限內聞喪。則追全服。王肅謂但服殘日。若如王義。限內止少一日。乃始聞喪。若其成服。服未得成。即除也。何名追服。其義非也。孫氏希旦曰。兄弟謂族親也。喪服。從祖祖父母。從祖父母。從祖兄弟。爲三小功。先王之制服。以其實不以其文。故有其服。必有其情。非虛加之而已。小功恩輕。若日月已過。而服之。則哀微而不足以稱乎其服矣。曾子篤於恩。故疑不稅之非。然先王之於禮。則以人之可以通行者制之也。禮案曾子意。兄弟居遠。生不相聞。死不赴告。及知其死。而日月已過矣。又不得爲之追服。則終無服矣。此實人情。有所不忍焉者。故曾子作是言也。伯高之喪。孔氏之使者未至。

冉子攝束帛乘馬而將之。孔子曰。異哉。徒使我不誠於伯高。鄭注伯高死時在衛。未聞何國人。使者謂賻賵者。冉子孔子弟子冉有。攝猶貸也。徒猶空也。禮所以副忠信也。忠信而無禮。何傳乎。孔疏案仲尼弟子傳。冉其名求。魯人也。攝謂見孔子未至。乘馬而代孔子行吊。非孔子本意。是非忠信。虛有吊禮。若孔子重遣人更吊。則彌爲不可。故云空使我不得誠信行禮於伯高釋文四馬曰乘。方氏慤曰。將之爲言送也。夫物所以將誠而已。誠苟不至。物將焉用。以冉氏之物。而欲將孔子之誠。其可得乎。項氏安世曰。攝代也。孔氏之賻賵未至。冉有爲之代出束帛乘馬也。冉子蓋厚於恩。而不講於禮者。如以其家粟五秉與子華之母。亦此意也。朱氏軾曰。不誠謂束帛乘馬非本意所欲。所謂儀不及物也。禮案伯高當是其字。姓名未聞。束帛賻也。乘馬賵也。將之將孔子命而往吊也。冉有以孔子之使者未至。恐夫子缺禮於人。故遂自爲備物。將命往贈。而夫子則又以賵賻非出的己。失誠信之道也。伯高死於衛。赴於孔子。孔子曰。吾惡乎哭諸。兄弟吾哭諸廟。父之友吾哭諸廟門之外。師吾哭諸寢。朋友吾哭諸寢門之外。所知吾哭諸野。於野則已疏。於寢則已重。夫猶賜也見我。吾哭諸賜氏。遂命子貢爲之主。曰爲爾哭也。來者拜之。知伯高而來者。勿拜也。鄭注赴告也。凡有舊恩者則使人告之。惡乎哭。以其交會尚新。哭諸廟門外。別親疏也。哭諸寢門外。別輕重也。已猶大也。哭諸賜氏。本於恩。哭於子貢寢門之外。明恩所由。知伯高者勿拜。異於正主。孔疏兄弟是先祖子孫。則哭之於廟。此殷禮。周則哭於寢。故雜記云。有殯。聞遠兄弟之喪。哭于側室。若無殯。當哭諸正寢。父之友與父同志。故哭諸廟門外。非先祖之親故也。師友爲重。所知爲輕。師又成就于己。故哭之在正寢。此謂殷禮。若周禮則奔喪云。師哭諸廟門外也。依禮而哭。若不依禮。則不可。故下云。惡野哭者。以違禮爲野哭也。夫子既命子貢爲主。又教子貢拜與不拜之法。若與女相知之人。爲爾哭。伯高之故。而來吊者。則爾拜之。若與伯高相知而來哭者。女則勿拜也。凡喪之正主。知生知死。來者悉拜。今與伯高相知而來。不拜。故鄭云異於正主。方氏愨曰。哭有親疏輕重之別焉。故哭之各有所也。伯高之於孔子。非所知而已。故於野則已疏。而太遠。又非朋友之分焉。故於寢則己重。而太隆也。馬氏晞孟曰。所知非朋友之比。志不必同方。道不必同術。故有相趨者。有相揖者。有相問者。有相見者。凡此皆泛愛以友之者也。故哭諸野。陸氏佃曰。禮。哭師於廟門外。而孔子曰師吾哭諸寢。至是師少隆矣。蓋君不知所以教。而後師之報禮重。故子貢請喪夫子。若喪父而無服。然則心喪三年。記孔子以後之禮。孫氏希旦曰。疏以哭兄弟於廟。哭師於寢。爲殷法。非也。左傳凡諸侯之喪。異姓臨於外。同姓於宗廟。同宗於祖廟。同族於禰廟。則哭兄弟於廟者。固周禮然矣。奔喪師哭諸廟門之外。與此異者。蓋恩由父者。哭諸廟。恩由己者。哭諸寢。孔子少孤。事師不由於父。故哭師於寢。禮案陳師衍曰。古人謂不達禮者。皆爲野。子蒲卒。哭者呼滅。子皋曰。若是野哉。即下文孔子惡野哭者是也。而此云所知吾哭諸野者。蓋於野張帷而哭也。所知猶所識。奔喪禮云。所識于野張帷是也。

曾子曰。喪有疾。食肉飲酒。必有艸木之滋焉。以爲薑桂之謂也。鄭注增以香味。爲其疾不嗜食。爲記者正曾子所云艸木滋者。謂薑桂。孔疏此論居喪有疾。得食美味之事。知非曾子之言。而云爲記者。以上云艸木之滋焉。下云以爲薑桂之謂也。是解上草木之滋。豈可曾子自言。還自解乎。故以爲記者正曾子之言。方氏愨曰。薑者草之滋。桂者木之滋。酒食之外。又有草木之滋者。亦慮其不勝喪而已。禮案言薑桂。舉其凡也。草謂棻。木謂果也。草木之滋。謂居喪有疾。不止食肉飲酒。亦得食一切棻果。以滋榮衛焉。

子夏喪其也而喪其明。曾子弔之曰。吾聞之也。朋友喪明則哭之。曾子哭。子夏亦哭曰。天乎。予之無罪也。曾子怒曰。商。女何無罪也。吾與女事夫子於洙泗之間。退而老於西河之上。使西河之民。疑女於夫子。爾罪一也。喪爾親。使民未有聞焉。爾罪二也。喪爾子。喪爾明。爾罪三也。而曰女何無罪與。子夏投其杖而拜曰。吾過矣。吾過矣。吾離羣而索居。亦已久矣。鄭注明目精。曾子弔痛之。子夏怨天罰無罪。事夫子。言其有師也。洙泗魯水名。西河龍門至華陰之地。罪一。言其不稱師也。罪二。言居親喪無異稱。罪三。言隆於妻子。投杖而拜謝之。且服罪也。羣謂同門朋友也。索猶散也。孔疏案仲尼弟子傳云。子夏姓卜名商。魏人也。哀喪其子而哭。喪失其明。曾子是子夏之友。故云朋友喪明則哭之。子夏喪子之時。曾子已弔。今爲喪明更弔。故曾子先哭。子夏始哭云。疑女於夫子者。既不稱其師。自爲談說。辨慧聰睿。絕異於人。使西河之民。疑女道德與夫子相似。張子載曰。子夏喪明。必是親喪之時。尚強壯。其子之喪。血氣漸衰。故喪明。然曾子之責。安得辭也。馬氏晞孟曰。子夏執親喪而能引之至於禮。夫子稱之。曾子反責其未有聞者何耶。游氏桂曰。曾子之責子夏。稱其名。女其人。若父師焉。曾子不以爲嫌。子夏安受其責。蓋曾子正已以律人。愛人以德。不以姑息。君子之道。固如此也。朱氏彬曰。疑同擬。比也。李蕭遠運命論。子夏退老于家。西河之人。肅然歸德。比之於夫子。郝氏懿行曰。索蕭索也。獨心不安。易曰震索索。孫氏希旦曰。此記所言。有無不可知。然曾子之盡言以規過。子夏之聞義而遽服。此則非賢者不能。而學者之所當取法也。禮案孔疏射義亦云疑擬也。朱說是矣。子夏曰。予之無罪。言已何辜于天。而天奪其子也。曾子稱其名。切責之也。謂共學洙泗。非未聞禮者也。乃不闡揚師德。而使西河之人。擬女於夫子。蓋曾子言必曰聞諸夫子。故咎子夏學成而忘其本也。喪親未有聞。謂不若己之水漿不入於口者七日。高子臯之泣血三年。未曾見齒。及喪子而喪明。是喪子之哀。過於喪親矣。故曰女何無罪與。子夏投杖而拜。拜受其教。示不敢復致毀也。離羣謂與諸友散處。無相匡救。致有茲三罪也。於此可見古人規過之切。遷善之速也。雖然。曾子言行謙孫。未有當弔哭之際。聞一言而怒。且呼名而切責之。是豈曾子。滿而不滿。實如虛。過之如不及之氣象乎。此記所言。亦未可盡信也。

夫晝居於內。問其疾可也。夜居於外。弔之可也。是故君子非有大故。不宿於外。非致齊也。非疾也。不晝夜居於內。鄭注晝居內。似有疾。夜居外。似有喪。大故謂喪憂。內正寢之中。孔疏君子居處。當合於禮。夜居於外。似有喪。此注兼云憂者。以其文云大故。語意既寬。非獨喪也。周禮每云。國有大故。皆據寇戎災禍。故云憂也。身既有憂。不暇入內。或與臣下外人。夜裏在外圖謀禍患。此謂中門外也。故禮斬衰及期喪。皆中門外爲廬堊室。是有喪夜居外也。平常無事之時。或出或入。唯致齊與疾。無問晝夜。恆居於內。致齊在正寢。疾則或容在內寢。若危篤亦在正寢也。方氏慤曰。晝爲陽。夜爲陰。君子順陽而動。故晝出而接物於外。順陰而靜。故夜入而安身於內。此禮之常也。禮案大故即喪也。見孟子父母之喪。居倚廬於中門外。故非有喪。不得夜宿於外也。夫致齊於內。有疾亦居內。故非齊疾。不得晝居於內也。可者未定之辭。問疾不必其有疾。因其內居。而恐或有疾。故可問之也。有喪無喪。盡人而知。苟無喪而外宿。則必有隱憂可知。故可弔之也。

高子臯之執親之喪也。泣血三年。未嘗見齒。君子以爲難。鄭注子臯孔子弟子名柴。言泣無聲如血出。未嘗見齒。言笑之微。君子以爲難。言人不能然。孔疏涕淚必因悲聲而出。若血出則不由聲。今子臯悲無聲其涕亦出。故云泣血。凡人大笑則露齒本。中笑則齒露。微笑則不見齒。君子以高柴恆能如此。餘人不能。故為難也。吳氏澄曰。子臯雖不當哭時。默思其親。目亦有淚。如血之出也。未嘗見齒。言其未嘗微笑也。孔氏廣森曰。論衡儒增篇云。高子臯痛親。哀極。涕竭血隨而出。與鄭君以泣無聲為泣血者異。禮案。陳師衍曰。泣血當是極言其泣之哀。不曾出血。說文云。無聲出涕曰泣。泣本無聲。何得以血出嘗之。尙書大傳。微子將往朝周。過殷故墟。志動心悲。欲哭則為朝周。俯泣則近婦人。推而廣之。作雅聲謂之麥秀歌。是泣皆無聲也。此君子謂孔子也。大戴禮衞將軍文子篇云。高柴執親之喪。則難能也。開蟄不殺。則天道也。方長不折。則恕也。

衰。與其不當物也。甯無衰。鄭注。惡其亂禮。不當物。謂精麤廣狹不應法制。孔疏。此論衰裳升數形制必須依禮。衰不當物。此語通於五服。衰。喪服也。當猶應也。物謂升縷及法制長短幅數也。衰以表情。故制有法度。若乖法。便為失禮。是雖有不如無也。黃氏榦曰。服齊衰而心貌無哀戚之實。甯如不服也。左傳曰。服以將禮。禮以行事。事有其物。物有其容。今君之容。非其物也。陸氏佃曰。物。若周書所謂朝服八十物。七十物是也。禮案。周禮春官肆師。禁外內命男女之衰不中法者。且授之杖。甯無衰。謂不當物。則喪紀亂而禮失矣。

齊衰不以邊坐。大功不以服勤。鄭注。為褻喪服。邊。偏倚也。孔疏。齊衰不以邊坐者。因上甯無衰。以廣其事也。喪服宜敬。坐起必正。不可著衰而偏倚也。齊衰輕。既不倚。斬重。不言可知。大功雖輕。亦不可著衰服。以為勤勞事也。大功不勤。則齊衰固不可。而小功可也。張子載曰。齊衰不以邊坐。有喪者專席而坐也。禮案。間傳曰。齊衰之喪。居堊室。又齊衰之喪。對而不言。夫於堊室之中。不與人共席共語。故不邊坐也。服勤執勞役之事也。上文云。大功廢業。則他事皆廢可知。

孔子之衞。遇舊館人之喪。入而哭之哀。出。使子貢說驂而賻之。子貢曰。於門人之喪。未有所說驂。說驂於舊館。無乃已重乎。夫子曰。予鄉者入而哭之。遇於一哀而出涕。予惡夫涕之無從也。小子行之。鄭注。館人。前日君所使舍己。賻。助喪用也。騑馬曰驂。子貢言說驂大重。比於門人。恩為偏頗。遇。見也。舊館人恩雖輕。我入哭。見主人為我盡一哀。是以厚恩待我。我為出涕。恩重宜有施惠。客行無他物。可以易之者。使遂以往。孔疏。左傳云。以為東道主。又云。昔吾主於趙氏。皆主人為主。今此云館人。明置館舍於己。故以為君所使舍己者。既夕禮。知死者贈。知生者賻。是賻為助生也。隱元年穀梁傳云。錢財曰賻。此用馬者。即財也。騑馬曰驂者。說文云。騑。旁馬。是在服馬之旁。孔子得有驂馬者。案王度記云。天子駕六馬。諸侯四。大夫三。士二。古毛詩云。天子至大夫皆駕四。孔子既身為大夫。若依王度記。則有一驂馬也。若依毛詩說。則有二驂馬也。子貢不欲說驂。夫子云既為出涕。當有厚施惠。予惡夫涕之無從者。謂我感舊涕下。豈得虛然。客行更無他物。女小子但將驂馬以副此涕淚。然論語顏回死。子哭之慟。比出涕為甚矣。又舊館之恩。不得比顏回之極。但舊館情疏。厚恩待我。須有賵賻。故說驂賻之。顏回則師徒之恩。乃是常事。回死。必當以物與。抑顏路無厭。更請賣車為槨。故夫子抑之。張子載曰。哭固有勉強者。喪事不敢不勉。哀甚不賻。則幾於客。此夫子稱情之事。吳氏澄曰。從者以外物副其內誠之謂。有哀涕而無賻物。是涕之無從也。禮案。陳師衍曰。公館者。公宮與公所為也。私館者。自卿大夫以下之家也。而皆稱爲館。又本篇賓客至。無所館。夫子曰。生於我乎館。死於我乎殯。是稱館不必君所使舍己者也。孔子說驂於舊館。副其哀也。贈束帛於程子。厚其賢也。皆非常經。故門弟子疑之。然于此可見聖人稱情立文。禮以義起焉。

孔子在衛。有送葬者。而夫子觀之曰。善哉爲喪乎。足以爲法矣。小子識之。子貢曰。夫子何善爾也。曰。其往也如慕。其反也如疑。子貢曰。豈若速反而虞乎。子曰。小子識之。我未之能行也。鄭注慕謂小兒隨父母啼呼。疑者哀親之在彼。如不欲還然。速疾。哀戚本也。祭祀末也。孔疏慕謂父母在前。嬰兒在後。恐不及之。故在後啼呼而隨之。今親喪在前。孝子在後。恐不逮及。如嬰兒之慕。疑者謂凡人意有所疑。子貢之意。葬既已竟。神靈須安。豈如速反虞祭安神乎。但哀親在彼。是痛切之本情。反而安神。是祭祀之末禮。故夫子不許。胡氏銓曰。小子識之。我未之能行也。善其哀慕。虞祭雖遲不害。方氏苞曰。未之能行。非謙言也。聖人明於幽明死生鬼神。反不能有如慕如疑之情狀也。孫氏希旦曰。如慕者。以親葬於墓。欲從之而不能。如嬰兒之思慕其親而啼泣也。如疑者。迎精而反。不知神之來否。故遲疑而不欲遽還也。虞祭名。葬反日中而虞。子貢恐反遲。則虞祭或違於禮。而不知祭祀者禮之文。而哀戚者。乃禮之本也。夫子言己未能自抑以深善之。禮案如慕如孺子之慕親。如欲隨親入土。然疑當作擬。徐注說文云。癡者神思不足。亦病也。蓋孝子哀親在土。不見魂歸。故惝怳如癡也。後漢列女傳蔡琰曰。恍惚生狂癡是也。

顏淵之喪。饋祥肉。孔子出受之。入彈琴而后食之。鄭注饋遺也。彈琴以散哀也。程子灝曰。受祥肉彈琴。殆非聖人舉動。使其哀未忘。則子於是日哭則不歌。不飲酒食肉。以全其哀。況彈琴乎。使其哀已忘。則何必彈琴。孫氏希旦曰。夫子爲顏子二路。皆如喪子而無服。而其於顏子之死。哀痛尤深。蓋心喪之如長子。自祥以前。皆廢業也。父母之喪。三年不爲樂。而祥之日鼓素琴。夫子爲顏子心喪。廢樂。故彈琴而後食祥肉。蓋以此爲釋心喪之節也。禮案禮祥日當鼓琴。況師之於弟子乎。注謂散哀非也。

孔子與門人立。拱而尚右。二三子亦皆尚右。孔子曰。二三子之嗜學也。我則有姊之喪故也。二三子皆尚左。鄭注二三子皆尚右。傚孔子也。嗜貪。尚左。復正也。喪尚右。右陰也。吉尚左。左陽也。孔疏此論拱手之禮。凶事尚右。吉事尚左。案特牲少牢。吉祭皆載右胖。士虞禮是凶事。載左胖者。取義不同。吉祭載右胖者。從地道尊右。士虞禮凶祭載左胖者。取其反吉。故士虞禮設洗于西階西南。鄭注反吉是也。張子載曰。拱而尚右。是又手以右手在上也。以其姊之喪。必如此者。見俄頃不忘也。欽定義疏云。鄭氏常引古奔喪禮。凡拜凶喪尚右手。吉喪則尚左手。注凶喪大功以上。吉喪小功以下。禮姊妹在室期。既嫁降服大功。則孔子之尚右。禮之正耳。孫氏希旦曰。凡拜男尚左手。左陽也。其拱亦然。凶事則尚右手。反吉也。婦人則吉事尚右。凶事尚左。禮案嗜學謂諸子不察吉凶禮之所尚。而輒仿效。故孔子以己有喪而指明之。

孔子蚤作。負手曳杖。消搖於門。歌曰。泰山其頹乎。梁木其壞乎。哲人其萎乎。既歌而入。當戶而坐。子貢聞之曰。泰山其頹。則吾將安仰。梁木其壞。哲人其萎。則吾將安放。夫子殆將病也。遂趨而入。夫子曰。賜爾來何遲也。夏后氏殯於東階之上。則猶在阼也。殷人殯於兩楹之間。則與賓主夾之也。周人殯於西階之上。則猶賓之也。而丘也殷人也。予疇昔之夜。夢坐奠於兩楹之間。夫明王不興。而天下其孰能宗予。予殆將病也。蓋寢疾七日而沒。鄭注作起。曳杖消搖。欲人之怪己。泰山眾山所仰。梁木眾木所放。哲人亦眾人所仰放也。以上二句喻之。萎病也。詩云無木不萎。當戶而坐。急見人也。子貢覺孔子歌意。殆幾也。爾來何遲。坐而望之。以三王之禮。占己夢。是夢坐兩楹之間。者見饋食也。言奠者以爲凶象。疇發聲也。昔猶前也。孰誰也。宗尊也。兩楹之間。南面向明。人君聽治正坐之處。今無明王。誰能尊我以爲人君乎。是我殷家奠殯之象。以此自知將死。明聖人知命。孔疏此論孔子自說死之意。杖以扶身。恆在前。今乃反手却後。以曳其杖。消搖放蕩。以自寬縱。皆是特異尋常。梁木眾木榱桷之屬。依放橫梁乃能存立。放則依也。泰山梁木並指他物。哲人其萎指夫子之身。夏后氏殯於東階。則猶在阼。周人殯於西階。則猶賓之者。孝子不忍以生禮待之。猶尙阼階以爲主。猶尙西階以爲賓客也。殷人殯於兩楹之間。不云猶者。生無此禮。然賓主敵者授受於兩楹之間。又是南面聽朝之處。夫子夢在兩楹。而見饋食。知是凶象。無有聽朝之事。不得云則猶尊之以有賓主二事。故云與也。時夫子夢見饋食。不夢奠也。但奠饋禮既死之後。未葬之前。柩仍在地。未立尸主。唯奠停飲食。故云奠也。案莊子。至人無夢。夢見莊子意在無爲。不有思慮。聖人雖異人者神明。同人者五情。五情既同。焉得無夢。故文王有九齡之夢。武王有協之言。釋文消搖本又作逍遙。黃氏榦曰。孰能宗予。但言無人尊己之道。注言夢尊爲人君。既失之。曳杖消遙。鄭注又以爲欲人怪己。孔疏亦以爲寬縱自放。皆非所以言聖人。消搖蓋其既病之餘。閒適之際。德容如是。猶所謂申申天天之類。初非寬縱之謂。若謂將死而不以禮自持。則是不以正而斃。非所以示訓也。方氏慤曰。孔子夢坐奠於兩楹之間。乃知其將死者。以殷人則宜享殷禮故也。陳氏澔曰。由今觀之。萬世王祀。亦其應矣。方氏苞曰。蓋全其所受而歸。故知將死。而志氣甚自得也。孫氏希旦曰。門寢門也。當戶而坐。向明也。君子之居恆當戶也。夏人以新死未異於生。故殯於東階之上。則猶在主人之位也。周人以死者與生不同。而鬼神之位在西。故殯於西階之上。則猶在賓客之處也。兩楹之間。謂戶牖之間。南面之位。堂上之位。以此爲最尊。殷人以鬼神之居尊位。故殯於兩楹之間。而賓主夾其兩旁也。夫子自言夢坐奠於兩楹之間。必爲殷家喪殯之兆。故以此自卜其將死也。朱氏彬曰。爾雅釋詁。疇誰也。釋訓。誰昔昔也。詩墓門。朱子集傳。誰昔猶言疇昔也。禮案。疇昔似數日前之夢。陳氏澔謂昨夜。非也。當戶而坐。待門人之來。欲語以疇昔之夜。不祥之夢也。子貢聞歌。知師之將死。而謂之病者。不忍言其死也。疾趨而入。欲聞命也。夏禮殯於東階者。孝子不忍死其親。故仍其生時之位。殷人殯於兩楹之間者。以鬼神之尊異於人。猶父母死而稱皇考皇妣之義。周禮殯於西階者。雖曰賓之。亦取喪事即遠之意也。孔子宋人。殷之後也。則於死必從殷禮。故夢奠於牖戶之間。必將死之兆。蓋以世無明主。孰能北面事之乎。九齡亦武王之夢。見文王世子。而疏謂文王誤矣。

孔子之喪。門人疑所服。子貢曰。昔者夫子之喪顏淵。若喪子而無服。喪子路亦然。請喪夫子若喪父而無服。

鄭注疑所服。無喪師之禮。無服不爲衰。吊服而加麻。心喪三年。孔疏依禮喪師無服。門人疑者。以夫子聖人。與凡師不等。當應特加喪禮。知爲師吊服加麻者。案喪服朋友下云。孔子之喪。二三子皆經而出。羣居則經。出則否。是弟子相爲與爲夫子同。但經出與不出有異。則喪師與朋友同也。爲師及朋友。皆既葬除之。程子灝曰。師不立服。不可立也。當以情之厚薄。事之大小處之。如顏閔於孔子。其成己之功。與君父並。其次各有淺深。稱其情而已。下至曲藝。莫不有師。豈可一概制服。方氏慤曰。方孔子之生也。以子之喪處門人。及其沒也。門人以父之喪處孔子。此報施之禮也。學記曰。師無當於五服。五服弗得不親。則師之於人。豈小補哉。故子貢於三年之外。又築室於場。獨居三年。然後歸。以恩尤所重故也。胡氏銓曰。師友服皆吊服加麻。謂服緦之經帶。以麻爲之。禮案禮爲師心喪三年。二三子非不之知。而疑所以爲服者。以師德殊衆。教育功宏。不忍無服。故猶豫耳。而子貢獨舉無服之說。以恩不可踰禮也。然子貢與諸子廬墓三年之後。又獨居三年。乃情可隆。而禮不可過也。嗚呼子貢之於夫子。可謂中於禮。極乎情者矣。

孔子之喪。公西赤爲志焉。飾棺牆。置翣。設披。周也。設崇。殷也。綢練設旐。夏也。

鄭注公西赤。孔子弟子字子華。志謂章識。牆之障柩。猶垣牆障家。牆柳衣。翣以布衣木。如襵與。夫子雖殷人。兼用三王之禮尊之。披柩行夾引棺者。崇牙旌旗之飾也。綢練以練綢旌之杠。此旌葬乘車所建也。旌之旒。緇布廣充幅。長尋曰旐。爾雅說旌旗曰素錦綢杠。孔疏公西赤以飾棺榮夫子。故爲盛禮。備三王之法。以章明志識焉。於是以素爲褚。褚外加牆。車邊置翣。恐柩車傾虧。而以繩左右維持之。此皆周之法也。其送葬乘車所建旌旗。刻繒爲崇牙之飾。此則殷法。又韜盛旌旗之竿。以素錦於杠首。設長尋之旐。此則夏禮也。尊崇夫子。故兼用三代之飾。障柩之牆。即柳也。外旁帷荒。中央材木。總而言之。皆謂之爲柳。縫人注云。柳。諸飾所聚也。翣以木爲筐。廣三尺。高二尺四寸。方兩角高。衣以白布。畫雲氣。柄長五尺。如扇。漢謂扇爲襵。既夕禮。陳車門內右北面。乘身載旜。道車載朝服。稾車載簑笠。故知此旌乘車所建也。凡送葬之旌。經文不具。既夕禮。士有二旌。一是銘旌。初死書名於上。葬則入壙。二是乘車之旌。則既夕禮。乘車載旜。亦在柩前。至柩入壙。乃斂乘車所載之旌。載於柩車而還。言送形而往。迎精而反也。其大夫諸侯則無文。天子亦有銘旌。司常云。共銘旌。又云。建廞車之旌。其士禮車既有乘車載旜。則天子亦當有乘車載太常。至壙而載之而歸。但禮文不具耳。熊氏以爲大夫以上。有遺車。即有廞旌。並有三旌也。江氏永曰。三代之禮。皆聖王所制。周封二王之後。固欲兼存之。如士喪禮尙有夏祝商祝之名。以其習於夏殷之禮。故名之。當時未必有禁令。不許用夏殷也。夫子嘗學二代之禮。嘆文獻之無徵。考其生平。亦有從殷禮者矣。以三代之禮。葬孔子。當時曾子子貢子游子夏之徒。必熟議而後行。豈以僭事聖師哉。孫氏希旦曰。樂虡有崇牙。以縣鐘磬之紘。此則刻於旗杠之首。以注旄者與。禮案論語孔子謂赤也知禮。故夫子死。而羣弟子推使爲志也。然上文夫子夢坐奠於兩楹之間。自謂將死之兆。則其喪欲從殷禮矣。而子華輩兼用三代之制。恐非夫子之意也。子游之喪。公明儀爲志焉。褚幕丹質。蟻結於四隅。殷士也。鄭注志亦謂章識。丹質以丹布幕爲褚。葬覆棺。不牆不翣。畫褚之四角。其文如蟻行往來相交錯。蟻蚍蜉也。殷之蟻結。似今蛇文畫。學於孔子傚殷禮。孔疏子張之喪。公明儀是其弟子。亦如公西赤爲章識焉。此公明儀。又爲曾子弟子。故祭義云。公明儀問於曾子是也。褚謂覆棺之物。若大夫以上。其形似幄。士則無褚。今公明儀。尊敬其師。故特爲褚。不得爲幄。但似幕形。以丹質之布爲之。又爲褚之四角。畫蚍蜉之形交結往來。故云蟻結於四隅者。殷禮士葬之飾也。棺蓋亦或取蚍蜉。夫子聖人。雖行殷禮。弟子尊之。故葬兼三代之禮。今公明儀。雖尊其師。祇用殷法。不牆不翣。唯特加褚幕而已。陳氏祥道曰。殷禮質。周禮文。質則厚。文則薄。子張之時。既甚文矣。故門人從質。以救其弊。此易小過。用過乎儉。孔子欲從先進之意也。記曰。掘中霤而浴。毀竈以綴足。及葬毀宗躐行。殷道也。學者行之。則喪禮從殷。孔門之所尚也。禮案公明儀曾子弟子。亦見盧注大戴曾子大孝篇。子夏問於孔子曰。居父母之仇。如之何。夫子曰。寢苫枕干。不仕。弗與共天下也。遇諸市朝。不反兵而鬭。曰。請問居昆弟之仇。如之何。曰。仕弗與共國。銜君命而使。雖遇之不鬭。曰。請問居從父昆弟之仇。如之何。曰。不爲魁。主人能。則執兵而陪其後。鄭注居父母之仇。雖除喪。居處猶若喪也。干盾也。弗與共天下。不可以並生。不反兵。言雖適市朝。不釋兵。銜君命不門。爲負而廢君命。魁猶首也。天文北斗。魁爲首。杓爲末。執兵陪其後。爲其負當成之。孔疏上既云不仕。得有遇諸朝者。身雖不仕。或有事須入朝也。不反兵而入門者。言執殺之備。是常帶兵。雖在市朝。不得反還取兵。即當門也。然朝在公門之內。兵器不入公門。身得持兵入朝者。案閽人掌中門之禁。但兵器不得入中門耳。其大詢衆庶。在皋門之內。則得入也。且朝文既廣。設朝或在野外。或在縣鄙鄉遂。但有公事之處。皆謂之朝。兵者亦謂佩刀以上。不必要是矛戟。上曲禮唯云不與共戴天。文不備也。云兄弟之仇。不反兵。此父母之仇。云不反兵者。父母昆弟之仇。皆不反兵。上曲禮昆弟之仇。不反兵。謂非公事。或不仕者。故恆執殺之備。此文昆弟之仇。據身仕爲君命出使。遇之不門。故不得云不反兵也。二文相互乃足。負猶不勝也。案春秋運斗樞云。北斗七星。第一天樞。第二旋。第三機。第四權。第五衡。第六開陽。第七搖光。一至四爲魁。五至七爲杓。謂從父昆弟之仇。既不爲執仇魁首。若主人能自報之。則執兵陪耶其後。胡氏銓曰。不反兵。言常以兵刃向前。志在復仇之切。禮案寢苫不仕。父仇未復。恆以喪禮自處。枕干志在殺仇。干不必定是盾。凡可擊殺之器皆是也。夜則枕諸首。日則佩於身。不拘何所遇。即手刃之。不待反取兵器。而相門也。市朝前朝後市也。周禮夏官量人。營國城郭。營后宮。量市朝道巷門渠。此言市朝。舉一隅也。昆弟之仇。降父母。故仕而不以喪禮自處。但與仇仕不可同國。銜命命不門。不以私仇廢公事。曲禮上云。兄弟之仇。不反兵。蓋惟有君命在身不門。則日常必帶兵以俟可知矣。執兵而陪其後。助死者之子弟復仇。已不爲首也。吳越春秋云。父母之仇。不與戴天履地。兄弟之仇。不與同城接壤。朋友之仇。不與鄰鄉共里。孔子之喪。二三子。皆絰而出。羣居則絰。出則否。鄭注尊師也。出謂有所之適。然則凡吊服加麻者。出則變服。羣謂七十二弟子。相爲朋友服。子夏曰。吾離羣而索居。張子載曰。羣居則絰。出則否。喪常師之禮也。絰而出。特厚於孔子也。孫氏希旦曰。服問。公爲卿大夫錫衰以居。出亦如之。大夫相爲亦然。司服緦衰。錫衰。疑衰。其首服皆弁絰。公爲卿大夫。相爲皆錫衰。則亦當有絰。是吊服加絰者。出與居皆服之。朋友相爲。亦宜然也。禮案。此章之義。諸家皆不得確解。竊意二三子皆絰而出。當孔子未葬時也。羣居則絰。出則否。當孔子既葬後也。何以言之。蓋師友之麻絰。既虞而除。而諸子特以廬墓如喪父母。不能無服。以稱其情。故羣居於廬。則帶絰。出則否者。以非常禮也。**易墓。非古也。**鄭注。易謂芟治艸木。不易者丘陵也。孔疏。墓謂冢旁之地。易謂芟治草木。不使荒穢。不易者使有草木如丘陵。然言易墓非古也。則古者般以前。墓而不墳。是不治易也。郝氏敬行曰。易墓恐是遷葬。禮案。孔疏周易云。易者改換之殊稱。蓋即古不修墓之謂與。

子路曰。吾聞諸夫子。喪禮與其哀不足而禮有餘也。不若禮不足而哀有餘也。祭禮與其敬不足而禮有餘也。不若禮不足而敬有餘也。鄭注。喪主哀。祭主敬。孔疏。子路據所聞事於孔子也。喪禮有餘。明器衣衾之屬也。若物多而哀少。則不如物少而哀多也。祭禮有餘。俎豆牲牢之屬也。若牲器多而敬少。不如牲器少而敬多也。陳氏澔曰。有其禮。無其財。則禮或有所不足。哀敬則可自盡也。此夫子反本之論。亦甯戚甯儉之意。禮案。喪禮。禮有餘。謂附身附棺之類備也。哀有餘。若泣血孺慕也。祭禮。禮有餘。謂儀文品物之類備也。敬有餘。若明發不寐也。下篇。謂子路。嘗傷己貧。親死無以爲禮。而夫子曾言還葬而無槨。稱其財。斯之謂禮。故子路述此言。蓋本夫子之意云。

曾子吊於負夏。主人既祖。塡池。推柩而反之。降婦人而后行禮。從者曰。禮與。曾子曰。夫祖者且也。且胡爲其不可以反宿也。從者又問諸子游曰。禮與。子游曰。飯於牖下。小斂於戶內。大斂於阼。殯於客位。祖於庭。葬於墓。所以即遠也。故喪事有進而無退。曾子聞之曰。多矣乎。予出祖者。鄭注。負夏。衞地。祖謂移柩車去載處。爲行始也。塡池當爲奠徹。聲之誤也。奠徹謂徹遣奠。設祖奠。推柩反於載處。榮曾子吊。欲更始。禮既祖而婦人降。今反柩。婦人辟之。復升堂矣。柩無反而反之。而又降婦人。蓋欲矜賓於此。婦人皆非。從者怪之。曾子曰。且未定之辭。胡爲不可以反宿。給說從者。又問子游。疑曾子言非。子游曰。喪事有進無退。明反柩非。曾子聞之。善子游言且服。孔疏。案既夕禮。啓殯之後。柩遷於祖。升自西階。正柩於兩楹間。鄭注云。是時柩北首。設奠於柩西。此奠謂啓殯之奠也。質明。徹去啓奠。乃設遷祖之奠於柩西。至日側。乃却下棺。載於階間。乘蜃車。載訖。降下。遷祖之奠。設於柩車西。時柩猶北首。乃飾棺。設披。屬引。徹去遷祖之奠。還柩向外。而爲行始。謂之祖也。婦人降。即位於階間。乃設祖奠。至厥明。徹祖奠。設遣奠。然後徹之。苞牲取下體。遂行。此是啓殯之後。至柩車出之節也。曾子之吊。在祖之明日。徹祖奠。設遣奠之時。主人榮曾子之來。乃徹遣奠。更設祖奠。又推柩向北。又遣婦人升堂。至明旦。婦人從堂更降。而後乃行遣車禮。從曾子者。意以爲疑。問曾子。曾子爲之隱諱。多猶勝也。聞子游之答。出祖之事勝於我也。陸氏佃曰。池殯坎也。既祖則塡子。孔叢子曰。埋柩謂之肂。肂坎謂之池是也。孫氏希旦曰。此章之義難曉。而注疏之說如此。然既設遣奠。則葬日也。葬日必卜。而弔事俄頃可畢。豈必還柩反宿。以違其素卜之期乎。下篇云。君於大夫將葬。弔於宮。命引之。三步則止。則柩於將葬。雖君弔不爲反也。此乃爲曾子而反柩。殊爲可疑。注疏謂曾子心知其非。而給說以答從者。則尤非曾子所出也。然則此事蓋亦傳聞而失其實者與。禮案。喪葬大事。雖有達禮。而普天之下。俗有不同。既祖反柩。或負夏之俗使然。非爲曾子之弔而變禮也。若然。則祖必先葬一日。乃曾子之弔。適當其時。反柩本非常禮。故從者疑而問也。曾子以祖有且義。何爲不可以反宿。禮可從宜。故不欲斥其非禮。非以敬已反柩而爲之飾詞也。當從者又問子游。乃能舉喪事卽遠之義。以正其失。故曾子善其見禮之明也。飯含者。飯以米實尸口中。含天子用玉。見周禮春官典瑞。士以貝。見儀禮士喪禮。商祝當牖北面。徹枕設巾。是飯含於牖下也。小斂。竟男女奉尸侇于堂。然後大斂。是小斂於戶內。大斂于阼。未忍便離主人位也。主人奉尸斂于棺。則西階賓之。是殯於客位也。荀子禮論曰。喪禮之凡。動而遠。所以遂敬也。有進而無退者。人死曰。骨肉歸復於土。故謂出爲反。反爲退也。多猶愈也。曾子謂子游之言。愈於己也。

曾子襲裘而弔。子游裼裘而弔。曾子指子游而示人曰。夫夫也。爲習於禮者。如之何其裼裘而弔也。主人既小斂。袒括髮。子游趨而出。襲裘帶絰而入。曾子曰。我過矣。我過矣。夫夫是也。鄭注。曾子蓋知臨喪無飾。夫夫猶言此丈夫也。子游於時名爲習禮。於主人變乃變也。所弔者主人朋友。曾子服是善子游言。孔疏。凡弔喪之禮。主人未變之前。弔者吉服。謂羔裘玄冠。緇衣素裳。又袒去上服。則此裼裘而弔是也。主人既變之後。雖著朝之服。而加武以絰。又掩其上服。若是朋友。又加帶。則此襲裘帶絰而入是也。子游未知主人小斂以否。既及弔喪。豫備其事。故將帶絰行也。孫氏希旦曰。帶絰服弔服之葛帶絰也。出而帶絰者。死者之寢門外。蓋張次以爲弔者之所止息。而其絰帶亦饌焉。凡弔者。主人既變則襲而加絰帶。其冠與衣。猶是也。主人既成服。則服弔衰。禮案。親始死。服深衣。去冠笄纚。二日乃括髮。袒。儀禮士喪禮云。小斂卒斂。主人髺髮袒是也。裼襲注見曲禮下。

子夏既除喪而見。予之琴。和之而不和。彈之而不成聲。作而曰。哀未忘也。先王制禮。而弗敢過也。子張既除喪而見。予之琴。和之而和。彈之而成聲。作而曰。先王制禮。不敢不至焉。鄭注。見於孔子。不成聲。樂由人心。作。起。雖情異。善同。俱順禮。孔疏。案家語及詩傳。皆言子夏喪畢。夫子與琴而弦。衎衎而樂。閔子騫喪畢。夫子與琴而弦。切切而哀。與此不同者。當以家語及詩傳爲正。知者以子夏喪親。無異聞焉。能彈琴。而不成聲。而閔子騫至孝之人。故孔子善之。李氏格非曰。子夏過者也。不敢不約之以禮。故曰不敢過也。子張不及者也。不敢不引而至於禮。故曰不敢不至焉。過者俯而就於禮。情之不及者。勉而至於禮。皆不害其於中也。胡氏銓曰。孟獻子禫縣而不樂。夫子善之。又夫子既祥。五日彈琴而不成聲。則除喪如子夏可也。吳氏澄曰。和之謂調絃。孫氏希旦曰。

子張務外。而子夏誠篤。則其居親之喪。其哀之至與不至。固當異矣。曾子謂子夏。喪親未有聞。特謂未聞其喪明耳。未可據此而疑其喪親之不能盡哀也。禮案論語謂子張。言三年之喪。亦已久矣。則其親喪。固已內除。故彈琴而能成聲焉。夫樂由中出者也。子夏之哀未忘。故絃不能調。而彈之五音不能協律也。弗敢過。言雖未忘。而禮不敢不俯而就之也。不敢不至。謂三年之制。不敢不跂而及之也。據此則子夏之篤於親親可見矣。不得以喪明之失。遂疑其厚於子。而薄於親也。

禮記通釋卷十

玉環戴禮

檀弓上

司寇惠子之喪。子游爲之麻衰牡麻絰。文子辭曰。子辱與彌牟之弟游。又辱爲之服。敢辭。子游曰。禮也。文子退反哭。子游趨而就諸臣之位。文子又辭曰。子辱與彌牟之弟游。又辱爲之服。又辱臨其喪。敢辭。子游曰。固以請。文子退扶適子南面而立曰。子辱與彌牟之弟游。又辱爲之服。又辱臨其喪。虎也敢不復位。子游趨而就客位。鄭注惠子衛將軍文子彌牟之弟惠叔蘭也。坐虎者。惠子廢適立庶。爲之重服以譏之。麻衰以吉服之布爲衰。文子謝其存時。敢辭上之服也。子游名習禮。文子亦以爲當然。未覺其所譏。趨就臣位深譏之。大夫之家臣。位在賓後。文子又辭止之。在臣位。固以請。再不從命。扶適子南面。覺所譏也。虎適子名。文子親扶而辭。敬子游也。南面而立。則諸臣位在門內北面明矣。趨就客位。所譏行。孔疏案世本靈公生昭子郢。郢生文子木。及惠叔蘭。蘭生虎。爲司寇氏。文子生簡子瑕。瑕生衛將軍文氏。然則彌牟是木之字。子游既與惠子爲朋友。應著吊服加緦麻帶絰。今乃著麻衰牡麻絰。故云重服譏之。案詩云麻衣如雪。又閒傳云。大祥素縞麻衣。皆吉服之布也。案吊服錫衰十五升去其半。疑衰十四升。今子游麻衰乃吉服十五升。輕於吊服。而云重服以譏之者。據牡麻絰爲重。吊服弁絰大如緦之絰。一股而環之。今乃用牡麻絞絰。與齊衰絰同。故云重也。大夫之賓位。在門東近北。大夫之家臣。位亦在門東而南近門。並皆北向。故在賓後也。故盧云。喪賓後主人同在門東。家臣賓後則近南也。方氏慤曰。牡麻即雄麻。所謂枲也。陸氏佃曰。交游而以朋友服之。故文子辭。朱氏億曰。雜記注云。麻衣白布深衣。而著衰焉。此服非純吉。亦非純凶也。皇氏云。以三升半布爲衰。長六寸。廣四寸。綴於衣前。當胸上。後又有負版。長一尺六寸。廣四寸。孫氏希旦曰。士吊服疑衰。麻衰視疑衰爲輕。朋友麻。其非朋友。吊服用葛絰而已。子游以惠子廢適立庶。故特爲輕衰重絰以譏之。文子言子游但與其弟游而已。其恩未至於朋友。而乃爲服朋友之麻絰。故以其重而辭之。反哭者。反其位而哭也。子游於司寇氏爲異國之士。位在西方東面。士喪禮。士西方東面是也。大夫諸臣之位。蓋門東北面東上。與趨而就諸臣之位。變位以深譏之。復位。謂復其爲喪主之位也。趨而就客位者。所譏已行。而復其正也。禮案。朋友有過。所當匡正。所知亦然。況當喪禮大事。以廢適立庶之失。乃不盡忠告以救其失。而爲重服。又就其家臣之位以譏。恐非聖人之徒之所出。此記亦傳聞失實也。

將軍文子之喪。既除喪而后越人來弔。主人深衣練冠。待于廟。垂涕洟。子游觀之曰。將軍文氏之子其庶幾乎。亡於禮者之禮也。其動也中。鄭注主人文子之子簡子瑕也。深衣練冠，凶服變也。待于廟，受弔不迎賓也。中禮之變。孔疏此論居喪得中禮之變。除喪大祥祭之後，越人謂遠國之人始弔其喪，主人文子之子身著深衣，是既祥之麻衣也；首著練冠，謂未祥之練冠也。待賓於廟，目垂於涕，鼻垂於洟。亡，無也。其始死至練祥來弔，是有禮文之禮；祥後來弔，是無文之禮。言文氏之子庶幾堪行乎無於禮文之禮也。所以堪行者，以其舉動也中當於禮之變節也。云待弔於廟，受弔以死者遷入於廟也。士喪禮有受弔迎賓，今以除服故不迎也。姚氏舜牧曰：夫禮，先王未之有，可以義起，識得亡於禮者之禮，便知有於禮者有時乎其不必拘，故曰非禮之禮，非義之義，大人弗爲。孫氏希旦曰：除喪蓋禫除吉祭之後，新主已遷於廟，故不就廟而受弔也。深衣十五升布連衣裳爲之，其服在吉凶之間；練冠，小祥之冠。也時文氏喪服已除，吉服又不可以受弔。聘禮遭喪，大夫練冠長衣以受，彼凶中受吉禮，此吉中受凶禮，故放其服而略變焉。祥而外無哭者，禫而內無哭者，故但垂涕洟以致其哀而已。蓋除喪受弔，乃禮之所未有，文子之子處禮之變，酌乎情文之宜而行之，不失乎禮意，故子游善之。案士喪禮，君使人弔襚，主人迎於寢門外，若異國君之使，其敬之當與己君之使同。此主人待于廟不迎者，蓋弔者非越君之命與？禮案：越人自是於越之人，孫說是也。荀子大略云：禮以順人心爲本，故亡於禮經而順人心者，皆是也。

幼名，冠字，五十以伯仲，死謚，周道也。孔疏名以名質，生若無名，不可分別，故始生三月而加名，故云幼名也。人年二十，有爲人父之道，朋友等類不可復呼其名，故冠而加字。年至五十者，艾轉尊，又捨其二十之字，直以伯仲別之，至死而加謚。凡此皆周道也。然則自殷以前，爲字不在冠時，伯仲不當五十，以殷尚質，不諱名也。又殷以上有生號，仍爲死後之稱，更無別謚，堯舜禹湯之例是也。士冠禮二十已有伯某甫、仲叔季，此云五十以伯仲者，二十之時雖云伯仲，皆配以某甫而言；五十以後，直呼伯仲耳。賈疏冠禮云：檀弓五十以伯仲，周道也。是稱伯仲之時，兼字而言，若孔子稱尼甫，至五十去甫，配仲而稱之曰仲尼是也。葉氏夢得曰：幼名冠字，爲衆人言也；五十以伯仲，爲大夫言也。禮案：幼名即內則子生三月，見於父，咳而名之之名也；冠字即士冠禮冠而字之曰伯某甫、仲叔季是也。禮二十曰弱冠，焉得有爲人父之道，疏義非也。古者生無爵，死無謚，至周始列士爲五等之爵，而死亦無謚，解見上文。然則此云五十以伯仲、死謚，蓋爲大夫者，葉說是也。

絰也者，實也。鄭注所以表哀戚。方氏慤曰：絰之所用，男子重首，婦人重腰，皆用其所用，非徒爲虛名而已。陳氏澔曰：麻在首、在腰皆曰絰。絰之言實，明孝子有忠實之心也。敖氏繼公曰：凡喪服衰裳冠帶之屬，皆因吉服而易之，惟首絰則不然。蓋古者未有喪服之時，但加此絰以表哀戚，後世聖人因而不去，且異其大小之制，以爲輕重云。禮案：情，實也。夫服所以稱情，故親則絰重，疏則絰輕，一本乎情而制服，故曰絰也者實也。

掘中霤而浴，毀竈以綴足，及葬，毀宗躐行，出於大門，殷道也。學者行之。鄭注明不復有事於此。周人浴不掘中霤，葬不毀宗躐行。毀宗，毀廟門之西而出，行神之位在廟門之外。學於孔子者行之，傚殷禮。孔疏中霤，室中也。死而掘室中之地作坎，以牀架坎上，尸於牀上浴，令水入坎中也。毀竈綴足者，恐死人冷強，足辟戾，不可著屨，故用毀竈之甓連綴其足，令直可著屨也。毀宗，毀廟也。殷人殯於廟，至葬柩出，毀廟門西邊牆而出于大門。所以然者，以行神之位在廟門西邊，當所毀宗之外。若生時出行。則爲壇幣告行神。告竟車躐行壇上而出。使道中安穩。今柩行如生時之出。故云躐行。周人浴不掘中霤。浴用水盆。沐用瓦盆。見喪大記。周人綴足用燕几。故不毀竈。周人殯於正寢。至葬而朝廟。從正門出。故不毀宗。孫氏希旦曰。坊記曰。浴於中霤。是周人浴亦在中霤。但不掘耳。鄒氏漢勛曰。古人之竈。有在庖廚者。亦有在室中者。庖廚之竈。所以炊爨具食也。室中之竈。則設火以禦寒。說苑刺奢篇云。靈公天寒。鑿池。宛春諫曰。天寒起役。恐傷民。公曰。天寒乎。宛春曰。公衣狐裘。坐熊席。隩隅有竈。是以不寒。隩即奧字。爾雅西南隅謂之奧。釋文奧或作隩。古人夜居於室。不用膏燈。燎薪於竈取明。以照物事。與用燭同。是確爲室中有竈之證。禮案。今湖南人室中設地爐。用以禦寒。兼備炊煮。是其遺制。毀竈綴足。疑即是毀室中之竈。鄒說近之。子柳之母死。子碩請具。子柳曰。何以哉。子碩曰。請粥庶弟之母。子柳曰。如之何其粥人之母以葬其母也。不可。既葬。子碩欲以賻布之餘具祭器。子柳曰。不可。吾聞之也。君子不家於喪。請班諸兄弟之貧者。鄭注。具。葬之器用。子柳。魯叔仲皮之子。子碩兄。何以。言其無財。粥。謂嫁之也。妾賤。取之曰買。子柳曰。不可。忠恕。古者謂錢爲泉布。所以通布貨財。不家於喪。惡因死者以爲利。班以分死者所矜也。禄多則與鄰里鄉黨。孔疏案下檀弓云。叔仲皮學子柳。故知子柳是叔仲皮之子。知子碩兄者。以此云子碩曰請粥庶弟之母。故知子碩兄也。古者謂錢爲泉布。所以然者。言其通流。有如水泉。而徧布貨買天下貨財也。鄭注周禮云。藏曰泉。其行曰布。方氏慤曰。無財不可以爲悅。豈宜粥人之母。以葬其親乎。無田禄者。不設祭器。豈宜以賻布之餘具之乎。此子柳所以不從子碩之請也。不家於喪。則恥因喪之利。而起家故也。陳氏澔曰。欲粥庶母以治喪。則乏財可知。而不家於喪之言。確然不易。古人之安貧守禮如此。禮案。家語弟子解。顏幸。魯人。字子柳。疑即是人。父妾無子。嫁之亦厚道也。而此云庶弟之母。是已有子。且非其自欲嫁人。特因葬母之資。而粥以爲喪具。故子柳不忍焉。君子曰。謀人之軍師。敗則死之。謀人之邦邑。危則亡之。鄭注。利己亡衆。非忠也。言亡之者。雖辟賢。非義退。陳氏祥道曰。主危臣辱。主辱臣死。故謀人之軍師。敗則死之。社稷存則與存。社稷亡則與亡。故謀人之邦邑。危則亡之。思其敗之死。則無輕軍師。思其危之亡。則無輕邦邑。先王懼夫爲人臣者。不知出此。故爲禮以戒之。凡使引慝執咎。殫忠致命而已。孫氏希旦曰。一萬二千五百人爲軍。二千五百人爲師。大夫死衆。謀人之軍師。而至於敗。則喪師辱國。而其義不可以獨生矣。春秋晉楚之大夫。若成得臣。荀林父等。皆以軍敗請死。蓋此義也。禮案。謀人邦邑。謂有城守之責。若危亡則已固當與之偕亡。亦國君死社稷之義也。大戴禮曾子制言曰。君子不避患而出危邑。況有職守者哉。注作逃亡之亡。非也。夫軍敗國存。爲將者尚有死罪。況邦邑危而社稷淪亡。有官守者。焉得復存乎。公叔文子升於瑕丘。蘧伯玉從。文子曰。樂哉斯丘也。死則我欲葬焉。蘧伯玉曰。吾子樂之。則瑗請前。鄭注。二子。衛大夫。文子。獻公之孫。名拔。刺其欲害人良田。瑗。伯玉名。孔疏案世本云。獻公生成子當。當生文子拔。拔生朱。爲公叔氏。方氏慤曰。葬之爲禮。蓋生者之所送終。非死者之所豫擇。擇且不可。又況徇己之樂。而亡人之害乎。苟爲樂己害人之事可爲。則夫人而爲之矣。此公叔文子樂瑕丘之葬。而蘧伯玉有請前之譏也。孫氏希旦曰。伯玉以文子欲奪人之地以爲葬地。故言之吾子若樂此。則瑗請前行以去示不欲聞其謀也。觀於此則公明賈謂公叔文子時然後言。義然後取。豈其然乎。禮案前猶先也。言國之瑕丘。爾樂之。卽欲以爲葬地。則我將先爾圖之矣。蓋深譏其貪而不達。此成子高死。欲葬不食之地。之所以爲賢也。

弁人有其母死而孺子泣者。孔子曰。哀則哀矣。而難爲繼也。夫禮爲可傳也。爲可繼也。故哭踊有節。鄭注孺子泣。言聲無節。此誠哀而失禮中。孔疏聖人制禮。使後人可傳可繼。故制爲哭踊之節。以中爲度耳。豈可過甚。使後人不可傳繼乎。然雜記曾申問於曾子曰。哭父母有常聲乎。曰中路嬰兒失其母。何常聲之有。則與此違者。曾子所言。是始死之時。悲哀志懣。未可爲節。此之所言。在襲斂之後。可以制禮也。方氏慤曰。傳言由己以傳於後。繼言使人有繼於前。孟子曰。舜爲法於天下。可傳於後世。又曰君子創業垂統。爲可繼也。此傳繼之辨與。夫弁人之喪母。泣若孺子。雖爲盡哀。然失哭踊之節。而難爲繼矣。故孔子以是言之也。禮案孺子泣啼也。士喪記乃卒。主人啼。是也。然上文云。喪禮不若禮不足。而哀有餘。則是喪過乎哀。孔子非不善之。特以後難傳繼。猶高子皋之泣血三年。未嘗見齒。君子以爲難者。謂難以繼也。

叔孫武叔之母死。既小斂。舉者出尸出戶。袒且投其冠括髮。子游曰。知禮。鄭注武叔公子牙之六世孫。名州仇。毀孔子者。尸出戶。乃變服。失哀節。冠素委貌。子游曰知禮。嗤之。孔疏案士喪禮。卒斂徹帷。主人馮尸踊無算。括髮袒。下云士舉男女奉尸侇于堂。又喪大記。亦云。卒小斂。主人袒說髦。括髮以麻。下云奉尸夷于堂。是括髮在小斂之後。奉尸夷于堂之前。主人爲欲奉尸。故袒而括髮。今武叔奉尸夷于堂之後。乃投冠括髮。故鄭云失哀節。云冠素委貌者。案雜記云。小斂環絰。公大夫士一也。注云士素委貌。大夫以上素爵弁。而加此絰焉。孫氏希旦曰。始死笄纚。至小斂乃加素冠。蓋殯斂者喪之大節。故不敢不冠臨之。雜記所言。小斂環絰。及喪大記所言。大斂之弁絰。皆謂大高之苴絰。而注疏乃以弔服之環絰混之。則誤甚矣。禮案孝子冠素冠以臨小斂。儀禮士喪禮無明文。惟見於記。似未足深考。至子游以聖門高弟。泣人喪事。見失禮者。而不能正。又從而嗤之。有是理乎。若非知上脫不字。是又檀弓之妄記也。

扶君。卜人師扶右。射人師扶左。君薨以是舉。鄭注謂君疾時也。卜當爲僕。聲之誤也。僕人射人。皆平生時贊正君服位者。君薨不忍變也。周禮射人。大喪與僕人遷尸。孔疏知是君疾時者。以下文君薨以是舉。故知君疾時也。知卜當爲僕者。以卜人無正君之事。案周禮大僕職。掌正王之服位。射人職。掌國之三公孤卿大夫之位。及王舉動。悉隨王。故知也。釋文卜人師依注音僕。師長也。謂大僕也。本或無師字者非也。孫氏希旦曰。周書王會解。卜人。王氏應麟補注引太平御覽。謂卜人卽濮人。蓋卜僕濮古字皆通用也。大射禮僕人正徒相大師。僕人師相小師。正者其長。而師者其貳也。此謂於僕人射人皆言師者。言不但以其正。幷以其師也。君薨以是舉。謂始遷尸於牖下也。襲斂遷尸。皆喪祝之屬。而始死以僕人射人者。未復之先。猶未忍遽變於生也。禮案陳師衍曰。案言卜何以不言筮。言射何以不言僕。自從周禮僕人射人遷尸爲是。舉對舉也。君蕘以是舉。言亦卜人師舉右。射人師舉左。如扶君也。

從母之夫。舅之妻。二夫人相爲服。君子未之言也。或曰同爨緦。鄭注二夫人。猶言此二人也。時有此二人同居。死相爲服者。甥居外家而非之。或曰以同居生緦之親可。孔疏鄭知甥居外家而非之者。以從母及舅皆是外甥。稱謂之辭。若他人。言之。應云妻之兄弟婦。夫之姊妹夫也。或人以爲既同爨而食。合有緦麻之親。此皆據緦麻之言。以正衰非吊服也。朱子熹曰。姊妹於兄弟未嫁期。嫁大功。姊妹雖嫁不降。故從母重於舅。吳氏澄曰。記或人之言。以爲有同居而食之恩。則雖禮之所無。而可以義起此服也。王氏引之曰。喪服小功章。從母丈夫婦人報傳曰。何以小功也。以名加也。外親之服皆緦也。鄭注云。丈夫婦人。姊妹之子男女同。疏曰。言丈夫婦人者。姊妹之男女。與從母兩相爲服。緦麻章。甥。傳曰。甥者何也。謂吾舅者。吾謂之甥。何以緦也。報之也。舅。傳曰。何以緦也。從服也。是從母及舅皆有與己兩相爲服之禮。若從母之夫。舅之妻。與己相爲服。則禮之所無。故君子未之言也。禮案陳師衍曰。二夫人相爲服。自指從母之夫。舅之妻。而張子吳氏澄。以爲指甥與從母之夫。甥與舅之妻。若然。當曰四夫人。三夫人矣。說是也。相爲服者。交相爲服。即報也。鄭注是。今從之。

喪事欲其縱縱爾。吉事欲其折折爾。故喪事雖遽不陵節。吉事雖止不怠。故騷騷爾則野。鼎鼎爾則小人。君子蓋猶猶爾。鄭注縱縱讀如總領之總。折折安舒貌。詩云好人提提。陵躐也。止立俟事時也。怠惰也。騷騷謂大疾。鼎鼎謂大舒。猶猶疾舒之中。孔疏凶事欲疾。吉事欲舒。故因上生下云。喪事雖促遽。亦當有常。不得陵越。喪禮之節。吉事雖有止住之時。然不當怠惰寬慢。故喪事騷騷。過爲急疾。則如田野之人。急切無禮。吉事鼎鼎。不自嚴敬。則如小人形體寬慢。君子之人。於喪事得疾之中。於吉事得舒之中。蓋行禮之時明閑法則。志意猶猶然。猶猶曉達之貌。孫氏希旦曰。喪事固欲其疾。然不可以過於急而陵節。則不足於禮之文而野矣。吉事固欲其舒。然不可以過於緩而怠。怠則不足於敬之實。而小人矣。得舒疾之中者。惟君子能之。由其內盡乎哀敬之實。而外適乎節文之宜也。禮案騷騷擾亂貌。鼎鼎原重貌。謂之野。以不達禮也。謂之小人。以固陋也。

喪具。君子恥具。一日二日而可爲也者。君子弗爲也。鄭注辟不懷也。喪具棺衣之屬。一日二日可爲。謂絞紟衾冒。孔疏宜八年左傳云。禮卜葬先遠日。辟不懷也。懷思也。謂不思念其親。今送死百物。未即辦具。是辟不思親之事也。喪具棺即預造。衣亦漸制。但不一時頓具。故王制云。六十歲制。七十時制。八十月制。九十日修。惟絞紟衾冒。死而後制是也。陳氏澔曰。嫌不以久生期其親也。禮案凶事不豫。而喪具有不能不豫者。豈得已哉。故夫一日二日而可爲者。君子弗爲。然則多日而成者。必預備可知。蓋亦非心之所忍爲。故曰恥具也。

喪服。兄弟之子。猶子也。蓋引而進之也。嫂叔之無服也。蓋推而遠之也。姑姊妹之薄也。蓋有受我而厚之者也。鄭注或引或推。重輕遠別。姑姊妹之薄。欲其一心於厚之者。姑姊妹嫁大功。夫爲妻期。孔疏喪服。是儀禮正經。兄弟之子期。姑姊妹出適大功。皆喪服經文。嫂叔無服。喪服傳文。己子服期。兄弟之子當降服大功。今乃服期。蓋牽引進之。同於己子也。昆弟相爲服期。其妻應降服大功。今乃無服。是推使疏遠之也。姑姊妹未嫁時。爲之厚。出嫁後。爲之薄者。蓋有夫壻受我之厚。而重親之也。何氏晏曰。男女相爲服。不有骨肉之親。則有尊卑之異也。嫂叔親非骨肉。不異尊卑。恐有混交之失。故推使無服也。程子灝曰。嫂叔古之所以無服者。只爲無屬。其夫屬乎父道者。妻皆母道也。其夫屬乎子道者。妻皆婦道也。今上有父有母。下有叔父伯父。父之屬也。故叔母伯母之服。與叔父伯父同。兄弟之子。子之屬也。故兄弟之子之婦。服與兄弟之子同。若兄弟則己之屬也。難以妻道屬其嫂。此古者所以無服。以義理推不行也。今之有服亦是。豈有同居之親。而無服者。朱氏軾曰。嫂叔異姓。無親親之誼。同列無尊卑之分。近在家庭。禮別嫌疑。此至當不易之論也。先儒謂嫂叔何嫌。果爾則授受不相通問之禮。不幾贅歟。禮案。云引而進之。則侄本疏於子。而服之如子者。則以兄弟一體故也。云推而遠之。則嫂從兄。本當制服。其無服者。則以嫌疑故也。姑姊妹本期服。以出嫁而降服大功。記者引此。以申上文爲昆弟。昆弟之子期。而姑姊妹之所以薄者。以受重於夫族。故禮殺於本宗。亦猶爲人後者。服降其本生也。

食於有喪者之側。未嘗飽也。鄭注。助哀戚也。方氏慤曰。亂而廢事。非禮也。飽而忘哀。亦非禮也。慮其至於廢事。故雖喪者之側必食。又慮其忘哀。故未嘗飽焉。禮案。論語謂此爲孔子之行。則是夫子亦行古禮焉耳。

曾子與客立於門側。其徒趨而出。曾子曰。爾將何之。曰。吾父死。將出哭於巷。曰。反哭於爾次。曾子北面而弔焉。鄭注。徒謂客之旅。出哭於巷。以爲不可發凶於人之館。次舍也。禮館人使專之。若其自有然。孔疏依禮喪主西面。曾子所以北面弔者。案士喪禮。主人面西。其賓亦在東門北面。謂同國之賓。曾子既許其哭於次。故以同國賓禮。北面弔焉。孫氏希旦曰。徒曾子之徒也。聘禮。聘君若薨於後入境。則遂也。赴者未至。則哭於巷。時曾子之徒。蓋亦赴者未至。故欲出哭於巷。曾子令反於其舍者。以其徒在曾子之家。與聘賓在主國之禮異也。士喪禮。弔賓西面於主人。衆主人之南。此乃北面而弔焉。蓋弔於不爲位者之禮也。奔喪禮曰。聞喪不得奔喪。乃爲位。若聞喪即奔。則不爲位矣。哭而不爲位。則哭者南面。弔者北面。禮案。此曾子之徒。不敢哭父於師家。故欲出哭於巷也。次喪次。即其徒之室。而謂之次者。以其有喪故也。

孔子曰。之死而致死之。不仁而不可爲也。之死而致生之。不知而不可爲也。是故竹不成用。瓦不成味。木不成斲。琴瑟張而不平。竽笙備而不和。有鐘磬而無簨簴。其曰明器。神明之也。鄭注。之往也。死之生之。謂無知與有知也。爲猶行也。成猶善也。竹不可善用。謂邊無縢。味當作沫。沫靧也。不和無宮商之調。無簨簴。不縣之也。橫曰簨。植曰簴。言神明死者也。神明者。非人所知。故其器如此。孔疏。此論生人於死者。不可致死。致生之事。故何胤云。言往死者。而致此死之者之意。如草木無知。如此用情。則不仁。不可行於世也。往死者處。而致此死者於全生之物。則不知。而不可行也。捨此二塗。不仁不知之間。聖人之所難言。付之不測之竟。言無知有知。即下云。夏后氏用明器。示民無知。殷人用祭器。示民有知也。聖人爲教。使人子不死於亡者不便。謂無知。不生於死者不便。謂有知。故制明器。以神明求之。器用並不精善也。竹不成用。謂竹器邊無縢緣也。瓦不成味。謂瓦器無光澤也。木不成斲。謂木器不雕飾也。琴瑟張絃而不調平。竽笙設備。而不調和。簨簴縣鐘磬格也。亦有鐘磬。而不用格縣掛之。陳氏祥道曰。明器者。以神之幽。不可不明。故也。周官凡施於神者。皆曰明。故水曰明水。火曰明火。以至明齍明燭明竁者。皆神明之也。段氏玉裁曰。案此沬如瓦器之釉。若洗面之光澤也。禮案致死謂死者之無知。而不徇以物。是不仁也。致生謂以生人之器送死。而不達人神異路是不知也。荀子禮論曰。薦器則冠有鍪而毋縱。甕廡虛而不實。有簟席而無牀笫。木器不成斲。陶器不成物。薄器不成內。笙竽具而不和。琴瑟張而不均。輿藏而馬反。告不用也。具生器以適墓。象徒道也。略而不盡。貌而不功。趨輿而藏之。金革轡靷而不明不用也。象徒道又明不用也。是皆所以重哀也。故生器文而不功。明器貌而不用。

有子問於曾子曰。問喪於夫子乎。曰。聞之矣。喪欲速貧。死欲速朽。有子曰。是非君子之言也。曾子曰。參也聞諸夫子也。有子又曰。是非君子之言也。曾子曰。參也與子游聞之。有子曰。然。然則夫子有爲言之也。曾子以斯言告於子游。子游曰。甚哉有子之言似夫子也。昔者夫子居於宋。見桓司馬自爲石槨。三年而不成。夫子曰。若是其靡也。死不如速朽之愈也。死之欲速朽。爲桓司馬言之也。南宮敬叔反。必載寶而朝。夫子曰。若是其貨也。喪不如速貧之愈也。喪之欲速貧。爲敬叔言之也。曾子以子游之言告於有子。有子曰。然。吾固曰非夫子之言也。曾子曰。子何以知之。有子曰。夫子制於中都。四寸之棺。五寸之槨。以斯知不欲速朽也。昔者夫子失魯司寇。將之荆。蓋先之以子夏。又申之以冉有。以斯知不欲速貧也。鄭注有子孔子弟子。有若也。夫子卒後問此。庶有異聞也。喪謂士失位也。魯昭公孫於齊。曰。喪人其何稱。貧朽非人所欲。桓司馬。宋向戌之孫。名魋。靡。侈。敬叔。魯孟僖子之子。仲孫閱。蓋嘗失位去魯。得反。載其寶來朝於君。中都。魯邑名也。孔子嘗爲之宰。爲民作制。孔子由中都宰。爲司空。由司空爲司寇。將之荆。將應聘於楚。不欲速貧。言汲汲於仕得祿。孔疏。此孔子卒後。弟子相問。曩有所異聞也。問喪謂問失本位。居他國禮也。曾子以喪死二事報有子者。以喪死俱爲惡事。貧朽又事類相似也。孔子世家。定九年爲中都宰。十年攝相事。此云司寇者。崔靈恩云。諸侯三卿。司徒兼冢宰。司馬兼宗伯。司空兼小司寇。三卿之下。則五小卿爲五大夫。司徒之下。立小宰小司徒。司馬之下。立小司馬小宗伯。司空之下。立小司寇小司空。今夫子爲小司寇也。崔所以知然者。魯有孟叔季三卿爲政。又有臧氏爲司寇。故知孔子爲小司寇。案世家定十四年。齊人歸女樂。孔子去魯適衛。從衛之陳。又反于衛。過魯適宋。適鄭適陳。又適衛。不見用。將適趙。至河又反於衛。復如陳。時哀三年。孔子年六十。明年自陳遷於蔡。被圍絕糧。於是使子貢至楚。楚昭王興師迎孔子。將書在七百里封孔子。子西諫而止。是歲楚昭王卒。孔子自楚反于衛。以此言之。失魯司寇。將之荊者。謂將往荊。非謂在失司寇之年。即之荊也。胡氏銓曰。案春秋傳。定十二年。孔子爲司寇。至哀三年在陳。十一年在衛。是年自衛反魯。則失司寇蓋在定十二年以後。但有在陳在衛事跡。論語亦云適衛厄陳蔡。皆無之荊事。或曰。哀六年。楚昭失國。孔子曰。楚昭王知大道矣。是時在荊也。子適衛。冉有僕。故此云申之以冉有。臧氏琳曰。子夏當爲子貢。字之誤。即世家所謂使子貢至楚是也。孫氏希旦曰。問喪。問失位。而所以處之之道也。孔子之將仕於楚。爲道非爲祿也。而以此爲喪不欲速貧何也。蓋聖人雖不爲祿。而仕者未嘗不得祿。孟子曰。惟士無田。則亦不祭。士之失位也。猶諸侯之失國家也。是故三月無君則弔。君子雖不徇利而苟祿。而亦豈以矯語貧賤爲高乎。禮案。有爲謂夫子有所寓意。非由衷之言也。子游謂有子之言似夫子。論語云。有若似夫子。或本諸此乎。桓魋即伐樹欲害孔子者。石槨琢文石以周於棺。三年不成者。謂功未竣也。則其精美可見矣。敬叔失位而歸。猶有獻於君。其好貨可知矣。故夫子謂死欲速朽。蓋矯其侈也。喪欲速貧。蓋矯其貪也。至孔子在魯。攝行相事。又似非小司寇也。

陳莊子死。赴於魯。魯人欲勿哭。繆公召縣子而問焉。縣子曰。古之大夫。束脩之問不出竟。雖欲哭之。安得而哭之。今之大夫。交政於中國。雖欲勿哭。焉得而勿哭。且臣聞之。哭有二道。有愛而哭之。有畏而哭之。公曰。然。然則如之何而可。縣子曰。請哭諸異姓之廟。於是與哭諸縣氏。鄭注。君無哭鄰國大夫之禮。陳莊子。齊大夫。陳恆之孫。名伯。安得哭之。以其不外交。焉得而勿哭。言時君弱臣強。政在大夫。專盟會以交接。有愛畏而哭。以權微勸之。哭諸異姓之廟。明不當哭。孔疏。此論哭鄰國臣之法。案世本。成子當生襄子班。班生莊子伯。鄭依世本知也。方氏慤曰。君弱臣強。有至交政於中國者。豈特束脩之問而已。生既畏之。而不敢不與之交。則死亦畏之。而不敢不爲之哭矣。若魯人之哭陳莊子。所謂畏而哭之者也。然縣子謂哭諸異姓之廟者。以哭其非所當哭之人。故哭於非所當哭之廟也。古之大夫。束脩之問不出竟。郊特牲所謂爲人臣者無外交是也。游氏桂曰。春秋之時。先王之禮。顛倒錯亂甚矣。魯悼公之喪。孟敬子問食不食。此人臣而禮損於君者也。穆公之於莊子。此人君而加禮於臣者也。陳氏可大曰。脩。脯也。十脡爲束。問。遺也。爲人臣者無外交。不敢貳君也。愛之哭出於不能已。畏之哭出於不得已。哭伯高於賜氏。義之所在也。哭莊子於縣氏。勢之所迫也。孫氏希旦曰。雜記有大夫士赴於他國君之禮。而莊子之赴。魯人欲勿哭。蓋諸侯於他國臣之赴。但使弔之。而不親哭。爲其分卑而恩疏也。左傳魯爲異姓諸侯臨於外。杜預謂於城外向其國。此哭於異姓之廟者。別於哭諸侯之禮也。禮案。集韻。繆同穆。史記魯世家。穆公名顯。下文有縣子瑣。疑即此縣子。瑣其名也。哭於縣氏者。繆公子知陳莊子必由其爲介。故聞赴而問縣子。又哭名於其廟。若上文孔子之哭伯高。謂由賜也見我。而哭諸賜氏之義。若據方孫二說。謂哭諸縣氏。以其禮之所由起。然則當時魯國諸臣。如有二人共執是說。將哭諸誰氏之廟乎。

仲憲言於曾子曰。夏后氏用明器。示民無

知也。殷人用祭器。示民有知也。周人兼用之。示民疑也。曾子曰。其不然乎。其不然乎。夫明器鬼器也。祭器人器也。夫古之人胡爲而死其親乎。鄭注無知所謂致死之。仲憲孔子弟子原憲。有知所謂致生之。兼用言使民疑於無知與有知。曾子曰不然。非其說之非也。言仲憲之言。三者皆非。此或用鬼器。或用人器。孔疏原憲言。夏后氏用明器送亡者。以不堪用之器送之。表示其無知也。殷人用祭祀之器送亡者。以有用之器送之。表示其有知也。周世兼用夏殷之器。示民疑惑於有知無知之間也。曾子言。三代送死之器不同者。非爲有知與無知。質文異也。夏代文。言鬼與人異。故純用鬼器送之。殷代質。言鬼雖與人異。恭敬應同。故用恭敬之器送之。周家極文。言亡者亦應鬼事。亦應敬事。故兼用二器。然周惟大夫以上。兼用耳。士惟用鬼器。不用人器也。古謂夏時。言古人雖質。何容死其親乎。若是無知。則是死之義也。憲言三事皆非。而曾子獨譏無知者。譏一則餘從可知也。方氏慤曰。原憲以夏用鬼器。殷用人器。則是夏有致死之不仁。殷有致生之不知矣。宜乎曾子不然其說也。然曾子之言。止及於夏以死其親。尤君子之所不忍言也。禮案儀禮既夕禮。陳明器用器。無祭器。鄭注彼云。士禮略也。大夫以上。用鬼器。人器也。雖曰人器。然亦異於生時。所用之物。故荀子禮論云。生器文而不功。明器須而不用。是也。

公叔木有同母異父之昆弟死。問於子游。子游曰。其大功乎。狄儀有同母異父之昆弟死。問於子夏。子夏曰。我未之前聞也。魯人則爲之齊衰。狄儀行齊衰。今之齊衰。狄儀之問也。鄭注木當爲朱。春秋作戍。衛公叔文子之子。定公十四年奔魯。其大功乎。疑所服也。親者屬大功是。孔疏案世本。衛獻公生成子當。當生文子拔。拔生朱。故知木當爲朱。同母異父昆弟之服。喪服無文。故子游疑之。鄭意以爲同母兄弟。母之親屬。服大功是也。以同父同母則服期。今但同母。故降一等而服大功。不云自狄儀始者。庾蔚云狄儀之前。魯人先已行之。故不云自狄儀始也。方氏慤曰。禮異父亦謂之繼父。繼父同居。則服期。服其父以期。則其子相爲以大功。乃其稱也。而子夏遂以魯人之事告狄儀。使之行齊衰。不亦甚乎。江氏永曰。此記公叔木爲公叔文子之子。文子爲衛正卿。文子卒。其內子當不嫁於他人。意木母賤。或有他姓再嫁也。是以有同母異父之昆弟。第其昆弟。或從母而來。鞠養於文子之家。則恩出公叔氏。公叔氏之子。乃爲大功。疑已重矣。如不從母鞠養。則直爲路人。又何服之有乎。禮案陳師衍之曰。喪服必以儀禮喪服爲正。其不載者。由喪服推之。喪服出妻之子。爲母齊衰杖期。爲祖父母不杖。則出母固重於祖父母也。又父卒繼母嫁。從爲之服報。傳曰。何以期。貴終也。注云。嘗爲母子。貴終其恩。賈疏云。此母爲父已服斬衰三年。故子爲之一期。得伸禫杖。但以不生已。父卒改嫁。故降於己母。雖父卒後。不伸三年。一期而已。然則繼母改嫁。且服齊衰期。己母改嫁。無明文。其爲齊衰期。不待言。爲嫁母服期。故爲母後。後生子降一等。服大功。鄭注是也。恩由母生。不由繼父生。馬昭駁王肅是也。張融駁以繼父同居有子。止服三月。不應爲其子大功。是由繼父推之則誤矣。張子謂齊衰三月正服。無緣加之異姓。繼父同居。服齊衰期。有子服齊衰三月。非加諸異姓乎。不當服則不服。服以小功。以意爲之。無所依據之說也。

竊意記云。異父。不曰繼父。則非同居可知。子游曰大功。乃推爲母齊衰期。而降一等。然難決其當否。故曰其大功乎。狄儀當亦魯人。但不知爲卿大夫。爲士庶人。與異父同母之昆弟。同居與不同居。而子夏傳喪服者也。曰未之前聞。則禮無此服可知。乃亦從其失以語狄儀。致相沿成俗。此子夏之過也。

子思之母死於衛。柳若謂子思曰。子聖人之後也。四方於子乎觀禮。子蓋慎諸。子思曰。吾何慎哉。吾聞之。有其禮。無其財。君子弗行也。有其禮。有其財。無其時。君子弗行也。吾何慎哉。鄭注子思孔子孫。伯魚之子。伯魚卒。其妻嫁於衛。柳若衛人也。見子思欲爲嫁母服。恐其失禮戒之。嫁母齊衰期。有禮無財。謂時可行。而財不足以備禮。有財無時。謂財足以備禮。而時不得行者。時所止則止。時所行則行。無所疑也。喪之禮如子。贈襚之屬。不踰主人。孔疏嫁母之服。喪服無文。案喪服杖期章云。父卒繼母嫁。從爲之服報。則親母可知。故鄭約云齊衰期也。譙周袁準並云。父卒母嫁。非父所絕。嫡子雖主祭。猶宜服期。而喪服爲出母期。嫁母與出母俱是絕族。故知與出母同也。若嫁母之家主人貧乏。斂手足形還葬。已雖有財。不得過於主人。故下注喪之禮如子。贈襚之屬。不踰主人是也。方氏慤曰。無其財。則物不足以行禮。無其時。則勢不可以行禮。禮有常時。有變財有限。三者不備。君子所不行也。孟子所言。不得不可以爲悅者。時與禮也。無財不可以爲悅者。即此所謂財也。江氏永曰。案據嫁母異於出母。喪服記但言爲父後者爲出母無服。不言爲後者爲嫁母無服。而禮經父卒繼母嫁。從猶爲之齊衰杖期。況於所生之母。父卒而嫁。豈可以爲父後。而忘其所由生乎。孫氏希旦曰。嫁母無服。故柳若戒以不可不慎。而子思自言其時之不得行者。以答之。蓋禮所不得爲。則雖欲慎之。而無可慎也。故曰吾何慎哉。喪服於母嫁而從者之服。特言繼母。蓋但言母。則嫌繼母嫁而從者之猶不服耳。非謂因母嫁而從者之服。又有加於此也。母嫁而從者。爲之杖期。則嫁而不從者。必不亦爲之杖期矣。萬氏斯大曰。舊說伯魚死。其妻改適於衛。此妄說也。伯魚之死年幾五十。其妻亦既衰。況上有聖舅。下有賢子。豈比窮民無告者。而至有改適之事乎。故知妄也。謂孔子子思皆出妻。亦然。禮案說是也。中庸云。聖人之道。造端乎夫婦。何孔子之德。而及身不能型于寡妻。化行閨內乎。此篇記孔門有被出之妻。再醮之婦。又於子思。時有貶辭。使果情薄於出妻。恩隆於嫁母。他人猶以爲過。將何以爲子上地乎。此亦記禮之誤也。

縣子瑣曰。吾聞之古者不降。上下各以其親。滕伯文爲孟虎齊衰。其叔父也。爲孟皮齊衰。其叔父也。鄭注古謂殷時也。上不降遠。下不降卑。伯文。殷時滕君也。爵爲伯。名文。孔疏瑣縣子名。據所聞而言也。古者殷時也。周禮以貴降賤。以適降庶。惟不降正耳。殷世以上。雖貴不降賤也。上謂旁親族曾祖從祖及伯叔之班。下謂從子從孫之流。彼雖賤。不以己尊降之。各隨本屬之輕重而服之。虎是滕伯文叔父。孟皮是滕伯兄弟之子。滕伯是皮之叔父。滕伯上爲叔父。下爲兄弟之子。皆著齊衰。是上不降遠。下不降卑也。馬氏晞孟曰。唐虞夏殷之時。其禮猶質。故天子諸侯。以少長相及。不降上下。至周則文致其詳矣。立子以嫡不以長。故使嚴於貴賤之際。一爲之君。則諸父昆弟。皆不得以其戚戚之。若大夫爲世父母。叔父母。昆弟。昆弟之子。爲士者。猶降而爲大功也。

而死爲天子諸侯之君。滕伯文乃二孟之叔父也。於其兄弟之子。猶且不降。則爲諸父及昆弟可知矣。納蘭氏成德曰。孟虎孟皮。爲滕伯叔父。而滕伯皆爲之齊衰。不以己諸侯之貴。而降其旁尊則凡上下之親可知矣。或謂周無貴貴之禮非也。既云古者不降。則今降可知矣。武氏億曰。案近讀以降字絶句。據鄭注上。不降遠下不降卑。則上下連不降。爲義是。當以古者不降上下爲句。各以其親。另爲句。禮案記文滕伯兩爲叔父齊衰。並無異文。而疏謂滕伯。一爲己之叔父。一爲己之猶子。以證注文。上不降遠。下不降卑之說。無乃強牽之甚。至馬氏謂滕伯爲二猶子。納蘭氏謂滕伯爲二叔父。尋文義似馬說爲長。今從之。

后木曰。喪吾聞諸縣子曰。夫喪不可不深長思也。買棺外內易我死則亦然。鄭注后木魯孝公子惠伯鞏之後。此孝子之事。非所託。孔疏后木云孝子居喪之禮。吾聞之於縣子云。夫居喪不可不深思長慮。買棺之時。當令精好斲削外內。使之平易。語其子云。在後我身若死。則亦當然。此是孝子所爲之事。非是父母豫所屬託。譏后木也。方氏慤曰子思曰。喪三日而殯。凡附於身者。必誠必信。勿之有悔焉耳矣。三月而葬。凡附於棺者必誠必信。勿之有悔焉耳矣。此喪所以不可不深長思也。買棺外內易。亦其一端耳。朱氏軾曰。慎終者。人子之大節。以教其子宜也。孔氏謂豫屬託爲非。未當。孫氏希旦曰。王制言六十歲。制則棺固不俟死而後具矣。據此則有死而後買棺者。豈謂貧而不能預具者與。禮案后木之爲是言也。必身多疾。蓋恐未逮六十而死。故預囑其子也。

曾子曰。尸未設飾故帷堂。小斂而徹帷。仲梁子曰。夫婦方亂故帷堂。小斂而徹帷。小斂之奠子游曰。於東方曾子曰。於西方斂斯席矣。小斂之奠在西方魯禮之末失也。鄭注斂者動搖尸。惟堂爲人褻之。言方亂非也。仲梁子魯人也。曾子以俗說非。又大斂奠於堂。乃其席。小斂之奠。在西方。末世失禮之爲。孔疏案春秋定五年。魯有仲梁懷。故知魯人也。依禮小斂之奠。設於東方。奠又無席。魯之衰末。奠於西方。而又有席。曾子見時如是。謂將爲禮。故云小斂於西方。斯此也其斂之時於此席上。而設奠矣。故記者正之云。是魯人行禮。末世失其法也。案士喪禮。小斂之奠設於尸東。今曾子言西方。故爲非也。云大斂奠於堂。乃有席者。案士喪禮大斂之奠設於室。今云堂者。後人轉寫之誤。方氏慤曰。人死斯惡之矣。以未飾故惟堂。蓋以防人之所惡也。小斂則既設飾矣。故徹帷焉。郝氏懿行曰。尸未設飾。未襲斂也。萬氏斯大曰。設飾以明衣裳衣尸也。案士喪禮。始死即復。楔齒綴足。設奠於尸東。遂帷堂。以未沐浴。尸身未加明衣也。既帷堂。主人命赴。入坐於床東。衆主人在其後西面。婦人俠床東面。親者在室。衆婦人戶外北面。衆兄弟堂下北面。是即始死時之位。夫婦未嘗亂也。仲梁之言何據。孫氏希旦曰。小斂奠於尸東。尸南首。尸東。尸之右也。凡奠于尸者。必於其右。衆生人以右手食也。禮案尸設飾。即荀子禮論云。始卒沐浴。鬠體飯唅。充耳而設瑱。褻衣襲三稱。設掩面。儇目之屬。以未設飾。故帷堂。此曾子之言是也。儀禮士喪禮。始死奠于尸東。帷堂。小斂卒斂。徹帷。士舉男女奉尸侇于堂。乃奠。奠于尸東。是小斂之奠於東方。子游之言是也。

縣子曰。綌衰繐裳。非古也。鄭注非時尚輕涼慢禮。孔疏綌葛也。繐布疏者。漢時南陽鄧縣能作之。記當時失禮。多尚輕細。故有喪者。不服粗衰。但疏葛爲衰。繐布爲裳。故云非古也。古謂周初制禮時也。釋文絺粗葛布。細而疏曰繐。方氏慤曰。古之五服自斬至緦。一以麻。而各有升數焉。若夫以絺爲衰。以繐爲裳。則取其輕涼而已。故曰非古也。孫氏希旦曰。繐縷如小功。而成布。四升半者。諸侯之大夫。爲天子用之爲齊。周末喪服。不依五服升數。但以輕細爲貴。故以絺爲衰。以繐爲裳非禮也。禮案此記周衰禮失。春官肆師之禁。不行於諸侯。故有絺衰繐裳之制乎。

子蒲卒。哭者呼滅。子皋曰若是野哉。哭者改之。鄭注滅蓋子蒲名。若是野哉。非之也。唯復呼名。子皋孔子弟子高柴。孔疏野不達禮也。唯復呼名。冀其聞名而反。哭則敬鬼神。不復呼其名。而此家哭獨呼滅。子皋深譏之。故云野哉。非之乃改也。應氏鏞曰。滅疑非名。但以死有滅絕之義。呼而哭之。孫氏希旦曰。此哭者蓋子蒲之尊屬。非子蒲之子。哭其父呼滅也。禮案此哭者。如子蒲之父母。則哭子呼名。子皋亦不得斥之野。如子蒲之子女。則哭父呼名。必不忍出諸口。若非其旁尊。必師友也。野猶論語孔子斥子路野哉由也之意。

杜橋之母之喪。宮中無相以爲沽也。鄭注沽猶略也。孔疏此論喪須立相導之事。沽粗略也。禮孝子喪親。悲迷。不復自知禮節事儀。皆須人相導。而杜橋家母死。宮中不立相侍。故時人謂其於禮的粗略。禮案大戴禮本命篇云。百官備。百制具。不言而事行者。扶而起。言而後事行者。杖而起。身自執事者。面垢而已。是庶人無財備禮。身自執事。則無相不得以爲非禮矣。而杜橋無相。人以爲沽。則非庶人及無財可知。

禮記通釋八十卷

第二册

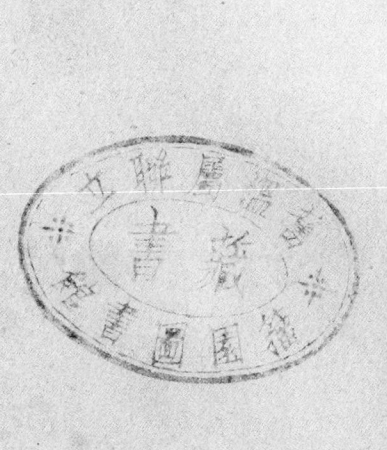

禮記通釋卷十一

玉環戴禮

檀弓上

夫子曰。始死羔裘玄冠者。易之而已。羔裘玄冠。夫子不以弔。鄭注不以吉服弔喪。孔疏此論始死易服。小斂後不得吉服弔之事。但養疾者朝服。羔裘玄冠即朝服也。始死則易去朝服。著深衣。故云易之而已。記時有不易者。又有小斂後。羔裘弔者。記入引論語鄉黨。孔子身自行事之禮。以識當時之事。故曰羔裘玄冠。夫子不以弔。時多失禮。唯孔子獨能行之。故言之也。馬氏晞孟曰。弔者在小斂之前。猶當服羔裘玄冠。以主人未成服。弔者麻絰。不敢先也。故子游裼裘而弔。既小斂乃襲裘。帶絰而入。若夫子之羔裘玄冠。不以弔者。是言小斂之後而已矣。孫氏希旦曰。喪大記疾病。男女改服。謂改其養疾之玄端。而深衣也。問喪云親始死扱上衽。但言扱上衽。而不言改衣。則前此已深衣。而至此特扱其衽明矣。此始死乃有羔裘玄冠者。謂疏親不與於養。至死而方以吉服至者也。易之者。改而素冠深衣也。羔裘玄冠吉服也。弔於未成服之前者。皆吉服。以主人尚未喪服也。主人既成服。則不以吉服弔矣。羔裘不以弔。則弔衰皆襲麑裘也。禮案親有疾。固當齊立以養。而此云羔裘玄冠者。蓋疾有緩有急。若暴疾而終。則人子未及改服。故羔裘玄冠。則亦惟易之而已。

子游問喪具。夫子曰。稱家之有亡。子游曰。有亡惡乎齊。夫子曰。有毋過禮。苟亡矣。斂首足形。還葬。縣棺而封。人豈有非之者哉。鄭注惡乎齊。問豐省之比。形體。還之言便也。言已斂即葬。不待三月。不設碑繂。不備禮。封當爲窆。窆下棺也。春秋傳作堋。人豈有非之者。不責於人所不能。孔疏稱猶隨也。亡無也。言各隨其家計豐薄有無也。子游言若必隨家之有無。貧富於何可齊。夫子曰。有毋過禮。此答是稱富家也。禮有節限。設若家富。有正禮可依。而不得過禮。苟亡矣。斂首足形。此答貧家也。家無財。但使衣衾斂於首足。形體不令露見而已。還之言便也。言已斂即葬。不待三月也。窆下棺內壙中也。貴者則用碑繂。若貧而即葬者。但手縣棺而下之。同於庶人。案左傳昭十二年。鄭簡公卒。將爲葬。除司墓之室。有當道者。毀之則朝而堋。弗毀則日中而堋。杜注云。堋下棺也。王氏安石曰。凡禮言封者。復土以閉瘞之名爾。何用改爲窆乎。王制庶人不封不樹。易以不封不樹爲古。則周有封樹之制。不必下逮庶人。孫氏希旦曰。齊謂厚薄之劑量也。縣棺但以繩縣棺而下之。庶人之禮也。此所言謂其亡者之禮然也。其餘則亦各視其禮之所當爲。極其力量之所能爲者。具之而已。力之所不能及者。人固不之責也。朱氏彬曰。此即孟子後喪踰前喪之意。觀孔子答語可見。禮案稱量也。有財則宜備禮。然又不可吝財。以儉其親。而尤不可過奢。以踰禮制。下文宋襄公。葬其夫人。醯醢百甕是也。若其無財。則喪葬之儀不具。而人不以爲非者。亦原其貧也。下篇孔子曰。斂手足形。還葬而無槨。稱其財。斯之謂禮是也。

司士賁告於子游曰。請襲於牀。子游曰。諾。縣子聞之曰。汏哉叔氏。專以禮許人。鄭注請襲於牀時失之也。禮唯始死廢牀。當言禮然。言諾非也。叔氏子游字。孔疏案喪大記始死廢牀。至遷尸及襲。皆在於牀。當時失禮。襲在於地。故司士賁告子游。子游曰諾。者知襲在牀為是。縣子聞之曰汏哉。汏自矜大也。叔氏子游別字也。言凡有來諮禮事。當據禮以答之。今子游不據禮以答。專輒許諾。非禮也。釋文士賁人名。陳氏祥道曰。君子之於言。必則古昔稱先王。則古昔所以本其時。稱先王所以本其人。如此則有所受。無所專也。馬氏晞孟曰。魂氣歸于天。體魄降于地。人之所以死也。故始死廢牀。欲其近於地。不復。然後襲於牀。孫氏希旦曰。司士夏官之屬。賁蓋以官為氏者。禮案始死廢牀。冀復其魄也。升屋而號。冀復其魂也。及復而不生。始行死事。故仍遷尸於牀。沐浴而襲斂也。縣子稱子游為叔氏。必子游年已著艾矣。上文云。五十以伯仲是也。

宋襄公葬其夫人。醯醢百甕。曾子曰。既曰明器矣。而又實之。鄭注言名之為明器。而與祭器皆實之。是亂鬼器與人器。孔疏案春秋宋襄公卒在僖二十三年。案文十六年傳云。宋昭公將田孟諸。未至。襄夫人周襄王之姊。使甸師攻而殺之。則宋襄公夫人卒在襄公後。此言宋襄公葬其夫人者。蓋初取其年死在襄公時。故得葬之。其後取夫人。是襄王之姊。死在襄公後。義不相妨。曾子曰。既曰明器。而又實之者。言神明之器當虛也。明器與祭器皆實之。是亂鬼器與人器也。案既夕禮陳明器後云無祭器。鄭云士禮略也。大夫以上兼用鬼器與人器。人鬼兼用。則空鬼而實人。士既無人器。則亦實明器。故既夕禮云甕三。醯醢屑。又云甒二。醴酒也。若夏后氏專用明器。則分半以實之。殷人全用祭器。則亦分半以虛之。周人兼用。則亦實人而空鬼也。馬氏晞孟曰。既夕禮言陳明器。亦有黍稷醯醢酒醴以實之。宋襄公之葬夫人。醯醢百甕。蓋譏其多。於禮不可也。以為明器而不當實。則非矣。豈曾子言殷人之禮。有祭器而不必實明器歟。萬氏斯大曰。夏后氏用明器。殷人用祭器。宋殷後。當用祭器。此醯醢百甕。曾子謂為明器。必其侈張過制。於祭器常數之外。又用明器而實之。故曾子譏其侈不合禮。禮案僖八年左傳。襄公名茲父。明器實之。卽上文云。致死而致生之不知是也。

孟獻子之喪。司徒旅歸四布。夫子曰。可也。鄭注獻子魯大夫仲孫蔑。旅下士也。司徒使下士歸四方之賻布。時人皆貪。善其能廉。孔疏孟獻子之喪。其家臣司徒敬子。稟承主人之意。使旅下士歸還四方賻主人之泉布。泉布本助喪用。今既有餘。故歸還之也。夫子曰可也。善其能廉。皇氏以為獻子有餘布。歸之於君。君令國之司徒歸賻於四方。熊氏以為獻子家臣為司徒。故左傳叔孫氏之司馬鬷戾。是家臣亦有司徒司馬也。陳氏祥道曰。孔子可之。以其賢乎利於己者而已。不若班諸貧者為盡善也。吳氏澄曰。案周官諸大夫之喪。宰夫使其旅帥有司而治之。宰夫者冢宰之下大夫也。季孫實兼冢宰司徒。乃季孫之下大夫。故其旅得為孟獻子家治喪也。欽定義疏云。少牢大夫禮也。而有司馬封羊之文。則大夫家有司徒司馬可知。禮案陳師衍曰。案本篇有子問於曾子章。孔疏引崔靈恩云云。則此處之司徒。必司徒下之小司徒。司徒敬子家臣。夫還賻雖廉。而非禮也。故孔子不曰是。而曰可也。

讀賵。曾子曰。非古也。是再告也。鄭注曾子言喪禮。祖而讀賵。賓致命將行。主人之史。又讀賵。所以存錄之。何氏休曰。賵猶覆也。蓋謂覆被亡者耳。方氏慤曰。古者奠之而不讀。周則既奠而又讀焉。故曾子以為再告也。江氏永曰。古謂周以前。周尚文。柩將行。有讀賵之禮。所以存錄之。其時史坐而釋算。亦為榮其多也。禮案儀禮既夕禮。公賵。賓奉幣。當前輅北面。致命。巳告死者矣。至柩將行。又書賵于方讀之。故謂之再告。此係周制。非古謂非夏殷禮也。成子高寢疾。慶遺入請曰。子之病革矣。如至乎大病。則如之何。子高曰。吾聞之也。生有益於人。死不害於人。吾縱生無益於人。吾可以死害於人乎哉。我死則擇不食之地而葬我焉。鄭注成子高。齊大夫。國成伯高父也。慶遺入請。觀其意。革急也。遺慶封之族。不食。謂不墾耕。孔疏此論臨死不忘儉之事。齊有慶氏。故知是齊大夫。齊有國子高。故知姓國。又見齊世本。懿伯生貞孟。貞孟生成伯高父。國氏。以此知也。方氏慤曰。子高之愛人可知矣。觀公叔文子。樂瑕丘。而欲葬。則子高之所得。不亦多乎。孫氏希旦曰。大病謂死也。子高之爲人。薄葬尚儉。蓋近於墨氏。然以視夫爲石槨。而三年者。不亦賢乎。禮案子高自謂生無益於人。則非眞無益於人者也。死尚欲葬不食之地。則其生以利人利物爲心。亦概可見矣。

子夏問諸夫子曰。居君之母與妻之喪。居處言語飲食衎爾。鄭注衎爾自得貌。爲小君。惻隱不能至。孔疏此論臣服小君。儀容之事。此居處言語。是夫子答辭。不云子曰者。記人略也。方氏慤曰。夫喪之所哀。固有或發於居處。或發於言語。或發於飲食者。然臣居君之母與妻之喪。居處言語飲食衎爾。則以君尊之所嚴。有所不敢盡其哀故也。陸氏佃曰。喪雖輕。惻隱不至。則有之。未有居之而樂者也。子夏失問。夫子是以不答。陳氏澔曰。君母君妻。皆服齊衰不杖期。然思義則淺矣。故居其喪如此。衎爾和適貌。江氏永曰。案問當作聞。猶速貧意問喪於夫子之問也。此章之言。記者蓋亦疑之。是以特變言曰。子夏問諸夫子。明其爲傳聞之辭。若有問無答。亦當記夫子不答。禮案郭注楊子方言云。衎。然安定貌。衎爾謂無皇皇充充之狀而已。云樂非也。家語作子夏問於孔子曰。居君之母與妻之喪。如之何。孔子曰。居處言語飲食衎爾於喪所。則稱其服而已。疑此有脫文。

賓客至。無所館。夫子曰。生於我乎館。死於我乎殯。鄭注仁者不厄人。張子載曰。於我乎館。恨無他舍以館客。則於我之館。不可謂以無客館。而不館舍賓客也。於吾家館可也。孫氏希旦曰。論語曰。朋友死。無所歸。於我殯。蓋生而無所館。則館之。死而無所歸。則殯之。聘禮賓入竟而死。遂爲主人爲之具而殯。客死於館而使之就而殯焉。館人之禮然也。禮案於我乎館。言願以所舍館之。於我乎殯。則不止居於其所之賓客也。凡居他所。死而無財具喪者。夫子皆願與殯。厚之至也。

國子高曰。葬也者藏也。藏也者。欲人之弗得見也。是故衣足以飾身。棺周於衣。槨周於棺。土周於槨。反壤樹之哉。鄭注言。皆所以爲深邃。難人發見之也。子高成子高也。成諡也。反覆也。怪不如大古也。而反封樹之。意在於儉。非周禮。孔疏子高之意。人死可惡。故備以衣衾棺槨。欲其深邃。不使人知。今乃反更封壤爲墳。而種樹以標之哉。言不當封壤種樹也。國子意在於儉。非周禮之法。唐虞以上。謂之大古。易繫辭云。古以葬者。厚衣之以薪。不封不樹。方氏慤曰。壤言封土以爲墳。樹言種木以爲表。馬氏晞孟曰。古之人尤略於死者。衣之以薪。葬諸中野。而後世聖人。特嚴慎終之禮。故瓦棺堲周。爲不足。易之以棺槨。棺槨爲不足。被之以柳翣。

易之以棺槨者。言無使士侵膚。被之以柳翣者。言無使人惡於死。凡此皆藏之弗得見者也。周官冢人。以爵等爲之丘封之度。與其樹數。故觀其封。則知位秩之高下。觀其樹。則知命數之多寡。所以遺後世子孫之識。非以爲觀美者也。封之崇四尺。孔子之所不廢。而國子高非之。亦異於禮矣。江氏永曰。案國子高。其即楊朱所稱伯成子高。不以一毫利物。舍國而耕於野者乎。擇不食之地以葬。而不欲其封樹。蓋恬淡寡欲。而達於生死者也。孫氏希旦曰。莊子言儒以詩禮發冢。而子高之言如此。亦若有豫防及此者。豈陸冢發掘之禍。當時已有其端與。禮案。衣足以飾身。惟蔽形而已。不必其斂衣之多稱也。棺周於衣。槨周於棺。言惟容尸容棺而已。不必其容柷容壺容甒也。士周於槨。言墓惟容槨而已。不必其大可藏器也。反謂古制如此。而今人乃反封壤樹之。是悖於葬藏之義也。

孔子之喪。有自燕來觀者。舍於子夏氏。子夏曰。聖人之葬人與。人之葬聖人也。子何觀焉。昔者夫子言之曰。吾見封之若堂者矣。見若坊者矣。見若覆夏屋者矣。見若斧者矣。從若斧者焉。馬鬣封之謂也。今一日而三斬板。而已封。尚行夫子之志乎哉。

鄭注與及也。封築土爲壟。堂形四方而高。坊形旁殺平上而長。覆謂茨瓦也。夏屋今之門廡也。其形廣而卑。斧形旁殺刃上而長。孔子以爲刃上難登。狹又易爲功。馬鬣封。俗間名。板蓋廣二尺。長六尺。斬板謂斷莫縮也。三斷止之。旁殺蓋高四尺。其廣袤未聞也。詩云。縮板以載。尚庶幾也。孔疏。燕國一人聞葬聖人。恐有異禮。故從燕來魯觀之。舍於子夏氏。與及也。子夏與燕人云。若聖人葬人。及人葬聖人。皆用一禮。而子遠來。何所觀乎。王肅云。聖人葬人與。屬上句以言。若聖人葬人與。則人庶有異聞。得來觀者。若人之葬聖人。與凡人何異。而子何觀之。然公西赤爲志。偏用三王禮。子夏恐燕人學此禮。故又述昔聞夫子見四封之異者。此處可共是許燕人學之。封謂墳之也。若如堂基。四方而高。坊堤也。堤坊水。上平而兩旁殺。其南北長也。殷人以來始屋四阿。夏家之屋唯兩下而已。無四阿。如漢之門廡。斧者刃上難登。子夏恐燕人不識。故舉俗稱焉。馬鬣封以語燕人。馬鬣之上。其肉薄。封形似之。今葬孔子。既是從斧之墳。正用一日之功。儉約不假多時。而三斬板者。謂作墳法也。築墳之法。所安板側於兩邊。而用繩約板。令立。後復內土。於板之上。中央築之。令土與板平。則斬所約板繩斷。而更置之於見築士上。又載士其中。三偏如此。其墳乃成而止。已其封也。板廣二尺。三板斜殺。唯高四尺耳。其東西之廣。南北之袤則未聞也。孫毓云。孔子墓魯城北門外西墳。四方前高後下。形似臥斧。高八九尺。今無馬鬣封之形。不止於三斬板。毓據當時所見。其墳或後人增益。不與原葬墳同。陳氏祥道曰。孔子以時人之封過泰也。故欲從其殺者而已。門人以夫子之志於儉也。故一日三斬板以行夫子之志而已。陳氏澔曰。延陵季子葬其子。夫子尚往觀之。孔子之葬。燕人來觀。亦其宜也。子夏以爲聖人葬人。則事皆合禮。人葬聖人。則未必皆合於禮也。蓋謙辭。萬氏斯大曰。板廣二尺。三板凡六尺。周禮大夫制也。孔子爲大夫。正當六尺。若斧者。南北壁立。東西陵遲。上狹下舒。若斧形。板施於南北。禮案。家語。孔子葬於魯城北。泗水上。藏入地不及泉。而封爲偃斧之形。高四尺。樹松柏。爲志焉。子夏言一言三斬板。則成功之速。而封土未必堅固。安得行夫子之志哉。

婦人不葛

帶。鄭注婦人質。不變重者。至期除之。卒哭變經而已。孔疏此論齊斬婦人帶要經也。葬後卒哭。變麻易葛。而婦人重要。而質不變所重。故不葛帶。至期除之。卒哭直變經而已。大功以下輕。至卒哭並變爲葛與男子同。經首經也。婦人輕首重要故也。敖氏繼公曰。婦人指五服之親言也。間傳云。男子重首。婦人重要。婦人質。故爲其所重者。有除無變。其三年者。至小祥而除之。齊衰期。以至小功。則皆終喪而除之。其緦麻者。卒哭退而除之。孫氏希旦曰。婦人質。於所重者。有除無變。五服皆然。注疏惟據齊斬婦人言之。非也。婦人雖不葛帶。而其受服之經大小與初喪之帶同。卒哭之帶。必去其故帶五分之一。乃得與其經爲大小之差也。禮案不葛帶。帶麻以終喪也。婦人既虞卒哭。變首經之麻以葛。而要經不變也。少儀云。葛經而麻帶是也。**有薦新。如朔奠。**鄭注重新物。爲之殷奠。孔疏荐新謂未葬中間。得新味而荐亡者。如朔奠者。謂未葬前。月朔大奠於殯宮者。大奠則牲饌豐也。朔禮視大斂。士則特豚三鼎。今若有新物及五穀始熟。薦於亡者。則其禮牲物。如朔之奠也。大夫以上則朔望大奠。若士但朔而不望。應氏鏞曰。荐新重時物也。荐新於廟。死者已遠。則感傷或淺。荐新於殯。其痛尚新。則感傷必重。朔祭謂之大奠。其禮視大斂。故荐新。亦如之。謂男女各即位。內外各從事。而奠哭之儀。如一也。是禮之同。非其物之同。注謂殷奠。恐未然。蓋經曰如朔奠。非爲之也。敖氏繼公曰。新謂穀之新熟者也。春秋傳云。不食新矣。少儀云未嘗不食新。皆指五穀而言。孫氏希旦曰。荐新以五穀爲主。而兼及他物。若月令以雛嘗黍。羞以含桃。是也。殯後朝夕奠。醴酒脯醢而已。朔奠視大斂。士則特牲三鼎。其禮盛。象生人朔食。則盛饌也。若荐新穀於殯宮。其禮與朔奠同也。禮案儀禮士喪禮云有荐新。如朔奠。鄭注彼云。荐新荐五穀若時有桒果新出者。

既葬。各以其服除。鄭注卒哭當變衰麻者變之。或有除者。不視主人。孔疏既葬謂三月葬竟後。至卒哭。重親各隨所受而變服。若三月之親。至三月數滿。應除者。葬竟各自除不待主人。卒哭之變。故云各以其服除也。張子載曰。今人多歷年所而葬者。亦當以改葬之服除。蓋古者未葬則主人不除。今既除之矣。則猶當從改葬服。禮改葬服緦。久不葬者。似難爲虞祭。以其無几筵也。三月而省墓可也。孫氏希旦曰。謂既葬卒哭。則緦麻除。服小功以上。亦皆除其重服。而受以輕服也。禮案既葬唯緦服應除。而此曰各以其服除者。乃小功以上。變麻服葛也。

池視重霤。鄭注如屋之有承霤也。承霤以木爲之。用行水。亦宮之飾也。柳宮象也。以竹爲池。衣以青布。縣銅魚焉。今宮中有承霤云。以銅爲之。孔疏池者柳車之池也。重霤者。屋承霤也。以木爲之。承於屋霤。入此木中。又從木中而霤於地。故謂此木爲重霤也。天子則四注。四面爲重霤。諸侯四注。重霤則差降。去後餘三。大夫唯餘前後。士則唯一在前。而生時既屋有重霤。以行水。死時柳車。亦象宮室。而在車覆鼈甲之下。牆帷之上。織竹爲之。形如籠。衣以青布。以承鼈甲。名之爲池。以象重霤方面之數。各視生時重霤。禮案柩車之池縣銅魚。故亦謂銅池。卽承霤也。宮室亦然。見前漢宣帝紀。

君卽位而爲椑。歲一漆之。藏焉。鄭注椑謂杝棺親尸者。椑堅著之言也。言天子椑內又有水兕革棺。歲一漆之。若未成然。藏焉。虛之不令。孔疏君諸侯也。言諸侯則王可知也。椑杝棺漆之堅強。甓甓然也。人君無論少長而體尊備物。故亦卽位而造此棺。每年一漆。示如未成也。惟云漆杝。則知不漆他棺。外屬等。藏焉者。棺中不欲空虛。如急有待也。令善也。言若空虛。便爲不善。故藏物於其中。一本云。虛之不合。謂不以蓋合覆其上。釋文：椑，櫬尸棺。方氏慤曰：君尊，雖凶禮之具，亦豫備藏焉，則惡人之見也。禮案：君謂天子諸侯也。君棺每歲一漆，蓋欲其堅固也。漆過即藏，以凶器不欲露見，且甫漆之器若粘微塵，即不能去，故必以紙包藏，乃光澤絜淨。凡漆物皆然。疏謂藏焉者，藏物非也。

復。楔齒。綴足。飯。設飾。帷堂並作。父兄命赴者。鄭注：設飾，謂遷尸。又加新衣。父兄命赴，謂大夫以上也。士主人親命之。孔疏：此始死，復，招魂也。楔，柱也。招魂之後，用角柶柱亡人之齒，令開，使含時不閉也。復用燕几綴亡人之足，令直，使著屨時不辟戾也。飯，食也。設飾者，謂襲斂遷尸之時，乃又加著新衣也。作，起也。自復以下諸事並起，以帷堂。故云並作。命赴，亦復後之事。赴謂死者生時於他人有恩識者，今死則其家宜使人往相赴告也。士喪禮則孝子自命赴者。若大夫以上，則父兄命之也。何以然？尊許其病深，故使人代命之也。雖代命之，猶書孝子名也。萬氏斯大曰：以士喪禮序言，復、楔齒、綴足最先，帷堂次之，設飾次之，言並作者，並作於一日也。孫氏希旦曰：孝子喪期悲痛迷亂，故凡赴告之人皆父兄爲命之。惟赴於君，則親命，敬君也。士喪禮乃赴於君，主人西階東南面。命赴者拜送，是也。禮案：儀禮士喪禮，復而後楔齒綴足，乃帷堂，命赴。又沐浴，始飯含。此記先後與彼不同者，蓋舉此諸事，皆復後並作之也。

君復於小寢、大寢、小祖、大祖、庫門、四郊。鄭注：尊者求之備也。亦他日所嘗有事。孔疏：此明人君禮備，復處多也。前曰廟，後曰寢。爾雅云：室有東西廂曰廟，無東西廂而有室曰寢。小寢謂高祖以下寢也。王侯同。大寢謂天子始祖、諸侯大祖之寢也。小祖，高祖以下廟也。王侯同。大祖，天子始祖、諸侯大祖廟也。兩言於廟，求神備也。周禮夏采以冕服復於大祖廟是也。其小廟，則祭僕復之。其小寢大寢，則隸僕復之。注云：小寢，高祖以下廟之寢也。始祖曰大寢。四郊則夏采復之。故云乘車建綏，復於四郊。此天子之事也。其諸侯則小臣復。故喪大記云：小臣復。賈氏公彥曰：尊者求之備，故凡嘗所有事之處，皆復焉。卿大夫以下，復自門以內廟及寢而已。婦人無外事，自王后以下，復處亦自門以內廟及寢而已。納蘭氏成德曰：始死之時，必於生時熟習之地，故先復，復於燕寢。正寢，生時所居處之地。次復之於羣廟、太廟，生時所有事之地。又次復之於庫門、四郊，生時所出入經歷之地。孫氏希旦曰：小寢，燕寢也。大寢，正寢也。天子小寢五，正寢一。諸侯小寢二，正寢一。始於小寢，而終於四郊，自內以及外也。諸侯復於庫門，則天子皋門亦當復矣。其亦夏采爲之與？禮案：偏復於生前居處經過之地者，蓋冀其魂或戀此而未散，可招而復反也。

喪不剝奠也與？祭肉也與？鄭注：剝猶倮也。有牲肉，則巾之，爲其久設，塵埃加也。脯醢之奠不巾。孔疏：剝猶倮露也。喪奠脯醢不設巾，可得倮露。與，語辭。謂喪不倮露奠者，爲有牲肉也。案士喪禮，小斂陳一鼎，既奠於尸東，祝受巾，巾之。是有牲肉則巾之也。士喪禮又云：始死，脯醢醴酒，奠於尸東，無巾。又殯後朝夕奠，脯醢醴酒，如初設，不巾。是脯醢醴酒不巾也。案既夕禮，朝廟之奠巾之，此亦脯醢之奠，巾之者，以其在堂，恐塵埃。此脯醢之奠不巾者，據室內也。方氏慤曰：剝猶剝廬之剝，覆之則隱，剝之則露，故先儒以爲猶倮也。喪不剝奠者，爲其有祭肉之濡，易受塵垢，故巾之也。胡氏銓曰：牲肉不巾，則塵蠅汙之。孫氏希旦曰：有牲肉，則牲肉與醴酒皆巾之，以其禮盛也。無牲肉，而但有脯醢，則脯醢與醴酒皆不巾，以其禮略也。禮案：喪不剝奠，謂不倮露饌具以奠，用巾覆之也。而所以不剝奠者，爲祭肉也。蓋肉腥引蠅，且易餒敗故也。與者，未定之辭若在寒天，則肉凍不腐。又無蠅蚋之嚙，或不需絺綌爲巾以覆乎。

既殯旬而布材與明器。

鄭注：木工宜乾臘，且豫成。材，椁材也。孔疏：旬謂殯後十日也。布，班也。材謂椁材也。殯後十日而班布告下，覔椁材及送葬明器之材。或云布其木，宜乾臘，故須豫暴之也。士喪禮筮宅吉，左還椁，獻明器之材於殯門外，是也。禮案：尚書顧命，伯相命士須材。材謂井椁與製明器之材也。喪大記：君松椁，大夫柏椁，士雜木椁。鄭注彼云：尊者用大材，卑者用小材。

朝奠日出，夕奠逮日。

鄭注：陰陽交接，庶幾遇之。方氏慤曰：逮日者，及日也，於日未沒之時爲及日矣。孫氏希旦曰：喪既殯以後，未葬以前，每日朝夕設奠於殯宮。朝夕奠，以象生人之朝夕食。生人日已出而朝食，日未入而夕食，故奠之時亦放之。禮案：此即事亡如存之禮也。內則曰：日出而入，慈以旨甘；日入而入，慈以旨甘。是也。

父母之喪，哭無時，使必知其反也。

鄭注：謂既練，或時爲君服金革之事，反必有祭。孔疏：哭無時有三：一是未殯之前，哭不絕聲；二是殯後除朝夕哭外，廬中思憶則哭；三是小祥之後，哀至則哭，或一日二日而無朝夕之時也。此云哭無時，謂小祥之後也。使，謂君使之也。既小祥，可爲君使，服金革之事也。反，還也。若爲使還家，必設祭告親之神，亦出必告、反必面之義也。禮運云：三年之喪，期不使。則期外可使也。而曾子問云：卒哭，服金革之事無辟。此魯侯有爲爲之也。喪大記云：卒哭而服金革之事。鄭云：此權禮也。是知卒哭而使，非正禮也。方氏慤曰：哭者所以求其反也。哭之無時，欲死者心知其反而已。朱氏軾曰：此經意謂父母之喪，哭無時，蓋念念不忘，哀慕而他無足以分其心者。惟君命不可違，故輟哀而往，然事復而反，則必祭而哭告。告之後，無時之哭如故也。江氏永曰：哭無時者，常念親也。使必知其反者，如親存，反必面也。兩句不必連合。近世新說，下句解上句，非是。禮案：上云父母之喪哭無時，則此使字當是使親知孝子哭泣哀慕無時或息，而非奉使之使也。似方說爲是。反謂哭聲也。見閒傳。

練，練衣黃裏，縓緣，葛要絰，繩屨無絇，角瑱，鹿裘衡長袪，袪裼之可也。

鄭注：小祥練冠，練中衣，以黃爲內，縓爲飾。黃之色卑於纁，縓，纁之類。明外除。瑱，充耳也。吉時以玉，人君有瑱。衡當爲橫，字之誤也。袪謂褎緣袂口也。練而爲裘，橫廣之，又長之，又爲袪，則先時狹短者，袪可知。吉時麛裘，裼表裘也。有袪而裼之，備飾也。玉藻曰：麛裘青豻褎，絞衣以裼之。鹿裘亦用絞乎？孔疏：練，小祥也。小祥而著練冠、練中衣，故曰練也。黃裏者，黃爲中衣裏也。正服不可變，中衣非正服，但承裏而已。故小祥而爲之黃袷裏也。縓縓緣者，縓爲淺絳色。爾雅云：二染謂之縓，三染謂之纁。故鄭云纁類。緣謂中衣領及褎緣也。裏用黃而領緣用縓者，領緣外也，明其外除，故飾見外也。葛要絰者，小祥男子去首絰，唯餘要葛也。繩屨者，父母喪菅屨，卒哭受齊衰蒯藨屨，至小祥受大功繩麻屨也。絇，屨頭飾也。吉有，喪無。角瑱，充耳。人君平常吉用玉爲之，在初喪亦無，至小祥微飾，以角爲之。鹿裘者，亦小祥後也。冬時吉凶衣裏皆有裘，吉時則貴賤有異，喪時則同用大鹿皮爲之。衡長袪者，小祥之前裘狹而短，袂又無袪。小祥稍飾，故更作裘，橫廣大者也。又長之爲袪，更新造之，又加此三法也。裼謂裘上又加衣也，爲吉轉文，故加裼之可也。案如此文，明小祥時外有衰，衰內有練中衣，中衣內有裼衣，裼衣內有鹿裘，鹿裘內自有常著襦衣也。呂氏大臨曰：斬、疏、繐、大功、小功、緦、錫皆曰衰，喪正服也。練、麻皆曰衣，喪變服也。至親以期斷，加隆而三年，故加隆之服者，正服當除，有所不忍。

故爲之變服。以至於再期也。王氏引之曰。玉藻曰。不文飾也。不裼。裼非居喪之服也。且小祥果裼裘。則全裘皆裼。非獨袪而已。案裼當讀爲緆。緆。緣也。袪緆之者。謂緣此袪也。又案袂口爲袪。緣之爲緆。玉藻曰。袪尺二寸。緣廣寸半。是緣與袪爲二事。不得即以袪爲緣也。孫氏希旦曰。小祥謂之練者。始練大功布爲冠也。喪冠不練。故喪服傳。冠六升。鍛而勿灰。爲父小祥冠八升。爲母冠九升。皆加灰練之。以其祭言之。曰小祥。以其冠言之。曰練。練衣者。練大功爲中衣也。禮案雜記下云。期之喪。十一月而練。喪服四制曰。父母之喪。十三月而練。三年問云。至親以期斷。服至小祥。則可除矣。故期之內。喪服曰衰曰経。期之外。練服曰冠曰衣。所以明加隆之義。非喪服之正。方說是也。

有殯。聞遠兄弟之喪。雖緦必往。非兄弟雖鄰不往。所識其兄弟不同居者皆弔。鄭注。雖緦必往。親骨肉也。雖鄰不往。疏無親也。所識。就其家弔之。成恩舊也。孔疏。所識其兄弟不同居者皆弔。此文連上有殯之下。若其骨血兄弟。雖緦必往。若其非兄弟骨血疏外之人。雖鄰不往。今有既非兄弟。又非疏外。平生所共知識。往來同恩好。今若身死者。兄弟雖不同居。亦就往弔之。成其死者之恩舊也。其死者兄弟不同居。尚往弔之。則死者子孫就弔可知。舉疏以見親也。皇氏以爲別更起文。不連有殯之事。所識者。謂識其死者之兄弟。是小功以下之親。既識兄弟。雖不同居。皆一一就弔之。未知然否。故兩存焉。孫氏希旦曰。遠兄弟。謂不同居者也。三年之喪。不以弔。惟兄弟之喪。雖緦必往。蓋以己爲之有服。而往哭之。非弔也。雜記曰。三年之喪。雖功衰不弔。如有服而將往哭之。則服其服而往。兪氏樾曰。所識者。與我相識之人也。其人既與我相識往來同恩好。則其兄弟之不同居者。雖未必相識。然亦當引而近之。故聞其死則必往弔也。禮案既有殯而臨遠兄弟之喪。乃往哭而非弔。孫說是也。非兄弟。則雖鄰不往。以已有殯。自不得往哭也。所識之兄弟。雖不同居者。皆弔。非有殯者也。蓋行弔於所識之家。非往弔其不同居之兄弟家也。曲禮上曰。知生者弔。是也。蓋此三句。義重兄弟。故雖末句。不涉有殯。而亦可以連合也。

天子之棺四重。水兕革棺被之。其厚三寸。杝棺一。梓棺二。四者皆周。棺束縮二衡三。衽每束一。柏椁以端長六尺。鄭注。天子四重。尚深邃也。諸公三重。諸侯再重。大夫一重。士不重。水兕革棺。以水牛兕牛之革以爲棺被。革各厚三寸。合六寸也。此爲一重。杝棺。所謂椑棺也。爾雅曰。椵杝。梓棺。所謂屬與大棺。周帀也。凡棺因能溼之物。衡亦當爲橫。衽今小要。衽或作漆。或作𣝗。柏椁以端。題湊也。其方蓋一尺。孔疏。四重者。水牛兕牛皮爲一重。杝爲二重。屬爲三重。大棺爲四重。上公三重。則去水牛。餘兕杝屬大棺也。侯伯子男再重。又去兕。餘杝屬大棺。大夫一重。又去杝。餘屬大棺也。士不重。又去屬。唯單用大棺也。天子大棺厚八寸。屬六寸。椑四寸。又二皮六寸。合二尺四寸也。上公去水牛之三寸。合二尺一寸。諸侯又去兕牛之三寸。合一尺八寸。列國上卿又除椑之四寸。合一尺四寸。大夫大棺六寸。屬四寸。合一尺。士大棺六寸。庶人棺四寸。四者皆周。謂四重之棺。上下四方悉周帀也。唯椁不周。下有茵。上有抗席故也。棺束者。古棺無釘。故用皮束合之。縮。縱也。縱束者。用二行。橫束者。三行也。衽每束一者。衽。小要也。其形兩頭廣。中央小也。既不用釘。但先鑿棺邊及兩頭合際處。作坎形。則以小要連之。令固。棺束並相對。每束之處。以一行之衽連之。若豎束之處。則豎著其衽。以連棺蓋及底木。便與棺頭尾之材相固也。槨天子柏。諸侯松。大夫柏。士雜木。鄭注方相職云。天子之柏。黄腸爲裏。而表以石焉。端猶頭也。積柏之材作槨。並葺材頭也。槨材並從下壘至上。始爲題湊。湊嚮也。言木之頭相嚮。而作四阿也。每長六尺。方二尺者。以庶人四寸之棺。五寸之槨。槨厚於棺一寸。案喪大記。君大棺八寸。則天子之大棺。或當九寸。其槨厚一尺也。萬氏斯大曰。水兕革棺。并厚三寸。孔疏各厚三寸。非也。此天子親身之棺。外加椑四寸。椑即杝棺也。又加屬棺六寸。大棺八寸。二棺即梓棺也。凡四重。其厚二尺一寸。諸侯無革棺。觀上章云。君即位而爲椑。又曾子問云。君出疆。以三年之戒。以椑從。皆不言有革棺。可見天子棺厚二尺一寸。是上下左右皆合。得四尺二寸。喪大記小斂。君衣十九稱。大斂君衣百稱。則天子當益多。又棺中容尸。須寬博。得四五尺。是棺之上下。左右高廣。且八九尺矣。而又人身長短。中人不下七尺。衣服包裹。當又加長。棺之前後兩和。合得四尺二寸。并容尸身。八九尺。當其長一丈三四尺。而柏槨止長六尺。不知其如何用之。不可考也。禮案據萬說。則此記長當讀作丈。蓋長丈有六尺。則足以容矣。水兕革棺。而曰被之。蓋亦以木爲幹也。荀子禮論。天子棺槨十重。諸侯五重。大夫三重。士再重。楊注云。蓋以棺槨與抗木合於十重也。白虎通引禮王制曰。天子棺九重。公侯五重。大夫有大棺三重。士再重。無大棺。考今王制無此文。蓋逸禮也。莊子天下篇。天子棺槨七重。諸侯五重。大夫三重。士再重。據今王制。天子至士。殯葬之日月推之。則天子之棺。似七重爲近是。

天子之哭諸侯也。爵弁經紂衣。或曰使有司哭之。爲之不以樂食。

鄭注。服士之祭服以哭之。明爲變也。天子至尊。不見尸柩不弔服。麻不加於采。此言經。衍字也。時人間有弁經。因云之耳。周禮王弔諸侯。弁經緦衰也。使有司非也。哀戚之事。不可虛。不以樂食。蓋謂殯斂之間。孔疏不吊服者薨在本國。天子遙哭之。不親見尸柩。不服緦衰。弔而服爵弁紂衣。紂衣絲衣也。則諸侯以下。雖不見尸柩。仍弔服也。或人云。天子不自哭。但令有司哭之耳。非也。爲之不以樂食。此是記者之言。非或人之說。天子食有樂。今哭諸侯。故食不舉樂也。謂殯斂之間。鄭以意斷。不用樂之期也。諸侯五日殯也。然諸侯爲其臣。或至葬不食肉。卒哭不舉樂。蓋臣少而已。卑不得同王也。陳氏祥道曰。士之服止於爵弁。而荀卿云。士韋弁。孔安國曰。雀韋弁也。則爵弁。即韋弁耳。孫氏希旦曰。爵弁以爵色韋爲之。紂與緇同。黑色帛也。爵弁紂衣。即周禮所謂韋弁服也。經弔服之葛經也。爵弁紂衣。而加經。蓋天子弔於未成服之服。故哭諸侯亦用之。士弔於未成服之前。朝服加經。諸侯大夫。皮弁加經。天子爵弁服加經。禮之差也。大宗伯朝覲會同。則爲上相。王哭諸侯亦如之。則非使人代哭明矣。內宗大喪序哭者。哭諸侯亦如之。外宗大喪敍內外朝莫哭者。哭諸侯亦如之。則諸侯與王有服者。又當爲位。而哭之也。大司樂。諸侯薨。令去樂。大臣死。令弛縣。弛縣者久。而去樂者暫。蓋諸侯雖尊。然其爲人衆。而其情亦視內臣爲稍疏。故其降殺如此。禮案紂同純。白虎通云。天子哭諸侯。爵弁純衣。考喪禮。有代哭之禮。則或謂使人代哭。亦不得云非也。

天子之殯也。菆塗龍輴。以槨。加斧于槨上。畢塗屋。天子之禮也。

鄭注菆木以周龍輴。加槨而塗之。天子殯以輴車。畫轅爲龍。斧謂之黼。白黑文也。以刺繡於縿幕。加槨以覆棺已。乃屋其上。盡塗之。孔疏菆叢也。謂用木菆棺。而四面塗之。故云菆塗也。殯時輴車載柩。而畫轅爲龍。故云龍輴也。槨亦題湊菆木。象槨之形。斧謂繡覆棺之衣爲斧文。

先蕞四面爲椁。使上與棺齊。而上猶開也，以椁衣從椁上入覆於棺。故云加斧於椁上。畢盡也。斧覆既竟，又四注爲屋。覆上而下。四面盡塗之也。故云畢塗屋。納蘭氏成德曰：椁猶郭也。外城周於內城者爲郭。故外棺周於內。棺者亦名爲椁。其義如外城之郭也。孫氏希旦曰：加斧謂用夷衾覆棺。其上畫爲斧文。喪大記曰：君錦冒黼殺。自小斂以往。用夷衾。夷衾質殺之裁猶冒也。是君之夷衾畫黼。既夕禮幠用夷衾。賈疏云：夷衾本擬覆棺故斂不用。則殯時用夷衾覆棺明矣。屋者言其題湊之狀。中高而四下。象屋之形也。左傳宋文公椁有四阿。言其僭天子也。天子椁有四阿。其蕞塗象椁。亦爲四阿可知。禮案塗字從土。當是以泥和水而塗之。故鄭注儀禮士喪禮云：塗之爲火備也。

唯天子之喪。有別姓而哭。鄭注：使諸侯同姓異姓庶姓相從而爲位。別於朝覲來時。朝覲爵同同位。孔疏：異姓者。鄭注周禮云：王昏姻甥舅。庶姓者。謂與王無親者。此言朝覲爵同同位。則不分別同姓異姓。然覲禮諸侯受舍於朝。同姓西面。異姓東面。鄭注云：分別同姓異姓。受之將有先後也。與此不同者。覲禮先公而後侯。先侯而後伯。是亦爵同同位。位就同姓之中。先爵尊耳。與此無別。孫氏希旦曰：喪大記既正尸。子坐於東方。卿大夫父兄子姓立於東方。有司庶士哭於堂下。北面。夫人坐於西方。命婦姑姊妹子姓立於西方。外命婦率外宗哭於堂上。北面。士喪禮主人入坐於牀東。衆主人在其後西面。婦人俠牀東面。親者在室。衆婦人戶外北面。衆兄弟堂下北面。此未小斂以前之哭位也。是諸侯以下皆無別姓而哭之法。禮案天子大喪之哭位。今不可考矣。周禮雖有序哭。正位之文。而無別姓而哭之位。竊意別姓者。當是同姓以親疏從嗣王。而哭。異姓以爵等從冢宰而哭也。

魯哀公誄孔丘曰。天不遺耆老。莫相予位焉。嗚呼哀哉尼父。鄭注：誄其行。以爲謚也。莫無也。相佐也。言孔子死。無佐助我處位者。尼父因其字。以爲之謚。孔疏：孔子以哀公十六年。夏四月。己丑日卒。哀公欲爲作謚。作謚宜先列其生時行狀。謂之爲誄。曰天不遺耆老。莫相予位焉者。作誄辭也。遺置也。耆老謂孔子也。莫無也。相佐也。言上天不置孔子。故無復佐助我處於位也。嗚呼哀哉。傷痛之辭也。尼謚也。父且字。甫是丈夫之美稱也。江氏永曰：誄者哀死之辭。與謚不同。尼父者。因其字而尊稱之耳。注疏以爲謚。誤甚。左氏傳所載誄辭。傷一煩。且有稱余一人之失。記者刪潤之如此。孫氏希旦曰：案左傳哀公誄孔子曰：旻天不弔。不憖遺一老。俾屏予一人以在位。煢煢余在疚。嗚呼哀哉尼父。無自律。子贛曰：生不能用。死而誄之。非禮也。稱一人。非名也。禮案陳師衍曰：史記孔子世家。禱於尼丘得孔子。生而首上圩頂。故因名曰丘云。字仲尼。尼自是字非謚。謚法亦無尼也。孔子雖爲下大夫。自應有謚。然哀公不爲作謚。自是哀公不敬孔子也。曾子問云：賤不誄貴。幼不誄長。禮也。唯天子稱天以誄之。然則哀公誄孔子。禮也。惟不爲作謚。非也。

國亡大縣邑。公卿大夫士皆厭冠。哭於太廟三日。君不舉。或曰君舉而哭於后土。鄭注：軍敗失地。以喪歸也。厭冠今喪冠。其服未聞。后土社也。孔疏：此論人君爲國致憂之事。亡失也。公孤也。厭冠喪冠也。國既失地。是諸侯無德所招。故諸臣皆著喪冠。而哭於君之太廟三日也。失地爲先祖所哀。故在廟也。舉謂舉樂也。或曰君舉而哭於后土。又有或者言。亦舉樂。而自於社中哭之。社主土也。庾蔚云：舉謂舉饌。引周禮膳夫王日一舉。又王齊日三舉。注云殺牲盛饌曰舉。應氏鏞曰：哭於大廟者。傷祖宗基業之虧損。哭於后土者。傷土地封疆之朘削也。不舉自貶損也。曰君舉非也。胡氏銓曰。失敗喪地。此末世之事。知記禮者。乃後代之人也。孫氏希旦曰。左傳克敵者。上大夫受縣。下大夫受郡。公四命之孤也。厭冠即素冠。其制厭伏。與喪冠同也。其服則素服。周禮大司馬師不功則厭而奉主車。下篇云。軍有憂則素服哭於軍門之外。則此厭冠當素服明矣。軍敗失地。以喪禮處之。故羣臣皆厭冠。哭於大廟三日。君又爲之三日不舉也。禮案衆臣哭。君猶爲之不舉。況自哭而忍舉乎。或說非也。至舉自該盛饌與樂。二者言也。蓋未有盛饌而不舉樂。舉樂而減膳者也。**孔子惡野哭者。**鄭注爲其變衆。周禮銜枚氏掌禁野叫呼歎呼於國中者。行歌哭於國中之道者。孔疏哭非其地謂之野。爲變衆故惡之也。張子載曰。惡野哭。爲有服者之喪。不哭諸家。而哭於野。是凶事也。所知自當哭於野。又若奔喪者。安得不哭於道。方氏慤曰。子蒲卒。哭者呼滅。子皐曰。若是野哉。孔子之所惡者如此。故家語之文則連言之。孔子嘗言所知吾哭諸野。若此所謂野。豈其惡之哉。胡氏銓曰。謂哭不以禮爲野。禮案歌哭於野。既爲周禮之所禁。孔子又何必惡之。哭所識於野張帷。則非野哭可知。此所謂野者。蓋指哭不以禮。方胡之說並是也。**未仕者不敢稅人。如稅人則以父兄之命。**鄭注不專家財也。稅謂遺于人。孔疏此論人子之法。稅人謂以物遺人也。未仕未尊。則亦不敢專家財。餉人也。如稅人謂已仕者也。雖得遺人。亦當必稱父兄。以將遺之。方氏慤曰。未仕則無祿。故不敢稅人。其或禮有所不可廢。義有所不可免。則以父兄之命而已。孫氏希旦曰。稅謂以財物助人喪事。即所謂賻也。禮案稅當讀如檖。史記陸賈傳。平原君朱建冊喪。辟陽侯乃奉百金往稅。**士備入而后朝夕踊。**鄭注備猶盡也。國君之喪。嫌主人哭入則踊。孔疏備盡也。國君喪。羣臣則朝夕即位哀踊。嗣君孝子雖先入即位哭。必待諸臣皆入。列位畢。後乃俱踊者也。士卑最後。故舉士入爲畢也。所入有前後。必相待踊者。孝子哀深。故前入也。踊須相視爲節。故俟齊也。孫氏希旦曰。士喪禮朝夕哭。主人入門哭。婦人踊。主人堂下直東序西面。兄弟皆即位。如外位。卿大夫在主人之南。諸公門東少進。他國之異爵者門西少進。敵則先拜。他國之賓。凡異爵者拜諸其位。徹者盥於門外。燭先入。升自阼階。丈夫踊。是主人待衆賓畢入。乃拜賓。拜賓畢。乃踊也。嫌人君尊。或不待羣臣畢入而踊。故明之。禮案據經文。則此只言士。朝夕哭踊之禮。未及大夫以上禮也。朝夕踊即朝夕哭。哭必以踊爲節也。**祥而縞。是月禫。徙月樂。**鄭注縞冠素紕也。言禫明月可以用樂。孔疏祥大祥也。縞謂縞冠。大祥日著之。故小記除成喪者。其祭朝服縞冠是也。鄭志曰。既禫徙月而樂作。禮之正也。孔子五日彈琴。自省樂。哀未忘耳。踰月可以歌。皆自身踰月所爲也。此非當月所受樂。若既禫始得備樂。而在心猶未忘。能歡徙月之樂。極歡也。哀殺有漸。是以樂亦隨之也。孫氏希旦曰。祥之日鼓素琴。而尚未可歌也。踰月而可以笙歌。而尚未備縣也。禫而縣。而猶未作也。踰月而金石之樂作矣。此除喪作樂之漸也。禮案祥而縞。即閒傳之又期而大祥素縞麻衣是也。禫祭也。喪大記。禫而從御吉祭而復寢是也。徙月謂禫之踰月也。喪大記禫而內無哭者。樂作矣故也。**君於士有賜帟。**鄭注帟幕之小者所以承塵。賜之則張於殯上。大夫以上。幕人職供焉。孔疏賜恩賜也。丈夫以上喪則幕人職供之。士唯有君恩賜。乃得有帟也。孫氏希旦曰。周禮幕人掌帷幕幄帟綬之事。掌次凡喪王則張帟三重。諸侯再重。孤卿大夫不重。是大夫以上。皆有帟。幕人自以其職共之。士本無帟。君所加恩。則有賜之以帟者也。禮案言君賜。則此士蓋諸侯之士也。天子之孤卿大夫。張帟猶不重。則士雖有功受賜。亦一重可知。

禮記通釋卷十二

玉環戴禮

檀弓下第四

孔疏案鄭目錄云，義同前篇，以簡策繁多，故分爲上下二卷。

君之適長殤車三乘，公之庶長殤車一乘，大夫之適長殤車一乘。

鄭注皆下成人也。自上而下，降殺以兩。成人遣車五乘，長殤三乘，下殤一乘，尊卑以此差之。庶子言公，卑遠之。傳曰，大功之殤中從上。孔疏君者五等諸侯也。今此謂諸侯適子在長殤而死，故云君之適長殤也。車三乘者，遣車也。葬柩朝廟畢，將行，設遣奠竟，取牲體臂臑折之爲段，用車載之以遣送亡者，故謂之遣車。諸侯七乘，大夫五乘。此後有明文。降殺宜兩，則王宜九乘。若適子成人則應七乘，在長殤而死則五乘。中殤從上亦五乘。下殤三乘也。若王庶子成人則應五乘，長殤中殤三乘，下殤一乘也。諸侯自得七乘，其適子成人五乘，長殤三乘，中則從上，若下殤則一乘也。公亦諸侯也。適長殤既三，故一乘。庶子若成人乃三乘，而長殤則一乘，中殤亦從上，若下殤則無。大夫自得五乘，適子成人三乘，長殤降二，故一乘，中殤從上，亦一乘，若下殤及庶殤並不得也。萬氏斯大曰，此送葬之車，士喪禮所謂乘車載皮弁服，纓轡貝勒，縣於衡，道車載朝服，槀車載簑笠之車也。以其爲送葬之車，故亦曰遣車。雜記曰，遣車視牢具，言其多寡之數也。案士喪禮將葬柩朝於祖，薦車，薦馬。遣奠後，馬出自道，車各從其馬，駕於門外。及行，茵苞明器，先車從於後。苞者何，柩行時，取遣奠牲下體，包之以葦。記云，葦苞長三尺，一編。棺既下壙，贈畢，藏器於旁，加見。藏苞筲於旁。舊說遣車以載遣奠苞牲體得名。且泥雜記以遣車視牢具，置於四隅之文，謂遣車之制甚小，載苞置於椁之四隅。夫甚小之車，豈能容三尺之苞，而苞之不以車載，喪禮業有明文，且藏於椁旁，不於四隅，蓋不知下文孔子所謂塗車乃從葬之車，而謬以遣車當之也。孫氏希旦曰，此車謂生時所乘，葬時用爲魂車者。左傳齊莊公下車七乘，說者謂齊舊用上公禮，車九乘，故以七乘爲貶，以此差而上下，則天子十二乘。上篇云周人以殷人之棺椁葬長殤，以夏后氏之堲周葬中殤下殤，則送死之物，中殤下殤爲一等。君之適中下殤車皆一乘也。然葬必有魂車，自一乘以下，不容復降，則公之庶中下殤，大夫之庶殤，士之殤，皆一乘，與禮案適適長子，長殤十六至十九，未冠而死者也。公之庶長殤與大夫之適長殤同，尊適抑庶也。公亦國君也，以公爵居五等諸侯之首，其庶長殤猶等於大夫之適長殤，所以明大庶子不適爲父後者，不得以父爵稱尊也。至車乘之說，萬孫並較孔疏爲確。夫乘駕也，登也。又四馬曰乘，車曰乘，以駕四馬言也。遣車制既甚小，又可藏椁之四隅，則非駕可知。而此云送葬之車曰三乘，曰一乘者，自是士喪禮之所謂乘車，非雜記之所謂遣車也。

公之喪，諸達官之長杖。

鄭注謂君所命，雖有官職，不達於君，則不服斬。孔疏公者五等諸侯也。達官謂國之卿大夫士，被君命者也。故稱達官。此對不達者，故云長。若遭君喪，則備服斬衰杖，不云衰，從可知也。不達謂府史之屬，但服齊衰三月耳。若其近臣閽寺之屬，雖無爵命，但嗣君服斬，則亦服斬，與此異也。故喪服斬衰章，公士大夫之衆臣，爲其君布帶繩屨。傳曰，近臣服斯服矣。陸氏佃曰，達官，卿也。長，蓋大宰。孫氏希旦曰，達官爲君皆杖，而曰諸達官之長杖者。謂以杖卽位也。喪大記曰。君之喪。大夫寢門之外杖。寢門之內輯之。特輯之而已。則得以杖卽位矣。此達官之長杖也。喪服傳曰。公士大夫之喪。衆臣杖。不以卽位。則諸侯之士杖。不以卽位可知。此達官而非長。則不杖也。禮案。周禮天官小宰。大事從其長。小事則專達。然則達官之長。在天子則九卿。諸侯則三卿與。

君於大夫將葬。弔於宮。及出。命引之。三步則止。如是者三。君退。朝亦如之。哀次亦如之。鄭注。以義奪孝子。宮。殯宮。出。謂柩已在路。退。去也。三引之。凡移九步。君弔不必於宮。朝。喪朝廟也。次。他日賓客所受大門外舍也。孝子至此而哀。君或於是弔焉。孔疏。君於大夫之喪。將至葬時。必親往弔。孝子於殯宮。及其柩出殯宮之門。孝子號慕攀轅。君奪孝子之情。命遣引之。引者三步則止。不忍頓奪孝子之情也。君又命引之。引者三步則止。君又引之。引者又三步而止。君又命引之。柩車遂行。君便退去。君或來弔參差早晚。不必恆在殯宮。或當朝廟。明日將發之時。或柩出大門。至平生待賓客次舍處。孝子哀其平生。停柩不行。君於是始弔之。畢。君命引之。使行。如上來之事。故云亦如之。孫氏希旦曰。宮。柩所朝之廟也。將葬弔於宮。謂葬日柩將行。而君弔之也。出。謂柩出廟門也。命引之者。弔於葬者必執引。君尊。故使人引之。以致其意也。次。孝子居喪之所。次舍廬。以次爲大門外接賓客之處。亦非是。說見曾子問。禮案。既曰哀次。自是孝子中門外倚廬之次。孫說是。注疏非也。

五十無車者。不越疆而弔人。鄭注。氣力始衰。孔疏。此論衰老不許徒行遠弔者。五十既衰。越疆則道路遙遠。弔人又悲感哀戚。恐增衰恐。故不許也。方氏慤曰。五十始衰。而老者不以筋力爲禮。故無車。不越彊弔人也。禮案。夫禮者。稱情而立文者也。人年五十。精血漸衰。若徒行遠弔。必傷筋骨。故無車者。則不越疆而弔。

季武子寢疾。蟜固不說齊衰而入見。曰。斯道也。將亡矣。士唯公門說齊衰。武子曰。不亦善乎。君子表微。及其喪也。曾點倚其門而歌。鄭注。季武子。魯大夫季孫夙也。世爲上卿。強且專政。國人事之如君。蟜固能守禮不畏之。矯失俗也。道猶禮也。武子時無如之何。佯若善之。表猶明也。曾點歌。明己不與也。點字晳。曾參父。孔疏。武子魯之執政上卿。時人畏之。事之如君。入其門皆說衰。蟜固不說齊衰入見。且謂之曰。著衰入大夫之門。其道將亡絕矣。將亡者。未絕之詞。蓋其時猶餘大夫之門。猶有著齊衰者。武子既寢疾。乃佯言若美之。言失禮顯著。凡人皆知。若失禮微細。唯君子乃能表明之。今說齊衰。失禮之微。汝能知之。是君子之人。故云君子表微。及武子之喪。曾點慕蟜固之直。乃倚武子之門而歌。明己不與武子。故無哀戚。閻氏若璩曰。春秋昭公七年。季孫夙卒。孔子年十七。曾點少孔子若干歲。未可知。然論語敍其坐次於子路。則必少九歲以上也。可知。計此時尚孩幼。安得有椅國相之門。臨喪而歌之事。禮案。士唯公門說齊衰。則非公門不說。明矣。蟜固疾時俗。入權門而說齊衰。畏勢失道。故著齊衰而見武子。又引禮以明說之非禮。故武子亦善其秉禮也。表彰也。微隱也。謂固知禮隱微。必著誠君子也。蟜固執禮。武子服善。記此者。兩予之也。至曾點當武子之喪。倚門而歌。亦自負不畏強禦。然曲禮上云。鄰有喪。舂不相。里有殯。不巷歌。則其失禮甚矣。點學于聖門。豈未聞禮。此曾點必別爲一人。閻氏謂年齡不合。可據。

大夫弔。當事而至。則辭焉。鄭注。辭猶去也。

擯者以主人有事告也。主人無事。則爲大夫出。孔疏此謂大夫弔士。當事主人有大小斂殯之事也。出謂出於庭。不得出門外。以男子之事。自堂及門故也。若未斂以前。唯君命出。見士喪禮。若正當小斂。而大夫來弔則辭之。以有事。斂畢當踊之時。則延之入。絕踊而拜之。若當斂時來。則亦絕踊而拜之。故雜記云。當袒大夫至。雖當踊。絕踊而拜之。若士來弔。雖當斂。不告以有事。事畢踊後。而引士入。然後拜之也。故雜記云。於士既事成踊。襲而後拜之是也。萬氏斯大曰。案士喪禮。小斂於戶內。奉尸侇於堂。主人降西階拜賓。大斂時。有大夫則告。既斂主人降拜大夫之後至者。後至者。卽當事而至者也。孫氏希旦曰。喪大記云。士於大夫不當斂則出。則不當事。雖未小斂。固爲大夫出矣。士喪禮唯君命出。謂未襲以前也。禮案辭謂擯者辭也。擯告大夫以主人有事。待畢事則導之入。主人與之哭。不逆於門外。見喪大記。

弔於人。是日不樂。鄭注君子哀樂不同日。子於是日哭。則不歌。禮案弔喪主哀戚。若作樂而取樂。是弔禮爲僞矣。

婦人不越疆而弔人。鄭注不通於外。孔疏婦人無外事。故不越疆而弔人。陳氏祥道曰。婦人見兄弟可以及閾。送迎可以及門。而不可以出門。弔人可以出門。而不可以越疆。許穆夫人欲歸唁衛侯。而不可得。則越疆弔人。如之何而可。禮案婦人有嫁於他國。故有越國奔喪之禮。無梱外之交。故無越疆弔喪之事。

行弔之日不飲酒食肉焉。鄭注以全哀也。禮案行弔之日。哀感於心。自不忍御酒肉。記云不飲酒食肉。臨人之喪者。非惟全哀。亦恐失色於人也。論語云。臨喪不哀。吾何以觀之哉。

弔於葬者必執引。若從柩及壙。皆執紼。鄭注示助之以力。車曰引。棺曰紼。從柩嬴者。孔疏引柩車索也。弔葬本爲助執事。故必相助。引柩車索也。及至也。紼引棺索也。凡執引用人。貴賤有數。若其數足。則餘人不得遙行。皆散而從柩也。至壙下棺窆時。則不限人數。皆悉執紼。示助力也。嬴餘也。從柩者是執引所餘。嬴長者也。何東山云。天子千人。諸侯五百人。大夫三百人。士五十人。嬴數外也。方氏慤曰。引在前。屬之於車。以道柩也。紼在旁。屬之於棺。以窆柩也。道柩者。唯在路用之而已。窆棺者。至下棺亦用焉。故雖不執引。而或從柩及壙。亦皆執紼也。曲禮曰。助葬者必執紼。蓋謂是矣。孫氏希旦曰。王制疏云。停住之時。指其繪體。則謂之紼。若在塗。人挽而行之。則謂之引。禮案君子忠信所以行禮。弔於葬者。柩車在路。則爲之執引。至壙下棺。則爲之執紼者。以示禮不虛行也。

喪公弔之必有拜者。雖朋友州里舍人可也。弔曰寡君承事。主人曰臨。鄭注拜者往謝之。朋友州里舍人。謂無主後。承事示亦爲執事來。主人曰。君辱臨其臣之喪。孔疏喪謂諸侯臣之喪。公來親弔。或遣人來弔。喪家雖無主後。必有以次疏親。而往拜謝其恩。疏親亦無。雖死者朋友及同州同里及喪家典舍之人。而往拜之可也。若有後。主人自當親拜。既夕禮云。主人乘惡車。鄭注云。拜君命是也。寡君承事者。是君來。擯者使傳辭也。弔爲助事。故稱承事。主人辭謝之曰。君屈辱降臨某之喪。稱寡君應是弔他國之臣。上承公弔之下。則是己國之臣。此謂大夫之喪也。若弔士。則直稱君。士喪禮君使某弔。如何不應淑是也。孫氏希旦曰。此謂在他國而死者也。公弔之。謂所死國之君也。州里謂死者同州里之人。同在他國者。舍人謂死者所舍館之人也。死於他國。其親屬或不從行。則朋友及州里館舍之人。皆可爲主。而拜君也。喪有無後無無主。則死於異國者。雖非公弔。固必有拜賓者矣。嫌君尊其禮或異。故以明之。禮案稱寡君承事。必公吊他國之臣。而卒於本國者。孫說是也。故或無親屬爲主。拜賓。而使朋友州里舍人。若雜記下所云。姑姉妹。其夫死。夫黨無兄弟無族。則前後家。東西家。無則里尹主之。是也。否則既仕於朝。未有一無戚屬。而等於天民之無告者也。曰臨者。主人謙辭也。孔詩大雅疏。臨者在上臨下之辭。

君遇柩於路。必使人吊之。鄭注。君於民臣。有父母之恩。孔疏。君於其臣。當時吊於家。故喪大記。於大夫及士。皆親吊之。又禮識養尙受吊。及杞梁之妻不受野吊是也。其或卑小之臣。及庶人之等。君不豫知其喪。造次遇柩於路。既有民臣之恩。以此使人吊。故此云兼臣也。胡氏銓曰。遇柩於路。必使人吊之。若齊侯哭敝無存之類。孫氏希旦曰。大夫士之喪。必赴於君。君當吊於其家。若未仕之士。及庶人之喪。赴告不及於君。君不能悉吊也。若遇其柩於路。必使人吊之。所以廣仁恩也。禮案柩行在道。非自家及壙。即死於外。而柩車歸家者也。然禮識野吊。而此云君使人吊者。其吊於葬所。或吊諸其家與。

大夫之喪。庶子不受吊。鄭注。不以賤者爲有爵者主。孔疏謂不爲主人也。適子主喪。受吊拜賓。若適子或有他故不在。則雖庶子。不敢受吊。明己卑。辟適也。言大夫庶子不受吊。則士之庶子。得受吊也。言不受吊者。不可以賤者。爲有爵者喪主也。禮案主上篇檀弓之所以譏公儀仲子。子游之所以譏司寇惠子也。

妻之昆弟爲父後者死。哭之適室。子爲主。袒免哭踊。夫入門右。使人立於門外告來者。狎則入哭。父在。哭於妻之室。非爲父後者。哭諸異室。鄭注。適室以其正也。子爲主。親者主之。北面辟正主。狎相習知者。父在不以私喪干尊。孔疏。適室正寢也。禮女子適人者。爲昆弟爲父後者不降。以其正故也。故姉妹之夫。爲之哭於適室之中庭。子爲主者。甥服舅緦。故命己子爲主。受吊拜賓也。冠尊不居肉袒上。故凡哭。哀必踊。踊必先袒。袒必先免也。夫謂此子之父。即哭妻兄弟者也。據妻之爲喪。故言夫。子既爲主。位東階之下西向。父入門右。近南而北向哭也。使人立於門外告來者。以門內有哭。則鄉里聞之。必來相吊。故主人使人告來吊者。述所哭之事。明爲主在子。不關己也。若吊人與此亡者。曾經相識狎習。當進入共哭。若父在。則適室由父。故但哭於妻室之前。亦子爲主。使人立於門外也。非爲父後者。哭諸異室。案奔喪禮。妻之黨哭諸寢。此哭於適室及異室者。寢是大名。雖適室妻室異室。總皆曰寢。此云子爲主。袒免哭踊。則夫入門右。亦哭踊。上文申祥之哭。言思婦人倡踊。故知夫亦踊。但文不備耳。方氏慤曰。哭於異室者。以其別於適耳。孫氏希旦曰。此亦爲位而哭者也。爲主者在中庭西面。夫入門而右。亦西面。在其子之少南。凡哭而爲位者。哭者與主人必同面。而以親疏爲敍列。此哭妻之兄弟。婦人亦當在阼階上之位。但子既爲主。則其子倡踊矣。子爲主者。常禮也。無子乃使婦人倡踊耳。父在哭於妻之室。此謂父子同宮者也。若異宮。雖父在。亦哭諸適室也。異室。側室也。非爲父後者。降於適子。故哭諸側室。禮案喪服。爲母爲妻。服皆齊衰杖期。而甥爲舅緦。夫不爲妻之昆弟服。以嫂叔無服故也。使子爲主。袒免哭踊。已始入門而哭者。以甥舅爲有服之親。已乃無服之親也。

有殯。聞遠兄弟之喪。哭於側室。無側室。哭於門內之右。同國則往哭之。鄭注。哭於側室。嫌哭殯。於門內之右。近南者。爲之變位。同國往哭。喪無外事。孔疏。哭於門內之右。謂庶人。內則云。庶人無側室者。言近南爲之變位。以尋常爲主。當在阼階東西面。今稱嚮門內之右。故知近南變位也。上云聞遠兄弟之喪。謂異國也。所以同國則往哭。異國則否者。以己有喪殯。不得嚮他國。方氏慤曰。哭於側室者。欲其遠殯宮也。哭於門內之右者。不居主位。示爲之變也。同國則往哭之者。以其不遠故也。孫氏希旦曰。兄弟哭於廟。此不於廟者。喪自未啓以前。於廟皆無事焉。不宜以哭輕喪而至也。門內殯宮之門內也。右謂中庭之少南而西面。所以別於哭殯之位也。不於寢門外者。以其爲內親也。雜記曰。有殯聞外喪。哭之他室。入奠。卒奠。出改服即位。如始即位之禮。禮案上篇。有殯聞遠兄弟之喪。雖緦必往。謂不同居者也。此聞遠兄弟之喪。謂異國而不得往哭者也。同國則往哭之。亦服其服而往。

子張死。曾子有母之喪。齊衰而往哭之。或曰。齊衰不以弔。曾子曰。我弔也與哉。鄭注齊衰不以弔。以其無服非之。我弔也與哉。於明友哀痛甚。而往哭之。非若凡弔。孔疏言曾子與子張無服。不應往哭。故或人非之也。若有服者。雖緦亦往也。方氏慤曰。三年之喪。而弔哭。不亦虛乎。則齊衰而弔。固非禮也。而曾子言我弔非若凡人之弔。可疑。故以與哉結之。孫氏希旦曰。雜記云。三年之喪。雖功衰不弔。如有服而將往哭之。則服其服而往。孔子於門人。猶父子。則曾子於子張。猶兄弟。故援有殯哭兄弟之義。而往哭之。非弔也。爲朋友弔服加麻。而曾子齊衰而往。不服其服者。蓋兄弟骨肉也。其恩由父而推。故可以釋服而服其服。朋友異姓也。其恩由己而成。則不可以釋服而服其服矣。哭之者。情之所不可已。不服其服者。禮之所不容過也。禮案雜記下曰。練則弔。鄭注彼云。父在爲母功衰。可以弔人者。以父在。故輕於出也。然則凡齊衰十一月皆可以出矣。曾子母喪。蓋未練者也。故服齊衰往哭子張。而人非之。曾子曰。我弔也與哉。言己之往哭。乃朋友之情。豈不知齊衰行弔之爲非禮乎。

有若之喪。悼公弔焉。子游擯由左。鄭注悼公魯哀公之子。擯相侑喪禮者。喪禮廢亡。時人以爲此儀。當如詔辭而皆由右相。是善子游正之。孝經說曰。以身擯侑。孔疏擯相之法。在主人曰擯。在客曰介。庾蔚云。皆謂之擯。亦無當於吉凶。大宗伯注云。出接賓曰擯。入詔禮曰相。喪禮廢亡。時人以爲此儀。當如詔辭而右相。少儀曰。詔辭自右。鄭云爲君出命也。案立者尊右。已傳君之詔辭。詔辭爲尊。則宜處右。若喪事則惟賓主居右。而已自居左。當時禮廢。言相喪亦如傳君詔辭。己自居右。子游知禮。故正之。禮案陳師衍曰。郊特牲云。君適其臣。升自阼階。不敢有其室也。未言弔於臣也。大宗伯云。出接賓曰擯。君來弔。而擯者出導君。及君升自阼階。面向北。此時擯者居君之左。正在阼階之西。正升自西階也。曲禮主人入門而右。客入門而左。主人就東階。客就西階。入門時面皆向北。阼階在右。西階在左。故入門而右者。適升阼階。入門而左者。適升西階。與升堂後而面向南。阼階在左。西階在右者。不同。諸家皆於一轉移間。迷却方向也。據此則擯由左。以入門言也。若導他賓之升西階。則擯當由右矣。史記魯世家。悼公名甯。

齊穀王姬之喪。魯莊公爲之大功。或曰。由魯嫁。故爲之服姊妹之服。或曰。外祖母也。故爲之服。鄭注穀當爲告。聲之誤也。王姬周女。齊襄公之夫人。春秋周女由魯嫁。卒服之。如內女服姊妹是也。天子爲之無服。嫁於王者之後。乃服之。莊公齊襄公女弟文姜之子。當爲舅之妻。非外祖母也。外祖母又小功也。孔疏案莊二年秋。

齊王姬。卒。齊來告魯云。王姬之喪。魯莊公爲之大功。或人解之云。王姬周女也。命魯爲主。由魯嫁。比之魯女。故爲之服。出嫁姊妹之服。更有或人解云。王姬爲莊公外祖母。故爲之著大功之服。王姬是莊公舅妻。不得爲外祖母。假令外祖。正合小功。不服大功也。喪服大功章。君爲姑姊妹女子子。嫁於國君者。著大功之服。王姬既比之。內女。故服大功也。天子爲之無服者。以尊卑不敵故也。若嫁於王者之後。天子以賓禮待之。亦大功也。方氏愨曰。古者天子之女。下嫁於諸侯。必以諸侯之同姓者。爲之主。以君臣之義。不可以昏姻廢。此王姬所以由魯嫁。故喪則必告。爲之服宜矣。俞氏樾曰。此王姬疑是齊僖公夫人。僖名錄父。穀祿聲近義通。爾雅釋言。穀祿也。齊穀猶晉重耳。魯申之比。襄十八年左傳。齊環怙恃其險。斧其名。而繫以國。齊穀王姬者。以夫名妻。猶傳稱武王邑姜也。春秋之書。本託事見義。非紀事之史。不得因其不見春秋。而遂謂無此王姬也。且莊公於齊襄夫人。爲舅之妻。誰不知之。何至有或曰外祖母之說。禮案。俞釋穀祿。自較告爲切。但莊公爲之服大功。則非外祖母明甚。趙氏汸。謂主昏之服。禮所未有。然天子嫁女。既不爲主。死又不爲制服。則主昏者服之如內女。又何疑乎。則雖古無此禮。亦可以義起此服也。

晉獻公之喪。秦穆公使人弔公子重耳。且曰。寡人聞之。亡國恆於斯。得國恆於斯。雖吾子儼然在憂服之中。喪亦不可久也。時亦不可失也。孺子其圖之。以告舅犯。舅犯曰。孺子其辭焉。喪人無寶。仁親以爲寶。父死之謂何。又因以爲利。而天下其孰能說之。孺子其辭焉。公子重耳對客曰。君惠弔亡臣重耳。身喪父死。不得與於哭泣之哀。以爲君憂。父死之謂何。或敢有他志。以辱君義。稽顙而不拜。哭而起。起而不私。子顯以致命於穆公。穆公曰。仁夫公子重耳。夫稽顙而不拜。則未爲後也。故不成拜。哭而起。則愛父也。起而不私。則遠利也。鄭注。獻公殺其世子申生。重耳辟難出奔。是時在翟。就弔之。亡國得國言在喪代之際。勸其反國。意欲納之。喪謂亡失位。孺稺也。舅犯重耳之舅狐偃也。字子犯。寶謂善道可守者。仁親親行仁義。欲反國求爲後。是利父死。說猶解也。公子謝之。他志謂私心。使者公子縶也。盧氏云。古者名字相配。顯當作韅。孔疏。使者弔重耳已畢。方致穆公之命。以勸重耳。故言且。曰且者。兼有餘事。言得國失國。恆在此喪禍交代之際。求之則得。不求則失。雖吾子儼然在憂戚喪服之中。無求國之意。然身喪在外。亦不可久。得國之時。亦不可失。欲使從其言。故云孺子其图之。重耳言父死身亡。正是凶禍之事。豈得又因此以爲己利。天下聞之。其誰解說。我以無罪。公子用舅犯之言。出而對客。既敍其弔意。又道不可之意。言父死是何事。豈復敢悲哀之外。別有他志。以屈辱君之義乎。穆公本勸重耳反國。若其爲後。則當拜謝其恩。今不受其勸。故不拜。穆公以其不拜。故云不爲後也。所以稽顙者。自爲父喪哀號也。凡喪禮先稽顙而後拜。乃成。今直稽顙而不拜。故云不成拜也。既聞父死。勸其反國。哀慟而起。若欲扳轅然。是其愛父也。既起而不私與使者言，必無心反國。是遠利也。鄭注：知在翟弔之及使者，公子縶。並國語文。洪氏頤煊曰：儼卽嚴，讀如諒闇之闇。儼然，謂在諒闇中也。雜記疏：衰皆居堊室，不廬。廬，嚴者也。嚴、儼古字通。禮案：文六年左傳，秦穆公名任好。時晉驪姬既譖殺申生，又譖重耳、夷吾黨於申生，故獻公皆欲殺之。重耳出亡於翟。穆公夫人穆姬，其異母姊也，知其賢，欲納之反國爲君，故使人弔之，勸其雖在喪服之中，而時亦不可失也。重耳以使言告於舅犯。乃時從亡在翟者。喪人，猶亡人。仁親，愛親也。言因父死而图入國，天下莫能說其無過也。客，卽秦使。君，謂秦君也。爲君憂，言不能執人子之禮，居父哀次，致勞君使遠涉於異地。若覬覦爲後，而辱君遠來弔喪之義也。稽顙而不拜者，痛父之死，故首觸地無容也。以非主後，故不敢拜賓之成禮，是以穆公善之也。

帷殯，非古也。自敬姜之哭穆伯始也。鄭注：穆伯，魯大夫季悼子之子公甫靖也。敬姜，穆伯妻，文伯歜之母也。禮，朝夕哭，不帷。孔疏：孝子思念其親，故朝夕哭時，乃褰徹其帷也。今敬姜之哭穆伯，以辟嫌之故，遂朝夕哭不復徹帷。故下文云「穆伯之喪，敬姜晝哭」，與此同也。案：春秋文十五年，公孫敖之喪，聲己不視帷堂而哭。公孫敖亦是穆伯，此不云聲己之哭穆伯始者，聲已是帷堂，非帷殯也。聲已哭在堂下，怨恨穆伯，不欲見其堂，故帷堂。敬姜哭於堂上，遠嫌，不欲見夫之殯，故帷殯。禮案：婦人辟嫌，未有辟同室之人，況已死之柩乎？帷殯之哭，必是敬姜守禮，不欲時見弔賓與男子拾踊，故哭殯於帷中耳。

喪禮，哀之至也。節哀，順變也。君子念始之者也。鄭注：始，猶生也。念父母生己，不欲傷其性。孔疏：言人或有禍災，悲哀未是至極，唯居父母喪禮，是哀戚之至極也。老無節文，恐其傷性，故辟踊有節算，裁節其哀也。所以節哀者，欲順孝子悲哀，使之漸變也。所以哀順變者，君子思念父母之生己，恐其傷性也。方氏慤曰：苟過於哀而不知變，則或以死傷生矣，故節哀順變者，君子念始之者也。孫氏希旦曰：節哀者，謂始死哭不絕聲，既殯則有朝夕與無時之哭，卒哭有朝夕哭，練不復朝夕哭，但有思憶無時之哭，祥而外無哭，禫而內無哭。所以節限其哀而漸變之也。禮案：問喪云：「親始死，傷腎、乾肝、焦肺，水漿不入口，三日不舉火。」若哭泣無節，則毀將滅性矣。通論云：性者，生也。始，猶本也。念始，謂身者親之枝，不欲傷其身而傷其本也。

復，盡愛之道也，有禱祠之心焉。望反諸幽，求諸鬼神之道也。北面，求諸幽之義也。鄭注：復，謂招魂，且分禱五祀，庶幾其精氣之反。鬼神處幽闇，望其從鬼神所來。鄉其所從來也。禮，復者升屋北面。孔疏：始死招魂復魄者，盡此孝子愛親之道也。招魂於平生館舍，求反又於五祀求之，復與五祀總是祈禱，故云禱祀之心焉。復魄所以望諸幽者，言鬼神處在幽闇，故望幽以求之。北方是幽闇，復者北面，求鬼神之義。方氏慤曰：親死猶復，以冀其復生，則愛之道於是爲盡，故曰盡愛之道也。冀其復生，故有禱祀之禮也。莊子曰：鬼神守其幽。復之時，望其魂氣自幽而反，故曰望反諸幽。北爲陰，有幽之義，故曰北面求諸幽也。禮案：士喪禮云：「復者一人，以爵弁服，簪裳於衣，升自前東榮，中屋，北面招以衣，曰：『皋某復！』三，降衣於前，以衣尸。」既夕禮：疾病，乃行禱於五祀，冀其生也。及卒而復，冀其復生也。蓋人死魂氣歸於天，體魄降於地，故升屋而復，招其魂也；廢牀臥地，反其魄也。皆是人子求親之生，猶未卒之禱於五祀，故曰有禱祀之心焉。

拜稽顙，哀戚之至隱也。稽顙，隱之甚也。鄭注：隱，痛也。稽此顙者。觸地無容。孔疏孝子拜賓之時。先爲稽顙。而後拜者。哀戚之至痛。就拜與稽顙二事之中。稽顙爲痛之甚。故曰拜稽顙。或舉殷禮。故先言拜也。禮案人身惟首最尊。故孝子痛親。哭泣。擗胸踊足。而不若首之觸地爲甚。故曰稽顙。隱之甚也。

飯用米貝。弗忍虛也。不以食道。用美焉爾。鄭注尊之也。食道褻。米貝美。孔疏飯用米貝。不忍虛其口。食道人所造作。故爲褻也。米貝天性自然。爲美。喪大記云。君沐粱。大夫沐稷。士沐粱。又以所沐之米以飯之。周禮典瑞云。大喪共飯玉。含玉。諸侯亦含以璧。卿大夫無文。士喪禮。貝三實於笄。注云。貝水物。古者以爲貨。是士用貝。方氏慤曰。弗忍虛則無致死之不仁。不以食道則無致生之不知。孫氏希旦曰。米所以飯。貝所以含。通而言之。則米貝皆謂之飯。故曰飯用米貝。雜記自天子至士。皆用貝。是大夫以上兼用貝玉。士則惟用貝也。禮案此即荀子禮論所謂飯含象生執也。飯以生稻。含以槁骨。反生術矣。

銘。明旌也。以死者爲不可別已。故以其旗識之。愛之斯錄之矣。敬之斯盡其道焉耳。鄭注明旌。神明之精。不見別形貌不見。孔疏案士喪禮爲銘。各以其物。又司常云。大喪共銘旌。王則大常。諸侯建旂。孤卿建旜。大夫士建物。則銘旌亦然。但以尺寸易之。案士喪禮。士長三尺。大夫五尺。諸侯七尺。天子九尺。若不命之士。則士喪禮云。以緇長半幅。長一尺。經末。長終幅。長二尺。總長三尺。孝子思念其親。追愛之道。故於此爲重。以存錄其神。於此設奠。盡其孝養之道焉耳。孫氏希旦曰。錄之謂識其名。而存錄之也。盡其道。其采章尺度。必視其爵位而爲之也。愛之故不敢忘。敬之故不敢苟。此二句申言銘旌之義。注疏以重與奠言。非也。禮案周禮春官小祝。銘書死者名於旌。又儀禮士喪禮爲銘。書曰某氏某之柩是也。愛親故以旗識之。弗敢遺忘也。敬親故盡其道。弗敢弗至也。

重。主道也。殷主綴重焉。周主重徹焉。鄭注始死未作主。以重主其神也。重既虞而埋之。乃後作主。春秋傳曰。虞主用桑。練主用栗。綴猶聯也。殷人作主而聯其重。縣諸廟也。去顯考。乃埋之。周人作主。徹重埋之。孔疏始死作重。猶若吉祭木主之道。主者吉祭所以依神。在喪重亦所以依神。故云重主道也。綴重謂殷人始殯置重於廟庭。作虞主訖。則綴重縣於新死者所殯之廟也。重徹謂周人虞而作主。而重則徹去而埋之。但殷綴而不即埋。周即埋。不縣於廟爲異也。案士喪禮云。士有重無主。而此據天子諸侯。有主者言之。范甯云。主狀正方。穿中央達四方。天子長尺二寸。諸侯長一尺。周人既虞埋重於門外之道左。若虞主亦埋之於祖廟門外之道左。方氏慤曰。或曰重。或曰主。何也。始死而未葬。則有柩矣。有柩而又設重。所以爲重也。禮案儀禮士喪禮。重木刊鑿之。鄭注彼云。士重木長三尺。荀子禮論曰。書其名。置於其重。則名不見。而柩獨明矣。

奠以素器。以生者有哀素之心也。唯祭祀之禮。主人自盡焉爾。資知神之所饗。亦以主人有齊敬之心也。鄭注哀素言哀痛無飾也。凡物無飾曰素。哀則以素。敬則以飾。禮由人心而已。孔疏奠謂始死至葬之時祭名。以其時無尸。奠置於地。故謂之奠也。悉用素器者。表主人有哀素之心。哀則以素。謂葬前。敬則以飾。謂虞後。故士虞禮不用素器也。知非尋常祭者。以上下所編。皆是喪事。不應吉祭。廁在其間。其實吉祭。主人亦有齊敬之心也。孫氏希旦曰。葬前不立尸。奠用素俎。瓦敦。甒豆。無縢之籩。皆素器也。至虞而籩豆俊敦之屬。皆用吉祭之器矣。蓋奠主哀。故器無飾。祭主敬。故器有飾。自盡謂自盡其敬神之心。不敢用初喪之素器也。豈知神之所饗。必於此有飾之器乎。亦以主人自盡其齊敬之心耳。禮案虞雖立尸設几筵器具。亦未純吉也。儀禮士虞禮素几葦席。疏謂不用素器非也。至祭之所以禮備於奠者。以既葬哀心漸殺。故俎豆牲牢之屬。皆可得而具。然神之所饗。究不可知。特以備物盡禮。致孝子之齊敬。則鬼神來格。亦享於克誠耳。

辟踊哀之至也。有算爲之節文也。鄭注算數也。孔疏撫心爲辟。跳躍爲踊。孝子喪親。哀慕至懣。男踊女辟。是哀痛之至極也。若不裁限。恐傷其性。故辟踊有算。爲準節文章。準節之數。其事不一。每一踊三跳。三踊九跳。都爲一節。周禮王九踊。雜記云。公七踊。大夫五踊。士三踊。方氏慤曰。有算則有節。有節則文。無節則質。故謂之節文。孫氏希旦曰。有算之義有二。一是每踊三者三。爲一節。一是天子至士。多少有差。故疏云準節之數。其事非一也。禮案孝子在喪。辟踊哭泣。哀極則然。若不爲之限節。則賢者或過乎哀。而傷生。不肖者不仁乎親而不至。嗚呼。此有算爲之節文之所以爲喪禮也夫。

袒括髮變也。慍哀之變也。去飾去美也。袒括髮去飾之甚也。有所袒有所襲哀之節也。孔疏言袒衣括髮者。是孝子形貌之變也。悲哀慍恚者。是孝子哀情之變也。去其尋常吉時服飾也者。是去其華美也。孝子去飾。雖有多塗。袒括髮者。就去飾之中。最爲甚也。孝子悲哀。理應常袒。何以有所袒。有所襲時者。表明哀之限節。哀甚則袒。哀輕則襲。江氏永曰。袒肉袒。喪禮亦左袒。以左袂扱於前衿帶。士喪禮。主人左袒扱諸面之右是也。括髮者。去笄纚。以麻括髮。而露紒也。爲父母喪。一括髮。及奉尸俠於堂。拜賓即位。而著免也。士喪禮。袒襲之節。初喪時凡三。飯含一。小斂一。大斂一。葬時凡四。啓殯一。柩行一。祖時一。窆時一。禮案集韻。慍音鬱。心有鬱積。則哀變於常也。下文云。慍斯戚。戚斯嘆。嘆斯辟。辟斯踊。是也。

弁絰葛而葬。與神交之道也。有敬心焉。周人弁而葬。殷人冔而葬。鄭注接神之道。不可以純凶。天子諸侯變服而葬。冠素弁。以葛爲環絰。既虞卒哭。乃服受服也。雜記曰。凡弁絰。其衰侈袂。踰時哀衰而敬生。敬則服有飾。大夫士三月而葬。未踰時。周弁。殷冔。俱象祭冠。而素。禮同也。孔疏居喪著喪冠麻絰。身服衰裳。是純凶也。著素弁。又加環絰。用葛不以麻。故鄭云。接神不可純凶也。鄭知天子諸侯者。以下云。有敬心焉。日月踰時。敬心乃生。大夫士三月而葬。敬心未生也。素弁謂素帛爲弁。故注周禮司服云。弁如爵弁而素。不云麻。是用素絹也。以葛與弁絰連文。故云葛環絰也。喪服注。天子諸侯既虞。大夫士卒哭。乃受服。蓋大夫以上。卒哭與虞。其服不同。士虞與卒哭同在一月故也。引雜記者。既服弁絰。其衰亦改。喪服袂二尺二寸。袪尺二寸。則葬時更制其衰。袂三尺三寸。袪尺八寸。是改喪服之衰也。王制云。夏后氏收而祭。殷人冔而祭。周人弁而祭。故鄭知俱象祭冠也。士冠禮。周弁。殷冔。夏收。陸氏佃曰。弁絰葛。在下則葛帶也。絰仍用麻。弁絰葛而葬。卿大夫以下禮。知然者。以周人弁而葬。殷人冔而葬知之也。喪致哀而已。葬則有敬心焉。弁冔而葬。則其敬心益隆。孫氏希旦曰。弁絰葛。而葬人君之禮也。蓋大夫士之父。全乎父者也。其尊近。致其哀而已。天子諸侯之父。兼乎君者也。其尊遠。故至葬。則哀久而敬生。不敢以凶服接之。觀於書之顧命。則天子在喪。有用吉服以行事者。曾子問。世子生告殯。大祝大宰大宗。皆冕服。皆此義也。既葬反喪服。而反哭。禮案喪大記。君將大斂。子弁絰即位于序端。則天子諸侯之喪冠。自是弁絰。唯環絰當以麻。而此云葛者。易服者先輕。疑陸說得之。歠，主人主婦室老爲其病也。
君命食之也。鄭注尊者奪人易也。歠歠粥也。孔疏歠者。親喪三日之後。歠粥之時。主人亡者之子。主婦亡者之妻。室老家之長相。此三者。並是大夫之家貴者。爲其歠粥病困之故。君必有命食疏飯也。若非三
者。雖復歠粥致疾病。君不命食之。以其賤故也。其士之主人主婦。君不命也。喪大記。主婦食疏食。謂既殯之後。此主婦歠者。謂未殯前。故問喪云。鄰里爲之糜粥以飲食之。孫氏希旦曰。三人者。爲大夫未殯。皆不食。而有時
歠粥者。蓋君爲其困病。故命食之以粥。問喪云。鄰里爲之糜粥。蓋士無君命。故鄰里爲飲食之也。禮案喪大記。以子夫人並言者。君喪故也。此未定主人之父喪母喪。疑主婦主人之妻也。下文主婦入於室。反諸其所養。蓋
子婦之職也。疏謂亡者之妻非也。又室老世臣也。曲禮上云。國君不名卿老世婦。大夫不名世臣姪娣。士不名家相長妾。此既係大夫喪。則室老必世室。而疏云。家之長相亦非也。反哭。升堂反諸其
所作也。主婦入於室。反諸其所養也。鄭注堂親所行禮之處。室親所饋食之處。孔疏謂葬窆訖。反哭升於廟。所以升堂者。反復於親所行禮之處。謂生平祭祀冠昏。在於堂也。主婦
反哭。所以入於室者。反復於親所饋食供養之處。此皆謂在廟也。故既夕禮。主人反哭入。升自西階東面。主婦入於室。下始云。遂適殯宮。故知初反哭在廟也。陸氏奎勳曰。此迎精而反之禮。升堂入室。本文甚明。孔疏謂皆
在廟中。此時固無禰廟。亦不應未祔而先哭於祖廟也。禮案說是也。反哭有賓弔。未祔之前。當不受弔於廟也。反哭之弔也。哀之至也。反而亡焉。失之矣。於是爲甚。
殷既封而弔。周反哭而弔。孔子曰。殷已慤。吾從周。鄭注反哭之弔。哀痛甚。封當爲窆。窆下棺也。慤者得哀之始。未見其甚。孔疏既夕禮。實土三。主人拜鄉人。乃反哭。周
既如此。明殷亦然。且殷不爲墳。故知封當爲窆。廟是親平生行禮之處。今反哭於廟。思想其親而不見。故悲哀爲甚。壙者非親存所在之處。今柩暫來至此。始有悲哀。未是甚極。今弔者於此而來。哀情質慤。故云慤也。方氏
慤曰。問喪曰。入門而弗見也。上堂又弗見也。入室又弗見也。亡矣喪矣。不可復見已矣。故哭泣辟踊。盡哀而止矣。既封而弔者。受弔於壙也。反哭而弔者。受弔於家也。夫弔者所以弔其哀。喪雖爲哀。然不若反哭之哀爲甚
也。陸氏佃曰。已慤猶言大慼也。禮器曰。七介以相見也。不然則已慤。陳氏澔曰。賓之弔者。升自西階曰。如之何。主人拜稽顙。當此之時。亡矣喪矣。不可復見吾親矣。痛哀於是爲甚也。親之在土。固爲可哀。不若求親於平生
居止之所。而不得。其哀爲尤甚。故弔於墓者。不如弔於家者之情文爲兼盡。故欲從周也。禮案親始死。則有尸存。尸殯則有柩存。人子之心。猶有所瞻依也。葬則柩已封土。歸則殯宮已空。不可復覩。故反哭之哀。爲喪之尤
甚者也。慤當從陸氏作慼。蓋柩方入土。當贈幣藏器。甫畢即行弔禮。主賓皆極迫促。必不能盡誠於一哭。故不若反哭於家之弔之能盡哀盡禮。此孔子之所以從周也。葬於北方北首。三代之
達禮也。之幽之故也。鄭注北方國北也。孔疏上之訓往。下之語助。言葬於國北及北首者。鬼神尚幽闇。往詣幽冥故也。殯時仍南首。孝子猶若然生。不忍以神待之。方氏慤曰。南方以陽而明。北方

以陰而幽。人之生也。則自幽而出乎明。故生者南向。及其死也。則自明而反乎幽。故死者北首。凡以順陰陽之理而已。三代之禮。雖有文質之變。至於葬之北方北首。則通而行之者。皆所以順死者之反乎幽故也。萬氏斯大曰。古者井田制行。民皆族葬。故孟子云。死徙無出鄉。王制曰。墓地不請。所謂北方北首。亦就其鄉之北耳。下文趙文子觀於九京。豈九京亦在晉國之北。諸大夫皆葬於此乎。禮案。葬於北方者。如在國。則國北。在鄉則北鄉也。又方向也。墓北向。則尸首南。而足北矣。而謂之北首何也。蓋人死。則仰臥。而首恆向上。隨墓之所向。故亦謂之北首也。北方幽陰之地。三代達禮。謂夏商周。文質雖變。而幽明之理。則無異也。**既封。主人贈。而祝宿虞尸。**鄭注贈以幣送死者於壙也。於主人贈祝先歸。孔疏既封。謂葬已下棺。主人以幣贈死者。於壙之時。祝先歸。宿戒虞尸。案既夕禮。主人贈用制幣。玄纁束帛也。案士虞記。男。男尸。女。女尸。是虞有尸也。方氏慤曰。既封而贈。則虞祭有期矣。故祝先反。而宿虞尸焉。宿亦戒也。以事戒之。則曰戒。以期戒之。則曰宿。祭統言宮宰宿夫人。與此言宿同義。禮案。祝。夏祝商祝也。鄭注儀禮特牲饋食禮云。宿讀爲肅。肅進也。進之者。使知祭日當來。又虞禮目錄云。虞安也。士既葬父母。迎精而反。日中而祭之於殯宮以安之。蓋未葬則親形在柩。既葬則魂魄不可無依。故立尸以象神。設祭以安之。鄭注士虞禮云。尸主也。孝子之祭。不見親之形象。心無所繫。立尸而主意焉。下文云。藻而立尸。有几筵。是也。**既反哭。主人與有司視虞牲。有司以几筵舍奠於墓左。反日中而虞。**鄭注日中將虞。省其牲。所使奠墓有司來歸。乃虞也。舍奠墓左。爲父母形體在此。禮其神也。周禮冢人。凡祭墓爲尸。孔疏有司脩虞之有司也。几依神也。筵坐神席也。敷陳曰筵。舍釋也。奠置也。墓道向南。以東爲左。孝子先反脩虞。故有司以几筵及祭饌。置於墓左。禮地神也。言以父母形體所在。故禮其地神以安之也。反謂所使奠墓左有司歸也。虞祭必用日中。是日時之正也。士虞禮云。日中而行事。再虞三虞皆用質明。案周人尚赤。大事用日出。故朝葬日中而虞。孫氏希旦曰。視牲之有司。與主人偕反者也。舍奠之有司。則留於墓。而舍奠者也。主人歸而反哭。視牲。則舍奠之有司。亦可以反而虞祭也。蓋虞以釋奠之反爲節。所謂喪事雖遽不淩節。於此可見。往葬而歸。非日中不足以藏事。其或墓地稍遠。則虞之過乎日中者。固當有之矣。禮案周禮春官小宗伯。成葬。有祭墓之禮。即此墓左之奠是也。主人不親奠。而使有司者。以凶服不可接神也。今人將葬之祀地祇。亦使他人吉服代祭。猶有此古之遺意焉。**葬日虞。弗忍一日離也。是日也。以虞易奠。卒哭曰成事。**鄭注弗忍其無所歸。虞喪祭也。既虞之後。卒哭而祭。其辭蓋曰。哀薦成事。成祭事也。祭以吉爲成。孔疏虞祭之時尚凶。祭禮未成。今既卒無時之哭。唯有朝夕二哭。漸就於吉。故云成事。祭以吉爲成也。其虞與卒哭。尊卑不同。案雜記。士三月而葬。是月而卒哭。大夫三月而葬。五月而卒哭。諸侯五月而葬。七月而卒哭。天子七月而葬。九月而卒哭。雜記又云。諸侯七虞。大夫五。士三。虞皆用柔日。鄭注士虞禮云。柔日陰。陰取其靜。最後一虞用剛日。剛日陽。陽取其動。謂動而將祔廟也。萬氏斯大曰。士虞記。始虞用柔日。曰哀薦祫事。又曰再虞皆如初。曰哀薦虞事。三虞卒哭。他用剛日。亦如初。曰哀薦成事。夫言再虞皆如初。則皆字包三虞。合。先虞二字不連卒哭讀。卒哭他用剛日。謂卒哭別用剛日也。且卒哭祝辭曰。哀薦成事。正與此經卒哭曰成事儒連三虞卒哭爲句。謂同用剛日。則虞祭亦可曰成事矣。不疑與此經戾乎。孫氏希旦曰。卒哭亦祭名。卒止也。前此朝夕哭於殯宮。至是。則止殯宮爲位之哭。惟朝夕哭於次而已。故曰卒哭。禮案朝夕奠。止於葬。故葬日卽以虞。不忍離一日之饋食也。虞凶祭也。故曰以虞易奠。卒哭之薦。吉祭也。故曰成事。

是日也。以吉祭易喪祭。明日祔于祖父。其變而之吉祭也。比至於祔。必於是日也接。不忍一日末有所歸也。殷練而祔。周卒哭而祔。孔子善殷。

鄭注卒哭吉祭。祔祭告於其祖之廟。末無也。日有所用。接之虞禮。謂他用剛日也。其祭祝曰。哀薦曰成事。孔子善殷期而神之人情。孔疏上云虞卒哭及祔。皆據得常正禮。此經所云。謂不得正禮。故謂之變。所以有變者。或時有迫促。或事有忌諱。未及葬期而葬者。卽喪服小記。赴葬者。赴虞者。三月而後卒哭。彼據士禮而言。速葬速虞。而後卒哭之前。其月尙賒。不可無祭。謂之爲變。其既虞之後變禮而之吉祭也。之往也。既虞往至吉祭。其禮如何。既虞比至於祫以來。必於是日接。謂於是三虞卒哭之間。剛日而連接其祭。謂恆用剛日接之者。孝子不忍使親每一日之間。無所歸依。吳氏澄曰。虞祭猶是喪祭。卒哭始於吉祭。明日卒哭之次日也。變亦易也。接相連不閒也。變而之吉祭。卽上文所謂以吉祭易喪祭也。比至於祔。必於是日也接。卽上所謂明日祔於祖父也。前言弗忍一日離。此言不忍一日。末有所歸。蓋言卒哭之末。有餞禮送神。適祖廟矣。翼早急宜就祖廟。迎奉其神。若用虞祭之例。相隔一日。而始祔祭。則卒哭後。祔祭前。此一日。親之神無所依歸。孝子不忍。故祔祭必與卒哭之日相連接。而不閒日也。聖人制禮之意精矣。注疏以變爲非常禮之祭。未見明據。江氏永曰。殷練而祔。亦是行祔祖之祭。若遷廟當在除喪之後也。周人殯於寢。既葬主猶在寢。故卒哭卽行祔祭。使其神之有所歸。殷人殯於廟。不患其無所歸。是以練而始祔祭也。祔以主祔於祖。爲以神道事之。以人情而言。期而神之者。人之情。故孔子善殷。禮案儀禮士虞禮明日以其班祔。鄭注彼云。卒哭之明日也。班次也。喪服小記曰。祔必以其昭穆。亡則中一以上。凡祔已。復於寢。如既祫。主反其廟。練而後遷廟。文二年左傳。卒哭而祔。祔而作主。特祀於主。蒸嘗禘於廟。夫卒哭祔廟者。不忍神之一日末有歸也。特祀於寢。朝夕哭於次者。三年之內。弗忍一日離也。

禮記通釋卷十三

玉環戴禮

檀弓下

君臨臣喪。以巫祝桃茢執戈。惡之也。所以異於生也。鄭注爲有凶邪之氣在側。君聞大夫之喪。去樂卒事而往。未襲也。其已襲。則止巫。去桃茢。桃鬼所惡。茢萑苕。可埽不祥。所以異於生。生人無凶邪。孔疏君謂天子。臣喪未襲之前。君往臨所。則以巫執桃。祝執茢。又使小臣執戈。所以然者。惡其凶邪之氣。所以異於生人也。若往臨生者。但有執戈。無巫祝執桃茢之事。諸侯臨臣之喪。則使祝代巫。執茢居前。下天子也。若已襲之後。茢亦去之。與天子同。劉氏敞曰。君臨臣喪。以桃茢先。非禮也。周之末造也。孫氏希旦曰。臨喪用巫祝者。亦與神交之道也。然必用桃茢者。蓋有所持以祛其疑畏。正所以得盡吊哭之情也。禮案人死斯惡之矣。故至尊下吊。有桃茢以辟不祥。親友哭臨。有襲斂以飾其體。荀子禮論曰。不飾則惡。惡則不哀。是也。喪有死之道焉。先王之所難言也。鄭注言人之死。有如鳥獸死之狀。鳥獸之死。人賤之。聖人不明説。爲人甚惡之。孔疏此論先生恐生者惡死者之事。言人之喪也。有如鳥獸死散之道焉。先王若言其死散。則人之所惡。故難言也。禮案死者澌滅腐敗。乃人情之所惡。而先王之所不忍言也。荀子禮論曰。故死之爲道也。變而飾。所以滅惡也。動而遠。所以遂敬也。喪之朝也。順死者之孝心也。其哀離其室也。故至於祖考之廟而后行。殷朝而殯於祖。周朝而遂葬。鄭注朝謂遷柩於廟。孔疏朝謂將葬以柩朝廟也。夫爲人子之禮。出必告。反必面。以盡孝子之情。今將葬。以車載柩而朝。是順死者之孝心也。哀離其室。謂死者神靈悲哀棄離其室。故至於祖考之廟。辭而後行。殷人尚質。敬鬼神而遠之。死則爲神。故朝則殯於祖廟。周則尚文。親雖亡殁。猶若存在。不忍便以神事之。故殯於路寢。及朝廟遂葬。孫氏希旦曰。崇精問葬母亦朝廟否。焦氏曰。內豎職。王后之喪朝廟。爲之蹕。是母喪亦朝廟明也。婦未廟見。則不朝廟。禮案朝廟使亡者謁有祖禰。故曰順死者之孝心也。殷朝而殯於祖者。亦以人死急欲瞻依其親。故遂殯於祖也。周則以葬將卽遠。哀死者之心。必不忍離其居室。故至啓朝廟而后行。而其順死者之孝心。則其義同也。孔子謂爲明器者。知喪道矣。備物而不可用也。哀哉。死者而明生者之器也。不殆於用殉乎哉。其曰明器。神明之也。塗車芻靈。自古有之。明器之道也。孔子謂爲芻靈者善。謂爲俑者不仁。不殆於用人乎哉。鄭注神與人異道。則不相傷。殆幾也。殺人以衛死者曰殉。用其器者。漸幾於用人。神明死者。異於生人。芻靈束茅爲人馬。謂之靈者。神之類。言與明器同。俑偶人也。有面目機發。似於生人。孔子善古而非周。孔疏孔子謂夏爲明器。知死喪之道焉。以孝子之事親不可闕。故備其器物。若似生存。以鬼神異於人。故物不可用。又言殷代用生者之祭器。而供死者。

近於用生人而殉死人也將言周用偶人非禮故先言塗車芻靈自古帝王制而有之此不可爲用故云明器之道也記者錄孔子之言謂古之爲芻靈者善謂周家爲俑者不仁不近於用生人乎哉此謂刻木爲人面目發動與生人無異前言用殉殉是已死之人此云用人謂用生人入壙俑謂造作形體偶類人形故史記有土木偶人周初卽用偶人故冢人職言鸞車象人司農注云象人謂以芻爲人康成注引此謂爲俑者不仁是象人卽俑人也其餘車馬器物猶爲塗車芻靈故校人大喪飾遺車之馬及葬埋之鄭云言埋之則是馬塗車之芻靈也王氏安石曰用生者之器必非殷盛時之禮或者生者之器非祭器也此言果孔子則周不是爲俑矣言周作俑亦無據孫氏奭曰埤蒼云木人送葬設關而能踊跳故名之曰俑陳氏澔曰塗車以泥爲車也禮案芻草也芻靈束草爲人馬之形也後世以竹爲胎以紙糊之飾以釆色作人物之狀焚以送亡者亦古塗車芻靈之遺製也夫之死而致生之則有用器須有用人故甚者必至於用殉也若俑之能舉動以象生人則甚者或至於用人其尤甚者則又求生人之良者以殉此秦風黃鳥之所以感賦也

穆公問於子思曰爲舊君反服古與子思曰古之君子進人以禮退人以禮故有舊君反服之禮也今之君子進人若將加諸膝退人若將隊諸淵毋爲戎首不亦善乎又何反服之禮之有

鄭注仕焉而已者穆公魯哀公之曾孫子思言放逐之臣不服舊君也爲兵主來攻伐曰戎首孔疏案喪服齊衰三月章爲舊君凡三條其一云爲舊君及君之母妻傳曰仕焉而已者也注云謂老若有廢疾而致仕者兼服其母妻其二大夫在外其妻及長子爲舊國君注云在外待放已去者傳云妻言與民同也長子言未去也此則大夫身不爲服唯妻與長子爲舊君耳其三爲舊君注云大夫待放未去者傳曰大夫去君埽其宗廟言其以道去君而猶未絕也注云以道去君謂三諫不從待放於郊未絕者言爵祿尚有列於朝出入有詔於國若已絕則不服也鄭注此云仕焉而已者止取喪服第一條爲正耳然則去仕他國已絕之後不服舊君而雜記云違諸侯之大夫不反服則違諸侯之諸侯得爲舊君服者蓋謂不便其居或辟寇仇不得在國者如孟子對齊宣王爲舊君反服正與雜記同鄭注以穆公所問爲舊君之反服直問喪服正禮故以致仕解之案世本云哀公生悼公甯甯生元公嘉嘉生穆公不衍是也言放逐之臣者解今之君子進人退人不能以禮辟罪逃亡言放者則宣元年晉放其大夫胥甲父于衛是也言逐者則春秋諸侯大夫言出奔是也陳氏祥道曰義起于情之所及禮生於義之所加故因情以爲義因義以爲禮人臣之去國有爲舊君不服者有不爲舊君服者凡視情與義如何耳古者進人以禮進之以誠之所樂與也退人以禮退之以勢之所不得已也今也引之唯恐其不高則若加諸膝擠之唯恐其不深則若隊諸淵服與不服所以異也胡氏銓曰楚勛公辛曰君討臣誰敢仇之則臣無仇君之義服亦可也應氏鏞曰案子思對穆公與孟子告齊宣王略相類子思所謂戎首卽孟子所謂視君如寇仇也趙氏坦曰孟子受業於子思之門人故答齊宣王語本此孫氏希旦曰穆公以舊君反服爲問則知當時之服此服者蓋已寡矣爲舊君之服與庶人爲國君同庶人爲國君齊衰三月未聞有服不服之異豈仕焉而已者反得不服乎禮案說是也仕焉而已而身猶在本國則不爲

得謂君爲舊君矣。此蓋有故去國。而已仕他邦者也。爲舊君服。而謂之反服者。以有服必反本國奔喪。故謂之反服也。加諸膝。謂愛之若所生。隊諸淵。謂惡之欲其死。夫既疾如寇仇矣。尚何反服之有哉。唯不反戈相向。已足爲純臣矣。

悼公之喪。季昭子問於孟敬子曰。爲君何食。敬子曰。食粥。天下之達禮也。吾三臣者之不能居公室也。四方莫不聞矣。勉而爲瘠。則吾能。毋乃使人疑夫不以情居瘠者乎哉。我則食食。鄭注悼公魯哀公之子。昭子康子之曾孫。名強。敬子武伯之子。名捷。言鄰國皆知吾等不能居公室。以臣禮事君也。三臣仲孫、叔孫、季孫氏。存時不盡忠。喪又不盡禮。非也。孔子曰。喪事不敢不勉。胡氏銓曰。食食不食粥。非禮也。禮小祥則飯素食。陳氏澔曰。敬子言我三家。不能居公室。以臣禮事君。四方皆知之矣。勉強食粥。爲毁瘠之貌。我雖能之。然豈不使人疑我。非以哀戚之眞情。而爲此瘠乎。不若違禮而食也。方氏苞曰。居公室者。次於公館。以終喪也。朱氏彬曰。情實也。言居喪作僞。使人疑其無哀戚之實也。孫氏希旦曰。爲君斬衰三年。始死三日不食。既殯食粥。至練乃食食。二臣不能居公室。其罪大矣。殁又不以禮喪之。則其罪又加甚焉。敬子之言。粗倍如此。曾子所以有出辭氣斯遠鄙倍之戒歟。李氏惇曰。昭子訪於敬子。答曰。食粥天下之達禮也。自是正論。昭子不欲從之。故有不以情居瘠之說。而斷然食之。玩其文意。吾三臣者以下。當是昭子答辭。中間少一曰字耳。集說引應氏曰。季氏之問。有君子補過之心。孟氏之對。可謂小人之無忌憚者。然三家之勢。季氏最横。孟氏最弱。敬子承昭子之問而言。其不能居公室。且曰我則食食。專斷甚矣。於情事殊不合。且敬子知問曾子之疾。獲聞君子之道。當不至無忌憚若此。禮案。昭子問何食。敬子告以食粥。蓋在悼公之喪。既殯之後也。勉而爲瘠則吾能。言能歠粥不食食也。毋乃使人疑。謂我三家生不能事君以忠。薨而致毁瘠。人必以爲矯飾。而非實也。蓋居喪之所以歠不食者。以哀痛擢心。故不能下咽也。既無哀痛之眞情。顧豈能不食乎。

衛司徒敬子死。子夏弔焉。主人未小斂。絰而往。子游弔焉。主人既小斂。子游出絰反哭。子夏曰。聞之也與。曰。聞諸夫子。主人未改服。則不絰。鄭注司徒官氏。公子許之後。子夏子游皆以朋友之禮往。而二人異。孔疏此唯云絰。鄭知是朋友者。凡弔者主人成服。則客乃服弔絰。今主人始小斂。未成服。而已便出著絰。故知有緦之恩。隨主人變。如五服親也。又至小斂。出絰反哭。與子游前裼裘弔朋友同也。前云帶絰。故知是朋友。此雖不云帶。凡單云絰。則知有帶。如喪服云。苴絰檀弓爲師。二三子皆絰而出。及朋友羣居則絰。皆是包帶之文也。孫氏希旦曰。改服者。主人既小斂。始服未成服之麻也。凡弔者之服。隨主人而變。主人改服。則弔者加絰帶。主人成服。則弔者服弔衰。禮案子夏子游。弔於衛司徒敬子。士弔於他國之卿大夫禮也。喪服朋友麻。士弔服則疑衰也。鄭注周禮春官司服云。士當事弁絰疑衰。變其裳以素。大夫士有朋友之思。亦弁而加環絰。則子游出絰者。出加環絰也。家語魯昭公夫人吳孟子卒。不赴於諸侯。孔子既致仕。而往弔焉。適於季氏。季氏不絰。孔子投絰而不拜。子游問曰。禮與。孔子曰。主人未成服。則弔者不絰焉。禮也。

曾子曰。晏子可謂知禮也已。恭

敬之有焉。有若曰：晏子一狐裘三十年，遣車一乘，及墓而反。國君七個，遣車七乘；大夫五個，遣車五乘。晏子焉知禮？曾子曰：國無道，君子恥盈禮焉。國奢，則示之以儉；國儉，則示之以禮。

鄭注：曾子言禮者敬而已矣。有若言其大儉偪下，非之。及墓而反，言其既窆則歸，不留賓客有事也。人臣賜車馬者，乃得有遣車。遣車之差，大夫五，諸侯七，則天子九。諸侯不以命數，喪禮略也。個謂所包遣奠牲體之數也。雜記曰：遣車視牢具。君子恥盈禮，時齊方奢，矯之是也。孔疏：有子聞曾子說晏子知禮，故舉晏子不知禮之事。狐裘貴在輕新，而晏子一狐裘三十年，是儉不知禮也。其父晏桓子是大夫，大夫遣車五乘，其葬父唯用一乘，又是儉失禮也。禮，窆後孝子贈幣辭親畢，而親情賓客。應是送別，別竟乃反。于時晏子窆竟則反，賓客並去，又是儉失禮也。七個、五個者，此更舉正禮，以證晏子失禮也。個謂所包遣奠牲體臂臑也。折爲七段、五段，以七乘五乘遣車載之。今晏子略不從禮數，是焉知禮也。案：士喪禮無遣車。諸侯之士一命，曲禮云「三賜不及車馬」，故諸侯之士無遣車也。若諸侯大夫雖未三命，以位尊，故得有遣車。案大行人，上公九乘，侯伯七乘，今總云七乘，不以命數，喪事略也。賈氏公彥曰：大夫三牲九體，析分爲二十五苞，五個。諸侯苞七個。天子大牢加以馬牲，則十二體，分爲八十一個，九苞，苞九個。陳氏祥道曰：君子起禮以義，行義以時。時之過，則矯之以不及，此所謂國奢則示之以儉，易小過用過乎儉是也。時之不及，則救之以中，此所謂國儉則示之以禮，詩蟋蟀以禮自虞是也。方氏慤曰：以齊國之無道，而以盈爲恥，以齊國之奢而欲示之儉，則儉于其身，庶幾可也；儉于其親，不亦甚乎？然以禮與其奢也，甯儉言之，則晏子之失，猶爲愈矣。金氏榜曰：古者牲體之數名個，士虞禮、特牲及少牢下篇皆云俎釋三個，故注謂所包遣奠牲體之數，非謂所包爲個。正義誤以個當包。士喪禮下篇云包牲取下體，注云士包三個，前脛折取臂臑，後脛折取胳，蓋据檀弓國君七個、大夫五個之差，士用二包，而云包三個，明個之多寡，不與包數同也。萬氏斯大曰：個、介通。介者，諸侯相朝，大夫出聘，從行之介也。雜記遣車視牢具，而禮器云諸侯七介七牢，大夫五介五牢。是牢具之數，又視乎其介，故此言介，不言牢，該之也。士不言其數，以大夫差之，三乘可知。孔疏謂天子之士三乘，諸侯之士無遣車，蓋泥於以遣車爲載苞從葬之車，而士喪禮無之，不知禮之降殺以兩，止就天子諸侯大夫士大段差之，不屑屑也。孫氏希旦曰：曾子以晏子恭敬爲知禮，以禮之本而言也；有子以晏子大儉爲不知禮者，以禮之文而言也。孔子曰：奢則不孫，儉則固。與其不孫也，甯固。又曰：晏平仲祀其先人，豚肩不掩豆，賢大夫也，而難爲下矣。蓋儉固可以救奢之失，亦未爲得禮之中也。二子各就其一偏之見言之，或予之大過，或抑之大甚，惟聖人之言爲得其平。禮案：葬親祀先而儉，謂其不知禮可也；若服敝裘而謂之不知禮，則有子之鄙也。至車爲名器之大者，非包數之倫也；個爲牲體之一段，非牢具之比也。以車與個並數，實不類，似萬說得之。此遣車亦送葬之乘車，而非徇葬之遣車也，故以乘數。儀禮士喪禮亦有之，解見上文。考襄十七年左傳：齊晏桓子卒，晏嬰粗縗斬，苴絰帶，杖，菅屨，食鬻，居倚廬，寢苫，枕草。其老曰：非大夫之禮也。曰：唯卿爲大夫。故謂之矯時則然，若謂之知禮則不足。

國昭子之母死，問於子張曰：葬及墓，

男子婦人安位。子張曰。司徒敬子之喪。夫子相、男子西鄉。婦人東鄉。曰噫。毋曰我喪也斯沾。爾專之。賓爲賓焉、主爲主焉。婦人從男子。皆西鄉。鄭注國昭子齊大夫。夾羨道爲位。夫子孔子也。噫不寤之聲。毋禁止之辭。斯盡也。沾讀曰覘。覘視也。國昭子自謂齊之大家。有事人盡視之。欲人觀之。法其所爲。專猶同也。時子張相。婦人從男子非也。孔疏此論葬之在壙。男女面位之事。子張既相。以男子西向。婦人東向。而昭子不悟禮意。乃曰噫。毋得如此。既止子張。又自言我居喪也。既是齊之大家。人盡來覘視。當更爲別禮。專猶同也。爾當同此婦人與男子一處。若婦女之賓爲賓位焉。與男子之賓同處。婦女之主爲主位焉。與男子之主同處。於是昭子家婦人與男子。皆西向。同在主位。賓之男子。及賓之婦人。皆西廂東向。言非也。方氏愨曰。禮之辨異。尤重于男女之際。雖喪紀憂遽之中。亦莫不各正其位焉。故自始死以至於葬。男子即西向。而位乎東。婦人則東向。而位乎西。凡以辨陰陽之義而已。司徒敬子之喪。夫子爲相。固嘗行之矣。而國昭子。徒爲賓主之辨。曾無男女之別。則其失禮也不已甚乎。孫氏希旦曰。葬時男子皆西向。婦人皆東向。所以爲男女之列。以親者近壙。而男賓在衆主人之南。女賓在衆婦人之南。又所以爲親疏之序也。今昭子使主自爲主。賓自爲賓。既無男女之別。又紊親疏之序。失禮甚矣。禮案專當從陳氏澔集說。讀如字。昭子使子張專之。毋法夫子之往行也。論語曰。愚而好自用。賤而好自專。國昭子之謂矣。

穆伯之喪。敬姜晝哭。文伯之喪。晝夜哭。孔子曰。知禮矣。鄭注喪夫不夜哭。嫌思情性也。孔疏此論喪夫不夜哭之事。方氏愨曰。經曰寡婦不夜哭。蓋其遠嫌之道不得不然耳。穆伯之於敬姜夫也。故居其喪。止於晝哭。而不嫌於薄。文伯之於敬姜子也。故居其喪。晝夜哭。而不嫌於厚。此孔子所以謂之知禮也。禮案哭夫以禮。哭子以情。蓋禮唯朝夕哭。而無夜哭之文故也。鄭乃謂避嫌非也。

文伯之喪。敬姜據其牀而不哭。曰。昔者吾有斯子也。吾以將爲賢人也。吾未嘗以就公室。今及其死也。朋友諸臣未有出涕者。而內人皆行哭失聲。斯子也必多曠於禮矣夫。鄭注將爲賢人。蓋見其有才藝。未嘗與到公室觀其行也。季氏魯之宗卿。敬姜有會見之禮。內人妻妾。孔疏斯此也。曠猶疏薄也。言此子平生爲行。必疏薄於賓客朋友之禮。故未有感戀爲之出涕者。此不哭者。謂暫時不哭。故上云晝夜哭是也。案家語云。文伯歠卒。其妻妾皆行哭失聲。敬姜戒之曰。吾聞好外者士死之。好內者女死之。今吾子早夭。吾惡其好內聞也。二三婦共祭祀者。無加服。孔子聞之曰。女智莫若公父氏之婦。知禮矣。與此不同者。彼戒婦人。而成子之德。此論子之惡。各舉一邊。相包乃具。方氏愨曰。曠與無曠庶官之曠同。言虛其道而不行。行哭者。行哭泣之禮也。方氏苞曰。古者小學在公宮南之左。周官師氏居虎門之左。國之貴游子弟學焉。侯國制應同。文伯少孤。豈敬姜未使就學於公宮。而至是始悔與。禮案不哭。謂止哭。而爲此言也。哀痛極。則哭失聲而不偯也。白虎通義三綱之道。婦之與夫。猶臣子之於君父。故失其所天。喪服有斬衰之制。而過於哀戚。何損於夫主德行乎。且殉夫者。必貞婦。貞婦豈好淫者哉。若彼工媚圖寵之流。吾恐其人盡可夫。則夫死又何傷。而行哭失聲乎。

季康子之母死。陳褻衣。敬姜曰。婦人不飾。不敢見舅姑。將所四方之賓來。褻衣何爲陳於斯。命徹之。

鄭注褻衣非上服。陳之將以斂。敬姜言。四方之賓。嚴於舅姑。敬姜者。康子從祖母。孔疏案世本。悼子紀生平子意如。意如生桓子斯。斯生康子肥。世本又云。悼子紇生穆伯靖。靖與意如。是親兄弟。意如是康子祖。穆伯是康子祖之兄弟。敬姜是穆伯之妻。故云康子從祖母也。孫氏希旦曰。喪大記。君小斂用複衣。大斂用褶。衣複衣褶衣。卽袍褶之屬。皆褻衣也。君斂用褻衣。則大夫可知。而敬姜命去褻衣者。蓋婦人之褻衣。雖用以斂。而不陳。季氏但欲以多陳衣爲榮。幷陳褻衣。故敬姜非之。禮案褻衣褌袒之屬。古女衣曳地。不飾謂不加上服。而靈褻衣也。敬姜命徹褻衣者。以婦人近體之服。不宜使外人見之。故不可陳。季氏以禮無明文。故不知避忌。若敬姜者。可謂表微矣。

有子與子游立。見孺子慕者。有子謂子游曰。予壹不知夫喪之踊也。予欲去之久矣。情在於斯。其是也夫。子游曰。禮有微情者。有以故興物者。有直情而徑行者。戎狄之道也。禮道則不然。人喜則斯陶。陶斯詠。詠斯猶。猶斯舞。舞斯慍。慍斯戚。戚斯歎。歎斯辟。辟斯踊矣。品節斯。斯之謂禮。

鄭注喪之踊。猶孺子之號慕。微情者。節哭踊。興物者。衰絰之制。直情徑行者。哭踊無節。衣服無制。禮道與戎狄異。陶鬱陶也。詠謳也。猶當爲搖。聲之誤也。搖謂身動搖也。秦人猶搖聲相近。舞手舞之。慍猶怒也。戚憤恚。歎吟息。辟拊心。踊躍。舞踊皆有節。乃成禮。孔疏有子謂子游言。我專壹不知夫喪之踊也。何須有節。直似孺子慕者足矣。何須爲哭踊之節。子游曰。禮有微情者。微殺也。言賢者喪親。必致滅性。故制使三日而食。哭踊有數。以殺其內情。使之俯就也。興起也。物謂衰絰。若不肖之屬。本無哀情。故爲衰絰。使其覩服思哀。起情企及也。直情徑行。謂直肆己情。而徑行之。無哭踊節制。乃是夷狄之道。中國禮道。不如是也。人喜則斯陶以下。極言哀樂之本。喜者外竟會心之謂。斯語助也。鬱陶者。心初悅而未暢之意。爾雅云。鬱陶繇喜也。情暢故口歌詠之也。詠歌不足。漸至搖動身體。乃至起舞。足蹈手揚。樂之極也。慍怒也。外竟違心之謂。凡喜怒相對。哀樂相生。故曲禮云。樂不可極也。何胤云。樂終則慍起。非始之慍相連繫也。戚憤恚也。怒來觸心。故憤恚。憤恚轉深。故發吟息。歎息不泄。故至撫心。乃至跳踊。奮擊亦哀之極也。品階格也。節制斷也。若喜而不節。俄頃而慍生。怒而不節。從戚至踊。踊極則笑。故夷狄無禮。朝殯夕歌。兒童任情。倏啼倏笑。今若品節此二塗。使踊舞有數。有數則久長。故云此之謂禮。又鄭諸本亦有無舞斯慍一句者。釋文慍斯戚。此喜怒哀樂相對。本或於此句上。有舞斯慍一句。幷注皆衍文。李氏格非曰。禮者節文之也。直情則無節。徑行則無文。故曰戎狄之道也。唯有節。故陶不至於詠。詠不至於舞。舞不至於慍。慍不至於踊。此所以微情也。方氏愨曰。陰陽之理。變樂之情。固常如此。則禮雖經而爲三百。曲而爲三千。不過品於斯。節於斯而已。品於斯。故所施之上下有常。節於斯。故所處之多少無失。故曰品節斯。斯之謂禮。兪氏樾曰。有直情而徑行者。此有字涉上二句而衍也。若夫直情而徑行者。戎狄之道也。是非禮之所有。安得言有乎。禮案微情謂禮者稱情立文。無微不至也。故與物卽荀子哀公篇云。斬衰菅屨杖。而啜粥者。志不在於酒肉是也。直情徑行。若上文敬子居喪食食。下文原壤登木而歌之屬。品節斯。斯之謂禮。卽荀子禮論。所謂其立聲樂。恬愉也。不至於流淫惰慢。其立哭泣哀戚也。不至於隘懾傷生。是禮之中也。

人死斯惡之矣。無能也。斯倍之矣。是故制絞衾設蔞翣爲使人勿惡也。始死脯醢之奠。將行遣而行之。既葬而食之。未有見其饗之者也。自上世以來。未之有舍也。爲使人勿倍也。故子之所刺於禮者。亦非禮之訾也。

鄭注無能心。謂之無所復能。絞衾尸之飾。蔞翣棺之牆飾。周禮蔞作柳。將行將葬也。葬有遺奠食。反虞之祭。舍猶廢也。訾病也。孔疏以上明辟踊之節。以下明飾喪奠祭之事。人身既死。形體腐敗。以其恐惡之。故制絞紟衾。設蔞翣以飾之。欲使人勿惡也。以其恐倍之。故始死。設脯醢之奠。以至於葬將行。又設遣奠。而送之。既葬反哭。設虞祭以食之。未曾使見死者。饗食之也。自上世以來。未有舍此奠祭。而不爲者。爲使人勿倍其親故也。故子之所譏刺於禮。有踊節者。亦非禮之病害也。上有若見孺子之慕。唯譏哭踊有節。子游吏陳絞衾脯醢之事者。以有若之意。欲直同孺子。生者不節哀。死者不加飾。故備言禮之節制。與夷狄不同也。胡氏銓曰。倍與背同。方氏慤曰。刺若詩之有刺。以適當於物故也。訾猶疵。以有疵而可訾也。孫氏希旦曰。士虞禮曰。特豕饋食。所謂既葬而食之也。上言先王因哀樂之情。而品節之。所謂禮有微情者也。此言先王因死者之易於倍棄。而制爲喪葬之飾。奠祭之禮。而使人得以盡其事死如生之情。又因以故興物之意。而廣言之。所以見禮之不使人直情而徑行者。皆有深意存焉。故有子之所刺。不足爲禮之疵病也。此二句。通結二節之義。禮案此卽荀子禮論。所謂夫厚其生。而薄其死。是敬其有知。而慢其無知也。是姦人之道。而倍叛之心也。君子以倍叛之心。接臧獲。猶且羞之。而況以事其所隆親乎。故皆有衣衾多少。厚薄之數。皆有翣蔞文章之等。以敬飾之。使生死終始若一。一足以爲人願。是先王之道。忠臣孝子之至極也。

吳侵陳。斬祀殺厲。師還出竟。陳大宰嚭使於師。夫差謂行人儀曰。是夫也多言。盍嘗問焉。師必有名。人之稱斯師也者。則謂之何。大宰嚭曰。古之侵伐者不斬祀。不殺厲。不獲二毛。今斯師也。殺厲與。其不謂之殺厲之師與。曰。反爾地。歸爾子。則謂之何。曰。君王討敝邑之罪。又矜而救之。師與有無名乎。

鄭注祀神位。有屋樹者。厲疫病。吳侵陳。以魯哀元年秋。大宰行人官名也。夫差吳子光之子。盍何不也。嘗猶試也。夫差脩舊怨。庶幾其師有善名。獲謂係虜之。二毛鬢髮斑白。欲微切之。故其言似若不審然。正言殺厲重人。子謂所獲民臣。又微勸之。終其意。吳楚僭號稱王。孔疏案左傳。吳伐楚。使召陳懷公。懷公不從。吳子光之召。至今夫差克越。乃脩先君之怨。侵陳。爲哀元年。是夫謂大宰嚭。博聞強識。多有所言。何不試就問焉。據周禮有大宰。卿一人。又有大小行人。大宰嚭。與吳大宰嚭。名號同。而人異也。夫差吳子光之子。世本及吳世家文也。不斬祀。不殺厲。不獲二毛。請以至勝攻至暴。用兵如此。若兩軍相敵。則不然。左傳云。雖及胡耇。獲則取之。大宰嚭。特舉古之善。以駁吳師之惡。以其殺人。故重於斬祀。若不殺拘囚。故輕也。穀梁傳云。苟人民。敺牛馬。曰侵。斬樹本。壞宮室。曰伐。既反地歸子。其事既善。師豈有無善名乎。言必有善名也。與是語辭。洪氏邁曰。案嚭乃吳夫差之宰。陳遣使者。止用行人。則儀乃陳臣也。記禮者。簡策差互。故更錯其名。當云陳行人儀使於師。夫差使大宰嚭問之。乃善。吳氏澄曰。夫差內行惡事。而外欲得善名。故使問行人以衆人稱此師之名。名以殺厲之師者。欲吳人恥其名之惡。而改悔也。吳大宰。果有反地歸子之言。則陳行人因其好名之心。而誘勸之也。孫氏希旦曰。下文又言大宰嚭。則非簡冊錯互矣。蓋嚭實吳人。儀實陳人。洪氏之說得之。然其所以互易者。則由記者傳聞之誤耳。禮案莊二十九年左傳。凡師有鍾鼓曰伐。無曰侵。輕曰襲。仁者之師。不斬祀。存其神。不殺厲。哀其病。不獲二毛。憫其老也。夫差聞過。故欲還其侵地。及所掠子女。師與有無名乎。言君矜鄰邑若此。則師出有名矣。

顏丁善居喪。始死皇皇焉如有求而弗得。及殯望望焉如有從而弗及。既葬慨焉如不及其反而息。鄭注顏丁魯人。從隨也。慨憊貌。孔疏皇皇猶彷徨。上檀弓云。始死充充如有窮。亦彷徨求而不得之心。彼此各舉其一。望望謂殯後容貌。如從人後行。而不及之貌。既葬之後。中心悲慨。如不及。謂不復可及也。親之死亡。哀悼在心。初則爲甚。已後漸輕。皆有求而不得。望而不及。但所據有淺深耳。方氏慤曰。皇皇言心無以依。望望言形無所跂。此淺深之別也。其反而息。言葬反而亡。於是爲甚。心與形俱息也。息與詩言我心則休同義。言其極而不可加故也。孫氏希旦曰。此言居喪哀悼之心。自始死至既葬。因時而變者如此。與上篇始死充充如有窮一章。辭雖所指不同。其大歸則一而已。禮案如有求者。求親而弗得也。如有從者。從親而弗及也。慨然者。感傷嘆息也。送形入土。欲從而不可及也。息當讀如太息之息。謂迎精反家。不見影響。而感傷嘆息也。

子張問曰。書云高宗三年不言。言乃讙。有諸。仲尼曰。胡爲其不然也。古者天子崩。王世子聽於冢宰三年。鄭注時人君無行三年之喪禮者。問有此與。怪之也。讙喜說也。言乃喜說。則民臣望其長久。冢宰天官卿。貳王事者。三年之喪。使之聽朝。孔疏此論世子遭喪。冢宰聽政之事。言乃讙者。尚書無逸云。言乃雍。二讙字相近。義得兩通。故鄭隨而解之。胡氏銓曰。三年之喪。自天子達於庶人。子張非不知也。蓋以爲人君三年不言。則臣下無所稟令。禍亂或從而生耳。夫子告以聽於冢宰。則禍亂非所憂矣。方氏慤曰。天子之適子曰太子。諸侯之適子曰世子。得世國故也。於天子亦稱世子者。則以世天下言之耳。故稱王以別之。亦猶王制於諸侯亦稱太子。必稱羣后以別之也。禮案尚書大傳說命曰。高宗梁闇。三年不言。何爲梁闇也。傳曰。高宗居凶廬。三年不言。此之謂梁闇。子張曰。何謂也。孔子曰。古者君薨。世子聽於冢宰三年。不敢服先王之服。履先王之位而聽焉。以民臣之義。則不可一日無君矣。不可一日無君。猶不可一日無天也。以孝子之隱乎。則三年弗居矣。故曰義者彼也。隱者此也。遠彼而近此。則孝子之道備矣。高宗有親喪。居廬三年。然未嘗言國事。而天下無背叛之心者何也。及其爲太子之時。盡以知天下人民之所好惡。是以不言國事也。知天下無背叛之心。

知悼子卒。未葬。平公飲酒。

師曠李調侍鼓鍾。杜蕢自外來。聞鍾聲曰安在。曰在寢。杜蕢入寢歷階而升。酌曰曠飲斯。又酌曰調飲斯。又酌堂上北面坐飲之。降趨而出。平公呼而進之曰蕢曩者爾心或開予。是以不與爾言。爾飲曠何也。曰子卯不樂。知悼子在堂。斯其爲子卯也大矣。曠也大師也。不以詔。是以飲之也。爾飲調何也。曰調也君之褻臣也。爲一飲一食忘君之疾。是以飲之也。爾飲何也。曰蕢也宰夫也。非刀匕是共。又敢與知防。是以飲之也。平公曰寡人亦有過焉。酌而飲寡人。杜蕢洗而揚觶。公謂侍者曰如我死。則必毋廢斯爵也。至於今既畢獻。斯揚觶。謂之杜舉。鄭注悼子晉大夫荀盈。魯昭九年卒。飲酒與羣臣燕。平公晉侯彪。侍與君飲也。燕禮記曰請旅侍臣。鼓點樂作也。燕禮。賓入門。奏肆夏。既獻而樂闋。獻君亦如之。曰安在。怪之也。杜蕢或作屠蒯。曰在寢。燕於寢。三酌皆罰。曩鄉也。謂始來入時。開謂諫爭。有所發起。紂以甲子死。桀以乙卯亡。王者謂之疾日。不以舉樂。爲吉事。所以自戒懼。知悼子在堂。言大臣喪。重於疾日也。雜記曰君於卿大夫。比葬不食肉。比卒哭。不舉樂。詔告也。大師典奏樂。忘君之疾。言調貪酒食。褻嬖也。近臣亦當規君疾憂。防禁放溢。平公聞義則服。揚觶舉爵於君也。禮揚作媵。揚舉也。媵送也。揚近得之。毋廢斯爵。欲後世以爲戒。謂之杜舉。此爵遂因杜蕢爲名。畢獻。獻賓與君。孔疏此論君有大臣之喪。不得作樂飲酒。鼓猶奏也。謂燕奏鍾樂是賓初入門奏肆夏也。燕禮記云燕朝服於寢。故知燕於寢也。平公呼蕢而進之曰鄉者汝酌三酌是汝之心或開發於予。予望汝有諫。是以不與汝言。案尚書甲子昧爽。武王朝至於商郊。又史記云兵敗紂自焚而死。是紂甲子死也。案昭十八年二月乙卯。周毛得殺毛伯過而代之。萇弘曰毛得必亡。是昆吾稔之日也。詩云韋顧既伐。昆吾夏桀。同誅。昆吾既乙卯而亡。明桀亦以乙卯被放也。言悼子之喪。大於子卯。調是君之嬖褻之臣。唯貪飲食。亡君違禮之疾。而不諫。是以飲之。皇氏云非不也。宰夫不以刀匕是共。乃敢與諫爭。越官侵或。是以飲也。揚觶舉爵於君。燕禮媵爵者洗象觶。升實之。序進坐奠於薦南。是也。公云無廢此爵。恆當留之。至於謂之杜舉。表明此爵。實杜蕢所舉。陳氏祥道曰先王制之。爲喪臣之禮。於服則衰經。於膳則不舉。於樂則弛縣。以至與斂往弔。莫不盡禮。是以叔弓之卒。隱公不與斂。仲遂之卒。宣王猶繹而萬入。君子非之。然則悼子未葬。平公飲酒鼓鍾。可乎。此杜蕢所以升酌譏之也。非杜蕢不能改平公之過於羣臣不言之際。非平公不能彰杜蕢之善於後世矣。左傳謂杜蕢責樂工以不聽。責嬖叔以不明。責己以不善味。言雖不同。其實一也。噫三代之季。賢者陸沈多矣。及不得已。然後出而見於世。故讓爵見於屠羊。非書見於斲輪。守官見於虞人。商歌見於飯牛。則善諫見於宰夫。不爲過矣。李氏格非曰先王之於事。無非教也。子卯不樂。以桀紂之所以亡。子卯不哭。以湯武之所以興也。孫氏希旦曰飲酒私燕也。鄭氏引燕禮解此非也。燕禮當立賓主。卿大夫士庶人皆與。此惟師曠李調二人侍。而杜蕢聞鐘聲，乃知非燕禮之正明矣。鼓聲也。人君飲食皆奏樂。杜蕢，左傳作屠蒯。寢，路寢也。歷階卽栗階。謂升階不聚足也。平公見蕢三舉罰爵，意其必有以開發之。故不與之言。蕢不言卽出者，以公之必將怪而問之也。在堂謂殯於堂上西序也。與知防，預知防閑諫爭之事也。蕢言平公飲酒非禮，二子當言而不言，已不當言而言，所以皆罰之。蓋用此以諷公也。平公自知其過，故命爵而自飲。又命毋廢私爵，以爲後世戒也。畢獻，謂燕禮獻賓、獻君、獻卿大夫士庶子皆畢也。平公飲酒，私燕也。自命毋廢斯爵，於是晉國正燕之禮，於畢獻之後，特舉觶於君，謂之杜舉。言此爵自杜蕢始也。鄭氏以燕禮大夫媵觶於公爲揚觶，非也。燕禮揚觶，由來久矣，豈自杜蕢始乎。禮案：非燕禮之正，故不使宰夫爲獻主，故蕢聞鼓聲而始知也。夫當大臣之喪而私燕作樂，則非禮之舉，儘可奏新聲以說耳，固不必其肆夏也。注疏泥矣。當蕢初入，平公卽知其心或開予，然則蕢雖宰夫，常能因事入諫，微僅此一端爲然也。與知防，謂己職共刀匕，不當匡君過失，與知防患於未然也。說文：觶受四升。正韻：罰爵也。

公叔文子卒。其子戍請諡於君曰：日月有時，將葬矣，請所以易其名者。君曰：昔者衛國凶饑，夫子爲粥與國之餓者，是不亦惠乎。昔者衛國有難，夫子以其死衛寡人，不亦貞乎。夫子聽衛國之政，脩其班制，以與四鄰交，衛國之社稷不辱，不亦文乎。故謂夫子貞惠文子。鄭注：文子，衛獻公之孫，名拔，或作發。諡者，行之迹。有時，猶言有數也。大夫士三月而葬。君，靈公也。難，謂魯昭公二十年盜殺衛侯之兄縶也。時齊豹作亂，公如死鳥。班制，謂尊卑之差。復不言貞惠者，文足以兼之。孔疏：生存之日，君呼其名。今既死將葬，故請所以誄行，爲之作諡，代其名。案昭二十年左傳云：衛公孟縶狎齊豹，奪之司寇與鄄。公孟惡北宮喜、褚師圃，欲去之。公子朝通於襄夫人宣姜，懼而作亂。公聞亂，乘驅自閱門入，載寶以出。又云：公如死鳥。注云：死鳥，衛地。案諡法：愛民好與曰惠，外內用情曰貞，道德博聞曰文。既有道德，則能惠能貞，故鄭云後不言貞惠者，文足以兼之。方氏慤曰：脩其班制，以與四鄰交，非博聞者不能，故曰文。班言上下之序，制言多寡之節。班制古所有，文子特因其壞而脩之耳。胡氏銓曰：春秋書歸粟，譏人臣私惠作福。文子不佐其君賑窮，而私爲粥，不可也。以死衛君，于經傳不見。據史鰌勸文子執臣禮，則文子嘗不臣矣。文子欲葬瑕丘，恐不能脩班制。孫氏希旦曰：諡起於周公，皆取其行之至大者一字以爲諡，所謂節以壹惠也。至戰國時，周有威烈王、慎靚王，秦有惠文、莊襄等王，而二諡始此。然據檀弓，則趙武在春秋時已有獻文之稱，而公孫拔諡至三字，尤古今所未有也。左傳齊豹作亂事甚詳，當時從公者爲公南楚、析朱鉏諸人，平亂者爲北宮喜。衛侯賜喜諡貞子，朱鉏諡成子，初不言拔有衛君之事，豈後人因喜及朱鉏賜諡事而誤以爲拔與。禮案：班制，卽孟子所言周室班爵祿之制也。至此篇公叔文子之諡，何異於祭統孔悝之銘乎。蓋當時君弱臣強，虛辭褒美，勢所必然，又豈能徵諸實行哉。故文子之有無德行，不須深考也。

石駘仲卒。無適子，有庶子六人，卜所以爲後者。曰：沐浴佩玉則兆。五人者皆沐浴佩玉。石祁子曰：孰有執親之喪而沐浴佩玉者乎。不沐浴佩玉。石祁子兆。衛人以龜爲有知也。鄭注駘仲衛大夫。石碏之族。卜爲後。莫適立也。沐浴言齊絜。則得吉兆。祁子心正。且知禮。

孔疏既有庶子六人。故卜所以堪爲後者。其掌卜之人曰。若沐浴佩玉。則得吉兆。所以須有卜者。春秋左氏之義。故昭二十六年云。年鈞以德。德鈞以卜。王不立愛。公卿無私。若公羊隱元年云。立適以長。不以賢。立子以貴。不以長。鄭云若長均貴均。何以別之。故須卜。禮有詣立君。卜立君是也。居親之喪。必衰經憔悴。安有沐浴佩玉者乎。言不可不信邪言。是心正。不沐浴佩玉。是知禮也。方氏慤曰。曲禮曰。居喪之禮。頭有創則沐。身有瘍則浴。非有創瘍。固不可以沐浴矣。玉藻曰。凡帶必有佩玉。唯喪否。非去喪。固不可以佩玉矣。石祁子不忍爲之。宜乎龜之獨兆也。兆若周官大卜之三兆。卜師之四兆。蓋灼師龜罅也。兆亦有凶。卜者以求吉爲主。故經以兆言吉也。禮案衛人以龜爲有知。則石祁子非惟此一端知禮。而平日之賢。亦可見矣。

陳子車死於衛。其妻與其家大夫謀以殉葬。定而后陳子亢至。以告曰。夫子疾。莫養於下。請以殉葬。子亢曰。以殉葬非禮也。雖然則彼疾當養者。孰若妻與宰。得已則吾欲已。不得已則吾欲以二子者之爲之也。於是弗果用。鄭注子車齊大夫。子亢子車弟。孔子弟子。下地下。子亢度諫之不能正。以斯言拒之。已猶止也。果決。孔疏論語。陳亢與伯魚相問。故知孔子弟子。昭二十六年左傳。齊師圍成。魯師及齊師戰於炊鼻。魯人將擊子車。子車射之殪。鄭據此謂齊大夫。子車之妻。謀欲殉葬子車。子亢不能止之。故知是子車弟也。子亢見謀殉葬。自度不能止。故云殉葬雖非禮。彼死者疾病。當須養侍於下者。以外人疏。誰若妻宰最親。當須侍養。若得休已。吾意欲休已。若其不止。必爲殉葬。則吾欲以二子爲之。方氏慤曰。以生者而從之於死。則傷乎不仁。於死者而養之以生。則傷乎不知。子亢以義拒。不亦宜乎。宰卽家大夫也。孫氏希旦曰。子亢度二人不可以理爭。故言欲以二人爲殉。所以使其懼而自止。禮案家大夫。其世臣也。子亢之言毅而厲。必子車之妻與其家宰。有不仁之心。欲殺其所惡者。以殉。非愛死者也。故子亢云。得已言能聽吾言。殉葬非禮。則不可用殉也。必不得已。而終欲殺人以殉。則從彼地下。他人不若妻與宰之能侍養也。故二人畏死。而不敢復言殉葬。則非愛死者可知。

禮記通釋卷十四

玉環戴禮

檀弓下

子路曰。傷哉貧也。生無以爲養。花無以爲禮也。孔子曰。啜菽飲水盡其歡。斯之謂孝。斂手足形。還葬而無椁。稱其財。斯之謂禮。鄭注還猶疾也。謂不及其日月。孔疏此論孝子事親。稱家有無之事。啜菽以菽爲粥。以常啜之。飲水更無餘物。以水而已。使親盡其歡。此之謂孝。親亡但以衣棺斂其頭首及足。形體不露。還速葬者。無椁材。稱其家之財物所有以送終。此之謂禮。釋文菽大豆也。王云熬豆而食。曰啜菽。陳氏祥道曰。君子之於親。養在志。不在體。葬在誠。不在物。苟養在體。不在志。則雖三牲不足以爲孝。葬在物。不在誠。則雖醯醢百甕。不足以爲禮。方氏慤曰。子路於生曰養。於死曰禮。孔子變養言孝者。主盡其歡言之也。盡其歡者。存乎情。故以孝言。稱其財者存乎物。故以禮言。啜飲止以菽水言之者。菽不若稻粱之甘。水不若酒醴之美。則以見盡其歡者。在乎養志。不在養口體而已。禮案無以養。謂乏旨甘之慈。無爲禮。謂缺喪葬之具。啜菽以果其腹。飲水以解其渴。儉其親。亦可謂至矣。而不失爲孝者。以能先意承志。怡容愉色。使親心欣慰也。斂使其形不露耳。有棺無椁。稱家量力而爲之。亦不失爲禮也。還葬而不待日月者。蓋喪三日而殯。後附身之物備也。三月而葬。後附棺之屬齊也。貧既無以具禮。又何忍親柩未有所歸。故不若早爲安厝也。

衛獻公出奔。反於衛。及郊。將班邑於從者而后入。柳莊曰。如皆守社稷。則孰執羈靮而從。如皆從。則孰守杜稷。君反其國。而有私也。毋乃不可乎。弗果班。鄭注欲賞從者。以懼居者。獻公以魯襄十四年出奔齊。二十六年。復歸於衛。柳莊言從守若一。靮韁也。毋乃不可。言有私則生怨。孔疏柳莊知獻公。欲懼居者。故左傳云。獻公反國。使人責大叔儀。是也。案襄十四年左傳云。衛獻公戒孫文子。甯惠子食。二子皆朝服而朝。日旰不召。公射鴻於囿。二子從之。公不釋皮冠而與之言。二子怒。故攻公。公出奔齊。二十六年傳云。甯惠子之子甯喜。以父言攻孫氏。而納衛侯。二十六年。復歸於衛。陳氏祥道曰。楚昭王之賞從亡。而及於屠羊說。晉文公之賞從亡。而辭見守藏者。衛獻公之厚從亡。而及郊。將班邑。是皆徇於私。而不知公。蔽於邇。而不知遠也。蓋居者守君之社稷。行者執君之羈靮。勞逸雖殊。而功則一。臧武仲曰。衛君之奔。有大叔儀以守。有母弟鱄以出。或撫其內。或營其外。能無歸乎。是內外之功一也。方氏慤曰。羈以絡馬。靮以控馬。以其從君。故以執羈靮言之。孫氏希旦曰。反國而偏賞從者。則居者之心懼矣。莊諫公以弗班。所以安反側之心。甯武子宛濮之盟曰。行者無保其力。居者無懼其罪。正此意也。獻公行事。備見於左傳。蓋無道之君也。然觀於此。則猶聽用忠言。其所以被出而卒能反國者。蓋亦有由與。禮案史記衛世家。獻公名衎。柳莊之言。蓋謂守國從君。其功無異。君甫反國。人心未定。宜有以安之。乃班邑於從亡諸臣。則居守人人自危矣。公信其言。卽弗果班。亦可謂賢能納諫矣。

衞有大史曰柳莊。寢疾。公曰。若疾革。雖當祭必告。公再拜稽首請於尸曰。有臣柳莊也者。非寡人之臣。社稷之臣也。聞之死。請往。不釋服而往。遂以襚之。與之邑裘氏與縣潘氏。書而納諸棺曰。世世萬子孫。毋變也。鄭注：革。急也。急弔賢者。脫君祭服。以襚臣。親賢也。所以此襚之者。以其不用襲也。凡襚以斂。與之邑。所以原賢也。裘縣潘邑名。孔疏：柳莊爲衞大史。今寢疾。其家自告公。報之曰。若疾急困。雖當我祭。必須告也。其後柳莊果當公祭之時卒。而來告公。祭事雖了。與尸爲禮未畢。公再拜稽首請於尸。請往赴之。又不釋祭服往哭。遂以所著祭服脫而襚之。又與之采邑。曰裘氏及縣潘氏。書錄其賞辭而納之棺。云世世恆受此邑。至萬世子孫。無有改變。案士喪禮。君使人襚。不云祭服襚臣。今以祭服襚。故云親賢也。禮諸侯玄冕祭廟。大夫自玄冕而下。以其俱是玄冕。故得襚也。祭服尊。得以襚臣者。以臣不敢用君襚衣而襲也。襲是近尸形體事。褻惡故也。故士喪禮云。君襚衣。及親者及庶兄弟之襚。皆不用襲。鄭云。凡襚以斂者。謂庶襚以小斂。君襚以大斂也。胡氏銓曰。春秋書衞遺弑。而後入。罪其黨甯喜。與弑也。豈弑逆之人能親賢如此乎。必不能也。陳氏澔曰。此雖有尊賢之心。然棄祭祀而不終。以諸侯命服而襚大夫。書封邑之券。而納諸棺。皆非禮矣。洪氏頤煊曰。案水經渠水注。沙水又東逕陳留縣。裘氏鄉。裘氏亭西。萬氏斯大曰。縣如字。不音玄。蓋裘氏邑名。潘氏縣名也。孫氏希旦曰。不釋服而往。蓋使人攝祭以終事也。然喪大記。君於卿大夫大斂焉。爲之賜小斂焉。莊方祭而卒。癸卒而往。猶在小斂之前。今乃輟祭而往。則非禮矣。侯伯祭服鷩冕。而以襚其臣。其紊亂王章。與曲縣繁纓之賜何異。禮案：公亦衞獻公也。社稷之臣。言國家安危所係。非已一身獲益而已也。世世萬子孫毋變。諭後世不得奪其封邑也。

陳乾昔寢疾。屬其兄弟而命其子尊已曰。如我死。則必大爲我棺。使吾二婢子夾我。陳乾昔死。其子曰。以殉葬。非禮也。況又同棺乎。弗果殺。鄭注：婢子。妾也。弗果殺。善尊己不陷父於不義。孔疏：尊己。乾昔子名。兄弟言屬。子云命。輕重之義。屬命。令大爲己棺。又使二妾夾己。於棺中也。案春秋魏顆父病困。命殺妾以殉。又晉趙孟孝伯並將死。其語偷。又晉程鄭問降階之道。鄭然明以將死而有惑疾。其言皆變常。論語。人之將死。其言也善。曾子是賢人。至困猶善。其中庸已下。天奪之魄。苟欲偷生。不足怪也。陳氏祥道曰。君子將死。不忘乎利人。小人將死。不忘乎利己。故成子高之寢疾。則擇不食之地以自葬。孟僖子之將死。則明仲尼之道以教子。曾子之將死。則稱君子之道以教人。此不忘乎利人者也。魏顆父病。欲以妾爲殉。陳乾昔之病。欲以婢夾己。此不忘乎利己者也。乾昔之子。終不從其亂命。其過秦康公遠矣。禮案：陳尊己從義不從父。可謂知子道矣。荀子子道曰。從命則親辱。不從命則親榮。孝子不從命乃義。從命則禽獸。不從命則脩飾。孝子不從命乃敬。

仲遂卒於垂。壬午猶繹。萬入去籥。仲尼曰。非禮也。卿卒不繹。鄭注：春秋經在宣八年。仲遂。魯莊公之子。東門襄仲。先日辛巳。有事於大廟。而仲遂卒。明日而繹。非也。萬。干舞也。籥。籥舞也。傳曰。去其有聲者。廢其無聲者。孔疏案宣八年六月辛巳，有事於大廟，仲遂卒於垂。公羊傳云：萬者何？干舞也。籥者何？籥舞也。萬是執干武舞也。文王世子云：春夏學干戈，是也。籥舞執羽吹籥，文舞也。文王世子云：秋冬學羽籥，是也。去其有聲，謂去籥舞，以吹籥有聲故也。廢其無聲，謂留萬舞，以萬舞無聲故也。陳氏祥道曰：春秋之法，當祭而卿卒，則祭之日不可以用樂，祭之明日不可以繹。故叔弓之卒，昭公去樂卒事，君子以爲禮；仲遂之卒，宣公猶繹，而萬入去籥，君子以爲非禮。方氏慤曰：正祭之明日又祭，謂之繹。繹者如繹絲然，以其續之而不絶故也。祭禮爲吉，卿卒爲凶，然正祭不可廢也，故卿卒不繹而已，猶者可以已之詞。胡氏銓曰：此一節全錄春秋，知記禮者駁雜。呂氏祖謙曰：春秋書萬入去籥，言文武二舞皆入，去其有聲者，故去籥焉。若萬舞止爲武舞，則詩何爲獨言萬舞而不及文舞？左傳考仲子之宮，將萬焉。婦人之廟，亦不應獨用武舞也。吳氏澄曰：案詩言公庭萬舞，而下云左手執籥，是萬舞亦用籥也。江氏永曰：案春秋初獻六羽，而左傳云考仲子之宮，將萬焉。又云禘於襄公，萬者二人，其衆萬於季氏。萬中當亦有羽舞，則萬於文武二舞之總名，是以楚令尹子元欲蠱文夫人，爲館於其宮側，而振萬焉，雖習戎備之舞，亦得稱萬焉。孫氏希旦曰：正樂四節，合舞之前，有升歌，下管，間歌，皆有聲者也。由曰萬入去籥，則於前三節皆不去矣，則去籥之意，豈以其有聲矣。禮案杜注宣八年左傳云：垂，齊地。繹，又祭，陳昨日之禮，所以賓尸。竹書紀年：舜十七年春二月，入學初用萬。夏小正二月丁亥，萬用入學。戴氏德傳雖云萬也者，干戚舞也，然用於入學，則非全爲武舞可知。諸家之說並是也。

季康子之母死，公輸若方小斂。般請以機封，將從之。公肩假曰：不可。夫魯有初，公室視豐碑，三家視桓楹。般，爾以人之母嘗巧，則豈不得以其母以嘗巧者乎？則病者乎？噫！弗果從。

鄭注：公輸若，匠師。方小，言年尚幼，未知禮也。斂，下棺於槨。般，若之族，多技巧者。見若掌斂事，而年尚幼，請代之，而欲嘗其技巧。將從之，時人服般之巧。初，謂故事。言視者，時僭天子也。豐碑，斲大木爲之，形如石碑，於槨前後四角樹之，穿中間，爲鹿盧，下棺以繂繞。天子六繂四碑，前後各重鹿盧也。三家時僭諸侯，諸侯下天子也。斲之形如大楹耳。四植謂之桓。諸侯四繂二碑，碑如桓矣。大夫二繂二碑，士二繂無碑。以，已字。言誰有強使女者與？僭於禮，有似作機巧，非也。以與己字本同。毋，無也。於女，甯有病苦與？止之。噫，不寤之聲。孔疏：季康子母死，公輸若爲匠師之官。年方幼小，主掌窆事，欲下棺斂於壙中。其族人公輸般性有技巧，請爲轉動機關而下棺。時有公肩假止而不許曰：魯有初始舊禮，公室之喪，視豐碑；三家之喪，視桓楹。豐碑斲大木爲碑，於槨之前後及兩旁樹之，穿鑿去碑中之木，使空，中著鹿盧，以紼之一頭繫棺緘，以一頭繫鹿盧，人各背碑負紼，聽鼓聲以漸卻行而下之。知前後重鹿盧者，以棺之入槨，南北竪長，用力深也。凡天子之葬，掘地爲方壙，漢書謂之方中。方中之內，先累槨於南畔爲羨道，謂之隧，以蜃車載柩至壙，說而載以龍輴，從羨道而入，至方中，乃屬紼於棺之緘，從上下棺入槨中，於此時用碑繂也。桓楹不似碑形，故云如大楹，通而言之，亦謂之碑。喪大記云：諸侯大夫二碑，是也。桓即今橋旁表柱也。諸侯二碑，兩柱爲一碑，而施鹿盧。大夫亦二碑，但柱形不得粗大，所以異於諸侯也。毋猶勿也。噫，是歎。公輸般不曉寤於禮，故傷之，而爲此聲也。萬氏斯大曰：公肩假謂般爾欲以人母試巳之巧，則豈不得以人之母。試已之巧。卽有病於爾乎。諸説未合。禮案此經所謂機封豐碑桓楹。明是葬事。與方小斂句不合。注疏曲爲之説非也。蓋未有用年小匠師。使承大事者。疑似康子母喪。使若治喪。方小斂時。般請異時以機封與。般卽孟子所云。公輸子之巧。以其魯人。故後世又謂之魯班。

戰於郎。公叔禺人遇負杖入保者息。曰。使之雖病也。任之雖重也。君子不能爲謀也。士弗能死也。不可。我則既言矣。與其鄰重汪踦往。皆死焉。魯人欲勿殤重汪踦。問於仲尼。仲尼曰。能執干戈以衛社稷。雖欲勿殤也。不亦可乎。

鄭注郎魯近邑也。哀十一年。齊國書帥師伐我是也。遇見也。見走辟齊師。將入保罷倦。加其杖頸上。兩手掖之休息者。保縣邑小城。禺人昭公之子。春秋傳曰。公叔務人。使之雖病。謂時繇役。任之雖重。謂時賦稅。君子謂卿大夫也。魯政既惡。復無謀臣。士又不能死難。禺人恥之。我則既言。欲敵齊師踐其言。奔敵死齊寇。鄰鄰里也。重皆當爲童。童未冠者之稱。姓汪名踦。鄰或爲談。春秋傳曰。童汪踦。魯人見其死君事。有士行。欲以成人之喪治之。言魯人者。死君事。國爲斂葬。仲尼善之。孔疏案哀十一年。魯人公叔禺人逢國人走辟齊師。兩手負杖於頸。走入城保。困而止息。禺人見而言曰。國以繇役使人病困。以賦稅責人煩重。今君子卿大夫不能爲謀。士又不能致死。是自全其身。不愛民庶。於理不可。我則既言之矣。乃踐其言。與鄰之童子姓汪名踦往赴齊師而死。依禮童子爲殤。魯人見其死寇。欲勿殤。意以爲疑。問於仲尼。仲尼言其可也。案喪服小功章。大夫爲昆弟之長殤。注云謂爲士者。雖爲士猶殤。據尋常死者。汪踦能致死於敵。故以成人之喪治之。國爲斂葬也。陳氏祥道曰。使之病。任之重。則無以安民。君子不能爲謀。士不能死。則無以禦敵。此公叔禺人所以息而言之也。君子之於人。視其行。不視其年。年雖壯而無成。昭公之童心是也。年雖穉而有成。汪踦之勿殤是也。萬氏斯大曰。入保者句斷。息曰二字連。蓋禺人大息而言也。如今人胸中忿恨。噓氣爲聲。聲從鼻出。故曰息。禮案童子而能舍生徇國。死而喪以成人之禮。亦可以媿夫成人之貪生忘國者也。孔子謂可者。蓋卽所謂夫禮可以義起者。此屬是也。

子路去魯。謂顏淵曰。何以贈我。曰。吾聞之也。去國則哭于墓而后行。反其國不哭。展墓而入。謂子路曰。何以處我。子路曰。吾聞之也。過墓則式。過祀則下。

鄭注贈送。去國無君事主於孝。哭哀去也。展省視之。處猶安也。居者言主於敬。孔疏若有君事去國。則不得哭墓。故上曲禮云。已受命。君言不宿於家。是不哭於墓。過墓則式。謂他家墳壟。祀謂神位。有屋樹者。居無事。主於恭敬。故或式或下也。他墳尙式。則己先祖墳墓當下也。方氏慤曰。去則哭墓。反則展墓。所以存乎愛。蓋行者之禮也。過墓則式。過祀則下。所以存乎敬。蓋居者之禮也。行者適遠。易有所忘。故在存愛。居者時久。易有所怠。故在存敬。凡物展之。則可省而視。故省謂之展。與充人所謂展牲之展同。孫氏希旦曰。由不忘墳墓之心推之。則必思不虧其體。不辱其先。由敬於墓祀者推之。則必思無慢於人。無惡於人。而所以脩身而免患者。皆在是矣。禮案哭於墓。以去國不能守先塋也。反國展墓者。告反於先靈也。於厥先之已亡歿者尙爾。則存者可知。所以詔其孝也。過墓則式。敬其鬼也。過祀則下。敬其神也。於鬼神之無所知者尙爾。則於人可知。所以詔其敬也。工尹商陽與陳棄疾追吳師及之。陳棄疾謂工尹商陽曰。王事也。子手弓而可手弓。子射諸。射之斃一人。韔弓。又及。謂之又斃二人。每斃一人。揜其目。止其御曰。朝不坐燕不與。殺三人。亦足以反命矣。孔子曰。殺人之中。又有禮焉。鄭注。工尹楚官名。棄疾楚公子棄疾也。以魯昭八年。帥師滅陳。縣之。楚人善之。因號焉。至十二年。楚子狩於州來。使蕩侯潘子。司馬督。囂尹午。陵尹喜。圍徐。以懼吳。於時有吳師。陳或作陵。楚人聲。棄疾謂陽仁不忍殺人。以王事勸之。韔弓不忍復射。斃仆焉。韔韜也。揜其目。不忍視之。朝燕於寢。大夫坐於上。士立於下。然則商陽與御者。皆士也。兵車參乘。射者在左。戈盾在右。御在中央。孔子曰。有禮。善之。孔疏案春秋傳。楚皆以尹爲官名。棄疾楚共王子。後爲平王。昭十三年左傳。叔向云。棄疾君陳蔡。因號陳棄疾也。謂商陽射吳之奔者云。子是手弓之人。宜須射也。朝之與燕。皆在寢。若路門外正朝。則大夫以下皆立。若燕朝在路寢。則大夫坐於上。燕亦在寢。燕禮云。獻卿大夫之後獻士。士立於東階西面。無升堂之文。兵車參乘。御在中央者。宣十二年左傳。楚許伯御。樂伯攝叔爲右。樂伯云。左射以菆。是射者在左。攝叔云。右入壘折馘執俘而還。是戈盾勇力在右。御者在中央也。殺人之中。有禮。則韔弓揜目等是也。左氏傳。戎昭果毅。獲則殺之。謂彼剠敵。與我決戰。此謂吳師既走。則是不逐奔之故。以爲有禮也。胡氏銓曰。韔弓不欲重傷殺敵。爲果易之戮也。商陽殺敵不果。而云朝燕不與。又以是私怨懟其君。安得爲有禮。蓋春秋無義戰。彼善於此而已。孫氏希旦曰。手弓謂以手執弓也。子手弓而可。謂可執弓以射也。子射諸者。棄疾使之射也。謂之又謂商陽如前也。凡朝位立於庭。三朝並無坐法。此云朝不坐。似大夫以上得坐者。蓋君既視朝。退適路寢聽政。卿大夫入與君圖事。則升路寢之堂。孔子攝齊升堂是也。此時君或與之從容謀議。則命之坐矣。士不得特見圖事。故云朝不坐。燕禮大夫坐於堂上。士立於堂下。不得與於堂上之坐。故云燕不與。亦足以反命者。言位卑禮薄。不必以多殺爲功也。蓋敗北之師。本易窮追。商陽於此。乃能存愛人之心。而不以邀功爲念。亦可謂安制矜節者矣。若勁敵在前。乃以禮遇微薄。不欲致力。則是不忠之大者。豈得謂之有禮哉。禮案陳師衍曰。朝不坐。燕不與。兩句只是一事。只是一燕不坐而已。燕在路寢。即在燕朝。朝不坐。燕不與。猶言並燕朝之地。亦不得坐也。大夫燕時得坐。則在燕朝有坐時矣。燕不坐。則燕本爲大夫設。並不爲士設。即燕不與矣。兩句互文。重言之。以明其位卑身賤而已。燕之外。大夫得坐於燕朝者。究無明文。夫商陽以祿位不尊。而不欲盡力殺敵。以佐邦家。豈臣道哉。其視重汪踦。有慚德矣。

諸侯伐秦。曹桓公卒於會。諸侯請含。使之襲。鄭注。魯成十三年。曹伯盧卒於師是也。盧論宣言桓聲之誤也。請含以朋友有相啖食之道。使之襲非也。襲賤者之事。孔疏此論諸侯失禮之事。胡氏銓曰。曹伯盧卒于師。見春秋經。此云會誤矣。孫氏希旦曰。士喪禮。主人親含。襲斂則皆商祝爲之。周禮大宰贊贈玉含玉。注云。助王爲之。則諸侯之喪。亦必其子親含。而上卿贊也。喪大記云。君之喪。大祝是斂。衆祝佐之。諸侯無相爲含襲之禮。而襲之事。尤卑於含。諸侯請爲曹伯含。已爲非禮。而又使之襲。則益甚矣。然以楚之強。使魯襄襚。而終以取辱。曹之弱小。何能得此於諸侯。使襲之事。恐未可信。禮案諸侯請含者。以曹伯卒於師。故情意有加於常禮。請致含玉於死者。非爲之親含也。曹伯從臣辭含。而使之襲者。非敢使諸侯任襲尸。褻事也。蓋以玉重而衣輕。且諸侯相爲有致襚之禮。故辭玉而使致襚。卽用以襲尸。庶不辜其加厚之意。皆變禮之得其正者也。

襄公朝于荆。康王卒。荆人曰。必請襲。魯人曰。非禮也。荆人強之。巫先拂柩。荆人悔之。

鄭注在魯襄二十八年。康王。楚子昭也。楚言荆者。州言之。請襲。欲使襄公衣之。強之。欲尊康王。巫祝桃茢。君臨臣喪之禮。孔疏春秋莊十年。荆敗蔡師於莘。公羊傳曰。荆者何。州名也。荆蓋楚之本號。魯莊之世。告命皆稱荆。至僖元年。始稱楚。故杜預云。荆始改號曰楚。陳氏祥道曰。荆人以人臣之事待襄公。襄公則以人君之事臨荆人。豈非自尊而卑人者。人必卑之。自貴而賤人者。人必賤之。邪。秦王屈趙王以缶。而有鼓瑟之辱。夫差屈句踐於會稽。而有姑蘇之恥。胡氏銓曰。春秋只書子。此稱王。記祀者誤也。又曲禮云。夷狄雖大曰子。此乃稱王。首尾矛盾。孫氏希旦曰。左傳襄二十九年。公在楚。楚人使公親襚。公患之。穆叔曰。祓殯而襚。則布幣也。乃使巫以飛茢先拂殯。楚人弗禁。既而悔之。卽此事也。但左傳襄公以二十八年冬如楚。及漢聞康王卒。而楚人使公襚。傳於二十九年正月。禮死日而卽襲。殯則大夫士三日。諸侯五日。此時康王之殯已久。是傳言使襚。及拂殯者是。記言請襲及拂柩者非也。諸侯有遣使相襚之禮。使者委衣於殯東。今荆人欲公親致襚衣於柩前。蓋臣於君致襚之禮。所以卑魯也。魯君使巫先拂殯。用君臨臣喪之禮。又所以卑荆也。然當時楚適無知禮者。而不之禁。設有知禮之臣。於魯君入襚之時。而止巫於門外。則其禮將有不得行矣。然則拂殯之事。亦倖耳。郝氏懿行曰。康王殯已久。今乃請襲者。謂加衣於殯。非爲尸加衣也。禮案史記魯世家。襄公名午。記云拂柩。則尸既殯矣。何得有請襲之事。此襲字蓋涉上文而誤。

滕成公之喪。使子叔敬叔弔。進書。子服惠伯爲介。及郊。爲懿伯之忌不入。惠伯曰。政也。不可以叔父之私。不將公事。遂入。

鄭注滕成公之喪。魯昭三年。子叔敬叔。魯宣公弟。叔肸之曾孫叔弓也。進書。奉君弔書。惠伯慶父玄孫之子。名椒。介副也。郊滕之近郊也。懿伯惠伯之叔父。忌怨也。敬叔有怨於懿伯。難惠伯也。春秋傳曰。敬叔不入。政。君命所爲。敬叔於昭穆以懿伯爲叔父。惠伯強之乃入。孔疏案世本叔肸生聲伯嬰齊。齊生叔老。老生叔弓。叔是其氏。云子叔者。子是男子之通稱也。惠伯是慶父玄孫之子。春秋傳。子服椒。敬叔爲使。惠伯爲介。至滕之近郊。懿伯是惠伯叔父。敬叔於先有怨於懿伯。故畏難惠伯。不敢入。惠伯遂開釋之。今既奉君命。政令。奉使滕國。不可以私怨。遂欲報仇。不行公事也。然敬叔惠伯同在君朝。又奉使相隨。在路不相畏難。入滕始難者。雖有怨仇。但爲防備。今入滕國。是由主人。其防備之事。不復在己。故難之。世本敬叔是桓公七世孫。惠伯是桓公六世孫。則惠伯是敬叔之父。六從兄弟。則敬叔呼惠伯爲叔父。敬叔呼懿伯爲五從祖。注云。敬叔以懿伯爲叔父。誤也。劉氏敞曰。案左傳云。及郊遇懿伯之忌。先書及郊。而後書忌。可見是及郊方遇忌也。忌口是忌曰。懿伯是敬叔從祖。適及滕郊。而遇此日。故欲緩至次日乃入。故惠伯以禮曉之曰。公事有公利。無私忌。乃先入。而叔弓亦遂入焉。孫氏希旦曰。左傳云。叔弓如滕。葬成公。是二子乃送葬之使也。書謂書方。賵物之目也。叔弓爲正使。故云進此賵物之書。忌劉氏以爲忌日是也。而其說有未盡者。敬叔於懿伯。乃絕族者。不當避其忌日。敬叔之欲不入。體惠伯之情也。懿伯爲惠伯之叔父。禮自期以上皆諱。爲之諱者。又當爲之忌也。忌日不用。蓋心有所動於彼。則哀有不專於此。然以私忌而稽君命。則非禮。此禮之。又當變通者也。此一事。於敬叔見其有和衷之雅。於惠伯見其明公私之義。可謂各盡其道矣。禮案昭三年左傳。滕子名原。忌當從劉氏孫氏作忌日爲確。蓋春秋魯史也。故記魯事獨詳。若敬叔果有殺懿伯之事。春秋及三傳。何以不書與。而左傳注疏所云。又與此微異。皆不足爲憑也。

哀公使弔蕢尚。遇諸道。辟於路。畫宮而受弔焉。曾子曰。蕢尚不如杞梁之妻之知禮也。齊莊公襲莒于奪。杞梁死焉。其妻迎其柩於路而哭之哀。莊公使人弔之。對曰。君之臣不免於罪。則將肆諸市朝。而妻妾執。君之臣免於罪。則有先人之敝廬在。君無所辱命。鄭注哀公魯君也。畫宮畫地爲宮象。行弔禮於野非。魯襄二十三年。齊侯襲莒是也。春秋傳曰。杞殖華還。載甲夜入且于之隧。隧奪聲相近。或爲兌。梁郎殖也。肆陳尸也。大夫以上於朝。士以下於市。執拘也。無所辱命。辭不受也。春秋傳曰。齊侯弔諸其室。孔疏案周禮鄉士職云。協日刑殺。肆之三日。是陳尸曰肆也。故襄二十二年。楚殺令尹子南。尸諸朝三日。大夫既於朝。士則市也。其天子臣。則有爵者。皆適甸師氏。不在朝。故周禮掌囚職云。凡有爵者奉而適甸師氏。以待刑殺。掌戮云。有爵者殺之于甸師氏是也。天子士。宜在朝。與諸侯大夫同。方氏慤曰。弔又音的。而訓至。若夫弔人於道路之間。豈所以用其至哉。陳氏澔曰。辟讀爲闢。除道路。孫氏希旦曰。齊莊公與魯哀公。雖皆弔臣於道。然杞梁戰死。莊公急於行弔。而不及俟其至家。哀公於蕢尚。則怠於禮。而不弔。至葬時柩出在道。乃弔之。事同而情則異也。禮案此哀公之使人弔。乃弔葬而遲。非有意弔於道路也。上文君於大夫將葬。弔於宮。遲或弔於朝。弔於哀次者。此哀公之使者過遲。故柩行在道。與君遇柩於路。而使人弔之之事不同也。蕢尚以柩出難以復反。道路不可受弔。故畫宮於路而受弔。亦不得已之極思也。而曾子以爲不如杞梁之妻之知禮者。以非受弔之所。可以禮辭。若杞梁之妻之辭。莊公路弔也。故記者又錄其辭弔之事。以善其得禮也。夫婦言列四德之次。若杞梁妻者。可謂優於辭令矣。

孺子鞼之喪。哀公欲設撥。問於有若。有若曰。其可也。君之三臣猶設之。顏柳曰。天子龍輴而槨幬。諸侯輴而設幬。爲榆沈。故設撥。三臣者廢輴而設撥。竊禮之不中者也。而君何學焉。鄭注孺子鞼。魯哀公之少子。撥可撥引輴車。所謂紼。三臣仲孫叔孫季孫氏。輴殯車也。畫轅爲龍。幬覆也。殯以槨覆棺上。塗之。所謂菆塗龍輴以槨。諸侯輴不畫龍。榆沈以水澆榆白皮之汁。有急以播地。於引輴車滑。何學焉止其學。非禮也。廢去也。紼繫於輴。三臣於禮去輴。今有紼。是用輴。僭禮也。殯禮大夫菆置西序。士掘肂見衽。孔疏此論哀公不得學僭禮之事。顏柳以有若對非其實。恐哀公從之。故以正禮而言。天子之殯。則以龍輴。謂畫輴車轅爲龍。載柩於上。累材作槨。而題

湊其木。幬覆棺上。而後塗之。其諸侯則以輴載柩。不畫爲龍。亦累木爲椁。設木於上以幬之。不爲題湊。直橫木
覆之。亦泥塗其上。以其有輴。須設榆沈。備以擬牽引。故須設攢。攢謂紼也。今三臣者。依禮廢輴之。不合用殯。今乃設
攢用輴。是盜竊於禮。不中法式。喪大記大夫二綍二碑。綍即紼也。又注既夕禮云。大夫以上。始有四周。謂之輴。
此云三臣用輴。僭禮不同者。大夫以柩朝廟之時。用輴綷。惟殯時用輁軸。不得用輴綷。此文據殯時。大記及既
夕禮謂朝廟及下棺也。陸氏佃曰。據此諸侯無椁。設幬而已。故曰天子之殯。菆塗龍輴以椁。加斧於椁上。畢塗
屋。蓋天子之殯。龍輴以椁。則諸侯無椁可知。榆性堅忍。所謂不剝。不沐。十年成轂是也。然以性沈難轉。亦所載
沈也。故設攢。攢雖不可知。然謂之攢。則以攢輴可知。鄭謂紼非是。案喪大記。大夫二綍二碑。廢輴用軸。而設攢。
故曰竊禮之不中者也。吳氏澄曰。榆爲輴車之輪轂。木性本重。所載又重。難爲轉移。故設攢。以攢其輪。孫氏希
旦曰。天子諸侯殯以輴車載棺。而遂用以殯。大夫士以輁軸升棺。而殯則去之。士喪禮不言升棺用紼。而王制
言越紼行事。則用輴以殯者。固有紼矣。蓋輴車質重。自下而升階也難。故使人居旁。以拂攢舉之。以助其行。若
輁軸輕。則無所事此矣。顏柳孔子弟子顏幸。字子柳。禮案魯三臣以雍徹。是僭天子也。居君喪而食食。是不臣
也。惟殯能從大夫之禮。而廢輴是也。設攢又非矣。攢之形式。雖不可考。然攢字從手。必手執斯器。以轉輪也。廢
輴則不須設攢矣。

悼公之母死。哀公爲之齊衰。有若曰。爲妾齊衰。禮與。公曰。吾得已乎哉。魯人以妻我。 鄭注悼公母。哀公之

妾。有若譏而問之。妾之貴者。爲之緦耳。公言國人皆名之爲我妻。重服嬖妾。文過非也。孔疏天子諸侯絕旁期。
於妾無服。唯大夫貴妾緦。以哀公爲妾著齊衰服。故舉大夫貴妾以對之耳。公以有若之譏。遂文過云。吾豈得
已。而不服之乎。所以不得已者。雖是其妾。魯人以我無夫人。皆以爲我妻。故不故不服。孫氏希旦曰。爲之齊衰。
以妻之服服之也。士爲貴妾緦。大夫以上爲妾無服。左傳公子荆之母嬖。欲以爲夫人。此又爲其妾服妻之服。
哀公不辨於適妾之分如此。此孔子所以有大昏之對與。郝氏懿行曰。公蓋以妾攝女君爲解。禮案哀公存而
其子稱悼公。記者之辭也。史記齊世家。桓公約法諸侯曰。毋以妾爲妻。哀公亂適妾之分。違伯君成法。此大戴
禮千乘篇。孔子所以有立妃設如大廟之諭也。

季子皋葬其妻。犯人之禾。申祥以告曰。請庚之。子皋曰。孟氏不以是罪予。朋友不以是棄予。以吾爲邑長於斯也。買道而葬。後難繼也。 鄭注季子皋。孔子弟子高柴。孟氏之邑成宰。或氏季。犯躐也。申祥子張子。庚償也。不以是罪予。時僭侈。不以是

棄予。言非大故。特寵虐民非也。孔疏稱季若子游申叔氏。仲由稱季路。弟子傳及論語。作子羔。與此子皋字不
同者。古字通用。子皋見申祥請償。故拒之云。孟氏不以是犯禾之事。罪責於我。以孟氏自爲奢暴之故也。朋友
不以是犯禾之事。雖於我以其小失。非大故也。吾爲邑長於此成邑。乃買道而葬。清儉大過。在後世之人。難可
繼續也。方氏愨曰。孟氏執政者也。故以法言罪。朋友同等者也。故多義言棄。方氏苞曰。子皋不買道而葬。所謂
不違道以千百姓之譽也。蓋途次犯禾無多。使民以爲當買。則傷忠敬之俗。若大有毀於人。君子必不爲也。宓
子賤治單父。齊師將至。父老請曰。麥已熟矣。請使邑人出而自刈。傅郭者三請。宓子不許。曰。甯使齊人刈之。使

吾民有自取之心。其創必數年不息。凡此類皆仲尼之徒。深明於先王以道立民之意也。禮案五十以伯仲。子臯葬妻。當已五十餘歲矣。故稱季也。孟氏魯孟孫氏。犯者孟氏采邑之禾。子臯時爲其邑宰也。其曰孟氏不罪。朋友不棄。則葬妻犯禾之事。必成邑之民。有怨言。故申祥請償之也。買道而葬。後難繼。亦猶晏子大儉之難爲下也。

仕而未有祿者。君有饋焉曰獻。使焉曰寡君。違而君薨。弗爲服也。

鄭注見在臣位。與有祿同也。君有饋。有饋於君。弗爲服。以其恩輕也。違去也。孔疏此論臣之仕未得祿者。與得祿之臣。有同不同之事。故王制云。位定然後祿之。是先位定。而後祿也。君有饋。謂臣有物饋獻於君。既奉餉君上。故曰獻。使焉。謂爲君使往他國。則自稱己君寡君。並與得祿者同也。違謂三諫不從。以禮去國。若有祿者。雖仕他國。而所仕者敵。則猶反服。未得祿之臣。唯在朝時乃服。若放出他國。故君薨。所仕雖敵。亦不反服。以無祿恩輕故也。王氏安石曰。經言君有饋焉。而解之曰。有獻於君似非也。且臣之饋君謂之獻。豈問有祿未有祿乎。李氏格非曰。立於其朝矣。命廩人繼粟。庖人繼肉。而不以官定食所謂仕而未有祿者也。饋曰獻。使稱寡君。賓焉而不臣之也。陳氏祥道曰。賓之而弗臣。故有饋焉。不曰賜。而曰獻。其將命之使。不曰君。而曰寡君。若子思之仕魯。孟氏之仕齊是也。江氏永曰。曲禮獻田宅者。操書致。亦當是獻。未有祿之臣也。禮案陳師衍曰。古人學古入官。不能遽膺祿位。雖考知其有德行道藝。尚未明其有幹能。故必試任以事。事又能幹。然後與之以祿。此古人所以有仕而未有祿者。書曰明試以功。卽此處之仕。車服以庸。卽此處之有祿。子思於穆公。賓未嘗仕。應受繼粟繼肉之禮。孟氏於齊己仕。故有十萬之祿。其不受者。又自有故。不得謂之未有祿。故陳氏李氏之言。皆似是而非。雜記曰。違諸侯之大夫。不反服。違大夫之諸侯。不反服。爲有祿者言也。此未受祿者。去國卽不爲舊君服。故孔云。所仕雖敵。亦不反服也。

虞而立尸。有几筵。卒哭而諱。生事畢而鬼事始已。既卒哭。宰夫執木鐸。以命于宮曰。舍故而諱新。自寢門至于庫門。

鄭注諱辟其名。生事畢。謂不復饋食於下室。而鬼神祭之。已辭也。故爲高祖之父。當遷者也。易說帝乙曰。易之帝乙。爲成湯。書之帝乙。六世王。天之錫命。疏可同名。百官所在。庫門宮外門。明堂位曰。庫門天子臯門。孔疏此論葬後。當以鬼神事之。禮未葬。猶生事之。殯宮有脯醢之奠。不立几筵。奠以素器。其下室之內。有吉几筵。今喪訖。既設虞祭。有素几筵。士虞禮云。祝免澡葛絰帶。布席於室中。東面右几是也。然此虞祭。而有几。謂士大夫禮。若天子諸侯。則葬前有几。故周禮司几筵云。喪事素几。鄭注云。謂殯奠時。天子既爾。諸侯亦然。諱謂神名也。古者生不相諱。至卒哭。乃有神諱也。既虞卒哭。則生事畢。而鬼事方爲始也。下室謂內寢。生時飲食有事處也。未葬猶生事於下室。饋設黍稷。謝玆云。下室之饋。器物凡杖如平生。既虞遂用祭禮。下室遂無事也。既執木鐸。以命宮中。又出宮。從寢門至於庫門。寢門路門。庫門魯之外門也。百官及宗廟所在之次。咸使知之也。魯三門。故至庫門。若天子則至臯門也。凡諸侯。則臯應路也。方氏慤曰。生事死事者。言生則知之。爲死言鬼則知生之爲人。郝氏懿行曰。故謂名。新謂謚。舍故諱新。謂舍舊日之名。而稱新謚。以諱之也。萬氏斯大曰。晉語范獻子聘於魯。問具山敖山。魯人以其鄉對。獻子曰。不爲具敖乎。對曰。先君獻武之諱也。考史記獻公。昭公之高祖。武公隱公之曾祖。范獻子聘魯。在昭公二十二年。獻公至昭公。已十二世。武公已十一世。猶諱具敖。舊說以故爲高祖之父。當遷者非。江氏永曰。案天子五門。皋庫雉應路。諸門天子應門之文。謂唯魯有庫門雉門。他國則以皋應路爲三門非也。檀弓言庫門者四。除魯莊公既葬。而絰不入庫門之外。言君復於庫門。宰夫命舍故諱新。自寢門至於庫門。軍有憂。則素服哭於庫門之外。此皆通諸侯言之也。孫氏希旦曰。周禮宰夫。大喪小喪。掌小官之戒令。木鐸。鐸以木爲舌。舊之以宣政教者也。自寢門至於庫門者。諸侯之喪。其爲廬堊室。自寢門之外。至庫門之內。皆有之。偏以告之也。禮案桓六年左傳。申繻曰。周人以諱事神。名終將諱之。杜注云。禮既卒哭。以木鐸徇曰。舍故而諱新。謂舍親盡之祖。而諱新死者。自父至高聑。皆不敢斥言。孔傳尚書胤征云。木鐸金鈴木舌。所以宣文教。**二名不偏諱。夫子之母名徵在。言在不稱徵。言徵不稱在。**鄭注。稱。舉也。雜記曰。妻之諱。不舉諸則側。孔疏。此論不偏諱之事。引雜記者。證稱是舉之義。方氏慤曰。夫子曰。不在顓臾。而在蕭牆之內。此言在不稱徵也。夏禮吾能言之。杞不足徵。此言徵不稱在也。禮案二名不偏諱。解見曲禮下。此記夫子之母。二名諱一。以申之也。**軍有憂。則素服哭於庫門之外。赴車不載櫜韔。**鄭注。憂謂爲敵所敗也。素服者。縞冠也。赴車不載櫜韔。兵不戢。示當報也。以告喪之辭言之。謂還告於國。櫜。甲衣。韔。弓衣。孔疏。軍既有憂。從軍赴國之車。但露載其甲及弓。示有報敵之意。故甲則不以櫜戢之。弓則不以韔戢之。案春秋左氏傳。禍福稱告。崩薨稱赴。今軍敗。應稱告。而稱赴。故云告喪之辭。詩云。載櫜弓矢。春秋傳云。右屬櫜鞬。皆以櫜爲韜弓。此注爲甲衣者。以韔是弓衣。故以櫜爲甲衣。王氏安石曰。禮者將以恩止爭。且務脩己而不責人。不載櫜韔。如鄭義。則禮亦悖矣。陳氏祥道曰。兵法曰。英師不勝。取過在己。即周官大司馬。若師不功。則厭而奉主車。臣之取過在己也。禮記素服哭于庫門之外。君之取過在己也。秦穆公之敗于殽。素服郊次。向師而哭。蓋其遺禮與。車必曰赴車。若告喪也。不載櫜韔。示不忘戰也。方氏慤曰。戰勝而還。謂之凱。則其敗謂之憂。亦宜矣。凡告喪曰赴。車以告喪爲名。則素冠皆與素服同義。孫氏希旦曰。素服。謂素衣。素冠。素裳也。檀弓。國亡大縣邑。公卿大夫士皆厭冠。哭於大廟。則素冠皆厭伏。如喪冠之制也。禮案軍有憂。而素服哭於庫門之外者。蓋傷喪師辱國。兼弔陳亡之士也。赴車。單車在前也。若載兵甲之屬。車行必緩。故不載櫜韔也。夫敗軍之將。不敢言勇。使果露刃示報敵之意。則當云不戢兵甲。不得言不載櫜韔矣。注疏似誤。**有焚其先人之室。則三日哭。故曰新宮火。亦三日哭。**鄭注。謂人燒其宗廟。哭者。哀精神之有虧傷。火。人火也。新宮火。在魯成三年。孔疏。此論哀先人宗廟虧傷之事。案宣十六年左傳云。人火曰火。天火曰災。新宮者。魯宣公廟。故成三年公羊傳云。新宮者何。宣公之宮也。陸氏佃曰。據此春秋書新宮災。諱火耳。災非人之所能爲也。即書火。其所以備火之道。不盡也。李氏格非曰。言新宮。不言宣公。不忍言也。春秋書新宮災。謂天火也。謂人火。則不恭大矣。故內火皆書災。然實人火之也。陳氏澔曰。哭者。哀祖宗神靈之無所托也。禮案哭三日者。傷己不德。獲罪於天。降災於厥先宗廟。致神無所歸依也。周禮春官大宗伯。以凶禮哀邦國之憂。其列有五。曰死亡。曰凶禮。曰禍烖。曰圍敗。曰寇亂。此五者同爲凶禮。其服皆素服。司服。大禮。大荒。大烖。素服是也。此哭者不云素服。以文見上也。**孔子過泰山**

側。有婦人哭於墓者而哀。夫子式而聽之。使子路問之曰。子之哭也。壹似重有憂者。而曰。然。昔者吾舅死於虎。吾夫又死焉。今吾子又死焉。夫子曰。何爲不去也。曰。無苛政。夫子曰。小子識之。苛政猛於虎也。

鄭注孔子怪其哀甚。而猶乃也。夫之父曰舅。孔疏此論苛政。嚴於猛虎之事。言子之哭也。壹似重疊有憂喪者也。壹者決定之辭也。而曰然者。婦人哭畢。乃答之曰然。然猶如是。是重疊有憂也。方氏慤曰。虎之害人也。機罟檻穽。所能制之。政之害人也。無可制之械焉。虎之害人也。深宮固門。所能逃之。政之害人也。無可逃之地焉。此泰山婦人。所以甯遭虎之累傷。而不忍舍其政之無苛也。揚雄之論酷吏曰。虎哉虎哉。角而翼者也。式而聽之。則與式凶服同義。禮案哭於墓。則既葬卒哭已久矣。故因其哀。而停車撫式。而使子路問之也。重有憂。言其哀愴過甚。必重有死亡之慘也。婦人乃止哭。而言舅及夫若子。均死於虎之故。夫子謂其何爲不去此鄉。致重罹虎患乎。婦人曰。無苛政。謂有司之賢。無苛政虐民。故民甯死於虎。不忍去此也。識記也。孔子云。苛政猛於虎。欲門人記之。俾有長民之責者。永以爲戒焉也。

禮記通釋卷十五

玉環戴禮

檀弓下

魯人有周豐也者。哀公執摯請見之。而曰不可。公曰。我其已夫。使人問焉。曰。有虞氏未施信於民而民信之。夏后民未施敬於民而民敬之。何施而得斯於民也。對曰。墟墓之間。未施哀於民而民哀。社稷宗廟之中。未施敬於民而民敬。殷人作誓而民始畔。周人作會而民始疑。苟無禮義忠信誠慤之心以涖之。強固結之。民其不解乎。鄭注下賢也。摯禽摯也。諸侯而用禽摯。降尊就卑之義。而曰不可。辭君以尊見卑。上禮先生異爵者。請見之則辭。已止也。重強變賢。時公與三桓始有惡。懼將不安。言民見悲哀之處。則悲哀。見莊敬之處。則莊敬。非必有使之者。墟毀滅無後之地。會謂盟也。盟誓所以結衆。以信其後。外恃衆。而信不由中。則氏畔疑之。孔子曰。其身正。不令而行。其身不正。雖令不從。涖臨。孔疏此言虞之與夏。施何政教。以化民。而得如此敬信於民也。周豐之意。以虞夏由行敬信。民自孚之。不須設言號令。故坵墟壙墓間。是悲哀之處。未須教哀。而民自哀。社稷宗廟之中。嚴凝之處。未須教敬。而民自敬。言民之從君。在君身所行。不在言也。若身之不行。言亦無益。故殷人作誓。而民畔。周人作會。而民疑也。人君誠無禮義忠信誠實質慤之心。以臨化之。雖以言辭誓令。堅固結之。民其不解散離貳乎。周豐此言。欲令哀公身行誠信。不以言辭率下而已。凡舊居皆曰墟。左傳有莘氏之墟。有昆吾之墟。昭三年左傳云。有事而會。不協而盟。司盟云。邦國有疑。則盟詛之。尚書夏啓作甘誓。左傳云。夏啓有塗山之會。此云身無誠信。徒作誓盟。民因誓盟而始離畔。非謂殷始作誓。周始有會也。穀梁傳云。告誓不及五帝。盟詛不及三王。隱三年左傳云。紂爲苛政。而作誓命。民乃畔之。亦是畔疑之事。陳氏祥道曰。蓋誓生於不信。會生於不敬。不信而誓之。使信。則民始畔。不敬而會之。使敬。則民始疑。周豐之言。凡欲哀公脩敬信而感民而已。論語孔子對哀公以孝慈則忠。臨之以莊則敬。與此司義。方氏慤曰。天虞夏之得天下也以禪。殷周之得天下也以爭。禪則出於自然。故信未施而民信。無異乎墟墓之間。民之自哀也。敬未之施而民敬。無異乎社稷宗廟之中。民之自敬也。爭則出乎不得已。故誓雖作而反以起民之畔。會雖作而反以致民之疑而已。馬氏晞孟曰。殷周盛時。以禮義道其民。而又有誓以致其戒。有盟會以聽其政。大司徒以誓教恤則民不怠。司盟盟萬民犯命者是也。其民始於不敢欺。而終於不忍欺。誓會之助於教。豈小補哉。及其末也。無德教而徒恃誓會。故民始疑畔。不修其本。而一之於末。民其不解乎。朱氏彬曰。墟坵也。與虛同。過墓生哀。入廟生敬。人心之自然。感物而發。情動於中。未有知其所由來者矣。孫氏希旦曰。民之履可哀之地。則自哀。履可敬之地。則自敬。其所以感之者眞也。虞夏之所以能使其民敬信者。亦有其可敬可信之實而已。殷人作誓。周人作會。德不足。而以敬信強其民。而民反疑畔矣。解離散也。時哀公與三桓有惡。君臣之間。相疑相悔。故其問豐如此。豐言此者。欲公反求諸己。積誠意以感人。而毋徒恃乎言辭約誓之末也。禮案。周豐賢而隱者也。其言此者。蓋欲哀公反身而誠。修己以安人。修己以安百姓。則上下交孚。民自信之。固非有所要結而然也。

喪不慮居。毁不危身。喪不慮居。爲無廟也。毁不危身。爲無後也。

鄭注。喪不慮居。謂賣舍宅。以奉喪。毁不滅性。謂憔悴將滅性。方氏慤曰。君子將營宮室。宗廟爲先。居室爲後。故曰喪不慮居。爲無廟也。毁而死。君子謂之無子。故曰毁不危身。爲無後也。黄氏震曰。不慮居。謂以廟爲慮。不以居室爲慮。不危身。謂恐親之無後。不敢以死傷生。毁不滅性也。秦氏繼宗曰。慮居愚不肖之不及。危身者。賢者之過。禮貴得中也。孫氏希旦曰。鄭云慮居謂賣宅舍。以奉喪。非也。古人田宅。皆受之於官。安得賣之。以奉喪乎。郭氏嵩燾曰。此喪與喪欲速貧之喪同。出亡則宗廟之祀無主。故不敢謀居處之安。古者適士以上。皆立廟。若爲居喪。則不得言無廟矣。禮案。說是也。出亡在外。未仕他邦。則不能立廟。故不遑慮居也。毁不危身。故始襄。則不致毁。有疾則飲酒食肉是也。

延陵季子適齊。於其反也。其長子死。葬於嬴博之間。孔子曰。延陵季子。吴之習於禮者也。往而觀其葬焉。其坎深不至於泉。其斂以時服。既葬而封。廣輪揜坎。其高可隱也。既封。左袒。右還其封。且號者三。曰。骨肉歸復于土。命也。若魂氣則無不之也。無不之也。而遂行。孔子曰。延陵季子之於禮也。其合矣乎。

鄭注。季子名札。魯昭二十七年。吴公子札聘於上國是也。季子讓國居延陵。因號焉。春秋傳謂延陵延州來。嬴博。齊地。今泰山縣是也。孔子往吊之。以生恕死。斂以行時之服。不改制節。既葬而封。示節也。輪從也。隱據也。封可手據。謂高四尺所。還圜也。號哭且言也。命須性也。行去也。孔疏。此論仲尼言季子葬子。得禮之事。延陵一名延州來。故左傳云延州來季子。以生時不欲近衆。故死亦不至於泉。以生時之意。以恕於死者。斂服不更制造。是其節也。人長八尺。低而據之。半於四尺所。是不定之辭。封墳已竟。季子乃左袒其衣。案鄭注覲禮云。凡以禮事者左袒。若請罪待刑則右袒。喪亦是禮事。但喪禮直云袒。不云左右。今季子長子之喪。而左袒者。達死生之命。以自寬慰也。左袒訖。乃右而圜遶其封。遶墳三匝。而號哭且言曰。骨肉歸復於土。乃自然之性。人之骨肉。乃食土物而生。今還入土。故云歸復。若魂氣則無不之適。不可更反。再言之者。慇傷離訣之意。王氏安石曰。先王之制。爲長子三年。服之如此其重。則哀戚不可不稱也。三號而遂行。哀不足。則不可謂仁。延陵之言。蓋老莊之徒也。方氏慤曰。骨肉爲陰。則降而聚。故言歸復於土。魂氣爲陽。則升而散。故言無不之。夫骨肉之歸復於土。魂氣之無不之。是人情之所哀者。然季子號之止於三。則臨喪之哀。爲不足矣。孔子始聞其學禮而已。故曰習。終見其能行禮焉。故曰合也。孫氏希旦曰。水經注。奉高縣北。有吴季札子墓。在汶水南曲中。坎壙也。深不至泉者。足以藏棺槨而已。不過深也。封土横曰廣。直曰輪。廣輪纔足揜坎。不過大也。人俯而可以手憑。不過高也。袒袒衣而露其臂也。凡禮事吉凶皆左袒。士喪禮飯尸。主人出南面左袒是已。還遶也。右還者。

季子在墓道東西面。又轉而南行。又轉而北行。而遶之也。右遶其封。且號者三。謂還繞其封。且號哭者。凡三匝而止。以將還吳。而與之訣也。言骨肉歸復於土。乃始經之命。無可如何。以愍其尸柩之不然還吳。言魂氣無不之。以冀其精氣之隨己而歸。亦送形而往。迎精而反之意也。季子在塗。葬其子。視常禮。蓋有所殺。故孔子善其合禮。以能隨時斟酌。而得乎禮意也。郝氏懿行曰。隱憑也。禮案斂以時服。若冬纊夏葛。各隨其時之服。而斂襲也。廣言其封土之大。輪言其形式之圓也。列子天瑞篇云。精神離形。各歸其眞。故人死。而體魄降於地。魂氣歸於天。命謂修短有數。莫之能強也。重言無不之者。以魂在虛空。可招而反也。

邾婁考公之喪。徐君使容居來弔含。曰。寡君使容居坐含進侯玉。其使容居以含。有司曰。諸侯之來辱敝邑者。易則易。於則於。易於雜者。未之有也。容居對曰。容居聞之。事君不敢忘其君。亦不敢遺其祖。昔我先君駒王西討濟於河。無所不用斯皇也。容居魯人也。不敢忘其祖。

鄭注考公隱公益之曾孫。考或爲定。弔含。弔且含。容居欲親含非也。含不使賤者。君行則親含。大夫歸含耳。言侯玉者。時徐僭稱王。自比天子。易謂臣禮。於謂君禮。雜者容居以臣欲行君禮。徐自比天子。使大夫敵諸侯。有司拒之。容居言。我祖與今君於諸侯。初如是。不聞義則服。駒王徐先君僭號。容居其子孫也。濟渡也。言西討渡於河。廣大其國。魯鈍也。言魯鈍者。欲自明不妄。孔疏徐使大夫容居來弔邾君。奉玉以行含禮。邾有司乃拒之曰。諸侯之來屈辱臨於弊邑者。若臣來。則行簡易之禮。於謂廣大。若君來。則行廣大之禮。易於雜者。謂臣行君禮。由來未有。容居乃謂。我從先君駒王以來。於諸侯無一處不用此稱王之言。恐邾人謂其虛誕。故云魯鈍之人不解虛詐。唯知不敢忘其祖先也。上雜記諸侯之喪。君使人弔含贈襚。徐自比天子。以邾君爲己之諸侯。言進侯氏以玉。案春秋昭二十年。吳滅徐。此云徐僭稱王者。滅而復興。至後強大。稱王也。凡實行含禮。未斂之前。以玉實口。士則主人親含。大夫以上使人含。既斂至殯。葬。其有含者。親自致璧於柩。及殯上者。謂之親含。若但致命以璧授主人。謂之不親含。顧氏炎武曰。案隱公當魯哀公之時。傳至曾孫考公。其去春秋已遠。而魯昭公三十年。吳滅徐。徐子章禹奔楚。沈尹戌帥師救徐弗及。遂城夷。使徐子居之。是已失國爲寓公。其尚能行王禮於鄰國乎。定公在魯文宣之時。作定爲是。孫氏希旦曰。容居徐使者之名。雜者諸侯相含。使者致命曰。寡君使某含。今容居不用此辭。而曰使容居坐含進侯玉。蓋天子遣使致含於諸侯之辭也。容居列國之臣。今自比天子之大夫。以敵諸侯。是易於雜也。徐入春秋爲小國。僖二年始見經。旋以從齊爲楚所伐。其後依倚吳楚之間。非敢僭擬天子者。蓋其先世曾強僭竊。後世相習。而不知其非耳。禮案此坐字當讀如覲禮侯氏入門右坐之坐。卽跪是也。邾人以徐使稱其君侯氏。乃天子臨諸侯之辟。是易視於我。不斥言其驕。故曰易也。于同迂。義見文王世子篇。謂其欲跪以致含。則又過於周旋。故曰于也。易於雜者。譏其不知尊卑之等也。

子思之母死於衛。赴於子思。子思哭於廟。門人至曰。庶氏之母死。何爲哭於孔子之廟乎。子思曰。吾過矣。吾過矣。

遂哭於他室。鄭注嫁母也。姓庶氏。門人弟子也。嫁母與廟絕族。王氏安石曰。似嫁庶氏。而鄭云母姓氏。非也。方氏愨曰。他室。異室也。以有別於正。故謂之他。以義起之而已。欽定義疏曰。伯魚年五十而卒。其妻猶改適乎。此等事。恐屬傳聞。孫氏希旦曰。爲嫁母無服。蓋當中心喪十五月。與禮案此節當在上篇。子思之母死於衛。一章之下。錯簡於此耳。

天子崩三日祝先服。五日官長服。七日國中男女服。三月天下服。鄭注祝佐含斂先服。官長大夫士。國中男女庶人。天下服。諸侯之大夫。孔疏祝大祝商祝也。服服杖也。祝先服。故先杖。子亦三日而杖。大夫服在祝後。故五日也。國中男女。謂畿內民。及庶人在官者。服謂齊衰三月。必待七日者。殯後嗣王成服。故民得服也。天下謂諸侯之大夫。爲王繐衰。既葬而除之。近者亦不待三月。今據遠者爲言耳。然四條皆云服。何以知其或杖或衰案喪大記云。君之喪。三日子夫人杖。五日既殯。授大夫世婦杖。又喪服四制云。七日授士杖。則是服杖明矣。其七日及三月者。唯服而已。無杖。方氏愨曰。夫杖所以扶病也。祝先服者。力勞而先病故也。言祝先服。則子可知。官長以對祝言之。則力有勞逸。對子言之。則恩有重輕。故五日而杖也。七日三月言各服其所服之服。非謂杖矣。禮案喪服。有服而不杖者。未有杖而不服者。故此文宜與喪大記參觀。其義乃備也。

虞人致百祀之木可以爲棺椁者斬之。不至者廢其祀。刎其人。鄭注虞人掌山澤之官。百祀畿內百縣之祀也。以爲棺椁作棺椁也。斬伐也。孔疏謂王殯後事也。百祀者王畿內諸臣采地之祀也。言百者。舉全數也。既殯旬而布材。故虞人斬百祀之木。可以爲周棺之椁者。送之也。必取祀木者。賀瑒云。君者德著幽顯。若存則人神均其慶。沒則靈祇等其哀傷也。黃氏震曰。天子棺椁。未必待遠取諸百祀不至。豈神之罪。而廢其祀。雖人之罪。亦何至於死。苟其行此。民將不勝擾。豈所謂死無害於人者耶。吳氏澄曰。廢其祀。刎其人。蓋設此辭以令之。以見王喪尤重於神祀。如誓師而曰無敢不供。女則有大刑是也。方氏苞曰。致百祀之木者。令守者各以材告。然後擇可用者斬之。陳氏集說悉斬畿內百縣祀木非也。不致之罪在人。不應廢神祀。且人之罪亦不至於死。必記者之誤。孫氏希旦曰。爲椁必斬百祀之木者。蓋社木神之所憑常時不伐。以其歲久。而高大也。禮案說是也。天子柏椁。君松椁。松柏之質雖堅。而其心尤佳。故必取祀木。以其木巨則心大。斲以爲椁。而堅固也。

齊大饑。黔敖爲食於路。以待餓者而食之。有餓者蒙袂輯屨。貿貿然來。黔敖左奉食。右執飲。曰嗟來食。揚其目而視之。曰予唯不食嗟來之食。以至於斯也。從而謝焉。終不食而死。曾子聞之曰。微與。其嗟也可去。其謝也可食。鄭注蒙袂不欲見人也。輯斂也。斂屨力憊不能屨也。貿貿目不明之貌。嗟來食。雖閔而呼之。非敬辭。從猶就也。微猶無也。無與止其狂狷之辭。孔疏見餓者乃奉飯執飲。嗟愍之。故曰嗟乎來食。餓者聞其嗟。已無敬己之心。於是發怒。揚舉其目。而視之。曰予唯不食嗟來無禮之食。以至於此病困。怒而遂去。黔敖從逐其後。辭謝焉。餓者終不食而死。曾子聞之曰微與者。言者無得如是與。初時無禮之嗟也。可怒而去。其終有禮之謝也。可迴而食。方氏愨曰。餓主歲言。餓主人言。以交餓易爲利者。謂之貿。貿貿然來。若有所利而交也。胡氏銓曰。輯斂也。若輯杖然。微與小之。陳氏澔曰。微與猶言細故末節。謂嗟來之言。雖不敬。然亦非大過。故其嗟雖可去。其謝則可食矣。吳氏澄曰。曾子之言。得中之道。餓者微猶非也。微與猶言非與。曾子聞其事而非之。特以不食而死。亦人所難。故不敢質言。而以言與。以疑之也。禮案之操。賢者之過也。俞氏樾曰。案餓者已不食而死。曾子於事後發論。乃復言無得如是以止之。殊於語意不合。蒙袂。謂以袖障面也。輯屨謂斂足不能舉步也。徐注說文云。貿猶亂也。貿貿然來。蓋狀其身體疲倦。步伐不整之貌。夫餓而至此。憫困而嗟。誠不忍人之心。而發爲此聲。使其來食。迺謂其不敬過矣。此曾子之所以非之也。

邾婁定公之時。有弒其父者。有司以告。公瞿然失席曰。是寡人之罪也。曰。寡人嘗學斷斯獄矣。臣弒君。凡在官者殺無赦。子弒父。凡在宮者殺無赦。殺其人。壞其室。洿其宮而豬焉。蓋君踰月而后舉爵。鄭注 定公貜且也。魯文十四年即位。民之無禮。教之罪。言諸臣子孫。無尊卑。皆得殺之。其罪無赦。壞室。洿宮。明其大逆。不欲人復處之。豬都也。南方謂都爲豬。踰月后舉爵。自貶損。孔疏 定公見有司告以人弒其父。乃言曰。寡人嘗試學斷此弒父之獄矣。臣之弒君。凡在官之人。無問貴賤。皆得殺此弒君之人。無得縱赦之也。子之弒父。凡在宮者。無問尊卑。皆得殺此弒父之人。不得縱赦之。此在宮字。諸本或爲官。恐與上在官相涉而誤也。洿謂掘洿其宮。使水聚之聚種焉。彭蠡既豬。豬是水聚之名也。陸氏佃曰。凡在官者殺無赦。謂弒君者。同一官府亦坐焉。爾弒父。放此。鄭氏謂弒父者。凡在宮子孫。皆得殺之。是父子兄弟相殺。終無已時也。胡氏銓曰。春秋弒逆多矣。唯邾無弒逆之事。故邾定公。以爲非常之驚也。陳氏澔曰。瞿然驚怪之貌。天下之惡。無大於此者。是以人皆得以誅之。無赦之之理。君不舉爵。以人倫大變。亦教化不明所致。故傷悼而自貶耳。禮案 國有臣弒君。而羣臣知者。則豫其謀。不知者而不能防衞。故皆可殺也。家有子弒父。而家人知者。而不出首。不知者而不能覺察。故皆可殺也。易坤卦云。臣弒其君。子弒其父。非一朝一夕之故。其所由來者漸矣。由辨之不早辨也。孔傳尚書禹貢云。水所停曰豬。前漢王莽傳。豬其宮室。以爲洿池。納垢濁焉。名曰凶墟。雖生菜茹。而人不食。李氏奇曰。掘其宮。以爲池。用貯水也。顏氏師古曰。謂畜水汙下也。蓋所畜者濁水。故孟子謂數罟不入洿池是也。

晉獻文子成室。晉大夫發焉。張老曰。美哉輪焉。美哉奐焉。歌於斯。哭於斯。聚國族於斯。文子曰。武也得歌於斯。哭於斯。聚國族於斯。是全要領以從先大夫於九京也。北面再拜稽首。君子謂之善頌善禱。鄭注 文子趙武也。作室成。晉君獻之。謂賀也。諸大夫亦發禮以往。張老心譏其奢也。輪輪囷言高大。奐言衆多。祭祀死喪。燕會於此足矣。言此者欲防其後復爲。全要領者。免於刑誅也。晉卿大夫之墓地在九原。京蓋字之誤。當爲原。善頌謂張老之言。善禱謂文子之言。禱求。孔疏 獻謂慶賀。文子作宮室成也。朝廷大夫。並發禮從君往賀。張老亦大夫也。心譏文子宮室飾麗。故佯美。輪謂高大。春秋外傳曰。趙文子爲室。斲其椽而礱之。張老諫之是也。奐謂奐爛。多文飾。王云。奐言其文章之貌也。歌謂祭祀時。此室可以歌樂。亦足以居喪哭泣位也。又可以燕聚國賓。及會宗族也。終始永足。切勿復更造作也。領頸也。古者罪重要斬。罪輕頸刑。先大夫謂父祖。九原文子家世舊葬地也。文子述張老語竟。自言若得保此宅。以歌哭終於餘年。不被罪討。是完全要領。壽終而卒。以從先大夫葬於九原也。辭畢乃稽首謝過。受諫也。北面者。在堂禮。故鄉飲酒禮。賓主皆北面拜。君子者。知禮之人。頌者美盛德之形容。禱者求福以自輔。案墓大夫云。令國民族葬。注云族葬。各從其親。是卿大夫墓地得同在一處。爾雅云。絕高爲京。廣平曰原。原是墳墓之所也。方氏慤曰。發謂以禮落之也。若楚子成章華之臺。願與諸侯落之是矣。蓋發與落。皆有原始意。九京即九原。指其冢之高。則曰京。指其地之廣。則曰原。胡氏銓曰。謂晉君賀其成室。恐非也。恐趙武諡獻文耳。當考。方氏宗誠曰。案周法無腰斬。觀呂刑及左氏諸書可見。要斬蓋起於戰國。秦漢之際。商鞅變法之令。有曰不告姦者腰斬。則前此所無可知也。馮氏登府曰。張老是張仲之後。宰相世系表曰。周王時有卿士張仲。其後裔事晉爲大夫。張侯。侯生老。老生趯。趯生骼。並見左傳。亦稱張孟。韋昭晉語注。老之字。潛夫論。謂張仲後有張侯。張老。可補注疏之遺。江氏永曰。生則歌。死則哭。大概言之耳。文子成寢室。非祭祀之所。而注疏以祭祀則樂。釋之非也。錢氏大昕曰。輪與奐韻。哭與族韻。此句中有韻之例。故晉人謂之善頌。禮案室新成。而張老謂之哭於斯。而文子不以爲不祥。而拜受昌言。此其所以爲賢也。

仲尼之畜狗死。使子貢埋之。曰。吾聞之也。敝帷不棄。爲埋馬也。敝蓋不棄。爲埋狗也。丘也貧。無蓋。於其封也。亦予之席。毋使其首陷焉。路馬死。埋之以帷。鄭注。畜狗。馴守。封當爲窆。陷謂沒於土。路馬。君所乘者。其他狗馬。不能以帷蓋。方氏慤曰。家語言仲尼將行。雨而無蓋。則貧而無蓋可知。陷謂沒於土也。衆體皆不欲沒於土。特以首爲言者。以衆體之所貴。尤不欲沒於土故也。路馬死。埋之以帷。故魯昭公乘馬。塹而死。乃以帷裹之。葉氏夢得曰。帷蓋之近於身。以爲障蔽者也。犬馬之畜於家。以爲代御者也。障蔽者。敝所不敢棄。而代御者死。用以埋之。所謂仁之至。義之盡也。孫氏希旦曰。埋之以帷。則不以其敝者也。記者因孔子之事。而并及埋路馬之法。蓋犬馬皆有力於人。故其死而埋之也。猶有恩焉。而或帷或蓋。或敝或不敝。大小輕重之差。亦寓乎其間矣。禮案犬馬有功於人。故於其死也。不忍土親膚。而以帷蓋裹而埋之也。然孔子以無蓋。故以席埋犬。則凡紟衾之屬。皆可用以埋犬馬。無不必其帷蓋也。

季孫之母死。哀公弔焉。曾子與子貢弔焉。閽人爲君在。弗內也。曾子與子貢入於其廄而脩容焉。子貢先入。閽人曰。鄉者已告矣。曾子後入。閽人辟之。涉內霤。卿大夫皆辟位。公降一等而揖之。君子言之曰。盡飾之道。斯其行者遠矣。鄭注。閽人守門者。脩容更莊飾。閽人既不敢止。以言下之。見兩賢相隨。彌益敬也。揖禮之。孔疏。二子既入。涉至內霤。卿與大夫。皆逡巡辟位。公於堂上。降階一等。揖而禮之。於時君子。以二子盛飾備禮。遂美之云。凡人盡飾。則被崇禮。二子初時。不具衣服。則閽人拒之。退而修容。閽人猶知敬畏。是盡飾之道。行之可長遠矣。案喪大記。君臨大夫之喪。

君卽位於序端。卿大夫卽位於堂廉楹西。北面東上。是辟位者。蓋少西逡巡。而東面。不當北面之位。然君在。大夫得爲二子辟位者。見公將降。故先辟位。或公始入升堂之後。卿大夫猶在庭中北面。辟位者道辟中庭之位。少近東耳。孫氏希旦曰。周禮閽人。凡命夫命婦之出入。則爲之辟。則弔賓入而辟之者。閽人之職然也。內霤大門之內。霤水處也。喪大記。君於外命婦。既加蓋。而後至。哀公引時。卽位於阼。主人在中庭北面。既哭拜。稽顙成踊。主人乃就西階東北面。視肂。若卿大夫則斂時升堂視斂。既斂而復東方西面之位。二子士也。其位在西方東面。時二子以君在阼。而就之。故既入門。折而東行。又折而北行。而及內霤。卿大夫在西面之位。皆辟之。二子進而就君。君降一等。揖之。乃退就己之弔位也。欽定義疏曰。士喪禮。君視斂出。主人拜送。襲。拜大夫之後至者。賈疏以後至者。不得與前卿大夫同時從君入者。則君弔時。後至者自不得入。安有修容而入。於廄之事。此記者傳聞。傳會說也。江氏永曰。大夫之廄。當不設於寢門之外。二子既欲修容。何至入於廄乎。禮案說是也。蓋未有行弔不具服。陽當弔而乃脩容。具入於廄者。廄養馬之處。而豈脩容之所乎。

陽門之介夫死。司城子罕入而哭之哀。晉人之覘宋者。反報於晉侯曰。陽門之介夫死。而子罕哭之哀。而民說。殆不可伐也。孔子聞之曰。善哉覘國乎。詩云。凡民有喪。扶服救之。雖微晉而已。天下其孰能當之。鄭注陽門宋國門名。介夫甲衞士。宋以武公諱。司空。爲司城。子罕。戴公子。樂甫術之後。樂喜也。覘闚視也。孔也善其知微。救猶助。微猶非也。孔疏言介夫匹庶之賤人。而子罕是國之卿相。以貴哭賤。感動民心。皆喜與上共死生。若有人伐。民必致死。殆近也。不能正執。故云殆不可伐。爲疑辭也。引詩邶谷風之篇。斷章云。凡民有喪。則陽門之介夫死是也。在上扶服而救助之。則子罕哭之哀是也。微非也。雖非晉之強。天下更有強於晉者。不能當宋而已。是助語句也。陳氏祥道曰。吳起吮一人之瘡。而鄰敵莫抗。段熲裹一人之瘡。而四羌頓平。然則司城子罕哭一介夫。而民說。其可伺隙抵巇而伐之哉。覘者所以知微。孔子所以善之。昔仲尼在衞。趙鞅折謀。干木處魏。秦人罷兵。則子罕在宋。而天下不能當者信矣。葉氏夢得曰。介夫至賤。子罕一哭之哀。而晉國覘之。不敢伐。孔子以爲天子莫能當之。故曰治國不敢侮鰥寡。況於士民乎。陸氏佃曰。匍匐手行也。王氏念孫曰。昭二十一年左傳。公自揚門見之。杜注曰。睢陽正東門名揚門。卽此陽門也。水經注亦作陽門。揚陽古字通。孫氏希旦曰。案左傳襄公九年。宋災。樂喜爲司城以爲政。是時晉宋方睦。晉安得有伐宋之謀。記言恐誤。禮案此介夫。必有殊能異衆。故死而子罕哭之哀。否則每人而哭之。曰亦不足矣。當猶敵也。仁者無敵。微但晉國而已。雖天下莫能勝也。

魯莊公之喪。既葬。而絰不入庫門。士大夫既卒哭。麻不入。鄭注時子般弒。慶父作亂。閔公不敢居喪。葬已吉服而反。正君臣欲以防遏之。微弱之至。麻猶絰也。羣臣畢虞卒哭。亦除喪也。閔公既吉服。不與虞卒哭。孔疏。莊公閔公父也。絰葛絰也。諸侯弁絰葛而葬。魯之庫門。天子之皋門也。莊公薨。太子般立。共仲使圉人犖賊子般於黨氏。立閔公。慶父作亂。閔公時年八歲。不敢居喪。三年。既葬竟。除凶服於外。吉服反。以正君臣。故絰不入庫門也。魯有三門。庫雉路。庫門最在外。以從外來。故絰不入庫門。經既不入。衰亦不入可知。麻猶絰也。上是君身。絰用葛。士大夫是臣。故絰用麻也。閔公既葬而除。羣臣須行虞卒哭之祭。故卒哭乃除麻。不入。亦謂不入庫門也。吳氏澄曰。莊公薨。歷十一月始葬。時閔公幼弱。莊夫人外淫。慶父謀之簒立。不君生君。因亦不天死君。故不令閔公服父喪三年。至閔二年五月。距莊公之薨。二十二月。遽行吉禘。後年八月。慶父弒閔公矣。孫氏希旦曰。如鄭氏之說。則記當云。既葬而除。不當但云經不入。於羣船當云。卒哭而除。不當但云麻不入也。云經不入。則猶有帶矣。云麻不入。則猶有葛矣。任氏啓運曰。魯莊公以八月薨。明年六月始葬。閔公以亂故未得行即位之禮。則既葬而以吉服即位。亦得禮之變。但未入庫門。則猶未及卒哭。未虞已爲非禮。而倂因是即吉。不反喪服。非禮尤甚。禮案經不入者。諸侯弁經葛而葬。蓋去環弁之葛經。而服爵弁入庫門。非謂除喪反吉。孫說是矣。麻不入者。羣臣則待既虞卒哭。變麻易葛。入庫門也。禮斬衰之服。十三月而練。練而除首經。諸侯五月而葬。莊公歷十一月而葬。雖距練只二月。然閔公不待虞卒哭。祔祥練祭。而先除首經者。皆因國亂。君幼不能如禮也。

孔子之故人曰原壤。其母死。夫子助之沐槨。原壤登木曰。久矣予之不託於音也。歌曰。貍首之斑然。執女手之卷然。夫子爲弗聞也者而過之。從者曰。子未可以已乎。夫子曰。丘聞之。親者毋失其爲親也。故者毋失其爲故也。

鄭注沐治也。木槨材也。託寄也。謂叩木以作音。歌貍首。說人辭也。夫子佯不知。已猶止也。孔疏原壤登槨材。而言曰。我遭母喪以來。日月久矣。不得託寄此木。以爲音聲。於是乎叩木作音。口爲歌。言斵槨材文采似貍之首。以歡說仲尼。然在喪而歌。非禮之甚。從者見其無禮。言應可休已。不須爲治槨也。夫子曰。朋友無大故。不相遺棄。丘聞之。與我骨肉親者。雖有非禮。無失其爲親之道。尙得與之和睦。故舊者雖有非禮。無失其爲故之道。尙得往來。原壤無殺父害君之故。何以絕之。陸氏佃曰。此其貍首之詩與。其所謂小大莫處。御於君所。其詩中間之詞與。執女手之卷然。蓋上之所以接下。御於君所。蓋下之所以事上。吳氏澄曰。陸氏疑爲貍首者。以有貍首二字也。然鄭注射義。以所引曾孫侯氏以下八句。爲貍首詩。則非矣。蓋貍首二句。與齊風之還。鄭風之遵大路。詩體相類。風詩體也。曾孫以下八句。則與小雅之車攻。大雅之行葦。詩體相類。雅詩體也。惡可合爲一篇。騶虞。貍首。采蘋。采蘩。其三存者。今考在召南。則貍里亦當是召南之詩矣。江氏永曰。二句即是一章。其下當有今逸矣。射節唯取首章。騶虞。采蘩。采蘋。亦無。女宜爲爾汝之汝。貍首樂會時。執手卷然。正是家人。相會之時也。卷然者。惓惓不能已之意。禮案貍首逸詩篇名。射義之諸侯。以貍首爲節。投壺禮。請奏貍首。間若一是也。蓋古詩多以起句名篇。關雎雀巢之屬是矣。

趙文子與叔譽觀乎九原。文子曰。死者如可作也。吾誰與歸。叔譽曰。其陽處父乎。文子曰。行幷植於晉國。不沒其身。其知不足稱也。其舅犯乎。文子曰。見利不顧其君。其仁不足稱也。我則隨武子乎。利其君不忘其身。謀其身不遺其友。晉人謂文子知人。文子其中退然。如不勝衣。其言吶吶然。如不出諸其口。所舉於晉國管庫之士七十有餘家。生不交利。死不屬其子焉。

鄭注：叔譽，叔向也。晉羊舌大夫之孫，名肸。作，起也。陽處父，襄公之大傅。并猶專也，謂剛而專己，爲狐射姑所殺。沒，終也。植或爲特。見利，謂久與文公辟難，至將反國，無安君之心，及河授璧，詐請亡，要君以利是也。武子，士會也。食邑於隨、范，字季。知人，見其所善於前，則知其來所舉。中身也。退，柔和貌。鄉射記曰：弓二寸以爲侯中。退或爲妥。吶吶，舒小貌。管庫之士，府史以下，官長所置也。舉之於君，以爲大夫士也。管，鍵也。庫，物所藏。不交利，廉也。不屬子，潔也。孔疏：案韓詩外傳，趙文子與叔向觀於九原，故知叔譽是叔向也。案左氏，羊舌是邑名。晉公族大夫，名肸。文子云：先世大夫死者既衆，假令生而可作起，吾與衆大夫之內，而誰最賢，可以與歸？植謂剛也。言處父唯行專植，并他事以爲己有，是專權之事。文六年，狐射姑恨之，使續鞫居殺陽處父。舅犯見君反國，恐不與己利祿，詐欲奔去，是要君求利之事。文子稱隨武子之德，言凡人利君者，多性行偏特，不顧其身，謀身者多遺棄故舊。武子德行弘廣，內外周備，故襄二十七年左傳云：夫子之家事治，言於晉國無隱情，則利君也。家事治，則不忘其身也。文七年，士會與先蔑俱迎公子雍，在秦三年，不見先蔑，及還亦不見，是遺其友，而云不遺者，懼同其罪，禍及於己，故不見之也。文子之貌，退然柔和，似不勝衣，言形貌卑退也。其發言舒小，吶吶如不出諸口，謂言其語卑下也。鄉射記曰：鄉侯五十弓，弓長六尺，謂射處五十步，一步料二寸，以爲侯中，則侯中方一丈。中謂身也。家是大夫十之總號。案月令注：鍵謂鎖之入內者，俗謂之鎖須。管謂夾取鍵，今謂之鑰匙，則管鍵爲別物，而云管鍵者，對則細別，散則大同也。文子生存之日，不交涉於利，臨死時，不私屬其子於君及朝廷也。吳氏澄曰：并植，國語作廉直。孔子以士會不見先蔑爲遺其友，非也。此正是謀身不遺友之事。蓋晉使先蔑、士會迎公子雍於秦，既而背之，獲罪於秦。二人不免於罪，幸秦穆寬容之，倘會數見蔑，秦必生疑，於身於友俱有禍，故在秦不見之。及會還晉，若見蔑，秦必疑蔑與知逃歸之情，故還亦不見之也。盧氏文弨曰：舅犯誠仁人也，奈何謂其仁不足稱。蔣氏汾曰：人苟不顧其君者，能舍安樂，驅馳犯難，以圖不可知之霸業乎？且秦穆之勸重耳復國，不可謂非忠告，而當日辭之若浼，曰：父死之謂何？又因以爲利，以正人心，篤父子，仁莫大焉。至以璧授公子，數言所以償前此食肉之言，而探其意，惴禍，非求利也。而乃文致其罪，寃矣。王氏引之曰：邂之言隤，隤，繫辭傳：夫坤隤然示人簡矣。孟喜本作退。管者，典也。顏師古注食貨志曰：管，典也。管庫之士，謂主此庫者耳。禮案：疏釋不遺二字欠確。不遺其友者，不遺友以禍害也。昭三年左傳叔向曰：晉之公族盡，肸之宗十一族，唯羊舌氏在而已。叔向蓋職之子，亦之弟也。大戴禮衞將軍文子篇，孔子曰：畏天而敬人，服義而行信，孝乎父而恭於兄，蓋趙文子之行也。其事君也，不敢愛其死，然亦不敢忘其身，不遺其友，君陳則進而用之，不陳則行而退，蓋隨武子之行也。

叔仲皮學子柳。叔仲皮死。其妻魯人也。衣衰而繆絰。叔仲衍以告。請繐衰而環絰。曰：昔者吾喪姑姊妹。亦如斯。末吾禁也。退使其妻繐衰而環絰。

鄭注：叔仲皮，魯叔孫之族。學，教也。子柳，仲皮之子。衣當爲齋，壞字也。繆當爲不繆垂之繆。士妻爲舅姑之服也。言雖魯鈍，其於禮勝學。告子柳。言此非也。衍蓋皮之弟。衍或爲皮。總衰小功之縷。而四升半之衰。環經弔服之經。時婦人好輕細。而多服者。衍既不知禮之本。子柳亦以爲然。而請於衍。使其妻。爲舅服之。末吾禁衍答子柳也。姑姊妹在室齊衰。與婦爲舅姑同。末無也。言無禁我。欲其言行。婦以諸侯之大夫。爲天子之衰。弔服之經。服其舅非。孔疏叔仲氏也。皮是名。言叔仲皮訓其子。子柳受父教。猶不知禮。叔仲皮死。子柳之妻。雖魯鈍。猶知爲舅姑著齊衰。而首服繆經。謂絞麻爲經。叔仲衍是皮之弟。見當時婦人好尚輕細。見子柳妻身著齊衰。以告子柳。汝妻何以著非禮之服經。子柳亦以爲然。遂令其妻身著總衰首服環經。衍云吾喪姑姊妹亦如此。無人於吾而相禁者。子柳得衍言。乃使其妻著總衰。而環經。繆讀從喪服不繆垂之繆。謂兩股相交也。五服之經皆然。唯弔服環經不繆耳。萬氏斯大曰。叔仲皮從學於子柳。叔仲皮死。其妻魯人。素知禮。爲之服斬衰絞經。時俗尚經微。妻爲夫有服總衰環經者。皮之弟衍。拘於俗見。請於子柳。欲令皮妻易服總衰環經。且云昔我喪姑姊妹亦如此。無我禁者。是不知總衰。非姑姊妹之服。并不知妻之爲夫。更不同於姑姊妹也。失禮已甚。故子柳不答衍。不悟其非。退使皮妻改服總衰。而環經舊解。非禮案叔仲衍。闇不知禮。而子柳不能辨正。乃致其妻。以重喪。而服輕服。此記其失也。

成人有其兄死而不爲衰者。聞子皋將爲成宰。遂爲衰。○成人曰。蠶則績而蟹有匡。范則冠而蟬有緌。兄則死而子皋爲之衰。○鄭注蚩兄死者。言其衰之不爲兄死。如蟹有匡。蟬有緌。不爲蠶之績。范之冠也。范蜂也。蟬蜩也。緌爲蜩喙長。在腹下。孔疏成。孟氏所食采地。即前犯禾之邑也。此邑中民。有兄死。而弟不爲兄制服者。聞子皋孔門弟子。其性至孝。來爲成宰。恐罪己。故遂制衰服。成人譏之。爲設二譬。蠶則績絲作繭。蟹背殼似匡。蜂頭上有物似冠。蟬喙長似冠之緌。以是合譬。蠶則須匡以貯繭。而今無匡。匡自著蟹。非爲蠶設。蜂冠無緌。蟬口有緌。緌自著蟬。非爲蜂設。亦如成人兄死。初不作衰。後畏子皋。方爲制服。服是子皋爲之。非爲兄施。亦如蟹匡蟬緌。各不關於蠶蜂也。俞氏樾曰。孟子將爲君子將爲小人。趙注曰。爲有也。爲與有一聲之轉。故爲可訓有。有亦可訓爲。此文本云蠶則績。而蟹爲匡。范則冠。而蟬爲緌。兄則死。而子皋爲之衰。上二句用有字者。文異而義同。古人疊句成文。而虛字不同。往往有之。禮案子皋性至孝。故足以化不悌。此德之流行也。速於置郵而傳命。君子德風。小人德草。草上之風必偃。然則爲政者。反求諸己而已矣。

樂正子春之母死。五日而不食。曰。吾悔之。自吾母而不得吾情。吾惡乎用吾情。○鄭注勉強過禮。子春曾子弟子。惡乎猶於何也。孔疏樂正子春。即曾子弟子。坐於牀下者是也。此其母死。五日而不食者。禮三日。其五日。過二日。曰吾悔之者。悔不以實情。勉強而至五日。母死而矯詐。勉強爲之。更於何處用吾之實情乎。方氏慤曰。觀子春下堂傷足。數月不出。而以虧父母之體爲憂。則其存心。蓋可見矣。李氏惇曰。當哀痛迫切之時。猶有作僞之心。則或中人以下者有然。子春受教曾子。下堂傷足。深以忘孝之道爲憂。當不至作僞如此。禮案曾子喪親。水漿不入於口者七日。子春其弟子也。沐至德之化。達要道之極。故喪過乎哀。而多日不能下咽也。不得吾情。謂禮三日不食。自咎不能其節哀俯就。致有過情之舉也。母喪大事也。當大事而不能抑情中禮。則吾更於何處能得性情之中哉。注疏謂其勉強矯詐。誣賢實甚矣。

歲旱。穆公召縣子而問然。曰。天久不雨。吾欲暴尫而奚若。曰。天則不雨。而暴人之疾子。虐。毋乃不可與。然則吾欲暴巫而奚若。曰。天則不雨。而望之愚婦人。於以求之。毋乃已疏乎。徙市則奚若。曰。天子崩。巷市七日。諸侯薨。巷市三日。爲之徙市。不亦可乎。鄭注。然之言焉也。凡穆或作繆。奚若。何如也。尫者面鄉天。覬天哀而雨之。錮疾人之所哀。暴之是虐。已猶甚也。巫主接神。亦覬天哀而雨之。春秋傳說巫曰。在女曰巫。在男曰覡。周禮女巫旱暵則舞雩。徙市者。庶人之喪禮。今徙市。是憂戚於旱。若喪。孔疏。此論歲旱變之事。縣子云。天道遠。人道近。天不雨。而望於愚鄙之婦人。欲以暴之求雨。無乃疏遠於道理矣。楚語。昭王問觀射父。絕地通天之事。對云。民之精爽不攜貳者。明神降之。在男曰覡。在女曰巫。然經云。愚婦人者。據末世之巫。非復是精爽不攜貳之巫也。今徙市。是憂戚於旱。若居天子諸侯之喪。必巷市者。以庶人憂戚。無復求覓財利。要有急須之物。不得不求。故於邑里之內。而爲巷市。陸氏佃曰。問然。問其所以然。胡氏銓曰。春秋僖二十一年夏大旱。公欲焚巫尫。臧文仲曰。巫尫何爲。天欲殺之。則如勿生。若能爲旱。焚之滋甚。欽定義疏云。案董仲舒請雨書。有徙市之說。蓋旱屬陽。而市主陰。故王后主立市。徙市者。謂鼓動陰氣以勝陽。使之致雨云耳。在春秋時或已有此法。故穆公問其如何。禮案。縣子卽上篇縣子瑣也。左傳僖公欲焚巫尫。杜注云。尫。瘠病之人。面上向。俗云天哀其病。恐雨入其鼻。故旱。不經之說。今所不取。此篇穆公亦有是說。然則旱而責及巫尫。魯之風俗然與。

孔子曰。衛人之祔也離之。魯人之祔也合之。善夫。鄭注。祔謂合葬也。離之有以閒其槨中。善夫。善魯人也。祔葬當合也。孔疏。魯衛兄弟。應同周法。故並云也。離謂以一物隔二棺之閒於槨中。所以然者。明合葬猶生時男女須隔居也。合之則並兩棺置槨中。無物隔之。言異生。不須復隔。穀則異室。死則同穴。故善魯之祔也。陳氏祥道曰。衛之俗有存於殷。魯亡俗一之於周。殷所尙者尊尊。故凡昭穆之祔於廟者。離而不親。周所尙者親親。故凡昭穆之祔於廟者。合而不尊。離之則義。合之則仁。孔子皆善之。萬氏斯大曰。此言卒哭明日。祔主於廟之異。離之者。孫雖祔祖。新主在祖主祐中。以物隔之也。合之者。無物隔之也。祖孫一本之親。合之爲是。故孔子善之。魯。舊說以祔爲祔葬者。非。禮案。說是也。夫葬有先後。若必啓先葬者之槨。納後葬者之棺。恐非葬藏安厝之義。非若主之可以遷移出入。故祔當釋於祔廟之祔爲是。

禮記通釋卷十六

玉環戴禮

王制第五孔疏案鄭目錄云。名曰王制者。以其記先王班爵授祿。祭祀養老之法度。此於別錄屬制度。王制之作。蓋在秦漢之際。知者案下文云。有正聽之。鄭云漢有正平丞。秦所置。又有古者以周尺之言。今以周尺之語。則知是周亡之後也。秦昭王亡周。故鄭答臨碩云。孟子當赧王之際。王制之作。復在其後。盧植云。漢孝文皇帝。令博士諸生。作此王制之書。禮案周室班爵祿之制。孟子嘗聞其略。對北宮錡所陳。與此無異。則本周王之制。無可疑者。而漢儒謂作爲漢世者。或當時諸侯所去之典籍。得入祕府。故漢文時。得命諸儒。采集成篇。名之曰王制。

王者之制祿爵。公侯伯子男。凡五等。諸侯之上大夫卿。下大夫。上士。中士。下士。凡五等。鄭注二五象五行。剛柔十日。祿所受食。爵秩次也。上大夫曰卿。孔疏此論爲王者之制度。祿爵爲重。其食祿受爵之人。有公侯伯子男。並南面之君。凡五等也。其諸侯之臣。有上大夫卿。下大夫。上士中士下士。凡五等也。穀梁傳曰。王者仁義歸往曰王。王者制統海內。故云王制。不云天子制也。白虎通云。祿者錄也。上以收錄接下。爵者盡也。所以盡人才是也。元命包云。公者公平正直。侯者侯王順逆。伯者明白於德。子者奉恩宣德。男者任功立業。白虎通云。卿之言嚮也。爲人所歸嚮。大夫者達人。謂扶達於人。士者事也。熊氏安生曰。上五等制爵。通於天下。下五等施於一國。周氏諝曰。言制祿爵。止於諸侯與其臣。而不及王朝之臣。何也。王朝之臣。入則爲公卿大夫。出則爲公侯伯子男。而其祿又同。故言五等之君。則兼之矣。禮案王制君臣各五等者。法天地之中數也。易繫辭云。天數五。地數五。諸侯五等。君道陽。法天數也。諸臣五等。臣道陰。法地數也。鄭司農周禮春官典命注云。九命上公。得置孤卿一人。此云上大夫卿。舉次國言也。此篇雖雜采四代之制。然取周法爲多。故與孟子周室班爵祿之說。大略相同。

天子之田方千里。公侯田方百里。伯七十里。子男五十里。不能五十里者。不合於天子。附於諸侯曰附庸。天子之三公之田視公侯。天子之卿視伯。天子之大夫視子男。天子之元士視附庸。鄭注天子象日月之大。亦取晷同也。此謂縣內。以祿公卿大夫士。公侯伯子男。皆象星辰之大小也。不合謂不朝會也。小城曰附庸。附庸者。以國事附於大國。未能以其名通也。視猶比也。元善也。善士謂命士也。此地殷所因夏爵。三等之制也。殷有鬼侯梅伯。春秋變周之文。從殷之質。合伯子男以爲一。則殷爵三等者。公侯伯也。異畿內謂之子。周武王初定天下。更立五等之爵。增以子男。而猶因殷之地。以九州之界尚狹也。周公攝政致太平。斥大九州之界。制禮成武王之意。封王者之後爲公。及有功之諸侯。大者地方五百里。其次侯四百里。其次伯三百里。其次子三百里。其次男百里。所因殷之諸侯。亦以功黜陟之。其不合者。皆益之地爲百里焉。是以周世有爵尊而國小。爵卑而國大者。唯天子畿內不增。以祿羣臣。不主爲治民。孔疏案元命包云。日圍望之廣尺。以應千里。故云象日月之大。以祿公卿大夫元士也。

案下注云待封王之子弟此唯言公卿大夫元士舉上者言之案元命包云王者封國上應列宿之位注云若角亢爲鄭房心爲宋之比又云其餘小國不中星辰者以爲附庸是象星辰大小也其七十里者倍減於百里五十里者倍減於七十里故孝經云德不倍者不異其爵功不倍者不異其士不合謂不得與諸侯集合朝會天子也庸城也小國之城不能自通以其國事附於大國故曰附庸案周禮注天子上士三命中士再命下士一命皆稱元士異於諸侯之士下文云小國之卿與下大夫一命是士不得命也方士慤曰上士稱元士與元子元侯同義惟上士得稱之不言中士下士惟上士得視附庸耳劉氏孟治曰此言天子畿內之田公卿而下之所食之邑祿之多少視外諸侯之數而爲之差等耳非直謂視田數其田祿也倘一如外諸侯之制則方千里之畿處公侯伯子男之衆則地有所不足矣陳氏祥道曰載師士田任近郊之地家邑之田任稍地小都之田任縣地大都之田任畺地孫氏希旦曰大都公之田也小都卿之田也家邑大夫之田也公之田倍卿卿之田倍大夫大夫之田倍元士中士下士不必皆有田以公卿以下遞相倍之法推之其受祿之差亦可得而見矣禮案方千里者四方各千里以開方法計之蓋百萬里餘仿此減數公侯萬里伯四千九百里子男二千五百里也韓詩外傳方里爲井井九百畝則方千里者田九萬萬畝方百里者田九百萬畝方七十里者田四百四十一萬畝方五十里者田二百二十五萬畝也尚書周官天子三公大師大傅大保也卿九卿冢宰司徒宗伯司馬司寇司空也合三孤則九卿矣三孤又謂之三少即大戴保傅篇少師少傅少保是也視只是言爵非言祿也畿外諸侯有建官分祿貢獻朝聘之事而王臣則無事此若天子之公卿大夫士之祿視五等諸侯則王臣之富必倍於天下諸侯何以示王道之平乎

制農田百畝百畝之分上農夫食九人其次食八人其次食七人其次食六人下農夫食五人庶人在官者其祿以是爲差也諸侯之下士視上農夫祿足以代其耕也中士倍下士上士倍中士下大夫倍上士卿四大夫祿君十卿祿次國之卿三大夫祿君十卿祿小國之卿倍大夫祿君十卿祿

鄭注農夫皆受田於公田肥墽有五等收入不同也庶人在官謂府史之屬官長所除不命於天子國君者分或爲糞諸侯之士視上農夫此班祿尊卑之差孔疏王者制度授農以田案周禮地有九等故司徒上地家七人中地家六人下地家五人注云有夫有婦然後爲家自二人至十人爲九等一家男女七人以上則授之以上地所養者衆也男女五人以下則授之以下地所養者寡也止以七人六人五人爲率者舉中而言如鄭此言上地家七人者謂中地之上家六人者謂中地之中家五人者謂中地之下以此推之下地之上家四人下地之中家三人下地之下家二人則上地之上家十人上地之中家九人上地之下家八人是有九等此經據制庶人在官之祿最下者猶五人故從上農夫至五人而已食九人者謂上中之地亦爲上地也其不言上上者欲取九人當下士祿也庶人在官謂府史之屬周禮大宰云府六人史十有二人云之屬謂工人賈人及胥徒也注云凡府史以下官長所自辟除不命於天子國君也庶人在官雖食八人以下不得代

耕。故載師有官曰。謂庶人在官之田。大夫以下。位卑祿少。故大小國不殊。卿與君祿重位尊。故祿隨固之大小爲節。案周禮。天子卿大夫士。與諸侯之臣執贄同。則祿亦同也。此自下士至小國之卿。倍大夫祿。皆據無采地者言之。故鄭答臨碩云。王畿方千里者。凡九百萬夫之地。三分去一。定受田者三百萬夫。出都家之田。以其餘地之稅。祿無田者。下士食九人。中士食十八人。上士三十六人。下大夫七十二人。中大夫百四十四人。卿二百八十八人。應氏鏞曰。莫賤於庶人。而在官以農爲差。莫尊於君。而祿亦視其農之所積。非特使執役宂賤者。不敢遽忘本業。而祿秩之厚。備物之奉者。亦知其根本。未有不基於農者也。孫氏希旦曰。周禮疏謂下士視上農夫食九人。則府食八人。史食七人。胥食六人。徒食五人是也。大夫八百畝。以不易一易再易通率之爲十六井之公田。一邱之地也。小國卿二邱。次國卿三邱。大國卿四邱。則一成之地也。君卿之祿厚。故三等之國。視地之大小。而區殺之。大夫以下祿薄。不可復殺。故三等之國同也。禮案百畝之田。一井九分之一也。一夫受田百畝。而分上中下者。以田有肥瘠。故收斂有多寡也。在官人役。不得親耕。則授之祿。以農爲差者。多不過食九人。少不過食五人也。下士視上農夫。則惟食九人之祿。倍者加倍也。次國君卿。惟得大國四之三。小國君卿。惟得大國四之二。不言大夫士。蓋與大國同也。此與孟子說同。蓋周法也。

次國之上卿。位當大國之中。中當其下。下當其上大夫。小國之上卿。位當大國之下卿。中當其上大夫。下當其下大夫。鄭注此諸侯使卿大夫頫聘並會之序也。其爵位同。小國在下。爵異故在上耳。孔疏。既稱大國小國並在。則非是特來。故知使卿大夫頫聘並會也。爵同謂同作卿也。小國之卿。在大國之卿下。爵異謂大國是大夫。小國是卿。位則當大國之上。大夫之上。以卿執羔。大夫執雁。使卿絺冕。大夫玄冕。故知小國之卿。不得在大國大夫之下也。邵氏淵曰。此參三等之國而言。其卿大夫士。制祿之相當者如此。鄭氏見有位當之文。遂以此爲諸侯。使其卿大夫聘會之序。非也。祿以位爲差。言位之當。則足以知其祿之當也。孫氏希旦曰。大國公也。次國侯伯也。小國子男也。蓋制祿則侯上而從公。同爲百里。故公侯並爲大國。制爵則侯下而從伯。同爲七命。故侯伯並爲次國。禮案據此則三等之國。並有三卿二大夫。又下文大國三卿。次國三卿。小國二卿。則與篇首。諸侯之上大夫卿不合矣。至位當自是說祿。邵氏解是。今從之。

其有中士下士者。數各居其上之三分。鄭注謂其爲介。若特行而並會也。居猶當也。此據大國而言。大國之士爲上。次國之士爲中。小國之士爲下。士之數。國皆二十七人。各三分之。上九。中九。下九。以位相當。則次國之上士。當大國之中。中當其下。小國之上士。當大國之下。凡非命士。亦無出外之事。春秋傳謂士爲微。孔疏。中士謂次國之士。下士謂小國之士。大國之士。既定在朝會。若其有中國之士。小國之士者。其行伍之數。各居其上國之三分之二。謂次國上九。當大國中九。次國中九。當大國下九。小國上九。當次國中九。小國中九。當次國下九。亦是居上三分之二也。此云中士下士。不云上士。以大國爲主。中國下國來當之也。邵氏淵曰。古者諸侯雖有上中下士。惟上士常置。中下士有時而缺。或有之。則其制祿之數。當居上士三分之一。如孟子所謂上士倍中士。中士倍下士也。徐氏師曾曰。此當在上士二十七人之下。錯簡在此。孫氏希旦曰。徐氏說是。中士下士。謂其屬於三卿之下士者。各三倍其上士之數也。三卿而上士二十七人。每卿九人。則中士下士。每卿二十七人也。禮案數當是謂分祿之數。如上士倍中士。是三分之祿。上居二。中居一也。中士倍下士。是三分之祿。中得二。下得一也。

凡四海之內九州、州方千里。州建百里之國三十。七十里之國六十。五十里之國百有二十、凡二百一十國。名山大澤不以封、其餘以爲附庸閒田。八州。州二百一十國。鄭注建立也。立大國三十。十三公也。立次國六十。十六卿也。立小國百二十。十二小卿也。名山大澤不以封者。與民同財。不得障管。亦賦稅之而已。此大界方三千里。三三而九。方千里者九也。其一爲縣內。餘八各立一州。此殷制也。周公制禮。九州大界。方七千里。七七四十九。方千里者四十有九也。其一爲畿內。餘四十八。八州各有方千里者六。設法一州。封地方五百里者不過四。謂之大國。又封方四百里者不過六。又封方三百里者。不過十一。謂之次國。又封方二百里者不過二十五。及餘方百里者。謂之小國。盈上四等之數。并四十九。一州二百一十國。則餘方百里者百六十四也。凡處地方千里者。五方百里者五十九。其餘方百里者四十一。附庸地也。孔疏案爾雅釋地云。九夷。八狄。七戎。六蠻。謂之四海。此言四海之內、謂夷狄之內也。地方三千里。以開方計之。三三如九。方千里者有九。其一爲天子縣內。外八州。州別一方千里者。有一州建百里之國三十。七十里之國六十。五十里之國百有二十。其餘以爲附庸閒田。謂置二百一十國之餘地。若封人附於大國。謂之附庸。若未封人。謂之閒田。建是樹立之義。天子縣內。三公百里。今畿外大國。亦百里。是準擬畿內三公之地。故云十三公。每十箇國。則準一公。三十國。準於三公也。十六卿者。亦以畿內六卿之地。方七十里。今畿外次國。亦七十里。故準擬六卿。六十也。通三孤。則謂之九卿。據有職事者言之。爲六卿也。小卿則天子畿內大夫。國方五十里。今畿外小國。亦五十里。是準擬大夫當十。於十二小卿也。名山大澤。若封諸侯。則諸侯爲主。民不得取其財物。故不封諸侯。使民共取。山虞職云。令萬民時斬材有期日是也。既不封諸侯。其諸侯不得障塞管領。禁民取物。但隨其所取賦稅而已。澤虞云。使其地之人。守其財物。以時入於玉府是也。朱子熹曰。封國之制。只是漢儒立下一箇算法。九州之地。冀州極闊。河東河北皆屬焉。雍州亦闊。陝西五路皆屬焉。若青兗徐豫。則疆界有不足者矣。設如夏時。封建之國。至商革命。必削其多者。以與少者。則彼未必服。或以生亂。若封王子弟。須有空地。方可封。左氏載齊地蒲姑氏因之。而後大公因之。若武王不得蒲姑之地。即大公亦未有安放處。禮案四海之內。中國之地。共九州。州方千里。王畿居九分之一。建謂封建諸侯也。統計每州。方千里。有方百里者百。除去三十方百里。六十方七十里。百有二十方五十里。尚餘方百里者。十方十里者。六十已封而不足五十里者。爲附庸。未封而待有功者。爲閒田。

天子之縣內。方百里之國九。七十里之國二十有一。五十里之國六十有三。凡九十三國。名山大澤不以朌、其餘以祿士、以爲閒田。鄭注縣內夏時天子所居。州界名也。殷曰畿。詩殷頌曰。邦畿千里。維民所止。周亦曰畿。畿內大國九者。三公之田三。爲有致仕者。副之爲六也。其餘三。待封王之子弟。次國二十一者。卿之田六。亦爲有致仕者。副之爲十二。又三爲三孤之田。其餘六。

亦待封王之子弟。小國六十三。大夫之田二十七。亦爲有致仕者。副之爲五十四。其餘九。亦以待封王之子弟。三孤之田不副者。以其無職佐公論道耳。雖有致仕。猶可即而謀焉。朌讀爲班。孔疏案鄭注益稷云。禹會諸侯於塗山。執玉帛者萬國。四百國在畿內。今此惟有九十三國者。蓋夏一代畿內稱縣。當禹初有四百國。至夏末、土地既減。未知於時縣內國數多少。湯承夏制。爲九十三國。名山大澤。不以朌者。畿外列土諸侯。有封建之義。故云不以封。畿內之臣。既不世位。有朌賜之義。故云不以朌。所以與民共財。取其物入之王府。即周禮山虞澤虞所掌是也。其餘方百里者六十四。方十里者九十六。是也。孫氏希旦曰。畿內之國。在稍縣都三等之地。言縣內者。舉其中以該上下也。公卿人少而國多者。容有以功德而世國者也。大夫人多而國少者。容有不受田。而但賦之祿者也。元士受地視附庸。此不言者。於祿士中包之也。畿內之閒田。周禮公邑之地也。鄭氏謂三等之國。兼以待封王之子弟。然王子弟之賢者。未嘗不爲公卿大夫。則即受公卿大夫之采地。不必更受地。其不能爲公卿大夫者。雖亦必有田以養之。而恩或從其殺矣。禮案方千里之地。除去九方百里。又二十一方七十里。又六十三方五十里。尚餘六十四方百里。九十六方十里。以養八十一元士。餘以爲附庸閒田以待造士之有成者祿之。名山大澤不以朌賜者。天子自與民同利也。王畿方千里。封建小而餘地多者。天子至尊。百官衆多。非此莫之能給也。

凡九州千七百七十三國。天子之元士。諸侯之附庸不與。鄭注不與。不在數中也。春秋傳云。禹會諸侯於塗山。執玉帛者萬國。言執玉帛。則是惟謂中國耳。中國而言萬國。則是諸侯之地。有方百里。有方七十里。有方五十里者。禹承堯舜而然矣。要服之內。地方七千里。乃能容之。夏末既衰。夷狄內侵。諸侯相并。土地減。國數少。殷湯承之。更制中國方三千里之界。亦分爲九州。而建此千七百七十三國焉。周公復唐虞之舊域。分其五服爲九。其要服之內。亦方七千里。而因殷諸侯之數。廣其土。增其爵耳。孝經說曰。周千八百諸侯。布列五千里內。此文改周之法。關盛衰之中。三七之閒。以爲說也。終此說之意。五五二十五。方千里者二十五。其一爲畿內。餘二十四州。各有方千里者三。其餘七諸侯之地。大小則未得而聞。孔疏此總明殷之畿內畿外國數之法。商王大計地方三千里。畿外八州。每一州二百一十國。封爵三等。八州一千六百八十國。并王畿內九十三國。計千七百七十三國。天子之元士。則下云方百里者六十四。方十里者九十六。是天子之元士。又下云。其餘方百里者十。方十里者六十。是諸侯附庸。不在千七百七十三之數。胡氏銓曰。洛誥傳云。天下諸侯。來進受命於周。退見文武尸者。千七百七十三諸侯。正與此合。鄭不據周而據殷何也。且書武王伐紂。三分有二。八百諸侯。則殷諸侯千二百耳。與此國數。亦自不合。禮案上文天子之元士。次附庸。故皆不在千七百七十三國之內也。畿內一州有元士八十一人。畿外每州之附庸。未有此數。故畿內國少。而畿外國多也。

天子百里之內以共官。千里之內以爲御。鄭注謂此地之田稅所給也。官謂其文書財用也。御謂衣食。孔疏案周禮大府九賦之泉。各有所給。故其職云。關市之賦。以待稍秣。家削之賦。以待匪頒。邦甸之賦。以待工事。邦縣之賦。以待幣帛。邦都之賦。以待祭祀。山澤之賦。以待喪紀。幣餘之賦。以待賜予。是口率出泉。各有所用也。官是官府所須。故爲文書財用。御是進御所須。故爲衣食。但官是卑褻。故用近物。御爲尊重。故用遠物。馬氏晞孟曰。百里之內。去王城五十里。而四面相距。則百里也。千里之內。去王城五百里。相距爲千里。其說自相戾也。孫氏希旦曰。畿內之地百同。百里之內四同。千里之內九十六同。共官以共百官。無采地者之祿。爲御以給天子之用。共官者。非必取於百里以內之所入。與共官之數相當也。爲御者。非必取於千里以內。而千里以內之所入。與爲御之數相當也。禮案共給也。御用也。言百里之內之所出。以給官府。千里之內之所出。以充國用。注謂御天子衣食非也。蓋天子所用謂之御。而士庶所用。亦可謂之御。曲禮上曰。琴瑟不御是矣。

千里之外設方伯。五國以爲屬。屬有長。十國以爲連。連有帥。三十國以爲卒。卒有正。二百一十國以爲州。州有伯。八州八伯。五十六正。百六十八帥。三百三十六長。八伯各以其屬屬於天子之老二人。分天下以爲左右。曰二伯。

鄭注屬連卒州猶聚也。伯帥正亦長也。凡長皆因賢侯爲之。殷之州長曰伯。虞夏及周。皆曰牧。老謂上公。周禮曰。九命作伯。春秋傳曰。自陝以東。周公主之。自陝以西。召公主之。孔疏屬是繫屬。連是連接。卒是卒伍。州是聚居。伯帥正。俱是長。但異其名。旣長諸侯。非賢不可。故因其州內賢侯爲之。張逸問。九州而八伯者何。鄭答云。畿內之州。不置伯。有鄉遂之吏主之。伯卽牧也。畿外有牧。畿內不置也。舜典云。覲四岳羣牧。又云咨十有二牧。左傳宣三年云。夏之方有德也。貢金九牧。大宰云。建其牧。故云虞夏及周皆曰牧。陳氏祥道曰。上文千八百國。分其士也。此繼以方伯連帥。合其人也。古者什五之法。於州鄉則聯其民。於師田則聯其徒。於宿衞則聯其官。故能以中國爲一人。而無內患。爲屬連卒州。以聯其國。爲長帥正伯。以聯其人。故能以天下爲一家。而無外虞。伯皆稱牧者。自內言之。則屈於二伯。故稱牧。曲禮九州之長。入天子之國。曰牧。是也。自外言之。則伸於諸侯。故稱伯。王制謂方伯之國。是也。然周牢伯之名。見於經傳多矣。連帥特見於詩序。若夫五國之屬。於經無聞。左傳曰。晉侯享公。公請屬鄫。豈周所謂連屬與。孫氏希旦曰。管仲言大公賜履。東至於海。西至於河。南至於穆陵。北至於無棣。此周時東伯所主之地也。河謂西河。雍冀二州之界。西至於河所謂自陝以東也。元和郡縣志云。麻城縣有穆陵關。荆州之北境也。無棣今滄州之鹽山縣。同幽州地也。是東伯所主者。幽青兗豫。而其南當盡揚州。但以對楚言。故舉楚北之穆陵耳。西伯所主。自陝以西。有雍州之地。而北則連并冀。南則得荆州。正與東伯各主天下之半。禮案二伯卽曲禮下五官之長曰伯是也。八伯卽曲禮下九州之長入天子之國曰牧者。以連屬謂之八伯者。除王畿一州而言。每州州伯一人。其屬正七人。帥二十七人。長四十二人。皆屬於二伯。而此各國。關係至重。八州之牧。不得自任。必由王朝建設也。天子之老。卽三公。三相也。隱五年公羊傳。天子之相。則何以三。一相處乎內。故自朝廷言之曰三公。自職方言之曰二伯。

千里之內曰甸。千里之外曰采。曰流。

鄭注甸服治田出穀稅。采九州之內地。取其美物。以當穀稅。流謂九州之外也。夷狄流移。或貢或不。禹貢荒服之外。三百里蠻。二百里流。孔疏案禹貢五百里曰甸服。下又云。百里賦納總。二百里納銍。及秸粟米之等。是甸爲治田也。采謂規方千里之外。面別三千里。采取美物。則大行人侯服其貢禮物。甸服其貢嬪物。男服其貢器物。采服其貢服物。衞服其貢材物。要服其貢貨物是也。流謂九州之外面別千五百里之外。二千五百里之內。謂之爲流也。禮案孔傳尚書禹貢云。規方千里之內。謂之甸服。爲天子服治田。去王城面五百里。采即明堂位九采之國是也。流謂九夷八蠻六戎五狄。九采之外。有不火食就水草舍止。其部落遷徙無定。故曰流也。此舉甸以該千里之內之六服。舉采以該千里之外之四夷也。天子三公。九卿。二十七大夫。八十一元士。鄭注此夏制也。明堂位曰。夏后氏之官百。舉成數也。孔疏以周禮其官三百六十。此官百二十。故云夏制。王制之文。鄭皆以爲殷法。此獨云夏制者。以明堂殷官三百。與此百二十數不相當也。陸氏佃曰。周官三百六十。則夏殷宜二百四十。唐虞宜百二十。而書曰。唐虞建官惟百。夏商官倍。舉成數也。所謂天子建三公九卿二十七大夫八十一元士。凡百有二十。唐虞三代所不變。自餘雖多。稱事爲之。非其卿也。故經所言其數。止此而已。禮案說是矣。此蓋舉王朝之臣祿爵之視外諸侯者。非謂邦畿千里建官止此也。周禮天官大宰卿一人。小宰中大夫二人。宰夫下大夫四人。上士八人。中士十有六人。旅下士三十有二人。然則天子之上大夫亦卿耳。此云大夫。中大夫也。數皆倍其上。則中下大夫共八十有一人。而上中下士共四百有五人矣。大國三卿。皆命於天子。下大夫五人。上士二十七人。次國三卿。二卿命於天子。一卿命於其君。下大夫五人。上士二十七人。小國二卿。皆命於其君。下大夫五人。上士二十七人。鄭注命於天子者。天子選用之。如今詔書除吏是矣。小國亦三卿。一卿命於天子。二卿命於其君。此文似誤脫耳。或者欲見畿內之國二卿與。孔疏此天子命諸侯之國卿大夫士之數。五等之國悉同。但大國並公也。崔氏云。三卿者。依周制而言。謂立司徒兼冢宰之事。立司馬兼宗伯之事。立司空兼司寇之事。故左傳云。季孫爲司徒。叔孫爲司馬。孟孫爲司空。此是三卿也。以此推之。故知諸侯不立冢宰宗伯司寇之官也。三卿命於天子。則大夫以下皆其君自命之也。三卿則上中下三品。而含上下。今云下大夫五人者。取卿爲言耳。知大夫有上下者。前云次國之下卿。當大國之上大夫是也。五人。謂司徒之下置小卿二人。一是小宰。一是小司徒。司空之下亦置二小卿。一是小司寇。一是小司空是也。司馬之下唯置一小卿。小司馬也。何休云。古者諸侯有司徒司空上卿各一。下卿各二。司馬事省。上下卿各一。且冢宰云。施典於邦國。設其參。傳其伍。鄭云。參謂卿三人。位謂大夫五人。次國者。夏則伯。殷則侯。周則侯伯也。卿大夫士之命及人數。與大國同。但一卿其君自命爲異。小國者。殷謂伯。夏周同子男也。亦三卿。差次而言。應一卿命於天子。二卿命於其君。此推言二卿。則似誤也。陳氏祥道曰。管仲平戎於王。王以上卿之禮享之。辭曰。有天子之二守國高在。受下卿之禮而還。則國高命於天子者也。藉談曰。輩伯非命卿也。則鞏伯非命於天子者也。郤氏淵曰。大國欲其權不侔上。故三卿皆命於天子。小國欲其權足以制下。故二卿命於天子。一卿命於其君。孫氏希旦曰。命謂天子加以爵命。若周定王以黻冕命晉士會爲大傳。是也。上文其有中士下士者。數各居其上之三分。宜承此下。禮案諸侯之卿。必命於天子者。蓋防其自樹私人。陰圖不軌也。故國益大。而命卿益多也。天子使其大夫爲三監。監於方伯之國。國三人。鄭注使佐方伯領諸侯。孔疏天子使在朝之大夫往監於方伯。每州三人。三八二十四人。崔氏云。此謂殷之方伯。周則於牧下置二伯。亦或因殷。使大夫爲三監。故燕禮云。設諸公之坐。鄭云。公孤也。大國孤一人。而云諸公者。容牧有三監。然則天子於州牧之國。別置三監。大夫以輔之。其尊卑之差。則下文其祿視諸侯之卿。其爵視次國之君。尚書使管叔。蔡叔。霍叔。爲三監者。謂武庚也。與此別也。馬氏晞孟曰。周官天子乃施典於邦國。而建其牧。立其監。三監佐方伯。統領諸侯。其祿則取於方伯之地。孫氏希旦曰。武王滅殷。分其地。以封武庚。管蔡等。班固及書傳。以武庚管蔡爲三監。即諸侯也。書云。王啓監。厥亂爲民。殷之監不止於三。曰三監者。據其爲亂者三人也。後世失其說。謂三監乃監於武庚之國者。而漢人遂欲於方伯之國。皆設三監。以窺伺其動靜。牽制其手足。此乃末世猜防之術。曾謂先王之世。而有是乎。禮案。上文建立牧正帥長者。所以連率其屬也。其屬既同。又恐權歸州伯。成尾大不掉之勢。故設三監於州伯之國。以防其僭亂也。

天子之縣內諸侯。祿也。外諸侯。嗣也。鄭注。內諸侯選賢置之於位。其國之祿。如諸侯。不得位。外諸侯有功乃封之。使之世也。冠禮記曰。繼世以立諸侯。象賢也。孔疏。縣內謂畿內公卿大夫之子。父死得食父之故國采邑之地。不得繼父爲公卿大夫。故直云祿也。有罪乃奪之。此父死子祿者。不在九十三國之數。父死視元士。若有賢德。乃復得父位。畿外諸侯。父死未賜爵。亦視元士。除服則襲父位。以君其國。畿內不世爵。而畿外得世者。以內諸侯。則公卿大夫。輔佐於王。非賢不可。故不世也。畿外諸侯。嘗有大功。報其勞效。又在外少事。故得世也。異義。按公羊穀梁說云。卿大夫世。則權并一姓。妨塞賢路。經譏尹氏。崔氏是也。馬氏晞孟曰。外諸侯而有功。可以入而爲公卿。若鄭武公之類是也。孫氏希旦曰。內諸侯雖不世。然其有功德者。亦得世之。若周召單列之屬是也。凡祭亦畿內國。而富辰與列國並數。此畿內亦有世國之明證。但其所制之田。以爲公卿之祿者。則不世耳。禮案。內諸侯祿者。所以開賢路。故不世爵也。外諸侯嗣者。所以報有功。不忍其一傳而絕也。

制。三公一命卷。若有加。賜也。不過九命。次國之君。不過七命。小國之君。不過五命。鄭注。卷俗讀也。其通則曰袞。三公八命矣。復加一命。則服龍袞。與王者之後同。多於此則賜。非命服也。虞夏之制。天子服有日月星辰。周禮曰。諸公之服。自袞冕而下。如王之服。孔疏。制謂王者制度。三公八命。身著鷩冕。若加一命。則爲上公。與王者之後同。而著袞冕。故云一命卷。卷。周禮觀禮皆作袞。鄭引虞夏之制。天子服日月而下。十有二章。書皋陶云。予欲觀古人之象。日月星辰山龍華虫作繪。宗彝藻火粉米黼黻絺繡是也。日一。月二。星辰三。山四。龍五。華虫六。此六者。皆畫於衣。宗彝七。藻八。火九。粉米十。黼十一。黻十二。此六者。皆繡於裳。至周則日月星辰。畫於旌旗。又登龍於山。登火於宗彝。而冕服九章。一龍。二山。三華虫。四火。五宗彝。皆畫以績。六藻。七粉米。八黼。九黻。皆絺以爲繡。則袞衣五章。裳四章。凡九也。毳衣三章。裳二章。凡五也。衣法天。故章數奇。裳法地。故章數偶。袞冕九旒。鷩冕七旒。毳冕五旒。各依其命數。鄭氏諤曰。周禮言公自袞冕而下。如王之服。則知自袞而上。王自有服章。非日月星辰而何。則王服十二章矣。禮案。鄭司農周禮春官司服注云。袞卷龍衣也。司服云。公之服。自袞冕而下。如王之服。侯伯之服。自鷩冕而下。如公之服。子男之服。自毳冕而下。如侯伯之服。春官典命云。王之三公八命。及其出封。加一等。九命爲伯。其國家宮室車旗衣服禮儀。皆以九爲節。侯伯七命。皆以七爲節。子男五命。皆以五爲節。大國之卿。不過三命。下卿再命。小國之卿。與下大夫一命。鄭注：不著次國之卿者，以大國之下互明之。此卿命則異。大夫皆同。周禮公侯伯之卿三命。其大夫再命。子男之卿再命。其大夫一命。孔疏：大國之卿不過三命。則知次國之卿不過再命。大國下卿再命。則知次國下卿一命。故云互明之。大國上卿三命。下卿再命。次國上卿再命。下卿一命。小國上下卿並皆一命。故云卿命則異。大夫大國。次國。小國。皆同一命。今經云。小國之卿與下大夫一命。既與小國連文。知非直據小國。下大夫一命者。以經云。大國下卿再命。明大夫一命。自然次國大夫亦一命。故云大夫皆同也。孫氏希旦曰：左傳晉侯以三命命先且居將中軍。以再命命先茅之縣賞胥臣。以一命命郤缺爲卿。魯叔孫穆子爲卿。止於再命。季平子、叔孫昭子初以再命爲卿。及伐莒克之。更受三命。是公侯伯之卿。以三命爲極。而其初升者。或惟再命。及一命也。子男之卿。以再命爲極。而其初升者。或惟一命也。此蓋先王愼重爵賞之意。言大國而不言次國者。次國與大國同也。不言小國上卿再命者。以大國之下卿互明之也。不言大國之下大夫再命者。以小國之下大夫互明之也。禮案：周禮春官典命。公之孤四命。則此大國之卿三命。已該公侯伯。故不云次國。非互文也。小國謂子男。其卿再命。此云卿一命者。疑典命言其上卿。此謂其下卿與。凡官民材。必先論之。論辨。然後使之。任事。然後爵之。位定。然後祿之。鄭注：論謂考其德行道藝。辨謂考問得其定也。易曰：問以辨之。爵謂正其秩次。祿與之以常食。孔疏：謂官其人。必先論量德行道藝。今論量考問事。已分辨得其定。實有德行道藝。未明其幹能。故試任以事。事又幹了。然後正其秩次。除授位定。然後與之以祿。胡氏銓曰：論謂物論。自古用人。必采公論。以辨別當否。任事然後爵之。所謂試可。位定謂材稱其位。公論翕然定矣。然後祿之。末世位不定。而尸祿者。滔滔皆是。禮案：官民材。謂選取民庶之有材藝者官之也。必先論之。卽尚書舜典敷奏以言。任事。爵之。卽明試以功。位定。祿之。卽車服以庸。國語晉語云：夫爵以建事。祿以食爵。德以賦之。功庸以稱之。是也。爵人於朝。與士共之。刑人於市。與衆棄之。是故公家不畜刑人。大夫弗養士。遇之塗。弗與言也。屏之四方。唯其所之。不及以政。示弗故生也。鄭注：必共之者。所以審愼之也。書曰：克明德愼罰。屏猶放去也。已施刑則放之棄之。役賦不與。亦不授之以田。困乏及無賙餼也。虞書曰：五流有宅。五宅三居。是也。周則墨者使守門。劓者使守關。宮者使守內。刖者使守囿。髡者使守積。孔疏：此論爵人刑人之事。謂殷法也。周則天子特假祖廟。而拜授之。故洛誥云：烝祭歲。文王騂牛一。武王騂牛一。時册命周公。故特祭文武。若諸侯爵人。因嘗祭之日。故祭統云：祭之日。一獻。君降立於阼階之南。南鄉。所命北面。是也。刑人於市。諸貴賤皆刑於市。周則有爵者刑於甸師氏也。與衆棄之。故天子諸侯之家不畜。大夫不養士。遇於塗。弗與言。放逐棄去。不干及以政教之事。又無賙餼以養其命。是不欲其生也。鄭注墨者守門以下引之者。明周家畜刑人異於夏殷法也。陳氏祥道曰：爵人於朝。周官鄉老及鄉大夫羣吏獻賢能之書於王。王再拜受之。登於天府。內史貳之。是也。刑人於市。周官鄉士遂士所謂肆之三日是也。胡氏銓曰：必共之者。合公議也。必與衆者。不私殺人也。示弗故生。究經意。蓋謂所以困苦之。示若弗故生。欲其改過。未嘗不欲其生也。禮案此公家三公之家。故與大夫士並不得近刑人也。若外諸侯。則宮刑固不常侍也。史記齊世家。豎刁自宮以進是也。抑亦周之前。內庭不用奄寺乎。屏之四方。謂流之四裔也。唯其所之。不與授田宅也。尚書舜典。五流有宅。五宅三居。是唐虞之世。流罪輕者。亦官給其居宅也。

諸侯之於天子也。比年一小聘。三年一大聘。五年一朝。鄭注。比年每歲也。小聘使大夫。大聘使卿。朝則君自行。然此大聘與朝。晉文霸時所制也。虞夏之制。諸侯歲朝。周之制。侯甸男衞。采衞。要服。六者。各以其服數來朝。孔疏案此聘禮記云。小聘曰問。三介。大聘使卿。爲介有五人。其小聘惟三介。故知小聘使大夫也。案昭三年左傳。鄭子大叔曰。文襄之霸也。其務不煩。令諸侯三歲而聘。五歲而朝。故云晉文霸時所制。堯典云。五載一巡守。羣后四朝。鄭注云。巡守之年。諸侯朝於方岳之下。其間四年。諸侯分來朝於京師。歲徧。是虞夏歲朝也。其聘問無文可知。周禮大行人。侯服歲一見。甸服二歲壹見。要服六歲壹見。各以服數來朝也。王氏安石曰。巡守則朝於方岳之下。此五年一朝。疑即是方岳之朝。胡氏銓曰。鄭子大叔之言。乃諸侯朝霸主之法。非朝天子也。況文襄身不肯朝京師。豈能令諸侯朝天子乎。夫襄王狩於河陽。晉文率諸侯朝於王所而已。不朝於周。鄭注誤矣。黃氏震曰。聘者相往來之名。非諸侯於天子之禮。孫氏希旦曰。周禮大宗伯。時聘曰問。殷頫曰視。此諸侯聘於王之法。時聘謂王室有事。則使大夫問之。殷頫謂十二年。王有故不巡守。則衆使大夫視之。是不以比年三年爲常期也。禮案周禮秋官大行人。凡諸侯之邦交。歲相問也。殷相聘也。世相朝也。曲禮下云。諸侯使大夫問於諸侯曰聘。又經解曰。聘問之禮。所以使諸侯相尊敬也。春秋三傳之言。諸侯遣使相聘者多矣。皆無謂諸侯使朝天子曰聘之事。儀禮聘禮。亦諸侯之禮也。蓋比年一小聘。三年一大聘。本聘義及大戴朝事文。疑記人誤取之也。

天子五年一巡守。鄭注。天子以海內爲家。時一巡省之。五年者。虞夏之制也。周則十二歲一巡守。孔疏。堯典云。五載一巡守。謂虞也。若夏殷。依鄭志。當六年一巡守也。周則大行人云。十有二歲。王巡守。殷國。案白虎通云。所以巡守者何。巡者循也。守者牧也。循行守重民之至也。三歲一閏。天道小備。五歲再閏。天道大備。故五年一巡守。以此言之。夏殷六歲者。取半一歲之律呂。周十二歲者。象歲一周也。禮案尚書周官云。惟周王撫萬邦。巡侯甸。四征弗庭。綏厥兆民。六服羣辟。罔不承德。然此本記周法。而五年一巡守。乃從虞制何也。豈以十二載一巡守。爲太疏乎。

歲二月。東巡守。至於岱宗。柴而望祀山川。覲諸侯。問百年者就見之。命大師陳詩以觀民風。命市納賈以觀民之所好惡。志淫好辟。命典禮考時月定日。同律禮樂制度衣服。正之。鄭注。岱宗東岳。柴祭天告至也。覲見也。就見老人。陳詩。謂采其詩而視之。市典市者。賈謂物貴賤厚薄也。質則用物貴。淫則侈物貴。民之志淫邪。則其所好者不正。同陰律也。孔疏。歲二月者。皆以夏時仲月。律歷當其中也。二月八月。又晝夜分。五月十一月者。陰陽終。故取四仲月也。岳之爲言誦。誦功德也。岱者言萬物皆相岱於東方。宗尊也。岱爲五岳之首。故爲尊也。燔柴以祭上天。而告至。後乃望祀山川。覲見東方諸侯。案覲禮。諸侯覲於天子。爲宮方三百步。四門。壇十有二尋。深四尺。鄭注云。王巡守至於方岳之下。諸侯會之。亦爲此宮。以見之是也。到方岳。見諸侯之後。問百年者。就見之。若未至方岳。於道路。有百年者。則王亦先見之。故祭義云。天子巡守。先見百年者。下云八十九十者。東行。西行者。弗敢過。大師。於是掌樂之官。令各陳其國風詩。以觀其政之善惡。天保詩云。民之質矣。日用飲食。是其政和。若其政惡。則十月之交。徹我牆屋。田卒汙萊。是也。命典市之官。進納物賈之書。以觀民之所好惡。若民志淫邪。則好邪僻之物。此陳詩納賈。所以觀民風俗也。典禮之官。於周則大史也。考校四時及十二月之大小。時有節氣早晚。月有弦望晦朔。考之使各當其節。又正定甲乙之日。陰管之同。陽管之律。玉帛之禮。鐘鼓之樂。及制度衣服。各有等差。當正之。使正。堯典云。協時月。正日。同律度量衡。文雖小異。大意同也。禮案。歲謂當巡守之歲。二月仲春也。釋名。仲中也。文元年左傳。舉正於中。民則不惑。蓋仲乃四時之正。故巡守田獵。皆用仲月。亦猶明堂月令。而王於仲月居大廟。孟月季月居左右個也。東岳泰山。爲四岳所宗。故曰岱宗。燔柴祭天。告至也。山川。東岳諸侯境內。名山大川。如其秩次。望祭之。此虞制也。故見諸侯曰覲。尚書舜典。肆覲東后。是也。周則春見曰朝。秋曰覲也。問者。問於當方諸侯。地有期頤之老。就往見之。敬老所以教孝弟也。大師。諸侯之樂官。命各陳其國中之風謠。可考其政教之得失。如讀碩鼠之詩。可知其君之貪。蟋蟀之詩。可徵其俗之儉。賈。價也。納。入也。命其司市入物價之貴賤。可鑒國民之習尚。貴用物。其民必朴。貴玩物。厥民必淫也。天子典禮之官。虞夏則秩宗。殷周則大史也。考諸侯之律歷。有無乖舛。大戴千乘所謂歷失制。攝提失方。孟陬無紀。禮樂不興。妨風是御。是也。制度。防其更作。衣服。禁其奇衺。如後漢五行志所云。服妖是矣。凡如此類。王皆命典禮正之。山川神祇有不舉者。爲不敬。不敬者。君削以地。宗廟有不順者。爲不孝。不孝者。君絀以爵。變禮易樂者。爲不從。不從者。君流。革制度衣服者。爲畔。畔者。君討。有功德於民者。加地進律。鄭注。舉猶宗也。不順者。謂若逆昭穆。流。放也。討。誅也。律。法也。孔疏。山川是外神。不舉。不敬也。山川在其國境。故削以地。宗廟是內神。不順。不孝也。宗廟可以表明爵等。故絀以爵。案文二年左傳曰。夏父弗忌曰。吾見新鬼大。故鬼小。先大後小。順也。於是躋僖公於閔公之上。是逆祀也。禮樂雖爲大事。非是初急所須。故以爲不從。君惟流放。制度衣服。便是政治之急。故以爲畔。君須誅討。此四罪。先輕後重。律法。釋詁文。法謂法度。諸事皆是。卽大行人上公九命。繅藉九寸。冕服九章。建常九斿之等是也。應氏鏞曰。王制四巡之禮。與舜典無甚相遠。然帝舜之所行者。脩五禮。輯五瑞。復五器。王制之所至。則以削絀流討之罰。警於先。以加地進律之賞。誘於後。夫舜豈無黜陟哉。特其德勝。而不深恃夫法耳。世之淳漓。治之繁簡。德之盛衰。於此可觀矣。禮案。曲禮上云。諸侯方祀。祭山川。祭五祀。歲徧。凡祭有其廢之。莫敢舉也。有其舉之。莫敢廢也。變禮若魯莊公。令命婦執幣摯小君。易樂若齊景公。以侏儒戲夾谷之類。革制度衣服。如改正朔。易服色。不用王命。故六師移之。誅其君。絕其封。蓋叛逆之罪。不止於放流而已也。加地。以畿內之田。盡其封。若周襄王以晉有勤王之功。賜原地。加封晉文。進律。以諸侯有功。增其爵。若周平王。以秦平犬戎之亂。進附庸而爲諸侯是也。五月南巡守。至於南嶽。如東巡守之禮。八月西巡守。至於西嶽。如南巡守之禮。十有一月。北巡守。至於北嶽。如西巡守之禮。歸假於祖禰用特。鄭注假至也。特特牛也。祖下及禰皆一牛。孔疏歸謂每五年巡守而歸也。案爾雅釋山云。泰山爲東岳。郭注云。在奉高縣西北。霍山爲南岳。郭云在衡陽湘南縣南。南兵衡山。自漢武帝。始徙南岳之神。於盧江霍山耳。華山爲西岳。郭云在弘農華陰縣西南。恆山爲北岳。郭云在常山上曲陽縣西北。假至釋詁文也。祖謂從始祖。及於禰廟皆一牛。堯典云。歸格于藝祖用特。祖既用特。明知各用特也。唐虞夏五廟。則五特。殷用六。周用七也。孫氏希旦曰。歸至於祖禰之廟。而告至也。先告於大廟。而反齊車之主。然後歷告羣廟。至禰而畢禮。案邢疏爾雅釋山引白虎通云。岳之爲言捔。捔功德也。東方爲岱。南方爲霍。西岳爲華。北方爲恆。霍言萬物。霍然大也。華變也。萬物成變由於西方也。恆常也。萬物伏北方有常也。而學者多以霍山不得爲南岳。言從漢武始。然釋山云。江南衡。又云南岳霍山。霍山則是一山二名明甚。郭注誤以漢時移祀岳神之天柱山爲霍山。引證南岳。孔疏引之。特未深考耳。

禮記通釋卷十七

王環戴禮

王制

天子將出。類乎上帝。宜乎社。造乎禰。諸侯將出。宜乎社。造乎禰。鄭注帝謂五德之帝。所祭於南郊者。類宜造。皆祭名。其禮亡。孔疏天子巡守。將出征。類乎上帝。祭告天也。宜乎社者。巡行誅殺封割。應載社主也。造至也。謂至父祖之廟也。白虎通云。獨見禰何。辭從卑。不敢留尊者之命。至禰不嫌不至祖也。皇氏云。行必有主。無則主命。載于齊車。書云。用命賞於祖是也。今出辭別。先從卑起。最後至祖。仍取遷主則行也。若前至祖。後至禰。是留尊者之命。故不敬也。若還則後禰者。先應反主祖廟故也。然出告天地。還不告者。白虎通云。天道無內外故也。諸侯將出。謂朝王及自相朝盟會征伐之事。不得告天。故從社始。亦載社主。亦告祖及載主也。曾子問曰。出反必親告於祖禰。是也。案小宗伯云。凡天地之大烖。類社稷宗廟。則爲位。鄭注云。類者。爲其正禮而爲之。是類爲祭名也。爾雅釋天云。起大事。動大衆。必先有事乎社。而後出。謂之宜。是宜爲祭義也。案大祝六祈。一曰類。二曰造。是造爲祭名也。禮案出造乎禰。歸假於祖禰者。事死如事生。猶出必告。反必面也。此宜亦用特。又不言祖者。文省也。禮諸侯不得祀天。故不類乎上帝也。

天子無事與諸侯相見曰朝。考禮正刑一德。以尊于天子。天子賜諸侯樂。則以柷將之。賜伯子男樂。則以鼗將之。諸侯賜弓矢。然後征。賜鈇鉞。然後殺。賜圭瓚。然後爲鬯。未賜圭瓚。則資鬯于天子。鄭注事謂征伐。將謂執以致命。柷鼗皆所以節樂。諸侯得其器。乃敢爲其事。圭瓚鬯爵也。鬯秬酒也。孔疏此朝謂常朝。雖四時而來朝。朝是總名也。若時會有征伐之事。則比常朝別也。諸侯相與朝王之時。考校禮儀。正定刑法。專一道德。以尊崇天子。不言樂者。禮中兼之。禮刑是施用於人。故先言之。道德是已之所行。故後言之。凡與人之物。置其所與大者於地。執其小者以致命於人。將行也。謂執以將命。案漢禮器制度。柷狀如漆桶。中有椎。將作樂。先擊之。鼗如小鼓長柄。旁有耳。搖之使自擊。柷之節樂。節一曲之始。其事寬。故以將諸侯之命。賜弓矢。謂八命作牧者。宗伯注云。謂侯伯有功德者。加命得專征伐。當州之內。若九命爲二伯。則得專征一方。五侯九伯也。若七命以下。不得弓矢賜者。尚書大傳云。以兵屬於得專征伐者。此弓矢則尚書彤弓一。彤矢百。盧弓十。盧矢千。於周禮則唐弓大弓。合七而成規者。賜鈇鉞謂上公九命得專討之。晉文侯雖受弓矢。不受鈇鉞。崔氏云。不得鈇鉞。不得專殺。故執衛侯歸之於京師。賜圭瓚亦謂上公九命者。若未賜圭瓚。則用璋瓚。鬯者釀秬黍爲酒。和以鬱金之草。謂之鬱鬯。不以鬱和。直謂之鬯也。方氏愨曰。行天子之禮。則禮樂自天子出矣。用天子之刑。則征伐自天子出矣。諸侯豈有異心者哉。故能一德以尊於天子也。禮案周禮春官宗伯。有事相見曰時會。此無事相見。故曰朝也。考禮即大戴朝事。與之大射。以考其習禮樂。正刑即儀禮覲禮。侯氏肉袒入門右。北面立。告聽事也。一德無貳心也。

詩大雅上帝臨汝。無貳爾心是也。說文鉄莝斫刀。廣雅鉞斧也。白虎通引王度記云。天子鬯。諸侯薰。大夫芑蘭。士兼。庶人艾。秬者黑黍。一稃二米。鬯者以百草之香。鬱金合而釀之。成爲鬯。陽達於牆屋。陰入於淵泉。所以灌地降神也。玉瓚者。所以灌鬯之器也。以圭飾其柄。灌鬯貴玉氣也。

天子命之教。然後爲學。小學在公宮南之左。大學在郊。天子曰辟廱。諸侯曰頖宮。鄭注學所以學士之宮。尚書傳曰。百里之國。二十里之郊。七十里之國。九里之郊。五十里之國。三里之郊。此小學大學。殷之制。辟廱頖宮。尊卑學異名。辟明也。廱和也。所以明和天下。頖之言班也。所以班政教也。孔疏此是殷制。故引書傳郊之所在以明之。若周制則司馬法云。天子畿內方千里。百里爲郊。聘禮注云。遠郊上公五十里。侯伯三十里。子男十里。近郊各半之。案書序云。命君陳分正東郊。注云。東郊周之近郊。蓋五十里。天子近郊半遠郊。則諸侯亦然。下文云。殷人養國老於右學。養庶老於左學。則左學小。右學大。此云小學在宮南之左。故知殷制也。周則大學在國。小學在西郊也。釋詁云。辟君也。君則尊明。謂於此學中。習學道藝。欲使天下之人。悉皆明達諧和。頖是分判之義。於此學中施化。使人觀之也。案詩注云。築土雝水。水外圓如璧。注又云。頖之言半。以南通水。北無也。二注不同者。此注解其義。詩注解其形也。金氏榜曰。國之小學。諸侯立於公宮南之左。天子則在王宮之四門。四門者東南稱門。西北稱闈。周官師氏。令其屬守王門。保氏令其屬守王闈。學禮有東學南學西學北學。祭義天子立四學。將入學而大子齒。皆謂此四門之小學。王太子王子及諸侯卿大夫之子學焉。辟雍者。大學之統名。周立三代之學。通名曰辟廱。猶五帝之學。通名成均矣。禮案說是也。大戴保傅引學禮先云帝入東南西北之學。後云帝入大學。則東南西北之皆小學明矣。大學即此在郊之大學也。祭義云。天子立四學。鄭注彼云四學周四郊之虞庠。則在郊之大學。當亦有四矣。白虎通云。天子立辟雍何。所以行禮樂宣德化也。辟者璧也。象璧圓。又以法天。於雍水側。象教化流行也。諸侯曰泮宮者。半於天子宮也。明尊卑有差。所化少半者。象璜也。獨南面禮儀之方有水耳。明不得化四方也。

天子將出征。類乎上帝。宜乎社。造乎禰。禡於所征之地。受命于祖。受成于學。出征。執有罪。反。釋奠于學。以訊馘告。鄭注禡師祭也。爲兵禱。其禮亦亡。受命告祖也。受成定兵謀也。釋菜奠幣。禮先師也。訊馘所生獲斷耳者。詩曰執訊獲醜。又曰在頖獻馘。馘或爲國。孔疏案釋奠云是類是禡師祭也。其神蓋蚩猶或曰黃帝。受命謂出時告祖。是不敢自專。有所稟承祖禰者。告以祖爲尊。故特言祖也。受成謂在學。出征謂出師。征伐執有罪之人。還反而歸。釋菜奠幣於學。以可言問之。訊截左耳之馘。告先聖先師也。案周禮宗伯。師還獻愷於祖。司馬職云。愷樂獻於社。此不云祖及社者。文不具。陳氏祥道曰。造乎禰。則造於祖可知。受命於祖。則用命於社可知。受成於學。則謀始於朝可知。類宜造禡。先後之次。受命受成。尊卑之次。訊者問以言。馘者截其耳。釋莫於學而告之者。以學者文德之地。征者威武之事。於其文德之地。告以威武之功。以明用武以文。任威以德而已。此僖公所以在頖獻馘。而國人頌其允文允武也。訊馘之所告。非不及廟社。以其言辟廱頖宮之事。故特稱告學而已。孫氏希旦曰。釋奠設薦饌而酌奠。不迎尸也。凡告祭。輕者釋幣。重者釋奠。聘禮使者歸。乃至於禰。筵几於室。薦脯醢。觴酒。陳席於胙。荐脯三獻。此大夫釋奠之禮也。天子諸侯。釋奠則有牲牢。則有舞。曾子問曰。凡告用牲幣。反亦如之。文王世子曰。凡釋奠者。必有合也。合謂合樂也。禮案。禡於所征之地。謂天地社稷宗廟學宮之祭。皆行於出入之際。惟禡乃祀教戰造兵之神。故師至其地而始祭焉。師出宜乎社。受命於祖。故師旋賞罰。亦於社於祖也。尚書甘誓。用命賞於祖。不用命戮於社是也。

天子諸侯無事則歲三田。一爲乾豆。二爲賓客。三爲充君之庖。無事而不田曰不敬。田不以禮曰暴天物。

鄭注三田者。夏不田。蓋夏時也。周禮春曰蒐。夏曰苗。秋曰獮。冬曰狩。乾豆謂臘之以爲祭祀豆實也。庖今之廚也。不敬者。簡祭祀。略賓客。孔疏無事謂無征伐出行喪凶之事。則一歲三時田獵。獵在田中。又爲田除害。故稱田也。豆實非脯。云乾者。謂作醢及臡。先乾其肉。故云乾豆。是上殺者也。二爲賓客。中殺者也。三爲充君之庖。下殺者也。案穀梁桓四年范甯云。上殺中心死速。乾之以爲豆實。次殺射髀骼死差遲。故爲賓客。下殺中腸汚泡死最遲。故充庖廚。若田獵不以其禮。殺傷過多。是暴害天所生物。以禮田則下文不合圍。至不覆巢皆是也。方氏愨曰。春蒐夏苗秋獮冬狩。則田所行之時。乾豆賓客充君之庖。則田所爲之事。爲事有三。故曰歲三田也。與易言田獲三品同義。公羊氏以夏不田誤矣。馬氏晞孟曰。謂祭無敬。故無事而不田。曰不敬。謂暴無傷。故田不以禮。曰暴天物。孫氏希旦曰。此言天子諸侯歲三田。與周禮左傳不合。蓋夏漢初周禮未出。而左傳傳者尚少。作是篇者。本爲公羊之學。故其說如此。禮案。夏小正十有一月王狩。而春及秋。皆無記獵之文。則注謂夏不田者。夏一時非也。蓋歲三田者。四時之田。皆爲供三者之用。方說是矣。桓四年穀梁傳曰。四時之田用三焉。唯其所先得。一爲乾豆。二爲賓客。三爲充君之庖是也。夫爲乾豆者。備吉禮也。爲賓客者。備賓禮也。無事而不爲宗廟賓客之奉。則廢禮矣。故曰不敬。田不以禮。不止言多殺。若時出遊獵爲樂。不當四仲之月。或圖口腹之欲。不爲祭祀燕享之用者皆是也。

天子不合圍。諸侯不掩羣。天子殺則下大綏。諸侯殺則下小綏。大夫殺則止佐車。佐車止則百姓田獵。

鄭注爲盡物也。綏當爲緌。緌有虞氏之旌旗也。下謂弊之。佐車驅逆之車。孔疏天子四時田獵皆得圍。但圍而不合。若諸侯惟春田不得圍。夏秋冬得圍。圍亦不合。故曲禮云。國君春田不圍澤。不掩羣。是畿內諸侯。爲天子大夫。故曲禮云。大夫不掩羣。案明堂位云。有虞氏之旂。夏后氏之綏。鄭注云。有虞氏當言綏。夏后氏當言旂。旂者。周謂之大麾。於周則春夏田用緌。秋冬用大常。下謂弊仆於地也。若初殺時則抗之。已殺獵止之時。則旗弊之。故詩傳云。天子發抗大綏。諸侯發抗小綏。此抗綏以表天子諸侯之獲也。大夫殺則止佐車。則天子諸侯殺。未止佐車也。以此推之。則天子殺然後諸侯殺。諸侯殺然後大夫殺是也。案大司馬云。乃設驅逆之車。注云。驅之出禽獸。使趨田也。逆逆要不得令走也。大夫殺則止佐車。是殺禽既畢。佐車休止。百姓田獵者。冬田主用衆。物多衆得取也。孫氏希旦曰。不合圍。圍其三面而不合。易所謂王用三驅。失前禽是也。大綏。天子田獵所建之旌。染旄爲黑色。注之竿首而無旒縿。以其垂旒綏綏然。故謂之綏。明堂位。夏后氏之綏是也。以其可以指麾。故又謂之大麾。周禮巾車。木路建大麾以田是也。小綏。諸侯田獵所建之旌。制如大綏而稍小者也。禮案。大綏小綏。射車所建之旌。綏謂垂旒。孫說是也。大戴投壺云。射夫命射。射者之聲。御車之旌。是射車建旌也。下謂得禽獸。則落其旌。示射畢車退也。蓋天子諸侯。殺必以禮。隨卽下綏。示得禽則止。不忍多殺也。

獺祭魚。然後虞人入澤梁。豺祭獸。然後田獵。鳩化爲鷹。然後設罻羅。草木零落。然後入山林。昆蟲未蟄。不以火田。不麛。不卵。不殺胎。不殀夭。不覆巢。

鄭注。取物必順時候也。梁絕水取魚者。罻小網也。昆明也。明虫者。得陽而生。得陰而藏。重傷未成物。殀斷殺。少長曰夭。覆敗也。孔疏案月令。正月獺祭魚。孝經緯云。獸蟄伏。獺祭魚。則十月中也。是獺一歲再祭魚。此下文鳩化爲鳩草木零落。文相連接。則獺祭魚。然後虞人入澤梁。謂十月時。然則正月獺祭魚。虞人不得入澤梁也。月令九月豺乃祭獸。夏小正十月豺祭獸。則是九月末十月初也。豺祭獸之後。百姓可以田獵。但鳩化有漸。月令季夏鷹乃學習。孟秋鷹乃祭鳥。其鳩化爲鷹。則八月時。故周禮司裘注云。中秋鳩化爲鷹。是也。說文罻捕鳥網也。又爾雅鳥罟謂之羅。草木零落。謂十月時。月令季秋草木黃落。其芟拆。則在十月時。故毛詩傳云。草木不折。不操斧斤。不入山林。此謂官民總取材木。若依時取者。則山虞云。仲冬斬陽木。仲夏斬陰木。不在零落之時。昆虫未蟄。不以火田。謂未十月時。十月則得火田。故羅氏蜡則作羅襦注云。今俗放火張羅。從十月至仲春。皆得火田。故司馬職云。春火弊是也。不麛不卵。據國語云。獸長麛夭。鳥翼鷇卵。是春尤甚。此注云。重傷未成物。則四時皆然也。禮案埤雅。獺獸似狐而小。青黑色。水居食魚。夏小正二月魚陟負冰。獺獸祭魚。祭者取魚置水裔。自祭其先。進而弗食。虞人澤虞也。侯獺祭魚而後入澤梁。則取魚當在二月時。故小正云。二月祭鮪是也。正字通。豺長尾白頰。色黃。小正十月豺祭獸。故十有一月王狩也。鳩化爲鷹。夏至時也。小正五月鳩爲鷹。六月鷹始摯。又小正。昆小虫。昆者衆也。九月玄鳥蟄。熊羆貊貉𧳜鼬則穴。穴也者。言蟄也。故火田必至冬令。動物蟄藏也。麛鹿子也。見爾雅釋鳥。魚皆卵生。見大戴易本命。增韻。凡孕而未生皆曰胎。說文。鳥在木上曰巢。逸周書文傳解曰。無殺夭胎。無伐不成材。無墮四時。如此者十年。有十年之積者王。有五年之積者霸。無一年之積者亡。生十殺一者物十重。生一殺十者物頓空。十重者王。頓空者亡。

冢宰制國用。必於歲之杪。五穀皆入。然後制國用。用地大小。視年之豐耗。以三十年之通制國用。量入以爲出。祭用數之仂。

鄭注。制國用。如今度支經用杪末也。小國大國。豐凶之年。各以歲之收入。制其用多用少。多不過禮。少有所殺。通三十年之率。當有九年之蓄。出謂所當給爲。祭用算今年一歲經用之數。用其什一。孔疏此謂制國之用多少必計地大小。又視年之豐耗。若地大年豐。則制用多。地小年耗。則制用少。先以三十年。通融之法。留九年蓄。外計見在之物。以制國用。每年之率。入分爲四分。一分擬爲儲積。三分爲當年所用。二年又留一分。三年又留一分。是三年總得三分。爲一年之蓄。通三十年之率。當有十年之蓄。此云九年者。崔氏云。三十年間。大略有三閏月。十三。足爲一年。故惟有九年之蓄。出謂所當給爲者。給百官賓客。及民人。爲造國家器物也。下文云。喪用三年之仂。此直云數之仂。故知是一歲之仂也。仂是分散之名。考工記云。以其圍之仂。捎其藪。彼注。仂謂三分之一。此云什一者。以民稅一歲之十一。則國祭所用。亦十一也。此謂當年經用之內。用其什一。非是通計擬。三年之儲積之蓄也。禮案冢宰制國用。卽周禮天官大宰。以九式均節。財用也。五穀卽月令麥菽稷麻黍也。通卽儒行上通而不困也。於歲之杪。則可計量。今歲五穀之所入。以爲來年用出之數。四分儲一。備凶歉之需。則國無拮据之患矣。祭有常典。其用寡。故用數之仂。喪非常事。其費鉅。故下文用三年之仂是也。

喪三年不祭。唯祭天地社稷。爲越紼而行事。喪用三年之仂。喪祭用不足曰暴。有餘曰浩。祭豐年不奢。凶年不儉。

鄭注不敢以卑廢尊。越猶蹕也。紼輴車索。喪大事用三歲之什一。暴猶耗也。浩猶饒也。不奢不儉。常用數之仂。孔疏私喪者。是其卑。天地社稷是其尊。遭喪既殯後。若有天地社稷之祭卽行之也。未葬之前。屬紼於輴。備火災。今祭天地社稷。須越蹕此紼。而往祭所。故云越紼。六宗山川之神則否。其宮中五祀。在喪內。則亦祭之。曾子問曰。君薨五祀之祭不行。既葬而祭之。但祭時不須越紼。蓋五祀宮中之神。喪時朝夕出入所祭。不爲越紼也。暴是物被殘耗。浩是多大之義。程子顥曰。越紼則是猶在殯宮。於時無由可致齊。又安能脫喪服。衣祭服。此皆難行。縱天地之祀不可廢。則止可使冢宰攝耳。張子載曰。父在子爲母喪。則不敢見其父。不敢以禮見也。今天子爲父之喪。以此見上帝。是亦非禮見也。故不如無祭。禮案說是也。夫祭吉禮。喪凶禮。若於凶服之中卽吉。是吉凶相雜。不足以爲禮。何以敬事天地社稷之神乎。

國無九年之蓄曰不足。無六年之蓄曰急。無三年之蓄曰國非其國也。三年耕必有一年之食。九年耕必有三年之食。以三十年之通。雖有凶旱水溢。民無菜色。然後天子食日舉以樂。

鄭注菜色食菜之色。民無食菜之飢色。天子乃日舉以樂侑食。孔疏凶旱謂凶荒遭旱也。水溢謂水之汎溢。凡水旱之歲。歷運有常。按律歷志云。一元四千五百六十歲。初入元一百六歲。有陽九。謂旱九年。次三百七十四歲。陰九。謂水九年。次四百八十歲。有陽九。謂旱九年。次七百二十歲。陰七。謂水七年。次七百二十歲。陽七。謂旱七年。次六百歲。陰五。謂水五年。次六百歲。陽五。謂旱五年。次四百八十歲。陰三。次四百八十歲。陽三。此是陰陽水旱之大數也。故有九年。七年。五年。三年之災。須三年。六年。九年之蓄也。皆貯積滿九年之後。則腐壞當隨時給用也。禮案蓄藏也。急窘也。不足謂無儲積。非其國。謂國非其有也。蓋國以民爲本。民以食爲天。苟無餘蓄。則凶札何以自存乎。一年之食。謂三年之所餘也。如有三年之餘。則得十年之儲。卽有大荒。大裁。民可安存。故堯遭洪水九載。湯有大旱十年。猶能立國也。菜色青黃。故以方餓者之容。注謂食菜之色非也。廣韻無穀曰飢。無菜曰饉。旱乾水潦。稼穡不登。民所以苦肌。又安能藝圃植蔬。以免饉耶。莊二十八年穀梁傳。國無九年之畜。曰不足。無六年之畜。曰急。無三年之畜。曰國非其國也。古者稅什一。豐補敗。不外求而上下皆足也。雖累凶年。民弗病也。周禮天官膳夫。王日一舉鼎。十有二物。皆有俎。以樂侑食。淮南主術訓。鼛鼓而食。奏雍而徹。是也。故國有大故則減膳徹樂。

天子七日而殯。七月而葬。諸侯五日而殯。五月而葬。大夫士庶人三日而殯。三月而葬。三年之喪。自天子達。庶人縣封。葬不爲雨止。不封不樹。喪不貳事。鄭注：尊者舒，卑者速。春秋傳曰：天子七月而葬，同軌畢至；諸侯五月，同盟至；大夫三月，同位至；士踰月，外姻至。三年之喪，下通庶人，於父母同。天子諸侯降期。縣封當爲縣窆。縣窆者，至卑不得引紼下棺，雖雨猶葬，以其禮儀少。封謂聚土爲墳。不封之，不樹之，又爲至卑無飾也。周禮曰：以爵等爲丘封之度與其樹數。則士以上乃皆封樹。貳之言二也。庶人終喪無二事，不使從政也。喪大記曰：大夫士既葬，公政入於家；既卒哭，弁絰帶，金革之事無辟也。孔疏：天子諸侯位既尊重，送終禮物，其數既多，身在於喪，許其申遂，故日月緩也。大夫及士禮數既卑，送終之物，其數簡少，又職唯促遽，義許奪情，故日月促也。必至三日者，冀其更生，三日不生，亦不生矣。所引春秋隱元年左氏文。杜預云：言同軌以別四夷。謂中國諸侯車同軌，轍盡皆來至。同盟云同在方岳之盟。同位者，行役不輸時，諸侯以下不言畢至，有來有否，故不云畢。案左傳大夫言三月，士踰月，此總云三月者，大夫除死月爲三月，士數死月爲三月，正是踰越一月，故言踰月耳。其殯日之義，已具上曲禮疏。庶人賤無碑繂，縣繩下棺，故云縣窆。威儀既少，日又促遽，將葬之時，不爲雨止，不積土爲封，不標墓以樹。案異義公羊說：雨不克葬，謂天子諸侯也。卿大夫臣賤，不能爲雨止。在廟未發之時，庶人及卿大夫亦得爲雨止；若其已發在路，及葬，則不爲雨止。周禮有爵者乃有丘封，故庶人不封樹。樹數則無文。案白虎通云：天子松，諸侯柏，大夫栗，士槐。貳之言二也。喪不貳事，謂不爲兩事也。陳氏祥道曰：魯葬定公與敬嬴，以雨不克葬，而春秋譏之，則不爲雨止者，不特庶人而已。天子崩，王世子聽於冢宰三年，則喪不貳事，亦不特庶人而已。王氏安石曰：不貳事，使一於喪事也。金革無辟，上使之，非也，或權制也。禮案：凶事不預，故喪葬之具必死而後制。尊者期展，以附身附棺之屬繁；卑者期促，以衣衾明器之物殺也。儀文繁簡，雖有貴賤之殊，而齊斬之情則一焉。故自天子達於庶人無等也。縣封之封，即檀弓上之揜坎也。不封之封，即禮器之丘封也。荀子禮論曰：先王恐其不文也，故天子七月，諸侯五月，大夫三月，皆使其須足以容事，事足以容成，成足以容文，文足以容備，曲容備物之謂道矣。

自天子達於庶人。喪從死者，祭從生者。支子不祭。鄭注：從死者，謂衣衾棺槨。從生者，謂奠祭之牲器。孔疏：盧植解云：謂除服之後，吉祭之時，以子孫官祿祭其父祖，故云從生者。若喪中之祭，虞祔練祥，仍從死者之爵。故小記云：士祔於大夫則易牲。又云：其妻爲大夫而卒，而後其夫不爲大夫，而祔於其妻，則不易牲。又雜記云：上大夫之虞也少牢，卒哭成事、祔皆大牢；下大夫之虞也犆牲，卒哭成事、祔皆少牢。是喪中之祭，仍從死者之禮也。奠謂葬前，祭謂葬後，包喪終吉祭也。中庸云：父爲大夫，子爲士，葬以大夫，祭以士。又云：父爲士，子爲大夫，葬以士，祭以大夫。皆祭與喪葬連文，故祭中兼爲喪奠也。或云在喪中祭，尚從死者，至吉祭，乃用生者祿耳。陳氏祥道曰：祭雖從生者，而有所謂從死者，故父爲士，子爲天子諸侯，其尸則以士服。支子雖不祭，而有所謂祭，故宗子爲士，庶子爲大夫，則以上牲祭於宗子之家。孫氏希旦曰：支子不祭，說已見曲禮下。禮案：自天子達於庶人，王氏安石、孫氏希旦、陳師衍皆云屬上喪不貳事句。今詳其文義信然。

天子七廟，三昭三穆，與大祖之廟而七。諸侯五廟，二昭二穆，與大祖之廟而五。大夫三廟，一昭一穆，與大祖之廟而三。士一廟。庶人祭於寢。鄭注：此周制。七者，大祖及文王武王之祧與親廟四大祖后稷殷則六廟契及湯與二昭二穆夏則五廟無大祖禹與二昭二穆而已諸侯大祖始封之君王者之後不爲始封之君廟大夫大祖別子始爵者大傳曰別子爲祖謂此雖非別子始爵者亦然上謂諸侯之中士下士名曰官師者上士二廟寢適寢也孔疏鉤命決云唐堯五廟親廟四與始祖五禹四廟至子孫五殷五廟至子孫六周六廟至子孫七禮器云周旅酬六尸一人發爵則周七尸七廟明矣諸侯始封之君謂王之子弟封爲諸侯爲後世之大祖當此君之身不得立出王之廟則全無廟也故諸侯不取祖天子始封君之子得立一廟六世之孫始五廟備也若異姓始封如大公之屬初封則得立五廟從諸侯禮也諸侯之子始爲卿大夫謂之別子者是嫡夫人之次子或衆妾之子別異於正君繼父言之故云別子此大祖几有數條一是別子初雖身爲大夫中間廢退至遠世子孫始得爵命則以爲大祖別子不得爲大祖也二是別子及子孫不得爵命者後世始得爵命自得爲大祖三是全非諸侯子孫異姓爲大夫及他國之臣初來仕於大夫者亦得爲大祖故云雖非別子始爵者亦然此大夫三廟者更不別云諸侯之大夫故知與天子大夫同卿即大夫總號也案祭法適士二廟此云士一廟故鄭云諸侯之中士下士則天子之中士下士皆二廟也以其總稱元士也祭法云適士二廟言適士則不得兼中下也庶人在官府史之屬及尋常庶人祭謂荐物以其無廟故惟荐而已荐獻不可褻處故知適寢也朱子熹曰以諸侯之廟言之周禮建國之神位左宗廟則五廟皆在公宮之東南矣其制則孫毓以爲外爲都宮大祖在北二昭二穆以次而南蓋大祖之廟始封之君居之昭之南廟四世之君穆之南廟五世之君也廟皆南向各有門堂室寢而牆宇四周焉大祖之廟百世不遷自餘四廟則六世後每一易世而一遷其遷之也新主祔於其班之南廟南廟之主遷於北廟北廟親盡則遷於大廟之夾室凡廟主在本廟之室中皆東向其祫於大廟之室中則惟大祖東向自如而爲最尊之位羣昭入此者皆列於北墉下而南向羣穆入此者皆列於南墉下而北向南向者取其向明故謂之昭北向者取其深遠故謂之穆蓋羣廟之列則左爲昭右爲穆祫祭之位則北爲昭而南爲穆也昭常爲昭穆常爲穆蓋二世祧則四世遷昭之北廟六世祔昭之南廟一世祧則五世遷穆之北廟七世祔穆之南廟昭者祔則穆者不遷穆者祔則昭者不遷此所以祔必以班尸必以孫而子孫之列亦以爲序若武王謂文王爲穆考成王稱武王爲昭考則自其始祔已然而春秋傳以管蔡郕霍爲文之昭邘晉應韓爲武之穆雖其既遠而猶不易也禮案爾雅釋詁昭見也穆敬也父以明見下故曰昭子以敬順上故曰穆庶人之祭無牲牢荐時物而已下文春荐韭夏荐麥是也無廟故荐於寢寢正寢也爾雅釋宮室有東西廂曰廟無東西廂有堂曰寢

天子諸侯宗廟之祭春曰礿夏曰禘秋曰嘗冬曰烝

鄭注此蓋夏殷之祭名周則改之春曰祠夏曰礿以禘爲殷祭詩小雅曰礿祠烝嘗於公先王此周四時祭宗廟之名孔疏皇氏云礿薄也春物未成其祭品鮮薄也禘者次第也夏時物雖未成宜依時次第而祭之白虎通云嘗者新穀熟而嘗之烝者衆也冬之時物成者衆矣孫炎云烝進也進品物也祭名與周不同故以爲夏殷之祭又無文故稱蓋以疑之案宗伯云以祠春享先王以礿夏享先王春秋僖八年秋七月禘於大廟是禘爲殷制殷猶大也謂五年一大祭引文王之詩天保篇謂文王受命已改殷夏祭之禘曰礿而詩先言礿後言祠者從便文嘗

在蒸下。以韻句也。于公諸𧹞至不竊也。先王謂后稷大王王季也。孫氏希旦曰。周以天子有大禘之祭。故改春夏祭名以䄍之。而諸侯祭名仍舊。故魯春秋書魯后禘。皆時祭也。萬氏斯大曰。禮不王不禘。此連諸侯並言者。蓋春秋時若魯若晉。俱僭行禘。記者從僭後爲文。遂與天子連言之耳。禮案春秋繁露祭義云。春始生。故曰祠。善其司也。夏約故曰礿。貴所受初也。先成故曰嘗。嘗之言甘也。畢熟故曰蒸。蒸言衆也。

天子祭天地。諸侯祭社稷。大夫祭五祀。鄭注五祀謂司命也。中霤也。門也。行也。厲也。此祭謂大夫有地者。其無地祭三耳。孔疏案祭法云。王立七祀。曰司命。曰中霤。曰國行。曰泰厲。曰戶。曰竈。諸侯五祀無戶竈。自外與天子同。明大夫五祀。與諸侯同。是司命中霤門行厲也。此祭五祀。與諸侯同。故知大夫有采地者。其無地祭三者。以祭法云。大夫立三祀。曰族厲。曰門。曰行也。賈氏公彥曰。社者五土之總神。句龍爲后土之官。有功於民。死配社而食。稷是原隰之神。宜五穀。五穀不可遍舉。稷者五穀之長。立稷以表神名。棄爲堯時稷官。主稼穡之事。有功於民。死配稷而食。名爲田正。馬氏晞孟曰。社稷者。土穀之神。諸侯爲天子守土。故祭社稷。大夫則有家。故祭五祀。蓋上可以兼下。故天子祭天地社稷五祀。下不可以兼上。故諸侯祭社稷而不得祭天地。禮案祭天地謂祀天於南郊。祀地於北郊也。天尊地卑。故諸侯不得郊天。而可祀社也。荀子禮論曰。郊止乎天子。社至諸侯。道及士大夫。祭法云。天子自爲立社曰王社。諸侯自爲立社曰侯社。大夫以下。成羣立社曰置社。蓋天子亦祭社稷。諸侯亦祭五祀。見曲禮下。此云天子祭天地。諸侯祭社稷。大夫祭五祀。互文也。

天子祭天下名山大川。五嶽視三公。四瀆視諸侯。諸侯祭名山大川之在其地者。鄭注視視其牲器之數。祭在其地。魯人祭泰山。晉人祭河是也。孔疏案夏傳云。五岳視三公。四瀆視諸侯。其餘山川視伯。小者視子男。鄭注云。謂其牲幣粢盛籩豆爵獻之數。非謂尊卑。案周禮上公饔餼九牢。飧五牢。享禮九獻。豆四十。侯伯饔餼七牢。飧四牢。享禮七獻。豆三十有二。子男饔餼五牢。飧三牢。享禮五獻。豆二十有四。公羊云。三望祭泰山河海。是魯祭泰山。但泰山是齊魯之界。故齊亦祭之。禮器云。齊人將有事於泰山。必先有事於配林。晉人將有事於河。必先有事於惡池是也。孫氏希旦曰。視謂用其獻數及俎籩豆之數也。上公九獻。侯伯七獻。地祇不灌。而以瘞埋降神。則視上公者七獻。視諸侯者五獻。以其無二灌故也。周禮職方氏。九州皆有山鎮。有川澤。有浸。爾雅梁山。晉望也。左傳江漢雎漳。楚之望也。則名山大川不止於岳瀆。岳瀆乃其尤鉅者爾。禮案視猶比也。五岳爲衆山所仰。比三公坐而論道。江漢朝宗於海。比諸侯之尊事天子。必祭之者。以其氣之所感。能出雲雨。滋生萬物也。四岳注見前。說苑云。嵩高山中岳也。五岳何以視三公。雲觸石而出。膚寸而合。不崇朝而雨天下。施德博大。故視三公。四瀆者。謂江河淮濟也。何以視諸侯。能蕩滌垢濁。通百川於海。出雲雨千里。爲施甚大。故視諸侯也。山川何以視子男。能出物。能潤澤物。能生雲雨。爲恩多。然品類以百數。故視子男也。

天子諸侯。祭因國之在其地而無主後者。鄭注謂所因之國。先王先公。有功德。宜世祀。今絕無後。爲之祭主者。昔夏后氏郊鯀。至杞爲夏後。而更郊禹。晉侯夢黃能入國。而祀夏郊。此其禮也。孔疏天子置都之所。諸侯所封之內。皆因古昔先王先公。所居之地。今其子孫絕滅。而無主後者。則此天子諸侯祭之。祭法夏后氏禘黃帝而郊鯀。

禮運杞之郊也禹也殷滅夏必不郊鯀必應封夏後但不知名杞與否至周封夏後于杞不廢殷時夏後已郊禹也案昭七年晉侯夢黃熊入於寢門韓宣子問子產子產曰昔堯殛鯀于羽山其神化爲黃熊以入羽淵實爲夏郊三代祀之晉爲盟主或者未之祀也傳意謂晉爲盟主當代天子攝羣神之祀不謂因此國在地無主後者鄭引以證晉居夏之舊地鯀無主後故晉祀之胡氏銓曰因國若晏子云爽鳩氏始居此地而後季萴因之有逢伯陵因之蒲姑氏因之而後大公因之之因也孫氏希旦曰相土封商邱因閼伯故國故祀辰星是無因國之先公之事也禮案在其地天子則畿內諸侯則境內也云祭無主後者則有主後者不祭可知必祭無主後者不忍其無祀繼絕之仁也兼恐其無祀而爲厲爲民禍患也

天子犆礿祫禘祫嘗祫烝諸侯礿則不禘禘則不嘗嘗則不烝烝則不礿諸侯礿犆禘一犆一祫嘗祫烝祫

鄭注犆猶一也祫合也天子諸侯之喪畢合先君之主於祖廟而祭之謂之祫後因以爲常天子先祫而後時祭諸侯先時祭而後祫凡祫之歲春一礿而已不祫以物無成者不殷祭周改夏祭曰礿以禘爲殷祭也魯禮三年喪畢而祫於大祖明年春禘于羣廟自爾之後五年而再殷祭一祫一禘虞夏之制諸侯歲朝廢一時祭礿犆互明犆礿文一犆一祫下天子祫也祫歲不禘孔疏天子之祭當祫之歲以春物未成不爲祫祭惟犆爲時祭之礿故云犆礿夏秋冬之時先爲祫祭後爲時祭故云祫禘祫嘗祫烝禘即祫也取其序昭穆謂之禘取其合聚羣祖謂之祫諸侯礿則不禘者虞夏之制歲朝皆闕一時之祭南方諸侯春礿祭竟夏來朝故闕夏禘西方諸侯夏祭竟而秋來朝故不嘗北方諸侯秋祭竟而冬來朝故廢烝東方諸侯冬祭竟而春來朝故廢礿夏殷春祭俱名礿諸侯降於天子故礿在犆上禘者言諸侯當在夏祭一禘之時不爲禘祭惟犆一祫而已闕時祭也祫者謂先作時祭烝嘗然後爲大祭之祫故云嘗祫烝祫萬氏斯大曰凡合祭曰禘祫禘嘗烝皆合祭故皆言祫據此則知天子別無烝祫嘗祭凡諸經傳所言祫皆指禘嘗烝之祭也但烝嘗二祭止大祖及羣廟而禘則上追大祖之所自出下及於毀廟之主其祫較烝嘗爲大凡祭皆曰有事而禘祭爲大故春秋書爲大事諸侯固不得行禘即就僭禘者言亦無犆祭之禮禘必於大廟合羣祖此言一犆一祫者記者見春秋書禘於莊公遂以爲犆祭而云然也當時魯禘周公以魯公而下諸祖配之而閔公遂用禘禮祀莊公周公至隱桓諸祖無下就莊公之理必是犆祭故記者誤指爲禘也孫氏希旦曰一歲四祭上下之達禮也若諸侯降於天子止三祭豈大夫士又降於諸侯也作是篇者見春秋但書禘嘗烝而無春祭故謂諸侯廢一時之祭讀春秋而誤者也春秋所書魯祭皆譏也常祭得禮則不書非本無春祭也周禮量人凡宰祭與鬱人受斝此天子之祭可使宰攝則諸侯朝覲亦必使上卿攝祭何以遂廢一時之祭乎禮案犆牛也春犆礿義猶郊特牲也礿不云祫者各於其廟用犆不合食也大廟則天子自祭餘當使官宰攝祭蓋春物未成故不貴多品而犆礿也夏秋冬三時物已繁盛故合聚羣廟之主於大廟合祭故云祫也諸侯礿犆同天子也禘一犆者夏禘亦用犆也一祫謂嘗祫則烝犆烝祫則嘗犆故經云嘗祫烝祫也據此則天子四時之祭有一礿三祫諸侯四時之祭則一祫三犆也禮不王不禘故諸侯祫必於嘗烝而不於禘辟天子也故一犆而已以亦行於夏時之祭故亦名禘也

天子社稷皆大

牢。諸侯社稷皆少牢。大夫士宗廟之祭。有田則祭。無田則薦。庶人春薦韭。夏薦麥。秋薦黍。冬薦稻。韭以卵。麥以魚。黍以豚。稻以雁。鄭注有田者既祭。又薦新。祭以首時。薦以仲月。士薦牲用特豚。大夫以上用羔。所謂羔豚而祭。百官皆足。詩曰四之日其早獻羔祭韭。庶人無常牲。取與新物相宜而已。孔疏知有田既祭。又薦新者。以月令天子祭廟。又四月以彘嘗麥。先薦寢廟。又士喪禮。有薦新。如朔奠。云祭以首時。薦以仲月者。晏子春秋云。天子以下至士。皆祭以首時。故明堂位云。季夏六月。以禘禮祀周公於大廟。周六月。夏四月也。魯王禮也。則天子亦然。大夫士從可知也。此薦以仲月。謂大夫士也。若天子諸侯禮尊。物熟則薦。月令孟夏薦麥。季秋薦稻是也。儀禮有地之士用特牲。今無地之士。宜貶降。故用特豚。諸侯大夫有地祭者用少牢。無地薦者則用羔。天子諸侯亦用餘牲。不皆用羔。故月令以彘嘗麥。以尤嘗麻。羔豚而祭。百官皆足。是禮器文。百官者。舉大夫以上而言。士之屬吏。以衆言之。亦曰百官。特牲饋食云。公有司私臣。皆殽脀。抑謂此也。引詩豳風七月篇。證薦用羔之義。相宜。謂四時之間。有此牲穀。兩物俱有。非謂氣味相宜也。賈氏公彥曰。羊豕曰少牢。三牲具爲大牢。但非一牲。即得牢稱。故郊特牲。與牲牲。皆不言牢也。陳氏祥道曰。魚之於夏。豚之於秋。雁之於冬。尤多而易得者。庶人之薦。於其易得者而已。孫氏希旦曰。春穀未成。而韭可食。故祭韭。麥夏熟。黍秋熟。稻冬熟。春物未成。而卵易得。故韭以卵。春祭名礿。庶人春薦亦視三時爲薄也。禮案有田大夫之有采食邑者。亦可用少牢。士之祭特牲。豕曰饋食。無祿者稷饋。稷饋者無尸。所謂薦也。見大戴曾子天圓篇。盧注云。天子之士。亦少牢也。庶人四時。薦所有之物。若薦新也。春秋繁露祭義云。春上豆實韭也。春之所生也。夏上尊實麷也。夏之所受初也。秋上機實黍也。秋之所先成也。冬上敦實稻也。冬之所畢熟也。所祭天地之牛角繭栗。宗廟之牛角握。賓客之牛角尺。鄭注握謂長不出膚。孔疏公羊傳曰。膚寸而合。鄭注投壺禮云。四指曰扶。扶則膚也。陸氏佃曰。言繭又言栗者。言雖如栗。亦可著。角握。角尺。容有過之者矣。楚語曰。禘郊不過繭栗。烝嘗不過把握。孫氏志祖曰。詩有捄其角。毛傳云。社稷之牛角尺。疑王制賓客二字。或即社稷之訛。蓋以祭字貫下三句也。賓客不得言祭矣。禮器牲不及肥大。正義謂郊牛繭栗。宗廟角握。社稷角尺。各有所宜。亦可證。禮案角繭栗者。謂犢初出之角。狀如蠶之繭。栗之實也。角握謂長約一握。握本所持處四指寬也。角尺謂長約一尺。大牛也。蓋用犢。貴誠也。大則取其肥腯而已。故禮愈尊。而角益短也。禮運曰。禮有以小爲貴者。又淮南泰族訓。大禮必簡是也。諸侯無故不殺牛。大夫無故不殺羊。士無故不殺犬豕。庶人無故不食珍。鄭注故謂祭享。孔疏玉藻云。天子食日少牢。朔日大牢。諸侯食日特牲。朔日少牢。則知大夫食。日特豚。朔日特牲。士日食無文。朔日特豚。故內則曰。見子具視朔食。注云天子大牢。諸侯少牢。大夫特豕。士特豚。是常食有限。不得踰越。故知謂祭也。諸侯祭以大牢。得殺牛。諸侯之大夫。祭以少牢。得殺羊。天子大夫。祭亦得殺牛。其諸侯及大夫。享食賓。得用牛也。故大行人掌客。諸侯待賓。皆用牛也。公食大夫禮。大夫食賓禮。亦用牛也。故云謂祭享也。姜氏兆錫曰。無故不殺。如有祭事。則爲神殺。有禮事則爲賓殺。凡以充鼎實。非常用也。禮案故不止於祭祀。若朔月之食。接子之禮皆是也。國語楚語。天子舉以大牢。祀以會。諸荐舉以少牢。祀以特牛。大夫舉以特牲。享以少牢。士食魚炙。祀特牲。庶人食菜。祀以魚。珍重也。卵魚豚雁。庶人非牢。亦不得食。故亦謂之珍。非膳羞之謂也。蓋珍羞養老之禮。而非祭品也。

庶羞不踰牲。燕衣不踰祭服。寢不踰廟。

鄭注祭以羊。則不以牛肉爲羞。孔疏案有司徹。是少牢之祭。云宰夫羞房中之羞。注酏食糝食。內則云。糝取牛羊豕之肉。得用牛者。祭既用少牢。則糝亦不用牛肉。以羊肉爲羞。葉氏夢得曰。庶羞常荐。而踰牲。嫌於備物。燕衣常用。而踰祭服。嫌於事神。寢所常安。而踰廟。嫌於享親。故禮皆不與也。孫氏希旦曰。庶羞謂生人常食之羞饌。牲祭牲也。諸侯祭以大牢。而無故不殺牛。大夫祭以少牢。而無故不殺羊。卽所謂庶羞不踰牲也。此三者。皆言薄於自奉。而厚於事先也。禮案論語云。禹菲飲食。而致孝乎鬼神。惡衣服。而致美乎黻冕。卑宮室。而盡力乎溝洫。況敢以已之服食居處。而侈於祭物宗廟乎。故禮不可踰也。

古者公田藉而不稅。市廛而不稅。關譏而不征。林麓川澤以時入而不禁。夫圭田無征。

鄭注藉之言借也。借民力治公田。美惡取於此。不稅民之所自治也。孟子曰。夏后氏五十而貢。殷人七十而助。周人百畝而徹。則所云。古者謂殷時。廛市物邸舍。稅其舍。不稅其物。譏譏異服。識異言。征亦稅也。周禮國凶札。則無門關之征。猶譏也。麓山足也。夫猶治也。征稅也。孟子曰。卿以下必有圭田。治圭田者。不稅。所以厚賢也。此則周禮之士田。以任近郊之地。稅什一。孔疏此非周法。故云古者。公田謂民田之外。別作公田。一井之中。凡有九夫。中央一夫以爲公田。藉言借。八家之力。以治此公田而不稅民之私田。廛謂公家邸舍。使商人停物於中。直稅其所舍之處價。不稅其在市所賣之物。市內空地曰廛。城內空地曰肆。關境上門也。譏謂呵察。公家但呵察。非違。不稅行人之物。此夏殷法。周則有關門之征。若凶年則無稅也。猶須譏禁。禁謂防遏。林麓川澤。以時入官。不限禁之。畿內無公田。故有圭田。卿大夫士皆以治此圭田。公衆不稅其物。故云無征。圭者潔白也。言卿大夫德行潔白。乃與之田也。葉氏夢得曰。周公之時。門關猶征。而文王則不征者。蓋紂方虐民。而文王寬以待之。所以趨時也。朱子熹曰。關市譏而不征。乃文王治岐時事。周禮乃成王周大備之時。隨時制宜。所以不同。戰國民困已甚。故孟子亦欲以此法行之。作記者未見周禮。所言卽本孟子。鄭以爲殷制非也。禮案此卽大戴王言云。昔者明王關譏而不征。市鄽而不稅。稅十取一是也。圭田卽孟子卿以下。必有圭田。圭田五十畝。趙注云。圭潔也。所以奉祭祀也。儀禮士虞記曰。孝子某圭爲而哀荐之享。是則圭田五十畝。亦猶祭義天子爲藉千畝。諸侯爲藉百畝。以錫卿大夫。爲奉祀其先。故不征也。若據天子諸侯。躬耕之義。則卿大夫之圭田。亦必自治可知。各家皆釋上夫字。爲受田餘夫似誤。孟子所謂餘夫。已受田二十五畝矣。又焉得爲卿以下。佐治圭田乎。夫似當讀扶。爲是。

用民之力。歲不過三日。

鄭注治宮室。城郭道渠。孔疏前明殷法。此兼通周禮。三日謂使民治城郭道渠。年歲雖豐。不得過三日。自下皆然。案周禮均人云。豐年旬用三日。中年旬用二日。無年旬用一日。年歲不同。雖豐不得過三日。陸氏佃曰。郊特牲曰。既蜡而收民息已。故既蜡君子不興功。據此用民之力。唯冬一月。而周官旬用三日。則唯一旬而已。故曰用民之力。歲不過三日。禮案此說近之。否則記謂歲用三日。似大少。疏引周禮旬用三日。似大多也。

田

里不粥。墓地不請。鄭注皆受於公民不得私也。粥賣也。請求也。孔疏田地里邑。既受之於公。不得粥賣冢墓之地。公家所給。族葬有常。不得輒請。其餘處。禮案周禮地官遂人。以土地之圖。經田野。以歲時。稽其人民。而授之田野。故民不得私粥也。周禮地官墓大夫。掌凡邦墓之地域。爲之圖。令國民族葬。凡爭墓地。聽其獄訟。帥其屬。而巡墓厲。故民不請給也。

禮記通釋卷十八

王環戴禮

王制

司空執度。度地。居民山川沮澤。時四時。量地遠近。興事任力。凡使民任老者之事。食壯者之食。鄭注：司空，冬官卿，掌邦事者。度，丈尺也。居民，觀寒煖燥溼。沮，謂萊沛。量地，制邑井之處。事，謂築邑、廬宿、市也。凡使民，寬其力，饒其食。孔疏：謂司空執丈尺之度，以量度於地，居處於民，觀山川高下之宜，沮滯浸潤之處，又當以時候此四時，知其寒煖燥溼。山謂山，溼謂川。何胤云：沮澤，下溼地，草所生謂萊，水所生謂沛。為邑之處，謂平原衍沃之所，堪達邑井，若山林藪澤，則不堪邑井也。興事，謂築邑也，又築廬宿及市。遺人云：凡國野之道，十里有廬，三十里有宿，五十里有市，是也。凡國家為役之法，老少功程不同，老則功少，壯則功多。今使民役壯者以老者之功，故曰任老者之事。凡廩餼牲體，壯則食多，老則食少，雖老者，給以壯者之食，故曰食壯者之食。禮案：此即襄二十五年左傳楚蔿掩書土田，度山林，鳩藪澤，辨京陵，表淳鹵，數疆潦，規偃豬，町原防，牧隰皋，井衍沃。又大戴千乘篇：司空司冬，以制度制地事，準揆山林，規表衍沃，畜水行衰，濯浸，以節四時之事，治地遠近，以任民力，以節民食，大古食壯之食，攻老之事，是也。

凡居民材。必因天地寒煖燥溼。廣谷大川異制。民生其間者異俗。剛柔輕重遲速異齊。五味異和。器械異制。衣服異宜。脩其教。不易其俗。齊其政。不易其宜。鄭注：使其材藝堪地氣也。異制，謂其形象。異俗，謂其所好惡。異齊，謂其性情緩急。異和，謂香臭與鹹苦。異制，謂作務之用。異宜，謂旃裘與絺綌。教，謂禮義。政，謂刑禁。孔疏：材謂氣性材藝，言五方之人，其能各殊。五者居處，各須順其性氣材藝，使堪其地氣。故盧植云：能寒者使居寒，能暑者使居暑也。性有剛柔、輕重、遲速六事，而注惟云緩急者，剛、輕、速總是急也，柔、重、遲總是緩也。此大略而言，人性不同，亦有柔而躁、剛而遲者也。民之作務，所用五方不同，故考工記若粵之用鎛，明之用弓車，故云器械異制。器謂總用之器。公羊傳何休云：攻守之器曰械。俗謂民之風俗，宜謂土地器物所宜。言修此教化之時，當隨其風俗；齊其政令之事，當逐物之所宜也。方氏愨曰：若封於商墟者，則啓以商政，疆以周索；封於夏墟者，則啓以夏政，疆以戎索之類。禮案：居民異制，若寒則墐戶，暑宜高明之屬。民生異俗，若南人習舟，北人習騎之屬。異齊，謂民性若堅土人剛，弱土人柔之類。異和，謂鹹羹，若楚人好辛，閩人好甘之類。異制，若車人作車，堅地利直庛，柔地利句庛，是也。異宜，若裘帛之衣，北方重上服，北方重下服，是也。修其教，齊其政，即大戴千乘所云知通之信令之，是矣。

中國戎夷五方之民。皆有性也。不可推移。東方曰夷。被髮文身。有不火食者矣。南方曰蠻。雕題交趾。有不火食者矣。西方曰戎。被髮衣皮。有不粒食者矣。北方曰狄。衣羽毛穴居。有不粒食者矣。中國夷蠻戎狄。皆有安居。和味宜服。利用備器。五方之民。言語不通。嗜欲不同。達其志。通其欲。東方曰寄。南方曰象。西方曰狄鞮。北方曰譯。鄭注：不可推移。地氣使之然。雕文。謂刻其肌。以丹青涅之。交趾。足相向。然浴則同川。臥則僢。不火食。地氣煖。不爲病。不粒食。地氣寒。少五穀。皆有安居。其事雖異。各自足。寄象狄鞮譯。皆俗間之名。依其事類耳。鞮之言知也。今冀部有言狄鞮者。孔疏：舉戎夷。則蠻狄可知。五方之民。謂中國與四夷也。文身。謂以丹青文飾其身。言有不火食者。亦有火食者。雕。刻也。題。額也。謂以丹青雕刻其額。趾。足也。蠻臥時頭向外。而足向內而相交。故曰交趾。衣皮以無絲麻。惟食禽獸也。氣寒少五穀。故有不粒食者。東北方多鳥。故衣羽。正北多羊。故衣毛。凝寒至盛。林木又少。故穴居。中國與四夷。雖異。各有所安之居。所和之味。所宜之服。所利之用。所備之器。各自充足。以水土各異。故言語不通。好惡殊別。故嗜欲不同。帝王立此傳語之人。曉達五方之志。通傳五方之欲。使相領解。東方語官曰寄。言傳寄外內言語。南方語官曰象。言考象外內之言。西方語官謂之狄鞮。鞮。知也。通傳夷狄之語。與中國相知。北方語官謂之譯。譯陳說外內之言。風俗通云。東方人好生。萬物觝觸地而出。夷者觝也。其類有九。君臣同川而浴。極爲簡慢。蠻者慢也。其類有八。斬伐殺生。不得其中。戎者兇也。其類有六。父子嫂叔同穴無別。狄者辟也。其行邪辟。其類有五。禮案：大戴千乘云。東辟之民曰夷。精以僥。至於大遠。有不火食者矣。南辟之民曰蠻。信以朴。至於大遠。有不火食者矣。北辟之民曰狄。至於大遠。有不火食者矣。及中國之民曰五方之民。咸有安居和味。咸有實用利器是也。不火食粒食。蓋其民不知烹飪。猶上古之茹毛飲血也。寄象狄鞮譯。皆周禮夏官象胥職文。大戴小辨曰。傳言以象。反舌皆至是矣。

凡居民。量地以制邑。度地以居民。地邑民居。必參相得也。無曠土。無游民。食節事時。民咸安其居。樂事勸功。尊君親上。然後興學。鄭注：得猶足也。立小學大學。孔疏：食節謂在下親愛長上。民富而可教。謂民事既得如此。然後可得興學也。方氏慤曰。量以量其多少。度以度其長短。故多少足以知其所容。長短足以知其所至。故於制邑之地曰量。居民之地曰度。兩之爲並。三之爲參。地也民也。長短多少。不可相失也。無曠土。則地無遺利。無游民。則人無遺力。食節則無不足之患。事時則無不急之務。樂事則不至於勞苦。勸功則不由於勉強。尊君則爲臣者有孫志。親上則在下者無離心。至此然後教學之道。可致其詳也。禮案：大戴千乘云。立民之居。必於中國之休地。因寒暑之宜。六畜育焉。五穀宜焉。辨輕重。制剛柔。和五味。以節食時事。又曰。量地度居。有城郭。立朝市。以度邑。邑以度民。以觀安危。距封後利。先慮久固。依固可守。爲奧可久。

司徒脩六禮以節民性。明七教以興民德。齊八政以防淫。一道德以同俗。養耆老以致孝。恤孤獨以逮不足。上賢以崇德。簡不肖以絀惡。鄭注：司徒。地官卿。掌邦教者。逮。及也。簡。差擇也。孔疏：六禮謂冠一。昏二。喪三。祭四。鄉五。相見六。稟性剛柔輕重遲速。恐其失中。故以六禮節其性也。七教即父子一。兄弟二。夫妻三。君臣四。長幼五。

朋友。六。賓客。七。德者得也。恐人不得其所。故以七教。興舉其民。使皆得其所也。八政。一曰飲食。二曰衣服。三曰事爲。四曰異別。五曰度。六曰量。七曰數。八曰制。淫謂過奢侈。故以八政禁令之。以防淫過之失。一道德。謂齊一所行之道。以同國之風俗。敬養耆老。所以致恭孝之心。哀恤孤獨。所以逮及不足。謂以恩意逮及之。不足則孤獨者也。尊上賢人。所以崇獎有德。簡去不肖。所以絀退惡人。胡氏銓曰。從司徒。修六禮。至升諸司馬曰進士。皆是司徒教事。自命鄉論秀士。至下造士。皆崇德也。自命鄉簡不率教。至終身不齒。皆絀惡也。朱氏軾曰。修禮四句。教民之法。養老恤孤。以身先之也。致者興起其教也。不足卽孤獨。逮徧及也。上恤孤。則民不倍。凡天下之孤獨。無不得其所矣。上賢簡不肖。示勸懲也。禮案大戴王言曰。哀鰥寡。養孤獨。恤貧窮。誘孝悌。選賢舉能。此七者治民之本也。又云上親賢。則下擇友。上惡貪。則下恥爭。歲誘賢焉。則賢者親。不肖者懼。

命鄉簡不帥教者以告。耆老皆朝於庠。元日習射上功。習鄉上齒。大司徒帥國之俊士與執事焉。不變。命國之右鄉簡不帥教者。移之左。命國之左鄉。簡不帥教者。移之右。如初禮。不變。移之郊。如初禮。不變。移之遂。如初禮。不變。屏之遠方。終身不齒。

鄭注帥循也。不循教。謂敖狠不孝弟者。司徒使鄉簡擇以告者。鄉屬司徒。朝於庠。將習禮以化之。使之觀焉。耆老致仕。及鄉中老賢者。朝猶會也。此庠謂鄉學也。鄉謂飲酒也。鄉禮春秋射。國蜡而飲酒養老。移之左右。中年考校。而又不變。使專徒其居。覬其見新人。有所化也。亦復習禮於鄉學。使之觀焉。郊鄉界之外者也。稍出遠之。後中年又爲之習禮於郊學。遠郊之外曰遂。遂大夫掌之。又中年復移之。使居遂。又爲習禮於遂之學。遠方九州之外。不齒猶錄也。孔疏司徒命此鄉學簡擇不帥教者。以告司徒。乃命鄉內耆老皆聚會於鄉學之庠。乃擇善日爲此不帥教之人。習其射禮。中者在上。故云上功。又習鄉飲酒之禮。老者居上。故云尚齒。欲以使不帥教之人。觀其上功。自勵爲功。觀其上齒。則知尊敬長老。大司徒帥領國之英俊之士。與鄉射飲酒執事。以爲榮。惡者慕之而自勵。案學記一年視離經辨志。三年視敬業樂羣。五年視博習親師。七年視論學取友。謂之小成。九年知類通達。上云。命鄉簡不帥教者。謂初入學一年之終。簡不帥教教狠之人。爲之習射習鄉。注云中年考校。而又不變。中猶間也。謂間一年而考校之時。不變者。右鄉者移左。左鄉者移右。不變移之郊者。謂五年之時。更簡不帥教者。故注云。中年又爲之習禮。間四年之下一年也。不變移之遂者。謂七年之時。故注云。又中年移之遂。間六年之下一年也。不變屏之遠方者。謂九年之時。注不云間年者。以九年限極。不須云間年也。亦復習射習鄉。故經云如初。九州之外。於周則夷鎮蕃也。若王子公卿之子。但居夷狄之內地。故下注云不屏於南北。明鄉人則屏於南北也。文王世子云。古者謂年齡。齒亦齡也。以年相次。是錄其長幼。故云猶錄也。陳氏澔曰。左右對移。以易其藏修遊息之所。新其師友講切之功。庶幾其變也。徐氏師曾曰。必遲之以九年。需之以四不變。重絕人之意也。孫氏希旦曰。左鄉右鄉者。王有六鄉。國之左右各有三鄉也。郊謂郊內六鄉之餘地。蓋六鄉之地在郊。然郊內之地四同。非六鄉所能盡。故其在郊鄉界之外者。亦如六遂之有公邑。設吏治民。而立學焉。小司徒大比。六鄉四郊之吏。言六鄉而又言四郊。卽與郊一也。禮案周禮地官大司徒。王國內有六鄉。外有六遂。遂大夫三歲大比。則帥其吏。而興甿。鄭注彼云。舉民賢者能者。如六鄉之爲也。據此則遂自有學。學記曰。術有序。鄭注彼云。術當爲遂。是也。此命鄉簡不肖者。自鄉學右移之左。左移之右。而又之郊之遂。終不變。然後屏逐於遠方者。蓋下愚之必不可移者也。則甚矣。古之進人也。其難其慎。故在官者鮮不肖。退人也至再至三。故被紬者無枉屈也。

命鄉論秀士升之司徒。曰選士。司徒論選士之秀者而升之學。曰俊士。升於司徒者不征於鄉。升於學者不征於司徒。曰造士。

鄭注移名於司徒也。秀士鄉大夫所考。有德行道藝者。俊士可使習禮者。學大學。不征不給其繇役造成也。能習禮。則爲成士。孔疏大司徒之官。命鄉大夫論量考校。此鄉學之人。有秀異之士。升於司徒。先名惟在鄉。今移名於司徒。其身猶在鄉學。未即貢舉入官也。秀士升之司徒。曰選士者。雖升名猶給鄉之繇役。選士之秀者升之學。曰俊士者。亦猶給司徒繇役。若其學業既成。免其繇役。升諸司徒。則不征於鄉。升之於學。則不征於司徒。皆免其繇役。是爲造成之士。能習札以立身也。李氏格非曰。莫不有先後。故曰選士。俊士如揚子言。知哲聖人也。洪範曰。俊民用彰。君奭曰。明我俊民。詩曰。烝我髦士是也。民言其在下。士言其將以官之也。進士言其無斁也。德之未成。則貴乎有造。德之既成。則貴乎進而無斁也。禮案曰。選士者。自鄉言其所選秀出之士也。曰俊士者。北史蘇綽傳。萬人之秀曰俊是也。曰造士者。使入大學。可以造成大器也。

樂正崇四術。立四教。順先王詩書禮樂以造士。春秋教以禮樂。冬夏教以詩書。王大子。王子。羣后之大子。卿大夫元士之適子。國之俊選皆造焉。凡入學以齒。

鄭注樂正樂官之長。掌國子之教。虞書曰。夔。命汝典樂。教胄子。崇高也。高尚其術。以作教也。幼者教之於小學。長者教之於大學。尚書傳曰。年十五始入小學。十八入大學。順此四術。而教以成是士也。春夏陽也。詩樂者聲。聲亦陽也。秋冬陰也。書禮者事。事亦陰也。互言之者。皆以其術相成。皆以四術成之。王子。王之庶子也。羣后公及諸侯。皆以長幼受學。不用尊卑。孔疏案周禮大司樂。掌成均之法。以教國子。虞書命汝典樂。教胄子。樂正之官。當光揚尊崇此四術。以爲教。謂敷暢義理。贊明旨趣。使學者知順。此古昔先王之道。詩書禮樂等教。造成此士。術是道路之名。詩書禮樂。是先生之道路。春秋教以禮樂。則秋教禮。春教樂。冬夏教以詩書。則冬教書。夏教詩。文王世子云。秋學禮。冬讀書。與此同也。若云春夏教以樂詩。秋冬教以書禮。則是春夏但教樂詩。不教禮書。秋冬但教禮書。不教樂詩。今交互言之。明禮樂詩書。皆以其術相成。但遂其陰陽。以爲偏主耳。王大子公卿大夫元士之子。國之俊選。皆以四術造焉。長幼受學。雖王大子亦然。故文王世子云。將君我。而與我齒讓。何也。是其事。成氏伯璵曰。造成也。王子直名造士。無俊選名。若六卿之子弟。本位卑。則有俊士。選士名。取其漸也。王氏引之曰。羣后即諸侯。而三公不與焉。卿大夫元士。卿上當脫公字。白虎通義辟雍類引王制云。羣后之大子。公卿大夫元士之適子。則班氏所見本原有公字。孫氏希旦曰。大樂正於周禮爲大司樂。掌成均之政。乃大學之教人之事也。以其爲人所共由。則曰四術。以其爲教於學。則曰四教。俊選即俊士也。俊士由選士而升。故謂之俊選。禮案此即尚書大傳謂古之帝王者。必立大學小學。使王大子王子。羣后之子。以至公卿大夫元士之適子。十有三年。始入小學。見小節焉。踐小義焉。二十。入大學。見大節焉。踐大義焉。故入小學。知父子之道。長幼之序。入大學。知君臣之義。上下之位。故爲君則君。爲臣則臣。爲父則父。爲子則子。是也。

將出學。小胥大胥小樂正簡不帥教者。以告於大樂正。大樂正以告於王。王命三公九卿大夫元士皆入學。不變。王親視學。不變。王三日不舉。屏之遠方。西方曰棘。東方曰寄。終身不齒。

鄭注此所簡者。謂王大子王子。羣后之大子。卿大夫元士之適子。大胥小胥。皆樂官屬也。出學謂九年大成。學止也。王命入學。亦謂使習禮以化之。不變。王又親爲之臨視。重棄賢者子孫。此習禮皆於大學也。王不舉。去食樂。重棄人。棘當爲僰。僰之言偪。使之偪寄於夷戎。不屏於南北。爲其大遠。孔疏按周禮大司樂。中大夫二人。大胥中士四人。小胥下士八人。皆屬大司樂。般人習禮在大學。即明堂位云。瞽宗般學。文王世子云。禮在瞽宗。般之大學也。周則大學曰東膠。鄭注鄉射云。周立四代之學於國。以有虞氏之庠爲鄉學。則周尋常習禮於般學。至九年。爲王子不變。其習禮當於東膠。大學。西郊。小學。即有虞氏之庠。其習書於虞氏之學。習禮樂於般之學。習舞於夏后氏之學。故文王世子云。春夏學干戈。秋冬學羽籥。皆於東序。春誦夏弦。大師詔之瞽宗。又云禮在瞽宗。書在上庠。然詩與禮樂。雖各在其學。習之至二十入大學之時。兼習四術。禮既在瞽宗。又在大學。則其餘亦可知也。案漢書云。西南有僰。夷以與寄文相對。故以爲偪寄於夷狄也。漢書地理志云。南北萬三千里。東西九千里。漢書云。西南有僰夷。以與寄文相對。故以爲偪寄於夷狄也。漢書地理志。南北萬三千里。東西九千里。漢地既然。則古亦應爾。皆南北長。東西短。故鄭此注云。不屏於南北。爲其大遠。方氏慤曰。賤者至於四不變然後屏之。貴者至於二不變。遂屏之者。陳氏謂先王以衆庶之家爲易治。世祿之家爲難化。以易治。故鄉遂之所考。常在三年大比之時。以難化。故國子之出學。常在九年大成之後。以三年之近而考。故必四不變。而後屏之。以九年之遠而簡。則雖二不變。屏之可也。周氏諝曰。棘急也。示其雖屏之。欲急於悔過。寄者寓也。示其雖屏之。特寓於此耳。禮案此中所簡。不帥教者。皆貴遊之家。故不告大司徒。而告諸王也。王命諸大臣入學者。皆學士之父兄。冀以親親之誼。由相感化。更革也。屏遠方。而王三日不舉。猶文王世子云。公族有罪。公爲之素服之意。

大樂正論造士之秀者。以告於王。而升諸司馬。曰進士。鄭注移名於司馬。司馬夏官卿。掌邦政者。進士可進受爵祿也。孔疏此承王子公卿大夫之子下。似專據王子等。其實鄉人入學。爲造士者。亦同於此。其鄉人不在學者。及邦國所貢之士。所貢於王。亦當升諸司馬。以司馬掌爵祿。故有司士屬焉。其或云以德詔爵。以功詔祿。即知但入仕者。皆司馬主之。下文更不見鄉人及邦國所貢之士。故知此中兼之。但文不具耳。邵氏淵曰。論造士之秀。必告於王。而始升諸司馬。蓋用人之權。當歸之君故也。禮案造士謂學藝已成。尚未審其能幹何如。故必論取之也。進士則已知其才識優美。故可進於王也。

司馬辨論官材。論進士之賢者。以告於王。而定其論。論定然後官之。任官然後爵之。位定然後祿之。鄭注辨其論。官其材。觀其所長。各署其所長。官使之試守。爵命之。孔疏此王以樂正所論之狀。授與司馬。司馬乃更論辨之。親其材能高下。知其堪任何官。不堪者屏退。賢者告王。正定其論。若長於禮者。署擬於禮官。長於樂者署擬於樂官。論擬定。然後試之。以所能之官。堪仕此官。然後爵命之。使有職位。然後與之以祿。李氏覯曰。人各有能有不能。孟公綽不可以爲滕薛大夫。禪諶謀於國則否。苟非試其事。考其功。而遽與之爵祿。則曠天官。敗公事。可勝道哉。王制所謂官之者。使試守也。堯舜豈不聖。而試臣以職。愼之至也。孫氏希旦曰。自論定後官以下。其義與前官民材同。但官民材。則用爲鄉遂之官。此論進士之賢者。則用爲王朝之官。禮案辨論廣集衆議。論定謂詢謀僉同。

大夫廢其事。終身不仕。死以士禮葬之。鄭注以不任大夫也。孔疏以經云大夫廢其事。故知不堪任大夫也。致仕而退。死得以大夫禮葬。故論語云。大夫退。死葬以士禮。致仕以大夫禮葬是也。胡氏銓曰。案春秋。大夫有故被黜。則不書卒。以其卒時。非大夫也。匡衡楊僕。死爲庶人。李德裕貶爲參軍。皆不書薨。禮案廢事謂不任其職也。終身不仕。則生無爵。故死葬以士禮也。

有發。則命大司徒教士以車甲。凡執技論力。適四方。嬴股肱。決射御。鄭注乘兵車衣甲之儀。有發謂有軍師。發卒論力。謂擐衣出其臂脛。使之射御。決勝負。見勇力。孔疏有發。謂國有軍旅。以發士卒。是司馬之事。王則命大司徒。教此士卒。乘兵車。及衣甲之儀容。以司徒主衆。又主教。故與司馬相參。課試武夫也。執技論力。言此既無道藝。惟論力以事上。故適往四方。境界之外。則使之擐露臂脛。角材力。決射御。勝負見勇武。禮案大戴千乘曰。司馬司夏以教士車甲。士執伎論功。修四衞。強股肱。質射御。才武聰慧。治衆長卒。可以爲儀綴於國。出可以爲率。誘於軍旅。論力卽國語晉語。射御足力則賢。又詩邶風云。有力如虎。執轡如組是矣。

凡執技以事上者。祝史射御醫卜及百工。凡執技以事上者。不貳事。不移官。出鄉不與士齒。鄭注言技謂此七者。不貳事。欲專其事。亦爲不德。不與士齒賤也。於其鄉中則齒。親親也。孔疏七者謂祝一。史二。射三。御四。醫五。卜六。百工七。射御前經已顯。此重云者。上論所試之時。此論與祝史醫卜並列。見其色目所以不貳事。不移官者。欲使專一其所有之事。非但欲使專事。亦爲技藝賤薄。不是道德之事。故不許之。方氏慤曰。出鄉不與士齒者。以執技之賤。不得與執德者序長幼也。然必出鄉而後不與士齒者。以鄉黨尚齒故也。陳氏祥道曰。蓋士以德。技以力。德成而上。藝成而下。先王嚴其分守如此。欲人遠恥遷善也。禮案不貳事。不移官。故國語齊語云。工之子恆爲工。夫父子之職業。尚使世守。況一身而肯使其職業遷移哉。

仕於家者。出鄉不與士齒。鄭注亦賤。陳氏祥道曰。禮運臣與家僕雜居齊齒非禮。此仕於家者。不與士齒之意也。仕於家者。非技也。於此言之者。因其類也。禮案仕於家者。陪臣也。士謂公朝之士。陪臣出鄉。不與士齒者。以士雖卑。與卿大夫同列於朝。則卿大夫之臣。自不得與君之臣齊齒矣。

司寇正刑明辟。以聽獄訟。必三刺。有旨無簡不聽。附從輕。赦從重。鄭注司寇秋官卿。掌刑者。辟罪也。必三刺。以求民情。斷其獄訟之中。一曰訊羣臣。二曰訊羣吏。三曰訊萬民。簡誠也。有其意。無其誠者。不論以爲罪。附施刑也。求出之。使從輕。雖是罪可重。猶赦之。

孔疏此謂司寇。當正定刑書。明斷罪法。使刑不差二。法不傾邪。以聽天下獄訟。刑法宜愼。不可專制。故必須三刺。以求民情。既得其所犯之罪。雖有旨意。無誠實之狀。則不聽之。不論以爲罪也。附謂施刑之時。此人所犯之罪。在輕重之間。可輕可重。則當求可輕之刑。而附之。則罪疑惟輕是也。所犯之罪。本非意故爲。而入重罪。今放赦之。時從重罪之上而赦之。其意輕故也。卽書云。眚災肆赦是也。周禮司刺云。三刺。刺殺也。謂欲殺犯罪之人。其一問可殺與否於羣臣。其二問可殺與否於羣吏。其三問可殺與否於庶人。旨意也。簡誠也。言犯罪者。雖有其意。而無誠實者。則不論以爲罪也。赦從重。與上附從輕。皆是從重入輕。所以再見其文者。附從輕。謂施刑從輕。赦從重。謂放赦從重。所以異也。胡氏銓曰。古者刑辟書於簡。所謂畏此簡書是也。書於簡。則有實迹。呂刑云。無簡不聽。又云五辭簡孚。皆實也。禮案顏注前漢郊祀志云。采取之也。必三刺而羣議僉同。然後定罪。愼之至也。孟子曰。左右皆曰可殺勿聽。諸大夫皆曰可殺勿聽。國人皆曰可殺。然後殺之。有旨無簡不聽。謂若罪狀已實。雖有旨宥。使無核實擬辟。亦執法不聽也。附從輕赦從重。卽尚書大禹謨云。與其殺不辜。甯失不經是也。

凡制五刑。必卽天論。郵罰麗於事。

鄭注制斷也。卽就也。必卽天論。言與天意合。閔子曰。古之道。不卽人心。卽或爲則。論或爲倫。郵過也。麗附也。過人罰人。當各附於其事。不可假他以喜怒。孔疏論謂論議。言制五刑之時。必就上天之意。論議輕重。天意好生。又有時以生。有時以殺。論議刑時。亦當好生。使生殺得中。論或爲倫。倫理也。謂就天之倫理。卽是生殺得中之理。郵謂斷人罪過。罰謂貴罰其身。皆依附於所犯之事。不可離其本事。假他別事。而爲喜怒也。陳氏祥道曰。先王制刑。嚴天威。而無意於刑人。故易噬嗑之用獄。以明罰爲先。禮言制刑。以郵罰爲主。胡氏銓曰。郵尤也。成帝紀云。上天見異。以顯朕郵。此言尤人易罰人。皆當麗著本罪。呂刑云。惟時苗民。匪察于獄之麗。姚氏舜牧曰。郵遞也。謂五罰以次遞降。言制刑不可私執已見。必以天理自然之序。斷之。使刑罰之差等。適合於其事之輕重也。禮案孔傳尚書舜典云。五刑墨劓剕宮大辟。又皋陶謨云。天討有罪。自我五刑五用哉。蓋王者制刑。所以法天道之秋煞。準天理之至公。使罪當於所制之刑。罰當於所犯之事也。

凡聽五刑之訟。必原父子之親。立君臣之義以權之。意論輕重之序。愼測淺深之量以別之。悉其聰明。致其忠愛以盡之。疑獄。汜與衆共之。衆疑赦之。必察小大之比以成之。

鄭注意恩念也。淺深謂俱有罪。本心有善惡。盡盡其情。小大猶經重。已行故事曰比。孔疏原本也。權平也。凡犯罪之人。或子爲父隱。臣爲君諱。雖觸刑禁。而非其本惡。故聽訟者。本其宿情。立其恩義。爲平量之。恕而免放之。盡意思念量罪之輕重次序。不有越濫。謹愼測度。罪人之意。善惡淺深之量。以分別之。使不相亂也。聽獄之人。又當盡悉己之聰明。尋其事之根本。致其忠恕仁愛。不使嚴酷枉濫。以盡犯罪之人情。不有抑屈。疑獄。謂事可疑。難斷者也。汜廣也。已若疑彼罪。而不能斷決。當與衆庶共論決之。若衆人疑惑。則當放赦之。故書云。與殺不辜。甯失不經。比例也。言雖疑而赦之。不可直爾而放。當必察案舊法。輕重之例。以成爲事。陳氏祥道曰。輕重言其情。大小言其辟。原父子之親。則以恩揜義。立君臣之義。則以義揜恩。悉其聰明。則得其情。致其忠愛。則哀矜而勿喜。疑獄與衆共之。呂刑所謂胥占是也。衆疑赦之。呂刑所謂刑罰之疑有赦是也。孫氏希旦曰。意論若書言。要囚服念五六日。至於旬時。丕蔽要囚也。悉其聰明。則忠愛者。不至於過厚而失之愚。致其忠愛。則聰明者。不至於過察。而傷於刻。如是則本末兼該。明恕交盡。而所聽之訟。亦庶乎能盡矣。成猶定也。即下文所謂。獄之成也。禮案原父子之親。若論語其父攘羊。其子證之非也。孟子竊負而逃。遵海濱而處是也。立君臣之義以權之。若國語周語。爲臣殺其君。其安庸刑是也。孔叢子孟氏之臣。叛而自歸。武伯將執之非也。

成獄辭。史以獄成告於正。正聽之。正以獄成告於大司寇。大司寇聽之棘木之下。大司寇以獄之成告於王。王命三公參聽之。三公以獄之成告於王。王三又。然後制刑。

鄭注。史司寇吏也。正於周。鄉師之屬。今漢有正平丞。秦所置。周禮鄉師之屬。辨其獄訟。異其死刑之罪。而要之。職聽於朝。司寇聽之。朝王之外朝也。左九棘。孤卿大夫位焉。右九棘。公侯伯子男位焉。面三槐。三公位焉。王使三公。復與司寇及正。共平之。重刑也。周禮。王欲免之。乃命公會其期。又當作宥。宥寬也。一宥曰不識。再宥曰過失。三宥曰遺忘。孔疏。成獄辭。謂獄吏初責覈。罪人之辭。已成定也。案周禮。鄉師屬地官。不掌獄訟。而云鄉師者。鄉謂鄉士也。師謂士師也。云之屬者。謂遂士。縣士。方士之等。周禮鄉士。掌六鄉之獄。若欲免之。則王會其期。遂士掌六遂之獄。若欲免之。則王命三公。會其期。縣士掌野獄。若欲免之。則王命六鄉會其期。經云王命三公。舉中見上下。則六鄉。王自會之。縣野六鄉會之。欽定義疏云。宥者推其所以致此之故。而求所以赦之耳。不識者。不知其非。而誤以爲當爲。此可務者也。過失者。無心而誤蹈於非。此猶可諒者也。遺忘者。昏耄不記憶前事。而忽相反。此則實有罪。而尚非全故犯。猶當末減者也。三者由輕而重。所該甚廣。不必定指殺人。孔氏只舉一以爲例耳。孫氏希旦曰。王命以三事宥之。其不在三事者。然後斷其刑也。俞氏樾曰。案鄉士之師。並言之曰鄉師。甚爲不辭。疑鄭注本作鄉士。傳寫誤耳。爾雅釋詁。正長也。古謂官長曰正。周禮酒正酒官之長是也。史即府史胥徒。鄉士遂士縣士之下。各有史。史掌文書。故成獄辭。則各告其正。尚書立政曰。其勿誤於庶獄庶慎。惟正是又之。禮案司寇以獄成告於王。王命三公參聽者。恐司寇執法未平也。三公參聽。亦謂罪實當刑。王復申王又之命。於此可見先王惟刑之恤也。

凡作刑罰輕無赦。刑者侀也。侀者成也。一成而不可變。根君子盡心焉。

鄭注法雖輕不赦之。爲人易犯。變更也。孔疏此非疑獄。故雖輕不赦。若輕者輒赦。則犯者衆也。故書云。刑故無小。刑是刑罰。侀是侀體。訓刑罰爲侀體。言刑罰加人侀體也。侀體是人。成就容貌。容貌一成之後。若以刀鋸鑿之。斷者不可續。死者不可生。故云不可變。君子盡心以聽刑。則上云。悉其聰明。致其忠愛。是也。陳氏祥道曰。無赦則民不至於犯罪。盡心則吏不至於濫刑。有無赦之法。以禁於未然之前。有盡心之法。以應於已然之後。此民之所以畏罪而親上也。禮案此即孔叢子所謂。古之聽訟者。惡其意。不惡其人。求所以生之。不得其所以生。乃刑之是也。

析言破律。亂名改作。執左道以亂政。殺。

鄭注析言破律。巧賣法令者也。亂名改作。謂變易官與物之名。更造法度。左道若巫蠱。及俗禁。孔疏。盧云。左道謂邪道。地道尊右。右爲貴。故漢書云。右賢左愚。右貴左賤。故正道爲右。不正道爲左。巫蠱者。按漢書武帝時。江充埋桐人。於太子宮是也。蠱者損壞之名。故左傳云。皿蟲爲蠱。是蠱食器皿。巫行邪術。俗禁若前漢書張。辣行辟反支。後漢書郭躬傳。有陳伯子者。出辟往亡。入辟歸忌是也。孫氏希旦曰。名如黃帝正名百物之名。名所以指實。亂名則失實矣。改作變易法度也。禮案改作若易服色。異器械之屬。析蕩析。析言猶大戴曾子立事。所謂流言破律。壞亂舊法也。尙書蔡仲之命云。毋作聰明亂舊章。殺謂不待聽訟而即誅也。**作淫聲異服奇技奇器以疑衆殺。**鄭注淫聲鄭衛之屬也。異服若聚鷸冠瓊弁也。奇技奇器。若公輸般請以機窆。孔疏鄭衛多淫風。故爲淫聲。云之屬者。則桑間濮上之音。異服若聚鷸冠瓊弁者。案僖二十四年左傳云。鄭子臧好聚鷸冠。二十八年左傳云。初楚子玉。自爲瓊弁玉纓。服虔云。馬飾。公輸般。指其人巧謂之奇技。指其機窆謂之奇器。禮案孟子云。惡鄭聲。恐其亂樂也。惡紫恐其亂朱也。奇技奇器。即尙書泰誓。作奇技淫巧。以說婦人。故月令曰。無或作爲淫巧。以蕩上心。**行僞而堅。言僞而辯。學非而博。順非而澤。以疑衆殺。**鄭注皆虛華捷給。無誠者也。孔疏行僞而堅者。行此詐僞。而守之堅。不旨變改。言僞而辯者。謂言談僞事。辭理明辯。不可屈止。學非而博者。謂習學非違之書。而又廣博。順非而澤者。謂順從非違之事。而能光澤文飾。以疑於衆。如此者殺。案史記孔子爲魯司寇。七日而誅少正卯之類是也。禮案家語始誅解。孔子謂少正卯心逆而險。行僻而堅。言僞而辯。記醜而博。順非而澤。其居處足以撮徒成黨。其談說足以飾衺榮衆。其彊禦足以返是獨立。此乃人之奸雄。有不可以不除。**假於鬼神時日卜筮以疑衆殺。此四誅者不以聽。**鄭注今時持喪葬築蓋嫁取卜數文書。使民倍禮違制。不以聽。爲其爲害大。而辭不可習。孔疏妄陳邪術。恐懼於人。假託吉凶。以求財利。假於鬼神時日卜筮者。謂今時之人。特執此喪葬築蓋嫁娶卜數之文書。以惑於衆。妄陳禍福。浪說妖祥。築謂垣牆。蓋謂舍宇。陳氏祥道曰。時日卜筮。必有禁何也。古者天子有守龜。諸侯有守筮。大夫有所占。則請卜於君而已。是在下者。無卜筮之禮也。禮案假於鬼神疑衆必誅。此西門豹禁河伯取婦之所以沉巫。宋均禁山神取嫗之所以今取巫家也。不以聽言以上四罪。罪大惡極。有犯必誅。不待刺也。家語孔子曰。大罪有五。而殺人爲下。逆天地者。罪及五世。誣文武者。罪及四世。逆人倫者。罪及三世。誣鬼神者。罪及二世。殺人者。罪止及身。故曰大罪有五。而殺人爲下焉。**凡執禁以齊衆不赦過。**鄭注爲其爲害大。而辭不可習。方氏慤曰。禁之所在。不可違也。故以執言。周官士師。掌國之五禁。皆以木鐸徇於朝。書而縣於門閭。近則狗之使聞。遠則縣之使觀。在上待之爲已盡。在下習之爲已久。如是而猶犯之。宜其不赦矣。禮案犯禁而赦其過。是猶無禁矣。故不赦也。**有圭璧金璋。不粥於市。命服命車。不粥於市。宗廟之器。不粥於市。犧牲不粥於市。戎器不粥於市。**鄭注尊物非民所宜有。戎器軍器也。粥賣也。孔疏言圭璧金璋。及犧牲戎器。皆是尊貴。於合蓄之物。非民所宜有。防民之僭僞也。軍器民之賊亂也。圭璧金璋。各是一物。即考工記。金飾璋也。皇氏以爲用金爲印璋。周時稱印曰璽。未有稱璋。皇氏之義非也。方氏慤曰。金璋即考工記所謂大璋中璋。黃金勺。青金外者。是以言圭璧金璋。則琥璜之類可知。命服謂君所命之服。若再命受衣服者。是矣。馬氏晞孟曰。圭璧金璋。上之所寶也。命服命車。上之所用也。宗廟之器。犧牲。上之祭祀用也。戎器上之所以禦患也。凡此皆上所用。非下丘所宜有。故皆不粥於市。禮案荀子勸學曰。天子藏珠玉。諸侯藏金石。大夫畜犬馬。百姓藏布帛。又禮器云。家不寶龜。不藏圭。故非士庶所共有之物。卽禁販於市也。牛豕之屬。非不粥於市。而此云者。以犧牲必在滌。或自圈也。

用器不中度。不粥於市。兵車不中度。不粥於市。布帛精麤不中數。幅廣狹不中量。不粥於市。姦色亂正色。不粥於市。

鄭注凡以其不可用也。用器弓矢來耜。飲食器也。度大尺也。數升縷多少。孔疏此經之物。古其合法度。則得粥之。不合法度。則之得粥也。淸粗若朝服之布。十五升。斬衰三升。齋衰四升之類。廣狹者。布廣二尺二寸。帛廣二尺四寸。用器弓兵來耜。飲食器者。既夕禮文。既夕敦杅之屬。卽飲食器也。方氏慤曰。戎器不粥。而兵車之中度。則得粥之者。以丘乘出車賦。而兵車之粥。不可禁故也。姦色若紅紫之類。正色若玄黃之類。孔子惡紫之奪朱。則姦色固能亂正色。以其不正。足以生姦也。禮案姦色卽間色。玉藻云。衣正色。裳間色。是也。姦色亂正色。若綠能亂青。紅能亂赤之類。

錦文珠玉成器。不粥於市。衣服飲食。不粥於市。

鄭注不示民以奢與貪也。成猶善也。孔疏錦文珠玉成器。衣服等。不粥者。不示民以奢。飲食不粥者。不示民以貪。此衣服飲食。與珠玉連文。據華美者。不得粥之。恐民貪若尋常飲食。則得粥之。不得羣聚者。故周禮司虣云。禁屬遊飲食於市者是也。前經圭璧金璋之等。是貴者之器。故云非民所宜有。此錦文珠玉等。是華麗之物。富人合有。但不得粥之過多。故云不示民以奢也。禮案國語魯語云。王后親織玄紞。公侯之夫人。加之以紘綖。卿之內子爲大帶。命婦成祭服。列士之妻。加之以朝服。自庶士而下。皆衣其夫。尚書大傳曰。古者聖帝之治天下也。五十以下。非蒸社。不敢遊飲。故禁賣衣服飲食者。恐四婦曠功。而四民巷飲也。

五穀不時。果實未孰。不粥於市。木不中伐。不粥於市。禽獸不中殺。不粥於市。

鄭注物未成。不利人。伐之非時不中用。周禮仲冬斬陽木。仲夏斬陰木。殺之非時不中用。月令季冬始漁。周禮春獻鼈蜃。孔疏此周禮山虞文。鄭注云。陽木生山南者。陰木生山北者。冬斬陽。夏斬陰。堅濡調。陳氏澔曰。此所禁凡十有四事。皆所以齊其衆。而使風俗之同也。孫氏希旦曰。木不中伐。謂小而未成。材不中殺。亦謂小也。毛詩傳言。田獵之禮。不成禽不獻。先王之制。魚不滿尺。市不得粥。人不得食。禮案五穀不時。若春宜食麥。而粥麻。夏宜食菽。而粥黍也。中猶成也。見鄭注禮器。不成用故禁其粥。禁其粥。則民不至斬方長之木。取未長孩虫矣。

關執禁以譏。禁異服。識異言。

鄭注關竟上門。譏呵察。孔疏言司關之官。執此戒禁之書。以譏察出入之人。故云執禁以譏。禁此身著異服之人。又記識。口爲異言之人。防姦僞。察非違。禮案異服炫衆。則禁之。異言惑衆則識之。識之而後禁之。故奸人得。而不驚衆也。

大史典禮。執簡記。奉諱惡。

鄭注簡記策書也。諱先王名。惡忌日。若子卯。孔疏大史之官。典掌禮也。執此簡記策書。奉進於王。以所諱所惡。諱先王之名。禮運云。天子適諸侯。必以禮籍入。鄭注謂大史執簡記奉諱惡。是亦該諸侯之祖父也。惡忌日。亦謂餘事。故誦訓云。掌道方慝。以詔辟忌。鄭云方慝。四方言語所惡是也。禮案此卽周禮春官大史。執書抱簡。小史詔王之忌諱是也。

天子齊戒受諫。司會以歲之成質於天子。冢宰齊戒受質。大樂正。大司寇。市。三官以其成。從質於天子。大司徒。大司馬。大司空齊戒受質。百官各以其成質於三官。大司徒。大司馬。大司空以百官之成。質於天子。百官齊戒受質。然後休老勞農。成歲事。制國用。

鄭注歲終羣臣奏歲事。諫王當所改爲也。司會冢宰之屬。掌計要者。成計要也。質平也。平其計要。質王受之。大樂正。於周宗伯之屬。市司市也。於周司徒之屬。從從於司會也。百官此三官之屬。受平報也。休老勞農。享養之。成歲事。斷計要也。孔疏天子齊戒受諫者。以其歲終。舊來所施之事。或有不便。須有改爲。百官以此上諫於王。天子以其事重。故先齊戒。而後受諫也。司會總主羣官治要。故以一歲治要之成。質於天子。質平也。謂奏上文簿。聽天子平量之。冢宰貳王治事。故亦齊戒。贊王受羣官所平之事。共王論定也。大樂正。大司寇。市三官。各以其當司成要。隨從司會。平於天子。以周法言之。司會總主羣官簿書。則司徒。司馬。司空。簿書亦司會掌之。質於天子。所以下文司徒。司馬。司空。各質於天子。不由司會。惟大樂正。大司寇。市。三官。從司會。質於天子者。司會總主治要。先質於王。若今時先申帳目。樂正。司寇。司市。當司事少。即徑從司會。以質於王。其司徒。司馬。司空。總主萬民。其事既大。雖司會進其治要。仍須各受質屬官。親自質於天子。百官齊戒受質。以司徒。司馬。司空。質於天子。天子平斷畢。當貞報於下。百官齊戒。受天子所平之要。然後休老勞農。即十月蜡祭。飲酒勞農也。斷定計要。一歲事成。乃制來歲之國用也。王氏安石曰。冢宰。司徒。司馬。司空。五官。皆齊戒受質。惟宗伯不與。蓋典禮有常。無可損益故也。孫氏希旦曰。凡周禮言正歲歲終者。皆夏正也。上文冢宰制國用。必於歲之杪。然則蜡祭飲酒。在十二月明矣。禮案聖王敬天畏民。故齊戒受羣臣之諫也。冢宰總納百揆。故歲之豐凶。政之得失。皆其責任。齊戒受質者。敬慎考竅也。市。司市。周禮地官之屬。樂正掌成均。司寇掌刑辟。司市掌禁令。各舉一年之成事。上於天子。百官。六卿之屬也。亦齊戒受質者。詳審其所教士之才技。獄之平反。市之出入。以及司徒所得俊選。司馬所辨官材。司空所度居邑。以稽其名實。核其利弊。以爲黜陟。皆不失中。然後休老勞農。即大戴千乘所云。食農夫九人。以成秋事。息國老六人。以成冬事。此俱舉之於歲終者。文省也。逸周書周月解曰。敬授民時。巡狩祭享。猶用夏焉。則此成歲事。蓋十二月也。孫氏之說是矣。

禮記通釋卷十九

玉環戴禮

王制

凡養老。有虞氏以燕禮。夏后氏以饗禮。殷人以食禮。周人脩而兼用之。鄭注兼用之。備陰陽也。凡飲養陽氣。凡食養陰氣。陽用春夏。陰用秋冬。孔疏皇氏云。人君養老。有四種。一是養三老五更。二是子孫爲國難而死。王養死者父祖。三是養致仕之老。四是引戶校年。養庶人之老。崔氏云。燕者殽烝於俎。行一獻之禮。坐而飲酒。以至於醉。以虞氏帝道弘大。故養老以燕禮。享則體荐而不食。爵盈而不飲。依尊卑而爲獻。取數畢而已。夏既受禪於虞。是三王之首。貴尙於禮。故養老以享禮相養敬也。食禮不飲酒。享大牢以禮食之。殷人質素。威儀簡少。故養老以食禮。周人春夏養老之時。用虞氏燕禮。夏后氏享禮之法。若秋冬養老之時。用殷人食禮之法。以周極文。故兼用三代之法也。陳氏祥道曰。周官外饗。言享耆老。此周人以享禮養老也。行葦言飲射而繼之以祈黃耇。此周人以燕禮養老也。祭義曰。食三老五更於大學。此周人以食禮養老也。禮案脩飾也。周尙文。則其養老。雖兼用三代之禮。而儀物之間。必有損益者矣。

五十養於鄉。六十養於國。七十養於學。達於諸侯。鄭注天子諸侯養老同也。國。國中小學。在王宮之左。學。大學也。在郊。小學在國中。大學在郊。此殷制明矣。孔疏此謂子孫爲國死難。而王養其父祖也。五十始衰。故養於鄉學。六十漸衰。養禮彌厚。故養之於小學。七十大衰。養禮轉重。故養於大學。達於諸侯者。言此養老之事。非惟天子之法。乃通達於諸侯也。方氏慤曰。養於鄉者。特尊於一鄉之人。養於國。則尊於一國之人。不離於臣道。養於學。則有師道焉。以其年彌高。而德彌卲也。然養之始於五十者。以其始衰故也。達於諸侯。則以有君道者。皆所當然。禮案注謂國。國中小學。則鄉。當亦指六鄉之學也。

八十拜君命。一坐再至。瞽亦如之。九十使人受。鄭注命謂君不親享食。必以其禮致之。孔疏七十養於大學。至於八十年漸衰弱。不堪來學受養。君以享食之禮。使人就家致之。其受君命之時。理須再拜。不堪爲勞。一坐於地。而首再拜於地。瞽人無目。恐其傾倒。拜君命之時。亦當如此。故云亦如之。方氏慤曰。坐亦跪也。拜君命之時。足一跪。而首再至於地。而備其數。蓋佚老者。而不責以筋力之禮也。九十筋力尤衰。又不必親拜。特使人代受其命可也。禮案禮惟九十。可以不拜君命。故僖九年左傳。王以齊侯耋老。詔使勿拜。而齊侯卒拜。人以爲知禮也。

五十異粻。六十宿肉。七十貳膳。八十常珍。九十飲食不離寢。膳飲從於遊可也。鄭注粻。糧也。貳。副也。遊謂出入上觀。孔疏粻。糧也。五十始衰。糧自異。不可與少壯者同也。六十轉老。故恆宿肉在帳下。不使求而不得也。貳。副也。膳。善食也。恆令善食有儲副。不使有闕。八十常珍。謂常食皆珍奇美食。九十飲食無時。或急求須得。故不離於寢。美善之膳。水漿之飲。從於所遊之處可也。方氏慤曰。粻則地產。以養其陰。肉則天產。以養其陽。膳用六牲。珍用八物。有膳則肉可知。有肉則粻可知。由八十而下。飲食或庋於閣而已。於寢則亦離焉。膳飲止於所居而已。於遊固不從焉。故必九十。然後飲食從於遊也。禮案宿肉前一夕儲也。恐或缺而不繼也。若如疏義。則與不離無以異矣。膳飲從於遊者。隨其所止之處而進。不以飲食之故。而勞其起動也。

六十歲制。七十時制。八十月制。九十日脩。唯絞紟衾冒死而後制。

鄭注絞紟衾冒。一日二日而可爲者。孔疏六十年既衰老。故逆辦之也。歲制謂棺也。不易可成。故歲制。然此謂大夫以下耳。人君即位爲椑。不待六十也。其槨則死後爲之。以其葬尚賒。故檀弓云。旬而布材是也。七十時制。謂一時可辦。是衣物之難得者。是年轉老。所須辦轉切也。八十月制。謂一月可辦。衣物易得者也。轉老彌切也。至九十。棺衣皆畢。但日日修理之。爲近於終故也。惟絞紟衾冒。死而后制者。此四物易成。故生不逆爲。須亡乃制也。周氏謂曰。死而后制。以其易具。且又明人子。有所不忍也。馬氏晞孟曰。自五十異粻而下。此養生之禮也。自六十歲制而下。此送死之禮也。禮案鄭注儀禮士喪禮云。絞所以收束衣服。爲堅急者也。以布爲之。橫者三幅。縱者一幅。析其末。令可結也。紟單被也。夷衾覆尸柩之衾也。冒韜尸者。制如直囊。上曰質。下曰殺。其用之。先以殺韜足而上。後以質韜首而下齊手。

五十始衰。六十非肉不飽。七十非帛不煖。八十非人不煖。九十雖得人不煖矣。

鄭注煖溫也。方氏愨曰。三十曰壯。四十曰強。壯強則盛極矣。盛極亦趨於衰。故五十爲始衰之年。自此而往。宜有以扶其衰。九十雖得人不煖。則以衰之極。養之宜無所不至也。馬氏晞孟曰。人之大化有四。嬰孩也。少壯也。老耄也。死亡也。始衰離於少壯之年。而入於老耄之時也。先王之時。下無凍餒之民者。蓋五畝之宅。樹之以桑。而七十可以衣帛矣。雞豚狗彘之畜。無失其時。而六十則可以食肉矣。禮案非人不煖。故曲禮上云。行役以婦人。蓋寢食皆需人以侍。得人不煖。則氣血全衰。莫可扶養矣。

五十杖於家。六十杖於鄉。七十杖於國。八十杖於朝。九十者天子欲有問焉。則就其室以珍從。

鄭注尊養之。陳氏祥道曰。大夫七十。而後賜之杖。此五十而杖者。蓋杖於家邦鄉國者。不必待賜。杖於朝。則非賜不可也。九十就其室。所以尊之。以珍從。所以養之也。禮案此即尚書大傳所謂。五十者杖於家。六十者杖於鄉。七十者杖於朝。見君揖杖。八十者杖於朝。見君揖杖。君曰趣見客。毋俟朝。九十杖而朝。見君建杖。君曰趣見。毋俟朝。以朝車送之於家。君如欲問。明日就其室。以珍從。而孝弟之義。達於四海是也。

七十不俟朝。八十月告存。九十日有秩。

鄭注不俟朝。大夫士之老者。揖君則退。告存每月致膳。秩常也。有常膳。孔疏此謂大夫士。老年而聽致事者。則七十杖於國。朝君之時。入門至朝位。君出揖之即退。不待朝事畢也。告謂問也。君每月使人致膳。告問存否。日有秩者。君則日使人以常膳致之。禮案曲禮上云。大夫七十而致事。若不得謝。則必賜之几杖。蓋以筋力衰憊。不勝臣禮也。故雖趨朝。而不必俟朝事畢。而先退也。八十月告存者。臣之於君。猶子之於父。月告君以身存。所以安慰君心也。九十則君日賜秩膳。存否自知。故不須告也。

五十不從力政。六十不與服戎。七十不與賓客之事。八十齊喪之事弗及也。

鄭注力稍衰也。力政城道之役也。與及也。八十不齊。則不祭也。子代之祭。是謂宗子不孤。孔疏力政謂築城垣治道也。其大夫士六十未致仕。若爲軍將。當與服戎。故知戎此據庶人也。案易孟氏韓詩說。年二十行役。三十受兵。六十還兵。力政田役爲重。祭義云。五十不爲甸徒也。事差輕。孟氏說。六十還兵是也。方氏慤曰。從謂行其事焉。與則預之而已。及則傍有所加之謂。以衰老已甚。非特不能從與於事。而事固不當及於我矣。禮案曲禮上云。七十曰老而傳。家事既傳於子孫。故不與賓客之事。齊謂致齊戒宿也。不祭故不齊也。喪謂致喪也。七十唯衰麻在身。八十喪事弗及者。不服衰也。蓋服衰則不無哀慼故也。

五十而爵。六十不親學。七十致政。唯衰麻爲喪。

鄭注五十賢者命爲大夫。六十不能備弟子禮。七十致政還君事。孔疏凡常之人有賢德。故五十始爲大夫。若其有德不必五十。則喪服小功章云。大夫爲昆弟之長殤。是幼爲大夫。爲兄之長殤。方氏慤曰。五十曰艾服官政。故受爵於朝。則服官政也。六十曰耆指使。故不親學。所以事人也。七十曰老而傳。外則致政於君。內則傳家於子孫也。言唯衰麻爲喪。則齊喪之事猶及。所以異於八十者與。禮案爵命也。上文卿大夫命於天子。命於其君者是也。不親學。年邁力衰。不能赴學習業也。致政猶致事也。唯衰麻在身。則居處飲食一概如常也。

有虞氏養國老於上庠。養庶老於下庠。夏后氏養國老於東序。養庶老於西序。殷人養國老於右學。養庶老於左學。周人養國老於東膠。養庶老於虞庠。虞庠在國之西郊。

鄭注皆學名也。異者四代相變耳。或上西。或上東。或貴在國。或貴在郊。上庠右學。大學也。在西郊。下庠左學。小學也。在國中王宮之東。東序東膠亦大學。在國中王宮之東。西序虞庠亦小學也。西序在西郊。周立小學於西郊。膠之言糾也。庠之言養也。周之小學爲有虞氏之庠制。是以名庠云。其立鄉學亦如之。膠或作絿。孔疏此三代養老之處。雖其名不同。以殷人云右學爲左學。虞氏云上庠下庠。學記云。黨有庠。文王世子云。學干戈羽籥於東序。以此約之。故知皆學名也。養老必在學者。以學教孝悌之處。故於中養老。熊氏云。國老謂卿大夫致仕者。庶老謂士也。皇氏云。庶老兼庶人在官者。其致仕之老。大夫以上當養從國老之法。士養從庶老之法。虞殷尚質。貴取有成。故大學在西。小學在東。夏周貴文。取積漸長養。故大學在東。小學在西。虞庠亦小學也。西序在西郊。周立小學於西郊是也。庠制者。後有室。前有堂。若夏序周學皆與庠制同。其州黨之序則歇前而已。孫氏希旦曰。上庠下庠東序西序右學左學。皆在國之大學也。此歷言四代之學。而獨曰虞庠在國之西郊。則其餘皆在國矣。禮案祭義云。天子設四學。鄭注彼云。四學謂周四郊之虞庠也。孫氏志祖謂西郊當作四郊。竊意周雖有四郊之虞庠。然養老盛禮。不能一日偏歷四郊之學。且與東膠對文。必行之於西郊。而東南北不與焉。蓋此乃言養庶老之處。非說學制。故止舉西郊之虞庠也。

有虞氏皇而祭。深衣而養老。夏后氏收而祭。燕衣而養老。殷人冔而祭。縞衣而養老。周人冕而祭。玄衣而養老。

鄭注皇冕屬也。畫羽飾焉。凡冕屬。其服皆玄上纁下。有虞氏十二章。周九章。夏殷未聞。凡養老之服。皆其時與羣臣燕之服。有虞氏質。深衣而已。夏而改之。尚黑而黑衣裳。殷尚白而縞衣裳。周則兼用之。玄衣素裳。其冠則牟追章甫委貌也。諸侯以天子之燕服爲朝服。燕禮曰。燕朝服。服是服也。王者之後。亦以燕服爲之。魯季康子朝服以縞。僭宋之禮也。天子皮弁以日視朝也。孔疏案周禮有設皇邸。又有皇舞。皆爲鳳皇之字。鳳羽五采。故云畫羽飾之。有虞氏質。深衣謂白布衣。皇氏云。養老首服皇冠。郊特牲云。大古冠布。齊則緇之。則虞氏或用白布冠也。夏尚黑而黑衣裳者。以殷人尚白用縞衣。夏既尚黑。燕衣黑衣也。縞白色生絹。亦名爲素。周則玄衣素裳。若衣裳俱玄。則與夏不異。故爲玄衣素裳。其冠則弁追章甫委貌也。案儀禮朝服首著玄冠。即委貌。以此推之。則殷朝服著章甫。夏朝服著牟追。燕禮諸侯燕臣子用朝服。明天子之燕亦朝服也。冠禮記云。周弁殷冔夏收。鄭云。殷弁名出於槃。槃大也。言所以自光大也。冔名出於幠。幠覆也。所以自覆飾也。收言所以收斂髮也。其制之異未聞。陸氏佃曰。燕衣燕居之衣。玄端是也。據卒食玄端以居。縞衣朝衣也。據朝服之以縞。自季康子始也。玄衣冕也。據食三老五更於大學。冕而總干。養老夏后氏以燕服。殷人以朝服。周人以祭服。後王彌文也。言燕則知有所謂朝。言玄則知有所謂素。言縞則知有所謂麻。深衣亦燕服。其服之卑者也。記曰。朝玄端。夕深衣。孫氏希旦曰。司服享射則鷩冕。則周人養老以冕。即虞夏殷可推矣。皇收冔者。虞夏殷士助祭於君之冠也。虞夏殷祭亦用冕。孔子言禹美黻冕。大甲言伊尹以冕服奉嗣王歸於亳是也。此獨舉士之祭冠者。謂其所用以養老之冠也。禮案孔注論語云。冕冠也。上有覆。前後有旒。深衣見第三十九篇。說文長箋。黑而有黃色者爲玄。玄衣即玄端也。

凡三王輪老皆引年。八十者一子不從政。九十者其家不從政。廢疾非人不養者一人不從政。父母之喪三年不從政。齊衰大功之喪三月不從政。將徒於諸侯。三月不從政。自諸侯來徙家期不從政。

鄭注已而引戶校年。當行復除也。老人衆多。非賢者不可皆養。廢廢於人事。自從也。孔疏此謂大夫采地之民。徙於諸侯爲民。以其新徙當須復除。但諸侯地寬役少。爲人所欲。故惟二月不從政。自諸侯來徙於大夫之邑。役多地狹。欲令人貪之。故期不從政。案旅師云。新甿之治。皆聽之。使無征役。鄭注引此文以證之。是據民之遷徙也。陳氏祥道曰。引年者養老以年爲主故也。病者老者在所養。喪者在所恤。徙者在所寬。此所以或復其家。或復其子。或復其身也。周氏諝曰。一子爲一人不從征。則老者廢疾者有所養。居喪不從政。則生者得以盡其哀戚。將徙者不從政。所以寬之也。始來者不從政。所以安之也。孫氏希旦曰。未七十不得養於學。而七十者亦不能皆養之於學也。故必引戶校年。而行糜粥飲食之賜。然後所養無不徧。而其尤者則又當復除其家。廢疾以下。又因不從政而類言之也。廢疾謂廢於人事。若聾者之類是也。三年不從政。除喪而後從政也。三月不從政。既葬而後從政也。將徙於諸侯。謂將徙於他國也。三月不從政。以其當爲行計也。自諸侯來徙家。謂自他國始來家於此也。期不從政。以其未有業次也。荀子大略篇。諸侯來與新有昏期不使。禮案廢疾。若盲聾瘖跛之類。舉措須人。故留所以養之者。不曰子而曰人者。以廢疾或少年而無子。亦留昆弟中一人不從政。父母之喪。三年不從政。禮也。既卒哭。金革之事無辟。權也。若父在爲母之齊衰。則亦期而從政也。

少而無父者謂之孤。老而無子者謂之獨。老而無妻者謂之矜。老而無夫者謂之寡。此四者天民之窮而無告者也。皆有常餼。鄭注餼廩也。孔疏案孝經云。男子六十無妻曰鰥。婦人五十無夫曰寡。舜年三十。而尚書謂之鰥者。以其父頑母嚚。無爲娶之端。故雖三十而亦稱鰥。詩云何草不黃。何人不矜。據久役在外。嫁娶失時。亦謂之爲矜。矜與鰥同。其男子無妻。亦謂之寡。左傳云。崔杼生成及彊而寡。案劉熙釋名云。無妻曰鰥。愁悒不能寐。目恆鰥鰥然。其字從魚。魚目恆不閉。無夫曰寡。寡倮也。倮然單獨也。無父曰孤。孤顧也。顧望無所瞻見也。無子曰獨。獨鹿也。鹿鹿無所依也。黃氏榦曰。斯蓋孟子所謂菽粟如水火。國儲民食。咸畜十年。則是國家以振窮民。爲必行之政矣。況閭比有序。則五黨爲州。使之相賙。而四窮之民。處其鄉里州長。自率二千五百家。而賙救之。則所謂無告者。皆獲其養也。方氏慤曰。若此之人。雖欲有所赴愬而求通。莫之得矣。故曰天民之窮而無告者也。文王發政施仁。必先斯四者。其以是與。皆有常餼。固所宜矣。禮案孤獨矜寡。即周禮秋官大司寇之所謂窮民是也。無告者。煢獨無親。處可告哀也。故周禮地官鄉師。以歲時巡國及野。而賙萬民之囏阨。以王命施惠。遺人鄉里之委積。以恤民之囏阨。門關之委積。以養老孤。詩小雅云。哿矣富人。哀此惸獨。是也。

瘖聾跛躄斷者。侏儒百工。各以其器食之。鄭注斷謂支節絕也。侏儒短人也。器能也。孔疏瘖謂口不能言。聾謂耳不聞聲。跛躄謂足不能行。斷者謂支節解絕。侏儒謂容貌短小。百工謂有雜技藝。此等既非老無告。不可時與常餼。既有疾病。不可不養。故各以其器能。供官役使。以廩餼食之。晉語文公問八疾。胥臣對云。戚施直鎛。籧篨蒙璆。侏儒扶盧。矇瞍修聲。聾聵司火。其童昏嚚瘖僬僥。官師所不材。宜於掌土。是各以其器食之。方氏慤曰。百工則凡執一藝者是也。先王之時。瘖者以實土。聾者以司火。刖者以守囿。刖則跛躄斷者之類也。侏儒以扶盧。以至陶者之治埴。匠者之治木。治氏之攻金。玉人之切玉。所謂各以其器食之也。荀子曰。五疾上收而養之。材而事之。蓋謂是矣。能而曰器者。以隨其大小長短而用之。孔子所謂使人也器之是矣。孫氏希旦曰。百工非疾民。而並言之者。因以器食之。其事同也。禮案瘖聾跛躄斷者。亦廢疾也。上文廢疾。指有室家者。故非人不養。此指無告者。故使以器食之。實則不能治事者。亦給與廩餼。不責之器也。

道路。男子由右。婦人由左。車從中央。鄭注道中三塗。遠別也。陳氏祥道曰。男女嫌於無別。故男右女左。車患於阽危。故從中央。孔子爲中都宰。其民至於男女別塗。蓋以此也。設弧帨。男左門。女右門。拜以男尚左。女尚右。道路則男右女左者。地道尊右故也。詩葛屨曰。宛然左辟。萬氏斯大曰。塗之從者。以西爲右。以東爲左。塗之横者。以南爲右。以北爲左。如舊說。則往之男。與來之婦遇。來之男。與往之婦遇。不病雜乎。禮案此不過言男女往來。各由一邊。不相雜也。若拘男右女左之說。則來者之左。即往者之右。往者之右。即來者之左。仍不能不相雜矣。

父之齒隨行。兄之齒雁行。朋友不相踰。輕任并。重任分。班白不提挈。鄭注隨行雁行。廣敬也。任并任分。皆謂以與少者。雜色曰班。孔疏父齒老也。任謂有担負者。俱應担負。老少並輕。則併與少者担之也。老少並重。不可併與少者。一人。則分爲輕重。重與少者。輕與老者。方氏慤曰。隨行則從其後也。雁行則差其次也。不相踰。謂各以其齒。而爲先後之序也。任并任分二者。皆以優老者而已。然孟子言斑白不負戴者。蓋負以背。而戴以頂。提挈則一以手而已。其言亦互相備。陸氏佃曰。父之齒。年長以倍是也。兄之齒。十年以長是也。所謂五年以長。則肩隨之。視此焉。禮案班白卽檀弓下所云二毛是也。班白不提挈。則輕任并。重任分。只是言少之并長。非壯之分老也。蓋提挈之輕。猶不及之。則負担可知。孟子曰。謹庠序之教。申之以孝弟之義。斑白者不負戴於道路矣。

君子耆老不徒行。庶人耆老不徒食。 鄭注。徒猶空也。陳氏祥道曰。不徒行。故五十無車。不越疆而弔人。不徒食。故七十可以食肉。方氏慤曰。士不貳羹胾。蓋君子未嘗徒食故也。前言班白者不提挈。蓋庶人未嘗不徒行也。陸氏佃曰。無車而行曰徒行。無肉而食爲徒食。禮案曲禮上云。六十曰耆。指使。七十曰老而傳。此云耆老。蓋謂六十七十者。君子者。謂有爵有德者也。庶人者。老。卽上文所謂庶老是也。

大夫祭器不假。祭器未成不造燕器。 鄭注。造爲也。孔疏。皇氏云。此謂有地大夫。故祭器不假。若無地大夫則當假之。故禮運云。大夫祭器不假。聲樂皆具。非禮也。謂無地大夫也。陳氏祥道曰。無田祿者不設祭器。故王制以祭器不假爲禮也。周氏諝曰。庶人共祭器。而至於大夫。則不假者。以其家邑足以具之也。祭器未成。不造燕器者。先神而後人也。方氏慤曰。以食言。則曰養。以居言。則曰燕。孫氏希旦曰。此節與上文不相屬。陳氏謂當在寢不踰廟之下。愚意爲他篇之脫簡耳。禮案此卽曲禮下云問大夫之富。曰祭器衣服不假。又曰。凡家造祭器爲先。養器爲後。

方一里者爲田九百畝。方十里者爲方一里者百。爲田九萬畝。方百里者爲方十里者百。爲田九十億畝。方千里者爲方百里者百。爲田九萬億畝。 鄭注。一里方三百步。億今十萬。萬億今萬萬也。孔疏。案論語云。步百爲畝。是長一百步。闊一步。畝百爲夫。是一頃也。長闊一百步。夫三爲屋。是三頃也。闊二百步。長一百步。屋三爲井。是九百畝也。長闊一里。一箇十里之方。既爲田九萬畝。則十箇十里之方。爲田九十萬畝。一箇百里之方。爲田九百萬畝。今云九十億畝。是一億有十萬。十億有一百萬。九十億爲九百萬畝。故云億今十萬。尹文子云。百姓千品。萬官億醜。皆以數相十。此謂小億也。鄭用毛詩傳云。數萬至萬曰億。是大億也。計千里之方。爲方百里者百。一箇百里之方。既爲九十億畝。則十箇百里之方。爲九百億畝。百箇百里之方。爲九千億畝。今乃云九萬億畝。與一數不同者。若以億言之。當云九千億畝。若以萬言之。當云九萬萬畝。皇氏以爲億數不定。或以十萬爲億。或以萬萬爲億。或以一萬爲億。此云萬億者。祇是萬萬也。周氏諝曰。方里爲井。故爲田九百畝。井十爲成。故爲田九萬畝。成十爲通。故爲田九十億畝。十通則百億井矣。故爲田九萬億畝。李氏格非曰。此後漢儒注王制之文也。盧植以王制爲漢文帝博士所撰。蓋疑是。與此卽注天子之田千里之文也。禮案韓詩外傳云。方里爲井。廣三百步。長三百步。爲一里。其田九百畝。廣一步。長百步。爲一畝。故方十里。爲田九萬畝。方百里。爲田九十一億畝。方千里。爲田九千億畝。疏義是也。

自恆山至於南河。千里而近。自南河至於江。千里而近。自江至於衡山。千里而遙。自東河至於東海。千里而遙。自東河至於西河。千里而近。自西河至於流沙。千里而遙。西不盡流沙。南不盡

衡山。東不盡東海。北不盡恆山。凡四海之內。斷長補短。方三千里。爲田八十萬億一萬億畝。鄭注恆山至南河。冀州域。南河至江。豫州域。江至衡山。荆州域。東河至東海。徐州域。東河至西河。亦冀州域。西河至流沙。雍州域。爲田八十萬億。一萬億畝。九州之大計。孔疏皇氏云。自恆山至南河。以千里言之。其地稍近。言不滿千里。下云自江至衡山。千里而遙。謂其地稍遠。言不啻千里。爲田八十萬億。一萬億畝。以一州一方千里。九州方三千里。三三如九。爲方千里者有九。一個千里。有九萬億畝。九個千里。九九八十一。故有八十一萬億畝。但記文詳具於八十盤數之下。云萬億是八十個萬億。又云一萬億。言是詳也。以前文誤爲萬億。此則因前文之誤。更以萬億言之。陳氏祥道曰。不足乎千里。謂之千里而近。過乎千里。謂之千里而遙。至則非盡其地也。方氏慤曰。經上重有萬億二字。蓋衍文耳。李氏格非曰。此注九州千七百國之文也。應氏鏞曰。海獨言東海者。東海在中國封域之內。而西南北。則夷徼之外。疆理有不及也。南以江與衡山爲限。百越猶未盡開也。河獨東西南者。河流縈帶。而周遶雖流沙亦與河接也。當先王盛時。東西南北。各有不盡。蓋聽四夷居之。故外薄四海。至於五千里者。此區域之大數。而疆理之略者也。四海之內。方三千里。此民田之大數。而疆理之詳者也。觀於曰內曰外二字。而治之詳略可知矣。胡氏渭曰。禹河自華陰。折而東行。至大伾。所行不滿千里。故曰千里而近。若漢河。則東過大伾山。南至白馬縣之長壽津。始折而北行。西去宿胥口。又一百五十里。則爲千里而遙矣。孫氏希旦曰。九州在內者皆狹。在外者皆廣。以禹貢言之。如兗徐豫三州。皆不過千里。若冀青揚荆梁雍。則不止於千里。而冀梁雍。尤爲遼闊。蓋此六州。皆外包要荒之地。若除去要荒。止計綏服之內。則九州之地。長短相補。大約每州皆千里而已。禮案。斷長補短。有二義焉。大則如孫說。九州之地。長短相補。小則每州之中。地不能皆方。以丈尺縱橫測量。長者斷之。短者補之。得田九萬萬畝耳。

方百里者。爲田九十億畝。山陵林麓川澤溝瀆城郭宮室塗巷三分去一。其餘六十億畝。鄭注以一大國爲率。其餘所以授民也。山足曰麓。方氏慤曰。高而藏曰山。大而平曰陵。木所積曰林。林所附曰麓。夫方百里者百。故爲田九十億畝。三而分之。則各三十億畝。去其一分。以容宮室塗巷之類。則餘六十億畝。爲可耕之田矣。四海之內。不必皆如此。特其大略然也。秦氏繼宗曰。方百里。止六十億畝。則方三千里之田。爲山林所占。三分去一。其餘止有五十四千億畝也。孫氏希旦曰。此言方百里之國。爲田之實數也。方百里者如此。則小而方七十里。方五十里。大而方千里。方三千里。其三分去一之法。皆可以此準之矣。禮案。爾雅釋水。水注谷曰溝。注澮曰瀆。周禮夏官量人。掌建國之法。營國城郭。營后宮。量市朝道巷門渠。冬官考工記。環涂七軌。三分去一。舉其凡也。若國多平原沃野。則爲田不止三分之二。若國多高山大川。則爲田不足三分之二矣。

古者以周尺八尺爲步。今以周尺六尺四寸爲步。古者百畝。當今東田百四十六畝三十步。古者百里。當今百二十一里六十步四尺二寸二分。鄭注周尺之數。未詳聞也。案禮制周猶以十寸爲尺。蓋六國時。多變亂法度。或言周尺八寸。則步更爲八八六十四寸。以此計之。古者百畝。當今百五十六畝二十五步。古者百里。當今百二十五里。孔疏鄭以古周尺十寸爲尺。八尺爲步。則步八十寸。鄭以今周尺八寸爲尺。八尺爲步。則今步皆少於古步一十六寸也。是今步別剩十六寸。云以此計之。則古之四步。剩出今之一步。古之四十步。爲今之五十步。古之八十步。爲今之一百步。計古之一畝之田。長百步。得爲今田一百二十五步。則方百畝之田。從北向南。每畝剩二十五步。總爲二千五百步。從東向西。每畝剩二十五步。亦總爲二千五百步。相併爲五千步。是總爲五十畝。又西南一角。南北長二十五步。應南畔所剩之度。東西亦長二十五步。應西畔所剩之度。計方二十五步。開方乘之。總積得六百二十五步。六百步。則爲六畝。餘有二十五步。故云古者百畝。當今百五十六畝二十五步也。又古四步。剩今一步。則古者四里。剩今一里。爲五里。古四十里。今五十里。古八十里。今百里。今之百里之外。猶有古之二十里。四里剩一里。古二十里。今二十五里。故云古者百里。當今百二十五里。陳氏祥道曰。考工記於案言十有二寸。此十寸尺之證也。說文曰。咫八寸。周尺也。此八寸尺之證也。隨書所載歷代之尺。至有一十五種。蓋古尺既廢。後世長短遂不一也。方氏慤曰。所謂東田。則詩南東其畝是也。言南則以廬在其北而向南。言東則以廬在其西而向東。畝有南東。而詩又言南畝者。人以向南爲正。此上謂東田者。耕事始於東方也。李氏格非曰。案史記秦始以六尺四寸爲步。此言今者。即秦也。又案晉張華所撰律管。即京房漢尺。謂漢張蒼之尺也。以阮咸所得周玉尺校華之管爲長。則漢尺校周尺爲短。是以知漢儒注王制之文也。此注制農田百畝文。梅氏穀成曰。以算法求畝法。以古步八尺自乘。得六十四尺。又以百畝乘之。爲實。以今步六尺四寸自乘。得四十尺九十六寸爲法。實如法而一。得一百五十六畝。二十五步爲今田畝數。求里法。以古步八尺與百里相乘爲實。以今步六尺四寸爲法。實如法而一。得一百二十五里。爲今里數。禮案司馬法。六尺爲步。則非始於秦。李說誤矣。至八寸爲尺。言其短。非謂以八寸爲尺也。蓋母寸長止八分。則十寸長止八寸矣。

方千里者。爲方百里者百。封方百里者三十國。其餘方百里者七十。又封方七十里者六十。爲方百里者二十九。方十里者四十。其餘方百里者四十。方十里者六十。又封方五十里者百二十。爲方百里者三十。其餘方百里者十。方十里者六十。名山大澤不以封。其餘以爲附庸閒田。諸侯之有功者。取於閒田以祿之。其有削地者。歸之閒田。

孔疏畿外九州。州別方千里。凡千里之方。以開方計之。爲方百里者。凡有一百。封方百里者三十國者。前文云。立大國三十。故此云封方百里者三十國。謂公也。百去三十。故餘方百里者七十。又封方七十里者六十。爲方百里者二十九。方十里者四十。謂侯國也。凡百里之方。開方計之。爲十里之方百。其七十里之國。一用十之方四十九。七十里之國二。則用十里之方九十八。則一個百里爲七十里之國二。剩十里之方二。然則二十個七十里之國。用百里之方十。剩十里之方二十。七十里之國六十。用百里之方三十。剩十里之方六十。今就百里之方三十里之中。抽去十里之方六十。是用百里之方二十九。方十里者四十。故其餘方百里者四十。方十里者六十。又封。方五十里者。百二十者。上云小國百二十。謂伯國也。凡百里之方一。封五十里之國四。則十個百里之方。封五十里之國四十。今小國百二十。故用百里之方三十。則其餘方百者十。方十里者六十。以爲附庸閒田。李氏格非曰。此注名山大澤。附庸閒田之文也。周氏諝曰。所謂封方百里者三十國之類。非實有此國也。特計其地之廣狹。所能容者也。周官職方。謂凡邦國千里。封公以方五百里。則四公。方四百里。則六侯。方三百里。則十一伯。方二百里。則二十五子。方百里。則百男。以周知天下。蓋以一千里度之。則天下可以周知。其法。與此同。名山大澤不以封。亦非不封也。詩曰。泰山岩岩。魯邦所瞻。又曰。奄有龜蒙。遂荒大東。是泰山龜蒙。雖不悉是魯國。實封之地。然亦在其所封域之內也。附庸所以畜小國。閒田所以待有功之諸侯。周官之法。若縣師所謂野者。皆閒田也。禮案此言畿外八州。每州之內。封建之數也。名山大澤。不以封者。在某國疆域。卽爲某國所有。但不以方里計數。爲封疆之多寡也。統計一州。除三等封國之外。尚餘方百里者十。方十里者六十。以爲附庸之國。及閒田。諸侯有功者。則取閒田益其封。卽上文有功德於民。加地是也。削地卽不敬者。君削以地是也。天子之縣內。方千里者。爲方百里者百。封方百里者九。其餘方百里者九十一。又封方七十里者二十一。爲方百里者十。方十里者二十九。其餘方百里者八十。方十里者七十一。又封方五十里者六十三。爲方百里者十五。方十里者七十五。其餘方百里者六十四。方十里者九十六。孔疏天子縣內。地方千里。爲方百里者百。既用九個擬封百里之國。故其餘方百里者。九十一也。又封方七十里者二十一者。凡百里之方十。爲七十里之國二十。剩十里之方二十。今以十里之方二十。又更取其外。十里之方二十九。添前二十爲四十九。爲七十里之國一。是次國二十一也。總用百里之方十。十里之方二十九。是其餘。方百里者八十。方十里者七十一也。又封方五十里者六十三。謂小國也。凡百里之方一。爲五十里之國四。則百里之方十。爲五十里之國四十。又百里之方五。爲五十里之國二十。總爲五十里之國六十。更有五十里之國三。凡一個五十里之國。用十里之方二十五。則三個五十里國。總用十里之方七十五。是用地方百里者一十五。方十里者七十五。是其餘方百里者六十四。方十里者九十六。然畿外千里。封國之外。所餘地少。其畿內千里。所餘地多者。以畿外之士。本擬封建諸侯。故國數多。餘地少。畿內本爲天子之有。郊關鄉遂。準擬公卿王子弟采邑。故建國數少。餘地多。李氏格非曰。此注天子之縣內。方百里之國九。七十里之國。二十有一。五十里之國。六十有三。凡七十三國之文也。禮案邦畿千里。不言名山大澤。及附庸閒田者。文見前也。諸侯之下士。祿食九人。中士食十八人。上士食三十六人。下大夫食七十二人。卿食二百八十八人。君飲二千八百八十人。次國之卿。食二百一十六人。君食二千一百十六人。小國之卿。食百四十四人。君食千四百四十人。次國之卿。命於其君者。如小國之卿。天子之大夫爲三監。監於諸侯之國者。其祿視諸侯之卿。其爵視次國之君。其祿取之於方伯之地。方伯爲朝天子。皆有湯沐之邑於天子之縣內。視元士。

鄭注給齊戒自潔清之用。俗用湯。沐用潘。孔疏此依前而釋也。前云諸侯下士。視上農夫。故有九人。前云士倍中士。故三十六。前云下大夫倍上士。則食七十二人。前云卿四大夫祿。則二百八十八人。君食二千八百八十八人者。謂大國之君。前云君十卿祿。故二千八百八十八人。次國謂侯伯國。大夫以下。亦如大國大夫。而卿唯得三大夫祿耳。君食二千一百六十人。亦十卿祿也。小國謂子男。大夫以下。亦如大國大夫。而卿則二大夫祿耳。君食千四百四十人。亦十卿祿也。大國三卿。皆命於天子。祿各二百一十六人。而一卿命於其君。爲賤。則祿不可等命天子者。故視小國卿。食一百四十四人。其若子男。一卿命於天子。二卿命於其君。則祿猶如此。案。前文云。不能五十里曰附庸。又云。天子元士視附庸。以湯沐之邑。視元士。亦五十里。以下左氏說諸侯有功德於王室。京師有朝宿之邑。泰山有湯沐之邑。魯周公之後。鄭宣王母弟。此皆有湯沐邑。其餘則否。李氏格非曰。此注諸侯之下士視上農夫。君十卿祿。三監之文。方伯爲朝。止元士。注天子之縣內。其餘以祿士。以爲間田之文也。應氏鏞曰。由下士以至於君。其祿愈厚。則其所食愈衆。豈非以人徒服役。漸增而漸廣與。然由卿以下。皆服役乎君者也。則既各給之田。以爲祿奉。君祿之所入。豈盡以食二千八百八十人哉。以二千八百八十人之食。而養一國之君。所養極其厚。則所食兼於衆也。然必祈其數。以見其所食之多。亦欲居人上者。知吾之所奉。合衆力而共爲之。則必思其有以稱此。且不至壅利以自私。而必推己以養人。故君所食之人。十倍於卿。而由士至卿所食者。次第加衆。皆欲其無獨富之心。而助君以養民也。王氏炎曰。昔者管叔蔡叔霍叔皆爲三監於殷。成王既殺武庚。以其地付康叔治之。謂之孟侯。則爲諸侯之長。成王使之劼其民。且曰。矧惟若疇圻父薄違。農父若保。宏父定辟。圻父司馬。農父司徒。宏父司空。此天子使三卿監其國。故以爲康叔之疇。然則祿視諸侯之卿。爵視次國之君。亦可見矣。既監其國。當食祿於其地。無由復受爵於王朝也。禮案此謂三監祿取方伯之地。天子又賜方伯以湯沐之邑者。用是見天子之不以外諸侯視方伯。方伯之不敢擅有其地。乃尊天王親大臣之義也。

諸侯世子世國。大夫不世爵。使以德。爵以功。未賜爵。視天子之元士。以君其國。諸侯之大夫。不世爵祿。

鄭注世國。象賢也。謂縣內及列國諸侯。爲天子大夫者。不世爵。而世祿。辟賢也。以君其國。列國及縣內之國也。孔疏知此大夫是天子大夫者。以下云。諸侯之大夫。故知是天子大夫。知是縣內及列國諸侯。爲天子入爲天子大夫者。案禮運云。天子有田。以處其子孫。則周召畢原之等。是縣內諸侯也。詩衛武公入相於周。又尚書顧命。齊侯爲虎賁。衛侯爲司冠。是列國諸侯也。並入爲天子大夫。案司裘諸侯則共熊侯豹侯。是畿內亦曰諸侯。此云大夫者。辟上諸侯世子之文。然畿內諸侯。有爲三公。則周召是也。列國諸侯入爲六卿。則鄭武公是也。今總云爲天子大夫。以包之。詩云三事大夫。謂三公也。春秋諸侯殺大夫。謂卿也。未賜爵。謂列國及縣內諸侯。其身既死。其子未得爵賜。其衣服禮制。視天子元士。君其本國。詩小雅。韎韐有奭。謂諸侯世子。未遇錫命。

服士服而來。故知兼列國也。其畿內諸侯。有大功德。元子出封畿外。則王命次子。行其秩邑。若其賢才則世爲公卿。春秋周召之屬是也。諸侯降於天子。故大夫不世爵祿。若有大功德。亦得世之。故隱八年。官有世功。則有官族。邑亦如之。是據諸侯卿大夫也。陳氏祥道曰。諸侯世子世國。卽外諸侯嗣是也。大夫不世爵。卽內諸侯祿是也。周官大司徒。以賢制爵。以庸制祿。司士以德詔爵。以功詔祿。此則使以德。爵以功者。爵主德。祿主功。合而言之。必使以試其德。及有功。而後爵之也。方氏慤曰。未賜爵。視天子之元士。以君其國者。謂世子世國之初也。視謂禮儀之數視之也。且諸侯之適子。未誓則以皮帛繼子男。則未賜爵。天子之元士者。以元士視附庸而繼子男故也。諸侯之大夫。不世爵祿。則以其德。又有降於天子之大夫故也。禮運曰。大夫有采。以處其子孫。則天子之大夫。世祿也。明矣。李氏格非曰。諸侯世子世國。此注外諸侯之文。大夫不世爵。止世祿。此注內諸侯之文也。王氏炎曰。世子嗣位。除服來朝。以士服見天子。天子命之。則授以冕服。而臨臣民。或未朝天子。亦遣使以冕服就賜之。苟無君命。而爲諸侯。春秋於桓公。所以歲首不書王也。禮案。不世爵。待有德。勉立功也。大戴千乘曰。爵不世能。官之不慾是也。諸侯之大夫。不世爵祿者。諸侯地少。大夫世祿。則士地有所不給矣。此云不世爵祿。則上云不世爵者。必世祿可知。

六禮。冠。昏。喪。祭。鄉。相見。七教。父子。兄弟。夫婦。君臣。長幼。朋友。賓客。八政。飲食。衣服。事爲。異別。度。量。數。制。

鄭法鄉。鄉飲酒。鄉射。八政飲食爲上。衣服次之。事爲。謂百工技藝也。異別。五方用器不同也。度。丈尺也。量。斗斛也。數。百十也。制。布帛幅廣狹也。陳氏祥道曰。禮待教。然後行。教待政。然後立。六禮不及朝聘軍旅。而不備乎宗伯之五禮。八政不及貨祀之類。而異乎洪範之八政者。宗伯五禮。洪範八政。人君之所揆於上。王制之六禮。八政。司徒之所教於下也。方氏慤曰。政在養民。故以飲食爲首。飲養陽。而食養陰。故先飲而後食。有飲食。必有衣服。故繼之以衣服。有所服。必有所事。故繼之以事。有所事。必有所異。故繼之以異別。有異別。則必有度。以度其所至。量以量其所容。有度量。則必有數。以計其多少。有制以定其等差。故繼之以數制。李氏格非曰。此注司徒脩六禮。明七教。齊八政之文也。項氏安世曰。飲食。衣服。度量。數制。六者易明。獨事爲異別。注不能通。事爲者。冢宰之九職。司徒之十二事。考工之六職。皆司徒所頒。以任民者也。異別者。司徒五地之常。職方九土之宜。王制中國四夷之俗。皆司空所辨。以居民者也。欽定義疏云。事爲。導民以所當爲。異別。教民以所當辨。如親疏謂賤之等是矣。孫氏希旦曰。禮之在國者。其別多。故總之以五禮。而冠昏鄉皆屬於嘉禮。禮之在民者。其別少。故分之爲六禮。而冠昏各爲一禮。禮案。周禮天官大宰。掌建邦之六典。二曰教典。以安邦國。以教官府。以擾萬民。三曰禮典。以和邦國。以統百官。以諧萬民。四曰政典。以平邦國。以正百官。以均萬民。六禮先冠者。以冠禮。禮之始也。七教先父子者。以父子。人倫之本也。八政先飲食者。以政在養民也。

禮記通釋卷二十

玉環戴禮

月令第六孔疏案鄭目錄云名曰月令者以其紀十二月政之所行也本呂氏春秋十二月紀之首章也以禮家好事抄合之後人因題之名曰禮記言周公所作其中官名時事多不合周法此於別錄屬明堂陰陽記此卷所出解者不同今且申鄭旨釋之然周書先有月令何得云不韋所造鄭謂不韋作者以呂紀正與此同也禮案蔡氏邕王氏肅並謂月令周公所作是也故逸周書文雖缺而篇目尚存且時訓解所載之事與月令實相表裏周月解曰敬授民時巡狩祭享猶用夏焉其十二月皆用夏正呂氏春秋十二紀之首蓋取周書欲自爲一代大典乃改其官名若大尉奄尹之類當馬氏融時月令解已佚故取諸呂紀以入小戴禮仍名月令者蓋知爲周公所作也

孟春之月。日在營室。昏參中。旦尾中。鄭注孟長也日月之行一歲十二月會聖王因其會而分之以爲大數焉觀斗所建命其四時此云孟春者日月會於諏訾而斗建寅之辰也尺記昏明中星者爲人君南面而聽天下視時候以授民事孔疏孟春者夏正建寅之月也周雖建子爲正其祭祀田獵亦用夏正日在營室者案三統歷立春日在危十六度正月中日在室十四度昏參中者立春昏畢十度中去日八十九度正月中昏井二度中去日九十三度依三統歷立春後六日參星初度昏得中也陳氏大猷曰中星者所以正四時日行之所在古玉衡之器以玉爲管橫設之以二端對南北極自南北面望之則北極正對管之北端自北南面望之則昏時某星正値管之南端在南正午之地故謂之中星蓋大陽所在星輝隱伏不知所行在何處惟從中星推之盡考諸日景夜考諸中星則七政之運行皆可得而推矣孫氏希旦曰日在營宮者謂是月日之所行躔於亥宮營室之星也日道雖有發斂而正南之位東西去日出入之度必皆當其中故星之見於此者謂之中星明時者必測中星之所在據其距日出入之度加入晨昏刻之所行以求日行之眞躔也星無時不有中者以昏時初見旦時將歿而東西去日爲近易於推算故候中星者必以昏星旦星爲主而尤以昏時爲要也禮案孟月之首見玉篇春歲之始見隱元年公羊傳爾雅釋天娵訾之口營室東壁也營室謂之定史記天官書營室爲清廟北宮玄武之宿參爲白虎西威池之宿尾爲九子東宮蒼龍之宿高注呂紀云營室衛之分野是月日躔此宿參晉之分野尾燕之分野是月昏旦時皆中於南方

其日甲乙。鄭注乙之言軋也日之行春東從青道發生萬物月爲之佐時萬物皆解孚甲自抽軋而出因以爲日名焉乙不爲月名者君統臣功也孔疏其當孟春仲春季春之時日之生養之功謂爲甲乙律歷志云出甲於甲則甲是孚甲奮軋於乙則乙軋也禮案日陽也故舉天干甲乙逐月有六日皆以地支配之春東方屬木故十干舉甲乙亦猶月之屬陰春月先地支之寅卯也史記律書甲者言萬物剖符甲而出也乙者言萬物生軋軋也

其帝大皞。其神句芒。鄭注此蒼精之君木官之臣自古以來著德立功者也大皞宓戲氏句芒少皞氏之子曰重爲木官孔疏案異義古尚書說元氣廣大謂皞天則皞皞廣大之意故

東方之帝。謂之大皞。句芒者主木之官。木初生之時。句屈而有芒角。故云句芒。言大皞句芒。生時。木王主春。死後則享祭之。句芒言神。則大皞亦神。大皞言帝。則句芒當云臣也。互而相通。大皞木王。句芒有生木之功。故取以相配也。孫氏希旦曰。大皞在天。木德之帝。伏戲氏乘木德而王。亦號大皞。祭木帝則以伏戲配食。句芒在地。木行之神。重爲木正。而官亦曰句芒。祭木神則以重配食焉。禮案。說是也。蓋天地之氣。資五行以化育。若五帝即五皇。五神即五官。則伏義以前。天地五行之氣。孰爲主宰乎。此次伏戲等五君。及重等五臣。各王五行之德。各爲五行之官。有功於民。故百姓神之。而以天之五帝地之五神號焉。而祀五帝五官。即以之配食也。**其虫鱗。**鄭注。象物孚甲將解。鱗。龍蛇之屬。馬氏晞孟曰。萬物資氣以生形。故因其時而以類屬焉。蒼龍木屬。其類爲鱗。故春則其虫鱗。朱鳥火屬。其類爲羽。故夏則其虫羽。人土屬。其類爲倮。故中央則其虫倮。白虎金屬。其類爲毛。故秋則其蟲毛。玄武水屬。其類爲介。故冬則其虫介。吳氏澄曰。東方角亢氐房心尾箕七宿。有龍之象。故凡動物之有鱗者屬木。孫氏希旦曰。鱗虫水處而游。得陽之少者也。故屬春。禮案。昭十七年左傳。大皞以龍紀官。故其帝大皞。則有虫鱗也。大戴易本命云。鱗虫三百六十。而龍爲之長。是矣。**其音角。**鄭注。謂樂器之聲也。三分羽益一以生角。角數六十四。屬木者。以其清濁中。民象也。春氣和。則角聲調。樂記曰。角亂則憂。其民怨。凡聲尊卑取象五行。數多者濁。數少者清。大不過宮。細不過羽。孔疏。春時之音爲當於角。取象木之聲。不云其聲角而云其音者。單出曰聲。雜比曰音。音則樂曲也。以春時調和樂以角爲主。律歷志云。五聲宮商角徵羽。宮三分去一下生徵。徵數五十四。徵三分益一上生商。商數七十二。商三分去一下生羽。羽數四十八。羽三分益一。上生角。角數六十四。是其損益相生之數也。角。觸也。觸地而出。戴芒角也。數少於宮商。多於徵羽。故云清濁中。王氏肅曰。春物並生。各以區別。民之象也。禮案。五行之義。木性仁。故音角也。史記樂書。角動肝而和正仁。故聞角音。使人惻隱而愛人。是也。**律中大簇。**鄭注。律。候氣之管。以銅爲之。中就應也。孟春氣至。則大簇之律應。應謂吹灰也。大簇者林鐘之所生。三分益一。律長八寸。凡律空圍九分。周語曰。大簇所以金奏贊陽出滯。孔疏。上從其日甲乙。下終其祀戶。皆總主三月一時之事。此律中大簇。唯主正月之氣。宜與東風解凍相連。必在於此者。角是春時之音。律審正月之氣。音由氣成。以其音氣相須。故律角同處。言正月之時候氣飛灰應於大簇。其六律六呂。皆是候氣管名。陽管爲律。陰管爲呂。又陽律稱同。總而言之。陰陽皆稱律。故十二月皆云應律中也。蔡邕云。以法爲室。三重戶閉。塗釁必用密布緹縵。室中以木爲案。每律各一案。內庳外高。從其方位。加律其上。以葭灰實其端。其月氣至。則灰飛而管通。如蔡所云。則是爲十二月律布室內十二辰。若其月氣至。則其辰之管。灰飛而管空也。律埋地下。黃鐘之管埋於子位上。頭向南。以外諸管推之可悉知。律以河內葭莩爲灰。宜陽金門山竹爲管。班氏固曰。黃鐘三分損一下生林鐘。三分林鐘益一上生大簇。三分大簇損一下生南呂。三分南呂益一上生姑洗。三分姑洗損一下生應鐘。三分應鐘益一上生蕤賓。三分蕤賓損一下生大呂。三分大呂益一上生夷則。三分夷則損一下生夾鐘。三分夾鐘益一上生無射。三分無射損一下生仲呂。陰陽相生。自黃鐘始。而左旋。八八爲伍。蔡氏元定曰。雨水則大簇。八寸。禮案。史記律書。泰簇長七寸七分二。角。言萬物簇生也。其爲十二子爲寅。寅言萬物始生螾然也。**其數八。**鄭注。數者。五行佐天地生物成物之次也。

易曰。天一地二。天三地四。天五地六。天七地八。天九地十。而五行自水始。火次之。木次之。金次之。土爲後。木生數三。成數八。但言八者。舉其成數。孔疏鄭注易繫辭云。天一生水爲北。地二生火於南。天三生木於東。地四生金於西。天五生土於中。陽無耦。陰無配。未得相成。地六成水於北。與天一并。天七成火於南。與地二并。地八成木於東。與天三并。天九成金於西。與地四并。地十成土於中。與天五并也。皇氏用先儒之義。以爲金木水火得土而成。以水數一。得土數五。故六也。大數二。得土數五。爲成數七。木數三。得土數五。爲成數八。金數四。得土數五。爲成數九。禮案揚子大玄經。三八爲木。此止言八。故注謂舉成數也。

其味酸。其臭羶。鄭注木之味臭也。凡酸羶者皆屬焉。孔疏通於鼻者謂之臭。在口者謂之味。臭則氣也。所以木味酸。尚書孔傳云。木實之性。然則木實酸。凡草木所生。其氣羶也。禮案尚書洪範。木曰曲直。曲直作酸。此其味酸是也。呂氏春秋孝行覽曰。草食者羶。高注云。食草木謂麞鹿之屬。此其臭羶是也。

其祀戶。祭先脾。鄭注春陽氣出。祀之於戶內陽也。祀之先祭脾者。春爲陽中。爲藏直脾。脾爲尊。凡祭五祀。於廟用特牲。有主有尸。皆先設席于奧。祀戶之禮。南面設主于戶內之西。乃制脾及腎爲組。奠于主北。又設盛于組西。祭黍稷。祭肉。祭醴。皆三祭。肉脾一。腎再。既祭徹之。更陳鼎組。設饌于筵前。迎尸。略于祭宗廟之儀。孔疏春陽氣出。禮之於戶者。戶在內。故云內陽也。戶是人之出入。戶則有神。故祀之。脾爲尊者。以祭戶之時。脾腎俱有。先用脾者。古尚書說。脾木也。禮案說文。脾土藏。木克土。先祭脾者。享以所克。所以旺木氣也。

東風解凍。蟄蟲始振。魚上冰。獺祭魚。鴻雁來。鄭注皆記時候也。振動也。夏小正。正月啓蟄。魚陟負冰。漢始亦以驚蟄爲正月中。此時魚肥美。獺將食之。先以祭也。雁自南方來。將北反其居。今月令。鴻皆爲候。孔疏此記正月之時候也。其二至二分之月。皆再記者。二至是陰陽之始終。二分是陰陽之交會。節之大者。凡記時候。先言者則氣在前。後言者則氣在後。言蟄虫始振者。謂正月中氣之時。蟄虫得陽氣初始振動。至二月乃大驚而出。對二月故云始振。魚當盛寒之時。伏於水下。逐其溫暖。至正月陽氣既上。魚遊於水上。近於水。故云魚上冰也。案通卦驗云。立春雨水降。條風至。雉雊雞乳。冰解。條風卽東風。冰解卽解凍也。禮案史記律書。東風明庶風也。明衆物盡出。其氣溫。故蟄虫振動。而冰釋。魚浮矣。說文。蟄藏也。逸周書時訓解。立春之日。東風解凍。又五日。蟄虫始振。又五日。魚上冰。驚蟄之日。獺祭魚。又五日。鴻雁來。又五日。草木萌動。朱傳詩小雅云。大曰鴻。小曰雁。蓋雁生於北。故北反曰來。南去曰遰。夏小正。正月雁北向。九月遰鴻雁是也。

天子居青陽左个。乘鸞路。駕倉龍。載青旂。衣青衣。服倉玉。食麥與羊。其器疏以達。鄭注皆所以順時氣也。青陽左個。大寢東堂北偏。鸞路有虞氏之車。有鸞和之節。而飾之以青。取其名耳。春言鸞。冬夏言色。互文。馬八尺以上爲龍。凡所服玉。謂冠飾。及所佩者之衡璜也。麥實有孚甲。屬木。羊火畜也。時尚寒。食之以安性也。器疏者。刻鏤之象。物當貫土而出也。凡此車馬衣服。皆所取於殷時。而有變焉。非周制也。周禮朝祀戎獵車服。各以其事。不以四時爲異。又玉藻曰。天子龍袞以祭。玄端而朝日。皮弁以日視朝。於此皆殊。孔疏此已前明天時氣候早晚。此明天子每時居處及所乘車馬。所建旌旗。所服衣玉。所食牲穀。及器物之屬。龍與玉言蒼者。蒼亦青也。遠望則蒼。旂與衣云青者。欲見人功所爲。故以旗近色言之。色則順時。食與器則順氣也。青陽左個。是明堂北偏。而云大寢者。欲明明堂與大廟大寢制同。故兼明於明堂之聽朔竟。次還大廟。次還大寢也。然云東個堂。則知聽朔皆堂。不於五角之室中也。云麥實有孚甲屬木。黍秀舒散屬火。麻實有文理屬金。菽實孚甲堅合屬水。稷五穀之長屬土。是五穀所配之方也。器疏者刻鏤爲文。使文理粗疏。直而通達也。方氏愨曰。謂之左個。則以介於左故也。謂之右個。則以介於右故也。個即左氏傳所謂。置饋於個是也。四時所食不同。唯其時物而已。春木王之時。而食麥與羊。是時之所生。以麥火穀。而羊火畜故也。朱子熹曰。論明堂之制非一。竊意當有九室。如井田之制。東之中爲青陽大廟。東之南爲青陽右個。東之北爲青陽左個。南之中爲明堂大廟。南之東爲明堂左個。南之西爲明堂右個。西之中爲總章大廟。西之南爲總章左個。西之北爲總章右個。北之中爲玄堂大廟。北之東爲玄堂右個。北之西爲玄堂左個。中央爲大廟大室。凡四方之大廟異所。其左右個。則青陽之右個。乃明堂之左個。明堂之右個。乃總章之左個。總章之右個。乃玄堂之左左個。玄堂之右個。乃青陽之左個。但隨其方位開門耳。任氏啓運曰。明堂之制。上圖下方。基高三丈。爲五門四達。九階南三階東西北二階。獨其堂室戶牖各異。考工記曰。五室。大戴禮曰。九室。明堂月令曰。九堂十二室。鄭更之九室十二堂。月令曰四戶八牖。大戴三十六戶。七十二牖。呂氏春秋。五大廟。四左個。四右個。蔡邕曰。二十八柱。淳于登曰。水木交於東北。木火交於東南。火土交於中央。金土交於西南。金水交於西北。愚合推之。黃帝曰合宮。則知其址必合爲一也。般人曰重屋。則知其蓋必分二重也。呂氏春秋曰大廟大室。知中室即大廟也。四方有大廟。有左右個。則知每方二室。不名廟也。大約以三百步之地。縱廣界爲二十五區。則下方矣。四角四區不爲室。財蓋周之。而上圓矣。中一區爲大廟大室。虛其四周。八區爲大廟之庭。其上蓋特高於四廟八室之蓋。則望之爲重屋。而四周之庭。得以受日之明。而戶牖皆得其用。外周每面三區。分言之則正四區。南曰明堂。東曰青陽。西曰總章。北曰玄堂。合中大廟爲五廟。以祀五帝。四隅八區爲左個右個。合大廟爲室。四仲居大室。孟季各居其室。以月數之。則可曰十二室。就大室數之。則四戶八牖。四達四阿。就外八室數之。則二十八柱。合九室數之。則三十六戶。七十二牖。而五行之變用事。其義亦明矣。孫氏希旦曰。淮南時則訓。作朝於青陽左個以出春令。義尤分曉。朝即春秋朝於廟之朝。謂告朔也。出春令謂聽朔也。俞氏樾曰。注中刻鏤字。即釋經文疏字。明堂位篇。般以疏勺。注曰疏通刻其頭。儀禮有司徹篇。覆二疏匕於其上。注曰疏匕匕柄有刻飾者。並其證也。禮案鑾路者。亦取鑾鳥色青。象木色也。倉通蒼。亦青色。服佩也。居青陽左個。服青色者。非必春三月皆然。蓋明堂大廟。在國之陽。四通八達。非可常居。居青陽左個。惟申正月之令。服青色之服。亦止申令及迎春之日耳。下仿此。麥芒穀也。熟於四月。舊穀既歿。新穀未登。民賴麥以接其缺乏。故爲五穀之貴。王居明堂。先食之也。說文。五行木老於未。象木重枝葉之形。未屬羊。羊食草木。其臭羶也。器尊彝之屬。疏以達。雕刻透徹。後世之所謂鏤明是也。

是月也。以立春。先立春三日。大史謁之天子曰。某日立春。盛德在木。天子乃齊。立春之日。天子親帥三公九卿。諸侯大夫。以迎春於東郊。還反賞公卿諸侯、大夫於朝、

鄭注。大史禮官之屬。掌正歲年以序事。謁告也。迎春祭蒼帝靈威仰

於東郊之兆也。王居明堂禮曰。出十五里迎歲。蓋殷禮也。周近郊五十里。賞謂有功德者。有以顯揚之也。朝大寢門外。孔疏節氣有早晚。立春爲正月節。有在十二月之時。云是月者。謂是月之氣。不謂是月之日也。凡言是月者。若事相連接。則因前是月。不別起文。若別事更端。則更云是月。他皆仿此。周法四時迎氣。皆前期十日而齊。秦法省。故三日。天以覆蓋生民爲德。春則爲生。天之生育盛德在於木位也。案賈馬蔡邕皆爲迎春祭大皞及句芒。以上云其帝大皞。其神句芒故也。天子有三朝。一是燕朝在路寢。二是治朝則路寢門外。應門之內。以其賞賜公卿大夫。宜在治事之朝。故云大寢門外。胡氏銓曰。案禮器云。享帝于郊。而風雨節。寒暑時。初不指言何帝。鄭以爲蒼帝與大皞。皆當祭不必分也。鄭取春秋緯。固不經。而賈馬等亦大泥矣。孫氏希旦曰。迎春者迎青帝大皞。祭之於東郊之兆。而伏羲氏配食焉。周禮所謂祀五帝。此其一也。禮案孝經緯。大寒後十五日。斗指東北維爲立春。或在歲底。或在歲首也。但交立春。卽爲正月節。史記天官書。立春四時之卒始也。大史司天時占驗。知某日立春。必前期三日。詣告天子。以致齊也。春木德。言盛德在木。所以申迎春之義。蔡氏邕曰。東郊去邑八里。因木數也。周禮春官大宗伯。以玉作六器。以禮天地四方。以青圭禮東方是也。還反於朝行賞大臣。所以施陽和之氣。順木德之仁也。**命相布德和令。行慶施惠。下及兆民。慶賜遂行。毋有不當。**鄭注相謂三公。相王之事也。德謂善教也。令謂時禁也。慶謂休其喜也。惠謂恤其不足也。天子曰兆民。遂猶達也。言使當得者皆得。得者無非其人。孔疏此。因上天子迎春反國。命三公布教施惠之事。案公羊隱五年傳云。公者何。天子之相也。自陝而東者。周公主之。自陝而西者。召公主之。一相處乎內。是三公相王之事也。至六國時。一人知事者。特謂之相。故史記稱范睢蔡澤。皆爲秦相。後又爲丞相。遂是申遂。故尚書云。顯忠遂良。商頌云莫遂莫達。言慶賜之事。通達施行周徧。使當得慶賜之人。皆是有功可慶者。非其人。謂無功無德之徒。王氏引之曰。和當讀爲宣。大宰職曰。始和布治于邦國都鄙是也。禮案命相布德者。道之以德也。令而曰和者。所施皆惠養黎元之善政。韻會十億曰兆。無不當。於有功者無侈與及吝賞。於無功者不濫予。而徇私也。此及下命大史之事。皆立春日。故不云是月也。**乃命大史守典奉法。司天日月星辰之行。宿離不貸。毋失經紀。以初爲常。**鄭注典六典。法八法也。離讀如儷偶之儷。宿儷謂其屬。馮相氏保章氏。掌天文者。相與宿偶。當審候伺。不得過差也。經紀謂天文進退度數。孔疏迎春既還。行賞以畢。乃命大史之官。守其六典。奉其八法。司主天文。及日月星辰之行。天則左還。一日一度。一年三百六十五度四分度之一。又至周一度。日月五星。並逆行。天左行。各有多少。辰有二十八宿。亦隨天左行。大史令其屬官。在其候處止宿。配偶相與審候。不得貸變過差。若應候不候。應知不知。則是候過差。經紀謂天文進退度數。言當推勘攷校。使得其中。應進則言進。應退則言退。若其推步不明。算歷失所。遲疾不依其度。進退或失其常。是失經紀。初謂舊法。恆須遵奉。以爲常行。丘氏光庭曰。星謂二十八宿。辰謂日月之舍也。宿留止離經歷。言天子命大史。歷候日月星辰。卽留止所經歷。爲祥爲災。無令差貸。詩云月離于畢。俾滂沱矣。書云星有好風。星有好雨。月之從星。則以風雨。此之謂乎。胡氏銓曰。若司天推步不職。至於宿離其次。而不能察。則罪不原貸。書曰先時者殺。禮案月令季冬。已飭國典。論時令。待來歲之宜。故歲首唯命其順守奉行而已。司天謂考察今年日月運行。星辰昏旦中伏爲歷書。必與舊法相協。貸若大戴用兵篇云。歷失制。攝提失方。鄒大無紀是也。經謂大綱。紀謂條理。無或差忒。然後可爲常行之典也。

是月也。天子乃以元日祈穀於上帝。鄭注謂以上辛郊祭天也。春秋傳曰。夫郊祀后稷。以祈農事。是故啓蟄而郊。郊而後耕。上帝大微之帝也。孔疏郊特牲云。郊不言祈穀。此經言祈穀。不言郊。鄭引春秋襄七年左傳。孟獻子曰。郊祀后稷。以祈農事也。故啓蟄而郊。郊而後耕。此祈穀之後。卽躬耕帝藉。是祈穀與郊一也。禮案祭有祈有報。郊特牲云。郊之祭也。大報天而主日。又曰。郊之祭也。迎長日之至也。則圜丘之報天。在子月明甚。此言祈穀于上帝。則非郊之報天可知。左傳啓蟄而郊。乃魯之僭禮。而注疏引以證此非也。乃擇元辰。天子親載耒耜。措之於參保介之御間。帥三公九卿諸侯大夫躬耕帝藉。天子三推。三公五推。卿諸侯九推。反執爵於大寢。三公九卿諸侯大夫皆御。命曰勞酒。鄭注元辰蓋郊後吉辰也。耒耜之上曲也。保介車右也。置耒於車右。與御者之間。明已勸農。非農者也。人君之車。必使勇士衣甲居右。而參乘。備非常也。保猶衣也。介甲也。帝藉爲天神。借民力所治之田也。既耕而宴飲。以勞羣臣也。大寢路寢。御侍也。孔疏甲乙丙丁等謂之日。郊之用辛。上云元日。子丑寅卯之等謂之辰。耕用亥日。故云元辰。正月亥爲天倉。以其耕事。故用天倉也。盧植蔡邕並云。郊陽。故用日。耕藉陰。故用辰。云者善也。耕藉所以爲帝籍者。舉尊言之。故祭義云。天子爲藉千畝。以共齊盛。又國語云。宣王卽位。不藉千畝。虢文公諫曰。夫民之大事在農。上帝之粢盛於是乎出。是藉田共上帝也。此言天子三推。公五推。卿諸侯九推。案國語王耕一發。班三之。賈逵注。班次也。謂公卿大夫也。王之下各三。其上也。王一發。公三發。卿九發。大夫二十七發。案國語。耕後宰夫陳享。膳夫贊王。享禮在廟。燕禮在寢。此云執爵於大寢。故知燕也。上爵賞公事。與衆共之。故在正朝。燕勞私禮。主於懽心。故在路寢。陸氏佃曰。參參乘。保介車右。保君而甲者也。詩曰。嗟嗟臣工。又曰。嗟嗟保介。臣工其臣。保介其僕也。禮案耒耜耕種器也。易繫辭。揉木爲耒。斲木爲耜。推以耒耜撥土。令鬆也。周禮冬官考工記直庛則利推。或以手推。或用牛耕。說文耕犂也。山海經第十八稷之孫曰叔均。是始作牛耕。蓋犂以木爲之。下撥土處以鐵作犂頭。牛在前牽引而行。後稍有曲木如柄。人手把而隨之以耕。故曰推也。三六九推者。尊卑勞逸之差也。夫籍之爲言借也。借民力以終成之。勞酒勞耕之酒。猶勞農也。

是月也。天氣下降。地氣上騰。天地和同。草木萌動。鄭注此陽氣蒸達。可耕之候也。農書曰。土長冒橛。陳根可拔。耕者急發。孔疏此論少陽之月。務其始生。故既耕之後。當勸農事。天地之氣。謂之陰陽。一年之中。或升或降。聖人作象。各分六爻。以象十二月。陽氣之升。從十一月爲始。正月三陽既上。成爲乾卦。乾體在下。坤體在上。乾爲天。坤爲地。天居地下。故云天氣下降。地氣上騰。故正月爲泰。泰通也。以陽氣在三陰之下。故云下降。其實於時陽從地中升也。禮案天地交泰。二氣氤氳。化生萬類。故蟄者動。而植者萌也。王命布農事。命田舍東郊。皆修封疆。審端徑術。善相丘陵阪險原隰。土地所宜。五穀所

殖。以教道民。必躬親之。田事既飭。先定準直。農乃不惑。鄭注田謂田畯。主農之官也。舍東郊。順時氣而居。以命其事也。封疆田首之分職。術周禮作遂。夫間有遂。遂上有徑。遂小溝也。步道曰徑。今尚書曰。分命義仲。民嵎夷也。相視之說。所以命田舍東郊之意也。準直謂封疆徑遂也。夏小正曰。農率均田。孔疏春氣既和。王命羣官。分布檢校農事。以其耕作。歲時之氣。起於東方。故令田畯舍國之東郊。以命其事。其諸侯都邑。田畯各舍國邑之東郊也。封疆則九夫爲井。四井爲邑。各有封境界域。部分職掌也。遂上有徑者。案匠人云。廣二尺。深二尺。遂人云。徑容牛馬。田畯舍於東郊。先定此封疆徑遂。以勸農夫。農夫知田事先後。審疆界畔域。乃不有疑惑。準謂輕重平均。直謂繩墨得中也。農率則田畯。均田則審端徑遂也。禮案班布也。農事四郊皆有。而班政獨先東郊者。以耕始於東也。尚書堯典。平秩東作。又大戴四代云。東有開明。於時鷄三號以興。嗇民執功是也。鄭注周禮地官司徒云。封起土界。土在溝上謂之封。說文疆界也。此蓋言田間之道。必審而正之。防侵越也。爾雅釋地陂者曰阪。廣平曰原。下濕曰隰。險岩也。義見史記殷本紀。相土性所宜。以播時百穀。若黍宜高燥。稌宜下濕之類。躬親者以身率教。即指田畯道民功作也。飭正也。準直即孟子所云。正經界。說文惑亂也。**是月也。命樂正入學習舞。**鄭注爲仲春將釋菜。方氏慤曰。正曰樂。則於聲容。固無所偏主也。孫氏希旦曰。樂正樂官之長。掌國學之政者。入學習舞。以舞教國子。而使之習也。春爲陽。故習舞。象陽氣之發揚也。禮案夏小正。二月丁亥。萬用入學。又竹書紀年。舜十七年二月。入學初用萬。則此習者。必萬舞也。故注謂爲仲春。將釋菜也。**乃脩祭典。命祀山林川澤。犧牲毋用牝。**鄭注重祭禮。歲始省錄。毋用牝。爲傷妊生之類。孔疏春爲四時之首。當修祀典。祭山林川澤。餘月之時。牲皆用牝。惟此月不用。天地宗廟大祭之時。雖非正月。皆不用牝。禮案典禮也。吉禮爲五禮之首。故於歲首修行。蓋周禮春官宗伯所掌。此不言命某官者。文略也。曲禮上曰。天子祭天地。山川。五祀。而此止舉山林川澤者。以祈穀於上帝。已祭天矣。其祀戶。已及五祀矣。名山大川。有神能出雲雨。以滋潤萬物。故祀之。盧注大戴曾子天圓云。牲色純曰犧。體完曰牷。用牝恐六畜懷妊。殺之則傷其胎孕。故必用牡也。**禁止伐木。**鄭注盛德所在。孔疏禁謂禁其欲伐。止謂止其已伐者。此伐木在山中。或在禁障之處。十月許人採取。正月禁令止息。故王制云。草木零落。然後入山林。若國家隨時所須以爲材用者。雖非冬月。亦得取之。故山虞有仲冬斬陽木。仲夏斬陰木是也。禮案伐木逆春氣。內經素問云。東方生風。風生木。其德敷和。敷和之紀。木德周行。陽舒陰布。五行宣平。**毋覆巢。毋殺孩虫胎夭飛鳥。毋麛毋卵。**鄭注爲傷萌幼之類。孔疏此法餘月皆無。覆巢因初春施生之時。故設戒也。巢若其天鳥之巢。則覆之。故硩簇氏云。掌覆天鳥之巢。此月亦禁之。胎謂在腹中未出。天謂生而已出者。故魯語云。獸長麛天。此飛鳥謂初飛之鳥。麛卵四時皆禁。但於此月尤甚。若荐獻亦得取之。故王制云。韭以卵。庖人秋行犢麛。是也。禮案覆反覆也。謂母傾覆鳥巢。以取卵也。若如疏義。則覆育天鳥。正春令之當行者。何得云毋乎。孩虫動物之初生。羽毛未長者也。餘並見王制解。**毋聚大衆。毋置城郭。**鄭注爲妨農之始。馬氏晞孟曰。爲其害耕事也。禮案聚大衆。與師旅。置城郭。役民力。方春之時。緩施動作。所以生育百物也。**掩**

骼埋胔。鄭注謂死氣逆生也。骨枯曰骼。肉腐曰胔。孔疏蜡氏云。掌除骴。司農云。胔骨之尚有肉者也。及禽獸之骨。皆康成不注。從司農義也。骼言掩。胔言埋。互言耳。焦氏循曰。案林氏起龍云。是月天氣下降。地氣上升。誠恐胔骼穢惡之氣。隨天地之氣。升降混合爲一。有害人物。故掩埋之。此預補造化。天無功也。禮案聖王之政。澤及枯骨。四時皆然。而申令於春者。亦順木德之仁也。是月也。不可以稱兵。稱兵必天殃。兵戎不起。不可從我始。鄭注逆生氣。爲客不利。主人則可。孔疏起兵伐人者謂之客。敵來禦捍者謂之主。此云兵戎不合興起之時。不可從我而始。我謂主人。主人既不先起兵。彼來伐我。我不得不應。故云主則可。客既先興兵。故云爲客不利。方氏慤曰。稱兵舉兵也。兵戎不起。非不起也。特不可以從我始而已。老子曰。用兵不敢爲主。而爲客。蓋不可從我始之謂也。故湯之伐桀。言造攻自鳴條。朕載自亳。用兵之義。未嘗不然。又況方春之始乎。曰兵戎者。兵以器言。戎以事言也。禮案上云。毋聚大衆。此又言不可稱兵。申戒至再者。恐逆陽德以干天和。廢農時而棄地利故也。若敵來侵我。則動兵禦之可也。惟不可始開兵釁。非不可修兵殺敵也。毋變天之道。毋絕地之理。毋亂人之紀。鄭注變天道。以陰政犯陽。絕地理。易剛柔之宜。亂人紀。仁之時而舉義事。孔疏案易說卦云。立天之道。曰陰與陽。立地之道。曰柔與剛。立人之道。曰仁與義。天云道。地云理。人云紀。互辭也。禮案大戴誥志云。政不率天。下不由人。則凡事易壞而難成。故令以毋變天道也。又盛德篇。地宜不殖。財物不蕃。百姓流亡。人民散敗。故令以毋絕地理也。官屬不理。分職不明。注政不一。百事失紀。故令以毋亂人紀也。孟春行夏令。則雨水不時。草木蚤落。國時有恐。行秋令。則其民大疫。猋風暴雨總至。藜莠蓬蒿並興。行冬令。則水潦爲敗。雪霜大摯。首種不入。鄭注行夏令。巳之氣乘之也。四月於消息爲乾。草木蚤落。生日促。國時有恐。以火訛相驚。行秋令。申之氣乘之也。七月始殺。正月宿直尾箕。箕好風。其氣逆也。回風爲猋。藜莠蓬蒿並興。生氣亂。惡物茂。行冬令。亥之氣乘之也。舊說首種謂稷。孔疏當月施令。若順時則氣序調釋。若施令失所。則災害滋興。故此下論政失致災之事。施令有失。三才俱應。孟春行夏令。雨水不時。天也。草木蚤落。地也。國時有恐。人也。十二月之中。或先言天。或先言民。或先言地。爲害重者先言之。亦惟有有天有人無地。或有地有人無天。隨應則書耳。雨水不時者。以行夏令。寅氣不足。故風少。四月純陽來乘。故雨少。巳爲火。故火來也。寅爲天漢之津。火畏水。終竟不來。但訛言道火相恐動耳。七月建申。陰氣始殺。殺氣乘寅。故人多大疫。申來逆寅。寅風被逆。故爲猋風。寅往破申。申雨褣逆。故爲暴雨。案爾雅扶搖謂之猋。謂風之迴轉也。考靈耀云。日中星鳥。可以種稷。則百穀之內。稷先種。首先也。禮案高注呂紀云。春木夏火。木德用事。法當寬仁。而行火令。火性炎上。故使草木稿落。不待秋冬。雨水不以時降。則天旱地燥。故植物枯焦。恐有火災也。行秋令。木爲金所剋。故氣不勝。且以春陽而施秋陰之令。故天降之災。說文疫民皆疾也。蓬蒿草之不理者也。藜刺人草。見郭注爾雅釋草。莠草之亂苗者。見孟子。金爲水母。故雨水多而亂草繁生。行冬令則水爲木母。子不能勝母。故亦陰氣盛。而雨多也。說文潦雨大貌。敗謂淹壞植物。爾雅釋詁摯臻也。曾子天圓云。陰氣勝則凝爲霜雪是也。首種不入。謂無收成也。

仲春之月。日在奎。昏弧中。旦建星中。鄭注仲中也。仲春者。日月會於降婁。而斗建卯之辰也。弧在輿鬼南。建星在斗上。孔疏案三統歷。二月節。日在奎五度。昏井二十二度中。去日九十七度。旦斗五度中。春分日在婁四度。昏柳五度中。去日一百二度。旦斗十六度中。元嘉歷。日在壁一度。昏井十度中。旦箕四度中。從奎五度至胃六度在戌。總曰降婁。降婁。降也。婁。斂也。言物降落而收斂。斗星隨天而轉。一日一夜。過轉一周而行一度。故正月建寅。二月建卯也。餘月昏旦中星。皆舉二十八宿。此昏云弧中。旦云建星中。獨非二十八宿者。由弧星近井。建星近斗。井有三十三度。斗有二十六度。其度既寬。若舉井斗。不知何日的至井斗之中。故舉弧星建星也。然春分之時。日夜中。計春分昏中之星。去日九十一度。今日在奎五度。奎與鬼之初乃一百九度。所以不同者。鄭雖云弧在鬼南。其實仍當井之分域也。禮案。仲同中。中故天子四仲之月。居明堂大廟。而孟季之月。居左右個也。史記天官書。奎曰封豕。弧曰直狼。西宮咸池之宿。建星者旗。北宮玄武之宿。張氏正義。奎十六星。婁三星。爲降婁。於辰在戌。魯之分野。弧九星。在狼東南。建六星。在斗北。高注呂紀云。是月昏旦時。皆中於南方。

其日甲乙。其帝大皞。其神句芒。其蟲鱗。其音角。律中夾鐘。其數八。其味酸。其臭羶。其祀戶。祭先脾。鄭注夾鐘者。夷則之所生。三分益一。律長七寸二千一百八十七分寸之千七十五。仲春氣至。則夾鐘之律應。周語曰。夾鐘出隙之細。孔疏周語注。夾鐘云夾助陽。四隙之微氣。令不滯伏於下也。蔡氏元定曰。春分則夾鐘七寸四分三釐七毫三絲。禮案。史記律書。夾鐘者。言陰陽相夾廁也。其於十二子爲卯。卯之爲言萬物茂也。釋名。夾。孚也。言萬物孚甲。衆類分也。

始雨水。桃始華。倉庚鳴。鷹化爲鳩。鄭注皆記時候也。倉庚。驪黃也。鳩。搏穀也。漢始以雨水爲二月節。孔疏四事先後逐氣之早晚。故周書時訓。驚蟄之日。桃始華。又五日。倉庚鳴。又五日。鷹化爲鳩。案釋鳥。倉庚。商庚。郭云。即鵹黃也。方言云。齊人謂之搏黍。鳩。搏穀者。釋鳥云。鳲鳩。鴶鵴。郭云。今之布穀也。布搏聲相近。漢初驚蟄爲正月中。雨水爲二月節。後改雨水爲正月中。驚蟄爲二月節。由氣有參差故也。陸氏佃曰。凡言始。始於此耳。桃始華。言始稺之也。據夏小正。孟春梅杏杝桃則華。鳩能鳩聚陽氣。蒸變含血。使鷙者能仁。候之著者也。復化爲鷹。不記。夏小正曰。變而之不仁也。孫氏希旦曰。自小雪雨雪。至此始雨水。陽升於地上也。禮案。孝經緯。周天七衡六間。立春後十五日。斗指寅。爲雨水。桃二月開華。實甘可食。倉庚鳴於春。故詩豳風云。春日載陽。有鳴倉庚。是也。

天子居青陽大廟。乘鸞路。駕倉龍。載青旂。衣青衣。服倉玉。食麥與羊。其器疏以達。鄭注青陽大廟。東堂當大室。陸氏佃曰。爾雅曰。室有東西廂曰廟。所謂青陽。明堂。總章。玄堂。大廟。以其居正。有左右廂故也。若大室無左右廂。故曰大廟大室。且曰大廟大室者。著青陽等皆大廟也。孫氏希旦曰。明堂之四堂皆曰大廟者。明堂十二室。十二月分居之。而其祀天告朔皆於堂。以其爲事神之所。故謂之廟。禮案。春木氣。青陽德用事。故名東堂爲青陽大廟。而殷人謂之陽館。見尸子神明篇。

是月也。安萌芽。養幼少。存諸孤。鄭注助生氣也。馬氏晞孟曰。凡植物始茁爲萌。浸長爲芽。動物始生爲幼。未壯爲少。植物欲其無踐履。故曰安。萌芽動物。欲其無殄滅。故曰養幼少孤者。天民之窮。欲其無夭絕。故曰存諸孤。禮案安謂勿剪伐也。養幼存孤。注春氣施仁也。大戴千乘曰。朝孤子八人。以成春事是也。**擇元日。命民社。**鄭注社后土也。使民祀焉。神其農業也。祀社日用甲。孔疏后土者。謂五官之后土。即社神也。句龍爲配社之人。又爲后土之官也。郊特牲云。祀社日用甲。用日之始。即元日也。召誥戊午。乃社于新邑。用戊者。周公告營洛邑位成。非常祭也。方氏慤曰。祭法曰。大夫以下。成羣立社曰置社。則民固有社矣。然非天子命之。無敢專祭焉。故擇元日而命之也。凡祭社稷必從之。此止言命民社者。舉重以明輕爾。應氏鏞曰。民社者。王爲羣姓所立之大社也。禮案命者令民祀社。以社祭后土。五穀之所從出也。**命有司。省囹圄。去桎梏。毋肆掠。止獄訟。**鄭注順陽寬也。省減也。囹圄所以禁守繫者。若今別獄矣。桎梏今械也。在手曰梏。在足曰桎。肆謂死刑暴尸。周禮曰。肆之三日。掠謂榜治人。孔疏囹牢也。圄止也。所以止出入。皆罪人所舍也。獄周曰圜土。殷曰羑里。夏曰均臺。秦曰囹圄。漢曰若盧。魏曰司空。案掌囚云。上罪梏拲而桎。拲爲在手。梏與拲連文。故知梏亦在手。則桎在足也。易童牛之梏。牛曰足稱梏。牛無手。前足施梏也。肆陳也。謂陳尸而暴之。周禮鄉士縣士。皆肆之三日。然春陽既動。理無殺人。何得更有死尸。蓋是大逆罪甚。容得春時殺之。殺則埋之。故禁其陳肆。應氏鏞曰。肆縱也。肆掠謂肆意笞箠也。蓋雖輕刑。不敢縱意也。肆固爲暴尸之刑。而與掠並言。則輕重不倫。且桎梏猶欲去之。而況敢暴尸乎。孫氏希旦曰。周禮注。爭罪曰訟。爭財曰獄。上三者。所以寬之於已犯。止獄訟。所以禁之於未然。禮案應氏釋肆字。較注疏爲優。今從之。止息也。止獄訟。猶孔子所云。聽訟吾猶人也。必也使無訟乎。**是月也。玄鳥至。至之日。以大牢祠於高禖。天子親往。后妃帥九嬪御。乃禮天子所御。帶以弓韣。授以弓矢。於高禖之前。**鄭注玄鳥燕也。燕以施生時來巢人堂宇而孚乳。娶嫁之象也。媒氏之官以爲候。高辛氏之世。玄鳥遺卵。娀簡吞之而生契。後王以爲媒官嘉祥。而立其祠焉。變媒言禖。神之也。御謂從往侍祠。周禮天子有夫人。有嬪。有世婦。有女御。獨云帥九嬪。舉中言也。天子所御。謂今有娠者。於祠大祝酌酒。飲於高禖之庭。以神惠顯之也。帶以弓韣。授以弓矢。求男之祥也。王居明堂禮曰。帶以弓韣。禮之禖下。其子必得天材。孔疏大戴禮云。有娀氏之女曰簡狄。高辛氏之世。有此吞鳥之異。是爲禖官嘉祥。後代之王。立高辛而爲禖神。又毛詩傳。姜嫄從帝祠於郊禖。簡狄從帝祈於郊禖。是姜嫄簡狄之前。先有禖神矣。案世本。伏羲制以儷皮嫁娶之禮。其先媒當是伏羲也。媒字從女。今從示。是神明告示之義。祭高禖既畢。祝官乃禮接天子所御幸有娠之人。謂酌酒以飲之。乃屬帶此所御之人以弓韣。又授之以弓矢。於高禖之前。而北面也。禮案疏引大戴禮。今大戴無此文。夏小正二月來降燕。分睇室。百鳥皆曰巢。與之室何也。摻泥而就家。入人內也。蓋以燕來則成室育雛。有宜室宜子之兆。故於玄鳥至而祠高禖也。羅氏泌曰。女媧佐大昊。禱於神祈爲女婦。正姓氏。職昏因。是曰神禖。則高禖女媧之神也。**是月也。日夜分。雷乃發聲。始電。蟄蟲咸動。啓戶始出。先雷三日。奮木鐸以令兆民曰。雷將發聲。有不戒其容止者。生子不備。必有凶災。**鄭注又記時候。發猶出也。生子不備。主戒婦人有娠者也。容止有動靜。孔疏日夜分。謂晝夜漏刻。馬融云。晝有五十刻。夜有五十刻。據日出日入爲限。蔡邕以爲星見爲夜。日入後三刻。日出前三刻。皆屬晝。晝有五十六刻。夜有四十四刻。雷是陽氣之聲。將上與陰相衡。季冬雷在地下。則雉應而雊。孟春動於地之上。則蟄虫應而振出。至此升而動於天之下。其聲發揚也。電是陽光。陽微則光不見。此月陽氣漸盛。以擊於陰。其光乃見。故云始電。啓戶謂發所蟄之穴。蟄中早者孟春乃出。左傳啓蟄而郊。是也。晚者二月始出。故此云蟄虫咸動。玉藻云。迅雷甚雨則必變。雖夜必興。衣服冠而坐。所以畏天威也。小人不畏天威。懈慢褻瀆。或至夫婦交接。君子制法。不可指斥言之。故曰有不戒其容止者。言此時。夫婦交接。生子支節性情必不備。其父母必有災也。禮案分春分也。夏小正正月必雷。雷不必聞。唯雉惟必聞之。蓋震於地下也。二月雷出地上。則人聞之。故此雷乃發聲也。埤雅云。雷與電同氣。陰陽以回薄爲雷。申洩爲電。電而云始者。以此月始見也。雷則先鳴地中矣。故不曰始也。易豫卦。雷出地奮豫。邢注云。雷是陽氣之聲。奮是震動之狀。雷既出地。故蟄物亦啓戶而出。然雷之發聲。不可豫定某日。此云先雷三日者。蓋指春分前三日也。

日夜分。則同度量。鈞衡石。角斗甬。正權概。

鄭注因晝夜等。而平當平也。同角正。皆謂平之也。丈尺曰度。斗斛曰量。三十斤曰鈞。稱上曰衡。百二十斤曰石。甬今斛也。稱錘曰權。概平斗斛者。孔疏度量鈞衡之等。人之所用。當須平均。人君於晝夜分等之時。而平正此當平之物。云同角正。皆謂平之者。經中度量鈞衡石五者。總蒙同文。云漢書律歷志。十分爲寸。十寸爲尺。十尺爲丈。十丈爲一引。五度審矣。又十合爲升。十升爲斗。十斗爲斛。五量嘉矣。又十六兩爲斤。三十斤爲鈞。百十二斤爲石。又權與物鈞。而生衡。衡注權錘也。與物正等。則衡平。是權爲稱錘。稱上曰衡。甬與斗連文。律歷志。十斗爲斛。故知甬則斛也。云概平斗斛者。今猶然。禮案同鈞角正四字同文。則鈞當從高注呂紀。昨等解爲是。鈞通均。平也。角較也。正亦平也。言較正其同異也。

是月也。耕者少舍。乃修闔扇。寢廟畢備。毋作大事。以妨農之事。

鄭注舍猶止也。因蟄虫啓戶。耕事少閒。而治門戶也。用木曰闔。用竹葦曰扇。皆也。凡廟前曰廟。後曰寢。大事兵役之屬。孔疏案襄十八年左傳云。晉州綽以枚數闔闔是齊城門。而云闔是闔用木也。此扇與闔相對文。又此耕者。少舍謂庶人。庶人蓽門。故以爲竹葦曰扇云。凡廟前曰廟。後曰寢者。廟是接神之處。其處尊。故在前。寢衣冠所藏之處。對廟爲卑。故在後。但廟制有東西廂。有序牆。寢制惟室而已。故釋宮云。室有東西廂曰廟。無東西廂。有室曰寢是也。禮案少舍暫止也。二月春耕甫畢。芒種尚早。春時多雨。故戶牖牆垣易壞。宜乘農功少隙。而修理之。大事謂起土功動兵戎。非旬日可畢之事。故恐妨農。說文妨害也。

是月也。毋竭川澤。毋漉陂池。毋焚山林。

鄭注順陽養物也。畜水曰陂。穿地通水曰池。釋文尚書傳云。澤障曰陂。降水曰池。方氏慤曰。川澤之物。非竭其水則不可以盡取。陂池之物。漉之以網罟。則可以盡之矣。此主漁者言之。毋焚山林。則主田者言之。孫氏希旦曰。周禮春田用火。此國家大蒐之禮也。若民閒焚山林。則有禁。以蟄虫已出故也。禮案說文。漉又可訓浚。作禁勿穿掘。義亦可通。

天子乃鮮羔開冰。先薦寢廟。

鄭注鮮當爲獻。聲之誤也。獻羔謂祭司寒也。祭司寒而出冰。薦於宗廟。乃後賦之。春秋傳曰。右者日在北陸而藏冰。西陸朝覿而出之。其藏冰也。深山窮谷，固陰沍寒，於是乎取之。其出之也，朝之祿位，賓食喪祭，於是乎用之。其藏之也，黑牡秬黍，以享司寒。其出之也，桃弧棘矢，以除其災。其出入也時。食肉之祿，冰皆與焉。大夫命婦，喪浴用冰。祭寒而藏之，獻羔而啓之，公始用之。火出而畢賦，自命夫命婦至於老疾，無不受冰。孔疏：案詩豳風七月云，四之日其蚤，獻羔祭韭。故知鮮爲獻也。左傳云，獻羔而啓之，祭寒而藏之。旣祭司寒，明啓時亦祭之。薦於宗廟，謂仲春也。乃復賦之，謂孟夏也。故凌人云，夏頒冰。案春秋昭四年，春，大雨雹，季武子問於申豐，對以此辭。北陸謂十二月日在虛之時，西陸謂四月日在昴畢之時。固陰沍寒者，杜注：沍，閉也。謂堅固之陰閉塞不通陽之處。朝之祿位，謂大夫以上。桃去不祥，棘則刺御惡。火出而畢賦者，畢，盡也。謂應是得冰之人，無問尊卑，盡賦與之。禮案：鮮，呂紀作獻。獻羔在開冰上，自是祭司寒也。朱傳詩召南云：小曰羔，大曰羊。據豳風之詩，則取冰以薦寢廟，牲亦用羔，豆用韭也。

上丁，命樂正習舞，釋菜。天子乃帥三公、九卿、諸侯、大夫，親往視之。仲丁，又命樂正入學習樂。鄭注：樂正，樂官之長也。命習舞者，順萬物始出地鼓舞也。將舞必釋菜於先師以禮之。夏小正曰：丁亥萬舞入學。親往視之，順時達物也。仲丁習樂，爲季春將習合樂也。習樂者，習歌與八音。孔疏：孟春習舞，此仲春又云習舞，皆以春陽旣動，萬物出地，王者習舞，所以應之。此習舞卽大胥春入學舍菜合舞一也。據人所學謂之習舞，節奏齊同謂之合舞，此亦謂之大合樂，故文王世子凡大合樂注，春舍菜合舞，秋頒學合聲，孟春習之，至仲春習而合之，自是春秋常所合樂也，非爲季春而習舞也。故大胥春合舞，秋合聲，自是春秋之常事也。孟春習舞及仲春習舞，仲丁習樂，并季春合樂，皆在大學。仲春贈菜合舞，季春大合樂，皆天子親往，餘則不也。鄭云將舞必釋菜，以釋菜之時不爲舞也。故文王世子云，釋菜不舞，不授器是也。萬氏斯大曰：呂氏春秋作入舞舍菜，注云：舍，置也。置菜帛於先師之前，以贄神也。夏小正萬用入學，謂今時大舍菜也。據此相參，益知當用呂紀原文。孫氏希旦曰：上丁，上旬之丁日。仲丁，仲旬之丁日也。禮案：入學日必用丁者，丁，火文明象也。天子親往，以舞宣陽氣，所以順時令而重其事也。

是月也，祀不用犧牲，用圭璧，更皮幣。鄭注：爲季春將選而合騰之也。更，猶易也。當記者古以玉帛而已。孔疏：應祀之時，用圭璧，更易此犧牲，非但用圭璧，又用皮幣以更易之。此謂祈禳小祀。若大祀，則自依常法，上文大牢祀高禖是也。俞氏樾曰：周官女御掌以時招梗禬禳之事，注曰：杜子春讀梗爲更。玄謂梗，御未至也。此更卽招梗禬禳之梗，謂凡有祈禱之事，不用犧牲而用圭璧，若梗御之事，則止用皮幣，以其事尤輕也。當讀云：祀不用犧牲，用圭璧；更，皮幣。則得其義矣。禮案：更當讀如問更端之更。言不用犧牲，用圭璧。更用皮幣以祭也。

仲春行秋令，則其國大水，寒氣總至，寇戎來征。行冬令，則陽氣不勝，麥乃不熟，民多相掠。行夏令，則國乃大旱，煖氣早來，蟲螟爲害。鄭注：行秋令，酉之氣乘之也。八月宿直畢，畢好雨，金氣動也。畢又爲邊兵。行冬令，子之氣乘之也。十一月爲大陰，陰姦衆也。行夏令，午之氣乘之也。虫螟，暑氣所生，爲災害也。孔疏：其國大水，則地災也。寒氣總至，則天災也。寇戎來征，則人災也。元命包云：畢七星，十六度，主邊兵。陽氣不勝，天災。麥乃不熟，地災。民多相掠，人災也。國乃大旱，煖氣早來。天災。虫螟爲害。地災。行令失所。人災之應。故無其災也。禮案行秋令金爲水母。故多雨。雨多故氣寒也。文七年左傳。兵作於內爲亂。於外爲寇。寇戎來征。敵來侵我邊疆也。行冬令冬陰之氣干陽。以寒故。故麥不熟。民苦肌。故多擄掠也。行夏令。則木能生火。亢陽用事。故雨澤愆期。暑氣烝鬱。乃生虫螟。螟蝗屬。玉篇云。苗心虫。陸詩小雅草木疏云。螟似虸蚄而頭不赤。

季春之月。日在胃。昏七星中。旦牽牛中。鄭注季少也。季春者。日月會於大梁。而斗建辰之辰。孔疏案三統厤云。三月之節。日在胃七度。昏張二度中。去日一百七度。旦斗二十六度中。清明日在昴八度。昏翼四度中。去日一百一十一度。旦女二度中。元嘉歷。三月節日在婁六度。昏柳十二度中。旦斗十四度中。從胃七度至七星之初。有九十九度。以日轉長。日沒之時。稍在西北。去七星之初。九十八度。故昏時七星在南方之中。旦牽牛中者。從七星之初。至牽牛之初。禮案史記天官書。胃爲天倉。西宮咸池之宿。張氏正義云。胃三星趙之分野。爾雅釋天。河鼓謂之牽牛。孫氏炎曰。河鼓之旗十二星。在牽牛北。高注呂紀云。七星周之分野。牽牛越之分野。是月昏旦時。二星皆中於南方。

其日甲乙。其帝大皞。其神句芒。其蟲鱗。其音角。律中姑洗。其數八。其味酸。其臭羶。其祀戶。祭先脾。鄭注姑洗者。南呂之所生也。三分益一。律長七寸九分寸之一。季春氣至。則姑洗之律應。周語曰。姑洗所以修絜百物。考神納賓。孔疏案國語注。是月之物修絜。故用之宗廟。致神納賓。蔡氏之定曰。穀雨則姑洗七寸一分。禮案史記律書。姑洗長六寸七分四羽。姑洗者。言萬物洗生。其於十二子爲辰。

桐始華。田鼠化爲鴽。虹始見。萍始生。鄭注皆記時候也。鴽鴾母。蝃蝀謂之虹。萍萍也。其大者曰蘋。孔疏鴽鴾母。爾雅釋鳥文。郭云。鵪也。蝃蝀謂之虹者。釋天文。郭云。雄者曰虹。雌者曰蜺。雄謂明盛者。雌謂闇微者。虹是陰陽交會之氣。純陰純陽。則虹不見。若雲薄漏日。日照雨滴。則虹生。萍萍其大者曰蘋。釋草文。郭云。水中浮萍。江東謂之薸。凡云化者。若鼠化爲鴽。鴽還化爲鼠。皇氏云。反歸舊形謂之化。案易乾道變化。謂先有舊形。漸漸改者謂之變。雖有舊形。忽改者謂之化。及本無舊形。非類而改。亦謂之化。故鄭注周禮云。能生非類曰化也。欽定義疏云。虹雄者竟天而明。則截雨。雌者長丈。謂之蜺。反能致雨。禮案霓見。非惟主雨。亦主風雨交作。今俗甚忌之。桐梧桐也。夏小正三月拂桐芭。田鼠化爲鴽。鴽鵪也。變而之善也。又正月田鼠出。田鼠者。嗛鼠也。王氏象晉曰。萍季春始生。楊花入水所化。流水不生。生於止水。故池沼咸有之。

天子居青陽右個。乘鸞路。駕倉龍。載青旂。衣青衣。服倉玉。食麥與羊。其器疏以達。鄭注青陽右個。東堂南偏。禮案青陽右個。即朱子所謂明堂之左個。季春則東向開門耳。

是月也。天子乃薦鞠衣於先帝。鄭注爲將蠶。求福祥之助也。鞠衣黃桑之服。先帝大皞也。孔疏依禮祭五帝。自服大裘。今薦鞠衣。色如鞠塵。象桑葉始生。鞠者草名。花色黃。與桑同色。又當桑生之時。故云黃桑之服。薦於神坐。爲蠶求福也。云先帝大皞之屬者。以其言先。不言上。故知非天也。孫氏希旦曰。鞠衣色黃。蓋季夏所衣之黃衣也。先帝謂軒轅氏。蠶事始於軒轅之后西陵氏。后之功。統於帝。故祈蠶之祀。主於先帝。薦謂因祭而薦之。若獻之於神然也。軒轅氏乘土德而王。而配食於黃帝。薦黃衣者。所以象其德也。禮案說是也。夫土王四季。季春月建辰土。荐鞠衣於土德之帝。未爲失時序也。且蠶始西陵氏。非伏羲所作也。命舟牧覆舟。五覆五反。乃告舟備具於天子焉。天子始乘舟。薦鮪於寢廟。乃爲麥祈實。鄭注舟牧。主舟之官也。覆反舟者。備傾側也。荐鮪。進時美物。爲麥。於含秀求其成也。不言所祈。承寢廟可知。孔疏案爾雅釋魚云。鮥。鰍。郭云似鱣而小。建平人呼鮥子。一本云王鮪似鱣。口在頷下。音義云。大者爲王鮪。小者爲鮛鮪。長鼻。體無鱗甲。方氏愨曰。覆以視表。反以視裏。待至尊所乘。不得不防其傾漏故也。覆反必至於五。慎之至也。禮有告具。告備具。則苟具而已。備則無所不備焉。必乘舟而後荐鮪者。所以示覜漁也。蓋先王之享親。牲必親殺。必親射。凡以致其敬而已。則乘舟而後荐鮪。豈爲過哉。魚必以鮪者。爲其特大。謂之王鮪者以此。董氏應瑒曰。荐鮪以荐新也。非爲麥祈。而祈麥則因荐新而舉。欽定義疏云。禮食麥以魚。魚者麥之配。故荐魚以祈麥。禮案周禮天官𩽾人。春獻王鮪。夏小正二月祭鮪。此在三月者。鮪至有早晚也。又小正三月祈麥實。麥實者。五穀之先見者也。故急祈也。

是月也。生氣方盛。陽氣發泄。句者畢出。萌者盡達。不可以內。鄭注時可宜出。不可收斂也。句屈生者。芒而直曰萌。孔疏以物宜散之時。當順天散物。不可積聚納之在內也。方氏愨曰。由辰而前。句者非不出也。特出之未爲畢耳。萌者非不達也。特達之未爲盡耳。至於辰。乃言畢出盡達焉。有終謂之畢。無餘謂之盡。春主發散。則出而外之時也。秋主揫斂。則入而內之時也。方春宜出之時。故言不可以內也。禮案句者木之榦。萌者草之芽。達者苗生出土也。正月草木萌動。二月安萌芽。及是而發生始徧矣。

天子布德行惠。命有司發倉廩。賜貧窮。振乏絕。開府庫。出幣帛。周天下。勉諸侯。聘名士。禮賢者。鄭注振猶救也。周謂給不足也。勉猶勸也。聘問也。名士不仕者。孔疏蔡氏云。穀藏曰倉。米藏曰廩。無財曰貧。無親曰窮。暫無曰乏。不續曰絕。皇氏云。長無謂之貧窮。暫無謂之乏絕。王者勉諸侯。令聘問有名之士。禮接德行之賢。蔡氏云。名士者。謂其德行貞絕。道術通明。王者不得臣。而隱居不在位者也。賢者。名士之次。亦隱者也。名士優。故加束帛。賢者禮之而已。禮案高注呂紀云。府庫幣帛之藏。正月慶賜遂行。是行賞也。故自上及下。此發倉廩。是專賑貧乏也。周。徧也。又以幣帛徧頒天下諸侯。勉其各訪國中明德達材之士。以爲聘禮之用。諸侯得之。則貢之於天子。射義所謂貢士是也。

是月也。命司節馬。時雨將降。下水上騰。循行國邑。周視原野。脩利隄防。道達溝瀆。開通道路。毋有障塞。鄭注廣平曰原。國也。邑也。平野也。溝瀆與道路。皆不得不通。所以除水潦。便民事也。古者溝上有路。孔疏此既爲雨決水。而云開通道路。恐道路非決之物。故云溝上有路。言道達溝瀆之時。須備此溝上道路。案周禮遂人職云。溝上有畛。川上有路。此言溝上有路者。是道路之總名。與彼別也。方氏愨曰。方春物生。需雨澤之時。故其雨謂之時雨。時雨或過淫。則趨下之水。反上騰而爲災。故命以豫備之術也。障言蔽顯以爲隱。塞言窒虛而爲實。禮案尚書周官。司空掌邦土。居四民。時地利。故命以土功之事。時雨者。方春三月。多雨。下水是雨久。則山川百泉皆踊。故曰上騰。七八月之間。雨集。溝澮皆盈。衝沒田舍。爲害最烈。今山居者多山泉。俗稱山潮。近海者多海汐。俗名洪潮。一年數受其害。故夏節將屆。而先修利隄防。以避水敗也。循行循序而行。周視之無不徧。五十里以上曰國。見王制。四井爲邑。見周禮地官司徒。爾雅釋地。牧外謂之野。隄防所以阻水。故修之。溝瀆所以流水。故達之。開通道路者。恐水積而莀穢盈積。妨車徒之行。故使毋有障塞焉。

田獵罝罘羅網畢翳餧獸之藥毋出九門。鄭注：爲鳥獸方孚乳。傷之逆天時也。獸罟曰罝罘。鳥罟曰羅網。小而柄長謂之畢。翳。射者所以自隱也。凡諸罟及毒藥。禁其出九門。明其常有。時不得用耳。天子九門者。路門也。應門也。雉門也。庫門也。皋門也。城門也。近郊門也。遠郊門也。關門也。今月令無罘。翳爲弋。孔疏謂此月非田獵之時。其罝罘羅網。畢翳之器。及餧獸之藥。所在之處。遠近皆不得用。故云毋出九門。以季春之時。不得用耳。案周禮迹人云。禁毒矢射者。乃謂四時也。九門自路門皋門以內。皆宮室所在。非田獵之處。亦禁羅網毒藥者。宮室所在。亦有林苑。及空閒之處。得有羅網毒藥也。方氏愨曰。餧則委之以食而毒焉。故以藥言之也。王氏引之曰。案季春命國難。九門磔攘。季冬命有司大難。旁磔。鄭注。旁磔於四方之門。季春言九門。則其爲旁可知。季冬言旁。則其爲九門可知。四方而曰九門者。蓋南方三門。東西北各二。匠人夏后氏世室。五室九階。鄭注。南面三。三面各二。是其例。禮案說是也。證以下文命國難九門磔攘。則門是城門。城門有九。類可見矣。

是月也。命野虞毋伐桑柘。鳴鳩拂其羽。戴勝降於桑。具曲植籧筐。后妃齊戒。親東鄉躬桑。禁婦女毋觀。省婦使以勸蠶事。蠶事既登。分繭稱絲效功。以共郊廟之服。毋有敢惰。鄭注：愛蠶食也。野虞謂主田及山林之官。拂羽。降桑。蠶將生之候也。鳴鳩飛且翼相擊。趨農急也。戴勝織紝之鳥。是時恆在桑。言降者若始自天來。重之也。具時所以養蠶器也。曲。薄也。植。槌也。后妃親采桑。示帥先天下。東向者。向時氣也。是明其不常留養蠶也。留養者。所卜夫人與世婦。婦謂世婦及諸臣之妻也。內宰職曰。仲春詔后帥外內命婦。始蠶於北郊。女外內子女也。夏小正曰。妾子始蠶。執養宮事。毋觀。去容飾也。婦使。縫線組紃之事。登。成也。敕往蠶者。蠶畢將課功。以勸戒之。孔疏。案釋鳥云。鶌鳩。鶻鵃。郭云。似山鵲而小。青黑色。短尾。多聲。孫炎云。一名鳴鳩。釋鳥云。鵖鳩。戴鵀。郭云。鵀即頭上勝。今亦呼戴勝。方言云。宋魏陳楚江淮之間謂之曲。自關而西謂之簿。方言注。槌。縣蠶薄柱也。宋魏陳楚江淮之間謂之栕。養蠶南北東西。無所不在。今后惟東面采。明不常養。示法而已。祭義云。卜三宮之夫人世婦之吉者。是常留養蠶也。此季春躬桑。內宰云仲春者。以仲春既帥命婦躬桑浴種。至季春又更躬桑浴蠶也。外內子女。則周禮之外宗內宗。分繭稱絲。是課效其功。方氏愨曰。野虞。周官之山虞。以主在野之事。故曰野虞。齊戒所以神明其事。東向所以逆時氣也。籧則席之粗者。筐則筥之方者。省婦使者。不煩以他役。欲一意於蠶。以勸其事而已。分繭所以使之繅。稱絲所以使之織。近以郊廟言者。外祭莫重於郊。內祭莫重於廟也。禮案說文柘桑屬。蠶書云。亦可飼蠶。時屆蠶事。故命勿伐也。埤雅曰。鳩性食桑甚。故止於桑。高注呂紀云。圓底曰筥。方底曰筐。皆受桑器也。王者親耕。后妃躬桑。以爲天下先。勸衆民也。禁其遊觀。省其事功。所以使專壹蠶業也。祭統及周禮天官皆云北郊。而此止言東向者。蓋后於北郊采桑。而向東也。蠶有春蠶。此月畢事。尙有夏蠶。卽埤雅所謂原蠶。在孟夏之月。夏繭登。則一年蠶事竟矣。此所分繭。卽春蠶之所成也。分繭解絲效功者。所以使蠶婦勗勉。恪共厥職。不敢怠荒也。郊廟之服。卽祭統云。王后蠶於北郊。以共祭服是也。是月也。命工師令百工審五庫之量。金鐵。皮革筋。角齒。羽箭榦。脂膠丹漆。毋或不良。鄭注工師司空之屬官也。五庫藏此諸物之舍也。量謂物善惡之舊法也。榦器之木也。凡輮榦有當用脂。良善也。孔疏周禮考工記。無工師。知是司空屬官者。以司空掌工巧。此稱工巧師長。故知司空之屬。云量謂物善惡之舊法者。言此等之物。善惡先有舊法。當審察之。故云審五庫之量。五庫者。熊氏云。各以類相從。金鐵爲一庫。皮革筋爲一庫。角齒爲一庫。羽箭榦爲一庫。脂膠丹漆爲一庫。義或然。云榦器之木者。案周禮弓人掌作弓。云凡析榦。故知榦弓榦。此則總論材榦。不獨指弓。但器之材朴。總謂之榦。故云榦器之木。胡氏銓曰。脂以柔皮革。春秋傳。脂所以柔物。孫氏希旦曰。考工記。革欲其柔滑。而脂之則需。膠。鬻獸之皮角。及魚鰾爲之。丹朱砂也。兪氏樾曰。周禮地官。角人掌以時徵齒角。凡骨物於山澤之農。羽人掌以時徵羽翮之政。於山澤之農。二職相連。則角齒羽三者。自當其爲一庫。賈疏曰。此羽人所徵者。當入於鍾氏。染以爲后之車飾。及旌旗之屬。是羽之爲用甚廣。非獨供矢人之用。何見其必與箭榦同庫乎。禮案此五庫皆製兵甲之材也。金鐵械也。皮革甲也。筋角齒羽箭榦脂膠丹漆。皆造弓矢者。箭鏃或有用狼牙者。故齒亦造箭之具也。毋或不良者。審察五庫之材。或有不榦不良者去之。則製器無不善矣。百工咸理。監工日號。毋悖于時。毋或作爲淫巧。以蕩上心。鄭注咸皆也。於百工皆理治其事之時。工師則監之。日號令之。戒之以此二事也。悖猶逆也。百工作器物。各有時逆之則不善。時者若弓人春液角。夏治筋。秋合三材。冬定體之屬也。淫巧謂僞飾。不如法也。蕩謂動之。使生奢泰也。今月令無于時作爲。爲詐僞。孔疏此時天氣和適。百工造作器物。當因氣序。無得悖逆於時。使物不牢固。又所作器物。當依舊常。無得有作淫過巧妙。以蕩動在上。使生奢泰之心。用時非一。故云之屬。考工記石有時以泐。水有時以凝。又云材美工巧。然而不良。則不時是也。方氏慤曰。百工咸理。則使之各治其事。監工日號。則慮其惰於事也。工固有巧。過乎巧。則爲淫矣。此與孟冬皆言毋或作淫巧以蕩上心者。此因其作而戒之。彼因其成而又戒之。禮案上君也。蕩心若尚書旅獒云。玩物喪志是也。是月之末。擇吉日大合樂。天子乃帥三公九卿諸侯大夫親往視之。鄭注大合樂者。所以助陽達物。風化天下也。其禮亡。今天子以大射。郡國以鄉射禮代之。馬氏晞孟曰。凡樂陽聲也。春陽也。大合樂。必待陽中之末。則中聲之所止也。蓋中聲以降。非和平。君子弗聽也。陸氏佃曰。季冬所謂大合吹。卽此所謂大合樂。或言吹。或言樂。相備也。單舉則言吹。雜舉則言樂。吹非無舞也。舞非無吹也。因其所主言之異耳。孫氏希旦曰。仲春既命國子習樂。至此又命合而作之。以觀其學樂之成也。必擇吉日者。合樂又重於習舞也。禮案月末下旬也。擇吉日入學。亦用丁也。合樂謂歌舞俱備。亦樂正率國子也。是月也。乃合累牛騰馬。遊牝于牧。犧牲駒犢。舉書其數。鄭注累騰皆乘匹之名。是月所合牛馬。謂繫在廄者。其牝欲遊。則就牧之牝。而合之。以在牧。而校數書之。明出時無他故。至秋當錄內。且以知生息之多少也。孔疏纍牛謂相纍之牛。騰馬相騰逐之馬。以季春陽將盛。物皆產乳。故合此所纍之牛。相騰之馬。故遊此繫牧之牝。於牧田之中。就牝而合之。其在廄牝馬。須擬乘用者。則不放之。既遊牝於牧之後。畜皆在野。所有犧牲。及小馬之駒。小牛之犢。皆書其先在之數。所以然者。至秋畜產入時。知其舊數。不欠少以否。又舊數之外。知其生息多少。禮案高注呂紀云。纍父牛。騰父馬。爾雅釋畜馬牡曰騭。郭注江東呼駁馬曰騭。則此與呂紀並誤騭爲騰也。下同。說文牝畜母。爾雅釋地郊外謂之牧。合謂出牝牡於廄。而使同遊於牧。以乘匹。圖孕育也。犧牲謂所養之數。駒犢謂所育之數。周禮夏官庾人。馬二歲曰駒。說文犢牛子也。皆書其數。而記之。此非必行之於月末。故另起云是月也。

命國難九門磔攘以畢春氣。鄭注此難難陰氣也。陰寒至此不止。害將及人。所以及人者。陰氣右行。此月之中。日行歷昴。昴有大陰。積尸之氣。氣佚則厲鬼隨而出行。命方相氏。帥百隸索室敺疫以逐之。又磔牲以攘於四方之神。所以畢止其災也。王居明堂禮曰。季春出疫于郊。以攘春氣。孔疏天氣左轉。故斗建左行。謂之陽氣。日月右行。日月比天爲陰。故云陰氣右行。此月之初。日在胃。月中從胃歷昴。元命包云。大陵主尸。熊氏引石氏星經。大陵八星在胃。此主死喪。焦氏循曰。季冬陽行丑。季春陽行辰。而陰氣乘日之所在。黨合跋扈。以鬱遏陽氣之行。故直難止陰氣。而達陽氣。以平陰氣。此難陰難陽之義也。禮案下文仲秋天子始難。季冬則有司大難。然則此命國難者。命國人逐疫也。磔裂牲祭攘除也。見孔詩大雅疏。攘亦祭名。見禮器。難儺也。論語鄉人難是也。

季春行冬令則寒氣時發。草木皆肅。國有大恐。行夏令則民多疾疫。時雨不降。山陵不收。行秋令則天多沈陰。淫雨蚤降。兵革並起。鄭注行冬令。丑之氣乘之也。肅謂枝葉縮栗。國有大恐。以水訛相驚。行夏令。未之氣乘之也。六月宿直鬼。鬼爲天尸。時又有暑也。山陵不收。高者暵於日也。公秋令成之氣乘之也。九月多陰。淫霧也。雨三日以上爲霖。今月令曰。衆雨。兵革並起。陰氣勝也。孔疏寒氣時發天災也。草木皆肅地災也。國有大恐人災也。案詩九月肅霜。謂嚴肅。言枝葉減縮而急栗。水訛相驚。以冬氣來乘。水欲來至。以季春屬土。土能制水。故水不來。民多疾疫人災也。時雨不降天災也。山陵不收地災也。天多沈陰淫雨蚤降並天災也。兵革並起人災也。禮案行冬令。寒氣時發。謂有時而寒慄如嚴冬也。毛傳詩豳風云。肅縮也。霜降而收縮百物也。冬氣屬水。水土墓辰。故雖有水。而不能爲災也。行夏令。以陽盛無雨。故炎氣盛。而人傷暍。乃多疾疫。植物枯槁。低處猶可運水灌之。山陵高阜之所。卽溉亦不能畜水滋養。故必無收也。行秋令。少陰之氣干陽。故陽氣不勝。而鬱爲沈陰。兵革並起。金爲兵象。而秋陰肅殺故也。

温州市图书馆藏書

禮記通釋八十卷

第三册

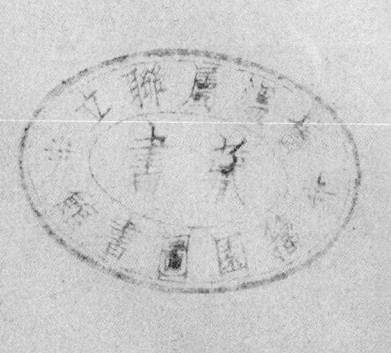

月令

孟夏之月。日在畢。昏翼中。旦婺女中。鄭注孟夏者。日月會於實沈。而斗建巳之辰。孔疏三統厤。四月節。日在畢十二度。昏軫四度中。去日二百一十四度。旦虛三度中。四月中。日在井初度。昏角六度中。去日一百一十七度。旦危六度中。元嘉厤。四月節。日在畢十五度。昏軫十度中。旦虛九度中。禮案三禮義宗。夏大也。至此之時。物已長大。故以爲名。史記天官書。畢。西宮咸池之宿。翼。南宮朱鳥之宿。婺女。北宮玄武之宿。張氏正義曰。畢八星。翼二十四星。楚之分野。婺女四星。越之分野。高注呂紀云。畢。西方宿。秦之分野。是月日躔此宿。翼。南方宿。楚之分野。婺女。北方宿。越之分野。是月昏旦時皆中於南方。其日丙丁。鄭注丙之言炳也。日之行。夏南從赤道。長育萬物。月爲之佐。時萬物皆炳然著見而強大。又因以爲日名焉。易曰。齊乎巽。相見乎離。孔疏引易者。證丙丁是著明之義。此易說卦文。禮案史記律書。丙者。言陽道著明。丁者。言萬物之丁壯也。其帝炎帝。其神祝融。鄭注此赤精之君。火官之臣。自古以來著德立功者也。炎帝。大庭氏也。祝融。顓頊氏之子。曰黎。爲火官。孔疏何胤云。春秋說文。炎帝號大庭氏。下爲地皇。作耒耜。播百穀。曰神農也。云黎爲火官者。案昭二十九年左傳云。顓頊氏有子曰黎。爲祝融。杜注祝融明貌。孫氏希旦曰。炎帝者。在天火德之帝。大庭氏乘火德而王。其號亦曰炎帝。祭火帝則以配焉。祝融者。在地火行之神。黎爲火正。其官亦曰祝融。祭火神則以配焉。祝。續也。融。明之盛也。言火德之繼續而光明也。禮案山海經十六。祝融。老童子。顓帝孫也。又曰。老童產黎。未詳孰是。其蟲羽。鄭注象物從風。葉飛鳥之屬。方氏愨曰。夏則羽虫屬焉。羽虫。蓋鳳凰之類。以其色文故也。吳氏澄曰。南方井鬼柳星張翼軫七宿。有鳥之象。故凡物之有羽者屬火。禮案南宮朱鳥之星主夏。故其屬爲羽。羽。禽也。其音徵。鄭注三分宮。去一以生徵。徵數五十四。屬火者。以其徵清。事之象也。孔疏宮數八十一。三分分之一。各二十七。去二十七。餘有五十四。徵數也。清者數少。羽數最少。爲極清。徵數次少。爲徵清。徵爲清濁第四。事爲尊卑亦第四。引樂記者。證爲事也。禮案史記樂書。徵動心而和正。故聞徵音。使人樂善而好施。前漢律志。徵。祉也。物盛大而繁祉也。朱子鍾律。徵爲火。爲事。次高次清。律中中呂。鄭注孟夏氣至。則中呂之律應。中呂者。無射之所生。三分益一。律長六寸萬九千六百八十三分寸之一萬二千九百七十四。周語。中呂宣中氣。孔疏無射之律長四寸。六千五百六十一分寸之六千五百二十四。三分益一。以生中呂。是中呂長六十萬九千六百八十三分寸之萬二千九百七十四也。蔡氏元定曰。小滿則中呂六寸五分。八厘三毫。四絲六忽。禮案中。仲也。史記律書。中呂者。言萬物盡旅而西行。其於十二子爲己。己者。言陽氣之已盡也。其數七。鄭注火生數二。成數七。但言七者。亦舉其成數。禮案揚子太玄經。二七爲火。此止言七。故注謂舉成數也。其味苦。其臭焦。鄭注火之臭味也。凡苦焦者皆屬焉。禮案尚書洪範。火曰炎上。炎上作苦。蓋凡食物火燒焦者。其味必苦也。其祀竈。

祭先肺。鄭注夏陽氣盛。熱於外。祀之於竈。從熱類也。祀之先祭肺者。陽位在上。肺亦在上。肺爲尊也。竈在廟門外之東。祀竈之禮。先席於門之奧。東面設主於竈陘。乃制肺及心肝爲俎。奠於主西。又設盛於俎南。亦祭黍三。祭心肝各一。祭醴二。亦既祭徹之。更陳鼎俎。設饌於筵前。迎尸如祀戶之禮。孔竊案少牢及特牲禮皆竈在廟門外之東西面北上。云祀竈之禮以下。皆逸中霤禮文。奧謂廟門外西室之奧。祀竈在門外。故設主在廟門之奧。配竈神而祭者。是先炊之人。禮器云。竈者老婦之祭也。孫氏希旦曰。竈夏祀。盛德在火。烹飪之功。所由著也。特牲記。牲爨在廟門外。饎爨在西壁堂之西牆下也。注疏據牲爨言之。故云祀竈在門外。然養人以穀食爲主。且祭竈配以先炊老婦之神。特牲禮主婦視饎爨於西堂下。則饎爨乃婦人之所主。祀竈之禮。不當饎爨。而就牲爨也。竈祀饎爨。則奧亦廟堂之奧。而非門堂之奧矣。祭先肺者。肺屬金。夏火勝金。祭其所勝也。禮案說文肺金藏。火克金。祀以所剋。所以王火氣也。螻蟈鳴。蚯蚓出。王瓜生。苦菜秀。鄭注皆記時候也。螻蟈蛙也。王瓜萆挈也。今月令云。王萯秀。夏小正云。王萯秀。未聞孰是。孔疏案周禮蟈氏。鄭司農注云。蟈蝦蟆。玄謂蟈今御所食蛙也。李巡注爾雅。蟾諸蝦蟆也。王瓜萆挈。啓本草文。此云王瓜生。小正又云王萯秀。故鄭疑王瓜是王萯。生之與秀。其文不一。此記時先生者在月初。後者在月末。餘皆仿此。馬氏晞孟曰。螻蟈鳴。則陰而伏者。乘陽而鳴也。蚯蚓出。則陰而屈者。乘陽而伸也。王瓜生。則陽物之可以勝邪者也。故其爲色赤。苦菜秀。則火炎上。故其爲味苦。禮案逸周書時訓解。立夏之日。螻蟈鳴。又五日。蚯蚓出。又五日。王瓜生。夏小正。三月縠則鳴。縠天螻也。埤雅蚯蚓土精。火生土。故孟夏而出。王瓜疑卽今之苦蕒。味極苦。夏時食之益人。爾雅釋草。荼苦菜。詩邶風誰謂荼苦是也。又釋草云。不榮而實者。謂之秀。菜當四月。皆秀發也。瓜呂紀作苦。天子居明堂左個。乘朱路。駕赤騮。載赤旂。衣赤衣。服赤玉。食菽與雞。其器高以麤。鄭注明堂左個。大寢南堂東偏也。菽實孚甲堅合屬木。鷄木畜。時熱食之。亦以安性也。粗猶大也。器高大者。象物盛長。孔疏路與服言朱。騮與旂及玉言赤者。色淺曰赤。色深曰朱。路與衣服。人功所爲。染必色深。故云朱。玉與騮馬。自然之性。皆不可色深。故云赤。旂雖人功所爲。染之不須色深。故亦云赤。案詩傳天子純朱。諸侯黃朱。又鄭注儀禮云。朱則四入與。是朱深於赤也。孫氏希旦曰。明堂東曰青陽。西曰總章。北曰玄堂。南方不別爲之名者。明堂以向南爲正也。車馬衣服。皆朱赤者。順火之色也。食菽與鷄。蓋以菽爲火穀。鷄爲火畜也。淮南子曰。夏其畜鷄。禮案明堂左個。卽青陽右個。但南向開門耳。說文騮赤馬黑毛尾。物理論。菽豆之總名。夏小正。五月菽糜。黃氏叔琳曰。食民爲豆粥以辟暑氣。戴氏震曰。夏時以菽爲糜。乃時所食之大[illegible]。則此食菽。當亦作糜。與鷄羽族。自是屬火。孫說是。注說非也。是月也。以立夏。先立夏三日。大史謁之天子曰。某日立夏。盛德在火。天子乃齊。立夏之日。天子親帥三公九卿大夫。以迎夏於南郊。還反。行賞。封諸侯。慶賜遂行。無不欣說。鄭注謁告也。迎夏祭赤帝赤熛怒於南郊之兆也。不言帥諸侯。而云封諸侯。諸侯時或無在京師者。空其文也。祭統曰。古者於禘也。發爵賜服。順陽義也。於嘗也。出田邑。發秋政。順陰義也。今此行賞可也。而封諸侯。則達於古。封諸侯。故鄭云。諸侯出土地之事。於時未可。似失之。孔疏案上迎春云。帥三公九卿諸侯大夫。此不言帥諸侯。而云封諸侯。故鄭云。諸侯當時。或無在京師。或有在得封也。不在遙封之。應氏鏞曰。案樂記舜作五弦之琴。以歌南風。夔始制樂。以賞諸侯。而東郊亦順景風以行。賞則封於盛夏。古之遺禮也。孫氏希旦曰。立夏者四月之朔氣也。迎夏者迎赤帝炎帝。而祭之於南郊之兆。而以大庭氏配食焉。禮案孝經緯穀雨後十五日。斗指辰東南維。爲立夏。淮南時則訓。孟夏招搖指巳。盛德在火。景風至則施爵位。賞有功。大戴千乘云。爵士之有慶者七人。以成夏事是也。此不言帥諸侯者。以四時之氣。莫非陰陽。春夏爲陽。秋冬爲陰。故諸侯於春秋二孟月。必從天子迎氣。若冬夏則或可不到。故孟冬亦無率諸侯之文。**乃命樂師習合禮樂。**鄭注爲將飲酎。孔疏不云是月者。承上是月立夏之文。自此下至必當其位。皆立夏之日處分也。講義曰。習之者。欲禮樂之器用。爲習孰也。合之者。欲禮樂之器用。爲諧和也。此特禮樂之文而已。禮案樂陽也。禮陰也。春習樂舞。所以助陽氣。夏之日至。則一陰已生。又五行禮屬火。故此月兼習禮樂。所以順陰陽也。**命大尉贊傑俊。遂賢良。舉長大。行爵出祿。必當其位。**鄭注助長氣也。贊猶出也。傑俊能者也。遂猶進也。三王之官。有司馬。無大尉。秦官則有大尉。今俗人皆云周公作月令。未通於古。爵祿必當其位。使順之也。孔疏贊是佐之義。故云出。傑俊或未仕沉滯者。賢良或職卑位下。故云遂。賢良謂有德行。傑俊謂多才藝。蔡氏辨名記曰。十人曰選。倍選曰俊。萬人曰傑。尹文子及毛詩傳皆云萬人爲英。案中候握河紀云。舜爲大尉。此堯時置之。三王不置也。案漢書百官表。此大尉秦官是也。舉長大謂長大之人。故王肅云。夏形貌壯大者。方氏慤曰。天子春始出幣帛。以聘名士。禮賢者。至此然後行爵出祿焉。固其序也。徐氏文靖曰。據魚豢典略。古者兵獄官皆以尉爲名。如尚書立政。常伯常任準人牧夫。皆周禮所無。安見無大尉官耶。應邵以大尉爲周官是也。臧氏鏞曰。呂紀命大封。贊傑俊。淮南子依漢制。改封爲尉。案管子黃帝得大封而辯於西方。故使爲司馬。鄭因大尉秦官。而以月令爲秦制。蓋未考之呂覽與。兪氏樾曰。師古注漢書。東方朔傳。孔光傳。並云贊進也。贊傑俊之贊。當讀爲進。禮案淮南泰族訓。知過十人者謂之傑。千人者謂之俊。傑俊謂才能。賢良謂品行也。國語周語。美鬚長大則賢。射御足力則賢。以軀幹雄偉。必四支多力也。詩邶風云。碩人俁俁。公庭萬舞。有力如虎。執轡如組是也。必當其位者。量材以授爵位。定而斑祿。即王制所云。司馬辨論官材。是也。**是月也。繼長增高。毋有壞墮。毋起土功。毋發大衆。毋伐大樹。**鄭注謂草木盛蕃廡。壞墮亦爲逆時氣。起土功發大衆。爲妨蠶農之事。伐大樹。亦爲逆時氣。孔疏是月草木蕃廡。王者施化。當繼續長養之道。謂勸民長養。贈益高大之物。謂勸其種植。馬氏晞孟曰。萬物所以長而高者。陽上達故也。長之者天地。所以繼長者人也。高之者天地。所以增高者人也。故曰人終天地之功者此也。講義曰。南方之火。盛德在焉。土之所恃以生者。亦四季最旺之時也。起土功則非所以滋土之氣。發大衆則妨農之事。伐大木則逆其生理。壞其成材故也。禮案此即大戴千乘所謂養長秀蕃庶物是也。**是月也。天子始絺。**鄭注初服暑服。方氏慤曰。孟夏暑之始。故始絺。孟冬寒之始。故始裘。禮案孔傳尚書益稷云。葛之精者曰絺。**命野虞。出行田原。爲天子勞農**

勸民。毋或失時。命司徒循行縣鄙。命農勉作。毋休於都。鄭注重敕之。急趨於農也。縣鄙鄉遂之屬。主民者也。王居明堂禮曰。毋宿於國。今月令休爲伏。孔疏案地官遂人職云。五家爲鄰。五鄰爲里。四里爲酇。五酇爲鄙。五鄙爲縣。縣二千五百家。鄙五百家。是遂之屬。今云鄉遂之屬。經有云遂屬。舉以包鄉。故鄭兼云鄉也。孫氏希旦曰。勞以慰其勞。勸以勉以惰。曰爲天子者。言野虞之行。如天子親行然。重農之至也。循行縣鄙。則六鄉可知。舉遠以該近也。都邑也。左傳邑有先君之主曰都。此時當出耕廬舍。而不可休於都邑也。旣勸之以野虞。復申之以地官之長。其所以留意於農者至矣。姜氏兆錫曰。時謂農時也。勉興作於田野。禁休息於都邑。皆恐失時也。禮案此重申命者。蓋以天氣漸熱。恐民憚於力作。故命野虞慰勞勸勉。使勤種作也。又恐其陽奉陰違。惰於農事。復命司徒循行督察。防其休息也。彙補云。都水所聚也。水畔涼爽。故勉其毋休於都。

是月也。驅獸毋害五穀。毋大田獵。農乃登麥。天子乃以彘嘗麥。先薦寢廟。鄭注毋大田獵。爲傷蕃廡之氣。登進也。麥之新氣尤盛。以彘食之。散其熱也。彘水畜。方氏慤曰。四時四田。夏曰苗。以其爲苗除害故也。故言驅獸而又曰毋大田獵。若秋獮冬狩。則爲大矣。以彘嘗麥者。以水勝火也。仲夏以雛嘗黍者。以木生火也。仲秋以犬嘗麻者。以金勝木也。季秋以犬嘗稻者。以金合金也。夫勝所以治之。生所以養之。合所以和之。故食齊得其宜焉。講義曰。猛獸多害五穀。故驅逐之。使歸山林也。禮蜡祭迎虎。爲其食田豕。而去害稼之獸也。古者蒐苗獮狩。蓋爲供乾豆賓客充君庖也。若大田獵。恐傷蕃盛之物。故禁止之。禮案周禮夏官大司馬。四時之田。皆行之於中月。而此止言夏田。又行之於孟月者。蓋以驅獸毋害五穀爲主。非言田獵。故又戒之云。毋大田獵也。玉篇登上也。時麥孰。故農官上之天子。說文。麥金也。豕屬水。以彘嘗麥。取金水相生之義。先薦寢廟。卽四時之荐新也。

是月也。聚畜百藥。靡草死。麥秋至。斷薄刑。決小罪。出輕繫。鄭注聚畜百藥。蕃廡之時。毒氣盛。舊說云。靡草薺葶藶之屬。祭統曰。草艾則墨。謂五秋後也。刑無輕於墨者。今以純陽之月。斷決罪。與毋有壞墮。自相違。似非。出輕繫。崇寬。孔疏。靡草無文。故引舊說以明之。葶藶之屬。以其枝葉靡細。故云靡草。引祭統以下者。證此月不當斷薄刑。決小罪。方氏慤曰。藥之可采者。不必皆在孟夏。則以其蕃廡之時。所可采者爲多故也。凡物感陽而生者。則強而立。感陰而生者。則柔而靡。謂之靡草。則至陰之所生也。故不勝至陽而死。凡物生於春夏。而成於秋。麥獨成於夏。故是月言麥秋。至蓋於時於夏。於麥則爲秋故也。徐氏師曾曰。此恤刑之事。是時天氣始炎。恐罪人之繫於圜土者。或以鬱蒸而生疾。故刑之薄者。卽斷決之。不久繫也。罪之輕者。卽縱出之。不復繫也。今時熱審減刑。卽其制。禮案張注上林賦云。靡細也。細草不禁夏日蒸暵。故稿死。釋名。秋言成就也。故四時所成。謂之四秋。見管子輕重乙篇。斷決也。犯罪小。故用薄刑。此因天氣漸熱。恐囚於獄中。酷暑致疾。乃於是月斷讞其罪。薄予笞杖。而釋之也。故曰出輕繫。若其罪大者。則仍繫是獄。俟秋後處決也。

蠶事畢。后妃獻繭。乃收繭稅。以桑爲均。貴賤長幼如一。以給郊廟之服。鄭注后妃獻繭者。內命婦獻繭於后妃。收繭稅者。收於外命婦。外命婦雖就公桑蠶室。而蠶。其夫亦當有祭服。以助祭。收以近郊之稅耳。貴賤長幼如一。

國服同。孔疏蠶事畢。后妃獻繭者。受內命婦之獻繭。祭義曰。世婦卒蠶。奉繭以示於君。遂以獻於夫人。是夫人不獻繭也。內命婦旣獻繭。更收繭稅於外命婦。皇氏云。外命婦旣就公家之桑。而養蠶。則繭當悉輸於公。惟皆稅其繭。餘得自入。以其夫亦有祭服。官家所給。故輸繭稅。以供造之。但稅寡少。載師云。近郊十一。公桑在國北近郊。故知收以近郊之稅。出稅俱以十一。其受桑則貴賤異也。馬氏晞孟曰。以桑爲均。則上之所征者。地守也。其收有多寡。則人功存焉。以人功之至不至爲增損。則亦勸其勤。而督其怠之術也。胡氏銓曰。經云后妃獻繭。則獻於王矣。鄭以祭義世婦奉繭以示於君夫人不獻后亦不獻。此不云世婦獻繭於天子。則后妃自獻無疑也。禮案夏蠶登。繭務已終。故曰畢也。周禮天官內宰。中春詔后帥外內命婦始蠶。故后妃獻繭於王。告蠶事之成也。春繭則入公。故曰效功。夏繭則聽自入。故收繭稅也。蓋蠶業主后妃。言季春上爲天子祭服。故曰共。此月班爲諸臣祭服。故曰給。所以然者。夏蠶之絲。不若春蠶之美也。以桑爲均。不以繭爲均者。乃收繭爲公桑之稅。非稅繭也。貴賤者謂蠶婦之夫職。長幼者長謂婦人。幼謂子女。又言給郊廟之服者。重其事也。是月也。

天子飲酎。用禮樂。鄭注酎之言醇也。謂重釀之酒也。春酒至此始成。與羣臣以禮樂飲之於朝。正尊卑也。孟冬云。大飲烝。此言用禮樂。互其文。孔疏詩豳風云。爲此春酒。至此始成。以用禮樂。故飲之於朝。正尊卑。故左傳云。朝以帥長幼之序。若漢嘗酎。及春秋見於嘗酎。皆謂在廟。祭而飲酎。與此別也。此言用禮樂。明孟冬亦用。故云互其文。胡氏銓曰。案漢嘗酎及春秋襄二十二年見於嘗酎。皆在廟。祭。而獻酎。食貨志云。酎飲酒亦於廟。然此不云獻酎祭廟。而云飲者。蓋夏月時祭。用酎常禮也。祭畢則飲。故不云獻。禮案嘗酎之義。則飲酎自是在廟。胡說是也。唯其在廟。故用禮樂。

孟夏行秋令。則苦雨數來。五穀不滋。四鄙入保。行冬令。則草木蚤枯。後乃大水。敗其城郭。行春令。則蝗蟲爲災。暴風來格。秀草不實。鄭注行秋令。申之氣乘之也。苦雨。白露之類。時物得雨傷。四鄙入保。金氣爲害也。鄙界上邑。小城曰保。草木蚤枯。長日促。後乃大水。亥之氣乘之也。行春令。寅之氣乘之也。必以蝗蟲爲災者。寅有啓蟄之氣。行於初暑。則當蟄者大出矣。格至也。秀草不實。氣更生之。不得成也。孔疏苦雨數來。天災。五穀不滋。地災。四鄙入保。人災也。草木蚤枯。地災。後乃大水。敗其城郭。天災。此二句共爲一事也。蝗蟲爲災。乃秀草不實。地災。暴風來格。天災也。方氏愨曰。四鄙入保者。與莊子言小國入保同義。鄙則邑之在外者。保則城之在內者。人自外入內而爲害。則象秋氣之斂藏也。禮案萬物雖藉雨滋生。然數來則麥登者不得曝乾。稻在田久被淹浸。而人苦其浸淫。轉不得滋生。故謂之苦雨。五穀不滋。則頑民無所得食。必起而爲盜。故良民入保。以避害也。夏火德。夏氣長養百物。行冬令則亥水克火。故不能盛大。而蚤枯也。陰勝。故大水。敗謂廬舍田園衝沒也。說文蝗卽螟。蔡氏邕曰。螣也。當災則生水處。數百或數千里。一朝蔽地。而食禾粟苗盡。復移。前漢文帝紀謂之旱蝗。蓋行春令。則木來生火。火氣生。故旱而蝗至。暴風疾風也。見毛詩邶風傳。暴風至。故草木傷折。而不能結實。其已實者。亦被搖落矣。

仲夏之月。日在東井。昏亢中。旦危中。鄭注仲夏者。日月會於鶉首。而斗建午之辰也。孔疏案三統歷。五月五。日在井十六度。昏氐二度中。去日一百一十九度。旦室三度中。五月中。日在井三十一度。昏房二度中。去日一百一十九度。旦奎十一度中。元嘉歷五月五日在井三度。昏角十度中。旦危九度中。五月中。日在井十八度。昏氐五度中。旦室五度中。禮案史記天官書。東井爲水事。南宮朱鳥之宿也。亢爲疏廟。東宮蒼龍之宿也。危爲蓋屋。北宮玄武之宿也。索隱曰。井八星。亢四星。危止一星高。旁兩星隨下。高注呂紀云。井秦之分野。是月日躔此宿。亢衛之分野。危齊之分野。是月昏旦時。皆中於南方。**其日丙丁。其帝炎帝。其神祝融。其蟲羽。其音徵。律中蕤賓。其數七。其味苦。其臭焦。其祀竈。祭先肺。**鄭注蕤賓者。應鍾之所生。三分益一。律長六寸八十一分寸之二十六。仲夏氣至。則蕤賓之律應。周語曰。蕤賓所以安靜神。獻酬交酢。孔疏何胤云乾九四。是月陽反於下爲復。陰生陽中爲姤。各應其時。所以安靜。是安靜神人也。陰生爲主。陽謝爲賓。賓主之象。獻酬之禮。獻酢乂酬之。陰陽代謝之義也。蔡氏元定曰。夏至則蕤賓六寸二分八釐。禮案史記律書。蕤賓者。言陽氣幼少。故曰蕤。痿陽不用事。故曰賓。**小暑至。螳螂生。鵙始鳴。反舌無聲。**鄭注皆記時候也。螳螂。螵蛸母也。鵙。博勞也。反舌。百舌鳥。孔疏案釋虫云。不過蟷蠰。其子蜱蛸。李巡云。其子名蜱蛸。故云螵蛸母。詩七月鳴鵙箋云。百勞鳴。將寒之候。五星則鳴。豳地寒。鳥物之候。從其氣焉。方氏慤曰。反舌以能反覆其舌。而爲百鳥語。故謂之反舌。陸佃氏曰。無聲非不鳴也。雖鳴無聲。禮案淮南時則訓。夏至加十五日。斗指丁。則小暑。高注云。螳螂世謂之天馬。以其驤首奮臂。頸長身輕。有馬之象。以能食人髮。今越俗謂之頭娘。爾雅釋鳥。鵙伯勞。韻會一名伯趙。昭十七年左傳云。伯趙氏司至者也。曹氏植惡鳥論曰。五月鳴。應陰氣之動。故夏至鳴。冬至止。知時之鳥也。正韻。鵙同鴃。夏小正五月鴂則鳴是也。雜說反舌惟食蚯蚓。春則囀。夏至則止。正月凍聞則來。蚯蚓出。十月以後則藏。蚯蚓蟄也。**天子居明堂大廟。乘朱路。騮駕赤。載赤旂。衣朱衣。服赤玉。食菽與雞。其器高以麤。**鄭注明堂大廟。南堂當大室也。禮案此月天子居南正之堂。離火文明。明堂之所以名也。明堂雖四通八達。然以向南爲正。明堂爲前正。大室爲中正。玄堂爲後正。而向後開門。故謂之北堂。青陽爲左正。而向左開門。故謂之東堂。總章爲右正。而向右開門。故謂之西堂。惟明堂三階。餘各二階。故謂明堂有九階也。**養壯佼。**鄭注助長氣也。孔疏壯謂容體盛大。佼謂形容佼好。以盛夏長養之時。故養壯佼之人。助長氣也。孫氏希旦曰。不言是月者。文偶略耳。禮案呂紀作狡。高注云。壯狡多力之士。大戴千乘曰。老疾用財。壯狡用力是也。此句上下。似有脫文。不止略是月也三字。**是月也。命樂師。修鞀鞞鼓。均琴瑟管簫。執干戚戈羽。調竽笙竾簧。飭鐘磬柷敔。**鄭注爲將大雩帝。習樂也。修均執調飭者。治其器物。習其事之言。孔疏鞀或爲鼗。周禮注云。如鼓而小。持其柄搖之。旁耳還自擊。鞞者周禮雷鼓鼓神祀之屬是也。釋名云。鞀導也。所以導樂作。鞞裨助鼓節。鼓郭也。張皮以冒之。其中空郭。釋樂云。大琴謂之離。廣雅云。長三尺六寸六分五弦。釋樂云。大瑟謂之離。郭云。長八尺一寸二十七弦。釋樂云。大管謂之簥。音驕。郭云。長尺圍寸。併漆之有底。釋樂云。大簫謂之言。郭云。編二十二管。長尺四寸。干盾也。戚斧也。戈鉤子戟。羽鳥羽。周禮羽舞皇舞之屬是也。鄭注周禮云。竽三十六簧。笙十三簧。釋樂云。大笙謂之巢。郭云列管瓠中。施簧管端。大者十九簧。釋樂云大篪謂之沂。郭云以竹爲之。長尺四寸。一孔。上出寸三分。名翹。橫吹之。簧者。竽笙之名。氣鼓之而爲聲。釋樂云大鍾謂之鏞。釋名云鍾。空也。內空受氣。釋樂云大磬謂之毊。音囂。以玉石爲之。釋名磬。磬也。聲磬磬然。釋樂云所以鼓柷謂之止。郭云如漆桶。方二尺。深一尺八寸。中有椎柄。連底撞之。令左右擊。止者其椎名。釋樂云所以鼓敔謂之籈。郭云如伏虎。背上有二十七鉏鋙。刻以木。長尺。櫟之。修者修理舊物。均者均平其聲。執者操持營爲。調者調和音曲。飭者整頓器物。陳氏祥道曰。詩云左執簧。非笙中之簧也。俞氏樾曰。古史考女媧作簧。隨作竽。是簧固先竽而有矣。禮案。竾簧。呂紀作塤篪。高注云。鞀鞞鼓以節樂。故修之。琴瑟管簫以宣音。故均之。干戚戈羽以指麾。故言執。竽笙塤篪音上調。故言和。鍾磬柷敔以正樂。以和成。故飭整之也。

命有司爲民祈祀山川百源。大雩帝。用盛樂。乃命百縣雩祀百辟卿士有益於民者。以祈穀實。

鄭注。陽氣盛而常旱。山川百源。能興雲雨者也。衆水所出爲百源。必先祭其本。乃雩。雩。吁嗟求雨之祭也。雩帝謂爲壇南郊之旁。雩五精之帝。配以先帝也。自鞀鞞至柷敔皆作。曰盛樂。凡他雩用歌舞而已。百辟卿士。古者上古。若句龍后稷之類也。春秋傳曰。龍見而雩。雩正當以四月。凡周之秋三月之中而旱。亦修雩禮以求雨。因著正雩此月。失之矣。天子雩上帝。諸侯以下雩上公。周冬及春夏雖旱。禮有禱無雩。孔疏正以將欲雩祭。故先命有司爲祈祀山川百源。爲將雩之漸。重民之義也。故先爲民大雩帝。用盛樂者。爲民祈穀。後天子乃大雩天帝。用上鞀鞞之等。故云用盛樂。乃命百縣雩祀百辟卿士者。謂天子既雩之後。百縣謂諸侯也。命此諸侯以雩祀古之百辟及卿士等。生存之日。能立功。有益於人者。女巫職云。凡邦之大烖。歌哭而請。旱是大烖。故須吁嗟求雨。案女巫云。旱則舞雩。是用歌舞。正雩則非唯歌舞。兼有餘樂。故論語云。舞雩詠而歸是也。孫氏希旦曰。大雩帝。祀昊天上帝於南郊之圜丘也。雲漢之詩言自郊徂宮。靡神不舉。又言后稷不克。上帝不臨。則常雩所祭者。必上帝而非五帝也。禮案。此即夏小正四月越有大旱。故雩以祈雨。川源水之所聚。必有神龍潛焉。故祀之。然龍之爲雨。亦天所命。故舞雩而享帝於郊也。樂樂舞盛言備也。論語云。冠者五六人。童子六七人。浴乎沂。風乎舞雩。則此舞者亦國子。故上文命樂師修樂舞之器是也。王制云。名山大澤不以封。故山川百源之神。王命有司徑祀也。然亦畿內之地。若畿外則使諸侯自祀也。夫雩祭所以致雨滋生百物。即所以祈穀實也。

農乃登黍。是月也。天子乃以雛嘗黍。羞以含桃。先薦寢廟。

鄭注。登。進也。此嘗雛也。而云以嘗黍。不以牲主穀也。必以黍者。黍火穀。氣之主也。含桃。櫻桃也。孔疏。黍是火穀。於夏時與雛同薦之。如鄭此言。則黍非新成。直取舊黍。故下孟秋云。農乃登穀。注云黍稷於是始熟。明仲夏未熟也。蔡氏以爲此時黍新熟。今蟬鳴黍是也。案月令諸月無薦果之文。此獨羞含桃。以此果先成。異於餘物。故特記之。其實諸果於時薦。方氏慤曰。雛蓋鷄也。以呂氏春秋見之。必謂之雛者。鷄以雛爲美故也。禮案。農乃登穀。進早黍也。王氏象晉曰。黍種宜春。亦可四月種。收少遲耳。夏小正二月稑黍。早黍也。至是已熟矣。尚書考靈曜云。主夏者心星昏中。可以種黍。乃晚黍也。說文。雛。鷄子也。高注呂紀云。櫻桃以鸎所含食。故曰含桃。

令民毋艾藍以染。毋燒灰。毋暴布。

鄭注。爲傷長氣也。此月藍

始可別夏小正曰五月啓灌藍蓼毋燒灰爲傷火氣也火之氣於是爲盛火之減者爲灰毋暴布不以陰功干太陽之事孔疏別種藍之體初必叢生若及早栽移則有所傷損此月藍既長大始可分移布散引小正啓灌藍蓼者證此月養藍熊氏云灌謂叢生也言開闢此叢生藍蓼分移使之稀散姚氏際恆曰灰呂紀作炭是高注謂草木未成不欲大物若灰則何以禁其燒乎方氏苞曰灰燼無更燒之理蓋燒石爲灰也燕地暑月不燒石爲灰窰者由地氣上蒸窰內濕強燒即粗礪不可用推此則艾藍暴布亦爲不能爲良非恐傷時氣干盛陽也孫氏希旦曰灰謂所用以湅布喪服記鍛而勿灰雜記朝服十五升去其半而緦加灰錫也考工記湅帛者用欄灰淫淳蜃之蜃灰淫之沃而盝之晝暴諸日夜宿諸井湅布之法蓋亦如此禮案艾同芟說文刈草也唐韻藍染青草草蜃之灰並可以糞田疇鍛布帛高注呂紀云是月炎氣盛猛暴布則脆傷之周禮天官染人春曝練夏纁玄此月暴布非時又舊說五月日氣蘊毒藝文類聚引夏小正此月畜蘭以蠲除毒氣也

門閭毋閉關市毋索。

鄭注順陽敷縱不難物孔疏蔡云門謂城門閭謂二十五家爲閭關市無索者關市停物之所商旅或隱藏其物以避征稅是從長之時故不搜索其物孫氏希旦曰外而關門內而宮門皆門也巷門曰閭外則二十五家之門內則宮中永巷之門皆閭也晨闢而夜闔者門閭之常也然至日閉關則晝有不闔所以養微陽之初生仲夏門閭毋閉則夜有不闔所以洩盛陽之太過而國門恐不在其中蓋國門備禦至切要者開而不閉豈所以待不虞乎禮案此只是泛言寬政不必實有其事若夜不閉戶道不拾遺豈先王之世民果無竊盜者乎

挺重囚。益其食。

鄭注挺猶寬也孔疏益其食挺重囚重文皇氏以爲增益囚之飯食熊氏以爲益羣臣祿食馬氏晞孟曰不以其罪廢不忍人之政也朱氏彬曰唐章懷太子賢注後漢書挺猶緩也高注淮南呂覽並同禮案上月出輕繫故此月獄中惟重囚也益其食者恐其不堪酷暑而致疾也

游牝別羣。則縶騰駒。班馬政。

鄭注別羣孕妊之欲止也縶騰駒爲其牝氣有餘相蹄齧也馬政謂養馬之政教也庾人職曰掌十有二閑之政教以阜馬佚特教駣攻駒此之謂也孔疏校人職云天子十有二閑諸侯六閑大夫四閑每閑馬有二百一十六匹又阜馬侯特教駣攻駒注云阜盛壯也鄭司農云二歲曰駒三歲曰駣玄謂逸者用之不使甚勞安其血氣也教駣始乘習之攻駒駷其蹄齧者禮案游牝別羣牛馬並言則縶騰駒班馬政猶言馬者以馬爲軍旅所需教之尤要故曰政也騰隲馬也高注呂紀云是月牝馬懷妊故別其羣不欲騰駒蹄齧傷胎蓋季春游牝于牧牛馬至是妊已兩月故必別牝牡也隲駒馬之未壯者猶恐乘匹傷精故特縶之班馬政卽夏小正四月執陟攻駒攻駒也者教之服車數舍之也月令之政多有遲小正一月者不止此一事也

是月也。日長至。陰陽爭。死生分。

鄭注爭者陽方盛陰欲起也分猶半也孔疏長至者謂此月之時日長之至極大史漏刻夏至晝漏六十五刻夜漏三十五刻是日長至也死生分者陰氣既起故物半死半生蔡云感陽氣長者生感陰氣成者死故於夏至日相與分也方氏慤曰陽生於子而其氣舒故晝刻多日浸長陰生於午而其氣促故晝刻少而日浸短以陰生於午則陽極於此故仲夏言長至陽生於子則陰極於此故仲冬言日短至然以景量之夏至日極北而在東井其景尺有五寸冬至日極南而在牽牛其景丈有三尺蓋刻之長短由日出之早晚景

之長短。由日行之南北故也。禮案夏小正。五月時有養日。養長也。孝經緯芒種後十五日。斗指午爲夏至。高注呂紀云。是月陰氣始起於下。盛陽蓋覆其上。故曰爭也。品物滋生。薺麥亭歷棘刺之屬。死。故曰死生分。分別也。

君子齊戒。處必掩身。毋躁。止聲色。毋或進。薄滋味。毋致和。節耆欲。定心氣。百官靜事毋刑。以定晏陰之所成。

鄭注掩猶隱翳也。躁猶動也。今月令毋躁爲欲靜。進猶御見也。聲謂樂也。易及樂春秋說。夏至人主與羣臣。從八能之士。作樂五日令止之。非其道也。薄滋味毋致和。爲其氣異。此時傷人。節耆欲。定心氣。微陰扶精。不可散也。百官靜事毋刑。罪罰之事。不可以聞。今月令刑爲徑。晏安也。陰稱安。孔疏蔡氏云。君子謂人君以下。至在位士也。齊戒所以敬道萌陰也。陰既始萌。故君子居處不顯露。恐干陰也。聲色者。歌樂華麗之事。爲助陰靜故止之。既止聲色。故嬪房不得進御侍夕也。亦爲微陰始動。不可動於陰事也。蔡云方齊戒。故止色。內御之屬。勿或有所進也。薄滋味和調氣味。殊異他時可食。此時傷人。上從君子齊戒以下。至無刑以上。皆是清靜止息之事。以正定身中安陰之所就。謂初感安陰。若不清靜則微陰與人爲病。故須定之。禮案此因天氣嚴炎。人易致病。故勉以攝養也。齊卽薄滋味。戒卽止聲色。非將祭致齊戒宿之謂也。掩身謂勿貪涼裸露。毋躁謂宜順時靜攝。止絕也。毋或進。謂暫時亦不可近聲色也。和謂以五味和羹。方夏之時。肉腥易敗。燔炙之類。滋味濃厚。並食之損人。故宜淡泊以清臧腑也。刑雖主陰。然此月微陰漸起。故宜靜以養之。所以成陰氣也。

鹿角解。蟬始鳴。半夏生。木菫榮。

鄭注又記時候也。半夏藥草。木菫王蒸也。孔疏釋草云。椵木槿。櫬木槿。郭云別二名。可食。或呼爲日及。亦云王蒸。方氏慤曰。半夏生者。蓋居夏之半。而藥生。故以爲名。然經或曰秀。或曰生。曰榮。何也。以別於苗則曰秀。以別於實則曰華。以別於死則曰生。以別於枯則曰榮。禮案易通卦驗曰。鹿者獸中陰也。應陰解角。蟬卽夏小正五月鳴之唐蜩也。王氏象晉曰。蟬雄能鳴。雌無聲。鳴於夏爲蜩。半夏二月生苗。五月采。則虛小。八月采。則實大。古今氣候異也。逸周書時訓解。夏至之日。鹿角解。又五日。蜩始鳴。又五日。半夏生。

是月也。毋用火南方。可以居高明。可以遠眺望。可以升山陵。可以處臺榭。

鄭注陽氣盛。又用火於其方。害微陰也。居高遠眺。順在上也。高明謂樓觀也。闍者謂之臺。有木者謂之榭。孔疏案釋宮云。闍謂之臺。李云積土爲之。所以觀望。郭云積土四方。又云無室曰榭。榭今之堂堭。方氏慤曰。夏火旺南方。火方。於旺之時。而又用火於旺之方。則其氣太盛。而害微陰之生。故戒之。山陵則自然高明。臺榭則人爲高明之所。順陽在上。故居處如此。古者冬則居營窟。夏則居櫓巢。亦以是而已。禮案用火若火田驅獸伐木燒炭之屬。四野皆不可舉火。故上云。毋燒灰。而此獨言南方者。以南方屬火。尤所當戒也。居高明則可得南風解慍。遠眺望則可以蕩豁胸襟。升山陵則多爽氣。處臺榭則免暑濕。此四者皆言攝生之道也。

仲夏行冬令。則雹凍傷穀。道路不通。暴兵來至。行春令。則五穀晚熟。百螣時起。其國乃饑。行秋令。則草木零落。果實早成。民殃於疫。

鄭注行冬令。子之氣乘之也。陽爲雨。陰起脅之。凝爲雹。盜賊攻劫。亦雹之類。行春令。卯之氣乘之也。

生日長。螣蝗之屬。言百者。明衆類並爲害。行秋令。酉之氣乘之也。八月宿直畢。畢爲天獄主殺。果賢早成。生日短。民殃於疫。大陵之氣來爲害也。孔疏。雹凍傷穀。天災。道路不通。暴兵來至。人災也。草木零落。果實早成。地災。民殃於疫。人災也。俞氏樾曰。凍當讀爲凍。爾雅釋天。暴雨謂之凍。郭注曰。今江東呼夏月暴雨爲凍雨。然則雹凍文者。雹與暴雨也。夏日暴雨。往往與雹俱至。故並言。凍凍古字通。隸釋張納功德碑。卹贍凍餒。此段凍爲凍也。文選思玄賦。凍雨沛其洒塗。此段凍爲凍也。禮案說是也。雹多下於夏月。則雨其能凍乎。此凍作凍。無疑義也。盧注大戴曾子天圓篇。引春秋穀梁說。雹者陰脅畜之象也。如冰塊下墜。屋瓦亦碎。故稻苗壞而穀傷也。行春令。則五穀晚熟者。盛夏感春寒之氣。故植物榮於葉。而結實晚也。害稼之蟲羣起。故穀不登。而民苦飢也。行秋令。則草木零落者。以隕霜殺之也。果實早成。以收斂氣至也。民殃於疫者。盛暑忽變秋涼。民皆受寒。故易致疾也。

季夏之月。日在柳。昏火中。旦奎中。鄭注。季夏者。日月會於鶉火。而斗建未之辰也。孔疏案三統歷。六月節。日在柳九度。昏尾七度中。去日一百一十九度。旦婁八度中。六月中。日在張三度。昏箕三度中。去日一百一十七度。旦胃十四度中。元嘉厤。六月節。日在井三十二度。昏房四度中。旦東壁八度中。六月中。日在柳十二度。昏尾八度中。旦奎十二度中。禮案史記天官書。柳爲鳥注。主草木。七星南宮朱鳥之宿。火。呂紀作心。郭注爾雅釋天云。大火心也。史記天官書。心爲明堂大星天王前後星子屬東宮蒼龍之宿。奎爲封豕。西宮咸池之宿。高注呂紀云。柳南方宿。周之分野。是月日躔此宿。心東方宿。宋之分野。奎西方宿。魯之分野。是月昏旦時。皆中於南方。其日丙丁。其帝炎帝。其神祝融。其蟲羽。其音徵。律中林鐘。其數七。其味苦。其臭焦。其祀竈。祭先肺。鄭注林鐘者。黃鐘之所生。三分去一。律長六寸。季夏氣至。則林鐘之律應。周語曰。林鐘和展百物。俾莫不任肅純恪。孔疏案律厤志。黃鐘長九寸。三分去一。下生林鐘。故林鐘長六寸。引周語以下者。林鐘之義。故周語注云。坤初六也。林衆鐘聚。肅速純大恪敬。言時務和審。百事無有詭詐。使莫不任其職事。速其功而大敬其職。蔡氏元定曰。大暑則林鐘六寸。禮案史記律書。林鐘者。言萬物就死。氣林林然。其於十二子爲未。未者言萬物皆成。有滋味也。溫風至。蟋蟀居壁。鷹乃學習。腐草爲螢。鄭注皆記時候也。鷹學習。謂攫搏也。夏小正曰。六月鷹始摯。螢飛虫。螢火也。孔疏。蟋蟀生於土中。季夏羽翼稍成。未能遠飛。但居在壁。至七月。則能遠飛在野。案爾雅釋虫云。蟋蟀蛬也。郭云今促織。於時二陰既起。鷹感陰氣。乃有殺心。學習攫搏。攫謂以足取物。搏謂以翼擊物。仲春言鷹化爲鳩。仲秋鳩化爲鷹。此云學習者。亦自有眞鷹可習也。腐草得暑濕之氣。故爲螢。不云化者。鳩化爲鷹。鷹還化爲鳩。故稱化。腐草爲螢。螢不復爲腐草。故不稱化。案釋虫云。螢火即炤。李云。螢火夜飛。腹下如火光。故曰即炤。禮案溫風炎風也。梁元帝纂要。夏風曰炎風是也。逸周書時訓解。小暑之日。溫風至。又五日。蟋蟀居壁。又五日。鷹乃學習。大暑之日。腐草化爲螢。天子居明堂右個。乘朱路。駕赤騮。載赤旂。衣朱衣。服赤玉。食菽與雞。其器高以麤。鄭注明堂右個。南堂西偏也。禮案明堂右個。即青陽左個。但南向開門耳。命漁師伐蛟。取鼉。登龜。取黿。鄭注四者甲類。秋乃堅成。

周禮曰秋獻魚。又曰凡取龜。用秋時。是夏之秋也。作月令者。以爲此秋。據周之時也。周之八月。夏之六月。因書於此。似誤也。蛟言伐者。以其有兵衞也。龜言登者。尊之也。鼉黿言取。羞物賤也。鼉皮又可以冒鼓。今月令漁師爲榜人。孔疏此命漁師。及仲夏養壯佼之等。皆是煩細之事。或非止一月所爲。故不言是月也。故注云。四者甲類。秋乃堅成。明非獨季夏而取。引周禮秋獻龜魚。是漁人職文。凡取龜用秋時。是夏之秋也者。是龜人職文。謂此是周之秋八月。當夏之六月。故誤書於此。言記者非也。方氏苞曰。吳楚山澤間。時有蛟起。則水湧山崩沙徙。損民田宅。動數千百家。相傳蛟卵如石。其未起時。恆埋藏山谷中。有能辨其土壤物色者。先期掘發。而戕敗之。則不能爲害。惜乎能傳古法者鮮矣。取他物。但以網罟。惟蛟必掘以鋤鎛。會其既成形而將起。則必以戈矛斧越斷之。故曰伐。禮案高注呂紀云。鼉冒鼓。黿可爲羹。皆不害人易得。故曰取。蛟有鱗甲。能害人難得。故曰伐。龜神可以決吉凶。入宗廟。尊之。故曰登。說文蛟龍屬。能激水爲患。集韻鼉同鱓。夏小正二月剝鱓是也。說文黿大鼈也。肉可充庖。故皆命伐之取之。惟龜甲虫之長。故曰登。四者蛟與鼉鱗虫。黿與鼈甲虫。而注謂皆甲類非也。

命澤人。納材葦。鄭注蒲葦之屬。此時柔刃。可取作器物也。禮案澤人澤虞也。納入也。材葦言水澤所產之材。皆命入之。詩豳風八月萑葦。周八月夏六月也。說文葦大葭也。所以織席。儀禮士虞禮喪大記所謂葦席是也。又可以編織他物。風俗通。除夕桃人垂葦交。畫虎於門。又後漢袁閎傳。閎爲沛相成葦車是矣。

是月也。命四監大合百縣之秩芻。以養犧牲。令民無不咸出其力。以共皇天上帝名山大川四方之神。以祠宗廟社稷之靈。以爲民祈福。鄭注四監。主山林川澤之官。百縣鄉遂之屬。地有山林川澤者也。秩常也。百縣給國養犧牲之芻。多少有常。民皆當出力。爲艾之。今月令四爲田。牲以供祠神靈。爲民求福。明使民艾芻。是不虛取也。皇天上帝。北辰耀魄寶。冬至所祭於圜丘也。上帝大微五帝。孔疏案周禮有山虞澤虞。林衡川衡之官。秩芻出於山林。又季冬云。收秩薪柴。薪柴亦出於山林川澤。知百縣非諸侯。而云鄉遂之屬者。以取芻養牲。不可大遠。故知是畿內鄉遂。仲夏云乃命百縣。雩祀百辟卿士者。兼外內諸侯也。此云鄉遂。不兼公卿大夫之采邑也。爲民求福者。因事神之時。爲民祈福。若不爲祈福。浪使民艾芻。是在上虛取民力也。方氏慤曰。四監者。天子之縣內監郡之大夫也。古者千里百縣。縣有四郡。郡使大夫監之。故謂之四監。春秋傳所謂下大夫受郡是也。禮案芻草也。夏物大盛。至秋則黃落。只可爲薪。不可以飼畜。故令民此月艾以養牲。共祭祀。所以爲民祈福。非爲養己之口體也。大戴曾子天圓曰。陽之精氣曰神。陰之精氣曰靈。天帝山川四方外事也。故曰神。宗廟社稷內事也。故曰靈。

是月也。命婦官染采。黼黻文章。必以法故。無或差貸。黑黃蒼赤。莫不質良。毋敢詐僞。以給郊廟祭祀之服。以爲旗章。以別貴賤等給之度。鄭注婦官染人也。采五色。質正也。良善也。所用染者。當得眞采。正善也。旗章旌旗及章識也。孔疏此月命掌婦功之官。染此五色之采。白與黑謂之黼。黑與青謂之黻。青與赤謂之文。赤與白謂之章。染此等物。必以舊法故事。無得有參差貸變。必以此月染之者。以其盛暑溼。染帛爲宜也。案周禮婦官。有典婦功。典枲染人等。此據染采。故爲染人。旗旗則周禮司常。九旗是也。章識則周禮事名號。故司常云官府象其事。州里象其名。家象其號。鄭注引士喪禮以緇廣三寸。長半幅。頳末長終幅。詩織文鳥章是也。陸氏佃曰。婦官謂若九嬪世婦之類。蓋方此時。繅事既畢。於是命之染采。祭義曰。及良日。夫人繅三盆手。遂布於三宮夫人世婦之吉者。使繅。遂朱綠之。玄黃之。此節也。鄭謂染人。非是。惠氏棟曰。貸當作貣。古忒字。呂覽正作忒。孫氏希旦曰。貸良若用茅蒐染絳。用藍染青。必用質實良善之物。不得淆雜爲詐僞也。禮案。命染色絲色帛。所以成祭服也。尚書益稷篇。以五采彰施於五色作服是也。無或差貸。不得以閒色亂正色。毋敢詐僞。如調某色。必宜幾入。染某色必當幾度。則色正而絲不退色。不得功用不至。使成色易敗也。旂章卽周禮春官典瑞。王建常十有二章。上公九章。又司常云。王繡日月。諸侯交龍。所以別尊卑也。等給之給。當從呂紀作級。度數也。

是月也。樹木方盛。乃命虞人入山行木。毋有斬伐。鄭注爲其未堅刃也。方盛。故曰樹木也。方氏慤曰。木之生也。則樹。及其死也。則植。此言其方盛於夏。則衰於秋矣。虞人蓋山虞也。行則巡之也。斬則絕之也。伐則傷之而已。毋有斬伐。慮傷方盛之氣也。禮案時木盛長。恐人盜斫。故命虞人入山循行。厲禁其斬伐也。

不可以興土功。不可以合諸侯。不可以起兵動衆。毋舉大事以搖養氣。毋發令而待以妨神農之事也。水潦盛昌。神農將持功。舉大事則有天殃。鄭注土將用事。氣欲靜。大事興徭役。以有爲。發令而待。謂出徭役之令以豫驚民也。民驚則心動。是害土神之氣。土神稱曰神農者。以其主於稼穡。神農將持功。言土以受天雨澤。安靜養物爲功。動之則致害也。孝經說曰。地順受澤謙虛開張。含泉任萌滋物歸中。孔疏。土雖寄王四季。但南方火。生中央土。土生西方金。金火之間。位當建未之月。故云土將用事。氣欲靜也。發令而待者。謂時未順而豫動召。以待後時乃使也。爾時土神用事。若逆令召民。是妨土神之氣。土神能吐生萬物。成其農事。故曰神農。六月主未。未值東井。東井是水。故六月是水潦盛昌也。此月多水。神農方持功。若人君有舉大事。干養氣者。非唯神農罪之。則天亦殃罰之也。馮氏登府曰。古命官多相因。如羲和之類。神農亦同此例。然爾雅釋詁。神治也。此當訓治農之官。孟子有爲神農之言。亦謂治農。非炎帝也。禮案。興土功。若築防掘坎之屬。合時會也。不合諸侯。以道路奔馳。妨暑賜傷人也。不起兵動衆。恐民執繇役廢農功也。大事卽言此三者。搖動也。養氣謂長養之氣也。季春屬土。坤道也。地道主靜。動土行兵。是逆其靜養之功。農而曰神。以民命之所繫也。潦積水。持功謂時近秋斂。農將成功。動衆則廢業無收。民不得食。天佑下民。以在上者禍民。故天降之災也。

是月也。土潤溽暑。大雨時行。燒薙行水。利以殺草。如以熱湯。可以糞田疇。可以美土疆。鄭注潤溽謂塗溼也。薙謂迫地芟草也。此謂欲稼萊地。先薙其草。草乾燒之。至此月大雨。流水潦畜於其中。則草死不復生。而地美可稼也。薙人掌殺草。職曰。夏日至而薙之。又曰。如欲其化也。則以水火變之。土潤溽膏澤易行也。糞美互文耳。土疆強檗之地。孔疏。大雨不云降。云時行者。欲言其流行。行猶通也。薙除草名。周禮立其官。使除田草。五月夏至。芟殺暴之。至六月合燒之。故云燒薙也。行水者。其時大雨。行於所燒田中。仍壅遏畜之。以漬燒薙。故云行水也。先芟後燒。又畜水浸漬之。卽草根爛死。是利益。得殺田中之草也。日暴水於爛草田中。水熱而沸沸。如熱湯漬之。變此堉地爲肥。糞壅苗之根也。蔡云。穀田曰田。麻田曰疇。土潤溽。則土之膏澤易行。故可糞美之。使肥易也。吳氏澄曰。田疇謂耕熟而其田有疆界者。土疆謂耕難而其土磽确者。禮案。薙草燒灰壅田。可使土肥。令耕夫尚行其法焉。杜注襄三年左傳云。竝畔曰疇。土疆高燥之地。亦可壅以草灰。使土鬆。則植物茂。

季夏行春令。則穀實鮮落。國多風欬。民乃遷徙。行秋令。則丘隰水潦。禾稼不熟。乃多女災。行冬令。則風寒不時。鷹隼蚤鷙。四鄙入保。鄭注行春令。辰之氣乘之也。未屬巽。辰又在巽位。二氣相亂爲害。民乃遷徙。象風轉移物也。行秋令。戌之氣乘之也。九月宿直奎。奎爲溝瀆。溝瀆與此月大雨。并而高下皆水。禾稼不熟。傷於水也。乃多女災。含任之類敗也。行冬令。丑之氣乘之也。鷹隼蚤鷙。得疾厲之氣也。四鄙入保。象鳥雀之走竄也。都邑之城曰保。孔疏穀實鮮落。謂鮮少墮落。山風多故也。或云以夏召春氣而逢秋氣肅殺。故穀鮮絜而墮落也。此地災也。國多風欬。此天災也。民乃遷徙。是人災也。案易林云。震主庚子午。巽主辛丑未。坎主戊寅申。離主己卯酉。艮主丙辰戌。兌主丁巳亥。是未屬巽也。丘隰水潦。及禾稼不熟。此地災也。以其水氣多故也。乃多女災。人災也。亦爲水傷含任也。十二月建丑。得巽之氣。故爲風。又建丑之月。大寒中。故多風寒。此天災也。鷹隼蚤鷙。季夏地氣殺害之象。地災也。方氏慤曰。鮮落。卽莊子所謂草木不待黃而落。是也。禮案。內經素問云。東方生風。東方主春。行春令。故多風。禾傷風。故穀實未熟而鮮落。人傷風。故肺部致疾。而多欬。欬類篇欬嗽也。民乃遷徙者。亦緣稼穡不登。飢不能存也。季夏屬土。土旺土生金。金盛陰反衰。故多女災也。爾雅釋鳥。鷹隼醜。埤雅。鷹之搏噬。不能無失。獨隼爲有準。鷙摯也。見儒行篇。蚤鷙者。未及秋獮。卽欲攫搏也。

中央土。鄭注大休而盛德在土也。孔疏夫四時五行。同是天地所生。而四時是氣。五行是物。氣是輕虛。所以麗天。物體質礙。所以屬地。四時係天。年有三百六十日。則春夏秋冬各分居九十日。五行分配四時。布於三百六十日間。以木配春。以火配夏。以金配秋。以水配冬。以土則每時輒寄十八日也。雖每分寄。而位本未。宜處於季夏之末。金火之間。故在此陳之也。張子載曰。中央土寄王之說。於理未安。五行之氣。分主四時。土固多於四者。然其運行之氣。則均同。諸儒見木金水火分主四時。獨不見土之所主。是以有寄王之說。然中央土。在季夏之末者。以易言之。八卦之位。坤在西南。致養之地。當離兌之間。離兌則金火也。是以在季夏之末。禮案說是也。蓋五行之氣。運於四時。接續相生者也。木生火。火生土。土生金。金生水。故土位居火金之中。然寄王之說。蓋本十二月中。辰未戌丑之土。居四時之季故也。

其日戊己。鄭注戊之言茂也。己之言起也。日之行四時之間。從黃道。月爲之佐。至此萬物皆枝葉茂盛。其含秀者。抑屈而起。故因以爲日名焉。孔疏案考靈曜。春則星辰西遊。謂星辰在黃道之西遊也。日依常行。在黃道之東。至季春之月。星辰入黃道。復其正處。日依黃道而行。是春夏之間。日從黃道。夏則星辰北遊。謂星辰在黃道之北遊也。日依常行。在黃道之南。至季夏星辰入黃道。復正位。日依常行。黃道。至夏秋之間。日從黃道也。秋則星辰東遊。謂星辰在黃道東遊。日依常行。在黃道之西。至季秋。星辰入黃道。還復正位。日依黃道而行。至秋冬之間。日從黃道也。冬則星辰南遊。謂星辰在黃道南遊。日依常行。在黃道之北。至季冬。星辰入黃道。還正位。日依常行。黃道。至冬春之間。日從黃道也。鄭注洪範云。四時之間。合於黃道也。月之行道。與日同。故云月爲之佐也。孫氏希旦曰。戊己屬土。故日之値戊己者。皆屬於中央。禮案。高注呂紀云。戊己土日也。前漢律志。豐楙於戊。理紀於己。**其帝黃帝。其神后土。**鄭注。此黃精之君。土官之神。自古以來。著德立功者也。黃帝。軒轅氏也。后土。亦顓頊氏之子曰犂。兼爲土官。孔疏。案昭二十九年左傳云。顓頊氏有子曰犂。爲祝融。共工氏有子曰句龍。爲后土。后土爲土官。知此經后土。非句龍而爲犂者。以句龍初爲后土。後轉爲社。后土官闕。犂則兼之。故鄭注大宗伯云。犂食於火土。以宗伯別云社稷。又云五祀。句龍爲社神。則不得又爲五祀。故云犂兼也。丘氏光庭曰。五行獨土神稱后者。后。君也。位居中。統領四行。故稱君也。案左傳云。句龍爲后土。后土爲社。月令土既是五行之神。以句龍配之。正與左傳文合。孫氏希旦曰。黃帝在天。土德之帝。軒轅氏乘土德而王。其號亦曰黃帝。祭黃帝。則配食焉。禮案。土位西南。故周禮春官小宗伯。季夏迎氣於西南。而祀黃帝。此不言祀者。文略也。**其蟲倮。**鄭注。象物露見不隱藏。虎豹之屬。恆淺毛。孔疏。鄭之所云。皆據四時之物。與鱗羽毛介相似者言之。不取五靈之長。故中央不言人。西云狐貉之屬。東方兼言蛇。北方兼言鼈。是不取五靈也。納蘭氏成德曰。四時之物。鱗羽毛介。皆不露體。人類獨裸身。故曰倮蟲。禮案。大戴曾子天圓曰。惟人爲倮匈而後生。又易本命云。倮之虫三百六十。而聖人爲之長。蓋土德成四時。聖人畜四靈。故以倮虫配土德。至虫之倮者。不止於人。若緩繕鰍蚓之類。皆是也。故俗有無鱗之魚。不以供祭之說。蓋以其類人也。**其音宮。**鄭注。聲始於宮。宮數八十一。屬土者。以其最濁。君之象也。季夏之氣和。則宮聽調。樂記曰。宮亂則荒。其君驕。孔疏。案律麻志。五聲始於宮。陽之數極於九。九九相乘。故數八十一。以五聲中最尊。故云以其最濁。君之象也。禮案。史記樂書。宮爲君。索隱曰。宮經最大。用八十一絲。聲重而尊。故爲君。張氏正義云。宮屬土。居中央。總四方。君之象也。**律中黃鍾之宮。**鄭注。黃鍾之宮最長也。十二律轉相生。五聲具。終於六十焉。季夏之氣至。則黃鍾之宮應。禮運曰。五聲六律十二管。還相爲宮。孔疏。黃鍾候氣之管。本位在子。此是黃鍾宮聲。與中央土聲相應。但土無候氣之法。取黃鍾宮聲以應土耳。非候氣也。故賀瑒云。黃鍾是十一月管。何緣復應此月。正以土義居中。故虛設律於其月。實不用候氣也。四時之律。皆取氣應。而土王之律。獨取聲應者。一者欲與四行爲五。二者爲無別候土氣之管故也。土無候氣之管者。以寄王四季之末。故從四時之管。而不別候也。不云黃鍾律最長。而云黃鍾之宮最長。唯黃鍾宮聲於諸宮最長也。黃鍾之調均。則黃鍾爲宮。黃鍾生林鍾。林鍾爲徵。林鍾生大簇。大簇爲商。大簇生南呂。南呂爲羽。南呂生姑洗。姑洗爲角。此是黃鍾一調之五聲。凡十二律。律各有五聲。則總有六十聲。故云終於六十聲。至禮運更具詳之。禮案。白虎通云。黃中和之氣。故黃鍾之宮應土德。史記律書。黃鍾者。陽氣踵黃泉而出也。數長八寸十分一。宮。**其數五。**鄭注。土生數五。成數十。但言五者。土以生爲本。吳氏莘曰。中央土以生數言。亦猶河圖之數。有五而無十。取五爲中也。禮案。五。中數也。易繫辭。天數五。地數五。故生數五。而成數十也。此不舉成數者。以土德主生物。且宮之位數止於九也。**其味甘。其臭香。**鄭注。土之臭味也。凡甘香者皆屬之。陸氏佃曰。香。牛膏也。於春言所生。於秋言所尅。於中央言其正。亦言之法。且木在上。燎之則焦。在下則朽。於夏言焦。春在前故也。於冬言朽。春在後故也。禮案尚書洪範。土爰稼穡。稼穡作甘。且香字从禾。亦穀氣也。

其祀中霤。祭先心。

鄭注中霤。猶中室也。土主中央。而神在室。古者複穴。是以名室爲霤云。祀之先祭心者。五藏之次。心次肺。至此心爲尊也。祀中霤之禮。設主於牖下。乃制心及肺肝爲俎。其祭肉心肺肝各一。他皆如祀戶之禮。孔疏鄭意猶中室。乃是開牖象中霤之取明。則其地不當棟而在室之中央。故喪禮云。浴於中霤。飯於牖下。明中霤不關牖下也。土五行之主。故其神在室之中央。是中霤所祭。則土神也。故杜注春秋云。在家則祀中霤。在野則爲社也。又郊特牲云。家主中霤而國主社。社神亦中霤神也。複穴者。謂窟居也。古者窟居隨地而造。若平地則不鑿。但累土爲之。謂之爲複。言於地上重複爲之也。若高地則鑿爲坎。謂之爲穴。其形皆如陶竈。故詩云。陶復陶穴是也。複穴皆開其上取明。故雨霤之。是以後世名室爲中霤也。祀中霤之禮。設主於廟室牖下。五祀皆先席於室之奧。此不言者。前祀戶注已備言也。此別設主。當廟室牖內之下。而北向也。禮案心藏屬火。火生土。祭所由生。所以旺土氣也。

天子居大廟大室。乘大路。駕黃騮。載黃旂。衣黃衣服黃玉。食稷與牛。其器圜以閎。

鄭注大廟大室。中央室也。大路。殷路也。車如殷路之制。而飾之以黃。稷五穀之長。牛土畜也。器圜者。象土周布於四時。閎讀如紘。紘謂中寬。象土含物。孔疏案考工記云。周人明堂。東西九筵。南北七筵。凡室二筵。則五室並皆二筵。無大小也。今中央室稱大室者。以土爲五行之主。尊之。故稱大。以夏之世室。則四旁之室。皆南北三步。東西三步三尺。中央土室。大於四角之室。但文不具耳。云大路殷路。明堂位文。用大路者。取尊大之名。又尚質之義。春有青蒼兩色。夏有朱赤二色。此及秋唯有黃白。以黃白更無餘色相涉耳。牛土畜者。易乾爲馬。坤爲牛。又五行傳云。思之不睿。則有牛禍。是牛屬土也。周布也。祭義云。天子冕而朱紘。紘謂組上屬於冕。屈於頤下。度而還上屬於冕。以中央寬緩。象土之含物也。孫氏希旦曰。大廟大室。明堂五室之中。以其尊於四隅之室。故曰大室。以其處乎四堂之中。故曰大廟。明堂十二室。皆居之以聽朔。季夏之末。無聽朔之事。蓋但於土始王之日居之。以順時氣與。禮案明堂以向南爲正。則王居中央大室。亦南向也。杜注桓二年左傳云。大路祀天車。王居大廟。所以祀黃帝。祭后土。騮本赤馬。而此云黃者。乃馬無深黃正赤之色。皆在黃赤之間。故配於赤曰赤騮。配於黃曰黃騮。惟鞍轡之類。則各隨其方色之正耳。稷有黃白黎三種。此當用黃稷。牛雖有雜色。然以黃爲正色。牛於十二辰屬丑。故曰土畜也。

禮記通釋卷二十二　　玉環戴禮

月令

孟秋之月。日在翼。昏建星中。旦畢中。鄭注：孟秋者。日月會於鶉尾。而斗建申之辰也。孔疏：案三統厤。七月節。日在張十八度。昏斗四度中。去日一百一十四度。旦畢八度中。七月中。日在翼十五度。昏斗十六度中。去日一百一十一度。旦井初度中。元嘉厤。七月節。日在張五度。昏箕二度中。旦胃二度中。七月中。日在翼十度。昏斗三度中。旦昴七度中。禮案：史記天官書。建星者。北宮玄武之宿。張氏正義云。建六星。在斗北。臨黄道。天之都關也。建星。呂紀作斗。翼畢二星見孟夏解。**其日庚辛。**鄭注：庚之言更也。辛之言新也。日之行。秋西從白道。成熟萬物。月爲之佐。萬物皆肅然改更。秀實新成。人因以爲日名焉。禮案：史記律書。庚者。言陰氣庚萬物。辛者。言萬物之辛生。**其帝少皥。其神蓐收。**鄭注：此白精之君。金官之臣。自古以來著德立功者也。少皥。金天氏。蓐收。少皥氏之子。曰該。爲金官。孔疏：左傳昭元年云。昔金天氏有裔子曰昧。爲玄冥師。生允格臺駘。稱金天氏。與少皥金位相當。故少皥則金天氏也。又帝王世紀。少皥帝號金天氏。案左傳昭二十九年。蔡墨云。少皥氏之子曰該。爲蓐收。是爲金神。佐少皥於秋。蓐收者。言秋時萬物摧蓐而收斂。孫氏希旦曰。少皥在天。金德之帝。金天氏乘金德而王。其號亦曰少皥。祭金帝則以配食焉。蓐收在地。金行之神。該爲金正。其官亦曰蓐收。祭金神則以配食焉。禮案：少昊名摯。字青陽。宗師大昊之道。故曰少昊。以金德王。故曰金天氏。亦曰西皇。**其蟲毛。**鄭注：象物應涼氣而備寒。狐貉之屬。生旃毛出。馬氏晞孟曰。白虎金屬也。其類爲毛。故秋則其虫毛。吳氏澄曰。西方奎婁胃昴畢觜參七宿。有虎之象。故物之毛者皆屬金。禮案：毛虫。獸也。爾雅釋鳥。四足而毛謂之獸。**其音商。**鄭注：三分徵益一以生商。商數七十二。屬金者。以其濁次宮。臣之象也。秋氣和。則商聲調。樂記曰。商亂則陂。其官壞。孔疏：案律厤志云。徵數五十四。三分之。則一分有十八。今於徵數五十四上更加十八。是商數七十二也。凡五聲濁者尊。清者卑。商聲之濁。次於宮。宮既爲君。商則爲臣也。禮案：史記樂書。商爲臣。索隱曰。商是金。金爲決斷臣事。**律中夷則。**鄭注：孟秋氣至。則夷則之律應。夷則者。大呂之所生也。三分去一。律長五寸七百二十九分寸之四百五十一。周語曰。夷則所以詠歌九則。平民無貳。孔疏：大呂長八寸二百四十三分寸之一百四。三分去一。下生夷則。故云夷則律長五寸七百二十九分寸之四百五十一也。引周語以下者。證夷則之義。案周語注云。乾九五用事。夷平則法也。言法度平。故可詠歌九功之法。平民使不貸也。陳氏祥道曰。夷則者。建申之律也。人至申而夷。物至申而有成則。故謂之夷則。禮案：史記律書。夷則。言陰氣之賊萬物也。其於十二子爲申。申者。言陰賊用事。申賊萬物也。**其數九。**鄭注：金生數四。成數九。但言九者。舉其成數。禮案：揚子大玄經。四九爲金。**其味辛。其臭腥。**鄭注：金之臭味也。凡辛腥者皆屬焉。禮案：辛。薑桂葱薤之屬。腥。魚肉之氣。荀子禮論云。俎尚腥魚是也。又膏亦曰腥。周禮天官庖人。秋行犢麛。膳膏腥。**其祀門。祭先肝。**鄭注：秋陰氣出。祀之於門外陰也。祀之先祭肝者。秋爲陰中。於藏值肝。肝爲尊也。祀門之禮。北面設主於門左樞。乃制肝及肺心爲孔疏陰氣始於五月。終於十月。其七八月爲陰中。陽氣始於俎奠於主南。又設盛於俎東。其他皆如祭竈之禮。十一月。終於四月。正二月爲陽中。然陰中之時。兼有陽。陽中之時。兼有陰。亦是陰陽之中。五藏肺最在前。心次之。肝次之。脾次之。腎爲後。肝在心肺之下。脾腎之上。故云秋爲陰中。於藏值肝。然脾在肺心肝之下。腎之上。不當其中。而云春爲陽中。於藏值脾者。五行相次。水則次木。故春繼於冬。腎後則次脾。其火後則次土。土後乃次金。故秋不得繼夏。由隔於土。由此脾不得繼肺。隔於心也。爲此肝上有肺有心。脾之下唯有腎。俱得爲藏之中也。云如祭竈之禮。謂祭心肺肝各一。及祭體三。并設席於奧迎尸之屬。禮案。說文云。肝。木藏。先其所剋。旺金氣也。

涼風至。白露降。寒蟬鳴。鷹乃祭鳥。用始行戮。鄭注皆記時候也。寒蟬。寒蜩。謂蜺也。鷹祭鳥者。將食之。示有先也。既祭之後。不必盡食。若人君行刑。戮之而已。孔疏案釋虫云。蜺。寒蜩。郭云。寒螿也。似蟬而小。青赤。鷹祭鳥者。殺鳥而不食。與人之祭食相似。故云示有先也。既祭之後。不必盡食。若人君但戮之而已。以人君行戮。明鷹之殺。言鷹於此時始行戮鳥之事。禮案。逸周書時訓解。立秋之日。涼風至。又五日。白露降。又五日。寒蟬鳴。處暑之日。鷹乃祭鳥。涼風者。閶闔風也。符瑞圖曰。立秋西方閶闔風。一名飂風。白虎通云。露者霜之始。時天氣尚煖。故露下。八月氣寒。則霜降也。夏小正。七月寒蟬鳴。秋風未至時。瘖不能鳴也。高注呂紀云。是月鷹摯。殺鳥於大澤之中。四面陳之。世謂之祭鳥。注時則訓云。用始。用是時乃始行戮。蓋鷹祭鳥者。以時近秋獮也。

天子居總章左個。乘戎路。駕白駱。載白旂。衣白衣。服白玉。食麻與犬。其器廉以深。鄭注總章左個。大寢西堂南偏。戎路。兵車也。制如周革路。而飾之以白。白馬黑鬣曰駱。麻實有文理。屬金。犬。金畜也。器廉以深。象金傷害物入藏。孫氏希旦曰。萬物至西方。而章明成熟。故曰總章。戎路。兵車也。飾之以白。器廉以深者。外有廉隅。而其中深邃。象金氣之嚴肅而收斂也。禮案。總章左個。即明堂之右個。但西向開門耳。麻。胡麻。即芝麻也。爾雅翼云。一名巨勝。食之益人。

是月也。以立秋。先立秋三日。大史謁之天子曰。某日立秋。盛德在金。天子乃齊。立秋之日。天子親帥三公九卿諸侯大夫。以迎秋於西郊。還反。賞軍帥武人於朝。鄭注謁。告。迎秋者。祭白帝白招拒於西郊之兆也。軍帥。諸將也。武人。謂環人之屬有勇力者。孫氏希旦曰。立秋。七月之朔氣也。迎秋者。迎白帝少皞。而祭之於西郊之兆。而金天氏配食焉。武人。軍士之有勇力者。賞之者。將順秋氣。而耀武也。禮案。孝經緯云。大暑後十五日。斗指西南維。爲立秋。祠令云。立秋日。祀白帝於西。少昊配。蓐收從祀。高注呂紀云。夏至後四十六日立秋。多在是月。盛德在金。金主西方也。齊。自禋潔。西郊。九里之郊。金氣用事。治兵討暴。非率不整。非武不齊。故賞軍將與武人於朝。與衆共之。

天子乃命將帥選士厲兵。簡練桀俊。專任有功。以征不義。詰誅暴慢。以明好惡。順彼遠方。鄭注征之言正也。伐也。詰。謂問其罪。窮治之也。順。猶服也。彭氏廉夫曰。此亦因時氣而著此令。非謂出師必用此時。孫氏希旦曰。士謂其人。選之則無不精。兵謂其器。厲之則無不利。桀俊卽士之材勇者。簡擇之而以其器練習之也。士既可用。然後專任有功之將。以征不義之國。蓋戰者危事。非有已試之效者。不敢任。而任之不專。亦無以責其成功也。詰謂問其罪。誅謂討其人。暴者暴於民。慢者慢於上。暴慢卽不義之人。詰誅卽征之之事。所征如此。所以明我之好義。而惡不義。以順彼遠方之國也。禮案順柔遠也。高注呂紀云。遠方天下也。

是月也。命有司修法制。繕囹圄。具桎梏。禁止姦。慎罪邪。務搏執。鄭注順秋氣。政尚嚴。方氏慤曰。修則治其壞。繕則善其事。具則完其器。法制古所有也。故曰修。囹圄禁人之地。於此有事焉。故曰繕。桎梏禁人之器也。故曰具。姦存乎心。故止之。邪見乎行。故罪之。搏所以戮之。執所以拘之。於仲春則省囹圄。去桎梏。於孟秋則繕囹圄。具桎梏。蓋先王奉時之道。固可見矣。孫氏希旦曰。禁其姦以戒之於未然。罪其邪以治之於已犯。搏若周禮司隸搏盜賊之搏。搏執謂搏擊而拘執之。罪邪言愼其濫及於無辜。搏執言務。又戒其縱釋乎有罪也。孟秋之政。首言治兵。而繼以明刑。順天地肅殺之氣也。禮案有司寇之屬。法制刑律也。脩飾也。繕補也。具備也。春省而去之。順陽生仁也。秋修而用之。順陰殺義也。禁止者。言設刑之所以防姦宄也。邪亦姦。姦雖當刑。然罪之必宜愼。恐有枉屈也。若非枉屈。必務搏執。不得放縱也。

命理瞻傷。察創。視折。審斷。決獄訟。必端平。戮有罪。嚴斷刑。天地始肅。不可以贏。鄭注理治獄官也。有虞氏曰士。夏曰大理。周曰大司寇。創之淺者曰傷。端猶正也。肅嚴急之言也。贏猶解也。蔡氏邕曰。皮曰傷。肉曰創。骨曰折。骨肉皆絕曰斷。孫氏希旦曰。理治獄之官。於周禮則士師鄉士遂士之屬也。傷也。創也。折也。斷也。四者皆掠治罪人所致。傷輕故瞻之。創重於傷。故察之。折又重於創。故視之。斷又重於折。故審之。皆恐其以創重致死。矜恤之意也。端謂明於曲直之辨。而無所枉。平謂得乎輕重之宜。而無所頗也。禮案命理瞻察視審者。謂獄囚之受笞杖。有肢體腐爛者。則療治之。審斷其罪。當刑則誅戮之。玉篇贏緩也。溢也。言須順天地肅殺之氣。而斷決之。不得弛緩。以逆時令也。

是月也。農乃登穀。天子嘗新。先薦寢廟。鄭注黍稷之屬。於是始熟。孔疏案仲秋云。以犬嘗麻。今不云牲者。皇氏云。不云牲。文略也。方氏慤曰。穀謂稷也。麥黍麻稻皆穀也。獨於稷言穀。以其爲五穀之長。稼穡之官。謂之后稷。土穀之神。謂社稷。以此而已。禮案王居明堂禮。孟秋之月。嘗穀用犬。故皇云文略也。

是命百官。始收斂。完隄防。謹壅塞。以備水潦。修宮室。壞牆垣。補城郭。鄭注順秋氣。收斂物。備者備八月也。八月宿直畢。畢好雨。修宮室。象秋收斂物。當藏也。胡氏銓曰。春秋城築。皆取定星中爲候。此非土工之時。壞土塊也。蟄虫壞戶。亦謂以土增益其穴。應氏鏞曰。夏時修利堤防。無有壅塞。秋時則完而謹之。蓋夏潦不可隄也。秋潦則可隄矣。一通一障。其爲民禦患一也。禮案收斂之令。申至仲冬。而始於此月。爾雅釋天。秋爲白藏。一曰收成。斂藏也。孟子曰。秋省斂。又曰七八月之閒雨集。溝澮皆盈。夏小正七月潢潦生苹。又管子度地篇。秋三月山川百泉踊降。故恐大水冲沒。而預命修理隄防。集韻壞以土封罅隙也。

是月也。毋以封諸侯。立大官。毋以割地。行大使。出大幣。鄭注古者於嘗出田邑。此其嘗並秋。而禁封諸侯。割地。失其義。孔疏案祭統。古者於嘗也。出田邑。嘗謂秋祭之時。王者割出田邑。以與諸侯。今正是嘗祭之月。而禁封割地。故云失其義。則毋立大官。毋行大使。毋出大幣。爲得禮。以其收斂之月故也。方氏慤曰。言毋以止之。其曰大官。大使。大幣。則小者。容或可矣。孫氏希旦曰。月令之法。大抵順陰陽爲出內。不必以古制繩之。說已見孟夏章。禮案封諸侯。謂封建畿外諸侯。立大官。謂錫命三公六卿。割地卽裂土分茅。行大使。言王使人於四方也。出大幣。謂以金帛賜國人也。夫秋主收斂。若行春陽發散之政。而悖時序也。蓋亦因時而申此令。非謂有大功者。必不可封賞於此月也。孟秋行冬令。則陰氣大勝。介蟲敗穀。戎兵乃來。行春令。則其國乃旱。陽氣復還。五穀無實。行夏令。則國多火災。寒熱不節。民多瘧疾。鄭注行冬令。亥之氣乘之也。介甲也。甲虫屬冬。敗穀者稻蟹之屬。戎兵乃來。十月宿直營室。營室之氣爲害也。營室主武事。行春令。寅之氣。乘之也。雲雨以風除也。五穀無實。陽氣能生而不能成。行夏令。巳之氣。乘之也。瘧疾寒熱所爲者。今月令瘧疾爲厲疫。孔疏陰氣大勝天災。介虫敗穀地災。戎兵乃來人災也。案越語注。稻蟹謂蟹食稻也。案元命包云。營室星十六度。主軍之糧。是主武事也。其國乃旱。陽氣復還。天災也。民多瘧疾。人災也。禮案行冬令陰氣大勝者。以大陰來干少陰。故陰氣大勝也。介虫之屬。非惟蟹能食稻。且介爲甲兵之象。故有兵亂之禍。植物至秋而黃落宜也。行春令。其國乃旱者。以陽來脅陰。陰陽之氣不和。故旱。陽氣復還。則草木又萌芽發華。華繁而實寡。義見大戴曾子疾病篇。是故五穀無實也。行夏令。國多火災者。以火來尅金。少陰不能勝大陽之氣。故多火災也。夏火氣炎熱。時已秋涼。熱非其時。故曰不節。周禮天官疾醫。秋時有瘧寒症。賈疏云。秋時陽氣漸消。陰氣方盛。惟火沴金。兼寒兼熱。故有瘧疾之症。

仲秋之月。日在角。昏牽牛中。旦觜觿中。鄭注仲秋者。日月會於壽星。而斗建酉之辰也。孔疏三統歷八月節。日在軫十二度。昏斗二十六度中。去日一百六度。旦井二十一度中。案元嘉歷。八月節。日在翼十七度。昏斗十四度中。旦畢十六度中。八月中。日在角十度。昏女三度中。去日一百六度。旦井二十一度中。案元嘉歷。八月節。日在翼十七度。昏斗十四度中。旦畢十六度中。八月中。日在軫十五度。昏斗二十四度中。旦井九度中。禮案史記天官書。大角者。天王帝庭。其兩旁。各有三星。鼎足句之。曰攝提。東宮蒼龍之宿也。觜觿爲虎首。主葆旅事。西宮咸池之宿也。高注呂紀云。角韓鄭之分野。是月日躔此宿。觜觿魏之分野。是月昏旦時。與牽牛。皆中於南方。其日庚辛。其帝少皞。其神蓐收。其蟲毛。其音商。律中南呂。其數九。其味辛。其臭腥。其祀門。祭先肝。鄭注南呂者。大蔟之所生。三分去一。律長五寸三分寸之一。仲秋氣至。則南呂之律應。周語曰。南呂者。贊陽秀物。孔疏大簇長八寸。二分去一。下生南呂三寸。去一寸。六寸去二寸。得四寸。又有整二寸在。分一寸作三分。二寸爲六分。更三分去一。餘有四分在。以三分爲一寸。益前四寸。爲五寸。仍有一分在。故云南呂律長五寸三分寸之一也。蔡氏元定曰。秋分則南呂五寸三分。禮案史記律書。南呂者。言陽氣之旅入藏也。其於十二子爲酉。酉者萬物之老也。盲風至。鴻雁來。玄鳥歸。羣鳥養羞。鄭注皆記時候也。盲風疾風也。玄鳥燕也。歸謂去蟄也。凡鳥隨陰陽者。不以中國爲居。羞謂所食也。夏小正曰。九月丹鳥羞白鳥。說曰。丹鳥也者。謂丹良也。白鳥也者。謂閩蚋也。其謂之鳥者。重其養者也。有翼爲鳥。養也者。不盡食也。二者文異。羣鳥丹良。未聞孰是。孔疏皇氏云。秦人謂疾風爲盲風。玄鳥至。不爲仲春之候。由別與郊禖爲候。凡鳥鴻雁之屬。季秋云。鴻雁來賓。是不以中國爲居。皇氏即兼云玄鳥。以其稱歸故也。他物之蟄。近在本處。今玄鳥之蟄。不遠在四夷。必於幽僻之處。非中國所常見。故云丹鳥羞白鳥。禮案逸周書時訓解。白露之日。鴻雁來。又五日。玄鳥至。又五日。羣鳥養羞。高注呂紀云。是月候時之雁。從北漠中來。南過周雒之彭蠡。玄鳥春分而來。秋分而去。歸蟄所也。傳曰玄鳥氏。司分者也。羣鳥養羞者。羞進也。養畜也。進而不食。猶獺祭魚。鷹祭鳥之義。善之故記之。

天子居總章大廟。乘戎路。駕白駱。載白旂。衣白衣。服白玉。食麻與犬。其器廉以深。鄭注總章大廟。西堂當大室也。禮案總章大廟。明堂西正之堂也。古尸子神明篇。有虞氏曰總章。高注呂紀云。西方總成萬物。章明之也。故曰總章。

是月也。養衰老。授几杖。行糜粥飲食。鄭注助老氣也。行猶賜也。孔疏此論養老。及制衣服之事。皆此月所爲。故言是月。張子載曰。老人氣衰。津液自少。不能乾食。故糜粥。爲養老之具。又養老之禮。有祝鯁祝噎。正宜用如此。方氏慤曰。授則特授之而已。行則徧行之也。几杖之禮爲重。非庶人之老可預。故惟於糜粥言行焉。禮案五十始衰。七十曰老。授賜也。行施也。衰老者不良於行。故授之几杖。不強於食。故飲之糜粥。

乃命司服具飭衣裳。文繡有恒。制有小大。度有長短。衣服有量。必循其故。冠帶有常。鄭注具飭衣裳。此謂祭服也。文謂畫也。祭服之制。畫衣而繡裳。衣服有量。此謂朝燕及他服。凡此爲寒益至也。詩云七月流火。九月授衣。於是作之可也。冠帶因制衣服而作之也。孔疏飭謂正也。言備具正理祭服。畫衣而繡裳者。案尚書咎繇謨云。日月星辰山龍華虫作繪。是衣畫也。宗彝藻火粉米黼黻絺繡。是裳繡也。衣服小大長短。及制度采色。皆有度量。必因循故法。不得更改。方氏慤曰。正言冠帶。則以男子重首。婦人重要故也。馬氏晞孟曰。冠帶有常。則無苟變於昔。所以示民不貳也。先王壹民德。有在於衣服之閒。故其命司服者如此。王氏念孫曰。長短當作短長。與裳量常爲韻。禮案司服。周禮春官之屬。長短小大。謂先王法服。皆有一定制度。不得變亂舊章。而爲奇衺華色之服。有常謂冠帶。亦宜因常法而作也。

乃命有司。申嚴百刑。斬殺必當。毋或枉橈。枉橈不當。反受其殃。鄭注申重也。當謂值其罪。孔疏言斷決罪人之時。必須當值所犯之罪。枉謂違法曲斷。橈謂有理不申。應重乃輕。應輕更重。是不當也。方氏慤曰。刑有五。而曰百。則據成數言之。斬殺必當。慮其及於無辜也。然刑之所加。不止於斬殺。所命止及於此者。以大辟尤人所重故也。禮案申嚴百刑。舉其凡也。若孝經五刑之屬三千是也。枉屈也。橈不直也。周禮冬官考工記。惟轅直且無橈是也。孟秋命戮有罪。而尚有未決者。故此月又申命之。夫誤入人罪。可以再讞。誤戮無辜。不可再生也。殃天殃。言斬殺不當。必遭天譴。所以深警執法者也。

是月也。乃命宰祝循行犧牲。視全具。案芻豢。瞻肥瘠。察物色。必比類。量大小。視長短。皆中度。五者備當。上帝其饗。鄭注於鳥獸肥充之時。宜省羣牲也。宰祝大宰大祝。主祭祀之官也。養牛羊曰芻。犬豕曰豢。五者謂所視也。所案也。所瞻也。所察也。所量也。此皆得其正。則上帝亨之。上帝亨之。而無神不享也。孔疏王肅云。純色曰犧。體完曰全。食草曰芻。食穀曰豢。皆案行之也。瞻亦視。肥充也。瘠瘦也。物色騂黝之別。周禮陽祀用騂。陰祀用黝。望祀各以其方之色。已行故事曰比。品物相隨曰類。五方本異其色。是比也。大皞配東。亦用青。是其類也。大謂牛羊豕成牲。小謂羔豚之屬。長短謂天地之牛角繭栗。宗廟之牛角握也。備當者。事事當法。則天神享之也。劉氏台拱曰。五者全具一也。肥瘠二也。物色三也。小大四也。長短五也。禮案此卽尚書大傳所謂犧牲中辟殺者中死。割者中禮是也。

天子乃難。以達秋氣。鄭注此難難陽氣也。陽暑至此不衰。害亦將及人。所以及人者。陽氣左行。此月宿直昴畢。昴畢亦得大陵積尸之氣。氣佚則厲鬼亦隨而出行。於是亦命方相氏帥百隸而難之。王居明堂禮曰。仲秋九門磔攘。以發陳氣。禦止疾疫。孔疏天左旋。星辰與斗建。循天而行。此月斗建在酉。酉是昴畢本位。於時在寅。引王居明堂禮云。發陳氣者。秋時涼氣新至。發去陽之陳氣也。季冬云大難。明九門磔攘。稱大則貴賤皆為也。季春云。國難。熊氏云。唯天子諸侯有國。為難。此云天子乃難。唯天子得難。以其難陽氣。陽是君象。則諸侯以下。不得難陽氣也。案陰氣陽氣至大陵俱致積尸疫氣。十一月陽氣至於危虛。而不難。十二月陰氣至於虛危。而為難者。以十一月陽氣初起。未能與陰相競。故無疫疾可難。六月宿直柳鬼。陰氣至微。陰始動。未能與陽相競。故無疾害可難也。季冬亦陽初起。而為難者。以陰氣在虛危。又是一歲之終。總除疫氣。故為難也。其磔攘之牲。大難用牛。其餘用犬用羊。小者用雞。熊氏之說也。禮案難逐陽氣。所以中少陰之氣也。故曰達。

以犬嘗麻。先薦寢廟。鄭注麻始熟也。禮案此上似有文脫。

是月也。可以築城郭。建都邑。穿竇窖。修囷倉。鄭注為民將入物當藏也。穿竇窖者。入地隨曰竇。方曰窖。王居明堂禮曰。仲秋農隙。民畢入於室。曰時殺將至。毋罹其災。孔疏隨者似方非方。似圓非圓。竇既為隨圓。故以窖為方也。無罹其災。言此時民當入室。毋處田野。罹被其災。但仲秋之時。耕耡既了。乘時入室。以避陰災。未盡成熟。須出野收斂。至十月之後。又入室避寒也。陸氏佃曰。藏而留穴謂之竇。竇出於一孔。窖盡藏之也。禮案月令屢言修補。以功少可乘農事少舍為之。惟此月方命建築。以創始功鉅。故必俟秋收事畢也。高注呂紀云。國有先君宗廟曰都。無曰邑。穿水通竇。不欲地泥溼也。穿窌所以盛穀也。修治囷倉。穀當入也。圓曰囷。方曰倉。

乃命有司。趣民收斂。務畜菜。多積聚。鄭注始為禦冬之備。方氏慤曰。孟秋命百官始收斂。以其物初成。至此則物既成。而收斂不可緩也。故趣之。詩言我有旨蓄。亦以御冬。則又不特菜而已。孫氏希旦曰。孟秋命百官始收斂。收其在官者也。此言趣民收斂。斂其在民者也。禮案高注呂紀云。有司於周禮為場人。場協入也。蓄菜乾苴之屬。菜蓄之糟之。則可久藏。以及他物。可法製者。皆宜積聚。以備冬日之需也。

乃勸戶麥。毋或失時。其有失時。失時無疑。鄭注麥者接絕續乏之穀。尤重之。孔疏前年秋穀。至夏絕盡。後年秋穀。夏時未登。是其絕也。夏時人民糧食闕短。是其乏也。麥乃夏時而熟。是接其絕。續其乏也。黍稷百穀。不云勸種。於麥獨勸之。是尤重故也。方氏慤曰。麥以秋稼。至夏乃穡。以其牟利之遲。慮民惰而不種。故特勸之。禮案今南方氣煖。麥亦有冬種而夏熟者。無疑猶無赦也。

是月也。日夜分。雷始收聲。蟄蟲壞種。殺氣浸盛。陽氣日衰。水始涸。鄭注又記時候也。雷始收聲。在地中動。內物也。壞益也。蟄虫益戶。謂稍小之也。涸竭也。此甫八月中氣。雨未止。而云水竭。非也。周語曰。辰角見而雨畢。天根見而水涸。又曰。雨畢而除道。水涸而成梁。辰角見九月本也。天根見九月末也。王居明堂禮曰。季秋除道致梁。以利農也。孔疏。雷是陽氣。主於動。不唯地中潛伏而已。至十一月。一陽初生。震下坤上。復卦用事。震爲動。坤爲地。是動於地下。從此月爲始。故云動內物也。戶謂穴也。蟄虫以土增益穴之四旁。使通明處稍小。所以然者。陰氣將至。時氣尚溫。猶須出入。故壞之稍小。十月寒甚。乃閉之也。周語注云。辰角大辰蒼龍之角。角星名見者。朝見東方。天根亢氐之閒。寒露雨畢之後五日。天根朝見。水潦盡竭。水畢除道。所以便利民之轉運也。禮案分秋分也。孝經說。斗指酉。爲秋分。文子纘義上仁篇。天地之氣莫大於和。和者。陰陽調。日夜分。故萬物春分而生。秋分而成。歷日疏曰。秋分之時。日出於卯。入於酉。分天地之中。陰陽氣等。晝五十刻。夜五十刻。一晝一夜。二氣中分。故曰。秋分也。元命包。陰陽和爲雨。故春分秋分之時。多雨也。論衡曰。雷者太陽之激氣。正月陽動。故始雷。五月陽盛。故雷迅。秋冬陽衰。故潛入地。則孕毓根荄。保藏蟄虫。避盛陰之害。水始涸者。非謂旱熯也。蓋秋氣燥烈。萬物枯槁。旬日不雨。則水泉皆竭也。逸周書時訓解。秋分之日。雷始收聲。又五日。蟄虫壞戶。又五日。水始涸。

日夜分。則同度量。平權衡。正鈞石。角斗甬。方氏愨曰。鈞蓋三十斤之稱。與仲春所謂鈞者異矣。彼時言輕重之鈞而已。彼以用言。此以體言也。禮案此亦因日夜分。而重言平正度量也。解並見仲春。

是月也。易關市。來商旅。納貨賄。以便民事。四方來集。遠鄉皆至。則財不匱。上無乏用。百事乃遂。凡舉大事。毋逆大數。必順其時。慎因其類。鄭注易關市謂輕其稅。使民利之。商旅賈客也。匱亦乏也。遂猶成也。事謂興土功合諸侯舉兵衆也。季夏禁之。孟秋始征伐。此月築城郭。季秋教田獵。是以於中爲之戒焉。孔疏。關市之處。輕其賦稅。不爲節礙。是易關市也。關市既易。則商旅自來。貨賄自入。以此便利民人之事。四方總來聚集。遠鄉於是皆至。貨賄既多。則庫財不匱。上下豐足。百事皆成。於此興舉其事。無逆天之大數。必須順其陰陽之時。謹慎因其事類。不可煩亂妄爲。方氏愨曰。凡物有數者。皆出陽而入陰。故人君之舉大事。不可逆也。數之所運而爲時。時之所從而爲類。必順陰陽之時。慎因陰陽。而無變也。此四時之所同然。以當闔戶之時。尤不宜妄舉。故申戒之也。俞氏樾曰。易當讀爲弛。爾雅釋詁。弛易也。是弛與易聲近義通。管子大匡篇。桓公乃輕稅。弛關市之征。故鄭以輕稅說之。禮案四方來集。即孟子所云。天下商者皆欲立於王之市。百事乃遂。即大戴記誥志所謂民財儆以時作。則有極是也。毋逆大事。以下。即文子纘義下德篇曰。王者法陰陽。霸者則四時。內能治身。外得人心。乘時勢。因民欲。而天下服也。

仲秋行春令。則秋雨不降。草木生榮。國乃有恐。行夏令。則其國乃旱。蟄蟲不藏。五穀復生。行冬令。則風災數起。收雷先行。草木蚤死。鄭注行春令。卯之氣乘之也。卯宿直房心。心爲大火也。草木生榮。應陽動也。國乃有恐。以火訛相驚。行夏令。午之氣。乘之也。行冬令。子之氣。乘之也。北風殺物。先猶蚤也。冬主閉藏。草木蚤死寒氣盛也。孔疏。秋雨不降。天災。草木生榮。地災。國乃有恐。人災。仲秋是應雨之時。今行春之令。位當卯。致大火之氣。火是積陽。故時雨不降。以火氣故有火。但仲秋爲金。仲春爲木。金能尅木。又仲秋雨水。水又尅火。火竟不能爲害。但以訛言相驚。故云火訛。其國乃旱。天災也。蟄虫不藏。五穀復生。地災也。風災數起。收雷先行。天災。草木蚤死。地災也。禮案。高注呂紀云。國有恐。金木相干。有兵象。故民有大恐。行夏令。衰陽復起。亢而不雨。蟄虫不藏。五穀復生。皆以煖故。行冬令。以陰乘陰。偏氣勝也。大戴曾子天圓曰。陰陽之氣。偏則風。是也。收雷。謂雷始收聲。先行。謂雷先入地。陽氣先伏。故草木蚤死也。

季秋之月。日在房。昏虛中。旦柳中。鄭注。秋季者。日月會於大火。而斗建成之辰也。孔疏。三統歷。九月節。日在氐五度。昏虛二度中。去日九十七度。旦張初度中。九月中。日在房五度。昏危三度中。去日九十三度。旦張十八度中。案元嘉歷。九月節。日在亢一度。昏牛八度中。旦井二十九度中。九月中。日在氐七度。昏女十一度中。旦柳十二度中。禮案。爾雅釋天。大辰。房心尾。天駟。房也。玄枵。虛也。史記天官書。房。東宮蒼龍之宿。虛。北宮玄武之宿。宋氏均曰。房四星。張氏正義云。虛二星。高注呂紀云。房。宋之分野。是月日躔此宿。虛。齊之分野。是月與柳。昏旦時。皆中於南方。

其日庚辛。其帝少皞。其神蓐收。其蟲毛。其音商。律中無射。其數九。其味辛。其臭腥。其祀門。祭先肝。鄭注。無射者。夾鍾之所生。三分去一。律長四寸六千五百六十一分寸之六千五百二十四。季秋氣至。則無射之律應。周語曰。無射所以宣布哲人之令德。示小民軌儀。孔疏。案。夾鍾之律。長七寸二千一百八十七分寸之千七十五。下生者。三分去一。故云無射。律長四寸六千五百六十一分寸之六千五百二十四。周語注云。乾上九用事。無射陽氣上升。陰氣收藏。萬物無射者也。哲人后稷。布其德教。示以法儀。當及時銍穫。而收藏之。蔡氏元定曰。霜降則無射長四寸八分。八釐四毫八絲。禮案。史記律書。無射者。陰氣盛用事。陽氣無餘也。其於十二子爲戌。戌者。言萬物盡滅也。

鴻雁來賓。爵入大水爲蛤。鞠有黃華。豺乃祭獸戮禽。鄭注。皆記時候也。來賓言其客止未去也。大水。海也。戮猶殺也。孔疏上云。鴻雁來。以來則去。故不云賓。今鴻雁來賓者。客止未去。猶如賓客也。案。國語云。雀入於海爲蛤。故知大水是海也。禽獸皆殺之。但殺獸而。又陳戮禽。則殺之而已。不以爲祭。此亦互文也。禽獸初得。皆殺而祭之。後得者。殺而不祭也。禮案。逸周書時訓解。寒露之日。鴻雁來賓。又五日。爵入大水。化爲蛤。又五日。菊有黃華。霜降之日。豺乃祭獸。說文。爵同雀。依人小鳥也。夏小正十月。雀入於海。爲蛤。蓋有矣。非常入也。玉篇。蛤。蚌也。臨海異物志。南海有黃雀魚。六月化爲黃雀。十月入海爲魚。卽此類也。又小正九月。榮鞠。釋文。鞠本作菊。王氏念孫曰。菊有數百種。花以黃爲上。故稱黃華。爾雅釋獸。豺狗足。正字通。長尾白頰色黃。夏小正十月。豺祭獸。善其祭而後食之。王制曰。豺祭獸。然後田獵。蓋爲時已近冬狩矣。

天子居總章右個。乘戎路。駕白駱。載白旂。衣白務。服白玉。食麻與犬。其器廉以深。鄭注。總章右個。西堂北偏。禮案。總章右個。卽玄堂左個。但西向開門耳。

是月也。申嚴號令。命百官貴賤無

不內衣。以會天地之藏。無有宣出。鄭注中重。內謂收斂入之也。會猶聚也。孔疏於此月。敕命百官。貴之與賤。無有一人。不勤務收斂內物。順天地以深閉藏也。無得有宣露出散其物。以逆時氣。禮案此又申嚴號令者。恐游惰之民。或有未入者也。內入也。會合也。務內謂合天地之藏。則宣出。自悖天地之道矣。乃命冢宰。農事備收。舉五穀之要。藏帝籍之收於神倉。祗敬必飭。鄭注備猶盡也。舉五穀之要。定其租稅之簿。藏帝藉於神倉。重粢盛之委也。帝籍所耕千畝也。藏祭祀之穀爲神倉。祗亦敬也。孔疏帝藉者。供上帝之藉田也。神倉者。貯祀鬼神之倉也。言天子於此月。命冢宰。藏此帝藉所收禾穀。於此神倉之中。當須敬而復敬。必使飭正。孫氏希旦曰。此謂舉五穀之要。於將藏之時。核其多少之數。以制國用也。祗敬必飭。言當蓋藏完密。以避燥溼朽蠹之患也。此承上會天地之藏。言凡物皆藏。而以五穀爲重。五穀皆藏。而尤以神倉爲重也。禮案穀曰帝藉者。以借民力之所成也。倉曰神倉者。以貯祭物。而神明之也。祗敬必飭。非止如孫所云。蓋藏完密。以粢盛之所在。尤宜潔淨故也。

是月也。霜始降。則百工休。乃命有司曰。寒氣總至。民力不堪。其皆入室。鄭注寒而膠漆之作。不堅好也。總猶猥卒。孔疏此論霜降寒來。人皆入室。又爲享帝。當習吹。順時氣。習吹雖與入室不同。但享帝大事。則須更云是月。故習吹之事。附於入室之下。方氏慤曰。古者於霜降。固有所不休者。若弓人冬析幹。寒奠體之類是也。詩曰入此室處。然寒氣者。冬之時。入室者。冬之事。此乃言之於季秋者。亦先期而命之爾。張氏慮曰。將休老勞農。凡終歲勤動者。無不休矣。百工之役。使之少息。亦順時之政也。孫氏希旦曰。入室謂廬舍而入。居於都邑也。禮案詩秦風云。白露爲霜。釋名霜喪也。其氣慘毒。特皆喪也。故霜降而命百工休息也。民謂任役於外者。寒氣總至。謂風霜皆作。民不堪其苦。故命入室。避寒威也。予幼生南方。終歲勤劬。不知所以休息。嘗疑入室爲過。及壯歲北遊。天氣嚴寒。庶民果於冬月。擁爐不出。尚有窟居避寒者。上丁命樂正入學習吹。鄭注爲將享帝也。春夏重舞。秋冬重吹也。孔疏以下有享帝之文。此有習吹之事。故云爲將享帝。必用丁者。取其丁壯成就之義。欲使學者。藝業成也。禮案此習吹吹籥。亦舞也。文王世子云。秋冬學羽籥。鄭注彼云。籥象文也。用安靜之時。學之是也。是月也。大饗帝。鄭注言大享者。遍祭五帝也。曲禮曰。大享不問卜。謂此也。孔疏若祭一帝。則禮器謂之享帝。今云大享。故知遍祭五帝。此大享與帝連文。故謂祭天。禮器大享其王事與。彼下三牲魚臘。九州之美味。是四方助祭之物。故以大享爲祫也。與此不同。曲禮大享不云帝。此云帝。不云不問卜。恐是別事。諸儒多以爲疑。故鄭執之云。謂此也。知非祫祭者。以周禮祀大神。享大鬼。帥執事而卜日。若祫祭。不得云不問卜也。此既五帝皆享。莫適卜可從。故知不問卜。謂此禮。案仲秋命宰祝。循行犧牲。蓋備此月之大享帝也。嘗犧牲。告備於天子。鄭注嘗者謂嘗羣神也。天子親嘗帝。使有司祭於羣神。禮畢而告焉。孔疏謂嘗祭羣神。以犧牲於神。有司常祭。其事既畢。告祭備具於天子也。此犧牲之文。繼享帝之下。知非謂享帝之時。使有司展視犧牲。告其備具。而云嘗謂嘗羣神者。以四月雩上帝之後。云雩祀百辟卿士。是雩帝之外。別雩羣祀。九月大享。明享帝之外。亦享羣神。嘗是秋祭之名。雖天子。亦曰嘗。以秋物新成故也。禮案嘗卽大戴千乘所謂。於時有事。嘗於皇祖皇考是也。秋物成。故祭。謂之嘗。嘗也者。嘗新之義也。

合諸侯。制百縣。爲來歲受朔日。與諸侯所稅於民輕重之法。貢職之數。以遠近土地所宜爲度。以給郊廟之事。無有所私。

鄭注秦以建亥之月。爲歲首。於是歲終。使諸侯及鄉遂之國受此法焉。合諸侯制者。定其國家宮室。車旗衣服禮儀也。諸侯言合。制百縣。言受朔日。互文也。貢職所入天子。凡周之法。以正月和之。正歲而縣於象魏。孔疏秦十月爲歲首。此月歲之終也。當入新歲。故合此諸侯之法制。又命百縣。爲來歲受朔日之政令。幷授諸侯。所稅於民。輕重之法。貢職之數。皆天子制之。言與者。兼事之辭。定稅輕重。入貢多少。皆以去京遠近之差。土地所宜之物。爲節度。無有所私者。言既給郊廟重事。其百縣等物。無得有所偏私。不如法制也。諸侯謂畿外國。百縣謂鄉遂。稅於民者。是積貯本國。貢職之數者。是輸納天子。納蘭氏成德曰。諸侯謂附庸之君。百縣謂縣邑之長。時六國未盡滅。而小國之入附於秦。及夷於縣邑者多矣。故呂不韋立爲此法。禮案受朔日。卽天子所班來歲十二月之朔也。輕重之法。謂諸侯取於民也。地有肥瘠。年有豐凶。稅因時制宜。貢職謂諸侯奉天子。以葑疆遠近爲度。若王畿之外。五百里貢祀物。千里貢嬪物。土地所宜。謂土產之物。若徐州貢珠魚。揚州貢齒革。以給郊廟之事。卽孝經云。四海之內。各以其職來祭是也。無有所私。言諸侯不敢私有其物。而納貢於天子。天子所以取奉祭祀。亦非私於自給也。

是月也。天子乃教於田獵。以習五戎。班馬政。命僕及七騶咸駕。載旌旐。授車以級。整設於屏外。司徒搢扑。北面誓之。

鄭注教於田獵。因田臘之禮。教於民以戰法也。五戎謂五兵。弓矢殳矛戈戟也。馬政謂齊其色。度其力。使同乘也。校人職曰。凡軍事。物馬而頒之。僕戎僕。及御夫也。七騶謂趣馬。主爲諸官說者也。既駕之。又爲之載旌旗。司馬職曰。仲秋教治兵。如振旅之陳。辨旗物之用。王載大常。諸侯載旂。軍吏載旗。師都載旜。鄉遂載物。郊野載旐。百官載旟是也。級等次也。整正列也。設陳也。屏所田之地。門外之蔽。司徒誓衆以軍法也。孔疏天子於此陰殺之時。乃教人戰。因田獵以習五種兵戎之器。班布乘馬之政。門令據步卒五兵。弓矢一也。殳長丈二二也。矛長二丈三也。戈長六尺六寸四也。戟長一丈六尺五也。馬政者。案毛詩云。宗廟齊豪。尚純也。戎事齊力。尚強也。田獵齊足。尚疾也。既班馬政。乃命戎僕御夫。及七騶等。皆以馬駕車。又載旌旗。既畢。授此七戎之車。以其等級。正其行列。設於軍門屏之外。東西廟以爲行陳。於是司徒。在兩行之間。北面誓之。或者屏之外左右。六軍向南而陳。司徒於陳前北面誓之也。案周禮戎僕掌馭戎車。七騶者。皇氏云。天子馬有六種。種別有騶。則六騶也。又有總主之人。幷六騶爲七。故爲七騶。載旌旐者。案周禮司常云。日月爲常。交龍爲旂。通帛爲旜。雜帛爲物。熊虎爲旗。鳥隼爲旟。龜蛇爲旐。全羽爲旞。析羽爲旌。及國之大閱。贊司馬頒旗物。王建大常。諸侯建旂。孤卿建旜。大夫士建物。帥都建旗。州建旟。縣鄙建旐。道車載旞。斿車載旌。屏者。案詩傳云。揭纏旃以爲門。驅而入。擊則不得入。既門外驅車。則不得有屏。此門外之屏。蓋車入則去。無事則設也。司徒地官掌邦教。誓者也。故司徒職云。施十有二教。八曰以誓教恤。則民不怠。司馬職云。遂以蒐田。有司表貉。誓民。誓曰。無干車。無自後射。今田獵出軍。亦於所獵之地。而搢扑。北面誓之。搢插也。孫氏希旦曰。王制天子殺。則下大綏。諸侯殺。則下小綏。則諸侯以下。田獵皆別建綏。但其大小不同耳。綏既殺則下之。而大常與旂。則不下也。禮案七騶疑卽穆天子傳七衞之士。此言御。故曰騶。彼言職。故曰衞。尚書舜典。扑作教刑。孔傳云。扑榎楚也。搢插於紳帶閒。誓誥誡之。若尚書甘誓之詞也。天子乃厲飾執弓挾矢以獵命主祠祭禽於四方。鄭注厲飾謂戎服尚威武也。今月令獵爲射。祭禽以所獲禽祀四方之神也。司馬職曰。羅弊致禽以祀祊。孔疏厲飾。謂嚴厲武猛容飾。熊氏云。戎服者。韋弁服也。以秋冬之田。故韋弁服。若春夏。則冠弁服。主祠謂典祭祀者也。禽者獸之通名。四方有功之神。四時田獵皆祭宗廟。而分時各以爲主。春時士方施生。獵則祭社爲主。夏時陰氣始起。象神在內。獵則祭宗廟爲主。秋時萬物以成。獵則以報祭社。及四方爲主。冬時萬物衆多。獵則主用衆物。以祭宗廟。而亦報於物。有功之神。於四方也。此天子獵既畢。因祭命典祀之官。取田獵所獲之禽。還祭於郊。以報四方之神也。禮案此申上文。天子乃教於田獵。故親御戎服。執弓矢以獵。示以身率教也。是月也草木黃落乃伐薪爲炭。鄭注伐木必因殺氣。方氏愨曰。黃者土之色。百昌皆生於土。而反於土。以其將反於土。故黃。黃故落也。落則反於土矣。草木黃落則以霜降於是月。而成物之功終焉故也。伐薪爲炭。則以禦冬寒也。馬氏晞孟曰。萬物之化。終則有始。故木落以訓始。禮案王制云。草木黃落。然後入山林。鄭注周禮地官甸師云。大木曰薪。蓋炭火無烟。故宜燒爐以却寒。蟄蟲咸俯在內皆墐其戶。鄭注墐謂塗閉之。辟殺氣。孔疏俯垂頭也。墐塗也。前月但藏而墐戶。至此月既寒。故垂頭向下。以隨陽氣。陽氣銷沈在下也。而又塗塞其戶穴以避地上陰殺之氣也。禮案俯伏也。內穴內。嚴寒將屆。故墐戶而不復出也。乃趣獄刑毋留有罪。鄭注殺氣已至。有罪者卽決也。孫氏希旦曰。斷刑之事。始於孟秋。申於仲秋。至是則獄辭皆具。而秦政建亥。歲首不可以氣行刑。故當刑者皆於此月趣決之也。禮案仲秋已命斬殺矣。而戒以毋或枉撓。蓋欲愼之又愼。故尚有留滯於獄者。收祿秩之不當供養之不宜者。鄭注天氣殺。而萬物咸藏。可以去之也。祿秩之不當。恩所增加也。供養之不宜。欲所貪者。熊蹯之屬。非常食。孔疏春夏陽氣寬施。許人主從時。雖祿秩不當。亦所權許。今秋陰氣急斂。禁罰必當。是春夏所權置者。今悉收停之也。祿秩不當。謂彼人不應得祿。而王恩私與之者。其養不宜。謂非常之膳。求不可得者也。孫氏希旦曰。二事皆言收。則供養非謂王之所飲食。蓋有位而有常祿者。謂之祿秩。無常祿而官爲共給者。謂之供養。周禮門關之財。以養老孤。孟子言國君養賢。廩人繼粟。庖人繼肉之類。皆供養也。禮案不當謂爵非其人。不宜謂逆時之物。食之有礙衞生者。蓋秋陰斂不濫施。秋氣殺。宜攝養。非平時養賢。至秋而止也。是月也天子乃以犬嘗稻先薦寢廟。鄭注稻始孰也。禮案高注呂紀云。稻始升。故嘗之先進於廟。孝敬親也。此所謂稻。晚稻也。一名秫。又名秈。六書故云。南方九月穫。北方地寒。十月乃穫。詩豳風十月穫稻是也。季秋行夏令則其國大水冬藏殃敗民多鼽嚏行冬令則國多盜賊。邊竟不甯。土多分裂。行春令。則暖風來至。民氣解惰。師興不居。鄭注行夏令。未之氣乘之也。六月宿直東井。氣多暑雨。行冬令。丑之氣乘之也。極陰爲外。邊竟之象也。大寒之時。地隆坼也。行春令。辰之氣。乘之也。巽爲風。辰宿直角。角主兵不居。象風行不休止也。孔疏其國大水。天災。冬藏殃敗。地災。民多鼽嚏。人災。國多盜賊。邊竟不甯。人災。土地分裂。地災。十一月。一陽生。十二月。二陽生。陽在內。伏於地下。因陽在地上。故云極陰爲外也。暖風來至。大災。民氣解惰。師興不居。人災。禮案行夏令。未土生金。金爲水母。故多水也。水多則氣溼。故藏物敗壞也。說文鼽鼻塞病。玉篇嚏噴鼻也。蓋感冒風寒所致。行冬令。陰氣極盛。陰爲兵象。故寇賊多。寒凍早。故地多坼裂。行春令。春氣困人。故民志懈惰。木來干金。亦爲兵象。故師興不居。高注呂紀云。二千五百人爲師。

禮記通釋卷二十三

玉環戴禮

月令

孟冬之月、日在尾。昏危中。旦七星中。鄭注孟冬者。日月會於析木之津。而斗建亥之辰也。孔疏案三統歷。十月節。日在尾十度。昏危十四度中。去日八十九度。旦翼初度中。十月中。日在箕七度。昏室十度中。去日八十六度。旦軫五度中。案元嘉歷。十月節。日在心二度。昏危一度中。旦張八度中。十月中。日在尾十二度。昏危十三度中。旦翼八度中。禮案尚書大傳云。冬者中也。萬物方藏於中也。高注呂紀云。是月日纏尾宿。昏旦時。危與七星皆中於南方。**其日壬癸。**鄭注壬之言任也。癸之言揆也。日之行東北從黑道。閉藏萬物。月爲之佐。時萬物懷任於下。揆然萌芽。又因以爲日名焉。禮案史記律書。壬之言任也。言陽氣任養萬物於下也。癸之言揆也。言萬物可揆度也。**其帝顓頊。其神玄冥。**鄭注此黑精之君。水官之臣。自古以來著德立功者也。顓頊高陽氏也。玄冥少皥氏之子。曰修。曰熙。爲水官。孔疏五帝德云。顓頊高陽氏。姬姓也。又帝王世紀云。生十年而佐少皥。十二年而登帝位。在位七十八年而崩。以水承金也。案昭二十九年左傳云。少皥氏有子。曰修。曰熙。又云修及熙爲玄冥。是相代爲水官也。孫氏希旦曰。顓頊在天。水德之帝也。高陽氏以水德王。其號亦曰顓頊。祭水帝則以配食焉。玄冥在地。水行之神。修及熙爲水正。其官亦曰玄冥。祭水神則以配食焉。禮案郭注爾雅釋天云。顓頊水德。位在北方。家語孔子曰。帝顓頊者。黃帝之孫。昌意之子。酈注水經云。顓頊承少昊金官之政。以水德膺歷水官。而謂之玄冥者。玄近黑。爲水色。北方幽闇。故曰冥也。**其虫介。**鄭注介甲也。象物閉藏地中。龜鼈之屬。馬氏晞孟曰。玄武水屬也。其類爲介。故冬則其虫介。吳氏澄曰。北方斗牛女虛危室壁七宿。有龜之象。故凡物之甲者。皆屬水。禮案凡動物之外骨內肉。若蝦蟹蚌蛤之類。皆謂之甲虫。上應北宮玄武之宿。故龜爲之長焉。**其音羽。**鄭注三分商去一以生羽。羽數四十八。屬水者。以爲最清。物之象也。冬氣和。則羽聲調。樂記曰。羽亂則危。其財匱。孔疏商數七十二。三分之。每一分有二十四。去其二十四。餘有四十八。故羽數四十八也。其數既少。故爲最清。清者最賤。物比於人。亦爲賤。故云物之象也。禮案前漢律志。羽宇也。物聚藏。宇覆之也。**律中應鐘。**鄭注孟冬氣至。則應鐘之律應。應鐘者。姑洗之所生。三分去一。律長四寸。二十七分寸之二十。周語曰。應鐘均利器用。俾應復。孔疏姑洗之律。長七寸九分寸之一。三分去一。故云應鐘律長四寸二十七分寸之二十也。引周語以下者。證應鐘之義。案周語注。坤六三用事。應當也。言陰當代陽用事。百物可種藏。則均利百工之器。俾應復者。陰陽用事終而復始也。蔡氏元定曰。小雪則應鐘四寸六分六釐。禮案史記律書。應鐘者。陽氣之應。不用事也。其於十二子爲亥。亥者該也。言陽氣藏於下。故該也。**其數六。**鄭注水生數一。成數六。但言六者。亦舉其成數。禮案揚子大玄經。一六爲水。高注呂紀云。五行數五。水第一。故曰六也。**其味鹹。其臭朽。**鄭注水之臭味也。凡鹹朽者。皆屬焉。氣若有若無爲朽。禮案尚書洪範。水曰潤下。潤下作鹹。今鹽卽海水所作。故味鹹。朽腐也。物蒸溼氣則腐朽。且冬流竭。則水濁。水渾則味敗。故臭朽也。**其祀行。祭先腎。**鄭注。冬陰盛於水。祀之於行。從辟除之類也。祀之先祭腎者。陰位在下。腎亦在下。腎爲尊也。行在廟門外之西。爲軷壤厚二寸。廣五尺。輪四尺。祀行之禮。北面設主于軷上。乃制腎及脾爲俎。奠於主南。又設盛於俎東。祭肉腎一。脾再。其他皆如祀門之禮。孔疏知行在廟門外之西者。約檀弓云。毀宗躐行。自此以下。皆中霤禮文。軷壇東西爲廣。南北爲輪。常祀要神之壇則然。若於國外。祖道軷祭。其壇隨路所向。而爲廣輪。尺數同也。案鄭注聘禮云。禮畢乘轢而遂行。唯車之一輪轢耳。所以然者。以兩輪相去八尺。今軷唯廣五尺。故知不兩輪俱轢。云主須南向。故人北面設之。鄭注大馭云。蓋以菩芻棘柏爲神主也。萬氏斯大曰。說者謂夏祀竈。冬當祀井。月令冬祀行。是記之誤。白虎通云。月令其祀井。夫井日用所資。不輕於竈。行非水類。何獨祀於冬。其理頗長。故後世多因之。欽定義疏曰。易曰。往來井井。蓋祀井於汲道之旁。故云行與祭春夏秋皆食其所勝。而中央不先腎冬不先心者。心爲君主之官。最尊不可屈。故祀以居中之位配之。而最卑者亦不敢以干尊。故但自食其所藏也。禮案行王居明堂禮。淮南時則訓。蔡氏邕獨斷。大元數。並作井。冬盛德在水。似祀井爲近。是說文腎水藏。釋名腎主引水。故祭先之。取通導之義。

水始冰。地始凍。雉入大水爲蜃。虹藏不見。鄭注。皆記時候也。大水。淮也。大蛤曰蜃。孔疏知大水淮者。晉語云。雉入於淮爲蜃。馬氏晞孟曰。雉火屬也。蜃水屬也。陽不勝陰。而幷與遷焉。故化。虹以陰干陽。故見。至是陽升陰降。而弗通。故藏。禮案逸周書時訓解。立冬之日。水始冰。又五日。地始凍。又五日。雉入大水爲蜃。小雪之日。虹藏不見。風俗通云。冰壯曰凍。雉爲蜃。亦如雀化蛤。非常入也。爾雅釋鳥。雉有十四種。其化蜃者。名鷮雉。生江淮之南。故入淮水爲蜃。何以知水爲淮。夏小正十有一月。雉入於淮爲蜃是也。本草云。蜃蛟屬。似蛇而大。有角如龍。能吁氣成樓臺城郭之狀。將雨卽見。名蜃樓。亦曰海市。陸疏爾雅釋天云。虹是陰陽交會之氣。純陰純陽。則藏不見。此月純陰在上。純陽在下。故虹藏也。

天子居玄堂左個。乘玄路。駕鐵驪。載玄旂。衣黑衣。服玄玉。食黍與彘。其器閎以奄。鄭注。玄堂左個。北堂西偏也。鐵驪色如鐵。黍秀舒散屬火。寒時食之。亦以安性也。彘水畜也。器閎而奄。象物閉藏也。今月令曰。乘軫路。似當爲袗字之誤也。孔疏春云青旂。青衣蒼玉者。青深而蒼淺。旂與衣雖人所常用。不可淺深異色。故同用青也。夏云赤旂朱衣赤玉。與春不類者。朱深而赤淺。旂可用淺色。衣用深色。與夏亦同。玉從自然之色。而用玄玉。亦如夏赤玉。春蒼玉也。玄袗義同。故昏禮云。纁袗玄。張氏虙曰。冬爲玄英。故取以名。冬所居。此當亥上。十月位也。寒氣不可過。故食火穀以減之。寒氣不可折。故食當方之牲以存之。禮案玄堂左個。卽總章之右個。但北向開門耳。字彙云。黍粟屬。穗黑色。實圓重。彘亦色黑。食黍與彘。順水色也。郭注莊子知北遊云。閎虛廓也。正韻奄閉藏也。器閎以奄者。蓋腹大而口小也。

是月也。以立冬。先立冬三日。大史謁之天子曰。其日立冬。盛德在水。天子乃齊。立冬之日。天子親帥三公九卿大夫以迎冬於北郊。還反。賞死事。恤孤寡。鄭注。謁告也。迎冬者。祭黑帝叶光紀於北郊之兆也。死事謂以國事死者。若公叔禺人。顏涿聚者也。孤寡其妻子也。有以惠賜之。大功加賞。孔疏：亦率羣臣至北郊迎黑帝叶光紀。而顓頊玄冥配之。不言諸侯。亦如夏空其文也。還於郊。反於朝。臣人有爲國事死者。北郊還。因殺氣之盛。而賞其家後也。恤孤寡者。財祿供給之也。春秋左傳。魯哀十一年。魯與齊戰。公叔務人與其嬖僮汪錡赴敵皆死。雖無賞賜之文。而亦死事之義。故以證之。哀二十三年。晉知伯親禽顏庚。注云。齊召顏涿聚之子晉曰。之隰役。而父死焉。今君命女以是邑。是其加賞也。禮案：此即周禮地官司門。凡財物犯禁者。舉之。以其財養死政之老。與其孤。鄭注彼云。死政之老。死國事者之父母。孤。其子是也。

是月也。命大史釁龜筴。占兆。審卦吉凶。是察阿黨則罪。無有掩蔽。鄭注：筴。蓍也。占兆。龜之繇文也。周禮龜人。上春釁龜。謂建寅之月也。秦以其歲首使大史釁龜筴。與周異矣。卦吉凶。謂易也。審。省錄之。而不釁筮。筮短賤於兆也。今月令曰。釁祠。祠。衍字。阿黨。謂治獄吏以私恩曲橈相爲也。孔疏：釁。謂殺牲以血塗釁其龜筴也。易有六十四卦。或吉或凶。龜兆亦有吉凶。但占兆與龜筴連文。故略也。占兆之書。則周禮大卜云。其經皆百有二十。其頌皆千有二百是也。是察阿黨者。謂當是正審察獄吏阿黨之事。則在下犯罪之人。獄吏不能掩蔽。故云無有掩蔽。孫氏希旦曰。阿。謂有所曲徇於上。黨。謂有所私附於下。其或有阿黨。用以吉爲凶。以凶爲吉者。必治其罪。無得有掩蔽。而不以實告也。蓋因命釁龜筴而言此。以預戒之。俞氏樾曰。兆即大卜所掌三兆之法。卦即大卜所掌三易之法。占之審之。皆所以求吉凶也。故繼之曰。吉凶是察也。阿黨則罪者。古人筮之法。必用三人。若雷同附和。則罪之也。無有掩蔽者。懼其有所隱諱。不以實告。故又以此戒之。禮案：卜筮所以稽疑。故先聖王重之。而釁龜筴以是神之。俾占兆審卦者。吉凶有準。大事可決也。蓋是非定之於人。恐有阿黨之私。大事聽之於卜。則嫌疑可決。

是月也。天子始裘。鄭注：九月授衣。至此可以加裘。馬氏晞孟曰。隕霜而冬裘具。故司裘以仲秋獻良裘。以季秋獻功裘。而至是天子始服矣。孫氏希旦曰。四時之服不同。而獨言裘者。以其爲寒暑之大別也。禮案：夏小正。九月王始裘者。蓋夏時都冀北。地氣寒故也。命有司曰。天氣上騰。地氣下降。天地不通。閉塞而成冬。鄭注：使有司助閉藏之氣。門戶可閉。閉之。窗牖可寒。寒之。孔疏：若以易卦言之。七月三陽在上。則天氣上騰。三陰在下。則地氣下降也。今十月乃云天氣上騰。地氣下降者。易含萬物。言非一槩。周流六虛。事無定體。若以爻象言之。則七月爲天氣上騰。地氣下降。若氣應言之。則從五月地氣上騰。至十月地氣六陰俱升。天氣六陽並謝。天體在上。陽歸於虛無。故云上騰。地氣六陰用事。地體在下。陰氣下連於地。故云地氣下降。各取其義。不相妨也。禮案：天氣上騰。地氣下降者。二氣不交也。故易象天上地下謂之否。地上天下謂之泰也。命百官謹蓋藏。命司徒循行積聚。無有不斂。鄭注：蓋藏。謂府庫囷倉。有財物積聚。謂芻禾薪蒸之屬。方氏慤曰。蓋言所蓋者在中。藏言所藏者在內。方閉塞之時。則蓋藏之事。不可慢也。故命百官以謹之。仲秋特命有司趣民多積聚而已。至此又循行之。無有不斂。則欲其無遺利故也。孫氏希旦曰。積聚。謂禾稼之露積者。斂。謂納之於囷倉。秋主斂。故孟秋命百官始收斂。冬至藏。故孟冬命百官謹蓋藏。民間之收斂。視官爲稍晚。故仲秋趣民收斂。至此又命司徒循行而趣之。爲其尚有未斂者也。禮案：命百官謹蓋藏。六府之物也。命司徒循行積聚。促民收斂也。壞城郭。戒門閭。修鍵閉。愼管籥。固封疆。備邊竟。完要塞。謹關梁。塞徯徑。鄭注：坏，益也。鍵牡閉牝也。管籥搏鍵器也。固封疆，謂使有司循其溝樹。及其衆庶之守法也。要塞邊城要害處也。梁橋橫也。徯徑禽獸之道也。今月令疆或謂竟。孔疏：城郭當須牢厚。故言壞。門閭備擬非常。故云戒。健閉或有破壞。故云修。管籥不可妄開。故云審。封疆當險阻。故云固。邊竟仍擬盜賊。故云備。要塞理宜牢固。故云完。關梁禁禦姦非。故云謹。徯徑細小狹足。故須塞。皆隨事戒約。故設文不同也。凡鏁器入者謂之牡。受者若禽獸牝牡然。管籥與鍵閉別文。則非鍵閉之物。故云搏鍵器。以鐵爲之。似樂器之管籥。搢於鏁內。以搏取其鍵也。案檀弓注。管。鍵也。則管鍵一物。此爲別者。熊氏云。管是鍵之類。何胤云。鍵是門扇之後。樹兩木。穿上端爲孔。閉者謂將扃關門。以內孔中。固封疆。謂掘溝塹。而種樹木。使衆庶可守之。禮案此皆因百物收入。國有畜聚。家有委積。故須嚴防盜賊竊掠。而申此令也。飭喪紀。辨衣裳。審棺槨之薄厚。塋丘壟之大小高卑厚薄之度。貴賤之等級。鄭注：此亦閉藏之具。順時飭正之也。辨衣裳。謂襲斂尊卑所用也。所用又有多少。孔疏：其衣裳襲斂多少。及棺槨厚薄。具在喪大記。丘壟小大。案鄭注冢人云。漢律列侯墳高四尺。蓋周之士制。外無文。馬氏晞孟曰。喪紀者人之終事也。冬者歲之終時也。以歲之終時。而節人之終事。不亦宜乎。夫喪者所自盡。君子不以天下儉其親。則衣裳棺槨丘壟。孰不欲致美以爲悅。故先王視貴賤之等級。而制爲禮數以紀之。使孝子仁人。各隨其分。而不敢踰也。孫氏希旦曰。辨之審之。皆所以正飭喪紀也。禮案喪紀於周禮。則地官黨正所掌。辨衣裳。謂喪禮襲斂衣之稱數。喪服麻之升數也。審棺槨。即荀子禮論。謂天子十重。諸侯五重。大夫三重。士再重也。說文。塋。墓也。方言云。秦晉之間。冢謂之壟。凡葬無墳謂之墓。有墳謂之冢。丘謂士。阜。亦墳也。皆有等級。謂貴則大而高厚。賤則小而卑薄。各有其禮。不得踰越也。是月也。命工師效功。陳祭器。按度程。毋或作爲淫巧。以蕩上心。必功致爲上。物勒工名。以考其誠。功有不當。必行其罪。以窮其情。鄭注：霜降而百工休。至此物皆成也。工師工官之長也。效功錄見百工所作器物也。主於祭器。祭器尊也。度謂制大小也。程謂器所容也。淫巧謂奢僞怪好也。蕩謂搖動。生其奢淫。勒刻也。刻工姓名於其器。以察其信。知其不功致。功不當者。取材美而器不堅也。孔疏：於是之時。冬閑無事。命此工官之長。效實百工所造之物。陳列祭器善惡。案此器舊來制度大小及容受程限多少。或有也。勿得有作過制之巧。以搖動在上。生奢侈之心。必功致爲上者。言作器不須靡麗華侈。必功力密致爲上。又每物之上刻勒所造工匠之名於後。以考其誠信與否。若其用材精美。而器不堅固。則功有不當。必行其罪罰。以窮其詐僞之情。百工造作器物。則諸器皆營。今經直主於祭。故云祭器尊也。方氏慤曰。祭器未成。不選燕器。故以祭器爲主。馬氏晞孟曰。功過淫巧。先王所禁也。季春監工日號。因其作而戒之。孟冬工師效功。因其成而又以戒之。禮案陳設也。案驗也。祭器先造。故先陳之。度謂器之制度。程謂工之功程。案器以審功。則良窳莫混。難易不顯見矣。每物必刻工名。所以獎良工。而媿庸工也。誠實也。器必當於實用。不尚外觀。故戒淫巧也。不當謂制器不適於用者也。以季春監工已申告戒。而仍有違法妄作者，故必行其罪也。**是月也，大飲烝。**鄭注：十月農功畢，天子諸侯與其羣臣飲酒於大學，以正齒位，謂之大飲，別之於他。其禮亡。今天子以燕禮、郡國以鄉飲酒禮代之。燕，謂有牲體爲俎也。黨正職曰：國索鬼神而祭祀，則以禮屬民而飲酒于序，以正齒位。亦謂此時也。詩云：十月滌場，朋酒斯享，曰殺羔羊，躋彼公堂，稱彼兕觥，受福無疆。是頌大飲之詩。孔疏：言於是時，天子諸侯與羣臣大行飲酒爲享禮，以正齒位。烝，升也。升此牲體於俎之上，故云大飲烝。萬氏斯大曰：大飲者，天子養國老、庶老，鄉國徧行鄉飲酒之禮也。烝，冬祭。是二事。孫氏希旦曰：烝，冬祭宗廟也。曰大者，冬物可進者多也。曰飲烝者，猶獻酬於宗廟而曰飲酬也。禮案：說是也。韋注魯語云：凡祭，秋曰嘗，冬曰烝。四時之祭，烝爲備也。大戴千乘云：分冬三月，草木落，庶虞藏，五穀必入於倉，於時有事，烝於皇祖皇考，息國老六人，以成冬事。即此之大飲烝是也。**天子乃祈來年于天宗。大割祠于公社及門閭。臘先祖五祀。**鄭注：此周禮所謂蜡祭也。天宗，謂日月星辰也。大割，大殺羣牲割之也。臘，謂以田獵所得禽祭也。五祀，門、戶、中霤、竈、行也。或言祈年，或言大割，或言臘，互文。孔疏：割牲祠社，以上公配祭，故云公社。先祭社，後祭門閭，故云及。臘，獵也。獵取禽獸以祭先祖五祀。此等之祭，總謂之蜡。若細言之，天宗、公社、門閭謂之蜡祭；臘先祖五祀，謂之息民之祭。方氏慤曰：古以月在丑爲臘，此乃行之建亥之月者，則以陽生於子，得天之正，故子月爲來年。五祀有門，而大割祠又及門閭者，五祀之門，雖大夫士亦得而祭之，則知門閭固有大於此者矣。孫氏希旦曰：此所言皆臘祭也。臘始戰國。史記秦惠王始臘。韓非書：山居谷汲者，膢臘相遺以水。左傳有虞不臘之言，蓋亦作於戰國時耳。禮案：天，上帝；宗，六宗也。孔傳尚書舜典云：六宗，四時也，寒暑也，日也，月也，星也，水旱也。此六者天實主之，故祈於天，旁及六宗也。此蓋周法，故以建子之月爲來年也。祀天宗用實柴槱燎，割牲祀公社以下也。割而祭曰大者，以此月割裂禳瘞，徧及門閭，用牲體之多也。公社，當即祭法王爲羣姓立社曰大社者是。正字通云：臘祭先祖，蜡祭百神，二祭各別，鄭合爲一，非也。道書言五臘者：正月一日爲天臘，五月五日爲地臘，七月七日爲道德臘，十月十二日爲民臘，十二月正臘日爲王侯臘。**勞農以休息之。**鄭注：黨正屬民飲酒，正齒位是也。孔疏：先祭衆神，乃後勞農休息也。方氏慤曰：農於三時之務亦已勞矣，至此使休息。易曰勞乎坎，蓋謂是矣。休息者，休久而息暫。事有大小，時有久暫故也。禮案：孟夏勞農，恐失時而勉之也；孟冬勞農，歲功成而休息之也。**天子乃命將帥講武，習射御角力。**鄭注：爲仲冬將大閱簡習之。亦因營室主武士也。凡田之禮，唯狩最備。夏小正十一月王狩。孔疏：春秋說云：營室主軍士之糧。云凡田之禮，唯狩最備者，解此經孟冬云乃命將帥講武，習射御，言習，是未正用也。備擬仲冬教戰之事所須，故言唯狩最備。謂狩禮大也，故仲冬教大閱，禮儀備。講義曰：古者三時務農，一時講武。孟冬農功之隙，乃講肄武事之時也。禮案：講謂講韜略，將帥之事也。習謂習戰陳，士卒之職也。射御言其技藝，角力較其勇力。**是月也，乃命水虞漁師，收水泉池澤之賦，毋或敢侵削衆庶兆民，以爲天子取怨於下。其有若此者，行罪無赦。**鄭注：因盛德在水，收其稅。方氏慤曰：水虞，即周官澤虞；漁師，即周官𣀔人。收水泉池澤之賦，命是二官者，各以其職故也。衆言其同。庶言其廣。兆則言其數。天子曰兆民。故以是稱之。衆庶則不止於民矣。仲秋言行罪無疑。無疑未至於無赦也。失時之罪小。故止於無疑。取怨之罪大。故曰無赦。馬氏晞孟曰。先王之時。川有衡。澤有虞。皆爲之厲禁。以平其守。而共其奠。以時入之。頒其餘於萬民。則剝下益上者。豈其所欲哉。故命之曰。毋爲天子。取怨於下。孫氏希旦曰。水泉池澤之賦。若周禮𩺰人之𩺰征。掌葛徵草貢之材。於池澤之類。禮案取怨於下。則使民離心離德。邦本所係。故罪所必誅。而無赦也。

孟冬行春令。則凍閉不密。地氣上泄。民多流亡。行夏令。則國多暴風。方冬不寒。蟄蟲復出。行秋令。則雪霜不時。小兵時起。土地侵削。

鄭注行春令。寅之氣乘之也。民多流亡。象蟄虫動。行夏令。巳之氣乘之也。立夏巽用事。巽爲風。行秋令。申之氣乘之也。小兵時起。申陰氣尚微。申宿直參伐。參伐爲兵。孔疏凍閉不密。地氣上泄。地災也。民多流亡。人災也。國多暴風。方冬不寒。天災也。蟄虫復出。地災也。雪霜不時。天災也。小兵時起。土地侵削。人災也。案春秋記云。參伐主斬刈。示威行法也。方氏愨曰。東風解凍。故凍閉不密。孟冬非隆冬。故言方。方冬不寒。故蟄虫不復出。雪霜不時。則寒氣遲也。小兵時起。則金氣勝。土地侵削。則揫斂之所致。禮案高注呂紀云。春陽散越。故凍不密。地氣發泄。使民流亡。象陽布散。冬法當閉藏。反行夏盛陽之令。故多暴疾之風。陽氣炎溫。故盛冬不寒。於洪範五行。不豫恆燠若之徵也。行秋令。秋不甚寒。故雪霜不能以時下。蓋少陰來干老陰。盛極反衰。故金氣雖主兵。而寇氛不烈。然亦時有騷擾。故土地不無侵削。

仲冬之月。日在斗。昏東壁中。旦軫中。

鄭注仲冬者。日月會於星紀。而斗建子之辰也。孔疏案律歷志云。仲冬之初。日在斗十二度。故云日在斗也。三統歷。大雪日在斗十二度。昏壁五度中。去日八十四度。旦角三度中。冬至日在牛初度。昏奎十度中。去日八十二度。旦亢七度中。元嘉歷云。大雪日在箕十度。昏民九度中。旦軫八度中。冬至日在斗十四度。昏東壁八度中。晝漏四十五刻。旦角七度中。禮案史記天官書。北斗七星。中宮天極之宿。軫爲車。主風。南宮朱鳥之宿。張氏正義云。軫四星。壁星即營室。高注呂紀云。斗吳之分野。是月日躔此宿。軫楚之分野。是月昏旦時。與壁皆中於南方。

其日壬癸。其帝顓頊。其神玄冥。其蟲介。其音羽。律中黃鐘。其數六。其味鹹。其臭朽。其祀行。祭先腎。

鄭注黃鐘者。律之始也。九寸。仲冬氣至。則黃鐘之律應。周語曰。黃鐘所以宣養六氣。九德。孔疏案元命包。黃鐘者。始黃注云。始萌黃泉中。律歷志云。黃者中之色。君之服。鐘種也。又云黃五色黃盛焉。故陽氣始種於前。孳萌萬物。爲六氣元也。周語曰。黃鐘所以宣養六氣九德者。案彼注十一月建子。陽氣來中。六氣陰陽風雨晦明。九德金木水火土穀正德利用厚生。作事宜偏。黃鐘象氣伏地物始萌。所以偏養六氣九功之德。此養之者。若施於人。六情正德天德。利用地德。厚生人德。六府者。金木水火土穀也。蔡氏元定曰。冬至則黃鐘九寸。禮案史記律書。黃鐘於十二子爲子。子者滋也。言萬物滋於下也。

冰益壯。地始坼。鶡旦不鳴。虎始交。

鄭注皆記時候也。鶡旦求旦之鳥也。交猶合也。方氏愨曰。前言水始冰。此言冰益壯。前言地始凍。此言地始坼。凍甚而土坼也。鶡旦夜鳴。則陰之類也。然鳴而求旦。則求陽而已。故感微陽之生。而不鳴。則以得所求故也。虎陰物。而交則亦感生。故也。陸氏佃曰。猛摯之物。至是一交而止。夫欲止。非摯不能。禮案壯冰堅厚。坼地凍裂也。郭注爾雅釋鳥云。鶡旦夜鳴求旦之鳥。夏月毛盛。冬月裸體。晝夜寒號。此月不鳴。蓋冬至陽生。春暖漸屆。禽鳥得氣之先者也。通卦驗虎不再交。故記其交也。逸周書時訓解。大雪之日。鶡旦不鳴。又五日。虎始交。又五日。荔挺出。

天子居玄堂大廟。乘玄路。駕鐵驪。載玄旂。衣黑衣。服玄玉。食黍與彘。其器閎以奄。鄭注玄堂大廟。北堂當大室。禮案玄堂。大廟。明堂北正之堂也。南者朱明之象。北者玄冥之義。故北堂謂之玄堂。

飭死事。鄭注飭軍士。戰必有死志。孔疏事異前也。固殺氣之盛。以飭軍士。使戰者必有死志。故曰飭死事也。方氏慤曰。飭死事。必於是月者。豈非以教大閱故然乎。禮案卽戎而惜死。則必無功。故預飭之也。尋文義此句上下似有脫文。

命有司曰。土事毋作。愼毋發蓋。毋發室屋。及起大衆。以固而閉。地氣沮泄。是謂發天地之房。諸蟄則死。民必疾疫。又隨以喪。命之曰暢月。鄭注而猶女也。暢猶充也。大陰用事。尤重閉藏。孔疏土地之事。毋得興作。毋得開發掩蓋之物。則孟冬之謹蓋藏是也。此月陰氣凝固。陽須閉藏。若起土功。開蓋物。發室屋。起大衆。開泄陽氣。諸蟄則死。人必疾疫也。故約束有司。於此時。堅固汝閉塞之事。勿令開動。泄漏地之陽氣。房是人次舍之處。此時天地壅蔽。萬物不使宣露。與房舍相似也。令地氣泄漏。是開發天地之房也。非但蟄死。人疾。國有大喪。隨逐其後。命之曰暢月者。言名此月爲充實之月。當使萬物充實。不發動也。方氏慤曰。運閉之時。以示人者。存乎天。謹閉之事。以奉天者。存乎人。故以命有司焉。孫氏希旦曰。是時陽氣潛藏。地下蟄虫。隨陽氣以生。陽氣洩故死。陰氣用事。而陽氣出而干之。二氣乖沴。故中乎人而爲疾疫。又隨之以死喪也。禮案說文。暢不生也。高注呂紀云。陰氣在上。民人空閑。無所事作。故名之曰暢月。

是月也。命奄尹。申宮令。審門閭。謹房室。必重閉。省婦事。毋得淫。雖有貴戚近習。毋有不禁。鄭注奄尹主領奄豎之官也。於周則爲內宰。掌治王之內政。宮令譏出入及開閉之屬。重閉外內閉也。省婦事。所以靜陰類也。淫謂女功奢僞。怪好物也。貴戚謂姑姊妹之屬。近習天子所親幸者。孔疏尹正也。申重也。申重其政令。常察門閭之事。謹愼房室之處。其門閭房室。皆有外內門戶。必重疊閉之。此月陰氣既靜。故減省婦人之事。順陰類也。婦人須事者。務在質素。毋得過爲淫巧。方氏慤曰。周官酒人漿人之類。皆有奄。鄭氏謂精氣閉藏者是也。重閉猶易所謂重門之重。馬氏睎孟曰。貴戚近習。易驕欲。法之行。自貴近始。馮氏登府曰。奄尹在周爲宮人。掌王之六寢。則門卽宮中之門。門閭蔡邕月令作門閭。周禮二十五家爲閭。閭門非奄尹所司。作閽門爲正。孫氏希旦曰。巷門曰閭。宮中有永巷。故有閭。禮案兆地氣寒。朔風凜烈。人家外房。皆作兩重門。以避風。故此云。重閉也。省婦事者。一年執業。至是天氣嚴寒。百工俱已休息。故亦命婦功少減。然婦無外事。又恐其事省志逸。逸則思淫。故又戒以毋得淫也。注疏既訓省爲減省之省是矣。則淫不得釋爲淫巧之淫。蓋未有當省功之時。而申戒其功之淫也。

乃命大酋。秫稻必齊。麴蘖必時。湛熾必絜。水泉必香。陶器必良。火齊必得。兼用六物。大酋監之。毋有差貸。鄭注酒孰曰酋。大酋者。酒官之長也。於周則爲酒人。秫稻必齊。謂孰成也。湛漬也。熾炊也。火齊腥孰之調也。物猶事也。差貸謂失誤。有善有惡也。古者穫稻而漬米麴。至春而爲酒。詩云十月穫稻。爲此春酒。以介眉壽。孔疏六物者。秫稻一。麴蘖二。湛熾三。水泉四。陶器五。火齊六。謂作酒之人。用此六事作酒。大酋監督之。無使有參差貸變。使酒誤其善惡。此十月穫稻。於此月漬米麴。至春而爲酒者。謂春成也。非春始釀也。方氏慤曰。多少不可過。故曰必齊。陶器必良。則盛貯無罅漏之弊。火齊必得。則蒸煮無生孰之失。孫氏希旦曰。時者。麴之蒸鬱。必伺其温涼之時。而調適之。則生衣多而力厚也。熾必絜者。謂所用炊之柴薪也。如以勞薪炊飯。則味變。是熾之不絜。其害於酒可知。禮案陸疏爾雅釋草云。秫謂黏粟。北人用之釀酒。水泉之香。言其甘也。其味甘者。其臭香。故謂之香也。說文麴酒母。尙書說命若作酒醴。汝惟麴蘖是也。陶器。磁器也。磁以舊者細者爲良。則藏物耐久。故須擇焉。天子命有司。祈祀四海大川名源淵澤井泉。鄭注順其德盛之時祭之也。今月令淵爲深。講義曰。四海者。衆水之所聚。大川名源者。若江淮河濟之類星也。江之源出於岷山。河之源出於崑崙。淮之源自桐柏。濟之源自沉水。故謂之名源也。淵澤者。水之所鍾而息者也。井泉者。汲取之無窮者也。仲冬之月。水歸於澤而復其本源矣。故命有司祈祀之。禮案中冬盛德在水。故天子爲民祈祀。冀施潤物之功。息旱澇之患也。孔傳尙書禹貢云。大川四瀆。說文源水泉本。管子度地篇。水出地而不流者曰淵。是月也。農有不收藏積聚者。馬牛畜獸有放佚者。取之不詰。鄭注此收斂尤急之時。人有取者不罪。所以警懼其主也。王居明堂禮曰。孟冬之月。命農畢積聚。繫收牛馬。孔疏引之者。證若不積聚。收牛馬。他人取之不詰。陸氏佃曰。異言牛馬。貴於畜獸。言馬在上。亦以此。故國君下齊牛。式路馬。孫氏希旦曰。此令非徒警懼其主。使之急於收斂。且與其積聚耗敗於外。牛馬凍露而死。不如使他人得取之以爲用。亦貨惡其棄於地之意也。禮案此警惰農也。不收藏積聚。謂暴露於外。放佚畜獸。謂不繫之廐。至是不收。則是令之終不聽也。詰責也。人取者所棄之物。並非盜竊。故不責之罪也。山林藪澤。有能取蔬食田獵禽獸者。野虞教道之。其有相侵奪者。罪之不赦。鄭注務收斂野物也。大澤曰藪。草木之實爲蔬食。孔疏案鄭注周禮水鍾曰澤。水希曰藪。今言大澤曰藪者。以有水之處謂之澤。旁無水之處謂之藪。草木之實。爲蔬食者。爾雅云。蔬不熟爲饉。蔬謂菜蔬。以其麗蔬。經言蔬食。故爲草木食也。山林蔬食。榛栗之屬。藪澤蔬食。菱芡之屬。方氏慤曰。侵彼之分以廣此。奪人所有以予己。則是強暴之徒。罪之不赦。豈爲過哉。禮案此勵其勤者也。山林出薪蔬藥材。藪澤出魚鼈蒲葦。田獵取飛鳥走獸。皆可供食品。給日用也。當此農工休息之時。有能事此。則其勤勞可知。故命野虞教導之。俾物無遺棄。督率之以社其爭端。是月也。日短至。陰陽爭。諸生蕩。君子齊戒。處必掩身。身欲寧。去聲色。禁耆欲。安形性。事欲靜。以待陰陽之所定。鄭注爭者陰方盛。陽欲起也。蕩謂物動萌芽也。甯安也。聲謂樂也。易及樂春秋說云。冬至人主與羣臣從八能之士。作樂五日。此言去聲色。又相違。孔疏此易乾鑿度文。及樂緯春秋緯。

其語同也。其八能之士。以具在仲夏疏。又相違者。以夏已違。今此復違。故言又也。王氏炎曰。十一月。一陽來復。復反也。陰方極盛。陽欲反。爲陰拒之。是以有爭。爭者言其將復也。復卦上坤下震。五陰在外。一陽在內。在內者爲主。在外者從而順之。定而無爭。言其已復也。君子知陰陽爭。則草木之歸根者。昆虫之蟄藏者。且將搖蕩。蓋枯者欲萌。蟄者欲出。不可無以養其微陽。況於身心。豈得不靜以處之。齊戒以靜其心。掩藏以靜其身。外去聲色。內去耆欲。以安形性。則身靜心亦靜矣。貴靜者。陰陽方爭。當靜以待其爭之定。定則陽反而陰順。靜在一已。可以養其身心。達之天下。以遂萬物之情也。禮案日短至。冬至也。晝短則夜長。夏小正十月時有養夜是也。孝經說。大雪十五日。斗指子爲冬至。至有三義。一者陰極之至。二者陽氣始至。三者日行南至。爭謂陽始起而干陰也。蕩動也。萬物皆生動也。五經通義。陽氣萌。陰陽交精。始成萬物。微陽在下。不可動泄。王者承天理政。率天下靜而不可擾也。陰陽所定。謂待春時陽氣出地。陰氣伏藏。陰陽定位。然後可以宣發也。**芸始生。荔挺出。蚯蚓結。麋角解。水泉動。**鄭注又記時候也。芸香草也。荔挺馬薤也。水泉動。潤上下。孔疏。芸荔者。皇氏云。以其具香草。故應陽氣而出。蔡云。結猶屈也。蚯蚓出穴。屈首下向陽。氣動則宛而上首。麋爲陰獸。情淫而遊澤。冬至陽方退。故解角。從陰退之象。麋是陽獸。情淫而遊山。夏至得陰而解角。從陽退之象。若節氣晚。則十二月麋角解。故小正云。十二月隕麋角。禮案急就篇芸蒿也。夏小正正月采芸。爲廟采也。此月始生。故孟春可采。爲豆實。重之故。記其生也。荔有草木二種。離騷貫薜荔之落蘂。則香草也。南方草木狀荔支樹高五六丈。青花朱實。果木也。然周都鎬京。不記南方之果。且與芸同列。必香草而可荐者也。說文。挺拔也。本草蚯蚓一名曲蟺。結將化也。蒙齋筆談。蚯蚓爲百合。其欲化時。蟠結如毬。已有百合之狀。自有知爲無知也。逸周書時訓解。冬至之日。蚯蚓結。又五日。麋角解。又五日。水泉動。夫子爲天正。天一生水。訓又子者滋也。滋者水也。故冬至氣至而水泉動也。**日短至。則伐木取竹箭。**鄭注此其堅成之極時。馬氏晞孟曰。萬物之材。斂則堅。於是時可伐木。取竹箭。禮案伐斬也。此即周禮地官山虞。仲冬斬陽木是也。淮南俶眞訓。竹以水生。故說文云。冬生。王氏象晉曰。冬蒨竹。高者不過一丈。箭間三尺。堅勁中矢。此月伐取竹木。以冬青心堅。亦因百端不舉。有餘閑故也。**是月也。可以罷官之無事。去器之無用者。**鄭注謂先時權所建作者也。天地閉藏而萬物可以去之。方氏慤曰。設官之實。所以待事也。無事之官。特曠官耳。制器之實。所以待用也。無用之器。特虛器耳。夫陽爲實。陰爲虛。是月陰消而陽長。故於其虛者。罷而去之。所以應天地之實也。禮案季秋命收祿秩之不當者。而尙有尸位者在。故又命罷之也。器之無用者。則以百工製造。季春季秋雖已命戒。至再恐尙有淫巧者存。故復命去之也。**塗闕廷門閭。築囹圄。此以助天地之藏也。**鄭注順時氣也。方氏慤曰。闕者人所由以出入。廷者人所處以聽事。塗謂塗之土。吳氏澄曰。闕廷舂土以補其凹陷。門閭埏埴以塞其罅隙。孫氏希旦曰。孟秋之繕。特因其本有脩治之。而至此收藏嚴肅之時。又增築之。此月之所築。卽至仲春而省之者也。禮案塗築於此月者。亦以農隙之故。**仲冬行夏令。則其國乃旱。氛霧冥冥。雷乃發聲。行秋令。則天時雨汁。瓜瓠不成。國有**

大兵。行春令。則蝗蟲爲敗。水泉咸竭。民多疥癘。鄭注：行夏令。午之氣乘之也。氛霧冥冥。霜露之氣。散相亂也。雷乃發聲。震氣動也。午屬震。行秋令。酉之氣乘之也。酉宿值昴畢。畢好雨。雨汁者。水雪雜下也。子宿值虛危。虛危內有瓜瓠。兵亦金之氣。行春令。當蟄者出。卯之氣乘之也。水泉咸竭。大火爲旱。疥癘之病。孚甲之象。孔疏：其國乃旱。氛霧冥冥。雷乃發聲。皆天災也。天時雨汁。天災也。瓜瓠不成。地災也。國有大兵。人災也。案天文志。瓜瓠四星在危東。蝗虫爲敗。水泉咸竭。地災也。民多疥癘。人災也。方氏慤曰。以雪雜水。如物之有汁。以行秋令。嚴凝之氣。未固故也。禮案：冬陰水。夏陽火。水火相克。陰陽不和。故國旱。陰陽以回薄而成雷。故發聲。前漢食貨志。瓜瓠茱茹也。不成以雨汁下。故腐敗也。行春令。則蟄者早出。故有蝗虫之災。少陽來干老陰。二氣不調。故不雨。而水泉竭。水竭則濁。濁則有毒。故民飲之。而生疥癘也。

季冬之月。日在婺女。昏婁中。旦氐中。鄭注：季冬者。日月會於玄枵。而斗建丑之辰也。孔疏：案律歷志。季冬初日在婺女八度。三統歷。小寒日在婺女八度。昏婁十一度中。去日八十四度。旦氐十二度中。大寒日在危初度。昏昴二度中。去日八十度。旦心五度中。元嘉歷。日在牛三度。昏奎十五度中。晝漏四十五刻六分。旦亢九度中。大寒日在女十度。昏胄四度中。晝漏四十六刻七分。旦氐十三度。禮案：史記天官書。婁西宮咸池之宿。氐東宮倉龍之宿。張氏正義云。婁三星。索隱曰。氐四星。高注呂紀云。是月日躔婺女之宿。婁魯之分野。氐韓之分野。是月昏旦時。皆中於南方。其日壬癸。其帝顓頊。其神玄冥。其蟲介。其音羽。律中大呂。其數六。其味鹹。其臭朽。其祀行。祭先腎。鄭注：大呂者。蕤賓之所生也。三分益一。律長八寸二百四十三分寸之百四。季冬氣至。則大呂之律應。周語曰。大呂助陽宣物。孔疏：蕤賓長六寸八十一分寸之二十六。上生大呂。三分益一。三寸益二寸。故云律長八寸二百四十三分寸之一百四也。案律歷志云。呂旅也。言陰大旅助黃鍾。宣氣而聚物。蔡氏元定曰。大呂八寸三分。七釐六毫。禮案：史記律書。大呂於十二子爲丑。丑者紐也。言陽氣在上未降。萬物厄紐。未敢出也。雁北鄉。鵲始巢。雉雊雞乳。鄭注：皆記時候也。雊。雉鳴也。詩云。雉之朝雊。尚求其雌。孔疏：雁北向。有早有晚。早者此月。晚者二月。故易說云。二月驚蟄。候雁北向。鵲始巢者。此據晚者。若早者。十一月始巢。故詩緯推度災云。復之日。鵲始巢。是也。雉雊雞乳者。易通卦驗云。雉雊雞乳。在立春節。與此同。以立春在此月也。禮案：夏小正。二月雁北向。向者何也。向其居也。雁以北方爲居。周易統卦曰。鵲者陽鳥。先物而動。先事而應。故感陽氣。且覩而營巢。禽鳥得氣之先者也。又小正正月雉震呴。呴也者鳴也。鷄桴粥。粥養也。鷄卵生。亦可曰乳者。義具說文。逸周書時訓解。小寒之日。雁北鄉。又五日。鵲始巢。又五日。雉始雊。又五日。鷄始乳。又五日。鷙鳥厲疾。又五日。水澤腹堅。天子居玄堂右個。乘玄路。駕鐵驪。載玄旂。衣黑衣。服玄玉。食黍與彘。其器閎以奄。鄭注：玄堂右個。北堂東偏。禮案：玄堂右個。即青陽左個。但向北開門耳。命有司大難。旁磔。出土牛。以送寒氣。鄭注：此難難陰氣也。難陰始於此者。陰氣右行。此月之中。日歷虛危。虛危有墳墓四司之氣。爲厲鬼。將隨強陰。出害人也。旁磔於四方之門。磔攘也。出猶作也。作土牛者。丑爲牛。牛可牽止也。送猶畢也。孔疏言大者。以季春唯國家之難。仲秋唯天子之難。此則下及庶人也。故云大難。旁謂四方之門。皆披磔其牲。以禳除陰氣。此時強陰既盛。年歲已終。陰若不去。凶邪恐來。歲更爲人害。其時月建丑。又土能克水。故特作土牛以畢送寒氣也。熊氏引右氏星經云。司命二星在虛北。司祿二星在司命北。司危二星在司祿北。司中二星在司危北。史遷云。四司鬼官之長。又云。墳四星。在危東南。是危虛有墳墓四司之氣也。此時寒實未畢。而言畢者。意欲全畢耳。陳氏祥道曰。後世土牛之法。以歲之幹色爲首。甲至癸爲幹。甲乙青。其色青。支色爲身。子至亥爲十二支。巳牛火。其色赤也。丘氏光庭曰。案開元禮。土牛色各隨其方。則是王城四門。各出土牛。悉用五行之色。所以示農耕之早晚。以立春爲候也。立春在十二月望。即策牛人近前。示其農早也。立春在十二月晦及正月朔。即策牛人當中。立春正月望。即策牛人近後。示其農晚也。季冬之月。二陽已動。土脈已興。故用土作牛。以彰農事。今立春方出。失示農之意也。禮案寒氣陰氣也。金水皆陰。故秋涼而冬寒。出土牛者。以牛土畜。金墓於丑。土又勝水。毋入墓而子被克。則陰寒之氣。客有不去者乎。**征鳥厲疾。**鄭注殺氣當極也。征鳥題肩也。齊人謂之擊征。或名曰鷹。仲春化爲鳩。孔疏鷹隼之屬。謂爲征鳥。如厲嚴猛疾捷速也。時殺氣盛極。故鷹隼取鳥捷疾嚴猛也。蔡云大陰殺氣將盡。故猛疾與時競也。案釋鳥云。鷹鶆鳩。左傳云。鷞鳩氏司寇也。郭云。鶆當爲鷞。即鷞鳩也。此征鳥者。鷞鳩也。禮案征誅也。鷹而曰征鳥。以能殺禽也。厲疾言其搏擊之勇氣盛極反衰。故將變而之善。夏小正正月鷹則爲鳩是也。**乃畢山川之祀。及帝之大臣天之神祇。**鄭注四時之功成於冬。孟月祭其宗。至此可以祭其佐也。帝之大臣。句芒之屬。天之神祇。司中司命。風師雨師。孔疏案孟冬祈來年于天宗。大割祠于公社。臘先祖五祀。則百神皆祭。並祭岳瀆山川也。至此又更祭衆山川。山川少於岳瀆。是孟月祭其宗。此月祭其佐也。五帝爲宗。大臣句芒等爲佐。則天神人鬼。山川等。皆有宗有佐也。禮案呂紀。畢下有行。天下有地。高注云。是月歲終報功。載祀典諸神。而畢祀之也。僖三十一年公羊傳。山川有能潤於百里者。天子秩而祭之。孔叢子云。古之王者。臣有大功。死則必祀之於廟。所以殊有績。勸忠勤也。天神詳鄭注。地祇即祭法所謂山林川谷邱陵民所取財用者也。**是月也。命漁師始漁。天子親往。乃嘗魚。先薦寢廟。**鄭注天子必親往視漁。明漁非常事。重之也。此時魚潔美。孔疏案仲秋以犬嘗麻。季秋以犬嘗稻。皆不云天子親往。今此天子親往。故云明漁非常事。以四時薦新。是其常事。魚則非常祭之物。故云重之。馬氏晞孟曰。此潛之詩所謂季冬薦魚也。漁者牲類也。宗廟之祭。牲用親獵。則漁必親往宜矣。孫氏希旦曰。國語里革曰。古者大寒降。土蟄發。水虞於是乎講罛罶。取名魚。登川禽。而嘗之薦廟。鳥獸孕。水虫成。獸虞於是乎禁罝羅。矠魚鼈。以爲夏槁。蓋自此月始漁。以至於季春。皆取魚之時也。季春所薦唯鮪。此言嘗魚。明非一種也。禮案季春薦鮪。曰天子始乘舟。此月始漁。曰天子親往。文互見也。**冰方盛。水澤腹堅。命取冰。冰以入。令告民出五種。**鄭注腹厚也。此月日在北陸。冰堅厚之時也。北陸謂虛也。今月令無堅。冰既入。而令田官告民出五種。明大寒氣過。農事將起也。孔疏此月極寒。冰實至盛。而云方盛者。謂月半以前。小寒之節。冰猶未盛。月半以後。大寒乃盛。腹厚也。謂水濕潤澤厚實堅固。冰既堅固。故命取冰。冰已藏入之後。大寒以過。暖氣方來。故令此典農之官出五種之物。以擬種之。焦氏循曰。釋名。腹。複也。川壅爲澤。水冰堅厚。變而不流。故云水澤。禮案說是也。盛謂冰凍加厚也。薄冰唯結水面而內虛。厚冰則腹水皆重凍。故曰腹。腹猶複也。入者納於冰室。待火出而頒賜也。周禮天官凌人共冰。秋刷冰室。冬藏。春啓。夏頒冰也。令民出五種。以備春耕也。五穀而謂五種者。以農夫收穀之時。已預選藏其穀之良者而另貯之。故命其出於倉而已。不詔其選擇也。

命農計耦耕事。脩耒耜。具田器。鄭注。耜者耒之金也。廣五寸。田器。鎡錤之屬。孔疏。耒者以木爲之。長六尺六寸。底長尺有一寸。中央直者三尺有三寸。句者二尺有二寸。底謂耒下向前曲接耜者。頭而著耜。耜金鐵爲之。何胤云。鎡。金之鋤類。孟子云。雖有鎡錤。不如待時。云之屬。以田器耒非一也。顧氏元常曰。古未用牛耕。易只言服牛乘馬。引重致遠。如論語長沮桀溺耦而耕。詩十千維耦者。月令計耦耕事。皆是人耦而耕。古人於蜡祭迎貓迎虎。凡有功於田者。無不報祭。獨不及牛。可見古未知以牛耕。禮案。賈疏周禮冬官考工記匠人云。兩人耕爲耦。耒耜說見前。田器即耒耜之類。凡犂耙耰鋤一切治田之器皆是也。壞則修之。缺則置之。毋使不具也。

命樂師大合吹而罷。鄭注。歲將終。與族人大飲。作樂於大寢。以綴恩也。言罷者。此用禮樂族人最盛。後年若時乃復然也。凡用樂必有禮。用禮則有不用樂者。王居明堂禮。季冬命國爲酒。以合三族。君子說。小人樂。孔疏。於此歲終。必族人燕飲。樂師之官大合諸樂。管籥之吹。以綴恩慈之心。而遂休罷。至來年季冬乃更爲之。王氏炎曰。聲。陽也。夫子贊易曰。雷出地奮。豫。先王以作樂崇德。陽動有聲。在天爲雷。在人爲樂。故於是月出土牛以送陰。大合吹以迎陽也。大合吹即罷。可以知其無燕矣。孫氏希旦曰。季秋習吹。至此則合而作之。以觀國子學吹之成也。此亦當天子親往。不言者。已於季春見之也。言而罷者。以一歲學樂之事於是而終也。禮案。此亦當有樂舞。故云大合吹也。罷。畢也。猶上文畢祀之義。

乃命四監收秩薪柴。以共郊廟及百祀之薪燎。鄭注。四監。主山林川澤之官也。大者可析謂之薪。小者合束謂之柴。薪施炊爨。柴以給燎。春秋傳曰。其父析薪。今月令無及百祀之薪燎。孔疏。薪施炊爨。柴以給燎者。以薪柴並文。故知各有所用。引春秋昭七年左傳。其父析薪。其子弗克負荷。證薪是麤大可析之物。董氏師讓曰。周官有燔柴槱燎之祭。故收以待用。孫氏希旦曰。合秩芻以夏。草至夏而長也。收薪柴以冬。薪至冬而乾也。禮案。燎。庭燎也。燔。燒也。燔柴祭天。庭燎照衆。皆祭祀所必需。然薪柴所共。非止事神。即養生亦不可一日無之。此云郊祀。猶育蠶之所謂爲君祭服。蓋舉其大者言之也。

是月也。日窮於次。月窮於紀。星回於天。數將幾終。歲且更始。專而農民。毋有所使。鄭注。言日月星辰運行於此月。皆周匝於故處也。次。舍也。紀。會也。而。猶女也。言專一女農民之心。令之豫有志於耕稼之事。不可徭役。徭役之則志散失業也。孔疏。去年季冬。日次於玄枵。此以來每引移次他辰。至此月窮盡。還次於玄枵。故云日窮於次。紀猶會也。去年季冬。月與日相會於玄枵。自此以來。月與日相會在於他辰。至此月窮盡。還復會於玄枵。故云月窮於紀。二十八宿隨天而行。每日雖周天一匝。早晚不同。至此月復其故處。與去年季冬早晚相似。故云星回於天。幾。近也。以去年季冬至今年季冬。三百五十四日。未滿三百六十五日。未得正終。唯近於終。故云歲將幾終。歲且更始。言在上專一女農之事。無得興起造作。有所使役也。此是制禮者。總爲戒約之辭。凡月令不云命某官之屬。皆是禮家總禁。他皆倣此。方氏慤曰。陽大而爲之主。故以次言。陰小而有所系。故以紀言。陸氏佃曰。變窮言回。回無窮也。其言天。亦以此。易曰終則有始。天行也。日一日一周天。月一月一周天。星一歲一周天。數將幾終。數無正終。其謂之終。蓋幾而已。黄氏啓蒙曰。歲且更始。則東作可興。故當專一農功。不可他役。孫氏希旦曰。小民終歲勤動。至春農事又起。唯歲晚務閒之時。少可休息。若又使之。則力不堪矣。禮案前已命農計耦耕事。故不可役以他事。俾其專心務農也。四民而獨言農民毋有所使。則或際國家大故。微農民其可使與。

天子乃與公卿大夫共飭國典。論時令。以待來歲之宜。鄭注飭國典者。和六典之法也。周禮以正月爲之。建寅而縣之。今用此月。則所因於夏殷也。孔疏六典者。則治典。教典。禮典。政典。刑典。事典是也。案大宰職云。正月之吉。始和布治。小宰云。正歲而觀治象之法是也。不用周法。故知所因於夏殷。以王者損益。不出三代故也。馬氏晞孟曰。先王之時。歲終令百官府各正其治。受其會。聽其致事。於是飭國典之未宜者改之。以經邦治。論時令之未協者正之。以授民事。至正月始和布焉。所謂待來歲之宜也。吳氏澄曰。國典經國之常典。時令隨時之政令。國典有定。故飭正其舊而已。時令無常。故須商度所宜而行。來歲所宜。謂時令也。論時令。必先飭國典者。時之所宜雖不同。要無不出於國典也。禮案飭正也。論定也。孟春命大史守典奉法。司天日月星辰。即遵此月之所正定者也。

乃命大史次諸侯之列。賦之犧牲。以共皇天上帝社稷之饗。鄭注此所與諸侯共之也。列國有大小也。賦之犧牲。大者出多。小者出少。享獻也。孔疏列次也。來歲祭祀。須犧牲。出諸侯之國。國有大小。故命大史書列之以共賦也。諸侯同王南面。專王之土。故命之出牲。以與王共事天地也。既慢言諸侯。則異姓同姓俱然也。皇天天皇大帝。上帝靈威仰五帝也。社稷王之社稷。諸侯自有社稷。而始封亦割王社土與之。故賦牲共王社稷。索牲以共獻於上帝諸神也。禮案周禮秋官大行人。侯服歲壹見。其貢祀物。鄭注彼云。祀物犧牲之屬。蓋共賦本大宰之職。而命之大史者。命書其數也。列位也。故昭十三年左傳。子產曰。昔天子班貢。輕重以列。列尊貢重。周之制也。

乃命同姓之邦。共寢廟之芻豢。鄭注此所以與同姓共也。芻豢猶犧牲。孔疏皇天社稷。與天下共之。故通賦天下國家也。寢廟先王與同姓國共之。故別命同姓共之也。言芻乃是牛羊。而又云豢。則是犬豕也。天地不用犬豕。社稷大牢。乃有豕。而不用犬。故沒其芻豢。而徒云天地犧牲也。宗廟備六牲。故云芻豢也。禮案寢廟牲賦同姓。親親之誼也。然此上言犧牲耳。若他物則宗廟祀物。亦得用之異姓諸侯。孝經云。四海之內。各以其職來祭是也。

命宰歷卿大夫至于庶民土田之數。而賦犧牲。以共山林名川之祀。鄭注此所與卿大夫庶民共者也。歷猶次也。卿大夫采地。亦有大小。其非采地。以其邑之民。多少賦之。孔疏宰小宰也。卿大夫謂畿內有采地者。庶民受田。準田多少之數。賦之犧牲。以共山林名川之祀。不云士者。上舉卿大夫。下舉庶民。則士在其中。省文耳。卿大夫無采地。則出其邑之賦稅。庶人無邑。則出其賦稅。以與邑宰。邑宰以共上也。陸氏佃曰。歷而數之。小宰之事也。禮案王制云。名山大澤不以封。故山川祭物。亦不取之外諸侯。而取公卿大夫之采邑。

士庶民士田之數。此不言士。疏謂文略是也。**凡在天下九州之民者。無不咸獻其力。以共皇天上帝社稷寢廟山林名川之祀。**鄭注民非神之福不生。雖有其邦國采地。此賦要由民出。孔疏有邦國謂諸侯。有采地謂卿大夫。賦稅所來。皆由民出。必由民者。以經中云。天下九州之民。不云諸侯卿大夫。獨云民。故鄭云此也。講義曰。古者聖王先成民。而後致力於神。故奉盛以告曰。謂其三時不害。而民和年豐也。奉酒醴以告曰。謂民德以荐其馨香也。奉牲以告曰。謂牲牷肥腯。而民不疾瘯蠡也。凡此皆先成民如此。故民無不致力於神。唯能成於民。則凡普天之下。食土之毛者。無不咸獻其力。於共其祀者也。書曰類於上帝。則皇天上帝之祀也。禋於六宗。則祖宗之祀。望於山川。則山林名川之祀。禮案此總言諸侯卿大夫邦國采地之賦。皆由民力所成。非所取什一之外。又責之共祀物也。**季冬行秋令。則白露蚤降。介蟲爲妖。四鄙入保。行春令。則胎夭多傷。國多固疾。命之曰逆。行夏令。則水潦敗國。時雪不降。冰凍消釋。**鄭注行秋令。戌之氣乘之也。九月初尚有白露。月中乃爲霜。丑爲鼈蟹。四鄙入保。畏兵辟寒象。行春令。辰之氣乘之也。天少長也。此月物甫萌芽。季春乃句者畢出。萌者盡達。胎夭多傷者。生氣早至。不充其性。國多固疾。生不充性。有久疾也。命之曰逆。衆害莫大於此。行夏令。未之氣乘之也。季夏大雨時行。孔疏白露早降。天災。介蟲爲妖。地災。四鄙入保。人災。案陰陽式法。丑魚鼈蟹。季冬建丑。而行秋令。丑氣失。故云介虫爲妖。胎夭多傷。國多固疾。命之曰逆。皆人災也。甫始也。此十二月內。至。故胎萌而暴長出。既性不得充滿。所以多傷也。命猶名也。言名此曰特逆之事。謂人惡之盛也。水潦敗國。時雪不降。天災也。冰凍消釋。地災也。方氏愨曰。冬者歲之終。春者歲之始。歲始之令。故命之曰逆。禮案行秋令。介虫爲妖者。介本屬水。金又生水。故介蟲感積陰之氣而爲妖。洪範五行傳所謂龜孽是矣。行春令。則胎夭多傷者。木來克土。土氣衰。故生育不昌。固疾猶痼疾。疾久不瘥也。行夏令。而無雪無冰。皆以盛陽來爍。氣煖故耳。

禮記通釋卷二十四　　玉環戴禮

曾子問第七　孔疏案鄭目錄云。名爲曾子問者。以其記所問多明於禮。故著姓名以顯之。曾子孔子弟子曾參。此於別錄屬喪服。孫氏希旦曰。此篇多記吉凶冠昏所遭之變。內子游問者一條。子夏問者一條。餘則皆曾子問。而夫子答之者也。亦有不言曾子問。直曰孔子曰者。或記者文略。或孔子自爲曾子言之。不待其問也。蓋先王所著之爲禮者。其常也。然事變不一。多有出於意度之外。而爲禮制所未及備者。曾子預揣以爲問。夫子隨事而爲之處。蓋本義以起夫禮。由經以達之權。皆精義窮理之實也。禮案此篇變禮也。蓋曾子所問。皆前古所未有之禮。而孔子答之。莫不極精精微。禮運曰。禮雖先王未之有。可以義起。此變禮屬是也。然非天縱之聖。又何能及此哉。

曾子問曰。君薨而世子生。如之何。孔子曰。卿大夫士從攝主。北面於西階南。大祝裨冕。執束帛。升自西階。盡等。不升堂。命毋哭。祝聲三。告曰。某之子生。敢告。升。奠幣於殯東几上。哭。降。衆主人卿大夫士房中皆哭。不踊。盡一哀。反位。遂朝奠。小宰升舉幣。

鄭注。北面於西階南。變於朝夕哭位也。攝主上卿。聽國政。命毋哭。將有事。宜清靜也。裨冕者。接神則祭服也。諸侯之卿大夫所服裨冕絺冕也。玄冕也。士服爵弁服。大祝則裨冕。則大夫。聲噫歆。警神也。某夫人之氏也。几筵於殯東。明繼體也。衆主人君之親也。房中婦人。反位。反朝夕哭位。小宰所主也。舉而下埋之階間。孔疏此論君薨而世子生。告殯之事。公羊云。君存稱世子。君薨稱子某。此既君薨。仍稱世子者。以其別於庶子。又用世子之禮告殯。異於春秋之例。熊氏云。下稱奠幣於殯東。則此告世子生。謂既殯以後也。卿大夫士等。皆衣衰服。北面。不言者。以云大祝裨冕。明卿第不也。案喪大記士喪禮。朝夕內外哭位。皆在東方。今乃從攝主北面於西階南者。以近殯之位故也。大祝主接神。故服裨冕祭服。執持也。束帛十端。以丈八尺爲端。鬼神之道。陰陽不測。故用陰陽之數求之。一丈象陽。八尺法陰。十端六玄四纁。纁是地色。立是天色。告殯若於堂下則大遠。堂上則大近。殯故升階盡等級。將有告事。宜靜。故命毋哭。裨之爲言埤也。天子六服。大裘爲上。其餘爲裨。言裨者取其績繡。孤卿則絺冕。三命再命卿大夫服玄冕。今經云大祝裨冕。故云則大夫。聲謂噫歆之聲。三所出警神也。言若夫人某氏之子生。以告殯之辭也。告殯竟。執束帛者升堂奠置所執之幣於殯東几筵上。畢。遂哭。哭竟。而降階也。司几筵云。凡喪事。右素几。熊氏以爲天子諸侯在殯宮。則有几筵。大夫士大斂有席。虞始有几。今以世子繼體之貴。故於常几筵之外。別特設之。幣是小宰所主。周禮小宰職云。凡祭祀贊玉幣爵之事。喪荒受其含襚幣玉之事。下文云斂幣玉藏諸兩階之間。故知此幣亦埋之階間也。孫氏希旦曰。攝主謂攝爲喪主者。蓋世子雖未生。而喪不可以無主。故以庶子或兄弟之子暫主喪事。左傳季桓子疾。命其臣正常曰。南孺子之子男也。則立之。女也則肥也可。桓子卒。康子即位。南氏生男。康子請退。所謂攝主者。謂若康子者也。鄭氏以攝主爲上卿代君聽國政者。果爾。則百官總已以聽。終於三年者也。何以下見殯不言攝主乎。禮案。內則云。世子生。君接以大牢。今生而無君。故曾子問以如何行禮也。攝主之說。孫氏義長。蓋以夫人胎妊將產。故不於庶子中擇長擇賢。而命一人爲攝主也。祝聲三者。嘆息也。告殯畢而哭。降。衆主人卿大夫房中皆哭者。蓋傷子生而君未及見也。故盡一哀而止。非朝夕及受吊時之哭。故不踊也。告殯蓋亦夙興。故事畢。遂反朝夕哭之位。而行朝奠也。

三日。衆主人卿大夫士如初位。北面。大宰大宗大祝皆裨冕。少師奉子以衰。祝先子從。宰宗人從。入門。哭者止。子升自西階。殯前北面。祝立於殯東南隅。祝聲三。曰。某之子某從執事。敢見。子拜稽顙哭。祝宰宗人衆主人卿大夫士哭踊三者三。降東反位。皆袒。子踊。房中亦踊三者三。襲衰杖。大宰命祝史以名偏告於五祀山川。

鄭注。三日負子日也。初告生時。宰宗人詔贊君事者。子拜奉子者拜。哭踊襲衰杖。成子禮。奠出。亦謂朝奠。因負子名之。喪於禮略也。孔疏。此論世子生三日名之見於殯之禮。三日之朝。自衆主人以下。悉到西階下。列位如初日子生之儀。子自爲主。故不云從攝主。案內則云。國君世子生。告於君。三日卜士負之。此亦生則告君。三日負之。子至三月。爲名始見君。今喪禮略。於負子之時則見也。不用束帛者。告生時已用也。大宰是教令之官。大宗是主宗廟之官。初不裨冕。今裨冕者。以奉子接神。故服祭服。此大宰大宗等亦從子升堂。經文不具耳。少師主養子之官。又奉子。故與子皆著衰。祝主接神。故先進。少師奉子次從祝也。此同吉祭之禮。若凶祭。則主人前祝後也。世子不忍從先君之階升。故西階。於時大宰大宗及祝亦升。以子爲主。故略而不言。祝在子之西。而北面當殯東南。聲三者。亦謂警神。前告主哀甚。故盡階。此見子須近殯。故進立於殯東南隅。乃告曰。夫人某氏之子某。從事宰宗人等敢見。告訖。奉子之人拜而稽顙。乃哭。不須踊者。未即位也。祝宰宗人在堂上北面。衆主人卿大夫士在西階下北面哭。爲踊。每踊三度。爲一節。如此者三。故云三者三。降東反位者。堂上皆降反東。在下者皆東反朝夕哭位。皆袒。子至此乃踊。房中亦踊。明祝宰宗人以下反位亦踊也。子踊亦袒。故注云踊襲衰杖。成子禮也。既云襲。明初時袒也。謂每朝奠非特奠者。在殯無特告之法也。鄭解名者。以經有名文。非謂告山川時始作名也。江氏永曰。案襲衰杖每字爲句。襲者諸臣。衰者爲子著衰。杖者少師代子執杖也。前少師入門奉子以衰。實未服。至此始服之。象成服以漸也。注并襲爲成子禮。是連襲衰爲句。孔氏因謂踊時子亦袒。誤矣。初生之子。使之肉袒。不近人情。皇氏襲不袒之說是。禮案。既殯。子生。生已三日。則喪早已成服。而宰宗祝三人服冕者。以見子接神。故暫即吉。而少師奉子。則自服衰。亦以衰服裹子。以非常禮。故服吉凶不等。及反朝奠之位。則皆袒踊。襲衰杖也。此襲衰杖。似兼子及羣臣言也。奠出。謂朝奠畢而出。反於喪次也。子某者。以世子名某。告於殯也。不俟三月者。以子成喪爲主。不能無名。以告於神。擯於吊者也。以名偏告於五祀山川。禮亦用幣與。

曾子問曰。如已葬而世子生。則如之何。孔子曰。大宰大宗從大祝而告於禰。以名徧告及社稷宗廟山川。鄭注告生也孔疏此因前論君未葬而世子生今更問葬後世子生之禮禰父殯宮之主既葬無尸柩唯有主在故告於主漸神之也同廟主之名故曰禰然直云三人告禰不云攝主者葬時攝主已弁經葛以交神明葬竟又服受服喪之大事更畢則攝主不服與羣臣列位西階下自依大宰之禮與大宗從大祀裨冕而告殯宮中主也不云裨冕執帛盡階不升某之子生敢告者亦自可知也葬後神事之故依常禮三月因見乃名也名於禰既畢宰亦命祝史徧告也前不云社稷宗廟此不云五祀相互明也王肅云此經既葬三稱子不稱名故三月乃名也鄭云稱世子生喪在殯告五祀山川耳五祀殯宮之五祀山川國鎮之重不可不告故越社稷告之既葬而世子生三月而名葬後三月於禮已祔廟故告可及廟廟與社稷相連不得不告社稷陸氏佃曰徧告徧告同盟諸侯知然者以言及社稷宗廟山川知之也上於諸侯非不告也下於諸侯非不告也其主言者同盟諸侯耳孫氏希旦曰前告殯卿大夫士皆在者以朝哭故也既葬不復朝夕哭故唯大宰大宗從大祝而告蓋大宰攝政宗伯主宗廟之禮故也未葬殯宮有朝夕哭奠拜賓之事故三日即見既見而後攝主可退既葬則朝夕哭皆在廬而殯宮無所事焉故子生則攝主可以告退而見子亦可以待三月也姚氏際恆曰案天子諸侯之適子皆稱世子君薨無子如後宮有遺腹將舉或已有庶子后夫人有遺腹將舉是月宜暫命攝主行事以待生男則立之猶可也若云已葬而世子生天子七月而葬諸侯五月而葬此云攝主不知何人蓋以國不可一日無君故須攝主也然豈可攝至七月五月之久而又移易之乎況男女未卜若非男則又如何此禮恐未可通禮案此駁是也攝位若久朝野歸心未有肯還君位於幼子若魯隱公之存心仁厚自謂攝位者哉。

孔子曰。諸侯適天子。必告於祖。奠於禰。冕而出視朝。命祝史告於社稷宗廟山川。乃命國家五官。而后行道而出。告者五日而徧。過是非禮也。凡告用牲幣。反亦如之。鄭注祖禰皆奠幣以告之互文也視朝聽國事也諸侯朝天子必裨冕為將廟受也裨冕者公衰侯伯鷩子男毳臨行又徧告宗廟孝敬之心也五官五大夫典事者命者敕之以其職道祖道也聘禮曰出祖釋軷祭酒脯也既告不敢久留牲當為制字之誤也制幣一丈八尺孔疏此論諸侯朝覲天子將出之禮不云曾子問直云孔子曰者以此與上事連文篇內時有如此云告於祖亦告於禰言奠於禰亦奠於祖也諸侯視朝當用玄冠緇衣素裳今服裨冕者案覲禮侯氏裨冕天子受之於廟今諸侯往朝天子為天子將欲於廟受已之禮故諸侯豫敬以冕服視朝也上文云告於祖奠於禰此又命告宗廟山川是後又徧告五廟也諸侯有三卿五大夫經云五官故知五大夫大夫數多直言五者據典國事者言之不云命卿或從君出行或在國留守總主羣吏如三公然既命五大夫則卿亦命之可知諸侯將行祖祭道神而後出行案聘禮記注云祖始也行出國門止陳車騎釋酒脯之奠於軷為行始也春秋傳曰軷涉山川軷山行之名道路以險阻為難是以委土為山或伏牲其上使者為軷祭酒脯以祈告也軷亦有尸故詩生民云取羝以軷注燔烈其肉為尸之羞是也告者以五日為限近者就告遠者望告所以爾者先以告廟載遷主若久留不去則非禮崔氏云宮內之軷祭。

古之行神。城外之軷祭。山川與道路之神。皇氏熊氏以此爲諸侯禮。不應用牲。故牲當爲制。天子則用牲。校人云。王所過山川。則飾黃駒是也。諸侯不用牲者。約下文云。幣帛皮圭。以告是也。禮案諸侯適天子。述職也。告奠於祖禰之廟者。猶生時出必告之義。事亡如事存也。玉藻曰。諸侯立端以祭。裨冕以朝。服以視朝。此服裨冕。遂出以視朝者。以將朝王天威不違顏咫尺。敬君之義也。命祝史告於社稷宗廟山川。君不親往也。告廟請遷主。告社請社主。載之齊車。以主命也。五官卽王制。諸侯之上大夫卿。下大夫。上士中士下士。凡五等。是也。命其克共厥職。無越乃事。徧周也。五日而徧告羣祠。不得愆期也。反亦如之者。亦猶反必面也。

諸侯相見。必告於禰。朝服而出視朝。命祝史告於五廟所過山川。亦命五官道而出。反必親告於祖禰。乃命祝史告至于前所告者。而后聽朝而入。

鄭注道近或可以不親告祖。朝服爲事故也。山川所不過。卽不告。貶於適天子也。反必親告祖禰。同出入禮。孔疏以直云告於禰。是據其道近。故云或可以不親告祖。知諸侯不直告禰者。下文云。反必親告於祖禰。明出時亦告祖禰。爲道近。唯告禰耳。諸侯朝服。玄冠緇衣素裳。相朝亦雖在朝受。降下天子。不敢冕服。唯著臨朝聽事之服。故云朝服。爲事故也。熊氏云。此朝服謂皮弁服。以天子用以視朝。故謂之朝服。論語注朝服皮弁服是也。聘禮諸侯相聘。皮弁服。明相朝亦皮弁服也。欽定義疏云。本文明言告至於前所告者。是不告出者。亦不告至。今告至者。前必告出矣。而反言告祖禰。出止言告禰。不言告祖。文不備也。或云當作必告於祖禰。禮案諸侯相見。相朝也。諸侯相朝禮篇佚。必告於禰者。祖亦可稱禰。非文缺也。覲禮侯氏裨冕。釋幣於禰。鄭注彼云。謂行主遷主矣。而云禰。親之也。是也。熊氏謂諸侯朝服。皮弁服是矣。至相朝。如相聘。亦皮弁服。則非也。大戴朝事云。諸侯相朝。各執其圭瑞。服其服。則各從其職。如公侯伯執圭。子男執璧。公服袞。侯伯服鷩。於男服毳是也。五廟卽王制二昭二穆及大祖廟而五也。所過山川。亦命祝告之者。蓋謂境內君所經過之地。若封外所由之路。則非異國君所當告祭也。尚書武成武王告所過名山大川者。時武王已當伐商。不以諸侯之禮自處也。反國於祖禰廟亦親告至。又命祝史告至於前所出之山川神祇也。不云社稷文見前也。聽朝而後入寢。示勤政所以率羣下也。

曾子問曰。並有喪如之何。何先何後。孔子曰。葬先輕而後重。其奠也先重而後輕。禮也。自啓及葬不奠。行葬不哀次。反葬奠。而后辭於殯。遂脩葬事。其虞也。先重而後輕。禮也。

鄭注並謂父母。若親同者。同月死。不奠務於當葬者。不哀次。輕於在殯者。殯當爲賓。聲之誤也。辭於賓。謂告將葬啓期也。孔疏並謂父母親同者。祖父母及世叔兄弟。既父喪在殯。先葬母。從啓母殯至葬。唯設母啓殯朝廟之奠。及祖奠遣奠而已。不於殯宮爲父設奠。故云自啓及葬不奠。不奠者不朝夕更改新奠。仍有舊奠存也。次謂大門外之右。平生待賓之處。柩車至次。孝子悲哀。柩車暫停。今爲父喪在殯。故不得爲母伸哀。於所次之處。遂行而去也。反葬奠者。謂葬母還。反於父殯宮。而設奠。奠父後。孝子告語於賓。以明日啓父殯期節。遂脩營葬父之事。所以葬則先輕。奠則先重者。皇氏云。葬是奪情。故從輕者爲首。奠是奉養。故令重者居先。張子載曰。古者掘壙而葬。既並有喪。則先葬者。必不復土。以待後葬者之入。相去日近故也。吳氏澄曰。辭於殯。告殯以啓期也。弓氏苞曰。既夕禮。夙興則夜過中。即興。而至祖廟。滅燭則已質明矣。以陳饌設器啓肂載柩。事亢時迫。故無暇更設奠於殯者。蓋下室之饋。饌具如常。雖缺殯宮一日之奠。情可安也。孫氏希旦曰。次謂居喪次舍之處。廬堊室之所在也。葬時柩至此。則哭踊以致其哀。今行葬不哀次者。喪次乃父母之所同。而父喪尙在殯。故不敢爲母喪致哀於此也。禮案並有喪。謂方喪未葬而又遭喪。皆已一身爲之主者。故問所先後耳。重謂齊軒父母之喪也。輕謂殤及大功以下。蓋無主後。皆已爲之主者也。經云反葬奠。遂修葬事。則並有喪者。必非父及母也。何以言之。若父母之喪。先後不踰旬月也。何妨同日安厝。而必經營至再乎。若父喪在前。已三月。忽遭母喪。即以葬父之具以葬母。而葬父之期又迫。周備不及。何能反葬奠。遂修葬事乎。自必展期。一速一緩。於母則失於奪情。於父則失於愆期。皆非人子之所忍也。必母喪在前。已一二月者。方可先輕而後重。如注疏所云。然母喪亦不得云爲輕喪也。必殤及功服以下。方可死未三月。而卜葬奠虞之禮。而可略也。

孔子曰。宗子雖七十。無無主婦。非宗子。雖無主婦可也。鄭注族人之婦。不可無統。孔疏凡人年六十無妻者。不復娶。以陽道絕故也。而宗子領宗男於外。宗婦領宗女於內。昭穆事重。不可廢缺。故雖七十。亦猶娶也。故云無無主婦。言必須有也。然此謂無子孫。及有子而年幼小者。若有子孫。則傳家事於子孫。故曲禮七十老而傳是也。孫氏希旦曰。宗子主宗廟之祭。祭必夫婦親之。故不可以無主婦。大小宗皆然。禮案喪服小記云。宗子之母在。則不爲宗子之妻服。年至七十。則母已亡。再若無妻。是無主婦矣。主祀事大。故不可以不再娶。子雖有婦。當宗子之身。亦不可以親祭。蓋禮母可從子。婦不可以從舅故也。

曾子問曰。將冠子。冠者至。揖讓而入。聞齊衰大功之喪。如之何。孔子曰。內喪則廢。外喪則冠而不醴。徹饌而埽。即位而哭。如冠者未至。則廢。如將冠子。而未及期日。而有齊衰大功小功之喪。則因喪服而冠。鄭注冠者。賓及贊者。內喪同門也。不醴不醴子也。其廢者喪成服。因喪而冠。廢吉禮而因喪冠。俱成人之服。及至也。孔疏此論冠子逢喪之事。加冠在廟。廟則在大門之內。吉凶不可同處。故內喪則廢。外喪謂大門外之喪。喪在他處。猶可以加冠也。但吉時三加之後。設醴以禮冠者之身。今既有喪。故三加而已。不醴之也。初欲迎賓。未知有喪。醴及饌具。既有陳設。今復聞喪。故徹去醴與饌具。又埽除冠之舊位。今使清潔。乃即位而哭。如實及贊者未至。則廢而不冠也。如未及期日。而有喪。則因喪服而冠者。孔子言冠者尙遠。不可以吉加冠。故廢其吉禮。則因著喪之成服。而加喪冠也。方氏慤曰。門內之治恩掩義。門外之治義斷恩。禮所以行義而已。故冠禮內喪則廢。以其義有所屈故也。外喪則冠。以其義有所伸故也。然而雖冠不醴。以其變常而爲之殺也。禮案未至則廢。以加吉冠。故止而不行。至先期而有喪。則因喪服而加喪冠。故可行。雖齊軒亦然。雜記下曰。以喪冠者。雖三年之喪可也。

除喪不改冠乎。孔子曰。天子賜諸侯大夫冕弁服於大廟。歸設奠。服賜服。於斯乎有冠醮。無冠醴。鄭注酒爲醮冠禮醴重而醮輕。此服賜服，酌用酒。尊賜也。不醴，明不爲改冠。改冠當醴之。孔疏：除喪不改冠乎者。曾子既得夫子引類以答之。仍疑而發問云。此人因喪服而冠。除喪之後。不改冠，不更改易。而行吉冠之禮乎。孔子引類答曾子。謂諸侯幼弱未冠。總角從事。至當冠之年。因朝天子。天子賜諸侯大夫或弁或冕之服。於天子大廟中。榮君之賜。歸設奠祭於已宗廟。此時身服賜服。更不改冠也。唯行醮以相燕飲。不用醴以禮受服者。所以然者。凡改冠則當用醴。今既受服於天子。不可歸更爲初冠禮。然則因喪而冠。不可改冠也。案士冠禮若不醴則醮用酒。鄭云酌而無酬酢曰醮。皇氏云。醴亦無酬酢。士冠禮適於三加於阼。乃醴於客位。醴是古之酒。故爲重。士冠禮若庶子。則冠於房外南面。遂醮焉。醮用酒。酒是後代之法。故爲輕。所以異者。醴則三加之後。總一醴之。醮則每一加而行一醮。凡三醮也。孫氏希旦曰。大夫謂天子之大夫也。大夫五十而後爵。此未冠嗣位。得賜冕弁服於大廟。謂有功得世國。若周召劉單之屬是也。禮案服賜服歸國而設奠告祖者。以已承王命服成人之服矣。釋名。醴禮也。有酒味而已。醮用酒。酒味美也。禮尚玄酒。故以味淡者爲尊。禮運云。醴醆在戶。澄酒在下。故醮輕而醴重也。賜服告廟之禮。略於加冠。故用酒也。父沒而冠。則已冠埽地而祭於禰。已祭而見伯父叔父。而后饗冠者。鄭注：享謂禮之。孔疏：案士冠禮。醴賓以壹獻之禮。此云享冠者。前注云。冠者賓及贊者。此即是享賓及贊者。此父沒而冠。案士喪禮云。若孤子。則父兄戒宿。冠之日。主人紒而迎賓。拜揖讓。立於序端。則冠者身自迎賓也。孫氏希旦曰。祭於禰者。冠於禰廟。既冠而行告祭也。伯父叔父尊。故先見之。而后享冠者。父在而冠。則於其父享冠者之時。而見伯父叔父。禮案：埽地徹所陳加冠儀具。設祭禮也。孤子冠。以父兄戒宿。故先見諸父。而后享冠者。曾子問曰。祭如之何則不行旅酬之事矣。孔子曰。聞之。小祥者主人練祭而不旅。奠酬於賓。賓弗舉。禮也。昔者魯昭公練而舉酬行旅。非禮也。孝公大祥。奠酬弗舉。亦非禮也。鄭注：奠無尸。虞不致爵。小祥不旅酬。大祥無無算爵。彌吉。孝公。隱公之祖父。孔疏：練。小祥祭也。旅謂旅酬。小祥彌吉。但致爵於賓。而不行旅酬。於禮未備故也。奠所以無尸者。奠是未葬之前。形體尚在。未忍立尸。虞是葬後。形體已去。鬼神事之。故立尸以象神。案士虞禮賓三獻尸。尸卒爵。禮畢。無致爵以下之事。所謂虞不致爵也。案特牲又云。尸止爵之後。主婦致爵於主人。主人致爵於主婦。尸致爵於主人。主婦上人酬賓。及獻長兄弟。衆兄弟。內兄弟於房中。賓酬長兄弟。長兄弟酬衆賓。衆賓酬衆兄弟。所謂旅酬也。小祥不旅酬。謂奠酬於主人。主人酬於賓。賓不舉。主人所酬之觶也。旅酬之後。賓弟子。兄弟弟子。各酌於其尊。舉觶各於其長。賓取觶酬兄弟之黨。長兄弟取觶酬賓之黨。所謂無算爵。大祥乃得行旅酬。而不得行此無算爵之事。以漸備禮。故云彌吉。練祭不合旅酬。昭公行之。故曰非禮。大祥得行旅酬。孝公不然。亦曰非禮。案世本。孝公生惠公弗皇。弗皇生隱公。是隱公之祖父也。禮案：魯昭公不能居喪如禮。已見於左傳。不止此一事而已也。至孝公之爲人。雖不可知。然既諡爲孝。則其於親也。必有過人之處。故孔子於昭公曰非禮。於孝公而曰亦非禮也。史記魯世家。孝公名稱。曾子問曰。大功之喪。可以與於饋奠之事乎。孔子曰。

豈大功耳。自斬衰以下皆可。禮也。曾子曰。不以輕服而重相爲乎。孔子曰。非此之謂也。天子諸侯之喪。斬衰者奠。大夫齊衰者奠。士則朋友奠。不足則取於大功以下者。不足則反之。鄭注。饋奠在殯時也。曾子怪以重服而爲人執事。孔子曰。非謂爲人。謂爲其所爲服也。爲君服者。皆斬衰。唯主人不奠。大夫服斬衰者不奠。辟正君也。齊衰者其兄弟。士服齊衰者不奠。辟大夫也。言不足者。謂殷奠時。孔疏。此曾子之意云。已有大功之喪。可與他人饋奠之事乎。孔子不解問旨。謂曾子所問。已有大功之喪。得爲大功者饋奠以否。故云斬衰以下皆可。言身有斬衰。所爲者斬衰。身有齊衰。所爲者齊衰。皆可與於饋奠。故云禮也。孔子據所服者言之。曾子又不解。謂爲他人。故更問云。若爲他人。不以輕己喪服。而重他人相爲饋奠乎。孔子乃言據所爲服者饋奠。非爲他人也。以下乃論所爲饋奠之事。天子諸侯之喪。斬衰者奠。大夫之喪。齊衰者奠。士則朋友奠。若朋友不足。則取於大功以下。小功緦麻者奠。若其不足則反之。謂奠大執事。其人不足。則反取前人執事者充之。大夫之喪。子家臣雖服斬衰。不得饋奠。辟天子諸侯之正君。今服齊衰。唯兄弟耳。殷奠謂月朔之奠。有牲牢黍稷。用人多。盛於常奠。非半月之殷奠也。天子諸侯。皆使臣爲奠。大夫辟正君。故遣兄弟。士則位卑。不嫌敵君。故遣僚屬。僚屬則朋友也。吳氏澄曰。曾子初問自大功之喪始者。蓋以斬服重。必不可執事於人。大功稍輕。或可與人殯奠。而孔子答之如此。則知有服之人。但爲所服者奠。而不可爲他人奠矣。孫氏希旦曰。反之者。使執事者往而復反也。公食大夫禮。士羞庶羞。先者反之。凡喪禮。主人皆不親奠。禮案。饋奠者。喪未葬之朝夕奠及月朔薦新。象事生饋食之義。故謂之饋奠。卽斬衰亦非不可奠。蓋主人方病。不能執事親饋獻也。天子諸侯之喪。諸臣皆斬衰奠。臣爲君不能病也。曾子問曰。小功可以與於祭乎。孔子曰。何必小功耳。自斬衰以下與祭。禮也。曾子曰。不以輕喪而重祭乎。孔子曰。天子諸侯之喪祭也。不斬衰者不與祭。大夫齊衰者與祭。士祭不足。則取於兄弟大功以下者。鄭注。祭謂虞卒哭時。曾子怪使重者執事。孔疏。下文孔子云。諸侯之喪祭也。故知此祭謂虞卒哭時也。知非練祥者。以士練祥之祭。大功之服已除。不得云取於兄弟大功以下者。其天子諸侯。則得兼練祥也。以其練祥時猶斬衰與祭也。方氏慤曰。與祭蓋喪祭。非吉祭也。故自斬衰以下皆與。以服重者與祭。乃所以重其喪也。曾子反以爲輕喪。蓋失之矣。吳氏澄曰。曾子疑小功又輕於大功。或可與他人之喪祭。而孔子答之如此。則知但得爲所服者祭。而不得與他人喪祭矣。孫氏希旦曰。祭謂虞祔練祥也。天子之喪。無不斬衰者。諸侯則有之。若寄公國賓是也。孔子於喪奠直言奠。於喪祭言與祭者。蓋喪奠主人不親。而他人執其事。喪祭主人親之。他人特與之而已。禮案。不斬衰者不與祭。蓋以大喪則國人皆斬故也。言齊衰與祭。則大夫齊衰以下及無服者。皆得與祭也。士取於兄弟大功以下。則亦取朋友可知。喪服小記云。朋友虞祔而已是也。不言者。文見上也。曾子問曰。相識有喪服。可以與於祭乎。孔子曰。緦不祭。又何助於人。鄭注：問己有喪服，可以助所識者祭否。孔疏：此論身有喪服，不可助他人祭事。緦不祭者，言身有緦服，尙不得自祭己家宗廟，何得助他人祭乎。熊氏云：謂身有緦服，則不得自爲父母虞祔卒哭祭。此謂同宮緦，士爲妾有子，及大夫爲貴妾是也。若大夫士有齊衰大功小功緦麻，同宮則亦不祭；若異宮則殯後得祭。故雜記云：父母之喪，將祭而昆弟死，旣殯而祭。若同宮則雖臣妾，葬而後祭，虞祔亦然。天子諸侯臣妾死於宮中，雖無服亦不得爲父母虞祔卒哭祭也。天子諸侯適子死，斬衰旣練乃祭。天子諸侯爲適孫適婦，則旣殯乃祭，以異宮故也。方氏慤曰：此所謂祭，蓋吉祭也，故雖緦麻之輕，亦不與。陸氏佃曰：據上應云相識之喪，緦可與於祭乎。今云喪服，嫌緦已輕，則有不必問也。吳氏澄曰：曾子疑緦麻更輕於小功，或得與所識者吉祭，而孔子以不可答之。以上三問論喪服，則先大功，次小功，次緦麻，由重而漸輕；於爲人，則先殯奠，次喪祭，次吉祭，由凶而漸吉也。孫氏希旦曰：上文曾子兩問，而孔子不喻，故此特言相識，以明所問者非謂其所爲服者也。禮案：此及上所答問之詞，大旨不外乎服喪不論重輕，只可爲所服者奠祭，不得與非所服者奠祭也。蓋喪祭之禮，致哀敬而已。爲所服者，則哀敬專一於亡者，故可；非所服者，則致哀在此，致敬在彼，誠有不專，故不可也。曾子問曰：廢喪服，可以與於饋奠之事乎？孔子曰：說衰與奠，非禮也；以擯相可也。鄭注：曾子謂新除喪服也。孔子曰非禮，執事於人之神，爲其忘哀疾也。孔子此論，大祥除服，不得與他人饋奠之事。廢猶除也。言已新說喪服，可以與他人在殯饋奠之事乎？不問可以與於吉祭，而問可與饋奠者，以己新說喪服，吉祭禮輕，吉凶不相干，決其不可；饋奠是他人之重者，已又新始說衰，凶事相因，疑得助奠，故問之也。吳氏澄曰：可者略許，而非深許之辭，則不若幷擯相不爲之爲得也。詳酌人情禮意，緦功之喪，踰月可與人祭；齊斬之喪，則須已行吉祭畢，乃可爲人執事也。孫氏希旦曰：廢喪服，謂新除父母之喪也。不可與他人饋奠者，以己尙未吉祭，故不可執事於人之鬼神。擯相猶可，以非所以接神也。禮案：說衰與奠，非禮，是謂忘哀大速，非親喪外除之義。若哀未忘，是執事不誠也。曰擯相可者，亦似可爲耳，非禮之所當然也。

曾子問曰：昏禮既納幣，有吉日，女之父母死，則如之何？孔子曰：壻使人弔。如壻之父母死，則女之家亦使人弔。父喪稱父，母喪稱母。父母不在，則稱伯父世母。壻已葬，壻之伯父致命女氏曰：某之子有父母之喪，不得嗣爲兄弟，使某致命。女氏許諾，而不敢嫁，禮也。壻免喪，女之父母使人請，壻弗取而后嫁之，禮也。女之父母死，壻亦如之。鄭注：吉日，取女之吉日。必使人弔者，未成兄弟。禮宜各以其敵者也。父使人弔之辭云：某子聞某之喪，使某如何不淑。母則若云：宋蕩伯姬聞姜氏之喪，伯姬使某。如何不淑。凡弔辭一耳。父母不在，弔禮不可廢也。伯父母，又不在，則稱叔父母。必致命者，不敢以累年之喪，使人失嘉會之時。使人請，請成昏。女免喪，壻之父母亦使人請其已葬時，亦致命。孔疏：此論昏娶，遭喪之事。禮各宜以敵，若彼父死，則此當稱父遣使；彼母死，則此亦稱母遣使也。弔辭云：某子，謂此父姓位。某之喪。謂彼家死者。使某者。某是使者之名也。淑善也。致辭若云。宋蕩伯姬。鄭假說爲文也。男吊女家。女吊男家。皆云使某如何不淑。是吊辭一也。父母不在。則稱伯叔父某子。使某伯叔母某氏。使某也。壻已葬。壻之伯父致命女氏。必待已葬者。葬後哀情稍殺。始兼他事也。夫婦有兄弟之義。壻免喪後則應迎婦。必須女之父母請者。以壻家前已致命。壻既免喪。所以須請也。女之父母死。亦葬後致命。男氏許諾。而不敢娶女。免喪。壻父母使人請。女家不許。壻而后別娶。禮也。陽唱陰和。壻之父母使人請昏。而女家得有不許者。亦以彼初葬訖致命於己故也。方氏慤曰。夫唱而婦和。兄先而弟後。則夫婦固有兄弟之義。詩云。宴爾新昏。如兄如弟。羅氏欽順曰。壻弗取。免喪之初。不忍遽從吉也。而后嫁之。所謂有故二十三年而嫁也。徐氏師曾曰。有父母之喪而不嫁不取。孝也。除喪而嫁取。禮也。且自議昏至請期。夫婦之義久定矣。壻免喪而別取非義。女別嫁非貞。若謂恐其失時。則三年不已失時乎。任氏啓運曰。此但以使之致命與使人對。女氏許諾與壻弗取對。而弗敢嫁與而后嫁之對。文法整齊。並無別嫁字。何得誣禮乎。不言再請。女恐事之人達。一請即諾之也。孫氏希旦曰。壻不親吊者。以未成昏姻。親吊則難爲辭也。致命者。前已卜日告於女家。女家許之。今既未得取。故致還其命也。兄弟者。昏姻之稱也。喪服傳曰。小功以下爲兄弟。壻爲外舅。外舅報服皆緦。故曰兄弟。弗敢嫁者。不敢遽嫁女與之也。壻免喪猶弗取者。餘哀未忘。不欲汲汲於昏也。而后嫁之者。蓋女之家擇日以告於壻。而不俟其親迎也。士昏禮有若不親迎之禮。蓋謂此也。禮案某之子者。某伯父名。子猶子也。自其伯父言之。壻其兄弟之子。猶子也。父母之喪。謂雖葬而三年之制未終。不得從吉也。變夫婦而謂之兄弟者。以未成昏。無夫婦之義也。古人嚴於名。治婦未廟見。尚謂之未成婦。故壻未親迎。亦不得稱壻於女氏也。亦如之者。女在家爲父母亦行三年之喪。壻亦當俟其喪畢。請期而娶。內則云。有故則二十三年而嫁。蓋即謂方二十當嫁之年。而遭父母舅姑之喪者也。曾子至於壻弗取。而后嫁之。語不倫。此弗字似衍。故鄭不注此句。蓋以壻取而后嫁之語意明顯。無須注釋也。

曾子問曰。親迎女在塗。而壻之父母死。如之何。孔子曰。女改服布深衣。縞總以趨喪。女在塗。而女之父母死。則女反。鄭注。布深衣縞總。婦人始喪未成服之服。女反奔喪服期。孔疏。女在塗。聞舅姑喪。即改嫁時之衣服。嫁服士妻褖衣。大夫妻展衣。卿妻鞠衣。士昏禮云。女次純衣。即褖衣也。深衣謂衣裳相連。前後深邃。故曰深衣。縞白絹也。總束髮也。長八寸。士喪禮注。始死至將斂。皆不云縞總。文不備也。喪服記。女子子在室爲父母。箭笄髽衰三年。父卒爲母亦三年。今既在塗。故爲父母皆期也。於時女亦改服布深衣縞總。反而葬奔喪。方氏慤曰。喪者人之所自盡。故不可以昏姻之禮廢。孫氏希旦曰。郭子從問。曾子問。孔子曰。女改服布深衣縞總以趨喪。開元禮。除喪之後。束帶相見。不行初昏之禮。趨喪後事。皆不言之何也。朱子曰。趨喪之後。男居外次。女居內次。自不相見。除喪而後。束帶相見。於是而始入御。開元之制。必有所据矣。禮案下文云。除喪則不復昏禮。則此女從壻歸成服。自依婦爲舅姑之制。無或異也。三年喪畢。好合之期。亦待吉。祭而復寢。禫而從御矣。至女親喪。壻不與之偕反者。以奔喪行吊。輕重不同。故緩急異也。

如壻親迎。女未至。而有齊衰大功之喪。則如之何。孔子曰。男不入。改服於外次。

女入改服於內次。然後卽位而哭。曾子問曰。除喪則不復昏禮乎。孔子曰。祭過時不祭。禮也。又何反於初。鄭注不聞喪卽改服者。昏禮重於齊衰以下。復猶償也。祭過時不祭。重喻輕也。同牢及饋享相飲食之道。孔疏女旣未至。聞壻家有齊衰大功之服。則廢其昏禮。男壻也。不入大門。改親迎之服。服深衣於門外之次。女婦也。入大門。改嫁服。服深衣於內之次。然後就喪位而哭。皇氏謂爲就壻之家爲位。曾子不問小功者。以小功輕。不廢昏禮。待昏禮畢。乃哭耳。故雜記云。小功可以冠子取婦。上文女聞壻之父母喪。在塗卽改服。今入門始改服者。案禮運云。三年之喪。與新有昏者。期不使。又王制云。齊衰大功。三月不從政。是昏禮重於齊衰以下也。此謂在塗聞齊衰大功廢昏禮。若婦已揖讓入門。內喪則廢。外喪則行昏禮。約上冠禮之文。此熊氏之說。然昏禮重於冠。故雜記云。大功之末。可以冠子。小功之末。可以娶妻也。曾子以初昏遭喪。不得成禮。除喪之後。豈不更爲乎。孔子曰。祭過時不祭。禮也。謂四時常祭也。祭重而昏輕。重者尙廢。輕者不復可知。熊氏云。若喪之祭及禘雖過時猶祭。禘祫志云。昭十一年齊歸薨。十三年會於平丘。冬公如晉。不得祫。至十四年乃追而祫之。十五年禘乃禘。又雜記云。三年之喪旣顈。其練祥皆行。是追行前練祥也。孫氏希旦曰。嘉禮輕於吉禮。祭過時不祭。則昏禮可知。故曰又何反於初也。然則婦可以不見舅姑乎。曰。齊衰大功之喪。婦與舅姑皆在卽位而哭。是見也。喪事重。則於嘉事不得不略也。禮案。此齊衰大功非女爲舅姑乎。姑男爲母爲兄弟服也。舅姑則在塗改服。兄弟則嫂叔無服。女不必改服矣。蓋爲諸父諸母姑姊妹之在室者。或爲人後者。爲其本生服也。至曾子之不問小功者。蓋婦服皆降夫一等。其夫齊衰則婦大功。夫大功則婦小功。非以其輕而不問耳。孔子曰。嫁女之家。三夜不息燭。思相離也。取婦之家。三日不舉樂。思嗣親也。三月而廟見。稱來婦也。擇日而祭於禰。成婦之義也。鄭注思相離。親骨肉也。思嗣親。重時變也。祭於禰。謂舅姑沒者也。必祭成婦義者。婦有供養之禮。猶舅姑存時。盥饋特豚於室。孔疏所以不舉樂者。思念已之取妻。嗣續其親。則是親之代謝。所以悲哀感傷。重世之改變也。舅姑亡者。婦入三月之後。而於廟中以禮見於舅姑。其祝辭告神。稱來婦也。選擇吉日。婦親自執饌以祭於禰廟。以成就婦人盥饋之義。若舅姑存者。於當夕同牢之後。明日婦執棗栗服脩見於舅姑。見訖。舅姑醴婦。婦以特豚盥饋舅姑。舅姑享婦。更無三月廟見之事。此是士昏禮之文。若舅姑旣沒。雖昏夕同牢禮畢。明日無見舅姑之事。三月乃奠菜於舅姑之廟。故昏禮云。舅姑旣沒。則婦入三月。乃奠菜。是也。昏禮奠菜之後。更無祭舅姑之事。此云祭於禰者。正謂奠菜也。則廟見奠菜祭禰是一事。方氏愨曰。婦人謂嫁曰歸。故於廟見稱來婦。姜氏兆錫曰。思相離。則不能寢寐。故不滅燭。思嗣親。則不無傷感。故不舉樂。此昏禮所以不賀也。擇日而祭。謂三月之內。擇吉以祭。非廟見後更擇祭也。禮案。昏屬陰。樂屬陽。昏不舉樂。義當然爾。儀禮士昏記云。婦入三月。然後祭行。又白虎通云。舅姑旣沒。亦婦入三月奠菜於廟。然則三月廟見。固不必其舅姑之沒也。不過行祭於祖廟。奠菜於禰廟。儀文祝告。有不同耳。疏以此稱禰。遂謂三月廟見。乃舅姑旣沒之禮。非也。蓋禰可通祖。解見前。故舅雖存而稱禰可也。曾子問曰。女未廟見而死。則如之何。孔子曰。不遷於祖。不祔於皇姑。壻不杖不菲不次。歸葬於女氏之黨。示未成婦也。鄭注遷朝廟也。壻雖不備喪禮。猶爲之服齊衰也。孔疏婦既死於已寢。將反葬於女氏之黨。故其柩不遷。移朝於壻之祖廟。祔祭之時。不得祔於皇姑廟。皇大也。君也。稱皇者。尊之也。凡爲妻齊衰。杖而菲屨。今壻不杖不菲不次。非草屨也。不次謂不別處止哀次也。唯服齊衰而已。其柩還歸葬於女氏之黨。以未廟見。不得舅姑之命。實已成婦。但示之未成婦禮。見其不敢自專也。其女之父母則爲之降服大功。以其非在家。壻已服齊衰期。非無主也。任氏啓運曰。古者族葬之法。以左右爲昭穆。葬必以昭穆與祔廟同。生未廟見。則死不得祔廟。故亦不得祔葬。而歸葬於女氏之黨也。王氏引之曰。此皇姑與士昏禮之皇姑異。昏禮謂既沒之姑。此則謂祖姑。喪服小記曰。婦祔於祖姑。又曰。祔必以其昭穆。禮案不遷祖者。柩行不朝壻之祖廟。不祖奠也。祔卒哭之明日。作主祔祭於祖。婦則祔主於祖姑。不祔則未不祭也。案儀禮喪服爲妻齊衰杖。唯父在不杖。此云不杖。該無父也。不菲不菅屨也。不次不次於廬也。下文昏服齊衰。既葬而除此無明文。當亦父在期。父沒三年與。蓋未廟見雖無成婦之義。而已成昏。固有夫妻之愛矣。黨族也。葬於女氏之族。則主亦祔王母之廟也。雜記上曰。女子祔於王母則不配。鄭注彼云。女子謂未嫁者也。嫁未三月而死。猶歸葬於女氏之黨是也。曾子問曰。取女有吉日而女死。如之何。孔子曰。壻齊衰而弔。既葬而除之。夫死亦如之。鄭注未有期三年之恩也。女服斬衰。孔疏所以既葬除者。壻以女未有期之恩。女於壻未有三年之恩。以壻服齊衰。故知女服斬衰。方氏慤曰。以其嘗請期。故齊衰而弔。然未成婦也。故既葬而除之。姚氏際恆曰。夫死亦如之。鄭氏補斬衰亦是。但本文與注。皆不言除服後若何。夫男除服後。自應再娶。女既斬衰而弔於夫家。可歸而再適乎。朱氏軾曰。婦人不出疆而弔人。今壻死而弔也與哉。女死壻弔。而不失爲厚。夫死女弔。則古禮之迂而無當者矣。禮案二說。雖是但古人制禮。嚴於男女之坊。固未禁婦人之再嫁。故儀禮喪服。有爲嫁母繼父之服。若夫死不嫁。禮無明文。惟郊特牲有一與之齊。終身不改。亦謂其已昏者。若未昏之再適。固視爲當然矣。然則於未昏之壻之死。而不臨一弔。後此卽爲他人之婦。揆之於情。亦有不忍焉也。曾子問曰。喪有二孤。廟有二主。禮與。孔子曰。天無二日。士無二王。嘗禘郊社。尊無二上。未知其爲禮也。昔者齊桓公亟舉兵。作僞主以行。及反。藏諸祖廟。廟有二主。自桓公始也。喪之二孤。則昔者衞靈公適魯。遭季桓子之喪。衞君請弔。哀公辭不得命。公爲主。客入弔。康子立於門右。北面。公揖讓。升自東階。西鄉。客升自西階。弔。公拜。與。哭。康子拜稽顙於位。有司弗辯也。今之二孤自季康子之過也。鄭注禮與。怪時有之。孔子曰。尊無二上。尊喩卑也。神雖多。猶一一祭之。僞猶假也。舉兵以遷廟主行。無則主命。爲假主非也。辯猶正也。若康子者。君弔其臣之禮也。隣國之君弔。君爲之主。主人拜稽顙非也。當哭踊而已。靈公先桓子以魯哀公二年夏卒。桓子以三年秋卒。是出公也。孔疏此論喪不得有二孤。廟不得有二主之事。天有二日。則草木枯萎。士有二王。則征伐不息。嘗禘郊社。尊無二上。明此尊者尚不可二。卑者不二可知也。以嘗禘時衆神並在。猶先尊後卑。一一祭之。不一時總祭故也。桓公名小白。作僞主。出則假主以行。而反藏於祖廟。故有二主。孔子去桓公已遠。二主行來又久。故云自桓公始。康子正當孔子之時。但見當時失禮。故云二孤。自季康子之過。當時執事之有司畏季子之威。不敢辯正。案喪大記云。大夫既殯。君吊。主人門右北面哭拜稽顙。隣國之君吊。以賓主尊卑宜敵。故君爲主。則拜賓。康子又拜非也。出公來吊。春秋不見經者。非有國之大事。故略而不書。出公輒是靈公孫。曾子所問。前孤後主。今若前主後孤者。謂齊事在前。衞事在後也。毛氏奇齡曰。春秋靈公無適魯之事。且哀二年經書衞侯元卒。即靈公也。至三年而後書季孫斯卒。即季桓子也。然則靈公之死。在季桓子前矣。陸氏奎勳曰。哀公康子。後孔子而卒。此條皆稱其諡。當屬門人記錄之書。孫氏希旦曰。喪禮之拜賓。唯主喪者一人。今哀公既拜。康子又拜。是有二孤也。君而曰孤者。以拜賓有爲喪主之義。二孤猶曰二主云爾。禮案喪服小記云。諸侯吊於異國之臣。則其君爲之主。鄭注彼云。君爲之主。吊臣思爲已也。子不敢當主。中庭北面而哭不拜。此康子之失在拜。故謂之過也。奔喪禮云。凡喪父在父爲主。父曰親同長者主之。則是爲主拜賓。君得爲臣。父得爲子。

曾子問曰。古者師行必以遷廟主行乎。

長得爲幼。則哀公主桓子之喪禮也。乃譏之爲二孤者。罪康子也。

孔子曰。天子巡守以遷廟主行。載於齊車。言必有尊也。今也取七廟之主以行。則失之矣。當七廟五廟無虛主。虛主者。唯天子崩。諸侯薨。與去其國。與祫祭於祖。爲無主耳。吾聞諸老聃曰。天子崩。國君薨。則祝取羣廟之主。而藏諸祖廟。禮也。卒哭成事。而后主各反其廟。君去其國。大宰取羣廟之主以從。禮也。祫祭於祖。其祝迎四廟之主。主出廟入廟必蹕。老聃云。

鄭注齊車金輅。老聃古壽考者之號也。與孔子同時。藏諸主於祖廟。象有凶事者聚也。卒哭成事。先祔之祭名也。君去其國。廟主以從。鬼神依人者也。祝按神者也。蹕止行也。孔疏凡祭祀皆乘玉路。齊車則降一等。乘金路也。皇氏云。謂載新遷廟之主。莊子稱孔子與老聃對言。是與孔子同時。案史記云。老聃陳國苦縣賴鄉曲仁里人。爲周柱下史。云天子崩。國君薨。祝取羣廟主。藏於祖廟。以凶事。生人自聚。今主亦集。似生人之聚。故云象也。檀弓曰。卒哭曰成事。明日須以親死者祔祭於祖。故祖主各先反其廟也。祝接神。祫祭是祝所掌。故祝迎廟主。去國非祭祀事。故大宰取廟主以從。三年一祫。當祫之年。則祝迎高曾祖禰四廟。而於大祖廟祭之。天子祫祭。則迎六廟之主。今四廟舉諸侯言也。主謂木主。天子一尺二寸。諸侯一尺。出廟謂出已廟。而往大祖廟。入廟謂從大祖廟而反還入已廟。主出入時。必須蹕止行人。若入大祖廟。則不蹕。以壓於尊者也。若有喪及去國無蹕。老聃云結上義也。方氏慤曰。甘誓曰。用命賞於祖。則以遷廟主行可知矣。齊車示有齊敬之心焉。孫氏希旦曰。遷廟主多莫適載焉。宜奉其近者。金路，王乘之以朝覲會同。鄭氏齊僕注云：王將朝覲會同，必齊。所以敬宗廟及神明。故金路曰齊車。載遷主以齊車，象其生時之所乘也。取七廟之主以行者，謂於七廟中取一主以行，非謂並載七廟之主也。後世不知載遷主之禮，故取七廟之主以行，又以廟不可無主，故又別作一主以行。此僞主之所由來也。禮案：此曾子因聞孔子說齊桓公始作僞主以行，故問出師必載遷廟主之事。藏主用栗木。何注文二年公羊傳云：主狀正方，穿中央，達四方。天子長一尺二寸，諸侯長一尺。史記老子傳：姓李，名耳，字伯陽，謚曰聃。孔子適周，將問禮於老子，故注謂與孔子同時。

曾子問曰：古者師行，無遷主，則何主？孔子曰：主命。問曰：何謂也？孔子曰：天子諸侯將出，必以幣帛皮圭告於祖禰，遂奉以出，載於齊車以行。每舍，奠焉而后就舍。反必告，設奠，卒，斂幣玉，藏諸兩階之閒，乃出。蓋貴命也。鄭注：以脯醢禮，乃敢即安也。所告而不以出，即埋之。孔疏：孔子以曾子不解主命之意，故答以天子諸侯將出，必以幣帛皮圭告於祖禰之廟。告訖，遂奉此幣帛皮圭出廟，載於齊車金路以行。每至停舍之處，先以脯醢奠此幣帛皮圭。行還反後，必陳於祖禰主前，以告神。又設奠祭。既卒，斂此幣帛皮圭，埋在兩階之間而出。蓋貴此主命也。皇氏云：有遷主者，直以幣帛告神，而不將以出行，卽埋之兩階之間。無遷主者，加之以皮圭，告祖禰，遂奉以出。孫氏希旦曰：無遷主，謂天子則始祖在七世以內，諸侯則大祖在五世以內也。主命者，受命而出，而遂以爲主。但主其命而無主也。凡告用牲幣，於所主命者，則加以皮圭而奉以出。但言以幣帛皮圭告於祖禰，不言牲者，唯所奉以出者言之。文王世子曰：其在軍，則守於公禰。覲禮：侯氏禪冕，釋幣於禰。然則主命之禮，蓋主禰廟，亦受命於禰之義。兼言祖禰者，因禰而及祖，且容父有故不得立而受國於祖者也。貴，尊也。謂尊祖禰之命。禮案：每舍奠焉之舍，當讀釋。蓋謂每當停止之地，必先釋奠於齊車，然後自行休息。先神而後已也。

子游問曰：喪慈母如母，禮與？孔子曰：非禮也。古者男子外有傳，內有慈母，君命所使教子也，何服之有？昔者魯昭公少喪其母，有慈母良，及其死也，公弗忍也，欲喪之。有司以聞，曰：古之禮，慈母無服，今也君爲之服，是逆古之禮而亂國法也。若終行之，則有司將書之以遺後世，無乃不可乎？公曰：古者天子練冠以燕居。公弗忍也，遂練冠以喪慈母。喪慈母，自魯昭公始也。鄭注：如母，謂父卒三年也。子游意以爲國君亦當然。禮所云者，乃大夫以下，父所使妾養妾子。孔子言無服也，此指謂國君之子也。大夫士之子爲庶母慈己者，服小功。父卒，乃不服。無服，據國君也。良，善也。謂之慈母，曰爲其善。國君之妾子，於禮不服也。昭公年三十乃喪齊歸，又無戚容，是不少。又安能不忍於慈母？此非昭公明矣，未知何公也。公之言又非也。天子練冠以燕居，蓋謂庶子王爲其母。孔疏：子游之意，以喪服大夫以下喪慈母如母，今國君喪慈母如母，是禮與？孔子引魯昭公之事答子游云禮所云謂喪服慈母如母案喪服傳云慈母者何也妾之無子者妾子之無母者父命妾曰女以爲子命子曰女以爲母若是則生養之死則喪之三年知大夫以下者以天子諸侯不服庶母也鄭知經指國君之子者以君命所使教子也國君之子尚不服庶母則國君身不服庶母可知案喪服小功章云君子子爲庶母慈己者傳云君子子者貴人之子也爲庶母何以小功也以慈已加也父卒乃不服小功仍服緦耳士之妻自養其子則不得有慈母此云大夫士者以士爲庶母緦明士子亦緦以慈已加小功故此連言大夫士也內則云擇於諸母寬裕慈惠溫良者以爲子師其次爲慈母此云慈母良者案家語云孝公有慈母今鄭云未知何公者鄭不見家語故也服問云庶子爲後爲其母緦春秋有以小君服之者母以子貴若適小君沒則得伸若小君猶在則其母壓屈故練冠也大夫士爲母本應三年以爲後壓屈故降服緦王侯庶子爲母本練冠故今應練冠此乃異代之法案喪服緦麻章云庶子爲後爲其母緦則是周法天子諸侯大夫士一也凡言古者皆據今而道前代也既云古者天子爲其母則前代可知經無明文故注云蓋是疑辭也陸氏佃曰此一節所記曾子問三十有七子游之問一子夏之問再蓋才有利鈍問有詳略男子外有傳內有慈母君命所使教子也古者師弟子無服蓋如此練冠喪慈母此固昭公也昭公十九猶有童心則三十喪齊歸雖謂之少蓋可矣如此不愛其母而愛慈母又何足怪也孫氏希旦曰慈母有二子游所問蓋謂人君於庶母慈已者而以其母之服服之故孔子以君命所使教子告之言與命爲母子者異也人君之子父在爲其母練冠麻衣縓緣既葬除之在五服之外則其爲父後者不可以復降故但如其父在之服以服之然燕居則練冠出否蓋不敢以私喪廢國家之禮則亦視其父在而略降之也昭公爲慈母練冠則是以其母之服服之矣不知此服但可施於命爲母子之慈母而不可施於君命教子之慈母也故曰喪慈母自昭公始也然此稱練冠以居之制而曰古者蓋春秋時庶子爲君子皆以小君之制服其母而練冠已不復行矣禮案魯昭公爲母喪而無戚客爲慈母則不忍不喪猶孝經所云不敬其親而敬他人者謂之悖德是矣

禮記通釋卷二十五

玉環戴禮

曾子問。

曾子問曰。諸侯旅見天子。入門不得終禮。廢者幾。孔子曰。四。請問之。曰。大廟火。日食。后之喪。雨霑服失容。則廢。如諸侯皆在而日食。則從天子救日。各以其方色與其兵。大廟火。則從天子救火。不以方色與兵。鄭注。旅。衆。大廟。始祖廟。宗廟皆然。主於始祖耳。以方色與兵。示奉時事。有所討也。方色者。東方衣青。南方衣赤。西方衣白。北方衣黑。兵未聞也。孔疏。此論行禮有故。不得終之事。公羊傳云。周公稱大廟。魯之始祖也。明諸國皆然。餘廟有火。亦廢朝。特云大廟火。是主於始祖而言耳。示奉時事。解各以其方色。有所討。解與其兵也。故諸侯皆在京師者。則從天子救日。爲陰侵陽。是君弱臣強之象。兵未聞者。隱義云。東方用戟。南方用矛。西方用弩。北方用楯。中央用鼓。所以助天子討陰也。亦備非常。以彼非正經。故不取也。穀梁云。天子救日。置五麾。陳五兵五鼓。諸侯置三麾。三鼓三兵。大夫擊門。士擊柝。言助其陽也。范甯云。凡聲陽也。擊鼓爲聲。所以助陽壓陰也。春秋傳曰。日有食之。天子伐鼓於社。責上公也。諸侯伐鼓於朝。退自責也。夏書曰。辰不集於房。瞽奏鼓。嗇夫馳。庶人走。孔傳曰。辰。日月所會。集。合也。房。日月所舍。不合其所舍。食可知矣。周禮有救日之弓。但不知兵之細別。大廟火。則從天子救火。不以方色與兵。以日食是陰災。故象方色以兵討陰。救火無此義。故不用也。段氏玉裁曰。古外朝治朝燕朝。皆不屋。故雨沾服失容則廢。孫氏希旦曰。日食有定。可以預推。此乃爲日食廢禮。古時歷法疏也。漢建安中。將正會。而太史上言。正旦當日食。朝士疑會否。時廣平計吏劉邵在坐。曰。梓愼裨竈。古之良史。猶推水火。錯失天時。諸侯旅見天子。入門不得終禮者四。日食其一。然則聖人垂制。不爲變異豫廢朝禮者。或災消異伏。或推術謬誤也。禮案。諸侯旅見天子。朝宗覲遇也。入門。入天子之五門也。大廟。天子之祖廟也。七廟有災。皆當往救。此獨言大廟。舉所尊也。日食天晦。不得行禮。從天子往救。方色旂也。儀禮覲禮云。上介皆奉其君之旂。置於宮內尚左。公侯伯子男。皆就其旂而立。此云方色。蓋指旂章之色。注謂方色之衣。恐未及備也。救火急於救日。故不及備儀文。惟率從臣。施水滅火而已。后之喪。則諸侯當從天子。同宮哭臨。故不得終禮。以凶禮重於賓禮也。

曾子問曰。諸侯相見。揖讓入門。不得終禮。廢者幾。孔子曰。六。請問之。曰。天子崩。大廟火。日食。后夫人之喪。雨霑服失容。則廢。鄭注。夫人。君之夫人。孔疏。此后夫人之喪。恐是天子之三夫人。故云君之夫人。此大廟火者。亦謂君之大廟。非天子大廟也。既云揖讓入門。無容天子大廟之火。赴告卽至。假令在後堂。朝方聞火。時過已久。又不可廢朝。故知非王之大廟也。方氏愨曰。旅見蓋君臣之禮。故以事而廢者少。相見蓋敵國之禮。故以事而廢者多。此重輕之別也。禮案。后天子王后。夫人君之夫人。

故此句爲二事。共爲六事也。

曾子問曰。天子嘗禘郊社五祀之祭。簠簋既陳。天子崩。后之喪。如之何。孔子曰。廢。鄭注既陳。謂夙興陳饌牲器時也。天子七祀。言五者。關中言之。孔疏下文云。當祭而日食。則此簠簋既陳。不當祭。明是祭前。陳饌牲器也。前文云。天子崩后之喪。與日食。大廟火。其禮皆同。則此簠簋既陳。日食。大廟火。亦同也。故下云。牲至未殺則廢是也。牲至已殺。則行接祭。其天子崩后之喪。牲入雖殺。不可行接祭。以其喪事重故也。祭法天子七祀。諸侯五祀。大夫三祀。舉五則上兼七。下通三。嘗禘謂宗廟之祭。郊社謂天地之祭。舉天地宗廟。則五祀以上之祭。皆在其中。江氏永曰。案鄭注周禮。以句芒等五神。爲五祀。此注五祀。以爲關中言之。皆非也。天子而下。皆以戶竈中霤門行。爲五祀。祭法所言者。記人之異說。禮案嘗禘行於大廟火。則無從設祭。何待廢乎。故孔子於此不言大廟火。疏謂其禮皆同非也。

曾子問曰。當祭而日食。大廟火。其祭也如之何。孔子曰。接祭而已矣。如牲至未殺則廢。鄭注接祭而已。不迎尸也。孔疏接捷也。捷速而祭之也。案郊特牲云。既灌然後迎牲。則迎尸於奧。是未殺牲之前。凡迎尸之禮。其節有二。一是祭初。迎尸於奧。而行灌禮。而後出迎牲。於時迎尸於戶外。親割薦血毛。行朝踐之禮。設腥爛之俎於尸前。是一也。然後退而合亨。迎尸入坐於奧。行饋孰之禮。是二也。此云不迎尸者。直於堂上行朝踐禮畢則止。不更迎尸而入。此謂宗廟之祭。郊社之祭無文。不迎尸亦謂此時也。熊氏云。郊社五祀。祭初未迎尸之前。已殺牲也。以其無灌故也。故大宰云。祀五帝。納亨。注云。納亨謂祭之時。又中霤禮。皆爲俎奠於主。乃始迎尸。是郊及五祀殺牲在迎尸之前也。則此不迎尸。乃得爲祭。初不迎尸也。胡氏銓曰。接祭謂接續行於事。不徐徐也。宗廟之祭。未有先殺牲後迎尸者。萬氏斯大曰。當祭而日食。可承上章。謂是嘗禘郊社五祀之祭。至大廟火。徐止宜言是郊社五祀。不可及嘗禘之祭。蓋嘗禘行於大廟。如當嘗禘而大廟火。則救火不暇。安能接祭乎。孫氏希旦曰。此祭謂祭外神也。若祭宗廟。而大廟火。則廢祭。不待問矣。接祭謂以祭禮一接於神。以致其祭祀之意。而不復行餘禮也。祭外神之所以牲已殺必祭者。以其已降神故也。祭天神以燔燎降神。祭地以瘞埋。社稷以血祭。山林川澤以貍沈。四方百神以疈辜。此皆於殺牲後行之。神既降。則不可不祭矣。牲未殺。則未降神。故可廢。若當祭而天子崩。后之喪。外神已殺牲。而接祭。內神則廢與。納蘭氏成德曰。此經可疑。日食雖當救。然猶可稍緩。至大廟火。則接祭於羣廟。心固有所不安。無以盡孝子之敬。若正祭大廟。勢尤有不得不廢者。何接祭之能行也。禮案說是也。祭祀一於誠敬。若當大災大喪。而行接祭。則心神不定。儀節必紊。不若廢祭之爲愈也。釋牲至未殺則廢。各家唯孫氏義長。

天子崩。未殯。五祀之祭不行。既殯而祭。其祭也。尸入三飯。不侑。酳不酢而已矣。自啓至於反哭。五祀之祭不行。已葬而祭。祝畢獻而已。鄭注既葬彌吉。祝畢獻而後止。郊社亦然。惟嘗禘宗廟。俟吉也。孔疏天子諸侯。祭禮今亡。今儀禮惟有大夫士祭禮。案特牲饋食禮。尸入三飯。告飽。祝侑尸至九飯畢。少牢饋食。尸食十三飯畢。鄭注云。士九飯。大夫十一飯。則諸侯十三飯。天子十五飯也。又案特牲禮。尸九飯畢。主人酌酒酳尸。尸飲卒爵。酢主人。主人受酢。飲畢。酌獻祝。祝飲畢。酌獻佐食。今約此而說。天子五祀之祭。初崩哀戚。未遑祭祀。當五祀之祭不行。既殯而祭者。五祀外神。不可以私喪久廢。其祭。故既殯而祭。但不得純祭。如吉禮。理須降殺。故迎尸入奧之後。尸三飯告飽則止。祝不勸侑也。冢宰攝主。酌酒醋尸。尸受卒爵。不酢攝主而已。不爲餘事也。從啓殯以後。反哭以前。哀摧更甚。故五祀之祭不行。已葬反哭畢而祭。但既葬彌吉。尸入三飯之後。祝侑尸至十五飯畢。攝主醋尸。尸飲卒爵而酢攝主。攝主飲畢。酌獻。祝受飲畢則止。無獻佐食以下之事。案王制云。天地社稷爲越紼而行事。趙商云。自啓至反哭。五祀之祭不行。何得有越紼行事。既殯以後。未啓以前。是無事。得行祭禮。故有越紼。郊社有常日。自啓反哭。當辟此郊社之日。五祀既卑。若與啓反哭日相逢。則五祀辟其日也。鄭言天地社稷去殯處遠。祭時踰越此紼。而往赴之。五祀去殯處近。暫往則還。不爲越紼也。唯嘗禘之禮以祭宗廟。侯待於吉。故王制云。喪三年不祭。是也。孫氏希旦曰。未殯之前。諸祭皆廢。既殯則外神皆祭。王制言天地社稷越紼行事。此言五祀既殯而祭。各舉尊卑一偏言之。其實外神無不祭也。在喪而祭者。皆使人攝之。殯後祭五祀。尸入三飯。不侑酳。不酢。則常禮當三飯而侑。飯畢而獻尸。與特牲祭禮同。蓋五祀神卑故也。疏乃謂侑尸至十五飯。同宗廟之禮。誤矣。禮案鄭注儀禮特牲禮云。侑。勸也。勸之使又食。酳猶衍也。是獻尸也。云酳者。尸既卒食。又欲頤養之。酢報也。此云不侑酳不酢者。則自迎尸正祭。尸三飯告飽而已。無餘事也。

曾子問曰。諸侯之祭社稷。俎豆既陳。聞天子崩。后之喪。君薨。夫人之喪。如之何。孔子曰。廢。自薨比至於殯。自啓至於反哭。奉帥天子。鄭注。亦謂夙興陳饌牲器時也。帥循也。所奉循如天子者。謂五祀之祭也。社稷亦然。孔疏。案上如天子者。有祭五祀之文。今云奉循如天子。謂諸侯五祀。亦如天子。今此諸侯祭社稷。其遭喪節制。與五祀同。故云社稷亦然。案天子崩。后喪。諸侯當奔赴。得奉循天子之禮者。諸侯或不自親奔。而身在國。或唯據君薨及夫人之喪。其嗣子所祭。得奉循天子也。孫氏希旦曰。自薨比至於殯。自啓至於反哭。此謂君薨夫人之喪也。奉循天子者。亦如天子之於五祀。既殯而祭。既葬而祭也。若天子崩后之喪。則赴告之。及於諸侯者。不必皆在殯前。蓋於赴告至日。斷爲七日之限。以爲祭行之節也。諸侯社稷之祭。奉帥天子。則五祀可知。禮案說是也。自薨以下。自是言諸侯及夫人之喪。嗣君之外祀。奉帥天子也。天子言五祀。諸侯舉社稷。互文也。

曾子問曰。大夫之祭。鼎俎既陳。籩豆既設。不得成禮。廢者幾。孔子曰。九。請問之。曰。天子崩。后之喪。君薨。夫人之喪。君之大廟火。日食。三年之喪。齊衰。大功。皆廢。外喪自齊衰以下行也。其齊衰之祭也。尸入三飯。不侑。酳不酢而已矣。士之所以異者。緦不祭。所祭於死者無服則祭。鄭注。齊衰異門則祭。室中之事。謂賓長獻。緦不祭。然則士不得成禮者十一。無服謂若舅。舅之子。從母昆弟。孔疏。此大夫祭者。謂祭宗廟。故下云。所祭於死者無服則祭是也。若遭異門齊衰之喪。其祭迎尸入室。三飯則止。祝更不勸侑。使至十一。主人酌酒醋尸。尸不酢主人。唯此而已。大功服輕。祭禮稍備。尸三飯。祝侑至十一飯而止。主人獻尸，尸酢主人，主人乃停。小功緦麻服轉輕，禮轉備，其祭尸十一飯訖，主人酳尸，尸卒爵，酢主人，主人獻祝及佐食，次主婦獻尸，尸酢主婦，主婦又獻祝，及佐食，次賓長獻尸，若平常之祭，尸得賓長獻爵，則止，不舉，待致爵之後，尸乃舉爵，今既殺賓長獻尸，尸飲以酢賓，賓又獻祝，及佐食，而祭畢，止。此時尸祝佐食在室中，但主人主婦及賓獻尸及祝佐食等三人畢，則止，故云室中之事而已。若致爵之時，皆不在室中，其室中者獻尸祝佐食。故注云室中之事，謂賓長獻，此小功緦麻兼內外，前文云內喪大功以上廢，則小功以下不廢也。案雜記云臣妾死於宮中，三月而後祭之。此內喪緦麻不廢祭者，謂鼎俎既陳，臨祭，故不廢也。孔子見曾參歷問至大夫，故因廣舉士以語之。大夫唯至大功爲九，而士又加緦小功二等，合爲十一，此亦謂祭宗廟，鼎俎既陳，而值於喪也。大夫祭值緦小功不辨內外皆廢祭，而士輕，故爲輕親伸情也。所祭謂士祭祖禰，而死者已雖爲緦，祖禰於死者無服，鼎俎既陳，則亦祭也。方氏慤曰：位尊則以事而廢禮者少，位卑則以事而廢禮者多也。孫氏希旦曰：士緦不祭，則小功可知。所祭於死者無服者，如爲庶母緦，妾有子，亦緦，若祭禰廟，則庶母死，所祭者有服，妾死所祭者，無服也。此皆謂門內緦喪。若外喪，則齊衰以下皆祭，而其降殺之節，亦如大夫。不言者，蒙上可知也。所祭於死者無服也。鄭氏謂若舅，舅之子，從母兄弟，非也。士緦不祭，亦謂門內緦喪廢祭。若與所祭者無服，則仍祭。若外喪，則齊衰以下皆祭矣。豈論其於死者有服無服乎？禮案大夫外喪，齊衰以下行者，以不同居，祭後可趨喪次故也。內喪則同門行事，吉凶不可相雜故也。所祭於死者無服，則祭者不以卑事而廢尊，猶王制越紼行事之義也。

曾子問曰：「三年之喪，吊乎？」孔子曰：「三年之喪，練不羣立，不旅行。君子禮以飾情，三年之喪而吊哭，不亦虛乎？」鄭注羣立，旅行，爲其苟語忘哀也。三年之喪而吊哭，爲彼哀，則不專於親也；爲親哀，則是妄吊。孔疏凡行吉凶之事，必使內外相副，用外物以飾內情，故冠冕文采以飾至敬之情，麤衰以飾哀痛之情，所以三年問云：衰服爲至痛飾也。若身有重服而吊他人，則非飾情，所以爲虛也。若已有喪，吊彼而哭，哀則忘已本哀，是已服爲虛也。若心存於已哀，而哭彼則是於吊爲虛也。陳氏澔曰：曾子既聞此言，而檀弓乃記其以喪母之齊衰哭子張，得非好事者爲之辭與？姚氏際恆曰：此說與檀弓有殯聞遠兄弟之喪，雖緦必往不合，似檀弓是禮。案喪不貳事，故不吊也。禮也者，稱情而立文，吊若爲人致哀，是不誠乎親矣；吊若爲親致哀，是虛吊。爲人矣。故雜記下云：三年之喪，雖功衰不吊，是矣。至練祥，猶不羣立，不旅行者，猶曲禮上云有喪者專席而坐是也。蓋當喪而與人羣立，必及他事，則哀不得致於親，若朋從旅行，勢必散哀，是情不能稱其服矣。

曾子問曰：「大夫士有私喪，可以除之矣，而有君服焉，其除之也如之何？」孔子曰：「有君喪服於身，不敢私服，又何除焉？於是乎有過時而弗除也。君之喪服除而後殷祭，禮也。」鄭注重喻重輕也。私喪，家之喪也。喪服四制曰：門外之治義斷恩。過時弗除，謂干人也。支子則否。孔疏此論臣有君親之喪，當隆於君，身有君服，後遭親喪，則不敢爲親制服也。成喪服爲重始，除服爲輕末，在親重始之日，尚不獲伸，況輕末之時，而可行乎？故云又何除焉。殷祭謂大小二祥變除之。以其禮大，故曰殷。大祭初爲君服。不故爲親私除。若君服除後。乃可爲親行二祥祭。以伸孝心。如今月除君服。明月可小祥。又明月大祥。若未有君服之前已小祥者。除君服後。但大祥而已。禘祫大祭。亦謂之殷祭。有殷事則之君所。鄭以爲朔月月半薦新之奠。各有所指。不嫌殷名同也。主人謂適子仕宦。主祭祀。故二祥待除君服而後行也。若支子仕宦。雖不得除私服。而其家適子已行祥祭。庶子於後。無復追祭。故云否也。欽定義疏曰。下章有殷事則歸。是親月朔月半。薦親之奠皆不廢。如之何廢二祥之祭。必待君終喪後補耶。殷者衆大之稱。若二祥不可謂不殷祭也。蓋此殷祭。是新主初入廟之祭。乃吉祭之大。有君服於身。必不可行。故必俟君喪除。而後行也。若適子不仕宦。則庶子雖有君喪。殷祭行矣。故曰庶子則否。禮案可以除。謂親已屆大祥也。尊無二上。故爲君服。則不敢爲親而變除也。過時弗除。謂君服未滿。雖親已當祥禫。而猶不敢設祭也。必君喪已終。然后可衣祭服而祭也。然祭過時不祭。亦非補祥禫之祭。所謂殷祭。蓋吉祭也。義疏釋是。

曾子曰。父母之喪。弗除可乎。孔子曰。先王制禮。過時弗舉。禮也。非弗能勿除也。患其過於制也。故君子過時不祭。禮也。

鄭注曾子以其有終身之憂。孔子言制禮。以爲民中。過其時則不成禮。孔疏曾子疑聖人制變受之期。情禮之殺。使送死有已。復生不有節。是不許人子有不除之喪。若適子除君服後。乃有殷祭。庶子除君服後。無復殷祭。是其爲父母之服。一生不有除說之事。於禮可乎。孔子言。先王制禮。各有時節。若過則不追舉。非是不能除改也。正患其過於聖人之禮制也。又引君子過時不舉之事以證之。過時不祭。謂春雨露既濡。君子履之。怵惕思親。思親故設祭。若春時有事。不得行祭。至夏乃行夏祭。不復追補春祭。是禮也。如適子仕者。除君服。猶行殷祭。非爲感時。是孝子存親伸孝心也。陸氏佃曰。宰予曰。期可已矣。性之厚薄不同如此。彭氏廉夫曰。孔子語以過時弗除之變禮。曾子隆於孝遂。欲致其終身之憂。故孔子又語以此禮之不可過。若先所謂過時不除者。乃壓於君尊。不然則不可也。君子加厚於親。皆欲弗除。患其過制焉耳。江氏永曰。曾子問父母之喪。弗除可乎。乃更端之問。與上章不連。注得其指。過時不祭。以祭明喪。祭過時不祭爲禮。則過時不除。爲非禮。禮案非弗能除也。患其過於制。故檀弓上云。賢者俯而就之。子夏曰。先王制禮。而弗敢過是也。

曾子問曰。君薨既殯。而臣有父母之喪。則如之何。孔子曰。歸居於家。有殷事則之君所。朝夕否。

鄭注居家者。因其哀後隆於父母。殷事朔月月半薦新之奠也。孔疏殷大也。君殯既訖。君所無事。父母新喪。故歸家治喪。若君喪有朔月月半薦新大事。則適君所哭君。凡常朝夕。則不往哭君。唯在家爲父母治喪。若臣有父母喪。既殯。有君喪則歸君所。父母之喪。有殷事則歸。平常朝夕。恆在君處。孫氏希旦曰。不曰歸殯。而曰歸居。爲新喪既殯。亦在家可知矣。若父母之喪既殯。而有君喪。則之君所。君喪既殯而歸。其禮亦如此。與禮案說是也。歸居自是次於家也。君所有殷事。需人衆多。則來執事。示不敢以親喪廢國喪也。朝夕哭。則否者。以君所臣衆。缺一人無廢於事。父母喪。則子爲喪主。故不可離也。

曰。君既啓。而臣有父母之喪。則如之何。孔子曰。歸哭而反送君。

鄭注言送君。則既葬而歸也。歸哭者。服君服而歸。不敢私服也。孔疏歸哭父母而反往送君葬畢。還歸家。而治父母之喪。以此言之。父母之喪。既啓而有君之喪。則亦往哭於君所。而反送父母葬畢。而居君所。知既葬而歸者。以言送君。則葬罷而歸。則不待君之虞祭也。其君喪祔於卒哭。未知臣往君所與否。服君服者。上文云有君喪服於身。不敢私服故知也。孫氏希旦曰。疏謂不待虞祭。不待葬日之虞。人君五虞也。大夫士三日而殯。此君喪既啓。而有父母之喪。則殯親。固在君葬之後矣。以此見人君啓殯至葬不遠。而舊說謂諸侯之葬。朝廟六日而徧。天子八日而徧者。其不然決矣。禮案主於親。故歸哭。禮重於君。故反送也。哀

曰。君未殯而臣有父母之喪。則如之何。孔子曰。歸殯。反於君所。有殷事則歸。朝夕否。大夫室老行事。士則子孫行事。大夫內子有殷事。亦之君所。朝夕否。鄭注。歸殯反於君所。其哀雜。主於君。大夫士。其在君所之時。則攝其事。亦之君所。謂夫之君既殯。而有舅姑之喪者。內子大夫適妻也。妻爲夫之君。如婦爲舅姑。服齊衰。孔疏。前問既殯既啓。今問未殯。孔子曰。歸殯父母訖。反於君所。以未殯君。恆在君所。家有殷事。則暫歸。若尋常朝夕。則不歸也。盧氏云。人君五日而殯。故可以歸殯父母。而往殯君也。若臨君殯。則歸哭父母。而來殯君訖。乃還殯父母也。大夫士殷事。朝夕奠恆在君所。則在家朝夕之奠亦闕。奠不可廢。大夫尊。故遣室老行事。士卑。則子孫攝行。大夫者卿之總號。內子者卿之適妻。此明婦人有舅姑之喪。歸居於家。君有殷事亦之君所。同其夫也。若尋常朝夕則不往。案僖二十四年左傳云。趙姬請以叔隗爲內子。而已下之。叔隗爲趙哀妻。是大夫適妻也。若對而言之。則卿妻曰內子。大夫妻曰命婦。賀氏循曰。不思壓臣之故。君殯而父母喪有歸之義。欽定義疏云。喪莫重於附身附棺。一有不慎。悔之何及。斷非人子親之不可。附身之事。至殯而畢矣。故孔子於君未殯。言歸殯乃反於君所。明殯以前襲斂諸事。皆子當親之者也。蓋君之殯。世子親之。而臣特從之。君之殯不專此臣。則不殯必此臣之在。親之殯不可無子。則不可子之不在。故孔子權衡於天理人情之至。而曰歸殯而反於君所。雖君不奪人親也。禮案室老即曲禮上所云世臣是也。室猶家也。仕於家之謂室老。猶仕於朝之謂國老也。大夫妻曰內子。其未命者與。

賤不誄貴。幼不誄長。禮也。唯天子稱天以誄之。諸侯相誄。非禮也。鄭注。誄累也。累列生時行迹。誄之以作謚。謚當由尊者成。天子稱天以其無尊焉。春秋公羊說以爲讀誄制謚於南郊。若云受之於天然。諸侯禮當言誄於天子也。天子乃使大史賜之謚。孔疏。凡謚表其實行。當由尊者所爲。若使幼賤者爲之。則欲光揚在上之美。有乖實事。故不爲也。諸侯及大夫。其上有尊者。爲之作謚。天子則更無尊者。故爲天子作謚於南郊。告天。示若有天命然。不敢自專也。非但賤不誄貴。平敵相誄。亦爲不可。故云諸侯相誄非禮也。案白虎通云。君薨請謚。世子赴告於天子。天子遣大夫會葬而謚之。又檀弓云。公叔文子卒。其子戍請謚於君。大夫當請誄於君。諸侯當請誄於天子。案太史職云。小喪賜謚。鄭云。小喪。卿大夫也。卿大夫言賜謚。明諸侯之喪亦然。吳氏澄曰。誄哀死者之辭。如後世祭文志辭之類。鄭解誄爲謚。非也。如哀公誄孔子。何嘗爲孔子作謚。徐氏師曾曰。謚由尊者成。一則以分之所在。不可擅操。榮辱之權。一則以情之所在。恐其雜於虛美之私。此義行。名分正。美惡當矣。孫氏希旦曰。此章不言問答。又不云孔子曰。疑上有脫文。禮案孔子言相誄非禮。必當時諸侯僭天子之

禮有相誄者也若檀弓下之坐含進侯玉巫先拂柩之類

曾子問曰君出疆以三年之戒以椑從君薨其入如之何孔子曰共殯服則子麻弁絰疏衰菲杖入自闕升自西階如小斂則小免而從柩入自門升自阼階君大夫士一節也

鄭注其出有喪備疑入必異也戒猶備也謂衣衾也親身棺曰椑其餘可死乃具也其殯服此謂君已大斂殯服謂布深衣苴絰散帶垂殯時主人所服共之以待其來也其餘殯事亦皆具焉棺柩未安不忍成服於外也麻弁絰者布弁而加環絰也布弁如爵弁而用布杖者爲己病闕謂毀宗也柩毀宗而入異於生也升自西階亦異生也所毀宗殯宮門西也於此正冠而服殯服既塗而成服般柩出毀宗周柩入毀宗禮相變也免而從柩謂君已小斂也主人布深衣不括髮者行遠不可無飾升自阼階親未在棺不忍異入使如生來反孔疏此論諸侯出外死以喪歸之事諸侯或出疆朝會出時以三年之戒謂備衣衾之屬并椑棺而從也案大記云大棺八寸屬六寸椑四寸天子椑內猶有水兕諸公椑內猶有兕諸侯以椑爲親身孔子曰大斂之後主人從柩而歸則其家豫共主人殯時所著服於時主人在路未忍成服唯著布弁疏衰菲謂藨屨其身已病者拄杖士喪禮服杖同時今服未成而杖故云爲病也柩入宮時毀殯宮門西邊牆從柩而入以柩從外來如賓客故就西而升階也鄭云毀宗謂毀此宗廟之牆其處空闕故謂之闕於時聚塗既畢而成服也檀弓云毀宗躐行是從內而出免而從柩謂未大斂當小斂以後則子首不著麻弁身不服疏衰唯首著免身著布深衣而從柩案士喪禮從死至成服主人皆著布深衣小斂主人髻髮今著免以在外遠行不可無飾也柩入自門升自阼階猶如生也君大夫士一節言上來從柩之儀更無尊卑之異非但君死於道路亦然諸侯與大夫士一等也陸氏佃曰入自闕所謂觀闕是也宗廟在庫門外雉門內故君出疆薨入自闕大斂於阼殯於客位故入自闕升自西階禮案閔二年左傳大子奉冢祀故曰冢子君行則守有守則從從曰撫軍守曰監國又昭二十年公羊傳曹伯廬卒於師公子或爲主於國或爲主於家師何注云古者諸侯師出世子率與守國次宜爲君者持棺絮從以備不虞或時疾病不相代行故此云子不言世子以不必定世子也

曾子問曰君之喪既引聞父母之喪如之何孔子曰遂既封而歸不俟子

鄭注遂遂送君也封當爲窆子嗣君也孔疏此以君喪既引在塗而言遂故知遂送君也又云不俟子是不待子而先還若待封壙既畢必待子還之後今云既封而歸非封壙也故知封當爲窆窆下棺也胡氏銓曰封壙即歸不在子還之後鄭意謂子亦當速反而虞不俟封壙故讀封爲窆然長子歸虞餘子封壙乃歸也封如字黃氏應暘曰前云君既啓之後尚有祖祭越日而行故得歸哭此言既引則既行矣故不得歸哭而遂往禮案既啓猶及反哭既發紖則不及反哭矣故遂送君柩至壙待封竟即歸治親喪不及俟嗣君葬反日中之虞矣

曾子問曰父母之喪既引及塗聞君薨如之何孔子曰遂既封改服而往

鄭注封亦當爲窆改服括髮徒跣布深衣扱上衽不以私喪包至尊孔疏禮始死笄纚小斂括髮今臣聞君喪即括髮不笄纚者尋常是吉今忽聞君喪祭著笄纚則與吉同以首不可

無飾。故括髮也。雜記云。非從柩與反哭。無免於垣。故知葬時著免也。孫氏希旦曰。喪服未有不俟主人而先變者。始死主人尚未括髮。臣無括髮之理。此既改服。始死之服。自當弁絰耳。父母之葬。服斬衰可改。而深衣何不可弁絰之有。欽定義疏云。君親之喪。或先或後。有可互推者。君親一也。有不可互推者。殯則重親。親親也。服則重君。尊尊也。於此反覆權衡。見理之分殊處。見仁至義盡處。禮案。改服而往。待嗣君成服。然後反喪服。示所服爲君。非爲親也。既封。卽之君所。其葬曰虞。必來不及。大夫則室老行事。士則子孫行事矣。

曾子問曰。宗子爲士。庶子爲大夫。其祭也如之何。孔子曰。以上牲祭於宗子之家。祝曰。孝子某爲介子某薦其常事。鄭注。貴祿重宗也。上牲大夫少牢。介副也。不言庶使若可以祭然。孔疏。用大夫之牲。是貴祿。宗廟在宗子之家。是重宗。此宗子謂小宗也。若大宗子爲士。得有祖禰二廟。若庶子是宗子親弟。則與宗子同祖禰。得以上牲於宗子之家。而祭祖禰也。庶子爲大夫。得祭曾祖廟。已是庶子。不合立廟。崔氏云。當寄曾祖廟於宗子之家。亦以上牲。宗子爲祭也。祝告神辭云。孝子某。孝子謂宗子也。某是宗子之名。介子謂庶子爲大夫者。某是庶子名也。庶子卑賤之稱。介是副貳之義。方氏慤曰。宗子爲正。庶子爲助。故庶子謂之介子。內則謂衆婦爲介婦。亦此義。大夫之牲。以少牢爲上。故曰上牲。四時之祭。禮之常也。故曰常事。以其用介子之牲而祭。故言爲介子某薦。薦之於彼。執言執之於此。凡祭皆執而薦之。此言薦。下言執。互相備爾。孫氏希旦曰。此稱孝子介子。據祭禰廟言之也。若祭祖廟。則曰孝孫介孫。禮案。陳師衍曰。古人最重宗法。高祖之祭。高祖之適世主之。曾祖之祭。曾祖之適世主之。祖廟禰廟亦然。庶子家無廟。故以上牲祭於宗子之家。若庶人。本無廟。由庶人崛起爲大夫。則三廟。亦因大夫而立。自當立於大夫之家。其祭使曾祖之適主之。故曰士攝大夫。惟宗子。王制云。士立二廟。大夫立三廟。若宗子爲士。介子爲大夫。是曾祖之廟。爲介子立。非宗子立也。曲禮下曰。支子不祭。祭必告於宗子。故亦宗子主祭也。宗子爲士。不得以少牢祀先。故祝云爲介子薦也。

若宗子有罪。居於他國。庶子爲大夫。其祭也。祝曰。孝子某使介子某執其常事。攝主不厭祭。不旅。不假。不綏祭。不配。布奠於賓。賓奠而不舉。不歸肉。其辭於賓曰。宗兄宗弟宗子在他國。使某辭。鄭注。此之謂宗子攝大夫。攝主皆辟正主。厭厭飫神也。厭有陰有陽。迎主之前。祝酌奠奠之。且享。是陰厭也。尸稷之後。徹薦俎敦。設於西北隅。是陽厭也。此不厭者。不陽厭也。不旅。不旅酬也。假讀爲嘏。不嘏。不嘏主人也。不綏祭。謂今主人也。綏。周禮作墮。不配者。祝辭不言以某妃配某氏。布奠謂主人酬賓。奠觶於薦北。賓奠謂取觶奠於薦南也。此酬之始也。奠之不舉。止旅。肉俎也。謂與祭者。留之共燕。辭猶告也。宿賓之辭。與宗子爲列。則曰宗兄若子弟。昭穆異者。曰宗子而已。其辭若云。宗兄某在他國。使某執其常事。使某告。孔疏。案少牢饋食。司宮筵於奧。設饌畢。祝酌奠於鉶南。主人西面再拜稽首。祝曰。孝孫某。敢用柔毛剛鬣。嘉薦普淖。用薦歲事於皇祖伯某。以某妃配某氏。尚享。此所謂配也。今攝主則不配。少牢又云。尸入卽席坐。取俎擩於醢。祭於豆間。及祭黍稷肺等。是尸綏祭也。尸飯十一飯訖。主人酳尸。尸酢主人。主人拜受爵。上佐食取黍稷肺授主人。所謂綏祭也。少牢又云。主人左執爵。祝與二佐食。取黍以授尸。尸執以命祝。祝受以東北面。嘏於主人曰。皇尸命工祝。承致多福。無疆於女孝孫。所謂嘏也。今攝主。則不嘏也。案特牲主人受嘏之後。獻祝。及佐食。獻賓。又獻衆賓。訖。尊兩壺於阼階東西方。亦如之。主人酌西方之尊。以酬賓。奠爵於賓之薦北。賓取奠於薦南。而不舉也。主人獻長兄弟。又獻衆兄弟。訖。長兄弟加爵於尸。衆賓長又加爵於尸。訖。嗣子舉奠。訖。賓坐取薦南之爵。酬長兄弟。長兄弟酬衆賓。衆賓酬衆兄弟。所謂旅酬。今攝主不旅酬也。特牲云。旅酬之後。無算爵。祝告利成。尸起。主人降。佐食徹尸薦俎。設於西北隅。所謂陽厭。攝主不爲陽厭者。陽是神之厭飫。所攝主謙退。似若神未厭飫。然歸饋也。不歸俎肉於賓也。非但祭不備禮。其將祭之辭。初告於賓。與常禮亦別也。王氏懋竑曰。云宗弟者。或庶出而長也。禮案祝辭曰。孝子某使介子某者。謂奉宗子使攝祭。非已所當祭也。不嘏以非正適。不敢邀福於祖先也。

曾子問曰。宗子去在他國。庶子無爵而居者。可以祭乎。孔子曰。祭哉。請問其祭如之何。孔子曰。望墓而爲壇。以時祭。若宗子死。告於墓。而后祭於家。宗子死。稱名不言孝。身沒而已。子游之徒。有庶子祭者以此。若義也。今之祭者。不首其義。故誣於祭也。

鄭注。有子孫存。不可以乏先祖之祀。不祭於廟。無爵者賤。遠辟正主。言祭於家。容無廟也。孝宗子之稱。不敢與之同其辭。但言子某。薦其常事。至子可以稱孝。以用也。用此禮祭也。若順。首本也。誣猶妄也。孔疏。曾子以上文宗子有罪。在他國。庶子爲大夫。得攝祭。未知庶子無爵者。可祭否。孔子曰。祭哉者。以無正文。疑而度量之辭。宗子雖有廟在家。庶子無爵。不得就宗子之廟而祭。唯可望所祭者之墓爲壇。以四時致祭也。此宗子謂有罪者。若無罪。則以廟從。本國不得有廟。故喪服小記注云。宗子去國。乃以廟從。謂無罪也。孔子據宗子有爵而言。其廟在家。今宗子既死。庶子無所可辭。當云告於墓。而后祭於宗子之家。今直云祭於家。是祭於庶子之家。容宗子無爵。不立廟。或云祭於宗子之家。容庶子無廟也。一是庶子無爵。不合立廟。二是宗子無罪。居他國。以廟從也。孝子。是宗子之稱。若宗子在。得言介。今宗子死。不得稱介。至其子則稱孝也。子游之徒。有庶子祭者。而用此禮。謂庶子於古義若也。今世俗庶子祭。不尋本義之道理。妄爲祭法。不依典禮。徐氏師曾曰。子游祭以下。乃記者記之。以爲證。江氏永曰。家者對墓言之。祭於家。即是祭於廟。非謂無廟也。若無廟。則是庶人。庶人以時薦於寢。無牲。無尸。不成其爲祭。夫子亦不必言之矣。孫氏希旦曰。望墓爲壇以祭。所以辟正主。周公告於三王。爲三壇同墠。雖事與此異。而其爲壇之意。則與此同也。宗子在。庶子祭稱介。宗子死。無可副貳。故稱名也。禮案下文云。宗子爲殤而死。庶子弗爲後也。故此宗子死。而庶子不得爲宗後。若庶子又死。則庶子之適子。可以爲宗後矣。故稱名不稱孝。身沒而已也。何注春秋莊二十四年公羊傳云。小宗無子則絕。大宗無子則不絕。則此蓋大宗子也。大宗子客死。而祭祀不可無主。族人不可無統。故必爲之立後也。

曾子問曰。祭必有尸乎。若厭祭。亦可乎。孔子曰。祭成喪者。必有尸。尸必以孫。孫幼則使人抱之。無孫則取於同姓可也。祭殤必厭。蓋弗成也。祭成喪而無尸。是殤之也。鄭注尸言無益無用爲。厭時無尸。人以有子孫爲成人。子不殤父。義由此也。厭飫而已。不成其爲人。無尸與不成人同。孔疏曾子以祭神之本。無形無象。何須以生人象之。今祭生人。無益死者。若厭祭亦可。厭謂祭初。尸未入之前。祭末。尸既起之後。並皆無尸。直設饌食。以厭飫鬼神。孔子答祭以成人之喪。必須有尸。以象神之威儀。尸必以孫。孫幼則使人抱之。無則取同姓昭穆孫行適者可也。年若幼在殤。人道未備。不須立尸。故祭殤必厭。蓋弗成也。今祭成人喪。但厭飫而已。是與殤同也。江氏永曰。凡無尸皆爲厭祭。初祭末是厭。士虞禮謂有無人可爲尸而祭之者。亦是厭也。曾子之問。原不謂若殤祭之厭。且祭殤之陰厭陽厭。下文孔子答之。曾子始明。此處自是指無尸之厭。陸氏吳氏皆謂厭爲殤祭之名。則此句豈可通乎。禮案。大戴曾子天圓篇。無祿者稷饋。稷饋者無尸。無尸者厭也。盧注云。庶人無常牲。故以稷爲主。然則厭祭。必不備儀。則祭殤亦以稷爲主與。孔子曰。有陰厭。有陽厭。曾子問曰。殤不祔祭。何謂陰厭陽厭。孔子曰。宗子爲殤而死。庶子弗爲後也。其吉祭特牲。祭殤不舉肺。無肵俎。無玄酒。不告利成。是謂陰厭。凡殤與無後者。祭於宗子之家。當室之白。尊於東房。是謂陽厭。鄭注孔子言祭殤之禮。有於陰厭之者。有於陽厭之者。祔當謂備。聲之誤也。言殤乃不成人。祭之不備禮。而云陰厭陽厭乎。此失孔子指也。祭成人始設奠於奧。迎尸於前。謂之陰厭。尸稷之後。改饌於西北隅。謂之陽厭。殤則不備。宗子殤。族人以其倫代之。明不序昭穆。立之廟。其祭之就其祖而已。代之者主其禮。吉祭特牲。尊宗子從成人也。凡殤則特豚。自卒哭成事之後。爲吉祭。不告利成。此其無尸及所降也。其他如成人。舉肺脊肵俎利成。禮之施於尸者。陰厭是宗子而殤。祭之後於奧之禮。小宗爲殤。其祭禮亦如之。凡殤謂庶子之適也。或昆弟之子。或從父昆弟無後者。如有昆弟及諸父。此則今死者皆宗子大功之內親共祖禰者。言祭於宗子之家者。爲有異居之道也。無廟者爲墠祭之。親者共其牲物。宗子皆主其禮。當室之白。尊於東房。異於宗子之爲殤。當室之白。謂西北隅得戶明者也。明者曰陽。凡祖廟在小宗之家。小宗祭之亦然。宗子之適亦爲凡殤。過此以往。則不祭也。祭適者。天子下祭五。諸侯下祭三。大夫下祭二。士以下祭子而止。孔疏曾子不解孔子之指。謂祭殤簡。何備有陰厭陽厭。案喪服小記云。殤與無後者從祖祔食。今云不祔。與小記文乖。故知不祔當爲備。陰厭尸未入之前。陽厭當祭末謖起也。謂尸起之後。宗子殤以未成人。庶子不得代爲之後。宗子禮不可闕。明族人以其倫代之。倫謂輩也。與宗子昭穆同者。不爲後。不以父服服之。凡殤死者。宗子主其禮。今宗子殤死。代之者主其禮也。此宗子是大宗。族人但是宗子兄弟行。無限親疏。皆得代之。士祭成人特牲。今祭宗子。亦從成人之禮。凡殤降宗子殤。故用特豚。熊氏云。殤與無後者。唯祔與除服二祭則止。此言吉祭。唯據祔與除服也。肵是尸之所食歸餘之俎。玄酒重古之義。祭殤略。故無也。不告利成者。利猶養也。不告供養之禮成也。此三事本主於尸。今以無尸。故不爲此。宗子殤死。祭於祖廟之奧陰闇之處。是謂陰厭也。鄭既云小宗爲殤祭禮如大宗者。以前經云宗子爲殤而死。不顯大小。故知凡宗子之殤祭之禮皆然。必知此經指大宗者。以何休公羊註云。小宗無子。

則絕。大宗無子則不絕。重適之本。上文庶子不爲後。謂大宗子在殤而死。不得爲後。若非殤則得爲後。故知是大宗也。凡宗子成人而死。則得立子孫爲後。若立兄弟爲後。則不可。故成十五年公羊傳譏仲嬰齊。是公孫歸父之弟。當云公孫嬰齊而云仲嬰齊者。爲歸文之後。譏其亂昭穆。故云仲是也。凡殤謂非宗子之殤。無後謂庶子之身。無子孫爲後。此二者皆宗子大功內親。祭於宗子之家祖廟之內。不敢在成人之處。故於當室之明白顯露之處。爲之設尊於東房。以其明是陽。故爲陽厭也。凡殤有二。一是昆弟之子。祭之當於宗子父廟。二是從父昆弟。祭之當於宗子祖廟。其無後者。亦有二。一是昆弟無後。祭之當於宗子祖廟。二是諸父無後。祭之當於宗子曾祖之廟。孫氏希旦曰。凡殤自宗子以外。凡適庶之殤皆是也。無後謂成人而無後者。注疏謂庶殤不祭。以凡殤專爲適子之殤。非也。殤唯祔與除服二祭。雜記云。男子祔於王父則配。女子祔於王母則不配。女子未嫁亦未成人而祔。何以庶子之未成人不祔乎。雜記云。有父母之喪。尙功衰而祔兄弟之殤。則練祔可知。兄弟之殤。不限適庶。皆祔矣。然則凡殤之內。兼有宗子之親昆弟。而不止於注疏之所言者矣。祭於宗子之家者。祔必於祖。故於宗子之家。就祖廟而祔之。諸父無後者。祭於曾祖之廟。若曾祖無廟。則於祖廟祭曾祖而祔之。注謂爲壇祭之。亦非也。凡殤與庶子無後者。皆降於宗子。故祭之不於奧而於室之白也。曰陽厭者。以屋漏乃日光漏入之所也。無後則不得下敍昭穆。而使孫行者爲之尸。祭凡殤與無後者。其異於宗子者。唯祭之所。則其所用之牲。所行之禮。皆同也。萬氏斯大曰。殤孫雖祔祖。然祭祖時。孫不得與。故曰不祔祭。禮案祭成服之二厭。取義於祭所之幽明也。祭殤之二厭。取義於祭所之尊卑也。名雖同而實異。蓋陰厭設饌於奧。義猶正祭。惟無尸而殺其禮。猶上文攝祭之殺禮也。鄭注儀禮少牢饋食云。設饌當室之白。孝子不知神之所在。庶其享之於此。故陸氏佃云。陽厭其猶釋與是矣。

曾子問曰。葬引至於堩。日有食之。則有變乎。且不乎。孔子曰。昔者吾從老聃助葬於巷黨。及堩。日有食之。老聃曰。丘。止柩就道右。止哭以聽變。既明反而后行。曰禮也。反葬而丘問之曰。夫柩不可以反者也。日有食之。不知其已之遲數。則豈如行哉。老聃曰。諸侯朝天子。見日而行。逮日而舍奠。大夫使見日而行。逮日而舍。夫柩不蚤出。不莫宿。見星而行者。唯罪人與奔父母之喪者乎。日有食之。安知其不見星也。且君子行禮。不以人之親痁患。吾聞之老聃云。鄭注。堩。道也。變。謂異體。巷黨。黨名也。就道右者。行相左也。變。日食也。反。復也。已。止也。數讀爲速。舍奠。每將舍奠行主。侵晨。夜則近姦冦。爲無日而慝作。豫止也。痁。病也。以人之父母行禮。而恐懼其有患害。不爲也。孔疏。曾子以葬引至塗。値日食。則變常禮。而停住乎。不變而遂行乎。孔子答以已從老聃助葬於巷黨。遭日食。老聃令止柩。就道右止哭。以聽日食變動。既待日光明。反迴而後引柩行。案儀禮云。吉事交相左。凶事交相右。此既柩行而交相左者。以遭變止哭。不行凶禮。而從吉禮。據北出停柩在道東北向。對南向行人爲交相左。上反問云。夫柩務速葬。不可迴反。今止柩不行。不知日食休已之遲速。設若遲晚至夜。豈如疾行至墓。赴其吉辰也。老聃曰。唯罪人及奔父母之喪。見星而行。今若令柩見星而行。便是輕薄人親。與罪人同。痁病也。病於其危也。言不可使人之親。病於危亡之患也。方氏愨曰。夫柩不蚤出。不莫宿者。慮暗昧之中。而有不測之患也。苟日食而行柩。豈異夫蚤出莫宿乎。埏蓋恆行之塗也。言埏行之塗。防慎如此。則非恆之塗可知。孫氏希旦曰。柩向北行。縱塗以西爲右道。右道西也。止哭者。爲天災變也。聽變待日食之變也。罪人見星。以夜葬也。周禮司烜氏邦若屋誅。則爲明竁焉。賈疏云。司烜氏掌夜事。掌爲明竁。則罪人夜葬可知。荀子禮論云。刑餘罪人之喪。不得晝行。以昏殣。奔喪禮曰。父母之喪。見星而行。見星而舍。不以人之親痁患。謂不使其見星而行也。王氏引之曰。痁讀爲阽。臨也。近也。文選思元賦阽焦原而跟趾。李善引薛瓚漢書注曰。臨危爲阽。阽與痁通。痁患者。謂臨於患害。禮案停柩道右者。地道尚右。尊鬼神。且凶事尚右。亦義當然耳。止哭以聽者。恐日食天陰柩在中道發生他變。故靜而聽之。不曰待而曰聽者。以日若食既。則晦冥莫可顧望故也。

曾子問曰。爲君使而卒於舍。禮曰公館復。私館不復。凡所使之國。有司所授舍。則公館已。何謂私館不復也。孔子曰。善乎問之也。自卿大夫士之家曰私館。公館與公所爲曰公館。公館復。此之謂也。鄭注復始死招魂。孔子善其問難明也。公館若今縣官舍也。公所爲君所命。使舍己者。孔疏此論人臣死。招魂復魄之事。私館者。謂非君命所使。私相停舍。謂之私館。公館謂公家所造之館。與公所爲者。與及也。謂公之所使。爲命停舍之處。亦謂之公館。君所命停客之處。即是卿大夫之館也。但有公命。故謂之公館也。注公館若今縣官舍也。鮑遺問曰。注此云。公所爲君所命。使舍己者。注雜記云。公所爲。若今離宮別館也。此二說異何。張逸答曰。公館若今停待者也。離宮是也。聘禮曰。卿館於大夫。大夫館於士。公命人使館客。亦公所爲也。方氏愨曰。公館之禮宜隆。故復。私館之禮宜殺。故不復也。禮案雜記上云。諸侯行而死於館。則其復如於其國。大夫士如於館死。則其復如於其家。此公館復也。私館私自舍館於人。若論語謂孔子主於顏讎由。檀弓上燕人來舍子夏氏之屬。以身是客。故死不得行凶禮於朋友之家。故私館不復也。

曾子問曰。下殤土周葬於園。遂輿機而往。塗邇故也。今墓遠則其葬也如之何。孔子曰。吾聞諸老聃曰。昔者史佚有子而死。下殤也。墓遠。召公謂之曰。何以不棺斂於宮中。史佚曰。吾敢乎哉。召公言於周公。周公曰。豈不可。史佚行之。下殤用棺衣棺。自史佚始也。鄭注土周堲周也。周人以夏后氏之堲周。葬下殤於園中。以其去成人遠。不就墓也。機輿尸之牀也。以繩絚其中央。又以繩從兩旁鉤之。禮以機舉尸。輿之以就園。而斂葬焉。塗近故耳。輿機或爲餘機。今人斂下殤於宮中。而葬於墓。與成人同。墓塗乃遠。其葬當輿其棺乎。載之也。問禮之變也。墓遠蓋欲葬墓。如長殤從成人也。長殤有所葬車者。則棺載之矣。史佚成王時賢史也。賢猶有所不知。召公欲其斂於宮中。如成人也。斂於宮中。則葬當載之敢乎哉。畏知禮也。召公爲史佚問。周公言。是豈於禮不可。不許也。史佚失一指。以爲許也。遂用召公之言。用棺謂之斂於棺。孔疏曾子見時所行與古禮異。故擧事而問也。下殤謂八歲至十一也。園圃也。與猶抗也。機者以木爲之。狀如牀。無腳及輄簀也。先用一繩直於中央。繫著兩頭之榪。又別取一繩。繫一邊材。橫鉤中央直繩報還。鉤材。往還取匝兩邊。悉然。而後以尸置於繩上。抗擧以往園中。臨斂時當堲周之上。先縮除直繩。則兩邊交鉤之繩。悉各離解。而尸從機中央落入堲周中。故云輿機而往也。若成人墓遠。則以棺衣棺於宮中。案檀弓云。夏后氏之堲周葬中殤。據士及庶人也。若諸侯長中下殤。適者有遺車。諸侯庶殤亦車一乘。皆不用堲周輿機也。諸侯庶下殤。則輿機。其大夫適長殤中殤。亦車一乘。下殤無車。則輿機。然則王之適庶長中下殤皆有遺車。並不輿機。士及庶人適庶皆無遺車。則中下殤並皆輿機。故熊氏云。若無遺車。中從下殤。其長殤既無遺車。年又長大。不可與下殤同。蓋棺斂於宮中。載棺而往之墓。從成人也。曾子見時世禮變。問其葬儀如何。孔子擧史佚。謂失禮所由之人。召公名奭。周公云豈者。怪拒之辭。又云不可。是不許之辭。云棺衣棺自史佚始。明昔非唯於宮中不棺。亦不衣也。陸氏佃曰。豈不可言可也。下殤雖不棺斂於宮中。卽塗遠而欲拘墓近之制。是謬也。故召公權之。周公與焉。吳氏澄曰。園墓園。與與昇通。共以手擧之也。機尸之床也。往往就葬也。周人葬下殤。蓋不用棺。但以衣斂尸。而置之尸床。不用車載。衆手昇之以往。曾子問若園墓近。可如此。若去墓之塗遠。則輿機。亦不可。孔子遂引史佚之事以答。蓋史佚曾葬下殤之子。而其墓遠。方疑於昇尸之不可。而召公勸以棺斂於宮中。史佚以前未有此禮。恐如成人。故有所不敢。周公曰。豈不可。蓋禮有從權而以義起者。墓近則昇機。墓遠則棺斂。而車載以往。雖前時禮所未有。然亦無害於義也。禮案此所謂衣者。蓋斂衣也。意古者殤喪禮殺。旣襲而已。不更斂以衣衾也。故召公曰。何以不棺斂於宮中。而史佚行之。後世從之。故曰。自史佚始也。

曾子問曰。卿大夫將爲尸於公。受宿矣。而有齊衰內喪。則如之何。孔子曰。出舍於公館以待事。禮也。

鄭注吉凶不可以同處。孔疏此曾子言卿大夫或爲尸而已受宿齊戒。而門內有齊衰之喪。其禮如何。孔子曰。且舍公館。待事畢。然後歸哭也。所以出於公館者。以祭是吉。吉凶不可同處也。孫氏希旦曰。宿謂祭前宿尸也。鄭氏特牲禮注云。宿當爲肅進也。進之者。使知祭日。當來。人君祭前三日卜尸。既卜吉。乃宿之。既受宿。則祭日己迫。不可復改卜。故雖有齊衰內喪。而不可已也。齊衰內喪。同門齊衰之喪也。禮案爲君尸者。既受宿。齊衰內喪。皆出以待事。然則受宿而廢者。惟斬衰及母妻之齊衰矣。

孔子曰。尸弁冕而出。卿大夫士皆下之。尸必式。必有前驅。

鄭注爲君尸或弁者。先祖或有爲大夫士者。皆下之。見而下車。尸小俛禮之。前驅爲辟道。孔疏案士虞禮。尸服卒者之上服。以君之先祖有爲士者。當著爵弁。以助君祭。故子孫祭之。尸得服爵弁者。若以助君祭服言之。大夫著冕。注云。大夫因上連言耳。案儀禮特牲。尸服玄端。少牢又云。尸服朝服。尸皆服在家自祭之服。不服爵弁及冕者。大夫士卑。屈於人君。故尸服父祖自祭之上服。人君禮伸。故尸服助祭之上服也。尸或出於道路。其卿大夫乘車見尸。則下車。尸當馮式。小俛以敬之。出行則有前驅。辟道之人。孫氏希旦曰。人君出則有前驅。左傳公子歂犬。華仲前驅是也。禮案此孔子不待問而爲曾子言也。卿大士皆下之。尸必式。解見曲禮上。前驅卽蹕止行人。尸尊與主君同也。

子夏問曰。三年之喪。卒哭。金革之事。無辟也者。禮與初有司與。孔子曰。夏后氏三年之喪。既殯而致事。殷人既葬而致事。記曰。君子不奪人之親。亦不可奪親也。此之謂乎。子夏曰。金革之事。無辟也者非與。孔子曰。吾聞諸老聃曰。昔者魯公伯禽有爲爲之也。今以三年之喪從其利者。吾弗知也。

鄭注。子夏疑有司初使之然。致事。還其職位於君。則卒哭而致事。不奪人親。不可奪親。二者恕也。孝也。金革無辟。疑禮當有然。伯禽周公子。封於魯。有徐戎作難。喪卒哭而征之急王事也。征之作費誓。從其利者。時多攻取之兵。言非禮也。孔疏。子夏以人遭父母喪。卒哭後。國有金革戰伐之事。無敢辭辟。爲是禮當然與。爲當初時有司強逼遣之與。皇氏云。夏后氏尚質。孝子喪親。君事不敢久留。故既殯致事還君。殷人漸文。思親彌深。故葬畢始致事還君。周人極文。悲哀至甚。故卒哭而致事。知周卒哭致事者。以喪之大事有三。殯也。葬也。卒哭也。夏既殯。殷既葬。以此推之。故知周卒哭也。君子謂人君也。人臣有親喪。許其致事。是不奪人思親之心。以己情恕彼。此據君許其下也。不可奪親。謂臣遭親喪。若不致事。是自奪思親之心。故遭喪須致事。是不奪情以從利祿。此謂孝也。據孝子之身。舊記有此文。故孔子引之云。二者恕也。孝也。子夏既見魯君居喪。有金革之事。疑其非禮也。故問之。孔子云。吾聞諸老聃曰。昔者魯君伯禽卒哭而從金革。時有徐戎作亂。東郊不開。故征之。有爲爲之也。案史記魯世家云。徐戎作難。尚書序云。卒哭而征之。急王事也。然周公致仕之後。成王卽位之時。周公猶在。則伯禽爲母喪也。今以三年之喪。而從金革之事。更無所爲。蓋直貪從於利。言不知。是不得此禮也。張子載曰。據稱所記老聃之說。未嘗不謹禮。然其書去聖棄知。絶滅禮學。何也。老子爲人。必是簡易。見孔子盛容貌。謹擧止。故言去子之驕氣恣色。及孔子之問禮。不得不以禮對。應氏鏞曰。曾子深知天下之義理無盡。而事物亦日新而無窮。有非夫人意料之所可及。故歷擧喪祭吉凶雜出不齊之事而問。夫子隨事剖析。而決其疑。遂使千百載之下。遇變事而知其權者。亦如處約之事而不失其經焉。此皆其問答之功也。段氏玉裁曰。孔子之言。三代並擧。以周人卒哭而致事答子夏。問三年之喪卒哭。應否金革之事不避。一問一答。皆重卒哭二字。卒哭以前。無不避金革之事。不待言也。若至於卒哭。則周人方致事。甯有不避金革之禮。故經重周人句。自唐石經無周人卒哭而致事一句。以後各經皆然。今案有者孔穎達之本。無者皇侃之本。孔氏正義曰。子夏曰。金革之事無避也者。孔子既前答周人卒哭而致事。則無從金革之理。子夏既見周代行金革無避之事。謂其禮當然。故問孔子云。金革之事無避也者。豈非禮也與。據此疏明云。孔子前答周人卒哭而致事。則孔本經之必有七字無疑也。禮案據疏義。則周公在。伯禽喪母期。不得行三年之喪矣。而此云三年者。蓋父母之喪三年不從政也。宣元年公羊傳。古者臣有大喪。則君三年不呼其門。已練可以弁冕服金革之事。君使之。非也。臣行之。禮也。閔子要經而服事。既而曰。若此乎。古之道。不卽人心。退而致仕。孔子蓋善之也。夫閔子之謂親。可謂能自致者矣。此孔子所引與雜記下文同。彼文作君子不奪人之喪。亦不可奪喪也。

禮記通釋卷二十六

玉環戴禮

文王世子第八

孔疏案鄭目錄云。名曰文王世子者。以其記文王爲世子時之法。此於別錄屬世子法。孫氏希旦曰。此篇首言文王武王爲世子。及周公教成王之事。次言大學教士之法。次言三王教世子之法。次言庶子正公族之法。次言養老之事。末引世子之記以終之。其第二篇第四篇第五篇。若無與於世子之事。然國學之教。王大子王子皆造。亦莫非所以教世子也。而人君親睦九族。尊事耆老。必自其孝於親者推之。則其本。亦皆由於爲世子之能盡其道。故廣言之。禮案篇名文王世子者。以文王之孝。可垂則萬世。故首言文王之爲世子也。而因以名篇。亦高山仰止。景行行止之意。大戴禮保傅云。夫教得而左右正。左右正則大子正。大子正而天子定矣。此之謂也。

文王之爲世子。朝於王季日三。雞初鳴而衣服。至於寢間外。問內豎之御者曰。今日安否何如。內豎曰安。文王乃喜。及日中又至。亦如之。及莫又至。亦如之。其有不安節。則內豎以告文王。文王色憂。行不能正履。王季復膳。然後亦復初。食上。必在視寒煖之節。食下。問所膳。命膳宰曰。末有原。應曰諾。然後退。鄭注三皆曰朝。以其禮同。內豎小臣之屬。掌外內之通命者。御如今小史直日矣。文王乃喜。孝子恆兢兢。又復也。莫夕也。節謂居處故事。履蹈地也。復膳。飲食安也。復初。憂解。在察也。問問所食者。末猶勿也。原再也。勿有所再進。爲其失飪。臭味惡也。退反其寢。孔疏案緯候之說。文王年九十六始稱王。崩後謚之曰文。則爲世子之時。未得爲文王也。記者於後追而書之。下記世子朝父母。每日唯二。又內則云。命士以上。昧爽而朝。日入而夕者。朝禮具。夕禮簡。故言夕。今三皆曰朝者。以其禮同。故通言朝。凡常世子朝父母每日唯二。今文王朝於王季日三者。是聖人之法。食上謂獻饌。食下謂徹饌。文王問進饌之人。其父所膳何食。又命戒膳宰言。在後進食。皆須新好。無得使前進之物。而有再進。乃退反其私寢。劉氏彝曰。文王之於王季。夜不遑寐。故其旦旦雞鳴而衣冠已具。內豎曰安。文王乃喜。以其達旦懷憂。則其喜形於色也。色憂行不能正履。心有所懼。則色形其憂。急侍其親。則履不能正也。方氏穀曰。日出爲朝。陽之始也。日入爲莫。陰之始也。日中爲晝。陰陽之始也。陰陽之氣。至於三時。不能無變焉。而人之氣血。與天地陰陽。相爲流通。故人子之事親。每於是時。必問其安否。然世子之記。止言朝夕至於大寢門之外。而此言雞初鳴而衣服至於寢門外。則盥漱之時。猶未雞鳴。朝之時。猶昧爽矣。又有日中之朝。此蓋聖人之制也。萬氏斯大曰。在當如字解。後同。禮案史記周本紀。王季姬姓名歷。文王名昌。武王名發。尚書泰誓謂武王伐商。尚稱文考。及大告武成。始稱文王。蓋王季文王。皆爲殷西伯。武王王天下。乃追王也。此云王季文王。及下文武王稱文王爲君王。皆記者之言耳。子事父母。晨省昏定。天下之達禮也。故篇末世子記亦止謂朝夕之朝。文王三朝。日中又至。問安者。愛親之深。踰於常禮也。雞初鳴。而衣服至於寢門外。即內則雞初鳴。咸盥漱。櫛縰笄總。適於父母之所。問衣燠寒也。彼文降德兆民。故人子親入寢所。王侯侍御有人。故止於門外也。問安否者。以一夕未親顏色。恐或攖疾也。亦如之者。日中日莫。皆如早朝之禮也。節。時也。有不安時。謂疾痛也。文王聞王季欠安。憂甚見於容色。故行步失其常度也。復初。復故也。曲禮上曰。父母有疾。冠者不櫛。行不翔。言不惰。疾止復故是也。食上。必在王季左右。省飲饌精粗。察寒煖之節。若孟子冬日飲湯。夏日飲水。內則食齊視春時。飲齊視冬時之類。下。徹也。問所膳。知其所嗜。便再進也。末有原。猶大戴曾子立孝云。飲食移味也。亢倉子訓道仲尼曰。文王之為太子也。其大孝矣。朝夕必至乎寢門之外。問寺人曰。茲日安否何如。君后有過。怡聲以諫。君后所愛。雖小物必嚴襲。是故孝成於身。道洽天下。雅曰。文王陟降。在帝左右。言文王靜作進退。天必贊之。故紂不能害。夢啓之壽。卜世三十。卜年七百。天所命也。善事父母之所致也。

武王帥而行之。不敢有加焉。文王有疾。武王不說冠帶而養。文王一飯亦一飯。文王再飯亦再飯。旬有二日乃閒。

鄭注武王庶幾程式之。帥循也。不說冠帶。言常在側。欲知氣力箴藥所勝。間猶瘳也。孔疏案爾雅釋言。庶幾尚也。慕尚之義。言武王慕尚文王。以為程限法式。帥循也。釋詁人。經云不敢有加焉者。以武王伐紂。功業既成。恐有踰越文王之嫌也。若病重之時。病恆在身。無少間空隙。病今既損。不恆在身。其間有空隙。病。故云間猶瘳。瘳是疾減損也。莊氏夏曰。天下之理。惟極其至。則不可以復加。文王之事親。豈有一毫之不至哉。武王而復求加。則非可傳也。非可繼也。故武王不敢有加禮。案不敢有加。恐掩親之善。此檀弓上謂曾子之所以責子夏。以西河之民疑女於夫子也。不說冠帶而養。所夕在側。夜不就枕也。一飯再飯。謂文王食減。故武王憂而不多食。文王食增。則武王憂減。亦能飽也。旬有二日者。記者紀文王病十有二日。而厥疾乃瘳也。

文王謂武王曰。女何夢矣。武王對曰。夢帝與我九齡。文王曰。女以為何也。武王曰。西方有九國焉。君王其終撫諸。文王曰。非也。古者謂年齡。齒亦齡也。我百爾九十。吾與爾三焉。文王九十七乃終。武王九十三而終。

鄭注間後容臥。帝天也。撫猶有也。言君王則有受命之後也。年天氣也。齒人壽之數也。九齡九十年之祥也。文王以勤憂損壽。武王以安樂延年。言與爾三者。明傳業於女。女受而成之。君子曰終。終其成功。孔疏文王疾瘳。武王得安睡。文王問爾其何夢。武王對曰。夢見天帝與我九齡之言。文王云。天既與女。九齡之言。女以九齡為何事也。武王曰。齡善也。是福善之事。西方有九國未賓。既夢得九種齡善。君王其終撫有也。言王終九有之。文王曰。女之所言非也。古者稱年為齡。稱齒亦為齡。天既與女九齡。女得九十年之祥。是我為百。爾為九十。吾與爾三。言我百年中。與爾以三年焉。皇氏云。齡謂鈴鐸。謂天以九個鈴鐸。而與武王。偏驗書本。齡皆從齒。大戴禮云。男八月生齒。八歲而齔齒。是人壽之數也。又年穀一孰而零落。人之年老。齒亦零落。是年之與齒。俱有零落之義。胡氏銓曰。案文王三分有二。今云九國未賓。足明此稱君王者。不足信也。人之考折。天定其數。今曰吾與爾三。是不知命。非文王之言也。文王受命惟中身。謂五十也。享國五十年。則百矣。云九十七非也。李氏惇曰。案武王九十三而終之說。亦妄也。成王踐阼書曰。沖人。邗晉應韓。皆成王之弟。豈武王諸子。皆生於八十後乎。邑姜爲武王元妃。其年亦當相並。成王叔虞。皆邑姜子。於理更不可通。史記周本紀。武王既克商。告周公曰。告汝維天不享殷。自發未生於今六十年。如其說。武王克商。年尚未六十。亦一證也。禮案文王疾瘳。武王始敢安枕。而猶未歸私寢。假寐於文王之側。必疲極而寤失時。故文王以其久睡。疑有異夢。而詢之也。與猶錫。齡猶齒也。周爲西伯。統西方諸侯。云終撫則其時猶有未向化者也。九國未詳。年齡齒亦齡。言天錫汝九齡。非撫有九國。乃享年九十耳。文王精易。故知已壽百歲。與三言減三年。以增武王。此實記者之誣。胡氏駁之極當。蓋人莫不愛其子。使壽而可移。則慈父無殤子矣。

成王幼。不能涖阼。周公相。踐阼而治。抗世子法於伯禽。欲令成王之知父子君臣長幼之道也。成王有過。則撻伯禽。所以示成王世子之道也。鄭注涖視也。不能視阼階行人君之事。踐履也。代成王履阼階。攝王位。治天下也。抗猶舉也。謂舉以世子之法。使與成王居而學之。以成王之過。擊伯禽。則足以感喻焉。孔疏武王既終。成王幼弱。不能涖阼階。行人君之事。周公乃輔相成王。令成王且在學。學世子之道。周公代成王。踐履阼階。攝王位。而臨天下。乃與舉世子之法於伯禽。伯禽舉行世子之法。以示成王。欲令成王觀而法之。使知父子君臣長幼之道。若成王法效伯禽。不能備具。而有過失。周公則笞撻伯禽。責其不能以世子之禮教成王也。必如此者。所以示成王。世子之道。吳氏棫曰。書所謂位冢宰。正百工。與詩所謂攝政。皆在成王諒闇之年。非以幼冲而攝。而其攝也。不過位冢宰而已。非如荀卿所謂攝天子位之事也。三年之喪。二十五月而畢。方其畢時。周公固未嘗攝位。亦非有七年而後還政之事也。百官總已。以聽冢宰。未知其所從始。如殷之高宗已然。不特周公行之。此皆論周公者所當先知也。吳氏澄曰。案此篇。周公教成王。可謂曲盡。但稽之事實。武王崩。成王幼。管蔡流言。殷人謀叛。其時周公。卽出居東。伯禽亦就封。而征徐戎。其後周公。三年而歸。卽相成王東征。安得有伯禽同學。而效之。記者誤傳。爲武王崩後事乎。赫氏懿行曰。既云周公相則非攝王位也。鄭蓋誤信明堂位之謬說。禮案史記周本紀。成王名誦。涖臨也。阼者君之階。故人君卽位。謂之踐阼。鄭注周禮閽胥云。撻扑也。大戴保傅曰。昔者周成王。幼在繈褓之中。周公爲大傅。以臣不可投君以夏楚。故成王有過。則撻伯禽。

文王之爲世子也。鄭注題上事。孫氏希旦曰。此書篇之名也。此篇合六篇爲一篇。自第一篇至第三篇。其篇名題於篇末。第六篇則引於篇首。惟第四篇第五篇不可考耳。禮案言此上爲文王世子之法。武王則帥循其行。成王則成之周公。而其原。蓋本諸文王爲世子之法也。

凡學世子及學士。必時。春夏學干戈。秋冬學羽籥。皆於東序。小樂正學干。大胥贊之。籥師學戈。籥師丞贊之。胥鼓南。春誦夏弦。大師詔之。瞽宗。秋學禮。執禮者詔之。冬讀書。典書者詔之。禮在瞽宗。書在上庠。鄭注四時各有所宜。學士謂司徒論俊選所升於學者。干盾也。戈句子戟也。干戈萬舞象武也。用動作之時學之。羽籥籥舞象文也。

羽籥。小樂正，樂師也。周禮樂師掌國學之政，教國子小舞。大胥掌學士之版，以待致諸子。春入學，舍菜合舞；秋頌學合聲。籥師掌教國子舞羽吹籥。南，南夷之樂也。胥掌以六樂之會正舞位。旄人教夷樂，則以鼓節之。詩云以雅以南以籥不僭。誦謂歌樂也。弦謂以絲播詩。陽用事則學之以聲，陰用事則學之以事，因時順氣，於功易成也。周立三代之學，學書於有虞氏之學，典謨之教所興也；學舞於夏后氏之學，文武中也；學禮樂於殷之學，功成治定與己同也。孔疏：學謂教也。言三王教世子及教士等，必各遂四時所宜。卽下云春夏學干戈，及春誦夏弦之類是也。春時萬物有孚甲，故象干以用干，故知象武。大武以干配戚，明堂位云：朱干玉戚，冕而舞大武。小舞以干配戈，周禮樂師教小舞，干舞是也。羽翟、羽籥、笛也。不用兵器，故象文也。周禮籥師掌教國子舞羽龡籥。是籥師既教戈，又教籥。此小樂正教干，周禮樂師教小舞，則六舞皆教，故知通職至秋冬之時，亦教羽籥也。此有大樂正、小樂正，周禮有大司樂，有樂師，周禮惟有籥師，此云籥師丞者，或諸侯之禮，或異代之法。胥，大胥。擊鼓以節南樂，故云胥鼓南。誦謂口誦歌樂之篇章，不以琴瑟歌也。弦謂以琴瑟播被詩之音節，詩音則樂章也。若學舞之時，春夏學干戈而用動，秋冬學羽籥而用靜。皆據年二十升於大學。夏后氏之學在上庠，卽周之大學。爲夏之制也。虞書有典有謨，故就其學中而教之。則周之小學，爲虞庠也。劉氏彝曰：周立四代之學，謂一處並建四學。辟雝居中。其北爲有虞氏之學，其東爲夏后氏之學，其西爲殷人之學。學干戈羽籥者，就東序；學禮者，就瞽宗；學書者，就虞庠；其辟雝，惟天子出師，成謀受俘，大射就焉。當天子至辟雝，則三學之人，環水而觀矣。陳氏暘曰：南亦雅樂名，猶九夏樂章名之曰夏。南與夏皆屬文明之方，故明曰南。以雅以南是也。程氏迥曰：以雅以南，以籥不僭。左傳象箾南籥。杜預云：南籥當爲文樂。劉炫釋詩云：當如周南，未故正指爲二南也。夫周備六代之樂，韶夏護武並列，何獨取夷樂以配文王之象舞，且四夷獨取其一與？箾之舞，籥之奏，南明是文王之詩矣。江氏永曰：案鄭注及釋文，學士之學，本讀如字。吳氏、陳氏謂皆音效，非也。孫氏希旦曰：周禮大師教六詩，以六德爲之本，六律爲之音。執，持也。典，主也。周禮大司樂之屬，無教書禮之事。執禮典書，蓋以他官之習於書禮者充之。瞽宗，殷學也。瞽，大師也。宗，尊也。殷學以祀先賢，而三時釋奠，大師首行其禮，故曰瞽宗。上庠，有虞氏之學也。禮案：南自是南籥，宋儒說是，注疏非也。執禮典書，蓋大司成之屬。明堂位云：瞽宗，殷學也。又盧注大戴保傅以東序、瞽宗、虞庠並言。則瞽宗明係殷學，非虞庠。孫說是也。

凡祭與養老乞言合語之禮。皆小樂正詔之於東序。大樂正學舞干戚。語說命乞言。皆大樂正授數。大司成論說在東序。

鄭注：學以三者之威儀也。養老乞言，養老人之賢者，因從乞善言可行者也。合語，謂鄉射、鄉飲酒、大射、燕射之屬也。鄉射記曰：古者於旅也語。大樂正學以三者之義也。戚，斧也。語說，合語之說也。數，篇數。論說，課其義之深淺，才能優劣。此云樂正司業，父師司成，卽大司成，司徒之屬，師氏也。師氏掌以媺詔王，教國子以三德三行，及國中失之事也。孔疏：此一節總包三事也。一是祭，二是養老乞言，三是合語之禮。皆小樂正之官，詔告世子及學士於東序之中，教以三者威儀容貌。此經先云祭與養老乞言，別云合語，則合語非祭與養老也。故知是鄉射鄉飲酒及大射云燕射之等。指儀禮成文而言之。以其至旅酬之時皆合語也。其實祭未及養老亦皆旅酬之時。故詩楚茨論祭祀云笑語卒獲。箋云古者於旅也語。是祭有合語也。養老既乞言。自然合語。引鄉射證合語也。時得言說先王之法言。合語者。謂合會義理。而語說也。祭祀則舞干戚。不云祭祀。而云舞干戚者。容祭祀之外。餘干戚皆教之語。說義理。命乞言者。命世子及學士於老者而乞言。前經云祭故養老乞言。與祭相連。此不云祭。故略其養老在乞言之下。授數謂干戚語說乞言三者。皆大樂正之官。授世子及學士等篇章之數。於是大司成之官。論量課說世子學士等義理之深淺才能之優劣於東序之中。鄭引師氏以證詔王以下皆師氏職文。中謂中禮。失謂失禮。王氏安石曰。下文所謂樂正司業。即此大樂正授數是也。所謂父師司成。乃下文所謂大傅在前。少傅在後。入則有保。出則有師。以成世子之德者也。其所論說者。即舞干戚語說乞言之數。爲講論而詳說之也。上所謂干戈羽籥之舞。弦誦之歌。書禮之文。無一不盡。而非教者爲之論說。則習其事。不明其義。誦讀其言。不明其指歸。與不學無異。大司成所以在東序爲之一論說也。江氏永曰。案此皆言學中之事。不祭謂釋奠釋采也。乞言合語。皆養老時之禮也。其禮行於登歌清廟之後。下管象舞大武之前。下經云旣歌而語。以成之也。言父子君臣長幼之道。合德音之致。禮之大者也。分言之。君求言於老人爲乞言。三老五更羣老與君言父子君臣長幼之道。爲合語。合言之乞言合語皆謂之語。內則謂三王皆有惇史。惇史所以記此言語也。行禮以靜默爲敬。唯旅酬時以酒相勸。乃可言語。養老之合語。歌後特行之。非若旅酬時之笑語也。大司成一官。專講說其義理。故下文有侍坐於大司成函丈。問答之事。此經官名官制。不必盡與周禮合。鄭以師氏當大司成。非也。孫氏希旦曰。國語申叔時曰。教之語。使明其德。而知先王之務用明德於民也。周禮大司樂以樂語教國子。與道諷誦言語是也。大司成。言其主成國子之業。大司樂所謂有道者。有德者使教焉。死則以爲樂祖祭於瞽宗是也。大司成無定人。無專職。必其位望尊重。而道德充盛者。乃得爲之。詔其禮。授其數者所以習其事也。論說者。所以明其義也。習其事者易。明其義者難。此所以必屬之大司成也。禮案。禮莫重於祭。教莫先於孝。釋奠養老於學。所以教數也。教孝也。而詔禮教舞論說者。皆所以文此焉也。養老乞言。始於三王。非五帝法也。內則曰凡養老。五帝憲。三王有乞言是也。

凡侍坐於大司成者。遠近閒三席。可以問。終則負牆。列事未盡不問。

鄭注。閒猶容也。容三席。則得指畫相分也。席之制。廣三尺三寸三分。則是所謂函丈也。負牆。卻就後席相辟。不問。錯尊者之語。不敬也。孔疏。國子侍坐於大司成。遠近中間。可容三席之地。席制廣三尺三寸三分。寸之一。三席則函一丈。可以指畫而問也。問終則起。卻就後席。負牆而坐。辟後來問者。其問事之時。必待尊者言終。如有不曉。然後更問。若尊者序列其事。未得終盡。則不後。可錯亂尊者之語而輒有咨問也。方氏慤曰。可以問者。聲足以相聞。又不至大逼也。陸氏佃曰。負牆。致竦敬也。據子夏蹙然而起。負牆而立。傳曰。一命而傴。再命而僂。三命循牆而走。蓋古之人有所受。皆如此。禮案。負背也。問終則下席。背倚牆而立。爾雅釋宮。東西牆謂之序。大戴王言云。曾子懼。退負序而立是也。

凡學。春官釋奠於其先師。秋冬亦如之。

鄭注。官謂禮樂詩書之官。周禮曰。凡有道者。有德者。使教焉。死則以爲樂祖。祭於瞽宗。此之謂先師之類也。若漢禮有高堂生。樂有制氏。詩有毛公。

書有伏生億可以爲之也不言夏夏從春可知也釋奠者設荐饌酌奠而已無迎尸以下之事孔疏此論四時在學釋奠之事凡學謂禮樂詩書之學教書之官春時於虞庠釋奠於先代明書之師以教禮之官秋時於瞽宗釋奠於先代明禮之師官謂所教之官若春誦夏弦則大師釋奠也教干戈則小樂正樂師等釋奠也教禮則執禮之官釋奠之師也引周禮大司樂文證樂之先師也後世設奠祭之然則禮及詩書之官有道有德者亦使教焉死則以爲書禮之祖後世亦各祭於其學也故云此之謂先師之類以大司樂掌樂故物云樂祖此經唯有詩書禮樂故不引易與春秋釋奠直奠置於物無食飲酬酢之事主於行禮非報功也魏氏了翁曰經各立師周典安有是哉古者民以君爲師仁鄙壽夭君實師之而臣則輔相之人君以師保萬民者也自孔子以前曰聖曰賢有道有德則未有不生都顯位沒祭大烝者此非諸生所得祠也禮案釋奠奠菜而已不用牲幣也先師只是言當代之師非謂先代之師故釋奠之禮簡也

凡始立學者必釋奠於先聖先師及行事必以幣

鄭注謂天子命之教始立學官者也先聖周公若孔子孔疏始立學云必用幣則四時常奠不用幣也此謂諸侯新建國天子命之始立學也下文云有國故則否故知此據諸侯也立學爲重故及先聖常奠爲輕故唯祭先師劉氏彝曰周有天下立四代之學虞庠則以舜爲先聖夏學則以禹爲先聖殷學則以湯爲先聖東膠則以文王爲先聖各取當時左右四聖成其德業者爲之先師以配享焉此天子立學之法也欲使國之冑子學士及其事則景仰先聖先師之道以爲模範焉是以四時釋奠率國子舞而奠幣所以致誠而效法之也董氏應暘曰先聖是作者先師是述者必用幣加禮也禮案先聖先代之典教禮樂者若樂則祀夔禮則祀伯夷也

凡釋奠者必有合也有國故則否凡大合樂必遂養老

鄭注國無先聖先師則所釋奠者當與鄰國合也若唐虞有夔龍伯夷周有周公魯有孔子則各自奠之不合也大合樂謂春入學舍菜合舞秋頒學合聲於是時也天子則視學焉遂養老者謂用其明日也鄉飲酒鄉射之禮明日乃息司正徵唯所欲以告於先生君子可也是養老之象類孔疏合祭謂彼此二國共祭此先聖先師非謂就他國而祭之當遙合祭耳若魯有孔子顏回餘國祭之不必於魯若己國有先聖先師是國故有此人則不須與鄰國合也當各自祭凡者非一之辭周禮大胥春合舞秋合聲雖無天子視學之文又月令季春大合樂天子親往則明春合舞秋合聲之時天子亦親視學也先生謂致仕者君子謂鄉中有德行者此皆老人也故云是養老之象類劉氏敞曰有國故者謂凶札師旅也陳氏祥道曰必有合合舞與聲有故則否與國有大故去樂意同葉氏夢得曰天子一人學而所教者三釋奠以教其重道合樂以教其崇德養老以教其致孝三代盛時貴游子弟皆能秉禮此道素行也孫氏希旦曰必遂養老者樂不可以無事而空作故因行養老之禮而合樂禮案劉氏陳氏釋有國故則否爲國有凶喪大故則不合樂義似較注疏爲優今從之

凡語於郊者必取賢斂才焉或以德進或以事舉或以言揚曲藝皆誓之以待又語三而一有焉乃進其等以其序謂之郊人遠之於成均以及取爵於上尊也

鄭注語謂論說於郊學大樂正論造士之秀者升諸

司馬。曰進士。謂此矣。曲藝爲小技能也。誓謹也。皆使謹習其事。又語爲之後復論說也。三說之中。有一善。則取之以有曲藝。不必盡善。進於衆學者。又以其藝爲次。俟事官之缺者。以待之遠之者。不曰俊選。曰郊人。賤技藝。董仲舒曰。五帝名大學曰成均。曰虞庠是也。天子飲酒於虞庠。則郊人亦得酌於上尊。以相旅。孔疏。語謂論課學士才能也。郊西郊。天子親視學。於西郊。以西方成就之地。故於中取賢斂才。以爵之也。人能不同。各隨才用也。德最爲上。故進之。宜先事無德而解世事。或吏治之屬。亦舉用之。揚亦舉也。無德無事。而能言語應對。堪爲使命者。亦舉用之。曲藝謂小小技術。若醫卜之屬。學士之中。雖無前三事。而有小技。欲援試考課。皆且卻之。令謹習以待。後復論說。若春待秋時也。若說三事有一善。則進於衆。雖進衆而不得與衆爲一。猶使於其輩中。自爲次序。以待職缺。當擬補之。若國子學士。未官之前。俱爲俊選。小才藝能。未官之前。不得同於俊選。名曰郊人。言猶在郊學也。成均虞庠。上尊堂上之酒尊。天子於成均之內飲酒。此郊人雖賤。亦得取堂上之尊。以相旅。所以榮之。吳氏澄曰。誓蓋戒勵之。使勉於學。金氏榜曰。遠之於成均。謂遠於詩書禮樂之教也。注以遠之爲句失之。孫氏希旦曰。事舉者。非必無德。而事爲優。言揚者。非必不任事。而言語之各爲一科也。曲藝祝史醫卜射御之屬。謂之郊人。言不得與賢能之士。同補俊選也。遠之於成均。以及取爵於上尊者。賢能之士。得升於成均。而爲俊士。於鄉大夫賓賢能之時。得爲鄉飲酒之賓介。取爵於上尊以酢主人。郊人既賤。不得升大學。又不得爲鄉飲酒之賓介。取爵於上尊也。禮案。三鄉飲酒。而一有焉者。言曲藝雖小道。若其人有德。或才堪任事。或長於語言。則進其等。以優異之。以其序謂之郊人。言雖進等。尚不得列於成均。仍在郊學也。

始立學者。既興器用幣。然後釋菜。不舞不授器。乃退儐於東序。一獻無介語可也。鄭注。興當爲釁。字之誤也。禮樂之器。成則釁之。又用幣告先聖先師。以器成。然後釋菜。告先聖先師。以器成。有時將用也。釋菜禮輕也。釋奠則舞。舞則授器。司馬之屬。司兵司戈司盾。祭祀授舞者兵也。言乃退者。謂得立三代之學者。釋菜於虞庠。則儐賓於東序。魯之學。有米廩東序瞽宗也。孔疏。始立學者。亦謂天子命諸侯始立教學。又造禮樂之器。新成釁之。既畢。乃用幣告先聖先師。以器成。又更釋菜。告其器成。將用也。凡釋奠禮重。故作樂。時須舞。乃授舞者所執干戈之器。今其釋菜之時。雖作樂。不爲舞。故不授舞者之器。乃退儐於東序。釋菜虞庠。既畢。乃儐禮其賓。於東序之中。其禮既殺。唯行一獻。無介無語。如此於禮可也。案雜記宗廟之器。其名者成則釁之以豭豚。是有器成當釁之。熊氏云。凡釋奠有六。始立學釋奠一也。此四時釋奠有四。通前五也。王制師還釋奠於學六也。釋菜有三。春入學釋菜合舞一也。此釁器釋菜二也。學記皮弁祭菜三也。釋幣唯一則此釁器用幣是也。陳氏祥道曰。鄭謂昏禮釋菜。當用堇荁。據內則子事父母。爲說也。入學釋菜。用芹藻。據詩泮水爲說也。朱子熹曰。語即前經合語之等。言可也。明釋菜時。未可語。禮尚嚴也。李氏光坡曰。無介者不立介。以補賓也。語可也。言古者于旅也語。今行一獻之後即語。皆禮之殺也。禮案。鄭注聘義云。主之贊者曰儐。賓之佐者曰介。退儐於東序者。儐揖賓就東序。行一獻之禮。賓無介傳言。竟語可也。

教世子。鄭注。亦題上事。孔疏。凡學世子至此。其間雖有王子公卿大夫元士之子。及國之後選。諸侯之事及釋奠養老之事。雖非一也。以世子爲主。故云教世子。以總之。禮案。此以下至周公踐阼。皆言教世子之法凡三王教世子必以禮樂。樂所以脩內也。禮所以脩外也、禮樂交錯於中。發形於外。是故其成也懌。恭敬而溫文。鄭注中心中也。懌說懌。孔疏此一節是第三節。中論三王教世子禮樂。及立師傅教以道德。既成教尊官正國治之事。樂是喜樂。從內而生。和諧性情。故云所以脩內也。禮是恭敬。正其容體。容體在表。故所以修外也。樂雖由中從中而見外。禮雖由外從外而入中。交間錯雜於其性情之中。發見於外。威儀和美。懌謂內外有樂心既喜悅。外貌和美也。恭敬溫文。謂內外有禮。貌恭心敬。而溫潤文章也。眞氏德秀曰。三王之教世子。必以禮樂者。禮所以起人之敬心。敬心生則慢心窒矣。樂所以感人之和心。和心生則戾心消矣。薰陶德性。變化氣質。莫妙於此者。然樂雖脩內。由內以達外。禮雖脩外。由外以入中。二者醞釀涵暢。相與無間。故其成也。但見其悅懌而已。恭敬溫文而已。禮案樂極和。禮極敬。禮樂交錯於中。發揚於外。故恭而不猛。和而不流。其成也懌。和順積中也。恭敬溫文。辭令條暢。英華發外也。亢倉子訓道篇。仲尼曰。凡三王教子。必視禮樂。樂所以修內。禮所以修外。禮樂交修。則德容發輝於貌。故能溫恭而文明。僖二十七年左傳曰。說禮樂而敦詩書。詩書義之府也。禮樂德之則也。德義利之本也。立大傅少傅以養之。欲其知父子君臣之道也。大傅審父子君臣之道以示之。少傅奉世子以觀大傅之德行而審喻之。大傅在前。少傅在後。入則有保。出則有師。是以教喻而德成也。師也者。教之以事而喻諸德者也。保也者。愼其身以輔翼之而歸諸道者也。鄭注養猶教也。言養者積浸成長之。示之謂爲之行禮。審喻之爲說其義。在前在後謂其在學時。入出謂燕居出入時。教喻德成以有四人維持之。愼其身者謹安護之。孔疏在前在後。謂行步動止之節。言入言出。燕君出入也。世子外有傅相。內有師保。教世子以所行之事。喻曉也。諸於也。而每事之上。使世子曉喻於德藝也。保護也。輔相也。翼助也。謂護愼世子之身。輔相翼助而歸於道。案老子先道後德。則道尊德卑。此師喻諸德。保歸諸道。先德後道者。以道德無定。據各有大小。老子謂無爲自然之道。故在先。德。謂人所法行。故在後。此教世子先須於身有德。乃可以道達流行。故德先道後。胡氏銓曰。養長養也。猶易蒙以養正。眞氏德秀曰。前言禮樂者。教世子之具。此言師傅者。教世子之人。養者從容啓迪。以養其本然之善。使之自然開悟。然其道無他。不過君臣父子之大倫而已。大傅審示言語。謂修於身以示之。少傅以審喻言。謂開說其義以曉之。大傅以身教。少傅以言教。而大傅在前。少傅在後。入有保。出有師。扶持而左右之。教安得不達德。安得不成哉。喻諸德。謂教之以事親則知孝德。教之以事長則知弟德。天下無事外之德也。保則安護世子。使歸諸道。耳目口體不以欲而動。即所謂道。天下無身外之道也。古者所謂師保。其職蓋如此。禮案大戴保傅云。昔者周成王幼在襁褓之中。召公爲大保。周公爲大傅。大公爲大師。保保其身體。傅傅其德義。師導之教順。此三公之職也。於是爲置三少。皆上大夫也。曰少保。少傅。少師。是與天子宴者也。故迺孩提有識。三公三少。固明孝仁禮義。以導習之也。此文止言少傅。不言少師少保者。文略也。記曰。虞夏商周有師保。有疑丞。設四輔。及三公。不必備。唯其人。語使能也。君子曰德。德成而教尊。教尊而官正。官正而國治。君之謂也。

鄭注記所云。謂天子也。取以成說。語言也。得能則用之。無則已。不必備其官也。小人處其位。不如且闕。孔疏注記所云。必知據天子者。以有師保疑丞四輔三公。故知天子也。後人作記。取此古記天子之事。以成世子之記耳。四輔三公。不必須備。惟擇好人。語言也。言古記如此。四輔三公。必使能也。案尚書大傅云。古者天子必有四隣。前曰疑。後曰丞。左曰輔。右曰弼。天子有問。無以對。責之疑。可志而不志。責之丞。可正而不正。責之輔。可揚而不揚。責之弼。其爵視卿。其祿視次國之君。郝氏敬曰。此保傅即周官三公。三孤。周禮惟大司徒之屬。有師氏。掌以媺詔王。以三德教國子。保氏掌諫王惡。養國子以道。教之六藝。而周官云。惟其人。不惟其官。此云不必備。惟其人。可補周官之缺。郝氏懿行曰。質疑曰疑。相助曰丞。禮案尚書。周官三公論道經邦。變理陰陽。官不必備。惟其人。蓋三公可兼丞。四輔或不得其人。則甯缺斯職。以輔弼之賢否。繫乎國家之安危不可不愼也。大戴保傅明堂之位曰。篤仁而好學。多聞而道愼。天子疑則問。應而不窮者。謂之道。道者導天子以道者也。常立於前。是周公也。誠立而敢斷。輔善而相義者。謂之充。充者充天子之志者也。常立於左。是大公也。絜廉而切直。匡過而諫邪者。謂之弼。弼者拂天子之過者也。常立於右。是召公也。博聞而強記。接給而善對者。謂之丞。丞者丞天子之遺忘者也。常立於後。是史佚也。故成王中立而聽朝。則四聖維之。是以慮無失計。而舉無過事。殷周之前以長久者。其輔翼天子。有此具也。故曰。選左右。早諭教最急。夫教得而左右正。左右正。則天子正矣。天子正。而天下定矣。書曰。一人有慶。兆民賴之。

仲尼曰。昔者周公攝政。踐阼而治。抗世子法於伯禽。所以善成王也。聞之曰。為人臣者。殺其身有益於君。則為之。況於其身以善其君乎。周公優為之。

鄭注聞之者。聞之於古也。於讀為迂。迂猶廣也。大也。孔疏此覆說周公教成王為世子之事。仲尼聞古之言。為人臣者。殺其身。有益於君。猶尚為之。況周公乃廣大其身。以善其君乎。優為之。言古人益君則勤苦。周公益君則逸樂。是於身有優饒。於德又廣大也。劉氏彝曰。以世子法。教世子。直道也。今舉世子法於伯禽。以教成王。則迂曲矣。眞氏德秀曰。周公抗世子法於伯禽者。蓋成王雖幼。已為君矣。不可以教世子者教之。惟以教世子者。教伯禽。使成王觀之。乃所以善成王也。傳言成王有過。則撻伯禽。成王不可撻也。撻伯禽。則成王知警矣。江氏永曰。成王有過。故撻伯禽。以感悟之。蓋救過用威之道。不能行之於君臣者。可行之於父子。此周公格君委曲之苦心。故夫子謂之於其身。以善其君也。方氏苞曰。周官師氏保氏。教王世子於虎門。凡國子弟。及國之貴遊子弟學焉。祭祀賓客會同喪紀。軍智王事。則從伯禽。乃諸侯世子。本當抗世子法以教之。以親屬為國子。在學在朝。本朝夕王所。王甚幼而有過。為師傅者。法當督責左右親近。衞翼之人。以警王心。即伯禽之撻。禮亦宜然。無所謂迂其身也。禮案即此一事。亦可見成王雖幼。而周公攝政。固兢兢以臣道自持也。迂曲也。義見尚書盤庚篇。言委曲以成成王之德也。亢倉子訓道篇曰。夫為人臣者。殺其身。有益於君。則為之。況利其身以善其君乎。

是故知無人子。然後可以為

人父。知爲人臣。然後可以爲人君。知事人。然後能使人。成王幼。不能涖阼。以爲世子。則無爲也。是故抗世子法於伯禽。使之與成王居。欲令成王之知父子君臣長幼之義也。君之於世子也。親則父也。尊則君也。有父之親。有君之尊。然後兼天下而有之。是故養世子不可不愼也。鄭注以爲世子若爲世子時。伯禽與成王居。亦學此學於成王側。處君父之位。覽海內之士。而近不能教其子。則其餘不足觀矣。孔疏凡教世子之法。必須對父成王既幼。未能涖阼爲人君。應須教以世子之法。然後能爲人君。成王既無父。今若以成王爲世子。時則無爲世子之處。故抗世子法於伯禽。使伯禽與成王居。令成王學之。知父子君臣之義也。武王既崩。則成王非復是世子。今經云。以爲世子。則周公全用世子禮教之也。方氏愨曰。盡人之道無他。在乎參彼己之情而已。然則居君父之位。操使令之權。其可以不知臣子事人之道哉。故抗世子法於伯禽。使之與成王居。欲其相觀而善故也。講義曰。夫教養世子而不能使之知父子君臣之道。非唯不能以善世子。亦非所以兼濟天下之道也。何者兼濟天下之道。始於父子君臣之義也。能善養世子者。使知是道。然後可以兼天下而有之矣。故曰。養世子不可不愼也。易曰愼斯術以往。其無所失矣。亦是意也。禮案君之於世子以下。申周公之善成王也。夫人君教喻世子成德達道。今日能爲臣子事君父。則他日爲君父亦能子庶民。而平治天下矣。此周公之所以抗法其子。委曲教成成王。以纘文武之緒也。亢倉子訓道曰。是故擇建忠良貞正之士。爲之師傅。欲其知父子君臣長幼之道。夫知爲人子。然後可以爲人父。知爲人臣。然後可以爲人君。知事人。然後能使人。此三王教子之義也。又大戴曾子立孝云。故爲人子而不能孝其父者。不敢言人父。不能畜其子者。爲人弟而不能承其兄者。不敢言人兄。不能順其弟者。爲人臣而不能事其君者。不敢言人君。不能使其臣者也。

行一物而三善皆得者。唯世子而已。其齒於學之謂也。故世子齒於學。國人觀之曰。將君我而與我齒讓何也。曰。有父在則禮然。然而衆知父子之道矣。其二曰。將君我而與我齒讓何也。曰。有君在則禮然。然而衆著於君臣之義也。其三曰。將君我而與我齒讓何也。曰。長長也。然而衆知長幼之節矣。故父在斯爲子。君在斯謂之臣。居子與臣之節。所以尊君親親也。故學之爲父子焉。學之爲君臣焉。學之爲長幼焉。父子君臣長幼之道得而國治。語曰。樂正司業。父師司成。一有元良。萬國以貞。世子之謂也。鄭注物猶事也。學教。司主也。一人也。元大也。良善也。貞正也。孔疏行一物。謂與國人齒讓。三善者謂衆知父子君臣長幼也。云父在君在則禮然。不云兄在者。世子無兄故也。國人謂不知禮者。疑而發問曰。有父在則禮然者是知禮曉其意而答之也父在時恆須謙退不敢居人之前禮當如此也父子天性自然故云道君臣以義相合故云義長幼有等級上下故云節以幼時事父成人事君故先父子後君臣長幼輕於君臣故在下此世子齒於學者唯在學受業時與國人齒若朝會飲食則各以位之尊卑諸子職云辨然等正其位注云位朝位是也斯語辭也不云爲臣而云謂之臣者世子於君雖曰君臣異於義合也樂正主大子詩書之業父師主成就其德行一人謂世子也世子有大善則萬國之正方氏慤曰齒讓者序齒而相讓也書言父師少師則此言父師蓋大師也馬氏晞孟曰凡入學以齒父在則居子之節知所以親親也君在則居臣之節知所以尊君也其父子君臣長幼足法而後民法之也故曰父子君臣長幼之道得而國治也葉氏夢得曰一人元良萬國以貞蓋乾始於元而終於貞世子有君道也體元之善則仁以長人立事之幹則貞以及萬國眞氏德秀曰天子之世子將爲君者也而乃子公侯卿大夫士之子以齒爲先後何哉君在故也父在故也長長故也身爲世子而以世親親尊尊長長之道爲天下倡有不翕然觀效者哉秦漢以來禮樂既廢又無師保之教齒讓之禮世子生而狃於貴驕之習此篇雖存無復考而行之者此治之所以不古若與徐氏師曾曰業謂詩書之屬司業即前所謂樂正授數也父師司成即前師保所以成世子之德者也元良即道德之謂以貞即國治之謂也王氏引之曰禮書四十九引尚書大傳小師取小學之賢者登之大學大師取大學之賢者登之天子小師少師也大師父師也大師主大學之事故曰大司成論說在東序又曰父師司成俞氏樾曰詩柔桑篇鄭箋云善猶大也王制篇天子之元士鄭注曰元善也然則元良一也注分爲二義似轉失之禮案王制曰凡入學者以齒齒齡也世子入學與學士以年齡長幼爲先後不以貴賤故國人觀之駭而發問也言世子將爲我君則國人皆其臣也何以與我輩齒讓故識者告以父子君臣長幼之義言世子以身率教正已而物正也俾國人皆知世子之尊尚爾況茲臣庶乎三善皆得即謂親親尊尊長長之教成也夫世子一齒讓而化及國人即孟子所謂一正君而國定矣是也國尚書大甲作邦

周公踐阼

鄭注亦題上事孔疏從上三王教世子至此皆周公踐阼之事孫氏希旦曰此篇名周公踐阼必篇首有此語而記者刪去之也禮案此篇言周公教成王非謂周公攝王政題名踐阼似於禮未合

禮記通釋卷二十七

玉環戴禮

文王世子

庶子之正於公族者。教之以孝弟睦友子愛。明父子之義。長幼之序。鄭注正者政也。庶子司馬之屬。掌國子之倅。爲政於公族者。孔疏此論庶子之官。治理公族。朝祭燕食。吉凶刑罰之事。正乃正定之正。今案在下。皆論公之接待族人。及犯罪赦宥刑殺。皆君之所爲。非庶子所正。故知庶子唯主其政令而已。案周禮諸子。下大夫二人。屬夏官司馬。諸侯謂之庶子。職掌與諸子同。故周禮序官。鄭注云。或曰庶子。掌國子之倅者。倅副也。劉氏彝曰。正者所以正人之性。俾安於中。則情僞雖生。不敢越於理義。然後君仁臣忠。父慈子孝。兄友弟恭。夫正婦順。朋友信義。五品不違於中。而人倫之道。明乎宗族矣。聖人將化天下也。齊其國也。正其宗族以爲之本。將正其宗族也。正身以爲之本。擇賢才盛德之士。以掌其故。令則庶子之官。非其人。不可得以正宗族矣。是以庶子之政。必以六德六行爲本。陳氏祥道曰。言教世子。而繼之以庶子正公族。行法自貴者始也。教之事乎上。則以孝弟。教之交乎旁。則以睦友。教之恤乎下。則以子愛。姚氏際恆曰。庶子與燕義及燕禮之庶子。名同而實異。彼職甚卑。在士之後。此以爲正公族之官。故不同。王氏引之曰。慈愛也。字通作子。墨子非儒篇。不可使慈民。晏子外篇。慈作子是也。禮案正謂庶子。施是六德。爲公族之所取正也。此下皆諸侯之禮。故族曰公族。禰曰公禰。其朝於公內朝則東面北上。臣有貴者以齒。其在外朝則以官。司士爲之。鄭注內朝路寢庭。外朝路寢門之外庭。司士亦司馬之屬也。掌羣臣之班。正朝儀之位也。孔疏此公族之等。若朝於公之內朝。則西方東面北上。皆同姓之臣。不得踰越父兄。皆以昭穆長幼爲齒。謂父兄雖賤而在上。子弟雖貴而處下。若公族在於外朝。與異姓同處。位次則以官之上下。不以齒也。案周禮司士掌正朝儀之位。王族虎士在路門之右南面。大僕從者在路門之左南面。是在此路門外也。故知此外朝路寢門外之朝也。此對路寢庭朝爲外朝。若對庫門外朝士所掌三槐九棘之朝。則此路門外朝亦爲內朝也。故玉藻云朝於內朝。朝辨色始入。君日出而視之。退適路寢是也。其朝位。天子之朝。三公北面東上。孤東面北上。卿大夫西面北上。其士門西東面北上。若諸侯之朝。案大射卿西面北上。大夫北面東上。士門西東面北上。與天子不同。方氏慤曰。北上則所尊在內也。臣有貴者以齒。則賤者可知。江氏永曰。案此謂與宗人圖嘉會之朝。若燕同姓於寢。始入。在庭之位如此。若每日常朝於路寢。同異姓之臣皆在。則如燕禮文。射禮之位。卿西面北上。大夫北面東上。士西方東面北上。皆以官。不以齒也。禮案公族內朝以齒不以官。親親也。外朝以爵不以齒。貴貴也。親親貴貴。禮之大者也。猶喪服四制所謂門內之治恩掩義。門外之治義斷恩。事異而禮同也。其在宗廟之中。則如外朝之位。宗人授事以爵以官。鄭注宗人掌禮及宗廟也。以爵貴賤異位也。以官官各有所掌也。若司徒奉牛。司馬奉羊。司空奉豕。孔疏此論公族在宗廟之禮。其列位所在。如外朝之位。宗人掌禮之官。授百官之事。隨爵之尊卑。貴者在前。賤者在後。又以官之職掌。各供其事。案周禮司徒奉牛牲。司馬奉羊牲。其司空奉豕。無文。案五行傳云。牛屬土。雞屬木。羊屬火。犬屬金。豕屬水。司空冬官。其位當水。故鄭注周禮。司空奉豕與。五行傳。馬屬火。而周禮司馬羞馬牲者。以其主馬。此直云奉牛奉羊奉豕。據諸侯三卿以言之。故不云雞人及馬。方氏慤曰。凡有族則有祀。祀則有宗。宗人蓋典祀者也。虞曰秩宗。殷曰大宗。周曰宗伯。其義一也。然屬於禮者。皆宗之所典。其名止以祀爲義者。五禮以祀爲先故也。劉氏彝曰。宗人者。諸侯掌禮之官也。天子則曰大宗伯。禮案說是也。大戴諸侯遷廟釁廟。皆有宗人典禮。即此之宗人是也。儀禮士喪禮。有宗人涖卜。則周禮春官之屬。都宗人。家宗人是也。然則諸侯謂之都宗人。大夫士其家宗人與。

其登餕獻。受爵。則以上嗣。

鄭注。上嗣。君之適長子。以特牲饋食禮言之。受爵謂上嗣舉奠也。獻謂舉奠洗爵酌入也。餕謂宗人遣舉奠盥。祝命之餕也。大夫之嗣無此禮。辟君也。孔疏。案數牲禮。尸食之後。主人主婦賓長等獻尸。三獻禮畢。主人獻賓及獻衆賓畢。主人酬賓。賓奠不舉。主人獻長兄弟。及衆兄弟。內兄弟等。訖。長兄弟洗觚酌尸。未入之前。祝酌奠於鉶南。尸入祭奠不飲。至此乃嗣子舉之。必嗣子舉奠者。鄭注云。將傳重累之者。特牲云。嗣舉奠盥入。北面再拜稽首。尸執奠。嗣子進受。復位再拜稽首。尸答拜。嗣子卒觶拜。尸答拜。則此經所謂受爵也。又云。嗣舉奠洗酌入。尸拜受。嗣子答拜。則此經所謂獻也。又云無算爵之後。禮畢尸謖而出。宗人遣嗣子及長兄弟相對而餕。所謂餕也。以特牲言之。則先受爵而後獻。獻而後餕。今先云餕者。以餕爲重。舉重者從後以向先。逆言之也。登謂登堂。無事之時。嗣子在堂下。餕時登堂。獻亦登堂。受爵亦登堂。此一登之文。包此三事也。餕時雖有長兄弟。以上嗣爲主。萬氏斯大曰。此言天子諸侯宗廟之祭。公族助祭者。有此登餕獻受爵之禮。唯上嗣得與。重適也。其禮亡。無可考。舊說引特牲禮爲據。特牲士禮也。豈可語於天子諸侯之祭乎。案祭統云。尸謖。君及卿四人餕。君起。大夫六人餕。大夫起。士八人餕。士起。具陳於堂下。百官餕。是則餕有登堂不登堂之異矣。又曰。尸飲五。君洗玉爵獻卿。尸飲七。以瑤爵獻大夫。尸飲九。以散爵獻士及羣有司。有獻則有受。是獻與受爵只是一事。特未知上嗣之於此二事何如耳。俞氏樾曰。案鄭注儀禮特牲曰。使嗣子飲奠者。將傳重累之。是受爵之事。亦非所輕。且據特牲篇。嗣子與長兄弟。爲上下兩餕。是餕不止嗣子一人。而受爵則止嗣子。視餕蓋尤重矣。安得反云以餕爲重乎。此經先言餕者。蓋古人自有倒言之例。周官大宗伯曰。以肆獻祼享先王。若以次弟而言。則祼最在先。獻次之。肆又次之也。禮案。上嗣。世子也。隋書房陵王楊勇傳云。天下安危。繫乎上嗣。是也。

庶子治之。雖有三命。不踰父兄。

鄭注。治之。治公族之禮也。唯於內朝則然。其餘會聚之事。則與庶姓同。一命齒於鄉里。再命齒於父族。三命不齒。不齒者。特爲位。不在父兄行列中。孔疏。庶子治之。謂此公族。朝於內朝之時也。既不計官之大小。故雖有三命之貴。而列位不得踰越在無爵父兄之上。然此句應承臣有貴者。以齒之下。外朝既司士爲之。內朝自然庶子治之。所以在此者。當是簡札遺脫故耳。一命尚卑。若與鄉里長宿燕長。則猶計年也。再命漸尊。不復與鄉里計年。唯官高在上。但父族爲重。而猶與之計年。爲列也。三命大貴。則不復與父族計年。若應有燕會。則別席獨坐。在賓之東也。禮案。王制云。大國之卿。不過三命。三命不踰。則諸侯之官爵。無過此者矣。然則王族之於內朝。列位。雖加九命。亦不得踰於父兄矣。**其公大事則以其喪服之精麤爲序。雖於公族之喪亦如之。以佽主人。**鄭注大事謂死喪也。其爲君雖皆斬衰。序之必以本親也。主人主喪者。次主人者。主人恆在上。主人雖有父兄。猶不得下齒。孔疏此謂君喪。而庶子官掌之事也。君喪其臣雖皆斬衰。庶子列次。則以其本服之精粗爲序。衰粗者在前。衰精者在後。非但公喪如此。雖於公族之內。有死喪之事。相爲亦如之。爲死者服。粗者居前。服精者居後。雖有庶長父兄尊於主人。仍次於主人之下。使主人在上。居喪主也。案喪服臣爲君斬衰。今言服之精粗爲序。故知必以本親服之。精粗謂衰服縷布精粗也。萬氏斯大曰。公族之於天子諸侯。以親則父兄子弟也。以分則君臣也。喪服臣爲君服斬衰三年。衰縷三升有半。此不分同異姓親疏族屬皆然。而其位次序列。則依其本服之精粗。如君之諸父兄子弟。齊衰其本服也。是爲粗。其從父兄子弟及再從三從者。大小功緦麻也。是爲精。孫氏希旦曰。庶子治喪事。於公族之喪。亦使服以精粗爲序。以次主人。尸在室則親者在室中。立於主人之後。而疏者在堂下。既小斂。則皆在阼階之東西面。而服粗者近主人。服精者以次而南也。禮案賈疏周禮天官內宰云。布帛之等。縷小者則細良。縷大者則麤惡。故粗者齊衰以上。精者大功以下。齊衰謂之疏。則其粗可知。功衰謂之布。則其精可知。

若公與族燕。則異姓爲賓。膳宰爲主人。公與父兄齒。族食世降一等。鄭注同宗無相賓客之道。膳宰爲主人。君尊不獻酒。與父兄齒。親親也。世降一等。親者稠。疏者希。孔疏此明公與族人燕食之禮。庶子掌之也。燕飲必須禮儀獻酬交酢。故用異姓爲賓。必對主人。而君尊不宜敵賓。故使供膳之宰。以爲主人。使得抗禮酬酢也。若與異姓燕飲。則燕禮云。宰夫爲獻主。公既不爲主。族人又不爲賓。故列位在父兄之坐。與族人相齒。見親親也。族食謂與族人燕食也。族人既有親疏。燕食亦隨世降殺。假令本是齊衰。一年四會食。若大功則一年三會食。小功則一年二會食。緦麻則一年一會食。是世降一等也。方氏慤曰。公與父兄齒。則以門內之治。而長幼之節。不可廢故也。孫氏希旦曰。燕禮公席於阼階上。此云公與父兄齒。則與尋常燕禮之序異矣。尙書顧命。有西序東鄉之位。此其爲君與族燕之位與。燕禮之席。位牖閒最尊。公與族燕。異姓爲賓。席於牖閒。在父行者。席於賓東。在兄之行者。席於賓西。公與父兄齒。則宜在西序東鄉之位也。大宗伯以飲食之禮。親宗族兄弟。公與族燕飲也。族食之禮也。大傳云。合族以食。序之以昭穆。則公與族食。序昭穆列坐。禮案周禮春官宗伯云。以親者使之相親人君有食宗族飲酒。所以親之也。大傳曰。繫之以姓而弗別。綴之以食而弗殊是也。

其在軍。則守於公禰。鄭注謂從軍者。公禰行主也。所以遷主言禰。在外親也。孔疏公禰謂遷主。載在齊車。隨公行者也。庶子官既從在軍。故守於父齊車之行主也。行主是遷主。而呼爲禰者。既在國外。欲依親親之辭。陳氏澔曰。禰當讀作祧。孫氏希旦曰。禰公廟也。師以遷廟主行。此云公禰。據無遷主而主命者也。若有遷主。而奉遷主而行。則亦守於遷主也。必言公若公禰者。以下文言孝愛之深。自仁率親。故以尤親者言之。禮案此亦言禰。以該祖。與王制之造乎禰同義。

有出疆之政。庶子以公族之無事者守於公宮。正室守大廟。諸父守貴宮貴室。諸子諸孫守下宮下室。鄭注出疆，謂朝覲會同也。正室，適子也。大廟，大祖之廟。貴宮、貴室，謂守路寢。下宮，親廟也。下室，燕寢。或言宮，或言廟，通異語。孔疏：公若出疆，庶子不從也。公行在國，掌其留守之事。經云庶子以公族之無事者守於公宮，與下文爲總。正室守大廟以下，文各言其別。無事，謂不從行及無職事者。正室，謂公卿大夫之適子也。案公羊傳云周公稱大廟，是魯之始祖，故知其餘諸侯大廟皆大祖之廟也。貴宮、貴室，唯當路寢也。指其院宇謂之宮，指其所居之處謂之室。爾雅云：「宮謂之室，室謂之宮。」上云大廟，此云下宮，除大廟之外，唯有親廟，高祖以下，故云下宮，親廟也。上云貴室，此又云下室，故知燕寢也。諸父、諸子、諸孫，未審是君之諸父及諸子孫之行，爲當是見任卿大夫者之諸父子孫也。然鄭解正室適子云卿大夫之適子，則諸父子孫亦謂卿大夫之諸父子孫也。不云諸兄諸弟者，諸兄從諸父，諸弟從子孫也。吳氏澄曰：春秋傳始祖稱大廟，羣公稱宮。此貴宮謂羣公之廟，下宮謂羣公之下者，如魯仲子之宮之類。宮統言，室則宮中之室也。後申釋前文，但言貴室、下室，可見宮與室之非二矣。蓋君出，庶子但以族人守宮廟而已。若君之所居，無容族人守也。公官是總言大廟、貴宮、下宮，五廟其爲都宮，故總謂之公宮也。江氏永曰：案吳氏說是。公族以宗廟爲重，故分守之。若路寢、燕寢，自有守者。孫氏希旦曰：周禮諸子會同賓客，作羣子從。此云庶子以公族守於公宮，蓋羣子非一人，故或從或守也。諸父，昭穆尊者。諸子、諸孫，昭穆卑者。周禮宮正掌王宮之戒令糾禁，以時比宮中之官府次舍之衆寡，爲之版以待，夕擊柝而比之。國有故，則令宿，其比亦如之。宮伯掌王宮之士庶子凡在版者，授八次八舍之職事。若邦有大事，作宮衆則令之。蓋公有出疆之政，庶文率公族致於宮正、宮伯，宮正比其當宿者，宮伯授以次舍，以尊卑分守廟寢。公在國，及無事時，則更番入直；公出疆及有故，則盡入宿衛也。禮案：無事，謂無官守言責及吉凶之事也。正室，即逸周書皇門解大門宗子。孔注云：大門，適長子也。室即廟也，明堂九室，中央曰大室是也。室既是廟，則宮可知。以宗廟繫乎族屬，故必以族人守之。若如注疏所謂路寢、燕寢，則公一出疆，即使同姓入宮，嫌疑所在，非禮道也。

五廟之孫。祖廟未毁。雖爲庶人。冠取妻必告。死必赴。練祥則告。鄭注：赴，告於君也。實四廟孫，而言五廟者，容顯考爲始封子也。孔疏：祖廟未毁，謂同高祖。若高祖以下，唯有四廟。今云五廟，故云容顯考是始封子。是高祖爲四世也。其五世祖是始封之君，自五世以下，其廟不毁，故爲五廟也。陳氏祥道曰：祖遷於上，宗易於下。雖不爲庶人，吉凶不必赴告，義也。祖廟未毁，雖爲庶人，吉凶必告，恩也。方氏慤曰：諸侯二昭二穆與太祖之廟而五，故云五廟。五廟之孫，祖廟未毁，雖爲庶人，其親屬未絶，不以貴賤之間而亡吉凶之問也。故後以不忘親言之。赴亦告也。孔氏廣森曰：注云「赴，告於君也」。今推尋經著祖廟未毁之句之意，似謂冠取義必告於廟也，非直以日月告君而已。昏義曰：婦人先嫁三月，祖廟未毁，教於公宮，教成祭之。嫁子猶然，況昏冠乎？蓋君使有司爲告於所自出之廟，春秋左傳所謂圍布几筵，告於莊共之廟而來是也。毛詩：「取妻如之何？必告父母。」傳曰：必告父母廟。白虎通說取妻不先告廟者非。是練祥則告之。告，謂祭致肉也。祔練曰告，少儀文。禮案：此說是也。冠取妻之告，自是告廟。至死必赴，乃赴於君。練祥之告，亦告於君。鄭只釋赴告於君，未云冠取妻之告爲告君，義固未失，孔駁之非也。族之相爲也。宜弔不弔。宜免不免。有司罰之。至於賵賻承含。皆有正焉。鄭注吊謂六世以往。免謂五世。承讀爲贈。聲之誤也。正正禮也。孔疏六世以往者。從六世以至百世。但有吊禮。故言以往。四世同高祖。有緦麻之親。五世則親盡。但有祖免。故云免謂五世也。正禮也者。謂庶子之官治之。使賵賻隨其親疏。各有正禮。賵賻含襚。皆贈喪之物。賵車馬。賻財帛。含珠玉。襚衣服。緦謂之贈。贈送也。陳氏祥道曰。實於口者謂之含。承於身者謂之承。凡玉可以爲渠眉疏璧者。皆承也。孫氏希旦曰。族人相爲吊免。乃其疏遠者。而闕於禮則有司罰之。則其相爲有服者可知。於君言赴告。則族之相爲。亦必赴告可知。於族之相爲言吊免。則公於族人之喪。亦必吊可知。互相備也。禮案大傳云。四世而緦。服之窮也。五世祖免。殺同姓也。六世而親屬竭矣。故惟有吊禮也。孔叢子魯人有同姓死而弗吊者。人曰在禮當免不免。當吊不吊。有司罰之。如之何。子之無吊也。答曰。吾以其疏遠也。子思聞之曰。無恩之甚也。昔者季孫問於夫子曰。百世之宗。有絶道乎。子曰。繼之以姓。義無絶也。故同姓爲宗。合族爲屬。雖國子之尊。不廢其親。所以崇愛也。是以綴之以食。序列昭穆。萬世昏姻不通。忠篤之道然也。公族其有死罪。則磬於甸人。其刑罪則纖剸。亦告於甸人。公族無宮刑。鄭注不於市朝者。隱之也。甸人掌郊野之官。縣縊殺之曰磬。纖讀爲殲。殲刺也。剸割也。宮割臏墨劓刵。皆以刀鋸刺殺人體也。告讀爲鞫。讀書用法曰鞫。宮割淫刑。孔疏此論公族有死刑之罪。則磬於甸人之官。磬盡也。左傳云。室如縣磬。皇氏云。如縣樂器之磬。案魯語云。小刑用鑽鑿。次刑用刀鋸。案墨刑刻其面。是用鑽鑿也。其宮刑之屬。則剸割也。讀書讀囚人所犯罪狀。用法謂用其法律。平斷其罪。鞫盡也。謂推審其罪狀令盡。公族無宮刑。但髡去其髮。方氏慤曰。磬於甸人。則甸師所謂王之同姓有辠則死刑焉是也。彼言天子。故謂之師。此言諸侯。故止謂之人而已。公族於五刑之中。獨無宮刑。下文所謂不翦其類是也。俞氏樾曰。案告當讀爲造。古字通用。列子楊朱篇。密造鄧析而謀之。釋文曰。造本作告。小爾雅。造適也。周官掌囚。凡有爵者與王之同族。奉而適甸師。可證此文。假告爲造矣。禮案磬折也。作折解亦可通。蓋謂推折其獄。使毋枉濫。則與鄭讀告爲鞫之旨。亦合矣。賈疏周禮秋官小司冠云。鞫謂劾囚之要辭。讀已乃行刑是也。獄成。有司讞於公。其死罪。則曰某之罪在大辟。其刑罪。則曰某之罪在小辟。公曰宥之。有司又曰在辟。公又曰宥之。有司又曰在辟。及三宥。不對。走出。致刑於甸人。公又使人追之曰。雖然必赦之。有司對曰。無及也。反命於公。公素服不舉。爲之變。如其倫之喪。無服親哭之。鄭注成平也。讞之言白也。辟亦罪也。宥寬也。欲寬其罪。出於刑也。又復也。對答也。先者君每言宥。則答之以將更寬之。至於三。罪定不復答。走往刑之。爲君之恩無已。罪既正。不可宥。乃欲赦之。重刑殺其類也。反命於公。白已刑殺。素服於凶事爲吉。於吉事爲凶。非喪服也。君雖不服臣。卿大夫死。則皮弁錫衰以居。往吊當事則弁經。於士蓋疑衰。同姓則緦衰。以吊之。今無服者。不往吊也。倫謂親疏之比也。素服亦皮弁矣。親哭之不往吊。爲位哭之而已。君於臣。使有司哭之。孔疏獄成謂獄斷既平定其罪狀。有司以此成辭白公。若犯死罪。則曰某之罪在大辟。犯刑罪。則曰某之罪在小辟。公曰宥之。使從其寬也。有司得公言。更往平審。理無可出。又白公言罪在大辟。公又曰宥之。有司又白在大辟。公又曰宥之。有司爲公意無已。不復對。則走出致此刑死之事於甸人。公又使人追止行刑殺之人。云雖罪重。如是必更寬宥。赦其刑殺也。有司曰無及。言追之不可及也。素服不舉。饌食爲之變其常禮。如其親疏倫輩之喪。身不往吊。無吊服也。乃親自哭之於異姓之廟。案下曲禮重素。鄭云衣裳皆素。謂之重素。此素服亦然也。人以凶事用布。今乃用素。是爲吉也。吉時皮弁白布深衣素積裳。以采爲領緣。今唯素是爲凶事也。非如五服之限。故云非喪服也。云君雖不服至弁經者。並服問文。案司服云。王爲三公六卿錫衰。爲諸侯總衰。爲大夫士疑衰。是疑衰輕於錫衰。諸侯爲卿大夫既錫衰。士宜降。故疑衰。但士有同姓異姓。故以同姓爲總衰。異姓爲疑衰。今此云素服。不言素冠。故云亦皮弁。劉氏彝曰。素服不舉樂。不御正寢。不羞常膳。哭之如其倫之喪。責其化之不迨於宗族也。而無服者。罪其忝祖而絕之也。胡氏銓曰。及三宥不對。走出致刑於甸人。春秋傳曰。臣義而行不待命者此也。程子顥曰。如其倫之喪無服。明無罪者有服也。黃氏震曰。三宥不對。公又使人追之。而對以無及。君出於夷之。不忍而如此可也。若立於此法。示欲宥之而不能。是虛文相欺。不可也。且臣有罪而君必赦。君有命而臣不受。於理必不安也。王氏引之曰。公素服不舉。爲之變。如其倫之喪。下文釋之曰。素服居外。不聽樂。私喪之也。朱子曰。公素服下脫居外不聽樂五字。案襄二十六年左傳。古之治民者。將刑爲之不舉。不舉則徹樂已在其中。且有爲之變三字。則所包者衆矣。莊二十年左傳。今王子頽歌舞不倦。樂禍也。夫司寇行戮。君爲之不舉。而況敢樂禍乎。上言歌舞而不言盛饌。下言不舉而不言徹樂。互文也。此文上言不舉。下言不聽樂。亦互文也。然則公素服下本無脫文明矣。禮案不往吊者。罪人不得成喪。公無從而吊也。荀子禮論曰。罪人之喪。不得合族黨。獨屬妻子。棺槨三寸。衣衾三領。不得飾棺。不得晝行。以昏殣。凡緣而往埋之。夫公族罪人之喪之貶損。雖不若臣庶之甚。然既不得成禮。則公不得行吊。故唯哭之而已。**公族朝於內朝。內親也。**

雖有貴者以齒。明父子也。外朝以官。體異姓也。鄭注。內朝謂以宗族事會。體猶連結也。孔疏。此覆明在上公族九條之義。欲使親在其內。故於內朝。在內朝雖貴與賤者計年以爲齒列者。欲明父子昭穆之本恩故也。若族人在外朝。則不復計年。各隨官以次者。外朝主尊別。不得以私恩爲異。是欲與異姓相連結。以爲體也。劉氏彝曰。自此至不翦其類也者。皆作記者既載文王周公所行之法於前。又以其意解釋厥義於後。所以教後世之爲國嗣者。必聽於庶子之治。而服行其政令。不敢挾貴而踰於禮。不敢特親而慢於德。則文王之範。不獨成於其身。而又足以成其子孫於萬世。繼繼承承。而不敢泯也。方氏慤曰。體謂與之爲一體也。與後言體百姓之體同。禮案君臣合體。故尚書舜典。明良喜起之歌。以君爲元首。臣爲股肱。荀子禮論曰。故天子不視而見。不聽而聽。不慮而知。不動而功。塊然獨坐而天下從之如一體。如四胑之從心。**宗廟之中。以爵爲位。崇德也。宗人授事以官。尊賢也。登餕受爵以上嗣。尊祖之道也。**鄭注。崇高也。官各有能。上嗣祖之正統。孔疏。廟中行禮。是先祖尊嚴之所。所主在德。故列爵爲位。是崇有德也。言由賢能而興。今欲尊崇此賢。故授事以表之也。適於先祖之正體。故使受爵於尸。及升餕尸饌。是尊祖之道理也。方氏慤曰。宗廟之中序爵以辨貴賤。爵不踰德。故謂之崇德。序事以辨賢否。故授事謂之尊賢。上文言獻受爵。此上言受爵。此篇解上文。或以此略而彼詳。或以詳而彼略。義皆仿此。禮案此德謂爵。賢謂能也。尚爵使能。勵羣臣也。登餕以上嗣。示公族也。尊祖者。以上嗣將爲祖考祭祀主。故敬上嗣。即所以尊祖也。文十三年公羊傳云。封魯公以爲周公也。死以爲周公主是也。**喪紀以服之輕重爲序。不奪人親也。**鄭注紀猶事也。孔疏此覆釋臣服君皆斬。又以本輕者爲下。本重者爲上。不計爵尊卑爲次序者。是不奪人本親之恩也。方氏慤曰。喪在彼也。而我以禮數紀之。謂之喪紀。奪者對予之名。不奪則予之。使無失其爲親故也。陳氏澔曰。服之輕重本於族。族之親疏。天屬不可奪也。禮案紀治理也。義見莊二十二年穀梁傳。不奪人親。言以服爲序。治喪之理得也。**公與族燕則以齒。而孝弟之道達矣。其族食世降一等。親親之殺也。**鄭注以至尊不自異於親之列。殺差也。孔疏公所以降己尊。而與族人燕會齒列。是欲使孝弟之道。通達於下也。君上存親。而與族人燕。則民有親屬者。豈得相背棄。此孝弟之道。達於下也。族食每世降一等。是親親之殺也。方氏慤曰。君與族燕以齒。則不敢以君之位。而加於父兄。然親親不可以無殺。故世降一等焉。禮案孝弟之道達。則天下治矣。孝經曰。教民親愛。莫善於孝。教民禮順。莫善於悌。是也。**戰則守於公禰。孝愛之深也。正室守大廟。尊宗室。而君臣之道著矣。諸父諸兄守貴室。子弟守下室。而讓道達矣。**鄭注行主君父之象。正室守大廟。以其不敢以庶守君所重。父兄守貴室。子弟守下室。以其貴者守貴。賤者守賤。上言父子。此言兄弟。互相備也。孔疏公在軍戰伐之事。而載遷主將行。又使庶子官主守之者。是爲孝愛情深故也。載主將行。示不自專是孝也。使守而尊之是愛也。適子是宗室之正。大廟是祖之正。用適子守大廟。是尊宗及廟室也。而君臣之道著矣者。臣下不敢以庶賤之人守君所重也。貴者守貴。賤者守賤。賤者讓於貴。貴者不相陵犯。是讓道達也。方氏慤曰。凡君之宗。皆謂之宗室。則親親之意也。正室又其正者也。正室守大廟。所以尊宗室。而庶子之與異姓。莫敢介焉。且不疑於無君。故曰君臣之道著。禮案父兄只可言尊。子弟不得云賤。此注疏之失也。讓道達。則能以禮讓爲國矣。襄十三年左傳。讓。禮之主也。**五廟之孫。祖廟未毁。雖及庶人。冠取妻必告。死必赴。不忘親也。親未絕而列於庶人。賤無能也。敬吊臨賻賵。睦友之道也。**孔疏此覆前祖廟未毁之事。所以告必赴者。君不以貴。仍統於親。故族人有事告赴。是不忘親也。既與君有親。何得爲庶人者。賤其無能也。敬吊臨賻賵之事。言君敬重吊臨賵賻。不使闕失。是親睦和友之道也。孫氏希旦曰。賤無能者。言以其無能故賤之。睦友之道。不以貴賤殊也。禮案親未盡而列於庶人。必無一能可次於士夫之列者也。故賤謂之無能。不爲其無爵也。而君不以其賤而遺忘。篤親親也。故吊臨賻賵。爲睦友之道。故雖天子諸侯之貴。禮不可廢也。荀子禮論曰。貨財曰賻。輿馬曰賵。衣服曰襚。玩好曰贈。玉貝曰含。賻賵所以佐生也。贈襚所以送死也。送死不及柩尸。吊生不及悲哀。非禮也。故賵贈及事。禮之大也。**古者庶子之官治。而邦國有倫。邦國有倫。而衆鄉方矣。**

鄭注：鄉方，言知所鄉。孔疏：此合結庶子官義也。第九條是罪惡之事，今結邦國之功，不宜與罪惡相連，故於此結也。倫，理也。言庶子官治，則邦國治理；邦國治理，則天下之人衆皆知其所鄉之方矣。方氏慤曰：如上所言，皆庶子之官所治也。庶子以治內爲事，凡治之序，自內以及外，故曰庶子之官治，而邦國有倫，邦國有倫，而衆不惑於道之所在，故曰衆鄉方。方者，道之方也。禮案：此庶子以禮治公族，所以爲邦國倡也。尚書堯典曰：九族既睦，百姓昭明，黎民於變時雍，是也。此條總結上文，不在第九條下者，以刑掌於有司，致於甸人，非庶子之職，故於此結之。

公族之罪，雖親不以犯有司正術也，所以體百姓也。刑於隱者，不與國人慮兄弟也。弗弔，弗爲服，哭於異姓之廟，爲忝祖，遠之也。素服居外，不聽樂，私喪之也，骨肉之親無絕也。公族無宮刑，不翦其類也。

鄭注：犯，猶干也。術，法也。翦，割截也。孔疏：此釋前第九條也。有司，獄官。公族之親有罪，公應放赦之，而猶在五刑者，國立有司，以法齊治一切。今不可以私親之罪而干壞有司之正法，義也。法無二制，故雖公族之親，猶治之。與百姓爲一體也。若異姓，則刑之於市，此同姓刑於甸師隱僻之處者，不與國人謀慮兄弟也。不弔，無服，哭於異姓之廟者，爲其犯罪忝辱先祖，於公法合疏遠之也。所以喪服居在外，寢不在內，又不聽樂，爲之變常者，以其實是己親，私心喪之也。以骨肉之親，雖犯刑戮，無斷絕之理，故也。公族無宮刑者，不可翦其類也。既無宮刑，當髡去其髮，故掌戮云：髡者使守積。鄭注云：謂同族不公者是也。方氏慤曰：夫有生所以傳類，而宮刑則無生之道焉，故公族無宮刑。李氏格非曰：掌囚王之同族者桎，有爵者梏，以待弊罪。凡有爵者與王之同族，奉而適甸師氏，以待刑殺。由此觀之，先王之制，雖同族，雖有爵，其犯法當刑，與庶民無以異也。法者，天子所與天下共也。如使同族犯而不殺，是爲君者私其親；有爵者犯而不殺，是爲臣者私其身。君私其親，臣私其身，則五刑之屬三千，特爲民也，豈適治之道邪？故王者不辨親疏，不異貴賤，以致於法。其所不肆諸市朝，而適甸師氏者，爲其有恥，毋使人之見也。禮案：不治犯有司之法，故惟以情乞宥，而不自命縱之也。體百姓，言立法與臣庶一體，不敢一私於己之族屬也。刑於隱者，不肆諸市朝也。慮，憂也，疑也。不使國人疑公之薄於兄弟之恩也。前漢文帝紀云：一斗粟，尚可舂；一匹布，尚可縫。兄弟二人不相容，是也。不弔，不爲服，哭於異姓之廟者，以其犯法而死，辱及厥祖，而遠之也。私喪猶心喪，絕於外而不絕於內也。翦，絕也。類，種類也。無宮刑，謂男不奄，女不椓，雖有罪而不絕其種，所以蕃衍本支也。

天子視學，大昕鼓徵，所以警衆也。衆至，然後天子至，乃命有司行事，興秩節，祭先師先聖焉。有司卒事，反命。始之養也。

鄭注：早昧爽擊鼓以召衆也。警，猶起也。周禮：凡用樂，大昕以鼓，徵學士。興，猶舉也。秩，常也。節，猶禮也。使有司攝其事，舉常禮，祭先師先聖，不親祭之者，視學觀禮耳，非爲彼報也。反命，告祭畢也。祭畢，天子乃入，又之養老之處。凡大合樂，必遂養老，是以往焉。言始，始立學也。孔疏：此論天子視學，必遂養老之法，則養老既畢，乃命諸侯羣吏，令養老之事。天子視學者，謂仲春合舞，季春合樂，仲秋合聲，於此時天子親往視學也。大，猶初也。昕，猶明也。徵，猶召也。謂初始昕明，擊鼓以召學士，所以警衆者令早起也。衆人既聞鼓聲而起。先至會聚之處。然後天子始至。尊者體盤故也。天子既至。乃命有司行釋奠之事。興舉尋常舊禮。以祭先師先聖。有司則詩書禮樂之教官也。行事畢。反命於天子。於時天子在虞庠之中。有司釋奠畢。乃反於國。明日之東序。而錫老故云始之養也。方氏慤曰。學記曰。未卜禘。不視學。蓋教養之久。然後可以視之故也。天子視學。必警衆。所以奉至尊。不可以不各致其敬故也。陸氏佃曰。言先聖在後者。容有司卒事。自先聖所反命也。與天子出征造乎禰同義。葉氏夢得曰。天子視學則觀禮樂於其中。故典禮則言秩典樂則言節。禮案說文昕旦明。日將出。則大昕。天大明。日出時也。檀弓上云。周人尚赤。視學亦大事也。故用日出。論語曰。小子鳴鼓而攻之。然則古學校設鼓。即私塾亦有之也。

適東序。釋奠於先老。遂設三老五更。羣老之席位焉。適饌省醴。養老之珍具。遂發詠焉。退修之以孝養也。

鄭注。親奠之者。己所有事也。養老東序。則是視學於上庠。三老五更。各一人也。皆年老更事致仕者也。天子以父兄養之。示天下之孝悌也。各以三五者。取象三辰五星。天所因以照明天下者。羣老無數。其禮亡。以鄉飲酒禮言之。帝位之處則三老如賓。五更如介。羣老如衆賓必也。適饌省醴。親視其所有。發詠謂以樂納之。退修之謂既迎而入獻之以醴。獻畢而樂闋。孔疏若尋常視學。則於東膠中。行養老之禮。若始立學。視學畢。則適養老之處。東序之中。天子親自釋奠於先世之老。祀畢遂於東序中。設三老五更羣老之席位。天子親適陳饌之處。省視醴酒。珍具既畢。出迎三老五更。將入之門之時。作樂聲發其歌詠。以樂納之也。三老五更入。即位於西階下。天子乃退酌醴獻之。以修行孝養之道也。蔡邕以爲更字爲叟。叟老稱。又以三老爲三人。五更爲五人。非鄭義也。陳氏祥道曰。古者建國。必立三卿。鄉飲酒必立三賓。而養老必立三老。故禮曰。三公在朝。三老在學。三公非一人。則三老五更非各一人矣。漢志以德行年高者一人爲老。次一人爲更。故永平中。拜桓榮爲五更。建初中。拜伏恭爲三老。而鄭氏以此爲三代之制誤矣。臧氏鏞曰。白虎通鄉射云。三老五更各一人。既以父事。父一而已。不宜有三。鄭說本此。惠氏棟曰。列子黃帝篇。禾生子伯宿於田。更商丘開之舍。注云。更當作叟。然則蔡說不爲無據。孫氏希旦曰。發詠謂歌詠其饌具之豐美。若封人職。所謂歌舞牲及毛炮之豚也。鄭氏謂以樂納老更非也。享燕之禮。賓入皆奏肆夏不歌也。兪氏樾曰。案脩當讀爲羞。說文羞進獻也。鄭以獻之解脩。之可知矣。上文省視養老之珍具。至此則遂奉而進之。以明孝養之道。故曰退脩之以孝養也。孔氏不知脩爲羞之假字。而解爲脩行。與鄭義不合。禮案更與老對文。似作叟爲是。三五之說。亦蔡氏義長。祭義曰。食三老五更於大學。而此言東序。益信周立四代之學於一處。劉氏之說。爲有徵也。故分言之。則養老於東序。總言之。則養老於大學也。先老先世之老更。祀之於東序者也。以將養老。故先釋奠焉。羣老國老也。卿大夫之致仕者也。王制曰。養國老於東膠。正字通云。東膠即東序。饌飯食。酒一宿執曰醴。珍八珍具備也。祭義曰。天子袒而割牲。執醬而饋。執爵而酳。與此互文也。

反登歌清廟。既歌而語。以成之也。言父子君臣長幼之道。合德音之致。禮之大者也。下管象。舞大武。大合衆以事。達有神。與有德也。正君臣之位。貴賤之等焉。而上下之義行矣。鄭注：反謂獻羣老畢，皆升就席也。反就席，乃席工於西階上，歌清廟以樂之。既歌，謂樂正告正歌備也。語，談說也。歌備而旅，旅而說父子君臣長幼之道，諸合樂之所美，以成其意。鄉射記曰：古者於旅也語。象，周武王伐紂之樂也。以管播其聲，又爲之舞，皆於堂下。衆，謂所合學士也。達有神，明天授命周家之有神也。興有德，美文王武王有德，師樂爲用，前歌後武，上下義行，由清廟與武也。孔疏：反謂反席。三老五更羣老，初受獻畢，皆立於西階下東面，今皆反升就席，乃使工登堂上西階北面歌清廟之詩以樂之，歌後則至旅酬之節。語謂談說善道，以成就天子養老之義。清廟之詩，文王道德之音，致極也。言說父子君臣長幼之道理，合會文王道德音聲理之至極，禮之大者也。登歌之後，笙入立於堂下。象謂武象，武王伐紂之樂。堂下管中奏象武，庭中舞大武，大會聚學士歌舞其樂，明達上天授命周家之有神，發起文武之有德也。登歌清廟，下管文王詩也。象君詩在上，下管象是武王詩，臣詩在下，是正君臣之位，貴賤之等。以此教衆，知王之是上下之義，行於衆庶也。陳氏祥道曰：季札見象舞，豪而言美哉，猶有憾，則象爲文王之詩明矣。鄭氏以爲武王詩，誤矣。萬氏斯大曰：正君臣之位，是言席次，當考鄉飲酒禮、燕禮、大射儀諸禮始明。養老略同鄉飲酒禮，則天子主席當在阼階上西面，與燕禮、大射儀公席同，雖主位，實君位也。三老之席如鄉飲賓，當在戶牖閒南向；五更之席如介，當在西階上東面；羣老之席如衆賓，在賓席之西，與燕禮、大射儀卿大夫之席略同。今老更雖居賓介之位，實臣位也，故曰正君臣之位。天子居君位，是貴；老更居臣位，是賤；老居賓位，是貴；更居介位，是賤，故曰貴賤之位等。等位既正，而上下之義行矣。禮案：杜注襄二十九年左傳云：象箾，舞所執；南籥，以籥舞也。皆文王之樂。鄭注周禮春官宗伯云：大武，武王樂也。武王伐紂以除其害，言其德能成武功。大合衆，謂集國子大合樂也。合樂歌文德，舞武功，所以示文武之事業，故曰大合衆以事也。達有神，降格上下之神祇也。興有德，以蹈厲學子之志氣也。清廟之詩云：濟濟多士，秉文之德，對越在天，奔走在廟，貴賤之等也。樂記：武舞六成，復綴以崇天子，君臣之位也。白虎通：詩曰：歌者在堂上，舞者在堂下，何？歌者象德，舞者象功，君子上德而下功。降神之樂在上，何？爲鬼神舉也。故書曰：戛擊鳴球，搏拊琴瑟以詠，祖考來格。所以用鳴球搏拊者，何？鬼神清虛，貴淨賤鏗鏘也。有司告以樂闋。

王乃命公侯伯子男羣吏曰：反養老幼於東序。終之以仁也。鄭注：闋，終也。告君以歌舞之樂終。此所告者，謂無算樂。羣吏，鄉遂之官。王於燕之末而命諸侯時朝會在此者，各反養老，如此禮，是終其仁心。孝經說所謂諸侯歸各帥於國，大夫勤於朝，州里饋於邑是也。孔疏：闋謂養老之末，無算樂之終也。有司告王以樂終，於時諸侯及鄉遂之老在此席，王燕末乃告之，令其各反其國，養老幼如我於東序之禮也。王自養老，是仁恩也；又令諸侯州里而行養老，是終之以仁也。陳氏祥道曰：兼幼言之者，耆老孤子，先王未嘗不兼養，然其所重特老者而已。江氏永曰：陳氏說是。此言終之以仁，故兼饗孤子言之。禮案：樂止曰闋。王命諸侯各反國視學，修養老之禮，羣吏亦反其職守之處，使行鄉飲酒之禮。夫養老所以教孝弟，故曰仁。終，盡也。自天子至於鄉遂，無不備舉，故曰終。是故聖人之記事也，慮之以大，愛之以敬，行之以禮，修之以孝養，紀之以義，終之以仁。是故古之人一舉事而衆皆知其德之備也。古之君子。舉大事必愼其終始。而衆安得不喻焉。兌命曰。念終始典於學。鄭注謂先本於孝弟之道。愛敬謂省其所以養老之具。行禮謂親迎之如見父兄。孝養謂親獻之薦之。紀義謂既歌而語之。終仁謂又以命諸侯。歸於國。復自行之。愼其終始。言其爲之本末露見。盡可得而知也。喻猶曉也。兌當爲說。說命書篇名。殷高宗之臣傅說之所作。典常也。念事之終始。常於學。學禮義之府。孔疏一舉事謂一舉養老之事。以示於下。而衆皆知其在上道德備具。則上慮之以大。愛之以敬。行之以禮之屬是也。大事謂養老。初則慮之以大。是愼其始。末則終之以仁。是愼其終也。而衆庶何得不曉喻。言衆皆曉喻養老之德也。錄記者既美養老終始。是由學而來。故引兌命學爲可重之事。以結之。案尚書序云。高宗夢傅說。得諸傅巖。作說命三篇。馬氏晞孟曰。自大昕鼓以警衆。而至於舞大武。則禮終而樂闋。國子俊造得以觀於中。侯伯子男得以帥於外。而猶以爲未喻也。故命百官反養老幼於東序。此所謂終之以仁也。王氏引之曰。愛之以敬。案上下五之字。皆指事言。不應此一之字獨指人言。且愛敬義殊。不得合爲一事。愛疑當作受。管子明法解。欲受爵。今本誤作愛。魏策憎韓不愛。今本誤作受。是二字嘗相亂。受者承也。繼也。謂己慮之以大。又繼之以敬也。俞氏樾曰。記當讀爲紀。釋名釋典藝。記紀也。國語周語。紀農協功。韋注曰。紀猶綜理也。聖人之紀事。猶言聖人之理事。慮之以大。愛之以敬。數語。正見其綜理之微密也。禮案說文思有所圖曰慮。敬老廣孝。化行天下。垂則四海。是所圖者大也。省饌親饋。致孝養之道也。事如父兄。敬之至也。紀極上下之義。終及仁恩之徧。莫養老之禮。明顯而可見者也。故行之學。亦齒於學之意焉。始則擊鼓警衆。終則命反養老。其敬愼重正之禮。以身爲率。則人莫不格矣。引尚書說命者。證天子養老。始終在學。則學之必本於孝弟。亦可見矣。此篇乃覆釋天子視學。至終之以仁之義也。

世子之記曰。朝夕至於大寢之門外。問於內豎曰。今日安否何如。內豎曰。今日安。世子乃有喜色。其有不安節。則內豎以告世子。世子色憂不滿容。內豎言復初。然後亦復初。朝夕之食上。世子必在視寒煖之節。食下。問所膳。羞必知所進。以命膳宰。然後退。若內豎言疾。則世子親齊玄而養。膳宰之饌。必敬視之。疾之藥。必親嘗之。嘗饌善。則世子亦能食。嘗饌寡。世子亦不能飽。以至於復初。然後亦復初。鄭注朝夕朝朝暮夕也。日中又朝。文王之爲世子。非禮之制。世子之禮亡。言此存其記。色憂。憂淺也。不及文王。行不能正履。羞必知所進。必知親所食。親猶自也。養疾者齊玄。玄冠玄端也。疾者之食。齊和所欲或異。藥必親嘗。試毒味也。善謂多於前。不能飽。又不及武王一飯再飯。復初。復常所服。孔疏此記尋常世子之禮。親齊玄而養者。內豎既言有疾。則世子親自齊戒。衣玄冠玄端而養也。玉藻云。玄冠丹組纓。諸侯之齊冠也。玄冠綦組纓。士之齊冠也。玄端其衣。則緇布衣也。謂之端者。端正也。齊必用玄者。玄是陰之色。陰氣靜。齊亦靜。故用玄也。金氏履祥曰。稱世子之記。則古者教世子。其文字禮節。必自有一書。世所誦習。而常行之者也。孫氏希旦曰。朝夕至於大寢之門外。日再朝也。內則曰。昧爽而朝。慈以旨甘。日入而夕。慈以旨甘。一日再朝者。自命士以上。事親之達禮也。朱氏軾曰。問所善。問所食。何物多。何物寡也。至疾時。尤加謹焉。嘗饌善。善多也。饌多則疾漸愈。故世子心喜而能食。禮案。周禮天宮宮人。掌王之六寢之脩。鄭注彼云。六寢者。路寢一。小寢五。又何注莊三十二年公羊傳云。天子諸侯皆有三寢。一曰高寢。二曰路寢。三曰小寢。父居高寢。子居路寢。然則此云大寢。蓋高寢也。文王三朝。孝踰前古。而鄭注據此一節。遂事事謂奮法不若文王。則非也。蓋記者以首錄文王之爲世子。末又列世子之記。大致皆同。故文祥於彼。卽簡於此。具於此。卽略於彼也。滿。足也。有不足之容。與行不能正履。文互見也。嘗饌善。亦能食。嘗饌寡。亦不能飽。又何以異於武王非一飯亦一飯。再飯亦再飯邪。若文略者。卽謂禮缺。然則武王不脫冠帶。與此齊玄而養。文王猶有未逮。而武王不敢有加於文王者矣。曲禮下曰。君有疾飲藥。臣先嘗之。親有疾飲藥。子先嘗之。況世子有君之尊。有父之親。故疾之藥必親嘗之。豈以文武之孝。而昧於此禮哉。吾故知前後互文。而注說泥矣。

禮記通釋卷二十八

玉環戴禮

禮運第九

孔疏案鄭目錄云。名曰禮運者。以其記五帝三王相變易。陰陽轉旋之道。此於別錄屬通論。不以子游爲篇目者。以曾子問篇之類。既煩雜不可以一理目篇。子游所問。唯論禮之運轉之事。故以禮運爲標目耳。禮案此孔子感衰周禮崩王道凌夷而嘆。因子游之問。故歷舉上古中古之禮制。前聖後聖之述作。以告之也。而記者題爲禮運者。以子言聖王建諸天地。順乎人情。而作爲禮。周流六合之中。措之咸宜。因氣運而損益者也。故謂之禮運。

昔者仲尼與於蜡賓。事畢。出遊於觀之上。喟然而嘆。仲尼之嘆。蓋嘆魯也。言偃在側曰。君子何嘆。孔子曰。大道之行也。與三代之英。丘未之逮也。而有志焉。

鄭注蜡者索也。歲十二月。合聚萬物而索饗之。亦祭宗廟。時孔子仕魯。在助祭之中。觀闕也。孔子見魯君於祭禮有不備。於此又覩象魏舊章之處。感而嘆之。言偃孔子弟子子游。大道謂五帝時也。英俊選之尤者。逮及也。言不及見。志謂識古文。不言魯事。爲其大切。廣言之。孔疏皇氏云。從昔者仲尼以下至篇末凡四段。自初至小康爲第一。明孔子爲禮不行而發嘆。遂論五帝三王道德優劣之事。蜡者索也。郊特牲文。十二月者。據周言之。夏則十月。般則十一月。謂建亥之月。萬物功成報之。月令孟冬云。祈來年於天宗。大割祠於公社。及門閭。臘先祖五祀。故云亦祭宗廟。總而言之。謂之爲蜡。若析而言之。祭百神曰蜡。祭宗廟曰息民。下云出遊於觀之上。故知是宗廟也。孔子魯臣。而稱賓者。以祭祀欲以賓客爲榮。故也。爾雅釋宮云。觀謂之闕。孫炎云。宮門雙闕者。二縣法象魏使民觀之。因謂之闕。熊氏云。當闕有處。以通行路。既言雙闕。明是門之兩旁相對爲雙。何休注公羊。天子兩觀外闕。諸侯臺門。則諸侯不得有闕。魯有闕者。魯以天子之禮。故得有之也。案定二年雉門災及兩觀。魯之宗廟在雉門外左。孔子出廟門。至雉門。遊於此觀。感而嘆之者。一感魯君失禮。二感舊章廢棄故也。作記者言其所嘆之由。蓋謙爲疑辭。不敢指正也。於時言偃在側。問嘆何事。不云孔子而云君子者。以論語云君子坦蕩蕩。不應有嘆也。孔子指言魯失禮。恐其大切。故廣言五帝以下及三王盛衰之事。謂五帝大道之行。與三代英異之主。若禹湯文武等。身未及見。而有志記之書。尚可知也。案辨名記云。倍人曰茂。十人曰選。倍選曰俊。千人曰英。倍英曰賢。萬人曰傑。倍傑曰聖。孫氏希旦曰。蜡歲十二月。合聚鬼神而索享之也。黨正國索鬼神而祭祀。則以禮屬民。而飲酒於序。與於蜡賓。言與於蜡祭飲酒於賓也。觀闕也。門旁築土而高之。可登以眺望者。蜡祭在黨之序。夫子出於序而遊於觀。所謂闕黨者與。孔子言帝王之盛。已不及見。而有志乎此。蓋登高眺望。有感於魯之衰。而思得位行道。以反唐虞三代之治也。注疏謂蜡亦祭宗廟。孔子助祭。出遊於象魏之上。其說非是。宗廟冬已烝祭。蜡又祭之。不亦煩乎。蜡祀先祖。乃秦制耳。象魏尊嚴。必無登眺之理。禮案說文。喟大息也。遊觀而嘆魯之僭天子禮也。昭二十五年公羊傳。子家駒曰。設兩觀。何注云。禮天子外闕兩觀。諸侯內闕一觀。故孔子竊以非禮而嘆也。君子何嘆。君子不當有戚容。故問之。非稱夫子爲君子也。大道之行。謂若唐虞之世。民歌帝力何有於我。君不下席而治也。三代之英。謂若禹之皋益。湯之尹虺。武之周召也。志。記也。若夏時坤乾之屬。言我雖未及見之。然有記載存而可考。撫今思昔。能無懷寶迷邦之嘆也哉。大道之行也。天下爲公。選賢與能。講信修睦。故人不獨親其親。不獨子其子。使老有所終。壯有所用。幼有所長。矜寡孤獨廢疾者皆有所養。男有分。女有歸。貨惡其棄於地也。不必藏於己。力惡其不出於身也。不必爲己。是故謀閉而不興。盜竊亂賊而不作。故外戶而不閉。是謂大同。

鄭注公猶共也。禪位授聖。不家之。睦。親也。不獨親其親。子其子。孝慈之道廣也。皆有所養。無匱乏也。分。猶職也。有歸皆得良奧之家。不必爲己。勞事不憚。施無吝心。仁厚之教也。謀閉不興。亂賊不作。尚辭讓之故也。外戶不閉。禦風氣而已。同猶和也。平也。孔疏此先明五帝時也。天下爲公。謂不私傳子孫。卽廢朱均而用舜禹是也。國不傳世。而唯選賢與能。黜四凶。與十六相之類是也。講談說修習也。世淳無欺。談說輒有信。行習皆親睦也。君既無私。故人法之。而不親己親。子己子。天下之老者。皆得贍養。終其餘年。年齒盛壯者。不愛其力。重任分。輕任幷斑白者。不提挈是也。無所獨親子。故天下之幼。皆獲養長以成人。矜寡孤獨無告。及有疾者。皆獲恤養。男子無才者耕。有能者仕。各當其職。無失分也。女謂嫁爲歸。不失時。故有歸也。貨謂財貨。既天下共之。不獨藏府庫。但人不收錄。則物壞也。窮無所資用。故收而藏之。是惡棄地耳。非是藏之爲己。有乏者。便與也。爲事用力。不憚劬勞。正是惡於相欺。惜力不出於身。非是欲自營贍。故云不必爲己。謀起爲詐。今天下一心。故圖謀之事。閉塞不起。有乏者輒與。盜賊焉施。有能必位。亂賊何作。外戶從外闔也。不閉者。不用關閉也。重門擊柝。本禦暴客。既無竊賊。則戶無俟於閉也。但爲風塵入寢。故設扉耳。無所捍拒。故從外而掩也。率土皆然。故曰大同。劉氏彝曰。易稱同人於野亨者。言君益其性於上。而民盡其性於下。有天火之義焉。不曰大道之行乎。王氏引之曰。選賢與能之與。當作舉。舉與古字通。兄妄衆傳物與无妄。虞翻注曰。以謂舉也。禮案堯舜不以天位私其子。公天下之心也。王制云。大夫無世爵。選賢與能也。講信教民直言直行。而勿欺也。修睦使民出入相友。守望相助。一視同仁。無人我之私也。孟子曰。老吾老。以及人之老。幼吾幼。以及人之幼。則矜寡孤獨。不失其所矣。廢疾卽瘖聾跛躄斷者也。有所養。卽以器食之是也。有分。各世其業。故國語齊語云。四民者。勿使雜處。有歸。爲之有家。故周禮地官媒氏職。令女二十而嫁。惜物勞力務勤儉也。不必爲己。無所私也。無私心則無奸謀。有所養則無奸宄也。大同卽大戴五帝德所謂。日月所照。舟車所至。莫不祇勵是也。今大道既隱。天下爲家。各親其親。各子其子。貨力爲己。大人世及以爲禮。城郭溝池以爲固。禮義以爲紀。以正君臣。以篤父子。以睦兄弟。以和夫婦。以設制度。以立田里。以賢勇知。以功爲己。故謀用是作。而兵由此起。禹湯文武成王周公。由此其選也。此六君子者。未有不謹於禮者也。以著其義。以考其信。著有過。刑仁講讓。示民有常。如有不由此者。在執者去。衆以爲殃。是謂小康。鄭注隱猶去也天下爲家傳位於子貨力爲己俗狹嗇城郭溝池以亂賊繁多爲此以服之也大人諸侯也謀用是作兵由此起以其違大道敦朴之基也教令之稠其弊則然老子曰法令滋章盜賊多有由用也能用禮義以成治考成也刑猶則也執執位也去罪退之也殃猶禍惡也康安也大道之人以禮於忠信爲薄言小安者失之則亂賊將作矣孔疏此明三代俊英之事孔子生及三代之末故稱今也天下爲家禹爲其始也君以天位爲家故四海各親親子子藏貨於身出力贍己父子曰世兄弟曰及謂父傳與子無子則傳兄與弟也以此爲禮也城內城郭外城溝池城之塹爲此以自衞固也紀綱紀也五帝以大道爲綱三王以禮義爲紀君臣父子兄弟夫婦有失並用禮義爲之紀也君臣義合故曰正父子天然故云篤篤厚也兄弟同氣故言睦夫婦異姓故言和又用禮義設爲宮室衣服車旗飲食上下貴賤多少之制度田種穀稼之所里居宅之地貴賤之異品賢猶崇重也盜賊並作故須勇更相欺詐故須知所以勇知之士皆被崇重立功起事不爲他人故姦詐之謀用戰爭之兵由此而起禹湯文武成王周公能以禮義成治其爲三王中之英選也此聖賢六人皆謹於禮以行下五事著明也義宜也民有失所則用禮裁斷使得其宜民有相欺則用禮成之使信民有罪則用禮以照明之民有仁用禮賞之以爲則民有爭奪用禮說之使推讓示民有常者以禮行上五德是示見民下爲常法也若爲君而不謹於禮以下五事雖在富貴執位衆人必以爲禍惡共以其罪黜退之小康者謂行禮自衞乃得不去執位及不爲衆所殃而比大道爲劣故曰小康胡氏銓曰下言禹湯由此則大人謂天子張子載曰大人世及以爲禮由古以來固亦有傳世但道隱之後雖有子如朱均臣如伊周者亦不能舉行堯舜之事故以世及爲定禮也劉氏台拱曰以知爲賢故謀作以勇爲賢故兵起衆謂衆庶也不由禮則在執者黜退而衆庶則有刑禍及之也郭氏嵩燾曰大人世及謂三王家天下以世相及猶孟子所云夏后殷周繼也三代步法不同田畝隨步變更一代有一代之田制故曰以立田里謀者制治保邦之深機兵者戡定暴亂之大用禹湯文武成王周公所以用謀與兵聖人之權時爲之也小康謂能定天下之亂成一時之功而已夏至大康而亂殷至雍己而衰周至穆王而微三代以來治日常少亂日常多所謂小康也兪氏樾曰如有不由此者所包甚廣在執位者而不由此固當黜去之若衆人不在執位而不由此則無位可去矣然人有禮則安無禮則危未有不裁及其身者也故曰衆以爲殃言不在執位之衆人亦以此爲禍惡也禮案爾雅釋詁隱微也禮卽道德經云失義而後禮蓋人各私己則義失而爭奪之患興焉故爲禮以防未然固國以遏已然也紀治理正猶定也禮教慈孝故父子篤教良悌故兄弟睦教義聽故夫婦和設制度別其貴賤也立田里安其居業也以勇知爲賢以爲我爲功故謀夫孔多兵禍踵起焉由此云者由禮義以致治也選讀如尚書盤庚世選其勞之選毛傳詩大雅云考稽也爾雅釋詁云刑法也著有過立政治民也刑仁講讓以善勸民也示民有常謂禹湯文武成王周公之治民以此爲常法而不可得變革者也苟不由禮而在勢位懱虐作威使民離叛適足以自殃也一亂一治若桀紂之暴。湯武之誅。雖能致安。而謂之小康者。以用兵戡亂。終不若上世無爲而化也。

言偃復問曰。如此乎禮之急也。孔子曰。夫禮先王以承天之道。以治人之情。故失之者死。得之者生。詩曰。相鼠有體。人而無禮。人而無禮。胡不遄死。是故夫禮必本於天。殽於地。列於鬼神。達於喪祭射御冠昏朝聘。故聖人以禮示之。故天下國家可得而正也。

鄭注。相。視也。遄。疾也。言鼠之有身體。如人而無禮者矣。人之無禮。可憎賤如鼠。不如疾死之愈。聖人則天之明。因地之利。取法度於鬼神以制禮。下教令也。既又祀之。盡其敬也。教民嚴上也。鬼者精魂所歸。神者引物而出。謂祖廟山川五祀之屬也。民知嚴上。則此禮達於下也。民知禮則易教。孔疏。言偃見夫子所云。三王得禮則興。失禮則亡。故云禮之急也。故孔子答以禮上承天道。下治人情。失之者死。若桀紂也。得之者生。若禹湯也。引詩鄘風者。證人無禮不如速死。胡。何也。遄。疾也。何不疾死。無所侵害。既言無禮則死。又言禮之所起。禮從天出。故云本於天。殽。效也。又效於地。布列於鬼神。聖王既法天地鬼神以制禮。本以教民。故祀天禮地。享宗廟。祭山川。一則報其禮之所來之功。二則教民嚴上之義。民既知嚴上之義。喪則哀篤君親。是曉達喪禮也。祭是享祀君親。則達於祭也。射御是防衛供御尊者。冠有著代之義。昏有代親之感。朝是君之敬上。聘是臣之事君。民知嚴上。則達此八者之禮。無教不從。天下謂天子。國謂諸侯。家謂卿大夫。下既從教。不復爲邪。故得而正也。張子載曰。禮必本於天。殽於地。列於鬼神。此屬自然而言也。天自然有禮。如天尊地卑是也。殽於地。如山川有小大。草木有長短。皆是天生而見於地。也列於鬼神。如社有土功。履之必報。稷有養人之功。五岳各爲一方之鎮。人就而禮之。至於羣祀百神。莫不有自然之理。使之必報之功。有小大者。天也。報且禮之者。人也。達於喪祭射御冠昏朝聘。此則屬人道而言。亦莫非天理也。方氏慤曰。天地鬼神。禮之所以立也。朝聘八者。禮之所以行也。應氏鏞曰。法於天地鬼神者。所以承天之道。達於天下國家者。所以治人之情。方氏苞曰。幽厲以後。諸侯僭天子。大夫逼諸侯。其致亂之由。因不能示之以禮。則撥亂之道。亦唯禮可以正之也。邵氏懿辰曰。達於喪祭射御冠昏朝聘。又冠昏喪祭射御朝聘。二御字皆鄉字。形近而譌。家語正作鄉字。射御是六藝之二。豈與冠昏喪祭朝聘爲類乎。樂記。射鄉食享。所以正交接也。仲尼燕居。射鄉之禮。所以仁鄉黨也。皆射鄉二字連文。禮案。急猶緊要也。承天之道。繼天立極。治人之情。防微杜漸。隆禮則興。失禮則亡。脩齊治平。何莫不然。所謂死者。澌滅也。無別無義。禽獸之道。人身已失。不留存。猶未死也。若死矣。故引相鼠之詩。以伸其義。所謂生者。非長生久視也。若法言法行。爲萬世所尊崇。則身雖殁而令譽長存。猶未死也。大戴五帝德所謂黃帝三百年是也。孟子外書文說云。太上有立德。其次有立言。其次有立功。此之謂三不朽。古之人皆有死。而有其不死者。若小人則未死而已死矣。禮得生失死。其此之謂乎。本天殽地。卽大戴虞戴德謂率天而祖地也。廣韻。列。行次也。位序也。如天子祭天地。諸侯祭社稷。神之列也。宗廟之中。昭穆之序。鬼之列也。達也者。禮之流行。自上而下。無不周徧也。夫喪以教孝。祭以報本。射以觀德。御以尙藝。冠詔成人。昏承宗事。朝尊王室。聘固邦交。故以斯禮示天下。而民莫不正矣。

言偃復問曰。夫子之

極言禮也。可得而聞與。孔子曰。我欲觀夏道。是故之杞。而不足徵也。吾得夏時焉。乾坤之義。夏時之等。吾以是觀之。鄭注言偃欲知禮終始所成。孔子曰。我欲行其禮。觀其所成。是故之杞。杞夏后氏之後也。徵成也。無賢君不足與成也。得夏四時之書。其書存者。有小正。宋殷人之後也。得殷陰陽之書也。其書存者。有歸藏。吾觀於二書之意。孔疏孔子曰。我欲觀夏道以下。至禮之大成。答以所成之事也。欲行夏禮。故適杞。而不足徵者。謂杞君闇弱。不堪與成其禮也。得夏四時之書。爲夏禮。既不可成。又欲觀殷道。故適宋。亦以宋君闇弱。不堪與成其禮。得殷坤乾之書。熊氏云。殷易以坤爲首。故先坤後乾。案孔子姿大聖之初。無所不覽。故修春秋。贊易道。足禮樂。明舊章。今古墳典。無所不載。而獨觀此二書。始知禮之運轉者。以詩書禮樂。多是周代之書。黃帝墳典。又不論陰陽轉運之事。而夏時坤乾。並載前王損益陰陽盛衰。故觀此二書。以知其上代也。陳氏祥道曰。其言夏時之等。則其所得者。不止於此。其言吾以是觀之。則繼之以夫禮之初以下。蓋觀是書。而知其然。方氏慤曰。周官大卜。掌三易之法。一曰連山。二曰歸藏。三曰周易。連三則首乎民。其卦具內外。而一體。位居東北之兩間。則向乎人之時焉。夏用人正。故其書以之。孔子以夏時稱之者。以帝降而王。人時得其正故也。歸藏則首乎坤。各歸其根。密藏其用。皆陰之所爲。則合乎地之時焉。殷用地正。故其書以之。孔子以坤乾稱之者。以資生於丑。地爲主。爲上故也。然孔子以夏殷之易。而觀夏殷之禮者何也。蓋易之所見者。象禮之所形者器。繫辭云。以制器者尚其象。則觀易固可以知禮矣。坤乾謂之義。夏時謂之等者。禮以達義於內。辨等於外者也。納蘭氏成德曰。之杞之宋。僅得夏時坤乾。故有文獻不足之嘆。然易決嫌疑。定猶豫。卽箕子所謂稽疑。衍忒。亦豈無關於禮。郭氏嵩燾曰。古歷建正無徵。而夏時以定。古易僅見連山。而歸藏坤乾之用益廣。故玩其義。辨其等。而知其流傳遠也。下文皆從其初。皆從其朔。正以推見三代聖人。制禮之精意。皆有其本原。而以此節引起之。禮案之往也。竹書紀年。禹元年。頒夏時於邦國。太史公曰。孔子正夏時。學者多傳夏小正云。小正序云。孔子得夏時於杞。今在大戴禮。鄭注周禮天官大卜云。歸藏商易也。丁氏令升曰。商人建丑。得地統。故卦首坤。賈疏云。坤爲地。萬物莫不歸藏於其中。故曰歸藏。

夫禮之初。始諸飲食。其燔黍捭豚。汙尊而抔飲。蕢桴而土鼓。猶若可以致其敬於鬼神。及其死也。升屋而號。告曰。皋某復。然後飯腥而苴熟。故天望而地藏也。體魄則降。知氣在上。故死者北首。生者南鄉。皆從其初。鄭注言其物雖質略。有齊敬之心。則可以薦羞於鬼神。鬼神享德。不享味也。中古未有釜甑。釋米捭肉。加於燒石之上。而食之耳。今北狄猶然。汙尊鑿地爲尊也。抔飲手掬之也。蕢讀爲凷。聲之誤也。凷堛也。謂摶土爲桴也。土鼓築土爲鼓也。升屋而號。招之於天。飯以稻米。上古未有火化。苴孰取遺奠。有火利也。苴或爲俎。地藏爲葬。北首陰也。南鄉陽也。皆從其初。謂今行之然也。孔疏此論上代物雖質略。以其齊敬。可以致祭神明。禮謂吉禮。行吉禮。先以飲食爲本。但中古未有釜甑。以水洮釋黍米。加於燒石之上。以燔之。故云燔黍。或捭析豚肉。加於燒石之上。而孰之。故云捭豚。鑿池汙下。而盛酒。故云汙尊。

以手掬之而飲。故云抔飲。皇氏云。桴謂擊鼓之物。故云蕢桴。築土爲鼓。故云土鼓。非但可以事生。亦可以致其恭敬於鬼神也。升屋而號。北面告天曰皋。皋引聲之辭。某。死者名。令其反復魄。魂魄不復。然後浴尸。而行含禮。飯用生米。故云飯腥苴孰者。至葬設遣奠。用苞裹孰肉。以遣送尸也。天望謂望天而招魂。地藏謂葬地以藏尸也。所以天望地藏者。由體魄則降。知氣在上故也。體魄入地爲陰。故死者北首。歸陰之義。生者南向。歸陽也。生之事。皆取法於上古中古而來。故云皆從其初也。釋文。捭或作擗。又作擘。胡氏銓曰。蕢。草也。以草爲桴。鄭以蕢爲凷。非也。若云誤聲。不應明堂位又誤也。蔣氏君實曰。死生異域。疑若恩棄義絕。而不相求。乃升屋之號。皋某之告。飯腥苴孰。以繼其孝養之事。天望地藏。以發其悽愴之思。蓋雖禮教未備。而天理之發。露於人心者。自然如此。至於棺槨衣衾之備。美賵賻贈含之畢陳。而一念不居。事亦末矣。故曰皆從其初。方氏苞曰。飯腥苴孰。恐係上古之禮。於周無考。舊說以生米爲含。非也。生米不得爲腥。段氏玉裁曰。擘豚謂手裂豚肉也。郭氏嵩燾曰。爾雅。蕢。赤莧。莧高數尺。其本輕而堅。可爲杖。陶土而空其中爲鼓。以杖築之。惟莧本爲堅輕者。爲能發大聲。亦古人用物精處。禮案。鄭注周禮春官大祝云。皋讀爲嗥。高注淮南說山訓云。魄。人陰神。魂。人陽神。故人死。魂升。而魄降也。初謂五帝三王。制度遞變。唯斯禮則自古至今。未之有改也。

昔者先王未有宮室。冬則居營窟。夏則居橧巢。未有火化。食草木之實。鳥獸之肉。飲其血。茹其毛。未有麻絲。衣其羽皮。後聖有作。然後修火之利。范金合土。以爲臺榭宮室牖戶。以炮以燔。以亨以炙。以爲醴酪。治其麻絲。以爲布帛。以養生送死。以事鬼神上帝。皆從其朔。

鄭注。寒則纍土。暑則聚薪柴居其上。未有火化。食腥也。未有麻絲。此上古之時也。作。起。修火之利。孰治萬物。范金。鑄作器用。合土。瓦瓴甓及甒大。榭。器之所藏也。以炮。裹燒之也。以燔。加於火上。以亨。煑之鑊也。以炙。貫之火上。以爲醴酪。烝釀之也。酪。酢酨。朔亦初也。亦謂今行之然。孔疏。此更論上古之事。未有宮室。則是五帝以前。未有火化。則惟伏羲以前。以中古神農有火故也。營窟者。地高則穴於地。地下則營纍其土而爲窟。橧巢者。橧聚其薪以爲巢。雖食鳥獸之肉。不能飽者。則茹食其毛。漢蘇武以雪雜羊毛食之。是其類也。世本云。燧人出火。在伏羲之前。但用之簡少。至神農更修益。使多。故云修。孰謂烹煑。治謂陶鑄。爲形范以鑄金器。和合其土。燒作器物。以爲宮室牖戶。及炮燔醴酪等。皆五帝也。此皆效法上古以來。故云皆從其朔。項氏安世曰。初者。天地形氣之始也。朔者。隨時制作之始也。如歷家太初及中朔之類。詳本章事理可見。劉氏彝曰。火無形也。而潛於木中。燧人氏鑽木出火。然後木也火也。爲民之利矣。金得火則鎔。又從而範之以爲器。土也和之以水。鈞之以木。化之以火。合五材以爲器。則利與稼穡均矣。五行之利。養於民。而禮五物以興焉。生則養之。死則祭之。報本反始之心生。而禮由之弗敢忘乎其本初矣。陳氏澔曰。未有火化。故去毛不盡。而并食之也。笵字從竹。以土曰型。以金曰鎔。以木曰模。以竹曰笵。笵金爲形範。以鑄金器也。合土和合泥土。以爲陶器也。董氏應暘曰。宮室代上古之巢窟。烹炙代上古之毛血。麻絲代上古之羽皮。皆修火之利。王氏引之曰。釋文云。橧本作增。又作曾。橧巢者。橧之而爲巢。猶上句營之而爲窟也。大戴曾子疾病篇。鷹隼以山爲卑。而曾巢其上。是也。禮案。冬居營窟。以陽氣在下。取其煥也。夏居橧巢。以高處當風。取其涼也。且橧字從木。栫木爲巢。兼以避蛇虎之害也。燧皇之先。未有火食。人皆生啖果實。及鳥獸之肉。以果腹。飲牲血及水。以解渴。茹毛者。無火燖之。故去毛不淨。陳氏說是。若如疏謂茹毛助飽。則皮必幷吞。焉得羽皮可衣乎。後聖。中古之世也。有讀如春秋日有食之之有。作。興也。修火之利。若焚萊驅猛獸。使民安居。治金作釜鼎。使民孰食。宮室則磚瓦必由火煆。繅絲則蠶繭必須湯煑。治麻絲謂織造布帛。生以之禦寒。死以之襲殮也。作爲量幣祭服。又可以事鬼神上帝。皆從其朔者。白虎通云。朔之言蘇也。謂至此則太古食腥衣皮之風熄。而後聖修火之利。更代而興。故曰朔。

故立酒在室。醴醆在戶。粢醍在堂。澄酒在下。陳其犧牲。備其鼎俎。列其琴瑟管磬鐘鼓。修其祝嘏。以降上神。與其先祖。以正君臣。以篤父子。以睦兄弟。以齊上下。夫婦有所。是謂承天之祜。

鄭注。此言今禮饌具所因於古。及其事義也。粢讀爲齊。聲之誤也。周禮五齊。一曰泛齊。二曰醴齊。三曰盎齊。四曰醍齊。五曰沈齊。字雖異。醆與盎。澄與沈。蓋同物也。奠之不同處。重古略近也。祝。祝爲主人享神辭也。嘏祝。爲尸致福於主人之辭也。祜。福也。福之言備也。孔疏。此明祭祀。因於古昔所供之物。玄酒。水也。以其色黑。謂之玄。大古無酒。此水當酒。以今雖有五齊三酒。貴重古物。故陳設在室內。而近北。醴謂醴齊。醆謂盎齊。以其後世所爲賤之。故陳列雖在室內。稍南近戶。粢醍卑。故陳列又南近戶。而在堂。澄謂沈齊。酒謂三酒。事酒。昔酒。清酒之等。卑之。故陳在堂下也。案。少牢鼎入陳於東方。堂序西面北上。俎皆設於鼎西。是也。琴瑟在堂。而登歌。書云搏拊琴瑟以詠。是也。管磬鐘鼓。堂下之樂。書云下管鼗鼓。笙鏞以簡。是也。其歌鐘歌磬。亦在堂下。修其祝嘏者。謂以主人之辭享神也。以尸之辭嘏主人也。上神謂在上精魂。指其精氣。謂之上神。指其亡親。謂之先祖。皇氏熊氏云。上神天神也。以正君臣者。祭統云。君在廟門外。則疑於君。入廟門。則全於臣。是也。以篤父子者。祭統云。尸南面。父北面而事之。是也。以睦兄弟者。祭統云。昭與昭齒。穆與穆齒。特牲云。主人洗爵獻長兄弟。衆兄弟。是也。以齊上下者。祭統云。尸飲五。君洗玉爵獻卿。尸飲七。以瑤爵獻大夫。是也。夫婦有所者。禮器云。君在阼。夫人在房。及特牲夫婦交相致爵是也。言行上事。得所則特受天之祜福也。方氏慤曰。致於味者。於道爲遠。寡於味者。於道爲近。故禮器曰。禮近人情者。非其至也。明後世之禮。雖漸致其文。亦未嘗不貴其本。吳氏澄曰。君臣父子。指尸與君也。兄弟同姓之臣。上下異姓之臣。夫婦君與夫人。各有其禮。各有其事。各有其位。故云正篤睦齊及有所也。黃氏啓蒙曰。此言祭極倫理之詳。足以承天之祜。夫禮之始諸飲食。可致敬於鬼神。必至是而後爲備。故歷歷言之。江氏永曰。案。玄酒在室。卽明水配鬱鬯也。以其重古。故首言之。其在戶在堂在下者。亦以明水配齊。以玄酒配酒。非謂室中一設。其餘不設也。禮案。荀子禮論云。大享上玄尊。故祭祀亦設玄酒於室內也。戶室口。見六書精蘊。備具也。列陳也。修飾也。謂宗廟享祀。百事具備。至誠感神。故神靈降格。舉謂玄。尸以象神也。受天之祜。卽論語祭則受福是也。

作其祝號。玄酒以祭。薦其血毛。腥其俎。孰其殽。與其越席。疏布其冪。衣其澣帛。醴醆以獻。

薦其燔炙。君與夫人交獻。以嘉魂魄。是謂合莫。鄭注。此謂薦上古中古之食也。周禮祝號有六。一曰神號。二曰鬼號。三曰祇號。四曰牲號。五曰齍號。六曰幣號。一號者所以尊神顯物也。腥其俎。謂豚解而腥之。及血毛。皆所以法太古也。孰其殽。謂體解而爓之。此以下皆所以法於中古也。越席。翦蒲也。冪。覆尊也。澣帛。練染以爲祭服。嘉。樂也。莫。虛無也。孝經說曰。上通無莫。孔疏。作其祝號。謂造其鬼神及牲玉美號之辭。祝史稱之以告鬼神。立酒。謂朝踐之時。設此立酒於五齊之上。以此重古。其實不用以祭也。薦血毛亦朝踐時。延尸在堂。祝以血毛告於室也。腥其俎。亦朝踐時。既殺牲。以俎盛肉。進於尸前也。殽骨體也。孰。謂以湯爓之。進於尸前也。越席。謂蒲席。疏布。謂粗布。若依周禮。越席疏布是祭天之物。此云君與夫人。則宗廟之禮也。此蓋記者雜陳夏殷諸侯之禮。衣其澣帛。謂祭服依練帛染而爲之。醴醆以獻者。朝踐之時用醴。饋食之時用醆。燔炙。謂燔肉炙肝。君之薦用炙。夫人薦用燔。第一君獻。第二夫人獻。第三君獻。第四夫人獻。於是君與夫人交錯而獻。所以嘉善於死者之魂魄。死者精神虛無寂寞。得生者嘉善。而神來歆享。是生者和合於寂寞也。陳氏祥道曰。國語曰。郊禘之事。則有全脀。王公立飫。有房脀。親戚燕飲。有殽脀。全脀。豚解也。房脀。體解也。殽脀。骨折也。士喪禮特豚四鬄。去蹄。兩胉。脊。下篇葬奠羊左胖。亦如之。四鬄者。殊左右肩髀而爲四。又兩胉一脊而爲七。所謂豚解也。若夫吉祭。則天子諸侯有豚解體解。禮運曰。腥其俎。謂豚解而腥之。爲七體。孰其殽。謂體解而孰之。爲二十一體。大夫士有體解而無豚解。以無朝踐獻腥之禮故也。馬氏晞孟曰。魂者魄之體。魄者魂之用。體用合之則生。離之則散。故合鬼與神以祭於宗廟之中。所以嘉其魂魄而合之於冥漠之中也。禮案作其祝號。異人物之稱。示鬼神之尊也。薦其毛血。告幽全之物。盛魂魄之氣也。腥其俎。俎上腥魚。亦猶玄酒之反本脩古。不忘其初也。杜注桓二年左傳云。越席。結草。則是織蒲葦之屬以爲席也。郊特牲曰。魂氣歸於天。形魄歸於地。故祭求諸陰陽之義也。陽魂也。陰魄也。故曰以嘉魂魄。嘉謂嘉會也。考合莫之說。江陰夏氏云。人得天地之氣以生。人又生子生孫。則氣又接續向子孫身上去。故父母雖死。而子孫以父母所遺之氣。感一父母已散之氣。使得凝聚起來。因其原是一氣。故放散而在天之氣。與接續而在人之氣。如針投芥。如磁引鐵。一念感通。即成合莫。子孫祭祀。祖考必來享格也。

然後退而合亨。體其犬豕牛羊。實其簠簋籩豆鉶羹。祝以孝告。嘏以慈告。是謂大祥。此禮之大成也。鄭注。此謂薦今世之食也。體。有犬豕牛羊。謂分別骨肉之貴賤。以爲衆俎也。祝以孝告。嘏以慈告。各首其義也。祥。善也。今世之食。於人道爲善也。此解子游以禮所成也。孔疏。前明薦爓既未孰。今至饋食。乃退取鼎爓肉更合亨之。令孰。尸俎唯載右體。其餘左體等。亦於鑊中亨煮。故云合亨。亨之既孰。乃體別骨之貴賤。以爲衆俎。供尸及待賓客兄弟等。體其犬豕牛羊。以爲祭末亨燕之衆俎也。實其簠簋籩豆鉶羹者。此舉事尸之時所供設也。若籩豆亦兼據賓客兄弟等。故特牲少牢。賓及衆賓兄弟等皆有籩豆及俎是也。案少牢祝曰。孝孫某敢用柔毛剛鬣。嘉薦普淖。用薦歲事。是祝以孝告。又云皇尸命工祝。承致多福於女孝孫。是嘏以慈告。祥善也。謂饋食之時。薦今世之食。於人道爲善。故爲大祥。孫氏希旦曰。合亨者。朝左右體而亨之。既孰。乃體其犬豕牛羊之右胖。仍升之尸俎。其左胖則以爲主人主婦及助祭者之俎。籩豆踐時已有。此則謂饋食之加籩加豆也。簠盛稻粱。簋盛黍稷。特牲禮黍稷二敦。少牢禮黍稷四敦。此兼有稻粱。諸侯以上禮也。鉶羹羹之有芼者。盛以鉶器。亦饋食時之所荐也。祝以孝告。即上作其祝號之事。在於祭初。此又言之者。以尸之嘏。所以答主人之孝。故又本上而言之也。此節言。饋食以後之禮。所因於近世者。蓋朝踐之時。禮質而物未備。體嚴而情未洽。足以盡孝。未足以盡愛。至饋食而盡飲食之道。以事鬼神。然後皇尸醉飽。神惠。周浹。祭之情文。至是而備。故曰大祥。禮之大成。言祭禮於此而成也。禮案說文簠黍稷圜器。簋黍稷方器。爾雅釋器。木豆謂之豆。竹豆謂之籩。陸疏云。豆實菹醢醓醢之屬。籩實棗栗脯修之屬。鄭注儀禮公食大夫禮云。鉶菜和羹之器。大祥謂孝慈之禮。成之於祭。此吉禮所以爲五禮之首。故曰禮之大成也。

孔子曰。嗚呼哀哉。我觀周道幽厲傷之。吾舍魯何適矣。魯之郊禘非禮也。周公其衰矣。鄭注政亂禮失。以爲魯尚愈。非猶失也。魯之郊牛口傷。鼷鼠食其角。又有四卜郊不從。是周公之道衰矣。言子孫不能奉行興之。孔疏此明孔子嘆意。前始發嘆。末言自嘆之意。子游有問。即隨問而答。答事既畢。故更述有所懷。言觀周家文武之道。以經幽厲之亂。傷此禮儀法則。無可觀瞻。惟魯國稍可。吾捨此魯國。更何適之。而觀禮乎。言魯尚勝於餘國。故韓宣子適魯云。周禮盡在魯矣。魯合郊禘。非是非禮。但郊失禮。則牛口傷。禘失禮。躋僖公。言子孫不能奉行周公之道。故使郊牛有害。卜郊不從。蔣氏君實曰。君臣天下之大分也。禮不王不禘。郊以祖配天。其義甚重。魯侯國。安得有郊。周成王時。禮典未壞。安得以賜魯。呂覽載魯惠公。使宰請郊廟之禮於天子。天子使史角往止之。成王之世。而魯已郊。惠公奚請。聖人觀周道。而傷幽厲。論郊禘而哀周公。其義甚明。注疏殊失。望人立言之旨。陳氏傅良曰。魯之郊禘。惠公雖請之。而魯一郊猶未率以爲常也。僖公始作頌。以郊爲夸。郝氏敬曰。春秋書郊自僖公始。使魯郊由伯禽。則僖以前。蓋無一牛之傷。而猶於僖後。數數書之耶。則魯郊斷焉。非周公之舊。夫子所以嘆之。禮案幽王在厲王之後。幽厲二字疑誤倒。或幽係夷字之誤耶。幽厲傷之。謂周道凌夷於厲王幽王也。舍魯何適。言魯雖無賢君。而周公之典型禮樂。猶有存焉。然見其郊禘。上僭天子之非禮。則又概周公之禮衰矣。大戴禮三本曰。郊止天子。大傳云。禮不王不禘。魯以諸侯行郊禘之祭。是傷厥祖之成德。故曰非禮也。周公其衰矣。

杞之郊也禹也。宋之郊也契也。天子之事守也。故天子祭天地。諸侯祭社稷。鄭注先祖法度。子孫所當守。孔疏杞郊禹。宗郊契。蓋是夏殷天子之事。杞宋是其子孫。當所保守。勿使有失。按祭法云夏郊鯀。殷郊冥。今杞郊禹宋郊契者。以鯀冥之德薄。故更郊禹契。蓋時王所命也。郝氏懿行曰。言二國於禮得郊。是世守天子之事故也。反譏魯。孫氏希旦曰。郊祭天於南郊也。禘王者宗廟之大祭。追祭始祖之所自出。於大祖。而以始祖配之也。魯之郊禘。僭天子也。杞宋天子之後。故王命之郊。以守其先世之事。非魯之所得擬也。俞氏樾曰。說文史部。事職也。事守猶言職守。謂是天子之職守也。禮案祀宋。以二王後。故得郊杞。非諸侯禮也。尚書大傳曰。維十有三祀。帝乃稱王。而入唐郊。猶以丹朱爲尸。於時百執事咸昭然。乃知王世不絕。爛然自必有繼祖守宗廟之君。故曰是天子之事守也。天子祭天地。諸侯祭社稷。並見曲禮上。孔子引此。憑諸侯不得郊祭也。僖三十一年公羊傳。魯郊何以非禮。天子祭天。諸侯祭土。是也。

祝

嘏莫敢易其常古。是謂大假。

鄭注假亦大也。不敢改其常古之法度。是謂大大也。將言今不然。孔疏言天子諸侯所祭之時。祝以主人之辭而告神。神以嘏福而與主人。二者皆依舊禮。無敢易其常事古法。是於禮法大中之大也。從此以前。皆論法於古道則爲善。故上云承天之祜。是謂合莫。是謂大祥。是謂大假。自此以下。皆論今時之惡。故下云是謂幽國。是謂僭君是也。方氏慤曰。祝則君假之以告神。嘏則尸假之以告人。祝嘏辭說古常有訓。不可易焉。故曰莫敢易其常古也。禮案此卽昭二十年左傳所云。若有德之君。外內不廢。上下無怨。動無違事。其祝史薦信。無愧心矣。是以鬼神周享。國受其福。祝史與焉。其所以蕃祉老壽者。爲信君使也。其言忠信於鬼神是也。假讀如字。是今從方義。大偏也。讀如郊特牲大報天之大。神人俱假之以薦信致福。故曰大假。

祝嘏辭說。藏於宗祝巫史。非禮也。是謂幽國。

鄭注藏於宗祝巫史。言君不知有也。幽闇也。國闇者。君與大夫俱不明也。孔疏祝嘏之辭。皆從古法。依舊禮。其用之於國。今乃棄去不用。藏於宗祝巫史之家。更改古禮。自爲辭說。非禮也。而國之君臣祇聞今日祝嘏之辭。不知古禮舊說。當是君臣俱闇。故云是謂幽國。劉氏彝曰。周官大祝掌六祝。六祈。六辭。六號。皆繫諸六典之籍。而不藏於大史。屬於春官。上下相維。不可少廢也。今藏於宗祝巫史之家。使國之禮典。幽闇不明矣。應氏鏞曰。祭祀之辭說。未嘗不使人知之也。故曰宣祝嘏辭說。苟欲聽宗祝巫史爲之。而又俾私其藏。不爲隨之矯舉。則爲漢之祕祝矣。郝氏懿行曰。藏於宗祝巫史。不令人見也。如秦祕祝移過於下之類。郭氏嵩燾曰。上文祝嘏莫敢易其常古。聖人之嚴也。春秋以降。盟詛之事繁。而矯誣之辭作。多爲之祈禱。以奸神而邀福。而宗祝巫史藏其辭。以誣後世。正呂刑所謂泯泯棼棼。罔中於信。以覆詛盟者。是以謂之幽國。禮案說文藏。匿也。亡也。祝嘏辭說。乃祭祀之大典。非爲宗祝巫史之職。而能亡之也。蓋其君昏政亂。舊說不能陳諸鬼神。故不能不作新語。以飾非也。猶昭二十年左傳云。其適遇淫君。外內頗邪。上下怨疾。動作辟違。從欲厭私。不憚鬼神之怒。民痛無悛於心。其祝史薦信。是言罪也。其蓋失數美。是矯誣也。進退無辭。則虛以求媚。是以鬼神不享其國以禍之。是也。

醆斝及尸。君非禮也。是謂僭君。

鄭注僭禮之君也。醆斝先生之爵也。唯魯與王者之後得用之耳。其餘諸侯用時王之器而已。孔疏醆是夏爵。斝是殷爵。若是夏殷之後。故祭祀之時。得以醆斝及於尸君。其餘諸侯於禮不合用之。此醆斝謂祭祀尸未入之時。祝酌奠於鉶南者也。故郊特牲云。舉斝角是也。若尋常獻尸。則用玉爵耳。蔣氏君實曰。用器或忘乎分守。則僭上之患起。天子奠斝。諸侯奠角。等級甚明。諸侯用醆斝。大夫焉得不僭諸侯哉。孫氏希旦曰。盎齊饋食所用。而名曰醆酒。則天子饋食。獻以醆也。周禮內宰。大祭祀后祼獻。則贊瑤爵亦如之。則天子酳尸。獻以爵也。則朝醆獻以斝矣。堂上行朝醆禮畢。尸入於室。祝酌奠亦以斝。諸侯獻尸。唯用當代之爵。其酌奠又以角。魯用玉琖仍雕。猶不用斝。醆斝及尸君。諸侯之僭禮也。尸君猶詩言公尸。朱氏彬曰。君字疑衍。禮案說是也。言醆斝及尸。乃君之非禮。故謂之僭君。注云僭禮之君是矣。

冕弁兵革藏於私家。非禮也。是謂脅君。

鄭注劫脅之君也。冕弁君之尊服。兵革君之武衞及軍器也。孔疏私家者。大夫以下稱家。冕是兗冕。弁是皮弁。冕弁是朝廷之尊服。兵革是國家防衞之器。而大夫私家藏之。故云非禮也。脅劫脅也。私藏公物。則見此君。恆被臣之脅劫。郝氏懿行曰。冕弁皆公家爲之。周禮弁師可見。孫氏希旦曰。弁冕。卿大夫之尊服。君爵命之。乃得服。兵掌於司兵。革掌於司甲。有軍事則出以授人。自大夫世官。而爵命不出於君。則冕弁藏於私家矣。自大夫藏甲。而兵甲藏於私家矣。脅君謂君被制於臣。而不得伸也。禮案脅君蓋指魯之三桓。禮居是邑。不非其大夫。故孔子不顯言之。

大夫具官。祭器不假。聲樂皆具。非禮也。是謂亂國。

鄭注臣之奢富。儗於國君。敗亂之國也。孔子謂管仲官事不攝。焉得儉。孔疏天子六卿。諸侯三卿。卿大夫若有地者。則置官一人。用兼攝羣職。不得官官各須具足。如君也。凡大夫無地。則不得造祭器。有地雖造。而不得具足。並須假借。若不假借者。唯公孤以上得備造。故周禮四命受器。大夫自有判縣之樂。而不得如三桓舞八佾。一曰大夫祭。不得用樂。故少牢饋食無奏樂之文。唯君賜乃有之。非禮也者。若大夫並爲上諸事與君相敵。乃是敗亂之國也。陸氏佃曰。春秋傳曰。晉侯以歌鐘二肆賜魏絳。於是始有金石之樂。禮也。杜氏謂大夫有功則賜樂。孫氏希旦曰。大射禮無祝敔及塤。八音闕其二。大射乃諸侯用樂。八音不得具。則大夫可知。禮案論語云。三家者以雍徹。又季氏八佾舞於庭。以陪臣而僭天子之樂。上下僭差。君臣無別。此魯國之所以亂也。

故仕於公曰臣。仕於家曰僕。三年之喪。與新有昏者。期不使以衰裳入朝。與家僕雜居齊齒。非禮也。是謂君與臣同國。

鄭注臣有喪昏之事而不歸。反服其衰裳以入朝。或與僕相等輩而處。是謂君臣共國。無尊卑也。有喪昏不歸。唯君耳。臣有喪昏。當致事而歸。僕又不可與士齒。孔疏公是諸侯之號。臣是至賤之稱。今若士於諸侯。其稱曰臣。自貶退也。若仕於大夫之家。則自稱曰僕。更卑賤也。若君有喪昏。則恆在於國不歸。臣有喪昏。則歸向家。一期之間。不復使役也。今臣有喪。乃不致事。身著衰裳。而入君朝。或與家僕錯雜而居。齊齒等輩。是爲非禮。尊卑無別。是君臣共國也。方氏慤曰。臣者對君之稱。而諸侯稱入君。僕者對主家之稱。而大夫稱主。然通而言之。臣亦可謂之僕。周官戎僕齊僕之類是矣。僕亦可謂之臣。左氏所謂皁臣輿臣之類是矣。名雖可通。而位不可不辨。王制曰。仕於家者。出鄉不與士齒。齊齒者。與之等夷。而齒列也。張子載曰。魯之陽貨。豈特雜居齊齒哉。且有畏偪之勢焉。黃氏乾行曰。無吉凶之辨。無貴賤之分。是皆末世無節制使然。罪在君也。徐氏師曾曰。自祝嘏至此七節。皆言失禮之辨。王氏懋竑曰。三年之喪期而從政。此末世之變禮。古者君薨聽於冢宰三年。大夫士而期之外。遂可使乎。孫氏希旦曰。以衰裳入朝者。大夫擅國政。居喪一不復致事也。大夫強則陪臣尊。故朝廷之臣。與相雜處而齊齒也。君與臣同國者。言其上替下凌。政柄不出於一也。蓋君被脅。國法紊亂。則其勢之所極。必至於操柄下移。故發端言故者。承上文也。郭氏嵩燾曰。疑此數節據魯而言。幽國僭君。謂君脅。亂君。則大夫也。君與臣同國。則陪臣也。轉相效慕。惟魯爲然。禮案內則云。男三十而娶。四十而仕。何得有已仕而昏之事。卽卿大夫之門子。未昏之先。已有政令之寄。然新昏之後。亦必待期年。方出從政。與喪一例。此必不然之事。記文當有脫誤。至君臣同國。孫說較注疏義長。檀弓下曰。士惟公門說齊衰。故臣有喪必致政。以衰不可入君門也。僕有喪不致事。以衰可入主家也。今之大夫。欲專國政。故不致事。目無君上。故服衰而入公門。禮則無君。服則同僕。君臣無別。故曰同國也。

故天子有田以處其子孫。

諸侯有國以處其子孫。大夫有采以處其子孫。是謂制度。鄭注言今不然也。春秋昭元年。秦伯之弟鍼。出奔晉。剌其有千乘之國。不能容其毋弟。孔疏案王制云。天子之田方千里。子孫若有功德者。封爲諸侯。無功德。直食邑於畿內也。諸侯子孫。封爲鄉大夫。若有大功德。其子孫亦有采地。故左傳云。官有世功。則有官族。邑亦如之。大夫位卑。不合割其采地。但以采地之祿養其子孫。從是謂幽國以下。皆論其臣惡。今此是論古之制度。故云是謂制度。非論今日之。故注引春秋昭元年公羊傳文。證諸侯有國處子孫之義。譏秦伯不然也。方氏苞曰。此畿內大夫。有勳勞。賜世邑。如周召分子。見於春秋者。金縢王與大夫盡弁。與此篇所舉。皆該公卿。禮案此言天子諸侯大夫。各有以處其子孫之謂制度。卽桓二年左傳所云。故天子建國。諸侯立家。卿置側室。大夫有貳宗。士有隸子弟。庶人工商各有分親。皆有等衰。是以民服事其上。而下無覬覦。是也。

故天子適諸侯。必舍其祖廟。而不以禮籍入。是謂天子壞法亂紀。諸侯非問疾弔喪。而入諸臣之家。是謂君臣爲謔。鄭注以禮籍入。謂大史典禮執簡記奉諱惡也。天子雖尊。舍人宗廟。猶有敬焉。自拱救也。諸侯無故而相之。是戲謔也。陳靈公與孔甯儀行父數如夏氏。以取弒焉。孔疏宣十年左傳文。陳靈公與孔甯儀行父通於夏徵舒之母夏姬。公謂孔甯儀行父曰。徵舒似女。行父對曰。亦似君。徵舒病之。公出。自其廄射而殺之。二子奔楚。後取殺徵舒。立成公。是取弒也。劉氏彝曰。諸侯敬於天子。雖其祖先宗廟。亦不敢私有。乃以舍至尊。上下之分。此亦至矣。然而天子必以大史所掌之禮籍入處其廟。言動之際。必據乎禮。示不敢慢也。蔣氏君實曰。天子適諸侯曰巡狩。因以考制度於四方。諸侯皆得朝於方岳之下。所以巡省風俗。而混一軌轍也。晉文召天子。事已非矣。猶作王宮於踐士。豈有躬造諸侯之國都。而舍臣下之祖廟。而不由禮籍之所當行者乎。故曰天子壞法亂紀。諸侯有一國。因問疾弔喪。入諸臣之家。所以憫難恤患。見厚下之禮。乃若出入無名。率意以行。此固馳驅而往之事所由萌乎。君臣無私交。聖人嚴之。故曰是謂君臣爲謔。惠氏棟曰。荀子大略曰。君於大夫。三問其疾。三臨其喪。於士一問一臨。諸侯非問疾弔喪。不之臣之家。孫氏希旦曰。天子壞法亂紀。則無以責諸侯。諸侯君臣爲謔。則無以治大夫。此又承上文。天子諸侯不能謹守制度。而禮之壞失所由來也。禮案孔疏尚書序云。籍者。借也。借此簡書。以記錄政事。故曰籍。大史執簡記奉諱惡。以詔相天子。恐失禮於諸侯。使上無失道。則可以躬率天下矣。諸侯非問疾弔喪。而入諸臣之家。斥爲相謔者。以非外變弄臣之家。君不非時而往也。觀齊莊公弒於崔氏。晉厲公弒於匠驪氏。則人君之不可不謹禮法。惑溺小人。而輕出入也。明矣。大戴禮武王踐阼曰。溺於淵。猶可游也。溺於人。不可救也。

是故禮者。君之大柄也。所以別嫌明微。儐鬼神。考制度。別仁義。所以治政安君也。鄭注疾今失禮如此。爲言禮之大義也。柄所操以治事。孔疏此疾時失禮。致此在上禍敗之事。故言禮之大義。言人君須禮。如巧匠治物。執斤斧之柄。禮使寡婦不夜哭。是別嫌。君子表微。是明微也。接賓以禮曰儐。以郊天理地及一切神明。是儐鬼神也。考成也。制度謂廣狹丈尺。以禮成也。仁生義殺。各使中禮。有分別也。用禮爲柄。如前諸事。故治國得政。君獲安存。故孝經云。安上治民。莫善於禮。顧氏臨曰。別嫌明微。則不爲僭君脅君。儐鬼神。則祝嘏不敢易其常古。考制度。若有田有國有采。別仁義若適諸臣。不爲亂諸之類。孫氏希旦曰。嫌者事之淆雜。禮以別之。而嫌者辨矣。微者事之細小。禮以明之。而微者著矣。制度者宮室車旗衣服之等。禮以考而正之。而貴賤辨矣。仁主於慈愛。義主於斷制。以禮別而用之。而刑賞黜陟當矣。故人君執禮以治國。則政治而君安也。禮案儐陳也。詩小雅儐爾籩豆。儐鬼神。卽上文列於鬼神也。考制度卽王制考禮正刑一德。以尊於天子也。仁者忍。義者斷。以禮節之。則無優柔剛愎之偏矣。荀子禮論曰。好惡以節。喜怒以當。以爲下則順。爲上則明。天下從之者治。不從者亂是也。**故政不正則君位危。君位危則大臣倍。小臣竊。刑肅而俗敝。則法無常。法無常而禮無列。禮無列則士不事也。刑肅而俗敝。則民弗歸也。是謂疵國。**鄭注又爲言政失君危之禍敗也。肅駿也。疵病也。孔疏大臣謂大夫以上。倍君行私也。或有屢諫不聽。皆越關倍君而去。小臣士以下。竊者盜也。職位卑。但爲盜竊府庫之事。肅駿急也。敝凋殘也。君位已危。大臣又倍。小臣盜竊。愚君無奈此何。唯知暴怒。急行刑罰。故云刑肅。上下乖離。俗敝法教無常。疵國者。君危臣叛。刑嚴俗敝。皆國之病云。陳氏祥道曰。政不正則君位危。所謂上無道揆也。大臣倍而不法。小臣竊而不廉。所謂下無法守也。孫氏希旦曰。俗謂悖逆而犯上。則非徒君與臣同國矣。若魯季孫氏之逐君是也。大臣倍其君。則小臣亦盜竊國政。若魯陽虎之專政。能囚季桓子是也。禮案大臣倍。孔子固陰指三臣之欺君罔上。小臣竊蓋謂陽貨之盜竊寶玉大弓也。論語云。政者正也。君率以正。孰敢不正。君不正。故臣不能奉公守法。擅權於上。聚斂於下。使民無所措手足。夫無恆產則無恆心。於是乎流爲寇賊奸宄。在上者則用嚴刑峻法以繩之。論語曰。道之以正。齊之以刑。民免而無恥。敝壞也無恥則風俗必壞。無常無一定之法。無列下僭上之禮。故士不知所事。民不適所歸。上下混亂。莫衷一是。是謂疵國者。言失政爲國之患害。如痼疾之在躬。不亡者幸而已矣。**故政者君之所以藏身也。是故夫政必本於天。殽以降命。命降於社之謂殽地。降於祖廟之謂仁義。降於山川之謂興作。降於五祀之謂制度。此聖人所以藏身之固也。**鄭注於此又遂爲之言政也。藏謂輝光於外。而形體不見。若日月星辰之神。降下也。殽天之氣。以下教令。天有運移之期。陰陽之節也。降於社。謂教令由社下者也。社土地之主也。周禮土會之法。有五地之物生。降於祖廟。謂教令由祖下者。大傳曰。自禰率而上至於祖。遠者輕仁也。自祖率而下至於禰。高者重義也。降於山川。謂教令由山川下者也。山川有草木禽獸。可作器物供國事。降於五祀。謂教令由五祀下者。五祀有中霤門戶竈行之神。此始爲宮室制度。此政之行如此。何用城郭溝池之爲。孔疏此廣言政之大理。本於天地。宗廟。山川。五祀。所來既重。所施教令。必本於天。效星辰運轉於北極。而昏媾姻亞。效天之陰陽。寒暑爲刑獄賞罰。是殽以降命。指其神謂之社。指其形謂之地。法社以下教令。故云殽地。地有五土。生物不同。人君法地。亦養物不一也。父親仁也。祖尊義也。言法此父祖。施仁義於民也。上云命降於社。之謂殽地。此亦當云殽廟。以上文既具。故又略而變文。降於山川者。謂命下於民。法效山川。以爲教令。以興作其物。降於五祀者。謂法五祀之神。以施政令。中霤門戶竈行。大小形制。各有法度。後王所以取爲制度也。藏身之固。言政之行。若能如此。則民懷其德。禍害不來。何所防禦也。蔣氏君實曰。自有天地萬物。而是爲理以具於混然之初。天高地下。是氣形焉。類聚羣分。是理形焉。故聖人本天地以出政。以降命於天下。命降於社。因地事地。教民美報。而地道以顯也。降於祖廟。反本復始。尊祖敬宗。而人道以立也。降於山川。備物致用。率作興事。而職業以起也。降於五祀。門行有守。外內有職。而宮室以居也。皆因天理之自然。運機緘於不露也。孫氏希旦曰。五祀。五行之神。左傳社稷五祀。是尊是奉。大宗伯以血祭祭五祀是也。五行者。見象於天爲五星。分位於地爲五方。行於四時爲五德。稟於人身爲五常。播於音律爲五聲。發於文章爲五色。散爲飲食爲五味。是天下之制度。莫不本之。故制度出爲五祀也。郭氏嵩燾曰。萬物統乎天。而天命之流行。因物以致其功用。惟所散布。而命於是顯焉。坤元資生。而順承天。尊卑秩敘。禮之原也。而顯其命於社。仁者親親。義者尊尊。親親而有昭穆之序。尊尊而有貴賤之位。而顯其命於祖廟。山川谷邱陵。民所取財用也。因而有創建興造。而顯其命於山川。地之五行。所以生殖。因而授時命官。以制百物之節。而顯其命於五祀。聖人因人心之不容已。以推知天理自然之節。而祭祀之禮之興。法天以神其用。而若或命之。其於天下之事。放而推之。舉而措之。有餘裕矣。禮案政本於天。若明堂月令。循時序而施十二月之政令也。尚書堯典。歷象日月星辰。敬授民時。平隰東作。地者。效地力之所有。以播時百穀也。宗廟之祀。仁也。親疏之殺。義也。興作者。爲高必因邱陵。爲下必因山澤也。制度者。養民之政。端資金木水火土。以利用厚生也。藏讀如易繫辭。君子藏器於身。待時而動。此申上言立政所以治天下。而天子尤宜固守。而不可忽者也。**故聖人參於天地。竝於鬼神。以治政也。處其所存。禮之序也。玩其所樂。民之治也。故天生時而地生財。人其父生而師教之。四者君以正用之。故君者立於無過之地也。**鄭注。竝。并也。謂比方之也。存。察也。治所以樂其事居也。順時以養財。尊師以教民。而以治政。則無過差矣。易曰。何以守位曰仁。何以聚人曰財。孔疏。此結上政令之命。政是聖人藏身之固。所以聖人參擬則法。於天地。比方祖廟山川五祀。而爲事以修治政教也。存謂觀察也。天有運移寒暑。地有五土生殖。廟有祖禰仁義。言聖王能處其人所觀察之事。以爲政。則禮得次序也。治謂之興作器物。宮室制度。皆是人之所樂。聖人能玩民之樂。以教於民。則民各樂其事業居處也。故君者立於無過之地也者。順天時以養財。尊師傳以教民。因自然之性。其功易成。無過差也。陳氏澔曰。天高地下。萬物散殊。聖人法之。此禮之所以序也。玩則流而不息。合同而化。聖人法之。此民之所以治也。吳氏澄曰。耕種收獲之時。天所以生也。穀粟桑麻之材。地所以生也。人類繁衍。父之所生。修其孝弟忠信。師之所教。人君因天所生之時。以授人。因地所生之財。以聚人。以父所生。師所教。以爲己民。其用時用財用民。一出於正。郭氏嵩燾曰。案易所居而安者。易之序。所樂而玩者。爻之辭。存謂禮驗於性功。樂謂發輝於事業。處者持守其視聽言動之常。玩者翫習其秩敘經綸之用。此明君子之行禮。涵養有其本。推行有其宜。孝之而爲天地不易之經。序之所以定也。玩之而爲人心自然之應。治之所以順也。禮案參於天地。即易繫辭仰以觀於天文。俯以察於地理是也。並於鬼神。則大哉五帝德。順幽明之故。依鬼神以制義是也。夫禮序之倫。民皆敦本。則政無不舉。治無不至矣。玩其所樂。樂樂其所自生。致樂以治心。則民德厚矣。大哉禮三本曰。天地者。性之本也。先祖者。類之本也。君師者。治之本也。夫天行四時。地生萬物。君用之以教授民時。父生之。師教之。君用之。以布政宣化。以正用之者。言君必以禮正已。立身於無過之地。則上行而下效矣。猶繫辭所謂與天地相似故不違。知周乎萬物。而道濟天下故不過。旁行而不流。樂天知命。故不憂。安土敦乎仁。故能愛是也。

禮記通釋卷二十九

玉環戴禮

禮運

故君者所明也。非明人者也。君者所養也。非養人者也。君者所事也。非事人者也。故君明人則有過。養人則不足。事人則失位。故百姓則君以自治也。養君以自安也。事君以自顯也。故禮達而分定。故人皆愛其死而患其生。鄭注：明猶尊也。則當爲明。人之道身治安居名顯則不苟生也。不義而死。舍義而生。是不愛死患生也。孔疏：此論政之大體。皆下之事上。非上之事下。君者百姓所尊奉。君使之光顯尊明。人君非明人者。非謂遺君尊明在下之人。君者所養也。非養人。所事也。非事人。並與此義同也。君位既尊。乃自下向尊人。於理不順。故云則有過。君惟一身。若養百姓。力不能周贍。故云則不足。君尊在上。而屈事於在下之人。是失位也。達謂曉達。分謂尊卑。尊者居上。卑者處下。是上下分定也。愛謂貪愛。患謂恥患。人皆知禮。上下分定。君有危難。皆欲救之。愛以義而死。患其不義而生也。胡氏銓曰：明猶視也。言下之所視察。吳氏澄曰：所明謂人所視傚。明人謂視傚他人。納蘭氏成德曰：正韻云：明。視也。然則上曰明。下曰視。理固相通也。欽定義疏云：鄭讀下則字爲明。謂君尊人則有過。書曰明哲實作則。蓋君當立身於無過之地。必自明其明德。乃能以其昭昭。使人昭昭。不然以其昏昏。使人昭昭。身且多過。人何則焉。所謂藏身不恕。而能喻諸人者。未之有也。兩字皆讀如字。其義自明。不必改讀也。愛其死。求得禮也。患其生。恐失禮也。禮者天理之正。人心之安也。處治處亂。莫不皆然。禮案：人君明人。必失勢。脅於權臣。若漢獻帝。宋順帝。錫命魏齊之類。養猶愛也。論語云：每人而愛之。日亦不足矣。至事人。則君爲人役。非失位被擄。決不至是。晉懷愍。宋徽欽。青衣行酒。是其事焉。則君者。順帝之則。慎守厥職。國治民自安矣。養君者。以天下奉一人。則上有餘而下不匱矣。事君者。不失忠順。則身膺厚祿。名垂竹帛。故曰以自顯也。蓋禮達於上下。則君臣之義著。廉恥之節明。愛死患生。卽孟子所謂舍生而取義。大哉曾子制言云：生以辱不如死以榮。是也。

故用人之知去其詐。用人之勇去其怒。用人之仁去其貪。鄭注：用知者之謀。勇者之斷。仁者之施。足以成治矣。詐者害民信。怒者害民命。貪者害民財。三者亂之原。孔疏：此論去不義之事。知謂謀計。曉達前事。詐者不敢爲之。故云去其詐。勇謂果敢。決斷。能除惡人。凶暴者不敢爲之。故云去其怒。仁者好施。不苟求財。貪曰見之。心慚止息。有故云去其貪。朱子熹曰：人之性易得偏。仁善底人便有貪便宜意思。廉介多是剛硬的人。蔣氏君實曰：聖人本禮以用知。則止邪於未形。而詐去矣。本禮以用勇。則暴慢遠。而怒去矣。本禮以用仁。則欲達達人。欲立立人。仁有所廣。道有所推。而貪去矣。孫氏希旦曰：禮達分定。民知方向。則有以去其氣之偏。而全其德性之美。故用知能去其詐。用勇能去其怒。用仁能去其貪也。禮案：知者有謀。故多詐。勇者果毅。必易怒。釋名：仁。忍也。能忍固爲含宏光大。又恐其不恥爲非。而有貪得之事。去謂以禮革其非心。從容中道也。疏以用知勇仁在位。則詐怒貪自去。蓋疑善惡不能兼指一身。其義非也。仲尼燕居曰。敬而不中禮謂之野。恭而不中禮謂之給。勇而不中禮謂之逆。然是無禮以制中。則知而詐。勇而怒。仁而貪。又何疑乎。**故國有患。君死社稷謂之義。大夫死宗廟謂之變。**鄭注變當爲辯。聲之誤也。辯猶正也。君守社稷。臣衛君宗廟者。患謂見圍入。孔疏變與義相對。是正禮。故讀爲辯。云臣衛君宗廟者。恐是臣之宗廟。故云衛君宗廟致死。案孝經云。守其宗廟。謂大夫家之宗廟。此所以爲君宗廟者。以人臣義則進。不則退。不可致死於己宗廟。以爲君宗廟也。孫氏希旦曰。國君與社稷共存亡。故正社稷者謂之義。大夫得罪於君。則當出亡。若致死以守宗廟。則謂之變。若鄭之伯有。晉之欒盈是也。禮案國君死社稷。解見曲禮下。陳師衍曰。大夫死宗廟。卽死衆之意。曲禮國君去其國。止之曰。奈何去社稷也。大夫曰。奈何去宗廟也。又孝經諸侯章。言能保其社稷。卿大夫章。言能保其宗廟。則大夫以宗廟爲主。國有患。則社稷既不保。宗廟豈能獨保。分言死社稷。死宗廟。各以其所重者言之。非指因宗廟而叛君者。叛君之人。亦自爲其身命富貴。非專爲宗廟而死也。**故聖人耐以天下爲一家。以中國爲一人者。非意之也。必知其情。辟於其義。明於其利。達於其患。然後能爲之。**鄭注耐古能字。傳書世異。古字時有存者。則亦有今誤矣。意心所無慮也。辟開也。孔疏此孔子說聖人能以天下和合共爲一家。能以中國共爲一人。非是以意測度謀慮而已。必知其情者。謂必知民之情。則下文七情是也。辟於其義者。謂開辟其義以教之。則下文父慈子孝。十者之類是也。明於其利者。謂顯明利事以安之。則下文講信修睦是也。達於其患者。謂曉達其禍患。而防護之。則下文爭奪相殺是也。聖人必知此情義利患。然後能使天下感義懷德之相親愛。如一家之人也。中國雖大。而下之趨上。不啻手足頭目之相捍衛。如一人之身也。禮案聖人耐以天下爲一家。中國爲一人。卽大戴禮王言所謂上之親下也。如腹心。則下之親上也。如保子之見慈母也。非意之也。謂非有意要結民心。使歸於我。收效之神。自有不期然而自然者也。蓋能度其性情。舉禮義以導之。申刑賞以勸之。使知有善必獎。趨善之利也。有過必罰。行惡之患也。能爲之者。謂能致天下爲一人。中國爲一家也。**何謂人情。喜怒哀懼愛惡欲。七者弗學而能。何謂人義。父慈子孝。兄良弟弟。夫義婦聽。長惠幼順。君仁臣忠。十者謂之人義。講信修睦謂之人利。爭奪相殺謂之人患。故聖人之所以治人七情。修十義。講信修睦。尚辭讓。去爭奪。舍禮何以治之。**鄭注極言人事治之唯禮可耳。孔疏此明人之欲惡。在心難知。舍禮無由可化。案昭二十五年左傳云。六情喜怒哀樂好惡。此云欲。則彼云樂也。此云愛。則彼云好也。六情之外。增一懼。而爲七。人義先從親者爲始。以漸至疏。故長幼在後。君臣處末。案昭二十五年左傳云。君令臣共。父慈子愛。兄友弟敬。夫和婦柔。姑慈婦聽。與此大同。但傳文以國家之事言。故先君臣後父子也。

七情好惡不定。故云治。十義俱是義事。故云修。信是深隱。故須講。睦恐乖離。故云修。各隨事立文也。陳氏祥道曰。喜愛欲者。陽之情。怒哀懼惡者。陰之情。凡此皆出於天然。故言弗學而能也。父慈子孝。兄良弟弟。夫義婦聽者。閨門之義。長惠幼順者。鄉黨之義。君仁臣忠者。朝廷之義。凡此皆出於人。爲信則無所欺罔。睦則有所顧省。此皆足以和義。故謂之人利。爭而後奪。奪而後相殺。此皆足以召禍。故謂之人患也。朱氏申曰。情惡其亂。故言治。義恐其壞。故言修。禮案十義修。則敦倫常而人義立矣。七情節。則盡性善而人患熄矣。信睦相安。爭奪召禍。利患判然。然非禮以齊之。則人欲勝。而天理泯。非法禁之所能治也。尙辭讓。謂儐介詔相之辭。即禮器三辭三讓之類。祭義曰。致義則上下不悖逆矣。致讓以去爭也是矣。

飲食男女。人之大欲存焉。死亡貧苦。人之大惡存焉。故欲惡者。心之大端也。人藏其心。不可測度也。美惡皆在其心。不見其色也。欲一以窮之。舍禮何以哉。

鄭注言人情之難知。明禮之重。孔疏端謂頭緒。飲食男女。是人心所欲之大端緒也。死亡貧苦。是人心所惡之大端緒也。人深心厚貌。內外乖違。包藏欲惡之心。既無形體。不可測度而知。故美惡皆在其心。人君欲誠愨專一。窮盡人情。若舍禮。更何事以知之哉。禮所以知人心者。有事於中。心必見於外。若七情美善。十義流行。則舉動無不合禮。七情違辟。十義虧損。則動作皆失其法。故云舍禮何以哉。馬氏晞孟曰。莫非欲也。而飲食男女。欲之甚也。故曰大欲。莫非惡也。而死亡貧苦。惡之甚也。故曰大惡。喜怒哀懼愛惡欲。皆所謂七情。而情之所本。尤在於欲惡。故曰心之大端。蔣氏君實曰。原其治人之要。必先正其欲惡之大端。致力於危微之際。飲食我所欲也。觴酒豆肉。讓而受惡。男女我所欲也。無媒不交。無幣不見。死亡貧苦。我所惡也。而國君死社稷。大夫死衆。君子仕而不稼。田而不漁。凡以內之所存。不爲外之所奪。一隱一顯。而見定形也。然後此心不離。而可孚於天下矣。孫氏希旦曰。情雖有七。而喜也愛也。皆欲之別。怒也哀也懼也。皆惡之別。故情七而欲惡可以說之。故曰欲惡者。心之大端也。禮案朱子云。性即心理。情即心之用也。襄三十一年左傳子產曰。人心之不同。如其面焉。故不可測度也。有動於中。而形於外。大戴禮文王官人云。欲色嘔然。是也。或動於中。不形於外。論語謂色取仁。而行違是也。一以窮之者。徵其行之中禮不中禮。以決其內心之善惡。則無或失焉耳。

故人者。其天地之德。陰陽之交。鬼神之會。五行之秀氣也。

鄭注言人兼此氣性純也。孔疏天以覆爲德。地以載爲德。人感覆載而生。是天地之德也。據人其氣謂之陰陽。據其形謂之天地。獨陽不生。獨陰不成。二氣相交乃生。故云陰陽之交也。鬼謂形體。神謂精靈。祭義云。氣也者。神之盛也。魄也者。鬼之盛也。必形體精靈相會。然後物生。故云鬼神之會。秀謂秀異。人感五行秀異之氣。故有仁義禮知信。是五行之秀氣也。徐氏師曾曰。上天之載。無聲無臭。而實造化之樞紐。品彙之根柢。此天地之實理。而爲生人之本也。理一而已。動而爲陽。二變交陰。靜而生陰。陰合交陽。此實理之流行。而爲生人之機也。由是二氣凝聚。陰靈爲鬼。聚而成魄。陽靈爲神。聚而成魂。此實理之凝成。而人於是乎生矣。形具。而四肢百骸。無有偏塞。五行之質之秀也。神發而聽明睿知。無有駁雜。五行之氣之秀也。此實理之全具。而人生之所以靈於物也。孫氏希旦曰。天地之德。以理言。陰陽鬼神五行。以氣言。人兼此而生。周子所謂太極之眞。二五之精。妙合而凝也。魂者神之盛。魄者鬼之盛。陰陽之交。指其氣之初出於天地者而言。鬼神之會。指其氣之已具於人身者而言。天地之生人物。皆予之理以成性。皆賦之氣以成形。然以理而言。則其所得於天者。人與物未嘗有異。以氣而言。則惟人獨得其秀。比其所以爲萬物之靈。而不能全其性也。禮案韻會云。德四時旺氣也。天地之德。猶言天地之氣也。交合也。莊三年穀梁傳。獨陰不生。獨陽不生。獨天不生。陰陽天必三合而生。會聚也。鬼爲魄。神爲魂。魂魄聚則生。散則死也。五行之秀。謂秉五氣而成性也。孝經說。木性仁。金性義。火性禮。水性智。土性信是也。

故天秉陽。垂日星。地秉陰。竅於山川。播五行於四時。和而后月生也。是以三五而盈。三五而闕。鄭注秉猶持也。言天持陽氣施生。照臨下也。竅孔也。言地持陰氣。出內於山川。以舒五行於四時。此氣和。乃后月生。而上配日。若臣功成。進爵位也。一盈一闕。屈伸之義也。必三五者。播五行於四時也。一曰水。二曰火。三曰木。四曰金。五曰土。合於十五之成數也。孔疏。此又明天地之德。及五行之氣也。言天秉持陽氣。垂懸日星。以施生照臨於下。地秉持陰氣。爲孔於山川。以出納其氣。播散五行。金木水火土之氣。於春夏秋冬之四時。若四時不和。日月乖度。寒燠失所。則月不得依時而生者。五行四時調和。道度不失。而后月依時而生矣也。三五十五日而盈。又三五十五日而虧闕也。李氏光地曰。日星從天而屬陽。四時日星之所經也。山川從地而屬陰。五行山川之所主也。焦氏循曰。和即合也。謂合朔也。日與月合朔而後月生。明日爲陽氣。天之所秉。月月合則陰陽之氣合。故云此氣和。此者指上所云天持陽氣。地持陰氣也。正義謂四時不和。日月乖度。寒燠失所。則月不得依時而生。非也。禮案垂日星者。舉一隅也。凡天之所施。若雨露霜雪。無不自上而下。滋潤百昌。豈止日星之光照臨下土哉。山川有竅。故能出雲成霧。上薄天空。與天氣相接也。夫四時行於天。而五行產於地。木火土金水。分主春夏秋冬之四時。是天地之化合。陰陽之氣和也。月生謂有四時。而後十二月生焉。三五而盈者。朔夕魄死明生。必十五日而圓也。三五而闕者。謂望後一夕明死魄生。亦十五日而晦也。

五行之動。迭相竭也。五行四時十二月。還相爲本也。五聲六律十二管。還相爲宮也。五味六和十二食。還相爲質也。五色六章十二衣。還相爲質也。鄭注竭猶負戴也。言五行運轉。更相爲始也。五聲宮商角徵羽也。其管陽曰律。陰曰呂。布十二辰。始於黃鐘。管長九寸。下生者三分去一。上生者三分益一。終於南呂。更相爲宮。凡六十也。五味酸苦辛鹹甘也。和之者。春多酸。夏多苦。秋多辛。冬多鹹。皆有滑甘。是謂六和。五色六章。畫繢事也。周禮考工記曰。土以黃。其象方。天時變。火以圜。山以章。水以龍。鳥獸蛇。雜五色之位以章之。謂之巧也。孔疏。此更論五行之動。動謂運轉。竭謂負戴。言五行運轉。迭相負竭。猶若春時木王。則水爲終謝。迭往王者爲負竭。夏火王。則負竭於木也。還相爲本。猶若孟春。則建寅之月。爲諸月之本。仲春則以建卯之月。爲諸月之本。五聲謂宮商角徵羽。六律謂陽律也。舉陽律則陰呂從之可知。故十二管也。十一月黃鐘爲宮。十二月大呂爲宮。是還迴迭相爲宮也。五味謂酸苦辛鹹。加之以滑與甘。爲六和也。每月之首。各以其物爲質。是十二月之食。還相爲質也。五色謂青赤黃白黑。據五方也。六章者。據天玄也。以玄黑爲同色。則五。中通玄繢。以對五方。則爲六色。爲六章也。爲十二月之衣。各以色爲質。故云還相爲質也。陳氏祥道曰。竭猶所謂休也。休則有王。故竭則有嗇。陸氏佃曰。竭盡也。水王則金竭。木王則水竭。方氏愨曰。五聲比而爲六律。六律偶而爲十二管。陽旋而左。陰旋而右。益陰而生律。損陽而生同。各以所生之音爲宮。故曰旋相爲宮。周氏諝曰。十二食。卽周官所謂鼎十有二。十二衣卽舜之十二章。此因十二字。附會之也。禮案五行播於四時。四時分爲十有二月。本始也。如木爲火母。火爲土母。此盡彼生。還相爲本。謂終始相循而不已。如環之無端也。管籥也。前漢律歷志。律十有二。陽六爲律。陰六爲呂。黃帝制十二籥。以聽鳳皇之鳴。其雄鳴爲六。雌鳴亦六。以比黃鐘之宮。而皆可以生之。故曰律呂。黃鐘之本。此云六律十二管。舉陽以該陰也。十二食十二月之所食。質猶主也。還相爲質。如春三月以酸爲主而餘味和之。夏秋冬亦然。孔傳尙書益稷云。日月星辰。山龍華虫。六者繪之於衣。宗彝粉米黼黻。六者繡之於裳。所謂十二章。此云六章者。舉衣以該裳也。繪繡皆雜施青赤黃白黑五采之色。十二衣還相爲質。如夏衣以赤爲質。而六章之繪。必用五色也。**故人者。天地之心也。五行之端也。食味別聲被色而生者也。故聖人作則。必以天地爲本。以陰陽爲端。以四時爲柄。以日星爲紀。月以爲量。鬼神以爲徒。五行以爲質。禮義以爲器。人情以爲田。四靈以爲畜。**鄭注此言兼氣性之效也。天地以至於五行。其制作所取象也。禮義人情。其政治也。四靈者。其徵報也。此則春秋始於元。終於麟。包之矣。呂氏說月令。而謂之春秋。事類相近焉。量猶分也。鬼神謂山川也。山川助地通氣之象也。器所以操事。田人所捋治也。禮之位。賓主象天地。介僎象陰陽。四面之位。象四時。三賓象三光。夫婦象日月。亦是也。孔疏天地有人。如人腹內有心。動靜應人。王肅云。人於天地之間。如五藏之有心。人乃生之最靈。其心五藏之最聖也。端猶首也。萬物悉五行而生。而人最得其妙氣。明仁義禮智信。爲五行之首也。五行各有味。人則並食之。五行各有聲。人則含之。五行各有色。人則被之。則法也。本根本也。聖人作法。祭帝於郊。祭社於國。是用天地爲本。又用陰陽爲端。猶如劍戟以近柄處爲根本。以鋒杪爲端。首也。賞以春夏。刑以秋冬。是法陰陽爲端。春生夏長。秋斂冬藏。是法四時爲柄。紀綱紀也。日行有次度。星有四方列宿。分部昏明。敬授民時。是法日星爲綱紀也。量猶分限也。天之運行。每三十日爲一月。聖人制教。亦隨人之才分。是法月爲教之限量也。山川鬼神助地以通氣。是以爲地之徒屬。聖王象之。樹立羣臣。助已施教。爲已徒屬也。質體也。五行循迴不停。周而復始。聖人爲教。亦循還復始。是法五行爲體也。禮義以爲器者。此以下二句。明聖人爲治政時事也。上既有法象爲先。故可執禮義爲器用。如農夫之執耒耜。人情得禮義之耕。如田得耒耜之耕。故獲天地應以徵報。四靈並至。聖人畜之。如人養牛馬爲畜也。吳氏澄曰。上言人以天地陰陽五行而生。此言聖人制禮以治人。亦取法於天地陰陽五行也。孫氏希旦曰。以陰陽爲端者。仁育萬物。法陽之溫。義正萬民。法陰之肅也。禮案天地之德。無聲無臭。覆載之中。篤生萬類。其間有知識者。惟人最靈。故曰天地之心。人身雖具四肢。能行。五行止動見作。而有知識。惟心爲一身之主宰。總包萬慮。驅使百骸。具木火土金水之性。發而爲仁禮信義智之行。五行之端也。口食五味。耳別五聲。身被五色。又資五行。以養者也。天地爲本。卽大戴禮虞戴德率天而祖地是也。陰陽爲端。若易理動靜剛柔。尊卑先後皆法陰陽二義也。四時爲柄。春秋繁露之天有四時。王有四政。慶爲春。賞爲夏。秋爲罰。冬爲刑是也。日星以爲紀。昭四年左傳曰。日在北陸以藏冰。火出而畢賦是也。月以爲量。若月令孟春布農事仲春勸蠶事是也。鬼神以爲徒。若祀典外事尊神。示民以敬也。內事事鬼。教民以孝也。徒。輔助也。言事鬼神所以助政化之未逮者也。五行以爲質者。制度文章。必法五行。卽上文還相爲本。還相爲質也。器耕耨之具。喻人猶田。情猶莠也。情欲勝。則性理失。以禮義治之。則七情有節。猶鋤莠使不亂苗。則五殳蕃殖矣。文子纘義道德篇曰。積道德者。天與之。地助之。鬼神輔之。鳳皇翔其庭。麒麟遊有郊。蛟龍宿其沼。故曰以爲畜也。四靈麟鳳龜龍。沈註竹書紀年云。黃帝時。麒麟在囿。神鳥來儀。龍圖出河。龜書作洛是也。以天地爲本。故物可舉也。

以陰陽無端。故情可睹也。以四時爲柄。故事可勸也。以日星爲紀。故事可列也。月以爲量。故功有藝也。鬼神以爲徒。故事可守也。五行以爲質。故事可復也。禮義以爲器。故事行有考也。人情以爲田。故人以爲奧也。四靈以爲畜。故飲食有由也。

鄭注物天地所養生。情以陰陽通也。事以四時成。事以日與星爲候。興作有次第。藝猶才也。十二月各以分。猶人之才。各有所長也。藝或爲倪。山川守職不移。事下竟復由上始也。考成也。器利則事成。奧猶主也。田無主。則荒。由用也。四物與羞物爲羣。孔疏天地生養萬物。今本而爲政教。故萬物可舉而興也。人情與陰陽相通。今法爲教。故人情無隱。可睹見也。生長收藏隨時無失。故民不假督勸。而事自勸成也。列猶次第也。日中星鳥。敬授民時。無失早晚。故民事有次第也。十二月限分。猶人才各有所長。聖人隨人才而教。則人竭其所長。故功有藝也。山川鬼神。各有分職不移。今引鬼神爲徒屬。則事無失業。故事可守也。五行周而復始。運迴無窮。爲教法此。則事必不絕。故云可復。反也。工欲善其事必先利其器。若治國用禮義爲器。是器之利者。故治事必有成也。上人是民人。下人是聖人。田無主則荒。故用人爲主。今以人情爲田。聖人以爲田主。則人情不荒廢也。四靈是衆物之長。旣至爲聖人所畜。則其屬並隨其長而至。得以充庖廚。是飲食有用也。陸氏佃曰。月以爲量。成虧相備。故工有藝極也。胡氏銓曰。藝極也。春秋傳貢賦無藝。王氏引之曰。如鄭說則是功猶藝矣。與有字之義不合。當以陸胡之說爲是。藝之言臬。小爾雅臬極也。廣雅臬法也。文六年左傳陳之藝極是也。杜注藝準也。此功亦謂興作。如農功土功之類。月以爲量。興功之蚤莫有準。終始有法。如三之日於耜。四之日舉趾。及九月除道。十月成梁之類。皆有常期。故功有藝也。孫氏希旦曰。月以爲量。則十二月之政。各有分限。而不相踰越矣。鬼神體物不遺。以鬼神爲徒。則事皆有所循以守矣。郝氏懿行曰。復反復其道也。五行終則復始。道可常行。禮案物可舉。若大戴禮曾子天圓篇。天道曰圓。地道曰方。故天之所生上首。地之所生下首。情可睹。若周禮地官司徒以陽禮教讓。則民不爭。以陰禮教親。則民不怨。

何謂四靈。麟鳳龜龍。謂之四靈。故龍以爲畜。故魚鮪不淰。鳳以爲畜。故鳥不獝。麟以爲畜。故獸不狘。龜以爲畜。故人情不失。鄭注淰之言閃也。獝狘飛走之貌也。失猶去也。龜北方之靈。信則至矣。孔疏謂之四靈者。以此四獸。皆有神異於他物。故謂之靈。淰水中驚走也。魚鮪從龍。龍既來爲人畜。故其屬見人不驚走也。獝驚飛也。鳥從鳳。鳳既爲人之畜。故其屬見人。不驚飛也。狘驚走也。獸從麟。麟既來爲人畜。故其屬見人。不驚走也。龜知人情。龜既來應人。知人情善惡。故人各守其行。其情不失也。龜獨云其感信而至者。與上三族相互也。此言感信。則上亦感仁義禮而至也。服虔注云。視明禮修而麟至。思睿信立而白虎擾。言從義成。而神龜在沼。聽聰知正。則名川出龍。貌恭性仁。則鳳皇來儀。釋獸云。麐麕身牛尾一角。京房易傳云。麟馬蹄。有五采。腹下黃。高丈二。廣雅云。狼頭肉角。含仁懷義。音中鐘呂。行中規矩。文章斌斌。故呼爲大角之獸也。方氏慤曰。麟體信厚。鳳知治亂。龜兆吉凶。龍能變化。故謂之四靈。洪氏頤煊曰。獝本作鷸。詩鴥彼晨風。毛傳。鴥疾飛也。韓詩作鷸。彼晨風。鷸即鴥之省。後人誤加犬旁作獝字。俞氏樾曰。玉篇羽部。翻狘字竝曰飛走貌。文選江賦。鼓翅翻狘。以翻狘連文。蓋即本之禮記。然則今本兩字竝從犬。古本或竝從羽矣。鄭君所謂傳書世異。於此益信。學者通其意。正不必泥其文也。禮案。王氏引之曰。失當讀作佚。爾雅釋鳥。鶠鳳。其雌皇。郭注云。高六尺許。五采色。山海經第一云。其狀如鶴。首文德。翼文順。背文義。膺文仁。腹文信。見則天下大安。玉篇龜。文也。外骨內肉。以蛇爲雄。考爾雅釋虫。龜有神靈之名。以卜兆可定吉凶。此謂人情不失。亦以卜言也。說文龍能幽能明。能巨能細。春分登天。秋分潛淵。蓋神物也。故先王。秉蓍龜。列祭祀瘞繒。宣祝嘏辭說。設制度。故國有禮。官有御。事有職。禮有序。鄭注皆卜筮所造置也。埋牲曰瘞。幣帛曰繒。宣猶揚也。繒或作贈。孔疏上言龜知人情。故此言卜筮所造置之事。先王將有大事。必秉執蓍龜。而問吉凶。言蓍者凡卜皆先筮。故兼言之。列祭祀。謂郊廟以下。皆用卜筮也。瘞埋也。祭法云。瘞埋於泰折。祭地也。繒之言贈。謂埋告。又贈神也。祝嘏有舊辭。更宣揚告神也。設制度。謂造宮室。城隍車旗之屬。上諸事。既竝用卜筮。故國家必有其禮。百官各御其事。百事各有職主。凡所行禮。皆有次序也。方氏慤曰。秉蓍龜。以決禮之疑。列祭祀。以致禮之敬。瘞繒以備禮之物。宣祝嘏辭說以通禮之文。若是則國可謂有禮矣。建國必設官。設官必治事。治事所以行禮也。上言國有禮者。禮之體。下言禮有序者。禮之用。江氏永曰。瘞繒埋制幣也。若以瘞爲埋牲。則繒字單舉不辭。禮案白虎通云。聖人獨見先睹。必問蓍龜何。示不自專也。瘞繒宣祝嘏。似皆言宗廟之祭。國有禮。言禮行於上也。禮有序。若吉凶先後之次。故先王患禮之不達於下也。鄭注患下不信也。孔疏此爲下生文。雖竝用卜筮。而民下猶未見信。先王患之。更爲下諸事。使達下也。禮案。夫禮達而分定。故天下國家可得而治也。禮不達。則反是。故先王患之。故祭帝於郊。所以定天位也。祀社於國。所以列地利也。祖廟所以本仁也。山川所以儐鬼神也。五祀所以本事也。故宗祝在廟。三公在朝。三老在學。王前巫而後史。卜筮瞽侑皆在左右。王中心無爲也。以守至正。鄭注此所以達於下也。教民尊神。愼居處也。宗宗人也。瞽樂人也。侑四輔也。孔疏天子至尊。猶祭於郊。以行臣禮事天。是欲使嚴上之禮達於下。天高在上。故云定天位也。天子至尊猶自祭社。欲使報恩之禮達於下也。地出財。故云列地利也。王在宗廟。以子禮事尸。欲使仁義之教。達於下也。王自祭山川。欲使儐鬼神之教。達於下也。王自祭五祀。欲使本事之教達於下也。五祀是制度。故云本事也。宗宗伯。祝大祝。王在宗廟。則委於宗祝。在朝職事。則委任三公。在學乞言。則受之三老。吊臨則前委於巫。動則左史書之。言則右史書之。既言前巫。故云後史。卜筮主決疑。瞽是樂人。主和也。侑是四輔。與於規諫者也。示不自專。故並置左右也。王以禮尊神。委任得人。故中心無爲。以守至正之道也。方氏慤曰。我於祭主於內。而山川之鬼神在外。固有賓道。故曰所以擯鬼神也。五祀出於五行。而五行因時以用事焉。故曰本事也。王氏懋竑曰。此史乃祝史。非詔言動之史也。春秋傳。史嚚。史墨。史趙。皆是禮案。天子祀昊天上帝於南郊。所以教尊尊也。臣庶咸知尊尊之義。則天位定矣。社祀后土。以萬物之所自出也。列地利。謂陳其生物之功。祭以報之。使民知報本之道。不忘其初也。宗祝在廟。以禮接神。示敬祖也。三公在朝。論道經邦。宣王化也。三老在學。以燕享之。明孝弟也。前巫。即周禮春官司巫。王吊則巫與祝前。所以見王者之恤臣下也。後史。即大戴禮保傅。常立於後。是史佚也。所以示至尊不敢爲非也。卜筮謂凡有大事。必取決於蓍龜。所以昭有神也。瞽侑者。瞽獻典誦詩。以樂侑食。以相王起居服食。必中禮法。所以昭有度也。王中心無爲者。垂拱而治也。以守至正者。精一執中也。

故禮行於郊而百神受職焉。禮行於社而百貨可極焉。禮行於祖廟而孝慈服焉。禮行於五祀而正法則焉。故自郊社宗廟山川五祀。義之修而禮之藏也。鄭注言信得其禮。則神物與人皆應之。百神列宿也。百貨金玉之屬。修猶飾也。藏若其城郭然。孔疏百神天之羣神也。王郊天備禮。則辰星不忒。故云受職。祀社盡禮。則五穀豐稔。金玉露形。盡爲國家之用。故云可極焉。祭廟盡禮。而天下皆服行孝慈也。詩云無思不服是也。祭五祀以禮。而天下法則。行得其正也。前有山川興作。此不言者。法則之事。包之也。此覆說祭在上諸神。是義之修飾。禮之府藏也。徐氏師曾曰。以其事而言報德酬功。因其當然之禮。而爲之修飾。凡衆之動。得其宜矣。以其文而言。謹始愼終。合其自然之序。而爲之府藏。無一往不在其中也。孫氏希旦曰。義以理言。禮以文言。修者禮也。義因禮而見。故曰義之修。藏者義也。禮因義而起。故曰禮之藏。禮案禮行者。謂吉禮行。則誠敬著於上。而達於下也。百神謂天宗也。受職者。風雨節。寒暑時。所謂天不愛其道也。百貨謂地產也。與寶藏。供國用。所謂地不愛其寶也。孝慈服。謂王者躬行追養報本之道。民情說服也。正法則。謂國家制度。莫不本於五行也。義之修。禮之藏者。明乎祭祀之義。則禮寓其中矣。蓋非禮則不能致其敬。非義則不能盡其誠也。

是故夫禮必本於大一。分而爲天地。轉而爲陰陽。變而爲四時。列而爲鬼神。其降曰命。其官於天也。鄭注聖人象此下之以爲教令。官猶法也。此聖人所以法於天也。孔疏天地未分。混沌之元氣。極大曰大。未分曰一。禮理既與大一齊。而制禮者用之。以爲教本。是本於大一也。元氣既分。輕清爲天。重濁爲地。而制禮者法之。以立尊卑之位。天地既分。天之氣運轉爲陽。地之氣運轉爲陰。而制禮者。貴左以象陽。貴右以法陰。又因陽時而行賞。因陰時而行罰。陽氣則變爲春夏，陰氣則變爲秋冬。而制禮者，吉禮則有四面之坐，凶禮有恩理節權，是法四時也。四時變化，生成萬物，皆是鬼神之功。聖人制禮，則陳列鬼神之功，以爲教也。降，下也，言聖人制禮，皆仰法大一也。以下之事，而下之以爲教命，其官於天者，結之也。朱氏軾曰：大一卽大極，大極生兩儀，兩儀生四象，千變萬化，皆從此出。其降於人，四命。命者，性也；命之者，天也。中庸所謂天命之謂性是也。方氏苞曰：天以健順之理降於人而爲命，人秉之而爲性，以爲形氣之主宰，是卽其受於天之職分，故曰官於天。凡人紀之不能修，五事之失其則，皆自淆於物而曠其官，獲罪於天者也。禮案春秋繁露云：天地之氣，合而爲一，分爲陰陽，判爲四時。又曰：春生夏長，百物以興；秋殺冬藏，百物以藏。故莫精於氣，莫神於天，莫貴於人之受命乎天也。故曰其官於天。

夫禮必本於天，動而之地，列而之事，變而從時，協於分藝。其居人也曰養。其行之以貨力、辭讓、飲食、冠昏、喪祭、射御、朝聘。

鄭注本於大一與天之義。動而之地，後法地也。列而之事，後法五祀。五祀所以本事也。變而從時，後法四時。協，合也。言禮合於月之分，猶人之才也。合於月之分，本或作日月之分，日衍字。養當爲義，字之誤也。下之則爲教令，居人身爲義。孝經說曰：義由人出。貨，摯幣庭實也。力，筋骸強者也。不則偃罷。孔疏謂行至誠大道，是本大一。效天降命，是本於天也。動而之地，祀社於國是也。列而之事，卽五祀所以本事是也。藝，人之才也。制禮以月爲量，合人才之長短也。養，宜也。言制度以上諸事之禮，居人中身，則人得其養也。其行至朝聘諸禮，皆須義行，故云行也。貨，庭實也。力，筋力拜伏也。辭，賓主三辭三讓。飲食，享食之屬也。冠，二十成人而冠。昏，三十而取。射，五射。御，五御。朝，五年朝，及諸侯自相朝相見之禮。聘，謂此年一小聘，三年一大聘。言人若有義在身，則能行此諸禮也。馬氏晞孟曰：禮所以養人也。荀子曰：恭敬辭讓，所以養安；禮義文理，所以養情。聖人之道，寓於度數之間，莫非順性命之理，所以養人也。王氏引之曰：昭二十年左傳：布常無藝。杜注：藝，法制也。協於分藝，謂合於分月而行之法制也。禮案禮本於天，謂實理也。動而之地，謂運行也。列而之事，範圍萬類也。變而從時，從道隆汚也。協於分藝，度數有準也。養讀如孟子中也養不中之養。居人曰養，言人性各有所偏，非禮以節之，莫能致中也。行之以貨，若贈遺往來，禮務施報也。行之以力，若輕任并，重任分也。行之以飲食辭讓，若曲禮上與客讓登，親饋拜受之屬。昏義曰：夫禮始於冠，本於昏，重於喪祭，尊於朝聘，和於鄉射。此禮之大體也。

故禮義也者，人之大端也。所以講信修睦，而固人肌膚之會、筋骸之束也。所以養生送死、事鬼神之大端也。所以達天道、順人情之大竇也。故唯聖人爲知禮之不可以已也。故壞國、喪家、亡人，必先去其禮。

鄭注竇，孔穴也。去其禮，言愚人之反聖人也。孔疏此論上文說禮爲治理之本，故今說禮不可去之。案哀元年左傳云：逃出自竇。又竇是孔穴。孔穴開通，人之出入；禮義者，亦是人之所出入，故云達天道順人情之大竇也。盧氏曰：禮之端，始於辭讓；義之端，始於羞惡。然未可謂之大端，惟合禮義之成體，而不倚於一偏，然後爲人之大端。養生送死，事鬼神，以禮而死，故曰大端。達天順道，人情以禮而通，故曰大竇。吳氏澄曰：順人情三字，爲此條之體要自此以至終篇，皆演順字之義。禮案：恭敬之心，禮之端也。是非之心，義之端也。固人肌膚筋骸，即玉藻頭容直，目容端，手容恭，足容重也。蓋禮者體也，義者宜也。明體達用，得事之宜也。荀子禮論曰：凡禮，事生飾懽也，送死飾哀也，祭祀飾敬也。達天道，謂彝倫秩序。順人情，若冠昏喪祭。竇，水道也。義見襄二十六年左傳。大竇言禮義周流，猶水之無不徧也。已，止也。壞國喪家亡人之禍，必由無禮者，即經解所云：故以舊坊爲無所用而壞之者，必有水敗；以舊禮爲無所用而去之者，必有亂患。是也。

故禮之於人也，猶酒之有糵也。君子以厚，小人以薄。

鄭注：皆得以爲美味。性善者醇耳。孔疏：此論禮之在人，有厚薄之事。譬如釀酒，須因麴糵，酒無麴糵則不成，人無禮則敗壞也。君子譬精米，嘉器也；小人譬粗米弊器。言如釀酒共用一麴，分半持釀精米嘉器，則其味醇和；一半釀粗米弊器，則其味醨薄。猶如君子性識純深，得禮而深厚；小人智慮淺薄，得禮自虛薄者也。孫氏希旦曰：禮以成人，猶糵所以成酒也。糵厚則酒美，糵薄則酒薄；禮厚則其人爲君子，禮薄則其人爲小人。禮案：尚書說命：若作酒醴，汝惟麴糵。蓋以禮治躬，猶糵之成酒也。厚薄猶荀子禮論所云：不足禮，謂之無方之民；足禮，謂之有方之士。

故聖王脩義之柄、禮之序，以治人情。故人情者，聖王之田也。修禮以耕之，陳義以種之，講學以耨之，本仁以聚之，播樂以安之。

鄭注：治者去瑕穢，養菁華也。耕之和其剛柔，種之樹以善道，耨之存是去非類也，聚之合其所盛，安之感動使之堅固。孔疏：柄，操也。謂執持理義之要柄，修理禮之次序，以治正人情，使去瑕穢之惡，養菁華之善也。土地是農夫之田，人情是聖王之田。農夫用來耜以耕之，和其剛柔；聖人以禮耕人情，正其上下。農夫耕畢，以美種而種之；聖王正人情既畢，用善道而教之。農夫種畢，鋤草養苗，則苗善；聖王教民，又須講學以勸課之。農夫苗稼成熟，當本仁愛之心，以聚集所收，勿令浪費；聖王勸課行善，本此仁恩和親，聚集善道，使不廢棄。播，布也。農夫收獲既畢，布其歡樂，共相飲食以安美之；聖王既勸民善道，又說樂感動，使其勤行，保甯堅固也。方氏慤曰：義者所操有宜，而不可失，故言柄；禮者所行有節，而不可亂，故言序。禮義本出於人心，而或至無禮無義，心動而情亂也。聖人修其柄與其序，還以治人之情而已。陳氏祥道曰：修禮以耕，所以開其心；陳義以種，所以納之正；講學以耨，所以去其非；本仁以聚，所以充其德；播樂以安，所以成其道。禮案：柄以執其權也，序以修其理也。耕用犂鋤墾土，以喻人情善惡不類，猶地之高下不平，以禮一一之，猶農夫之均田也。陳義者，陳說理義，誨人爲善，猶播嘉種於土也。耨，薙草也。言人心恆蔽於外物，猶莠之亂苗。講學聖人之道，收其放心，猶耨草使種不雜也。仁者人也。本仁謂亂草雖除，而苗之灌溉培植，本在人才之勤勞，然後收成可冀也。聚，積也。以喻人欲雖節，可希聖賢，然非積功纍行，不能臻其極焉。致樂以治心，則性氣和平，禍害不作，猶三農之五穀，盡入於倉，則歲功告成，室家相安矣。

故禮也者，義之實也。協諸義而協，則禮雖先王未之有，可以義起也。義者，藝之分，仁之節也。協於藝，講於仁，得之者強。仁者，義之本也，順之體也，得之者尊。

鄭注：協，合也。合禮於義，則與義合，不乖剌。禮雖未有，以其合於義，可以義起作。藝猶才也。得之者強。有義則人服之也。得之者尊。有仁則人仰之也。孔疏此明禮義相須。禮是造物爲實。義以修飾爲禮之華。故云禮也者。義之實也。協謂以禮比方於義而協之也。禮既與義合。若應行禮而先王未有舊制。便可以義作之。如將軍文氏之子。垂涕洟。待賓于廟是也。義者宜也。藝才也。仁施也。人有才能。又有仁施。若非義裁斷則過失。故用義乃得分節也。才得分。是藝能合義。仁得節。是藝能明仁。仁爲義之本。仁者施生。故爲順之體也。義主斷制。能服於人。故得義者強。仁是恩施。衆所敬仰。故得仁者尊也。張子載曰。經禮三百。曲禮三千。無一事之非仁也。猶之木也。從根本至枝葉。皆生意。此全體之仁也。自一本至千枝萬葉。先後大小。各有其序。此散體之禮也。而其自本至末一枝一叶。各得其宜者義也。陳氏澔曰。禮者義之實。仁者義之本。實以散體言。本以全體言。同一理也。吳氏澄曰。順乎天理。略無違逆。中節之和也。由全體之中發而爲中節之和。全體之中仁也。大用之和順也。故仁爲順之體。方氏苞曰。義虛懸而爲所麗著於事物。而禮生焉。故曰禮也者。義之實也。禮案禮順人情。因時制宜。故曰義之實也。協也者。義之所在。禮亦至焉。故雖先王未有其禮。可酌於義而作之。蓋行之協於義者。卽禮也。若孔子答曾子問一篇。皆亡於禮者之禮也。藝者多才。才大者或過於明察。仁者博愛。愛汎者必闇於去取。故必以義裁制。使有分節。則不流於一偏焉。仁不流於一偏。則措之咸宜。故曰義。與物無忤。故曰順。夫上好義。則民莫敢不服。故得之者強也。上好仁。則民莫不歸往。故得之者尊也。故治國不以禮。猶無耜而耕也。爲禮不本於義。猶耕而弗種也。爲義而不講之以學。猶種而弗耨也。講之以學而不合之以仁。猶耨而弗獲也。合之以仁而不安之以樂。猶獲而弗食也。安之以樂而不達於順。猶食而弗肥也。鄭注無耜。所以入也。弗種。嘉禾無由生也。弗耨。苗不植。草不除。弗獲。無以知收之豐荒也。弗食。不知味之甘苦。弗肥。功不見也。孔疏此以下譬治國。雖用善道所宜。而不更爲講學。使民知道理。如農夫雖種嘉穀。而不耘耔。則苗不滋茂也。講學而不聚其仁行。如農夫耘耔成熟。而不收獲也。聚仁若不奏樂和之。則仁心不堅。如農夫聚穀而不食也。安之以樂而不達於順。言雖奏樂於仁。人而不使知使至順之理。亦爲未善。猶如人食五味。而調和溫凊不順。則不肥也。方氏慤曰。耜者治田之具。禮者治國之具。耕所以種禾而生之。義所以達禮而行之。達嘉種而除其害者。耨之事。明大義而勝其非者。學之事。耨之勤。將以有獲。學之勤。將以有聚。仁言聚也。穫言獲也。而享其利。食有所養。樂有所樂。而安其仁。食之養人。期於體之肥。樂之和。期於體之順而已。吳氏澄曰。此反解上文。而以順爲極也。治國謂治一國之人情。合之以仁。謂合聚衆理於一心。仁而未能安。是猶與仁爲二也。成於樂。而安於仁。則與仁爲一矣。仁者體之全於內。順者用之達於外。仁之體雖全。而順之用未達。猶內腹雖充。而外體未肥。故必達於順。而後爲禮義治情之極功也。禮案樂記云。和順積中。英華發外。故不達於順。則心德不全。未能潤身。故以雖食不肥。比喩之也。下文極言肥。亦以明大順也。四體既正。膚革充盈。人之肥也。大臣法。小臣廉。官職相序。君臣相正。國之肥也。天子以德爲車。以樂爲御。諸侯以禮相與。大夫以法相序。士以信相考。百姓以睦相守。天下之肥也。是謂大順。大順者。所以養生送死事鬼神之常也。

鄭注常謂皆有禮。用無匱乏也。車或爲居。孔疏此明人及國家天下等。皆悉肥盛。所以養生送死。常事鬼神。膚革充盈者。膚是革外之薄皮。革是膚內之厚皮革也。天子以德爲車。謂用孝弟以自載。德孝弟也。以樂爲御。謂用要道以行之。樂要道也。行孝弟須禮樂。如車行須人御也。大順者。前雖明國家之順。而皆局有條目。順理廣被。無所不在。此更總說其事。一切生死鬼神。無不用順爲常也。孔子答孟武伯之言云。生事之以禮。死葬之以禮。養生送死事鬼神無違。道之常也。吳氏澄曰。養生送死事鬼神人道之始終備矣。各以其禮。不悖於道。是之謂常。常則順。反常則非順。故大順者。人道之常。禮案邢疏易遯封云。肥饒裕也。四體手足也。正若曲禮上手毋撥。足毋蹶也。膚革充盈。若孟子德潤身。身廣體胖也。父慈子愛則恩篤。兄友弟敬則情睦。夫和妻柔則家和。和氣致祥。則家饒裕矣。大臣守法。則無倍亂之禍。小臣明廉。則無聚斂之事。官職相序。即周禮天官小宰。以六敍正羣吏。以敍正其位。進其治也。君臣相正。即論語君使臣以禮。臣事君以忠。則上下交孚。而國饒裕矣。孔子曰。德之流行也。速於置郵而傳命。德爲車。則聲教所訖。無遠弗屆矣。孝經云。移風易俗。莫善於樂。樂爲御。則舟車所至。莫不說夷矣。諸侯以禮相與。即大戴禮朝事之世相朝。歲相問。殷相聘也。大夫以法相序。即天官大宰。以八法治官府。而官屬皆秩然而不紊也。士以信相考。即大載曾子立事。人信其言。從之以行也。百姓以睦相守。即孟子出入相友。守望相助也。故賞不用而百姓莫不順上之法。罰不用而百姓莫不勸上之事。則天下饒裕矣。夫禮也者體也。謂之大順者。體物無違。順天理人情。而爲之節文者也。養生送死事鬼神之常。莫不以敬爲主。故禮行乎其間。而順達於上下矣。

故事大積焉而不苑。並行而不謬。細行而不失。深而通。茂而有閒。連而不相及也。動而不相害也。此順之至也。故明於順。然後能守危也。

鄭注言人皆明於禮。無有蓄亂滯合者。各得其分理。順其職也。能守自危之道也。君子居安如危。小人居危如安。易曰危者安其位。孔疏皇氏云。事大積焉而不苑者。既用順爲常。事無苑滯。事大者天子事也。雖復萬機輻湊。而應之有次序。不使苑積也。並行謂諸侯來朝也。既四方隨時貢賦有序。雖並列俱陳。而不錯繆也。細行謂大夫士。出聘者也。天子不遺小國之臣。是不失也。深爲九州之外也。雖地在遠荒。而皆通貢王庭。越常是也。茂謂萬國貢賦。庭實密茂。而國朝之間。自不廁雜。以國之相次。小則讓大。不相及入也。萬乘龍趨。千乘雷動。不相妨害也。熊氏云。此普據天下萬事。有大有細。有深有通。有連有動。言人皆明禮順政。事無蓄亂滯合。各得其分理。順於其職。所以大小深淺。並合得其宜。是順之至極也。然後能守危者。既明順道。不敢爲非。則能守自危之道。謂以戒慎而自保也。李氏光坡曰。大積總至而積疊也。苑屈結不通也。細行條分縷析之行也。幽深者。勢易隔。而行之通達。茂密者。勢易雜。而剖之分明。此所以積大積而不苑結也。連而不相及。故並行而不謬也。動而不相害。故細行而不失也。此皆大臣不倍。小臣不竊。法有常。而禮有則。士事其事之所致也。夫政不正。則君位危。故明於順。然後能守危也。因於大臣順之後。追結以明之。禮案鄭箋詩小雅云。苑讀爲鬱。注大傳云。繆錯也。細行不失。即大載曾子立事。忠而後動。動而後行也。深而通。茂而有間。即大載五帝德。洪淵以有謀。疏通而知事。連而不相及。即白虎通羣而不黨也。動而不相害。即尚書皋陶謨。同寅協恭和衷也。守危即尚書舜典。人心惟危。道心惟微。惟精惟一。允執厥中也。

故禮之不同也。不豐也。不殺也。所以持危而合情也。鄭注：豐殺謂天子及士。名位不同。禮亦異數。所以拱持其情。合安其危。孔疏：天子至士。貴賤宜順。故禮不得同也。不豐也者。禮應須少。不可求多也。不殺也者。禮應須多。不可殺少也。能順序如上。故使扶持其情。合安其危。不使危也。徐氏師曾曰：貴賤有等。故禮制不同。宜儉者不可豐。宜隆者不可殺也。凡此禮制之順。所以維持人情。不使驕縱。保合上下。不使危亂也。方氏苞曰：禮達而分定。則當其常。可以持情。不至於驕盈。當其變。可以全危而自固。以分義。上謂人皆愛其死。而患其生。正合危之事。禮案不同。謂貴則禮隆。賤則禮減。不豐若有毋過禮。不殺若以多為貴。庶幾上不迫下。下不僭上。範圍人情。各安其分。維持上下。而無危亂也。故聖王所以順山者。不使居川。不使渚者居中原。而弗敝也。用水火金木飲食必時。合男女頒爵位必當年德。用民必順。故無水旱昆蟲之災。民無凶饑妖孽之疾。故天不愛其道。地不愛其寶。人不愛其情。故天降膏露。地出醴泉。山出器車。河出馬圖。鳳凰麒麟皆在郊棷。龜龍在宮沼。其餘鳥獸之卵胎。皆可俯而闚也。則是無故。先王能修禮以達義。體信以達順。故此順之實也。鄭注：小洲曰渚。廣平曰原。山者利其禽獸。渚者利其魚鹽。中原利其五穀。使各居其所安。不易其利。勞敝之也。民失其業則窮。窮則濫。用水謂漁人以時漁為梁。春獻鼈蜃。秋獻龜魚也。用火謂司爟四時變國火以救時疾。及季春出火。季秋納火也。用金謂廾人以時取金玉錫石也。用木謂山虞仲冬斬木。仲夏斬陰木。飲食謂食齊視春時。羹齊視夏時。醬齊視秋時。飲齊視冬時。合男女頒爵位謂媒氏令男三十而娶。女二十而嫁。司士稽士任進退其爵祿也。用民不奪農時。民無凶疾。言大順之時。陰陽和也。昆虫之災。螟螽之屬也。天不愛道。地不愛寶。人不愛情。言嘉瑞出。人情至也。膏猶甘也。器若銀甕丹甑也。馬圖龍馬負圖而出也。棷聚草也。沼池也。非有他事使之然也。實猶誠也。盡也。孔疏：此更廣說順也。既欲其順。居山居川。隨而安之。不奪宿習。不使山之人居川也。渚利魚鹽。原利五穀。既順安之。不使渚者徙中原。必各保其業。故恆豐而不敝。困也。用水火金木飲食必時者。舉動皆順故也。必當年德者。年謂男三十。女二十。德謂君十卿祿。下士食九人等是也。用民必順者。使之以時也。四時和。甘露降。是天不愛其道也。地不愛其寶者。謂五穀豐。醴泉生。器車出也。人不愛其情者。皆盡孝弟。及越常至也。案禮緯云：其政太平。山車垂鉤。注云：山車不揉治。而自圓曲。案中候握河紀：堯時受河圖。龍銜赤文綠色。又云：伏羲氏有天下。龍馬負圖出於河。遂法之畫八卦。又龜書洛出之也。握河紀云：鳳皇巢阿閣。其餘鳥獸。既不畏人。作巢在下。故可闚其巢見卵。手撫獸背。則知有胎。是無他。故由先王能修禮達義。體信達順。故致此也。方氏慤曰：五行獨不言土。以飲食見之。飲食。土所生也。應氏鏞曰。女二十而嫁。男三十而娶。四十曰強而仕。五十曰艾。服官政。必當其年也。問名納采。度德定位。必當其德也。欽定義疏云。篇中言禮。極其盛矣。而要不外本天道以治人情之一言。蓋在天爲道。在人則爲天命之性。性率而爲情。而每乘於氣質之偏。又物欲之私。附於性以汨之。則天命之本然者失矣。聖人本天道。以治人情。所以繼天立極。而極之大順。而天地位。萬物育。道之功與天命一矣。此氣之無常。而聖人主之以有常地。王氏引之曰。不愛謂不隱藏也。大雅蒸民篇。愛莫助之。毛傳。愛隱也。人不愛其情。即上文所謂人情不失也。禮案用水火金木飲食必時者。有節制則無匱乏也。大戴禮五帝德曰。節用水火材物。又千乘云。氣食得節是也。用民必順。則民樂爲上用矣。詩大雅云。庶民攻之。不日成之是也。風雨不時。則民有凶飢。六沴交祲。則國多妖孽。洪範五行傳曰。貌之不恭。是謂不肅。厥咎狂。厥罰恒雨。厥極惡。時則有服妖。時則有龜孽。時則有雞旤。時則有下體生於上之痾。時則有青眚青祥。維金沴木之屬是也。禮緯含文嘉云。伏羲德洽上下。天應以鳥獸文章。地應以河圖洛書。天不愛其道。地不愛其寶也。人情莫不厚於已。五帝德云。博施利物。不於其身。人不愛其情也。大戴禮誥志云。聖人有國。則日月不食。星辰不隕。勃海不運。河不滿溢。川澤不竭。山不崩解。陵不施谷。川洛不處。深淵不涸。於時龍至不閉。鳳降忘翼。蟄獸忘攫。爪鳥忘距。故其卵胎可俯而闚也。

禮記通釋卷三十　玉環戴禮

禮器第十 孔疏案鄭目錄云。名爲禮器者。以其記禮。使人成器之義也。故孔子謂子貢。汝器也。曰何器也。曰瑚璉也。此於別錄屬制度。方氏慤曰。形而上者謂之道。形而下者謂之器。道運而無名。器運而有迹。禮運言道之運。禮器言禮之用。孫氏希旦曰。禮運言禮之行於天下。而極其效於大順。由體而達之於用也。此篇言禮之備於一身。而原其本於忠信。由外而約之於內也。二篇之義。相爲表裏。禮案孔注論語云。器度也。包注論語云。器各周其用也。此篇舉禮制。繁略隆殺文素之度。各極其所宜。故曰禮器。

禮器是故大備。大備盛德也。禮釋回。增美質。措則正。施則行。其在人也。如竹箭之有筠也。如松柏之有心也。二者居天下之大端矣。故貫四時而不改柯易葉。故君子有禮。則外諧而內無怨。故物爲不懷仁。鬼神饗德。鄭注言禮使人成器。如耒耜之爲用也。人情以爲田。修禮以耕之。此是也。大備自耕至於食之弗肥。釋猶去也。回邪辟也。質猶性也。措置也。箭篠也。端本也。四物於天下。最得氣之本。或柔刃於外。或和澤於內。用此不變易也。人之得禮。亦猶然也。外諧內無怨。人協服也。懷歸也。孔疏禮能使人成器。則於外物。無不備。於事無不足。則是盛德也。用禮爲器。非唯去邪。有美性者。又能益之。置禮在身。則身正。以禮用事。事皆行也。竹大竹。箭篠也。人情備德。由於有禮。譬如竹箭。四時蔥翠。由於外有筠也。筠是竹外靑皮也。人經夷險。不變其德。由禮使然。譬如松柏凌寒而鬱茂。由其內心貞和故也。二者竹松也。端猶本也。松竹居於天下。比於衆物。最得氣之本也。貫經也。故巡四時。柯叶無彫改也。外諧內無怨者。謂君子內外俱美。外柔刃如筠。故能與物相諧。內和澤如松心。故能與人無怨。外內協服。故物無不懷仁。鬼神聽明正直。依人而行。物既懷仁。故神亦享德也。陳氏祥道曰。禮之文散於形名度數之間。而其情莫非性命道德之理。故器之圜者。所以象天。器之方者。所以象地。至於高下曲直。洪纖多寡之變。蓋皆如此而已。此其所以爲大備。而大備盛德也。馬氏晞孟曰。禮所以去僞。故在回則釋之。禮所以著誠。故在節則增之。竹箭有筠。言其和澤於外。松柏有心。言其堅實於內。故爲天下之大端。而禮者亦人道之大端也。堅實於內者。猶言實以君子之德。和澤於外者。猶言文以君子之容。方氏苞曰。以竹與均成字。似當爲竹箭。謂其長短略均也。王氏懋竑曰。竹箭中虛。故以筠言。松柏中實。故以心言。禮案周禮之制度。於物之至博者。則極其廣大。至幽者。則盡其精微。故曰大備。祭統云。無所不順者之謂備。盛德者德周乎萬物。而不遺也。禮制中。故措無不正。禮從宜。故施無不行也。其在人也。言以禮正意。則德成於內。猶松柏之有心。以禮治躬。則行成於外。猶竹箭之有筠節也。經霜雪而不變。歷四時而常新。若大丈夫威武不能屈。貧賤不能移也。故外而人愛其敬。內爲人說其德。物懷仁。卽禮運四靈爲畜。鬼神享德。卽論語祭則受福是也。

先王之立禮也。有本有文。忠信禮之本也。義理禮之文也。無本不立，無文不行。鄭注：言必外內具也。孔疏：此論因上禮則人外內諧和，遂云禮須信義。忠者內盡於心也。信者外不欺於物也。內盡於心，故與物無怨；外不欺物，故與物相諧也。禮雖用於忠信為本，而又須義理為文飾，得理合宜，是其文也。無忠信則禮不立，行禮若不合宜得理，則禮不行也。陳氏祥道曰：存於中者之謂忠，見於言者之謂信。有忠信則內有主，而能正，故曰禮之本。處之有經之謂理，施之有權之謂義。有義理則外有主，而能行，故曰禮之文。下曰甘受和，白受采，忠信之人，可以學禮。此忠信所以為禮之本也。孔子去麻冕以從衆，則適於義；從拜下以違衆，則歸於理。此義理所以為禮之文也。萬氏斯大曰：案義理為文，此意最精。本固為內，文亦非外，禮以義為質，安得為外？謂之文者，亦就忠信對言耳。有忠信之實心以為主，而裁度吾心，必合於義理之安，而後行之，行之得其條理，即謂之文。由內心有義理之裁制，斯外自得其條理，故曰義理，禮之文也。無文不行，禮以義起也。禮之案無忠信，則禮徒飾貌，故謂之無本；無義理，則禮無品節，故謂之無文。禮也者，合於天時，設於地財，順於鬼神，合於人心，理萬物者也。是故天時有生也，地理有宜也，人官有能也，物曲有利也。故天不生，地不養，君子不以為禮，鬼神不饗也。居山以魚鼈為禮，居澤以鹿豕為禮，君子謂之不知禮。鄭注：鬼神所祀，事有德也。天地人物，言皆有異。天不生，謂非其時物也。地不養，謂非此地所生。不知禮，不順其鄉之所有也。孔疏：此論君子行禮，必仰合天時，俯會地理，中趣人事，則其禮乃行也。合天時，即依於四時，及豐儉隨時也。財物也，所設用物，各是其土地之物也。鬼神助天地為化，祀之必順，不濫逆也。雖合天會地，順於鬼神，又須與人心符合，其禮乃行。書云：謀及卿士，謀及庶人，謀及卜筮是也。若能事事如上，則行葷得所，豚魚戴賴，是萬物各得其理也。天之四時，各有所生，若春薦韭卵，夏薦麥魚是也。地之分理，各有所宜，若高田宜黍稷，下田宜稻麥是也。人居其官，各有所能，若司徒奉牛，司馬奉羊，及庖人治庖，祝治尊俎是也。萬物委曲，各有所利，若麴糵利為酒醴，絲竹利為琴瑟，皆自然有其牲，各異也。天不生，謂非時之物，若寒瓜夏橘及李梅冬實之屬。地不養，若山之魚鼈，澤之鹿豕也。君子不以為禮，是不合人心，鬼神弗享，是不順鬼神也。方氏慤曰：以陽生於子，故祀天於冬之日至；以陰生於午，故祭地於夏之日至。以人飲養陽氣，故享禘於春；以食養陰氣，故食嘗於秋。此禮所以合於天時者也。黍稷之馨，足以為簠簋之實；水土之品，足以為籩豆之薦；貨蕪常以示遠物之致，幣無方以別土地之宜，此禮所以設於地財者也。以天之高，故燔柴於壇；以地之深，故瘞埋於坎；以魂氣歸於天，故焫蕭以求陽；以形魄歸於地，故祼鬯以求陰，此則禮所以順於鬼神者也。以人莫不有男女之別，為制為冠昏之禮；莫不有君臣之分，故制為朝覲之禮；莫不有追遠之心，故制為喪祭之禮；莫不有合懽之情，故制為燕享之禮，此則禮所以合於人心者也。火田必於昆虫未蟄之時，尉羅必在鳩化為鷹之後，獺祭魚然後虞人入澤梁，豺祭獸然後田獵，此則禮所以理萬物者也。若黍生於秋，稻生於冬，所謂天時有生也。山林則宜毛，川澤則宜鱗，所謂地理有宜也。簜篠蒙璆，咸施直鏄，所謂人官有能也。木之曲直，金之從革，所謂物曲有利也。郝氏懿行曰：人官，如耳目之官。禮案：合天時者，即春秋繁露聖人慶賞罰刑與春夏秋冬以類相應也。設地財，若祭統苟可薦者莫不咸在也。順鬼神，猶禮運天望地藏，體魄則降，知氣在上也。合人心，即儀禮冠昏喪祭，使人生有所安，死有所事也。理萬物，謂範圍萬類，即尚書盤庚所云若網在綱，有條而不紊也。尚書大傳曰：主春者張，昏中可以種穀；主夏者火，昏中可以種黍菽；主秋者虛，昏中可以種麥。天時有生也。周禮地官草人糞種，騂剛用牛，赤緹用羊。夏官職方氏揚、荆穀宜稻，雍、冀穀宜黍稷。地理有宜也。王制云：司馬辨論官材，論定然後官之。人官有能也。荀子勸學曰：木直中繩，輮而爲輪，其曲中規。物曲有利也。天不生，地不養，君子不以爲禮者，物在遠，取之傷力；非土產，食之損人。此先王制禮之所以大順人心，故有天道達而鬼神協矣。

故必舉其定國之數，以爲禮之大經，禮之大倫。以地廣狹，禮之薄厚，與年之上下。是故年雖大殺，衆不匡懼，則上之制禮節矣。

鄭注：定國之數，謂地物所出多少。廣狹，謂貢賦之常差。上下，用年之豐凶也。制禮節，言用之有節。殺，謂穀不熟也。匡，猶恐也。孔疏：此論隨地之所有以制禮也。禮物必鄉之所有，故有國者必書其國內所生多少定數，以爲國之大法。經，法也。倫，猶例也。制禮之大例又宜隨地廣狹爲法，謂貢賦之常差也。禮之薄厚與年之上下者，上猶豐，下猶荒也。雖以地廣狹爲制，而多少隨年豐荒也。大殺，謂五穀不孰。廣狹隨地而賦，豐凶逐時而斂，衆之不恐，並由君上制禮有節故也。陸氏佃曰：定國之數，若州二百一十國是也。陳氏祥道曰：舉其定國之數以爲禮之大經，則王制所謂必於歲之杪，五穀皆入，然後制國用是也。禮之大倫以地廣狹，則王制所謂用地小大是也。禮之薄厚與年之上下，則王制所謂視年之豐耗是也。應氏鏞曰：年有上有下，此在天之天也。年雖大殺，而衆不匡懼，此在我之天也。上謹於制節，而下不匡懼，則所約者一已，所裕者一國，衆有所恃而不恐矣。郝氏懿行曰：匡、恇通。禮案：聖王節以制度，樂歲倉有餘粟，故凶歲而民不匱矣。荀子富國篇：足國之道，節用裕民，而善藏其餘。故知節用裕民，則必有仁義聖良之名，而且有富厚丘山之積矣。

禮，時爲大，順次之，體次之，宜次之，稱次之。堯授舜，舜授禹，湯放桀，武王伐紂，時也。詩云：匪革其猶，聿追來孝。天地之祭，宗廟之事，父子之道，君臣之義，倫也。社稷山川之事，鬼神之祭，體也。喪祭之用，賓客之交，義也。羔豚而祭，百官皆足，大牢而祭，不必有餘，此之謂稱也。

鄭注：次之，言聖人制禮所先後也。時，言受命改制度。革，急也。猶，通也。聿，述也。言文王改作者，非必欲急行己之道，乃追述先祖之業，來居此爲孝。倫之言順也。社稷山川、鬼神、天地、人之別體也。義之言宜也，人道之宜。足，猶得也。稱，稱牲體之大小而爲俎。此指謂助祭者耳，而云百官，喻衆也。孔疏：此亦因上制禮得節，故以下諸事皆由禮洽天時。揖讓干戈，於禮中最大，故云時爲大。雖合天時，又須順序。有時有順，又須小大各有體別，各當其宜也。稱，猶足也。行禮須各自稱足也。堯舜授人，湯武救民，時使之然也。詩大雅文王有聲之篇。今詩本革作棘，猶作欲，聿作遹。來，勤也。言作豐邑，非急成己之欲，乃追述王季勤行孝道也。神是天之別體，社稷山川是地之別體，鬼是人之別體。宗廟事之須順，故屬順。體是人死所爲故屬體喪祭應須費用賓客有賻賵之交是人道之宜故後云喪禮忠之至賓客用幣義之至也夫臣助祭則各有俎祭竟播及胞翟雖復羔豚之賵小而百官一切皆悉得之大牢而祭亦不使有餘是各稱性體也項氏安世曰時者天地之大運順者人道之大倫體者其支體宜者其義理稱者其度數五者自綦大至綦細也陳氏祥道曰天地宗廟尊親之倫也父子君臣尊卑之倫也社稷山川地祇之祀人鬼天神之祭三者之體固異蓋天神以陽爲體地祇以陰爲體人鬼則魂以陽爲體魄以陰爲體也喪之用則不儉其親祭之用則必盡其物皆從其義而已矣胡氏銓曰宜合宜稱則各當分羔豚大牢此總指天子諸侯祭耳云羔豚者見雖小必足也孫氏希旦曰羔小羊豚小豕王制大夫士有田則祭無田則薦鄭氏謂大夫荐用羔士荐用豚即此羔豚而祭是也俞氏樾曰案正義所說非鄭意也注當以天則祭地人之別爲句體也爲句社稷山川地也鬼則人鬼神則天神社稷山川鬼神之祭其禮不同是乃天地人之別即所謂體也孔以別體二字連讀故其說不可通矣禮案時謂應天順人順謂敦倫盡性體謂體物不遺宜謂裁制事物稱謂各得其平堯舜以天下授賢所以安民湯武以兵力除暴所以拯民迹雖異而道則同也故引文王之詩以明之事亦祭也天地之祭尊也宗廟之事親親也尊尊以起君臣之義親親以篤父子之情此人倫之大順之至也社稷山川之祀由天地之祭而推及之鬼神之祀由宗廟之祭而類及之猶之愛身者無不重四體焉檀弓上曰有其禮無其財君子弗行也故喪有賻賵祀有助祭備物盡禮以協於義也羔豚云者極言其薄以起大牢之豐也若必指羔豚爲士夫之荐大牢爲王侯之祭則泥矣百官有司執事者物薄者用人亦寡故無不足也物豐者助祭亦衆故不必其有餘也稱也者言大小多寡之分莫不相稱焉

諸侯以龜爲寶。以圭爲瑞。家不寶龜。不藏圭。不臺門。言其稱也。

鄭注古者貨貝寶龜大夫以下有貨耳易曰十朋之龜瑞信也諸侯執瑞孤卿以下摯闍者謂之臺孔疏此還明上經稱次之事諸侯有保士之重宜須占詳吉凶故得以龜爲寶圭兼五等玉也諸侯之於天子如天子之於天也天子得天之物謂之瑞故諸侯受封於天子天子與之玉亦謂爲瑞也書云輯五瑞又云班瑞於羣后是也此云圭不云璧從可知也家卿大夫也大夫卑輕不得寶龜故藏文仲居蔡爲僭也卿大夫不得執玉故不得藏圭兩邊築闍爲基基上起屋曰臺門諸侯有保捍之重故爲台門而大夫輕故不得也言有稱者結上得與不得與各有所稱也貝有五種案食貨志王莽作金銀龜貝錢布之品名曰寶貨大貝壯貝幺貝小貝不盈寸爲貨貝五品又以龜爲寶案爾雅云一曰神龜郭注此當龜以爲畜在宮沼者二曰靈龜注云今江東所用卜龜此云家不寶龜案白虎通天子之龜尺二寸諸侯一尺大夫八寸者彼謂卜龜士亦有龜故士喪禮卜宅是也陳氏祥道曰以龜爲寶所以致謀於神以圭爲瑞所以合符於天子非諸侯之所私有也方氏慤曰龜所以決國疑圭所以甲國信諸侯有國者也故以龜爲寶以圭爲瑞大夫有家而已故不寶龜不藏圭變瑞言藏則以藏猶不可而況於瑞乎門之有臺所以壯國體故家不臺門凡此則以國家之辨各有稱焉禮案卜龜即筮龜也爾雅釋魚四曰寶龜六曰筮龜然則此云不寶龜者不得藏寶龜也李注爾雅釋宮云臺積士爲之所以觀望則是臺門即觀矣

禮有以多無貴者。天子七廟。諸侯五。大夫三。士一。天子之豆二十有六。諸公十有六。諸侯十有二。上大夫八。下大夫六。諸侯七介七牢。大夫五介五牢。天子之席五重。諸侯之席三重。大夫再重。天子崩。七月而葬。五重八翣。諸侯五月而葬。三重六翣。大夫三月而葬。再重四翣。此以多爲貴也。

鄭注豆之數。謂天子朔食。諸侯相食。及食大夫。公食大夫禮曰。宰夫自東房。薦豆六。設於醬東。此食下大夫而豆六。則其餘著矣。聘禮致饔餼於上大夫。堂上八豆。設於戶西。則凡致饔餼。堂上之豆數亦如此。周禮公之豆四十。其東西夾。各十有二。侯伯之豆三十有二。其東西夾各十。子男之豆。二十有四。其東西夾各六。諸侯七介七牢者。周之侯伯也。大夫五介五牢者。侯伯之卿使聘者也。周禮上公九介九牢。侯伯七介七牢。子男五介五牢。聘義所云。上公七介。侯伯五介。子男三介。乃謂其使者也。天子葬五重者。謂抗木與茵也。葬者抗木在上。茵在下。士喪禮下篇。陳器曰。抗木橫三縮二。加抗席三。加茵用疏布。緇翦有幅。亦縮二橫三。此一士之禮一重者。以此差之。上公四重。孔疏天子七廟。尊者誠深孝篤。故立廟乃多世爲稱也。諸侯五。大夫三。士一者。德轉薄。故廟少爲稱也。士一廟。據下士。若適士。則二廟也。天子之豆。二十有六者。謂朔食。尊者宜備味也。諸公十有六。上公也。謂更相朝時。堂上之豆數也。諸侯十有二者。侯伯子男也。亦謂相朝時。堂上之豆數也。上大夫八。下大夫六者。皆謂主國食使臣。堂上豆數。介副也。牢大牢也。諸侯朝天子。天子以大牢禮賜之也。周禮公九介九牢。侯伯七。子男五。今言七。舉中也。臣爲君使各降其君二等。此五介五牢謂侯伯之卿。亦舉中言之。諸侯之席三重者。謂相朝時。賓主皆然也。尊者須溫厚。故多重。三重則四席。熊氏云。二重則三席。大夫再重。卑於人君故也。天子崩。七月而葬。五重者。尊者宜堅固。故多重。八翣者。尊宜多障蔽。以稱之。三重六翣者。五等同。卑於王。故障蔽少。然前介及牢。不云天子者。天子無介牢禮。及爲賓客之事。再重四翣者。諸侯大夫又卑。故從而少飾也。此以多爲貴也者。結上文也。皇氏云。天子庶羞。百二十品。籩豆各六十。今云二十六者。說堂上數也。案禮有正羞庶羞。掌客云。公豆四十。又云食四十。則豆盛正羞。食謂庶羞。鄭注云。食者其庶羞美可食者。是庶羞不與正羞別。此上大夫八豆。下大夫六豆。皆爲正羞。而天子二十六豆。亦爲正羞也。古者槨累木於其四邊。上下不周。致茵於槨下。所以藉。從上下棺之後。又置抗木於槨之上。所以抗載於士。皇氏云。下棺之後。先加折於壙上。以承抗席。折猶廢也。方鑿連木爲之。蓋如牀。縮者三。橫者五。無簀。於上加抗木。抗木之上。加抗席三。此爲一重。如是者五。則爲五重。茵者藉棺外下之褥。用淺色緇布爲之。每將一幅。輒合縫爲囊。將茅秀及香草。著其中。如今有絮褥也。亦縮二橫三。每爲一重也。陳氏祥道曰。禮器之豆數用數也。掌客之豆數。陳數也。陸氏佃曰。天子朝踐八豆。饋食八豆。又加豆八。羞豆二。所謂二十有六者。此與自公以下。雖有加豆羞豆。亦有降殺。春秋傳曰。楚子入享於鄭。加籩豆六品是也。諸公十六。倍上大夫。朝事八。饋食八。諸侯十二。倍下大夫。朝事六。饋食六。上大夫八。朝事之豆也。下大夫六。去茆菹麋臡。以差次推之。上士饋食之豆四。下士二也。書曰敷重蔑席。敷重筍席。則凡王席重設。周官司几筵。設莞筵紛純。加繅席畫純。加次席敷黼純。繅席次席皆重設。是以謂之五重。司几筵加繅席重設。主諸侯三重席言之。公食大夫加萑席。主大夫再重言之。萑

席單設而已。蓋如是而知諸侯之席三重。大夫再重也。凡翣天子戴璧。諸侯戴圭。蓋首戴五。非大夫以下之事
也。五重三重再重。蓋皆謂棺。據喪大記。君之棺八寸。屬六寸。椑四寸。上大夫棺八寸。屬六寸。下大夫棺六寸。屬
四寸。先儒謂席有兩。則稱重。與棺重別。此讀天子之棺四重之席。無五重之誤也。蓋天子之棺五。其爲重實有四。今曰五重。
侈言之。雖曰五重可也。江氏永曰。案司几筵皆三重之席。無五重。此記人之說異。陳氏禮書。謂席上筵上。皆再
重未確。孫氏希旦曰。翣形如扇。以木爲匡。衣以白布而畫之。在路以障柳車。入壙以障柩。喪大記曰。君黼翣二。
黻翣二。畫翣二。大夫黻翣二。畫翣二。周禮縫人注云。漢制天子有龍翣二。是天子龍翣。黼翣。黻翣。畫翣。各二爲
八翣也。禮案天子七廟。至士一。解見王制。何注桓四年公羊傳云。豆狀如鐙。說文古食肉器也。陸疏爾雅釋器
云。豆實四升。用薦菹醢。七介五介者。諸侯朝覲。大夫出聘之副也。七牢者。飧四牢。牽三牢。五牢者。飧三牢。牽二
牢。主國饋賓之禮也。重席自大夫以下亦然。曲禮上曰。客徹重席
是也。葬禮尊者備物。故殯久。卑者禮簡。故期促也。翣說見檀弓上。**有以少爲貴者。天子無介。祭天特牲。天子**
適諸侯。諸侯膳以犢。諸侯相朝。灌用鬱鬯。無籩豆之薦。大夫聘禮以脯醢。天子一食。諸侯再。大夫士三。食
力無數。大路繁纓一就。次路繁纓七就。圭璋特。琥璜爵。鬼神之祭單席。諸侯視朝。大夫特。士旅之。此以少
爲貴也。鄭注天子無介。無客禮也。灌獻也。一食再食三食。謂告飽也。食力謂工商農也。大路繁纓一就。殷祭天
之車也。周禮王之五路。玉路繁纓十有二就。金路九就。象路七就。革路五就。木路翦繁鵠纓。圭璋特。朝
聘以爲瑞。無幣帛也。琥璜爵者。天子酬諸侯。諸侯相酬。以此玉將幣也。大夫特。士旅之。謂君揖之。孔疏天子以
天下爲家。既不爲賓客。故無介。特一也。天神尊質。故止一特。諸侯事天子。如天子事天。故天子巡守。過諸侯境
上。奉膳亦止一牛而已。諸侯相朝。謂五等自相朝也。朝享禮畢。未享食之前。主君酌鬱鬯之酒以獻賓。示相接
以芬芳之德。不在殺味也。何以知朝享畢而灌。案司儀職云。凡諸公相爲賓。將幣畢。云。儐亦如之。鄭云儐謂以
鬱鬯禮賓也。案大行人云。上公三禮。再祼而酢。則諸侯朝天子。天子灌用鬱鬯。此特云諸侯相朝者。據以少爲
貴。諸侯於天子。無鬱鬯。諸侯相朝。設鬱鬯而無殺也。大夫出使行聘禮畢。主國禮之。酌以酒。而又有脯醢。味稍
多也。食猶飧也。尊者以德爲飽。不在食味。故每一飧輒告飽。待勸乃更飧。故云一食。諸侯再飧而告飽。須勸乃
又食。大夫士告轉疏。故以少牢特牲。皆三飯而告飽也。食力謂工商農庶人之屬。以其無德不仕。無祿代耕。食以
飽爲度。不須告勸。故飧無數。度云食力。力作以得食也。大路者。殷質以木爲車。無別雕飾。乘以祭天。謂之大路。
繁馬腹帶也。纓鞅也。染絲而織之曰罽。五色一匝曰就。就成也。言五色匝一成。車既朴素。故馬亦少飾。止一就
也。次路殷之第三路也。供用卑。故就多也。然郊特牲云。大路一就。先路三就。次路五就。而此云次路七就。鄭注
郊特牲。以此云第七爲誤。圭璋玉中之貴也。特謂不用他物媲之也。諸侯朝王以圭。朝后執璋。表德特達。不加物
也。琥璜是玉劣於圭璋。天子享諸侯。或諸侯自相享。行禮至酬酒時。則有幣將送。酬爵又有琥璜之玉將幣。故
云琥璜爵也。琥璜既賤。不能特達。故附爵乃通也。鬼神之祭單席者。神道異人。不假多重。自溫故也。諸侯視朝。

謂日出視諸臣之朝者也。特猶獨也。旅衆也。若大夫則君人人揖之。士則不問多少。而君共一揖之。大夫貴。故人人得揖。士賤故衆共得也。一揖是以少爲貴也。此諸侯所尊者少。故大夫特。士旅之。若天子之朝。所尊者多。故司士云。孤卿特揖。大夫以其等旅揖。士旁三揖是也。陳氏祥道曰。圭璋。禮東南之玉。而主乎陽。琥璜。主西北之玉。而主乎陰。主乎陽。則可以特達於天子。主乎陰。則必附爵而後通。故易之陽卦畫奇。陰卦畫耦也。聘義曰。圭璋特達。德也。豈非所謂陽德與。周官之法。祀先王之席。如朝覲享射之數。而天神之祭。則稿鞂而已。此言鬼神之祭單席。非周制也。方氏慤曰。郊特牲所言。次路五就者。指繼先路之次路也。此所謂七就者。指繼次路而又次者也。顧命於革路。象路。通謂之次路是也。考周之所謂大路者。非此所謂大路也。周以玉路爲大。此則木路爲大爾。孫氏希旦曰。膳謂般膳也。掌客王巡狩般國。國君膳以牲犢。諸侯之禮。般膳大牢。而天子惟用犢。貴少也。灌獻也。凡獻酒必薦籩豆。惟鬱鬯之灌則無之。蓋至敬不享味。而貴氣臭。不敢以此褻之也。脯籩實。醢豆實。大夫聘禮之以醴。而加以脯醢。則有籩豆之荐矣。是貴其無籩豆之少。卑其有籩豆之多也。食一口謂之一飯。再謂連食二口。三謂連食三口也。孔氏以一飯再飯三飯。爲告飽之節。非也。特牲禮尸三飯告飽。侑至七飯。少牢禮尸七飯告飽。侑至十一飯。是飯之侑。皆以四爲節。則諸侯九飯告飽。侑至十三飯。天子十一飯告飽。侑至十五飯也。少牢禮。上佐食舉牢肺正脊授尸。尸食舉。三飯。上佐食舉尸牢幹。乃又食。是士三飯告飽。須侑乃舉牢體。乃再食也。天子禮極文。故食一口卽止。舉牢體。乃再食。諸侯禮稍簡。故食二口則止。舉牢體。乃再食。大夫士禮又簡。故食三口則止。舉牢體。乃再食也。食力無數。禮不下庶人也。圭璋特。有二義。朝聘用圭璋。無束帛之籍。一也。六幣圭以馬。璋以皮。皮馬不上於堂。二也。上是正義。下是兼義。半圭曰璋。爲虎形曰琥。半璧曰璜。單席謂祭外神之席。若宗廟之祭。皆不單也。禮案鄭司農周禮春官鬱人注云。鬱草名。十葉爲貫。百二十貫爲築。以煑之鑊中。停於祭前。鬱爲草若蘭。鄭注春官鬯人云。鬯釀秬爲酒。芬香條暢於上下也。食力無數者。庶人無廟不祭。故無告飽待侑之禮也。鄭注春官宗伯云。圭銳象春物初生。半圭曰璋。象夏物半死。琥猛象秋嚴。半璧曰璜。象冬閉藏。地上無物。唯天半見。單席其祀天之越席與。越席結草示質。必不重也。大夫特者。一人一揖則揖多。士旅之。衆共一揖則揖少。是以多爲貴也。此疑上以多爲貴之文。誤倒於此。疏曲爲之說。非也。

有以大爲貴者。宮室之量。器皿之度。棺槨之厚。丘封之大。此以大爲貴也。方氏慤曰。周官典命。官室以命數爲節。自上公至子男。或以九。或以五。各有差。此宮室以大爲貴也。天子之路。謂之大路。弓謂之大弓。斗謂之大斗。房謂之大房。此器皿以大爲貴也。尊者之棺。至於四重。卑者止於一重。槨則周棺。此棺槨以大爲貴也。周官冢人。爵等爲丘封之度。此丘封以大爲貴也。量言其所容。度言其所至。度量宮室器皿皆有之。於宮室言量。於器皿言度。互相備也。既曰器。又曰皿者。若車旗之屬。可謂之器。而不可謂之皿。若籩豆之屬。正謂之皿。亦可謂之器。此大小之辨也。既曰丘。又曰封者。自積土言之。則曰丘。自度土言之。則曰封。曰丘則必高矣。曰封則不必高也。故王公曰丘。諸臣曰封。此亦大小之辨也。孫氏希旦曰。器皿以大爲貴。若天子之弓。合九成規。諸侯合七成規。大夫合五成規。牛鼎之扃三尺。腳鼎二尺之類。至車之淺深廣狹。其制有定。君路曰大路。特尊其名耳。禮案尚書大傳曰。古者百里之國。三十里之遂。

二十里之郊。九里之城。三里之宮。七十里之國。二十里之遂。九里之郊。三里之城。一里之宮。五十里之國。九里之遂。三里之郊。一里之城。以城爲宮。天子之堂。廣九雉。三分其廣。以二爲內。五分內以一爲高。東房西房北堂各三雉。公侯七雉。三分其廣。以二爲內。五分內以一爲高。東房西房北堂。各二雉。伯子男五雉。三分其廣。以二爲內。五分內以一爲高。東房西房北堂。各一雉。士三雉。三分其廣。以二爲內。以一爲高。有室無房堂。器皿若周禮冬官考工記玉人。天子鎮圭尺有二寸。公桓圭九寸。侯信圭。伯躬圭。七寸。棺槨若荀子禮論。天子之棺十重。諸侯之棺五重。大夫三重。士再重。此並以大爲貴也。**有以小爲貴者。宗廟之祭。貴者獻以爵。賤者獻以散。尊者舉觶。卑者舉角。五獻之尊。門外缶。門內壺。君尊瓦甒。此以小爲貴也。**鄭注凡觴一升曰爵。二升曰觚。三升曰觶。四升曰角。五升曰散。五獻子男之享禮也。壺大一石。瓦甒五斗。缶大小未聞也。易曰尊酒簋貳用缶。孔疏案特牲云。主人獻尸用角。佐食洗散以獻尸。是尊者小。卑者大。案天子諸侯及大夫皆獻尸以爵。無賤者獻以散之文。禮文散亡。略不具也。特牲主人獻尸用角者。下大夫也。崔氏云。案特牲少牢禮。尸入舉奠觶。是尊者舉觶。特牲主人受尸酢。受角飲者。是卑者舉角。此是士禮。天子諸侯祭禮亡。文不具也。凡王享臣及其自相享。行禮獻數各隨其命。子男五命。知五獻是子男。其享有酒列尊之法。缶尊名也。盛酒在門外。壺亦尊也。盛酒在門內。瓦甒者。君尊。子男尊也。不云內外。則陳之在堂。人君面尊。專惠也。小尊近君。大尊在門。是不重味。故以小爲貴也。此瓦甒卽燕禮公尊瓦大也。案禮圖瓦大受五升。方氏慤曰。獻謂獻之於尸。舉謂自舉而飲也。貴賤以位言。尊卑以體言。獻爵者主人。獻散者佐食。主人之與佐食則有貴賤之別。故以位言之。舉觶者。皇尸。舉角者主人。皇尸之與主人特有尊卑之別。故以體言之。於瓦甒言君尊。則知壺缶爲飲諸臣之尊。於甒言瓦。則知壺缶皆瓦矣。爾雅言盎謂之缶。雖不言其所容。以算法推之。掬四謂之豆。積之至於缶二謂之鍾。則缶蓋四石之名也。缶之名雖同。缶之用不一。有用之以盛酒者。若坎所謂用缶是也。有用之以汲水者。若比所謂盈缶是也。有用之以節樂者。若離所謂不鼓缶是也。陸氏佃曰。燕禮司官尊於東楹之西。兩方壺。豈所謂門內壺者邪。公尊瓦大。本在尊南。南上。豈所謂尊瓦甒者邪。士旅食於門。而兩圜壺。豈所謂門外缶者邪。圜壺雖非缶。其陳設之序則然。赫氏懿行曰。案鬯人疈事用散。注。謂漆尊也。無飾曰散。禮案酒器本以小爲貴。蓋取勝飲不勝者。猶罰爵之義焉。郭注爾雅釋器云。缶盆也。小爾雅注。缶四斛也。**有以高爲貴者。天子之堂九尺。諸侯七尺。大夫五尺。士三尺。而天子諸侯臺門。此以高爲貴也。**孔疏天子之堂九尺。此周法也。案考工記。殷人重屋。堂崇三尺。鄭差之云。夏高一尺。故知此九尺者。周法也。方氏慤曰。陽數窮於九。天子則體陽道之極。故也。故堂階之高。其尺以九爲節。以至國則九圜。城則九雉。涂則九軌。門則九重。堂則九階。屋則九筵。寢則九室。服則九章。皆爲是也。然典命上公亦以九爲節。非僭也。云與王同德而已。自是以下。降殺以兩。故或以七。或以五。或以三焉。前言家不臺門。而有國者得用之矣。故天子諸侯臺門。凡此皆以高爲貴也。周氏諝曰。天子諸侯皆臺門。而天子門以五。諸侯門以三。乃其別也。講義曰。易曰上棟下宇。蓋取諸大壯。則居室固取乎壯麗。又況王者之堂乎。故自九尺以至三尺。各有等差。江氏永曰。案考工記。周人明堂。度九尺之延。堂崇一筵。是九尺爲明文。上公雖亦以九爲節。堂之制度。如山節藻梲。復廟重檐。刮楹達鄉之類。當有不得而同者。不嫌其同九尺也。孫氏希旦曰。堂九尺。謂堂廉至地之度也。天子堂九尺。而階九等。盡等至堂。復爲一級。則每等不及一尺也。諸侯堂七尺。階七等。大夫堂五尺。階五等。士堂三尺。階三等。禮案陳師衍曰。周禮典命。言上公九命。其國家宮室車旗衣服。皆以九爲節。侯伯以七。子男以五。注國家謂城方九里。宮九百步。堂高不數。在內蓋若照典命之節計之。則子男之士不命者。堂無階。不與庭混爲一乎。且如天子五門。諸侯三門之類。皆不以命爲節。說是也。疑諸侯七尺。該五等也。大夫五尺。該孤卿也。士以下。則皆三尺與。

有以下爲貴者。至敬不壇。埽地而祭。天子諸侯之尊廢禁。大夫士棜禁。此以下爲貴也。鄭注。廢猶去也。棜斯禁也。謂之棜者。無足有似於棜。或因名云耳。大夫用斯禁。士用棜禁。如今方案。隋長局足。高三寸。孔疏至敬不壇。埽地而祭者。此謂祭五方之天。初則燔柴於泰壇。燔柴訖於壇下。埽地而設正祭。此周法也。廢禁者。廢去其禁。司尊彝鬱鬯之尊。用舟以承之。其犧象等六尊。皆無用舟。又燕禮。諸侯之法。瓦大兩有豐。是無禁也。棜長四尺。廣二尺四寸。深五寸。無足。赤中畫青雲氣。菱苕華爲飾。禁長四尺。廣二尺四寸。長局足。高三寸。漆赤中畫青雲氣。菱苕華爲飾。刻其足爲褰帷之形也。棜是轝名。故既夕禮無云。設棜於東堂下。注云。棜今之轝也。又注特牲云。棜之制。如今大木轝矣。上有四周。下無足。今大夫斯禁。亦無足也。似木轝之棜。周公制禮。或因名此斯禁爲棜耳。故少牢司宮尊兩甒於房戶之間。用棜。是周公時已名。斯禁爲棜也。案玉藻云。大夫側尊用棜。則斯禁也。禁鄉飲酒兩壺斯禁。是大夫用斯禁也。玉藻云。士用禁。又士冠禮。士昏承尊皆用禁。是士用案也。鄭注云。名之禁者。因爲酒戒也。案鄉射是士禮。而用斯禁者。以禮樂賢。從大夫也。特牲亦是士禮。而云棜禁在東序者。鄭注云。祭尙厭飫。故得與大夫同也。方氏慤曰。祭天之禮。謂之至敬。下言至敬。無文是也。壇特人爲高。非體之自然也。故埽除其地。以致其潔也。郊特牲所謂埽地而祭。於其質也。是矣。曰棜則欲其不流。曰禁則欲其不犯。有足者爲禁。無足者爲棜。有足則高。無足則下。此主以下爲貴。於大夫用棜。至廢禁。則又下矣。陸氏佃曰。廢讀如廢敦廢爵之廢。廢敦言喪無所事敦也。廢爵言喪無所事爵也。廢禁。天子諸侯之尊。無所禁也。然亦不可不戒。所謂戒者。皆有舟。皆有疆壘是也。孫氏希旦曰。封土曰壇。除地曰墠。埽地卽墠也。蓋天地之祭。燔柴瘞埋。及奏樂皆於壇。而行祭禮則在墠也。祭天之所。中爲圜壇。壇下爲墠。墠外有壝。壝卽兆也。郊特牲言兆於南郊是也。禮案棜禁所以承尊。使高。天子諸侯廢禁。故曰以下爲貴。禮

有以文爲貴者。天子龍袞。諸侯黼。大夫黻。士玄衣纁裳。天子之冕朱綠藻。十有二旒。諸侯九。上大夫七。下大夫五。士三。此以文爲貴也。鄭注。此祭冕服也。朱綠似夏殷禮也。周禮。天子五采藻。孔疏。人君因天之文章以表於德。德多則文備。故天子龍袞。諸侯以下。文稍少也。然周禮上公亦袞。侯伯鷩。子男毳。孤卿絺。大夫玄。士爵弁。玄衣纁裳。今言諸侯黼。大夫黻。雜明夏殷禮也。但夏殷衣有日月星辰山龍。今云龍袞者。舉多文爲首耳。朱綠藻十有二旒。亦是夏殷也。周藻五采。十二謂旒數也。諸侯九。上大夫七。下

大夫五。士三者。言夏殷周家旒數隨命數。又士但爵弁無旒也。熊氏云。朱綠以下。是夏殷禮。其天子龍袞。諸侯黼。大夫黻等。皆周法。無嫌諸侯雖九章七章以下。其中有黼也。孤希冕而下。其中有黻。特舉黼黻而言耳。故詩采菽玄袞及黼。是特言黼也。詩終南美秦襄公。黻衣繡裳。是特言黻也。陳氏祥道曰。藻潔而文。衆采如之。故曰藻。水流趨下。旒冕之垂者如之。故曰旒。藻或作繅。以絲爲之。或作璪。以玉貫之也。繅旒或謂之繁露。以其象然也。漢制天子繅旒前長後短。諸臣繅旒有前無後。非古也。江氏永曰。案冕旒本有前無後。故此經及玉藻郊特牲皆云十二旒。不云二十四旒。東方朔明言冕而前旒。所以蔽明。後旒將安所取。萬氏斯大曰。龍袞繢於衣。黼黻繡於裳。天子至尊。故取衣之龍以名。諸侯大夫卑。故取裳之黼黻以名。衣尊而裳卑也。又諸侯有國。主斷國事。黼之斷也。大夫輔國。主辨國。是黻之言辨也。冕以朱綠爲繅。亦周制。先儒疑爲前代之制。非也。孫氏希旦曰。天子之冕藻五色。而云朱綠者。謂五采之中。有此二色也。天子之上士玄冕三旒。而曰士者。蓋冕必有旒。而一旒不可以爲飾。故進而與希冕同。禮窮則同也。禮案楊注荀子富國云。畫龍於衣謂之袞。郭注爾雅釋言云。黼文如斧。黻文如兩已相對也。

有以素爲貴者。至敬無文。父黨無容。大圭不琢。大羹不和。大路素而越席。犧尊疏布鼏。樿杓。此以素爲貴也。

鄭注。大圭長三尺。杼上終葵首。琢當爲篆。字之誤也。明堂位曰。大路殷路也。鼏或作幕。樿木白理也。孔疏。至敬謂敬之至極。祭天服用大裘。是無文也。父黨謂父之族黨。是親質素事之無折旋揖讓之客。大圭天子朝日月之圭。尚質。但杼上終葵首。而無琢桓蒲之文也。大羹肉汁也。不和無鹽梅。大古初變醒。但煮肉而飲其汁。未知調和。後人祭既重古。故但盛肉汁。謂之大羹。大路殷祭天車。越席蒲席也。祭天本質素。故素車蒲席。犧尊者。先儒云。刻尊爲犧牛之形。鄭云。畫尊作鳳羽婆娑然。故謂婆尊也。皇氏以爲犧尊。即周禮犧象也。而祭天用陶匏者。謂盛牲牢及酌酒器也。疏粗也。鼏覆也。謂郊天時以粗布爲巾。以覆尊也。故幂人云。祭祀以疏布幂八尊。注云。以疏布者。天地之神尚質也。樿杓者。貴素。故用白理木爲杓。而鄭注周禮亦云。祭天爵不用玉也。陸氏佃曰。凡木不飾爲樿。樿櫛樿杓是也。蓋若龍勺疏勺蒲勺。則於勺加飾矣。王氏念孫曰。黨所也。言父所不敢爲容也。內則在父母之所。不有敬事。不敢袒裼。鄭注曰。父黨無容。是其明證矣。陸氏奎勳曰。案齊子尾送女器。及永嘉中青州盜發齊景公塚。獲二尊。以銅鑄犧牛形。鑿背爲尊。則犧自當如字讀。慈湖楊氏云。楚俗以牛之大者爲莎。讀沙。蓋楚音也。注疏均未之考。孫氏希旦曰。此節唯大路越席。爲祭天之事。若大圭則朝日所搢。大羹則凡祭皆有之。犧尊以下。則祭宗廟之禮也。疏家見大路乘以祭天。遂欲於犧尊樿杓。亦以祭天之說通之。皆誤也。禮案陸氏所引梁書劉杳傳文也。徐注說文云。杓桮杓也。此章所舉質樸各物。主言以素爲貴。非謂祀天之禮。孫氏駁之是矣。

孔子曰。禮不可不省也。禮不同不豐不殺。此之謂也。蓋言稱也。

鄭注。省察也。不同言異也。孔疏。禮不可不省。記者引孔子語。證上諸事也。不同謂或高下大小文素之異也。不豐者應少不可多也。不殺者應多不可少也。此之謂也。謂上諸事各異。蓋是各言其有稱也。馬氏晞孟曰。自禮以多爲貴。而至於禮以素爲貴。皆禮之寓於形名度數之間。其用不同者。有如此也。要之歸於稱則一。故豐之而不以有餘。殺之而不以不足。

唯其稱而已。此爲禮不可不察也。禮案不同不豐不殺。卽以上說禮多少大小高下文素之殊。皆稱其宜而立。不可不察其實義之所在。而輕損益之也。

禮之以多爲貴者。以其外心者也。德發揚。詡萬物。大理物博。如此。則得不以多爲貴乎。故君子樂其發也。

鄭注外心用心於外。其德在表也。詡猶著也。發猶見也。樂多其外見也。孔疏此以上言稱。記人因廣明稱之事。禮之所以須多爲貴之意。以其用心於外。起自朝廷。廣及九州四海也。王者居四海之上。宜爲四海所畏服。故禮多顯德於外。亦以接物也。德發揚。詡萬物者。言普徧萬物也。大理物博者。言廣博如此。則得不以多爲貴乎。結上也。君子天子也。樂得其禮迹發見於外也。一云君子謂民下識禮道者也。庾云王功被於物。君子樂其外見也。方氏愨曰。心一而已。以示禮於外。故有外心焉。用心於外。故以多爲貴。德之發揚。則其和足以詡萬物矣。詡言能翕張萬物。而功之所施者博矣。陸氏佃曰。理大則所該之物廣。發若法度彰。禮樂著。君子所樂在焉。鄭氏元慶曰。說文理治獄也。又治民治獄。皆曰理。此言大理者。非道理之理。乃治理之理也。德發揚。詡萬物。則能大理。而物之所成者博矣。禮案外心謂備物盡禮。誠心之發見於外者也。多大高文。禮儀之盛。徧及萬物。其取至精。其用至宏。以多爲貴。稱此義也。樂其德。謂禮多所以稱其盛大之德也。

禮之以少爲貴者。以其內心者也。德產之致也精微。觀天下之物。無可以稱其德者。如此。則得不以少爲貴乎。是故君子愼其獨也。

鄭注內心用心於內。其德在內。致致密也。萬物皆天所生。孰可奉薦以稱也。少其牲物。致誠愨。孔疏此亦覆說禮之以少爲貴。用心於內。謂行禮不使外迹章著也。德天地之德。產生也。致密也。天地之德生於萬物。深密唯精唯微。無所遺忘者也。觀猶覽視也。視天下萬物。皆是天地所生。若持彼所生。以報於彼。終非報義。王云故以特犢。貴誠愨之義也。獨少也。既外迹應少。故君子用少。而極敬愼也。方氏愨曰。易言天地之大德曰生。則天下之物。皆德之所生也。故曰德產。物生之迹雖粗。而其道則致精。物生之迹雖顯。而其道則與微。故曰德產之致也。精微。馬氏晞孟曰。生生之德。精微不可迹名狀。凡天下之物。皆粗。而無足以爲對也。聖人觀天下之物。無可以稱其德。特修誠以事之而已。則得不以少爲貴乎。言貴少。則曰小。曰下。曰素。在其中矣。愼其獨者。身致其誠而已。李氏光坡曰。天地生物。王公育民。其生生之德。綿密周致。無所於雜。而精不見其迹而微。萬無一物不在所受之中矣。則天下有何物。而可以稱其德而報之。則得不以少爲貴乎。愼其獨也。行其意也。此君子或制禮者。或行禮者。皆是。孫氏希旦曰。精微者德之體。天地之於穆不已。聖人之至誠無息。人所不得而見者也。樂其發者。由內而推之於外。自忠信之本。而求盡義理之文也。愼其獨者。由外而約之於內。自義理之文。而歸極於忠信之本也。禮案禮以少小下素爲貴者。貴其精一特達。至敬無文也。德產猶德性。致極也。謂天地之德。極盡精微。而無物可以稱之。故君子惟致其忠信。而不貴乎外物也。愼若卜牲。巡牲之屬。獨特也。郊用特牲。是貴誠也。

古之聖人。內之爲尊。外之爲樂。少之爲貴。多之爲美。是故先王之制禮也。不可多也。不可寡也。唯其稱也。

孔疏此覆說聖人制禮。或內或外。或

少或多，然後爲稱也。天不可外報，所以內極敬慎，而其理爲尊。外心接物，須廣大，故外極繁富，而其事可樂。極心於內，故外以少爲貴；極禮於表，故以外多爲美。故禮不可多，不可寡，唯以稱爲禮也。馬氏晞孟曰：天下之物，賤在多，貴在少。故少之爲貴，少而至於多，則莫不充實，故以多爲美。方氏慤曰：內外以心言，多少以物言，稱其內心，則以少爲貴，故不可多；稱其外心，則以多爲美，故不可寡。此先王制禮之道也。陳氏澔曰：尊如德性之尊，恭敬奉持之意。孫氏希旦曰：大禮必簡，故內心可尊，而物少之爲貴；稱情立文，故外心可樂，而物多之爲美。宜寡而多，則失其所爲貴；宜多而寡，則失其所爲美。是以行禮，唯其稱也。禮案：尊者尊其義也，樂者得其道也。少謂貴其精誠，多謂美其備物。不可多，故宋襄公葬其夫人，醯醢百甕，而曾子譏之。不可寡，故晏平仲祀其先人，豚肩不掩豆，而孔子非之。

是故君子大牢而祭，謂之禮；匹士大牢而祭，謂之攘。鄭注：君子謂大夫以上。攘，盜竊也。孔疏：此說禮須稱，中則得禮，僭則盜竊。君子大夫以上，常祭少牢，遣奠及卒哭祔，用大牢。故祭用大牢，而謂之禮也。匹士，士也。士常祭特豚，遣奠卒哭祔，加一等，少牢。若用大牢，則是盜竊，用君子之禮也。言匹士者，庾云：士言其微賤，不得特使，爲介乃行，故謂之匹。白虎通云：庶人稱匹夫者，匹，偶也，與其妻偶，陰陽相成之義也。陳氏祥道曰：有君國子民之位，而以大牢爲祭，此禮之所當然，而非禮所謂過也。以匹夫之賤，而亦以大牢爲祭，此攘竊者之爲，而非所謂禮也。士固有祭，而不止於薦，則祭者，士之所得爲，然因其所得爲之祭，而至於大牢之僭，此固非士之所宜，以其有所因，故言攘，而不言盜也。馬氏晞孟曰：天子以犧牛，諸侯以肥牛，大夫以索牛，此大牢而祭，謂之禮也。至於匹士，大牢而祭，故謂之攘。攘者非其有而取之也。禮案：謂之禮，言稱於禮也。攘讀如尚書呂刑「奪攘矯虔」之攘，所以承上文之不可多，起下文管仲之僭禮也。

管仲鏤簋朱紘，山節藻棁，君子以爲濫矣。鄭注：濫亦盜竊也。鏤簋，謂刻而飾之。大夫刻爲龜耳，諸侯飾以象，天子飾以玉。朱紘，天子冕之紘也。諸侯青組紘，大夫士當緇組紘，纁邊。栭謂之節，梁上楹謂之棁。宮室之飾，士首本，大夫達棱，諸侯斵而礱之，天子加密石焉，無畫山藻之禮也。孔疏：管仲，齊大夫也。簋，黍稷器也。紘，冕之飾，用組爲之，以其組從下屈而上屬之於兩旁，垂餘爲纓。此鏤簋朱紘，是天子之飾，而管仲僭濫爲之也。山節，謂刻柱頭爲斗栱，形如山也。藻棁，謂畫梁上柱爲藻文也。此是天子廟飾，而管仲僭爲之也。鄭注明堂位云：山節，刻欂櫨爲山也。藻棁，畫侏儒柱爲藻文也。方氏慤曰：濫者溢而無所制之謂也。雜記所謂難爲上者以此。禮案：玉藻云：立冠朱組纓，天子之冠也。爾雅釋器：金謂之鏤。鏤簋，以金飾簋也。論語謂管仲樹塞門，有反坫，以倍臣而僭天子諸侯之禮，何異於季氏之旅泰山，舞八佾乎？故謂之濫。濫者汎濫無度之謂也。

晏平仲祀其先人，豚肩不掩豆，澣衣濯冠以朝，君子以爲隘矣。鄭注：隘猶狹陋也。祀不以少牢，與無田者不同，不盈禮也。大夫士有田則祭，無田則薦。澣衣濯冠，儉不務新。孔疏：晏平仲，齊大夫也。大夫祭用少牢，士用特豚。豚又過小，併豚兩肩不揜豆也。必言肩者，周人貴肩，肩在俎，今云豆，喻其小，假豆言，其實在俎，不在豆也。大夫須鮮華之美服，而晏氏澣衣濯冠以朝君，是不華也。識禮君子，評其大儉，褊狹與無田之士同也。無田大夫猶用羔羊。方氏慤曰：隘者陋而無所容之謂。雜記所謂難爲下者以此。禮案：論語云：禮與其奢也甯儉。晏子之儉。雖不稱大夫之禮。然實愈於管子之僭上。失人臣之節也。是故君子之行禮也。不可不愼也。衆之紀也。紀散而衆亂。鄭注言二大夫皆非也。紀絲縷之數有紀。方氏慤曰。紀一定。衆目各有條理。故紀散而衆亂。此君子之行禮。所以不可不愼也。祭義曰致物用以立民紀是矣。王氏引之曰。說文紀統也。墨子尚同篇。古者聖王爲五刑。講以治其民。譬若絲縷之有紀。罔罟之有綱。所以連收天下之百姓。不尚同其上者也。禮案愼謂不失之險與濫也。范注莊二十二年穀梁傳云。紀治理也。上失理故民作亂。

禮記通釋卷三十

一四

禮記通釋八十卷

第四册

禮記通釋卷三十一

玉環戴禮

禮器

孔子曰。我戰則克。祭則受福。蓋得其道矣。鄭注。我。我知禮者也。克勝也。孔疏此論孔子。述知禮之人。自稱我戰則克。祭則受福。又引郊特牲語。結稱也。蓋得其道矣者。不多不少。隨而稱當也。祇爲二大夫之不稱也。連言戰者。因田獵而教戰選兵。祭有戰事。葉氏夢得曰。我戰則克。祭則受福。孔子之可必者多矣。何獨舉此二事。祭而受福。猶可期之神。戰而必勝。則軍旅之事。子固以自信乎。此蓋郊特牲。紀春蒐之禮。古者四時之田以習戰。因取其獲。以共祭祀。是以言季春出火。簡車賦。歷卒伍。鹽其禽。以觀其不犯命。求服其志。不貪其得。而繼之以是焉。則當並云。戰每習則可以必其勝。祭盡禮則可以必其福。以理之當然。禮器不原其本。而復出之。故不盡其義。禮案論語云。子之所愼。齊戰疾。蓋能愼行其禮。則神人感孚。戰勝以人和。受福以神格也。君子曰。祭祀不祈。不麾蚤。不樂葆大。

不善嘉事。牲不及肥大。薦不美多品。鄭注祈求也。祭祀不爲求福也。詩云自求多福。福由己耳。麾之言快也。祭有時。不以先之爲快。齊人所善曰麾。不樂葆大。謂器幣也。葆之言褒也。嘉事之祭。致夫人是也。禮宜告見於先祖耳。不善之而祭。不及肥大。不美多品。以禮之義。有以小少爲貴也。孔疏凡祭祀之禮。本爲感踐霜露。思親而設祭。以存親耳。非謂祈福報也。麾蚤謂先時。不以霜露未至而先時早設爲快也。葆褒也。崇高之稱。祭之器幣大少長短。自有常宜。幣通丈八尺。豆盛四升。不以貴者貪高大爲之也。嘉事冠昏也。人年二十成人。自宜冠。三十嗣世。自宜昏。若無親者。昏三月。祭以告廟。冠畢掃地而祭禰。並是有爲而然。青善之而設。祭牲不及肥大者。謂郊牛繭栗。宗廟角握。社稷尺。各有所宜也。薦不美多品者。薦祭品味宜有其定。不以多爲美。故郊特牲而社稷大牢也。案趙商問祭祀不祈。周禮設六祈之科。禮記者何義。鄭答云。禱祈有爲言之。豈禮之常也。又發墨守云。祝嘏亦有求福之義。案桓三年。齊侯使仲年來聘。致夫人於時無祭。而云嘉事之祭者。當致夫人之時。必告廟也。力氏愨曰。夫冠昏所以著代。其祭也。乃不忘本。非善之也。左氏言奉牲以告曰。博碩肥腯。則牲非不肥大也。爲其禮苟不至。徒及肥大。則儀不及物故也。郊特牲言不敢用常褻味而貴多品。則荐非無多品也。爲其誠苟不至。而美多品。則以美沒禮故也。陸氏佃曰。葆大讀如春秋傳所謂保大。孫氏希旦曰。陸說爲是。葆猶有也。謂有盛大之業。若天子克敵服遠。諸侯大夫著勳伐。見褒賜也。不樂保大之保。謂不樂此而祭也。蓋保大嘉事。以之告祭。則有之。若四時之祭。自爲存親。不因此而舉也。禮案鄭注周禮春官巾車云。大麾旅。其色黑。不麾蚤者。言及質明行事。不必過早。乘黑而祭也。蓋言祭之日。非謂祭之時也。四時之祭。各有常期。何有先時而舉乎。孔子曰。臧文仲安知禮。夏父弗綦

逆祀而弗止也。燔柴於奧。夫奧者老婦之祭也。盛於盆。尊於瓶。鄭注文仲魯公子彄之曾孫。臧孫辰也。莊文之間爲大夫。於時爲賢。是以非之。不正禮也。

文二年八月丁卯，大事於大廟，躋僖公，始逆祀。是夏父弗綦爲宗人之爲也。奥當爲爨字之誤也，或作竈。禮，尸卒食，而祭饎爨、饔爨也。時人以爲祭火神，乃燔柴。老婦，先炊者也。盆、瓶，炊器也。明此祭先炊，非祭火神，燔柴似失之。孔疏：閔公、僖公俱是莊公之子，閔適而少，僖庶而大。莊公死而立閔，爲君。僖時爲臣。閔少而死，後乃立僖。僖死，文公立，弗綦爲宗伯，典禮。佞文公云：吾見新鬼大，故鬼小。以閔置僖下，是臣在君上，爲逆亂昭穆。文仲不諫，故云安知禮也。禮祭爨神，言其有功於人，人得飲食，故祭報之。弗綦謂是火神，燔柴祭之。文仲又不能諫止。又爲不知禮。爨者，是老婦之祭，其祭卑，唯盛食於盆，盛酒於瓶，卑賤若此，何得燔柴祭之？故鄭云奥當爲爨也。祝融乃古火官之長，五祀之神，祀於郊。奥者，正是爨竈之神，常祀在夏，以老婦配之，有俎及籩豆，設於竈陘，又延尸入奥。爨者，宗廟祭後，直祭先炊老婦之神，在於爨竈。此祝融幷奥及爨三者所以不同也。方氏慤曰：奥者，西南隅，致養之地。祀竈於奥，配以先炊，故謂之老婦之祭，猶以后稷配天，而謂郊祀后稷也。郭氏嵩燾曰：特牲禮主婦視饎爨，視爨，婦職，則祭竈亦婦事也。先炊不必爲婦人，疑此奥爲竈之奥也。禮案：孔疏莊三十二年左傳云：閔公，哀姜之娣叔姜之子，則亦莊公庶子也。娣子貴於庶妾子，故閔雖少而應立也。而疏此又云閔適，乃自相矛盾矣。注謂奥當爲竈，亦非也。古者奥隅有竈，說見檀弓上。又論語與其媚於奥，甯媚於竈，亦以奥竈連文。是祭奥，即祭竈也。此孔子之譏，蓋譏其燔柴，非譏其設祭於奥也。

禮也者，猶體也。體不備，君子謂之不成人。設之不當，猶不備也。禮有大有小，有顯有微。大者不可損，小者不可益，顯者不可揜，微者不可大也。故經禮三百，曲禮三千，其致一也。

鄭注：禮若人身體。致之言至也。一謂誠也。經禮謂周禮也。周禮六篇，其官有三百六十。曲猶事也。事禮謂今禮也。禮篇多亡，本數未聞。其中事儀三千。三百三千，皆猶誠也。孔疏：此以下廣明三代之禮，皆由誠信乃合也。禮若人身體也。人身髮膚骨肉筋脈備足，乃爲成人。人體雖備，設之不當，則不成人。設禮不當，亦不成禮。禮有大者，謂有大及多爲貴也。有小者，謂有小及少爲貴也。有顯者，謂有高及文爲貴也。有微者，謂有素及下爲貴也。大小顯微，各隨其體而設。禮不得不當也。禮雖三千三百之多，而行之者皆須至誠，故云一也。室猶禮，戶猶誠也。方氏慤曰：體有上下，有左右，各有所用，不可易也。易則無用，故曰設之不當，猶不備也。以多之爲美，故大者不可損，以爲小；以少之爲貴，故小者不可益，以爲大；以外之爲樂，故顯者不可揜，以爲微；以內之爲尊，故微者不可大，以爲顯。馬氏晞孟曰：經禮則體，經以盡其常；曲禮則致曲，以盡其變。至於三百三千之多者，皆慮其禮之不備也。胡氏銓曰：春秋傳曰：嘉事不體，何以能久？禮案：大者不可損，故不殺也。小者不可益，故不豐也。顯者不可揜，德發揚也。微者不可大，貴特達也。入室由戶，言成人之善，未有不由禮道者也。論語曰：先王之道斯爲美，大小由之。是也。

君子之於禮也，有所竭情盡慎，致其敬而誠若，有美而文而誠若。

鄭注：致其敬，謂以少小下素爲貴也。若，順也。美而文，謂以多大高文爲貴也。孔疏：求竭己情，盡其戒慎，致其恭敬，而內行誠順，故須少小下素，求諸內也。威儀之美，文章顯著，而外行誠順，則以多大高文，章之外也。方氏慤曰：竭情盡慎，致其敬，則誠之存乎內者。美而文，則誠之發乎外者。陸氏佃曰。誠之所在。常自若也。不爲質文加損。沈氏煥曰。若不是順。表裏相稱。內外相似之謂。若卽誠意。發爲禮文。故謂之若。今人禮文多溢於誠意。則爲僞矣。禮案。竭情盡愼。致其敬。卽上文。忠信禮之本也。美而文。卽上文義理。禮之文也是矣。

君子之於禮也。有直而行也。有曲而殺也。有經而等也。有順而討也。有撕而播也。有推而進也。有放而文也。有放而不致也。有順而摭也。

鄭注。直而行。謂若始死哭踊無節也。曲而殺。謂若父在爲母期也。經而等。謂若天子以下。至士庶人。爲父母三年。討猶去也。謂若天子以十二。公以九。侯伯以七。子男以五爲節也。撕之言芟也。謂芟殺有所與也。若祭者貴賤。皆有所得。不使虛也。推而進。謂若王者之後。得用天子之禮。放而文。謂若天子之服。服日月以至黼黻。放而不致。謂若諸侯自山龍以下。順而摭。謂君沐粱。大夫沐稷。士沐粱。孔疏。此廣明禮意不同。直謂任己天性而行也。經。常也。常而等。謂自天子至庶人。雖尊卑有異。而服其父母則同等也。順猶順序。自天子以下。轉相降差。是順序而稍去之也。播布也。謂君祭而臣助祭。下至胞翟。悉有所得。是芟上貴之分。以布徧於下也。放法也。法天以爲文。致極也。諸侯以下。亦有放法。而不得極也。摭猶拾取也。君沐粱。士卑不嫌。是拾君之禮。而用之。胡氏銓曰。討求也。若郊特牲。殷人先求陽。周人先求陰。順也。方氏慤曰。順而摭者。謂人情而有所取。若孔子純儉以從衆。拜下以從禮是矣。禮案。直而行。若孝經。禮無容。言不文是也。曲屈而摭不伸。殺降也。若儀禮喪服。爲尊者所厭。則降服其私親是也。而等同也。若內則羹食自諸侯以下。至於庶人無等是也。說文。討治也。順人情之治。卽尚書舜典。敷五教是也。撕播。若祭禮旅酬。餕餘以逮賤是也。推引也。引而進。卽檀弓上。爲兄弟之子期是也。放猶則也。若郊特牲。天子戴冕璪。十有二旒。則天數是也。不致者。不極其數也。故周禮春官典命。自公以下。命數降殺以兩是也。順而摭者。君子行禮。不求變俗。若曲禮上之禮從宜。使從俗是也。

三代之禮一也。民共由之。或素或青。夏造殷因。

鄭注。一也。俱趨誠也。由用也。素尚白。黑尚青者也。言所尚雖異。禮則相因耳。孔子曰。殷因於夏禮。所損益可知也。周因於殷禮。所損益可知也。變白黑。言素青者。秦二世時。趙高欲作亂。或以青爲黑。黑爲黃。民言從之。至今語猶存也。孔疏。此廣明三代所行之禮。雖各別。皆趨於至誠。民亦共用誠如一也。或素尚白。殷禮也。或青尚黑。夏禮也。夏先殷後。今先云或素者。記是周時。欲見周因於殷。殷因於夏禮也。夏以十三月爲正。於時草之萌芽。變白而青也。夏正尚黑。故知青謂黑也。以青爲黑。黑之爲黃。乃指鹿爲馬之類。鄭云。胡亥既近。相傳知之。方氏慤曰。三代之禮。所異者迹。所同者道。故曰民共由之。迹之相變。雖成有異。道之相因。未始不同。胡氏銓曰。一謂上九事。三代同也。禮案。此言夏商周。徽號服色。文章法度。雖有更革。而禮之實體。若上之所言九者。民莫不由此塗出。故不能變易也。或素或青。謂其服色也。夏造殷因。謂其禮制也。雖未言周。而周因於殷禮可知。

周坐尸。詔侑武方。其禮亦然。其道一也。夏立尸而卒祭。殷坐尸。周旅酬六尸。曾子曰。周禮其猶醵與。

鄭注。言此亦周所因於殷也。武當爲無。聲之誤也。方猶常也。告尸行節。勸尸飲食無常。若孝子之爲也。孝子就養無方。詔侑或爲詔囿。夏禮。尸有事則坐。殷無事猶坐。旅酬使之相酌也。后稷之尸發爵不受旅合錢飲酒爲醵旅酬相酌似之也王居明堂之禮仲秋乃命國醵孔疏此論三代尸禮不同殷人坐尸周因坐之詔告也侑勸也子事父母就養無方故在宗廟之中禮主於孝凡預助祭者皆得告尸威儀勸尸飲食無常人也周坐尸及詔侑無方之禮亦因於殷故云亦然者用至誠之道一也夏祭乃有尸但立猶質言尸是人人不可久坐神坐故唯飲食暫坐若不飲食則尸倚立以至祭竟殷因夏之立尸而損其不坐之禮益於恆坐之法是殷轉文也言尸本象神神宜安坐也周又因殷而益之旅酬六尸謂祫祭時聚衆廟之主於大祖后稷廟中后稷在室西壁東向爲發爵之主尊不與子孫爲酬酢餘自文武二尸就親廟尸凡六在后稷之東南北對爲昭穆更相次序以酬也殷但坐尸未有旅酬而周益之也然大祫多主而唯云六尸者先儒與王肅並云殷廟無尸但有主也曾子引世事證周禮旅酬凡相斂錢飲酒必令平徧頗與周禮次序旅酬相似其王肅禮作遽注云曾子以爲使六尸旅酬不三獻猶遽而略欽定義疏云天子七廟鄭氏逸禘祫禮云禘祫昭穆各用一尸而羣祧總統於文武之二尸則亦惟旅酬六尸也俞氏樾曰王說是也蓋夏立尸最質殷坐尸則轉文矣周旅酬六尸則文彌甚繼周而王者必有加而無已故曰禮其猶遽與作醵者假字耳禮案周禮其猶醵與此曾子慨三代事尸之禮禮益文而質漸喪也

君子曰。禮之近人情者。非其至者也。郊血。大饗腥。三獻爓。一獻孰。

鄭注近人情者褻而遠之者敬郊祭天也大享祫祭先王也三獻祭社稷五祀一獻祭羣小祀也爓沈肉於湯也血腥爓孰遠近備古今也尊者先遠差降而下至小祀孰而已孔疏此論禮以尊遠爲敬近人情爲褻近人情者若一獻孰飲食既孰是人情所欲食啗最近人情非是敬之至極也郊用犢犢有血有肉肉人食於人情近血於人食遠天神尊嚴故薦遠人情者以爲極敬也腥生肉也宗廟爲私比郊爲劣故荐去人情稍近之腥示爲敬降於天也三獻謂祭社稷五祀也爓沉湯肉去人情漸近而社稷五祀降於宗廟故用爓又明其敬之劣也羣小祀卑酒一獻也其用孰肉是人情所食最爲輕褻表其敬又劣也案宗伯以肆祼享先王以下宗廟之祭凡有大享者此云大享享中最大故爲祫也此大享之文在郊血之下故知非大享帝也案司服祀四望山川則毳冕子男之服子男以下差之也祭社稷五祀則絺冕宜三獻也祭羣小祀則玄冕宜一獻案宗伯祭廟以祼鬯爲始祭社稷五祀以血爲始凡郊與大享三獻之屬正祭之時皆有血有腥有爓有孰今所以各言者皇氏云此據設之先後郊則先設血後設腥與爓孰雖以郊爲主其祭天皆然也大享之時血與腥同時俱荐當朝事迎尸於戶外荐血腥也雖以大享爲主其宗廟之祭皆然也其三獻之祭血腥與爓一時同荐凡荐爓之時皆在荐新之後但社稷五祀初祭降神之時已埋血宗伯之文是也至正祭之時又荐血此文是也若羣小祀之屬唯有荐孰無血腥爓也以其神卑故耳先荐者設之在前後進者設之居後沈氏括曰先王之於死者以爲無知則不仁以爲有知則不智薦可食之孰所以爲仁不可食之腥爓所以爲智方氏慤曰由爓以上則尚氣而已至於孰則又尚味焉故郊特牲曰至敬不享味而貴氣臭也禮案近人情謂祭物之同乎人欲者非至敬也故郊天荐先牲血大享俎尚腥魚以異於人者神之也猶禮運玄酒在室澄酒在下之義也

是故君子之於禮也。非作而致其誠也。此有由始也。是故七介以相見也。不然則已慤。三辭三讓而至。不然則已蹙。故魯人將有事於上帝。必先有事於頖宮。晉人將有事於河。必先有事於惡池。齊人將有事於泰山。必先有事於配林。三月繫。七日戒。三日宿。慎之至也。故禮有擯詔。樂有相步。溫之至也。

鄭注作起也。敬非己情也。所以下彼。由始有所法也。已猶甚也。慤蹙愿貌。大愿則辭不見。情無由至也。上帝周所郊祀之帝。謂蒼帝靈威仰也。魯以周公之故。得郊祀上帝。與周固先有事於頖宮。告后稷也。告之者。將以配天先仁也。頖郊之學也。詩所謂頖宮也。字或爲郊宮。惡當爲呼。聲之誤也。呼池嘔夷幷州川。配林林名。繫繫牲於牢也。戒散齊也。宿致齊也。將有祭祀之事。必先敬慎如此。不敢切也。擯詔相步。皆爲溫藉。重禮也。擯詔告道賓主者也。相步扶工也。詔或爲紹。孔疏此論君子行禮。所爲上下前人。非是專輒徒起。而致己情。皆有所由爲始。故陳七介以相見。申賓主之情。若不陳擯介相見。則愿慤太甚也。案司儀。賓至大門。陳擯介。交擯三辭畢。君迎賓拜辱。至大門三讓。三讓入大門。主君每門讓。賓一辭。是三辭三讓。而情意相至。若不爲此辭讓。則大急蹙。情無由達也。故魯人祭天。必先於頖宮之中。告后稷。以將配天。是先告卑。然後祭尊也。晉人祭河。必先告惡池小川。先告從祀者。然後祭河也。齊人祭泰山。先告配林。配林是泰山之從祀者也。此皆積漸從小至大之義也。三月繫。謂祭前三月繫牲於牢也。七日戒。謂祭前七日之中散齊。戒慎也。三日宿者。謂祭前三日。而嚴宿以致齊也。將祭之時。謹慎積漸。不敢切迫也。禮既不可卒迫。故賓主相見。有濱相詔告。作樂之人無目。有扶相行步者。溫藉之至極也。皇氏云。溫謂承藉。凡玉以物緼裹承藉。君子亦以威儀擯相。以自承藉也。方氏慤曰。禮之作也。豈徒直情而徑行哉。亦必有所由始。以曲爲之文而已。自七介相見而下。至溫之至。皆其事也。相見必以介。所以達其情。辭讓而後至。所以舒其行。初曰禮辭。再曰固辭。三曰終辭。則讓亦猶是也。鄉飲酒曰。月者三日則成魄。三月則成時。此辭讓之數。必以三也。馬氏晞孟曰。天子祭天地。諸侯祭社稷。魯人有事於上帝。蓋非禮也。天子祭名山大川。諸侯祭山川之在其地者。齊人有事於泰山。亦非禮也。然而記者又取之。取其有小大先後之序也。周氏諝曰。攝心爲戒。果設心則已。不宿。不宿故特爲齊之散者耳。既攝心矣。而又宿之。故爲齊之極至也。徐氏師曾曰。相見始於介。至廟始於辭讓。祭始於先。牲始於繫。是即所謂由始也。方氏苞曰。君子非作爲禮。以強致人。情使從之。蓋有所由始。皆出於人情之自然也。金氏榜曰。魯立頖宮。以祀后稷。是以有在頖獻馘獻因之事。後因爲學。謂之國學。孫氏希旦曰。郊特牲云。卜郊受命於祖廟。謂先於大廟告后稷。而後卜也。魯無稷廟。故卜郊之時。假頖宮以告稷也。欽定義疏云。溫如柔色以溫之之溫。相謂治亂以相。步謂三步見方。俞氏樾曰。作當爲迮。文選嘆逝賦。塗薄莫而意迮。注引聲類曰。頖迫也。非頖而致其情。謂非迫而致其情也。頖正字。作假字也。故下文曰。七介以相見也。不然則已慤。三辭三讓而至。不然則已蹙。正見君子不頖而致其情也。禮案慤質而無文。蹙偪而不舒也。故主有擯。賓有介。以盛威儀。致尊讓也。大戴禮朝事曰。介紹而相見。君子於其所尊不敢質。敬之至也。相步導贊也。樂記云。樂極知。禮極順，溫之至。謂和而不迫。順而不乖也。

禮也者。反本修古。不忘其

初者也。故凶事不詔。朝事以樂。醴酒之用。玄酒之尚。割刀之用。鸞刀之貴。莞簟之安。而稾鞂之設。是故先王之制禮也。必有主也。故可述而多學也。

鄭注凶事朝事。二者反本也。哭泣由中。非由人也。朝廷養賢。以樂樂之也。玄酒。鸞刀。稾鞂。三者。修古。穗去實曰鞂。禹貢三百里納鞂服。主謂本與古也。可述而多學。以本與古。求之而已。孔疏反本謂反其本性。修古謂修習於古。本謂心也。凶事喪事也。孝子親喪。痛由心發。啼號哭泣。不待外告。而哀自至。而反其孝性之本。朝事朝廷之事。臣入門。必縣興奏樂。是反其樂朝廷之本心也。醴酒五齊第二酒。玄酒水也。尚上也。言四時祭祀。有醴酒之美。而陳尊在玄酒之下。是修古也。割刀今刀。鸞刀古刀。今刀便利。可以割物。古刀遲緩。而宗廟用古刀。亦是修古也。詩云下莞上簟。乃安斯寢。言其細精。而可安人也。稾鞂除穗粒。取稈稾。爲郊席。亦修古也。先王制禮。既反本而修古。若欲述行學習。但用本與古。以求之。則可得述而多學也。方氏慤曰。物有本末。時有古今。本者末之初。古者今之初。反之脩之。則不忘之故也。本末一物。欲追還之而已。故於本曰反。古今異時。必有損益焉。禮於古曰修。此其別也。言凶事。則知朝事之爲吉。言朝事。則知凶事之爲喪禮。凶事不詔。則朝事必詔可知。朝事以樂。則凶事無樂可知。朝事之籩豆。以象朝事其親所進。則朝事固祭之始也。祭義曰。樂以迎來。正謂是矣。有擯詔。所以示相接之文也。凶事則用情而已。故不詔樂以侑食。所以盡事生之禮。祭則如在焉。故亦以樂。夫於凶事則用情。朝事則如在。豈非反本者乎。馬氏晞孟曰。知禮樂之情者能作。識禮樂之文者能述。先王之制禮。必有主者。知其情也。則制其文。使夫述之者。因其文而探其情。故可述而多學也。郭氏嵩燾曰。朝事謂朝踐之禮。郊特牲樂三闋然後出迎牲。聲之與樂。所以合氣於無形之始也。人之初生。但有哭泣之聲。樂者聲之動。而與神合漠。夫是之謂反本也。禮案凶事唯孝子哭泣。不待詔告。若喪禮固無不用擯相也。樂記曰。商祝辨乎喪禮。故後主人。檀弓下謂云。有若之喪。子游擯由左。社橋之母之喪。宮中無相。以爲沽也。是也。至此記蓋言祭禮凶事一句。乃引與朝事對文耳。不因忽插入朝廷之禮。朝事謂朝踐。方郭說是。注疏非也。孔疏詩小雅云。鸞鈴也。鸞刀刀環有鈴。其聲中節。稾鞂結稭爲席。今越俗謂之稾薦。貧人用以代褥。主謂作者。皆有所本。能知其本。則雖極幽微。而可以述而明之。至繁多亦可學而行之。

君子曰。無節於內者。觀物弗之察矣。欲察物而不由禮。弗之得矣。故作事不以禮。弗之敬矣。出言不以禮。弗之信矣。故曰。禮也者。物之致也。

鄭注節猶驗也。致之言至也。極也。孔疏內猶心也。物萬物也。察猶分辯也。言欲外觀察萬物。必先內有識驗之明。若心內無明。則外不能分辯也。心由內所識。而可節是禮也。心不由禮。則察物不能得也。無禮不爲民物敬。故禮所以爲萬物之至極也。馬氏晞孟曰。有節於內。則不以物亂觀。不以觀亂心。則物之自外至者。皆可得而察也。禮運曰。人藏其心。不可測度。欲一以窮之。舍禮何以哉。方氏慤曰。無節於內。則所存乎己者未定。何恃而觀彼哉。禮無體物以致節者也。故欲察物。而不由禮。弗之得矣。事無禮。故不能無妄作。故弗之敬矣。言無禮。則不能無妄出。故弗之信矣。陳氏澔曰。無節於內。言胸中不能通達。禮之節文也。觀物弗之察。言雖見行之事。不能審其得失也。禮案禮爲天理人事之品節。心不達禮。則觀人事萬殊。莫衷一是。必不能察也。察物而不由禮者。無諸己。而後求諸人。必不可得也。作事出言。謂行己也。無禮則臨事慢易。故人莫之敬。出辭鄙倍。故人莫之信。物之致謂禮也者。範圍萬物之極歸也。是故昔先王之制禮也。因其財物而致其義焉爾。故作大事必順天時。爲朝夕必放於日月。爲高必因丘陵。爲下必因川澤。是故天時雨澤。君子達亹亹焉。鄭注大事祭祀也。春秋傳曰。啓蟄而郊。龍見而雩。始殺而嘗。閉蟄而蒸。放於日月。日出東方。月生西方。爲高謂冬至祭天於圜丘之上。爲下謂夏至祭地。在方澤之中。達猶皆也。亹亹勉勉也。君子愛物。見天雨澤。皆勉勉勸樂。孔疏財物猶云才性也。聖人制禮。因萬物之才性而致其義。萬物大莫過於天。故順天時而起也。天子春分之旦。朝日於東門之外。秋分之夕。祀月於西門之外。日是陽。故朝旦用事。月爲陰。故夕晚用事。是放法於日月之始。天圓而高。故祭其天神於圓丘之上。是爲高必因丘陵也。地方而下。故祭其神於方澤。是爲下必因川澤也。君子謂天子愛物爲用。故天地感祭而降雨澤。天子愛物生。而勉勉勸樂。所以與天地合德也。應氏鏞曰。大事不止於祀。若動大衆。興大役。必順寒暑之時。而爲節。爲朝夕。若日出而作。日夕而息。必因其有晝夜之經而爲之限。爲高若築臺觀。爲下若蓄陂池。必因其有高下之勢。而始用其力。天時雨澤。蓋陽和融液。仁德流行。出於天道之自然也。禮案陳師衍曰。祭祀已統於作大事句。爲朝夕。猶言凡爲東西也。周禮大司徒。日東則景夕多風。日西則景朝多陰。晏子春秋。晏子朝。公曰。先君太公以營丘之封。立城室。曷爲夕。對曰。古之立國者。南望南斗。北戴樞星。彼安有朝夕哉。然而以今之夕者。周之建國。國之西方。以尊周也。考工記。夜考之極星。以正朝夕。皆謂東西也。大明生於東。月生於西。故效之。若謂朝夕專指朝日夕月。高下專指圜丘方澤。則圜丘丘也。與陵何涉。方澤澤也。與川何涉。因雨澤而達亹亹。又何與於祭祀乎。因財若貴者禮繁。賤者禮簡也。致義若吉禮致敬。凶禮致哀也。順天時若祭義。君子合諸天道。春禘秋嘗也。爲高爲下。若祭法。燔柴於泰壇。瘞埋於泰折也。天時雨澤。則百物滋生。達亹亹。謂君子崇德報功。而茲茲不息也。是故昔先王尚有德。尊有道。任有能。舉賢而置之。聚衆而誓之。是故因天事天。因地事地。因名山升中於天。因吉土以饗帝於郊。升中於天。而鳳凰降。龜龍假。饗帝於郊。而風雨節。寒暑時。是故聖人南面而立。而天下大治。鄭注古者將有大事。必選賢誓衆。重事也。天高因高者以事也。地下因下者以事也。名猶大也。升上也。中猶成也。謂巡守至於方嶽。燔柴祭天。告以諸侯之成功也。孝經說曰。封乎泰山。考績燔燎。禪乎梁甫。刻石紀號也。吉土。王者所卜而居之土也。享帝於郊。以四時所兆。祭於四郊者也。今漢亦四時迎氣。其禮則簡。鳳凰降。龜龍假。功成而太平。陰陽氣和。而致象物。五帝主五行。五行之氣和。而庶徵得其序也。五行木爲雨。金爲暘。火爲燠。水爲寒。土爲風。南面立者視朝。孔疏此明舉賢任能。敬事天地。遂致龜龍降集。寒暑順時。尚謂貴尚有德之士。尊謂尊崇有道之士。任謂使任有能之衆。至將祭之時。選舉賢能。置之祭位。則射以擇士。又集衆而誓戒之。其有不恭。則服大刑是也。因天體之高。以高處事天。則上文爲高必因丘陵。因地體卑下之處。以事地。則前文爲下必因川澤是也。但事天非在一之所。此謂封禪之時。天子巡守。至方岳之下。因此有名之大山。升進諸侯。成功之事。以告於天。因其所卜吉士。以爲都。享祭五方之帝於都之四郊。升中于天。假至也。以天下太平。故凰凰隨德而降。龜龍感化而至。以陰陽順序。故風雨成節。寒暑順時。聖人尚德尊賢。奉天事地。陰陽相合。嘉瑞並來。以是之故。但南面而立。朝夕視朝。而天下大治。盧氏植曰。封太山。告太平。升中和之氣於天也。熊氏安生曰。自其自然而言。謂之天。自其主宰而言。謂之帝。唯聖人爲能祀天。享帝。所謂先天而天弗違。後天而奉天時。於此概見。方氏慤曰。告天謂之升中。與周官登中于天府同義。中謂事實也。天府謂之治中。亦此意。因名山以升中。則因高以告天也。享亦祭也。以祭而見享。故謂之享。祭以人言。享以神言。陸氏佃曰。吉士。若周公卜洛是也。陳氏澔曰。舜典柴岱宗。卽其禮。後世封禪之說。皆鄭氏祖緯書誤之。彭氏絲曰。鳳凰飛。故言降。龜龍潛。故言假。風雨不可過。故言節。寒暑不可忒。故言時。禮案。尊尚道德。卽孟子所謂不詔之臣。任賢舉能。若尚書臯陶謨云。俊乂在位。庶績其凝。置謂置諸位。誓謂誥於衆也。因天事天者。天開於子。子月郊天。順天時也。因地事地者。夏物成大。午月祭地。列地利也。降自上而下。假由遠而至。南面而立。垂拱無爲也。大戴禮王言曰。不下席而天下治是也。

天道至教。聖人至德。廟堂之上。罍尊在阼。犧尊在西。廟堂之下。縣鼓在西。應鼓在東。君在阼。夫人在房。大明生於東。月生於西。此陰陽之分。夫婦之位也。君西酌犧象。夫人東酌罍尊。禮交動乎上。樂交應乎下。和之至也。

鄭注至教至德。目下事也。禮樂之器。尊西也。小鼓謂之應。犧周禮作獻。人君尊東也。天子諸侯。有左右房。月出西方。而東行也。周禮曰。春祠夏禴。祼用鷄彝鳥彝。皆有舟。其朝踐用兩獻尊。其再獻。用兩象尊。皆有罍。諸臣之所酢。和之至。言交乃和。孔疏此明天道用教以示人。聖人則放之以爲德。故君立於阼。以象日。夫人在西房。以象月。天垂日月示人以至極。而爲之教。聖人法天之至極。而爲德。罍尊在阼。夫人所酌也。犧尊在西。君所酌也。縣鼓謂大鼓也。在西方而縣之。應鼓謂小鼓也。在東方而縣之。君西酌犧象。夫人東酌罍尊者。案上云罍尊在阼。當阼階堂上而設之。則犧尊在西。當西階堂上而陳之。故君於阼階西向酌犧尊。夫人於西房之前。東向酌罍尊。禮交動乎上者。謂君與夫人酌獻之禮。交相動於堂上也。樂交應乎下者。謂縣鼓應鼓。相應在於堂下。禮樂交相應會。和諧之至也。鄭云天子諸侯有左右房者。以卿大夫以下唯有東房。故鄉飲酒鄉射。尊於房戶間。賓主夾之。無西房也。知天子諸侯有右房者。以士喪禮主婦髽於室。在主人西。喪大記。君之喪。婦人髽帶麻於房中。亦當在男子之西。故彼注亦云則西房也。郭氏璞曰。罍尊刻爲雲雷。受一石。聶氏崇義曰。犧尊尊腹畫牛也。阮氏諶曰。象尊以畫象飾尊也。周氏諝曰。雷陽也。牛陰也。故罍尊在左。而犧尊在右者。陰陽之位也。以縣鼓而對應鼓。則應鼓非縣。乃提之者也。縣鼓非應。乃倡之者也。倡者爲陽。和者爲陰。故縣鼓左右。而應鼓在左者。陰陽之配也。君在東阼。所以祖日之生於東。夫人在西房。所以祖月之生於西。此陰陽之位也。君在東。而西酌犧象。所以祖日之西行。夫人在西。而東酌罍尊。所以祖月之東行。此陰陽之配也。

君陽也。夫人陰也。君與夫人之禮。交舉於上。此陰陽之體。見於禮者也。六律陽聲也。六呂陰聲也。律呂之聲。交應乎下。此陰陽之聲。發於樂者也。一陽一陰。謂之道。而道者德教之所自出也。欽定義疏云。月生於西。謂三日哉生明。月正在西。嗣後每日昏見。漸轉而東。至望乃正東也。禮案天道至教。著於陰陽。聖人至德。著於禮樂。樂由陽來。禮由陰作。此聖人之法天道也。靁尊山罍也。明堂位曰。山罍夏后氏之尊也。犧象周尊也。周禮春官司尊彝。犧作獻。縣鼓周鼓也。植簨簴而縣之。應鼓疑即殷之楹鼓。以柱貫中。上出而樹之。應楹聲近。故書爲應乎。君在阼。象日之常圓。夫人在房。象月之有晦也。東西交爵。象日月之代明也。地道尚右。故君西而夫人東也。禮交動乎上。君與夫人交獻也。樂交動乎下。縣鼓應鼓交作也。禮樂作而神人格。故曰和之至也。詩小雅云。神之聽之。終和且平。是也。禮也者。反其所自生。樂也者。樂其所自成。是故先王之制禮也。以節事。脩樂以道志。故觀其禮樂。而治亂可知也。蘧伯玉曰。君子之人達。故觀其器。而知其工之巧。觀其發。而知其人之知。故曰。君子愼其所以與人者。鄭注自由也。制禮者。本己所由。得民心也。作樂。緣民所樂於己之功。舜之民。樂其紹堯。而作大韶。湯武之民。樂其護伐。而作護武。制禮動反本也。脩樂勸之善也。國亂禮慢而樂淫也。觀其禮樂。則知治亂也。蘧伯玉衛大夫名瑗。觀器知工。禮樂亦猶是也。故君子將以是觀。孔疏前明禮樂相交。此更論先王制禮樂。以節事道志。化民治下也。禮樂俱是象其王業所由。但禮據王業。故云反其所自生。作樂以論其末。故云樂其所自成。先王以禮爲反本。故用禮以節萬事。樂以成王業。故脩樂之初。以道己志。則國治也。若不以禮節事。以樂道志。則國亂。故云治亂可知。達謂通達。君子自達義理。觀其禮樂。則知治亂。譬觀器之善惡。而知工匠巧拙。觀人之發動所爲。而知其人之有知無知。禮樂亦猶是也。若禮正而樂知。則知其國治。禮慢而樂淫。則知其國亂也。禮樂既爲人之所觀。故君子以謹愼其所以與人相接者也。陳氏祥道曰。禮自外作。先王以之節事。以治外。樂由中出。先王以之道志。以治內。反是未有不兆亂者矣。是禮樂者治亂之聲形。治亂者禮樂之影響也。然則觀其禮樂。未有不知治亂者。陳氏澔曰。萬物本乎天。人本乎祖。禮主於報本反始。不忘其所由生也。王者功成治定。然後作樂。以文德定天下者。樂文德之成。以武功定天下者。樂武功之成。節事爲人事所之儀則也。道志宣其湮鬱也。君子致愼。以其所關者大也。郝氏懿行曰。禮不忘本。故反其所自生。樂以象成。故樂其所自成。郭氏嵩燾曰。與人謂與人相交接。君子應人接物。一依於禮樂。萬事之施行。皆一身之節度也。故曰愼其所以與人。爲君子之行禮者言也。禮案大戴禮三本曰。無天地焉生。無先祖焉出。故郊社宗廟之事。皆是報反。其所由生者也。白虎通云。樂者所以象德表功殊名。堯曰大章者。大明天地人之道也。禹曰大夏者。言能順二聖之道而行之。故曰大夏。樂樂其所自成也。節事爲事之節文。道志正人之心志。故觀禮節樂和。則風淳俗美。國必治也。禮崩樂壞。則綱廢紀弛。國必亂也。達通也。發言也。觀器知工。聽言知人。猶觀禮樂之明治亂也。十三年左傳。成子受服於社不敬。謂惰棄其命。語周語晉厲公視遠步高。其心必異。此范獻子所以自悔其不學也。然則與人交接之禮。可不愼與。大廟之內敬矣。君親牽牲。大夫贊幣而從。君親制祭。夫人薦盎。君親割牲。夫人薦酒。卿大夫從君。命婦從夫人。洞洞乎其敬也。屬屬乎其忠也。勿勿乎其欲其饗之也。納牲詔於庭。血毛詔於室。羹定詔於堂。三詔皆不同位。蓋道求而未之得也。設祭於堂。爲祊乎外。故曰於彼乎。於此乎。

鄭注君牽牲。納牲於庭時也。當用幣告神而殺牲。親制祭。謂朝事進血膋時。所制者。制肝洗於鬱鬯。以祭於室及主。親割。謂進牲孰體時。勿勿猶勉勉也。肉謂之羹。道猶言也。設祭之饌於堂。人君禮焉。祊祭明日之繹祭也。謂之祊者。於廟門之旁因名焉。其祭之禮。既設祭於室。而事尸於堂。孝子求神。非一處也。周禮曰。夏后氏世室。門堂三之二。室三之一。詩頌絲衣曰。自堂徂基。於彼於此。不知神之所在也。孔疏此舉大祫之祭。故云大廟。其實諸廟亦皆敬矣。侯伯子男祭廟。祼鬯既訖。君出廟牽牲。而納於庭。大夫則贊佐。執幣而從君。君乃用幣告神。殺牲畢。進血腥。斷制牲肝。洗於鬱鬯。入祭神於室。於時夫人薦盎齊。以獻子。侯伯子男。朝踐不獻。故夫人薦盎。薦熟時。君親割牲體。亦不獻。故夫人薦酒。制祭制牲之時。則卿大夫從君。薦盎酒之時。命婦從夫人。洞洞質慤之貌。言其恭敬也。屬屬專一之貌。盡其忠誠也。勿勿言中心勉勉乎。欲望神之歆享。詔告也。謂牲入在庭。以幣告神。血毛謂殺牲取血及毛。入以告神於室。羹肉湆也。定孰肉也。羹既孰。將迎尸主入室。乃先以牲俎盛之。告神於堂。是薦孰未食之前也。道言也。所以三詔不同位者。蓋言求而未得。故於三處告之。設祭謂薦腥爓之時。設此薦饌在堂。爲祊謂明日繹祭。在廟門外之西也。不知神之所在。於彼堂乎。於彼室乎。於此祊乎。以古語有此。故記者引以結之。郝氏懿行曰。洞洞深遠也。屬屬繼續也。詩黽勉從事。亦作密勿。故知勿勿猶勉勉也。孫氏希旦曰。爾雅門謂之祊。爲祊乎外。謂求神於廟門之外。詩楚茨曰。祝祭于祊。祀事孔明。而其下章乃言執爨踖踖。則祊在饋食之前。當朝踐之節明矣。鄭氏以祊爲繹祭。非是。郭氏嵩燾曰。郊特牲直祭祝於主。索祭祝於祊。正與此二語相發明。禮案洞洞深也。洞洞言其深遠。祭禮能致誠也。屬著也。屬屬言其著心於此。濟其志也。勿勿者。急遽之貌。孝子之設祭也。急欲其親之享之也。

一獻質。三獻文。五獻察。七獻神。

鄭注一獻。謂祭羣小祀也。三獻謂祭社稷五祀。五獻察。察明也。謂祭四望山川也。七獻謂祭先公。孔疏羣小祀最卑。其禮質略。社稷五祀稍尊。比羣小祀。禮儀爲文飾。四望山川。其神既尊。神靈明察。先公之廟。禮又轉尊。神靈尊重也。案周禮司服職。玄冕一章。祭羣小祀。希冕三章。祭社稷五祀。毳冕五章。祀四望山川。鷩冕七章。享先公。故知七獻享先公也。俞氏樾曰。察當訓至。書大傳云。祭之爲言察也。察者至也。人事至。然後祭。是以祭有至義。蓋三獻已爲文矣。五獻則文之至也。七獻則又加重也。爾雅釋詁。神重也。是其義。禮案質朴也。文文飾也。察言其文之昭著。神言其至誠如神。蓋禮至七獻。則文盛矣。由文反質。故仍本於內心之誠也。

大饗其王事與。三牲魚臘。四海九州之美味也。籩豆之薦。四時之和氣也。內金示和也。束帛加璧尊德也。龜爲前列先知也。金次之見情也。丹漆絲纊竹箭與衆共財也。其餘無常貨。各以其國之所有。則致遠物也。其出也。肆夏而送之。蓋重禮也。鄭注大享盛其饌。與貢謂祫祭先王。九州美味。此饌諸侯所獻。內金示和。此所貢也。內之庭實。先設之。金從革性和。荊揚二州。貢金三品。束帛加璧。貢享所執。致命者。君子於玉比德焉。龜知事情者。陳於庭在前。荊州納錫大龜。金炤物。金有兩義。先入後設。與衆共財。萬民皆有此物。荊州貢丹。兗州貢漆絲。豫州貢纊。揚州貢篠簜。其餘謂九州之外。夷服。鎮服。蕃服之國。周禮九州之外。謂之蕃國。世一見。各以其所貴寶爲摯。周穆王征犬戎。得白狼白鹿。近之。出謂諸侯之賓也。禮畢而出。作樂以節之。肆夏當爲陔夏。孔疏此明天子大享之事。諸侯各貢其方物。奉助祭之禮。享祭先王。享中之大謂祫也。諸侯雖有祫祭。不可致九州之物。唯王者乃然也。三牲魚臘。四海九州之美味。是諸侯所貢也。籩豆之荐。亦諸侯所貢。是四時和氣所生。納金以爲庭實。示其柔和。行享之時。以束帛加璧於上。尊崇其德也。布庭實之時。龜在衆物之前列。先其有知也。金次在龜後。以能炤物。露見其情也。龜金之後。布陳丹與漆也。絲也。纊也。竹也。箭也。與天下衆人。共有此財也。故諸侯之朝來而貢之。陳列在下。以上所陳。謂九州之內諸侯。其餘謂九州之外之國。無常貢之貨。各以其國之所有而貢之。則招致遠物也。其諸侯之賓禮畢而出。則奏陔夏之樂。送而戒之。使不失禮也。陳氏祥道曰。此經曰大享其王事與。大傳曰禮不王不禘。則大享者。宗廟之大禘也。鄭氏以爲祫祭誤矣。禮案三牲牛羊豕也。魚臘薧魚也。四海九州之美味。即孝經云。昔者明王之以孝治天下也。故得萬國之懽心。以事其先王。是以四海之內。各以其職來祭是也。籩豆之實。若桃梅醯醢之屬。皆天地所生。四時和。則百物產。故曰四時之和氣也。內入也。鍾鎛鐃鐸之樂器。皆金所鑄。樂極和。故曰示和也。易說卦云。乾爲玉爲金。玉爲天產。陽德也。束帛婦功所成。人力也。故加璧於帛之上。示上德也。龜爲卜。神之所憑。故先之。金爲樂。樂道人情。故次之。丹漆絲纊竹箭之類。莫非率土之所出。而諸侯徵之於民。貢之於王者。示與衆同利也。其餘謂九州之外各貢方物。若逸周書王會解謂。海陽大蟹。義渠茲白之類。故曰無常貨也。肆夏金奏也。周禮春官大司樂。王享諸侯。則出入奏肆夏是也。

祀帝於郊。敬之至也。宗廟之祭。仁之至也。喪禮。忠之至也。備服器。仁之至也。賓客之用幣。義之至也。故君子欲觀仁義之道。禮其本也。鄭注祀郊。言就而祭之。不敢致也。仁恩也。父子主恩也。忠謂哭踊。袒襲也。仁謂小斂大斂之衣服。葬之明器。本言禮有節於內。可以觀也。孔疏天尊彌遠。祭之宜極盡敬。宗廟主親。祭之必極盡於仁愛。親戚之喪。必盡忠追念。備斂服。及葬器。亦是仁愛。賓客用幣帛。以相賻賵。於事合宜。故云義也。君子欲觀其人。行仁義之道。必須用禮爲其本。若行合於禮。則有仁義也。馬氏晞孟曰。喪三日而斂。凡附於身者。必誠必信。三月而葬。凡附於棺者。必誠必信。故曰忠之至也。死而致死之不仁也。備服器而致生之。故爲仁之至也。賓客之交必以幣。表記所謂。無辭不相接。無禮不相見。皆禮之所宜。故爲義之至也。宗廟之祭禮也。仁在其中。賓客之用幣。亦禮也。義在其中。胡氏銓曰。喪禮哀慕由衷。賓客相吊恤義也。有禮必有仁義。人而不仁如禮何。禮案王者所尊。莫如天。所宗莫如祖。而郊之祭。以太祖配天。大戴禮三本曰。王者天太祖。故曰敬之至。宗廟之祭。祭義云。事死如事生。故曰仁之至。喪事尚質。故曰忠。

備物敬終。故曰仁。賓客之來。贈幣。所以使貧者不至儉其親。病者不至廢其事。故曰義之至也。禮卽指吉凶之禮也。言仁義已該忠敬矣。君子曰。甘受和。白受采。忠信之人。可以學禮。苟無忠信之人。則禮不虛道。是以得其人之爲貴也。鄭注道猶由也從也。孔疏甘爲衆味之本。不偏主一味。故得受五味之和。白是五色之本。不偏主一色。故得受五色之采。以其質素。故能包受衆味。及衆采也。忠信之人。心致忠誠。言又信實。質素爲本。不有雜行。故可以學禮。苟無忠信。則禮亦不虛空以從人。是以貴得忠信之人也。周氏謂曰。甘在內。故喻忠之不欺於己。白在外。故喻信之不疑於人。和則不乖。所以喻禮之本。采則有文。所以喻禮之末。方氏愨曰。易不云乎。苟非其人。道不虛行。中庸亦曰。禮儀三百。威儀三千。待其人而後行。故此言得其人之爲貴也。禮案尙書洪範云。稼穡作甘。甘味淸。故能受五味之和。若投以酸卽酸。和以苦則苦。白本色。故能受五采之染。若入以青卽青。潰以赤則赤。人之忠信者。猶味之甘。色之白者也。質本純絜。斯可學禮矣。孔子曰。誦詩三百。不足以一獻。一獻之禮。不足以大饗。大饗之禮。不足以大旅。大旅具矣。不足以饗帝。毋輕議禮。鄭注誦詩三百。喻習多言。而不學禮也。大旅祭五帝也。亨帝祭天。毋輕議禮。謂若誦詩者。不可以強言禮。孔疏誦詩三百。不足以一獻者。一獻祭羣小祀。不學禮。則不能行。大亨謂祫祭宗廟。其禮雖繁。仍是去人不遠。大旅是總祭五帝。天與人道隔。其禮轉難。大旅是有故而祭。其禮不如亨帝正祭之備。故典瑞云。四圭有邸。以祭天。旅上帝。是祀天大重於旅帝。又郊特牲云。郊之祭。大報天而主日。是郊爲祭天之重。孫氏希旦曰。鄭氏謂旅爲祭五帝。非也。周禮大宗伯典瑞皆云。旅上帝。周禮言上帝。與五帝別。於掌次見之。義疏云。一獻質。三獻文。至大亨王事。極文之至。然足以大亨。不足以大旅。至大旅具文質之美。然猶不足以亨帝。而亨帝則又用質也。文爲貴乎。質爲貴乎。議禮者可輕乎。引此以深明義理禮之文。忠信禮之本。缺一不可。而自微至著。必盡義理之文。反本歸源。尤重忠信之本也。禮案此申上文。必忠信而達禮者。然後可以言祭。論語曰。吾不與祭。如不祭。是也。誦詩三百。可謂廣博多聞。不足以一獻。猶大戴曾子疾病所謂華繁而實寡者也。大亨卽上文禘亨先王。大旅者因事祭天之名。周禮春官宗伯。國有故則旅上帝。及四望。亨帝卽郊天也。毋輕議禮者。禮本忠信之質。極儀文之盛。或以少爲貴。或以多爲美。非等閑可議也。子路爲季氏宰。季氏祭。逮闇而祭。日不足。繼之以燭。雖有強力之容。肅敬之心。皆倦怠矣。有司跛倚以臨祭。其爲不敬大矣。他日祭。子路與。室事交乎戶。堂事交乎階。質明而始行事。晏朝而退。孔子聞之曰。誰謂由也而不知禮乎。鄭注宰治邑吏也。季氏祭。謂舊時也。皆倦怠。以其久也。偏任爲跛。依物爲倚。室事祭時。堂事儐尸。孔子多其知禮。孔疏前經既明禮爲其重。故記者引子路能行禮之事。逮及也。言季氏祭宗廟。逮至日闇。而行祭禮。祭祀未終。日已昏沒。故云。日不足。繼明以燭也。其後別日而祭。子路與。在行禮之中。正祭之時。事尸在室。外人將饌至戶。內人於戶受饌。設於尸前。相交承接。在於戶也。正祭後。儐尸之時。事尸於堂。堂下之人。送饌至階。堂上之人。於階受取。是交乎階。質正也。晏晚也。正明始行事。朝正向晚。禮畢而退。言敬而能速也。子路好男。時人多不尚其所爲。故孔子明之。誰謂由也而不知禮乎。言其知禮也。以禮從宜。略而敬。不可煩而怠也。孫氏希旦曰。宰家臣之長也。闇未昧爽也。質明而始行事。則不必逮闇矣。晏朝而退。則不必繼以燭矣。子路所行。非必循乎舊禮。然略繁文。敦實意。爲能近乎內心之意。而不失乎忠信之本。故孔子善之。義疏云。子路忠信人也。故以此結之。通篇以大備盛德起。以子路知禮終。見所貴乎禮者。以義理禮之文。足以釋去回邪。而增益其忠信之質耳。非以繁文喪其忠信之質。更以僭濫入於回邪也。用意深遠。禮以敬爲主。故舒而怠。不若速而敬。祭禮不敬。固孔子之不欲觀者也。而子路能速以主敬。故謂其知禮。

禮記通釋卷三十一

玉環戴禮

郊特牲第十一孔疏案鄭目錄云。名郊特牲者。以其記郊天用騂犢之義。此於別錄屬祭祀。方氏慤曰。禮莫重於祭。祭莫重於郊。而郊以養牲爲重。故此篇言禮。以郊特牲爲首。因名其篇焉。孫氏希旦曰。此篇多記禮事。而中雜以冠昏兩段。間又及於朝覲燕享之禮。其語頗與禮器相出入。疑一人所作。禮案何注僖三十一年公羊傳云。謂之郊者。天人相與交接之意也。不言郊天者。謙不敢斥尊。

郊特牲。而社稷大牢。天子適諸侯。諸侯膳用犢。諸侯適天子。天子賜之禮大牢。貴誠之義也。故天子牲孕弗食也。祭帝弗用也。鄭注犢者。誠慤未有牝牡之情。是以小爲貴也。孕。任子也。易曰。婦孕不育。孔疏此郊特牲以下。至降尊以就卑。文承禮器之下。覆說以少爲貴之事。郊謂於南郊祭感生之帝。但天神至尊。無物可稱。故用特牲。郊爲配坐。皆特牲。故下文云。養牲必養二。又召誥云。用牲於郊牛二是也。此郊特牲。指用而言。故牧人云。陽祀用騂牲毛之。社五土總神。稷是原隰之神。功及於人。人賴其功。故以大牢報祭。其牲則黝色。牧人云。陰祀用黝牲是也。天子巡守。至諸侯之國。諸侯致膳於天子。則用犢。諸侯朝天子。天子賜之禮。用大牢。熊氏云。大牢者。則掌客云。殷膳大牢。非是飱積饔餼之等。皇氏云。此直云用大牢。則總包饔餼飱積之等。雖牢數多少有異。皆用大牢。未知孰是。郊之特牲。亦犢也。言社稷大牢。以明郊用特牲。言諸侯大牢。以明天子用犢。顯其貴誠也。易漸卦云。夫征不復。婦孕不育。引證孕是懷任之意。陸氏佃曰。據此牲孕弗食也。祭帝弗用也。祭天容或乏少。用牝犢也。蓋今用犢甚少。尚患難得。其殺時不令母見。始能割愛。不爾不復食草。鳴嘆至死乃已。傳所謂猶懷老牛舐犢之愛。豈虛言哉。經曰。天地之牛角繭栗。今云牲孕弗用。則天地之牛。不能用牡。亦不皆繭栗也。其所謂繭栗與牡。正也。周氏諝曰。郊用特牲。以貴誠爲主。夫誠者純一而未散者。牲孕則散矣。故天子弗食。而祭帝弗用。禮案韋注國語楚語云。牛羊豕具爲大牢。天尊故郊用特牲。地卑故社用大牢也。賜之禮。致牢禮也。周禮秋官掌客。凡王賜諸侯之禮。上公侯伯皆大牢也。夫君道陽。故諸侯奉天子。如事天。臣道陰。故天子禮諸侯。如祀社。牲孕之則腹中有子。非特達之義。故不可以享至尊也。

大路繁纓一就。先路三就。次路五就。鄭注此因小說以少爲貴者。禮器言次路七就。與此乖。字之誤也。孔疏大路殷用以祭天。故曰大路。先路殷路也。殷則有三路。其世猶質。故以少飾爲先。先相次爲言。對次故稱先也。每加以兩。大路一。先路三也。次路故五就也。陳氏祥道曰。禮器與郊特牲言大路繁纓一就則同。其言次路五就七就則不同者。先王之路。降殺以兩。反此而加多焉。蓋亦以兩而已。大路一就。先路三就。則次路有五就七就者矣。書言次路。以兼革木二路。則殷之次路。五就七就。庸豈一車邪。鄭氏以禮器七就爲誤。是過論。禮案大戴禮朝事云。天子朝日。乘大路。繁纓十有二就。然則周制繁纓。固以多爲貴矣。故疏謂此大路殷路是矣。

郊血。大饗腥。三獻爓。一獻孰。至敬不饗味。而貴氣臭也。諸侯爲賓。灌用鬱鬯。灌用臭也。大饗尚腶脩而已矣。鄭注血腥爛祭用氣。尚腶脩。亦不亨味也。此大亨。亨諸侯也。孔疏郊血因貴少。更說不貴味也。所進血腥。如禮器中說。至敬不亨味。而貴氣臭。此解郊血義。血氣也。夫孰食有味。人道卑。而天神尊。貴事宜極敬。故用血而不重味。故云貴氣臭也。宗廟敬降於天。故用腥。腥稍近味。社又降於宗廟。故用爛。爛又稍近味。灌猶獻也。謂諸侯來朝。在廟中行三亨。竟。然後天子以鬱鬯酒灌之也。故大行人云。上公王禮再祼而酢。侯伯王禮一祼而酢。諸子諸男王禮一祼不酢。鄭注云。王禮王以鬱鬯禮賓也。鬱鬯是臭。故云灌用臭也。此亦明貴氣之禮。大亨謂諸侯行朝亨及灌以後。而天子亨燕食之。若上公則三亨三食三燕。侯伯則再亨再食再燕。子男則一亨一食一燕。其行亨之時。雖設大牢之饌。於時先荐腶脩於筵前。然後始設餘饌。故云尚腶脩而已矣。此亦明不亨味之義。陳氏祥道曰。亨所以向之。鬼神變化。非亨不足以通之。諸侯之朝。爲之飲食。以重其禮。亦謂之亨。何。蓋亨於陰則幽明通。而凡所謂亨神與鬼者。皆所以通幽明者也。亨於陽則上下通。而凡所謂亨於人者。皆所以通上下者也。蓋明不通則幽不格。上不通則下不懷。此諸臣所以有亨也。禮案郊血大亨腥。大亨帝也。大亨尚腶脩。王亨元侯也。何注莊二十四年公羊傳云。腶脩者脯也。集韻捶脯加薑桂。取其馨香之氣也。故大亨籩實尚腶脩。亦貴氣臭之義也。

大饗君三重席而酢焉。三獻之介君專席而酢焉。此降尊以就卑也。鄭注言諸侯相亨。獻酢禮敵也。三獻卿大夫來聘。主君亨燕之。以介爲賓。賓爲尊敬。則徹重席。而受酢也。專猶單也。孔疏此大亨謂諸侯相朝。主君亨賓。賓主禮敵。故主君設三重之席。而受酢焉。三重席是諸侯之禮。故知諸侯相亨。賓主並有三重之席。無所降下也。三獻之介。君專席而酢。謂諸侯遣卿來聘。卿禮三獻。其副既是大夫。與卿爲介。謂之三獻之介。此介是大夫。席雖再重。今爲介降一席。祇合專席。主君若受此介之酢。爵必徹去重席。單席而受。降諸侯之尊。以就介之卑。故也。五等諸侯。有九獻七獻五獻。故五等之卿。皆三獻也。方氏慤曰。他國之卿來聘。而大夫爲介。位雖臣。命則君也。名雖介。禮則客也。故主君之受酢也。降重席之尊。而不與之異。就專席之卑。而必與之同也。徐氏師曾曰。君不殺席。而如常受之。非敬客之義也。降尊就卑席。在彼不失使臣之體。而在我得盡爲主之心。所謂曲而殺者也。豈若兩君相敵。可以直行者哉。禮案禮器云。諸侯之席三重。故相朝亨食。賓主之席。並三重也。倉頡篇云。主答客曰酬。客報主人曰酢。諸侯爲賓。其介各如其命之數。則上介卿。衆介大夫士也。大夫席再重。士不重。當士爲介。主君以客禮禮之。酬酢之閒。卑不得踰尊。故不可厚介之席。而自專席受酢。故曰降尊以就卑也。此蓋受士介之酢。若大夫介。則君席再重受酢。可推而知矣。

饗禘有樂。而食嘗無樂。陰陽之義也。凡飲養陽氣也。凡食養陰氣也。故春禘而秋嘗。春饗孤子。秋食耆老。其義一也。而食嘗無樂。飲養陽氣也。故有樂。食養陰氣也。故無聲。凡聲陽也。鄭注言義同。而或用樂。或不用樂也。此禘當爲禴。字之誤也。王制曰。春禴夏禘。孔疏亨謂春亨孤子。禘謂春祭宗廟。以其在陽時。故有樂。食謂秋食耆老。嘗謂秋祭宗廟。以其在陰時。故無樂。無樂爲陰。有樂爲陽。故云陰陽之義也。凡飲養陽氣。食養陰氣。此覆釋上文。亨有樂。而食無樂之義。以飲是清虛。養陽氣。故有樂。食是體質。養陰氣。故無樂。享禘在春爲陽。食嘗在秋爲陰。禘之與嘗。俱是追慕。享之與食。同是賞功。其事無殊。故云一也。而食嘗無樂。重結之也。享禘不言。略可知也。飲養陽氣。食養陰氣。覆釋上文也。凡聲陽也者。釋陽時爲享。故有樂也。依禮三代無春禘之文。周則春曰祠。王制夏殷之禮。云春曰礿。今云春曰禘。故知禘當爲礿。此經所云。謂夏殷禮也。舉春見夏。舉秋見冬。若周則四時祭皆有樂。故祭統云。內祭則大嘗禘。升歌清廟。下管象。是秋嘗有樂也。案王制夏后氏養老以享禮。則夏家養老。用春時有樂。無秋食之禮。殷人養老以食禮。而秋時不作樂。無春享之禮。周人脩而兼用之。則周人養老。春夏用享禮。秋冬用食禮。四時皆用樂。故文王世子云。凡大合樂。必遂養老。注云。春合舞。秋合聲。下云養老之禮。遂發詠焉。登歌清廟。是秋時養老亦用樂也。方氏慤曰。重言而食嘗無樂五字。蓋衍文。張子載曰。禘於夏。周爲春。夏嘗於夏。周爲秋冬。作記者交舉。以二氣對互而言爾。陸氏佃曰。公食大夫無樂。食禮也。然則少牢饋食。特牲饋食。主嘗言之與。禮案王制云。幼而無父曰孤。孤子。死王事者之子。曲禮上曰。六十曰耆指使。七十曰老而傳。耆老。年屆六七十之人也。下文云。樂由陽來。故凡聲陽也。

鼎俎奇而籩豆偶。陰陽之義也。籩豆之實。水土之品也。不敢用褻味而貴多品。所以交於旦明之義也。

鄭注。水土之品。言非人常所食。旦當爲神。篆字之誤也。孔疏。鼎俎以盛牲體。牲體動物屬陽。故其數奇。籩豆兼有植物屬陰。故其數偶。籩豆所充實之物。皆是水土所生品類。非人所常食。神道與人異。故不敢用人之食味。神以多大爲功。故貴多品。案聘禮牛一。羊二。豕三。魚四。臘五。腸胃六。膚七。鮮魚八。鮮臘九。其數奇。又有陪鼎膷一也。臐二也。膮三也。亦其數奇也。正鼎九。鼎別一俎。俎亦九也。又少牢陳五鼎。羊一。豕二。膚三。魚四。臘五。其腸胃從羊。五鼎五俎。又特牲三鼎。牲鼎一。魚鼎二。臘鼎三。亦有三俎。是鼎俎奇也。案掌客云。上公豆四十。侯伯三十二。子男二十四。又禮器云。天子之豆二十有六。諸公十有六。諸侯十有二。上大夫八。下大夫六。案禮籩與豆同。是籩豆偶也。鄉飲酒義。豆數是年齒相次。非正豆也。方氏慤曰。籩之實若菱芡之類。豆之實若芹蒲之類。所謂水之品也。籩之實若棗栗之類。豆之實若菁韭之類。所謂土之品也。或水或土。所取不一。故曰貴多品。王氏引之曰。集韻神古作亶。脫去上半而爲旦矣。禮案褻味。謂調以脂膏滑甘之類。以人情所嗜之味。而享祀。是褻神也。故謂之褻味。貴多品。若祭統所云。天之所生。地之所長。苟可薦者。莫不咸在是也。

賓入大門。而奏肆夏。示易以敬也。卒爵而樂闋。孔子屢歎之。奠酬而工升歌。發德也。歌者在上。匏竹在下。貴人聲也。樂由陽來者也。禮由陰作者也。陰陽和而萬物得。

鄭注。賓。朝聘者。易。和說也。孔子美此禮也。以詩之義。發明賓主之德。匏。笙也。得。得其所。孔疏。此論朝聘之賓。及己之臣子。有王事勞者。設燕享之。享禮既亡。今約大射及燕禮解之。案大射禮。主人納賓。是己之臣子。又無王事之勞。故賓入不奏肆夏。賓入及庭。公升卽席。乃奏肆夏是也。此云賓入大門。謂朝聘既畢。受燕享之時。燕則大門是寢門也。享則大門是廟門也。樂主和易。今奏此肆夏之樂者。示主人和易嚴敬於賓也。卒爵而樂闋者。賓至庭樂作。至主人獻爵。賓受爵醉酒。拜告旨而樂止。賓飲訖。酢主人。主人受酢畢。獻公而作樂。公飲卒爵而樂闋。

也。孔子見禮入門。而縣興。卒爵而樂闋。屢數也。數數嘆美此禮。善其和易恭敬之義。奠酬而工升歌者。據大射禮。獻卿之後。大夫媵觶於公。所謂酬也。公奠置此酬。而未舉。於時工升歌也。或可享時。主君親酬賓。賓初奠酬荐。東於時卽工升歌也。大射與燕禮異也。發德也者。所以奠酬升歌。歌詠其詩。發明賓主之德也。左氏傳云。三夏天子所以享元侯。文王大明緜兩君相見之樂也。燕禮歌鹿鳴合鄉樂。凡合樂升於升歌一等。王享燕元侯。升歌三夏。三夏卽頌。合樂降一等。卽合大雅也。元侯自相享。亦歌頌。合大雅。故仲尼燕居兩君相見。歌清廟。是也。匏笙也。竹篪笛也。歌是人聲可貴。故升之在堂。匏竹可賤。故在下。然瑟亦升堂者。瑟工隨歌工故也。因賓主禮樂之事。遂說禮樂之義。陽天也。天以氣化。故作樂象之。樂以氣爲化。是由陽來者也。氣化謂五聲八音。陰地也。地以形生。故制禮象之。禮以形爲教。是由陰作者也。形教謂尊卑大小拜伏之事。和猶合也。得謂各得其所。若禮樂由於天地。天地與之和合。則萬物得所也。陸氏佃曰。凡樂三闋。入門而縣興。升堂而樂闋一也。賓飲畢。樂闋二也。主人受酢。飲畢樂闋三也。奠酬而工升歌。發德也。所謂德發揚。詡萬物者此。與周氏謂曰。禮樂之始。雖由於陰陽。及其妙也。則能統陰陽。育萬物。故曰陰陽和而萬物得。禮案此諸侯來賓。天子燕享諸侯之禮也。詩周頌。肆夏有式序在位。莫不震疊。示和易中有震敬之義。故賓入門卽金奏肆夏之詩也。卒爵獻酬畢也。闋樂止也。禮畢而樂止。示和而不流也。故孔子屢嘆美之也。樂工升堂歌周頌清廟之什。發揚文王之光烈。所以詔後王與列侯。秉文之德也。匏竽笙竹簫管。貴人聲。故升歌而下管也。夫樂導天地之和。其氣溫煦。故屬陽。禮正天下之等。其象嚴凝。故屬陰。周禮春官宗伯。以禮樂合天地之化。百物之產。以事鬼神。以諧萬民。以致百物。故曰陰陽和。而萬物得也。

旅幣無方。所以別土地之宜。而節遠邇之期也。龜爲前列。先知也。以鍾次之。以和居參之也。虎豹之皮。示服猛也。束帛加璧。往德也。鄭注旅衆也。近邇也。鍾金也。獻金爲作器。鍾其大者。以金參居庭實之間。示和也。孔疏此明朝聘貨賄。庭實之物。幣庭實也。衆國貢獻。幣物非止一方。故云無方。五方各殊。所出有異。所以分別土地所分之宜。六服有遠近。或嬪或貨。所貢之屬。各有期也。龜是靈知之物。陳之最在前。金則次於龜後。不謂之金。而謂之鍾者。貢金以供王之鑄器。器之大者。莫大於鍾也。金性柔和。從時變革。廁居龜帛之間。故云以和居參之也。虎豹是威猛之獸。今得其皮。來列在庭。是表示君臣之德。能服四方之威猛者也。玉以表德。今將玉加於束帛。或錦繡黼黻之上。是以表往歸於德也。謂主君有德。而往歸之。北本爲任德。熊氏云。任用德。恐非也。劉氏彝曰。六服諸侯。更番以四仲月來朝。則任士作貢。旅一衆國之幣。隨其國之所有。或金或玉。或匭或包。如禹貢九州之物。無定法也。而國服遠近不同。必使番休六年一偏。而每朝王。必皆助祭。執籩豆。駿奔走。則不可在禴祠烝嘗之後也。故曰遠邇之期焉。其朝宗覲遇也。或受享於朝。或受享於廟。備陳衆國。充庭之物。則九江納錫大龜者。荊州之所貢也。先儒考夏書。無以鍾爲貢幣者。以鍾爲金。則厥貢惟金三品也。洪氏頤煊曰。往德當作在德。禮器束帛加璧。尊德也。任德與尊德義近。禮案此與禮器大享之文。互相備也。儀禮覲禮云。王三享。諸侯也。皆束帛加璧。庭實唯國所有。鄭注彼云。初享或用馬。或用虎豹之皮。其次享三牲魚腊。籩豆之實。龜也。金也。丹漆絲纊竹箭也。其餘無常貨。此地物非一國所能有唯所有分爲三享。皆以璧帛致之是也。

庭燎之百。由齊桓公始也。大夫之奏肆夏也。由趙文子始也。鄭注。庭燎之百。僭天子也。庭燎之差。公蓋五十。侯伯子男皆三十。肆夏。僭諸侯。趙文子。晉大夫名武。孔疏。自此至夷王以下。總論朝聘失禮之事。庭中設火。以照燎來朝之臣夜入者。因名火爲庭燎。禮。天子百燎。齊桓公是諸侯。而僭用。後世襲之。是失禮從桓公爲始。皇氏云。作百炬列於庭。或云百炬共一束也。案大射禮。燕禮。諸侯納賓。奏肆夏。今文子亦奏之。故云僭諸侯。此謂納賓樂也。周禮九夏。王夏者。天子所用。其餘八夏。諸侯皆得用之。其陔夏。卿大夫亦得用之。故鄉飲酒客醉而出奏陔夏。但非堂上正樂所用也。應氏鏞曰。禮運自天子祭天地。至諸侯非問疾弔喪而入諸侯之家。凡八條。皆以明諸侯之失禮。而大夫之失禮居其三。此篇自庭燎之百。至爲君之答己也。凡十餘條。皆以明大夫之僭禮。而諸侯之僭天子。居其三焉。世愈降。而失愈甚。失愈甚而亂愈速。事變之推移。亦可見矣。禮案。齊桓公名小白。見莊八年春秋經。庭燎之差。今大戴禮記無此文。蓋逸篇也。

朝覲。大夫之私覿。非禮也。大夫執圭而使。所以申信也。不敢私覿。所以致敬也。而庭實私覿。何爲乎諸侯之庭。爲人臣者無外交。不敢貳君也。鄭注。朝覲。其君親來。其臣不敢私見於主國君也。以君命聘。則有私見。何爲乎諸侯之庭。非其與君無別。私覿是外交也。孔疏。此論大夫從君朝覲之禮。大夫從君而行。輒行私覿。是非禮也。若受命執圭。專使鄰國。得行私覿。故聘禮臣出使。有私覿。所以申己之誠信也。不敢私覿。所以致敬。覆明從君而行不私覿。所以致敬於己君也。周衰。有臣從君而私設庭實。私覿於主國之庭。作記者譏之。無外交者。解所以不行敢私覿之意。爲人之臣。既無外交。唯專一事君。既從君而行。不敢貳心於他君。所以不行私覿之禮也。陳氏祥道曰。易大有九四。匪其彭。无咎。則爲諸侯者。庭實於諸侯之庭。諸侯之無王也。曲禮言從於先生。不越路而與人言。又況大夫從其君朝覲。私覿於諸侯之庭者。大夫之無君也。檀弓曰。大夫束脩之問。不出竟。左傳曰。策名委贄。貳乃辟也。此所謂人臣無外交。而不貳之君也。孫氏希旦曰。聘禮賓介。皆得私覿。諸侯相朝。則爲介者不敢私覿。所以降於從卿爲介之禮。以明禮之專主於君而已。不敢參焉耳。聘賓卑。故介禮得伸。朝君尊。故介禮從屈。今乃謂不敢貳君。非禮意矣。周禮掌客。諸侯相朝。主國之卿。皆得以摯見於朝君。曷嘗以貳君爲嫌乎。王氏引之曰。執圭而使。謂聘。非謂朝覲也。不當屬之朝覲。朝覲二字下。蓋有言朝覲之禮者。而今脫去矣。大夫之私覿以下。則以聘禮言之。不蒙朝覲爲義。君謂己之君。貳者並也。耦也。其君與諸侯交。而臣亦與之交。則並於己之君。故曰貳君。禮案。覲疑聘字之誤。蓋諸侯相朝。彼此皆然。不得曰覲也。且大夫執圭而使。明是說聘禮也。儀禮聘禮云。宰執圭屈繅。自公左授使者。是也。臣以君爲天。不敢貳君。不貳天也。

大夫而饗君。非禮也。大夫強而君殺之。義也。由三桓始也。鄭注。其享君。由富且強也。三桓。魯桓公之子。莊公之弟公子慶父。公子牙。公子友。慶父與牙通於夫人以脅公。季友以君命鴆牙。後慶父弒二君。又死也。孔疏。大夫富強。專制於君。召君而享之。非禮也。大夫強盛。則干國亂紀。而君能殺之。是銷絕惡原。得其義也。從三桓以後。有能誅殺強臣。由三桓而來。故云由三桓始也。案三桓之前。齊有公孫無知作亂，衛有州吁，宋有長萬，皆以強盛被殺，而云由三桓始者，熊氏云：據魯而言。如論語云：十世五世希不失矣。此經注並公羊傳文，以左氏為解耳。黃氏曰：魯自三桓執政，日衰一日，豈是能殺強臣，為得十義哉？蓋殺者，降殺之義也。謂大夫無享君之禮，而今可享君者，由三桓始也。郭氏嵩燾曰：春秋莊三十二年，公子牙卒；閔二年，公子慶父出奔莒。魯大夫之以罪死，始自公子牙。牙死以鴆，而春秋書卒；慶父死以縊，而春秋書出奔。此記禮者所以為春秋表微也。禮案：諸侯非問疾吊喪，不入諸臣之家，焉得有大夫享君之事？故大夫而享君，君之過也。黃氏殺讀為降殺之殺，蓋有所本。家語相魯解：孔子言於定公曰：三家過制，請皆損之。遂隳三都，強公室之城，弱私家。故此云由三桓始也。

天子無客禮，莫敢為主焉。君適其臣，升自阼階，不敢有其室也。鄭注：明享君非禮也。孔疏：臣既不敢有其室，明享君非禮，結上文也。春秋之時，則有諸侯享天子，故莊二十一年，鄭伯享王于闕西辟，樂備，亂世非正法也。馬氏晞孟曰：普天之下，莫非王土；率土之濱，莫非王臣。故天子無客禮，莫敢而主焉。天子燕禮則以膳夫為主，諸侯燕禮則以宰夫為主，示其君之尊，而莫敢與之抗禮也。故君適其臣，升自主人阼階之位，示臣不敢有其室也。為人臣者不敢有己，而況於有室乎？禮案：天子無客禮，言尺地莫非其有也。荀子君道篇曰：天子無妻，告人無匹也；四海之內無客禮，告無敵也。故為人臣者不敢有其家，猶為人子者不敢有其身也。

覲禮，天子不下堂而見諸侯。下堂而見諸侯，天子之失禮也，由夷王以下。鄭注：天子不下堂，正君臣也。夷王，周康王之玄孫之子也。時微弱，不敢自尊於諸侯。孔疏：案覲禮，天子負斧依南面，侯氏執玉入，是不下堂見諸侯也。若春朝夏宗，則以客禮待諸侯，以車出迎，故齊僕云：各以其等為車送迎之節，是也。夷王下堂見諸侯，自此以後，或有然者，故云以下。案世本：康王生昭王，昭王生穆王，穆王生恭王，恭王生懿王，懿王崩，弟孝王立，孝王崩，懿王大子燮立，是為夷王。萬氏祥道曰：春夏萬物聚見之時，先王為之朝宗之禮，而不純以臣待諸侯，所以明其恩也。於秋萬物分辨之時，為之覲禮，而純以臣待諸侯，所以明其義也。明其恩，則天下知所賢；明其義，則天下知所尊。此天子之德所以常感於下，而其勢所以常隆於上矣。至夷王於秋覲之時，亦與諸侯分庭抗禮，而下堂見之，是其自卑所以起諸侯之僭，自弱所以起諸侯之強，以至平王東遷，而齊王室於邦君，降黎離為國風者，非由此哉？禮案：朝禮天子負扆而立，是下堂行禮於庭中也。覲禮天子負扆而立，而不下堂，故諸侯升成拜也。

諸侯之宮縣，而祭以白牡，擊玉磬，朱干設鍚，冕而舞大武，乘大路，諸侯之僭禮也。鄭注：言此皆天子之禮也。宮縣，四面縣也。干，盾也。鍚，傅其背，如龜也。武，萬舞也。白牡、大路，殷天子禮也。孔疏：諸侯唯合軒縣，今乃有宮縣；又諸侯祭用時王牲，今用白牡；又諸侯擊石磬，今擊玉磬；又諸侯得舞大武，故詩云方將萬舞，但不得朱干設鍚，冕服而舞；諸侯合乘時王之車，今乃乘殷之大路，並是諸侯僭禮也。案：小胥天子宮縣。明堂位云：祀周公於大廟，牲用白牡，擊玉磬。祭統：朱干玉戚，冕而舞大武。明堂位云：魯君孟春乘大路。其祭統、明堂所云，皆天子禮樂特賜周公，故云皆天子之禮樂。案：鄭司農注周禮春官小胥云：宮縣象宮室，四面有牆，故謂之宮縣；軒縣三面，其形曲，故春秋傳曰：請曲縣繁纓以朝，諸侯之禮也。大武，武王伐紂。成功之樂。故舞者朱干玉戚。冕服而舞。象武王總干山立。故諸侯莫得而僭也。夏小正萬用入學。萬固不始於周。注疏以謂大武卽萬非也。蓋諸侯用萬。不得云僭。春秋宣八年。萬入去籥是也。諸侯僭天子之禮樂。若齊桓公庭燎之百。魯君祭用四代服器之屬。

臺門而旅樹。反坫。繡黼丹朱中衣。大夫之僭禮也。鄭注言此皆諸侯之禮也。旅道也。屏謂之樹。樹所以蔽行道。管氏樹塞門。塞猶蔽也。禮天子外屏。諸侯內屏。大夫以簾。士以帷。反坫反爵之坫也。蓋在尊南。兩君相見。主君既獻於反爵焉。繡黼丹朱。以爲中衣領緣也。繡讀爲綃。綃繒名也。詩云素衣朱綃。又云素衣朱襮。襮黼領也。孔疏臺門者。兩邊起土爲臺。臺上架屋曰臺門。樹立也。人君當門道。立屏蔽內外。爲敬也。自臺門以下。於時大夫皆有此事。故言僭禮也。明堂位云。反坫出尊。則坫爲尊而設。案論語云。邦君爲兩君之好。有反坫。故知兩君相見也。彼注云。其獻酬之禮。更酌。酌畢。則各反爵於坫上。謂於此坫上。而反爵焉。中衣謂冕及爵弁之中衣。以素爲之。繡黼爲領。丹朱爲緣。案注昏禮引詩云。素衣朱綃。魯詩亦以爲綃。綃綺屬。以魯詩既爲綃字。又五色備曰繡。白與黑曰黼。繡黼不得共爲一物。故以繡爲綃。謂於綃上。刺黼文也。案釋器黼領之襮。故云襮黼領也。案禮公之孤四命。則爵弁自祭。則天子大夫四命。亦當爵弁自祭。則中衣得用素。但不得綃黼爲領。丹朱爲緣耳。孫氏希旦曰。黼斧文也。繡黼丹朱中衣。謂以丹朱爲中衣之領緣。又爲其上。繡爲黼文也。虞書十二章。黼用繡。鄭氏破繡爲綃非矣。禮案臺門說詳禮器。旅祭也。論語季氏旅於泰山是也。大夫僭諸侯之禮。若管氏有反坫。三桓立桓公之廟。於禮家之屬。

故天子微。諸侯僭。大夫強。諸侯脅。於此相貴以等。相覿以貨。相賂以利。而天下之禮亂矣。鄭注言僭所由。孔疏謂臣下不畏懼於君。而擅相尊貴以等列。故庾云。擅相封爵也。大夫私相覿以食賄。不辟君。方氏慤曰。微故見脅。強故敢僭。四者之言。亦互相明爾。相貴以等。則爵不足以馭其貴。相覿以貨。則祿不足以馭其富。相賂以利。則予不足以馭其幸。大宰八柄。詔王馭羣臣。以此三者爲先。三者苟失。天下之禮。由是亂矣。覿言非是則不行。貨指物。利指事。馬氏晞孟曰。諸侯之僭。由天子之微。諸侯之見脅。由大夫之強也。方周之衰。上失道揆。下無法守。故於此相貴以等。相覿以貨。相賂以利。言不相尚以利。天下以勢利相尚。不奪則不能饜其所欲。此天下之禮。所以亂矣。禮案天子微。謂王綱不振。故諸侯不奉法。而僭天子之禮。名器既斁。故大夫強。而諸侯又被迫脅也。周禮天官大宰。以八柄詔王馭羣臣。一曰爵。以馭其貴。二曰祿。以馭其富。三曰予。以馭其幸。故無相貴相覿相賂之事也。

諸侯不敢祖天子。大夫不敢祖諸侯。而公廟之設於私家。非禮也。由三桓始也。鄭注仲孫叔孫季孫氏。皆立桓公廟。魯以周公之故。立文王廟。三家見而僭焉。孔疏案襄十二年。吳子壽夢卒。臨於周廟。禮也。注云周廟文王廟也。此云諸侯不敢祖天子。而文二年左傳云。宋祖帝乙。鄭祖厲王。大夫不敢祖諸侯。而莊二十八年左傳云。凡邑有宗廟。先君之主曰都。與此不同者。此據尋常諸侯大夫。彼據有大功德者也。方氏慤曰。諸侯有國而已。故不敢祖天子。大夫有家而已。故不敢祖諸侯。以不敢祖天子。故立始祖。而有五廟之制。以不敢祖諸侯。故立別子。而有五宗之法。方氏苞曰。春秋之初。有以公子爭國。而爲亂者矣。未有大夫以強橫脅其君以基禍。如三桓者。故曰由三桓始。禮案陳師衍曰。邑有先君之廟者。如武王遷鎬。而文王廟猶在豐者。皆遷新田。而桓莊之廟猶在曲沃。故曰曲沃。君之宗。非王子公子。各得立之祖廟於其邑。宋祖帝乙。所謂存二代之後。不得爲尋常諸侯之例。鄭祖厲王。當時君子之言。本不盡知禮。可據。或鄭桓公身殉王室之難。特賜之祖厲王。如魯之得賜重祭與。鄭有祊田。得祀泰山。亦其一證也。大戴禮三本云。王者天大祖。諸侯不敢懷。大夫士有常宗。故家語廟制解。衞將軍文子。將立先君之廟於其家。使子羔訪於孔子。子曰。公廟設於私家。非古禮之所有。吾弗知。記云。公廟設於私家。由三桓始。則當時僭者衆矣。

天子存二代之後。猶尊賢也。尊賢不過二代。

鄭注。過之。遠難法也。孔疏。此論王者立二王後。尊賢之事。所以存二代之後者。猶尚尊其往昔之賢所取法象。但代異時移。今古不一。所尊之賢。不過二代而已。若過之遠。難爲法也。案異義公羊說。存二王之後。所以通夫三統之義。左氏說。周家封夏殷二王之後。以爲上公。封黃帝堯舜之後。謂之三恪。鄭云二王之後。命使郊天。祭其始祖。受命之王。自行其正朔服色。恪者敬也。敬其先聖而封其後。孫氏佖曰。立前代之後。以統承先王者。自古有此法也。有虞氏之時。棄爲高辛之後。故得祭天。詩謂后稷肇祀是也。丹朱爲唐堯後作賓於虞。書所謂虞賓在位是也。禮案天子存二代之後。卽史記五帝紀所云禹踐天子位。堯子丹朱。舜子商均。皆有疆土。以奉先祀。服其服。禮樂如之。以客見天子。天子弗臣。示不敢專也。猶尊賢及尊不詔之臣。接以賓禮也。不過二代。言二代以上。先王之子孫之爲諸侯者。不能隆之若此也。

諸侯不臣寓公。故古者寓公不繼世。

鄭注。寓寄也。寄公之子。非賢者。世不足尊也。寓或爲託。孔疏。案喪服傳云。寄公者何也。失地之君也。或天子削地。或被諸侯所逐。皆爲失地也。諸侯不臣者。不敢以寄公爲臣也。萬氏斯大曰。案喪服傳。寄公爲所寓齊衰三月。言與民同也。蓋不臣者。主之所以厚賓。服之者。賓之所以報主。各盡其道而已。禮案。不臣者。雖給其饔食。猶待以國君之禮。故曰寓公。示寄居之意。不繼世。謂主國之君待此寓公。以敵者禮。止及其身而已。若其子。則不能接以世子之禮矣。

君之南鄉。答陽之義也。臣之北面。答君也。

鄭注。答對也。方氏慤曰。南者陽之位。北者陰之位。君以陽明爲德。故南向。而有答陽之義。所以向明也。臣以陰順爲德。故北面以答君。所以示順也。周氏諝曰。天道降於南方。故明君之南向。答天也。陽卽天也。馬氏晞孟曰。君者兼天子諸侯而言之也。陸氏佃曰。易曰。聖人南面而聽天下。向明而治。蓋取諸離是也。余氏心純曰。天秩天敍。天命天討。一皆奉承天道之德威而不失。是謂答陽之義。守曲奉禮。受命行法。無非將順大君之德威。而不失。是謂答君之義。故答不專是向也。孫氏希旦曰。臣不皆北面答君。據其尊者言之。天子日視朝之位。三公北面。諸侯則三卿也。禮案向猶面也。逸周書明堂解。天子之位。負斧扆。南面而立是也。考明堂位。三公子男北面。侯西面。伯東面。臣雖不皆北面。然以北向爲正也。

大夫之臣不稽首。非尊家臣。以辟君也。

鄭注。辟國君也。孔疏。諸侯則稽首於天子。大夫則稽首於諸侯。家臣於大夫。拜不稽首者。以辟國之正君。臣於國君。已皆稽首。今大夫之臣。又稽首於大夫之君。便是一國兩君。故云以辟君也。大夫得稽首於諸侯。不辟天子者。諸侯有大功德。出封畿外。專有其國。故大夫得專盡臣禮事之也。方氏慤曰。周官大祝辨九拜。而以稽首爲先。則稽首者。首至地。而爲禮之隆也。諸侯之大夫。陪臣而已。以陪臣之卑。而可以當拜禮之隆也。必有君道之尊者。乃可以當此。坊記大夫不稱君。則大夫固無君道矣。禮案大夫不得謂之君。家僕亦不得謂之臣也。夫諸侯之大夫。尚謂之陪臣。則陪臣之僕安得謂之臣乎。禮運云。仕于公曰臣。仕于家曰僕是也。**大夫有獻弗親。君有賜不面拜。爲君之答己也。**鄭注不面拜者。於外告小臣。小臣受以入也。小臣掌三公及孤卿之復逆也。孔疏此謂大夫有物獻君。使人獻君。不親來獻。君有物賜大夫。大夫不面自來拜。恐君之答己。故不報。而去案大僕掌諸侯之復逆。御僕掌羣吏之逆。及庶民之復。即此小臣所掌。孤卿中兼之。方氏慤曰。此謂諸侯大夫。諸侯雖有君道。然亦天子之臣耳。故於大夫。有相答之禮焉。禮案玉藻。凡獻於君。大夫使宰。又大夫拜賜而還。蓋君敬大夫。禮無不答。不親獻。慮君之答己。此即禮器所云。禮有曲而殺者有也。**鄉人禓。孔子朝服立於阼。存室神也。**鄭注禓強鬼也。謂時儺。索室驅疫。逐強鬼也。禓或爲獻。或爲儺。存室神。神依人也。孔疏庾云。禓是強鬼之名。謂鄉人驅逐此強鬼。孔子恐已廟室之神。時有驚恐。故著朝服。立于廟之阼階。存安廟室之神。使神依已而安也。大夫朝服以祭。故用祭服以依神。馬氏晞孟曰。儺者索室以去其不祥。其法見於周官方相氏。而其事見於月令之季秋。孔子聖人。德合於神明矣。非俟於索室以去其不祥。然必從鄉人之儺者。不違衆以立異也。禮案禓論語作儺。室神先祖之神。唯子孫是依。故孔子朝服。正立于阼。以式憑先祖之神。蓋恐其魂氣無依。或因驅疫而驚散也。此存室神。猶祭祀立尸。合漠之義焉。**孔子曰。射之以樂也。何以聽。何以射。孔子曰。士使之射。不能則辭以疾。縣弧之義也。**鄭注多其射容。與樂節相應也。男子生。而設弧於門左。示有射道。而未能也。女子設帨。孔疏此論祭廟。擇士之射。必使容體合樂。言何以能聽此樂節。使與射容相應。何以能使射與樂節相應。故各善其兩事相應。故鄭注射義云。何以言其難也。爲士之法。理合能射。不能。是乘於爲士之義。案內則云。子生男子設弧於門左。女子設帨於門右。所以設弧者。示其有射道。所以縣之者。以其未能也。長大不得不能。故辭以疾也。馬氏晞孟曰。射者設其容體。比於禮。其節比於樂。然後可以言中。故天子以騶虞爲節。諸侯以貍首爲節。大夫以采蘋爲節。士以采蘩爲節。蓋射必以聲。而後發。發而不失節。此君子之所難也。以聽之在耳。得之於心。應之於手。其妙非可以言喻。故孔子曰。何以聽。何以射者。其難也。禮案此曲禮下云。君使士射。不能。則辭以疾。言曰某有負薪之憂。蓋射者士之所有事。不得辭以不能也。縣弧義見內則篇。**孔子曰。三日齊。一日用之。猶恐不敬。二日伐鼓。何居。**鄭注居讀爲姬。語之助也。何居。怪之也。伐猶擊也。齊者止樂。而二日擊鼓。則是成一日齊也。孔疏此論祭前。必散齊七日。致齊三日。專其一心。用以祭祀。猶恐爲敬不足。於時祭者。在致齊三日之中。而二日伐鼓。使祭者情散意逸。以違禮。故譏而問之。禮案家語。公西赤問。季桓子將祭齊三日。而二日鐘鼓之音。不絕。冉有問於孔子。子曰。孝子之祭也。散齊七日。慎思其事。三日致齊。而一日用之。猶恐其不敬也。而二日伐鼓。何居焉。何居怪之也。樂記云。鼓鼙之聲讙。讙則不能以陰幽思矣。**孔子曰。繹之於庫門內。祊之於東方。朝市之於西方。失之矣。**鄭注祊之禮。宜於廟門外之西室。繹又於廟其堂。神位於西也。此二者同時。而大名曰繹。其祭禮簡。而事尸禮大。朝市宜於市之東偏。周禮市有三期。大市日側而市。百族爲主。朝市朝時而市。商賈爲主。夕市夕時而市。販夫販婦爲主。孔疏此論魯失禮之事。繹祭當於廟門外之西堂。今乃於庫門內。祊當在廟門外西室。今乃於廟門外東方。朝市謂朝時而市。當於東方。謂市內近東也。今乃於市內西方。三事皆違禮。故言失之矣。釋宮云。門謂之祊。孫炎云。謂廟門外。故知在外也。西是鬼神之位。室又求神之處。故知門外之西室。祊是求神之名。繹是接尸之稱。求神在室。接尸在堂。故云繹又於其室。一時之事。故云二者同時。春秋宣八年壬午猶繹。釋者云。繹又祭。詩絲衣云。繹賓尸。但有繹名而無祊稱。是大名曰繹云。案儀禮有司徹。是上大夫儐尸也。但於堂上獻尸獻侑。全無室中之事。又絲衣云。自堂徂基。自羊徂牛。是祭神也。下云兕觥其觩。旨酒思柔。是接尸也。故知祭神禮簡。事尸禮大。天子諸侯謂之爲繹。在祭之明日。於廟門外西室及堂。而行其禮也。引周禮皆司市文。言爲主者。據其多耳。周氏諝曰。繹者紬繹而求之也。繹之於祊。一祭也。繹言其意。祊言其地。今若離之爲二祭。其說非也。周官營國之法。王立朝於前。而其朝有三。后立市於後。而其市亦有三。朝雖有三。皆南也。市雖有三。皆北也。則所謂朝市之於西方。其說亦非也。郭氏嵩燾曰。此並云祭禮。鄭據周禮司市爲言。文不類。王氏章句朝市蓋朝事之譌。所見甚允。案周禮面朝後市。一夫注。方各百步。朝市夕市。祇此一夫之地。豈必朝東夕西。禮案毛傳詩小雅云。祊門內也。鄭箋云。孝子不知神之所在。使祝博求之。平生門內之旁。待賓客之處。而注此又謂廟門外之西。未知孰是。

社祭土而主陰氣也。君南鄉於北墉下。答陰之義也。日用甲。用日之始也。天子大社必受霜露風雨。以達天地之氣也。是故喪國之社屋之。不受天陽也。薄社北牖。使陰明也。

鄭注牆謂之墉。北墉。社內北牆。用日之始。國中之神。莫貴於社。大社王爲羣姓所立。屋之北墉。絕其陽。通其陰而已。薄社。殷之社。殷始都薄。孔疏土謂五土。山林。川澤。丘陵。墳衍。原隰也。以時祭之。故云社祭土。土是陰氣之主。故云主陰氣。社既主陰。陰宜在北。故祭社時。以社在南。設主壇上北面。而君來在北牆下。而南向祭之。是答陰之義也。社是國中之貴神。甲是旬日之初始。故用之也。達通也。風雨至則萬物生。霜露降則萬物成。故不爲屋。以受霜露風雨。是天地氣通也。喪國社者。謂周立殷社。以爲戒。天是生法。無生義。故屋隔之。令不受天之陽也。白虎通云。王者諸侯必有誡社何。示有存亡也。明爲善者得之。爲惡者失之。薄社北墉。即喪國社也。殷始都薄。故社爲薄社。周立殷社而屋之。塞其三面。唯開北墉。示絕陽而通陰。陰明則物死也。神地之道。言立社之祭。是神明於地之道也。方氏慤曰。於大社言必受霜露風雨。於喪國之社言不受天陽。亦互言之爾。薄書並作亳。馬氏晞孟曰。日用甲。用日之始。則郊用辛。用日之成也。以乾知大始。坤作成物。則郊宜用甲。社宜用辛。天雖主於生物。亦有以成之。則天之道所以明。地雖主於成物。亦有以生之。則地之道所以神。郊故用辛。社故用甲也。天子大社。必受霜露風雨。以達天地之氣。示其有生物之功也。喪國之社屋之。使之不受天陽。示其生物之功息矣。孔氏廣森曰。社后土也。周官所謂大示。大社主北向。而君南向答之。則地道尚北之義見矣。漢人別言北郊祭地。於經無徵。社稷常事。皆大牢。唯夏日至大祠社。而報地。牲用犢。與天同。記曰。祭帝於郊。所以定天位。

也。祀社於國。所以列地利也。又曰。嘗禘郊社。尊無二上。恆以社郊並言。可見地示之大。無過於社者矣。春秋傳曰。天子祭天。諸候祭社。土即社也。荀卿有言。郊止天子。社至諸侯。道及士大夫。此謂尊天而親地也。尊統於上。親遠於下。其義也。齊氏召南曰。以社爲祭地。固無可疑。元儒黃澤曰。殷革夏。周革殷。皆屋其社。而辱之也。旱乾水溢。則變置社稷。是責之也。王者父事父。母事地。豈有可辱可責之理。則社非祭地明矣。禮案。白虎通云。王者自親祭社稷何。社者土。地之神也。土生萬物。天下之所王也。尊重之。故自祭也。初學記引論衡曰。亡國之社。屋其上。柴其下者。示絕於天地。面北向陰。示滅之也。

社所以神地之道也。地載萬物。天垂象。取材於地。取法於天。是以尊天而親地也。故教民美報焉。家主中霤而國主社。示本也。唯爲社事。單出里。唯爲社田。國人畢作。唯社。丘乘共粢盛。所以報本反始也。

鄭注中霤。亦土神也。單出里。皆往祭社於都鄙。二十五家爲里。畢作人則盡行。非徒羨也。丘十六井也。四丘六十四井曰甸。或謂之乘。乘者以於車賦。出長轂一乘。乘或爲鄰。孔疏言立社之祭。是神明於地道。地之爲德。以載萬物。天皆垂象。所謂在天成象。在地成形也。財並在地出。爲人所取。人知四時早晚。皆放日月星辰。以爲耕作之候。是取法於天。故尊而祭之。天子祭天是也。所取財者。故親而祭之。一切親地。而共祭社是也。地既爲民所作親。故與庶民祭之。以教民美報之故也。卿大夫之家。主祭土神於中霤。天子諸候之國。主祭土神於社。以土神生財以養官與民。故皆主祭土神。示其生養之本也。社事。祭社也。單。盡也。里。居也。社爲國本。若祭社。則合里之家並盡出。故云單出里也。此唯每家出一人。不人人盡出也。田。獵也。畢。盡也。作。行也。既人人得社福。故若祭社。先爲社獵。則國中之人皆盡行也。唯社。丘乘共粢盛者。向說用牲。此明用米也。丘乘者。都鄙井田也。九夫爲井。四井爲邑。四邑爲丘。四丘爲乘。唯祭社。而使丘乘共其粢盛也。稷曰明粢。在器爲盛。皇氏云。若天子諸侯祭社。則用藉田之穀。大夫以下。無藉田。若祭社。則丘乘之民共之。示民出力也。國人畢作。是報本。丘乘共粢盛。是反始。言粢盛是社所生。故云反始也。周氏諝曰。社事單出里。所以重民也。社田畢作。欲其皆曉於戰陳也。周官稍人掌令丘乘之法。四邑爲丘。而丘作其甲。四丘爲甸。出兵車一乘。是積四丘。然後出兵賦。而丘以殺爲主。社陰神也。亦以殺爲主。而出兵必告焉。故社之祭。必使丘乘之家共粢盛者。示其丘乘之兵。所以能以殺爲主者。其本始皆出於社。而共粢盛。所以報本反始也。萬氏斯大曰。於郊曰報本反始。於社亦曰報本反始。則社非祭地而何。朱氏軾曰。尊天故臣民不敢祭。親地故庶民皆得祭也。郭氏嵩燾曰。大夫下至庶民。不得特立社。與民族居。百家以上。共立一社。今時里社是也。單出里者。二十五家之里社。民皆得祭也。民社用牲。及粢盛。故社田徧及國人。而粢盛一取給丘乘。畢丘乘以賅井邑之民。謂計田以供粢盛也。禮案。先王之祀社也。所以神明坤厚載物之功也。夫六府所儲。皆從地出。五種之候。必放天時。故設郊社之祭。所以報之也。尊天謂郊祭。惟天子可行。所以尊之也。親地謂社祭。使羣姓咸祀。所以親之也。五祀之祭。戶竈中霤門行。皆在宮中。故曰家。家非專謂卿大夫之家也。中霤屬土。故月令於季夏祀之。

季春出火。爲焚也。然後簡其車賦。而歷其卒伍。而君親誓社。以習軍旅。左之右之。坐之起之。以觀其習變也。而流示之禽。而鹽諸利。以觀其不犯命也。求服其志。不貪其得。故以戰則克。以祭則受福。鄭注謂焚萊也。凡出火。以火出建辰之月。火始出。簡歷謂算具陳列之也。君親誓社。誓吏士。以習軍旅。既而遂田。以祭社也。言祭社。則此是仲春之禮也。仲春以火田。田止弊火。然後獻禽。至季春火出而民乃用火。今云季春出火。乃親誓社。記者誤也。社或為省。流猶行也。行行田也。鹽讀為豔。行田示之以禽。使歆豔之。觀其用命不也。謂禽為利者。凡田大獸公之。小禽私之。失伍而獲。猶為犯命。孔疏。祭社。既用仲春。此出火為焚。當在仲春之月。記者以季春民始出火。遂以為天子諸侯用焚。亦在季春也。焚謂焚燒。除治宿草。然後簡選車馬。及兵賦器械。歷其百人之卒。五人之伍。君親自誓此士衆。以習軍旅。既而遂田。以所得之禽獸。因以祭社。故云親誓社。左之右之。坐之起之者。謂戒敕之。以習軍旅。君親自觀於習武。變動之事。流行也。教陳訖。而行田禮。驅禽於陳前。而示士卒。而歆豔之。以小禽之利。於時觀其士卒。犯命與否。求欲服其士卒之志。使進退依禮。不欲貪其犯命苟得。於禽言失伍得禽。不免罰也。以其所為得禮。戰則克勝。祭則受福。周氏諝曰。火星以春見。以秋沒。故季春出火。季秋納火。皆聖人後天而奉天時也。則為焚者。特其出火之一事耳。田獵之禮。或行於仲月。或行於季月。周官則行於仲月。豳詩月令。與此行於季月。不必同。李氏覯曰。守國之備。不可以不禮。不素習也。然若無故而習。是習殺人也。非示天下不復用兵之意。故因季春蒐夏苗。秋獮冬狩。而教習焉。鳥獸魚鼈。皆函血氣。若無故而殺。是暴天物。作禽荒也。故因祭社。享礿祀祊。而行焉。明非好兵。為田獵乃祭祀也。外以彰事神之禮。內以作不虞之備。聖人之動其慎如此。惠氏棟曰。古樂府有昔昔鹽。亦作豔。古字通。方氏苞曰。鹽當作驗。音近而誤也。禮案。誓誡以軍法也。必誓於社者。以兵凶戰危。殺伐屬陰。社陰神。以教戰而誓於社。尚書甘誓。不用命。戮於社是也。左右坐起。謂指揮士卒。習戰陳之奇正變化也。以戰則克。言率不貪利之士臨戎。則必能除暴安良仁者無敵也。以祭則受福。謂田獵得禮。則不暴天物。故神降之福也。

天子適四方。先柴。鄭注所到之處。必先燔柴。有事於上帝也。書曰。歲二月。東巡守。至于岱宗。柴。孔疏。此明天子巡守。祭天之禮。巡守至方岳。先燔柴以告天。是尊天故也。此祭上帝。謂祭當方帝。皇氏云。祭感生帝。非也。應氏鏞曰。四方惟天子所適者。普天之下。莫非王土也。所適必先柴。昊天曰明。及爾出王。昊天曰旦。及爾游衍也。禮案。白虎通云。巡守必祭何。本巡守為天。祭天所以告至也。

郊之祭也。迎長日之至也。鄭注易說曰。三王之郊。一用夏正。夏正建寅之月也。此言迎長日者。建卯而晝分。分而日長也。孔疏。郊祭用夏正。此易緯乾鑿度文。必用夏正。彼文云。方此之時。天地交。萬物通。所以順四時。法天地之道也。葉氏夢得曰。鄭氏以建卯為日至。甚矣其誣也。冬至之日。祭天於圜丘。此周之正禮。不可易者也。孟春建寅之月。郊蓋祈穀之祭爾。方氏慤曰。日為陽。夜為陰。故陽生則日浸長而夜短。陰生則夜浸長而日短。郊祭在建子之月。而陽生於子。故曰迎長日之至也。至猶來也。禮案。說是也。歲時記云。晉魏宮中。以紅線量日影。冬至後日添長一線。故此云迎長日之至。蓋謂日過冬至。而漸長也。

大報天而主日也。兆於南郊。就陽位也。鄭注大猶徧也。天之神。日為尊。日大陽之精也。孔疏。大報天之一切神。而日爲諸神之主。故云主日也。所出之帝。尊不與諸神爲賓主。猶如君燕羣臣。使膳宰爲主人。不以君爲主也。方氏慤曰。以迎長日之至。故以日爲主。天神不可得見。所可瞻仰者。日月星辰而已。兆則爲之分域。如龜兆之可別也。馬氏晞孟曰。祭義言大報天而主日。配以月。而此不言配以月者。文略也。就陽位者。此釋其郊之意。禮案大明生於東。故天子朝日拜日。皆於東方。唯儀禮觀禮。禮日於南門外。而此祭日。亦於南郊者。蓋本郊祀。大報天神。生物之功。祭天陽祀。而日又爲衆陽之宗。故以日爲主。南爲太陽之方。郊取絜清之義。祭日爲壇。兆謂壇之營域也。

掃地而祭。於其質也。器用陶匏。以象天地之性也。於郊。故謂之郊。特牲用騂。尚赤也。用犢。貴誠也。

鄭注。天下之物。無可以稱其德。尚赤者。周也。孔疏。燔柴在壇。正祭於地。故云掃地而祭。陶謂瓦器。謂酒尊。及豆籩之屬。故周禮旊人爲簋。匏謂酒爵。此等已具解於上。陸氏佃曰。董仲舒曰。質朴之謂性。天地之性。人之性是也。於郊故謂之郊。言天無所不在。以我祭於郊也。故謂之郊而已。於國則已褻。於野則已疏。祭之郊節矣。俞氏樾曰。廣雅釋言。質地也。儀禮鄉射記注。白質赤質。皆謂采其地。是古謂地爲質。郊本祭天。乃掃地而祭者。以天體空虛。而地則有實形質。故就有形質之處而祭之。所謂於其質也。器用陶匏。以象天地之性。蓋於其質而祭之。故既取象於天。亦兼取象於地矣。禮案白虎通云。天至尊至質。故事之不敢褻瀆。郊讀若高禖之高。祭必於郊。從其尊也。掃地而祭。不設几筵。從其質也。陶瓦器。匏匏瓜。老而外堅中虛。可剖爲酒器。儀禮士昏禮。用之合巹是也。陶匏之器。不事雕飾。順天地自然之性也。騂犢赤色牛。見尚書洛誥。器用陶匏。牲用特犢。皆從其質也。

郊之用辛也。周之始郊日以至。

鄭注。言日以周郊天之月。而至陽氣新用事。順之而用辛日。此說非也。郊天之月。而日至。魯禮也。三王之郊。一用夏正。魯以無冬至祭天於圜丘之事。是以建子之月郊天。示先有事也。用辛日者。凡爲人君。當齊戒自新耳。周衰禮廢。儒者見周禮盡在魯。推魯禮以言周事。孔疏。王肅用董仲舒對劉向之說。以此爲周郊。上文云。郊之祭。迎長日之至。謂周之郊祭於建子之月。而迎此冬至長日之至也。而用辛者。以冬至陽氣新用事。故用辛也。周之始郊。日以至者。對建寅之月又祈穀郊祭。此言始者。對建寅爲始也。鄭康成則異於王肅。上文云。迎長日之至。自據周郊。此云郊之用辛。據魯禮也。言郊祭用辛日者。取齊戒自新。周之始郊。日以至者。謂魯之始郊。日以冬至之月。云始者。對建寅之月。天子郊祭。魯於冬至之月。初始郊祭。示先事。故云始也。禮案疏引王說。似較鄭注爲是。周既改殷正朔。焉有郊祀大典。仍用夏正朔之理耶。陳師衍曰。周之始郊。日以至。乃謂周得天下。而始郊天。其日適遇辛日。故曰郊之用辛也。周之始郊。辛之日。適以至也。逸周書世俘。辛亥薦俘殷王鼎。武王乃翼矢珪矢憲。告天宗上帝。注。辛亥即下文。辛亥四月二十三日。此篇非一人所記。故錯出於此。下文云。若翌日辛亥。祀於位。用籥於天位。注。天位。南郊圜丘。此其明證也。以後遂沿用辛日。用辛自一事。迎長日之至。又自一事。故兩節並不相連。

卜郊。受命於祖廟。作龜於禰宮。尊祖親考之義也。

鄭注。受命謂告之。退而卜。孔疏。郊事既尊。不敢專輒。故先告祖。乃卜也。禮器云。魯人將有於上帝。必先有事於頖宮是也。作灼也。禰宮禰廟。考亦禰也。尊祖故受之命。命宜由尊也。作龜是事。事宜就親近者也。陳氏澔曰。用冬至則有定日。此但云卜郊。則非卜日矣。下文言帝牛不吉。亦或此爲卜牲與。孫氏希旦曰。以魯禮卜郊推之。則周之祈穀。或亦有用中辛下辛者矣。受命於祖廟者。郊天以稷配。故將卜而先告之也。周禮卜師。凡卜事眡高。揚火以作龜。致其墨。作龜於禰宮。就禰廟而卜之也。禮案。郊用冬至。及四時迎氣。祀五帝。皆有定日。此言卜者。蓋卜尸及牲也。郊以后稷配天。則所卜者后稷之尸也。孔疏曲禮上引異義公羊說。祭天無尸。左氏說。祭天有尸。魯郊祀延帝尸。從左氏說。又晉語。晉祀夏郊。董伯爲尸。又禮疏引石渠論。周公祭天。大公爲尸。則有尸明矣。

卜之日。王立於澤。親聽誓命。受教諫之義也。鄭注。澤。澤宮也。所以擇賢之宮也。既卜。必到澤宮。擇可與祭祀者。因誓敕之。以禮也。禮器曰。舉賢而置之。聚衆而誓之。是也。孔疏。以射擇士。因呼爲澤宮。王卜已吉。又至澤宮。射以擇賢者。爲助祭之人。又使有司誓敕舊章齊戒之禮。王又親聽受命。前告祖作禰。是受教義也。又立澤聽誓。是受諫義也。禮案。鄭注尚書大傳云。澤。射宮也。毛傳詩周頌曰。雝。澤也。然則射宮即在大學矣。辟雝以環水。故可謂之澤也。學記云。大學之禮。雖詔於天子無北面。故受教諫於此也。周禮天官大宰。祀五帝。則掌百官之誓戒。前期十日。帥職事而卜日。遂戒。不言戒王者。不敢斥尊也。

獻命庫門之内。戒百官也。大廟之命。戒百姓也。鄭注。王自澤宮而還。以誓命重相申敕也。庫門在雉門之外。入庫門則至廟門外矣。大廟者。祖廟也。百官。公卿以下也。百姓。王之親也。入廟戒親親也。王自此還齊路寢之室。庫或爲廄。孔疏。王自澤宮而還。至欲致齊之時。有司獻王所以命百官之事。王乃於庫門之内。戒百官。大廟之内。戒百姓。百官疏。故在公朝重戒之。百姓。王之親屬。故在大廟而重戒之。王親謂之百姓者。皇氏云。姓者。生也。並是王之先祖所生。孫氏希旦曰。王之外門曰皋門。諸侯之外門曰庫門。云獻命庫門之内者。據魯之郊禮言之也。大司寇禮祀五帝。則戒之日。涖誓百官。戒於百族。則郊之誓戒。亦大宰誓之。司冠涖之矣。百族即百姓也。戒百官於庫門內。戒百姓於大廟。皆不於朝者。郊之誓戒出於大宰。於庫門內。戒百姓於大廟。皆不於朝者。郊之誓戒。出於大宰。辟王所出命之處也。禮案。百姓即曲禮下所云。納女於天子曰備百姓是也。

祭之日。王皮弁以聽祭報。示民嚴上也。鄭注。報猶白也。夙興朝服以待白祭事者。乃後服祭服而行事也。周禮。祭之日。小宗伯逆齍省鑊。告時於王。告備於王也。孔疏。郊日之朝。天子早起。皮弁服以聽小宗伯告日時早晚。及牲事之備具也。未郊故未服大裘。而衣視朝之服。早朝聽祭報。示教人尊嚴其君上之義。禮案。王服皮弁。以待禮官報告祭物備。方服龍袞以臨祭也。嚴。肅也。示民嚴上。謂王敬肅事天。所以教尊尊也。

喪者不哭。不敢凶服。氾埽反道。鄉爲田燭。弗命而民聽上。鄭注。謂郊道之民爲之也。反道。剗令新土在上也。田燭。田首爲燭也。弗命而民聽化民嚴上。孔疏。郊祭之旦。喪者不哭。又不敢凶服而出。以於王之吉祭。氾埽廣埽也。郊道之民。各當界廣埽新道。郊內六鄉之民。各於田首設燭照路。此並非王命。而民化王嚴上故也。然周禮蜡氏云。凡國之大祭祀。令州里除不蠲。禁刑者任人及凶服者。以及郊野。而此云不命者。作記之人。盛美民之聽上之義。未必實然也。禮案。井田之畔。未必近天子馳道。而注疏謂鄉民於田首設燭照路。義似不類。杜注襄三十一年左傳云。郭外曰郊。郊外曰甸。是郊甸相連也。鄭注周禮天官甸師云。主供野物官之長。據此則田當讀句。句田古通也。鄉爲田燭者。言於天子車行所向之道旁。而設燭也。以句師所供。故謂之田燭也。祭之日。王被袞以象天。戴冕璪十有二旒。則天數也。乘素車。貴其質也。旂十有二旒。龍章而設日月。以象天也。天垂象。聖人則之。郊所以明天道也。鄭注謂有日月星辰之章。此魯禮也。周禮王祀昊天上帝。則服大裘而冕。祀五帝。亦如之。魯侯之服。自袞冕而下也。天之大數。不過十二。設日月畫於旂上。素車殷路也。魯公之郊。用殷禮也。明謂則之。以示人也。孔疏當祭之日。王被袞。有日月星辰。以象天也。首戴冕。其璪十二旒。法則天數也。乘殷朴素之車。貴其象天之質也。所建之旂。十有二旒。畫龍爲章。而設日月。以象天數十二也。龍爲陽氣。變化。天垂日月之象。各有其數。故聖人則之。郊天象日月。所以光明天下之道。以示於人。故事事則之。陳氏祥道曰。周官司裘。掌爲大裘。以供王祀天之服。司服祀昊天上帝。則服大裘而冕。禮記曰。郊之祭。王被袞以象天。然則合周官禮記而言之。王之祀天。內服大裘。外被龍袞。龍袞所以襲大裘也。記曰。裘之裼也。見美也。服之襲也。充美也。禮不盛。服不充。故大裘不裼。則襲袞可知也。先王祀天。以冬至之日爲正。而裘又服之本也。故取大裘以名之。猶之朝服緇衣羔裘也。裘之上。未嘗無衣。而衣之下。有不用裘。故屨人凡四時之祭祀。以宜服之。則凡春夏秋之祀。不必服裘。所以適時之宜而已。禮案說是也。玉藻云。表裘不入公門。而況郊祀乎。易繫辭在天成象。又縣象著明。莫大乎日月。天子十二章之服。黼黻絺繡。有卷龍日月星辰之章。故曰龍袞。又謂之象天也。璪同繅。說見禮運。十二者。天之大數。若十有二月以成歲。十有二時以成日也。素車大路也。以無飾故謂之素。爾雅釋天。有鈴曰旂。郭注云。縣鈴於竿頭。畫交龍於旒。玉篇旒旌旗垂者。十有二旒。龍章而設日月。周禮春官巾車所謂大常是也。則法也。聖王法天之道。特明於郊。所以示民衆咸仰也。帝牛不吉。以爲稷牛。帝牛必在滌三月。稷牛唯具。所以別事天神與人鬼也。鄭注養牲必養二也。滌牢中所搜除處也。唯具遭時又選可用也。孔疏郊天既以后稷配。故牲二以擬祭也。若帝牛不吉。用稷牛。而爲帝牛。其祭稷之牛。臨時別取用之。以帝牛既尊。心須在滌三月。今帝牛不吉。故取稷牛已。在滌三月也。其稷牛別取。故云唯具。天神尊。故須在滌。人鬼卑。唯且而已。是分別天神與人鬼不同也。不吉謂帝牲遭災。凡帝牲稷牲。尋常初時。皆卜取其牲。繫於牢。芻之三月。若臨時有故。乃變之也。劉氏彝曰。稷所以配天也。故其牲唯具。以帝爲尊焉。萬物本乎天。人本乎祖。此思文之詩。所以頌稷。而配天也。郭氏嵩燾曰。變牢言滌。以示誠絜也。禮案卜牲唯卜帝牛。不吉則以爲稷牛。又選騂犢卜之吉。則繫於牢。芻之三月也。言稷牛唯具。則不卜可知。萬物本乎天。人本乎祖。此所以配上帝也。郊之祭也。大報本反始也。鄭注言俱本可以配。孔疏天爲物本。祖爲王本。祭天以祖配之。所以報謝其本。以財言之。謂物爲本。以終言之。謂初爲始。謝其恩。謂之報。歸其初。謂之反。大義同也。方氏慤曰。萬物皆天之所生。而人則祖之所生。故推祖以配天。呂氏大臨曰。所謂配者。當於祀天禮成之後。迎祖尸而已。以人鬼之禮祭之。必配祭者。所以盡人道之至愛。凡言配天。及郊祀之有尸者。義當如此。周氏諝曰。孝經曰。郊祀后稷以配天。宗祀文王於明堂。以配上帝。是祖之所配於圜丘者。昊天。而考之所配於明堂者。上帝。帝卽天也。易之象曰。先王以作樂崇德。殷荐之上帝。以配祖考。其言上帝。與此同意。禮案王者以始祖配天者。以賴之本。配生之本。故曰大報本。反始也。

禮記通釋卷三十三

玉環戴禮

郊特牲

天子大蜡八。伊耆氏始爲蜡。蜡也者。索也。歲十二月。合聚萬物而索饗之也。蜡之祭也。主先嗇而祭司嗇也。祭百種以報嗇也。

鄭注。所祭有八神也。伊耆氏。古天子號也。蜡。謂求索也。歲十二月。周之正數。謂建亥之月也。享者。祭其神也。英物有功加於民者。神使爲之也。祭之以報焉。造者配之也。先嗇。若神農者。司嗇。后稷是也。嗇所樹蓺之功。使盡享之。孔疏。八者。先嗇一。司嗇二。農三。郵表畷四。貓虎五。坊六。水庸七。昆虫八。所祭之神。合聚萬物。而索享之。但以此八神爲主。蜡云大者。是天子之蜡。對諸侯爲大。天子既有八神。則諸侯之蜡。未必八也。謂若先嗇。古之天子。諸侯未必得祭也。云諸侯亦有蜡者。禮運云。仲尼與於蜡賓。是諸侯有蜡也。明堂位云。土鼓。葦籥。伊耆氏之樂。禮運云。夫禮之初。始諸飲食。蕢桴土鼓。則伊耆氏神農也。以其初爲田事。故爲蜡祭。下云主先嗇。則豈神農自祭其身乎。蓋神農伊耆。一代之總號。其子孫爲天子者。始爲蜡祭。祭其先祖造田者。故有先嗇也。陳氏澔曰。主先嗇。猶前章。主日之主。言其爲八神之主也。孫氏希旦曰。伊耆氏。秋官之屬。伊。安也。耆。老也。此官掌共杖。以安息老人。爲職蜡息老物。故并使掌焉。始爲蜡者。於將蜡之時。始命國人爲蜡祭也。禮案。帝王世紀。堯母慶都。寄於伊長孺家。故堯從母所居爲姓。而姓伊耆。則此伊耆氏。其帝堯乎。司嗇若國語魯語。烈山氏之子柱。共工氏之子后土之屬。其神不一。不能立祠而祀。故但求其神而饗祭也。終歲萬物垂成。而蜡祭亦報反之義也。百種謂植物之實。莫不咸在。以享嗇神。所以答其創始之功也。

農及郵表畷禽獸。仁之至。義之盡也。古之君子。使之必報之。迎貓。爲其食田鼠也。迎虎。爲其食田豕也。迎而祭之也。祭坊與水庸。事也。

鄭注。農。田畯也。郵表畷。謂田畯所以督約百姓於井間之處也。詩云。爲下國畷郵。禽獸。服不氏所教擾猛獸也。迎。迎其神也。水庸。溝也。孔疏。田畯有功於民。郵若郵亭屋宇處所。表田畔畷者。謂井畔相連畷於此田畔相連畷之所。造此郵舍。田畯處焉。禽獸即貓虎之屬。言禽獸。則助田除害者。皆悉包之。特云貓虎。舉其除害甚者。不忘恩而報之。是有功必報之。是義也。蜡祭仁義之至盡也。禽獸服不氏所教擾猛獸。恐迎貓虎之身。故曰迎其神而祭之。坊者所以畜水。亦以鄣水。庸者所以受水。亦以泄水。謂祭此坊與水庸之神。蘇氏軾曰。迎貓則爲貓之尸。迎虎則爲虎之尸。近於倡優所爲。是以子貢言一國之人皆若狂也。孫氏希旦曰。貓虎非可爲尸。蓋使人蒙其皮以象之與。禮案。陳師衍曰。貓虎即上禽獸。不得分爲二。昆虫在下文。曰昆虫毋作。乃螟螽之類。害穀者。不應祭之。若祭之。則田鼠田豕亦當祭矣。自以此節經文爲主。莊子齊物論。庸也者。用也。用也者。通也。坊以阻水。王氏崇簡則謂城隍之名見於易。若廟祀則莫究其始。記曰。伊耆氏始爲蜡。蓋蜡祭八神。水庸居七。水則隍也。庸則城也。此正祭城隍之始。說亦可通也。

曰。土反其宅。水歸其壑。昆虫毋作。草木歸其澤。鄭注此蜡祝辭也。若辭同。則祭同處可知矣。壑猶坑也。昆虫暑生寒死。螟螽之屬。爲害者也。孔疏土即坊也。反歸也。宅安也。土歸其宅。則不崩。水即水庸。水歸其壑。謂不汎溢。昆虫毋作。謂不爲災。草苦稗木榛梗之屬。當各歸生藪澤之中。不得生於良田。害嘉穀也。陳辭有水土昆虫草木者。以其無知。故特有辭也。先嗇之屬有知。故不假辭也。方氏苞曰。中原多墳壤。若雨驟至。則川源暴作。沙土隨流而瀉。田多破壞。故祝以土反其宅。曰反其宅者。古法一晦三甽。廣尺深尺。起其土以爲隴。苗生葉。乃漬其土。反之故處。而隴漸平也。禮案蜡祭主先嗇。以報農功爲本。故祝祈土反其宅。則不崩圮。水歸其壑。則無沖沒。昆虫毋作。使勿害稼。草木歸宅。使毋亂苗。疏謂祭昆虫草木之辭誤矣。

皮弁素服而祭。素服以送終也。葛帶榛杖。喪殺也。蜡之祭。仁之至。義之盡也。黃衣黃冠而祭。息田夫也。野夫黃冠。黃冠草服也。鄭注送終喪殺。所謂老物也。素服衣裳皆素。祭謂既蜡臘先祖五祀也。於是勞農以休息之。論語云。黃衣狐裘。黃冠草服。言祭以息民物。象其時物之色。季秋而草木黃落。孔疏素服送終。是仁恩也。葛帶榛杖。示陰氣喪殺。斷割其理。是義也。案周禮籥章云。國祭蜡則龡豳頌。擊土鼓。息老物。物老將終。故葛帶榛杖。白素衣積素裳以送。不云皮弁者。從上省文也。蜡臘有別。總名蜡也。勞農息田夫。田夫則野夫也。野夫著黃冠。是季秋之後。草色之服。故息田夫而服也。陳氏祥道曰。周禮司服王祭羣小祀則玄冕。鄭氏曰。林澤墳衍。四方百物之屬也。大宗伯以疈辜祭四方百物。鄭氏曰。磔禳及蜡祭也。王於蜡服玄冕。而有素服與黃冠者。蓋執事者之服與。方氏愨曰。夫黃者土之色。百昌生於土而作。終亦反於土而息。服以是色宜矣。土爰稼嗇者。田夫之事。故凡野夫皆黃冠焉。孫氏希旦曰。此下言黨正蜡祭之禮也。司服王祭羣小祀。則玄冕。此服皮弁服者。黨正蜡祭之禮卑也。喪服變除。有葛帶喪服。又有杖。今蜡祭以葛爲帶。以榛爲杖。喪服之減殺者也。爲物之將終也。故素服以送之。爲物之已終也。故喪服以哀之。不忍其終者。愛卹之仁也。有始必有終者。裁制之義也。前云仁之至。義之盡。專就近貓迎虎而言。此則統指一祭而言也。黨正祭蜡。屬民飲酒。而一國之人皆若狂。黃衣黃冠而祭。謂農夫與於蜡祭。云禮者。既祭則使之飲酒宴樂。以休息之也。野夫黃冠者。言野夫既賤。故蜡祭之時。不得皮弁素服。而其服如此。黃冠草服者。臺笠之屬。禮案說是也。云葛帶榛杖以祭。則非天子親祭可知。野夫黃冠草服。箬笠簑衣之類。色並近黃。蓋異乎助祭者之黃衣黃冠。故特言野夫黃冠草服以明之也。

大羅氏。天子之掌鳥獸者也。諸侯貢屬焉。草笠而至。尊野服也。羅氏致鹿與女。而詔客告也。以戒諸侯曰。好田好女者。亡其國。天子樹瓜華。不斂藏之種也。鄭注諸侯於蜡使使者。戴草笠貢鳥獸也。詩云。彼都人士。臺笠緇撮。又曰。其餉伊黍。其笠伊糾。皆言野人之服也。詔使者。使者使歸以此告其君。所以戒之。華果蓏也。又詔以天子樹瓜蓏而已。戒諸侯以蓄藏蘊財利也。孔疏此因上祭。廣釋歲於蜡時之事。周禮羅氏。掌羅烏鳥。蜡則作羅襦。鄭司農云。襦細密之羅。周禮不云掌獸。此云獸者。以其受貢獸故也。四方諸侯。有貢獻鳥獸於王者。皆入屬大羅氏也。草笠。以草爲笠。使者著草笠。而至王庭。草笠是野人之服。今歲終切成。是由野人而得。故重其事。而尊其服。詔亦告也。客謂貢使。羅氏受貢畢。使者臨去。羅氏又以鹿及女。致與使者。宣天子之詔。令使者反國。以告戒其君曰。好田好女者。亡其國。言鹿是田獵所得之物。女是亡國之女。豈每國輒與女鹿邪。羅氏以鹿與女。示使者爾。瓜今之瓜。言天子唯樹瓜與果蓏。供一時之食。不是收斂久藏之種。與民爭利。令使者歸告其君。亦當如此。詩小雅都人士。周頌良耜篇。引此者。證笠是野人之服。方氏慤曰。五子述大禹之戒曰。內作色荒。外作禽荒。有一於此。未或不亡。則好田好女者。固足以亡其國。而可爲戒也。焦氏循曰。案爾雅華荂也。又云芙薊。其實荂。召氏春秋本味篇。菜之美者。壽木之華。高注云。壽木崐崘山上木也。華實也。以華訓實。與鄭訓果蓏同。郭氏嵩燾曰。天子樹瓜華。樹之甸師者也。瓜華宜荐新。不能斂藏。故天子自樹之。禮案草笠入貢。中野服之尊。非尊野服。尊其得禽獸之功。覆釋上文。野夫之黃冠草服。得與於蜡。乃尊其稼穡之功也。不斂句絕。言瓜華天子自樹。故不徵斂於民。藏之種。言藏瓜華之實。以自樹藝也。

八蜡以記四方。四方年不順成。八蜡不通。以謹民財也。順成之方。其蜡乃通。以移民也。既蜡而收民息已。故既蜡君子不興功。

鄭注四方方有祭也。其方不熟。則不通於蜡者。使民謹於用財。蜡有八者。先嗇一也。司嗇二也。農三也。郵表畷田也。貓虎五也。坊六也。水庸七也。昆虫八也。移之言羨也。詩頌豐年曰。爲酒爲醴。烝畀祖妣。以洽百禮。此其羨之與。收謂收斂積聚也。息民與蜡異。則黃衣黃冠而祭。爲臘必矣。孔疏此言蜡祭八神。因以記四方之國。有豐稔凶荒之異。四方之內。年穀不得和順成熟。則當方八蜡之神。不得與諸方通祭。所以然者。欲使不熟之方。萬民謹慎財物也。有順成之方。其蜡之八神。乃與諸方通祭。以蜡祭豐饒。皆醉飽酒食。使民歆羨也。皐氏以此節一皆據諸侯之國。而爲蜡祭。以記其功。當國不成。則不爲蜡。成則爲蜡。上云黃衣黃冠而祭。不云臘之與蜡。似爲一。此云既蜡而收民息已。先蜡後息民。是息民爲臘。與蜡異也。前黃衣黃冠。在蜡祭下。故知是臘也。不興功。謂不興農工。若土功。則左傳云。龍見而畢務。戒事也。火見而致用。水昏正而栽。日至而畢。土功。建亥之月起。日至而畢也。孫氏希旦曰。大宗伯以疈辜祭四方百物。是天子八蜡之祭。方別爲壇。有不順成之方。則蜡祭不行。其當方之黨。鄙之祭亦然。蓋八蜡所以報功。今四神既無功於民。故不行蜡祭。亦因凶荒殺禮之意。移猶表記衣服以移之之移。百姓終歲勤動。使因蜡祭而聚會飲食。所以移其厭倦之心。而予以豐饒之樂。一張一弛之道也。禮案通行也。年飢用不足。故不行蜡祭。所以節民財也。廣韻移延也。移民謂豐歲爲蜡祭。黨正屬民飲酒之樂。延及齊民也。

恆豆之菹。水草之和氣也。其醢。陸產之物也。加豆。陸產也。其醢。水物也。籩豆之薦。水土之品也。不敢用常褻味。而貴多品。所以交於神明之義也。非食味之道也。

鄭注此諸侯天子朝事之豆。有昌本。麋臡。茆菹。麇臡。饋食之豆。有葵菹。蠃醢。豚拍。魚醢。其餘則有雜錯云也。非食味。言禮以異爲敬。孔疏此總明祭祀籩豆酒醴。莞簟尊彝。醯醢鸞刀之屬。所用之宜。恆豆謂朝事恆常廣荐之豆。所盛之菹。是水草和美之氣。若昌本茆菹是也。其所盛之醢。陸地所產之物也。加豆謂祭末酳尸之後。其菹若葵菹豚拍之屬。所盛之醢。若蠃醢魚醢之屬。籩是配豆之物。所盛亦有水土所生。周禮籩人云。天子朝事之籩。其實有麷蕡白黑。則土所生也。鮑魚則水物。但籩之所盛。陸產甚多也。不敢用常褻美味。貴其多有品類。言物多而味不美。所以交接神明之義。取恭敬質素。非如人事。飲食美味之道也。方氏慤曰。實言實之在中。荐言荐之於上。孫氏希旦曰。菹酢菜也。取生菜以醢釀之。全物若牒謂菹。細切謂齏。醢肉醬也。有骨者謂之臡。無骨者謂之醢。禮案常味。人所常食者。若以之荐神。是近乎人道。故曰褻。貴多品。謂備物盡志。以交神明之道。必以遠於人者。爲敬也。**先王之薦可食也。而不可耆也。卷冕路車。可陳也而不可好也。武壯而不可樂也。宗廟之威而不可安也。宗廟之器可用也而不可便其利也。所以交於神明者。不可以同於所安樂之義也。**鄭注武萬舞也。孔疏祭祀荐羞。質而無味。不可歆嗜。衮冕路車尊嚴。不可尋常乘服。以爲榮好。武舞以示壯勇之容。不可常爲娛樂。宗廟尊嚴肅敬。不可寢處其中。以自安。宗廟之器。共事神明之道。不可因便以爲私利。所以交於神明者。不可以同於所安樂之義也。是總結上文。方氏慤曰。此言先王之荐。可食而不可耆。則知後之所言。玄酒明水。與夫大羹。皆不可耆。言路車可陳而不可好。則知素車之乘。亦不可好也。言宗廟之器。可用而不可便其利。則知疏布冪。與夫蒲越稾鞂。皆不可便其利也。前總其略。後別其詳。禮案荐謂籩豆之實。水土之品也。大羹不和。粢餈不鑿。可食而不可耆也。卷衮也。冕冕旒。路車大路也。衮冕象天。大路不飾。非可常服。以爲容好也。武舞飾武王總干山立。非可以先王威壯之容。以爲樂樂也。安居也。曲禮下曰。君子將營宮室。宗廟爲先。居室爲後。所以先王神而後已也。若居宗廟是人神無別矣。祭器可用於祭享。而不可以之自便焉。故斂則埋之也。蓋此亦承上章之意。言事神之道。總以異於人爲敬。同於人爲褻也。**酒醴之美。玄酒明水之尚。貴五味之本也。黼黻文繡之美。疏布之尚。反女功之始也。莞簟之安。而蒲越稾鞂之尚。明之也。大羹不和。貴其質也。大圭不琢。美其質也。丹漆雕幾之美。素車之乘。尊其樸也。貴其質而已矣。所以交於神明者。不可同於所安褻之甚也。如是而后宜。**鄭注尚質貴本。其至如是。乃得交於神明之宜也。則水司烜以陰鑑所取於月之水也。蒲越稾鞂。藉神席也。明之者。神明之也。琢當爲篆。字之誤也。幾謂漆飾沂鄂也。孔疏尚質貴本。玄酒謂水也。陳列酒尊之時。明水在五齊之上。玄酒在三酒之上。是尊尚其古。故設在前也。冪人云。疏布冪八尊。禮器云。犧尊疏布冪是也。凡常而居。下莞上簟。祭天則蒲越稾鞂之上。以祭天是神明矣。不敢用褻美味。故用質也。雕謂刻鏤。言尋常車以丹漆雕飾之。而祭天以素車者。尊其朴素。不重華飾。唯質素而已。以其交接神明。不可同於尋常。身所安褻之甚極者也。如是而后宜。言尚質尚儉如是。而后得交神明之義也。方氏慤曰。黼作斧形。其色則白與黑。黻則兩已相弗。其色則黑與青。青與赤謂之文。赤與白謂之章。以天地之文。作爲東南。成於西南故也。女功之作。始於粗。久而後至於精。故揚雄曰。霧縠之組麗。女功之蠶矣。以疏布之尙。故曰反女功之始。明之也者。謂其絜著之也。味之貴者。莫如淡。大羹則以淡爲質而已。物之美者。莫如玉。則以玉爲質而已。焦氏循曰。淮南子俶眞訓注。圻垠字也。說文。垠地限。一曰岸也。漢書揚雄甘泉賦注。鄂垠也。後漢書張衡思玄賦注引廣雅云。垠咢也。咢卽鄂。明帝紀注。圻堮也。堮亦鄂。然則鄂與圻義相疊。圻鄂者。界限之謂也。凡器物邊界。或用雕刻。或用丹漆。如衣之有緣。周帀於四圍。故云附纏。今木工造几案。起邊線。或細鏤文采。以爲之邊。圻鄂端崖也。無垠鄂。卽是無圻圍之界。猶器之邊矣。孫氏希旦曰。蒲越席。結蒲爲席。宗廟之席。稾鞂。祭天之席也。大羹淡泊。故曰貴其質。玉質本美。故曰美其質。不可同於所安褻之甚者。言同於所安褻。則不可之甚也。上節言祭祀之物。不可用於尋常。此節言平常之物。不可用於祭祀。承上文所以交於神明之義。非食味之道之義。而推廣申明之也。禮案酒醴五味。皆成之於水。尙水所以貴本也。黼黻文繡。皆施之於布。尙疏布所以反始也。蒲越言蒲席之粗而疏越也。稾鞂說見禮器。明謂其儉也。不和味不變。不琢則質純全。丹漆謂以丹髹漆之也。爾雅釋器。玉謂之雕。雕幾乃王之玉路。以雕玉爲飾也。而祀天則必乘素車者。以質朴爲尙。所以異乎人身所安。庶無褻於神明也。尋文義明字上下。似有脫文。鼎俎奇而籩豆偶。陰陽之義也。黃目。鬱氣之上尊也。黃者中也。目者氣之清明者也。言酌於中而清明於外也。鄭注牲陽也。庶物陰也。黃目黃彝也。周所造。於諸侯爲上也。孔疏黃彝以黃金鏤其外。以爲目。因名也。將貯鬱鬯。故云鬱氣也。故鄭注司尊彝云。黃目以黃金爲目是也。黃是中方色。日是氣之清明者也。酒在尊中。而人君慮於祭事。必斟酌盡於中也。目在尊外。示人君行祭必外盡清明絜淨也。案明堂位云。夏后氏以鷄彝。殷以斝。周以黃目。天子則黃彝之上。有鷄彝。鳥彝。備前代之器。諸侯但有黃彝。故云於諸侯爲上也。陳氏祥道曰。先王制器。或遠取諸物。或近取諸身。鷄鳥虎雖之彝。取諸物也。斝耳黃目。取諸身也。方氏慤曰。詩云瑟彼玉瓚。黃流在中。鬱在中。而以瓚酌之。蓋酌於中也。直達於北焉。蓋清明於外也。夫孝子將祭。虛中以治之。非酌於中之義乎。至於不御內。不聽樂。不飲酒。不茹葷。非清明於外之義乎。義疏云。本文以奇數爲陽。偶數爲陰耳。非以六牲爲陽。六穀爲陰也。考周禮司尊彝文。斝彝黃彝秋冬所用。黃目水之精。而反於上尊者。周正建子。天一生水也。陸氏奎勳曰。家農師以黃目爲龜目鑿甚。沈存中筆談云。予游關中。得古銅黃彝。其刻畫大體似繆篆文。又如欄盾所畫。迴波曲水之文。中間有二目。如大彈丸。突起煌煌然。所謂黃目也。禮案黃者中也。黃中通理。誠之致於內者也。清明於外。言黃目能達鬱鬯之臭。精之見於外者也。祭天掃地而祭焉。於其質而已矣。醯醢之美。而煎鹽之尙。貴天產也。割刀之用。而鸞刀之貴。貴其義也。聲和而后斷也。孔疏此所謂亦尙質。及貴天產。及聲和之義。餘物皆人功和合爲之。鹽則天產自然。煎者鍊治之也。熊氏云。煎鹽祭天所用。故云尙。割刀之用。必用鸞刀。貴其鸞鈴之聲。宮商調和。而后斷割其肉也。方氏慤曰。鹽非煎以鍊治之則不成。故謂之煎鹽。天官鹽人之所掌。祭祀共其苦鹽散鹽。然醯人醢人所共。未嘗不以祭祀爲主。則醯醢之美。祭祀非不用也。特非其所尙耳。夫刀能制斷。莫非義也。獨鸞貴其義者。貴其和而已。陳氏祥道曰。何休曰。鸞刀宗廟割切之用刀。環有和。鈴有鸞。夫和非斷則牽。斷非和則劌。故天以秋肅物。而和之以兌。聖人以義制物。而和之以仁。鸞刀以和濟割。示此意也。易曰利物足以和義。禮案煎鹽者。海水爲鹽。本水味自然之鹹。故曰天產。割斷也。鸞和也。和而能斷。取剛柔相濟之義。故貴乎鸞刀也。自恆豆至此。均言祭物。本接下文有虞之祭。中間說冠昏兩節。疑是冠義昏義之脫文。誤入於此。故與上下文不相連續。

冠義始冠之。緇布之冠也。大古冠布。齊則緇之。其緌也。孔子曰。吾未之聞也。冠而敝之可也。鄭注始冠三加。先加緇布冠也。大古無飾。非時人緌也。雜記曰。大白緇布之冠不緌。大白即大古白布冠。今喪冠也。齊則緇之者。鬼神尚幽闇也。唐虞以上曰大古也。冠而敝之可也。此重古而冠之耳。三代改制。齊冠不復用也。以白布冠質。以爲喪冠也。孔疏此一節。總論初冠之義。以儀禮有士冠禮正篇。此說其義。大古之時。其冠唯用白布。常所冠也。若其齊戒。則染之爲緇。今始冠重古。故先冠之也。緇布冠。古禮不合有緌。而後世加緌。故記者引孔子之言云。未聞緇布冠有緌之事。言緇布冠初加暫用。冠之罷則敝棄可也。以其古之齊冠。後世不復用也。玉藻云。緇布冠繢緌。則緇布有緌者。皇氏云。此經所論大夫士。故緇布冠無緌。諸侯則位尊盡飾。故有緌也。方氏慤曰。玉藻言緇布冠繢緌者。兼末世言之也。孔子未嘗聞其緌者。指盛世言之也。禮案儀禮士冠禮云。緇布冠缺項。青組纓。屬於缺。緇纚廣終幅。長六尺。鄭注彼云。缺讀如有頍者弁之頍。緇布冠無笄者。著頍圍髮際。結項中。隅爲四綴。以固冠也。項中有𦈡。亦由固頍爲之耳。有笄者屈組爲紘。垂爲飾。然則緌即紘與。以垂爲飾。故曰緌。是周之士冠緇布冠。已有緌。不止諸侯也。適子冠於阼。以著代也。醮於客位。加有成也。三加彌尊。喻其志也。冠而字之。敬其名也。鄭注阼東序少北。近主位也。每加而有成人之道也。成人則益尊。醮於客位尊之也。三加始加緇布冠。次皮弁。次爵弁。冠益尊。則志益大也。冠而字之。重以未成人之時呼之。孔疏案士冠禮。冠者在主人之少北。是近主位也。其庶子則冠於房戶外。南面客位。謂戶牖之閒南面。此謂適子也。若夏殷醮用酒。每一加則一醮於客位。周則用醴。三加畢乃一醮於客位。其庶子則皆醮於房戶外也。三加彌尊。所以曉喻冠者。令其志意益大。初加緇布冠。欲其尚質重古。次加皮弁。欲其行三王之德。後加爵弁。欲其行敬事神明。是志益大也。賀氏云。重難也。難未成人之時。呼其名。故以字代之。案冠禮既冠見母畢。立於西階東南面。賓東面字之曰伯某甫是也。方氏慤曰。冠者成人之服。阼者主人之階。成人則將代父而爲主。故冠於阼。以著代。著則所以明之也。醮於客位。是以賓禮崇之也。以其有成人之道。故以是禮加之。故曰加有成也。三加彌尊。非特冠彌尊。而衣屨亦彌尊。至於祝辭亦然。所以喻其志。則一而已。陸氏佃曰。醴禮簡。醮禮繁。醮用酒。醴用醴。醴在房內。醮在房外。醴脯醢。而醮有折俎。禮案適子冠於阼階。猶儀禮昏禮。婦降自阼階。皆所以著代之義也。敬尊也。名即內則子生三月見於父。父之所名也。既冠成人。故敬其名而字之。檀弓上所謂幼名冠字是也。

委貌。周道也。章甫。殷道也。毋追。夏后氏之道也。周弁。殷冔。夏收。三王共皮弁素積。鄭注委貌章甫毋追。常所服。以行道之冠也。或謂委貌爲玄冠也。弁冔收。齊所服而祭也。其皮弁素積。所不易於先代。孔疏三代恆服之冠。俱用緇布。而其形殊。周爲委貌之形。殷爲章甫之形。夏爲毋追之形。鄭注士冠禮。委安也。言所以安正容貌。章明也。殷質言所以表明丈夫。毋發聲。追猶堆也。夏后氏質。以其形名之。鄭注士冠禮記云。弁名出於槃。槃大也。言所以自光大。冔名出於幠。幠覆也。言所以自覆飾。收言所以收斂髮也。其制之異亦未聞。皮弁素積者。以其質素。故三王同服。無所改易也。此云委貌。而儀禮記稱玄冠。故云或謂委貌爲玄冠。方氏慤曰。皮弁以白鹿皮爲之。素積以素爲裳。言裳則衣可知。裳必疊幅。故謂之積。揚雄所謂襞幅爲裳是矣。服其服將以行是道。故每以道言之。周氏諝曰。三代不同者。所以趣時也。三代共之者。立本也。蓋皮弁素積。上古之服。禮案王制曰。夏后氏收而祭。殷人冔而祭。周人冕而祭。然則委貌其周之冕乎。

無大夫冠禮。而有其昏禮。古者五十而后爵。何大夫冠禮之有。諸侯之有冠禮。夏之末造也。天子之元子士也。天下無生而貴者也。鄭注言年五十。乃爵爲大夫也。其有昏禮。或改取也。諸侯冠禮。言夏初以上。諸侯雖有幼而即位者。猶以士禮冠之。亦五十乃爵命也。至其衰末。未成人者。多見纂弑。乃更即位。則爵命之。以正君臣。而有諸侯之冠禮。天子儲君副主。猶云士也。明人有賢行著德。乃得貴也。孔疏二十而冠。五十而爵爲大夫。故無大夫冠禮。然四十強而仕。亦應無士冠禮。而云有者。立禮悉用士爲正。所以五等。並依士禮冠子也。若試爲大夫者。亦用士禮。故鄭注冠禮云。周禮年未五十。而有賢才者。試以大夫之事。猶服士服。行士禮也。三十而昏。五十乃爲大夫。亦應無大夫昏禮。而云有者。是改取也。諸侯之有冠禮。夏之末造者。言夏初以前。諸侯未有冠禮。與士冠同。夏末以來。諸侯有冠禮。與士禮異。故大戴禮有公冠篇。加玄冕爲四加也。此經直明諸侯。不云天子。又下云。天子之元子。猶與士同。則天子與士異也。然則天子冠禮。其來已久。但無文以言之。玉藻云。玄冠朱組纓。天子之冠也。鄭注云。始冠之冠。是天子別有冠禮。皇氏云。天子元子。唯冠同於士。其餘則與士不同也。故喪服諸侯之兄弟。得行大夫之禮也。賈氏公彥曰。案喪服大夫爲兄弟之長殤降小功。鄭云謂爲士若不仕者。明其或亦爲大夫則不爲殤而降也。蓋小記云。丈夫冠而不爲殤。此兄殤者。既有德行。年未二十而得爲大夫。則是大夫亦不以二十而始冠也。方氏慤曰。古者諸侯無冠禮。蓋天子之元子。猶士也。況諸侯乎。皆用士冠禮而已。父在則爲士。父沒則代爲君。以彼年未冠而父沒者。不可以居諸侯之位。而用士禮。故至夏末。有諸侯冠禮。然則諸侯之有冠禮。爲未冠而父沒者。造之也。敖氏繼公曰。元子長子其冠時猶與士。而用士禮。以其未即位。則無爵故也。舉天子之元子。以見其餘。禮案大戴公冠云。公冠四加。天子儗焉。大子庶子冠。其禮與士同。其享賓也皆同。故亦二十而冠也。祭法曰。王下祭殤五。又檀弓下云。君之適長殤。車三乘。是年十九以上。乃爲殤。故知二十乃冠也。其已即位。則不能待至二十。故魯襄公十二而冠。見左傳。無生而貴。爲父在者言。若已踐阼爲君。又焉能責以爲人子。爲人臣之禮乎。故孔子謂諸侯冠禮非古。則天子可知。天子之子冠禮猶士。則諸侯之子可知。家語冠頌解謂。古者王世子雖幼。其即位則尊爲人君。人君治成人之事者。何冠之有。

繼世以立諸侯。象賢也。以官爵人。德之殺也。死而謚。今也。古者生無爵。死無謚。鄭注賢者子孫。恆能法其先父德行。以官爵人。言德益厚。官益尊也。古謂殷以前也。

大夫以上。乃謂之爵。死有謚也。周制爵及命士。雖及之。猶不謚耳。今記時死則謚之。非禮也。孔疏繼世象賢。釋夏末以來。有諸侯冠禮之意。德之殺。言官爵之授。隨德隆殺也。大夫以上。雖以德授爵。猶無冠禮。兼明士又德薄。而無爵也。無謚明士禮。冠禮記之文也。以士為主。故此論士死。而加謚今也。古謂殷以前。士生時爵不及。死不制謚。周氏諝曰。謚者行之迹。故古者生而有爵。則死乃請謚於天子。而天子命之謚。後世但死。則皆有謚。蓋未嘗請謚於天子。特其自謚耳。故曰死而謚今也。徐氏師曾曰。古者生無大夫之爵。死不得為謚。以其德未成而無可述也。方氏苞曰。微子之命曰。維稽古崇德象賢。微子以庶子承商統。故首發此義。禮案陳師衍曰。諸侯受命。必德足象賢。乃命之。如大夫受命。亦視其德之殺於諸侯而次之。如六德三德之類。若未命則生無爵。死亦無謚。後世命之不待五十。故得謚者多也。

禮之所尊。尊其義也。失其義。陳其數。祝史之事也。故其數可陳也。其義難知也。知其義而敬守之。天子之所以治天下也。

鄭注言禮所以尊。尊其有義也。治天下言政之要。盡於禮之義。孔疏此因上論冠義。下論昏義。因上起下。於中說重禮之義也。不解禮之義理。是失其義。惟知布列籩豆。是陳其數。其事輕。故云祝史之事也。籩豆事物之數可陳。以其淺易。禮之義理難知。以其深遠。聖人能知其義理。而恭敬守之。天子所以治天下也。方氏愨曰。經曰。鼎俎奇而籩豆偶。陰陽之義也。所謂奇偶者。其數也。陰陽者。其義也。數在外。故可陳。義在內。故難知。中庸曰。明乎郊社之禮。禘嘗之義。治國其如示諸掌乎。正謂是矣。朱子熹曰。此蓋秦火之前。典籍具備之時之語。固為至論。然非得其數。則其義亦不可得而知矣。況今亡逸之餘。數之存者。不能什一。則尤不可以為祝史之事。而忽之也。義疏云。古者十五而入大學。齊治均平。分內事也。天下無生而貴者。知其義而敬守之。冠者可不勉焉。冠者禮之始。故於此言之。而昏喪祭射朝聘。舉可知矣。禮案陳數則實體難知。知義則禮可以義起。此義之所以可尊也。然有名物度數之存。亦可推尋其義理。故列女傳謂孟母徙舍學宮之旁。見孟子嬉遊。乃設俎豆揖讓進退。卒成大儒。此豈非由度數而底於義理者哉。朱子之言是也。

天地合而后萬物興焉。夫昏禮。萬世之始也。取於異姓。所以附遠原別也。

鄭注天地合。萬物興。目禮之義。同姓或取。多相褻。孔疏此一節論聖人重昏禮之事。天氣下降。地氣上騰。天地合配。則萬物生焉。若夫婦合配。則子胥生焉。此與下昏禮為目。取異姓者。所以依附相疏遠之道。厚重分別之義。不欲相褻。故不取同姓也。方氏愨曰。有夫婦。然後有父子。父子所以傳世。故曰萬世之始。取異姓。所以附遠。不取同姓。所以厚別。遠不附。則人情無以通。別不厚。則人道無以辨。馬氏晞孟曰。易曰。天地絪緼。萬物化醇。男女搆精。萬物化生。與此同意。禮案上古男女野合。人知有母。不知有父。又焉能相承繼世。自大昊作為昏姻之禮。夫婦配合。孕育子姓。傳代無窮。故大戴禮哀公問於孔子曰。天地不合。萬物不生。大昏萬世之嗣也。附遠謂異姓不親。由結昏而屬。厚別謂同姓不取。防因親致亂。

幣必誠。辭無不腆。告之以直信。信事人也。信婦德也。壹與之齊。終身不改。故夫死不嫁。

鄭注誠信也。腆猶善也。直猶正也。此二者所以教婦正直信也。事猶立也。齊謂共牢而食。同尊卑也。齊或為醮。

孔疏。幣帛必須誠信。使可裁制。勿使虛濫。辭無不腆者。賓之傳辭。無自謙退。云幣不善。不詐飾。欲告戒婦人以正直誠信事人也。貞信是婦人之德。二者謂辭也幣也。故昏禮記云。辭無不腆。皮帛必可制。鄭注云。賓不稱幣不善。此二者正也信也。下唯云信事人。信婦德。不云正者。正是信之小別。信則兼之。陸氏佃曰。凡一謙辭言不腆。據聘禮主人曰。不腆先君之祧。春秋傳曰。不腆敝器。今辭不云不腆。告之以直信也。馬氏晞孟曰。一與之齊。則榮辱貧賤休戚。惟所遇而不擇焉。故終身不改。顧氏炎武曰。歸妹。人之終始也。先王於此有省文尚質之意焉。故辭無不腆無辱。告之以直信。曰先人之禮而已。所以立生民之本。而爲嗣續之源。故以內心爲主。而不尚乎文辭也。非徒以教婦德而已。禮案。幣即儀禮士昏禮納徵之玄纁束也。齊者。齊體也。即共牢合巹同尊卑也。終身不改。信也。夫死不嫁。貞也。貞信之德。爲婦人四行之首。故納幣時已致其義焉。

男子親迎。男先於女。剛柔之義也。天先乎地。君先乎臣。其義一也。鄭注。先謂倡道也。馬氏晞孟曰。男子親迎。而男先於女者。剛先於柔之意也。豈獨昏姻之際如此。至於天地君臣。其義一也。天則造始。而地則代終。君主乎倡。而臣主乎和。禮案。儀禮士昏禮。壻親御婦車授綏。姆辭不受。婦乘以几。姆加景。乃驅。御者代。壻乘其車先。俟於門外。是親迎之禮。男先乎女也。白虎通云。禮男娶女。女嫁何。陰卑不得自專。就陽而成之。故傳曰。陽倡陰和。男行女隨。陽剛陰柔之義。造端乎夫婦。推而至於天地君臣。莫不皆然也。剛健中正。柔順利貞。天地之道也。君道答陽。臣道答陰。君臣之義也。

執摯以相見。敬章別也。男女有別。然後父子親。父子親。然後義生。義生。然後禮作。禮作。然後萬物安。無別無義。禽獸之道也。鄭注。言不敢相褻也。摯所奠鴈也。義生禮作。言人倫有別。則氣性醇也。禽獸之道。言聚麀之亂類也。孔疏。章。明也。壻親迎入門。而先奠鴈。然後乃與相見。是先行敬以明夫婦禮有分別。不妄交親也。陸氏佃曰。章讀如章物之章。春秋傳曰。男摯大者玉帛。小者禽鳥。以章物也。馬氏晞孟曰。哀公問政。孔子曰。夫婦別。父子親。君臣嚴。三者正。則庶物從之矣。與此同意。方氏慤曰。表記曰。無辭不相接也。無禮不相見也。欲民之毋相褻也。男女有別。則夫婦之道成。然後可以傳世。故有父子之親。上言父子親。則下言有義生者。謂君臣也。君臣之義。上下之分而已。故義生然後禮作。禮作則上不偪下。下不僭上。故萬物安也。有別有義。人之所以異於禽獸者。禽獸有牝牡之合。而無內外之別。有生育之愛。而無上下之義。故曰無別無義。禽獸之道也。禮案。白虎通云。摯用鴈者。取其隨陽之鳥。妻從夫之義也。敬謂重其禮。章謂明其義。所以詔男女之別。非愼重如此。不得好合也。男女有別。然後父子親者。謂若無昏姻之禮以立夫婦之道。則焉有父子之親乎。大戴本命曰。資於事父而事君而敬同。若父子有親。則君臣有義。尊卑上下之義。秩然大備。典章文物之等。燦然有作矣。曲禮上曰。人有禮則安。無禮則危。又云。聖人作爲禮以教人。使人以有禮。知自別於禽獸。故曰無別無義。禽獸之道也。

壻親御授綏。親之也。親之也者。親之也。敬而親之。先王之所以得天下也。鄭注。言己親之。所以使之親己。先王若大王文王。孔疏。案昏禮。婦降自西階。壻親御婦車授綏。欲親愛於婦。壻所以親其婦者。欲令婦之親己也。故云親之也者。親之也。馬氏晞孟曰。婦人女子。近之則不孫。遠之則怨。故不可以不親之。敬之者禮也。親之者仁也。愛與敬。先王之所以御婦之道也。二女嬪於虞。文王刑於寡妻。至於兄弟。以御於家邦。此先王之所以得天下也。講義曰。夫王敬而親之。先王得天下之道。不外乎是。所謂正始之道。王化之基是矣。義疏云。親而不敬。其失則流。敬而不親。其失則離。敬也而親。此所以小大由之。而無弊也。禮案親御示敬。授綏示親。敬禮也。親仁也。先王若大王之愛厥妃。文王親迎於渭。中庸曰。君子之道。造端乎夫婦。及其至也。察乎天地。

出乎大門而先。男帥女。女從男。夫婦之義由此始也。婦人從人者也。幼從父兄。嫁從夫。夫死從子。夫也者夫也。夫也者以知帥人者也。鄭注先者車居前也。從謂從其教令。夫之言丈夫也。夫或爲傅。馬氏晞孟曰。夫主於義。故有所帥。無所從。婦主於聽。故有所從無所帥。夫婦之道。其大概不出於此。故出乎大門而先。男帥女。女從男。夫婦之端。基之於此也。婦者。恆其德者也。有三從之義。無一達之禮。故幼從父兄。嫁從夫。夫死從子。夫者制義者也。制人而不制於人。故曰知帥人者也。知帥人則非所謂不恆其德。而從婦凶也。孫氏希旦曰。大門婦家之大門也。先壻車先行也。夫婦之義由此始者。婦未出家。猶未成其爲婦。出乎大門則夫全乎其爲夫。婦全乎其爲婦。一帥一從。而尊卑倡隨之義定矣。夫乃丈夫之稱。丈夫乃有才智者之名。左傳成師以出。聞敵強而退。非夫也。是也。故曰以知帥人者也。禮案男帥女從。即上文男先於女之義。由此肇始。夫倡婦隨。終身不貳也。大戴本命曰。婦人有三從之道。無專制之義。帥人謂夫當帥婦。而不當爲婦所帥也。易恆卦云。婦人貞吉。從一而終也。夫子制義。從婦凶也。末二夫字。當讀若扶。白虎通曰。夫也者扶也。匡扶婦德。以正家也。

玄冕齊戒。鬼神陰陽也。將以爲社稷主。爲先祖後。而可以不致敬乎。鄭注玄冕祭服也。陰陽謂夫婦也。孔疏廣陳敬事也。玄冕助祭服。五冕通玄。故合爲玄冕也。用助祭服。以親迎。齊戒自整敕也。是敬此夫婦之道。如事鬼神。將以爲社稷之主。爲先祖後。釋所以冕而親迎。妻爲內主。故有國者。是爲社稷內主也。始此嗣廣後世。故云先祖後也。明如此之重。可以不致敬乎。案昏禮。士昏用上服。以爵弁。則天子以下。皆用上服也。方氏慤曰。以交鬼神之道。而施諸陰陽之配。固所以致敬也。社稷主者。夫爲主於外。婦爲主於內故也。此則主有土者言之。先祖後者。有夫有婦。然後可以傳世。而後其先也。此則通天下言之。馬氏晞孟曰。玄冕齊戒。祭之重者也。而用於昏姻。哀公曰。冕而親迎。不已重乎。是也。方氏苞曰。男女配匹。乃陰陽之始交。國家之興衰。於是乎兆。先祖社稷之靈。實式憑之。故曰鬼神陰陽也。禮案祭統云。國君娶夫人之辭曰。請君之玉女。與寡人共有敝邑。事宗廟社稷。故此云將以爲社稷主也。蓋此節廣言親迎禮重。故舉天子諸侯冕而親迎之禮。而曰玄冕。若士則爵弁服。齊戒告廟也。鬼神先祖也。陰陽者男女匹合。法其義也。哀公問於孔子曰。合二姓之好。以繼先聖之後。以爲天地社稷宗廟之主。君何謂已重乎。

共牢而食。同尊卑也。故婦人無爵。從夫之爵。坐以夫之齒。鄭注爵謂夫命爲大夫。則妻爲命婦。方氏慤曰。牢謂牲牢也。先王以牢禮爲之等。尊卑異焉。而夫婦之禮。則共一牢而食者。示同尊卑。夫尊則婦亦尊。夫卑則婦亦卑。尊卑同。故爵齒亦從夫而已。玉藻曰。君命屈狄。再命褘衣。一命襢衣。士褖衣。是從夫之爵也。大傳曰。其夫屬乎子道者。妻皆婦道也。是從夫之齒也。孫氏希旦曰。二牲以上。謂之牢。士昏用爵弁而上。云玄冕。士昏用特豚。而此云共牢。皆謂大夫以上之禮。共牢者。謂用一牢。而夫婦共食之。不別俎也。坐以夫之齒者。謂兄弟之妻。其娣姒之序。不以己之年。而以夫之年也。禮案玉藻云。唯世婦命於奠繭。其他則皆從男子。是亦有不從夫爵者矣。**器用陶匏。尚禮然也。三王作牢用陶匏。**鄭注此謂大古之禮器也。言大古無共牢之禮。三王之世作之。而用大古之器。重夫婦之始也。孔疏俎以外。其器但用陶匏而已。此乃貴尚古之禮自然也。陶是無飾之物。匏非人功所爲。皆是天質。而自然也。周氏諝曰。陶匏祭天地之器。而用於昏者。尚禮之至也。孫氏希旦曰。陶謂以瓦爲尊敦之屬。匏謂以匏爲爵也。士昏禮食畢。夫婦皆三酳。初酳再酳用爵。三酳用巹。巹半匏也。以一匏分而爲二。夫婦各用其一以酳也。尚上通。尚禮然。謂上古之禮器如是也。禮案昏禮用祭天地之器以酳者。法天地合。而後萬物生也。**厥明。婦盥饋。舅姑卒食。婦餕餘。私之也。舅姑降自西階。婦降自阼階。授之室也。**鄭注私之猶言恩也。授之室。明當爲家事之主也。孔疏厥明謂共牢之明日。婦見舅姑。乃盥饋特豚。舅姑食竟。以餘食與婦餕。示舅姑相恩私之義也。降自阼階。謂適婦也。禮畢舅姑從賓階而下。婦從主階而降。是示授室與婦之義也。案昏禮既昏之後。夙興贊見。婦於舅姑。婦執笲棗栗奠於舅席。又執腶脩奠於姑席。贊者醴婦。婦受醴畢。舅姑共席於奧。婦盥饋特豚。卒食一酳。婦即席餕姑之餘。卒食姑酳之。此士禮也。其大夫以上。牲牢或異。方氏慤曰。盥手所以致其潔。饋謂特豚。所以致其養。以舅姑之尊。而降自賓階以婦之卑而降自主階。示授之室。而爲之主。男以女爲室。故以室主之。孫氏希旦曰。舅姑降自西階。婦降自阼階。謂盥饋之明日。舅姑享婦以一獻之禮。既享而降也。禮案孫氏引昏禮是也。但彼舉其禮。此言其義。固不必其事事皆合也。夫隆冠禮。所以詔子之自立。重昏禮所以勗婦之自修。故雖父母舅姑在。而子冠於阼。婦降自阼階。禮豈虛行也哉。周氏諝曰。先王欲隆冠昏之禮。是以有斯須之敬也。**昏禮不用樂。幽陰之義也。樂陽氣也。昏禮不賀。人之序也。**鄭注幽深也。欲使婦深思其義。不以陽散之也。序猶代也。孔疏昏禮所以不用樂者。欲使其婦深思陰靜之義。以備婦道。陽是動散。若其用樂。則不令婦人志意動散。故不用樂也。方氏慤曰。昏姻之禮。在子則有代父之序。在婦則有代姑之序。所以不賀。則一也。孔子曰。取婦之家。三日不舉樂。思嗣親也。蓋有所思者。固欲其幽陰也。陳氏祥道曰。古之制禮。不以陽干陰。事則昏禮不用樂。幽陰之義。昔裴嘉有昏會。酒中而樂作。薛方士非之。可謂知其義矣。義疏云。此篇大旨在報本反始。貴誠尚質而已。故其敍冠義曰。始加緇布冠。曰天下無生而貴。其敍昏禮曰。萬世之始。曰器用陶匏。曰不樂不賀。孫氏希旦曰。序謂相傳之次第也。昏禮舅姑授婦以室。子有傳重之端。則親有代謝之勢。人子之所不忍言也。故不賀。禮案幽陰者。以陰之幽思也。不用樂不賀。說並見曲禮上。

有虞氏之祭也。尚用氣。血腥爓祭。用氣也。殷人尚聲。臭味未成。滌蕩其聲。樂三闋。然後出迎牲。聲音之號。所以詔告於天地之間也。鄭注尚謂先薦之。爓或爲䐹。滌蕩猶搖動也。孔疏此一節。總論祭祀之事。尚謂貴尚也。血謂祭初以血詔神於室。腥謂朝踐薦腥肉於堂。爓謂沈肉於湯次腥。亦薦於堂。祭義云。爓祭祭腥而退是也。今於堂以血腥爓三者而祭。並未孰。故云用氣也。帝王革異。殷不尚氣。而尚聲。謂先奏樂也。不言夏。或從虞也。臭味未成。謂未殺牲也。殷尚聲。故未殺牲。先搖動樂聲。以求神也。闋止也。奏樂三遍止。乃迎牲入殺之。鬼神在天地之間。故用樂之音聲。號呼告於天地之間。庶神明聞之。是求陽之義也。周氏諝曰。尚氣尚聲尚臭。皆以宗廟之祭言之。至於天地之祭。則天以升烟爲主。地以薦血爲主。百王之所不易也。凡血告於室。腥爓薦於堂。有虞氏則血與腥爓。皆以爲祭。是故爲尚氣也。所謂尚聲者。先作樂以求諸陽。然後出迎牲。所謂尚臭者。先灌以求諸陰。然後迎牲。然則有虞氏之尚氣者。亦求諸陰陽之間而已矣。應氏鏞曰。戛擊鳴球。祖考來格。虞非不尚樂也。而商樂視舜則愈備。猗那之詩。可考也。厥作祼將。常服黼冔。商非不尚祼也。而周祼視商則愈重。旱麓受祖之詩。可見矣。禮案滌清蕩揚也。謂樂聲清揚。以告絜於先祖之神也。神陽也。故下文云。殷人先求諸陽是也。陽成於三。故樂奏三終而闋。**周人尚臭。灌用鬯臭。鬱合鬯。臭陰達於淵泉。灌以圭璋。用玉氣也。既灌然後迎牲。致陰氣也。蕭合黍稷。臭陽達於牆屋。故既奠。然後焫蕭合羶薌。**鄭注灌謂以圭瓚酌鬯。始獻神也。已乃迎牲於庭殺之。天子諸侯之禮也。奠謂薦孰時也。特牲饋食所云。祝酌奠於鉶南是也。蕭薌蒿也。染以脂合黍稷燒之。詩云。取蕭祭脂。羶當爲馨。聲之誤也。奠或爲薦。孔疏周禮變於殷。故先求陰尚臭也。臭謂鬯氣。未殺牲。先酌鬯酒灌地。以求神。是尚臭也。鬱鬱金草也。鬯謂鬯酒。煑鬱金和之。其氣芬芳調鬯也。又以擣鬱汁。和合鬯酒。使香氣滋甚。故云鬱合鬯也。用鬱鬯灌地。是用臭氣求陰。達於淵泉也。王肅云。以圭璋爲瓚之柄。所以酌鬯也。玉氣絜潤。灌用玉瓚。亦是尚臭也。周言用玉。則殷不用圭瓚。既灌先求神。後迎牲。是先求陰也。先致氣於陰。故云致陰氣也。蕭合黍稷。周人後求陽也。取蕭草及牲脂膋。合黍稷燒之。此謂饋食時。以臭氣求陽。達於牆屋也。故既奠。然後焫蕭合羶香者。明上焫蕭之時節也。既奠謂堂上事尸竟。延尸戶內。更從此始也。於薦孰時。祝先酌酒奠於鉶羹之南。訖。尸未入。於是又取香蒿。染以腸間脂。合黍稷燒之於宮中。此又求陽之義也。馨香謂黍稷。方氏慤曰。灌以圭璋。謂君灌以圭瓚。后灌以璋瓚也。見明堂位解。玉之爲氣。如白虹。則絜之至也。能交三靈而通之。故祭祀用焉。羶者。天產之臭。染蕭以膟膋。故言羶。合蕭以黍稷。故言薌。禮案白虎通云。陽達於牆屋。陰入於淵泉。所以灌地降神也。玉瓚者。所以灌鬯之器也。以圭飾其柄。灌鬯貴玉氣也。大戴勸學曰。玉者陽之陰也。灌用圭璋。自陽求諸陰也。達於淵泉。言九泉之下。深無不之也。蕭合黍稷。地產之物陰也。焫之使其氣上升。自陰求諸陽也。達於牆屋。謂宗廟之中。周無不偏也。羶薌牛羊之脂膏也。牛土畜。其臭薌。羊火畜。其臭羶。內則云。春宜羔豚膳膏薌。冬宜鮮羽膳膏羶是也。**凡祭慎諸此。魂氣歸於天。形魄歸於地。故祭求諸陰陽之義也。殷人先求諸陽。周人先求諸陰。**鄭注此其所以先後異也。方氏慤曰。祭所以求諸陰陽者。一陰一陽。皆自然之理。非人爲之僞也。故曰凡祭慎諸此。人之生也。受氣於天。及其死也。魂氣復歸於天。成形於地。及其死也。形魄復歸於地也。故不可不求諸陰。以其歸於天也。故不可不求諸陽。然則聖人之爲此也。豈徒陳其數而已哉。亦有以知其義耳。故曰求諸陰陽之義也。先求諸陽。則尚聲故也。先求諸陰。則尚臭故也。孫氏希旦曰。殷人先求諸陽。先作樂而後灌也。周人先求諸陰。先灌而後作樂也。祭義云。建設朝事。以報氣也。則有虞氏之尚氣。亦所以求諸陽。不言者可知也。禮案凡祭愼諸此。謂虞尚氣。殷尚聲。周尚臭。乃求諸陰陽之道。孰先孰後。皆有精義存焉。殷人以人死精神先散。而後形體僵。故祭先求諸陽也。周人以人生先具形體。而後有知識。故祭先求諸陰也。喪禮始卒廢床復魄。而後升屋招魂。亦是先求諸陰之義也。

詔祝於室。坐尸於堂。用牲於庭。升首於室。直祭祝於主。索祭祝於祊。不知神之所在。於彼乎。於此乎。或諸遠人乎。祭於祊。尚曰求諸遠者與。

鄭注。謂朝事也。朝事延尸於戶西南面。布主席東面。取牲膟膋。燎於爐炭。洗肝於鬱鬯。而燔之。入以詔神於室。又出以墮於主。主人親制其肝。所謂制祭也。時尸薦以籩豆。至薦孰。乃更延主於室之奧。尸來升席。自北方坐於主北焉。用牲謂殺之時。升首制祭之後升牲首於北墉下。尊首上氣也。直祭謂薦孰時也。如特牲少牢饋食之爲也。直正也。祭以孰爲正。則血腥之屬盡敬心耳。索求神也。廟門曰祊。謂之祊者。以於繹祭名也。於彼於此。室與堂與。尚庶幾也。孔疏詔告也。祝呪也。天子諸侯。朝事之時。坐尸於堂戶西南面。坐主在西方東面。尸主之前。則薦用籩豆也。祝乃取牲膟膋。燎於爐炭。入告神於室。又出墮於主前。王乃親洗肝於鬱鬯。而燔之於主前。今云詔祝於室。是燎於爐炭。入告於室也。坐尸於堂者。謂既灌之後。尸出堂。坐戶西南面也。下云用牲於庭。升首於室。此云詔祝於室。當殺牲之初。故知朝事時也。羊人云。祭祀割羊牲。登其首。則三牲之首。皆升也。祭以薦孰爲正。正祭時。祝官以祝辭告於主。若儀禮少牢。敢用柔毛剛鬣。用薦歲事。於皇祖伯某是也。索廣博求神。非但在廟。又求祭於祊也。此祊亦正祭日。而謂之祊者。以祊是廟門。明日繹祭稱祊。雖今日之正祭。假以明日繹祭名。同稱之曰祊也。祭或設饌在室。或設饌在堂。不知神之所在之處。於室於堂。故兩處設饌也。或其神靈遠離於人。不在廟乎。祭於廟門祊者。庶幾於遠處求神也。方氏慤曰。詔祝於室。卽血毛詔於室。坐尸於堂。卽羹定詔於堂。用牲於庭。卽納牲詔於庭。納之將以用焉。故言用。升首於室。卽升首報陽。若羊人祭祀割牲登其首。直祭祝爲主。凡室事是也。索祭祝於祊。凡此門事是也。不曰求而曰索者。以神之散無不之也。禮案於祊而曰索者。以祊非正祭之地。唯不知神之所在。於此門於彼。又疑鬼神遠人。或在廟門乎。故索祭於祊。猶蜡祭而索享萬物也。

祊之爲言倞也。肵之爲言敬也。富也者福也。首也者直也。相饗之也。嘏長也。大也。尸陳也。

鄭注倞猶索也。倞或爲諒。肵爲尸有肵俎。此訓之也。或曰福也者備也。直者訓所以升首。祭也。直或爲犆也。相謂詔侑尸者。欲使享此饌也。特牲饋食禮曰。主人拜妥尸。尸答拜。執奠祝享主人受祭福曰嘏。此訓也。尸或詁爲主。此尸神象。當從主訓之言陳。非也。孔疏案特牲少牢設饌之後。尸祭饌訖。祝取牢心舌。載於肵俎。設於饌北。尸每食牲體。反置於肵俎。是主人敬尸之俎也。少牢云。皇尸命工祝。承致多福無疆於女孝孫。使女受祿於天。宜稼於田。眉壽萬年。勿替引之。此是大夫嘏辭也。人君則福慶之辭更多。故詩楚茨云。永錫爾類。時萬時億。卜爾百福。如幾如式。是也。直正也。言首爲一體之正。相謂立祝詔侑。欲尸歆享此饌。嘏長也大也。尸嘏主人，欲使長久廣大也。此經尸爲陳。諸本尸爲主。主是人所主事。陳是器物陳列。故云非也。陸氏佃曰：肵之爲言敬。以祈爲在是焉。敬也。故曰祭如在。富也者福也。左傳所謂博碩肥腯是也。相主婦也。經曰既內自盡。又求外助是也。又曰鄉之然後能享焉。蓋享非夫婦。有不能鄉。亦其親有不能享也。禮案祈求也。夫有嘏。必有祈。詩小雅云。祝祭於祊。祀事孔明。又曰孝孫有慶。報以介福。富也者福也。亦言祝祈福之辭也。儀禮昏禮記。親迎父詔子云。往迎爾相。承我宗事。故陸讀肵爲祈。釋相爲主婦。並較注疏爲優。

毛血。告幽全之物也。告幽全之物者。貴純之道也。血祭盛氣也。祭肺肝心。貴氣主也。祭黍稷加肺。祭齊加明水。報陰也。取膟膋燔燎。升首。報陽也。

鄭注：幽謂血也。純謂中外皆善。氣主。氣之所舍也。周祭肺。殷祭肝。夏祭心。祭黍稷加肺。謂綏祭也。明水。司烜所取於月之水也。齊。五齊也。五齊加明水。則三酒加玄酒也。膟膋。腸間脂也。與蕭合燒之。亦有黍稷也。孔疏：此謂祝初荐毛血於室時也。血是告幽之物。毛是告全之物。幽言牲體肉裏美善。全者牲體外色完具。所以備此告幽全之物者。貴其牲之純善之道也。血祭是堂上制祭後。又荐血腥時也。肺肝心三者。並爲氣之宅。故祭時先用之。是貴氣之主也。血是心之所舍。故云盛氣。三者非即氣。故云氣之主。祭黍稷加肺者。謂尸既坐。綏祭之時。祭齊加明水。謂於正祭之時。陳列五齊之尊上也。肺是五藏在內。水屬北方。皆陰類。又親形魄歸地是陰。以陰物祭之。故云報陰也。朝踐之時。祝取膟膋燎於爐炭。入以告神於室。出以綏於主前。又升首於室。至荐孰時。祝更取膟膋及蕭。與黍稷合燒之。是臭陽達於牆屋也。膟膋黍稷。並是陽氣之物。首又是牲體。亦是陽。魂氣在天爲陽。以陽物祭之。故云報陽也。方氏慤曰：觀射父曰。毛以示物。血以告殺。又曰血祭盛氣也。夫鬼神無形也。有氣而已。則交之者可不盛其氣哉。五行之氣。在天則爲五星。在地則爲五材。在人則爲五藏之氣。各有所主。而牲而象之。肺則金氣之所主也。肝心木火氣之所主也。經獨言三者。則以三代之所用者言之。燔燎之火。則司烜氏所取於日者也。前曰求。此曰報。何也。求主乎人情。報主乎物理。陸氏佃曰：祭黍稷加肺。少牢所謂上佐食取黍稷。下佐食取肺。尸受同祭於堂是也。祭齊加明水。即此所謂明水說齊貴新也。鄭氏謂五齊加明水。三酒加玄酒。則讀加爲尙之誤也。禮案牲病則血暗。毛雜則不純。故先取血毛告犧牲之幽全也。血祭盛氣也者。蓋凡器物釁以牲血。尙能通靈。況人之魂氣。焉能不資牲血以盛其氣乎。氣盛則能聚而不散矣。報陽不報陰。覆釋上文求諸陰陽之義也。

明水說齊。貴新也。凡說。新之也。其謂之明水也。由主人之絜著此水也。

鄭注：說猶清也。五齊濁。泲之使清。謂之說齊。及取明水。皆貴新也。周禮㡛氏以說水漚絲。說齊或爲汎齊。新之者敬也。著猶成也。言主人齊絜。此水乃成可得也。孔疏：明水謂以陰鑑取月中之水也。說謂泲五齊。使清。故云說齊。所以設明水及說齊者。以敬於鬼神。故新絜之也。明水謂清明之水。由主人清絜。成就此水。乃成可得而用也。方氏慤曰：明水說齊。即上所言祭齊加明水是矣。說則和之也。以齊之濁。故加水之清焉。濁則故。清則新。故曰貴新也。陳氏澔曰：凡說新之也。專主說齊而言。故下文又釋明水之義。禮案著明也。明水者。所以明主人之絜誠也。

君再拜稽首。肉袒親割。敬之至也。

敬之至也。服也。拜服也。稽首服之甚也。肉袒服之盡也。鄭注：割，解牲體。孔疏：言君所以再拜稽首肉袒者，於是恭敬之至極。服順於親也。拜既是服，而稽首頭至於地，是服之甚極也。肉袒服之盡，言心雖內服，外貌不盡，今肉袒去飾，是服之竭盡也。方氏愨曰：袒則肉露，故謂之肉袒。所以致親割之勞。割謂割牲。以人君之尊而服勞如此，所以爲敬之至。服，屈服於神，故曰敬之至也。拜下兩手而已。稽首則首至地焉，故曰稽首。服之甚也。首雖至地，又未若肉袒之勞焉，故曰肉袒服之盡也。周氏諝曰：以天子不可屈之勢，而爲之稽首肉袒，則天下莫不知有尊，而亦莫不知有親也。蓋先王設教之意，常寓於甚微之間。禮案：賈疏儀禮鄉射禮云：凡事無問吉凶，皆袒左，惟有受刑，袒右。然人力尚右，手割牲，右手執刀，其袒右乎。祭稱孝孫孝子。以其義稱也。稱曾孫某。謂國家也。鄭注：稱孝孫孝子，謂事祖禰。稱曾某，謂諸侯事五廟也。於曾祖以上稱曾孫而已。孔疏：熊氏云：祭稱孝孫對祖爲言，稱孝子對禰爲言。義，宜也。事祖禰宜行孝道，是以稱孝也。國謂諸侯，家謂卿大夫。既有國家之尊，不對但祭祖禰，更祭曾祖以上，唯稱曾孫。言己是曾重之孫也。大夫三廟，亦事曾祖，而得稱曾孫也。其諸侯大夫事祖禰之時，亦稱孝子孝孫，事曾祖以上，雖是內事，則同於外稱。故下曲禮云：諸侯內事曰孝子某侯某，外事曰曾孫某侯某是也。方氏愨曰：於曾孫曰某，則孝孫孝子從可知矣。然其序先孫而後子者，對祖禰之故也。陸氏佃曰：外事稱曾孫某，故曰謂國家也。據告於皇天后土，所過名山大川，曰惟有道曾孫周王發。禮案：國家謂外祀。陸說是矣。至注疏亦未可厚非。詩小雅楚茨云：孝孫有慶。又信南山曰：曾孫壽考。是內事並得稱孝孫曾孫也。又曲禮下云：天子內事曰孝王某，外事曰嗣王某，而大戴諸侯遷廟曰孝嗣侯某。是內外祀皆可稱孝嗣稱某也。祭祀之相，主人自致其敬，盡其嘉，而無與讓也。鄭注：相謂詔侑尸也。嘉，善也。孔疏：庾氏云：賓主之禮，相告以揖讓之儀。祭祀之禮，則是主人自致其敬，盡其善，故詔侑尸者，不告尸以讓，是其無與讓也。是之謂夫婦親之。讓，賓客之事也。嘉，夫婦之事也。禮案：敬謂洞洞屬屬，內心之誠也。嘉謂備物盡禮，以嘉魂魄也。腥肆爓腍祭，豈知神之所饗也。主人自盡其敬言已矣。鄭注：治肉曰肆。腍，孰也。爓或爲膶。孔疏：肆，剔也。言祭或進腥體，或薦解剔，或進湯沈，或薦煮孰，四種之薦，豈知神之所享邪。正是主人自盡敬心，而求祭之心不一耳。方氏愨曰：凡牲體解而生之之謂腥，體而陳之之謂肆，爓而未孰之謂爓，孰而爲殽之謂腍。孰謂之腍，若木之腍故也。孫氏希旦曰：士喪禮特豚四鬄，去蹄兩胉脊，蓋豚解有七體。殊左右肩髀而爲四，又兩胉一脊，而爲七也。腥肉用豚解之法解之，故曰腥肆。禮案：上云於室，於堂，於祊，不知神之所在。此云腥肆爓腍祭，不知神之所享。事異而意同。然則孝子致祭之心，亦可哀矣。舉斝角，詔妥尸。古者尸無事則立，有事而后坐也。尸，神象也。祝，將命也。鄭注：妥，安坐也。尸始入，舉奠斝若奠角，將祭之，祝則詔主人拜安尸。使之坐。尸即至尊之坐，或時不自安，則以拜安之也。天子奠斝，諸侯奠角。古謂夏時也。孔疏：斝角，爵名也。饋食薦孰之時，尸未入，祝先奠爵於鉶南，尸入即席而舉之，如特牲禮。陰厭後，尸入，舉奠焉也。詔，告也。尸始即席，舉奠斝角之時，未敢自安，祝當告主人拜尸，使尸安坐也。古夏時也。夏立尸。唯有飲食之時。乃坐。若無事。則倚立。由世質故耳。尸是神象。故無事則立。有事而後坐也。祝將命者。以傳達主人。及神之辭命也。方氏慤曰。斝先王之爵也。天子用焉。角時王之爵也。諸侯用焉。周官鬱人之大祭祀。與量人受斝之卒爵而飲之。蓋言是矣。詔妥尸。即士虞禮所謂。主人及祝拜妥尸。尸拜遂坐。是矣。蓋尸於主人。則子行也。以卑臨尊。嫌或不安焉。於是詔之。詩言以妥以侑是矣。尸於無事之時。則子行爲卑。故立。有事之時。則神象爲尊。故坐。事若舉斝角之類。禮案斝般爵。見禮運疏。角受四升。見禮器疏。尸無事立。有事坐。說詳禮器。

縮酌用茅。明酌也。醆酒涗於清。汁獻涗於醆酒。猶明清與醆酒於舊澤之酒也。鄭注謂泲醴齊以明酌也。周禮曰。醴齊縮酌。五齊醴尤濁。和之以明酌。藉之以茅。縮去滓也。明酌者。事酒之上也。名曰明者。事酒今之醳酒。皆新成也。春秋傳曰。爾貢包茅不入。王祭不共。泲以酌酒。酌猶斟也。酒已泲。則斟之以實尊彝。昏禮曰。酌玄酒三注於尊。凡行酒亦爲酌也。說於清。謂泲醆酒以清酒也。醆酒盎齊。差清。和之以清酒。泲之而已。泲盎齊必和以清酒者。皆久味相得。汁獻說於醆酒。謂泲秬鬯以醆酒也。獻讀當爲莎。齊語聲之誤也。秬鬯者。中有煮鬱。和以盎齊。摩莎泲之。出其香汁。因謂之汁莎。不以三酒泲秬鬯。尊也。猶若也。澤讀爲醳。舊醳之酒。謂昔酒也。泲醴齊以明酌。泲醆酒以清酒。泲汁獻以醆酒。天子諸侯之禮也。天子諸侯禮廢。時人或聞此而不審知。云若今明酌清酒與醆酒。以舊醳之酒泲之矣。就其所知以曉之也。泲清酒以舊醳之酒者。爲其味厚。臘毒也。孔疏此總釋周禮司尊彝。泲二齊及鬱鬯之事。縮泲也。酌斟酌。謂醴齊既濁。泲而後可斟酌也。欲泲醴齊時。先用明酌和此醴齊。然後用茅泲之。周禮三酒。一曰事酒。二曰昔酒。三曰清酒。三酒之中。事酒尤濁。五齊之內。醴齊尤濁。醆酒清於醴齊。清酒又清於事酒。故知以事酒泲醴齊。上清明也。事酒謂爲事而新作者。醳是和醳醞釀之名。即今卒造之酒。引春秋傳者。僖四年左傳文。此記不言五齊。獨舉醴盎二齊者。以司尊彝說時祭二齊。三酒與鬱。故也。醆酒說於清者。說謂泲漉也。盎齊差清。先和以清酒。而後泲之。不用茅也。周禮云。盎齊說酌。又醴齊後有盎齊。禮運醴後有醆。故知醆謂盎齊。盎齊既清。作之必久。清酒又冬釀。接夏而成。故云皆久味相得也。獻謂摩莎。既以事酒泲醳齊。清酒泲盎齊。則泲秬鬯應亦用三酒。今乃用盎齊者。秬鬯尊。故用五齊泲之。五齊卑。故用三酒泲之。事相宜也。古禮廢亡。恐人不知泲醴齊以明酌。泲醆酒以清酒。泲汁莎以醆酒之意。故記者云。泲醴齊之等。猶若今時明清醆酒泲於舊醳之酒也。明謂明酌。清謂清酒。醆酒謂盎齊。舊醳謂昔酒。作雖久成。比清酒爲薄。故用泲此清酒。清酒味厚。故國語云。厚味實臘毒。陸氏佃曰。縮酌醴齊也。以茅縮之。而後酌。茅明也。故謂之酒。醆酒盎齊也。以揺之在醆。故謂之醆酒。以說之在盎。故謂之盎齊。知然者。以宗婦執盎從夫人。荐說水。知之也。且方說之以水。是齊而已。凡盎言齊。以此及說於清。然後謂之醆酒。汁獻鬯齊也。謂之汁。汁陰陽之和也。月令曰。天時雨汁。禮案用茅縮酒。欲其氣之清芬。用水說酒。欲其色之明潔。清明者。所以著孝子之潔白虛中也。

祭有祈焉。有報焉。有由辟焉。鄭注祈猶求也。謂祈福祥。求永貞也。有報謂若穫禾報社。由用也。辟讀爲弭。謂弭災兵。遠罪疾也。孔疏報謂獲福而報之祭。既有祈有報。除祈報之外。唯有攘除凶惡。故解爲弭災兵。遠罪疾。取周禮小祝之文也。方氏慤曰。欲彼之有予也。故有祈以求之。若噫嘻祈穀於上帝。載芟之祈社稷之類。因彼之有施也。故有報以反之。若不豐年之秋冬報良耜。報社稷是也。慮彼之有來也。故有辟以去之。若月令之磔攘開冰。而用桃弧棘矢。以辟去不祥之類是也。於辟又言由者。以非祭之常禮。或有所以而用之故也。然禮器言祭祀不祈者。彼之所言。蓋爲已耳。此之所言。主爲民也。禮案由因也。有因辟禍災而祭。若昭十八年左傳。宋衛陳鄭皆火。子產使禳火於玄冥回祿之屬。**齊之玄也。以陰幽思也。**

故君子三日齊。必見其所祭者。鄭注齊三日者。思其居處。思其笑語。思其志意。思其所樂。則見之也。孔疏解齊服。所用玄冠玄衣義也。玄陰色。鬼神尚幽陰。故齊者玄服。以表心思。幽陰之理。故云陰幽思也。三日謂致齊時。所祭者謂親也。方氏慤曰。爲神而齊。必見其所祭之神。爲鬼而齊。必見其所祭之鬼。陸氏佃曰。此篇始言貴誠。故以齊終也。故曰誠者物之終始。不誠無物。孫氏希旦曰。大夫士齊服玄端玄裳。人君玄冕玄衣玄裳。蓋玄者幽陰之色。陽明則發散於外。幽陰則收斂於內。君子服以稱情。齊服幽陰之色。欲使稱其服以專思慮於親也。禮案此篇言祭。故以齊終之。必見其所祭者。非果能見鬼神也。言孝子之齊。專心致志。凝神存想。積誠之極。恍如親之來格也。祭義云。如見親之所愛。如欲色然是也。

禮記通釋卷三十四　玉環戴禮

內則第十二

孔疏案鄭目錄云。名曰內則者。以其記男女居室。事父母舅姑之法。此於別錄屬子法。以閨門之內。軌儀可則。故曰內則。朱子熹曰。此古學校。教民之書。蓋古經也。張氏怡曰。此篇專主教家者。故名內則。然非在人上者。命官垂訓。下民何能知而由之。故首冠以王命冢宰降德。孔案此篇所言。事親饋養之道。皆門內之治。故曰內則。爾雅釋云。則常禮法也。

后王命冢宰。降德於衆兆民。鄭注后君也。德猶教也。萬億曰兆。天子曰兆民。諸侯曰萬民。周禮冢宰掌飲食。司徒掌十二教令。一云冢宰。記者據諸侯也。諸侯并六卿爲三。或兼職焉。孔疏此論予事父母。由后王之教使之然。后謂諸侯。王謂天子。不云王者。辟天子妃后之嫌。故言后王。降下也。記者據諸侯爲文。命冢宰。下教令。於羣衆兆民。諸侯當云萬民。而云兆民者。雜以天子言之。依算法。億之數有大小二法。小數以十爲等。十萬爲億。十億爲兆。億億曰秭。兆在億秭之間。是大數。此篇既有飲食。又有教令。當云命冢宰司徒兩官。唯云冢宰。據諸侯并六卿爲三。或兼職焉。王蕭云。后王。君王。謂天子也。朱子熹曰。周禮大宰掌建邦之六典。而二曰教典。則教民雖司徒之分職。而冢宰無所不統。故以其重者言之。方氏慤曰。冢宰居六卿之長。而以道佐王者也。唯道以道之。故德乃得而降焉。天子曰兆民。非有天下。不足以與此。王氏應麟曰。降德所以全所降之衷也。元后作民父母。而作之師。冢宰建六典。而教典屬焉。故曰周公師保萬民。此君相之職也。二南之化以身教。內則之篇以言教。禮案孔疏尚書說命云。后王謂天子也。疏此以后謂諸侯者。從鄭義也。降德謂以修齊之德教。下施於兆民。論語云。道之以德是也。

子事父母。雞初鳴。咸盥漱。櫛縰笄總。拂髦。冠緌纓。端韠紳。搢笏。左右佩用。左佩紛帨。刀礪小觿金燧。右佩玦捍管遰。大觿木燧。偪屨著綦。鄭注咸皆也。縰韜髮者也。總束髮也。垂後爲飾。拂髦振去塵著之。髦用髮爲之。象幼時鬌。其制未聞也。緌纓之飾也。端玄端。士服也。庶人深衣。紳大帶。可以自紳約也。搢猶扱也。扱笏於紳。可以託事也。左右自佩也。必佩者。備尊者使令也。紛帨拭物之佩巾也。今齊人有言紛者。刀礪小刀及礪礱也。小觿解小結也。觿貌如錐。以象骨爲之。金燧可取火於日。捍謂拾也。言可以捍弦也。管筆彄也。遰刀鞞也。木燧鑽火也。偪行縢。綦屨繫也。孔疏自此至不敢私祭。總論在內法則。子事父母。婦事舅姑。男女出入之禮。長幼相事之法。此子謂男子。盥謂洗手。漱謂漱口。此據年稍長者。若其孺子。則晏起也。笄者著縰畢。以笄插之。熊氏云。以縰韜髮作髻訖。橫施此笄於髻中。以固髻也。非固冠之笄。故文在冠上。此所陳皆依事先後。櫛訖加縰。縰訖加笄。笄訖加總。然後加髦著冠。冠畢然後服玄端著韠。又加大帶。皇氏云。左旁用力不便。故佩小物。右廂用力爲便。故佩大物。士冠禮云。緇縰長六尺。鄭云。纚一幅長六尺。足以韜髮而結之。盧云。所以裹髻承冠。以全幅疊而用之。緌結纓頷下。以固冠。結之餘者。散而下垂。謂之緌也。紳帶笏制。備於玉藻。拾斂也。故鄉射大射。將射謂之遂。射罷謂之拾。皇氏云。晴則以金燧取火於日。陰則以木燧鑽火。綦屨頭施繫。以爲行戒。未知然否。或可著屨之時。屨上自有

時而已。則凡取火。皆木燧耳。孰謂木燧。有間於陰晴耶。彭氏汝礪曰。木燧檢棗桑柞槐之類。江氏永曰。此命士

繫以結於足。劉氏彝曰。金燧以鑑容也。佩玦者護巨指。以開弦也。陳氏祥道曰。金燧以取明火。特施於致嚴之

以上父子異宮者。事親之禮。卽後文昧爽而朝之事。服玄端而著韠搢笏。士服也。雞初鳴。甚言其早。其實適父母舅姑之所。亦在昧爽之後。晨起之事。獨不言頮。後云。五日則燂湯請浴。三日具沐。其間面垢。燂湯請頮。是古人不於盥時洗面。又必煮淅米汁而頮之。此古今人情之不同者也。焦氏循曰。士喪禮以爵弁服簪裳於衣。注云。簪連也。喪大記君裏棺用雜金鐕。疏云。鐕釘也。鐕與簪同。古人所謂簪。蓋所以釘物。漢時始名笄爲簪。故云今也。姚氏際恆曰。案顧命玄紛純。孔注云。紛卽組之小別。則組亦紛類。紛帨猶組織之帨云。洪氏頤煊曰。遰當作揥。詩葛屨。佩其象揥。毛傳。揥所以摘髮也。禮案此卽曲禮上晨省之禮也。說文櫛梳枇之總名。夙興盥漱。將適父母之所。冠服必整。所以敬親也。佩物必備。所以奉親也。

婦事舅姑。如事父母。雞初鳴。咸盥漱。櫛縰笄總衣紳。左佩紛帨刀礪小觿金燧。右佩箴管線纊。施縏袠。大觿木燧。衿纓綦屨。鄭注笄今簪也。衣紳衣而著紳。鞶小囊也。鞶袠言施。明爲箴管線纊有之。衿猶結也。婦人有纓示繫屬也。孔疏此論女事父母。婦事舅姑。所服之衣。所佩之物。皆異於男子。婦人之笄。異於上男子笄縰。故於此始云笄今簪也。與士冠禮爵弁笄皮弁笄同。故鄭注冠禮亦云笄今之簪也。喪服女子子吉笄尺二寸。袠刺也。以針刺袠而爲鞶囊。故云鞶袠。餘物皆不言施。獨於箴管線纊之下而言施鞶袠。明爲四物而施。鄭注昏禮云。婦人十五許嫁。笄而禮之。因著纓。明有繫。蓋以五采爲之。其制未聞。下男女未冠笄亦云衿纓者。彼未冠笄之纓。用以佩容臭。與此婦人既笄之纓別也。陳氏祥道曰。男女事父母。婦事舅姑。皆有纓以佩容臭。則與女子許嫁之纓不同。鄭氏曰。婦人有纓以示繫屬誤矣。朱子熹曰。婦人不冠。則所謂髻笄卽爲固髻之用。亦名爲簪。而非如二纓弁之簪矣。焦氏循曰。荀子箴賦云。管以爲母。楊倞云。管所以盛箴。故曰爲母。婦人箴貯管中。猶男子筆彄管中。既有管。不必有囊矣。施鞶袠。專承線纊說。文線作綫。縷纊同絖。絮也。是爲兩物。袠同帙。書衣也。古人書用竹策。有以包裹之。爲帙。線可施以小囊。絲絮宜用包裹。竊謂鞶以貯線。袠以裹纊。管以受箴。正義未然。禮案顏注前漢藝文志云。古以石箴刺病。紉衣之箴未聞。然箴字以竹。疑以竹爲之。婦佩必箴管線纊者。所以備補綴也。

以適父母舅姑之所。及所。下氣怡聲。問衣燠寒。疾痛苛癢。而敬抑搔之。出入則或先或後。而敬扶持之。進盥。少者奉槃。長者奉水。請沃盥。盥卒授巾。問所欲而敬進之。柔色以溫之。饘酏酒醴。芼羹菽麥蕡稻黍粱秫唯所欲。棗栗飴蜜以甘之。堇荁枌榆免薨滫瀡以滑之。脂膏以膏之。父母舅姑必嘗之而后退。鄭注適適之。怡說也。苛疥也。抑按搔摩也。先後之。隨時便也。槃承盥水者。巾以帨手。溫藉也。承尊者必和顏色。酏粥也。芼菜也。蕡熬枲實。甘之滑之膏之。謂用調和飲食也。荁堇類也。冬用堇。夏用荁。榆白曰枌。免新生者。薨乾也。秦人溲曰滫。齊人滑曰瀡也。而

嘗后退。敬也。孔疏。此論子事父母。婦事舅姑。至其處所。奉扶沃盥。進酒醴膳羞之事。藉者。所以承藉於物。言子事父母。當和柔顏色。承藉父母。若藻藉承玉然。酏粥是薄者。饘爲厚者。故左傳注云。饘粥。爾雅釋言。餬。饘也。芼菜者。案公食大夫禮。三牲皆有芼者。牛藿。羊苦。豕薇也。是芼乃用菜雜肉爲羹。釋草云。蕢。枲實也。此中菽豆以下。供尊者所食。悉皆須熟。或煮或熬也。棗栗飴蜜。以和甘飲食。用堇荁枌榆及新生乾薨。相和滫瀡之。令柔滑也。凝者爲脂。釋者爲膏。以膏沃之。使香美也。此等總謂調和飲食。案士虞禮記。夏用葵。冬用荁。鄭注。荁。堇類也。干則滑。夏秋用生葵。冬春用乾荁。與此不同者。此經堇荁相對。士虞葵荁相對。所對不同。故注有異。孫炎云。榆白者名枌。案庖人云。共鮮薨之物。鮮薨相對。此經以免對薨。薨既是干。故知免爲新生也。方氏愨曰。養不以敬。何以別於犬馬。故人每以敬言之。自菽以下。其性其味。各不同。故唯父母舅姑之所欲而進之。以血氣既衰。養之不可不順也。父母舅姑必嘗之而後退。則以知其得所欲。故嘗之也。自下氣怡聲而下。則所以養志也。自是饘酏酒醴而下。則所以養口體也。故先後之序如此。孫氏希旦曰。盤以承盥水。其盛水蓋以匜。左傳奉匜沃盥也。盤輕。故少者奉之。水重。故長者奉之。汪氏紱曰。溫如溫衾之溫。作活字用。如今人情深謂之親熱。情薄謂之冷落。將和柔之色去親熟父母。何必作蘊藉之說。錢氏大昕曰。薨本蒿里字。借爲枯槁之槁。洪氏頤煊曰。爾雅之釋草。莃。莬葵。郭璞注。頗似葵而小。葉狀如藜。有毛。汋啖之滑。免即葵也。鄭注以免爲葵之新生者。薨即乾葵也。禮案。及所。至父母舅姑寢所也。祭義曰。孝子之有深愛者。必有和氣。有和氣者。必有愉色。婉容。況當雞鳴早至。恐驚其寐焉。有不下氣怡聲而問者乎。問燠寒者。便進衣衾厚薄也。敬扶持者。免勞其身體也。說文。熬。乾煎也。醴。酒一宿孰。玉篇。飴。餳也。揚子方言。餳謂之糖。棗栗飴蜜並甘味。故曰以甘之。周禮天官食醫。調滑甘。賈疏云。滑者通利往來。可以調和五味。正字通。脂膏。禽獸腴。以沃羹食。使味濃厚也。考下文。命士以上。父子異宮。昧爽而朝。慈以旨甘。日夕而入。慈以旨甘。此不云日夕視膳。彼據有官守者。故晨省禮畢。必出理政。此兼婦女。故在父母舅姑之所。無時不命不退。隨所欲而奉。故不以旦夕限也。男女未冠笄者。雞初鳴。咸盥漱。櫛縰。拂髦。總角。衿纓。皆佩容臭。昧爽而朝。問何食飲矣。若已食則退。若未食則佐長者視具。鄭注。總角。收髮結之。容臭。香物也。以纓佩之。爲迫尊者。給小使也。昧爽而朝。後成人也。其。饌也。孔疏。此論未冠笄者。事親之禮。臭謂芬芳。臭物謂之容者。庾氏云。以臭物可以脩飾容。故謂之容臭。以纓佩之者。謂纓上有香物也。方氏愨曰。臭。香物。蘭茝之屬。不佩用而止佩臭者。示未能即事也。具謂膳之具。幼者於視膳之事。未能專之。特可以佐長而已。朱子熹曰。佩容臭。恐身有穢氣。觸長者。故佩香物。孫氏希旦曰。下文言孺子晏起。則此男女未冠笄。謂十年以上者。十年出就外傅。學幼儀。則其習此禮宜矣。容臭。謂爲小囊以容受香物。昧。暗。爽。明也。昧爽。謂天將明而未明時也。昧爽而朝。視成人差後也。禮案。下文云。男子二十而冠。女子十五笄而字。雜記下曰。女未許嫁。亦二十而笄。男女未冠笄。謂未成人也。孔疏詩衞風云。總角以無笄。直結其髮。聚之爲兩角也。說文。容。盛也。容臭。謂以帛盛香屑。若晉書謝玄傳所謂香囊是也。然必幼者佩之何也。蓋恐童年男女。或未能清潔身體。而有穢惡之氣。故佩容臭。取其芬芳之味耳。昧爽而朝。以幼故不能夙興也。且無甘旨之貴。故或遲則親已進食。或早則佐長者視具。以年少不能獨任父母之飲食也。凡內外。雞初鳴。咸盥漱。斂枕簟。灑掃室堂。及庭布席。各從其事。孺子蚤寢晏起。唯所欲。食無時。鄭注斂枕簟者。不欲人見已褻者。簟席之親身也。蚤寢晏起。又後未成人者。孺子小子也。孔疏此總論子婦之外。卑賤之人。爰及僕隸之等。故云斂枕簟。洒掃室堂。及庭布席之屬。方氏慤曰。斂則收而藏之。必斂枕簟。則以晝夜異用故也。洒掃則用水以斂塵而去之。室堂及庭。則自內以及外也。布席則所以待尊者之行事。各從其事。若女服事於內。男服事於外之類。蚤寢則未與乎。日入之夕。起晏則未與乎。昧爽之朝。唯所欲。食無時。則以弱而未勝其制節。且養之不可不備也。孫氏希旦曰。凡內外。謂尊卑長幼。莫不皆然也。枕簟親身之物。斂之者。爲其褻露。且避塵汚也。洗掃室堂及庭。內外皆偏洒掃之也。自室及堂。自堂及庭。先後之序也。禮案鄭注儀禮聘禮云。斂藏也。六書故云。孺子幼弱也。蚤寢晏起。以幼稚不能夙興夜寐。佐長者視具也。下文旨甘柔滑。孺子餕。蓋食唯所欲。慈幼之道。猶養老也。特不先之以敬。溫之以色耳。由命士以上。父子皆異宮。昧爽而朝。慈以旨甘。日出而退。各從其事。日入而夕。慈以旨甘。鄭注異宮。崇敬也。慈愛敬進之。日出乃從事。食祿不荒農也。孔疏此論命士以上。事親異於命士以下之禮。顏氏之推曰。父子之嚴。不可以狎。骨肉之愛。不可以簡。簡則慈孝不接。狎則怠慢生焉。命士以上。父子異宮。不狎之道。問安視膳。苛癢抑搔。不簡之道。程子頤曰。命士以上。愈貴則愈嚴。故異宮。猶今有逐位。非如異宮居也。方氏慤曰。尊卑之制辨則敬。同則褻。朝見曰朝。夕見曰夕。劉氏彝曰。命士以上有祿矣。故父子皆異宮焉。昧爽而朝者。以其憂國。而不專於養也。乃後羣子而朝。夫孝愛其親者。弗崇虛敬也。必有旨美甘滑之養。以申其慈愛之誠焉。故曰慈以旨甘也。日出而退各從其事者。夙興以事其親。辨色以趨於職。日入以夕其親。遂視晚膳焉。不有旨甘。以達其慈。則曷異於無祿也。禮案說文慈愛也。增韻慈柔也。此之慈字。義類上文。柔色以溫之之溫。言進旨甘之際。必有深愛之誠。柔和之色。則雖菽水之養。親猶安之。況奉以旨甘柔滑乎。父母舅姑將坐。奉席請何鄉。將衽。請何趾。少者執牀與坐。御者舉几。斂席與簟。縣衾篋枕。斂簟而襡之。鄭注將衽謂更臥處。席簟須臥乃敷之也。襡韜也。孔疏此論父母舅姑。將坐將臥。奉席之禮。及未臥之前。且斂枕簟衾篋舉藏。須臥乃鋪。御者舉几。謂早旦親起之後。侍御之人。則奉舉其几以進。尊者使馮之。斂席與簟者。斂此所臥在下大席。與上襯身之簟。又縣其所臥之衾。以篋貯之所臥之枕也。簟既襯身。恐其穢汚。故以襡韜之。席則否。劉氏彝曰。此謂侍父母舅姑。行遊於所至。其將至也。則長者奉席而前。請欲何鄉也。將憩而臥於他所。則長者奉席而前。請衽欲何趾也。不敢斥言其首。敬之至也。坐臥所以安老而優尊也。而席爲之主。羣子婦不敢專。必讓於長者。上下之分。禮宜然也。御者舉几。斂席與簟。縣衾篋枕。斂簟而襡之者。謂坐之將起。寢之將興也。几席之徹。衾枕之斂。則賤者尸之。不必子婦也。禮案問何向便布坐席。問何趾。便展臥席。正韶執守也。玉篇守視也。少者不任力役。則守視牀席。與坐以娛親也。侍御之人。則設几與馮。政斂衾枕簟席之屬。枕短故藏諸篋。簟長故韜之襡。隨其器之所宜也。父母舅姑之衣衾簟席枕几不傳。杖屨祇敬之。勿敢近。敦牟卮匜。非餕莫敢用。與恒食飲。非餕莫之敢飲食。鄭注傳移也。餕乃用之。牟讀曰堥也。卮匜酒醬器。敦牟黍稷器也。餕乃食之。恒常也。旦夕之常食。孔疏此論父母舅姑所服用之物。子婦不得輒用。所恒飲食之饌。不得輒食。衣衾簟席枕几。侍御之人。停貯常處。子婦不得輒更傳移。令向他處。杖屨是尊者服御之重。彌須恭敬。故云祇敬之。勿敢偪近也。敦則周禮有玉敦。今之杯盂也。隱義曰。堥土釜也。今以木爲器。象土釜之形。卮酒器。匜盛水醬之器。僖二十三年左傳懷嬴奉匜沃盥是也。方氏慤曰。敦牟四者。故不敢用。至於餕之時。亦或用焉。與讀如預。恒食飲。謂日常所食飲也。非餕莫敢飲食者。不敢先尊者。擅飲食故也。禮案。釋名傳轉也。尊者服御之物。不得轉假他人。雖曰杖屨之微。亦須敬慎收藏。不可褻讀也。禮儀士昏禮云。黍稷四敦。皆蓋。鄭注謂敦黍稷器是也。謂牟黍稷器。則非。後漢禮儀志卮八。牟八。注引鄭注儀禮既夕禮云。牟盛酒漿之器。考既夕禮。牟作杅。鄭注彼云。今文杅爲桙。是桙即牟也。則牟盛酒漿。敦盛黍稷明矣。疏謂敦今之杯盂。而疏明堂位。則謂敦與簠簋連方。故云黍稷器。是亦自相矛盾矣。駁謂食父母舅姑之餘也。禮五十異粻。故非餕餘。則子婦不得輒食親食也。

父母在。朝夕恒食。子婦佐餕。既食恒餕。父沒母存。冢子御食。羣子婦佐餕如初。旨甘柔滑。孺子餕。鄭注子婦佐餕。婦與夫餕也。既食恒餕。每食餕而盡之。末有原也。御侍也。謂長子侍母食也。侍食者不餕。其婦猶皆餕也。孔疏此論父母之食。子婦餕餘之禮也。子婦謂長子及長子之婦。食必須盡。以父母食不能盡。故子婦佐助餕。食之使盡。勿使有餘。而再設也。羣子婦謂冢子之衆弟及婦。如初者。如上父母在。子婦佐餕之禮。冢子無父。故得侍母而食。冢婦既不侍食。故云猶皆餕也。陸氏佃曰。言羣子婦佐餕。不言冢婦。冢婦不與也。蓋舅沒則姑老。冢婦代政矣。方氏慤曰。旨甘柔滑。老幼之所宜。故父母食之。孺子餕之。禮案佐助也。佐餕者。婦相夫也。既食謂食訖而餕餘。不得共飯也。唯父喪母寡。則長子侍食。所以慰親心。恐其隻影而興悲也。羣子婦仍餕。恒食之餘。與舅存不異也。旨甘柔滑。味之珍美者。則與孺子餕之。所以慈幼也。

在父母舅姑之所。有命之。應唯敬對。進退周旋慎齊。升降出入揖遊。不敢噦噫嚏咳欠伸跛倚睇視。不敢唾洟。寒不敢襲。癢不敢搔。不有敬事。不敢袒裼。不涉不撅。褻衣衾不見裏。鄭注齊莊也。睇傾視也。易曰明夷睇於左股。襲謂重衣。不敢袒裼。父黨無容。撅揭衣也。不見裏。爲其可穢。孔疏此論在尊者之所。畏敬之法。明夷睇於左股者。是六二爻辭。彼注云。旁視爲睇。六二辰在酉。酉在西方。又下體離。離爲日。九三體在震。震東方。九三又在辰。辰得巽氣。爲股。此謂六二有明德。欲承九三。故云睇於左股。引之者證睇爲旁視也。撅揭衣也。言於尊所。不因涉水。不敢揭衣。方氏慤曰。寒不敢襲。癢不敢搔。則不敢適己之便故也。朱子熹曰。敬事如習射之類。射而袒裼。乃爲敬。若非敬事。而以勞倦袒裼。則是不敬。洪氏頤煊曰。案曲禮上拾級聚足。鄭注拾當爲涉。周書嘗麥解。王涉階。不涉不撅。謂不涉階。則不揭衣。正義失之。禮案子婦當父母舅姑之前。唯升降不免涉階。故撅衣恐其傾跌。猶曲禮上不摳衣趨隅之意。

未有涉水於尊所之事。陳師衍曰。不敬之敬。本當作慤。非此處敬事之敬。自敬行慤。而敬字本義不明。說文敬。肅也。以支以苟。自急敕也。爾雅。肅。齊。遄。速。疾也。是敬事猶言急事。速事也。子婦事父母舅姑。偶有急速事。須用力以扶持服勞之際。焉得不免上衣。以見非急速事不敢免上衣也。此敬之古義僅見者。若以爲指習射之類。則父母舅姑之前。焉有習射之事乎。釋義並較舊注爲優。夫天時淫雨。或有涉水於父母之前。就傳歸家。父母欲命之習射。此在人子。問亦有之。而此記父母舅姑連文。禮該子婦。未有婦女而涉水習射者。故知洪陳二說之確切不移也。命之謂使之事也。應唯卽曲禮上父召無諾。先生召無諾。唯而起是也。敬對卽曲禮上問更端。則起而對。顧望而對是也。進退卽玉藻進則揖之。退則揚之。周旋卽大戴保傅周旋中規。折還中矩。愼齊。肅也。升降。席階。出入門戶。揖遜燕遊。皆宜謹肅也。玉篇。噦。逆氣也。噫。痛傷之聲。嚏。噴鼻。咳。嘆也。欠。伸。跛。倚。注見曲禮。禮器。說文。唾。口液。洟。鼻液。搔。手爬也。搔養衣撥體瞀。手爬足動。皆非禮也。

父母唾洟不見。冠帶垢。和灰請漱。衣裳綻裂。紉箴請補綴。五日則燂湯請浴。三日具沐。其間面垢。燂潘請靧。足垢燂湯請洗。少事長。賤事貴。共帥時。鄭注。不見。輒刷去之。手曰漱。足曰澣。和。積也。綻。猶解也。潘。米瀾也。共。猶皆也。帥。循也。時。是也。禮皆如是也。孔疏以冠帶尊。故以手漱之。用力淺也。衣裳卑。故以足浣之。用力深也。此據士。故冠帶得漱。晏子是大夫。故譏其澣衣濯冠也。此漱浣對文爲例耳。散則通也。故上曲禮云。諸母不漱裳。是裳亦漱也。詩周南箋云。浣謂濯之耳。亦是不用足。輔氏廣曰。父母唾洟不見。人情所不欲見也。請浣漱。請補綴。請則容有不許。然必先備灰與箴。而後請。敬之至也。簡者爲之。則必得請而後備矣。沐不言請。省文也。循而行之。固無有不至者矣。孫氏希旦曰。綻。解也。紉。以線貫針也。潭。溫也。禮案。和灰以草灰積衣服垢處。以湯濯之。則垢自去。酉陽雜俎。陳藏器曰。灰生南海。狀如黃土。可浣衣。然不可必得。通用自皆草灰也。漱當作涑。說詳曲禮上。此言涑浣冠帶。衣裳謂常御之服。與晏平仲浣衣濯冠以朝之朝服不同。孔謂浣服據士非也。若大夫以上。常服裏外皆新。則易浣易否之詩。不當見之於經矣。況以后妃之尊。而服浣服。不虞偪下乎。且記明云。少事長。賤事貴。共帥時。夫豈士以下之禮哉。紉箴補綴女事。故婦佩箴管也。說文。浴。洒身。沐。濯髮。洗。洒足。玉篇。靧。洒面。唯靧用米潘者。貴其滑膩也。

男不言內。女不言外。非祭非喪。不相授器。其相受。則女受以篚。其無篚。則皆坐奠之。而後取之。外內不共井。不共湢浴。不通乞假。男女不通衣裳。內言不出。外言不入。鄭注。男不言內。女不言外。謂事業之次序。祭嚴喪遽。不嫌也。奠。停地也。湢浴室也。孔疏。此論男子女子殊別之宜。祭與喪時。得相授器。以祭是嚴敬之處。喪是促遽之所。於此之時。不嫌男女有淫邪之意。劉氏彝曰。男志於四方者。不當與知內政。復何言哉。女志於四德者。不當與知外政。亦何言哉。非喪祭之嚴且敬也。無急事。不相授器焉。其相授也。女則用篚。否則奠之於地。不共湢浴。嫌相褻也。不通寢席。嫌相親也。不通乞假。嫌往來也。不通衣裳。惡淆雜也。方氏慤曰。言女受而不及男者。受陰事。女以受爲正故也。奠謂停之於地。故坐奠之。坐亦跪也。與曲禮坐而遷之同義。輔氏廣曰。非湢一定。故言不共。寢席衣衾可移易。故言不通。黃氏以周曰。內外不共井。說者以爲汲水之井。內外各掘一井。說殊。迂曲。案井乃井字之譌。讀爲屏。屏廁也。屏亦作庰。廣雅云。庰廁也。王氏疏證曰。周禮宮人爲其井匽。井是井字之譌。井匽卽燕策之屏匽。周官宮人職掌井匽。沐浴二事焉。記言不共井湢浴正同。先鄭注匽路廁則字作井匽。義取庰廁可知。後鄭注作井匽。則與記文同誤。禮案受以簉。故孟子曰。男女授受不親禮也。孫疏云。簉以竹爲之。長三尺。廣一尺。深六寸。足高三寸。上有蓋。蓋笄之屬也。內言不出。外言不入。以梱爲限也。曲禮上曰。內言不出於梱。外言不入於梱是也。男子入內。不嘯不指。夜行以燭。無燭則止。女子出門。必擁蔽其面。夜行以燭。無燭則止。道路。男子由右。女子由左。鄭注嘯讀爲叱。叱嫌有隱使也。擁猶障也。地道尊右。孔疏嘯是自嘯。叱謂叱人。經言不嘯與不指連文。而指既指物。明嘯是叱人。若其常事。以言語處分。是顯使人也。如有姦私。恐人知聞。不以言語。但諷叱而已。是幽隱而使。故云叱嫌有隱使也。陳氏澔曰。不嘯不指。謂聲容有異。駭人視聽也。舊讀嘯爲叱。如見非禮舉動。安得不叱以儆之乎。讀如本字爲是。孫氏希旦曰。嘯蹙口出聲也。不嘯不指。爲其聲容不肅。且惑人也。夜行必皆以燭者。所以遠暗昧之嫌也。道路謂宮中之道路。男子由右。女子由左。蓋以相避遠也。禮案界子夜行以燭。卽曲禮上云。孝子不服闇。懼辱親也。女子夜行以燭。卽大戴禮本命謂宵夜行燭。亦慎嫌也。子婦孝者敬者。父母舅姑之命。勿逆勿怠。若飲食之。雖不耆。必嘗而待。加之衣服。雖不欲。必服而待。加之事。人代之。己雖弗欲。姑與之。而姑使之。而后復之。鄭注勿逆勿怠。恃其孝敬之愛。或時違解。嘗而待後命。而去也。服而待後命。釋藏也。人代己弗欲。謂難其妨己業。姑使而后復。遠懟怨於勞事。姑猶且也。孔疏此論子婦事父母舅姑。受飲食衣服之事。子孝於父母。婦敬於舅姑。或恐倚恃孝敬之心。違逆其命。意有怠惰其身。故戒令勿逆勿怠也。尊者以飲食與己。己雖不嗜愛。必且嘗之。待尊者後命。令已去之。而後去之。尊者加己衣服。己雖不欲。必且服之。待後命。而藏去之。尊者加己以事業。事業欲成。尊者又使人代己。此事既嚮成。不欲他人代己。而難其妨己之業。且與代己者之事。而且使代己者爲之。待代己者休解。而後復本事。業於己身也。方氏愨曰。唯孝故能於己命勿逆。唯敬故能於命勿怠。勿逆則以順受之。勿怠則以勤行之。若必嘗必服而待。則順受其命可知。若姑與姑使。則而后復之。則勤行可知。應氏鏞曰。父母舅姑之命。或未盡合乎理。惟當順焉而不逆。或其不克堪其勞。惟當勉焉而勿怠。味偶不甘。而必嘗。衣偶不稱。而必服。徐而待之。則親知其果非所安。而不可強也。加己以事。而又代之以人。己勿吝而不付。亦姑與而姑使之。待夫人之果不克勝。而後復之。亦不敢辭其難也。是非故爲矯情。蓋委曲以以行其意。雖至親之間。亦有不容以直遂者。必如是而後無所拂也。禮案勿逆順以承之。故親樂。勿怠久而敬之。故親安。孝經云。居則致其敬。養則致其樂。姑與姑使者。暫使之代。是勿逆也。而后復之者。仍自執業。是勿怠也。子婦有勤勞之事。雖甚愛之。姑縱之。而甯數禮之。鄭注不可愛此而移苦於彼也。孔疏從此以下。論尊者接待卑者之禮。子婦有辛苦勤勞之事。父母舅姑素雖甚愛此子婦。且緩縱之。甯可數數休息。此所愛子婦。不可移此勤勞於他不愛之子婦也。方氏慤曰。姑縱之而甯數休之。則彼共爲子婦之職。而吾不可以愛故奪之也。輔氏廣曰。子曰愛之能勿勞乎。勤勞之事。若遽止之。是姑息之愛也。禮案此言舅姑之於賢子婦。雖極憐其辛苦。亦不得逸其身體。不使執勤。而爲姑息之愛。只可諒情體恤。頻使節勞。以休息之而已。大戴禮曾子立事曰。君子之於子也。愛而勿面也。使而勿貌也。導之以道。而勿强也。是矣。

子婦未孝未敬。勿庸疾怨。姑教之。若不可教。而后怒之。不可怒。子放婦出。而不表禮焉。鄭注庸之言用也。怒譴責也。表猶明也。猶爲之隱。不明其犯禮之過也。孔疏子婦既不孝敬。勿用憎疾怨惡。且教誨之。若教而不從然後責怒之。而不從命者。子被放逐。婦被出棄。猶爲之隱。不顯明其犯禮之過也。方氏慤曰。勿庸疾怨。則爲傷恩故也。輔氏廣曰。子婦放逐。不得已也。不表禮焉。是猶有不忍之心也。呂氏本中曰。明言其惡。而出之之謂表。父母愛子之心。舅姑待婦之禮。雖彼有過。猶欲遮護。故放出而不明言其所以過。禮案此言子婦不肖。只可督教。不可疾怨。必不可教。而後怒責之。不可怒。謂責之不服。反肆悖逆。必不得已。而後去之。然亦不得表彰子婦之過失也。蓋隱惡揚善。仁者之道。君子交絶。不出惡聲。況親之於子婦乎。

父母有過。下氣怡色柔聲以諫。諫老不入。起敬起孝。說則復諫。不說。與其得罪於鄉黨州閭。寧孰諫。父母怒不說。而撻之流血。不敢疾怨。起敬起孝。鄭注子事父母。有隱無犯。起猶更也。子從父之命。不可謂孝也。周禮曰。二十五家爲閭。四閭爲族。五族爲黨。五黨爲州。五州爲鄉也。撻擊也。孔疏此論父母有過。子諫諍之禮。不說謂父母有過。子犯顏諫諍。使父母不說也。甯孰諫者。使父母不說。其罪輕。畏懼不諫。使父母得罪於鄉黨州閭。其罪重。二者之間。甯可孰諫。孰諫謂純孰殷勤而諫。若物之成孰然也。方氏慤曰。說則復諫。坊記所謂微諫不倦是矣。撻之至於流血。猶不敢疾怨。而況其餘乎。自非孝敬之至。何以及此。故每言起敬起孝焉。輔氏廣曰。下氣怡色柔聲。所以自牧也。起敬起孝。所以自策也。自牧則無戾心。自策則無倦意。諫而父母不悅。非己之罪也。不諫而鄉閭責焉。則己之罪也。吳氏澄曰。復諫者。再諫也。孰諫者。至三至四。而猶未已。如火之孰物。必期變化。若父母怒己之言。箠撻而於流血。亦不敢疾怨。惟益加孝敬。以感動之也。禮案正字通云。孰。審也。孰諫謂審察其理。而詳說之也。大戴禮曾子事父母曰。父母之行若中道則從。若不中道則諫。諫而不用。行之如由己。從而不諫。非孝也。諫而不從。亦非孝也。孝子之諫。達善而不敢爭辨。爭辨者。作亂之所由興也。

父母有婢子若庶子庶孫。甚愛之。雖父母沒。沒身敬之不衰。子有二妾。父母愛一人焉。子愛一人焉。由衣服飲食。由執事。毋敢視父母所愛。雖父母沒不衰。鄭注婢子所通賤人之子。由自也。孔疏此論父母有婢子庶子庶孫。父母所愛。己亦愛之。并己有妻妾。被父母之所愛。己亦當愛之。由衣服飲食。由執事。爲自己身所愛。毋敢比視父母所愛者也。方氏慤曰。執事所執之事也。事有難易勞逸故也。於父母所愛之人。猶若是。況父母之身乎。父母沒。猶不衰。況父母之存乎。應氏鏞曰。婢子賤。微而可遺庶孽賤。微而可忽。然父母有所鍾愛。非特加愛。而又當加敬也。父母沒而不衰。蓋雖沒而念之愈深。則其敬愛。宜其不衰也。高氏愈曰。視比也。親之所愛。服食厚。而執事常逸。己之所愛。服食薄。而執事常勞。不敢以己之可愛。並於親也。朱氏軾曰。大夫二妾。士一妾。有定數。外此曰婢。禮案婢子婢所生之子。若如也。言愛之如庶子庶孫也。孝子事亡如存。親之所愛。雖沒猶敬之。不敢違其意也。論語云。三年無改於父之道。可謂孝矣。

子甚宜其妻。父母不說。出。子不宜其妻。父母曰。是善事我。子行夫婦之禮焉。沒身不衰。鄭注宜猶善也。孔疏宜謂與之相善。而寵愛。不宜謂不相善。被疏薄。父母言。此妻汝雖疏薄。是善能事我。子當行夫婦之禮焉。子雖寵愛其妻。父母不說出者。案大戴禮本命云。婦有七出。不順父母去。無子去。淫去。妒去。有惡疾去。口多言去。竊盜去。不順父母。爲逆德也。無子爲其絕世也。淫爲亂其族也。妒爲亂其家也。其惡疾爲其不可共粢盛也。口多言爲其離親也。竊盜爲其反義也。又有三不去。有所受無所歸不去。曾經三年喪不去。前貧賤後富貴不去。方氏慤曰。桃夭言宜其室家。則夫婦之際。欲其相宜而已。故此言宜與不宜。凡以愛惜在父母。而未嘗在己故也。高氏愈曰。行夫婦之禮者。恩情不敢稍殺也。禮案不說於舅姑。而宜於夫。必多行不孝。而善媚其夫者也。則其去宜矣。孝經云。夫孝德之本也。婦善事親。必無失德。子或得新忘故。寵妾滅妻。則人倫之大變也。是以聖人制禮。豫防其漸。故孝子非惟親存不敢畜此心。而并親沒不敢廢其禮也。

父母雖沒。將爲善。思貽父母令名。必果。將爲不善。思貽父母羞辱。必不果。鄭注貽遺也。果決也。孔疏此論子事父母。父母雖歿。思行善事。必果決爲之。若爲不善。思遺父母羞辱。必不得果決爲之。方氏慤曰。將者萌其始之謂。果者成其終之謂。輔氏廣曰。檀弓曰。喪三年以爲極。亡則弗之忘矣。於此可見也。曾子曰。五者不遂。裁及其親。敢不敬乎。又曰。父母既沒。當慎行其身。不遺父母惡名。可謂能終矣。高氏愈曰。爲善未決。去惡未勇。人情之常也。喜其榮親。則善必爲。惡其辱親。則惡必去。榮辱不繫於身。而繫於婦。蓋孝子之心如此。禮案思及父母之榮辱。則爲善果。而爲不善不果矣。國語魯語云。人勞則思。思則善心生。此之謂也。

舅沒則姑老。冢婦所祭祀賓客。每事必請於姑。介婦請於冢婦。鄭注謂傳家事於長婦也。婦雖受傳。猶不敢專行也。請於冢婦。以其代姑之事。介婦衆婦。孔疏此論婦事舅姑之禮。幷明冢婦介婦相與之節。若舅姑本沒。年七十以上。傳家事於長子。其婦亦從夫。知家事也。若舅沒姑未老。則其婦不得專知家事。故經云。姑老。若其不老。則不得知也。方氏慤曰。婦人以從人爲事。故冢子之妻。謂之冢婦。猶之宗子之妻。謂之宗婦也。輔氏廣曰。舅沒則姑老。不以年計之也。有婦則可以傳家事矣。然至於祭祀賓客。禮之大者。亦必請命於姑。然後從事。夫然後婦姑各得其宜。介婦不敢敵耦於冢婦。必如是而後冢婦之志行。而家事宜矣。徐氏師曾曰。介婦不請於姑。而但請於冢婦。明有統。且懽瀆尊也。孫氏希旦曰。老謂傳家事於長婦也。男子七十而傳。婦人之傳重。則不繫於己之年。而係於其夫。蓋祭必夫婦親之。夫沒則妻不得不傳重矣。禮案冢大也。故謂適婦爲冢婦。介副也。故謂庶婦爲介婦。介亦有小義。揚子方言。升東岳而知衆山之峛崺。況介丘乎。

舅姑使冢婦。毋怠。不友無禮於介

婦。舅姑若使介婦，毋敢敵耦於冢婦。不敢並行，不敢並命，不敢並坐。鄭注：毋怠，雖有勤勞，不敢解倦。衆婦無禮，冢婦不友之也。善兄弟爲友，娣姒猶
兄弟也。毋敢敵耦，雖有勤勞，不敢掉磬。不敢並行、並命、並坐，下冢婦也。孔疏：衆婦無禮，冢婦不友之者，疏薄之。
此無禮，謂非七出之罪者。若其七出，自當棄之。若冢婦無禮，罪非七出，衆婦當友之，以適婦尊故也。庾氏云：齊
人謂之差訐。崔氏云：北海人謂相激之事爲掉磬。隱義云：齊人謂相絞訐爲掉磬。命謂介婦不敢與冢婦並有
教令之命，下冢婦也。也氏慤曰：毋怠者，不以居長而敢自怠也。毋敢敵耦者，兩相亢爲敵，兩相合爲耦，言事之
勞逸，不敢與冢婦均也。不敢並行並坐，亦毋敢敵耦之事。朱子熹曰：不友無禮於介婦，此句之義未詳，或疑友
當作敢。項氏安世曰：不友無禮於介婦，當連上下文讀之。上文云舅姑使冢婦毋怠，不友無禮於介婦，言舅姑
若任使冢婦，冢婦毋得以尊自怠，而凌辱衆婦，令其代己也。不友謂煩虐之，無禮謂嚚吒之。怠也，不友也，無禮
也，三者皆當以毋字統之。下文云舅姑若使介婦，毋敢敵耦於冢婦，亦謂不得恃舅姑之使令，而傲冢婦也。兩
節皆主使令言之。陳氏澔曰：不敢並受命於尊，不敢並出命於卑。孫氏希旦曰：冢婦即異日之宗婦，介婦所宗
而事之者，故雖未受傳，而所以敬之者如此。蓋家人睽常起於婦人，誠使爲冢婦介婦者能各盡其道，而家無
不和矣。俞氏樾曰：友當讀爲有。荀子大略曰：友者所以相友也。楊注曰：友與有同義是也。不友即不有。禮
案：說是也。舅姑使冢婦毋怠，不有無禮之行於介婦，則介婦心說誠服，必能尊事冢婦，不敢與之抗禮也。凡婦
不命適私室，不敢退。婦將有事，大小必請於舅姑。鄭注：婦侍舅姑者也。有事必請，不敢專行。方氏慤曰：私室即婦室也。其事舅姑之室，若公所故也。舅沒，冢婦唯祭祀
賓客之事，則請於姑，其餘列否也。輔氏廣曰：姑嚴則婦賢。凡此非特冢姑之便其侍，乃所以成婦之德也。有事
則私事大小也。必請於舅姑，無所隱也。高氏愈曰：凡婦通冢婦介婦而言。私室不敢擅退，私事大小必請，蓋重事
舅姑之命如此。禮案：凡婦不得舅姑命，退不敢適私室，故晨省之時，左右佩用，以俟命也。曲禮上曰：不命之進
不敢進，不命之退不敢退是也。有事必請命，即大戴禮本命所謂無專制之義，有三從之道，無所敢自遂是也。

子婦無私貨，無私畜，無私器，不敢私假，不敢私與。婦或賜之飲食、衣服、布帛、佩帨、茝蘭，則受而獻諸舅姑。
舅姑受之則喜，如新受賜。若反賜之，則辭；不得命，如更受賜，藏以待乏。婦若有私親兄弟，將與之，則必復
請其故，賜而后與之。鄭注：家事統於尊也。或賜之，謂私親兄弟。待舅姑之乏也。不得命者，不見許也。孔疏：以下文云：婦若有私親兄弟，將賜之。此云或賜之，獻諸舅姑，故知私親兄弟賜也。雖藏之
以待舅姑之乏，若舅姑不乏，私親兄弟既貧，將欲以物與之，不敢別請其財，則必於舅姑處，復請其故，賜所藏
之物。舅姑既許，然後取而與之。方氏慤曰：子婦無私貨，以至不敢私與，以家事統於尊故也。茝蘭皆香草也。而
獻諸舅姑者，不敢受人故也。請其故賜，而後與之者，不敢私與人故也。輔氏廣曰：私貨謂不請於舅姑而專有
之者。喜如新受賜，人以予己，己得以獻諸舅姑，其喜一也。姑也人賜之，今也親賜之，又藏以待乏，其心終一於

舅姑也。必請其故。賜。非誠於無私畜不私與者。不能如此也。孫氏希旦曰。畜。養牲也。假。以物借人。與。以物遺人也。新初也。如初受於私親之時。蓋物之藏於舅姑。不啻其藏於已也。不得命。不見許也。復。白也。謂以當與之故。白於舅姑。舅姑賜之物。而後與之。禮案貨財也。器皿也。桓六年左傳曰。取於物爲假。鄭注周禮春官大卜云。與。謂以物予人也。無私貨。故人有贈遺。必上之舅姑。不敢私與。故非復請舅姑。賜。不得以與人。

適子庶子。祗事宗子宗婦。雖貴富。不敢以貴富入宗子之家。雖衆車徒。舍於外。以寡約入。鄭注祗。敬也。宗。大宗。入謂入宗子家。孔疏此論族人。敬事宗子之禮。適子謂父及祖之適子。是小宗也。庶子謂適子之弟。宗子謂大宗子。宗婦謂大宗子之婦。言小宗及庶子等。敬事大宗子。及宗婦也。方氏慤曰。大傳曰。敬宗故收族。收族故宗廟嚴。則祗事宗子宗婦。乃所以嚴宗廟而已。不敢以貴富入。以寡約入者。不以支臨宗也。陳氏祥道曰。荀卿曰。大夫士有常宗。左傳曰。大夫有二宗。蓋由士以上。莫不知尊祖禰。知尊祖禰。則尊者常宗。當其爲宗。則宗子統族人於外。主婦統族婦於內。死雖殤也。必喪以成人。齒雖七十也。主婦不可闕。居雖異邦也。正祭不可舉。婦死雖母在也。禫。不可屈尊。與出嫁者不取障其服。賢者不敢干其任。貴者不敢擅其祭。衆車徒不敢以入其門。凡以尊正統。而一人之情也。方周之盛時。宗族之法行。故常棣行葦之美。作於上。角弓頍弁之刺。不聞於下。以此治國。而國有倫。以此繫民。而民不散。則宗子之於天下。豈小補哉。孫氏希旦曰。舍。止也。舍於外。而不敢畢入。所以降下於宗子也。禮案白虎通云。宗者何謂也。宗者尊也。爲先祖主者。宗人之所尊也。禮曰。宗人將有事。族人皆侍、古者所以必有宗何也。所以長和睦也。大宗能率小宗。小宗能率羣弟。通其有無。所以紀理族人者也。

子弟猶歸器。衣服裘衾車馬。則必獻其上。而后敢服用其次也。若非所獻。則不敢以入於宗子之門。不敢以貴富加於父兄宗族。鄭注猶若也。子弟若有功德。以物見饋賜。當以善者與宗子也。非所獻。謂非宗子之爵所當服也。加猶高也。孔疏歸謂歸遺也。子弟若有功德。被尊上歸遺衣服。裘衾車馬。則必獻其善者於宗子。朱氏軾曰。獻猶歸也。歸獻宗子之物。必選上者。而後自用其次。於宗子之卑幼者。猶然。其於尊者。不待言矣。萬氏斯大曰。族人於大宗。不定是兄弟。或尊而爲祖父行。或卑而爲子孫行。彼爲宗子。即當宗之。故雖宗子爲吾之子行。或從弟。猶當歸器物以奉之。不敢以卑幼而忽之也。子弟且然。況父兄乎。必獻其上。就尊行爲宗子者言。子弟不可言獻。故曰歸。郭氏嵩燾曰。器言造置器物。則君賜衣服車馬。禮數所加。不得私獻之宗子矣。且君有賜。豈必上者。次者之兼具哉。禮案朱氏萬氏。以子弟爲宗子。於猶歸器之義。似較注疏爲切。今從之。不敢以貴富加於父兄宗族句。疑在上文。不敢以貴富入。宗子之家之下。誤倒於此耳。

若富則具二牲。獻其賢者於宗子。夫婦皆齊而宗敬焉。終事而后敢私祭。鄭注賢猶善也。皆齊當助祭於宗子之家。私祭祭其祖禰。孔疏二牲獻賢者於宗子。使祭之。不善者私用自祭也。大宗子將祭之時。小宗夫婦。皆齋戒以助祭。於大宗。以加敬焉。謂敬事大宗之祭。大宗終祭。而后敢私祭祖禰也。此文雖主事大宗子。其事小宗子亦然。呂氏大臨曰。宗子既祭其祖禰。其支子不得別祭。故曰庶子不祭。祖與禰。明其宗也。若己爲宗子。而弟有子。其弟既死。其子欲祭其父。必從祖祔食。祭於宗子之家。將就其宮而祭。使其子自主之乎。從祖祔食。祭於宗子之家。止謂殤與無後。必宗子主之爲可。若有後者。亦使宗子主之。則子有不得事其父矣。故兄弟生而異宮。所以盡子之私養。及其沒也。反不得主其祭。於義可乎。蓋異宮者。必祭於其宮。而其子主祭。祭必告於宗子。亦所以明其宗也。方氏苞曰。富者有田祿也。此適子庶子始爲士大夫。而祭大宗之祖廟也。終事而後私者。以得祭大宗之祖廟爲榮。而歸告其祖禰也。納蘭氏成德曰。宗敬如詩君之宗之之宗。謂宗之而敬事焉。禮案。尚書大傳曰。宗室有事。族人皆待終日。故非終事。支子不能具私祭也。

禮記通釋卷三十五　　玉環戴禮

內則

飯。黍稷稻粱白黍黃粱。稰穛。鄭注曰：諸飯也。孰穫曰稰。生穫曰穛。黍黃黍也。孔疏此論飯飲膳羞調和之宜。四時膳食所用。并明善惡治擇之等。貴賤所食之別。此飯之所載。凡有六種。下云白黍。則上黍是黃黍也。下言黃粱。則上粱是白粱也。案玉藻諸侯朔食四簋。黍稷稻粱。此則據諸侯。其天子則加以麥瓜爲六。但記不載耳。穛是斂縮之名。明以生穫。故其物縮斂也。稰既對穛。故爲孰穫。方氏慤曰：飯者食之本。然制造之齊。無他焉。及其生孰之而已。自黍稷而下。皆言其材也。陸氏佃曰：孰穫曰稰。若今晚稻。生穫曰穛。若今早稻。早稻食之而已。晚稻耐收。故說文云：稰晚粱也。穛早熟穀也。吳氏澄曰：稷稻有此二種。江氏永曰：陸氏說是。若未熟而穫。則不可食矣。禮案古史考云：神農食穀。加米於燒石之上而食。及黃帝始有釜甑。則蒸飯始於黃帝矣。鄭注周禮天官膳夫云：六穀稌黍稷粱麥瓜。爾雅釋草：稌即稻。

膳。膷臐膮醢。牛炙醢。牛胾醢。牛膾羊炙。羊胾醢。豕炙醢。豕胾芥醬、膾雉兔鶉鷃。鄭注曰：諸膳也。此上大夫之禮。庶羞二十豆也。以公食大夫禮饌挍之。則膮牛炙閒不得有醢。醢衍字也。又以鷃爲鴽也。孔疏此論豆上所盛美膳。謂羹與胾醢之屬。案公食大夫禮文。二十豆者。膷一。謂牛臛也。臐二。謂羊臛也。膮三。謂豕臛也。牛炙四。炙牛肉也。此四物共爲一行。最在於北。從西爲始。醢五。謂肉醬也。牛胾六。謂切牛肉。醢七。牛膾八。此四物爲第二行。陳之從東爲始。羊炙九。羊胾十。醢十一。豕炙十二。此四物爲第三行。陳之從西爲始。醢十三。豕胾十四。芥醬十五。魚膾十六。此四物爲四行。陳之從東爲始。以上十六豆。是下大夫禮也。雉十七。兔十八。鶉十九。鷃二十。此四物爲第五行。陳之從西爲始。此是上大夫所加。二十豆。熊氏云：此經醢文承牛羊之下。則是牛肉羊肉之醢。以其庶羞。故得用三牲爲醢。正羞則不得用。故醢人職無三牲之醢也。方氏慤曰：牛曰膷。鄉也。土畜也。羊曰臐。熏也。火畜也。豕曰膮。水畜也。皆以其氣臭名。醢胾膾炙並見曲禮解。陸氏佃曰：云醢。目諸醢也。內有非醢。以醢該之。若脯羹鷄羹從麥食。不貴非食也。牛炙醢。醢所以食炙。牛胾醢。醢所以食胾。牛膾不言醢。蒙上醢也。羊炙羊胾同醢。下於牛也。豕炙豕胾中醢。變於羊也。魚膾上芥醬。變於豕也。禮案博雅：膮香也。三牲氣本羶腥。而云膷臐膮者。蓋以五炰炙之。則氣味美也。魚膾雉兔鶉鷃。非家畜。故上芥醬。取辛辣之味。殺其腥臊之氣也。

飲。重醴稻醴清糟。黍醴清糟。粱醴清糟。或以酏爲醴。黍酏漿水醷濫。鄭注曰：諸飲也。重。陪也。糟醇也。清泲也。致飲有醇者。有泲者。陪設之也。或以酏。釀粥爲醴。黍酏。酏粥。漿。酢胾。水。清新。醷。梅漿。濫。以諸和水也。以周禮六飲挍之。則濫涼也。紀莒之間名諸爲濫。孔疏此稻黍粱三醴。各有清糟。以相配重設。故云重醴。案周禮漿人。共王之六飲。有水漿醴涼醫酏。不云糟也。共夫人致飲於賓客之禮。清醴醫酏糟。注云：三物有清有糟。夫人不體王。得備之。若后之致飲於賓客之禮。醫酏糟。注云：后致飲無醴。醫酏不清者。與王同體屈也。案漿人註云：涼，今寒粥，若糗飯雜水也。康成以涼與濫是一物，鄭司農之意，醷與醫爲一物，以酏爲醴，非康成義也。鄭必知醷爲梅漿者，下文云「調之以醯醢」，及若醯醷，是則醷是醯之類。又云「獸用梅」，故知梅漿也。陸氏佃曰：有清有糟，諸侯之禮；天子用清，大夫以下用糟。醴，醴酏也。可作酒醴，酏焉則已矣。漿，汁滓相漿，水而已。醷，即所謂醫。濫，即所謂涼。涼，一名濫。言功愧於醫，其備六飲之數濫矣。禮案：重，穀名。詩豳風「黍稷重穋」是也。重醴，蓋重所釀者。或以酏爲醴者，今釀酒者，酒成漉去，留糟在甕，以薄粥和入重釀，釀成味薄，故謂之醴。以酏爲醴，疑即此耳。濫亦漿類，即酢也。釋名：桃濫，以水成也。水漬而藏之，其味濫濫然酢也。齊民要術云：桃爛自零者，收去，內之於甕中，以物蓋口。七日之後，既爛，漉去皮核，密封閉，三日酢成，香味可食。然則注云諸，謂桃諸。周禮天官漿人謂之涼者，桃酢宜冷飲故也。**酒清白。**鄭注曰：諸酒也。白，事酒、昔酒也。孔疏：清謂清酒，白謂事酒、昔酒，以二酒俱白，故以一白標之，配清酒則三酒。此無五齊者，五齊是祭祀獻神所飲，非人常用故也。陸氏佃曰：清，清酒，若今煮酒；白，事酒、昔酒，若今生酒。禮案：酒說詳郊特牲。**羞糗餌粉酏。**鄭注曰：諸羞也。糗，搗熬穀也。以爲粉餌與餈。此記似脫。周禮羞籩之實，糗餌粉餈；羞豆之實，酏食糝食。此酏當爲餰，以稻米與狼臅膏爲餰，餰是也。孔疏：案周禮注云：合蒸曰餌，餅之曰餈。此二物皆粉稻米黍米爲之，糗者，搗粉熬大豆，爲餌餈之黏著，故以粉糗搏之。周禮酏食共糝食文連，則酏是糝之類。此內則作糝與餰，故云此酏當爲餰。若其黍酏，非膳羞所用。且餰雖雜以狼臅膏，亦粥之類也。陸氏佃曰：糗餌，籩人所謂糗餌粉酏，醢人所謂酏食。言糗餌則餈可知，言粉酏則糝可知。四者謂之羞，則以甚美故也。孫氏希旦曰：羞有庶羞、內羞。上文膳是庶羞也，此云羞，蓋總籩豆之內羞而言之。當云糗餌粉餈、酏食糝食，而字脫也。禮案：揚子方言云：餌謂之糕，或謂之粢。**食蝸醢而苽食。雉羹。麥食脯羹鷄羹。折稌犬羹兔羹。和糝不蓼。濡豚包苦實蓼。濡鷄醢醬實蓼。濡魚卵醬實蓼。濡鼈醢醬實蓼。腶脩蚳醢。脯羹兔醢。麋膚魚醢。魚膾芥醬。麋腥醢醬。桃諸梅諸卵鹽。**鄭注曰：人君燕食所用也。苽，彫胡也。稌，稻也。凡羹齊宜五味之和，米屑之糝，蓼則不矣。此脯，所謂析乾牛羊肉也。凡濡，謂亨之以汁和也。苦，苦荼也。以包豚，殺其氣。卵讀爲鯤。鯤，魚子。或作擱也。腶脩，捶脯施薑桂也。蚳，蚍蜉子也。自蝸醢至此，一十六物，似皆人君燕所食也。其饌則亂。膚，切肉也。膚或爲胖。卵鹽，大鹽也。孔疏：此總明人君燕食於用。以蝸爲醢，以苽米爲飯，以雉爲羹，三者味相宜。以麥爲飯，析脯爲羹，又以鷄爲羹，此三者亦味相宜。細析稻米爲飯，以犬兔爲羹，此三者亦味相宜也。此等之羹，宜以五味調和，米屑爲糝，不須加蓼，故云和糝不蓼。濡，謂烹煮，以其汁調和。濡豚包苦者，謂包裹豚肉，以苦菜殺其惡氣。濡鷄醢醬者，謂加之以醢及醬。濡魚卵醬者，謂濡烹其魚，卵謂魚子，以魚子爲醬。濡鼈醢醬者，謂烹其鼈，加醢及醬。四者皆剖開其腹，實蓼於其腹中，又更縫而合之。腶脩者，謂腶脯也。言食之時，以蚳醢配之。脯羹，即上析脯爲羹，以兔醢配之。麋膚，謂麋肉外膚，食以魚醢配之。麋腥，謂生肉，食麋生肉，還以麋醢配之。桃諸梅諸卵鹽者，言食時以鹽和之。諸，菹也，即今之藏桃藏梅也。欲藏，必先稍乾之，故周禮謂之乾藐。鳥卵非爲醬之物，今卵醬承濡魚之下，宜是魚類，故讀爲鯤。二十六物者，皇氏云：蝸一也，苽食二也，雉羹三也麥食四也脯羹五也鷄羹六也析稌七也犬羹八也兔羹九也濡豚十也濡鷄十一也濡魚十二也濡鼈十三也腵脩十四也蚳醢十五也脯羹重出兔醢十六也麋十七也魚膾十九也芥醬二十也麋腥二十一也醢二十二也醬二十三也桃諸二十四也梅諸二十五也卵鹽二十六也案周禮掌客諸侯相食皆鼎簋十有二其正饌與此不同其食臣下則公食大夫禮與此又異是人君燕食也劉氏彝曰二十有六物士庶不可則得而備之也偶其有之者則如此法以制之凡爲人子婦者預當知之以敬於祭祀則鬼神享之以奉於燕飲則賓客樂之以饌於尊親則哀病宜之其在教也爲人婦功焉聖人所以致婦女於孝敬惜哀老於充肥者其道如是段氏玉裁曰折當是析之誤析同淅汰米也孫氏希旦曰腵脩乃籩實不用於食此與下大夫有脯無膾皆以脯用於食者案八珍中之熬有析濡食乾食之異熬捶而加薑桂鄭氏謂若今之火脯是脯脩有濡食之法則其用於食也其皆釋而煮之以醢而盛之以豆與麋腥謂生切麋肉以醢釀之卽下文麋鹿魚爲菹是也禮案鄺氏露赤雅云粵西山間得大蟻卵如蚌者用以爲醬甚貴之案內則腵脩蚳醢卽此又山中有蝸牛殼可容升者以米水去涎竹刀一膾之角大如指甘脆去積解毒東粵亦食之解有如其大者既可作膾自可作醬然則蝸醢果蝸牛之醢矣蔘一名辣蔘辛菜也實蔘於鷄豚魚鼈腹中亦以殺腥也釋名糝黏黐也以米粉和羹使湯黏膩卽袁氏枚食單所謂纏粉是矣又釋名云桃諸藏桃也諸儲也藏以爲儲待冬日用之也。

凡食齊視春時。羹齊視夏時。醬齊視秋時。飲齊視冬時。

鄭注飯宜温也羹宜熱也醬宜涼也飲宜寒也方氏慤曰齊與王制遲速異齊之齊同視與五岳視三公之視同且氣之温涼寒熱莫不異宜味之酸苦辛鹹莫不異等雖則不齊然因適宜以辨其等未始不齊也故謂之齊食齊則黍稷稌粱之類是也羹齊則雉兔鷄犬之類是也醬齊則醓醢蘼菹之類是也飲齊則水醬醴涼之類是也王氏昭禹曰夫春爲陽中而其氣温食地產以養形形以聚氣形温則氣和而疾不作故食以温爲齊而眡春時夏爲陽盛而其氣熱羹天產以養精精以集神精熱則神從之而不離故羹以熱爲齊而眡夏時秋爲陰中而其氣涼醬之味鹹鹹所以養脉而脉輭則和醬涼則除煩熱故醬以涼爲齊而眡秋時冬爲陰盛而其氣寒飲所以養陽氣之暴在陽濟之以寒則爲不暴故飲以寒爲齊而眡冬時禮案飯温羹熱醬涼則四時皆然唯冷飲只宜夏日孟子曰冬日則飲湯夏日則飲水是也。

凡和春多酸。夏多苦。秋多辛。冬多鹹。調以滑甘。

鄭注多其時味以養氣也孔疏依經方春不用食酸夏不用食苦四時各減其時味也此云多其時味以養氣者經方所云謂時氣壯者減其時味以殺盛氣此經所云食以養人恐氣虛羸故多其時味以養氣也劉氏彝曰調以滑甘四時仰土以成其能也於味宜爲亦於人有補方氏慤曰可否相濟謂之和故以凡和該之禮案四時秉五行之氣五藏屬焉五味屬五氣所以滋五藏也春木也肝屬木木味酸多酸所以養肝也夏火也心屬火火味苦多苦所以養心也秋金也肺屬金金味辛多辛所以養肺也冬水也腎屬水水味鹹多鹹所以養腎也胃屬土土寄旺四時其味甘故咸以甘調和而養生家則謂木旺則尅土故春宜減酸增甘以養胃火旺則尅金故夏宜減苦增辛以養肺金旺則尅木故秋宜減辛增酸以養肝水旺則尅火故冬宜減鹹增苦以養心蓋損有餘補不足者攝生之理也順時氣以和味者食

醫之道也。牛宜稌。羊宜黍。豕宜稷。犬宜粱。雁宜麥。魚宜苽。鄭注言其氣味相成也。孔疏此云牛宜稌。上云折稌用犬羹。又云犬宜粱。而以犬羹配折稌者。此牛宜稌之屬。據尊者正食。上之所云。據人君燕食。以滋味爲美。故與此不同。方氏愨曰。牛土畜。土執下。故宜稌。蓋稌利下濕者也。羊火畜。火炎上。故宜黍。蓋黍利高燥者也。豕能遯。遯則疾。故宜稷。蓋稷穀之疾者也。犬能守。守則強。故宜粱。蓋粱穀之強者也。雁隨陽。陽則舒而遲。故宜麥。蓋稷疾而麥遲故也。魚本陰。陰則柔而弱。故宜粱。蓋粱強而苽弱故也。此皆周官會膳食之宜也。會之所以有合。故各以物之性相合者爲宜焉。六牲不及鷄馬。見月令解。劉氏彝曰。周官食醫。掌和王之六食六飲六膳。百羞百醬。而曰凡會膳食之宜以此。又曰凡君子之食恆放焉。則食飲膳羞醫珍之法。備用於王。而士庶君子之食。庸得以放之。此大司徒得以取而施諸教治。以成人子養親之全德也。禮案。六牲之肉。有寒熱。六穀之性有燥濕。或以滋陰。或以養陽。故作飯必蒸溲得法。和羹必濃淡合宜。則食之於氣體有益。若飲饌失飪。則所養適足以損人。此周禮天官之設食醫。良有以也。

春宜羔豚膳膏薌。夏宜腒鱐膳膏臊。秋宜犢麛膳膏腥。冬宜鮮羽膳膏羶。鄭注此八物。四時肥美也。爲其大盛。煎以休廢之膏。節其氣也。牛膏薌。犬膏臊。鷄膏腥。羊膏羶。腒乾雉也。鱐乾魚也。鮮生魚也。羽雁也。孔疏上文食齊視春時。至魚宜苽。皆周禮食醫文。此記庖人四時煎和膳食之宜。以王相休廢相參。其味乃善。春爲木王。牛中央土畜。春東方木。木尅土。木盛則土休廢。用休廢之膏。故用牛膏也。犬屬西方金。夏南方火。火尅金。火盛則金休廢。故用犬膏也。鷄屬東方木。秋西方金。金尅木。金盛則木休廢。故用鷄膏也。羊屬南方火。冬水王。水尅火。水盛則火休廢。故用羊膏也。周禮庖人文。與此同。方氏愨曰。羊豚羊豚之小者。方春品物之小。故以小者爲宜。腒鱐者。雉魚之乾者。方夏物有綏敗。故以乾者爲宜。秋則物成而可嘗之時。故雖犢與麛。皆得以嘗之矣。冬則物衆而可進之時。故雖飛與潛。皆得以進之矣。禮案。說是也。夏時炎酷。物易臭腐。食之傷人。故春秋冬三時。食鮮肉。唯夏食乾醋也。犢小牛也。食品有犢。蓋天子之禮也。周禮天官包人。宜作行。薌作香。

牛脩。鹿脯。田豕脯。麋脯。麕脯。鄭注脯皆析乾肉也。軒讀爲憲。

麋鹿田豕麕。皆有軒。雉兔皆有芼。爵鷃蜩范。芝栭蔆椇。棗栗榛柹瓜桃李梅杏楂棃薑桂。憲謂藿葉切也。芼謂菜釀也。軒或爲胖。蜩蟬也。范蜂也。蔆芰也。椇枳椇也。椇藜之不藏者。自牛脩至此。三十一物。皆人君燕食所加庶羞也。周禮天子羞用百有二十品。記者不能次錄。孔疏麋鹿田豕麕非但爲脯。又可腥食。腥食之時。皆以藿葉起之。而不細切。故云皆有軒。不言牛者。牛唯可細切爲膾。不宜大切爲軒。雉羹兔羹。皆有芼菜以和之。庾蔚云。無華葉而生曰芝。盧氏云。芝木芝也。王肅云。無華而實者名栭。皆芝屬也。則芝栭是一物。牛脩一。鹿脯二。田豕脯三。麋脯四。麕脯五。麋軒六。鹿軒七。田豕軒八。麕軒九。雉芼十。兔芼十一。爵十二。鷃十三。蜩十四。范十五。芝栭十六。蔆十七。椇十八。棗十九。栗二十。榛二十一。柹二十二。瓜二十三。桃二十四。李二十五。梅二十六。杏二十七。楂二十八。梨二十九。薑三十。桂三十一。下文云。大夫燕食。有膾無脯。故知此人君燕食也。案周禮籩人醢人。正羞唯有棗栗榛桃。無以外雜物。故知所以加庶羞也。焦氏循曰。案荀子致士篇云。夫耀蜩者務在明其火。振其樹而已。楊倞曰。南方人照蟬。取而食之。禮記有蜩范是也。郭璞爾雅注云。今江東大蜂。在地中作房者。爲土蜂。啖其子。即馬蜂。嶺表錄異。載宣歙人。取蜂以鹽炒暴乾。寄入京洛。以爲方物。翅足已成。則不堪用也。任氏啓運曰。芝地耳。栭木耳。皆菌屬。禮案說文。麋鹿屬。麢麠也。田豚即野猪。以田獵所得。故曰田豕。雀古作爵。說文小鳥也。栭或作檽。本草別錄。木生爲檽。地生爲菌。張華博物志。菌謂之椹。疏謂芝椹是也。抱朴子塞難篇。芝檽之產於木石。孫氏星衍曰。檽當作栭。即禮記芝栭也。廣韻栭木耳別名。可見檽即栭也。樝即今之山樝。色紅味甘酸。可鹽作菹。亦可煎作糕。

大夫燕食。有膾無脯。有脯無膾。士不貳羹胾。庶人耆老不徒食。

鄭注。尊卑差也。孔疏此接上人君燕食。因明大夫士庶人。燕食不同。大夫燕食。若有脯則不得有膾。鄭志云。脯非食殽。此燕得食脯者。謂食不專用脯。以爲食殽。若有餘饌兼之。則得有脯。士不二羹胾者。謂燕食也。若朝夕常食。則下云。羹食自諸侯以下。至於庶人無等。方氏慤曰。膾脯羞也。故不得兼之。言大夫如此。則士可知。羹胾者。食之配。士雖降於大夫。然闕一不可。特不二之而已。言士如此。則大夫二之可知。庶人耆老不徒食。見王制解。方氏苞曰。當爲燕居常食。若燕享備物。以養賓。無膾脯不兼。羹胾不二之義。下文云。無等謂羹食耳。若膾胾之類。則有等耳。禮案士不二羹胾。然則下文云。七十二膳。蓋士以下之禮也。

膾春用葱。秋用芥。豚春用韭。秋用蓼。脂用葱。膏用韰。三牲用藙。和用醯。獸用梅。鶉羹。雞羹。鴽。釀之蓼。魴鱮烝。雛燒。雉。薌無蓼。

鄭注。脂肥凝者。釋者曰膏。藙煎茱萸也。漢律會稽獻焉。爾雅謂之檓。用醯畜與家物。自相和也。用梅亦野物。自相和。釀謂切雜之也。鴽在羹下烝之。不羹也。薌蘇荏之屬也。燒烟於火中也。自膾用葱至此。言調和菜釀之所宜也。孔疏此論調和飲食之宜。鶉羹雞羹者。謂用鶉用雞爲羹。鴽唯烝煑之而已。故文在羹下。釀謂切雜和之。言三者皆釀之以蓼。魴鱮二魚。皆烝孰之。雛是小鳥。火中燒之。然後調和。若今之臘也。雉文在烝燒之下。或燒或烝。或可爲羹。其用無定。故直云雉薌。三者調和。唯以蘇荏之屬。無用蓼也。上云魚膾芥醬。則謂秋時用芥。芥辛於秋宜也。藙賀氏云。今蜀郡作之。九月九日。取茱萸枝。連其實一升。可和十升膏。名之藙也。劉氏彝曰。藙氣味葉似茱萸也。今閩蜀人尚用以和羹。謂爲茱萸非也。惠氏棟曰。藙說文云。漢律會稽獻藙一斗。禮案秋無葱韭。故作膾用芥醬。豚水畜。其性寒而滯。故用韭蓼。以辛溫之味和之。韭陽草也。性熱。見通志。玉篇韰俗作薤。郭注爾雅釋草云。似韭之菜。故也。醯梅皆味酸。酸能解腥臊。故用醯梅者。可不需芥蓼也。釀謂先以蓼菜。切和肉腥。俟辣味浸透。然後煑之。不曰用而曰釀也。燒即今燒烤燻炙之屬。

不食雛鱉。狼去腸。狗去腎。狸去正脊。兔去尻。狐去首。豚去腦。魚去乙。鱉去醜。

鄭注。皆爲不利人也。雛鱉伏乳者。乙魚體中。害人者名也。今東海鰫魚。有骨名乙。在目旁。狀如篆也。乙食之鯁人不可出。醜謂鱉竅也。孔疏此論治擇肉物惡者。及果實之屬。方氏慤曰。物美莫如鱉。然未大在所不食。其肉爲美。其竅爲醜。故下言鱉去醜。狐死正丘首。天性然也。人殺而取之。則殺氣聚乎首。故狐去首。豚者天一之水畜。而腦則天五之土氣存焉。既欲以水畜。而有所養。且不可以所勝者害之。故豚去腦。爾雅解魚謂之乙。而魚之餒。必自腸始。

故魚去乙也。陸氏佃曰。猨之腸直。猨去腸。蓋以此。狗去腎。以其熱與。俗云凡腎豕不如羊。羊不如狗。今貍脊。上一道如界。兔尻有九孔。豕俯精在腦。去腦以此。今醫方云。豕腦食之。昏人精神。禮案徐氏文弼壽世傳眞云。猪腦冷精損陽。不宜食。袁氏枚食單云。甲魚大則老。小則腥。不食雛鱉。以其腥耳。非不利人也。

肉曰脫之。魚曰作之。棗曰新之。栗曰撰之。桃曰膽之。柤梨曰攢之。鄭注皆治擇之名也。孔疏皇氏云。治肉除其筋膜。取好處。故李巡注爾雅釋器云。肉去其骨曰脫。郭云剝其皮也。皇氏云。作謂動搖也。凡取魚搖動之。視其鮮餒。餒者不食。李巡注爾雅云。作之魚骨小。無所去。郭氏爾雅。今本作斲之。注云謂削鱗也。棗易有塵埃。恆治拭之使新。栗虫好食。數數布揀。撰省視之。桃多毛。拭治去毛。令色青滑如膽也。或曰有苦如膽者。擇去之。柤梨恐有虫。故一一攢看其虫孔也。禮案生肉有宜去骨者。若豕之類。有宜剝皮者。若牛之類。故爾雅注謂肉去其骨曰脫是也。作當從郭本爾雅作斲爲是。廣韻柤似梨而酸。

牛夜鳴則庮。羊泠毛而毳羶。狗赤股而躁臊。鳥皫色而沙鳴鬱。豕望視而交睫腥。馬黑脊而般臂漏。鄭注亦皆爲不利人也。庮惡臭也。春秋傳曰。一薰一庮。泠毛毳毛。別聚於不解者也。赤股。股裏無毛也。皫色。毛變色也。沙猶嘶也。鬱腐臭也。望視。視遠也。腥當爲星。聲之誤也。星肉中如米者。般臂前脛般般然也。漏當爲螻。如螻蛄臭也。孔疏此一節與周禮內饔職文同。庮是惡臭之氣。牛夜鳴則其肉庮臭。羶謂羶氣。泠謂毛本稀泠。毳謂毛頭毳結。羊若如此。其肉羶氣。躁謂躁惡。赤股股裏無毛。躁謂舉動急躁。狗若如此。其肉躁惡。皫色色無潤澤。沙鳴鳴而聲嘶。鳥若如此。其肉腐臭。腥謂肉結如星。望視謂豕望。交睫謂目睫毛交。豕若如此。則其肉似星也。黑脊謂馬脊黑。般臂謂馬之前脛。其色般般然。馬若如此。其肉如螻蛄臭也。方氏愨曰。夜鳴謂非時而鳴。赤股者。股毛則股見。故赤。躁言其性之不靜。皫言如麃之色白。沙鳴之悲涼者。土密而溫。沙疏而涼。豕俯首以食。俯則下視。曰望視。則首昂矣。莊子所謂豚之亢鼻。蓋此類也。睫目毛長故交。黑脊言衆體皆異。而脊獨黑也。般猶疾之有瘢。在前脛。故曰瘢臂。陸氏佃曰。鬱。周官作貍。漏。周官作螻。蓋凡物宜露。而鬱之則臭。宜覆而漏之則臭。漏與鬱。言所以臭也。螻與貍。言其臭如之。禮案皫色言其毛色。正字通。凡物色不澤美者。皆曰皫。周禮天官內饔。狗作犬。望作盲。鄭注彼云。般臂臂毛有文。鄭司農云。庮朽木也。此總言禽畜之異狀者。必其體有病。食之害人。非但其羶臊而已。

雛尾不盈握弗食。舒雁翠。鵠鴞胖。舒鳧翠。雞肝。雁腎。鴇奧。鹿胃。鄭注舒雁鵝也。翠尾肉也。鵠鴞胖。謂脅側薄肉也。舒鳧鶩也。鴇奧脾脁也。鵠或爲鶴也。孔疏雛謂小鳥。尾盈一握。然後堪食。若其過小。未盈握不堪食也。自此以下。因廣言不堪食之物。鵝尾之肉不堪食。鵠鳥鴞鳥脅側薄肉不可食。鶩卽鴨。其翠不可食。鷄肝雁腎亦不可食。奧謂脾脁。藏之深奧處。鴇奧及鹿胃亦不可食。凡此皆爲不利人也。云舒雁鵝。舒鳧鶩者。爾雅釋鳥文。李巡云野曰雁。家曰鵝。野曰鳧。家曰鶩。孫氏希旦曰。上節所言。全體之不可食者。因物形之變而察之也。此節所言一體之不可食者。據物理之常而知之也。禮案雛尾不盈握弗食。非食之不利也。蓋王制不麛不卵。不殺胎。不殀夭之義。本草云。鵠大於雁。一名天鵝。郭注爾雅釋鳥云。鴇鴟類。陸疏云。其肉甚美。可爲羹臛。郭云鴇似雁。無後趾。毛有豹文。名獨豹。

一肉腥細者爲膾。大者爲軒。或曰麋鹿魚爲菹。麕爲辟雞。野豕爲軒。兎爲宛脾。切葱若薤。實諸醯以柔之。

鄭注爲膾爲軒。言大切細切異名也。膾者必先軒之。所謂聶而切之也。此軒辟雞宛豚。皆菹類也。釀菜而柔之以醯。殺腥肉及其氣。今益州有鹿殘者。近由此爲之矣。菹軒聶而不切。辟雞宛脾聶而切之。軒或爲胖。宛作鬱。孔疏此明齏菹之異。用肉不同。作記之時。無菹軒辟雞宛脾之制。舊有此言。承而用之。故稱或曰。凡大切若全物爲菹。細切者爲齏。其牲體大者菹之。小者齏之。用此麋鹿魚爲菹。及野豕爲軒。是菹也。麕爲辟雞。兎爲宛脾者。是齏也。故鄭注醢人云。細切爲齏。全物若牒爲菹。少儀曰。麋鹿爲菹。野豕爲軒。皆牒而不切。麕爲辟雞。兎爲宛脾。皆牒而切之。是菹大而齏小也。少儀不云魚。此云魚。記者異聞也。此魚與麋鹿相對。是魚之大者。故以爲菹。其辟雞宛脾及軒之名。其義未聞。切葱若薤。實諸醯以柔之。此亦少儀文。或用葱。或用薤。故云切葱若薤。置諸醯中。悉皆濡孰。故云柔之。孫氏希旦曰。肉腥謂用生肉釀而食之也。細者爲膾。大者爲軒。此謂不辨牲之大小。凡細切者皆爲膾。大切者皆爲軒也。或者之說。則謂切肉之名。牲各不同。故又記之。鄭注周禮云。全物若牒爲菹。細切爲齏。此謂切菜大小之異名。故醢人云。掌在齏七菹。此專謂菜爲齏菹也。然齏菹之名。菜肉通。故此言菹與軒。皆菹也。辟雞宛脾。皆齏也。齏菹雖異。然皆是以醯釀牲肉。故鄭云。軒辟雞宛脾。皆菹類也。郭氏嵩燾曰。少儀牛與羊魚之腥。聶而切之爲膾。鄭注聶之言牒也。說文牒薄切肉。郞鄭注所謂藿葉切。是大切曰軒。和醯醬曰菹。細切而和醯醬曰齏。疑辟雞之雞。卽齏之叚借。辟與擘同。廣韻分擘也。謂析裂之。說文宛屈草自覆也。引申爲宛曲宛轉。脾與臄同。詩福祿臄之。毛傳臄厚也。腩直曰脡。腥條析之曰宛臄。言或薄切。或細切。或條析之。而實醯爲菹同也。禮案軒當爲胖。注引或說是也。韻會胖之言片。析肉也。鄭注祭統云。菹芹茆之屬。辟古通擘。折裂也。見喪大記。肉必孰而後可擘也。麕獨言辟。不用菜切。全而孰之者也。宛小也。見詩小雅。脾析也。見天官醢人。宛脾亦不雜以菜。孰而細析之也。

羹食自諸侯以下至於庶人無等。

鄭注羹食。食之主也。庶羞亦異耳。孔疏此論天子諸侯及大夫士等。尊卑膳食之差。食謂飯也。言羹之與飯。是食之主。故諸侯以下。無等差也。此謂每日常食。若非是依常禮食之外。或別有牛羊豕之肉。隨時得爲羹也。其黍稷稻粱之屬。依禮正食之外。別有稼穡收穫。皆得爲飯。故云羹食無等。案公食大夫禮。下大夫十六豆。上大夫二十豆。又周禮掌客云。上公食四十。侯伯食三十二。子男食二十四。鄭注云。食謂庶羞。美可食者。此庶羞乃異也。禮案羹若雉羹犬羹雞羹之類。以非牛羊豕之肉。故尊卑無等。然上文士不二羹胾。則所設多寡。不能無等也。士每食只一羹一胾。則庶人每食只一羹矣。

大夫無秩膳。大夫七十而有閣。天子之閣。左達五。右達五。公侯伯於房中五。大夫於閣三。士於坫一。

鄭注謂五十始命。未甚老也。有閣。有秩膳也。閣以板爲之。庋食物也。達。夾室。大夫言於閣。與天子同處。天子二五。倍諸侯也。五者。三牲之肉。及魚臘也。孔疏下云。六十宿肉。是有常秩。此云無秩膳。故知是五十也。七十有閣。有秩膳也。然則六十者。比五十者。則有常肉。比七十者。則有無肉時也。崔氏云。宮室之制。中央爲正室。正室左右爲房。房外有序。序外有夾室。

天子尊。庖廚遠。故左夾室五閣。右夾室五閣。諸侯卑。庖廚宜稍近。故減殺於天子。唯在一房之中。而五閣也。大夫既卑無嫌。故亦於夾室。而閣三也。三者豕魚臘也。士卑不得作閣。但於室中爲土坫。庋食也。天子臘用六牲。今云五閣。是不一牲爲一閣。魚臘是常食之物。故知三牲及魚臘也。陸氏佃曰。秩膳孟子所謂廩人繼粟庖人繼肉。不以君命將之是也。若大夫賜則有之。不得爲常。秩膳有閣。則臺餽有常。庋之以須。此亟問亟餽鼎肉。子思之所以不悅也。堂上爲達。公侯伯於房中。下天子也。左達左夾室前堂。右達右夾室前堂。大夫言於閣三則蒙上房中可知。士言於坫一。則凡閣用坫亦可知。據上大夫有閣。而此云士於坫一。則士雖有閣。不足言也。方氏苞曰。疏以閣爲庖廚。所庋爲三牲魚臘非也。君子遠庖廚。未聞置正室之序外也。蓋非朝夕常膳。乃果蔬飴餌脯醢之屬。孫氏希旦曰。檀弓始死之奠。其餘閣也與。曰五曰三曰一者。謂閣與坫之數。非謂膳之種數也。士於坫一。而餘閣有脯醢。則大夫以上。非一閣。置一種明矣。禮案鄭注周禮天官宮伯云。秩祿廩也。下文九十日有秩。故大夫無秩膳。有必待九十可知。然則七十有閣。所庋之食。亦自備也。舊說謂即秩膳非也。通雅云。凡坌土甓成臺可庋物者。皆謂之坫。

凡養老。有虞氏以燕禮。夏后氏以饗禮。殷人以食禮。周人修而兼用之。凡五十養於鄉。六十養於國。七十養於學。達於諸侯。八十拜君命。一坐再至。瞽亦如之。九十者使人受。五十異粻。六十宿肉。七十二膳。八十常珍。九十飲食不違寢。膳飲從於遊可也。六十歲制。七十時制。八十月制。九十日修。唯絞紟衾冒。死而后制。五十始衰。六十非肉不飽。七十非帛不煖。八十非人不煖。九十雖得人不煖矣。五十杖於家。六十杖於鄉。七十杖於國。八十杖於朝。九十者天子欲有問焉。則就其室。以珍從。七十不俟朝。八十月告存。九十日有秩。五十不從力政。六十不與服戎。七十不與賓客之事。八十齊喪之事弗及也。五十而爵。六十不親學。七十致政。凡自七十以上。唯衰麻爲喪。凡三王養老皆引年。八十者一子不從政。九十者其家不從政。瞽亦如之。凡父母在。子雖老不坐。有虞氏養國老於上庠。養庶老於下庠。夏后氏養國老於東序。養庶老於西序。殷人養國老於右學。養庶老於左學。周人養國老於東膠。養庶老於虞庠。虞庠在國之西郊。有虞氏皇而祭。深衣而養老。夏后氏收而祭。燕衣而養老。殷人哻而祭。縞衣而養老。周人冕而祭。

玄衣而養老。鄭注記王制有此。孔疏此一節。皆王制文。記者重而錄之。後人雖知其重。因而不去。愼疑不敢刪易也。義疏云。朱子謂此篇古經。而王制漢作。是王制采此篇入之也。注已見前。故此不具。禮案凡父母在。子雖老不坐。謂在父母之側。不命之坐。不敢坐也。曾子曰。孝子之養老也。樂其心。不違其志。樂其耳目。安其寢處。以其飲食忠養之。孝子之身終。終身也者。非終父母之身。終其身也。是故父母之所愛亦愛之。父母之所敬亦敬之。至於大馬盡然。而況於人乎。鄭注賤喻貴也。孔疏此因上陳養老之事。遂陳孝子事親之禮。安樂其親之心。不違其志。樂其耳目。安其寢處。以其飲食。中心養之。是孝子事親之身終也。作記之人。既云孝子之身終。恐人不解。故解云終身也者。非終父母之身。終其孝子之身也。言父母雖歿。終竟己身。而行孝道。與親在無異。父母所愛敬。犬馬之屬。盡須敬愛。而況於父母敬愛之人乎。劉氏彝曰。樂其心。謂左右侍養。必常賾討其心之所好者何在。然後順而篤其所好者。果非悖於大義。則蔑不從以安之。則心樂矣。不違其志。謂老者平生之志。欲以道德仁義。立身揚名於天下者。務旣心以篤行。必著成效。則弗違其所志矣。樂其耳目。謂必正身以範其家。力行以化其俗。則善言常入於親耳。善行常悅於親目也。安長寢處。謂堂室庭除。必完潔之。簟席帳幄。必常脩治。而盡其甯親之志。則寢處安矣。飲食謂酒飯膳食。如經所陳。則足以盡其忠敬之誠。而老者不失其所養矣。曾子之孝。天下後世範之者也。詩云孝子不匱。永錫爾類。其謂是與。孫氏希旦曰。忠謂盡其心以養之。非徒養口體也。孝子之身終者。父母雖歿。而事死如生。事亡如存。沒身而後已也。父母之所愛亦愛之。所敬亦敬之。以父母之心爲心。而隨在曲體之也。禮案呂氏春秋孝行覽曰。養有五道。養體養目養耳養口養志。又大戴禮曾子立孝云。禮以將其力。敬以入其忠。飲食移味。居處溫愉。著心於此。濟其志也。夙興夜寐。無忝爾所生。言不自舍也。不恥其親。君子之孝也。父母之所愛。交愛之。所惡惡之。所敬亦敬之。即曾子事父母所謂孝子無私憂。無私樂。父母所愛愛之。父母所惡惡之是也。凡養老。五帝憲。三王有乞言。五帝憲。養氣體而不乞言。有善則記之爲惇史。三王亦憲。旣養老而后乞言。亦微其禮。皆有惇史。鄭注憲法也。養之爲法。其德行有善爲法。又從之求善言。以施行也。惇史史惇厚是也。微其禮者。依違言之。求而不切也。孔疏此言五帝養老法其德行。三王德漸薄。非但法其德行。又從求乞善言。五帝憲養氣體。而不乞言者。覆說五帝養老。就氣息身體。恐其勞動。故不乞言。老人有善德行。則記錄之。使衆人法則。爲惇厚之史。三王旣法德行。又從乞言。言三代皆法其德行。善言爲惇厚之史。故云皆者。皆三代也。劉氏彝曰。先儒以爲憲其德行。乃餘義耳。若養老之大。養則天子用子事父之禮。養國老於東郊。養庶老於虞庠。所以使天下憲法天子敬老之義。致孝養於其親也。故但盡禮盡敬。以憲萬邦。而不乞言也。又何憲法其德而已哉。方氏慤曰。老有考。考有成之義。以其年之高。而德有成。知之深。而言有考。則帝王之禮。或憲或乞。不爲過矣。朱氏彬曰。微其禮者。謂其禮簡略。無執醬執爵之文也。禮案五帝憲者。非謂五帝法老人之德行也。蓋養老所以教孝。言五帝始爲法於其天下也。皆有惇史。謂五帝三王也。此以五帝三王對文。則皆有者。非止說三代明矣。淳熬。煎醢加于陸稻上。沃之以膏曰淳熬。淳毋。煎醢加于黍食上。沃之以膏曰淳毋。鄭注淳沃也。熬亦煎也。沃煎成之以爲名。毋讀爲模。模象也。作此象淳熬。孔疏此論養老。須飲食如養親之事。淳熬是八珍之內。一珍之膳名也。淳謂沃之以膏。熬則煎醢是也。陸稻者。以陸地稻米。熟之爲飯。煎醢加於飯上。恐其味薄。更沃之以膏。使味相湛漬曰淳熬。毋是禁辭。非膳羞之體。故讀爲模。模象淳熬而爲之。但用黍爲異耳。黍食謂以黍米爲飯。不言陸者。黍皆在陸。無在水之嫌。故不言陸。姚氏際恆曰。案凡煎膏味厚者爲母。從其中所出味薄者爲子。故曰淳母。禮案方言云。以火而乾五穀謂之熬。淳熬蓋以稻米炒焦。取其馨香。加醢以厚其味。沃膏以使滑也。王氏象晉穀譜。謂稻之名不一。然非水則無以生成。惟黃秈性耐旱。種宜陸地。蓋卽此所謂陸稻是矣。炮。取豚若將。刲之刳之。實棗於其腹中。編萑以苴之。塗之以謹塗。炮之。塗皆乾。擘之。濯手以摩之。去其皽。爲稻粉。糔溲之以爲酏。以付豚。煎諸膏。膏必滅之。鉅鑊湯。以小鼎薌脯於其中。使其湯毋滅鼎。三日三夜毋絕火。而后調之以醯醢。鄭注炮者。以塗燒之爲名也。將當爲牂。牂牡羊也。刲刳博異語也。謹當爲墐。聲之誤也。墐塗。塗有穰草也。皽謂皮肉之上魄莫也。糔溲亦博異語也。糔讀與滫瀡之滫同。薌脯謂煮豚若羊於小鼎中。使之香美也。謂之脯者。既去皽。則解析其肉。使薄如爲脯然。唯豚全耳。豚羊入鼎三日。乃內醯醢可食也。孔疏爲炮之法。或取豚或牂。刲刳其腹。實香棗於腹中。萑是亂草也。苴裹也。編連亂草以裹匝豚牂。裹畢塗之以謹塗。謂穰草相和之塗也。以此墐塗。而泥塗之擘之者。謂擘去乾塗也。手既擘泥不淨。其肉又熱。故濯手摩之。去其皽膜也。爲稻粉糔溲之。以爲酏者。付全豚之外。煎之於膏。若羊則解析肉。以粥和之。滅沒也。小鼎盛膏。煎熬豚牂。必沒此牂也。鉅鑊湯者。謂以大鑊盛湯。以小鼎之香脯。入於大鑊湯中。使鑊中之湯。無得沒此小鼎。若湯沒鼎。恐湯入鼎中。令食壞也。毋絕火者。欲令火徹熱勢不絕也。云刲刳博異語者。案易云。士刲羊。又云刳木爲舟。意同而語異也。周禮封人。有毛炮之豚。豚形既小。故知全體也。陸氏佃曰。若將之將。讀如字。若將封之。猶如膚執之。先儒謂獻膚有成禮如之也。姚氏際恆曰。此節但言炮豚一物。將如字。謂若封之刳之。須實棗於腹也。云若將者。以見未封刳前。宜備棗以實之也。薌卽上薌無蓼之薌。禮案說文封刺也。顏注前漢王莽傳云。剖刳也。蓋殺牲之法。必先以刀刺其脰。死而用湯燖毛淨。然後剖腹也。鄭注周禮春官司几筵云。萑如葦而細者。故可編以裹豚。疏謂亂草非也。廣韻糔汁也。玉篇溲浸治糔溲。蓋以米粉調和肉汁。卽上文糝是也。繹粉入湯黏膩。有似薄粥。故謂之酏也。豚置小鼎。鼎置大鑊中。以湯烝孰。卽今之烝豚是也。鉅鑊之湯白湯也。若沒入鼎中。則豚味沖淡。以鼎中有五味和烝也。烝之三日三夜。則肉軟爛矣。又以醯醢漬食之。擣珍。取牛羊麋鹿麕之肉。必脄。每物與牛若一。捶反側之。去其餌。孰出之。去其皽。柔其肉。鄭注脄脊側肉也。捶擣之也。餌筋腱也。柔之爲汁和也。汁和亦醯醢與。孔疏脊側肉美。今擣以爲珍。宜取美處。經云去其餌。又云去其皽。皽爲皮莫。故以爲筋腱。腱卽筋之類。上炮豚炮牂。調以醢醢。下漬亦食之以醢若醯。故知擣珍和亦用醢醢。陸氏佃曰。此言擣珍。則上所謂淳熬等物非珍也。周官珍用八物。卽此牛羊麋鹿麕豕狗狼是與。與牛若一。異言牛大牲也。牛言布。羊以下言施。亦以此。餌蠹如合以爲餌。煎之之餌。言去其餌。則當以物爲餌。孰之可知。言孰則捶反側之。蓋生也。焦氏循曰。易咸九五咸其脢。虞翻云。脢夾脊肉。廣韻脢重文脄。禮案周禮天官膳夫。珍用八物。此祇五物。蓋養老之珍。非王舉之珍與。

漬。取牛肉必新殺者。薄切之。必絕其理。湛諸美酒。期朝而食之以醢若醯醷。鄭注湛亦漬也。方氏慤曰。漬若濡肉之類。醷卽前所言飲之。陸氏佃曰。期朝猶言期年期月。期年謂周一年。期月謂周一月。期朝謂周一朝。陳氏澔曰。絕其理。橫斷其文理也。禮案以酒漬肉。若今糟醉之肉。可以生食。若中饋錄。肉中之類。故肉必鮮。而切必薄也。食時以醬及酸辛之味拌和之。則不腥焉耳。

爲熬。捶之去其皽。編萑布牛肉焉。屑桂與薑以灑諸上而鹽之。乾而食之。施羊亦如之。施麋施鹿施麕皆如牛羊。欲濡肉則釋而煎之以醢。欲乾肉則捶而食之。鄭注熬於火上爲之也。今之火脯似矣。欲濡欲乾。人自由也。醢或爲醯。此七者。周禮八珍。其一肝膋是也。孔疏此論作熬之法。於牛如上所陳。若施設於羊。亦如牛也。食熬之時。唯人所欲。若欲得濡肉。則以水潤釋而煎之以醢也。七者謂第一淳熬也。第二淳模也。第三第四炮取豚若牂也。第五擣珍也。第六漬也。第七熬也。云其一肝膋者。則此糝下肝膋也。但作記之人。文不依次。故在糝下陳之。方氏慤曰。曲禮濡肉齒決。蓋由制造之異。故食之不得不異也。陸氏佃曰。不與麋鹿麕同。曰如之。異言羊也。孫氏希旦曰。鄭氏以淳熬等八物爲八珍。因擣珍之名。以推其餘也。王制曰。八十常珍。九十者。天子欲有問焉。以珍從。文王世子。養老之珍具。則珍物者。老者之所需也。禮案爲熬。熬牛肉也。去其皽。則可捶而純軟也。編萑爲範。手布牛肉於上。故可施薑桂之屑。以鹽之也。亦如之者。羊麋鹿麕。皆可如法泡製也。濡謂以湯浸煑。則柔故可擘而爲絲。乾則肉堅。故必捶而碎之也。擘之則粗。捶之則細。故曲禮上云。濡肉齒決。乾肉不齒決也。

糝。取牛羊豕之肉。三如一。小切之。與稻米。稻米二。肉一。合以爲餌。煎之。鄭注此周禮糝食也。孔疏三如一者。謂取牛羊豕之肉。等分如一。稻米二。肉一者。謂二分稻米。一分肉也。案周禮醢人云。羞豆之食。酏食糝食。故云然也。此先陳糝食者。亦記人不次。陸氏佃曰。三如一。不異言牛。同是三牲之一施之也。禮案此糝謂糝食。注說是矣。而非上文。以米粉和羹之糝也。三牲之肉。必小切之者。以作餡也。今以爲餌煎之。蓋卽今煎餅之屬。

肝膋。取狗肝一。幪之以其膋。濡炙之。舉燋。其膋不蓼。鄭注膋腸閒脂。舉或爲巨。孔疏舉皆也。謂炙膋皆燋也。孫氏希旦曰。炙謂抗於火上而燒之也。濡炙之者。謂用膋濡潤其肝而炙之。舉燋謂徧皆燋也。其膋不蓼。則其肝當實蓼矣。禮案凡肝肺無脂。故經火易焦。而必以膋覆之。而後可炙也。記云以其膋。則亦狗之膋也。言濡炙之。則亦加醢而炙。非乾烤也。

取稻米。舉糔溲之。小切狼臅膏。以

與稻米爲酏。鄭注狼臅膏。臆中膏也。以煎稻米。則似今膏餰也。此周禮酏食也。此酏當從餰。孔疏似今漢時膏餰。以膏煎稻米。鄭舉時事以說之。云此酏當從餰者。以酏是粥。非是膏煎稻米也。孫氏希旦曰。餰與饘字。餰與酏皆粥。而厚薄不同。酏用於六飲。則不可用爲豆實。故知此當作餰。餰食以稻米。合臅膏爲之。則亦粥之類。但視粥差厚。故名曰餰食。言在食粥之間耳。蓋飲食人子之所以孝養其親。故自飯黍稷至此。備言其品節制度。而因以著夫貴賤等級之差也。禮案餰食餅餈類也。今越俗春采蔓菁。以其葉汁和糯米粉。作湯圓形餡以糖脂。名菁餰。清明日烝以祀墓。其亦餰之遺製矣。

禮記通釋卷三十六

玉環戴禮

內則

禮始於謹夫婦。爲宮室。辨外內。男子居外。女子居內。深宮固門。閽寺守之。男不入。女不出。鄭注。閽。掌守中門之禁也。寺。掌內人之禁令也。孔疏。此一節。論夫婦男女。及內外之別。又明妾與適妻。尊卑相降之等。方氏愨曰。天下之本在國。國之本在家。故禮始於謹夫婦。易基乾坤。詩首關雎。皆始於謹夫婦之意也。謹夫婦。故爲宮室。以居之。辨外內以防之。男子居外。女子居內。陰陽之分也。深宮則外人不得而入。固門則強者不得而啓。劉氏彝曰。易稱家人。女正位乎內。男正位乎外。男女正。天地之大義也。又曰。閑有家。悔亡。象曰。閑有家。志未變也。然則夫婦之禮不謹。家道莫得而正。家人之事。不閑於未然之始。則悔吝不可追矣。此所以必爲宮室。先辨內外也。方氏苞曰。內則后王命冢宰所降也。故舉宮廷之制。以示則焉。任氏啓運曰。宮深則言語不聞。門固則出入有制。閽守門者。寺守宮者。大夫以下無寺人。而內外之閑。則士庶亦同也。男治外政。故不輕入。女治內職。故不輕出。外謀不及婦人。故不入。牀笫之言。不踰閾。故不出。禮案。陸疏爾雅釋宮云。古者貴賤所居。皆得稱宮。至秦漢以來。乃定爲至尊所居之稱。謹言其別也。辨正其位也。列女傳曰。故夫婦有別。則父子親。父子親。則君臣敬。君臣敬。則朝庭正。朝庭正。則王化成。是也。

男女不同椸枷。不敢縣於夫之楎椸。不敢藏於夫之篋笥。不敢共湢浴。夫不在。斂枕篋簟席。襡器而藏之。少事長。賤事貴。咸如之。鄭注。竿謂之椸。楎。杙也。襡。器而藏·不敢褻也。咸。皆也。孔疏。案爾雅釋宮云。樴謂之杙。郭景純注云。樴音杙。李巡曰。謂橛杙也。釋宮又云。在牆者謂之楎。郭景純司禮云。不敢縣於夫之楎椸。植曰楎。橫曰椸。然則楎椸是同類之物。橫者曰椸。則以竿爲之。故云竿謂之椸。劉氏彝曰。婦正其德於內。則夫之德正於外。從可知也。夫婦謹敬。則家道由之。莫敢不化。故父父。子子。兄兄。弟弟。夫夫。婦婦者。莫非出於謹敬也。而況少事長。賤事貴。其敢不敬哉。輔氏廣曰。雖曰皆如之。然有異焉。記者之辭不謹也。案篇首。子婦之禮可知。孫氏希旦曰。直曰楎。橫曰椸。皆所以架衣也。方曰篋。圓曰笥。皆所以藏衣也。夫婦無取乎遠嫌。然其謹之如此者。所以遠男女之別也。前云事父母舅姑。斂簟而襡之。此簟席並襡。又以器盛而藏之。前謂每日常禮。簟席晚即須用。此謂夫不在。簟席未即用故也。俞氏越曰。案此當作篋枕斂簟席。傳寫誤倒其文也。上文言事父母舅姑之禮云。斂席與簟。縣衾篋枕。則簟席當言斂。枕當言篋。明矣。禮案。男女居室。人之大倫。而禮始於謹夫婦。馴至衣服異器。湢浴異所者。勖率以敬。修身爲正家之本也。否則子女效尤。僕婢無狀。而家法紊矣。處以舍宏。則慢易必甚。御以嚴毅。則情意必離。論語云。其身正。不令而行。其身不正。雖令不從。是也。

夫婦之禮。唯及七十。同藏無閒。鄭注。衰老無嫌。及猶至也。孔疏。間。別也。夫婦唯至七十。同處居藏。無所間別。以其衰老。無所嫌疑故也。夫七十。則婦六十。詩傳云。男女不六十不間居。據婦人言也。劉氏彝曰。夫婦雖未七十。同藏未有可嫌者。聖人制禮。爲天下之內則。夫婦必如此者。夫婦身先於上。則男女方行於下。以無嫌正有嫌也。用有情之難行。正人情之易制也。姜氏兆錫曰。老則禮所不加。以明未老者之必以禮也。禮案夫婦之禮。唯及七十。同藏無間。所以明男女雖年七十不能無別也。故妾雖老。年未滿五十。必與五十之御。將御者。齊漱澣。愼衣服。櫛縰笄總角。拂髦。衿纓綦屨。雖婢妾。衣服飲食必後長者。妻不在。妾御莫敢當夕。鄭注。五十始衰不能孕也。妾閉房不復出御矣。此御謂侍夜勸息也。五日一御。諸侯制也。諸侯取九女。姪娣兩兩而御。則三日也。次兩媵則四日也。次夫人專夜則五日也。天子十五日乃一御。將御者。其往如朝也。角衍字也。拂髦或爲繆髦也。必後長者。人貴賤不可以無禮。莫敢當夕。辟女君之御日也。孔疏。此經據姜言之。然則妻雖五十以上猶得與也。夫人及二媵各有姪娣。凡六人。故三日也。天子御法。案九嬪注云。女御八十一人當九夕。世婦二十七人當三夕。九嬪九人當一夕。夫人當一夕。后當一夕。十五日而偏。大夫一妻二妾。則三日御偏。士一妻一妾。則二日御偏。妾常避女君之御日。非但不敢當女君之御日。縱令自當君之御日。猶不敢當夕而往。故詩小星云。肅肅宵征。夙夜在公。注引此云。凡妾御於君。不當夕。是也。方氏慤曰。將御者必齊漱澣之者。所以致絜敬也。婢妾衣服必後長者。蓋不以賤廢尊卑上下之道也。妻不在。妾御莫敢當夕者。所以避上僭之嫌也。陸氏佃曰。詈用組。乃笄。又曰。詈笄用桑。長四寸。角非衍字。總角拂髦。女未笄之飾。今服以御。言若未足以當君子也。故邦君之妻。自稱曰小童。莫敢當夕。謂莫敢進御。鄭氏曰。避女君之御日。非是。詩曰。肅肅宵征。抱衾與裯。寔命不猶。則凡妾御不當夕。其當夕。夫人之惠也。又曰。五日爲期。六日不詹。則男子婦人五日一御。亦一衞生之經。不得如鄭說女御及后十五日而御。羅氏願曰。天子之后。每夕至王所。川主內治。取休沐之義。五日一休。一嬪與其御進。又五日而休。一嬪又與其御進。凡四十五日而九嬪畢見。一時而再見。一歲而八見。自諸侯大夫以下。其妾媵有多少。然皆用一五日之制。所謂五日之御是也。郭氏嵩燾曰。此說禮無明文。而深得禮意。玩七十無間之文。則夫婦共寢室。而不必當夕。妾御以下。必五日御見。未至五日之期。妻雖不在。亦不敢當夕也。禮案婦人無髦。惟有髦耳。故上文婦事舅姑不云拂髦。男女未冠者則云總角拂髦。然則髦爲女子未笄者之首飾。陸謂角非衍字矣。是。

妻將生子。及月辰。居側室。夫使人日再問之。作而自問之。妻不敢見。使姆衣服而對。至于子生。夫復使人日再問之。夫齊則不入側室之門。鄭注。側室謂夾之室。次燕寢也。作。有感動。夫齊。若始時使人問。孔疏。從此以下終篇末。論國君以下至庶人生子之禮。及適庶差別。妻妾異等。所生男女教養之法。此則明大夫以下未生子之前。夫問之宜。及生子設弧矢之法。夫正寢之室在前。燕寢在後。側室又次燕寢。在燕寢之旁。故謂之側室。妻既居側室。則妾亦當然也。故春秋傳云。趙有側室之子曰穿。是妾之子也。生子不於夫正寢及妻之燕寢。必於側室者。以正室燕寢尊故也。及月辰。謂生月之辰。初朔之日也。夫齊。但使人問之。故云若始時使人問之也。輔氏廣曰。當產而避燕寢。居例室。其自斂戢者至矣。豈復有嬌其夫之意哉。夫使人日再問之者。愛而不失於狎。敬而不失於疏。妻不敢見。雖病不敢忘禮。使姆衣服而對。雖遽不敢失禮也。禮案作振也。妊將臨月。腹內振動。楚痛如將臨蓐。達生編謂之試痛。故夫驚疑。而自往省視也。姆女師。鄭注儀禮、士昏禮云。婦人年五十。無子出。不復嫁。能以婦道教人者。必使姆衣服而對者。妻不能興也。上妻之姆。則服纚笄宵衣。見昏禮。其大夫妻以上。姆之衣服。則不可考耳。夫齊則不入側室之門。不敢以私恩妨誠潔也。祭統云。君子之齊也。專致其精明之德也。言齊不入。亦所以明不齊。而胎前有病。當自往問也。

子生。男子設弧於門左。女子設帨於門右、三日始負子。男射女否。鄭注表男女也。弧者示有事於武也。帨事人之佩巾也。男射始有事也。負謂抱之。而使鄉前也。方氏愨曰。設弧於門左。左者天道所尊。設帨於門右。右者地道所尊。必曰設者。方男女之生。其於弧帨。有可用之道。而未能有用之實也。古之人。重男女之生。又重男女之別。非特見於弧帨而已。男則寢於床之尊。女則寢於地之卑。其衣之也。男以晝服之裳。女以夜服之裼。其弄之也。男以所有事之璋。女以所有事之瓦。禮案男射女否者。婦元攸遂。無閫外之職。四方之志故也。孫氏希旦謂。女卑略其禮非也。

國君世子生。告于君。接以大牢。宰掌具。三日卜士負之。吉者宿齊。朝服寢門外。詩負之。射人以桑弧蓬矢六。射天地四方。保受乃負之。宰醴負子。賜之束帛。卜士之妻、大夫之妾。使食子、鄭注接讀爲捷。捷勝也。謂食其母。使補虛強氣也。詩之言承也。桑弧蓬矢。本太古也。天地四方。男子所有事也。保受代士也。保保母。醴當爲禮。聲之誤也。禮以一獻之禮。酬之以幣也。食子不使君妾。適妾有敵義。不相褻以勞辱事也。士妻大夫之妾。謂時自有子。孔疏此論國君世子生。及三日負子。及食之法。王肅杜預。並以爲接待夫人。似太牢。鄭讀爲捷者。以婦人初產。必困病虛羸。必未能以禮相接。焦待負子之後。今在前爲之。故知補虛強氣。宜速故也。詩含神露云。詩者持也。以手維持。則承奉之義。謂以手承下。而抱負之。桑與蓬皆質素之物。故知本太古也。男子上事天。下事地。旁禦四方之難。故云所有事。然射禮唯四矢。謂天地非射事所及。故止四矢。蓬是禦亂之草。桑衆木之本。食子須有乳汁。故知時自有子。皐氏云。士妻大夫之妾者。隨課用一人。故桓六年左傳云。卜士負之。士妻食之。不云有大夫妾。文略也。劉氏彝曰。接者繼續之謂也。諸侯有國家社稷。宗廟人民。其傳事靡輕。夫人始生世子。乃有繼續之道。故接引其子。稗有立志。而禮用大牢也。陸氏佃曰。接讀如字。書曰接下思恭。詩負之。猶特牲受嘏詞曰。詩懷之也。詩曰。乃生男子。載寢之床。載衣之裳。載弄之璋。其泣喤喤。朱芾斯皇。室家君王。此豈所謂其詩與。醴讀如字。醴以禮之。冠禮曰。乃醴賓。一獻之禮。嬰兒多類乳母。則嬰兒以乳輕者有矣。又大任之母文王也。目不視惡色。耳不聽惡聲。以爲古之胎教。皆如此。則食母豈可以不擇哉。輔氏廣曰。諸母則擇之。乳母則卜之者。豈非性情之發。尚猶可見。而氣血之相宜。有不可知者邪。劉氏台拱曰。案言三日卜士負之。則是三日始卜。猶未行負子之禮也。如此解。則與下文。凡接子擇日。不相抵梧矣。郝氏懿行曰。不使君妾食子者。食子事賤。又適夫人在。避爲慈母之嫌也。禮案莊三十二年公羊傳。君存稱世子。何注云。明當世父位爲君。下文云。凡接子。冢子則大牢。則此接以大牢。蓋接世子之禮。注謂食夫人非也。宰。膳宰。掌具者。具接子之禮儀也。子生三日。卜士之吉。使負世子。宿齊。前一夕齊也。士朝服。玄端服也。見鄭氏冠禮注。寢門外。路寢之門外也。士誦詩。負之。射人六射。導之。皆所以詔世子有事於文武也。弧。弓也。桑木可以作弓。見周禮冬官考工記。射畢。保母乃受而負子。回宮。君燕其臣。必使膳宰爲主人。故曰宰醴負子。不言射人者。文不具也。鄭注周禮春官典命云。帛如今璧色繒。注冠禮云。束帛十端也。食。乳也。乳母必卜士之妻。大夫之妾。不於諸母者。以君妾若有子。則亦君之子也。自宜飼畜。不能舍己子。而往食夫人之子也。注云適妾有敵義。郝云食子事賤。皆非是。大戴禮保傅曰。古之王者。大子乃生。固舉之禮。使士負之。有司參夙興。端冕見之南郊。見之天也。過闕則趨。過廟則下。孝子之道也。故自爲赤子時。教固已行矣。

凡接子擇日。冢子則大牢。庶人特豚。士特豕。大夫少牢。國君世子大牢。其非冢子。則皆降一等。

鄭注。雖三日之內。尊卑必皆選其吉焉。冢子。天子世子也。冢。大也。冢子猶言長子。通於下也。庶人士大夫國君皆謂長子。非長子。謂冢子之弟及衆妾之子。生也。天子諸侯少牢。大夫特豕。士特豚。庶人猶特豚也。孔疏。此論國君以下至庶人接子牲牢之異。并適庶不同。下云國君世子大牢。故知此冢子大牢。謂天子世子也。喪服父爲長子。是上下通稱。故云通於下。下文云庶人特豚。士特豕。大夫少牢。國君大牢。其非冢子。則皆降一等。明冢子之名。庶人大夫士等。皆有其號。庶子既降一等。則庶人全應無牲。今以禮窮。故與士同也。方氏慤曰。擇日。卜日也。陸氏佃曰。據上羹食。自諸侯以下至於庶人無等。應云諸侯世子大牢。爲其接以大牢。同於王也。是以盛言之。盡其辭焉耳。且言冢子則大牢。庶人特豚。士特豕。大夫少牢。國君世子大牢。推國君而遠之。使不偪上也。又以著自庶人積隆至是窮矣。蓋禮窮則同。此皆言之法也。輔氏廣曰。父子之氣。未嘗不相接也。生三日而又以禮接之。於是爲至。孫氏希旦曰。上先言接子。而後言三日卜士負之。則接子在負子之前。擇日者。謂三日之內擇之也。禮案。此重言接子之牲牢異數。蓋承上文之未備者也。特上既言三日。而此又云擇目者何也。抑或三日之朝不吉。則另卜與。

異於孺子室於宮中。擇於諸母與可者。必求其寬裕慈惠溫良恭敬慎而寡言者。使爲子師。其次爲慈母。其次爲保母。皆居子室。他人無事不往。

鄭注。特埽一處以處之。此人君養子之禮也。諸母。衆妾也。可者。傅御之屬也。子師。教示以善道者。慈母。知其嗜欲者。保母。安其居處者。士妻食乳之而已。他人無事不往。爲兒精氣微弱。將驚動也。孔疏。此謂三日負子之後。三月名子之前。諸侯養子選擇諸母及養子之法。此文雖據諸侯。其實亦兼大夫士也。但士不具三母耳。大夫以上則具三母。故喪服小功章中。君子爲庶母慈已者。鄭注引此三母。猶言慈母。舉中以見上下。是知大夫有三母也。爲之服小功。若諸侯之子。三母則不服也。此雖三月之前。其實三月之後養子。亦當然也。劉氏彝曰。寬則容德固多。裕則臨事不撓。慈則仁性豐盈。惠則恩意浹洽。溫則言動粹如。良則心意純淑。恭則容止必莊。敬則誠明弗散。其此八善。而不加之以畏慎。將之以寡言。婦人之全德也。然後可以爲子之師焉。王氏引之曰。鄭蓋讀可爲阿。列女節義傳曰。禮爲孺子室於宮。擇諸母及阿者。是其證。又史記范雎傳。居深宮之中。不離阿保之手。郝氏懿行曰。案此慈母。孔子所謂無服者也。疏引喪服小功章。謂此三母。獨諸侯不服之非也。禮案喪服小功章。君子子爲庶母慈已者。下文云。大夫之子有食母。然則大夫之子。食母外。唯有慈母。兼師保之任而已矣。若如二疏說。亦備三母。則與國君養子無異。尊卑齊等。恐無是禮也。他人無事。不入養子之室。避煩囂。亦杜嫌疑也。蓋自接子之後。直至三月之末。母始抱子見於父。然父子天屬之愛。欲時拊視。亦人情也。諸母雖父妾。而食母則士之妻。或大夫之妾。故禁他人無事不往。卽父亦不得輒往也。事謂子有不安節。或食母有家事暫歸。則人當往告。父當入視矣。

三月之末。擇日翦髮爲鬌。男角女羈。否則男左女右。是日也。妻以子見於父。貴人則爲衣服。由命士以下。皆漱澣。男女夙興。沐浴衣服。具視朔食。夫入門。升自阼階。立于阼西鄉。妻抱子出自房。當楣立東面。

鄭注鬌所遺髮也。夾囟曰角。午達曰羈也。貴人大夫以上也。由自也。朔食天子大牢。諸侯少牢。大夫特豕。士特豚也。入門者。入側室之門也。大夫以下。見子就側室。見妾子於內寢。辟人君也。孔疏三月翦髮。所留不翦者。謂之鬌。囟是首腦之上縫。故說文云。十其字象小兒腦不合也。夾囟兩旁。當角之處。留髮不翦曰角。午今女翦髮。留有頂上。縱橫各一。故曰羈。羈者隻也。文雖據大夫士。天子諸侯之子。亦當然也。上文云。妻將生子居側室。則知此夫入門。卽入側室之門也。人君則見適子於路寢。見庶子於側室。見下文。然大夫見妾於內寢。諸侯見妾於側室。何以下文適子庶子見於外寢。注云此適子。謂世子也。庶子妾子也。外寢君燕寢也。則是人君見妾於外寢。不在側室也。蓋人君見妾子。撫首咳而名之。與世子弟同。故連文云。見於外寢。其實在側室也。孫氏希旦曰。貴人卿大夫也。爲衣服。夫妻皆別製新服。命士以下。雖不爲衣服。亦漱澣以致其絜也。男女謂下文。諸婦諸母諸男之屬也。其夫婦入食之饌具也。適子見在正寢。夫入門者。入正寢之門也。妻抱子出自房者。妻由側室至夫之正寢。升自北階。而出於東房也。妻不使人抱子。子不升自西階。皆避人君之禮也。次棟之欂謂之楣。妻當楣立。在西階之上。而當楣也。夫在阼。亦當楣。不言者可知也。鄭氏謂大夫以下見適子於側室非也。側室卑於內寢。見庶子於內寢。豈見適子。反在側室乎。郭氏嵩燾曰。說文羈馬絡頭也。蓋其中頂而爲三鬌。相綴若馬絡頭之式。側室在寢旁。不當有堂有階。接子用牲牢。如享賓之禮。必於路寢行之。大夫士曰適寢。亦曰適室。對內寢言之。豈有升牲牢俎以就寢室之禮。抑不知升階而當楣立。側室能有此制否乎。禮案三月之末。謂將屆三期月。乃擇吉日。爲子翦髮也。蓋自始生。至是胎髮已長。而可翦也。否則男左女右。謂男若不角。則留鬌於囟之左。女若不羈。則留鬌於囟之右也。夙早也。興起也。家中長幼男女。皆夙興漱澣沐浴者。致其絜。敬其事也。爾雅釋宮。棟謂之楣。鄭注鄉射禮云。五架之屋。正中曰棟。次曰楣。

姆先相曰。母某敢用時日。祗見孺子。夫對曰。欽有帥。父執子之右手。咳而名之。妻對曰。記有成。遂左還授師子。師辯告諸婦諸母名。妻遂適寢。

鄭注某妻姓。若言姜氏也。祗敬也。或作振。欽敬也。帥循也。言教之敬。使有循也。執右手。明將授之事也。記猶識也。識夫之言使有成也。師子師也。後告諸母。若名成於尊。適寢。復之燕寢。孔疏此論母以子見父名子之事。妻既抱子當楣。東面而立。傅母在母之前。而相佐其辭曰。母某氏。敢用時日。祇見孺子。孺稚也。謂恭敬奉見稚子。夫對妻言。當教之。令其恭敬。使循善道。遂以一手執子右手。以一手承子之咳。而名之。妻對曰。當記識夫言。教之使有成就。遂左向迴還轉身西南。以子授子師也。諸婦謂同族卑者之妻。諸母同族尊者之妻。後告諸母。欲名成於尊。祇敬欽敬師循。皆釋詁文也。方氏慤曰。執其右乎。則期力事。左還授師。則順其陽道。孩子以咳之則笑。故謂之孩。咳而名之。則若笑而受其名。陸氏佃曰。師之者。父道也。成之者。母道也。妻言遂適寢。妾言遂人御。妻言夫入食。如養禮。妾言禮之如始入室。妻之辭莊。妾之辭瀆。言之法也。禮案說文云。咳小兒笑也。咳而名之。所以引其笑。而告之名也。

夫告宰名。宰辯告諸男名。書曰某年某月某日某生而藏之。宰告閭史。閭史書爲二。其一藏諸閭府。其一獻諸州史。州史獻諸州伯。州伯命藏諸州府。夫人食如養禮。鄭注宰謂屬吏也。春秋書桓六年九月丁卯子同生。四閭爲族。族百家也。閭胥中士一人。五黨爲州。州二千五百家也。州長中大夫一人也。皆有屬吏。獻猶言也。夫入。已見子入室也。其與妻食。如婦始饋舅姑之禮也。孔疏。此謂卿大夫以下。故以名徧告同族諸男也。此舉諸男。其卑者。卑者尚告。則告諸父可知。此既據卿大夫以下。而引春秋者。欲證明子生年月日之事。書名謂以簡策書子名。而藏之家之書府。四閭爲族以下。皆周禮地官文。閭之屬吏。則有閭史。州之屬吏。則有州史。州伯則州長也。州府是州長之府藏。夫入從側室。入正室也。案士昏禮。婦盥饋舅姑特豚。合升側載。右胖載之舅俎。左胖載之姑俎。大夫以上。則無文。黃氏乾行曰。命名卽告州閭。州閭使藏諸州府。將俟其長。而就閭塾也。以承教訓。以受征役。以稽德行。以應賓興。皆始於是。安有時過後學。老壯不均。冒年冒籍。如後世之弊哉。孫氏希旦曰。夫入食。自正寢。入燕寢。而與妻同食也。如養禮。如平時夫婦供養之常禮也。鄭氏謂養禮。爲婦始饋舅姑之禮。非也。舅姑之饋。婦饋之也。此夫婦自食耳。二禮不可相方。若謂指其饌具而言。則上文已言具視朔食。不應再出也。禮案宰家臣之長。詩小雅云。諸宰君父。又論語子路爲季氏宰。宰辯告諸男名。似脫諸父二字。上父云。子師辯告諸婦諸母名。則此必告諸男諸父可知。

世子生。則君沐浴朝服。夫人亦如之。皆立于阼階西鄉。世婦抱子升自西階。君名之。乃降。鄭注子升自西階。則人君見世子。於路寢也。見妾子就側室。凡子生皆就側室。諸侯夫人朝於君。次而祿衣也。孔疏此明人君見世子。及適庶之禮。案內司服注云。后六服。后從王祭先王。則服禕衣。祭先公。則服揄翟。祭羣小祀。則服闕翟。鞠衣黃桑服也。展衣以禮見王及賓客。祿衣御於王之服。諸侯夫人以下所得之服。各如王后之服。則夫人亦如王后也。此既在路寢。與君同著朝服。則是以禮見君。合服展衣。注云次而祿衣者。此謂見子。若訖則當進入君寢侍御於君。故服進御之服。次者首飾。次第髮爲之。則少牢禮髮鬄是也。鄭注云。古者或剔賤者刑者之髮爲之。孫氏希旦曰。天子諸侯朝服不同。則后與夫人以禮見王之服。亦當異。后以禮見王服展衣。則夫人以禮見君服祿衣宜也。郝氏懿行曰。卿大夫見適子。既有父執右手。咳而名之。及告戒之辭。故此略之。又下文見適子庶子云。禮率初無辭。故知此有辭也。禮案諸侯禪冕以朝。見玉藻。鄭注彼云。諸侯朝服。冠玄端。素裳也。賈子新書有天子見世子之辭。則諸侯見子必有辭可知。適子庶子見於外寢。撫其首。咳而名之。禮帥初。無辭。鄭注此適子謂世子弟也。庶子妾子也。外寢君燕寢也。無辭。辭謂欽有帥。記有成也。孔疏此明人君見適子庶子但撫首咳名無辭之事。連文。同云見於側室。其實庶子見於側室也。禮謂威儀。初謂世子生。見於路寢。君夫人皆西向。言見適子庶子。威儀依循初世子之法。但無勅戒之辭。然夫人所生之子。容可如世子見禮。若妾之見子。則不得與夫人同。當與卿大夫之妻。見適子同。但不親抱子耳。案前世子生。君名之乃降。亦無辭也。而云適子庶子無辭者。以前文。卿大夫妻。見適子之時。既有父執右手。咳而名之。及戒告之辭。故於世子之禮。略而不言。其實世子亦執右手。咳而名之。及戒告也。故鄭引前文。卿大夫見子之辭。而言之也。方氏苞曰。君之燕寢。對夫人正寢稱外。非對側室稱外也。觀此則世子見於路寢明矣。蓋國君尊。以子見而就夫人之內寢。於義未安。故世子以外。皆見於外寢。禮案見友子於外寢。不執手無辭。所以降於元子也。然記云禮帥初無辭。則見世子有辭可知矣。疏說是也。凡名子。不以日月。不以國。不以隱疾。大夫士之子。不敢與世子同名。鄭注不以日月。不以國。終使易諱。不以隱疾。諱衣中之疾。難爲醫也。不與世子同名。尊世子也。其先世子生。亦勿爲改。孔疏此論尊卑上下。同有諱避。又士大夫之名子。避世子之名。案春秋衛襄公名惡。其大夫有齊惡。明齊惡先衛侯生。故得與衛侯同名。是知先生者。不改也。馬氏晞孟曰。穀梁傳曰。衛侯惡。又有衛齊惡。此何爲君臣同名也。君子不奪人名。不奪人親之所名。重其所從來也。故大夫士之子。不敢與世子同名。則君臣不同名矣。至於爲臣。而與君同名。則特稱字而已。禮案此節本曲禮上文。而內則引之者。以上文名子。故言所以宜避之字。推類及之也。妾將生子。及月辰。夫使人日一問之。子生三月之末。漱澣夙齊。見於內寢。禮之如始入室。君已食。徹焉。使之特餕。遂入御。鄭注內寢。適妻寢也。禮謂已見子。夫食而使獨餕也。如始入室。始未嫁時。妾餕夫婦之餘。亦如之。既見子。可以御。此謂大夫士之妾也。凡妾稱夫曰君。孔疏此論夫妾生子之禮。君已食徹焉者。以妾賤。故謂夫爲君。尋常夫食之後。衆妾共餕。今以其生子。故使之特餕也。宮室之制。前有路寢。次有君燕寢。次夫人正寢。卿大夫以下。前有適室。次有燕寢。次有適妻之寢。但夫之燕寢。對夫人及適妻之寢。及側室爲在外。故前注云外寢君燕寢也。此稱內寢。知是適妻寢也。案昏禮夫婦同牢之後。媵餕夫餘。御餕婦餘。彼謂正妻若妾初嫁始來。夫婦共食。初來之妾。特餕其餘。今妾已見子。夫婦共食。今生子之妾。特餕其餘。亦如始來時也。前文大夫妻見子之後。遂適夫寢。未即進御。後云夫入食。如養禮。乃始進御。此文云見子遂入御。故注云大夫士之妾。異正妻也。輔氏廣曰。妾生子而禮之如始入室。所以使之知大分已定於其初矣。特餕所以寵之。然其分不可得而易也。孫氏希旦曰。不云就側室者。大夫士之妾居側室。即其所居而生子。不就別室也。夫使人日一問之。降於正妻也。特。獨也。士昏禮無特餕之法。豈妾之待年而後至者。或非媵。而買諸他姓者。其始至。特餕與。禮案作不自問。當使正妻臨祀。可以示已之無私。兼以固適庶之愛也。見於內寢者。妾齊絜奉所生子。謁男君女君而名之也。遂入御者。餕訖當夕。餘不得與。所以寵之也。公庶子生。就側室。三月之末。其母沐浴朝服。見於君。擯有以其子見君所。有賜君名之。衆子。則使有司名之。鄭注擯者傅姆之屬也。人君尊。雖妾不抱子。有賜。於君有恩惠也。有司。臣有事者也。魯桓公名子。問於申繻也。孔疏前文已云。適子庶子。見於外寢。異於世子。今此更重出者。以前庶子與適子連文。恐事皆同。適子。故以此經特見庶子之法。案前注云。凡子生。皆就側室。今特舉庶子。則世子可知也。生子之妾。君所特有恩賜。偏所愛幸。君則自名其子。衆子謂衆妾之子。不特寵御。則使有司以名其子也。其母朝服見於君。是擯者抱子也。方氏慤曰。公庶子。即前所言見於外寢者是也。此申明言之耳。陸氏佃曰。庶子言就側室。則世子不就側室可知。其母沐浴朝服。則君不沐浴朝服可知。郝氏懿行曰。庶子加公者。別於上文大夫士也。孫氏希旦曰。公庶子生。就側室。人君宮室多也。君之世婦。視大夫。諸妻視士。其朝服。亦褖衣也。禮案君妾有貴賤。故見子之禮。數亦異。若夫人姪娣之子則貴。春秋魯閔公是也。庶妾之子則賤。魯僖公是也。庶人無側室者。及月辰。出居羣室。其問之也。與子見父之禮。無以異也。鄭注夫雖避之。至問妻及見子禮同也。庶人或無妾。孔疏庶人以無側室。在夫寢生子。故夫出避之。若有側室。則妻在側室。夫自居正寢。不須出居羣室也。與及也。言夫問妻。及子見父之禮。無以異於卿大夫士也。亦夫使人日再問之。作而自問之。其見父之時。亦執子之右手。咳而名之。一如上矣。禮案羣室隨衆所居也。有側室。及行接子見子用特豚之禮。庶人之在官有祿者也。若持手而食者。則何禮之可行哉。檀弓上曰。有其禮。無其財。君子弗行也。況庶人乎。凡父在。孫見於祖。祖亦名之。禮如子見父。無辭。鄭注見子於祖。家統於尊也。父在則無辭。有適子者無適孫。與見庶子同也。父卒而有適孫。則有辭。與見冢子同。父雖卒。而庶孫猶無辭也。孔疏此論孫見祖之禮。卿大夫以下之事。父之於子。有傳重之事。故有戒告之辭。今孫見於祖。適子既在。其孫猶爲庶孫。且隔於父。無所傳重。故與見庶子同。若所生適子。其父既卒。則適孫與長子相似。當有辭也。若庶孫。父雖卒。見祖亦無辭也。方氏慤曰。父在謂祖在也。據子之父稱之。故曰父耳。以祖名之。不以父者。家事統於尊故也。孫氏希旦曰。孫見於祖。亦就祖之正寢見之。禮案郝氏懿行曰。春秋傳云。王父命之。此是也。上文見子。夫立於阼西鄉。妻當楣立東面。是夫妻相向。辭亦彼此交相戒勉之意。此孫見祖舅。不能與子婦對語。故無辭也。或有之。亦異其辭。其位當亦不同。據此只是言父在孫見祖之常禮也。若如注疏。謂父卒見祖。則子生父歿。既未三月。喪猶在殯。如係適子。當有告殯之禮。若父卒子生則祖無論三月之中。期年之內。當子生三月之末。見祖。父喪已葬。當亦有告廟之禮。觀曾子問。君薨而世子生之禮。可推而知。食子者。三年而出。見於公宮則劬。大夫之子有食母。士之妻、自養其子。鄭注劬勞也。士妻大夫之妾。食國君之子。三年出歸其家。君有以勞賜之。食毋選於傅御之中。喪服所謂乳母也。士妻賤。不敢使人也。孔疏此論國君以下。及大夫士適妻。養子之人。尊卑有別。陸氏佃曰。不言寢。不言君所。嫌褻也。輔氏廣曰。劬母道也。勞不足以盡之。詩云。母氏劬勞。禮案喪服緦麻章。爲乳母。鄭注彼云。謂養子者。有他故。賤者代之。慈已則彼所云乳母不必大夫之子。引以證此非也。由命士以上及大夫之子。旬而見。冢子未食而見。必執其右手。適子庶子已食而見。必循其首。鄭注旬當爲均。聲之誤也。有時適妾同時生子。子均而見者。以生先後見之。既見乃食。亦辟人君也。易說卦坤爲均。今亦或作旬也。天子諸侯尊。別世子。雖同母。禮則異矣。未食已食。急正緩庶之義也。孔疏此論大夫及命士適妻與妾同時生子。見之先後。差異之別。并明天子諸侯見冢子及適子庶子緩急之儀。旬均也。謂大夫命士適妾生子。皆以未食之前。均齊見。又先生者先見。後生者後見。冢子未食而見。必執其右手。謂天子諸侯。未與后夫人禮食。而先見冢子。食後始見適子庶子。必以手撫其頭。示恩愛之情也。陸氏佃曰。言子既見之後。凡旬一見。冢子則未食而見。適子庶子。則食而後見。此急正緩庶之義也。朱子熹曰。此說疑鄭失之。旬如字。謂十日也。別記異聞。或不待三月也。承記大夫禮。而又別其冢適庶子之異同。冢子之禮。仍與前章同。唯適子庶子爲異耳。郭氏崙燾曰。旬而見。謂雖在襁褓。顧復有節。及旬一見之。其云未食而見。已食而見。蓋奉以適父所。冢子有視膳之文。自其無知時。爲期而習其儀。未食而見。爲晨省也。適子庶子。稍繁多矣。不敢以就見妨長者之食。故竣之已食時。執其右手授受之義詳焉。循其首者略也。士妻抱之。大夫食母抱之。旬而見。止於大夫。天子諸侯。異於孺子。室於宮中。擇三母保護之。歲時以禮見。不能有間見之儀也。禮案此蓋三月之末。父見子後。每間旬日。則食母抱子一往見父之禮。然必由命士以上者。異宮故也。若命士以下妻自養子。父子同宮。故無旬而見之禮也。

子能食食。教以右手。能言男唯女俞。男鞶革。女鞶絲。鄭注俞然也。鞶小囊。盛帨巾者。男用韋。女用繒。有飾緣之。則是鞶裂與。詩云垂帶如厲。紀子帛名裂繻。字雖今異。意實同也。孔疏此論男女。自幼少之時。教之言語。及鞶革鞶絲之事。男女鞶囊之外。更有繒帛之物。緣而飾之。則是春秋桓二年所稱鞶裂者與。案傳作鞶厲。此注云。鞶裂。厲裂義同也。方氏慤曰。教以右手。則取其強而已。是故男女之所同也。王氏應麟曰。通鑑裴子野論。古者人君養子。能言而師授之辭。能行而傅相之禮。亦本於此。陳氏祥道曰。古者大帶革帶。並謂之鞶。內則所謂男鞶革帶也。孫氏希旦曰。曲禮唯而起。虞書帝曰俞往哉。是唯俞皆應辭。但唯之聲直。俞之聲婉。故以爲男女之別。男鞶革。女鞶絲。是言其帶革帶絲耳。今案鞶一名而二物。前言施鞶袠。士昏禮。庶母至門內施鞶。楊子法言。繡其鞶帨。此鞶爲小囊也。此言鞶。鞶絲。左傳言鞶厲游纓。乃馬之鞶纓。此鞶爲大帶也。玉藻云。童子錦紳。又云弟子縞帶。此男子鞶革。蓋孩提時所用耳。男革而女絲者。革勁而柔絲也。禮案帶而謂之鞶者。以其鞶束腰際。故名爲鞶鞅。革非女子所宜。故以絲也。

六年教之數與方名。七年男女不同席。不共食。八年出入門戶及即席飲食。必後長者。始教之讓。九年教之數日。十年出就外傅。居宿於外。學書記。衣不帛襦袴。禮帥初。朝夕學幼儀。請肆簡諒。鄭注方名東西。不同席共食。蚤其別也。教之讓。示以廉恥。數日朔望與六甲也。外傅教學之師也。不用帛爲襦袴。爲大溫。傷陽氣也。禮帥初。遵習先日所爲也。肆習也。諒信也。請習簡。謂所書篇數也。請習信。謂應對之言也。孔疏此一節。論男女教之從幼及長。居官至致事之事。衣不帛襦袴者。謂不以帛爲襦袴。禮帥初者。以禮動作。皆師循初。日。所謂從朝至夕。學幼少奉事長者之儀。請肄簡諒。言請長者習學簡札。及應對信實言語。陸氏佃曰。十年以後。學而無教。據六年教之數與方名。八年始教之讓。九年教之數日。請習簡而易從。諒而易知之事。方氏苞曰。所肄者簡。則誦數歷久而不忘。所以爲精知之本也。所主者諒。則言動不欺。其心志所以爲力行之本也。禮案六年教之數。謂一十百千萬億之成數也。多少之數。尚未算也。七年已有知識。故教之別也。苞氏爽女誡云。聖人制禮。以隔陰陽。七歲之男。王母不抱。七歲之女。王父不持。八年出入門戶。必後長者。導以孝弟之道也。孟子曰。徐行後長者。謂之弟。疾行先長者。謂之不弟。數日若周十二辰爲一日。十日謂之旬。三十日謂之月。期三百有六旬有六日。謂之歲是也。此九年以前。師保之教男女同也。十年以後。則男女所習異也。故男子出就外傅。居宿於外。女子居內。禮始於此焉。說文數計也。書計即周禮地官保氏之六書九數。六藝先學書數。後學禮樂射御者。以書數不需力量。童幼可習也。說文襦短衣。顏注急就篇云。袴脛衣。玉藻曰。童子緇布衣錦緣。是上服猶布。況襦袴乎。衣不帛襦袴者。幼約之以儉。防長而奢僭也。注謂大溫非也。蓋帛輕滑。若不褚以袠纊。其煖猶遜於布也。禮帥初。謂雖就傅於外。而初學於母師之禮。皆謹循習。而不得顧此忘彼也。幼儀若曲禮上。私必正方。不傾聽。少儀不畫地。手無容之屬。事外傅之禮。則管子弟子職。尤備焉。請願也。簡小也。揚子法言。諒知也。言幼不能博學多知。習成人之業。故先願學簡略之事也。尚書大傳所謂。見小節。踐小義是矣。

十有三年。學業誦詩舞勺。成童舞象。學射御。二十而冠。始學禮。可以衣裘帛。舞大夏。惇行孝弟。博學不教。內而不出。鄭注先學勺。後學象。文武之次也。成童十五以上。大夏樂之文武備者也。內而不出。謂人之謀慮也。孔疏熊氏云。勺籥也。言十三之時。學此舞勺之文舞也。成童舞象。謂武舞也。熊氏云。謂用干戈之小舞。以其年尚幼。故習文武之小舞也。二十成人。血氣強盛。無慮傷損。故可以衣裘帛也。大夏是禹樂。禪代之後。在干戈之前。文武俱備。故二十習之。博學不教者。唯須廣博學問。不可爲師教人。內而不出者。唯蘊畜其德在內。而不得出言爲人謀慮。萬氏斯大曰。古人六藝。皆於幼時習。八年教讓。即禮也。十年學書計。是書與數也。十三年學樂舞。學射御。則六藝全矣。郭氏嵩燾曰。內是不出。即申上不教意。凡據所見爲是。以論事之得失。皆教也。荀子以善先人。謂之教。正謂此意。所識未充。所歷未深。固而存之。無自表著焉。爲師教人。及爲人謀慮。經意尚未及此。禮案學樂誦詩。習琴瑟。讀樂章也。鄭注燕禮云。勺頌篇。告成大武之樂歌也。孔疏詩序云。文王時有擊刺之法。武王作樂象而爲舞。號其樂曰象舞。象舞與執射御。皆非年幼力弱之所能勝者。記云成童。當是十五以下也。禮案禮則自男唯女俞至此。皆是也。豈待二十而學乎。蓋既冠所學者。吉凶賓軍嘉之五禮也。若俎豆揖讓。儀文度物之屬。非強有力者。不能勝也。惇篤也。前此教以孝弟。啓其端也。冠則成人矣。故爲人子。爲人弟之禮。皆宜篤行也。

三十而有室。始理男事。博學無方。孫友視志。四十始任方物出謀發慮。道合則服從。不可則去。五十命爲大夫。服官政。七十致事。鄭注室猶妻也。男事受田給政役也。方猶常也。至此學無常。在志所好也。孫順也。順於友。視其所志也。方猶常也。物猶事也。服官政。統一官之政也。致其事於君。而告老。孔疏三十丁壯。受其田士。供給政役。始理男事。故韓詩說。三十受兵。若口率出泉。國中則二十。野則十五也。孫友視志。言孫順朋友。視其志意所尚。四十始仕。方物出謀發慮者。言仕官行其常事。要謙孫出其謀計。發其思慮。以爲國也。朱子熹曰。方猶比也。比方以窮理。方物出謀。則謀不過物。方物發慮。則慮不過物。王氏折曰。四十始仕。爲士以事人。治官府之小事也。五十爲大夫。以長人。聞邦國之大事也。四十始仕。不躁進也。七十致仕。不固位也。中間三十年。盡力於王事。不負所學矣。俞氏樾曰。國語楚語。不可方物。韋注曰。方別也。然則方物者。辨別其事也。惟能別辨其事。故能出謀發慮也。禮案道合則服從。不可則去。謂事君也。儒者未仕則涉世。宜尚謙和。既仕則執政。務明去就。孟子曰。君有過則諫。反覆之而不聽。則去是也。

凡男拜。尚左手。鄭注左陽也。江氏永曰。尚謂以一手覆於彼一手之上。禮案天道左旋。故男拜尚左也。

女子十年不出。姆教婉娩聽從。執麻枲。治絲繭。織紝組紃。學女事以共衣服。觀於祭祀。納酒漿籩豆菹醢。禮相助奠。十有五年而笄。二十而嫁。有故二十三年而嫁。聘則爲妻。奔則爲妾。鄭注十年不出。恆居內也。婉謂言語也。娩之言媚也。媚謂容貌也。紃絛。觀於祭祀。當及女時而知。十有五年。謂應年許嫁者。女子許嫁。笄而字之。其未許嫁。二十則笄。故謂父母之喪。聘問也。妻之言齊也。以禮聘問。則得與夫敵體。妾之言接也。聞彼有禮。走而往焉。以得接見於君子也。奔或爲衒。孔疏此論女子。自幼及嫁。爲女事之禮。案九嬪注云。婦德貞順。婦言辭令。婦容婉娩。婦功絲枲。鄭以此上下。備其四德。以婉爲婦言。娩爲婦容。聽從爲婦順。執麻枲以下爲婦功。組紃俱爲絛也。杜注左傳。紝爲繒帛。皇氏云。組是綬也。然則薄闊爲組。似繩者爲紃。下云十有五年而笄。此觀於祭祀。是未嫁之前。謂於祭祀之時。觀看。須於廟外。納此酒漿籩豆之等。置於神坐。一納之文。包此六事言之也。聘則爲妻。妻齊也。奔則爲妾。妾接也。方氏愨曰。不出謂常居閨閣之內也。聽則有所受。從則無所違。皆女德也。執麻枲。則績事也。治絲繭。則蠶事也。織以機。紝以箴。組綬屬。凡此皆學女事。以共衣服之用也。觀於祭祀。則欲其習熟是事。又納酒漿籩豆菹醢等物。以致其禮。相助長者。而奠之於神。詩不云乎。於以奠之。宗室牖下。誰其尸之。有齊季女。蓋助奠之謂也。朱子熹曰。納謂奉而入之。孫氏希旦曰。妾有隨妻爲媵者。有非媵而別買之者。皆未嘗有幣帛之聘也。女子不待聘而嫁者。謂之奔。周禮媒氏仲春之月。令會男女。於是時也。奔者不禁。禮案婉娩謂柔色怡聲。聽從。傅姆之教也。女事縫紩之屬。觀法也。納致也。祭曰觀。奠曰助者何也。蓋祭禮嚴肅。幼女不敢與也。奠則行事生之禮。故可相長者助奠。猶饋養佐長者視具也。尚書大傳曰。男子三十而娶。女子二十而嫁。女二十而通織紝績紡之事。黼黻文章之美。不若是。則上無以孝於舅姑。下無以事夫養子也。

凡女拜。尚右手。鄭注右陰也。孔疏女拜尚右手。漢時行之。項氏安世曰。鄭注周禮肅拜云。若今婦人撎。蓋古之拜。如今之揖折腰而已。介冑之士不拜。故以肅爲禮。以不可折腰也。然則其儀特斂手向身。微作曲勢耳。此正今時婦人之揖禮也。尚右手者。特言斂手右向。如孔子拱而尚右之尚。男之尚左亦然。張氏怡曰。男教之陽德。服男事。女教之陰德。習女儀。盡天下男女夫婦。而曲成之。此先王

所以降德於兆民也。禮案
地道尊右。故女拜尚右也。

禮記通釋卷三十七　　玉環戴禮

玉藻第十三。孔疏：案鄭目錄云：名曰玉藻者，以其記天子服冕之事也。冕之旒以藻訓爲之，貫玉爲飾。此於別錄屬通論。孫氏希旦曰：此篇首記天子諸侯衣服飲食居處之法，中間自始冠緇布冠，至其他則皆從男子，專記服飾之制，次及后夫人命婦之服，後又雜記禮節容貌稱謂之法。禮記中可以考見古人名物制度者，此篇爲最詳。然其中多逸文錯簡云。禮案：此篇雜記尊卑上下儀文度數，然以名器爲主，故先言首服。首服莫尊於天子之冕旒，故首言玉藻，即以之名篇焉。

天子玉藻，十有二旒，前後邃延，龍卷以祭。鄭注：祭先王之服也。雜采曰藻。天子以五采藻爲旒，旒十有二。前後邃延者，言皆出冕前後而垂也。天子齊肩。延，冕上覆也。玄表纁裏。龍卷，畫龍於衣。字或作袞。孔疏：從天子玉藻至食無樂，總論天子之禮。天子玉藻者，藻謂雜采之絲繩，以貫於玉，飾藻十二旒，在前後垂而深邃，以延覆冕上，故云前後邃延。卷謂卷曲，畫此龍形於衣，以祭宗廟。司服云：享先王則袞冕。旒十有二就，每一就貫以玉，就間相去一寸，則旒長尺二寸，故垂而齊肩也。諸侯以下各有差降，則九玉者九寸，七玉者七寸，以下皆依旒數而長短爲差。旒垂五采玉，依飾射侯之次，從上而下，初以朱，次白，次蒼，次黃，次玄。五采玉既貫徧，周而復始。三采者，先朱，次白，次蒼。二色者，先朱後綠。漢明帝時，用曹褒之說，皆用白旒珠，與古異也。延以三十升之布，染之爲玄，覆於冕上，出而前後。冕謂以扳爲之，以延覆上，延之於扳相著爲一，故云延冕也。其六冕玉飾上下貴賤之殊，並已具王制疏，於此略而不言。江氏永曰：鄭氏謂冕前後皆垂旒，非也。東方朔云：冕而前旒，所以蔽明。其說在漢儒之先，若後旒安所取義？鄭蓋因此云前後邃延而誤。孫氏希旦曰：孔疏謂旒之長短依旒數爲差，則三旒者止三寸，似大短矣。又二采當用朱白，一采當以朱。孔據周禮典瑞注謂二采用朱綠，亦非是。前後邃延者，延在冕上，其前後皆長出於冕而深邃，指延言，不指旒言也。龍卷以祭，謂首服十二旒之冕，身服龍卷之衣，以祭天也。禮案：戴禮子張問入官，孔子曰：古者冕而前旒，所以蔽明也。後漢百官志云：聖人處天子之位，服玉藻邃延，日月所以副其德，彰其功也。哀七年左傳曰：周之王也，制禮上物不過十二，以爲天之大數也。故冕十有二旒，則服亦十有二章可知。鄭注周禮春官司服引書曰：日月星辰山龍華虫宗彝藻火粉米黼黻，此古天子冕服十二章也。至周以日月星辰畫於旌旗，而冕服九章，登龍於山，故謂龍袞九章，誤矣。蓋周尚文，以龍德正中，爲人君之象，故名龍袞，非不繪三辰也。夫既謂之冕服，則冕旒服章之數必無不同，差而下之，上公九旒九章，侯伯七旒七章，子男五旒五章。王制云：制三公一命卷。是則九章之袞，不繪三辰者也。蓋龍惟十二章、九章有之，故並得稱袞也。雖賈氏公彥有天子升龍、諸侯降龍之說，然龍象無分升降，其身莫不卷曲，故皆名爲袞服也。餘則如鷩冕自華虫以下，毳冕自宗彝以下，則並無龍章也。

玄端而朝日於東門之外，聽朔於南門之外，閏月則闔門左扉，立于其中。鄭注：端當爲冕，字之誤也。玄衣而冕，冕服之下。朝日春分之時也。東門南門，皆爲國門也。天子廟及路寢，皆如明堂制。明堂在國之陽，每月就其時之堂而聽朔焉。卒事反宿路寢，亦如之。閏月非常月也，聽其朔於明堂門中，還處路寢門，終月。凡聽朔，必以特牲，告其帝及神，配以文王、武王。孔疏：凡衣服，皮弁尊，次以諸侯之朝服，次以玄端。案：下諸侯皮弁聽朔，朝服視朝，是視朝之服卑於聽朔。今天子皮弁視朝，若玄端聽朔，則是聽朔之服卑於視朝，與諸侯不類。且聽朔大，視朝小，故知端當爲冕。謂玄冕也，是冕服之下。案：宗伯實柴祀日月星辰，則日月爲中祀，而用玄冕者，以天神尚質故也。魯語云：大采朝日，少采夕月。孔晁云：大采謂衮冕也，少采謂玄冕。以春分日長，故朝之。然則夕月在秋分也。朝事儀云：帥諸侯朝日於東郊，故知東門是國城東郊之門也。孝經緯云：明堂在國之陽，故知南門亦謂國城南門也。案：考工記云：夏后氏世室，鄭注云：謂宗廟。殷人重屋，注云：謂正寢也。周人明堂，鄭云：三代各舉其一，明其制同也。又周書亦云：宗廟路寢明堂，其制同。月令孟春居青陽左個，仲春居青陽大廟，季春居青陽右個，以下所居各有其處，是每月就其時之堂也。閏非常月，無恆居之處，故在明堂門中。案：大史云：閏月詔王居門終月，是還處路寢門，終竟一月所聽之事於一日中耳。尋常則居燕寢也。皇氏云：明堂有四門，閏月各居其時當方之門，義或然也。方氏慤曰：日生於東，故朝日東門；日月合於朔，陰陽交於南，故聽朔於南門。必曰門之外者，亦猶迎氣之於郊與。陸氏佃曰：玄端而冕謂之端，以齊制名。故齊服有玄端素端，玄端而冕，冕服之齊服也；玄端而冠，冠服之齊服也。端冕亦或謂之玄冕，玄冕齊戒是也。荀子曰：端衣玄裳，絻而乘路者，志不在於茹葷，則端冕以齊明矣。然或服以祭，亦服以朝，服窮則同故也。江氏永曰：案：明堂別一制度，不與宗廟路寢同制。顧命在路寢有東房西房，觀禮在廟有東箱，皆非五室之制。姜氏兆錫曰：人君十二月聽朔，每月各當其室之一方，若閏月雖居其方，不得正居兩扉之中，故闔其左扉，以示漸轉而右之意。郭氏嵩燾曰：玄端玄冕，皆非朝日之服，疑此爲朔旦迎日之禮，舉正月以例其餘。莊十八年穀梁傳：天子朝日，諸侯朝朔。故朝日聽朔，相連爲文，亦與下視朝及日食、朔食爲類。禮案：玄端謂服，非謂冠也，陸說是矣。大戴武王踐阼云：王端冕，師尚父亦端冕，是也。鄭司農周禮春官司服注曰：衣有襦裳者爲端。又楊疏信三年穀梁傳云：其色玄，而制正幅無殺，故謂之玄端。蓋上文龍卷，謂服之章；此之玄端，謂衣之色。凡冕服皆玄衣纁裳，唯齊則裳亦玄。其尊卑則隨事而異，朝日衮冕，聽朔其鷩冕與，記不具言，故舉龍衮玄端以該之耳。注疏謂此玄端即司服王祭羣小祀之玄冕，則非也。大戴四代曰：天子盛服朝日于東堂。謂之盛服，則最尊之衮冕可知。

皮弁以日視朝，遂以食。日中而餕，奏而食。日少牢，朔月大牢。五飲：上水、漿、酒、醴、酏。

鄭注：餕，食朝之餘也。奏，奏樂也。上水，水爲上，餘其次之。孔疏：此明天子每日皮弁視朝，遂以朝食，所以敬養身體，故著朝服。至日中之時，還著皮弁，而餕朝之餘食。餕餘之時，奏樂而食。餕尚奏樂，朝食奏樂可知。月朔禮大，故加用大牢。案：鄭志：趙商問膳夫云：王日一舉，鼎十有二，物皆有俎，有三牲備。案玉藻天子之食，禮數不同。鄭云：禮記後人所集，據時而言，與周禮或合或否。周禮六飲，此五飲，亦非周法也。方氏慤曰：奏樂而食，則所以和其心志，而助氣體之養也。前於朝言聽，此於朝言視，何也？聽主有所受於上，視主有所明於下。味以淡爲本，上水則貴本故也。孫氏希旦曰：天子視朝，以皮弁服，以白鹿皮爲弁，素繒爲衣裳也。舊設皮弁服之衣，用十升白布為之。非也。衣之差。繒尊於布。玄尊於白。惟深衣麻衣之屬。用白布。玄端及朝服。已緇之矣。皮弁尊於朝服。豈反用白布乎。日出而朝食。逮日而夕食。此每日之正食也。餕非正食。在朝食夕食之間。特餕之矣。朝食之餘而朝已。禮案視主清明。故服白以臨朝也。餕亦謂食。不得作食餘解也。白虎通云。王者所以日四食何。明有四方之物。食四時之功也。平旦食。少陽之始也。晝食大陽之始也。晡食少陰之始也。暮食大陰之始也。王者食必奏樂。徹亦舉樂。淮南主術訓。琴鼓而食。奏雍而徹。是也。周禮天官漿人。六飲。酒正四飲。與此所云五飲者。非一日之間。諸色必備也。蓋飲有溫涼之異。各隨其時所宜。若酒酏之宜於冬。醷漿之宜於夏。故或有涼醷而無酒。有酒酏而無醷濫也。**卒食。玄端而居。動則左史書之。言則右史書之。御瞽幾聲之上下。**鄭注天子服玄端燕居也。左史右史。其書春秋尚書具存者。瞽樂人也。幾猶察也。察其哀樂。孔疏春秋是動作之事。故以當左史。左陽主動。故記動。尚書記言語之事。故以當右史。右陰是靜。陰主靜故也。熊氏云。案周禮大史云。大師抱天時。與大師同車。又襄二十五年傳曰。大史書曰。崔杼弑其君。是大史記動作之事。在君左廂記事。則大史為左史也。案周禮內史掌王之八柄。其職云。凡命諸侯及孤卿大夫。則策命之。僖二十八年左傳云。王命內史叔與父。策命晉侯為侯伯。是皆言語之事。在君之右。故為右史。御者侍也。瞽人審聲。使之侍側。幾察樂聲上下哀樂。防君之失。若政和則樂聲樂。政酷則樂聲哀。馬氏晞孟曰。玄端齊服也。而天子燕居亦服之者。蓋先王之禮。入虛如有人。燕居如有神。此所以不愧屋漏也。動見於貌。言發於聲。貌於時為春陽也。故左史書之。言於時為秋陰也。故右史書之。周官大胥。於春歌之時合舞。於秋詠之時合聲。其意亦若是也。有史以書言動。則上無過失。有瞽以幾聲音。則下無匿情。如此則禮樂交脩。而天下治矣。禮案左史大史。右史內史。疏義是矣。大戴盛德曰。大史內史。左右手也。又保傅篇云。天子失度。則史書之。工誦之。國語周語召公曰。天子聽政。使公卿至於列士獻詩。瞽獻典。史獻書。是以事行不悖也。聲上謂高也。聲下謂濁也。若朱子鍾律謂宮為土。最下最濁。羽為水。最高最清是也。**年不順成。則天子素服。乘素車。食無樂。**鄭注自貶損也。孔疏司服云。大札大荒大烖素服。此是天子諸侯。罪己之義。故素服。此素服者。謂素衣。故下文諸侯年不順成。君衣布。與此互文。若其臣下。即不恆素服。唯助君禱請之時。乃素耳。故司服云。士服玄端素端。注云。素端者。為札荒有所禱請也。馬氏晞孟曰。順在氣。成在物。不順則逆。而水旱至焉。不成則虧。而飢饉至焉。周官司服。大荒素服。大司徒荒政蕃樂。大司樂大凶弛縣。雜記凶年乘怒馬。皆憂以天下故也。然食雖無樂。飲酒蓋有樂矣。曲禮曰。歲凶非飲酒不樂。禮案逸周書大匡解云。維周王宅程三年。遭天之大荒。入食不舉。麻衣以朝。朝中無采衣。周禮春官巾車。王之喪車五乘。次為素車。棼蔽犬複素飾。白虎通云。四方不平。四時不順。有徹樂之法焉。所以鴻至尊。著法戒也。**諸侯玄端以祭。裨冕以朝。皮弁以聽朔於大廟。朝服以日視朝於內朝。**鄭注祭先君也。端亦當為冕。字之誤也。諸侯祭宗廟之服。唯魯與天子同。裨冕朝天子也。裨冕公衮。侯伯鷩。子男毳也。皮弁下天子也。朝服冠。玄端素裳也。此內朝路寢門外之正朝也。天子諸侯皆三朝。孔疏諸侯至同庖。此一節論諸侯之禮。玄端以祭先君。故知亦當為玄冕。案覲禮云。侯氏裨冕。鄭注裨之為言埤也。天子六服。大裘爲上。其餘爲裨。是以總云裨冕。皮弁下天子。以天子用玄冕。諸侯用皮弁聽朔。聽朔又謂之視朝。天子於明堂。諸侯於大祖廟。訖。然後祭於諸廟。又謂之月祭。祭法云皆月祭之是也。天子諸侯皆三朝者。大僕掌燕朝。朝於路寢之庭。是一也。司士正朝儀之位。注云。此王日視朝於路門外。是二也。朝士掌外朝之法。注云外朝在庫門之外。皋門之內。是三也。諸侯三朝者。文王世子云。公族朝於內朝。路寢朝。是一也。又云。其在外朝。司士爲之。與此視朝於內朝。皆謂路寢門外。每日視朝。是二也。此但之內朝。對中門外朝。爲內也。文王世子云。外朝者。對路寢庭爲外也。此據路寢門外而稱內朝。明知中門外別更有朝也。諸侯三門。是中門外。大門內。又有外朝。是三朝也。已具文王世子疏。周氏諝曰。服有六。而冕止於五。故大裘龍袞同冕。是大裘龍袞之冕爲尊。而自降之。龍袞而下。其冕皆爲卑。故言裨冕者。所以兼鷩冕與毳冕也。言朝者。所以兼覲遇與宗也。陸氏佃曰。玄端雖冕。異於玄冕。玄冕纁裳。玄端而冕。玄裳也。禮案楊注荀子富國云。裨之爲言卑也。裨冕據天子。十二章。龍袞之次。言之據諸侯則各從其爵。亦上服耳。周禮秋官大行人。朝王之服。上公冕服九章。侯伯冕服七章。子男冕服五章。祭統云。君袞冕立于阼。夫人副褘立于東房。此上公之禮。上公服袞。則侯伯鷩。子男毳可知。是祭先公。朝天子。皆服其上服也。尚書大傳曰。諸侯之宮三門。三朝。其外曰皋門。次曰應門。又次曰路門。其皋門內曰外朝。應門內曰內朝。路門之內曰路寢之朝。

朝。辨色始入。君日出而視之。退適路寢聽政。使人視大夫。大夫退。然後適小寢服釋。鄭注。辨色始入。羣臣也。入入應門也。辨猶正也。別也。小寢燕寢也。釋服服玄端。孔疏。應門之內則路門之外。謂尋常諸侯。中門爲應門。外有皋門。若魯則庫雉路。入者則入雉門也。此經文據君。故服玄端也。若卿大夫釋服。服深衣也。方氏慤曰。辨色者。將旦之時。則陰陽於是乎分。以辨色而入。則以極辨爲事故也。視大夫退。然後退。示與之均勞逸也。詩曰。大夫夙退。無使君勞是矣。劉氏彝曰。大夫有政。不敢自達者。必入路寢之朝。以請於君也。故大夫未退。則君不敢適於小寢。古之君臣同心同德。以憂國事。而君不敢恃其尊大。以自暇逸。三代之臣。所以忠勤瘁於後世。蓋有所自焉。禮案朝早朝。辨色謂晨光熹微。始辨曉色也。日出謂旭日初升。旦之候也。臣辨色入朝。君日出視朝。尊卑之禮然也。君退朝。息於路寢。俾臣有大事。可以入請也。必待大夫退。君方敢適燕寢。則臣雖爲國辛勞。君亦不自逸豫。乃能上下一心。萬幾無曠也。

又朝服以食。特牲三俎祭肺。夕深衣祭牢肉。朔月少牢五俎四簋。子卯稷食菜羹。夫人與君同庖。鄭注。食必復朝服。所以敬養身也。三牲豕魚臘。祭牢肉。異於始殺也。天子言日中。諸侯言夕。天子言餕。諸侯言祭牢肉。互相挾。五俎加羊與其腸胃也。朔月四簋。則日食粲稻各二簋而已。子卯。忌日貶也。同庖。不特殺也。孔疏。上天子云。遂以食者、亦退於小寢釋服。至食時又朝服。互相明也。三牲約特牲禮。故知豕魚臘。早起初殺之時。將食先祭肺。以周人重肺。至夕將祭之時。切牢肉爲小段而祭之。故云異於始殺也。以天子言日中。諸侯亦當言日中。諸侯言夕。挾天子日中。故云互相挾。五俎約小牢禮。但少牢祭神。加羊與膚爲五。此人君所食。故無膚有腸胃也。詩云。每食四簋。注云四簋黍稷稻粱。是簋盛稻粱也。以此而推。天子朔月大牢。當六簋。黍稷稻粱麥苽各一簋。若盛舉則八簋。故小雅陳簋八簋。案公食大夫禮。簠盛稻粱。此用簋者。以常食異於禮食。若禮食簠簋。數更多也。稷食以稷穀爲飯食也。以菜爲羹。紂以甲子死。桀以乙卯亡。後王以爲忌也。夫人與君同庖。舉諸侯。天子可知。馬氏晞孟曰。辰在子卯。謂之疾日。君徹燕樂。學人舍學。則飲食之約也。宜矣。士喪禮朝夕哭。不辟子卯。又檀弓言子卯不樂。皆謂此也。禮案又朝服以食者。乃覆釋上文。未言諸侯朝服視朝。遂以食。故於此明之。非謂退朝釋服之後。又著朝服。而夕食也。註文明說。夕深衣。祭牢肉。是釋朝服。服深衣。遂祭而食也。據此則注謂上文釋服服玄端亦非也。又少儀云。君子不食圂腴。則五俎云有腸胃。亦誤矣。特牲有羊無豕。有豕無羊。周人祭先肺。卽其牲之肺以朝祭。牢肉卽解牲體之肉。留以夕祭。儀禮士虞禮所謂膚祭是也。王氏疑餕餘不祭。其夕所祭者。是魚鳥非牢肉。誤矣。蓋君一舉。不能盡食全牲。晚夕之祭。可先割牲體以待。非以食餘而祭也。朔月禮盛。故用少牢。羊豕各一也。子卯稷食菜羹者。前漢翼奉傳云。知下之術。在於六情十二律而已。北方之情好也。好行貪狼。申子主之。東方之情怒也。怒行陰賊。亥卯主之。貪狼必待陰賊而後動。陰賊必待貪狼而後用。二陰並行。是以王者忌子卯也。禮經避之。春秋諱之是也。

君無故不殺牛。大夫無故不殺羊。士無故不殺犬豕。君子遠庖廚。凡有血氣之類弗身踐也。

鄭注。故謂祭祀之屬。踐當爲翦。聲之誤也。翦猶殺也。孔疏自此至篇末。或論天子諸侯。或論大夫士所爲尊卑之異。隨文爲義。無復總別。此君唯據諸侯。以天子日食大牢。無故得殺牛也。無故不殺羊。亦諸侯大夫也。天子大夫。有故得殺牛。故知此據諸侯大夫。言祭祀之屬者。若待賓客享食。亦在其中。翦謂尋常。若祭祀之事。則身自爲之。故楚語云。禘郊之事。天子自射其牲。又刲羊擊豕是也。方氏愨曰。君子之於禽獸。見其生。不忍見其死。聞其聲。不忍食其肉。故遠庖廚。凡有血氣之類。弗身踐。是乃仁術也。庖蓋宰殺之所。廚蓋烹飪之所。陸氏佃曰。踐讀如字。血氣之類。蓋若螻蟻。吾能弗踐而已。不能禁人使弗踐也。故曰凡有血氣之類。弗身踐也。若行葦周家忠厚之志。豈一日之積哉。應氏鏞曰。無故不殺。仁也。君大夫必有辨。禮也。君子遠庖廚。蓋古有是語。孟子亦引之。禮案君子遠庖廚。故內則大夫以上皆有閣。士則有坫。以庋食物也。

至于八月不雨。君不舉。

鄭注爲旱變也。此謂建子之月不雨。盡建未月也。春秋之義。周之春夏無雨。未能成災。其秋秀實之時。而無雨則雩。雩而得之。則書雩。喜祀有益也。雩而不得。則書旱。明災成也。孔疏案文公十年。自正月不雨。至於秋七月。傳云不曰旱。不爲災者。據周正言之。既言秋七月不雨。云不爲災。明八月不雨。則爲災。鄭必知自建子之月不雨之文。故據而爲說。劉氏彝曰。洪範庶徵。三代之明訓也。五氣雖出於天。時克使來備。弗失其和。乃根乎五事。是故三月之內。一極備。一極無。則天下莫勝其咎矣。君人者。知其由已之致也。反躬自訟。不御正寢。不進常膳。食不舉樂。春秋所以書正月。至於七月不雨。或書大旱。或書大雩。或書又雩。皆因其違禮違天之實跡。書以見其咎徵也。三傳弗達聖人之意。乃曰不爲災。故不書旱。豈有不雨者七月。而不爲災。則咎徵明訓。適爲虛語矣。此曰至於八月不雨。君不舉者。後儒惑於三傳。不然則誤且謬矣。方氏愨曰。殺牲盛饌曰舉。孫氏希旦曰。君每日殺牲以食。則舉肺脊以祭。不舉謂不殺牲也。郭氏嵩燾曰。自正月至於八月不雨。則災之尤甚者。不應至此時始不舉也。禮案天不雨則地不能滋生。而歲荒矣。不舉謂減膳徹樂也。周禮天官膳夫。大喪則不舉。大荒則不舉。大札則不舉。天地有裁則不舉。邦有六故則不舉。年不順成。君衣布搢本。關梁不租。山澤列而不賦。土功不興。大夫不得造車馬。鄭注皆爲凶年變也。君衣布者。謂若衞文公大布之衣。大帛之冠是也。搢本去珽荼。佩士笏也。士以竹爲笏飾本以象。關梁不租。此周禮也。殷則關但譏而不征。列之言遮列也。雖不賦。猶爲之禁。不得非時取也。造謂作新也。孔疏此論諸侯大夫遭凶年之禮。君衣布謂身衣布衣。搢插士笏。關謂關門。津謂津梁。租謂課稅。以其凶年。故不課稅也。山澤但遮列。人不得非時而入。恐有損傷於物。不賦斂也。土功不興。謂人食不得滿二鬴之歲。若人食三鬴。則猶興土功也。故均人云。豐年歲用三日。中年用二日。無年用一日。廩人云。人食四鬴上。三鬴中。二鬴下。是無年。猶有一日之役。案春秋閔二年。秋入衞。後衞國破亂。與凶年同。故引之。方氏慤曰。周官均人云。凶札則無力政。所謂土功不興也。無財賦。所謂不租不賦也。輔氏廣曰。土功謂築城壘。浚河隍。大夫不造車馬。則君不得爲宮室可知。孫氏希旦曰。衣布以白布爲衣。又降於天子之素服也。搢謂所搢之笏也。君笏用象。今但用象爲本。與大夫士同也。此於大司徒荒政爲告禮。去幾。舍禁。弛力之事。所以自貶責省國用。而寬民力也。禮案省國用。節民力。救荒之善政也。故逸周書大匡解云。以數度多少省用。祈而不賓。祭服漱不制。車不雕飾。人不食肉。畜不食穀。國不鄉射。樂不牆合、牆屋有補無作。卜人定龜。史定墨。君定體。鄭注定龜謂靈射之屬。所當用者。定墨視兆坼也。定體視兆所得也。周公曰。體。王其無害。孔疏案龜人云。天龜曰靈屬。地龜曰繹屬。東龜曰果屬。西龜曰雷屬。南龜曰獵屬。北龜曰若屬。各以其方之色辨之。鄭云屬言非一也。天龜玄。地龜黃。東青。西白。南赤。北黑也。龜俯者靈。仰者繹。前弇果。後弇獵。左倪雷。右倪若。定之者。定其所當用。謂卜祭天用靈。祭地用射。射則繹也。春用果。秋用雷之屬。史定墨者。凡卜必以墨畫龜。求其吉兆。若卜從墨而兆廣。謂之卜從。周禮占人注云。墨兆廣也。但坼是從墨而裂。其旁岐細出。謂之爲璺坼。故占人云。君占體。大夫占色。史占墨。卜人占坼。注云體兆象也。色兆氣也。墨兆廣也。坼兆豐也。是大坼稱爲兆廣。小坼稱爲兆璺也。君定體者。謂五行之兆象。既得兆體。君定其體之吉凶。尊者視大。卑者視小也。朱子彝曰。占龜十兆大橫。木兆直。金兆從右邪上。火兆從左邪上。水兆曲。以大小長短明暗爲吉凶。或占凶事。又以短小爲吉。又有旋者吉。大橫吉。大橫庚庚。庚庚是豹地。恁地庚庚然。不是金兆也。馬氏晞孟曰。卜人定龜。周禮所謂卜師辨龜之上下。左右陰陽。授命龜者是也。史定墨。周禮所謂大史大祭祀。與執事卜是也。禮案周禮春官大卜下大夫二人。卜師上士四人。卜人中士八人。下大夫十有六人。府二人。史二人。胥四人。徒四十人。則此卜人與史。皆大卜之屬也。君羔幦虎犆。大夫齊車。鹿幦豹犆。朝車士齊車。鹿幦豹犆。鄭注幦覆苓也。犆讀皆如直道而行之直。直謂緣也。此君齊車之飾。臣之朝車與齊車同飾。孔疏此論車飾。尊卑不同。苓卽式也。但車飾以苓爲之。有豎者。有橫者。故考工記注云。轛式之植者。衡者也。此云幦覆苓。詩大雅鞹鞃淺幭。毛傳云。幭覆式。幭卽幦也。又周禮巾車作複。但古字耳。三者同也。知幦是覆苓者。少儀云。負良綏申之面。拖諸幦是也。皇氏云。詩云淺幭。以虎皮爲幭。此用羔幦者。當是異代禮。陳氏祥道曰。此言車上之軾。而乘者所憑。以爲敬也。軾之制。有衡以橫乎上。有植以直乎下。幦若席然。施諸軾上也。方氏慤曰。言朝車於大夫士之間。則知兼大夫言之也。承君之下。不言朝車。則知君之羔櫱虎植以齊。而不以朝也。周官巾車。金路封同姓。象路封異姓。則此所言。羔櫱虎植者。豈非金路象路乎。齊右謂金路爲齊車。則王固以金路齊。則同姓以金路。異姓以象路可知。由此推之。大夫之車。則墨車。士之車。則棧車是也。然臣以齊車而朝。敬君如神也。禮案植爲式下之直木。陳說是矣。且與疏引考工注合。疑植本作植。形近而誤也。蓋君車用羔櫱覆軾。以虎櫱覆植也。

君子之居恆當戶。寢恆東首。若有疾風迅雷甚雨。則必變。雖夜必興。衣服冠而坐。鄭注：當戶鄉明。東首首生氣也。衣冠而坐。敬天之怒。孔疏此一節。明卿大夫以下。所居處及盥浴。并將朝君之義。方氏慤曰。凡戶必面南而啓。居恆當戶。則向天明故也。孔子將病。猶當戶而坐。君視之。猶東首。加朝服。迅雷風烈必變。蓋禮然也。應氏鏞曰。陽明溫厚之方。天地仁氣之所寓。故起居與寢。必常對之。所以順其常。風雨雷霆之怒。天地怒氣之所形。雖中夜幽暗之時。必盛服而興。所以敬其變。孫氏希旦曰。當對也。坐於東北隅。而南向。與戶相對也。禮運曰。死者北首。生者南鄉。爾雅曰。室東北隅。謂之宧。以其爲人所常處。故以頤養爲名。禮案居恆當戶。謂向戶而坐。非恆居於戶也。曲禮上曰。爲人子者。居不主奧。是君子之居恆於奧可知。

日五盥。沐稷而靧粱。櫛用樿櫛。髮晞用象櫛。進禨進羞。工乃升歌。鄭注：晞乾也。沐靧必進禨作樂。盈氣也。更言進羞。籩豆之實。孔疏：盥洗手也。沐沐髮也。靧洗面也。取稷粱之湯汁。洗面沐髮。並須滑故也。此大夫禮。人君沐靧皆粱也。樿白理木也。櫛梳也。沐髮爲除垢膩。故用白理澀木以爲梳。沐已燥。則髮澀。故用象牙滑櫛以通之。機謂酒也。少儀注云。沐而飲酒曰機。進羞知非庶羞者。庶羞爲食而設。今爲飲設羞。故知是羞籩羞豆。進羞之後。樂工乃升堂。以琴瑟而歌。以新沐體虛。補益氣也。方氏慤曰。機者福之先進機。猶言上壽耳。進羞工乃升歌。則以樂侑之也。禮案櫛梳枇之總名也。濕髮用樿枇也。乾髮用象梳也。梳以通髮。枇以除垢。各適其用也。匡謬正俗云。機謂福祥也。山東俗。新沐浴飲酒。謂之幾當作機進機升歌。蓋人君之禮。

浴用二巾。上絺下綌。出杅。履蒯席。連用湯。履蒲席。衣布晞身。乃屨進飲。鄭注：用絺綌刷去垢也。杅浴器也。蒯席澀。便於洗足也。連猶同也。進飲亦盈氣也。孔疏杅浴盆也。浴時入盆中浴。浴竟而出盆。履踐也。蒯菲草席澀。出杅而脚踐履澀草席上。刮去垢也。連猶釋也。言釋去足垢。而用湯闌也。方氏慤曰。上貴而下賤。絺精而綌粗。上絺下綌。則用之各以其稱也。用湯浴既。又用湯以洗足。故曰連。連之爲言續也。輔氏廣曰。用巾以除背垢。履蒯席以洗足。然則古浴不以人。沐浴在身之重事也。故著其法如此。衣布如今之浴衫。古所謂明布也。晞身乃屨。屨服之末。進屨則衣服皆舉矣。故進飲焉。孫氏希旦曰。布浴衣也。喪大記曰。㨖用浴衣如他日。謂之布者。以別於巾之用絺綌也。不言進羞升歌者。蒙前可知也。禮案浴衣猶寢衣。當亦被形。故不曰衣。而謂之布也。孔注論語云。寢衣今之被也。又說文被寢衣。名是也。出杅履蒯席。復用湯濯足乾淨。乃履蒲席。以布被被體。所以拭身。兼防凍也。葛布粗。故宜於去垢。棉布軟。故宜於拭身。身體拭乾。著衣既畢。乃使人進履進飲者。不裸露以見人也。輔謂古浴不以人侍。詳此節文義信然。

將適公所。宿齊戒。居外寢。沐浴。史進象笏。

書思對命。既服習容觀玉聲。乃出揖私朝煇如也。登車則有光矣。鄭注思所思念。將以告君者也。對所以對君者也。命所受君命者也。書之於笏。爲失忘也。玉聲玉佩。私朝自大夫家之朝也。揖其臣乃行。孔疏史謂大夫。亦有史官也。熊氏云。案下大夫。不得有象笏。有象者。字誤也。熊氏又解與明山賓同。云有地大夫。故用象。書思對命。以笏書此三事也。既著朝服。私習儀容。又觀容聽已佩鳴。使玉聲與行步。相中適乃出。煇光儀也。行至私朝。揖其屬臣。煇如也。出登所乘之車。有光煇。而往適君朝矣。劉氏台拱曰。案在位者。逐日趨朝常事耳。不得行宿齊戒。居外寢沐浴之禮。此豈謂致仕之大夫與。吳氏澄曰。煇如謂昧爽之際。晨光猶熹微。有光謂質明之時。晨光又顯著。江氏永曰。吳氏說是。煇如即夜向晨。庭燎有煇也。禮案劉氏謂此致仕之大夫是矣。孫氏希旦。俞氏樾並謂此外邑之大夫。自館舍而適公所。則不得有外寢及私朝矣。致仕之臣。朝君特致其敬。若論語孔子之請討陳恆。必沐浴而朝。史若周禮天官大宰之屬。史十有二人。鄭注彼云。史掌書者。則家臣之史亦然。故進笏待書。煇光字義同也。孔叢子云。前有煇。後有光是也。

天子搢珽。方正於天下也。諸侯荼。前詘後直。讓於天子也。大夫前詘後詘。無所不讓也。鄭注此亦笏也。謂之珽。珽之言珽然無所屈也。或謂之大圭。長三尺。柔上終葵首。終葵首者。於杼上又廣其首。方如椎頭。是謂無所屈。後則恆直。相玉書曰。珽玉六寸。明自炤。荼讀爲舒遲之舒。舒懦者所畏在前也。詘謂圜殺其首。不爲椎頭。諸侯唯天子詘焉。是以謂笏爲荼。大夫奉君命出入者也。上有天子。下有己君。又殺其下而圜。孔疏此論天子以下笏制不同之事。方正於天下。示己之端平正直。而布於天下。諸侯荼前詘。謂圜其首。後直下角正方。大夫上下皆須謙退。故云無所不讓也。下文云。笏天子以球玉。故如此珽亦笏也。玉人注大圭或謂之珽。引相玉書證珽是玉也。餘物皆光炤於外。唯珽玉光自炤於內。內含明也。荼所畏在前。多舒緩也。殺其下。故下注云。大夫士文。杼其下者。廣二寸是也。陳氏祥道曰。天子之朝日。執鎮圭。搢大圭。則所執者贄也。所搢者笏也。諸侯執命圭者。必搢荼。大夫執聘圭者。必搢笏。及其合瑞而授圭。則執其所搢而已。陸氏佃曰。珽非大圭。大圭長三尺。此長六寸。大圭杼上終葵首。讓於天也。讓於先王也。珽珽而已。無所詘焉。荼前詘。躬其上而已。前後詘。上下躬也。鄭氏謂前詘圜殺其首。後詘又殺其下而圜誤矣。江氏永曰。詘對直言。謂其形微曲。諸侯惟曲其上。大夫幷曲其下。後世笏作彎形。正是前詘後詘之制。禮案記文明言珽方正。則珽圭之形必四方可知。注引或說謂即大圭。陸證其非是也。又據荀子大略曰。天子御珽。諸侯御荼。大夫服笏。則此大夫下當有笏字。疑文脫也。

侍坐則必退席。不退則必引而去君之黨。鄭注引卻也。黨鄉之細者。退謂旁側也。辟君之親黨也。孔疏此一節廣論臣侍坐於君。若側旁有別席。則退就側席。不退謂旁無別席可退。或雖有別席。君不命之使退。則必引而卻去君之旁側也。黨屬於鄉。在鄉之旁。今借爲喻。言臣侍君坐。若不退席。則引而卻去君之旁側也。黨爲君之親黨。則君命令與君之親黨同席。則卻引而離君之親黨。坐君親黨之下也。段氏玉裁曰。右經傳黨字多有訓所者。如公羊傳文十三年往黨。注黨所也。此注黨爲旁側。意略相近。去猶居。居君旁側也。與親黨之義。純不相涉。禮器父黨無容。亦謂父母之側。不爲容貌耳。而孔氏亦以父之族黨解之。皆誤會也。孫氏希旦曰。鄭氏以黨爲親黨。非是。大夫士位次有定。豈以君之親黨而異乎。禮案此非朝位。有一定之序。故可退就別席。如君有事咨詢。命勿退。則必須引席儘後。不敢戚君位也。登席不由前。爲躐席。徒坐不盡席尺。讀書食則齊。豆去席尺。鄭注升必由下也。徒坐示無所求於前。不忘謙也。讀書聲當聞尊者。食爲汚席也。孔疏失節而踐爲躐。席應從下升。若由前升。是躐席也。案鄉飲酒禮。賓席於戶西。以西頭爲下。主人席於阼階。介席於西階。皆北頭爲下。賓升席自西方。注云。升由下也。又鄉飲酒記云。主人介凡升席自北方。降自南方。注云。席南上。升由下。降由上。若賓則升降皆由下也。徒空也。空坐謂非飲食及講問時也。不盡席之前畔。有餘一尺。讀書則坐近前。與席畔齊。豆去席尺者。又解席所以近前之意。以設豆去席一尺。不得不盡前坐就豆。方氏愨曰。徒坐即曲禮虛坐是也。陳氏澔曰。登席不由前爲躐席。八字當作一句讀。而爲字平聲。若布席稍密。或數人共席。則必須由前。乃可得已之坐。若不由前。則是躐席矣。江氏永曰。讀書則齊。曲禮所謂食坐盡前也。豆去席尺。言設席之法。非解所以近前之意。孫氏希旦曰。讀書則前有簡策。食則前有饌具。坐必盡前。乃於事便也。禮案正字通云。朱子謂兩膝著地。以尻著膝而稍安者爲坐。則古人坐席之法。泌由後向前而跪。跪而後坐。故不躐席。若如今人坐椅之式。以兩足向前。則必由前。方不躐席。故陳說似是而實非也。若賜之食而君客之。則命之祭。然後祭。先飯辯嘗羞。飲而俟。鄭注雖見賓客。猶不敢備禮也。侍食則正不祭。俟君食。而後食也。君將食。臣先嘗之。忠孝也。孔疏此論人君賜食之禮。祭先也。禮敵者共食。則先祭。降等之客。則前祭。若臣侍君。而賜之食。則不祭。若賜食。君以客禮待之。則得祭。又須君命之祭。乃敢祭也。先飯。飯食也。君未食而臣先食。編嘗羞膳。示行臣禮。爲先嘗食之義也。嘗畢。歠飲以俟君飱。臣乃敢飱也。禮食未飱。必先啜飲。以利滑喉中。不食澀噎也。方氏愨曰。於飯曰先。於羞曰嘗。互言之耳。食必先嘗。臣子之職。所當然也。孫氏希旦曰。共食之禮。皆主人先祭。而客祭。曲禮主人延客祭是也。君食必有膳宰嘗食。若以客禮待臣。則不使膳宰嘗食。以主道自居也。故侍食者。先飯。辯嘗羞。示代膳宰之事也。禮案君命之祭。以客禮待之也。故儀禮公食大夫禮。正饌加饌。賓皆祭食也。此臣侍食。不敢以賓禮自居。故必待君命之祭。乃敢祭也。先飯。飯爲食之主。若韓非子外信。魯哀公賜桃與黍。孔子先飯黍是也。儀禮士相見禮曰。若君賜之食。則君祭先飯。徧嘗膳。飲而俟。君命之食。然後食。鄭注彼云。君祭先飯。食其祭食。臣先飯。示爲君嘗食也。此謂君與之禮食。膳謂進庶羞。既嘗庶羞。則飲而俟君之徧嘗也。若有嘗羞者。則俟君之食。然後食。飯飲而俟。鄭注不祭侍食。不敢備禮也。不嘗羞。膳宰存也。飯飲利將食也。孔疏此謂臣得賜食。而非君所客。故不得祭。亦不得嘗羞。則君使膳宰自嘗羞也。既不祭不嘗。則俟君食後。已乃食也。飯飲。飲則利喉。以俟君也。陸氏佃曰。雖不嘗飯。猶飲而俟。著非故爲味也。即歉嫌慢。先飯爲君嘗食。今後飯以有嘗之者矣。故曰若有嘗羞者。則俟君之食。然後食。然則侍食雖衆。其嘗食常卑者一人先。禮案儀禮士相見禮云。若有將食者。則俟君之食。然後食。鄭注彼云。將食猶進食。謂膳宰也。膳宰進食。則不嘗食。周禮天官膳夫授祭器嘗食。王乃食。此云若有嘗羞者。明不必其膳宰也。此及上文飲而俟。即曲禮上客不虛口是也。空口而俟。恐君不安。或不能饜飽。故必少飲。以俟之也。若命之羞。羞近者。命之品嘗之。然後唯所欲。凡嘗遠食。必順近食。鄭注羞近者。辟貪味也。必先徧嘗之。從近始也。孔疏君命之羞。羞近者。猶是君所不客者也。雖君已食。已乃後食。而猶未敢食羞。故又須君命。雖得君命。猶未自專。嘗先食近其前者。一種而止也。若越次前食。遠者。則爲貪好味也。品猶徧也。君又命徧嘗而已。乃徧嘗之。後則隨己所欲。不復次第也。凡嘗遠食。必順近食者。客與不客。悉皆如此。故云凡也。方氏慤曰。命之品嘗之然後唯所欲。則不敢有所擇也。必順近食。與羞近者同義。禮案。嘗饌取遠。而不由近始者。非惟越俎有揀好之嫌。且似憎近羞不美也。

君未覆手。不敢飧。君既食。又飯飧。飯飧者。三飯也。君既徹。執飯與醬。乃出授從者。鄭注覆手以循咀。已食也。飧勸食也。又飯飧。不敢先君飽。三飯臣勸君食。如是可也。執飯與醬。食於尊者之前。當親徹也。孔疏覆手者。謂食飽必覆手。以循口邊。恐有殺粒汚著之也。飧謂用飲澆飯於器中也。禮食竟。更作三飧以勸助令飽實。使不虛也。君既食。又飯飧者。君食畢。竟而又飧。臣乃敢飧。明不先君而飽也。三飯謂三度飧也。君饌已徹。則臣乃自徹已饌。以授從者。飯醬是食之主。故自執之。此謂不容者。若君與己禮食。則但親徹之。不敢授己之從者也。故公食大夫禮賓北面坐。取粱與醬以降。西面坐奠於階西。注云。不以出者。非所當得是也。若非君臣。但降等者。則徹以授主人相者。故曲禮云。客若降等。又云。徹飯齊。以授相者。相者謂主人贊饌者。若賓主敵。則徹於西序端。公食大夫禮。親徹是也。方氏慤曰。飯飧者。三飯也。語有三飯之樂師。非謂是與。陸氏佃曰。夕食爲飧。孫氏希旦曰。食畢者必覆手。弟子職曰。既食乃飽。循咀覆手也。方氏苞曰。飯之與醬。出授從者。使餕之。不敢虛君惠也。又不敢使公士食己之餘也。禮案。白虎通云。諸侯三飯。此諸侯之禮。故三飯卒食也。執飯與醬。親出授從者。榮君之賜。珍其餘。示不敢棄也。

凡侑食不盡食。食於人不飽。唯水漿不祭。若祭爲已偞卑。鄭注不飽謙也。水漿非盛饌也。已猶大也。祭之爲大有畏迫。臣於君則祭之。孔疏凡侑食。不盡食者。明勸食於尊者之法。食於人不飽者。此通包食於尊者。及禮敵之人。所以不盡食。不飽者。謙退不敢自足。食於禮敵之人。所設水漿。不以祭先。偞厭也。此解不祭水漿。若祭水醬。爲大厭降卑微。有所畏迫也。公食大夫禮。宰夫執觶漿以進。賓受。坐祭。遂飲。故知之也。方氏慤曰。侑食勸人食也。雖勸人食之使足。而己不敢自足也。食於人不飽。與共食不飽同義。飲食之有祭。非特仁鬼神。亦所以重其食。水漿祭之。則失於自偞卑矣。陸氏佃曰。若祭爲已偞卑。釋唯水漿不祭。食於人不飽。釋侑食不盡食。上言凡侑食。下言君若賜之爵。則水漿不祭。蓋通上下。鄭氏謂臣於君。則祭之。誤矣。若公食大夫。宰夫執觶漿以進。賓坐祭。遂飲漿。非此漿也。禮案。論語云。君子食無求飽。不盡食食於人不飽之謂也。偞同僷。輕也。凡祭食所以致其敬。若祭水漿。是輕卑其先造食之神也。

君若賜之爵。則越席再拜稽首受。登席祭之。飲卒爵而俟。君卒爵。然後授虛爵。鄭注不敢先君盡爵。孔疏此論臣於君前受賜爵之禮。在君前先飲者。亦示其賤者。先即事。後授虛爵者。亦不敢先君盡爵者。此朝夕侍者。若大禮則君先飲。而臣後飲。燕禮公卒爵。而後飲是也。此經先再拜稽首。而後受。燕禮先受。而後再拜。與此不同者。此據侍君。而得賜爵。以下云。受一爵。而至三爵而退。明非大享之飲也。若燕禮。非惟三爵而已。輔氏廣曰。特言君若賜之爵。則非禮食可知。越席再拜稽首受者。超越過衆席。而拜受於尊所也。反登席而祭之。禮案儀禮燕禮。臣爲賓而後君飲者。謙不以客禮自居也。待飲先君飲者。猶若嘗羞之義。明臣子之禮也。又士相見禮曰。若君賜之爵。則下席再拜稽首受爵。升席而祭。卒爵而俟君卒爵。然後授虛爵。鄭注彼云。受爵者於尊所。至於授爵。坐授人耳。必俟君卒爵者。若欲其釂然也。

君子之飲酒也。受一爵而色洒如也。二爵而言言斯。禮已三爵而油油以退。

鄭注洒如肅敬貌。洒或爲察。言言和敬貌。斯猶耳也。油油說敬貌。禮飲過三爵則敬殺。可以去矣。孔疏言初受一爵而顏色肅敬。如似洒然。故論語云。申申如也。夭夭如也。既受二爵。顏色稍和。故言言斯。斯耳也。助句之辭。皇氏讀言爲誾。義亦通也。禮已三爵。而油油者。言侍君小燕之禮。唯已止三爵。顏色和說。故春秋左氏傳云。臣侍君宴。過三爵。非禮也。方氏愨曰。色洒如。謂色如洒。而悅澤也。三爵特嘗飲耳。若大享之爵。則不止於三。馬氏晞孟曰。考工記。一升曰爵。三升曰觚。自觚至散。其量有差。而此特言爵者。蓋爵者觚觶角散之總名故也。君之賜爵。所以致恩。臣之受爵。貴於至敬。此所以三爵而油油以退也。若夫湛露之燕諸侯。至於不醉無歸。燕禮之燕臣。至於無算爵。是又禮之大者。與此異也。孫氏希旦曰。私燕之禮。至油油則和之至矣。然禮止三爵。則和而不流。又有以不失其敬矣。禮案。言當作誾。皇氏說是。論語曰。閔子侍側。誾誾如也。邢疏云。誾誾中正之貌。故此記謂斯禮已者。乃禮容當爾也。

退則坐取屨。隱辟而后屨。坐左納右。坐右納左。

鄭注隱辟俛逡巡而退著屨也。孔疏坐跪也。初跪說屨堂下爲敬。故退而跪取屨。起而逡巡隱辟而著之。坐左納右者。納猶著也。若坐左膝。則著右足之屨。若坐右膝。則著左足之屨。馬氏晞孟曰。士相見禮言君賜之爵。退則隱辟而後屨。君爲之興。則曰君無爲興。而其出至於三辭。此不言者。記其略也。孫氏希旦曰。屨解於堂下。退則跪而取之。敬也。隱辟謂堂下序東也。隱辟而後屨者。不敢對君納屨。故就君所不見之處。而納之也。坐左納右。坐右納左者。雖在隱辟。猶不敢不敬也。禮案此與曲禮上就屨跪而舉之屏於側。鄉長者而屨。跪而遷屨。俯而納屨。文互見也。

凡尊必尚玄酒。唯君面尊。唯饗野人皆酒。大夫側尊用棜。士側尊用禁。

鄭注玄酒不忘古也。面猶鄉也。燕禮曰。司宮尊於東楹之西。兩方壺。左玄酒南上。公尊瓦大兩。有豐在尊南面上。享野人。飲賤者。不備禮。棜斯禁也。無足。有似於棜。是以言棜。孔疏人君燕臣子。專其恩惠。故尊鼻鄉君。故引燕禮。燕臣子之法以解之。若兩君相見。則尊鼻於兩楹間。在賓主之間夾之。不得面鄉尊也。享野人。謂蜡祭。野人賤。不得本古。又無德可食味。故唯酒而無水。側謂旁側。在賓主兩楹間。旁側夾之。又東西横行。異於君也。若側尊近於君。南北列之。則燕禮所云是也。大夫側尊。鄉飲酒義云。尊於房戶之間。賓主共之也。案鄉飲酒禮。設兩壺於房戶門。有斯禁。彼是大夫禮。此云大夫用棜。故棜是斯禁也。案特牲禮注云。棜今木轝。上有四周。下無足。今斯禁。亦無足。故云有似於棜。方氏苞曰。蜡非上享之也。惟享耆老孤子。則有爵者不與。故曰野人。孫氏希旦曰。凡設酒必以玄酒配酒而設。而以玄酒爲上。故鄉飲酒。特牲禮。東西列尊。玄酒在西。以西爲上。燕禮大射。南北列尊。玄酒在南。以南爲上。面尊設尊於君前。而君向之。言此酒出自君也。側尊設尊於旁側。不專使主人向之。明與賓客共此酒也。棜禁說見禮器。禮器云。禮有以下爲貴者是也。

案側尊大夫用棜。士用禁，唯君面尊。不云棜禁。則廢禁可知。此卽禮器云

禮記通釋卷三十八

玉環戴禮

玉藻

始冠緇布冠。自諸侯下達。冠而敝之可也。鄭注本大古耳。非時王之法服也。孔疏自此至魯桓公始也。廣論上下吉凶冠之所用。唯五十不散送。及親沒不髦。記者雜錄。廁在其間。始冠。言初加冠。自從也。從諸侯下達於士。始冠緇布冠。重古暫冠之耳。非時王之服。不復恆著。冠而敝去之可也。孫氏希旦曰。林諸侯下達者。天子冠。不用緇布冠也。禮案。始冠緇布冠。冠而敝之可也。已見郊特牲釋文。敝棄也。可者未定之辭。故雜記上謂大夫卜宅。有司緇布冠不蕤。是非始冠。亦有服之者矣。**玄冠朱組纓。天子之冠也。緇布冠繢緌。諸侯之冠也。**鄭注皆始冠之冠也。玄冠委貌也。諸侯緇布冠有緌。尊者飾也。繢或作繪。緌或作蕤。孔疏知始冠之冠者。以文承上始冠之下。故知玄冠朱組纓是天子始冠也。案郊特牲及士冠記皆云。其緌也吾未之聞。謂大夫士也。此云繢緌。諸侯之冠。故云尊者飾也。上云始冠緇布冠。自諸侯以下達。更云緇布冠繢緌。爲緌起文也。諸侯唯繢緌爲異。其頍項青組纓等。皆與士同。陳氏祥道曰。天子始冠。不以緇布而以玄冠。然其子則猶士而已。以天下無生而貴也。玄冠朱組纓。則緌可知也。緇布冠繢緌。則纓可知也。朱以著正陽之色。繢以備五采之文。五采雖美。不若正陽之純。純其飾。所以異也。姚氏際恆曰。朱與丹別。朱卽五色之赤。正色也。禮案。天子始加玄冠。則再加亦皮弁也。郊特牲曰。三王共皮弁素積。是也。說文。繢。織餘也。緌系冠纓。毛傳詩齊風云。冠緌。服之尊者。**玄冠丹組纓。諸侯之齊冠也。玄冠綦組纓。士之齊冠也。**鄭注言齊時所服也。四命以上。齊祭異冠。孔疏言齊者。兼祭祀之時。其祭。諸侯則玄冕也。諸侯玄冕祭。玄冠齊。孤則爵弁祭。亦玄冠齊。是齊祭異冠也。其三命大夫以下。則朝服以祭。士則玄端以祭。皆玄冠也。此云玄冠綦組纓。士之齊冠。是齊祭同也。馬氏晞孟曰。記曰。玄冕齊戒。鬼神陰陽也。荀子曰。端衣玄裳。絻而乘路。志不在於食葷。蓋大古之祭冠以緇。周之祭冠以玄。天子齊則玄冕而玄端。所以絻而乘路者也。諸侯而下。則玄冠玄端而已。所課丹綦組纓是也。朱氏申曰。朱與丹。皆赤類也。然朱則含陽焉。丹則受陽而已。繢與綦。皆雜色也。姚氏際恆曰。丹。說文云。巴越之赤石。卽丹砂。禹貢礪砥砮丹是也。禮案。山海經云。丹以赤爲主。黑白皆丹之類。孔疏尚書顧命云。青黑曰綦。王氏肅曰。赤黑色。毛傳詩鄭風云。蒼艾色。未知孰是。**縞冠玄武。子姓之冠也。**鄭注謂父有喪服。子爲之不純吉也。武冠卷也。古者冠卷殊。孔疏姓生也。孫是子之所生。故云子姓。武用玄。玄是吉。冠用縞。縞是凶。吉而雜凶。故云不純吉也。卷玄而冠縞。冠卷異色。故云古者冠卷殊。如鄭此言。則漢時冠卷共材。方氏慤曰。子姓。荀子之所生。傳其正統者也。正絕爲姓。旁出爲氏。謂之子姓。特牲饋食禮所謂子姓兄弟是矣。爲祖之亡也。故冠用縞。孫示凶。爲父之存也。故武用玄。以示吉。且冠在上。武在下。爲祖而縞。尊尊於上也。爲父而玄。親親於下也。孫氏希旦曰。冠此冠者。自父言之。則爲子。自父所爲服者言之。則爲孫。故曰子姓之冠。禮案：孔傳尚書禹貢云：縞，白繒。此蓋小祥後，孫服已終，而子服未滿，故子姓不忍純吉，以對父也。故服縞冠玄武，亦有緌也。雜記上曰：委武玄縞而後蕤，是也。

縞冠素紕，既祥之冠也。鄭注：紕，緣邊也。紕讀如埤益之埤。既祥之冠也，已祥祭而服之也。閒傳曰：大祥素縞麻衣。孔疏：組緣邊者，謂緣冠兩邊及冠卷之下畔，其冠與卷身皆用縞，但以素緣耳。縞是生絹而近吉，當祥祭之時，身著朝服，首著縞冠，以其漸吉故也。不言以素爲紕，故喪服小記云：除成喪者，朝服縞冠。雜記曰：祥，主人之除也，於夕爲期，朝服。鄭云：祭猶縞冠。雜記又云：既祥，雖不當縞者必縞。鄭云：縞，祥祭之服。據此兩經二注，皆云祥祭縞冠。若既祥之後，微申孝子哀情，故加以素紕，以重於縞也。禮案：顏注急就篇云：素，謂絹之精白者，蓋熟絹也。凡製冠服之緣邊者，皆精於本質，自古亦然也。

垂緌五寸，惰游之士也。玄冠縞武，不齒之服也。鄭注：惰游，罷民也。亦縞冠素紕，凶服之象也。垂長緌，明非既祥。不齒，所放不帥教者。孔疏：此亦用素，既祥冠而加垂緌五寸也。鄭知惰游罷民者，與下不齒相連，故知是周禮坐嘉石之罷民。知亦縞冠素紕者，以文承上縞冠素紕之下，但垂緌爲異。方氏愨曰：惰游則不服田畝之士，事必致勤而惰之，書所謂惰游之農是也。業必有常而游焉，經所謂游民是也。陸氏佃曰：惰游言士，非罷民著矣。亦言士，猶以士望之。禮案：惰游之士，卽大戴曾子立事所謂嗜酤酒、好謳歌、巷遊而鄉飲者也。尚書大傳曰：古者聖帝之治天下也，五十以下非蒸社不敢遊飲，唯六十以上遊飲也。廣韻：齒，錄也。不齒猶不錄，故注謂所放不帥教者。然則不齒卽指惰游之士，所以謂之士也。

居冠屬武，自天子下達，有事然後緌。鄭注：屬武，謂燕居冠也。著冠於武，少威儀。有事然後緌，燕無事者去飾。孔疏：燕居之冠，屬武於冠，冠武相連屬，燕居率略，少威儀故也。又不加緌。若非燕居，則冠與武別，臨著乃合之，有儀飾故也。陳氏祥道曰：古者居冠屬武，則非燕居，武不屬於冠也。喪冠條屬，則非有喪者，纓武異材也。子姓之冠，縞冠玄武；不齒之冠，玄冠縞武，則非子姓與不齒者，冠武同色也。孫氏希旦曰：燕居無事於飾，故以冠纓之垂者分屬於武之兩旁，有事然後垂之以爲飾也。自天子以下皆然。禮案：說文：屬，連也。韋注國語晉語云：屬，結也。無事則結纓於武，有事則垂纓爲飾。故上文云垂緌五寸者，蓋無事有事皆爾，是以謂之惰游之士也。

五十不散送。鄭注：五十不散麻，始衰不備禮。孔疏：始死三日之前，要絰散垂，三日之後乃絞之。至葬啓殯已後，亦散垂，既葬乃絞。五十既衰，不能備禮，故不散垂。馬氏晞孟曰：曲禮曰：五十不致毀。喪大記曰：五十不成喪。不致毀，情也；不成喪，禮也。孫氏希旦曰：五十不散送，則始死猶當散麻與？方氏苞曰：五十不散送，此種旁親，君子之居喪也，顏色稱其情，戚容稱其服。五十始衰，於父母之喪亦不能致毀矣，況等而下之乎？故不散送也。若主人則不宜有異，一麻之散與絞而不敢苟同，所以責其哀情。情實也，若居處飲食，有事無變焉，而苴絰苴屨，是作僞干親，非人道也。禮案：散送卽儀禮既夕禮丈夫髽散帶垂，是散送不僅主人，方說亦是。雖記上云大功以上散帶是也。

親沒不髦。鄭注：去爲子之飾。孔疏：親沒不髦，不關冠之義，記者雜其間。馬氏晞孟曰：大記諸侯小斂脫髦，既夕禮士既殯脫髦。蓋子之幼也，父母翦髮爲之鬌，及長也，因以爲飾，謂之髦，存而不忍棄，所以順父母之心，長而不忘幼，所以示人子之禮。及親始死，而又幸其生焉，故不脫之。三日之後，則幸生之心已矣，脫之可也。蓋親存而髦，與常言不稱老同意。親沒不髦。與衣純不以青同意。禮案髦曰脫。不曰翦。又內則髦曰拂。不曰櫛。則非己頭髮可知。馬氏謂即警非也。意者其亦假髮。猶女子之髢與。

大帛不緌。玄冠紫緌。自魯桓公始也。鄭注帛當爲白。聲之誤也。大帛謂白布冠也。不緌凶服去飾。玄冠紫緌。蓋僭宋王者之後服也。緌當用續。孔疏知帛當爲白者。以雜記云。大白冠。緇布冠。皆不緌。彼大白與緇布連文。故知此大帛謂白布冠也。左傳衛文公大帛之冠。白繒冠也。與此異知僭朱者。以祭周公用白牡乘大路。是用殷禮。故疑桓公紫緌僭宋。云緌當用續者。以上文續緌諸侯之冠。故知也。孫氏希旦曰。大帛謂以白色繒爲冠。所謂素冠也。蓋人君遭凶札。喪師邑。及士大夫去國之所服也。制如喪冠。而厭伏。故不緌。然大帛精於縞。縞冠有緌。而大帛無緌者。蓋縞冠由凶。而轉趨於吉。故有緌。以明變除之漸。大帛在吉。而自處以凶。故去緌。以示貶損之意。紫間色不正。不當用爲冠緌。時人尚紫。故魯桓公用之。郭氏嵩燾曰。韓非子外儲說。齊桓公好服紫。一國盡服紫。當是時也。五素不敵二紫。以好紫而施之冠纓。凡服尤以冠爲重。記禮者特著其失。此魯桓公當爲齊桓公之誤。禮案杜注閔二年左傳云。大帛厚繒。孟子曰。孔子惡紫。恐其亂朱也。天子之冠朱組纓。魯桓公用紫爲其奪朱。故記其僭也。史記魯世家。桓公名允。

朝玄端。夕深衣。深衣三袪。縫齊倍要。衽當旁。袂可以回肘。鄭注謂大夫士也。三袪者。謂要中之數也。袪尺二寸。圍之爲二尺四寸。三之七尺二寸。縫紩也。紩下齊倍要中。齊丈四尺四寸。縫或爲逢。或爲豐。衽謂裳幅所交裂也。凡衽者。或殺而下。或殺而上。是以小要取名焉。衽屬衣。則垂而放之。屬裳則縫之。以合前後。上下相變。袂可以回肘。二尺二寸之節。孔疏自此至弗敢充也。廣論衣服之事。大夫士朝服玄端。夕服深衣。在私朝及家也。若朝君則朝服。袪謂袂末。言深衣之廣。三倍於袂末。齊謂裳之下畔。要謂裳之上畔。言縫下畔之廣。倍於要中之廣。謂齊廣一丈四尺四寸。要廣七尺二寸。衽謂裳之交接之處。當身之畔。袂上下之廣。二尺二寸。肘長尺二寸。故可以回肘也。陳氏祥道曰。衽所以揜裳際也。深衣連裳。故衽屬衣。餘衣不連裳。故衽屬裳。衣裳雖殊。而垂而放之一也。故有事則或扱或執。是衽未嘗縫之以合也。棺之小要謂之衽。以其揜縫。若衣衽然。非爲小要而名之。是衣衽皆狹上廣下。未嘗有殺上殺下之異也。俞氏樾曰。案豐本字。逢與縫均假字也。淮南子天文篇。五穀豐昌。史記天官書作逢。是豐逢古通用。豐大也。逢亦大也。儒行篇。衣逢掖之衣。鄭注曰。逢猶大也。縫又逢之假字。縫齊倍要。謂大相其下齊。使倍要中也。深衣篇。要縫半下。謂要之大。半其下齊也。禮案鄭注深衣云。深衣裳六幅。故與衣可以相連。其衽乃能當旁也。蓋凡衣幅。前後襟相同。故衽皆當旁。裳則前三幅。後四幅。則裳兩畔雖當旁。而稍前矣。

長中繼揜尺。袷二寸。袪尺二寸。緣廣寸半。鄭注其爲長衣中衣。則繼袂揜一尺。若今褎矣。深衣則緣而已。袷曲領也。袪袂口也。緣飾邊也。孔疏謂長衣中衣。縫袂之末。揜餘一尺。袷謂深衣曲領。廣二寸。袪謂深衣袂口。謂口之外畔。上下尺二寸也。緣謂深衣邊以緣飾之。廣寸年也。郝氏敬曰。此節之義。鄭多未詳。深衣一而已。長衣中衣。豈別爲三衣乎。袂即袖也。袖之寬大。內可曲肘。長即袂之長。中猶齊也。寬可回肘。長與肘齊。而外又繼一尺。深衣篇云。袂之長短。反屈之及肘是也。袷領也。領用裌。故曰袷。二寸。寬二寸。緣緣袖口。緣一寸有半。姚氏際恆曰。案鄭以長中爲長衣中衣。從來解者。皆嘖嘖相承郝獨俱以爲深衣之制，可謂昭若發蒙矣。禮案：說是也。深衣篇未嘗言及長衣中衣之制，不應此舉其凡，反旁及他服也。

以帛裏布，非禮也。鄭注：中外宜相稱也。冕服絲衣也，中衣用素。皮弁服、朝服、玄端麻衣也，中衣用布。孔疏：若朝服用布，則中衣不得用帛也。皮弁服、朝服、玄端服，三衣用麻，麻卽十五升布，故中衣用布也。然小祥衰裏孰帛中衣者，吉凶異故也。周氏諝曰：玄冕而上，衣用帛，裏亦用帛；皮弁而下，衣用布，裏亦用布。欲其有純一之德也。陸氏佃曰：以帛裏布，若今裌衣矣，固未有以細裏粗者。據黃裏縓緣，卽其衣之裏矣。郝氏敬曰：深衣著朝服內，故用布，若深衣用帛，則帛反居內爲裏也。以布裏帛則可，以帛裏布則失宜，故深衣必以布。禮案：注疏及郝以裏爲裏衣，周陸以裏爲裌裏，說並可通。實則裌裏、裏衣皆不宜以帛裏布也。

以士不衣織。無君者不貳采。衣正色，裳間色。鄭注：織，染絲織之。士衣染繒也。大夫去位，宜服玄端玄裳。衣裳謂冕服玄上纁下。孔疏：織者，前染絲，後織此服，功多色重。士賤，不得衣之也。士衣染繒，詩庶人得衣錦者，禮不下庶人也。下文居士錦帶，非爲衣也。大夫得衣織，而禮運云：衣其浣帛，先代禮質故也。大夫士去國，三月之內，服素衣素裳；三月之後，服玄端玄裳。經云不貳采，是有五采色，但不貳耳。采色之中，玄最貴，玄是天色，故爲正；纁是地色，亦黃之雜，故爲間色。皇氏云：正謂青黃載白黑五方正色也。不正謂五方之間色也，綠紅碧紫騮黃是也。青是東方正，綠是東方間，東爲木，木色青，木尅土，土黃，並以所尅爲間，故綠色青黃也。赤是南方正，紅是南方間，南爲火，火赤尅金，金白，故紅色赤白也。白是西方正，碧是西方間，西爲金，金白尅木，故碧色青白也。黑是北方正，紫是北方間，北方水，水色黑，水尅火，火赤，故紫色赤黑也。黃是中央正，騮黃是中央間，中央爲土，土尅水，水黑，故騮黃色黃黑也。方氏慤曰：古人三月無君則弔，則不貳采可知。所謂貳采者，非重采也，謂服素而不以采貳耳。若列采，則重之矣。纁者火之色，而士間之，故爲間。六冕之外，玄裳有純用玄者，有純用素者，其類非一，經所言亦舉其大者耳。陸氏佃曰：貳采謂以一色又爲一等也。據纁三采六等，其一等貳也。孫氏希旦曰：染絲織之，若今之緞；染繒織成而染之，若今之綾綢。正色五方之純色，衣在上爲陽，故用正色，所以法陽之奇也。間猶雜也，謂兼雜二色。裳在下爲陰，故用間色，所以法陰之耦也。禮案：說文：織，作布帛之總名。然則此言士不衣織者，謂不衣織文也。孔傳尚書禹貢云：織文，錦綺之屬。正色間色，只是指六服玄上纁下，非謂凡服皆然也。若皮弁服素積，朝服素裳，是上下皆正色也。緇衣綅衣，是衣有間帛也。黃裳、玄裳，是裳有正色也。

非列采不入公門。振絺綌不入公門。表裘不入公門。鄭注：列采，正色。振讀爲袗，袗，禪也。表裘，外衣也。二者形且褻，皆當表之乃出。孔疏：形且褻者，形解袗絺綌，其形露見；褻解表在衣外，可鄙褻。二者皆上加表衣乃出也。方氏慤曰：正服則文采備焉，故謂之列。絺綌據暑時言之，表裘據寒時言之。裘非不可入公門也，爲之表則不可。夫大裘可以祀天，非不重也，猶不可徒服，必被之袞焉，則表裘不入公門，固所宜矣。振，曲禮、論語皆作袗。陸氏佃曰：五等采謂之列采，猶五等爵謂之列爵。禮案：非列采卽曲禮下重素是也。上文云無君者不貳采，此云非列采不入公門，此古之人所以重去其位，三月服素，三年待放也。袗絺綌不入公門，解見曲禮下。凡裘，今人皆爲衣裏，而表用布帛，若裌衣之製。此云表裘，疑裘之反穿者，惡其皮毛外露，且非法服，故不入公門。

襲裘不入

公門。鄭注衣裘必當裼也。孔疏檀弓云。子游裼裘而弔。曾子襲裘而弔。皆謂裘上有裼衣。裼衣之上有襲衣。襲衣之上有正服。但據露裼衣。不露裼衣。爲異耳。若襲裘不得入公門也。江氏永曰。裘外有裼衣。裼衣外有上服。開前衿袒出左袖。露裼衣。謂之裼。不袒左袖。則謂之襲。事親以質爲敬。故不有敬事。不敢袒裼。事君以文爲敬。故襲裘不入公門。言入公門。必袒左袖露裼衣也。禮案下文云。裘之裼也。見美也。弔則襲。不盡飾也。襲裘嫌吊服。故不入公門。然襲衣可入公門。何襲裘而不可入。此記禮之不可解者。曲禮下云。執玉其有藉者則裼。無藉者則襲是也。疑此所云。襲裘非裼襲之襲。其卽說文所謂。袍之左衽者乎。

纊爲繭。縕爲袍。禪爲絅。帛爲褶。鄭注衣著之異名也。纊謂今之新綿也。縕謂今纊及舊絮也。絅有衣裳而無裏。褶有表裏而無著。孔疏如鄭此言。云縕謂今纊者。謂好綿也。則鄭注之時。以好者爲綿。惡者爲絮。故云縕謂今纊及舊絮也。講義曰。縕謂舊絮。子路衣敝縕袍是也。詩曰衣錦尚絅。絅謂禪衣也。褶卽今之袷衣。孫氏希旦曰。衣之有表裏。而無著者。謂之褶。喪大記君襦衣襦衾是也。絅與穎同。雜記則旣穎。鄭云穎草名。無葛之鄉。去麻則服穎。是絅者麻葛之類。禪以絅爲之。故曰禪爲絅褶則表裏皆用帛。故曰帛爲襦。襦旣用帛。則袍繭表裏皆用帛可知。禮案纊今之所謂絲綿也。剝蠶繭外面浮絲。似絮者爲之。著衣裏。經煖尤勝於裘。以繭所出。故曰纊爲繭。此四者蓋四時之褻服也。纊最煖。宜冬袍著縕宜春。絅葛類宜夏。帛褶衣宜秋。

朝服之以縞也。自季康子始也。鄭注亦僭宋王者之後。孔疏云亦者。上玄冠紫緌。是僭宋王者之後。知宋朝服以縞者。案王制云。殷人縞衣而養老。燕服則爲朝服。宋是殷後。故朝服以縞。陸氏佃曰。公僭宋王者之後服。然後大夫亦僭王者之後服。故經記魯桓公事在前。季康子事在後。於公言冠。於康子言服。亦言之法。趙氏坦曰。案殷之朝服用縞。故鄭注云然。縞今生絹。周之朝服。十五升布。朝服日所服。故用布。祭服則用絲。此周人尚儉處。禮案家語公西赤問篇。季康子朝服以縞。曾子問於孔子曰。禮乎。孔子曰。諸侯皮弁以告朔。然後服之以視朝。若此禮者也。

孔子曰。朝服而朝。卒朔然後服之。曰國家未道。則不充其服焉。鄭注謂諸侯與羣臣也。諸侯視朔。皮弁服。不充其服。謂衛文公者。未道未合於道。孔疏朝服緇衣素裏而朝。謂每日朝君。卒朔謂卒告朔之時。服皮弁告朔。禮終脫去皮弁。而後服朝服也。知非天子之朝服。而云諸侯與羣臣者。以上文皆云。不入公門。下云唯君黼裘。又云君衣狐白裘。皆據諸侯之禮。故知此亦據諸侯也。方氏慤曰。禮不盛服不充。禮所以行道也。故國家未道。則不充其服焉。此亦孔子所言也。以承上文。故止言曰。孫氏希旦曰。孔子言諸侯視朔用皮弁服。卒視朔之事。然後服朝服。記者引此。以明朝服以縞之非禮也。國政治曰有道。亂曰無道。此曰未道者。言非國政之失而所值之時未平也。蓋或承喪亂之後。或值凶札之時。則君不充其服。自貶損以足用也。此上蓋有脫文。禮案檀弓下曾子曰。國無道。君子恥。盈禮焉。此之謂也。

唯君有黼裘以誓省。大裘非古也。鄭注僭天子也。天子祭上帝。則大裘而冕。大裘羔裘也。黼裘以羔與狐白。雜爲黼文也。省當爲獮。獮秋田也。國君有黼裘誓獮田之禮。時大夫猶有大裘也。孔疏君諸侯也。黼裘以黑羊皮雜狐白爲黼文。以作裘也。誓者告敕也。獮秋獮也。大裘天子郊服也。禮唯許諸侯服黼裘。以誓軍衆田獮耳。不得用大裘。當時非但諸侯用大裘。又有大夫僭用大裘者，故譏之云非古也。經云唯君，則知時臣亦爲之。冬始裘，而秋云裘者，爲秋殺始誓衆須威，故秋而用黼裘也。方氏慤曰：黼之爲物，其色爲白黑，其方居西北，故必用之以警省也。禮案：此冬狩也，故服裘以誓。省讀如字，省甲兵也。夏小正九月，王始裘。月令孟冬，天子始裘。又小正十有一月，王狩，陳筋革，省甲兵。既省甲兵，則必有命戒軍士，若尚書甘誓、泰誓之屬是也。而注以省當爲獮，獨不思周之中秋，夏之季夏，尚衣絺之時。卽依逸周書周月解所謂敬授民時，巡狩祭享，猶用夏正，然夏正八月亦非衣裘之時，其誤顯然。

君衣狐白裘。錦衣以裼之。君之右虎裘。厥左狼裘。士不衣狐白。

鄭注：君衣狐白毛之裘，則以素錦爲衣覆之，使可裼之。袒而有衣曰裼，必覆之者，裘褻也。詩云：衣錦絅衣裳。錦絅裳，然則錦衣復有上衣明矣。天子狐白之上衣，皮弁服與？凡裼衣象裘色也。虎裘狼裘，衛尊者，宜武猛。士辟君也。狐之白者少，以少爲貴也。孔疏：錦衣之上更有衣以覆之，以無正文，故引詩云。天子狐白之上衣，皮弁服，亦無正文，故言與，爲疑辭也。狐白既白，皮弁服亦白，錦衣白，三者相種，皆爲白也。天子視朝，服皮弁服，則天子皮弁之下有狐白錦衣也。諸侯於天子之朝亦然，故秦詩云：君子至止，錦衣狐裘。此經云君，則天子兼諸侯也。凡在朝，君臣同服，其天子卿大夫及諸侯卿大夫在天子之朝，亦狐白裘，以下云士不衣狐白，則卿大夫得衣狐白也。其裼則不用錦衣，故下注云：非諸侯，則不用錦衣爲裼。方氏慤曰：有裘爲裏者，必以衣爲表焉，裼之則所謂表焉。若錦衣以裼之，則燕居之狐裘也；玄綃衣以裼之，則祭祀之狐裘也；黃衣以裼之，則息民之狐裘也。虎屬西方，爲右，故右以虎裘。且右爲有力，狼雖善搏，不若虎之猛，故在左而已。狐白以狐腋爲之，非狐白，則士亦得服。陳氏祥道曰：狐白所以象德之成，狐青所以象仁之發，故狐白錦衣，爲人君之服，狐青而下，爲君子之服。言君子之服，則大夫士同之也。周官虎賁氏掌先後王而趨，以卒伍。面賁氏掌執戈盾，夾王車而趨，左右皆八人。然則君之左右，蓋旅賁之類也。禮案：管子輕重篇：代之出狐白之皮，狐白應陰陽之變，六月而一見。㩲此，則狐白裘非後世集狐腋白毛之所成者也，故尤珍異，而士不得服，大夫則可得而服，故史記孟嘗君有狐白裘，以獻秦王，是也。

君子狐青裘。豹褎。玄綃衣以裼之。麛裘。青豻褎。絞衣以裼之。羔裘豹飾。緇衣以裼之。狐裘黃衣以裼之。錦衣狐裘。諸侯之服也。

鄭注：君子，大夫士也。綃，綺屬也。染之以玄，於狐青裘相宜。狐青裘蓋玄衣之裘。豻，胡犬也。絞，蒼黃之色也。孔子曰：素衣麛裘。飾猶褎也。孔子曰：緇衣羔裘，黃衣狐裘。非諸侯，則不用錦衣爲裼。孔疏：君子以狐青爲裘，豹皮爲褎，用玄綃之衣，以覆裼之。熊氏云：六冕皆有裘，此云玄，謂六冕及爵弁也，則天子諸侯皆然，而云大夫士者，君用純狐青，大夫士雖以豹褎。胡犬，謂胡地野犬。案郊特牲：黃衣黃冠而祭，所以息田夫。又月令孟冬，臘先祖五祀。是黃衣爲臘先祖之服。陳氏祥道曰：豹取其武而有文，狐青燕居，褻亦以豹，則武而有文，亦非燕居之所可忘也。詩曰：羔裘豹飾，孔武有力。先儒謂凡裘，天子諸侯用全，其臣則褻飾異焉。然天子諸侯之用全，特狐白裘而已，欲其純白之備也。至於麛裘、羔裘，則上下之所同，非無飾也。方氏慤曰：言綃，則錦衣以降，裼皆用綃可知。緇衣、黃衣，衣言色，而裘不言者，蓋狐有青，有白，有黃，前言青，言白者，以其與衣異故也；此特不言，則從其衣之黃可知。麛裘所以爲聽朔之服。羔裘所以爲視朝之服。麛鹿子也。羔羊子也。於豻言襃。則知豹之爲飾。亦襃矣。襃言其體。飾言其用也。凡此言服。君則指天子諸侯而已。君子則兼大夫以上言之也。孫氏希旦曰。郊特牲黃衣黃冠以祭。乃謂蜡祭時。野夫之服。與此不同。郝氏懿行曰。除狐裘不言。何物爲袖。自餘之裘。凡君用純。臣用雜也。禮案論語云。狐貉之厚以居。則狐裘燕居服也。豻貔屬。陸疏爾雅釋獸云。野狗似狐。說文絞綵帛。青黃色。或作校。夏小正校也者。若綠色然。婦人未嫁者衣之。蓋非正色也。自玄綃至錦五衣。皆裘之裼衣。外加禮服以掩此裼衣。則謂之襲。襲藏也。若袒去外服左袖而露此裼衣。則謂之裼。裼襲只是一衣。江氏永言之詳矣。疑卽禮服內之中衣也。中衣非法服。故可用華色。鄭注檀弓上云。練中衣黃裏縓緣。則純吉時之尤美可知。冬用綃錦。則春夏秋三時。亦必采帛之最精者爲之。故下文云。裘之裼也。見美也。

犬羊之裘不裼。不文飾也不裼。

鄭注犬羊之裘質略。亦庶人無文飾。裼主於有文飾之事。孔疏案聘禮使臣行聘之事。主於敬。不主於文。故襲裘。聘是不文飾之事。不裼裘也。至行享之時。主於文。故裼裘也。方氏慤曰。犬羊之裘。則庶人之服。庶人之容焦焦。而無文。故不裼。故繼言不文飾也。不裼。孫氏希旦曰。大夫士服裘雖裼。若非行禮之地。無事乎文飾者。亦不裼。不裼則襲也。禮案同一裘也。而羔皮爲貴。羊皮爲賤。今老羊皮與狗皮。皆貧人所服。又安有裼襲之文。不文飾也。不裼言禮尙質則襲。尙文則裼。不必其中之有裘也。疏以行聘襲。行享裼。裼襲之下。並增裘字。引以證此非也。蓋聘享豈皆行於冬月乎。故裼襲之禮。必不可因檀弓下子游曾子之吊。而遂並作裼裘襲裘解也。

裘之裼也。見美也。弔則襲。不盡飾也。君在則裼。盡飾也。

鄭注君子於事以見美爲敬。弔則襲。喪非所以見美。君在臣於君所。孔疏裘之裼者。謂裘上加裼衣。裼衣上雖加他服。猶開露裼衣。見裼衣之美。以爲敬也。凡此吊襲。謂主人既小斂之後。若未斂之前。則裼裘。故檀弓云。子游裼裘而吊是也。凡君在之時。則露此裼衣。盡其文飾之道。以敬於君也。周氏諝曰。裼者盡飾。故其美見於外。襲者不盡飾。故其美充於內。臣之於君。則不敢充其美。故以文爲貴。以文爲貴。故君在則裼。孫氏希旦曰。見美所以致飾也。吊主哀。故去飾。君在主敬。故盡飾。禮案見美見裼衣之美也。裼衣采服。不宜行吊。故襲也。上文無君者。不貳采。非列采。不入公門。則君在必盡飾可知。

服之襲也。充美也。是故尸襲。執玉龜襲。無事則裼。弗敢充也。

鄭注充猶覆也。所敬不主於君。則襲。尸襲。尸尊。執玉龜襲。重寶瑞也。無事則裼。謂已致龜玉也。孔疏充美謂君不在。臣所加上服。揜襲裼衣。覆蓋裼衣之美。以君不在。敬心殺故也。凡敬有二體。一則父也。二則君也。父是天性至極。以質爲敬。故子於父母之所。不敢袒裼。君非血屬。以文爲敬。故臣於君所則裼。若平敵以下。則亦襲。以其質略故也。所襲。雖同。其意異也。尸處尊位。無敬於下。故襲也。凡執玉得襲。故聘禮執圭璋致聘則襲。若執璧琮行享雖玉裼。此執玉或容非聘享。尋常執玉。則亦襲也。龜是享禮庭實之物。執之亦裼。若尋常所執。及卜則襲。敬其神靈也。無事謂行禮之後則裼。不敢充覆其美也。亦謂在君之前。若不在君所。無事則襲。前文云者是也。周氏諝曰。所謂玉非執贄與庭實也。蓋執贄者。有藉則裼。爲庭實者。執璧琮則裼。孫氏希旦曰。上文言裘之裼。此變言服之襲者。以明裼襲四時皆有。不專屬於裘也。充者足乎內。而無待於外之意。凡行禮以裼爲常。其襲者皆有爲爲之也。禮案充美若易坤象云。黃裳元吉。美在中也。執玉襲。其無藉者也。

笏。天子以球玉。諸侯以象。大夫以魚須文竹。士竹本象可也。鄭注球美玉也。文猶飾也。大夫士飾竹以爲笏。不敢與君並用純物也。孔疏此明天子以下所用之笏。闊狹長短。大夫以魚須文竹者。庾氏云。以鮫魚須飾竹以成文。士以竹爲本質。以象牙飾其邊緣。言可者通許之辭。案釋地云。西北之美者。有崑崙之璆琳琅玕焉。郭云璆琳美玉。此之球字。則與璆同。朱子熹曰。笏者忽也。所以備忽忘也。故手執眼觀口誦。於君前有所指畫。不敢用手。故以笏指畫。陳氏祥道曰。天下之事。常脩治於人之所愼。而廢弛於人之所忽。先王於是。制爲之笏。或執或搢。而畢用之。使人稽其名。以見其義。天子之笏以玉。玉德之美也。馬氏晞孟曰。象馴物也。諸侯之在外。以順爲行。故其笏用象。而竹以文爲美。大夫士皆事人者也。以貞固爲節。故其笏用竹。禮案尚書大傳禹貢篇。夏成五服。外薄四海。東海魚須魚目。鄭注彼云。魚須今以爲簪。可以琢簪。則亦玳瑁之類。故可以飾笏。士本用竹。則亦可以象飾也。

見於天子與射。無說笏。入大廟。說笏無禮也。鄭注言凡吉事。無所說笏也。大廟之中。唯君當事說笏也。孔疏經總云。見於天子。則諸侯事在其間。凡臣見君。無不執笏。雖當事之時。亦執笏也。君則大廟之中。當事之時。則說笏。時臣驕泰僭儗於君。當事之時。亦說笏。故記者明非古禮也。笏所以記事。射所以正威儀。獨云見於天子者。以天子尊極。恐臣下畏懼。不敢執笏。故特言見於天子。明臣下見君皆然。孫氏希旦曰。說笏謂去於身也。笏或執於手。或搢於帶。不執不搢。是謂說笏。天子尊。射禮文繁。大廟之中嚴敬。舉三事不說。以見笏之無時而離也。當廟中有事。則搢之而已。雖主祭者亦然。典瑞王搢大圭。執鎭圭。以朝日。是天子主祭。亦搢笏。鄭氏謂大廟之中。君當事則說笏非也。禮案見天子當執笏。五等諸侯見君必執圭璧。則無事搢笏亦非。況說笏乎。至射執弓矢。必兩手。入大廟。執豆籩。又須兩手。無徒手可以持笏。則必搢插於帶。不可說笏。嫌若喪事然。

小功不說笏。當事免則說之。鄭注免悲哀哭踊之時。不在於記事也。小功輕。不當事可以搢笏也。孔疏小功不說。則大功以上皆說之。陳氏祥道曰。小功則禮可以勝情。故亦不說笏。當事而免。則事可以勝禮。故說之。方氏慤曰。小功之喪。悲哀殺矣。事不可不記也。故不說笏。及當事而免之時。則悲哀極矣。不暇記事。故說之。孫氏希旦曰。喪事則說笏。哀不在於記事。且爲辟踊之有失墜也。小功轉喪。故不說笏。當殯斂之事而免。則說之。亦爲其妨於辟踊故也。禮案喪不貳事。不貳事。故說笏。小功服輕。可以貳事。故不說。

既搢必盥。雖有執於朝。弗有盥矣。凡有指畫於君前。用笏。造受命於君前。則書於笏。笏畢用也。因飾焉。鄭注搢笏輒盥。爲必執事。畢盡也。孔疏謂有執事於朝。須預絜淨。故既搢笏於帶。必盥洗其手。於後雖有執事於朝。更不須盥矣。造謂詣君前而受命。則書記於笏。畢用謂事事盡用笏記之。因其記事所須。而飾以爲上下等級焉。方氏慤曰。指言指其事之意而定之。圖言圖其事之分而籌之。不敢徒手。而爲之者。嫌其大慤也。書已之思則記之。將以獻乎上。書君之命。則記之。將所行乎下也。此笏所以爲畢用與。應氏鏞曰。始而進見。則史進象笏。書思對命。及其造見受命。則又退而書之。謹敬君命。慮有廢忘。進退終始。皆假笏書之。是不謂之畢用乎。郝氏敬曰。畢簡也。學記云。佔畢書記用之。

大夫君前記事。指揮不敢以手。用笏當畢。故曰笏畢用也。孫氏希旦曰。笏字从竹。蓋本以竹爲之。如簡札之用執之以用記事。備忽忘而已。後王漸文。乃飾以他物。以美其觀。而天子諸侯。又別用象玉爲之。復殊其稱。以爲尊卑之別焉。禮案有盥之有。當讀如春秋日有食之之有。言既盥搢之入朝。雖有事手執。亦不又盥也。郝釋畢爲簡是矣。爾雅釋器簡謂之畢。故後世或稱笏爲簡。

笏度二尺有六寸。其中博三寸。其殺六分而去一。

鄭注殺猶杼也。天子杼上終葵首。諸侯不終葵首。大夫士又杼其下首。廣二寸半。孔疏天子諸侯。上首廣二寸半。其天椎頭不殺也。大夫士下首。又廣二寸半。唯笏之中央。同博三寸。故云其中博三寸也。其殺六分去一者。天子諸侯。從中以上稍稍漸殺至上首。六分三寸。而去其一分。領有二寸半在。大夫士。又從中以下。漸漸殺至下首。亦六分而去一。案玉人云。天子杼上。此云殺。故知殺猶杼也。玉人云。天子終葵首。則諸侯不終葵首可知。經特云其中博三寸。明笏上下二首。不博三寸。諸侯既南面之君。同殺其上。大夫北面之臣。宜俱殺其下也。周氏諝曰。考工記大圭長三尺。杼上終葵首。天子服之。相玉書曰。珽玉六寸明自照。此言笏度二尺有六寸。蓋考工記兼其杼上終葵首言之。故有三尺。相玉書指其終葵首言之。此去其杼上而言之。陳氏祥道曰。天子之笏長三尺。以六寸爲椎首。而計之。則於二尺六寸爲有餘。去椎首而計之。則於二尺六寸爲不足。蓋玉藻所言。非天子之笏。禮案度長也。博廣也。中博三寸。上下皆殺六分之一。則兩頭並闊二寸五分。所以中博而上下窄者。欲便於搢執耳。

而素帶終辟。大夫素帶辟垂。士練帶率下辟。居士錦帶。弟子縞帶。并紐約用組。

鄭注而素帶終辟。謂諸侯也。諸侯不朱裏。合素爲之。下天子也。大夫亦如之。率繂也。士以下皆禪。不合而繂積。如今作幧頭爲之也。辟讀如裨冕之裨。裨謂以繒采飾其側。人君充之。大夫裨其紐及末。士裨其末而已。居士道藝處士也。此自而素帶。亂脫在是耳。宜同朱裏終辟。孔疏自此至皆從男子。明帶及韠韍。及王后以下。衣服等差。其文雜陳。又上下爛脫。今一依鄭注爲先後而解之。天子以素爲帶。用朱爲裏。終辟竟帶。身在要及垂皆辟。故云終辟。而素帶終辟者。謂諸侯以素爲帶。不以朱爲裏。亦用朱綠終辟。大夫亦用素爲帶。不以朱爲裏。亦用朱綠終辟。大夫亦用素爲帶。不終禪。但以玄華禪其身之兩旁及屈垂者。士用孰帛練爲帶。其帶用禪帛。兩邊繂而已。繂謂緶緝也。下禪者。但士帶垂者。必反屈向上。又垂而下。大夫則皆禪之。士則用緇。唯禪向下一垂者。居士用錦爲帶。尚文也。弟子用生縞爲帶。尚質也。并竝也。紐謂帶之交結處。以屬其紐約者。謂以物穿紐約結其帶。天子以下。其紐約之物。竝用組爲之。故云并紐約用組。三寸者。謂紐約之組闊三寸也。長三尺。與帶垂者齊。故云長齊於帶。紳謂帶之垂者。紳重也。謂重屈而舒申。其制士長三尺。有司長二尺五寸也。引子游之言。以證紳之長短。人長八尺。大帶之下四尺五寸。分爲三分。紳居二分。長三尺也。紳韠結三齊者。紳謂紳帶。韠謂蔽膝。結謂約紐組。三者俱長三尺。故云三齊也。大夫大帶四寸。謂合素爲之。廣四寸。雜猶飾也。飾帶。君用朱綠。大夫用玄華。士用緇也。士緇辟二寸。再繚四寸。謂用單練廣二寸。繚繞也。再度繞要。亦四寸。凡帶謂有司之帶。有繂謂其帶既禪。亦以箴緶緝其側。但以繂福之而已。無別禪飾之箴功。云人君光之者。充滿也。天子諸侯飾帶。從首及末。徧滿皆飾。大夫但飾其帶紐以下。至於末。士但一條禪末而已。方氏慤曰。上有而字。

蓋衍文。諸侯字疑脫。帶之體用素者。示其有絜白之德。以約其身無貴賤一也。故悉以素爲體焉。率者循其經緯之理。而福之也。言如此則舉卑以見尊。下言凡帶有率無箴功。則知率固不止於士矣。陳氏祥道曰。居士卽命民。錦以其有脩成之文也。納蘭氏成德曰。書大傳曰。古之帝王。必有命民。能敬長憐幼。取舍好讓。舉事力者命於其君。然後得乘飾車駢馬。衣文駢錦。鄭氏釋之云。居士錦帶。禮案說文。練。繒也。紐。系也。一曰結而可解約纏束也。大夫以上素帶。欲其持躬純絜也。士練帶者。欲其治事練達也。韠君朱。大夫素。士爵韋。圜殺直。天子直。公侯前後方。大夫前方後挫角。士前後正。鄭注此玄瑞服之韠也。韠之言蔽也。凡韠以韋爲之。必象裳色。則天子諸侯玄端朱裳。大夫素裳。唯士玄裳黃裳雜裳也。皮弁服皆素韠。圜殺直。目韠制。天子四角直。無圜殺。公侯殺四角。使之方。變於天子也。所殺者。去上下各五寸。大夫圜其上角。變於君也。韠以下爲前。以上爲後。士淺與君同。不嫌也。正直方之閒語也。天子之士則直。諸侯之士則方。孔疏此總明韠韍上下尊卑之制。唯有大夫大帶一經。廁莊其閒。案士冠禮。玄端玄裳黃裳雜裳。爵韠。此云士爵韋。故知玄端之韠也。天子諸侯玄端朱裳者。以韠從裳色。君既用朱。故知裳亦朱色也。大夫玄端以素爲裳。故素韠也。圜殺直。是目韠制也。前後方。是殺四角。上下各去五寸。所去之處。以物補飾使方。變於天子也。案雜記云。韠會去上五寸。又云紕以爵韋六寸。不至下五寸。是去下五寸。鄭注雜記云。會謂上領縫也。領之所用。蓋與紕同。如此言卽上去五寸是領也。以爵韋爲領。下云所去五寸純以素。鄭注雜記云。紕純所不至者五寸。然則下去五寸是領也。下去五寸是純也。若然。唯去上畔下畔。而云殺四角者。蓋四角之處。別異之。使殊於餘邊也。其會之下。純之上。兩邊皆紕。以爵韋表裏各三寸。故雜記云。韠長三尺。下廣二尺。上廣一尺。會去上五寸。紕以爵韋六寸。不至下五寸。純以素。紃以五采。韠制大略如此。但古制難知。不可悉識。後挫角。謂殺上角使圜。不令方也。正。謂不袤也。直而不袤。謂之正。方而不袤。亦謂之正。故云正直方之閒語。陳氏祥道曰。韠之作也。在衣之先。其服也在衣之後。以其蔽前則曰韍。以其一巾足矣。故曰韠。韠者。芾之通稱。天子之韠直。其會龍火與山。諸侯前後方。其會火以下。大夫前方後挫角。其會山而已。方氏愨曰。天子體天以臨下。故直。公侯法地以事上。故方。吳氏澄曰。韠之制。長三尺。上廣一尺。下廣二尺。天子自上之左右角。廣一尺處。斜裁至下之左右角。廣二尺處。盡其所裁。一直而無所屈。故曰直。諸侯自上之左右角。正裁而下。至五寸止。止處亦廣二尺。自下之左右角正裁而上。至五寸止。止處亦廣二尺。又就上五寸之下。廣一尺處。斜裁至下五寸之上。廣二尺處止。上下各有五寸。皆不斜裁。故方。大夫自下之左右角正裁而上。至五寸止。止處廣二尺。就此廣處。左右皆斜裁之。至上左右角。廣一尺處。盡其上端之左右。及左右之兩邊。各剡一寸。去其兩角。其下端裁方。與諸侯同。上端不裁方。但剡其兩角而已。故圜。士之下端。左右角亦裁方。上至五寸而止。止處二尺。亦就止處斜裁至上端。廣一尺處。盡如大夫。但不剡圓二角。蓋後直而前方。故曰前後正。江氏永曰。吳說詳明。鄭注殺四角使之方。當亦如吳。孔謂以物補飾之。恐失鄭意。禮案如吳說。則公侯與士同也。然方則必正。正則不斜。便可謂正。正不必其方也。竊意前後方者。不止上下五寸。若五寸。則前後之直裁者。不能方矣。必上端正裁一尺。下端正裁二尺。與上廣一尺。下廣二尺同。則前後方矣。韠下廣二尺。上廣一尺。長三尺。其頸五寸。肩革帶博二寸。鄭注頸上五寸亦謂廣也。頸中央。肩兩角。皆上接革帶以繫之。肩與革帶廣同。凡佩繫於革帶。孔疏頸五寸。鄭恐上下長五寸。故云亦謂廣也。其上下及肩與革帶俱二寸也。云凡佩繫於革帶者。以大帶用組約。其物細小。不堪縣韠佩也。方氏愨曰。下廣二尺。以象地。上廣一尺。以象天。長三尺。以象三才。其頸五寸。以象五行。肩革帶博二寸。以象陰陽。故其制如此。禮案其頸五寸者。蓋謂襻也。襻以一尺布對摺。則長止五寸。以摺處向上。兩邊並縫屬韠之上端。韠身下廣上窄。而襻則上下齊。故若人之有脰頸然。會亦謂襻也。雜記下曰。會去上五寸者。蓋既綴以襻。則韠身應減五寸。縫合之仍長三尺也。鄭注彼云。謂之紕者。言其緣於韠之上首。若紕然也。頸必五寸者。以帶有二寸寬。四寸闊者。故非五寸之襻。不能貫帶於中。以著韠也。肩任也。博厚也。革帶堅強。則頸襌易破。故頸之左右。必摺二寸。方能上勝革帶。下任韋韠也。

大夫大帶四寸。雜帶。吾朱綠。大夫玄華。士緇辟二寸。再繚四寸。凡帶有率無箴功。鄭注。雜猶飾也。卽上之裨也。君裨帶。上以朱。下以綠終之。大夫裨垂。外以玄。內以華。華黃色也。士裨垂之下。外內皆以緇。是謂緇帶。大夫以上以素。皆廣四寸。士以練。廣二寸。再繚之。凡帶有司之帶也。亦綼之如士帶矣。無箴功。則不裨之。士雖綼帶。裨亦用箴功。凡帶不裨。下士也。此又亂脫在是。宜承紳韠結三齊。孔疏君謂天子諸侯。崔氏熊氏並云。據要為正。飾帶外邊上畔以朱。朱是正色。故在上也。下畔以綠。綠是間色。故在下也。大夫玄華者。熊氏云。近人為內。遠人為外。玄是天色。故在外。以華對玄。故以為黃也。黃是地色。故在內。士既練帶。以韠之外內皆用玄也。陸氏佃曰。天子雜帶。蓋亦朱綠。而不言則用全。天子之事。雜非所言也。以君見之而已。雜帶猶言雜佩。雜裳。雜裳。先儒謂前玄後黃。素帶卽大帶也。言素以於雜帶為素。言大以於雜帶為大。然則素帶冕服之帶。雜帶爵弁皮弁玄端之帶。知然者。以爵弁服緇帶也。皮弁服緇帶。玄端緇帶。知之也。俞氏樾曰。華之訓黃。未詳其義。晉羊舌赤。字伯華。孔子弟子公西赤。字子華。古人名字相配。然則華非黃色。乃赤色也。郭璞注穆天子傳曰。華騮色如華而赤。此古人謂赤為華之證。鄭因其與玄對文。定為黃色。殆失之矣。禮案率總也。帶有美者。染絲織成。五采相間。亦可表裏。各織異色。以織餘為緌。總不須箴功縫緝也。

一命縕韍幽衡。再命赤韍幽衡。三命赤韍蔥衡。鄭注此玄冕爵弁服之韠。尊祭服。異其名耳。韍之言亦蔽也。縕赤黃之間色。所謂韎也。衡佩玉之衡也。幽讀為黝。黑謂之黝。青謂之蔥。周禮公侯伯之卿三命。其大夫再命。其士一命。子男之卿再命。其大夫一命。其士不命。孔疏以上經是玄端服之韠。故云此玄冕爵弁服之韠。北據有孤之國。以卿大夫雖三命再命。皆著玄冕。若無孤之國則三命再命之卿大夫。皆絺冕。不得唯玄冕也。爵弁則士所服。他服稱韠。祭服稱韍。是異其名也。案易困卦九二朱韍方來。利用享祀。是祭祀稱韍也。韍韠皆言為蔽。取蔽障之義。案毛詩傳天子純朱。諸侯黃朱。黃李色淺。則亦名赤韍也。大夫赤韍。色又淺耳。有虞氏韠之前。直用皮為之。後王漸加飾焉。明堂位云。有虞氏服韍。夏后氏山。殷火。周龍章是也。此一命謂公侯伯之士。士冠禮。爵弁韎韐。此縕韍則當彼韎韐也。毛詩云。韎韐茅蒐染。齊人謂茅蒐為韎韐聲也。茅蒐則蒨草。以蒨染之。其色淺赤。則縕為赤黃之間色。若子男大夫。但名縕韍。不得為韎韐也。以其非士故耳。周禮牧人云。陰祀用黝牲。又孫炎注爾雅云。黝青黑。蔥則青之異色。三命則公之卿玄冕。侯伯之卿絺冕。皆赤韍蔥衡。方氏慤曰。前言天子諸侯。與在朝之臣。此止言諸侯之臣。故變言之。緼赤黃之色也。士出於火。士出則火藏矣。故其色謂之緼。緼者藏也。衡佩上瑀也。以言其寓之以爲覆。則謂之瑀。以言其橫之以爲平。則謂之衡。一命其韍用緼。以見雜有所緼。未足以發見而著明也。再命爵位漸隆。足以發見而著明矣。故其韍用赤。郝氏懿行曰。幽讀如字亦通。詩云。隰桑有阿。其葉有幽。郊特牲云。以陰幽思。是皆以幽爲黑也。禮案郝說幽如字。是謂色黑則非。桑葉色綠。陰幽言闇。蓋幽墨綠色。即碧玉是也。蔥色黃綠。即水蒼玉是也。大戴保傅云。珮玉上有雙衡。下有雙璜。衡牙玭珠。以納其間。琚瑀以雜之。此佩玉之制也。佩似無尊卑異制。故但以衡玉之色爲差耳。

天子素帶。朱裏終辟。

鄭注謂大帶也。方氏慤曰。辟讀如字。既夕禮曰。有然後裳不辟。辟辟之而已。若積無數。孫氏希旦曰。據鄭注則自而素帶終辟以下。皆當移就朱裏終辟之下。禮案朱南方正陽之色。素西方少陰之色。天子之帶內朱者。體陽朱明之德也。外素者。示陰蔭物於下也。

王后褘衣。夫人揄狄。

鄭注褘讀如翬。揄讀如搖。翬搖皆翟雉名也。刻繒而畫之。著於衣以爲飾。因以爲名也。復有三世作字異耳。夫人三夫人。亦侯伯之夫人也。王者之後。夫人亦褘衣。孔疏。此以下論王后命婦之服。唯有三寸長齊於帶。一經廁在其間。王后褘衣。謂畫翬於衣。六服之最尊也。夫人揄狄者。謂畫搖翟之雉於衣也。案鄭注內司服引爾雅釋鳥。伊雒而南。素質五色皆備成章曰翬。江淮而南。青質五色皆備成章曰搖。從王祭先王。則服褘衣。祭先公。則服揄翟。六服皆袍製。以白縳爲裏。經云王后褘衣。夫人揄狄。其文相次。故以夫人爲三夫人。但三夫人與三公同。對王爲屈。三公執璧。與子男同。故鄭注司服。疑而不定。云三夫人其闕翟以下乎。爲兩解之也。云王者之後夫人。亦褘衣者。以禮記每云君衮冕。夫人副褘是也。崔氏靈恩曰。后三翟皆十二。公而下夫人雉數如命數。禮案說是也。祭統云。君緇冕。夫人副褘。又祭義夫人受繭。亦副褘。不僅明堂位。君衮冕。夫人副褘也。褘衣尊卑。以雉數爲差。則五等諸侯之夫人。皆可服也。然天子冕服。唯公同衮。而侯伯鷩。子男毳。后夫人則唯繪雉者何也。蓋陽以文明爲體。陰以專壹爲德。故服章王十有二。而后唯一物也。若如注疏謂副褘必王者之後夫人可服。則不當記爲恆禮矣。

三寸長齊於帶。紳長制。士三尺。有司二尺有五寸。子游曰。參分帶下。紳居二焉。紳韠結三齊。

鄭注三寸謂約帶紐組之廣也。長齊於帶。與紳齊也。紳。帶之垂者也。言其屈而重也。論語曰。子張書諸紳。有司府史之屬也。三分帶下而三尺。則帶高於中也。結約餘也。此又亂脫在是。宜承約用組。結或爲衿。孔疏知三寸約帶紐組之廣者。以帶廣四寸。此云三寸。長齊於帶。承上紐約用組之下。故知是紐廣也。言其屈而重者。解垂帶名紳之意。申重也。周氏諝曰。大帶之下。四尺五寸。故參分帶下。紳居二焉。則紳長三尺。韠與結。亦三尺也。故紳韠結三齊。陳氏祥道曰。則有司之韠結。蓋亦二尺五寸與。禮案大韠素。則紳亦素。故古人有事。可書紳。

君命屈狄。再命褘衣。一命襢衣。士褖衣。

鄭注君女君也。屈周禮作闕。謂刻繒爲翟。不畫也。此子男之夫人。及其卿大夫士之妻。命服也。褘當爲鞠。字之誤也。禮天子諸侯。命其臣。后夫人亦命其妻以衣服。所謂夫尊於朝。妻榮於室也。子男之卿再命。而妻鞠衣。則鞠衣襢衣褖衣者。諸侯之臣。皆分爲三等。其妻以次接受。此服也。公之臣孤爲上。卿大夫次之。士次之。侯伯子男之臣卿爲上。大夫次之。士次之。緣或作稅。孔疏君謂女君。子男之妻后所命。故云君命屈狄也。屈闕也。狄亦翟也。直刻雉形。闕其采畫。故云闕翟也。再命謂子男卿妻。服鞠衣也。襢展也。子男大夫一命。其妻服展衣也。子男之士不命。其妻服緣衣。鄭注士喪禮褖之言緣。黑衣裳以赤緣之。王后從王祭羣小祀。則服闕翟。鞠衣黃桑服也。色如鞠塵。服之以告桑。展衣以禮見王。及賓客。緣衣御於王之服。闕翟赤。搖翟青。褘衣玄。鞠衣黃。展衣白。緣衣黑。禮案注謂屈爲刻。刻翟於衣。則切較繪爲多。似非也。屈蓋如字。屈狄者。乃繪雉而屈其首。示屈於后也。猶王袞升龍。公袞降龍之義。

唯世婦命於奠繭。其他則皆從男子。鄭注奠猶獻也。凡世婦已下。蠶事畢。獻繭。乃命之。以其服。天子之后夫人及嬪及諸侯之夫人。夫在其位。則妻得服其服矣。自君命屈狄至此。亦亂脫在是。宜承夫人揄狄。孔疏世婦謂天子二十七世婦。以下也。獻繭謂世婦及命婦。入助蠶事。獻繭也。凡夫尊於朝。妻貴於室。皆得各服其命服。今唯世婦及卿大夫之妻。並卑雖已被命。猶不得即服命服。必又之須入助蠶畢。獻繭之多功大。更須君親命之著服。乃得服耳。故云命於奠繭。其他謂后夫人九嬪及五等諸侯之妻也。其夫得命。則其妻得著命服。不須奠繭之命。故從男子。孫氏希旦曰。世婦謂諸侯之世婦也。諸侯有公桑蠶室。卜於三宮夫人世婦之吉者。使蠶。既成則從夫人獻之於君。世婦之尊。視大夫。服展衣。凡夫尊妻榮。故卿大夫之妻。皆得隨夫服其服。明君不以私寵加賜也。天子之內命婦。蓋亦如此。禮案此言婦人。唯世婦奠繭效功受命。乃得自以功受服。此外則皆得夫之爵。無自被命之事也。若如疏義。大夫妻雖已被命。猶不得服。必待奠繭又命然後得服。然則不詔入蠶室者。即畢生不得服其服矣。又何皆從男子之有哉。

禮記通釋卷三十九

王環戴禮

玉藻。

凡侍於君紳垂足如履齊頤霤垂拱視下而聽上視帶以及袷聽鄉任左。鄭注紳垂則磬折也。齊裳下緝也。袷交領也。孔疏此論人臣侍君之儀。凡者臣無貴賤皆然。紳大帶也。身直則帶倚。磬折則帶垂。身折則裳前下緝委地。故行則足恆如踐履裳下也。霤屋簷。身俯故頭臨前。垂頤如屋霤。拱沓手也。身俯則宜手沓而下垂也。視高則敖。故下矚也。聽尊者語宜諦聽。故仰頭而面嚮上以聽之也。袷交領也。視君之法。下不過帶。高不過袷。故曲禮云。凡視上於面則敖。下於帶則憂是也。鄭注少儀曰。立者尊右。則坐者尊左也。侍君之時。君坐。故侍者在右。是以聽鄉皆以左爲任也。陸氏佃曰。鄉目所向。右耳目不如左明。亦左無爲之地。義疏云。人之耳目本平。頭俯則見其目卑而耳高。視下而聽上矣。孔反謂仰面非也。禮案此立侍君之禮也。曲禮下曰。立則磬折垂佩。此云紳垂。互文也。凡君召以三節。二節以走。一節以趨。在官不俟屨。在外不俟車。鄭注節所以明信輔君命也。使臣急則持二。緩則持一。周禮曰。鎭圭以徵守。其餘未聞也。今漢使者擁節。趨君命也。必有執授之者。官謂朝廷治事處也。孔疏節以玉爲之。所以明信輔於君命者也。君使使召臣。有二節時。有一節時。故合云三也。隨事緩急。急則二節。臣故走也。緩則一節。臣故趨也。在外謂其室及官府也。在官近。不須車。故言屨。在外遠。故云車。周禮典瑞徵召守國諸侯以鎭圭召之。漢時使人持節召之。方氏慤曰。孟子言旌以招大夫。旂以招士。皮冠以招虞人。皆召以節之義也。言官以知外之爲私。言外以知官之爲內。禮案周禮秋官小行人掌達天下之六節。山國用虎節。土國用人節。澤國用龍節。皆以金爲之。道路用旌節。門關用符節。都鄙用管節。皆以竹爲之。疾行曰趨。疾趨曰走。不俟屨。不俟車。猶詩齊風自公召之顛倒裳衣。蓋狀其急君命耳。非眞有其事也。禮未有跣足入朝者。且車行疾於徒步。若在外道遠。尤非徒行所能及也。士於大夫不敢拜迎而拜送。士於尊者先拜進面答之拜則走。鄭注禮不敵。始來拜則士辟也。士往見卿大夫。卿大夫出迎答拜。亦辟也。孔疏此明士於尊者之法。大夫詣士。禮既不敵。故士不敢迎而先拜。大夫雖拜。士則辟之。而拜送者。案儀禮鄉射。鄉飲酒。公食。聘禮。但是主人送賓。皆再拜。賓不答拜。鄭注云。禮有終故也。士往詣卿大夫。卽先於門外拜之。拜竟乃進面親相見也。若大夫出迎而答拜於士。則士走辟之也。輔氏廣曰。拜迎則勞尊者之答己。拜送則盡己之敬。方氏慤曰。尊者則不必大夫。凡在己上者皆是也。先拜進面者。先拜於門。然後進相見也。孫氏希旦曰。曲禮大夫士相見。雖貴賤不敵。主人敬客則先拜客。客敬主人則先拜主人。然則士於大夫非不拜也。特不敢迎而拜耳。蓋拜迎者敵者之禮。士於大夫先拜進面者。此皆謂尋常相見。若始相見。則士相見禮云。若先生異爵者。請見之則辭。辭不得命。則曰某無以見。辭不得命。請走見。先見之。則迎於門外矣。又曰。士於大夫終辭其贄。於其入也。一拜其辱也。則大夫先拜辱矣。禮案：曲禮上云：同國始相見，主人拜其辱。然則此士見大夫，大夫見士，非始相見，或始相見，而非同國乎？走人謂旋辟，辟拜也。

士於君所言，大夫沒矣，則稱謚若字，名士。與大夫言，名士，字大夫。

鄭注：君所，大夫存亦名。孔疏：此論士於君及大夫之所言羣臣之法。君前臣名。若大夫生，則士呼其名。大夫沒，而士於君前言，則稱謚，無謚則稱字。士賤，雖已死，猶呼其名。士與大夫言及他大夫士，則士呼名，大夫呼字。若大夫士卒，則字士，謚大夫。方氏慤曰：沒，死也。以生若浮，則死爲沒矣。陸氏佃曰：春秋書孔父、夷伯，此沒矣則稱字之證也。孫氏希旦曰：大夫五十而受爵命，死乃有謚。禮案：謚由君錫，故大夫死後，於君前而稱其謚。微猶士也，卽大夫於君前稱其既沒之大夫，亦稱謚也。

於大夫所，有公諱，無私諱。凡祭不諱，廟中不諱，教學臨文不諱。

鄭注：公諱，若言語所辟，先君之名。祭謂祝嘏之辭中有先君之名者也。凡祭祭羣神，廟中上不諱下。教學臨文不諱，爲惑未知者。孔疏：此論諱與不諱之法。士及大夫言，但諱君家，不自私諱父母也。庾云：敬大夫，故不重敬。祭社稷山川百神，祝嘏辭中有先君之名，不諱之也。廟中有事於祖，則不諱父；有事於父，則諱祖。教學謂師長也，若諱，疑誤後生也。臨文謂簡牒及讀法律之事，諱則失於事正。方氏慤曰：此與曲禮所言，文雖小異，而義則一也。凡祭則廟中在其間矣，而重言之者，廟中上不諱下，與凡祭異也。范氏鎮曰：自士於大夫止臨文不諱，論士大夫交際與名諱之法。周人以諱事神，名終將諱之。然君所無私諱，廟中不諱，而義達於上下，貫於幽明矣。教學臨文，豈可以一日之避就，而失萬世之經哉？禮案：此之言諱，因上文稱謚而連類及之也。解並見曲禮上。

古之君子必佩玉，右徵角，左宮羽，趨以采齊，行以肆夏，周還中規，折還中矩，進而揖之，退而揚之，然後玉鏘鳴也。故君子在車，則聞鸞和之聲，行則鳴佩玉，是以非辟之心無自入也。

鄭注：佩玉比德焉。君子士已上。徵角宮羽，玉聲所中也。徵角在右，事也，民也，可以勞。宮羽在左，君也，物也，宜逸。采齊，路門外之樂節。至應門謂之趨。齊當爲楚薺之薺。肆夏，登堂之樂節。周還，反行也，宜圜。折還，曲行也，宜方。揖之謂小俛，見於前也。揚之謂小仰，見於後也。鏘，聲貌。鸞在衡，和在式。自，由也。孔疏：此明佩玉之事。案詩秦風云：言念君子，溫其如玉。是玉以比德。下文云天子佩白玉，下至士，是君子含士以上。玉聲中徵角宮羽者，案樂記角爲民，徵爲事，事須作而成，民則供上役使，故可勞而在右。樂記云：宮爲君，羽爲物。君宜靜而無爲，物宜積聚，故在左，所以逸也。路寢門內至堂謂之行，行時歌肆夏之樂。案釋宮：宮中謂之時，堂上謂之行，堂下謂之步，門外謂之趨。反行謂到行，假令從北嚮南，或從南嚮北。曲行謂屈曲而行，假令從北嚮南行，曲折而東嚮也。揖，俯也。若行前進，則身恆小俯俛也。揚，仰也。欲退還行，則身微仰也。若進俯退仰，然後佩離身而直，行搖動，佩自擊，所以玉聲得鏘鏘而鳴也。君子恆聞鸞和佩玉之正聲，是以非類邪辟之心無由入身也。朱子熹曰：周旋是直去卻回來，其回轉處欲其圜如規也。折旋是去了復橫去，如曲尺相似，其橫轉處欲其方如矩也。吳氏澄曰：林鍾爲徵，陰聲之首，故居右，而角與徵近，故以是徵配角。黃鍾爲宮，陽聲之始，故居左，而羽與宮近，故以羽配宮。無商聲者，周樂不用商調也。萬氏斯大曰：徵角宮羽，言佩玉之制，有厚薄之分，故其聲有清濁之異。玉厚則聲濁，玉厚薄中則聲清濁中，玉最薄則聲至清。玉既合乎宮徵，而君子之趨行進退皆有節，故衝牙觸佩，自然鏘鳴中律。孫氏希旦曰：徵角宮羽，謂左右兩璜之聲所中也。凡以律均鍾者，倍而又半。磬氏疏樂云，磬前長三律，後長二律，蓋謂黃鍾之磬。此以律均磬之法也。佩玉四聲，亦必其大小長短厚薄之不同，但不可考耳。禮案：韻會，左右步俱舉爲行。鸞，鈴也。古今注云：玉輅衡上金雀，若朱鳥也。口銜鈴，鈴謂士鑾，或謂之鸞。毛傳詩小雅云：在軾曰和，在鑣曰鸞。白虎通云：其聲鳴曰和，敬舒則鳴，疾則失音。尚書大傳云：天子將出，則撞黃鍾，右五鐘皆應。馬鳴中律，步者皆有容，駕者皆有文，御者皆有數，步者中規，折還中矩，立則磬折，拱則抱鼓，然後大師奏登車，告出也。入則撞蕤賓，左五鐘皆應，以治額貌。額貌得則氣得，氣得則肌膚安，肌膚安則色齊矣。大戴保傅曰：居則習禮文，行則鳴佩玉，升車則聞和鸞之聲，是以非辟之心無自入也。在衡爲鸞，在軾爲和，馬動而鸞鳴，鸞鳴而和應，聲曰和，和則敬，此御之節也。上車以和鸞爲節，下車以珮玉爲度，行以采茨，趨以肆夏，步環中規，折還中矩，進則揖之，退則揚之，然後玉鏘鳴也。

君在不佩玉。左結佩。右設佩。居則設佩。朝則結佩。齊則綪結佩而爵韠。鄭注：謂世子也。出所處而君在焉，則去德佩而設事佩，辟德而示卽事也。結其左者，若於事有未能也。結諸結其綬，不使鳴焉。居謂所處，而君不在焉。朝於君，亦結左。綪屈也。結又屈之，恩神靈不在事也。爵韠者，齊服玄端。孔疏：知謂世子者，以臣之對君，則恆佩玉，故下云"君子無故，玉不去身"。今云君在不佩玉，故知非臣下也。云"出所處而君在也"者，以下文"朝則結佩"，謂朝時，明此君在非朝處也。云"去德佩"者，謂結玉佩，不使鳴，非謂全去也。事佩者，犬觿木燧之屬。以辟德不敢當，故去德佩而示有勞役之事，以奉上，故設事佩。皆謂世子。齊則綪結佩，此總包凡應佩玉之人。結謂結其綬，而又屈上之也。爵韠，謂士玄端齊，故爵韋爲韠。而熊氏、皇氏並謂諸侯以下皆玄端齊，而以爵韋爲韠，同士禮，以狐故不用朱韠素韠也。陳氏祥道曰：此經鄭以世子之禮是也。臣於君所，佩必垂委，而朝必鳴玉，是與世子之禮異也。齊所以致精明之德，佩既結矣，又從而屈之，不以徵角宮羽之聲散其志也。儀禮之陳服器，有順有縪，順則直，縪則屈。禮案：此若世子之禮，上似有脫文。注以君在不佩玉，故知爲世子也。論語云"去喪無所不佩"，蓋君大夫士一也。又下云世子佩瑜玉，則君在當佩用以供指使，故不佩玉也。內則篇子事父母，左右佩用，未云佩玉，則世子可知矣。若非左右侍養，則無所不佩玉，故曰居則設佩，朝則結佩也。

凡帶必有佩玉，唯喪否。佩玉有衝牙。君子無故，玉不去身，君子於玉比德焉。鄭注：喪主於哀，去飾也。凡謂天子以至士。衝牙居中央，以前後觸也。故謂喪與災眚。孔疏：凡佩玉必上繫於衝，下垂二道，穿以蠙珠，下端前後以縣於璜，中央下端縣以衝牙，動則衝牙前後觸璜而爲聲。所觸之玉，其形似牙，故曰衝牙。皇氏謂衝居中央，牙是外畔兩邊之璜，以衝牙爲二物。鄭何得云牙居中央，以爲前後觸也。朱氏熹曰：佩玉上橫曰珩，下繫三組，貫以蠙珠，中組之半貫一大珠曰瑀，末縣一玉，兩端皆銳，曰衝牙。兩旁組半各縣一玉，長博而方，曰琚。其末各縣一玉，如半璧而內向，曰璜。又以兩組貫珠，上繫珩兩端，交貫於瑀，而下繫於兩璜。行則衝牙觸璜而有聲也。方氏慤曰：帶以約身，玉以比德，故帶必有佩玉。唯喪否，以自貶損故也。且佩有珩璜琚瑀。而此止言衡牙者。吉凶悔吝。皆生乎動。動則不能無害。夫佩所以節行也。故其名如此。禮案白虎通引玉度記曰。玉者有象君子之德。燥不輕。溼不重。薄不澆。廉不傷。疵不掩。是以人君寶之。**天子佩白玉而玄組綬。公侯佩山玄玉而朱組綬。大夫佩水蒼玉而純組綬。世子佩瑜玉而綦組綬。士佩瓀玟而縕組綬。孔子佩象環五寸而綦組綬。**鄭注。玉有山玄水蒼者。視之文色所似也。綬者所以貫佩玉。相承受者也。純當爲緇。古文緇字或作絲旁才。綦文雜色也。縕赤黃。孔子謙不比德。亦不事也。象有文理者也。環取可循而無窮。孔疏。玉色似山之玄而雜有文。似水之蒼而雜有文。故云文色所似。但尊者玉色純。公侯以下。玉色漸雜。而世子及士唯論玉質。不明玉色。則玉色不定也。瑜是玉之美者。故世子佩之。承上天子諸侯。則世子天子諸侯之子也。然諸侯世子雖佩瑜玉。亦應降殺天子世子也。瓀玟石次玉者。賤。故士佩之。鄭以經云玄組朱組者是色。則純亦是色也。故讀純爲緇。顧命綦弁注云。綦青黑色。鄭風綦巾注云。綦蒼艾色。是綦爲雜色也。佩象環者。象牙有文理。文教所循環無窮也。五寸法五行成物也。孫氏希旦曰。爾雅曰。肉好若一謂之環。環玦之屬。古人所常佩。故晉獻公賜大子申生以金玦。叔孫穆叔之子孟丙見於公。公與之環。而佩之。經解云。行步則有環佩之聲。取節於五寸者。亦大小之度宜然耳。禮案天子佩白玉。象德之純。絜貫以玄組綬。法天之正色也。盧注大戴保傅云。玭珠而赤者曰琚。白者曰瑀。三禮圖衡牙以蒼珠爲瑀。然則佩玉之珠。各有一定之色。此云白玉玄玉蒼玉者。蓋以雙衡之色分尊卑也。山玄水蒼。卽上文幽衡葱衡是也。玉以白色爲正。瑜與瓀玟不言色。蓋亦白也。前漢禮樂志象載瑜白集西。是瑜玉白也。天子之子猶士。則士瓀玟亦白可知。故異其質。所以辨貴賤也。**童子之節也。緇布衣錦緣。錦紳幷紐。錦束髮。皆朱錦也。**鄭注。童子未冠之稱也。冠禮曰。將冠者采衣紒也。孔疏。此一節論童子之儀。唯有肆束及帶一經廁在其間。童子之節謂童稚之子未成人之禮節。用緇布爲衣。尚質故也。用錦爲衣緣紳帶。幷約帶之紐。皆用錦爲總。束髮之錦。皆用朱色。童子尚華。示將成人有文德。一云質之義也。方氏慤曰。始生而蒙。故布以緇。含德未發。故錦以朱。孫氏希旦曰。童子之衣有緣。曲禮云。兩手摳衣去齊尺。是又有齊。則童子之衣。深衣之制也。深衣用白布緣以繢及青。今童子用緇爲深衣。用錦爲緣。皆異於成人也。弟子縞帶。則弟子之帶以縞。而辟其紳以錦。與士之率下辟同也。童子錦紳而錦紐。則凡帶紐之所用與辟同也。禮案節制也。童子之不衣裘裳。不帛襦袴。故衣以緇布。而用錦爲緣者。內質朴而外文明也。曲禮上曰。童子冠衣不準素。故錦紳幷紐。及束髮之總皆朱錦也。**肆束及帶。勤者有事則收之。走則擁之。**鄭注。肆讀爲肄。肄餘也。餘束約組之餘組也。勤謂執勞辱之事也。此亦亂脫在是。宜承無箴功。孔疏謂約束帶之餘組。及帶之垂者。若當有事之時。則收斂之。事之切迫。身須趨走。則擁抱之。收謂斂持在手。擁謂抱之於懷。陳氏祥道曰。肆伸之也。束組紐也。伸束及帶。所以爲容。有事則收之。走則擁之。所以便事。陸氏佃曰。此宜在此。非脫亂也。肆讀如字。言以朱錦束髮。肆之使至帶也。禮案玉篇肆放也。無事則垂以爲飾。手執業則收之。便於操作也。走則擁之。便於奔趨也。**童子不裘不帛不屨**

絇。無緦服。聽事不麻。無事則立主人之北。南面。見先生。從入而入。鄭注皆爲幼少。不備禮也。雖不服緦。猶免。深衣無麻。往給事也。裘帛大溫。傷壯氣。絇屨頭飾也。孔疏不裘帛。爲大溫也。不絇屨。不盡飾也。童子唯當室與族人爲禮。有恩相接之義。故遂服本服之緦耳。不當室。則情不能至緦。故不服也。雖不緦。猶著免。深衣無絰。以往給事緦裘。使役也。不當室。鄭注猶免者。謂未成服而來也。問喪云。不當室。不免者。謂成服之後也。主人喪主也。此童子來聽使。若有事。則使之。若無事時在旁。謂在主人之北南面而立。先生師也。童子不能獨爲禮。若往見師。則隨成人而入也。陳氏祥道曰。夫童者未有知。未有與也。禮常略而不詳。故名而不字。紒而不冠。見先生。則從人而入。遭先生於道。則拱手而立。摯則委而不授。坐則隅而不正。喪則不哀。不踊不杖。不菲不廬。豈特無緦服。聽事不麻而已哉。方氏慤曰。不絇屨。未拘之以行戒也。范氏鎮曰。童子之節。先王制禮。以其幼也。未以成人責之。然爲童子之自處者卑下。以未可與已成人之禮也。辭孫禮之端。少成習慣。無幼而不孫弟之悔矣。講義曰。從人而入。不敢獨勞長者。與爲禮也。王氏引之曰。鄭注論語。引此立主人之北南面。作立主人之南北面。家大人曰。童子聽事。不當南面而立。作北面者是。特牲饋食禮記云。佐食無事。則中庭北面。禮案鄭注儀禮士冠禮云。絇之言拘也。以爲行戒。狀如刀衣。鼻在屨頭。聽事不麻。以幼未能更事。特聽人指使而已。夫戚容所以稱其服。不能致哀。故不麻也。

侍食於先生異爵者。後祭先飯。客祭。主人辭曰不足祭也。客飱。主人辭以疏。主人自致其醬。則客自徹之。一室之人。非賓客。一人徹。壹食之人。一人徹。凡燕食婦人不徹。鄭注先飲謙也。祭者盛主人之饌也。飱者美主人之食也。疏之言粗也。客自徹。敬主人也。徹奠於序端。一室同事合居者也。賓客則各徹其饌也。壹猶聚也。爲赴事聚食也。婦人質。不備禮。孔疏此論侍食。及徹饌之節。侍食於先生。及異爵者。此謂凡成人禮。異爵謂尊於己者。饌不爲己。故後祭先飯。示爲尊者嘗食也。客飱主人之饌具。故祭之主人致辭云。不足祭。謂疏食不足備禮也。客飱者。若食竟。作三飯飱也。主人見客飱。而致辭云。粗食傷客。不足致飽。若欲使更食然也。主人敬客。自置其醬。則客宜報敬。故自徹之。曲禮主人親饋是也。同事而合居一室。既無的賓主。故必少者一人徹饌。壹食謂赴事壹聚共食。則亦不人人徹。亦推一人徹也。婦人不徹者。緣男子有徹義。故明婦人禮也。陸氏佃曰。一食若今言同盤矣。一一而已。壹合而爲一也。應氏鏞曰。君子之爲禮。非無左右給使之可役。而賓主必以身爲禮者。貴其誠。而不敢趨其便且安也。輔氏廣曰。徹亦徹醬也。曲禮卒食。客自前跪。徹飯齊。以授相者。鄭云齊醬屬也。郝氏懿行曰。案方氏苞據特牲饋食。及周官內宗云云。婦人非不徹。此不徹者。不敢以煩女賓耳。禮案曲禮上云。主人延客祭。此言主人辭客祭。意者彼係禮食。此係燕食乎。詩小雅請宰君婦。廢徹不遲。是祭祀婦人亦徹也。內則曰。非祭非喪。不相授器。此疑燕食。所以婦人不徹。不與男僕相授受故乎。注疏謂質不備禮。非也。

食棗桃李。弗致於核。瓜祭上環。食中棄所操。凡食果實者。後君子。火孰者。先君子。鄭注弗致於核。恭也。上環頭忖也。果實陰陽所成。非人事也。火孰備火齊不得也。孔疏此明食果懷核。不置於地。食瓜亦祭先也。懷者橫斷。形如環也。斷則有上下環。上環是疐。下環是脫華處也。祭時取上環。而食中也。操謂手所持者。棄之不食。忖切。謂切瓜頭。切去疐。此庶人法也。後君子者。果實不得先嘗也。火孰和調。是人之所爲。恐和齊不備。故先於君子而嘗之。方氏愨曰。弗致於核。曲禮所謂賜果於君前。其有核者懷其核是也。瓜中虛而外實。橫斷之則若環然。上環以祭。中以食。言上中。則所操者下也。曲禮言削瓜。於士曰疐之。卽棄所操也。自然之味。以先食爲新。故後君子而餕焉。使然之味。以後食爲慎。故先君子而嘗焉。周官膳夫品嘗食。王乃食。而不及果實者。亦此意。禮案。凡瓜屬脫華處味甘。近蔕處味劣。此云上環。蓋瓜之脫華處也。棄所操。卽棄其蔕也。果實不止於棗桃李瓜。言此四者。舉其凡也。凡食果實。擇成孰者味美。先進君子。敬也。火孰謂烹調之物。卑者必先嘗之。禮也。

有慶。非君賜不賀。有憂者。鄭注。唯君賜爲榮也。有憂者。此下絕亡。非其句也。孔疏。有慶。謂或宗族親戚。燕飲聚會。雖吉不相賀。不足爲榮故也。唯受君之賜爲榮。故相拜賀。故云非君賜不賀也。陸氏佃曰。言有憂者有慶。唯君賜。然後賀。孫氏希旦曰。君賜如孔子生伯魚。而君賜以鯉是也。姜氏兆錫曰。蓋人有憂。雖有可慶不賀。此以親爲重。禮之正也。若有君賜。則雖有憂亦賀。此以君爲重。禮之權也。而不失其正也。凡人無憂患之時。事固有可慶而賀者。而謂非君賜。概無所賀。于理通乎。禮案。陸氏姜氏之說。則有憂者三字。當在有慶之上。誤倒於下耳。有憂而有慶。若妻婦已妊。而當已喪。舉子孫於服內之屬。則丁憂不賀。必有君賜。乃賀也。

勤者有事則收之。走則擁之。鄭注。此補脫重。陸氏佃曰。宜承無箴功。鄭氏補脫重誤矣。禮案。此與上文肆束及帶下二句一字無異。蓋重出之文。非簡錯於此也。

孔子食於季氏。不辭。不食肉而飧。鄭注。以其待已及饌。非禮也。孔疏。凡客將食。興辭。而孔子不辭者。必是季氏進食不合禮也。凡禮食。先食胾。次食殽。乃至肩。至肩則飽。乃飧。孔子在季氏家食。不食肉而仍爲飧者。是季氏饌失禮故也。孫氏希旦曰。孔子於季氏。降等之客也。禮宜執食興辭。今孔子不辭。蓋以季氏失禮故也。禮案。曲禮上曰。主人延客食胾。然後辯殽。季氏必未延其食胾。故孔子不食肉。而遂飯飧卒食也。

君賜車馬。乘以拜賜。衣服。服以拜賜。君未有命。弗敢卽乘服也。君賜。稽首。據掌。致諸地。酒肉之賜。弗再拜。鄭注。乘服以拜。敬君惠也。君未有命。謂卿大夫受賜於天子者。歸必致於其君。君有命。乃服之。致首於地。據掌以左手覆案右手也。酒肉輕也。受重賜者拜受。又拜於其室也。孔疏。此論受君賜之法。賜至則拜。至明日。更乘服所賜往至君所。又拜。重君恩也。弗敢卽乘服。此使臣受賜於王。當歸獻其君。君命與之。則臣乃乘服。若君未命。則不敢乘服。稽首者。頭至地。據。按也。致。至也。謂頭及手俱至地。左手按於右手之上。至地也。酒肉但初賜時拜。至明日不重往拜也。馬氏晞孟曰。衣服庸賜也。是故乘服而再拜。酒肉斯須之賜也。是故有拜而不再。應氏鏞曰。凡君之賜物有命矣。而曰君未有命者。蓋車馬衣服皆視爵命以爲賜。臣聞君命。則必謙遜而致辭。詩所謂受爵不讓。至於已斯亡者。正以受而不辭也。辭焉而又再命之。然後乘服以拜賜也。朱氏彬曰。君未有命。弗敢卽乘服也。陳氏集說舉杜洩葬叔孫一事爲證。彬謂非也。上言君賜車馬衣服。卽賜之乘服者。此雖受賜。未命之卽乘服。故別上文言之。且語意一貫。無由知爲受賜於天子也。孫氏希旦曰。左傳魯叔孫豹受大路之賜於王。及卒杜洩將以路葬。南遺謂季孫曰。叔孫未乘路。將焉用之。蓋叔孫豹受賜歸魯。王無再使乘路之命。故終身不敢乘此。雖受賜於天子之事。受賜於其君者。亦然也。禮案君賜稽首。據掌致諸地。此謂面受君賜者也。故以兩掌捧君賜物。據地而拜也。若如注疏謂。據掌致諸地。乃言拜法。然則一稽首拜。而頭手均已至地。足以盡之矣。何必着此句乎。凡賜君子與小人不同日。鄭注慎於尊卑。孔疏凡賜與君子小人不同日者。慎尊卑之雜也。陳氏祥道曰。故詩勞還率。則歌出車。勞還役則歌杕杜。凡以明貴賤。辨等列也。昔虢公晉侯之朝周。同賜以五穀之玉。君子猶以位之不同爲譏。秦后子楚子干之寓晉也。同食以百人之餼。君子猶以富之不同爲譏。又況君子之與小人乎。周氏諝曰。賜君子以德。與小人以力。賜與均者恩也。不同日者義也。禮案君子謂大夫士。小人謂僕隸之屬。凡獻於君。大夫使宰。士親。皆再拜稽首送之。鄭注敬也。孔疏此論臣獻君賜之義。凡大夫士。有食獻君。大夫尊。恐君拜己之獻。故不自往。而使己膳宰往獻。士賤不嫌君拜。故身自親送。皆再拜稽首者。雖大夫使人。初於家。亦自拜送。而宰將命。及士自送。至於君門。付小臣之時。宰及士。皆再拜而送之也。輔氏廣曰。孔子問人於他邦。猶再拜而送之。況於君乎。物所以將意。不誠無物也。禮案曲禮上云。若使人於君所。則必朝服而命之。使者反則必下堂而受命。此不言朝服。彼不言再拜者。文互見也。膳於君。有葷桃茢。於大夫去茢。於士去葷。皆造於膳宰。大夫不親拜。爲君之答己也。鄭注膳。美食也。葷桃茢。辟凶邪也。大夫用葷桃。士桃而已。葷薑及辛菜也。茢菼帚也。造於膳宰。既致命。而授之。葷或作焄。大夫不觀拜。不敢變動至尊。孔疏天子諸侯之臣。獻孰食於君。恐邪氣干犯。故用辟凶邪之物覆之。葷爲薑之屬。桃桃枝也。列菼帚也。大夫之臣。以食獻大夫。降於正君。除去茢。士之臣吏。以食獻士。又去葷。皆皆於君大夫也。造至也。膳宰主飲食。官獻孰食者。操醬齊。以致命。致命竟。而以所獻之食。悉付主人之食官也。大夫不親拜。爲君之答己者。解所以不自獻義也。自獻則屈動君。答拜己也。陳氏祥道曰。膳於君。大夫士者。致福之膳也。非致福之膳。則無事於桃茢。孫氏希旦曰。少儀曰。爲己祭。而致膳於君子曰膳。用葷桃茢者。以其爲鬼神之餘。恐有不祥之干也。造猶內也。膳宰膳夫也。周禮膳夫。受致福者。而膳之。祭僕凡祭祀致福者。展而受之。造於膳宰。禮案大夫不親拜。不親獻也。上文凡獻於君大夫使宰。此膳於君。不言使宰。以文見上也。記者恐人或誤以膳不使人。則親獻與。故又言不親拜。以明之。大夫拜賜而退。士待諾而退。又拜。弗答拜。鄭注小臣受大夫之拜。復以入告。大夫拜便辟也。孔疏此明尊卑受賜。拜謝之禮。大夫往拜。至於門外。告君之小臣。小臣受其辭。入以白君。大夫乃拜。拜竟則退。不待報。恐君召進答己也。士待諾而退者。君不拜士。士故於外拜。拜竟又待小臣。傳君之報。諾出以退。士又拜君之諸報也。弗答拜者。謂君不答士拜也。孫氏希旦曰。鄭知小臣入告君者。以周禮小臣掌王之小命。掌三公孤卿之復逆。故知諸侯。亦謂小臣掌羣臣之復逆也。禮案君弗答士拜。本國之士也。若異國。亦答拜也。曲禮上曰。君於士。不答拜也。非其臣。則答拜之是也。不大夫親賜士。士拜受。又拜於其室。衣服弗服以拜。敵者不在。拜是其室。鄭注異於君惠也。拜受。又就拜於其家。是所謂再拜也。敵者謂來賜時不見也。見則不復往也。孔疏大夫親賜士。士初亦拜受。又往彼家拜也。得君賜服。服以拜。大夫輕。故不服其所賜。而往拜也。前云酒肉之賜。弗再拜。此非酒肉。故再拜也。敵者相膳。既已拜受。則不復往彼家拜也。若獻時。主人不在。留物置家。主人還。必往彼家拜謝也。若朋友則論語云。朋友之饋。非祭肉。雖車馬不拜。馬氏晞孟曰。又拜於其室。拜親賜而已。孫氏希旦曰。敵者來饋。己不在家拜受。則明日當往拜。若孔子於陽貨。蒸豚之饋是也。禮案大夫親賜士。則之士家。當面賜之。故士拜受訖。仍雖往拜其室。答其辱也。若士至大夫家。而大夫賜之。則已拜受。不必再往拜也。衣服弗服以往。所以臣辟國君之禮也。凡於尊者有獻。而弗敢以聞。鄭注此謂獻辭也。少儀曰。君將適他。臣若致金玉貨貝於君。則曰致馬資於有司。是其類也。孔疏凡謂賤者也。謂臣有獻於君。士有獻於大夫。其辭不敢云獻聞於尊者。但當云。致馬資於有司。及贈從者之屬。徐氏師曾曰。弗敢以聞。卽造於膳宰之義。禮案非弗敢聞也。不敢徑達而已矣。夫君子於其所尊。大事猶不敢質。而由擯介傳言。況於饋獻之細故乎。

士於大夫不承賀。下大夫於上大夫承賀。鄭注承受也。士有慶事。不聽大夫親來賀。已不敢變動尊也。孔疏士於大夫。不承賀者。不受賀也。下大夫於上大夫。承賀者。尊卑近故也。禮案士於大夫不承賀。猶臣之辟君拜也。親在行禮於人稱父。人或賜之則稱父拜之。鄭注事統於尊。方氏慤曰。行禮於人不稱父。不敢私交也。人或賜之。稱父拜之。不敢私受也。禮案行禮稱父所命。不敢有其身也。拜賜稱父。不敢有其財也。大戴曾子本孝曰。孝子之使人也。不敢肆行。不敢自專也。禮不盛。服不充。故大裘不裼。乘路車不式。鄭注禮盛者服充。大事不崇曲敬。不裼不式。謂祭天也。周禮王祀昊天上帝。則服大裘而冕。乘玉路。或曰乘兵車不式。孔疏此明禮盛者。不崇小敬。充猶襲也。服襲是充美於內。唯盛禮乃然。聘及城玉龜皆襲。爲盛禮故也。故郊禮服大裘。則無別衣裼之。是禮盛服充。不見美也。路車謂玉輅。郊天車過闕不式。亦是禮盛。不爲曲敬也。范氏鎮曰。至敬無文。大禮必簡。固也。不曰充盛。而曰不盛。不充。此意在言外。當反而求之。故孔子曰。禮未盛。則不充其服焉。孫氏希旦曰。大裘不裼者。外襲龍衮也。萬氏斯大曰。路車卽郊特牲所謂素車。卽不路也。禮案此節與上下之言孝親義不相屬。疑在上文服之裼也。弗敢充也下。笏天子以球玉上。簡錯在此耳。

父命呼。唯而不諾。手執業則投之。食在口則吐之。走而不趨。親老出不易方。復不過時。鄭注至敬。不易方。不過時。不可以憂父母也。易方爲其不信己所處也。復反也。孔疏此明子事親之禮。父命呼。父召子也。命謂遣人呼。非謂自喚也。應之以唯而不稱諾。唯恭於諾也。急趨父命。故投業吐食也。趨疾趨。但急走往。而不暇疾趨也。方常也。若啓往甲。則不得往乙。若覓不見。則老人易憂愁也。復還也。假且啓云。日中還。不得過中。此云老者。若未老。亦許易方過期也。論語云。父母在。不遠遊。遊必有方。亦當謂老者也。方氏慤曰。出不易方。有定所也。復不過時。無愆期也。禮案若有軍國重事。而易方過時者。亦必使人告知父母。以安其心。便有急事。可以命歸也。親癠。色容不盛。此孝子之疏節也。父沒而不能讀父之書。手澤存焉耳。母沒而杯圈不能飲焉。口澤之氣存焉爾。鄭注疏節言非至孝也。癠病也。王季有疾。文王色憂。行不能正履。手澤口澤。孝子見親之器物。哀惻不忍用也。圈屈木所為。卮匜之屬。孔疏癠謂父母病也。孝子當憂愁危懼。行不能正履。今唯色容不充盛而已。乃孝子疏簡之節。言孝心不篤也。手澤謂父平生所持手之潤澤在焉。口澤謂母平生口飲潤澤之氣在焉。故不忍用之。書是男子之所有。故父言書。杯圈是婦人所用。故母言杯圈。范氏鎮曰。致愛則存。致慤則著。思其居處。思其所嗜。親物動心。有不忍焉。此終身不能忘。沒而致其思也。禮案色容不盛。即文王世子記不滿容也。說文疏通也。疏節猶言通禮。蓋親癠而致憂。固無貴賤一也。人子之所有。何莫非親之所遺。而此謂不能讀。不能飲者。言其孝思不匱。感物思親耳。非果置書不讀。置器不用也。君入門。介拂闑。大夫中棖與闑之間。士介拂棖。賓入不中門。不履閾。公事自闑西。私事自闑東。鄭注此謂兩君相見也。棖門楔也。君入必中門。上介夾闑。大夫介士介雁行於後。示不相沿也。君若迎聘客。擯者亦然。賓入不中門。辟尊者所從也。此謂聘客也。閾門限。公事聘享也。私事覿面也。孔疏此明兩君朝聘。卿大夫入門之儀。入門謂入大門。介謂上介。稍近君。故拂闑。大夫之介。微遠於闑。故當棖與闑之間。士介卑。去闑遠。故拂棖。闑謂門中央所豎短本也。棖謂門之兩旁長木也。介者副也。前明朝。此明聘也。賓入謂足不履踐門限之上也。聘享是奉君命而行。故謂之公事。自闑西。用賓禮也。私覿私面。非行君命。故謂之私事。自闑東者。從臣禮。示將為主君之臣也。朱子熹曰。案此云門只有一闑。賈氏儀禮疏云門有二闑。故中門之處。及君與賓介行之次第。皆有不同。未知孰是。焦氏循曰。曲禮不踐閾。正義云。出入不得踐履門限。一則自高。二則不淨。此最可疑。無論宮門之尊。即士庶之家。出入者甯有踐於閾上之事。樂師注云。王如有車出之事。登車於大寢西階之前。反降於阼階之前。然則門有車行。則閾不得置。今官署門限。每日必徹去。以通人行。何至不俟其徹去。而踐履之。嘗思其故。此記鄭以不履閾屬賓入不中門。賈下注云辟尊者所從。則不獨中門而此閾亦尊者所從。蓋閾與門限有別。掩兩扉則用門限。投於兩棖而不設闑。啓兩扉則除去門限而設兩闑。即連於閾上。惟不入中門。故不履此閾。此中門之閾。惟君出入履之。亦惟鄰國之君來出入履之。不獨本國之臣不履此閾。即來聘之客亦不敢履此閾。故下申言云。公事自闑西。私事自闑東。闑東闑西無閾。則由之。兩闑之間有閾。則不敢踐履。所謂辟尊者之所從也。萬氏斯大曰。聘禮聘享時。賓介皆入門左。此公事自闑西也。及行私覿。賓入門右。擯者辭。乃入門左。介亦然。是私事不皆自闑東也。禮特言其初耳。禮案曲禮上云。大夫士出入公門。由闑右。而此疏云。闑東從臣禮者。蓋以賓自外來。據入言也。入由闑東。則出由闑西矣。西即右。東即左也。君與尸行接武。大夫繼武。士中武。徐趨皆用是。疾趨則欲發。而手足毋移。圈豚行不舉足。齊如流。席上亦然。端行頤霤如矢。弁行剡剡起屨。執龜玉。舉前曳踵。蹜蹜如也。鄭注接武。尊者尚徐。蹈半迹。繼武。迹相及也。中武。迹間容迹。君大夫士之徐行也。皆如與尸之行迹也。疾趨謂直行也。疏數自若。發謂起屨也。移之言若有所循。不舉足曳踵。則衣之齊如水之流矣。孔子執圭則然。此徐趨也。席上尊處，亦尚徐也。端行，弁行。此疾趨也。端，直也。頤或為霤也。舉前曳踵，著徐趨之事。孔疏：此明行步徐疾之儀。忍天子諸侯也。武，迹也。二足相躡，每蹈於半，末得各自成迹，故云接武。尊者徐舒遲，故君及尸並步遲狹。大夫漸卑，故與尸行步稍廣速也。中猶間也，每徙足間容一尺地，乃躡之。士極卑，故及尸行步極廣也。徐趨，遲行也。疾趨，謂速行時發起也。欲履頭恆起，無復繼接之異，而手足猶宜直立，不得邪低搖動也。圈豚行，釋上徐趨之形。豚，豬也。言徐趨法，曳轉足循地而行也。不舉足，謂足不離地。齊，裳下緝也。足既不舉，身又俯折，則裳下委地，曳足如水流狀也。在席上未坐，其行亦如是。圈豚行，齊如流也。頤霤如矢，覆上疾趨之節。端行，謂直身而行。行疾身乃小折，而頭直俯臨前，頤如屋霤之垂也。矢，箭也。身趨前進，不邪如箭也。弁，急也。剡剡，身起貌。急行欲速而身履恆起也。執龜玉，舉前曳踵者，謂初舉足前，後曳足後跟，行不離地，縮縮如也。言舉足狹數。方氏愨曰：剡剡則如火之趨上，固異乎流之趨下矣。舉前曳踵，與曲禮言行不舉足，車輪曳踵同義。縮縮有難進之意，論語所謂足縮縮如有循是也。陸氏佃曰：圈言雖舉趾稍高，尚循徐趨，不圈域之內。豚俯其首。豚行，蓋言冕行。知然者，以端行謂服玄端而行，弁行謂服爵弁皮弁而行。方氏苞曰：主人無與尸同行之禮，此言君至尊，尸象先君亦至尊，故在廟之接武同。大夫士則各有差等耳。姜氏宸英曰：君與尸行接武，大夫繼武，士中武。徐趨皆用是。疾趨則欲發而手足毋移。徐趨對下疾趨，則趨猶行也。言徐趨，君大夫士皆宜依此禮而行之。若疾趨，則不必以接武繼武中武為拘，而手足則不可改其常耳。注解徐趨為或徐或疾，則於疾趨說不去。洪氏頤煊曰：案移，古通作侈。侈，張也。禮案：豚行則俯首，人行轉折處首或返顧，故圈行必若豚，斯敬恭無失矣。賈子容經曰：行以微磬之容，臂不搖掉，肩不下上，身似不則，從容而任；趨以微磬之容，飄然翼然，肩狀若沭，足如射箭。即此之所謂如矢也。

凡行容惕惕。廟中齊齊。朝廷濟濟翔翔。

鄭注：惕惕，直疾貌也。凡行，謂道路也。齊齊，恭愨貌也。濟濟翔翔，莊敬貌也。孔疏：道路雖速疾，又不忘貌於直，故其容直而疾也。廟中以對神，不敢舒散，故貌恭愨齊齊然。朝廷濟濟，有威儀矜莊也。翔翔，行而張拱也。郝氏懿行曰：揚子方言云：惕，遊也。則惕惕當是舒散之貌，蓋行於道路，無與為禮也。齊齊，整齊也。詩云：既齊既稷。禮案：此即賈子容經所云朝廷之容師師然翼翼然，整以敬；祭祀之容遂遂然粥粥然，敬以婉是也。

君子之容舒遲。見所尊者齊遫。足容重。手容恭。目容端。口容止。聲容靜。頭容直。氣容肅。立容德。色容莊。坐如尸。

鄭注：見所尊者，謙愨貌也。遫猶蹙蹙也。重，舉欲遲也。恭，高且正也。端，不睇視也。止，不妄動也。靜，不噦欬也。直，不傾顧也。肅，似不息也。德，如有予也。莊，勃如戰色。尸居神位，敬慎也。孔疏：此明君子動止之儀。手足口目之節，舒遲閒雅也。雖尋常舒遲，若見所尊之人，則齊遫。齊謂齊齊，遫謂蹙蹙，言自斂持迫促，不敢自寬奢也。目容宜端正，不邪睇視。德，得也。立則磬折，如人授物與己，己受得之形也。色容欲常矜莊，勃如戰色，不作變動也。方氏愨曰：齊則不舒，遫則不遲。端則無淫視，止則無儳言。聲則不欲其譁，周官置銜枚者以此。頭恐其顛，周禮制側弁者以此。陸氏佃曰：後言燕居，則以上非燕處之容也。孔子曰：居不容。王氏引之曰：舒亦遲也。言君子平日之容舒遲不迫，見所尊者則疾速以承之，唯恐或後也。姜氏兆錫曰：齊讀如夔夔齊慄慄齊。孫氏志祖曰：案德字本有去入二聲。釋文云。德如字得也。徐音置。當以音置爲正。置植古字通。蓋言植立也。俞氏樾曰。定十年左傳曰。步左右皆至。而立如植。是其義也。禮案舒遲即下文燕居之容也。杜注文二年左傳云。齊肅也。遬籀文速字。說文疾也。肅則不舒。疾則不遲。則此云見所尊者。蓋天下之達尊三。而非父黨之尊也。故不尚孫順。而主莊肅也。足容重以下。皆是言成人涖事之容也。重謂足毋蹶也。恭謂手毋撥也。目端則無淫視矣。口止似不能言者。靜聲順節也。直毋側聽也。肅屏氣穆如也。德直而不侮也。莊喜怒以物。而色不作也。坐如尸者。望望然而可畏也。國語周語曰。夫君子目以定體。足以從之。是以觀其容。是知其心矣。

燕居告溫溫。鄭注告謂教使也。詩云。溫溫恭人。孔疏燕居謂私燕所居也。色尚和善。教人使人之時。唯須溫溫。不欲嚴㯹。姜氏兆錫曰。或疑告當爲容。與下祭喪戎等容義類相通。恐或然也。禮案溫溫猶論語申申夭夭。即之靄然。而可親也。

凡祭容貌顏色如見所祭者。鄭注如覩其人在此。孔疏凡祭謂諸祭也。容貌恭敬。顏色溫和。如似見所祭之人。謂祭如在也。方氏慤曰。孝子之祭也。退而立。如將受命。蓋容貌如見所祭者也。已徹而退。敬齊之色不絕於面。蓋顏色如見所祭者也。禮案此即祭義所云。入室僾然。必有見乎其位。周還出戶。肅然必有聞乎其容聲。出戶而聽。愾然必有聞乎其嘆息之聲。所謂致愛則存。致慤則著也。

喪容纍纍。色容顛顛。視容瞿瞿梅梅。言容繭繭。鄭注纍纍羸憊貌也。顛顛憂思貌也。瞿瞿梅梅不審貌也。繭繭聲氣微也。孔疏此論居喪容貌瘦瘠纍纍然。顛顛顏色不舒暢也。瞿瞿驚遽之貌。梅梅猶微昧也。繭繭猶緜緜。聲氣微細也。講義曰。喪容纍纍。總言之也。色視及言。悉言之也。方氏慤曰。家語言喪家之狗。亦曰纍然者以此。顛顛言其顛毀而不能立也。問喪所謂如壞牆然者以此。繭繭謂憂營於內。而言不能繹也。陸氏佃曰。張則瞿瞿。收則梅梅。經曰。見似目瞿。方氏苞曰。莊子知北遊篇。媒媒晦晦。睡寐之貌也。蓋周時方言有此。而傳寫或作梅。或作媒。禮案顛顛謂專一致哀也。莊子馬蹄篇。至治之世。其行塡塡。其容顛顛。崔注云。專一也。賈子容經曰。喪紀之容。怮然懾然。若不還。喪紀之視。下沵垂網。喪紀之志。漻然㵳然。憂以湫。言若不足。喪紀之言也。

戎容暨暨。言容詻詻。色容厲肅。視容清明。鄭注暨暨果毅貌也。詻詻教令嚴也。厲肅儀形貌也。清明察於事也。孔疏此明戎容果毅剛強之貌。言謂軍旅行教令。宜嚴猛也。厲嚴也。肅威也。軍中以義斷割。故嚴威也。清明謂瞻視之容。須清察明審。講義曰。戎容暨暨。總言之也。言容而下。悉言之也。陸氏佃曰。詻詻各言其意。勝敗擊之。非雷同之時也。厲肅所謂介冑則有不可犯之色。視容清明。臨危事。其容如此。神閑而意定也。吳氏澄曰。喪容之哀。先觀顏色。故色容在先。戎容之嚴。先在號令。故言容在先。禮案周禮地官保氏。養國子以道。教六儀。五曰車旅之容。說苑曰。勃然充滿者。兵革之色。又賈子容經曰。軍旅之志。怫然慍然。精以厲。軍旅之容。湢然肅然。固以猛。軍旅之視。固植虎張。屏氣折聲。軍旅之言也。

立容辨卑無讇。頭頸必中。山立時行。盛氣顛實揚休。玉色。鄭注辨讀爲貶。自貶卑謂磬折也。讇爲傾身以自下也。必中頭容直。山立不搖動也。時行時而後行也。詩云。威儀孔時。顛讀爲闐。揚讀爲陽。聲之誤也。盛身中之氣。使之闐滿。其息若陽氣之體物也。玉色色不變也。孔疏立容謂在軍中立形。常貶損卑退。磬折恭敬。不得驕慠忽略。士卒軍中。尚威武。雖貶退。當有威可畏。無得過爲諂曲。以屈下於人。頭頸必中。不低迴也。若住立。則巍如山之固。樂記云。總干而山立。不動搖也。時行者。觀時而行也。顛。塞也。實。滿也。休。養也。言軍士宜怒其氣。咆勃如盛陽之氣。生養萬物。軍尚嚴肅。故色不變。常如玉也。方氏慤曰。山意言其重如山。而不可移。則守之事也。時行則攻之事也。陸氏佃曰。盛氣顛實。戰勇氣也。振振闐闐。可謂實矣。揚休。對揚王休。是也。玉色時靡有爭。是也。汪氏紱曰。蓋揚字對顛字說。填滿於中。揚發於外。此如充實而有光輝之謂。義疏曰。案立容辨者。賈子誼曰。固頤疑視。平肩正背。端股整足。體不搖肘。是謂經立。因以微磬曰共立。因以磬折曰肅立。因以垂佩曰卑立。經立。天子宜之。共立。國君宜之。肅立。大夫宜之。卑立。士宜之。所當辨也。立至於卑。則易諂。故又戒之。頭頸必中。平肩正背之意。統言之也。下又合行容言之。言人立則靜。行則動。以靜如山之凝。其動如時之運。此必有盛德之氣。闐實於中。故休美之光著揚於外。如玉有溫潤縝密之德。自有孚尹旁達之色。非有意爲之也。禮案。樂記曰。石聲磬。磬以立辨。謂磬折乎。少儀曰。爲人臣下者。有頌而無諂。朝廷之色。恭敬之地。猶然。況戎行之昭果毅者乎。山立若宋史蘇洵傳謂。爲將之道。當先治心。太山覆於前。而色不變。麋鹿興於左。而目不瞬。然後可以待敵是也。時行若風后握機文曰。虛實二壘。皆逐天文氣候。向背山川利害。隨時而行。以正合。以奇勝是也。

凡自稱天子曰予一人。伯曰天子之力臣。諸侯之於天子曰某土之守臣某。其在邊邑曰某屏之臣某。其於敵以下曰寡人。小國之君曰孤。擯者亦曰孤。

鄭注。予一人。謙自別於人而已。伯。上公九命分陝者。邊邑謂九州之外。大國之君自稱曰寡人。擯者曰寡君。孔疏。此明天子以下及擯者傳辭之法。案曲禮下云。天子曰余一人。蓋古稱予。今稱余。其義同。此云自稱。曲禮注云。擯者辭。則天子與臣言。及遣擯者接諸侯言。已是天子運力之臣。曲禮謂二伯。擯於天子。以此不同也。某土之守臣某。諸侯身對天子。自稱辭若上介致辭於天子之擯者。亦當然也。其天子之擯告天子。則曰臣某侯某。故曲禮云。諸侯之於天子曰臣某侯某也。其在九州之外。邊鄙之邑。自稱於天子曰某屏之臣某。若上介告天子之擯。亦當然。其天子之擯告天子。則曰臣某子某男某。曲禮云。其在東夷北狄西戎南蠻。雖大曰子。注云。入天子之國曰子。男者亦曰男也。諸侯於敵以下自稱曰寡人。言以下通及民也。曲禮云。其與民言自稱曰寡人是也。小國謂夷狄子男之君自稱及介傳命云。某土之孤某。故云小國之君曰孤。擯者告天子。亦應云某孤某。其在國自稱亦曰孤。故曲禮云。庶方小侯於外曰子。自稱曰孤是也。輔氏廣曰。稱予一人。雖曰謙。然以予一人而臨天下。則其職重矣。伯謙於力。臣則所當勉者。在德矣。諸侯曰某土之守臣。言王土也。已爲王守之而已。且知其職矣。故曰巡守者。巡所守也。某屏之臣。言所以屏衞中國也。寡人則謙而已矣。小國爵卑。故擯告於天子無異辭。孫氏希旦曰。伯謂天子力臣。此擯於諸侯之辭也。若擯於天子。則曲禮云。九州之長。入天子之國曰牧是也。諸侯擯於天子之辭。某土者稱其方。若東土西土也。左傳。魏駘芮岐畢。吾西土也。蒲姑商奄。吾東土也。巴濮楚鄧。吾南土也。肅慎燕亳。吾北土也。守臣。言天子守土之臣。左傳欒盈曰。得罪於王之守臣是也。四夷之長。入天子之國。擯者稱某屏者。亦稱其方也。屏者。言在邊境。爲天子之屏蔽也。小國之君。庶方小侯也。曰孤。亦自稱於敵以下之辭。擯者亦曰孤。謂擯於諸侯之辭。其擯於天子。則曰某人某。禮案屏蕃也。周禮秋官大行人。九州之外。謂之蕃國。故在邊邑曰。某屏之臣也。凡此皆擯者辭。孫說是也。惟小國之君辭及擯者。舉卑以見尊也。

上大夫曰下臣。擯者曰寡君之老。下大夫自名。擯者曰寡大夫。世子自名。擯者曰寡君之適。公子曰臣孽。

鄭注擯者之辭。主謂見於他國君。下丈夫自名。於他國君曰。外臣某。孽當爲枿聲之誤。孔疏此明大夫世子。在己國及出使他國。稱謂之異。上大夫卿也。自於己君之前。稱曰下臣。君前臣名。稱下臣某也。出使他國。在於賓館。主國致禮。上大夫設擯禮待之。此擯者稱大夫。爲寡君之老。雖以擯爲文。其實謂介接主君之辭。亦當然。擯介通也。下大夫對己君。稱名而已。不敢稱下臣。卑遠於卿也。出使設擯者。以待主國。此擯者稱下大夫云。寡大夫。不敢稱寡君之老。世子對己國之君稱名。擯者曰寡君之適。謂對他國之辭。公子稱臣。對己君也。若對他國。當云外臣。枿是樹生之餘。故盤庚云。若顛木之有由孽是也。方氏慤曰。上大夫居上位。而不敢以上自居。故曰下臣。世子爲適。則知公子爲庶。庶子孽也。適子本也。孽者以其自本旁出。若木之有蘖也。輔氏廣曰。公子自稱曰臣孽。常使其自別於適焉。孫氏希旦曰。父前子名。亦當稱云臣孽某也。禮案凡於君前。無不稱臣者。儀禮士相見禮曰。凡自稱於君。大夫士則曰下臣是也。若下大夫名而不臣。則何以著君臣之義乎。蓋稱名尊於稱臣。故世子稱名。公子臣稱。左傳齊桓晉文之於王。皆稱名可證。若如疏謂上大夫稱下臣某。則下大夫祇稱名。是尊於卿矣。亦稱下臣某。又無別於上大夫矣。疑記此者。蓋當春秋之際。上大夫若魯之三桓。晉之六卿。權傾人主。當時之下大夫。及士。特別其稱謂以尊異之。故有上下大夫稱臣名之異與。

士曰傳遽之臣。於大夫曰外私。大夫私事使私人擯。則稱名。公士擯。則曰寡大夫。寡君之老。大夫有所往。必與公士爲賓也。

鄭注傳遽以車馬給死者也。士臣類大夫者曰私人。私事使。謂以君命私行。非聘也。若魯成公時。晉侯使韓穿來言。汶陽之田。歸之於齊之類。公士擯。謂聘也。大聘使上大夫。小聘使下大夫。公士爲賓。謂作介也。往之也。孔疏士位卑。給車馬役使。故稱傳遽。亦謂對己君也。大夫家臣稱私。此士既不與大夫爲臣。故對大夫稱曰外私。下文云。大夫使私人擯。故知大夫之臣曰私人。私人擯。則稱名者。謂以己之屬臣爲擯相。雖是上大夫及下大夫。擯者則皆稱名。以其非公事正聘。故降而稱名也。案成二年。晉及魯衛伐齊。使齊人歸魯汶陽之田。至成八年。齊人服晉。晉侯使韓穿來言。汶陽之田。歸之于齊之類。公士擯者。謂正聘之時。則用公家之士爲擯。不用私人也。小聘則稱下大夫曰寡大夫。大聘則稱上大夫曰寡君之老。往謂之適也。大夫正聘所往。必與公士爲賓。賓介也。言使公士作介也。方氏慤曰。周官行夫掌傳遽之小事。士以事人爲事。故自言服傳遽之賤役也。且行夫以下士爲之。則士以自稱宜矣。公子與士皆不言擯。以卑而略之也。孫氏希旦曰。釋文云。以車曰傳。以馬曰遽。傳遽乃事之至賤者。私私臣也。士於同國大夫曰賤私。士相見禮曰。某也夫子之賤私是也。於他國大夫曰外私。雜記士訃於他國大夫曰。吾子之外私某死是也。郝氏懿行曰。大夫在本國。有私家之事。則使家臣爲擯。而稱名。如云常之母。有魚菽之祭是也。若鄰國之賓來。本國卿大夫爲君致郊勞饋食之禮。則使公臣爲擯。而不稱名。公事尊也。義疏云。非正聘降其所稱。用臣禮也。正聘隆其所稱。用賓禮也。大夫正名於他國。重本國之體。以不辱君命也。使公士擯。則稱寡君之老。寡大夫。而此擯者。亦得受擯禮。使私人擯。則稱名。而此擯者。亦不得受賓禮也。公私之辨。其嚴如此。禮案私事出疆。使私人於他國。若檀弓上謂。夫子將之荆。蓋先之以子夏。又申之以冉有是矣。公士擯以下。皆言公事。故大夫有所往。必與公士爲賓。明不用私人爲介也。

禮記通釋卷四十

玉環戴禮

明堂位第十四

孔疏案鄭目錄云。名曰明堂位者。以其記諸侯朝周公於明堂之時。所陳列之位也。在國之陽。其制東西九筵。南北七筵。堂崇一筵。五室。凡室二筵。此於別錄屬明堂陰陽。案異義今戴禮記盛德記曰。明堂者自古有之。凡九室。室四戶八牖。共三十六戶。七十二牖。以茅蓋屋。上圓下方。所以朝諸侯。其外有水。名曰辟廱。孫氏希旦曰。此篇記周公相成王朝諸侯於明堂。以致太平。而成王賜魯以天子之禮樂。孔子曰。魯之郊禘非禮也。周公其衰矣。使果成王所賜。孔子何以發此嘆乎。禮案說是也。觀昭二十五年公羊傳。子家駒之諫昭公。可證其爲僭禮。而非周公之舊也。且下篇雜陳四代之禮樂。魯係侯國。安能兼備前王之器乎。

昔者周公朝諸侯於明堂之位。天子負斧依南鄉而立。鄭注周公攝王位。以明堂之禮儀朝諸侯也。不於宗廟辟王也。天子周公也。負之言背也。斧依爲斧文屏風。於戶牖之間。周公於前立焉。孔疏此明周公朝諸侯於明堂之儀。及諸侯夷狄所立之處。攝代也。以成王幼周公代之居位。故云攝王位。案覲禮諸侯受次於廟門外也。覲在廟。今在明堂。故云辟成王也。釋宮云牖戶之間謂之扆。皇氏云在明堂中央大室戶牖間。陳氏祥道曰。成王宅憂。周公位冢宰。而百官總己以聽焉。及既成洛邑。輔成王以朝諸侯。詩序言朝諸侯乃率以祀文王。則朝不在廟。而在明堂可知也。若曰周公代之而受朝則誤矣。且周公之東征也。稱王命。然後往。其居東也。俟王察己然後復。則周公事王如此。孰謂敢代之乎。代之之說。始於荀卿。盛於漢儒。於是以復子明辟。爲還政之事。以誕保文武受命惟七年。爲還政之時。是皆不知書者也。禮案自此至七年致政於成王。本逸周書明堂解文。文不若被爲備。此下有率公卿士侍於左右。蓋率者周公。則天子成王矣。自無疑於周公代王也。雖由荀子之說。亦此文殘闕。固有可疑處。故注疏因之誤解也。

三公中階之前。北面東上。諸侯之位阼階之東。西面北上。諸伯之國西階之西。東面北上。諸子之國門東。北面東上。諸男之國門西。北面東上。九夷之國東門之外。西面北上。八蠻之國南門之外。北面東上。六戎之國西門之外。東面南上。五狄之國北門之外。南面東上。九采之國應門之外。北面東上。四塞世告至。此周公明堂之位也。鄭注朝之禮不於此。周公權用之也。朝位之上。上近主位尊也。九采九州之牧。典貢職者也。正門謂之應門。二伯帥諸侯而入。牧居外而糾察之也。四塞謂夷服鎭服蕃服。在四方爲蔽塞者。新君卽位。則乃朝。周禮侯服歲一見。甸服二歲一見。男服三歲一見。采服四歲一見。衞服五歲一見。要服六歲一見。九州之外。謂之蕃國。世一見。孔疏此以下明朝位之法。三公者舉國本數言之。中階者南面三階。故稱中。侯對伯爲尊。故在阼階。阼階近主位也。案諸伯以下皆云國。此云位者。以三公既云中階之前。不云位。諸侯在諸國之上。時舉位言之。明以下皆朝位也。九夷之國。皇氏云在東門外之南。故北上。八蠻在南門外之西故東上。六我在西門外之北。故南上。五狄在北門外之東。今案經云東上。則宜在北門外之西。故東上。九采在應門外之西。謂之采者。以采取夷州美物。而貢天子。四塞九州之外。夷鎮蕃三服。夷狄爲四方蕃塞。每世一來朝告至也。案職方云。四夷八蠻。七閩九貉。五戎六狄。爾雅釋地云。九夷八狄。七戎六蠻。謂之四海。與此不同者。爾雅謂殷代。此明堂及職方。並謂周禮也。陳氏祥道曰。周禮外朝之位。左孤卿。右公侯伯子男。射人孤卿東面。卿大夫西面。皆尚右。東西面者皆尚北。路門之左右者皆尚中。而明堂位諸侯西面。諸伯東面。則不尚右。在門東門西者東上。則不尚中。在西門之外者東面南上。則不皆尚北。何也。諸侯覲於天子。壇壝宫於國外。上介皆奉其君之旂。置於宫。尚左。公侯伯子男。皆就其旂而立。位皆東上。而朝於國外。與國内之禮異也。明堂位與壇壝之宫相類。蓋亦國外之禮然也。孫氏希旦曰。明堂九階。東西北各二階。而南面三階。中階阼階賓階也。三公中階之前。以對王爲尊也。門東門西。應門之左右也。明堂四面有門。而南門之内。又有應門也。諸侯言位。諸伯以下言國。夕見之也。俞氏樾曰。案東上乃西上之誤。上云八蠻之國。南門之外。北面東上。下云九采之國。應門之外。北面東上。夫北面東上。則南面西上可知。九采之國。應門之外。北面東上。四塞世告至。當從周書明堂篇作四塞九采之國。世告至者。應門之外。北面東上。傳寫錯亂。而四塞世告至五字。誤奪在北面東上之下。則如此等國。其位安在乎。鄭氏不能訂正。而從爲之辭。疏矣。禮案。明堂解既謂公卿士侍王之左右。則此中階之前。三公之位。非王朝之三公。蓋三恪也。三恪以王者之後。晉爵上公。作賓王家。故位在侯伯子男之中。若謂是天子之三公。則外諸侯列爵有五。而明堂位列位止四。必不然也。侯東階西面。伯西階東面。是侯伯之位。東西相向也。子男之位。在門内之東西。皆北面。並對天子也。五等諸侯位皆門内。所謂内中國也。東夷南蠻西戎北狄。位並在四門之外。所謂外夷狄也。

明堂也者。明諸侯之尊卑也。鄭注朝於此。所以正儀辨等也。孔疏欲顯明諸侯之尊卑。故就尊嚴之處以朝之。正儀辨等者。大司馬職文。彼云設儀辨位。以等邦國。鄭略言之。陸氏佃曰。諸侯阼階之東。西面北上。諸伯西階之西。東面北上。是之謂明諸侯之尊卑。若諸侯北面而見天子曰覲。諸公東面。諸侯西面曰朝。異是矣。禮案。逸周書大匡解曰。明堂所以明道。明道惟法。故周公列位於明堂。以朝諸侯。明其尊卑。非明堂之設。特爲明諸侯之尊卑也。明堂解此下有故周公建焉。

昔殷紂亂天下。脯鬼侯以饗諸侯。是以周公相武王以伐紂。武王崩。成王幼弱。周公踐天子之位以治天下。六年朝諸侯於明堂。制禮作樂。頒度量而天下大服。七年致政於成王。鄭注脯鬼侯以人肉爲薦羞。惡之甚也。踐猶履也。頒讀爲班。度爲丈尺高卑廣狹也。量謂豆區斗斛筐筥所容受。致政以王事歸授之。孔疏此明周公有勳勞之事。鬼侯周本紀作九侯。庾氏云九侯有女入於紂。女不好淫。紂怒殺之。九與鬼聲相近。故不同也。家語云武王崩。成王年十三。鄭康成以爲年十歲。是幼弱也。周公攝政三年。然後營洛邑。以期天下之心。於是四方民大和會。周公曰。示之以力役且猶至。而況導之以禮樂乎。其度量六年則頒。故鄭注尚書康王之誥云。攝政六年。頒度量。制禮樂。成王即位。乃始用之。故書傳云。五年營成周。六年制禮樂。七年致政於成王。案洛誥云。朕復子明辟。是以王事授之也。方氏慤曰。鬼侯豈高宗所伐之鬼方歟。禮寓於形容。制之然後其形成。樂寓於聲音。作之然後其聲出。蓋度者分寸丈尺引也。以之度長短。故謂之五度。其形則起於璧羨。而禮寓之矣。量者龠合升斗斛也。以之量多少。故謂之五量。其聲則中於黃鍾。而樂寓之矣。先王以爲度量不存。則禮樂之文熄。故作此使天下後世有考也。禮案論語云。古者君薨。百官總己。以聽於冢宰三年。尚書說命高宗亮陰。三年不言是也。然則武王崩。成王宅憂。不與政事。即非冲幼。禮亦然也。至三年終制。而仍周公攝政。至六年制禮作樂。頒度量。始相王朝諸侯。則以明王幼故也。致政。是服官年老。禮應退休。又不獨周公然也。明堂解文止此。服下有萬國各致其方賄。朝諸侯於明堂。以上在天子負斧依之前。起作大維商紂暴虐。脯鬼侯以享諸侯。天子患之。四海兆民。欣戴文武。是以周公相武王以伐紂。夷定天下。既克紂六年。而武王崩。成王嗣。幼弱未能踐天子之位。周公攝政。若如彼文。則後世何疑於王周公哉。

成王以周公爲有勳勞於天下。是以封周公於曲阜。地方七百里。革車千乘。

鄭注王功曰勳。事功曰勞。曲阜阜地。上公之封。地方五百里。加封魯以四等之附庸。方百里者二十四。井五五二十五。積四十九開方之。得七百里。革車兵車也。兵車千乘。成國之賦也。詩魯頌曰。王謂叔父。建爾元子。俾侯於魯。大啓爾宇。爲周室輔。乃命魯公。俾侯於東·錫之山川。土田附庸。又曰公車千乘。朱英綠縢。孔疏自此以下。皆謂周公有勳勞之事。故成王特賜魯家用天子之禮。兼四代服器。案費誓序云。魯侯伯禽宅曲阜。又臣瓚注漢書。魯城內有曲阜。逶迤長八九里。魯受上公之封。又加四等附庸。四等謂侯伯子男也。案大司徒注云。公無附庸。侯附庸九同。伯附庸七同。子附庸五同。男附庸三同。總爲二十四同。同謂百里也。既受五百里之封。五五二十五同。又加二十四同。故云積四十九開方計之。得七百里。案左傳云。成國不過半天子之軍。案論語千乘之賦。居地方三百一十六里有畸。諸侯之地。三百里而下。未成國也。公則五百里。侯四百里。計地餘有千乘。謂之成國。引詩魯頌閟宮文。證魯廣開土宇。兵車千乘。以朱爲英飾。以綠爲縢約也。孫氏希旦曰。鄭氏四等附庸之說。本無所出。周禮諸公之地。方五百里。國之大者。無踰於此。若地方七百里。半天子之地。則雖漢時封三庶孽。幾半天下者。其廣大亦不至此。此記者之夸辭耳。以魯之封域考之。北抵汶上。東盡於海。西鄰宋衛。南至泗水。得淮其不得爲方七百里明矣。禮案孟子曰。天子之制。地方千里。公侯皆方百里。伯七十里。子男五十里。魯侯國方百里之地。而此云七百里者。當如孔傳尚書費誓云。謂伯禽爲方伯。監七百里內之諸侯。似爲近之。前漢刑法志。戎馬四匹。兵車一乘。戎馬四千匹。兵車千乘。此諸侯之大者也。是謂千乘之國。

命魯公世世祀周公以天子之禮樂。是以魯君孟春乘大路。載弧韣。旂十有二旒。日月之章。祀帝於郊。配以后稷。天子之禮也。

鄭注同之於周。尊之也。魯公謂伯禽。孟春建子之月。魯之始郊日以至。大路殷之祭天車也。弧旌旗所以張幅也。其衣曰韣。天子之旌旗畫日月。帝謂蒼帝靈威仰也。昊天上帝魯不祭。孔疏知魯公謂伯禽者。伯禽歸魯。周公不之魯。故公羊文十三年傳。封魯公以爲周公也。周公拜乎前。魯公拜乎後。曰生以養周公。死以爲周公主。然則周公之魯乎。曰不之魯也。易爲不之魯。欲天下之一乎周也。知孟春是建子之月者。以下云季夏六月以禘禮祀周公。若夏之季夏。非禘祀之月。卽是周之季夏。明此孟春亦周之孟春。又雜記孟獻子曰。正月日至。可以有事於上帝是也。郊特牲云。周之始郊日以至。鄭旣破周爲魯。故此魯郊日以至。祭天尚質。大路一就。故知是祭天所用。尊敬周公。故特用先代殷禮。牲用白牡。車乘殷路也。弧以竹爲之。其形爲弓。以張縿之幅。故考工記弧旌枉矢。以象弧也。弓衣謂之韣。周禮日月爲常。又王建大常。此云日月之章。與天子同也。后稷謂配靈威仰。不配昊天上帝。故知昊天上帝魯不祭也。孫氏希旦曰。公羊傳曰。周公白牡。魯公騂犅。羣公不毛。周公盛。魯公燾。羣公廩。則魯之祀周公。其禮固有異矣。然未有以見其用天子之禮樂也。魯僭郊禘。見於禮運孔子之嘆及呂氏春秋之書。武宮之立。見於春秋。乘大路。設兩觀。朱干玉戚以舞大武。八佾以舞大夏。皆僭天子之禮。見於公羊傳子家駒之言。則其所用四代之器服。以爲成王之所賜。亦未可盡信也。孟春夏正之孟春也。左傳啓蟄而郊。孟獻子曰。郊祀后稷。以祈農事也。故啓蟄而郊。郊而卜耕。此魯郊在建寅之月明矣。天子祭天。歲有九。而魯僭其二。郊及大雩是也。皆祈祭也。其冬至大報天之祭。則魯未嘗行也。朱氏彬曰。廣雅曰。天子十二旒至地。諸侯九旒至軫。卿大夫七旒至軹。士三旒至肩。禮案定四年左傳曰。分魯公以大路大旂。杜注云。大路。金路。魯若乘此大路。則非僭禮也。至弧韣尤諸侯所應有。覲禮曰。載龍旂弧韣是也。郊特牲旂十有二旒。龍章而設日月。以象天也。此則魯之僭禮也。若案命數。魯侯爵應七旒。而鄭注周禮巾車云。大旂九旗之畫交龍者。王子母弟率以功德出封。雖爲侯伯。其畫服獨如上公。然則魯可建九旒也。孝經曰。昔者周公郊祀后稷以配天。宗祀文王於明堂。以配上帝。蓋周公相成王行之。而非周公所自祀也。禮三本云。王者天大祖。諸侯不敢懷。喪服小記曰。庶子不祭禰。而謂周公肯越禮而祀后稷文王乎。夫后稷周之始祖。非諸侯所當祀。文王武王之禰。亦非周公支子所應祭也。

季夏六月。以禘禮祀周公於大廟。牲用白牡。尊用犧象山罍。鬱尊用黃目。灌用玉瓚大圭。薦用玉豆雕篹。爵用玉琖仍雕。加以璧散璧角。俎用梡嶡。

鄭注季夏建巳之月也。禘大祭也。周公曰大廟。魯公曰世室。羣公稱宮。白牡殷牲也。尊酒器也。犧尊以沙羽爲畫飾。象骨飾之。鬱鬯之器也。黃彝也。灌酌鬱尊以獻也。瓚形如槃。容五升。以大圭爲柄。是謂圭瓚。篹籩屬也。以竹爲之。彫刻飾其直者也。爵君所進於尸也。仍因也。因爵之形爲之飾也。加加爵也。散角皆以璧飾其口也。梡始有四足也。嶡爲之距。孔疏此明禘禮祀周公於大廟。文物具備之儀。白牡殷牲。尊敬周公。不用己代之牲。故用白牡。犧尊也。周禮春夏之祭。朝踐堂上薦血腥時。用以盛醴齊。君及夫人所酌以獻尸也。象尊周禮春夏之祭。堂上薦朝事竟。尸入室。饋食時。用以盛盎齊。君及夫人所酌。以獻尸也。山罍謂夏后氏之尊。天子於追享朝享之祭。再獻所用。今褒崇周公。禘祭雜用山尊。不知何節所用。鬱謂鬱鬯酒。黃目嘗蒸所用尊。崇周公。故於夏禘用之。灌謂酌鬱鬯獻尸求神也。酌用玉瓚。以大圭爲瓚柄也。薦謂祭時所薦菹醢之屬。以玉飾豆。下云殷玉豆是也。篹形似筥。亦薦時用雕鏤其柄。故云彫篹。爵君酌酒獻尸杯也。琖夏后氏之爵名。以玉飾之。故曰玉琖。因爵形而爲之似飾。故曰仍雕。加謂尸入室饋食竟。夫人酌盎齊亞獻。名爲再獻。又名爲加。於時夫人用璧角。內宰所謂瑤爵也。其璧散者。夫人再獻訖。諸侯爲賓。用之以獻尸。雖非正加。是夫人加爵之後。總而言之。亦得稱加。先嵌後角便文也。梡嶡兩代俎也。虞俎名梡。案禮圖云。梡長二尺四寸。廣一尺二寸。高一尺。諸臣加雲氣。天子犧飾之。夏俎名嶡。嶡亦如梡。而橫柱四足。中央如距也。賀云直有脚曰梡。加脚中央橫木曰嶡。劉氏彝曰。以禘禮祀周公於大廟者。此謂后稷之廟。在魯者也。魯有閟宮。則姜嫄之廟也。魯郊於天。以后稷配。非無廟也。周公薨於周。而廟祀於魯。三年之喪始畢。則以天子之禮樂。禘祀周公之主。始安於其廟之祀。禘祫由之行焉。金氏榜曰。崔靈思氏以爲后獻皆用瑤爵。九獻之外。諸臣加爵。用璧角散璧。特牲饋食禮三獻之外。長兄弟洗觚爲加爵。又衆賓長爲加爵。如初。天子之禮。諸臣爲加爵於時內宗薦加豆籩。王與后咸不親其事。然則內宰所贊非加爵著矣。故說加爵。當以崔氏爲正。孫氏希旦曰。玉琖仍雕者。蓋夏后氏以玉爲琖。不加雕鏤。今因其舊制。而加以雕鏤也。散角犧象。說見禮器。黃目見郊特牲。玉瓚見王制。梡嶡見後禮案上說僭郊。此謂僭禘也。喪服小記曰。禮不王不禘。魯以侯國。而以禘禮祀周公。尊之乃所以浼之也。檀弓上云。君子愛人以德。況先祖乎。此夫子之所以嘆周公其衰矣。金氏以角散爲諸臣所加爵說是也。禮器曰。賤者獻以散。卑者舉角。

升歌清廟。下管象。朱干玉戚。冕而舞大武。皮弁素積。裼而舞大夏。昧。東夷之樂也。任。南蠻之樂也。納夷蠻之樂於大廟。言廣魯於天下也。

鄭注清廟周頌也。象謂周頌武也。以管播之。朱干赤大盾也。戚斧也。冕冠名也。諸公之服。自袞冕而下。如王之服也。大武周舞也。大夏夏舞也。周禮昧師掌教昧樂。詩曰以雅以南。以籥不僭。廣大也。孔疏升歌升樂工於廟堂。而歌清廟詩也。堂下吹管。以播象武之詩。故云下管象也。朱於玉戚者。赤盾而玉飾斧也。冕。袞冕。大武武王伐紂之樂也。皮弁三五之服。裼見美也。大夏夏禹之樂也。六冕自周制。故用冕而舞周樂。皮弁是三王樂。故用皮弁舞夏樂也。周樂武。武質故不裼。夏樂文。文故裼也。白虎通云樂元語曰。東夷之樂曰朝離。萬物微離也而生。樂持矛舞。助時生也。南夷樂曰南任。也任養萬物。樂持羽舞。助時養也。西夷樂曰味。味味也。萬物衰老。取晦昧之義。樂持戟舞。助時殺也。北夷樂曰禁。言萬物禁藏。樂持干舞。助時藏也。納夷蠻之樂於大廟者。言皆於大廟奏之。廣魯欲使如天子示於天下也。陳氏祥道曰。考之於經。武舞常在先。文舞常在後。蓋武以威衆而平難。文以附衆而守成。平難常在於先。守成常在於後也。王者舞先王之樂。明有法也。舞當代之樂。明有制也。舞四夷之樂。明有懷也。升歌清廟。下管象。說見文王世子。義疏云。案象有但以管吹之者。此所謂下管象。與升歌清廟相對。一歌一吹也。有執籥以舞之者。孔所謂象箾南籥。與朱于玉戚以舞大武相對。一文一武也。鄭每合象舞爲一。而云于戚舞象。顯與下管字違。孔又云下管謂吹大武。又顯與象字違矣。禮案白虎通云。禹曰大夏者。言禹能順二聖之道而行之。故曰大夏也。武王曰象者。象太平而作樂。示已太平也。合曰大武者。天下始樂周之征伐行武也。逸周書世俘解武王克殷。馘於周廟。籥人奏崇禹生開。三終。王定。孔氏廣森謂崇禹生開。夏歌也。何注昭二十五年公羊傳云。周所以舞夏樂者。王者始起。未制作之時。取先王之樂與己同者。假以風化天下。天下大同。乃自作樂。取夏樂者。與周俱文也。

王者舞六樂於宗廟之中。舞先王之樂。明有法也。舞己之樂。明有則也。舞四夷之樂。大德廣及之也。東夷之樂曰株離。南夷之樂曰任。西夷之樂曰禁。北夷之樂曰昧。然則王者四夷之樂。魯惟用其二。亦降於天子也。

君卷冕立于阼。夫人副褘立於房中。君肉袒迎牲於門。夫人薦豆籩。卿大夫贊君。命婦贊夫人。各揚其職。百官廢職服大刑。而天下大服。

鄭注：副首飾也。今之步搖是也。詩云副笄六珈。周禮追師掌王后之首服。爲副。褘。王后之上服。唯魯及王者之後夫人服之。諸侯夫人則自揄翟而下。贊。佐也。命婦於內則世婦也。於外則大夫之妻也。祭祀世婦以下佐夫人。揚。舉也。大刑。重罪也。天下大服。知周公之德。宜享此也。孔疏：前明祀周公所用器物。此明君與夫人卿大夫命婦行禮之儀。尸初入時。待君之於阼階。夫人立於東房中。魯之大廟如天子明堂。得立房中者。東南之室也。總稱房耳。迎牲謂陳設之後。牲入之時。迎於門。荐豆籩。謂朝踐饋熟。拜酳尸之時也。贊。助也。卿大夫助君。謂初迎牲幣告及終祭。以來之屬也。命婦助夫人荐豆籩。及祭事之屬也。當祭之時。命百官各揚舉其職。如有廢職不供。服之以大刑。以祭之周公。文物備具。禮儀整肅。百官供命。天下大服。明周公之德宜合如此。陳氏祥道曰：阼者明陽之地。房者幽陰之地。君於阼。法陽之道。夫人於房。體陰之道。天子六冕。有衮冕。諸侯出而有君道。故其冕亦如之。而王后六衣亦有褘衣。以從王祭祀。諸侯之夫人從夫之爵。則禮當服焉。鄭氏以爲二王之後。誤矣。方氏慤曰：三公一命衮。若有加則賜。而從王亦被衮以象天。以其九章之盛。服之有章者。窮於此故也。首飾以副爲名者。首以髮爲正。飾則副之故也。各揚其職。若司徒奉牛。司馬奉羊之類。其戚有雖揚。又不可侵官。故言各焉。莊子曰：庖人雖不治庖。尸祝不越樽俎而代之。是矣。廢職服大刑。肆師於祭之日。誅其怠慢者是矣。孫氏希旦曰：蓋祭前誓戒之辭也。禮八案。祭統。夫人凡助祭獻繭。皆服副褘。非必魯及二王之後夫人可服矣。又周禮春官典命。王之三公八命。及其出封。皆加一等。九命上公。服卷則夫人應副褘矣。肉袒。袒左臂也。吉事皆袒左。迎牲於門。親牽牲以入。而親割。禮器曰。大廟之中。敬矣。君親牽牲。大夫贊幣而從。君親制祭。夫人荐盎。君親割牲。夫人荐酒。卿大夫從君。命婦從夫人是也。

是故夏礿。秋嘗。冬烝。春社。秋省而遂大蜡。天子之祭也。

鄭注：不言春祠。魯在東方。王東巡守以春。或闕之。省讀爲獮。獮。秋田名也。春田祭社。秋田祀礿。大蜡。歲十二月索鬼神而祭之。孔疏：此明魯得祭之事。魯在東方。朝必用春。當朝之年。以朝。巡守在於二月。不於正月祭者。皇氏云：諸侯預前待於竟。欲也。祭社祀礿。大司馬職文。彼云秋祀礿。鄭云闕。祭當爲方。謂四方句芒之屬也。陳氏祥道曰：夏以飲爲主。故於祭謂之礿。秋以荐新爲主。故於祭謂之嘗。冬則物之衆而可進也。故謂之烝。春言社。則知秋獮者亦祀方也。詩曰以社以方是也。秋言獮。則春社亦謂蒐也。傳曰春蒐夏苗秋獮冬狩是也。方氏慤曰：言夏礿秋嘗冬烝。而不及春祠。與王制言烝則不礿同義。其所異者特彼以礿爲春祭耳。春祭闕祠。而不闕社者。祠則君之所獨。社則民之所同故也。社省。春則秋皆有之。春社以祈爲主。此於社言春。以該秋。爲省言秋以該春。其實一也。大蜡必言遂者。與大司馬遂以蒐田之遂同。蓋秋省則百物成矣。蜡所以報百物於其成也。凡此亦諸侯之一所同。然特魯行之。蓋禮有所隆耳。孫氏希旦曰：礿當作禴。古禴字相亂。或以禴爲禘。禘爲禴也。禮案郊特牲篇諸侯本有蜡祭。而魯之蜡曰大蜡。天子之祭。則其儀文度數。必又僭天子之禮可知。故禮運謂孔子與於蜡賓。出遊於觀之上。而嘆魯也。

大廟天子明堂。庫門天子皋門。雉門天子應門。鄭注言廟及門如天子之制也。天子五門。皋庫雉應路。魯有庫雉路。則諸侯三門與。皋之言高也。詩云乃立皋門。皋門有伉。乃立應門。應門將將。孔疏此明魯門及廟制。周公大廟。制似天子明堂。魯之庫門。制似天子皋門。魯之雉門。制似天子應門。制度高大如天子。不必事事皆同也。所引詩大雅文王緜之篇也。李氏覯曰。鄭以爲魯行天子之禮。魯之大廟既如明堂。則周之大廟。亦如明堂矣。何不曰大廟天子大廟。而云明堂哉。斯蓋魯行天子禮樂。享帝告朔。當啓於周。然以人臣不敢立天子政教之堂。故於周公之廟。略擬明堂之制。以備其禮。非周之宗廟如明堂也。孫氏希旦曰。天子於明堂聽朔。魯於大廟聽朔。故曰大廟天子明堂。皋門天子之外門。庫門諸侯之外門。魯之庫門制如天子之皋門也。應門天子之朝門。雉門諸侯之朝門。魯之雉門制如天子之應門也。子家駒曰。設兩觀。天子之禮也。兩觀在雉門之兩旁。是魯之雉門。用天子之制明矣。禮案尚書大傳曰。諸侯之宮三門。其外曰皋門。次曰應門。又次曰路門。與此不合。

振木鐸於朝。天子之政也。鄭注天子將發號令。必以木鐸警衆。陳氏祥道曰。古人出號令。皆聲以警衆。故振木鐸於朝。周官小宰小司徒皆云正歲率其屬而振之以木鐸徇於市。而語稱孔子之德。亦曰天將以夫子爲木鐸。是也。此皆天子之政也。方氏愨曰。書曰每歲孟春。遒人以木鐸徇於路。亦此意也。孫氏希旦曰。檀弓曰既卒哭。宰夫執木鐸徇於宮。是諸侯之朝。亦振木鐸矣。禮案振木鐸於朝。猶學記之入學鼓篋。注謂警衆是也。

山節藻梲。復廟重檐。刮楹達鄉。反坫出尊。崇坫康圭。疏屏。天子之廟飾也。鄭注山節。刻欂盧爲山也。藻梲。畫侏儒柱爲藻文也。復廟。重屋也。重檐。重承壁材也。刮。刮摩也。鄉。牖屬。謂夾戶窗也。每室八窗爲四達。反坫。反爵之坫也。出尊。當尊南也。唯兩君爲好。既獻。反爵於其上。禮君尊於兩楹之間。崇。高也。康讀爲亢龍之亢。又爲高坫。亢所受圭。奠於上焉。屏謂之樹。今桴思也。刻之爲雲氣蟲獸。如今闕上爲之矣。孔疏此論魯大廟之飾。山節謂櫛盧刻爲山形。藻梲謂侏儒柱畫爲藻文。皇氏云。重檐謂就外檐下壁。復安板檐。以辟風雨之洒壁。刮楹者。楹柱也。以密石摩柱。達。通也。每室四戶八窗。窗戶皆相對通達。故曰達鄉也。反坫者。築土爲之。在兩楹間近南。人君飲酒既獻。反爵之坫也。出尊者。尊在兩楹間。坫在尊南。故云出尊。崇坫康圭者。爲高坫。受賓之圭。舉於其上也。疏。刻也。屏。樹也。謂刻於屏樹爲雲氣蟲獸也。自天子以下。皆天子廟飾也。反坫亦在廟。故合言廟飾。名欂櫨。今之斗栱。釋宮云。宲廇謂之梁。其上楹謂之梲。李巡云。梲。上短柱也。漢時謂屏爲桴思。解者以爲天子外屏。人臣至屏。俯伏思念其事。案匠人注云。城隅謂角桴思也。漢時東闕桴思災。則桴思小樓也。故城隅闕上皆有之。然則屏上亦爲屋。以覆屏牆。故稱屏曰桴思。方氏愨曰。此皆天子之禮。故臧文仲山節藻梲。管仲反坫塞門。君子以爲僭焉。陸氏佃曰。天子之桷。斲之礱之。加密石焉。刮楹其一隅也。大廟旅楹。徘徊皆有柱。達鄉若今偸柱。使前達也。反坫。反爵之坫。崇坫。崇矣。康圭。使圭安焉。出尊。使尊見焉。尊爵之所從也。康讀如字。坫崇則嫌或不安。故謂之康。疏。爲疏於其上。孫氏希旦曰。此言魯大廟之飾。同於天子也。反坫說見郊特牲。設反坫者。爲諸侯之大享於此。設崇坫者爲諸侯之朝聘於此也。兩君相見。授玉於兩楹之間。則崇坫設於兩楹間也。方氏苞曰。凡奠爵於席上。有坫則隆然高出。故曰出尊。禮案魯以諸侯僭天子之廟飾。故臧文仲。管仲。以大夫僭諸侯之禮其來有自矣。晉語云趙文子爲室。斲其椽而礱之。張老曰天子之室。斲其椽而礱之。加密石焉。諸侯礱之。大夫斲之。士首之。韋注云。諸侯礱之。無密石也。然則魯廟以刮楹爲僭。蓋加密石也。康如字陸說是也。爾雅釋詁康安也。疏屛謂屛上刻鏤明之物也。

鸞車有虞氏之路也。鉤車夏后氏之路也。大路殷路也。乘路周路也。

鄭注鸞有鸞和也。鉤有曲輿者也。大路木路也。乘路玉路也。漢祭天乘殷之路也。今謂之桑根車也。春秋傳曰。大路素。鸞或爲欒也。孔疏此明魯有四代之車。其制各別。路則車也。鉤曲也。輿則車牀。曲輿謂曲前闌也。虞質未有鉤矣。案桓二年左氏云。大路越席。越席是祀天之席。則大路亦祭天之車。祭天尚質。故鄭云大路素。方氏慤曰。或以鉤車爲兵車。司馬法鉤車先正是已。夫路以大言之也。人君大物者。故所居則曰路寢。所乘則曰路車也。禮案鸞車車有和鸞。以節車行。猶珮玉之節步行也。舜敷文德者也。故尚鸞和之美。鄭注周禮春官巾車云。鉤婁頷之鉤也。鉤車可爲兵身者。以有虞當陽。禹始徂征。故有威武之貌。論語云乘殷之路。馬注曰殷車曰大輅。刑疏云謂木路也。取其儉素。巾車職王之五路。一曰玉路以祀。金路同姓以封。則魯之乘路。當金路矣。注疏謂乘路玉路者。言周。非指魯也。若魯乘玉路。則亦僭天子也。

有虞氏之旂。夏后氏之綏。殷之大白。周之大赤。

鄭注四者旌旗之屬也。綏當爲緌。讀如冠蕤之蕤。有虞氏當言緌。夏后氏當言旂。此蓋錯誤也。緌爲注旄牛尾於杠首。所謂大麾。書云武王左杖黃鉞。右秉白旄以麾。周禮王建大旂以賓。建大赤以朝。建大白以即戎。建大麾以田也。孔疏此論魯有四代旌旗。有虞氏之緌。但注旄竿首。未有旒縿。夏后氏旂之漸文。既注旄竿首。又有旒縿。大白。白色旗。大赤。赤色旗。此各隨代之色。無所畫也。知虞當言緌。夏當言旂。以虞質於夏故知也。巾車大麾。上有大白大赤。此經夏后氏之綏。下有大白大赤。故知綏當大麾也。引周禮者明天子所用。然則魯之所用。亦當然也。應氏鏞曰。子華子曰。舜建大常。則車服之等辨於下。旂常之數備於上矣。陳氏祥道曰。旂始於舜。此有虞氏所以謂之旂也。至於夏則致飾矣。故曰綏。白西方之色。西主殺。而屬乎義。十一征而無敵於天下。自湯始。故殷之旂以之。赤南方之色。南離位。文明之象也。故周之旂以之。義疏云。詩淑旆綏章。朱注綏章染鳥羽。或旄牛尾。注於旂竿之首爲表章。則不必如鄭孔旂綏互易也。禮案鄭注曲禮上云。緌謂垂縿之也。爾雅釋天有鈴曰旂。郭注云。縣鈴於竿頭。畫交龍旂。大赤以綪茷染其旃旌也。見杜注定四年左傳。司馬法曰。夏后氏玄首。人之執也。殷白。天之義也。周黃。地之道也。章。夏后氏以日月。尚明也。殷以虎。尚威也。周以龍。尚文也。

夏后氏駱馬黑鬣。殷人白馬黑首。周人黃馬蕃鬣。

夏后氏牲尚黑。殷白牡。周騂剛。

鄭注順正色也。白馬黑鬣。白駱。殷黑首爲純白凶也。騂剛赤色。孔疏此明魯有三代之馬牲。色不同。駱白黑相間。此馬白身黑鬣。夏尚黑故也。殷尚白。故馬白頭黑。而鬣白。從所尚也。然類三代俱以鬣爲所尚也。蕃赤也。周尚赤。用黃近赤也。剛牡也。騂言剛。則白亦剛。白言牡。黑亦牡也。故殷告天云。敢用玄牡。從天色也。方氏慤曰。馬以毛物爲主。而鬣又毛之長者。故三代之馬。皆以鬣言之。剛公羊氏作犅。蓋牛也。孫氏希旦曰。左傳宋公子地。有白馬四。公取而朱其尾鬣。則馬鬣之色。蓋有以人爲之者矣。孫氏志祖曰。案蕃字鮮有訓赤者。爾雅青驪繁鬣騥。郭注引此文作蕃鬣。繁蕃義同。邢疏謂麾鬣繁多而美者得之。王氏引之曰。案魯頌駉篇傳云。騂黃曰黃。是黃馬色在騂黃之間。已兼赤色。足以明周之所尚矣。若蕃字則古無訓里訓赤者也。禮案檀弓上云。夏后氏尚黑。我事乘驪。牲用玄。殷人尚白。戎事乘翰。牲用白。周人尚赤。戎事乘騵、牲用騂。尚書湯誥用玄牲者。殷時未革夏正也。洛誥用騂牛者。周時已改商祀矣。**泰有虞氏之尊也。山罍夏后氏之尊也。著殷尊也。犧象周尊也。**鄭注泰用瓦。著著地無足。孔疏此明魯用四代尊也。然或用三代者。隨其禮存而用之耳。山罍夏尊者。罍猶雲雷。畫爲山雲之形。殷尊無足。而底著地。故謂爲著。然則泰罍犧並有足也。禮器云君西酌犧象。是周禮也。考工記云。有虞氏尚陶。檀弓又云。有虞氏瓦棺。故知泰尊用瓦也。方氏慤曰。泰司尊彝謂爲大古之瓦尊。山罍卽山尊也。禮器亦謂之罍尊。非謂諸臣所酢之罍也。以山罍爲尊。因謂之罍尊。亦猶以壺爲尊。因謂之壺尊也。著讀如附著之著。下無所承著地而已、殷質故其尊從簡。飾以犧則曰犧尊。以象則曰象尊。周尚文故其尊有飾。孫氏希旦曰。泰尊無飾者。燕禮曰公尊瓦大兩是也。孔氏廣森曰。犧尊周禮作獻尊。毛詩傳犧尊有沙飾也。則象尊以象骨飾也。莊子曰百年之木。破爲犧尊。則犧尊以木作之也。禮案鄭司農周禮春官司尊彝注云。六尊獻尊象尊壺尊著尊大尊山尊。山卽山罍。大卽泰也。諸臣所酢之罍。各從尊卑之飾。而非此之山罍也。陸疏爾雅釋器云。罍者尊之大者也。雖尊卑飾異。皆得畫雲雷之形。以其云罍取於雲雷故也。**爵夏后氏以琖。殷以斝。周以爵。**鄭注斝畫禾稼也。詩曰洗爵奠斝。孔疏此明魯有三代爵。並以爵爲形。故并標名於其上。琖以玉飾之。殷亦爵形。而畫爲禾稼。斝稼也。周爵或以玉爲之。或飾之以玉。陳氏祥道曰。爾雅鍾之小者謂之棧。晉元興中剡縣民井中得鍾。長三寸。口徑四寸。銘曰棧。則棧卑而淺矣。夏爵命之以琖。蓋其制若棧然也。祭統尸酢夫人執柄。夫人受尸執足。柄其尾也。有足而尾。命之以爵。蓋其制若雀然也。而斝有耳焉。則三棧者之制可知矣。明堂位言玉琖。周禮言玉爵。春秋傳言瓘斝。則三者之飾可知矣。陸氏佃曰。琖以齊言。斝以鬯言。爵以酒言。知然者。盎齊一名棧酒。鬯尊一名斝。禮案禮運孔子謂琖斝及尸。君非禮也。蓋見魯之僭用而不敢顯言。故感之而嘆也。**灌尊夏后氏以雞夷。殷以斝。周以黃目。其勺夏后氏以龍勺。殷以疏勺。周以蒲勺。**鄭注夷讀爲彝。周禮春祠夏禴。祼用雞彝鳥彝。秋嘗冬烝。祼用斝彝黃彝。龍龍頭也。疏通刻其頭。蒲合蒲如鳧頭也。孔疏此明魯有三代灌尊及爵。彝法也。與餘尊爲法。鷄彝者或刻木爲鷄形。而畫鷄爲彝。斝。鄭司農云。畫爲禾稼。黃目以黃金爲目。龍勺勺爲龍頭。疏勺刻鏤通刻勺頭。蒲勺刻爲鳧頭。其口微開如蒲草。本合而末微開也。引周禮司尊彝職文。鷄彝盛明水。鳥彝盛鬱鬯。斝彝黃彝義亦然也。陳氏祥道曰。鷄者司晨之始。則陰盛而陽微。祼所以求諸陰也。蒲之爲物。柔而順。有懷柔百神之意。禮案鄭注士冠禮云。勺所以斟酒也。周禮春官大宗伯。子執穀璧。男執蒲璧。鄭注彼云。穀所以養人。蒲爲席所以安人。然則殷斝稼。周勺蒲。義亦猶彼也。**土鼓蕢桴葦籥。伊耆氏之樂也。**鄭注蕢當爲古。聲之誤也。

籥如笛三孔。伊耆氏古天子。有天下之號也。今有姓伊耆氏者。孔疏此明魯用古代之樂。土鼓築土爲鼓。蕢桴以土塊爲桴。葦籥謂截葦爲籥。禮運云伊耆氏始爲蜡。蜡是報田之祭。案易繫辭神農始作耒耜。是田起於神農。故說者以伊耆氏爲神農。陳氏祥道曰。中央爲土。以土爲鼓。則中聲具焉。以蕢爲桴。則中聲發焉。以葦爲籥。則中聲通焉。籥之爲器。如笛而三孔。通中聲故也。義疏云。案古史神農伊耆氏。漢王符帝系篇稱堯爲神農後。是伊耆氏爲古帝號審矣。禮案帝王世紀堯母慶都寄於伊長孺家。故堯從母所居爲姓。而姓伊祁。據此則堯雖姓伊祁。而非神農之後也。土鼓蕢桴說見禮運。說文葦大葭也。葦籥以葭管爲籥。時尚未知用竹也。山海經第十四。黄帝以夔皮冒鼓。然則伊耆氏固在黄帝之先。孔疏謂即神農。是也。**拊搏玉磬揩擊大琴大瑟中琴七瑟四代之樂器也。**鄭注拊搏以韋爲之。充之以糠。形如小鼓。揩擊謂柷敔。皆所以節樂者也。四代虞夏殷周也。孔疏此論魯有四代樂器。但四代漸文。不如土鼓葦籥之質。故引起其文也。陳氏祥道曰。自拊搏至琴瑟。皆堂上樂也。自土鼓至葦籥。皆堂下樂也。魯之用樂。上極於伊耆氏。下及於四代。則文質具矣。施之周公之廟。固足以報功。施之魯國。亦難乎免於僭矣。陸氏佃曰。搏拊治亂以相也。治亂在下。堯舜之事。治亂在上。殷周之事。搏取聲深。拊取聲淺。戛取聲深。揩取聲淺。亦堯舜殷周之辨也。禮案拊搏者。謂以手彈也。揩擊者。謂以莛撞也。尚書益稷篇戛擊鳴球。搏拊琴瑟。球即玉磬。見孔氏書傳。郊特牲擊玉聘諸侯之僭禮也。柷敔琴瑟說見月令。大琴離。中琴雅琴。大瑟灑。七瑟頌瑟也。頌瑟長七尺。故謂之七瑟。攷世本庖犧作瑟。神農作琴。無句作聘。然則魯樂器。不止於四代矣。四疑前字之誤。**魯公之廟。文世室也。武公之廟。武世室也。**鄭注此二廟象周有文王武王之廟也。世室者。不毀之名也。魯公伯禽也。武公伯禽之玄孫也。名敖。孔疏此明魯有二廟不毀。象周之文武二祧之廟也。魯公伯禽有文德。世世不毀其室。故云文世室。武公有武德。其廟不毀。故云武世室。案成六年立武宮。公羊左氏並譏之。不宜立也。又武公之廟。立在武公卒後。其廟不毀在成公之時。此記所云美成王褒崇魯國大已。作記之人。因成王褒魯。遂祇美魯家之事。因武公其廟不毀。遂連文美之。非實辭也。王氏炎曰。周公爲魯廟祖。而開國實係魯公。其廟不毀固宜。然不可援文王爲比也。煬公之廟。毀而復立。煬公以弟繼兄者也。武公之廟毀而復立。武公舍長立少者也。二者皆季氏不臣之心。春秋書立武宮。立煬宮。以罪季氏。而比武宮爲武公之世室。亦甚乖春秋之旨矣。任氏啓運曰。季文字以鞍之戰立武宮。其非初制明矣。禮案王制云。諸侯五廟。二昭二穆與大祖之廟而五。魯增立二世室。則僭天子七廟之制矣。**米廩。有虞氏之庠也。序。夏后氏之序也。瞽宗。殷學也。頖宮。周學也。**鄭注庠序亦學也。庠之言詳也。於以考禮詳事也。魯謂之米廩。虞帝上孝。今藏粢盛之委焉。序次序王事也。瞽宗樂師瞽矇之所宗也。古者有道德者。使教焉。死則以爲樂祖。於此祭之。頖之言班也。於以班政教也。孔疏此明魯得立四代之學。米廩是有虞氏之庠。魯以虞庠爲廩。藏粢盛。序是夏家之學。案桓十四年御廩災。公羊云御廩者何。粢盛委之所藏也。云古者有道德於此祭之者。謂於瞽宗祭之。大司樂云。祭於瞽宗是也。張子載曰。四代學名多不同。要之所皆是學。可解則解之。不可解何必強爲養老尊賢之地也。瞽宗云善聽教是歌於此。則瞽蓋大師之官也。

後世樂正。雖未必瞽。其學則不害亦謂之瞽宗也。方氏愨曰。孟子言殷爲序。爲此夏爲序。言周爲庠。而此以虞爲序者。蓋以其養人於此。則皆可謂之庠。以其習射於此。則皆可謂之序也。禮案類宮周制。諸侯之學。魯所應立者也。王制云。天子曰辟雍。諸侯曰類宮。

崇鼎貫鼎大璜封父龜天子之器也。鄭注崇貫封父皆國名。文王伐崇。古者伐國遷其重器。以分同姓。大璜夏后氏之璜。春秋傳曰。分魯公以夏后氏之璜。孔疏春秋宣元年晉趙穿侵崇。又書傳有崇侯虎。貫與崇連文。故知皆國名。定四年左氏傳夏后氏之璜。封父之繁弱。封父與夏后氏相對。故知封父亦國名。昭十五年左傳云。密須之鼓。闕鞏之甲。以賜晉。是遷其重器。以分同姓也。輔氏廣曰。諸侯之國。皆有分器。不獨魯有之。而曰天子之器。亦夸大辭也。陸氏佃曰。大璜封父龜。傳可謂夏后氏之璜。封父之繁弱是也。蓋此龜一名繁弱。豈以善中名之與。禮案大璜玄璜也。周禮春官大宗伯。以玄璜禮北方。鄭注彼云。半璧曰璜。夏尚黑。故鄭知爲夏璜也。至龜無號繁弱者。繁弱蓋弓名。見文選劉氏琨扶風歌。而此云龜。傳言繁弱。乃二器並封父所出。故或舉其弓。或言其龜也。

越棘大弓。天子之戎器也。鄭注越國名也。棘戟也。春秋傳曰。子都拔棘。孔疏以崇鼎貫鼎。是崇貫所出之鼎。則知越棘是越國所有之棘。引春秋隱十一年左傳文。證棘爲戟。棘戟方言文也。方氏愨曰。凡此即周官天府所藏大寶鎮。寶之類是也。陸氏佃曰。大弓武王之弓也。周公受賜。藏之魯。禮案周禮冬官考工記。天子之弓。合九而成規。故謂之大弓。春秋定八年盜竊寶玉大弓。蓋即此大弓是矣。

夏后氏之鼓足。殷楹鼓。周縣鼓。鄭注足謂四足也。楹謂之柱。貫中上出也。縣縣之簨虡也。殷頌曰植我鼗鼓。周頌曰應棘縣鼓。孔疏所引殷頌那之篇。鄭注云。置讀曰植。植鞉鼓也。證殷楹鼓。引周頌有瞽篇。證周之縣鼓。王氏念孫曰。鼓足文不成義。案廣雅鼓名有足鼓。商頌那篇。置我鞉鼓。毛傳曰。夏后氏足鼓。殷人置鼓。周人縣鼓。正義曰。夏后氏足鼓以下。皆明堂位文。周頌有瞽正義曰。明堂位云。夏后氏之足鼓。詩正義兩引明堂位。皆作足鼓。與毛詩廣雅同。則孔本禮記之作足鼓甚明。禮案世本夷作鼓。足與楹皆鼓架也。謂之足者。以其矮而離也無幾。若鼎立三足然也。謂之楹者。則具四柱。上下皆有橫木貫之。置鼓其上。高而顯然。故毛詩傳云。殷人置鼓。周鼓不止於縣。言縣鼓者。舉一隅也。

垂之和鍾。叔之離磬。女媧之笙簧。鄭注垂堯之共工也。女媧三皇承宓羲者。叔未聞也。和離謂次序其聲縣也。笙簧笙中之簧也。世本作曰鍾垂作。無句作磬。女媧作笙簧。孔疏此明魯有先代之樂。案舜典垂作共工。鄭不見古文。故以爲堯時。帝王世紀云。女媧氏風姓。承庖義制度。始作笙簧。和離謂聲解和也。縣解離也。皇氏云無句叔之別名。義或然也。方氏愨曰。郊特牲曰。以鍾次之。以和居參之也。故謂之和鍾。樂記曰。石聲磬。磬以立辨。辨者離之音也。故謂之離磬。笙以象物生之形。簧則美在其中。故謂之笙簧。陸氏佃曰。和鍾編鍾。離磬特磬也。禮案說是也。爾雅釋樂。小笙謂之和。大琴謂之離。然則和鍾鍾之小者。離磬磬之大者。小故可編。大故特縣也。

夏后氏之龍簨虡。殷之崇牙。周之璧翣。鄭注簨虡所以縣鍾磬也。橫曰簨。飾之以鱗屬。植曰虡。飾之以贏屬羽屬。簨以大版爲之。謂之業。殷又於龍上刻畫之爲重牙。以挂縣紘也。周又畫繒爲翣。載以璧。垂五采羽於其下。樹於簨之角上。飾彌多也。周頌曰。設業設虡。崇牙樹羽。孔疏此明魯有三代樂縣。案考工記筍飾以龍。此幷云虞者。蓋夏時簨虡皆飾之以鱗。至周乃別也。其簨上更加大版。刻崇牙謂之業。詩大雅云。虞業維樅。業扇也。言周畫繒爲扇。戴小壁於扇之上。皇氏云崇牙謂刻畫大版。重疊爲牙。義疏云朱子詩傳。簨上大版刻之截業如鋸齒曰業。於業上縣鍾磬處。又以采色爲崇牙狀樅樅然。是崇牙卽業上如鋸齒處也。江氏永曰。案壁翣喪葬之飾。豈可施之於樂器。此因後文殷之崇橫。周之壁翣而誤也。壁翣當作樹羽。蓋以五采樹羽於簨之角。非縣於壁翣之下。崇牙樹羽頌有明文。謂壁翣上垂羽後人彌縫之說也。禮案龍簨虡刻龍於簨虡也。說文崇高也。字彙上曰齒。下曰牙。崇牙向上而高。所以掛樂縣也。壁翣者編羽樹之。則似扇形。故亦謂之樹羽。又綴壁於其間爲飾。江氏以樂縣不當取喪葬之飾。愚則謂壁翣蓋喪葬之取樂縣也。何以辨之。有攷喪葬之翣。皆以素繒。畫爲黼黻。雖作扇形。而非編羽爲之。夫翣扇字皆從羽。可知作翣者必以鳥羽也。

虞氏之兩敦。夏后氏之四璉。殷之六瑚。周之八簋。

鄭注皆黍稷器。制之異同未聞。孔疏案鄭注周禮舍人云。方曰簠。圓曰簋。此云未聞者。謂瑚璉之器。與簋異同未聞。也。鄭注論語云。夏曰瑚。殷曰璉。皇氏云誤也。此言兩敦四璉。六瑚八簋者。言魯之所得唯此耳。陸氏佃曰。兩敦黍稷。四璉黍稷稻粱。六瑚黍稷稻粱麥苽。八簋黍稷稻粱白黍黃粱稰穛。吳氏澄曰。簋盛黍稷。其盛稻粱名簠。陳氏澔曰。少牢禮曰執敦黍有蓋。又曰設四敦皆首。敦之爲器。有蓋有首也。孫氏希旦曰。特牲二敦。少牢四敦。以此差之。諸侯當用六簋。天子當用八簋。與禮案有虞氏尚陶敦瓦也。璉瑚玉器。簋竹器。四者並偶數。故鄭知皆黍稷器。以食養陰。陰數偶也。

俎。有虞氏以梡。夏后氏以嶡。殷以椇。周以房俎。

鄭注梡斷木爲四足而已。嶡之言蹷也。謂中足爲橫距之象。周禮謂之距。椇之言枳椇也。謂曲橈之也。房謂足下跗也。上下兩間。有似於堂房。魯頌曰籩豆大房。孔疏梡以虞氏尚質。未有餘飾。故知但有四足而已。蹷謂足橫辟不正。今俎足間有橫距之象。言鷄有距也。椇枳之樹。其枝多曲橈。故陸璣草木疏云。椇曲來巢。殷俎似之。房謂俎頭各有兩足。足下各別爲跗。足間橫者似堂之壁。橫下二跗似堂之東西頭。各有房也。但古制難識。不可悉知也。方氏慤曰。梡者斷木爲足。無餘飾。苟完而已。嶡者於足間加橫木。植爲立。橫爲嶡也。椇者既有橫木。又爲曲橈之形。則於是爲具。此皆漸致其文也。陳氏祥道曰。詩言大房。傳言房烝。此房俎也。少牢禮言俎有距。此橫距也。其高下脩廣無文。舊圖謂高二尺四寸。廣尺四寸。不可考。禮案上祀周公俎用梡嶡。則魯惟用虞夏。未用殷周矣。

夏后氏以楬豆。殷玉豆。周獻豆。

鄭注獻無異物之飾也。獻疏刻之。齊人謂無髮爲禿楬。孔疏獻音娑。娑是希疏之義。故爲疏刻之。陳氏祥道曰。楬以言其制。玉以言其飾。獻以言其用。孫氏希旦曰。楬豆斷本爲之。而無他飾也。士喪禮大斂毼豆兩。鄭云毼白也。毼豆卽楬豆。殷周豆既有飾。故以夏后氏之楬豆。用之喪奠也。周禮外宗佐王后薦玉豆。是周亦名玉豆矣。蓋殷之豆。飾以玉而不雕。周飾以玉。而又雕刻其柄。故別名獻豆禮案上文云。薦用玉豆。是魯以殷豆薦也。周本玉豆。而此謂之獻豆者。蓋魯以周豆獻也。

有虞氏服韍。夏后氏山。殷火。周龍章。

鄭注韍冕服之韠也。舜始作之。以尊祭服。禹湯至周。增以畫文。後王彌飾也。山取其仁可仰也。火取其明也。龍取其變化也。天子備焉。諸侯火而下。卿大夫山。士韎韋而已。韍或作黻。孔疏此論魯有四代韍制。虞直以爲韍。未有異飾。故云服韍。夏畫之以山。殷增之以火。周加龍以爲文章。易困卦九二爻辭。朱韍方來。利用享祀。是韍爲祭服也。案士冠禮士韎韐。是士無飾。推此即尊者飾多。此有四等。天子至士亦四等。故知卿大夫加山。諸侯加火。天子加龍。方氏慤曰。有山有火。而又加之以龍。則其文成矣。於周特言章者。文之成也。萬民斯大曰。服冕服也。四代皆十二章。虞以韍名。故曰韍冕。禹之致美乎韍冕。猶仍虞也。後更以山名。殷則以火名。周以龍章名。龍形袞然。故名袞冕。先儒謂爲韍制。四代增加。豈一韍而備諸采乎。且山龍皆衣之章。而下移於韍。聖人不若是無別也。禮案此上言祭器。下言祭物。則此言祭服明矣。祭服當舉冕服。不當止舉蔽膝。似萬說得之。惟夏殷以山火名服。則羣經固未之見也。

有虞氏祭首。夏后氏祭心。殷祭肝。周祭肺。夏后氏尚明水。殷尚醴。周尚酒。鄭注祭氣主盛也。尚此皆其時之用耳。言尚非。孔疏夏后氏尚質故用水。殷人稍文故用醴。周人轉文故用酒。案儀禮設尊尚玄酒。是周家亦尚明水也。禮運云澄酒在下。是周世不尚酒也。方氏慤曰。有虞氏祭首。尚用氣也。氣以陽爲主。首者氣之陽也。至於三代。則各祭其所勝者焉。夏尚黑爲勝赤。心赤也。殷尚白爲勝青。肝青也。周尚赤爲勝白。肺白也。明非有所勝。則不能王天下以致孝於宗廟。明水者得之於天。醴則成之於人。然猶米厚。僅足以爲禮而已。酒則味成而可荐。厚之至也。陸氏佃曰。氏旁出也。有虞氏稱氏。言堯之旁出。堯猶在也。夏后氏稱氏。言舜之旁出。舜猶在也。自此以上稱氏。以此殷稱人無夏矣。周稱人無殷矣。此篇言殷周如此。陳氏祥道曰。祭以右手。凡祭必於肺。醢之豆間也。禮案陳說非也。蓋此篇皆言祭禮。未嘗云食禮。此四代之祭。必祭祀之祭。其三代所尚亦祭祀之尚。夫禹惡旨酒。則夏時非無酒。紂爲酒池。則殷代非止醴。而云尚水尚醴。非祭禮而何。

有虞氏官五十。夏后氏官百。殷二百。周三百。鄭注周之六卿。其屬各六十。則周三百六十官也。此云三百者。記時冬官亡矣。昏義曰天子立六官。三公九卿。二十七大夫。八十一元士。凡百二十。蓋謂夏時也。以夏周推前後之差。有虞氏官宜六十。夏后氏以百二十。殷宜二百四十。不得如此記也。孔疏此明魯有四代之官。然魯是諸侯。案大宰職諸侯唯有三卿五大夫。故公羊傳司徒司空之下各有二小卿。司馬之下一小卿。是三卿五大夫也。今魯雖被褒崇。何得備立四代之官。而備三百六十職者。當成王褒崇於魯。四代官中。雜存名號。非謂魯得盡備其數也。但記者盛美於魯。因舉四代官之本數而言之。鄭引昏義欲證明夏官百二十。夏倍於虞。殷倍於夏。殷官既多。周不可倍之故。但加百二十耳。案尚書周官云。唐虞稽古。建官惟百。夏商官倍。亦克用乂。與此不同者。禮是記事之典。須委曲備言。書是疏通之教。故舉大略小。方氏慤曰。書之所言據其號。記之所言據其人。蓋官有差等。而分職不可以無辨。職有繁簡。而用才或得以相兼。故曰官不必備。惟其人。天官言大宰卿。小宰中大夫。書言周公爲師。則三公之職也。又言周公位冢宰。則六卿之職也。豈非相兼者乎。轉氏廣曰。魯百里之國。決不能盡備四代之官。皆夸辭也。以此例上所言可知也。禮案尚書大傳白虎通。昏義篇所言古之建官。自公至士。凡百有二十。則此云虞官五十非也。夏受虞禪。自仍其制。則言百官是矣。蓋百者舉其成數。實則百二十官也。殷以徵代得天下。爵及武功之士。故設官自倍於夏。至周則名物度數增多。故建官三百六十。此三百者。亦舉成數也。

有虞氏之綏。夏后氏之綢

練。殷之崇牙。周之璧翣。鄭注綏亦旌旗之緌也。夏綢其杠。以練爲之旒。殷又刻繒爲重牙。以飾其側。亦飾彌多也。湯以武受命。恆以牙爲飾也。此旌旗及翣。皆喪葬之飾。周禮大喪葬。巾車執蓋。從車持旌。御僕持翣。旌從遣車。翣夾柩路。左右前後。天子八翣。皆戴璧垂羽。諸侯六翣。皆戴圭。大夫四翣。士二翣。皆戴綏。孔子之喪。公西赤爲志。亦用此焉。爾雅說旌旗曰。素錦綢杠。纁帛縿。素升龍於縿。練旒九。孔疏此明魯有四代喪葬。旌旗之飾。有虞氏之綏。則前經注旌於竿首。夏之綢練。謂綢杠以練。又爲之旒。殷刻繒爲崇牙之形。飾旌旗之側。周代以物爲翣。翣上戴璧。陳之而障柩車前。文崇牙璧翣。是飾簨虡。此與夏后綢練連文。故知喪葬之飾。引周禮證葬有旌旗及翣之義。天子八翣。禮器文。諸侯六翣。大夫四。士二。並喪大記文。江氏永曰。鄭注天子八翣。皆戴璧垂羽。此因前誤文之璧翣。合於周頌之樹羽。意其亦有垂羽。非也。孫氏希旦曰。樂虡有崇牙。以懸鍾磬之紘。此崇牙蓋刻於旌竿之首。以懸綏者也。天子翣戴璧。諸侯翣戴圭。此云周之璧翣。則是魯之喪制。用天子之璧翣。與禮案檀弓上孔子之喪。公西赤爲志焉。飾棺牆置翣設披周也。設崇殷也。綢練設旐夏也。以陪臣而用三代之飾。而記者不譏之僭者。以魯用前王之制。其來已久。故當時亦習爲固然也。凡四代之服器官。魯兼用之。有故魯王禮也。天下傳之久矣。君臣未嘗相弒也。禮樂刑法政俗未嘗相變也。天下以爲有道之國。是故天下資禮樂焉。鄭注王禮天子之禮也。傳傳世也。資取也。此蓋盛周公之德耳。春秋時魯三名弒。又士之有誄。由莊公始。婦人髽而弔。始於臺駘。云君臣未嘗相弒。政俗未嘗相變。亦近誣矣。資或爲飲。孔疏此記者既陳四代服器官於前。此經結之於後。美大魯國也。然言伊耆氏之樂。女媧氏笙簧。非唯四代。今祇言四代。據其多者言之。亦有但舉三代者。四代服器。魯家每物之中得用之。不謂事事盡用也。作記之時。是周末。唯魯獨存周禮。故以爲有道之國。左傳襄十年云。諸侯宋魯。於是觀禮。宋爲王者之後。魯是周公之胤。是天下資禮樂焉。葉氏夢得曰。鄭氏以桓宣之事。欲附會而不可得。遂併記婦人髽士有誄之事。以言周禮之變。謂此書爲近於誣。若然。胡爲列之記乎。禮記雖出漢儒。其言未必盡實。然桓宣之弒。不應滅裂不知至此。吾嘗證呂覽。以周賜周公得用天子禮樂。在平王之世。魯惠公之所請。則明堂位之作。宜在桓公之前。正當惠隱之制。魯初得周公之賜。故記禮者因緝而載之。所以不及弒事。非特此而已。且言魯公之廟。文世室也。武公之廟。武世室也。若果出於成康及周公之身。安得所謂魯公。武公之廟乎。禮案襄二十九年左傳。吳公子札來聘。請觀於周樂。是資樂之事。

温州大典

歷代古籍編

中華書局

經部

禮記通釋

戴禮撰

下册

禮記通釋八十卷

第五册

禮記通釋卷四十一

玉環戴禮

喪服小記第十五

孔疏案鄭目錄云喪服小記者以其記喪服之小義也此於別錄屬喪服朱子熹曰儀禮喪服子夏作傳此篇是解傳中之曲折吳氏澄曰喪服經後有記蓋以補經之所未備又廣記喪禮雜事其事瑣碎故名小記所以別於經後之記也禮案喪大事也喪服之記而謂之小者猶易繫辭所云其稱名也小其取類也大

斬衰括髮以麻。為母括髮以麻，免而以布。

鄭注母服輕至免可以布代麻也為母又哭而免孔疏此論斬齊之喪男女括髮免髽之異斬衰者主人為父之服括髮者為父未成服之前所服禮親始死子布深衣去冠而猶有笄縰徒跣扱上衽至將小斂去笄縰著素冠視斂斂訖投冠而括髮鄭注喪服云括髮以麻自項以前交於額上卻繞紒如著幓頭焉為母初喪至小斂後括髮與為父禮同至尸出堂子拜賓竟後往即堂下之位時則異也若為父此時猶括髮而踊襲絰帶以至大斂而成服若母喪於此時則著布免踊而襲絰帶以至成服也方氏愨曰衰凶服名也其制當心曰衰當背曰負左右曰辟其別如此而通謂之一衰者以哀雖見於衣服其本在心故也陸氏佃曰士喪禮主人髺髮袒衆主人免於房婦人髽於室則袒括髮一人而已諸子皆免禮案喪服傳曰斬者何不緝也為父何以斬衰也父至尊也廣韻括結也鄭箋詹小雅云括會合離散之人窈意親始死脫冠猶有笄纚以約髮至將小斂時說髦去笄纚則髮散亂故用麻以總結髮根而散垂其餘何以知其然也蓋未成服之先帶猶散垂況男服重首而髮亦當然也至成服冠則帶亦絞垂也觀今之男女當喪必散髮視斂當葬必散髮視窆其必有所本矣

齊衰惡笄以終喪。

鄭注笄所以卷髮帶所以持身也婦人質於喪所以自卷持者有除無變孔疏惡笄者榛木為笄也婦人質笄以卷髮帶以持身於其自卷持者有除無變故要絰及笄不須更易至服竟一除故云惡笄以終喪江氏永曰案鄭注經文齊衰下當有帶字今注疏本皆無帶字集說但言笄而不及帶皆非也孫氏希旦曰據鄭氏注兼解笄帶當有帶字明矣喪服傳云惡笄有櫛笄也檀弓南宮縚之妻之姑之喪榛以為笄豈櫛以榛木為之以其解木言之則曰榛以其用言之則曰櫛與喪服記曰女子子適人者為其父母婦為舅姑惡笄有首以髽卒哭子折笄首以笄又曰妾為女君君之長子惡笄有首然則喪笄終喪者女子子在室父在為母也婦為舅姑也妾為女君君之長子也若女子子適人為其父母卒哭折吉笄之首以笄則不以惡笄終喪矣婦人之帶有除無變斬衰至練而除之自齊衰以下皆終喪除也禮案喪服傳曰齊者何緝也凡物不良曰惡吉笄以金玉為之喪笄則以木制則陋之矣故謂之惡笄段氏玉裁亦謂惡笄下當有帶字王氏念孫王氏引之則以考文所引古本足利本喪服及士虞禮疏引此文皆作帶惡笄以終喪自唐石經始脫帶字然據他本總不若據鄭注於是今從之

男子冠而婦人笄，男子免而婦人髽。其義為男子則免，為婦人則髽。

鄭注別男女也孔疏吉時男子首有吉冠則女首有吉笄若親始死男去冠女則去笄若成服為父男則六升布為冠女則去笄若成服為父男則六升

布爲冠。女則箭篠爲笄。爲母，男則七升布爲冠，女則榛木爲笄。故云男子冠而婦人笄也。遭齊衰之喪，首飾亦別。當襲斂之節。男子著免，婦人著髽。故云男子免而婦人髽。免者，鄭注士喪禮云。以布廣一寸。自項中而前。交於額上。卻繞紒也。如著幓頭。髽有二。一是斬衰麻髽。二是齊衰布髽。皆名露紒。必知然者。以喪服女子子在室。爲父箭笄髽衰。是斬衰之髽用麻。鄭注以爲露紒。明齊衰髽用布。亦謂之露紒髽也。庾蔚云。喪服往往寄異以明義。或疑免髽亦有旨。故解之以於男子則免。婦人則髽。則男女而已。賀湯云。男去冠。猶婦人去笄。無復別義也。黃氏榦曰。杜襄四年左傳注。髽麻髮合結也。禮案。髽之爲言叢脞也。錯亂之貌。蓋婦人吉時約髮有總。作髻有笄。喪去笄纚。則髮散亂。故用麻布以束之。即男子之括髮也。既夕禮曰。丈夫髽。散帶垂是也。疏引鄭注喪禮。以髽爲露紒。似非。士冠禮將冠者采衣紒。焉有未冠童子。而束髮如有喪者也。

苴杖，竹也。削杖，桐也。

孔疏此解喪服苴杖削杖也。苴者黯也。夫至痛內結。必形色外章。心如斬斫。貌必蒼苴。所以衰裳絰杖。俱備苴色也。必用竹者。以其體圓性貞。履四時不改。明子爲父禮。申痛極無厭殺也。削殺也。必用桐者。明外雖被削。而心本同也。賈氏公彥曰。父者子之天。竹圓象天。內外有節。象子爲父。亦有內外之痛。此爲父所以杖竹。桐外無節。經時而變。象家無二尊。屈於父。削之使方者。取母象於地。此爲母所以杖桐也。杖所以扶病。病從心起。故杖之高下。以心爲斷。禮案。楊注苟子哀公篇云。苴謂蒼白色。自死之竹也。

祖父卒而后爲祖母後者三年。

鄭注。祖父在。則其服如父在爲母也。孔疏此謂適孫無父而爲祖後。祖父已卒。今又遭祖母喪。故云爲祖母後也。事事得申。如父卒爲母。故三年。若祖父卒時。父已先亡。亦爲祖父三年。若祖卒父在。已雖爲祖期。今父殁。祖母亡時。已亦爲祖母三年也。禮案。此祖父之卒。蓋在父殁之先。故已未爲祖父後也。當祖母卒時。父已先死。故曰爲祖母後也。

爲父母長子稽顙。大夫弔之。雖緦必稽顙。婦人爲夫與長子稽顙。其餘則否。

鄭注爲父母長子喪。尊者及正體。不敢不盡禮。尊大夫。不敢以輕待之。婦人思殺於父母。孔疏此論喪合稽顙之事。重服先稽顙而後拜。父母長子並重故也。其餘期以下。先拜後稽顙也。若大夫弔士。雖是緦麻之親。必亦先稽顙而後拜。婦人爲夫與長子亦先稽顙而後拜。其餘否者。謂父母也。以受重他族。其思減殺於父母也。陳氏祥道曰。禮非至尊不稽首。喪非至重不稽顙。然有非至重而稽顙者。非以其至親。則以弔者之尊也。故爲妻稽顙。以至親也。大夫弔之。雖緦必稽顙。以弔者之尊也。婦人移天於夫。而傳重於長子。故雖父母不滑顙。所稽顙者。夫與長子而已。以所受於此者重。所報於彼者殺也。孫氏希旦曰。爲父母長子稽顙。言爲喪主拜賓之法。喪拜以稽顙爲重。自期以下。則吉拜而已。郭氏嵩燾曰。大夫弔。蓋謂士有緦服。而大夫弔於其家。爲士而弔。則亦爲大夫之弔者稽顙也。江氏永曰。案婦人爲夫斬衰三年。爲長子齊衰三年。皆最重之服。故稽顙。其餘爲父母降服。爲舅姑期服。皆不稽顙。其餘中當亦兼舅姑也。禮案。陳師衍曰。雖緦必稽顙。謂死者無主。而疏服之士。主其喪也。竊意大夫弔。雖緦必稽顙。與君弔雖不當免時必免義同。蓋不敢簡尊者之辱也。喪服斬衰三年章。妻爲夫。傳曰。夫至尊也。齊衰三年章。母爲長子。傳曰。何以 年也。父之所不降。母亦不敢降也。主三年之喪。故拜賓稽顙。其餘則否。謂手拜也。鄭注少儀云。爲夫與長子當稽顙。其餘亦手拜而已。蓋婦人服重於夫氏。則恩殺於母黨。猶爲所後者服斬。則降其本生期。尊無二上也。至在室之女子無昆弟。爲父執杖拜賓。而亦稽顙者。則非恆禮故也。

男主必使同姓。婦主必使異姓。鄭注謂爲無主後者爲主也。異姓同宗之婦也。婦人外成。孔疏庾氏云。喪有男主以接男賓。女主以接女賓。若父母之喪。則適子爲男主。適婦爲女主也。或無子。婦人遣他人攝主。若攝男主。必使喪家同姓之男。婦主必使喪家異姓之女。婦人適於他族。不得自與己同宗爲主。此云異姓者。與夫家爲異姓。禮案婦主必使異姓。就死者言於夫爲異姓也。雜記下曰。姑姊妹其夫死而夫黨無兄弟。使夫之族人主喪。妻之黨雖親弗主。夫若無族。黨則前後家。東西家。無有。則里尹主之。是也。若一如疏義。與夫家爲異姓。則或姑姊娣姪同嫁一族。彼此可相爲主矣。

爲父後者。爲出母無服。鄭注不敢以己私廢父所傳重之祭祀。孔疏此論適子承重。不得爲出母著服。出母謂母犯七出。爲父所遣。而母子至親。義不可絕。父若猶在。子皆爲出母服。若父殁後。則適子一人。不復爲母服。所以然者。已係嗣烝嘗。不敢以私親廢先祖之祀。故無服。江氏永曰。孔子雖爲父後。而爲出母施氏服期者。閔其無子。異於有過而出者也。孫氏希旦曰。喪者不祭。故母出與廟絕。故不敢以其喪廢宗廟之祭也。禮案下文云爲父後者爲出母無服。無服也者。喪者不祭故也。故父在不爲主。子可與出母服也。檀弓上謂伯魚母死期而猶哭。孔子言其甚。則固已服期矣。子思不使白也喪。豈禮也哉。

親親以三爲五。以五爲九。上殺下殺旁殺而親畢矣。鄭注已上親父。下親子。三也。以父親祖。以子親孫。五也。以祖親高祖。以孫親玄孫。九也。殺謂親益疏者。服之則輕。孔疏此廣明五服之輕重。隨親疏著服。親親以三者。上父下子。并己爲三。爲五者。加祖及孫也。又以曾祖故親高祖。曾孫故親玄孫。上加曾高二祖。下加曾玄。故爲九也。上殺者。服父三年。服祖減殺至期。以次減之。應曾祖大功。高祖小功。而俱齊衰三月者。喪服注云。重其衰麻。尊尊也。減其日月。恩殺也。下殺者。父服子期。若正適傳重。便得遂情。故喪服云不敢降是也。父服子期。孫卑不得祖報。故九月。若傳重者亦期也。孫大功。則曾孫宜五月。但曾孫服止三月。故曾祖報亦一時也。曾祖正尊。自加齊衰。曾孫卑。故緦麻。玄孫同。旁殺者。世叔之屬。世叔是父一體。故加至期。從世叔既疏。加所不及。是以五月。族世叔又疏一等。故以緦麻。此是發父而旁漸至輕也。又祖是父一體。故加至期。祖之兄弟加亦不及。便止五月。族祖又疏一等。故宜緦麻。此是發祖而旁漸殺也。又曾祖據期。本應五月。曾祖之兄弟謂族曾祖既疏一等。故宜三月。自此以外及高祖之兄弟。悉無服矣。又兄弟至親一體。相爲期。同堂兄弟疏一等。故九月。從祖兄弟又疏一等。故小功。族昆弟又殺一等。故三月。是發兄弟而旁殺也。又父爲子期。而兄弟之子但宜九月。而亦期者。父與子本應報以三年。特爲首足。故降至期。兄弟之子爲世叔本應九月。言世叔與尊者一體。而加至期。世叔旁尊。不得自比彼父祖之重。無義相降。故報兄弟子期。且己與兄弟一體。兄弟之子不宜隔異。與己子等。所以至期。故檀弓云。兄弟之子猶子。引而進之是也。又同堂兄弟之子服從伯叔無加。則從伯叔亦正報五月也。族兄弟之子又疏。故宜緦耳。此發子而旁殺也。又孫服祖期。祖尊故爲孫大功。兄弟之孫服從祖五月。故從祖報之小功也。同堂兄弟之孫既疏。爲之緦麻。其外無服矣。曾祖爲曾孫三月。爲兄弟曾孫以無等降之。故亦三月。始自父母。終爲族人。故云親畢矣。且五屬之親。若同父則期。同祖則大功。同曾祖則小功。同高祖則緦麻。高祖外無服。亦是畢祖也。沈氏括曰。喪服但有曾祖曾孫。而無高祖玄孫。或曰。經之所不言則不服。是不然也。曾重也。自祖而上皆曾祖也。自孫以下皆曾孫也。雖百世可也。苟有相逮者。則必爲服喪三月。故成王於后稷。亦稱曾孫。祭禮祝辭。無遠近皆曰曾孫。孫氏希旦曰。沈氏之言是也。族曾祖父母。族祖父母。族父母。族昆弟。謂之四緦麻。皆出於高祖之親。而有服則高祖有服可知。是喪服齊衰三月章之曾祖。原非專謂祖之父也。郭氏嵩燾曰。士昏禮三族云。父之昆弟。己之昆弟。子之昆弟。凡類而聚之曰族。族統於三而成於九。九者之等也。以五服維繫之。服止於五。上殺下殺旁殺。一以五爲節。由己而上推之於高祖五世。由己而下推之於玄孫五世。由己而旁推之至於三從昆弟五世。故曰以三爲五。合之則九世。謂之九族。故曰以五爲九。禮案喪服不爲高祖玄孫制服者。以古人三十而娶。則見曾孫者亦鮮。況玄孫乎。以無逮及者也。若有逮及。自當有服。無論九族之說。上及高祖。卽如遷廟之禮。謂親過高祖則遷。可見高祖固親未盡。親畢矣者。其過高祖者也。

王者禘其祖之所自出。以其祖配之。而立四廟。庶子王亦如之。

鄭注。禘大祭也。始祖感天神靈而生。祭天以祖配之。自外至者。無主不止。四廟高祖以下。與始祖而五。世子有廢疾不可立。而庶子立。其祭天立廟。亦如世子之立也。春秋時衞侯元有兄縶。孔疏禘謂夏正郊天。自從也。王者禘祭其先祖所從出之天。若周之先祖出自靈威仰。以祖配者。以先祖事配祭所出之天。既有配天始祖之廟。更立高祖以下四廟。與始祖而五也。天位尊重。庶子爲王。郊天祀五廟。事事如適子。嫌其不得。故特明之。公羊宣三年傳文。外至者。天神也。主者。人祖也。故祭以祖配天。以其庶子爲王。明世子有廢疾不可立也。王氏肅曰。禘宗廟五年祭之名。祭其祖之所自出。而以其祖配之。若虞氏之祖出自黃帝。以祖顓頊配黃帝而祭。趙氏匡曰。不王不禘。明諸侯不得有也。禘者帝王既立始祖之廟。猶謂未盡其追遠尊先之意。故又推始祖所自出之帝。追祀之於始祖之廟。而以始祖配祭。此祭不兼羣廟之主。爲其疏遠而不敢褻也。陳氏祥道曰。韋玄成以立四廟爲始受命而王者。於理或然。蓋始受命而王者。不必備事七世。故立四廟。止於高祖而已。其上親盡不祭可也。方氏慤曰。王立七廟。而此言立四廟者。據月祭之四親廟言之也。盡遠廟爲祧。有二祧享嘗乃止。既言禘其祖之所自出。以其祖配之。則祭及其二祧可知矣。此所以不言之也。陸氏佃曰。庶子王亦如之者。正爲庶子不祭。庶子王然後祭耳。孫氏希旦曰。庶子王亦如之。上當有言庶子爲君爲其母之服。而此文承之大約。此篇簡策多爛脫。當闕所疑。禮案二祧本藏遷廟之主。則據大祖廟及四親廟。亦可謂之五廟也。

別子爲祖。繼別爲宗。繼禰者爲小宗。有五世而遷之宗。其繼高祖者也。是故祖遷於上。宗易於下。尊祖故敬宗。敬宗所以尊祖禰也。庶子不祭祖者。明其宗也。

鄭注。諸侯之庶子。別爲後世爲始祖也。謂之別子者。公子不得禰先君。別子之世長子。爲其族人爲宗。所謂百世不遷之宗。別子庶子之長子。爲其昆弟爲宗也。謂之小宗者。以其將遷也。五世而遷。謂小宗也。小宗有四。或繼高祖。或繼曾祖。或繼祖。或繼禰。皆至五世則遷。宗者祖禰之正體。明其尊宗以爲本也。禰則不祭矣。言不祭禰者。主謂宗子庶子俱爲適士。得立祖禰廟者也。凡正體在乎上者。謂下正猶爲庶子也。孔疏此論尊祖敬宗祭之義。別子爲祖者，謂諸侯適子之弟，別於正適，故稱別子。子孫爲卿大夫，立此別子爲始祖。繼別爲宗，謂別子之世世長子，恆繼別子，與族人爲百世不遷之大宗。繼禰者，謂別子之庶子所生長子，繼此庶子，與兄弟爲小宗。比大宗爲小，故云小宗也。五世者，謂上從高祖，下至玄孫之子。此玄孫之子則合遷徙，不與得族人爲宗，故有五世則遷之宗。此五世合遷之宗，是繼高祖者之子，則已滿五世，禮合遷徙，但記文路，唯云繼高祖也。別子之後，族人衆也，蓋有繼高祖者，與三從兄弟爲宗，或有繼曾祖者，與再繼從兄弟爲宗，或有繼祖者，與同堂兄弟爲宗，或有繼禰者，與兄弟爲宗，不廢族人一身凡事四宗，事親兄弟之適，是繼禰小宗也；事同堂兄弟之適，是繼祖小宗也；事再從兄弟之適，是繼曾祖小宗也；事三從兄弟之適，是繼高祖小宗也；兼大宗爲五。繼高祖者至子五世，不復與四從兄弟爲宗，故云皆至五世則遷，各隨近相宗。然則小宗所繼非一，猶云繼禰者爲小宗。雖四初皆繼禰爲始，據初爲元，故特云繼禰也。四世之時，尚事高祖；至五世之時，謂高祖之父不爲加服，是祖遷於上。四世仍宗三從族人，至五世不從宗，四從族人各自隨近而宗，是宗易於下。宗是先祖正體，所以尊祖故敬宗，敬宗所以尊祖禰也。庶子適子並宜供養，而適子蒸嘗，庶子獨不祭者，正是推本崇適，故云明其宗也。此言庶子是父庶，父庶即不得祭父，何假言祖？故云禰則不祭也，而記言不祭祖，故知是宗子庶子俱爲適士得立二廟，自禰及祖，是宗子得立廟祭之。祖庶雖爲適士，得自立禰廟，不得立祖廟，故云不祭祖，以禰適爲庶子也。雖正爲禰適，而於祖猶爲庶也。五宗悉然。方氏慤曰：祖遷於上，宗易於下，特五世則遷之小宗爾。若夫百世不遷之大宗，則祖未嘗遷而宗未嘗易焉。於祖曰遷，於宗曰易者，遷有升之之意，故於在上者言之；易有去之之意，故於在下者言之。陳氏澔曰：別子有三：一是諸侯適子之弟，別於正室；二是異姓公子來自他國，別於本國不來者；三是庶姓之起於是邦爲卿大夫，而別於不仕者，皆稱別子也。方氏苞曰：古之宗法，可以收族，乃爲生者而設，非使人各領其族以祀先祖也。春秋傳楚滅戎蠻子，立宗以誘其遺民，蓋有宗子然後支庶皆往依之，其族可復聚也。郝氏懿行曰：宗子庶子俱爲適士，則祖廟固立於宗子家，而庶子不得私祭，即庶子爲大夫宗子，爲士庶人，其得立廟，雖由庶子，亦必立於宗子之家，而使宗子主祭也。禮案白虎通云：宗其爲始祖後者爲大宗，此百世不遷之宗也。宗其爲高祖後者，五世而遷者也。高祖遷於上，宗則易於下。宗其爲高祖後者爲曾祖宗，宗其爲祖後者爲祖宗，宗其爲父後者爲父宗。以上至高祖宗，皆爲小宗。以其轉遷別於大宗也。別子者，自與其子孫爲祖，繼別者，各自爲宗。小宗有四，大宗有一，凡有五宗，人之親所以備矣。

庶子不爲長子斬，不繼祖與禰故也。

鄭注：尊先祖之正體，不二其統也。言不繼祖禰，則長子不必五世。孔疏：喪服爲長子斬，此明父是庶子，故不得爲長子斬，互相明也。鄭注喪服云：爲父後者，然後爲長子三年，此經云必爲父適祖適，乃得爲長子斬者，但禮有適子者無適孫，雖己是祖正，若父猶在，則己未成適，未成適則不得重長，重長必是父殁而後者，故云爲父後者，然後爲長子三年也。然己身雖是祖庶，而是父適，則應立廟，立廟則己長子傳重，當祭而不爲斬者，以是祖庶厭降，故不敢服斬，且死者其父見在，父自供祭，然禮爲後者有四條，皆不爲斬：有體而不正，庶子爲後是也；正而不體，適孫爲後是也；傳重而非正體，庶孫爲後是也；正體而不傳重，適子有廢疾不立是也。譙氏周曰：不繼祖與禰，謂庶子身不繼禰，故其長子爲不繼祖。合是言之也。劉氏智曰。兩舉之者。明父之重長子。以其當爲禰後也。其所繼者於父則禰。於子則祖也。禮案。喪服斬衰章。父爲長子。傳曰。何以三年也。正體於上。又乃將所傳重也。庶子不得爲長子三年。不繼祖也。而此云不繼祖與禰者。禰即指庶子之身。譙劉二說是也。

庶子不祭殤與無後者。殤與無後者從祖祔食。

鄭注。不祭殤者。父之庶也。不祭無後者。祖之庶也。此二者當從祖祔食而已。不祭祖無所食之也。共其牲物。而宗子主其禮焉。祖庶之殤。則自祭之。凡所祭殤者。唯適子耳。無後者。謂昆弟諸父也。宗子之諸父無後者。爲墠祭之。孔疏。此事與曾子問中義同而語異也。庶子謂父庶及祖庶也。殤者未成人而死者也。無後謂成人未婚。或已娶無子而死者。不得祭殤者。謂父庶也。不祭無後者。謂祖庶也。殤與無後者從祖祔食。解庶所以不自祭義也。己不得祭父祖。而以此諸親皆各從其祖祔食。祖廟在宗子之家。故己不得自祭之也。爲墠祭之者。宗子是士。唯有祖禰二廟。無曾祖廟。故諸父無後者。爲墠祭之。若宗子爲大夫。得立曾祖廟。則祭於廟。不於墠也。陸氏佃曰。凡小宗子皆庶子也。知然者。以宗子無無後者。又得自祭其殤知之也。孫氏希旦曰。殤唯祔食與除服二祭則止。曾子問宗子爲殤而死。其吉祭特牲。鄭云。卒哭成事之後曰吉祭。此殤之祔祭也。小記曰。除殤之喪也。其服必玄。此殤之除服之祭也。成人而無後者亦然。殤與無後者。無四時吉祭之禮。而云庶子不祭殤與無後者。蓋既祔於祖。自後祭祖之時。則其神依祖而食。此即殤之祭也。而庶子不得祭殤與無後者矣。曾子問曰。凡殤與無後者。祭於宗子之家。方氏苞曰。祔食之禮。宜於繹祭於祊後。當室之白。陳殤與無後者次主。設俎敦豆籩。一如尸未入設饌祝神之禮。宗子獻奠。祝一一致告。但不立尸。無酬酢。則終朝可畢。然後儐尸未晚也。若正祭之日。則無暇及此。禮案。殤與無後者從祖祔食。故庶子不祭。以庶子不祭祖故也。殤祭無尸。無後者既與祭殤禮同。則亦無尸。無尸者厭祭也。祭殤有陰厭陽厭。以別宗子與凡殤也。祭無後者。則皆陽厭。蓋宗子無無後者也。

庶子不祭禰者。明其宗也。

鄭注。謂宗子庶子俱爲下士。得立禰廟也。雖庶人亦然。孔疏。解庶可以不祭殤義也。禰適故得立禰廟。故祭禰。禰庶不得立。故不得祭其禰。明其有所宗。既無禰廟。故不得祭子殤也。前文云不祭祖。以有祖廟。故注云宗子庶子俱爲適士。此文云不祭禰。唯有禰廟。故注云宗子庶子俱爲下士。若庶子是下士。宗子是庶人。此下士立廟於宗子之家。庶子共其牲物。宗子主其禮。雖庶人是有祭義。若宗子爲下士。是宗子自祭之。庶子不得祭也。應氏鏞曰。前文以長子斬衰之事重。故先言不祭祖。又言不繼祖禰以明之。以統傳於祖而源流遠也。幼殤祔食之事輕。故專言不祭禰以明之。以子出於禰而源流近也。注所言適士下士之說。雖於禮法曲盡其詳。然立言初意。恐不在是。禮案。庶子不祭禰者。明有適長爲父後者。爲父宗主禰之祭也。

親親。尊尊。長長。男女之有別。人道之大者也。

鄭注。言服之所以隆殺。孔疏。此論服之隆殺。親親謂父母也。尊尊謂祖及曾祖高祖也。長長謂兄及旁親也。舉尊長則卑幼可知。男女有別。若爲父斬。爲母齊衰。姑姊妹在室期。出嫁大功。爲夫斬。爲妻期之屬。是人間道理最大者也。孫氏希旦曰。君之服謂之方喪。乃準乎父之服而起。則尊尊之服。雖但主於一家而言。而君之服已該乎其中矣。禮案。親親若大戴本命云。其恩厚者其服重。尊尊若喪服大夫之於士。凡期服之親。降而爲功服。大夫之女。爲諸侯夫人。則降其諸父昆弟之屬。長長若喪服其非反報。必少者服重。而長者服輕也。男女之別。若嫂叔無服。而娣姒有服。尊卑長幼。親疏遠近。莫不由此而明。故曰人道之大者也。

從服者。所從亡則已。屬從者。所從雖沒也服。妾從女君而出。則不爲女君之子服。

鄭注從服謂若爲君母之父母昆弟從母也。屬從謂若自爲己之母黨。妾爲女君之黨服。得與女君同。而今俱出。女君猶爲子期。妾於義絕。無施服。孔疏此論從服之事。案服之術有六。其一是徒從。徒。空也。與彼非親屬。空從此而服彼。徒中有四。一是妾爲女君之黨。二是不從母服於母之君母。三是妾子爲君母之黨。四是臣從君而服君之黨。就此四徒之中。而一徒可從。雖亡則猶服。如女君雖沒。妾猶服女君之黨。其餘三徒。則所從亡而已。謂君母死則妾子不復服君母之黨。及母亡則子不復服母之君母。又君亡則臣不服君黨親也。其中又有妾攝女君。爲女君黨各有義故也。今云所從亡則已。已止也。謂徒從亡則止而不服者。鄭此謂略舉一隅也。屬者骨血連續以爲親也。亦有三。一是子從母服母之黨。二是妻從夫服夫之黨。三是夫從妻服妻之黨。此三從雖歿。猶從之服其親也。注謂若自爲己之母黨。亦舉一隅也。妾謂姪娣也。孫氏希旦曰。妾服女君之黨。與從服之義不同。若臣從君而服君之黨。則喪服齊衰章云。爲君之父母妻長子祖父母也。君沒之後。其長子則新君也。其妻則固小君也。其父母祖父母。君沒之後。新君承重。皆爲之三年。則臣亦從新君而服也。皆不可謂所從亡則已也。大傳疏言徒從內有妻爲夫之君。則所從亡不服者。但此與大傳皆主言治親之服。則臣服君之黨。妻服夫之君。皆與此所言從服無與也。禮案。徒從謂異姓之服。故有所從亡則已者。屬從非止三黨之親。即五屬所娶異姓之女。皆可謂之屬從也。大傳云。其夫屬乎父道者。妻皆母道也。其夫屬乎子道者。妻皆婦道也。各從其夫而爲之服。其從雖沒而服不廢也。

禮不王不禘。

鄭注禘謂祭天。孔疏王謂天子。禘謂郊天也。禮唯天子得郊天。諸侯以下否。故云禮不王不禘。此經上下皆論服制。記者亂錄。不禘之事。廁在其間。以承上文王者禘其祖之所自出。故知謂郊天也。陸氏佃曰。此文宜在王者禘其祖之所自出。以其祖配之之上。禮案。大傳亦有此文。灼見此句明係上文錯簡於此。陸說是也。

世子不降妻之父母。其爲妻也。與大夫之適子同。

鄭注世子天子諸侯之適子也。不降妻之父母。爲妻故親之也。爲妻亦齊衰。不杖者。君爲之主。不得伸也。主言與大夫之適子同。據服之成文也。本所以正見父在爲妻不杖。於大夫適子者。明大夫以上雖尊。猶爲適婦爲主。孔疏世子既不降妻之父母。其爲妻也。亦不降。與大夫之適子爲妻同也。世子爲妻亦齊衰不杖者。君爲主。子不得伸也。喪服齊衰不杖章稱大夫適子爲妻。若舉世子爲妻。嫌大夫以下有降喪服。若舉士子爲妻。其士既職卑。本無降理。大夫是尊降之首。恐其爲適婦而降。故特顯之。孫氏希旦曰。君大夫皆不降適婦之服。故其子亦不降其妻。蓋尊厭之法。體皆不厭也。妻之父母。從服也。公子厭於君。爲其妻無服。故不從而服其父母。世子服其妻與大夫之適子同。故於其妻之父母之服不降。喪服緦麻章云。妻之父母。不顯大夫以上之服。以此記推之。則雖大夫無緦服。而妻之父母之服。與士同矣。所以然者。夫婦一體。妻之父母。乃妻之正尊。故其夫皆遂服。此與尊降之法不降其正尊者同義也。禮案。喪服無天子諸侯爲其妻之父母服。而世子不降妻之父母者。士冠記云。天子之子。猶士也。至尊父在爲妻不杖士庶人皆然。不僅世子與大夫之適子也。

父爲士。子爲天子諸侯。則祭以天子諸侯。其尸服以士服。父爲天子諸侯。子爲士。祭以士。其尸服以士服。鄭注：祭以天子諸侯，養以子道也。尸服士服，父本無爵，子不敢以己爵加之，嫌於卑之。父爲天子諸侯，謂父以罪誅。尸服以士服，不成於君也。天子之子當封爲王者後，以祀其受命之祖。云爲士，則擇其宗之賢者，若微子者，不必封其子爲王者後，及所立爲諸侯者祀其先君以禮卒者。尸服天子諸侯之服。如遂無所封立，尸也祭也，皆如士，不敢僭用尊者衣物。孔疏：尸服士服，謂玄端。若君之先祖爲士大夫，則服助祭之服，故曾子問云尸弁冕而出，是爲君尸有著弁者，有著冕者。若爲先君士尸，則著爵弁；若爲先君大夫尸，則著玄冕；若大夫士之尸，則服家祭之服，故鄭注士虞記尸服卒者之上服，士玄端是也。知謂父以罪誅者，以尸服士服故也。以其嘗爲天子諸侯，不可以庶人禮待之，士是爵之最卑，故服其士服。是云若微子者，不必封其子者，案尚書序云成王既黜殷命，殺武庚，命微子啓代殷侯，是擇其賢者立，不封紂子是也。應氏鏞曰：此論其所祭所服者，固亦當時所絕無而僅有，然先王制禮，以該括古今之變，而方來之人情事物不能違焉，所以謂百世以俟聖人而不惑也。義疏云：三代以上，未有天子主祀之適子而爲士者，若諸侯失國，則往往有之。春秋諸侯失國名，貶也，貶則胡不當以士服之？此雖孝子仁人，亦有不得不爲法屈者。由此言之，記者特爲諸侯言耳，而兼及天子者，因上言天子諸侯，故連類及之，非謂天子之子果有爲士者也。鄭謂若微子者，而不必封其子，其亦思武王有武庚之封否耶？孫氏希旦曰：天子見滅，而其子不得封，別封其族之賢者以繼其先世；諸侯見廢，而其子不得立，別立其族之賢者以繼其先君。則廢滅之君之子祭此廢滅之天子諸侯，尸以士服，而所封立之諸侯祭其先君以禮卒者，其尸得用卒者之上服也。若遂無所封立，則其子孫之祭宗廟，雖先君以禮卒者，其戶亦服士服，則以其子孫之爲士，士之廟固不可以有天子諸侯之服也。禮案：王制云：自天子達於庶人，喪從死者，祭從生者。若父爲天子諸侯，子爲士，而尸服以士服，乃亡國之變禮，而非常道也。

婦當喪而出。則除之。爲父母喪未練而出。則三年。既練而出。則已。未練而反。則期。既練而反。則遂之。鄭注：當喪，當舅姑之喪也。出，除喪，絕族也。孔疏：婦當舅姑之服，被夫遣出，恩情既離，故出即除服也。女出嫁爲父母期。若父母喪未小祥，被夫遣歸，值兄弟之小祥，則隨兄弟喪三年，以絕夫族，故其情隆於父母也。已，止也。若父母喪已小祥，而女被遣，其服已除，今歸雖在三年內，則止不反服，以兄弟小祥之後無變節，故女遂止也。未練而反，謂先有父母喪，爲夫所出，今喪猶未小祥，而夫命已反，則還家小祥而除，是依朞服也。既練而反則遂之者，若被遣還家，已隨兄弟小祥，服三年之受，而夫反命之，則猶遂三年乃除，隨兄弟故也。禮案：此人倫大變也。大戴禮本命曰：婦有三不去，與更三年喪不去。況當喪乎？且婦未有不宜於舅姑，則必無大過可知。此必子有淫嬖，久欲去婦，迫於父母愛婦而不敢易妻，故俟親死即出之，以遂所私也。內則云：子不宜其妻，父母曰是善事我，子行夫婦之禮焉，沒身敬之不衰。況棄絕乎？逆倫滅理，禽獸之行，非人道也。

再期之喪。三年也。期之喪。二年也。九月七月之喪。三時也。五月之喪二時也。三月之喪一時也。故期而祭禮也。期而除喪道也。祭不爲除喪也。鄭注：言喪之節應歲時之氣。期而祭，此謂練祭也。禮正月存親，親亡至今而期，期則宜祭。期，天道一變，哀惻之情益衰，衰則宜除，不相爲也。孔疏：此明遭喪時節除降之義。期而祭者，孝子喪親，應歲時之氣，歲序一改，易隨時之悽感，故一期而爲練祭。是孝子存親之心，於禮當然，故云禮也。期而除喪者，言親終一期，天道改變，而除說其喪，天道當然，故云道也。祭爲存念其親，除喪爲天道感殺，兩事雖同一時，不相爲也，故云祭不爲除喪。此除喪謂練時男子除首經，女子除要帶，若至大祥除喪亦兼之也。大祥祭除喪亦同日，不相爲也。方氏慤曰：禮言緣人情，道言因天時。孫氏希旦曰：七月之喪，大功殤服也。成人期喪，其長中殤皆同日之大功，長殤九月，中殤七月。期而祭者，謂期而行小祥之祭，再期而行大祥之祭也。禮謂舉祭以存親，道謂順天道以變除也。由夫禮，則有不忍忘其親之身；順乎道，則有不敢過於哀之意。二者之義，各有所主。然親固不可忘，而哀亦不可過。不忍忘，故有終身之憂；不敢過，故送死有已，復生有節。又並行而不相悖者也。禮案：荀子禮論云：至親以期斷，是何也？曰：天地則已易矣，四時則已徧矣，其在宇中者莫不更始矣，故先王案以此象之也。然則三年何也？曰：加隆焉，案使倍之，故再期也。由九月以下何也？案使不及也。故三年以爲隆，緦小功以爲殺，期九月以爲間。上取象於天，下取象於地，中取則於人，人所以羣居和一之理盡矣。故三年之喪，人道之至文者也，夫是之謂至隆。禮謂人義也。白虎通云：緣生以事死，敬亡若事存是也。道謂天時也。喪服四制云：喪有四制，變而從宜，取之四時是也。三年而后葬者必再祭，其祭之間不同時而除喪。鄭注：再祭，練祥也。間不同時者，當異月也。既祔，明月練而祭，又明月祥而祭。必異月者，以葬與練祥本異歲，宜異時也。而除喪者，祥則除，不禫。孔疏：此謂身有事故，不得及是而葬，故三年後始葬。再祭謂練祥也。既三年未葬，尸柩尚存，雖當練祥之月，不可除親服。故三年葬後，必爲此練祥，不可同一時而祭，當前月練，後月祥，於練祥之時而除喪。謂練時男子除首經，婦人除要帶，祥時除衰杖也。鄭云已祥則除不禫者，以禫直云必再祭，故知不禫。禫者本爲思念情深，不忍頓除，故有禫也。今既三年始葬，哀情已極，故不禫也。馬氏晞孟曰：祭不爲除喪，而除喪者必因祭焉，以祭爲吉，而除喪者所以從吉也。孫氏希旦曰：練祥爲吉祭，未葬則不得以虞易奠，雖閱再期，而練祥之祭不得行，故既葬而必再爲練祥，以服必因祭而除也。既練祥，則亦當有禫，蓋卽於祥後爲之，不必中月與？禮案：記云再祭，似練祥之祭固已行矣，惟未葬則不能以虞易奠，其祭之之禮，疑亦如奠與？下文云久而不葬者，唯主喪者不除，其餘以麻終月數者，除喪則已。又孔叢子：司徒文子曰：喪服既除，然後乃葬，則其服何服？子思答曰：三年之喪，未葬服不變，除何有焉？期大功之喪，服其所除之服以葬，既葬而除之。然則此云其祭不同時而除喪者，唯主人而已矣。大功者主人之喪有三年者，則必爲之再祭。朋友虞祔而已。鄭注：謂死者之從父昆弟來爲喪主，有三年者，謂妻若子幼少，大功爲之再祭，則小功緦麻爲之練祭可也。孔疏：此明爲人主喪法也。大功，從父兄弟也。主人之喪者，謂死者無親近，而從父昆弟爲之主喪也。有三年者，謂死者有妻若子，妻不可爲主，而子猶幼少，未能爲主，故大功者主之，爲之練祥再祭。

朋友疏於大功。但虞祔而已。然則大功尚爲練祥。則虞祔亦爲之祭可知。親重者爲之遠祭。親輕者爲之近祭。故大功爲之祥練。小功緦麻爲之練。朋友但爲之虞祔也。皇氏云。死者有三年之親。大功主人爲之練祥。若死者有期親。則大功主者爲之至練。若死者但有大功。則大功主者至期。小功緦麻至祔。若又無期。則各依服月數而止。故雜記云。凡主兄弟之喪。雖疏亦虞之。謂無三年及期者也。田氏瓊曰。虞安神也。祔以死者祔於祖也。朋友思舊。歡愛固當安之祔之。然後義備。但後日不常祭之耳。禮案。此謂喪無主後。若喪主幼少。固可使人抱之而拜賓也。以無嗣子。又乏期親。故大功者來爲之主。再祭。謂練祭祥祭也。朋友有無主後者。亦爲之主虞祔。畢。服除而已。不爲之行練祥二祭也。

士妾有子而爲之緦。無子則已。

鄭注。士卑。妾無男女則不服。不別貴賤。孔疏。大夫貴妾雖無子猶服之。故喪服云。大夫爲貴妾緦。是別貴賤也。士妾賤。無子則不服。不殊別妾之貴賤。孫氏希旦曰。謂妾之賤者也。喪服緦麻章云。士爲妾母。貴臣貴妾。則士妾之貴者。不必有子而爲之緦矣。鄭氏注喪服。謂士妾賤不足殊。而以貴臣貴妾爲大夫之服。非也。士爲妾之有子緦。故其子得伸期。大夫不服其妾。故其子厭降而爲大功。若大夫爲貴妾有服。則妾子爲其母不當厭降矣。妾以姪娣爲貴。士昏禮云。雖無娣。媵先。姪娣爲貴妾。士皆爲之緦。則有子而爲之緦者。其非姪娣可知也。禮案。喪服緦麻章貴臣貴妾。鄭注彼云。此謂公士大夫之君也。本經無大夫字。疏引非也。

士生不及祖父母諸父昆弟。而父稅喪。己則否。

鄭注。謂子生於外者也。父以他故居異邦而生己。己不及此親存時歸見之。今其死。於喪服年月已過乃聞之。父爲之服。己則否者。不責非時之恩於人所不能也。當其時則服。稅讀如無禮則稅之稅。稅喪者。喪與服不相當之言。孔疏。此一節明稅服之禮。鄭意謂父先本國有此諸親。後或隨宦出遊。居於他國。更取而生此子。生則不及歸與本國祖父以下諸親不相識。若此諸親死。道既遠。喪年限已竟。而始聞。父則稅之。謂追服也。而此子則否。鄭言不責非時之恩於人所不能也。若時年未竟。則稅。服其全服。然已在他國後生。得本國有弟者。假令父後又適他國。更取所生之子。則爲己弟。故有弟也。王云。以謂計己之生不及此親之存。則不稅。若此親未亡之前而已生。則稅之也。昆弟謂諸父之昆弟。方氏苞曰。祖父母上脫從字。謂從祖父母及從祖父母所出之諸父昆弟也。於父於期。於大功。於己皆小功。小功不稅。謂此下節降而在緦小功者則稅之。可證此必文有脫誤。禮案。此說甚正。蓋未有子居化國。而父母死不赴。而待稅喪者也。

爲君之父母妻長子。君已除喪而后聞喪。則不稅。

鄭注。臣之恩輕也。謂卿大夫出聘問。以他故久留。孔疏。此明臣爲君親稅之與否。謂臣出聘不在。而君諸親喪。而臣後方聞其喪。時若君未除。則從爲服之。若君已除。則臣不稅之。所以然者。恩輕故也。孫氏希旦曰。此謂適子有廢疾不立。而適孫受重。故臣爲君之父母服期也。爲君之父母妻長子皆期。然君之父母長子。從服也。君之妻。小君之服也。君爲父母長子三年。君服則臣不稅者。恩輕而日月已遠也。君爲妻期。若君除喪而臣不稅。則爲小君全無稅法矣。殆非也。然則妻蓋衍字與。禮案。喪服齊衰不杖期章。爲君之父母妻長子祖父母。傳曰。何以期也。從服也。故君除喪。臣則不稅。以所從除則已也。

降而在緦小功者則稅之。

鄭注。謂正親在齊衰大功者。正親緦小功不稅矣。曾子問曰。小功不稅。則是遠兄弟終無服也。此句補脱誤在是。宜承父税喪已則否。孔疏：此句廣釋檀弓中曾子所説小功不税。是正小功耳。若本大功以上降而在緦小功者，謂本齊衰大功之親，而或以出降，或以殤降者也。税之者以其本服。本在宜税之限者也。凡喪大功以上爲親，小功以下爲疏。親者税，疏者否。禮案：上文臣服君黨，門外之治，故期服不税。此門內之治，故降而在緦小功者則税也。喪服叔父昆弟期服也。若下殤則降小功五月。庶孫及夫之叔父大功。若中殤下殤，則降服緦之麻三月。蓋服雖輕而恩本厚，故爲之税，以稱情也。**近君臣服斯服矣。其餘從而服，不從而税。君雖未知喪，臣服已。**鄭注：謂君出期覲不時反，而不知喪者。近臣，閽寺之屬也。其餘，羣介行人宰史也。從服者所從雖在外，自若服也。孔疏：此明賤臣從君出朝覲，或遇險阻，不時反國。比反而君諸親喪，君自税之，臣之卑近者則從君服之，非税義也。其餘爲臣之貴者，若君親服限未除，而君既服之，則臣下亦從而服之。若限已竟，而君税之，臣不從君而税。君未知喪，謂君出而臣不隨君，而君之親於國內喪，君雖未知，而在國之臣即如尋常先著服。凡從服者悉然也。禮案：君出疆必世子監國。國有喪，則世子攝主成服，故在國諸侯得先君著服也。**虞杖不入於室，祔杖不升於堂。**鄭注：哀益衰，敬彌多也。虞於寢，祔於祖廟。孔疏：案士虞禮，虞於寢。又案檀弓云：明日祔於祖。是祔於祖廟也。方氏愨曰：喪禮先虞而後祔，虞杖特不入於室而已，至於祔杖則雖堂亦不升焉。蓋室內而堂外，故於室曰入；堂高而陛卑，故於堂曰升。禮案：虞祔雖屬喪祭，於五禮爲凶，然祭主敬，故必去杖也。**爲君母後者，君母卒，則不爲君母之黨服。**鄭注：徒從也。所從亡則已。孔疏：此謂無適立庶爲後也。妾子於君母之黨，悉徒從。若君母卒，則不服君母之黨。今既君母殁，爲後者嫌同於適，服君母之黨，故特明之。方氏苞曰：爲君後以此知妾有子則適免於出，所以重恩義，化疾妒。孫氏希旦曰：喪服傳曰：爲人後者爲其妻之父母昆弟昆弟之子如子。子於母黨，不以母殁不服，則爲人後者於母黨必不以母殁不服矣。庶子爲君母後，宜與爲人後之禮不殊。蓋既爲君母後，則其爲君母之黨乃屬從而非徒從矣。服問曰：母出，則爲繼母之黨服；母死，則爲其母之黨服。爲其母之黨服，則不爲繼母之黨服。鄭云：外親亦不二統。喪服記曰：庶子爲父後者，爲其外祖父母從母舅無服。夫外親不二統，而亦不可以無統也。庶子爲後，不爲其母之黨服，則當爲君母之黨服，不可以君母沒而不服矣。然則此不字其衍與？禮案：隱三年左傳云：衛莊公娶於齊，曰莊姜，美而無子。又娶於陳，曰戴嬀，生桓公。莊姜以爲己子。益可證七去之非先王之道也。夫庶子爲君母後，君母沒即不服君母之黨，則與不爲君母後者無異，必無此理。孫氏駁之是也。**經殺五分而去一，杖大如經。**鄭注：如要經也。孔疏：案喪服傳云：首經大搹，左本在下，去五分一以爲帶。是首尊而要卑，卑宜小，故五分而去一，象服數有五也。杖大如要經。鄭知然者，以其同在下之物，故也。賈氏公彥曰：首經大搹，搹是搤物之稱，據中人一搤而言。大者，據大拇指與大區指搤之，故言大也。禮案：鄭注喪服傳云：盈手曰搹。搹，扼也。中人之扼，圍九寸。五分去一，則大七寸二分也。**妾爲君之長子與女君同。**鄭注：不敢以恩輕輕服君之正統。孔疏：女君爲長子三年，故云與女君同也。孫氏希旦曰：妾之服自爲其私親外，其餘悉與女君同。唯爲君之長子之服，嫌正統傳重之義係於女君，而不係於妾，故特明記之。禮案與女君同。亦服齊衰三年也。喪服記妾爲女君君之長子。惡笄有首布總。

除喪者先重者。易服者易輕者。鄭注先重謂練男子除乎首。婦人除乎要。易輕謂大喪既虞卒哭。而遭小喪也。其易喪服。男子易乎帶。婦人易乎首。孔疏此論服之輕重。經男重首。女重要。凡所重者有除無變。所以卒哭不受以輕服。至小祥各除其重也。易謂先遭重喪。後遭輕喪。變先者輕。則謂男子要。婦人首也。謂先遭斬服虞卒哭也。變葛經大小如齊衰之麻。若又遭齊衰之喪。齊衰要首皆牡麻。牡麻則重於葛。服宜從重。而男不變首。女不易要。以其所重故也。但以麻易男要女首。是所輕故也。若未虞卒哭。則後喪不能變也。江氏永曰。案此經注疏男不變首。女不易要。所易者男要女首。則易服時男女首經要經皆麻。是爲正解此篇。麻葛皆兼服之。間傳重者特注疏皆謂有葛者誤也。禮案間傳曰期而小祥。練冠縓緣。要經不除。男子除乎首。婦人重乎帶。男子何爲除乎首。婦人何爲除乎帶。男子重首。婦人重帶。此除喪先重者也。士虞記云丈夫說經帶。婦人說首經。均易以葛。此易服易輕者也。

無事不辟廟門。哭皆於其次。鄭注鬼神尚幽闇也。廟殯宮。哭於其次無時哭也。有事則入即位。孔疏辟開也。廟門殯宮門。若朝夕入即位哭。則暫開。無事則不開。次謂倚廬。凡葬前哭晝夜無時。有事謂賓來弔。若朝夕哭。及適子受弔之事。並入門即位而哭。禮案次謂斬衰倚廬。齊衰堊室也。士喪記曰。居倚廬寢苫枕塊。不說經帶。哭晝夜無時是也。

復與書銘。自天子達於士。其辭一也。男子稱名。婦人書姓與伯仲。如不知姓則書氏。鄭注此謂殷禮也。殷質不重名。復則臣得名君。周之禮天子崩復曰皋天子復。諸侯薨復曰皋某甫復。其餘及書銘則同。孔疏此論復與書銘。謂書亡人名字於旌旗也。天子書銘於大常。諸侯以下則各書於旌旗。其辭一謂士與天子同也。殷質故復及銘皆名。周尚文臣不名君。婦人復則稱字。此云書姓及伯仲是書銘也。姓如魯姬齊姜。伯仲隨其次也。此亦殷禮。周之文未必有伯仲。當云夫人氏如孟孫三家之屬。殷無世繫。六世而昏。故婦人有不知姓者。周則有宗伯掌定世繫。百世昏姻不通。故必知姓也。若妾有不知姓者。當稱氏矣。若周天子諸侯復與殷異。其餘謂卿大夫以下。書銘則與殷同矣。齊氏召南曰。案士喪禮賈疏云云。檀弓孔疏引之。則周制銘之尺度。不同以復辭不同例之。則其書銘亦應不同。郭氏嵩燾曰。周禮夏采大喪以冕服復於大祖。以乘車建綏復於四郊。祭僕又復於小廟。與士之中榮。招以衣者異矣。而曰天子復曰皋某復。其辭同也。司常大喪共銘旌。王建大常。諸侯建旂。孤卿建旜。大夫士建物。所以爲銘者異矣。而曰天子之柩。曰某氏某之柩。其辭同也。而稱名固不同。似未宜假辭爲名而據爲殷制也。禮案復與書銘見檀弓下。白虎通云。始生也人所稟天氣所以生者也。伯仲者長幼之序也。男女異長。各自有伯仲。法陰陽各自有終始也。婦姓以配字。何明不娶同姓也。孔叢子衞將軍文子之內子死。復者皋媚女復。子思聞之曰。此女氏之字。非夫人之名也。婦人於夫氏。以姓氏稱。禮也。

斬衰之葛。與齊衰之麻同。齊衰之葛。與大功之麻同。麻葛皆兼服之。鄭注斬衰之葛。齊衰之麻。經之大俱七寸五分寸之一。帶五寸二十五分寸之十九。齊衰之葛。大功之麻。經之大俱五寸二十五分寸之十九。帶四寸百二十五分寸之七十六。皆者皆上二事也。兼服之謂服麻又服葛也。男子則經上服之葛。帶下之服之麻。婦人則絰下服之麻。固自當其故帶也。所謂易服易輕者也。兼服之又主於男子。孔疏此明前遭重喪。後遭輕喪。麻葛兼服之義。斬衰既虞受服之葛。首絰要帶。與齊衰初喪麻絰之帶同。齊衰變服之葛。與大功初死之麻同。皆兼服之者。皆上斬衰齊衰大功麻葛之事也。斬衰既虞遭齊衰新喪。男子則要服齊衰之麻帶。首服斬衰之葛絰。婦人則首服齊衰之麻絰。要仍服斬衰之麻帶。上下皆麻。此云麻葛兼服。謂男子也。喪服傳云。首絰大搹。去五分一以爲帶。齊衰之絰。斬衰之帶也。去五分一以爲帶。大功之絰。齊衰之帶也。去五分一以爲帶。喪服所云。謂初喪麻之絰帶也。至既虞變葛之時。絰帶漸細。降初喪一等。斬衰葛絰與齊衰初喪麻之絰帶同。故云絰俱七寸五分寸之一。所以然者。就首絰九寸之中。五分去一。以五分分之。去一分。故七寸五分寸之一。其帶又五分去一。又就葛絰七寸五分寸之一中五分去一。故帶五寸二十五分寸之十九也。此即初死之麻絰帶也。齊衰既虞變葛之時。又漸細。降初喪一等。與大功初死麻絰帶同。大功首絰。與齊衰初死麻帶同。俱五寸二十五分寸之十九也。其帶五分。首絰去一。一就五寸二十五分寸之十九之中。去其一分。故餘有四寸百二十五分寸之七十六也。凡算之法。皆以五乘母。乘母既訖。納子餘分。以爲積數。然後以寸法除之。但共事繁碎。故略舉大綱也。義疏云。閒傳云。斬衰之喪既虞卒哭。遭齊衰之喪。輕者包。重者特。謂男子要服齊衰之麻帶。以包斬衰之葛帶。首特服斬衰之葛絰。婦人則首服齊衰之麻絰。以包斬衰之葛絰。要仍服斬衰之麻帶。孫氏希旦曰。凡要帶必視其首絰五分而去一。今此麻葛之絰帶同。故兼服之。而首絰與要帶。仍得爲五分去一之差也。禮案麻葛皆兼服之者。若男子既虞受服。變要絰以葛。而首絰仍麻。婦人變首絰爲葛。而要絰仍麻。皆謂男女皆然也。

報葬者報虞。三月而后卒哭。鄭注報讀爲赴疾之赴。謂不及期而葬也。既葬即虞。虞安神也。卒哭之祭。待哀殺也。孔疏此論不得依常葬之禮。赴猶急疾也。貧者或因事故。死而即葬。不待三月。亦葬竟而急設虞。安神宜急也。卒哭猶待三月者。奪於哀痛。不忍急也。孫氏希旦曰。既虞而未卒哭。則每日朝夕哭。猶在殯宮。但不奠耳。禮案未卒哭。則神未祔廟。殯宮雖無尸柩。然而虞祭所設之几筵。可以依神。孫云哭於殯宮是也。

禮記通釋卷四十二　　玉環戴禮

喪服小記

父母之喪偕。先葬者不虞祔。待後事。其葬服斬衰。鄭注：偕，俱也。謂同月若同日死也。先葬者，母也。曾子問曰：葬先輕而後重。又曰：反葬奠而後辭於殯，遂修葬事。其虞也，先重而後輕。待後重，謂如此也。其葬服斬衰者，喪之隆哀宜從重也。假令父死在前月，而同月葬，猶服斬衰。不葬不變服也。言其葬服斬衰，則虞祔各以其服矣。及練祥皆然。卒事，反服重。孔疏：此論並遭父母喪，虞祔及衣服之制。父母雖有同日月死，而不得同月葬，如曾子問先輕後重，謂先葬母也。葬竟不即虞祔，更修葬父之禮，以虞祔稍飾，父喪在殯，未忍爲也。後事謂葬父也。葬竟先虞父，乃虞母。所謂祭先重而後輕也。葬母亦服斬衰，以父未葬，不得變服也。假令父死在母死前一二三月，但未葬之前，皆是前月也。母葬服斬衰，虞祔練祥皆齊衰也。卒事之後服父服，故云卒事反服重。孫氏希旦曰：葬有定月，父母之喪偕，以同月死，則當以同月葬，故先輕而後重。若父死在母之前月，則固當先葬父而後葬母矣。鄭云父死在前月而同月葬，猶服斬衰，此謂父死在前月之末，母死在後月之初，雖云隔月，而相去祇數日，則仍當先葬母而後葬父，此於情事固當有之。而孔疏乃申其說，以至於二月三月，則是有五月而尚未葬者矣，有是理乎。禮案：同時遭父母之喪，自應先葬其先死者。惟虞祔之祭，則待後喪葬訖而舉焉。所以者何？蓋以既虞卒哭之祭，乃吉祭也。尚有一喪在殯，則仍服其斬，故不可爲先葬者行吉祭也。若如注疏謂父母之喪或同月日，則豈不可以同日安葬，同日虞祔乎。

大夫降其庶子。其孫不降其父。大夫不主士之喪。鄭注：祖不厭孫也。大夫爲庶子大功。士之喪雖無主，不敢攝大夫以爲主。孔疏：此論大夫尊，降庶子一等，故爲其庶子不爲大夫者服大功也。而喪服條例云：父之所不服，其子亦不敢服。故大夫不服其妾，妾子爲母大功也。今嫌既降其子，亦厭其孫，故此明雖降庶子，而不厭降其孫。庶子之子不降其父，猶爲三年也。大夫不主士之喪，謂士死無主後，其親屬有爲大夫者，尊不得主之。方氏慤曰：庶子之子，不降庶子，以尊可以降卑，卑不可以降尊也。大夫不主士之喪者，不以尊攝卑。方氏苞曰：古者諸侯大夫年時不有朝聘會同之事，而在喪則禮不得行，故諸侯絕旁期，大夫降在大功，則事不廢也。然所謂降者，不過降其衰麻，減其時月而已，其不飲酒食肉，御內聽樂之實，則不廢也。知然者，文王世子：公族有死罪，君素服居外，不舉不聽樂，如其倫之喪。諸侯且然，大夫可知。旁喪且然，子厭於父，而降其母者可知。漢戴德喪服變除：天子諸侯庶昆弟、大夫庶子爲其母哭泣飲食居處思慕，猶三年也。義甚當，未得所據，可以文王世子記證之。朱氏軾曰：大夫不主士之喪，此亦可疑。假而大夫之外別無親，將奈何。禮案：其孫謂庶子之子，不爲祖後，故不從祖降服其父，而仍服斬也。古者五十命爲大夫，則爲大夫者，先已有子矣。大夫不主士之喪，大夫之子則可爲主矣。

爲慈母之父母無服。鄭注：恩不能及。孔疏：此論慈母雖如母，猶不爲慈母之黨服。此慈母即是喪服中慈母。父雖命爲母子，而本非骨肉。故子不爲慈母之父母有服者。爲恩所不及也。禮案慈母尊非嫡母。親非生母。服之如母。所以報其劬勞也。苟從服其父母。則無以殊於嫡母生母矣。故無服也。

夫爲人後者。其妻爲舅姑大功。

鄭注以不貳降。孔疏賀云。此謂子出時已昏。故此婦服本舅姑大功。若子出時未昏。至所爲後家方昏者。不服本舅姑。以恩義不相接也。今案夫爲本生父母期。故其妻降一等。服大功。是從夫而服。不論識前舅姑與否。假令夫之伯叔。在他國而死。其婦雖不識。豈不從夫服也。熊氏云。恐賀義未盡善。孫氏希旦曰。爲人後者。爲其父母期。嫌其妻或據所後者之親疏。以服其舅姑。故特明之。禮案婦爲所後舅姑服齊衰。故爲本生舅姑服大功。喪服妻從夫之服。皆降一等也。

士祔於大夫則易牲。

鄭注不敢以卑牲祭尊也。大夫少牢也。孔疏謂祖爲大夫。孫爲士。孫死祔祖。則用大夫牲。不敢用士牲。祭於尊者之前。下云賤不祔貴。而此云士祔於大夫者。謂無士可祔也。猶妾無妾祖姑。而易牲祔於女君可也。若有士則當祔於士。故雜記云。士不祔於大夫。謂先祖兄弟有爲士者。當祔於士。不得祔於大夫也。孫氏希旦曰。此主謂祖適爲士。而祔於祖之爲大夫者也。適孫乃祖之正體。祖遞遷於上。則祖之廟。士將於是祭焉。不祔於是。而安祔乎。適孫爲祖服斬。祖爲之服期。不聞大夫之爲士。而有異也。豈有於其死而卑遠之。使不得祔者。禮本人情。雖經記未明言。而可以義決也。若庶孫既卑。固不可以士之卑。祔於大夫之尊。然而無士可祔。則亦唯有祔爲大夫而已。蓋大夫雖尊。與天子諸侯之絕宗者。固不同也。郭氏嵩燾曰。案戴記言祔者。或言祔廟。或言祔葬。各有取義。此云士祔於大夫。則祔廟之禮。與雜記士不祔於大夫自別。禮案易牲者不以卑臨尊也。且祭而名之爲祔。則所主在祖不在孫故也。

繼父不同居也者。必嘗同居。皆無主後。同財而祭其祖禰爲同居。有主後者爲異居。

鄭注錄恩服深淺也。見同財則期。同居異財。故同居。今異居。及繼父有子。亦爲異居。則三月。未嘗同居。則不服。孔疏此解喪服經中。有繼父同居。及不同居之文。繼父謂母後嫁之夫也。若母嫁子不隨。則此子與母繼夫。固自路人。無繼父之名。故自無服也。今此言謂夫死妻稚子幼。無大功之親。隨母適後夫。後夫亦無大功之親。後以其貨財。爲此子同築宮廟。四時使之祭祀。同其財計。如此則是繼父同居。故爲服期。若異居其禮有三。一者昔同今異。二者今雖共居。其財計各別。三者繼父更有子。便爲異居。則服齊衰三月而已。今言有主後者爲異居。則此子有子亦爲異居也。江氏永曰。此條亦約喪服傳之文以釋經。必嘗同居。則與之適人也。若無主後。即兩無大功之親也。同財而祭其祖禰。即所適者以其貨財爲之築宮廟。歲時使之祀也。傳言無大功之親。此言無主後。蓋大功之親可主人之喪也。傳舉疏以包親。無大功以上之親。則無後可知矣。適人之子。雖爲父後。而不能主喪。又無大功以上親主之。則亦若無主後者。故以皆概之。其實同居異居之別。不在己之主後。而在所適者之主後。故云有主後者爲異居。謂所適者有主後也。有主後則不問財而祭其祖禰可知。舉以有主後可該不同財也。經語簡而該。注疏別爲三種。是未達經旨也。禮案子從母嫁而爲繼父服者。義服也。故以恩之久暫斷同居則服齊衰期。異居則服齊衰三月也。以非服之正。故不從母嫁。則無服也。

哭朋友者。於門外之右南面。

鄭注變於有親者也。門外寢門外。孔疏此論哭朋友之處。寢門外右也。西邊也。南面而向南爲主。以對答吊賓。案檀弓云。有殯聞遠兄弟之喪。哭於側室。無側室哭於門內之右。今哭門外。是變於有親也。檀弓云兄弟吾哭諸廟。父之友吾哭諸廟門之外。師吾哭諸寢。朋友吾哭諸寢門之外。是也。孫氏希旦曰。凡非骨肉之喪。而哭於門內。則中庭門外。則在西所以爲親疏內外之別也。南面者凡哭而不爲位者。主人南面。吊者北面。禮案哭朋友者。於寢則重。於野則疏。故哭於寢門之外也。

祔葬者。不筮宅。鄭注宅葬地也。前人葬既筮之。孫氏希旦曰。祔葬謂葬於祖之旁也。宅墓兆也。族葬之袪。始祖居中。以昭穆爲左右。孫從其祖。若祔廟然。不筮者以其昭穆有一定之次。禮案祔葬者。不筮宅。則士喪禮筮宅。孝經言卜其宅兆。皆指始擇地而非祔葬者也。

士大夫不得祔於諸侯。祔於諸祖父之爲士大夫者。其妻祔於諸祖姑。妾祔於妾祖姑。亡則中一以上而祔。祔必以其昭穆。諸侯不得祔於天子。諸侯大夫可以祔於士。鄭注士大夫謂公子公孫爲士大夫者。不得祔於諸侯卑別也。既卒哭。各就其先君爲祖者。兄弟之廟而祔之。中猶閒也。天子諸侯大夫可以祔於士。人莫敢卑其祖也。孔疏此論貴賤祔祭之義。禮孫死祔祖。今祖爲諸侯。孫爲士大夫而死。則不得祔祖。謂祖貴宜自卑遠也。諸祖祖之兄弟。既不祔祖。當祔祖之兄弟爲大夫士者。既不得祔祖。妻亦不得祔於祖姑。而祔於諸祖姑。夫之禮祖妻也。若祖無兄弟可祔。亦祔祖族之疏者也。然上云士易牲祔於大夫。而大夫不得易牲祔於諸侯者。諸侯之貴絕宗。故大夫士不得輕親也。妾死亦祔夫祖之妾。亡無也。夫祖無妾。則又閒曾祖而祔高祖之妾也。祔必昭穆同。曾祖非夫同列也。然妾無廟。當爲壇祔之耳。諸侯不祔於天子。亦謂祔祭。卑孫不可祔於尊祖也。天子諸侯大夫可以祔於士者。祖賤孫貴不嫌也。若不祔之。則是自尊欲卑於祖也。馬氏晞孟曰。士之於大夫。皆人臣也。則雖有貴賤。而其勢亦有可幾之道。是故進而祔之可也。天子諸侯則君矣。尊貴無倫。而其勢不可幾也。進而祔之。則君臣亂矣。士大夫不敢祔於諸侯。所以明君臣之義也。徐氏師曾曰。案後章言妾母不世祭。則必無祔廟之禮。且大夫以上。已不爲庶母服矣。況祔廟乎。故妾祔一句。當爲疑經。不必謂爲壇以祔之。如孔氏祔會之說也。張氏曰。亡則中一以上而祔指上三者。舊說專指妾非。義疏云。此言妾祔於妾祖姑。下又言妾母不世祭。夫祔以爲祭也。將從其昭穆之次。故先祔之。妾母不世祭。則妾祖姑己不祭矣。祔之何爲。雜記云。主妾之喪。自祔至練祥。使其子主之。則不可謂妾無祔食之禮矣。郭氏嵩燾曰。周禮冢人掌公墓之地。公墓者。王族之統於王。公族之統於諸侯者也。而云辨其兆域爲之圖。先王之葬居中。以左右爲昭穆。推而至於墓大夫。掌邦墓之地。凡國民之旋葬者。其祔亦同也。妾祔別爲兆域。亦以昭穆爲次。妾當祔妾祖姑。無妾祖姑。則中空一兆爲虛位。以間別之。不能使孫妾越祖姑而上二世。以祔於妾高祖姑也。經明言祔葬者不筮宅。以發其例。鄭一以祔廟爲辭。固不能通矣。孫氏希旦曰。諸侯不得祔於天子。此謂始封之君及封君之子也。如周公薨於周。則不可祔於王季之廟也。天子諸侯大夫可以祔於士。孫之尊無自別於祖之理也。如天子之子若孫爲諸侯。不得祔於祖。其祖之昆弟。有爲諸侯大夫者。皆可祔也。諸侯之子若孫爲大夫。不得祔於祖。其祖之昆弟爲大夫士者。皆可祔也。禮案此章言祔。諸文承祔葬之下。當是謂祔葬。非祔廟。郭說是也。

爲母之君母。母卒則

不服。鄭注：母之君母，外祖適母。徒從也。所從亡則已。孔疏：此論不責恩所不及之事。母之君母，此親於子爲輕，故徒從也。己母若在，母爲之服，己則服之。己母若亡，則己不服。禮案：母有君母，母係庶出也，而爲嫡子外祖母服者，從母尊之也。母卒不服，所從亡則已也。母之生母，屬從也。屬從則所從亡，猶爲之服也。若宗子母在爲妻禫。鄭注：宗子之妻尊也。孔疏：此論宗子妻尊，得爲妻伸禫之事。宗子爲百世不遷之宗也。賀瑒云：父在，適子爲妻不杖，不杖則不禫。若父沒母存，則爲妻得杖，又得禫。凡適子皆然。嫌畏宗子尊厭其妻，故特云宗子母在爲妻禫。宗子尚然，則其餘適子母在爲妻禫可知。張子載曰：喪之有禫，何也？所以致厚也。三年之喪，其禫者，所以欲占及三年也。齊衰之喪禫者，所以欲占及二年也。宗子母在爲妻禫，則庶子母在不爲妻禫，以其不承重，不敢致厚於妻子也。庶子在父之宮，則爲其母不禫，以厭降也。宗子而爲其妻禫，以承其重，所以敬宗也。自命士以上，父子皆異宮。適士其庶子異宮，皆爲母禫矣。徐氏師曾曰：宗子尊，則其妻亦尊，故母在得爲妻禫，重宗婦也。然則非宗婦，而母在者不禫矣。禮案：下文云：爲父母妻長子禫。又曰：庶子在父之室，則爲其母不禫。然則正適之喪，周無不行禫祭者。此言宗子母在爲妻禫者，以喪服齊衰三月章，丈夫婦人爲宗子、宗子之母妻。傳曰：宗子之母在，則不爲宗子之妻服。恐人疑宗子母在，亦不爲妻禫，故時明之也。

爲慈母後者，爲庶母可也，爲祖庶母可也。鄭注：謂父命之爲子母者也。即庶子爲後，此皆子也，傳重而已，不先命之與適妻，使爲母子也。緣爲慈母後之義，夫之妾無子，亦可命已庶子爲後。孔疏：此論爲庶母後之事。喪服有慈母如母。傳曰：妾之無子者，妾子之無母者，父命爲子母，而子服此慈母三年。此即爲慈母後之義也。記者見喪服有爲慈母後之例，故觸類言之，謂妾經有子，而子已死者，餘他妾多子，則父命他妾之子爲無子之妾立後，與爲慈母後同也。故云爲庶母可也。又觸類言之，謂祖庶母乃己父之妾，亦經有子，子死，故已命子之妾子與父妾爲後，故呼已父之妾爲祖庶母。亦服之三年，如己母。必知妾經有子者，若無子則不得立後故也。陸氏佃曰：爲，讀去聲。喪服傳云：士爲庶母緦，大夫以上爲庶母無服。其後慈母者爲之服與。萬氏斯大曰：案禮云喪有無後，無無主。此言爲庶母、爲祖庶母，蓋爲之喪主也。若云爲後，則此子業爲慈母後矣，何得又爲庶母、祖庶母後乎？況以孫爲祖庶母後，昭穆更不合邪？義疏云：妾母不世祭。則祖庶母有孫，亦在不世祭之例，又安有無孫而爲之立孫，以世其祭者與？要知此特主其生養死葬之事與，嗣子傳重不同。注疏並誤。禮案：說是也。雜記上云：主妾之喪，則自祔至於練祥，皆使其子主之。庶母祖庶母之無子者，則無人爲之主也。有母之子，不能爲之主，故使爲慈母後者爲之主。以其生母已死，不嫌也。

爲父母妻長子禫。鄭注：目所爲禫者也。孔疏：目所爲禫者，此一人而已。然慈母亦宜禫也，而下有庶子在父之室，爲其母不禫，則在父室爲慈母亦不禫也，故不言之。妻爲夫亦禫也，但記文不具。禮案：記言爲父母禫，則適孫承重，爲祖父母亦禫也。爲妻禫，則爲妾不禫也。爲長子禫，則爲庶子不禫。而無長子，爲適孫亦禫也。

慈母與妾母不世祭也。鄭注：以其非正。春秋傳曰：於子祭，於孫止。孔疏：此論禮有不世祭之事。祭慈母即所謂承庶母祖庶母後者也。妾母謂庶子自爲其母也。既非其正，故唯子祭之，而孫則否。春秋穀梁隱五年傳云：禰庶子爲君，爲其母築宮，使公子主其祭。於子祭，於孫止。鄭引此明不得世祭也。應氏鏞曰。慈母一時之恩。易世可以無祭。若妾母爲所生。則子孫皆其所自出。而不世祭之可乎。以上文爲庶母爲祖庶母之後一觀之。或皆妾母若此之類。朱氏軾曰。妾祔於妾祖姑。無則中一以上。若妾母不世祭。安得有高祖之妾可祔乎。天子諸侯上及祖廟之重。亦當使庶子世世主其祭。何得自身而止。意此妾母或身受恩慈。而未有爲子之父命。或本無子。而非先有後。無既受恩慈。自當爲壇以祭。使庶子主之。及身而止。決非所生之母也。禮案。凡喪事庶子爲所生母。皆曰庶子爲母。不云妾母。此妾母與上文庶母。似皆非生母。應氏朱氏之說是也。

丈夫冠而不爲殤。婦人笄而不爲殤。爲殤後者。以其服服之。鄭注。冠笄言成人也。婦人許嫁而笄。未許嫁與丈夫同。言爲後者。據承之也。殤無爲人父之道。以本親之服服之。孔疏。爲殤後者。謂大宗子在殤中而死。族人爲後大宗。而不得後此殤者爲子。既不後殤。而宗不可絕。今來爲後殤者之人。不以殤者爲父。而依兄弟之服服此殤也。既不能殤爲子。則不應云爲後。今言爲後。是據已承其處爲殤言也。云以本親之服服之者。當在未後之前。不復追服。不責人以非時之恩。故推此時。本親兄弟亡在未後之前者。亦宜終其本服之日月。唯爲後及所後。如有母亡。而猶在三年之內。則宜接其餘服。不可以吉居凶。若出三年。則不宜追終服矣。陳氏澔曰。男子亦有不俟二十而冠者。冠則成人也。此章舉不爲殤者言之。則此當立後者。乃是已冠之子。不可以殤禮處之。其族人爲之後者。即爲之子。以其服服之。子爲父之服者也。舊說依兄弟之後服服。此殤非也。其女子已笄而死者。則亦依在室之服服之。不降而從殤服也。禮案。僖九年公羊傳云。婦人許嫁。字而笄之。死則以成人之喪治之。何注云。不以殤降也。曾子問。孔子曰。宗子爲殤而死。庶子弗爲後也。然則此云爲殤後者。當是小宗之適子矣。

久而不葬者。唯主喪者不除。其餘以麻終月數者。除喪則已。鄭注。其餘謂旁親也。以麻終月數。不葬者喪不變也。孔疏。久而不葬。謂有事礙。則三年服皆不得祥除也。今云惟主喪者。廣說子爲父。妻爲夫。臣爲君。孫爲祖。得爲喪主。悉不除也。其餘謂朞以下至緦也。主人既未葬。諸親不得變葛。仍猶服麻。各自服限竟而除。不待主人葬除也。然此皆藏之。雖緦亦藏。至葬則反服其服。是也。盧曰。其下子孫皆不除也。以主喪爲正爾。餘親者以麻各終其月數除矣。庾云。案服問曰。君所主夫人妻大子適婦。此以尊主卑。無緣以卑之未葬。而使尊者長服衰絰也。是知主喪不除。惟於承重之身。孫爲祖。子爲父。臣爲君。妻爲夫。此之不除也。劉氏世明曰。父得卑其庶子。庶子不得降其父也。子之於親。體同服等。非旁親之謂也。然則未葬而除。自謂旁親得以麻終者耳。陸氏佃曰。言以麻終月數。則期不在此例也。孫氏希旦曰。此主謂子爲父母。適孫受重爲祖父母也。然爲長子服斬。亦宜在主喪不除之內。未可以卑者之服概之。若臣爲君。衆子爲父母。則雖非主喪而不除者也。祖爲正尊。以縞冠玄武子姓之冠推之。或亦俟葬而後除與。經言主喪者不除。據其尤重者言之耳。禮案。言唯主喪者不除。則期服固已除矣。說見前子思對司徒文子之問。

箭笄終喪三年。鄭注。亦於喪所以自卷持者。有除無變。孔疏。前云惡笄以終喪。是女子爲母也。此云箭笄終喪三年。謂女子在室爲父也。方氏慤曰。在室者服父以箭笄。則出嫁者服篠笄矣。前言惡笄。以爲母言之。然以對玉之美。則箭篠通謂之惡亦可也。禮案。竹之小而堅勁中矢者曰箭。以箭爲笄。蓋在室之女爲父服三年者也。猶子之杖竹之義。上文髽髮惡笄。女子子適人者，爲其父母見喪服記。齊衰三月。與大功同者繩屨。鄭注雖尊卑異。於恩有可同也。孔疏大功以上。同名重服。與齊衰三月。可月繩屨。謂以麻繩爲屨。齊衰爲尊。大功爲卑。三月爲恩輕。九月爲稍重。制之在尊卑深淺之間。所以衰服殊。而同其麻屨也。孫氏希旦曰。齊衰之服爲四等。而其屨有三。三年與杖期者疏屨。不杖期者麻屨。三月者繩屨。大功亦繩屨。禮案此言齊衰三月與大功繩屨。而喪服固無明文。練筮日筮尸視濯。皆要絰杖繩屨。有司告具而后去杖。筮日筮尸。有司告事畢而后杖拜賓。鄭注臨時去杖。敬也。濯謂溉祭器也。孔疏此論練祥筮日筮尸時所著衣服。練小祥也。筮日筮小祥之日。筮尸筮小祥之尸。視濯謂祭器須視其洗濯。喪至小祥。男子除首絰。唯有要絰。病尚深故猶有杖屨。是末服又變爲繩麻。將欲小祥前日筮日。占尸及視濯器。則豫著小祥之服。以臨此三事。以祭欲吉故也。不言衰與冠者。亦同小祥矣。有司謂執事者。向者變服猶杖。今執事之人既告三事辦具。將欲臨事。故孝子去杖。敬賓故也。有司告事畢。而后杖拜送賓者。筮日與尸二事。皆有賓來。向當臨事時去杖。今更執杖以送賓者。視濯輕而無賓。不言故也。孫氏希旦曰。筮而去杖。敬蓍筮也。喪大記曰。聽卜有事於尸。則去杖。視濯去杖。敬祭事也。視濯主人即位於堂下。練祭杖不入於門。故於視濯先去之。筮日筮尸視濯。皆有賓。孔疏謂視濯輕無賓。非也。特牲禮前祭之夕。兄弟賓及衆賓。從主人即位於堂下。主人升自西階。視壺濯及豆籩。事畢賓出。主人拜送。此吉祭視濯有賓。則練祥視濯。有賓必矣。禮案筮尸筮死者孫行之吉者爲尸也。視者視牲牢。濯者濯之器。其舉要絰不可繩屨。不言冠衣。則已易練冠練衣可知矣。筮聽命於神。不得以凶器褻瀆。故去杖。且筮必於廟堂之上。苴杖不可以升堂也。事畢而杖以送賓者。事人不必奪情也。大祥吉服而筮尸。鄭注凡變除者。必服其吉服以即祭事。不以凶臨吉也。閒傳曰。大祥素縞麻衣。孔疏吉服朝期也。大祥之日縞冠朝服。亦豫服以臨筮尸。不言日及濯。從小祥可知。大祥則去絰杖屨。故不云絰杖屨。引閒傳者。以大祥之後。著素縞麻衣。此云吉服。則非祥後之服。是朝服也。故引以證。禮案大祥除服之祭也。下文云除成喪者。其祭也朝服縞冠。固未純吉。而此謂之吉服者。對凶服言也。庶子在父之室。則爲其母不禫。鄭注妾子父在厭也。孔疏此謂不命之士。父子同宮者也。若異宮則禫之。如下言則亦猶杖也。禫爲服外。故微奪之耳。孫氏希旦曰。士爲妾之有子者緦。是未嘗厭其妾也。不禫者爲近父屈。若父在爲母期是也。有父於死者無服。非父尊之所厭。而子自屈於父。若公子不服妻之父母是也。郭氏嵩燾曰。雜記主妾之喪。自祔至於練祥。皆使其子主之。其殯祭不於正室。不於正室。則不在父之室也。禮案內則云。由命士以上。父子皆異宮。在父之室。此庶子之未仕。或仕而未命者也。庶子不以杖即位。鄭注下適子也。位朝夕哭位也。孔疏謂適庶俱有父母之喪也。適子得執杖進阼階哭位。庶子至中門外而去之。以下於適子也。然此承前而去杖。則似庶子不禫亦不杖。如賀言也。顧氏炎武曰。喪無二主。則無二杖。故庶子不以杖即位。夫爲妻杖。則其子不杖矣。父爲長子杖。則其孫不杖矣。郭氏嵩燾曰。子爲父無不杖者。不以杖即位。明庶子之不爲喪主也。禮案喪大記曰。子皆杖。不以即位。鄭注彼云。子謂凡庶子也。不以即位。與去杖同。父不主庶子之喪。則孫以杖卽位可也。父在庶子爲妻以杖卽位可也。鄭注祖不壓孫。孫得伸也。舅不主妾之喪。子得伸也。孔疏父不主適子喪而有杖。故適子子不得以杖卽位以辟祖。非厭也。父不主庶子喪。故庶子子則得杖卽位。祖不厭孫也。舅主適婦。則適子不得杖。舅不主庶婦。故庶子爲妻可以杖卽位。謂父主妻喪。故主適婦。所以適子不杖也。父不主妾喪。故不主庶婦。所以庶子得杖也。若妻次子。既非家嗣。故亦同妾子之限也。陸氏佃曰。其曰可也。則不以杖卽位亦可。禮案喪服父在爲妻不杖者。以舅主適婦。故夫不杖。喪不二主也。父不爲庶婦主。故庶子自主妻喪。可以杖卽位者。喪無無主也。

諸侯弔效異國之臣。則其君爲主。鄭注君爲之主。弔臣恩爲己也。子不敢當主。中庭北面哭不拜。孔疏君無弔他臣之禮。若來在此國。遇主國之臣喪。爲彼君而弔。故主國君代其臣之子爲主。案士喪禮君弔。主人中庭拜稽顙成踊。彼爲主人中庭拜。今鄰國君弔君爲之主拜賓。則主人北面哭不拜。曾子問稱季桓子之喪。衞君來弔。魯君爲主。季康子拜而後稽顙。故譏其喪有二主。禮案郊特牲曰。爲人臣者無外交。不敢貳君也。故弔異國之臣。必其君爲之主。所以示恩由其君。推及其臣也。故子不爲主也。

諸侯弔。必皮弁錫衰。所弔雖已葬。主人必免。主人未喪服。則君亦不錫衰。鄭注必免。尊人君爲之變也。未喪服。未成服也。既殯成服。孔疏諸侯弔必皮弁錫衰者。有二種。一云此句因前而發。皮弁錫衰。謂弔異國臣也。若弔己臣。則素弁環經錫衰也。一云皮弁錫衰。弔己臣未當事。則皮弁。至當事。乃弁經耳。檀弓已論主人必免者。諸侯來弔。主人必爲之重禮。凡五服大功以上爲重服。自始死至葬爲免。卒哭後乃不復免也。小功以下爲輕服。自始死至殯。殯後不服免。至葬啓殯後而免。以至卒哭如始死。今若人君來弔。雖非服免時。必爲免。以尊人君故也。此云必免。謂大功以上。下云親者皆免。注云大功以上。故知之。方氏慤曰。周官司服。眂朝則皮弁服。凡喪。王爲三公六卿錫衰。弔以皮弁。則取其素而已。錫蓋麻之滑易者。陸氏佃曰。言必者。著諸侯弔無內外皆當如此。孫氏希旦曰。皮弁卽弁經也。周禮弁師。王之皮弁。會五采玉璂象邸。王之弁經。弁而加環經。則其爲一物可知。未喪服。謂未成服也。君不錫衰。則皮弁襲裘也。若未小斂。則吉服。禮案鄭注雜記上云。取緦以爲布。又加灰治之。則曰錫。言錫然滑易也。所弔雖已葬。主人必免。亦謂君弔也。下文云。君弔雖不當免時也。主人必免。不散麻。雖異國之君免也。是矣。不錫衰。君服皮弁服也。孫說襲裘蓋襲檀弓而泥。使喪而在夏秋。豈得服裘而弔乎。

養有疾者不喪服。遂以主其喪。非養者入主人之喪。則不易己之喪服。養尊者必易服。養卑者否。鄭注不服喪。求生主吉。惡其凶也。遂以主其喪。謂養者有親也。死則當爲之主。其爲主之服。如素無喪服。入猶來也。謂養者無親於死者。不得爲主。其有親來爲主者。素有喪服。而來爲主。與素無服者異。素無服。素有服。爲今死者當服。則皆三日成也。尊謂父兄。卑謂子弟之屬。孔疏此論自有喪服。親族有疾患者養之法。已先有喪服。養疾之時。不著喪服。疾者既死。無主後。此養者遂爲之主。還與素無服同也。非養謂死者之親屬。當病時不來爲養。而死來爲主。雖有前喪之服。今來爲主。不易服。所以然者。己既前不養。不經變服。故今爲新死不易己之喪服。素猶本也。來爲喪主者。身本吉。無喪服。則爲此死者服始死之服。若本有喪服仍以先喪之服主之。本有服及本無服，與死者有親，則至三日成服，皆爲死者服其服也。若本有服重而新死者輕，則爲一成服，而反前服也。若新死者重，則仍服死者之新服也。身本吉而來爲主，則計今親而依限服之也。養尊者必易服，養卑者否。此廣結前文。前云養有疾者不喪服，不分明尊卑，故此明之。朱氏軾曰：所養者亦五服之旁親，以其尊也，故可釋已服而養之。所謂已喪，期大功以下既葬卒哭，斬衰既練而後，故得爲旁親養所服之喪。或疾者之所不服，或疾者有服而已除服，故釋服。若所養者亦有喪服，則養者不必不喪服。卽所養者別有喪服，養者亦不必不喪服。孫氏希旦曰：養疾者必玄端。喪無服玄瑞，蓋稅衰而以長衣養與。禮案：有疾而需人養，有喪而往養人，非止親族之煢獨無依者，或與友同適他國，或其友來自遠方之無眷屬者，當其病而不忍其孤苦，而說衰養之也。死若無親屬來爲之主，故遂爲之主喪，至虞祔而止。喪服記曰：朋友皆在他邦祖免，歸則已。鄭注彼云：謂無親者當爲之主，歸有主則止。朋友虞祔而已是也。

妾無妾祖姑者，易牲而祔於女君可也。鄭注：女君，適祖姑也。易牲而祔，則凡妾下女君一等。孔疏：妾當祔於妾祖姑，若無妾祖姑，當祔於高祖妾祖姑，故前文云：亡則中一以上。今無高祖妾祖姑，則當易妾之牲，用女君之牲，祔於女君可也。下一等，若女君少牢，妾則特牲；女君特牲，妾則特豚也。方氏苞曰：此皆衰世隱禮，記者所誤入也。春秋傳不祔於姑，不稱夫人，繼室且然，則妾無祔廟之禮可知矣。其祔食於廟，應同殤與無後者，俟正祭既畢而別舉之。注女君謂適祖姑，非也。曰可者，蓋禮經無文，記者以意度之，謂無妾祖姑者，或祔於女君尚可，祔於祖姑則嫌於適之再祔矣。郭氏嵩燾曰：隱五年穀梁傳：庶子爲君，爲其母築宮，其卒也當祔於妾祖姑別廟也，禮之正也；祔於適女君，則彌廟也，禮之權也。鄭於此以適祖姑釋之，恐誤。禮案：言可也，可行而已，非禮之當然也。妾祔於女君易牲，猶士祔於大夫而易大夫牲也。

婦之喪，虞、卒哭，其夫若子主之；祔，則舅主之。鄭注：婦，謂凡適婦、庶婦也。虞、卒哭，祭婦，非舅事也。祔於祖廟，尊者宜主焉。孔疏：此論婦人喪祭。虞與卒哭，其在於寢，故其夫或子則得主之。祔是祔於祖廟，其事既重，故舅主之。婦之所祔者，則舅之母也。孫氏希旦曰：此主通婦之喪。虞、卒哭，其夫若子主之，則練、祥可知。然則舅主適婦之唐，唯主其拜賓之事，而不主其祭也。禮案：此主謂主祭也。婦虞、卒哭、練、祥之祭，有夫夫爲主，無夫子爲主，舅主婦祭，惟祔廟，以婦祔於祖姑故也。庶婦亦然。

士不攝大夫。士攝大夫，唯宗子。鄭注：士之喪雖無主，不敢攝大夫以爲主。宗子尊，可以攝之。孔疏：宗子爲士而無主後者，可使大夫攝主。士喪無主，不敢攝大夫爲主，士卑故也。宗子尊，則可以攝之也。陸氏佃曰：若應大夫主喪，雖無大夫，士不得攝。吳氏澄曰：陸說於文爲順。此言大夫死，無主後，其親屬有爲士者，位卑不可攝而主其喪；唯宗子爲士，分尊，故可以士而攝大夫之喪也。江氏永曰：案攝主亦不必死者無主後，亦有喪主在外未歸而攝者。孫氏希旦曰：大夫士貴賤殊，故士死無主，不得攝大夫爲之主；大夫死，士亦不得攝爲之主。唯大宗子尊，故爲士而死，可攝大夫以主其喪，亦得攝主大夫之喪也。然前既云大夫不主士之喪，而又記此，則此條之義當如吳氏之說也。攝謂爲主者不在，而代爲之拜賓也。雜記曰：士之子爲大夫，其父母弗能主也，使其子主之，無子則爲之置後。大夫之無子者必置後，則無事攝人以主其喪矣。宗子亦然。禮案：不言爲主而曰攝，則死者自有後可知。唯宗子可以攝大夫。卽喪服傳所謂。大夫不敢降其宗是也。主人未除喪。有兄弟自他國至。則主人不免而爲主。鄭注親質不崇敬也。孔疏謂在國主人之喪。服未除有兄弟自他國至。謂五屬之親。從遠歸奔者也。免必有時。若葬後唯君來吊。雖非時亦免崇敬。欲新其事故也。若五屬之親非時而奔。則主人不須爲之免也。孫氏希旦曰。兄弟之奔喪者必免。嫌爲主者亦當免。故明之。唯言未除喪者。奔喪禮已除喪而后奔喪。主人之待之也。無變於服。則其不免。不待言也。禮案不免者。兄弟之來。在葬後則葛絰。在練後則練冠。仍其常服。不爲之變也。陳器之道。多陳之而省納之可也。省陳之而盡納之可也。鄭注多陳之謂賓客之就器也。以多爲榮。省陳之謂主人之明器也。以節爲禮。孔疏此謂朋友賓客贈遺明器。雖復多陳。不可盡納入壙。以納有常數故也。主人所作明器。依禮有限。故省陳之而盡納之於壙可也。賓客遺死者謂之就者。以其可用故也。既夕禮注云。就猶善也。贈無常。唯玩好所有。總而言之亦曰明器。故宰夫云。凡吊與其幣器。注云。器所以致明器也。方氏慤曰。以賓客就喪家陳之。因謂之就器。陸氏佃曰。陳器之道。如其陳之數。而納之正也。卽雖多陳之。少納之。省陳之。盡納之。禮亦不禁。是謂之可。兪氏樾曰。經但言陳器之道。不別言其爲賓客爲主人。鄭義非也。孔子之論明器曰。之死而致死之不仁。而不可爲也。之死而致生之不知。而不可爲也。蓋死生之際。有難言者。明器之作。其意微矣。是故陳器之道。亦視乎此。多陳之而省納之。此其爲道近乎知。省陳之而盡納之。此其爲道近乎仁。兩曰可也。見其無不可也。禮案鄭注士虞禮云。士用鬼器。大夫以上。兼用鬼器人器也。可以多陳而省納者。禮數有定。不得過豐也。可以省陳而盡納者。喪事尙質。不務外觀也。奔兄弟之喪。先之墓而後之家。爲位而哭。所知之喪。則哭於宮而後之墓。鄭注兄弟先之墓。骨肉之親。不由主人也。宮殯宮也。孔疏奔兄弟之喪。骨肉自然相親。不由主人。故先往之墓。若所知之喪。由主人乃致哀戚。故先哭於宮。而後至墓。陳氏澔曰。兄弟天倫也。所知人情也。係於天者情急於禮。由於人者禮勝於情。徐氏師曾曰。此皆謂既葬而至者也。禮案兄弟之骨肉。歸復於土。自應先之墓。所親在死者也。朋友先之殯宮。所知在生者也。父不爲衆子次於外。鄭注於庶子略。自若居寢。孔疏次謂中門外次也。庶子賤略之。故父不爲之處門外爲喪次也。長子則次於外。爲喪次也。方氏苞曰。雖不次於中門之外。然所居必外寢也。公族以罪死。君爲之居外。如其倫之喪。況父子之戚乎。禮案上文云。父不主庶子之喪。故不爲庶子次於外。蓋庶子之長子爲主者。則次於外也。與諸侯爲兄弟者服斬。鄭注謂卿大夫以下也。與尊者爲親。不敢以輕服服之。言諸侯者明雖在異國。猶來爲三年也。孔疏熊氏以爲諸侯死。凡與諸侯有五屬之親者。皆服斬也。以諸侯體尊。不可以本親輕服服之。經云與諸侯爲兄弟服斬。恐俱作諸侯。故云謂卿大夫以下。若俱爲諸侯。則各依本服。鄭以經不云與君爲兄弟。而言與諸侯爲兄弟。故知容在異國也。然既在異國。得爲舊君服斬者。以其曾在本國作卿大夫。今來他國未仕。故得爲舊君服斬也。陸氏佃曰。禮臣爲君斬衰。雖兄弟不得以其屬通。如是而後君臣之分嚴。喪服傳曰。始封之君不臣諸父昆弟。此與諸侯爲兄弟者也。義疏曰。諸父兄弟。不從初封者之國。自無服斬之禮。若從初封者之國。則君雖不臣之，而諸父兄弟必以臣自處而服斬。各盡其道也。繼世以後，則諸父兄弟盡臣之矣。記所謂服斬者，當兼二者言之。孫氏希旦曰：與諸侯爲兄弟者，若仕爲他國大夫士，則自當爲其君服斬三年。而得爲諸侯服斬者，蓋各以其本服之月數服之，而其始服則皆以斬衰，猶如爲宗子皆服齊衰之義也。蓋與尊者爲親，不敢以輕服服之，而非臣爲君斬衰三年之服也。斬衰之服亦有不至三年者。曾子問：娶女有吉日而女死，壻齊衰而吊，既葬而除之。夫死亦如之。鄭氏謂女服斬衰。斬衰可以既葬而除，則亦何不可以期與九月五月而除乎。禮案：此若言與始封之諸侯爲兄弟者，而爲之服斬，則義疏說是。若謂諸侯之兄弟而仕他國者爲舊君服斬，則孫氏義長。蓋爲舊君反服齊衰三月者，異姓之臣，與爲諸侯有兄弟之親者，固不可一例而論也。

下殤小功，帶澡麻不絕本，詘而反以報之。鄭注：報猶合也。下殤小功本齊衰之親，其經帶澡率治麻爲經帶，不絕其本，屈而止至要，中合而糾之，明親重也。凡殤散帶垂。孔疏謂本期親有在下殤降在小功者，服澡麻爲經帶，而斷麻根本，示輕故也。今若下殤在小功者，則但首經無根，而要帶猶有根，示其重故也。故云帶澡麻不絕本，謂不斷本也。詘而反，謂屈所垂散麻上至於要，然後中分麻爲兩股，合而糾之，以垂向下也。凡殤輕，唯散麻帶垂而下，不屈而上糾之，異於下殤小功也。孫氏希旦曰：本，根也。麻以有本爲重。大功以上麻不斷本，小功以下斷之。下殤小功雖首經無本，而其帶猶不絕本也。帶以散爲重，後爲輕。成人大功以上之喪，未成服之前散帶，成服而絞之。大功殤雖成服不絞其帶，下殤小功則散其屈者，絞其垂者，至本服大功之爲殤而降者，則其帶皆不散矣。蓋下殤小功雖輕於大功之殤，而重於餘殤，故其帶既有本而又不盡絞之，皆所以明其重也。禮案：喪服小功殤布衰裳澡帶經五月者，鄭注彼云：澡者治去莩垢，不絕其本也。夫以叔父昆弟昆弟之子適孫姑姊妹女子子皆期之喪，降在小功五月，服不足以副情，故特隆於正服小功也。

婦祔於祖姑，祖姑有三人，則祔於親者。鄭注：謂舅之母死，而又有繼母二人也。親者，謂舅所生。孔疏：此明婦人祔祭之事。親者謂舅之母，言婦祔祖姑，則祔於舅之所生者也。張子載曰：祔葬祔祭，只合祔一人，嘗之人情，一室豈容二妻？以義斷之，須祔以首娶，繼室別爲一所可也。朱子熹曰：唐會要中有論凡是適母無先後皆當並祔合祭，況又有前妻無子，後妻有子，子礙其勢，將有所杌捏而不安者。唯葬則今人夫婦未必皆合葬，繼室別營兆域，宜亦可矣。黃氏榦曰：祖姑有三人，皆得祔於廟，則其中必有再娶者，則再娶之妻自可祔廟。張子特考之不詳耳。江氏永曰：祔祭於正祭不同，祔於新死者之從其斑。是以祖姑有三人，宜祔於親者。正祭則不可但及其親而不配其非所生者。禮案：三祖姑皆正室，則婦可祔其於所親。若舅係庶出，則祔於元妃祖姑矣。

其妻爲大夫而卒，而后其夫不爲大夫，而祔於其妻，則不易牲。妻卒而后夫爲大夫，而祔於其妻，則以大夫牲。鄭注：妻爲大夫，夫爲大夫時卒。不易牲，以士牲也。此謂始來仕無廟者，不祔。宗子去國，乃以廟從。孔疏謂夫爲大夫時而妻死，而後夫或黜退而死，而祔於其妻。但依夫今所得用之牲，不得用昔大夫時牲。妻死時夫未得爲大夫，妻死後夫乃得爲大夫，今既祔祭其妻，則得用大夫牲，妻從夫之禮故也。死當祔於祖，今夫死祔於其妻，故知是無廟者。若宗子去他國，乃以廟從，則祔於祖矣。陸氏佃曰。夫爲大夫。而曰其妻爲大夫。婦人從夫之爵故也。祔於其妻。即是祔於其祖。蓋妻未有不祔於祖姑者也。鄭氏謂始來仕無廟者誤矣。應氏鏞曰。經據妻之生死。同夫榮辱。而立文。注以祔於其妻。則爲始仕而未有廟。亦未必然。且以妻言之。正使徙他國而爲大夫。亦必有廟。既不立祖廟。豈敢爲妻立廟乎。江氏永曰。案祔於其妻。皆謂夫爲其妻行祔祭之禮也。而疏謂其夫不爲大夫而死。誤矣。王制云大夫廢其事。終身不仕。死以士禮葬之。死而以士禮葬。則生存宜以士禮爲其妻行祔祭。士則猶有禰廟祭祖父。而其妻得於禰廟祔祖姑矣。又案注謂無廟者不祔。然則庶人無廟。將不行祔祭乎。竊意庶人無廟。而薦於寢。寢亦有祖考之靈存焉。男子當於寢祔祖。婦人當於寢祔祖姑。禮案王制曰。自天子達於庶人。喪從死者。祭從生者。中庸云。父爲大夫。子爲士。葬以大夫。祭以士。然則此大夫妻死後。其夫不爲大夫。則其祔祭不得仍用大夫牲明矣。而云不易牲者。疑此不字衍也。

爲父後者爲出母無服。無服也者。喪者不祭故也。鄭注。適子正體於上。當祭禮也。應氏鏞曰。祭吉禮也。喪凶事也。凶服不可以行吉禮。子無絕母之理。而爲父後。則有祭祀之責。以宗廟爲重。故當奪母慈。而不敢廢祖父之祀。然出婦既得罪於宗廟。則亦無望於前夫之家。其有故而他適者。必有受我而爲之服矣。吳氏澄曰。此係重出。前但述其禮。此則釋其義也。禮案禮父在不爲祭主。爲出母無服。此嫡子而無父者也。

婦人不爲主而杖者。姑在爲夫杖。母爲長子削杖。女子子在室爲父母。其主喪者不杖。則子一人杖。鄭注。姑不厭婦。母削杖。嫌服男子當杖竹也。母爲長子服。不可以重於子爲己也。女子子在室。亦童子也。無男昆弟。使同姓爲攝主不杖。則子一人杖。謂長女也。許嫁及二十而笄。笄爲成人。成人正杖也。孔疏此論婦人應杖之節。姑在爲夫杖。鄭義唯謂出嫁婦人。若成人婦人在家爲父母。雖不爲主。亦杖。若在夫家。唯爲主乃杖。故爲夫與長子。雖不爲主亦杖。若餘非爲主。則不爲杖。但夫是移天之重。婦雖不爲主而杖。而云姑在者。舅主適婦喪。則厭適子。使不杖。今恐姑在爲主。則亦厭婦。明今姑雖爲主。不厭婦也。女子子在室。亦童子也。喪服傳云。婦人何以不杖。亦不能病也。鄭謂童子婦人。不能爲父母杖也。必主喪若杖。則此童子不杖。今由主喪者不杖。則此童女一人杖也。方氏慤曰。削杖桐也。非所以服男子。然母爲長子。則杖之者。以其服我者而報之也。顧氏炎武曰。姑在爲夫杖。必其無子也。母爲長子削杖。必其無父也。此二者皆無主之喪。故婦人杖。無主則不成喪。故女子子在室。父母死而無男昆弟。則女子杖。其曰一人杖。明無二杖也。孫氏希旦曰。父主適婦之喪。子不杖。母主適子之喪。婦猶杖者。斬衰無不杖也。然母既爲主。則爲夫雖杖。其禮當有所降矣。其房中則杖。即位於阼階之上。則輯杖與。苴杖斬衰之杖也。父爲長子斬衰。則苴杖。母爲長子齊衰。則削杖。各如其爲己之服。以服之也。禮案據孫說。則婦爲夫在室之女。爲父皆斬衰。並杖竹也。一人杖。謂女。即有女昆弟。亦惟長者杖也。

緦小功。虞卒哭則免。鄭注。棺柩已藏。恩輕可以不免也。言則免者。則既殯先啓之間。雖有事不免者。明未虞之前。則不免也。虞前有葬。葬是喪之大事。棺柩既啓。著免可知。嫌虞與卒哭棺柩既掩。不復著免。故特明之也。禮案小功緦麻。虞卒哭則免。既虞卒哭則不免也。小功變葛。緦三月之喪。既卒哭服已除矣。

既葬而不報虞。則雖主人皆

冠。及虞則皆免。鄭注：有故不得疾虞，雖主人皆冠，不可久無飾也。皆免，自主人至緦麻。孔疏：前云赴虞，赴虞於疾葬者矣。今依時而葬，不依時而虞，主人以下則皆冠，不可久無飾也。經云及虞則皆免，承上文緦小功之下，故知主人及緦麻皆免也。陸氏佃曰：此言過期而葬也。蓋亦報葬，知然者，以亦報虞知之也。蓋禮如期而葬，如期則虞，故曰葬日虞，弗忍一日離也。不及時而葬，渴葬也。過時而葬，慢葬也。故禮使後其虞，以貴子道。先王之所以必其時也。會葬者葬已而去，即欲會虞，報而後知之。言雖主人皆冠，嫌不冠也。及虞則皆免。據此報葬虞自有日，但禮文殘闕，其遠近之期不得而知也。禮案：既夕禮啓殯，丈夫髽；士虞禮主人及兄弟皆如葬服，則自啓至虞，主人兄弟皆髽髮從事而不冠也。此不報虞，故冠。然未卒哭受服，則仍冠承也。及虞則免，免則不髽，以非葬日虞故也。

爲兄弟既除喪已，及其葬也，反服其服。報虞卒哭則免，如不報虞則除之。鄭注：小功以下。陸氏佃曰：據此報虞則赴卒哭，即不報虞，雖卒哭，不赴也。孫氏希旦曰：爲兄弟既除喪已，謂久而不葬，而以麻終月數者也。及其葬也，反服其服。報虞卒哭則免，言皆與常禮同，不以已除喪而有異也。不報虞則除之，喪本已除故也。如報虞則於卒哭而除之。郭氏嵩燾曰：五服之屬，在喪次通謂之親者。兄弟除喪而服葬服，虞卒哭猶免。小功緦在殯，當免時亦免也。禮案：反服其服者，若爲昆弟齊衰，從父昆弟大功衰，從祖昆弟小功衰也。

遠葬者比反哭者皆冠，及郊而后免反哭。鄭注：墓在四郊之外。能疏：既葬在遠處郊野之外，不可無飾，故至葬訖，臨欲反哭之時，乃皆著冠，及郊而后去冠著免，反哭於廟。陸氏佃曰：此言遠葬者，視從葬反哭者皆冠，既及郊而后免反哭。遠葬者也。禮案：遠葬謂墓地在邑外，距家遙遠，及日不能歸，經宿於外，故皆冠也。爾雅釋地：邑外謂之郊。鄭注周禮地官載師云：近郊五十里，遠郊百里。及郊而后免，則初虞亦著免也。然則如葬服，唯葬日之虞矣。反哭者反哭於殯宮，蓋未虞祔則神未入廟，疏謂哭於廟，誤矣。

君弔雖不當免時也，主人必免，不散麻。雖異國之君，免也。親者皆免。鄭注：不散麻者，自若絞垂。爲人君變，貶於大斂之前、既啓之後也。親者，大功以上也。異國之君免，或爲吊。能疏：凡大斂之前著免，大功以上散麻；大斂以後著冠，不散麻，糾其垂也。至將葬啓殯之後，已葬之前亦免，大功以上亦散麻。若君吊，雖不當免時，必爲之著免，不散麻帶，貶於大斂之前及既啓之後。雖他國君來，與己國君同，主人爲之著免，大功以上親者皆從主人之免，敬異國君也。己君來吊，親者亦免可知。徐氏師曾曰：主人必免，尊君也。然糾其要絰，不使散垂，殺也。凡帶未斂而垂，既斂則絞，既啓而又垂，葬畢而又絞。主人免，親皆從而免，致親親之情也。孫氏希旦曰：不當免時，謂成服以至啓前，既葬卒哭以後。禮案：閒傳云：男子重首，婦人重帶。故君吊雖不當免時也，主人必免，以所重在首；不散麻，以要非所重故也。

除殤之喪也，其祭也必玄。除成喪者，其祭也朝服縞冠。鄭注：殤無變，文不縞，玄端黃裳而祭，不朝服，未純吉也。於成人爲釋禫之服，成成人也。縞冠，未純吉祭服也。既祥祭乃素縞麻衣。孔疏：此明除殤之喪及成人之喪。長殤中殤下殤之喪，其除喪祭服必玄冠玄端黃裳，異於或人也。殤無虞卒哭及練之變服，以本服既重，意在於質。若成人喪服初除，著朝服禫祭，始從玄端。今除殤之喪即從禫服。是文不繁縟也。大夫朝服而祭。朝服者玄端純衣素裳。是純吉之祭服也。今除成喪用縞冠。是未純吉也。陸氏佃曰。言必玄則裳亦玄可知。鄭氏謂玄端黃裳蓋非是。據齊之以玄也。以陰幽思也。齊玄而養。孫氏希旦曰。陸氏之說是也。凡言玄者。皆謂冠及衣裳俱玄者也。玄冠玄衣玄裳。此士吉祭之服。殤無變除之漸。故服吉服以除其喪。成喪成人之喪。縞冠縞冠素紕也。禮案殤祭無尸。此除喪之祭。蓋稷饋也。大戴禮曾子天圓篇。無祿者稷饋。稷饋者無尸。無尸者厭也。除成喪祭服朝服。卒事反麻衣也。雜記下曰。祥主人之祭也。於夕爲期朝服。祥因其故服。閒傳云。又期而大祥素縞麻衣是也。

奔父之喪。括髮於堂上。袒降踊。襲絰於東方。奔母之喪。不括髮。袒於堂上。降踊。襲免於東方。絰即位。成踊。出門哭止。三日而五哭三袒。鄭注凡奔喪謂道遠已殯乃來也。爲母不括髮。以至成服一而已。貶於父也。即位以下。於父母同也。三日五哭者。始至訖夕反位哭。乃出就次。一哭也。與明日又明日之朝夕。而五哭。三袒者。始至袒。與明日又明日之朝而三也。孔疏此論奔喪之法。括髮於堂上。殯宮堂上。不笄纚者。奔喪異於初死也。袒謂堂上去衣。降堂酢階東而踊。爲踊故袒。既畢襲謂揜所袒之衣。帶絰於東序東。奔母之喪。初時括髮。至又哭以後至成服。不括髮。袒於堂上。降踊與父同。父則括髮而加絰。母則不括髮而加免。此是異於父也。著免加絰已後。即位於阼階之東而更踊。故云成踊。其即位成踊。父母同於此之時。賓來吊者則拜之。奔喪禮所謂反位拜賓成踊是也。出殯宮之門。就於廬。故哭者止。初死在家之時。哭踊無節。今聞喪已久。奔喪禮殺。故三日五哭。異於家也。此謂已殯而來。若未殯而廬。來與在家同。不得殺也。江氏永曰。案奔母喪初時括髮。有奔喪正篇可考。又此記篇首爲母括髮以麻。免而以布。亦可參見。然不言初至時括髮。但據又哭時云不括髮。亦記者失之。不若奔喪篇之詳備也。孫氏希旦曰。降踊降自西階。即位於阼階下而踊也。東方堂下之東序東也。即位自東序東反即阼階下之位也。禮案此云三日而五哭三袒者。一路奔喪禮始聞親喪哭盡哀。問故又哭盡哀。遂行見星而行。見星而舍。過國至竟哭盡哀。望其國竟哭。奔波若至家再哭踊無時。必滅性矣。故爲之節也。

適婦不爲舅後者。則姑爲之小功。鄭注謂夫有廢疾他故。若死而無子不受重者。小功庶婦之服也。凡父母於子。舅姑於婦將不傳重於適。及將所傳重者非適。服之皆如庶子庶婦也。孔疏父母於適子正服期。則適婦宜大功。庶婦故小功也。云將不傳重於適者。如廢疾他故。死而無子之屬是也。云及將所傳重非適者。爲無適子以庶子傳重。及養他子爲後者也。禮案喪服大功章嫡婦。鄭注彼云。婦言嫡者。從夫名之。又小功章庶婦。鄭云夫將不受重者。然則夫雖庶子。若受重則婦爲舅後。姑亦當爲之大功矣。而注此又謂非適。則服之皆如庶子庶婦。是自相矛盾矣。

禮記通釋卷四十三

玉環戴禮

大傳第十六孔疏案鄭目錄云。名曰大傳者。以其記祖宗人親之大義。此於別錄屬通論。陳氏祥道曰。禘者祭之大者也。追王者孝之大者也。名者人治之大者也。人道者禮義之大者也。是篇言人道者三。則其所謂祭祀追王。服術宗族之類。莫非人道而已。豈非所謂傳之大者哉。故命曰大傳。吳氏澄曰。儀禮十七篇。唯喪服經有傳。此篇通引喪服傳之文。而推廣之。喪服傳逐章釋經。如易之象傳。此篇不釋經而統論。如易之繫辭傳。禮案此篇皆傳人君尊祖敬宗治親之事。故謂之大傳。猶紀天子諸侯之喪。曰大記之義。

禮不王不禘。王者禘其祖之所自出。以其祖配之。鄭注凡大祭曰禘。自由也。大祭其先祖所由生。謂郊祀天也。王者之先祖。皆感大微五帝之精以生。蒼則靈威仰。赤則赤熛怒。黃則含樞紐。白則白招拒。黑則汁光紀。皆用正歲之正月郊祭之。蓋特尊焉。孝經曰。郊祀后稷以配天。配靈威仰也。宗祀文王於明堂。以配上帝。汎配五帝也。孔疏此一節論王及諸侯大夫士。祭先祖之義。此禘謂郊天之祭。唯王者得行。故云不王不禘也。王者禘其祖之所自出。以其祖配之者。此文具於小記。於彼已釋之。案師說引河图云。慶都感赤龍而生堯。又云堯赤精。舜黃。禹白。湯黑。文王蒼。又元命包云。夏白帝之子。殷黑帝之子。周蒼帝之子。是王者皆感太微五帝之精而生。靈威仰至汁光紀。皆春秋緯文。案易緯乾鑿度云。三王之郊。一用夏正。就五帝之中。特祭所感生之帝。是特尊焉。注引孝經證禘其祖。所自出。以其祖配之。又引宗祀配上帝。證文王不特配感生之帝。而汎配五帝矣。王氏肅曰。所自出。虞夏出黃帝。殷周出帝嚳也。趙氏匡曰。不王不禘。明諸侯不得有也。所自出。謂所系之帝。祭法載虞夏殷周禘禮。所謂禘其祖。所自出。蓋禘郊祖宗。並敍永世追祀。而不廢絕者也。禘者帝王立始祖之廟。猶謂未盡其追遠尊先之義。故又推尋始祖所出之帝。而追祀之。以其祖配之者。謂於始祖廟祭之。便以始祖配祭也。此祭不兼羣廟之主。爲其疏遠。而不敢褻狎故也。其年數或每年。或數年。未可知也。方氏慤曰。禘之爲言遞也。月祭及其親廟。而不及祧廟。特祭及其祧廟而不及毀廟。三年之祫。及其毀廟之祖。而不及祖之所出。至於五年之禘。然後及其祖之所自出者焉。及其祖之所自出。則所及可謂遞矣。此其所以謂之禘也。禮案禮說。三年一閏。天氣小備。五年再閏。天道大備。故三年一祫。五年一禘。禮非王不禘。故禮運孔子曾嘆魯之郊禘爲非禮。

諸侯及其大祖。大夫士有大事。省於其君。干祫及其高祖。鄭注大祖受封君也。大事冠戎之事也。省善也。善於其君。謂免於大難。干猶空也。空祫謂無廟。祫祭之於壇墠。孔疏諸侯非王不得郊天。配祖於廟。及祭大祖耳。大夫士有勳勞大事。爲君所善者。則君許其祫祭。至於高祖。但無始祖廟。雖得行祫。唯至於高祖。並在於壇。空而祫之。故云空祫及其高祖也。然此對諸侯爲言。言支庶爲大夫士者耳。若適爲大夫士。亦有大祖。故王制云。大夫三廟。一昭一穆。與大祖之廟而三是也。趙氏匡曰。諸侯存五廟。唯大廟百世不遷。大祖言及者。遠祀之所及也。不言禘者。不王不禘也。不言祫者。四時皆祭。故不言祫也、有省謂有功往見省錄者也。

干者逆上之意。言逆上及高祖也。據此體勢相連，不得謂禘爲郊也。義疏云：案程子曰：高祖有廟，不祭甚非。故大夫三廟，其昭穆二廟，實具四世之主。禮案：祫祭宗廟，諸侯以上之禮。記云干祫及其高祖，所以明祫非大夫士之常祀也。

牧之野，武王之大事也。既事而退，柴於上帝，祈於社，設奠於牧室，遂率天下諸侯執豆籩，逡奔走。追王大王亶父、王季歷、文王昌，不以卑臨尊也。

鄭注：柴、祈、奠，告天地及先祖也。牧室，牧野之室也。古者郊關皆有館焉。先祖省行主也。逡，疾也。疾奔走，言勸事也。周頌曰：逡奔走在廟。不以卑臨尊，不用諸侯之號臨天子也。文王稱王早矣，於殷猶爲諸侯，於是著焉。孔疏：此論武王伐紂，率諸侯以祭祖廟，追王大王、王季，上尊祖禰之事。與前相接也。牧野之戰，是武王事之大者也。既戰而退，燔柴以告天，陳祭以告社，奠祭於牧野之館室，以告行主，遂領天下諸侯，執豆籩，疾奔走，在廟祭先祖。此時乃追王大王亶父，又追王王季歷及文王昌，等爲王，所以然者，不以諸侯之卑號臨天子之尊也。遺人云：凡國野十里有廬，三十里有宿，五十里有市，道路尚然，明郊關亦有館舍。案：曾子問云：古者師行，必以遷廟主行。故甘誓云：用命賞於祖。此武王所載行主也。案周本紀云：載文王木主。以其成子文王之業也。中庸云：周公追王大王、王季者，謂以王禮改葬耳，不改葬文王者，先以王禮葬故也。此大王、王季追王者，王迹所由興故也。若非王迹所由興，不必追王。故小記云：父爲士，子爲天子諸侯，祭以天子諸侯，其尸服以士服是也。文王生雖稱王，號稱猶未定，武王追王，乃定爾。孫氏佖曰：此與武成所記略同，然祈社自是往伐之時，不在既事之日。燔柴自是至豐之後，不在於牧之野。諸侯駿奔走，執豆籩，自是祀周廟之禮，非設奠於牧室。禮案：逸周書世俘解：二月甲子朝，至接於商。丁卯，望，至告以馘俘。戊辰，王遂禦，循追祀文王。孔注云：以尅紂告祖考。壇惟而祭，蓋存商郊，即此設奠於牧室也。四月辛亥，薦俘殷王鼎，則已歸周矣。武王乃翼矢珪矢憲，告天宗上帝，即此柴於上帝也。王不革服格於廟，王烈祖自大王、大伯、王季、虞公、文王、邑考以列升，即此之追王是也。

上治祖禰，尊尊也。下治子孫，親親也。旁治昆弟，合族以食，序以昭繆，別之以禮義，人道竭矣。

鄭注：治猶正也。繆讀爲穆，聲之誤也。竭，盡也。孔疏：此論武王伐紂之後，治親合族之禮。上正祖禰，是尊其尊；下正子孫，是親其親。上主尊敬，故云尊尊；下主恩愛，故云親親。旁正昆弟，遠疏也。合族以食，言會合族人以食之禮，又序次族人，以昭穆之事也。上治祖禰，下治子孫，旁治昆弟，此三事皆分別之以禮義，使人義之道理竭盡於此矣。呂氏本中曰：上治祖禰，下治子孫，旁治昆弟，此三句正是宗法。大傳一篇，主說宗法，蓋尊祖然後能敬宗，故此篇之首，先說禘祭，到此一節，便說睦族，治子弟之事，治是整齊，不必作正。孫氏希旦曰：治謂立爲法制，以別其親疏厚薄之宜也。尊尊自上而殺，所以上治也。親親由下而殺，所以下治也。合族以食，以聯其情之同；別以昭穆，以辨其等之異。皆旁治之事也。上文言祭祀之法，追王之禮，皆上治之事，此又備言聖人之治人道，有此四者。篇中所言，皆所以發明此義也。義疏：合族以食，序以昭穆，所謂同姓從宗合族屬，所以長長也。別之以禮義，所謂異姓主名治際會，所以厚別也。禮案：父至尊也，子至親也，尊尊謂由父之尊而追王及於曾祖，親親謂由子之親而制服及於孫曾，旁治昆弟。卽周禮天官大宰，以九兩繫邦國之民，五曰宗以族得民。合族以食，卽春官大宗伯以飲食之禮，親宗族兄弟是也。蓋序以昭穆，斯父子之倫明。別以禮義，則男女之別著。

聖人南面而聽天下，所且先者五，民不與焉。一曰治親，二曰報功，三曰舉賢，四曰使能，五曰存愛。五者一得於天下，民無不足，無不贍者。五者一物紕繆，民莫得其死。聖人南面而治天下，必自人道始矣。鄭注：且先言未遑餘事。功，功臣也。存，察有仁愛也。物猶事也。紕繆猶錯也。五事得則民足，一事失則民不得其死。明政之難。人道謂此五事。孔疏：此廣明聖人受命以臨天下，有不可變革之事。謂聖人卽位，所且欲先行者五事。治親卽向者三事。三事若正，則於家國皆正，故急在前。報功者，於有功勞者，使爲諸侯之屬是也。舉賢者若岩穴有賢德之士，舉而用之。使能謂有道藝亦祿之，使各當其職。存愛者察民側陋之中，雖非賢能，而有仁愛之心，亦賞異之。五事一皆得行於天下，則民無有不足。贍是優足之餘也。五者有一紕繆，則民無得以理壽終而死也。聖人南面而治天下，先以此爲始，故云必自人道始也。方氏愨曰：所且先者五，言未暇致其詳也。民不與焉，非不以民爲事，苟能行此五者，民亦從而治矣。故後言民無不足，民無不贍者。夫正之以善之謂治，予其所施之謂報，升之於位之謂舉，任之以職之謂使，念之而不忘之謂存。而愛則人之所不可忘者也。君子仁民而愛物，則存愛者主物言之也。聖人治天下，必自人道始。蓋以治親爲先故也。始言聽天下，終言治天下者，蓋事之來也，聽其可否，而後治之使正焉。故言之序如此。吳氏澄曰：存愛，蓋存愛民之心。爾先有不忍人之心，而後有不忍人之政也。禮案此言聖王之聽天下，有所宜先者五。五者治則從而安，五者失一則民從而危也。治親卽上文上治下治旁治是也。卽尚書堯典克明俊德，以親九族，九族旣睦，平章百姓，協萂萬邦。報功卽周禮夏官司勳，凡有功者銘書於王之大常。舉賢卽大戴王言歲誘賢焉，則賢者親，不肖者懼。使能卽大戴千乘，凡事尚賢進能，使知事。存愛卽哀公問古之爲政，愛人爲大，所以治。人道始者，謂治親五事之始也。故中庸謂爲天下國家，必以親親，親家九經也。

立權度量，考文章，改正朔，易服色，殊徽號，異器械，別衣服，此其所得與民變革者也。鄭注：權，稱也。度，丈尺也。量，斗斛也。文章，禮法也。服色，車馬也。徽號，旌旂之名也。器械，禮樂之器及兵甲也。衣服，吉凶之制也。徽或作褘。孔疏：此廣明損益之事，並輕，故可變革。權度量，言始有天下，必宜造此物也。考，校也。文章，國之禮法。正謂年始，朔謂月初。王者得政，改故用新。周子，殷丑，夏寅，是改正也。周夜半，殷鷄鳴，夏平旦，是易朔也。車馬謂各隨亦白黑也。殊，別也。徽號，周大赤，殷大白，夏大麾，各有別也。器謂輵豆房俎，禮樂之器也。械謂戎路革路兵甲之屬也。別衣服者，周吉服九章，虞以十二章，殷凶不厭賤，周貴則降卑也。此諸事司變革與民爲新，亦示禮從我始也。方氏愨曰：銖兩斤鈞石謂之五權，首言權，則以規矩準繩衡皆始於此故也。權之輕重，度之長短，量之多少，及其久也，則不能無差，故立以定之。文章蓋言禮樂法度，久則不能無壞，故考以成之。正朔者天之所爲，則改之而已。服色者人之所爲，故可易焉。徽號者，則天子之美稱。以道則稱皇，以德則稱帝，以業則稱王，此之謂殊徽號。若有虞氏之兩敦，夏后氏之四璉，殷之六瑚。周之八簋。有虞氏之旂。夏后氏之綏。殷之大白。周之大赤。此之謂異器械。虞夏殷周之養老或以深衣。或以燕衣。或以縞衣。或以玄衣。此之謂別衣服。此七者治之法也。法有變。要在通之而不倦。故曰此。其所得與民變革者也。黃氏震曰。此借制度之可變。以形人道之不可變。主人道也。禮案白虎通云。王者受命必改朔何。明易姓示不相襲也。明受之於天。不受之於人。所以變易民心。革其耳目。以助化也。

其不可得變革者則有矣。親親也。尊尊也。長長也。男女有別。此其不可得與民變革者也。

鄭注四者人道之常。方氏慤曰。此四者治之道也。道有常。要在久之而不易。故曰不可得與民變革也。既曰變。又曰革何也。天下之理。因之則有常。革之則有變。因革則存乎人。變常則存乎事。人與事常相須而已。馬氏晞孟曰。自立權度量至於別衣服者。禮之文也。文則應時而造。自親親至於男女有別者。禮之本也。本則理有不可易。輔氏廣曰。親親仁也。尊尊長長義也。男女有別禮也。知者知此者也。信者信此者也。其不可得而變革者經也。江氏永曰。此通言不可與民變革者四事。則尊尊謂貴貴也。孫氏希旦曰。四者乃人道之大。故不可得而變革。孔子言殷因於夏禮。周因於殷禮。董子言王者制之名。無變道之實是也。上文言人道之當先。此又言人道之不變。唯其不可變。所以必當先也。禮案親親尊尊長長。所以立人道也。男女有別。所以明人義也。於變革也何有。

同姓從宗合族屬。異姓主名治際會。名著而男女有別。

鄭注合合之宗子之家。序昭穆也。異姓謂來嫁者也。立於母與婦之名耳。際會昏禮交接之會也。著明也。母婦之名不明。則人倫亂也。亂者若衛宣公楚平王爲子取自納焉。孔疏此論同姓從宗。異姓主名。明男女有別之事。同姓父族也。從宗謂從大小宗合聚族人親疏。使昭爲一行。穆爲一行。同時食。故曰合族屬也。異姓謂他姓之女。來爲己姓之妻。夫爲父行則主母名。夫若子行。則主婦名。治正也。際會所以主此母婦之名。正昏姻交際會合之事。若母婦之名著。則男女尊卑異等。各有分別。不相淫亂。凡姓族異者。所以別異人也。天子賜姓賜氏。諸侯但賜氏。故隱八年左傳云。天子因生以賜姓。昨之土而命之氏。諸侯以字爲謚。因以爲族。官有世功。則有官族。邑亦如之。以此言之。天子因諸侯先祖所生。賜之曰姓。杜預云。若舜生嬀汭。賜姓曰嬀。封舜之後於陳。以所封之土命爲氏。舜後姓嬀而氏曰陳。故鄭駁異義云。炎帝姓姜。大皞之所賜也。黃帝姓姬。炎帝之所賜也。是天子賜姓。諸侯賜卿大夫以氏。若同姓公族之子曰公子。公子之子曰公孫。公孫之子。其親已遠。不得上連於公。故以王父字爲氏。若異姓爲卿乃賜有大功德者。生賜以族。氏族對文爲別。散則通。故左傳問族於衆仲。下曰以字爲展氏是也。其姓與氏散亦得通。故春秋有姜氏子氏。姜子皆姓而云氏是也。劉氏彝曰。宗者一施人倫之主也。屬猶繫也。父之黨則繫於昭。子之黨則繫於穆。昭穆分則序之以長幼。合族人而食。所以正人倫。而禮義行於宗黨矣。輔氏廣曰。異姓主名治際會。謂男女際會之時。名著則男女雖際會而有別矣。此所謂主名也。呂氏本中曰。婦人尊卑本無定位。隨其夫之尊卑爾。故際會之時。所主者在名。馬氏晞孟曰。同姓者自內出。而有所殺。嫌於無所原。故使之從宗合族屬所以親之以仁恩也。異姓者自外入。而有所厚。嫌於無所分。故使之主名治以禮義也。禮案大傳曰。宗室有事。族人皆侍。終日。祭已而與族人飲。此即同姓從宗合族屬也。異姓主名治際會者。謂異姓向之書女。來歸夫氏。皆繫其夫之尊卑。以定母婦之名。則當吉凶大事交際會合。可無瀆亂之嫌矣。故曰名著而男女有別。其夫屬乎父道者。妻皆母道也。其夫屬可子道者。妻直婦道也。謂弟之妻婦者。是嫂亦可謂之母乎。名者人治之大者也。可無慎乎。鄭注言母婦無昭穆。於此統於夫耳。母焉則尊之。婦焉則卑之。尊之卑之。明非己倫。以厚別也。亦可謂之母乎。言不可也。謂之婦與嫂者。以其在己之列。以名遠之耳。復謂嫂爲母。則令昭穆不明。昆弟之妻。夫之昆弟。不相爲服。不成其親也。男女無親。則遠於相見。人治所以正人。孔疏此言他姓婦人。來嫁己族。本無昭穆於己親。唯繫夫尊卑。而定母婦之號也。道猶行列也。若其夫隨屬於己之父行者。其妻皆己之母行也。其夫隨屬於己之子行者。其妻皆己之婦行也。故婦人來嫁己伯叔之列。即謂之爲母也。來嫁於己之子行。即謂之爲婦也。男女若無尊卑。倫類相聚。則淫亂易生。兄弟之妻。在己之倫。列恐相褻瀆。故弟妻假以同子婦之名。兄妻假以嫂老之名。殊遠之也。既以子妻之名名弟妻爲婦。若又以諸父之妻名名兄妻爲母。則上下全亂。昭穆不明。鄭注喪服亦云。弟之妻爲婦者。卑遠之。故謂之婦。嫂者尊嚴之稱。是弟妻可借婦名。兄妻不可借母名也。男女尊卑隔絕。相服成親。義無混雜。兄弟之妻。若成親爲服。則數相聚見。姦亂易生。故無服以疏遠之。全同路人。恩親不接也。名謂母婦之名。得之則昭穆明。失之則上下亂。是人治之大。言須名也。陳氏祥道曰。母婦無昭穆。而昭穆繫於父子之別。嫂婦無長幼。而長幼繫於兄弟之倫。故婦於世叔父母則大功。世叔於婦亦大功。以其相遠而親之也。兄公與叔於嫂婦無服。嫂婦於兄公與叔亦無服。以其相邇而遠之也。應氏鏞曰。人固有幼而無依。年之長幼。或甚遼絕。兄當撫幼如父。故康誥以兄不念鞠子哀。爲大不友。嫂當撫幼叔如子。故唐賢有鞠於嫂以有成。以母服報之。恩禮可以有加。而名卒不可變者。天倫自然之序。非人所能移也。此其所以莫急於正名也。陸氏佃曰。孔子曰。必也正名乎。是也。若子路者猶以爲迂。故曰可不慎乎。陳氏澔曰。父之兄弟爲伯叔父。則其妻謂之伯叔母。兄弟之子爲從子。則其妻謂之婦。此於昭穆爲宜。弟之妻不可謂之婦。猶兄之妻不可謂之母。以紊昭穆也。舊說弟妻可婦。嫂不可母。失其指矣。江氏永曰。案喪服傳亦有此文。彼釋夫之昆弟。何以無服。意謂弟妻不可謂婦。猶兄嫂不可謂母。兄弟之妻。於母於婦皆無所屬。是以不爲制服以遠之也。禮案二說並是也。攷爾雅釋親。女子謂兄之妻爲嫂。弟之妻爲婦。而不系之男子者。蓋推而遠之也。禮所以嫂叔不通問。嫂叔無服者。以尊屬之妻。有母道焉。卑屬之妻。有婦道焉。昆弟之妻。屬無尊卑。故不爲之定名。所以特嚴其別也。人治以正名爲先。一有不至。禍辱隨之。故不可不慎也。

四世而緦。服之窮也。五世袒免。殺同姓也。六世親屬竭矣。鄭注四世共高祖。五世高祖昆弟。六世以外。親盡無屬名。孔疏此論般周統叙宗族之異。四世謂上至高祖。下至己兄弟。同承高祖之後。爲族兄弟。相報緦麻。是服盡於此也。爲親兄弟期。一從兄弟大功。再從兄弟小功。三從兄弟緦麻。共承高祖。爲四世而緦麻。盡也。五世謂共承高祖之父者。服袒免而無正服。減殺同姓也。六世則謂共承高祖之祖者。不服袒免。同姓而已。故云親屬竭矣。方氏慤曰。四世者三從之親。以其疏而不足於哀也。致其恩而已。故服謂之緦焉。五世者三從之外。以其屬尤疏。但不襲不冠以變其吉耳。故謂之袒免焉。

六世雖不變吉可也。孫氏希旦曰：五世而別族，則親屬固竭矣。然相爲袒免，則猶有未盡竭者焉。至六世并不爲袒免，則相弔而已。蓋其異於塗人之泛然者幾希矣。故白親屬竭矣。禮案：文王世子云：族之相爲也，宜弔不弔，宜免不免，有司罰之。蓋指五世以下，防其因疏遠而忽之也。**其庶姓別於上，而戚單於下，昏姻可以通乎？繫之以姓而弗別，綴之以食而弗殊，雖百世而昏姻不通者，周道然也。**鄭注：可以通乎，問之也。玄孫之子姓別於高祖，五世而無服，姓世所由生。不通者，周之禮所建者長也。姓，正姓也。始祖爲正姓，高祖爲庶姓。繫之弗別，謂若今宗室屬籍也。周禮小史掌定繫世，辨昭穆。孔疏：作記之人以殷人五世以後可以通昏，故將殷法以問於周云：周家五世以後，庶姓別異於上，與高祖不同，各爲氏族，不共高祖，別自爲宗，是別於上也。戚，親也。單，盡也。謂四從兄弟恩親盡於下，各自爲宗，不相尊敬。庶，衆也。高祖以外，人轉廣遠，分姓衆多，故曰庶姓。高祖以上，復爲五宗也。既姓別親盡，婚姻可以通乎？問其可通與否。記者以周法答言：周雖庶姓別於上，而有世繫運繫之以本姓，而不分別，若姬氏、姜氏，大宗百世不改也。連綴族人以飲食之禮，而不殊異也。雖相去百世，而昏姻不得通，周道如此，異於殷也。云始祖爲正姓者，若炎帝姓姜，黃帝姓姬，周之姓姬本於黃帝，齊姓姜本於炎帝，宋姓子本於契是也。云高祖爲庶姓者，若魯之三桓，慶父、叔牙、季友之後，及鄭之七穆，子游、子國之後，爲游氏、國氏之等。云若今宗室屬籍，漢同宗有屬籍也。呂氏本中曰：禮記庶姓，即左傳所謂氏族，如襄二十五年崔武子欲娶東郭偃之姊，偃曰：男女辨姓，今君出自丁，臣出自桓，不可。蓋崔與郭皆是氏，其姓同出於姜，自姜姓中分別出來，便有所謂崔氏，有所謂東郭氏，此便是庶姓別於上也。戚單於下，蓋親盡也。顧氏炎武曰：特牲饋食禮言子姓兄弟，注曰：所祭者之子孫，言子姓者，子之所生。故詩言公姓，以繼公子而同父之變文，則云同姓。此所云庶姓別於上者，亦子姓之姓，與周禮司儀之云士揖庶姓者，文同而所指異也。孫氏希旦曰：自殷以上，男女別姓之禮固不如周之嚴矣。然孔氏謂殷之不繫姓，無繼而別之宗，五世而昏姻可通，則恐不然。盤庚告其臣曰：茲予大享於先王，爾祖其從與享之，可知殷之臣其有功而祭於大烝者，爲其後之大祖矣。周初分封列國，所謂殷民六族、殷民七族、懷姓九宗、職官五正，此皆殷之世家大族，與國家相爲終始者，何謂無繼別之宗乎？禮案：別，殷異也。弗別，謂有世繫，則庶姓皆知所自出。殊，絕也。弗殊，謂有族食，則遠族共知其本宗。故雖各自爲氏，而不相爲昏姻也。白虎通云：人生所以有姓何？所以崇恩愛，厚親親，遠禽獸，別昏姻也。故禮別類，使生相愛，死相哀，同姓不得相娶者，皆爲重人倫也。又曰：諸侯之子稱公子，公子之子稱公孫，公孫之子各以王文字爲氏，故魯有仲孫、叔孫、季孫，楚有昭、屈、景，齊有高、國、崔也。**服術有六：一曰親親，二曰尊尊，三曰名，四曰出入，五曰長幼，六曰從服。**鄭注：術猶道也。親親，父母爲首。尊尊，君爲首。名，世母叔母之屬也。出入，女子子嫁者及在室者。長幼，成人及殤也。從服，若夫爲妻之父母，妻爲夫之黨服。孔疏：此明服術之制。一曰親親者，父母爲首，次以妻子伯叔。二曰尊尊者，君爲首，次以卿大夫。三曰名者，若伯叔母及子婦并弟婦兄嫂之屬。四曰出入者，若女子子在室爲入，適人爲出，及出繼爲人後者也。五曰長幼者，長謂成人，幼爲諸殤。六曰從服者，即下文從服有六等是也。案從服有六。

略舉夫妻相爲而言之也。某氏曰：鄭謂出入女子嫁者及在室者。然在室者於兄弟有長幼之服，於姪如有尊卑之服，入非在室者也。周官媒氏，判妻入子者，皆書之。喪服出妻之子爲母期，爲人後者爲其父母期。喪服小記：「婦當喪而出，則除之。爲父母喪，未練而出，則三年；既練而出，則已。未練而反，則期；既練而反，則遂之。」以妾從女君而出，則不爲女君之子服。然則大傳所謂出入，蓋此類與。孫氏希旦曰：名謂主母婦之名，而爲之服也。喪服傳曰：「世母叔母何以亦期也？以名服也。」又曰：「從母何以小功也？以名加也。」是也。禮案：此六者該括喪服全經。出入之義，所包甚廣，當從某氏之說。若臣爲君斬衰，出仕他邦，則爲舊君反服齊衰三月，爲繼父同居者服齊衰期，異居則服齊衰三月之屬，皆是也。至嫂叔無服，而疏釋名兼及弟婦兄嫂，誤矣。又下文從服有六，本接此從服，可無須詳釋。而謂鄭注略舉夫妻相爲而言之，亦非也。

從服有六：有屬從，有徒從，有從有服而無服，有從無服而有服，有從重而輕，有從輕而重。鄭注：屬從，子爲母之黨。徒從，臣爲君之黨。從有服而無服，公子爲其妻之父母。從無服而有服，公子之妻爲公子之外兄弟。從重而輕，夫爲妻之父母。從輕而重，公子之妻爲其皇姑。孔疏：從服有六者，從術之中，別有六種。屬謂親屬，以其親屬爲其支黨。鄭舉一條耳。妻從夫、夫從妻，並是也。徒，空也。與彼無親，空服彼之支黨。鄭亦略舉一條，妻爲夫之君，妾爲女君之黨，庶子爲君母之親，子爲母之君母，並是也。有從有服而無服。鄭引服問篇，公子之妻爲本生父母期，公子爲君所厭，不得服，從妻有服而公子無服，是從有服而無服。嫂叔無服，亦是也。公子從君厭，爲己外親無服，而妻猶服之，是從無服而有服。娣姒亦是也。妻自其父母期爲重，夫從妻服之三月，是從重而輕。舅之子亦是也。公子爲君所厭，自爲其母練冠，是輕，其妻猶爲皇姑服期，是從輕而重也。方氏愨曰：此非正由於己，特從人而服，故謂之從服。有所繫而從，則曰屬；無所繫而從，則曰徒。屬從由仁而生也，徒從以繼而起也。從有而無，從重而輕，斷之以義也；從無而有，從輕而重，濟之以仁也。先王之於服術，仁之至、義之盡也。孫氏希旦曰：屬從、徒從，設見小記。從服有六，實不外乎屬從、徒從而已，其下四者，皆屬從之別者也。禮案：陳師衍曰：疏所補徒從有四，而一徒從雖亡猶服，如女君雖歿，妾猶服女君之黨，其餘所從亡則已。又服君之黨，疑不可謂之徒從，如君之父母，君雖不在，新君當承重，則從新君而服之矣。若小君則本應服。長子則便爲新君，皆非徒從。攷喪服齊衰不杖期章：「爲君之父母、妻、長子、祖父母。」傳曰：「何以期也？從服也。」鄭注彼云：「此爲君者而有父若祖之喪者，謂始封之君也。若是繼體，則其父若祖有廢疾不立。」仰亦旁支入嗣，則君之父祖非先君者，故不爲之斬，而從君服其本生期，而謂之從服也。或臣適他邦，君去其國，而所從亡則已。是以謂之徒從乎。

自仁率親，等而上之至於祖，名曰輕。自義率祖，順而下之至於禰，名曰重。一輕一重，其義然也。鄭注：自，猶用也。率，循也。用恩則父母重而祖輕，用義則祖重而父母輕。恩重者爲之三年，義重者爲之齊衰。然如是也。孔疏：此論祖禰仁義之事。仁，恩也。親謂父母等差也。子孫若用恩愛循親而上至於祖，遠者恩漸輕，故名曰輕。用義循祖，順而下之至於禰，其義漸輕，祖則義重，故名曰重。義，宜也。言人情道理宜合如是。案：喪服條例，衰服表恩，若高曾之服本應緦麻小功，而進以齊衰，踰數等之服，豈非爲尊重而然。至親以期斷，而父母加三年。當不爲恩深。故亦然矣。輔氏廣曰。親親仁也。逆而上之則漸輕。故至於祖。名曰輕。尊尊義也。順而下之則漸重。故至於禰。名曰重。輕則緦麻三月。重則斬衰三年。一輕一重。其義則然。非人之所能爲也。孔鄭說繫。禮案自由也。喪服四制曰。恩者仁也。理者義也。夫喪服上殺。故自親上至於祖。而服禰輕也。其恩厚者其服重。故自祖下至於禰。而服加重也。義謂服之輕重。由仁與義。乃天理之當然者也。

君有合族之道。族人不得以其戚戚君位也。

鄭注。君恩可以下施。而族人皆臣也。不得以父兄弟子之親。自戚於君位。謂齒列也。所以尊君別嫌也。孔疏。此明人君有絕宗之道。言設燕飲合食族人。族人不得以其戚屬與君齒列。是尊君也。兄弟親屬。多有篡代之嫌。令遠自卑退。是殊別嫌疑也。輔氏廣曰。君有合族。親親仁也。族人不得以其戚戚君位。尊尊義也。上所行者仁。下所守者義。陳氏澔曰。不敢上親於君者。一則君有絕宗之道。二則以嚴上下之辨。而杜篡代之萌也。義疏云。此爲下宗法引端。惟族人不得以其戚戚君位。此別子之義所由立也。禮案。家語有若問於孔子曰。國君之於同姓如之何。孔子曰。皆有宗道焉。故云國君之尊。猶百世不廢其親。所以崇愛也。雖族人之親。亦不敢戚君。所以謙也。孔疏。詩大雅云。戚戚猶親親也。小爾雅。戚近也。隱七年穀梁傳曰。諸侯之尊。弟兄不得以屬通。是也。

庶子不祭。明其宗也。庶子不得爲長子三年。不繼祖也。別子爲祖。繼別爲宗。繼禰者爲小宗。有百世不遷之宗。有五世則遷之宗。百世不遷者。別子之後也。宗其繼別子之所自出者。以世不遷者也。宗其繼高祖者。五世則遷者也。尊祖故敬宗。敬宗。尊祖之義也。

鄭注。明猶尊也。一統焉。族人上不戚君。下又辟宗。乃後能相序。別子謂公子若始來在此國者。後世以爲祖也。繼別。別子之世適也。族人尊之。謂之大宗。是宗子也。繼禰。父之適也。兄弟尊之。謂之小宗。遷猶變易也。繼別子。別子之世適也。繼高祖者亦小宗也。先言繼禰者。據別子子弟之子也。以高祖與禰。皆有繼者。則曾祖亦有也。則小宗四。與大宗凡五。孔疏。上論人君絕宗。此論卿大夫以下。繼屬小宗大宗之義。案小記云。庶子不祭祖。下文云。不祭禰。此直云不祭者。小記辨明上士下士。則總而言之。案小記云。庶子不爲長子斬。不繼祖與禰。斬則三年。與此一也。小記文詳。此文簡略。故直云不繼祖也。小記已備釋之。別子爲祖以下。廣陳五宗義也。諸侯之適子適孫繼世爲君。而第二子以下悉不得禰先君。故云別子。並爲其後世之始祖。故云爲祖也。云若始來在此國。謂非君之親。或是異姓始來。亦謂之別子。以其別於本國不來者。繼別謂別子之適子。世繼別子。爲大宗也。族人與之爲絕族者。五世外皆爲之齊衰三月。母妻亦然。繼禰謂父之適子。上繼於禰。諸兄弟宗之。謂之小宗。以本親之服服之。百世不遷。謂大宗也。五世則遷。謂小宗也。宗其繼別子之所自出者百世不遷。此覆明大宗子百世不遷之義。宗其繼高祖者五世則遷。此覆明小宗五世則遷之義。尊祖故敬宗。總結大宗小宗。以大宗是遠祖之正體。小宗是高祖之正體。故敬宗子。所以尊崇先祖之義也。鄭云小宗四。謂一是繼禰與親兄弟爲宗。二是繼祖與同堂兄弟爲宗。三是繼曾祖與再從兄弟爲宗。四是繼高祖與三從兄弟爲宗。是小宗四。并繼別子之大宗凡五也。陳氏祥道曰。庶子之所以不祭。不敢瀆其祖於上也。所以不得爲長子三年。不敢重其嗣於下也。皆以己之不繼祖。所以明其宗也。小記曰。庶子不祭禰。而亦繼之以明其宗。則不祭祖。所以明大宗。不祭禰。所以明小宗。此文止言不祭。兼大宗小宗而明之也。小記又曰。庶子不爲長子斬。不繼祖與禰故也。蓋不繼祖。大宗之庶也。不繼禰。小宗之庶也。合而言之。皆祖也。斬言其服。三年言其期。蓋亦相爲表裏而已。呂氏本中曰。別子爲祖。如魯桓公生四子。莊公既立爲君。則慶父叔牙季友爲別子。續別爲宗。如公孫敖繼慶父。是爲大宗。繼禰者爲小宗。如季武子立悼子。悼子之兄曰公彌。悼子既爲大宗。則繼公彌者爲小宗。所以謂之繼禰者。蓋自繼其父爲小宗。不繼祖故也。朱子熹曰。之所自出四字疑衍。方氏慤曰。繼別子即別子之子也。別子之子。出自別子。故謂之繼別。子之所自出。繼別子者。既爲宗矣。而其子又宗之。世世不絕。故曰百世不遷也。至於小宗。族人宗之。五世則遷。遷則變而別爲之宗矣。夫宗以承祖之家者也。尊祖於上。故敬宗。則尊祖之義在其中矣。孫氏希旦曰。庶子不得祭祖禰。而祖禰由適子而祭。此宗法之所以重也。上言族人不得戚君。下言公子有宗道。則別子本主謂諸侯之庶子。鄭氏欲廣言立大宗之法。故幷始來在此國者言之。蓋公子之重視大夫。若始來此國而爲大夫。固當爲其後世之大祖與公子同也。其不爲大夫者。仍宗其宗子之在故國者。而不得自立宗。曲禮所謂反告於宗後是也。禮案。之所自出四字。論文法自是指別子之先祖。朱子疑衍。亦是。但此言別子之所自出。蓋謂別子所出之子姓。其正適者爲大宗。百世不遷。義亦可通也。餘並見小記。

有小宗而無大宗者。有大宗而無小宗者。有無宗亦莫之宗者。公子是也。

鄭注公子有此三事也。公子謂先君之子。今君昆弟。孔疏此明諸侯之子身是公子。上不得宗君。下未爲後世之宗。不可無人主領之義。君無適昆弟。遣庶兄弟一人爲宗。領公子。禮如小宗。是有小宗而無大宗也。君有適昆弟。使之爲宗。以領公子。更不得立庶昆弟爲宗。是有大宗而無小宗也。公子唯一。無他公子可爲宗。是有無宗亦無他公子來宗於己。是亦莫之宗也。公子是也。言此三事。他人無。唯公子有也。程子灝曰。凡言宗者。以祭祀爲主。言人宗於此而祭祀也。別子爲祖。上不敢宗諸侯。故不祭。下亦無人宗之。此無宗亦莫之宗也。別子之適子即繼父爲大宗。此有大宗而無小宗也。別子之諸子祭其別子。別子雖是祖。然是諸子之禰。繼禰者爲小宗。此有小宗而無大宗也。有小宗而無大宗。此句極難理會。蓋本是大宗之祖。別子之諸子禰之。却是禰也。江氏永曰。案此一節。則公子之爲大宗者。必是適。其小宗者。必是庶也。然有大宗而無小宗。與無宗亦莫之宗。亦謂公子生存耳。傳之子孫。即無小宗者。亦必有小宗矣。無宗而莫之宗者。如此。禮案。此公子即上文別子之爲祖者也。謂三者皆指公子生存。江說固無可疑也。蓋別子爲祖。謂各自爲其子姓爲始祖。初無所謂適庶也。若別子是適。止一人。則其所生適長繼別爲大宗。庶子雖各宗此適子。而庶子之子則各宗其父爲小宗。焉得有大宗而無小宗乎。若別子是庶。則其所生適長繼別亦爲大宗。衆子之仍各禰其父爲小宗。焉得有小宗而無大宗乎。無宗謂公子不得禰先君也。亦莫之宗。謂公子無庶昆弟。則無人宗之。必身後其子姓禰之祖之。方爲後世大宗之始祖也。

公子有宗道。公子之公。爲其士大夫之庶者。宗其士大夫之適者。公子之宗道也。

鄭注公子不得宗君。君命適昆

弟爲之宗。使之宗之。是公子之宗道也。所宗者適。則如大宗。死爲之齊衰九月。其母則小君也。爲其妻齊衰三月。無適而宗庶。則如小宗。死爲之大功九月。其母妻無服。公子唯己而已。則無所宗。亦莫之宗也。孔疏。此覆說上公子宗道之意。公子有宗道。爲下起文。言有族人來與之爲宗。敬之道。公子之公者。君也。謂公子之君是兄弟爲君者。爲其士大夫之庶者。則君之庶兄弟爲士大夫。所謂公子者也。宗其士大夫之適者。言君爲此公子士大夫庶者。宗其士大夫適者。謂立公子適者。士大夫之兄與庶公子。爲宗也。此適者卽君之同母弟。適夫人所生之子。公子既有大宗小宗。故知適者爲大宗。庶者如小宗。大宗之正本。是別子之適。今公子爲大宗。謂禮如之。非正大宗。故云如也。死爲齊衰九月者。以君在厭降。兄弟降一等。故九月。以其爲大宗。故齊衰。與君同母。故云其母則小君也。爲其妻齊衰三月者。同宗子之妻也。既立適爲大宗。則不復立庶爲小宗。前經所謂有大宗而無小宗是也。云無適則宗庶者。既無適子可立。但立庶子爲宗。禮如小宗。與尋常兄弟相爲同。君在厭降一等。故死爲之大功九月。母則庶母。妻則兄弟之妻。故無服也。前文所謂有小宗而無大宗者是也。公子唯己而已。則前經云有無宗亦莫之宗。鄭於此注宗釋前耳。范氏宣曰。禮。諸侯於其非正適。一無所服。則羣兄弟亦不敢相服。則無相統領。不可不立宗。立宗然後有服。故云公子有宗道也。公子之公。君也。立宗。君命所制。嫌自相推。故又擧公以明之。爲其士大夫之庶宗者。此獨說庶宗。嫌上總謂有小宗而無大宗者爲混。故復指小宗之義。則大宗自了然也。所以統士大夫宗者。諸侯昆弟有爲大夫也。止擧大夫者。所宗庶長或可爲士。嫌大夫位尊不相宗也。王氏懋竑曰。公子以別於君面別爲大宗之祖。故曰別子。而於君又有同母異母之別。同母者亦謂之嫡子。異母者皆謂之庶也。別子爲祖而不爲宗。繼別之子則爲宗矣。五世而後而大宗小宗出焉。其初固無大小宗之分也。然公子亦有宗道。別子非一人也。不可以無所統。故以嫡長一人主之。此非宗也。而有宗之道。其後則以嫡長之子爲大宗。諸弟之子爲小宗。小宗五世則遷。大宗百世不遷。若周公康叔蔡叔各分封。而周公爲長。故以魯爲宗國。至戰國蓋歷七八百年。而滕之臣猶稱吾宗國魯先君是也。孫氏希旦曰。公子卽別子也。繼別爲宗。則當公子之身。未有宗道。而有宗道者。則以有公命爲宗之法也。然宗子本以主祖禰之祭。故爲族人之所宗。若公子之爲宗。則但有收族之責。而無尊祖之義。蓋君既絕宗。兄弟不可以無統。故權時立之如此。至公子之適子。則各自主其父之祭。以爲後世之大宗。而不復相宗矣。禮案。注疏並以別子之嫡庶爲大小宗之分。故說公子之宗道不明。王氏孫氏獨能指出別子爲其有宗道者。君命使統羣弟耳。至其子繼別。方爲正宗。文義明顯。實較舊說爲優。

絕族無移服。親者屬也。

鄭注。族昆弟之子。不相爲服。有親者。各以其屬親疏。孔疏。此論親盡則無服。有親則有服。絕族者。謂三從兄弟。同高祖者。族兄弟緦麻。族兄弟之子及四從兄弟爲族。屬既絕者。無移服。在旁而及曰移。言不延移及之。有親者各以屬而爲之服。故云親者屬也。張子載曰。君子之澤五世而斬。小人之澤五世而斬。澤斬於五世。則恩可知矣。故四從六世爲絕族。而從旁及之服。特親者各以親疏屬之也。服不及於六世。而昏姻乃百世不通者。仁之所施有宗。而義之所別不可已也。然所謂絕。非特此也。喪服。出妻之子爲母期。則爲外祖父母無服。傳曰。絕族無施服。親者屬也、謂妻於夫家。己與族齒。其出也。與族絕。族絕則爲外祖父母無服。此所謂無施服。然夫妻則合。有絕族。子母至親無絕道。故爲出母期。謂親者屬。禮記作移。喪服傳作施。蓋古者移施通用。赫氏懿行曰。絕族無移服。使疏者不得以強親。正所以使親者不容以或疏。情意相連屬耳。故曰親者屬也。禮案移喪服傳作施。蓋讀如詩周南葛之覃兮。施於中谷之施。故與此移同也。

自仁率親。等而上之至於祖。自義率祖。順而下之至於禰。是故人道親親也。親親故尊祖。尊祖故敬宗。敬宗故收族。收族故宗廟嚴。宗廟嚴故重社稷。重社稷故愛百姓。愛百姓故刑罰中。刑罰中故庶民安。庶民安故財用足。財用足故百志成。百志成故禮俗刑。禮俗刑然後樂。詩云不顯不承。無斁於人斯。此之謂也。

鄭注 親親言先有恩。收族序以昭穆也。嚴猶尊也。孝經曰。孝莫大於嚴父。百志人之志意所欲也。刑猶成也。斁厭也。言文王之德不顯乎。不承成先人之業乎。言其顯且承之。人樂之無厭也。孔疏 此論人道從親親以至尊祖。自仁自義。前文已具。此重說之者。前論服之輕重。此論親親之道。以己上親於親。親亦上親於祖。以次相親。去己高遠。故云尊祖。宗是祖之正胤。故云敬宗。族人敬宗子。宗子收族人。故喪服傳云。大宗收族者也。是其事。若族人散亂。骨肉乖離。則宗廟祭享不嚴肅。收之則親族不散。昭穆有倫。則宗廟之所以尊嚴也。宗廟嚴以下。並立宗之功也。始於家邦。終於四海。先嚴宗廟。則後於社稷保重也。百姓百官也。百官當職。更相匡輔。則刑罰得中。上無淫刑濫罰。則民手足有所措。各安其業。故財用得足也。百姓足。君孰與不足。天下皆足。君及民人。百志悉成。是謂倉廩實知禮節。衣食足知榮辱。禮節風俗。於是而成。所以大平。告成功也。樂謂不厭也。禮俗既成。所以民庶樂而不厭也。詩周頌清廟之篇。言文王之德。人無厭倦之者。斯語辭也。今尊祖敬宗。人皆願樂。亦無厭倦。故云此之謂也。謂與文王相似矣。方氏慤曰。自仁率親。等而上之至於祖。則始乎親親。自義率祖。順而下之至於禰。則終乎親親。人道終始乎親親也。上言愛百姓。非不愛庶民也。蓋政自貴以及賤耳。下言庶民安。非百姓不安也。蓋賤者已安。而貴者可知矣。臣以安社稷爲事。上言社稷。故繫之於百姓。刑不上大夫。下言刑罰。故繫之於庶民。呂氏本中曰。收族如窮困者。收而養之。不知學者。收而教之。顧氏炎武曰。古之王者不忍以刑窮天下之民。是故一家之中。父兄治之。一族之間。宗子治之。其有不善之萌。莫不自化。故宗法立而刑清。天下之宗子各治其族。以輔人君之治。罔攸兼于庶獄。而民自不犯於有司。風俗之醇。科條之美。有自來矣。詩曰。君之宗之。是宗子之次於君道也。姜氏兆錫曰。祖之遷者逾遠。宗之繼者無窮。必尊祖乃能敬宗。故族無離散。而宗廟祭祀之禮嚴也。內嚴宗廟。故外重社稷。由是親親仁民。邦本以固。此所以政平於上。民安於下。有恆產者有恆心。而百志成禮俗正也。如此則協氣皆生。薰爲太和。豈不可樂乎。詩周頌言文王之德。以喻人君自親親推之。而大順大化傳於家國天下者。無有厭斁。亦如文王也。俞氏樾曰。志當讀爲職。哀公問篇子志之心也。注曰。志讀爲職。百志即百職也。財用足則百事皆舉。故百職成也。禮案己之親父也。父之親祖也。故能親親者必能尊祖敬宗也。白虎通云。宗尊也。爲先祖主也。所以統理族人者也。聚族屬祇事宗廟。則其禮嚴且備矣。夫家之宗廟。國之社稷。其敬一也。能重社稷。必愛百辟卿士。

以弼我丕丕基。明良交際。庶績咸熙。則刑罰無失中。民命無凶短折。樂事勸功。懋遷有無。則財用自足矣。百志成。謂政無不舉。事無不成也。王制曰刑者佣也。佣者成也。禮樂至而風俗臻美。大同成象。比戶可封矣。大戴禮察云。禮義積民和親。德教行而民康樂是也。

禮記通釋卷四十四

玉環戴禮

少儀第十七

孔疏案鄭目錄云。名曰少儀者。以其記相見及薦羞之小威儀。少猶小也。此於別錄屬制度。陸氏佃曰。內則曰十年學幼儀。則此篇其類也。朱子熹曰。此篇言少者事長之節。疏以爲細小威儀非也。孫氏希旦曰。此篇固多爲少者事長之事。而亦有不專爲少時者。但其禮皆於少時學之。所謂見小節踐小義也。禮案此與管子弟子職相類。其古者小學所教之書乎。

聞始見君子者。辭曰某固願聞名於將命者。不得階主。鄭注君子卿大夫若有異德者。固如故也。將猶奉也。卽君子之門。而云願以名聞於奉命者。謙遠之也。重則云固。奉命傳辭出入。階上進者。言賓之辭。不得指斥主人。孔疏此論見君子之法。作記之人。心自謙退。不敢自專制其儀。而傳聞舊說。故云聞始見君子者。辭客之辭也。某客名。聞名謂名得通達也。將命謂傳辭出入通客之言語者也。然客實願見君子。而云願聞名於將命者。不敢必斥見於君子。但願將命聞之而已。不云初辭而云固者。欲明主人不卽見己。己乃再辭。故云固。若初辭。則惟云某願聞名於將命者耳。階是等級。人升階必上進也。方氏慤曰。辭則表記所謂無辭不相見是矣。將命者亦擯詔之類。論語言將命者出戶是也。邵氏甲曰。階猶階梯之階。主猶觀近臣以其所爲主之主。求見君子者辭曰。某固願聞名於將命者。恐不得將命者導達。爲之階主耳。夷之因徐辟求見孟子正此意。江氏永曰。案士相見禮請見之辭云。某也願見無由達。某子以命命某見。今云不得階主。謂不得引進之人。卽無由達之意也。彼云某子以命命某見。是已得階主之辭。某子卽階主也。此則無階主。而自請見之辭。如儀封人之請見夫子。孫氏希旦曰。始見謂執贄相見者也。始見君子。降等之客也。不得階主。降於敵者之禮也。禮案此以始見。故虞主人不知其名。而曰願聞名於將命者也。因無階主。而請見。故曰固。固堅也。言欲求見之心堅。所以表己之誠懇。注疏以再辭釋之似欠確。

敵者曰某固願見。鄭注敵當也。願見願見於將命者。謙也。孔疏此明敵體始相見。言敵體不謙。故云願見也。亦應云願見於將命者。因上已有。故此略之。方氏慤曰。與之相敵。故不必先聞其名。直曰願見而已。此隆殺之辨也。禮案士相見禮曰。某也願見無由達。鄭注彼云。言久無因緣以自達也。蓋言欲見之切。匪伊朝夕。與此固字義正相合。

罕見曰聞名。亟見曰朝夕。瞽曰聞名。鄭注罕希也。希相見。雖於敵者。猶爲尊主之辭。如於君子。亟數也。於君子則曰。某願朝夕聞名於將命者。於敵者則曰。某願朝夕見於將命者。瞽無目也。以無目辭不稱見。孔疏前二條明始相見。此明已相見而疏者。罕見尊者。猶云願聞名於將命者。然敵者始來曰願見。重來而疏。翻曰聞名者。亦獎之使不疏也。或云始來禮隆。故尊卑宜異。重來禮殺。故宜同也。亟見謂數相見者。瞽者其來不問見貴賤。則並通云願聞名於將命者。孫氏希旦曰。罕見情疏。故曰聞名。蓋雖不執贄。而其辭則與始見同也。亟見情親。故其辭曰某願朝夕於將命者。禮案罕見非常客。故亦若始見之曰聞名。瞽曰聞名。蓋導瞽者之辭也。

適有喪者曰比。童子曰聽事。適公卿之喪。則曰聽役於司徒。鄭注適之也。曰某願比於將命者。比猶比方俱給事。童子曰某願聽事於將命者。童子未成人。不當相見之禮。聽役於司徒。喪憂戚無賓主之禮。皆爲執事來也。孔疏此明凶事相見者也。適往也。往敵者喪家。喪不主相見。凡往者皆是助事。故云比謂比方其年力。以給喪事也。若五十從反哭。四十待盈坎。皆是比方其事。童子往適他方。不敢與成人爲比方。但來聽主人以事見使也。適公卿貴者喪也。但聽主人之見役。輕重唯命。不敢辭也。云於司徒者。國有大喪。謂公卿之喪。則司徒率其屬掌之。故司徒職云。大喪帥六卿之衆庶。屬其六引。而治其政令。鄭云衆庶所致役也。又檀弓云孟獻子之喪。司徒旅歸四布是也。隱義云公卿亦有司徒官。以掌喪事也。孫氏希旦曰。公謂大國之孤也。少牢禮大夫有宰有司馬。有司士。宰即司徒也。天子有宰有司徒。諸侯大夫皆兼官。諸侯之司徒。聘禮謂之宰。以其兼六宰之事也。故大夫之宰亦謂之司徒也。司徒主公卿之家事。故適公卿之喪。曰聽役於司徒。司徒職大喪屬其六引。此謂王之喪。非卿大夫之喪也。周禮三公六卿之喪。宰夫與職喪率官有司而治之。司徒不掌其事。疏說非是。禮案易比卦。比輔也。謂來輔襄喪事也。聽亦從也。義見昭二十六年左傳集韻。大曰政。小曰事。童子謙己幼稚。不任力役。從執小事而已。未成人曰聽事。成人曰聽役。此少長之辨也。公卿說天子諸侯之公卿也。諸侯公卿有家司徒。豈天子公卿。轉不置乎。孫止謂公大國之孤。義亦欠週也。

君將適他。臣如致金玉貨貝於君。則曰致馬資於有司。敵者曰贈從者。

鄭注適他。行朝會也。資猶用也。贈送也。孔疏此論臣致物於君。及敵者之辭。君謂己君。欲往他國。臣若奉獻財物。以充君路資。金玉貨貝。略舉其梗概耳。君尊備物。不有乏少。故臣不敢言將命與君。但恐君行有車馬。路中或須資給。故云此物以充馬資。有司謂主典君物者也。若送敵者。當言贈於左右從行者也。方氏慤曰。尊者之行。行必有馬。故於君曰致馬資於有司。玉藻曰。凡於尊者有獻。而弗敢以聞。蓋謂是矣。自大夫以上。然後不徒行。故於敵者曰贈從者而已。禮案孔傳尚書洪範云。貨寶用物。孔疏尚書顧命云。貝者水虫。古人取其甲以爲貨。如今之用錢然。致於有司。贈其從者。猶願聞名於將命者也。大戴朝事曰。君子於其所尊不敢質。敬之至也。

臣致襚於君。則曰致廢衣於賈人。敵者曰襚。

鄭注言廢衣不必以其斂也。賈人知物善惡也。周禮玉府。掌凡王之獻金玉兵器。文織良貨賄之物。受而藏之。有賈人。孔疏此因前以送吉。此明送凶。襚者以衣送死人之稱。禮以衣送敵者死曰襚。襚者遂彼生時之意也。若臣以衣送君死。不得曰襚。但云致廢衣者。不敢言必充君斂。但充廢置不用之例。賈人者識物價貴賤。而主君衣物者也。不敢云與君。故云賈人也。然喪大記云。君無襚。注云。無襚者。不陳。不以斂。敵者無謙。故云襚也。鄭注周禮云。文謂物織畫繡之屬。孫氏希旦曰。司服有賈八人。今致襚者。言致廢衣於賈人。蓋以己云襚不足爲禮衣。但致於玉府之賈人。以充燕衣之數而已。禮案臣於君不曰襚。餘均言襚。記云敵者。舉一隅也。士喪禮君使人襚。親者襚。庶兄弟襚。朋友襚是也。

親者兄弟。不以襚進。

鄭注不執將命者。以即陳而已。孔疏此明親者相襚之法。進謂執之將命也。若非親者相襚。則擯者傳辭將進。以爲禮節。若有親者相襚。但直將進即陳之。不須執以將命也。案士喪禮。大功以上同體之親。襚不將命。即陳於房中。小功以下及同姓等皆將命。禮案此言親者兄弟。所以別於庶兄弟也。士喪禮曰。親者襚。不將命。以即陳。庶兄弟襚。使人以將命於室。朋友繸親以進是也。

臣爲君喪。納貨貝於君。則曰納甸於有司。鄭注：甸謂田野之物。孔疏：此言臣爲君喪進物之辭。納獻也。入也。甸，田也。言此物是田野所出。合獻入於君有司也。必云田所出者。臣受君地。明地物本由君出也。衣是送君。故與賈人。貨貝但供喪用。故付有司也。禮案：鄭注周禮天官大宰云。金玉曰貨。喪納貨貝賻也。隱元年公羊傳。車馬曰賵。貨財曰賻。

賵馬入廟門。賻馬與其幣。大白兵車。不入廟門。鄭注：賵以其主於死者。賻以其主於生者也。兵車，革路也。雖爲死者來陳之於外。戰伐田獵之服。非盛者也。周禮革路建大白以即戎。孔疏：此論賵賻之異。以馬送死曰賵。賵，副亡者之意也。既送亡者。故將入。庾云：禮以祖訖。而後賵馬入設於廟庭。供駕魂車也。以馬助生營喪曰賻。幣謂以財貨助主人喪用之物。故不將入廟也。大白兵車。革路之旗。並爲送喪之從車。本是田戰之具。故不可入廟也。然所以得有大白兵車。來助主人者。此謂諸侯有喪。鄰國之君有以大白兵車而賵之者。或國家自有也。孫氏希旦曰：諸侯致賵有圭。若大夫士人亦有幣。賵馬不言其幣者。馬既入則圭與幣可知。賻用貨貝。或亦用馬。用馬則并有幣以將之。賻馬特言與其幣者。嫌馬雖不入。幣猶當入也。士喪禮下篇。賓賵者將命。擯者出請。入告。出須馬入設。賓奉幣。擯者先入。賓從。是賵馬與其幣入廟門也。又曰：若賻。入告。主人出門左。西面。賓東面將命。主人拜。賓坐委之。此所委蓋貨貝之屬。是賻物不入廟門也。其用馬爲賻者亦然。大白兵車賵也。而亦不入廟門者。諸侯賵物多。若皆入則庭之廣。不足以容。而革路既卑。故亦不入廟門。禮案：隱三年穀梁傳云。歸死者曰賵。歸生者曰賻。

賻者既致命。坐委之。擯者舉之。主人無親受也。鄭注：喪者非尸柩之事。則不親也。舉之，舉以東。孔疏：此明賻者授物。主人受之之禮。坐猶跪也。賻者既致命。跪委物於地。主人擯者舉而取之。吉時若人饋物。主人皆自拜受。有喪主於哀戚。悉不拜受。故擯者受之。雜記云：含者入。升堂致命。坐委於殯東南。宰夫升自西階。西面坐取璧。降自西階以東。繸者賻者並然。若賻生人。則致命。擯者不告殯。不升堂。然車馬不舉。而鄭云舉以東者。謂幣之屬。孫氏希旦曰：雜記諸侯致賵。上介升堂致命。此謂在殯或既葬以後。若葬時致賵。則雖君命不升堂。蓋爲其時柩在堂下。不可居堂上以臨死者。故士喪禮公賵玄纁束馬兩。賓奉幣由馬西當前輅北面致命。是葬時君之賵亦不升堂。孔疏云：若賻上則擯者不升堂。其義猶未爲斷也。擯者，主人之宰也。周禮小宰。喪荒受其含繸幣玉之事。士喪禮下篇曰：賓賻。東面將命。坐委之。宰由主人之北東面舉之。賻者用貨貝。則執貨貝以將命。用馬幣則執幣以將命。既將命。則坐委之。而主人之擯者舉之。此禮賵賻皆然。獨言賻者。蒙上文賻馬與其幣之文也。禮案：致命即雜記上。上介賵。執圭將命曰：寡君使某賵。是也。又曰：客使自下由路西。子拜稽顙。則是主人雖不親受。亦拜受也。

受立。授立不坐。性之直者。則有之矣。鄭注：不坐由便。有之。自跪者也。謂受授於尊者。而尊者短。則跪。不敢以長臨之。孔疏：此明相授受之禮。坐亦跪也。凡尊卑相授。乃以跪爲敬。受立謂尊者立。以物與卑者。卑者受此尊者之物。授立謂尊者立。己以物授尊者之立。此二事皆不坐。以尊者立。若坐則尊者屈身故也。性謂天性。言尊者天性直自如此短小。尊者雖立。不若授受尊者之物。則有坐而受授也。方氏愨曰：曲禮謂授立不跪。授坐不立。此兼言受。彼兼言坐。而不及授。不及立。亦互相明。禮以有致其曲。

或直情者。則雖授受於立。固有或坐者矣。朱子熹曰。性之直者。猶所謂直情而徑行者與。萬氏斯大曰。此言本坐之人。有受於立者。有授於立者。則起而不坐。若坐而不起。是直情徑行矣。江氏永曰。己坐人立而受授則据矣。直情徑行者則有之。君子不爲也。禮案說是也。蓋此本言己坐。而與立者相授受之非禮。唯直情徑行者。乃或有之。與尊卑長短授受之狀何涉。注疏過於穿鑿。非也。

始入而辭曰辭矣。即席曰可矣。鄭注。可猶止也。謂擯者爲賓主之節也。始入則告之辭。至就席則止其辭。孔疏。此明賓主辭讓之節。始入謂始入門時。擯者告主人曰辭讓賓矣。謂讓賓先入。至階時亦應告主人曰辭讓賓先登矣。此不言者。始入之文包之。入門登階也。即席謂賓主升堂。各就席而立。擯者告之曰可矣。言既即席止此辭讓也。陸氏佃曰。宜承道瞽亦然。脫亂在此。徐氏師曾曰。始入曰辭。恐其簡而無文。即席曰可。恐其繁而無節。皆中道也。吳氏澄曰。可謂賓主可登席也。江氏永曰。吳氏說是。擯者言此以爲登席之節。孫氏希旦曰。此謂以禮相見而席於堂者也。禮案據陸說。則此蓋道瞽之禮也。擯者以其目無所見。故入門而告以當辭。即席而告以可坐也。

排闔說屨於戶內者。一人而已矣。有尊長在則否。鄭注。一人而已。雖衆敵。猶有所尊也。在在內也。後來之衆。皆說屨於戶外。孔疏。謂賓主登席。其衆須入戶內者。雖尊卑相敵。猶推一人爲尊。闔謂門扉。排推門扉。說屨戶內者。止尊者一人而已。先有尊長在堂或室。衆人後入。不得說屨戶內也。輔氏廣曰。物畜然後有禮。故衆心有所尊也。若說屨於尊前。非禮。彭氏汝礪曰。曲禮疏云。若尊卑不同。則長者一人說屨戶內。與此正同。孫氏希旦曰。此謂燕見而入於室者也。凡席於堂。則屨說堂下。席於室則屨說於戶外。禮案闔戶著屨而入室。必一己則可。有尊長在則不可者。凡人闔扉。在室獨居。必有深念之事。偶坐不無密切之談。故不排闔而入。與曲禮上戶外有二屨。言聞則入。言不聞則不入意同。禮入室必說屨於戶外者。以所尊之前。解屨就屨。皆當退辟故也。

問品味曰。子亟食於某乎。問道藝曰。子習於某乎。子善於某乎。鄭注。不斥人謙也。道三德三行也。藝六藝。孔疏。此明賓主相問之事。品味殽饌也。亟數也。凡問人嘗食某餚饌與否。不可斥問嘗食。但當問其數食某食。自當依事而答也。問道藝亦不敢指斥。故云子習於某乎。子善於某乎。道難故稱習。藝易故稱善。問而稱乎者。謙退之辭。此人兼賓主也。案師氏教國子三德。一曰至德。二曰敏德。三曰孝德。三行一曰孝行。二曰友行。三曰順行。保氏教六藝。禮樂射御書數。方氏慤曰。人之品味有偏嗜。道藝有異尚。問品味不可斥之以好惡。而昭其癖。故曰子亟食於某乎。問道藝不可斥之以能否。而暴其短。故曰子習於某乎。子善於某乎。王氏引之曰。道者術也。道藝即術藝。天官宮正會其什伍。而教之道藝。孫氏希旦曰。周禮鄉大夫考其德行道藝。而興賢者能者。道藝人容有能否。故須問。若德行則不當問矣。或稱習。或稱善。博異言也。禮案問品味。似在飲食之時。故主人問客之所嗜。將以其所好者進也。曲禮上曰。客絮羹。主人辭不可亨。客歠醢。主人辭以窶。則此問客者。主人之欲客饜飫也。若問道藝。則不必其飲食之客。或客問主人也。

不疑在躬。不度民械。不願於大家。不訾重器。鄭注。躬身也。不服行所不知。使民疑也。械兵器也。不計度民家之器物。使己亦有。大謂富之廣也。訾思。重猶寶也。孔疏。此承上賓主相問之事。既問人道藝。則已亦當習學明了。不得使疑事在其躬。則爲賓爲主皆然也。客至主人之家。不度民械。使己亦有也。大家謂大夫之家。士往見彼富大。不可願效之。非分而爲願。必有亂心也。客至見珍物重器。不可思玩之。若思玩之。則憯疾己貧賤。生淫亂濫惡也。方氏愨曰。信然後不疑。有諸己之謂。民備械以待敵。苟度其利否。則是與之爲敵矣。大家謂貴臣之家。梓材所謂達大家是也。以賤而疑貴。則僭亂之原。不可遏。洪範五福不言貴者。以此。重器謂若九鼎之屬。訾與國語訾相之訾同。輔氏廣曰。械猶機械。不逆詐之意。民有械而度億詐也。眩小慧而入大惑。知者不爲也。朱子熹曰。訾猶計度也。不訾重器者。謂不欲量物之貴賤。亦避不審也。朱氏軾曰。不疑在躬者。不使吾身有可疑之事也。孫氏希旦曰。兵械非常之器。不度之者。恐人以非心疑己也。此節通戒爲人之法。孔疏蒙上卽席。專以賓主之禮言。非是。禮案禮運云。兵革藏於私家。非禮也。然則民庶之家。安能置兵械。而待量度哉。械當從注疏作器物。爲是。願大家若項羽欲代秦皇。訾重器如楚莊之問周鼎。故注無不臣之心者。卽無願訾於非分。而人又孰得而疑之。**汜埽曰埽。埽席前曰拚。拚席不以鬣。執箕膺擖。**鄭注。鬣謂帚也。帚恒埽地。不潔清也。膺親也。擖舌也。前持箕將去糞者。以舌自鄉。孔疏。此明洒埽之事。汜廣也。大賓來。外內俱埽。謂之埽。小賓來。則止埽席。名曰拚。拚是除穢。埽是滌蕩。拚席不以鬣者。若拚席上。不得用埽地帚也。膺人之胸前。擖箕之舌也。不可持嚮尊者。當自嚮胸前。姚氏際恆曰。馬領毛曰鬣。古人制爲拂。用以辟蠅蚋。因名曰鬣。後以麈尾爲之。又名麈。拚席不以鬣者。鬣爲手持之物。易以拚席。故戒拚席不以鬣也。孫氏希旦曰。孔疏以此節亦以賓客來言之。非是。洒埽室堂及庭。每日之常。非必爲有賓客也。弟子職云。執箕膺擖。厥中有帚。此謂初往糞時也。又云。以葉適己。實帚于箕。此謂糞畢將去時也。是初往及糞畢時。執箕皆膺擖也。禮案執箕膺擖。卽曲禮上以箕自鄉而扱之是也。**不貳問。**鄭注。當正己之心。以問吉凶於蓍龜。不得於正凶。則卜筮其權也。孔疏。凡卜筮之法。當正己心志。而問於蓍龜。則得吉兆。若二心不正。必凶。則卜筮權時妄告。孫氏希旦曰。貳猶貳心之義。問宜專向一人。若貳問。則令人難爲答也。注疏以二問爲問卜筮。非是。下句方言問卜筮。則此問不謂卜筮。禮案卜筮之道。一卦只可決一事。吉凶若問貳事。必占二卦。蓋以一課叩二端。則誠不專一。故不能準也。然此惟記接人之辭。未必語及問神。舊解以下文卽言問卜筮。故以此句屬下義。似欠確。當如孫說爲是。貳問者。或以一事而問二人。則各執所見。莫衷一是矣。或向一人而問數事。猶大戴五帝德。孔子曰。女欲一日辯聞古昔之說。躁哉予也。是其類。**問卜筮曰。義與志與。義則可問。志則否。**鄭注。大卜問來卜筮者也。義正事也。志私意。孔疏。若卜筮者是公義。則可爲卜筮。若所問是私心。則不爲之卜筮。輔氏廣曰。志不必義也。必義而後可卜。而不可行險以僥幸矣。左傳昭十二年。南蒯將叛。筮而遇坤之比。季昭惠伯曰。卽欲有事如何。惠伯曰。忠信之事則可。不然則否。又曰。易不可以占險。陳氏澔曰。義者事之宜。爲志則心之隱謀。故義則可問其事。志則不可問其事。禮案義與志與。此卜筮人執蓍龜問來占者。以何事也。義則可以詢明端委。爲之詳細通神。志則意中之事。或有不可以告人者。故不應問之。但使其自禱可耳。**尊長於己踰等。不敢問其年。燕見不將命。遇於道見則面。不請所之。**鄭注。踰等。父兄黨也。問年則己恭孫之心不全。

不將命，自不用賓主之正。來則若子弟然。遇於道，可以隱則隱。不敢煩動也。不請所之。尊長所之或卑褻。孔疏此論卑幼侍尊長之儀。卑幼私燕而見。不使擯者。將傳其命。無賓主之禮。若於道路。遇逢尊長者。尊者若見己則面見。不見則隱。雖見而不得問尊者何處往也。輔氏廣曰。可隱而不隱則敖。可見而不見則忽。尊者於卑者則可問所之也。秦氏繼宗曰。問年嫌若序齒然。孫氏希旦曰。君之路馬不齒。有貳車者之乘馬服車不齒。而況尊長可問其年乎。禮案燕見不將命。則以禮見及執摯始相見。亦將命也。不請所之。有問則對。不當先問也。曲禮上曰。遭先生於道。趨而進。正立拱手。先生與之言則對。不與之言。則趨而退。**喪俟事。不植弔。**鄭注亦不敢故煩動也。事朝夕哭時。孔疏謂弔於尊長喪法也。俟事謂侍上人朝夕哭時也。不植弔。謂不非時而獨弔也。禮案事謂大小斂及殯葬之事。植獨也。隨長者而往聽事。不獨自赴弔者。嫌以成人之禮自居也。

侍坐弗使。不執琴瑟。不畫地。手無容。不翣也。寢則坐而將命。鄭注端愨所以爲敬也。尊長或使彈琴瑟則爲之可。命有所傳辭也。坐者不敢臨之。孔疏侍坐於尊者。若不使己。則不得執琴瑟而鼓之。盧云不敢無故畫地弄手。翣扇也。雖熱亦不敢搖扇。寢臥也。坐跪也。若長者臨臥。而侍者若傳辭。當跪前。不可以立。恐臨尊者。輔氏廣曰。琴瑟自養之具。雖無故不去。而侍於尊長。不使亦不執。古者席地而坐。故云畫地則不容。朱氏彬曰。弗使言侍尊者之側。每事必躬親之。不當使人也。郝氏懿行曰。揮扇亦手容之類。故不也。方氏苞曰。手無容。不可以手修容。如淮南拂鬚之類。禮案畫地若新五代史王彥章傳。至京師入見。以笏畫地。自陳勝敗之迹是也。手無容。不妄動也。故玉藻曰。手容重。**侍射則約矢。侍投則擁矢。勝則洗而以請。客亦如之。不角。不擢馬。**鄭注約矢不敢與之拾取也。擁矢不敢釋於地也。投之壺也。投壺坐洗爵請行觴。不敢直飲之。客射若投壺不勝。主人亦洗而請之。角謂觥罰爵也。於尊長與客。如獻酬之爵。擢去也。謂徹也。已徹馬嫌勝故薄之。孔疏矢箭也。凡射必計耦。先設楅在中庭。楅者兩頭爲龍頭。中央共一身而倚箭於楅身上。上耦前一取一矢。下耦又進取一。如是更進。各得四箭。而升堂插三於要。而手執一隻。若卑者侍射。則不敢更拾進取。但一時幷取四矢。故云約矢。擁抱也。投壺禮亦賓主各四矢。從委於身前。坐一取之。若卑者侍投。則不敢釋置於地。但手幷抱之也。若敵射及投壺竟。司射命酌。而勝者當應曰諾。勝者弟子酌酒南面以置豐上。不勝者下堂揖讓升堂。北面取爵。將飲而跪曰。賜灌。勝者立於東。亦北面跪曰。敬養。若卑者得勝。則不敢置爵。當洗爵而請行觴也。客若不勝。則主人亦洗爵而請。所以優賓也。角謂罰爵。今飲尊者不敢用角。但如常獻酬之爵。投壺立籌爲馬。馬有威武。射者所尚也。每一勝輒立一馬。至三馬而成勝。但頻勝三馬難得。若一朋得二馬。一朋得一馬。於是二馬之朋徹取一馬足以爲三馬以成勝。今若卑者雖得二馬。亦不敢徹尊者馬足成已勝也。朱子熹曰。卑者與尊者爲耦。若已勝而司射命酌。則不敢使他弟子酌酒以罰尊者。必自洗爵而請行觴。若耦勝則亦不敢煩他弟子酌而飲。已必自洗爵而請自飲也。注疏說恐非是。孫氏希旦曰。鄉射大射罰爵皆用觶。此用角者。豈燕射與投壺之禮然與。投壺禮請賓云。一馬從二馬。請主人亦如之。則與客投壺者得擢馬矣。此云客亦如之。唯謂勝則洗而以請一事。若不角不擢馬。則唯施於尊者。而不施於客也。疏言非是。禮案投壺禮賓黨主黨。皆有弟子。據此侍字。恐係爲兩黨之弟子。而非身自與尊者爲耦也。說文約束也。射者履物以射。故侍者束矢奉之壺坐投故侍者抱矢以俟。勝則洗而請飲。謂飲主人。故曰客亦如之。不角不擢馬。則謂與尊者敵耦。而非侍尊者也。此當別爲一義。馬籌馬也。說詳投壺篇。

執君之乘車則坐。僕者右帶劍。負良綏申之拖諸幦。以散綏升。執轡然後步。鄭注執轡。謂守之也。君不在中。坐示不行也。面前也。幦覆笭也。良綏君綏也。負之由左肩上。入右腋下。申之於前。覆笭上也。步行也。孔疏此明爲君僕御之法。凡御則立。今守空車則坐。帶劍之法在左。以右手抽之便也。今御者在中。君在左。若左帶劍。則妨於君。故右帶也。良善也。君由後升。僕者在車背。君面嚮前。取君綏由左腋下。加左肩上。繞背入右腋下。申綏之末於面前。拖猶擲也。引也。綏申於面前擲末於車前幦上。亦云引之。置幦上也。散綏副綏也。僕登車不得執君綏。故執副綏而升。既升車執策分轡。而後行車五步而立。待君出則授良綏。而升君也。笭車前欄也。亦不名爲式。故詩傳云。幭覆式。與此同。朱子熹曰。僕在車上。帶劍負綏而擲綏末於幦上。君固未就車也。及僕以散綏升之後。君方出而就車。此疏乃言君由後升。僕者在車背取綏而拖諸幦誤矣。孫氏希旦曰。君由左升。良綏在左。僕由右升。其綏在右。僕必負綏者。君升授綏。必繞之於背以挽君。乃有力也。君升則僕當向君。而以綏授君。疏謂背君向前。而申綏於面。尤不可曉。疑是疏文有誤脫。若删去君由後升至向前十三字。則其文義亦自通曉也。禮案執御也。坐跪也。曲禮上奮衣由右上。取貳綏跪乘。貳綏此之良綏散綏也。負良綏申之面拖諸幦。便君執以由左升也。步即曲禮上驅之五步之步。必執轡然後步者。防馬之逸也。僕自君登車。則并轡與散綏。以右手執之。以左手授君良綏左手力少。故必負之於背也。

請見不請退。朝廷曰退。燕遊曰歸。師役曰罷。鄭注不請退。去止不敢自由。朝廷近君爲進。燕遊禮褻。主於家也。罷之言罷勞也。春秋傳曰。師還曰疲。孔疏此明退歸之辭。卑者於尊所。有請見之理。既見去必由於尊者。故不敢請退。朝廷之中。還則稱退。論語子退朝。又云冉子退朝。若在燕及遊還稱曰歸。以燕遊禮褻。主於歸家。師役之中欲退散之時。稱曰罷勞。朱子熹曰。案易曰或鼓或罷。與史記將軍罷休就舍之罷亦同。陸氏佃曰。言退不必請也。即請嫌欲主人留己。朝廷之上。宜退而已。歸言當返。詩曰不醉無歸。師役曰罷。未有不罷者也。陳氏祥道曰。師旅事干於國。不敢言歸。動衆之爲懼也。曰已疲勞。不勝其役可也。方氏苞曰。師不得已而後用。役不得已而後興。君民上下。無不願其罷休。故在師者。用以爲禮辭。孫氏希旦曰。師兵衆也。役徒也。凡用師役曰作曰興。散師役曰罷。禮案請見不請退。謂謁師及父執之禮也。曲禮上曰。不命之退不敢退是也。若敵者則客不請退。豈必待主人遣客乎。朝本曰退。遊本曰歸。至師役曰罷者。言旋師解散徒役之辭也。罷止也。詩小雅民亦勞止是也。

侍坐於君子。君子欠伸。運笏澤劍首。還屨。問日之蚤莫。雖請退可也。鄭注以此皆解倦之狀。伸頻伸也。運澤謂玩弄也。金器弄之。易以汗澤。孔疏此明侍坐法也。志倦則欠。體疲則伸。謂君子久坐。而自運笏。運動也。澤劍首者。澤謂光澤。玩弄劍首。則生光澤。還轉也。尊者說屨於戶內。是屨恆在側。故得自還轉之。忽問日之蚤莫。雖請退可也。前言侍者。不得請退。今若見君子有欠伸以下諸事。皆是坐久體倦。欲起臥息之意。當此時假令請退則可也。輔氏廣曰。運笏示欲揩而起。遠履示欲著而走。澤劍首則意在己也。孫氏希旦曰。此承上文而言。請見雖不請退。若君子有此諸事。則雖請退可也。所以體尊者之意也。禮案此蓋默喻君子之倦欲休息。故曰雖請退可也。可者未定之辭。然則不請退者。敬長之恆禮。而請退者權耳。

事君者量而后入。不入而後量。凡乞假於人。為人從事者亦然。然故上無怨而下遠罪也。鄭注量量其事意合成否。孔疏此明臣事君之法。凡欲請為其事。先商量事意堪合否。然後入而請之。不得先入見君。始商量成否。非直事君如此。凡乞貸假借。為人從事。求請事人之屬。亦須先商量事意成否。故云亦然。然猶如此。事君若能如此。下不忤上。故上無怨。上不責下。故下遠罪。方氏慤曰。量有大小。受不可過也。人亦如之。量大者乃能受大言。量小者止能受小言。入謂進言也。表記曰。事君大言入則望大利。小言入則望小利。量而後入者。量其大小可否。而後入其言也。苟入而後量。則無及矣。馬氏晞孟曰。量而后入。莫如伊周。不入而后量。莫如孔孟。輔氏廣曰。入不止於進言。進而委質。進而任事皆入也。為人從事。豈僅言乎。徐氏師曾曰。范增之於項羽。賈誼之於漢文。皆不量而后入也。禮案此即大戴衛將軍文子篇。君雖不量於臣。臣不可以不量於君。量其可入而後進言。則無不納矣。若先進言而後量其從否。或有所干觸。則身蹈危機。禍莫旋踵矣。故必量而后入也。不但事君為然。即交際之道。如就人乞假亦量其物之有餘則請之。人自肯與。或為人從事。亦量其意之所欲。則行之必無見拂。上無怨言。不逢君之怒也。下遠罪身不陷於刑戮也。

不窺密。不旁狎。不道舊故。不戲色。鄭注嫌伺人之私也。密隱曲處也。旁狎妄相服習。終或爭訟。舊故言知識之過失。損友也。孔子曰。故舊不遺。則民不偷。暫變傾顏色為非常。則人不長失敬也。孔疏此明在於僚類。當自矜持。人當正視。不得窺覘隱密之處。旁猶妄也。不得妄與人狎習。或致忿爭。不道說故舊之罪過。不戲弄其顏色。恆自矜持。尊其瞻視。若褻慢則人不復長久。失他人所敬也。朱子熹曰。旁汪及也。泛與人狎習。不恭也。舊事既非今日所急。或揚人宿過。以取憎惡。如陳勝賓客言勝故情。為勝所殺之類。戲色謂嬉笑侮慢之容。禮案鄭注不長謂不善也。疏釋長久似誤。不窺密。故曲禮上云將入戶。視必下。將上堂。聲必揚。與人在座。復與旁人相狎。則敬不專壹矣。道人舊日之故失。則取怨尤矣。不戲色。即曲禮上云。故君子戒慎。不失色於人。

為人臣下者。有諫而無訕。有亡而無疾。頌而無諂。諫而無驕。怠則張而相之。廢則埽而更之。謂之社稷之役。鄭注亡去也。疾惡也。頌謂將順其美也。驕謂言行謀從恃知而慢也。怠惰也。相助也。廢政教壞亂。不可因也。役為也。孔疏此明臣事君之道。君若惡。臣當諫之。不得向人道說謗毀。故論語云。惡居下流而訕上者。三諫不從。乃出境而去。不得強留而憎惡君也。頌美盛德之形容。諂謂以惡為美。橫求見容。故孝經云。將順其美。匡救其惡。君若從己諫。不得恃知而生驕慢。君政怠惰。臣當為張起而助成之。君政廢壞。無可復張。助者則當埽場而更創新政。役為謂事君如上者。是可為社稷之臣也。輔氏廣曰。以下美上。易失於諂。以是諫非。易失於驕。志怠則張而助之。事廢則埽而改之。謂之社稷之役者。凡所以竭誠效力如此者。為社稷而已。朱氏軾曰。驕矜也。凡敢諫者意氣慷慨。多失於驕矜。汲長孺寇萊公亦時有此病。郝氏懿行曰：疾，不敢疾怨之疾。大夫士去國，不說人以無罪。張之大之也。揚子方言云：張小使大謂之廓。禮案：子華子曰：下無言謂之瘖，上無聞請之聾。故爲人臣有諫爭之義。說文：訕，謗也。有諫而無訕，故晉書劉殷傳云：事君當務幾諫。凡人有過，尚不可面斥，況萬乘乎。有亡而無疾，即曲禮下爲人臣之禮不顯諫。諫而不聽則逃之。役讀如尚書大誥予造天役之役。尋文義，此節當在上文遠罪也下，不窺密上。三毋拔來。毋報往。毋瀆神。毋循枉。毋側未至。鄭注：報讀爲赴疾之赴。拔、走皆疾也。人來往所之，當有宿漸，不可卒也。瀆謂數而不敬。毋循枉，前日之不正，不可復遵行以自伸。測，意度也。孔疏：此廣明爲人之法。毋拔來赴往，謂毋得疾來疾往。瀆，慢也。神明正直，敬而遠之，不可慢。循猶追述也。枉，邪曲也。人不免時或邪曲，若前已行之，今當改正，不得猶追述也。未至之事，聖人難之，凡人故不可豫欲測量之也。講義曰：毋拔來者，事來則應；毋報往者，事往則已。未來則拔而致之，既往則追而報之，此世所謂生事者也。方氏慤曰：君子之應物也，來則迎之，未嘗拔之使至；往則將之，未嘗報之不已。神人異道，不可雜擾，故曰毋瀆神。孔子所以敬鬼神而遠之也。枉而復循之，則非所以改過，左氏所謂尤而效之，罪又甚也。未至之事不可測，孔子所以不逆詐，不億不信也。禮案：毋循枉，謂凡見有枉屈之事，必須據理證明，不可因循而從人之失，使被枉者有所覆盆之恨也。瀆神若卜筮之類，易蒙卦云：初筮告，再三瀆，瀆則不告，是也。士依於德，游於藝。工依於法，游於說。鄭注：德，三德也。一曰至德，二曰敏德，三曰孝德。藝，六藝也。一曰五禮，二曰六樂，三曰五射，四曰五御，五曰六書，六曰九數。法謂規矩尺寸之數也。說，鴻殺之意所宜也。考工記曰：薄厚之所震動，清濁之所由出，侈弇之所由興，有說。說或爲申。孔疏：士謂進士，有德行者，當依附於三德，游謂敖游於六藝。法謂規矩尺寸之法。或言工巧，皆當依附法式。說謂論說規矩法式之辭，言游息於規矩法式之文書。鄭引考工記，證說是說法度之意，彼說鑄鍾或薄或厚，聲之震動清濁，由薄厚而出。江氏永曰：案園者，德之末；說者，法之意也。如考工記所論皆說也。工人當游心焉，則巧由是出矣，不必謂常法之外別有說也。孫氏希旦曰：依於德以立其本，游於藝以該其末；依於法以循其所當然，游於說以知其所以然。郭氏嵩燾曰：考工記有說字，僅一見此，而百工之職皆爲之說，如凡察車之道，欲其朴屬而微至；凡爲弓，各因其君之躬志慮血氣，其言凡者皆說也。工依於道，游於藝，養其原而後可以暢其流，由內以及外也。工依於法，游於說，循其迹而後可以通其義，由粗以致精也。禮案：此言四民，秖舉士及工者，以學習爲主故也。依謂據之而弗失也，游謂習之而弗疲也。毋訾衣服成器，毋身質言語。鄭注：訾，思也。成，猶善也。思此則疾貧也。質，成也。聞疑則傳疑，若成之，或有所誤也。孔疏：毋訾衣服成器者，無得思念衣服善器。毋身質言語者，凡言語有疑，無得以身質成之。禮案：衣服，人在身之衣服；成器，人已成亡器。若訾其敝壞不時，裁製惡劣，所以形人之短，取怨之道，此曲禮上所以有不苟訾之戒也。毋身質言語，若人談論某人有奸宄等事，枉則當爲分辨，實言語則置之不論可也。雖經目擊，亦不得云吾曾親見其事，以實其罪也。曲禮上曰：疑事毋質，直而勿有，是也。

之美，穆穆皇皇。朝廷之美，濟濟翔翔。祭祀之美，齊齊皇皇。車馬之美，匪匪翼翼。鸞和之美，肅肅雍雍。鄭注：匪讀如四牡騑騑。齊齊皇皇。讀如歸往之往。美皆當爲儀。字之誤也。周禮教國子六儀。一曰祭祀之容。二曰賓客之容。三曰朝廷之容。四曰喪紀之容。五曰軍旅之容。六曰車馬之容。孔疏此明諸事之儀。與賓客言語形狀。穆穆皇皇然。曲禮天子穆穆。諸侯皇皇。鄭云皆行容美大之狀。在朝威儀。則濟濟翔翔然。謂厚重寬恕之貌。孝子祭祀威儀嚴正。心有所繼屬。故齊齊皇皇然。匪匪翼翼皆是車馬之形狀。故詩云四牡匪匪。又云四牡翼翼。肅肅雍雍者鸞和聲。肅肅是敬貌。雍雍是和貌。保氏云。教國子六儀。故知美皆當爲儀。胡氏銓曰。鄭讀匪爲騑。以詩有四牡騑騑之文。今從之。餘並如字。郝氏懿行曰。匪與斐通。文貌。考工記云。匪色必似鳴矣。孫氏希旦曰。鄭氏引此文。以解保氏。義固無害。然此所言。與保氏不悉相當。則不當破美爲儀。以從保氏也。禮案爾雅釋訓。穆穆敬也。博雅皇皇美也。濟濟翔翔齊齊。見玉藻。皇皇讀如詩魯頌。烝烝皇皇。集韻騑騑馬行不止貌。毛傳詩小雅云。翼翼牡健貌。爾雅釋言肅雝聲。玉篇雍和也。

問國君之子長幼。長則曰能從社稷之事矣。幼則曰能御未能御。問大夫之子長幼。長則曰能從樂人之事矣。幼則曰能正於樂人未能正於樂人。問士之子長幼。長則曰能耕矣。幼則曰能負薪未能負薪。

鄭注御謂御事。正樂政也。周禮大司樂。以樂德教國子。中和祗庸孝友。以樂語教國子。興道諷誦言語。以樂舞教國子。舞雲門大卷。大咸。大韶。大夏。大濩。大武。士祿薄。子以農事爲業。孔疏此明國君及大夫士之子。長幼之稱。彼人問君之子長幼。長則答之云。能從君供社稷之事。若幼則曰能御。御治也。謂已能治事。若大幼。則曰未能治事。此事謂尋常細事。大夫之子。恆習學於樂。長則已能習樂。故曰能從樂人之事。幼則習樂未成。但聽政令於樂人。故云已能受政令於樂人。若大幼。則曰未能受政令於樂人。鄭引大司樂者。證卿大夫子習樂之事。曲禮問其父身。此同其子者。皇氏云記人之意異耳。陸氏佃曰。曲禮記天子之大夫士禮。少儀所記諸侯之大夫士禮。矣然者以冒問國君之子長幼知之也。陳氏祥道曰。樂正之職。主於正國子而教之。大夫之子。國子之次也。故問大夫之子。必以樂答焉。內則曰十三舞勺。成童舞象。二十舞大夏。自成童而上皆長。自成童而下皆幼。曰能正於樂人。以其能舞勺也。未能正於樂人。未能舞象也。應氏鏞曰。曲禮之問。乃他人之旁自相問。故對之者其辭文。此則人問其子於父。故對之者其辭卑。曲禮上焉則問天子之年。下焉則問庶人之子。此則不及焉者。蓋彼亦旁問之辭。而此則請問其父。天子之前。固能與之敵。而敢問其子者矣。庶人卑賤。其自相問答之辭。不足紀也。此問諸侯之子。亦必隣國之君。方氏苞曰。曲禮言大夫之子。則御當爲射御之御。若國君之子。則不應以僕御爲言。古者臣子侍君父。並曰御。射義小大莫處。御於君所。內則父歿母存。冢子御食是也。孫氏希旦曰。長謂已冠。幼謂未冠。士祿薄。其子或別受田。漢書食貨志。士工商受田五口。乃當農夫一人是也。故以耕與負薪爲言。古者民年二十而受田。能負薪未能負薪。亦謂成童上下與。禮案國語齊語。昔聖王之教。士之子恆爲士。士子而曰耕曰負薪者。不以士自居。而等於農者謙也。執玉

執龜筴不趨。堂上不趨。城上不趨。武車不式。介者不拜。

鄭注於重器。於近尊。於迫狹。無容也。步張足曰趨。兵車不以容禮下人也。軍中之拜肅拜。輔氏廣曰。趨蓋

所以爲容也。執重器則加謹。近尊者則加恭。於迫狹及臨危則自斂。故皆不趨。非此時則行不可能容。陸氏佃曰。前曰兵車不式。兵車革路也。此曰武車不式。武車木路也。孫氏希旦曰。鄭氏謂軍中肅拜非也。凡拜必跪。介者不拜。以其不能跪也。左傳郤至三肅使者。肅非拜也。立而引手曰肅。跪而引手曰肅拜。禮案登高防失足。故城上不趨。餘並見曲禮上。

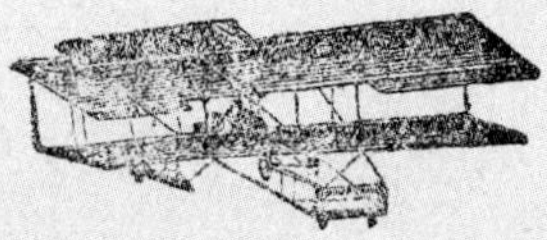

禮記通釋卷四十五

王環戴禮

少儀

婦人吉事。雖有君賜肅拜。爲尸坐則不手拜。肅拜。爲喪主則不手拜。

鄭注肅拜拜低頭也。手拜手至地也。婦人以肅拜爲正。凶事乃手拜耳。爲尸爲祖姑之尸也。士虞禮曰。男男尸。女女尸。爲喪主不手拜者。爲夫與長子當稽顙也。其餘亦手拜而已。雖或爲唯。或曰喪爲主。則不手拜。肅拜也。孔疏此論婦人拜儀。婦人吉禮不手拜。但肅拜。肅拜如今婦人拜也。吉事及君賜悉然。爲尸坐者。謂虞祭作尸。周禮坐尸。嫌婦人或異。故明之也。若平常祭無婦人尸。示主於夫。故設同几而已。婦人爲尸。或答拜時。但肅拜而不手拜。手拜則周禮空首。鄭注空手拜。頭至手。此云手至地者。先以手至地。而頭來至手。兩注不同。其實一也。肅拜是婦人之常。而昏禮拜扱地。以其新來爲婦。盡禮於舅姑故也。左傳穆嬴頓首於宣子之門者。有求於宣子。非禮之正也。禮案注據喪服小記。謂婦人爲夫與子稽顙。其餘手拜而已。義似欠備。喪大記云。夫人弔於大夫士。則主婦降自西階。拜稽顙於下。是不爲夫若子爲主。亦有稽顙者矣。又攷手拜。卽士昏禮拜扱地之拜。蓋舅姑既歿。故執笲菜不能曰饋。而謂之奠。奠者凶禮也。則當爲喪拜明矣。疏謂新來盡禮非也。

葛絰而麻帶。

鄭注謂既虞卒哭也。帶所以自結束也。婦人質少變。於喪之帶。有除而無變。孔疏此謂婦人既虞卒哭。其絰以葛易麻。故云葛絰。婦人尚質。所貴在要帶。有除無變。終始是麻。故云麻帶也。姜氏兆錫曰。此蓋因男子卒哭後。葛帶而麻絰。疑婦人亦然。故又因婦人之喪拜而言之也。禮案喪服男子重首。婦人重要。絰首絰也。葛絰而麻帶。故檀弓上云。婦人不葛帶是也。

取俎進俎不坐。

鄭注以其有足。亦柄尺之類。孔疏取俎謂就俎上取肉。進俎謂進肉如俎。俎既有足。立而進取便。故不坐。案管子弟子職云。進柄尺。謂爵豆之屬是也。方氏慤曰。俎有足而高。進取必立焉。故不坐。若書冊琴瑟則坐而遷之可也。陸氏佃曰。弟子職曰。柄尺不跪。蓋籩豆之屬。若俎無柄。應生今卒哭取俎進俎猶立。郭氏嵩燾曰。凡豆籩敦鉶之屬。皆坐設。惟俎先陳之阼階西。佐食執以入。設於豆東。其後主人羞肵俎。賓長執俎。佐食設俎。皆不坐。以俎質長大。坐設爲不便也。禮案自此至未嘗不食新。似並言祭禮。下文云其有折俎者。取祭反之不坐。尸則坐。是餘均不坐也。進俎禮相助奠。自不當坐也。

執虛如執盈。入虛如有人。

鄭注重慎。方氏慤曰。執虛猶如執盈。況於有物之器。而敢忽乎。入虛猶如有人。況於有人之室。而敢怠乎。故孔子執圭如不勝。出門如見大賓者此也。君子推執器之道。以任天下之事。雖微小在所不司遺也。況萬鈞之重者乎。推入室之道。以遇天下之事。雖幽暗在所不可欺也。況十目之視者乎。黃氏啓蒙曰。君子之心。不知有無物之器。無人之地。蓋我心之敬慎。甚於持盈。我心之對證。甚於有人也。禮案祭義云。洞洞乎。屬屬乎。如弗勝。如恐失之。執虛如執盈也。論語曰。祭如在。祭神如神在。入虛如有人也。

凡祭於室中。堂上無跣。燕則有之。

鄭注祭不跣者。主敬也。燕則有跣。爲歡也。天子諸侯。祭有坐尸於堂之禮。祭所尊在室。燕所尊在堂。將燕降說屨。乃升堂。孔疏：此論堂上有跣無跣之事。凡祭謂天子至士悉然也。跣，說屨也。下大夫及士陰陽二厭及燕尸，皆於室中。上大夫陰厭及祭在室，若儐尸則於堂。天子諸侯則有室有堂。若卿大夫以下，祭禮於室，無坐尸於堂也。凡祭於室中堂上無跣，則貴賤通，而天子諸侯雖朝事延尸於戶外，非禮之盛，卽初入室灌及饋熟之時，事神大禮，故云祭所尊在室。云燕所尊在堂者，將燕降說屨，乃升堂者，燕禮文。也。陸氏佃曰：凡脫屨爲坐也。立飫坐燕，故曰燕則有之，而禮不脫屨升堂謂之飫。跣，脫屨也。無襪而跣謂之徒跣。朱氏彬曰：東都賦注引薛君韓詩章句曰：飲酒之禮，下跣而上坐謂之宴。孫氏希旦曰：坐而飲酒乃脫屨。祭主嚴敬，始終皆不坐，故無跣。燕主歡樂，徹俎之後，坐而飲酒，故有跣。禮案：禮器云：室事交乎戶，堂事交乎階。則主人與助祭者，始而奔走，終而獻酬，皆不就席，故不跣也。云燕則有之，則燕亦有無跣者矣。**未嘗不食新。**鄭注：嘗謂薦新物於寢廟。孔疏：未嘗則人子不忍前食新也。方氏慤曰：秋祭曰嘗。凡物新成而可嘗也。然新物不待秋而有，而此止以嘗言者，凡物成於秋故也。月令特於孟秋言嘗新者以此。輔氏廣曰：一飲食不敢忘父母。未嘗而遽食新焉，則是死其親而喪其心矣。孫氏希旦曰：此謂大夫士之禮。人君時祭之外，別有荐新之禮，既荐新則可以食之矣。禮案：嘗言嘗新穀也。見郭氏爾雅釋天注。蓋品物雖衆，而穀食爲主，故惟秋祭稱嘗者，以農已登穀，可嘗新也。**僕於君子。升下則授綏。始乘則式。君子下行。然後還立。**鄭注：還車而立，以俟其去。孔疏：此論僕御之禮。必授人綏，故君子升及下，僕者皆授綏也。僕者始乘，君子未至，御者則式以待。若君子將升，則僕先升。君子下行，則僕後下，更還車而立，待君子去後，乃敢自安。或云君車將駕，則僕執策立於馬前，故君子將下車，則僕亦下車，立於馬前，待君子下行，乃更還車立，以俟君去。陸氏佃曰：言僕自始乘則式，至君子下車，然後已，還立其處。孫氏希旦曰：凡僕人之禮，必授人綏，但非降等之僕則不受耳。君子未出，御者式而待之，所以爲敬也。爲君御，始乘則跪，敬有隆殺也。然則非降等之僕，有不必式者與？還謂轉車就旁側也。立，駐車也。公食禮曰：賓之乘車在大門外西方北面立。禮案：升車授綏，屨見於經，下車授綏則僅見於此。然下既云君子下行然後還立，則當君子下車時，御者必掖之偕下，何必授綏乎？疑此上下字衍文。**乘貳車則式。佐軍則否。貳車者，諸侯七乘，上大夫五乘，下大夫三乘。**鄭注：貳車、佐車，皆副車也。朝祀之副曰貳，戎獵之副曰佐。魯莊公敗於乾時，公喪戎路，傳乘而歸。七乘、五乘、三乘，此蓋殷制也。周禮貳車公九乘，侯伯七乘，子男五乘，卿大夫各如其命之數。孔疏：謂僕乘副車法也。朝祀尚敬，乘副車者式。戎獵尚武，乘副車者不式。若戎獵自相對，則戎車之副曰倅，曰車之副曰佐，故周禮戎僕馭倅車，田僕馭佐車。熊氏云：此云戎獵之副曰佐者，據諸侯禮也。案周禮典命云：卿六命，其大夫四命，車服各如其命之數，並與此不同，故疑爲殷制。方氏慤曰：貳車，道車之副；佐車，田車之副。道車卽象路也，以朝夕燕出入而謂之燕車。田車卽木路也。道車以道之所在，故乘其貳則式以爲儀。田車則事之所在，故乘其佐則否。陸氏佃曰：周官所謂凡諸侯之卿，其禮各下其君二等。然則大夫三乘，子男之卿。應氏鏞曰：案此與周禮未甚差，似非異代之制。當時記者所見多諸侯禮，故所言止及於此。若上公禮，亦自是等而上之耳。孫氏希旦曰：乘貳車則式，所謂乘君之乘車不敢曠左。

左必式也。佐車則否。所謂武車不式也。周禮唯五等諸侯、車服各如其命數。至其卿大夫。則但視其命數之大尊卑爲差等。非能盡如其命數也。公侯伯之卿三命。子男之卿二命。而服同三章。公侯伯之大夫再命。子男之大夫一命。而服同一章。則車服不可盡以命數準矣。禮案君乘德車。見所尊撫式。則乘其貳車者。自無不式也。君乘兵車不式。則乘其佐車者。亦不式可知。貳車惟言諸侯七乘。舉中以該上下也。五乘之大夫。其君蓋七命者也。三乘之大夫。其君蓋五命者也。有貳車之乘馬服車不齒。觀君子之衣服服劍乘馬弗賈。鄭注尊有爵之物廣敬也。服車所乘車也。車有新舊。弗賈平尊者之物非敬也。孔疏此明廣敬之義。有二車則謂下大夫。其所乘之馬。所服之車。不敢齒次其年歲。評其價數高下。車有新舊。則年數有多少。價數有貴賤。觀視也。亦不得輕平尊者物。堪直多少之價。故觀而不平。方氏慤曰。乘馬者所乘之馬也。車馬皆服而乘之。此亦互言之也。弗賈者弗計其直之貴賤也。上因言貳車。故止及車馬。而不及衣服。下言乘馬。則車之弗賈可知。貳車以位言之也。君子以德言之也。上言貳車。則斥大夫以上而已。下言君子。則凡於有德者皆若是也。陳氏澔曰。服劍所佩之劍也。禮案不齒者。不論列其車馬服器之善否也。舊說並釋齒與齒路馬之齒同。則與服車義似不切。夫車服固不當以年齒論也。弗賈者猶此意也。言其直昂。似羨其物。言其直賤。似鄙其物。故觀尊者之服御。不可經評其價直也。其以乘壺酒束脩一犬賜人。若獻人則陳酒執脩以將命。亦曰乘壺酒束脩一犬。鄭注陳重者。執輕者便也。乘壺四壺也。酒謂淸也糟也。不言陳犬。或無脩者。牽犬以致命也。於卑者曰賜。於尊者曰獻。孔疏此一節廣明以物獻遺人法。獻人者四馬曰乘。故知四壺酒亦曰乘壺。束脩十脡脯也。陳列也。酒重脯輕。故陳重者於門外。而執輕者進也。亦曰乘壺酒束脩一犬者。謂將命之時辭也。雖陳酒犬。而單執脯致命。而其辭亦曰。有酒脯犬也。若二犬亦當言二也。若無脯者。則陳酒牽犬以將命。犬馬不上於堂。牽之當在下耳。劉氏彝曰。此次下皆述將命者之禮。必有所執以致命。所以提其綱領。俾知所獻之大數也。孫氏希旦曰。犬與酒脯並獻者食犬也。下云守犬田犬。則授擯者。則食犬不授擯者矣。食犬賤也。禮案乘四也。成雙曰乘。大戴朝事曰。乘禽日五雙是也。注疏引四馬爲乘。以證乘壺。非也。蓋乘馬之乘字主於駕車。非言馬數也。其以鼎肉則執以將命。其禽加於一雙則執一雙以將命。委其餘。鄭注鼎肉謂牲體已解。可升於鼎。加猶多也。孔疏謂無脯犬。而有酒肉者也。則亦陳酒而執肉以將命。云鼎肉者。肉已解剔。則易執也。以禽獸賜也。二隻曰雙。加於一雙。謂或十或百雙也。則唯執一雙將命。所餘多雙。則委陳門外。輔氏廣曰。其以鼎肉。此例以一物獻人者。不必須有酒也。加於一雙。此例以一物獻人。物多不盡執者。孫氏希旦曰。聘禮曰。凡獻禽。執一雙。委其餘於面。非陳於門外也。然則陳酒執脩之將命。其所陳亦不在門外矣。禮案玉篇云。鼎所以熟食器也。此云鼎肉。則所饋者熟肉也。熟肉不可委諸地。故執以將命也。禽鷄鴨鵝鶩之類。曰執一雙以對命。然則獻禽禮必以偶乎。犬則執緤。守犬田犬。則授擯者。既授乃問犬名。牛則執紖。馬則執靮。皆右之。鄭注緤紖靮皆所以繫制之者。守犬田犬問名。畜養者當呼之名。謂若韓盧宋鵲之屬。右之者，執之宜由便也。孔疏：緤，牽犬繩也。犬有三種：一曰守犬，守御宅舍；二曰田犬，田獵所用；三曰食犬，充君子庖廚。田犬、守犬有名，獻則主人擯者受之，乃問犬名。紖、靮俱牽牛馬之物，故執之皆以右手牽之。謂田犬、守犬，畜養馴善，無可防禦。若充食之犬，則左手牽之，右手防禦。故曲禮云：效犬者左牽之。戰國策云：韓子盧者，天下之壯犬也。桓譚新論云：夫畜生賤也，然其尤善者，皆見記識。故犬道韓盧宋捉。輔氏廣曰：馬亦有名，不問之者，從犬可知。禮案：顏注前漢食貨志云：緤謂以長繩係之也。係馬繩亦得名緤。離騷經「登閬風而緤馬」是也。孔疏祭統云：紖，牛鼻繩。集韻：靮，韁也。犬名，若爾雅釋畜「犬生三，猣；二，師；一，玂。未成毫，狗。長喙，獫；短喙，猲獢。絕有力，狣。尨，狗也」之屬，則食犬亦得以名。若盤瓠、黃耳之名，則惟守犬、田犬也。**臣則左之。**鄭注：異於眾物。臣謂囚俘。孔疏謂征我所獲民虜也。犬馬之屬不生變異，故皆右之。民虜或起惡慮，故以左手操右袂，右之手當制之。禮案：仕於家者，猶謂之僕，而不得稱臣。然則民虜稱臣，恐無是理。此臣字若非字誤，必注誤也。**車則說綏，執以將命。甲若有以前之，則執以將命；無以前之，則袒櫜奉胄。器則執蓋。弓則以左手屈韣執拊。劍則啟櫝蓋，襲之，加夫襓與劍焉。**鄭注：甲，鎧也。有以前之，謂他摯幣也。櫜，弢鎧衣也。胄，兜鍪也。袒其衣，出兜鍪以致命。執蓋，謂有表裏。韣，弓衣也。左手屈衣，幷於拊執之，而右手執簫。櫝，謂劍函也。襲，謂卻合之。夫襓，劍衣也。加劍於衣上。夫或為煩，皆發聲。孔疏：獻車馬者執策綏，故知陳車馬而說綏執以將命。獻鎧若復有他物同獻，則陳鎧而執他物輕者以將命也。袒，開也。若無他物，則開甲櫜，出胄奉之將命。曲禮云「獻甲者執胄」是也。器，凡器。若獻，則陳底執蓋以將命，蓋輕便也。拊，弓把也。獻弓則左手屈弓衣，幷於把而執之，右手執簫以將命。曲禮云「右手執簫，左手承拊」是也。啟，開也。獻劍則先開函。蓋，劍函之蓋也。開函而以蓋卻合於函下，底於蓋上，加夫襓，而以劍置衣上也。襓字從衣，當以繒帛為之。熊氏用廣雅，以木為之。其義未善也。輔氏廣曰：綏，乘車所執也。甲若有以前之者，此又例有前之者。袒櫜則甲可見。器則執蓋者，蓋輕又在器之上。屈韣，卷之也。江氏永曰：案：進劍之儀，此與曲禮有詳略。此言有櫝有襓，而曲禮所言者，徒以劍進人者也。禮案：胄戴首，甲衣身，故獻甲者必執胄，猶獻有蓋之器必執蓋，並以其在上首者尊，故執以獻人也。至獻弓之禮，則曲禮上文備於此；進劍之禮，則此詳於彼也。**笏、書、脩、苞苴、弓、茵、席、枕、几、穎、杖、琴、瑟、戈有刃者櫝、莢、籥，其執之皆尚左手。**鄭注：苞苴，謂編束管葦以裹魚肉也。茵，著蓐也。穎，警枕也。莢，蓍也。籥如笛，三孔。皆十六物也。左手執上，上陽也；右手執下，下陰也。孔疏：笏也，書也，脩脯也，苞苴也，弓也，茵也，席也，枕也，几也，穎警枕也，杖也，琴也，瑟也，戈有刃者櫝也，謂戈之有刃者，以櫝韜之。莢，蓍也。籥，笛也。執此諸物，皆左手在上而執之，右手在下而承之。案：既夕禮，葦苞長三尺。內則云：炮取豚，編萑以宜之。是裹魚及肉，亦兼容他物，故禹貢云：厥包橘柚。茵謂以物所著之蓐，有著者謂之茵，故既夕禮之茵著用荼，謂茅莠也。穎是穎發之義，故為警枕。曲禮云「莢為筴」，故莢為蓍也。籥如笛，三孔。案：漢禮器知之。或云籥六孔，兩不同者，蓋籥有大小。云十六物，即是其數也。孫氏希旦曰：戈有刃者櫝，謂戈有刃而用函盛之者也。授受之法，主人在左，戈刃在上，其授人宜辟刃。此乃尚左手，而以刃授人者，以其有櫝故也。俞氏樾曰。筴乃簡策之策。曲禮先生書策琴瑟在前。釋文作筴。曰本又作策。是禮記策字。固有作筴者。籥者。說文竹部曰。書僮竹笘也。一切經音義引纂文曰。關西以書篇爲書籥。然則筴與籥正同類之物矣。若謂上文已有書。此不當復有筴籥。則枕之與潁。亦同物也。禮案。戈有刃者櫝。然則曲禮上謂進戈者。前其鐏。後其刃。蓋無櫝者也。

有刀卻刃授穎。削授拊。凡有刺刃者。以授人則辟刃。鄭注。卻刃。辟用時。穎。鐶也。拊謂把。辟刃。不以正鄉人也。孔疏言授人以刃。卻仰其刀。授之以刀鐶。削謂曲刀。以削授人。則以把授之。凡有刺刃授人。則辟刃不以刃向人也。方氏慤曰。卻其刃。恐傷人也。刀首爲穎。此言穎亦刀頭耳。刀以柄爲首也。前經所謂澤劍首。莊子所謂吹劍首皆柄。焦氏循曰。案釋名刀到也。其末曰鋒。其本曰環。史記平原君傳曰。夫賢士之處世也。譬若錐之處囊中。其末立見。毛遂曰。使遂蚤得處橐中。乃脫穎而出。非特末見而已。末謂錐之鋒。則穎謂錐之本。卻刃授穎。謂卻末授本也。考工記築氏爲削。注云今之書刀。說文。削。鞞也。鞞。刀室也。此削授拊。乃書刀。故有把也。孫氏希旦曰。此言執有刃而無櫝者之法也。辟刃不以其鋒向人。辟猶卻也。禮案。廣韻。卻。退也。卻刃者。以刀鐏進人。而刀頭退後以自向也。此授人以大刀長戟之屬也。辟刃者。授短兵之法。短兵授受皆執柄。故以刀口自向。而以刀背向受者。使辟其鋒也。

乘兵車。出先刃。入後刃。軍尚左。卒尚右。鄭注。不以刃嚮國也。左陽也。陽主生。將軍有廟勝之策。左將軍爲上。貴不敗績。右陰也。陰主殺。卒之行伍以右爲上。示有死志。孔疏。此論兵車出入。及將士所處之宜。軍將尚左方。是陽欲其生。不敗績。士卒尚右。爲陰。示其有必死之志。江氏永曰。老子云。吉事尚左。凶事尚右。偏將軍居左。上將軍居右。言以喪禮處之。與此不同。蓋當時制度有異。各以所見者言之。以傳考之。楚人雖尚左。而邲戰以前。乘廣先右。田于孟諸。宋公爲右盂。鄭伯爲左盂。魯與齊戰。孟孺子洩爲上將軍。帥右師。冉求爲偏將軍。帥左師。皆如老子之說。尊者居右。禮案。刃者所以殺敵。故兵車出以刃向前。入以刃向後。向後亦向出也。淮南兵略訓。將軍廟受斧鉞而行。乃爪鬋。設明衣。鑿凶門而出。蓋兵者凶事。故以凶禮處之。則尚右明甚。夫出師必上下一心。乃能成功。若如注疏謂將望生還。卒示致死。有是理乎。

賓客主恭。祭祀主敬。喪事主哀。會同主詡。鄭注。恭在貌也。而敬又在心。詡謂敏而有勇。若齊國佐。孔疏。賓客輕。故主恭。祭祀重。故主敬。詡謂敏。大言語。會同之時。貴在敏捷勇武。曰光大。成二年左傳。齊晉戰於鞍。齊國佐陳辭以拒晉師。是敏而有勇也。劉氏彝曰。致其誠於應接迎勞。曰恭。致其誠於心。至言貌。曰敬。致其誠於悲傷憂念。曰哀。致其誠於煦育生成。曰詡。詡。煦也。經云德發揚。煦萬物。人君法天地。作會同以建極。而生成萬物之德在焉。輔氏廣曰。交際以禮相示。故以敬以客貌之恭爲主。祭祀以誠感格。故以心之敬爲主。焦氏循曰。說文。詡。大言也。汎以爲大言。恐涉於夸詐。故以敏而有勇明之。禮器注云。詡猶普也。編也。普徧亦大義。禮案。三禮義宗謂古者諸侯朝天子。四時禮外。有時會殷同之法。殷同者十二年。王不巡狩。則六服諸侯各以當方而來赴也。詡。辭氣明盛貌。蓋當會同之際。羣后咸在。容止辭令。並不可不謹也。夫以執玉之高卑。人猶得以窺其內心。設若辭令有失。當面即不能免羣衆之譏也。

軍旅思險。隱情以虞。鄭注。險阻出奇覆諼之處也。隱。意也。思也。虞。度也。當思念已情之所能。以度彼之將然否。孔疏。軍旅思險者。言軍旅行處。

思其險阻之地。出奇設謀。以覆敗前敵。隱情以虞者。言在軍旅。先須思念己國之情所堪能。以測度彼軍將欲如此以否。輔氏廣曰。行軍之道。以臨事而懼。好謀而成爲上。思險謂臨事而懼。慮敗不慮勝也。隱情以虞謂好謀而成。且兵事露則不神也。陳氏澔曰。當隱密己情。以虞度彼之情計。禮案。驕兵必敗。軍旅思險。則不驕。不驕則愼密矣。情。實也。隱己之實。使敵不能窺測度彼之勢。以兵攻其隙。則舉無不勝。戰無不克矣。孫子地形篇曰。知己知彼。勝乃不殆。此之謂也。

燕侍食於君子。則先飯而後已。毋放飯。毋流歠。小飯而亟之。數噍。毋爲口容。鄭注。先飯後己。所以勸也。亟。疾也。備嚱噎。若見問也。口容。弄口。孔疏。此明侍食之法。先飯。先君子而飯。若嘗食然。而後已。若勸食然。小飯謂小口而飯。亟謂疾速而咽。數噍謂數數嚼之。毋爲口容。無得弄口以爲容也。禮案。放飯流歠。並見曲禮上。口容與玉藻之口容異。彼謂尋常。此謂飲食時也。

客自徹。辭焉則止。鄭注。主人辭。無徹。孔疏。請食訖。客欲自徹其俎。主人辭其徹俎。客則止而不徹。孫氏希旦曰。曲禮曰。卒食。客自前跪。執飯齊以授相者。主人興辭於客。然後客坐。此通言燕食之法。不與上侍食於君子相蒙。禮案。說是也。若客卽君子。則食於卑幼之家。不必請徹。若客侍食者。既云侍食。必係弟子之列。則徹饌乃其禮。當然。何待辭乎。

客爵居左。其飲居右。介爵酢爵僎爵皆居右。鄭注。客爵謂主人所酬賓之爵也。以優賓耳。賓不舉。奠於荐東。居右。三爵皆飲爵也。介。賓之輔也。酢所以酢主人也。古文禮僎作遵。遵謂鄉人爲卿大夫來觀禮者。酢或爲作。僎或爲騶。孔疏。此明客爵所在。鄉飲酒禮。主人酬賓之爵。賓受奠觶於荐東。是客爵居左也。旅酬之時。一人舉觶於賓。賓奠觶於荐西。至旅酬。賓取荐西之觶以酬主人。是其飲居右也。介。賓副也。僎謂鄉人來觀禮。副主人者也。既不被優。故爵並居右。示爲飲之。案鄉飲酒。介爵酢爵僎爵皆不明。莫置之所。故記者於此明之。鄉飲配禮。主人獻介。介飲。獻賓。賓酢主人。主人飲。主人獻僎。僎飲。是三爵皆飲爵也。義疏云。僎與遵不同。遵。尊也。尊於賓者也。儀禮曰。賓若有遵者。公大夫一人舉觶乃入。席於賓東。其先不入。以不爲客。不干主人正禮也。若僎則主人之副貳。故曰坐僎於東北。以輔主人。與輔賓之介相對。非遵之比。禮案。說是也。鄉飲酒之義。立賓以象天。立主以象地。設介僎以象日月。僎爲主人之副。則禮尤下於介。彼鄉飲酒禮之遵。乃諸公大夫。又俟一人舉觶方入。而鄭注彼則謂不干主人正禮。注此又謂僎作遵。是自相徑庭矣。

羞濡魚者進尾。冬右腴。夏右鰭。祭膴。鄭注。濡魚進尾。擗之由後。鯁肉易離也。乾魚進首。擗之由前。理易析也。冬氣在下。腴。腹下也。夏氣在上。鰭。脊也。膴。大臠。謂刳魚腹也。膴讀如哻。孔疏。此明進魚之禮。濡。溼也。冬時陽氣下在魚腹。故右腴。夏時陽氣上在魚脊。故右鰭。凡陽氣所在之處肥美。故進魚使向右。以右手取之便也。此皆謂尋常燕食所進魚體。若祭祀魚在於俎。皆縮載。俎既橫設。魚則隨俎而從。於人爲橫。無進首進尾之理。故少牢魚用鮒。而俎縮載。其主人正享亦然。公食大夫禮魚七。縮載。是也。若天子諸侯繹祭。及卿大夫儐尸。魚則橫載之。牲俎在人前而橫。魚則於人爲從。得有進首進尾也。正祭則右首進腴。故少牢右首進腴。變於生人。若生人。右首進鰭。故公食大夫云。寢右。注云。右首也。寢右。進鰭也。乾魚近腴多骨鯁。祭膴者魚腹下肥美。故食魚則刳取以祭先也。禮案。此止言羞濡魚之法。濡魚。鮮魚也。魚腹多油。味勝。故謂之腴。然而易餒。故宜於冬。魯脅不易腐敗。故宜於夏也。右腴右鰭。魚之於人爲從者也。何以言之。蓋有鰭之魚。其形扁。故登於俎必側載。故冬則可以膝向右。夏則可以鰭向右。若於人爲横。則鰭腴之所向。惟表裏而無所左右矣。

凡齊執之以右，居之於左。

鄭注齊謂食羹醬飲有齊和者也。居於左。手之上。右手執而正之。由便也。孔疏此明齊和之宜。凡齊者謂以鹽梅齊和之法。執此鹽梅。以右手。居處羹食於左手之上。以右手所執鹽梅調和正之。於事便也。陸氏佃曰。五齊加於明水。居之於左。祖天地之左海也。江氏永曰。此言設齊之法。謂執鹽梅以右手。而設之於羹器之左。於設者爲左。則所食爲右。故食羹者得於右取鹽梅。以調爲便也。禮案此設一常膳之法。言凡齊則非醬齊一種可知。蓋該食齊羹齊飲齊也。執之以右。居之於左。舉一隅也。如所執之食。應居人之右。則當執以左手矣。乃取其便也。

贊幣自左，詔辭自右。

鄭注自由也。謂爲君受幣。爲君出命也。立者尊右。孔疏此論贊幣贊辭之異。贊助也。爲君受幣之時。由君左。詔辭之謂爲君傳辭也。君辭貴重。若傳與人時。則由君之右也。方氏愨曰。助之以言則曰詔。助之以事則曰贊。分而言之事亦可謂之詔。大宰詔其廢置是也。言亦可謂之贊。大宰贊王命是也。陸氏佃曰。贊幣若聘禮擯者進相幣。是詔辭。若賓降辭幣。公降一等辭。是也。萬氏斯大曰。聘禮賓介私覿。宰於公左受幣。是贊幣自左也。覲禮既覿。天子使諸公賜服。大史致命。公在左。大史在右。是詔辭自右也。禮案地道尊右。贊幣卑。故自左。詔辭尊。故自右。

酌尸之僕，如君之僕。其在車則左執轡，右受爵，左右軌范乃飲。

鄭注當其爲尸則尊。周禮大御祭兩軹。祭軌乃飲。軌與軹於車同。謂轛頭也。軌與范聲同。謂軾前也。孔疏此明爲尸之僕。祖道祭軷之宜。尸僕爲尸御車之僕。將欲祭軷。酌酒與尸之僕。今爲軷祭。如酌酒與思之僕也。其在車謂僕在車中時也。僕既主尸車。故於車執轡受爵。尸位在左。僕立在右。故左執轡右受爵祭酒也。君僕亦然。軌謂轂末。范謂式前。僕既受爵將飲。則祭之於車左右軌及前范。所以祭者。爲其神助己。不使傾危也。祭編乃自飲。此云范。周禮大馭云軌。兩事是一。聲同字異。但式前之軌。車旁著凡。或作範字。轂末之軌。則車旁著九。此經左右軌是也。車轊亦謂之軌。亦車旁著九。輔氏廣曰。言酌尸之僕如君之僕。尊痛敬也。斯須之敬。如之而已。江氏永曰。案軌軹三字。轉寫易譌。軹又作𨊻。尤易譌爲軌。此處文誤。當以周禮大馭正之。左右軌。即大馭之兩軹。范即大馭之軌。軌本軹字之譌。古人所以祭左右軹者。祭兩輪也。祭前軌者。祭轊也。皆欲其無傾敗也。禮案此言祭車。雖與周禮大馭文略同。然非軷祭。訖。而酌其酒飲尸僕。祭軌范之禮也。尸出入國中。無祖道祀軷可知。

凡羞有俎者，則於俎內祭。

鄭注俎於人爲横。不得祭於閒也。孔疏此一節廣明祭俎及羞膳之事。若羞在豆。則祭於豆閒。若羞在俎。則於俎內祭。以俎横設在人前。故不得祭於俎外及兩俎閒也。方氏愨曰。凡飲食皆於器外。唯俎不然。以横於前。便於俎內祭也。禮案管子弟子職曰。陳膳毋悖。其設要方。房注云。其陳設食器。要令成方也。故食器圓者排方。則有閒可祭。俎本長方式。而排方則無論横設直設。並無閒可祭。故必祭於俎內也。

君子不食圂腴。

鄭注周禮圂作豢。謂犬豕之屬。食米穀者也。腴有似人穢。孔疏圂豬犬也。腴豬犬腸也。言豬犬亦食米穀。其腹與人相似。故君子辟其腴。謂腸胃也。故鼎闕一也。姜氏兆錫曰。案特牲少牢禮。羊腸胃有鼎實。而豕腸胃無鼎實。鄉射禮用狗。

亦不列其腸胃。孫氏希旦曰。羊牛之腸胃用爲俎實。而豕則不用。故記者釋之。禮案。犬豕並食。熟食。故其腸胃之穢。特甚於他畜也。

小子走而不趨。舉爵則坐祭立飲。鄭注小子弟子也。卑不得與賓介具備禮容也。孔疏趨徐趨也。弟子不得與賓主參預禮。但給役使。故宜騙走。不得趨翔爲容也。若得酒舉爵時。則先以坐祭。祭竟而立飲之。孫氏希旦曰。成人有趨翔之容。小子走而不趨。是容不備。成人舉爵坐祭遂飲之。小子坐祭立飲。是禮不備。禮案言走而不趨。則手亦不翔可知。坐尊而立恭。當無祭先坐而自飲反立之禮。坐蓋跪也。跪祭立飲示己爲供奔走。不敢與賓主之禮等也。

凡洗必盥。鄭注洗盥乃洗爵。先自絜也。盥有不洗也。孔疏凡飲酒必洗爵。洗爵必宜先洗手也。禮案言凡則洗不止於洗爵也。曲禮上曰。御食於君。君賜餘。器之漑者不寫。是也。盥亦不必其洗。若曲禮上謂爲天子諸侯削瓜。當無不盥手之理。

牛羊之肺。離而不提心。鄭注提猶絕也。到離之不絕中央少者。使易絕以祭耳。孔疏謂祭肺法也。取肺刲離之。不絕心。心謂肺中央少許耳。焦氏循曰。案下折九箇注云折斷分之也。廣雅絕斷也。此注讀提爲折。故云猶斷也。孫氏希旦曰。肺有二。爲祭肺。亦曰刌肺。特牲記刌肺三是也。亦曰切肺。少牢下篇佾提切肺一是也。一爲舉肺。亦曰離肺。特牲記離肺一是也。亦曰嚌肺。少牢下篇羊肉湆嚌肺一是也。祭肺爲祭而設。舉肺爲食而設。祭祀兼有二肺。生人唯有舉肺。有祭肺則舉肺但振祭而已。無祭肺則於舉肺絕末以爲祭。鄉飲酒禮弗繚右絕末以祭是也。賓尸禮有祭肺面舉肺亦絕祭者。賓尸乃飲酒禮。其有舉肺者正也。其有祭肺。乃以其爲尸而盛之。故雖有二肺。而祭舉肺之禮不殺也。禮案心謂肺管也。離謂割離其肺葉。而不絕其肺管也。

凡羞有湆者不以齊。鄭注齊和也。孔疏庾云湆汁也。若羞有汁。則有鹽梅齊和。若食者更調和之。則嫌薄主人味。故不以齊和也。賀瑒云凡湆皆謂大羹。大羹不和也。萬氏斯大曰。湆汁也。少牢儐尸有羊肉湆。羊七湆。豕七湆。羊肉湆。湆中有肉者。羊七湆。豕七湆。純湆無肉者。此言羞有湆者。蓋羊肉湆之類。已有鹽梅之和。故不以齊。若大羹直是清汁。不齊不必言也。李氏惇曰。此言凡羞非祭祀。非亨禮。不知大羹何來。且大羹不致。此又何待說邪。禮案此亦兼言進羞者也。如設湆則無須設齊也。

爲君子擇葱薤。則絕其本末。鄭注爲有萎乾。孔疏本根也。葱薤根不淨。末萎乾。故擇者必絕其二處。爲君子如此。則非君子不然。禮案末謂葉尖。本有皺泥。末有蔫黃。故擇去之。

羞首者進喙祭耳。鄭注耳出見也。孔疏羞亦膳羞也。首頭也。喙口也。若膳羞有牲頭者。則進口以向尊者。尊者若祭。先取耳祭之也。方氏慤曰。凡鳥獻之口。皆曰喙。孫氏希旦曰。羞進也。疏以羞爲膳羞。非是。祭耳謂羞之者。先割耳以供尊者之祭。與魚之祭膴同。禮案耳其牲體之最尊乎。故釁器涖盟皆取牲耳之血。而祭亦先之也。

尊者以酌者之左爲上尊。尊壺者面其鼻。鄭注尊者設尊者也。酌者鄉尊。其左則右尊也。鼻在面中。言鄉人也。孔疏此一節。論設尊及折俎行爵嘗羞之儀。人君陳尊在東楹之西。於南北列之。設尊之人。在尊西向東。以右爲上。則尊以南爲上也。酌謂酌酒人。在尊東西向。以左爲上。亦上南也。二人俱以南爲上。故云以酌者之左爲上尊。庾云燕禮司宮尊於東楹之西。兩方壺。左玄酒。南上。注玉藻云唯君面尊。玄酒在南。順君之面也。下云公席阼階上西向。下又云執幂者升自西階。立於尊南。北面東上。案左玄酒南上之言。是設尊者東向。酌者西向。設者之右。則酌者之左也。尊與壺悉有鼻。鼻宜向於尊者。故言面其鼻也。孫氏希旦曰。此所言不獨爲鄉飲鄉射。凡賓主體敵。而尊之於房戶閒者。其設尊者如此。又特牲禮尊於戶東。玄酒在西。少牢司宮尊兩甒於房戶之閒。則祭祀設尊。亦以酌者之左爲上尊也。唯君燕其臣。則面尊而與此相反耳。經泛言尊者。所該者廣。非專爲一禮也。尊壺者面其鼻。謂尊之鼻向外也。若謂尊之鼻向君。則非是。燕禮公在阼階上。而尊於東楹之西。則尊傍於楹。而鼻乃西向。非向公也。蓋尊面必與酌者相對。燕禮酌者不得背公。則尊不得向公矣。禮案注謂尊者設尊者也。則尊壺亦設壺者。面其鼻謂設壺者面向其鼻耳。玉藻言唯君面尊。是君向其尊。非向壺鼻也。記文不同。未可強爲牽合。

飲酒者禨者醮者。有折俎不坐。未步爵。不嘗羞。

鄭注。折俎尊。徹之乃坐也。已沐飲曰禨。酌始冠曰醮。步行也。孔疏。飲酒者則禨者醮者是也。總以飲酒目之。折俎者折骨體於俎也。折俎爲尊。禨醮小事爲卑。故不得坐也。折俎所以爲尊者。賀云。折俎則殽饌以尊。故冠禮庶子冠於房戶之前。而冠者受醮。不敢坐。及禨者並不敢坐也。案鄉飲酒燕禮有折俎者皆不坐。獨云禨醮者。以禨醮無酒俎之時則得坐。嫌有折俎亦坐。故特明之。羞殽羞也。殽羞本爲酒設。若爵未行。而先嘗羞。是貪食矣。此謂無算爵之時。羞庶羞。行爵之後始嘗之。若正庶脯醢折俎。未飲酒之前則嘗之。故鄉飲鄉射燕禮大射。獻後乃荐。賓皆先祭脯醢。嚌肺乃飲卒爵。方氏慤曰。凡燕享以酒爲主。以食爲配。所以未步爵不嘗羞。禮案疏謂此羞殽羞是也。蓋上文四羞字並當作進解。字同而義異也。

牛與羊魚之腥。聶而切之爲膾。麋鹿爲菹。野豕爲軒。皆聶而不切。麕爲辟鷄。兔爲宛脾。皆聶而切之。切葱若薤。實之醯以柔之。

鄭注。聶之言牒也。先藿葉切之。復細切之則成膾。此軒辟鷄宛脾。皆菹類也。其作之狀。以醯與葷菜淹之。殺肉及腥氣也。孔疏。此明膾及齏菹麤細之異。聶而切之者。謂先牒大臠。而後細切之爲膾也。麋鹿爲菹以下。已於內則且釋之。方氏慤曰。菹酢菜也。醯人所謂菁菹茅菹是矣。彼以菜爲之。此以麋鹿爲之者。特制造之法。如之而已。膳夫通謂之醬者以此。聶而不切。則大。聶而切之則小。陸氏佃曰。孔子曰。膾不厭細。內則腥言肉而已。此言魚。內則菹言魚。此言麋鹿。亦相備也。禮案菹字从艸本酢菜也。而內則云麋鹿魚爲菹。而此復謂麋鹿爲菹者。蓋言法制肉腥。使可久藏。亦如菜菹。故亦謂之菹也。魚菹若今糟魚魚鮓之類。麋鹿之菹若今風肉臘肉之屬。

其有折俎者。取祭反之。不坐。燔亦如之。尸則坐。

鄭注。亦爲尺柄之類也。燔炙也。鄉射曰。賓奠爵於荐西。興取肺坐絕祭。左手嚌之。興加於俎。坐帨手。尸尊也。少牢饋食禮曰。尸左執爵。右兼取肝肺擩於俎鹽。振祭嚌之。加於菹豆。孔疏。此明祭俎之儀。折俎。折骨於俎。俎既有足。柄尺之類。故就俎取所祭肺。升席坐祭。祭訖反此所祭之物於俎。皆立而爲之。故云取祭反之不坐。唯祭時坐耳。燔謂燔肉。雖非折骨。其肉在俎。其取及祭反時亦不坐。故云如之。是賓客耳。若爲尸。尸尊。雖折俎。取祭反之皆坐也。引少牢禮者。證尸坐之義。引鄉尉禮賓興則立也。朱氏軾曰。若云俎有足故立取。則尸何以不然。意折骨與燔。所設者盛。故立而取也。禮案特牲禮主人獻祝。祝興取肝坐祭嚌之。興加於俎。是取祭反之皆不坐也。燔燔肉也。燔上當有祭肝反俎之文脫也。知然者以特牲禮。主婦致爵於主人。取肝坐振祭嚌之。宗人受加於俎。燔亦如之。是主祭肝與燔。並坐可知矣。又特牲正祭禮。主人羞肝俎。佐食舉幹。尸受振祭嚌之。佐食受加於俎。是尸則坐也。衣服在躬而不知其名爲罔。鄭注罔猶罔罔無知貌。孔疏衣服文章。所以表人之德。亦勸人慕德。若著之而不知其君義者。則是罔人也。李氏格非曰。先王之制衣服。莫非性命之理。故冠圜冠者知天時。履方履者知地形。佩玦者事至而能斷。夫衣服者未嘗去身者也。而有所未知。故曰罔。罔者神不明也。禮案衣服之名。若章甫逢掖端衣立裳之類。其未有燭而後至者。則以在者告。道瞽亦然。鄭注爲其不見。意欲知之也。師冕見及階。子曰階也。及席。子曰席也。皆坐。子告之曰。某在斯。某在斯。孔疏此一節明有燭無燭之儀。爲主人法也。若日已闇而坐中未有燭。繼新有人來。後來者則主人以在坐者告之云。某人在此。某人在此。瞽者無目。恆如日闇。故亦道之。亦如無燭時也。陸氏佃曰。此一節宜承執燭不讓不辭不歌。脫亂在是。禮案日暮而有客在家。主人不設燭。且肅後至之客。禮如道瞽。恐無是理。疑此文當有脫誤。凡飲酒爲獻主者。執燭抱燋。客作而辭。然後以授人。執燭不讓。不辭。不歌。鄭注爲賓言也。主人親執燭敬賓。示不倦也。言獻主容君使宰夫也。未爇曰燋。孔疏謂爲飲酒主人法也。凡飲酒主人自獻賓。若尊卑不敵。則使宰夫爲主人以獻賓。故爲獻主也。燭謂夜闇執燭。燋謂未爇之炬。既欲留客。又取未然之炬抱之。作起也。客見主人執燭抱燋。自起辭之。主人乃以燭授人。禮賓主有讓。及更相辭謝。又各歌詩相顯。今既夜。莫所以殺於三事。禮案執燭在手。不容傾側。故不與人辭讓歌唱。恐失愼也。洗盥執食飲者勿氣。有問焉。則辟咡而對。鄭注示不敢歆臭也。口旁曰咡。孔疏謂與尊長洗足盥手。及執飲食則勿氣。謂不鼻臭尊長飲食也。當洗盥執飲之時。而尊者有事問己。則辟口而對。不使口氣及尊者。方氏慤曰。勿氣則屏氣也。辟咡說見曲禮。陳氏澔曰。奉進洗盥之水於尊者。及執飲食以進之時。皆不可使口氣直衝尊者。若此尊者有問。則偏其口而對。禮案勿氣者言爲尊者洗盥。及執食器。不得嫌熱而以口氣呵之。恐被人憎穢。有問焉者。長者與之言也。辟咡而對者。亦嫌以口氣觸之。爲人祭曰致福。爲己祭而致膳於君子曰膳。祔練曰告。凡膳告而君子。主人展之。以授使者於阼階之南。南面再拜稽首送。反命。主人又再拜稽首。其禮大牢則以牛左肩臂臑折九箇。少牢則以羊左肩七箇。犆豕則以豕左肩五箇。鄭注此皆致祭祀之餘於君子。攝主言致福。申其辭也。自祭言膳。謙也。祔練言告。不敢以爲福膳也。展省具也。折斷分之也。皆用左者。右以祭也。羊豕不言臂臑。因牛序之可知。孔疏此明致福及膳於君子。及所膳牲體之數。爲人祭謂攝祭。而致飲胙於君子。其將命之辭。謂致彼祭祀之福於君子也。若己自祭。而致膳於君子。則不敢云福。而言致膳。膳善也。致其善味耳。若已祔祥。而致胙。又不敢云福膳。但云告。言以祭胙告君子。使知己祔祥而已。凡初遣膳告君子之時。主人自省視多少備具。於阼階南稽首拜送。使者反。亦當在阼階南南面。再拜稽首受命。曲禮云。使者反。必下堂而受命是也。

其膳若得大牢祭者，則用牛膳。周人牲體尚右，右邊已祭，所以獻左也。周貴肩，故用左肩臂九個者，取肩自上斷斬之，至蹄爲九段，以獻之也。臂臑謂肩脚也。若禮得少牢者，則膳羊左肩折爲七個。不云肩臂臑，從上可知，然並用上牲，不并備饌。故大牢者唯牛，少牢者唯羊。若祭特豕，亦用豕左肩五個，以爲膳也。方氏慤曰：膳夫所謂凡祭祀之致福也，受而膳之是矣。必謂之福，以言祭者獲福，致其餘於人，而與之同其福也。曰致膳者，蓋祭祀不祈，爲己而祭，非敢徼福，以其昧之善，乃致之於君子耳。至於練祔特告死者之已祔，生者之已練而已，故直以告稱之。展與展墓之展同，主人展之者，省其善否也。其授使者，與反命皆再拜稽首，則敬之至也。止言膳告而不及致福，則致福者尤致其敬，不嫌其不如是矣。臂則脛也，臑其節也。陸氏佃曰：祔練凶事也，難以福言，又難以善言，旁言之而已。故曰告，凡告以善於施是也。凡膳告於君子，言告則自此以下皆謂祔練，故牲皆用左胖。孫氏希旦曰：此謂臣致胙於君之禮，觀再拜稽首可見。有大牢者，蓋大夫殷祭及上大夫練祥得用大牢者。蓋大夫殷祭及上大夫練祥得用大牢也。肩臂臑前脛三體之名。九箇者，折每體爲三段也。俞氏樾曰：周官大祝疏曰：稽首拜中最重，臣拜君之拜。然則非膳告於君，無所用甚稽首也。郊特牲篇：大夫之臣不稽首，非尊家臣，以辟君也。家臣且然，則士於大夫更可知矣。禮案：君子謂君，二說並是也。荀子儒效篇數言君子，皆謂人君也。唯首言爲人祭曰致福，則上下通禮。自致膳於君子以下，並謂臣膳於君之禮也。然大牢體巨，以左肩臂臑折九箇可也。至羊瘦小而豕尤肥短，若以左肩臂臑折七箇五箇以膳於君，不太簡而無貌乎？竊意少牢七箇，當是肩臂臑之外，又有膊胳脊脅，各取其一，并爲七箇也。豕五箇者，有肩臂臑肫胳，而無脊脅也。皆用其左體，故曰左肩。言肩者，舉其凡也。不言臂臑者，明羊豕肩外不止臂臑也。

國家靡敝，則車不雕幾，甲不組縢，食器不刻鏤，君子不履絲屨，馬不常秣。

鄭註：靡敝，賦稅亟也。雕，畫也。幾，附纏爲沂鄂也。組縢以組飾之，及紟帶也。詩云：公徒三萬，貝冑朱綅。亦鐙飾也。孔疏：此明國家靡敝減省之禮。由君造作侈靡，賦稅煩急，則財物靡散凋敝，車不雕畫漆飾，以爲沂鄂。甲不用組以爲飾，及紟帶絲屨，謂絇繶純之屬，不以絲飾。縢是縛約之名，故秦詩云竹閉緄縢。引詩公徒三萬者，魯頌閟宮文。貝冑，謂以貝飾冑。朱綅，謂以朱繩綴甲，故鄭云鐙飾。方氏慤曰：食器若木者爲刻，金者爲鏤。馬食穀曰秣。五事必以車馬爲始終者，蓋車馬在禮爲重，故年不順成，則大夫不得造車馬。孫氏希旦曰：靡讀爲糜。國家災變，財物靡敝，則當貶損，以足用也。組縢，以組綴甲。左傳楚子重組甲三百是也。秣，以粟食馬。馬有時當秣，特不常秣耳。禮案：此即逸周書大匡解所云國家罷病，祈而不賓，祭服漱不制，車不雕飾，人不食肉，畜不食穀是也。

禮記通釋卷四十六

玉環戴禮

學記第十八

孔疏案鄭目錄云：名曰學記者，以其記人學教之義。此於別錄屬通論。程子頤曰：禮記除中庸大學，唯學記、樂記最近道。朱子熹曰：此篇言古者學校教人傳道授受之次序，與其得失興廢之所由，蓋兼大小學言之。禮案：此古者大學所教之書，故次於少儀之下。

發慮憲，求善良，足以謏聞，不足以動衆；就賢體遠，足以動衆，未足以化民。君子如欲化民成俗，其必由學乎。

鄭注：憲，法也，言發計慮當擬度於法式也。求，謂招來也。謏之言小也。動衆，謂師役之事。就，謂躬下之。體，猶親也。所學者，聖人之道在方策。孔疏：此明雖有餘善，欲化民成俗，不如學之爲重。發，謂起發。慮，謂謀慮。舉動能擬度於法式，故云「發慮憲」。又能招求善良之士以自輔，故小有聲聞。若御軍動衆，則不能。賢，謂德行賢良，屈下從就之。遠，爲才藝廣遠，心意能親愛之，恩被於外，故足以動衆也。仁義未備，未足以化民。君子，謂君於上位。子，謂子愛下民，謂天子、諸侯及卿大夫，欲教化其民，成其美俗，非學不可。鄭云在方策者，下篇文。「文武之道，布在方策」是也。陳氏灝曰：此學乃大學之道，明德新民之事。姜氏兆錫曰：化民成俗，若唐虞之於變時雍是也。郭氏嵩燾曰：謏與搜同。說文：「搜，衆意也。一曰永也。」發慮憲，求善良，治國之要務，未宜小視之。禮案：荀子正名篇：「情然而心爲之擇謂之慮。」發慮憲者，反求諸己，思合先王之法度也。求善良，謂廣招俊乂，以曠耳目之見聞，未足以動衆，言優爲修己，尙未能感動人心也。就賢，若蜀志先主顧諸葛亮於草廬之中。體遠，卽中庸「柔遠人則四方歸之」。夫近者親而遠者說，動衆之謂也。然未有訓導誘掖之方，故猶不足以化被齊民，唯設學校而教之，則可以使先知覺後知，人倫明則風俗自美矣。注謂動衆師役之事，非也。蓋此篇首舉興學之要，未必涉及於兵旅。

玉不琢，不成器；人不學，不知道。是故古之王者建國君民，教學爲先。兌命曰：「念終始典於學。」其此之謂乎。

鄭注：爲內則設師保以教，使國子學焉；外則有大學庠序之官。典，經也。言學之不舍業也。兌當爲說，字之誤也。高宗夢傳說，求而得之，作說命三篇，在尙書，今亡。孔疏：此論喩學之爲美，故先立學之事。王者建立其國，君長其民，內則設師保，外則設庠序以教之。記者明教學事不可暫廢，故引說命以證之。言殷相傳說告高宗云，意恆思念從始至終習經典於學也。說命，尙書篇，見在，鄭云今亡者，不見古文尙書故也。陳氏祥道曰：玉則璞之至美者也，人則性之至貴者也。器待琢而後成，道待學而後知。苟不學焉，雖其性至貴，不知道者有矣。輔氏廣曰：由此觀之，則古之王者以君子長者待天下，而務使天下皆爲君子長者之歸，至於用刑法以治不軌，皆非得已也。教學，謂在上者教之，在下者學之。典，常也。兌命曰，此斷章取義。禮案：荀子大略曰：「人之於文學也，玉之於琢磨也。詩曰：『如切如磋，如琢如磨。』謂學問也。和之璧，井里之厥也，玉人琢之，爲天子寶。」又曰：「立大學，設庠序，修六禮，明十教，所以道之也。詩曰：『飲之食之，教之誨之。』王事具矣。」又勸學篇云：「學惡乎修？曰：其數則始乎誦經。」

終乎讀禮。其義則始乎爲士。終乎爲聖人。雖有嘉肴。弗食不知其旨也。雖有至道。弗學不知其善也。是故學然後知不足。教然後知困。知不足然後能自反也。知困然後能自強也。故曰教學相長也。兌命曰教學半。其此之謂乎。鄭注旨美也。學則睹已行之所短。教則見己道之所未達。自反求諸已也。自強修業不敢倦。學學半。言學人乃益已之學半。孔疏此明教學相益。嘉善也。雖有嘉美之肴。兼陳列於前。若不食即不知其肴之美。雖有至極大道。若不學則不知大道之善。論事蕩然。不知己身何長何短。若學則知己之所短。不教之時。謂之諸事皆通。若教人則知己有不通。凡人皆欲向前。既知不足。者後能反求諸己。既知困弊。然後能強學不怠。是教能長學善也。兌命學學半者。上學爲教音斅。下學者謂學習也。陳氏祥道曰。人皆有所不足。非學無以知。皆有所困。非教無以覺。是以顏淵學孔子之道。然後知其卓然不可及。此學而後知不足也。任人問禮食之重。而屋廬子至於不能答。此教然後知困者也。方氏慤曰。孔子曰起予者商也。又曰回也非助我者也。於吾言無所不說。豈非斅學半之謂乎。禮案大戴勸學曰。不升高山。不知天之高也。不臨深谿。不知地之厚也。不聞先王之遺道。不知學問之大也。是故木從繩則直。金就礪則利。君子如日參已焉。故知明則行無過。又曾子立事云。日旦就業。夕而自省。自強不息也。相長者彼此獲益也。言教者所以成人。亦半以益已也。

古之教者。家有塾。黨有庠。術有序。國有學。鄭注術當爲遂。聲之誤也。古者仕焉而已者。歸教於閭里。朝夕坐於門。門側之堂謂之塾。周禮五百家爲黨。萬二千五百家爲遂。黨屬於鄉。遂在遠郊之外。孔疏此一節明國家立庠序上下之殊。并明入學年歲之差。古之教者謂上代也。家有塾者。此明學之所在。周禮百里之內。二十五家爲閭。同共一巷。巷首有門。門邊有塾。謂民朝夕出入。恆就教於塾。故云家有塾。白虎通云。古之教民者。里皆有師。教里中之子弟以道藝孝悌仁義也。庠者黨學名也。於黨中立學。教閭中所升者也。序亦學。於遂中立學。教黨學所升者也。國謂天子所都及諸侯國中也。周禮天子立四代學。以教世子及羣后之子及鄉中俊選所升之士也。而魯亦立四代學。餘諸侯於國。但立時王之學。故云國有學也。鄭注州長職云。序州黨之學。鄉飲酒之義云。主人拜迎賓於庠門之外。注云庠鄉學也。此云黨有庠者。是鄉之所居。黨爲鄉學之庠。不別立序。凡六卿之內。州學以下皆爲庠。六遂之內。縣學以下皆爲序也。陸氏佃曰。庠序學校之制。其於鄉遂蓋各具矣。不必於鄉有庠。於遂有序也。蓋術之言路也。讀如經術之術。鄭氏謂術爲遂。非也。蓋記此者言古之教人者。以外則國有學。以內則家有塾。於黨則有庠。以待其居者。於路則有序。以待其行者。以明先王之教人。其大略如此。非以盡天下之學而已也。宗鄭氏者。遂以爲鄉有庠。遂有序而已。此不該不偏。一曲之論也。禮案古今注塾之爲言塾也。欲其就學者。熟習記誦。熟知道藝。此家學之所以名塾與。白虎通云。庠者庠禮義。序者序長幼也。禮五帝記曰。帝立庠序之學。則父子有親。長幼有序。其有賢才美質知學者。足以開其心。頑鈍之民。亦足所別於禽獸。而知人倫。故無不教之民也。

比年入學。中年考校。一年視離經辨志。三年視敬業樂羣。五年視博習親師。七年視論學取友。謂之小成。九年知類通達。強立而不反。謂之大成。夫然後足以化民易俗。近者說服。而遠者懷之。此大學之道也。記曰蛾子時術之。其此之謂乎。鄭注比年學者每歲來入也。中猶間也。鄉遂大夫間歲則考學者之德行道藝。周禮三歲大比乃考焉。離經斷句絕也。辨志謂別其心意所趣鄉也。知類知字義之比也。強力臨事不惑也。不及不達失師道。懷來也安也。蛾蚍蜉也。蚍蜉之子微虫耳。時術蚍蜉之所爲。其功乃復成大垤。孔疏中年考校者。謂每間一歲。鄉遂大夫考校其藝。一年謂初入學。鄉遂大夫於年終之時。考視其業。離經謂離析經理。使章句斷絕。辨志謂辨其趣向。習學何經。敬業謂藝業長者。敬而親之。樂羣謂朋友善者。願而樂之。博習謂廣博學習。親師謂親愛其師。論學謂學問向成。論說者之是非。取友謂選擇好人。取之爲友。謂之小成者。比六年已前。其業稍成。比九年之學。其業小。知類通達。言知義理事類。通達無疑。強立謂專強獨立。不有疑滯。而不反謂不違失師教之道。謂之大成。是大學賢聖之道理。非小學技藝耳。記禮者引舊說者言。故云蛾子時術之。蟻子小虫。蚍蜉之子。時時術學銜土之事。而成大垤。猶如學者時時學問。而成大道矣。張子載曰。辨志辨經之志。詩之志如何。書之志如何。朱子熹曰。敬業者專心致志。以事其業。樂羣者樂於取一以輔其仁也。知類通達。聞一知十。能觸類而貫通也。強立不反。知止有定。而物不能移也。輔氏廣曰。小成所謂可與適道之時也。大成則可與立之時也。方氏苞曰。入學蓋謂十五入大學也。自一年至七年。四曰視者。師以是程其學也。九年則不復言視者。非教者所能一程。惟學者之自致焉。郭氏嵩燾曰。術邑中道也。道所行也。道導字通。蟻行常有一蟻爲之前引。後者相踵。而循一徑而行。無散亂旁出者。時術之謂。時開通一徑以導之。如上所云中年考校是也。禮案王篇離明也。王注楚辭九辯云。辯者變也。經旨明則氣質自化矣。敬業樂羣。謂篤志好學者。必樂采羣言。以匡不逮也。事師而志在博習。則請益無倦。自無不親近矣。取友而專注論學。必其直諒多聞。而非損友矣。知類通達。謂學之所至。強立而不反。欲罷不能也。小成大成。進德修業之次序也。化民易俗。此大學之道。所謂在明明德。在親民也。

大學始教。皮弁祭菜。示敬道也。宵雅肄三。官其始也。入學鼓篋。孫其業也。夏楚二物。收其威也。未卜禘不視學。游其志也。時觀而弗語。存其心也。幼者聽而弗問。學不躐等也。此七者教之大倫也。記曰凡學官先事。士先志。其此之謂乎。鄭注皮弁天子之朝朝服也。祭菜禮先聖先師。菜謂芹藻之屬。宵之言小也。肄習也。習小雅之三。謂鹿鳴四牡皇皇者華也。此皆君臣宴樂相勞苦之詩。爲始學者習之。所以勸之以官。且取上下相和厚。鼓篋擊鼓警衆。乃發篋出所治經業也。孫猶恭順也。夏稻也。楚荊也。二者所以扑撻犯禮者。收謂收斂整齊之。威威儀也。禘大祭也。天子諸侯既祭。乃視學考校。以游暇學者之志意。時觀而弗語。使之悱悱憤憤。然後啓發也。學教也。教之長穉倫理也。自大學始教至此。其義七也。官居官者也。士學士也。孔疏此明天子諸侯教學大理。凡有七種。大學謂天子諸侯使學者入大學。習先王之道。使有司服皮弁。祭先聖先師。以蘋藻之菜。崔氏云著皮弁。祭菜蔬。並是質素。示學者以謙敬之道。當祭菜之時。使歌小雅。習其三篇。謂以官勸其始。欲使學者。得爲官。與君臣相燕樂。各自勸勵也。鼓篋謂學士入學之時。大胥之官。先擊鼓以徵之。學者既至。發其筐篋以出其書。所以然者。欲使學者。恭順其所持經業也。學者不勤其業。則以夏楚二物以笞撻之。爾雅釋木云。槄山榎。郭云今之山楸。盧氏云扑作教刑。是扑撻犯禮者。皇氏云禘大祭在於夏。天子諸侯視學之時。必在禘祭之後。禘必先卜。故連言之。是未爲禘祭不視學。所以然者。欲游其學者。優游縱暇。不欲急切之也。時觀而弗語。謂時時觀之。而不丁甯告語。欲使學者心憤憤。口悱悱。然後啓之。幼者但聽長者解說。不得輒問。令其謙退不敢躐越等差也。此七者是於學大理。引舊記結上七事。凡學謂學爲官。學爲士者。官則先教以居官之事。士則先喻教以學士之志。其此之謂乎之在上七事。朱子熹曰。觀示也。謂示之以所學之端緒。焦氏循曰。當其可之謂時。觀者示也。當其可時因有所示。所以做使之悱憤。若徒弗語。而無所示。抑有所示。而不當其可。則何從而悱憤乎。正義以時觀爲時時觀之。解說未明。萬氏此大曰。禘行於每歲午月。必卜禘後乃視學。使學者得以優游其志。而精其業也。視學何爲考校也。先儒信五年一禘之說。謂不當禘之年。亦待時祭之後。然則何必言卜禘乎。禮案夏榎也。檟之別種。其質堅良。明史懿文太子傳。太祖指荆楚曰。古用此爲扑刑。以其能去風。雖殺不傷人。然則夏卽今之戒尺。楚卽今之荆條也。此言禘者。非禮緯五年一禘之禘。乃王制四時宗廟之夏祭也。炎暑丞鬱。人弗能堪。故教者亦不迫促之也。後世學校之有暑假。亦其遺意焉。觀察也。察其課餘之所事。語責也。不責功用之弗勤。

大學之教也。時教必有正業。退息必有居學。不學操縵。不能安弦。不學博依。不能安詩。不學雜服。不能安禮。不興其藝。不能樂學。故君子之於學也。藏焉。脩焉。息焉。遊焉。夫然故安其學而親其師。樂其友而信其道。是以雖離師輔而不反也。兌命曰。敬孫務時敏。厥脩乃來。其此之謂乎。鄭注有居。有常居也。操縵雜弄。博依廣譬喻也。依或爲衣。雜服皮弁之屬。雜或爲雅。興之言喜也。歆也。藝謂禮樂射御書數。藏謂懷抱之。修習也。息爲作勞休止於之息。遊謂閒暇無事於之遊。敬孫敬道孫業也。敏疾也。厥其也。學者務及時而疾。其所修之業乃來。孔疏此論教學之道。必當優柔寬緩。不假急速。遊息孫順。其學乃成。時言時習之。正業謂先王正典。非諸子百家也。學者疲倦退息。必有常居之處。各與其友閒居。得相諮決。不可雜濫也。學操縵教樂也。樂主和。故在前。弦琴瑟之屬。人將學琴瑟。若不先學調弦雜弄。則手指不便。不能安正其弦。先學雜弄。然後音曲乃成也。學博依教詩法也。詩是樂歌。故次樂。博廣也。依謂依倚譬喻也。雜服自衮而下。禮經正體。在於服章。以表貴賤。不明雜服。則心不能安善於禮也。不興其藝。此總結上三事。並先從小起義也。藝謂操縵博依六藝之等。若欲學詩書正典。意不歆喜其雜藝。則不能耽翫於所習之正道也。故因上起下之辭。君子之爲學。恆使業不離身。若能藏修息遊。無時暫替。乃能安其所學業。安業既深。知由於師。故親愛師。而同志之友。亦被於樂重。既親師樂友。已道深明。心自說信。不復虛妄。假令違離師友。而不違反於師。昔日之意旨。此則強立而不反也。兌命者。引尚書合結之。乃來謂所學得成也。焦氏循曰。說文衣依也。白虎通云。衣者隱也。漢書藝文志詩賦家有隱書十八篇。師古引劉向別錄云。隱書者疑其言以相問對者以慮思之。可以無不諭。史記楚世家伍舉曰。願有進隱。裴駰集解云。隱謂隱藏其意。時楚莊王拒諫。故不直諫。而以鳥爲譬喻。使其君相悅以受。與詩人比興正同。故學詩必先學隱也。郭氏嵩燾曰。文王世子。凡學世子及學士必時。春誦夏弦。秋學禮。冬讀書。所謂時教。弦誦書禮。皆業之正者也。退息者退而服習。如子夏習詩。子游習禮。商瞿習易。專致其功。所謂居學也。周禮縵樂兼鐘磬鼗鼓。鄭注謂之雜聲是也。君子無故不去琴瑟。亦必廣習衆聲。辨知其清濁高下抑揚之節。而後始終條理以明。博依者依於風賦比興。則識鳥獸草木之名。興觀羣怨之旨。非博通之無以暢其義。雜服者習於升降上下。周旋揖讓則依典章度數之繁。因革損益之宜。非雜求之無以盡其微。孫氏希旦曰。敬孫。孫書作孫志。孫則其心虛而有近裏切已之功。時敏則其業勤而有日新不已之益。故其所脩之道。來而不已也。禮案。不興其業。不能樂學。故論語云。士據於道。游於藝也。藏謂潛心玩索也。脩謂孳孳不息也。息謂靜而后能得也。游謂樂此而不疲也。安也者據之而可久也。親師欲其長我之善也。樂友冀其攻我之惡也。泊乎信道篤而聞義孰。則雖離羣而索居。亦不能易其初心矣。呂氏春秋誣徒篇。達師之教也。使弟子安焉。樂焉。休焉。游焉。肅焉。嚴焉。此六者得於學。則邪辟之道塞矣。義理之術勝矣。人之情不能樂其所不安。不能得於所不樂。爲之而樂矣。雖不肖者猶若勸之。而苦矣。雖賢者亦不能乎。反諸人情。則得所以勸矣。

今之教者。呻其佔畢。多其訊。言及於數。進而不顧其安。使人不由其誠。教人不盡其材。其施之也悖。其求之也佛。夫然故隱其學而疾其師。苦其難而不知其益也。雖終其業。其去之必速。教之不刑。其此之由乎。

鄭注。呻吟也。佔視也。簡謂之畢。訊猶問也。言今之師。自不曉經之義。但吟誦其所視簡之文。多其難問也。呻或爲慕。訊或爲誶。其發言出說。不首其義。動云其所法象而已。務其所誦多。不惟其未曉。由用也。使學者誦之。而爲之說。不用其誠。材道也。謂師有所隱也。易曰兼三材而兩之。謂天地人之道。施悖求佛。教者非則。學者失問。隱不稱揚也。不知其益。若無益然。速疾也。學不心解。則忘之。易刑猶成也。孔疏。此論教者違法。學者所以不成。畢簡釋器云。簡謂之畢。言今之師。不曉經義。但謳吟長詠。以視篇簡而已。多其訊者。不曉義理。假作問難。詐了多疑也。進謂務欲前進。誦習使多。而不曾反顧其義理之安。不由其誠。使學者誦文而已。爲之說義。心皆不曉。是不用己之忠誠也。教人不盡其材。謂有所悟者。又不能多。恆恐人勝之。故有所知。又隱惜不妻其道也。教者有上五者之短。故施教於人。皆違背其理。佛戾也。其學者求之。則又違戾。意義師教既悖。受者又違。故弟子隱沒其學。而憎疾其師。苦其難解。不自知其有益。雖得終竟其業。爲心不曉解。其忘之必速。師之教弟子不成。由此上諸事。故云其此之由乎。輔氏廣曰。多其訊謂無一統類。強聒而泛語之。訊猶墓門詩之歌以訊之之訊。吳氏澄曰。數進謂數進之。學未可以進。而又進之也。實知此理。而後使之別窮一理。是謂由其誠。能行此一事。而後教之別爲一事。是謂盡其材。否則是使之不由其實。教之不盡其材也。不觀其已知已能。而進之以未知未能。是其施教於人者。先後失宜。故曰悖。不俟其自知自能。

而強之以必知必能。是其求責於人者。洩深莫辨。故曰佛。王氏念孫曰。莊子外物篇。相結以隱。李頤注曰。隱病患也。施悖求佛。故弟子皆病其學。而疾其師也。王氏引之曰。佛讀爲笘。說文。穎川人名小兒所書寫爲笘。春秋齊陳書字子占。佔占並與笘同。佔亦簡之類。故以佔畢連文。小雅篇莫肯用訊。鄭箋曰。訊告也。多其訊言。謂不待學者之自悟。而強語之也。隱元年公羊傳曰。及猶汲汲也。鄭注曾子問曰。數讀爲速。及於數進。謂汲汲求速進也。禮案。此言教之不善者。欲弟子進業。而不審其資格能否貫徹。唯數迫之。蓋欲彰已之善。課督與誠心善誘。因材而篤者不同。故弟子因難其學。而怨其師也。蓋學無心得。自厭佔畢之煩。猶正牆面而立。故欲進者鮮也。誣徒篇曰。不能教者。志氣不和。取舍數變。愎過自用。不可證移。弟子居處修絜。身狀出倫。妬而惡之。就學不敏疾。本業幾終者。則從而折之。居則不安。出則慚於知友邑里。此學者之所悲也。此師徒相與異心也。人之情不能親其所惡。學堂之敗也。道術之廢也。從此生矣。

大學之法。禁於未發之謂豫。當其可之謂時。不陵節而施之謂孫。相觀而善之謂摩。此四者教之所由興也。鄭注未發。情慾未生。謂年十五時。可。謂年二十成人時。不陵節。謂不教長者才者以小。教幼者鈍者以大也。施猶教也。孫順也。不並問則教者思專也。摩相切磋也。興起也。孔疏此論發之得理。則教興也。豫逆也。十五已前。情慾未發。則用意專一。學業易入。當逆防未發之前。故云豫。可謂年至二十。德業已成。受教之端。是時最可也。陵猶越也。節謂年才所堪。不越其節分而教之。善猶解也。受學之法。共推長者一人諮問。餘但觀聽問答。而各得知解。此朋友琢磨之益。故謂之摩。此四者並是教成之所起也。陳氏詳道曰。禁於未發之謂豫。所以救失於未然之前。當其可之謂時。所以長善於可教之際。故當其可學之時。而達之以可習之業。易所謂進德修業。欲及時也。方氏慤曰。不陵節而施。若孔子言可與共學。未可與適道。可與立。未可與權。則可謂之孫矣。胡氏銓曰。詩傳人少而端慤。長大無欲。十有五而志於學。三年通一經。三十而五經立。此皆學之時。不陵節。若學詩學禮之次。戴氏溪曰。孫之爲言。有優游巽入之意焉。摩之爲言。有切磋動盪之意焉。吳氏澄曰。此四者三屬於師。一屬於友。朱氏彬曰。說苑建本篇作不淩節而施之謂馴。孫馴古字通。禮案。豫若列女傳孟母三遷之屬。時若白虎通八歲入小學。十五入大學之屬。不陵節謂順其志趨而成材。摩觀感也。論語云見賢思齊。見不賢而內自省。使人自勵於善也。此四者防人欲。順人性。或得於人。或反諸己。內外相勗。故能教人成德也。

發然後禁。則扞格而不勝。時過然後學。則勤苦而難成。雜施而不孫。則壞亂而不脩。獨學而無友。則孤陋而寡聞。燕朋逆其師。燕辟廢其學。此六者教之所由廢也。鄭注教不能勝其情慾。格讀如凍洛之洛。扞堅不可入之貌。時過則思放也。不孫則小者不達。大者難識。學者所惑也。獨學不相觀也。燕猶褻也。褻其朋友。燕辟褻師之譬喻。廢弛。孔疏此論學不依理教之廢棄。發謂情欲既生也。扞謂拒扞。格謂堅強。教之不復入。是不勝矣。學時已過。則心情放蕩。雖欲追悔。精明已散。徒勤苦四體也。雜施謂教雜亂無次。越節則大才輕其小業。小才苦其大業。並是壞亂之法。不可復脩治也。獨學則學識孤偏鄙陋。寡有所聞也。四條皆反上教之所興也。

燕朋謂燕褻朋友。不相尊敬。則違逆師之教道。燕辟謂義理鉤深。須假設譬喻。而惰學之徒。好褻慢笑師之譬喻。是廢學之道。此六者是廢。學之由也。朱子熹曰。燕朋逆其師。大戴保傅篇作左右之習反其師。此燕朋是私褻之友。所謂損者三友之類。注說非也。戴氏溪曰。燕朋如孺子其朋之朋。燕辟謂昵於放辟。如師也辟之辟。昵於朋比。則人自爲學。不顧其師。昵於放辟。則自以爲是。不力於學。輔氏廣曰。燕朋則志有所溺。故逆其師之教。燕辟則心有所分。故廢其學之業。講義曰。六者教之所由廢。在師者三。在學者三。郝氏懿行曰。燕安也。安於朋比。則侮師尊。安於邪僻。則荒正學。禮案。情欲已發。本然之善漸失矣。而驅之於道德仁義之域。譬猶騁不羈之馬。而忽施衡勒。使之乘重致遠。吾未見其能馴習而無傾蹶者也。雜施則學者莫衷一是。故業不能致精也。獨學則一已之見聞有限。故不免於孤陋也。君子既知教之所由興。又知教之所由廢。然後可以爲人師也。故君子之教喻也。道而弗牽。強而弗抑。開而弗達。道而弗牽則和。強而弗抑則易。開而弗達則思。和易以思。可謂善喻矣。鄭注示之以道塗也。仰猶推也。開謂發頭角。思而得之則深。孔疏此明君子教人方便善誘之事。喻猶曉也。牽謂牽偪師教。既識學之廢興。故教喻有節。使人曉解之法。強謂師微勸學者。使神識堅強。不甚推仰其義而教之。開謂開發事端大義。亦不事事使之通達也。人苟不曉而牽偪之。則彼心必生忿恚。若但示正道寬柔之。則彼心和意悟。用意思念。所得必深也。師能教弟子如此三事。則可謂善教喻矣。方氏慤曰。若孔子循循然善誘人。所謂道而弗牽也。於互鄉童子。與其進不與其退。所謂強而弗抑也。舉一隅不以三隅反。則不復。所謂開而弗達也。輔氏廣曰。道而弗牽則和。強而弗抑則易。所謂優而柔之。使自求之也。開謂開其端緒。則自不能已於致思。故可以至於自得之地。於教喻而如此。謂之善。焦氏循曰。正義於強抑二字。說之不明。強謂勉也。推謂擠排之也。勉其所未知未能。其有所知所能。不擠排之。郝氏懿行曰。勉強輔進之。而不沮抑其邁往之氣。則易而不苦其難。禮案知所由興則振之。知所由廢則戒之。則爲師道者其庶幾乎。道示以門徑也。牽讀如史記六國表。學者牽於所聞之牽。示焉而勿拘。則智者能盡其材。強勉也。抑貶也。勉焉而勿貶。則鈍者不生畏葸矣。開而弗達。使之致思。思則善心生焉。施教而用心若此。則學者樂其和易。而心思通達矣。誣徒篇曰。善教者視徒如己。反己以教。則得教之情也。所加於人。必可行於己。若此則師徒同體。人之情愛同於己者。譽同於己者。助同於己者。學業之章明也。道術之大行也。從此生矣。學者有四失。教者必知之。人之學也。或失則多。或失則寡。或失則易。或失則止。此四者。心之莫同也。知其心。然後能救其失也。教也者。長善而救其失者也。鄭注失於多謂才少者。失於寡謂才多者。失於易謂好問不識者。失於止謂好思不問者。救其失。多與易則抑之。寡與止則進之。孔疏此明教者識學者之心。而救其失也。才識淺小。而所學貪多。則終無所成。是失於多也。才識深大。而所學務少。徒有器調。而終成狹局。是失於寡少也。至道深遠。其凡淺所識。人不知思求。唯好泛濫外問。是失在輕易。此學而不思則罔。心未曉知。而不肯諮問。唯但自思。終不能達其實理。此思而不學則殆。四失由人心之異故也。師既識四心之不同。乃能隨失而救之。使學者和易以思。是長善使學者無此四失。是救失。惟善教者能爲之。陳氏祥道曰。多者約之以禮。寡者博之以文。易者抑之以自反。止者勉之自強。此長善救失之道也。方氏慤曰。失雖見乎外。而所存本乎心。故知其心。然後可救其失於外。孫氏希旦曰。失則多。謂多學而識。未能貫通。若子貢。失則寡。謂志意高遠。而略於事爲。若曾晳。失則易。謂無所裁。若子路。失則止。謂畏難自畫。若冉有。多者欲其至於會通。寡者欲其進於篤實。易者欲其精所知。止者欲其勉於所行。俞氏樾曰。多寡相對成義。則易止亦必相對成義。讀爲輕易之易。則與止字不對矣。易當讀爲變易之易。或失則易者。謂見異思遷。此事未竟。又爲一彼事也。或失則止者。謂畫地自限。但知其一不知其二也。禮案。失多若由也兼人。失寡若求也退。失易若予欲一日辯聞古昔之說。失止若賜倦於學。救其失若孔子退之進之。躁哉予也。天而息焉是也。長善若稱顏子以賢。閔子以孝。贊曾子中夫四德。子貢偉爲知人是也。**善歌者使人繼其聲。善教者使人繼其志。其言也約而達。微而臧。罕譬而喻。可謂繼志矣。**鄭注。言爲之善者。則後人樂放傚。師說之明。則弟子好述之。其言少而解。臧善也。孔疏。此論教者若善。則能使學者繼其志於其師。記者以善歌而此喻之。音聲和美。感動人心。能使聽者繼續其聲。善教述事。言善必能使後人繼續其志。如今人傳繼周孔是也。言約而達。釋所以可繼人之事。善教者出言寡約。而理顯易解。義理微妙。而說之精善。其譬罕少。而聽者皆曉。爲教如此。則可使後人繼其志也。朱子熹曰。繼聲繼志。皆謂微發其端。而不究其說也。約而達。微而臧。罕譬而喻。三者皆不務多言。而使人自得之意。李氏格非曰。子曰夫易其稱名也小。其取類也大。其指遠。其辭文。其言曲而中。其事肆而隱。其稱名小。取類大。則罕譬而喻也。其旨遠。其辭文。則微而臧也。曲而中。則約而達也。黃氏棠曰。學之序能辨志。然後能遜志。能遜志。然後能繼志。辨志求道之時也。遜志從道之時也。繼志會道之時也。志於道則無累。志於仁則無惡。禮案。史記樂書。大樂必易。故人能繼其聲也。大禮必簡。故人能繼其志也。罕譬而喻。故荀子不苟篇說不貴苟察。言辯而不辭。通則文而明。窮則約而詳。君子至德。默然而喻。**君子知至學之難易。而知其美惡。然後能博喻。能博喻。然後能爲師。能爲師。然後能爲長。能爲長。然後能爲君。故師也者。所以學爲君也。是故擇師不可不慎也。記曰。三王四代惟其師。此之謂乎。**鄭注。美惡說之是非也。長達官之長。弟子學於師。學爲君。師善則善。四代虞夏殷周。孔疏。此明爲師法。君子謂師也。教之至極之美。可以爲君長之事。隨器與之。是至學之易。隨失而救之。是至學之難。罕譬而喻。言約而達。是爲美。反此則爲惡。博喻廣曉也。若知四事爲一主。觸類長之。乃得廣有曉解。能廣解乃可爲人師。爲師是學優。學優宜仕。故能爲一官之長。治官有功。能爲一國之君也。師有君德。弟子就師可學爲君之德。故宜慎擇其師也。引舊說結此擇師之重也。言三王四代。雖皆聖人。而無不擇師爲慎。故云唯其師之謂也。陳氏祥道曰。學有淺深。知至學之難易。則有以長人之善而達才。知惡而喻之。則有以救人之失而成德。詩曰克明克類。克長克君。君子知美。至學之難易。以至能博喻。所謂克明也。能博喻。然後能爲師。所謂克類也。能爲師。然後能爲長。所謂克長也。能爲長。然後能爲君。所謂克君也。方氏慤曰。學爲君也。學宜讀斆。斆教也。雖尊而爲君。亦師之所教焉。揚子曰。學之爲王者事。其已久矣。堯舜禹湯文武。汲汲好學如此。誰獨無師乎。若舜之於務成昭。禹之於西王國。湯之於伊尹。文王之於臧丈人。武王之於太公望。則三王四代之師。固可見矣。陸氏佃曰。周官以九兩繫邦國之民。一曰牧。以地得民。二曰長。以貴得民。三曰師。以賢得民。長卽此所謂長。師卽此所謂師。牧卽此所謂君也。禮案學爲君。謂王大子及羣后之世子也。

凡學之道。嚴師爲難。師嚴然後道尊。道尊然後民知敬學。是故君之所不臣於其臣者二。當其爲尸則弗臣也。當其爲師則弗臣也。大學之禮。雖詔於天子無北面。所以尊師也。

鄭注嚴尊敬也。尸主也。爲祭主也。尊師重道焉。不使處臣位也。武王踐阼。召師尚父而問焉曰。昔黃帝顓頊之道存乎。意亦忽不可得見與。師尚父曰。在丹書。王欲聞之則齊矣。王齊三日。端冕。師尚父亦端冕。奉書而入。負屛而立。王下堂南面而立。師尚父曰。先王之道不北面。王行西折而南。東面而立。師尚父西面道書之言。孔疏此論師德既善。雖天子以下。必須尊師。此文義在於師。幷言尸者。欲見尊師與尸同。案鉤命決云。暫所不臣者五。謂師也。三老也。五更也。祭尸也。大將軍也。天子諸侯同之。此據尊師與尸相似。故特言之。詔告也。雖天子至尊。當告授之時。天子不使師北面。所以尊師也。大戴禮武王踐阼篇。其丹書之言曰。敬勝怠者強。怠勝敬者亡。瑞書云。敬勝怠者吉。怠勝敬者滅。義勝欲者從。欲勝義者凶。方氏慤曰。嚴卽尊也。嚴師卽詔於天子無北面是矣。以一人之貴。而師匹夫之賤。以四海之富。而師環堵之貧。此尸嚴師所以爲難也。嚴師者人嚴之也。人嚴其師。則師道尊。學所以爲道。故道尊然後民知敬學。以神言之。故爲尸則弗臣。以道言之。故爲師則弗臣。此篇有曰大學之道。有曰大學之教。有曰大學之法。有曰大學之禮。何也。蓋道以言其位。教以言其術。法以言其治。禮以言其文。戴氏溪曰。此一段爲人君尊師言。非學事。以人君而尊師。若此。學者可知矣。大抵古人行禮。有教化存焉。夫君之尊天也。而君之於臣。有答拜之禮。臣之卑地也。而臣之於君。有無北面之義。然則古人於君臣之際。亦淵乎其有意矣。義疏云此章言師大道所繫之重。以申上章建國君民。教學爲先之意。禮案則大戴保傅引學禮曰。帝入大學。承師問道。退習而端於大傅。大傅罰其不則而達其不及。然則師道之嚴。雖天子之尊。無以抗也。

善學者師逸而功倍。又從而庸之。不善學者師勤而功年。又從而怨之。善問者如攻堅木。先其易者。後其節目。及其久也。相說以解。不善問者反此。

鄭注從隨也。庸功也。功之受其道。有功於己。善問言先易後難。以漸入。孔疏此一節明善學及善問并善答不善答之事。善學者聰明易入。故師體逸豫。而弟子所解。又倍於他人。故恆言師特加功於我。不善學者。己既闇鈍。故師體勤苦。而功裁半於他人。又反怨師。不盡意於我。問謂論難也。攻治也。善問之人。如匠善攻。治堅木。先斫治其濡易之處。然後斫其節目。問者順理。答者分明。及其經久。師徒共相愛說。以解義理。不善問者。闇劣不解。反先問其難。則答問之人。不相喜說。義又不通。故云反此矣。張子載曰。問學亦須發端。不發端則無以起論議。蓋道若大路。如不因端。則指何者爲先。須是攻堅而不入。有疑而未判者。如此發問。乃爲有得也。方氏慤曰。節則木理之剛者。說卦所謂爲堅多節是矣。目則木理之精者。弓人所謂斲目必荼是矣。禮案呂氏春秋用衆篇。善學者假人之長。補己之短。故師逸而功倍也。誣徒篇曰。不能學者。遇師則不中。用心則不專。故師勤而功半也。木生枝之處曰節。斫去其榦。則著榦之處。作圓形如目。故謂之節目也。攻堅木而先其易。謂順其理而施斧鋸。則節目亦迎刃而解。以譬學問之道。由淺及深。則理無不達。而師亦樂爲之解釋矣。不善問者突發疑義。故相辨難。論語所謂欲速成者也。非求益者也。此三者言爲弟子之理。

善待問者如撞鐘。叩之以小者則小鳴。叩之以大者則大鳴。待其從容。然後盡其聲。不善答問者反此。此皆進學之道也。鄭注從讀如富父舂戈之舂。舂容謂重撞擊也。始者一聲而已。學是既開其端。意進而復問。乃極說之。如撞鐘之成聲矣。從或爲松。此皆善問善答也。孔疏此爲設譬喻。善能答問難者。如鐘之應撞。撞小則小鳴應之。撞大則大鳴應之。待其從容。然後盡其聲者。又以鐘爲喻也。不善答問者。或問小而答大。或問大而答小。或暫問而說盡。此皆無益於所問。故云反此。朱子熹曰。從容注說非是。正謂聲之餘韻。從容而將盡者也。言必答盡所問之意。然後止也。焦氏循曰。凡撞鐘。其聲悠長不卽盡。今待一問者。小叩小鳴。大叩大鳴。亦不卽盡說之。待其意有所進而復問。乃以前未盡之說。極說以盡之。如始撞鐘之一聲悠長未遽盡。待重撞一聲。此聲合前未盡之聲。樂成其盛。而後盡之。待其舂容。卽待其重撞。舂容者重字之緩聲。從容不能翻重字。故必讀容爲舂。舂容之爲重。猶終葵之爲錐。之焉之爲旃也。禮案林氏芳曰。閒書云。言之非也。不言拜也。當言則言。則其言順。不當言而言。則其言暴。不見鐘鼓乎。扣之則鳴。不扣而自鳴者。人莫不以爲怪也。此言答問之道。蓋謂爲教者也。而云凡者。該上文善學善問。及此善答。皆爲進學之本也。

記問之學。不足以爲人師。必也其聽語乎。力不能問。然後語之。語之而不知。雖舍之可也。鄭注記問謂豫誦雜難雜說。至講時爲學者論之。此或時師不心解。或學者所未能問。聽語必待其問而說之。舍之須後。孔疏此論教者。不可爲記問之學。逆記他人雜問。爲人解說。則無益學者。故云不足以爲人師。聽語謂聽其所問之語。然後依問爲說之。若受業者。才力不能見問。待憤憤悱悱之間。則師然後乃示語之。語之不能知。且舍住待後別更語之可也。輔氏廣曰。記問之學。如前呻其佔畢。多其訊。言及於數是也。禮案聽語者。待其請益而告之。此學有心得者也。力不能問。此質之愚魯者。故須顯語之。以其學無心得故也。若語之而又不明。則無方造就。惟有舍之已耳。言可者未定之辭。或舍此語之之事。別更教以淺顯者。盛必不可化。而終棄之者。

良冶之子。必學爲裘。良弓之子。必學爲箕。始駕馬者反之。車在馬前。君子察於此三者。可以有志於學矣。鄭注學爲裘仍見其家錮補穿鑿之器也。補器者其金柔乃合。有似於爲裘。學爲箕仍見其家撓角榦也。撓角榦者其材宜調。調乃三體相勝。有似於爲楊柳之箕。始駕馬反之。以言仍見則貫。卽事易也。君子仍讀先王之道。則爲來事不惑。孔疏此論學者。數見數習。其學則善故。

三譬之良善也。冶謂鑄冶也。裘謂衣裘也。積世善冶之家，其子弟見父兄鋦鑄金鉄，使之柔合，以補治破器，皆令完好，故能學爲袍裘，補續獸皮，片片相合，以至完全也。爲弓之家，使榦角撓屈，調和成弓，故其子弟亦學取柳和軟，撓之成箕也。始駕馬明新習者也。駕馬之法，大馬本駕在車前，今馬子始學駕車，繫隨車後而行，故云反之。所以然者，此駒未曾駕車，若忽駕之，必驚奔。今以大馬牽車於前，使駒日日見車之行，慣習而後駕之，則不復驚也。學者亦須先教小事，如操縵之屬，然後示其業，則道易成也。上三事皆須積習，非一日所成，君子察此，則可有志於學矣。張子載曰：良冶之子，不見異物而遷。裘當爲毬，沙土之範模。馮氏登府曰：箕非箕帚之箕，乃箭服也。列女傳童謠曰：壓弧箕服。韋昭國語注：箕，木名；服，矢房。漢書作箕。師古曰：木弓曰弧，服，盛箭者，郎今步義也。其草似荻而細，織之爲服也。劉向以爲箕服。古从艸从竹之字多通，箕蓋箭也，與爲弓一類。禮案：說並是也。冶金必形成於模範，故冶人之子習見而搏泥以爲裘；張弓必需箭以試射，故弓人之子習見而削竹以爲箕。教馬服車而反繫於車後者，亦使之習貫成自然也。君子察於此三者，則知誦習先聖之言，郎入聖之基也。荀子榮辱篇：譬之越人安越，楚人安楚，君子安雅，是非知能材性然也，是注錯習俗之節異也。

古之學者比物醜類。鼓無當於五聲，五聲弗得不和；水無當於五色，五色弗得不章；學無當於五官，五官弗得不治；師無當於五服，五服弗得不親。

鄭注：以事相況而爲之。醜猶比也。醜或爲計。當猶主也。五服，斬衰至緦麻之親。孔疏：此論弟子當親師之事。既明學者仍見舊事，又須以時事相比方也。物，事也。古之學者，以同類之事相比方，則事學乃易成。云古學如斯，則今學豈不然？以下四事，皆比物醜類也。鼓，革也。五聲，宮商角徵羽。鼓之爲聲，不宮不商，無當於五聲，而五聲不得鼓，則無諧和之節，俱是聲類，郎是比類也。水謂清水。五色，青赤黃白黑。章，明也。清水無色，而五色畫繢者不得水則不明，五色是水之出，故須水，亦其類也。學，先王之道也。五官，金木水火土五官也。夫學非主於一官，而五官不得學則不能治，故化民成俗必由學，能爲師然後能爲君長，故官是學之類也。五服，斬衰、齊衰、大功、小功、緦麻也。師爲弟子不當五服之一，而弟子無師教誨，則五服之情不相和親也。師情有在三年之義，故亦與親爲類。陳氏祥道曰：類者，物之所同也。醜之爲言衆也。理有所不顯，則比物以明之；物有所不一，則醜類以盡之。夫然後因理以明道，而善乎學矣。戴氏溪曰：天下之理，固有不相爲而實相用者，如鼓之於五聲，水之於五色是也。學何有於五官？然視聽言貌思，非學則不得其正。師何與於五服？然五服隆殺，非師則恩義不篤，焉得不有賴於師耶？朱子熹曰：比物醜類，此荀詳文義，當屬上章，仍有缺文。孫氏希旦曰：自鼓無當於五聲以下，則言學當尊師之意，以上三事引起下一事也。禮案：此所謂鼓，拊鼓也，所以節樂，故曰五聲弗得不和。房注管子度地云：水雖無色，五色不得不成。蓋染采繪事，非需水以調和之，則不能施諸絹素也。楊注荀子天論云：五官，耳目鼻口形也。不學則不能凜乎四勿，辨其臭味也。師唯心喪而無服，然非師教以親親、尊尊、長長之義，又焉知五服之親疏哉。

君子曰：大德不官，大道不器，大信不約，大時不齊。察於此四者，可以有志於本矣。三王之祭川也，皆先河而後

海。或源也。或委也。此之謂務本。

鄭注不官謂君也。不器謂聖人之道。不如器施於一物。不約謂若胥命於蒲。無盟約。不齊或時以生。或時以死。志於本。本立而道生。言以學爲本。則其德於民無不化。俗無不成。源泉所來也。委流所聚也。始出一勺。卒不測。孔疏此論學爲衆事之本。記者引君子之言也。大德謂聖人之德。官謂分職在位者。聖人在上。垂拱無爲。不治一官。故云不器。論語云君子不器。又云博學而無所成名。是也。約謂期要也。大信不言而信。孔子曰。天何言哉。四時行焉。大信本不爲細言約誓。故云不約。大時謂天時也。齊謂一時同也。大生殺不共在一時。猶春夏華卉自生。薺麥自死。秋冬草木自死。薺麥自生。故云不齊。若能察此在上四者之事。則人當志學爲本也。三王祭百川之時。皆先祭河而後祭海。或先祭其源。後祭其委。河爲海本。源爲委本。皆曰川也。人先祭本。是務重其本。本小而後至大。是小爲大本。先學然後至聖。是學爲聖本也。或解云源則河也。委則海也。申明先河而後海義亦通矣。戴氏溪曰。官如禮樂明備。天地官矣之官。器如形而下者謂之器。大器不約如上古結繩之信。大時如堯舜揖遜。湯武征伐之時。皆深造本原。不累形迹。君子察此。謂得不用志於本源之學。自斅學而至於罔覺。自文章而至於不可得聞。前日所謂善學善問。至此皆不足道矣。陸氏佃曰。大德大道。大信大時。凡所道之事也。於學之終篇言此者。將以道學也。老子曰。絕學無憂。夫守古人之糟粕。而不能以遠離者。猶虫孫縷詩書。不能自化。安能化民。不能自成。安能成俗。有見於學。又有見於本。可謂君子矣。作記者不以是終焉。以此孫氏希旦曰。大信不約。若所謂誓告不及五帝。盟會不及三王也。大時不齊。謂天之四時。寒暑錯行。未嘗齊一。而卒未嘗有所違也。郭氏嵩燾曰。案三代立學。不外詩書六藝。及其成也。皆有以通夫性命之原。道德之旨。而不可以藝名者。官者滯於形色。器者麗於名物。約者證於語言。齊者存於比擬。皆受其成型。而限之以方隅者也。禮案老子道德經曰。朴散則爲器。聖人用之。則爲官長。故大德不官。大道不器也。約盟誓也。荀子君道云。敵國不待服而詘。四海之民不待令而一。是不約而信也。不齊謂偏也。荀子儒效謂周公兼制天下。立七十一國。姬姓獨居五十三人。而天下不稱偏焉。是大時不齊也。先河而後海。或源也。或委也。蓋言祭海必先祭河。或祭於河源。或祭於河委。非謂河海之外別有源委也。記者引此所以喻學必漸積而致。由近及遠。猶禮器所言晉人將有事於河。必先有事於惡池。齊人將有事於泰山。必先有事於配林也。務本即君道篇官人守數。君子養原。原清則流清也。

禮記通釋卷四十七

玉環戴禮

樂記第十九 孔疏案鄭目錄云。名曰樂記者。以其記樂之義。此於別錄屬樂記。蓋十一篇合爲一篇。有樂本。有樂論。有樂施。有樂言。有樂禮。有樂情。有樂化。有樂象。有賓牟賈。有師乙。有魏文侯。案別錄十一篇。餘次奏樂第十二。樂器第十三。樂作第十四。意始第十五。樂穆第十六。說律第十七。季札第十八。樂道第十九。樂義第二十。昭本第二十一。昭頌第二十二。竇公第二十三。總爲二十三篇也。禮案古以詩書禮樂。分四時施教於國學。樂必別有專經。而今亡佚。所存惟此。荀子樂論。史記樂書。並取此焉。

凡音之起。由人心生也。人心之動。物使之然也。感於物而動。故形於聲。聲相應。故生變。變成方。謂之音。比音而樂之。及干戚羽旄。謂之樂。鄭注宮商角徵羽。雜比曰音。單出曰聲。形猶見也。樂之器。彈其宮則衆宮應。然不足樂。是以變之使雜也。易曰。同聲相應。同氣相求。春秋傳曰。若以水濟水。誰能食之。若琴瑟之專一。誰能聽之。方猶文章也。干。盾也。戚。斧也。武舞所執也。羽。翟羽也。旄。旄牛尾也。文舞所執。周禮舞師。樂師。掌教舞。有兵舞。有干舞。有羽舞。有旄舞。詩曰。左手執籥。右手秉翟。孔疏此論樂本之事。音之所以起於人心者。由人心動則音起。人心所以動者。外物使之然也。人心既感外物而動。口以宣心。形見於聲。心若感死喪。則形見於悲戚之聲。心若感福慶。則形見於懽樂之聲。既有哀樂之聲。自然一高一下。或清或濁。相應不同。故云生變。變謂不恆一聲。變動清濁也。聲既變轉。和合次序。成就文章。謂之音也。音則今之歌曲也。以樂器次比音之歌曲而播之。并及干戚羽旄。鼓而舞之。乃謂之樂也。聲極濁者爲宮。極清者爲羽。五聲以清濁相次。相雜和比謂之音。五聲之內。唯單有一聲。無餘聲相雜。是單出曰聲也。然則初發口單者謂之聲。衆聲和合成章謂之音。金石干戚羽旄之樂則聲爲初。音爲中。樂爲末也。所以唯舉音者。舉中見上下矣。引易文言。證同聲相應之義。引春秋傳以下。證同聲不得爲樂也。凡畫者靑黃相雜。分布得成文章。言音淸濁上下。分布次序。得成音曲。故云方猶文章也。案樂師有帗舞。有羽舞。有皇舞。有旄舞。有於舞。有人舞。有兵舞。鄭司農云。干舞者兵舞。但經云干戚。用戚則是大武。大武兵舞。此引樂師。益以兵舞。解經之干戚也。引詩者。證羽舞是翟舞也。張氏守節曰。夫樂之起。其事有二。一是人心感樂。樂聲從心而生。一是樂感人心。心隨樂聲而變也。物外境。外有善惡來觸於心。則應觸而動。故云物使之然。此音言五音雖雜。猶未足爲樂。後須次比器之音。及文武所執之物。共相諧會。乃是由音得名爲樂。武陰文陽。故所執有輕重之異。陳氏祥道曰。鼓宮宮動。鼓角角應。而以同相應也。彈羽而角應。彈宮而徵應。而以異相應也。以同相應。則一倡一和。而未始不有常。以異相應。則行散徙不主故常。而生變矣。禮案此言由心而爲聲。由聲而爲音。由音而爲樂也。史記樂書曰。文者音之雜。方者音之節。音之雜者音之始。音之節者音之成。故情動於中。而形於聲則成文。聲相應而生變。然後成方。此始與成之辨也。白虎通云。聲音者何謂。聲者鳴也。聞其聲卽知其所生。音者飲也。言其剛柔淸濁。和而相飲也。

樂者音之所由生也。其本在人心之感於物也。是故其哀心感者。其聲噍以殺。其樂心感者。其聲嘽以緩。其喜心感者。其聲發以散。其怒心感者。其聲粗以厲。其敬心感者。其聲直以廉。其愛心感者。其聲和以柔。六者非性也。感於物而後動。鄭注言人生在所見。非有常也。噍踧也。嘽寬綽貌。發猶揚也。粗麄也。孔疏此覆明上文。感物而動之意。結樂聲生起所由也。合音乃成樂。是樂由此音而生。本猶初也。特外境也。樂初所起。在於人心之感外境也。既由外境而變。故有下六事之不同。若外境痛苦。則其心哀。哀感在心。故其聲踧急而速殺也。若外境所善。心必懽樂。故聲必隨而寬緩也。若外境會合其心。心必喜悅。故聲必隨而發揚放散。昭二十五年左傳云。喜生於好。是喜與樂別也。若忽遇惡事。而心恚怒。則其聲粗以猛厲也。若外境見其尊高。心中嚴敬。則其聲正直而有廉隅。不邪曲也。若外境親屬。心起愛情。則聲和柔也。人生而靜。無此六事。六事之生。由應感外物而動也。所以知非性者。今設取一人。觸此六事。必隨觸而動。故知非本性也。方氏慤曰。噍則竭而無澤。殺則減而不隆。蓋心喪其所欲。故形於聲者如此。嘽則闡而無餘。緩則紆而不迫。蓋心得其所欲。故形於聲者如此。發則生而不窮。散則施而無積。蓋順其心。故形於聲者如此。粗則疏而不精。厲則危則不安。蓋逆其心。故形於聲者如此。直則無委曲。廉則有分際。蓋心有所畏。故形於聲者如此。和則不乖。柔則致順。蓋心有所悅。故形於聲者如此。禮案集韻噍鳥聲也。廣韻厲烈也。和順也。玉篇粗大也。博雅直正也。釋名廉斂也。人衰則聲如鳥之悲鳴。殺謂氣竭聲嘶而不振也。人樂則聲如音之中律。緩謂餘韻舒徐而不迫也。人喜則聲悠揚。若春氣之發散。人怒則聲猛烈。如秋風之肅煞。人敬則聲正而斂。若子弟之對父師。人愛則聲順而婉。若慈母之語保子。六情動於中。而形諸聲。故曰非性也。性則情之未發者也。感於物而後動。卽韓氏愈性原所謂性也者與生俱生也。情也者接於物而生也。

是故先王愼所以感之者。故禮以道其志。樂以和其聲。政以一其行。刑以防其姦。禮樂刑政。其極一也。所以同民心而出治道也。鄭注極至也。同民心。出治道。此其所謂至也。孔疏既六事隨見而動。非關其本性。故先代聖人在上。制於正禮正樂以防之。不欲以外境惡事感之也。禮樂政刑。是防愼所感之具。政法律也。用正禮教道其志。用正樂諧和其聲。用法律齊一其行。用刑辟防其凶姦。則民不復流僻也。賀云。雖有禮樂刑政之殊。及其檢其情。歸正同極其道一也。同民心而出治道。結四事之功也。輔氏廣曰。制於外所以順行於內。養其心。所以和易其聲。禮樂交相養也。政者正也。一於正而已。不正則有刑以俟之。民心本同。隨所感而異。而禮樂刑政。所以反其同也。爲治之道。無越於此。李氏覯曰。趙簡子問子太叔揖讓周旋之禮焉。對曰。是儀也。非禮也。夫禮天之經也。地之義也。民之行也。天地之經。而民實則之。是故爲九歌。八風。七音。六律。以奉五聲。爲政事。庸力行務。以從四時。爲刑罰威獄。使民畏忌。以類其震曜殺戮。以是言之。樂刑政非禮者乎。邵氏淵曰。志者心之所之。聲者心之所發。行者心之形。姦者心之賊也。四者既謹。則民同入於善矣。禮案感卽上文云感於物是也。人心有知。不能無感。感於善則善。感於惡則惡。愼所感。防其惡。欲壹之以善也。故制禮以道其性情。使志定則物不能移矣。作樂以宣其堙鬱。使聲和則氣不鄙戾矣。論語曰。道之以政。齊之以刑。夫政者正也。刑者侀也。中人以下。禮樂政化之所不及者。則設刑以治之。禮樂政刑。皆所以正民心。而底於至善。故極其理。則一焉耳。凡音者。生人心者也。情動於中。故形於聲。聲成文。謂之音。是故治世之音安以樂。其政和。亂世之音怨以怒。其政乖。亡國之音哀以思。其民困。聲音之道。與政通矣。鄭注言八音和否隨政也。玉藻曰。御瞽幾聲之上下。孔疏上文云。音從人心生。乃成於樂。此明君上之樂。隨人心而動也。君上政教善惡。動於心中。感物形聲。則上文云。故形於聲是也。聲成文。謂聲之清濁。雜比成文。謂之音。則上文云。變成方謂之音是也。此云音不云樂者。以下云治世之音。亂世之音是也。而樂以音爲本。所以特言音也。治平之世。君政和美。使人心安樂。故樂聲亦安以樂也。亂世之時。其民怨怒。故樂聲亦怨怒流亡。由其政乖僻故也。將欲滅亡之國。民心哀思。故樂音亦哀思。由其人困苦故也。治世亂世云世。亡國不云世者。以國將亡無復繼世也。治世亂世皆云政。亡國不云政者。國將滅亡。無復有政也。聲音之道。與政通者。若政和則聲音安樂。政乖則聲音怨怒是矣。陳氏祥道曰。心以感物而動爲情。情以因動而形爲聲。聲者情之所自發。而音者又雜比而成者也。治世以道勝欲。其音安以樂。雅頌之音也。政其有不和乎。亂世以欲勝道。其音怨以怒。鄭衛之音也。政其有不乖乎。亡國之音。則桑間濮上非特哀以思而已。其民亦以困矣。由是觀之。世異異音。音異異政。夫豈聲音自與政通邪。蓋其道本於心。與情然也。書曰八音在治忽。國語曰政象樂。亦斯意與。黃氏裳曰。怨有以責之也。至亡國也。不足以責之。恩其治者而已。下泉之詩是也。怨有以親之也。至亡國也。不足以親之。哀其亡者而已。黍離之詩是也。政有得失。則於物有善惡。於情有喜怒。於聲有美刺。故曰聲音之道。與政通矣。孫氏希旦曰。此所謂音。皆民俗歌謠之類。而猶未及乎樂也。禮案襄二十九年左傳云。吳季札於魯。聞歌豳曰。美哉蕩乎。樂而不淫。所謂治世之音。安以樂也。聞歌鄭曰。美哉。其細已甚。民弗堪也。所謂亂世之音。怨以怒也。聞歌陳曰。國無主。其能久乎。所謂亡國之音。哀以思也。王制命大師陳詩。以觀民風。所謂聲音之道。與政通矣。

宮爲君。商爲臣。角爲民。徵爲事。羽爲物。五者不亂。則無怗懘之音矣。宮亂則荒。其君驕。商亂則陂。其官壞。角亂則憂。其民怨。徵亂則哀。其事勤。羽亂則危。其財匱。五者皆亂。迭相陵。謂之慢。如此則國之滅亡無日矣。鄭注五者君臣民事物也。凡聲濁者尊。清者卑。怗懘敝敗不和貌。君臣民事物。其道亂。其音應而亂。荒猶散也。陂傾也。書曰王耄荒。易曰無平不陂。孔疏此論五聲之殊。所主不一。得則樂聲和調。失則國將滅亡。宮爲君者。鄭注月令云。宮屬土。土居中央。總四方。君之象也。崔氏云。五音之次。以宮最濁。自宮以下。則稍清矣。君臣民事物。亦有尊卑。故以次配之。商是金。金以決斷。爲臣事君。亦以義斷。爲賢矣。角屬春。春時物生。衆皆區別。亦象萬民衆多。而有區別也。徵屬夏。夏時生長萬物。皆成形體。事亦有體。故以徵配事也。羽屬冬。冬物聚。則成財用。冬則物皆藏聚於財相類也。若五事皆正。則音不敝敗。故此以下。明聲與政通也。若五音敝。則政亂所由。荒猶散也。崔也云。宮聲所以散者。由君驕。則萬物荒散也。商聲所以傾邪者。由臣官壞。則物皆傾邪也。角聲所以亂者。由民不安業。有憂愁之心。由君上失政。故下民生怨也。徵所以亂者。由民勤於事。悲哀之所生也。危者謂身不安也。羽音所以不安者。由君亂於上。物散於下。財乏不能得安也。前是偏據一亂。以為義未足以滅亡。今此以五者皆亂。故滅亡無日。言若君臣互相陵慢如此。則國必叛滅。旦夕可俟。無復一日也。引書呂刑文。引易泰卦九三爻辭也。方氏愨曰。王氏謂宮為君者。周覆而以宅人者也。商為臣者。臣為商度者也。角為民者。民可制也。不知所以制之。則善觸人者也。徵為事者。事於微則有徵也。羽為物者。物則有實用。亦可以為飾故也。孫氏希旦曰。此承首節。此音而樂之義。而申之而言樂之通於政。此節則以政之得失。而感為樂者言之。五者偏有所亂者。亂世之音也。五者皆亂。至於迭相陵侮。而為慢者。亡國之音也。周禮大司樂。凡建國禁其淫聲過聲凶聲慢聲。四者由輕而重。則聲之失。莫甚於慢矣。禮案呂氏春秋慎行篇。夫樂天地之精也。得失之節也。昭元年左傳曰。先王之樂。所以節百事也。故有五節。遲速本末以相及。中聲以降之後。不容彈矣。於是有煩手淫聲。慆堙心耳。乃忘平和。君子弗聽也。

鄭衛之音。亂世之音也。比於慢矣。桑間濮上之音。亡國之音也。其政散。其民流。誣上行私而不可止也。

鄭注。比猶同也。濮水之上。地有桑間者。亡國之音。於此之水出也。昔殷紂使師延作靡靡之樂。已而自沈於濮水。後師涓遇焉。夜聞而寫之。為晉平公鼓之。是之謂也。桑間在濮陽南。誣罔也。孔疏此明亂世滅亡之樂。鄭國之音。好濫淫志。衛國之音。促速煩志。並是亂世之音也。雖亂而未滅亡。故云比於慢也。亡國之音。謂君之政教荒散。民自流亡。誣罔於上。行其私意。違背公道。不可禁止也。史記樂書。言衛靈公將之晉。至濮水之上舍。夜半時聞鼓琴之聲。問左右。皆對曰不聞。乃召師涓聽而寫之。至晉見平公。靈公曰。今者來聞朝聲。請奏之。即命師涓坐師曠之旁。援琴鼓未終。師曠止之曰。此亡國之聲也。不可遂。平公曰。何。師曠曰。昔師延所作也。與紂為靡靡之樂。武王伐紂。師延東走。自投濮水之中。故聞此聲必於濮水。是其事。張子載曰。鄭衛之地。濱大河。沙地土不厚。其閒人自然氣輕浮。其地氣薄。不費耕耨。物亦能生。故其人偸脫怠惰。弛慢頹靡。其人情既如此。則其聲音所感亦同。故聞其樂。亦使人如此。又其地平下。其閒人自然意氣柔弱怠惰。其士足以生。古所謂息士之民不才者此也。陸氏佃曰。桑間即詩桑中是也。其序曰。政散民流而不可止。今曰誣上行私而不可止。其濮上之音與。姜氏兆錫曰。案鄭聲淫甚於衛。孔子獨以為戒。而此言衛反甚於鄭者。蓋考風俗。鄭較淫於衛。而驗政治。衛較慢於鄭。鄭風淫蕩。多在下。衛風悖亂。多在上。如新臺。牆茨。鶉奔。諸詩。甚為上者。至於如此。而桑間濮上應之焉。鄭詩無所見也。朱傳之論鄭聲蓋詳。以至竊附論此。以見言各有當爾也。義疏云。詩小序。摘衛采唐一詩。以實桑間。鄭又謂濮水之上。地有桑間。合桑間於濮上。嘗攷路史。桀作東音。操北里。大合樂桑林。孔疏亦云。桑林之間。是桑間。桀樂。濮上紂樂。其為亡國之音。坦然明白。於本文亂世之音亡國之音二等亦瞭然矣。禮案亂世之音。若呂氏春秋適音篇。宋之衰也。作為千鐘。齊之衰也。作為大呂。楚之衰也。作為巫音。亡國之音。如適音所謂夏桀殷紂作為侈樂。又說苑修文篇。紂為北鄙之聲。其廢也忽焉。

凡音者生

於人心者也。樂者通倫理者也。是故知聲而不知音者，禽獸是也。知音而不知樂者，衆庶是也。唯君子爲能知樂。鄭注：倫猶類也。理分也。禽獸知此爲聲耳，不知其宮商之變也。八音並作，克諧曰樂。孔疏：此一節明音樂之異。音易識而樂難知。知樂則近於禮。又明禮丙隆極之旨。先王以禮樂教人之意。音從聲生，聲從心生，故云生於人心者也。比音爲樂，有金石絲竹干戚羽旄。樂得則陰陽和，失則羣物亂。是樂能通倫理也。陰陽萬物，各有倫類分理者也。衆庶知歌曲之音，而不知樂之大體。唯君子能知極樂之理。方氏慤曰：倫言人倫，理言物理。若君臣上下同聽之，則莫不和敬；長幼同聽之，則莫不和順；父子兄弟同聽之，則莫不和親。所謂通人倫也。若草木茂，區萌達，羽翼奮，角觡生，所謂物理也。若瓠巴鼓瑟，流魚出聽；伯牙鼓琴，六馬仰秣。此禽獸之所知聲者也。魏文侯好鄭衛之音，齊宣王好世俗之樂，此衆庶之知音者也。若孔子在齊之所聞，季札聘魯之所觀，此君子之知樂者也。劉氏敞曰：所謂君子知樂者，知其扶性飾情，而反之正也。知其創業象功，移風易俗也。郝氏懿行曰：禮有倫理，樂能通之。故下云：知樂則幾於禮。又案：樂亦有倫理，故曰論倫無患。禮案：國語晉語：平公說新聲。凡庶之知音也。師曠曰：公室其將卑乎。君子之知樂也。是故審聲以知音，審音以知樂，審樂以知政，而治道備矣。是故不知聲者，不可與言音；不知音者，不可與言樂。知樂則幾於禮矣。禮樂皆得，謂之有德。德者得也。鄭注：幾，近也。聽樂而知政之得失，則能正君臣民事物之禮也。孔疏：音由聲生，先審識其聲，然後可以知昔。樂由音生，先審識其音，然後可以知樂。政由樂生，先審其樂，然後可以知政。所以審樂知政者，樂由音聲相生，聲感善而起。若能審樂，則知善惡之理。行善不行惡，習是不習非。知爲政化民，政善樂和，音聲皆善，人事皆無僻，則治道備具矣。萬事備具，始是禮極。今知樂，但知君臣民事物而已，於禮未極，故云近於禮矣。能使禮樂皆得其所，謂之有德之君。者得禮樂之稱也。應氏鏞曰：倫理之中，皆禮之所寓。知樂則通於禮矣。不曰通而曰幾者，辨析精微之極也。焦氏循曰：耳之於聲，口之於味，目之於色，皆性也。禽獸不能審聲，故知聲而不知音。衆庶能審聲，不能審音，故知音而不如君子之知樂。衆庶不知樂，不能自平其好惡。君子知樂，則制禮樂以教民平好惡。惟衆庶能審聲，即能變化於禮樂刑政。所謂同民心而出治道者，以衆庶之能審也。若禽獸全不能審，故犬馬之性與人殊，而非禮樂政刑所能教矣。孫氏希旦曰：樂通倫理，謂其通於君臣民事物五者之理也。禮樂之爲用雖異，而理則相通。故知樂則幾於禮矣。禮樂皆得，則惟實體其理於身者能之，又僅非知之而已，故謂之有德。禮案：下文云：樂行而倫清，以著萬物之理。此樂之通倫理也。樂行而民鄉方，可以觀德。此樂之治道備也。幾於禮，謂樂通倫理，庶幾禮之防物欲正性情也。贊備治道，庶幾禮之辨上下定民志也。是故樂之隆，非極音也。食饗之禮，非致味也。清廟之瑟，朱絃而疏越，壹倡而三嘆，有遺音者矣。大饗之禮，尚玄酒而俎腥魚，大羹不知有遺味者矣。是故先王之制禮樂也，非以極口腹耳目之欲也。將以教民平好惡而反人道之正也。鄭注隆猶盛也。極窮也。清廟謂作樂歌清廟也。朱絃練朱絃練則聲濁。越瑟底孔也。畫疏之使聲遲也。倡發歌句也。三嘆。三人從嘆之耳。大享祫祭先王。以腥魚爲俎實。不濡熟。大羹肉湆不調以鹽菜。遺猶餘也。教之使知好惡也。孔疏樂之隆。在移風易俗。非崇鍾鼓之音。食享之禮。謂宗廟祫祭。在於孝敬。非在致其美味。歌清廟之詩。所彈之瑟。練朱絲爲絃。練則聲濁也。越謂瑟底孔。疏通之使聲遲也。絃聲既濁。瑟聲又遲。是質素之聲。初發首一倡之時。唯有三人嘆之。而人不愛樂。雖然有遺餘之音。以其貴在於德。所以念之不忘也。大享之禮。尚玄酒在五齊之上也。腥生也。俎有三牲。而兼載腥魚也。大羹肉湆。不以鹽菜和之。此皆質素之食。人所不欲也。雖然有遺餘之味。以其有德。質素其味可重也。玄酒腥魚大羹。是非極口腹也。朱絃疏越。是非極耳目也。先王制禮樂。不爲口腹耳目。將以教民均平好惡。使好者行之。惡者避之。而反歸人道之正也。熊氏云。瑟兩頭有孔。畫通之。使兩孔相連而通。孔小則聲急。孔大則聲遲。聲有五聲。但有三人嘆之。餘兩聲未嘆。是有遺音也。朱子熹曰。一倡三嘆。謂一人倡而三人和也。陳氏祥道曰。樂之隆在德。不在音。老子所謂大音希聲。此也。食享之禮。未嘗不致味。謂之非致味者。豈大享之禮而誤爲食享與。曲禮大享不饒富。郊特牲郊血大享腥。故大享之禮尊尚玄酒。俎尚腥魚。豆尚大羹。貴飲食之本也。易曰。立人之道。曰仁與義。則反仁與義者。反人道之正也。周官五禮防民之僞。而教之中。六樂防民之情。而教之和。所謂防民之情僞者。平好惡也。教之中和者。反人道之正也。劉氏敞曰。此皆言貴其本。而忘其末也。遺者忘也。棄也。清廟之瑟。美其德。而忘其音。大享之禮。美其敬。而忘其味。馬氏希孟曰。反人道之正。非強其所無也。使之復其性之本而已。陸氏奎勳曰。堂上之樂工歌。工四人。一人倡云於穆清。三人和云於穆清廟。則清廟之詩無韻而有韻。可以此之琴瑟矣。禮案此遺極對文。未極其味。故有遺味。未極其音。故有遺音。大戴禮三本曰。大享尚玄尊。俎生魚。先大羹。貴飲食之本也。清廟之歌。一倡而三嘆也。縣一罄而尚拊搏。朱絃而通越也。一也。凡禮始爲脫。成於文。終於隆。故下文云大樂必易。大禮必簡也。

人生而靜。天之性也。感於物而動。性之欲也。物至知知。然後好惡形焉。好惡無節於內。知誘於外。不能反躬。天理滅矣。夫物之感人無窮。而人之好惡無節。則是物至而人化物也。人化物也者。滅天理而窮人欲者也。於是有悖逆詐僞之心。有淫泆作亂之事。是故強者脅弱。衆者暴寡。知者詐愚。勇者苦怯。疾病不養。老幼孤獨不得其所。此大亂之道也。鄭注言性不見物則無欲。至來也。知知每物來。則又有知也。言見物多。則欲蓋衆。形猶是也。節法度也。知猶欲也。誘猶道也。引也。躬猶己也。理猶性也。窮人欲。言無所不爲。孔疏此論人感物而動。物有好惡。所感不同。若其感惡。則天理滅。爲大亂之道。故下文則先王所以制禮樂而齊之。人生未有情欲。是其靜稟於自然。是天性也。感於物而動。謂之情。外物既來。每一物來。則心知之。會意則好愛之。不會意則嫌惡之。是好惡形也。好惡恣己之情。是無節於內。所欲之事。道誘於外。外見所欲。心則從之。是知誘於外也。不能自反禁止。是天生本性滅絕矣。夫物既衆多。來感於人。無有窮已。人之所好所惡。無有法節。物善則人善。物惡則人惡。人既化物。逐而遷之。恣其情欲。故滅其天生清靜之
性。而窮人所嗜欲也。知者欺詐愚人。勇者困苦怯者。疾病不養。謂心所嫌惡。不收養也。老幼狐獨。無有哀矜。故不得其所也。邵氏淵曰。感物而動。性始有欲。欲非情欲。逸欲之欲。性而無欲。則槁木死灰耳。玉性之謂道、從
何出哉。孔子曰。我欲仁。孟子曰。可欲之謂善。書曰。惟天生民有欲。所謂物者。亦豈外物哉。感君臣而敬。感父子而親之類耳。然性非自能有欲也。物至於吾前。吾之知足以知之。故所喜則好。所怒則惡。其欲遂形矣。當此之
時。乃邪正未分之時。苟作好惡無節於內。則吾之知又爲物之誘於外。則流蕩忘反。而天理滅矣。天理即人道之正也。王氏念孫曰。物至知知。下知字當讀爲接。言物至而與之接也。墨子經篇曰。知接也。淮南原道訓曰。感而
物動。性之害也。物至而神應。知之動也。知與物接。而好惡生焉。是其明證矣。焦氏循曰。物至知知二句。申上感後而爲欲也。知知者人能知而又知。禽獸非不知聲。不知好清而惡濁也。惟人知知。乃有好惡。有好惡、乃有欲。
有欲。乃能反躬。故人之性。反躬則人之所好好之。人之所惡惡之。從心所欲。不踰矩也。不反躬則好人之所惡。惡人之所好。是謂拂人之性也。好惡生於欲。欲本於性。故云性之欲也。禮案。中庸曰。天命之謂性。大戴本命云。
形於一謂之性。是以赤子之心。無適無莫。渾然天理也。物之欲也。性之欲。七情是也。物至知知者。言外物之來於吾心。有好者。有惡者。若知善者好之。惡者惡之。即率性之外道也。若好聲色貨利。惡忠正鯁直。是好惡無節。故
良知爲物欲所蔽。於此復不能反身而誠。則直性失而天理滅矣。人化物。謂性徇欲也。夫窮人欲。安恣睢。則悖義逆理。欺詐奸僞。驕奢淫佚之事。皆將踵起矣。是以弱被強凌。寡受衆脅。愚惑於智。怯懾於勇。疾病收養無人。
老幼狐獨。流離失所矣。荀子性惡篇。謂今人之性。生而有好利焉。順是故爭奪生。而辭讓亡焉。生而有發惡焉。順是故殘賊生。而忠信亡焉・故古者聖人明禮義以化之。起法正以治之。使天下皆出於治。合於善也。今試去
禮義之化。法正之治。倚而觀天下民人之相與也。若是則強者害弱而奪之。衆者暴寡而譁之。天下之悖亂而相亡。不待言矣。是故先王之制禮樂。人爲之節。衰麻哭泣所
以節喪紀也。鐘鼓干戚所以和安樂也。昏姻冠笄所以別男女也。射鄉食饗所以正交接也。禮節民心。樂
和民聲。政以行之。刑以防之。禮樂刑政。四達而不悖。則王道備矣。鄭注言爲作法度。以遏其欲。男二十而冠。女許嫁而笄。成人之禮。射卿。大射鄉
飲酒也。孔疏此以下至樂云。廣明禮樂相須之事。庾云人爲。猶爲人也。言爲人作法節也。大射鄉飲酒。享食賓客。凡此皆是正交接之節。不使相陵越也。禮有尊卑上下。故裁節民心。謂無不敬也。樂有宮商角徵羽及律呂。
所以調和民聲也。政謂禁令。用禁令以行禮樂也。若不行禮樂。則以刑罰防止也。若此四事。通達流行。而不悖逆。則王道備具矣。方氏苞曰。四達而不悖。謂四者之理。交相通達。而無悖於人情也。止就禮樂刑政言。尚未及
民不遲悖。觀下文則王道備矣可見。孫氏希旦曰。右樂本篇第一。鄭氏注禮記。一依經文。而目錄之次又不同。觀其於賓牟賈。師乙。魏文侯三篇。皆以年代次之。則其意似以禮記之舊次爲未善。又以經文次第。不欲輒更。

而於目錄見其意也禮案先王之制禮人爲之節者如人之哀者爲之節哀使無滅性樂者爲之節樂使無流連各從其情之所發而爲之節文者也衰麻哭泣之節節卽間傳斬衰之哭若往而不反齊衰之哭若往而反大功之哭三曲而偯小功緦麻哀容可也喪紀有節則無過與不及者矣鐘鼓樂器也干戚舞器也樂者天地之和安猶學記安弦安詩之安呂氏春秋古樂篇黃帝鑄十二鐘以和五聲聲和故民皆安其樂也爾雅釋親婦曰昏夫曰姻男冠女笄所以別男女之成人而昏姻不曰合而曰別者昏義云禮之大體所以成男女之別而立夫婦之義也儀禮大射儀上射先升三等下射從之中等鄉飲酒禮六十者坐五十者立周禮秋官掌客上公三享三食侯伯再享再食子男壹享壹食則尊卑之序明賓主之禮正故曰所以正交接也地官大司徒以五禮防萬民之僞而教之中以六樂防萬民之欲而教之和中庸云致中和天地位焉萬物育焉此禮樂之所以爲王化之極歸也蓋禮樂化民於將然之前政刑治民於已然之後禮樂政刑並行而不悖則王道其庶幾矣

樂者爲同。禮者爲異。同則相親。異則相敬。樂勝則流。禮勝則離。合情飾貌者。禮樂之事也。禮義立。則貴賤等矣。樂文同。則上下和矣。好惡著。則賢不肖別矣。刑禁暴。爵舉賢。則政均矣。仁以愛之。義以正之。如此則民治行矣。鄭注同謂協好惡也異謂別貴賤也流謂合行不敬也離謂析居不和也合情飾貌欲其並行斌斌然等階級也孔疏皇氏云從此以下爲樂論樂者爲同此言樂論之事謂上下同聽莫不和說也禮者爲異謂尊卑各別恭敬不等也此章凡有四段自此至民治行矣爲第一段論樂與禮同異同則無所間別故相親也異則有所殊別故相敬也樂勝則流禮勝則離明雖有同異而又有相須也勝猶故也樂過和同而無禮則流慢無複尊卑之敬禮過殊隔而無和樂則親屬離析無復骨肉之愛唯禮樂兼有所以爲美合情謂樂也樂和其內是合情也飾貌謂禮也禮以檢節爲外是飾貌也二者無偏是禮樂之事也義宜也禮得其宜則貴賤各有階級文謂聲成文也樂文諧同則上下自和所好得其善所惡得其惡則賢不肖自分別矣用仁以愛之用義以正惡則民治行矣此經凡五事也張氏守節曰樂使率土合和是爲同也禮使父子殊別是爲異也應氏鏞曰等所以辨異和所以統同好惡者心之取舍也刑爵者政之勸懲也合和其仁也等辨其義也好賢而爵舉之仁也惡不肖而刑禁之義也言禮樂與政而刑包其中蓋別而言之禮樂亦所以爲政也前以政輔禮樂而曰王道言其爲治之異也此以仁義別禮樂而曰民治行言其爲治之效也禮案樂極和恐人流連忘反故須禮以防其淫禮極嚴恐人情意不孚故爲樂以協其情合情和也飾貌嚴也此禮樂所以爲治化之本也義者裁制事物動得其宜也禮以義言人爲之制故物各有等易繫辭物相雜故曰文樂以文言者以其比類而同故物莫不和也著明也好惡明則用刑不濫民無寃獄矣行爵必當野無遺賢矣俊傑在位暴民不作則政治平均矣樂近仁故能愛人禮近義故能正人民治之行謂禮樂之化神也襄十一年左傳曰夫樂以安德義以處之禮以行之信以守之仁以厲之而後可以殿邦國同福祿來遠人所謂樂也

樂由中出。禮自外作。樂由中出故靜。禮自外作故文。大

樂必易。大禮必簡。樂至則無怨。禮至則不爭。揖讓而治天下者。禮樂之謂也。暴民不作。諸侯賓服。兵革不試。五刑不用。百姓無患。天子不怒。如此則樂達矣。合父子之親。明長幼之序。以敬四海之內。天子如此則禮行矣。鄭注和在心也。敬在貌也。文猶動也。易簡若於清廟大享然。至猶達也。行也。賓協也。試用也。孔疏此明禮樂自內自外。或易或簡。天子行之得所。則樂達禮行。中出謂樂從心起。外作謂禮敬在外貌。樂由中出。故靜者。行之好。故靜也。禮自外作。故文者。禮肅人貌。貌在外。故云動也。大樂必易。朱絃而疏越是也。大禮必簡。玄酒腥魚是也。樂行於人。由於和。故無怨。禮行於民。由於謙。故不爭。民無爭。則君上無爲但揖讓垂拱而天下自治。其功由於禮樂。故曰禮樂之謂也。暴民凶暴之民。不作不動作也。天子如此則禮行者。言天子若能使海內如此。則是禮道興行也。樂云達。禮云行者。互文也。陳氏祥道曰。方陽之復也。雖動而靜。此樂由中出。所以爲靜也。方陰之出也。雖靜而動。此禮自外作。所以爲文也。易言乾之靜專。坤之爲文。如此而已。夫乾天下之至健。其德行常易以知險。坤天下之至順。其德行常簡以知阻。樂作自乎天。其來自乎陽。其所以著者在於大始。未嘗不與乾同德焉。此大樂所以必易也。禮制自乎地。其作自乎陰。其所以居者在於成物。未嘗不與坤同德焉。此大禮所以必簡也。經言樂則曰瞻其顏色而民不與爭。禮器言禮則曰內諸而外無怨也。周道之衰。民之無良。相怨一方。則樂不至可知。受爵不讓。至於已斯亡。則禮不至可知。陸氏佃曰。天子不怒。當作天下不怨。以天子言禮。以天下言樂。相備也。輔氏廣曰。樂欲達之於下。故以天下言樂。禮欲率之於上。故以天子言禮。陸氏之說善矣。應氏鏞曰。四海之內一句。恐在合字上。郝氏懿行曰。樂聲淡則欲心平。和則躁心釋。所謂貊其德音也。故曰靜。禮取諸賁。故曰文。王氏引之曰。案靜當讀爲情。情者實也。古字靜情通。大戴禮文王官人篇飾貌者不情。逸周書官人篇作靜。表記曰。文而靜。鄭注靜或爲情。情與文相對爲義也。禮案孔子閒居云。夙夜基命宥密。無聲之樂。靜之謂也。威儀逮逮。不可選也。無體之禮。文之謂也。易繫辭云。夫乾確然。示人易矣。夫坤隤然。示人簡矣。樂由陽來。禮由陰作。故有乾坤之象焉。無怨和也。不爭讓也。作興也。服順也。諸侯賓服則兵革息焉。刑五刑。墨劓剕宮大辟也。暴民不作。則五刑措矣。百姓百官也。百姓無患。事之不治。天子不怒。政之不修。此以樂達。則其教不肅而成。禮明則父子有親。長幼有序。孝經曰。安上治民。莫善於禮。移風易俗。莫善於樂。此之謂也。

大樂與天地同和。大禮與天地同節。和故百物不失。節故祀天祭地。明則有禮樂。幽則有鬼神。如此則四海之內。合敬同愛矣。禮者殊事合敬者也。樂者異文合愛者也。禮樂之情同。故明王以相沿也。故事與時並。名與功偕。鄭注同和同節。言順天地之氣與其數。和故百物不失其性。節故天地成物有功報焉。禮樂教人者。鬼神助天地成物者也。易曰。是故知鬼神之情狀。與天地相似。五帝德說黃帝德曰。死而民畏其神者百年。春秋傳曰。若敖氏之鬼。然則聖人之精氣謂之神。賢知之精氣謂之鬼。沿猶因述也。孔子曰。

殷因於夏禮。所損益可知也。周因於殷禮。所損益可知也。沿或作緣。為事在其時也。禮器曰。堯授舜。舜授禹。湯放桀。武王伐紂時也。為名在其功也。偕猶俱也。堯作大章。舜作大韶。禹作大夏。湯作大護。武王作大武。各因其得天下之功。孔疏此明禮樂與天地合德。明王用之。相因不改。功明顯著。天地氣和而生萬物。大樂之體順陰陽律呂。生養萬物。是與天地同和也。天地之形。各有高下大小為限節。大禮辨尊卑貴賤。與天地相似。是與天地同節也。和故能生成百物。不失其性。節故祀天祭地。報生成之功。聖王既能使禮樂與天地同和節。又於顯明之處。尊崇禮樂以教人。幽冥之處。尊敬鬼神以成物。如此以治天下。故四海之內。會合其敬。齊同以愛矣。尊卑有別。是殊事。俱行於禮。是合敬。宮商別調。是異文。無不懽愛。是合愛。禮樂之狀。質文雖異。樂情主和。禮情主敬。致治則同。明王所以相因述。言前代後代。同禮樂之情。因時質文。或有損益。故云相沿。沿謂因而增改也。事謂聖人所為之事。與所當之時而並行。若堯揖讓之事。與淳和之時而並行。湯武干戈之事。與澆薄之時而並行。此明禮也。名謂樂名。言聖王制樂之名。與所建之功而俱作也。若大章大韶。堯章明之功。舜韶堯之德。及禹湯等樂名。皆與功俱立也。此明樂也。聖王雖同禮樂之情。因而修述。但時與功不等。故禮與樂亦殊。引易曰者。易繫辭注云。精氣謂七八。游魂謂九六。游魂謂之鬼。物終所歸。精氣謂之神。物生所信也。言木火之神。生物東南。金水之鬼。終物西北。二者之情。與春夏生物。秋冬終物相似。劉氏彝曰。律呂和而四時順。陰陽和而萬物生。是與天地同和也。寒暑節而萬物遂。等降節而兆民安。是與天地同節也。和而百物不失其宜。節而三禮必報其本。故明則使之敬禮樂。以報於五福之休。幽則使之敬鬼神。以避於六極之咎。然則四海之內。莫不合其敬以為義。同其愛以為仁矣。黃氏裳曰。合敬則無離心。合愛則無異情。事文。禮樂之迹也。敬愛。禮樂之情也。先王之制禮樂也。立本有情。趨時有迹。情。天也。不可戾者也。故在所因。而曰禮樂之情同。明王以相沿。迹。時也。不可同也。故在所損益。而曰五帝殊時。不相沿樂。三王異世。不相襲禮。事者。時之應。名者。功之報。趨時斯有事。建功斯有名。為趨時而後有事。故事與時並。為立功而後有名。故名與功偕。禮案和順也。荀子樂論曰。正聲感人。而順氣應之。順氣成象。而治生焉。故百物不失也。白虎通云。言能調和五聲。以養萬物是也。哀公問於孔子曰。非禮無以節事天地之神明。此禮之祀天祭地也。明則有禮樂。化民成俗。範圍天地而不過。幽則有鬼神害盈益謙。曲成萬物而不遺。是以四海之內。人異而敬合。心殊而愛同。以禮樂之為教無不合。鬼神之為德無不同焉。事謂隨時制宜。文謂聲容之變。此禮樂之所以異代有損益也。禮之敬。樂之愛。則其實體。故明王相沿。而不可得以變革者也。

故鐘鼓管磬羽籥干戚。樂之器也。屈伸俯仰。綴兆舒疾。樂之文也。簠簋俎豆。制度文章。禮之器也。升降上下。周旋裼襲。禮之文也。故知禮樂之情者能作。識禮樂之文者能述。作者之謂聖。述者之謂明。明聖者。述作之謂也。鄭注綴謂酇舞者之位也。兆其外營域也。述謂訓其義也。孔疏此申明禮樂器之與文。并述作之體。綴謂舞者行位相連綴也。兆謂位外之營域也。周謂行禮周曲迴旋也。裼謂袒上衣而露裼也。襲謂掩上衣也。禮盛者尚質。故襲。不盛者尚文。故裼。下文云。窮本知變。樂之情。若能窮盡其本。

識其變通。是知樂之情也。下文云。著誠去僞。禮之經也。若能顯著誠信。棄去浮僞。是知禮之情也。凡制作者。量事制宜。所以能作也。文謂上云。屈伸俯仰。升降上下是也。述謂訓說義理。不能制作。禮樂也。聖者通達物理。故作者之謂聖。則堯舜禹湯是也。明者辨說是非。故修述者之謂明。則子游子夏是也。馬氏晞孟曰。知禮樂之情者。如其情於未作之前。識禮樂之文者。識其文於已作之後。因情以作其文者。非神足以知來。知足以知往。不能與於此。故作者之謂聖。因文以述其情者。非明足以照之。亦不能與於此。故述者之謂明。揚子曰。深知器械舟車宮室之爲。則禮由己。此因情以作其文也。又曰。鐘鼓不陳。玉帛不分。吾無以見聖人。此因文以述其情也。劉氏彝曰。周公作六曲。作大象大武。可謂作而聖矣。兼用六代之樂。三王四代之法。可謂述而明矣。洪氏頤煊曰。鄭注綴謂酇舞者之位也。案說文。酇聚也。又儧最也。最古通作聚字。漢書叔孫通傳。爲綿蕞野外。應劭曰。立竹及茅索營之。習禮儀其中也。蕞即最字。郭氏嵩燾曰。周禮大胥。以六樂之會正舞位。以序出入舞者。序舞者。謂之綴。八佾各自爲列。謂之兆。董氏春秋繁露。法商而王。舞佾圓。法夏而王。舞佾方。圓之方之。所謂綴也。禮案上云。禮樂止言音。此兼言舞也。鐘鼓管磬。樂器也。干戚羽籥。舞器也。屈伸俯仰。舞容也。綴兆舒徐。舞位也。簠簋俎豆。禮器也。制度文章。禮法也。升降上下。周旋裼襲。禮貌也。此所言禮樂之器之文。而非禮樂之本也。若知其本。則禮可以義起。樂其所自生。自能制作儀文度數也。若能識儀文度數。亦足以窮極禮樂之情。故能述也。仲尼燕居曰。師爾以爲必鋪幾筵。升降酌獻酬酢。然後謂之禮乎。必行綴兆。興羽籥。作鐘鼓。然後謂之樂乎。言而履之禮也。行而樂之樂也。據此則孔子非不知禮樂之情。而論語云。述而不作。以不在其位故也。

樂者天地之和也。禮者天地之序也。和故百物皆化。序故羣物皆別。樂由天作。禮以地制。過制則亂。過作則暴。明於天地。然後能興禮樂也。

鄭注化猶生也。別謂形體異也。天作地制。言法天地也。過猶誤也。暴失文武之意。孔疏此申明禮樂。從天地而來。王者必明於天地。然後能興禮樂。樂者調暢陰陽。是天地之和也。禮明貴賤。是天地之序也。樂生於陽。是法天而作。禮生於陰。是法地而制。唯聖人識合天地。則制作禮樂不誤。若非聖識。必誤制禮。則尊卑混亂。誤作樂。則樂體違暴。文樂武樂雜亂也。馬氏晞孟曰。天高地下。萬物散殊。此天地自然之序。陰陽相摩。天地相盪。此天地自然之和。胡氏銓曰。易於樂取雷出地奮豫。是天地之和。於禮取上天下澤。是天地之序。陸氏佃曰。過制則失中故亂。過作則失和故暴。陳氏祥道曰。古者治定制禮。功成作樂。禮未可制而制之。是過制也。樂未可作而作之。是過作也。過制則失序矣。離而爲慝禮。能無亂乎。過作則失和矣。流而爲淫樂。能無暴乎。明於天地。然後能興禮樂。明王制作之始也。舉禮樂而天地將爲昭焉。明王制作之效也。禮案白虎通云。樂言作。禮言制何。樂者陽也。陽倡始。故言作。禮者陰也。陰制度於陽。故言制。樂象陽。禮象陰也。過大過也。若父子責善。是禮通則亂。舞斯慍。慍斯戚。是樂過則暴也。剝復相循。物極必反。所謂樂極必憂。禮粗則偏是也。

論倫無患。樂之情也。欣喜歡愛。樂之官也。中正無邪。禮之質也。莊敬恭順。禮之制也。若夫禮樂之施於金石。越於聲音。用於宗廟社稷。

事乎山川鬼神。則此所與民同也。鄭注倫猶類也。患害也。官猶事也。質猶本也。實情官質制。先王所專也。孔疏此明禮樂文質不同。事爲有異。樂主和同。論說等倫。無相毀害。是樂之情也。賀瑒云。八音克諧。使物歡欣。此樂之事迹也。內心中正。無有邪僻。是禮之本質也。外貌莊敬。謙恭敬慎。是禮之節制也。若夫禮樂之施於金石。越於聲音者。此明樂也。用於宗廟社稷。事乎山川鬼神者。此明禮也。若通而言之。則禮樂相將矣。此等與民共同者也。樂之情官。禮之節制。是先王所專有也。邵氏淵曰。情實也。官職也。有此實。則有此職。質者本也。制者文也。有此本則有此文。論其倫。不相患害。如書所謂無相奪倫。故欣喜歡愛。而其職形矣。中正而不流於邪僻。如所謂行修言道者。故莊敬恭順。而其制立矣。至其施播於金石之間。發越於鬼神之表。用於宗廟社稷。事乎山川。鬼神則此情此官。此質此制。又將與天下公之。豈明聖所得而私哉。孫氏希旦曰。右樂論篇第二。禮案。論倫謂樂終合語。樂行倫清也。氣和理順。則與物無患矣。樂之情謂由於中者也。官即咏歌之。舞蹈之。樂之見於外者也。質謂禮之實體。制謂禮之節文。與民同。言禮樂之達於祭祀。乃與民同其福報也。

禮記通釋卷四十八

王環戴禮

樂記

王者功成作樂。治定制禮。其功大者其樂備。其治辯者其禮具。干戚之舞。非備樂也。孰亨而祀。非達禮也。五帝殊時。不相沿樂。三王異世。不相襲禮。樂極則憂。禮粗則偏矣。及夫敦樂而無憂。禮備而不偏者。其唯大聖乎。

鄭注。功成治定同時耳。功主於王業。治主於教民。明堂位說周公曰。治天下六年。朝諸侯於明堂。制禮作樂。辯徧也。樂以文德爲備。若咸池者。孔子曰。韶盡美矣。又盡善也。謂武盡美矣。未盡善也。達具也。郊特牲曰。郊血。大享腥。三獻爓。一獻孰。至敬不享味。而貴氣臭也。不相沿襲。言其有損益也。樂人之所好也。害在淫佚。禮人之所勤也。害在倦略。敦厚也。孔疏此是樂記第三章。明王者爲治必制禮作樂。故名樂禮章也。王者之功。由民所樂。或功成作樂。以應民心。如民樂周有干戈而業成。故周王作干戈之樂。禮以體別爲儀。今治人得體。故制禮應之。如周公大平。乃制禮也。樂云作。禮云制者。作是動用。制是裁斷。禮是形化。故言制。樂是氣化。故言作。亦相互也。其功大者其樂備。其治辯者其禮具。由功治有大小。故禮樂亦應以廣狹也。樂備謂文德備具。不備謂干戚之舞。禮具則血腥而祭。不具謂孰亨而祀。言禮樂之體。皆以德爲備具也。周樂干戚之舞。非如舜時文德之備樂也。後世孰亨牲體而祭。非如五帝時血腥之達禮也。沿因也。若論禮樂之情。則聖王同用。故前文云。明王以相沿也。此論禮樂之迹。損益有殊。隨時而改。故云不相襲也。樂極則憂者。樂極而不止。則必至憂戚也。禮粗則偏者。行禮懈倦。則致粗略。偏謂不周備也。及夫厚重於樂。知止而無至於憂。行禮安靜委曲備具。不至倦略。唯大聖之人能如此也。邵氏淵曰。此聖人保治之道。世儒往往指爲飾治之具。功之成者易於怠。故作樂以樂之。如所謂勸之以九歌也。治之定者易於縱。故制禮以防之。如所謂安上治民莫善於禮也。方氏慤曰。大享卒爵而樂闋。鄉飲酒樂備而工出。所以防其極也。書言享多儀。經言賓主百拜。亦以防其粗也。敦樂者言其始。禮備者言其成。樂著大始。故先言敦以見其始。禮居成物。故後言備以見其成。前言相沿述者之事。故稱明。此言敦備作者之事。故稱聖。禮案。詩唐風云。好樂無荒。良士休休。是敦樂無憂也。中庸云。禮之用和爲貴。小大由之。是禮備不偏也。

天高地下。萬物散殊。而禮制行矣。流而不息。合同而化。而樂興焉。春作夏長。仁也。秋斂冬藏。義也。仁近於樂。義近於禮。樂者敦和。率神而從天。禮者別宜。居鬼而從地。故聖人作樂以應天。制禮以配地。禮樂明備。天地官矣。

鄭注。禮爲異也。樂爲同也。仁義言樂法陽而生。禮法陰而成。敦和樂貴同也。率循也。從順也。別宜禮尚異也。居鬼謂居其所爲。亦言循之也。鬼神謂先聖先賢也。官猶事也。各得其事。孔疏此申明禮樂配於天地。若禮樂備具。則天地之事。各得其宜。天高地下不同。故人倫尊卑有異也。其間萬物各散殊塗。禮者別尊卑。定萬物。是禮之法制行矣。天地萬物流動不息。合會齊同。而變化者也。樂者調和氣性。合德化育。是樂興也。仁主愛。樂主和同。故仁近於樂也。義主斷割。禮主節限。故義近於禮也。樂之爲體。敦重和同。因循聖人之神氣。而從於天。禮之爲體。殊別萬物所宜。居處鬼之所爲。而順地。聖人之魂爲神。賢人之魂爲鬼。居亦率循之義。變文耳。聖人能使禮樂顯明備具。則天地之事。各得其利矣。劉氏彝曰。天高地下。萬物散殊。各有尊卑。大小之義。出於自然。是天地之道。亦有禮制。行於萬物也。天地之運。升降交感。流行而不息。陰陽合同。而品彙化生。晷刻不移。非有能使之者也。是天地之道。亦有和樂興於自然也。人則順乎天地之理。春而耕作。夏而長耨。是人之性。有仁及於萬物之道也。秋而斂之。冬而藏之。是人之情。有義及於萬物之理也。故其仁近於天地之樂。義近於天地之禮。所以先王用禮樂。以性天下之情。陳氏祥道曰。天高地下。萬物散殊。形也。流而不息。合同而化。氣也。物出乎震。齊乎巽。相見乎離。此天地之仁。故曰春作夏長仁也。說乎兌。勞乎坎。成乎艮。此天地之義。故曰秋斂冬藏義也。張子載曰。鬼神一物也。只是神爲伸。鬼爲歸。指幽明而言。方氏慤曰。氣固有和。樂則敦之。使厚。物固有宜。禮則別之。使辨。和既敦。則莫不循其理。而無所屈。故能率神。宜既別。則莫不安其處。而有所居。故能居鬼。黃氏裳曰。唱者天之道也。故作樂以應之。偶者地之道也。故制禮以配之。應也。配也。禮樂參之天地者也。陳氏澔曰。物各賦形。而不可以強同。此造化示人以自然之禮制也。絪緼化醇。而不容以獨異。此造化示人以自然之樂情也。孫氏希旦曰。天地官。言天地各得其職。猶中庸之言天地位也。禮案易繫辭云。卑高以陳。貴賤位矣。此禮之行也。利用安身。窮神知化。此樂之達也。春作夏長。天地生物之仁。仁者陽德也。故近樂。秋斂冬藏。天地成物之義。義者陰德也。故近禮。樂保合大和。故曰仁。禮禁制悖亂。故曰義。大戴禮曾子天圓曰。陽之精氣曰神。陰之精氣曰靈。神靈者品物之本也。而禮樂仁義之祖也。而善否治亂所由興作也。韓詩外傳謂人死精氣歸於天。肉歸於土。敦和言其氣之運。禮由陰作。故居鬼而從地。象其體之凝。天地官矣。言不失其常道常數。則萬物爲役矣。

天尊地卑。君臣定矣。卑高以陳。貴賤位矣。動靜有常。小大殊矣。方以類聚。物以羣分。則性命不同矣。在天成象。在地成形。如此則禮者天地之別也。

鄭注卑高謂山澤也。位矣尊卑之位。象山澤也。動靜陰陽用事。小大萬物也。大者常存。小者隨陽出入。方謂行虫也。物謂殖生者也。性之言生也。命生之長短也。象光耀也。形體貌也。孔疏自此至禮樂云。廣明禮樂之功。包天地之德。此一經明禮爲天地之別也。山澤列於天地之中。故云已陳貴賤如山澤之有高卑也。動靜謂雷風動散有常也。小謂草木。春生秋殺。昆虫夏生冬伏。大謂常存。不隨四時變化不如等。故云殊也。方謂禽獸之屬。各以類聚。不相雜也。物謂草木之屬。各有區分。自殊於藪澤也、鄭注易云。類聚羣分。謂水火也。此注不同。各有以也。行虫有性識道理。故稱方。殖物無心靈。但一物而已。故云物。萬物各有區分性命之別。聖人因此制禮。類族緣物。各隨命也。鄭注易云。成象日月星辰也。馬融注易云。植物動物也。聖人制禮。是從之分別也。張子載曰。天秩者。父子兄弟夫婦之類。次第而有。雜然而生。其間便有小大上下之別。動靜陰陽性也。有常不牽制於物也。陳氏祥道曰：在天成象，則凡物之有象者，皆資成焉，非特日月星辰之垂象而已。在地成形者，則凡物之有形者，皆資成焉，非特山川草木之流行而已。象成而上，形成而下，暉之本數，係之末度，就非天地之別乎。邵氏淵曰：小大則易所謂小往大來之小大也。不同卽人物性命之不同也。孫氏希旦曰：方以道言，物以形言。方以類聚，而剛柔燥濕之相從；物以羣分，而飛潛動植之各異。禮案：易履卦上天下澤履，君子以辨上下，定民志。此天地自然之禮，而人是則之。又繫辭云：崇效天，卑法地。故有尊卑貴賤動靜小大之殊焉。本乎天者親上，本乎地者親下，故類聚羣分，而有形象之不同，此禮之別宜，乃法天地之序也。

地氣上齊，天氣下降，陰陽相摩，天地相蕩，鼓之以雷霆，奮之以風雨，動之以四時，煖之以日月，而百化興焉。如此則樂者天地之和也。

鄭注：齊讀爲躋。躋，升也。摩，猶迫也。蕩，猶動也。奮，迅也。百化，百物化生也。孔疏：地氣上齊，天氣降下，與地氣交合，積氣從下升上。樂象氣，故先從地始，形以上爲尊，故先禮象形，從天爲初。相摩，謂陰陽二氣相切迫。相蕩，言天地之氣相感動。萬物雖以氣生，而未發，故用雷霆以鼓動之，得風雨奮迅而出之，隨四時而動之，須日月煖煦之。自鼓之以雷霆，至煖之以日月，皆天地相蕩，而百物生也。由此作樂者，法象天地之和氣，樂和則天地亦和也。陳氏祥道曰：陰陽之氣，運行於天地之間，其相薄也，感而爲雷，激而爲霆；其偏勝也，怒而爲風，和而爲雨。雷霆以震之，凡物之有聲者，莫不鼓矣；風雨以潤之，凡物之有必者，莫不奮矣。一噓爲春夏，一吸爲秋冬，四時之行也，有以動化之；或星以進退，或應日以死生，日月之運也，有以煖煊之。如此則一寒一暑，一晝一夜，而百昌之化興焉。然則樂有循不爲天地之和耶？煖之者日也，月亦預焉；潤之者雨也，風亦預焉，相須而成故也。方氏慤曰：地位乎下，而天位乎上，未始一也，齊也，及其升然後與天齊焉，故曰上齊。陰陽以氣言，而見乎形，故曰摩；天地以形言，而存乎氣，故曰蕩，其實一也。雷霆者，聲之所作，故曰鼓；風雨者，氣之所激，故曰奮；四時代謝，故曰動；日月代明，故曰煖。禮之別終於成形者，主乎體故也；樂和終於百化者，主乎氣故也。禮案：地氣上齊，天氣下降，在易則泰卦也。天地交泰，萬物衣生，相摩相蕩，以其氣言；雷霆風雨，以其聲言；四時日月，以運行言。天地絪縕之和氣，而人則之以爲樂，故曰樂者天地之和也。

化不時則不生，男女無辨則亂升，天地之情也。

鄭注：辨，別也。升，成也。樂失則害物，禮失則害人。孔疏：此明天地不得由禮樂失所。樂以法天，化得其時則物生，不得其時則物不生，是天之情也。禮以法地，男女有別則治興，男女無別則亂成，是地之情也。皇氏云：天地無情，以人心而謂之耳。輔氏廣曰：樂舉天地，禮舉男女，總之以天地之情，而不及人，以見禮樂之在三才，無異理也。黃氏裳曰：不生無辨，天地之情所不能免，故後之於天地，以樂之和輔相其宜，以禮之中裁成其道。孫氏希旦曰：此又言在人者，不可以無禮樂，贊天地之化育也。故無樂則氣化不時，而至於乖沴；無禮則男女無別，而至於相瀆。故禮樂之不興，雖人事，而其足以害物致亂者，乃天地之情也。禮案：樂壞則二氣不和，四時失序，故萬物不遂其生也。禮崩則男女無辨，倫常之瀆亂，故人道必底於亂也。此禮樂輔相天地之情也。然樂之爲道，不止於化生；禮之爲德，不止於辨男女，記惟舉此二者，言其凡也。

及夫禮樂之極乎天而蟠

乎地。行乎陰陽。而通乎鬼神。窮高極遠。而測深厚。鄭注。極至也。蟠猶委也。高遠。三辰也。深厚。山川也。言禮樂之道。上至於天。下委於地。則其間無所不之。孔疏。此盛說禮樂禮樂之大原。雖取象於天地。功德又能偏滿於天地之間。禮運云。天降膏露。是極乎天也。地出醴泉。是蟠乎地也。日月歲時無易。百穀用不成。是行乎陰陽也。作樂一變。以至六變。百神俱至。是通乎鬼神也。孝經緯云。景星出。是窮高極遠也。禮運云。山出器車。魚洧不淰。是測深厚也。言禮樂無所不至。馬氏晞孟曰。禮樂之粗。則寓於形名度數之間。至於精則無乎不在也。此言中和之效。其妙至此。而不言在人者。蓋中和者人之所致也。其妙如此。則在人可知矣。朱子熹曰。此以理言。有是理。卽有是氣。一氣之和。無所不通。亦如說天高地下。萬物散殊。而禮制行乎其中。正義引膏露降。醴泉出等語。緣先有此理。末稍便有這徵驗。陳氏祥道曰。禮樂非天地則不因。天地非禮樂則不成。猶之乾坤毁。則無以見易。易不可見。則乾坤亦幾乎息。此體用相資之道也。禮案。窮高極遠。謂樂極天道。通神明之德。測深厚。謂禮盡地理。類萬物之情。

樂著大始。禮居成物。著不息者天也。著不動者地也。一動一靜者。天地之間也。故聖人曰禮樂云。鄭注。著之言處也。大始。百物之始生也。著猶明白也。息猶休止也。易曰。天行健。君子以自強不息。間謂百物也。禮樂云。言禮樂之法天地也。樂靜而禮動。其並用事。則下猶天地之間耳。孔疏。樂象於天。天爲生物之始。是樂著大始。禮法於地。地稟天氣以成物。故云禮居成物。顯著明白。運生不息者。是天也。顯著養物。不移動者。是地也。一動一靜者。動物飛走蠢動。感天之陽氣也。靜物安伏而止。感地之陰氣也。此動靜在天地間。所有百物也。動則雷風日月之屬是也。靜則植物山陵是也。記者引聖人語。證此一章。是禮樂法天地。若離而言之。則樂靜禮動。若禮樂合用事。則同有動靜。故知天地之間。物有動靜也。劉氏彝曰。天地交而後萬物生。是樂著於生物之始也。有天地然後有尊卑。是禮居於成物之後也。天行健。終而始之。不窮者也。故著生不息者。樂之理。天之道也。地不動。著而生之無疆者也。故著生不動者。禮之制地之道也。一動一靜者。禮樂行於斯民。而中和育於萬物。充盈乎天地之間者。人之道。所以配乎天地也。方氏愨曰。間讀如無有入於無間之間。一動而天。一靜而地。是天地之間耳。若夫動者未嘗動。靜者未嘗靜。和同爲一。豈復有一間哉。楊子曰。和同天人之際。使之無間。蓋謂是矣。俞氏樾曰。古人之辭。凡辨別其事謂之處。文十八年左傳。德以處事。事以度功。因而亦謂之居。周易未濟。象傳君子以愼辨物居方。居猶辨也。謂樂所以著明大始。禮所以辨別成物。孫氏希旦曰。右樂禮篇第三。禮案。大始道也。成物器也。易繫辭形而上者謂之道。形而下者謂之器。著不息者。終日乾乾。乾道變化也。著不動者。坤厚載物。悠久無疆也。一動一靜者。陽施陰化。而利生焉。故天地之間。百昌生而百物具。此先王制禮作樂。所以法乾坤之闢闔。贊天地之化育也。若夫鐘鼓玉帛。乃其後焉末焉者也。

昔者舜作五弦之琴。以歌南風。夔始制樂。以賞諸侯。鄭注。夔欲舜與天下之君共此樂也。南風。長養之風也。以言父母之長養己。其辭未聞也。夔。舜時典樂者。書曰。夔。命女典樂。孔疏。此樂記第四章。爲名樂施。明禮樂既備。乃施布天下也。自此至其行也。特明聖人制樂。以賞諸侯。其功大者其樂備。五弦謂無文武二弦。唯宮商等五弦也。南風詩名。是孝子之詩。言已得父母生長。如萬物得南風生也。舜有孝行。故以五弦之琴。歌南風之詩。而教天下之孝也。案世本云。神農作琴。今云舜者。或五弦始舜也。夔欲天下同行舜道。故歌此南風。以賞諸侯。使海內同孝也。案家語云。舜彈五弦之琴。其辭曰。南風之薰兮。可以解吾民之慍兮。南風之時兮。可以阜吾民之財兮。馬昭云。家語王肅所增加。非鄭所見。故言未聞也。輔氏廣曰。南風長養萬物。猶人君長養萬民。舜爲天子。而歌此以爲樂。則諸侯之君民者。亦當法舜之德。體南風之意。以長養其民。故夔因其歌。而寫之於金石絲竹。當時諸侯。有養民之德者。以樂賞之也。非謂夔始制樂。言因南風而制樂。以賞諸侯。自夔始也。禮案。舜之樂歌。見於尚書大傳。竹書紀年等書甚多。不止南風之歌。使果夔以南風被之管絃。制樂以賜諸侯。何以經傳無虞樂南風之名。所謂賞諸侯者。當是韶樂萬舞之屬耳。

故天子之爲樂也。以賞諸侯之有德者也。德盛而教尊。五穀時熟。然後賞之以樂。故其治民勞者。其舞行綴遠。其治民逸者。其舞行綴短。

鄭法民勞則德薄。酇相去遠。舞人少也。民逸則德盛。酇相去近。舞人多也。孔疏。此明諸侯德尊。樂備舞具。綴謂酇也。遠是舞者外營域。行列之處。若諸侯治民。使民勞苦。由君德薄。賞之以樂。行綴遠。由舞人少。舞處寬也。諸侯治民使逸樂。由其君德盛。賞之以樂。行綴短。由舞人多。舞處狹也。舞之綴一種。但人多則去之近。人少則去之遠也。酇謂聚舞人行位之處。立表酇以識之。陳氏祥道曰。夫舞所以節八音。八音克諧。而樂成焉。故舞必以八人爲列。自天子達於士。降殺以兩。衆仲曰。天子用八。諸侯用六。大夫四。士二。鄭伯賂晉悼公女樂二八。悼公以半賜魏絳。用四是推之。服虔所謂天子八八。諸侯六八。大夫四八。士二八。不易之論也。然則舞行綴遠。豈六佾與。舞行綴短。豈四佾與。輔氏廣曰。以舜之事觀之。則天子之爲樂。非特自象其功德。而又欲以賞天下諸侯之有德者。使天下諸侯皆法象天子之德也。人事至而天時未應。其德猶未至也。故必俟天時應。五穀熟。然後賞之。勞之。勞謂勤勞。逸謂暇逸。勞逸以事言也。故曰治民焉。行綴遠則氣舒。行綴短則氣促。上勞則下舒。上逸則下促。禮案。此勞自是指君上之勤勞。逸自是謂君上之逸豫。尚書無逸曰。文王自朝至於日中昃。不遑暇食。用咸和萬民。諸侯若此。則天子嘉之。錫以備樂。樂人多故行綴遠也。又多方云。有夏誕厥逸。不肯感言於民。乃大淫昏。諸侯若此。則天子絀之。殺其樂舞。舞者少。故行綴短也。

故觀其舞知其德。聞其謚知其行也。

鄭注。謚者行之迹也。孔疏。此覆結上文。觀其舞之遠近。則知其德之薄厚。由舞所以表德也。聞謚之善否。知其行之所好惡。由謚所以迹行也。馬氏晞孟曰。舞者德之發。德者舞之蘊。故觀舞所以知德。謚者行之賓。行者謚之主。故聞謚可以知其行。意主於舞。而繼之以聞謚者。所以詳之也。輔氏廣曰。舞者德之容。謚者行之名。猶影形聲響之可信也。若後世之所謂謚。則異是矣。禮案。觀舞知德。若論語謂韶盡善。武未盡善。可知周德之孫於虞也。逸周書謚法解。安樂撫民曰康。外內從亂曰荒。故聞謚可知其行也。

大章。章之也。咸池。備矣。韶。繼也。夏。大也。殷周之樂盡矣。

鄭注。大章。堯樂名也。言堯德章明也。周禮闕之。或作大卷。咸池。黃帝所作樂名也。堯增修而用之。咸。皆也。池之言施也。言德之無不施。周禮曰。大咸。韶。舜樂名也。韶之言紹也。言舜能繼紹堯之德。周禮曰。大韶。夏。禹樂名也。言禹能大堯舜之之德。周禮曰，大夏。般周之樂盡。言盡人事也。周禮曰，大護。大武。孔疏此論六代之樂。堯樂謂之大章者，言堯之德章明於天下也。咸池言黃帝之德。施被天下。無不周徧。是爲備具矣。韶樂言舜之道德。能繼紹於堯也。夏樂言禹能光大堯舜之德。自夏以前，皆以文德王天下。殷周二代，唯以武功。爲民除殘伐暴。民得以生。人事道理盡極矣。周氏諝曰。法成於堯。而天道備。根曰咸池備矣。文極於殷周。而人道盡。故曰殷周之樂盡矣。葉氏夢得曰。咸池言備者。德之全也。殷周言盡者。聲之極也。禮案咸池言備。即上文云。其功大者其樂備。備非言鐘鼓干戚。蓋謂治道備也。聲盡則無遺音矣。此殷周之樂。所以德不逮於夏以前也。

天地之道。寒暑不時則疾。風雨不節則饑。教者民之寒暑也。教不時則傷世。事者民之風雨也。事不節則無功。然則先王之爲樂也。以法治也。善則行象德矣。

鄭注教謂樂也。以法治。以樂爲治之法。行象德。民之行順君之德也。孔疏此明樂得其所。則事有功。言先王作樂以爲治。爲法若樂善則治善。若樂不善則治乖。前文教不時。則傷世。不節則無功是也。象德言人君爲治。教化美善。則下民之行。法象君之德也。陳氏祥道曰。一陰一陽天地之道也。運而爲四時。則寒暑相推。而歲功成焉。散而育萬物。則風雨相資。而化興焉。樂道天地之和。而其教與事。實體之也。春誦夏弦。春合舞。秋合聲。先王之所著以成教者。孰非法寒暑之時邪。以聲展之。以舞正之。律小大之稱。比終始之序。以象事行。孰非法風雨之節邪。教有時。事有節。以善民心。如此則民之行。未有不象上之德矣。黃氏裳曰。萬物之生。得寒而成。得暑而長。然而不時。則邪氣乘物。故不時則疾。得風而動。得雨而潤。然而不節。則淫暴害物。故不節則飢。教者先王所以化物也。故譬則寒暑。事者先王所以應物也。故譬則風雨。因時之宜而立教。故不傷世。通物之變而用事。故有成功。是以先王之爲樂於天下也。法治於己也。則行象德。然後無不時不節之患。陸氏佃曰。教無樂。則不時。事無禮。則不節。禮案此言樂之通乎天道。先王作之以施教也。寒暑時。風雨節。樂之和也。寒暑不時。風雨不節。樂之流也。和則陰陽氣治。萬物得其養也。流則六沴交作。百穀用不成矣。

夫豢豕爲酒。非以爲禍也。而獄訟盜繁。則酒之流生禍也。是故先王因爲酒禮。壹獻之禮。賓主百拜。終日飲酒而不得醉焉。此先王之所以備酒禍也。

鄭注穀食犬豕曰豢。爲作也。言豢豕作酒。本以享祀養賢。而小人飲之善酗。以致獄訟。壹獻士飲酒之禮。百拜以喻多。孔疏此一節明禮樂之設。不得其所。則禍亂興。故先王節其禮樂。以防淫亂也。豢養也。養豕作酒。本爲行禮。非以爲禍亂。而由酒至酗門爭殺。而刑獄繁。則是酒之流害生禍也。故先王因爲飲酒之禮。士之享禮。唯有壹獻。言所獻少也。從初至末。賓主相答。而有百拜。言拜數多也。是意在於敬不在酒。示飲而已。故不得醉也。案大行人云。上公九獻。侯伯七獻。子男五獻。並依命數。其臣介則孤同子男。卿大夫略爲一節。俱已三獻。則天子諸侯之士。同壹獻也。案今卿飲酒之禮。壹獻無百拜。今云百拜。故喻多也。馬氏晞孟曰。書曰。天降威。我民用大亂喪。亦罔非酒惟辜。此皆酒之流生禍也。然而酒者。人情之所不能免。先王亦不能絕之。因爲酒禮。以節之而已。終日飲酒久矣。而不醉焉。此先王之所以備酒禍。而有禮以節之也。輔氏廣曰。物之流生禍者多矣。此始舉其一也。亦飲食男女。人之大欲。故舉以戒焉。陳氏祥道曰。飲酒。人之大欲。不能不速訟。先王知其然。於書有彝酒之戒。羣飲之誅。於禮有幾酒之察。屬飲之禁。無非備酒禍也。禮案此明禮之隄防人欲。先王制以爲節也。一獻喻少。百拜喻多。非必舉士禮。卽王享元侯。亦未有百拜也。蓋禮嚴則酒食所以合懽。禮崩則酗酒足以流禍。然物之流禍者衆。而禮之爲防者繁。禍必舉酒者。猶上文亂必舉男女無辨。言其大者甚者以例其餘也。故酒食者。所以合懽也。樂者。所以象德也。禮者。所以綴淫也。是故先王有大事。必有禮以哀之。有大福。必有樂以樂之。哀樂之分。皆以禮終。樂也者。聖人之所樂也。而可以善民心。其感人深。其移風易俗。故先王著其教焉。鄭注綴猶止也。大事謂死喪也。著猶立也。謂立司樂以下。使教國子。孔疏謂君作樂以訓民。使民法象其德。制禮教天下。所以綴止淫邪。所樂言聖人用樂化民。調善民心。其感人深也。風謂水土之風氣。舒疾剛柔。俗謂君上之好惡趣舍。用樂化之。故使惡風移改。弊俗變易。其功如此。故先王立樂官。以樂教化焉。陳氏祥道曰。易之需言君子以飲食燕樂。酒食合懽也。豫言先王以作樂崇德。樂以象德也。曲禮曰。富貴而知好禮則不驕不淫。禮以綴淫也。死亡凶札禍烖。天事之大者也。閔敗寇亂。人事之大者也。大宗伯皆以凶禮哀之。所謂有大事必有禮以哀之也。以賑膰之禮親兄弟之國。而與之同福祿。以慶賀之禮親異姓之國。而與之和安樂。所謂有大福必有禮以樂之也。哀樂之分雖異情。而皆以禮終。則禮達而分定矣。善民心則惻隱羞惡之心達而爲仁義恭敬。是非之心達而爲禮智。感人深則至剛之風可移而爲柔。至惡之俗可移而爲善。爲樂之效如此。而先王著之以爲教。則一道德。同風俗。天下爲一家。中國爲一人矣。黃氏裳曰。上下之分甚嚴。而不至於絕者。以其有酒食以合懽。甚懽而不至於蕩者。以其有樂以象德。有禮以綴淫。輔氏廣曰。人固有自然之德。所謂和者是也。故作樂以象之。而使之常不失其自然。又慮其過也。故制禮以綴之。方氏慤曰。若曾子七日水漿不入口。則是不能以禮節其哀矣。魏文侯聽鄭衛而不知倦。則不能以禮節其樂矣。君上所化謂之風。民下所習謂之俗。遷此之彼爲移。更有爲無曰易。應氏鏞曰。皆以禮終。而曰著樂之教。蓋禮樂初無二理。禮有節。則樂不流。如風雨不爽。則寒暑不忒矣。著謂尊尚而表顯之也。汪氏中曰。漢書禮樂志。其感人深。其移風易俗。今禮記說易字因上文易字而誤也。孫氏希旦曰。右樂施篇第四。禮案此卽說苑所謂。故樂非獨以自樂也。又以樂人。非獨以自正也。又以正人是矣。夫民有血氣心知之性。而無哀樂喜怒之常。應感起物而動。然後心術形焉。鄭注言在所以感之也。術所由也。形猶見也。孔疏皇氏以爲自此以下。淫君子賤之也。是樂言之科。夫樂聲善惡。本由民心。所感而興。後乃合成爲樂。樂又感於人。善樂感人。則人化之爲善。惡樂感人。則人隨之爲惡。是樂出於人。而還感人。猶雨出於山。而還雨山。火出於木。而還燔木。此章之意。論人由血氣而有心知。其性雖一。所感不恆。故云而無哀樂喜怒之常也。內心應感。起於外物。謂物來感己。心遂應之。念慮興動。術謂所由道路也。以其感物而動。故心之所由道路。而形見焉。卽下文是也。應氏鏞曰。喜怒哀樂。未發之謂中。發而中節之謂和。此道心惟微也。有血氣心知之性。而無哀樂喜怒之常。此人心惟危也。扣之則應。觸之則感。相激而生。循環無端。皆緣物而起。物動於內。而心形於外也。所性曰心。知心之虛明。未嘗不靈也。所形曰心。術心之動。則不勝其多事矣。輔氏廣曰。血氣心知。民之所不能無也。故曰有性。喜怒哀樂。民之所不能一也。故曰無常。應感起物而動。猶言感於物而後動。應物而感。因物而起。則有動焉。動而後心術形。心術猶孟子所謂仁術也。禮案血氣心知。良知良能。天性也。哀樂喜怒。感物而動人情也。心術在於所感。形於好惡。故爲樂不可不慎焉。

是故志微噍殺之音作。而民思憂。嘽諧慢易繁文簡節之音作。而民康樂。粗厲猛起奮末廣賁之音作。而民剛毅。廉直勁正莊誠之音作。而民肅敬。寬裕肉好順成和動之音作。而民慈愛。流辟邪散狄成滌濫之音作。而民淫亂。

鄭注志微意細也。吳公子札聽鄭風。而曰其細已甚。民弗堪也。簡節少易也。奮末動使四支也。賁讀爲憤。憤怒氣充實也。春秋傳曰。血氣狡憤。肉肥也。狄滌往來疾貌也。濫僭差也。此皆民心無常之効也。肉或爲潤。孔疏志微謂人君志意微細。噍殺謂樂聲噍蹙殺小。如此音作。而民感之。則悲思憂愁也。嘽寬也。諧和也。慢疏也。繁多也。康安也。君若道德嘽和疏易。則樂音多文采。而節奏簡略。下民所以安樂也。粗厲謂君性氣粗疏。威厲猛起謂武猛發起。奮末謂奮動手足。廣賁謂樂聲廣大。憤起充滿。如此音作。而民感之。則性氣剛毅也。君若廉直勁正。則樂聲矜莊嚴栗而誠信。故民感之。而肅敬也。肉謂厚重也。君上如寬裕厚重。則樂音順序。而和諧動作。故民皆應之。而慈愛也。流辟謂君志流移不靜。邪散謂違辟不正。放邪散亂。狄成滌濫。皆謂樂之曲折。速疾而成。速疾而止。如此音作。民感之。淫亂也。此六事。皆上句論君德。下句論淫音也。方氏愨曰。厲則蹈厲之厲。末與風淫末疾之末同。肉好猶璧之有肉好也。然蓋璧外謂之肉。實而無隙。內謂之好。則虛而已。謂其音實而有所養。又虛而得所好也。狄成言狄強而成。滌濫言滌而泛濫也。馬氏晞孟曰。論樂之所始。則起於心之所感。而後發於聲音。論樂之所成。則反以感人心者也。是故自哀聲感者。其聲噍以殺。至於愛心感者。其聲和以柔。此言其音起於心之所感也。至於愛心感者。其聲和以柔。此言其音起於心之所感也。至於所謂志微噍殺之音作。而民思憂。以至於狄成滌濫之音作。而民淫亂。此言其樂之所以感於人心也。先王之爲樂。尤慎其所以感之之始。陳氏澔曰。狄與逖同。遠也。成者樂之一終。狄成言一終甚長。淫泆之意也。滌洗也。濫侵僭也。言其音之淫濫侵僭。無分際也。孫氏希旦曰。志微。漢書樂志作纖微。是也。謂樂音纖細之而微眇。猛起謂樂之始剛猛。奮末謂樂之終奮迅也。禮案說是也。纖微即前漢元帝紀贊之謂幼眇是也。噍殺說見前。其樂聲哀弱不揚。故聞者亦應之而起憂思也。繁文文思悠遠。簡節有條不紊。其樂聲平和。故聞者亦應之而興康樂也。起聲激越。終奏迅疾。其樂聲如廣含怒氣。故聞者亦應之而志剛毅也。勁正則樂不流。莊誠則音不淫。故聞者應之而懷肅敬也。寬裕融和不迫也。爾雅釋器。肉好若一謂之環。以喻音調曲折而圓融溫潤。如環之無端。其成也順。其動也和。故聞者亦應之而慈愛也。流辟則不簡易。邪散則不平正。爾雅釋獸之絕有力狄。鄭注儀禮既夕禮云。成猶併也。狄成謂交作之暴戾之聲。而減中和之德。滌盪也。濫溢也。其淫聲如水之橫流泛濫而不止也。故聞者亦應之而生淫亂也。論語云。子在齊聞韶三月。不知肉味。則樂之感人可知。是故先生。本之情性。稽之度數。制之禮義。合生氣之和。道五常之行。使之陽而不散。陰而不密。剛氣不怒。柔氣不懾。四暢交於中。而發作於外。皆安其位而不相奪也。鄭注生氣陰陽氣也。五常五行也。密之言閉也。懾猶恐懼也。孔疏此節明先王節人情性。使之和其律呂。既得人情。使合度數。裁制以禮義。合生氣之和。道達人情。以五常之行。陽主發動。失在流散。先王教感陽氣者。不使放散。密閉也。陰主幽靜。失在閉塞。先王節民情感陰氣者。不有閉塞。剛不至暴怒。柔不至恐懼。陰陽剛柔。四者通暢在身。而發見動作於外。陰陽剛柔各得其所。是安其位也。不相侵犯。是不相奪也。五常之行。若木性仁。金性義。火性禮。水性智。土性信也。陳氏祥道曰。黃鐘之長。而黍累之。則別於分。忖於寸。蒦於尺。張於丈。信於引。而五度審矣。黃鐘之數。而以一推之。則紀於一。協於十。長於百。大於千。衍於萬。而五數備矣。然度數在天下。被之於文。則久而必息。寓之節奏。則久而必絕。要在稽之而已。稽之則其數足以正其度。而音正矣。百度得數而有常。又制之禮義。使百體齊運而順正。其大足以合天地生氣之和而不乖。其微足以道人性五常之行而不悖。則天下之理得。而成位乎其中矣。周氏諝曰。樂出於人。故本之情性。情性之在物者有理。故稽之度數。惡夫過而淫也。又制之禮義。如此故能幽合生氣之和。明道五常之行也。和而無乖。故陽舒而不散。陰慘而不密。剛不至於過。柔不至於不及。四者條暢交於中而發於外。是以皆安其位而不相奪也。黃氏裳曰。陰陽爲道。剛柔爲德。陰陽爲德。則剛柔爲氣。剛氣陽德之發。柔氣陰德之發。不散不密。陰陽之中也。不怒不懾。剛柔之中也。有中爲性。然後有中德。有中德。然後有中氣。樂者本於性。發於德。而作於氣者也。邵氏淵曰。度數如律呂之損益。宮羽之小大。禮義如用八用六。宮縣軒縣也。禮案先王之性情動合天道。故感物而發於喜怒哀樂。皆中節謂之和。致中和之德以作樂。故足以興起民之善心。正民之邪辟。度即前漢樂志五度之長短。五權之輕重。禮節也。義宜也。生氣謂人秉陰陽二氣而生也。禮運曰。故人者天地之德。陰陽之交。鬼神之會。五行之秀也。五行之氣。有陰有陽。故稟陰氣發散者。則收斂之。稟陰氣幽密者。則疏通之。稟剛氣暴厲者。則馴擾之。稟柔氣懾怯者。則振奮之。分於言之則爲四。實則剛屬陽。柔屬陰。唯陰陽二氣而已。先王制禮樂。以節五性。不流一偏。則心思暢達。發見於外。各得其宜。則無陵節奪倫之患矣。然後立之學等。廣其節奏。省其文采。以繩德厚。律小大之稱。比終始之序。以象事行。使親疏貴賤長幼男女之理。皆形見於樂。故曰樂觀其深矣。鄭注等差也。各用其才之差。學之廣。謂增習之者。猶審也。文采謂節奏合也。繩猶度也。周禮大司樂。以樂語教國子。興道諷誦言語。以樂舞教國子。舞雲門。大卷。大咸。大韶。大夏。大護。大武。律六律也。周禮典同。以六律亦同。辨天地四方。陰陽之聲。以爲樂器。小大謂高聲正聲之類也。終始謂始於宮。終於羽。宗廟黃鍾爲宮。大呂爲角。大簇爲徵。應鍾爲羽。以象事行。言爲君。商爲臣。皆形見於樂。謂同聽之。莫不和敬。莫不和順。莫不和親。孔疏。先王欲稽之度數。制之禮義。非教不可。故立之學等。使依其才藝等級而教。學之廣謂習寬廣。其樂之節奏也。文采謂樂之宮商相應。若五色文采。省其音曲也。繩謂準度以道德仁義也。律謂六律。小之與大。以爲樂器。使音聲相稱也。比者五聲。宮羽終始。使有次序也。象者若宮象君。商象臣。角象民。徵象事。羽象物是也。先王制樂化民。由樂聲調和。故親疏之理見也。樂聲有清濁高下。故貴賤長幼見於樂。樂聲有陰陽律呂。故男女之理見也。皇氏云。樂觀其深。言樂爲道。人觀之益大深。古語有此。故記者引以結之。方氏愨曰。若樂師掌國學之政。大胥掌學士之版。所謂立之學也。若舞勺舞象。所以立之等也。節奏惡其狹。故曰廣。文采惡其雜。故曰省。輔氏廣曰。上言先王作樂。此言先王以樂寓之學宮。教人以繩正人固有之德。使不失其厚也。事之行也。必有小大之稱。終始之序。故先王之於樂。亦律而比之。以象夫事之行焉。親疏貴賤長幼男女之理。皆形見於樂。樂通倫理。其是之謂乎。馬氏晞孟曰。禮樂政刑。其極一也。而獨以樂爲深者。蓋禮與政刑皆所以約人於外。樂者所以和人之中。故孟子曰。仁言不如仁聲之入人深。禮案。文采謂舞者所執羽旄之色。小大聲也。國語周語。樂器重者從細。輕者從大。是也。夫五音有君臣貴賤之理。律呂協陰陽男女之理。聲有正有變。象親疏之理。管子。先王長後生。短明長幼之理。故樂行而倫清也。呂氏春秋音初篇曰。凡音者生乎人心者也。感乎心則蕩乎音。音成於外而化乎內。是故聞其聲而知其風。察其風而知其志。觀其志而知其德。盛衰賢不肖。君子小人。皆形於樂。不可隱匿。故曰樂之爲觀也深矣。

土敝則草木不長。水煩則魚鼈不大。氣衰則生物不遂。世亂則禮慝而樂淫。是故其聲哀而不莊。樂而不安。慢易以犯節。流湎以忘本。廣則容姦。狹則思欲。感條暢之氣。而滅平和之德。是以君子賤之也。

鄭注。遂猶成也。慝穢也。廣謂聲緩也。狹謂聲急也。感動也。動人條暢之善氣。使失其所。孔疏。此論聖人作樂。不得其所。則滅平和之德。故君子賤之。土勞敝。故草木不長。水煩擾。故魚鼈不大。陰陽之氣衰亂。故生物不得遂成。慝惡也。淫過也。世道衰亂。上下無序。故禮慝。男女不節。故樂淫。男女相愛。涕泗滂沱。是其哀也。男女相說。歌於市井。是不莊也。俾晝作夜。是其樂也。終至滅亡。是不安也。朋淫子家。是慢易以犯禮節也。淫酗肆虐。是流湎以忘根本也。廣謂音聲寬緩。多是姦淫之聲。狹謂樂聲急。則動人情欲而切急。條遠也。暢舒也。言淫聲動人。損舒暢之善氣。毁平和之善德也。賤謂棄而不用。若師曠聞桑間濮上之聲。撫而止之是也。馬氏晞孟曰。世亂非無禮樂也。禮慝樂淫。則禮樂之名雖存。而其實已亡矣。陳氏祥道曰。禮慝不足以善物。樂淫不足以化俗。故其聲哀矣。外貌爲之不莊。其聲樂矣。中心爲之不安。或慢易以簡節。反以犯其節。或流湎以逐末。反以忘其本。廣則嘽緩。而容姦以亂正。狹則急數。而思欲以害道。如此則感動條暢之順氣。而殄滅和平之至德。其何以動四氣之和。奮至德之光乎。是以君子賤之也。方氏愨曰。關雎之樂。非不哀也。然所以哀者。窈窕之難求。是乃所以爲莊。非不樂也。然所以樂者。淑女之爲配。是乃所以爲安。陳氏澔曰。感或作蹙。蹙條暢之氣。與合生氣之和者反矣。滅平和之德。則與道五常之行者異矣。俞氏樾曰。感爲伐。說文伐絕也。讀若咸。古書即以咸爲之。尚書君奭篇。咸劉厥敵。周書世俘篇。並云咸劉。咸皆伐之假字。昭二十一年左傳。窕則不咸。釋文咸本又作感是也。此文假感爲俄。俄條暢之氣。正與滅平和之德文義一律矣。孫氏希旦曰。右樂言篇第五。孫氏鏘鳴曰。史記正義作言樂。禮案此以士水喻性情。草木魚鱉喻禮樂也。無其德。有其樂。非惟不足以化善。適足以道淫也。譬若草木不能長於瘠土。魚鱉不能育於淺水。二氣不和則萬物不能遂其生也。故當世亂禮崩。則樂無節制。必隨之而壞也。噍殺之哀聲作。則不能莊敬。嘽諧之樂聲作。則不能安靜。慢易之怠聲作。則散亂無序。流湎之淫聲作。則樂而忘本。廣則流蕩無節。故姦聲入焉。狹則鬱塞不宣。故思欲興焉。此感條暢之氣。與上文四暢交於中義合。而謂滅平和之德。決無此理。感若非蹙字之誤。必俄之借字。陳氏俞氏說並是也。姦聲入則逆氣應之。故條暢之氣泯。而平和之德亡矣。此由無禮以節其流。故樂聲淫辟。以至於斯。而君子之所不作也。音初篇曰。士敝則草木不長。水擾則魚鱉不大。世濁則禮煩而樂淫。鄭衛之音。桑間之音。此亂國之所好。衰德之所說。流辟誂越。慆濫之音出。則滔蕩之氣。邪慢之心感矣。感則百姦衆。辟從此產矣。君子反道以修德。正德以出樂。和樂以成順。樂和而民鄉方矣。此之謂也。

禮記通釋卷四十九

玉環戴禮

樂記

凡姦聲感人。而逆氣應之。逆氣成象。而淫樂興焉。正聲感人。而順氣應之。順氣成象。而和樂興焉。倡和有應。回邪曲直。各歸其分。而萬物之理。各以類相動也。鄭注成象者。謂人樂習焉。孔疏自此以下。至贈諸侯也。爲樂象之科。從此至行其義。明樂有姦聲正聲。以類相感。君子當去淫聲。用正聲也。逆氣謂違逆之氣。卽姦邪之氣。姦聲感動於人。而逆氣來應。二者相合而成象。淫樂遂興。紂作靡靡之樂是也。正聲感動於人。而順氣來應。二者相合而成象。則和樂興。若周室太平頌聲作也。姦聲正聲感人。是倡也。逆氣順氣應之。是和也。善倡則善和。惡倡則惡和。是倡和有應。回謂乖違。邪謂邪辟。言乖違邪辟曲之與直。各歸其善惡之分限。而萬物之情理。各以類自相感動也。陳氏祥道曰。夫命有正有不正。性有善有不善。然則聲有姦正。氣有順逆。樂有淫和。不亦感應自然之符耶。凡此非特人爲然。萬物亦莫不各以氣類相感動也。古之人當春而叩商弦。以召南呂。涼風忽至。草木成實。及秋叩角弦。以激夾鍾。溫風徐回。草木發榮。當夏而叩羽弦。以召黃鍾。雪霜交下。川池暴沍。及冬而叩徵弦。以激蕤賓。陽光熾烈。堅冰立散。終歲命宮而總四弦。則景風翔。慶雲浮。甘露降。醴泉湧。以至瓠巴鼓瑟。而鳥舞魚躍。師曠奏角。而雲行雨施。鄒衍吹律。而寒谷黍滋。豈非萬物之理。各以類相動也。禮案此卽荀子勸學所謂。施薪若一。火就燥也。平地若一。水流濕也。草木疇生。禽獸羣焉。物各從其類焉。况音本心生。聲入心通。其善惡之感。自有不期然而自然者矣。

是故君子反情以和其志。比類以成其行。姦聲亂色。不留聰明。淫樂慝禮。不接心術。惰慢邪辟之氣。不設於身體。使耳目鼻口心知百體。皆由順正。以行其義。鄭注反猶本也。術猶道也。孔疏反情謂反去淫溺之情理。以調和其善志。比謂比擬善類。以成己身之美行。不留聰明。謂姦聲亂色。不留停於耳目也。不接心術。謂淫樂慝禮。心不存念也。耳目心術所爲皆善。則怠惰邪辟之氣。無由施設於身體。百事之體。皆從和順。以行其正直義理也。張氏守節曰。聲色是事。故云聽明。而氣無形。故於身爲設也。不留聰明於姦聲亂色。故耳目得順正。不用心術接淫慝禮樂。故心知得順正。不設身於惰辟。故百體得順正。方氏愨曰。情者性之欲。反情所以復其性。類者善惡之分。比類所以別其等。反情於內。故足以和其志。比類於外。故足以成其行。鄭衞則爲姦聲。紅紫則爲亂色。聽明外也。故於聲色言之。心術內也。故於禮樂言之。眞氏德秀曰。姦聲亂色。不習聽明者。所以養其外也。淫樂慝禮。不接心術者。所以養其內也。輔氏廣曰。耳不可使之不聞。目不可使之不見。但不留於聽明可也。孫氏希旦曰。情懼其流也。反之則所發者不過其節。而其志和矣。行懼其失也。比擬善惡之類。去其惡而從其善。則其行成矣。禮案反情。反身而誠也。自反而忠。自反而怨，則志和於內，比類觀過知仁也。見賢思齊，見不賢而內自省，則行成於外矣。是以姦聲亂色，不能眩於聰明之耳目；淫樂慝禮，不能惑其誠正之心術。身體恭敬，則惰慢邪辟之氣無自而生，無從而入矣。夫而後天君泰然，百體從令，故所由不底於邪，所行皆合於義。此聖王之作樂，所謂本之以性情者此也。

然後發以聲音，而文以琴瑟，動以干戚，飾以羽旄，從以簫管。奮至德之光，動四氣之和，以著萬物之理。是故清明象天，廣大象地，終始象四時，周還象風雨，五色成文而不亂，八風從律而不姦，百度得數而有常。小大相成，終始相生，倡和清濁，迭相爲經。

鄭注：奮猶動也。動至德之光，謂降天神，出地祇，假祖考。著猶成也。清明謂人聲也。廣大謂鍾鼓也。周還謂舞者。五色，五行。八風從律，應節至也。百度，百刻也，言日月晝夜不失正也。清謂蕤賓至應鍾也，濁謂黃鍾至中呂。孔疏：此一節明正聲之道，大樂之德，可以移風易俗，安天下也。謂其動發心志，以聲音文飾，琴瑟振動，形體以干戚裝飾，羽旄從以簫管者，謂用上諸樂以奮動天地至極之德。光明謂神明來降也。感動四時之氣，使陰陽順序，風雨順時，寒暑時，鬼神降其福，萬物得其所也。樂體如此，故人之歌曲，清絜顯明以象天，鍾鼓鏗鏘，寬廣壯大以象地，終於羽，始於宮，象四時之變化，終而復始也。舞者周币迴還，象風雨之迴復也。五色，五行之色也。既有所象，故各依其行，成就文章也。八風，八方之風也。律謂十二月之律也。樂音象八風，樂得其度，故八風十二月律應八節而至，不爲姦慝也。八風者，白虎通云：條風，明庶風，清明風，景風，涼風，閶闔風，不周風，廣莫風。八節者，立春、春分、立夏、夏至、立秋、秋分、立冬、冬至。百度謂晝夜百刻，度數有常也。小大相成者，賀瑒云：十二月律互爲宮羽而相成也。終始相生者，賀瑒云：五行、宮、商迭相用爲終始，先發聲者爲倡，後應聲者爲和，律長者濁，短者清，迭相爲經，謂十二月之律還相爲宮。是樂之常也。輔氏廣曰：上舉琴瑟，下舉管籥，則其餘者可知。奮至德之光，明猶大章章之也。與豫卦雷出地奮同，故彼亦言作樂崇德也。動四氣之和，謂感召四時之和氣，著萬物之理，皆形見於樂也。陸氏佃曰：其清明象天，其廣大象地，蓋有不可以意言傳者。鄭氏釋之如此，是徒見形表而遺其精神也。周還象風雨，樂出於虛而復於虛，見廣大也。若春行秋令，猋風暴雨總至，則五色不成文，八風不循律矣。百度得數而有常者，若度長短者不失毫釐，量多少者不失圭撮，權輕重者不失黍累是也。陳氏祥道曰：八風象八卦也。其所以擬而遂之者，八音；所以節而行之者，八佾之舞而已。蓋主朔易者坎，故其音革，其風廣莫；爲果蓏者艮，故其音匏，其風融；震爲竹，故其音竹，其風明庶；巽爲木，故其音木，其風清明；兌爲金，故其音金，其風閶闔；乾爲玉，故其音石，其風不周；瓦土器，故坤音瓦，而風涼；火精，故離音絲，而風景。是正北風從黃鍾之律，冬至之氣也；東北風從大呂大簇之律，大寒啓蟄之氣也；正東風從夾鍾之律，春分之氣也；東南風從姑洗中呂之律，穀雨小滿之氣也；正南風從蕤賓之律，夏至之氣也；西南風從林鍾夷則之律，大暑處暑之氣也；正西風從南呂之律，秋分之氣也；西北風從無射應鍾之律，霜降小雪之氣也。八風從律而不姦，播之以八音之諧也。百度得數而有常，節之以十二律之度也。吳季札觀樂於魯，而曰五聲和，八風平，節有度，守有序，盛德之所同也。禮案：白虎通云：鼓，奮至德之聲。

感和平之氣。是奮至德之光也。瑟有節義。四時和。是動四氣之和也。磬有貴賤親疏長幼。是著萬物之理也。清明言其聲之輕清。故象天。廣大言其聲之重濁。故象地。終始象四時。謂五行之運無窮。周還象風雨。謂聲音之來無際。五色謂羽旄之色也。鄭注周禮春官樂師云。帗舞析五采繒。今靈星舞子持之。皇舞雜五采羽。如鳳凰色。持以舞是也。故樂行而倫淸。耳目聰明。血氣和平。移風易俗。天下皆寧。鄭注言樂用則正人理和陰陽也。倫謂人道也。孔疏倫類也。以其正樂如上所爲。故其樂施行。而倫類清美矣。人聽之則耳目清明。血氣和平也。樂法既善。變移敝惡譊風。改革昏亂之俗。人無惡事。故天下皆寧矣。陳氏祥道曰。國語曰。樂必聽和而視正。聽和則聰。視正則明。其耳目聽明之謂乎。傳曰。樂者所以動蕩血脈。流通精神。而和正其心。其血氣和平之謂乎。輔氏廣曰。上既極言樂之理。故此下言樂之功效以結之。自一人之身言之。則耳目聽明。血氣和平。自天下之大言之。則移風易俗。天下皆寧。樂之功效。至此極矣。禮案倫人倫也。清不紊也。言樂行而思無邪。則心術正。而倫理明矣。耳目聽明。血氣和平者。德潤身。身廣體胖也。移風易俗。天下皆寧者。身正而物莫不正。此治國平天下之所以必本族正心誠意也。故曰樂者樂也。君子樂得其道。小人樂得其欲。以道制欲。則樂而不亂。以欲忘道。則惑而不樂。鄭注道謂仁義也。欲謂邪辟也。孔疏此明君子小人。各有所樂。故者因上起下。所以言故曰。諸例皆而矣。君子所懽樂。在於得仁義之道。小人所懽樂。在於得邪淫。若君子在上。以道制邪淫之欲。則意得懽樂。而不有昏亂也。若小人在上。以欲忘仁義之道。則志意迷惑。而不得懽樂也。張氏守節曰。此引舊謂樂名。廣證前事。劉氏彝曰。樂者樂其禮之盛行。不曰樂得其道乎。小人由之。以享五福。不曰樂得其欲乎。方氏愨曰。君子能知樂之情。故由情足以得其道。小人徒見樂之文。徇文止能得其欲。道與欲。所得皆樂也。然道有義。故足以制欲。欲既制。則其樂不流。而治生。欲無窮。故至於忘道。道既忘。則其惑不解而憂生。禮案君子道心勝。故好樂無荒。以能克己復禮。從而至於天下安寧。則其樂之至也。小人欲心勝。故耽樂忘反。蕩心溺志。從而至於身危國喪。則何樂之有。呂氏春秋適音篇曰。凡古聖王之所爲貴樂者。爲其樂也。夏桀殷紂。作爲侈樂大鼓。鍾磬管簫之音。以鉅爲美。以衆爲觀。俶詭殊瑰。耳所未嘗聞。目所未嘗見。侈則侈矣。自有道者觀之。則失樂之情。失樂之情者。其樂不樂。其樂不樂者。其民必怨。其性必傷。是故君子反情以和其志。廣樂以成其敎。樂行而民鄉方。可以觀德矣。鄭注方猶道也。孔疏此明君子敎行善樂也。反情者反己淫欲之情。以諧和德義之志。廣樂者寬廣樂之義理。以成就其政教之事。君既正樂興行。而民歸鄉仁義之道。可以觀人君德行矣。黃氏裳曰。反情以和其志。則以道制己之欲。廣樂以成其教。則以道制人之欲。方氏愨曰。情出乎性。性則得之天者。志生乎心。心則存乎人者。反其在天者。然後可以和其在人者。前則繼之以比類以成其行者學之事。此則繼之廣樂以成其教者教之事。陳氏祥道曰。志以道寧。仁足以成己。亂以教和。智足以成物。樂行於上。而民鄉方於下。則上所廣之教。無非德教。下所鄉之方。莫不背僞而趨德。豈不可以觀之哉。禮案此承上節。反情即以道制欲也。廣樂教人。至於民皆鄉方。則化成俗定。君子之德昭著矣。德者性之端也。樂者德之華也。金石絲竹。樂之器也。詩言其志也。歌詠其聲也。舞動其容也。三者本於心。然後樂器從之。是故情深而文明。氣盛而化神。和順積中而英華發外。唯樂不可以爲僞。鄭注。三者本志也。聲也。容也。言無此。本於內。則不能爲樂也。孔疏。德在內。樂所以發揚其德。故樂爲德之光華也。非器無以成樂。故金石絲竹爲樂之器也。詩謂言辭。說其志。歌謂音曲。以詠其言辭之聲。哀樂在內。必形見於外。故以舞振動其容。詩序云。詩者志之所之也。言之不足。故嗟嘆之。嗟嘆之不足。故詠歌之。詠歌之不足。則不知手之舞之。足之蹈之。是也。三者謂志也。聲也。容也。容從聲生。聲從志起。志從心發。三者相因。原本於心。先心而後志。先志而後聲。先聲而後舞。聲須合於宮商。舞須應於節奏。乃成於樂。然後樂器從之。志慮深遠。是情深也。情由言顯。是文明也。志意蘊積在中。故氣盛。內志既盛。則外感動於物。故變化通神也。氣盛謂手舞足蹈是也。化盛謂動天地感鬼神是也。和順積於心中。言詞聲音發見。是英華發外也。此據正樂。若善事積於中。則善聲見於外。惡事積於中。則惡聲見於外。若心惡而望聲之善。不可得也。故云唯樂不可以爲僞也。陳氏祥道曰。樂出於虛。寓於實。寓於實。則八音麗於器。故凡物之盈於天地之間。若堅若脆。若勁若韌。若實若虛。若沈若浮。皆得效其響焉。文者理之所謂。而情出焉者也。形者神之所舍。而化出焉者也。情顯於文。故情不深。則文不明。氣合於神。故氣不盛。則化不神。情深而文明。是以誠心闡幽也。氣盛而化神。是以誠心顯微也。輔氏廣曰。端猶孟子所謂四端也。王氏引之曰。然後樂氣從之。閩監毛本作器。案大戴記文王官人篇。其氣寬以柔。逸周書作器。是器與氣通。上文曰。金石絲竹。樂之器也。故此云。樂器從之。猶上文言從以簫管也。禮案。德爲性善之見端。而樂又奮至德之光華也。其始也本於心。發於聲。然後播之以樂器。而成音節也。國語周語。金石以動之。絲竹以行之。匏以宣之。瓦以贊之。革木以節之。是也。情深者。謂深知樂情者也。故文采昭明。五色成文。而不亂也。祭義云。氣也者。神之盛也。故氣盛則窮本知變。物無不格也。夫樂由心作。故不可以爲僞。所謂誠於中。而形於外也。樂者心之動也。聲者樂之象也。文采節奏。聲之飾也。君子動其本。樂其象。然後治其飾。是故先鼓以警戒。三步以見方。再始以著往。復亂以飭歸。奮疾而不拔。極幽而不隱。獨樂其志。不厭其道。備舉其道。不私其欲。是故情見而義立。樂終而德尊。君子以好善。小人以聽過。故曰生民之道。樂爲大焉。鄭注。文采。樂之威儀也。先鼓。將奏樂。先擊鼓以警戒衆也。三步。謂將舞。必先三舉足。以見其舞之漸也。再始以著往。武王除喪。至盟津之上。紂未可伐。還歸二年。乃遂伐之。武舞再更始。以明伐時再往也。復亂以飭歸。謂鳴鐃而退。明以整歸也。奮疾。謂舞者也。極幽。謂歌者也。孔疏。此廣明舞之義理。與聲音相續之事。心動而見聲。聲成而爲樂。樂由心動而成也。樂本無體。由聲而見。是聲爲樂之形象也。聲無曲折。則大質素。故以文采節奏。飾之使美。動其本。則心之動也。樂其象。則亦樂之象也。治其飾。則亦樂之飾也。自此以下記者引周之大武之樂以明此三者之義先鼓謂作大武之樂先擊其鼓聲以警戒於衆也見方謂欲舞之時必先行三步積漸之意也每曲一終而更發始為之以著明伐紂之時初十一年觀兵盟津再十三年往伐紂也亂治也復謂舞曲終復其行位象武王伐紂畢整飭師旅而還歸也拔疾也謂舞者奮迅疾速而不大疾故庾云雖貴於疾亦不失節也歌者坐歌不動是極幽靜而聲發起是不隱也樂其志意不達仁義之道理以利天下不恣己之情欲是故仁義見於樂觀樂而知武王道德尊盛也君子謂在位者既觀武王之樂德類如此故庶數好行善道也小人謂士庶之等既觀武王樂音以聽伏己之愆過也武王樂利益如此是生養民人之道樂最為大特引武王樂者以利益為深餘樂莫及故也方氏慤曰鼓陽聲所以作樂皆先之以鼓也三者數之成方者舞之位舞有四表皆自南北出故言方焉舞始而北出再始則周而復始故也始為往終為復始至於再則往之義著矣武皆坐復亂則還而治故也往為出復為歸亂至於復則歸之事飭矣樂陽氣為舒其德為明故容雖疾而不言至於拔也義雖幽而不至於隱也不拔卒常自若不隱而文可考也獨樂在志不在乎聲備舉在道不在乎器有志則不厭其道有道則能制其私欲情所以本樂之義故情見而義立樂所以崇君之德故樂終而德尊凡此皆正聲所感故君子好其善而積之則足以成名小人聽其過而改之則不至滅身故曰生民之道樂為大焉胡氏銓曰案此經汎論樂不指武王至賓牟賈論武之備再成而滅商乃武王再往之事不應前後諄沓也飭歸謂大底師出當以嚴歸也極幽幽感鬼神也生養也樂助天地之化育是為大陳氏澔曰此章諸家皆論大武之樂以明武王伐紂之事愚謂此特通論樂與舞之理如此耳故曰生民之道樂為大焉豈可以生民之道莫大於戰伐哉禮案說並是也但此與下文子夏賓牟賈所言皆屬武舞其為大武當無可疑襄二十九年左傳吳季札聘魯見舞象箾南籥者曰美哉猶有憾見舞大武者曰美哉周之盛也其若此乎亦可以想見大武聲容之盛故論樂者愛舉之也情見謂武王伐紂之情見於大武則弔民伐罪之義昭於後世矣樂終謂武舞終則天下歸往而尊於天子也好善感至仁之德則興起其樂善之心聽過聞至不仁之身焚國滅而啓其惡惡之念樂為大者以善善惡惡之入人深也

樂也者施也。禮也者報也。樂樂其所自生。而禮反其所自始。樂章德。禮報情。反始也。

鄭注言樂出而不反而禮有往來也自由也孔疏此明禮樂之別報施不同施言作樂之時庶衆皆聽之而無反報之意但有恩施而已禮尚往來受人禮事必當報之樂樂其所自生者言王者正樂懽樂其己之所由生若武王民樂其由武功而生王業即以武為樂名無報反之義王者制禮必追反其所由始若同祭后稷報其王業之由是禮有報也樂但施恩不望報是章明其德也禮有恩則報其情以人意言之以父祖子孫言之則謂之反始其實一也應氏鏞曰樂有發達動盪之和宣播而出於外一出而不可反故曰施禮有交際酬答之文反復而還於內故曰報韶濩夏武皆章德而導和祭享朝聘皆報情而反始禮案施由中出報由外致易直子諒之心生則樂此樂樂其所自生也郊之祭報天禘之祭報本此禮之反其所自始也章德樂使民鄉方也報情禮所務施報也

所為大輅者。天子之車也。龍旂九旒。天子之旌也。青黑緣者。天子之寶龜也。從之以牛羊之羣。則所以贈諸侯也。鄭注贈諸侯謂來朝將去報之以禮。孔疏此明禮報之事。諸侯守土。奉其土地所有。來朝天子。故以此等物報之。不明樂施。記者略也。大輅金輅也。據上公及同姓侯伯。故下云龍旂九旒。亦上公也。異姓則象輅。四衛則革輅。蕃國則木輅。受於天子。總謂之大輅也。龍旂九旒。據上公言之。侯伯則七旒。子男則五旒。寶龜之中。並以青黑爲之緣。天子既與大輅龍旂。及寶龜占兆。又從以牛羊非一。故稱羣。陳氏祥道曰。青入爲黑。北方之色也。而知於是乎藏。黑出爲青。東方之色也。而仁於是乎顯。青黑緣者。天子之寶龜。爲其能顯仁藏知也。邵氏淵曰。此所以贈諸侯。以見非諸侯之所可用。猶王制若有加則賜也之意。孫氏希旦曰。公羊傳曰。龜青純。何休云。純。緣也。謂緣甲頓也。牛羊之羣。饔餼所陳之牲牢也。孔氏以此合於上章。今考其文義。與上文似不相蒙。疑他篇錯簡。否則有闕文耳。右樂象篇第六。禮案說是矣。舊注并未見及於此。夫名器重。故曰贈。牲牢賤。不足言贈。故謂之從也。

樂也者。情之不可變者也。禮也者。理之不可易者也。樂統同。禮辨異。禮樂之說。管乎人情矣。鄭注理猶事也。統同。同和合也。辨異。異尊卑也。管猶包也。孔疏皇氏云。自此以下。名爲樂情。樂出於心。聽之則懽悅。是情之不可變也。禮見於貌。行之則恭敬。是理之不可易也。樂云情。禮云理。變易換文也。樂主相親。是主領其同。禮殊貴賤。是分別其異。管乎人情。言樂主和同。則遠近皆合。禮主恭敬。則貴賤有序。人情所懷。不過於此也。邵氏淵曰。情動於中。故形於聲。變者不可以爲樂。和者不可以爲乖。豈非情不可變乎。上天下澤。先王以之制禮。尊者不可使卑。親者不可使疏。豈非理不可易乎。惟情不可變。故樂之爲教。能統天下之同。而不使暌。蓋天下同此情故也。惟理不可易。故禮之爲教。能辨天下之異。而不使之無別。蓋天下同此理故也。義疏曰。人情之淺深不一。樂以統之。乃俱得其安。天理之幾微易淆。禮以辨之。乃各當其分。然天理之至。即人情之極。於理有未協。即於情有不安。故禮樂管乎人情也。禮案情之不可變。故樂不可以爲僞也。理之不可易者。蓋理必以義起焉。統同者。同則無不愛。辨異者。異則無不敬也。

窮本知變。樂之情也。著誠去僞。禮之經也。禮樂偩天地之情。達神明之德。降興上下之神。而凝是精粗之體。領父子君臣之節。鄭注偩猶依象也。降。下也。興猶出也。疑成也。精粗謂萬物大小也。領猶理治也。孔疏此更廣明禮樂之義。樂本出於人心。心哀則哀。心樂則樂。可以原窮極本也。若心惡不可變惡爲善。是知變也。則上云唯樂不可以爲僞是也。此言窮人限本。知內外改變。唯樂能然。故云樂之情也。顯著誠信。退去詐僞。是禮之常。故云經也。禮出於地。尊卑有序。是偩依地之情。樂出於天。造近和合。是偩依天之情。禮樂出於人心。與神明和會。故云達神明之德。用之以祭。故能降出上下之神。成就萬物大小之形體。理治父子君臣之限節。則上下相親。又宮爲君。商爲臣。是樂能領君臣也。定貴賤長幼。是禮能領父子也。陳氏祥道曰。易以窮神知化爲德之盛。則窮本知變。有樂情之至。與著誠去僞。則全於天眞。而不汩於人僞。禮釋回。增美質。與此同意。方氏慤曰。燔柴於泰壇以祭天。瘞埋於泰折以祭地。是禮降興上下之神也。六變而天神皆降。八變而地祇皆出。是樂降興上下之神也。朱子熹曰。樂如晝夜之循環。陰陽之闔闢。周流貫通。而禮則有向背明暗。論其本則皆出於一。樂之和只是禮則有誠有僞。須以誠克去僞則誠。所以樂記內外同異。翻來覆去。只是這兩說。邵氏淵曰。禮之誠便是樂之和。天地之情隱於造化。禮樂則僞之而出。神明之德。行於幽冥。禮樂則達之而顯。上下之神。寓於兩閒。禮樂則降興之。而使合於此。則禮樂之用。皆自然而非僞爲者。故以之凝爲精粗之體。精者其至理妙用。粗者其繁文末節也。方是理散於天地神明。與夫上下之閒。固無所依據。及其凝而爲體。以領父子君臣。故大人一舉禮樂。則天地之理。皆昭著而不可掩也。禮案僞天地之情者。明則有禮樂。幽則有鬼神也。率神從天。居鬼從地。是降興上下之神。凝定也。精謂其至謂。粗謂其度數。皆有常經。而不可亂也。領治也。父子門內之治。君臣門外之治。皆有分際。而不可踰也。故禮樂行而天地之情可見矣。

是故大人舉禮樂。則天地將爲昭焉。天地訢合。陰陽相得。煦嫗覆育萬物。然後草木茂。區萌達。羽翼奮。角觡生。蟄蟲昭蘇。羽者嫗伏。毛者孕鬻。胎生者不殰。而卵生者不殈。則樂之道歸焉耳。

鄭注言天地將爲之昭焉明也。訢讀爲熹。熹猶蒸也。氣曰煦。體曰嫗。原生曰區。無䏰曰觡。昭曉也。蟄虫以發出爲曉。更息曰蘇。孕任也。鬻生也。內敗曰殰。殈裂也。今齊人語有殈者。孔疏此論大人舉用禮樂。則天地協合。生養萬物之事。熹謂樂感天地。使二氣蒸動。則天氣下降。地氣上騰。陰陽相得者。言體。謂之天地。言氣。大煦覆而地嫗育。故言煦嫗覆育萬物也。草木據其成體。故云茂區萌。據其新生。故云達。羽翼謂飛鳥之屬。皆得奮動也。走獸之屬。以氣孕鬻而繁息。胎生者不有殰敗。卵生者不有殈裂。所以致此諸物。各順其性。由樂道使然。所以然者。樂本由心。人心調和。則樂音純善。協律呂之體。調陰陽之氣。二氣旣調。故萬物得所也。陸氏佃曰。區讀如字。歧別爲區。莊子曰。萬物化作萌區有狀。蓋萌一而區二。若今荼言一槍二旗也。輔氏廣曰。煦嫗覆育。此四字形容天地生物之理。已成曰茂。已生曰達。飛鳥以羽翼奮爲成。走獸以角觡生爲壯。羽翼奮。角觡生。已生者得遂其成。嫗伏孕鬻。已遂者得孳。胎不殰。卵不殈者。未生者得生也。禮案易乾卦云。夫大人者。與天地合其德。故舉禮樂。而天地之道昭明也。天地之大德曰生。故以煦嫗覆育萬物。而著天地之德也。訢合者。天地交泰。故陰陽相得。風雨滋潤。而百昌生焉。茂盛也。詩小雅如松柏之茂。達苗生出土也。詩周頌驛驛其達。羽虫初生無羽。毛虫初生無角。羽翼奮謂能飛。角觡生而能觸。則茁壯矣。高注淮南原道訓云。角鹿角。觡麋角。昭蘇謂蟄者啓戶而出。嫗伏謂羽者以氣剖卵而育。四足者胎生。故曰孕鬻。鬻養也。說文殰胎敗也。釋文卵坼不成曰殈。天地生物。乃造化之自然。而歸功於禮樂者。蓋天視民視。天聽民聽。民氣不知。則天地之氣。亦感之而乖沴。則萬物不能遂其生。聖人作樂。以極天地之和。故胎卵濕化。樹藝種植之物。各遂其成。此樂之道。所以爲兩間之極歸也。

樂者非謂黃鐘大呂弦歌干揚也。樂之末節也。故童者舞之。鋪筵席。陳尊俎。列籩豆。以升降爲禮者。禮之末節也。故有司掌之。樂師辨乎聲詩。故北面而弦。宗祝辨乎宗廟之禮。故後尸。商祝辨乎喪禮。故後主人。是故德成而上。藝成而下。行成而先。事成而後。是故先王有上有下。有先有後。然後可以有制於天下也。鄭注。言禮樂之本。由人君也。禮本著誠去僞。樂本窮本知變。辨猶別也。正也。弦謂鼓琴瑟也。後尸。居後贊禮儀。

此言知本者尊。知末者卑。德。三德也。行。三行也。藝。才技也。先謂位在上也。後謂位在下也。言尊卑備。乃可制作。以爲治法。孔疏。此明禮樂各有根本。本貴而末賤。君子能辨其本末。可以有制於天下。黃鍾大呂。弦歌干揚。是樂器播揚樂聲。故云樂之末節。童者舞之。皇氏云。揚。舉也。干揚。舉干以舞也。鋪筵席。陳尊俎。列籩豆。以升降爲禮者。所以飾禮。故云末節。非貴。故有司掌之。樂師北面鼓弦。言其位卑也。宗謂宗人。祝謂大祝。但曉辨死喪擯相。故在主人之後。言其處賤也。德成而上。則人君及主人之屬。藝成而下。言樂師商祝之等。行成則德成。德在內。行在外也。事成則藝成。在身謂之藝。所爲謂之事。人有多少品類。故先王因其先後。使尊卑得分。然後乃可制禮作樂。爲法以班天下。如周公六年乃制禮樂也。陳氏祥道曰。禮樂之於天下。得之斯爲德。行之斯爲行。能之斯爲藝。執之斯爲事。德必有行。有行不全德者有矣。藝必兼事。而事不全藝者有矣。郊特牲曰。禮之所尊。尊其義也。失其義。陳其數。祝史之事也。知其義而敬守之。天子之事也。祭統曰。禘嘗之義大矣。明其義者君也。能其事者臣也。由是觀之。禮樂之本在人君。而其末繫於童子有司樂師。是德成而上。藝成而下也。宗廟之敬在尸。而致喪之哀在主人。祝相尸主以接神。特以辨其事而已。是行成而先。事成而後也。先王有制於天下。使諸侯朝。萬物服體。而百官莫敢不承事者。豈有他哉。不過上先下後。不失本末之施而已。陸氏佃曰。此外王之事也。若所謂內聖。孰爲上下先後。是倫也。非制也。孫氏希旦曰。士喪禮有商祝夏祝。凡襲斂皆使商祝。設奠皆使夏祝。此獨言商祝者。以其主襲斂之事。與主人相隨也。右樂情篇第七。禮案。揚越也。讀如詩大雅干戈戚揚之揚。此章所言禮樂之要。不在乎鍾鼓俎豆。文采節奏。而在乎履和而厚。謙尊而光也。童者舞之。以所重在德象。不在歌舞也。有司掌之。以所重在誠恪。不在儀文也。樂師辨乎聲詩而北面。以所知唯樂之末節。非達其情也。宗祝辨祭禮。商祝辨喪禮。並後尸及主人者。以祭主誠敬。喪主哀戚。若夫詔相襲斂之事。乃其後焉末焉者也。於此可見先王制禮作樂。皆重本輕末。所以教人德行爲先。事藝爲後。凡天下後世之君子。能辨乎禮樂之情。則可以無爲而化。無思不服也。

魏文侯問於子夏曰。吾端冕而聽古樂。則唯恐臥。聽鄭衛之音。則不知倦。敢問古樂之如彼何也。新樂之如此何也。鄭注。魏文侯。晉大夫畢茲之後。僭諸侯者也。端。玄衣也。古樂。先王之正樂也。孔疏。自此以下。明魏文侯問子夏。古樂今樂之殊。文侯言身著端冕。明其心恭敬。而聽古樂。唯恐臥。聽鄭衛之音。則心所愛樂。不知休倦也。古樂何以朴素之如彼。使人不貪也。新樂何以婉美。使人嗜愛也。案。春秋閔元年。晉獻公滅魏。以魏賜畢萬。文侯斯是畢萬之後也。凡冕服皆其制正幅。袂二尺二寸。袪尺二寸。故稱端也。周氏諝曰。古樂和而雅。感於人也深。唯意而誠者。知其所以樂。新樂淫而靡。入於人也易。聽其音者不知倦。孫氏希旦曰。古樂用於祭祀。祭時端冕。故端冕而聽古樂也。禮案。此卽呂氏春秋遇合篇所謂。凡能聽音者。必達五聲。人之能知五聲寡。所善惡得不苟。客有以吹籟見越王者。羽角宮徵商不謬。越王不善。爲野音。越王善之。

子夏對曰。今夫古樂。進旅退旅。和正以廣。弦匏笙簧。會守拊鼓。始奏以文。復亂以武。治亂以相。訊疾以雅。君子於是語。於是道古。脩身及家。平均天下。此古樂之發也。

鄭注：旅猶俱也。俱進俱退，言其齊一也。和正以廣，無姦聲也。會猶合也，皆也，言衆皆待擊鼓乃作。周禮大師職曰：大祭祀，帥瞽登歌，合奏擊拊，下管播樂器，合奏鼓朄。文謂鼓也，武謂金也。相即拊也，亦以節樂。拊者以韋爲表，裝之以糠，糠一名相，因以名焉。今齊人或謂糠爲相。雅亦樂器名也，狀如漆筩，中有椎。孔疏：此明子夏對文侯古樂之體。謂古者先王正樂，進退如一，不參差也。樂音和正寬廣，無姦聲也。弦匏笙簧，其器雖多，必會合保守，待擊拊鼓，然後作也。始奏以文者，前文云先鼓以警戒，是也。復亂以武者，舞畢反復亂理，擊金鐃而退也。拊所以輔相於樂，亂理也。言治理奏樂之時，先擊相，舞者訊疾，奏此雅器以節之。君子於此時話說樂之義理，道古者，亦謂說古樂之道理也。君子既聞古樂，近脩其身，次及其家，然後平均天下。此古樂之發動也。陳氏祥道曰：旅之爲義，生於師旅之旅，其陳足以成列也。所謂進旅退旅，豈非行其綴兆，要其節奏，而進退成列也。維清奏象舞，其文也；武奏大武，其武也。文先之，武次之，有安不忘危之意，而揖孫以征誅之義盡矣。張子載曰：治亂以五成而分之時也，周召之事，故以相言之。相者器之名，然因周召之事名之，以記其節。訊疾以雅，是發揚之事也。雅亦器之名，雅既爲正，必在中處，當發揚蹈厲之時，亦以此物記其節。雅者正也，故以文王爲大雅，出車還率爲小雅。治亂以相，爲周召作；訊疾以雅，爲大公作。呂氏本中曰：訊疾以雅，擊雅以任舞者之進也；治亂以相，拊相以治舞者之亂也。舞者之進，以象發揚蹈厲，不可得而緩也。其舞既急，行列不能無亂，故武亂皆坐，拊相以節之，使正其行列，復不可得而急也。故訊疾爲大公之志，以伐商而不可失；治亂爲周召之事，歸馬散牛，不復用兵，教之以禮樂者也。方氏慤曰：道古，即語以所作者古之樂，故從而道之。鄭氏釋樂器曰：道者言古以制今，蓋謂是矣。平均天下，言雅樂之足以致此也。平言無上下之偏，均言無遠近之異。禮案：此亦言樂之大武也。復亂以武，猶上文復亂以飭歸也；訊疾而雅，猶上文奮疾而不拔也。可見樂舞之尚大武，雖子夏之賢猶不免焉，自非孔子之聖，安能辨韶之盡善也。

今夫新樂。進俯退俯。姦聲以濫。溺而不止。及優侏儒。獶雜子女。不知父子。樂終不可以語。不可以道古。此新樂之發也。

鄭注：俯猶曲也，言不齊一也。濫，濫竊也。溺而不止，聲淫亂無以治之。獶，獼猴也，言舞者如獼猴戲也，亂男女之尊卑。獶或爲優。孔疏：此明子夏對文侯新樂之體。新樂，今世所作淫樂也。俯僂曲折，行伍雜亂，姦邪之聲濫竊淫妙，人所貪溺，不可禁止。作樂之時，及有俳優雜戲，侏儒短小之人，舞戲猶如獼猴，間雜男子婦人，不復知父子尊卑之禮，既與古樂乖違，故不可道於古也。此皆新樂之發也。案詩小雅云：毋教猱升木。毛傳云：猱，猨屬。是獶，獼猴也。輔氏廣曰：進退皆俯，有慚怍之意。其曰只樂之發如彼，新樂之發如此，而使文侯自得，此子夏所以善啓君也。周氏諝曰：進退皆俯，非有儀也；姦聲以濫，非和正也；溺而不止，非所以爲廣也；及優侏儒，獶雜子女，不知父子。非有序也。樂終而語。今則無倫。道古則有悖。此其所以爲新樂也。王氏念孫曰。獶當爲擾。擾與糅通。楚語民神雜糅。史記歷書作雜擾。此言俳優侏儒之人。糅雜於男女之中。不復有父子尊卑之等也。禮案新樂。卽孟子謂齊宣王所好世俗之樂是也。樂歌姦聲。樂舞淫劇。故是以蕩人心志。使聞之者。沈迷忘反。故不知倦也。優侏儒傳。卽後世淫劇之祖。今者古樂亡。而淫戲則流傳不息。可慨也。又案優上當有俳倡等字。則文意方足。故及字下。似有脫文。

今君之所問者樂也。所好者音也。夫樂者與音相近而不同。文侯曰。敢問何如。鄭注文侯好音。而不知樂也。鏗鏘之類。皆爲音。應律乃爲樂。敢問何如。欲知音樂異意。孔疏此答文侯所好古樂今樂之不同也。子夏以右樂德正聲和乃爲樂。今但淫聲而已。不得以爲樂。謂君之所愛音聲耳。古樂有音聲律呂。今樂亦有音聲律呂。是樂與音相近也。樂則德正聲和。音則聲邪心亂。是不同也。文侯欲曉不同之狀。故問何如。陳氏祥道曰。孔子惡鄭聲之亂雅。及顏淵同爲邦。而告以韶舞。子夏所學。則孔子也。故必叩其兩端。以盡陳善閉邪之道。孟子以齊王不能同樂於民。故語之以今樂獨古。所以引而進之也。子夏以文侯好音。而不知樂。故對以今樂異古。所以抑而攻之也。輔氏廣曰。先言聲音之異。後又言君之所好者溺音。正之以漸也。不然文侯有不復問矣。禮案古樂象德表功。新樂賞心說目。故同者其末。不同者其本也。

子夏對曰。夫古者天地順而四時當。民有德而五穀昌。疾疢不作而無妖祥。此之謂大當。然後聖人作爲父子君臣以爲紀綱。紀綱旣正。天下大定。天下大定。然後正六律和五聲弦歌詩頌。此之謂德音。德音之謂樂。詩云。莫其德音。其德克明。克明克類。克長克君。王此大邦。克順克俾。俾於文王。其德靡悔。旣受帝祉。施於孫子。此之謂也。鄭注當謂樂不失其所。此有德之音。所謂樂也。德正應和曰莫。照臨四方曰明。勤施無私曰類。教誨不倦曰長。慶賞刑威曰君。慈和徧服曰順。俾當爲比。聲之誤也。擇善從之曰比。施延也。言文王之德。皆能如此。故受天福。延於後世也。孔疏此子夏與魏文侯。明古樂之正。引詩以結之。大當者不失其所。如上所謂是也。案禮緯含文嘉云。三綱謂君爲臣綱。父爲子綱。夫爲妻綱。六紀謂諸父有善。諸舅有義。族人有敍。昆弟有親。師長有尊。朋友有舊。弦歌詩頌者。謂以琴瑟之弦。歌此詩頌也。詩大雅皇矣之篇。美王季之道德旣正。天下應和。所以莫然而靖。其明能照臨天下。施惠勤勞。不私於己。外及等類。教誨不倦。能爲人師長。慶賞刑威。能與人作君王。此大邦慈和徧服。又能擇善從之。王季德比文王。無可恥悔。旣受天福祉。以遺子孫。有天下也。詩云德音則此經之所謂也。德正音和曰莫以下。皆昭二十六年左傳文也。方氏慤曰。民之有德。以其有恆產。故有恆心也。五稷昌。以時和歲豐也。妖左氏所謂地反物爲妖是也。疾疢則災之加乎人者。妖祥則災之加乎物者。疾疢不作。而無妖祥。則天地之間。至纖至悉。無不當於理矣。故曰此之謂大當。陳氏澔曰。祥亦妖也。書序言。亳有祥。孫氏希旦曰。大當言天地之間。無不得其當也。此以上言聖人養民之事也。旣養然後教之。作爲父子君臣。以爲紀綱。制禮以教民也。

紀以治其條理之詳。綱以總其禮節之大。紀綱既正。天下大定。則禮達於天下矣。禮達然後制樂。周子所謂禮先而樂後也。詩謂風雅也。德音謂道德之聲音也。詩自克順克比以上。皆言王季之德。比至也。至於文王。而其德尤無所悔。故能受上帝之福。而延及孫子也。引詩以證德音。斷章之義也。禮案地氣上齊。天氣下降。二氣和洽。此之謂順。春夏生長。秋冬斂藏。不失其時。此之謂當。說文疢熱病也。妖祥若洪範五行傳服妖詩妖。青祥青祥之屬。德者得也。年豐物阜。民無短折。災眚不作。萬物各遂其生。故謂之大當。聖人作爲父子君臣。以正倫紀也。大綱既正。又恐禮嚴上下之分。而情有不親。故作雅樂。以和人心。六律正。五聲和。於以播之歌頌。被之管絃。使聞之者。莫不和敬。故謂之德音也。昭二十年左傳曰。先王之濟五味。和五聲以平其心。成其政也。聲亦如味。一氣。二體。三類。四雅。五聲。六律。七音。八風。九歌。以相成也。清濁小大。短長疾徐。哀樂剛柔。遲速高下。出入周旋。乃相濟也。君子聽之。以平其心。心平德和。故詩曰。德音不瑕。鄭注德正應和曰莫。至擇善而從曰比。並逸周書謚法文。

今君之所好者。其溺音乎。文侯曰。敢問溺音何從出也。鄭注其溺音乎。言無文王之德。則所好非樂也。文侯玩習之久。不知所由出也。孔疏上有治世之音。亂世之音。今君之所好者。非正音。是淫溺之音乎。不敢指斥。故言乎。而疑之也。文侯既聞子夏之言善。遂問溺音所出之由。陸氏佃曰。前言所好者音也。今乃言所好其溺音乎。是引其君有漸也。蓋辭不迫切。而意已篤至。禮案子夏前言音樂相近而不同。故文侯既聞古樂之德音所由矣。又聞其新樂之溺音所出也。

子夏對曰。鄭音好濫淫志。宋音燕女溺志。衛音趨數煩志。齊音敖辟喬志。此四者皆淫於色而害於德。是以祭祀弗用也。鄭注言四國皆出此溺音。濫濫竊。姦聲也。燕安也。春秋傳曰。懷與安。實敗名。趨數讀爲促速。聲之誤也。煩勞也。祭祀者。不用淫樂。孔疏此子夏爲文侯。明溺音所出。濫淫謂男女相偸竊。鄭國樂音好濫。是淫邪之志也。溺歿也。宋音所安。唯女子。所以使人志歿溺而不止也。衛音既促且速。所以使人煩勞也。齊音敖很辟越。所以使人意志驕逸也。此四者皆淫於色。而害於德。故不用祭祀也。馬氏晞孟曰。祭祀之所用。在和與敬。鄭淫宋溺。則失於敬。衛煩齊驕。則失於和。是以不用也。輔氏廣曰。四國之音。在當時如此。宋音其紂之遺乎。孫氏希旦曰。樂音好濫。則有淫邪之志。聽之亦能生人淫邪之志也。下三者放此。先儒皆以鄭詩爲鄭聲。然此言溺音。有鄭宋齊衛四者。而宋初未嘗有詩。則鄭衛之聲。固不係於其詩矣。列國之樂。雖不用於祭祀賓客之正樂。然至無算樂皆用之。周禮所謂燕樂縵樂是也。周樂十五國之風。與南雅三頌。並肄於樂官。大司樂凡建國。禁其淫聲。過聲。凶聲。慢聲。若十五國之樂。鄭風衛風。卽鄭衛之淫聲。周樂豈當有之。蓋國風雅頌。皆雅樂之所歌也。若鄭衛之聲。則別爲當時之俗樂。雖亦必有歌曲。然其所歌。必非十五國風之詩也。禮案說是也。孟子齊宣王謂好世俗之樂。蓋此類是矣。淵鑑類函淫樂類。引此作燕安溺志。今案作安是。

詩云。肅雍和鳴。先祖是聽。夫肅肅敬也。雍雍和也。夫敬以和。何事不行。鄭注言古樂敬且和。故無事而不用溺音也。孔疏此子夏重明正樂。所以勸勵文侯用古樂也。詩周頌有瞽之篇。肅敬也。雍和也。言樂音敬和而鳴。先祖之神。聽而從之。若施於政教。何事不行也。方氏愨曰。肅陰事也。而禮由陰作。以敬爲主。雖陽道也。而樂由陽來。以和爲主。孔子曰。知和而和。不以禮節之。亦不可行也。樂中之禮。於此見之。孫氏希旦曰。何事不行。以起下文。誘民孔易之意。禮案先祖是聽。故尚書益稷云。祖考來格。尚書大傳曰。周公與升歌而弦文武。諸侯在廟中者。仍然淵其志。和其情。是敬以和也。爲人君者謹其所好惡而已矣。君好之則臣爲之。上行之則民從之。詩云誘民孔易。此之謂也。鄭注誘進也。孔甚也。言民從君所好惡。進之於善無難。孔疏此子夏勸文侯好古樂。又謹行以化民無不從也。詩厲王大雅板之篇也。言在上教道於民甚易。但己行於上。則民化於下也。胡氏銓曰。謹好惡謂好古樂惡新樂也。誘謂勸進之。義疏云。欲民平好惡。必人君自謹其好惡。此前後血脈貫通處。禮案此卽荀子正論所云。主者民之倡也。上者下之儀也。上宣明則下治辨矣。上端誠則下愿愨矣。然後聖人作爲鞉鼓椌楬壎篪。此六者德音之音也。然後鐘磬竽瑟以初之干戚旄狄以舞之。此所以祭先王之廟也。所以獻酬酳酢也。所以官序貴賤各得其宜也。所以示後世有尊卑長幼之序也。鄭注六者以其聲質也。椌楬謂柷敔也。壎篪或爲簨簴。官序貴賤。謂尊卑樂器。列數有差次。孔疏此論聖人作爲樂器道德之音。以示後世也。言此鞉鼓椌楬壎篪。其聲質素。是道德之音也。干楯也。戚斧也。猶羽也。聲既文質備足。又用干戚旄羽。以舞動之。此所以祭先王之廟也。以前云鄭宋齊衛四者。爲祭祀所不用故也。賓入而奏肆夏。及卒爵而樂闋。孔子屢嘆之是也。所以官序貴賤。各得其宜。體別尊卑於朝廷。天子八佾。諸侯六佾是也。聞樂知德。施於子孫。是示後世。使聽之莫不和順。莫不和親。是長幼之序也。案鄭注詩有瞽篇云。柷形如漆筩。中有椎敔狀如伏虎。背上有二十四齟齬。鄭司辨注笙師云。篪七孔。塤六孔。鄭云塤燒土爲之。大如雁卵。鞉如鼓而小。持其柄搖之。旁耳自擊。鼓革也。椌楬木也。其聲質素。故周語單穆公云。革木一聲。注云一聲無宮商清濁是也。陳氏祥道曰。播鞉而鼓從之。中聲以發焉。擊椌而楬止之。中聲以節焉。吹壎而篪應之。中聲以和焉。蓋弦歌詩頌。中聲之所止也。而謂之德音。則鞉鼓椌楬壎篪。中聲之所出也。謂之德音之音。不亦宜乎。方氏愨曰。干以自蔽。戚揚以勝人。武之事如斯而已。旄以示愛。羽以示飾。籥則六律之所生。狄則之五色之所備。文之事如斯而已。所舉雖各不同。所以主文武之事。言之則一也。禮案白虎通云。八音者法易八卦之數也。天子承繼萬物。當知其數。既得其數。當知其聲。卽思其形。如此。蜎飛蠕動。無不樂其音者。至德之光也。鐘聲鏗。鏗以立號。號以立橫。橫以立武。君子聽鐘聲則思武臣。鄭注號號令。所以警衆也。橫充也。謂氣作充滿也。孔疏此一節。論樂器之聲各別。君子之聽。思其所用之臣。金鐘之聲鏗鏗然。是堅剛故可以舉立號令威嚴。則軍士勇敢。而壯氣充滿。武事可立。君子識樂之情者。所以聽之。而思武臣也。陳氏祥道曰。鐘於五行爲金。於五事爲言。於五藏爲氣。於五性爲義。金則奏而爲鏗鏘。言則發而爲號令。直其氣所以立橫。方其義所以立武也。禮案白虎通云。鐘之爲言動也。陰氣用事。萬物動成。鐘爲氣用。金爲聲也。故可以立號令。韋注國語周語云。小鍾名鎛。鎛者搏也。有搏擊之義。故因聲而思武事也。石聲磬。磬以立辨。辨以致死。君子聽磬聲。則思死封疆之臣。鄭注石聲磬。磬當爲罄。字之誤也。辨謂分明於節義。孔疏此明石聲輕清。叩其聲則其聲罄罄然也。崔云能清別衆物。分明辨別。各有部分。不可侵濫。故能使守節者致死。若諸侯死社稷。大夫死衆。士死制也。君子聽磬聲。則思死封疆之臣者。言守分不移。即固封疆之義矣。陳氏祥道曰。磬於八音爲石。於八卦爲乾。石則其形曲折而有別。乾則其行剛健而不陷。有別所以立辨。不陷所以思死也。禮案白虎通云。磬者夷則之氣。初學記引五經要義云。磬立秋之樂。秋氣義。故能辨。秋陰肅。故能死。石可裂而不可卷。故聞聲而思死節之士也。絲聲哀。哀以立廉。廉以立志。君子聽琴瑟之聲。則思志義之臣。鄭注廉。廉隅也。孔疏此明絲聲之體婉妙。故哀怨能立廉隅。不越其分。自立其志。君子聽琴瑟之聲。則思志義之臣者。言然聲含志不可犯。故聞絲聲而思其事也。陳氏祥道曰。琴瑟同出於絲。絲聲則噍殺而哀。潔靜而廉。依義而立志而已。此所以思志義也。禮案白虎通云。瑟者嗇也。閑也。所以懲忿窒欲正人德也。琴者禁也。所以禁止淫邪正人心也。夫羽亂則哀。哀聲噍殺。亡國之音也。其能立廉立志乎。哀當讀如詩序。哀窈窕之哀。鄭箋彼云。哀當爲衷。衷正也中也。正則思無邪。中即中聲也。中聲感人。故志定於內。而義形於外矣。故君子聞衷聲而思志義之臣也。竹聲濫。濫以立會。會以聚衆。君子聽竽笙簫管之聲。則思畜聚之臣。鄭注濫之意猶擥聚也。會猶聚也。聚或爲最。孔疏此明竹聲濫以立會者。以擥聚故能合會而聚衆也。君子思畜聚之臣者亦聞其音。而思其事也。笙以匏爲之。而在竹聲之中者。笙以匏爲體。插竹於匏。匏竹兼有故也。方氏慤曰。畜若易所謂畜物之畜。聚若易所謂聚人之聚。畜聚之臣。則異乎聚斂之臣矣。禮案濫當讀如內則醷濫之濫。揚子方言。紀莒之間。名諸爲濫。謂以諸物和濫也。竹聲之器。其管繁多。其聲參差。故有會聚之象。王制云。三年耕必有一年之畜。畜物非一。故曰聚。畜聚係道國之急務。故君子聞竹聲而思畜聚之從也。白虎通曰。笙者太簇之氣。象萬物之生。故曰笙。簫者以祿爲本。故有畜聚之義也。鼓鼙之聲讙。讙以立動。動以進衆。君子聽鼓鼙之聲。則思將帥之臣。鄭注聞讙囂則人意動作。讙或爲歡。動或爲勳。孔疏此明鼓鼙之聲讙雜。使人動意作。故能進發其衆也。君子聽聲。則思將帥之臣者。鼓能進衆。故聞其聲。而思其事也。云鼙者。廣其類也。陳氏祥道曰。鼓鼙則爲革聲一也。士諱而讙。搴趨而動。有進衆之義焉。此所以思將帥也。禮案白虎通云。鼓震音。煩氣也。萬物憤懣。震動而生。故謂鼓也。說文鼙騎鼓也。釋名鼙裨助鼓節也。夫軍旅之閒。不鼓不成列。鼓所以鼓舞士卒之勇氣也。聞鼓聲而思將帥。必然之理。子夏所舉金石絲竹之音。以動聽者之思。未有若此言革音之切也。君子之聽音。非聽其鏗鏘而已矣。彼亦有所合之也。鄭注以聲合成己之志。孔疏此總結上文五者。言君子之聽音聲。非徒聽其鏗鏘而已。彼謂樂聲亦有合成己之志意也。輔氏廣曰。鏗鏘者聲也。號與武者義也。聲在彼。義在我。君子不徒聽其聲而已。必有感發其在我之意而已。猶言鏗鏘。以例其餘。孫氏希旦曰。君子所欲得者賢才也。而樂聲有以合之。故聞其聲。則思其人如此。則將欣悅之不暇。何至於聽之而欲倦乎。蓋子夏以此規文侯之失。而其言婉而不迫如此。亦可謂善告君矣。右魏文侯篇第八。禮案八音以匏竹兼言。又不及土木者。蓋以上文椌楬壎篪。已說土木之音矣。故此不贅也。

禮記通釋卷五十

玉環戴禮

樂記

賓牟賈侍坐於孔子。孔子與之言及樂曰。夫武之備戒之已久何也。對曰。病不得其衆也。

鄭注武謂周舞也。備戒擊鼓警衆。病猶憂也。以不得衆心爲憂。憂其難也。孔疏此一經別錄是賓牟賈問章。姓賓牟名賈。侍於孔子。孔子與之初論他事。次及於樂。孔子問之云。武樂先擊鼓備戒已久。乃始作舞。何。賓牟賈答言。武王伐紂之時。憂不得士之衆之心。故先鳴鼓。以戒士衆。久乃出戰。今武樂故令舞者。久者不出。是象武王憂不得衆心故也。陸氏佃曰。泰誓曰。受克予。非朕文考有罪。惟予小子無良。病不得衆。若此之謂也。夫以周伐殷。八百諸侯不期而會。然武王之志。猶恐不逮其事。蓋愼之至也。禮案孔子知樂之情者也。而於武舞有疑。尙問諸賓牟賈。則賈必當時之樂官也。尙書序謂武王伐紂。師渡孟津。作泰誓三篇。以告戒軍士。至牧野將戰。又作牧誓。以鼓勵衆心。則其病不得衆可得知。

咏歎之淫液之何也。對曰。恐不逮事也。

鄭注咏嘆淫液歌遲之也。逮及也。事戎事也。孔疏此孔子問欲舞之前。其歌聲何意。吟咏長嘆歆羨也。賓牟賈答以象武王伐紂。恐諸侯不至。不逮及戰事。故歌長聲而嘆。音連延而流液不絕。思欲待衆之至也。孫氏希旦曰。凡舞必歌詩以奏之。周頌桓賚諸篇。左傳皆謂之武。蓋奏大武之所歌也。舞者在下。歌者在上。而其節奏相應。此謂先鼓備戒之時。歌聲如此也。武舞六成。而左傳言武有七篇。則其首篇乃未舞之先所歌也。其戒備之久。亦可見矣。恐不逮事者。恐諸侯後至。不及用師之事。故致其長吟歎慕之意。禮案咏嘆謂歌聲有感喟也。淫液謂歌聲過流曼也。

發揚蹈厲之已蚤何也。對曰。及時事也。

鄭注時至武事富施也。孔疏此又是孔子之問。初舞之時。手足發揚蹈地而猛厲。故云已蚤何也。賓牟賈對以舞時蚤爲發揚蹈厲。象武王及時伐紂戰事也。此答非也。下云發揚蹈厲。是大公之志故知也。孫氏希旦曰。用兵之時。其發揚蹈厲宜也。今大武於初作之時已如此。故言已蚤。及時事者。言欲及時而行討伐。故初舞卽致其勇決之意。禮案尙書牧誓云。尙桓桓如虎如貔。如熊如羆。此發揚蹈厲之蚤也。又泰誓曰。時哉勿可失。此及時事也。

武坐致右憲左何也。對曰。非武坐也。

鄭注言武之事無坐也。致謂膝至地也。憲讀爲軒。聲之誤也。孔疏此亦孔子問詞。坐跪也。致至也。軒起也。問武人何忽有時而跪。以膝至地。而左足仰之何故。賓牟賈答云。致右軒左。非是武人之坐。此答亦非也。下云武亂皆坐。周召之治故知也。孫氏希旦曰。武坐致右軒左。謂武舞五成之時。舞者之坐。致右膝於地。而軒起其左足也。非武坐者。武亂皆坐。坐則當兩足皆致於地。今乃致其右而軒其左。則非武坐也。焦氏循曰。案注以至明致。卽輕也。故憲爲軒。禮案車前高曰軒。後下曰輕。則此云致右憲左。言舞者復亂飭歸之勢。皆左高而右低也。坐猶守也。義見桓十二年左傳。

聲淫及商何也。對曰。非武音也。子曰。若非武音則何音也。

對曰。有司失其傳也。若非有司失其傳。則武王之志荒矣。子曰。唯丘之聞諸萇弘。亦若吾子之言也。鄭注：言武歌在正其軍。不貪商也。時人或說其義爲貪商也。有司典樂者也。傳猶說也。荒老耄也。言典樂者失其說也。而時人妄說也。書曰王耄荒。萇弘周大夫。孔疏：此亦孔子問詞。淫貪也。樂聲何意有貪商之聲。賓牟賈言武王應天從人。不得已而伐之。何容有貪商之聲。故言非武音也。孔子因而問之云。若非武樂之音。則何音也。賓牟賈答言。武歌有貪商之意。是典樂有司失傳。若非有司失傳。則是武王荒耄。遂有貪商也。然武王大聖。伐暴除殘。何有貪商之意。故是有司妄說。使時人致惑。孔子既得賓牟賈之答。故云聞諸萇弘之說。亦若吾子之言。陸氏佃曰。據武亂皆坐。紂作靡靡之樂。所謂及商者此與。對曰。有司失其傳。後商之遺聲也。五字在此。當承對曰。脫亂在後。此言聞諸萇弘。若曾子問曰吾聞諸老聃。則先儒所謂問樂於萇弘。問禮於老聃是也。孫氏希旦曰。淫過也。商。商聲。商聲主殺伐。此承武坐致右憲左而問。則亦謂武亂有此聲也。用兵之時。宜有殺伐之聲。至武舞之亂。則戎商已克。偃武修文之時。而乃過有殺伐之聲。則與勝殷遏劉之意異矣。有司失其傳者。言有司傳授之誤。而失其本也。不然。則武王之志荒亂。而有意於黷武矣。既曰唯。復曰是也者。所以深然賈之言也。郭氏嵩燾曰。史記武王伐紂。吹律聽聲。而音尚宮。皆取寬大之義。商者西方金音。淫者聲之過亢。而流爲商調也。禮案。樂以武名。其肅殺之氣固所不免。而謂之聲淫及商者。言其張大而無節也。白虎通云。商者張也。陰氣開張。是也。

賓牟賈起。免席而請曰。夫武之備戒之已久。則既聞命矣。敢問遲之遲而又久何也。鄭注：遲之遲謂久立於綴。孔疏：此是賓牟賈問孔子。免席避席也。賈前答孔子大武已久之意。被孔子所許。不得爲非。是既聞命矣。敢問遲之遲而又久何也者。此賈問孔子之詞。賀氏云。備戒已久是遲。久立於綴亦是遲而又久。何意如此。輔氏廣曰。賓牟賈蓋當時之知樂者也。故孔子以武樂問之。賈五答而夫子唯之以一言。初未嘗有所辨明。而賈乃起敬。免席而請也。方氏慤曰。免席而徒立。所以致敬。更端而問。故以請言。上遲音稺。蓋待也。所謂待諸侯之至也。下遲宜如字。遲未至於久。遲而又久。則遲之至也。如下文所言至武之遲久。皆其事也。孫氏希旦曰。聞命謂聞孔子是賈之言也。賈所言凡五事。孔子皆是之。而但言備戒之已久者。舉其始問者以該其餘也。遲之遲而又久者。武舞六成。每成皆遲久而後終。故重言以見其意也。賈既聞孔子是已所言。又自以其所疑者問之也。禮案。上文云侍坐。此言起免席而請。然則賈以卑幼事長者之禮事孔子也。

子曰。居。吾語汝。夫樂者象成者也。總干而山立。武王之事也。發揚蹈厲。大公之志也。武亂皆坐。周召之事也。鄭注：居猶安坐也。成謂已成之事也。總干持盾也。山立猶正立也。象武王持盾正立待諸侯也。發揚蹈厲。所以象威武時也。武舞象戰鬥也。亂謂失行列也。失行列則皆坐。象周公召公以文止武也。孔疏：此孔子爲賓牟賈說武樂將舞之事。舞人總持干盾以正立。似山不動搖。象武王持盾以待諸侯之至也。武舞發揚蹈厲。象大公威武鷹揚之志也。武舞迴移轉動。亂失行列。皆坐者。象周召文德之治也。張子載曰。總干而山立。是舞中有一人。而象武王之治者。然以就舞位。而樂尸養老。必天子有時而親爲也。方氏慤曰。亂謂治其行列之亂。孫氏希旦曰。象成謂象所成之功。夫樂象成者也。此一句總包下文之所言。與篇末武之遲久。不亦宜乎。二句相爲首尾。禮案待諸侯之至則山立。諸侯至時則行動。玉藻所謂山立時行。蓋天子穆穆之氣象也。詩大雅云。維師尚父。時維鷹揚。蓋將帥威武之氣也。亂讀如論語關雎之亂。言武舞終而皆坐。若二公坐而論道經邦。變理陰陽。蓋輔相之氣象也。

且夫武始已北出。再成而滅商。三成而南。四成而南國是疆。五成而分周公左召公右。六成復綴以崇。

鄭注成猶奏也。每奏武曲。一終爲一成。始奏象觀兵盟津時也。再奏象克殷時也。三奏象克殷有餘力而反也。四奏象南方荊蠻之國。侵畔者服也。五奏象周公召公分職而治也。六奏象兵還振旅也。復綴反位止也。崇充也。凡六奏以充武樂也。孔疏此孔子爲賓牟賈說武樂六成之意。始謂初舞位最在於南頭。從第一位而北出者。次及第二位。稍北出者。熊氏云。則前云三步以見方。是一成也。作樂一成而舞。象武王北出觀兵也。再成謂舞者從第二位。至第三位。象武王滅商。則與前文再始以著往爲一也。三成謂舞者從第三位至第四位。極北而南反。象武王克紂而南還也。四成謂武曲四成。舞者從北頭第二位。卻至第三位。象武王伐紂之後。南方之國。於是疆理也。五成謂從第二位至第三位。分爲左右。象周公居左。召公居右也。六成謂南頭初位。舞者從第三位。南至本位。故言復綴以崇。謂六奏充其武樂。象武王之德。充滿天下。此並熊氏之說。而皇氏不云次位。舞者本在舞位之中。但到六成而已。今舞亦然。義亦通也。俞氏樾曰。毛詩蝃蝀篇。崇朝其雨。毛傳曰。崇終也。以崇猶言以終。上文曰且夫武始而北出。此云六成復綴以崇。正以始終對言。鄭訓爲充。未得其義。禮案成者樂奏一闋也。始而北出。象武王觀兵於孟津。朝歌在西岐東北。故曰北出。再成象再出。尚書泰誓王次於河朔。伐商滅紂是也。三成而南者。孔疏詩譜云。紂命文王。典治南國，江漢汝旁之諸侯。故出曰北。反曰南也。四成囘南後。疆理南國之事也。五成而分周公左。召公右者。象周召爲二伯。分陝而治也。六成復綴以崇者。復整齊其綴兆而終。上文所謂旅退是也。申氏培詩說。武爲大武之一成。賚爲二成。時邁爲三成。般爲四成。酌爲五成。極爲六成。蓋大武時所歌之詩也。

天子夾振之而駟伐。盛威於中國也。

鄭注夾振之者。王與大將夾舞者。振鐸以爲節也。駟當爲四。聲之誤也。武舞戰象也。每奏四伐。一擊一刺爲一伐。牧誓曰。今日之事。不過四伐五伐。孔疏武樂在庭。天子尊極。所以得親夾舞人。爲振鐸者。皇氏云。武王伐紂之時。正與大將。親自執鐸。以夾軍衆。今作武樂之時。令二人振鐸夾舞者。象武王與大將。伐紂之時矣。牧誓武王戒誓士衆云。今日戰事。前進不得過四伐五伐。乃止齊焉。今武樂惟用四伐。不用五伐者。尚其少也。張子載曰。天子夾振而駟伐。以舞列分爲左右。則總干者在中振鐸。而舞列夾而進也。駟伐者必是舞列四出。象兵四出也。南國是疆之後。亦有不服者。如淮夷是也。其時須當用兵。故言盛威於中國。大中國之威也。孫氏希旦曰。此申言再成滅商之事也。周禮大司馬職曰。司馬振鐸。車徒皆作。夾振之而四伐。象牧野之戰。盛大威武於中國。書言我武維揚是也。禮案詩小雅載驂載駟。又大雅駟騵彭彭。駟者四馬一乘。於戰事言駟伐。義極平允。而鄭讀爲四者。以舞不當有車馬也。

分夾而進。事蚤濟也。久立於綴。以待諸侯之至也。鄭注分猶部曲也。事猶爲也。濟成也。舞者各有部曲之列。又夾振之者。象用兵務於早成也。久立於綴。象武王伐紂。待諸侯也。孔疏分夾言舞者各有部分。振鐸夾之而進也。象武王以紂爲事之蚤成。故前進也。未舞之前。舞者久立於酇綴。象武王待諸侯之至也。應氏鏞曰。待諸侯之至。此武之始事。孔子言之於終者。以其問至於遲久。故以是言。孫氏希旦曰。分夾而進。謂舞者象將師部分士卒。又振鐸夾之使進。事蚤濟者。欲其急濟河也。久立於綴。言再成將發時。而未即舞。象武王將濟河時。待諸侯至而俱發。書王次於河朔。羣后以師畢會是也。再成時始立於綴。次乃渡河。次乃四伐。此乃逆言之。蓋滅商之功。成於四伐。故先言之。而逆溯以及其前也。禮案事蚤濟者。言武王以同心同德之士三千。蚤足以克濟伐紂之事矣。而猶待諸侯畢至者。以伐紂乃應天順人之舉。非一己之私也。

且汝獨未聞牧野之語乎。武王克殷反商。未及下車而封黃帝之後於薊。封帝堯之後於祝。封帝舜之後於陳。下車而封夏后氏之後於杞。投殷之後於宋。封王子比干之墓。釋箕子之囚。使之行商容而復其位。庶民弛政。庶士倍祿。濟河而西。馬散之華山之陽而弗復乘。牛散之桃林之野而弗復服。車甲衅而藏之府庫而弗復用。倒載干戈。包之以虎皮。將帥之士。使爲諸侯。名之曰建櫜。然後天下知武王之不復用兵也。鄭注欲語以作武樂之意。反商當爲及。字之誤也。及商謂至紂都也。牧誓曰。至於商郊牧野。封謂故無土地者也。投舉徙之辭也。時武王封紂子武庚於殷墟。所徙者微子也。後周公更封而大之。積土爲封。封比干墓。宗賢也。行猶視也。使箕子視商禮樂之官。賢者所處。皆令反其居也。弛政去其紂時苛政也。倍祿復其紂時薄者也。散猶放也。桃林在華山旁。甲鎧也。衅釁字也。包干戈以虎皮。明能以武服兵也。建讀爲鍵。字之誤也。兵甲之衣曰櫜。鍵櫜言閉藏兵甲也。詩曰載櫜弓矢。春秋傳曰。垂櫜而入。周禮曰櫜之欲其約也。薊或爲續。祝或爲鑄。孔疏孔子既爲賓牟賈說武樂之體。又欲爲賈廣論牧野作武樂之意。故云且汝獨未聞牧野之語乎。將欲語以牧野之事。畢周道四達之意也。反當爲及。言武王牧野克殷已畢。及至商。未遑下車。即封黃帝堯舜之後。夏殷以二王之後禮大。故待下車而封之。案周本紀云。乃封紂子祿父。使管叔蔡叔相祿父。命召公釋箕子之囚。命畢公釋百姓之囚。表商容之閭。命閎夭封比干之墓。武王追思先聖乃褒封神農之後於焦。封黃帝之後於薊。封帝堯之後於祝。封帝舜之後於陳。大禹與此同。此不云封神農者。舉三恪二代也。行視也。容謂禮樂之官。使箕子檢視殷家禮樂之官。若有賢者所處。皆令復居其故位也。弛去也。庶民被紂虐政者。而放去之。庶士謂紂時祿薄者。而倍益之。車甲不復更用。故以血衅而藏之。熊氏云。凡載兵之法。皆刃向外。今倒載者。刃向國。不與常同也。虎皮猛武之物也。包裹兵器。以虎皮有文。欲以見文止武也。將帥封爲諸侯以報功也。即牧誓千夫長是也。鍵籥牝也。櫜兵鎧之櫜也。言鎧兵櫜韜於府庫。而鍵閉之也。天下知武王不復用兵者。見其放牛藏器故知之也。張氏守節曰。今衞州所理汲縣。即牧野之地。薊幽州縣也。陳陳州宛丘縣。故陳城。杞汴州雍丘縣。濟河而西。武王伐紂事畢。從懷州河陽縣南渡黃河。從洛城至西。歸鎬京也。桃林在華山旁。葉氏夢得曰。武王克殷反商。未及下車。此商字下脫政字。蓋武成文也。張子載曰。牧野之語。古樂發旅也。語說此樂之義也。牧野之語。語武也。胡氏銓曰。春秋傳以垂櫜示無弓。則建櫜非垂矣。應氏鏞曰。武始而北出。三成而南。皆以河爲南北大勢之限也。又曰濟河而西。又以河爲東西大勢之限也。蓋以雍岐而視濮衛。則周爲西南。而商爲西北也。王氏引之曰。建當讀爲鍵。馬融廣成頌正作鍵櫜。兪氏樾曰。武王左右。自不乏人。何必箕子之是使。脫故主之幽囚。而劾新君之奔走。稍有人心者所不爲。而謂箕子爲之乎。鄭注非也。使之行商容。而復其位。卽就箕子言。蓋釋其囚。而便之復位也。商容猶言商禮。禮以容儀爲主。故行禮之臺。謂之容臺。至漢世而徐氏之容。與制氏之聲並傳。然則以容言禮。猶以聲言樂也。武王優崇箕子。不奪其志。俾得仍用殷禮也。禮案反商卽尚書武成乃反商政。政由舊。葉說是也。謂改紂虐政。而復其前王之仁政也。史記周本紀。武王封紂子武庚於殷。至成王時。武庚叛。始求微子立之國於宋。以奉殷祀。而此云者。當孔子之時。故曰宋。不曰殷也。不謂之封。而謂之投者。以其自殷徙宋之意乎。將帥之士。使爲諸侯。卽本紀謂武王封功臣謀士。而師尚父爲首。封於營丘曰齊。封弟周公旦於曲阜曰魯。封召公奭於燕。封弟叔鮮於管。弟叔度於蔡。餘各以次受封是也。釋名云。名明也。建讀如字。建櫜猶詩周頌載櫜之意。建櫜於武車而還師。所以明戢兵也。故人見之。而知其不復用兵也。

散軍而郊射。左射貍首。右射騶虞。而貫革之射息也。裨冕搢笏而虎賁之士說劍也。祀乎明堂而民知孝。朝覲然後諸侯知所以臣。耕藉然後諸侯知所以敬。五者天下之大教也。

鄭注郊射爲射宮於郊也。左東學也。右西學也。貍首騶虞。所以歌爲節。也。貫革射穿甲革也。裨冕衣裨衣而冠冕也。裨衣袞之屬也。搢猶插也。賁憤怒也。文王之廟爲明堂制。耕藉藉田也。孔疏此一經論克商之後。修文教也。散軍而郊射者。還鎬京止武而習文也。天子於郊學而射。所以擇士簡德也。左東學。在東郊。貍首諸侯之所射詩也。周立虞庠之學於西郊。故知使諸侯習射於東學也。鄭注大射云。貍首逸詩。貍之言不來也。其詩有射諸侯首不朝者之言。因以名篇。右是西學。在西郊也。騶虞天子於西學中習射也。騶虞白虎黑文。義應之獸也。唯天子射歌之。其篇云彼茁者葭。一發五豝。鄭注射義云。喻得賢者多也。貫穿也。革甲鎧也。所謂軍射也。軍中不習於容儀。但取甲鎧之張而射唯一穿多重爲善。謂爲貫革也。春秋養由基射穿七札是也。此禮射於學。故貫革之射止息也。裨冕入廟之服。搢笏插笏也。虎賁言奔走有力。如虎之在軍。說劍者並習文故也。明堂是文王之廟也。於時未有明堂。而云明堂者。文王廟如明堂之制故也。天子於中祀其父。故教民知孝道也。六服更朝。故諸侯知爲臣之道。還國而教也。王自耕藉田以供粢盛。故諸侯見而知其敬。亦還國而耕也。五者郊射一。裨冕二。祀乎明堂三。朝覲四。耕藉五。此五者大益於天下。並使諸侯還其本國而爲教。故云大教也。陳氏祥道曰。散軍郊射。而貫革之射息。則尙揖孫不尙勇力矣。今夫貍之爲物。其性善搏。其行則止而擬度焉。射者必持弓矢審固。而後發。亦擬度之意。騶虞見於周南。而貍首無所經見。逸詩有曾孫侯氏。四正具舉。大夫君子。凡以庶士。小大莫處。御於君所。以燕以射。則燕則譽。豈貍首之詩邪。檀弓曰。貍首之班然。執女手之卷然。豈貍首之歌邪。輔氏廣曰。此武王所以偃兵之梗概也。貫革之射。虎賁之劍。非强以息之說也。示之以郊射禮服。而彼自不能不息。不說也。應氏鏞曰。射於郊。養老於大學。非有異學也。大學既在郊之學。貍首騶虞之節。雖有天子諸侯之異。竊意因學而分左右。非分學而射也。若分之而天子諸侯。各射一處。則非所以辨尊卑矣。騶虞仁而不殺。天子包容徧覆之象。貍首義而善搏。諸侯奔走赴功之象。故射各以其詩爲節。孫氏希旦曰。祀乎明堂。謂祀上帝。以文王配之也。始於武王。而孝經以爲周公者。以禮樂皆周公之所贊成也。事先主於孝。事神主於敬。明堂主於嚴父。故言孝。耕藉兼有外神。故言敬。禮案散軍者。解其軍籍。使歸農也。周禮春官樂師云。凡射王以騶虞爲節。諸侯以貍首爲節。大夫以采蘋。士以采蘩。貫革之射息。郎論語謂射不主皮是也。裨冕搢笏見玉藻。虎賁三千人。武王伐商之士也。說劍者示偃武修文也。孝經曰。宗祀文王於明堂。以配上帝。示民之尊親也。大戴朝事言。春朝諸侯而圖天下之事。秋覲而比邦國之功。明臣禮。職臣事。所以教臣也。祭統云。天子親耕於南郊。以供粢盛。諸侯耕於東郊。亦以供粢盛。蓋天子率之在上。故諸侯莫敢不敬承也。**食三老五更有大學。天子袒而割牲。執醬而饋。執爵而酳。**五者之教。上三事統言臣庶。下二事專養諸侯也。**冕而總干。所以教諸侯之弟也。**鄭注三老五更。五言之耳。皆老人更知三德五事者也。冕而總干。親在舞位也。周名大學曰東膠。孔疏謂天子養三老五更之時。親袒衣而割牲。親執醬而饋之。食訖親執爵而酳口。親自著冕。手持干盾而舞。此冕當鷩冕。享先公以饗射養老之類。天子親自養老。則諸侯亦然。不言教以孝者。與上互文。三德謂正直剛柔。五事謂貌言視聽思也。文王世子注云。象三辰五星者。義相包矣。張子載曰。古者養老執醬而饋。執爵而酳。執干羽以就舞位。大子身親如此。用悅老者。所以教天下之孝弟。聖人之教人也。是故酒埽應對。爲天下之基本也。萬氏斯大曰。案周人養老。兼用燕禮。享禮。食禮。故文王世子篇所云養老。是燕禮也。此記所謂養老。是食禮也。其禮無可考。見略準公食大夫禮言之。謂之食者。但食飯而不用酒獻酬也。鼎俎七。牲用大牢。割牲食禮不見。養老則天子袒而親割也。公與賓升之後。宰夫自東房授醯醬。公設之。蓋醬爲饌之本。故公親設。養老天子亦親設也。三飯之後。宰夫進漿飲於稻西。是郎酳爵也。賓卒食三飲。食禮公不親酳。養老則天子親酳也。食禮不樂。養老則天子親舞。凡所以敬老也。孫氏希旦曰。此疑當在上節五者天下之大教之上。韓詩外傳云。廢軍而郊射。左射貍首。右射騶虞。然後天下知武王之不復用兵也。祀乎明堂。而民知孝。朝覲然後諸侯知所以敬。坐三老於大學。天子執醬而饋。執爵而酳。所以教諸侯之悌也。此四者天下之大教也。以此觀之。則散軍郊射。裨冕搢笏。當屬於上節。與不復用兵同爲一事。所以教天下之禮讓也。與教孝。教臣。教敬。教悌。而爲五。韓詩外傳止言四教者。以不及耕藉也。禮案白虎通云。享三老五更於大學。老言三何。欲言其明於天地人之道。老也。五更者。欲言其明於五行之道。而更事也。**若此則周道四達。禮樂交通。則夫武之遲久。不亦宜乎。**鄭注言武遲久。爲重禮樂。孔疏若如也。言周德如此之後。則是周之道德。四方通達。禮樂交通。無所不備也。凡功小者易就。其時速也。功大者難成。其時久也。周之禮樂功大。故作此大武之樂。遲停而久。不亦宜乎。言其當遲久。愼重之也。周氏諝曰。樂者德之聲。舞者德之容。周之始以兵戈克紂。而至於祀明堂。耕耤田。養老更於大學。能後其教大備。其道四達。則樂舞之遲也。豈過也哉。孫氏帝旦曰。樂以象成。武王戡亂之勤已如彼。致治之備又如此。其功非一朝夕之所成。則所以象其成者。焉得不遲久乎。右賓牟賈篇第九。禮案周道四達。如詩大雅云。自西自東。自南自北。無思不服也。禮樂交通。卽上文謂明則有禮樂。幽則有鬼神。如此則四海之內。合敬同愛矣。孔子與賓牟賈論樂止此。

君子曰。禮樂不可斯須去身。致樂以治心。則易直子諒之心。油然生矣。易直子諒之心。生則樂。樂則安。安則久。久則天。天則神。天則不言而信。神則不怒而威。致樂以治心者也。

鄭注致猶深審也。子讀如不子之子。油然新生好貌也。善心生則寡於利欲。寡於利欲則樂矣。志明行成。不言而見信如天也。不怒而見畏如神也。樂由中出故治心。孔疏自此以下。至可謂盛矣。名樂化。言樂能化人至善。記者引君子之言禮樂。是治身之具。不可斯須去離於身也。致謂深致詳審。易謂和易。直謂正直。子謂子愛。諒謂誠信。言樂能感人。使心生四善。則令人和樂。故體安而不躁。性命長久也。志明行成。久而不改。則人信之如天。又爲人所畏如神也。天則不言而信。謂四時不失。神則不怒而威。言宗廟之中。而民自敬也。言聖王所以能如此者。正由詳審於樂。以和治民。遂能如此。案尚書云。啓呱呱而泣。予弗子。是子愛之義。書傳箕子歌云。禾黍之油油。潤澤好貌也。方氏愨曰。斯者辨於此。須者待於彼。辨則離。待則合。斯須一離一合之頃也。馬氏晞孟曰。易直子諒。皆人之常性也。人之性出於天。而成之者待樂也。樂者樂得其常性也。孟子曰。萬物皆備於我矣。反身而誠。樂莫大焉。安則外物所不能傾。而執德弘。信道篤。在此無斁。在彼無惡。險夷一節。故安則久。久者幾於化。而天者以言其化也。至於化。不則廣大有以致。而高明有以極矣。故天則神。蓋天有四時。春夏秋冬。不言而人信之。神則視之而不見。聽之而不聞。使天下之人。齊明盛服。以承祭祀。以其不可知也。蓋樂生於心。則其所循者天。故由易直子諒之心。而積之終至於神也。禮案致窮極其理也。易直中也。子諒和也。致中和。則無往而不樂矣。樂也者。單瓢陋巷。而不改也。安也者。居仁由義。而不遷也。久也者。與天偕行。而不息也。神也者。卽易繫辭所云。神而明之。存乎其人。默而成之。不言而信。存乎德行。是也。

致禮以治躬則莊敬。莊敬則嚴威。心中斯須不和不樂。而鄙詐之心入之矣。外貌斯須不莊不敬。而易慢之心入之矣。

鄭注躬身也。禮自外作故治身。鄙詐是貪多利僞生。易輕易也。孔疏此謂致禮意以治躬。外貌則莊嚴。內心恭敬。則人懼之。嚴肅威重也。不能致樂治心。心中斯須不能調和。則不能喜樂。而有鄙悋詐僞之心。入於內矣。不能致禮治躬。故輕易怠慢之心。從外而入內矣。陳氏祥道曰。樂由中出。而本乎心。則和樂者。心之發於天眞者也。禮自外作。而見乎貌。則莊敬者。貌之形於肅括者也。鄙詐之心。反乎子諒者也。易慢之心。反乎莊敬者也。言反乎子諒者。推而上之。以見易直。言反乎莊敬者。推而下之。以見嚴威。言之法也。朱子熹曰。人之一字。正見得外誘使然。非本心實有此惡。雖非本有。然既爲所奪。而得以爲主於內。則非心而何。郝氏愨行曰。心言入者。私欲皆外至。禮樂不修。私心緣外物而入也。禮案經解云：「恭儉莊敬，禮教也。」莊敬，嚴威。卽大戴曾子事父母謂「坐如尸，立如齊，弗訊不言，言必齊色」是也。斯須偶爾也。偶爾不和不樂，必有不足之事，求其所以足吾欲，鄙詐之心入之矣；偶爾不莊不敬，必有狎侮之事，自侮而後人侮之，故易慢之心入之矣。

故樂也者，動於內者也；禮也者，動於外者也。樂極和，禮極順，內和而外順，則民瞻其顏色而弗與爭也，望其容貌而民不生易慢焉。故德煇動於內而民莫不承聽，理發諸外而民莫不承順。

鄭注：德煇，顏色潤澤也。理，容貌之進止也。孔疏：此言聖人用禮樂以治身，內外兼脩，使德煇動於內，而民順於外。樂從心起，故動於內；禮自外生，故動於外。樂能感人，故極益於和；禮以檢貌，故極益於順。心內和，色外順，故民望其顏色而不與爭，外貌和順，故民不生易慢。由樂以和心，故德煇發動於內，而民莫不承奉聽從；禮以治貌，故理發見於外，而民莫不承奉敬順也。陳氏祥道曰：禮樂之於天下，辨上下之位，則禮交動乎上，樂交應乎下，相通以致用也；定內外之分，則樂動於內，禮動於外，相辨以立體也。其爲體用雖殊，而所以職乎動則一而已。記者兩言之，爲更端異故也。君子內和於心，以達誠信，則民瞻其顏色而弗與爭焉，以內信外也。外順於貌，以達恭敬，則望其容貌而民不生易慢之心焉，以外直內也。方氏慤曰：顏色則指其面目，容貌則兼手足言之。瞻近而望遠故也。夫瞻其顏色，望其容貌，已足以使民弗與爭而不生易慢，又況於親炙之乎？聽亦無非順也，以樂有音，故特以聽言。禮案：動於內，心所感動也；動於外，躬所行動也。字同而義異也。樂本人心之所樂，故曰和。國語周語：「夫政象樂，樂從和，和從平，聲以和樂，律以平聲。」聲音相保曰龢。禮體人情，貴貴尊尊，親親長長，而爲之序，故曰順。昭二十六年左傳：「君令臣恭，父慈子孝，兄愛弟敬，夫和妻柔，姑慈婦聽，禮也。」內和而外順者，德成於內，行成於外，故和平顯於顏色，恭孫達於容貌。瞻望之者，化而爲和，感而興敬也。德煇也者，樂之見象也。理也者，禮之實體也。樂作而民皆承聽，以同愛也；禮行而民皆承順，以合敬也。

故曰：致禮樂之道，舉而錯之天下無難矣。

孔疏：此總結致備禮樂之道也。言聖王若能詳審極致禮樂之道，舉而錯置於天下，悉皆敬從，無復有難爲之事也。陳氏祥道曰：子張問政，孔子對以君子明於禮樂，舉而錯之而已。此孔子將爲政於衞，所以深悼禮樂之不興也。樂案：無難言舉行禮樂，以正民心，節民欲，則天下不難安定也。

樂也者，動於內者也；禮也者，動於外者也。故禮主其減，樂主其盈。禮減而進，以進爲文；樂盈而反，以反爲文。禮減而不進則銷，樂盈而不反則放。故禮有報而樂有反。禮得其報則樂，樂得其反則安。禮之報，樂之反，其義一也。

鄭注：禮主其減，人所倦也。樂主其盈，人所歡也。進謂自勉強也。反謂抑止也。文猶美也，善也。放，淫聲樂不能止也。報讀曰襃，猶進也。得謂曉其義，知其吉凶之歸。其義一，俱趨立於中，不銷不放也。孔疏：此論禮樂之體，或減或盈，其事各異。王者當各依其事，而和節之。行禮在於困匱，主在減損，謂人不能行也。作樂入所歡樂，主於盈滿，人皆欲得聞也。進爲文者，樂主其盈，當須抑退而自反也。禮若不進則銷衰。樂若不反則流放。故禮有報而樂有反也。禮能曉其義理而自進。則和樂不至困苦。樂能知吉凶之歸而得反。則安靜而不流放。其於中和之義一也。言俱得其中故也。陳氏祥道曰。禮未嘗不主減。然而享必至於百拜。儀必至於三千。則以進爲文可知。樂未嘗不主盈。然而合樂必止三終。奏韶必止九成。則以反爲文可知。在風之蟋蟀。儉必欲中禮。樂必欲無荒。在雅之楚茨。禮儀欲其旣備。鍾鼓欲其旣戒。亦此意。銷此鑠於外物。不能以自強。入於魯人之跛倚者有之。放則逐於外物。不能以自反。入於魏文侯之忘倦者有之。朱子熹曰。禮主於撙節退遜檢束。然以其難行。故須勇猛力進。始得。故以進爲文。樂主於舒暢發越。然一向如此。必至於流蕩。故以反爲義。孫氏希旦曰。上言進而下言報者。蓋進者由己而進。報者因物而卽。言進猶有勉強易倦之意。言報則見我之行禮。皆因情之不容已。而有不得不勉者矣。禮案禮主其減。故祭不欲數。樂主其盈。故樂不可極。報本思追遠之義。則禮不能銷矣。反情致其志之和。則樂不致流矣。

夫樂者樂也。人情之所不能免也。德必發於聲音。形於動靜。人之道也。聲音動靜。性術之變。盡於此矣。鄭注免猶自止也。人道人之所爲也。性術言此。出於性也。盡於此。不可過。孔疏此言樂之爲體。是人情所歡樂。不能自抑退也。內心歡樂。聲音發見。前嗟嘆咏歌是也。形見於外貌動靜。則不知手舞足蹈是也。是人道自然之常。術爲道路。變謂變動。言口爲聲音。貌爲動靜。是人性道路之變轉。竭盡於此。而不可過此度。故云盡於此矣。方氏慤曰。聲音生於氣。故曰發。動靜見於容。故曰形。輔氏廣曰。過此則淫放。故曰盡於此矣。禮案性術之變。卽喜怒哀樂之感。盡於此者。謂皆形見於樂也。故人不耐無樂。樂不耐無形。形而不爲道。不耐無亂。鄭注形聲音動靜也。耐古書能字也。後世變之。此獨存焉。古以能爲三台字。孔疏此明人稟自然五常之性。若見好事。內心不能無善樂。樂不能無形見於外也。形於外而不依道理。或歌舞不節。俾晝作夜。不能無淫亂之事。以至於亡國喪家也。陳氏祥道曰。情動於中。而形於言。人之所以爲詩也。情樂於內。而形於外。人之所以爲樂也。凡此天機之發。而不能自已。非有以使之然也。是人不耐無樂。樂不耐無形。形而不爲之道達。則始乎治。常卒乎亂矣。禮案樂由人心。人不能無情。卽不能無樂。樂不依於道。若尚書伊訓所謂恆舞於宮。酣歌於室。未有不底於滅亡者也。先王恥其亂。故制雅頌之聲以道之。

使其聲足樂而不流。使其文足論而不息。使其曲直繁瘠廉肉節奏。足以感動人之善心而已矣。不使放心邪氣得接焉。是先王立樂之方也。鄭注流猶淫放也。文篇辭也。息猶銷也。曲直歌之曲折也。繁瘠廉肉。聲之鴻殺也。節奏闋作。進止所應也。方道也。孔疏此論先王恥惡其亂。故立正樂以節之。制爲雅頌之聲。作之有節。使人愛樂。不至流逸放蕩也。文謂樂之篇章。足可談論義理。而不息止也。曲謂聲音迴曲。直謂聲音放直。繁謂繁多。瘠謂省約。廉謂廉稜。肉謂肥滿。節奏謂或作或止。作則奏之。止則節之。言聲音之內。或曲或直。或繁或瘠。或廉或肉。或節或奏。隨分而作。以令其宜。但使足以感動人之善心而已。放心謂放恣之心。邪氣謂淫邪之氣。旣節之以雅頌。又調之以律呂。貌得其敬。心得其和。故放心邪氣。不得接於情性矣。方猶道也。言此上來之事，是先王立樂之道也。陳氏祥道曰：王政廢興，在雅不在風；盛德形容，在頌不在雅。制爲雅頌之聲以道之，則審樂足以知政，聞樂足以知德，使其聲足樂而不流，文足論而不息也。不息，故久。中正之雅，不過是爾。方氏慤曰：曲者聲之柔，若絲是也；直者聲之剛，若金是也；繁者聲之雜，若笙是也；瘠者聲之純，若磬是也；廉者聲之清，若羽是也；肉者聲之濁，若宮是也；節者聲之制，若徵是也；奏者聲之作，若合是也。絲、金者樂之音，笙、磬者樂之器，羽、宮者樂之聲，節、奏者樂之文，互舉以相備也。樂至於此，則其教不廢也，故以方言之。輔氏廣曰：道謂宣道其和樂之意，中聲之所止，故足樂而不流；君子於是語，於是道古，則文足論也。不息謂意味深遠，言之不能盡也。樂易失之放，故有放心，則邪氣應焉。孫氏希旦曰：肉與寬裕肉好之肉同，謂聲之圓轉，廉之反對也。禮案：三略曰：雅頌之聲皆發於辭，本於情，故君臣以睦，父子以親，故韶夏之樂也，聲浸乎金石，潤乎草木。故事不本於道德者，不可以爲儀；言不合乎先王者，不可以爲道；音不調乎雅頌者，不可以爲樂。

是故樂在宗廟之中，君臣上下同聽之，則莫不和敬；在族長鄉里之中，長幼同聽之，則莫不和順；在閨門之內，父子兄弟同聽之，則莫不和親。故樂者審一以定和，比物以飾節，節奏合以成文，所以合和父子君臣，附親萬民也，是先王立樂之方也。

鄭注：審一，審其人聲也。比物謂雜金革土匏之屬也。以成文，五聲八音克諧相應和。孔疏：此覆說聖王立樂之事。君臣主敬，鄉里主順，父子主親。八聲雖一，其感有殊，或有哀樂喜怒之感，當須詳審其聲，以定調和之曲，比八音之物以飾音曲之節，合爲奏作。其樂或節止其樂，使音聲和合，成其五聲之文，合和君臣父子，則上文和敬和親是也。附親萬民，則止文族長鄉里長幼莫不和順之屬。言親以及疏，言近以至遠也。張氏守節曰：正樂流行，故隨所在而各盡其善。宗廟有君臣，所主在和敬；鄉里有長幼，所主在和順；閨門有父子，所主在和親。前章使親疏貴賤長幼男女之理皆形見於樂，所是也。陳氏祥道曰：五聲所以爲一者，以宮爲之君也；十二律所以爲一者，以黃鍾爲之本也。故審宮聲則五聲之和定，審黃鍾則十二律之和定。審一以定和也。金石以動之，絲竹以行之，革木以節之，比物以飾節也。應氏鏞曰：一者心也，心一而所應者不一。精審密察於衆理之中，以求其當，所謂惟精惟一也。守一以凝定其和，雜比以顯飾其節，及其成文，則可以合和大倫，附親萬民。蓋樂發於一吾心，而於人心無二理也。義疏云：性有善有不善者，性術之變也。先王知其術之變原於性之一，故審其性之一，乃有以定其情而爲和也。王氏引之曰：族長皆鄉黨之屬，曰地官大司徒之職：五家爲比，五比爲閭，四閭爲族。管子乘馬篇：五家而伍，十家而連，五連而暴，五暴而長，命之曰某鄉。是百家爲族，二十五家爲長也，故與鄉里並言。孫氏希旦曰：一者，中聲之所止也。左傳云：先王之樂，所以節百事也，故有五節，遲速本末以相及，中聲以降，五降之後，不容彈矣。於是有煩手淫聲，慆堙心耳，乃忘平和。蓋五聲下不踰宮，高不過羽，若下踰宮，高過羽，皆非所謂和也。故審中聲者，所以定其和也。然五聲皆爲中聲，而宮聲乃中聲之始，其四聲皆由此而生，而爲宮之用，則審中聲以定和者，亦審乎宮聲而已。此所以謂之一也。比合也。審一以定上下相生以爲五聲，而又比合於樂器以飾其節奏也。郭氏嵩燾曰。國語古之神瞽。考中聲而量之以制。以中聲定其準。而陰陽之聲之依乎律呂者。應節相生。自然成文。故曰審一以定和。物者事也。郊廟射鄉食享之事。皆有事於樂。燕禮記賓及庭。奏肆夏。賓拜主人答拜。而樂闋。公拜受爵。奏肆夏。卒爵主人拜受爵。而樂闋。皆因事之節。以盡其飾。故曰比物以飾節。禮案樂曰方者。博雅云。方大也正也。言先王立樂之大正於六合也。三略曰所謂樂者。非金石絲竹也。謂人樂其家。人樂其族。人樂其業。人樂其都邑。人樂其政令。人樂其道德。如此君子者。乃作樂以節之。使其不失其和。故有德之君。以樂樂人。無德之君。以樂樂身。樂人者久而長。樂身者不久而亡。

故聽其雅頌之聲。志意得廣焉。執其干戚。習其俯仰詘伸。容貌得莊焉。行其綴兆。要其節奏。行列得正焉。進退得齊焉。故樂者天地之命。中和之紀。人情之所不能免也。

鄭注綴表也。所以表行列也。詩云荷戈與綴。兆域也。舞者進退所至也。要猶會也。命教也。紀總要之名也。孔疏此論先王制樂。得天地之和。則感動人心。使之和善。雅以施正道。頌以贊成功。若聽其聲。則淫邪不入。故志意得廣焉。干戚是威儀之容。俯仰詘伸。以禮進退。動止必以禮。故容貌得莊焉。依其綴兆。故行列得正。隨其節奏。故進退得齊。樂感天地之氣。是天地教命。樂和律呂之聲。是中和紀綱。人感天地而生。又感陰陽之氣。樂師天地之命。協中和之紀。感動天人。是人情不能自免也。今案詩荷戈與祋。蓋鄭所見齊魯韓詩本不同也。紀是綱紀衆物之名。言樂與中和之聲爲總要也。陳氏祥道曰。季札觀周樂於魯。歌大雅曰。廣哉熙熙乎。歌頌曰。至矣哉。廣而不宣。是雅爲王政之興。頌爲王功之成。其體未嘗不廣也。況聽其聲乎。蓋內之爲志意。外之爲容貌。陳之爲行列。變之爲進退。聽雅頌之聲。則知反情以和志。故志意得廣焉。執其干戚。習其俯仰詘伸。則不至慢易以犯節。故容貌得莊焉。行其綴兆。要其節奏。則回邪曲直。各歸其分。故行列得正焉。進退得齊焉。周氏諝曰。樂能官天地。而天地不得之。則或幾乎息。故曰天地之命。又能道中和。而中和得之。則各有條理。故曰中和之紀。雖大而天地。小而紀中和。而其歸於樂。則一而已。所謂樂者。人情之所不能免也。禮樂歌雅頌之正聲。則人思立德立功。志意自然廣大矣。執干戚而舞。則威儀容止。自然莊肅矣。依綴兆則行列不亂。按節奏則聲容協律。命謂分天地之道也。大戴本命曰。分於道謂之命。紀義理也。義見毛詩大雅傳。樂因人情而作。非由外至。故有血氣心知者。所不能自己也。

夫樂者先王之所以飾喜也。軍旅鈇鉞者。先王之所以飾怒也。故先王之喜怒皆得其儕焉。喜則天下和之。怒則暴亂者畏之。先王之道。禮樂可謂盛矣。

鄭注儕猶輩類。天子之於天下。喜怒節之以禮樂。則兆民和從。而畏敬之。禮樂王者所常興。則盛矣。

孔疏此覆說樂道之盛。樂以飾喜。非喜不樂。是喜得其儕類焉。鈇鉞飾怒。非怒不可橫施鈇鉞。是怒得其儕類焉。是樂以心喜。故天下和也。非惡不怒。故暴亂者畏之。上經論樂。此兼云禮者。以此一章。總兼禮樂。故於章末結之。陳氏祥道曰。先王之於喜怒。未嘗容私。皆得其儕焉。與春秋傳謂喜怒以類同意。方氏慤曰。在顯之謂飾。喜心生於內則隱矣。必播於聲音節奏。然後顯其所以喜。故曰飾喜。怒心生於內亦隱矣。必用於軍旅鈇鉞。然後顯其所以怒。故曰飾怒。喜合乎樂。則非作好也。必天下所同喜。怒合乎禮。則非作惡也。必天下所同怒。和言天下。畏言暴亂者。暴亂且畏。則天下無所不畏矣。陸氏佃曰。和讀去聲。孫氏希旦曰。左傳曰。喜怒以類者鮮。先王之喜怒。惟義理之所在。而已不與焉。故喜則飾之以羽旄干戚。而天下莫不和。怒則飾之以軍旅鈇鉞。而天下莫不畏。先王之喜怒。非禮樂不足以達之。禮樂達而天下莫不和且畏焉。其道豈不盛乎。右樂化篇第十。禮案。樂者飾喜。謂功成治定而頌聲作。故呂氏春秋古樂云。天下太平。萬物安甯。皆化其上。樂乃可成。樂民之所樂也。鈇鉞飾怒者。朱干玉戚。而舞大武。孟子曰。武王一怒而安天下之民。因民之所怒也。

子贛見師乙而問焉。曰。賜聞聲歌各有宜也。如賜者宜何歌也。師乙曰。乙賤工也。何足以問所宜。請誦其所聞。而吾子自執焉。

鄭注。子贛。孔子弟子。師。樂官也。乙。名。聲歌各有宜。氣順性也。樂人稱工。執猶處也。孔疏。子貢見師乙依別錄是師乙之章。子貢問言。凡聲歌各遂人性所宜。如賜之性宜作何歌。師乙不敢定其所宜。故請誦其所聞之詩。令子貢自量已性。執處所宜之歌。方氏慤曰。人之德性不同。而歌之爲體亦不一。故德性之小者。不足以歌大。大者不可以歌小。師乙所以誦其所聞。而使之自執焉。禮案。請子貢自執。此師乙之謙辭也。夫知樂難於知人。既知樂情。未有不知人性者也。

愛者宜歌商。溫良而能斷者宜歌齊。夫歌者。直己而陳德也。動己而天地應焉。四時和焉。星辰理焉。萬物育焉。故商者。五帝之遺聲也。寬而靜。柔而正者宜歌頌。廣大而靜。疏達而信者。宜歌大雅。恭儉而好禮者。宜歌小雅。正直而靜。廉而謙者宜歌風。肆直而慈愛。

鄭注。此文換簡失其次。寬而靜宜在上。愛者宜歌商宜承此下行。讀云。肆直而慈愛者宜歌商。商。宋詩也。愛或爲哀。直己而陳德。各因其德歌所宜。育。生也。孔疏。此經倒錯。上下失敘。今依鄭之所注。次而解之。所次依史記樂書。寬謂德量寬大。靜謂安靜和柔。正謂正直。頌其成功。德澤弘厚。若性寬柔靜正者。乃能包含。故宜歌頌也。廣大謂志意弘大而安靜。疏達謂疏朗通達而誠信。宜歌大雅。但不寬不柔。包容未盡。故不能歌頌。恭謂以禮自持。儉謂以約自處。若好禮而動。不越法也。而守分不能廣大疏通。故宜歌小雅也。正直而不能包容。靜退即不知機變。廉約自守。不能好禮自處。其德狹劣。故宜歌諸侯之風。未能聽天子之雅矣。情性肆放。質直慈心。愛養者。宜歌商。商者五帝之遺聲。言五帝道大。故肆直宜慈愛者。宜歌之也。齊。三代之遺聲。三代干戚所起。裁斷是非。故溫良能斷者。宜歌齊也。歌者當直己身。而陳論其德。已有此德。而宜此歌也。應之言。運動己德。而天地應。四時和。陰陽順也。星辰理。不悖逆也。萬物育。羣生得所也。下文商人識之。齊人識之。皆據其代。故知此商謂宋人所歌之詩。商是宋後也。陸氏佃曰。此一節疑因亂脫。失先後之序。蓋其文宜曰。夫歌者。直己而陳德也。動己而天地應焉。四時和焉。星辰理焉。萬物育焉。寬而靜。柔而正者。宜歌頌。廣大而靜。疏達而信者。宜歌大雅。恭儉而好禮者。宜歌小雅。正直而靜。廉而謙者。宜歌風。肆直而慈愛者。宜歌商。溫良而能斷者。宜歌齊。故商者。五帝之遺聲也。商人識之。故謂之商。齊者。三代之遺聲也。

齊人識之。故謂之齊。內愛一字衍。陳氏祥道曰。人之歌也。與陰陽相爲流通。物象相爲感應。故聲和則形和。形和則氣和。氣和則象和。象和則物和。動己而天地應。三才相通而有感。有感斯應矣。邵氏淵曰。人之一身。凡天地四時萬物之理。莫不畢備。今也直己而陳德於歌。宜其或應或和。或理或育。有不期然而然者。非歌能使之也。德寓於歌。聞其歌而感之也。直己者無所掩覆。致直而行之也。禮案直己謂歌也。動己謂舞也。天地應。風雨時也。四時和。寒暑節也。星辰理。無差貸也。萬物育。遂其生也。樂者中和之氣。和氣成象。其利溥矣。**商之遺聲也。商人識之。故謂之商。齊者三代之遺聲也。齊人識之。故謂之齊。明乎商之音者。臨事而屢斷。勇也。見利而讓。義也。有勇有義。非歌孰能保此。**鄭注云。商之遺聲也。衍字也。又誤上所云。故商者五帝之遺聲也。當居此衍字處也。屢數也。數斷事以其肆直也。見利而讓。以其溫良能斷也。斷猶決也。保猶安也。知也。孔疏。五帝德既顯盛。遺聲在於後代矣。其肆直而慈愛者。宜聽之耳。未能行。五帝之德也。商之遺聲也。五字鄭云衍者。上已有商者五帝之遺聲。故此云商人識之。謂之商。齊者三代之遺聲。齊人識之。既識其音曲。故謂之齊。言三王德備。遺聲於後代。溫良能斷者。宜聽歌聲。非謂進行三代之德也。明商音者。以其肆直而慈愛。故臨事屢斷也。明齊音者。以其見利而讓。不私於己也。臨危疑之事。數能斷割。是勇也。見利能讓。是有義也。故有勇有義之人。不是歌聲辨之。誰能知之。陳氏祥道曰。周人兼用六代之樂。而正考甫得商頌於周之大師。得非五帝之遺聲乎。周之禮樂盡在於魯。而魯大師摯適齊。得非三代之遺聲乎。子貢達於政。非不能臨事而屢斷也。累於貨殖。未必能見利而遜也。然則子貢所宜歌。亦可知矣。方氏慤曰。明不爲物蔽之謂肆。直而不蔽於慈愛。是明乎商之音者。故臨事而屢斷。以慈愛之蔽在於無斷故也。溫良而不蔽於能斷。是明乎齊之音者。故見利而讓。以能斷之蔽在於無讓故也。唯有勇乃能斷事。唯有義乃能讓利。歌五帝之遺聲。則可以保其勇。歌三代之遺聲。則可以保其義。勇義人之所有。非明乎歌。音則不足以保全之也。李氏格非曰。歌者非徒直己而陳德也。又足以修人之所未足。此古之人所以成於樂也。禮案屢當讀如論語億則屢中之屢。帝王外紀。伏義作荒樂。詠罔罟以鎮天下之人。命曰立本。亦曰立基。孝經鈎命決曰。神農樂曰下謀。呂氏春秋古樂云。黃帝樂曰咸池。顓頊樂曰承雲。帝嚳樂曰九招。六列。六英。堯樂曰大章。舜樂曰質修。九招。六列。六英。夏作夏籥九成。湯作大護。歌晨露。武王作大武。周公作三象。若堯舜之樂歌。則見於尚書及書傳者尤多。記所謂五帝三代之遺聲此屬是也。**故歌者上如抗。下如隊。曲如折。止如槁木。倨中矩。句中鉤。纍纍乎端如貫珠。**鄭注。言歌聲之著動人心之審。如有此事。孔疏。此論感動人心形狀。如此諸事。歌聲上響。感動人意。使之如抗舉也。音聲下響。感動人意。如似隊落也。音聲迴曲。感動人心。如似方折。音聲止靜。感動人心。如似枯槁之木。止而不動。音聲雅曲。感動人心。如中於矩。音聲大屈曲。感動人心。如中於鉤。音聲之狀。纍纍乎感動人心。如貫珠。言音聲感動令人心想如此。方氏慤曰。抗言聲之發揚。隊言聲之重濁。曲言迴轉而齊。止言闋後而定。倨則不動。方之體。故中矩。言其聲之常如此。句則不直。曲之體。故中鉤。言其聲之變如此。纍纍乎言其聲相繫屬。端如貫珠。言其終始兩端相貫。而各有成也。郝氏敬曰。如抗七者。歌之法也。上者聲高。下者聲卑。曲者聲回。止者聲絕。矩曲尺也。半環曰鉤。孫氏希旦曰。回轉謂之曲。小折謂之倨。大折謂之句。纍纍者相連繫而不絕也。此節形容歌聲之妙如此。所以直己陳德。而可以感動天地萬物者也。禮案抗羽音也。最高最清。響遏雲表。故鳳凰來儀。隊宮音也。最下最濁。聲徹九淵。故蟫魚出聽。曲折謂聲之旋轉也。如槁木寂然似無氣息也。倨直折也。句屈折也。顏注前漢揚雄傳云。鉤規也。矩方也。如矩音變成方也。如鉤音圓如規也。如貫珠斷續悠揚。餘音嬝嬝。而不絕也。

故歌之爲言也。長言之也。說之故言之。言之不足故長言之。長言之不足。故嗟嘆之。嗟嘆之不足。故不知手之舞之。足之蹈之也。鄭注長言之引其聲也。嗟歎和續之也。不知手之舞之。足之蹈之。懽之至也。孔疏上論歌之形狀。此論歌之始終相生。至於舞蹈長言之者。言歌之爲言。引液其聲。長遠而言之。說之故言之。此更覆說歌意前境。有可說之事。未感己情則言之。直言之不足。更宣暢己意。故長言之長言永歌之意。猶不足。故嗟嘆之。美而和續之。雖復嗟嘆。情猶未滿。故不覺揚手舞之舉足蹈之也。孫氏希旦曰。歌之引聲者。謂之長言。虞書歌永言是也。歌之嘆和流連者。謂之嗟嘆。賓牟賈篇所謂詠嘆之淫液之是也。至於手之舞之。足之蹈之。則又由歌而爲舞。而性術之變盡矣。禮案長言嗟嘆。謂歌者也。手舞足蹈謂舞者也。先言歌而後言舞。以作樂必先升歌於堂上。而後舞作於堂下也。

子貢問樂。鄭注上下同美之也。方氏愨曰。終言子貢問樂。蓋題上事也。與文王世子言周公踐阼同義。錢氏大昕曰。說文贛賜也。貢獻也。兩字音同義別。子貢名賜。字當從贛。孫氏希旦曰。右師乙篇第十一。禮案上作贛。此作貢。此四字疑後人所補。

禮記通釋八十卷

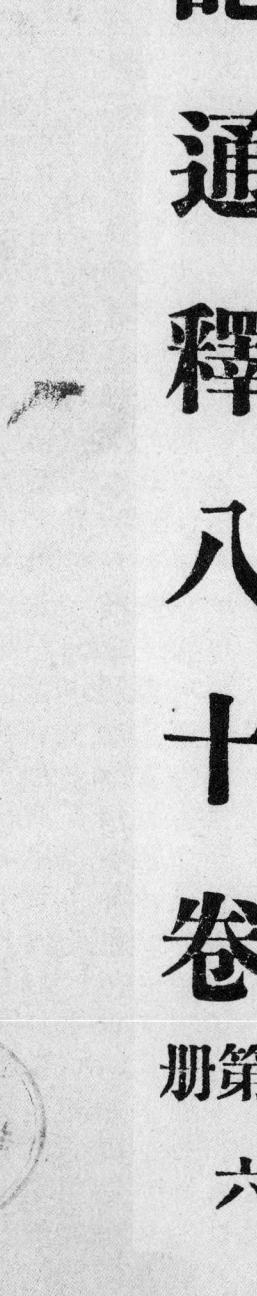

第六冊

禮記通釋卷五十一　玉環戴禮

雜記上第二十 孔疏案鄭目錄云。名曰雜記者。以其雜記諸侯以下至士之喪事。此於別錄屬喪服。分爲上下。義與曲禮檀弓分別不殊也。方氏慤曰。此篇雖以記喪爲主。下篇又兼言三患五恥。觀蜡取盜之類。則其事不一。故以雜名篇。猶之易有說卦序卦。而有雜卦。莊子有內篇而有雜篇也。禮案名爲雜記者。以篇中之言喪制。間有與檀弓曾子問小記大記同者。以記事之雜也。且篇未有釁廟。則吉禮也。納幣笄女。則嘉禮也。吉凶相雜。非純喪禮。故謂之雜記。

諸侯行而死於館。則其復如於其國。如其道。則升其乘車之左轂。以其綏復。鄭注館主國所致舍。復招魂復魄也。如於其國。主國館賓。予使有之。得升屋招用褒衣也。如於道。道上廬宿也。升車左轂。象升屋東榮。綏當爲緌。讀如蕤賓之蕤。字之誤也。緌謂旌旗之旄也。去其旒而用之。異於生也。孔疏自此以下至蒲席以爲裳帷。總明諸侯及大夫士在路而死。招魂復魄。并明飾棺貴賤之等。此論五等諸侯朝覲天子及自相朝會。死於主國。有司所授館舍。若復魄之禮。則與在己本國同。若在道路死。則與本國異。升其所乘車左邊轂上而復魄。車以南爲正。則左在東。象在家升屋東榮也。在國招魂用上服。今在路用綏。亦冀魂魄望見識之而還也。若王喪於國。而復於四郊。亦建綏也。不於廬宿之舍復者。廬宿供待衆賓。非死者所專有也。胡氏銓曰。禮言綏凡數處。鄭皆讀爲緌。竊謂王制明堂位夏采所云。讀作緌可也。此復魄既在車。當以執綏之綏。杜子春說是。鄭意蓋謂夏采建綏以復。不知彼王禮也。孫氏希旦曰。聘禮及郊斂旜。蓋旗之旒縿。至郊皆斂。而但載其綏。鄭氏謂去其旒而用之。異於生。失其義矣。義疏云。去旒周禮無此說。諸侯之旗。如其命數。豈有欲其望見。而反去其可別識之命數。而存一不可別識之旄乎。禮案胡氏說是。蓋復者冀其復生也。生者升車必執綏。故道死於車。亦以綏復。所以導其魂氣。附綏升車。依體復生也。

其輤有裧。緇布裳帷。素錦以爲屋而行。鄭注輤載柩將殯之車飾也。輤取名於櫬與蒨。讀如蒨旆之蒨。櫬棺也。蒨染赤色者也。將葬載柩之車飾曰柳。裧謂鼈甲邊緣。緇布裳帷。圍棺者也。裳帷用緇。則輤用赤矣。輤象宮室。屋其中小帳。櫬覆棺者。若未大斂。其載尸而歸。車飾皆如之。孔疏此明諸侯車飾。輤謂載柩之車四旁。有物裧垂。象鼈甲邊緣。緇布裳帷者。輤下棺外。用緇色之布。以爲裳帷。以圍繞棺。又用素錦以爲屋。小帳以覆棺。於死處既設此飾。而後行也。胡氏銓曰。裳用緇。則輤與裧皆赤也。以玄纁對耳。鄭謂輤如蒨旆之蒨。取蒨赤也。竊案大夫以白布爲輤。豈亦因染赤得名乎。柩車經帷此一文。則知未大斂前車飾亦然。孫氏希旦曰。屋幄也。四合象宮室。故曰屋。此承上言復之文。又下云。不毀牆。又於大夫云。舉自阼階。則此經言。主謂未大斂而歸者明矣。若既大斂。載柩而歸。其車飾蓋亦如此。而其禮則有異也。禮案輤字從車。疑以木爲骨。外周以布。若今棺罩之頂式。下云不能入廟門。以木質堅。故高大之器。廟門不能容也。裧即輤之衣。用緇布裳帷者。言輤下棺之四圍。用緇布爲牆。若裳帷然。蓋頂之裧。則以素錦爲之。

云爲屋者。棺木長方式。故覆棺之帳。有類屋狀也。

至於廟門。不毀牆遂入。適所殯。唯輤爲說於廟門外。

鄭注廟所殯宮牆。裳帷也。適所殯。謂兩楹之間。去輤乃入廟門。以其入自有宮室也。毀或爲徹。凡柩目外本者。正棺於兩楹之間。尸亦俟之於此。皆因殯焉。異者。柩入自闕。升自西階。尸入自門。升自阼階。其殯必於兩楹之間者。以其死不於室。而自外來。留之於中。不忍遠也。孔疏爲明諸侯禮。載柩入制也。廟門謂殯宮門也。不毀牆謂不去裳帷。唯輤一物說於殯宮門外。以殯之所在。故謂此廟。以死在外來。故殯於兩楹間。案公羊定元年。癸亥。公之喪至自乾侯。正棺於兩楹之間。鄭以是推之。則知尸自外來者。亦停於兩楹之間。故尸亦俟之於此。皆因殯焉。柩入自闕。尸入自門。皆曾子問文。周人殯於客位。今於兩楹間。是不忍遠之也。孫氏希旦曰。毀牆。毀殯宮門之西牆也。不毀牆。以未大斂也。凡以柩歸者。入自闕。則毀牆。以尸歸者。入自門。則不毀牆。所殯。謂堂上也。死於家者。小斂於戶內畢。乃奉尸俟於堂。尸自外來。則升堂而遂俟尸焉。言遂入適所殯。明不入於室。而後出也。禮案檀弓上云。夏后氏殯於東階之上。殷人殯於兩楹之間。周人殯於西階之上。則此如據周禮。自殯於西階之上也。且曾子問未云尸柩之自外來。殯所有異。鄭憑臆說於兩楹間。不可爲據也。記云唯輤脫於廟門外。則裳帷不徹可知。孫謂不毀牆。乃不毀殯宮之牆。義固然矣。注謂毀或爲徹。則廟門之牆。不能曰徹。自是言飾棺之牆。此鄭義爲優。今從之。至尸入不云升自阼階者。文見下也。

大夫士死於道。則升其乘車之左轂。以其綏復。如於館死。則其復如於家。

鄭注綏亦緌也。大夫復於家以玄冕。士以爵弁服。胡氏銓曰。綏亦如字。孫氏希旦曰。如於家。謂升屋而以上服復也。禮案喪大記。大夫以玄頳。士以爵弁。皆升自東榮中屋。履危北面三號。捲衣投於前。司服受之。降自西北榮。其爲賓則公館復。私館不復。其在野則升其乘車之左轂而復。此大夫士道死。亦以綏復。益可證上文綏係升車所執之綏。而非夏采乘車建綏之綏。故大夫士亦得以綏復也。館。公館也。說見下。諸侯曰國。大夫士曰家。君臣之別也。如其家。亦升屋東榮。以衣復也。

大夫以布爲輤而行。至於家而說輤。載以輲車。入自門。至於阼階下而說車。舉自阼階。升適所殯。

鄭注大夫輤言用布。白布不染也。言輤者達名也。不言裳帷俱用布。無所別也。至門亦說輤乃入。言載以輲車。入自門。明車不易也。輲讀爲輇。或作槫。許氏說文解字曰。有輻曰輪。無輻曰輇。周禮又有蜃車。天子以載柩。蜃輇聲相近。其制同乎。輇崇蓋半乘車之輪。諸侯言不毀牆。大夫士言不易車。互相明也。不易者。不易以楯也。廟中有載柩以輴之禮。此不耳。孔疏此明大夫車飾。大夫以白布爲輤。不以蒨草染之。初死及至家。皆以輲車。至家說輤。唯輲車在。故云載以輲車。說車。說去其車。舉自阼階下而升。適兩楹間所殯之處。此謂尸。若柩則升自西階。若天子諸侯。載柩以蜃車。殯時則易輴矣。凡在路。天子以下至士。皆用蜃車。與輲車同。周禮遂師共蜃車之役。是天子也。既夕注云。車。載柩車。周禮謂之蜃車。是士也。雜記云。大夫載以輲車。輲車則蜃車。諸侯不言可知。蜃車之形。既夕注云。其車之轝狀如牀。中央有轅。前後出。設輅轝。輅轝上有四周。下則前後有軸。以輇爲輪。迫地而行。有似於蜃。因取名焉。輲車則不用輻爲輪。天子諸侯殯皆用之。故檀弓云。天子菆塗龍輴。謂畫輴轅爲龍。諸侯殯亦用輴。

車不畫轅爲龍也。喪大記云。君殯用輴。大夫殯不用輴。故喪大記大夫之殯廢輴。士掘肂見衽。是亦廢輴也。其朝廟大夫以上皆用輴。士朝廟用轝軸。故既夕禮云。遷於祖用軸。輴與轝軸所以異者。輴有四周。轝軸則無。故鄭注既夕云。軸狀如轉轔。刻兩頭爲軹。軹狀如長牀。穿桯前後。著金而關軸焉是也。戴氏震曰。蜃乃假借字。輲其本字也。輲車四輪迫地。其輪無輻。鄭以爲卽輇。非也。輲者車之名。輇者輪之名。孫氏希旦曰。以布爲輤。謂上之輤。及載柩旁之裳帷。中之屋。皆以白布爲之也。轝謂說車而以人轝之。象在家者。男女奉尸侇於堂之禮也。在道載柩。載尸皆以輲車。以其上有四周。下有四輪。又輪用全木。承載穩。行地安。而無傾敗之患也。禮案。大夫云。入門說車。轝升所殯。而上文諸侯不言者。非文互見也。蓋諸侯以楡沈設攢。而升輴車。不以人轝尸也。其餘禮皆同。故曾子問云。君大夫士一節也。**士輤葦席以爲屋。蒲席以爲裳帷。**鄭注言以葦席爲屋。則無素錦爲帳。孔疏此明士輤也。謂用葦席屈之以爲輤。棺之屋。蒲席以爲裳帷。圍繞於屋旁也。然大夫無以他物爲屋之文。則是用素錦爲帳矣。既有錦帳。帳外上有布輤。旁有布裳帷。則士之葦席之外。旁有蒲席爲裳帷。則屋上當以蒲席爲輤。覆於上。但文不備也。方氏慤曰。大夫以布爲輤。則諸侯用帛可知。士以葦席蒲席爲裳。則不得用緇布矣。此皆降殺之別也。孫氏希旦曰。士葬無褚。此乃有屋者。亦以未有柩故也。禮案。士輤用葦者。以其質堅韌。故可編席以爲屋。蒲草軟。故宜織席爲裳帷。上文大夫不言屋者。以布爲輤之衣。是卽屋也。非輤下又有帳名屋也。**凡訃於其君。曰君之臣某死。父母妻長子。曰君之臣某之某死。**鄭注訃或皆作赴。赴至也。臣死。其子使人至君所告之。父母妻長子。此臣於其家喪所主者。孔疏此一節總明遭喪訃告於君及敵者。并訃於鄰國稱謂之差。父母妻長子曰。君之臣某之某死者。上某是生者臣名。下某是臣之親屬死者。云君之臣姓某甲之父死也。孫氏希旦曰。若父死則曰君之臣某之父某死。長子則曰君之臣某之長子某死。若母妻則以氏配字稱之。若曰伯姬叔姬也。長子亦赴於君者。以其爲三年之喪。而自主之者也。然則君亦當使人弔之矣。禮案。鄭注儀禮士喪記云。赴走告也。今文作訃。檀弓上曰。父兄命赴者。鄭注彼云。謂大夫以上也。士主人親命之。士喪禮曰。乃赴於君。主人西階東南面。命赴者拜送。喪禮記。赴曰君之臣某死。赴母妻長子。則曰君之臣某之某死。**君訃於他國之君。曰寡君不祿。敢告於執事。夫人曰寡小君不祿。大子之喪。曰寡君之適子某死。**鄭注君夫人不稱薨。告他國君謙也。孔疏以謙故稱寡君。若寡德之君。雖復壽考。仍以短折言之。故云不祿。不敢指斥鄰國君身。故云敢告於執事。夫人至某死者。皆當云告於執事。不言者。略之也。案下曲禮云。諸侯曰薨。夫人尊與君同。不稱薨者。以告他國之君及夫人。自謙退而同士稱也。曲禮下曰。壽考曰卒。短折曰不祿。今君薨而云不祿者。臣子於君父。雖有考終眉壽。猶若其短折然。若訃曰卒。卒是壽終矣。斯無哀惜之心。非臣子之辭。鄰國來赴。書以卒者。無所老幼。皆終成人之志。所以相尊敬也。陸氏佃曰。凡諸侯同盟則訃。不同盟蓋不赴也。不言死。不死其君也。不言卒。不卒其君也。君雖壽考。猶以不祿赴。臣子之意也。夫人曰寡小君不祿。左傳曰。君氏卒。聲子也。不赴於諸侯。不反哭於寢。不祔於姑。故不曰薨。孫氏希旦曰。諸侯之喪。訃告之辭曰不祿。國中書之曰薨。鄰國書之曰卒。一以爲謙己。一以爲尊君。一以别外内之辭。義各有所當也。禮案大子赴云適子者。以死則不能世其國。故不云世子也。稱名者以未正南面。故亦如人臣之辭。大夫訃於同國。適者曰某不祿。訃於士亦曰某不祿。訃於他國之君曰君之外臣寡大夫某死。訃於適者曰吾子之外私寡大夫某不祿。使某實。訃於士亦曰吾子之外私寡大夫某不祿。使某實。鄭注適讀爲匹敵之敵。謂爵同者也。實當爲至。此讀周秦之人聲之誤也。孔疏此明大夫之卒。相訃告之禮。同國大夫。位相敵者曰某不祿。大夫既尊於士。士處亦稱不祿。稱某者或死者之名。或死者官號。而赴者得稱之。訃於他國。故云外臣。自謙退無德。故云寡大夫。尊敬他君。不敢申辭。故云某死。訃於他國大夫。以私有恩好。故曰外私。以訃大夫。其辭得申。故云某不祿。於身赴告。故云使某實。赴於他國之士。其辭同。方氏慤曰。士曰不祿。此非士亦曰不祿者。謙辭也。與死者有恩私。故曰外私。與玉藻言於大夫曰外私。名同而實異矣。使某實。謂以事實來告。胡氏銓曰。春秋傳曰。以賜君之外臣首。實謂身親告也。劉氏敞曰。使某實。實者以異國傳聞疑。言使人實之也。納蘭氏成德曰。韓退之祭十二郎文。以東野之書。耿蘭之報。無日月疑傳之非眞。則實字之解。當如劉氏。禮案鄭注儀禮燕禮云。私謂獨受恩厚。此不云敢告於執事者。以文見上也。士訃於同國大夫曰某死。訃於士亦曰某死。訃於他國之君曰君之外臣某死。訃於大夫曰吾子之外私某死。訃於士亦曰吾子之外私某死。孔疏此論士喪相訃告之稱。云某死者。以其士賤。赴大夫及士。皆云某死。若赴他國之君及大夫士等。云某死。但於他君稱外臣。於大夫士言外私耳。孫氏希旦曰。士喪禮朝夕哭。有他國異爵者之位。而此記亦有大夫士死。赴於他國君大夫士之辭。則大夫以吉凶慶吊之事。接於境外者。固禮之所未嘗禁。而所謂人臣無私交者。初非絕不往來之謂也。禮案以上赴辭。尊者曰不祿。卑者曰死。然則曲禮下。士曰不祿。非赴辭也。大夫次於公館以終喪。士練而歸。士次於公館。大夫居廬。士居堊室。鄭注公館公宮之舍也。練而歸之士。謂邑宰也。練而猶處公館。朝廷之士也。唯大夫三年無歸也。大夫居廬。士居堊室。謂未練時也。士居堊室。亦謂邑宰也。朝廷之士亦居廬。孔疏此明大夫士遭君喪。次舍居處及歸還之節。大夫恩深祿重。故爲君喪居廬。終喪乃還家。邑宰之士恩輕。故至小祥而反其所治邑也。朝廷之士雖輕。而無邑事。故亦留次公館三年也。大夫以位尊恩重故居廬。士位卑恩輕。故居堊室。應氏鏞曰。必次於公館。卽練而歸之士也。但大夫以其序皆次。且朝夕存焉。以待終喪。故曾子問曰。君未殯。則朝夕不歸。士則不盡次。而又止於歸練。未必朝夕存焉。故檀弓曰。早備入而朝夕踊。經所以既曰練而歸。又曰次於公館者。正謂其不能盡次。故以次爲復也。鄭氏謂士分兩等。而有邑宰朝廷之殊。諸侯之士多矣。由大國至小國。其有中士下士者。數各居其上之三分。固不止兩等。然而邑散布於四竟之內。固有去國尤遠者。若邑宰之士。盡釋邑寄。而館於此。豈不皆廢一邑之事乎。於經文似不通。郝氏敬曰。大夫次於公館。喪除後歸。雖練祥不歸也。士練祭則歸。大夫猶在倚廬。大夫初喪居倚廬。士初喪居堊室也。汪氏紱曰。此章言既練之後。大夫次公館以終喪。而士則歸於家。未練以前。士次於公館。而大夫則居廬。始死時大夫居廬。士居堊室也。但敍法參差顛倒。故舊說多誤。江氏永曰。案此文當云。大夫士次於公館。大夫以終喪。士練而歸。後言士次於公館者。倒文耳。古人屬辭。往往有此。非有兩士也。郭氏嵩燾曰。公館者從政之所。大夫士皆有常次。所謂既葬大夫士言公事。不言家事是也。禮案此文當作大夫次於公館以終喪。士次於公館練而歸。則文順矣。鄭注儀權士喪禮云。次謂斬衰倚廬。齊衰堊室也。注喪記云。倚木爲廬。在中門外東方北戶。爾雅釋宮。牆謂之堊。鄭注喪服傳云。堊室壘墼爲之。不塗墍也。周禮天官宮正。大喪則授廬舍。辨其親疏貴賤之居。鄭注彼云。親者貴者居倚廬。疏者賤者居堊室。故此之大夫居廬。士居堊室也。

大夫爲其父母兄弟之未爲大夫者之喪服。如士服。士爲其父母兄弟之爲大夫者之喪服。如士服。鄭注大夫雖尊。不以其服服父母兄弟。嫌若踰之也。士謂大夫庶子爲士者也。已卑又不敢服尊者之服。今大夫喪服禮逸。與士異者。未得而備聞也。春秋傳曰。齊晏桓子卒。晏嬰麤衰斬。苴絰帶杖。菅屨。食粥。居倚廬。寢苫枕草。其老曰。非大夫之禮也。曰。惟卿爲大夫。此平仲之謙也。言已非大夫。故爲父服士服耳。麤衰斬者。其縷在齊斬之間。謂縷如三升半。而三升不緝也。斬衰以三升爲正。微細焉則屬於麤也。然則士與大夫爲父服異者。有麤衰斬枕草矣。其爲母五升縷而四升。與兄弟六升縷而五升乎。惟大夫以上乃能備儀盡飾。士以下服則以臣服君之斬衰爲其父。以臣從君而服之齊衰爲其母與兄弟。亦以勉人爲高行也。大功以下。大夫士服同。孔疏。此明大夫士爲其父母昆弟之服也。大夫之父母兄弟或作士。或無官。今大夫爲之。若著大夫之服。是自尊踰越父母兄弟也。此士是大夫庶子。若大夫適子。雖未爲士。猶服大夫之服。卽下文是也。庶子所以不服大夫服者。已卑不敢服尊者之服。大夫喪禮逸。與士異者。未得而備聞也。引春秋傳者。襄十七年左傳文也。案聖證論王肅云。喪禮自天子以下無等。故曾子云。哭泣之哀。齊斬之情。饘粥之食。自天子達。春秋之時。尊者尚輕簡。喪服禮制遂壞。大夫與士異者。大夫以上。在喪斂時弁絰。士冠素委貌。張融云。士與大夫異者。皆是亂世尚輕涼。非王者之達禮也。陸氏佃曰。據此大夫喪服。士有不如也。既夕禮曰。衰三升。寢苫枕塊。則古者士服斬衰寢苫枕塊。大夫麤衰斬寢苫枕草。是歟。當晏子時。士僭大夫。大夫以上喪服益輕。故嬰粗衰斬枕草。反古之道。家老視時以爲非也。齊氏召南曰。三年之喪。無貴賤一也。齊斬之服。豈有大夫士之異哉。晏平仲身行古禮。而不直言當時之非。謙也。不可以春秋變制爲先王之正禮也。鄭注非是。禮案大夫爲死者之未爲大夫者服。如士服。喪從死者禮也。然儀禮喪服大夫爲昆弟子大功。則此如士服者。豈亦服止九月乎。至士爲死者之爲大夫者服士服。此士係支子。故不服父大夫之服。辟適子也。若爲兄弟服。則適庶同也。

大夫之適子。服大夫之服。鄭注仕至大夫。賢著而德成。適子得服其服。亦尊其適象賢。孔疏大夫適子得服大夫之服。以其父官至大夫。賢行既著。道德又成。其適子雖未仕官。亦當尊其適子。使服大夫之服。能象似其父之賢者。義疏云。儀禮喪服傳。父之所降。子不得不降。父之所不降。子亦不敢降也。蓋大夫之子。厭於父。故從父之服也。禮案此亦喪從死者之義也。

大夫之庶子爲大夫。則爲其父

母服大夫服。其位與未爲大夫者齒。鄭注：雖庶子得服其服，尚德也。使齒於士，不可不宗適。孔疏：此明大夫庶子爲大夫，則得爲父母服大夫之服。其行位之處，與適子未爲大夫者。猶齒列於適子之下。其年雖長於適子，猶使適子爲主。若年少則固在下。是宗適也。方氏慤曰：大夫之適子，雖爲士，服大夫之服，而不嫌於重者，適故也。至於庶子，身爲大夫，雖服大夫之服，其位猶與未爲大夫者齒。蓋長幼之序，不可以貴賤廢故也。禮案：位若始死室中位也。士喪記：室中唯主人主婦坐。兄弟有命夫命婦在焉，亦坐。則是其位與未爲大夫者齒，唯適子也。士之子爲大夫，則其父母弗能主也。使其子主之。無子則爲之置後。鄭注：大夫之子得用大夫之禮，而士不得也。置猶立也。孔疏：士子身爲大夫，若死則父母以身是士，故不可爲大夫喪主，使此死者之子爲主。以其子是大夫適子，得服大夫服也。前云大夫之適子服大夫服是也。若無適子，則以庶子當適處。若無庶子，則以族人之子當適子之處，皆得用大夫之禮。所以然者，父貴可以及子，故大夫之子得用大夫之禮。子貴不可以及父，故其父不得用大夫之禮。孫氏希旦曰：主謂爲主而拜賓也。士之子爲大夫，則其父弗能主者，非以大夫之尊卑其父，乃不敢以士之賤褻吊賓也。置後，謂立族人爲大夫之子，而主其喪也。然則大夫之無子者，雖非大宗，而得立後矣。禮案：疏以子貴不可以及父，即大傳言不以卑臨尊是也。庶子當適子，即小記云爲君母後者是也。大夫卜宅與葬日。有司麻衣、布衰、布帶，因喪屨，緇布冠不蕤。占者皮弁。鄭注：有司，卜人也。麻衣，白布深衣，而著衰焉，及布帶、緇布冠。此服非純吉，亦非純凶也。皮弁則純吉之尤者也。占者尊於有司，卜求吉，其服彌吉。大夫士朔服皮弁。孔疏：宅謂葬地。大夫尊，故得卜宅并葬日。布衰謂粗衰。皇氏云：以三升半布爲衰，長六寸，廣四寸，綴於衣前當胸上。後又有負版，長一尺六寸，廣四寸。布以爲帶。因喪以繩屨。以緇布爲冠，不加蕤。占者謂卜龜之人，尊於卜之有司，故皮弁純吉。麻衣白布深衣者，吉服十五升之布，與緇布冠相類，故知吉布也。布衰是凶，布帶亦凶，緇布冠是吉，不蕤亦凶，故云非純吉，亦非純凶。然緇布冠古法不蕤，今特云不蕤者，以後代有蕤也。皮弁則純吉，以卜求吉也。陸氏佃曰：有司，羣史有事者也。鄭謂卜人，誤矣。孫氏希旦曰：麻衣，大祥所服，白布爲之而大縓緣者也。緇布冠本無蕤，特言之者，嫌因事變服，或與始冠之禮異也。用大祥之衣，又用吉布爲衰及帶，又用大古之齊冠，則於喪服皆變之矣。凡喪中因事而變服者，唯其屨無變。此有司乃大夫之臣，本爲其君服斬者，爲不敢以凶服臨鬼神，故其服如此。皮弁，吉服也。占者乃公有司，故吉服。卜之事有涖卜、命龜、作龜。下文云：大夫之喪，小宗人命龜，卜人作龜。此有司乃涖卜者也。命龜、作龜，於接鬼神尤親，宜使無服者，故以公有司涖卜。贊主人出命，宜使親者，故以私臣。士喪禮族長涖卜，吉服。蓋士期功以下之親，故變服純吉。大夫之臣，爲大夫斬衰，故變服猶不純吉。禮案：卜宅即孝經云其卜宅兆而安厝之是也。士喪禮筮宅與卜葬不同日。此大夫以皆卜，故兼言之耳。蓋亦不同日也。凡卜筮，龜尊於蓍，故疏謂大夫尊，得卜宅也。如筮，則史練冠長衣以筮。占者朝服。鄭注：筮者，筮宅也。謂下大夫若士也。筮史，筮人也。長衣，深衣之純以素也。長衣練冠，純凶也。朝服，純吉服也。大夫士日朝服以朝也。孔疏：謂下大夫及士，不合用卜，故用筮，則史練冠長衣者。以筮輕。故用純凶服也。卜重。故占者皮弁。筮以輕。故占者朝服。士喪禮云。筮宅卜日。故知此筮謂筮宅也。長衣深衣之純以素者也。故聘禮云。主人長衣練冠以受。鄭注彼云。長衣素純布衣是也。練冠是小祥以後冠。以練爲冠。都無吉象。故云純凶。服朝服謂緇衣素裳。案士喪禮云。族長涖卜。及宗人吉服。鄭注云。吉服玄端也。此占者朝服者。彼謂士之卜禮。此據筮禮。案士虞注云。士之屬吏爲其長吊服加麻。此史練冠長衣者。此經文含大夫。其臣爲大夫。以布帶繩屨。故史練冠長衣。若士之卜史。當從吊服。不得練冠長衣也。陸氏佃曰。長衣蓋練衣也。練而爲衣長之。即吉有漸也。知然者。以練練衣黃裏縓緣。鹿裘衡長袪知之也。孫氏希旦曰。如筮者宅與日。或卜或筮。隨人所用也。士喪禮筮宅而卜日。蓋各舉其一。非謂士禮宅必用筮。日必用卜也。史家臣主筮事者。長衣喪服之中衣也。上有喪衰。今以不敢純凶。故脫喪衰。而即以中衣爲外服也。此史與上涖卜之有司。皆本服斬。而因事變服者也。占者亦公有司。朝服降於皮弁。以筮輕於卜故也。禮案據士喪禮筮宅。則此史蓋命筮者也。占人乃筮人也。史傳主人之命。係其家僕。故服不純吉。占者執蓍事神。筮卦吉凶。故朝服也。注謂史筆人非也。

大夫之喪。既薦馬。薦馬者哭踊。出。乃包奠而讀書。鄭注嫌與士異。記之也。既夕禮曰。包牲取下體。又曰。主人之史請讀賵。孔疏此明大夫將葬。柩朝廟後。欲出之時。案士喪禮下篇云。荐馬凡有三。柩初出至祖廟設奠。爲遷祖之奠訖。乃荐馬一也。至日側祖奠。又荐馬二也。明日將行遣奠時。又荐馬三也。此荐馬下云包奠而讀書。於既夕禮爲第三荐馬之節。哭踊者主人見荐馬。乃哭踊。馬出。乃取遣奠牲下體。包裹之以遣送行也。書謂凡送亡者賵入槨之物書也。讀之者省錄之也。既夕禮荐馬。馬出之後。包奠讀賵。記者嫌大夫之尊。與士異。故特記之。明與士同也。姜氏兆錫曰。遣奠時荐馬。則車將行矣。故主人哭踊。而荐馬者俟其成踊。乃出。禮案既夕禮。書賵於方。若九。若七。若五。書遣於策。重出茵包器序從車從。主人之史讀賵。檀弓上曰。讀賵非古也。是再告也。

大夫之喪。大宗人相。小宗人命龜。卜人作龜。鄭注卜葬及日也。相相主人禮也。命龜告以所問事也。作龜謂揚火灼之以出兆。孔疏大夫謂卿也。大宗謂大宗伯。相佐威儀。小宗謂小宗伯。命龜謂告龜道所卜之辭。卜人亦有司也。皇氏云。大小二宗。並是其君之職。來爲喪事。如司徒旅歸四布是也。故宗伯肆師云。凡卿大夫之喪。相其禮。應氏鏞曰。君臣一家也。君之喪百官庀其職。大夫之喪。家臣庀其役。其廣狹不同矣。君則卿其私。而以國有司助之。其凡役則司徒供之。少儀聽役於司徒是也。其贊相則大小二宗與卜人同之。宗伯四師相禮是也。大小宗與卜人皆春官。而喪事同贊相之。蓋君喪用大宰大宗大祝。若曾子問所記是也。而亦以贊大夫之喪。其待之厚矣。夫臣子之喪。其力有不能盡具者。皆仰之於公。又俾有司贊其事。所謂體羣臣者。此類是也。江氏永曰。大宗人若都宗人主都家。豈同來相大夫之喪乎。少牢禮大夫自有宗人。豈反不與命龜乎。禮案大夫稱家。其大宗人即周禮春官之家宗人也。小宗人乃其私臣。故小宗人命龜。而大宗人相禮。疏謂此大小宗人。即春官大小宗伯。無論天子之卿。不親相大夫之禮。設使同時有數喪。以一卿二大夫。徧相喪禮。日亦不足矣。大夫士當吉凶大事。雖使家僕。假宗人名號以行事。然無大小之別。此以小名者。尊家宗人故也。命龜即士喪禮。宗人即席西面坐。命龜是也。作龜即春官卜師。揚火以作龜。致其墨是也。

內子

以鞠衣、褒衣、素沙。下大夫以襢衣。其餘如士。

鄭注此復所用衣也當在夫人狄稅素沙下爛脫失處在此上耳內子卿之適妻也春秋傳曰晉趙姬請逆叔隗於狄趙衰以爲內子而己下之是也下大夫謂下大夫之妻襢周禮作展王后之服六唯上公夫人亦有褘衣侯伯夫人自揄狄而下子男夫人自闕狄而下卿妻自鞠衣而下大夫妻自展衣而下士妻稅衣而已素沙若今紗縠之帛也六服皆袍制不禪以素紗裏之如今袿袍襈重繒矣褒衣始爲命婦見加賜之衣也其餘如士之妻則亦用稅衣孔疏此明卿大夫以下之妻所復之衣鞠衣褒衣者始命爲內子尚所褒賜之衣復時亦用此衣故曰褒衣即鞠衣也亦以素紗爲裏下大夫之妻對卿妻爲下故復用襢周禮作展其餘如士謂鞠衣襢衣之外其餘褖衣如士之妻士妻用褖衣而復也引春秋僖二十四年左傳文證卿妻爲內子其王后以下之服已具於玉藻六服皆袍制謂連衣裳有表裏似漢時袿袍下之襈以重繒爲之也陳氏澔曰儀禮注云王之服禪而無裏后之服裏而不禪以陽成於奇陰成於偶故也焦氏循曰案釋名婦人上服曰袿其下垂者上廣下狹如袿圭也襈緣也青絳爲之緣也謂有袿之袍下有緣裏用重繒以重繒明袍之有裏襈兼言之耳釋文襈士眷反與緣音近下纁衻釋文云衻字又作衻而占反裳下襈也正義云衻裳下緣之襈也孫氏希旦曰內子有褒衣者夫榮於朝妻貴於室其夫受加賜之服則其妻亦視夫之所加者服之而謂之褒衣也其餘如士謂內子與大夫妻皆得兼用褖衣也禮案褒衣或世婦命於奠繭或因他事有功沐后夫人之賜者也褒衣特恩加賜非因大命數隨其夫之爵之服諸侯亦有之內子復舉褒衣鞠衣者非用二服也蓋褒衣有無不可必有則用之無則用鞠衣也其餘如士者謂內子大夫妻唯復則必用其上服褒衣鞠衣襢衣是也若餘服則尚有褖衣褖衣士妻之服故云如士也

復諸侯以褒衣、冕服、爵弁服。

鄭注復招魂復魄也冕服者上公五侯伯四子男三褒衣亦始命爲諸侯及朝覲見加賜之衣也褒猶進也孔疏自此以下至西上總明諸侯及夫人命婦招魂所用之衣但此經爛脫上下顛倒如鄭所次以此諸侯褒衣爲首次以夫人稅衣揄狄然後次內子以鞠衣之經諸侯既用褒衣又以冕服爵弁服而復也上公自衮冕而下故爲五侯伯自鷩冕而下故爲四子男自毳冕而下故爲三凡服各依其命數則上公五冕之外更加爵弁服以下皮弁冠弁之等而滿九侯伯冕服之外亦加爵弁以下而滿七子男冕服之外加爵弁皮弁而滿五其褒衣君特所褒賜則宜在命數之外也故王制云三公一命衮若有加則賜是褒衣不入命數也陸氏佃曰加賜之衣若秦仲受顯服其詩曰黻衣繡裳此其一隅黻衮也然則復諸侯以褒衣公襲褒衣一舉其有者也若以謂人得而有之非所謂褒孫氏希旦曰褒衣者或加賜於本服之外韓弈之詩曰王錫韓侯玄衮赤舄韓以侯而賜衮衣則褒衣之法可見矣禮案無褒衣則用其上服公以衮冕侯伯以鷩冕子男以毳冕喪大記云復君以卷夫人以屈狄大夫以赤頳世婦以襢衣士以爵弁士妻以稅衣是也尋文義爵弁服上似有卿大夫士等字脫文蓋復衣記及卿大夫士之妻未有不記其夫者也

夫人稅衣、揄狄，狄稅素沙。

鄭注言其招魂用稅衣上至揄狄也狄稅素沙言皆以白紗縠爲裏孔疏此明婦人復衣也婦人衣有六諸侯夫人復用稅衣上至揄狄從揄狄以下至於稅衣皆用素紗白褖爲裏禮案稅視卽褖衣見玉藻縠衣六服之最卑者故士妻

得服。死亦以緣衣復也。則夫人必不以緣衣復可知。且此稅衣文在揄狄之上。其爲脫誤顯然。注疏曲爲之說非也。**復西上。**鄭注北面而西上。陽長左也。復者多少。各如其命之數。孔疏凡招魂皆北面而招。以西頭爲上。以招魂冀生氣之來。生氣爲陽。又北面言之。南方是陽。左在西方。故言陽長左。案士喪禮復者一人。以爵弁服。諸侯之士一命。而用一人。明復者各依命數也。方氏愨曰。復北面。求諸幽。故以西爲上。西北皆陰故也。禮案復者西上升屋。以魂爲之在上也。北面而號。以死者北首也。

大夫不揄絞屬於池下。鄭注謂池飾也。揄揄翟也。采青黃之間曰絞。屬猶繫也。人君之柳。其池繫絞繒於下。而畫翟雉焉。名曰振容。又有銅魚在其間。大夫去振容。士去魚。此無人君及士。亦爛脫。孔疏此明大夫葬時車飾。若諸侯以上。則畫揄狄於絞。屬於池下。若大夫降下人君。不得畫揄絞。屬池下。其池上則畫揄。得有揄絞也。故喪大記士亦有揄絞。與大夫同。但不得屬於池下。人忍之柳。上有池。下有振容。池振容之間有魚。故云在其間也。陸氏細曰。宜承蒲席以爲裳帷之下。脫爛在是。然則大夫士殯與葬儀雖小不同。大略一也。其異者大夫不揄絞。屬於池下。禮案儀禮既夕禮。商祝飾柩一池。前頳後緇。齊三采無貝。鄭注云。池者象宮室之承霤。以竹爲之。狀如小車笭。衣以青布。一池縣於柳前。士不揄絞。紐所以聯帷荒。喪大記云、大夫畫帷。二池不振容。用纁紐玄紐各二以聯也。

大夫附於士。士不附於大夫。附於大夫之昆弟。無昆弟。則從其昭穆。雖王父母在亦然。鄭注附讀皆爲祔。大夫祔於士。不敢以己尊自殊於其祖也。士不祔於大夫。自卑別於尊者也。大夫之昆弟。謂爲士者也。從其昭穆。中一以上。祖。又祖而已。祔者祔於先死者。孔疏自此以下。至附於公子。廣明祔祭之義。祖爲士。孫爲大夫。若死可以祔祭於祖。祖爲大夫。孫爲士。不可祔祭於大夫。唯得祔於大夫之兄弟爲上者。無則從其昭穆。謂祔於高祖爲士者。若高祖爲大夫。則祔於高祖昆弟爲士者。孫死應祔於王父。王父見在無可祔。然亦祔於高祖也。鄭恐祔於大夫之昆弟。身作大夫。士亦得祔之。故云大夫昆弟爲士者。若大夫昆弟全無者。可以間去曾祖一世。祔於高祖。若高祖無可祔。則間高祖一世。祔高祖之祖。故云祖又祖而已。是中一以上。喪服小記文也。應氏鏞曰。重世裔之本宗。故大夫甯自屈。而祔於士。重朝廷之爵命。故士不敢僭。而祔於大夫。孫氏希旦曰。凡祖適無不祔於祖者。大夫祔於士。士不祔於大夫。皆爲祖庶言之耳。說已見喪服小記。王父母尚在無可祔。若王父母有昆弟前死。則祔於王父之昆弟。無昆弟可祔則祔於高祖也。禮案此與小記士大夫不得祔於諸侯。諸侯不得祔於天子。天子諸侯大夫。可以祔於士之義同也。

婦附於其夫之所附之妃。無妃則亦從其昭穆之妃。妾祔於妾祖姑。無妾祖姑。則亦從其昭穆之妾。鄭注夫所附之妃。於婦則亦從其昭穆之妃。謂亦間一以下。祔於高祖之妃。高祖無妃。則亦祔於高祖之祖妃。若其祖有昆弟之妃。班爵同者。則亦祔之。應氏鏞曰。重婚姻之正耦。故婦與妾之祔。各以其類。而無之則甯越次而間升。孫氏希旦曰。婦祔於祖姑。言祔於夫所祔之妃者。容祖姑爲大夫。而祔於從祖姑也。無妃謂夫所祔之妃尚在也。禮案婦祔於祖姑。妾祔於妾祖姑。並見小記。祖既有孫。未有無配。所云無配。非生存即已出者也。或夫所祔。係祖之昆弟。既冠而未娶者。夫男子冠而不爲殤。故得祔兄弟之孫

也。男子附於王父則配。女子附於王母則不配。鄭注：配謂並祭王母。不配則不祭王父也。有事於尊者可以及卑。有事於卑者不敢援尊。配與不配。祭饌如一。祝辭異。不言以某妃配某氏耳。女子謂未嫁者也。嫁未三月而死。猶歸葬於女氏之黨。孔疏：男子附於王父。并祭所配王母。在室之女。及已嫁未三月而死。祔祭王母。則不祭所配之王父。案特牲禮不云配。少牢禮云以某妃配。但士用特牲。大夫用少牢。其餘皆同。是祭饌如一。少牢云以某妃配某氏。鄭注云。某妃某妻也。某氏若言姜氏子氏也。不言配者。若特牲云用薦歲事于皇祖某子。特牲雖是常祭。容是禫月吉祭。故不舉配。應氏鏞曰：重承家之陽類。故男祔則配。女祔則不配。孫氏希旦曰：婦祔於祖姑亦不配。獨言女子者。祖舅尊嚴。孫婦之祔。自不敢祭之王父。親女孫之祔。嫌當祭及王父。故特明之。禮案：婦爲夫所率。故祔祭王父。則可以王母配之祀。夫不能從婦。故祔祭王母。則不敢以王父配也。**公子附於公子。**鄭注：不敢戚君。孔疏：若公子之祖爲君。公子不敢祔之。祔於祖之兄弟爲公子者。不敢戚君故也。孫氏希旦曰：大夫士不敢祔於諸侯也。方氏苞曰：公子必有兄弟一人爲宗主者。其餘羣公子死。其子自當別立廟而祭之。以爲小宗。不應祔於祖之兄弟。禮案：此公子當是未冠昏而死。故無子孫。而不得爲後世之祖。故疏謂祔於祖之兄弟也。**君薨。大子號稱子。待猶君也。**鄭注：謂未踰年也。雖稱子。與諸侯朝會如君矣。春秋魯僖公九年夏葵丘之會。宋襄公稱子。而與諸侯序。待或爲侍。孔疏：大子君存稱世子。今君既薨。故稱子。與諸侯並立。其待之禮猶如正君。引春秋者。證未踰年稱子及待猶君之義。鄭用左氏之義。未葬之前則稱子。既葬以後。踰年則稱公。若杜元凱之意。未葬以前。雖踰年猶稱子。既葬。雖未踰年亦稱公。義具下曲禮疏。陸氏佃曰：春秋召陵之會。陳子亞衞侯。待猶陳侯也。若溫之會。陳侯既葬。陳子序在鄭伯之下。莒子之上。視君下一等。孫氏希旦曰：緣始終之義。一年不二君。故君薨。世子立。踰年然後行即位之禮。然後稱公。若未即位。則未成爲君。故稱子。待猶君者。謂人民所以事之者。鄰國弔襚之使。及以他事相接者。皆以君禮待之。禮案：尚書大傳。武王觀兵盟津。尚稱大子發。以文王未葬也。故史記伯夷傳曰：父死不葬。援及干戈。可謂孝乎。**有三年之練冠。則以大功之麻易之。唯杖屨不易。**鄭注：謂既練而遭大功之喪者也。練除首絰。要絰葛。又不如大功之麻重也。言練冠易麻。互言之也。唯杖屨不易。言其餘皆易者。練與大功俱用繩屨耳。孔疏：此明先有三年練冠之節。今遭大功之麻易之。案聖證論云：母喪之練。衰八升。降服大功。衰七升。故得易之。餘則否。賀瑒之意。以三等大功皆得易三年練衰。其三等大功。衰雖七升。八升。九升之布。有細於三年之練衰。以其新喪之重。故皆易之。至練時首絰已除。故特云冠。初死者是降服大功。則以此大功之麻易三年之練。大功無杖。無可改易。三年練與大功初喪同是繩屨。故杖屨不易。趙氏良霈曰：三年之喪既練。則久受之以葛帶矣。而以大功之麻易之者。以練除首絰。前喪之哀略殺。故暫爲之變服。迨後喪既葬。則反服其前喪之服也。經文概言三年。未嘗別之爲父爲母。鄭注概言大功。未嘗定之爲殤。固不如賀氏之說。總三等大功皆得易之。重新喪也。方氏苞曰：練後首絰既除。服大功麻絰。要亦服大功麻帶。間傳所謂重麻也。孫氏希旦曰：服問曰：小功不變喪之練冠。則大功固變喪之練冠矣。三年之練冠。或八升。或九升。而大功十升。十一升之冠。得以變之。則大功八升九升之衰。得變七升八升之練衰宜矣。大功既葬。則反服三年之功衰。因其故葛帶。經期之葛經。禮案喪服麻重而葛輕。故有三年練冠。而以大功之麻易之者。不敢以喪已既練。而廢功服也。大功不杖。練而猶杖。故不去杖者。不敢以功服。而奪父母之喪也。

有父母之喪尚功衰。而附兄弟之殤。則練冠附於殤稱陽童某甫。不名神也。

鄭注此兄弟之殤。謂大功親以下之殤也。斬衰齊衰之喪練。皆受以大功之衰。此謂之功衰。以是時而祔大功親以下之殤。大功親以下之殤輕。不易服冠。而兄為殤。謂同年者也。兄十九而死。已明年因喪而冠。陽童庶殤也。宗子則曰陰童。童未成人之稱也。某甫且字也。尊神不名。為之造字。孔疏此明已有父母之喪。既練之後。得附兄弟小功之殤。功衰謂三年練後之衰。升數與大功同。故云功衰。今尚身著功衰。今兄弟有殤在小功者。當須附祭。而小功以下既輕。不合改練時之服。則著練冠。附祭於殤。其祝辭稱此殤曰陽童。又曰某甫。所以不呼其名者。尊神之也。大功正服。則變三年之練。故知大功親以下之殤。言以下兼小功也。已是祖之適孫。若祔大功兄弟長殤。得在祖廟。若祔小功兄弟長殤。則祖之兄弟之後。所以得祔者。已是曾祖之適。其小功兄弟身及父是庶人。不合立祖廟。則曾孫適孫為之立壇。小功兄弟之長殤。於從祖立神而祭也。皇氏云。小功兄弟為士。從祖為大夫。士不可祔於大夫。當祔於大功親以下從祖為士。故祔小功兄弟長殤於己祖廟。義亦得通。案服同大功殤長中。變三年之葛。得易首經要帶。不得易服。故此祔祭著練冠也。曾子問庶子之殤。祭於室白。故曰陽童。宗子殤。祭於室奧。則曰陰童。張子載曰。有父母之喪尚功衰。謂未祥猶衣所練之功衰。未衣麻衣也。呂氏大臨曰。功衰者。卒哭所受六升之服也。言尚者。明受功衰之日已遠。義疏云。此兄弟之殤。亦謂此殤於兄弟行輩耳。未必定是兄。禮案言尚功衰。則三年之喪猶未練祥可知。而祔兄弟之殤。則練冠者。特為之變也。與下篇當父母之喪。其餘諸父昆弟之喪。皆服其除喪之服。卒事反喪服義同。鄭據曾子問陰厭陽厭。而釋此陽童。謂庶殤。宗子則曰陰童。非也。彼文陰陽。蓋指設祭之處。以明暗言。非謂殤也。人死則歸陰已耳。焉有所謂陽者耶。此陽字疑陰字之譌也。

凡異居始聞兄弟之喪。唯以哭對可也。其始麻散帶經。未服麻而奔喪。及主人之未祥經也。疏者與主人皆成之。親者終其麻帶經之日數。

鄭注唯以哭對。惻怛之痛。不以辭為禮也。麻散帶經。與居家同也。凡喪小斂而麻。疏者為小功以下也。親者大功以上也。疏者及主人之節。則用之。其不及亦用其日數。孔疏此明異居聞兄弟喪。哭及奔赴之禮。言凡非一之辭。異居別所而始聞兄弟之喪。不暇問餘事。唯哭對使者。則於禮可也。始麻散帶經者。此謂大功以上兄弟。其初聞喪。始服麻之時。散垂要之帶經。若小功以下服制。則糾垂不散也。未服麻而即奔喪。道路既近。至在小斂之前。疏者值成服之節。則與主人皆成之。親者雖值主人成服。未即成之。必終竟其麻帶經。滿依禮日數。而後成服也。案士喪禮小斂。襲經於序東。是凡士喪小斂而麻也。又士喪禮三日絞垂。此云始麻散帶。是與居家同也。孫氏希旦曰。奔喪禮。凡聞喪即奔喪者。至家而襲經絞帶。三日而成服。聞喪不得奔喪。即襲經絞帶。亦三日而成服。此聞喪即服麻。乃不得奔喪而成服於外者。其始帶散麻。至三日成服。乃絞其帶也。凡聞喪即奔者。其服皆深衣。此聞喪即加麻散帶。其爲不得即奔喪者明矣。聞喪即奔。故在外不服麻。成經謂成服而絞要經也。禮案下云。未服麻而奔喪則下謂聞喪其始麻散帶經。自是說不得奔喪者。孫說是也。奔喪禮曰。父母之喪。入門哭成踊。襲經於序東絞帶。自齊衰以下。入門免麻於序東。則在道自不服麻。孫謂深衣是矣。又奔喪禮云。聞喪不得奔喪。乃爲位襲經絞帶即位。三日成服。士喪記亦云三日絞垂。蓋以在外未親視斂。變於常禮。故未成服而絞帶也。夫父母之喪尚爾。則兄弟之喪。必絞而不散可知。此散字似絞字之誤也。孔孫各執一義。並曲爲之說。非也。

主妾之喪。則自祔至於練祥。皆使其子主之。其殯祭不於正室。

鄭注祔自爲之者。以其祭於祖廟。孔疏妾既卑賤。得主之者。崔氏云。謂女君死。攝女君也。以其祔祭於祖姑。尊祖故自祔也。妾合祔於祖妾。祖姑無則祔於女君。雖攝女君。猶下正適。故殯之與祭。不得在正室。庾蔚云。妾祖姑無廟。爲壇祭之。崔氏云。於廟中爲壇祭之。若不攝女君之妾。則不得爲主。別爲壇不在祖廟中。而子自主之也。陸氏佃曰。崔氏謂女君死攝女君也。然則練祥使其子主之。曰練祥可矣。今曰至於練祥。則又以著虞卒哭。其子主之。固也。孫氏希旦曰。正室夫之正寢也。適妻死於正室。則殯祭皆於正室。妾雖攝女君。其死猶在側室。則殯祭皆於側室也。此謂士禮。妾子爲其母。十一月而練。十三月而祥。若大夫妾子。爲母大功。無練祥之祭也。江氏永曰。案以其祭於祖廟。不可使子行祭。鄭說似有理。讀祔字爲句。愚竊疑之。凡經傳言自某至於某者。皆以自爲從。自十有二月不雨。至於秋七月。自今至於初吉。此經自祔至於練祥。文勢正同。豈可以祔字爲句。謂自爲己乎。自祔至於練祥。可不言則。而云則者。以其異於妻之喪祭。皆自主也。郭氏嵩燾曰。經文自祔至於練祥。皆使其子主之。即主妾喪之義也。與小記之文正相備。禮案則自祔至於練祥七字。宜作一句讀。言妾之喪。皆使其子主。而舅若夫不爲之主也。不云虞卒哭之祭者。以喪祭禮略。吉祭禮備耳。小記曰。婦之喪。虞卒哭。其夫若子主之。祔則舅主之。今虞卒哭之祭。猶其子主。則虞卒哭不言可知。

君不撫僕妾。

鄭注略於賤也。吳氏澄曰。君撫大夫及內命婦。大夫撫室老及姪娣。仕於家曰僕。僕賤於室老者。妾賤於姪娣者。故恩不及之。郝氏懿行曰。君通上下。凡僕妾於其君。稱君。孫氏希旦曰。撫撫其尸也。僕謂宮中臣僕。內小臣閽寺之屬也。妾賤妾。曲禮諸侯有夫人有世婦。有妻有妾是也。禮案若蠶妾之屬。見夏小正妾子始蠶。僕妾乃宮中執役者。故斂時君不撫其尸也。

女君死。則妾爲女君之黨服。攝女君。則不爲先女君之黨服。

鄭注妾爲女君之親。若其親然。孔疏賀瑒云。雖是徒從。而抑妾故爲女君黨服。防覬覦也。攝女君差尊。故不爲先女君之黨服也。黃氏乾行曰。古者諸侯不再娶。於禮無二適。故女君卒。則以妾攝其事。而不得爲夫人。是謂攝女君也。孫氏希旦曰。妾服女君之黨。舊說以爲從服。然從服之服。必視其所從者。而有降焉。妾爲女君之黨。其服乃與女君同。則非從服也。蓋妾之有爲女君之娣者。不待從女君。而其服固與女君同矣。有爲女君之姪者。女君之所服。妾亦服之。而輕重有不同者。有非女君之姪娣者。女君之所服。妾則皆無服者也。今乃壹使與女君同服。於女君則欲其於妾皆聯以同生之誼。而不致生其妬忌。而於妾則又示以統於女君。而不敢以自外。女君雖沒。猶使妾爲其黨服。所以深嚴適庶之分。以明女君之尊。不替於身後。則女君而在。必無敢以賤妨貴。少陵長者矣。攝女君所以統內政也。故不爲之黨服。又所以明攝女君之尊。有以殊於衆妾。而後內政出於一也。禮案陳師衍曰。妾稱妻皆曰女君。通大夫士而言。不專指諸侯。妾爲先女君之黨服者。尊稱女君。不敢因其死而疏之。攝女君則不服者。恐疑於女君。故避嫌。妾則視女君卑甚。故不嫌也。至女君而稱先者。爲攝女君者言也。蓋妾爲女君之黨。本有服。其攝女君而不服者。非先女君之姪娣也。

聞兄弟之喪。大功以上。見喪者之鄉而哭。適兄弟之送葬者弗及。遇主人於道。則遂之於墓。鄭注見鄉而哭。奔喪節也。遂之於墓。言骨肉之親。不待主人也。孔疏此明奔兄弟喪之法。見鄉而哭。謂此親兄弟同氣。及同堂兄弟也。奔喪禮云。齊衰望鄉而哭。大功望門而哭。此云大功以上。見喪者之鄉而哭者。盧云。謂降服大功者也。若如此則兄弟之名。通輕重也。適兄弟之送葬者。此兄弟通緦小功也。適往也。往送五服之親。不及葬柩在家。主人葬竟已還。而此送葬之人。與孝子於路相值。不得隨孝子而歸。仍自獨往於墓也。孫氏希旦曰。見喪者之鄉而哭。以明其不待及門而哭耳。未必專爲降服大功也。禮案送葬者弗及。謂道遠來遲。喪柩已窆。遇主人迎精而反於塗。以兄弟之骨肉在土。故先之墓。而不與主人偕歸也。言適兄弟之葬。如此則非同姓之親。而送葬不及者。必不之墓矣。

凡主兄弟之喪。雖疏亦虞之。鄭注喪事虞祔乃畢。孔疏兄弟疏者。謂小功緦麻。彼既無主。雖服緦小功之疏。亦爲之主。虞祔之祭。案小記云。大功者主人之喪。有三年者。則必爲之再祭。鄭注云。小功緦麻。爲之練祭可也。與此不同者。彼承大功。有三年者。此則緦小功有三年者。故至小祥。同於三年。故主祔祭也。今此言疏者亦虞。但虞者謂無服者。朋友相爲。亦虞小祔也。熊氏云。主喪者於死者無服。謂袒免以外之兄弟。祔與虞相近。故連言之。義疏云。死者無子。幼或有妻。則緦小功之兄弟。來主其喪。必至小祥。死者無妻子。則但至虞祔。即無服者亦然。以送死之事。至虞乃畢也。禮案自聞兄弟之喪至此。疑接上文親者終其麻帶絰之日數。主妾之喪上。簡錯於此耳。

凡喪服未畢。有弔者。則爲位而哭拜踊。鄭注客始來。主人不可以殺禮待之。孔疏凡喪服將終。猶有餘日未滿。其禮已殺。若有人始來弔。當爲位哭踊。不以殺禮而待新弔之賓也。言凡者。五服悉然。孫氏希旦曰。喪服未畢。謂禫以前也。禫而內無哭者。雖有弔者不哭。檀弓將軍文子之喪。既除喪而后越人來弔。主人深衣練冠待於廟。垂涕洟。是不哭也。禮案喪服傳既練哭無時。此云喪服未畢。則將屆大祥矣。雖哀至猶哭。而哀已殺。無擗踊之節。若有賓弔。亦必爲位而哭拜賓成踊。所以重其禮也。

大夫之哭大夫弁絰。大夫與殯亦弁絰。鄭注弁絰者大夫錫衰相弔之服也。如爵弁而素加環絰曰弁。孔疏此謂成服後大夫往弔哭。大夫身著錫衰。首加弁絰。未成服之前。與殯之時。首亦加弁絰。其餘則異。身著當時所服之服。故士喪禮注云。主人成服之後。往則錫衰。主人未成服。君亦不錫衰。則著皮弁服也。若此大夫主人未成服之前。身亦皮弁服。而弁絰也。孫氏希旦曰。不言弔而言哭者。大夫相爲有僚友之恩。非徒弔之而已也。大夫之哭大夫。弁絰皮弁而加麻絰也。大夫與殯亦弁絰皮弁而加葛絰也。服問曰。公爲卿大夫錫衰以居。出亦如之。當事則弁絰。大夫粗爲亦然。是大夫相爲與朋友同矣。喪服記曰。朋友麻。弔於未成服之前亦葛絰。麻不加於采也。則大夫與殯亦葛絰矣。禮案主人未小斂。則弔者吉服。主人既小斂改服。則弔者加絰。

此云與殯則已小斂矣。弔者大夫。自服弁絰。何得有身猶衣吉之理。**大夫有私喪之葛。則於其兄弟之輕喪。則弁絰。**鄭注：私喪，妻子之喪。輕喪，緦麻也。大夫降焉。弔服而往。不以私喪之末臨兄弟。孔疏謂妻子之喪。至卒哭以葛代麻之時。而遭兄弟之輕喪。緦麻亦著弔服。弁絰而往。若成服之後。則錫衰。未成服之前。身著素裳。首服弁絰。大夫降一等。雖不服以骨肉之親。不可以妻子之末服。而往哭之。故服弁絰也。孫氏希旦曰：葛謂既葬變麻服葛也。大夫爲父母兄弟之不爲大夫者之服如士服。以爲其兄弟弁絰。謂尊同者也。大夫無緦服。故雖尊同不服。但於往哭。而爲之服弁絰也。凡喪服未除。於兄弟之喪。雖輕必服其服以哭之。此大夫哭兄弟之輕喪。蓋亦爲服其本服之麻與。禮案：妻子兄弟。並門內之治。大夫對君則父母之喪。亦謂之私喪。此對兄弟。不得謂妻子爲私喪。疑此私喪其大夫之外親。若母黨妻黨之服乎。

禮記通釋卷五十二

玉環戴禮

雜記上

爲長子杖。則其子不以杖即位。鄭注辟尊者。孔疏父爲長子杖。則其子不以杖即位者。其子長子之子。祖在不厭孫。其孫得杖。但與祖同處。不得以杖即位。辟尊者。禮案奔喪禮云。凡喪父在父爲主。故其子不以杖即位拜賓。喪不二主也。爲妻父母在不杖不稽顙。鄭注尊者在。不敢盡禮於私喪也。孔疏此謂適子爲妻。父母見存。不敢爲妻杖。又不可爲妻稽顙。案喪服云。大夫爲適婦爲喪主。父爲已婦之主。故父在不敢爲婦杖。若父歿母在。不爲適婦之主。所以爲妻雖得杖。而不得稽顙。以顙與稽顙文連。不杖屬於父在。不稽顙文屬母在。孫氏希旦曰。下文別言母在。則此母衍字也。俞氏樾曰。案經言父母在。則自爲父母俱在者而言。所以不杖者。雖因父爲喪主之故。然父母尊同。故亦得並言之。若母歿而父在。其禮亦然。經無文者。從可知也。至父歿母在。則已爲喪主。與父在不同。故下文曰。母在不稽顙。明父歿每在。得爲妻杖也。夫父歿母在。既爲下文。別而言之。則此文專爲父母俱在者而言明矣。禮案鄭注儀禮喪服云。適子父在。則爲妻不杖。以父爲之主也。父不主庶婦之喪。故庶子父在得爲妻以杖即位也。母在不稽顙。稽顙者其贈也拜。鄭注言獨母在。於贈拜得稽顙。則父在贈拜不得稽顙。孔疏此明父歿母在。爲妻得有稽顙。不稽顙二義。母在不稽顙者。謂爲妻子尋常拜賓之法也。但父沒母在。稍降殺於父。有他人以物來贈已。其恩既重。其謝此贈之人時。爲拜得稽顙。故云其贈也拜。方氏愨曰。父殁母在。則爲妻亦不稽顙。然於拜贈之時。亦稽顙焉。凡以此別於父在之時也。方氏苞曰。明雖父沒母存。亦不敢稽顙也。既以父母在。不滑顙。不應重贈物而廢禮。稽顙者三字疑衍。其贈也拜。總承上五句言。吊者之贈者。皆以拜答之。不滑顙也。孫氏希旦曰。父沒母在。則妻之喪。己當爲主而拜賓。但不敢爲稽顙之拜也。蓋妻之服。與父在爲母悉同。故母在則微殺其禮。以示其不敢盡同於母之意。與母在爲妻不禫同意。上節專屬適子之禮。此禮則適庶之所同也。郭氏嵩燾曰。既夕禮及窆。贈用制幣。玄纁束。拜稽顙。敖氏繼公曰。此贈謂主人以幣贈死者朋友。其言拜稽顙。主人所以致贈也。於父母拜稽顙。爲妻拜不爲稽顙。夫道然也。禮案說是也。各家皆以此贈謂賓致賻賵者。若然。則其贈者。亦吊賓也。主人於其有賻賵者則稽顙。無賻賵者則不稽顙。豈禮也哉。言母在爲妻贈幣不稽顙。則母沒必稽顙可知。違諸侯之大夫不反服。違大夫之諸侯不反服。鄭注其君尊卑異也。違猶去也。去諸侯仕諸侯。去大夫仕大夫。乃得爲舊君服。孔疏去諸侯謂不便其君。及辟仇也之往也。已若本是諸侯臣。如去仕大夫。此是自尊適卑。若舊君死。不可反服於前之尊君也。本是大夫臣。今去仕諸侯。此是自卑適尊。若猶服卑君。則爲新君之恥也。若所仕敵。則反服舊君齊衰三月。劉氏敞曰。此言違而仕者。則不反服舉君。辟新君也。無則違而未仕者。聞舊君之喪。則反服耳。春秋傳所謂未臣焉。有伐其國者。反死之可矣。既臣焉。而反死之則不可。孫氏希旦曰。二者之不服。皆爲尊諸侯也。

一則尊其舊君，而不敢自援。一則尊其新君，而不敢自貶。禮案：宣十年左傳曰，凡諸侯之大夫違，杜注云：違，奔放也。喪服傳謂大夫去君，歸其宗廟，故服齊衰三月，言其以道去君，而猶未絶也。此以放逐，故無服。義見檀弓下。子思對穆公之問。**喪冠條屬，以別吉凶。三年之練冠，亦條屬右縫。小功以下左。緦冠繰纓。**鄭注：別吉凶者，吉冠不條屬也。條屬者，通屈一條繩若布爲武，垂下爲纓，屬之冠。象大古喪事略也。吉冠則纓武異材焉。右縫者，右辟而縫之。小功以下左辟，象吉輕也。繰當爲澡麻帶絰之澡，聲之誤也。謂有事其布以爲纓。孔疏：此明喪冠輕重之制。吉冠則纓與武各別，喪冠則纓與武共材，屬猶著也，謂取一條繩屈之爲武，垂下爲纓以著冠，故云條屬也。三年練冠，小祥之冠也。雖微入吉，亦猶條屬，與凶冠不異也。吉冠則褔上辟縫向左，左爲陽吉也。而凶冠縫向右，右爲陰喪所尚也。過小祥猶條屬，故縫猶向右。小功以下輕，故縫同吉向左也。緦衰冠治縷不治布，冠纓縷布俱治。江氏永曰：案喪冠右縫皆縮縫也。吉冠則橫縫，不爲左右辟。孫氏希旦曰：喪冠自大祥以前無武，蓋別以布一條約冠而固之，若緇布冠之缺項然。其纓惟一條，屬於固冠之布，亦若緇布冠之青組纓屬於缺也。緇布冠之纓屬於左，而上結於右。喪冠之纓則縫屬於右，而上結於左，所以反吉也。小功以下服輕，其纓雖條屬，而左縫之，稍用吉冠之制也。緦冠澡纓，然則喪冠自小功以上，纓皆不澡也。禮案：條有直義，屬謂縫綴之也。則此條屬言直縫，即檀弓上所謂縮縫是也。又案：左字下似有缺文。**大功以上散帶。**鄭注：小功緦輕，初而絞之。孔疏：小斂之後，主人拜賓襲絰於序東，小功以下皆絞之，大功以上散此帶垂，不忍即成之。至成服乃絞。禮案：儀禮士喪記曰：三日絞垂。鄭注彼云：成服日絞要絰之散垂者。此言大功以上散帶，蓋謂始死未成服之前也。**朝服十五升，去其半而緦，加灰錫也。**鄭注：緦精粗與朝服同，去其半則六百縷而疏也。又無事其布，不灰焉。孔疏：朝服精粗，用十五升布爲之，緦麻於十五升布之內，抽去其半，以七升半用爲緦衰也。鄭注喪服云：去其半而緦如絲是也。取緦以爲布，又加灰治之，則曰錫，言錫然滑易也。經云去其半而緦，始云加灰錫，明此緦衰不加灰，不治布也。陸氏佃曰：期悲哀，三月憂，緦思而已。黃氏震曰：升者麻縷之數，八十縷爲升，十五升千二百縷也。去其半爲緦。孫氏希旦曰：周禮司服：王爲三公六卿錫衰，爲諸侯緦衰，爲大夫士疑衰。是錫衰重於疑衰也。加灰謂用灰鍛治之也。喪服記曰：有事其縷，無事其布曰緦。有事其布，無事其縷曰錫。喪服記言有事，此云加灰，一也。蓋朝服用吉布十五升，布縷皆有事者也。緦衰用朝服縷之半而成布，不復加灰鍛治，故曰無事其布。錫衰則成布之後加灰，而其縷則不鍛治，故曰無事其縷。無事其縷者，哀在內也。無事其布者，哀在外也。此緦衰錫衰輕重之別也。禮案：加灰治布，即今人用蜃灰煑苧蔴。或布令透，取出置於砧，以杵擣之，復用清水浸濯。如是者數，則其色絜白，俗謂漂白是也。**諸侯相襚，以後路與冕服。先路與褒衣不以襚。**鄭注：不以己之正者施於人，以彼不以爲正也。後路，貳車，行在後也。孔疏：襚謂以物送死用也。後路爲上路之後次路也。冕服謂上冕之後次冕也。先路褒衣是已車服之上，不可以施遺於人，以彼不以爲正服所用也。陳氏澔曰：上公以鷩冕爲次，侯伯以毳冕爲次，子男以絺冕爲次。孫氏希旦曰：諸侯各以路之上者爲先路。同姓則金路，異姓則象路也。其次於先路者，皆死後路。褒衣天子之所褒賜。冕服謂衮褒者也。先路褒衣。皆受於天子者。故不以襚人。禮案諸侯相襚。亦當以爲者之爵命車服襚之。俾其可用也。如侯伯襚子男。當以毳冕。不以鷩冕。子男襚侯伯。則可以毳冕。不必其鷩冕也。路亦如之。此以先路褒衣。爲天子之所賜。故以諸侯之車。爲後路也。路當曰賵。而總謂之襚者文省也。遣車視牢具。疏布輤四面有章。置於四隅。載粻有子曰。非禮也。喪奠脯醢而已。鄭注言車多少。各如所包遣奠牲體之數也。然則遣車載所包遣奠。而藏之者與。遣奠天子大牢包九個。諸侯亦大牢包七個。大夫亦大牢包五個。士少牢包三個。大夫以上。乃有遣車。輤其蓋也。四面皆有章蔽。以隱翳牢肉。四隅椁中之四隅。粻米糧也。言死者不食糧也。遣奠木無黍稷。孔疏遣車送葬載牲體之車也。牢具遣奠所包牲牢之體。貴賤各有數也。一個爲一具。取一車載之。故云視牢具。諸侯大夫位尊。雖無三命。則有車馬之賜。及天子上士三命。皆得有遣車。諸侯士以下賤。故無遣車也。疏布輤者。以粗布爲上蓋。四面有物章之。入壙置於椁之四隅。用遣車載粻。有子譏其爲失也。遣奠之饌無黍稷。故不載粻。既夕士禮藏筲者。謂遣奠之外。別有黍稷麥。遣奠用牲體。是大脯醢之義。賈氏公彥曰。士無遣車。則所包者不載。載於車。直持之而已。陸氏佃曰。疏布輤亦如殯車爲輤。萬氏斯大曰。遣車視牢具。說具檀弓疏。布輤四面有章。車之飾也。置於四隅載粻。謂載粻於車之四隅倒文耳。所以置於車之四隅者。以乘車已載旃皮弁服。道車已載朝服。槁車已載簑笠等物於中。故置粻於四隅也。孫氏希旦曰。案士喪禮喪奠皆無黍稷。而黍稷之奠。自設於下室。月朔薦新。及祖奠遣奠。亦皆無黍稷。蓋亦以有下室之奠故耳。然遣奠雖無黍稷。而黍稷麥別盛於筲。則固有粻矣。郭氏嵩燾曰。疑此有子曰非禮也。與檀弓讀賵曾子曰非古也同義。皆以所聞於聖人者。正周禮之失也。禮案儀禮既夕記。薦乘車。道車。槁車。是士固有遣車可載包牲。賈謂手持之非也。既夕禮云。苞二。筲三。黍稷麥。甕三。醯醢。既窆藏包筲於旁。則道中筲甕。皆以車可知。而有子曰載粻非禮者疑譏其過多也。若送葬本有醯醢。而檀弓上云。宋襄公葬其夫人。醯醢百甕。而曾子譏之是其事。

祭稱孝子孝孫。喪稱哀子哀孫。鄭注各以其義稱。孔疏祭吉祭也。謂自卒哭以後之祭也。吉則申孝子心。故祝辭云孝也。或子或孫。隨其人也。喪稱哀者。凶祭謂自虞以前祭也。喪則痛慕未申。故稱哀也。故士虞禮稱哀子。而卒哭乃稱孝子也。義疏云。祭稱孝子孝孫。孔疏止舉卒哭極密。蓋主入廟。則天子稱孝。孫氏希旦曰。士虞禮卒哭。猶稱哀子。至祔乃稱孝子。蓋卒哭雖以吉祭易喪祭。猶未忍遽稱孝。至祔祭於廟。始同之於吉祭也。兼言孫者。容父先沒。而適孫主祖父母之喪者也。禮案卒哭以先。非惟喪祭而稱哀子。卽事神亦然。儀禮士喪禮。筮宅卜日。並稱哀子某是矣。蓋喪祭以致哀爲主。故稱哀。吉祭乃追養之道。故稱孝。義各有所當也。

端衰喪車皆無等。鄭注喪車惡車也。喪者衣衰。及所乘之車。貴賤同。孝子於親一也。衣衰言端者。玄端吉時常服。喪之衣衰當如之。孔疏端衰謂喪服上衣。以其綴六寸之衰於心前。故衣亦曰衰。端正也。吉時玄端服。身與袂同以二尺二寸爲正。而喪衣亦如之。而今用衰綴心前。故曰端衰也。等等差也。言喪之衣衰及惡車。天子至士制度同。無貴賤等差之別也。以李子於其親。情如一也。案鄭注巾車。喪車凡五等。木車不漆者。以蒲爲蔽。始遭喪所乘也。素車以白土堊車。藺麻以爲蔽。卒哭所乘。藻車以蒼土堊車。以蒼繒爲蔽也。既練所乘，驪車邊側有漆飾也，以細葦席爲蔽。大祥所乘，漆車黑車，漆席以爲蔽。禫所乘也。陸氏佃曰。衰制雖無等，其布之精粗，則有差也。據衰與其不當於物也，甯無衰。孫氏希旦曰。無等，謂爲父皆斬衰三年，爲母皆齊衰四升，是端衰無等也。天子喪車五乘，而士喪禮主人惡車白狗車蒲蔽，與天子始喪之車同，是喪車無等也。禮案。據此則襄十七年左傳謂晏嬰粗衰斬，尚嫌未至也。其老猶言其過，則亦可見當春秋時之衰制。非無等也。車亦宜然。記此者，其有概乎時之友古與。

大白冠、緇布之冠皆不蕤。委武玄縞而后蕤。

鄭注。不蕤，質無飾也。大白冠，大古之布冠也。春秋傳曰。衛文公大布之衣。大白之冠。委武，冠卷也。秦人曰委，齊人曰武。玄，玄冠也。縞，縞冠也。孔疏。大白，白布冠也。緇布，黑布冠也。二冠無飾，故皆不蕤。此緇布冠謂大夫士之冠，其諸侯則玉藻云緇布冠繢緌是也。玄縞二冠，既先有別卷，後乃可蕤。故云而后蕤也。大祥縞冠亦有蕤，何以知之。前既云練冠亦條屬右縫，則知縞不條屬，既別安卷，灼然有蕤也。引春秋左傳衛文公，證大白冠是布也。文公以國未道，不充其服，自貶損也。馬氏晞孟曰。冠以莊其首，蕤以致其飾。冠而不蕤者，始於上古尚質而不文也。冠之以蕤者，制於後代以文而勝質也。始冠者欲其重始，故取緇布不蕤。至以玄冠，或以朱組纓，或以丹組纓，縞冠則或以玄武，或以素紕，此皆以蕤者也。雜記所言，特喪冠耳。陸氏佃曰。委，委貌也。玄，所謂玄冠玄武。縞，所謂縞冠縞武。如是而後緌。先儒謂玄冠委貌也，然則縞冠素委貌緌。素委貌蓋素端之冠。孫氏希旦曰。水之下曰委，足之下曰武，卷在冠下，故以名焉。郭氏嵩燾曰。委武玄縞，言委貌之施武者。有玄冠，有縞冠，玄縞施武。知大白緇布冠無武也。鄭注並釋爲武，於辭爲不文。禮案。此亦記者慨時之冠制不古若也。大白緇布二冠不蕤，故儀禮士冠記云。大古冠布，齊則緇之，其緌也，孔子曰吾未之聞也。委武玄縞而后蕤，即玉藻所謂玄冠縞武、縞冠玄武，而后有蕤也。

大夫冕而祭於公，弁而祭於己。士弁而祭於公，冠而祭於己。士弁而親迎，然則士弁而祭於己可也。

鄭注。弁，爵弁也。冠，玄冠也。祭於公，助君祭也。大夫爵弁而祭於己，唯孤爾。士弁而祭於己可也，緣類欲許之也。親迎雖亦己之事，攝盛服爾，非常也。孔疏。此明大夫士公私祭服。大夫謂孤也。冕，絺冕也。祭於公，助君祭也。祭於己，自祭廟也。助祭爲尊，故服絺冕。自祭爲卑，故服爵弁。崔云。孤不悉絺冕，若王者之後及魯之孤，則助祭用絺。若方伯之孤，則助祭玄冕，以其君玄冕自祭，不可踰之也。士以爵弁爲上，故用助祭。玄冠爲卑，自祭不敢同助君之服，故用玄冠也。作記之人云，士既爵弁親迎，親迎輕於祭，尚用爵弁，則士爵弁自祭於己廟，於禮可用，是記者緣事類欲許之也。儀禮少牢上大夫自祭用玄冠，此云弁而祭於己者，與少牢異，故知是孤。非卿者，以少牢禮有卿賓尸，下大夫不賓尸，明卿亦玄冠，不爵弁也。親迎配偶，一時之極，故許其攝盛服。祭祀常所供養，故須依其班序。馬氏晞孟曰。士之弁而親迎，亦猶記所謂冕而親迎者也。故哀公嘗疑其爲已重。諸侯以祭服而親迎，則士以助祭服而親迎，義之當然。苟弁而祭於己，則非特嫌其同於公，而又著其輕於昏矣。故士之弁而祭於公者，正也。弁而親迎者，權也。弁而祭於己，則不可。孫氏希旦曰。特牲禮玄端，少牢禮朝服，皆特祭也。大夫弁而祭於己，其干祫之禮與。大夫于祫服爵弁，般祭禮盛也。然則士之干祫，蓋朝服與。服之差等，爵弁之下爲皮弁，皮弁之下爲朝服。皮弁與純白不用於祭祀，士以玄端特祭。以朝服祫祭。大夫以朝服特祭。以爵弁祫祭。進朝服而上。卽爲爵弁。故記者欲許士以爵弁也。若如鄭氏之說。則大夫尚不得服爵弁。而遽以許士。恐不然矣。禮案玉藻云。諸侯玄端而祭。鄭注彼云。端當爲冕。夫諸侯尚服玄冕而祭。焉有大夫助祭。乃服絺冕之理。疏說非也。周禮春官司服。卿大夫之服。自玄冕而下。如子男之服。則此云大夫冕而祭於公。服玄冕明矣。又司服云。士之服自皮弁而下。如大夫之服。然則儀禮士冠禮。三加爵弁。亦是攝盛。不僅於親迎而已也。

暢臼以椈。杵以梧。枇以桑。長三尺。或曰五尺。畢用桑。長三尺。刊其柄與末。鄭注暢臼所以擣鬱也。椈柏也。枇所以載牲體者。此謂喪祭也。吉祭枇用棘。畢所以助主人載者。刊猶削也。孔疏此明暢及枇畢之義。暢謂鬱鬯也。椈柏也。梧桐也。謂以柏爲臼。以桐爲杵。擣鬱鬯用柏臼桐杵。爲柏香桐絜白。於神爲宜。枇體從鑊。以枇升入於鼎。從鼎以枇載之於俎。喪祭用桑。吉祭用棘。主人舉肉之時。則以畢助主人舉肉。用桑者亦喪祭故也。畢末頭亦刊削之。畢既如此。枇亦當然。若吉時亦用棘也。聶氏崇義曰。案畢七二制。禮有明文。喪祭用桑。取其同名。表有哀素。吉祭用棘。取其赤心。盡其至敬。蓋聖人制禮。有以故與物者如此。禮案枇本作朼。古文爲匕。儀禮有司徹云。司馬二手執挑匕枋以挹湆。夫既可以挹湆。則亦有木杓之類耳。鄭注儀禮特牲云。畢狀如叉。蓋爲形似畢星。故名焉。

率帶。諸侯大夫皆五采。士二采。鄭注此謂襲尸之大帶。率繂也。繂之不加箴功。大夫以上更飾以五采。士以朱綠。襲事成於帶。變之所以異於生。孔疏此謂尸襲竟而著此帶也。率謂但縕帛邊而熨殺之。不加箴功。異於生也。以五采飾之。大夫與諸侯同。士二采。並異於生。而尊者可同也。然此士天子之士也。諸侯之士。則士喪禮緇帶。吉時大帶。唯有朱綠玄華。無五采。此上連枇畢用桑之下。則知此亦喪之大帶。小斂大斂。衣數既多。有絞。不可加帶。襲事成於帶者。著衣畢加帶乃成。變之枇異於用生也。陸氏佃曰。言大夫以上襲尸。其帶皆以五采絲率之。卽非襲尸無率也。據士練帶率下辟。禮案玉藻云。凡帶有率無箴功。諸侯大夫五采者。蓋染絲織成。士二采亦然。

醴者稻醴也。甕甒筲衡實見閒而后折入。鄭注此謂葬時藏物也。衡當爲桁。所以庪甕甒之屬。聲之誤也。實見閒。藏於見外槨內也。折承席也。孔疏此經是送葬所藏之物。醴是稻米所爲。甕者盛醯醢。甒者盛醴二酒。筲者盛黍稷。衡者大木爲桁。置於地。所以庪舉甕甒之屬。見謂棺外之飾。言實此甕甒筲等於見外槨內二者之閒也。折謂槨上承席。實物槨內既畢。然後以此承席加於槨上。案既夕禮乃窆。藏器於旁。加見。注云。器用器役器也。見棺飾。加見者器在見內也。又云藏苞筲於旁。注云。於旁者在見外也。不言甕甒。饌相次可知。則見內是用器役器。見外是明器也。此是士禮。略實明器耳。大夫以上則兼有人器明器也。人器實。明器虛。案既夕禮注云。折猶庪也。方鑿連木爲之。蓋如牀而縮者三。橫者五。無簀。窆事畢。加之壙上。以承抗席是也。郭氏嵩燾曰。云見者以約制諸明器。使不外見。惟此見也。云折者甕筲之屬加鉅。又不能適匀曲折相約制也。喪大記棺槨之閒。君容柷。大夫容壺。士容甒。蓋皆虛其中。以實明器。用器役器在內。加見以閒之。食器在外。加折以約之。與既夕禮足相發明。禮案彌陀經云。五濁有見濁。蓋卽此之所謂見是矣。見之爲物。據賈疏既夕禮謂棺飾帷荒也。柩不復見。惟見帷荒。故名帷荒爲見。然柩行道中。人亦共見。何必至入壙時始易其名爲見乎。見必別爲帷一物。郭說近之。但其制不可者耳。**重既虞而埋之。**鄭注就所倚處埋之。孔疏案既夕禮。初啓朝禰廟。重止於門外之西不入。重不入者。謂將向祖廟。若過之然。故不入。明日自禰廟。隨至祖廟外庭。厥明將出之時。重出自道。道左倚之。鄭注云。道左主人位。此注就所倚之處埋之。於祖廟門外之東也。義疏曰。埋重之地。賈逵云於兩楹間。何休云廟北墉下。與鄭異。疑何得之。蓋所埋之地。必踐踏之所不及也。然無考。禮案檀弓下曰。重主道也。何注文元年公羊傳云。埋虞主於兩階之間。蓋諸侯禮也。士喪禮無主。則埋重當亦在兩階之間也。

凡婦人從其夫之爵位。鄭注婦人無專制。主禮死事。以夫爲尊卑。禮案玉藻云。唯世婦命於奠繭。其他則皆從男子。蓋自受命爲非常之寵榮。從夫之爵位。乃其恆禮也。

小斂大斂啓。皆辯拜。鄭注嫌當事來者終不拜。故明之也。此既事皆拜。孔疏凡當小斂大斂及啓攢之時。唯有君來。則止事而出拜之。若他賓客至。則不止事。事竟乃卽堂下之位。悉偏拜。故云皆辯拜也。然若士當事而大夫至。則士亦爲大夫出也。故雜記下云。當袒大夫至。雖當踊絕踊而拜之。反改成踊。乃襲是也。應氏鏞曰。小斂以襲其形。大斂以韜於棺。啓殯以載其柩。皆喪事之變節。而切於死者之身也。生者之痛。莫此爲甚。賓亦於是拜死者。吊生者。主人皆偏拜以謝之。而致其哀也。禮案喪大記云。士之喪。於大夫不當斂則出。又士於大夫親吊。則與之哭。不逆於門外。鄭注彼云。與之哭卽拜之。則疏謂士當事爲大夫出誤矣。

朝夕哭不帷。無柩者不帷。鄭注朝夕哭。緣孝子心欲見殯肂也。既出則施其㡛。鬼神尚幽暗也。無柩謂既葬也。棺柩已去也。神在室堂無事焉。遂去帷。孔疏孝子心欲見殯。故當朝夕。進入廟門內。哭位之時。除去殯宮帷。哭竟則帷之。案士喪禮。君使人吊。徹帷。鄭云徹帷㡛之。事畢則下之。鄭此注會儀禮注也。則㡛是褰舉之名。初哭則褰舉。事畢則下之。葬後神主祔廟。還在室。則在堂無事。故不復用帷也。郭氏嵩燾曰。奔喪禮云。喪不得奔。乃爲位。括髮袒成踊。卽位拜賓。亦當有朝夕哭。而柩所不在。不施帷也。故曰無柩者不帷。禮案朝夕哭不帷。謂褰使不垂也。夫帷所以蔽柩。無柩者不帷。不帷。不設帷也。此二不帷。文同而事異。

君若載而后吊之。則主人東面而拜。門右北面而踊。出待。反而后奠。鄭注主人拜踊於賓位。不敢迫君也。君卽位車東。出待不必君留也。君反之使奠。孔疏臣喪朝廟。柩已下堂。載在柩車。而君吊之。君卽吊位於車東。故主人在車西。東面而拜。門謂祖廟門也。右西邊也。若門外來。則右在東。若門內出。右在西。此據車出家。故右在西。孝子拜君竟。從位立近門內西邊。北面而哭踊爲禮。卒踊而先出門待君者。君來則出門拜迎。君去則出門拜送也。今君入臨吊位事竟。便應去不敢必君之久留。踊先出待君出。反而后奠者。君使人命孝子。反還喪所設奠。告柩知之也。或云此謂在廟載柩車時。奠謂反設祖奠也。孫氏希旦曰。此謂士之喪。未啓之前。君有踊不得吊。而至是始吊也。曰若者。明其爲非吊禮之常也。檀弓君爲大夫之喪。將葬吊於宮。將出命引之。三步則止。如是者三。乃退。彼謂大夫之喪。君始死已來吊。至葬又特吊。踊有引車之禮。此乃君始來吊。吊非因葬。故不云引車也。知非吊大夫之喪者。喪大記云。大夫士既殯。而君往。大夫則奠可也。士則出俟於門外。命之反奠。乃反奠。此亦云出待反。而後奠。故知爲士禮。檀弓君吊於葬。命引之。乃退。不云命奠。此必命之奠。亦始吊之禮然也。禮案君吊其臣無客禮。故卽位於阼階下也。主人拜踊於賓位。不敢有其室也。子羔之襲也，繭衣裳與稅衣纁袡爲一。素端一。皮弁一。爵弁一。玄冕一。曾子曰：不襲婦服。鄭注：繭衣裳者，若今大襺也。纊爲繭，縕爲袍，表之以稅衣，乃爲一稱耳。稅衣若玄端而連衣裳者也。大夫以纁爲之緣，非也，唯婦人纁袡。禮以冠名服，此襲其服，非襲其冠。曾子譏襲婦服而已。玄冕又大夫服，未聞子羔曷爲襲之。玄冕或謂爲玄冠，或爲玄端。孔疏：此明大夫死者襲衣稱數也。繭衣裳者，纊爲繭，謂衣裳相連而綿纊著之也。稅謂黑衣也，若玄端而連衣裳也。纁，絳也。袡，裳下緣襈也。以絳爲緣，故云稅衣纁袡也。繭衣裳既褻，故用稅衣表之，合爲一稱也。素端第二稱也。賀瑒云：以素爲衣裳也。皮弁第三稱也，十五升白布爲衣，積素爲裳也。爵弁第四稱也，玄衣纁裳也。玄冕第五稱也，大夫之上服也。纁袡是婦人之服，而子羔襲用之，故曾子譏之。陸氏佃曰：據此男子裏衣皆連衣裳，裘蓋亦如之。然則婦人連衣裳，放男子之內也。公襲九稱，爵弁三，大夫五稱，皮弁三，則士三稱。爵弁一，皮弁二，與凡襲親身之服，不與其餘爲序，故子羔襲稅衣，其素端以下自爲序。江氏永曰：案士喪禮陳襲事緣衣，注云：黑衣裳赤緣之謂之褖。褖之言緣也，所以表袍者也。然則稅衣當用赤緣，赤深纁淺，子羔之家誤以纁代赤，而不知其近於婦人始嫁之衣，故曾子譏其襲婦服，非故以婦人衣襲子羔，此相禮者之過也。焦氏循曰：釋名：襺，屬也，衣裳上下相連屬也。荊州謂禪衣曰布襹，亦曰襜襦，言其襜襜宏裕也。正義衣裳相連，本大襺言。孫氏希旦曰：素端制若玄端，而用素爲之，蓋凶禮祈禱致齊之服也。周禮司服齊服有玄端素端。案士喪禮襲衣三稱，此襲衣三稱而又有玄冕，則大夫之禮也。子羔未嘗爲大夫，玄冕其褒衣與？禮案：史記仲尼弟子傳：高柴字子羔，曾爲費郈宰，未云爲大夫，然則襲衣五稱，僭大夫之禮，而曾子爲其同門之友，不引禮以正之，意其後當受爵命爲大夫，而記載失傳也。蓋僭禮失大，衣緣失小故也。純衣纁袡，士妻嫁時之服，見士昏禮。爲君使而死，公館復，私館不復。公館者，公宮與公所爲也。私館者，自卿大夫以下之家也。鄭注：公所爲，君所作離宮別館也。禮案：此條解見曾子問，蓋當時之禮如此，故此又引之。公七踊，大夫五踊，婦人居間。士三踊，婦人皆居間。鄭注：公，君也。始死及小斂大斂而踊，君大夫士一也，則皆三踊矣。君五日而殯，大夫三日而殯，士二日而殯。士小斂之朝不踊，君大夫大斂之朝乃不踊。婦人居間者，踊必拾。主人踊，婦人踊，賓乃踊。孔疏：此明諸侯至士初死在室殯踊之節及明貴賤踊數也。公諸侯，去死日五日而殯，則合死日六日也。至明日大斂之朝不踊，當大斂時乃踊，凡七也。大夫三日殯，合死日爲四日，始死一。明日襲朝一。又明日小斂日再。小斂明日大斂，凡五也。士二日殯，合死日數也。始死一。小斂朝不踊，至小斂時一。又明日大斂一。凡三也。婦人與丈夫更踊，居賓主之中間也。然親始死及動尸舉柩，哭踊無數。今云七五三者，謂爲禮有節之踊。每踊輒三者三，爲九，而謂爲一也。徐氏師曾曰：婦人居間上四字衍文。孫氏希旦曰：以此差而上之，則天子七日而殯，當九踊也。觀此踊數，則君大夫殯日皆數死日明矣。禮案：拊心爲擗，跳躍爲踊。男子有擗踊袒踊，婦人不宜袒，惟擗踊而已。故問喪云：擊心爵踊也。居間者，不與男子更拾而踊，所以爲男女之別也。公襲：卷衣一，玄端一，朝服一，素積一，纁裳一，爵弁二。玄冕一。褒衣一。朱綠帶。申加大帶於上。鄭注：朱綠帶者，襲衣之帶，飾之雜以朱綠，異於生也。此帶亦以素爲之。申，重也。重於革帶也。革帶以佩韍，必言重加大帶者，明雖有變，必備此二帶也。工襲三稱，子羔襲五稱，今公襲九稱，則尊卑襲數不同矣。諸侯七稱，天子十二稱與。孔疏：此明襲用衣。公襲以上服在內，公身貴，故以上服親身，欲尊顯褒賜，故褒衣最外，而細服居中也。子羔賤，故卑服親身。玄端者，賀云：燕居之服。玄端朱裳也。朝服者，緇衣素裳。公日視朝之服也。素積者，皮弁之服。公視朔之服也。纁裳者，賀云：冕服之裳也。亦可驚毳任取中間一服也。爵弁者，玄衣纁裳。此是始命之服，重本，故二通也。招魂君亦用爵弁服也。玄冕之下，又取一也。褒衣最上，華君賜也。自卷衣至此，合爵弁二通，合九稱。朱綠帶者，以素爲之，而用朱綠飾之，亦異於生時也。加，謂已用此朱綠小帶結束之，重加大帶於革帶之上者，象生時大帶帶也。用素爲之，士則二采，大夫諸侯皆五采。前云率帶是也。陸氏佃曰：子羔言繭衣裳，公言朱綠帶，申加大帶於上，相備也。喪大記曰：袍必有表，不禪。衣必有裳，謂之一稱。孫氏希旦曰：公，君也。上文公七踊，上文公大夫士一也，公升，皆通謂至等之君。此不當獨爲異義。卷衣一，據上公言之。若侯伯則驚冕，子男則毳冕也。喪大記大斂之衣，君同以百稱，則襲斂所用之衣數，五等之君亦同也。朱綠帶者，玉藻所謂雜帶，燕居之所用也。兼用燕居之帶者，以襲有玄端服也。加大帶於雜帶之上，順其衣之在內外也。禮案：襲衣諸侯七稱，而此有九者，蓋纁裳不得謂之稱。又褒衣或有或無，亦不可定爲一稱。僖四年左傳云：凡諸侯薨於朝會，加一等；死王事，加二等。於是有以衮斂是也。此除纁裳及褒衣，則仍七稱也。蓋此與上文子羔之襲衣，惟記其多寡之數，而未嘗謂某服一稱者，爲一稱也。

小斂環經，公大夫士一也。鄭注：環經者，一股，所謂纏經也。士素委貌，大夫以上素爵弁，而加此經焉。散帶。孔疏：親始死，孝子去冠，至小斂不可無飾，士素委貌，大夫以上素弁，而貴賤悉得加於環經，故云公大夫士一也。知以一股所謂纏經者，若是兩股相交，則謂之絞也。孫氏希旦曰：環經，謂以經環加於首也。小斂奉尸侇於堂畢，乃降而東襲經焉。士喪禮苴經大搹，而經小焉，饌於東方。卒斂，主人即位，拜賓，襲經於序東是也。公大夫一者，蓋他服如衰杖經屨之屬，君大夫士變服之節，有不盡同者。而環經則皆以小斂畢時也。鄭氏謂環經爲一股之纏經，非也。一股之經，舊說所謂弔服之環經。經記初無言小斂時主人加弔服之環經者。小斂環經，謂環加苴經，豈可以弔服之環經混之。郭氏嵩燾曰：環者，首經。散絞皆要經。斬衰之經帶並以一股環之。經云小斂環經，則首經也。周禮司服：凡弔事弁經服。鄭注必以委貌爵弁加經釋之，是亦弁經服之屬也。親喪飾冠爲文，恐非禮意。禮案：士喪禮、喪大記無小斂加環經之文，惟卒斂主人括髮以麻。大斂則大記有：君將大斂，子弁經，即位於序端。鄭注彼云：子弁經者，未成服，弁如爵弁而素。大夫之喪，子亦弁經。喪禮大斂則云不言髽免括髮，小斂以來自若矣。然則大斂首經，君大夫士固不同矣。而此云小斂環經一者，絞麻則近於弔服，且首重於要，要既散麻，必無首絞之理，疑以散麻大搹環加於冠弁之上與。

公視大斂。公升。商祝鋪席乃斂。鄭注：喪大記曰：大夫之喪，將大斂，既鋪絞紟衾。乃鋪席，則君至，爲之改之，始新之也。孔疏：公，君也。明君臨臣喪大斂禮也。公升，謂君來升堂時。商祝主斂事者也。君來之前，主人雖已鋪席布絞紟衾，聞君將來至，則主人散徹去之。比君至升堂，而商祝更鋪席待君至乃斂也。所以然者。重榮君來。為新之也。亦示若事由君也。孫氏希旦曰。席最在下。云商祝鋪席。則知絞紟衾衣。皆再布之矣。為君欲視其衣衾之美惡也。郭氏嵩燾曰。喪大記言君至。升堂卽位於序端。遷尸卒斂。商祝鋪衾席者。所以為遷之節也。初無商祝改鋪席之文。注意恐失之。禮案。此節舊解並失之。夫君來有早晚。大記所云。鋪絞紟衾衣而君至。來晚者也。此記所言。公升商祝鋪席乃斂者。來早者也。蓋席在下。而鋪必最先。言既鋪絞紟衾衣。則已鋪席可知。言鋪席則絞紟衾衣。皆未鋪可知。

魯人之贈也。三玄二纁。廣尺長終幅。鄭注。言失之也。士喪禮下篇曰。贈用制幣。玄纁束帛。孔疏。記魯失也。贈謂以物送亡人於槨中也。既夕禮曰。贈用制幣玄纁束。今魯人雖三玄二纁。而用廣尺長幅。不復丈八尺。則失禮也。孫氏希旦曰。內宰職注引天子巡守禮。聘禮注引朝貢禮。皆云制幣丈八尺。紙四咫。賈疏引趙商問純四咫之義。鄭氏謂咫八寸。四咫三尺二寸太廣。四當為三。三八二尺四寸。幅廣也。是制幣長丈八尺。廣二尺四寸也。今魯贈幣。廣止一尺。長僅終幅二尺四寸。是長廣皆不如禮也。禮案。玄正色。故數奇陽也。纁閒色。故數偶陰也。

弔者卽位於門西。東面。其介在其東南。北面西上。西於門。主孤西面。相者受命曰。孤某使某請事。客曰。寡君使某。如何不淑。相者入告。出曰。孤某須矣。弔者入。主人升堂西面。弔者升自西階。東面致命曰。寡君聞君之喪。寡君使某。如何不淑。子拜稽顙。弔者降反位。鄭注。賓立門外不當門。主孤立於阼階下。受命受主人命以出也。不言擯者。喪無接賓也。淑善也。如何不善。言君痛之甚。使某弔。稱其君名者。君薨稱子某。使人知適嗣也。須矣。不出迎也。子孤子也。降反位者。出反門外位。無出字脫。孔疏。自此以下。終於篇末。明諸侯相弔含贈賵之禮。門西謂主國大門之西。凶事異於吉。故介在東南北面西上。以使在門西故也。相者。相主人傳命者也。鄭云。喪不言擯。此對例耳。若通而言之。吉事亦云相。故司儀云。每門止一相。又大宗伯云。朝覲會同。則為上相。凶事亦稱擯。故喪大記云。君弔擯者進。又士喪禮擯者出請入告。是升也。孤謂嗣子。某為嗣子名。公羊傳云。君薨稱子某。對殯之辭。此對賓之辭。故稱孤某須矣。主人升堂。謂從阼階升也。知者以弔者升由西階。故也。曲禮云。升降不由阼階。或大夫士也。或平常無賓時也。子拜稽顙。不云孤某而稱子者。客既有事於殯。故稱子以對殯之辭也。以下皆然。若對賓之辭。則稱孤某也。方氏慤曰。此皆諸侯相弔之禮也。如何不淑。言奉君之命。弔君之喪。不敢不善其事也。須待也。與寡君須矣同義。江氏永曰。案魯弔宋大水云。若之何不弔。言如何不為天所弔恤。此如何不淑。言如何不遭此不善。注說未確。孫氏希旦曰。弔者謂上客也。凡門外之位。以客禮者東面。以臣禮者北面。以燕禮賓東面。大射賓北面。觀之可見。弔者卽位於門西東面者。客禮也。介在其東南北面者。下賓也。西上者。統於賓也。西於門。不敢當門也。蓋凡諸侯聘弔之使。在主國門外之位皆如此。鄭氏聘禮注謂聘賓北向。介西面。故孔疏以此為異於吉。然鄭說實無所據也。主孤西面。在阼階下西面。主人之位也。孤某者。諸侯在喪未葬自稱之辭也。下文云。既葬蒲席。知此本據未葬之禮也。若已葬。但稱孤也。孤某須矣。肅賓之辭也。升堂而弔者。諸侯之禮然也。兩君相弔。則賓主皆升堂。君弔其臣。則弔者升堂。主人受禮於中庭。若大夫士相弔。則賓主禮於堂下也。弔者降。不言子降者。子不降。待後事也。禮案尚書顧命云。王麻冕由賓階躋。又士喪禮亦謂主人升自西階。天子至士居喪升降。皆不由阼階。則諸侯大夫可知。疏以此主孤升堂。由阼階非也。

含者執璧。將命曰。寡君使某含。相者入告。出曰。孤某須矣。含者入。升堂致命。子拜稽顙。含者坐委於殯東南有葦席。既葬。蒲席。降出。反位。宰夫朝服。卽喪屨。升自西階。西面坐取璧。降自西階以東。

鄭注。含玉爲璧制。其分寸大小未聞。言降出反位。則是介也。春秋有既葬歸含賵襚無譏焉。皆受之於殯宮。朝服告鄰國之禮也。卽就也。以東藏於內也。孔疏此明含禮。含之所用。已具檀弓疏。含者坐委所含之璧於殯之東南席上。未葬之前。有葦席承之。既葬已後。則以蒲席承之。案左傳隱元年。天王使宰咺來歸惠公仲子之賵。緩也。公羊亦云。不及事。皆譏其緩。云無譏者。文五年穀梁云。王使榮叔歸含且賵。不言來。不周事之用也。明宰咺言來。得用事也。是既葬歸含且賵無譏也。宰謂上卿。夫衍字。朝服吉服也。必用吉服者。以鄰國執玉而來。執玉不麻。故著朝服。以仍在喪。不可純吉。故卽喪屨也。此遭喪已久。故嗣子親受禮。宰著朝服。若新始遭喪。則主人不親受。使大夫受於殯宮。此弔者既爲上客。又賵者是上介。則此含者襚者當是副介末介。但含襚於死者爲切。故在先陳之。江氏永曰。案諸侯相弔而歸含賵襚。邦交之禮也。固非欲其周事之用也。諸侯五日而殯。此赴彼來。近者亦數百里。貲能及其含斂之日。用其衣物哉。故此經明言既葬蒲席。見早晚皆可也。義疏云。考春秋時惟宋吳有大宰。餘國無稱上卿曰宰者。周禮家宰下有小宰中大夫二人。宰夫下大夫四人。小宰受含襚幣玉之事。宰夫掌弔幣器財用。則下所云舉璧與圭。當是小宰。餘皆宰夫也。趙氏坦曰。曾見馬亦籛藏一古含璧。以漢志尺度之。徑寸七分。好徑十分寸之四。而強厚十分寸之五。色黝黑。此當爲周制。然於爾雅肉倍好之文。小其未合。禮案文四年公羊傳云。含者口實也。何注曰。孝子所以實親口也。緣生以事死。不忍虛其口。天子以珠。諸侯以玉。大夫以碧。士以貝。春秋之制也。文家加飯以稻米。

襚者曰。寡君使某襚。相者入告。出曰。孤某須矣。襚者執冕服。左執領。右執要。入升堂致命曰。寡君使某襚。子拜稽顙。委衣於殯東。襚者降。受爵弁服於門內霤。將命。子拜稽顙如初。受皮弁服於中庭。自西階受朝服。自堂受玄端。將命。子拜稽顙。皆如初。襚者降出。反位。宰夫五人舉以東。降自西階。其舉亦西面。

鄭注。委衣亦於席上。所委璧之北。順其上下。授襚者以服者賈人。亦西面者。亦襚者委衣時。孔疏此明襚禮。案上文含者稱執璧。下文賵者稱執圭。則此襚者當稱執衣。不云者。以下文云。襚者執冕服。故於此略之。經文先含而後襚。則含重而襚輕。所委殯東西面南頭爲上。故云順其上下。謂上者在前。下者在後。案聘禮有賈人。故知授襚者之服。最賈人也。上云委衣於殯東。又云受爵弁受皮弁玄端。皆云如初。是皆在殯東西面而襚殯。今云舉者亦西面。是亦知襚者西面也。其服重者。

使執而入。爵弁受於內霤。皮弁受於中庭。朝服受於西階。玄端受於堂。既受處不同。則陳於壁北。亦重者在南。凡諸侯相襚。衣數無文。據此其服有五。又先路褒衣不以襚。以外無文。孫氏希旦曰。含襚賵之辭同。獨於襚言之。以見上下也。襚衣東西而委之。南領西上。禮案隱元年公羊傳。衣被曰襚。何注云。襚猶遺也。遺是助死之禮。知生者賵賻。知死者贈襚。諸侯相襚。冕服最尊。故由使者親執升堂以致命。而委於殯東。示致死者焉。自爵弁服而下。則以服之尊卑。爲迎受遠近之節也。此宰夫五人。及下文宰舉璧與圭。宰夫舉襚。並不言所服者。文見上也。

上介賵。執圭將命曰。寡君使某賵。相者入告。反命曰。孤某須矣。陳乘黃大路於中庭。北輈。執圭將命。客使自下由路西。子拜稽顙。坐委於殯東南隅。宰舉以東。

鄭注。輈轅也。自，率也。下謂馬也。馬在路之下。覲禮曰。路下四亞之。客給使者入。設乘黃於大路之西。客入則致命。使或爲史。孔疏。此明賵禮。乘黃謂馬。大路謂車也。陳四黃之馬於大路之西。於殯宮中庭北輈。於輈轅北嚮也。客使謂使客之從者也。自下由左。陳路北轅。既竟。賵客執圭升堂致命。而客之從者牽馬。設在車之西。則大路亦使設之也。凡陳車馬。馬在車下。故云下謂馬也。四亞之。謂馬四匹亞次路車也。賵既夕有奠。此無奠者。以奠主於親者。故既夕禮云。兄弟賵奠。所知則賵而不奠。此諸侯相與既疏。故無奠。方氏慤曰。乘馬曰賵。此言賵禮。故陳乘黃大路於中庭。陸氏佃曰。犬馬不上於堂。故執圭將命。小行人圭以馬。喪事君言相。大夫士言擯。亦言之法。正言大路。舉重以該之。蓋二王之後與所謂乘黃。亦如此客使牽馬者也。自下自路下西之前。聘禮所謂牽馬者。自前西乃出是也。孫氏希旦曰。賵以上介者。重於含襚也。賵在含襚之後者。賵物以助葬。先含次襚次賵。以喪事之先後爲次也。乘黃四馬黃色也。周人黃馬蕃鬣。故馬之爲庭實者。皆以黃。康王之誥曰。皆布乘黃朱是也。大路賵車也。先路不以襚。此曰大路者。尊其名也。凡喪自未祖以前。陳車皆北向。故此車亦然。馬在路西者。此時柩在堂上。主孤在堂下。堂上之物。則統於柩而西上。堂下之物。則統於主人而東上也。既夕禮車以東爲上者。爾時柩在堂下。車直東榮。統於柩也。言執圭將命。於車馬之間者。客使先設車竟。乃牽馬設於路西。言上介執圭將命。與客使設馬之節相當也。坐委於殯東南隅者。圭尊於璧。委於席上。而在璧之南也。宰不言其服者。因前朝服可知。禮案上文諸侯相襚以後路冕服。則此大路疑字誤也。坐委之坐。亦當讀如跪。下同。解見檀弓下。

凡將命。鄉殯將命。子拜稽顙。西面而坐委之。宰舉璧與圭。宰夫舉襚。升自西階。西面坐取之。降自西階。賵者出。反位於門外。

鄭注。凡者。說不見者也。鄉殯將命。則將命時立於殯之西南。宰夫宰之佐也。此言宰舉璧與圭。則上宰夫朝服。衍夫字。賵者出。乃著言門外。明禮畢。將更有事。孔疏。此明上弔含襚賵。文不見者。於此總明之。鄉殯者。在殯之西南東北面。鄉殯將命既畢。子拜稽顙之後。將命者來就殯東西面而坐委之。宰主人上卿。坐舉含者之璧。與賵者之圭。宰夫宰之屬官。舉此襚者之衣。宰與宰夫欲舉時。升自西階。不敢當主孤之位。來鄉殯東。席之東西鄉。坐取之。降自西階也。陸氏佃曰。此弔儀也。始云寡君使某弔矣。而曰寡君使某含。寡君使某襚。寡君使某賵。又曰寡君有宗廟之事。不得承事。使一介老某。

相執紼。則弔臨含相賵。皆相將贈賻。亦應爾也。孫氏希旦曰。子拜稽顙。西面而坐委之者。言於子拜稽顙之時。而西面委之。亦若避子之拜然也。襚衣輕。故宰夫主之。圭璧重。故宰舉之。鄭氏云。禮畢者弔含襚賵奉君命而行者。其禮畢於此也。禮案。凡者謂含襚賵賻之將君命者。皆向殯。明奉使之來。所以致死者也。凡臣臣升階。皆統於君。宰與宰夫。升自西階。則主孤不由阼階升堂可見矣。門外之位。東塾也。儀禮聘禮。賓出門西面於東塾南是也。

上客臨曰。寡君有宗廟之事。不得承事。使一介老某相執綍。相者反命曰。孤某須矣。臨者入門右。介者皆從之。立於其左。東上。宗人納賓。升受命於君。降曰。孤敢辭吾子之辱。請吾子之復位。客對曰。寡君命某。毋敢視賓客。敢辭。宗人反命曰。孤敢固辭吾子之辱。請吾子之復位。客對曰。寡君命某毋敢視賓客。敢固辭。宗人反命曰。孤敢固辭吾子之辱。請吾子之復位。客對曰。寡君命使臣某毋敢視賓客。是以敢固辭。固辭不獲命。敢不敬從。客立於門西。介立於門左。東上。孤降自阼階拜之。升哭與客拾踊三。客出送於門外。拜稽顙。鄭注。上客弔者也。臨。視也。言欲入視喪所不足而給助之。謙也。其實爲哭耳。入門右。不自同於賓客。賓三辭而稱使臣。爲恭也。爲恭者。將從其命。拜客。謝其厚意。不迎而送。喪無接賓之禮。孔疏。此明弔含襚賵既畢。上客行臨哭之禮。使一介老某相執綍者。某者上客名也。相。助也。謙言助主人執其葬綍。其實爲哭而來耳。一介言唯有一人爲介。謙辭耳。其實介數各下其君二等。臨者不敢自同賓。故入門右。從臣位。主國宗人掌禮。欲納此弔賓。先受納賓之命於主國嗣君。嗣君降曰。請復位者。宗人下階請客復門西客位也。反命者。反此客之辭命於嗣君。曰孤敢固辭者。是宗人受嗣君之命。以告客。前文孤某。此直云孤者。以客是使臣。不復稱名也。案左傳昭三十年云。君之喪。士弔。大夫會葬。文襄之霸。君喪。大夫弔。士會葬。此上客者。若於古禮士也。若於文襄。則大夫也。前四禮客皆在門西。此臨在門東者。前是奉君命而行。如聘禮聘之與享也。此是私禮。若聘禮私覿。故在門東。上云孤爲須矣。是不出迎。以主人在喪。身既悲戚。無暇接賓之禮。主拜送者。謝其勞辱來也。陸氏佃曰。臨應親至。故其辭如此。據寡君使某弔。使某含。使某襚。使某賵。不云不得承事。其遣上客亦以此。賵稱上介。亞於此與。若陳乘黃大路於中庭。蓋亦重禮也。言執紼。容外客臨。有葬而至者也。賓升受命於君。變子稱君。容外客臨。有不及事。既葬與踰年。而後至也。公羊傳。君薨稱子某。既葬稱子。踰年稱公。其曰孤降自阼階。則子踰年可知。孤不名。亦以此。曲禮曰。居喪之禮。升降不由阼階。孫氏希旦曰。臨。入哭也。弔所以慰主人。臨則使者自致其哀。私禮也。一介。猶一個。老所謂寡君之老。則此客乃諸侯之卿也。入門右者。入闑東而右。東上者。統於主人。以非爲其君行禮。故不敢以賓客自居。所謂私事自闑東也。案聘禮賓覿。奉幣入門左。介皆入門左。西上。此弔者既從主人之行辭。亦當如私覿之禮。出門而謂復從闑西以入。而立於門西。此客但立於門左。門西。不言出而復入者。文略也。聘禮介立於賓右而西上。此介立於賓左而東上者。變於吉也。於此言孤降。則自與客升之後。未嘗降矣。弔爲君行禮。故客升堂致命。主人亦升堂而拜之。臨爲臣禮。其位在門西。故主人必降階而拜之也。若未葬。則哭踊主人當即阼階下位。客當復門西之位。而設朝奠。既奠然後客出。此於哭踊下。即言客出者。文略也。郭氏嵩燾曰。諸侯使人弔。其次含襚賵臨。皆同日而畢事。弔以慰生者。而有賻以致其儀。含襚以贈死者。而有臨以將其意。書曰享多儀。儀不及物。曰不享。是以儀爲輕。而將命以致哀者爲重也。禮案臨亦奉君命者也。故其辭亦謂之寡君使某。與聘禮賓私覿不同。孫說衆也。含襚贈賵國君宜使使爲之。故其辭略。弔臨代君者也。故其辭文。而主國接之之禮亦婉而詳也。禮初辭曰禮辭。再辭曰固辭。三辭曰終辭。不獲命。言不得許辭之命也。孤降自阼階者。由西階降而即阼階下之位。以拜賓也。自弔者至此。乃經文。非記文也。蓋儀禮之逸經。而記者雜錄於此耳。

其國有君喪。不敢受吊。鄭注辟其痛傷己之親如君。孔疏此謂國有君喪。而臣又有親喪。則不敢受他國賓來吊也。以義斷恩。哀痛主於君。不私於親也。陸氏佃曰。若衞靈公弔季康子。而康子有君之喪應辭。孫氏希旦曰。國有君喪。其臣皆服斬。無弔人之法。故疏惟以他國來弔者言之。禮案說是也。下篇云。三年之喪。雖功衰不弔。自諸侯達諸士。則當君喪。非惟不敢受弔。而本國中固無人可弔也。又曰。如有服。而將往哭之。則服其服而往。然則嗣君有服。猶可往哭其所不臣者。則朝臣相爲。雖不可弔。而可哭臨矣。

外宗房中南面。小臣鋪席。商祝鋪絞紟衾。士盥於盤北。舉遷尸於斂上。宰告子。馮之踊。夫人東面坐。馮之踊興。鄭注此喪大記脫字。重著於是。孔疏此是喪大記。君喪之節。於此重記之。但大記云。夫人東面亦如之。此云夫人東面坐。馮興踊。惟此四字。別義皆同也。方氏慤曰。此一節宜承公襲。申加大帶於上之下。脫亂在是。孫氏希旦曰。此與喪大記小異。蓋上有脫文與。禮案據大記。則此乃國君大斂之禮。方謂宜承公襲非也。蓋襲無馮尸之禮。夫禮記之。文復出極多。固不止此一事也。

士喪有與天子同者三。其終夜燎。及乘人專道而行。鄭注乘人謂使人執引也。專道人辟之。孔疏言士喪與天子三事同也。其終夜燎一也。及乘人二也。專道而行三也。終夜燎謂柩遷之夜。須光明。故竟夜燎也。乘人謂人引車。不用馬也。既夕禮云。屬引。鄭引古者人引柩。專道而行。謂喪在路。不辟人也。孫氏希旦曰。終夜燎。孔疏專以啓後言之。然未殯之前。設燎亦終夜也。士喪禮小斂之後。宵爲燎於中庭。厥明滅燎是也。蓋始死柩未藏。既啓柩已露。須備未常。而治殯斂。爲葬具。爲事嚴急。亦非窮日夜之力不可。故必終夜設燎也。柩車駕馬。或有傾覆奔軼之患。故必以人輓之也。遂路男子由右。婦人由左。車從中央。今此柩車專一道而行也。執紼者天子千人。諸侯五百人。大夫三百人。以差次言。士當用百人。人既衆多。非專道不可行也。禮案言士與天子同。則諸侯大夫可知矣。

禮記通釋卷五十三　　玉環戴禮

雜記下第二十一

有父之喪。如未沒喪而母死。其除父之喪也。服其除服。卒事。反喪服。鄭注：沒猶竟也。除服謂祥祭之服也。卒事既祭。反喪服。服後死者之服。孔疏：此一節明前後兩服之中。有變除喪祭之節。此明先有父喪。而後遭母死。爲父變除之節。未沒喪者。謂父喪小祥後。大祥前。於時又遭母喪。母既葬後。値父應大祥。除服以行祥事。故云服其除服。卒事謂父祥竟。更還服母服也。若母喪未葬。而値父二祥。則不得服其祥服也。所以爾者。二祥之祭爲吉。未葬爲凶。故不忍凶時行吉禮也。張子載曰：如有服則服其服。雖緦小功之服。亦服新而脫舊。以往時暫故也。反則如常。方氏慤曰：除服謂祥祭之服。服其除服。而後反喪服。以示於前喪有終也。孫氏希旦曰：若母喪未沒。而有父喪亦如之。母喪未葬。則練祥之祭不行。既葬而祭。而亦服其服也。禮案：服父之除服。素縞麻衣也。當事筮尸祥祭時。則服朝服。如無後喪。則卒事反服素縞麻衣。至禫而纖。今既有母喪。則反服母喪之服也。

雖諸父昆弟之喪。如當父母之喪。其除諸父昆弟之喪也。皆服其除喪之服。卒事反喪服。鄭注：雖有親之大喪。猶爲輕服者除。骨肉之恩也。唯君之喪。不除私服。言當者期大功之喪。或終始皆在三年之中。小功緦麻則不除。殤長中乃除。孔疏：此明諸父昆弟之喪。當父母服內。變除之節。言此諸親自始死至除服。皆在父母服內。其除也皆服其除喪之服。除竟亦反先服。此亦謂重喪葬後變之時也。曾子問曰：大夫士有私喪。可以除之矣。而有君服焉。其除之也如之何。孔子曰：有君喪服於身。不敢私服。又何除焉。是有君服。不得除已私服。其私謂父母以下。及諸父昆弟。皆不得除也。服問云：緦之麻不變小功之葛。小功之麻不變大功之葛。據此言之。是尋常小功緦麻。不得易大功以上之服。故知有大功以上之服。不得爲小功緦麻除服也。云殤長中乃除者。以服問云。殤長中變三年之葛。既變三年之葛。明在大功服中。爲殤長中著小服。而又爲之除也。孫氏希旦曰：此謂一時而並遭期與三年之喪者。則當爲重喪服。而當輕喪之除。則必服其服。以明哀雖隆於重喪。而亦未嘗不兼有焉。故以除喪之服表之也。除謂卒哭變麻服葛及於主人之練而釋其服也。若諸父昆弟無三年者。則至期已爲之祭而除服。若父母之喪既葬而有期喪。則爲期喪服。其除父母之於期喪也。卒哭而反重服。於親喪既練。而反期服。於期服除。而反練服。若既練而有期喪。則爲期喪服。其除父母之喪也。服父母之服。此雖但言諸父昆弟。然喪服於大功以上爲親。則從父昆弟之有服期。亦當然。蓋三年之喪。齊衰變。既葬。大功變。既練。既於三年之喪。而並爲之服。則必於三年之喪。而並爲之除矣。三年之喪。雖既練。不爲小功緦變服。故不變除。惟於哭之也。則服其服而往。禮案：閒傳曰：斬衰之喪。既虞卒哭。遭齊衰之喪。輕者包。重者特。既練。遭大功之喪。麻葛重。齊衰之喪。既虞卒哭。遭大功之喪。麻葛兼服之。則是有重服在身。固已兼服輕喪之矣。故於輕喪之除也。必服其除服也。

如三年之喪。則既顈其練祥皆行。

鄭注。言今之喪既服潁。乃爲前三年者變除而練祥祭也。此主謂先有父母之喪。今又喪長子者。其先有長子之服。今又喪父母。其禮亦然。然則言未沒喪者。已練祥矣。潁。草名。無葛之鄉。去麻則用潁。孔疏。此明前後俱遭三年之喪。後喪既受葛之後。得爲前喪練祥。既潁者。謂後喪既潁之後。其前喪須練祥祭。皆舉行之。經云三年之喪既潁。互包父母長子之喪也。依禮。父在不爲長子三年。庾氏熊氏並云有父者誤也。當云今又喪母。不得并稱父也。若先有父喪而後母死。練祥亦然。喪服齊衰三年章云。父卒則爲母是也。吳氏澄曰。古字聲同者多借用。故絭麻之絭。與單縠之縷。並通作潁。鄭以潁爲代葛之絭是矣。朱氏軾曰。若據舊說。則與前父喪母死服除服。卒事反喪服何異。祥吉於練。祥且可練。何待言。愚意此謂後喪未及卒哭。值前喪練祥不得行。至後喪變麻。可補行也。江氏永曰。得朱氏之說。經義與注疏乃並明耳。曾子問祭過時不祭。疏熊氏引此文亦云追行前練祥也。又下經言父母之喪將祭。而昆弟死。異宮者既殯而祭。如同宮則雖臣妾葬而后祭。夫同宮之臣妾輟祭以俟其葬而后祭。則並有三年喪者可知矣。又案大祥之後。中月而禫。經但言練祥。而不及禫。豈禫祭冠玄衣黃裳。有所不可行乎。禮案言三年之喪。所包甚廣。適孫承重。爲祖父母亦三年也。正字通。潁似苧。可績爲布。

王父死。未練祥。而孫又死。猶是附於王父也。

鄭注。未練祥。嫌未祫祭序於昭穆耳。王父既附。則孫可附焉。猶當爲由。由。用也。附皆當作祔。孔疏。禮孫死祔祖。今此明若祖喪雖未二祥。而孫死。則孫亦得用是祔禮。祔於祖也。祔在練前。若祔後未練之前。則得祔。直云未練足矣。兼言祥者。案文二年穀梁傳云。作主壞廟有時日。於練焉壞廟。壞廟之道。易檐可也。改塗可也。注云。親過高祖。則毀其廟。以次而遷。以此言之。則練時壞祖與高祖之廟。改塗易檐。示有壞意。其次先祖入於大祖之廟。其祖傳入高祖廟。其新死者入祖廟。是練時遷廟也。入三年喪畢。祫於大祖廟。是祥後祫也。故云未練祥。嫌未祫祭序於昭穆耳。兼言祥者。恐未祫故也。但祖遷祔祭之後。卽得祔新死之孫。然王父雖祔。未練無廟。孫得祔於祖。其孫就王父所祔祖廟之中。而祔祭王父焉。陸氏佃曰。猶之言嫌不祔也。未練祥。嫌未卒哭。據周卒哭而祔。嫌未卒哭。曰未練足矣。今曰未祥。則亦嫌未祥可以祔也。春秋傳曰。夏五月乙酉。吉禘於莊公。其言吉何。未可以吉也。其言於莊公何。未可以稱宮廟也。孫氏希旦曰。喪既卒哭而祔。祔畢還祭於寢。至練而後壞廟。天子諸侯則於練後祫祭之時。以次遷其廟。大夫士雖無祫。亦於練後將大祥時。遷毀其廟。至除喪。乃奉新死者入廟而吉祭焉。今祖未練而孫死。則高祖之廟尚未遷。未祥而孫死。則高祖雖或已遷。而祖尚未入廟。皆疑於孫之無可祔。嫌當如王父在而祔於高祖之祖。故言猶是祔於王父。猶如字。言猶祔於王父。而不祔於高祖也。祔於王父者。王父練祥祭於寢。蓋於寢祭王父而祔其孫與。金氏榜曰。古者三年喪畢。然後祭於廟。此未練祥而祔於王父。則於殯祔禮。案此文承既潁。其練祥皆行之後。疑此孫死。既虞卒哭而祔。必待祖練後入廟而始祔也。故曰猶是祔於王父也。言雖緩於時日。而猶祔祖。猶上文前喪緩於練祥。俟後喪既潁而行之意。

有殯。聞外喪。哭之他室。入奠。卒奠。出改服卽位。如始卽位之禮。

鄭注。明所哭者異也。哭之爲位。入奠。謂後日之朝入奠於其殯。既乃更卽位就他室。如始哭之時。孔疏。有殯謂父母喪未葬。柩在殯宮者也。外喪謂兄弟喪在遠者也。他室。別室也。若聞外喪。哭於殯宮。則嫌是哭殯。於別室。明所哭者爲新喪也。明日之朝。著重喪之服。入奠殯宮。及下室。卒奠而出。改已重喪服。著新死未成服之服。卽他室之哭位。如阼日聞喪卽位時也。王氏瓚曰。哭他室者。爲外兄弟。明當先哭乃行耳。異國則不往也。義疏云。外喪如母黨。妻黨。亦哭之別室。而孔疏言兄弟喪在遠者。以兄弟親必有三日五哭。若異姓則小功緦而已。一哭可止。無明日之哭也。孫氏希旦曰。哭同姓有服之喪。宜於阼階下西面。今乃哭於別室者。殯宮朝夕哭之位在阼階下。若哭外喪於此。則有哭殯之嫌也。入奠卒奠出以下。謂聞喪之明日。又哭之禮也。凡喪者三日而畢。檀弓曰。有殯聞遠兄弟之喪。哭於側室。無側室。哭於門內之右。同國則往哭之。禮案檀弓上云。有殯聞遠兄弟之喪。雖緦必往。然則此聞喪於他室。爲位而哭者。蓋非同國者也。

大夫士將與祭於公。既視濯而父母死。則猶是與祭也。次於異宮。既祭釋服出公門外。哭而歸。其它如奔喪之禮。如未視濯。則使人告。告者反。而後哭。

鄭注猶亦當爲由。次於異宮。不可以吉與凶同處也。使者反而后哭。不敢專已於君命也。孔疏此一節明大夫士與祭於公。而有私喪之禮。既與祭於公。祭日前既視濯之後。而遭父母之喪。則猶是吉禮。而與於祭也。其時止次異宮。不可以吉與凶同處也。如未視濯之前遭父母之喪。則使人告君。告者反。而後哭父母也。胡氏銓曰。猶是言自若也。陸氏佃曰。禮大夫死。雖當祭猶告。春秋傳曰。大夫國體也。古之人重死。君命無所不通。黃氏震曰。將與祭聞父母喪。猶卒祭。謂君命嚴。而祭事重也。然人子之情。當何如。雖忍其痛而不哭。能一其將事之誠否耶。方氏苞曰。祭必齊。齊者齊不齊以致其齊者也。父母危疾。子不視父母死。反次於異宮。而禁其哭踊。不獨非人情所安。其哀痛中迫。尙能齊一以交於神明乎。此必春秋之末。及戰國慝禮。而漢儒誤述之也。孫氏希旦曰。臣將與祭。而父母疾病將死。則固當以情告於君。而使人攝之矣。今乃猶與於視濯者。蓋謂猝然遇疾。若魯叔弓涖事而卒者也。郭氏嵩燾曰。父子異宮。謂內寢之別。其外寢一而已。經云異寢。將爲誰氏之宮。如鄭注是有意辟父母之凶事。以趨吉也。疑周禮無此。或秦王制然耳。禮案孫說是也。父母疾大漸。而子不以情告君。而遂與祭。豈人情哉。若非暴疾而終。必親沒故鄉。或死事而赴聞者也。下文尸有喪出舍公宮。則此異宮。當是公宮之他室也。奔父母喪禮見小記。

如諸父昆弟姑姊妹之喪。則既宿則與祭。卒事出公門釋服而后歸。其它如奔喪之禮。如同宮。則次於異宮。

鄭注宿則與祭。出門乃解祭服。皆爲差緩也。孔疏宿謂祭前三日。將致齊之時。既受宿戒。雖有期喪。則與公家之祭。若諸父昆弟姑姊妹等。先是同宮而死。則既宿之後。出次異宮。不可以吉凶雜處故也。前父母之喪。既視濯而與祭。此期喪宿則與祭。又父母之喪。既祭釋祭服。乃出公門。此期喪出門乃解祭服。故云皆爲差緩。陸氏佃曰。然則歸而後哭。亦以此義。疏云。案禮由命士以上。父子異宮。豈有大夫之諸父昆弟姑姊妹。有同宮而死者。此句似可疑。禮案此所舉諸父昆弟皆期喪。姑姊妹則其未嫁者也。奔齊衰以下之喪。見下奔喪篇。

曾子問曰。卿大夫將爲尸於公。受宿矣。而有齊衰內喪。則如之何。孔子曰。出舍乎公宮以待事。禮也。孔子曰。尸弁冕而出。卿大夫士皆下之。尸必式。必有前驅。鄭注：尸重受宿。則不得哭內喪同宮也。冕兼言弁者。君之尸或服士大夫之服也。諸臣見尸而下車。敬也。尸式以禮。孔疏：案上文不爲尸之時。未視濯之前。受宿之後。父母喪使人告。告者反而後哭。今此齊衰內喪。亦謂諸父昆弟姑姊妹也。與前與後祭同。但尸尊。故出舍云之宮館。以待君之祭事。不在己之異宮耳。方氏慤曰：此一節已見曾子問解。禮案：此記者以上言大夫士將祭於公之禮。故引曾子問卿大夫將爲尸於公。有喪之禮。蓋連類及之。非文複出也。

父母之喪。將祭而昆弟死。既殯而祭。如同宮。則雖臣妾。葬而后祭。祭。主人之升降散等。執事者亦散等。雖虞附亦然。鄭注：將祭謂練祥也。言若同宮。則是昆弟異宮也。古者昆弟異居同財。有東宮。有西宮。有南宮。有北宮。有父母之喪。當在殯宮。而在異宮者。疾病或歸者。主人。適子。散等。栗階。爲新喪略威儀。孔疏：將祭謂將行大小祥祭。而有兄弟死。則待殯後乃祭也。兄弟輕。故殯後便可行吉事。謂異宮者耳。若同宮。雖臣妾之輕卑。死猶待葬後乃行父母祭也。故喪服傳云。有死於宮中者。則爲之三月不舉祭。庾氏云。小祥之祭。已涉於吉。尸柩至凶。故不可以相干。其虞祔則得爲之矣。若喪柩卽去。則亦祭不待於三月可知。散。栗也。等。階也。吉祭則涉級聚足。喪祭則栗階。祥祭宜涉級。於時一有兄弟喪。故少威儀。作散等也。助執祭者。亦栗階也。主人至也。昆弟虞祔而行父母二祥祭。而執事亦散等。謂升一等而後散升。不連步也。故燕禮記云。栗階不過二等。注云。其始升猶聚足連步。越二等。左右足各一發而升堂也。陸氏佃曰：散等謂不拾級聚足。鄭氏謂散等栗階。誤矣。栗階蹶等。有栗之道。故曰栗階。孫氏希旦曰：同宮謂新死者在殯宮也。如同宮。則雖臣妾。葬而後祭。舉輕以明重也。臣妾且然。兄弟可知。凡命士以上。父子皆異宮。則不命之士。兄弟固有在父母之殯宮而死者矣。若本非同宮。雖在喪次而死。自當還殯於其寢。亦既殯而祭。非徒疾病而歸者爲異宮也。雖虞祔亦然者。謂父母將虞祔而有兄弟死。亦如此既殯而祭。既葬而祭也。殯宮有死者。則輟虞祔之祭。故小記有既葬不赴虞之事。禮案：將祭父母而昆弟死。則俟其殯而後祭者。以兄弟之喪已當哭臨。故不及爲父母行祭。抑亦情有不能專一者。故不舉祭也。臣。家臣。僕是也。僕妾賤者。死而同宮。亦必待其葬而後祭者。則以當凶不可行吉禮也。

自諸侯達諸士。小祥之祭。主人之酢也嚌之。衆賓兄弟則皆啐之。大祥主人啐之。衆賓兄弟皆飲之可也。鄭注：嚌啐皆嘗也。嚌至齒。啐入口。孔疏：此明喪祭飲酒之儀。正祭之後。主人獻賓長。賓長酢主人。主人受賓長酢則嚌之。衆賓及兄弟。祭末受獻之時啐之。大祥主人受賓酢之時啐之。衆賓兄弟皆飲之。必知此主人之酢非受尸酢者。以士虞禮主人主婦獻尸受酢之時。皆卒爵。虞比小祥爲重。尚卒爵。今大祥酢唯嚌之。故知受賓酢也。受尸酢。神惠爲重。雖在喪亦卒爵。賓禮爲輕。受賓之酢。但嚌之。知喪祭有受賓酢者。鄭注曾子問云。虞不致爵。小祥不旅酬。大祥無無算爵。故知小祥之祭。旅酬之前。皆爲之也。皇氏云。主人之酢。謂受尸之酢。與士虞禮文違。其義非也。陸氏佃曰：自諸侯達諸士。蓋蒙上言練祥虞祔之祭。升降皆散等。升降如此。則小祥之酢嚌之啐之。大祥啐之飲之。皆達亦可知。禮案：曾子問曰。祭如之何則不行旅酬之事矣。孔子曰。聞之。小祥者。主人練祭。而不旅。奠酬於賓。賓弗舉禮也。昔者魯昭公練而舉酬行旅。非禮也。孝公大祥奠弗舉。亦非禮也。凡侍祭喪者。告賓祭薦而弗食。鄭注薦脯醢也。吉祭告賓祭薦。賓既祭而食之。喪祭賓不食。孔疏侍謂相於喪祭禮者。吉時祭。相者則告賓祭薦。賓祭竟而食之。喪禮既不主飲食。故相者告賓。但祭其薦。而已不食之也。此亦謂喪之正祭之後。主人獻賓之時。賓受獻。主人設薦。賓祭而不食。謂練祥祭也。其虞祔不獻賓也。方氏慤曰。祭之而不食者。哀而不忍故也。徐氏師曾曰。二祭字不同。上祭謂二祥之祭。下祭謂祭先代。始爲飲食之人。禮案士虞禮無獻賓之文。特牲禮則薦脯醢。賓祭嚌之。故此祭薦而不食。孔知爲練祥也。子貢問喪。子曰。敬爲上。哀次之。瘠爲下。顏色稱其情。戚容稱其服。請問兄弟之喪。子曰。兄弟之喪則存乎書策矣。鄭注問喪問居父母之喪也。喪尚哀。言敬爲上者。疾時尚不能敬也。容威儀也。孝經曰。容止可觀。存乎書策。言疏者如禮行之。末有加也。齊斬之喪。哀容之體。經不能載矣。孔疏此明居父母兄弟喪禮。如禮行之。以疏者禮文具載。故云存其書策。父母至親。哀容體狀。不可名言。故經不能載。上文云。顏色稱其情。當須毀瘠也。戚容稱其服。當須憔悴也。方氏慤曰。敬足以盡禮。故爲上。哀足以盡情。故次之。瘠足以盡容故爲下。顏色在乎面目。情之所見也。戚容兼乎四體。服之所被也。顏色稱其情。以外稱內也。戚容稱其服。以本稱末也。情有悲哀隆殺之別。服有齊斬重輕之殊。外不稱內之隆殺。則爲僞矣。本不稱末之輕重。則爲野矣。陸氏佃曰。凡居親之喪。哀瘠常浮於敬。故哭泣之哀。顏色之戚。有圖不能盡。書不能載者矣。故孔子言之如此。兄弟之喪。存乎書策。若親之喪。求情於言意之表可也。禮案荀子禮論曰。故死之爲道也。而不可得再復也。臣之所以致重於君。子之所以致重於親。於是盡矣。此所謂敬也。粗衰哭泣憂戚。此所謂哀也。送死不忠厚。不敬文。謂之瘠。此所謂下也。憂愉之情。發於顏色。此所謂稱其情也。憂愉之情。發於衣服。此所謂稱其服也。存乎書策。若閒傳所云。齊衰貌若枲。哭若往而反。對而不言。二日不食之屬。君子不奪人之喪。亦不可奪喪也。鄭注重喪禮也。亦不可輕之於己也。孔疏不奪人之喪。謂他人居喪。任其行禮。不可抑奪。亦不可奪表。謂己之居喪。當須依禮。不可自奪其喪。使不如法。不奪人喪。恕也。不奪已喪。孝也。方氏慤曰。奪喪見曾子問解。孫氏希旦曰。此上有闕文。義疏云。君子不奪人之喪二語。恐當在後三年之喪祥而從政節下。禮案奪人之喪。若臣有喪。君使從政。不可奪喪。謂奪己之喪。若墨衰朝會。皆非禮之正。孔子曰。少連大連善居喪。三日不怠。三月不解。期悲哀。三年憂。東夷之子也。鄭注言其生於夷狄。而知禮也。怠惰也。解倦也。孔疏此明居喪得禮之事。親之初喪。三日之內。禮不怠。謂水漿不入口之屬。三月不解者。以其未葬之前。朝奠夕奠。及哀至則哭之屬。期謂練以來。常悲哀。朝哭夕哭之屬。三年憂者。以服未除。顦顇憂戚。馬氏晞孟曰。聖人之作春秋。於中國則尊之。於蠻夷則擯之者。以明中國者。禮義之所在。而蠻夷者。不可以禮義責也。然而少連大連之善居喪。則雖曾閔之至孝。亦不過如是。此孔子稱之曰。東夷之子也。蓋非特美其能行是禮。又美其能變是俗也。雖然孟子之言舜東夷之人。文王西夷之人。則二連以東夷之子。而合於禮。豈足怪哉。論語謂柳下惠少連。降志辱身矣。言中倫。行中廬。少連之行可與惠爲徒。則豈特如孟獻子之流。加於人一等而已哉。王氏應麟曰。唐扶餘璋之子義慈。號海東曾子。頡利之子疊羅支。其後母喪。至不嘗品肉。孰謂東夷無人哉。禮案檀弓上云。高子皋之執親之喪也。泣血三年。未嘗見齒。君子以爲難。然則旣虞卒哭。節哀順變。蓋爲不肖者可以企及耳。實則三年之內。固無日不在憂戚之中也。

三年之喪言而不語。對而不問。廬堊室之中不與人坐焉。在堊室之中。非時見乎母也不入門。疏衰皆居堊室不廬。廬嚴者也。鄭注言己事也。爲人說爲語。在堊室之中。以時事見乎母。乃後入門。則居廬時不入門。言廬哀。敬之處。非有其實。則不居。孔疏大夫士言而後事行者。故得言已事。不得爲人語說也。對而不問者。謂有問者得對。而不得自問於人。此謂與有服之親者。行事之時。若與賓客疏遠者言。則閒傳云。斬衰唯而不對。齊衰對而不言。是也。案喪大記云。練居堊室。不與人居者。卽坐也。與此同。方氏愨曰。言略而語詳。對應而問倡。言而不語。對而不問。以居憂有所不暇故也。廬堊室之中。不與人坐。示憂之所獨也。在堊室非時見乎母。不入門。則在廬之中。非時亦有所不見矣。閒傳曰。齊衰之喪。居堊室。齊衰卽此所謂疏衰。以廬爲嚴。故父母之喪。乃居之。所謂嚴者。以居喪之重。人不可犯也。方氏苞曰。旣練居堊室。悲憂漸殺。設以見母而時與內接。哀敬之心弛焉。則衰麻哭泣皆僞也。故見母亦有時。所以責人子哀敬之誠。而大爲之防也。孫氏希旦曰。三年之喪。立不羣。行不旅。坐不與人俱。皆爲其狎處忘哀也。禮案父喪旣練。唯見母入門。則母喪見父。亦當然也。注謂居廬。則不入門。以無大故言也。或母有疾。則雖居廬。亦不容不入矣。蓋不以哀死而忘事存也。嚴謂悼詭唈僾之所。故非斬衰不居。

妻視叔父母。姑姊妹視兄弟。長中下殤視成人。鄭注視猶比也。所以者。哀容居處也。孔疏此明此等之親。服雖有異。其哀戚輕重。各視所正之親。妻居廬而杖。抑之視叔父母。姑姊妹出適服輕。進之視兄弟。長中下殤服輕。上從本親。視其成人也。方氏愨曰。此言輕重雖稍異。而哀戚略同也。義疏云。姑姊妹之服。降於昆弟。殤服降於成人。然服降而情之哀痛不能降也。若妻與伯叔母。其服制哀情。有不同矣。而云妻視叔父母。以抑其情之私或爲厚於妻。薄於伯叔者言之也。禮案妻視叔父母。言其服同。而恩不同也。姑姊妹視兄弟。長中下殤視成人。言其恩同。而服不同也。

親喪外除。兄弟之喪內除。鄭注外除日月己竟。而哀未忘。內除日月未竟。而哀已殺。孔疏親喪謂父母之喪。外謂服也。服猶外。隨日月漸除。而哀心未忘。兄弟之喪。謂期服以下。及小功緦也。內心也。服制未釋。而心哀先殺。由輕故也。黃氏榦曰。內除外除。皆言日月已竟。服重者則外雖除。而內未除。服輕者則不唯外除。而內亦除也。顧氏炎武曰。親喪外除者。祥爲喪之終矣。而哀未忘。故十五月而禫。兄弟之喪內除者。隨其日月而止。禮案此亦有不盡然者。下文云三年之喪如斬。期之喪如剡。手足之痛。豈經年服除。而遂能已乎。檀弓上謂魯人有朝祥暮歌。非親喪乎。子路弗忍除姊之喪。非兄弟乎。意此所云親喪。其大功以上。兄弟其小功以下與。

視君之母與君之妻比之兄弟。發諸顏色者。亦不飲食也。鄭注言小君服輕。亦內除也。發於顏色。謂醲美酒食。使人醉飽。孔疏謂君之母妻。輕重之宜。比於己之兄弟。若其酒食不發見於顏色者。則得飲食之。若發見於顏色者。亦不得飲食也。方氏慤曰。服君之母妻。比己之兄弟。則服君之服。比己之親可知。此亦所以明外除內除之異。郭氏嵩燾曰。爲君之母妻。從君而爲之服。哀不屬焉。其服與兄弟同。而情固殊矣。然服期而飲酒食肉。外見於顏色。於服亦有未稱。故亦不飲食之。所謂顏色稱其情。戚容稱其服也。義疏云。孔子曰。居君之母與妻之喪。居處飲食衎爾。禮爲兄弟。縣子曰。期之喪如剡。胡可比也。儀禮凡小功者。謂之兄弟。此兄弟或詭辭與。不然。齊衰之喪。疏食水飲。不食菜果。豈僅發於顏色者。不飲食而已邪。禮案。曲禮上云。儗人必於其倫。此以小君視兄弟。與上文妻視叔父母。所儗皆不倫之甚。疑非聖人之言也。

免喪之外。行於道路。見似目瞿。聞名心瞿。弔死而問疾。顏色戚容。必有以異於人也。如此而后可以服三年之喪。其餘則直道而行之是也。鄭注。惻隱之心能如是。則其餘齊衰以下。直道而行。盡自得也。似謂容貌似其父母也。名與親同。孔疏謂除喪之後。若見他人形狀似其親者。則自瞿然。聞他人所稱名與父名同。則心中瞿瞿然。重惻隱之慘。免喪後其顏色戚容。必有殊異於無憂之人。餘行皆應如此。獨云弔死問疾者。以哀痛之處。戚容應甚也。其餘謂期功以下也。則直依喪之道理而行之。是父在爲母。雖期年。亦從上三年之內也。胡氏銓曰。路隋父死。母告以貌類父。終身不引鏡。近於目瞿。劉溫叟父名岳。終身不聽絲竹。近於心瞿。義疏云。免喪則服除矣。是餘哀之欵曲猶如此。是除者外也。直道而行。謂服除而哀亦除也。禮案。君子有終身之憂。忌日之謂也。夫感其死日。猶抱隱憂。則見其形似及聞親名者。焉得不心目驚瞿乎。目者心之苗。目驚則心驚。此分而言之。二者行文之例然也。

祥主人之除也。於夕爲期。朝服。祥因其故服。鄭注。爲期。爲祭期也。朝服以期。至明日而祥祭。亦朝服。始卽吉。正祭服也。喪期小記曰。除成喪者。其祭也。朝服縞冠是也。祭猶縞冠。未純吉也。既祭乃服大祥素縞麻衣。釋禫之禮云。玄衣黃裳。則是禫祭玄冠矣。黃裳者。未大吉也。既祭乃服禫服朝服綅冠。踰月吉祭。乃玄冠朝服。既祭玄端而居。復平常也。孔疏。祥謂祥祭。主人除服之節。於祥祭前夕。預告明日祥祭之期。此明主人著朝服。謂縞衣素裳。其冠則縞冠也。明且祥之時。主人因著其前夕故朝服也。於練祭不著祭服。於此祥時正著祭服。故云正祭服者。以純吉朝服玄冠。今縞冠。故云未純吉。云既祭乃服大祥素縞麻衣者。閒傳文。禫禮玄衣黃裳玄冠。云未大吉者。以大吉當玄衣素裳也。禫後著朝服綅冠。踰月吉祭。乃玄冠朝服。若天子諸侯以下。各依本官吉祭之服也。從祥至吉。凡服有六。祥祭朝服縞冠一也。祥訖素縞麻衣二也。禫祭玄冠黃裳三也。禫訖朝服綅冠四也。踰月吉祭玄冠朝服五也。既祭玄端而居六也。陸氏佃曰。嫌於夕爲期。當朝服矣。詰朝不復反喪服。故云耳。然則祥之日。猶服練服。及祭易之。所謂祭成喪者。其祭也朝服縞冠是也。祭己又易之。所謂大祥素縞麻衣是也。孫氏希旦曰。凡祭皆前夕爲期。特牲禮請期曰羹飪是也。吉時朝服玄冠。緇布衣素裳。大祥朝服。用朝服之衣裳。其冠則縞冠也。士祭服玄端。而祥禫之祭乃服朝服者。玄端純吉服也。朝服素裳。與喪服之色相似。故祥祭服之。既祭則服麻衣以居。其冠無變也。閒傳曰。大祥素縞麻衣。禫而綅。祥祭縞冠朝服。則禫祭綅冠玄端。與大夫以上之祥祭。其服蓋與此同。其首服則用縞。而如弁之制與。禮案。說是也。朝服本白布衣冠。既縞冠。則服何嫌於白。而緇之乎。疏謂緇衣。似非。

子游曰。既祥雖不當縞者必縞。然後反服。鄭注謂有以喪事贈賵來者。雖不及時。猶變服。服祥祭之服。以受之。重其禮也。其於此時始吊者。則衛將軍文子之爲之是矣。反服反素縞麻衣也。孔疏既祥謂大祥後。有人以喪事來吊者既晚。不正當祥祭縞冠之時。主人必須反著此祥服縞冠。受來吊者之禮。然後反服大祥素縞麻衣之服。陸氏佃曰。此言親喪既祥。猶有他喪未除。今以祥故。無所不用縞。縞既祥之服也。然後反他喪之服。江氏永曰。案陸氏說是。雖不當縞。謂有他服或喪冠或練。不當服縞。亦必素縞麻衣。而後反他服。卽前經服其除服・卒事反喪服之意。所以正前喪之終也。若既祥而有來贈賵者。則屬辭不當如此。此注疏誤。禮案雖不當縞。言祥前已爲他喪變此三年之練矣。今當大祥。亦必易縞冠朝服。卒事然後反喪服也。

當袒大夫至。雖當踊絕踊而拜之。反改成踊乃襲。於士既事成踊襲而后拜之。不改成踊。鄭注尊大夫來。至則拜之。不待事已也。更成踊者。新其事也。於士士至也。事謂大小斂之屬。孔疏此明士有喪當袒之時。而大夫來吊。崔云謂斂竟時也。當主人踊時。則絕止踊而拜此大夫也。反還也。改更也。拜竟而反還先位。更爲踊。而始成踊。尊大夫之來。欲新其事也。案檀弓云。大夫吊當事而至則辭焉。今此云絕踊而拜之。故知是斂已竟。當袒踊時出也。乃襲者。謂更成踊竟乃襲。初袒之衣也。既猶畢也。若當主人有大之小斂諸事。而士來吊。則主人畢事而成踊。不卽出拜也。然士言既事。則大夫亦然。大夫言絕踊。則士固不絕踊也。成踊畢而襲。襲畢乃拜之。更爲成踊也。陸氏佃曰。已嘗袒矣。大夫至而襲。故今改襲而袒。於士襲而後拜之。故不復改袒。然則又成踊何也。蓋居喪凡賓客吊。客去而歸必踊。義疏云。士喪禮當斂有大夫至。則告。卒斂主人奉尸斂於棺。踊如初無算。乃蓋。主人降拜大夫之後至者。蓋棺時踊猶不絕。以降拜大夫。故絕之而拜。拜竟復故。升堂視肂。設熬乃塗。踊無算。卒塗。置銘。主人復位踊襲。所謂反改成踊乃襲也。士則於此乃拜之。既事者小斂之事。至奉尸俠於堂而畢。大斂之事。至塗殯乃畢也。禮案士喪禮有大夫至則告。鄭注彼云。告以大斂。非斂時則當降拜之。然則此絕踊而拜。自非斂上時。崔說是也。

上大夫之虞也。少牢。卒哭成事附皆大牢。下大夫之虞也犆牲。卒哭成事附皆少牢。鄭注卒哭成事。附言皆則卒哭成事附與虞異矣。下大夫虞以特牲與士虞禮同與。孔疏上大夫平常吉祭。其禮少牢。虞依常禮也。卒哭謂之成事。成吉事也。附附廟也。二祭皆大。並加一等。故皆太牢也。下大夫吉祭用少牢。虞降一等。用特牲。卒哭附皆少牢。依平常吉祭禮也。鄭以士虞禮云三虞。他用剛日。先儒以此三虞卒哭。同事一事。鄭同此經。上大夫虞用少牢。卒哭用太牢。明卒哭與虞不同也。孔氏廣森曰。凡牛羊豕特者。皆名特牲。大夫之特牲。蓋特羊。記有郊特牲篇。卽特犢也。左傳鄭子張命祭以牲羊。般以少牢。正下大夫之禮也。齊氏召南曰。左傳襄二十二年。鄭公孫黑肱有疾。使薄祭。祭以特羊。般以少牢。疏曰少牢饋食禮者。諸侯之大夫。時祭禮也。而禮器云。君子大牢而祭謂之禮。又雜記上大夫之虞云云。據此二文。大夫得用大牢者。禮器據天子大夫言也。雜記據喪祭。故進用一等。士喪禮遣奠用少牢是也。禮大夫時祭少牢。大祭太牢。今黑肱全減之謙也。按此疏甚明。可移以解此文。孫氏希旦曰。士虞記不言卒哭祔用牲之異。則與虞祭同也。下大夫虞與士同。而卒哭與祔。則隆於士也。上大夫虞用少牢。卒哭與祔用大牢。則隆於下大夫也。上大夫之虞。下大夫之卒哭與祔。其牲皆平時吉祭之牲也。上大夫之卒哭祔。加於吉祭一等。下大夫之虞。降於吉祭一等。或隆或殺。亦視其宜以爲之等而已。禮案下大夫惟虞用特牲者。以虞喪祭。卒哭吉祭。祔則祭祖廟。其禮尤備故也。

祝稱卜葬虞。子孫曰哀。夫曰乃。兄弟曰某。卜葬其兄弟曰伯子某。鄭注：祝稱卜葬虞者。卜葬卜虞。祝稱主人之辭也。孫爲祖後者。稱曰哀孫某。卜葬其祖某甫。夫曰乃某。卜葬其妻某氏。兄弟相爲卜。稱名而已。孔疏謂卜葬擇日。而卜人祝龜所稱主人之辭也。虞用葬日。故并言葬虞也。若子卜葬父。則祝辭稱云。哀子某卜葬其父某甫。乃者言之助也。妻卑故假助句。以明夫之尊也。弟爲兄。則祝辭云某卜葬兄伯子某。兄爲弟。則云某卜葬其弟某。兄弟稱名。則子孫與夫。皆稱名也。方氏苞曰。夫曰乃者。稱乃夫某。孫氏希旦曰。此謂卜葬日命龜之辭。告神謂之祝。非謂大祝小祝之屬也。士喪禮卜葬。祝無事焉。子孫曰哀三句。謂所稱主喪者之辭也。伯子某。謂所稱死者之辭也。伯謂其居長者。其辭曰弟某。來日某卜葬其伯子某甫。若仲叔亦各因而稱之。卜葬其弟。則曰季子某。上言兄弟。下但言伯子某。舉一端以發其凡也。禮案方說是也。乃讀如尚書盤庚乃祖乃文之乃。乃指亡者。乃夫某。謂亡者之夫。亦若葬祖稱孫。葬父稱子之意也。上篇祔殤於祖。猶稱某甫。沉兄弟之成人者哉。蓋自稱則名。稱亡者必以字。孫說是矣。

古者貴賤皆杖。叔孫武叔朝見輪人以其杖關轂而輠輪者。於是有爵而后杖也。鄭注記庶人失禮所由始也。叔孫武叔。魯大夫叔孫州仇也。輪人作車輪之官。孔疏關穿也。輠迴也。謂作輪之人。以扶病之杖。關穿車轂中。而迴轉其輪。於是有爵而后杖。以其爵位既尊。其杖不鄙褻而許用也。江氏永曰。案武叔見輪人褻用喪杖。宜罰輪人。禁戒庶民。不得褻用斯善矣。乃不許賤者用杖。而禮由是變。則杖期與不杖期。何以別乎。此武叔悖謬也。孫氏希旦曰。喪服傳曰。杖者何。爵也。無爵而杖者何。担主也。蓋哀深故病。病故資杖以扶之。此惟修飾之君子能子。而非可概諸愚不肖之人也。故杖本爲有爵者設。而其後乃推而用之庶人。蓋亦予之杖。以責其情。而使之企而及也。齊衰不以邊坐。大功不以服勤。杖所以服至尊。乃以之關轂而輠輪。則其鄙褻甚矣。故自是有爵者始杖。而庶人不復杖也。禮案武叔所禁。不過當時魯之人已耳。至於變禮。當別有故也。古者貴賤皆杖。即孟子所謂父母之喪。無貴賤一也。於是有爵而后杖。即喪服四制所云。身自執事而后行者。面垢而已。

鑿巾以飯。公羊賈爲之也。鄭注記士失禮所由始也。士親飯必發其巾。大夫以上賓爲飯焉。則有鑿巾。孔疏飯含也。大夫以上貴。故使賓爲其親含。恐尸爲賓所憎穢。故設巾覆尸面。而當口鑿穿之。令含得入口也。而士賤不得使賓。則子自含。故露面。於時公羊賈是士。自含其親。而用鑿巾。則是自憎穢其親。故爲失禮也。孫氏希旦曰。飯以米貝實死者口中也。士喪禮布巾環幅不鑿。言不鑿則當有鑿者。蓋大夫以上之禮也。士飯不巾者。士覆面之巾短。不逮於口。不必鑿而可以飯也。大夫以上巾長。逮於口下。故必鑿之。乃可飯。公羊賈士。鑿巾以飯。以士而僭大夫之禮也。鄭氏謂大夫以上賓爲飯。非也。大宰職大喪贊含玉。贊謂助王也。王親含而大宰助之。猶士親含而宰洗相建於米以從也。然則王猶親含矣。飯含之事。豈有主人不親。而直使他人執其事者乎。禮案記云公羊賈爲之。則以前未有鑿巾而含之事矣。士喪禮商祝徹枕設巾。鄭注彼云設巾覆面。爲飯之遺落米也。賈鑿其巾當口之處以實米。則不須徹枕。起動尸首矣。冒者何也。所以揜形也。自襲以至小斂不設冒則形。是以襲而后設冒也。鄭注言設冒者爲其形。人將惡之也。襲而設冒。言后衍字耳。孔疏此記人自問。何以須冒。自答言冒。所以揜蓋尸形。若未襲之前。始死事須沐浴。自既襲以後。至小斂之前。雖已著衣。若不設冒。則尸象形見。爲人所惡也。是以襲則設冒。至小斂之前。則以衣總覆於冒上也。陸氏佃曰。記冒如此。亦以著鑿巾爲善。后非衍字。言孝子如此。設冒不得已也。江氏永曰。案冒所以韜尸。上質下殺。欲其藏之固也。揜形似非本義。然注謂人將惡之。亦爲衆人言耳。非子自惡之也。禮案士喪禮冒緇質。長與手齊。經殺掩足。鄭注彼云。冒韜尸者。制如直囊。上曰質。下曰殺。質正也。其用之先以殺韜足而上。後以質韜首而下齊手。上玄下纁。象天地也。喪大記曰。君錦冒黼殺綴旁七。大夫玄冒黼殺綴旁五。士緇冒赬殺綴旁三。凡冒質長與手齊。殺三尺。或問於曾子曰。夫既遣而包其餘。猶既食而裹其餘與。君子既食則裹其餘乎。曾子曰。吾子不見大饗乎。夫大饗既饗。卷三牲之俎歸於賓館。父母而賓客之。所以爲哀也。子不見大饗乎。鄭注言既奠而又包之。是與食於人。已而裹其餘將去何異與。君子甯爲是乎。言傷廉也。既享歸賓殂。所以厚之也。言父母家之主。今賓客之。是孝子哀親之去也。孔疏此明或人問曾子云。喪禮既設遣奠。事畢而包裹遣奠之餘。載之而去。猶如生人於他家食訖。而裹其餘相似。曾子答言。大享賓客之禮既畢。主人卷斂三牲俎上之肉。歸於賓館。己家父母。今日既去。遂同賓客之疏。是孝子所以悲哀也。爲此故包奠而去。子不見大享乎者。重結前文。以語或人也。禮案既夕禮遣奠畢。徹巾苞牲而從葬。公食大夫禮卒食。有司卷三牲之俎於賓館。問者謂遣奠之禮既奠而苞其餘以從。在此若過厚。在彼若君子。豈有既食復要其餘與。故曾子舉享禮以喻之。夫歸俎於賓。乃主人之所以敬賓。則苞牲而送父母。亦非不以君子待其親也。唯是往而不反。若賓客之去。乃可哀也。重言子不見大享乎。所以深曉之也。荀子禮論曰。具生器以適墓。象徙道也。又明不用。是皆所以重哀也。非爲人喪。問與賜與。鄭注此上滅脫。未聞其首云何。是言非爲人喪而問之與。人喪而賜之與。問遺也。久無事曰問。孔疏此語接上之辭。與語助也。豈非爲人有喪而問遺之與。人之喪而賜與之與。平敵則問。卑下則賜。應氏鏞曰。非爲喪而問也。又非爲喪加賜也。乃爲己之親耳。朱氏軾曰。問如問疾。非爲喪而吊也。賜如遺酒肉。非爲喪而賵賻也。於有喪之人。而問之賜之也。郭氏嵩燾曰。朋友相遺曰問。君及尊長曰賜。言所問所賜。各以其類致之。非喪故也。禮案此似言親友於衰經之中。有貧病之憂。已不爲喪故。欲往問遺之也。然吊喪之贈襚哭臨。蓋爲死者。此獨爲生者。故不得其辭。而問於人曰問與賜與。注謂此上滅脫是也。愚謂此下當有答問之辭缺也。三年之喪以其喪拜。非三年之喪以吉拜。鄭注謂受問受賜者也。稽顙而後拜曰喪拜。拜而後稽顙曰吉拜。孔疏從上問與賜與以下至遺人可也。皆明在喪受問遺之事。此論身有喪拜謝之禮。三年之喪。謂父母長子也。其實杖期以上。皆爲喪拜。非三年之喪以吉拜者。謂不杖期以下。此義已在檀弓疏。江氏永曰。三年之喪重拜不可易。非三年之喪。可暫用吉拜受也。孫氏希旦曰。喪拜有二法。稽顙而後拜。拜而後稽顙也。吉拜頓首之拜也。其異者尙右手耳。說詳檀弓上。郭氏嵩燾曰。三年之喪喪拜。雖非爲喪故。而一以喪禮自處也。非三年之喪吉拜。非爲喪故。不敢以喪禮處人也。禮案檀弓上引孔子曰。拜而后稽顙。頹乎其順也。稽顙而後拜。頎乎其至也。三年之喪。吾從其至者。則是二者並三年之喪拜也。故士喪禮並云。主人拜稽顙。而注謂拜而后稽顙爲吉拜誤矣。

三年之喪。如或遺之酒肉。則受之必三辭。主人衰絰而受之。鄭注受之必正服。明不苟於滋味。孔疏如或遺之酒肉。至主人衰絰而受之者。雖受之而不得食也。尊者食之。乃得食肉。猶不得飲酒。故喪大記云。既葬若君食之則食之。大夫父之友食之。則食之矣。不辟粱肉。若有酒醴則辭是也。孫氏希旦曰。喪不食肉飲酒。故遺之酒肉。必三辭。至其不可辭。而後受之也。於受之特言主人者。明雖在喪。不使人代受也。在喪衰絰不離身。特言衰絰以受之。又明不爲受賜變服也。禮案在喪而人遺以酒肉者。必主人有疾故也。曲禮上曰。有疾則飲酒食肉。然孝子雖疾。自不忍御。故親友遺之。猶問喪篇親始死。三日不舉火。故鄰里爲之糜粥以飲食之之意。

如君命則不敢辭受而薦之。鄭注薦於廟。貴君之禮。孫氏希旦曰。薦謂薦於死者。受而薦之。榮君賜也。禮案受君賜而荐之者。推君恩以及先人。兼明己之不當受賜食物也。且君賜而荐諸祖考。無服亦然。論語曰。君賜腥。必熟而荐之。然在喪則當更荐賓宮矣。

喪者不遺人。人遺之。雖酒肉受也。從父昆弟以下。既卒哭。遺人可也。鄭注言齊斬之喪。重志。不在施惠於人。方氏慤曰。心有所樂。然後以物遺人。喪以哀爲主。故不遺人。人遺之。雖酒肉受之者。卻之爲不恭故也。孫氏希旦曰。從父兄弟。大功之服也。言此則期喪以上既卒哭不遺人可知矣。然可也者。略許之辭。則不若不遺人之爲尤得也。禮案上云三年之喪。人遺之酒肉。必三辭而受。下云從父昆弟以下。既卒哭遺人可也。則此不遺人。人遺之酒肉。不辭而受。蓋諸父昆弟之期喪也。

禮記通釋卷五十四

玉環戴禮

雜記下

縣子曰。三年之喪如斬。期之喪如剡。鄭注言其痛之惻怛。有淺深也。孫氏希旦曰。剡削也。斬之痛深。剡之痛淺。禮案縣子魯人。見檀弓上。如斬如剡。即荀子禮論所謂。創巨者其日久。痛甚者其愈遲是也。

其期之喪十一月而練。十三月而祥。十五月而禫。鄭注此謂父在爲母也。當在練則弔上。爛脫在此。孔疏此禫杖期。主謂父在爲母。亦備二祥節也。文本應在服而往下。爛脫故在此。孫氏希旦曰。此謂父在爲母及爲妻之服也。爲母本三年。以父在而降周。景王有后與大子之喪。而叔向謂其有三年之喪二。是妻之喪。雖非三年。亦本有三年之義。十一月而練者。以期喪皆十三月而除。此練後尚後祥禫。故視三年練祭。減其二月也。十三月而祥者。亦於祥而除衰杖也。十五月而禫者。三年之喪。祥禫閒一月。故此亦祥後二月而禫也。齊氏召南曰。案鄭注甚明。此期喪專主父在爲母。故備二祥之節。而加以禫。若他期喪。及期而除。無所謂禫也。禮案他期喪若有主後者。則自至其祥而除服。若已爲之主。則亦當爲之禫祭矣。蓋記云期之喪十五月而禫。未謂父在爲母之期喪十五月而禫也。至爲妻本有三年之義。孫說是也。通解引程子謂妻爲夫服父之服。故夫以母服報之。得其義矣。

三年之喪。雖功衰不弔。自諸侯達諸士。如有服而將往哭之。則服其服而往。鄭注功衰既練之服也。諸侯服新死者之服而往哭。謂所不臣者也。孔疏從此以下。至待盜坎。明弔喪之節。三年之喪。山祥後衰與大功同。故曰功衰。衰雖外輕而痛猶內重。故不得吊人也。自諸侯達諸士者。貴賤同也。功哀雖不吊人。若自有五服之親喪。則將往哭。不著已功衰。而依彼親之節。以服之。申於骨肉之情故也。皇氏云。此文雖在功衰之下。而實通初喪也。假令初喪而有五屬之親死。則亦暫服五服之服而往彼哭也。然諸侯絕期。不應有諸親始死服。今云服而往。當是敵體及所不臣者。謂始封君不臣諸父昆弟也。陸氏佃曰。所謂功衰。猶言功衰微加人功。雖服功衰不弔。則以創巨痛深故也。方氏苞曰。檀弓有殯聞遠兄弟之喪。雖緦必往。專舉同姓。此曰服其服。則兼異姓之小功緦麻也。孫氏希旦曰。諸侯絕旁期。惟尊同乃服。非尊同。雖所不臣。不服也。若遙哭諸侯。則不得云往哭。此自諸侯達諸士。惟據功衰不弔而言。如有服以下。特謂大夫士之禮耳。禮案諸侯敵體惟寓公。然記云服其服而往。自是五屬之親也。文王世子云。公族在辟。公素服爲之不舉。如其倫之喪。無服親哭之。然則公族之非犯刑死者。公必爲之哭臨成服明矣。則是諸侯本有服其旅屬之禮。不僅於所不臣者也。

練則弔。鄭注父在爲母功衰。可以吊人者。以父在故輕於出也。然則凡齊衰十一月。皆可以出矣。孔疏謂至十一月小祥後。而可出吊人也。大祥始除衰杖。而練得吊人者。以父在而得出。則其餘喪雖無父。亦得出也。母既可矣。諸父灼然。孫氏希旦曰。三年之喪練不吊。此練則吊者。爲去除喪之期近也。禮案父在爲母期。故既練可以吊人。若父沒爲母三年之練。則不可吊也。

既葬大功

弔哭而退。不聽事焉。期之喪未葬。弔於鄉人哭而退不聽事焉。功衰弔待事不執事。小功緦執事不與於禮。

鄭注：聽猶待也。事謂襲斂執紼之屬。期之喪謂爲姑姊妹無主，殯不在已族者。禮饋奠也。孔疏：謂身有大功之喪，既葬往弔他喪，弔哭既畢即退，不待主人襲斂之事。期喪練弔亦然。姑姊妹無主，爲之服期，未至於葬，往弔鄉人之喪，哭畢則退，不待襲斂焉。此姑姊妹等期喪既葬，受以大功衰，謂之功衰。此後若弔於鄉人，其情稍輕於未葬，得待主人襲斂，但不親自執事。經直云期喪，鄭知是姑姊妹無主者，以前云大功既葬，始得弔人。此期喪未葬，已得弔人，明知此期服輕，故知是姑姊妹在他族，成婦日久，但夫既早死，故殯在夫族，執事擯相也。緦小功服輕，故未葬便可弔人，亦爲彼擯相，但不得助彼饋奠耳。曾子問云：說衰與奠，非禮也。以擯相可也。是擯相輕而饋奠重也。呂氏大臨曰：功衰事下，脫一不字。此謂卒哭之受服。孫氏希旦曰：大功既葬弔人，哭畢即退，不待襲斂之事，爲其忘己哀也。期喪未葬既弔者，蓋以殯不在已族，然則凡姑姊妹之大功，皆如此，而大功既葬而弔，專爲本族之服矣。禮案：檀弓下云：齊衰不以弔，而況喪猶未葬乎。且大功既葬而弔，而期喪反未葬可弔，此禮必不然者也。疑記文有錯誤，注疏以此期爲姑姊妹無主，殯於夫族者。然姑姊妹既嫁，已降服大功。今既以無主，而進之爲之期，而禮反殺於大功，情不稱服，則服爲僞矣。有是理乎。

相趨也，出宮而退。相揖也，哀次而退。相問也，既封而退。相見也，反哭而退。朋友，虞附而退。

鄭注：此弔者恩薄厚，去遲速之節也。相趨謂相聞姓名，來會喪事也。相揖嘗會於他也。相問嘗相惠遺也。相見嘗執摯相見也。附皆當爲祔。孔疏：此以下明凡弔者恩之厚薄，去留遲速之節。相趨與孝子本不相識，但相聞而來會葬，情既輕，故柩出廟之宮門而退。相揖經會他處恩微深，故待柩出至大門外哀次而退。相見謂經相詣往來恩轉厚，故至葬竟，孝子反哭，還至家時揖而退。朋友是疇昔情重，生死同般，故至主人虞祔而退也。然與死者相識，亦當有弔禮。知生者弔，知死者傷。今注云弔則弔生人也。陳氏澔曰：古人以趨示敬。論語過之必趨。左傳免冑趨風之類是也。言此弔者與主人昔嘗有相趨之敬。孫氏希旦曰：知生者弔，知死者傷。若通而言之，皆謂之弔也。此所言相趨之等，蓋皆與死者恩誼淺深之異也。相趨謂嘗相聚會而趨，若檀弓趨而就子服伯子於門右是也。相揖謂嘗相聚會而相與爲禮，若陳司敗揖巫馬期是也。王氏引之曰：附衍字。案出宮也，哀次也，既封也，反哭也，虞也，皆於一日之中，分遲速耳。反哭在既封之後，虞祭又在反哭之後。檀弓曰：葬日虞。又曰：日中而虞。則是日中朋友巧退也。若附則越始虞之日，歷在虞三虞卒哭而後有之，事在數日之後，與本日之蚤莫絕不相涉，何得以爲退之節乎。鄭云附當作祔，則所見本已衍此字。禮案：此相趨相揖相問相見，及朋友，兼死生也，蓋於生者有交，則當其喪自必來弔。如於死者有交，則當其葬，亦無不至。疏謂於生者，孫謂於死者，義均欠周。小記云：朋友虞祔而已。彼固謂無主後者，而朋友爲之主也。此雖有主後，然三虞卒哭祔廟之祭，亦需人相助，朋友有待爲執事者，故曰虞祔而退。言虞祔矣，則卒哭在其中。附似非衍字。

弔非從主人也。四十者執紼。鄉人五十者從反哭。四十者待盈坎。

鄭注：言弔者必助主人之事。從猶隨也。成人二十以上至四十。丁壯時。非鄉人則長少皆反。優遠也。坎或爲壙。孔疏此論助葬及執事反哭之節。言吊喪者。本是來助事。非爲空隨主人而已。故使年二十以上。至四十之壯者。皆執綍也。鄉人同鄉之人也。五十始衰。故待主人窆竟反哭。亦從反也。四十強壯。不得即反。故待土滿坎而反。若非鄉人。則無問長少。皆從主人歸。優饒遠者。黃氏乾行曰。四十者待盈坎。非徒執綍以待而已。蓋爲之執綍以下棺。及實土也。故既夕禮實土三。主人拜鄉人。注云謝其勤勞也。郭氏嵩燾曰。案周禮族師以時屬民。辨其可任者。以相葬埋。實土者葬埋之事。鄉人之任力役者爲之。五十不從力役。故先反。禮案綍紼也。曲禮上云。送葬者必執紼。此言四十者執綍。則年五十者。其不力執乎。竊意此所謂執綍下棺。宜使強有力者爲之。非在道引柩之執紼也。

喪食雖惡必充飢。飢而廢事非禮也。飽而忘哀亦非禮也。視不明聽不聰。行不正。不知哀。君子病之。故有疾飲酒食肉。五十不致毀。六十不毀。七十飲酒食肉。皆爲疑死。鄭注病猶憂也。疑猶恐也。方氏慤曰。禮所以制中。飢而忘廢事。飽而忘哀。皆非中道。故皆以爲非禮。然送死所以當大事。則飢而廢事。尤爲非禮矣。君子病之。以其不足以當大事也。孫氏希旦曰。目昏則視不明。耳聵則聽不聰。肢體憊則行不正。心志瞀則不知哀。四者皆哀毀之過也。病謂病其不知禮也。禮案自喪食以下至亦非禮也一節。言戚友之來助喪者也。若孝子則始死三日不食。居倚廬。歠粥。朝一溢米。夕一溢米。既虞疏食水飲。禮有明文。焉得有嫌食惡而不飽。飽而忘哀之理乎。論語云。子食於有喪者之側。未嘗飽也。是其證。自視不明以下至皆爲疑死一節。則並謂孝子也。有疾則飲酒食肉。見曲禮上。疾止復初也。致極也。五十不致毀。則猶毀也。六十不毀。則全不毀矣。七十飲酒食肉者。以其老若如禮。恐至滅性。故等於養少壯之有疾者也。凡此之節。皆慮孝子之以死而傷生也。

有服人召之食不往。大功以下既葬適人。人食之。其黨也食之。非其黨弗食也。鄭注往而見食。則可食也。爲食而往則不可。黨猶親也。非親而食。則是食於人無數也。孔疏解所以非親不食義也。夫親族不多食。則其食有限。若非類而輒食。則無復限數。必忘哀也。方氏慤曰。其黨則食之。非其黨則弗食。所以爲之節。孫氏希旦曰。期三年之喪。既葬適人。雖其黨不食也。喪大記曰。既葬若君食之則食之。大夫父之友食之則食之。則外此皆不食矣。禮案有服人召之食。必有盛設。故不往。喪大記有酒醴則辭是也。適人人食之。又必以其黨乃食者。以五屬之親。則已有服。彼亦有服。所設必疏食菜果。無酒醴之味故也。

功衰食菜果。飲水漿。無鹽酪。不能食食鹽酪可也。孔子曰。身有瘍則浴。首有創則沐。病則飲酒食肉。毀瘠爲病。君子弗爲也。毀而死。君子謂之無子。鄭注功衰齊斬之末也。酪酢胾。毀而死是不重親。方氏慤曰。食菜果。飲水漿。皆聖人之中制。故天下無難能之病焉。呂氏大臨曰。功衰亦卒哭之受服。間傳父母之喪。既虞卒哭。疏食水飲。不食菜果。與此文正合。疏食水飲。其飲不加鹽酪。故曰飲水漿。無鹽酪也。不能食食鹽可也者。喪大記不能食粥。羹之以菜可也。蓋人有所不能。亦不可勉也。陸氏佃曰。鄭氏謂功衰齊斬之末。末者齊衰既葬。斬衰既練之後。吳氏澄曰。毀而傷生。則是不愛身也。身者親之遺體。不愛身卽不愛親也。夫人之貴乎有子者。欲其終父母之喪也。毀而死。則有子者無子矣。可謂孝乎。禮案注謂酪酢截。玉篇。酸也。無鹽酪。絶鹹酸之味。是食淡也。不能食淡。則食鹽可也。蓋恐廢飲致疾也。孔子曰以下。見曲禮上。毀瘠爲病。卽不勝喪。乃比爲不慈不孝是也。

非從柩與反哭無免於堩。

鄭注言喪出入。非此二事皆冠也。免所以代冠。人於道路。不可以無飾。堩道路。孔疏從柩謂孝子送葬。從柩去時也。反哭謂葬竟還時也。道路不可無飾。故孝子唯於道得免而行。非此二條。則不得免於道路也。此謂葬近而反哭者。若葬遠反哭。在路則著冠。至郊乃反著免。故小記云。遠葬者比反哭皆冠。及郊而后免是也。禮案據小記則此葬猶在郊以內也。檀弓下曰。葬於北方北首。三代之達禮也。鄭注彼云。北方國北。是古者葬皆在國城之北門外矣。又晉書慕容德載記。謂禮大夫不逼城葬。則距城必遠。距郊必近。故或於郊之內。或於郊之外也。

凡喪小功以上。非虞附練祥。無沐浴。

鄭注言不有飾事。則不沐浴。孔疏凡居喪之禮。自小功以上。恩重衰深。自宜去飾。以沐浴是自飾。故不有此數條祭事則不自飾。言小功以上。則至斬同。然各在其服限如此耳。練祥不主大功小功也。若三年之喪。虞祭之時。但沐浴不櫛。故士虞禮云。沐浴不櫛。鄭注云。唯三年之喪不櫛。期以下櫛可也。又士虞禮云。明日以其班祔。沐浴櫛。注云爾自飾。此雖士禮。明大夫以上亦然。方氏慤曰。有祭則不可以不齊戒。齊戒則不可以不沐浴。孫氏希旦曰。虞祔練祥必沐浴。接神宜自潔也。非是則否。哀不在於飾也。緦麻恩輕。雖沐浴可也。禮案據此則小功五月不沐浴。大功九月不沐浴。齊衰期年。斬衰三年。非沿喪祭吉祭。則並不沐浴也。若喪無主後。大小功來爲主祭。則雖功服期內。亦沐浴也。知然者以重者尚爾。輕者可知。

疏衰之喪。既葬。人請見之則見。不請見人。小功請見人可也。大功不以執摯。唯父母之喪。不辟涕泣而見人。

鄭注言重喪不行求見人爾。人來求見己。亦可以見之矣。不羣涕泣。言至哀無飾也。孔疏此明在喪。與人相見之義。小功輕可請見於人。然言小功可。則大功不可也。此小功文承疏衰既葬之下。亦謂既葬也。凡言見人者。謂與人尋常相見。不論執摯之事。故云父母之喪。不辟涕泣而見人。是尋常相見也。方氏慤曰。人請見之則見。不請見人者。以人請見在彼。請見人在此故也。亦與對而不問同義。執摯則請見人之禮也。孫氏希旦曰。凡相見之禮。賓主以摯相授。此執摯謂受賓摯而執之也。大功之喪。若尋常人來見已。則可見。若人執摯見已。則已不可見之而執摯也。大功如此。則疏衰可知。方氏苞曰。不辟涕泣。謂身自執事者。情勢有所窮也。禮案疏衰卽齊衰。見哀服不杖期章。既葬謂卒哭之後。客來則見之。不自作客往見人也。小功服輕。有事可以往見人也。執摯謂始相見。大功不以執摯。則尋常可以見人。而小功雖執摯可矣。不辟涕泣而見人。謂來吊者也。非爲喪故。則不見人也。知然者以上文云。三年之喪。廬堊室之中。不與人坐焉。則無尋常與人相接之事矣。

三年之喪。祥而從政。期之喪。卒哭而從政。九月之喪。既葬而從政。小功緦之喪。既殯而從政。

鄭注以王制言之。此謂庶人也。從政從爲政者。教令謂給繇役。孔疏案王制云。父母之喪。三年不從政。齊衰大功。三月不從政。此云期之喪卒哭而從政。九月之喪既葬而從政。與王制不同者。此庶人依士禮。卒哭與既葬同三月。故王制省文。總云三月也。若大夫士三年之喪。期不從政。是正禮也。卒哭金革之事無辟。是權禮也。孫氏希旦曰。從政謂出而從國家之政也。禮運曰。三年之喪期不使。蓋三年之喪。祥而從政者正也。期而從政者權也。義疏云。本文無庶人字。且從政謂爲大夫。朱子有明訓矣。三年不從政。古之正禮。而練而從政者。大率起於周之世官也。王制之言是矣。禮案喪大記云。大夫士既葬。公政入於家。既卒哭弁經帶。金革之事無辟也者。蓋變禮也。此云三年之喪。祥而從政。乃經禮也。

曾申問於曾子曰。哭父母有常聲乎。曰中路嬰兒失其母焉。何常聲之有。鄭注嬰猶鷖彌也。言其若小兒亡母啼號。安得常聲乎。所謂哭不偯。胡氏銓曰。孔子不取弁人孺子泣。而此取嬰兒哭者。此泛問哭時。故舉重。始死時也。彼在襲斂。當哭踊有節。故異。洪氏頤煊曰。案釋名釋長幼。人始生曰嬰兒。或曰嫛婗。嫛是人也。婗其啼聲也。鷖彌嫛婗。皆即偯字雙聲。焦氏循曰。此記嬰兒。但作小兒解。非即以嬰爲失母之啼聲。鄭以鷖彌解小兒。所以名嬰之義。以其啼聲。故其啼號二字。自解何常聲句。非仍指嬰字也。蓋嬰之本訓爲頸飾。無涉於小兒。其得名嬰猶鷖彌也。玉篇引蒼頡篇云。女曰嬰。男曰兒。禮案哭無常聲。即檀弓上所謂孺子泣也。喪大記云。始卒主人啼。鄭注彼云。若中路嬰兒失母。能勿啼乎。

卒哭而諱。王父母兄弟。世父叔父姑姊妹。子與父同諱。母之諱。宮中諱。妻之諱。不舉諸其側。與從祖昆弟同名則諱。鄭注自此而鬼神事之。尊而諱其名。父爲其親諱。則子不敢不從諱也。謂王父母以下之親諱。是士也。天子諸侯諱羣祖。母之所爲其親諱。子孫於宮中不言。妻之所爲其親諱。夫於其側亦不言也。孝子聞名心瞿。凡不言人諱者。亦爲其相感動也。子與父同諱。則子可盡。曾祖之親也。從祖昆弟在其中。於父輕。不爲諱。與母妻之親同名。重則諱之。孔疏此論親戚死亡諱辟名之事。卒哭前猶以生禮事之。卒哭後去生漸遠。故諱其名。王父母。謂父之王父母。於己爲曾祖父母。正服小功不合諱。以父爲之諱。子亦同之。父而諱之。兄弟謂父之兄弟。於己爲伯叔。正服期。父亦爲之期。是子與父同有諱也。世父叔父。是父之世父叔父。於己是從祖。正服小功。不合諱。以父爲之諱。故己從父而諱。姑謂父之姑。於己爲從祖姑。在家正服小功。出嫁緦麻。不合諱。以父爲之諱。故己從父而諱。姊妹謂父之姊妹。於己爲姑。在家正服期。出嫁大功。是己與父同諱也。云子不敢不從諱者。謂父之王父母。世叉父。及姑等。於己小功以下。鄭注據己不合諱者而言之。云是謂士也者。士謂父身。父是士。故諱王父。若是庶人子。不逮事父母。則不諱王父母也。天子七廟。諸侯五廟。故知諱羣祖。母之所爲其親諱。其子於一宮之中爲諱也。妻之諸親之諱。但不得在側言之。於宮中遠處得言之也。母妻之諱。與己從祖昆弟名同。則爲之諱。不但宮中。旁側其在餘處皆諱之。王氏肅曰。王父母之兄弟伯父叔父姑姊妹。皆父之所諱也。義疏云。卒哭而諱。令於宮曰。舍故而諱新。高祖以上。親盡不復諱。是高祖曾祖當諱。孔謂父之王父母。於己於曾祖父母。正服小功。不合諱。恐非也。又其所謂正服小功者。從至親以期斷之。父當期。祖當大功耳。聖人制禮。定父斬衰三年。以明尊親之大義。可云父正服期。當以期爲例乎。則其比例亦非也。或曰。諱及高曾者。天子諸侯。大夫三廟。諱不及高。適士二廟。諱不及曾。尤非。孫氏希旦曰。曲禮逮事父母。則諱王父母。不逮事父母。則不諱王父母。此又諱及曾祖者。蓋父逮事其父。故爲其祖諱己。又逮事父母。故又爲父之祖諱也。不言事父之父母者。王父母與父同諱。則父母可知。父之事王父母。世叔父及姑。若不逮事父者。皆不諱也。母之諱於己小功親也。妻之諱於己緦親也。皆不在應諱之限。故母之諱在宮則諱之。妻之諱在其側則諱之。出宮則不諱矣。上文子與父同諱。雖盡曾祖之親。然皆父之尊長。與其兄弟也。從父兄弟。父報服期。然卑屬也。父不爲之諱。於己爲大功。亦不諱。若從祖昆弟。視從父昆弟又疏。乃反諱之。何耶。且親之有諱不諱。爲恩之有淺深也。從祖昆弟。乃小功之親。雖與母妻之諱同。其恩非因是而加隆也。何以遂當爲之諱耶。疑此文有脫誤。注疏之說。蓋未必然。郭氏嵩燾曰。經言王父母兄弟。世父叔父姑姊妹。皆據父之親言之。與父同諱者。父卒而不爲之諱。凡此皆大功以下之親也。世叔父之有諱則期也。於父亦期。所不必言也。傳曰。周人以諱事神。諱之所由起也。蓋亦仁之至。義之盡也。合觀曲禮大功小功不諱之文。而義自通矣。從祖昆弟與母妻之親同名。則諱。然則爲母妻之親諱乎。爲從祖昆弟諱乎。是兩無所名也。王氏章句同名當作同居。傳寫之誤。禮案檀弓下云。舍故而諱新。蓋諸侯以上之禮。親過高祖。其主既遷。則不諱也。注疏謂天子諸侯諱羣祖者。乃有事於宗廟。於下則諱上。如祭四親廟。則高祖以上。並諱之也。大夫士唯祭祖禰。亦當然。外此則逮事父。從父諱及小功。不逮事父。惟諱期以上。大功以下。並不諱也。母之諱惟辟於宮中。側妻之側也。於其側辟之。則其所未聞之處。均不必辟。不僅於遠處可舉也。父之妻則子之母也。此亦子與父同。惟諱處廣狹不同。所以爲尊卑之等也。曲禮上曰。婦諱不出門。是也。又云入門而問諱。然則在家於母妻之諱。固所應辟者也。與從祖昆弟同名。則諱。孫氏駁之極當。禮尊無二統。豈有因與外親名同。而加隆本族者哉。郭引王氏謂。同居近是。夫無服之親。若從母之夫。舅之妻。猶以同爨而起緦服。則居本宗同居。雖以輕服而爲之諱。亦義所應爾者也。

以喪冠者。雖三年之喪可也。既冠於次。入哭踊三者三。乃出。

鄭注言雖者。明齊衰以下皆可以喪冠也。始遭喪以其冠月。則喪服因冠矣。非其冠月。待變除卒哭而冠。次盧也。雖或爲唯。孔疏自此以下。明遭喪冠取之節。將冠值喪。當成服時因喪服加冠。非但輕服得冠。雖有三年重喪。亦可因喪服而冠。故云可也。冠於次。謂加冠於盧次之中。若齊衰以下。加冠於次舍之處。冠後入於喪所。哭而跳踊。每哭一節三踊。如此者凡九踊。乃出就次所。曾子問云。將冠子。未及期日。有齊衰大功小功之喪。則因喪服而冠。言未及期日。知冠月則可冠也。案夏小正二月綏多士女。是冠月。假令正月遭喪。則二月不得因喪而冠。必待變除受服之節。乃可冠矣。郝氏敬曰。冠吉禮也。元首之服。成人之始。豈可以凶服哭踊行之。雖三年之喪可者。亦不得已之辭。非禮之正。詳見曾子問。朱氏軾曰。此爲適長之爲主人者言。喪服有衰有冠。年已及冠。身爲喪主。可不冠而拜賓饋奠乎。加以素冠。賓以喪賓。祝以盡哀盡禮。入哭而告踊而出。此禮之不易者。疏謂非冠月遭喪。必待受服而冠。未當。孫氏希旦曰。冠爲嘉禮。而三年之服尤重。疑非用嘉禮之時。故曰雖三年之喪可也。入者。入於殯宮也。入哭踊三者三。乃出。蓋若見之然。此因喪而冠者。固當以成服之日。或變除之節。然士冠記云。屨夏用葛。冬皮屨。則冬夏皆可冠。初無限以二月之法。因變除而冠。喪在隔年。至明年受服。乃及冠年者則然。然亦惟齊斬之服有此。若大功小功。則喪末可用吉禮而冠矣。禮案冠爲成人之始。若不備禮。是不重冠矣。且倚廬之中。不與人坐。如何可以加冠。竊謂既冠句絕。言於廟冠畢。反喪服。乃入哭踊於殯宮也。**大功之末。可以冠子。可以嫁子。父小功之末。可以冠子。可以嫁子。可以取婦。已雖小功。既卒哭可以冠取妻。下殤之小功則不可。**鄭注此皆可用吉禮之時。父大功卒哭。而可以冠子嫁子。小功卒哭。而可以取婦。已大功卒哭。而可以冠子。小功卒哭。而可以取妻。必偕祭乃行也。下殤小功。齊衰之親。除喪而後可爲昏禮。凡冠者其時當喪。則因喪而冠之。孔疏大功之末。謂已有大功之喪。既卒哭可以冠子嫁子也。父有小功喪之末。可以冠子。可以嫁子。可以取婦。大功之末。云身不云父。小功之末。云父不云身。互而相通。但取婦必在小功之末者。以取婦有酒食之會。聚集鄉黨僚友。涉近歡樂。故也。已雖小功。既卒哭可以冠取妻者。以前文云。父小功之末。可以取婦。恐已有小功。於情爲重。不得冠取。故云已身雖同有小功。既卒哭之後。可以冠取。此云既卒哭。明上云末者。並卒哭後也。其餘小功。可以冠取。若本服齊衰下殤。降在小功者。則不可冠嫁也。賀氏云。小功下殤。本是期親。以其重。故不得冠取。推此而言之。齊衰長殤中殤。降在大功。何可冠嫁也。范氏宣曰。四服之制。各有月數。月數之內。自無吉事。故曰衰麻非所以接弁冕也。春秋左氏傳。齊侯使晏子請繼室於晉。叔向對曰。寡君之願也。衰經之中。是以未敢請。時晉侯有少姜之喪耳。禮貴妾緦而叔向稱在衰經之中。推此而言。雖輕喪之麻。猶無婚姻之道也。而敦本敬始之義。每於昏冠見之矣。大功之末。可以嫁子。小功之末。可以取婦。已雖小功卒哭。可冠取妻也。此言爲男女失時或有繼嗣未立者耳。非通例也。朱氏軾曰。此爲冠取之失時者言。故但言可以。非謂禮當如是也。江氏永曰。先王制禮。有經亦有權。假令五服及外親男女有數百。則不虞之事。時或有之。況嫁取兼論壻家婦家之吉凶。尤不可常。如不問服之輕重。必須父子皆無功緦之戚。而後可行吉。恐吉禮亦鮮有可行之時。而男女失時。嗣續不殖。人道苦矣。故禮爲權制。斷自大功以下。凡服之重輕。大約子降父一等。大功之末。子之小功已除。則可冠子嫁子。小功之末。子之緦麻已除。則并可取婦。又有孤子。尤不可失時者。則小功既卒哭。即許其自冠取。皆禮之權也。若下殤小功。本從期降則不許。此爲期以上防其相干。猶是禮之經也。孫氏希旦曰。大功九月。小功五月。皆以卒哭後爲末。蓋喪以卒哭練祥爲變除之大節。期功之喪。自卒哭以至除喪。其間別無變除。故止於一節。而皆謂之末也。昏禮攝盛。視冠爲重。而嫁子則禮成於壻家。取婦則禮成於己家。故大功之末。可以冠子嫁子。而未可以取婦也。下殤小功之末。非但不可取妻。且不可冠。以其本齊衰之親也。則齊衰之末不可冠取明矣。然上言以喪冠者。雖三年可也。則齊衰以下。得因喪冠明矣。此又言大功小功之喪。至喪末乃用吉禮冠者。蓋因喪冠爲不欲以未成人之服服其親也。然喪有輕重。而應冠之人。亦有當室不當室之異。故或因喪服而冠。或待喪末用吉禮而冠也。禮纂說是也。此所冠皆用吉禮者也。故與嫁取並言。則非因喪而冠者可知。**凡弁經。其衰侈袂。**鄭注侈猶大也。弁經服者。吊服也。其衰錫也緦也疑也。袂之小者二尺二寸。大者半而益之。則侈袂三尺三寸。孔疏吊服首著弁經。身著錫衰緦衰疑衰。此三衰大作其袂。若士則其衰不侈也。故周禮司服有玄端素端。注云變素服言素端。明異制。大夫以上侈之。明士不侈。故稱端。孫氏希旦曰。弁經大夫以上之吊服也。士之素弔衰。袂二尺二寸。圜殺之。至袪而爲一尺二寸。與玄端服同。大夫以上之弔衰。其袂不圜殺。故曰侈袂。禮案此言首服弁經。衣衰必侈其袂。非謂弁經與侈袂之衰。爲大夫以上之弔服也。蓋弁經服亦不專用以行弔。故喪大記云。君將大斂。子弁經即位於序端是也。

父有服。宮中子不與於樂。母有服。聲聞焉不舉樂。妻有服。不舉樂於其側。大功將至辟琴瑟。小功至不絕樂。

鄭注。宮中子與父同宮者也。禮由命士以上。父子異宮。不與於樂。謂出行見之。不得觀也。辟琴瑟亦所以助哀也。至來也。孔疏。父有服在於宮中。則子不與於樂者。謂出行見之。不得觀也。此謂命士以下。與父同宮者。若異宮則得與樂。崔云。父有服齊衰以下之服也。若重服則期後猶有子姓之冠。自當不得與於樂。黃氏榦曰。注云宮中子與父同宮者。正義從而解之云。若異宮則得與樂。上文言諱。雖子之服盡。尚從父諱其父之所諱。豈命士而上。父有喪服者。子可與樂哉。今詳之父有服宮中者。譬諸父方持服在家。未出而從吉之時。其子或輕而先除。或親盡而無服。以其父方在喪服。哀戚未終。不可與於樂也。亦如從父諱於先祖之禮也。次云母有服。妻有服。亦謂方在服制之中。亦隨其降殺。其宮中者謂持服不出之際。則其義明焉。非謂同宮室居。命士而上。父有喪服。子可觀聽音樂者也。陸氏佃曰。此一節自士上達。父有服有作樂者。宮中雖不聞。子不敢與也。母有服聲聞焉不敢舉樂。妻有服於其側不舉。爾所謂不與於樂。非直不舉也。陳氏祥道曰。樂不止於琴瑟。而琴瑟特常御者而已。曲禮曰。君子無故不徹琴瑟。大功之親有服將至。則爲有故矣。雖辟琴瑟可也。未至則不必辟矣。小功之親有服。雖不至絕樂。其將至又可知矣。雖然小功至不絕樂。若夫於已有小功之喪。議而及樂。又禮之所棄也。孫氏希旦曰。大功將至。而爲之辟琴瑟。君子不奪人之喪。忠恕之道也。禮案不與於樂者。凡往來酒食宴樂之事。皆不赴也。聲聞謂家中不奏樂。以毋不宜與聞。子亦應體母憂。而不舉樂也。不舉樂於其側。辟其人不辟其聲聞也。蓋父尊於母。母尊於妻。尊卑之殺也。

姑姊妹。其夫死。而夫黨無兄弟。使夫之族人主喪。妻之黨雖親弗主。夫若無族矣。則前後家東西家無有。則里尹主之。或曰主之而附於夫之黨。

鄭注。此謂姑姊妹無子。寡而死也。夫黨無兄弟。無緦之親也。其主喪不使妻之親。而使夫之族人。婦人外成。主必宜得夫之姓類。里尹主之。喪無無也。里尹閭胥里宰之屬。王度記曰。百戶爲里。里一尹。其祿如庶人在官者。里或爲士。諸侯弔於異國之臣。則其君爲主。里尹主之。亦斯義也。妻之黨自主之非也。夫之黨其祖姑也。孔疏。此明姑姊妹在夫家而死無後。使外人爲主之事。夫既先死。而夫黨無兄弟。今既身死。使夫之族主其喪。妻黨雖親。不得與之爲主。明婦人外成於夫。不合卻歸本族也。或人之說云。妻黨主之。而祔祭之時。在於夫之黨主之。其義非也。案周禮六鄉之內。二十五家爲閭。閭置一胥中士也。六遂之內。二十五家爲里。里置一宰下士也。引王度記者。更證里尹之事。諸侯之臣。在國而死。他國君來弔。則君爲主。今此婦人死於此里。里尹主之。亦斯義也。朱子熹曰。古法既廢。鄰家里尹。決不肯祭他人之親。則從宜而祀之別室。其亦可也。陸氏佃曰。言妻之黨雖親弗主。苟夫無族矣。雖視朋友。至於祔而止可也。小記曰。大功者主人之喪。有三年者。則必爲之再祭。朋友虞祔而已。姚氏際恆曰。作者之意。主於外戚。不可任。其有鑒於國家外戚而言之與。至於無族而求諸鄰家里尹。不已過乎哉。或曰之說。庶幾其正也。孫氏希旦曰。四民羣萃州處。而乃有死而無前後家。東西家者。謂其所與居者。皆妻之黨。而無可說。以主其喪者也。里尹於民爲親。故無主則爲之主。蓋哀其顛連無告。而爲之治其殯葬虞祔之事。古者吏之於民。其所以用恩者如此其至也。或曰主之者。記者又引或人之說。以爲夫若無族。則妻之黨可以主之。而還祔於於夫之黨。蓋不得已而通禮之窮也。禮案此必僑寓他邦。及贅壻之屬。故其妻孀居而死。夫黨無親族鄰里。可爲之主也。昔文王命葬枯骨曰。此無主之骨。寡人即其主矣。里尹主無主之喪。事雖略異。而仁民同也。

麻者不紳。執玉不麻。麻不加於采。鄭注吉凶不相干也。麻謂經也。紳大帶也。喪以要經代大帶也。麻大加於采。衣采者不麻。謂弁經者必服吊服是也。采玄纁之衣。孔疏麻者不紳。言著要經者。不得復著大帶也。平常執玉行禮。不得服衰麻。聘禮已國君薨。至於主國衰而出。注云於是可以凶服將事。似行聘享之事。執玉得服衰經者。彼謂受主君小禮。得以凶服若行聘享大事則吉服。故鄭云其聘享之事自若吉也。麻不加於采。謂弁經之麻。不得加於玄衣纁裳之采也。陸氏佃曰。據此若弁經。雖服皮弁而經。非常服之弁與弁師王之皮弁服。會五采。孫氏希旦曰。麻者不紳。此麻謂首經也。首著麻經。則身著麻帶。不得以大帶配之也。執玉不麻。麻不加於采。此麻兼謂經帶也。執玉不麻。謂喪中執玉。則不得服首經麻帶也。故聘禮遭喪。大夫練冠長衣以受。上篇致含宰朝服取璧。皆不服經帶也。麻不加於采。謂首服玄纁。則不加麻經。身服玄纁。則不加麻帶也。麻不加於采。而吊者小斂加武帶經。其時主人未成服。吊者猶玄冠緇衣也。以是知吊經皆葛經也。惟朋友則至成服而易以麻。禮案采采色也。若吉時雜帶。有朱有綠。冠緌或丹或綦。韠韍有赤有朱。組綬有純。縕之屬。

有國禁。哭則止。朝夕之奠即位自因也。鄭注禁哭謂大祭祀時。雖不哭。猶朝夕奠。自因自用故事。孔疏國禁哭則止者。謂有大祀禁哭之時。則止而不哭。朝夕之奠。即位自因也者。謂孝子於殯宮朝夕兩奠之時。即阼階下位。自因其故事而設奠也。陸氏佃曰。此一節宜承如始即位之禮。脫爛在是。言若國禁哭。則之他室不哭。其入奠與即位。禮自因也。禮案注謂大祭祀蓋郊天也。郊特牲曰。祭之日喪者不哭。不敢凶服是也。

童子哭不偯。不踊。不杖。不菲。不廬。鄭注未成人者。不能備禮也。當室則杖。孔疏案問喪云。童子當室則免而杖矣。戴德云。童子當室。謂十五以上。若世子生則杖。故曾子問云。子衰杖。成子禮是也。皇氏云。童子當室。則備此經中五事。特云杖者。舉重言也。孫氏希旦曰。偯。哭之餘聲也。閒傳曰。大功之哭。三折而偯。則父母之喪。雖成人哭亦不偯矣。而此云。童子哭不偯者。彼謂始死之時。雖成人哭父母。亦不偯。所謂中路嬰兒失其母是也。若既葬以後。則有成人哭有曲折餘聲。惟童子不偯也。童子當室則杖。以其爲喪主也。喪服傳曰。杖者所以擔主也。喪大記曰。喪有無後無無主。主幼則使人抱之。既使人抱之。則必當爲之執杖。是爲喪主。始生即杖。不獨世子也。至於踊與居廬。則非孩提所能。雖世子亦必待稍長矣。皇氏謂。杖則備此五事者。亦未必然。大約十五以上。則五者備有。而天性淳至者。或亦非年之所謂限也。禮案孫謂踊非孩提所能。非也。夫子幼既抱者之執杖。則踊亦抱者踊也。曾子問云。少師奉子以衰。又曰子踊。房中亦踊。襲衰杖奠出是也。此所言者。童子居喪之通禮。非謂當室者也。孝經云。哭不偯。蓋謂哭父母之喪也。而童子則哭輕喪亦爾也。喪服傳曰：童子何以不杖。不能病也。菅菲也。不菲不菅屨也。廬謂次於倚廬。言不廬，則亦不居堊室可知。孔子曰：伯母叔母疏衰，踊不絕地。姑姊妹之大功，踊絕於地。如知此者，由文矣哉。由文矣哉。鄭注：由用也。言知此踊絕地，不絕地者，能用禮文矣。能用禮文哉，美之也。伯母叔母義也。姑姊妹骨肉也。陸氏佃曰：疏衰大功文也，踊絕不絕情也。伯叔母之喪，文至而情不至；姑姊妹之喪，文不至而情至。知此者則凡於禮，知由於內矣，故曰如知此者由文矣哉。若夫徒文具而無至誠惻怛之實，失是矣。胡氏銓曰：踊絕地不絕地，義有輕重，豈由禮文而已哉。吳氏澄曰：知此二者，則知哀之淺深由乎其中之情也，豈由乎外之文矣哉。禮案：絕地謂離地，踊跳躍則離地，不離地頓足而已。疏衰期服也，姑姊妹雖以出嫁降服大功，恩深而麻輕，故哭踊之哀甚於伯叔母之期服也。於此可見禮以義起，非由於文飾也。泄柳之母死，相者由左。泄柳死，其徒由右相。由右相，泄柳之徒爲之也。鄭注：亦記失禮所由始也。泄柳，魯穆公時賢人也。相，主人之禮。孔疏：相主人之禮法，相者由左，泄柳死，其徒黨相禮由右，故云記失禮所由始也。案孟子云魯穆公時，公儀子爲政，子柳子思爲臣，魯之削也滋甚。若是乎賢者之無益於國也。彼子柳即此泄柳也。故云魯穆公時賢人。陸氏佃曰：由右相雖非古，在可以然之域。凡經言自某始，記失禮所由始也，即言爲之也。君子有取焉。據鑿巾以飯，公羊賈爲之也，由右相泄柳之徒爲之也。七月而禘，獻子爲之也。孫氏希旦曰：詔辭自右，以代尊者出命也。相禮與詔辭別，由左由右非也。案檀弓有若之喪，悼公吊焉，子游擯由左。是子游之先擯者失禮由右，而子游正之也。泄柳之母死，擯者倘知由左。至泄柳死，其徒又復失禮也。禮案：說是也。少儀曰：贊幣自左，贊猶相也，則相者當由左矣。天子飯九貝，諸侯七，大夫五，士三。鄭注：此蓋夏時禮也。周禮天子飯含用玉。孔疏：典瑞云：大喪共飯玉含玉。是周禮天子飯含用玉。案禮戴說天子飯以珠，含以玉；諸侯飯以珠，含以玉；大夫士飯以珠，含以貝。此等皆非周禮，並夏殷之法。左傳成十七年，子叔聲伯夢食瓊瑰；哀十一年，齊陳子行命其徒具含玉。此等皆是大夫，而以珠玉爲含者，以珠玉是所含之物，故言之，非謂當時實含用珠玉也。陸氏佃曰：士喪禮貝三實於算，此士三之證也。案珠玉曰含，玉貝亦曰含，則散而言之，飯含通也。鄭氏謂蓋夏時禮，誤矣。典瑞言玉，職也。貝非所言，典瑞大喪供飯玉含玉，則珠有以玉爲之者矣。玉府所謂珠玉是也。諸侯言飯不言含，則以蒙上含以玉可知。然則飯以珠，不必言矣。其言之，則以天子珠，兼以諸侯以珠而已。稽命徵曰：天子飯以珠，含以玉；諸侯飯以玉，含以璧，相備也。胡氏銓曰：檀弓飯用米貝，鄭不疑爲夏殷，獨疑此何也。孫氏希旦曰：上篇諸侯致含以璧，士喪禮不用玉，則大夫以上含用貝玉，士惟用貝也。此但言貝者，據上下之所通用者言其差耳。鄭氏以爲夏禮，無所據也。禮案：檀弓下云寡君使客居坐含進侯玉，是諸侯亦含玉。此皆以貝言者，蓋據士喪禮差而上之，故曰天子九貝也。又檀弓下飯用米貝，孫謂用貝上下通禮，近是。士三月而葬，是月也卒哭。大夫三月而葬，五月而卒哭。諸侯五月而葬，七月而卒哭。士三虞，大夫五，諸侯七。鄭注：尊卑恩之差也。天子至士。葬即反虞。孔疏：大夫以上，葬與卒哭異月者，以其位尊，念親哀情，於時長遠。士職卑位下，禮數未申，故三月而葬，葬罷即卒哭。知天子至士喪即反虞者，以其不忍一日未有所歸，尊卑皆然。故知葬即反虞。下檀弓云：葬日虞，弗忍一日離也。不顯尊卑貴賤同也。陸氏佃曰：士踰月而葬，客外姻至；大夫三月而葬，客同位至；諸侯五月而葬，客同盟至；天子七月而葬，客同軌至。左傳云：同軌畢至。著同盟以下，雖至有不畢也。若其卒哭遲速不同，則以其德服喪有隆殺也。萬氏斯大曰：虞祭皆以葬日為始。士葬月卒哭，間日行祭；大夫以上，間月卒哭。若亦間日虞，則終虞與卒哭相去日於檀弓所言必於是日也接不合。竊意大夫以上，初虞皆是葬日，自後或間五日，或七日，若九日，以虞之多寡與日之遠近為差。唯終虞與卒哭、祔祭，三祭接續行事，詳見檀弓。禮案：王制、問、禮器之舉貴賤葬期，並有天子七月而葬之文。疑此七月而卒哭下，脫天子七月而葬九月而卒哭十一字。諸侯七七下，又脫天子九三字。故注云：天子至士葬即反虞。可見鄭所見本本有天子葬虞也。又上文云：飯天子九貝，差而下之，至士三。接言士三月而葬，則差而上之，當有天子之事明矣。又

諸侯使人弔其次含襚賵臨，皆同日而畢事者也，其次如此也。鄭注：言五者相次同時。孔疏：諸侯使人弔隣國，先行弔禮，急宣君命。人以飲食為急，故含次之。食後須衣，故襚次之。有衣即須車馬，故賵次之。君事既畢，則臣私行已禮，故臨禮在後。其事雖多，而同一日取畢也。王氏引之曰：案上其次二字蓋衍。次於弔者惟含而已，襚賵臨則由含而遞相次，皆非次於弔也，不得並以為弔之次。若以為次序之次，則與下其次相複。當作諸侯使人弔含襚賵臨，皆同日而畢事者也。使人二字直貫下五事言也。又案此一節當在上文客出送於門外拜稽顙之下，錯簡在此耳。上文自弔者即位於門西東面以下，歷言弔含襚賵臨之禮。至此又總論其事曰：諸侯使人弔含襚賵臨，皆同日而畢事者也，其次如此也。此上文也，自錯亂在此，遂與上文隔絕，而如此二字遂不知所指矣。姚氏際恆曰：孔氏以臨為私行已禮，非也。禮案：若弔使而同日畢此五事，則早已弔過，晚復親臨，又況間以含襚賵贈之事乎？此必不然之事。文五年穀梁傳曰：含一事也，賵一事也，兼歸之非正也。賵以早而含已晚。然則弔含襚賵臨同日而畢事者，蓋謂行此五者皆及日而終禮也。或弔或含，並同，故曰皆同日而畢事，非言一日而畢行五事也。

卿大夫疾，君問之無算；士壹問之。君於卿大夫，比葬不食肉，比卒哭不舉樂；為士，比殯不舉樂。孔疏：案喪大記：君於大夫疾，三問之。比云無算，謂有師保恩舊之親，故問之無算。或可喪大記云三問者，謂君自行；此云無算，云遣使也。孫氏希旦曰：問之者，或親往，或使人也。無算，謂無一定之數也。喪大記：君於大夫疾，三問之。此云無算者，疾有久暫劇易之不同，不可為一定之數，故曰無算。要其多者，不過三問也。於士但一問之而已。大司樂：諸侯薨，令去樂；大臣死，令弛縣。此君為大夫比卒哭不舉樂，當弛縣；為士比殯不舉樂，則但去樂也。方氏苞曰：比葬不食肉，恐當作殯。侯國三卿五大夫，皆為之三月不食肉，恐未能行也。知悼子之喪，杜蕢諫鼓鍾，不諫飲酒，則食肉非越禮，獨不宜舉樂耳。禮案：疾有劇易之不同，孫說是也。問之無算者，君恩之厚也。卿大夫疾以三問，士疾以一問者，蓋恐庸君不禮其臣，有疾而不過問，故以三為節，士亦宜然。

升正柩，諸侯執綍五百人，四綍皆銜枚，司

馬執鐸。左八人。右八人。匠人執羽葆御柩。大夫之喪。其升正柩也。執引者三百人。執鐸者左右各四人。御柩以茅。鄭注。升正柩者。謂將葬朝於祖。正棺於廟也。五百人謂一黨之民。諸侯之大夫。邑有三百戶之制。紼引同耳。廟中曰紼。在塗曰引。互言之。御柩者居前道止之。大夫士皆二紼。孔疏。此明諸侯大夫。送葬正柩之禮。執鐸之差。將葬朝於祖廟。柩升廟之西階。既夕禮云。升自西階。正柩於兩楹間是也。銜枚止諠囂也。司馬夏官。主武。故執金鐸率衆。左右各八人。夾柩以號令於衆也。匠人工人也。以鳥羽注於柄頭如蓋。謂之羽葆。匠人主宮室。故執羽葆居柩前。御行於道。指揮爲進止之節也。周禮喪祝御柩。謂王禮也。案周禮注。六鄉主六引。六遂主六紼。經云執紼。應舉六遂而言。黨者正取一黨之人數耳。邑有三百戶之制。謂小國中下大夫也。其實大國下大夫亦三百戶。故論語云。奪伯氏駢邑三百。注云伯氏齊大夫。是齊爲大國。下大夫亦三百家也。方氏慤曰。載柩有車。車有副焉。而載柩者爲正。大夫殺禮於諸侯。故以茅。取其色白。宜於凶禮。且以表哀素之心焉。楚君前茅。亦以兵凶器也。孫氏希旦曰。周禮大司馬注。枚如箸。銜之有繣結項中。軍法止語。爲相疑惑也。大夫不言銜枚者。執引之人。或出於朋友鄉黨之助。不可以徒役之法治之也。禮案。喪大記云。君葬用輴。四紼二碑。御棺用羽葆。大夫葬用輴。二紼二碑。御棺用茅。士葬用國車。二紼無碑。比出宮。御棺用功布。茅旌識也。見杜注宣十二年左傳。

禮記通釋卷五十五

玉環戴禮

雜記下

孔子曰。管仲鏤簋而朱紘。旅樹而反坫。山節而藻稅。賢大夫也而難爲上也。晏平仲祀其先人。豚肩不揜豆。賢大夫也而難爲下也。君子上不僭上。下不偪下。鄭注難爲上言其僭天子諸侯。鏤簋刻爲蟲獸也。冠有笄者爲紘。紘在纓處兩端。上屬下不結。旅樹門樹屏也。反坫反爵之坫也。山節薄櫨刻之爲山。稅侏儒柱。畫之爲藻文。難爲下言其偪士庶人也。豚俎實。豆徑尺。言併豚兩肩。不能覆豆。喻小也。孔疏此明奢儉失禮之事。鏤簋者天子諸侯之制。朱紘者亦天子之紘。旅樹而反坫者。是諸侯之禮。山節而藻稅者。天子之廟飾。而管仲爲之。是皆僭也。故云賢大夫尚爲此僭上之事。是難乎爲上者也。言他人在管仲之上。皆被僭之。禮器云。君子以爲濫。濫謂盜竊。亦僭上之事。案梓人云。小虫之屬。以爲雕琢。是刻虫獸也。禮器注云。簋天子飾以玉。此不云者文不具也。其旅樹山節之屬。已具於禮器及郊特牲疏。豚肩不揜豆者。依禮豚在於俎。以豆形既小。尙不揜豆。明豚小之甚。不謂豚在豆也。平仲賢大夫。猶尙偪下。是在下者恆被偪也。是難乎爲下。馬氏晞孟曰。管仲以其君霸。晏子以其君顯。相齊之業。可謂賢矣。然有功而不必有德。有才而不必有禮。故能九合諸侯。而不能治一身。能一言省刑。而不能善一祭。此敬仲君子以爲濫。平仲君子以爲隘也。故不言其功與才。則孔子稱其勳勞。而荀子第其優劣。言其德禮則曾西所不爲。而孟子所不與也。以是知非有德不可以知禮。非有禮不足以成德。德禮既備。豈有失哉。禮案孔子有管子晏子治齊之功烈。固所深許者也。故曰賢大夫。而特舉其失禮之處惜之。故言之。否則當時卿大夫之失禮者多矣。固孔子之所不屑言也。

婦人非三年之喪。不踰封而弔。鄭注踰封越竟也。或爲越疆。方氏慤曰。男不入。女不出。則婦人其可以踰封乎。唯弔三年之喪。然後踰封。哀有所重故也。檀弓言五十無車者。不越疆而弔人者。所以優老也。此之所言。特以防微而已。李氏格非曰。穀梁傳婦人既嫁不踰竟。踰竟非正。故曰婦人非三年之喪。不踰封而弔。禮案檀弓下云。婦人不越疆而弔人。此云非三年之喪。不踰封而弔。考喪服婦人惟爲夫服斬衰三年。爲長子服齊衰三年。若父母則既嫁已降服期矣。如夫及長子卒於他邦。則當曰奔喪。不得謂之弔矣。且下文云。如三年之喪。則君夫人歸。此固謂弔父母之喪明矣。故孔疏下文云三年者以本親言也。

如三年之喪。則君夫人歸。夫人其歸也以諸侯之弔禮。其待之也若待諸侯然。夫人至。入自闈門。升自側階。君在阼。其他如奔喪禮然。鄭注君夫人歸奔父母喪也。若待諸侯。謂夫人行道車服。主國致禮。入闈門。升側階。女子子不自同於女賓也。宮中之門曰闈門。爲相通者也。側階亦旁階也。他謂哭踊髽麻。闈門或爲帷門。孔疏此明諸侯夫人奔父母喪節也。如若也。若遭父母三年之喪。則雖君之夫人歸往奔喪也。非三年喪則不歸。女子出適爲父母期，而云三年者，以本親言也。夫人至於父母之國，入自旁側闈門，升自旁側之階，異於女賓也。主國之君待之在阼階之上，不降階而迎也。他謂哭踊髽麻之屬。如似奔喪之禮然。嫌夫人位尊，恐與卿大夫之妻奔喪禮異，故明之。案奔喪禮：婦人升自東階。側階謂東面階也。方氏慤曰：闈門，宮中旁出之門也。李氏格非曰：春秋書曰：「鄭伯姬來歸。」傳曰：大歸也。大歸而猶曰鄭夫人之也。故曰若待諸侯然。非三年之喪，則雖衛之亡，而許穆夫人不得歸唁者，大夫守之以義故也。義疏云：考儀禮，女嫁及在父之室，爲父三年。賈疏：若天子之女嫁於諸侯，諸侯之女嫁於大夫，爲其父不降。知者，以其外宗、內宗及與諸侯爲兄弟者皆斬也。如賈疏，則女子出嫁，亦有爲父而服三年，不僅以本親言矣。孫氏希旦曰：闈門，宮旁小門也。左傳：齊子我屬徒攻闈與大門。考工記曰：闈門容小扃三個。側階，北階也。側，特也。堂南東西有階，其北惟東方有之，故曰側階。升自側階，自東房而出於堂也。入自闈門，則不入大門；升自側階，則不升路寢前之兩階：皆變於吉時也。君在阼，謂在阼階下之位，明不爲變位，以其非賓客也。俞氏樾曰：案夫人自側階升堂，而君於阼階之上待之，不相值矣。蓋所謂阼者，非阼階也。內則篇：夫入門，升自阼階，立於阼。阼非阼階，於斯可見。郊特牲篇：適子冠於阼。注曰：東序少北，近主位也。然則君在阼者，謂君在東序也。蓋主位在是，故主國之君於此待之也。喪大記篇：祝先升阼階，君卽位於阼。夫曰祝先升，則君亦升明矣。既升阼階，又卽位於阼，則阼之非阼階又明矣。禮案：奔喪禮：婦人奔喪，升自東階，殯東，西面坐，哭盡哀，東髽，卽位，與主人拾踊。鄭注彼云：婦人謂姑姊妹女子子也。此諸侯夫人以踰封，非三年之喪不吊，則自是死者之女，非姑姊妹也。

嫂不撫叔，叔不撫嫂。鄭注云：嫂叔遠別也。禮案：撫尸示恩也。曲禮上云：嫂叔不通問。檀弓上曰：嫂叔無服。夫生不通問，則無恩之可言；死不相爲服，則無義之能名。故殯而無撫尸之禮。

君子有三患：未之聞，患弗得聞也；既聞之，患弗得學也；既學之，患弗能行也。君子有五恥：居其位，無其言，君子恥之；有其言，無其行，君子恥之；既得之而又失之，君子恥之；地有餘而民不足，君子恥之；衆寡均而倍焉，君子恥之。鄭注：恥民不足者，古者居民，量地以制邑，度地以居民，地邑民居必參相得也。衆寡均，謂俱有役事，人數等也。倍焉，彼功倍已也。孔疏：此明君子有三患五恥之事。此君子謂在位之君子。未聞患弗得聞也者，言須多聞多識，若未聞知古事，恆憂患不得聞也。地有餘而民不足君子恥之者，以地邑民居必參相得，今不能撫養，使民逃散，是土地有餘而民不足，故君子恥之。衆寡均而倍焉君子恥之者，言役用民衆，彼之與已民衆寡均等，而他人功績倍多於已，由不能勸謂督率，故君子恥之。方氏慤曰：聞之而不能學，與無聞同；學之而不能行，與不學同。故君子每以是爲患焉。居其位而無其言，是備位耳。言之易，行之難。有其言而無其行，是空言耳。政不足以聚人，則民不繫；民不繫，則有曠土。術不足以使人，則事不逮；事不逮，則有廢功。三患所言者道，五恥所言者事。惟其知所患，故能終至於無患；惟其知所恥，故能終至於無恥。胡氏銓曰：楚許伯、樂伯、攝叔致師，能行其所聞而復者，能力行也。故聞也，學也，患弗得；不患弗能，唯行也，患弗能也。能，猶力也。衆寡均而倍焉，若鄰國之民不加少。寡人之民不加多也。吳氏澄曰。三患之君子。兼該有位無位之人。五恥之君子。兼該北面之臣。南面之君。孫氏希旦曰。三患皆爲學之事。弗得聞則無以知其理。弗得學則無以習其事。弗能行則無以體其實也。五恥皆從政之事。居其位無其言則謀謨不足以稱其位。有其言無其行則猷爲不足以副其言。既得之而又失之。則才德不足以保其祿。地有餘而民不足則恩惠不足以懷其民。衆寡均而倍焉則才力不足以立其事也。納蘭氏成德曰。鄙夫事君。患得患失。君子難進易退。何有恥其既得而又失之者。此句承上恥無其行來。謂居位行道。有初而鮮終也。故君子恥之。方氏苞曰。得失以行。能言若守。正而退。非君子所恥。與知及之仁不能守之。雖得之必失之同義。卽以居位者始骨鯁而後脂韋。始潔清而後汙墨。令名不終。皆既得之而又失之也。禮案。三患卽大戴曾子立事謂。君子既學之患其不博也。既博之患其不習也。既習之患其無知也。既知之患其不能行也。既能行之。貴其能讓也。君子恥居其位無其言。故孟子云。有言責者不得其言則去。恥有其言無其行。故曾子云。不能行而言之誣也。恥既得之而又失之。故武王踐阼戶之銘曰。夫名難得而易失。無懃弗忘。而曰我知之乎。恥地有餘而民不足。故曲禮上曰。地廣大荒而不治。此亦士之辱也。倍謂民倍其上。君子恥無信以結之也。緇衣云。信以結之。則民不倍。是也。

孔子曰。凶年則乘駑馬。祀以下牲。鄭注。自貶損。亦取易供也。駑馬六種最下者。下牲少牢若特豕特豚也。孔疏。此明凶荒之年。君自貶損也。馬有六種。一曰種馬。天子玉路所乘。二曰戎馬。兵車所乘。三曰齊馬。金路所乘。四曰道馬。象路所乘。五曰田馬。木路所乘。六曰駑馬。負重致遠所乘。若年歲凶荒。則人君自貶。故乘駑馬也。案校人云。種馬一物。戎馬一物。齊馬一物。道馬一物。田馬一物。駑馬一物。是六種駑馬最下也。天子諸侯及天子大夫。常祭用大牢。若凶年降用少牢。諸侯之卿大夫。常祭用少牢。降用特豕。士常祭用特豕。降用特豚。如此之屬。皆爲下牲也。方氏慤曰。馬不良謂之駑。牲非純全謂之下。陸氏佃曰。下牲蓋猶用其本牲之下者也。故祭凶年不儉。方氏苞曰。駑當作髦。禮案說是也。曲禮下乘髦馬。不蚤鬋。蓋大夫士去國。亦自貶損之禮。則凶年君大夫士。亦當然也。正字通云。駑馬頓劣也。凡馬給宮中之役者。曰駑駘皆下乘。皮日體曰。造父善御。不能御駑駘。則凶年以之服車。不虞其傾覆乎。

恤由之喪。哀公使孺悲之孔子。學士喪禮。士喪禮於是乎書。鄭注。時人轉而僭上。士之喪禮已廢矣。孔子以教孺悲。國人乃復書而存之。方氏慤曰。喪禮將亡。聖人不可以不書。必待孺悲學之。然後孔子書之者。以明禮之不廢。亦有所因也。陸氏佃曰。儀禮士喪是與。禮案。史記仲尼弟子傳。無孺悲之名。其在七十子之外。三千之列與。士喪禮今在儀禮。

子貢觀於蜡。孔子曰。賜也樂乎。對曰。一國之人皆也狂。賜未知其樂也。子曰。百日之蜡。一日之澤。非爾所知也。鄭注。蜡也者索也。歲十二月合聚萬物。而索享之祭也。國索鬼神而祭祀。則黨正以禮屬民。而飲酒於序。以正齒位。於是時民無不醉者如狂矣。曰未知其樂。怪之。蜡之祭主先嗇也。大飲烝勞農以休息之。言民皆勤稼穡。有百日之勞。喻久也。今一日使之飲酒燕樂。是君之恩澤。非女所知。言其義大。孔疏。此明蜡月鄉飲酒之禮。王者各於建亥之月。報萬物息老休農。又各燕會飲酒於黨學中。故子貢往觀。孔子問之云。汝觀蜡飲燕。見此事是懽樂否乎。子貢以謂禮儀有序。乃可是樂。今此蜡人恣性酣飲。載號載呶。大小悉爾如狂。則非懽樂也。孔子言此蜡而飲。是報民一年勞苦。言百日者。舉其全數。喻久矣。賓一年也。今一日懽休。故恣其醉如狂。此由於君之恩澤。其理深。故曰非爾所知也。呂氏大臨曰。自秋成至於十二月有百日。在百日中索是鬼神。以修蜡禮。故曰百日之澤。至於十二月乃祭。祭而遂息田夫。故曰一日之澤。馬氏晞孟曰。王者奉天牧民以施政。春夏使之耕作。秋冬使之收成。欲其富也。能勿勞乎。致其勞也。能勿息乎。既蜡而收民息已。則飲之酒。使其相樂。是也。子貢觀蜡。但見其狂。是上不知觀天道。下不能酌民情。故孔子告之以百日之蜡。一日之澤。孫氏希旦曰。鄉飲酒之禮。安燕而不亂。而蜡祭飲酒。至於一國之人皆若狂何也。蓋賓賢能之禮專於士。故節之以禮而不過。蜡祭飲酒逮乎民。故恩惠浹洽。而醉飽有所不及也。禮案蜡祭見郊特牲。非爾所知。言子貢不知耕氓終歲之勤勞。故不知其休燕之樂也。

張而不弛。文武弗能。若弛而不張。文武弗爲也。一張一弛。文武之道也。

鄭注張弛以弓弩喻人也。弓弩久張之則絕其力。久弛之則失其體。孔疏此孔子以弓喻民也。張謂張弦。弛謂落弦。若弓久張而不落弦。則絕其弓力。喻民久勞而不息。則亦損民之力。縱令文武之治。不能使人之得所也。弓久落弦。而不張設。則失其弓往來之體。喻民久休息。而不勞苦。則有驕逸之志。民若如此。文武不能爲治也。弓一張一弛。喻民勞逸相參。調之以道。化之以理。則文武得中道。以治民也。方氏慤曰。方其勞之之初。猶弓之張而有爲也。及其息之之後。猶弓之弛而非作也。張之以武。所以告始。弛之以文。所以成終。百日之蜡。始於春。一日之澤。終於冬。亦是意也。馬氏晞孟曰。孔子蓋推蜡之澤以治民。推民之意以承天。則不爲久張以著其仁。不爲久弛以著其義。自非聖人。安能明此。吳氏澄曰。使民常勞。則民將不堪。上之人不能強民之從也。故曰文武弗能。使民久逸。則民將廢業。上之人不爲此以縱民之惰也。故曰文武弗爲。姜氏兆錫曰。弗能者言其勢。弗爲者言其理。禮案用民之力。猶弓之張也。息民之力。猶弓之弛也。張而不弛。則民力竭。弛而不張。則民力惰。故曰一張一弛。文武之道也。

孟獻子曰。正月日至。可以有事於上帝。七月日至。可以有事於祖。七月而禘。獻子爲之也。

鄭注記魯失禮所由也。孟獻子魯大夫仲孫蔑也。魯以周公之故。得以正月日至之後郊天。亦以始祖后稷配之。獻子欲尊其祖。以郊天之月。對月禘之。非也。魯之宗廟。猶以夏時之孟月爾。明堂位曰。季夏六月。以禘禮祀周公於大廟。孔疏此明魯郊禘之事。魯大夫仲孫蔑謚曰獻子。周正月建子之月也。日至冬至日也。有事謂南郊祭所出之帝靈威仰也。周以十一月爲正。其月日至。若天子則圜丘。魯以周公之故得郊天。所以於此月可以有事於上帝。此言是也。周七月建午之月也。日至夏至日也。有事謂禘祭於祖廟。此言非也。魯之祭祀。猶用夏法。應禘於孟月。孟月於夏是四月。於周爲六月。獻子以二至相當。以天對祖。乖失禮意。七月而禘。獻子之失。故記其所由也。案春秋宣九年。獻子始見經。僖八年於時未有獻子。七月禘者。鄭答趙商云。以僖八年正月。公會王人於洮。六月應禘。以在會未還。故至七月乃禘。君子原情免之。禮不合譏。而書之者。爲致夫人。故書七月禘也。萬氏斯大曰。日至在正月。七月可以爲周正改月改時之證。郊禘對言。可以爲禘祭每歲舉行之證。孫氏希旦曰。孔氏左傳疏曰。襄公七年夏四月。三卜郊不從。孟獻子曰：郊祀后稷以祈農事也。是故啓蟄而郊，郊而卜耕。今既耕而卜郊，宜其不從也。據獻子此言。郊天用周之三月。而禮記云：正月日至，可以有事於上帝。七月日至，可以有事於祖。七月而禘，獻子爲之也。此與禮記俱稱獻子。二文不同，必有一謬。禮記後人所錄，左傳當得其眞者。七月而禘，獻子爲之，則當獻子之時。應有七月禘者。烝嘗過則書，禘過亦宜書。何以獻子之時，不書七月禘也。愚謂魯無夏至禘，亦無冬至郊。魯郊皆以孟春正月。此記所言，其誤無疑。禮案：春秋僖八年，禘於大廟。范注穀梁傳云：禘，三年大祭之名。大廟，周公之廟。禮記明堂位曰：季夏六月，以禘禮祀周公於大廟。雜記下曰：孟獻子曰：七月日至，可以有事於祖。七月而禘。獻子爲之。案宣九年仲孫蔑如京師，於是獻子始見經，襄十九年卒。然則失禮非獻子所始明矣。雜記之云，甯所未詳。

夫人之不命於天子，自魯昭公始也。

鄭注亦記魯失禮所由也。周之制，同姓百世，昏姻不通。吳大伯之後，魯同姓。昭公取於吳，謂之吳孟子，不告於天子。自此後取者遂不告於天子，天子亦不命之。孔疏：諸侯夫人亦天子所命，或是王后，無幾外之事，故天子命幾外諸侯夫人。此文是也。若畿內諸侯及卿大夫之妻，則玉藻注云：天子諸侯命其臣，后夫人亦命其妻是也。郝氏敬曰：魯昭公之世，王命不行於天下久矣。諸侯繼世自立，且不由天子，況其夫人乎。諸侯之不娶同姓者，未必皆有王命也。因昭公取吳女，附會之耳。孫氏希旦曰：郝氏之說似矣，而未盡也。婦人從其夫之爵位。夫榮於朝，妻貴於室矣。故玉藻曰：唯世婦命於奠繭，其他則皆從男子。未有既命其夫，又命其妻者。春秋於魯適夫人之喪，皆書夫人某氏薨。獨昭公夫人書孟子卒，定公夫人書姒氏卒，蓋當時不以夫人之禮治其喪，故春秋不稱夫人，不書薨。以見當時臣子怠慢之罪。讀者不察，遂以爲二夫人不命於天子，故其書之如此。又以昭在定先，而所取者乃吳女。遂以爲昭公取同姓，故不請命於天子，而夫人之不命自此始，而不知夫人本無受命之法也。禮案：據鄭注，則當時同姓諸侯，有告取於天子之禮，則王后當錫命其夫人，以六服之等，若諸侯之賜褒衣與。

外宗爲君夫人，猶內宗也。

鄭注皆謂嫁於國中者也。爲君服斬，夫人齊衰，不敢以其親服服至尊也。外宗謂姑姊妹之女，舅之女，及從母皆是也。內宗，五屬之女也。其無服而嫁於諸臣者，從爲夫之君。嫁爲庶人，從爲國君。孔疏：君之內宗，爲君悉服斬衰，爲夫人齊衰，則君外宗之女爲君及夫人與內宗同，故曰猶內宗也。亦是與諸侯爲兄弟者，服斬之例。經云爲君夫人，是國人所稱，故知嫁於國中，不敢以其親服服至尊也。案禮，族人不敢以其戚戚君，則異族者亦不可以戚君也。古者大夫不外取，故君之姑姊妹已嫁於國內大夫爲妻，是其正也。舅之女及從母在國中，非正也。諸侯不內取，舅及從母元在他國，不得來嫁與已國卿大夫爲妻，以卿大夫不外取也。此等內宗外宗，熊氏云：雖嫁在他國，皆爲本國服斬也。孫氏希旦曰：外宗，宗婦也。以其自他族來嫁於宗內，故曰外宗。周禮外宗，宗廟之祭佐王后，薦玉豆，眡豆籩。王后以樂羞齍則贊。凡王后之獻亦如之。祭統云：宗婦執盎從。特牲禮：宗婦執兩籩，戶外坐，主婦致爵於主人。宗婦贊豆，皆與周禮外宗之所職者相合，則外宗即宗婦明矣。鄭氏以爲姑姊妹之女之屬，及謂內外宗皆爲君服斬，非是。婦人不貳斬，故女子子適人者，爲其父母降服齊衰不杖期。雖諸侯之女適人者亦然，豈有內外宗乃爲君服斬乎。禮案：外宗爲宗婦，孫說蓋有所本也。南史徐摛傳：摛議曰：儀禮云：質明贊見婦於舅姑。雜記又云：婦見舅姑，兄弟姊妹皆立於堂下。政言婦是外宗。未審嫺令。所以舅延外客。姑率內賓。堂下之儀。以備盛禮。夫外宗宗婦。內宗宗女。則內外相若。其義合也。若如注說。外宗姑姊妹之女。然既嫁於異姓。所生之女。不當謂之宗矣。雖然此言本宗之女之所出。猶略可通。若舅之女及從母則無謂極矣。

廄焚。孔子拜鄉人爲火來者拜之。士壹。大夫再。亦相弔之道也。鄭注爲火來者拜謝之。言拜之者爲其來弔己。宗伯職曰。以弔禮哀禍災。孔疏廄焚孔子馬廄被火焚也。拜鄉人謂孔子拜謝一鄉人。爲火而來慰問孔子者。若士則壹拜之。大夫則再拜之。此言雖非大禍災。亦是相哀弔之道也。陸氏佃曰。廄焚雖不問馬。然猶爲爲火來者拜也。錄之以著聖人言動之間。無所不爲法。禮案論語云。廄焚。子曰。傷人乎。不問馬。即此是也。拜鄉人謝其爲火而來救者也。士壹大夫再。則拜其來慰問者也。注分說之是。疏合釋之非。

孔子曰。管仲遇盜。取二人焉。上以爲公臣。曰。其所與遊辟也。可人也。管仲死。桓公使爲之服。宦於大夫者之爲之服也。自管仲始也。有君命焉爾也。鄭注可人言此人可也。但居惡人之中。使之犯法。自管仲始。亦記失禮所由也。善桓公不忘賢者之舉。官猶仕也。此仕於大夫。更升於公。與達大夫之諸侯同爾。禮不反服。孔疏此明大夫之臣。雖仕於公。反服大夫之服。孔子論管仲逢遇羣盜。於盜中簡取二人。薦以爲桓公之臣。謂此盜人所與交遊。是辟邪之人。故犯法爲盜。其性行是堪可任用之人也。管仲死。桓公使此二人著服。依禮仕官於大夫。升爲公臣。不合爲大夫著服也。從管仲爲始。言自此以後公臣。皆服官於大夫之服。記失禮所由。又記桓公不忘賢者之舉也。陸氏佃曰。言其所以放辟爲盜。以其所以遊也。故君子居必擇鄉。遊必就士。所以防邪辟而近中正也。爲其所爲主服。與達大夫之諸侯不同。蓋世衰道微。君不能教。始服其師。君不能舉。而所爲主者有服矣。孫氏希旦曰。桓公使爲之服。舊君齊衰三月之服也。俞氏樾曰。方言曰。凡相憐愛。九疑湘潭之間。謂之人兮。然則可人者。可憐哀也。字亦通作仁。成十六年公羊傳。此其言舍之何。仁之也。表記注引公羊傳。仁之作人之。可證。明此經人字之義。禮案此桓公以管仲出此二人於盜賊之中。有拯命之德。故使爲之服。然此服無義可起。故使從仕於家者。之爲大夫君服也。非謂其有荐舉之恩也。若因荐舉而使之服。而開朋黨之門也。桓公英主。必不出此也。

過而舉君之諱則起。與君之諱同則稱字。鄭注舉猶言也。起立者失言而變自新。與君諱同。謂諸臣之名也。孔疏此明辟君之諱也。過謂過誤也。若誤言君之諱。則起而改變自新。禮案過失也。謂失檢而犯君諱也。內則曰。凡名子不敢與世子同名。則不敢與君同名可知。若言與君同名者。蓋先君而生者也。若其名同先君之諱。必自他邦而來仕者也。

內亂本與焉。外患弗辟也。鄭注謂卿大夫也。同僚將爲亂。已力不能討。不與而已。至於鄰國爲寇。則當死之也。春秋魯公子友如陳葬原仲。傳曰。君子辟內難而不辟外難。孔疏此明卿大夫有內亂。力不能討。可辟之事。國內有亂則辟。以力弱不能討也。若力能討。則當討之。外患弗辟者。當盡死於難也。引春秋莊二十七年公羊傳文。案彼云大夫不書葬。此何以書。公子慶父公子牙通乎夫人以脅公。季子起而治之。則不得與于國政。坐而視之。則親親。故請至於陳葬原仲。至莊三十二年。季子與國政。故逐慶父。

酖叔牙也。此注力不能討。亦謂不與國政。若與國政。力能討而不討則責之。宣二年晉史董狐。書趙盾以弒君是也。吳氏澄曰。亂之重且大者。管叔啓武庚而叛周。則周公以弟誅其兄。石厚輔州吁而弒君。則石碏以父殺其子。豈得不與乎。姚氏際恆曰。內亂不與。或身不在事內。及力不可爲者則可。不然。豈有食人之祿。而早爲分別。以此一事。全身遠害哉。孫氏希旦曰。內亂謂國篡弒。不與言不可從於爲亂。蓋雖威劫利誘。而毅然不回。若晏子之於崔慶。蘧伯玉之於孫甯是也。外患謂國見圍滅。弗辟謂見危授命。盧氏文弨曰。內亂不與。亦正非易事。如白公作亂。欲立子閭。子閭不從而見殺。故力能討。則爲季友石碏。不能討。則爲子臧季札。而子閭則其不幸者也。又如親屬蒸報。骨肉相殘。亦謂之內亂。爲之臣子。既無由得言。且亦不必以身殉。亦惟有不與而已。若晉賈氏之淫虐。當時有謀廢后者。未必合禮中也。善乎溫羨之言曰。皇后譖害其子。內難不預。禮非所任。安可以張華不能廢后。而貶責之。此明引禮記成文。可謂極合禮意。禮案不與之義。此所謂內亂者。非弒君篡國之事。必其君有內外亂。禽獸行。若齊襄公之遊魯道。陳靈公之適株林。與之而徇其惡。若公子彭生之殺魯侯。不保其身。與之欲救其失。若大夫泄冶之諫而死。無濟於國。人臣處此之際。則惟有去而不與可耳。注以內亂爲同僚作亂。則內亂不樂。是導人以苟生忘國也。豈禮意哉。未有城守之責。尚與士地偕亡。而況君國危亡。顧可以不與乎。

贊大行曰。圭公九寸。侯伯七寸。子男五寸。博三寸。厚半寸。剡上左右各寸半。玉也。藻三采六等。鄭注贊大行者。書說大行人之禮名也。藻薦玉者也。三采六等。以朱白蒼圖之。再行也。子男執璧。作此贊者失之矣。孔疏此明五等諸侯。所執圭玉之制。周禮有大行人篇。掌諸侯五等之禮。作記之前。有人說書贊明大行人之事。記者。引此舊書也。剡上謂圭與璧剡殺也。殺上左右角各寸半也。五等諸侯圭璧長短雖異。而俱以玉爲之。故云玉也。藻謂以韋衣板。以籍玉者。三采殺朱白蒼也。六等六行也。謂三色每色爲二行。是三采六等。案聘禮記云。朝天子圭與繅皆九寸。繅三采六等。典瑞云。公侯伯皆三采三就。謂一采爲一就。其實采別二就。三采則六等也。又云子男皆繅二采再就。二采則四等也。又云瑑圭璋璧琮。繅皆二采一就。以頫聘。此謂卿大夫二采共一就也。天子五采五就。則十等也。此經列公侯伯子男總云博三寸。剡上左右各寸半。此謂圭也。總包子男則失之矣。陸氏佃曰。子執穀璧。男執蒲璧。繅皆二采再就。陳氏祥道曰。玉之藉以繅。而繅之長眡玉。采以象德之文。就以象文之成。君子以貞剛之質存乎內。而以柔順藉之於外。又有文焉。然後可以行禮矣。玉五采五就。色不過五也。公侯伯皆三采三就。降殺以兩也。子男以二采。而大夫聘玉亦二采。禮窮則同也。繅或作藻。繅織絲爲之。則圭繅亦然。鄭氏與杜預皆謂韋爲之。無據也。萬氏斯大曰。曲禮凡摯諸侯圭。而此文更詳其長短廣狹厚薄之度。且降殺以兩形制昭然。先儒信周官而謂子男執璧何也。孫氏希旦曰。博三寸以下。明圭之制也。剡上左右各寸半者。距圭上端之一寸半。斜向上削之。各至上端之中央而止。其殺之度。從上端之中央至兩畔。從上端至下皆一寸半也。聘禮記云。繅皆玄纁。則以帛爲之明矣。三采以朱白蒼。用五行相克之次。則五采者以朱白蒼黃玄。而二采者以朱白也。禮案二采朱綠也。見聘禮記。鄭注彼云。圭所執以爲瑞節也。剡上象天圜地方也。

哀公問子羔曰。子之食奚當。對曰。文公之下執事也。鄭注問其先人始仕。食祿以何君時。方氏慤曰。自此而下。宜更有辭容簡脫之耳。朱氏軾曰。下執事謙言先人曾爲文公之小臣。孫氏希旦曰。下執事謂士也。記此者以其對辭得禮。禮案當主也任也。子之食奚當。蓋問其奚自而當國任事食君祿也。

成廟則釁之。其禮祝宗人宰夫雍人皆爵弁純衣。雍人拭羊。宗人視之。宰夫北面於碑南東上。雍人舉羊升屋自中。中屋南面封羊。血城於前。乃降。鄭注。廟新成必釁之。尊而神之也。宗人先請於君曰。請命以釁某廟。君諾之。乃行。居上者宰夫也。宰夫攝主也。拭靜也。自由也。孔疏此一節論釁廟及考路寢之事。宗廟初成。則殺羊取血以釁之。其禮謂釁廟之禮。爵弁士服也。純衣謂絲衣。則玄衣纁裳也。雍人是廚宰之官。拭靜其羊於廟門外。案大戴禮釁廟篇云。成廟則釁以羊。君玄服立於寢門內南向。祝宗人宰夫雍人皆玄服。宗人曰。請命以釁某廟。君曰諾。遂入。雍人拭羊乃行。入廟門碑南北面。雍人舉羊升屋自中。中屋南面封羊。血流於前。乃降。此皆大戴禮文。但初受命寢門內。君與祝宗人宰夫雍人等。皆者玄服。謂朝服緇衣素裳等。其祝宗人等入廟之時。則爵弁純衣。雍人舉羊升屋者。熊氏云。抗舉其羊。由屋東西之中兩階間。而升中屋。當屋棟上中南面。封割其羊。使血流於前。雍人乃降也。陳氏祥道曰。釁者塗釁以血。交神明之道也。廟成則釁。室成不釁。以室不可以神之也。宗廟之器。其名者釁。非名者不足以神之也。然則周官羊人釁共羊牲。將以釁廟也。雞人釁共雞牲。將以釁門及夾室也。犬人幾珥用牻。則釁牲不特雞羊而已。然釁有司行事。而君不親。犬羊爲牲。而牛馬不預。爵弁而不冕。牲牻而不純。則釁之爲禮也小矣。後世有以牛釁鐘。而甚者有叩人鼻以衈社。此先王之所棄也。江氏永曰。案爵弁士入廟之服。諸侯之宰夫。祝宗人。當是下大夫。而服爵弁者。釁禮輕也。助祭當冕服。孫氏希旦曰。成廟則釁之者。謂祖新遷。改塗易檐既成。則釁之也。故大戴禮宗人請於君曰。請命以釁某廟。謂高祖廟遷。則釁高祖廟。祖廟遷。則釁祖廟也。釁礫攘之祭名。毛牲謂之幾。羽牲謂之衈。釁其大名也。周禮庶又作刉。又作祈。衈或作珥。祈作祈福祥。珥者弭禍災。釁者欲其消釁咎也。下文門夾室用雞曰衈。此不曰幾而曰釁者。下文用羽牲曰衈。明此用毛牲是幾。此用毛牲曰釁。明下用雞亦是釁。互相備也。祝小祝也。小祝掌侯禳禱祠之祝號。宗人掌禮。宗伯之屬也。宰夫於諸侯司徒之屬也。雍人內雍也。周禮凡宗廟之祭祀。掌割亨之事。宗人祝之。以辭告神也。碑以石爲之。在庭之中。所以識陰陽。引日景也。北面於碑南。蓋三分庭一在南也。東上者。宰夫攝主最在東。宗人掌禮事次之。祝掌告神又次之。雍人掌割牲又次之也。禮案自此以下至姑姊妹亦皆稱之。亦攝經文非記也。大戴禮以遷廟釁廟並列。則此釁廟自是毀廟更新。非建始也。孫說是矣。雖然改塗易檐。功竣猶釁之。則始創宗廟。必釁可知也。此本取大戴禮。故不若彼文爲詳也。盧注彼云。以神事故亦同爵弁。拭挩也。六書故拭以巾拭垢濡也。拭羊淨乃牽之入廟。乃舉羊自前檐正中升屋。直至屋棟中間。封其羊。使血由屋棟中間。流至前檐。雍人乃降也。

門夾室皆用雞。先門而後夾室。其衈皆於屋下。割雞門當門。夾室中室。有司皆鄉室而立。門則有司當門北面。既事。宗人告事畢。乃皆退。鄭注。衈謂將封割牲以釁。先滅耳旁毛薦之。耳聽聲。

者。告神欲其聽之。周禮有刉衈。有司宰夫。祝宗人告者告宰夫。孔疏門廟門。夾室東西廂。不用羊。門與夾室各一鷄。凡用三鷄。故云皆也。用鷄如上用羊。亦升屋而割之。先門者夾室卑也。衈謂未封割羊。鷄時先滅耳旁毛以荐神。廟則在廟之屋下。門與夾室。則在門夾室之屋下。衈訖然後升屋而釁。門則當門屋之上中。夾室則當夾室之上中。以割鷄使血流。故云門當門。夾室中室。有司皆向室而立。謂釁夾室之時。門則有司當門北面。而立。釁事既畢。宗人告擯主以事畢。宰夫及祝宗人等乃退。孫氏希旦曰。門當門。謂在門內南面。而當門之中也。夾室中室。謂在夾室之中。亦南面也。不於屋上者。衈之禮略也。大戴禮釁廟篇云。門以鷄。有司當門北面。雍人割鷄屋下當門。郟室割鷄於室中。可見門夾室卽在屋下割鷄。別無屋上之釁。而廟亦未必有屋下之衈矣。蓋釁衈自爲二禮。釁之禮重。故在屋上。衈之禮輕。故在屋下。周禮司約云。若有訟者則珥而辟藏。此亦於屋下爲之。未必升屋也。盧辯大戴禮注云。小戴禮割鷄屋上。而小戴實無此語。蓋南北朝講師相傳之說耳。禮案盧注彼云。郟室門郟之室。一曰東西廂也。釁東西廂。有司猶北面。統於尊也。**反命於君曰。釁某廟事畢。反命於寢。君南鄉於門內朝服。既反命乃退。**鄭注君朝服者。不至廟也。孔疏謂釁既畢。反報君命於路寢。君受命之時。於路寢門內。南面而立。身著朝服。卽於大戴禮云。玄衣。以不入廟故朝服。孫氏希旦曰。反命時君南鄉於門內。則諸命時亦然。始請命君玄衣。此反命君朝服者。事畢禮殺也。疏謂玄衣爲朝服非也。禮案孔氏廣森大戴禮補注云。路寢門內之庭。所謂內朝也。韋注周語云。內朝在路門內是也。**路寢成則考之而不釁。釁屋者交神明之道也。凡宗廟之器其名者成則釁之以豭豚。**鄭注言路寢者生人所居。不釁者不神之也。考之者設盛食以落之爾。檀弓曰。晉獻文子成室。諸大夫發焉是也。宗廟名器。謂尊彝之屬。孔疏路寢成則考之而不釁者。庾蔚云。落謂與賓客燕會。以酒食澆落之。卽懽樂之義也。交神明之道。釋所以不釁路寢之義。言此屋與神明相交。故釁之也。凡宗廟之器。若作名者成。者釁之。若細者成。則不釁。名器則殺豭豚血塗之也。不及廟。故不用羊。方氏愨曰。考卽宣王考室之考。且考有燕。必用酒者。陽之盛也。寢者人之所居。故以陽之盛者考之。釁有祭。祭止用血。血者陰之至也。廟者神之所居。故以陰之至者釁之。示各從其類也。凡器莫不有名。先儒言名器尊彝之屬者。以其名之尤著故也。若名山謂之名。亦以是而已。張子載曰。釁名器以豭豚。而齊宣王釁鍾以牛。戰國時無復常制。不然又何以欲以羊易之。洪氏頤煊曰。案名卽銘字。祭統銘者自名也。故尊彝之屬有銘者成。則皆釁之。禮案考成也。豭牡豕。豚小豕。此釁器言豭豚。則凡祭祀之用特豚者。亦不用牝矣。

諸侯出夫人。夫人比至於其國。以夫人之禮行。至以夫人入。使者將命曰。寡君不敏。不能從而事社稷宗廟。使使臣某敢告於執事。主人對曰。寡君固前辭不教矣。寡君敢不敬須以俟命。有司官陳器皿。主人有司亦官受之。鄭注行道以夫人之禮者。棄妻致命其家乃義絕。不用此爲始。前辭不教。謂納采時也。此辭賓在門外。擯者傳焉。賓入致命如初。主人卒辭曰。敢不聽命。

器皿其本所齎物也。律棄妻畀所齎。孔疏此一節，論諸侯出夫人及卿大夫以下出妻之事。夫人有罪，諸侯出之。命歸本國，禮尚謙退，不能指斥夫人所犯之罪，故引過自歸云：寡君才知不敏，不能隨從夫人，共事社稷宗廟，故使臣某敢告在下之執事。須，待；俟，亦待也。主人報客云：君既有命，寡君豈敢不恭敬，須待君命。使者既得主人答命，故使從已來有司之官，陳夫人嫁時所賫器皿之屬，以還主國。主國亦使有司官領受之也。並云官者，明付受悉如法也。孫氏希旦曰：前辭不教者，士昏禮納采，主人曰：某之子惷愚，又弗能教，是也。敬須以俟命者，謂不敢嫁，以俟後命，冀其反之也。左傳齊桓公歸蔡姬，未絕之也，蔡人嫁之，齊侯伐蔡，寡君固前辭不教矣。敢不敬須以俟命，此即主人之卒辭。鄭氏別有敢不聽命之語，非也。禮案：主國對辭稱寡君，蓋擯者之辭也。

妻出，夫使人致之曰：某不敏，不能從而共粢盛，使某也敢告於侍者。主人對曰：某之子不肖，不敢辟誅，敢不敬須以俟命。使者退，主人拜送之。如舅在則稱舅，舅沒則稱兄，無兄則稱夫。主人之辭曰：某之子不肖。如姑姊妹亦皆稱之。鄭注：肖，似也。不似，言不如人。誅，猶罰也。言棄妻者，父兄在，則稱之。命當由尊者出也。唯國君不稱兄。姑姊妹見棄，亦曰某之姑，某之姊若妹不肖。孔疏此以下明夫出妻法。凡遣妻必稱尊者之命，若夫之父在，則稱父名，使某來告，是舅在則稱舅也。舅沒則稱夫兄之名，不云稱母者，婦人之名，不合外接於人。若有死喪，則稱母弔。曾子問云：母喪稱母，是也。夫無兄，則稱夫名，遣人致命，則得云某不敏，不能從而共粢盛。若夫之父兄致命之辭，未聞也。主人之辭，前文已具，重更發者，為姑姊妹張本，故云如姑姊妹，亦皆稱之也。方氏慤曰：夫婦之道，合則納之以禮，不合則出之以義。人倫之際，有所不免也，故先王亦存其辭焉。孫氏希旦曰：舅之辭則曰某之子不敏，兄則曰某之弟不敏，餘與夫之辭同。禮案：姊妹猶可曰不肖，若姑則於已於父行，不能謂之不肖，當則有辭。此皆稱不肖者，文略也。

孔子曰：吾食於少施氏而飽，少施氏食我以禮。吾祭，作而辭曰：疏食不足祭也。吾飱，作而辭曰：疏食也，不敢以傷吾子。鄭注：言貴其以禮待已，而為之飽也。時人倨慢，若季氏則不以禮矣。少施氏，魯惠公子施父之後。孔疏此明少施氏以禮而食孔子。吾祭者，謂孔子祭也。作，起也。少施氏起而辭謝云：疏粗之食，不足祭也。孔子食後而更飱，強飯以答主人，少施氏又起而辭謝云：疏粗之食，不可強飯，以致傷害吾子。陳氏祥道曰：孟子曰：呼而與之，行道之人不受也；蹴而與之，乞人不屑也。孔子食於少施氏，苟非食之以禮，又安得為之飽乎。觀其賓祭與飱，主人皆作而辭，則其有禮也可知。飱者，食後而更飱也。孫氏希旦曰：玉藻曰：客祭，主人辭曰：不足祭也。客飱，主人辭以疏，則少施氏之所以待孔子者，乃禮之所當然，而非有所過也。但時人知禮者少，故孔子於少施氏善之。禮案：此亦以辭客祭為禮，與玉藻同，與曲禮上延客祭異也。

納幣一束，束五兩，兩五尋。鄭注：納幣，謂昏禮納徵也。十箇為束，貴成數。兩兩者合其卷，是謂五兩。八尺曰尋。五兩五尋，則每卷二丈也。合之則四十尺，今謂之匹，猶匹偶之云與。孔疏此一節，論昏禮婦見舅姑及女未許嫁加笄分別之事。納幣一束者謂昏禮納財幣之時。其幣一束。謂十箇也。束五兩者。兩箇合爲一卷。取配偶之義。方氏慤曰。納幣卽昏禮所謂納徵。以物言故曰幣。以義言故曰徵。周官媒氏。凡嫁子取妻入幣。純帛無過五兩。王氏謂天數五。地數五。五位相得。而各有合。五兩則以天地合數爲之節。正謂是矣。孫氏希旦曰。謂之兩者。指其卷數言之。帛長四十尺。從兩頭各卷至中央。每卷二丈。則每匹爲兩卷矣。凡用帛爲禮者。皆以束。納幣庶人用緇。士以上用玄纁。而其爲一束則同也。禮案士昏禮納徵玄纁束帛。鄭注彼云。用玄纁者。象陰陽備也。束帛十端也。然則十端之帛色。其五玄五纁乎。婦見舅姑兄弟姑姊妹。皆立於堂下。西面北上。是見已。見諸父各就其寢。鄭注。婦來爲供養也。其見主於尊者。兄弟以下在位。是爲已見。不復特見。諸父旁尊也。亦爲見時不來。孔疏謂婦來明日。而見舅姑也。見時則夫之兄弟姑姊妹。皆立於舅姑之堂下。東邊西向。以北爲上。近堂爲尊也。婦自南門而入。入則從於夫之兄弟姑姊妹。前度以因是卽爲相見。不復更別詣其室。謂是已見也。諸父謂夫之伯叔也。既是旁尊。則婦於明日。乃各往其寢而見之。不同日也。孫氏希旦曰。姑亦旁尊也。其尊與舅敵。不當立於舅姑之堂下。此不當有姑字。蓋經中多連言姑姊妹。遂誤衍耳。兄弟姊妹。立於堂下。蓋兄弟爲一行。姊妹爲一行。而兄弟在姊妹之前也。其見諸父。蓋在明日。舅姑醴婦之後。與禮案說是也。見姑宜亦就其室。姑與諸父。其尊同也。見諸父各就其寢。則並見諸母可知。女雖未許嫁。年二十而笄。禮之婦人執其禮。燕則鬈首。鄭注。雖未許嫁。年二十亦爲成人矣。禮之酌以成之。言婦人執其禮。明非許嫁之笄。既笄之後去之。猶若女有鬈紒也。孔疏賀瑒云。十五許嫁而笄者。則主婦及女賓爲笄禮。主婦爲之著笄。女賓以醴禮之。未許嫁而笄者。則婦人禮之。無主婦女賓。不備儀也。既笄之後。尋常在家燕居則去其笄而鬈首。謂分髮爲鬌紒也。此既未許嫁。雖已笄。猶爲少者處之。朱氏軾曰。此婦人正指主婦女賓。雖未許嫁。必以禮爲之笄。所以不待許嫁而笄者。欲責以成人之道也。而不備禮可乎。燕則鬈首。謂有事時則笄。無事時則不笄。非既笄輒釋。宜待嫁而後笄也。已笄猶以少者處之。是不以成人之道責之矣。笄何爲哉。禮案賈疏士昏記云。許嫁笄。當使主婦對女賓執其禮。其儀如冠男也。又許嫁者用醴禮之。不許嫁者當用酒醮之。敬其早得禮也。朱子家禮曰。女子許嫁笄。年十五雖未許嫁亦笄。母爲主。前期三日戒賓。一日宿賓。擇姻親婦女之賢而有禮者。爲之陳設如冠禮。厥明陳服序立。主婦如主人之位。將笄者雙紒衫子。房中南面。賓至主婦迎入。賓爲將笄者加冠笄。適房服背子。乃醮乃字乃禮賓。皆如冠義。蓋朱子以笄禮不見於經。故仿冠義而起笄禮也。韠長三尺。下廣二尺。上廣一尺。會去上五寸。紕以爵韋六寸。不至下五寸。純以素。紃以五采。鄭注。會謂領上縫也。領之所用。蓋與紕同。在旁曰紕。在下曰純。素生帛也。紕六寸者。中執之表裏各三寸也。純紕所不至者五寸。與會去上同。紃施諸縫中。若今時絛也。孔疏韠韍也。長三尺。與紳齊也。上廣下狹。象天地數也。會謂韠之領縫也。此縫去韠上畔廣五寸。謂會上下廣五寸。紕謂會縫之下。韠以兩邊紕以爵韋。闊六寸。倒襵之。兩廂各三寸也。不至下五寸者。謂紕韠之兩邊不至韠之下畔闊五寸。純以素者。謂紕所不至之處。橫純之以生帛。此帛上下。亦闊五寸也。紃謂五采之絛。置於諸縫之中也。陳氏祥道曰：韠長三尺，所以象三才。頸五寸，所以象五行。下廣二尺象地也，上廣一尺象天也。會猶書所謂作會也。紕裨其上與旁也。純緣其下也。去會與純合五寸，則其中餘二尺也。紕六寸，則表裏各三寸。然韠自頸肩而下，則其身也。鄭氏以其身之五寸爲領，而會爲領縫，是肩在領上矣。禮案：玉藻曰：韠，君朱，大夫素，士爵韋。則此云紕以爵韋，蓋士韠之制也。

禮記通釋卷五十六

王環　戴禮

喪大記

喪大記第二十二 孔疏：案鄭目錄云：名曰喪大記者，以其記人君以下始死、小斂、大斂、殯、葬之事。此於別錄屬喪服。「喪大記」者，劉元云：記謂之大者，言其委曲詳備，繁多，故云大。孫氏希旦曰：士喪禮有記，專記士喪禮之所未備者也。此所記兼有君、大夫、士之禮，所記廣大，故曰喪大記。禮案：此篇雖兼言君、大夫、士之喪禮，而實以人君爲主，故謂之喪大記，猶天子崩曰大行，喪曰大喪之義。

疾病，外內皆掃。鄭注：爲賓客將來問病也。疾困曰病。孔疏：案內則云「雞初鳴，咸盥漱，洒掃室堂」者，此是平生無事時每日恆掃。今既疾病，不應更有華飾，故知掃者爲賓客來也。案既夕禮云「有疾病者齊」，乃云「疾病，內外皆掃」，是疾困曰病，對文耳，散則通也。檀弓云「孔子寢疾，七日而沒」是也。方氏慤曰：疾病則賓客見問，故伯牛有疾而孔子問之，曾子有疾而孟敬子問之，皆禮然也。應氏鏞曰：掃庭及堂，正家之常道，今於此又皆掃者，肅外內以謹變，致潔敬以慎終也。敖氏繼公曰：埽者，爲將有事也。禮案：凡掃必自內及外也。內則曰「洒掃室堂及庭」是也。

君、大夫徹縣，士去琴瑟。寢東首於北牖下。廢牀。徹褻衣，加新衣。體一人。男女改服。屬纊以俟絕氣。男子不死於婦人之手，婦人不死於男子之手。鄭注：徹縣、去琴瑟，聲音動人，病者欲靜也。凡樂器，天子宮縣，諸侯軒縣，大夫判縣，士特縣。去琴瑟者，不命之士。寢東首，謂君來視之時也。病者恆居北牖下，或爲北墉下。廢，去也。人始生在地，去牀，庶其生氣反。徹褻衣，則加者新朝服矣。互言之也。加朝服者，明其終於正也。體，手足也。四人持之，爲其不能自屈伸也。改服，爲賓客來問病，亦朝服也。庶人深衣。纊，今之新綿，易動搖，置口鼻之上，以爲候。男不死婦手，婦不死男手，君子重終，爲其相褻。孔疏：此明君及大夫等疾困去樂之事。君謂諸侯，此篇所記，皆據諸侯以下也。案周禮小胥：王宮縣，諸侯軒縣，卿大夫判縣，士特縣。鄭云：凡縣鐘磬，半爲堵，全爲肆。案論語云：疾，君視之，東首，加朝服。此云東首，故是君來視之時。士喪下篇云：東首於北墉下。是病者恆在北墉下，若君來視之時，則暫時移向南墉下，東首，令君得南面而視之。人初生時在地，今病困而反在地，冀生氣還反得活，如初生之時也。云徹褻衣則知所加者新朝服也，明君子雖卒，必以正自處也。案既夕禮云：養者皆齊。文王世子云：則世子親齊玄而養。至病困，易之以朝服，故檀弓云：親始死，羔裘玄冠者，易之而已。易羔裘玄冠，則朝服也。方氏慤曰：曲禮大夫無故不徹縣，士無故不徹琴瑟，疾病則所謂有故也，故皆徹而去之。應氏鏞曰：樂縣琴瑟，自其疾即不作，則聲音固已久閟於耳矣。撤而去之，亦不欲接於目也。馬氏晞孟曰：君子之於其生也，欲內外之有別；於其死也，欲始終之不褻，則男女之分明，而夫婦之化興也。李氏格非曰：東首，所以歸魂於陽；北墉下，所以反魄於陰，使之各歸其真宅而已。男子不死婦人手，婦人不死男子手，以齊終也。孫氏希旦曰：大夫、士賜樂者，乃有縣。士賜樂者少，而琴瑟其所常御，故言去琴瑟。玉藻君子寢必東首。所以受生氣也。又室南近牖戶而光明。北則深靜。於寢處爲宜。是東首於北墉下者。平時寢處之常也。嫌疾病時或異平時。故特明之。人之魂魄聚則生。散則死。始死體僵者。魄之散也。故廢牀而以尸就地。冀魄之依之而還也。既而氣絕者。魂之散也。故使人持衣而復。欲魂之識之而返也。廢牀與復同一義也。褻衣。裘葛袍繭絅褶之屬也。上言褻。下言新。互見之也。改服者。男子笄纚深衣。婦人斬衰者去笄而深衣。齊衰者骨笄而深衣也。屬纊以俟復。以氣絕爲節。然後遷尸於牀而復。男子不絕於婦人之手者。謂所使持四體屬纊之人。皆男子而不以婦人也。禮案養疾者齊玄。以陰幽思也。故樂縣而不舉。疾止則復初也。今疾已大漸。則倖生之心已矣。且樂縣於喪事有妨。故徹去之。牖當作墉。或說是也。蓋室南有牖。北壁無牖也。病一困者衣必穢褻。將死則有賓來視。恐人憎惡。故去其褻衣。而加以新衣也。士喪記御者四人皆坐持體。此云體一人。蓋四肢各一人也。去牀使臥於地。故必坐而持之。凡人將絕氣時。其骨節必異常疼痛。故手足各一人。持而摩運之也。賈疏士喪記云。疾時使御者持體。并死於其手。婦人則內御者持體。還死於其手是也。

君夫人卒於路寢。大夫世婦卒於適寢。內子未命則死於下室。遷尸於寢。士之妻皆死於寢。

鄭注言死者必皆於正處也。寢室通耳。其尊者所不燕焉。君謂之路寢。大夫謂之適寢。士或謂之適室。此變命婦言世婦者。明尊卑同也。世婦以君下寢之上爲適寢。內子。卿之妻也。下室。其燕處也。孔疏此明貴賤死寢不同也。君謂諸侯。諸侯三寢。一正者曰路寢。餘二曰小寢。卒歸於正。故在路寢也。夫人亦有三寢。一正二小。亦卒正者也。適寢猶今聽事處也。其制異諸侯也。大夫死適寢。其妻亦死適寢也。大夫妻曰命婦。而云世婦。世婦是諸侯之次婦。今既明諸侯世婦尊與命婦敵。故互言見義。今命婦死於正寢。則世婦死女君次寢之上也。內子。卿妻也。若未爲夫人所命。則初死在下室。至小斂後遷尸。乃復還其正寢也。士妻死其正室。夫妻俱然。故云皆也。方氏愨曰。路寢謂之路。猶路車之路。以大言之也。適寢謂之適。猶適子之適。以正言之也。言正則以別他下室及燕處也。寢即正寢也。士與其妻皆死於寢。則以賤而無嫌故也。吳氏澄曰。此記止是記君大夫士與其正妻死處。不及其次妻。世妻謂大夫之正妻。天子后之次稱夫人。故諸侯以爲適妻之稱。夫人之次稱世婦。故大夫以爲適妻之稱。遞降一等也。內子。卿大夫正妻已命稱世婦。未命但稱內子。方氏宗誠曰。錢氏彝曰。皆者該上中下士之妻言之耳。孫氏希旦曰。君夫人。君之夫人也。大夫世婦。謂大夫之世婦也。內子。卿之妻也。曰路寢。曰適寢。曰寢。皆其夫之正寢也。凡婦人從其夫之爵位。內子未命。謂其夫本爵命於大廟也。君於卿大夫年五十。乃假祖廟而命之。下室。謂妻之寢也。士喪禮既卒。設牀第當牖而遷尸。遷而後行復事。遷尸於寢。由下室而遷於夫之正寢之牖下。乃復也。內子未命者如此。則世婦可知。蓋喪事有卿大夫之位。君夫人則天子諸侯吊焉。大夫士之妻。則君夫人卿大夫吊焉。皆不可於婦人之寢褻之。故其死必皆於夫寢也。內子未命者。既死而遷尸。則凡卒於夫寢者。皆於疾病而已遷矣。不言男子死處也。死於適室。士喪禮有明文。則大夫以上亦從可知。惟婦人禮未顯。故特明之。鄭氏似以此世婦爲兼言君之世婦。非也。君之下室。固無適內寢之稱。而世婦之喪。君所不主。其赴告不及於鄰國。其治喪蓋即於其寢耳。俞氏樾曰。士之妻皆死於寢。別於適內子之稱。有而死於寢。有不死於寢也。內子未命。則死於下室。

遷尸於寢。是卿之妻未命者。不得死於寢。而士之妻。則無論命與未命。皆死於寢。所以然者。大夫尊。故宜辨別之。士卑故從同也。禮固有益之而損者。此類是也。禮案鄭注士喪記云。下室今之內堂。

復。有林麓。則虞人設階。無林麓。則狄人設階。鄭注復招魂復魄也。階所乘以升屋者。虞人主林麓之官也。狄人樂吏之賤者。階梯也。簨簴之類。孔疏自此至復而後行死事。明復是招魂之禮。其死者所封內。若有林麓。則所主林麓。虞人設階梯而升屋。無林麓謂官職卑小。不合有林麓。無虞人可使。狄人是家之樂吏之賤者。掌設簨簴。簨簴階梯之類。故狄人設階也。方氏慤曰。設階必以虞人者。以階之材。必取諸林麓。而虞人則掌林麓之官故也。無林麓則無虞人。故以樂吏之賤者代之。顧命言狄設黼扆綴衣。而不必簨虞之類者以此。禮案釋名山足曰麓。蓋宮殿有倚山而建者。有麓則有草木。故曰林麓。虞人山虞也。登山涉嶮。備有階梯。故使虞人設之便也。狄人設簨簴。以縣樂器亦自梯橙。可以升高。故無虞人。則狄人設也。孔傳尚書顧命云。狄下士。然周禮五官之屬無狄人職。其冬官之屬與。

小臣復。復者朝服。君以卷。夫人以屈狄。大夫以玄赬。世婦以襢衣。士以爵弁。士妻以稅衣。皆升自東榮中屋。履危北面三號。卷衣投於前。司服受之。降自西北榮。鄭注小臣君之近臣也。朝服而復。所以事君之衣也。周朝服而服之者敬也。復用死者之祭服。以其求於神也。君以卷謂上公也。夫人以屈狄互言耳。上公以袞則夫人用褘衣。而侯伯以鷩。其夫人用揄狄。子男以毳。其夫人乃用屈狄矣。赬赤也。玄衣赤裳。所謂卿大夫自玄冕而下之服也。其世婦亦以襢衣。榮屋翼。升東榮者。謂卿大夫士也。天子諸侯言東霤。危棟上也。號若云某復也。司服以篋待衣於堂前。孔疏此明復時所用之衣。及招魂升降之節。小臣是君之親近。與君所爲招魂之時。冀君魂神來依之。則大夫士以下皆用近臣也。所復之人。奉事君之魂神。故朝服。君以卷者。謂上公以袞冕而下。夫人以屈狄者。謂子男夫人自屈狄而下。玄赬玄纁也。言大夫用玄冕。玄衣纁裳也。世婦大夫妻也。其上服唯襢衣。君之世婦服同也。士以爵弁者。亦用助祭上服以招魂。六冕則以衣名冠。諸侯爵弁。則以冠名衣。今言爵弁者。但用其衣不用其弁也。稅衣六服之下。士妻得服之。故死用以招魂也。皆升自東榮者。此復者初上屋時。天子諸侯四注爲屋。而大夫以下不得四注。但南北二注。而爲直頭。頭即屋翼也。賀瑒云。以其體下於屋。故謂上下。在屋兩頭似翼。故名屋翼。中屋者當屋東西之中央。履危者踐履屋棟上。高危之處而復也。北面求陰之義。鬼神所向也。號呼必三者。一號於屋上。冀神在天而來者。一號於下。冀神在地而來也。一號於中。冀神在天地之間而來也。鄭注士喪禮云。皐長聲也。三招既竟。卷斂所復之衣。從屋前投於司服之官。司服以篋待衣於堂前也。復當投衣。畢而回往西北榮而下。初復是求生。故升東榮而上。求既不得。不忍虛從所求。不得之道還。故自陰幽而下也。不正西而西北者。因取西北厞爲便也。故鄭注士喪禮云。降因取西北厞。若云此室凶。不可居然也。高氏閌曰。今淮南風俗。民有暴死。使數人升其居屋。及於路旁。偏呼之。有蘇活者。豈復之遺意與。焦氏循曰。史記魏世家。痤因上屋騎危。集解云。危棟上。索隱云。禮云中屋履危。蓋升屋以避兵也。棟上爲屋脊。其處最高。故名危。屋脊故可騎。上屋平則可履矣。禮案鄭注士喪禮云。復者有司。天子則夏采祭僕之屬。諸侯則小臣。復者一人。招魂則受者亦一人也。人者則司服受之。衣尸覆之。若得魂反之。玉篇頳赤也。以色近纁。故注疏並謂之裳色。考禮經言復衣者屢矣。皆川上服。未有以衣裳復者。鄭注雜記上云。大夫復以玄冕。頳冕音近。疑即玄冕而誤爲玄頳乎。**其爲賓則公館復。私館不復。其在野則升其乘車之左轂而復。**鄭注私館卿大夫之家也。不爲之復。爲主人之惡。禮案在野即死於道者也。此節義見曾子問及雜記上。**復衣不以衣尸。不以斂。婦人復不以袡。凡復男子稱名。婦人稱字。唯哭先復。復而後行死事。**鄭注不以衣尸。謂不以襲也。復者庶其生也。若以其衣襲斂。是用生施死。於義相反。士喪禮云。以衣衣尸。浴而去之。袡。嫁時上服。而非事鬼神之衣。婦人不以名行。氣絶則哭。哭而復。復而不蘇。可以爲死事。孔疏復是求生。故不得將衣襲尸及斂也。袡是婦人之盛服。故不用招魂也。絳襈衣下曰袡。自般以上。貴賤復同呼名。周則天子稱天子。諸侯稱某甫。且字矣。大夫士稱名。而夫人並稱字。氣絶而孝子即哭。哭訖乃復。復而猶望生。若復而不生。故得行死事。謂正尸於牀。及浴襲之事也。禮案復士妻用稅衣。蓋以純以纁緣。纁爲間色。故不以復。然上文頳字之誤。亦可類推矣。字謂伯仲也。若伯姬季姜之屬。說見玉藻。檀弓上曰。復。楔齒。綴足。飯設飾。帷堂並作。蓋復生不能。始營死事。具見孝子之不忍死其親也。**始卒。主人啼。兄弟哭。婦人哭踊。**鄭注悲哀有深淺也。若嬰兒中路失母。能勿啼乎。孔疏主人孝子。男子女子也。親始死。孝子哀痛嗚咽不能哭。如嬰兒失母。故啼也。有聲曰哭。兄弟情比主人爲輕。故哭也。婦人衆婦也。宗婦亦啼。衆婦人輕則哭也。然婦人雀踊。而此云踊者。通自上諸侯並踊也。陸氏佃曰。主人啼而不哭。兄弟哭而不踊。婦人哭踊。殺於上矣。蓋踊所以動體安心下氣也。孫氏希旦曰。始卒謂復前氣絶時也。問喪曰。親始死。笄纚徒跣。扱上衽。交手哭。謂此時也。兄弟婦人。謂期喪以下。禮案啼即孺子泣也。哭則哀矣。**既正尸。子坐於東方。卿大夫父兄子姓立於東方。有司庶士哭於堂下北面。夫人坐於西方。內命婦姑姊妹子姓立於西方。外命婦率外宗哭於堂上北面。**鄭注正尸者。謂遷尸牖下南首也。子姓謂衆子孫也。姓之言生也。其男子立於主人後。女子立於夫人後。世婦爲內命婦。卿大夫之妻爲外命婦。外宗姑姊妹之女。孔疏此明人君初喪。子及夫人以下哭位也。子謂世子。世子尊故坐於東方。謂室內尸東。故士喪禮云。主人入坐於牀東。衆人在其後。又云親者在室。鄭云謂大功以上。依士禮父兄子姓。大功以上。正立於室內東方。今此經總云卿大夫父兄子姓。立於東方。以士禮言之。當在室內。但諸侯以上位尊。不可不正定。世子之位。不宜與卿大夫父兄子姓俱在室內。或當在戶外之東方。遙繼主人之後。有司庶士。以其卑。故在堂下北面。不云東方。稍近西而當戶。以堂下西方無婦人位故也。夫人坐於西方。亦近尸。故士喪禮云。婦人俠牀面。但士禮略。人君當以帷幃之也。內命婦則子婦也。姑姊妹謂君姑姊妹也。子姓君女孫。皆立於西方也。外命婦謂卿大夫妻。外宗謂姑姊妹之女。外命婦外宗等。疏於內命婦。故在戶外。婦人無堂下之位。故皆堂上北面。陸氏佃曰。卿大夫序父兄子姓之上者。國事先君臣也。諸侯爲卿大夫服。而不服父兄子姓以此。楊氏信曰。始死喪位。必辨室中堂上堂下之位。非特男女內外親疏上下之分。不可以不正。亦治喪馭繁整雜之大法也。孫氏希旦曰。君有服之親。其爲卿大夫者。在卿大夫之位。其不爲卿大夫者。大功以上。與父兄子姓齒。小功以下。與有司庶士齒。記所以不言小功者。有司庶士內該之也。外命婦卿大夫之妻。爲君有服者也。外宗同宗之婦也。既言外命婦。又言外宗者。以外宗不皆爲外命婦也。若卿大夫之妻。與君無服者。則不於君喪也。哭於堂上。當戶牖間而西上也。此以室之內外。別親疏之位。而在室內者。以尸西尸東。爲男女之別。在室外者。以堂上堂下。爲男女之別也。於東方西方者。不言哭。不嫌不哭也。於堂下堂上者。不言立。不嫌不立也。禮案不言君之世婦及子婦者。內命婦中該之也。不言君之女子子者，子姓中該之也。蓋子卽女子子也。姓卽內命婦姑姊妹女子子所生之女也。注疏謂外宗姑姊妹之女非也。周禮春官外宗。佐王后贊玉豆。內宗佐傳豆籩。鄭注彼云，佐傳佐外宗。故孫氏謂外宗宗婦所以內宗爲之佐也。大夫之喪。主人坐於東方。主婦坐於西方。其有命夫命婦則坐。無則皆立。士之喪。主人父兄子姓皆坐於東方。主婦姑姊妹子姓皆坐於西方。鄭注。命夫命婦來哭者。同宗父兄子姓姑姊妹子姓也。凡此哭者。尊者坐。卑者立。士賤同宗尊卑皆坐。孔疏此明大夫初有喪哭位之禮。中有命夫命婦。雖卑於死者。以其位尊。故坐哭。若無命夫命婦。雖尊於死者。皆立哭。案左氏傳。士踰月外姻至。今大夫初喪正尸。無容卽有異姓故與主人等並列哭位。若有吊者。當立哭。不得坐也。此大夫之喪。不顯父兄子姓。及姑姊妹哭位者。約上文下文士喪略可知也。皇氏云。凡謂君與大夫。其哭者若爵位尊則坐。故君喪子及夫人坐。大夫之喪。命夫命婦皆坐是也。君之喪卿大夫皆立。大夫之喪。非命夫命婦皆立是也。此云尊卑。非謂對死者爲尊卑也。成服之後。尊於死者則坐。卑於死者則立。君與大夫位尊。故坐者殊其貴賤。士既位下。故坐者等其尊卑。無所異也。禮案士喪禮云。主人入坐於牀東。衆主人在其後。婦人俠牀東面。親者在室。婦人戶外北面。衆兄弟堂下北面。喪禮記曰。室中惟主人主婦坐。兄弟有命夫命婦在焉亦坐。與此不同。然記總不若經之可據也。凡哭尸於室者。主人二手承衾而哭。鄭注。承衾哭者。哀慕若欲扳援。禮案說文承奉也。衾斂衾。士喪禮云。死於適室。幠用斂衾。君之喪未小斂。爲寄公國賓出。大夫之喪未小斂。爲君命出。士之喪於大夫不當斂則出。鄭注。父母始死悲哀。非所尊不出也。出者或至庭。或至門。國賓聘大夫。不當斂。其來非斂時。孔疏此明君大夫士等。未小斂之前。主人出迎賓之節。世子迎寄公及國賓。士出迎大夫。皆至庭。故下文云。降自西階。又云士於大夫親吊。則與之哭。不逆於門外是也。大夫於君命。迎於寢門外。以此言之。則世子於天子之命。士於君命。亦皆然也。君與大夫云未小斂。謂去小斂遠也。士云不當斂。謂去小斂近也。士於大夫。雖於小斂相偪。尚爲大夫出。若未小斂之前。爲大夫出可知也。未襲之前。唯爲君命出。其餘則不出。故士喪禮未襲之前。君使人弔。主人迎於寢門外。見賓不哭。先入門右北面是也。君使退。主人哭拜送於外門外。於時賓有大夫。則特拜之。因送君使而拜之。非爲特出迎賓也。雜記云。士喪當袒。大夫至絕踊而拜之。與此違者。皇氏云。若此當斂時不出。若斂後而有大夫至，則絕踊而拜之。孫氏希旦曰：寄公謂諸侯失地，而寄寓於諸侯者也。國賓謂諸侯來賓者也。周禮司几筵。筵國賓於牖前是也。聘禮遭主國君喪，不言有致弔之禮。蓋使者奉命出聘，未復命，則不得私致弔於他國君也。左傳衞穆公卒，晉三子自役弔焉，哭於大門之外，衞人逆之，婦人哭於門內。此已是春秋時失禮。然猶不敢至喪所，則此國賓非聘者明矣。禮案：雜記上，弔使之來含襚者，主孤皆降階拜之，去又拜送於門外，是爲之出也。疑此國賓卽弔賓也。以奉鄰國君命來賓，故謂之國賓與。

凡主人之出也，徒跣扱衽拊心，降自西階。君拜寄公國賓於位。大夫於君命迎於寢門外。使者升堂致命。主人拜於下。士於大夫親弔則與之哭，不逆於門外。鄭注：拜寄公國賓於位者，於庭向其位而拜之。此特寄公位在門西，國賓位在門東，皆北面。小斂之後，寄公東面，國賓門西北面。士於大夫親弔，謂大夫身來弔士也。與之哭，既拜之，卽位西階東面哭。大夫特來，則北面。孔疏：前明出迎賓遠近，此更辨拜迎委曲之儀。降自西階者，不忍當主位。寄公謂失位之君也。國賓謂鄰國大夫來者，遇主國君之喪，拜於位者，於庭向其位而拜之。士之喪，大夫親來弔，立於西階下東面。主人則降自西階下，南面拜之，拜訖卽位西階下，與大夫俱哭，不迎大夫於門外。熊氏云：凡賓弔北面，是其正。尸在堂上，向之可知也。寄公有賓義，故位在門右。國賓雖爲君命使，或本是吉使，而行私弔之禮，故從主人之位，在門東。熊氏云：小斂後，主人位於阼階下西面，寄公稍依吉禮，就賓位東面向主人。國賓亦轉就門西賓位，但爵是大夫，猶北面也。孫氏希旦曰：士喪禮朝夕哭，弔賓之位，卿大夫在主人之南，諸公門東少進，他國之異爵者門西少進，士西方東面。而於始死以後至賓以前，皆不之見弔賓之位，蓋其位與朝夕哭同，故士喪禮上有賓則拜之。鄭氏云：其位如朝夕哭是也。若諸侯則羣臣之位，始死之時，親而尊者在室，疏而卑者在堂下，卽經之所陳是也。既小斂則卿大夫皆在主人之南西面，士西方東面，而士禮門東北面少進之位，於諸侯則當爲寄公之位，門西北面少進之位，則當爲國賓之位。自始死以至於朝夕哭皆然。若鄰國卿大夫來弔者，則當門西北面。但始死之時，鄰國弔使亦未能卽至耳。禮案：此主人之出，蓋未小斂時也。故仍若親始死時之服，徒跣不屨也。言徒跣則笄纚可知。哀毀形羸，故扱衽，恐其傾跌也。悲傷惻怛，故拊心。搯摩痛疾也。

夫人爲寄公夫人出，命婦爲夫人之命出，士妻不當斂則爲命婦出。鄭注：出拜之於堂上也。此時寄公夫人、命婦位在堂上北面。小斂之後，尸西東面。孔疏：前明男子迎賓，此明婦人迎賓也。夫人出者，謂出房也。婦人不下堂，但出房而拜於堂上也。婦人尊卑與夫同，故所爲出者亦同也。命婦爲夫人，亦同其夫爲君命也。此出亦不下堂耳。士於大夫不當斂出，故士妻於命婦亦不當斂而出。前文云：君之喪，外命婦率外宗哭於堂上北面，故知此命婦在堂上北面。寄公夫人亦然也。小斂之後，遷尸於堂，故知從婦人之位，在尸西東面也。孫氏希旦曰：寄公夫人在外命婦之西，命婦在衆婦人之西，而皆西上。其拜之，皆於戶外南向而拜之也。命婦爲夫人之命，則主婦拜稽顙於庭。疏謂不下堂，非也。未斂之前，主人爲君命亦拜於庭，則主婦亦然。約下夫人弔之禮可見也。禮案：寄公在其國，故有夫人赴弔之禮。

小斂，主人即位於戶內，主婦東面。

乃斂卒斂。主人馮之踊。主婦亦如之。主人袒說髦。括髮以麻。婦人髽。帶麻於房中。鄭注士既殯說髦。此云小斂。蓋諸侯禮也。士之既殯。諸侯之小斂。於死者俱三日也。婦人之髽帶麻於房中。則西房也。天子諸侯有左右房。孔疏此明人君大夫士等。小斂之節。拜迎賓及奠祭吊者之儀。初時尸在牖下。主人在尸東。今小斂當戶內。故主人在戶內稍東。西面斂訖。主人馮尸而踊。主婦馮尸竟亦踊。主人袒者。鄭小斂不袒。今方有事。故袒衣也。說髦者。髦幼時翦髮爲之。至年長則垂著兩邊。明人子事親。恆有孺子之義也。若父死說左髦。母死說右髦。二親並死。則並說之。親歿不髦是也。今小斂竟。喪事已成。故說之也。括髮以麻者。以。用也。人君小斂說髦竟。而括髮用麻。士小斂後亦括髮。但未說髦耳。婦人髽亦用麻也。帶麻也。謂婦人要經。婦人帶經。與男子異處。故男子說髦括髮在東房。婦人髽帶麻於西房也。士之既殯。諸侯之小斂。於死者俱三日也者。謂數往日也。呂氏大臨曰。婦人不俟男子襲經。亦先帶麻者。以其無絞帶布帶。且貧賤略少變。故因髽而襲經也。黃氏榦曰。小斂所用之日。以喪禮考之。但有死三日而斂。若併死日而數。二日而小斂。三日而大斂。今言三日而斂。則恐指大斂而不及小斂。唯白虎通義云。天子諸侯三日小斂。大斂。士二日小斂。此乃小斂日數。雖引以爲在禮有之。然無所考。天子諸侯殯葬月日。與士不同。則斂日亦當不同。又案士喪禮小斂馮尸。主人括髮袒。衆主人免於房。婦人髽於室。又曰既馮尸。主人絞帶。衆主人布帶。以此觀之。則小斂馮尸之後。括髮免髽之時。主人已絞帶。衆主人已布帶。婦人已帶麻。特主人未襲經耳。孫氏希旦曰。此篇凡言諸侯之禮。皆著言君夫人。此但言主人主婦。則謂上下之達禮也。於主人言戶內。於主婦言東面。互見之也。袒者。袒左袖扱於右腋之下也。凡禮事皆左袒。主人有事於尸乃袒。小斂之袒。爲將奉尸俟於堂也。括髮以麻者。初死笄纚。而未有他服。至是主人乃散垂其髮。而以麻約之。謂之括髮。衆主人則用布而謂之免。蓋始變飾爲成服之漸也。括髮乃袒。自首及身之次也。此時男子尚未加經。而婦人已帶麻者。蓋男子之經帶饌於東方。故降階卽位後乃加之。婦人之髽在室。其帶在房。二事相連爲之。故先於男子也。禮案士喪記。既殯說髦。鄭注彼云。兒生三月。翦髮爲鬌。長大猶爲飾。謂之髦。所以順父母幼小之心。至此尸柩不見。可以去之。髦之形象未聞。括髮以麻。孫解最切。蓋吉時以縰約髮際。垂餘以作髻。則以笄貫之。凶時則約髮以麻。而散垂其餘也。鄭注士喪禮云。去笄縰而紒。非也。當未成服之先。要經猶散垂。男子重首。未有髮轉紒而不散者。髽亦如之。既夕禮曰。丈夫髽。散帶垂。是散送亦不止於要經也。

徹帷。男女奉尸夷於堂。降拜。鄭注夷之言尸也。於遷尸主人主婦以下。從而奉之。孝敬之心。降拜拜賓也。孔疏此明士之喪。小斂訖徹帷。夷尸之節。初死恐人惡之。故有帷也。至小斂衣尸畢有飾。故除帷也。夷。陳也。小斂竟。相者舉尸將出戶。往陳於堂。而孝子男女親屬並而扶捧之至堂。以極孝敬之心也。既陳於堂。則適子下堂拜賓也。方氏慤曰。夷堂者。夷之爲言移也。陸氏佃曰。體魄降矣。而謂之夷。婉詞也。盤曰夷盤。牀曰夷牀。衾曰夷衾。亦以此。卽若知氣有升無夷也。孫氏希旦曰。此與上節相承。此爲士禮。則上節不專諸侯禮亦明矣。今案尸夷於堂。正尸於兩楹之間也。禮案此文雖與士喪禮同。而疏謂士之喪則非也。孫言此承上文。則亦上下之通禮也。夷。安也。尸所停處必安。牀第。故以夷言。

君拜寄公國賓。大夫士拜

卿大夫於位。於士旁三拜。夫人亦拜寄公夫人於堂上。大夫內子士妻特拜命婦氾拜衆賓於堂上。鄭注衆賓謂士妻也。尊者皆特拜。拜士與其妻皆旅之。孔疏此一節明君大夫士。小斂訖拜賓也。小斂尸出堂。嗣君下堂拜寄公國賓。並就其位向而拜之。大夫士是先君之臣。皆同有斬衰之服。小斂訖出庭列位。故嗣君出拜之。卿大夫則就其位向而拜之。士賤不人人拜之。每一面三拜。士有三等故也。旁猶面也。一云旁猶不正也。夫人拜寄公妻於堂上。婦人無下堂位也。大夫內子士妻。夫人亦拜之。卿妻曰內子。大夫妻曰命婦。此不云者。欲見卿妻與命婦同也。特拜命婦。特猶獨也。謂人人拜之。尊故也。拜內子亦然。氾謂不特也。衆賓士妻賤。故記拜之。亦旁三拜也。以上皆是皇氏所說。熊氏以爲大夫士拜卿大夫者。是卿大夫士家自遭喪。小斂後拜卿大夫於位。士旁三拜。大夫內子士妻。亦謂家自遭喪。拜命婦及拜士妻之禮。并言之者。以其大夫士家喪。小斂後拜賓同故也。此卽君大夫士之喪。小斂後拜賓。且與上文未小斂時文類。其義踰於皇氏矣。孔氏廣森曰。正義兼載兩說。熊安生讀賓絕句。皇侃至大夫士爲句。以左傳徵之。熊氏義長。皇武子曰。宋先代之後也。於周爲客。天子有事膰焉。有喪拜焉。君拜寄公國賓。猶王喪拜二王後矣。大子於諸侯不純臣。尙非二王之後不拜。況君於本國大夫士。豈有拜法乎。孫氏希旦曰。大夫士之妻。於命婦亦特拜。於士妻亦旅拜。然大夫士於士旁三拜。此拜衆賓不言士旁三拜者。婦人質弱。但有奇拜也。禮案此章之義。疏亦是熊氏之說。詳文意國賓之下。如無大夫士拜。則皇說可通。今着此四字。則自熊氏說是。主人卽位。襲帶經踊。母之喪卽位不免。乃奠。弔者襲裘加武帶經與主人拾踊。鄭注卽位阼階之下位也。有襲經乃踊。尊卑相變也。卽位而免。記異者。禮斬衰括髮。齊衰免。以至成服而冠。爲母重初亦括髮。既小斂則免。乃奠。小斂奠也。始死弔者朝服裼裘。如吉時也。小斂則改襲而加武與帶經矣。武吉冠之卷也。加武者明不改冠。亦不免也。檀弓曰。主人既小斂。子游趨而出。襲裘帶經而入。孔疏主人拜賓時袒。今拜訖襲衣加要帶首經於序東。復位乃踊也。案士喪禮先踊乃襲經。此先襲經乃踊。士爲卑。此據諸侯爲尊。故云尊卑相變也。爲父喪拜賓竟。而卽阼階下位。又序東帶經。猶括髮。若爲母喪至拜賓竟。卽位不復括髮。以免代之。免以襲經。至大斂乃成服。所以異於父也。拜賓襲經踊竟。後始設小斂之奠。弔者若未小斂之前來。襲上有裼衣。裼衣上有朝服。開朝服露裼衣。今小斂之後。以上朝服揜襲裘上裼衣。加武者賀氏云。武謂吉冠之卷。主人既素冠素弁。故弔者加素弁於武。帶經者帶謂要帶。經謂首經。以朋友之恩。故加帶。若無朋友之恩則無帶。唯經而已。拾更也。謂主人先踊。婦人踊。弔者踊。三者三。是與主人更踊。孫氏希旦曰。惟於此著言爲母之異。則上文所言之禮。皆父母同也。凡弔於小斂之後。未成服之前者。天子於諸侯。以爵弁紂衣。檀弓天子之哭諸侯。爵弁經紂衣是也。諸侯於大夫。以皮弁服。小記諸侯弔必皮弁錫衰。主人未喪服。則君不錫衰。但不錫衰則己於皮弁服可知。又雜記云。大夫之哭大夫弁經。大夫與殯亦弁經。是大夫相弔。皆以皮弁。與諸侯同也。若君大夫於士。及士自相弔。則皆玄冠朝服也。若其服皆襲而不裼。其首及腰皆加帶經。則上下同也。凡未成服之前。弔者皆葛經。若君爲大夫。及大夫相爲。及士爲朋友。則既成服之後。皆爲之加服麻。若非朋友。則既成服之後。弔者亦葛絰而已。禮案孫謂君大夫於士。士自相吊。皆玄冠朝服非也。論語曰。羔裘玄冠不以吊。又家語云。季桓子死。魯大夫朝服而吊。子游問於孔子曰。禮乎。子曰。始死羔裘玄冠者。易之而已。小斂之奠。士喪禮云。奠於尸東。婦人丈夫皆踊。**君喪。虞人出木角。狄人出壺。雍人出鼎。司馬縣之。乃官代哭。大夫官代哭不縣。士代哭不以官。**鄭注代更也。未殯哭不絕聲。爲其罷倦。既小斂可以爲漏刻分時。而更哭也。木給爨竈。角以爲斢水斗。壺漏水之器也。冬漏以火爨鼎沸。而後沃之。此挈壺氏所掌也。屬司馬。司馬涖縣其器。孔疏此一節論君及大夫士小斂後代哭之異。虞人主山澤之官。故出木與角。狄人樂吏。主挈壺漏水之器。故出壺。雍人主亨飪。故出鼎也。所以用鼎及木者。冬月恐水凍。則漏遲。更無準則。故取鼎煖水。用虞人木爨之也。司馬夏官卿。其屬有挈壺氏。故司馬自臨視縣漏器之時節。故挈壺氏云。凡喪縣壺以代哭者。縣漏分時。使均其官屬。更次相代而哭。使聲不絕也。禮案君之官。其卿大夫也。大夫官其家臣也。士不以官。士無臣也。則亦其親屬代哭。與鄭注士喪禮云孝子始有親喪。悲哀憔悴。禮防其以死傷生。使之更哭。不絕聲而已。三日之後哭無時。**君堂上二燭。下二燭。大夫堂上一燭。下二燭。士堂上一燭。下一燭。**鄭注燭所以照饌也。滅燎而設燭。孔疏存喪則於中庭終夜設燎。至曉滅燎。而日光未明。故須燭以照祭饌也。禮案下堂下也。士喪禮燭俟於饌東。鄭注彼云。燭燋也。有燭者。堂明室猶闇。火在地曰燎。執之曰燭。君四。大夫三。士二。尊卑之等。蓋據此文也。**賓出徹帷。**鄭注君與大夫之禮也。士卒斂即徹帷。徹或爲廢。孔疏士小斂竟而徹帷。此至小斂竟。下階拜賓。賓出後。乃除帷。是人君及大夫禮舒也。注云士卒斂即徹帷者。士喪禮文。孫氏希旦曰。此上蓋有脫文。禮案小斂竟徹帷。已見上文。此上如無脫字。則賓出徹帷四字衍也。**哭尸於堂上。主人在東方。由外來者在西方。諸婦南鄉。**鄭注由外來。謂奔喪者也。無奔喪者。婦人猶東面。孔疏此明小斂後。尸出在堂時法也。主人之位。猶在尸東。婦人之位。亦猶在尸西。如室中也。由從也。從外來謂新奔喪者。於時則居屍西方也。所以爾者。阼階有事。故升自西階。乃就西方。又一通云。欲見異於在家者。故在西方。若未小斂而奔者。則在東方。故奔喪注云。其未小斂而至。與在家同是也。諸婦主婦以下在家者。若無奔喪者。則婦人位本在西方東向。今既有外新奔者。故移辟之。而近北以向南也。禮案婦人移位。當在尸之北。故南向亦向尸也。**婦人迎客送客不下堂。下堂不哭。男子出寢門外見人不哭。**鄭注婦人所有事。自堂及房。男子所有事。自堂及門。非其事處而哭。猶野哭也。出門見人。謂迎賓客者也。孔疏此一節明小斂之後。男主女主。迎送吊賓及拜賓之位。又廣明喪主不在之義。婦人質故迎客送客。敵者不下堂。若有君夫人吊。則主婦下堂。至庭稽顙而不哭也。男子出寢門。見人不哭者。敵者來吊。不出門。若有君命。則出門迎亦不哭。故士喪禮。君使人吊徹帷。主人迎於寢門外。見賓不哭是也。禮案士喪禮。主人出門迎君。及迎君使皆不哭。惟君視斂畢。出門主人哭拜送也。**其無女主。則男主拜女賓於寢門內。其無男主。則女主拜男賓於阼階下。子幼則以衰抱之。人爲之**

拜。爲後其不在。則有爵者辭。無爵者人爲之拜。在竟内則俟之。在竟外則殯葬可也。喪有無後，無無主。鄭注拜者皆拜賓於位也。爲後者有爵攝主。爲之辭於賓耳。不敢當尊者禮也。孔疏此以下，明喪無主，使人攝者禮也。若有主，則男主拜男賓，女主拜女賓。無女主，則男主拜女賓於寢門内。無男主，則女主拜男賓於阼階下位。向云女有下堂謂此也。子雖幼小，則以衰抱之爲主，而人代之拜賓。爲後者不在，則有爵者辭者，謂不在家之主有官爵，其攝主無官爵，則辭謝於賓云已無爵不敢拜賓。無爵者人爲之拜，謂不在之主無官爵，其攝主之人。爲主拜賓也。若主行近在竟内，則俟其還乃殯葬。若主在國外不可待，則殯又不可待，則葬可也。喪有無後無無主。釋所以使人攝，及以衰抱幼之義。無主則對賓有闕，故四鄰里尹主之，無得無主也。應氏鏞曰：有爵者來弔，則辭謝不敢見，重爵命也。無爵者則代之拜。有爵無爵，蓋係於弔者，而注以係於爲後不在之人，雖於理有之。而有不通者。在禮士不主大夫之喪，士不攝大夫。則有爵者必有爵者，而後主之矣。爲主者有爵，則受有爵之弔，乃爲相稱。又何辭焉。孫氏希旦曰：女賓之位在堂上，則拜女賓於寢門内者，北面也。男賓之位在阼階下西面。則拜男賓於阼階下者，南面也。女主拜賓於堂上，今乃於寢門内；男主拜賓於庭，今乃於阼階下，所以別於正主之禮，且欲相遠，以謹男女之別也。禮案有爵無爵之說，注疏與應氏各執一義。愚則謂此攝主，其宗子之爲士者與。小記云士攝大夫，唯宗子是也。夫無後則家乏嗣續，其事小；無主則國廢喪紀，其事大，故喪可以無後，而不可無主也。

君之喪三日子夫人杖。五日既殯，授大夫世婦杖。子大夫寢門之外杖，寢門之内輯之。夫人世婦在其次則杖，即位則使人執之。子有王命則去杖，國君之命則輯杖，聽卜有事於尸則去杖。大夫於君所則輯杖，於大夫所則杖。鄭注三日者，死之後三日也。爲君杖不同日，人君禮大，可以見親疏也。輯，斂也。斂者，謂舉之不以拄地也。夫人世婦次於房中，即位堂上，堂上近尸，殯使人執杖。不敢自持也。子於國君之命輯杖，下成君，不敢敵之也。卜，卜葬卜日也。凡喪祭虞而有尸。大夫於君所輯杖。謂與之俱即寢門外位也。獨焉則輯杖，君謂子也。於大夫所杖，俱爲君杖，不相下也。孔疏此廣明君及大夫士三日之後，杖之節制。子兼適庶及世子也。寢門，殯宮門。子大夫廬在寢門外，得持杖拄地，行至寢門也。輯者斂之，不拄地。殯柩在門内，神明所在，故入門斂之也。若庶子至寢門則去杖。此大夫與子同者，謂特來若與子相隨。子杖則大夫輯，子輯則大夫去杖也。次謂婦人居喪之地在房内，則得持杖拄地也。婦人之位在堂，堂上有殯，若出房即位，則使人執之自隨也。世子若有天子之命，則對之不敢杖，故去之以尊王命也。若鄰國之君使人來弔，雖與敵國而世子自卑，未敢比成君，故斂杖以敬彼君也。聽卜謂卜葬卜日。有事於尸謂虞及卒哭祔祭事尸時也。敬卜及尸，故去杖也。大夫於君所，君謂世子也。若大夫與世子俱來在門外位，大夫則輯杖，敬嗣君也。若不與世子俱來，而與諸大夫俱在門外位，無相敬下，故並得執杖拄地也。熊氏云：子杖通女子在室者。若嫁爲他國夫人，則不杖。嫁爲卿大夫之妻，與大夫同，五日杖也。喪服四制：七日授士杖。君之女及内宗外宗之屬嫁爲士妻及君之女御。皆七日杖也。陸氏佃曰。子夫人杖不言授。嫌或使之。孫氏希旦曰。世婦謂諸侯之次婦也。士及諸妻。爲君皆杖。不言者。諸侯五日而殯。殯而成服。則無不杖者矣。言五日大夫世婦杖。則其餘可知也。大夫寢門之外。謂自在其次也。寢門之內輯杖。謂與君俱即位時也。庶子不以杖即位。所以正適庶之分。大夫於君不嫌也。喪服傳大夫之喪衆臣杖。不以即位。則大夫之貴臣。以杖即位也。大夫之貴臣。以杖即位。則諸侯之卿大夫。以杖即位可知矣。故檀弓曰。公之喪諸達官之長杖。大夫寢門之內輯杖。則士之杖。不以入寢門也。諸妻之杖。蓋不以出房與。禮案喪服傳云。婦人不杖不能病也。而此所言男女之杖。自世子公子外。則並爵也。非輔病者也。卜事神故去杖。與筮人筮事則易凶服同義。

大夫之喪。三日之朝既殯。主人主婦室老皆杖。大夫有君命則去杖。大夫之命則輯杖。內子爲夫人之命去杖。爲世婦之命授人杖。

鄭注大夫有君命去杖。此指大夫之子也。而云大夫者。通實大夫有父母之喪也。授人杖。與使人執之同也。孔疏此明大夫杖節。三日之朝既殯。應杖者悉杖也。大夫有君命則去杖者。嗣子而云大夫者。通有父母之喪也。對君命亦然。若嗣子對大夫之使。則斂以自卑下之也。內子卿大夫妻。有夫及長子喪。君夫人有命吊。已皆去杖。若君之世婦命吊。內子敬之。則使人執杖以自隨卑於夫人。隨而不去也。經云大夫之喪。不舉命婦。而舉內子卿妻者。文互也。欲見卿喪與大夫同。姚氏際恆曰。世婦即大夫命妻。觀下云。子大夫世婦之命可見矣。孫氏希旦曰。大夫之臣。爲大夫皆杖。而獨言室老者。以衆臣賤而略之。亦猶君之喪。不言授士杖之義也。世婦謂大夫之世婦。若於君之世婦之命。其禮亦然。禮案大夫之室老。猶君之卿老也。曲禮上所云。世臣是矣。此世婦當是君之世婦。知者以大夫爲大夫之命則輯杖。內子爲世婦之命授人杖。授人則不執。輯杖則猶在手也。若世婦爲大夫妻則內子於其命。不得過於大夫之於大夫之命矣。

士之喪二日而殯。三日之朝。主人杖。婦人皆杖。於君命夫人之命。如大夫。於大夫世婦之命如大夫。子皆杖不以即位。

鄭注士二日而殯者。下大夫也。士之禮死與往日。生與來日。此二日於死者。亦得三日也。婦人皆杖謂主婦容妾爲君。女子子在室者。子謂凡庶子也。不以即位。與去杖同。孔疏此一節明士之杖節。二日而殯。除死日爲二日也。三日之朝。謂殯之明日也。士之子於君命。其妻於夫人之命。如大夫之禮。皆去杖。士之子於大夫之命。其妻於世婦之命如大夫。於大夫之禮。大夫之命則輯杖。世婦之命則授人杖也。定本作如夫人二字。異義亦通。不以杖即位。鄭注人疑庶子雖不得以杖即位。猶得輯之入門。故明之也。言與去杖同。凡去杖者不復輯也。孫氏希旦曰。上言主人主婦。此言婦人皆杖。亦所以互見也。禮案小記云。婦人杖者。惟妻爲夫。母爲長子。女子子在室爲父母。其主喪者不杖。則子一人杖。又妾爲女君之長子。與女君同。則亦有杖。而此云婦人皆杖。蓋謂此數人乎。士及妻爲君命。夫人之命。如大夫。則去杖也。於大夫世婦之命如大夫。則皆輯杖。此世婦當是大夫內子。故禮同於大夫也。子皆杖輔病也。不以杖即位。辟適子也。

大夫士哭殯則杖。哭柩則輯杖。

鄭注哭殯謂既塗也。哭柩謂啓後也。大夫士之子於父。父也尊近。哭殯可以杖。天子諸侯之子於父。父也君也尊遠。杖不入廟門。孔疏大夫士之適子。既攢塗之後。哭殯可以杖也。哭柩則輯杖者。謂將葬啓殯而出柩也。知非未殯之前者。大夫士之喪。未殯之前。則未杖也。天子諸侯廟門之內則去杖。謂殯宮之門。柩之所在。故云廟也。孫氏希旦曰。大夫士哭殯則杖。人君輯之。大夫士哭柩輯杖。則人君去杖矣。禮案哭殯去始死日近。故哀深身弱。須杖以扶持也。啓柩時喪已日久。哀心漸減。而病體稍輕。故可以輯杖矣。

棄杖者。斷而棄之於隱者。鄭注杖以喪至尊。爲人得而褻之也。孔疏杖是喪至尊之服。雖大祥棄之。猶恐人褻慢。斷之不堪他用。棄於幽隱之處。使不穢汚。禮案杖棄於隱處。不若埋之焚之之爲得也。

君設大盤造冰焉。大夫設夷盤造冰焉。士併瓦盤無冰。設牀襢第有枕。含一牀。襲一牀。遷尸於堂又一牀。皆有枕席。君大夫士一也。鄭注此事皆沐浴之後。宜承濡濯棄於坎下。札爛脫在此耳。造猶內也。襢第袒簀也。謂無席如浴時牀也。禮自仲春之後。尸既襲。既小斂。先內冰盤中。乃設牀於其上。不施席而遷尸焉。秋涼而止。士不用冰。以瓦爲盤。併以盛水耳。漢禮大盤廣八尺。長丈二。深三尺。赤中。夷盤小焉。周禮天子夷盤。士喪禮君賜冰。亦用夷盤。然則其制宜同之。孔疏此明初死沐浴之節。造冰謂造內其冰於盤中也。夷盤者小於大盤。亦內冰焉。瓦盤既小。故併盤。士卑故無冰。置冰於下。設牀於上。去席襢露第簀。有枕。含襲遷尸於堂。此三節各自有牀。皆有枕席。唯含一時暫徹。使面平。故士喪禮云。商祝徹枕設巾。是也。含竟並有枕也。而皆有席。故鄭注士喪禮商祝襲衣於牀。牀次含牀之東。衽如初。又設牀第於兩楹之間。衽如初。是也。自設牀也。襢第至此。貴賤同也。案士喪禮云。士有冰用夷盤。知君賜者。諸侯之士卑。若無君賜。何得用冰。焦氏循曰。造與聚通。謂聚冰於盤中也。內即納。造無納義。故云猶內。譬況之也。孫氏希旦曰。夷亦大也。對文則君謂之大盤。大夫謂之夷盤。散文則大盤亦謂夷盤。周禮凌人大喪共夷盤冰是也。於士特言瓦盤。則大盤夷盤皆有漆飾矣。此盤皆即浴時承水者。而因內冰焉。既浴之後。則專用以盛冰也。設牀謂爲沐浴而設。襢露也。謂去簀席而露第。使浴水得以下流通於盤也。言有枕者。嫌襢第並去枕也。士喪禮不言沐浴設牀。或謂沐浴即於含牀。然含牀設於南牖下。尚有管簟。坊記云。浴於中霤。飯於牖下。此云設牀襢第。則浴與含別牀明矣。士喪記曰。設牀第當牖。袵下莞上簟。設枕。此始死正尸之牀。既沐浴則又遷尸於其上而含焉。故謂之含牀。襲牀在含牀之東。遷尸於堂。謂既小斂。奉尸侇於堂也。設牀於堂上兩楹之閒。含牀下管上簟。襲牀與遷尸之牀亦然。然則此時雖用冰。其牀不襢第矣。禮案說是也。用冰士喪禮亦在沐浴之前。蓋死本人之所惡。若使尸體腐敗。惡氣則中人。猶所難堪。故將言行死事。必先言設冰。以見先王制禮。於人情莫不極其至也。苟如注謂設冰在沐浴之後。疏云死三日設冰。則待尸將壞。而始設之。無是理也。

禮記通釋卷五十七

王環戴禮

喪大記

始死。遷尸於牀。幠用斂衾。去死衣。小臣楔齒用角柶。綴足用燕几。君大夫士一也。鄭注：牀謂所設牀第當牖者也。士喪禮曰：士死於適室。幠用斂衾。去死衣。病時所加新衣。及復衣也。去之以俟沐浴。孔疏：此又明初死沐浴之節。尸初在地，冀生氣復。而既不生。故遷尸於牀。而離初死處。以近南當牖前。所謂正尸也。幠，覆也。斂衾者，將擬大斂之時衾被也。既遷尸在牀。而用斂衾覆之。除去死時之衣。為尸將浴故也。楔，柱也。柶以角為之。長六寸。兩頭屈曲。為將含。恐口閉急。故使小臣以柶柱張尸齒。令開也。尸應著屨。恐足辟戾。亦使小臣用燕几。綴拘之。令直也。既夕禮云：綴足用燕几。校在南。御者坐持之。鄭注云：尸南首。几脛在南。以拘足。如鄭此言。則側几於足。令几脚南出。以拘尸足兩邊。不令辟戾也。自始死至此。貴賤同。毛氏奇齡曰：楔齒綴足。此禮總不可必行者。春秋哀十九年。晉荀偃病卒。口不可含。以志在伐齊也。欒懷子祝之曰：所不嗣事於齊者。有如河。遂受含。是當時未嘗楔齒也。三禮出戰國之後。其在春秋間。便多不合。此亦其一耳。綴足用燕几。校其足。使御者坐持之。謂以几之兩足橫豎之。而夾死者之足於其間。如校脛然。則死者何罪。而口啣枚。足荷校也。檀弓又曰：毀竈以綴足。謂毀其飲食之竈。取其甓以押兩足。使相聯綴。或校以几。或押以甓。虐侮極矣。皆立說之不可通者。郭氏嵩燾曰：說文：禮有柶。匕也。從木。據許意。常用器曰匕。禮器曰柶。其以角為之曰角柶。士冠禮醴角柶是也。柶底圓而旁流。徑視人口。有柄可持。故用以楔齒。禮案儀禮士喪記云：楔貌如軛。上兩末。敖氏繼公曰：柶而云楔。因其楔齒而名之。以別於他柶。軛在大車轅端。厭牛領者。楔狀類之。然則毛謂虐侮。不為過矣。

管人汲。不說繘。屈之。盡階不升堂。授御者。御者入浴。小臣四人抗衾。御者二人浴。浴水用盆。沃水用枓。浴用絺巾。挋用浴衣。如它日。小臣爪足。浴餘水棄於坎。其母之喪。則内御者抗衾而浴。鄭注：抗衾者。蔽上重形也。挋，拭也。爪足，斷足爪也。孔疏：此明浴時也。管人，有司主館舍者。汲謂汲水。不說繘屈之者。繘，汲水瓶索也。遽促於事。故不說去此索。但縈屈執之於手中。以水從西階而升。盡不上堂。知西階者。以士喪禮云：為坄於西牆下。故知也。用盆盛浴水。用枓酌盆水沃尸。熊氏云：用盤於牀下承浴水。絺是細葛。除垢為易。士喪禮云：浴巾二。皆用綌。熊氏云：此蓋人君禮。或大夫上絺下綌。故玉藻云：浴用二巾。上絺下綌是也。挋用生時浴衣拭尸肉。令燥也。士喪禮注云：浴衣，已浴所衣之衣。以布為之。其制如今通裁是也。如它日。謂平生尋常之日也。尸浴竟。而小臣翦尸足之爪。浴盆餘汁。棄之於坎。是甸人所掘階間取土為竈之坎。甸人主郊野之官。母喪則内御者。内外宜別。故用内御舉衾也。内御，婦人。亦管人汲。事事如前。唯浴用人不同耳。方氏慤曰：管人主管籥之人也。井竈亦其所司。故使人汲水焉。枓以木為之。郝氏懿行曰：不說繘為升階防失墜也。內則云：浴，燂湯亦熱水耳。如此記似用新汲水矣，非也。疑授御者之上下，有脫文耳。孫氏希旦曰：主館舍之人，而謂之管人，言其主舍中之管鑰也。舍必有井，故使共焉。聘禮曰「管人爲客，三日具沐，五日具浴」。汲水不說繘，而遂以授御者。小臣蓋大僕之屬。御者於諸侯，則御僕也。抗，舉也。四人舉衾，四隅各一人也。舉令可浴，而不至於形。二人浴者，左右各一人也。料，斢水器，長柄，沃盥用之。少牢禮曰「司宮設罍水于洗，東有料」。棄浴水於坎，而甸人築之。士喪記曰「甸人築坅坎」是也。內御者抗衾而浴，言抗衾及浴者皆用內御。周禮女御「大喪掌沐浴」。母喪之異者惟此，則餘事皆與上同也。禮案：管人汲不說繘者，一瓶之水，不足盈盆，便再汲也。且凡汲水器之繩，汲者俱縈屈於手，不僅於喪事，遽促然也。不云賁水者，以文具下也。士喪禮曰「管人受潘者，於垼用過鬲」，蓋兼沐浴而言也。

管人汲，授御者，御者差沐於堂上。君沐粱，大夫沐稷，士沐粱。甸人爲垼於西牆下，陶人出重鬲，管人受沐，乃煮之。甸人取所徹廟之西北厞薪，用爨之。管人授御者沐，乃沐。沐用瓦盤，挋用巾，如他日。小臣爪手翦須，濡濯棄於坎。

鄭注：差，淅也。淅飯米，取其潘，以爲沐也。浴沃用料，沐於盤中，文相變也。士喪禮沐稻，此云士沐粱，蓋天子之士也。以差率而上之，天子沐黍與？孔疏：此明沐也。粱稷皆謂用其米，取汁而沐也。將沐，甸人爲垼於西牆下，土垼塹竈，以煮沐汁。陶人出重鬲，謂縣重之罌也。是瓦瓶，受三升，以沐米爲粥，實於瓶，以疏布冪口，繫以簆縣之，覆以葦席，淅於堂上。管人亦升，盡等不上堂，就御者受淅汁，下往西牆於垼竈鬲中煮之。爨，然也。甸人又取復魄人所徹正寢西北厞，以然竈，煮淅汁也。謂正寢爲廟，神之也。舊云抽取屋西北簷，熊氏云取屋外當厞隱處薪，義亦通也。煮汁孰，管人取以升階，授堂上御者，乃入爲尸沐。瓦盤貯沐汁，用巾拭髮及面。士喪禮注云：挋，晞也，清也。事之如平生，小臣翦手爪，治須象平生也。皇氏云：濡謂煩撋其髮，濯謂不淨之汁，所濡濯汁，棄於坎中。鄭注士喪禮云：巾櫛浴衣，亦并棄之。其坎，案既夕禮云：掘坎南順，廣尺，輪二尺，深三尺，南其壤。此沐汁棄於坎，則浴汁亦然。差是差摩，故云淅。詩云「釋之叟叟」是也。案公食大夫禮黍稷爲正饌，稻粱爲加，是稻粱卑於黍稷。黍味美而貴，故鄭注天子用之。無正文，故疑而云與也。賈氏公彥曰：甸人當是甸師之屬。周禮甸師掌帥其徒以薪蒸役外內饔之事，故此爲垼及取薪，皆使供其事也。納蘭氏成德曰：士喪禮沐稻，此云士沐粱，君與士雖尊卑闊絕，無僭偪之嫌，然五穀之中，豈無次者，而必用粱？疑是記文之誤，當以士喪禮爲正。孫氏希旦曰：案士喪禮先沐後浴，蓋自首及身，事之次也。此先浴後沐，記者由使言之耳。此云甸人取所徹廟之西北厞薪，不云取復者所徹廟之西北厞薪，則是復者降時，未嘗取薪，而徹廟之西北厞者，實卽甸人也。且士惟復於寢，諸侯則廟寢皆復，練始壞廟，豈有復時卽徹取其西北厞乎？郭氏嵩燾曰：玉藻云「沐稷而靧粱」，靧加於沐，則粱固加於稷矣。說文：粱，禾米也。哀十七年左傳「粱則無矣，粗則有之」，粱與粗對文，謂米之精者。士以下稻粱惟所用，兩粱字自別言之，重鬲者，一用沐，一用浴。士喪禮二鬲，卽重鬲也。禮案：家語云：黍者五穀之長，郊社宗廟以爲上盛。故注疑天子當用黍也。差，搓也，用手搓米，汁易出也。所以沐用米潘者，以其滑耳。尸首有髮，用水沃之不淨，故必引髮就盆中沐耳。尸體長大，且既死骨肉辟戾。轉側不便。故不能於盤中浴。注謂文相變非也。荀子禮論曰。始卒沐浴。不沐則濡櫛。三律而止。不浴則濡巾。三式而止。君之喪。子大夫公子衆士皆三日不食。子大夫公子衆士食粥。納財。朝一溢米。莫一溢米。食之無算。士疏食水飲。食之無算。夫人世婦諸妻皆疏食水飲。食之無算。鄭注納財謂食穀也。二十兩曰溢。於粟米之法。一溢爲米一升。二十四分升之一。諸妻御妾也同言無算。則是皆一溢米。或粥或飯。孔疏此廣明五服之喪。自初死至除服。君及大夫士食飲之節。納財謂所食之米。每日納用之米。朝唯一溢。莫唯一溢也。居喪困病。不能頓食。隨須則食。故云無算。疏粗也。士賤病輕。故粗米爲飯。亦水爲飲。夫人世婦諸妻。皆疏食水飲者。婦人質弱。恐食粥傷性也。一日之中。或粥或飯。作之無時。當須豫納。故云納財。案律歷志。二十兩則米二升。與此不同。古秤有二法。說左傳者云。百二十斤爲石。則一斗十二斤。爲一百九十二兩。則一升爲十九兩有奇。今一兩爲二十四銖。則二十兩爲四百八十銖。計十九兩有奇。爲一升。則總有四百六十銖。八參以成四百八十銖。唯有十九銖。二參在是。爲米一升。二十四分升之一。此大略而言之也。敖氏繼公曰。小爾雅一手之盛謂之溢。兩手曰掬。一升也。趙氏坦曰。古之升。於今爲二合而弱。洪氏頤煊曰。後漢書南蠻傳。計人稟五升。李賢注。古升小。故云五升。孫氏希旦曰。財讀如漢書太僕見馬遺財足之財。粟一石舂米六斗爲糲。疏食不爲粥也。水飲言但飲水而已。無漿酪之屬也。衆士食粥。謂君有服之親也。士疏食水飲。異姓之士也。食之無算。哀痛不能多食。稍稍進之也。禮案喪服傳云。歠粥朝一溢米。夕一溢米。既虞食疏食水飲。既練始食菜果。飯素食。荀子禮論曰。齗鬻菽藿。是凶憂之情。發於食飲者也。然間傳謂斬衰三日不食。歠粥亦既殯之後。居廬時也。爲君並服斬。若皆三日不食。則飢因體弱。執役無人矣。故士及夫人以下。並疏食水飲。既疏食飲水。等於齊衰。則夫人以下。其不身自執事者。當二日不食。士與諸妻、卑而有職役者。則一日不食與。大夫之喪。主人室老子姓皆食粥。衆士疏食水飲。妻妾疏食水飲。士亦如之。鄭注室老其貴臣也。衆士所謂衆臣。士亦如其子食粥。妻妾疏食水飲。孔疏子姓謂孫也。不云衆子者。主人中兼之。案喪服傳云。卿大夫室老。士貴臣。其餘皆衆臣。鄭注云。士邑宰。此不云者。邑宰雖貴。以其遠於君。與衆臣同。案檀弓主人主婦歠粥。此夫人世婦妻皆疏食者。熊氏云。檀弓云主婦。謂女主。故食粥也。孫氏希旦曰。檀弓謂主婦三日不食之時。君命之歠粥也。此謂三日之外。妻妾得疏食。義不相妨。子姓衆子也。士亦如之。鄭氏止以子與妻妾言之者。蓋謂士無臣也。特牲記公有司。門西北面東上。私臣門東北面西上。喪服記士爲庶母貴臣貴妾。則士有臣明矣。士冠禮。士喪禮。有宰。此士之貴臣也。其餘則衆臣也。其貴臣食粥。衆臣疏食水飲。亦皆如大夫之禮也。禮案說是也。郊特牲曰。仕於家曰僕。僕則士亦宜有也。士之貴臣貴妾。卽曲禮上所謂家相長妾是矣。士既葬。主人疏食水飲。不食菜果。婦人亦如之。君大夫士一也。

練而食菜果。祥而食肉。鄭注果瓜桃之屬。孔疏此明既葬至練祥。君大夫士之食節也。主人疏食水飲者。熊氏云。既葬哀殺。可以疏食。不復用一溢米也。孫氏希旦曰。既葬疏食。則不止朝一溢米。莫不溢米。當以足爲度也。主人未葬食粥。兼可解渴。故不飲水。既葬疏食。然後亦飲水也。禮案間傳云。父母之喪。既虞卒哭。疏食水飲。不食菜果。期而小祥食菜果。又期而大祥食醯醬。中月而禫。禫而飲醴酒。始飲酒者。先飲醴酒。始食肉者。先食乾肉。則此文祥而食肉非也。

食粥於盛不盥，食於簋者盥。食菜以醯醬。始食肉者先食乾肉。始飲酒者先飲醴酒。鄭注盛謂今時杯杅也。簋竹筥也。歠者不盥。手飲者盥。簋或作簠。孔疏此明食之雜禮。食粥於盛。歠不用手故不盥。飯盛於簋。以手取飯故盥也。練而食菜果者。食之時以醯醬也。始食肉。始飲酒。謂祥後也。然間傳曰。父母之喪。大祥有醯醬。禫而飲酒。二文不同。庾氏云。蓋記者所聞之異。大祥既鼓琴亦可食乾肉矣。食菜用醯醬於情安。且既祥食果。則食醯醬無嫌矣。熊氏云。此據病而不能食者。練而食醯醬。祥而飲酒也。禮案廣韻簋籮屬。蓋盛飯之器。一名筥。吳越春秋。筥中有飯是矣。乾肉味薄。醴酒味淡。始除喪而即饜醲厚。非惟心有不忍。且素食日久。忽御肥甘。亦於胃口有不宜也。

期之喪三不食。食疏食水飲。不食菜果。三月既葬。食肉飲酒。期終喪不食肉不飲酒。父在爲母爲妻。九月之喪食飲猶期之喪也。食肉飲酒。不與人樂之。鄭注食肉飲酒。亦謂既葬。孔疏此論期與大功。喪食之節也。大夫士旁期之喪。三不食者。謂義服也。其正服則二日不食。故間傳云。齊衰二日不食。九月至喪也者。謂事同期也。孫氏希旦曰。下文言叔母世母。食肉飲酒。此即旁期之義服。則此云疏食水飲不食菜果者。非專指義服明矣。蓋期之正服如爲祖父母。爲世叔父。爲兄弟。爲兄弟之子。其輕重亦自不同。故此云三不食。間傳云二日不食。各據其一端言之。或亦禮俗之有不同也。禮案喪服父在爲母爲妻。皆齊衰期。此云終喪不食肉飲酒。唯父在爲母妻。蓋舉其凡也。若爲人後者爲其父母。已嫁之女爲其父母。出妻之子爲其母。皆三年之喪。而降爲期者也。自不能食肉飲酒也。至九月之喪。食飲猶期之喪者。若爲子女子子昆弟姊妹之長中殤。本齊斬之服。而降大功。故哀心不能內除。而亦不飲酒食肉也。不與人樂之。即雜記下謂不與於樂是也。

五月三月之喪。壹不食。再不食。可也。比葬食肉飲酒。不與人樂之。叔母世母故主宗子食肉飲酒。鄭注義服恩輕也。故主謂舊君也。言故主者。關大夫及君也。孔疏此明五月三月喪食之節。壹不食。謂緦麻。再不食。謂小功。并言之也。容殤降之緦麻。再不食。義服小功。壹不食。故總以壹再不食結之。間傳云。小功緦麻再不食。殤降者也。故主若是諸侯。當云舊君。主者大夫之稱。故知關大夫君也。孫氏希旦曰。比葬食肉飲酒。謂自成服以至於葬。得食肉飲酒也。叔母世母故主宗子。食肉飲酒。亦謂成服後葬前也。葉味道問喪大記有叔母世母故主宗子。食肉飲酒之文。注云義服恩輕。不知自死至未葬之前。可以通行。何如但一人向隅。滿堂不樂。服既不輕。而飲酒居處。獨不爲之節制可乎。朱子熹曰。禮經無文。不可強說。竊意在喪次。當如本服之制。歸私家則自如。其或可也。禮案此惟小功及世叔母。則既葬猶未除服。緦及故主宗子則既葬服已滿矣。故孫云食肉飲酒。謂殯後葬則是矣。若下殤小功。則比葬亦不食肉飲酒矣。

不能食粥。羹之以菜可也。有疾食

肉飲酒可也。五十不成喪。七十唯衰麻在身。鄭注謂性不能者。可食飯菜羹。有疾。爲其氣微。成猶備也。所不能備。謂不致送之屬也。唯衰麻在身。言其餘居處飲食與吉時同也。孔疏致毁謂致極哀毁。散送謂經帶垂散麻以送葬。故雜記云。五十不致毁。玉藻云。五十不散送。注云。送喪不散麻。孫氏希旦曰。不能食粥。則當蔬食。而云羹之以菜。凡蔬食者。必有菜羹也。不能食粥。羹之以菜。謂未葬之前。有疾飲酒食肉。謂既葬之後。禮案此即雜記下所謂不能食食鹽酪可也。又云病則飲酒食肉。毁瘠爲病。君子弗爲也。既葬。若君食之則食之。大夫父之友食之則食之矣。不辟粱肉。若有酒醴則辭。鄭注尊者之前。可以食美也。變於顏色亦不可。孔疏此明已有喪既葬。尊者賜食之禮。葬後情殺。可從尊者奪也。君食之。謂君食臣也。大夫謂大夫食士也。父友謂父同志者也。其人並尊。若命食孝子。則可從之食也。雖以粱米之飯及肉命食孝子食之。若酒醴飲之。則變見顏色。故辭而不飲也。孫氏希旦曰。雜記曰。大功以下。既葬適人。人食之。其黨也食之。非其黨不食也。則三年之喪。不食於人矣。惟尊者之命。則不敢辭。不辟粱肉。亦爲重違尊者之命也。有酒醴則辭者。酒醴能動人之志氣。爲其散哀心也。禮案大功以下。既葬適人。則齊斬之喪。不適人可知。此云君及大夫。父執之屬食之。蓋遺之也。然以居廬堊室之中。不辟粱肉。亦非人情。此必孝子有病。故君及大夫父之友。恐其羸瘠不支。而遺以美食也。否則非君子愛人以德之義矣。小斂於戶內。大斂於阼。君以簟席。大夫以蒲席。士以葦席。鄭注簟細葦席也。三者下皆有莞。孔疏此明君大夫士。小斂大斂。所用之席。士卑不嫌。故得與君同用簟也。案士喪記云。設牀當牖。下莞上簟。士喪經云。布席於戶內。下莞上簟。謂小斂席也。大斂云布席如初。始死至大斂。用席皆同也。但此大夫辟君。上席以蒲也。若吉禮則蒲在莞下。故司几筵諸侯祭祀席蒲筵繢純。加莞席紛純。與此異也。孫氏希旦曰。詩箋云。竹葦曰簟。但葦席有二。雜記曰。士輤葦席以爲屋。蒲席以爲裳帷。此葦席之精於蒲席者。君斂之所用也。又曰有葦席。既葬蒲席。此葦席之粗於蒲席者。士斂之所用也。郝氏懿行曰。簟竹席也。葦蘆席也。注欲一之。恐非。禮案竹簟並可謂簟。然則此云君簟。蓋竹席也。士葦席。亦名簟。非與君同。而與士喪禮異也。小斂布絞。縮者一。橫者三。君錦衾。大夫縞衾。士緇衾。皆一。衣十有九稱。君陳衣於序東。大夫士陳衣於房中。皆西領北上。絞紟不在列。鄭注絞既斂所用。束堅之者。縮從也。衣十有九稱。法天地之終數也。士喪禮小斂陳衣於房中。南領西上。與大夫異。今此同。亦蓋天子之士也。絞紟不在列。以其不成稱。不連數也。小斂無紟。因絞不在列見之也。或曰縮者二。孔疏此以下至絺綌紵不入。廣明君大夫士小斂大斂及襚所用之衣。并所陳之處。小斂之衣。以布爲絞。從者一幅。豎置於尸下。橫者三幅。亦在尸下。從者在橫者之上。每幅之末。析爲三片。以結束爲便也。君大夫士各用一衾。故云皆一。舒衾於此絞上。君大夫士同用十九稱。衣布於衾上。然後舉尸於衣上。屈衣裹之。然後以絞束之。陳衣謂將小斂陳衣也。房中者東房。大夫士唯有東房也。絞紟不在十九稱之列也。天數終於九。地數終於十。人既終。故云以天地終數。斂衣之也。賈氏公彥曰。絞直言幅數。不言長短者。人有長短不定。取足而已。孫氏希旦曰。大斂之絞言不辟。則小斂之絞辟之矣。辟者謂用全幅布爲之。而析其末爲二也。縞生絹也。緇緇布也。士喪禮曰緇衾赬裏無紞。然則凡衾皆複爲之也。序東堂上東夾前也。小斂之衣。雖尊卑同用十九稱。而陳衣多寡不同。君陳衣於東序。衣多也。大夫士陳於東房。衣少也。序東房中。皆在尸東。故皆西領。士喪禮陳衣於序東。故西領北上。皆統於尸。若大夫士陳衣於房中。則不當北上。皆如士喪禮之所言也。絞紟不在列。則衾在列矣。衾得在列者。以其複爲之故也。杭氏世駿曰。單複謂之稱。見左傳杜注。禮案斂衾君用錦。大夫用縞。不言其色。則並玄面纁裏可知。

大斂布絞。縮者三。橫者五。布紟。二衾。君大夫士一也。君陳衣於庭。百稱。北領西上。大夫陳衣於序東。五十稱。西領南上。士陳衣於序東。三十稱。西領南上。絞紟如朝服。絞一幅爲三不辟。紟五幅無紞。鄭注二衾者。或覆之。或荐之。如朝服者。謂布精麤。朝服十五升。小斂之絞也。廣終幅。析其末。以爲堅之強也。大斂之絞。一幅三析用之。以爲堅之急也。紞以組類爲之。綴之領側。若今被識矣。生時禪被有識。死者去之。異於生也。士喪禮大斂亦陳衣於房中。南領西上。與大夫異。今此又同。亦蓋天子之士。紞或爲點。孔疏此明大斂之事。布絞縮者三。謂取布一幅。裂作三片。直用之。兩頭裂。中央不通。橫者五。又取布二幅裂作六片。用五片橫於縮下。皇氏云。紟禪被也。取置絞束之下。擬用以舉尸也。孝經云衣衾而舉之是也。今案紟在絞後。紟或當在絞上。以絞束之。二衾者。小斂君大夫士各一衾。至大斂又各加一衾。爲二衾。其衾所用與小斂同。但此衾一是始死覆尸者。故士喪禮云。幠用斂衾。注大斂所幷用之衾。一是大斂時復制。士既然大夫以上亦爾。君陳衣百稱者。衣多故陳在庭。爲榮顯。案鄭注雜記篇。襲禮大夫五。諸侯七。上公九。天子十二稱。則此大斂。天子當百二十稱。上公九十稱。侯伯子男七十稱。今云君百稱者。舉上公全數言之。北領謂尸在堂也。西上由西階取之便也。大夫士小斂衣小。統於尸。故北上。大斂衣多。故南上。取之便也。絞之於紟。二者布精麤皆如朝服十五升。絞以一幅之布分爲三段。辟擘也。小斂絞全幅析裂其末。爲三大斂之絞既小。不復擘裂其末。古字假借。讀辟爲擘也。紟五幅無紞者。紞謂緣飾。爲識。所以組類緩一邊爲識。今無識之異於生也。云堅之強者。解小斂用全幅布爲絞。欲得堅束力強。以衣少故也。堅之急者。解大斂一幅分爲三片之意。凡物細則束縛牢急。以衣多故也。賈氏公彥曰。大斂衣不依命數。喪禮略上下。大夫五等諸侯各同一節。則天子宜百二十稱。小斂惟一衾。大斂用二衾者。大斂衣多。宜用二衾裏之也。大斂衾不言其所用之異。則與小斂同也。方氏苞曰。君棺在輴。應南面。故陳衣北領。大夫士殯於西序。故陳衣西領。西上南上。皆向左也。小斂皆西領北上者。遷尸於牖南首。君大夫士所同也。孫氏希旦曰。百稱五十稱三十稱。皆據用以斂者言之。其陳者不必止於此也。大斂時尸在阼。君陳衣於庭。蓋在阼階下之東。故北領南上。士喪禮大斂陳衣於房。南領西上。與此不同。亦禮俗異也。序東西領南上。房中南領西上。亦皆統於尸也。杭氏世駿曰。小斂衣十九稱。法天地之終數。大斂衣三十稱。先儒不解。則法月行之數也。禮案大斂衣多。故用絞縮者三。橫者五。布紟二衾以裹也。絞紟曰布。則君衾亦用錦。大夫亦用縞可知。此不言者。以文見上也。

小斂之衣。祭服不倒。君無襚。

大夫士畢主人之祭服。親戚之衣。不以即陳。鄭注尊祭服也。斂者要方。散衣有倒。無襚者不陳。不以斂。孔疏祭服謂死者所用也。小斂十九稱。不悉著之。但用裹尸。要取其方。而衣有倒領在足間者。唯祭服尊。領不倒在足也。君無襚者。國君陳衣及斂。悉用已衣。不得陳用他人見襚送者。大夫士降於君。小斂則先畢用已正服。後乃用賓客襚者。盧云畢盡也。盡主人衣美者。故言祭服。若親屬有衣受之。而不以即陳列也。士喪禮鄭注云。大功以上。有同財之義。襚之不將命。自即陳於房中。小功以下及同姓皆將命也。胡氏銓曰。君無襚。謂小斂。若大斂。則君有襚。士喪禮具之。孫氏希旦曰。士喪禮親者襚。不將命以即陳。與此不同者。蓋襚者之衣。皆委於尸東。而主人之人。以之即陳。若大功以上之襚。則襚者自以即陳。而主人不使人陳之。蓋與士喪禮文似異。而義實同也。禮案士喪禮尸既襲。則已設冒韜之。焉能再著衣乎。蓋大小斂之衣。並用以裹尸。疏謂不悉著之非也。小斂之衣。祭服不倒者。尊祭服。與君襚同也。士喪禮大斂君襚。祭服不倒。是也。言親戚之衣不以即陳。則非終不陳也。待畢陳本家衣訖。始陳親者襚也。小斂君大夫士皆用複衣複衾。大斂君大夫士祭服無算。君褶衣褶衾。大夫士猶小斂也。鄭注褶袷也。君不尚多。去其著也。孔疏算數也。大斂之時。所有祭服皆用之。無限數也。君衣尚多。去其著也。大夫士猶小斂。則複衣複衾也。據主人之衣故用複。若襚亦得用袷也。故士喪禮云。襚以褶是也。孫氏希旦曰。衣有著者謂之複。有表裏而無著者謂之褶。君大斂衣多。故衣衾之有著者。爲其太厚。不便於斂也。大夫士猶小斂。猶用複衣複衾也。複衣即袍也。襲斂兼用褻衣。然用袍褶。而不用裘葛也。禮案顏注急就篇云。褚之以綿曰複。襲古文作褶。玉篇重衣也。祭服無算。謂有則用之。無一定之數。袍必有表。不禪。衣必有裳。謂之一稱。鄭注袍褻衣。必有以表之。乃成稱也。雜記曰。子羔之襲。繭衣裳與稅衣纁袡爲一是也。論語曰。當暑袗絺綌。必表而出之。亦爲其褻也。孔疏袍必有衣以表之。不使禪露。乃成稱也。引雜記證子羔之襲。有袍繭衣上加。稅衣爲表。乃成稱。引論語證衣上加表。死則冬夏並用袍。上並加表。熊氏云。褻衣所用。尊卑不同。士襲而用褻衣。故士喪禮陳襲事爵弁服。皮弁服。褖衣純衣。注云褖所以表袍。是襲有袍。士喪禮小斂云。祭服次。散衣次。注云褖衣以下。袍繭之屬。是小斂有袍。大斂散衣。是亦有袍。若大夫襲亦有袍。案雜記子羔之襲繭衣裳是也。若公則襲及大小斂。皆不用褻衣。雜記公襲無袍繭是也。襲輕尚無。大小斂可知。孫氏希旦曰。袍有著之衣也。而曰不禪者。謂不專用一衣。與玉藻禪曰絅之義異也。衣必有裳。釋所以袍必有表之義也。衣裳具乃謂之稱。袍乃長襦。故必表以有裳之衣。若褖衣者爲之表。乃謂之一稱也。義疏云。男子禮服。衣與裳殊。恐止有衣無裳。故又言必有裳。禮案說文禪不重也。不禪言袍非袷即著。而無不重者也。凡陳衣者實之篋。取衣者亦以篋。升降者自西階。凡陳衣不詘。非列采不入。絺綌紵不入。鄭注取猶受也。不屈謂舒而不卷也。列采謂正服之色也。絺綌紵者。當暑之褻衣也。襲尸重形。冬夏用袍。及斂則用正服。孔疏列采謂五方正色之采。非列采謂雜色也。不入陳之也。絺是細葛。綌是粗葛。紵是紵布。此褻衣故不入陳也。如熊氏之意。此謂大夫以下。若公則襲亦不用袍。孫氏希旦曰。取衣謂取之於所陳之處而用之也。隋方曰：篋，鬼神之位在西，衣是死者所用，故升降皆由西階。絺綌不以入，則袍褶固陳之矣。論語紅紫不以爲褻服，則紅紫而外，其他間色或用爲褻服矣。惟陳之而用以斂者必以正色也。禮案：陳衣取衣皆以篋，不以手奉，嫌褻也。喪禮有司統於主人，故升降並由西階也。士喪禮言復衣，雜記言襚衣，皆曰左執領，右執要，則凡送死之衣均不屈也。非列采不入，謂衣也。玉藻曰：衣正色，裳間色。則陳衣其不陳裳乎。絺綌紵稀疏，不能蔽形，以斂襲不用，故不陳之也。

凡斂者袒，遷尸者襲。君之喪，大胥是斂，衆胥佐之；大夫之喪，大胥侍之，衆胥是斂；士之喪，胥爲侍，士是斂。鄭注：袒者於事便也。胥，樂官也，不掌喪事。胥當爲祝，字之誤也。侍猶臨也。大祝之職，大喪贊斂。喪祝，卿大夫之喪掌斂。士喪禮，商祝主斂。孔疏：此明斂所用之人，有袒有襲。大小斂事多，故袒爲便。遷尸入棺事少，故襲也。君斂用大祝，大祝是接神者，故使之執斂事。是猶執也。衆祝喪祝也，賤，故副佐於大祝。大夫之喪，大胥侍之者，君尊，故大祝親執斂。大夫卑，故大祝臨之，衆胥周禮喪祝，卑故親執斂也。庾云：侍者臨檢之也。大夫言侍，則君亦應有侍者，未知何人也。士之喪，胥爲侍者，胥亦喪祝也。士卑，故祝臨之。士之朋友來助斂也。士喪禮云：士舉遷尸，最也。案士喪禮注云：商祝，祝習商禮者，商人教之以敬。於接神宜也。吳氏澄曰：大胥者，大祝之胥也。案周官大祝之下有胥四人，喪祝之下有胥四人，所謂衆胥者，衆祝之胥也。大祝之爵爲下大夫，喪祝之爵爲上士，非能親執斂役者，故雖身親涖事，而各以其下之胥服勞。侯國之大祝當降國卿一等，衆祝當降二等，胥各四人，當亦如王制之數也。孫氏希旦曰：士是斂，謂喪祝之胥徒也。禮案：下文君將大斂，亦曰士舉遷尸，則此士是斂之士，蓋喪祝之屬，非士之朋友明矣。

小斂大斂，祭服不倒，皆左衽，結絞不紐。鄭注：左衽，衽鄉左，反生時也。孔疏：此明斂衣之法。祭服大斂亦不倒，前已言小斂不倒，此又言者，爲下諸事出也。大小斂同，故云皆。衽，衣襟也。生鄉右，左手解抽帶便也。死則襟鄉左，示不復解也。生時帶並爲屈紐，使易抽解。若死則無復解義，故絞束畢結之，不爲紐也。禮案：上二句複出，皆左衽乃言襲衣結絞不紐，蓋謂束襲衣之帶也。上似有脫文。疏以此絞爲大小斂之布絞，故釋爲斂事，非也。釋名：已衣所以束之曰絞。絞，交也，交結之也。若大小斂之衣裹尸，非衣尸，無所謂左衽結絞不紐也。士喪禮乃襲三稱，鄭注彼云：遷尸於襲上而衣之。凡衣死者左衽不紐。又荀子禮論曰：說褻衣，襲三稱，縉紳而無鉤帶矣。夫無鉤帶，卽不紐之謂矣。並可證此之非言斂明矣。

斂者既斂必哭。士與其執事則斂，斂焉則爲之壹不食。凡斂者六人。鄭注：斂者必使所與執事者，不欲妄人褻之。執或爲槷。孔疏：斂者謂大祝衆祝之屬。斂竟皆哭者，以其與亡者或臣舊，或有恩，今手爲執事，專心則增感，故哭也。士與其執事，謂平生曾與亡者共執事，今與喪所則助斂，若不經共事，則褻惡之，不使斂也。生經有恩，今又爲之斂，爲之廢壹食也。凡者貴賤同。兩邊各三人，故用六人。陸氏佃曰：君子所遇而安，則死亦樂矣，莊子南面王樂是也。故君之喪，使大胥是斂，衆胥佐之。夫愛親豈有窮哉，故凡斂，孝子非之，大胥是焉。檀弓曰：君於大夫，將葬及出，命引之，言孝子可以義奪也。士商祝主斂，士是之而已。鄭氏謂胥當爲祝，誤矣。孫氏希旦曰：士與其執事則斂者，言喪祝之士與執是人之喪者，則必爲之斂。周禮所謂掌事而斂。蓋其職然也。禮案：士與其執事則斂，即士喪禮大小斂，士盥二人布席，侯商祝斂竟，士舉遷尸是也。君錦冒黼殺，綴旁七。大夫玄冒黼殺，綴旁五。士緇冒赬殺，綴旁三。凡冒質長與手齊，殺三尺。自小斂以往用夷衾，夷衾質殺之裁猶冒也。鄭注：冒者，既襲所以韜尸，重形也。殺，冒之下韜足上行者也。小斂又覆以夷衾。裁猶制也。字或爲材。孔疏：此明尊卑冒制。冒謂襲後小斂前所用以韜尸也。冒有質殺者，作兩囊，每輒橫縫合一頭，又縫連一邊，餘一邊不縫。兩囊皆然也。上者曰質，下者曰殺。君質用錦，殺用黼。鄭注士喪禮云：冒制如直囊。其用之，先以殺韜足而上，後以質韜首而下。綴旁七者，不縫之邊上下安七帶，綴以結之也。大夫綴旁五，士綴旁三者，尊卑之差也。鄭注士喪禮云：上玄下纁，象天地也。以此推之，士赬殺，則君大夫畫殺爲斧文也。凡冒謂貴賤通名也。冒之質，從頭韜未至下，長短與手相齊也。殺從足韜上，長三尺。自小斂以往，往猶後也。小斂前有冒，小斂後衣多，故用夷衾覆之。夷衾質殺之裁猶冒也者，言夷衾所用，上齊於手，下三尺，所用繒色及長短制度如冒之質殺，但不爲囊及旁綴也。孫氏希旦曰：質，正也。冒之在上者，上下方正，故曰質。殺，削也。冒之在下者，向足而漸削，故曰殺。大小斂之衾，大夫以縞，士以緇布，則大夫之玄冒黼殺亦以帛爲之，士之緇冒赬殺亦以布爲之也。錦冒者，玄錦。黼者，皆纁帛而畫以黼文也。長與手齊者，人之長短不一，皆以齊於手爲度也。禮案：上文言衾，此言冒，並互文也。此云大夫玄冒，則君錦冒亦玄可知。君大夫冒並用玄，則衾並用玄可知。大夫衾用縞，則冒必用玄縞殺亦當如冒。君以錦，大夫以縞，與士則衾冒並以布制。孫說是也。君將大斂，子弁絰，即位於序端。卿大夫即位於堂廉楹西，北面東上。父兄堂下北面。夫人命婦尸西東面。外宗房中南面。小臣鋪席。商祝鋪絞紟衾衣。士盥於盤上。士舉遷尸於斂上。卒斂，宰告。子馮之踊。夫人東面亦如之。鄭注：子弁絰者，未成服。弁如爵弁而素。大夫之喪，子亦弁經。孔疏：此明君大斂時節也。序謂東序，端謂序之南頭。卿大夫謂羣臣也。堂廉謂堂基南畔廉稜之上。盥謂南近堂廉者。子既在序端，故羣臣列於基上東楹之西也。父兄，諸父諸兄不佐者，以其賤，故在堂下向北，以東爲上也。若士亦在堂下。外宗，君姑姊妹之女及姨舅之女也。輕，故在房中而向南。鋪席謂下莞上簟，敷於阼階上，供大斂也。商祝鋪絞紟衾衣等，致於小臣所鋪席上，以待尸也。士亦喪祝之屬。周禮喪祝上士二人，中士四人，下士八人。將舉尸，故先盥手於盤上也。斂上，即斂處。宰告者，斂畢，大宰告孝子也。孝子得告，馮尸而起踊。夫人亦馮尸而踊。馮竟，尸乃斂於棺。方氏苞曰：宰告，蓋告以當踊之節耳。於夫人覆舉東面，以見子之西面而踊也。獨舉夫人，明世婦視斂而不敢踊也。孫氏希旦曰：弔服之弁經，其經爲環經。此言弁經，其經爲小斂時所加之苴大鬲者也。雜記云，大夫與殯弁經。大夫與他人殯尚弁經，則其爲父母弁經必矣。檀弓叔孫武叔小斂投冠。曾子問：君出疆以三年之戒，以椑從。君薨，其入如之何？孔子曰：共殯服，則子弁經疏衰。如小斂，則子免而從柩。則是君大夫之弁經至大斂乃服之，而小君斂猶素冠也。士喪禮小斂後袒括髮，襲經於序東，以至成服。人君至大斂，則素弁而加經。此禮之異於士也。人君初喪，室中之位，父兄之姓同在東方。大斂時父兄在堂下北面，則子姓亦然。人君尊故衆子遠辟喪主也。命婦，內命婦也。外宗，宗婦也。房中者，南面者在西房。此時夫人在尸西，外宗之位宜統於夫人也。不言姑姊妹子姓者，以內命婦之位見之也。不言外命婦者，以外宗之位見之也。商祝鋪絞紟衾衣者，先鋪絞，次紟，次衾，次衣。及斂則先衣次衾次紟，卒乃以絞束之也。禮案：內命婦位次夫人，已見於正尸禮。外宗房中，不言外命婦，率之者，文見前也。

大夫之喪，將大斂，既鋪絞紟衾衣，君至，主人迎，先入門右，巫止於門外，君釋菜，祝先入，升堂，君卽位於序端，卿大夫卽位於堂廉楹西，北面東上，主人房外南面，主婦尸西東面，遷尸，卒斂，宰告，主人降北面於堂下，君撫之，主人拜稽顙，君降升，主人馮之，命主婦馮之。鄭注：先入右者，入門而右也。巫止者，君行必與巫，巫主辟凶邪也。釋菜，禮門神也。必禮門神者，禮，君非問疾弔喪，不入諸臣之家也。主人房外南面，大夫之子尊，得升視斂也。孔疏：此明大夫大斂節也。主人，適子也。出門迎君，望見馬首，不哭，不拜，先還入門右，北面，以待君至。士喪禮注云：不哭，厭於君，不敢伸其私恩也。君臨臣喪，巫祝桃茢至門，恐主人惡之，故止巫於門外，禮君非問疾弔喪，不入諸臣之家，故禮門神而入也。巫止而祝代，故先入門升阼階，君隨祝後而升堂，卽位於東序之端，阼階上之東，是適子臨斂處也。士喪禮云：忽升自阼階，西鄉，主人亦升，立君之北，東房之外，面鄉南，俱欲視斂也。遷尸者，鄉鋪絞紟衾衣，而君至，今列位畢，故舉尸於鋪衣上也。宰亦告斂畢，主人得告，故降西階堂下，而鄉北立待君也。君臣情重，方爲分異，故斂竟而君以手撫案尸，與之别也。主人在堂下，鄉北拜稽顙，以禮君之恩。君撫尸畢降堂，而主人升，君命之也。主人升降皆在西階，君亦命主婦馮尸也。陸氏佃曰：君釋菜者，非修絜不入諸臣之家。敖氏繼公曰：主人不迎賓，若有所迎則不哭。蓋禮然耳。周官喪祝，男巫皆於王弔則前。國君不得並用巫祝於廟門外，則巫前，至廟門，則祝前，互用其一，所以下天子也。必用巫祝者，其亦與神交之道與。禮案：此君視大斂來稍晚，故商祝既鋪絞紟衾衣而君至，雖已陳設，而遷尸卒斂，必俟君親涖視。有君在則禮然。事統於尊者也。故主人主婦之馮尸，亦俟君命之馮，乃敢馮也。

士之喪，將大斂，君不在，其餘禮猶大夫也。鄭注：其餘謂卿大夫及主婦之位。孔疏：此明士斂之節。士喪卑，君不視斂，故云君不在也。鋪衣列位，男女之儀，悉如大夫也。若有大夫來，而君在位，則卿大夫位亦在堂廉近西也。士喪禮云：君升主人，主人西楹東北面升。公卿大夫繼主人東上。案彼意則在主人西也。孫氏希旦曰：士卑，不敢近君，而卿大夫不可越主人而東也。若君不在，則主人當在序端，而卿大夫自在堂廉楹西之位。禮案：此言君不在者，然則士之斂，君亦有主有不至者也。

鋪絞紟踊，鋪衾踊，鋪衣踊，遷尸踊，斂衣踊，斂衾踊，斂絞紟踊。鄭注：目孝子踊節。孔疏：此明孝子貴賤踊節也。孫氏希旦曰：此無算之踊，不以三者三爲節，且惟主人踊，而賓客不與，拾踊者也。禮案：此皆踊無算是也。婦人亦踊士喪禮大小斂遷尸之節，並主人踊無算，主婦亦如之。

君撫大夫，撫內命婦；大

夫撫室老。撫姪娣。鄭注撫以手案之也。內命婦君之世婦。孔疏此一節明撫尸及馮尸之節。君撫大夫者。大夫貴。故自撫之。撫內命婦。則不撫賤者可知。大夫以室老爲貴臣。以姪娣爲貴妾。死則爲之服。故並撫之也。既撫姪娣。則賤妾不撫也。禮案君撫大夫。亦撫士也。士喪禮君坐撫當心是也。內命婦君之世婦。及適子婦也。下文舅姑於婦。撫之是也。服問云。君所主夫人妻大子適婦。既爲主其喪。故斂必撫之可知。知係適婦者。下文之君不馮庶子。則庶婦不撫明矣。姪娣大夫妻之姪娣也。鄭注士昏禮云。右者嫁女必姪娣從之。謂之媵。姪兄之子。娣女弟也。君夫人亦有姪娣爲媵。此不言者。內命婦中該之也。

君大夫馮父母妻長子。不馮庶子。士馮父母妻長子庶子。庶子有子。則父母不馮其尸。凡馮尸者。父母先。妻子後。鄭注目於其親所馮也。馮謂扶持服膺。孔疏君及大夫雖尊。而自主此四人喪。故同馮之。馮父母。撫妻子。而幷云馮。通言耳。不馮庶子者。賤故也。士馮父母妻長子庶子者。士賤故馮及庶子。庶子若有子。則父母亦不馮也。君大夫之庶子。雖無子。並不得馮也。凡馮尸者。謂尸之父母妻子也。父母尊故馮尸在先。妻子卑故馮尸在後。禮案士馮尸之禮。馮重而執輕。君大夫不馮庶子。蓋執之。與下文云父母於子執之。舅姑於婦撫之。未云嫡子婦則士以下既撫庶婦。未有不執庶子者。庶子有子則執之。以其馮自有人也。無子則馮之。衺其無後故也。凡也者。通君大夫士而言也。父母先。妻子後者。蓋人生先受父母之恩。而後有妻子之愛也。

君於臣撫之。父母於子執之。子於父母馮之。婦於舅姑奉之。舅姑於婦撫之。妻於夫拘之。夫於妻於昆弟執之。鄭注此恩之深淺尊卑之儀也。馮之類。必當心。孔疏君於臣撫之者。君尊但以手撫案尸心。身不服膺也。父母於子執之者。盧云執當心上衣也。子於父母馮之者。服膺心上也。婦於舅姑捧之者。盧云尊故捧當心上衣也。舅姑於婦撫之者。亦手案尸心。與君爲臣同也。妻於夫拘之者。盧云拘輕於馮。重於執也。庾云拘者微引心上衣也。夫於妻於昆弟執之者。爲妻及自爲兄弟。但執之。賀云執其心上衣也。馮者爲重。奉次之。拘次之。執次之。尊者則馮奉。卑者則撫執。執雖輕於撫。而恩深。故君於臣撫。父母於子執。是兼有尊卑深淺也。陸氏佃曰。言執若不能捨也。婦於舅姑言奉。若舅姑在焉。婦人從一。拘之若猶有所拘焉。吳氏澄曰。總言之皆謂之馮尸。分言之則有馮奉撫拘執五者之異。孫氏希旦曰。夫者妻之天也。乃於其尸不馮之者。廉恥之道存焉。禮案集韻捧兩手承之。拘也。舅姑尊。婦以二手承尸。若欲扳援然。擁亦以兩手擁抱近體。夫親故也。正韻執持也。持之者。不忍舍其一往而不復反也。舊說並以拘執爲牽衣。非也。夫尸自襲後。即著冒。斂後徧裹衾。尙何衣之可執乎。

馮尸不當君所。凡馮尸。興必踊。鄭注不當君所。不敢與尊者所馮同處。興必踊悲哀。悲哀之至。馮尸必坐。孔疏所猶處也。假令君已馮心。則餘人馮者。不敢當君所馮之處。則宜少避之。凡者貴賤固然也。馮尸竟則起。但馮必哀殞。故起必踊泄之也。士喪禮君坐撫當心。此不敢當君所。明君不撫。得當君所也。孫氏希旦曰。馮尸必坐者。尸斂於地。必坐乃得馮之也。禮案馮尸必坐。此坐通跪。如君父撫臣子則坐。臣子馮君父則跪。跪則巳身近尸。而可奉撫。興起也。故馮竟而起踊也。

父母之喪。居倚廬。不

塗。寢苫枕凷。非喪事不言。君爲廬宮之。大夫士襢之。鄭注宮謂圍障之也。襢袒也。謂不障。孔疏自此以下至兄不次於弟。明君大夫士遭喪。斬衰齊衰大功等。居廬及堊室。至祥禫以來。降殺之節。居倚廬者。謂於中門之外。東牆下倚木爲廬。但以草夾障。不以泥塗之也。孝子居廬寢臥於苫。頭枕於凷。志在悲哀。若非喪事。口不言說。君爲廬宮之者。謂廬外以帷障之。如宮牆。大夫士其廬袒露。不帷障也。案既夕禮注云。倚木爲廬。在中門外東方北戶。孫氏希旦曰。倚廬於殯宮門外。就東牆爲之。以木抵於地。而斜倚於牆。用草蓋之。其南北亦以草爲屏蔽。而於其北開戶以出入也。於殯宮則褻。於異室則遠。故爲廬於殯宮門外者。欲其近殯宮。而無至於褻也。禮案鄭注士喪禮云。苫編稾。凷塥也。荀子禮論曰。屬茨倚廬。席薪枕塊。是凶憂之情發於居處者也。楊注云。倚廬一邊著地。如倚物者。士喪記居倚廬。寢苫枕塊。不說經帶。哭晝夜無時。非喪不言。

既葬柱楣。塗廬不於顯者。君大夫士皆宮之。鄭注不於顯者。不塗見面。孔疏既葬情殺。故柱楣稍舉。以納日光。又以泥塗辟風寒。不於顯者。言塗廬不塗廬外顯處。君大夫士皆宮之者。以大夫士既葬。故皆得宮之。朱子熹曰。始者無柱與楣。檐著於地。至是乃施楣。又施短柱。以柱起其楣。架其檐。令稍高。而下可作戶也。禮案死者未葬。猶生者之無家也。故孝子之心。不忍居室。而居倚廬也。既葬則親之體魄已有所安。故已亦塗塈其牆。稍置楣柱。設門戶。以啓閉也。爾雅釋宮。楣謂之梁。謂門上橫梁也。有梁則有門戶可知。皆宮之者。大夫士至是亦不襢。而宮之者與君同也。喪服傳曰。既虞。翦屏柱楣。寢有席。食疏食水飲。朝一哭。夕一哭而已。

凡非適子者。自未葬以於隱者爲廬。鄭注不欲人屬目。蓋廬於東南角。既葬猶然。孔疏凡非適子。謂庶子也。自未葬以於隱者爲廬者。既非喪主。不欲人所屬目。故於東南角隱映處爲廬。經云未葬。其實葬竟亦然也。孫氏希旦曰。言自未葬者。嫌至葬後乃改廬於此。故言自未葬以至葬後。其禮皆然也。禮案適子廬於殯宮門外東牆。故庶子廬於東南角隱處。示統於適子也。

禮記通釋卷五十八

玉環戴禮

喪大記

既葬與人立。君言王事。不言國事。大夫士言公事。不言家事。鄭注此常禮也。孔疏此明居喪常禮。未葬不與人並立。既葬後可與人並立。猶不羣耳。君諸侯王天子也。既可並立。則諸侯可得言天子之事。而猶不言己國事。公君也。大夫士葬後。亦得言君事。而未可言私事。庾氏云。案曾子問三年之喪。練不羣立。不旅行。據無事之時。此有事須言。故與人立也。孫氏希旦曰。王事謂朝聘會盟征伐之事。施於境外。以蕃輔天子者也。國事政令之施於一國。以治其人民者也。禮案諸侯不敢以私喪而廢王朝之事。大夫士不敢以私喪而廢國君之事。即大戴禮本命篇謂。門外之治義斷恩是也。然注謂之常禮則非。

君既葬。王政入於國。既卒哭而服王事。大夫士既葬。公政入於家。既卒哭。弁絰帶金革之事無辟也。鄭注此權禮。弁絰帶者。變喪服而弔服。輕。可以即事也。孔疏此是權禮。若值國家有事。孝子不得遂恆禮。故從權事。此云既葬。謂葬竟未卒哭也。王政入於己國。既卒哭而出。爲王服金革之事。大夫士既葬。公政入於家。亦謂國之政令也。既卒哭。則有變服。今有事不得服變服。而服弔服。以從金革之事。無所辟也。變服重。弔服輕。從戎便也。此與君互也。則君亦弁絰。服王事也。此云弁絰帶。弁絰謂弔服。帶謂喪之要。要經。明異凡弔也。方氏苞曰。王政入於國。公政入於家。皆謂金革之事也。舍此則王政公政皆有常經。無所謂入於國。入於家也。孫氏希旦曰。司服凡凶事。服弁服。服弁者。用喪冠之物。而如弁之制也。士喪服以冠。大夫以上喪服以弁。絰帶。卒哭所受之葛經葛帶也。上云大夫士既葬。而下言弁絰帶。惟據大夫言之者。士位卑人衆。大夫位尊人少。卒哭而從金革之事者。在士恆少。在大夫恆多也。禮運云。三年之喪。期不使。檀弓云。父母之喪。使必知其反也。此皆謂國家有事。則或有既卒哭既練而出從公者。然金革之事尤急。故以卒哭爲斷。出使之事稍緩。故以期年爲則。於權制之中。又有權衡也。禮案三年之喪。既卒哭金革之事無辟也者。必其天下國家。倚此臣若長城。如唐安祿山叛而詔起來瑱於喪次。突厥攻太原。王命鄭元璹起苫塊。持節視師。則爲安危所係。君不能不奪人喪。臣不能不自奪喪也。非此屬而奪情就職者。則省悖禮也。

既練居堊室。不與人居。君謀國政。大夫士謀家事。既祥黝堊。祥而外無哭者。禫而內無哭者。樂作矣故也。鄭注黝堊。堊室之飾也。地謂之黝。牆謂之堊。外無哭者。於門外不哭也。內無哭者。入門不哭也。禫踰月而可作樂。樂作無哭者。黝堊或爲要期。禫或皆作道。孔疏此論練及祥禫之節。不與人居。謂在堊室之中也。君大夫士練後漸輕。故得自謀己國家事也。祥大祥也。黝黑也。平治其地令黑也。堊白也。新塗堊牆壁令白。稍飾故也。外中門外。即堊室中也。祥之日鼓素琴。故中門外不哭也。內中門內也。禫已縣八音於庭。故門內不復哭也。二處不哭。是並有樂作故也。隱義云。練後三日一哭於次。次在中門外。至大祥則不復於外。若有吊者。則入即位哭也。方氏慤曰。既練君謀國政，異乎既葬之不言國事矣。大夫士謀家事。異乎既葬之不言家事矣。或言政。或言事者。主在上則曰政。兼在下則曰事。蓋絜其地。使微青。塗其牆。使純白。以吉之先見。故致飾以變其凶。若既練所居之室以堊。則以表哀素之心耳。非致飾也。孫氏希旦曰。鄭注喪服云。堊室於中門外屋下。壘墼爲之。不塗墍。蓋在殯宮門外。東霤之下。就東塾之外壁。而壘土於其三面。以爲室焉。爾雅地謂之黝。牆謂之堊。殯宮乃死者所居。故塗其屋令白。治其地令黑。若欲新之然也。內外謂殯宮之內外也。大祥入居殯宮。故外無哭者。而猶有無時思憶之哭。至禫則不復哭。故內無哭者。鄭氏以黝堊爲堊室非也。祥而復寢。豈復居堊室乎。禮案喪服傳既練舍外寢。不與人居。曾子所謂練不羣立。不旅行也。君自王政而外。可以及國事。大夫士國事而外。可以及家政矣。士虞記又期而大祥。中月而禫。鄭注彼云。中猶閒也。與大祥閒一月。祥外禫內無哭者。以樂作有漸矣。夫哀樂不相離。故始一死而徹縣。禫縣而哭止也。

禫而從御。吉祭而復寢。

鄭注。從御。從婦人也。復寢。不復宿殯宮也。孔疏。此一經釋禫節。言禫時從御婦人於內也。吉祭而復寢者。謂禫祭之後。同月之內。值吉祭之節。行吉祭訖。而後復寢。若不當四時吉祭。則踰月吉祭。乃復寢。案閒傳既祥復寢。彼謂不宿中門外。復於殯宮之寢。此復於平常之寢。文雖同而義別。故此注不復宿殯宮也。杜預以爲禫而從御。謂從政御職事。鄭必爲御婦人者。下文云期居廬。終喪不御於內。故知此御是御婦人也。顧氏炎武曰。禫即吉祭也。方氏苞曰。禫後使婦人從而御事。吉祭後始復內寢也。孟獻子禫比御而不入。即此義。蓋使比次侍御。而不入居內寢。姚氏際恆曰。吉祭即禫祭。復寢即從御。先大概言之。吉祭而復寢。乃指其實。孫氏希旦曰。吉祭謂奉主入廟。而以吉禮祭之也。禮案此言既禫。雖可以從御矣。而復內寢。猶必待吉祭後也。姚說得之。

期居廬。終喪不御於內者。父在爲母爲妻。齊衰期者。大功布衰九月者。皆三月不御於內。

朱子熹曰。小功緦禮既無文。即當自如矣。服輕故也。孫氏希旦曰。父在爲母爲妻。雖並爲期喪。而初喪居倚廬。不居堊室。且終喪不御於內。此二事與餘期喪異也。蓋父母之恩一也。爲父三年。而父在爲母止於期。則以不敢同於父也。凡尊其於卑幼之服皆報。夫婦齊體。妻爲夫三年。則夫宜報服。而其服乃止於期。則以不敢同於母也。二服本由三年而屈。故其初喪居倚廬。終喪不御內。與其祥禫之祭。杖履之服。皆與三年者同也。三年之喪。既練而居堊室。此初喪居廬。蓋爲母既練而居堊室。爲妻既葬而居堊室。與。然父在爲母。終喪不御於內。特對他期喪之三月不御於內而言爾。其實喪雖已除。而心喪以終三年。未三年不可以御於內也。喪服傳曰。父必三年然後娶。達子之志也。用是推之。則妻喪雖除。亦未可遽御於內矣。禮案此期謂齊衰不杖期也。喪服大功正服九月。殤大功九月七月。云皆者。該期及七月之喪。並三月不御內也。

婦人不居廬。不寢苫。喪父母既練而歸。期九月者既葬而歸。

鄭注。歸謂歸夫家也。孔疏。女子出嫁。爲祖父母及兄弟爲父後者。皆期九月。謂本是期而降在大功者。案喪服女子爲父母卒哭折笄首。玄謂卒喪之大事畢。可以歸於夫家。此云既練歸不同者。熊氏云。喪服注云。卒哭可以歸。是可以歸之節。其實歸時在練後也。孫氏希旦曰。不居廬者。婦人居喪於房中。不次於外也。不寢苫。

以賓弱優之也。不居廬。不寢苫。據三年者言。則期以下可知也。方氏苞曰。婦人不宜深宮固門。故不居廬。寢處不可苟簡。故不寢苫。示身之不可輕也。禮案婦人以貞絜爲德。不當居宿於外。故不居廬。寢苫枕凷。所以示居廬不設絰席。是君子之所爲憚詭其所哀痛之文。而非責備於婦人者也。父母之喪。此云既練而歸。鄭注喪服記云。卒哭而歸者何也。蓋婦人外成。若夫家有故。則卒哭可歸。無事則既緣而歸。

公之喪。大夫俟練。士卒哭而歸。鄭注此公公士大夫有地者也。其大夫士歸者。謂素在君所。食都邑之臣。孔疏此明公士大夫。有地之君喪。其臣歸之節。臣下呼此有地大夫之君爲公。故曰公之喪。大夫俟練者。此君下之臣。大夫待練而歸也。知此公是公士大夫有地者。以其臣大夫待練。士待卒哭。故知非正君。案雜記大夫次於公館於終喪。士練而歸。彼謂正君。與此殊也。皇氏云。素先也。君所食都邑。謂公士大夫之君。采地言公士大夫在朝廷而死。此臣先在其君所食之采邑。君喪而來服。至小祥而各反。故云歸也。陸氏佃曰。言俟著哀之殺早矣。據父母既練而歸。曰既。哀有餘也。朱氏佃曰。此與雜記不同。記者各記所聞。戴記所例甚多。舊注強爲分別。不足信也。義疏云。鄭以此文與雜記不同。故以此公爲士大夫有采地者。古人名分甚嚴。恐無此理。疑此所指大夫士。與雜記大夫士。有內外之異耳。君薨未葬以前。諸臣以遠近相次入臨。至既葬卒哭。則都邑之大夫猶留俟練。下邑之士。卒哭即歸以治民。至於練則任政之大夫。猶次於公館以終喪。分職之士大夫。可歸其家以治職。是此文與雜記。未嘗不可通也。禮案大夫君無稱公之理。義疏似較注說爲優。

大夫士父母之喪。既練而歸。朔月忌日。則歸哭于宗室。諸父兄弟之喪。既卒哭而歸。鄭注歸謂歸其宮也。忌日。死日也。宗室。宗子之家。謂殯宮也。禮命士以上。父子異宮。孔疏此明庶子遭喪歸家之節。庶子爲大夫士。父子異宮。故有父母之喪。至小祥各歸其宮也。隱義曰。父母之喪。既小祥而歸。庶子爲大夫士者也。適子終喪在殯宮也。朔月朔望也。宗室適子家也。雖練各歸。至忌日及朔望而歸殯宮也。諸父兄弟之喪。並期爲輕。故至卒哭而各歸。賀氏云。此弟謂適弟。則庶兄爲之次。下云兄不次於弟。謂庶弟也。姚氏際恆曰。上云庶子於隱者爲廬。又云既練居堊室。凡廬與堊室。必在殯宮門外。豈庶子之家。又可別作廬與堊室乎。未可曉。孫氏希旦曰。大夫士爲君既練。既卒哭而歸。及庶子爲父母既練而歸。皆於其宮之外。爲喪次以居。其飲食居處。皆與其次於殯宮外者無異也。禮案服內忌日。惟期與再期而已。而練祥皆筮日。不當忌日而祭。故有歸哭於宗室之禮。宗室適子之家。小記所云。繼禰者爲小宗是也。諸父兄弟。雖卒哭而歸。若逢小祥前之忌日。當亦往哭矣。

父不次於子。兄不次於弟。鄭注謂不就其殯宮爲次而居。孔疏喪既卑。故尊者不居其殯宮次也。孫氏希旦曰。子謂衆子也。小記曰。父不爲衆子次於外。方氏苞曰。以尊者而次於其宮。則其子其婦。當勤於供養。而不得致其哀。故但居已之外寢。以畢其不御內之期。禮案父不次於子。自該適子言也。禮三十而有室。若當其子成人之喪。父至少已五十餘矣。五十不致毀。於親喪且然。況子喪乎。夫以耆艾之年。而居廬堊室之中。或不勝喪。而致滅性。則在生者爲過情。於死者尤難安也。喪服爲昆弟齊衰期。則兄雖不爲弟居堊室。自應舍外寢。方說是也。上文功衰三月不御內。則期服可知。

君於大夫世婦大斂焉。爲之賜則小斂

焉。於外命婦。既加蓋而君至。於士既殯而往。爲之賜大斂焉。夫人於世婦大斂焉。爲之賜小斂焉。於諸妻爲之賜大斂焉。於大夫外命婦。既殯而往。鄭注爲之賜。謂有恩惠也。加蓋而至。於臣之妻略也。孔疏此以下至君退必奠。明君於大夫及士。并夫人於大夫士。恩賜弔臨。主人迎送之節。君於大夫世婦。此世婦謂內命婦。大斂爲常。爲之恩賜。則小斂而往。然則君於大夫大斂是常。小斂是恩賜。案隱元年公子益師卒。公不與小斂。故不書日者。熊氏云。卿則未襲而往。故昭十五年有事於武宮。籥入叔弓卒。去樂卒事。公羊云。君聞大夫之喪。去樂卒事而往可也。是卿未襲而往。柳莊非卿。衞君即弔。急弔賢也。外命婦恩輕。故既大斂。入棺加蓋之後而君至。則知大夫世婦。未加蓋以先君至也。諸妻姪娣及同姓女也。同士禮。故爲之賜大斂焉。若夫人姪娣。尊同世婦。當大斂。爲之賜小斂焉。夫人於大夫及外命婦。既殯而往。但有一士禮。無恩賜。差降之事。方氏慤曰。小斂在先。大斂在後。喪事以速爲敬。故大斂而往者。則爲禮之常。小斂而往者。則爲之賜也。姜氏兆錫曰。世婦內命婦也。外命婦爲大夫妻。蓋棺蓋也。禮君爲大夫及內命婦之喪。視其大斂。加恩賜則視其小斂焉。其外命婦既殯加蓋而後至。士卑略如之。加恩賜則亦視其大斂矣。此言君於大夫世婦。以下弔喪之禮異也。禮言世婦。則該姪娣二媵及內命婦矣。此世婦君之世婦。疏義是也。故君夫人之賜隆於外命婦也。君夫人弔於卿大夫妻。而謂之命婦者。其未命之內子。則不弔乎。此君君於士既殯而往。則士喪禮大斂君臨撫尸。乃加賜矣。大夫士既殯而君往焉。使人戒之。主人具殷奠之禮。俟於門外。見馬首先入門右。巫止於門外。祝代之先。君釋菜於門內。祝先升自阼階。負墉南面。君即位於阼。小臣二人執戈立於前。二人立於後。擯者進。主人拜稽顙。君稱言。視祝而踊。主人踊。鄭注殷猶大也。朝夕小奠。至月朔則大奠。君將來。則具大奠之禮以待之。榮君之來也。祝負墉南面。直君。北房戶東也。小臣執戈先後君。君升而夾階立。大夫殯即成服。成服則君亦成服。錫衰而往弔之。殯者進。當贊主人也。始立門東北面。稱言。舉所以來之辭也。視祝而踊。祝相君之禮。當節之也。孔疏君於大夫。雖視大斂。或有既殯而往。與士同也。君將往。使人豫戒告主人。主人得告。先備具月朔大奠之禮。重君之來。待於門外。見君馬首。先君而入。祝先道君。升阼階。在君之北。立於房戶之東。皆負壁鄉南也。君即位於阼者。主人不敢有其室也。執戈辟邪氣也。擯者進於孝子前。告孝子使行禮。喪贊曰相。此云擯者。以君之弔禮。故以擯言。主人北面拜而稽顙。君舉弔辭。祝以相君先踊。君乃視祝而踊。君踊畢。主人乃踊。張子載曰。殷。衆也。殷奠者以盛此禮報事。衆人執物以進。所以表其勤也。是以殷奠不足。則取諸大功以下。又不足。則反之。是知用人之多也。其進之也。必執一物以進。薦。薦有不盡。則反之。却來取以再薦之也。易言殷薦之上帝。亦是衆進之義。方氏苞曰。巫以桃茢驅鬼。故止於門外。以示在路祓除。而非爲死者設也。義疏云。於士既殯而往。謂殯日者。禮之常。於大夫亦既殯而往者。或君有故。朝會疾病之事。不及其斂也。孫氏希旦曰。上云於士既殯而往。謂殯日既殯之後也。此云既殯而往。謂殯後葬前也。君往無常期。故先使人告之。小臣執戈。君之常儀。故左傳二執戈者前矣。非謂臨喪辟凶邪也。此既有巫。則亦有桃茢也。君稱言者。蓋擧其慰問主人之辭。非弔辭也。禮案人君出入。必有非常之備。故使小臣執戈。以防衛也。君於國中無客禮。故卽位於阼。猶天子之於諸侯也。**大夫則奠可也。士則出俟於門外。命之反奠。乃反奠。卒奠。主人先俟於門外。君退。主人送於門外拜稽顙。**鄭注迎不拜。拜送者，拜迎則爲君之答已。孔疏此明君來弔士與大夫。其禮不同。大夫則君在阼。主人在庭。踊畢則釋此殷奠於殯可也。言對人君可爲此奠。士卑不敢留君待奠。故先出俟君於門外。謂君將去也。君使人命反設奠。士乃反入設奠。卒奠。奠畢也。主人又先出門待君。大夫士同。然君去主人於門外送之而拜也。案僖二十四年左傳。宋三代之後。於周爲客。有喪拜焉。其餘諸侯來弔國喪。以其卑主不拜之。若宋來弔。王用敵禮拜謝之。亦是主人拜賓之義也。禮案則奠可也。謂大夫可以當君未反而設奠也。士則出俟於門外。示不敢當君而設奠。待送君反駕而後奠。故君命之奠乃奠也。不拜迎而拜送者。喪禮然也。**君於大夫疾。三問之。在殯。三往焉。士疾。壹問之。在殯。壹往焉。**鄭注所以致殷勤也。孫氏希旦曰。在殯而往者。謂既弔又於殯後更往。以致其慰問殷勤之意。卽上文大夫既殯而君往是也。然士喪禮不見有殯後君弔之禮。此蓋謂於君有親屬之恩。故在殯又往與。禮案君問臣疾。已見雜記下。在殯三往者。不必君親往也。或其大夫係社稷之臣。君恩加隆。未襲而往。則并親視大小斂。爲三矣。或使人顧問其家。若檀弓下歡主人主婦室老之屬。**君弔則復殯服。**鄭注復反也。反其未殯未成服之服。新君事也。謂臣喪既殯後。君乃始來弔也。復或爲服。孔疏謂臣喪大斂與殯之時。君有故不得來。至殯後主人已成服。而君始來弔。主人則反服殯時未成服之服。苴絰免布深衣也。不散帶。故小記云。君弔雖不當免時也。主人必免。不散麻。注云爲人君變貶於大斂之前。既啓之後也。孫氏希旦曰。君弔主人必免。親者皆免。其齊斬之服無變也。注疏謂殯服不變爲殯時未成服之服非也。小記曰。君弔必皮弁錫衰。主人未喪服。則君亦不錫衰。則君弔於殯後。主人之服不變也。惟加免爲異耳。禮案君弔則復殯服者。鄭注小記云。尊人君爲之變也。**夫人弔於大夫士。主人出迎於門外。見馬首。先入門右。夫人入。升堂卽位。主婦降自西階。拜稽顙於下。夫人視世子而踊。奠如君至之禮。夫人退。主婦送於門內拜稽顙。主人送於大門之外不拜。**鄭注視世子而踊。世子從夫人。夫人以爲節也。世子之從夫人。位如祝從君也。孔疏此明夫人弔臣禮。先入門右。門亦大門也。孝子迎君之妻。亦如迎君禮也。主婦臣妻也。夫人來弔。故婦人爲主人。世子夫人之世子。隨夫人來也。夫人來弔。則世子在前道引其禮。如祝道君也。奠如君至之禮者。亦先戒乃具殷奠。夫人卽位哭後。主婦拜竟。而設奠事。如君弔禮者。若士則亦主人先出而聽命反奠也。夫人退。主婦送於門內。門寢門也。婦人迎送不出門。故夫人去。於路寢門內拜送之。主人送於大門外。喪無二主。主婦已拜。故主人不拜。應氏鏞曰。婦人迎送不下堂。而特至門者。爲所尊變也。其來也主人迎於門外。送亦如之。

所以代主婦而伸敬也。門外者男子之所有事。婦人雖對所尊。而不敢變也。孫氏希旦曰。夫人於大夫士。既殯而往。升堂卽位於阼階上。拜稽顙於阼階下中庭。必主婦者。喪禮男主拜男賓。女主拜女賓。雖於君夫人之弔亦然也。世子非所以相夫人之禮事者。周禮女巫。王后弔則與祝前。祝謂天官女祝也。則夫人之弔。當女巫止於門外。女祝代之。而詔相其禮矣。前云君視祝而踊。則夫人當視女祝而踊。世子蓋女祝之誤也。禮案說是也。若夫人世子同弔。則主婦拜夫人。主人當拜世子。此記主人不拜。自非世子也。蓋世子國之儲貳。非巫祝待御之比。屬於夫人。而可禮夫人。不禮世子乎。雖然國君夫人。不能具官。若王后之有女巫女祝。然既出弔。當有巫前及世婦相禮。此子字疑婦字之誤與。

大夫君不迎於門外。入卽位於堂下。主人北面。衆主人南面。婦人卽位於房中。若有君命。命夫命婦之命。四鄰賓客。其君後主人而拜。鄭注入卽位於下。不升堂而立阼階之下西面。下正君也。衆主人南面於其北。此婦人卽位於房中。君雖不升堂。猶辟之也。後主人而拜者。將拜賓使主人陪其後。而君前拜。不俱拜者。主人無二也。孔疏此明大夫君之禮。不迎於門外者。貶於正君。大夫君入卽位於阼階下而西鄉。主人適子也。位在君之南北面。衆主人南面。婦人之位在堂。其君既來。故並爲位於東房中。亦總正君來禮如此也。不言大夫君妻來者。當同夫人禮也。前君臨大斂。云主婦尸西。大斂哀深。故不辟也。今殯後哀殺。故辟也。若當此大夫君來弔時。或有其本國君命。或大夫命婦之命。或鄰國卿大夫遣使來弔。或有諸侯在庭。則此大夫君代主人拜命。及拜諸賓。以喪用尊者故也。雖代爲主。而猶不敢同於國君。專代爲主。故以主人陪置君後。君先拜。主人後拜也。孫氏希旦曰。大夫君卽位於堂下。非徒下正君。亦爲不可以君道臨其臣之賓客也。代主人拜賓。亦猶諸侯弔於異國之臣。其君爲主之義。然君命與命夫命婦之命。及四鄰賓客來弔。大夫君與主人之位不同。若君命則弔者升堂西面。大夫君當在中庭稽顙。主人北面於門內之右。在大夫之後。哭而不拜也。若命夫命婦之命。及四鄰賓客來弔。則弔賓卽位於阼階之南。大夫君東面拜之。主人亦東面。立於大夫君之後。哭而不拜也。疏謂君拜在前。主人拜在後。則是喪有二孤矣。此季康子之所以見譏也。禮案大夫君謂死者或主人之仕於家者也。故稱此家之大夫爲君。此君來弔。不由阼階升堂。卽位於阼者。大夫君亦人臣。不敢有其室也。既殯而弔。無事於尸。故婦人卽位於房中也。

君弔見尸柩而后踊。鄭注塗之後。雖往不踊也。踊或爲哭。或爲浴。孔疏君弔臣唯見尸柩乃踊。若不見尸柩則不踊。案前文既殯。君往。視祝而踊。皇氏云。雖殯未塗。則得踊也。孫氏希旦曰。見尸謂未殯時。見柩謂未葬時也。故上言既殯君往。視祝而踊。若既葬君弔。則不踊也。檀弓曰。葬也者藏也。又曰反而亡焉失之矣。殯時柩雖在塗內。猶爲未藏未亡也。禮案此言君弔其臣。爲亡者非爲存者也。故必見尸柩而哭踊。

大夫士若君不戒而往。不具殷奠。君退必奠。鄭注榮君之來。孔疏君不先戒。故臣不得具殷奠。君去後必設奠告殯。以榮君來故也。孫氏希旦曰。殷奠非倉卒可具。不具殷奠。亦爲不敢久留君也。禮案君退必奠亦設殷奠也。

君大棺八寸。屬六寸。椑四寸。上大夫大棺八寸。屬六寸。下大夫大棺六寸。屬四寸。士棺六寸。鄭注大棺之在表者也。檀弓曰。天子之棺四重。水兕革棺被之。其厚三寸。杝棺一。梓棺二。四者皆周。此以內說而出也。然則大棺及屬用梓。椑用杝。以是差之。上公革棺不被。三重也。諸侯無革棺。再重也。大夫無椑。一重也。士無屬。不重也。庶人之棺四寸。上大夫謂列國之卿也。趙簡子云。不設屬椑時僭也。孔疏此以下至篇末。總論君大夫士等棺槨及飾棺并碑綍之殊。天子之棺四重。都合厚二尺四寸。上公棺則去水皮。餘三重。合厚二尺一寸。侯伯子男又去兕皮。爲二重。合厚一尺八寸。上大夫又去椑。所餘屬六寸。及大棺八寸。爲一重。合厚一尺四寸。下大夫亦有屬四寸及大棺六寸。合厚一尺。若士則不重。唯大棺六寸。檀弓從內而說。以次出外。謂近尸有水革。次外有兕革。次外有椑。次外有屬。次外有大棺。此先云大棺及屬乃始云椑。是從外鄉內而說。故知大棺及屬當梓棺。椑當杝棺也。案檀弓孔子爲中都宰。制四寸之棺。五寸之槨。是庶人棺四寸。案哀二年趙簡子與鄭戰於鐵。簡子自誓云。桐棺三寸。不設屬椑。下卿之罰也。大夫依禮無椑今云罰始無椑。故知當時大夫常用椑。是時僭也。黃氏震曰。大棺以其包於外。故曰大。屬則連屬於大棺。故曰屬。椑則親身而逼近。故曰椑。禮案士無屬。惟一棺親身。故無所謂大。君裏棺用朱綠用雜金鐕。大夫裏棺用玄綠用牛骨鐕。士不綠。鄭注鐕所以琢著裏。孔疏此明裏棺之制。謂以繒貼棺裏也。朱繒貼四方。綠繒貼四角。定本經中綠字皆作琢。謂鐕琢朱繒貼著於棺也。雜金鐕者。鐕。釘也。舊說云。用金釘。又用象牙釘。隱義云。雜金。尚書貢金三品。黃白青色。大夫裏棺四面玄。四角綠。士悉用玄。亦同大夫用牛骨鐕也。吳氏澄曰。案定本近是。蓋裏棺兼用綠色無義。若讀綠爲琢。則朱玄句絕。琢字屬下句。士用玄裏棺與大夫同。但不用釘琢之爲異耳。姚氏際恆曰。鐕簪同。棺與蓋際。鑿爲坎形。橫納之使固。如簪笄之用。故名鐕。君用雜金。大夫用牛骨也。崔氏應榴曰。張氏曰。案鐕說文綴著物者。則綠字是綴字之誤。綴者綴繒於棺也。鐕即今漆工所用之灰屑也。君用雜金屑最堅固。大夫用牛骨屑次之。今民間疑用瓦屑。即此鐕也。士不綴無裏也。禮案定本綠皆作琢。是也。琢治也。言君大夫之棺皆治其裏。惟士不治其裏也。君蓋用漆三衽三束。大夫蓋用漆二衽二束。士蓋不用漆。二衽二束。鄭注用漆者塗合牝牡之中也。衽小要也。孔疏此明衽束之數。蓋棺上蓋也。用漆謂漆其衽合縫處也。衽謂燕尾合棺縫際也。束謂以皮束棺也。棺兩邊各三衽。每當衽上。輒以牛皮束之。故云三衽三束。大夫士橫衽有二。每衽有束。故云二束。士卑不用漆。衽束與大夫同。檀弓云。棺束縮二衡三者。據君言也。若大夫士橫唯二束。此文是也。孫氏希旦曰。此云三束二束。惟據其橫者言之。諸侯之衽與束。其橫者與天子同。則其縮者亦同矣。大夫士橫者二。則其縮者一。與禮案古棺意必無釘。故合蓋而用衽束以爲固也。君大夫鬊爪實於綠中。士埋之。鄭注綠當爲角聲之誤也。角中謂棺內四隅也。鬊亂髮也。將實爪髮棺中。必爲小囊盛之。此綠或爲簍。孔疏此明鬊爪之異。綠即棺角也。其死者亂髮及手足之爪。實於小囊。實於棺角之中。士賤亦有物盛髮爪而埋之。孫氏希旦曰。綠當作簍。檀弓曰。設簍翣。簍柳也。實於簍中者。殯時置棺外。及葬則實於棺外柳內也。俞氏樾曰。案棺內四隅直謂之角可耳。不必言角中也。此綠字當從段氏玉裁讀爲裯。說文則裯棺中縑裏也。裯讀若雕。雕從周聲。而此綠字鄭云或爲簍。裯之與簍。猶雕之與鏤。皆一聲之轉也。禮案上文云。君沐浴。小臣爪足爪手翦須棄於坎。士喪禮謂巾柶鬠蚤埋於坎。然則士均埋之。君實於綠中者。亦惟鬠耳。

君殯用輴。欑至於上。畢塗屋。大夫殯以幬。欑至於西序。塗不暨於棺。士殯見衽。塗上帷之。

鄭注欑猶叢也。屋殯上覆如屋者也。幬覆也。暨及也。此記參差以檀弓參之。天子之殯。居棺以龍輴。欑木題湊。象槨上四注如屋以覆之。盡塗之。諸侯輴不畫龍。欑不題湊象槨。其他亦如之。大夫之殯廢輴。置棺西牆下。就牆欑其三面。塗之。不及棺者。言欑中狹小。裁取容棺。然則天子諸侯。差寬大矣。士不欑。掘地下棺。見小要耳。帷之鬼神尙幽闇也。士達於天子皆然。幬或作錞。或作埻。孔疏此明尊卑殯之制度。諸侯殯時。置棺於輴內。以木欑輴於棺。有似屋形。欑訖盡塗其屋。幬謂棺衣覆之也。大夫言幬覆。則王侯並幬覆也。西序屋堂西頭壁也。大夫不輴。又不四面欑。以一面倚西壁。而三面欑之。又上不爲屋也。王侯塗之而欑廣。去棺遠。大夫亦塗而欑狹。去棺近。裁使塗不及棺。故云不暨棺也。士掘肂見衽。其衽上所出處。亦以木覆上而塗之。士喪禮云。乃塗。注云以木覆棺上而塗之。爲火備也。帷障也。貴賤悉然。故朝夕哭。乃徹帷也。但凡殯之禮。天子先以龍輴。置於客位殯處。然後從阼階舉棺於輴中。輴外以木叢輴之四邊。木高於棺。乃從上加綃黼於棺上。然後以木題湊。題頭也。湊鄉也。謂木頭相湊鄉內也。象槨上之四注以覆之。如屋形。以泥塗之於屋上。又加席三重於殯上。其諸侯則居棺以輴。亦叢木輴外。木高於棺後加布幕於棺上。又叢木於塗上。不題湊象槨也。亦中央高塗屋形。但不爲四注。故經云畢塗屋。總包君也。方氏苞曰。不暨於棺。乃對君畢塗。士塗上而言。暨猶既也。大夫似。三面貼序壁西面不塗。則所塗不遍於棺。自君至士。皆欑外加塗。塗外復有帷帳以蔽之。君四注其形如屋。故名屋。大夫三面名幬。士覆棺而下被於衽。故名帷。畢塗屋者。盡塗之而外加幬也。孫氏希旦曰。殯所以爲火備。蓋棺柩重大。猝難移徙。故預爲之備也。輴車天子畫龍爲轅。諸侯不畫龍。欑叢木也。塗以土塗之也。屋者言其題湊之形。中高而旁下。如屋形也。左傳宋葬文公。槨有四阿。言其僭天子也。天子槨有四阿。其菆塗象槨。亦爲四阿可知。諸侯槨不得爲四阿。則爲兩下之形象槨也。四阿者殿屋之形。兩下者。夏屋之形。故檀弓言。天子之殯。此言諸侯之殯。而皆曰畢塗屋也。禮案天子諸侯。殯於輴車。設有非常。可以設撥移徙。若大夫倚壁而塗三面。士掘肂見衽。而塗其上。竊恐殯宮失愼。而所殯未必獲全也。

熬君四種八筐。大夫三種六筐。士二種四筐。加魚腊焉。

鄭注熬者煎穀也。將塗設於棺旁。所以惑蚍蜉。使不至棺也。士喪禮曰。熬黍稷各二筐。又曰設熬旁各一筐。大夫三種加以粱。君四種加以稻。四筐則手足皆一。其餘設於左右。孔疏此明熬穀之異。熬者謂火熬其穀使香。欲使蚍蜉。聞其香氣。食穀不侵尸也。魚腊謂乾腊。案特牲士腊用兔。少牢大夫腊用麋。天子諸侯無文。當用六獸之屬。亦爲惑蚍蜉。敖氏繼公曰。孝子以尸柩既殯。不得復奠於其旁。雖有奠在室。而不知神之所在。故置熬於棺旁。亦所以致其愛敬也。方氏苞曰。熬君四種八筐。棺旁用熬穀魚腊。豈穿坡時。以引蛾虫迹其窟穴。而掘去之。而非下棺後所用與。郝氏懿行曰。注熬以爲惑蚍蟻。恐適以召之也。古禮此類殊不可曉。孫氏希旦曰。加魚腊蓋以臘節析之。而與魚各加於每筐之中也。葬時槨內有黍稷遣奠之屬。故殯時略仿其禮。亦有熬與黍稷之屬皆孝子事死如事生之意。禮案此與喪禮。飯用米同意。皆所以滋蠹也。故敖說近理。注疏非也。飾棺。君龍帷三池。振容黼荒。火三列。黻三列。素錦褚加僞荒。纁紐六。齊五采五貝。黼翣二。黻翣二。畫翣二。皆戴圭。魚躍拂池。君纁戴六。纁披六。大夫畫帷二池。不振容。畫荒。火三列。黻三列。素錦褚。纁紐二。玄紐二。齊三采三貝。黻翣二。畫翣二。皆戴綏。魚躍拂池。大夫戴前纁後玄。披亦如之。士布帷布荒一池。揄絞。纁紐二。緇紐二。齊三采一貝。畫翣二。皆戴綏。士戴前纁後緇。二披用纁。鄭注飾棺者以華道路及壙中。不欲衆惡其親也。荒蒙也。在旁曰帷。在上曰荒。皆所以衣柳也。士布帷布荒者。白布也。君大夫加章焉。黼荒緣邊爲黼文。畫荒緣邊爲雲氣。火黻爲列於其中耳。僞當爲帷。或作於聲之誤也。大夫以上。有褚以襯覆棺。乃加帷荒於其上。紐所以結連帷荒者也。池以竹爲之。如小車笭。衣以青布。柳象宮室。縣池於荒之爪端。若承霤然。云君大夫以銅爲魚。縣於池下。揄揄翟也。青質五色。畫之於絞。繒而垂之。以爲振容。象水草之動搖。行則又魚上拂池。雜記曰。大夫不揄絞。屬於池下。是不振容也。士則去魚。齊象車蓋蕤。縫合雜采爲之。形如瓜分。然後綴貝絡其上及旁。戴之言值也。所以連繫棺束與柳材。使相值。因而結前後披也。漢禮翣以木爲筐。廣三尺。高二尺四寸。方兩角高。衣以白布。畫者畫雲氣。其餘各如其象。柄長五尺。車行使人持之而從。旣窆樹於壙中。檀弓曰。周人牆置翣。是也。綏當爲緌。讀如冠蕤之蕤。蓋五采羽注於翣首也。孔疏此明葬時尊卑棺飾。帷柳車邊障也。以白布爲之。王侯皆畫爲龍。人君之德、故云龍帷。池謂織竹爲籠。衣之青布。挂著柳上荒邊爪端。象平生宮室。有承霤也。天子四注屋。四面承霤。柳亦四池象之。諸侯屋亦四注。而柳降一池。闕於後一。故三池也。振動也。容飾也。以絞繒爲之。長丈餘。如幡。畫雉。縣於池下爲容飾。車行則幡動。故曰振容。荒柳車上覆。謂鱉甲也。緣荒邊爲白黑斧文。列行也。黼文之上。荒中央。又畫爲火三行。火形如半環。又畫爲兩己相背爲三行也。素錦白錦也。褚屋也。於荒下用白錦爲屋而加帷荒於褚外。上蓋與邊牆相離。故以纁爲紐連之相著。旁各三。凡用六紐也。齊五采。謂鱉甲上當中央。形圓如車蓋。高三尺。徑二尺餘。人君以五采繒衣之。列行相次。又連貝爲五行。交絡齊上也。翣形似扇。以木爲之。在路則障車。入槨則障柩。禮器云。天子八翣。諸侯六。大夫四。鄭注縫人云。漢禮器制度。飾棺天子龍火黼黻皆五列。又有龍翣二。其戴皆加璧也。諸侯六翣。兩角皆戴圭玉也。凡池必有魚。故縣銅魚於池下。車行則魚跳躍上拂池也。君纁戴六者。事異飾棺。故更言君也。纁戴謂用纁帛繫棺紐著柳骨也。棺橫束有三。亦每束兩邊屈皮爲紐。三束有六紐。今穿纁戴於紐以繫柳骨。故有六戴也。纁披亦用絳帛爲之。以一頭繫所連柳纁戴之中。而出一頭於帷外。人牽之。每戴繫之。故亦有六也。謂之披者。若牽車登高則引前以防軒車。適下則引後以防翻車。欹左則引右。欹右則引左。使車不傾覆也。大夫帷不得爲龍、畫爲雲氣。二池者不得三也。庾云兩邊而已。不振容者。不以揄絞屬於池下也。畫荒不爲斧。而爲雲氣也。火三列。黻三列。素錦褚者。與君同也。紐不得六。故用四。不容并一色。故二纁二玄也。齊三采同用四也。絳黃一黑也。三貝者又降二也。翣降兩黼，翣角不圭，止用五采羽作緌。無綏雉而有縣魚。戴不並用纁，其數與披。士唯一池在前，亦揄雉於池。紐降用玄纁，四紐連四旁也。齊與大夫同。一貝者又降二行，但一行絡之耳。翣降四，黻前纁後緇者，戴當棺束，通兩邊爲四戴也。舉一邊即兩戴也。翣入壙中，則餘物堪入壙中者皆入也。賈氏公彥曰：齊居柳之中央，以若人之臍居身之中央也。戴兩頭皆結於材，又以披在棺上絡過，然後貫穿戴之。連繫棺束者，乃結於戴，餘披出之於外，使人持之，以備傾劇也。陸氏佃曰：荒一名爲荒，以死爲反眞宅，則所謂物皆僞也。孫氏希旦曰：棺飾蓋以柳不爲骨，衣以繒綵，而外加帷荒焉，故或謂之柳，指其木材言之也；或謂之牆，言其四周於棺，有似宮室之牆也。二池在前後，大夫屋南北有承霤，故其池象之。士喪禮注云：齊以三采朱白蒼，此疏以爲絳黃黑，絳乃降字之誤，言大夫降於人君，小黃黑二色也。王氏引之曰：士二披左右各一，其色但用纁也。士戴前纁後緇，今後緇之戴無披，故但有前二披也。禮案此即荀子禮論所謂故死之爲道也，不飾則惡，惡則不哀，故變而飾，所以滅惡也。故有翣蔞文章之等以敬飾之，棺槨其貌象版蓋斯象拂也，無帾絲歶縷翣其貌，以象菲帷幬尉也。**君葬用輴，四綍二碑，御棺用羽葆。大夫葬用輴，二綍二碑，御棺用茅。士葬用國車，二綍無碑，比出宮，御棺用功布。**鄭注：大夫廢輴，此言輴非也。輴皆當爲載以輇車之輇，聲之誤也。輇字或作團，是以文誤爲國。輇車，柩車也。尊卑之差也。在棺曰綍，行道曰引，至壙將窆又曰綍，而設碑，是以連言之。碑，桓楹也。御棺居前，爲節度也。士言比出宮，用功布，則出宮而止，至壙無矣。綍或爲率。孔疏：此明葬時在路尊卑載柩之車及碑綍之等。君葬在路，當用輇車，用輴非也。綍有四條，碑有二所，此諸侯也。天子則六綍四碑。羽葆以鳥羽注於柄末，如蓋，而御者執之。大夫葬用輴，亦當爲輇。二綍二碑者，碑各一孔，樹於壙之前後，綍各穿之也。士葬用國車，亦當爲輇。二綍無碑者，手縣下之。御柩士用功布，大夫用茅，自廟至墓。士卑，御自廟至大門牆內而止，出路便否，至墓不復御也。隱義云：羽葆、功布等，其象皆如麾。此經論在道之時，未論窆時，當云引，而云綍與碑者，初在塗，後遂窆葬，故云也。連言之，至窆時下棺，天子則更載以龍輴，是天子殯用龍輴，至壙去蜃車，以此約之，諸侯殯以輴，葬用輇，明矣。大夫朝廟用輇，殯不用輴，葬亦無輴也。士朝廟用輁軸，若天子元士，葬亦用輁軸。天子用大木爲碑，謂之豐碑；諸侯則樹兩大木爲碑，謂之桓楹，謂每一碑樹兩楹也。郝氏懿行曰：檀弓言諸侯輴而設幬，而榆沈，故設撥，則葬用輴明矣。又言三臣廢輴而設撥，爲竊禮不中，似但譏公設撥，未必譏其用輴。注謂大夫廢輴，恐亦未然也。士無命車，故資於公家。義疏云：乘車皆高而有輻，惟重車則卑而無輻，其輪以全木爲之，故謂之輇，亦謂之輲，亦謂之蜃車。車中惟此用四輪，最安固，故以載棺。天子於輪畫龍，有似於盾，故謂之輴，其實與輇一也。國車，役車也，形制並同，但或用兩輪，不似輴輇之必用四輪。以兩輪共一軸，故謂之輁軸，其實國車亦一也。禮曰：端衰喪車皆無等是也。禮案既夕禮，商祝執功布以御柩執披，鄭注彼云：居柩車之前，若道有低仰傾虧，則以布爲抑揚左右之節，使引者執披者知之。則是士御柩亦已至壙可知，此注非也。**凡封，用綍去碑負引，君封以衡，大夫士以咸。君命毋譁，以鼓封；大夫命毋哭；士哭者相止也。**

鄭注：封，周禮作窆，下棺也。此封或皆作斂。檀弓曰：公輸若方小斂，般請以機封。謂此斂也。然則棺之入坎爲斂，與斂尸相似，記時同之耳。咸讀爲緘。凡柩車及壙，說載除飾，而屬紼於柩之緘，又樹碑於壙之前後，以紼繞碑間之鹿盧，輓棺而下之。此時棺下窆，使輓者皆繫紼而繞要負引，舒縱之，備失脫也。用紼去碑者，謂縱下之時也。衡，平也。人君之喪，又以木橫貫緘耳，居旁持而平之。又繫鼓爲縱舍之節。大夫士旁牽緘而已。庶人縣窆，不引紼也。禮，唯天子葬有隧。今齊人謂棺束爲緘。繩咸或爲緘。孔疏：此論尊卑下棺之制。下棺時，將綍一頭以繫棺緘，又將一頭繞碑間鹿盧，所引之人在碑外，背碑而立，負引者漸漸應鼓聲而下，故云用綍去碑負引也。以諸侯禮大，物多，棺重，恐柩不正，下棺之時，別以大木爲衡，貫穿棺束之緘，平持而下，備傾頓也。大夫士無衡，使人以紼直繫棺束之緘，下於君也。君下棺時，命令衆人無得喧譁，以鼓封者，繫鼓爲縱舍之節，每一鼓漸縱綍也。大夫卑，直命人使無哭耳。士又卑，哭者自相止也。諸侯四綍二碑，前後二綍，各繞前後二碑之鹿盧，其餘兩紼於壙之兩旁，人輓之而下。其天子則下檀弓注云：六綍四碑，前後各重鹿盧，每一碑用二綍，前後用四綍，其餘兩綍繫於兩旁之碑。諸侯不重鹿盧，前碑後碑各一紼，其餘二紼在旁，人持而下棺耳。經云紼去碑，謂前後紼耳，在旁之紼無碑也。孫氏希旦曰：君封以衡者，諸侯下棺，以木貫於棺束，而以綍繫之，其木橫而平正，若稱之衡然也。大夫士以緘者，大夫士不得用衡，直以綍繫於棺緘也。命毋譁者，主徒役者命之，蓋鄉師、遂師之屬也。以鼓封，又擊鼓以爲下棺縱舍之節也。大夫命毋哭，蓋其宰命之也。大夫但命毋哭，則不得擊鼓也。命毋譁者，命徒役之辭也。命毋哭者，命主人以下之辭也。君不命毋哭，君尊，不敢直命也。士哭者相止，主人以下自相止勿哭也。周禮鄉師：及葬，執斧以涖匠師。冢人：及窆，執斧以涖。諸侯窆以鼓，或未必用斧與。禮案：相止也者，相者使止哭也。猶檀弓下司徒敬子之喪，夫子相也。士下棺時不出命使人毋哭，故視相者止哭，衆亦止也。

君松槨，大夫柏槨，士雜木槨。

鄭注：槨謂周棺者也。天子柏槨以端長六尺，夫子制於中都，使庶人之槨五寸。五寸謂端方也。此謂尊者用大材，卑者用小材耳。自天子諸侯卿大夫士庶人六等，其槨長自六尺而下，其方自五寸而上，未聞其差所定也。抗木之厚，蓋與槨方齊。天子五重，上公四重，諸侯三重，大夫二重，士一重。孔疏：此明所用槨木不同。諸侯用松爲槨材。盧云：以松黃腸爲槨。庾云：黃腸，松心也。大夫柏槨，不用黃腸，下天子也。士卑，不得同君，故用雜木也。案檀弓柏槨以端長六尺，注云其方蓋一尺，以此差之，諸侯方九寸，卿方八寸，大夫七寸，士六寸，庶人五寸。雖有此約，又無正文可定。云抗木之厚蓋與槨方齊者，以槨繞四旁，抗木在上，俱在於外，故疑厚薄齊等。云天子五重以下者，據抗木之數言之，每一重縮二在下，衡三在上，故既夕注云象天三合地二也。郝氏懿行曰：春秋傳云，魏獻子卒於甯，范獻子去其柏槨，是也。義疏云：孟子言古者棺槨無度，中古棺七寸，槨稱之，自天子達於庶人。則鄭孔所云棺槨厚薄之異，未必確也。特考古者不可不存其說耳。禮案：說是也。論語謂孔子中都之制本無貴賤之異，且周禮在魯，共先棺槨既無定制，則周道可知。

棺槨之閒，君容柷，大夫容壺，士容甒。

鄭注：間可以藏物，因以爲節。孔疏：此明棺椁之間廣狹所容也。柷如漆筩，是諸侯棺椁間所容也。若天子棺椁間，則差寬大，故司几筵云柏席用萑。玄謂柏椁字摩滅之餘，椁席藏中神坐之席是也。諸侯棺椁間亦容席，故司几筵云柏席。諸侯則紛純。稍狹於天子。故此云容柷。壺是漏水之器。大夫所掌。甒盛酒之器。士所用也。方氏慤曰。柷方二尺四寸。深一尺八寸。壺大一石。甒五斗。則其所容之大小可知。君必以柷。則與狄人設階同義。孫氏希旦曰。凡藏器於棺椁之間。君之藏器柷爲大。大夫之藏器壺爲大。士之藏器甒爲大。以此爲廣狹之度也。據司几筵則諸侯椁內有席。席制三尺三分寸之一。則視柷爲大。今不據席而據柷者。豈諸侯椁內之席。小於常席與。禮案此不過約舉以爲節耳。實則藏器於棺椁。尚有木桁以庋苞筲罋甒之屬。以實見間。則其寬廣當不止容柷容壺容甒矣。

君裏椁虞筐。大夫不裏椁。士不虞筐。鄭注裏椁之物。虞筐之文未聞也。孔疏盧氏雖有解釋。鄭云未聞。今略盧氏不錄也。吳氏澄曰。言君之椁有物裏之。而又有虞筐。大夫雖不裏椁。而猶有虞筐也。士則並虞筐亦無。朱氏軾曰。裏椁猶前言裏棺。姜氏兆錫曰。虞之言安也。俞氏樾曰。筐當爲匡。古字同。匡當也。鄭注解上文黼翣曰。漢禮翣以木爲匡。正義曰。若門戶四面筐也。然則裏椁虞筐亦謂椁四面之筐矣。上文君容柷。大夫容壺。是君大夫棺椁之間。相距甚寬。故君裏椁虞筐。言既爲之裏。而其四面匡當。又必有以承藉之。使棺在椁得安也。學者不知筐匡之同字。故莫得其解。禮案俞說近是。但大夫言不裏椁。士言不虞筐。又似有兩物。既夕禮士無虞筐。與此合。惟大夫以上喪禮失傳。莫得而詳也。

禮記通釋卷五十九

玉環戴禮

祭法第二十三

孔疏案鄭目錄云。名曰祭法者。以其記有虞氏至周天子以下。所祭祀羣神之數。此於別錄屬祭祀。孫氏希旦曰。此篇篇末夫聖王之制祭祀也以下。見於國語。爲展禽論臧文仲祀爰居之言。至其中間所言。不見於國語者。多有詭異。而考之其他經傳。往往不合。禮記固多出於漢儒。而此篇尤駮雜不可信。禮案說是也。篇末取之魯語。猶大戴禮勸學之取荀子。明出漢人。而非七十子之書也。名之祭法者。以首舉天子諸侯郊禘之大典。可爲後王所取則。故謂之祭法也。

祭法。有虞氏禘黃帝而郊嚳。祖顓頊而宗堯。夏后氏亦禘黃帝而郊鯀。祖顓頊而宗禹。殷人禘嚳而郊冥。祖契而宗湯。周人禘嚳而郊稷。祖文王而宗武王。

鄭注禘郊祖宗。謂祭祀以配食也。此禘謂祭昊天於圜丘也。祭上帝於南郊曰郊。祭五帝五神於明堂曰祖宗。祖宗通言爾。下有禘郊祖宗。孝經曰。宗祀文王於明堂。以配上帝。明堂月令。春曰其帝大昊。其神句芒。夏曰其帝炎帝。其神祝融。中央曰其帝黃帝。其神后土。秋曰其帝少昊。其神蓐收。冬曰其帝顓頊。其神玄冥。有虞氏以上尙德。禘郊祖宗。配用有德者而已。自夏已下。稍用其姓氏之先後之次。有虞氏夏后氏宜郊顓頊。殷人宜郊契。郊祭一帝。而明堂祭五帝。小德配寡。大德配衆。亦禮之殺也。孔疏此論有虞氏以下四代禘郊祖宗所配之人。有虞氏冬至祭昊天上帝於圜丘。大禘之時。以黃帝配之。祖顓頊而宗堯者。謂祭五天帝五人帝及五人神於明堂。以顓頊及堯配之。故云祖也。宗尊也。以有德可尊。故云宗。其夏后氏以下。禘郊祖宗。其義亦然。但所配之人。當代各別。虞氏云有者。以虞字文單。故以有字配之。夏云后氏者。后君也。受位於君。故稱后。殷周稱人。以人所歸往。故稱人。此並熊氏之說也。趙氏匡曰。虞氏禘黃帝。蓋舜祖顓頊。出於黃帝。所謂禘其祖之所自出也。郊嚳者。帝王郊天。當以始祖配。則舜合以顓頊配天。爲身繼堯緒。不可舍唐之祖。故推嚳以配天。而舜之世系出自顓頊。故以爲始祖。凡始祖者。創業傳世之所自來也。宗者。德高而可尊。其廟不遷也。楊氏復曰。有虞氏郊嚳。夏后氏郊鯀。殷人郊冥。周人郊稷者。顓頊舜之祖也。有虞氏當以顓頊配天。爲身嗣堯位。故推帝嚳以配天。而以顓頊爲始祖。仁之至。義之盡也。鯀治水。非無功也。以其蔽於自用。而績用弗成。禹能修鯀之功。則前日未成之功成矣。故夏后氏以鯀配天也。冥。契六世孫也。冥勤其官而水死。其功烈與先聖並稱。故殷人以冥配天也。禮以祖配天。后稷周之大祖。顓頊氏安世曰。此蓋經生用其師說。推次而上。以爲當然。非必有明文可據也。禮記文體。如此者多。如有虞氏官五十。夏后氏官百。殷二百。周三百。亦是以數相推。後人必欲爲之考實。難矣。案此經作者已於篇末自解其意。先序帝嚳堯舜鯀禹之功。次序黃帝顓頊冥湯文武之功。以爲此皆有功烈於民者也。故聖王祀之。非此族也。不在祀典。則此人之師說。蓋謂郊禘祖宗。皆擇有功烈者祀之爾。吳氏澄曰。祖者始祖也。宗者。百世不遷之廟。與祖同。萬氏斯大曰。周人祖文王而宗武王。東周之更制也。洛誥言王在新邑。烝祭歲。

文王騂牛一。武王騂牛一。不既有文武廟乎。觀襄王賜胙。小白辭曰。天子有事於文武。文武之爲祖爲宗。又一何疑哉。展禽居僖文之代。就所見聞以爲言。而祭法因之。故止及東周之更制耳。禮案說范云。三歲一祫。五歲一禘。祫者合也。禘者諦也。祫者大合祭於祖廟也。禘者諦昭穆而差優劣也。攷夏后氏所郊之鯀。非禹父乃其始祖名鯀。後以爲氏。故傳至禹父亦稱鯀也。竹書紀年顓頊三十載産鯀。後四十八年陟。又歷高辛十三年。摯九年。堯卽位六十一年。計前後相距一百八十一年。而堯始命之治水。無是理矣。三統歷顓頊五代而生鯀。蓋禹始父也。其説誤於左氏國語。漢儒因之耳。且以被罪而殛。雖子爲天子。而祀以配天。亦過矣。況王者郊祀。必以始祖配。禹父非始祖。則此配天之鯀。自非舜所殛之鯀明矣。冥。玄冥也。紀年云。少康三年使商侯冥治河。帝杼十三年冥死於河。冥以有水功。故稱玄冥。而月令所以祀以配顓頊是也。夫郊之祭。大報天。性之本也。故配以始祖。類之本也。若子爲天子。必以父配天。斯舜宜郊瞽。殷不當郊冥矣。

燔柴於泰壇。祭天也。瘞埋於泰折。祭地也。用騂犢。鄭注。壇折封土爲祭處也。折炤晳也。必爲炤明之名。尊神也。地陰祀。用黝牲。與天俱用犢。連言爾。孔疏此論祭感生之帝於南郊。神州地祇於北郊也。燔柴謂積薪於壇上。而取玉及牲置柴上燔之。使氣達於天也。案禮器云。至敬不壇。此云燔柴於泰壇者。謂燔柴在壇。設饌在地。義亦具禮器及郊特牲疏。案牧人云。陰祀用黝牲毛之。鄭注云。陰祀。祭地北郊及社稷也。又郊特牲云。郊之用犢。貴誠也。彼文雖主南郊。其北郊與天相對。故知俱用犢也。陸氏佃曰。此合祭之也。主天而已。故雖瘞埋。猶從祭天之牲也。案周書郊祀亦及聖帝明王。荀子所謂郊者。并百王於上天而祭祀之是也。蓋大報天神人鬼地示皆與。故曰禮行於郊。而百神受職焉。馬氏晞孟曰。燔柴於泰壇。所謂祭天於地上圜丘。瘞埋於泰折。所謂祭地於澤中方丘。折。旋中矩方也。萬氏斯大曰。太壇卽南郊之圜丘。太折卽北郊之地方丘。下文太社亦卽此也。蓋以其至尊而言。則曰太壇曰太社曰太折。以其形而言。則曰圜丘曰方丘。名雖殊。其實一也。祭天地皆用騂犢。第郊唯特牛。社則加羊豕。而爲大牢耳。焦氏循曰。案易大有傳。明辨晳也。虞翻作折。孫氏希旦曰。泰者尊之之稱也。壇以言其高。則知泰折之爲坎矣。折以言其方。則知泰壇之爲圜矣。禮案萬謂周祭天地。牲皆用騂。而周禮地官牧人云。陰祀用黝牲者。蓋祀社稷。雖或隨其地色。而用騂乃周所尚之色然也。檀弓上曰。周人尚赤。牲用騂。又明堂位周騂犅是也。

埋少牢於泰昭。祭時也。相近於坎壇。祭寒暑也。王宫。祭日也。夜明。祭月也。幽宗。祭星也。雩宗。祭水旱也。四坎壇。祭四方也。山林川谷丘陵。能出雲。爲風雨。見怪物。皆曰神。有天下者祭百神。諸侯在其地則祭之。亡其地則不祭。鄭注。昭明也。亦謂壇也。時。四時也。亦謂陰陽之神也。埋之者。陰陽出入於地中也。凡此以下。皆祭用少牢。相近當爲禳祈。聲之誤也。禳猶卻也。祈求也。寒暑不時。則或禳之。或祈之。寒於坎。暑於壇。王宫。日壇。王君也。日稱君。宫。壇營域也。夜明亦謂月壇也。宗皆當爲禜。字之誤也。幽禜亦謂星壇也。星以昏始見。禜之言營也。雩禜亦謂水旱也。雩之言吁嗟也。春秋傳曰。日月星辰之神。則雪霜風雨之不時。於是乎禜之。山川之神。則水旱癘疫之不時。於是乎禜之。四方卽謂山林川谷丘陵之神也。祭山林丘陵於壇。川谷於坎。每方各爲坎爲壇。怪物雲氣非常見者也。有天下謂天子也。百者假成數也。孔疏此總明四時以下諸神所祭之處。及明天子諸侯之禮。不同之事也。泰昭壇名。春夏爲陽。秋冬爲陰。若祈陰則埋牲。祈陽則不應埋之。今總云埋者。以陰陽之氣俱出入於地中。而生萬物。故並埋之。用少牢降於天地也。自此以下。及日月至山林。並少牢也。先儒並云不荐孰。唯殺牲埋之。寒暑之氣。應退而不退。則禳卻之。應至而不至。則祈求之。寒於坎。寒陰也。暑於壇。暑陽也。日神尊。故其壇曰君宮。月明於夜。故謂其壇爲夜明也。幽闇也。星夜出。故曰幽。水旱爲人所吁嗟。故曰雩禜也。四壇坎。四方各爲一坎一壇山林川谷丘陵。能出雲爲風雨見怪物。此四坎壇所祭之神也。怪物慶雲之屬。風雨雲露。並益於人。故皆曰神。天子祭天地四方。言百神。舉全數也。諸侯不得祭天地。若山林川澤在其封內。而益民者。則得祭之。如魯之泰山。晉之河。楚之江漢是也。亡無也。謂其境內地無此山川之等。則不得祭也。陸氏佃曰。星言幽。故月言明。周氏謂曰月爲陰。而盛於夜。故曰夜明。於星謂之幽者。以對月而言。則月爲明。而星爲幽也。水旱必謂之雩者。以祭旱爲主。蓋陰中之陽升則爲雨。故雩祭所以助達陰中之陽者也。四坎壇祭四方。豈蜡之祭四方百物之神。若先嗇之類。則祭於壇。若水庸之類。則祭於坎與。方氏愨曰。幽言其隱而小。揚雄曰。視日月而知衆星之蔑。故祭星之所謂之幽宗。宗尊也。祭祀無所不用其尊。詩曰。靡神不宗。泰壇泰折不謂之宗者。天地之大。不嫌於不尊也。馬氏晞孟曰。四時有生物之功。地主於成物。此其所以埋少牢以祭之也。攘者所以去其所不欲。祈者所以求其所欲。以意度之。禳在於坎。祈在於壇。雩者吁嗟以求水旱之辭。禜有去之意。先王之待水旱。人力已至。而猶有旱乾水溢。則爲雩禜以祭之。見人力有不勝於天時者也。山林川谷丘陵。民之所取財用也。而又能出雲爲風雨。而有澤以利於人。見怪物而有威。以敬於人。皆有不可測之神。故皆曰神。孫氏希旦曰。相近於坎壇。祭寒暑。疑卽周禮籥章迎寒逆暑之祭。而相近二字。孔叢子作祖迎。祖猶餞也。謂送其往也。迎謂逆其來也。寒暑循環。於其來者迎之。則於其往者送之矣。而四坎壇祭四方。則與周禮小宗伯兆山川丘陵墳衍。各因其方者正合。迎寒逆暑。用土鼓。其禮甚簡質。而山林川澤在地祇。亦非甚尊。諸侯社稷用少牢。則此二者用少牢亦宜。但四方爲地祇。固當瘞埋。而寒暑爲陰陽之氣。非專屬於地者。乃概用埋牲。亦恐未必然耳。禮案。幽宗雩宗。疑卽尙書舜典所謂六宗。月令所云天宗也。東漢李洽言尙書禮於六宗。六宗者上不及天。下不及地。旁不及四方。在六合之中。助天地化成萬物。諸侯在其地謂封疆之內之神。則祭之。若日月六宗。則非諸侯所得而祭者。亡其地則不祭。以其地之神見有守土者主其祭也。

大凡生於天地之間者皆曰命。其萬物死皆曰折。人死曰鬼。此五代之所不變也。七代之所更立者。禘郊祖宗。其餘不變也。

鄭注。生時形體異。可同名。至死腐爲野土。異其名。嫌同也。折棄敗之言也。鬼之言歸也。五代謂黃帝堯舜禹湯。周之禮樂。所存法也。七代通數顓頊及嚳也。所不變者。則數其所法而已。變之則通數所不法。爲記者之微意也。少昊氏修黃帝之法。後王所取焉。孔疏此論人死與萬物不同。及五代七代變與不變之事。總包萬物。故曰大凡。皆受天之賦命而生。故皆曰命。萬物無知。死皆曰折。人爲有識。故死曰鬼。此之名號。從黃帝正名百物以來。至堯舜禹湯及周。所不變更也。黃帝以下七代。所變易而立者。是禘之與郊。及宗祖也。除此外其餘社稷山川五祀之等。不改變也。鄭注七代。通數顓頊及嚳者。以上云禘郊祖宗。有顓頊及嚳。又易緯及樂緯其五蕤六英。是顓頊及嚳之樂故也。不變必數所法者。以五代以來不變。至周亦不變。法而象之。數所法五代而已。前七代變易更立。至周亦變易法象。故所變者。通數顓頊帝嚳。所不變法象者。謂之爲七代也。劉氏彝曰。易稱乾元資始者。萬物資於乾元以爲性命之始也。又曰坤元資生者。萬物資於坤元以爲形資之生也。是以萬物有不資始於天。則無以爲命。以兆乎其生也。故皆曰命焉。萬物有命也。有性也。有形也。有氣也。及其死。則折落顛墜。斷而不可續。故其死皆曰折焉。人也者。則與萬物異矣。不爲情之所遷。則其性正矣。克盡其性於禮義。則其命正矣。能正性命。則神完矣。神完則其存也。靜與未生同焉。其沒也。神與先不異矣。故鬼者歸也。歸其根。復其元。未嘗有夫死折之謂也。故其民之死。無貴賤也。皆曰鬼焉。非教化之隆。其能鬼之於既哉。故曰五代之所變者。謂唐虞夏殷周也。後世教化。不及於五代。則有死而與萬物同折者。由其變於五代之法乎。七代之所更立者。禘郊祖宗。蓋受命而至。各有所自。不得不變也。方氏慤曰。折言其有所毀。鬼言其有所歸。不變者所命之名也。更立者更立所祭之人也。名既當於實。故無事乎變。人既異於世。故必有所更立焉。名之不變。止自堯而下者。蓋法成乎堯而已。由堯以前。其法未成。其名容有變也。更立不及於黃帝者。蓋七代同出於黃帝。黃帝垂統於上。七代更立於下也。其餘不變。謂天地日月之類。前先祖而後宗者。遠近之序。此先宗而後祖者。親疏之序。陸氏佃曰。五代不數堯。堯舜一體也。故堯典也。而謂之虞書。孫氏希旦曰。命猶天命之謂性之命。人物之生。其形氣皆稟之於天。故生於天地之間者。皆曰命。折者。謂斷絕也。斷則不復續矣。鬼者氣之屈也。有屈則有伸矣。蓋人物之受命於天地雖同。然物則氣質昏濁。故其死也。謂之折。言其斷絕而不復續也。人爲萬物之靈。故其死也。屈而能伸。是以有昭明焄蒿悽愴之感。此立廟祭祀之法所由起也。上文言禘郊宗祖之所及。自黃帝以至於周。黃帝爲立法之祖。歷顓頊帝嚳唐虞三代。爲七代。專數唐虞三代。則爲五代。於所不變。特言七代者。以明禘郊宗祖之法。起於黃帝以來。而不始於虞也。其餘不變者。謂自天子以下。立廟多寡之法也。郭氏嵩燾曰。人死曰鬼。不能等諸萬物之化。因而有五代之祭。王者禘其祖之所自出。而立四廟。合之祖廟。則五代耳。古以來沿而不變者也。王者又通其變。而立二祧。於是有七廟之制。曰更立者。禘郊祖宗。有在七廟之中者。有在七廟之外者。其四世昭穆之序。與所推原以爲大祖者。則亦無能有所變更也。此節文義。用以引起下文。合下節讀之。其義自顯。禮案。成十三年左傳曰。民受天地之中以生。所謂命也。前漢五行志。禽獸曰短。草木曰折。又兄喪弟曰短。父喪子曰折。則人死亦通曰折也。論語孔子謂顏回短命。故尚書洪範云。六極一曰凶短折是也。

天下有王。分地建國。置都立邑。設廟祧壇墠而祭之。乃爲親疏多少之數。是故王立七廟。一壇一墠。曰考廟。曰王考廟。曰皇考廟。曰顯考廟。曰祖考廟。皆月祭之。遠廟爲祧。有二祧。享嘗乃止。去祧爲壇。去壇爲墠。壇墠有禱焉祭之。無禱乃止。去墠曰鬼。諸侯立五廟。一壇一墠。曰考廟。曰王考廟。曰皇考廟。皆月祭之。顯考廟。祖考廟。享嘗乃止。去祖爲壇。去壇爲墠。壇墠有禱焉祭之。無禱乃止。去墠爲鬼。大夫立三廟一壇。曰考廟。曰王考廟。曰皇考廟。享嘗乃止。顯考祖考無廟。有禱焉爲壇祭之。去壇爲鬼。適士二廟一壇。曰考廟。曰王考廟。享嘗乃止。顯考無廟。有禱焉爲壇祭之。去壇爲鬼。官師一廟。曰考廟。王考無廟而祭之。去王考爲鬼。庶士庶人無廟。死曰鬼。鄭注。建國封諸侯也。置都立邑。爲卿大夫之采地。及賜士有功者之地。廟之言貌也。宗廟者先祖之尊貌也。祧之言超也。超上去意也。封土曰壇。除地曰墠。書曰。三壇同墠。王皇皆君也。顯明也。始祖也。名先人以君。明始者所以尊本之意也。天子遷廟之主。以昭穆合藏於二祧之中。諸侯無祧。藏於祖考之廟中。聘禮曰。不腆先君之祧。是謂始祖廟也。享嘗謂四時之祭。天子諸侯爲壇墠所禱。謂後遷在祧者也。既事則反其主於祧。鬼亦在祧。顧遠之於無事。祫乃祭之爾。春秋文二年秋。大事於大廟。傳曰。毀廟之主陳於太祖。未毀廟之主。皆升合食於大祖。是也。魯煬公者。伯禽之子也。至昭公定公久已爲鬼。而季氏禱之。而立其宮。則鬼之主在祧明矣。唯天子諸侯有主禘祫。大夫有祖考者。亦鬼其百世。不禘祫無主爾。其無祖考者。庶士以下鬼其考王考。官師鬼其皇考。大夫適士鬼其顯考而已。大夫祖考。謂別子也。凡鬼者薦而不祭。王制曰。大夫士有田則祭。無田則薦。適士上士也。官師中士下士。庶士府史之屬。此適士云顯考無廟。非也。當爲皇考字之誤。孔疏。此明天子以下尊卑既異。上祭祖廟多少不同之事。既王天下。分九州之地。建立諸侯。立七廟。王畿之內。及諸侯國中。置此公卿之都。立大夫士之邑。設廟祧壇墠。爲親疏多少之數。則下所云是也。王立七廟者。親廟四。始祖一。文武不遷。合爲七也。七廟外又立壇墠各一。近者封土。遠者除地。示將去然也。父廟曰考。考成也。謂父有成德之美也。王考廟者。祖廟也。王君也。祖尊於父。故加君名也。皇考。曾祖也。皇大也。曾祖轉尊。又加大稱。顯考高祖也。居四廟最上。故以高目之。祖考廟者。始祖也。五廟皆月祭之。遠廟謂文武廟也。文武在應遷之列。故云遠廟。特爲功德而留。故謂爲祧。文武二廟不遷。故云有二祧。享嘗四時祭祀。文武特留。故不月祭。但四時祭而已。去祭爲壇。謂高祖之父也。若是昭行。寄藏武王祧。若是穆行。寄藏文王祧。去壇爲墠者。謂高祖之祖也。高祖之父。初寄在祧。不得於祧中受祭。故曰去祧。高祖之祖。往在壇。而今不得祭。故云去壇。有祈禱於壇墠乃祭之。若無所祈禱。則不祭也。去墠曰鬼者。若又有從壇遷來墠者。則此前在墠者。遷入石函爲鬼。雖有祈禱。亦不得及。唯禘祫乃出也。諸侯立五廟。壇墠與天子同。無功德之祖。爲二祧也。天子月祭五。諸侯卑。故唯得月祭三也。顯考祖考止預四時。又降天子也。去祖爲壇。去祖謂去大祖也。即高祖之父。諸侯無功德二祧。若高祖之父亦遷。即寄大祖。而不得於大祖廟受時祭。唯有祈禱。則去大祖而往壇受祭也。大夫立三廟二壇者。異於君。故立二壇而不墠也。顯考祖考無廟。卑也。大夫無主。故無所寄藏。而高大二祖若遷去於廟。若有祈禱。爲壇祭之。墠輕於壇。今二壇無墠者。爲大祖雖無廟。猶重之故也。去墠爲鬼者。謂高祖若遷去於壇。則爲鬼。不則復得祭。但荐之大祖壇而已。若大夫有大祖之廟者。義具王制疏。適士上士也。天子三等。諸侯上士悉二廟一壇。顯當爲皇。皇考曾祖也。曾祖既無廟。有祈禱則爲壇祭之。曾祖若遷去爲壇。則爲鬼。不復祭也。官師謂諸侯中士下士。爲一官之長。一廟祖禰共之。又無壇也。王考祖也。雖無廟而猶獲祭。在考廟者。去王考爲鬼。謂曾祖則不得祭。又無壇。有祈禱則荐於廟。庶士府史之屬。庶人平民也。賤故無廟。死則曰鬼。鬼亦得荐之於寢。王制云。庶人祭於寢是也。劉氏歆曰。春秋傳曰。日祭月祀時享歲貢終王。祖禰則日祭。高曾則月祀。二祧則時享。壇[illegible]則歲貢。大禘則終王。彌遠彌尊。故禘爲重矣。陸氏佃曰。言天下嘗更衰亂。今始有王。其建設如此。方氏慤曰。分地者。分天子之地。建國者。建諸侯之國。置都者。置公卿之都。立邑者。立大夫之邑。分地建國。畿外之臣。所以嗣也。置都立邑。畿內之臣。所以祿也。王立七廟。卽王制所謂三昭三穆與大祖之廟而七是也。由王考等而上之。以至於祖考。雖有尊卑遠近之異。然皆有父道。故通謂之考。特異號而已。至於父獨親而近。故直以考名之。王。以業言。大祖又父之父也。故以大言之。其生又謂之大父者以此。皇者王之所自出。曾祖則祖之所自出也。故王考之父曰皇考。凡物高則顯。故高祖曰顯考。祖考大祖也。以其爲宗廟之始。故曰祖考。二祧蓋顯考之父祖也。陳氏祥道曰。天子以五世六世之祖爲祧。所謂有二祧是也。諸侯以始祖爲祧。所謂先君之祧是也。鄭氏以祧爲超去之超。誤矣。既曰超矣。又以文武爲不毀之祧。何邪。月祭者。荐新之祭也。月令獻羔開冰。荐鮪羞含桃與夫嘗麥嘗穀嘗麻嘗魚。皆先荐寢廟。是也。荐新止於寢廟。則月祭不及二祧。而及祖廟亦明矣。葉氏夢得曰。周官小宗伯。辨廟祧之昭穆。聘禮言不腆先君之祧。言宗廟者亦或謂之宗祧。廟與祧常通稱。祧兆也。廟親而祧遠。則其兆而已。楊氏復曰。案三禮壇墠同之說。出於金縢。乃因有所禱而爲之。非宗廟之外。預爲壇墠。以待他日有禱也。孝經爲之宗廟以鬼享之。非去墠爲鬼也。晉張融謂祭法去祧爲壇。去壇爲墠。去墠爲鬼。皆衰世之法。則所言。難以盡信。姚氏際恆曰。此節所稱祖宗名號。亦多不經者。曲禮云。父曰皇考。又周頌凡武王成王稱文王武王皆曰皇考。是也。今既不以稱父稱祖。而且稱曾祖曰皇考。是以父之稱稱曾祖矣。稱大祖曰祖考。是以祖之稱稱大祖矣。豈不謬乎。其稱高祖曰顯考。他經傳亦未見。方氏苞曰。日祭月祀。後儒傳會之說也。不知所謂日祭者。在喪朝夕上食也。所謂月祀者。朔望喪奠也。此記誤會國語。而韋注又因此記而誤也。王氏引之曰。案享嘗約舉春秋言之。如云禘嘗耳。魯語嘗禘蒸享之所致君胙者有數矣。韋注曰。秋祭曰嘗。夏祭曰禘。冬祭曰蒸。春祭曰享。孔氏廣森曰。祭法一篇。多取國語展禽之言。彼文有云。幕能帥顓頊者也。有虞氏報焉。高圉大王能帥稷者也。周人報焉。凡禘郊宗祖報。此五者。國之祀典也。記得其禘郊祖宗而報未有文。疑壇墠有禱焉。祭之者卽報也。郊特牲曰。祭有祈焉。有報焉。祈於壇墠則報亦於壇墠。蓋大王爲壇。高圉爲墠。與朱氏彬曰。蔡邕獨斷云。上士二廟一壇。考廟王考廟。亦四時祭之。下士一廟曰考廟。王考無廟而祭之。所謂祖稱曰廟者也。府史以下。未有爵命。號爲庶人。及庶人皆無廟。四時祭於寢也。竊疑蔡以上士當下大夫。以下士當祭法之官師。號爲庶人之庶人。當是庶士之訛。庶人指庶民之不在官者。語意尤備。孫氏希旦曰。適士謂大宗世適爲士者也。鄭氏以適士爲上士。孔疏雖順注爲義。而曾子問疏有大宗子爲士得立祖禰二廟之說。蓋已陰識鄭說之非矣。適士二廟者。一爲考廟。一則別子爲祖者之廟也。官師三等之士也。春秋襄十五年。劉夏逆王后於齊。左傳云官師從單靖公逆王后於齊。杜預釋例云。元士中士稱名。劉夏石尚是也。下士稱人。公會王人於洮是也。官師一廟者。凡三等之士。非爲大宗子者。皆惟立一廟也。禮案白虎通云。王者所以立宗廟何。緣生以事死。敬亡若存。故以宗廟而事之。此孝子之心也。宗者尊也。廟者貌也。象先祖之尊貌也。王制曰。天子七廟。三昭三穆。與大祖之廟而七。諸侯五廟。二昭二穆。與大祖之廟而五。大夫三廟。一昭一穆。與大祖之廟而三。士一廟。庶人祭於寢。蓋七者大祖二祧及四親廟也。二祧之始。自是五世六世之廟。其後雖遞遷而上者。其主並案昭穆而序。存而不遷也。故謂之遠廟。所以異於四親廟也。又何去祧之有。楊氏復謂衰世之法是也。諸侯五廟無二祧。其遷主則藏於大廟之夾室。此記以顯考爲高祖。祖考爲始祖。享嘗乃止。然則諸侯月祭祇自曾祖以下。獨遺高祖。有是理乎。至謂大夫曾祖有廟。始祖無廟亦非也。大夫之祖。卽大傳所謂別子爲祖者也。王制明言大夫有大祖之廟。若無祖廟。則繼別爲宗之大宗子。豈亦爲壇而祭與。孫說是也。

王爲羣姓立社。曰大社。王自爲立社。曰王社。諸侯爲百姓立社。曰國社。諸侯自爲立社。曰侯社。大夫以下成羣立社。曰置社。

鄭注羣衆也。大夫以下。謂下至庶人也。大夫不得特立社。與民族居。百家以上。則共立一社。今時里社是也。郊特牲曰。唯爲社事單出里。孔疏此明天子以下。立社之義。羣姓謂百官以下。及兆民。大社在庫門內之右。故小宗伯云。右社稷。崔氏云。王社在藉田。王所自祭。以共粢盛。故詩頌云。春藉田而祈社稷是也。諸侯國社亦在公宮之右。侯社在藉田。大夫以下爲衆特置。故曰置社。詩頌云百室盈止。殺時犉牡。故曰百家以上。不限多少。此大夫所主。立社稷則田主是也。義已具郊特牲疏。方氏愨曰。王曰羣姓。諸侯曰百姓者。羣則衆矣。不止於百姓。天子曰兆民。諸侯曰萬民。以此羣姓之社曰大社。則知國社之爲小。百姓之社曰國社。則知大社之爲天下矣。大夫以下。成羣則取數備矣。故曰置社。王氏釋周官封人云。王社國中之土示。無豫農事。故不置稷。則知置稷者。唯大社與國社而已。胡氏銓曰。古者祭地於社。猶祀天於郊也。故泰誓曰。郊祀不修。而周公祀於新邑。亦先用二牛於郊。後用大牢於社也。記曰。天子將出。類乎上帝。宜乎社。又曰。郊所以明天道。社所以神地道。周禮以禋祀祀昊天上帝。以血祭祭社稷。而別無地示之位。四圭有邸。舞雲門以祀天神。兩圭有邸。舞咸池以祀地示。而別無祭祀之說。則以郊對社可知矣。後世旣立社。又立北郊。失之矣。楊氏復曰。此則未然。有正祭。有告祭。冬至祭天於南郊。順陽時因陽位。夏至祭地於北郊。順陰時因陰位。以類求類。故求諸天而天神降。求諸地而地示出。所謂正祭也。匠人營國。左祖右社。以社與祖對。尊而親之。若因事而告類。則求祭諸社。亦可矣。記曰天子將出。類乎上帝。宜乎社。之類是也。說者曰。類者依郊祀正禮而爲之也。宜者有事於社。求福祐也。此所謂告祭也。知祭各有義。不可以一說拘。則知聖人制禮精微之意矣。萬氏斯大曰。大社有天子祭。畿內之土穀者也。不與郊對。舉稷祭以勾龍后稷配。國社祭竟內地示。侯社祭一國土穀。孫氏希旦曰。大社祭畿內之地祇。國社祭一國之地祇。郊特牲曰。惟社邱乘共齊盛。州黨祭社。其齊盛出於民之所自供。則其社固民之所自立也。蓋大夫以下。於所居之州黨。得與同居之民。相與立社。而治地大夫若州長者。爲之主。其祭也。王社侯社。不見於他經。崔氏謂在藉田。若藉田天子止千畝。諸侯止百畝。則未知其神居何等。而祭之又用何禮耶。天子有大社。諸侯有國社。則藉田已在其中矣。又別立社稷於藉田。而名之曰王社侯社。於禮則瀆。於淸則私。必非先王之典也。禮案逸周書作雒解云。封人社壝。諸侯受命於周。乃建大社於國中。其壝東靑土。南赤土。西白土。北驪土。中央亹以黃土。將建諸侯。鑿取其方一面之土。燾以黃土。苴以白茅。以爲土封。蓋爲天下羣后之所共。故謂之大社。白虎通曰。王者諸侯俱兩社何。俱有土之君。大社爲天下報功。王社爲京師報功。大夫有民。其有社稷者。亦爲報功也。

王爲羣姓立七祀。曰司命。曰中霤。曰國門。曰國行。曰泰厲。曰戶。曰竈。王自爲立七祀。諸侯爲國立五祀。曰司命。曰中霤。曰國門。曰國行。曰公厲。諸侯自爲立五祀。大夫立三祀。曰族厲。曰門。曰行。適士立二祀。曰門。曰行。庶士庶人立一祀。或立戶。或立竈。

鄭注此非大神所祈報大事者也。小神居人之間。司察小過。作譴告者耳。樂記曰。明則有禮樂。幽則有鬼神。鬼神謂此與。司命主督察三命。中霤主堂室居處。門戶主出入。行主道路。行作厲主殺罰。竈主飲食之事。明堂月令春曰其祀戶。祭先脾。夏曰其祀竈。祭先肺。中央曰其祀中霤。祭先心。秋曰其祀門。祭先肝。冬曰其祀行。祭先腎。聘禮曰。使者出釋幣於行。歸釋幣於門。士喪禮曰。疾病禱於五祀。司命與厲。其時不著。今時民家或春秋祠司命。行神山神門竈在旁。是必春祠司命。秋祠厲也。或者合而祠之。山即厲也。民惡言厲。巫祝以厲山爲之謬乎。春秋傳曰。鬼有所歸。乃不爲厲。孔疏此明天子以下立七祀五祀之義。司命者宮中小神。熊氏云非天之司命。故祭於宮中。中霤者主堂室神。國門謂執門也。國行謂行神在國門外之西。泰厲謂古帝王無後者也。此鬼無所依歸。好爲民作禍。故祀之也。七祀者是爲民所立。與衆共之。其自爲立者。王自禱祭。不知其當同是一神。爲是別更立七祀也。諸侯減天子戶竈二祀。故爲立五祀也。公厲者古諸侯無後者。諸侯稱公。其鬼故曰公厲。諸侯自爲立五祀義與天子同。大夫減諸侯司命中霤。故爲三祀。族厲謂古大夫無後者鬼也。族衆也。大夫衆鬼。故言族厲。曰門曰行者。大夫無民國。故不言國門國行也。然鄭注曲禮大夫五祀爲夏殷法。注王制大夫五祀是有采地者。鄭何以知然。曲禮文連於大夫五祀。故知非周。而王制立七廟。故知周禮。以彼推此。大夫三祀。則周諸侯之大夫無地者也。陳氏祥道曰。周官雖天子。亦止於五祀。儀禮雖士亦備五祀。則五祀無尊卑隆殺之數矣。祭法曰。七祀推而下之。至於適士二祀。庶人一祀。非周禮也。禮中霤祀於中央。竈祀於夏。井祀於冬。戶在內而奇陽也。故七祀於春。門在外而耦陰也。故祀於秋。兩漢魏晉之立五祀。井皆與焉。特隋唐參用月令祭法之說。五祀祭行。及李林甫之徒。復修月令。亦祀井而不祀行。然則行神亦特祓於始行而已。非先王冬日之常祀也。觀月令臘先祖五祀同時。則五祀於廟也。曾子問既殯而祭五祀。尸入三飯。則五祀有尸矣。老婦之祭。先儒以爲竈配。則五祀有配矣。大夫以下不可考也。張子載曰。中霤恐是天窗漏明處。詩所謂不愧屋漏即是也。蓋穴居之處。亦必有以取明。及其宮室當深奧處。仍有漏明之所。禮浴於中霤。蓋就其明也。方氏愨曰。厲即春秋傳所謂鬼有所歸。乃不爲厲是矣。諸侯曰公厲。以有國言之。大夫曰族厲。以有家言之。郝氏懿行曰。司命當據周禮注。三命之說出緯書。末可信也。援神契曰。命有三科。有受命以保慶。有遭命以謫暴。有隨命以督行。又按說文引漢律曰。祠祉司命。釋之曰。以豚祠司命。禮疏引皇侃以爲文昌第四星。惠棟非之。以爲司命有二。楚辭有大司命。少司命。七祀之司命。乃少司命也。見虛北見星經。焦氏循曰。案抱朴子對俗篇引玉鈐經中篇云。上天司命之神。察人過惡。太平御覽引萬畢術云。竈神晦日上天白人罪。潛夫論忠貴篇云。文昌奠功。司命舉過。孫氏希旦曰。五祀有二。其大者爲五行之神。大宗伯以血祭祭五祀。左傳社稷五祀是尊是奉是也。其小者爲戶竈門行中霤之神。曲禮王制月令周禮小祝士喪禮之所言者是也。蓋戶竈門行中霤。皆關於飲食起居之至切近者。故自天子以下皆祭其神。若司命以爲文昌宮星。則大宗伯以槱燎祭之者。不當祭於宮中。若如以爲宮中小神。督察三命者。則不知其於天神人鬼。何所屬耶。至泰厲公厲。則天子諸侯所祭。因國之在其地而無主後者。亦不當與中霤戶竈門行爲類。且五祀爲宮中之神。故自天子以下。各自祭之。今乃謂天子爲羣姓立七祀。有中霤戶竈。諸侯爲國立五祀。有中霤。則是國人宮內之神。而乃祭之於天子諸侯之宮。有是理乎。禮案行卽井。說見月令。前漢天文志云。三台之星。上台爲文昌司命。中台對軒轅爲司中。下台抵大薇爲司祿。主和陰陽。理萬物。開德宣符明志。上台不俱。春不得耕。中台不俱。夏不得耘。下台不俱。秋不得收。以稼穡所係。故天子諸侯祀之與。

諸侯下祭三。大夫下祭二。適士及庶人。祭子而止。鄭注祭適殤者。重適也。祭適殤於廟之奧。謂之陰厭。王子公子祭其適殤於其黨之廟。大夫以下庶子祭其適殤於宗子之家。皆當室之白。謂之陽厭。凡庶殤不祭。孔疏此明天子以下祭殤之差。王子謂王之庶子。公子謂諸侯庶子。不得爲先王先公立廟。無處可祭適殤。故祭於黨之廟。謂王子公子。但爲卿大夫得自立廟。與王子公子同者。就其廟而祭之。適殤其義已具曾子問。方氏慤曰。玄孫之子爲來孫。必曰來者。言其世數雖遠。方來而未已也。曾玄見小記解。殤見檀弓解。每言適。則庶殤在所不祭矣。重本故也。然以尊而祭卑。故曰下祭。且在王而下。每殺於廟數之二焉。曾子問所謂陰厭陽厭者是矣。應氏鏞曰。祭殤之數。尊者所及遠。卑者所及近。澤有厚薄。則禮有隆殺也。德厚者流光。旣上及其祖。又下及其殤。祭及於五。所愛者遠也。祭止於適。所重正統也。不混殺也。孫氏希旦曰。殤惟祔與除服二祭。凡死未有不祔。其服未有不除者也。豈限適庶耶。殤與無後者。從祖祔食。如士庶人之孫死。若己爲適子。則當爲之祔於禰。若己爲庶子。則己之昆弟爲父後者。又當爲之祔矣。安有祭子而止者耶。鄭氏於曾子問及小記注皆云。庶殤不祭。此爲祭法所誤也。說已詳曾子問。禮案五殤皆曰適。則王之正統也。人無百年之壽。逮見玄孫已鮮。況來孫乎。惟族屬有之。然又非王之所當祭也。祭法之無謂似此者甚多。

夫聖王之制祭祀也。法施於民則祀之。以死勤事則祀之。以勞定國則祀之。能禦大菑則祀之。能捍大患則祀之。是故厲山氏之有天下也。其子曰農。能殖百穀。夏之衰也。周棄繼之。故祀以爲稷。共工氏之霸九州也。其子曰后土。能平九州。故祀以爲社。帝嚳能序星辰以著衆。堯能賞均刑法以義終。舜勤衆事

而野死。去鄣鴻水而殛死。禹能修鯀之功，黃帝正名百物。以明民共財顓頊能修之。契爲司徒而民成。冥勤其官而水死。湯以寬治民而除其虐。文王以文治。武王以武功。去民之菑。此皆有功烈於民者也。及夫日月星辰。民所瞻仰也。山林川谷丘陵。民所取財用也。非此族也。不在祀典。鄭注此所謂大神也。春秋傳曰。封爲上公。祀爲大神。厲山氏炎帝也。起於厲山。或曰有烈山氏。棄后稷名也。共工氏無錄而王謂之霸。在大昊炎帝之閒。著衆謂使民興事。知休作之期也。賞賞善。謂禪舜封禹稷等也。能刑謂去四凶。義終謂既禪二十八載乃死也。野死謂征有苗。死於蒼梧也。殛死謂不能成其功也。明民謂使之衣服有章也。民成謂知五教之禮也。冥契六世之孫也。其官玄冥水官也。虐災謂桀紂也。烈業也。族猶類也。祀典謂祭祀也。孔疏前明禘郊祖宗。及社稷之等所配。此又論天地日月星辰。山谷丘陵等。總明其功有益於民。得在祀典之事。法施於民。若神農后土。帝嚳與堯。及高帝顓頊。與契之屬是也。以死勤事。若舜及鯀冥是也。以勞定國。若禹是也。禦大災。捍大患。若湯及文武是也。農謂烈山氏後世子孫名柱。能殖百穀。故國語云。神農之子名柱。作農官。因名農是也。夏末湯遭大旱七年。欲變置社稷。故廢農祀。棄以配稷之神。其子曰后土。能平九州。故祀以爲社者。是共工後世之子孫爲后土之官。后君也。爲君而掌土。能治九州五土之神。故祀以爲配社之神。帝嚳能紀星辰。序時候。以明著使民休作有期。不失時節。故祀之也。堯以天下位授舜。封禹稷官得其人。是能賞均平也。五刑有宅。是能以刑有法也。舜征有苗。仍巡守。陟方而死蒼梧之野。是勤衆事而野死。鯀塞水而無功。被堯殛死於羽山。亦是有微功於人。故得祀之。世本云。作城郭。是有功也。鄭答趙商云。鯀非誅死。鯀放居東裔。至死不得反於朝。禹能修父之功。故祀之上古。雖有百物。而未有名。黃帝爲物作名。正名其體。明民謂垂衣裳。使貴賤分明。得其所也。共財謂山澤不鄣。教民取百物以自瞻也。顓頊能修黃帝之法。契爲堯之司徒。掌五教。故民之五教得成。冥契六世孫。其官玄冥水官也。陽放桀於南巢。文王以文治。武王以武功。去民之災。謂伐紂之等也。此皆有功烈於民者。結上厲山氏以下所得祀之人也。及夫日月星辰。釋上文泰壇泰折。王宮夜明幽禜之等。上有祭地祭天。祭四時。祭寒暑水旱。此不言者。舉日月則天地可知。四時寒暑水旱。則日月陰陽之氣。故舉日月以包之。族類也。若非厲山以下。及日月星辰等。無益於民者。悉不得預於祭祀之典也。陳氏祥道曰。凡聖賢之有功烈於民者。蓋皆應時而造。隨所著見而已。其內之所存。豈止於此哉。堯之道至於無能名。而其所以見祀者。止於賞均刑法以義終。舜之道至於無爲。而其所以見祀者。止於勤衆事而野死。以此推之。則功烈者道德之迹。迹者祀典之所以可載。而其爲道。非祀典之所可盡也。夫法施於民。所謂民功曰庸也。以死勤事。以勞定國。所謂事功曰勞也。能禦天之大災。捍人之大患。所謂治功曰力也。劉氏彝曰。黃帝正名百物者。謂垂衣裳而定尊卑之法也。爲舟楫而取諸渙也。服牛乘馬而取諸隨也。重門擊柝。而取諸豫也。設杵臼。而取諸小過也。弦弧矢。而取諸睽也。作宮室。而取諸大壯也。易棺槨而取諸大過也。立書契而取諸夬也。皆其正百物之名。以興天下之利。而共其財用於無窮者也。孫氏希旦曰。以義終謂堯崩以天下授舜，而不私其子也。共，給也。明民共財者，百物之名定，則名之視聽不惑，故俗定事成，而財用給足也。冥，嗣爲商侯，入爲王朝玄冥之官，溺死於河，事見竹書紀年。紂爲名患之，文王修德，使民忘如燬之虐，而樂孔邇之仁，是以文治去民之災也。武王伐紂救民，是以武功去民之災也。此所言自武王以上，農及后土，配食社稷之人也。其餘則皆四代之所禘郊宗祖，孔疏以爲並外神，非也。蓋惟四親廟不論功德，至於禘郊宗祖，必其功德足以堪之，非子孫之所得而私也。王氏引之曰：案此篇自聖王之制祭祀以下，皆魯語文也。彼文云：堯能單均刑法以儀民。單，盡也。均，平也。儀，善也。謂堯能盡平刑法以善其民。此作賞均刑法以義終者，賞當爲賣。賣與單通，終與衆通，義與儀通，衆亦民也。鄭語曰：夏禹能單平水土，以品處庶類。文義與此相似。鄭未悟賞爲賣字之誤，義終爲儀衆之通，故失其本指。周官大司樂注曰：堯能殫均刑法以儀民，從魯語而不從祭法，較此注爲長。郭氏嵩燾曰：案呂刑禹平水土，主名山川。蓋梁岐衡障之屬，皆禹爲之名。正名百物，上自日月星辰，下至虫鳥草木，皆命之以名，使人知牛之可服，馬之可乘，草木虫鳥之可以記候，乃能備物致用，立成器以爲天下利，故曰明民共財。其制衣裳以辨貴賤之等，生子而賜之姓，以知族姓之別，皆所以正名百物也。禮案：棄以周之始祖，故稱周棄，記者辭也。爲虞后稷之官，非後世祀之，乃稱稷也。尚書舜典帝曰：棄，黎民阻飢，汝后稷播時百穀是也。帝嚳能敍星辰以著衆，即大戴禮五帝德所謂歷日月而迎送之，明鬼神而敬事之是也。著明一也，言使衆明歷象星辰之運行，以案時種植，若尚書大傳云張昏中可以種穀，火昏中可以種黍之屬。堯能賞均刑法以義終，故堯典云協和萬邦，黎民於變時雍也。野死者，舜陟方乃死，故孟子云舜卒於蒼梧之野是矣。舜典云殛鯀於羽山，故此言鯀鄣鴻水而殛死。然禹能榦父之蠱，克成厥績，追崇其父，宜也。若於篇首所云郊祭配天，則過矣。共，給也。五帝德曰：黃帝時播百穀草木，故教化淳鳥獸昆虫，歷離日月星辰，極畋土石金玉。顓頊，黃帝之孫也，洪淵以有謀，疏通而知事，養財以任地，履時以象天。民成者，教民成德也。又舜典曰：契，百姓不親，五品不遜，汝作司徒，敬敷五教在寬。古今人表云冥根圉之子，相土之曾孫也。王氏肅曰：相土在夏爲司馬之職。韋注魯語云：冥，契後六世孫，爲夏官，勤於其職而死於水。湯以寬治民，若尚書仲虺之誥云克寬克仁，彰信兆民；除其虐，若尚書伊訓云代虐以寬，兆民允懷。文治武功，若逸書謚法解謂經緯天地曰文，克定禍亂曰武是也。

禮記通釋卷六十　　玉環戴禮

祭義第二十四

孔疏案鄭目錄云。名曰祭義者。以其記祭祀齊戒荐羞之義也。此於別錄屬祭祀。方氏慤曰。陳乎外者祭之法。存乎中者祭之義。君子之於祭。豈徒拘法之末爲哉。亦以其有義存焉爾。郊特牲曰。禮之所尊。尊其義也。非謂是與此篇言祭。則以義爲主。故以是名之。若冠昏射燕聘與鄉飲酒。皆言義者亦此意。禮表篇中公明儀問孝至樂正子春傷足。本大戴禮曾子大孝文。作記者以論語與曾子有慎終追遠。民德歸厚之說。故取之以入祭義也。

祭不欲數。數則煩。煩則不敬。祭不欲疏。疏則怠。怠則忘。是故君子合諸天道。春禘秋嘗。霜露既降。君子履之。必有悽愴之心。非其寒之謂也。春雨露既濡。君子履之。必有怵惕之心。如將見之。樂以迎來。哀以送往。故禘有樂。而嘗無樂。

鄭注。忘與不敬。違禮莫大焉。合於天道。因四時之變化。孝子感時念親。則以此祭之也。春禘者夏殷禮也。周以禘爲殷祭。更名春祭曰祠。非其寒之謂。謂悽愴及怵惕。皆爲感時念親也。霜露既降。禮說在秋。此無秋字。蓋脫爾。迎來而樂。樂親之將來也。送去而哀。哀其享否不可知也。小言之。則爲一祭之間。孝子不知鬼神之期。推而廣之。放其去來於陰陽。孔疏。此篇總論祭事。其事既雜。義相附者。結爲一節。此明孝子感時念親。四時設祭之意。禘陽之盛也。嘗陰之盛也。陰陽氣盛。孝子感而思念其親。故君子制禮。合於天道。案王制云。春礿夏禘。周禮大宗伯。春祠夏礿。今云春禘。故云夏殷禮。案王制春曰礿。此云春禘。禘爲礿。於郊特牲已注。故此不言也。孝子不知鬼神來去期節。故祭初似若來。故樂。祭末似去。故哀。推此一祭而廣論一年。放神之去來。似於陰陽。二氣。陽主生長。春夏陽。似神之來。故祭有樂。秋冬陰。象神之去。故祭無樂。然周禮四時祭皆有樂。殷則烝嘗之祭亦有樂。故那詩云。庸鼓有繹。萬舞有奕。下云。顧予烝嘗。則殷秋冬亦有樂。義具郊特牲。周氏諝曰。數與疏皆非中也。唯中爲可以合之於天道。故禘於春。嘗於秋。疏數之中也。輔氏廣曰。敬則自簡。然所謂簡非略也。適得其宜耳。至於煩則不敬者之所爲也。矯其數而失於疏。則又將流於怠而至於忘矣。天一歲有四時。人一歲有四祭。此則不數不疏。天理人情之至也。君子之於親也。終身弗之忘。故氣序遷改。目有所見。則心有所感。自不知其所以然。豈曰寒將至。而後思之哉。方氏苞曰。霜露與悽愴。實相感召。故曰非其寒之謂也。雨露華滋。萬物舒暢。惟君子感時而思親之不得見。而如將見之。所以怵惕也。苟卿子曰。人之歡欣和合之時。則夫忠臣孝子。亦悖詭而有所至矣。卽此義也。禮案。祭不欲數。不欲疏。故尚書說命云。黷於祭祀。時惟弗欽。禮煩則亂。事神則難。又春秋繁露祭義云。祭不多也。而欲潔清不貪數。而欲恭敬。君子之祭也。躬親之。致其中心之誠。盡敬絜之道。以接至尊。故鬼享之。乃可謂之能祭。以善遠鬼神之謂也。蓋祭數則人不堪其煩。詎能出之誠敬乎。祭疏則物蔽器窳。怠於舉事矣。怠於祭祀者。焉有念親之心哉。忘謂忘本也。合諸天道。謂四時之祭。言春秋以該冬夏也。履霜露而悽愴。非謂寒者。感時之易。思致孝養之誠也。履雨露而怵惕。如將見之者。積思之至。恍如接其音容也。

致齊於內。散齊於外。齊之日。思其居處。思其笑語。思其志意。思其所樂。思其所嗜。齊三日。乃見其所爲齊者。鄭注致齊思此五者也。散齊七日。不御不樂不弔耳。見所爲齊者。思之熟也。嗜素所欲飲食也。春秋傳曰。屈則嗜芰。孔疏此明祭前齊日之事。致齊之日。思其居處以下五事。謂孝子思念親存之五事也。先思其粗。漸思其精。故屋處在前。樂嗜居後。齊三日乃見其所爲齊者。謂致齊思念其親。精意純熟。目想之若見其所爲齊之親也。楚語云。居到嗜芰。有疾召其宗老而屬之曰。祭我必以芰。方氏慤曰。齊於內所以慎其心。齊於外所以防其物。散齊若所謂不飲酒。不茹葷之類。齊三日則致齊而已。必致齊然後見其所爲齊者。思之至故也。慕容氏彥逢曰。心之官曰思。思有所至。則無所不達。夫不所欲惡哀樂貳其心。而致一於其所祭。故無形之中。視有所見。無聲之中。聽有所聞。皆其思之所能達。親之居處笑語。志意樂嗜。往而不反。非有實也。夫豈形體之所能交哉。思之所至。足以通之矣。雖親之不可見者。如見其存。微之顯。誠之不可揜也。如此。見與見其參於前。見其倚於衡之見同。禮案說葬云。聖王將祭必絜齊精思。若親之在方與未登。憫憫憧憧。專一想親之客貌仿佛。此孝子之誠也。四方之助祭空而來者滿而反。虛而至者實而還。皆助法則焉。家語公西赤問篇。子曰。孝子之祭也。散齊七日。慎思其事。三日致齊。而一用之。猶恐其不敬也。蓋不以他事分心。專一存誠。而思其親。庶幾鬼神來格也。

祭之日。入室。僾然必有見乎其位。周還出戶。肅然必有聞乎其容聲。出戶而聽。愾然必有聞乎其嘆息之聲。鄭注周還出戶。謂薦設特也。無尸者闔戶若食間。則有出戶而聽之。孔疏此明祭之日。孝子想念其親也。入室謂祭之日朝初入廟室。陰厭時僾僾髣髴見也。詩云愛而不見。見如見親之在神位也。故論語云。祭如在。出戶謂薦饌時也。孝子薦俎酌獻。行步周旋。或出戶。當此時必有悚息肅肅然。如聞親舉動容止之聲。設薦畢孝子出戶而靜聽。愾愾然必有聞乎其嘆息之聲也。輔氏廣曰。僾疑其與曖義近。不分明貌。肅謂靜而后有聞也。既曰必有。又曰僾然肅然愾然。蓋誠之不可揜也。所謂如在其上。如在其左右。不可度思。矧可射思者也。孫氏希旦曰。入室謂始祭時也。出戶謂事尸之於堂也。出戶而聽。謂祭畢尸將謖而主人出戶也。特牲禮主人出立於戶外西面。祝東面告利成。尸謖。少牢禮主人出立於阼階上西面。祝出立於西階上告利成。祝入。主人降立於阼階東西面。尸謖。祭畢而送之。故如聞乎其嘆息之聲。蓋人子以送往爲哀。則祖考之心亦哀。故宜有嘆息之聲也。禮案說文愾太息也。亡者之容安能再覩。亡者之聲安所得聞。此蓋孝子之心。念茲在茲。故迷離惝怳中。如有所見所聞也。春秋繁露云。祭之爲言察也。祭然後能見不見。見不見。然後知天命鬼神明察之意。乃知重祭事。

是故先王之孝也。色不忘乎目。聲不絕乎耳。心志嗜欲不忘乎心。致愛則存。致慤則著。著存不忘乎心。夫安得不敬乎。鄭注存著則謂其思念也。孔疏此覆說孝子祭時念親之事。致愛謂孝子致極愛子之心。則若親之存。以嗜欲不忘於親故也。致愨謂孝子致其端愨敬親之心。則若親之顯著。以色不忘於目。聲不忘於耳。故也。著存言如親之存在。恆想見之。不忘於心。既思念如此。何得不敬乎。方氏愨曰。色不忘乎目。常若承顔之際也。聲不絶乎耳。常若聽命之際也。愛言追念之思。愨言想見之誠。致其愛矣。親雖亡而猶存。致其愨矣。神雖微而猶著。陸氏佃曰。食則見堯於羹。坐則見堯於牆。是之謂著。胡氏銓曰。存著皆本於誠。中庸云。誠則形。形則著。方氏苞曰。愨愛之篤也。存如見其親也。著者。親之形聲志意。無微不著也。禮案色謂親之容色。聲謂親之聲音。父母雖沒。而音容如在。孝子之心。固一日所不能忘者也。三年無改於父之道。終身不思食羊棗。心志嗜欲。不忘乎心之謂也。致極也。極愛親之誠。則事亡如存矣。愨亦誠也。至誠則著。而所以表其誠愛。申其孝思者。厥惟祭祀。故先王之於廟享。敬之至。孝之至也。君子生則敬養。死則敬享。思終身弗辱也。

君子有終身之喪。忌日之謂也。忌日不用。非不祥也。言夫日志有所至。而不敢盡其私也。鄭注享猶祭也。饗也。忌日親亡之日。忌日不用舉他事。如有時日之禁也。祥善也。志有所至。至於親以此日亡。其哀心如喪時。孔疏此明孝子終身念親不忘之事。忌日不用舉作他事者。何。非謂此日不善。別有禁忌。不舉事也。所以不舉者。言夫忌日謂孝子志意有所至極。思念親。不敢盡其私情。而營他事也。方氏愨曰。生事之以禮。所謂敬養也。死祭之以禮。所謂敬享也。父母既沒。慎行其身。不遺父母惡名。可謂能終矣。故曰思終身弗辱也。然終身者。非終父母之身。終其身也。故敬養於生。敬享於死。凡以思終身弗辱而已。練祥則止於又期而已。忌日則比年有焉。故曰君子有終身之喪。忌日之謂也。以是日志於親。而有所至。故不敢盡情於他事。講義曰。不以生養死享異其心。而其敬則同。此所以爲君子之孝。喪不過三年。而君子有終身之喪者。蓋三者天下之通制。而終身者孝子之誠心。張子載曰。萃聚也。渙散也。皆言王假有廟。當其物之渙散之時。欲其萃聚。非祭祀何能之。祭之義追遠反本。不如是則幾於禽獸。禮案孝子忌日觸喪親之痛。每歲皆然。故曰終身之喪。此日不貳事者。非以不祥而不用也。以志切思親。乃心不遑及他事也。

唯聖人爲能饗帝。孝子爲能饗親。饗者鄉也。鄉之然後能饗焉。是故孝子臨尸而不怍。君牽牲。夫人奠盎。君獻尸。夫人薦豆。卿大夫相君。命婦相夫人。齊齊乎其敬也。愉愉乎其忠也。勿勿諸其欲其饗之也。鄭注謂祭之能使之饗也。帝天也。言中心鄉之。乃能使其祭見享也。上享或爲相。色不和曰怍。奠盎設盎齊之奠也。此時君牽牲將荐毛血。君獻尸而夫人荐豆。謂繹日也。儐尸主人獻尸。主婦自東房荐韭菹醢。勿勿猶勉勉也。愨愛之貌。孔疏此明孝子祭祀欲親歆享之意。享帝爲難。故聖人能之。享親不易。故孝子能之。此本爲享親而發。故下文專論享親之事。享者鄉也。言孝子之所歸鄉。故能使神靈歆享焉。祭祀須享尸。故孝子臨對尸前。不得顔色不和。君牽牲夫人奠盎者。熊氏云。此謂繹祭。君獻尸夫人荐豆者。繹祭故先獻後奠。齊齊謂整齊之貌。故玉藻云。廟中齊齊。愉愉和悅之貌。忠謂忠心。言孝子之心與貌。勉勉然欲得親之歆享也。周氏諝曰。書曰。鬼神無常享。享於克誠。蓋向之以至誠。然後能享之也。君牽牲而夫人奠斝角之盎齊。

君獻尸而夫人薦朝氏之豆。一陰一陽之義也。卿大夫相君。命婦相夫人者。事死如事生也。方氏愨曰。怍者俯首。怍於人故生於人。而作於色也。孝子之享親。向之以心。而人道盡矣。故臨尸而不怍焉。慕容氏彥逢曰。書曰面稽天若。面天所若而不背。所謂向也。孟子曰。大孝終身慕父母。則其心之所向可知。方氏苞曰。受於天者惟聖人能全而歸之。而天地所生成。莫不有以盡其性。所以能享帝也。受於親者惟孝子能全而歸之。而父母所愛敬。莫不有以充其類。所以能享親也。聖人之心自曰明曰旦。以至民胞物與。無時而不向乎親也。惟其平日如此。所以臨尸而不怍。言孝子之不怍。則聖人之對越在天者可知矣。汪氏紱曰。聖孝是平時事。享帝享親。是祭時事。能字則從平時通之於祭時。惟德與天合。精神與天無閒。然後能於祭時致天神之一享。孝不忘先。精神與祖無閒。然後能於祭時致之祖宗之享。不然則天不合。仁不神。孝自絕於天親久矣。安能於俎豆閒邀天親之養乎。郝氏敬曰。君牽牲以下。當主正祭言。若專屬繹祭。恐非。孫氏希旦曰。祭祀之禮。主人主婦獻尸。尸皆親受之不奠也。奠當作薦。禮器曰。君親牽牲。大夫贊幣而從。君制祭。夫人薦盎。事也。祭禮先薦豆。次君獻尸。次夫人獻尸。此於三事乃逆陳之者。蓋於君夫人各以一事相對言之。故不以先後爲序也。禮案向也者。聖人奉若天道。孝子不忘其親。若尚書君陳云。至治馨香。感於神明。黍稷非馨。明德惟馨。故曰惟聖人爲能享帝。孝子爲能享親也。夫立尸所以象神。孝子之心。可質鬼神。故臨尸而色不怍也。齊肅也。齊齊謂其貌之恭。愉婉也。愉愉言其色之溫。志誠也。誠敬蘊於中。故溫恭形於外也。勿通物。謂祭品所陳。三牲之俎。八簋之實。物物欲其享之也。

文王之祭也。事死者如事生。思死者如不欲生。忌日必哀。稱諱如見親。祀之忠也。如見親之所愛。如欲色然。其文王與。詩云明發不寐。有懷二人。文王之詩也。祭之明日。明發不寐。饗而致之。又從而思之。祭之日樂與哀半。饗之必樂。已至必哀。

鄭注。思死者如不欲生。言思親之深也。如欲色者。以時人於色厚。假以喻之。明發不寐。謂夜至旦也。祭之明日。謂繹日也。言繹之夜不寐也。二人。謂父母。容尸。侑也。孔疏。此明文王祭思親。忠敬之甚。文王思念死者。意欲隨之而死。似不欲生者。廟中上不諱下。於祖廟稱尸親之諱。如似見親也。祀之忠者。言文王祭祀。盡忠誠也。齊時思念親之平生嗜欲。如似眞見親所愛在於目前。王肅解欲色。如欲見父母之顏色也。詩幽王小雅小宛之篇。而云文王詩者。記者斷章取義。詩人陳文王之德。以刺幽王。亦得爲文王之詣也。享而致之。又從而思之者。申明發之意。既設繹祭之享。而致於神。其夜又從而思之也。孝子想神之歆享。故必樂。又想及享已至之後必一分離。故必哀也。案宣八年六月辛巳。有事於大廟。壬午猶繹。是祭之明日爲繹也。案有司徹上大夫儐尸。別立一人爲侑。以助尸。似鄉飲酒介之副賓也。繹祭與儐尸同。故知二人。容尸與侑也。方氏愨曰。忌日必哀。所謂有終身之喪也。稱諱如見親。所謂聞名心瞿也。樂與哀半。前經言樂以迎來。哀以送往。正謂是矣。孫氏希旦曰。欲色。謂有欲得之色也。蓋致齊之時。思親之所樂嗜。故祭之日。如見親之所愛。若有欲得之色然也。禮案文王事死如事生。敬享猶敬養也。思死者如不欲生。之哀親之不可得見。欲舍生以求諸地下也。如欲色然。惟孫說得之。蓋當祭祀之時。積誠之至。恍如見親於所欲嗜之物。有欲得之色然。嗚呼微文王至孝。其孰能如之。明發不寐。冀祭時可致親之來。享也。思親之來。享則樂。念神之無形則哀。樂與哀半。極形容孝子之心也。

仲尼嘗奉薦而進。其親也慤。其行也趨趨以數。已祭。子贛問曰。子之言祭。濟濟漆漆然。今子之祭無濟濟漆漆。何也。子曰。濟濟者。容也遠也。漆漆者。容也自反也。容以遠。若容以自反也。夫何神明之及交。夫何濟濟漆漆之有乎。反饋樂成。薦其薦俎。序其禮樂。備其百官。君子致其濟濟漆漆。夫何慌惚之有乎。夫言豈一端而已。夫各有所當也。

鄭注 嘗秋祭也。親謂身親執事時也。慤與趨趨。言少威儀也。趨讀如促。數之言速也。漆漆讀如朋友切切。自反猶言自修整也。容以遠。言非所以接親親也。容以自反。言非孝子所以事親也。及與也。此皆非與神明交之道也。天子諸侯之祭。或從血腥始。至反饋。是進孰也。荐俎。豆與俎也。慌惚。思念益深之時也。言祭事既備。使百官助已祭。然而見其容而自反。是無慌惚之思念。豈一端言不可以一概也。禮各有所當。行祭宗廟者。賓客濟濟漆漆。主人慤而趨趨。

孔疏 此一節記仲尼嘗祭之儀。其身執事。其形貌慤質。行步促促速疾。少威儀也。子貢先聞夫子說祭事須濟濟漆漆。今子之祭無濟濟漆漆者。何也。夫子爲說濟濟是客貌。自疏遠。漆漆謂容貌自反覆而修正也。容以遠。若容以自反。此賓客之事。何得神明之與交。更覆結云。夫孝子何得濟濟漆漆之有。言不得有也。反饋樂成者。此天子諸侯之祭。血腥而始。及至設饌進孰。合樂成畢。荐俎。謂荐孰之時。荐其饋食之豆。并牲體之俎。進饋之前。與神明交。貴其誠。進饋之後。人事之盛。故序其禮樂。備其百官。君子助祭之人。致其濟濟漆漆。賓客之容之事。若孝子自濟濟漆漆。何得慌惚思念之有乎。凡言語豈一概而已。各有所當也。若慤而趨趨。當孝子也。濟濟漆漆。當賓客也。

方氏慤曰 特言嘗則與月令言嘗犧牲。祭法言享嘗。乃止同義。反饋者。既往荐腥。而反饋孰也。反饋而後樂成。則以周人先求諸陰故也。慌焉若無。惚焉若有。神人之道。幽明之際。以誠心交之。其狀如此。

輔氏廣曰 慤謂誠實。篤於誠者。略於儀。易曰有孚盈缶。趨數唯恐不及。不暇爲客也。然濟濟有自辨之意。漆漆有自固之義。故有遠與自反之別。未反饋樂未成。主人自盡其誠敬。與神明交。故其意慤。其行趨趨以數。此易所謂盥而不荐。荀子所謂大廟之未入尸之次也。至反饋樂成。則禮數繁縟。各致其儀。故助祭之人。濟濟漆漆然也。此段與子游誤認速朽速貧之義同。然子貢能質於聖人。不徒執其言。此所以爲善學。

禮案 濟濟猶齊齊。威儀壯盛也。漆漆猶穆穆。氣象沉靜貌。務修容則內心不專。故孝子不爲也。言祭之禮容各有所當者。濟濟漆漆之容。乃謂與祭。非主祭者也。

孝子將祭。慮事不可以不豫。比時具物。不可以不備。虛中以治之。

鄭注 此時猶先時也。虛中言不兼念餘事。

孔疏 自此以下至成人之道。廣明孝子祭祀之義。將祭慮事。言孝子不可於祭前不豫思慮之。在祭之先。以備具物。至於祭時。不可以不備也。虛中以治之。言不可兼念餘事。心中實虛。唯思此祭而已。

慕容氏彥逢曰 凡事豫則立。不豫則廢。況祭者孝子所自盡也。比時具物者。若養犧牲。共蕭茅。庀財用。水草之實。陸產之品。莫不因時而具也。事既先慮矣。物既先備矣。又當虛其中以治之。不以外物貳其心焉。虛中則通明。非至於此。則不能以交神明也。禮案將祭屆祭時也。豫備謂祭器祭物。皆須先時經理齊整。則及祭日無缺乏之處。以分擾吾心。專致其精明之德。以合漠於鬼神。中心也。虛中以治之。謂孝子之心。洞洞屬屬。至誠至敬。故禮無不具。神無不格也。

宮室既脩。牆屋既設。百物既備。夫婦齊戒沐浴盛服。奉承而進之。洞洞乎。屬屬乎。如弗勝。如將失之。其孝敬之心至也與。薦其薦俎。序其禮樂。備其百官。奉承而進之。於是諭其志意。以其慌惚以與神明交。庶或饗之。庶或饗之。孝子之志也。

鄭注修設謂除及黝堊。百官助主人進之。諭其志意。謂使祝祝享及侑尸也。或猶有也。言想見其彷彿來。孔疏洞洞屬屬。是嚴敬之貌。言孝子之心。奉承而進祭之時。其心洞洞乎。屬屬乎。恭敬心甚。如舉物之弗勝。心所奉持。如似將失於物。此是孝子心敬之至極也。案廣雅洞洞屬屬敬也。孝子既荐其俎。於是使其祝官。啓告鬼神。曉諭以志意。以其思念情深。慌惚與神明交接。庶望神明。或來歆享。是孝子之志意也。言想見其親。彷彿而來也。方氏愨曰。脩以葺其舊。設以飾其親。而物既備。則凡祭所用之物。無所不備矣。祝以孝告。諭人之志意於神。嘏以慈告。而諭神之志意於人。神人相諭。如是而祭。庶幾乎神或享之。庶者幸而不必之辭。或者疑而不定之辭。郊特牲言豈知神之所享也。主人自盡其敬而已。正謂是也。輔氏廣曰。洞洞乎。言其內之直而無蔽也。屬屬乎。言其誠之弗息也。誠敬如此。故自然如弗勝其祭事。如將失其親意也。慌惚謂若有若無。無方無體。所謂如在其上。如在其左右也。此其精誠之極。故可以與神明交。重言庶或享之者。蓋言孝子之心。切至如此也。孫氏希旦曰。上言奉承而進之。謂朝踐時。下言奉承而進之。謂饋孰時。禮案如弗勝如將失之。謂孝子之心。自若不及。孝子之容。愜若不足。以奉宗廟。恐失其親之意。而不獲來享也。成十七年穀梁傳曰。宮室不設。不可以祭。衣服不備。不可以祭。有司一人不備。不可以祭。祭者荐其時也。荐其敬也。荐其美也。非享味也。

孝子之祭也。盡其愨而愨焉。盡其信而信焉。盡其敬而敬焉。盡其禮而不過失焉。進退必敬。如親聽命。則或使之也。

鄭注言當盡己而已。如居父母前。將受之。而使之。孔疏盡愨謂心盡其愨也。而愨焉謂外亦愨焉。其信與敬皆處內。內有其心。外著於貌。盡其禮而不過失焉者。禮包衆事。非可極。故不云而盡其禮焉。進退必敬。言孝子祭時。進之與退。必恆恭敬。如似親聽父母之命。而父母或使之也。慕容氏彥逢曰。愨者性之至眞全實而未毀者是也。信所謂有諸已。而不欺者是也。敬者所以直內是也。愨然後信。信然後敬。言所以奉祭者。由本而漸達焉故也。三者皆本於心。而形於貌。至於禮則見於荐獻動容之間者皆是也。方氏苞曰。於愨敬外別言信者。春秋傳稱范武子。祝史陳信於鬼神。無愧詞。晏子對齊侯其祝史荐信是也。禮案愨誠也。自盡其誠。以致誠於親。自盡其信。以致信於親。自盡其敬。以致敬於親。均由中出。惟禮由外作。祀典有常。故不可爲之損益。無過失焉而已矣。進退必敬。如在其上。如在其左右。聽其命焉。蓋積思之至。精神感孚。儼若親或使之然。

孝子之祭可知也。其立

之也敬以詘。其進之也敬以愉。其薦之也敬以欲。退而立如將受命。已徹而退敬齊之色不絕於面。孝子之祭也。立而不詘固也。進而不愉疏也。薦而不欲不愛也。退立而不如受命敖也。已徹而退無敬齊之色而忘本也。如是而祭失之矣。鄭注詘充詘。形容喜貌也。進之謂進血腥也。愉顏色和貌也。薦之謂進熟也。欲婉順貌。謂齊莊。固猶質陋也。而忘本。而衍字。孔疏此明孝子之祭。觀其貌而知其心。故孝子之祭可知也。者以下諸事是也。敬以詘言孝子尸前而立。形貌恭敬。顏面色温和。敬以欲。如欲得物然。退而立。如似前進將受命。祭畢徹饌。恭敬齊莊之色。不離絕於面。固言其固陋不知禮。疏言與親疏遠。不相親附。不愛言不愛親。敖言其不恭敬。忘本謂不思其親。方氏慤曰。退而立。則少退而已。已徹而退。則於是乎退焉。詘則身之屈也。愉則色之愉也。欲則心之欲也。退而立。如將受命。則順聽而無所忽焉。已徹而退。敬齊之色。不絕於面。則愼終如始矣。慕容氏彥逢曰。君子以所性爲本。故能達而爲容貌。猶之本也。本固而末茂。敬齊之色。不絕於面。有本者如是。今無焉。是忘其本也。心勿忘則有本。本存則有其容矣。此表裏之符也。輔氏廣曰。立以身言。故曰詘。進以貌言。故曰愉。薦以心言。故曰欲。退而立。如將受命。誠敬屬屬乎。進退之間也。已徹而退。有敬齊之色。誠敬屬屬乎。終始之際也。色非可以僞爲也。義疏云。親者身之本也。已徹而退。無敬齊之色。謂吾事畢矣。則己忘其親。故曰忘本。禮案此言觀乎祭祀。可以知其孝思也。孝子臨祭。祭如在。政屈體磬折。而不敢伸也。進至尸前。愛敬蘊於中。故愉色見於外也。奉荐而進。懇懇勤勤。如欲親之享之也。退謂反位而立。凝神諦聽。如待親之訓示也。既事而尚有敬肅之容。謂自始至終。無倦色也。其內心不至者。則反是矣。固謂頑固而不循禮也。疏謂粗率而不周備也。無渴欲其享之誠。由無愛敬之實也。退而漠然若無事者。蓋身雖致祭。而心目中無親。故謂之忘本也。孝子之有深愛者必有和氣。有和氣者必有愉色。有愉色者必有婉容。孝子如執玉。如奉盈。洞洞屬屬然如弗勝。如將失之。嚴威儼恪。非所以事親也。成人之道也。鄭注和氣謂立而詘。成人既冠者。然則孝子不失其孺子之心也。孔疏言孝子對神。容貌敬愼。如執持玉之大寶。如奉盈滿之物。嚴謂嚴肅。威謂威重。儼謂儼正。恪謂恭敬。四者容貌。非事親之體。事親當和順卑柔也。慕容氏彥逢曰。君子所性。本於仁。深愛則仁之心。和則仁之氣。愉則仁之色。婉則仁之容。故曰仁人之事親。講義曰。愛親之心。深動其容。則發於氣也必和。氣和而色愉。色愉而容婉。表裏之符。不期而然。曰必有者。以其自然。非勉強也。孫氏希旦曰。孝子事死如事生。其事親於生時者如此。故沒而祭之。亦必如上文之所言。而後可以爲孝也。義疏云。此節是孝子事生之容。朱子訓色難。全引此可見。記者言祭而引此終之。正見孝子事死如事生也。禮案深愛謂愛親之心深也。故其氣象和平。婉容愉色。仁愛之發見於貌者也。如執玉。如奉盈。故論語云。如臨深淵。如履薄冰也。嚴威儼恪。非所以事親。本大戴曾子事父母文。若夫坐如尸。立如齊。弗訊不言。言必齊色。此成人之善者也。未得爲人子之道也。先王之所以治天下者五。貴有德。貴貴。貴老。敬長。慈幼。此五者先王之所以定天下也。貴有德何爲也。爲其近於道也。貴貴爲其近於君也。貴老爲其近於親也。敬長爲其近於兄也。慈幼爲其近於子也。是故至孝近乎王。至弟五乎霸。至孝近乎王。雖天子必有父。至弟近乎霸。雖諸侯必有兄。先王之教因而弗改。所以領天下國家也。

鄭注言治國有家道。天子有所父事。諸侯有所兄事。謂若三老五更也。天子衰。諸侯興。故曰霸。孔疏此論貴德及孝弟之事。皇氏云。此亦承上夫子答子貢之辭。德是在身善行之名。道者於物開通之稱。以己有德。能開通於物。故云近於道也。孝能感物。故近乎王。弟能親愛。故近乎霸。聖人之德。無加於孝。故雖天子之尊。必有事之如父者。謂養三老也。雖諸侯之貴。必有事之如兄者。謂養五更也。先王設教之原。因人之心。卽以孝弟教人。是因而不改。從人之所欲。故可以領天下國家也。案天子諸侯俱有養老之禮。皆事三老五更。故文王世子注。三老如賓。五更如介。但天子尊。故以父事屬之。諸侯卑。故以兄事屬之。葉氏夢得曰。道無不在。而德者道之所形。故貴有德。以其近道。君爲天下貴。而爵所自出。故貴貴以其近君。老非己親。而事親欲其壽。老故貴老爲其近親。長非己兄。而推其所尊。則無犯上。故敬長爲其近兄。幼非己子。而推其愛。以及其所不愛。故慈幼爲其近子。自老而上。皆曰貴者。以其達尊也。故孟子曰。爵一。齒一。德一。朝廷莫如爵。鄉黨莫如齒。輔世長民莫如德。推其尊於鄉黨。故敬長同於貴老。推其尊於長民。故慈幼同於貴德。輔氏廣曰。領猶衣之領。提其領則衣無不以順也。教非強其所無。因其有以尊之耳。言天下國家。關上天子諸侯也。項氏安世曰。事親爲仁。敬長爲義。王者以仁覆天下。故至孝者近之。霸者以義尊王室。故至弟者近之。王者君位之極。霸者臣位之極。古之所謂霸者。卽伯字也。諸侯之長也。自孟子荀子推明王霸之辨。而後學者以霸爲羞。故此章遂不可通。殊不知孟荀所闢。謂春秋時五霸耳。由威文以前。堯舜之四岳。夏殷之二伯。文武時周召爲二伯。是亦可羞乎。學者考古不精。多據後說以破前言。不可不謹乎。郭氏嵩燾曰。舉王霸爲言者。明孝弟之用也。下文明言立愛立敬。民貴有親。王者之事也。故曰至孝近乎王。民貴用命。霸者之事也。故曰至弟近乎霸。注疏引三老五更。失之遠矣。禮案霸當讀伯。項說是矣。

子曰。立愛自親始。教民睦也。立敬自長始。教民順也。教以慈睦。而民貴有親。教以敬長。而民貴用命。孝以事親。順以聽命。錯諸天下。無所不行。

鄭注親長父兄也。睦和厚也。尊長出教令者。孔疏此明愛敬之次。非本相因之辭也。人君欲立愛於天下。從親爲始。言先愛親也。己愛親。人亦愛親。是教民睦也。立敬於天下。從長爲始。言先敬長。己敬長。民亦敬長。是教民順也。睦則恩慈。民既慈睦。各貴所有之親。民心和順。不有悖逆。故貴用在上之教命。孝以事親。順以聽命。覆說民貴有親。民貴用命也。以此二者。錯置於天下。故無所不行也。馬氏晞孟曰。與伊訓所謂立愛惟親。立敬惟長。始於家邦。終於四海。孝經所謂愛敬盡於事親。德教加於百姓。

形於四海。固皆天子之事也。愛所以爲仁。敬所以爲義。事親者仁之實。故立愛自親始。從兄者義之實。故立敬自長始。慕容氏彥逢曰。親親仁也。敬長義也。不學之良能。不慮之良知。人皆有之。所謂本也。聖人能自我達之天下。使四海之內同愛。所謂立也。輔氏廣曰。貴猶崇尚也。錯與推而放之四海而準之意同。禮案此卽孝經所云。教民親愛。莫善於孝。教民禮順。莫善於悌。又曰聖人因嚴以教敬。因親以教愛。是以聖人之教。不肅而成。其政不嚴而治。其所因者本也。

郊之祭也。喪者不敢哭。凶服者不敢入國門。敬之至也。鄭注祭者吉禮。不欲聞見凶人。孔疏此論祭祀之禮。以是吉禮大事。故喪與凶服皆辟之。禮案此郊特牲文。記者引之。當在下章郊之祭上。簡錯在此耳。

祭之日。君牽牲。穆答君。卿大夫序從。既入廟門。麗於碑。卿大夫袒而毛牛尚耳。鸞刀以封取膟膋乃退。爛祭祭腥而退。敬之至也。鄭注祭謂祭宗廟也。穆子姓也。答對也。序以次第從也。序或爲豫。麗猶繫也。毛牛尚耳。以耳毛爲上也。膟膋血與腸間脂也。爛祭祭腥。祭爛肉。腥肉也。湯肉曰爛。爛祭祭腥。或爲合祭腥。泄膠熟也。孔疏此明祭廟牽牲致敬。君牽牲時。子姓對君共牽牲。卿大夫佐幣。士奉芻依次而從。君牽牲入廟。王肅云。以紖貫碑中。將殺牲。卿大夫袒取牛。以耳毛爲上。耳主聽。欲使神聽之。用鸞刀封割牲體。又取血及腸間脂以供膋。而膋以供炙肝及燔蕭也。乃退。謂殺牲竟。而取卿大夫所封血毛膟膋。薦之竟而退也。祭有三節。此一節竟故退。薦膟膋之後。以俎載爛肉腥肉而祭也。祭卒而退。是恭敬之至極也。熊氏云。父昭子穆。姓生也。是昭穆所生。謂子孫。直言穆者。文不備。案說文膟血祭。膋是牛腸間脂也。此腥肉爛肉。卽禮運云。腥其俎。熟其殽。此先云爛便文耳。非先後之次。爛者以鬼神異於生。雖曰熟殽。但湯肉而已。若其他小祀則煮肉令孰。故郊特牲云。一獻孰是爛與孰又別也。孫氏希旦曰。君牽牲者。謂二灌後。君出迎牲。牽之而入也。穆謂主祭者之嗣子也。嗣子答君牽牲。以其有傳重之端也。毛牛取其毛以告純也。三牲皆然。獨言牛者。以上牲爲主也。鸞刀刀之有鈴者。朝祭之時。先祭腥。次祭爛而退者。朝踐之禮畢也。禮案穆卽所謂上嗣是也。宗廟之中昭穆相當。故主祭者亦使穆答。已也。序從謂卿大夫從君。命婦從夫人。此不言夫人者文省也。

郊之祭。大報天而主日。配以月。夏后氏祭其闇。殷人祭其陽。周人祭日以朝及闇。祭日於壇。祭月於坎。以別幽明。以制上下。祭日於東。祭月於西。以別外內。以端其位。日出於東。月生於西。陰陽長短。終始相巡。以致天下之和。鄭注主日者。以其光明。天之神可見者莫著焉。闇昏時也。陽讀爲曰。雨曰暘之暘。謂日中時也。朝日出時也。夏后氏大事以昏。殷人大事以日中。周人大事以日出。亦謂此郊祭也。以朝及闇。謂終日有事。幽明者謂日照晝月照夜。端正。巡讀如沿漢之沿。謂更相從道。孔疏自此至致天下之和。論郊祭及日月之義。夏正郊天。大報天之衆神。天無形體。懸象著明。不過日月。故以日爲百神之主。配之以月。自日以下皆祭。特言月者。以對日耳。蓋天帝獨爲壇。其日月及天神等。共爲一壇。故日爲衆神主也。夏尚黑故祭於昏時。殷尚白故祭在日中。周尚文。祭百神禮多。故以朝及闇。祭日於壇。謂春分也。祭月於坎。謂秋分也。月爲幽。日爲明。日在壇。月在坎。是殊別幽明。制定上下也。日爲陽在外。月爲陰在內。今祭日於東。用朝旦之時。是爲外。祭月於西。鄉夕之時。是爲內。是以別外內。以正其位也。陰謂夜。陽謂晝。夏則陽長而陰短。冬則陽短而陰長。是陰陽長短。月之與日。同行黃道。其晦朔之時。月與日同處。自朔之後。月與日先後而行。至月終。日還與月同處。亦是終始相巡。是陰陽和會。故致天下之和也。方氏慤曰。郊雖以報天。然天則尊而無爲。可祀之以其道。不可主之以其事。故止以日爲之主焉。猶之王燕飲則主之以大夫。王嫁女則主之以諸侯而已。有其祀必有其配。故主以日。而又配以月也。陳氏祥道曰。祀日月之禮有六。祭義曰。郊之祭大報天而主日。配以月。一也。玉藻曰。朝日於東門之外。祭義曰。祭日於東。祭月於西。二也。小宗伯兆四類於四郊。兆日於東郊。兆月於西郊。三也。大司樂樂六變而致天神。月令孟冬祈來年於天宗。四也。覲禮禮日月。五也。雩霜風雨之不時。於是乎禜之。六也。因郊蜡而祀之。非正祀也。類禜而祀之。與覲諸侯而禮之。非常祀也。春分朝之於東門外。秋分夕之於西門外。此祀之正與常也。郝氏懿行曰。出在外。入在內。致和者。陰陽相巡而不已。則絪縕之化行。禮案。日者陽明之象。故築壇而祭之。壇者高也。明也。月者幽陰之象。故掘坎而祭之。坎者下也。幽也。

天下之禮。致反始也。致鬼神也。致和用也。致義也。致讓也。致反始以厚其本也。致鬼神以尊上也。致物用以立民紀也。致義則上下不悖逆矣。致讓以去爭也。合此五者。以治天下之禮也。雖有奇邪而不治者則微矣。

鄭注因祭之義汎說禮也。致之言至也。使人勤行至於此也。至於反始。謂報天之屬也。至於鬼神。謂祭宗廟之屬也。至於和用。謂治民之事。以足用也。物猶事也。變和言物互文也。微猶少也。孔疏。此明禮之大用。凡有五事。若行之得理。則天下治矣。致反始。言人始於天。反而報之。致鬼神。謂祭宗廟之等。和謂百姓和諧。用謂財用豐足。義謂斷制得宜。讓謂遞相推讓。反始報天。是厚重其本。祭祀鬼神。是尊嚴其上。民豐物用。則知榮辱禮節。故可以立人紀也。義能除凶去暴。故上下不有悖逆。讓故無爭。能合此五者。以治理天下之禮。雖有奇異邪惡之人。不從治者。亦當少也。事必須和。和能立事。故云立也。方氏慤曰。用志不至。不足以立禮。用力不至。不足以行禮。故每以致言之。致反始。致鬼神。所以盡天道。致物用。致義讓。所以盡人道。天人之道。可合而不可離。必合此五者。然後足以治天下之禮。奇言其無常。邪言其不正。方氏苞曰。服物采章。用各得其宜。然後尊卑上下之分誼。無不和。故曰致物用。以立民紀也。致反始慎終追遠之類。故曰厚其本也。致鬼神謂天地社稷百神之在民上者。禮案。致反始謂郊社之禮。致鬼神謂廟享之禮。和者禮之用也。義者禮之宜也。讓者禮之行也。荀子君道曰。古者先王審禮以方皇周浹於天下。動無不當。是也。

宰我曰。吾聞鬼神之名。不知其所謂。子曰。氣也者。神之盛也。魄也者。鬼之盛也。合鬼與神。教之至也。眾生必死。死必歸土。此之謂鬼。骨肉斃於下。陰爲野土。其氣發揚於上。爲昭明焄蒿悽愴。此百物之精也。神之著也。

因物之精。制爲之極。明命鬼神。以爲黔首則。百衆以畏。萬民以服。鄭注氣謂噓吸出入者也。耳目之聰明爲魄。合鬼神而祭之。聖人之教致之也。陰讀爲依廕之廕。言人之骨肉廕於地中。爲土壤。焄謂香臭也。蒿謂氣烝出貌也。上言衆生。此言百物。明其與人同也。不如人貴耳。蒿或爲藨。明命猶尊名也。尊極於鬼神。不可復加也。黔首謂民也。則法也。爲民作法。使民亦事其祖禰鬼神。民所畏服。孔疏自此至以祀先王先公敬之至也。明宰我問鬼神。夫子答以祭祀之禮。又廣明天子諸侯耕藉公桑之事。宰我問何物爲鬼神。子曰。氣是神之盛極。魄者鬼之盛極。氣噓吸出入。無性識也。但性識因此氣而生。有氣則有識。無氣則無識。識從氣生。性則神出入也。故人之精靈而謂之神。魄體也。若無耳目形體。不得爲聰明。人之死其神與形體分散各別。聖人以生存之時神形和合。今雖身死。聚合鬼神。似若生人而祭之。是聖人設教興致之也。物之羣衆而生。必皆有死。死必歸土。此因而言物。實本說人也。鬼歸也。歸土之形。故謂之鬼。骨肉斃於下。陰爲野土。此覆說歸土之義。申明人氣爲神。人生時形體與氣合。死則形與氣分。其精魂發揚。升於上爲神靈光明。百物之氣。或香或臭。烝而上出。其氣蒿然。人聞之情有悽愴。人氣揚於上爲昭明。百物之精氣爲焄蒿悽愴。人氣發於上爲昭明。是人神之顯著。聖人因人與物死之精靈。遂造制爲尊極之稱。謂之鬼神。以爲萬民之法則也。百衆謂百官衆庶。萬民謂天下衆民。皆畏敬鬼神也。黔黃也。凡人以黑巾覆頭。故謂之黔首。史記云。秦命民曰黔首。此經鬼神。亦兼山川五祀百物之屬。故禮運云。列於鬼神。樂記云。幽則有鬼神。是百物之魄謂之鬼。對則精靈爲魂。形體爲魄。故昭七年左傳云。人生始化曰魄。既生魄。陽曰魂。是形爲魄。氣爲魂。若散而言之。魄亦性識。識與魄其異。故昭二十五年左傳云。心之精爽。是謂魂魄。魂魄去之。何以能久。又對而言之。天曰神。地曰祇。人曰鬼。散而言之。通曰鬼神。方氏慤曰。黔首不特兆於周秦。素問曰。黔首共餘食。陸氏奎勳曰。素問亦秦漢醫者所作。其假黃帝岐伯以立論。猶漢儒之稱孔子宰我也。方氏苞曰。盛者著其見之義。神不可見。而人之有氣。即神之著見者也。鬼不可見。而人有魄。即鬼之著見者也。天道至教。以人之一身。而爲鬼神之所會。合明乎此。則知二氣之精。五行之秀。凝於人而萬畢具。曰明曰旦。聖賢事天之學。所由立也。陰爲野土。發爲昭明。荐其精而一氣相感。愛存慤著。子孫追遠之禮。所由生也。或曰合即合漠之義。魂離散而有報氣報魄之禮。聚生者之精神。以合鬼神於幽冥之中。所以爲教之至也。郭氏嵩燾曰。明命鬼神者。示人之死。必不與衆生同其泯滅。而鬼神之精爽。存乎人子之心。感而通之也。禮案說文云。天地之分。精氣爲人。煩氣爲虫。故動物之精神不若人。而爲人所役也。百衆以畏。萬民以服。神道設教也。吳越春秋曰。尊天事鬼。以求其福是矣。

聖人以是爲未足也。築爲宮室。設爲宗祧。以別親疏遠邇。教民反古復始。不忘其所由生也。衆之服自此。故聽且速也。鄭注自由也。言人由此服於聖人之教也。聽謂順教令也。速疾也。孔疏此明聖人爲鬼神立宗廟之事。聖人以尊名鬼神。爲未足稱其意。築爲宮室宗祧。以別親疏遠邇。教民反古復始者。古謂先祖。追而祭之。是反古也。始謂初始。父母始生於已。今追祭祀。是復始也。追遠報祭。是不忘其所由生也。衆人服從於上。由此反古復始而教之。故在下順其教令。而速疾也。劉氏彝曰。所以別其親疏者。

立祖禰之名也。所以辨其遠邇者，定宗祧之數也。教民尊祖，以時祭之。故曰反古也。教民親禰，以禮敬之。故曰復始也。不忘其所由生者，其謂此乎。衆之服行，聖人之德教。而祀其先祖也，速於置郵而傳命者。各親其親，出於天性也。孫氏希旦曰：敬事祖考，乃出於人心之同然，而不容己者。聖人因而導之。故人莫不服從，而速於聽命也。禮案此即論語曾子云，慎終追遠，民德歸厚矣。二端既立，報以二禮。建設朝事。燔燎羶薌，見以蕭光，以報氣也。此教衆反始也。薦黍稷，羞肝肺首心，見閒以俠甒，加以鬱鬯，以報魄也。教民相愛，上下用情，禮之至也。

鄭注二端既立，謂氣也魄也。更有尊名，云鬼神也。二禮謂朝事與薦黍稷也。朝事謂薦血腥時也。薦黍稷所謂饋食也。見及見閒，皆當爲覸，字之誤也。羶當爲馨，聲之誤也。燔燎馨香，覸以蕭光，取牲祭脂也。光猶氣也。有虞氏祭首，夏后氏祭心，殷祭肝，周祭肺。覸以俠甒，謂雜之兩甒醴酒也。相愛用情，謂此以人道祭之也。報氣以氣，報魄以實。各首其類。孔疏此論氣魄既殊，明設祭之時，二禮亦異。二端謂氣魄。既見，乃更立尊名也。報此氣魄，以二種祭禮。報氣謂朝踐之節，報魄謂饋熟之節。朝事謂早朝祭事。燔燎謂取膟膋燎於爐炭。覸謂雜也。燔膟膋，兼爇蕭蒿，是雜以蕭氣。此三者是報氣也。祭氣是古者尚質之義。是故教衆反古復始，總包之也。報魄謂饋孰時，薦此黍稷，進肝肺及首心，雜以兩甒醴酒，更加以鬱鬯，以魄在地下，鬱鬯灌地，亦是報魄也。此饋孰時皆以飲食，偏於燕飲，是教民相愛。上以恩賜逮下，下愛上恩賜，故上下用情。至謂至極，謂報氣報魄二禮備足，是禮之至極也。方氏愨曰：二端謂立鬼神之名，與宗祧之制也。二禮謂報氣報魄之禮也。金氏榜曰：案郊特牲蕭合黍稷，臭陽達於牆屋，故既奠然後焫蕭合羶薌。此覸以蕭光，爲饋食禮，其時亦兼報氣。郊特牲既灌，然後迎牲。此覸以俠甒，加以鬱鬯，爲朝事禮，其時亦兼報魄。覸之言雜也。謂其報氣報魄，更相雜廁。孝子祭其親，求諸陰陽，非一時一事。曰覸曰加，義取諸此。禮案聖人之爲祭祀，所以盛死者之魂魄也。魂氣在上，故燔燎羶薌蕭光，以臭氣旺其氣也。體魄則降，故薦黍稷肝肺首心，以牲體報其魄也。

君子反古復始，不忘其所由生也。是以致其敬，發其情，竭力從事，以報其親，不敢弗盡也。是故昔者天子爲藉千畝，冕而朱紘，躬秉耒；諸侯爲藉百畝，冕而青紘，躬秉耒，以事天地山川社稷先古，以爲醴酪齊盛，於是乎取之，敬之至也。

鄭注從事謂脩薦可事以祭者也。藉，藉田也。先古，先祖。孔疏此明反古復始，不忘竭力報親之事。君子不忘其所由生，故致其恭敬，發其情性，竭盡氣力，隨從其事，以上報其親。故古天子諸侯有藉田親耕，以事天地山川社稷先祖，以爲醴酪齊盛。於是乎取之，敬之至也。方氏愨曰：敬欲有所至，故曰致。情欲其無所愛，故曰發。力之用欲無貴，故曰竭。事之來欲無拒，故曰從。致敬發情於內，故能竭力從事於外。凡此所以報其親，不敢弗盡也。盡謂內盡志，外盡物也。慕容氏彥逢曰：有天下，有一國，可以取安佚，而必躬秉耒者，以爲祭不自致，非所以事神明。以此率民，而民孝敬矣。王畿千里，而爲藉亦千畝；封疆百里，而爲藉亦百畝。首服莫尊於冕，而冕以躬耕，貴而自致，莫勤於用力。

而躬秉耒。凡此皆自盡之道也。陳氏祥道曰：天子爲藉於南郊，冕而朱紘，正陽之色也。諸侯爲東郊，冕而青紘，少陽之色也。陸氏佃曰：所謂先古，豈特先祖而已，且先祖不應謂之先古。蓋若先嗇、先禖、炎帝、祝融之類。禮案：夫祭也者，所以申報反之義。親沒而不能展孝養之誠，其敬親之情，惟於祭焉發之。竭力從事，謂祭物必躬致之也。五經要義云：天子藉田千畝，以供上帝之粢盛。當孟春啓蟄，既郊之後，率公卿大夫而親耕，所以先百姓而致孝敬也。藉而借也，借民力治之也。周禮地官甸師掌率其屬耕耨王藉，以時入之，以共齍盛。醴酒酪醬，皆取帝藉之穀釀之，示敬道也。

古者天子諸侯，必有養獸之官。及歲時，齊戒沐浴而躬朝之。犧牷祭牲，必於是取之，敬之至也。君召牛，納而視之，擇其毛而卜之，吉，然後養之。君皮弁素積，朔月、月半，君巡牲，所以致力，孝之至也。鄭注：歲時齊戒沐浴而躬朝之，謂將祭祀卜牲。君朔月月半巡視之。君召牛，納而視之，更本擇牲意。孔疏：此明孝子報親，竭力養牲之事。歲時齊戒沐浴，謂每歲依時，謂朔月、月半也。躬，親也。既卜牲吉，在牢養之。言朝者，敬辭也。犧，純色，謂天子牲也。牷，完色，謂諸侯牲也。犧牷所祭之牲，必於是養獸之官受擇取之。養獸者，若周禮牧人也。擇牲時，君於牧處，命取牛納之於內而視之。皮弁，諸侯視朝之服。朔月月半，君服此衣而巡牲，所以致力也。耕藉云敬之至，養牲云孝之至，在文也。方氏慤曰：凡言鬼神之道，皆稱孝焉。論語：菲飲食而致孝乎鬼神。孫氏希旦曰：養獸之官，謂充人也。周禮充人掌繫祭祀之牲牷，祀五帝則繫于牢，芻之三月。享先王亦如之。納而視之，謂納於牧人而視之也。擇其毛，謂擇其完具而不雜者也。卜，謂祭前三月卜牲也。牲之未卜者，養於牧人，既卜而後養之於充人也。巡牲，所以察其芻豢之肥瘠也。皮弁素積，天子視朝之服，天子以皮弁，則諸侯以朝服也。君不可自養牲，每月巡視之，亦所以自致其力也。禮案：月令仲秋，乃命宰祝循行犧牲，視全具，案芻豢，瞻肥瘠，察物色，必比類量小大，視長短，皆中度。五者備當，上帝其享。周禮春官肆師：大祭祀，展犧牲，繫於牢，頒於職人。是也。朝，讀如後漢劉寵傳郡朝之朝，謂歲時將祭，必齊戒沐浴，往取所養之牲而視其毛色純全，牲體完具者，以加之卜。卜之吉，則命充人養之。案玉藻曰：皮弁，天子視朝，諸侯聽朔之服。而服以巡牲，敬祖先之祀，故曰孝之至也。

温州市图书馆
藏書

禮記通釋 八十卷

第七册

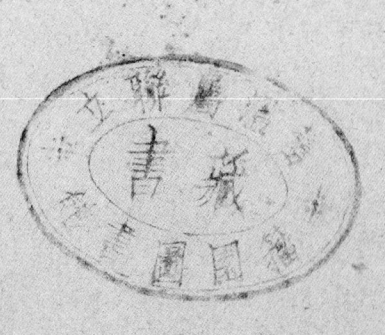

禮記通釋卷六十一

玉環戴禮

祭義

古者天子諸侯必有公桑蠶室。近川而爲之。築宮仞有三尺。棘牆而外閉之。及大昕之朝。君皮弁素積。卜三宮之夫人世婦之吉者。使入蠶於蠶室。奉種浴於川。桑於公桑。風戾以食之。歲既單矣。世婦卒蠶。奉繭以示於君。遂獻繭於夫人。夫人曰。此所以爲君服與。遂副禕而受之。因少牢以禮之。古之獻繭者。其率用此與。及良日。夫人繅。三盆手。遂布於三宮夫人世婦之吉者使繅。遂朱綠之。玄黃之。以爲黼黻文章。服既成。君服以祀先王先公。敬之至也。

鄭注大昕季春朔日之朝也。諸侯夫人三宮。半王后也。風戾之者及早涼脆採之。風戾之使露氣燥。乃以食蠶。蠶性惡溼。歲單謂三月月盡之後也。言歲者蠶歲之大功事畢於此也。副禕王后之服。而云夫人。記者容二王之後與。禮之奉繭之世婦。三盆手者三淹也。凡繅每淹三總。而手振之以出緒也。孔疏此廣明孝子報親。養蠶爲祭服。祀先王先公之事。公桑謂官家之桑。於處而築養蠶之室。近川取其浴種便也。築宮謂築養蠶之宮。牆七尺曰仞。又有三尺。高一丈也。棘牆謂牆上置棘。外閉謂扇在戶外也。大昕爲季春朔日之朝。夫人者諸侯夫人。世婦亦諸侯世婦。卜取之吉者。前雖總舉天子諸侯。此特舉諸侯互言之。奉種浴於川者。言蠶將生而又浴之。初於仲春已浴。至此更浴之也。蠶是婦人之事。故獻繭於夫人。夫人曰此所以爲君服與者。所舉奉處重。既擬君之祭服。故夫人首著副。身著禕衣受此所獻之繭。因少牢以禮之。接獻繭之世婦。率法也。夫人曰獻繭之法。自古如此邪。重事之義。故問也。良日謂吉日。宜繅之日。明繅更擇日。日至而後夫人自繅。每淹以手振出其緒。故云三盆手。繅訖遂布與三宮夫人世婦之吉者。既據諸侯。則夫人唯一人。此雜互天子言之。以天子有三夫人。就其中取吉者。若諸侯唯世婦之吉者。蠶繅非一人。擇其吉者。主領而已。前文耕耤男子之事。故云以事天地山川社稷先祖。養蠶是婦人之事。婦人不與外祭。故云以祀先王先公。其實養蠶爲衣。亦事天地山川社稷。馬氏晞孟曰。公羊傳曰。國非無良農工女也。以爲人之所盡於祖禰者。不若以所自親者也。周官內宰職曰。中春詔后帥內外命婦始蠶於北郊。以爲祭服。蓋蠶於季春。則詔於中春也。王躬耕於南郊。后躬桑於北郊。陰陽之盛也。王將耕則后獻種稑之種。后夫人將蠶。則君爲之卜夫人世婦之吉者。所以交相成也。朱綠色之雜。玄黃色之正。黼黻文章者。正之間也。又加之以績繡。則祭服成矣。服以祀先。敬之至也。陸氏佃曰。棘牆而外閉之。不專爲防也。故曰外戶而不閉。禦風氣而已。若棘亦以爲暖。今養華用棘。鄭氏謂大昕季春朔日之朝。然則餘日爲昕。朔日謂之大昕矣。單言始衣單矣。月令天子孟夏始絺。然後蠶事畢。后妃獻繭。詩曰八月載績。蓋絲事成於衣單。麻事成於衣重之時。豈直人事哉。亦天地自然之理也。義疏云。其率用此與。疑記者之辭。由今所見。以思古也。禮案公桑蠶室在北郊。見祭統。近川築宮者。以育蠶當春杪夏初。天氣漸熱。故近水取其涼爽。非但便於浴種也。種蠶子也。孔傳尚書旅獒曰。八尺曰仞。仞有三尺。高一丈有奇。牆置棘而門外閉者。閹寺守之。防蠶婦出入遊觀曠職業也。繭成則蠶事畢矣。故曰卒。君曰云。夫人曰獻者。以蠶繅婦功。君但視之而已。夫人受之。使親繅也。孟子云。夫人蠶繅。以爲衣服是也。夫人而云副禕受之者。蓋蠶事天子諸侯並有之。此文言君該天子。言夫人該王后也。爲君服者。謂受繭成絲。染織成帛。所以爲之祭服也。注謂繅以手振出絲。則漢時猶無繅車也。夫人三繅。猶帝耤之三推。故仍委三宮夫人世婦。而卒事也。朱綠之。玄黃之。染采以爲黼黻文章也。凡染正色爲衣。閒色爲裳。言朱綠玄黃。約舉其類耳。周禮冬官考工記曰。青與赤謂之文。赤與白謂之章。白與黑謂之黼。黑與青謂之黻。祀先王謂天子。祀先公謂諸侯。敬之至。言祭服爲王后夫人之所躬服其勞而成者也。

君子曰。禮樂不可斯須去身。致樂以治心。則易直子諒之心。油然生矣。易直子諒之心生則樂。樂則安。安則久。久則天。天則神。天則不言而信。神則不怒而威。致樂以治心者也。致禮以治躬則莊敬。莊敬則嚴威。心中斯須不和不樂。而鄙詐之心入之矣。外貌斯須不莊不敬。而慢易之心入之矣。故樂也者動於內者也。禮也者動於外者也。樂極和。禮極順。內和而外順。則民瞻其顏色而不與爭也。望其容貌而衆不生慢易焉。故德煇動乎內。而民莫不承聽。理發乎外。而衆莫不承順。故曰致禮樂之道。而天下塞焉。舉而錯之無難矣。樂也者動於內者也。禮也者動於外者也。故禮主其減。樂主其盈。禮減而進。以進爲文。樂盈而反。以反爲文。禮減而不進則銷。樂盈而不反則放。故禮有報而樂有反。禮得其報則樂。樂得其反則安。禮之報。樂之反。其義一也。

鄭注斯須猶須臾也。子讀如不子之子。諒信也。油然物始生好美貌。躬身也。極致也。理爲言行也。塞充滿也。減猶倦也。盈猶溢也。樂以統情。禮以理行。人之情有溢。而行有倦。倦而進之。以能進者爲文。溢而使反。以能反者爲文。文謂才美。報皆當爲褒。聲之誤。孔疏此一節已具於樂記。但記者別人。故於此又記之。其義已具在樂記疏。故於此不繁文也。孫氏希旦曰。此言禮樂者。於前後不相比附。而本見於樂記。疑樂記重出之文。而錯在此篇耳。禮案塞謂和順之氣充塞於天下也。餘並見樂記。

曾子曰。孝有三。大孝尊親。其次弗辱。其下能養。公明儀問於曾子曰。夫子可以爲孝乎。曾子曰。是何言與。是何言與。君子之所謂孝者。先意承志。諭父母於道。參直養者也。安能爲孝乎。鄭注。公明儀。曾子弟子。孔疏。此一節至可謂孝矣。廣明爲孝子事大孝尊親。卽下文大孝不匱。聖人爲天子者也。尊親嚴父配天也。其次弗辱。謂賢人爲諸侯及卿大夫士也。各保社稷宗廟祭祀。不使傾危。卽下文中孝用勞也。其下能養。謂庶人也。卽下文小孝用力。能養謂因天分地。以養父母也。先意謂父母將欲發意。孝子則預前逆知父母之意。而爲之也。承志謂父母已有志。已當奉承而行之。諭父母於道者。或在父母意先。或在父母意後。皆曉諭父母。歸於正道也。黃氏震曰。自天子至庶人。孝道有三。立身行道有大功大德。俾人頌美其先。而尊重之上也。生事葬祭之以禮。全父母遺體。沒身無毀者。次也。事父母盡其色養者下也。方氏愨曰。徒先意承志。而不能諭之於道。則是苟順其令。而或陷親於不義者。蓋有之矣。此所以義在乎諭父母於道也。郝氏懿行曰。先意如先天弗違。承志如後天奉若。諭父母於道。非口陳之也。反身而誠。潛移默化。所謂瞽瞍亦允若是也。孫氏希旦曰。下文言小孝用力。中孝用勞。大孝不匱。以位之尊卑而異者也。此言大孝尊親。其次弗辱。其次能養。以行之優劣而分者也。禮案。尊親卽孝經立身行道。揚名於後世。以顯父母者也。弗辱卽孝經修身愼行。恐辱先也。能養卽呂氏春秋孝行覽養有五道。養體。養目。養耳。養口。養志。五者完備。可謂能養矣。曾子直養。謂只能養耳目口體。未能養志。尙不足以稱能養。謙之至也。亢倉子訓道。仲尼曰。夫善事父母。敬順爲本。意以承之。順以承顏色。無所不至。曾子曰。身也者。父母之遺體也。行父母之遺體。敢不敬乎。居處不莊。非孝也。事君不忠。非孝也。涖官不敬。非孝也。朋友不信。非孝也。戰陳無勇。非孝也。五者不遂。烖及於親。敢不敬乎。鄭注。遂猶成也。孔疏。若行在上五者。事不成。其如是。烖害必及親。所以爲非孝。然則君子於上五者。豈敢不敬而承之者乎。方氏愨曰。孝經曰。身體髮膚。受之父母。不敢毀傷。孝之始也。哀公問曰。身者親之枝也。敢不敬與。夫人身生於父母。而別於父母者也。故曰。父母之遺體也。苟不莊不忠。不敬不信無勇。則烖及其身。烖及其身是及其親也。故每以非孝言之。則行身之道。敢不敬乎。先居處而後事君者。內外之序也。先事君而後涖官者。尊卑之序也。先涖官而後朋友者。公私之序也。先朋友而後戰陳者。文武之序也。眞氏德秀曰。身體髮膚。受之父母。不敢毀傷。然忠臣義士。奮不顧身。視死如歸。何也。此與其他毀傷不同。蓋殺身所以成仁。旣成仁則孝在其中矣。殺身成仁。形雖虧。其理不虧。身雖隕。其性不失。乃所以爲孝也。故曰。戰陳無勇。非孝也。禮案。此卽孝行覽所謂人臣孝。則事君忠。處官廉。臨難死。士民孝。則耕芸疾。守戰固。不敗北是也。亨熟羶薌。嘗而薦之。非孝也。養也。君子之所謂孝也者。國人稱願然曰。幸哉有子如此。所謂孝也已。鄭注。然猶而也。孔疏。言亨熟羶薌之美。先自口嘗。而後荐之父母。此非孝也。唯是供養。君子之所謂孝者。言若人將爲孝。曰。此子百行皆美。一國之人稱揚羨願。然云。此子父母有幸遇哉。而有孝子如此。乃所謂孝也。方氏愨曰。亨言天產。故其臭爲羶。孰言地產。故其臭爲薌。

嘗旨否而後荐之。是孝之一端而已。稱者口稱其所爲。願者志願其如此。然則予之之詞也。幸哉有子如此。言其有子如此。乃父母之幸也。孝者盡子道而已。人言如此。故曰所謂孝也已。已則言其盡於此也。禮案荐進也。亨孰羶薌。嘗而進親。乃敬養也。不足以爲孝。孝必能敬其身。能成其親者也。哀公問於孔子曰。君子也者。人之成名也。百姓歸之名。謂之君子之子。是使其親爲君子也。是爲成其親之名也已。又說苑子曰。人之行莫大於孝。孝行成於內。而嘉號布於外是也。衆之本教曰孝。其行曰養。養可能也。敬爲難。敬可能也。安爲難。安可能也。卒爲難。父母既沒。愼行其身。不遺父母惡名。可謂能終矣。仁者仁此者也。禮者履此者也。義者宜此者也。信者信此者也。強者強此者也。樂自順此生。刑自反此作。孔疏孝經云孝者德之本。又云教民親愛。莫善於孝。是衆行之根本。以教於民。故謂之孝也。其行曰養者。言不能稱孝之德。其唯行奉上之禮。供養父母。可能爲也。但尊敬爲難。敬雖難猶可爲也。但使父母安樂爲難。卒終也。父母在使之安樂。猶可能也。但父母既歿之後。謹愼其身。恆在善道。不遺父母惡名。孝子如此。可謂能卒矣。此謂孝也。言欲行仁於外。必須行仁恩於父母也。欲行禮於外者。必須履踐此孝也。欲行義於外。必須得宜於孝也。欲行孝道於外。必須誠信於孝。欲強盛於外。必須強盛於孝。自由也。言自之和樂由順從孝道而生。若違反孝道。則刑戮及身。方氏慤曰。教亦多術矣。特爲之本者孝也。故曰衆之本教曰孝。孝經云。夫孝德之本也。教之所由生也。正謂是矣。論語曰。至於犬馬皆能有養。不敬何以別乎。故曰敬爲難。揚子曰。孝莫大於甯親。故曰安爲難。孝經曰立身行道。揚名以顯父母。孝之終也。故曰卒爲難。周氏謂曰。仁先之禮次之。義次之。繼元以亨。繼亨以利之序也。信者成此三者。而強者行此三者。葉氏夢得曰。五者備矣。強而不變。已忘其倦則樂矣。樂所以順而生也。小人反是。則入於刑。刑所以反而作也。孝經言教民親愛。莫善於孝。五刑之屬三千。亦曰罪莫大於不孝。皆與此意合也。禮案養謂致衣食。省安否。敬爲難。卽大戴曾子立孝所謂盡力無禮。則小人也。安慰也。詩衛風云。有子七人。莫慰母心。卒爲難。故論語曾子當哉手啓足之際。始自知免也。詩小雅云夙與夜寐。無忝爾所生。能終之謂也。五此者並謂孝也。說文仁者親也。郭注爾雅釋言云履行也。毛傳詩周南云宜者和順之意。釋名信申也。使不相違也。爾雅釋詁強勤也。樂自順此生。孝經云敬一人而千萬人悅。刑自反此作。故上文云五者不遂。烖及於親。

曾子曰。夫孝置之而塞乎天地。溥之而橫乎四海。施諸後世而無朝夕。推而放諸東海而準。推而放諸西海而準。推而放諸南海而準。推而放諸北海而準。詩云。自西自東。自南自北。無思不服。此之謂也。鄭注無朝夕言常行無輟時也。放猶至也。準猶平也。孔疏以前皆曾子之言。但此下事異。故更言曾子曰。置謂措置也。塞滿天地。言上至天。下至地。謂感天地神明也。溥布也。布此孝道。橫被於四海。廣言遠也。諸於也。謂施此孝道於後世。而無一朝一夕而不行也。推謂推排也。放至也。言推排孝道。至於四海。能以爲法。準平而法象之。無所不從也。詩大雅文王有聲之詩，美武王之德能如此。今孝道亦然。故引以證之。葉氏夢得曰。塞乎天地。所謂窮高厚也。橫乎四海。所謂極深遠也。施諸後世。而無朝夕。所謂悠久無疆也。講義曰孝出於人心。人有賢愚。而謂此心不異。時有古今。而此心常存。天地之心。亦無以異乎人之心。此所以塞天地。橫四海。施諸後世。無所不可。孫氏希旦曰。孝之德本乎天地。協乎人心。無古今之殊。無遠近之異。此所以置之溥之。施之推之。而無所不同也。禮案塞天地。橫四海。即孝經所謂孝悌之至。通於神明。光於四海。無所不通是也。施讀如詩周南施於中谷之施。言孝道爲萬世所共由。而無朝夕之或異也。盧注大戴禮曾子大孝云。九夷八蠻。七戎六狄。謂之四海。而推於無不準者。即曲禮上云。在醜夷不爭是也。唐玄宗注孝經云。無思不服。義取德教流行。莫不服義從化也。

曾子曰。樹木以時伐焉。禽獸以時殺焉。夫子曰。斷一樹。殺一獸。不以其時。非孝也。

鄭注夫子孔子也。曾子述其言以云。孔疏此亦是曾子之言。以語更端。故更云曾子。方氏慤曰。王制曰。草木零落。然後入山林。所謂樹木以時代也。又曰豺祭獸。然後田獵。鳩化爲鷹。然後設罻羅。所謂禽獸以時殺也。孟子曰。君子親親而仁民。仁民而愛物。故斷一樹。殺一獸。不以其時。非孝也。禮案非時而伐木殺獸。則悖天道。逆王制。乃罔民也。罔民危及己身。烖及父母。故謂之非孝。故大戴禮衞將軍文子篇。孔子謂高柴開蟄不殺。則天道也。方長不折。則恕也。恕則仁也。是矣。大戴禮此節在樂正子春章下。

孝有三。小孝用力。中孝用勞。大孝不匱。思慈愛忘勞。可謂用力矣。尊仁安義。可謂用勞矣。博施備物。可謂不匱矣。

鄭注勞猶功也。思慈愛忘勞。思父母之慈愛己。而自忘己之勞苦。孔疏以庶人思父母慈愛。忘己躬耕之勞。可謂用力矣。諸侯卿大夫士。尊重於仁。安行於義。心無勞倦。是可謂用勞矣。匱乏也。廣博謂施德教加於百姓。刑於四海。備物謂四海之內。各以其職來助祭。如此即是大孝不匱也。講義曰用力者竭力以事親。用勞者盡心以事親。思父母之慈愛。而忘己之勞苦。則不愛其力矣。所尊者仁所安者義。以仁義喻父母於道。其心庸有不盡乎。詩曰孝子不匱。永錫爾類。錫予也。類謂凡人子也。顯考叔愛其母。施及莊公。舜致瞽叟底豫而天下之爲父子者定。孝子之道。果有匱乎。禮案尚書酒誥云。肇牽車牛遠服賈。用孝養厥父母。小孝用力之謂也。孟子曰殺一無罪非仁也。非其有而取之非義也。居仁由義。大人之事備矣。事非勞不備。備仁義則無忝所生。故謂之中孝也。孝經曰昔者明王之以孝治天下也。不敢遺小國之臣。而況於公侯伯子男乎。博施之謂也。是以四海之內。各以其職來祭。備物之謂也。

父母愛之。喜而弗忘。父母惡之。懼而無怨。父母有過。諫而不逆。父母既沒。必求仁者之粟以祀之。此之謂禮終。

鄭注無怨。無怨於父母之心。不逆。順而諫之。必求仁者之粟。喻貧困猶不取惡人物。以事亡親。講義曰愛之則喜而不忘。思求其所可喜者。以悅其親也。惡之則懼而不怨。思去其所可惡者。以安其親也。方氏慤曰。父母有過。下氣怡色。柔聲以諫。蓋不逆之謂也。巽而入之。則雖諫而不逆也。仁者之粟則有愛心存焉。若夫子受仁人之饋。則掃地而祭。亦此之意。祭之以禮。禮之終也。此主言祀。故曰禮終。黃氏曰。注謂必求仁者之粟。以爲粢盛。則失之遠矣。況先王之禮。不耕者祭無盛。自天子執耒三推。下達庶人。皆從斯禮。今曾子所言。粟者祿也。謂父母既沒。必仕於仁諸侯。賢大夫之朝。立身行道。以終祭祀。危邦不入。亂邦不居。恐辱先也。況曾子嘗敝衣以耕於魯。魯侯聞之致之邑。曾子固辭。聖人稱之。能全節也。孟子云士三月無君則弔。以其失於祭祀之禮也。親沒者必居於仁者之朝。食祿行道。以終祭祀之禮。爲禮終也。禮案懼而無怨。若尚書舜典曰號泣於旻天。於父母負罪引慝。諫而不逆。猶大戴曾子事父母。孝子之諫。達善而不敢爭辨。

樂正子春下堂而傷其足。數月不出。猶有憂色。門弟子曰。夫子之足瘳矣。數月不出。猶有憂色。何也。樂正子春曰。善如爾之問也。善如爾之問也。吾聞諸曾子。曾子聞諸夫子曰。天之所生。地之所養。無人爲大。父母全而生之。子全而歸之。可謂孝矣。不虧其體。不辱其身。可謂全矣。故君子頃步而弗敢忘孝也。今予忘孝之道。予是以有憂色也。壹舉足而不敢忘父母。壹出言而不敢忘父母。壹舉足而不敢忘父母。是故道而不徑。舟而不游。不敢以先父母之遺體行殆。壹出言而不敢忘父母。是故惡言不出於口。忿言不反於身。不辱其身。不羞其親。可謂孝矣。鄭注曾子聞諸夫子。述曾子所聞於孔子之言。頃當爲跬。聲之誤也。予我也。徑步邪。趨疾也。忿言不反於身。人不能無忿怒。忿怒之言。當由其直。直則人服。不敢以忿言來也。孔疏此論樂正子春傷其足而憂。因明父母遺體。不可損傷之事。天地生養萬物之中。無如人最爲大。故孝經云天地之性人爲貴也。非其直體全。又須善名得全。若能不虧損形體得全。不損辱其身。是善名得全也。故君子頃步而弗敢忘孝也者。言忘之恐有傷損。正道平易。於身無損傷。邪徑險阻。或於身有患。渡水必依舟船。不浮游水上。乘舟則安。浮水則危。不敢以先父母遺餘之體。而行歷危患處。悖逆惡戾之言不出於口。爲人所賤。言必正直。人則服之。故他人瞋忿之言。不反於身。身及親。並不羞辱。可謂孝也已。方氏愨曰。父母全而生之。謂生其形也。子全而歸之。謂歸於土也。不虧其體。所以全其形。不辱其身。所以全其德。壹舉足而不敢忘父母。則念其親於動止之間。壹出言而不敢忘父母。則念其親於語默之際。道大而徑小。故道而不徑。舟安而游危。故舟而不游。惡言已之言也。忿言人之言也。唯已之惡言不出於口。故人之忿言不反於身也。以忿言不反於身。故不辱其身。故不羞其親。朱子熹曰。父母者一身之父母也。天地者人與物已與人皆共以爲父母者也。父母生我也。四支百骸無一不全。必能全其身之形。斯爲不忝於父母。天地之生我也。五常百善無一不備。必能全其性之理。然後爲不負於天地。周氏諝曰。周官之法。禁徑踰者。禁川游者。而此則曰道而不徑。舟而不游。是以知周公之法。不特有意於防微。而又有以教人之孝也。郝氏懿行曰。韓非說林載齊伐魯。索讒鼎。魯以其贗往。齊人曰贗也。魯人曰眞也。齊曰使樂正子春來。吾將聽子。然則其爲人可知矣。禮案樂正子春曾子弟子。見檀弓下。故其言聞諸曾子。猶曾子之聞諸孔子也。毛傳詩鄭風云。瘳愈也。重言善如爾之問。所以深嘉之也。無人爲大之大。讀如道德經域中有四大之大。性生之謂也。歸死之謂也。即上文所請能終。檀弓上子張曰。君子曰終。小人曰死。吾今日其庶幾矣。不虧體辱親。即曲禮上云。孝子不服闇。不登危。懼辱親也。大戴禮曾子立孝曰。不恥其親。君子之孝也。頃通跬。跬又同蹞。楊注荀子王霸云。半步曰蹞。壹舉足出言。而不敢忘父母。故孝經云言滿天下無口過。行滿天下無怨惡。爾雅釋水。順流而下曰溯游。舟而不游。不涉險也。父母曰先。已身曰遺體。蓋謂親已沒者也。而愛身亦不可不至焉。惡言傷人者也。不出惡言以傷人。則人自不以忿言反加諸我矣。孟子所謂夫人必自侮。而後人侮之也。曾子立事曰。是故君子出言以鄂鄂。行身以戰戰。亦殆免於罪矣。亢倉子曰。發一言。舉一意。不敢忘父母。營一手。措一足。不敢忘父母是也。

昔者有虞氏貴德而尚齒。夏后氏貴爵而尚齒。殷人貴富而尚齒。周人貴親而尚齒。虞夏殷周。天下之盛王也。未有遺年者。年之貴乎天下久矣。次乎事親也。

鄭注。貴謂燕賜有加於諸臣也。尚謂有事尊之於其黨也。臣能世祿曰富。舜時多仁聖有德。後德則在小官。未有遺年。言其先老也。孔疏前經明孝。此以下至不敢犯。又兼明孝弟。此論四代悌順尚齒之義。有虞氏帝德弘大。故貴德。德之中年高者在前。是德中尚齒。夏后氏尚功。功高則爵高。德雖下而爵高者則貴之。由道劣故也。爵之中年高者在前。故云尚齒。殷人又劣於夏。累世有功。世爵而富乃貴之。亦年高者在前。故云尚齒。周人敬愛彌狹。於已有親乃貴之。亦年高者在前。故云尚齒。虞夏殷周雖是明盛之主。未有遺棄其年者。貴年之次第。近于事親之孝。除孝則次弟也。方氏慤曰。四代之所貴不同。由救弊之政異也。貴德之弊。至於忘君。故夏后氏救之以貴爵。貴爵所以明貴賤也。貴爵之弊。至於忘功。故殷人救之以貴富。貴富所以明世祿也。三者之弊。至於忘親。故周人救之以貴親。至於尚齒。則未嘗易者。以年之貴乎天下久矣。次乎事親。萬世而無弊故也。孫氏希旦曰。左傳曰。周之宗盟。異姓爲後。周禮王天揖同姓。時揖異姓。土揖庶姓。周人之尚親者然也。貴與尚皆尊之也。四代之所貴不同。而無不尚齒者。言各於其所貴之中。而又皆以齒爲尚也。禮案齒年也。遺棄也。言虞夏殷周雖所貴不同。而尚齒則無不同。故並崇養老之禮。以事親之次弟是也。

是故朝廷同爵則尚齒。七十杖於朝。君問則席。八十不俟朝。君問則就之。而弟達乎朝廷矣。

鄭注。同爵尚齒。老者在上也。君問則席。爲之布席於堂上。而與之言。凡朝位立於庭。魯哀公問於孔子。命席。不俟朝。君揖之即退。不待朝事畢也。就之就其家也。老而致仕。君或不許。異其禮而已。孔疏此明朝廷之中。行於弟。故官爵同則尚齒。四代皆然。以尚齒故。七十者許之據杖於朝。若君有問則布席令坐也。八十不但杖於朝而已。見君揖則退。不待朝事畢也。若君有事問之。則就其室。是孫弟敬老之道。通達於朝廷矣。案燕禮大射。君與卿大夫皆立。卿大夫立於庭。君立于阼階上。君降自阼階。南向爾卿。卿西面。爾大夫。大夫皆少進北面。於時老臣君揖則退。不待朝事畢也。案曲禮云。大夫七十而致事。若不得謝。是或不許也。此所云是君不許者。故異事禮。若其致事。則王制云七十不俟朝。八十杖於朝是也。方氏慤曰。孟子曰。朝廷莫如爵。鄉黨莫如齒。朝廷雖以爵爲上，然未嘗廢齒。則此所言者是也。鄉黨雖以齒爲尚，然亦未嘗廢爵。則後言三命而不齒是也。禮案此言朝庭尚齒之禮也。七十者杖於朝，所以扶其老。君問則席，所以安其身也。八十不俟朝之俟。讀如玉藻不俟屨之俟。言不待漏趨朝。故君有問，則就其室也。**行肩而不併，不錯則隨。見老者則車徒辟，斑白者不以其任行乎道路，而弟達乎道路矣。**鄭注：錯，雁行也。父黨隨行，兄黨雁行。車徒辟，乘車步行，皆辟老人也。斑白者，髮雜色也。任，所担持則朋友肩隨是也。若兄黨爲雁行之差錯，父黨則隨從而行。少言或乘車或徒步，若逢見老者則辟之。任謂担持。言斑白不以所任之物行於道路，少者必代之。禮案此言行道尚齒之禮也。辟，讓也。尚書大傳曰：父之齒隨行，兄之齒雁行，朋友不相踰。輕任并，重任分，頒白不提挈，出入皆如之。此之謂造士。**居鄉以齒，而老窮不遺，强不犯弱，衆不暴寡，而弟達乎州巷矣。**鄭注：老窮不遺，以鄉人尊而長之，雖貧見無子孫，無棄忘也。一鄉者五州，巷猶閭也。方氏慤曰：若耆耋艾耄之類，所謂老。若鰥寡孤獨之類，所謂窮。不遺謂養之有政也。强弱以力言，衆寡以數言。凡此皆州巷禮順之事，故曰弟達乎州巷。禮案此言居鄉尚齒之禮也。鄉有老者，雖窮而無告，亦與之齒讓也。不遺棄，言皆有以安養之也。由弟達州巷，故欺凌侮慢之風熄矣。**古之道，五十不爲甸徒，頒禽隆諸長者，而弟達乎獀狩矣。**鄭注：四井爲邑，四邑爲丘，四丘爲甸。甸，六十四井也。以爲軍田出役之法。五十始衰，不從力役之事也。頒之言分也。隆猶多也。及田者分禽，多其老者。謂竭作未五十者。春獵爲獀，冬獵爲狩。孔疏：此明弟道達於獀狩。作記之人，在於周末，於時力役煩重，郤道周初之事，故云古之道也。一甸之中，出長轂一乘，甲士三人，步卒七十二人，共軍田役事。案小司徒云：凡起徒役，毋過家一人，唯田與追胥竭作。若田與追胥竭作之時，此未五十者猶在田役，故頒禽之時，多此長者也。方氏慤曰：甸，一徒者甸獵之徒役也。周官皆作甸。先儒以爲丘甸，誤矣。陸氏佃曰：不爲甸徒，言以爲士。司馬法：成百井，出革車一乘，士十人，徒二十人。禮案此言師役尚齒之禮也。故老則息其力，長則隆其賞也。**軍旅什五，同爵則尚齒，而弟達乎軍旅矣。**鄭注：什五，士卒部曲也。少儀曰：軍尚左，卒尚右。孔疏：五人爲伍，二伍爲什。士謂甲士，卒謂步卒。在軍旅之中時，主帥部領團曲而聚，故云部曲。方氏慤曰：周官五卒爲旅，五旅爲師，五師爲軍。此言軍旅，舉小於旅，莫大爲軍故也。尚齒止以什伍者，什以外則齒有所不勝序故也。葉氏夢得曰：所謂軍旅有禮，則武功成也。吳氏澄曰：凡軍旅五人爲一伍，五伍爲一兩，五人之長曰伍長，又該於一人，爲兩司馬，尚齒各行於一兩。二什四伍之中，兩之外則不序。四伍長爵皆下士，是爲同爵，四人之中，齒尊者先，是爲尚齒。禮案此言軍旅尚齒之禮也。軍中猶朝廷，故爵同則尚齒。**孝弟發諸朝廷，行乎道路，至乎州巷，放乎獀狩，修乎軍旅，衆以義死之而弗敢犯也。**鄭注：死之，死此孝弟之禮。孔疏：此總結上文。而弟達乎朝廷，兼云孝者，以孝故能弟，弟則孝之次也。孝弟之道，通於朝廷，行於道路、州巷、獀狩、軍旅，無處不行孝弟，以教衆庶，故衆以道理之義。雖死不捨。不敢犯此孝弟。而不行也。方氏慤曰。先朝廷而後道路。自內而之外也。先道路而後州巷。行乎大又盡乎小也。蒐狩軍旅。則又以有事之時言之。朝廷者政之所出。故言發。道路者人之所由。故言行。州巷則委曲而有所盡。故者至。蒐狩則馳驅而有所從。故曰放。軍旅則嚴飭。而有所治。故曰修。合而言之。皆所以達之而已。周氏諝曰。孔子曰教民禮順。莫善於弟。蓋以弟而治天下。則其操甚約。其效甚博。此衆之所以有義死。而不敢犯也。禮案此以上自曾子曰至不羞其親可謂孝矣。並言孝行。自有虞氏至而弟達乎軍旅矣。皆謂弟道。故此以孝弟總結上兩節也。孝弟達乎朝廷道路州巷蒐狩軍旅五者。則衆知親親長長。而天下平矣。以義死之。即孟子所謂舍生而取義者也。

祀乎明堂。所以教諸侯之孝也。食三老五更於大學。所以教諸侯之弟也。祀先賢於西學。所以教諸侯之德也。耕藉所以教諸侯之養也。朝覲所以教諸侯之臣也。五者天下之大教也。鄭注祀乎明堂。宗祀文王。西學周小學也。先賢有道德。王所使教國子者。孔疏此一節廣明孝弟之道。養三老五更及齒學之事。祀乎明堂。於周言之。祀文王也。樂記祀文王於明堂是也。上文祀文王於明堂爲孝。此以食三老五更爲弟。文有所對也。此西學鄭云周小學。則周之小學在西郊。王制云虞庠在國之西郊是也。以祀先賢。明於虞庠小學。故大司樂之凡有道者有德者使教焉。死則以爲樂祖。祭於瞽宗。文王世子又云書在上庠。以知祭先賢所通之經。各於所習之學。若瞽宗則在國。虞庠爲小學者。則在西郊。主祀先賢。則於西郊也。馬氏晞孟曰。明堂嚴父以配上帝。故以之教諸候之孝。若祀賢則尙德。故以之教諸候之德。耕藉以供粢盛。故以之教諸候之養。以德爲主。故言德於中。夫教萬民則朝廷道路州巷蒐狩軍旅。皆以教。而其教止於弟。諸侯則教之孝。教之弟。教之德。又教之養。教之臣。而其教止於諸侯者。蓋萬民則治之詳。故教之禮也略。邦國則治之略。故教之禮也詳。言教萬民。而卒之以諸侯者。蓋化賤者易。化貴者難。化勞者易。化佚者難。此公子信厚如麟趾。國君仁如騶虞。所以爲周召之終也。方氏慤曰。夫孝以事親。弟以事長。故始之以教孝。而次之以教弟。孝弟則足以成德。故繼之以教德。有德則足以養人。故繼之以教養。能養人則足以事君。故繼之以教臣。此教之序也。禮案此即樂記所謂祀乎明堂。而民知孝。朝覲然後諸侯知所以臣。耕藉然後諸侯知所以敬是也。

食三老五更於大學。天子袒而割牲。執醬而饋。執爵而酳。冕而總干。所以教諸侯之弟也。是故鄉里有齒而老窮不遺。强不犯弱。衆不暴寡。此由大學來者也。鄭注割牲制俎實也。冕而總干。親在舞位。以樂侑食也。教諸侯之弟次事親。孔疏此明養三老五更之禮。牲入之時。天子親割也。食之時親執醬而饋。食罷親執爵而酳。干盾也。親在舞位持盾而舞。以天子敬老。鄉里化之。故有齒也。在下年老及困窮者。皆化上而養之。故不見遺棄。作記者以老弱被尊養。人皆化上。故强不犯弱。衆不暴寡。所以致此。由養三老五更於大學也。方氏慤曰。由大學來者。言教化之原。出自大學也。孫氏希旦曰。言由天子躬行尙齒之教於大學。故天下化之。而孝弟然所不達也。禮案白虎通云王者父事三老。兄事五更何。欲陳孝悌之德。以示天下也。故雖天子。必有尊也。言有父也。必有先也。言有兄也。天子臨辟雍親袒割牲。尊三老。父象也。竭忠奉几杖。授安車輲輪。恭敬執綏授。兄事五更。寵接禮交讓。敬順貌也。天子設四學。當入學而大子齒。鄭注。四學謂周四郊之虞庠也。文王世子曰。行一物而三善皆得。唯世子而已。其齒於學之謂也。孔疏。天子設四學。據周言之。當入學而大子齒者。齒於國人。皇氏云四郊虞庠。以爲四郊皆有虞庠。陸氏佃曰。天子立四學。并其中學而五。直於一處並建。周人辟雍。則辟雍最居中。其南爲成均。其北爲上庠。其東爲東序。其西爲瞽宗。當學禮者就瞽宗。學書者就上庠。學舞干戈羽籥者就東序。學樂德樂語樂舞者就成均。辟雍唯天子承師問道。養三老五更。及出師受成者就焉。當天子入大學。則四學之人環水而觀之。是之謂辟雍。總而言之。四學亦大學也。禮案。陸謂四學卽學禮之四學是也。以帝自入承師問道。故曰天子設四學也。大子齒卽文王世子。世子齒於學。與國人齒讓是也。天子巡守。諸侯待於竟。天子先見百年者。八十九十者東行。西行者弗敢過。西行。東行者弗敢過。欲言政者。君就之可也。鄭注。問其國君以百年者所在。而往見之。弗敢過者。謂道經之則見之。孔疏。此亦明尚齒貴老之義。巡守謂巡行守土。諸侯。諸侯待於竟。天子問此諸侯之國內。有百年之人。天子則先往就見。未滿百歲。不可一一就見。若天子諸侯因其行次。或東行西行。至八十九十者。或閭里之旁。不敢過越而去。必往就見之。雖不當道路左右。欲共言論政教。君卽往就之可也。方氏慤曰。竟者彊土。至此而竟也。待於竟。而不敢越。則其所守槪可見矣。先見百年者。卽王制所謂問百年者就見之是也。陸氏佃曰。此言八十九十者。若東行。則西行之人不敢過。若西行。則東行之人不敢過。卽上所謂車徒辟是也。禮案。期頤之壽。當代所希。熙朝人瑞。故天子巡方至某土。諸侯先待於竟。覲天子。天子先問其地。人壽有百年者。卽往見之。不待駐蹕而后見者。急敬老也。八十九十者東行。西行者弗敢過。大夫士庶人皆然。君就之者。大夫士之致仕者也。尚書大傳曰。君如有欲問。明日就其室以珍從。而孝弟之義達於四海是也。壹命齒於鄉里。再命齒於族。三命不齒。族有七十者弗敢先。七十者不有大故不入朝。若有大故而入。君必與之揖讓而后及爵者。鄭注。此謂鄉射飲酒時也。齒者謂以年次立若坐也。三命。列國之卿也。不復齒。席之於賓東。不敢先。族之七十者。謂既一人舉觶乃入也。雖非族亦然。承齒乎族。故言族耳。不有大故不入朝。該致士在家者。其入朝。君先與之爲禮。而后揖卿大夫士。孔疏。此明鄉里之中。敬齒之法。鄉射飲酒時。身有一命官者。或立或坐。齒與鄉人同。再命既高。鄉人疏者雖復年高。不與之齒。但族內計長幼爲班序。三命轉尊。不復齒於親族。特坐賓東。若此飲酒之時。族親之內。有年七十者。令其先入。此三命者後入。故云不敢過也。方氏慤曰。以周制考之。一命則下士也。再命則中士也。三命則上士也。四命則爲大夫矣。於諸侯之國。三命則卿。再命則大夫。一命則士也。小國則士又降於此矣。一命齒於鄉里。非其鄉里則以爵而不以齒可知。再命齒於族。非其族則以爵而不以齒亦可知。三命不齒。雖於其族亦不得而齒之矣。七十則鄉里又可知。不齒者。周官黨正以禮屬民於序。以正齒位。其言正與此合。葉氏夢得曰。三命不齒。貴貴也。七十者不敢先長長也。先王之道。並行而不相悖者如此。孫氏希旦曰。此據周禮黨正之文。三命不齒者。天子之上士也。鄉飲酒禮據諸侯之國。故云諸公大夫。皆席於賓東。是卿大夫皆不齒。不以命數爲限也。鄉飲酒雖據賓賢能禮。其實黨正正齒位亦然。孔疏謂列國鄉飲酒。卿大夫皆得不齒。黨正正齒位。三命乃不齒非也。正齒位之禮。六十者坐。五十者立於堂下。諸侯之黨正士也。若子男之國。正齒位之禮。黨正坐於堂上爲主人。其卿再命。大夫一命。反位於堂下可乎。禮案不有大故不入朝。謂致政之卿大夫也。大故謂喪荒裁禮。及內亂外患也。曲禮上曰。大夫七十而致士。故非有大故。而不入朝也。讓猶辭也。若有故而入。君必先揖之。議政既訖即辭。讓其先退。而后反爵者。蓋不欲久勞之也。

天子有善。讓德於天。諸侯有善。歸諸天子。卿大夫有善。薦於諸侯。士庶人有善。本諸父母。存諸長老。祿爵慶賞。成諸宗廟。所以示順也。鄭注荐進也。成諸宗廟。於宗廟命之。祭統有十倫。六曰見爵賞之施焉。孔疏此明有善讓於尊上。示以敬順之道。不敢專也。講義曰。天子有善。則遜德於天。如服以彰有德。不自以爲德。而必曰天命。刑以罰有罪。不自以爲威。而必曰天討是也。諸侯有善。則歸諸天子。如四方既平。不自以爲功。而必曰天子之力是也。若士庶人則父母之所訓誨。而親族鄉黨之長且老者。又從而教督成就之。故有善則又本諸父母。存諸長老也。吳氏澄曰。天子不自有其善。而讓於天。即下文不自專而尊天之意。諸侯卿大夫士庶人。不自有其善。而推於人。亦廣下文不自伐而尊賢之意也。成諸宗廟者。天子既讓德於天。諸侯既歸善於天子矣。又不敢自專。而尊其祖考。皆爲人下者之順道也。故曰示順。王氏念孫曰。存亦爲薦。管子君臣篇。民有善本於父。薦之於長老。禮案尚書湯誥曰。天命弗僭。賁若草木。此天子讓德於天也。又君陳云。斯謨斯猷。惟我后德。此諸侯歸善於天子也。韓子師曠曰。君壤地也。臣草木也。壤地善然後草木碩。亦君之力。臣何力之有。此卿大夫薦善於諸侯也。坊記言善則稱親。過則稱已。又曾子每立言。必稱聞諸夫子。此士庶人本善於父母長老也。祭統謂古者明君爵有德。而祿有功。必賜爵祿於大廟。示不敢專也。即此所謂示順是矣。

昔者聖人建陰陽天地之情。立以爲易。易抱龜南面。天子卷冕北面。雖有明知之心。必進斷其志焉。示不敢專。以尊天也。善則稱人。過則稱已。教不伐以尊賢也。鄭注立以爲易。謂作易。易抱龜。易官名。周禮曰大卜。大卜主三兆三易三夢之占。孔疏此亦明其不敢專輒尊賢之事。聖人謂伏羲文王之屬。興建陰陽之情。仰觀天文。俯察地理。立此陰陽以作易。占易之官。抱龜南面。天子親執卑道。服衮冕北面。雖有明哲之心。必進於龜之前。今龜斷決其已之所有爲之志。示不敢自專。以尊敬上天也。有善稱人。有過稱已。教在下不自伐其善。以尊敬賢人也。周禮大卜三兆者。玉瓦原也。鄭注云言兆形似玉瓦原之璺罅。原田也。三易者連山歸藏周易。周易三夢。一曰致夢。二曰觭夢。三曰咸陟。周氏謂曰。聖人無非事。亦無非教。以天子之尊。卷冕北面。以聽於卜。非特斷其一時之志而已。又將示人之不敢專。而且以尊乎天也。葉氏夢得曰。陰陽天地之情不可見。其可見者易與龜也。故曰物生而後有象。象而後有滋。滋而後有數。龜則象。而易則數也。斷其志則謀於已進。而詔以吉凶。則謀於鬼神。而天道所以尊也。過者人所畏。善稱人則能尊人。過稱已則能卑已。非有志於仁者。不能及之。此其教不伐以尊賢也。伐者自有其善。以害於己。則不足以爲賢。舜禹之賢。亦曰不矜不伐。王氏引之曰。案陰陽天地之情。非人所能建立也。建字義不可通。當爲達。形近而誤。達者通也。乾文言曰。六爻發揮。旁通情也。正謂偏通陰陽天地之情。孫氏希旦曰。言易不可言兆。言抱龜而不言蓍。皆互相備也。易抱龜南面。此易謂卜筮之官也。案士冠禮特牲少牢筮日。主人與筮者皆西面。士喪禮卜日。主人北面。而卜者席於闑西闑外則西面。此卜者南面。天子北面。蓋卜郊之禮與特牲禮筮日主人玄端。少牢禮筮日朝服。是卜筮祭日者。皆用其祭之服。此云袞冕。蓋十二章之冕服也。禮案易說卦傳曰。昔者聖人之作易也。幽贊於神明而生蓍。參天兩地而倚數。觀變於陰陽而立卦。發揮於剛柔而生爻。和順於道德。窮理盡性。以至於命。故抱龜者南面。神明自尊也。袞冕者北面。敬恭聽命也。雖胸中已有成見。亦必一卜以決之者。示受命於天。欽崇天道也。善則稱人過則稱已。卽尚書盤庚所云。邦之臧。惟汝衆。邦之不臧。惟予一人有佚罰。伐讀如論語無伐善之伐。不自伐故能尊賢也。

孝子將祭祀。必有齊莊之心以慮事。以具服物。以修宮室。以治百事。及祭之日。顏色必溫。行必恐如懼不及愛然。其奠之也。容貌必溫。身必詘。如語焉而未之然。宿者皆出。其立卑靜以正。如將弗見然。及祭之後。陶陶遂遂。如將復入然。是故慤善不違身。耳目不違心。思慮不違親。結諸心。形諸色。而術省之。孝子之志也。

鄭注。謂齊之前後也。如懼不及見其所愛者。奠之謂酌尊酒奠之。及酳之屬。如語焉而未之然。如有所以語親。而未見答。宿者皆出。謂賓助祭者事畢出去也。如將弗見然。祭事畢而不知親所在。思念之深。如有不見也。思念既深。如覩親將復入也。陶陶遂遂。相隨行之貌。術當爲述。聲之誤也。孔疏。此明孝子將祭祀之時。顏色容貌務在齊莊卑詘。思念其親存也。慮事。言謀慮祭事。服物者。以備具衣服及祭物。百事謂齊前後。凡治百衆之事。色必溫和。行必戰恐。設奠及酳之時。身形必卑詘。如以語諸白於親。而未之見報答者。宿者謂助祭所宿之賓。今祭事已畢。並皆出去。孝之其立卑柔靜默。正定心意思念。如似不復見顏色然。想象親來形貌。陶陶遂遂。似親將復入然。孝子念親精慤純善。故行不違離於身也。耳目不違心。不言忠心。思慮無時歇也。結諸心。思念深積於心。形諸色思親形見於色。術述也。省視也。言循述而省視之。反覆不忘。此孝子思念其親之志也。吳氏澄曰。此一節其小節有五。將祭慮事一也。祭之日二也。奠之時三也。宿者皆出四也。祭之後五也。孫氏希旦曰。顏色必溫者。爲親之將享之。而和顏以承之也。行必恐如懼不及愛然者。又恐親之不果享。而不及致其愛親之心也。此謂初祭時。奠之謂奠置祭饌於神前。容貌必溫。身必詘者。爲親之已享。而若受命於其前。如語焉而未之然。如親之將語已。而猶未語然。此皆謂正祭時也。宿者謂助祭之賓。於祭前必宿之。宿者皆出。謂祭畢也。祭畢而親往。故其立卑靜以正。如將弗復見親。而致其送之之意也。陶如鬱陶之陶。陶陶思之結於中也。遂遂思之達於外也。如將復入然者。思之深而如見親將復入也。行必恐。身必詘。立必卑靜以正者。身容之慤也。顏色容貌必溫者。身容之善也。思慮不違親。故結諸心。而發於耳目。耳目不違心。故形諸色。而著爲著善。術則循乎慤善者。而無所違也。省則察乎慤善者。而不敢失也。禮案此義並見上文。而於此又重申其略者。蓋記人以中間雜入樂記一章。以及言孝言弟。敬老尊天。與祭義文不相續。故於此又覆結之。猶文王世子篇之言庶子正公族及天子視學。末又引世子記以終之之義。

建國之神位。右社稷而左宗廟。

鄭注周尚左也。孔疏此明神位所在。周人尚左。故宗廟在左。社稷在右。案桓二年取郜大鼎。納於大廟。何休云質家右宗廟。尚親親。文家右社稷。上尊尊。此說與鄭合。故鄭云周尚左也。方氏慤曰。王氏謂右陰也。地道之所尊。故右社稷。左陽也。人道之所向。故左宗廟。位宗廟於人道所向。則不死其親之意。齊氏召南曰。恐是三代通禮。左爲陽。右爲陰。賞於祖。戮於社。自夏后氏已然。何休之說。未足據也。禮案此即周禮考考記匠人營國。左祖右社是也。

禮記通釋卷六十二

玉環戴禮

祭統第二十五

孔疏案鄭目錄云。名曰祭統者。以其記祭祀之本也。統猶本也。此於別錄屬祭祀。陳氏祥道曰。祭祀兼六代之禮樂。取三王之沿革。以成其能。或經或緯。不勝其密矣。故作祭統。總序大綱。穿貫百職。統成一禮。見其始末之謂也。故綱舉而萬紀皆張。統先而衆目必振。此祭統所以始於心怵。而終於觀政也。孫氏希旦曰。祭有物有禮。有樂有時。而其本則統於一心。故以祭統名篇。禮案統領也。此篇舉祭爲政教。人治之綱領。故名之曰祭統。

凡治人之道。莫急於禮。禮有五經。莫重於祭。夫祭者。非物自外至者也。自中出生於心也。心怵而奉之以禮。是故唯賢者能盡祭之義。鄭注禮有五經。謂吉禮。凶禮。賓禮。軍禮。嘉禮也。莫重於祭。謂以吉禮爲首也。大宗伯職曰。以吉禮事邦國之鬼神祇。怵感念親之貌也。怵或爲述。孔疏此總明祭祀於禮中最重。唯賢者能盡祭義。凡祭爲禮之本。禮爲人之本。將明禮本。故先說治人。經常也。言吉凶賓軍嘉禮所常行也。案大宗伯吉禮之別。十有二。凶禮之別五。賓禮之別八。軍禮之別五。嘉禮之別六。五禮之別。總三十有六。自猶從也。言孝子祭親。非假他物。從外至於身。使己爲之。從孝子身中出。生於孝子之心也。孝子感時。心中怵惕。而奉親以祭祀之禮。怵惕之義。唯必賢人能盡恭敬也。方氏慤曰。奉之以禮者。見乎物。盡之以義者存乎心。苟其物而忘其心者。衆人也。發於心而形於物者。君子也。故曰唯賢者能盡祭之義。葉氏夢得曰。感霜露之降。此自外至。有惻隱怵惕之心。此自中出。中出則盡志。凡在己者無不盡。外至則盡物。凡在道者無不順。義疏云。物猶事也。軍賓諸禮。有從外至。而我應之。敬事在我。而所由生。則因乎物。若祭則吾心自怵。不因物至。禮案心怵即荀子禮論所謂。祭者志意思慕之情也。愅詭悒僾而不能無時至焉。故人之歡欣和合之時。則夫忠臣孝子。亦愅詭而有所至矣。彼其所至者甚大動也。案屈然已。則其於至意之情者。惆然不嗛。其於禮節者。闕然不具。故先王案爲之立文。尊尊親親之義至矣。

賢者之祭也。必受其福。非世所謂福也。福者備也。備者百順之名也。無所不順者之謂備。言內盡於己。而外順於道也。忠臣以事其君。孝子以事其親。其本一也。上則順於鬼神。外則順於君長。內則以孝於親。如此之謂備。唯賢者能備。能備然後能祭。是故賢者之祭也。致其誠信與其忠敬。奉之以物。道之以禮。安之以樂。參之以時。明薦之而已矣。不求其爲。此孝子之心也。祭者所以追養繼孝也。孝者畜也。順於道不逆於倫。是之謂畜。鄭注世所謂福者。謂受鬼神之祐助也。賢者之所謂福者。謂受大順之顯名也。其本一者。言忠孝俱由順出也。明猶潔也。為謂福。祐為己之報。畜謂順於德教。孔疏此明祭祀受大福。是百順之理。世人謂福為壽考吉祥。祐助於身，若賢者受福。身外萬事。皆順於道理。故云非世所謂福也。內盡於己。外順於道。釋百順之義。謂心既內盡。貌又外順。上則順於鬼神者。廣大順也。體尊故云上也。順於君長。謂朝廷也。出事公卿。故云外也。不求其為者。言孝子但內盡孝敬。以奉祭祀。不求其福祥。為己之報。案少牢嘏辭云。皇尸命工祝。承致多福無疆於女孝孫。此云不求者。謂孝子之心。無所求也。但神自致福。故有受祿於天之言。若水旱災荒。禱祭百神。則有求也。故大祝有六祈之義。大司徒有荒政索鬼神之禮。追養繼孝者。養是生時養親。孝是生時事親。親今既沒。設禮祭之。追生時之養繼生時之孝。畜謂孝子順於德教。不逆倫理。可以畜養其親。故釋孝為畜。葉氏夢得曰。聖人具天道則能享。賢者具人道則能祭。福者富也。有萬不同之謂富。故於道無所不順。內既孝於親。順而受福。其在外也。必忠於其君。順而受位。故曰事親孝。故忠可移於君。其本一也。鬼神洋洋如在其上。己所畏也。君於國。長於卿。皆在外。己所尊也。致其孝於內則上順鬼神。外順君長。人道皆為備矣。故曰賢者能備。指其事親而言之。則曰孝子。指其具人道而言之。則曰賢者。誠者信之成。信者所以有諸己也。故奉之以物。忠者敬之盡。而敬所以直內也。故道之以禮。樂以迎來。則安之以樂。合諸天道。則參之以時。孝子之心。所以自盡者如此。豈有求為哉。生可得而養死不可得而養。則孝幾於絕矣。故祭則追養以繼孝。養之至則上而天道。以順於鬼神。下而人倫。以不逆於君長。亦甯神之大者與。趙氏坦曰。案孟子畜君何尤之畜。亦具此義。故孟子釋之曰。畜君者好君也。方氏苞曰。般高宗典祀獨豐於尼。魯躋僖公。立煬宮。皆不能順於道。不逆於倫者也。郝氏懿行曰。畜非徒養也。順道與倫。是有止而不過之義。郭氏嵩燾曰。畜畜然仁孝之謂畜。正謂其蓄積之久。始終保養。畜固不訓養也。俞氏樾曰。案詩鳧鷖篇福祿來為。箋曰。為猶助也。然則不求其為者。不求其祐助也。此為字當從彼箋。禮案臣事君忠信也。子事親愛敬也。故禮論云。祭者忠信愛敬之至矣。禮節文貌之盛矣。苟非聖人。莫之能知也。聖人明知之。士君子安行之。官人以為守。百姓以成俗。其在君子以為人道也。其在百姓以為鬼事也。故鐘鼓管磬琴瑟竽笙韶夏濩武汋桓箾簡象。是君子之所以為愅詭其所喜樂之文也。順鬼神謂祀先也。貴始為德之本。故曰上。外出也。內入也。論語曰。入則孝。出則弟。此孝子之行。故其為祭也。一本諸誠信忠敬。備百物以享其親。禮所以將其敬也。樂所以安其神也。參之以時。則無數疏之失也。不求其為。謂祭者之心。但欲其親享之而已。無他求無希冀也。畜養也。敬祀者所以申敬養之誠也。倫理也。理由中出。故行成於外。自無不順者也。是故孝子之事親也。有三道焉。生則養。沒則喪。喪畢則祭。養則觀其順也。喪則觀其哀也。祭則觀其敬而時也。盡此三道者。孝子之行也。鄭注沒終也。孔疏此明孝子事親。有三種之道。方氏慤曰。以養志為上。以養口體為下。此養之順也。發於聲音。而見於衣服。此喪之哀也。所以交於神明者。祭之敬也。所以節其疏數者。祭之時也。孔子曰。養則致其樂。喪則致其哀。祭則致其嚴。是三者皆孝子之所常行。故曰道。葉氏夢得曰。孝子之行。不過此三者。而其誠信忠順。皆在內者。故曰孝子之心也。輔氏廣曰。順即前所謂順於道。不逆於倫也。故曰至於犬馬皆能有養。不敬何以別乎。數與疏皆非時也。禮案此即大戴禮曾子本孝云。故孝子於親也。生則有義以輔之。死則哀以莅焉。祭莅則莅之以敬。如此而成於孝子也。既內自盡。又外求助。昏禮是也。故國君取夫人之辭曰。請君之玉女與寡人共有敝邑。事宗廟社稷。此求助之本也。夫祭也者。必夫婦親之。所以備外內之官也。官備則具備。水草之菹。陸產之醢。小物備矣。三牲之俎。八簋之實。美物備矣。昆蟲之異。草木之實。陰陽之物備矣。鄭注言玉女者。美言之也。君子於玉比德焉。具謂所供衆物。水草之之。芹茆之屬陸產之醢。蚳蝝之屬。天子之祭八簋。昆虫謂溫生寒死之虫也。內則可食之物。有蜩范。草木之實。菱芡榛栗之屬。孔疏此以上文孝子事親先能自盡、又外求伉儷。供粢盛之事。案醢人云加豆之實。芹菹兔醢。朝事之豆。茆菹麋臡。是芹茆也。又有昌本深蒲菭筍。是水草。故云之屬。案醢人饋食之豆蜃蚳蝝。即蚳之類。有兔醢醓醢。皆是陸產。故云之屬。明堂位云周之八簋。又特牲士兩敦。少牢四敦。則諸侯六。故天子八。蜩蟬也。范蜂也。是昆虫之屬。案籩人加籩之實。有芡菱饋食之籩。有棗栗榛實。是草木之屬。葉氏夢得曰。取妻非為養。而有時乎為養。所以外求助也。蓋宗廟之祭。君牽牲夫人薦盎。社稷之祭。君耕以供粢盛。夫人親蠶以為祭服。故曰共事宗廟社稷。君治外而卿大夫相之。夫人治內而命婦相之。所謂備內外之官也。動物天產。所以作陰德。故參之以昆虫之異。則陽之物備。植物地產。所以作陽德。故參之以草木之實。則陰之物備。由陰陽而推之。則凡天地之間可薦者。皆其物。所以盡也。方氏慤曰。官所以執事。事所以具物。故曰官備則具備。輔氏廣曰。自盡實難。事親若曾子可也。心盡而誠。行則內外之官不容不備。內外之官備。則凡祭之事物。不容不備。小物備矣。美物備矣。陰陽之物備矣。或未備也。至於陰陽之物備。則至矣盡矣無遺矣。孫氏希旦曰。取夫人之辭。謂納采之辭也。禮案求取者。禮相助奠也。自天子達於庶人皆然。士昏記父詔子曰。往迎爾相。承我宗事。是也。故天子諸侯割牲。則王后夫人薦酒。大夫士則主人獻尸。主婦亞獻是也。具備謂祭物也。夫動物記及昆虫。則飛走蠢動之物。莫不咸在可知。植物記及草木之實。則果蔬百穀。莫不咸在可知。萬物皆二氣之所化。故謂之陰陽之物也。凡天之所生。地之所長。苟可薦者。莫不咸在。示盡物也。外則盡物。內則盡志。此祭之心也。鄭注咸是也。孔疏比一經總結上文。既內自盡。外又求助。祭之事。苟可薦者。悉在祭用。故云示盡物也。則上陰陽之物備矣。外則盡物。內則盡志。此祭之心也者。此是孝子祭親之心。方氏慤曰。徒盡物於外。而不能盡志於內。亦之不足以盡祭之心。故曰外則盡物。內則盡志。祭之心也。葉氏夢得曰。物盡於外。而無志以將之。君子以為徒物。故曰內之為尊。外之為樂。黃氏裳曰。君子之祭。不盡志無以致敬。不盡物無以致愛。致齊於內。散齊於外。齊之日有所思。祭之日有所見。此盡志也。其備小物也。水草之菹。陸產之醢在焉。其備美物也。三牲之俎。八簋之實在焉。此盡物也。禮案此中上文天地之間。凡可食之物。莫不具備。所謂盡物也。竭心備物不遺餘力。所謂盡志也。孔疏禮器之心謂本也。是故天子親耕於南郊。以共齊盛。王后蠶於北郊。以共純服。諸侯耕於東郊。亦以共齊盛。夫人蠶於北郊。以共冕服。天子諸侯。非莫耕也。王后夫人。非莫蠶也。身致其誠信。誠信之謂盡。盡之謂敬。敬盡然後可以事神明。此祭之道也。鄭注純服亦冕服也。互言之耳。純以見繒色。冕以著祭服。東郊少陽諸侯象也。夫人不蠶於西郊。婦人禮少變也。齊或爲粢。孔疏此覆結上文。必夫婦親之。及盡物盡志之事。祭須盡物志。故人君夫人各竭力從事於耕蠶也。鄭云王藉田在遠郊。故甸師氏掌之。內宰云中春詔后帥內外命婦始蠶於北郊。注云婦人以純陰爲尊故也。天子太陽故南也。諸侯少陽故東也。然藉田並在東南。故王言南。諸侯言東。后太陰故北。夫人少陰合西。亦北者。婦人質少變。故與后同。莫無也。王后豈無穀帛。而夫婦自耕蠶乎。所以欲致誠信。故身自親之。以事神明者。祭盡敬也。鄭氏言純義有二。一絲旁才。是古緇字。二絲旁屯。是純字。但書文相亂。緇並作純。鄭注於絲理可知。於色不明者。即讀爲緇。此純服爲黑色。若衣色可見絲文不明者。讀純以爲絲也。方氏慤曰。東南陽地。而耕爲陽事。故於之以耕。北者陰地。而蠶爲陰事。故於之以蠶。而南又盛陽之地。故天子耕於南郊。冕用朱紘者亦以此。東者少陽之地。故諸侯耕於東郊。冕用青紘者亦以此。此又隆殺之別也。陸氏佃曰。純言服。冕言冠。天子言所服。諸侯言所戴。亦言之法。鄭氏謂純服亦冕服也。非是。知然者以天子宜主言郊。諸侯言廟知之也。荀子曰。郊之麻絻一也。蠶於北郊爲宜。詩曰南東其畝。則耕雖於東郊可也。案蠶與馬同氣。牛宜南方。馬宜北方。又蠶惡南風。此所以雖夫人猶蠶於北郊。與禮案桓十四年穀梁傳云。天子親耕。以共粢盛。王后親蠶以共祭服。國非無良農工女也。以爲人之所盡事其祖禰。不若以已所自親者也。

及時將祭。君子乃齊。齊之爲言齊也。齊不齊以致齊者也。是故君子非有大事也。非有恭敬也。則不齊。不齊則於物無防也。耆欲無止也。及其將齊也。防其邪物。訖其耆欲。耳不聽樂。故記曰。齊者不樂。言不敢散其志也。心不苟慮。必依於道。手足不苟動。必依於禮。是故君子之齊也。專致其精明之德也。故散齊七日以定之。致齊三日以齊之。定之之謂齊。齊者精明之至也。然後可以交於神明也。鄭注訖猶止也。定者定其志意。孔疏此一節明將祭齊戒之義。并明君與夫人。皆致齊會於大廟。夫婦交親行祭之義。及時謂四時應祭之前。未旬時也。方將接神。先宜齊整身心。故齊也。齊者齊也。所以正此不齊之事。謂未齊之時。心慮散蕩。心所耆欲。有不齊正。及有齊也。正此不齊之事。以致極齊戒之道。馬氏晞孟曰。揚子曰存亡形屬荒絕。其唯齊乎。蓋齊者致一以格神也。夫趨舍汨心。則不足以致一。故齊不齊以致齊也。夫唯精明之至。然後可以交於神明。精者天德之至。可以入神。樂則志散而誠不存。故不聽樂。方氏慤曰。夫齊所以致一。致一則不齊者齊矣。大事即祀事也。恭敬則人事也。指人言之。故曰恭敬耳。防以防其外之表也。止以止其內之出也。物自外入。故曰防。嗜欲由中。故曰止。若心不一苟慮。與訖其嗜欲之類。則所以齊其內也。若手足不苟動。與防其邪物之類。則所以齊其外也。夫散者集之。則一歸乎定。故散齊七日以定之。致其至焉。則未始不齊。故致齊三日以齊之。輔氏廣曰。精明我之神明也。神明神之精明也。極其致則我與神非貳也。故曰微之顯。誠之不可揜如此夫。劉氏基曰。聖人無一息之不恭且敬。何待於齊。齊所以篤其恭敬。猶悲其未至而致之。聖人不自滿假之心也。孫氏希旦曰。防其邪物者。謂若不飲酒。不茹葷之類。酒與葷不可謂之邪物。然於齊時其不當飲食。雖謂之邪物可。訖亦止也。訖其耆欲。謂不御也。君子未嘗苟慮苟動。特於齊尤致其慎耳。禮案君子將祭。必先期齊戒者。齊之爲言齊。齊一也。專一其志意。存愛祖考之居處笑語。心志嗜欲。故祭之日積誠所感。如將見之也。非有大故不齊。故檀弓上云。非致齊也。不晝夜居於內。邪物者姦聲亂色之屬也。耆欲者喜怒好惡之屬也。曰防曰訖。即戒之謂也。曲禮上曰。齊者不樂不弔。蓋由哀樂之感。皆足以擾亂心曲也。不苟慮。不以他事分心。不苟動。坐立如尸。齊莊中正也。交通也。澄心滌慮。則心志明徹。而神明通矣。荀子解蔽云。心者形之君也。而神明之主也。

是故先期旬有一日。宮宰宿夫人。夫人亦散齊七日。致齊三日。君致齊於外。夫人致齊於內。然後會於大廟。君純冕立於阼。夫人副褘立於東房。君執圭瓚祼尸。大宗執璋瓚亞祼。及迎牲。君執紖。卿大夫從。士執芻。宗婦執盎從。夫人薦涚水。君執鸞刀羞嚌。夫人薦豆。此之謂夫婦親之。鄭注

宮宰守宮官也。宿讀爲肅。肅猶戒也。戒輕肅重也。大廟始祖廟也。圭瓚璋瓚祼器也。以圭璋爲柄。酌鬱鬯曰祼。大宗亞祼。容夫人有故攝焉。紖所以牽牲也。周禮作緣。芻謂藁也。殺牲時用荐之。周禮封人祭祀飾牲。共其水藁。涚盎齊也。盎齊涚酌也。凡尊有明水。因兼云水耳。嚌嚌肺。祭肺之屬也。君以鸞刀割制之。天子諸侯之祭。禮先有祼尸之事。乃後迎牲。芻或爲䅶。孔疏外謂君王路寢。內謂夫人正寢。是致齊並於正寢。散齊亦然。但此文對會於大廟。故云君於外。夫人於內耳。祭日君與夫人俱在大廟之中。純亦緇也。冕皆上下纁。其服並然。故通云緇冕。若非二王後及周公廟。則悉用玄冕而祭。副及褘后之上服。魯及二王之後夫人得服之。侯伯夫人揄狄。子男夫人屈狄。並立東房。以俟行事。尸既入之後。轉就西房。故禮器云。夫人在房。雖不云東西房。下云夫人東酌罍尊。則知在房謂西房也。大宗主宗廟禮者。亞祼之禮。夫人親爲之。而云大宗。記者廣言。容夫人有故。故大宗伯代夫人行禮。主瓚璋瓚並祼器也。紖謂牛鼻之繩。君自執之。入繫於碑。卿大夫從驅之。及殺與幣告。皆從於君。士執芻者。以其殺牲用芻藁藉之。宗婦謂同宗之婦。執盎從夫人。而來奠盎齊於位。夫人乃就盎齊之尊。酌此涚齊。而荐之者。因盎齊有明水。連言水耳。上云夫人副褘。此則上公之祭。宜有醴齊。但言盎者略之。亦容侯伯子男之祭。但有盎齊也。嚌有二時。一是朝踐之時。取肝以膋貫之。入室燎於爐炭。出荐之主前。二謂饋孰之時。君以鸞刀割制所羞嚌肝。橫切之。使不絕。亦奠於俎上。尸並嚌之。故云羞嚌。是夫親之也。夫人荐涚水及羞豆。是婦親之也。故云夫婦親之。方氏慤曰。散齊七曰。致齊三日。則及祭凡十日矣。故先期旬有一日。宮宰宿

夫人。而詔之齊也。戒其期故曰宿。六冕皆麻。而曰純者。孔子稱麻冕禮也。今也純儉。吾從衆。當孔子時固有純冕矣。袞冕副褘。天子王后之服亦極諸侯之盛禮言之。衞非二王後。而夫人之詩。則曰副笄六珈何也。周官追師掌首飾。有副編次。副爲首飾之上。故以之配三狄。編爲中故以之配鞠展。次爲下故以之配褖衣而已。謂副則夫人之所同。謂之褘則王后之所獨。猶袞之九章。則上公之所同。旒之十二。則天子之所獨。男服以在上之者異。所以尊陽道也。女服以在上者同。所以尊陰道也。三狄雖同用副。然以配褘衣爲正。故經未有言副揄屈者。止曰副褘而已。鄭氏元慶曰。鄭注大宗亞獻。容夫人有故攝焉。此經上文既曰夫人會於大廟。立於東房。下又言夫人薦涚水。夫人薦豆。何於亞祼之頃。忽然有故。而令大宗攝也。竊意大宗執璋瓚之下。闕夫人二字。大宗者卽宗婦也。宗子宗婦皆得謂之大宗。上言大宗。下言宗婦。亦言之法。若君祼尸。大宗亞祼。便非夫婦親之之義矣。禮案散齊致齊共十日。旬有一日者。前一夕戒。故曰宿。宿讀如字。君齊於外。宿齊宮也。夫人齊於內。宿正寢也。言祭日會於大廟。則祭前齊宿時。夫婦不相接可知。可知此純冕以色言。下文卷冕以章言。互文也。此君夫人亦該天子王后。故服言副褘。下文謂君舞冕而總干亦天子之禮也可證

及人舞。君執干戚就舞位。君爲東上。冕而總干。率其羣臣以樂皇尸。是故天子之祭也。與天下樂之。諸侯之祭也。與竟內樂之。冕而總干。率其羣臣以樂皇尸。此與竟內樂之之義也。

鄭注君爲東上。近主位也。皇君也。言君尸者尊之。孔疏此明祭時。天子諸侯。親在舞位。以樂皇尸也。葉氏夢得曰。天子得天下之驩心。以事其先王。故舞與天下樂之。諸侯得百姓之驩心。以事其先君。故舞與竟內樂之。方氏慤曰。舞位則綴兆也。君於東上。則以君爲祭主故也。揚子曰甯神莫大於得四表之歡心是矣。陳氏祥道曰。古者人君之於廟享。藉則親耕。牲則親殺。酒則親獻。尸則親迎。然則樂則親舞。不爲過矣。應氏鏞曰。比干伏越。乃武王臨陳之容。朱干玉戚爲大舞。象成之樂。祭而用之於宗廟。既以顯先王之功舞。而象其形容。又欲使子孫知締搆之艱難。而毋忘於持守。故舞佾非不廣。綴兆非不備。而君必親執於戚就舞位。所謂總干山立。武王之事也。因其事而原其初。豈敢憚其勞而付之有司乎。魯之有是舞。以周公佐文王伐紂。周旋軍旅之間。因以歆其神靈也。皇大也。皇尸猶皇考也。禮案此舞主天子言。而兼及諸侯耳。非謂諸侯亦可舞大武也。尸象卒者。尊而神之。故謂之皇尸也。

夫祭有三重焉。獻之屬莫重於祼。聲莫重於升歌。舞莫重於武宿夜。此周道也。凡三道者。所以假於外而以增君子之志也。故與志進退。志輕則亦輕。志重則亦重。輕其志而求外之重也。雖聖人弗能得也。是故君子之祭也。必身自盡也。所以明重也。道之以禮。以奉三重而薦諸皇尸。此聖人之道也。

鄭注武宿夜武曲名也。周道猶周之禮。孔疏此明祭祀之禮。有三種可重之事。皇氏云師說盡傳云。武王伐紂。至於商郊。停止宿夜。士卒皆歡樂歌舞以待旦。因名焉。武宿夜其樂亡也。熊氏云此

即大武之樂也。凡三道者言三種所重之道。皆假借外物。而以增益君子內志。祼則假於鬱鬯。歌則假於聲音。舞則假於干戚。皆是假於外物。此外物與志同進同退。若內心志輕略。則此等亦輕略。內志殷重。此等亦殷重。方氏慤曰。三者蓋周廟之所重。故始言三重。而終言周道也。祼所以求陰。而貴氣臭。周人則先求諸陰。而尚臭也。故重祼。經言升歌清廟。清廟者文王之詩。故重升歌。大武者武王之舞。故重武宿夜。象成而爲樂。故謂之大武。獻有九而祼其一也。故以屬言之。於獻言屬。則聲與武可知矣。君子之祭也。內則盡志。外則盡物。然其輕重。亦在志而已。必自盡者所以明重也。三重之木在志。禮則達之於外。以承其志於內。故曰道之以禮。以奉三重。內既盡志。外又盡禮。則聖人所以事皇尸之道。如斯而已。故曰此聖人之道也。齊氏召南曰。武宿夜即大武樂之舞曲也。周語伶州鳩曰。王以二月癸亥夜陳。未畢而雨。以夷則之上宮畢之。此宿商郊之明證。孫氏希旦曰。祼者獻之始。升歌者聲之始。武宿夜者舞之始。此一節又因祭用禮樂。而歸本於自盡之義。禮案祼與歌舞。皆重其始。即大戴禮禮察所謂貴始德之本也。夫祭祀申報反之道。假借此三者。以明之也。然物可假於外。而誠必本於內。誠不至則所假者徒物。所行者具文。不足以感格鬼神。此祭之所以隨人心而爲輕重者也。

夫祭有餕。餕者祭之末也。不可不知也。是故古之人有言曰。善終者如始。餕其是已。是故古之君子曰。尸亦餕鬼神之餘也。惠術也。可以觀政矣。是故尸謖。君與卿四人餕。君起。大夫六人餕。臣餕君之餘也。大夫起。士八人餕。賤餕貴之餘也。士起。各執其具以出。陳於堂下。百官進。徹之。下餕上之餘也。

鄭注術猶法也。爲政尚施惠盡美。能知能惠。詩云維此惠君。民人所瞻。進當爲餕。聲之誤也。百官謂有事於君祭者也。既餕乃徹之而去。所謂自卑至賤。進徹或俱爲餕。孔疏此一節明祭末餕餘之禮。自求多物。恩澤廣被之事。善終者如始。引古人之言。證餕爲美也。夫靡不有初。鮮克有終。而祭之有餕。即是克有終也。是故古之君子曰。又引證餕義也。人食尸餘。而尸亦餕鬼神餘者。若王侯初薦毛血燔燎。是薦於鬼神。至薦孰時。尸乃食之。若大夫士陰厭。亦是先薦鬼神。而後尸食。亦尸餕鬼神之餘也。惠術也。尸餕是施恩惠之術法。能施恩惠者。即其政善。故云可以觀政矣。君於廟中事尸如君。則君爲臣禮。君食尸餘。是臣食君餘。與大夫食君餘相似。故云臣餕君之餘也。諸侯之國有五大夫。此云六者。兼有采地助祭也。以下漸徧及下。示溥恩惠也。士廟中餕訖而起。所司各執其饌具以出廟戶。陳於堂下。百官餕訖。各徹其器而去之。葉氏夢得曰。餕雖爲祭之末。亦爲祭之始。薦獻以享鬼神。以享尸。是則尸乃餕鬼神餘也。鬼神之惠。既已及尸。而君卿大夫士。每變以衆。則衆所飲食者。乃餕尸餘。終始皆餕。則惠之術施矣。於君與卿而言君臣。以卿之備於臣道也。於大夫與士。而言貴賤。以爵至於士而止也。於百官而言上下。以其執事。未必有爵也。方氏慤曰。百官蓋以示其惠之廣。非實數也。謂中下之士。及百執事者也。祭法以官師爲中下之士。則此以百官稱之亦宜矣。爾雅曰。謖興起也。由君而下皆言起。獨於尸言謖者。蓋不疾而速者神也。尸神象。故特以此謖言之。方氏苞曰。周人之祭。自朝及闇。凡執事者。皆不免飢渴矣。餕以廣神惠。亦以充其飢渴也。故曰惠術也，可以觀政矣。祭之末有卑煇胞翟閽者，以各守其局，未得與餕。餕與旅酬而不敢遺也。孫氏希旦曰：文王世子曰：其登餕獻受爵，則以上嗣。此君自與卿餕，蓋未立世子者禮與。禮案：王制云：大國三卿，次國三卿，則此云四人者，君及三卿共四人也。其謂祭物祭器也。百官百職事之人，以賤不得升堂，故餕士之餘於堂下也。

凡祭之道，每變以衆，所以別貴賤之等，而與施惠之象也。是故以四簋黍見其脩於廟中也。廟中者，竟內之象也。祭者，澤之大者也。是故上有大澤則惠必及下，顧上先下後耳，非上積重而下有凍餒之民也。是故上有大澤，則民夫人待於下流，知惠之必將至也，由餕見之矣。故曰可以觀政矣。鄭注：鬼神之惠，徧廟中，如國君之惠徧竟內也。鬼神有祭不獨享之，使人餕之，因澤之大者也。國君有畜積，不獨食之，亦以施惠於竟內也。孔疏：初君四人，次大夫六人，次士八人，是變以衆，加之以兩，是別貴賤之等，與起也。初餕貴而少，後餕賤而多，皆先上而後下，施惠之道亦當然，故云施惠之象。餕之時，君與三卿以四簋之黍，欲見其恩惠脩整，偏於廟中。諸侯之祭有六簋，今云四者，以二簋留爲陰厭之祭，簋有黍稷，特云黍者，見其美。舉黍稷可知也。以四簋而徧廟中，如君之恩惠徧於竟內也。上先下後，謂君上先餕，臣下後餕，非上有財物積重，而不以施惠，使在下有凍餒之民也。由餕見之，言民所以知上有財物恩惠及於下者，祇由祭祀之餕，見其恩逮於下之理，故曰可以觀政矣。張子載曰：廟中有竟內之象，聖人無一事不示之教，雖一身猶無限見法度，況一廟中？餕必不以祭器而食人，不欲以神明之器而褻用。又難使上下同器而食，餘餕，聖人因祭而設教也。執事至晏朝，則固己飢矣，故廟中而食其餘。孫氏希旦曰：特牲禮二敦，以一敦餕，留一敦爲陽厭。少牢禮四敦，以二敦餕，留二敦爲陽厭。又司士進一敦黍於上佐食，又進一敦黍於下佐食，則是餕皆以黍矣。蓋尸食黍而不食稷，餕宜以尸之所食者也。諸侯黍惟三簋，此得有四，蓋別用一簋分之。六人餕則分爲六，八人餕則分爲八。若特牲禮佐食分簋鉶之爲也。禮案：脩，整也。言脩禮於廟堂之上，所以教示薄海之民也。大戴禮千乘曰：宗社先示威，威明顯見是也。澤，霈澤也。自高及下，流無不徧，以喻餕之雖先貴者，而無不逮於賤者也。餕以觀政，此之謂矣。

夫祭之爲物大矣。其與物備矣。順以備者也，其教之本與？是故君子之教也，外則教之以尊其君長，內則教之以孝於其親。是故明君在上，則諸臣服從；崇事宗廟社稷，則子孫順孝。盡其道，端其義，而教生焉。是故君子之事君也，必身行之。所不安於上，則不以使下；所惡於下，則不以事上。非諸人，行諸己，非教之道也。是故君子之教也，必由其本，順之至也，祭其是與？故曰祭者，教之本也已。鄭注：爲物，猶爲禮也。與物，謂薦百品。崇，猶尊也。必身行之，言恕己乃行之。教由孝順生也。孔疏此明祭祀禮。備具內外俱兼。脩之於己。然後及物。是爲政之本。夫祭之爲物。物謂事物所行之皆依禮。故爲大。與物謂與造庶羞。百品皆足。故云備矣。祭必依禮是順也。百品皆足是備也。聖人設教唯以順之備。故云教之本與。祭既順備。可爲教。故人君因焉。外教謂郊天。內教謂祭宗廟。外教尊君長。故諸臣服從。內教孝其親。故子孫順孝。人君身自行之。盡其事上之道。又端正君臣上下之義。則政教由此生焉。上所施於己。己所不安。則不得施於下。在下有不善之事。施於己。己所惛惡。則不得以事於上。諸於也。謂他人行此惡事加於己。己以爲非。是非於人。己乃行此惡事而施人。是行於己也。若如此非政教之道。言爲政教必由於己。乃能及物。故下云必由其本。順之至也。劉氏彝曰。政也者正其身。而後正於人者也。教也者行於己。而人倣之者也。易曰。大觀在上。順而巽。中正以觀天下。觀盥而不荐。有孚顒若。下觀而化也。觀天之神道。而四時不忒。聖人以神道設教。而天下服者。祭以爲教而民服從者也。故曰祭之爲事大矣。葉氏夢得曰。自上倡之。則曰端其義。先王之教所因者本也。不因其本。而強以使之。則人不從。故祭於親。而順以備。教之本也。廣其順而因諸己。以施諸人。教之道也。本言其所自。道言其所成。方氏苞曰。禮行於宗廟。則凡與祭者。皆觀感與起。外知尊君敬長之義。內篤事親之恩。是故君子之事君也。言國君祀事。必身行之者。國中無在君之上。而惟廟中。事尸之禮。一同於事君。所謂身行之者此也。所以然者。必能事人。然後能使人。故國君與卿。並餕尸之餘。皆身行事上之事。以庶幾無惡於下也。禮案祭祀乃孝道之見端。能極其理。則爲子孝。爲臣忠。而人義所由立也。大戴禮曾子大孝曰。民之本教曰孝。此之謂也。不安於上。不以使下。所惡於下。不以事上。謂爲臣子者不可損下以益上。亦不可徇衆以欺君。至於排衆議。而徑行己志。尤非忠順之道。而失祭祀之義焉。蓋祭者在心爲敬。於道爲孝。孝經云以孝事君則忠。以敬事長則順。故謂之教之本也。

夫祭有十倫焉。見事鬼神之道焉。見君臣之義焉。見父子之倫焉。見貴賤之等焉。見親疏之殺焉。見爵賞之施焉。見夫婦之別焉。見政事之均焉。見長幼之序焉。見上下之際焉。此之謂十倫。

鄭注倫猶義也。孔疏此廣明祭有十種倫禮。從此至此之謂十倫一經。總明十倫之目。從上雖云祭。其事隱。此廣陳祭含十義。以顯教之本。十倫義也。葉氏夢得曰。祭祀以鬼神爲主。故先言事鬼神之道。道言其洋洋在上。妙而不可體也。鬼神無形。而立尸以祭者。安之也。尸在廟中。則全於君。在外則全爲臣。故次之以君臣之義。義言其有權也。雖有內外之別。而所爲尸者子行也。以父而事子。則不嫌於自卑。故次之以父子之倫。倫言其理之所在也。入以明父子。則足以致親。致親不可以無尊卑。故與爲獻酬者。以五七而終。久故次之以貴賤之等。等言其有節文也。貴賤有等。而昭穆不可以不辨。故次之以親疏之殺。殺言其恩之有降也。親疏有殺。不可以不知其所自出。故凡出命者。就於大廟。則次之以爵賞之施。施言恩之廟也。自交鬼神之道。至於爵賞之施。則愛敬以備。而所以事鬼神者。必夫婦親之。故次之以夫婦之別。別言其獻異位也。荐獻至於進。則祭將畢矣。必及於賜爵。故族姓以昭穆爲齒。則次以長幼之序。序言其先後有次也。賜爵雖及於族姓。而惠未廣達。其惠至於賤吏皆得餕而食。則上下交矣。故次之以上下之際。禮案倫猶理也。言祭具此十理。以下十章。蓋申此十倫之義也。鋪筵設同几。爲依神也。詔祝於室。而出於祊。此交神明之道也。鄭注同之言詷也。祭者以其妃配。亦不特几也。詔祝告事於尸也。出於祊謂索祭也。孔疏此明第一倫。交鬼神之道。詷共也。人生時形體異。故夫婦別几。死則魂氣同歸於此。故夫婦共几。鋪席設几。使神依之。席亦共之。必云同几者。筵席既長。几則短小。恐其各設故也。詔告也。祝謂祝官。以言詔告祝請其尸於室。求之祊。謂明日繹祭而出廟門旁。廣求神於門外之祊。神明難測。不可一處求之。是與神明交接之道也。儀禮少牢祭夫祝辭云以某妃配。謂不但不特設辭。亦不特設几。故鄭注司几筵云。祭於廟同几。精氣合也。詔祝於尸。謂灌鬯饋孰。酳尸之等。祝辭告尸。其事廣也。知非朝踐之時。血毛詔於室者。以朝踐尸主。皆在戶外。暫時之事。非始終事神之道也。案郊特牲索祭祝於祊。故云謂索祭也。張子載曰。鋪筵設同几。疑左右几一。姚氏際恆曰。同爲酌酒器。或此几安同。曰同几與。方氏苞曰。虞有女尸以在寢。且獨設之也。於廟則非儀。況爲女尸。必爲男尸者之婦。而後可設。尸甚多。必以孫。孫必與婦偕。何可備也。況大祫乎。先王制禮。乃緣人情。究事理。不得不然。過而求之。斯失之矣。禮案祭自虞而外。若特牲少牢。皆不言有女尸。然則吉祭以某妃配者。配其木主與。君迎牲而不迎尸。別嫌也。尸在廟門外。則疑於臣。在廟中則全於君。君在廟門外。則疑於君。入廟門則全於臣。全於子。是故不出者。明君臣之義也。鄭注不迎尸者。欲全其尊也。尸神象也。鬼神之尊在廟中。人君之尊。出廟門則伸。孔疏此明第二倫。君臣之義也。尸體既尊。君宜自卑。若出迎尸。尸道未伸。嫌君猶欲自尊也。尸在廟門外。則疑於臣。解別嫌事也。尸本是臣。尊在廟中。若未入廟。其尊未伸。君若出迎。則疑尸有還爲臣之道。故云疑爲臣也。尸若入廟。則君父道全也。云全君不云全父者。此本明君臣故也。君有廟門外。則疑於君。釋君疑也。君若出門。則尊與平常不異。故不出也。若入廟則臣子道全。無所疑也。君至尊而受屈廟中。以臣子自處。不敢出廟門。恐尸尊不極。欲示天下。咸知君臣之義也。方氏慤曰。尸者神之象。君者人之主。廟門之外。以人道爲尚。廟門之內。以神道爲尚。凡迎之禮。必出門焉。君迎牲而不迎尸者。非重牲而輕尸也。爲其有君臣之疑。所以別其嫌也。孫氏希旦曰。君出迎尸。則君屈於臣。不出者。所以全君之尊。禮案宗廟之禮。君迎牲而不迎尸。卽曲禮上所謂決嫌疑。別同異也。夫祭之道。孫爲王父尸。所使爲尸者。於祭者子行也。父北面而事之。所以明子事父之道也。此父子之倫也。鄭注子行猶子列也。祭祖則用孫列。皆取於同姓之適孫也。天子諸侯之祭。朝事延尸於戶外。是以有北面事尸之禮。孔疏此第三倫。明父子之理。孫謂王父之孫行。與王父作尸。子謂孝子。所使令爲尸者。於祭者孝子身爲子之行秩也。父則主人。爲欲孝敬己父。不計己尊。而北面事子行。則凡爲子者。豈得不自尊事其父乎。是見子事父之道也。少牢特牲。尸皆在室之奧。主人西面事之。無北面事尸之禮。故知是天子諸侯也。知當朝事者。以郊特牲詔祝於室。當朝事之節。故知坐尸於堂。當朝事也。周氏諝曰。昭穆之不可亂。天理也。故爲尸者必順昭穆之列。葉氏夢得曰。尸所以象神。取於異姓。則嫌於不親。取於己子。則疑於無別。故爲尸者子行也。雖以父事之不疑。於父不疑。則人倫明矣。方氏慤曰。十倫止於父子言倫者。有父子之倫。然後有宗廟之祭則祭之倫本於父子而已。孫氏希旦曰。天子諸侯之禮。朝踐時尸在堂上南面。主人北面而事之也。禮案曲禮上云。父在不爲尸。蓋取諸死者孫輩之無父者也。祖尸用孫。以昭穆同也。卜尸必無父者。以父雖不主祭。亦當預祭。以父禮尊子亦人情之所難堪者也。見父子之倫。謂主人行事尸之禮。所以詔子之事父也。

尸飲五。君洗玉爵獻卿。尸飲七。以瑤爵獻大夫。尸飲九。以散爵獻士及羣有司。皆以齒。明尊卑之等也。

鄭注尸飲五。謂酳尸五獻也。大夫士祭。三獻而獻賓。孔疏此明第四倫。尊卑差等。君獻卿大夫士。及有司等。其爵雖同。皆長者在先。故云以齒。此據備九獻之禮。凡祭二獻。祼用鬱鬯。尸祭奠而不飲。朝踐二獻饋食。二獻及食畢。主人酳尸。故云尸飲五。於此時獻卿。獻卿後主婦酳尸。賓長獻尸。是尸飲七也。及瑤爵獻大夫。是正九獻禮畢。但初二祼不飲。故飲七。自此以後長賓長兄弟更爲加爵尸又飲二。是并前尸飲九。主人乃散爵獻士及羣有司也。若侯伯七獻。朝踐饋食時各一獻。食訖酳尸。但飲三也。子男五獻。食訖酳尸。尸飲一。云大夫士祭三獻而獻賓。特牲禮文。下大夫不賓尸。與士同。亦三獻而獻賓。其上大夫別行賓尸之禮。與此異也。方氏慤曰。君必獻臣者。以賓禮隆助祭之人故也。尸飲之後。一獻則間之者。隆殺之別也。間之以五以七以九者。飲陽事故用數之奇焉。凡觴皆謂之爵。此言玉爵瑤爵。正謂一升之爵耳。言散爵。即五升之散也。禮器曰。宗廟之祭。貴者獻以爵。賤者獻以散。則不特獻者然也。雖受獻者亦然。羣有司則前言進徹之百官。後言煇胞翟閽者皆是也。皆以齒者。爵同則尙齒。前言貴賤之等此變言尊卑者。其獻也以卿大夫士爲之等。故以貴賤言之。於卿大夫之等。又各以齒。故以尊卑言之。禮案應注前漢禮樂志云。瑤石似玉者也。瑤賤而玉貴。故君以玉爵獻卿。而以瑤爵獻大夫也。

夫祭有昭穆。昭穆者所以別父子遠近長幼親疏之序而無亂也。是故有事於大廟。則羣昭羣穆咸在而不失其倫。此之謂親疏之殺也。

鄭注昭穆咸在。同宗父子皆來。孔疏此明第五倫。親疏之殺也。昭穆謂尸主行列於廟中。父南面。子北面。親者近。疏者遠。各有次序。是故祭大廟之時。則衆廟尸主皆來。及助祭之人。同宗父子皆至。則羣昭羣穆咸在。若餘廟之祭。唯當廟尸主。及所出之廟子孫來至也。尸主既有昭穆。主人及賓衆。亦爲昭穆列在廟不失倫類。殺漸也。列昭穆存亡。各有遠近。示天下親疏有漸也。周氏諝曰。有事於大廟。言禘祫也。義疏云案大廟序昭穆惟就始封之祖序。如泰伯虞仲大王之昭也。列第一行。虢仲虢叔王季之穆。列第二行。管蔡十六國文之昭。列第三行。邗晉應韓武之穆。列第四行。則親疏瞭然可見。若就今子孫昭穆爲行列。則親疏全無辨矣。又祭時在室俱西面。在堂俱北面。安有父南面之理。禮案亂宗廟之昭穆。若文二年左傳。有事於大廟。躋僖公。亂子孫之昭穆。若成十五年公羊傳。仲嬰齊爲兄後之類。魯語云夫宗廟之有昭穆也。以次世之長幼。而等冑之親疏也。夫祀昭孝也。各致齊敬於其皇祖。昭孝之至也。故工史書世。宗祝書昭穆猶恐其踰也。

古者明君爵有德而祿有功。必賜爵祿於大廟。示不敢專也。故祭之日。一獻。君降立於阼階之南南鄉。所命北面。史由君右。執策命之。再拜稽首。受書以歸。而舍奠於其廟。此爵賞之施也。鄭注：一獻一酳尸也。舍當爲釋。聲之誤也。非時而祭曰奠。孔疏：此明第六倫爵賞之施焉。爵表德。祿賞功。卿大夫等既受策書。歸而釋奠於家廟。告以受君之命。以非時而祭。故稱奠。此爵賞之施。君尊上。爵賞於廟。不自專。故民知施必由尊也。一獻知非初裸及朝踐饋食之一獻。必爲一酳尸者。以一酳尸之前。皆爲祭事。承奉鬼神。未暇策命。尸食已畢。祭事方了。始可以行爵賜勞。此一獻則上尸飲五。君獻卿之時也。若天子命羣臣。則不因常祭之日。特假於廟。故大宗伯云。王命諸侯則儐是也。陳氏祥道曰。施爵賞者必於大廟。示其不敢專。所以明父祖之尊也。受爵祿者舍奠於廟。示其有歸美。以明父子之賢也。明乎父祖之尊。則天下知所敬。明乎父子之賢。則天下知所孫。故曰爵賞之施。孫氏希旦曰。史。內史也。由君右者。詔辭自右也。策。所以書命辭者也。王於卿大夫。蓋亦因祭時命之。其命諸侯。及有大功。若召穆公者。則不待祭時與。禮案。諸侯之有士。先君之國也。故行爵出祿。必當宗廟而命其臣。示不敢私以授人。所以尊祖也。人子之有身。父母之枝也。受君爵命。必告奠於廟者。以身榮則榮及其親。所以敬親也。故一爵賞之施。而可見君臣上下之推重其本也。　君卷冕立於阼。夫人副褘立於東房。夫人薦豆執校。執醴授之執鐙。尸酢夫人執柄。夫人授尸執足。夫婦相授受。不相襲處。酢必易爵。明夫婦之別也。鄭注：校。豆中央直者也。執醴授醴之人授夫人以豆。則執鐙。鐙。豆下跗也。孔疏：此明第七倫也。此謂上公夫人。故副褘也。執校者。夫人薦豆之時。手執此校。爵爲雀形。以尾爲柄。尸酢夫人。則執爵尾。夫人受酢。則執爵足。襲。因也。若夫婦交相致爵。不能執故處。以明男女有別。酢必易爵也。故特牲主人主婦更爵酢也。講義曰。先儒謂爵爲雀形。以尾爲柄。恐非是。爵之柄。下有二戈。足則戈也。以豆觀之。校爲柄。乃中央直者。則爵之柄亦指中央矣。孫氏希旦曰。特牲少牢禮。主人主婦獻尸。皆親洗酌。主婦薦豆自東房。亦無贊授之者。此云執醴授之執鐙。是夫人獻尸不親酌。其薦豆又有贊授之者。皆與大夫士禮異矣。方氏苞曰。上記宗婦執盎以從夫人。則此執醴者亦宗婦也。愈氏樾曰。案薦豆之時。不得復名此人爲執醴矣。且禮有五齊。卽以用二齊之法而言。朝踐酌醴齊。饋食酌盎齊。安得專以執醴爲名乎。醴當讀爲禮。醴禮二字。禮經通用。執醴卽執禮也。夫人薦豆。由執禮者授之。故曰執禮授之執鐙也。禮案。夫婦相授受不相襲處。則非夫婦必不相授受可知。故內則曰。男女非祭非喪。不相授器。其相授。則女受以篚。其無篚。則皆坐奠之。而後取之。然主婦受尸酢。不承之以篚者。以尸象神。且本子行故也。　凡爲俎者。以骨爲主。骨有貴賤。殷人貴髀。周人貴肩。凡前貴於後。俎者所以明祭之必有惠也。是故貴者取貴骨。賤者取賤骨。貴者不重。賤者不虛。示均也。惠均則政行。政行則事成。事成則功立。功之所以立者。不可不知也。俎者所以明惠之必均也。善爲政者如此。故曰見政事之均焉。鄭注：殷人貴髀，爲其厚也。周人貴於，爲其顯也。凡前貴於後，謂脊脅臂臑之屬。這疏：此明第八倫也。以骨爲主者，俎爲助祭者各將物於俎也。殷質貴髀，賤肩之薄；周文貴肩，賤髀之隱。凡前貴於後，據周言之。惠助祭者，故賜之俎也。貴者不特多而重，賤者不虛而無，於俎多少隨其貴賤，是示均平也。功立由於分俎，其事既重，人君不可不知。欲善爲故教者，必須如分俎均平。前體臂臑爲貴，後體膊胳爲賤。就脊脅之中亦有貴賤，正脊在前爲貴，脡脊、橫脊在後爲賤；脅其正脅在前爲貴，短脅爲賤。陳氏祥道曰：政必有事，而事不必有政。故事成本於政行。講義曰：孔子曰「不患寡而患不均」，蓋均則無不滿之患，故人樂於從上之政令，趨事赴功，唯上所欲爲矣。此事所以成，功所以立也。使爲政者惠下必均，有如此俎，則可患事功之不立乎？於餕可以觀政，爲俎見政事之均。善爲政者不可不知也。方氏苞曰：莊周曰「嚴乎若國之有君，其無私德」者，優貴而簡賤，昵近而亡遠，於同等之中惠有逮有遺，則羣下必私憾其不均，而政之行無實心以應。傳所載羊斟、子公之事，尤可懼也。則事何由成？功何由立哉？故人君不可不知也。然惠不可以不均，而事不可以不辨，故周官之法，必以事之繁簡劇易，其事者之敏鈍勤惰，月稽歲考，以上下其爵祿，損其稍事。蓋均其惠於廟中，以象仁之公；核其事於官中，以示義之正。故曰禮樂刑政，其極一也，所以同民心而出治道也。禮案：史記陳丞相世家：平爲宰，分肉食甚均。父老曰：「善，陳孺子之爲宰。」平曰：「嗟乎！使平得宰天下，亦如是肉矣。」即此惠均政行之謂矣。凡賜爵，昭爲一，穆爲一。昭與昭齒，穆與穆齒。凡羣有司皆以齒。此之謂長幼有序。鄭注：昭穆猶特牲、少牢饋食之禮衆兄弟也。羣有司猶衆賓下及執事者。君賜之爵，謂若酬之。孔疏：此明第九倫長幼之序。爵，酒爵也。謂祭祀旅酬時，賜助祭者酒爵。君衆兄弟子孫等，在昭列者則爲一色，在穆列者自爲一色，各自相旅。尊者在前，卑者在後。若同班立，則長者在前，少者在後。是昭與昭齒，穆與穆齒。案：特牲饋食禮初有主人獻衆賓兄弟，後乃旅酬。獻時不以昭穆爲次，此云昭與昭齒，穆與穆齒，故知賜爵爲酬。賈氏公彥曰：賜爵謂祭末旅酬無算爵時。陳氏祥道曰：宗廟之中，受事則以爵，而賜爵則以齒。蓋授事主義，而行於旅酬之前；賜爵主恩，而隆於旅酬之後。方氏慤曰：司士所謂祭祀謂爵呼昭穆而進之是矣。夫齒所以序長幼，故曰長幼有序。禮案：昭與昭，祖及孫也；穆與穆，亦祖及孫也。祖孫不當以齒，此之尚齒者，蓋謂昭穆中之兄弟也。兄弟輩同，故曰齒列位，若兄先第後是也。夫畀有畀煇胞翟閽者，惠下之道也。唯有德之君爲能行此，明足以見之，仁足以與之。畀之爲言與也，能以其餘畀其下者也。煇者，甲吏之賤者也。胞者，肉吏之賤者也。翟者，樂吏之賤者也。閽者，守門之賤者也。古者不使刑人守門。此四守者，吏之至賤者也。尸又至尊。以至尊既祭之末，而不忘至賤，而以其餘畀之。是故明君在上，則竟內之民無凍餒者矣。此之謂上下之際。鄭注：明足以見之，見此卑者也。仁足以與之，與此卓者也。煇，周禮作韗，謂韗磔皮革之官也。翟謂教羽舞者也。古人不使刑人守門。謂夏殷時。孔疏此明弟十倫也。畀與也。煇胞翟閽四者。皆是賤官。於祭末與以恩賜。是惠施刑之道也。明謂君德昭明。足以見惠下之義。仁以君有仁恩。能賜與於下。作記之人見周刑人守門。又何恩賜與刑之人。故明之云。古者夏殷之時。不使刑人守門。雖是賤人。所以得恩賜。既每言賤。明但是各守其職。能爲四物。故云四守也。尸又至尊。更廣明既有餘分與至賤。爲恩之深也。人君身尊。而尸又更尊也。際接也。至尊與賤者其道接也。案考工記韗人之官。掌作鼓木。張皮兩頭。鞔之以爲鼓。是韗磔皮革之官。翟謂數羽舞者。詩邶風云右手秉翟。翟即狄也。周禮墨者使守門。故知不使刑人守門。謂夏殷時也。周氏諝曰。周之法墨者使守門。而四夷之隸亦使守王宮。蓋當時之爲守衛者。皆公卿大夫之子弟。而又兼以刑人與四夷之隸。則其勢足以相持而不至於爲亂。使皆有所養。則是亦先王之仁也。葉氏夢得曰。助祭則羣有司賤於旅姓。而煇胞翟閽又賤於羣有司。明足以知其賤而用之。仁足以惠其賤而畀之。則上下至矣。自上下以及長幼。皆曰惠。以其賜爵飲食以是名之也。自夫婦以及君臣。則皆曰明。以其荐獻酬酢有所辨也。至於政事。則見而己矣。梁氏玉繩曰。甲吏當是函人。若韗人不稱甲吏也。竊疑乃烜字之誤。秋官有司烜氏。凡邦之大事。共墳燭庭燎。執其役者以甲士爲之。蓋祭祀亦用兵爲衛。姜氏兆錫曰。此當爲庭燎有煇之煇。將祭質明以前。用庭燎。其門庭執燎而名煇。猶執羽而名翟。方氏苞曰。周官墨者守門。以義度之。不過倉府廐庫苑囿之守。未可以概朝廟也。郝氏懿行曰。甲吏疑保介之屬。肉吏疑庖廚之屬。禮案說是也。胞庖丁也。庖丁解牲體之吏。故於宗廟之中。亦得畀其祭餘也。

凡祭有四時。春祭曰礿。夏祭曰禘。秋祭曰嘗。冬祭曰烝。礿禘陽義也。嘗烝陰義也。禘者陽之盛也。嘗者陰之盛也。故曰莫重於禘嘗。古者於禘也。發爵賜服。順陽義也。於嘗也。出田邑。發秋政。順陰義也。故記曰嘗之日。發公室。示賞也。草艾則墨。未發秋政。則民弗敢草也。

鄭注謂夏殷時禮也。夏者尊卑著。而秋萬物成。言爵命屬陽。國地屬陰。發公室。出賞物也。草艾謂艾取草也。秋草木成。可芟艾。給爨亨時。則始行小刑也。孔疏此一節明祭祀之重。禘嘗之義。人君能明其義。可以爲民父母。禘祭在夏。夏爲炎暑。故爲陽盛。嘗祭在秋。陰功成就。故爲陰盛。冬雖嚴寒。以物於秋成。故不得以冬烝對夏禘。爵命是生養之事。故屬陽。國地是土地之事。故屬陰。作記者載前記之文云。嘗祭之日。發出公室貨財。以示賞也。草艾則墨。謂秋初草堪艾。給炊爨。則行小刑之墨。未發秋政。則民不敢艾草也。案左傳之賞以春夏。刑以秋冬。文各有所對。其實四時之間。皆有賞也。葉氏夢得曰。礿禘之祭。其用物薄。主於灌獻。則順乎陽。嘗烝之祭。其用物多。主於饋食。則順乎陰。然言其盛。則止及於禘嘗。而不及礿烝者。蓋陽達於春。物方蠢動。陰終於冬。物已退藏。故古之君子。其言郊社。則以禘嘗對之。亦舉其盛者耳。方氏懋曰。弗敢草。亦謂艾之也。猶采桑謂之桑與。王氏引之曰。弗敢下脫艾字。承上文禘嘗草艾而言。艾草但曰草。則文不成義。義疏云。秋有嘗而春夏無刑者。蓋天地之大德曰生。董子所謂陰常居大冬者。積於空虛不用之處也。孫氏希旦曰。礿禘嘗烝。夏殷四時之祭名也。天子之別有大禘之祭。故周改春夏祭名曰祠曰禴。而諸侯不改。故春秋魯有禘祭。而晉人亦曰寡君之末禘祀是也。魯之大禘因夏禘行之。諸侯之大祫。因秋嘗行之。記者因以禘嘗爲重也。草艾謂季秋草木黃落。伐薪爲炭之時。墨五刑之輕者。每歲行刑。自輕者。始象天道之殺伐有漸也。禮案月令仲夏。令民毋艾藍以染。卽弗敢草之政也。故曰禘嘗之義大矣。治國之本也。不可不知也。明其義者君也。能其事者臣也。不明其義。君人不全。不能其事。爲臣不全。夫義者所以濟志也。諸德之發也。是故其德盛者其志厚。其志厚者其義章。其義章者其祭也敬。祭敬則竟內之子孫莫敢不敬矣。是故君子之祭也。必身親涖之。有故則使人可也。雖使人也。君不失其義者。君明其義故也。其德薄者其志輕。疑於其義。而求祭使之必敬也。弗可得已。祭而不敬。何以爲民父母矣。鄭注全猶具也。濟成也。發謂機發也。竟內之子孫。萬人爲子孫。涖臨也。君不失其義者。言君雖不自親祭。祭禮無闕。於君德不損也。孔疏濟志言禘嘗之義。若人君明之。所以成就其志。諸衆也。言義是人君衆德之發。道德顯著。則念親志意深厚。則其祭也恭敬。以此化下則竟內民之子孫。無敢不恭敬其親。於化於上故也。使人言祭祀之時。身既有故。雖使人攝。由君能恭敬。則不喪失於禘嘗之義也。人君念親。志意不能厚重。疑惑於祭祀之義。不能盡心致敬。而欲求祭之必敬。不可得已。陸氏佃曰。禘嘗之義大矣。孔子曰知其說者之於天下也。其如示諸掌乎。志厚者不造微。不臻極不止也。葉氏夢得曰。君主祭者也。故明禘嘗之義。臣助祭者也。故能禘嘗之事。能其事則盡物而已。明其義於內。不可不盡志。盡志者唯有德之君可也。故志厚義章。此德之發。而終至於竟內無不敬。故曰治國之本也。馬氏晞孟曰。元后作民父母。故曰竟內之子孫。方氏慤曰。竟內必以子孫爲言者。以祭所以事祖考故也。禮固所以爲義。而義又可以起禮。有故則使人。以義之所可故也。大宗伯若王不與祭祀。則攝位代之。使之則出乎君。本乎義。故曰雖使人可也。郝氏楚望曰。明其義者內盡心也。能其事者外備物也。君人不全。道不饋也。濟志謂成其志之所欲。爲郝氏懿行曰。使之必敬。謂求所使攝祭者必敬也。義疏云義無不明。故敬無不格。竟內之民。總此爲人子。爲人孫者。得其心之所同然。不惟惠足以及之。而德亦足以化之。此之謂民之父母。禮案此君該天子諸侯。而惟言竟內之子孫者。以天下之民。不能共見宗廟之儀型也。

夫鼎有銘。銘者自名也。自名以稱揚其先祖之美。而明著之後世者也。爲先祖者。莫不有美焉。莫不有惡焉。銘之義。稱美而不稱惡。此孝子孝孫之心也。唯賢者能之。銘者論譔其先祖之有德善。功烈。勳勞。慶賞。聲名。列於天下。而酌之祭器。自成其名焉。以祀其先祖者也。顯揚先祖。所以崇孝也。身比焉。順也。明示後世。教也。鄭注銘謂書之刻之。以識事者也。自名謂稱揚其先祖之德。著已名於下。烈業也。王功曰勳。事功曰勞。酌之祭器。言斟酌其美。傳著於鐘鼎也。身比焉謂自著名於下也。順也。自著名以稱揚先祖之德。孝順之行也。教也。所以教後世。孔疏前明事於親致敬。此一節明稱揚先祖之美。言爲先祖之銘。自著己之功名於下。先稱揚其先祖之美於上。而使昭明顯著於後世。論謂論說。譔則譔錄。言子孫爲銘。論說譔錄其先祖道德善事。功烈勳勞。慶賞聲名。列於天下者也。祭器鐘鼎也。若有聲名。偏普天下者。則斟酌列書著於君之鐘鼎。又自成已名。於先祖銘下。祀祖謂與君祫祭也。禮功臣既得銘鼎。則得預君大祫。令先祖被銘預祫。是尊其先祖也。崇孝也者。釋所以必銘義也。比次也。先稱祖德。而已名次於下。是崇孝順之行也。爲人子孫。能稱揚先祖。明示後世。使後世斅慕。卽是教也。方氏慤曰。器之重者。莫如鼎。言之重者。莫如銘。此鼎所以有鼎。而銘必於鼎也。周氏諝曰。名之曰幽厲者。天下之公義也。故孝子慈孫。雖欲改之。不可得也。自名先祖之美。而不稱其惡者。一人之私恩也。故孝子慈孫。爲之可也。胡氏銓曰。自名謂已能立身揚名。以顯其先也。能自揚名。則國人稱願曰。幸哉有子如此。故可名也。若身陷不義。而無令名。雖銘人誰信之。酌猶酌古之酌。祭器鐘鼎。言刻先祖功善於鐘鼎。而孝順之名成焉。先儒謂自著己名。於先祖之下非也。若有心於自著己名。何以爲孝子。比次銘其祖而身名成焉。是身比也。義疏云祭器如作召公考之類。不必是君之鼎鐘。若君之鼎鐘。則君自銘之。何容自名。祀其先祖。亦自祀其先然耳。若預君祫則君之恩。非其子之孝也。禮案說是也。故下文云。衛孔悝之鼎銘。而未嘗謂衛侯之鼎銘。疏義非也。夫銘者壹稱而上下皆得焉耳矣。是故君子之觀於銘也。既美其所稱。又美其所爲。爲之者明足以見之。仁足以與之。知足以利之。可謂賢矣。賢而勿伐。可謂恭矣。鄭注美其所爲。美此人爲此銘。明足以見之。見其先祖之美也。仁足以與之。與其先祖之銘也。非有仁恩。君不使與之也。知足以利之。利己名得比於先祖。孔疏造銘唯壹稱先祖之善。上下皆得。謂光揚先祖成己順行又垂教來世也。所稱謂先祖也。所爲謂己身行業也。君子有德之士。觀銘必見此二事之美。爲謂爲銘之人也。明謂己有顯明之德。足以見先祖之美。仁謂已有仁恩。故君上足以著先祖之銘與之。知謂己有知謀。足以利益於己。時上比先祖。賢言爲銘之人。備此三事。所以爲賢。又不自伐。是爲恭也。胡氏銓曰。見見祖美也。與猶許也。仁故上許與之。銘其祖也。義疏某利之者稱美先祖而不誣。則不害先祖之實行矣。俞氏樾曰。與猶爲也。仁足以與之。言仁足以爲之。古與爲二字通用。禮案勸祖德於鐘鼎。則人所共見。故曰明揚先人之善行。乃人子之深愛。故曰仁。而世世萬子孫，又足資以觀感興起其景行之志。故曰知。賢猶善也。伐讀如老子道德經。不自伐。故有功。賢而勿伐。所以深戒爲銘者。必恭敬止。以光顯先祖也。故衛孔悝之鼎銘曰。六月丁亥。公假於大廟。公曰。叔舅。乃祖莊叔。左右成公。成公乃命莊叔。隨難於漢陽。卽宮於宗周。奔走無射。啟右獻公。獻公乃命成叔。纂乃祖服。乃考文叔。興舊耆欲。作率慶士。躬恤衛國。其勤公家。夙夜不解。民咸曰休哉。公曰叔舅予女銘若纂乃考服悝拜稽首曰。對揚以辟之勤大命施於烝彝鼎。此衛孔悝之鼎銘也。鄭注孔悝衛大夫也。公衛莊公蒯聵也。德孔悝之立己。依禮褒之。以靜國人自固也。假至也。至於大廟。謂以夏之孟夏禘祭。公曰叔舅者。公爲策書。尊呼孔悝而命之也。乃猶女也。莊叔悝七世之祖。衛大夫孔達也。隨難者謂成公爲晉文公所伐。出奔楚命莊叔從焉。漢楚之川也。即宮於宗周。後反得國。坐殺弟叔武。晉人執而歸之於京師。寘之深室也。射厭也。言莊叔當奔走至勞苦。而不厭倦也。周既去鎬京。猶名王城爲宗周也。獻公爲侯衎。成公曾孫也。亦失國得反。言莊叔之功。流於後世。啓右獻公。使得反國也。成叔莊叔之孫。成子烝鉏也。右助也。纂繼也。服事也。獻公反國。命成子繼女祖莊叔之事。欲其忠如孔達也。文叔者成叔之曾孫。文子圉即悝父也。作起也。率循也。慶善也。士之言事也。言文叔能興行先祖之舊德。起而循其善事。若乃猶女也。公命悝予女先祖以銘。以尊顯之。女繼女父之事。欲其忠如文子也。成公獻公莊公皆失國得反。言孔氏世有功焉。寵之也。對遂也。辟明也。言遂揚君命。以明我先祖之德也。施猶著也。言我將行君之命。又刻著於烝祭之彝鼎。彝尊也。周禮大約劑書於宗彝。衛孔悝之銘。言銘之類衆多也。略取其一以言之。孔疏案哀十五年傳。蒯聵入衛。舍孔氏之外圃。伯姬氏迫孔悝於廁。強盟之。遂刦以登臺。於是得國。是德孔悝之立己也。周之六月。是夏之孟月。禘祭之時。諸侯命臣。在於祭日。案哀十五年冬蒯聵得國。十六年六月衛侯飲孔悝酒而逐之。此六月命之者。蓋命後即逐之。公曰至休哉。此一節是孔悝父祖鼎銘之辭。悝是異姓大夫。年幼故稱叔舅。成公被晉所伐。出奔於楚。後得反國。又坐殺弟叔武。被晉討之。歸於京師。是即宮也。孔達隨難奔走勞苦無倦。餘功流於後世。其孫成叔輔佐獻公。繼祖舊所服行之事。圉是悝父。故云乃考。能興行先祖舊德。耆欲所爲。作率慶士。躬恤衛國。其孫勤公家。夙夜不解。民皆曰功德休美哉。此是孔悝先祖功業。鼎之辭也。王氏應麟曰。案通鑑外紀目錄。是年六月丁未朔。則無丁亥。當闕疑。方氏慤曰。叔舅蓋莊公尊孔悝而稱之與。曲禮天子稱異姓之牧曰叔舅。馬氏晞孟曰。周官司勳職曰。凡有功者。銘書於王之大常。祭於大烝。所以示王之視瞻不忘。先王之善善如此。祭必於烝者。以烝所以告歲功之成。而示其功。與歲功同。詩曰綏我思成。亦言祖考之成。而祭之也。禮案與舊者謂振興耆舊。欲作率慶士。文義本極明顯。釋文以耆讀耆。市志反。故義不可通也。慶士士之有德藝者也。千乘曰。爵士之有慶者七人。以成夏事是也。言文叔尊崇耆老。以身率教。進士成德。以恤邦家也。注謂士爲事非也。古之君子。論譔其先祖之美。而明著之後世者也。以比其身。以重其國家如此。子孫之守宗廟社稷者。其先祖無美而稱之。是誣也。有善而弗知。不明也。知而弗傳。不仁也。此三者君子之所恥也。鄭注如莊公命孔悝之爲也。莊公孔悝。雖無令德。以終其事。於禮是。行之非。方氏慤曰。無美而稱之。則不足以取信於人。故曰是誣也。有善而弗知。則其明不足以見之也。知而弗傳。則其仁不足以與之也。爲人之子孫。不明不信而且誣焉。則辱莫甚矣。陸氏佃曰。鄭氏謂莊公孔悝。雖無令德。以終其事。於禮是行之非。然經引此。猶詩斷章取義。孫氏希旦曰。自夫鼎有銘至此。明鼎銘之義因上文言祭祀致敬。而稱揚先祖。亦敬親之一端也。故廣而言之。然孔悝之事。本無足道。記者亦節取之耳。禮案晉語云。魏顆以其身却退秦師於輔氏。親止杜回。其勳銘於景鐘。義與此同。然經傳罕見。要非恆典也。

昔者周公旦有勳勞於天下。周公既沒。成王康王追念周公之所以勳勞者。而欲尊魯。故賜之以重祭。外祭則郊社是也。內祭則大嘗禘是也。夫大嘗禘。升歌清廟。下而管象。朱干玉戚。以舞大武。八佾以舞大夏。此天子之樂也。康周公。故以賜魯也。子孫纂之。至於今不廢。所以明周公之德。而又以重其國也。

鄭注言此者。王室所銘。若周公之功。清廟頌文王之詩也。管象吹管而舞武象之樂也。朱干赤盾。戚斧也。此武象之舞所執也。佾猶列也。大夏禹樂文舞也。執羽籥。文武之舞皆八列。互言之耳。康猶褒大也。易晉卦曰。康侯用錫馬。不廢。不廢其此禮樂也。重猶尊也。孔疏此一節因上說鼎銘。明先祖之善。故此明周公之勳。子孫纂之。特重於餘國。亦光揚先祖之事。諸侯常祭唯社稷以下。魯之祭社與郊連文。則用天子之禮也。祫祭在秋。大嘗禘在夏。用天子禮則升歌清廟。及舞大武大夏之屬。所以爲大嘗禘也。經云八佾以舞大夏。舞大武。不顯佾數。則亦八佾也。至今謂作記之時也。所以明周公之有德而又以尊重其國也。義疏云張子謂禘祫每歲舉行。據周官大司樂。追享爲禘。朝享爲祫。總名間祀。張純云。禘以四月。間於春夏。祫以十月。間於秋冬。十月之祫。乃合已毀廟之主。享於大廟。是爲大祫。與夏秋冬三時所云。礿禴祫嘗祫烝。但合未毀廟主於大廟者不同。孫氏希旦曰。大嘗大祫也。諸侯皆得杜與大祫。惟不得郊與大禘。此因之魯郊禘僭禮。而記言王賜。記者遂傳以爲實也。禮案隱五年左傳云。夫舞所以節八音。而行八風。公羊傳曰。天子八佾。諸公六。諸侯四。何注云八人爲列。八八六十四人。法八風。六六三十六人。法六律。四四十六人法四時。餘並見文王世子明堂位。

禮記通釋卷六十三　　玉環戴禮

經解第二十六孔疏案鄭目錄云名曰經解者以其記六藝政教之得失此於別錄屬通論孫氏希旦曰此篇凡爲三段首論六經教人之得失次言天子之德終言禮之正國其義各不相蒙蓋記者雜採衆篇而錄之者也禮案荀子勸學云禮者法之大分羣類之綱紀也禮之敬文也樂之中和也詩書之博也春秋之微也在天地之閒者畢矣故首段汎舉六藝之教雖各有得失而於正身正國之道則專壹於禮矣

孔子曰入其國其教可知也其爲人也溫柔敦厚詩教也疏通知遠書教也廣博易良樂教也絜靜精微易教也恭儉莊敬禮教也屬辭比事春秋教也鄭注觀風俗則知其所以教屬猶合也春秋多記諸侯朝聘會同有相接之辭罪辯之事孔疏經解一篇總是孔子之言皇氏之此篇分析六經體教不同故名曰經解也其教雖異總以禮爲本故記者錄入於禮孔子言人君以六經之道各隨其民教之民從上教各從六經之性觀民風俗則知其教也顏色溫潤性情和柔依違諷諫不指切事情是詩教也書錄帝王言誥舉其大綱事非繁密是疏通上知帝皇之世是知遠也樂以和通爲體無所不用是廣博簡善使人從化是易良易之於人正則獲吉邪則獲凶不爲淫濫是絜靜窮理盡性言入秋毫是精微禮以恭孫節儉齊莊敬慎爲本人能恭儉是禮教也春秋聚合會同之辭是屬辭比次褒貶之事是比事也孫氏希旦曰古者學校以詩書禮樂爲術易掌於大卜第於卜筮之書然春秋時學士大夫多能言其義者春秋者列國之史非獨魯有之晉國語曰羊舌肸習於春秋是易與春秋亦先王之所以教人者也蓋四術盡人皆教是易則義理精微非天資之高者不足以語此春秋藏於史官非世冑之貴或亦莫得而盡見也孔氏贊周易刪詩書定禮業脩春秋因舉六者而言其教之得失然其時猶未有經之名孔子沒後七十子之徒尊孔子之所刪定者名之爲經因謂孔子所語六者之教爲經解耳屬辭者連屬其辭以月繫年以日繫月以事繫日也比事者比次列國之事而書之也禮案周衰之世王綱不振諸侯自無政而其閒之賢君良輔尚能精治一藝以化其民故孔子周遊列國見其民風則知其君之教也荀子勸學曰君子之學也入乎耳著乎心布乎四體形乎動靜此之謂也

故詩之失愚書之失誣樂之失賊禮之失煩春秋之失亂鄭注失謂不能節其教者也詩敦厚近愚書知遠近誣易精微愛惡相攻遠近相取則不能容人近於傷害春秋習戰爭之事近亂孔疏詩主敦厚失在於愚書廣知久遠失在於誣樂主廣博和易失在於奢易主絜靜嚴正失在於賊害禮主文物恭故失在於煩苛春秋習戰爭之事失在於亂此皆謂人君用之教下不能可否相濟節制合宜所以致失也方氏慤曰六經之教先王之所以載道也其教豈有失哉然或不免於失者由其有淺深之異耳若夫得之深則不至有失矣陸氏佃曰六經無失

也。學者之失而已。書之失誣。如孟子所謂以至仁伐至不仁。何其血之流杵也。莊氏良齋曰。玉帛非所以爲禮。卑。已尊人。而彼此不得其安。則足恭非所以爲禮。故曰禮之失煩。朱氏軾曰。賊如論語其蔽也賊之賊。郭氏嵩燾曰。六經無失。學者習而傳焉。而失其旨。所以爲失也。記禮者殆有見於周秦開言六經者。各守其師說。展轉相傳。源遠而流益歧。如詩之有齊魯韓。易之有費孟。春秋之有公穀左。各分門經。易之失爲焦贛京房。凡爻辰卦氣之說。以小術害道。是之謂賊。莊子云春秋經世。聖人存而不論。三傳受經。孔子之徒。皆各發明義例。指爲有所刺譏褒貶。而公羊氏至賢蔡仲之行權。大衞輒之拒父。是春秋方數傳。已有因之獎亂者。記禮者有憂之。鄭據以爲經之失非也。禮案失言過與不及焉。愚謂性敦厚者不務深察也。誣謂知久遠者考据不精也。奢謂樂勝則流。不能反情也。賊謂實理不明。盲談害義也。煩謂禮數則倦。而鮮誠敬也。亂謂不知觀感。而習僭妄也。

其爲人也溫柔敦厚而不愚。則深於詩者也。疏通知遠而不誣。則深於書者也。廣博易良而不奢。則深於樂者也。絜靜精微而不賊。則深於易者也。恭儉莊敬而不煩。則深於禮者也。屬辭比事而不亂。則深於春秋者也。鄭注言深者既能以教。又防其失。葉氏夢得曰。六者之失。蓋曰深窮其理故也。易曰唯深也。故能通天下之志。陳氏祥道曰。極其深。救其失。則禮樂之教常興而不廢也。陸氏佃曰。周官曰。教國子以六德。知仁聖義中和。蓋兼之矣。疏通知遠知也。溫柔敦厚仁也。絜靜精微聖也。屬辭比事義也。恭儉莊敬中也。廣博易良和也。孫氏希旦曰。深謂學之而能深知其義。則有德而無失矣。禮案深於詩則諷誦風詩。周知時俗。而不愚矣。深於書則孰習典謨族於有政。而不誣矣。深於樂則論倫無患。敦樂無荒。而不奢矣。深於易則履以和行。謙以制禮。而不賊矣。深於禮則中正無邪。禮備不偏。而不煩矣。深於春秋。則善善惡惡之義著明。而不亂矣。

天子者與天地參。故德配天地。兼利萬物。與日月並明。明照四海而不遺微小。其在朝廷。則道仁聖禮義之序。燕處則聽雅頌之音。行步則有環佩之聲。升車則有鸞和之音。居處有禮。進退有度。百官得其宜。萬事得其序。詩云。淑人君子。其儀不忒。其儀不忒。正是四國。此之謂也。鄭注道猶言也。環佩佩環佩玉也。所以爲行節也。玉藻曰。佩進則揖之。退則揚之。然後玉鏘鳴也。環取其無窮止。玉則比德焉。孔子佩象環五寸。人君之環。其制未聞也。鸞和皆鈴也。所以爲車行節也。韓詩內傳曰。鸞在衡。和在軾前。升車則馬動。馬動則鸞鳴。鸞鳴止和應。居處朝廷與燕也。進退行步與升車也。孔疏此一節盛明天子。唯有禮爲霸王之器。言禮之重也。天覆地載。生養萬物。天子亦能覆載生養。功與天地齊等。故云與天地參。詩曹風鳲鳩之篇。刺上下不均平。言善人君子。用心均平。其威儀不有差忒。故能正此四方之國。言詩之所云。正當此聖人有禮之謂也。方愨曰。鸞和也。已見玉藻解。三而成之謂之參。言天子之成位也。兩而合之謂之配。言天子之合德也。馬氏晞孟曰。朝廷有爲之所在。故道仁聖禮義之序。燕處無爲之所在。故聽雅頌之音。心中斯須不和不樂。則鄙詐之心入之矣。故行步有環佩之聲以節之。升車有鸞和之音以和之。外貌斯須不莊不敬。則易慢之心入之矣。故居處則有禮。進退則有度。自與天地參。推而詳之。至於居處有禮。進退有度。其所以治己之道盡矣。然而君爲之則臣行之。上好之則下從之。是故百官之貴賤。各得其官。萬事之先後。各得其序。傳曰言思可道。行思可樂。德義可尊。作事可法。容止可觀。進退可度。以臨其民。是以其民畏而愛之。則而象之。其意同。吳氏澄曰。聖者生知之智。無所不通。序謂言之有次第也。天子與天地合德。日月合明。大德敦化者也。天子之用人處事。無一不當。小德川流者也。禮案說文云王者則天之明。因地之義。通人之情。一以貫之。故曰與天地參也。易乾卦曰。夫大人者與天地合其德。與日月合其明。與四時合其序。與鬼神合其吉凶。先天而天弗違。後天而奉天時。天且弗違。而況於人乎。況於鬼神乎。又繫辭云。崇效天。卑法地。德配天地之謂也。大戴禮五帝德言。四海之內。舟輿所至。莫不說夷。明昭四海也。時播百穀草木。化淳鳥獸昆虫。兼利萬物。不遺微小也。又保傅曰。居則習禮文。行則鳴珮玉。升車則聞和鸞之聲。是以非僻之心。無自入也。故曰天子正而天下定矣。書曰一人有慶。兆民賴之。

發號出令而民說。謂之和。上下相親。謂之仁。民不求其所欲而得之。謂之信。除去天地之害。謂之義。義與信。和與仁。霸王之器也。有治民之意而無其器則不成。鄭注器謂所操以作事者也。義信和成。皆存乎禮。孔疏謂明君在賜贍於下民。不須營求。所欲之物。自然得之。是在上信實。恩能覆養故也。猶若尚書傳稱民擊壤而歌。鑿井而飲。耕田而食。帝有何力。是不求其所欲也。天不言而四時行。是信若四時也。除去天地之害。謂之義者。害謂水旱疫癘之屬。欲爲其事。必先利其器。欲作霸王。必須信義和仁也。方氏慤曰。除去天地之害。若禦大菑捍大患之類。馬氏晞孟曰。孟子曰驅虎豹犀象而遠之。而天下大悅。周官鳥獸之害人者。莫不有職。凡以此而已。吳氏澄曰。苟徒有治民之意。而無此器。則是雖有不忍人之心。而無不忍人之政也。然四者之器。又須有禮。故雖有政。必有禮以齊之。故下文遂推說禮之功用。禮案霸伯也。說見祭義篇。器謂和仁信義。爲人君之道。執此四德。則億兆歸心。所謂能羣也。荀子君道云。君者何也。曰能羣也。能羣者何也。曰善生養人者也。善班治人者也。善顯設人者也。善藩飾人者也。

禮之於正國也。猶衡之於輕重也。繩墨之於曲直也。規矩之於方圓也。故衡誠縣。不可欺以輕重。繩墨誠陳。不可欺以曲直。規矩誠設。不可欺以方圓。君子審禮。不可誣以姦詐。鄭注衡稱也。縣謂錘也。陳設謂彈畫也。誠猶審也。或作成。孔疏此一節贊明禮事之重。治國之急。若稱衡詳審。縣鍾輕重必正。故云不可欺以輕重。陳謂陳列。若繩墨審列。則曲直必當。規所以正圜。矩所以正方。若詳審置設。則方圜必得。君子審禮。不可誣以姦詐。設譬既畢。故以此言結之。言若能詳審於禮。則姦詐自露。不可誣罔也。方氏慤曰。衡用權以角物。而權繫以絲。言衡而不言權。則以縣見之故也。繩之所彈。墨之所圖。故曰陳。姦者不正。詐者不誠。禮所以止邪去僞。故不可誣以姦詐。馬氏晞孟曰。爲國必以禮。則民有格心。而事無失當。

猶衡之於輕重，繩墨之於曲直，規矩之於方圓，皆無失其當也。大匠生規矩，而不能捨規矩以正方圜。君子者禮義之所自出，而不能捨禮義以正國。故君子審禮不可誣以姦詐。夫人藏其心，不可測度也。美惡皆在其心而不見其色，欲一以窮之者在乎禮。君子審禮，則有節於內，而觀萬物之變，則賢不肖之別。其能度乎哉。禮案：此即荀子禮論所謂故繩者直之至，衡者平之至，規矩者方圓之至，禮者人道之極是也。

是故隆禮由禮，謂之有方之士；不隆禮，不由禮，謂之無方之民。敬讓之道也。故以奉宗廟則敬，以入朝廷則貴賤有位，以處室家則父子親、兄弟和，以處鄉里則長幼有序。孔子曰：「安上治民，莫善於禮。」此之謂也。

鄭注：隆，禮謂盛行禮也。方，猶道也。春秋傳曰：「教之以義方。」孔疏：若君子能隆盛行禮，則可謂有道之士；反此則爲無知之民。言禮之爲用，是敬讓之道。爲下文而起。此之謂也者，從篇首至此，皆是孔子之辭。記中乃引孔子話作孝經之辭以結之。劉氏彝曰：隆禮者，尊崇之以爲民表也。由禮者，踐迪之以爲民範也。方者，法也。可以法者曰士，無以法者曰民。則敬與讓者，所以使民表而範之之道。與方氏慤曰：士志於道，故於有方曰士；民無常心，故於無方曰民。敬則不慢，讓則不爭，禮雖經而爲三百，曲而爲三千，其道不過如是。故曰敬讓之道也。宗廟尚嚴，故曰敬；朝廷尚爵，故言貴賤有位；室家尚親，故言父子親、兄弟和；鄉里尚齒，故言長幼有序。奉者奉上之辭，入者入內之辭。鄉里室家，皆人之所居而已，故每以處言之。安上治民者，禮所以辨名分而已。名分既辨，而民不犯君，則居上者得以安而不危；上不偪下，則爲民者得以治而不亂。方氏苞曰：敬讓之道也，上應有闕文。禮案：隆謂尊而不替也，由謂不越其範圍也。蓋禮以敬讓爲主，故於宗廟朝廷之上、室家鄉黨之間，措之無往而不宜也。禮論曰：不法禮，不足禮，謂之無方之民；法禮足禮，謂之有方之士。禮之中焉能思索，謂之能慮；禮之中焉能勿易，謂之能固。能慮能固，加好者焉，斯聖人矣。

故朝覲之禮，所以明君臣之義也。聘問之禮，所以使諸侯相尊敬也。喪祭之禮，所以明臣子之恩也。鄉飲酒之禮，所以明長幼之序也。昏姻之禮，所以明男女之別也。夫禮，禁亂之所由生，猶坊止水之所自來也。故以舊坊爲無所用而壞之者，必有水敗；以舊禮爲無所用而去之者，必有亂患。

鄭注：春見曰朝，小聘曰問，其篇今亡。昏姻謂嫁取也。壻曰昏，妻曰姻。自亦由也。孔疏：此明禮之所主。又明舊禮不可不用之意。自此以下，是記者廣明安上治民之義，非復孔子之言也。由，從也。禮禁亂之所從生，亂生之處，則豫禁之。若深宮固門，閽寺守之，諸侯夫人父母沒，不得歸甯之類是也。坊謂堤坊。人築堤坊止水，若有汙下水來之處，則豫防障之。忽有無知之人，謂舊坊爲無所用而壞之，坊壞則水必來，敗於產業也。禮本坊亂，忽有愚人謂舊禮爲無所用，而壞去之者，則必有亂患之事也。案爾雅釋親：壻之父爲姻，婦之父爲昏。據男女父母，此據男女之身。壻則昏時而迎，婦則因而隨之。馬氏晞孟曰：春曰朝，秋曰覲，天子與諸侯嫌於無分，諸侯朝覲以述職。然後君臣之義明。大曰聘。小曰問。諸侯相厲以禮。上有以字於下。下有以承於上。則不相侵陵。而相尊敬也。臣子之於君親。無所盡不其恩。尤見於喪祭之禮。爲其死者人之所惡。而爲喪禮以終之。足以見其不倍。遠者。人之所略。而爲祭禮。以鬼享之。足以見其不忘。故曰所以明臣子之恩也。鄉飲所以尚齒。故席則有上下。豆則有多寡。皆所以明長幼之序也。昏姻所以重禮。故執贄而後見。敬慎重正。而後相親。皆所以明別也。方氏慤曰。夫坊積土而成。故以比禮。水之爲物。小有浸潤之行。大有淪胥之敗。故以比亂。揚子曰。川有坊。見禮教之至。非謂是乎。講義曰。亂患不生。有舊禮而人不以爲功。去之而亂患生。然後知禮之不可去。水患不作。有舊坊而人不以爲功。壞之而水爲患。然後知坊之不可無。故曰。禮之教化也微。姜氏兆錫曰。非以禁亂。而禁亂所由生。此禮之所以善也。郭氏嵩燾曰。案。水所自來而爲之防。防其源也。至於泛濫。有不勝其防矣。舊防。舊時相沿之防。舊禮。舊時相沿之禮。乍而觀之。其勢若遠。其文若煩。而聖人之精意存焉。或苦其煩。而相與日超於一苟簡。故禮之廢。非能一朝而廢。其所由來者漸也。舊時相沿之禮。一有變遷焉。久而遂盡失。故昏姻喪祭。未嘗一日廢於天下。而禮之失其舊者多矣。先王不易之禮。所謂大經大法。垂諸天地之間者。亦未能有決然去之者也。禮案。昏義云。夫禮始於冠。本於昏。重於喪祭。尊於朝聘。和於鄉射。此禮之大體也。禁止也。坊同防。周禮地官稻人。以防止水。鄭注彼云。瀦旁隄也。禮治亂於未然。猶設坊之預備水患也。坊壞水決。禮去亂生。一定之理也。故昏姻之禮廢。則夫婦之道苦。而淫辟之罪多矣。鄉飲酒之禮廢。則長幼之序失。而爭鬭之獄繁矣。喪祭之禮廢。則臣子之恩薄。而倍死忘生者衆矣。聘覲之禮廢。則君臣之位失。諸侯之行惡。而倍畔侵陵之敗起矣。鄭注。苦謂不至不答之屬。孔疏以明禮諸事不可闕廢。若其闕廢。則禍亂興也。鄉飲酒之禮。易上下長幼。共相敬讓。今若廢而不行。則尊卑無序。故爭鬭之獄繁多兵。喪祭之禮。所以敦勖臣子恩情。使死者不見背違。生者恆相存念。若廢不行。故臣子恩薄。而死者見背。生者被遺忘。如此者多。故云衆乎。倍畔謂據倍天子也。侵陵謂侵陵鄰國也。不至者謂夫親迎。而女不至。若詩陳風云。昏以爲期。明星煌煌是也。不答者謂夫不答耦於婦。故邶風云。日月衞莊姜傷己不見答於先君是也。周氏諝曰。言禮之行。而有以明於天下。則始乎君臣。而及於乎在內者。言禮之廢而無以明之。則始乎夫婦。而及乎在外者。此行法所以始乎貴者。而治天下所以本於家之意也。葉氏夢得曰。朝覲聘問。在上者之事。而民不與焉。故言禁亂。則始於朝覲者。以安上者爲序。昏姻雖在上者制之。而民得與焉。故言廢禮。則始於昏姻者。以治民者爲序。蓋天下治。而後君臣得以正位。其亂也常在於衽席。此其所以成終。而所以成始也。朝覲聘問。上下之禮雖不同。而尊謹之道一也。故言倍畔侵陵。而皆曰敗。昏姻鄉飲。內外之禮雖不同。而親睦之道一也。故言淫辟爭鬭。則曰罪曰獄。蓋民違於禮。有罪而加以刑。有訟而至於獄。則可得而治。在上者違於禮。則有僭逼而已。故倍畔忘君者也。侵陵圖君者也。孫氏希旦曰。覲禮有廢。則君臣之位失。而至於倍畔。聘禮之廢。則諸侯之行惡。而至於侵陵。俞氏樾曰。荀子議兵篇。械用兵革窳楛。楊倞注曰。楛不堅固也。字又作苦。夫婦之道苦。謂夫婦之道不堅固也。禮案。韋注國語齊語云。苦脃也。正字通。脃以輕也。輕謂不行六禮而苟合。故恩義不篤。而好合不終也。然衞莊公取夫人。非不具昏禮者。朋疏引莊姜之詩。以證不答非也。倍死忘生。謂倍己國之祖。忘生存之親。即祭義所謂五者不遂。烖及於親之謂也。論衡薄葬篇作忘先。則與倍死語複矣。**故禮之教化也微。其止邪也於未形。使人日徙善遠罪而不自知也。是以先王隆之也。易曰。君子慎始。差若豪氂。繆以千里。此之謂也。**鄭注隆謂尊盛之也。始謂其微時也。孔疏微言禮之教人。豫前事微之時。又教化依微。不甚指斥。人之邪在於事未形著。使人日日徙善遠於罪惡。而不自覺。是以先世之王。隆尚之也。易曰者此繫辭文也。言君子謹慎事之初始。小錯若毫氂之小。至彼廣大錯繆，以至千里之大。引之者證禮之防人。凡在於未形著之時。若初時不防。則後致千里之繆。故云此之謂也。方氏慤曰。室家者人之所願也。因其所願而爲之昏禮。則足以別男女。飲食者人之所欲也。因其所欲而爲之鄉飲禮。則足以序長幼。以至喪祭聘覲。亦若是而已。此教化所以爲微也。以其微故能止邪於未形。以其止邪於未形。故使人日徙善遠罪。而不自知也。先王隆之。其以是與。葉氏夢得曰。教以使人傚之。化以使人遷之。故徙善而不自知。末形者有形之兆。止於將兆。則人知捨彼以就此。故曰遠罪而不自知。陸氏佃曰。引易今無之。蓋連山歸藏之詞。孫氏希旦曰。史記集解漢書顏師古注。皆以爲易緯之辭也。義疏之孔謂易繫辭中唐初猶其文也。案易稱非一朝一夕之故。其所由來者漸矣。由辨之不早辨也。禮別嫌明微。每從至微處早辨。而豫防之。使淫心佚志。莫敢竊萌。自然日遷善遠罪。而不自知。易曰。童牛之牿。兄吉。學記曰。禁於未發之謂豫。此之謂也。禮案豪氂大戴禮察。保傅說苑史記漢書。並作豪釐。孟氏康曰。毫兔毫也。十毫曰釐。此三句猶尚書旅獒所云。不矜細行。終累大德是也。

哀公問第二十七

孔疏案鄭目錄云。名曰哀公問者。善其問禮。著謚顯之也。此於別錄屬通論。但此篇哀公所問。凡有二事。一者問禮。二者問政。問禮在前。問政在後。義疏云。大戴分問禮大昏爲二篇。家語亦二篇。小戴以俱哀公所問。故合之。禮案此篇自章首至莫能爲禮新。家語問禮解前半篇襲之。自孔子侍坐以下。家語大昏解襲之。

哀公問於孔子曰。大禮何如。君子之言禮。何其尊也。孔子曰。某也小人。不足以知禮。鄭注謙不答也。孔疏此一節是哀公問禮之事。何如者以禮之所用。其事廣大。包含處廣。故云大禮。哀公問夫子云。賢人君子。言說禮之事重。此禮何事可尊。孔子辭以不堪足以識知於禮。方氏慤曰。知崇禮卑。而此曰何其尊。蓋其文雖卑。其義則尊故也。郊特牲曰。禮之所尊。尊其義。非謂是與。禮案繼天立極。範圍萬類。惟禮爲最大。故曰大禮。荀子禮論曰。大者禮之廣也。君子哀公謂孔子。不足以知禮。謙不以君子自居也。知禮則君子矣。**君曰。否。吾子言之也。孔子曰。丘聞之。民之所由生。禮爲大。非禮無以節事天地之神也。非禮無以辨君臣上下長幼之位也。**

非禮無以別男女父子兄弟之親昏姻疏數之交也君子以此之爲尊敬然。鄭注言君子以此故尊禮。孔疏君謂哀國。止其謙讓曰否。否不也。言不得謙退。吾子但說之也。人君既知所生由禮。故尊而學之。學之既能。持此以教百姓也。馬氏晞孟曰。禮莫重於祭。故以祭爲先。祭莫重於天地。故以天地爲先。事天地之神。而以節言之者。蓋事天地之神。各以其位。各以其器。各以其時。皆有禮以節之也。天謂之神。地謂之祇。此言天地之神。蓋可以通言也。外則君臣。由君臣推之。至於長幼上下。皆有位。而位則有等。內則父子。而云之至於男女兄弟。皆有親。而親則有殺。禮所以之辨異。故君臣上下長幼之位。男女父子兄弟之親。昏姻疏數之交。所以則之也。講義曰。前之君子。謂孔子也。後之君子。謂時君也。莫尊於天地之神。莫急於君臣上下長幼男女父子兄弟之倫。必待乎禮。然後幽明之閒。皆得其所。一日無禮。則災害生而禍亂作矣。是民之所由以生者。果有大於禮乎。吳氏澄曰。謂君子以此禮敬事大神。辨別大倫。故尊敬之如此。所以答哀公禮何其尊之問也。禮案辨定也。貴貴尊尊。由禮而定者也。嚴男女之別。重天屬之親。正交接之道。遠近親疏。莫不由此塗出。斯禮之所以可尊也。疏數謂禮尙往來。若親近者宜數。親遠者宜疏也。

然後以其所能教百姓。不廢其會節。有成事。然後治其雕鏤文章黼黻以嗣。其順之然後言其喪算。備其鼎俎。設其豕腊。脩其宗廟。歲時以敬祭祀。以序宗族。卽安其居。節醜其衣服。卑其宮室。車不雕幾。器不刻鏤。食不貳味。以與民同利。昔之君子之行禮者如此。鄭注君子以其所能於禮教百姓。使其不廢此上事之期節。上事行於民。有成功。乃後續以治文飾。以爲尊卑之差。言語也。算數也。卽就也。醜類也。幾附纏之也。言君子既尊禮。民以爲順。後乃語以喪祭之禮。就安其居處。正以衣服。教之節儉。與之同利者。上下俱足也。孔疏會猶期也。期節謂天地君臣男女之期節也。既教百姓。使不廢此三事。事行於民有成功之事。故云有成事。然後聖人治理其雕畫刻鏤文章黼黻。以嗣續其事。使每事有尊卑上下。文采之異。民既從順。然後語其喪紀節數。以教之也。設其豕腊。謂喪中之奠有豕有腊也。除服之後。又教爲之宗廟。以鬼享之。祭祀末留同姓燕飲序會宗族。就安其居。謂隨其風俗山川溪谷之異而安之。不使山者居川。渚者居中原也。節正也。醜類也。正民衣服。使得其類。不衣服異宜。器械異制是也。宮室制使有度。不峻宇雕牆也。車不雕鏤。使有沂鄂。常用之器。不用采飾。不貳味。謂不副貳肴膳。非唯教民是如此。而君亦不奢飾。與百姓同其利潤也。昔之君子之行禮者如此。以哀公問君子尊禮所由故結之。王氏肅曰。會謂理之所聚。節謂分之所限。而不可過處。方氏慤曰。以其所能教百姓者。公身教也。不廢其會。故能勸其會通。而於禮有所行。不廢其節。故能爲之節文。而於禮有所守。有成事言教之有成效也。治其雕鏤文章黼黻。治其器以嗣其道也。器之不存則禮之道或幾乎絕矣。故必以嗣言之。喪以日言之則曰紀。以數言之則曰算。檀弓曰。辟踊哀之至也。有算爲之節文也。此非以數乎。鼎俎祭器也。豕腊祭物也。宗廟祭所也。物不止於豕腊。器不止於鼎俎。亦各舉其一端。以互明之耳。歲時以敬祭祀。卽孝經所謂春秋祭祀。以時思之是也。

陸氏佃曰。醜猶惡也。孔氏廣森曰。既教以祭亨之豐。又勉以自奉之儉。論語云。菲飲食。而致孝乎鬼神。惡衣服而致美乎黻冕。卑宮室。而盡力乎溝洫。此之謂也。禮案嗣繼也。檀弓上曰。夫禮。爲可傳也。爲可繼也。順卽禮器所云。大順者所以養生送死。事鬼神之常也。卽大戴哀公問於孔子篇作則安其居處。醜其衣服。則此節字。疑處字之誤也。

公曰。今之君子胡莫之行也。孔子曰。今之君子好實無厭。淫德不倦。荒怠敖慢。固民是盡。午其衆以伐有道。求得當欲。不以其所。昔之用民者由前。今之用民者由後。今之君子。莫爲禮也。鄭注。實猶富也。淫放也。固猶故也。午其衆。逆其族類也。當猶稱也。所猶道也。由前。用上所言。由後。用不所言。孔疏。實謂財貨充實。言今之君子。性行貪婪。好貨不知厭足。使人財力於是盡竭。午忤也。忤違逆也。專意自縱。不順衆心。是違逆族類也。守道者被害。是伐有道也。不以道而侵民。求其所得。必須稱己所欲。不用其養民之道。今之君子。莫爲禮也。言古之君子。用前經所云以化民。今之君子。用後經所說以害下。方氏慤曰。好實無厭。言貪而不知足也。淫德不倦。言過而不能改也。荒於事。故其心怠。敖於物。故其心慢。故民是盡者。謂其或盡民之力。或盡民之財也。衆者人之所順。而反午之。有道者人之所尊。而反伐之。求其得不顧於義。當所欲不循於理也。若是則動皆失所。故曰不以其所也。用民謂君子也。以其有君國子民之位。故以用民言之。講義曰。我有道。如左傳所謂己則無禮而討於有禮者曰。汝何故行禮者也。求得當欲。如齊宣王將以求吾所大欲也。黃氏乾行曰。哀公用田賦。是好實席厭。固民是盡也。多變寵。是淫德不倦。荒怠傲慢也。伐邾伐齊。是午其衆以伐人。止求當欲。不以其道。宜鼷鼠食郊牛。桓僖宮災。而莫爲禮也。姜氏兆錫曰。言大禮之屬。特重祭祀者。所以愼人道之終也。下章約言三綱。而特重夫婦者。所以愼人道之始也。禮案好實猶孟子所云好貨。不倦謂溺而忘反也。惰於政而好樂無度。民財所必盡。固猶必也。德者得也。鄰國無失道。而伐之以益地。非時雨之師。故人心不從也。

孔子侍坐於哀公。哀公曰。敢問人道誰爲大。孔子愀然作色而對曰。君之及此言也。百姓之德也。固臣敢無辭而對。人道政爲大。鄭注。愀然變動貌也。作猶變也。德猶福也。辭讓也。孔疏。此一節明哀公問政之事。幷問親迎。孔子對之三事。侍坐。謂哀公命孔子坐而侍之。因問以政事。自此以下。皆侍坐時言也。德謂恩德福慶之事。言君今問此人道之大。欲優恤於下。是百姓受其福慶。方氏慤曰。中庸曰。人道敏政。故政爲大。陸氏佃曰。言徒問而百姓陰受其賜矣。方氏苞曰。君念及於人道。則德將及民。而民之德亦可具也。禮案固臣敢無辭而對者。謂不辭讓而徑對。以民生之所係者大也。

公曰。敢問何謂爲政。孔子對曰。政者正也。君爲正。則百姓從政矣。君之所爲。百姓之所從也。君所不爲。百姓何從。鄭注。言君當務於政。方氏慤曰。論語。政者正也。子率以正。孰敢不正。又曰。其身正。不令而行。其身不正。雖令不從。其言皆出於此。周氏諝曰。君之所爲則好也。既好矣。雖伐之。民不從也。君所不爲則惡也。既惡矣。雖賞之。民不從也。故曰君爲政矣。禮案尙書君陳篇。爾惟風下民惟草。故論語云。君子之德風。小人之德草。草上之風。必偃。揚子法言先知篇。何以治國。曰立政。何以立政。曰政之本身也。身立則政立矣。

公曰。敢問爲政如之何。孔子對曰。夫婦別。父子親。君臣嚴。三者正。則庶物從之矣。公曰。寡人雖無似也。願聞所以行三言之道。可得聞乎。

鄭注庶物猶衆事也。無似猶言不肖。孔疏哀公謙退。言己愚蔽無能似類賢人也。願聞所以行三焉之道。則上經夫婦別父子親君臣嚴是也。陸氏佃曰。魯自昭公取同姓謂之吳孟子。無政久矣。故孔子於哀公言之如此。輔氏廣曰。人道之大。固莫大於夫婦父子君臣矣。夫子不直言。而先之以政者。對哀公言之先。辭以之說。政者事之正也。事得其正。則百姓從斯爲政矣。此所以不遽言三者之倫。而先之以政也。吳氏澄曰。三綱人倫之大者。庶物華事之小者。大綱先正。則小者莫不正矣。孫氏希旦曰。爲政在於脩身。身脩道立。以之正朝廷。正百官。正萬民。而莫不一於正矣。有夫婦。然後有父子。有父子。然後有君臣。故其序如此。禮案孔子言夫婦父子君臣。而吳氏謂三綱者。禮緯含文嘉曰。君爲臣綱。父爲子綱。夫爲妻綱是也。

孔子對曰。古之爲政。愛人爲大。所以治愛人。禮爲大。所以治禮。敬爲大。敬之至矣。大昏爲大。大昏至矣。大昏既至。冕而親迎。親之也。親之也者。親之也。是故君子興敬爲親。舍敬是遺親也。弗愛不親。弗敬不正。愛與敬。其政之本與。

鄭注大昏國君取禮也。至矣言至大也。興敬爲親。言相敬則親。孔疏古之爲政。愛人爲大者。人爲國本。是以愛民人爲大。人金禮則生。所以治理。愛人非禮不可。故禮爲大。禮以敬爲主。故欲治禮。先須敬。故敬爲大也。敬有大小。昔敬至極之中。大昏爲大。大昏謂天子諸侯之昏也。至矣者。美大昏是敬中至極也。故國君雖尊。而服其冕服以自迎。欲親此婦。故云親之也。所以親此婦人。亦親己也。故君子冕而親迎。興起敬心。爲欲相親也。若不冕而親迎。則是捨敬心。遺棄相親之道。則夫婦之情不相親愛。室家之道不正矣。親愛則仁也。尊敬則義也。仁義政教之本也。輔氏廣曰。冕而親迎。躬親之也。躬親之者。所以致其親愛之意也。是興敬所以爲親也。彼以褻爲親者。未要其終也。惟以敬爲親。則愛得其正矣。方氏慤曰。弗愛則無以相合。而弗敬則無以相別。而褻愛敬之道。始於閨門之內。夫婦之閒。及乎廣而充之。其愛至於不敢惡於人。其敬至於不敢慢於人。而德教加於百姓。刑於四海。故曰愛與敬。其政之本與。所謂冕而親迎者。若天子以袞冕。諸侯以玄冕。大夫冕而不旒。夏后氏迎於庭。殷人迎於堂。周人迎於戶是矣。孫氏希旦曰。士親迎服爵弁。則親迎皆服其上服。公袞冕。侯伯鷩冕。子男毳冕也。蓋夫婦之道。乃父子君臣之所從出。哀公以妾爲妻。國人不服。則夫婦失其正。而父子君臣從之矣。故孔子特以大昏之重告之。義疏云。哀公十一年。孔子自衛反魯。時公年十四。大昏未成。其後立公子荊之母爲夫人。而以荊爲大子。國人惡之。又患三桓之侈。欲以越伐魯而去之。因孫於越。遂如越。然則哀公之所以失國者。非庶物也。三綱不正而已。禮案鄭注士昏禮云。冕服迎者。鬼神之。鬼神之者。所以重之親之。昏義曰。敬愼重正。而后親之。禮之大體。而所以成男女之別。而立夫婦之義也。男女有別。而后夫婦有義。夫婦有義。而后父子有親。父子有親。而后君臣有義。故曰昏禮者。禮之本也。

公曰。寡人願有言然。冕而親迎。不已重乎。孔子愀然作色而對曰。合二姓之好。以繼先聖之後。以爲天地宗廟社稷之主。君何謂已重乎。

鄭注已猶大也。怪親迎乃眼祭服。先聖周公也。孔疏冕則祭服也。天子則袞冕。諸侯以下。各用助祭之服。故士昏禮主人爵弁服是也。君身著祭服而親迎。不亦大重乎。春秋公羊說。自天子至庶人皆每迎。左氏說天子至尊無敵。故無親迎之禮。諸侯有故若疾病。則使上卿迎。上公臨之。許氏案。高祖時皇太子納妃。叔孫通制禮。以爲天子無親迎。鄭駁之云。太姒之家。在渭之涘。文王親迎於渭。引禮記冕而親迎。繼先聖之後。以爲天地宗廟社稷之主。非天子則誰乎。此以哀公所問當問己諸侯。唯魯出周公。故解先聖爲周公。又魯得郊天。故云天地宗廟社稷之主。若異義駁所云。則所先聖及天地。據天子。輔氏廣曰。願有言然。疑似之意。不敢以爲是也。周氏諝曰。孔子言於魯國者。蓋天子禮也。夫天子者。勢之不可屈者也。親迎者禮之不可廢者也。以不可屈之勢。而行不可廢之禮。則親迎所以重也。且三年之喪。人道之終也。故自天子達於庶人。親迎者人道之始也。亦必自天子達於庶人也。及後世或俟於堂。而詩人言之。或其臣爲之逆。而春秋書之。皆失也。方氏苞曰。后夫人不與外祀。而曰爲天地社稷之主。蓋粢盛必親舂。服冕絲物必親纏也。禮案注謂先聖周公非也。孔子既慨魯郊之非禮。又焉能以天地之主。指魯君夫人乎。

公曰。寡人固不固。焉得聞此言也。寡人欲問不得其辭。請少進。孔子曰。天地不合。萬物不生。大昏萬世之嗣也。君何謂已重焉。孔子遂言曰。內以治宗廟之禮。足以配天地之神明。出以治直言之禮。足以立上下之敬。物恥足以振之。國恥足以興之。爲政先禮。禮其政之本與。

鄭注固不固。言吾由鄙固故也。請少進欲其爲言以曉己。宗廟之禮。祭宗廟也。夫婦配天地。有日月之象焉。禮器曰。君在阼。夫人在房。大明生於東。月生於西。此陰陽之分。夫婦之位也。直猶正也。正言謂出政教也。政教有夫婦之禮焉。昏義曰。天子聽外治。后聽內職。教順成俗。外內和順。國家理治。此之謂盛德。物猶事也。事恥臣恥也。振猶救也。國恥君恥也。君臣之行。有可恥者。禮足以救之。足以興復之。孔疏言寡人由其固陋。設重問之。故得聞此言。皇氏用王肅之義。二固皆爲固陋。上固言己之固陋。下固言若不鄙固。則不問。不問焉得聞此言哉。請少進者。更欲問所疑之事。不能得其所問之辭。請孔子少進言。使簡約易了。君祼獻。后夫人亞獻之屬。是治宗廟之禮也。天地謂日月也。夫配日。婦配月是也。若夫婦出在於外。治理正直言教之禮。足以立君臣上下之恭敬也。物恥謂臣之職事。有可恥愧者。其禮足以救之。國恥謂君於治國。有可恥愧。其禮足以興起之。故爲政教之本。方氏慤曰。老子曰。天地相合。以降甘露。月令曰。天氣下降。地氣上騰。天地和同。草木萌動。天地合而後萬物生。猶之二姓合而後人道成焉。故曰萬世之嗣也。以其傳萬世之嗣。則親迎之禮。不爲過矣。馬氏晞孟曰。物恥恥之小也。國恥恥之大也。昔弛而今起。謂之振。昔廢而今舉。謂之興。應氏鏞曰。物恥謂事物之汙陋。國恥謂國體之卑辱。是時魯微弱甚矣。哀公欲振而興之。而不知禮之爲急。故夫子以是告之。陳氏澔曰。或曰直言當作朝廷。方氏苞曰。惟敬可以抑人之邪心。惟恥足以作人之敬心。魯自襄昭以來。外屈於晉楚齊吳。所謂國恥也。內偪於三桓相欺忍詬。所謂物恥也。至於哀公強臣覿面。而相侵侮。孔子不忍斥言。故舉物恥國恥之義。隱動君心也。郝氏懿行曰。振洗刷也。禮案孔子遂言者。不待復問而續言也。下同。直言疑字之誤。陳引或說是也。內治宗廟。出治朝廷對文耳。

孔子遂言曰。昔三代明王之政。必敬其妻子也有道。妻也者親之主也。敢不敬與。子也者親之後也。敢不敬與。君子無不敬也。敬身爲大。身也者親之枝也。敢不敬與。不能敬其身是傷其親。傷其親是傷其本。傷其本枝從而亡。三者百姓之象也。身以及身。子以及子。妃以及妃。君行此三者則愾乎天下矣。大王之道也。如此則國家順矣。鄭注愾猶至也。大王居豳。爲狄所伐。乃曰土地所以養人也。君子不以其所養害所養。乃去之岐。是言百姓之身猶吾身也。百姓之妻子乃吾妻子也。不忍以土地之故而害之。去之岐而王迹興焉。孔疏上經孔子答哀公以問政之事。遂更廣言三代明王爲政之道。敬其妻子。及敬身乃可施政教於天下。有道者謂三代敬其妻子。必有道理也。妻所以共粢盛祭祀。與親爲主。故云親之主也。三者謂身也子也妃也。若愛百姓。須先敬身及子及妃。乃能及百姓。故云百姓之象也。能愛己身。則以及百姓之身。愛子則以及百姓之子。愛妃則以及百姓之妃。前泛言故云妻。此論治政故云妃。人君行此三事。從近而能廣。至於天子。唯大王能然。故天下懷德。莫不順從矣。王氏肅曰。大王愛姜女。國無鰥民。是愛己之身及己之妻子。推而愛民之身及民之妻子。劉氏彝曰。君子所以敬其身。非謂我而自尊也。身雖在我。其氣與性則受之於親。傳之於俎。非己得以輕而辱之也。故曰不敬其身。是傷其親也。猶傷其根本者。枝幹必從之而亡。敢不敬慎而培之以禮乎。葉氏夢得曰。三者君也。行於上。而民傚於下。故曰百姓之象也。百姓其行。莫不敬其身。亦莫不敬其妻子。所謂愾乎天下也。大王愛厥妃。至於內無怨女。外無曠夫。蓋得其政矣。洪氏頤煊曰。愾當作忔與迄通。爾雅釋詁。迄至也。禮案親之主。即上文所謂宗廟主。以主祭言也。親之後。即冠義所云適子冠於阼。以著代言也。傷其親者親猶木之本。身其枝也。多行不義。而敗名辱親。身能苟獲令終者。未之有也。百姓之象。以身作率也。孟子曰老吾老。以及人之老。幼吾幼。以及人之幼。是也。集韻愾同迄。迄又通訖。讀知尚書禹貢聲教訖乎四海之訖。故注謂猶至也。

公曰。敢問何謂敬身。孔子對曰。君子過言則民作辭。過動則民作則。君子言不過辭。動不過則。百姓不命而敬恭。如是則能敬其身。能敬其身。則能成其親矣。鄭注則法也。民者化君者也。君之言雖過。民猶稱其辭。君之行雖過。民猶以爲法。孔疏以前經對哀公爲政在於敬身。故此經公問敬身。孔子對於敬身之禮。君爲民表。下之所從。假令過誤出言。民猶法之。稱作其辭。假令過誤舉動。而民作其法則。所以君子出辭舉動。不得過誤也。馬氏晞孟曰。言動者。敬身之所宜愼也。擬之而後言，則無過言。議之而後動，則無過動。過言而民作辭，過動而民作則，以其貴者賤者之所矜式也。上者人之所視傚也。言而世爲天下法，行而世爲天下則。不命而民敬恭，能敬身之效也。能敬身則能立身揚名，以顯父母，故能成其親也。郝氏懿行曰：傳言，公弔季康子，降禮。又謂郭重食言而肥，則公之過動過言多矣。百姓能敬恭乎。孫氏希旦曰：敬於言而無過辭，敬於動而無過則，則百姓不命而敬恭矣。未至於此，則必我之敬有未至也。故曰如是則能敬其身。禮案作辭以爲口實，故言不可失。中作則尤而效之，故動不可不謹。玉藻曰：言則左史書之，動則右史書之，所以防其過而誤蒼生也。

公曰：敢問何謂成親。孔子對曰：君子也者，人之成名也。百姓歸之名，謂之君子之子，是使其親爲君子也，是爲成其親之名也已。

孔疏：此明公更問敬身之事，何以成親。夫子答以成親之義。言凡謂之君子者，人之成就美名。王肅云：君上位，子下民。君子若能敬身，則百姓歸己善名，謂己爲君子，所生之子，是己之修身，使其親其君子之名，是修身成其親也。方氏慤曰：君子者，君國子民之稱也。達則能居是位，窮則能全是德。如是則成而無虧矣。故曰人之成名也。祭義所謂不遺父母惡名者，如是而已。馬氏晞孟曰：名之曰幽厲，雖孝子慈孫百世不能改也。而人之成名，百姓得而歸之者，國人稱願之意如此也。孫氏希旦曰：君子者，道德成就之名。己能立身行道，以顯父母，推本其所從來者，未嘗不歸美於其親焉。故曰是使其親爲君子也。禮案成親者，淑愼其車。聿脩厥德，所以成吾親爲君子。故有義方啓迪令子也。百姓歸之名，猶內則貽父母令名。祭義國人稱願以視詩小雅之無忝爾所生，無父母詒罹，猶進一境矣。

孔子遂言曰：古之爲政，愛人爲大。不能愛人，不能有其身。不能有其身，不能安土。不能安土，不能樂天。不能樂天，不能成其身。

鄭注：有猶保也。不能保身者，言人將害之也。不能安土，動移失業也。不能樂天，不知己過而怨天也。孔疏：既不能汎愛於人，人則害之，故不能保有其身，避其禍害，流移失業，是不能安土。身既失業，不知己過所招，乃更怨天，是不能樂天也。將謂天之濫罰，罪惡之事，無所不爲，是不能成其身。朱子熹曰：不能有其身，謂不能持守其身而陷於非僻。安土，謂安其所處之位而無外求。樂天，謂樂循天理。講義曰：所謂有其身者，知有其身而不至自棄而已。不能有其身，則心隨放蕩，豈能安土。不能安土，豈以欲惡爲戚，豈能樂天。吳氏澄曰：有其身，謂吾身所愛於天者，能全所賦而有之，則此身常在天理中，及爾出王，及爾游衍，無入而不自得，故曰安土樂天。夫如是，盡性踐形者也，全體大用，於身無一虧闕，故曰成身。禮案不能愛人，惡人也。孟子曰：惡人者，人皆惡之，則身不能保，國不能安，不能樂天，即詩小雅自貽伊戚。不能成身，即尚書盤庚以自災於厥身是也。

公曰：敢問何成身。孔子對曰：不過乎物。

鄭注：物猶事也。孔疏：以前經對哀公以成身，故此經公問成身。夫子答言成身之道，不過誤其事，但萬事得中，不有過誤，則諸行並善，是所以成身也。朱子熹曰：家語作夫其行己也不過乎物，謂之成身。不過乎物，是天道也。以上下文推之，當從家語。周氏諝曰：詩云天生烝民，有物有則。孟子曰：萬物皆備於我矣。則凡在我身者，雖一毫髮之微，莫不具性命之理，則求其所以成身者。其能通此乎。秦氏繼宗曰。物者實理也。不曰理而曰物者。理寓於物。如有耳目。則有聰明之德。有父子則有慈孝之心。理得則成身之道。不過是矣。禮案過猶越也。物猶禮也。不過乎物。則能以禮制中。天君泰然。動合天道矣。此下必有闕文。朱子之說是也

公曰。敢問君子何貴乎天道也。孔子對曰。貴其不已。如日月東西相從而不已也。是天道也。不閉其久。是天道也。無爲而物成。是天道也。已成而明。是天道也。鄭注已猶止也。是天道也者。言人君法之。當如是也。日月相從。君臣相朝會也。不閉其久。通其政教。不可以倦。無爲而成。使民不可以煩也。已成而明。照察有功。孔疏以前經孔子對以成身之事。公更無疑。改問君子何貴乎天道。孔子又答言。天體無形。運行不息。如似日月東西相從而不體已。是天道也。人君設法。當則上天之道。君臣朝會。往來不已也。天開生萬物。不使閉塞。其能久長。是天道也。人君施政當則天道。開通萬物。久不懈倦也。春生夏長。無見天之所爲。而萬物得成。是天道。謂人君則天道以德潛化。無所營爲。而天下治理也。天之生物。已能成就。而功之明著。人君當則天道。化民治理。而功成太平。故云是天道也。馬氏晞孟曰。不已所以進德。不閉所以通變。然後可以無爲而成。至於已成而明。所以見其效。此亦終始之序也。孫氏希旦曰。孔子言不過乎物是天道也。故哀公又以天道爲問。天道如此。君子貴之而其法也。純亦不已。篤恭而天下平焉。禮案貴其不已者。易乾卦曰。天行健。君子以自強不息是也。不閉其久者。繫辭謂易窮則變。變則通。通則久是也。無爲而物成者。論語云。天何言哉。四時行焉。百物生焉是也。已成而明者。乾卦言本乎天者親上。本乎地者親下是也。

公曰。寡人惷愚冥煩。子志之心也。孔子蹴然辟席而對曰。仁人不過乎物。孝子不過乎物。是故仁人之事親也如事天。事天如事親。是故孝子成身。鄭注志讀爲識。識知也。冥煩者。言不能明理此事。子之心所知也。欲其要言使易行。蹴然。敬貌。物猶事也。事親事天。孝敬同也。孝經曰。事父孝。故事天明。舉無過事。以孝事親。是所以成身。孔疏前明天道之事。人君當則之。公欲孔子要陳何事。能得如天不已。惷愚是哀公謙退。言已惷然愚蔽。無所了解。皇氏云。子志。夫子之志。言我之心冥煩。不能明理。此子心所知也。言孔子識知廣博。欲使子出要言以示己。孔子以公謙退。故蹴然恭敬。辟席而起。對言仁德之人。在事無過失也。孝子事親。亦於事無過也。仁人事親以敬。如事天相似。言敬親與敬天同。事天以愛。如人事親孝愛相似。言愛親與愛天同。據其汎愛。則稱仁人。據其事親。則稱孝子。內則孝敬於父母。外則孝敬於天地。其閒無所不行孝敬。故云孝子成身也。方氏慤曰。惷言述而無覺。愚言昧而不靈。冥則不辨於事。煩則不當於物。沈氏清臣曰。舉天地萬物之理。備於我者。皆物也。是物也各有則焉。人皆有是物。則不可過也。過則非天理也。胡氏銓曰。事親如事天。所謂事親孝。故事天明。事天如事親。能享帝則能享親也。禮案天所以覆我。親所以生我。是故孝子成身。則不虧其體。不辱其親。不愧於天矣。

公曰。寡人既聞此言也。無如後罪何。孔子對曰。君之及此言也。是臣之福也。鄭注公既職此言也者。欲之勤行之也。無奈後日過於事之

罪。何謂讓辭。孔子善哀公及此言。此言善言也。孔疏：此明哀公問事畢。謙退之辭。孔子答以君愼後罪。是臣之福也。如奈也。言寡人以聞子之言。勤力而行。但已之才弱。無奈後日過於其事。而有罪戾。何是謙退之辭。禮案：此哀公恐已愚闇。雖聞善言。而不能成。是知而復犯。則日後之罪滋甚矣。奈何。孔子言人有過失。患不已知。今君既自謂不足。則撝謙受益。惕若無咎矣。晉語：文公問於郭偃曰：始也。吾以治國爲易。今也難。對曰：君以爲易。其難也將至矣。君以爲難。其易也將至矣。此之謂也。上云百姓之德。此言是臣之福。幸甚之辭也。

禮記通釋卷六十四

玉環戴禮

仲尼燕居第二十八

孔疏案鄭目錄云。名曰仲尼燕居者。善其不倦。燕居猶使三子侍之。言及於禮。著其字。言事可法。退朝而處曰燕居。此於別錄屬通論。此之一篇。是仲尼燕居。子張。子貢。言游。三子侍側。孔子爲說禮事。各依文解之。陸氏佃曰。退朝曰燕。退燕曰閒。言禮燕居之事也。言詩閒居之事也。燕居稱仲尼。閒居稱孔子。以此。禮案論語云。子之燕居。申申如也。夭夭如也。蓋謂其容。此記其言也。夫非禮勿言。故雖燕居。而猶言禮也。

仲尼燕居。子張。子貢。言游侍。縱言至於禮。子曰。居女三人者。吾語女禮。使女以禮周流。無不偏也。鄭注言游言偃子游也。縱言。汎說事。居女三人者。女三人且坐也。使之坐。凡與尊也言更端則起。孔疏此論問更端。三子陪侍。夫子欲語以禮之大綱。縱謂放縱。仲尼與三子放言。汎說諸事。遂至於禮。周流謂周旋流轉。言我使女等恆以禮周旋流轉。無不偏於天下。馬氏晞孟曰。燕居者。君子所以休息。縱言至於禮。所以示其血氣不惰。而須臾之不離於禮之意也。君子之所謂禮者。非特能其事而已。將有以明其義也。明其禮之義。則橫六合而不逆。而設之無不當。故曰使女以禮周流。無不偏。方氏愨曰。周言其不虧於一方。流言其不滯於一曲。陳氏澔曰。周流無不偏者。隨遇而施。無不中節也。禮案燕居無政事。故得與弟子汎說古今。居止也。至請及禮。非片言之所能盡。故孔子命三子者止而備聞之。欲其深明禮之經諱萬端。莫不周偏。流行天下。無所不通也。

子貢越席而對曰。敢問何如。子曰。敬而不中禮謂之野。恭而不中禮謂之給。勇而不中禮謂之逆。子曰。給奪慈仁。鄭注對應也。奪猶亂也。巧言足恭之人。似慈仁。實鮮仁。特言是者。感子貢也。子貢辯近於給。孔疏此明子貢問禮。辯而不讓。夫子因感而喻之。野謂鄙野。雖有恭敬。而不合禮。是鄙野之人。無所知也。給謂捷給便僻足恭而不合禮。是捷給足恭之貌。逆謂逆亂。雖有壯勇。而不合禮。則爲逆亂。給奪慈仁。言捷給之人。貌似慈仁。奪亂眞慈仁也。方氏愨曰。心敬而不中禮。則文辭寡。故謂之野。貌恭而不中禮。則文辭多。故謂之給。勇而不中禮。則以力而不以德。故謂之逆。給則論語所謂口給也。侍坐之序。子張爲首。子貢爲次。言游爲末。子張未對。而子貢對焉。此所以爲越席也。孫氏希旦曰。就三子言之。則子張之辟。於給於近與。義疏云。再記子曰。語已訖。而復言也。後放此。禮案野謂質勝文也。給謂文勝質也。逆則近乎亂矣。好勇作亂。爲禍尤烈。惟獨於給而重申其書者。蓋孔子之所要者。訐以爲直。禦人以口給。言之僞而辯。順非而澤者也。

子曰。師爾過而商也不及。子產猶衆人之母也。能食之不能教也。鄭注過與不及。言敏鈍不同。俱違禮也。衆人之母。言子產慈仁多。不矜莊。又與子張相反。子產嘗以其乘車濟冬涉者。而車梁不成。是慈仁亦違禮。孔疏此明不中禮之人。亦言子張之過。子夏不及。子產之恩惠。不能教也。父義母慈。父能教而不能愛母能愛而不能教子產若衆人之母但能恩慈食之不能嚴勵教之師也過是於事敏疾商也不及是於事遲鈍孟子云子產惠而不知爲政歲十一月徒杠成十二月輿梁成民未病涉是也周氏諝曰子張之於中道而子夏則不及子產之惠猶衆人之母則亦過也而又不能教則亦不及也方其言子張子夏之不得乎中道則必以子產參之者意子產之於中道猶不免有類乎二子則中道之所以爲難也方氏宗誠曰夫子稱子產曰其養民也惠其使民也義左傳載子產爲政其輿人論之曰我有子弟子產誨之我有田疇子產殖之觀此則子產治民安有能食而不能教之事是必非孔子之言也義疏云案朱子論語注子張才高意廣而好爲苟難故常過中子夏篤信謹守而規模狹隘故常不及禮案子產非不能教者也特以政近於寬即斥其不能教所以深警子張子夏之過與不及皆非中禮者也

子貢越席而對曰敢問將何以爲此中者也子曰禮乎禮夫禮所以制中也

鄭注禮乎禮唯有禮也馬氏晞孟曰中出於人之性而所以節性者在乎禮而已故曰夫禮所以制中吳氏澄曰先云禮乎者設爲問辭後云禮者設爲答辭也禮案此夫子以子貢問必如何乃能無失中故告之曰夫禮所以制中則失中者徒飾其貌而已皆非禮之質也蓋禮爲天理之節文所以裁制人物之宜而使歸於大中至正之道故中說曰禮其皇極之門乎其得中道乎故能辨上下定民志禮乎禮者嘆美之辭

子貢退言游進曰敢問禮也者領惡而全好者與子曰然然則何如子曰郊社之義所以仁鬼神也嘗禘之禮所以仁昭穆也饋奠之禮所以仁死喪也射鄉之禮所以仁鄉黨也食饗之禮所以仁賓客也

鄭注領猶治也好善也仁猶存也凡存此者所以全善之道也郊社嘗禘饋奠存死之善者也射鄉食享存生之善者也郊有后稷社有句龍孔疏此一節明子游問禮夫子爲說禮之事凡有三節子游問禮之爲體治去惡事而留全善事者與子曰然答以禮意如是也然則何如者子游更問夫子治惡全好之事如何子曰仁鬼神者仁謂仁恩相存念也郊社之祭所以存念鬼神也人之初死設則饋食之奠所以存念死喪此以上皆是存留死事之善者善事既全則惡事除去也射謂鄉射鄉謂鄉飲酒也禮鄉黨之中有鄉射有鄉飲酒者存鄉黨故也此鄉黨之及下仁賓客皆是存生之善者也方氏慤曰言游之問禮待子貢退而又進不爲越席矣自禘而不皆言禮特於郊社言義者蓋義者禮之所尊故也馬氏晞孟曰仁者有推恩而及之之意事天地主於敬故於郊社言鬼神事宗廟主於愛故神禘嘗言昭穆饋奠之禮始死者之奠也始刻而致死之則不仁此饋奠所以仁死喪也習射尙功則主壯者有以勵習鄉尙齒則少者有所讓所以待鄉黨者盡矣食以示其愛享以示其敬所以待賓客者盡矣吳氏澄曰上言以禮制中損其過益其不及蓋因其氣質之偏而除治之所謂領惡也此言仁鬼神至仁賓客蓋因其德性之美而充周之所謂全好也郝氏懿行曰禮生於仁故五者並以仁言禮案惡謂氣質之戾好謂性情之善領惡全好即禮器所云禮釋回增美質是也然則何如問若何得中禮以起此義也較文仁者親也夫禮者敬而已矣鬼神無形祭以明之郊示之祀天神地示所以敬而親之也嘗禘宗廟昭穆祖禰之

序。饋謂饋食。奠卽始死朝夕及月朔之奠。並見儀禮。射則天子諸侯皆以射觀德。不止於鄉射而已。此云仁鄉黨。自是舉鄉射言也。食享食燕禮。朝聘之所以待賓客。皆敬而親之者也。

子曰。明乎郊社之義。嘗禘之禮。治國其如指諸掌而已乎。是故以之居處有禮。故長幼辨也。以之閨門之內有禮。故三族和也。以之朝廷有禮。故官爵序也。以之田獵有禮。故戎事閑也。以之軍旅有禮。故武功成也。是故宮室得其度。量鼎得其象。味得其時。樂得其節。車得其式。鬼神得其饗。喪紀得其哀。辨說得其黨。官得其體。政事得其施。加於身而錯於前。凡衆之動得其宜。

鄭注治國指諸掌。言易知也。郊社嘗禘。尊卑之事。有治國之象焉。辨別也。三族。父子孫也。凡言得者。得法於禮也。量豆區斗斛也。味酸苦之屬也。四時有所多。及獻所宜也。式謂載也。所載有尊卑。辨禮之說。謂禮樂之官教學者。黨類也。體尊卑異而合同。孔疏前明郊社等之禮。各有所由。此更廣明諸禮所用。有功之事。郊社癸天地。嘗禘祭宗廟。皆是事之難者。若能明之得理。則治國諸事。如指嘗中之物。言其易了。以下明治國諸事。各得其所。度謂制度高下大小。皆得法於禮。象謂法象。言斛斗之量。三牲之鼎。各得其制。依禮之法象。故易繫辭云。以制器者尚其象。時謂春酸夏苦之屬。得其依禮之時。節謂樂曲之節。式言所乘之車。各得其所載之尊卑。享謂天神之鬼。各得其享食也。哀謂五服親疏。各得其哀情也。黨謂分辨論說。詩書禮樂之等。各得其黨類。不乖事之義理。體謂容體。設官分職。各得其尊卑之體。施言布政治事。各得其所施之處也。凡衆之動。得其宜者。合結用禮之功也。衆謂萬事也。以禮加身。而錯置行之於前。則動用皆得其所宜也。案昏禮三族之不虞。鄭注云。三族謂父昆弟。己昆弟。子昆弟。與此不同者。彼爲請期。恐有期喪廢昏。故與此不同。馬氏晞孟曰。郊社所以事天地。而義藏於其中。嘗禘所以事宗廟。而禮陳於其外。因我以設禮。因張以考義。神而明之。存乎其人。則治國其如示諸掌乎。推而通之。以至於加於身而錯於前。凡衆之動。無不得其宜也。方氏慤曰。戎事閒於無事之日。故於田獵言之。武功成於尙功之時。故於軍旅言之。量爲器之大。鼎爲器之重。大者重者得其宜。則小者輕者可知。車有六等之數。作車之得其式也。辨五路之用。乘車之得其式也。鬼神得其享。之天神皆降。地示皆出是矣。喪紀得其哀。發於容體聲音言語飲食居處衣服。而辟得其宜也。辨說得其黨。若在官言官。在府言府。在庫言庫之類。官得其體。若天官掌邦治。地官掌邦教之類。陸氏佃曰。車得其式。若式商容之閭之類。官得其體。若宰相不親小事之類。陳氏澔曰。明乎郊社之義。則事天如事親。明乎嘗禘之禮。則事親如事天。仁人孝子明於此。故能推民胞物與之心。而天下國家。有不難治者矣。方氏苞曰。上五者第曰禮。原禮之所以制也。此五者曰以之。以人之用禮言也。如禮則天下失得從違。判若白黑。故辨說得其黨。凡此皆所謂好也。惟有禮故能全禮。案辨謂正尊卑之分。和謂篤孝慈之道。序卽周禮春官宗伯以九儀之命。正邦國之位。夏官司士。正朝儀之位。辨貴賤之等是也。白虎通云。天子大愷。春蒐秋獮。諸侯春振旅。秋治兵。閒戎事也。曲禮上曰。班朝治軍。涖官行法。非禮威嚴不行。

故軍旅有禮。則武功成也。度長短廣狹之制。量斗斛升合之數。有度量。則無僭差。鼎尚象則無奇衺。四時所尚之味見內則。尚書益稷篇。合止柷敔。樂之節也。車得其式。若周禮冬官考工記。軫方象地。蓋圜象天。鬼神得其享。故尚書大甲曰。鬼神無常享。享於克誠。哀即荀子禮論所云。送死飾哀也。粗衰哭泣憂戚所以持險奉凶也。黨類也。若曲禮上居喪不言樂。祭事不言凶。公庭不言婦女。各從其類。而不相雜也。說文體總十二屬也。尚書周官篇。六鄉分職。各率其屬是也。施行政也。得其施。措之咸宜。黎民允懷也。加推行也。易繫辭謂言出乎身加乎民。行發乎邇見乎遠是也。故凡有舉錯。近取諸身。以表儀於衆庶。則政治臻美。動罔不宜矣。子曰。

禮者何也。即事之治也。君子有其事。必有其治。治國而無禮。譬猶瞽之無相與。倀倀乎其何之。譬如終夜有求於幽室之中。非燭何見。若無禮則手足無所錯。耳目無所加。進退揖讓無所制。是故以之居處長幼失其別。閨門三族失其和。朝廷官爵失其序。田獵戎事失其策。軍旅武功失其制。宮室失其度。量鼎失其象。味失其時。樂失其節。車失其式。鬼神失其饗。喪紀失其哀。辨說失其黨。官失其體。政事失其施。加於身而錯於前。凡衆之動失其宜。如此則無以祖洽於衆也。鄭注。凡富失者。無禮故也。策謀也。祖始也。洽合也。言失禮無以爲衆倡始。無以合和衆。孔疏。此明諸事失禮。則其事有害。夫子更自設問云。禮者何也。即事之治理。言萬事之治皆由禮。瞽謂無目。相謂扶相。言治國無禮。譬猶瞽者無人扶。相倀倀乎何所之適。居處長幼失其別以下。皆謂無禮有害。翻前經得禮之事。別即辨也。前云戎事閒。今云失其策者。若失其謀。則不能閒暇也。前云武功成。此云失其制。由不成故失制也。政事失其施。若春行夏令之屬也。以無禮自加而錯於行事。故萬事皆失所宜也。無以祖洽於衆。結失禮之惡也。每事如此。則爲君上失德。不可爲衆人之倡始。而使和合者也。方氏慤曰。即者取之以爲己之謂也。取是事而治之以是禮。故曰即事之治。以譬瞽之相。幽室之燭焉。相者相步也。倀倀者無所如之貌也。手足在下。故以錯言之。耳目在上。故以加言之。進退揖讓不可過。故以制言之。祖言有所繼。洽言有所和。經曰。禮爲可繼也。易曰。嘉會足以合禮。陸氏佃曰。耳目無所加。不知所以給視聽也。祖洽於衆。祖謂如祖迎之祖。無以祖洽。猶言無以合離於衆。吳氏澄曰。策謂講武教戰之謀。策制謂全師克敵之法制。方氏苞曰。凡此皆所謂惡也。惟無禮故無以去之也。禮案。夫禮者事之範圍也。即就也。就其範圍則莫不治。越其範圍則莫不亂。凡所生天地之閒者。無一物不然。經邦治國。其大者也。鄭注周禮春官瞽矇云。無目眹謂之瞽。爾雅釋詁。相導也。說文。倀狂行不知所如也。以喻導國不以禮。不啻若瞽之無相。幽室之無燭也。無所錯。手撥足蹶。動止無容也。無所加。聽側視傾。失其聽明也。無所制。周旋進退。不中規矩也。由禮失則舉錯失宜。動輒得咎。論語所謂其身不正。雖令不從是也。子曰。慎聽之。女三人者。吾語女禮猶有九焉。大饗有四焉。

苟知此矣。雖在畎畝之中。事之聖人已。兩君相見。揖讓而入門。入門而縣興。揖讓而升堂。升堂而樂闋。下管象武。夏籥序興。陳其薦俎。序其禮樂。備其百官。如此而后君子知仁焉。行中規。還中矩。和鸞中采齊。客出以雍。徹以振羽。是故君子無物而不在禮矣。入門而金作。示情也。升歌清廟。示德也。下而管象。示事也。是故古之君子。不必赤相與言也。以禮樂相示而已。

鄭注猶有九焉。吾所欲語女餘。有九也。但大享有四。大享謂享諸侯來朝者也。四者謂金再作升歌清廟下管象也。事之謂立置於位也。聖人已者。是聖人也。縣興金作也。金再作者。厭主君。又作也。下謂堂下也。象武武舞也。夏籥文舞也。序更也。堂下吹管。舞文武之樂。更起也。知仁焉。知禮樂所存也。采齊雍振羽。皆樂章也。振羽振鷺及雍。金作示情也。賓主人各以情相示也。金性內明。象人情也。示德也。相示以德也。清廟頌文王之德。示事也。相示以事也。武象武王之大事也。孔疏自此以下。孔子總爲三人說禮之大意。但於禮之內。大享爲重。故此經特明之。言上經所說禮外。猶有九事。九事之中。兩君相見。大享有四。謂賓初入門而縣興。揖讓而升堂。主人獻兵。賓飲訖。而樂闋。一也。賓酢主人。金奏作。主人飲畢。而衆闋。二也。工入升歌清廟。三也。歌畢堂下管象武。四也。苟誠也。誠能如此四事。其身雖在畎畝之中。衆人奉而事之。立置於位。戴以爲君。是聖人也。縣興謂鐘磬與而動作。謂金奏升堂而樂闋也。下管武之上。少升歌清廟一句。下文詳之。夏籥謂大夏文舞之樂。以象武次序。更遞而興。於是陳列薦俎。次序禮樂。備其百官。此重贊揚在上之事。君子見上大享四焉。知禮樂所存在也。行中規。至徹以振羽五事。總爲九也。但前四事義廣意深。故特明於上。此五事折旋揖讓。其理淺露。故別於下。行中規。謂曲行。配前爲五。還中矩。謂方行爲六。采齊得章篇名。言和鸞之聲。中采齊之曲。謂出門迎賓之時爲七。雍詩樂章名也。言客出之時。歌雍以送之爲八。振羽卽振鷺詩。亦樂章名也。言禮畢徹器。歌振鷺爲九。無物不在禮。言萬事皆在於禮也。入門而金作。是主人示賓以恩情。賓酢主人而金作。是賓示主人以敬情。覆上縣興之文也。升歌清廟。頌文王之德。故云示德。此覆說上文。但前略而不載。象謂武王伐紂之樂。示王樂之事。此覆釋前文。下管象武也。古之君子相朝會。不必親自以事相與。丁甯而言。但以禮樂微相示語。依違而已。方氏慤曰。九禮大享之所兼有。然此止言有四何也。蓋四者之禮。享之大者。然後有之。苟知此矣。雖有畎畝之中事之聖人己者。蓋知此則知禮樂之情者也。知禮樂之情能作。作者之謂聖。故雖在畎畝之中。人之所事。必以聖人事之也。葉氏夢得曰。金石之爲物。叩之則應。非有隱情也。故入門則先鳴鐘磬。情已見矣。清廟之詩。始受命者也。則在堂上。大武之樂。統受命者也。則在堂下。武舞用干戚。不可以無文。故夏籥文舞。則與於堂序。禮備而樂舉矣。然後牢牲饔餼以荐諸俎。擯介詔相。以備百官。歡然有恩以相接也。故君子知仁焉。仁以禮立。禮行於燕享。故行則圜而中規。方而中矩。不失容也。升車而出。則和鸞中采齊者。不失節也。既出而歌雍。以送之者不失儀也。己事而後歌振鷺以徹之者。言其以禮終也。吳氏澄曰。九者大享有四。并前之五者爲九也。仁鬼神以下之五。是即諸禮之中，總其凡而言。大享之四，是就一禮之中分其目而言。俞氏樾曰：案論語三家者以雍徹，淮南主術篇奏雍而徹，是徹宜歌雍，不歌振鷺也。疑此經本作客出以振羽，徹以雍，傳寫互易之耳。郭氏嵩燾曰：周禮或言食享，或言大享。大抵朝會享諸侯之文，所述皆王禮也。其他享禮，不具見。春秋傳舉其禮甚繁，約言之，實有四焉：一天子享諸侯，一諸侯相享，一天子諸侯享其臣及異國之爲聘使者，一諸侯享王臣。享禮承上食享以仁賓客言。享禮中又有所謂大享者四焉，以極論其禮之盛也。禮案：古之君子，指天子諸侯也。大戴朝事曰：諸侯相與習禮樂，則德行修而不流也，故天子制之，而諸侯務焉。

子曰：禮也者理也。樂也者節也。君子無理不動，無節不作。不能詩，於禮繆。不能樂，於禮素。薄於德，於禮虛。 鄭注：繆，誤也。素，猶質也。歌詩所以通禮意也，作樂所以同成禮文也，崇德所以實禮行也。王制曰：樂正崇四術，立四教，順先王詩書禮樂以造士，春秋教以禮樂，冬夏教以詩書。王大子、王子、羣后之大子、卿大夫元士之適子、國之俊選皆造焉。則古之人皆知諸侯之禮樂。孔疏：此明禮樂之義。理謂道理，言禮者使萬事合於道理也。節，制也，言樂者使萬事得其節制。古之君子，若無禮之道理，不妄興動，並樂之節制，不敢興作。繆以詩能通達情意，得則行禮審正，若不能習詩，則情意隔絕，於禮錯繆。素謂質素，以樂能有音聲綴兆干戚文飾於禮，若不能習樂，則於禮朴素。內心厚於其德，則外充實，若內心淺薄於德，則於外禮空虛。德是百行之本，樂是禮中之別，故明禮須詩樂及德，乃爲善也。方氏慤曰：唯君子能樂循理，故無理不動；唯君子能不踰節，故無節不作。馬氏晞孟曰：不能詩則不知禮之意，故於禮繆；不能禮之文，故於禮素。得於中者薄，則其發於外者有時而涸矣，故於禮虛。陳氏澔曰：人而不爲周南召南，猶正牆面而立，不能詩者，不繆於禮乎？禮之用和爲貴，不能樂則無從容委曲之度，是達於禮而不達於樂，謂之素也。忠信之人，可以學禮，薄於德者，必不能充於禮也。禮案：薄於德，於禮虛，故禮器曰：先王之立禮也，有本有文。忠信，禮之本也；義理，禮之文也。無本不立，無文不行。

子曰：制度在禮，文爲在禮，行之其在人乎。 鄭注：文爲，文章所爲。孔疏：此明行禮在人。言國家尊卑上下制度，存在於禮。人之文章所爲，亦在於禮。能行其禮，全在人也。陸氏佃曰：制度在禮，凡以爲之節，不豐不殺是也。文爲在禮，凡以爲文，不華不俚是也。易曰：神而明之，存乎其人。馬氏晞孟曰：制度者，文爲之體；文爲者，制度之用。簠簋俎豆，所謂制度也；升降上下，所謂文爲也。制度文爲，皆禮之法也，徒法不能自行，故行之在人。方氏慤曰：中庸曰：禮儀三百，威儀三千，待其人而後行。其言正與此合。禮案：行之其在人乎，故禮器云：甘受和，白受采。忠指之人，可以學禮，苟無忠信之人，則禮不虛道，是以得其人之爲貴也。

子貢越序而對曰：敢問夔其窮與？子曰：古之人與？古之人也。達於禮而不達於樂，謂之素；達於樂而不達於禮，謂之偏。夫夔達於樂而不達於禮，是以傳於此名也。古之人也。 鄭注：子貢見其不達於禮。子曰素與偏俱不備耳。夔達於樂，傳世名此，賢人也，非不能，非所謂窮。孔疏：前經孔子稱唯人能行禮，子貢唯聞夔之善樂，不聞夔之達禮，故越席而問夔於禮，其窮困與？子曰：今人解樂。則全知禮。夔是古之人與禮非全不知也。古人明達於禮。而不甚明達於樂者。但謂之朴素。不備具耳。不得稱於樂爲窮。但明達於樂。而不甚明達於禮者。謂之偏。半而不備耳。非是於禮爲窮。夫夔禮樂兼有。但樂優於禮。故特於樂得名於後世。若全不解禮。何以傳名。古之人也。更重美夔是古之人。與今之人別也。虞書舜命伯夷典朕三禮。伯夷讓夔。是夔知禮也。陳氏祥道曰。觀夔教胄子。以直寬剛簡之德。達之以溫柔。戒之以無虐無傲。則以禮樂教中和。亦不過如此。子貢以爲窮惡可哉。陸氏佃曰。古之人不朽者也。言夔特以樂傳耳。荀子曰。好樂者衆矣。而夔獨傳者一也。方氏慤曰。傳此名者。傳樂名也。若倉頡之於書。后稷之於稼。郝氏懿行曰。素與於禮素之素同也。伯夷典禮。猶讓夔龍。周官宗伯。實兼司樂。則夔非不達於禮明矣。或者洞悉精微。不如達於樂之尤深耳。禮案說是也。故伯夷雖以典禮讓夔龍。而舜終命夔以典樂也。

子張問政。子曰。師乎。前吾語女乎。君子明於禮樂。舉而錯之而已。子張復問。子曰。師。爾以爲必鋪几筵。升降酌獻酬酢。然後謂之禮乎。爾以爲必行綴兆。興羽籥。作鐘鼓。然後謂之樂乎。言而履之。禮也。行而樂之。樂也。君子力此二者。以南面而立。夫是以天下大平也。諸侯朝。萬物服體。而百官莫敢不承事矣。鄭注服體。體服也。謂萬物之符長皆來爲瑞應也。孔疏。錯行也。言爲政之道明爲禮樂。興舉而錯行之而已。言爲禮之體。不在於几筵升降酬酢。但在乎出言履踐行之。謂之禮也。樂不在於羽籥鐘鼓。但在乎身行之而已。天下愛樂。謂之樂也。君子勉力勤行此二者。禮樂之事。則天下大平。服謂屈服。體謂形體。言飛走動植之物。而皆來爲瑞應也。葉氏夢得曰。莫非政也。舉禮樂以錯諸彼。爲政之大者也。然事有緩急。而所施有先後。故門人問政者衆矣。皆不及於禮樂。答子張以及此。豈因其爲色莊者乎。禮之數可陳也。其義則言而履之也。樂之文可設也。其實則行而樂之也。若夫履其禮而達所履於天下。行其樂而達所樂於天下。則功成治定之時。故南面立。而天下太平也。周氏諝曰。易曰。上天下澤履。君子以辨上下。定民志。又曰。履德之基。蓋言禮則以其所履爲主。孟子曰。樂者樂斯二者。樂則惡可已。蓋言樂則以其所樂者爲主。宋氏遠孫曰。語曰。禮云禮云。玉帛云乎哉。樂云樂云。鐘鼓云乎哉。與此經相爲表裏。蓋莫難於言而履之。行而樂之。謂其取成於我也。莫易於鐘鼓玉帛。謂其取成於物也。取成於物。若可觀矣。而非以致太平之道。必欲致太平。非取成於我不能也。禮案舉而錯之。舉禮業而施於政治也。夫禮以正身。樂以治心。正心修身治國平天下之本也。子張復問者。問若何可以錯禮樂於政治也。孔子言升降酬酢禮之文也。羽籥鐘鼓樂之器也。然非禮樂之義也。郊特牲曰。其數可陳也。其義難知也。知其義而敬守之。天子之所以治天下也。正謂是矣。服順體禮也。樂記云。樂極和。禮極順。故於治道。錯之咸宜。而諸侯賓服。萬邦作孚。百寮盡職。兆民歸往矣。言而履之。即曲禮上謂修身踐言。行修言道。行而樂之。即荀子樂論言樂者樂也。君子樂得其道。小人樂得其欲。力此二者。謂修禮樂之實體則致王道之易易也。禮之所興。衆之所治也。禮之所廢。衆之所亂也。目巧之室。則有奧阼。席則有上下。車則有左右。行則有隨。立則有序。古之義也。室而無奧阼。則亂於堂室也。席而無上下。則亂於席上也。車而無左右。則亂於車也。行而無隨。則亂於塗也。立而無序。則亂於位也。昔聖帝明王諸侯。辨貴賤長幼遠近男女外內。莫敢相踰越。皆由此塗出也。

鄭注眾之所治。眾之所以治也。眾之所亂。眾之所以亂也。目巧謂但用巧目善意作室。不由法度。獨有奧阼。賓主之處也。自目巧以下。古今常事。不可廢改也。孔疏目巧言但用目準視。巧恩存意。雖不由治度。猶有奧阼賓主之處。不可不有也。席言布席之時。不可無上下。車言乘車之時。不可無左右。行謂少者在後相隨。立謂並立則有次序。古之義也者。自古以來。禮樂之意。室而無奧阼。則亂於堂室也。上言得禮則治。自此以下。言失禮則亂。故準上文。由從也。塗道也。道謂禮樂。言古之聖帝明王。所以能使貴賤長幼遠近男女。殊別外內。莫敢相踰越者。皆由此禮樂塗道出也。方氏慤曰。夫禮者眾之紀。紀散而眾亂。則眾之服亂係乎禮之興廢而已。作室者工。而工有巧之運存乎目。故曰目巧之室。紂之臣左強誇而目巧者以此。隅有奧則尊者所處。而別於卑。階有阼。則主人所歷。而別於賓。所謂室有奧阼也。席或以南方為上。或以西方為上。所謂席有上下也。乘車之治。君在左。勇士在右。所謂車有左右也。父之齒隨行。五年以長則肩隨之。所謂行有隨也。天子南面而立。自公侯而下。各有位焉。所謂立有序也。然則古人之禮。至於如是者。豈徒從事於文為哉。亦各有義存焉耳。故曰古之義也。陳氏澔曰。眾之治亂。由禮之興廢。此所以為政先禮也。目巧謂不用規矩準繩。但據目力相視之巧也。言雖苟簡為之。亦必有奧阼之處也。孫氏希旦曰。遠近以地言。外內以位言。俞氏樾曰。凡經單言阼者。皆謂阼階。此謂東序。郊特牲篇。適子冠於阼。註曰。東序少北。近主位也。室中以奧為尊。堂上以阼為主。故言無奧阼。則亂於堂室也。禮案。此即荀子修身所謂凡用血氣志意知慮。由禮則治通。不由禮則勃亂提僈。食飲衣服。居處動靜。由禮則和節。不由禮則觸陷生疾。容貌態度。進退趨行。由禮則雅。不由禮則夷固僻違。庸眾而野。故人無禮則不生。事無禮則不成。國家無禮則不甯。

三子者既得聞此言也。於夫子昭然若發矇矣。

鄭注乃曉禮樂不可廢改之意也。方氏慤曰。發矇者若目不明。為人所發而有所見也。吳氏澄曰。言三子既聞十二條之言。昭然有見。如人撤去其蔽目之物然也。禮案。發明也。如盲者之有所見也。論衡曰。人未學問曰矇。

孔子閒居第二十九

孔疏案鄭目錄云。名曰孔子閒居者。善其無倦而不褻。獨使一弟子侍。為之說詩。著其氏言可法也。退燕避人曰閒居。此於別錄屬通論。陳氏祥道曰。閒居言詩。則先之以為民父母。而繼之以三王之德。為民則在於致五至。而行三無。三王之德。則在於奉三無私。而先令聞。蓋有為民父母之道。而後可以行三王之德。洪範曰。天子作民父母。以為天下王。故其序如此。禮案。逸周書本典解云。生之樂之。則母之禮也。政之教之。遂以成之。則父之禮也。故子夏問詩。先之以凱弟君子。民之父母。

孔子閒居。子夏侍。子夏曰。敢問詩云凱弟君子。民之父母。何如斯可謂民之父母矣。孔子曰。夫民之父母乎。必達於禮樂之原。以致五至。而行三無。以橫於天下。四方有敗。必先知之。此之謂民之父母矣。鄭注凱弟樂易也。原猶本也。橫充也。敗謂禍裁也。孔疏此篇子夏之問。大略有二。從此至族於孫子。問民之父母之事。自三王以下。問三王之德。何以參於天地。詩大雅泂酌之篇。謂武王行此樂易之德。爲民之父母。子夏舉此詩義而問夫子。欲爲何事。得爲民之父母。四方有敗。必先知之者。以聖人行五至三無。通幽達微。無所不悉。觀其萌兆。觀微知著。若見其積惡。心知久有禍災。若爲民父母者。當須豫知禍害。使民免罹於禍。然四方有禍。必先知之。此主爲民除害爲本。故舉敗言之。陳氏祥道曰。凱者喜也。樂之所由生也。弟者順也。禮之所由生也。方氏慤曰。禮有節。父道也。樂能同。母道也。五至由粗以入精。故曰致。三無自內以達外。故曰行。橫於天下者。以是道廣被於天下也。四方有敗。必先知之。言其道又足以幾於神也。敗者成之對。不言成而止言敗者。蓋君子思患而豫防之。則敗尤在乎先知之故也。義疏云。自其極盛而無以復加謂之至。君子則推而致之。以廣其充周之用。自其至微而不泥於迹謂之無。君子則族而行之。以運其微密之神。橫於天下。正以滿其達之量也。其稍有不序相處。便是敗。五至終以哀。三無終以喪。正其切於憂民處。非五至三無之外。別有一種憂民之心也。禮案凱今詩作豈。禮樂之原。即仲尼燕居所說。言而履之。行而樂之之謂也。易繫辭曰。神以知來。知以藏往。明於天之道。而察於民之故。故四方有敗。必先知之也。

子夏曰。民之父母。既得而聞之矣。敢問何謂五至。孔子曰。志之所至。詩亦至焉。詩之所至。禮亦至焉。禮之所至。樂亦至焉。樂之所至。哀亦至焉。哀樂相生。是故正明目而視之。不可得而見也。傾耳而聽之。不可得而聞也。志氣塞乎天地。此之謂五至。鄭注凡言至者。至於民也。志謂恩意也。言君恩意至於民。則其詩亦至也。詩謂好惡之情也。自此以下。皆謂民之父母者。善推其所有。以與民共之。人耳不能聞。目不能見。行之在胸心也。塞滿也。孔疏此經子夏問五至之事。孔子爲說五至之理。志謂君之恩意所至。謂恩意至極於民。詩者歌詠歡樂也。君既能歡樂至極於民。則以禮接下。故禮亦至極於民。必爲民之恩所樂。故樂亦至極於民。君既與民同其懽樂。若民有禍災。則能悲哀憂恤。至極於下。故云哀亦至焉。凡物先生而後死。故先樂而後哀。哀極則生於樂。故云哀樂相生。此言哀之與樂。及志與詩禮。凡此五者。皆與民共之。而感之在於胸心。外無形聲。故目不得見。耳不得聞。是人君志氣塞滿天地。所以能致如此者。由行五至之道也。呂氏大臨曰。詩以道志者也。故曰志之所至。詩亦至焉。興於詩。則必立於禮。故曰詩之所至。禮亦至焉。應氏鏞曰。五至三無。其目雖多。不出禮樂二者而已。其曰哀者。蓋禮樂之充積。而樂易不忍之心。惻然自生。而五至所謂志與詩者。特其感發之始。而可以溯禮樂之原耳。其機交相貫通。而觸之則應。謂之至者。蓋周流乎精神之運者也。其本極爲深潛。而索之無有。謂之無者。蓋超乎形迹之表者也。姚氏舜牧曰：子民之心，誠切懇到，則視民如傷，唯恐或阽於危亡也。將戚然而不自甯，便是哀至。郝氏懿行曰：志之所至，謂愷弟也。詩謂民間風謠也。風謠美則禮俗刑，故禮亦至焉。禮俗刑則頌聲作，故樂亦至焉。目不可見，耳不可聞，極言至之微妙。如云無聲無臭至矣。義疏云：樂人之樂者，必憂人之憂。方幸其生聚而欣然，又憂天下之未能徧，後日之未能保，而戚然哀。樂相生，周流不息。此其志氣之所充塞，直與天地爲量矣。哀卽喪也。不見不聞，卽下無體無聲無服也。言五至而三無已在其中，下因再問，而申言之耳。禮案：哀讀如周禮春官大宗伯「以凶禮哀邦國之憂」。言哀民之疾苦也。唯有以哀之，則民無失所，然後能以樂樂人，故曰哀樂相生也。正耳目而不可得聞見者，卽詩大雅所云「不識不知，順帝之則」是也。

子夏曰：五至既得而聞之矣，敢問何謂三無。孔子曰：無聲之樂，無體之禮，無服之喪，此之謂三無。子夏曰：三無既得略而聞之矣，敢問何詩近之。孔子曰：夙夜其命宥密，無聲之樂也。威儀逮逮，不可選也，無體之禮也。凡民有喪，匍匐救之，無服之喪也。

鄭注：子夏於意未察，求其類於詩。詩長人情。詩讀其爲基，聲之誤也。基，謀也。密，靜也。言君夙夜謀爲政教以安民，則民樂之。此非有鐘鼓之聲也。逮逮，安和之貌也。言君之威儀安和逮逮然，則民傚之。此非有升降揖讓之禮也。救之，賙恤之。言君於民有喪，有以賙恤之，則民傚之。此非有衰絰之服。孔疏：此子夏問三無。夫子答以三無。子夏更問何詩近之。夫子答以所近之詩以開之。無聲無體無服三者，皆謂行之在心，外無形狀也。夙夜其命宥密，詩周頌昊天有成命篇。夙，早也。夜，暮也。基，始也。命，信也。宥，寬也。言文武早暮始信順天命，行寬弘仁靜之化。今此以基爲謀，言早夜謀爲政教於國，民得寬和甯靜，民喜樂之。威儀逮逮，詩邶風柏舟篇，刺衞莊公之詩。言仁人不遇，其威儀安和，不可選數也。凡民有喪，詩邶風谷風篇，婦人怨夫棄薄之辭也。言凡人之家有死喪，隣里匍匐往救助之。此記謂人君也。呂氏大臨曰：文武之王，基命宥密，夙夜不息，樂之者也。此近於無聲之樂也。逮本作棣，言其威儀富而閑習，如棣之華萼，光輝相逮，不可選擇，皆盡善也。此於五禮初無定體，是謂無體之禮也。凡民有喪，匍匐救之，其於喪者，初無正服，是之謂無服之喪也。朱子熹曰：匍匐，手足並行之貌。方氏慤曰：莊子曰：鐘鼓之音，羽旄之容，樂之末也。禮法度數形名，此詳治之末也。哭泣衰絰隆殺之服，哀之末也。古之人未嘗不以無爲本，以有爲末焉。以威儀無可擇，故曰不可選也。孫氏希旦曰：無聲之樂，謂心之和而無待於聲也。無體之禮，謂心之敬而無待於事也。無服之喪，謂心之至誠惻怛而無待於服也。三者存乎心，由是而之焉，則爲志，發焉則爲詩，行之則爲禮，爲樂，爲哀，而無所不至。蓋五至者，禮樂之實，而三無者，禮樂之原也。禮案：此卽大戴王言云「至禮不讓而天下治，至賞不費而天下之士說，至樂無聲而天下之民和」。又韓詩外傳曰：有聲之聲，不過百里；無聲之聲，延及四海，是也。

子夏曰：言則大矣，美矣，盛矣，言盡於此而已乎。孔子曰：何爲其然也，君子之服之也，猶有五起焉。子夏曰：何如。孔子曰：無聲之樂，氣志不違；無體之禮，威儀遲遲；無服之喪。內恕孔悲。無聲之樂。氣志既得。無體之禮。威儀翼翼。無服之喪。施及四國。無聲之樂。氣志既從。無體之禮。上下和同。無服之喪。以畜萬邦。無聲之樂。日聞四方。無體之禮。日就月將。無服之喪。純德孔明。無聲之樂。氣志既起。無體之禮。施及四海。無服之喪。施於孫子。

鄭注言盡於此乎。意以爲說未盡也。服猶習也。君子習讀此詩。起此之義。其說有五也。不違者民不違君之氣志也。孔甚也。施易也。從順也。畜孝也。使萬邦之民。競爲孝也。就成也將大也。使民之傚禮。日有所成。至月則大矣。起猶行也。孔疏此言子夏既聞三無。意以說義未盡。故孔子更爲說三種之無。猶有五種起發之事。何爲其然。然猶如是。何爲如是。盡言其義猶未盡也。君子習此三無。猶有五種翻覆。說其義興起也。氣志不違以下五節。從輕以漸至於重。初言不違民。但不違君之志氣。二云志氣既得。言君之志氣得於下。三云氣既從。民所從也。四云日聞四方。及於遠也。五云既起。是既發起也。是從微至著。威儀遲遲者。初時但舒遲而已。二則威儀翼翼而恭敬。三則上下和同。無不從也。四則日就月將。漸興進也。五則施及四海。所及遠也。內恕孔悲者。初則親族之內悲哀。其處近也。二則施及四國。所被遠也。三則以畜萬邦。皆爲孝也。四則純德孔明益甚也。五則施於孫子。垂後世也。方氏慤曰。大言光輝於外。美言充實於內。盛言無以有加。盡言無有餘蘊。陸氏佃曰。猶有五起。孔子之言。所以進商也。董仲舒曰。勉強行道。則德日起。而大有功。輔氏廣曰。不違則持其志。無暴其氣。其氣既得。則志帥氣而氣充乎體矣。氣志既從。則直養而無害矣。義疏云。基命言必保合天命之大和。而後氣志之間。無所乖違。而後事物各得其理。我之所順。人亦順之。而後日聞四方。和氣洋溢。至於天地萬物。感而大和。不過吾氣志之既起。樂之原如是其靜也。若夫禮則自外作。故始卽以威儀言之。遲遲和爲貴也。翼翼禮之節也。然制乎外者。正所以養其中。與樂不同。爲斯須不可去乎。故中言日就月將。乃終以施及四海。禮之成。遂如是其廣大也。喪則一仁之周流也。凡民有喪。匍匐救之。惟以己度人。而見其孔悲耳。由此而四國而萬邦。仁益廣矣。至是而內恕者。不待勉強也。德純則自如是已。且施於孫子。仁愈遠也。子夏長於詩。故以詩爲問。而孔子遂歷以詩語之。咏嘆淫泆。意味深長。使人感發興起。有不能自已者。此之謂五起也。禮案畜讀如易師卦。君子以容民畜衆之畜。三無之說。廣言之則有五起。約言之則無聲者。和而已矣。無體者。敬而已矣。無服者。仁而已矣。

子夏曰。三王之德。參於天地。敢問何如斯可謂參於天地矣。孔子曰。奉三無私以勞天下。子夏曰。敢問何謂三無私。孔子曰。天無私覆。地無私載。日月無私照。奉斯三者以勞天下。此之謂三無私。其在詩曰。帝命不違。至於湯躋。湯降不遲。聖敬日齊。昭假遲遲。上帝是祇。帝命式於九圍。是湯之德也。

鄭注三王謂禹湯文王也。參天地者其德與天地爲三也。勞勞來帝天帝也。詩讀湯齊爲湯躋。躋升也。降下也。齊莊也。昭明也。假至也。祇，敬也。式，用也。九圍，九州之界也。此詩云：殷之先君，其爲政不違天之命，至於湯升爲君，又下天之政教甚疾，其聖敬日莊嚴，其明道至於民，遲遲然安和，天是用敬之，命之用事於九州，謂使王也。是湯之德者，是湯奉於無私之德也。孔疏自此至大王之德一節，子夏問三王之德參天地，夫子答以行三無私之事，并明湯及文武三代大王之德。詩商頌長發篇美成湯之辭，言天帝命此殷家，世世行之不違，至於成湯，乃與天心齊也。湯降下賢士，不遲緩，甚能速疾，日齊言其聖敬之德，日日升進。假，暇也。湯以昭明寬暇，天下之士心遲遲然甚舒緩。上帝是祇者，言天於是敬愛之，命湯用事於九州，爲天子也。詩之本注如此，今此記注意與詩注稍殊，大略同也。方氏慤曰：天立乎上，地立乎下，人立乎中，所謂參也。天之高也，凡在下者，無不覆，故曰無私覆；地之厚也，凡在上者，無不載，故曰無私載；日月之明也，凡容光者，無不照，故曰無私照。呂氏大臨曰：奉斯三者，以勞天下，則是其德與天地參矣。是故王道莫大於無私也。葉氏夢得曰：帝命不違，先天者也；至於湯齊，後天者也。湯降不遲，下人者也；聖敬日齊，人尊之也。惟其下人，而人尊之，故昭假遲遲；惟其先天而不違也，故上帝是祇，則命式之以九圍，亦順乎人也。嚴氏粲曰：湯之謙抑，所以自降下者，甚敏而不遲，故聖敬之日以躋升，言至誠無息也。其昭格於天，遲遲甚緩，言湯無心而得天下，付之悠悠也。義疏云：古人引詩多斷章取義，言不遲，又言遲遲者，不遲，克己之勇，所以致其疾；遲遲，達天之養，所以致其化。禮案奉謂奉若天道也。勞謂勞之來之也。法天地日月之無私，故易繫辭謂天地之道，貞觀者也；日月之道，貞明者也。

天有四時，春秋冬夏，風雨霜露，無非教也。地載神氣，神氣風霆，風霆流形，庶物露生，無非教也。鄭注言天之施化收殺，地之載生萬物，此非有所私也。無非教者，皆人君所當奉行以爲政教。孔疏此論天地無私，聖人則之以爲教。天有四時者，春生夏長，秋殺冬藏。以風以雨，以霜以露，化養於物，聖人則之，事事倣法，以爲教也。神氣謂神妙之氣，霆，雷也。謂地以神氣風雷之等，流布其形，庶，衆也，衆物感此神氣風霆之形，露見而生，人君法此地之生物，事事奉以爲教也。神氣風霆天地共有，但氣從地出，又風著於土，雷出於地，故偏繫於地。呂氏大臨曰：此衍神氣風霆四字。風霆猶風雨，皆神氣也，降於天，載於地，以成化育者也。獨於地言之，則以流形而可見也。義疏云：上文無私覆，以形體言，此節以化工言。方氏苞曰：天地之化，不可得而分，風雨霜露，皆地氣所蘊蒸，而於天言之者，風行天上，雨及霜露，皆降自天，其迹顯著者也。風霆之越於地，迹亦顯著，又動萬物者，莫疾乎雷；撓萬物者，莫疾乎風，故於庶物露生舉之。禮案荀子天論曰：天有其時，地有其財，人有其治，夫是之謂能參。舍其所參，而願其所參，則惑矣。列星隨旋，日月遞炤，四時代御，陰陽大化，風雨博施，萬物各得其和以生，各得其養以成，不見其事而見其功，夫是之謂神。蓋寒暑運行者，天地之變也；萬物資生者，地道之化也。春秋繁露云：地出雲爲雨，起氣爲風，風雨者地之所爲也。易繫辭言天地變化，聖人效之，故爲之教也。

清明在躬，氣志如神，耆欲將至，有開必先。天降時雨，山川出雲。其在詩曰：「嵩高維嶽，峻極於天。維嶽降神，生甫攻申。維申及甫，爲周之翰。四國於蕃，四國於宣。」此文武之德也。鄭注清明在躬，氣志如神。謂聖人也。耆欲將至。謂其王天下之期將至也。神有以開之。必先爲之生賢知之輔佐。若天將降時雨。山川爲之先出雲矣。峻高大也。翰榦也。言周道將興。五岳爲之生賢輔佐。仲山甫及申伯。爲周之榦臣。天下之蕃衞。宣德於四方。以成其王功。此文武之德也。是文王武王。奉天地無私之德也。此宣王詩也。文武之時。其德如此。而詩無以言之。取類以明之。孔疏此明周文武之德。謂清靜顯著之德在身。氣志變化。微妙如神也。王位是聖人所貪。故云耆欲。有開必先者。言有神開道。豫生賢知之輔佐。就如天將降時雨。山川先爲之出雲也。詩大雅嵩高篇。美宣王之詩。嵩高然而高。惟是五岳。其形峻至於天。降此神靈和氣。而生甫侯及申伯也。文武所得賢臣。唯爲四方蕃屏。宣揚威德。不私於已。是文武奉天無私之德也。案詩甫侯謂呂侯也。穆王時訓夏贖刑。謂呂刑。與申侯。俱出伯夷之後。掌四岳之事。又詩烝民稱仲山甫之德賢也。與嵩高生甫及申全別。案鄭注禮在前。故以甫爲仲山甫。在後箋詩。乃得毛傳。知甫侯申伯同出伯夷。故與禮別也。張子載曰。耆欲猶言祥福也。雨之將作。山川須出雲。蓋一氣耳。呂氏大臨曰。清而明者。天之德也。以天德在躬。故氣志如神。周氏諝曰。申甫之所以生者。以宣王也。而必曰文武之德者。蓋宣王之所以中興者。以文武也。葉氏夢得曰。清明在躬。則志所向。氣所適。其驗於外者如神也。以其如神。故耆欲將至。有開必先。中庸曰。見乎蓍龜。動乎四體。禍福將至。善必先知之。不善必先知之。故至誠如神。孫氏希旦曰。耆欲。謂所願欲之事也。聖人之山願欲者。德澤之及於民也。人之德本清明。惟其有物欲之累也。故不能無所蔽。聖人無私。故其德之在躬者。極其清明。合於神明。而能上格乎天焉。其於所願欲之事。但爲之開其端。而天必先爲生賢臣。以輔佐之。猶天之將降雨澤。而山川先爲之出雲也。郭氏嵩燾曰。耆欲將至。有開必先。言王者神明其德。以前民用。凡利病之原。察及隱微。因機而利導之。如天地之生物。皆有以遂其性。而使之無不達者也。禮案易繫辭云。是以君子將有爲也。將有行也。問焉而以言。其受命也如響。无有遠近幽深。遂知來物。又曰。知幾其神乎。幾者動之微。吉之先見者也。君子見幾而作。不俟終日。耆欲將至。有開必先之謂也。

三代之王也。必先其令聞。詩云。明明天子。令聞不已。三代之德也。

鄭注令善也。言以名德善聞。天乃命之王也。不已不倦。止也。孔疏此總結三代。以其無私。故令聞不已。所以王天下者。必父祖未王之前。先有令聞也。詩大雅江漢篇。美宣王之詩。此記之意。明明天子。謂三代之王也。言父祖及身。令聞不休已。故云三代之德也。前文唯云湯與文武。不稱夏者。以禹治水。過門不入。無私事。明殷周以戰爭。而取天下。恐其有私。故特舉湯與文武也。游氏桂曰。脩之於杳冥之中。若寂然而無聲。及其發達而播聞。則令聞不已。此言其修之於至隱。而發之於至顯。三代聖人。皆有此學。皆有此德。故曰三代之德也。楊氏簡曰。明明天子。令聞不已。不已之聞。非雨盈溝澮涸。可立待之譽。是爲實德之譽。禮案上文子夏不解三無之旨。唯問何詩近之。故孔子所引。唯以某詩近某事而言。注謂取類明之是也。而宋儒多以宣王之詩。證文武之德。釋爲先王慶澤之及後世子孫。不亦失之過也。

弛其文德。協此四國。大王之德也。子夏蹶然而起。負牆而立曰。弟子敢不承乎。

鄭注弛施也。協和也。大王文王之祖。周道將興。始有令聞。承奉承不失隊也。起負牆者所問竟。辟後來者。孔疏此亦江漢之詩。接令聞不已之下。詩本文云。矢其文德。此言大王施其文德。和此四方之國。則居邠狄人侵之。徙居岐山之陽。王業之起。故云大王之德也。孫氏希旦曰。三王皆有令聞。而周之積累尤多。故又引詩以明大王之德。以見周之先有無私之德者。不獨文武已也。禮案蹶疾起貌。文王世子曰。凡侍坐於大司成者。遠近間三席可以問。終則負牆。爾雅釋宮東西牆謂之序。故大戴王言篇。曾子退負序而立是也。

禮記通釋卷六十五

玉環戴禮

坊記第三十

孔疏案鄭目錄云：名曰坊記者，以其記六藝之義，所以坊人之失者也。此於別錄屬通論。禮案此篇記孔子之言，先王制禮，以坊人欲，無微不至，而人心之壞，尚有坊不勝坊者，然則不坊之禍，曷其有極哉。大戴禮禮察曰：故以舊坊爲無所用而去之者，必有亂患。此之謂也。

子言之：君子之道，辟則坊與？坊民之所不足者也。大爲之坊，民猶踰之，故君子禮以坊德，刑以坊淫，命以坊欲。

鄭注：民所不足，謂仁義之道也。失道則放辟邪侈也。大爲之坊，言嚴其禁，尚不能止，況不禁乎。命謂教命。孔疏：此一節發端起首，總明所坊之事。此篇三十九章，下三十八章悉言子云，唯此稱子言之者，以一篇總要，故重之也。但此篇所坊，體例不一，或數經共論一事，或一經唯說一事，或引詩書結之，或不引詩書，無義例也。君子坊民之過，譬如坊之礙水。坊民之所不足，釋立坊之義也。民行仁義不足，故聖人在上，大設其坊之。而人猶踰越犯躐，故人君設禮以坊民德之失，制刑以坊民淫邪也。命，法令也。欲，貪欲也。又設法令以坊民之貪欲也。應氏鏞曰：性之善爲德，禮以坊之而養其源；性之蕩爲淫，刑以坊之而遏其流。出於禮則入於淫。然人之欲無窮，非坊閑所能盡，聖人於是有命之說焉。命出於天，各有分限，截然不可踰也。天命至嚴，人力莫施，以是坊之，則覬覦者塞，羨慕者止，而欲不得以肆矣。郝氏懿行曰：仁義皆天德也，過之則有蔽，以禮坊之，則釋回而增美。孫氏希旦曰：禮以教之於未然，故曰坊德，坊其悖於德也。刑以治之於已犯，故曰坊淫，坊其入於淫也。命以禁之於將發，故曰防欲，坊其動於欲也。禮案大爲之坊，謂先王說禮以坊人欲，無微不至，其道至廣也。曰刑曰命，皆所以輔禮之不足而禁其踰之者也。

子云：小人貧斯約，富斯驕；約斯盜，驕斯亂。禮者，因人之情而爲之節文，以爲民坊者也。故聖人之制富貴也，使民富不足以驕，貧不至於約，貴不慊於上，故亂益亡。

鄭注：約猶窮也。此節文者，謂農有田里之差，士有爵命之級。慊，恨不滿之貌也。慊或爲嫌。孔疏：此明小人貧富皆失於道，故聖人制禮而爲之節文制法也。制富者居室丈尺、俎豆衣服之事，須有法度，不足至驕也。制農田百畝，桑麻自贍，比閭相賙，不令至於約也。卿士之屬，君制其祿秩，隨功爵而施，則貴臣無復恨君祿薄於己也。益，漸也。亡，無也。使富而不驕，貧而不盜，貴又不恨，故爲亂之道漸無也。不云賤者，從可知也。方氏慤曰：小人無道以安貧，故貧斯約；無德以守富，故富斯驕。約則不足，有羨彼之志，故約斯盜；驕則不孫，有犯上之心，故驕斯亂。王氏引之曰：案慊亦嫌字。說文心部：慊，疑也。女部：嫌，不平於心也，一曰疑也。貴臣位與君近，居室丈尺、俎豆衣服之事，若與君相似，則嫌上擬於君，是嫌於君也。聖人制禮，使貴者與君隆殺有別，臣節著明，不嫌於上矣。禮案論語云：不仁者不可以久處約。又曰：小人窮斯濫矣。夫貧而不能安，必流至於寇賊奸宄。驕謂從情傲物也。既富矣，則何求不獲，靡法妄行，則犯上作亂之事。皆將蹶起矣。故聖人制禮以齊之。則富不奢僭。貧不犯法。各安其分而禍亂不作矣。曲禮上曰。富貴而知好禮。則不驕不淫。貧賤而知好禮。則志不懾。

子曰貧而好樂。富而好禮。衆而以寧者。天下其幾矣。詩云。民之貪亂。寧爲荼毒。故制國不過千乘。都城不過百雉。家富不過百乘。以此坊民。諸侯猶有畔者。

鄭注言如此者寡也。甯安也。大族衆家。恆多作亂。詩云言民之貪爲亂者。安其荼毒之行。惡之也。古者方十里。其中六十四井。出兵車一乘。此兵賦之法也。成國之賦千乘。雉度名也。高一丈長三丈爲雉。百雉爲長三百丈。方五百步。子男之城方五里。百雉者此謂大都三國之一。孔疏此明上下制度有限。防其奢僭畔逆之事。貧而好樂。富而好禮。衆而得甯者。如此三者。言天下極少。故云其幾矣。詩大雅柔桑篇刺厲王之詩。言天下爲惡者多。故爲限節。制諸侯之國。不得過千乘之賦。卿大夫都城。不得過越百雉。卿大夫之富。采地不得過越百乘。以此坊民。諸侯猶有畔者。於時卿大夫亦有畔。而獨言諸侯者。舉其重餘可知也。案司馬法云。成方十里。出革車一乘。襄十四年左傳。成國不過半天子之軍。謂滿千乘則爲成國。是公侯之封也。案千乘之賦。地方三百一十六里有畸。案周禮公五百里。侯四百里。則是過千乘。云不過千乘者。其地雖過。其兵賦唯千乘。故論語注云。雖大國之賦。亦不是過焉。異義古春秋左氏說云。百雉爲長三百丈。方五百步者。六尺爲步。五六三十。故三百丈爲五百步。是百雉謂侯伯之大都也。家富不過百乘者。諸侯之卿采地也。論語云百乘之家。此據諸侯之采地也。方氏慤曰。制國不過千乘。即孔子所謂千乘之國是也。千乘之國。即百里之國也。井田之法。方里爲井。十井爲乘。百里之國。適千乘也。都城不過百雉。即左氏所謂都城過百雉。國之害也。都蓋公卿王子弟所食之采地。雉則五堵也。百雉則其城五百堵矣。家富不過百乘。即孟子所謂百乘之賦也。千乘百乘。皆以所以之賦言之也。乘以車之多少言。雉以城之廣狹言。互相備也。義疏云。論語曰。貧而樂。此曰貧而好樂。樂則自得。得樂則荒。詩所戒也。一字之訛。謬以千里。石梁王氏之疑。不爲無見。禮案說是矣。貧而樂。若顏子居陋巷不改其樂。富而好禮。若周公位冢宰。不驕不吝。天下其幾矣。言此三者得。則治天下其庶幾矣。

子云。夫禮者。所以章疑別微。以爲民坊者也。故貴賤有等。衣服有別。朝廷有位。則民有所讓。

鄭注位朝位也。孔疏此一節明章疑別嫌。恐尊卑相僭。使人疑惑之事。疑謂是非不決。當用禮以章明之。微謂幽隱不著。當用禮以分別之。方氏慤曰。若君在廟門外。則疑於君。故不迎尸於門外。以明其疑。茲非禮所以章疑者乎。士唯說齊衰於公門。以表其微。茲非禮所以別微者乎。貴賤有上下之等。衣服有隆殺之別。朝廷有尊卑之位。有等有別有位。則各安其分。而不爭矣。故民有所讓。葉氏夢得曰。章疑異於決疑。疑者似同而異。章言顯也。決言其成也。別微異於明微。微者似有而無。別言其有辨也。明言其既著也。禮案周禮春官典命。掌諸侯之五儀。諸臣之五等。此貴賤有等也。上公服九章。侯伯七章。子男五章。此衣服有別也。朝位賓主之間。上公九十步。侯伯七十步。子男五十步。此朝廷有位也。

子云。天無二日。土無二王。家無二主。尊無二上。示民有君臣之別也。春秋不稱楚越之王。喪禮君不稱天。大夫不稱君。恐民之惑也。詩云相彼盍旦。尚猶患之。鄭注楚越之君僭號稱王。不稱其喪。謂不書葬也。春秋傳曰。吳越之君不書葬。辟其僭號也。臣者天君。稱天子爲天王。稱諸侯不言天公。辟王也。大夫有臣者。稱之曰主。不言君。辟諸侯也。此者皆爲使民疑惑。不知孰者尊也。周禮曰。主友之讎。視從父昆弟。盍旦。夜鳴求旦之鳥也。求不可得也。人猶惡其欲反晝夜而亂晦明。況於臣之僭君。求不可得之類。亂上下。惑衆也。孔疏楚越書葬。則當稱某王。辟王之名。故不書葬。案春秋越子卒。經傳全無其事。但記者據越稱王之後。追而言之。非當時之事也。禮君不稱天。謂諸侯之君。大夫不稱君。謂諸侯之大夫。所以不稱者。恐民之疑惑也。鶡旦是求旦之鳥。欲反夜作晝。是鳥無識也。人猶尚惡之。況人求不可得之物。以下亂上。人惡之可知也。臣尊君如天。故春秋稱天王是也。大夫之君。但得言主。若他人汎例言之。有采地者亦得稱君。故喪服云爲其君布帶繩屨是也。方氏慤曰。日者人君之象。在天者既無二日。有土者故無二王。大而有土者既無二王。小而有家者故無二主。凡此皆以尊無二上故也。故曰示民有君臣之別也。盍旦即月令所謂鶡旦。盍。何不也。何不旦。是求旦而已。故名之。以此人患之者。以其亂晝夜故也。君臣之別。晝夜之相也。其可亂之乎。故引逸詩以況之。義疏之越至昭公始見。見經定十四年允常卒。不書。未赴也。越通中國最晚。勾踐之卒。又在春秋後。何緣得書越喪。楚越並稱。不考之失。禮案此似據宣十八年公羊傳文。以吳楚爲楚越者。傳寫之誤耳。增韻云。鶡旦。求旦之鳥。似鷄。晝夜常啼。

子云。君不與同姓同車。與異姓同車不同服。示民不嫌也。以此坊民。民猶得同姓以弒其君。鄭注同姓者。謂先王先公子孫。有繼及之道者也。其非此則無嫌也。僕右恆朝服。君則各以時事。唯在軍同服耳。孔疏其非此。謂非先王先公子孫。不有相繼承之勢。則無所嫌疑。得同車也。恆朝服。爲僕及車右。故曲禮云。乘路馬必朝服是也。其朝服之內則有虎裘狼裘。故玉藻云。君之右虎裘。厥左狼裘是也。僖五年左傳云。均服振振。取虢之旂。又公羊成二年。鞌之戰。逢丑父爲齊頃公車右。衣服與公相似。是在軍同服。馬氏晞孟曰。王祭賓客。有旅賁服王之服而趨。節服氏服王服以維王大常。其在軍陳。則射人命有爵者乘王之倅車。而皆無與王同車者。黃氏乾行曰。魯桓公如齊。齊襄公使公子彭生乘公。薨於車。則弒君於車。不必同姓也。義疏云。若同姓能弒君於車。豈異姓不能弒君於車乎。陳恆夏徵舒。異姓也。國將亡。其宗族枝葉先落。爲此言者。亡國敗家之言也。禮案此記不與同姓同車。似言乘君之副車。故用同姓則嫌爲君。若與君同載。而謂之同車。則君車中惟僕及車右。不用同姓以坊篡弒。恐無是理。故陳師衍曰。不與同姓同車。所以別嫌明微。恐人誤認爲君。而奸人因得從中生事。玩下句與異姓同車不同服。示民不嫌也。二句可見。下只言同姓能弒。並未言同車也。

子云。君子辭貴不辭賤。辭富不辭貧。則亂益亡。故君子與其使食浮於人也。甯使人浮於食。鄭注亡。無也。食謂祿也。在上曰浮。祿勝己則近貪。己勝祿則近廉。方氏慤曰。賤不貪貴。貧不慕富。則無爭奪之禍矣。故亂益亡。夫權與之無餘。不害於賢者。伐檀之素餐。君子所不爲。故君子與其使食浮於人也。甯使人浮於食。此以辭富貴之道也。浮與行浮於名之浮同。葉氏夢得。曰。富貴貧賤、以道得之。皆所不辭。君子有時而辭者。所以教民順也。古者以功詔祿。以久奠食。蓋食與祿異也。食浮於人則爲非義。故君子甯使人浮於食。禮案此即大戴曾子制言所謂。富而不以道。則恥之。貧而不以道。則恥之。故亂益亡也。

子曰。觴酒豆肉。讓而受惡。民猶犯齒。衽席之上。讓而坐下。民猶犯貴。朝廷之位。讓而就賤。民猶犯君。詩云。民之無良。相怨一方。受爵不讓。至於已斯亡。

鄭注。犯猶僭也。齒。年也。禮六十以上。籩豆有加。貴秩異者。良。善也。言無善之人。善遙相恐。貪爵祿。好得無讓。無至於亡。孔疏。所引詩者。小雅角弓篇。刺幽王之詩。言小人在朝。無良善之行。共相怨恨。各在一方。不相往來。又受爵祿。不肯相讓。行惡至甚。至於滅亡。引之者。證上每事預讓也。方氏愨曰。禮六十以上。籩豆有加。故觴酒豆肉。以犯齒言之。三命不齒。席於尊東。故衽席之上。以犯貴言之。族人不得以其戚戚君位。故朝廷之上。以犯君言之。禮以臥者爲衽。坐者爲席。合言之一也。郝氏懿行曰。爵。飲器也。引此以證觴酒豆肉之義。孫氏希旦曰。觴酒。盛酒於觴。豆肉。盛肉於豆。謂庶肉胾炙之屬也。酒肉所以養老。老者宜美。少者宜惡。若鄉飲酒義云。五十者二豆。六十者三豆是也。衽席謂享燕所設之席。朝廷之位。謂人君視朝。卿大夫士所立之位也。席位朝位。尊卑不同。皆所以爲君臣貴賤之別也。禮案酒肉有美惡。故讓而受惡。衽席有上下。故讓而坐下。朝廷之位。有貴賤。故讓而就賤。其實朝位有定。安能讓而就賤。此不過謂君子躬行禮讓。無所不至。而民猶有犯上作亂之事。然則不行禮讓之爲禍。尚可勝言哉。

子云。君子貴人而賤己。先人而後己。則民作讓。故稱人之君曰君。自稱其君曰寡君。

鄭注。寡君猶言少德之君。言之謙。方氏愨曰。貴人而賤己。則不驕。先人而後己。則不爭。故民作讓。書曰。汝惟不矜。天下莫與汝爭能。汝惟不伐。天下莫與汝爭功。揚子曰。自後者人先之。自下者人高之。皆謂是矣。陸氏佃曰。引此者。著於君尚如此。其他可知也。禮案貴人賤己。禮也。曲禮上曰。夫禮者。自卑而尊人。先人後己。謙也。易謙卦云。謙謙君子。卑以自牧。是也。

子云。利祿先死者而後生者。則民不偝。先亡者而後存者。則民可以託。詩云。先君之思。以畜寡人。以此坊民。民猶偝死而號無告。

鄭注。言不偷於死亡。則於生存信。詩云此衞夫人定姜之詩也。定姜無子。立庶子衎。是爲獻公。畜。孝也。獻公無禮於定姜。定姜作詩言獻公當思先君定公以孝於寡人。偝死。死者見偝。其家之老弱號呼稱冤。無所告無理也。孔疏。此明坊人偝死嚮生之事。謂財利榮祿之事。假令死之與生並合俱得。君上先與死者。而後生者。以此化民。則民皆不偝死。亡謂身爲國事。亡在外。存謂在國內。若君有利祿。先與在外者。後與在國者。則民化仁厚。皆可以大事相付託也。詩邶風燕燕篇。衞莊姜送歸妾之詩。言歸妾戴嬀思念先君莊公。以婦道勗勉寡人。民猶偝死而號無告者。言民猶尚偝棄死者。其生者老弱號呼。無所控告。偷謂苟且。言人既不苟且偝死。則於生者不棄矣。案襄十四年左傳云。衞獻公出奔。使告宗廟以無罪。夫人定姜曰。余以巾櫛事先君而暴妾使余。若何無罪。是無禮之事。與詩注不同者。鄭志曰。注記時執就盧君。後得毛傳。乃改之。凡注與詩不同。皆倣此。方氏愨曰。利祿之所施。不必及其身也。若周官以其財養死政之老與其孤。禮言去國三世。爵祿有列於朝之類皆是也。以死者君之心猶所不忍。則民勤於孝思矣。故曰民不偝。以亡者君之心猶所不絕。則民勉於忠義矣。故曰民可以托。禮案君之利祿厚於死者。則生者可知。君之惠澤先及亡者。則存者可知。故民皆感而爲誠厚。無離畔之心。則足以託大事矣。尚書大傳曰。武王入殷。封比干之墓。表商容之閭。發鉅橋之粟。散鹿臺之財。歸傾宮之女。而民知方。曰王之於仁人也。死者封其墓。況於生者乎。王之於賢人也。亡者表其閭。況於在者乎。王之於財也。聚者散之。況於復藉乎。王之子色也。在者歸其父母。況於復徵乎。子云有國家者貴人而賤祿。則民興讓。尚技而賤車。則民興藝。故君子約言。小人先言。鄭注言人君貴尚賢者能者。而不吝於班祿賜車服。則讓道興。賢者能者。人所服也。技猶藝也。約言先言。言人尚德不尚言也。約與先互言耳。君子約則小人多矣。小人先則君子後矣。易曰君子以多識前言往行。以畜其德。孔疏此明尚賢能重言行之事。君子約言者。省約其言。則小人多言也。小人先言者。行在於前後。必先用其言。君子則後言。先行其行。二者相互也。方氏慤曰。賤祿賤車。皆謂任賢使能。錫予之而無所吝也。人謂賢者。技謂能者也。言祿則爵可知。言車則馬可知。上之所化如此。不徒事乎空言而已。必有踐其言焉。故繼之以君子約言。小人先言。葉氏夢得曰。君子博學而詳說之。將以反說約也。小人則務詳於言。君子先行其言。而後從之也。小人務先以言。禮案人賢人也。祿穀祿也。人君好賢不好實。則民皆興起於禮讓。而無爭奪之禍矣。愛技能之士。而不惜車馬以榮之。則民皆執技恐後。而無游惰之風矣。約言約其事之可行則言。不可行則不言也。小人則反是。故易繫辭云。吉人之辭寡。躁人之辭多。子云上酌民言則下天上施。上不酌民言則犯也。下不天上施則亂也。故君子信讓以涖百姓。則民之報禮重。詩云先民有言。詢於芻蕘。鄭注酌猶取也。取衆民之言。以爲政教。則得民心。得民心則恩澤所加。民受之如天矣。言其尊。涖臨也。報禮重者。言能死其難。先民謂上古之君也。詢謀也。芻蕘下民之事也。言古之人君。將有政教。必謀之於庶人。乃施之。孔疏此論上取民心。則民報禮重之事。言人君取下民之言。以爲政教。則民皆喜悅。仰君之德如天。受上恩澤。如受之於天尊之也。故云下天上施。若在上不取民下言。違戾於下。則民人怨怒。以犯於上則禍亂之事起也。民之報禮重者。以君子在上。用信讓以臨百姓。則民報上之禮心重。能死其難。詩大雅板之篇。刺厲王之詩。引之者。證上酌民言之事。方氏慤曰。書曰天聰明。自我民聰。天明畏。自我民明威。天之所爲未嘗不以民也。夫上酌民言。則與天合矣。言必曰讓。酌者以言不有當否。斟酌而後行之也。輔氏廣曰。上下一理君者民之表也。古人爲民是畏。信則使民之可信。讓則制行不以己制。民尊君如天。盡敬事之誠。則報禮可謂重矣。然民不能自爾也。在上之人。有以致之耳。洪氏頤煊曰。天當爲先。緇衣惟尹躬天見於西邑夏。鄭注天當爲先。玉篇兂古文天字。與先形相近。謂上取民言。則下先施於上。故下文云。故君子信讓以涖。則民之報禮重。郎所謂下天上施也。孫氏希旦曰。犯猶上左傳衆怒難犯之犯。言不順於民心也。禮案酌言猶上文約言。此承上言也。下天猶上施語不倫。洪氏讀天爲先是也。今從之。子云善則稱人。過則稱己。

則民不爭。善則稱人。過則稱己。則怨益亡。詩云爾卜爾筮。履無咎言。鄭注爾女也。履禮也。言女鄉卜筮然後與我爲禮。則無咎惡之言矣。言惡在己彼過洩。孔疏此一節論善則稱人。過則稱己之事。凡有二節。上經論與凡人。此經論臣於君。下經論子爲親。各引詩書以結成之。輔氏廣曰。善則稱人。過則稱己。自任以重之事也。聖人不過如是。大舜善與人同。武王百姓有過。在予一人。陸氏佃曰。履無咎言。以履易體。言雖無咎。要以禮也。苟非其禮。龜不敢知。禮案此卽論語所云。躬自厚而薄責於人。則遠怨矣。所引詩衛風氓之什也。履今詩作體。謂卦兆之體。蓋繇辭也。體無咎言者。斷章取義。言善則稱人。過則稱己。卽詢及卜筮。而繇辭必無凶咎也。子云善則稱人。過則稱己。則民讓善。詩云考卜惟王。度是鎬京。惟龜正之。武王成之。鄭注度謀也。鎬京鎬宮也。言武王卜而謀居此鎬邑。龜則出吉兆正之。武王築成之。此臣歸美於君。孔疏詩大雅文王有聲篇。美武王之詩。言稽考於龜而卜者。惟是武王。謀居是鎬京。惟龜能正其吉兆。築成都也。輔氏廣曰。民不爭。始之事也。又進則怨益亡。又進則民讓善。怨益亡則不爭不足言矣。民讓善則亡怨不足言矣。陳氏澔曰。言武王以龜爲正。而成此鎬京。是武王不自以爲功。而讓之龜卜也。故引爲讓善之證。禮案此卽白虎通所謂聖人獨見先覩。必問蓍龜。何示不自專也。今詩惟並作維。度作宅。子云善則稱君。過則稱己。則民作忠。君陳曰爾有嘉謀嘉猷。入告爾君於內。女乃順之於外。曰此謀此猷。惟我君之德。於是乎惟良顯哉。鄭注君陳蓋周公之子。伯禽弟也。名篇在尚書。今亡。嘉善也。猷道也。於是乎惟良顯哉。美君之德。孔疏言爾有善謀善道。則入告爾君於內。女乃順行之於外。言此善謀善道。惟是我君之德。既推德於君。又嘆美云於乎。是君惟良善顯明哉。書序云周公既歿。命君陳分正東郊成周。似若蔡仲之命。皆是父卒命子。故疑周公子也。方氏慤曰。作言作而起之也。葉氏夢得曰。義之於君臣。其應則民作忠。忠者義之屬也。君臣在外。故以應則言屬。陸氏佃曰。臣良君顯。顯在下以良。故顯也。不言明明自明也。據元首明哉。股肱良哉。禮案白虎通云。善稱君。過稱己。何法。法陰陽共敍共生。陽名生。陰名煞。臣有功歸功於君何法。法歸明於君也。今書君並作后。女亦作爾。子云善則稱親。過則稱己。則民作孝。大誓曰予克紂。非予武。惟朕文考無罪。紂克予。非朕文考有罪。惟予小子無良。鄭注大誓尚書篇名也。克勝也。非予武。非我武功也。文考文王也。無罪言有德也。無良無功善也。此武王誓衆以伐紂之辭也。今大誓無此章。則其篇散亡。孔疏武王云。我之克紂。非我武。惟我文考無罪於天。惟天所助。若紂克於我。非我文考有罪。惟我小子無良善之德。故致敗也。今大誓無此章。鄭不見古文尚書。漢時別有尚書逸篇。四月大子發上祭於畢。以下三篇之事。鄭謂篇中有此經之語。但其事散亡。葉氏夢得曰。仁之於父子。其應則民作孝。孝者仁之本也。父子在內。故以應則言本。禮案此卽大戴曾子立孝所言。不可入也。吾任其過。可入也。吾辭其罪。今書紂並作受。時紂未死。焉得稱謚。此記禮亡誤也。子云君子弛其親之過。

而敬其美。論語曰。三年無改於父之道。可謂孝矣。高宗云。三年其惟不言。言乃讙。鄭注：弛猶棄忘也。孝子不藏記父母之過。不以己善駮親之過。高宗殷王武丁也。名篇在尚書。三年不言。有父小己喪之時也。讙當爲懽。聲之誤也。其既言天下皆歡喜。樂其政教也。孔疏：此一節廣明爲孝之道。以坊其民。民猶有亡孝之事。弛其親之過。謂親有過失。孝子不記在心。尚書說命篇論高宗之事。高宗在父喪三年之內。不言政教。服畢之後。言論政教。天下皆歡樂也。案其惟不言之文。在尚書說命篇。言乃讙在無逸篇。鄭不見古文尚書。謂是高宗之訓篇有此語。故云名篇在尚書。方氏慤曰。子爲父隱。所謂弛其過也。善則稱親。所謂敬其美也。葉氏夢得曰。三年無改。以終其憂。三年不言。以思其孝。然書言乃讙。此言乃讙。讙則樂之至也。雍則和之至也。方氏苞曰。弛者使其過有所解。而人不忍攻。幹蠱之義也。禹能以德修鯀之功。則鯀之過弛矣。禮案集韻。弛改易也。孝經云。將順其美。匡救其惡。大戴曾子本孝曰。父死三年。不敢改父之道。夫三年不改。雖終身可矣。非至德。其孰能與於斯。高宗之訓。尚書大傳有其篇。而無此文。今書無之。說命作王宅憂。亮陰三祀。既免喪。其惟弗言。無逸作三年不言。其惟不言。言乃雍。而此所引曰年。不曰祀。乃無逸文也。爾雅釋天。商曰祀。周曰季。疏謂并引說命非也。

子曰。從命不忿。微諫不倦。勞而不怨。可謂孝矣。詩云。孝子不匱。鄭注：微諫不倦者。子於父母。尚和順。不用鄂鄂。論語曰。事父母幾諫。見志不從。又敬不違。內則曰。父母有過。下氣怡色。柔聲以諫。諫若不入。起敬起孝。說則復諫。此所謂不倦。匱乏也。孝子無乏止之時。方氏慤曰。莊子曰。父母於子。東西南北。惟命之從。所謂從命也。事父母能竭其力。所謂勞也。陸氏佃曰。孝子不匱。自其大者觀之。老子所謂既以與人己愈多是也。故曰。潁考叔可謂純孝矣。愛其母施及莊公。禮案曾子立孝曰。君子之孝也。忠愛以敬。反是亂也。盡力而有禮。莊敬而安之。微諫不倦。聽從而不怠。懽欣忠信。咎故不生。可謂孝矣。

子云。睦於父母之黨。可謂孝矣。故君子因睦以合族。詩云。此令兄弟。綽綽有裕。不令兄弟。交相爲瘉。鄭注：睦猶親厚也。合族謂與族人燕。與族人食。令善也。綽綽寬裕貌也。交猶更。瘉病也。孔疏：言親睦於父母之黨。乃得爲孝。故君子因此親睦之道。以會聚宗族。爲燕食之禮。詩小雅角弓篇。刺幽王之詩。幽王不親宗族。故父兄刺之。言此有德之人。善於兄弟。故綽綽然寬裕。不令言小人不善兄弟。交相爲病害。馬氏晞孟曰。秦康公送晉文公至於渭陽。贈之以車乘瓊琚玉珮。言其愛之無已也。此爲睦於父母之黨。輔氏廣曰。因孝以睦父母之黨。因睦以合則遠近之族。未能孝於其親。安能睦其黨乎。故曰可謂孝矣。義疏云。父之黨四。母之黨三。皆父母之所愛也。睦之則父母之心悅。故可爲孝。禮案內則曰。父母之所愛亦愛之。父母之所敬亦敬之。至於犬馬盡然。而況於人乎。則是睦於父母之黨。固孝道之所當然者矣。

子云。於父之執。可以乘其車。不可以衣其衣。君子以廣孝也。鄭注：父之執。與父執志同者也。可以乘其車。於車差遠也。謂今與己位等。孔疏：以父之執友。得乘其車。不得衣其衣。以衣在身。車比衣稍遠。故可以乘其車。知與己位等者。若尊卑懸絕。非執友不可傳通車馬。故知是父之執也。方氏慤曰。衣於身最密。前經言君與異姓同車不同服。亦以是而已。夫孝所以事父也。於父執猶如此。則孝之所及廣矣。故曰君子以廣孝也。陸氏佃曰。拘者以衣不可衣。車亦不可乘。其肆者又或以為可乘。則衣亦可衣。唯君子為能如此。孟子曰。諱名不諱姓。陳氏澔曰。廣孝謂敬之同於父。亦錫類之義。禮案車所同也。衣所獨也。故爵同可乘父執之車也。若衣其衣。則嫌瀆尊也。內則云。父母之杖屨。祇敬之勿敢近。而況父執之服。其可服乎。廣孝即曾子所謂又能事父之朋友是也。

子云。小人皆能養其親。君子不敬。何以辨。鄭注辨別也。輔氏廣曰。養而不敬有之矣。未有敬而不養者也。方氏慤曰。今之孝者。是謂能養。至於犬馬。皆能有養。不敬何以別乎。孫氏希旦曰。何以辨者。言何以別於小人也。禮案故曾子大孝曰。養可能也。敬為難。又立孝云。盡力無禮。則小人也。

子云。父子不同位。以厚敬也。書云。厥辟不辟。忝厥祖。鄭注同位尊卑等。為其相褻。厥其也。辟君也。忝辱也。為君不君。與臣子相褻。則辱先祖矣。君父之道宜尊嚴。孔疏此尙書太甲三篇。伊尹戒太甲之辭。言為君不自尊高。為父不自尊嚴。而與卑下相瀆。亦辱其先祖。此則因君見父耳。方氏慤曰。此言父子不同位。曲禮言父子不同席。席言所坐之席也。位言所立之位。坐立雖不同。其所以辨尊卑之義則一而已。姚氏際恆曰。父子不同位。謂生不共席。死殊昭穆。然則祖可同也。引書似不切而殊妙。義疏云。不同位。謂受爵不敢與父同列。禮案厚敬即重禮也。曾子立孝曰。是故禮以將其力。敬以入其忠。是也。今書作祇爾厥辟。辟不辟。忝厥祖。

子云。父母在。不稱老。言孝不言慈。閨門之內。戲而不嘆。君子以此坊民。民猶薄於孝而厚於慈。鄭注孝上施。言慈則嫌下流也。戲謂孺子言笑者也。孟子曰。舜年五十而不失其孺子之心。嘆謂有憂戚之聲也。方氏慤曰。父母在不稱老。與曲禮恆言不稱老同義。孝所以愛親。慈所以愛子。言孝不言慈者。慮其厚於子。而簿於親故也。說樂之者戲也。感傷之者嘆也。閨門之內。欲其和而已。故戲而不嘆。葉氏夢得曰。稱老則嫌於近死。言慈則嫌於望報。有嘆則嫌於致憂。自君子約言至良顯哉。皆君臣之事。自善則稱親。至戲而不嘆。皆父子之事。郝氏懿行曰。不稱老。非但不自稱也。雖稱他人。猶為嫌老其親也。不言慈。嫌若感其親也。戲如老萊子為孺子戲以娛親。禮案不言慈。故大戴曾子立事曰。君子之於子也。愛而勿面也。戲即曾子事父母云。孝子唯巧變。故父母安之。又孝經謂養則致其樂是也。然此唯言在父母之側耳。若閨門之內皆如此。則從而家人咯咯。婦子嘻嘻。失家節矣。

子云。長民者朝廷敬老。則民作孝。鄭注長民謂天子諸侯也。方氏慤曰。敬老為其近於親。而孝所以事親也。故敬老則民作孝。葉氏夢得曰。老近於親者也。近者猶敬於上。則親者民必知孝於下。禮案朝廷敬老。即養老尙齒之禮。

子云。祭祀之有尸也。宗廟之有主也。示民有事也。脩宗廟。敬祀事。教民追孝也。以此坊民。民猶忘其親。鄭注有事。有所尊事。孔疏有事言所以祭祀有尸。宗廟有主者。下示於民有所尊事故也。追孝言人君脩立宗廟。恭敬祀事者。下教於民。追孝於親也。方氏慤曰。為尸以象其生。為主以偶其存。經曰。事死如事生。事亡如事存。此所以言示民。示有事也。追孝與祭統言追養繼孝同義。葉氏夢得曰。尸則斯須之敬也。故祭祀則言尸。主者庸敬也。

故宗廟則言主。此特見於有事而已。若夫宗廟。久而廢壞則修之。祭祀立尸以敬之。乃所以教民送終也。故曰追孝。程子灝曰。祭非主則無依。非尸則無享。禮案親在敬養。親歿則無所奉事矣。聖人恐其久而忘所生也。故設宗廟以安親之神。敬祀事以享親之魂。以爲人子。追養繼孝之道也。先王於生死之間。嚴爲報本如此。而世尚有不事其親者。烏乎可勝言哉。

子云敬則用祭器。故君子不以菲廢禮。不以美沒禮。故食禮主人親饋則客祭。主人不親饋則客不祭。故君苟無禮。雖美不食焉。易曰東鄰殺牛。不如西鄰之禴祭。實受其福。詩曰既醉以酒。既飽以德。以此示民。民猶爭利而忘義。鄭注祭器籩豆簋鉶之屬也。有敬事於賓客則用之。謂享食也。盤盂之屬爲燕器。菲言不可以其簿不及禮。而不行禮。亦不可以其美過禮。而去禮。禮主敬。廢滅之是不敬。東鄰謂紂國中也。西鄰謂文王國中也。此辭在既濟離下坎上。離爲牛。坎爲豕。西鄰禴祭則用豕。與言殺牛而凶。不如殺豕受福。喻奢而慢。不如儉而敬也。春秋傳曰。黍稷非馨。明德惟馨。信矣。詩言君子享燕。非專爲酒肴。亦以觀威儀。講德美。孔疏前經坊民以爲之道。此經教民以爲敬行義之事。菲薄也。言君子不以貧窶菲薄廢禮不行。沒過也。不可以財物豐多華美其事。沒過於禮。東鄰謂紂國中奢慢。雖殺牛以祭。不如西鄰文王國中禴祭。但殺豕而已。以其祭儉而恭敬。實爲神所加福祐。詩大雅既醉篇。言成王祭祀。合於禮儀。君臣上下盡醉以酒。至於祭之本。觀十倫之義。盡飽於德。葉氏夢得曰。祭器所以事神。非同於所安也。致敬於賓客則用之。亦所以神事之也。故大享諸侯。同於禮五帝。少之爲貴。以其內心也。故不以菲廢禮。多之爲貴。以其外心也。故不以美沒禮。方氏愨曰。祭其食所以敬其主人。主人親饋則客祭。主人不親饋則客不祭。蓋報施之禮也。曲禮曰主人親饋則拜而食。主人不親饋則不拜而食。與此同意。君子苟無禮。雖美不食。故饑者不食嗟來。乞人不屑蹴與。凡以是而已。食者利之所存。禮則義之所出。故終言以此示民。民猶爭利而忘義。禮案苟無禮雖美不食。故孔子食於少施氏而飽。於季氏不食肉而飧。前漢敍傳云。東厶虐而殲仁兮。應氏即曰東厶紂也。然坊記所引易詩書大概斷章取義。東鄰西鄰之說。即易亦未嘗指實紂及文王。此引之者不過申君子無禮雖美不食。祭祀無禮雖豐不歆。譬如東鄰殺牛。祭物雖盛。而禮不足。反不若西鄰禴祭。品物雖不具。而禮敬無缺。則至誠感神。祭則受福矣。

子云七日戒。三日齊。承一人焉以爲尸。過之者趨走。以教敬也。醴酒在室。醍酒在堂。澄酒在下。示不淫也。尸飲三。衆賓飲一。示民有上下也。因其酒肉。聚其宗族。以教民睦也。故堂上觀乎室。堂下觀乎上。詩云禮儀卒度。笑語卒獲。鄭注戒謂散齊也。承猶事也。淫猶貪也。澄酒清酒也。三酒尚質不尚味。上下猶尊卑也。主人主婦上賓獻尸。乃後主人降洗爵獻賓。因言祭有酒肉。羣昭羣穆皆至。而獻酬之咸有荐俎。觀謂祭時肅敬之威儀也。卒盡也。獲得也。言在廟中者。不失其禮儀。皆歡喜得其節也。孔疏此明祭祀恭敬之義。使禮儀各得其所。戒謂散齊。齊謂致齊也。承謂承奉一人。尊之爲尸也。醴齊醍齊澄酒。味薄者在上。味厚者在下。貴薄賤厚。示民不貪淫於味也。尊上者得酒多。尊下者得酒少。是示民有上下也。因其祭祀之酒。肉於祭祀之末。聚其宗族。昭穆相獻酬。教民相親睦也。沈重之祭祀之時。在堂上者。觀望在室之人以取法。堂下之人。觀看堂上之人以爲則。言上下內外。更相倣法。詩小雅楚茨篇。刺幽王之詩。言右之祭祀。禮儀盡合其法度。笑語盡合其節制。澄酒謂澄齊也。以其清於醴齊醍齊。故云清酒也。以此三齊皆云酒。故知澄酒爲澄齊也。禮運云定酒在室。醴酒在戶。粢醍在堂。澄酒在下。彼陳酒事。故鄭分釋澄爲沈齊。酒爲三酒。以此云示民不淫。故知非三酒。以三酒味厚美故也。禮運云醴醆在戶。此云在室者。在戶之內。則是在室也。但禮運有定酒在室之文。故云醴醆在戶耳。方氏慤曰。爲君尸者。大夫士見之則下之。君知所以爲尸者。則自下之。故云過之者趨走也。葉氏夢得曰。詔祝升首皆在室。故堂上觀乎室。羹定酳尸皆在堂。故堂下觀乎上。禮案尊事尸之禮。所謂因嚴以教敬也。睦宗族之道。所謂因親以敬愛也。

子云。賓禮每進以讓。喪禮每加以遠。浴於中霤。飯於牖下。小斂於戶內。大斂於阼。殯於客位。祖於庭。葬於墓。所以示遠也。殷人弔於壙。周人弔於家。示民不偝也。鄭注遠之所以崇敬也。阼或爲堂。既葬哀而哭踊。於是弔之。孔疏此一節明送喪漸遠。弔哭有節。示民不偝之事。案鄉飲酒禮。主人迎賓。至門三辭。至階三讓。皆主人先入先登。是賓禮每途以讓。方氏慤曰。自浴於中霤而下。皆喪禮示遠之事。已見檀弓解。弔於壙。卽檀弓所謂殷既封而弔也。弔於家。卽所謂反哭升堂而弔是也。所弔雖異。所以不偝死之意則一。輔氏廣曰。賓自外而入。故每進以讓。喪自內而出。故每加以遠。方氏苞曰。喪禮每加以遠者。恥其愈遠而哀遂亡。故每加設禮節。以爲之紀也。自浴於中霤。至葬於墓。每節皆有哭泣辟踊。祭弔之禮。所以示遠而不可怠也。故卒哭之弔。宜於家。正爲民之卒事。不嫌於過厚耳。舊說以檀弓卽遠之義詁似不之可通。禮案每加若小斂之衣多於襲。大斂之衣又多於小斂。又槨厚於棺。奠則始死禮簡而后漸完備之屬。

子云。死民之卒事也。吾從周。以此坊民。諸侯猶有薨而不葬者。鄭注周於送死猶備。孔疏上既云殷周弔節不同。孔子明言所從之事。故更言子云。言死是民之終卒之事。宜須送終備具。若殷人弔於壙。情猶未盡。卽壙上而弔。於送死大簡。周人孝子反哭至家。乃後始弔。送死殷勤。是情禮備具。故云地從周也。輔氏廣曰。孟子曰。養生不足以當大事。周人尚文。而送死尤備。故孔子從周。趙氏汸曰。諸侯猶有薨而不葬者。謂不成喪也。周末文繁。禮備。葬或有缺。則不敢以葬期告諸侯。故不書葬。非皆由魯不會。苟其國葬不以禮。而不以葬期來告。亦無由往會之耳。禮案諸侯薨而不葬。若史記齊世家。桓公尸在牀上。六十七日。虫出於戶。十二月斂。至次年八月葬。其死與葬距十月。是葬不以禮也。

子云。升自客階。受弔於賓位。教民追孝也。未沒喪。不稱君。示民不爭也。故魯春秋記晉喪曰。殺其君之子奚齊。及其君卓。以此坊民。子猶有弑其父者。鄭注謂反哭時也。既葬矣猶不由阼階。不忍卽父位也。沒終也。春秋傳曰。諸侯於其封內。三年稱子。至其臣子。踰年則謂之君矣。奚齊與卓子，皆獻公之子也。獻公卒，其年奚齊殺。易年而卓子殺矣。弑父不子之甚。孔疏此明民追孝於親。諸侯未終喪之前，不得稱君，示民不爭之事。升自客階，受弔於賓位者，謂既葬反哭之時，孝子升自客階，受弔於堂上西方受位之處，不敢在東方，以即父位，示民追孝之心也。未終三年之喪，嗣子不合稱君，所以然者，示民不令父子相爭也。案僖九年秋九月，晉侯詭諸卒。冬，晉里克弑其君之子奚齊。十年，里克弑其君卓子。是踰年稱君。方氏慤曰：父既往，而猶未忍升其階，而居其位，故曰教民追孝也。未終喪，居君之位，而未敢稱君之號，則推讓之心，固可見矣。故曰示民不爭。葉氏夢得曰：古者君薨，百官總已以聽冢宰三年，則是君不言，而冢宰攝之也。以其不言，故未終喪，止稱曰子。孫氏希旦曰：居喪不禮，升降不由阼階，至反哭猶然，受弔之禮，皆在阼階下，惟反哭之弔，則在西階上，蓋西階之上，殯之所在。今上堂要不見，孝子之哀，於是爲甚，故不忍離其所，而於此受弔也。未沒喪，不稱君，謂史册所書也。以下文引春秋推之，當云未踰年，不稱君，記者之誤耳。禮案此子弑父，蓋謂諸侯也。諸侯之父子，即君臣也，故可引春秋弑君之事，以證之也。

子云：孝以事君，弟以事長，示民不貳也。故君子有君不謀仕，唯卜之日稱二君。喪父三年，喪君三年，示民不疑也。父母在，不敢有其身，不敢私其財，示民有上下也。故天子四海之內無客禮，莫敢爲主焉。故君適其臣，升自阼階，即位於堂，示民不敢有其室也。父母在，饋獻不及車馬，示民不敢專也。以此坊民，民猶忘其親而貳其君。鄭注不貳，不自貳於尊者也。自貳，謂若鄭叔段者也。君子有君，謂君之子，父在者也。不謀仕，嫌遲爲政也。卜之日，謂君有故，而爲之卜也。二，當爲貳。唯卜之時，辭得曰君之貳某耳。晉惠公獲於秦，命其大夫歸，擇立君其卜二圉也。不疑，不疑於君之尊也。君無骨肉之親，不重其服，至尊不明。身及財，皆當統於父母也。有，猶專也。不敢有其室，臣亦統於君。車馬，家物之重者。孔疏此明事君父之道，孝以事君，弟以事長，示民以恭敬之情。貳於其君，謂與尊者相敵也。國君之子，君在若謀仕官，似嫌爲政之遲也。貳謂副也。君有事不得親臨，涖卜筮子爲君，而卜其辭，得稱君之貳某，告龜筮也。君無骨肉之親，若不爲重服，民則疾君不尊。今喪君三年，與喪父同，示民不疑於君之尊也。葉氏夢得曰：事親孝，故忠可移於君。事兄弟，故順可移於長。忠孝弟順，其本一也。以其本一，故有君不謀仕，而其喪君亦如父，爲三年也。君則統臣者也，故天子無客禮，君適於臣，則爲主。父一則統子者也，故父在，子不敢有其身，私其財，以爲饋獻。輔氏廣曰：有君則不謀仕，無君則三月可弔也。示民不貳，則忠孝無貳心；示民不疑，則君親無異事。禮案示民不貳，即上文天無二日，土無二王，家無二主，尊無二上也。不敢有其身，私其財，故曲禮上云：父母存，不許友以死，不有私財。又玉藻曰：親在，行禮於人稱父，人或賜之，則稱父拜之。

子云：禮之先幣帛也，欲民之先事而後祿也。先財而後禮，則民利；無辭而行情，則民爭。故君子於有饋者，弗能見，則不視其饋。易曰：不耕穫，不菑畬，凶。以此坊民。民猶貴祿而賤行。鄭注此禮謂所執之摯以見者也。既相見。乃奉幣帛以修好也。或云禮之先辭而後幣帛。財幣帛也。利猶貪也。辭辭讓也。情主利欲也。饋遺也。不能見。謂有疾也。不視猶不內也。易言必先種之乃得獲。若先菑乃得畬也。安有無事而取利者乎。田一歲曰菑。二歲曰畬。三歲曰新田。行猶事也。言務得其祿。不務其事。孔疏此明坊民使輕財重禮。貴行賤祿之事。先相見。是先事。而後幣帛。是後祿也。若先用財。而後行禮。民則化之。貪於財也。與人相見。無辭讓之禮。直行己情。則有利欲。故民為爭。君子於他人饋遺己者。己若疾病。不能見其所饋之人。則不納其所饋之物。易无妄六二爻辭。謂道之不行。雖食其祿。猶不耕獲。不菑畬。田。案爾雅釋地云。田一歲曰菑。二歲曰新田。三歲曰畬。此云三歲曰新田者誤也。方氏慤曰。禮之先幣帛。言物以禮為先也。孟子謂恭敬者幣之未將是矣。陸氏佃曰。弗能見。非特為有疾而已。若陽貨歸孔子豚。以弗能見者。故曰非其義。繫馬千駟弗視也。夫禮豈可以一端言。若孟子由鄒之任見季子。由平陸之齊不見儲子。是亦饋者也。吳氏莘曰。今易无妄之二曰。不耕穫。不菑畬。則利有攸往。不言凶也。義疏云案鄭注或作禮之先辭而後幣帛。今以下文攷之甚是。蓋辭者行禮之辭。如辭曰餽。讓辭曰聞戒。有所處則禮也。若無辭而以幣帛來。是貨之也。禮案相見而無禮讓之辭。則直情徑行。或不相下。必啓爭端也。不欲見所饋之人。必其人之不可友也。不視其物。所以示却之之意。若視而不納。嫌於鄙其物之不腆也。孔疏詩小雅云。菑者災也。災殺其草木也。詩詁曰一歲為菑。始反草也。二歲為畬。漸和柔也。引易以喻人之不事其事。而冀其祿。焉可得哉。此亦斷章取義。以非易本旨。故記者衍凶字。以足其義。

子曰。君子不盡利以遺民。詩云。彼有遺秉。此有不斂穧。伊寡婦之利。故君子仕則不稼。田則不漁。食時不力珍。大夫不坐羊。士不坐犬。詩云。采葑采菲。無以下體。德音莫違。及爾同死。以此坊民。民猶忘義而爭利。以亡其身。鄭注君子不與民爭利也。詩言穡者之遺餘捃拾。所以為利。食時謂食四時之膳也。力猶務也。天子諸侯有秩膳。古者殺牲食其肉坐其皮。不坐犬羊。是不無故殺之。對蔓菁也。陳宋之間謂之葑。菲蓄類也。下體謂其根也。采葑菲之菜者。采其葉而可食。無以其根美、則并取之。若則棄之。并取之。是盡利也。此詩故親今疏者。言人之交。當如采葑采菲。取一善而已。君子不求備於一人。那如此則德美之音。不離令民。我願與女同死矣。論語曰。故舊無大故。則不棄也。孔疏此明貴義輕利以坊民之事。言君子不盡竭其力。當以餘利遺與民也。詩小雅大田篇。刺幽王之詩。言幽王無道。矜寡不能自存。故陳明王之時。陰陽和調。田稼既多。穫刈促遽。彼處有遺秉把。此處有不斂之穧束。與寡婦捃拾以為利。證以利遺民也。人君食四時之珍。不更用力。務求珍羞。不坐羊坐犬者。皆謂不貪其利。以厚己也。詩邶風谷風篇。婦人怨夫棄已。言采葑采菲無以下體根莖之惡。并棄其葉。取妻無以花落色衰。并棄其夫婦之禮。如此則道德音聲。無相乖違。則可無汝同至於死。此記者引詩斷章為義。凡有二意。一則言根莖雖美。不可并取。是不盡利也。一則據其根惡。無得并棄其葉。不求備也。案爾雅釋草云。須葑蓯。陸璣云。吳人謂葑蓯蔓菁。釋草云。菲葸菜。郭云。菲草生下溼地。似蕪菁。華紫赤色。可食。孫氏希旦曰。仕則不稼者。仕而受祿。

則不得復稼穡也。田則不漁者。田獵取禽。則不得復往漁。故魯隱公矢魚。臧僖伯諫之。禮案君子不盡利以遺民。故孟子云。文王之囿方七十里。芻蕘者往焉。雉兔者往焉。故民以爲小也。引詩證聖王發政施仁。必先煢獨。寡婦無人耕種。故當收穫之際。而競以禾稼遺之也。君子祿足以代耕。故不得復事稼穡。獵取禽獸之利者。亦不得復事網罟。食四時之膳者。則不得力徵珍異。皆所以節一己之欲。以遺利於下民也。玉藻曰。大夫無故不殺羊。士無故不殺犬豕。蓋祭祀之殺牲。皆燖毛。故其皮不可用於坐褥。不坐皮乃戒以平居不可妄殺也。考王氏象晉蔬譜。蔓菁一名蕪菁。又名葑。即今之諸葛菜。其美在根。說文非芴也。唐韻芴土瓜也。

子云。夫禮坊民所淫。章民之別。使民無嫌。以爲民紀者也。故男女無媒不交。無幣不相見。恐男女之無別也。以此坊民。民猶有自獻其身。詩云。伐柯如之何。匪斧不克。取妻如之何。匪媒不得。蓺麻如之何。橫從其畝。取妻如之何。必告父母。

鄭注。淫猶貪也。章明也。嫌嫌疑也。重男女之會。所以遠別之於禽獸也。有幣者必有媒。有媒者不必有幣。仲春之月。會男女之時。不必待幣。獻猶進也。伐柯伐木以爲柯也。克能也。蓺猶樹也。橫從橫行治其田也。言取妻之法必有媒。如伐柯之必須斧也。取妻之道。必告父母。如樹麻當先治其田。孔疏。自此以下。終於篇末。總坊男女奔淫之事。夫婦重慎之義也。此明男女非媒不交。非幣不相見。言禮者坊民所貪欲之事。知非直是坊民淫泆。而云貪者。以文云所淫。稱所是所貪也。若其淫泆。則當云坊民淫。不須之所也。章明民之男女。令相分別。使民無色欲之嫌疑。以爲民之綱紀也。自獻其身。謂民之女人。猶有自進其身。以求男者也。詩齊風南山篇。刺襄公與妹文姜姦淫之事。方氏慤曰。恐民之或淫。故禮坊之。使有限。恐民之其無別。故禮章之使自明。若是則天下之情無可嫌者。足以爲之紀矣。禮器曰。君子之行禮。不可不慎也。衆之紀也。紀散而衆亂。非謂是與。媒所以通相交之情。幣所以將相見之禮。自獻其身。則無俟乎媒幣矣。陳氏澔曰。以此坊民。至自獻其身。當在必告父母下。俞氏樾曰。案毛詩作衡從其畝。故傳曰。衡獵之。從獵之。釋文引韓詩作橫由其畝。東西耕曰橫。南北耕曰由。其說亦與毛同。禮案衡同橫。從直也。詩傳訓是當從之。夫禮嚴外內之坊。故民鮮淫亂。禮章男女之別。故民知自慎。自獻其身。謂淫奔者也。若詩鄭風之邂逅相遇。與子偕臧者。又焉有父母之命。媒妁之言哉。

子云。取妻不取同姓。以厚別也。故買妾不知其姓則卜之。以此坊民。魯春秋猶去夫人之姓曰吳。其死曰孟子卒。

鄭注。厚猶遠也。妾言買者。以其賤同之於衆物也。士庶之妾。恒凡庸。有不知其姓者。吳大伯之後。魯同姓也。昭公取焉。去姬曰吳而已。至其死。亦略云孟子卒。不書夫人某氏薨。孟子蓋其且字。孔疏。此一節坊民取同姓爲妻之事。買妾不可盡知其所生本姓。但避其凶害。唯卜其吉乃取之。依春秋例。此吳女亦當云夫人姬氏。至自吳。魯則諱其姬姓。而不稱夫人。但春秋經文不載其事。其春秋簡牘雜記則有之。故論語云謂之吳孟子。哀十二年稱孟子卒。若其不諱。當云夫人姬氏薨也。鄭與何休皆以諱取同姓而書卒。左氏則以不成喪故稱卒也。若既笄而字。當云伯叔季。若伯姬季姬。今云孟子。故知且字也。

孫氏希旦曰。此所引蓋魯史之舊文。而孔子已刪之者也。禮案取妻不取同姓。與買妾不知其姓則卜之。並見曲禮上。吳孟子蓋吳之庶長女也。禮緯云嫡長曰伯。庶長曰孟。子者尊之之稱。或其字也。子云禮非祭。男女不交爵。以此坊民。陽侯猶殺繆侯。而竊其夫人。故大饗廢夫人之禮。鄭注交爵謂相獻酢。陽侯繆侯同姓也。以貪夫人之色。至殺君而立。其國未聞。大享諸侯來朝者也。夫人之禮使人攝。孔疏此一節坊男女非因祭祀。不得相集會。唯祭之時。乃得交爵。故特牲饋食禮云。主婦獻尸。尸酢主婦是也。大享之時。夫人與君同享於賓。繆侯及夫人。共出享賓。陽侯見繆侯夫人之美。乃殺繆侯。而取其夫人。反篡其國而自立。故大享不使夫人預其禮也。大夫以此言之。則陽侯之前夫人出享鄰國之君。得有男女交爵。此云非祭男女不交爵者。謂侯伯子男及鄉大夫士祭乃交爵。若王與上公。及上公自相享時。后與夫人。亦男女交爵。與裸同也。故大行人云。上公之禮。王禮再裸而酢是也。孫氏希旦曰。陽繆疑二國名。淮南子繆作蓼。繆侯享陽侯。陽侯說其夫人。遂滅其國而竊之。蓋若楚文王之取息嬀然也。王氏引之曰。閔二年春秋。齊人遷陽。杜注云。陽國名。則古有陽國。郭氏嵩燾曰。姓氏書謂召康公之後爲陽伯。注云同姓。則與經旨不合。禮案逸周書史記解。有陽氏之君。又高注淮南記論訓云。陽侯陽陵國侯也。蓼侯皋陶之後。偃姓之國侯也。今在廬江。古者大享飲酒。君執爵。夫人執豆。陽侯見蓼侯夫人美豔。因殺蓼侯。而娶夫人。由是廢夫人之禮。記禮所由廢也。又盛氏弘之荆州記曰。湖陽縣春秋蓼國。廣雅大波之神曰陽侯。博物志云。昔陽國侯溺水。因爲大海之神。則陽繆二國。古有之也。子云寡婦之子。不有見焉。則弗友也。君子以辟遠也。故朋友之交。主人不在。不有大故。則不入其門。以此坊民。民猶以色厚於德。鄭注有見謂睹其才藝也。同志爲友。大故喪病。孔疏此一節更申明男女相遠。又坊人同姓淫泆之事。陸氏佃曰。厚別仁也。避遠義也。且言君子。君子見微者也。輔氏廣曰。既避之又遠之。以色大欲。當謹坊也。色厚於德。言好色厚於好德也。徐氏師曾曰。以避遠者。避嫌故遠之也。朋友之交以下。謂凡朋友皆然。不止謂寡婦之子也。禮案寡婦之子不有見焉。則弗友也。已見曲禮上。禮嫂叔不通問。而況朋友之妻乎。其夫不在。則不入其門者。不與朋友之妻通問也。厚重也。言好色重於好德。子云好德如好色。諸侯不下漁色。故君子遠色。以爲民紀。故男女授受不親。御婦人則進左手。姑姊妹女子子已嫁而反。男子不與同席而坐。寡婦不夜哭。婦人疾。問之不問其疾。以此坊民。民猶淫泆而亂於族。鄭注此句似不足。論語曰。未見好德如好色。疾時人厚與色之甚。而薄於德也。不下漁色。謂不內取於國中也。內取國中爲下漁色。昏禮始納采。謂采擇其可者也。國君而內取。象捕魚然。中網取之。是無所擇。不親者。不以手相與也。內則曰。非祭非喪。不相授器。其相授。則女受以篚。其無篚。則皆坐奠之。而後取之。御者在右。前左手。則身微偝之。女子不十年而出也。嫁及成人。可以出矣。猶不與男子共席而坐。遠別。不夜哭。嫌思人道。不問其疾。嫌媚略之也。問增損而已。亂族犯非妃匹也。孔疏此一節更申明男女相遠。又坊人同姓淫泆之事。諸侯當外取。不當下向國中。取卿大夫士之女。若下取國中。似漁人之求魚。無所擇也。御者之禮。在婦人之右。進左手在前也。婦人疾不問其疾。嫌媚也。方氏慤曰。婦人疾問其安否。不問其疾之所在也。凡此皆以遠嫌而已。餘並見曲禮解。陸氏佃曰。所謂如好好色。鄭氏謂此句似不足誤矣。論語曰。我未見好德如好色者也。則古之人好德如好色者。蓋有之矣。諸侯不下漁色。釣於他國可也。宋三世內娶。春秋譏焉。孫氏希旦曰。好德如好色者。言人好德之心。當如好色之誠也。婦人之疾。或有不可以語人者。故不問之。亦爲其相褻故也。禮案國君而取於國中。則網羅殊色。靡有子遺矣。禮使取於他國。則不能任意選擇。所以節其欲也。寡婦不夜哭。故檀弓下云。穆伯之喪。敬姜晝哭。文伯之喪。晝夜哭。孔子曰。知禮矣。

子云。昏禮壻親迎。見於舅姑。舅姑承子以授壻。恐事之違也。以此坊民。婦猶有不至者。

鄭注舅姑。妻之父母也。妻之父爲外舅。妻之母爲外姑。父戒女曰。夙夜無違命。母戒女曰。毋違宮事。不至。不親夫以孝舅姑也。春秋成公九年春二月。伯姬歸於宋。夏五月。季孫行父如宋致女。是時宋共公不親迎。恐其有違而致之也。孔疏親迎之時。壻見於婦之父母。婦之父母。承奉女子。以付授於壻。恐事之違者。恐此女子於昏事乖違。故親以女授壻也。成氏伯璵曰。婦人謂夫之父母曰舅姑。男子謂妻之父母亦曰舅姑。但加外字耳。方氏慤曰。昏禮父母戒女。毋違命。毋違宮事。故曰恐事之違也。不至謂違婦事。而有所不至也。王氏念孫曰。承者引也。言引女以授壻也。孫氏希旦曰。親迎之禮。壻與主人揖讓升堂。再拜奠雁。母立於房戶外之西南面。是見於舅姑也。女出房。父西面戒之。母南面戒之。壻降出而婦從。是承子以授壻也。義疏云。此上十六章。皆記男女之坊也。坊記而以男女之道終。歸本造端之義也。禮案不至謂不能虔脩婦道。注意是矣。毛詩序云。不至。男行而女不隨。然則此云舅姑承子以授壻。又焉能縱其女不隨夫而歸乎。必若士昏禮所云。若不親迎者。客或有之也。

禮記通釋卷六十六　玉環戴禮

中庸第三十一

孔疏案鄭目錄云：名曰中庸者，以其記中和之爲用也。庸，用也。孔子之孫子思伋作之，以昭明聖祖之德。此於別錄屬通論。呂氏大臨曰：中庸之書，聖門學者盡心以知性，躬行以盡性，始卒不越乎此書。孔子傳之曾子，曾子傳之子思，子思述所受之言以著於篇。故此書之論，皆聖人之緒言，入德之大要也。禮案：篇中庸德、庸行之說，則庸當從鄭注訓常爲是。

天命之謂性，率性之謂道，脩道之謂教。道也者，不可須臾離也，可離非道也。是故君子戒慎乎其所不睹，恐懼乎其所不聞。莫見乎隱，莫顯乎微，故君子慎其獨也。鄭注：天命謂天所命生人者也，是謂性命。木神則仁，金神則義，火神則禮，水神則信，土神則知。孝經說曰：性者，生之質。命，人所稟受度也。率，循也。循性行之，是謂道。修，治也。治而廣之，人放傚之，是曰教。道猶道路也，出入動作由之，離之惡乎從也。小人閒居爲不善，無所不至也。君子則不然，雖視之無人，聽之無聲，猶戒慎恐懼自修正，是其不須臾離道。慎獨者，慎其閒居之所爲。小人於隱者，動作言語自以爲不見睹、不見聞，則必肆盡其情也。若有佔聽之者，是爲顯見，甚於衆人之中爲之。孔疏：此節明中庸之德，必修道而行。天本無體，亦無言語之命，但人感自然而生，有賢愚吉凶，若天之付命，有剛柔好惡，或仁義禮智信，是天性自然，故云天命謂之性。道者，通物之名，言依循性之所感而行，不令違越，是之曰道。人君在上，修行此道以教於下，是修道之謂教也。道者開通性命，猶如道路，人行於道，不可須臾離也。可離以非道路之所由，猶如凶惡邪僻之行，亦非善道也。君子行道，先慮其微，恆常戒於其所不睹之處，恆恐懼於所不聞之處。不睹不聞猶須慎懼，況睹聞之處，恐懼可知也。莫，無也。罪過愆失，無見於幽隱之處，無顯露於細微之所，故雖獨居，能謹慎守道也。賀瑒云：性之與情，猶波之與水，靜時是水，動時是波；靜時是性，動時是情。徐氏幹曰：人性之所簡也，存乎幽微；人情之所忽也，存乎孤獨。夫幽微者，顯之原也；孤獨者，見之端也。是故君子敬孤獨而慎幽微，雖在隱蔽，鬼神不得見其隙耳。詩云：肅肅兔罝，施於中林。處獨之謂也。禮案：天命之謂性，即易繫辭云和順於道德而理於義，窮理盡性以至於命。謂之天命者，以人性之有良知良能，天所賦也。君子慎獨，即荀子修身篇謂行乎冥冥而施乎無報是也。

喜怒哀樂之未發謂之中，發而皆中節謂之和。中也者，天下之大本也；和也者，天下之達道也。致中和，天地位焉，萬物育焉。鄭注：中爲大本者，以其含喜怒哀樂，禮之所由生，政教自此出也。致，行之至也。位，猶正也。育，生也，長也。孔疏：喜怒哀樂緣事而生，未發之時，淡然虛靜，心無所慮，而當於理，故謂之中。喜怒哀樂雖復動發，皆中節限，猶如鹽梅相得，性行和諧，故謂之和。情慾未發，是人性初本，故曰天下之大本也。情欲雖發，而能和合道理，可通達流行，故曰天下之達道也。言人君所能致極中和，使陰陽不錯，則天地得其正位焉；生成得理，故萬物得其養育焉。游氏酢曰：極中和之理，則天地之覆載、四時之化育在我而已。故曰天地位焉。萬物育焉。然則三公所以燮理陰陽者。豈有資於外哉。亦盡吾喜怒哀樂之性而已。眞氏德秀曰。致中致和。自然天地位。萬物育。如箕子洪範所謂肅乂聖哲謀。而雨暘燠寒風應之。董仲舒所謂人君正心以正朝廷。正百官。正萬民。則陰陽和。風雨時。諸福百物莫不畢至。皆是此理。禮案中者性之不偏也。和者情之不流也。中和禮樂之極。故能贊天地之化育。逸周書度訓解曰。衆非和不衆。和非中不立。中非禮不愼。禮非樂不履。

仲尼曰。君子中庸。小人反中庸。君子之中庸也。君子而時中。小人之中庸也。小人而無忌憚也。鄭注庸常也。用中爲常通也。反中庸者所行非中庸。然亦自以爲中庸也。君子而時中者。其容貌君子。而又時節其中也。小人而無忌憚。其容貌小人。又以無畏難爲常行。是其反中庸也。孔疏此一節是子思引仲尼之言。廣明中庸之行。君子之人用中以爲常。故云君子中庸。小人則不用中爲常。是反中庸也。君子而時中者。此覆說君子之爲中庸。容貌爲君子。心行而時節其中。謂喜怒哀樂。不過節也。小人而無忌憚也。此覆說小人反中庸。形貌爲小人。而心行無所忌憚。將此以爲常。亦以爲中庸也。毛氏奇齡曰。惟君子時時得中。不須臾離也。小人無忌憚。不戒愼恐懼也。郝氏懿行曰。君子小人。不合以容貌言。君子謂其質美也。小人謂其質劣也。如以容貌而已。則君子亦有貌惡。小人亦有色莊。非所據也。禮案釋文云。王肅本作小人之反中庸也。夫小人惟無忌憚。故反中庸。則記文之有反字明矣。宜據補。

子曰。中庸其至矣乎。民鮮能久矣。鄭注鮮罕也。言中庸爲道至美。顧人罕能久行。孔疏前既言君子小人不同。此又嘆中庸之美。人寡能久行。其中庸之德至極美。故人罕能久行之。呂氏大臨曰。人莫不能中庸。鮮能久而已。久則爲賢人。不息則爲聖人。郝氏懿行曰。久矣言非一日。稱民鮮能。乃爲下節起也。禮案至言中庸之德至。故民鮮能及之。縱能及之。亦不能久也。

子曰。道之不行也。我知之矣。知者過之。愚者不及也。道之不明也。我知之矣。賢者過之。不肖者不及也。人莫不飲食也。鮮能知味也。鄭注罕知其味。謂愚者所以不及也。過與不及。使道不行。唯禮能行之中。孔疏此覆說人寡能行中庸之事。我知其道之不行所由。故云我知之矣。言道之不行爲易。故知者過之。愚者不及。道之不明爲難。故賢者過之。不肖者不及。變知稱賢。變愚稱不肖。是賢勝於知。不肖勝於愚也。飲食易也。知味難也。猶人知之者易。行之者難。案異義云。張華辨鮓。師曠別薪。荀朗知食雞棲牢露。食鵝知其黑白。此皆晉書文也。方氏慤曰。學記雖有嘉肴。弗食不知其旨也。雖有至道。弗學不知其善也。此以味況知道宜矣。楊氏時曰。極高明而不知中庸之爲至。則道不行。知者過之也。尊德性而已。不道問學。則道之不明。賢者過之也。夫道不爲堯桀而存亡。雖不行不明於天下。常有若也。人日用而不知耳。猶之莫不飲食而鮮知味也。郝氏懿行曰。不明不行。互言之耳。人鮮能知味。即是民鮮能中庸也。知愚賢不肖。皆在其中。禮案中庸之道。守正有恆而已。而人之所以不至者。由賢知者窮高極遠。則忽於庸言庸行。愚不肖者。不明其理。又焉能操之無失。飲食喻人之出入。莫不由乎斯道。鮮能知味。謂達其理者少也。

子曰。道其不行矣夫。鄭注閔無明君教之。孔疏夫子既傷道之不行。又哀閔傷之云。時無明君。其道不復行也。

禮案重云道不行者。深慨之也。子曰。舜其大知也與。舜好問而好察邇言。隱惡而揚善。執其兩端。用其中於民。其斯以爲舜乎。鄭注邇近也。近言而善易以進。又察而行之也。兩端過與不及也。用其中於民。賢與不肖皆能行之也。斯此也。其德如此。乃號爲舜。舜之言充也。孔疏此明舜能先察邇言。而後至於中庸也。愚者既能包容大道。又能察於近言。卽是大知也。端謂頭緒。謂知者過之。愚者不及。舜能執持愚知兩端。用其中道於民。使愚知既能行之。以其德化如此。故號之爲舜。案謚法云。受禪成功曰舜。又云仁義盛明曰舜。呂氏大臨曰。舜之知所以爲大者。樂取於人以爲善而已。好問而號察邇言。隱惡而揚善。皆樂取諸人者也。兩端過與不及也。執其兩端。乃所以用其時中。猶持權衡而稱物。輕重皆得其平。故舜之所以爲舜。取諸人。用諸民。皆以能執兩端不失中爲也。禮案好問則明。好察則知也。邇言左右便嬖之言也。不蔽於左右便嬖之言。斯明無不燭。事無或失矣。鄭注禮運云。隱猶去也。揚舉也。兩端卽去惡舉善。允執厥中。以臨天下。斯舜之所以爲大知也與。子曰。人皆曰予知。驅而納諸罟擭陷阱之中。而莫之知辟也。人皆曰予知。擇乎中庸。而不能期月守也。鄭注予我也。言凡人自謂有知。人使之入罟。不知辟也。自謂擇中庸而爲之。亦不能久行。言其實愚又無恆。孔疏此明無知之人行中庸之事。皆自謂我有知也。罟網也。擭謂柞㮨也。陷阱謂坑也。穿地爲坑。豎鋒刃於中。以陷獸也。言禽獸被人所驅。納於罟擭陷阱之中。而不知違辟。似無知之人爲嗜欲所驅。罪陷之中。而不知辟也。小人自謂選擇中庸。而心行亦非中庸。假令偶有中庸。亦不能期帀一月而守之也。楊氏時曰。用知必至於陷險。是自驅而納諸罟擭陷阱之中也。射利而甘心於物役。以自投於苟賤不廉之地。是猶納之罟擭陷阱之中。而不知辟也。不能以期月守。則勢利得以奪之也。擇乎中庸而不能期月守。非所謂知。而不去者。則其爲知也。及所以爲愚者之不及也。禮案人苟爲利欲所誘。則失其中庸之德。甚或爲姦爲盜。而首領不全。故後世謂刑辟爲法網。其本諸此與。子曰。回之爲人也。擇乎中庸。得一善。則拳拳服膺。而弗失之矣。鄭注拳拳奉持之貌。孔疏此一節。是夫子明顏回能行中庸。得一善則拳拳服膺而弗失之者。言顏回選擇中庸而行。得一善事。則形貌拳拳然奉持之。膺謂胸。膺言奉持。守於善道。弗敢棄失。王氏安石曰。易曰有不善未嘗不知。知之未嘗復行。在易言顏子之去惡。在中庸言顏子之就善也。陸氏佃曰。舜言知。回言仁。其曰回之爲人也。以此拳言握持之。固膺言服念在前。是其所以弗失也。禮案服讀如詩周南寤寐思服之服。拳拳服膺。謂時服善於胸中。則物欲不能欲也。荀子修身曰。見善修然。必以自存是也。子曰。天下國家可均也。爵祿可辭也。白刃可蹈也。中庸不可能也。鄭注言中庸爲之難。孔疏天下謂天子。國謂諸侯。家謂卿大夫也。言白刃雖利。尚可履蹈而行之。中庸不可能也。言在上諸事雖難。猶可爲之。唯中庸之道不可能爲。知者過之。愚者不及。爲之難也。呂氏大臨曰。均之爲言平治也。周官冢宰均邦國。平治之謂也。平治天下國家。知者之所能也。讓千乘之國。辭萬鍾之祿。廉者之所能也。犯難致命。死而無悔。勇者之所能也。三者世之所難也。然有志者率皆能之。

中庸者世之所謂易。然非聖人。其孰能之。唯其以的易。故以爲不足。學而不察。以爲不足行而不守。此道之所以不行也。禮案中庸者恆德也。故高險者可及。而悠久者不易也。夫德久則聖。聖則天矣。易恆卦曰。天地之道。恆久而不已是也。

子路問强。子曰。南方之强與。北方之强與。抑而强與。寬柔以敎。不報無道。南方之强也。君子居之。衽金革死而不厭。北方之强也。而强者居之。故君子和而不流。强哉矯。中立而不倚。强哉矯。國有道不變塞焉。强哉矯。國無道至死不變。强哉矯。鄭注此抑女之强也。流猶移也。塞猶實也。國有道不變以趨時。國無道不變以辟害。有道無道一也。矯强貌。塞或爲色。孔疏此明中庸之道。亦兼中國之强。子路聞孔子美顏回能擇中庸。言已有强。亦兼有中庸否。夫子反問子路。女今問何者之强。爲南方。爲北方。爲中國。女所能之强也。南方爲荆揚之南。其地多陽。陽氣舒散。人情寬緩和柔。人有無道加已。已亦不報。爲君子之道。故云君子居之。北方沙漠之地。其地多陰。陰氣褊急。故人性剛猛。恆好鬬爭。以甲鎧爲席。寢宿其中。至死不厭。非君子所處。而强梁者居之。唯云南北。不云東西者。鄭冲云。是必南北互擧。蓋與東西俗同也。故君子和而不同。强哉矯以下。皆述中國之强。不爲南北之强。故性行和合。而不流移。心行强哉。形貌矯然。中正獨立而不偏倚。志意强哉。形貌矯然。若國有道。守直不變。德行充實。志意强哉。形貌矯然。若國之無道。守善至死。性不改變。志意强哉。形貌矯然。朱子熹曰。夫子以是告子路者。所以抑其血氣之剛。而進之以德義之勇也。倪氏思寬云。衽衣襟也。金鐵也。革皮也。聯鐵以爲鎧甲。被之身如衣衿然。故曰衽也。晏氏光曰。哀十五年。蒯聵之難。子路結纓而死。則死而不厭驗矣。國有道。衆人皆逐於浮華。君子矯之。則篤於充實。故曰不變塞焉。國無道矣。衆人皆有始而無終。君子矯之。則終始一節。故曰至死不變焉。此皆君子矯世以中庸之道。非南北之强。所能與也。禮案强猶勇也。荀子榮辱云。有小人之勇者。有士君子之勇者。輕死而暴。見小人之勇也。義之所在。不傾於權。不顧其利。擧國而與之。不爲改視。重死持義而不撓。是士君子有勇也。

子曰。素隱行怪。後世有述焉。吾弗爲之矣。君子遵道而行。半塗而廢。吾弗能已矣。君子依乎中庸。遯世不見知而不悔。唯聖者能之。鄭注素讀爲攻城攻其所傃之傃。傃猶鄉也。言方鄉辟害。隱身而行佹譎。以作後世名也。弗爲之矣。取之也。廢猶罷止也。弗能已矣。汲汲行道。不爲時人之隱行。不見知而不悔。言隱者當如此也。孔疏此一節論夫子雖隱遯之世。亦行中庸。又明中庸之道。初則起於匹夫匹婦。終則徧於天地。素隱行怪。謂無道之世。身向幽隱之處。應須靜默。若行怪異之事。求立功名。使後世有所述焉。我不能爲之。以其身雖隱遯。而名欲彰也。君子之人。初既遵循道德而行。當須行之終竟。今不能終竟。猶如人行於路。半塗而自休止也。吾弗能如時人半塗而止。言汲汲行道。無休已也。若値時無道。隱遯於世。雖有才德。不爲時人所知。而無悔恨之心者。非凡人所能。唯聖者能然也。朱子熹曰。素案漢書當作素。蓋字之誤也。素隱行怪。言深求隱僻之理。而過爲詭異之行。已止也。遵道而行。則能擇乎善矣。半塗而廢。則力之不足也。此其知雖足以及之。而行有不逮。當強而不強者也。禮案遯世不見知而不悔。卽易乾卦云。龍德而隱者也。不易乎世。不成乎名。遯世无悶。不見是而无悶。樂則行之。憂則違之。確乎其不可拔潛龍也。君子之道費而隱。夫婦之愚可以與知焉。及其至也。雖聖人亦有所不知焉。夫婦之不肖可以能行焉。及其至也。雖聖人亦有所不能焉。天地之大也。人猶有所憾。故君子語大。天下莫能載焉。語小。天下莫能破焉。詩云。鳶飛戾天。魚躍於淵。言其上下察也。君子之道。造端乎夫婦。及其至也。察乎天地。鄭注言可隱之節也。費猶佹也。道不費則仕。與讀爲贊者皆與之與。言匹夫匹婦愚耳。亦可以其與有所知。可以其能有所行者。以其知行之極也。聖人有不能如此。舜好察邇言。由此故與。憾恨也。天地之大。無不覆載。人尚有所恨焉。況於聖人能盡備之乎。語猶說也。所說大事。謂先王之道也。所說小事。謂若愚不肖夫婦之知行也。聖人盡兼行。察猶著也。言聖人之德。至於天。則鳶飛戾天。至於地。則魚躍於淵。是其著明於天地也。夫婦謂匹夫匹婦之所知所行。孔疏言君子之人。遭値亂世。道德違費。則隱而不仕。若道之不費。則當仕也。天下之事。千端萬緒。或細小之事。雖夫婦之愚。偶然與知其善惡。若道之至極。如造化之理。雖聖人不知其所由。但知之易。行之難。故聖人有不能也。天地至大。無物不覆載。如冬寒夏暑。人猶有怨恨之。是不可備也。莫能載。謂先王之道也。莫能破。謂事似秋毫。不可分破也。詩大雅旱麓篇。美文王之詩。言聖人之德。上至於天。則鳶飛戾天。是翺翔得所。下至於地。則魚躍於淵。是游泳得所。言聖德上下明察。詩本鳶飛戾天。喻惡人遠去。魚躍於淵。喻善人得所。此引斷章。故與詩義有異也。君子之道。造端乎夫婦者。言初立端緒。起於匹夫匹婦之所知所行。及其至極之時。明察於上下天地。呂氏大臨曰。此以上論中。此以下。明論庸。此章言常道之終始。費用之廣也。隱微密也。費則常道。隱則至道。唯能進常道。乃所以爲至道。天地之大。亦有所不能。故人猶有憾。況聖人乎。此所以天下莫能載。愚不肖所常行。雖聖人亦有不可廢。此所謂天下莫能破。上至乎天地所不能。下至於愚不肖之所能。則至道備矣。自夫婦之能。至察乎天地。則常道盡矣。郭氏忠孝曰。今夫積土成山。積水成淵。自其積之始。雖愚夫愚婦之所能爲。及其至也。草木禽獸蛟龍魚鼈之所生。烝而爲雲氣。降而爲雨露。其神化妙用。變通百出。雖聖人亦所不能知也。錢氏大昕曰。費釋文又作拂。古文費拂通。道拂則身隱。卽承上遯世不悔之文。禮案君子之道。造端乎夫婦。故詩大雅云。刑於寡妻。至於兄弟。以御於家邦。

子曰。道不遠人。人之爲道而遠人。不可以爲道。詩云。伐柯伐柯。其則不遠。執柯以伐柯。睨而視之。猶以爲遠。故君子以人治人。改而止。忠恕違道不遠。施諸已而不願。亦勿施於人。鄭注言道卽不遠於人。人不能行也。則法也。言持柯以伐木。將以爲柯。近以柯爲尺寸之法。此法不遠人。人尚遠之。明爲道不可以遠。言人有罪過。君子以人道治人。其人改則止。赦之不責以人所不能。違猶去也。孔疏此一節。明中庸之道。去人不遠。但行於已。則外能及物。言人爲中庸之道。當附近於人。若違理離遠。則不可施於已。又不可行於人。則非道也。詩豳風伐柯篇。美周公之詩。柯斧柄也。周禮云柯長尺。博三寸。伐斫也。柯柄長短。其法不遠。但執柯睨而視之。猶以爲遠。言欲行道於人。其法亦不遠。但近取法於身。何猶以於遠也。治人者以道去人不遠。言人有過。君子當以人道。治此有過之人。改而止。若人自改而休止。不須更責不能之事。若人所不能。則已亦不能。是行道在於已身也。忠者內盡於心。恕者外不欺物。恕忖也。忖度其義於人。遠去也。言身行忠恕。則去道不遠也。諸於也。他人有一不善之事。施之於己。己所不願。亦勿施於人。人亦不願也。呂氏曰。此章言治己治人之常道也。苟非其人。道不虛行。人能弘道。非道弘人。故道雖本於天。行之者在人而已。樓氏宅中曰。案論語曾子一貫是忠恕。而子貢一貫只是恕。且以不欲無加。能近取譬。申言之。此必有故。蓋聖賢學問。只是去私利。以天地萬物爲一體。故忠恕二字。卽是誠。卽是成己成物。不自私自利。此中庸教道一大關鍵。不可不察也。禮案中庸之道。匹夫匹婦。可以與知能行。則其不遠於人可知。而謂之不可能者。人遠於道。非道遠人也。故引伐柯之詩以喻之。以人治人改而止。卽大戴禮曾子立事所謂。朝有過。夕改則與之。夕有過。朝改則與之是也。

君子之道四。丘未能一焉。所求乎子以事父未能也。所求乎臣以事君未能也。所求乎弟以事兄未能也。所求乎朋友先施之未能也。庸德之行。庸言之謹。有所不足。不敢不勉。有餘不敢盡。言顧行。行顧言。君子胡不慥慥爾。

鄭注。聖人而曰我未能。明人當勉之無已。庸猶常也。言德常行也。言常謹也。聖人之行。實過於人。有餘不敢盡。常爲人法從禮也。君子謂衆賢也。慥慥守實。言行相應之貌。孔疏言此四者。欲明求之於他人。必先行之於己。欲求其子以孝道事己。己須以孝道事父母也。譬如己是諸侯。欲求於臣以忠事己。己當先行忠於天子及廟中事尸。是全臣道也。欲求朋友以恩惠施己。己當先施恩惠於朋友也。自修己身。常以德而行。常以言而謹。己之才行有所不足之處。不敢不勉而行之。己之才行有餘於人。常持謙退。不敢盡其才行以過於人。使言而不過行。恆顧視於行。行副於言。恆顧視於言。胡猶何也。既顧言行相副。君子何得不慥慥然。守實言行相應之道也。朱子曰。行不足而勉。則行益力。言有餘而訒。則謹益至。宣氏縉曰。子之事父。使愚夫愚婦皆知有尊。況於聖人。何不能之有。惟人情之變無窮。而居其間者。有出於意料之所不及。故雖聖人。不敢自信以爲能。推是而論。則舜之所以處父子。伊尹周公之所以處君臣。舜周公之所以處兄弟。自後人觀之。固以爲聖人。可以無愧。自聖人觀之。終不敢自信以爲能。至若朋友先施之缺。聖賢所講。猶曰不可竭人之忠。而曾子子夏相與切責之深。降此未必能受。然則處朋友之間。又敢自必其能邪。王氏引之曰。慥之言蹙也。急也。廣雅曰。蹙急迫也。慥慥者。黽勉不敢緩之意。猶汲汲耳。禮案能事父孝也。能事君忠也。能事兄弟也。朋友而先施之義也。孝弟則仁矣。忠義則知矣。聖人人倫之至。仁知夫子不居耳。非不能也。能之而曰未能。所以爲聖人。若自以爲能。則行或不副矣。大戴禮小間篇。孔子對哀公曰。君曰足。臣恐其不足。君曰不足。安能無善。是也。庸德庸言。卽易乾卦云。庸言之信。庸行之謹。閑邪存其誠。善世而不伐。德溥而化。又荀子不苟篇。庸言必信之。庸行必慎之。畏法流俗。而不敢以其所獨甚。則可謂愨士矣。曾子制言云。君子行必先人。言必後人。言顧行。故不敢先人。行顧言。故不敢後人。君子素其位而行。不願乎其外。素富貴行乎富貴。素貧賤行乎貧賤。素夷狄行乎夷狄。素患難行乎患難。君子無入而不自得焉。在上位不陵下。在下位不援上。正己而不求於人。則無怨。上不怨天。下不尤人。故君子居易以俟命。小人行險以徼幸。鄭注素皆讀爲傃。不願乎其外。謂不出其位也。自得謂所鄉。不失其道。援謂牽持之也。無怨人無怨之者也。論語曰。君子求諸己。小人求諸人。易猶平安也。俟命聽天任命也。險謂傾危之道。孔疏素向也。向其所居之位。而行其所行之事。論語云。君子思不出其位也。向富貴之中。行道於富貴。謂不驕不淫也。向貧賤之中。行道於貧賤。謂不諂不懾也。向夷狄之中。亦隨其俗。而守道不改。向患難之中。而臨危不傾。守死善道也。君子所入之處皆守善道。若身處富貴。依我常正之性。不使富貴以陵人。若身處貧賤則安之。宜令自樂。不援牽富貴也。若身入夷狄。夷狄無禮義。當自正己而行。不得求於彼人。則彼人無怨己者。論語云。言忠信。行篤敬。雖之夷狄。不可棄也。尤過也。責也。苟皆應之。患難則亦甘爲。不得怨尤。故論語云。不怨天。不尤人是也。故君子以道自處。恆居平易之中。以聽待天命。小人以惡自居。恆行險難傾危之事。以徼求榮幸。論語曰。不仁者不可以久莫約是也。呂氏大臨曰。文王內文明而外柔順。以蒙大難。箕子內難而能正其志。素患難行乎患難也。愛人不親反其仁。治人不治反其知。此在上位所以不陵下也。彼以其富。我以吾仁。彼以其爵。我以吾義。吾何慊乎哉。此在下位所以不援上也。陵下不從。則罪其下。援上不得。則非其上。是所謂尤人者也。倪氏思曰。素者其舊所居。己然者也。入者今方自此而入也。假如生於富貴。是其素富貴也。或貧賤之士。逢時而得富貴。而其入富貴也。下三者皆然。郝氏懿行曰。素本質也。此言素位。猶易言素履矣。無怨謂己無所怨。即自得之謂也。毛氏奇齡曰。夫子驟值患難。或弦歌。或微服。必求解免。然而子路慍見。便是願外。夫子告以固窮。便是守素。章氏大來曰。素是平素。與見在相反。君子守常。正恐有覬覦一旦之事。若隨在易行。則田舍翁多收十斛麥。宜易妻矣。禮案君子素其位。故曾子制言曰。君子不貴與道之士。而貴有恥之士也。若由富貴與道者與。貧賤吾恐其或失也。若由貧賤與道者與。富貴吾恐其羸驕也。無入而不自得。即制言所謂君子無悒悒於貧。無勿勿於賤。無憚憚於不聞。布衣不完。蔬食不飽。蓬戶穴牖。日孜孜上仁。知我吾無欣欣。不知我吾無悒悒是也。子曰。射有似乎君子。失諸正鵠。反求諸其身。鄭注反求於其身。不以怨人。畫布曰正。棲皮曰鵠。孔疏此一節。覆明行道在身之事。以射譬之。言凡人之射。有似乎君子之道。正謂賓射之侯。鵠謂大射之侯。言射者失於正鵠。不責他人。反向自責其身。言君子之人。失道於外。亦反自責於己。楊氏時曰。射以容節比於禮樂爲善。內志正。外體直。然後持弓矢審固。持弓矢審固。然後可以言中。射而失正鵠者。未能審固也。知射者豈他求哉。反而求諸身以正吾志而已。陳氏佑曰。鄭氏謂齊魯閒以題肩爲正。正鵲而鵠小。皆難中之物。故射侯用之。則正鵠本射侯通稱。禮案射有似乎君子。故論語云。揖讓而升。下而飲。其爭也君子。反求諸其身。故射義曰。射者仁之道也。射求正諸己。己正而後發。發而不中。不怨勝己者。反求諸己而已矣。

君子之道。辟如行遠必自邇。辟如登高必自卑。詩曰。妻子好合。如鼓瑟琴。兄弟既翕。和樂且耽。宜爾室家。樂爾妻帑。

鄭注自從也。邇近也。行之以近者卑者始。以漸致之高遠。琴瑟聲相應和也。翕合也。耽亦樂也。古者謂子孫曰帑。此詩言和室家之道。自近者始。孔疏卑下也。行之以遠者近之始。升之以高者卑之始。不云近者遠始。卑者高始。但勤行其道於身。然後能被於物。而可謂之高遠耳。詩小雅棠棣篇。美文王之詩。記人引此者。言行道之法自近始。猶如詩所云。欲和遠人。先和其妻子兄弟。和樂且耽。是相好之甚也。宜善爾之室家。愛樂爾之妻帑。帑子也。故甘誓云予則帑戮汝。於人則妻子爲帑。於鳥則鳥尾爲帑。左傳云以害鳥帑是也。方氏慤曰。君子之道。自誠意正心。推而廣之。以至於平天下。自可欲之善。積而進之。至於聖而不可知之神。伊尹曰。若升高必自下。若陟遐必自邇。晏氏光曰。常棣本燕兄弟之詩。乃曰妻子好合者。蓋人之兄弟。初未嘗不知。良由娶婦。則外姓入家。爭長競短。爲人夫者唯婦言是用。則兄弟始不和矣。故兄弟之翕者。必本於妻子之合焉。禮案此言君子之道。蓋王化之本也。必由近始者。故關雎首詠后犯。而常棣莫如兄弟也。

子曰。父母其順矣乎。

鄭注謂其教令行。使室家順。孔疏此謂父母能以教令行乎室家。其和順矣乎。言中庸之道。先使室家和順。乃能和順於外。即上云道不遠施諸己。郭氏忠孝曰。孟子曰。舜盡事親之道。而瞽瞍底豫。瞽瞍底豫。而天下化。則化天下者。必始終順父母。禮案順即論語無違之謂也。蓋孝道多端。而約言之。則順而已矣。故有隱而無犯。恐逆其意。練而不逆。恐觸其怒。色不倘嚴威儼恪。而貴乎下氣怡色。養不嫌於巧變嬉戲。而貴乎能致其樂也。

子曰。鬼神之爲德。其盛矣乎。視之而弗見。聽之而弗聞。體物而不可遺。使天下之人齊明盛服。以承祭祀。洋洋乎如在其上。如在其左右。詩曰。神之格思。不可度思。矧可射思。夫微之顯。誠之不可揜如此夫。

鄭注體生也。可猶所也。不有所遺。言萬物無不以鬼神之氣生也。明猶潔也。洋洋人想思其傍僾之貌。格來也。矧況也。射厭也。思皆聲之助。言神之來。其形象不可億度。而知事之盡敬而已。況可厭倦乎。誠之不可揜。言神無形而著。不言而誠。孔疏此明鬼神之道。無形而能顯著誠信。中庸之道與之相似。亦從微至著。不言而自誠也。鬼神之道。生養萬物。無不周徧。而不有所遺。故天下之人齊戒明潔。盛飾衣服。以承祭祀。洋洋乎如在其上。如在其左右者。言鬼神之形狀。人想象之也。思辭也。詩大雅抑之篇。刺厲王之詩。詩人刺時人祭祀懈倦。故云神之來至。無形不可度知。恆須恭敬也。鬼神之狀。微昧而精靈。與人爲吉凶。是從微之顯。不可揜蔽。善者必降之以福。惡者必降之以禍。如此夫語助也。此鬼神即易繫辭云。是故知鬼神之情狀。與天地相似。以能生萬物也。朱子熹曰。鬼神無形與聲。然物之終始。莫非陰陽合散之所爲。是其爲物之體。而物所不能遺也。其言體物。猶易所謂幹事。洋洋流動充滿之意。能使人畏敬奉承。而發見昭著如此。乃其體物而不可遺之驗也。孔子曰。其氣發揚於上。爲昭明。焄蒿悽愴。此百物之精也。神之著也。正謂此爾。章氏大來曰。禮運列於鬼神。凡山川五祀祖廟。皆在其內。故以此祭祀二字統言之。若周禮以天神屬神。人鬼屬鬼。則稍有分別。禮案此言鬼神之德。只是言天地之德。蓋鬼神即陰陽。陰陽即天地也。樂記曰。明則有禮樂。幽則有鬼神。而禮樂非天地之情乎。易謙卦云。鬼神害盈而福謙。夫虧盈益謙。非天地之道乎。

子曰。舜其大孝也與。德爲聖人。尊爲天子。當有四海之內。宗廟饗之。子孫保之。故大德必得其位。必得其祿。必得其名。必得其壽。故天之生物。必因其材而篤焉。故栽者培之。傾者覆之。詩曰。嘉樂君子。憲憲令德。宜民宜人。受祿於天。保祐命之。自天申之。故大德者必受命。鄭注。保安也。名令聞也。村謂其質性也。篤厚也。言善者天厚其福。惡者天厚其毒。皆由其本而爲之。栽讀如文王初載之載。栽猶殖也。培益也。今時人名草木之植曰栽。築牆立版亦曰栽。栽或爲茲。覆敗也。憲憲興盛之貌。保安也。佑助也。孔疏此明中庸之德。故能富有天下。受天之命也。師說云。舜禪與禹。何言保者。此子孫承休祭祀周時陳國。是舜之後。以其德大。能覆養天下。故必得其位。必得其壽。據舜言之也。天之生物。必因其材而篤。言隨物質性而厚之。善者因厚其福。舜禹是也。惡者因厚其毒。桀紂是也。故四凶黜而舜受禪。言道德自能豐殖。則天因而培益之。若無德自取傾危者。天亦因而覆敗之也。詩大雅嘉樂篇。美成王之詩。嘉善也。言成王憲憲然有令善之德。詩本文憲憲爲顯顯。宜民謂宜養萬民。宜人謂宜官人。其德如此。故天乃保安佑助。命之爲天子也。胡氏瑗曰。子孫保之者。武王下車。而封舜之後。胡公滿於陳。是子孫長保其福祿也。尊爲天子。是必得其位也。竭天下之產。以奉一人。是必得其祿也。萬世而下。言帝王者。必稱堯舜。是必得其名也。舜年三十而登庸。在位五十載。陟方乃死。是必得其壽也。宜民者興庠序。務農桑。使男釋耒。女不廢機。薄賦斂。節用度。若此之類是也。宜人者內朝廷。外方國。自宰輔以至於百執事。自方伯連率以至於邑宰里長。官皆得其人。人皆稱其職。若此之類。是宜人也。禮案今詩嘉作假。佑作右。舜爲帝一傳而止。疏謂子孫之爲諸侯曰保之。未免強爲之說。宗廟享之。子孫保之二句。疑從下文而衍。

子曰。無憂者其唯文王乎。以王季爲父。以武王爲子。父作之。子述之。武王纘大王王季文王之緒。壹戎衣而有天下。身不失天下之顯名。尊爲天子。富有四海之內。宗廟饗之。子孫保之。武王末受命。周公成文武之德。追王大王王季。上祀先公以天子之禮。斯禮也。達乎諸侯大夫及士庶人。父爲大夫。子爲士。葬以大夫。祭以士。父爲士。子爲大夫。葬以士。祭以大夫。期之喪達乎大夫。三年之喪達乎天子。父母之喪無貴賤一也。鄭注。聖人以立法度爲大事。子能述成之。則何憂乎。堯舜之父子。則有凶頑。禹湯之父子。則寡令聞。父子相成。唯有文王。與繼也。緒業也。戎兵也。衣讀如般。聲之誤也。齊人言般。聲如衣。虞夏商周。氏者多矣。今姓有衣者。殷之胄於。壹戎殷者。一用兵伐殷也。末猶老也。追王大王王季者。以王迹起焉。先公組紺以上。至后稷也。斯禮達纘諸侯大夫士庶人者。謂葬之從死者之爵。祭之用生者之祿也。言王大夫葬以大夫。士葬以士。則追王者。改葬之矣。期之喪達於大夫者。謂旁親所降在大功者。其正統之期。天子諸侯猶不降也。大夫所降。天子諸侯絶之不爲服。所不臣乃服之也。承葬祭說期三年之喪者。明子事父以孝。不用其尊卑變。孔疏此夫子論文王武王。聖德相承。王有天下。上能追尊大王王季。因明天子以下。及士庶人葬祭之禮。文王以王季爲父。則王季能制作禮樂。文王奉而行之。以武王爲子。又能述成文王之道。故無憂也。武王能纘繼父祖之業。而有天下者。言一用兵伐殷。而勝之也。武王末受命。此美周公之德。謂武王年老而受命。平定天下。周公尊崇先公之禮。非直天子所行。乃下達於諸侯大夫士庶人等。無問尊卑。皆得上尊祖父。以己之祿祭其先人也。父既爲大夫。祭以士禮。貶其先人。而云尊之者。欲明以己之祿祀其先人也。大夫之尊。猶有期喪。爲旁親所降在大功者。得爲期喪。還著大功之服。故云達乎大夫。若天子諸侯旁期之喪。則不爲服也。正統三年之喪。天子皆服之。不云父母。而云三年者。包適子也。天子爲后服期。以后卒必待三年然後娶。所以達子之志。故通在三年之中。是以昭十五年左傳云。穆后崩。大子壽卒。叔向云。王一歲而有三年之喪二焉。直云達乎天子。不云諸侯者。諸侯旁親尊同則不降。故喪服大功章云。諸侯爲姑姊妹嫁於國君者是也。唯父母之喪。無問天子及士庶人。其服並同。故云無貴賤一也。司馬氏光曰。壹戎衣而有天下。蓋言武王取天下之易耳。豈得以孟津還師爲嫌。改易舊文。以衣爲殷乎。禮大夫士皆三月而葬。己而其子升爲大夫。受祿多故祭以大夫。豈有因追王而改葬乎。毛氏奇齡曰。此壹是殪字。尚書康誥曰。殪戎殷言滅大殷也。若戎殷則與泰誓稱戎商正同。禮案身不失天下之顯名者。後世之言聖德。必稱文武是也。卜世三十。歷年八百。是子孫保之也。追王者追爲天子。而追封祖考爲王也。注疏改葬之說。恐未必然。司馬氏之見甚是。宣六年左傳引周書。亦曰殪戎殷。則鄭氏讀衣爲殷。亦不爲無據。

子曰。武王周公其達孝矣乎。夫孝者善繼人之志。善述人之事者也。春秋修其宗廟。陳其宗器。設其裳衣。薦其時食。宗廟之禮。所以序昭穆也。序爵所以辨貴賤也。序事所以辨賢也。旅酬下爲上。所以逮賤也。燕毛所以序齒也。踐其位。行其禮。奏其樂。敬其所尊。愛其所親。事死如事生。事亡如事存。孝之至也。郊社之禮。所以事上帝也。宗廟之禮。所以祀乎其先也。明乎郊社之禮。禘嘗之義。治國其如示諸掌乎。

鄭注修謂掃糞也。宗器祭器也。裳衣先祖之衣服也。設之當以授尸也。時食四時祭也。序猶次也。爵謂公卿大夫士也。事謂荐羞也。以辨賢者。以其事別所能也。若司徒奉牛。宗伯共雞牲矣。文王世子曰。宗廟之中。以爵爲位。崇德也。宗人授事以官。尊賢也。旅酬下爲上者。謂若特牲饋食之禮。賓弟子兄弟之子。各舉觶於其長也。逮賤者。宗廟之中。以有事爲榮也。燕謂既祭而燕也。燕以髮色爲坐。祭時尊尊也。至燕親親也。齒亦年也。踐猶升也。其者其先祖也。踐或爲纘。社祭地神。不言后土者省文。示讀如寘諸河於之寘。寘置也。物而在掌中。易爲知力者也。序爵辨賢。尊尊親親。治國之要。孔疏此論武王周公上成先祖。修其宗廟。行郊社之禮。所以能治國如置物掌中也。人謂先人。若文王有志伐紂。武王行繼而承之。尙書武成曰。予小子其承厥志是也。文王有文德爲王基。而周公制禮以贊述之。故洛誥云。考朕昭子刑。乃單文祖德是也。此武王周公達孝之事。宗廟之禮。若昭與昭齒。穆與穆齒是也。序爵者。謂序次序。爵謂公卿大夫士也。祭祀之時。公卿大夫各以其爵位齒列助祭。是辨貴賤也。序事者事謂荐羞。序謂次序所供祭祀之事。若司徒奉牛。司馬奉羊。是分別賢能。堪任其官也。旅衆也。逮及也。祭末飲酒之時。使卑者二人各舉觶於其長者。卑下者先飲。是下者爲上。賤者在先。是恩意先及於賤者也。燕時以毛髮爲次序。是序年齒也。踐升也。謂孝子升其先祖之位。行祭祀之禮也。若能明此序爵辨賢尊親。則治理其國事。易如置物於掌中也。呂氏大臨曰。宗器者國之玉鎭大寶器。天府所掌者也。若有大祭則出而陳之以華國。如書所謂赤刀大訓弘璧琬琰大玉夷玉天球河圖之類。裳衣者守祧所掌先王先公之遺衣服。祭祀則各以其服授尸是也。時食者四時之物。如籩豆之荐。四詩之和氣是也。游氏酢曰。事死如事生。以愼終者言之。事亡如事存。以追遠者言之。始死謂之死。既葬則曰反而亡焉。此死亡之辨也。唯聖人爲能享帝。孝子爲能享親。享帝一德也。享親一心也。要不過乎物而已。其於慶賞刑威乎何有。故曰明乎郊社之禮。禘嘗之義。治國其如示諸掌乎。成王自謂予冲子夙夜毖祀。此逆衡之要道也。朱子熹曰。示與視同。視諸掌言易見也。毖案說是也。示讀如字。義本可通。言明郊社禘嘗之禮。則治國之道。易如掌上觀文矣。逮賤即祭統有卑燀胞翟閽者是也。

哀公問政。子曰。文武之政。布在方策。其人存則政舉。其人亡則其政息。人道敏政。地道敏樹。夫政也者。蒲盧也。故爲政在人。取人以身。修身以道。修道以仁。仁者人也。親親爲大。義者宜也。尊賢爲大。親親之殺。尊賢之等。禮所生也。在下位不獲乎上。民不可得而治矣。故君子不可以不修身。思修身不可以不事親。思事親不可以不知人。思知人不可以不知天。

鄭注方版也。策簡也。息猶滅也。敏猶勉也。樹謂殖草木也。人之無政。若地無草木矣。敏或爲謀。蒲盧蜾蠃。謂土蜂也。詩曰螟蛉有子。蜾蠃負之。螟蛉桑虫也。蒲盧取桑虫之子。去而變化之。以成爲己子。政之於百姓。若蒲盧之於桑虫然。故爲政在於得賢人也。取人以身。言明君乃能得賢人也。讀如相人偶之人。以人意相存問之言。在下位不獲乎上。民不可得而治矣。此句其屬在下。著脫誤重在此。不可以不修身。言修身乃知孝。知孝乃知人。知人乃知賢不肖。知賢不肖乃知天命所佑。孔疏此一節明哀公問政於孔子。孔子答以爲政之道。在於修身。言文王武王爲政之道。皆布列於方牘簡策。雖在方策。其事久遠。此廣陳爲政之道。其人謂賢人。舉猶行也。存謂道德存在也。若得其人。道德存在。則能興行政教。其人若亡。謂道德滅亡。不能興舉於政教。若位無賢臣。政所以滅絕。爲人君當勉力行政。人之無政。若地無草木。地既無心。云勉力者以地之生物無倦。似若人勉力行政然也。善爲政者。化養他民。以爲已民。若蒲盧然也。君行善政。則民從之。故欲爲善政者。在於得賢人也。明君欲取賢人。先以修政已身。則賢人至也。欲修其身。先須行於道德仁義。仁謂仁恩相親偶也。欲親偶疏人。先親已親。宜謂於事得宜。若欲於事得宜。莫過尊賢。五服之節。降殺不同。是親親之衰殺。公卿大夫。其爵各異。是尊賢之等。禮者所以辨明此上諸事。故云禮所生也。君子思念修身之道。必先以孝爲本。故云不可以不事親。既思事親。不可不先擇友取人。欲思擇人。必先知天時所佑助也。謂人作善。降之百祥。作不善。降之百殃。當捨惡修善也。游氏酢曰。螟蛉有可化之質。蜾蠃有能化之材。知是說。然後可與言政也。然則政之所託。可非其人乎。故曰善爲政在人。人固未易知。若規矩準繩。無他人道而已。故修身以道。修道以仁。在上欲得乎民。在下欲獲乎上。皆以修身爲本。失其身而能事其親者。吾未之聞矣。至於能事親。則修身之至也。知事親則德之本立矣。而不知人則上以事君。下以取友。去就從違。莫知所向。而貽其親之憂者有矣。能知人則事親之至也。知人者知也。而明或不足以自知。將逆詐億不信。而不肖之心應之。莫知其然也。蓋知人者可與言理。知天者可與言性。至於能知天。則知人之至也。親親之殺。事親者能之。尊賢之等。知人者能之。禮案所引詩小雅文也。同一政也。善人行之則善。暴人行之則暴。故爲政在於得人。易繫辭云。立人之道曰仁與義。人道立則政行矣。殺即大傳上殺下殺旁殺之殺。等即周禮春官典命等。詩侯之爵之等。貴貴尊尊親親之差。唯禮足以明之。知人即尚書臯陶謨惟帝其難之。知人則哲。能官人。知天謂識盈虛消長之理也。論語曰。五十而知天命是也。荀子君道篇。有亂君無亂國。有治人無治法。羿之法非亡也。而羿不世中。禹之法猶存。而憂不世王。故法不能獨立。類不能自行。得其人則存。失其人則亡也。

天下之達道五。所以行之者三。曰君臣也。父子也。夫婦也。昆弟也。朋友之交也。五者天下之達道也。知仁勇三者。天下之達德也。所以行之者一也。或生而知之。或學而知之。或困而知之。及其知之一也。或安而行之。或利而行之。或勉強而行之。及其成功一也。

鄭注。達者常行。百王所不變也。困然知之。謂長而見禮義之事。已臨之而有不足。乃始學而知之。此達道也。利謂貪榮名也。勉強。恥不若人。孔疏。五者謂君臣。父子。夫婦。昆弟。朋友之交。皆是。人間常行道理。事得開通。故云達道也。知仁勇三者。人所常行。在身爲德。故云天下之達德也。五事爲本。故云道。三者爲末。故云德。無知不能識其理。無仁不能安其事。無勇不能果其行。言百王以來行此五道三德其義一也。古今不變也。或天生自知。或因學自知。或臨事有困。由學乃知。既知之後。並皆是知。故云及其知之一也。或無所求爲。安靜而行之。或貪其利益然行之。或畏懼罪惡。勉力自強而行之。及其所行。或功是一也。皇氏云謂百行皆然。非唯五典。孟子所謂三五而已也。朱子熹曰。達道者天下古今所共由之路。即書所謂父子有親。君臣有義。夫婦有別。長幼有序。朋友有信是也。知所以知此也。仁所以體此也。勇所以強此也。謂之達德者。天下古今所同得之理也。一則誠而已矣。達道雖人所共由。然無是三德。則無以行之。達德雖人所同德。然一有不誠。則人欲閒之。而德非其德矣。胡氏瑗曰。君臣。父子。夫婦。昆弟。朋友。五者人倫之大端。百王不易之道。故曰達道。博通物理謂之知。廣愛無私謂之仁。果於行事謂之勇。無知則不能知事之是非。無仁則不能行知。無勇則不能果敢。三者皆人之性內得於心。謂之德。故曰達德。困者臨事不通之辭。安行者從容中道。舜由仁義行。非行仁義也。利者謂不由中。有所利而行之。勉強者謂有不足。或者所畏。不得已而爲之也。禮案人莫不有五倫之親。故謂之達德。人莫不有是非之心知也。人皆有不忍人之心仁也。見欺凌孤弱之事。人皆有不平之心勇也。皆天性所固有。故謂之達德。生知上也。學知次也。困知下也。困而不學。斯惑暗終其身而已矣。安而行之好之者也。利而行之。有所希冀。若子張之學干祿是也。勉強而行之。若前漢董仲舒傳曰。勉強行道。則德日起。而大有功是也。

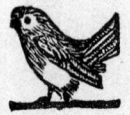

中庸

子曰。好學近乎知。力行近乎仁。知恥近乎勇。知斯三者。則知所以修身。知所以修身。則知所以治人。知所以治人。則知所以治天下國家矣。鄭注言有知有仁有勇。乃知修身。則修身以此三者爲基。孔疏此以下夫子更爲哀公廣說修身治天下之道。有九種常行之事。此一節覆明前文。或學而知之。蓋能好學。無事不知。故云近乎知也。力行則前文或利而行之。以其勉力行善。故近乎仁也。知恥者前文困而行之。及勉強而行之。以其知自羞恥。勤勉遇事不避危難。故近乎勇也。前經生而知之。不覆說者。以其生知自然。合聖。故也。楊氏時曰。好學以致知。故近知。力行則能推其所爲。故近仁。知恥則必思徙義。故近勇。三者入德之方。故知此則知所以修身。知所以修身。則成己之道得矣。成己所以成物也。則知所以治人。知所以治人。則天下國家之本在是矣。侯氏仲良曰。知恥非勇也。能恥不若人則勇矣。禮案好學則學不厭矣。力行則行不倦矣。故論語子貢謂夫子曰。學不厭知也。教不倦仁也。孟子云。羞惡之心。義之端也。所以舍生取義。必有恥之士。又豈止近勇而已哉。

凡爲天下國家有九經。曰修身也。尊賢也。親親也。敬大臣也。體羣臣也。子庶民也。來百工也。柔遠人也。懷諸侯也。修身則道立。尊賢則不惑。親親則諸父昆弟不怨。敬大臣則不眩。體羣臣則士之報禮重。子庶民則百姓勸。來百工則財用足。柔遠人則四方歸之。懷諸侯則天下畏之。鄭注體猶接納也。子猶愛也。遠人蕃國之諸侯也。不惑謀者良也。不眩所任明也。孔疏此夫子爲哀公說治天下國家之道。有九種常行之事。論九經之次目也。體謂接納。言接納羣臣與之同體也。子謂愛庶民也。來謂招來百工也。修身則道立者。此覆說行九經則致其功用也。謂修正其身。不爲邪惡。則道德興立。以賢人輔弼。故臨事不惑。所謀者善也。眩亦惑也。以恭敬大臣。任使分明。故於事不惑。羣臣雖賤。而君厚接納之。則臣感君恩。故爲君死於患難。是報禮重也。子愛也。言愛民如此。則百姓勸勉以事上也。百工興財用也。君若賞賚招來之。則百工皆自至。故國家財用豐足。遠謂蕃國之諸侯。四方則蕃國也。懷諸侯則天下畏之。懷安撫也。君若安撫懷之。則諸侯服從。兵强士廣。故天下畏之。司馬氏光曰。體者元首股肱。義猶一體。柔遠人者。馭以寬仁。不强致也。敬大臣者。苟其人不足任大臣之重。則勿寘諸其位。既寘諸位。而復疑之。舍大臣而與小臣謀。則讒慝並興。大臣解體矣。嘉善謂撫其懷其服。矜其不能。謂不責其驕慢。陳氏亮曰。九經爲政。以德爲本也。堯舜至治之所由出也。此一定不易之理。欲知其要。卽是以心達心。欲知其道。只是居敬行簡。故九經必自吾身而出。修身則道立。有本也。尊賢則不惑。本固也。親親則諸父昆弟不怨。愛始達也。敬大臣則不眩。則民具爾瞻也。體羣臣則士之報禮重。上下交孚也。子庶民則百姓勸。相勉於善也。來百工則財用足。經制有餘也。柔遠人則四方歸之。視猶父母也。懷諸侯則天下畏之。如臨師保也。朱子熹曰：道立謂道成於己。而可爲民表。所謂皇建其有極是也。不惑謂不疑於理。不眩謂不迷於事。敬大臣則信任專。而小臣不得以間之。故臨事不眩也。來百工則通工易事。農末相資。故財用足。柔遠人則天下之旅皆悅。而願出於其塗。故四方歸。懷諸侯則德之所施者博。而威之所制者廣矣。故曰天下畏之。禮案：修身即尚書洪範二五事。貌曰恭。言曰從。視曰明。聽曰聰。思曰睿是也。尊賢即洪範五皇極。人之有能有爲。使羞其行。而邦其昌是也。親親即堯典以親九族。平章百姓。協和萬邦是也。敬大臣若說命爾交修予。罔予棄。予惟克邁乃訓是也。體羣臣即益稷臣作朕股肱耳耳是也。子庶民即大甲先王子惠困窮。天祿永終是也。來百工即堯典允釐百工。庶績咸熙是也。柔遠人若大禹謨帝乃誕敷文德。舞干羽於兩階。七旬有苗格是也。懷諸侯若仲虺之誥德日新。萬邦惟懷是也。

齊明整服。非禮不動。所以修身也。去讒遠色。賤貨而貴德。所以勸賢也。尊其位。重其祿。同其好惡。所以勸親親也。官盛任使。所以勸大臣也。忠信重祿。所以勸士也。時使薄斂。所以勸百姓也。日省月試。既廩稱事。所以勸百工也。送往迎來。嘉善而矜不能。所以柔遠人也。繼絕世。舉廢國。治亂持危。朝聘以時。厚往而薄來。所以懷諸侯也。

鄭注：同其好惡。不特有所好惡於同姓。雖恩不同。義必同也。尊重其祿位。所以貴之。不必授以官守。天官不可私也。官盛任使。大臣皆有屬官所任使。不親小事也。忠信重祿。有忠信者。重其祿也。時使。使之以時。日省月試。考校其成功也。既讀爲餼。餼廩稍事也。稿人職曰：乘其事。考其弓弩。以下上其食。孔疏：此說行九經之法。齊謂整齊。明謂嚴明。盛服謂正其衣冠。是修身之體也。尊其位。謂授以大位。重多其祿。崇重而已。不任以職事。好謂慶賞。惡謂誅罰。同姓有親疏。恩親雖不同。恥必等。以勉勵之。是勸親親也。官之盛大者。當令任使屬官。不可以小事專勞大臣。大臣懷德。故云所以勸大臣也。既廩謂飲食糧廩也。言在上每日省視百工功程。每月試其所作之事。功多則廩厚。功少則餼薄。是所以勸百工也。諸侯國內有亂。則沼討之。危弱則扶持之。厚往謂諸侯還國。王者以其財賄厚重往報之。薄來謂諸侯貢獻。使輕薄而來。如此則諸侯歸服。故所以懷諸侯也。馬氏晞孟曰：齊明所以內潔。盛服所以外莊。所謂心不苟慮。必依於道。手足不苟動。必依於禮。賢者任之。能者使之。此官盛任使也。呂氏大臨曰：遠者不柔。則邇者不可能。柔遠能邇。此四方所以歸也。繼絕世者。無後者爲之立後也。舉廢國者。已滅者復之也。禮案：嘉善謂有功德。則益以爵秩。矜不能如地瘠民貧者。則薄其貢獻。

凡爲天下國家有九經。所以行之者一也。凡事豫則立。不豫則廢。言前定則不跲。事前定則不困。行前定則不疚。道前定則不窮。

鄭注：一謂當豫也。跲，躓也。疚，病也。人不能病之。孔疏：此明前九經之法。唯在豫前謀之。案字林云。跲躓也。躓謂行倒蹶也。將欲發言。能豫前思定。然後出口。則言得流行。不有躓蹶也。困乏也。爲事之時。先須豫前思定。則臨事不困。疚病也。爲行之時。豫前思定。則行不疚病。行道之時。豫前謀定。則道無窮。而人不能病害也。朱子熹曰。一者誠也。一有不誠。則是九者皆爲虛文矣。此九經文實也。豫素定也。凡事皆欲先立乎誠。則言有物而不躓矣。事有實而不困矣。行有常而不疚矣。道有本而不窮矣。俞氏樾曰。五經文字。佮禮作跲。老子將欲歙之。釋文引顧注曰。歙閉塞也。卽佮字。言前定則不跲。謂言得流行。不有閉塞也。禮案先事豫謀。故動無憤事。而寡悔也。思而後言。故口無擇言。而寡尤也。不困者事成而無困難也。不疚者言行之舉無患害也。不窮謂道之不窮。可大可久也。

在下位不獲乎上。民不可得而治矣。獲乎上有道。不信乎朋友。不獲乎上矣。信乎朋友有道。不順乎親。不信乎朋友矣。順乎親有道。反諸身不誠。不順乎親矣。誠身有道。不明乎善。不誠乎身矣。

鄭注獲得也。言臣不得於君。則不得君位治民。不明乎善。不誠乎身矣。言知善之爲善。乃能行誠。孔疏此明爲臣爲人。皆須誠信於身。然後可得之事。在下位不得於君上之意。則不得居位以治民。獲乎上有道。若道德無信。著乎朋友。則不得君上之意矣。信乎朋友有道。若不順乎其親。則不信乎朋友矣。順乎親有道。必須有道。反於己身。使有至誠。若身不能至誠。則不能順乎親矣。誠身有道。若不明乎善行。則不能至誠乎身矣。言明善始能誠身。順親信朋友。得君上之意。始得居位治民也。胡氏瑗曰。必先得上之信任。然後道得以行。民得以治。朋友親信之。然後聲譽聞達。可以取信於上。朋友未信。況可取信於君乎。閨門之內。其親且未能順。朋友肯信之乎。順親有道。當以至誠自持其身。向者凡所爲善。則親喜悅。所爲不善。則親愧辱。故不能以至誠自持。則不順其親矣。事有善惡。若誠於惡。則失所以誠身之道。當明於善。而固執之。然後可以誠身矣。禮案在下位不獲乎上者。上非指君。蓋指君之貴臣也。孟子云。巨室之所欲。一國之所欲是也。夫不得巨室之懽。則不能在位矣。又何有治民之責也哉。

誠者天之道也。誠之者人之道也。誠者不勉而中。不思而得。從容中道。聖人也。誠之者。擇善而固執之者也。

鄭注言誠而天性也。誠之者學而誠之者也。因誠身說。有大至誠。孔疏此明至誠之道。天之性也。則人當學其至誠之性。是上天之道。不爲而誠。不思而得。若天之性。自然信著。四時。然人能勉力學。此至誠。不學則不得。故云人之道。覆說上文誠者天道。唯聖人能然。謂不勉勵而自中。當於善。不思慮而自得於善。從容閒暇。而自中。當乎道。以聖人性合於天道自然也。由學而致此至誠。謂賢人也。言選擇善事。而堅固執之。行之不已。遂致至誠也。朱子熹曰。聖人之德。渾然天理。眞實无妄。不待思而從容中道。則亦天之道也。未至於聖。則不能無人欲之私。未能不思而得。則必擇善。然後可以明善。未能不勉而中。則必固執。然後可以誠身。此則所謂人之道也。不思而得。生知也。不勉而中。安行也。擇善學知以下之事。固執利行以下之事。禮案此卽荀子不苟篇云。君子養心莫善於誠。致誠則無他事矣。唯仁之爲守。唯義之爲行。誠心守仁則形。形則神。神則能化矣。誠心行義則理。理則明。明則能變矣。變化代興。謂之天德。天不言而人推高焉。地不言而人推厚焉。四時不言而百姓期焉。夫學此常。以至其誠者也。博學之。審問之。愼思之。明辨之。篤行之。有弗學學之弗能弗措也。有弗問問之弗知弗措也。有弗思思之弗得弗措也。有弗辨辨之弗明弗措也。有弗行行之弗篤弗措也。人一能之已百之。人十能之已千之。果能此道矣。雖愚必明。雖柔必強。鄭注此勸人學誠其身也。果猶決也。孔疏此一經明上經擇善固執之事。措置也。言有不至於能不措置休廢。必待能之乃已也。以下諸事皆然。此一句覆上博學之也。弗知弗措。覆上審問之也。弗得弗措。覆上愼思之也。弗明弗措。覆上明辨之也。弗篤弗措。覆上篤行之也。人一能之。謂他人性識聰敏。一學則能知之。己當加心精勤之多。恆百倍於他人。若決能百倍用功。識慮雖復愚弱。而必至明強。此勸人學誠其身也。晏氏光曰。博學者學之廣。欲其強記。審問者問之詳。欲其多聞。所以外資諸人也。愼思者精思其意旨。明辨者辨明其是非。所以內資諸已也。資諸人者既致其廣大。資諸已者又盡其精微。然後繼之以篤行之。則非苟知之亦允蹈之也。易曰。學以聚之。問以辨之。而終於仁以行之。揚子曰。學以治之。思以精之。而卒於不倦以終之。與此同意。禮案弗能弗知弗得弗明弗篤。而均不肯措之者。必求諸達而後已。勵忠如此。又焉有求而不獲者哉。此即曾子立事所謂強其所不能。去私欲從事於義。可謂學矣。又文子纘義精誠篇云。名可強立。功可強成。是矣。自誠明。謂之性。自明誠。謂之教。誠則明矣。明則誠矣。鄭注自由也。由至誠而有明德。是聖人之性者也。由明德而有至誠。是賢人學以成之也。有至誠則必有明德。有明德則必有至誠。孔疏此一經顯天性至誠。或學而能。兩者雖異。功用則相通。由天性至誠而身有明德。此乃自然如此。故謂之性。由身聰明。勉力學習。而致至誠。非由天性。故云謂之教。聖人天性至誠。則能明其德。賢人由聰明勉學。乃致至誠。是誠則能明。明則能誠。優劣雖異。二者皆通有至誠也。朱子熹曰。德無不實。明無不照者。聖人之德。所性而有天道也。先明乎善。而後能實其善者。賢人之學。由教而入者。人道也。司馬氏光曰。率由誠心而智識自明。此天授聖人之性也。由智識之明。求知道者莫若至誠。故誠心爲善。此賢者修聖人之教也。所稟賦於天有殊。然苟能盡其誠心。則智識無不明矣。禮案性若孟子云堯舜性之是也。教若大戴禮衞將軍文子篇謂遽伯玉自設於隱栝之中是也。唯天下至誠爲能盡其性。能盡其性。則能盡人之性。能盡人之性。則能盡物之性。能盡物之性。則可以贊天地之化育。可以贊天地之化育。則可以與天地參矣。鄭注盡性者。謂順理之。使不失其所也。贊助也。育生也。助天地之化生。謂聖人在王位。致大平。孔疏此明天性至誠。聖人之道也。唯一天下之內。至極誠信爲聖人。與天地合。故能盡其性。則能盡其人與萬物之性。故能贊助天地之化育。功與天地相參。上云誠者天之道。說至誠之理。自神妙而來。化據化育生物。故并云地。司馬氏光曰。人皆有仁義禮智之性。惟聖人能以至誠充之。如能盡其性。然後修其道以教人。使人之皆盡仁義禮智之性。如此則其道光被四表。格於上下。陰陽和。風雨時。鳥獸蕃滋。草木暢茂。取之有時。用之有節。萬物莫不遂其性。豈非可以贊天地之化育。而功德參於天地哉。易曰。后以裁成天地之道。輔相天地之宜。以左右民。此之謂也。禮案。與天地參。卽大戴禮誥志所謂。天作仁。地作富。人作治是也。

其次致曲。曲能有誠。誠則形。形則著。著則明。明則動。動則變。變則化。唯天下至誠爲能化。鄭注。其次。謂自明誠者也。致。至也。曲。猶小小之事也。不能盡性。而有至誠。於有義焉而已。形謂人見其功也。盡性之誠。人不能見也。著。形之大者也。明。著之顯者也。動。動人心也。變。改惡爲善也。變之久則化而性善也。孔疏。此明賢人習學而致至誠。故云其次致曲。曲謂細小之事。言賢人致行盡性於細小之事。能有至誠。至誠由學而來。故誠則人見其功。是誠則形也。初有小形。後乃大而明著。故云形則著也。著故顯明。明能感動衆心。漸變惡爲善。久遂至於惡人全化爲善。改移舊俗矣。朱子熹曰。形者積中而發外。著則又加顯矣。明則又有光輝發越之盛也。動者誠能動物。變者物從而化也。郭氏嵩燾曰。說文。曲象器曲受物之形。器以曲受物。段借爲委曲字。凡事以爲成。知之必悉。入之必深。致曲者推極深微之辭也。專心致志。曲折而求通。所以言曲能有誠也。禮案。此卽易繫辭所云。化而裁之存乎變。推而行之存乎通。神而明之。存乎其人。默而成之。不言而信。存乎德行是也。

至誠之道。可以前知。國家將興。必有禎祥。國家將亡。必有妖孽。見乎蓍龜。動乎四體。禍福將至。善必先知之。不善必先知之。故至誠如神。鄭注。可以前知者。言天不欺至誠者也。前亦先也。禎祥妖孽蓍龜之占。雖其時有小人愚主。皆爲至誠能知者出也。四體謂龜之四足。春占後左。夏占前左。秋占前右。冬占後右。孔疏。至誠之道。可以前知者。言聖賢有至誠之行。天所不欺。可知前事。國家之將興。必先有嘉慶。如文王有至誠。招赤雀之瑞。是禎祥也。國家將亡。必有凶惡之萌兆。若魯國鸜鵒來巢。以爲國之傷徵。左傳云。地反物爲妖。說文云。衣服歌謠。草木之怪爲妖。禽獸蟲蝗之怪爲孼。所以先知禎祥妖孼。見乎蓍龜卦兆。發動於龜之四體。豫來禍福。善不善必先知之。如神之微妙。故云至誠如神也。呂氏大臨曰。動乎四體。如傳所謂威儀之則。以定命者也。游氏酢曰。至誠之道。精一無閒。非人所能測。至於前知之實。則近考諸身。遠驗諸物。大有以知國家之興亡。小有以知一身之禍福。此人之所同見也。故至誠如神云者。因人所見言之也。禮案。可以前知者。卽易繫辭言。知幾其神乎。幾者動之微。吉之先見者也。君子見幾而作。不俟終日是也。

誠者自見也。而道自道也。誠者物之終始。不誠無物。是故君子誠之爲貴。誠者非自成己而已也。所以成物也。成己仁也。成物知也。性之德也。合外內之道也。故時措之宜也。鄭注。言人能至誠。所以自成也。有道藝所以自道達。物。萬物也。亦事也。大人無誠。萬物不生。小人無誠。則事不成。誠之爲貴。言貴至誠。以至誠成己。則仁道立。以至誠成物。則知彌博。此五性之所以爲德也。外內所須而合也。外內猶上下。時措言得其時而用也。孔疏。此明已有至誠之德。則自成就其身。若有道藝。則能自道達於己。與萬物爲終始。若大人無至誠。則不能生萬物。

小人不能成物。物猶事也。無誠則不能成事。有至誠非但成己。又能成就外物。成已則仁道興立。成物則智力廣遠。五性仁義禮智信。皆猶至誠。而爲德行。合於外內之道。外內猶上下。上謂天。下謂地。天體高明故爲外。地體博厚閉藏故爲內。是至誠合天地之道。成萬物之性。得時而用之。則無往而不宜也。朱子熹曰。誠雖所以成己。然既有以自成。則自然及物。而道亦行於彼矣。仁者體之存。知者用之發。是皆吾性之固有。而無內外之殊。既得於己。則見於事者。以時措之。而皆得其宜也。顧氏元常曰。外成物內成已也。禮案渾天儀云。天體如鷄子。天大地小。天表裏有水。地各乘氣而立。則天固包圜於地。疏謂外內爲天地。義本可通。但此外內。似非指天地。當從顧說。不苟篇曰。天地爲大矣。不誠則不能化萬物。聖人爲知矣。不誠則不能化萬民。父子爲親矣。不誠則疏。君上爲尊矣。不誠則卑。夫誠者君子之所守也。而政事之本也。唯所居以其類至。操之則得之。舍之則失也。操而得之則輕。輕則獨行。獨行而不舍則濟矣。濟而材盡。長遷而不反其初則化也。

故至誠無息。不息則久。久則徵。徵則悠遠。悠遠則博厚。博厚則高明。博厚所以載物也。高明所以覆物也。悠久所以成物也。博厚配地。高明配天。悠久無疆。如此者不見而章。不動而變。無爲而成。天地之道。可一言而盡也。其爲物不貳。則其生物不測。天地之道。博也。厚也。高也。明也。悠也。久也。

鄭注徵猶效驗也。此言至誠之德。既著於四方。其高厚日以廣大也。徵或爲徵。後言悠久者。言既誠之德。既而博厚高明。配乎天地。又欲其長久行之。無爲而成。言其德化與天地相似。可一言而盡。要在至誠。言至誠無貳。乃能生萬物。多無數也。博厚高明悠久。此言其著見成功也。孔疏言至誠之德。所用皆宜。無有止息。故能久遠。以其久行。故有徵驗。悠長也。若事有徵驗。可行長遠。無所不周。故養物博厚。則功業顯著。以其博厚所以載物。高明所以覆物。行之長久。能成於物也。配地言與地同功。配天言與天同功也。疆窮也。言聖人之德行無窮也。不見所爲。而功業章顯。不見動作。而萬物改變。無所施爲。而道德成就。欲尋求所由。正由於至誠。是一言而盡也。至誠不貳。故能生殖衆物。不可測量也。朱子熹曰。既無虛假。自無間斷。久常於中也。徵驗於外也。見猶示也。不章而章。以配地而言。不動而變。以配天而言。無爲而成。以無疆而言。博厚高明。言天地之道。誠一不貳。故能各極其盛。而有下文生物之功也。禮案不息。則可久可久則可大。易繫辭曰。可久則賢人之德。可大則賢人之業。無爲而成。若大戴禮王言謂。昔年舜左禹而右皋陶不下席而天下治是也。

今夫天斯昭昭之多。及其無窮也。日月星辰繫焉。萬物覆焉。今夫地一撮土之多。及其廣厚。載華嶽而不重。振河海而不洩。萬物載焉。今夫山一卷石之多。及其廣大。草木生之。禽獸居之。寶藏興焉。今夫水一勺之多。及其不測。黿鼉蛟龍魚鼈生焉。貨財殖焉。詩曰。維天之命。於穆不已。蓋曰天之所以爲天也。於乎不顯。文王之德之純。蓋曰文王之所以爲文也。純亦不已。鄭注此言天之高明。本生昭昭。地之博厚。本起撮土。山之廣大。本起卷石。水之不測。本由一勺。言天地山川。積小致大。爲至誠者以如此乎。昭昭猶耿耿小明也。振猶收也。卷猶區也。天所以爲天。文王所以爲文。皆由行之無已。爲之不止。如天地山川之云也。易曰。君子以順德積小以成高大。是與。孔疏此明聖人至誠。亦從小至大。斯此也。言天初時唯有此昭昭之多小貌耳。地之初時唯一撮土之多。山之初時多少唯一卷石耳。水初時多少唯一勺耳。此以下皆言至誠不已。從小至大。然天之與地造化之初。清濁二氣。體元初作。一盤薄穹隆。非是以小至大。但山或壘石爲高。水或衆流而聚爲深。自微至著。因說聖人至誠之功。亦是從小至大。以天地山川假譬至誠。非實論也。詩周頌維天之命文也。謂四時運行。所爲教命。穆美也。於穆不已者。美之不休已也。蓋曰是孔子之言。記者引之也。說天之所以爲天。在乎不已。於乎不顯文王之德之純。亦周頌文王之詩。純謂不雜。顯謂光明。言文王德教。不有休已。與天同功。故曰純亦不已。朱子熹曰。此四條皆以發明不貳不息。以致盛大。而能生物之意。呂氏大臨曰。天之大。昭昭之多而已。地之廣。撮土之多而已。山之一卷。水之一勺。亦猶是矣。其所以高明博厚。神明不測者。積之之多而已。今夫人之有良心也。莫非受天地之中。是爲可欲之善。不充之則不能與天地相似。而至乎大。大而不化。則不能不勉不思與天地合德。而至於聖。然所以至於聖者。充其良心。德性純孰。而後爾也。禮案說文。撮四圭也。一曰兩指撮也。華岳大華山也。五岳而獨舉西岳。以最高也。尚書大傳曰。山草木生焉。禽獸蕃焉。財用殖焉。山之寶藏。五金玉石之類。水之貨財。珠貝珊瑚之屬。三蒼解詁。黿似鱉而大。本草圖經。鼉似鰻鱺而無鱗。大哉聖人之道。洋洋乎發育萬物。峻極於天。優優大哉。禮儀三百。威儀三千。待其人而後行。故曰苟不至德。至道不凝焉。鄭注育生也。峻高大也。待其人而後行。言爲政在人。政由禮也。凝猶成也。孔疏此明聖人之道高大。苟非至德。其道不成。洋洋謂道德充滿之貌。優優寬裕之貌。周禮有三百六十官。言三百舉成數耳。儀禮雖十七篇。其中事有三千。必待賢人。然後施行。苟不至德。至道不凝焉。古語先有其文。故引證之。朱子熹曰。峻高大也。此言道之極於至大而無外也。優優充足有餘之意。禮儀經禮。威儀曲禮也。言道之入於至小而無間也。至德謂其人。至道指上兩節而言也。凝聚也成也。晏氏光曰。洋洋乎大者。聖人之道。優優其大者。天下之體。非有大道者。不能行其大禮。故曰待其人而後行。謂待聖人而後行耳。禮案爾雅釋詁。洋多也。說文。優饒洽也。禮儀三百。威儀三千。待其人而後行。與苟子君道篇。法不能獨立。類不能自行。得其人則存。失其人則亡。同意。故君子尊德性而道問學。致廣大而盡精微。極高明而道中庸。溫故而知新。敦厚以崇禮。鄭注德性謂性至誠者。道猶由也。問學學誠者也。廣大猶博厚也。溫讀如燖溫之溫。謂故學之孰矣。後時習之謂之溫。孔疏君子尊德性而道問學者。言致至誠。由學能致廣大。如地之生養。盡育物之精微。極天之高明。又能通達於中庸之理。既能溫尋故事。又能知新事。以敦厚重行於學。故以尊崇三百三千之禮也。案左傳哀十三年。子貢曰。盟若可尋也。亦可寒也。賈逵注云。尋溫也。謂舊學已精孰。在後更習之。猶若思尋故食也。周氏諝曰。致廣大然後極高。盡精微然後極明。高明既極矣。而天下爲難繼。故俯而道乎中庸。温故者月無志其所能也。知新者日知其所亡也。温故而知新者學也。敦厚者言其美質也。知禮者言其文也。方其爲高明之天道。則學與禮。乃爲其成終者也。方其爲中庸之人道。則學與禮。乃爲其成始者也。禮案大戴禮曾子立事曰。君子既學之忠其不博也。既博之患其不習也。既習之患其無知也。夫既患其不習。則能温故。患其無知。則能知新矣。

是故居上不驕。爲下不倍。國有道其言足以興。國無道其默足以容。詩曰既明且哲。以保其身。其此之謂與。

鄭注與謂起在位也。保安也。孔疏此明賢人學至誠之道。中庸之行。若國有道之時。盡竭知謀。其言足以興國。興謂發謀出慮。若無道之時。則韜光潛默。足以自容其身。免於禍害。詩大雅烝民篇。美宣王之詩。言宣王任用仲山甫。能顯明其事任。且又哲知。保安全其己身。言中庸之人。亦能如此。故云其此之謂與。游氏酢曰。居上則舜之袗衣鼓琴。若固有之。故不驕。爲下則孔子之乘田委吏。各任其職而已。故不倍。或出或處。或默或語。時措之宜也。豈干時犯分。以蹈大禍哉。楊氏時曰。國無道可以卷而懷之。然後其默足以容。此明哲保身之道。非遵養之有素。其何能爾乎。禮案孝經云。制節謹度。滿而不溢。居上不驕也。忠順不失。以事其上。爲下不倍也。論語子謂南容。邦有道則知。言足以興也。邦無道免於刑戮。默足以容也。

子曰。愚而好自用。賤而好自專。生乎今之世。反古之道。如此者。烖及其身者也。

鄭注反古之道。謂曉一孔之人。不知今王之新政可從。孔疏上經論賢人能或語或默。以保其身。若不能中庸者。皆不能量事制宜。必及禍患。又因明己不敢專輒制作禮樂也。反古之道。謂尋常之人。不知大道。若賢人君子。雖生今時。能持古法。故儒行云。今人與居。古人與稽是也。楊氏時曰。愚無德也。而好自用。賤無位也。而好自專。居今之世。無德無位。而反古以有爲。皆取烖之道。明哲不爲也。樂案荀子修身篇曰。不是師法。而好自用。譬之是猶以盲辨色。以聾辨聲也。舍亂妄無爲也。愚而好自用。賤而好自專也。論語云。其爲人也小有才。難乎免於今之世矣。生今之世。反古之道也。

非天子不議禮。不制度。不考文。今天下車同軌。書同文。行同倫。雖有其位。苟無其德。不敢作禮樂焉。雖有其德。苟無其位。亦不敢作禮樂焉。

鄭注此天下所共行。天子乃能一之也。禮謂人所服行也。度國家宮室及車輿也。文書名也。今孔子謂其時。言作禮樂者。必聖人在天子之位。孔疏此論禮由天子所行。既非天子。不得論議禮之是非。不敢制造法度。及國家宮室。大小高下。亦不得考成文章書籍之名也。今天下車同軌。覆上不制度。書同文。覆上不考文。行同倫。倫道也。言人所行之行皆同。通覆上不議禮。當孔子時禮壞樂崩。家殊國異。而云此者。欲明己雖有德。身無其位。不敢造作禮樂。故極行而虛已。先說以自謙也。陳氏祥道曰。天子之於天下。以道揆者也。故禮必議之而後行。度必制之而後頒。文必考之而後達。夫然後朝信道而無異禮。工信度而無異度。史信書而無異文。此天下以以如出乎一家。中國所以如出乎一人也。今天下車同軌。工非不信度也。書同文。史非不信書也。行同倫。朝非不以信道也。然而禮樂不達乎天下者。

德位不並。無以知禮樂之情故也。周氏諝曰。位非天子。則禮樂非所主。德非聖人。則禮樂非所知。唯其位爲天子。德爲聖人者。然後可以作禮樂也。郭氏忠孝曰。周公聖人之在上。故禮樂無所讓。孔子聖人之在下。故時命有所不得爲。而作春秋必書王正月。意者天下無王。則禮樂制度。綱紀文章。或幾乎息矣。王正月無亦從周之義也。禮案此即文中子所謂。吾於禮樂正失而已。如期制作。以作明哲。必也崇貴乎。

子曰。吾說夏禮。杞不足徵也。吾學殷禮。有宋存焉。吾學周禮。今用之。吾從周。

鄭注徵猶明也。吾能說夏禮。顧杞之君。不足與明之也。吾從周。行今之道。孔疏徵成也。孔子言我欲明說夏代之禮。須行夏禮之國。杞雖行夏禮。其君暗弱。不足贊而成之。吾學殷禮。有宋存焉。但宋君暗弱。亦不足可成。故論語云。宋不足徵也。此云杞不足徵。互文見義。吾從周者。言周禮法最備也。侯氏仲良曰。夏殷周三代之禮。皆可沿革也。宋杞不足徵。吾言則不言。周禮今用之。則吾從周。此孔子之時中也。顏淵問爲邦。子曰。行夏之時。乘殷之輅。服周之冕。樂則韶舞。此沿革之大首也。通天下。等百世。不弊之法也使孔子而有位焉。其獨守周之文。而不損益乎。禮案孔子雖博習三代之禮。然夏殷去世已遠。杞宋之文獻。又不足備者。傳聞之事。疑或失實。故不能舉而措之於時。而用之必從周禮也。

王天下有三重焉。其寡過矣乎。上焉者雖善無徵。無徵不信。不信民弗從。下焉者雖善不尊。不尊不信。不信民弗從。故君子之道。本諸身。徵諸庶民。考諸三王而不繆。建諸天地而不悖。質諸鬼神而無疑。百世以俟聖人而不惑。質諸鬼神而無疑。知天也。百世以俟聖人而不惑。知人也。

鄭注三重。三王之禮。上謂君也。君雖善善。無明徵則其善不信也。下謂臣也。臣雖善善。而不尊君。則其善亦不信也。徵或爲證。知天知人。謂知其道也。鬼神從天地者也。易曰故知鬼神之情狀。與天地相似。聖人則之。百世同道。徵或爲證。孔疏三重。謂夏殷周三王之禮。其事尊重。若能行之。寡少於過矣。上謂君也。君雖有善行。無分明徵驗。則不信著於下。則民不從。下謂臣也。臣所行之事。雖善而不尊敬於君。則善不信著於下。則民不從。言君臣爲善。須有徵驗。民乃順從也。本諸身者。言君子行道。先從身起。使有徵驗於庶民。若晉文公出定襄王。示民尊上。伐原示民以信之類。謬亂也。謂己所行之事。考校於三王合同。不有錯繆。悖逆也。言已所行之道。建達於天地。而不有悖逆。質正也。謂己所行之行。正諸鬼神。不有疑惑。是識知天道也。此鬼神是陰陽七八九六之鬼神。生成萬物者也。百世以俟聖人而不惑。以聖人之德。垂法於後世。待後世之聖人。其道不異。故云知人也。周氏諝曰。人不能無過。王天下之所以寡過者。以其有三重焉。所謂三重者。有善於己。而後有以徵於人。有以徵於人。而後人信之。此上焉者雖遠於民。而民必從之也。有善於己。而後有以尊於人。而後人信之。此下焉者雖近於民。而民必從之也。朱子熹曰。君子指王天下者而記。其道即議禮制度考文之事也。本諸身有其德也。徵諸庶民。驗其所信從也。建立也。立於此而參於彼也。天地者道也。鬼神者造化之迹也。百世以俟聖人而不惑。所謂聖人復起。不易吾言者也。姚氏景星曰。徵以時言一重也。尊以位言二重也。善以德言三重也。禮案三重之說。周姚較注疏義長。今從之。夫道本諸身。信於民。上稽古聖。大配天地。極乎鬼神。昭垂後世者。只是一理。故論語云。吾道一以貫之。是以先聖後聖。其矩一也。

是故君子動而世爲天下道。行而世爲天下法。言者世爲天下則。遠之則有望。近之則不厭。詩曰。在彼無惡。在此無射。庶幾夙夜。以永終譽。君子未有不如此而蚤有譽於天下者也。

鄭注用其法度相思。若其將來也。射厭也。永長也。孔疏言聖人之道。爲世法則。若遠離之。則有企望思慕之深也。若附近之。則不厭倦。言人愛之無己。詩周頌振鷺篇。言微子來朝。身有美德。在彼宋國之內。民無惡之。在此人無厭倦。故庶幾夙夜。以永終美譽。言君子欲蚤有名譽。會須如此。未嘗有不行如此。而蚤得有聲譽者也。朱子熹曰。動舉一身兼行與言。而言之也。道者人所共由。兼法與則而言之也。法謂法度。人之所當守也。則謂準則。人之所取正也。遠者說其德之廣被。故企而慕之。近者習其行之有常。故久而安之也。禮案望讀若詩小雅。萬民之望。遠者謂天下。言爲兆民所仰望也。射今詩作斁。

仲尼祖述堯舜。憲章文武。上律天時。下襲水土。辟如天地之無不持載。無不覆幬。辟如四時之錯行。如日月之代明。萬物並育而不相害。道並行而不相悖。小德川流。大德敦化。此天地之所以爲大也。

鄭注此以春秋之義。說孔子之德。孔子曰。吾志在春秋。行在孝經。二經固足以明之。孔子祖述堯舜之道。而制春秋。而斷以文王武王之法度。春秋傳曰。君子曷爲爲春秋。撥亂世。反諸正。莫近諸春秋。其諸君子樂道堯舜之道與。末不亦樂乎。堯舜之知君子也。又曰是子也。繼文王之體。守文王之法度。文王之法。無求而求。故譏之也。又曰王者孰謂。謂文王也。此孔子兼包堯舜文武之盛德。而著之春秋。以俟後聖者也。律述也。述天時謂編年四時具也。襲因也。因水土謂記諸夏之事。山川之異。聖人制作。其德配天地如此。唯五始可以當焉。幬亦覆也。小德川流。浸潤萌芽。喻諸侯也。大德敦化。厚生萬物。喻天子也。幬或作燾。孔疏此一節子思申明夫子之德。堪配天地。育萬物。傷有聖德。無其位也。祖始也。言仲尼祖述始行堯舜之道也。憲法也。章明也。言夫子發明文武之德。上則述行天時。以與言陰陽時候。下則因襲諸侯之事。水土所在。此子思贊揚聖祖修春秋有此等之事也。辟如天地日月。此明孔子之德。與天地日月相似。與天子諸侯德化無異。若以諸侯小德言之。如川水之流。浸潤萌芽。若以天子大德言之。則仁愛敦厚。化生萬物也。天地之所以爲大。言夫子之德。比並天地。所以爲大。不可測也。朱子熹曰。祖述者遠宗其道。憲章者近守其法。律天時者法其自然之運。襲水土者因其一定之理。錯猶迭也。悖猶背也。天覆地載。萬物並育於其閒。而不相害。四時日月錯行代明。而不相悖者。小德如川之流。脉絡全明而往不息也。大德敦厚其化。根本盛大。而出無窮也。此言天地之道。以見上文取辟之意。郭氏嵩燾曰。小德者顯而麗之事。大德默而運之神。成性存存。道義之門。是之謂敦化。禮案朱說是也。孔子之德行。何莫非法天之道。則地之理。以建中立極於天下。注疏以上律天時。下襲水土。專指春秋。似未足以盡之。

唯天下至聖。爲能聰明睿知。足以

有臨也。寬裕溫柔。足以有容也。發強剛毅。足以有執也。齊莊中正。足以有敬也。文理密察。足以有別也。溥博淵泉。而時出之。溥博如天。淵泉如淵。見而民莫不敬。言而民莫不信。行而民莫不說。是以聲名洋溢乎中國。施及蠻貊。舟車所至。人力所通。天之所覆。地之所載。日月所照。霜露所隊。凡有血氣者。莫不尊親。故曰配天。

鄭注言德不如此。不可以君天下也。蓋傷孔子有其德。而無其命。溥博淵泉。言其臨下普徧。思慮深重。非得其時。不出政教。如天取其運照不已也。如淵取其清深不測也。尊親尊而親之。孔疏此又申明夫子之德。聰明睿知。足以容養天下。寬弘性善。溫克和柔。足以包容也。發起也。執猶斷也。言孔子發起志意。堅強剛毅。足以斷決事物也。溥博至配天。更申明夫子蘊蓄聖德。俟時而出。日月所照之處。無不尊仰。溥謂無不周徧。博爲所及廣遠。以其浸潤之澤。如似淵泉溥大也。既思慮深重。非得其時。不出政教。必以俟時而出。如天言似天無不覆幬。如淵言澤深如川水之流。朱子熹曰。聰明睿知。生知之質。臨謂居上而臨下也。其下四者。乃仁義禮知之德。文文章也。理條理也。密詳細也。察明辨也。溥博周徧而廣闊也。淵泉靜深而有本也。出發見也。言五者之德。充積於中。而以時發見於外也。如天如淵。言充積極其盛而發見當其可也。舟車所至以下。言其德之所及。廣大如天也。呂氏大臨曰。聰明睿知足以有臨者。天之高明也。寬裕溫柔足以有容者。地之博厚也。發強剛毅齊莊中正者。乾坤之健順也。文理密察者。天地之經緯也。聖人成德。固萬物皆備。應於物而無窮矣。然其所以爲聖。則停蓄充盛。與天地同流。而無間者也。至大如天。至深如淵。時而出之。如四時之運用。萬物之生育。所見於外。人莫不敬信而說服。至於血氣之類。莫不尊親。非有天德。孰能配之。禮案聰明睿知。則明無不燭。故足以臨下。寬裕溫柔。則含宏光大。故足以容物。發強剛毅。則遇事能斷。故足以執法。齊莊中正。則動靜循禮。故足以敬身。文禮密察。則論制謹嚴。故足以辨別。而時出之。謂如時雨之降。恩施普也。溥博如天以下。卽大戴禮五帝德所云。其仁如天。其知如神。就之如日。望之如雲。其言不貳。其德不回。四海之內。舟輿所而。莫不說夷。北至於幽州。南至於交趾。西濟於流沙。東至於蟠木。動靜之物。大小之神。日月所照。莫不祗勵。是也。

唯天下至誠。爲能經綸天下之大經。立天下之大本。知天地之化育。夫焉有所倚。肫肫其仁。淵淵其淵。浩浩其天。苟不固聰明聖知達天德者。其孰能知之。

鄭注至誠性至誠。謂孔子也。大經謂六藝。而指春秋也。大本孝經也。安有所倚。言無所偏倚也。故人人自以被德尤厚。似偏頗者。肫肫讀如誨爾忳忳之忳。忳忳懇誠貌也。肫肫或爲純純。其孰能知之。言唯聖人乃能知聖人也。春秋傳曰。末不亦樂乎。堯舜之知君子。明凡人不知。孔疏此又云夫子無所偏倚。而仁德自然盛大也。普被於人。何有獨倚近於一人。言不有偏頗也。仁謂施惠仁厚。又能肫肫然懇誠行此仁厚爾。淵淵深水之貌。言夫子之德。淵淵然若水之深也。浩浩盛大。其若如天也。苟誠也。固堅固也。言帝誠不堅固。聰明睿聖通知曉達天德者。其誰能識知夫子之德。朱子熹曰。經緯皆治絲之事。經者理其緒而分之。綸者比其類而合之也。經常也。大經者五品之人倫。大本者所性之全體也。楊氏時曰。大經天理也。惇曲敷教。所以經綸之也。大本中也。建其有極。所以立之也。化育知也。窮神而後知之也。三者皆天也。故惟天下之至誠能之。非私知所能與也。有倚則人欲之私非誠也。肫肫純全也。淵淵靜深也。浩浩廣大也。惟肫肫故能與天地同流。此道之至也。非達天德者。其孰能知之。禮案夫焉有所倚。卽尚書洪範所謂。無偏無陂。尊王之義。無偏無黨。王道蕩蕩是也。

詩曰。衣錦尚絅。惡其文之著也。故君子之道。闇然而日章。小人之道。的然而日亡。君子之道。淡而不厭。簡而文。溫而理。知遠之近。知風之自。知微之顯。可以入德矣。詩云。潛顧伏矣。亦孔之昭。故君子內省不疚。無惡於志。

鄭注言君子之遂深遠難知。小也淺近易知。人所以不知孔子。以其深遠。禪爲絅。錦衣之美。而君子以絅表之。爲其文章露見。似小人也。淡其味似薄也。簡而文。溫而禮。猶簡而辨。直而溫也。自謂所從來也。三知者皆言其睹末察本。探端知緒也。入德入聖人之德。孔甚也。昭明也。言聖人雖隱居。其德亦甚明矣。疚病也。君子自省身無愆病。雖不遇人。亦無損害於己志。孔疏以前論夫子之德難知。故此明君子小人隱顯不同之事。詩衣錦尚絅。衞風碩尚篇。美莊美之詩。言莊美初嫁在塗衣錦衣。爲其文之大著。尚著禪絅以覆錦衣。詩本文衣錦褧衣。此云尚絅者。斷絕詩文也。明君子謙退。惡其文之彰著。故引詩以結之。章明也。君子道德深遠。初視不見。故曰闇然。其後明著。故日章明也。若小人好自矜大。故初視的然。以其才藝淺近。後無所取。故日益亡也。君子之道。察微知著。故能入德。不媚悅於人。初似淡薄。久而愈敬。無惡可厭也。性無嗜欲。故簡靜。才藝明辨。故有文。氣性和潤。故溫也。正直不違。故修理也。欲之遠必先適於近。乃後及遠。見目前之風。則知適所從來處。初時所微之事。久乃租於顯明。微是初端。顯是從緒。言君子或探末而知本。或睹本而知末。察微知著。終始皆好。故可以入聖人之德矣。詩潛雖伏矣。小雅正月篇。刺幽王之詩。本文以幽王無道。喻賢人君子雖隱其身。而德甚明著。不能免禍害。猶如魚伏於水。亦被人採捕。記者斷章取義。言賢人君子身雖藏。猶如魚伏於水。其道德亦甚美矣。君子雖不遇世。內自省身。不有愆病。則亦不損害於己志。言守人志彌堅固也。游氏酢曰。自此以下。皆言中庸之道。以至誠爲至也。君子用心於內。故闇然而日章。作德而休也。小人用心於外。故的然而日亡。作僞而拙也。楊氏時曰。淡疑於可厭。簡疑於不文。溫疑於不理。淡簡溫所謂闇然也。淡而不厭。簡而文。溫而理。則闇然而章矣。知遠之近。天下本諸身也。知風之自。由必擇中也。知微之顯。必慎其獨也。世之流風。皆有所自。清之陰。和之不恭。知其自此則君子不由也。夫如是乃可與入德矣。錢氏大昕曰。的非古字。當作旳。說文日部旳明也。禮案闇然者。中庸之道。故視之若平易。而行之不息。至德漸著。故日章也。的然者矯飾之行。故視之若卓犖。然積習欺詐。眞性酷喪。故日亡也。釋文昭本又作炤。與詩同。曾子立事曰。君子攻其惡。求其過。又論語云。吾日三省吾身。用力旣久。而至於內省不疚。無惡可攻。則聖德全矣。

君子之所不可及者。其唯人之所不見乎。詩云。相在爾室。向不愧於屋漏。故君子不動而敬。不言而信。詩曰奏假無言。時靡有爭。是故君子不賞而民勸。不怒而民威於鈇鉞。詩曰不顯惟德。百辟其刑之。是故君子篤恭而天下平。詩曰予懷明德。不大聲以色。鄭注言君子雖隱居。不失其君子之客德也。相視也。室西北隅謂之屋漏。視女在室獨居者。猶不愧於屋漏。屋漏非有人也。況有人乎。假大也。此頌也。言奏大樂於宗廟之中。人皆肅敬。金聲玉色。無有言者。以時太平和合。無所爭也。不顯言顯也。辟君也。此頌也。言不顯乎文王之德。百君盡刑之。諸侯法之也。予我也。懷歸也。言我歸有明德者。以其不大聲爲嚴厲之色以威我也。孔疏此明君子之德。閒居獨處。不敢爲非。故云君子之所不可及者。其唯人之所不見乎。詩相在爾室。大雅抑之篇。刺厲王之詩。詩意稱王朝小人。不敬鬼神。瞻視女在廟堂之中。猶尚不愧畏於屋漏之神。記者引之。斷章取義。言君子在室中屋漏無人之處。猶愧懼於屋漏之神。言雖獨居。常能恭敬。是不失其君子之客德。無問有人無人。恆能如是。故不動而民敬之。不言而民信之。詩奏假無言。商頌烈祖篇。美成湯之詩。詩本鬷假無言。此與詩異也。言祭成湯之時。奏此大樂於宗廟之中。時既太平。無有爭訟之事。故無言也。引證君子不言而民信也。詩不顯惟德。周頌烈文篇。美文王之德。言其道德顯著。故天下百辟諸侯皆刑法之。詩予懷明德。大雅皇矣篇。美文王之詩。言天謂文王曰。我歸就爾之明德。以文王不大作音聲以爲嚴厲之色。故歸之。記者引之。證君子亦不大聲厲色。與文王同也。方氏慤曰。爲善爲顯明之中者易。爲善於幽隱之中者難。故君子之所不及者。其唯人之所不見乎。經曰戒慎其所不睹。與此同意。動而敬。言而信。賞而勸。怒而威。末矣。唯不動於敬。不言而信。不賞而勸。不怒而威。然後爲至。怒必以鈇鉞爲言者。先王之所以飾怒是也。篤恭謂篤厚於恭也。不大聲以色。言化民以德也。聲色非不可以化民。特非化民之本耳。禮案不苟篇曰。君子至德。嘿然而喻。未施而親。不怒而威。夫此順命以慎其獨者也。善之爲道也。不誠則不獨。不獨則不形。不形則雖作於心。見於色。出於言。民猶若未從也。雖從必疑。

子曰。聲色之於以化民。末也。詩曰德輶如毛。毛猶有倫。上天之載。無聲無臭。至矣。鄭注輶輕也。言化民當以德。德之量舉。而用其輕如毛耳。倫猶比也。載讀曰栽。謂生物也。言毛雖輕。尚有所比。有所比。則有重。上天之造生萬物。人無聞其聲音。亦無知其臭氣者。化民之德。清明如神。淵淵浩浩。然後善。孔疏此一節。是夫子之言。子思既說君子之德。不大聲以色。引夫子舊語。聲色之事以接之。言化民之法。當以德爲本。若用聲色化民。是其末也。詩大雅烝民篇。美宣王之詩。言用德化民。舉行甚易。其輕如毛也。又言德之至極。本自無體。何直如毛。毛雖細物。猶有形體可比。故云毛猶有倫也。載言天之生物。無聲音臭氣。寂然無象。而物自生。言聖人亦無聲無臭。而人自化。是聖人之德。至極與天地同。此二句是大雅文王之詩。美文王之德。不言詩云者。孔子略而不言。直取詩之文耳。此亦斷章取義。陳氏祥道曰。聲色不可以化民。而從事於外者。果何爲哉。德輶如毛。固美矣。而毛猶有倫。不若無聲無臭之爲至也。然則爲中庸者。致力於內而已。禮案荀子天論曰。萬物各得其和以生。各得其養以成。不見其事。而見其功。夫是之謂神。皆知其所以成。莫知其無形。夫是之謂天。上天之載。無聲無臭之謂也。

禮記通釋卷六十八

玉環戴禮

表記第三十二

孔疏案鄭目錄云。名曰表記者。以其記君子之德。見於儀表。此於別錄屬通論。呂氏大臨曰。禮記名篇。亦多取篇中字爲目。如檀弓玉藻緇衣之類。此篇論仁爲多。而篇中有云仁者天下之表。恐此此義以名篇。方氏慤曰。表者裏之外也。故凡欲自明於外。而期物之取正者。皆謂之表。經言表微。傳言表道。皆以是而已。禮案此亦言禮。而篇名表記者何也。荀子彊國篇云。水行者表深。表不明則陷。治民者表道。表不明則亂。禮者表也。正謂是矣。

子言之。歸乎。君子隱而顯。不矜而莊。不厲而威。不言而信。

鄭注此孔子行應聘諸侯莫能用已。心厭倦之辭也。矜謂自尊大也。厲謂嚴顏色。孔疏此文稱子之言之凡八。皇氏云。若是發端起義。事之頭首。記者詳之。故稱子言之。更廣開其事。或曲說其理。則直稱子曰。此一節是孔子應聘諸國莫能用已。而爲此辭。託之君子。所以自明其德。時在他國。故稱歸乎。君子隱而顯者。身雖幽隱。而道德潛通。聲名顯著也。莊敬也。言不自尊大。而人尊敬也。常行仁義道德。不自嚴厲。而人威服也。不須出言。而人體信。以其積德感通。故所致如此。此皆夫子自道也。講義曰。孔子歷聘天下。而無一用。故至是而有之歸乎之嘆。孰知夫不用之用。其爲用尤大也。身不容於一時。而道可傳於萬世。賞罰之柄不及一施設。而春秋之筆削。凜凜乎爲千載之懲勸。是所謂隱也。而有至顯者存矣。方氏苞曰。孔子將歸老於魯。慮二三子因道之不行。而自弛置。故告以君子不得志於時。果能修身以見於世。尚可以化及於人也。隱者身之晦也。顯者道之明也。身可晦而道不可不明。道明則教可傳。人可化。不矜而莊。不厲而威。則人望其容貌。而不生慢易焉。不言而信。曾子避寇而沈猶武城人皆諒之。小邾人重季路之要言是也。洪氏頤煊曰。歸當作歸。莊子天下篇歸然而有餘。郭象注。歸然獨立自足之貌。歸乎君子。是美其德獨立之辭。禮案矜謂故自矜持也。不矜而莊。謂從容中禮。自然而然也。荀子儒效篇曰。故君子務修其內。而讓之於外。務積德於身。而處之以遵道。如是則貴名起之如日月。天下應之如雷霆。故曰君子隱而顯。微而明。辭讓而勝。詩曰。鶴鳴於九皋。聲聞于天。此之謂也。

子曰。君子不失足於人。不失色於人。不失口於人。是故君子貌足畏也。色足憚也。言足信也。甫刑曰。敬忌而罔有擇言在躬。

鄭注失謂失其容止之節也。玉藻曰。足容重。色容莊。口容止。甫刑。尚書篇名。忌之言戒也。言已外敬而心戒慎。則無有可擇之言。加於身也。孔疏此廣明君子之德。亦夫子竊自言也。足容重不失此足之容儀。而作夸毗進退於衆人也。色容須矜莊。不失此色之容儀。而作蘧篨戚施於衆人也。口容須安止。不失此口之容儀。而作諂私曲媚於衆人也。是故至足信也。此皆覆結上文。尚書篇名呂刑。甫侯爲穆王說刑。故稱甫刑。罔無也。引證君子。無可擇去之言。則上云言足信是也。然則敬之與忌。則是君子貌足畏色足憚也。方氏慤曰。三者得失。皆由於動。夫靜所以處己。動所以接人。故每以不失於人爲言焉。此君子止引擇言以證之者。以馳不及舌。人之失尤在於言故也。呂氏大臨曰。曾子告孟敬子。君子所貴乎道者三。動容貌。出辭氣。正顏色而已。所謂足者。舉動是也。舉動卽貌也。主於足故言足也。色者顏色見於面目者也。口者言辭是也。修此三者。敬而已矣。不敬則失之。故貌敬則足畏也。色敬則足憚也。言敬則足信也。禮案不失足者不失行也。孝經曰。非法不言。非道不行。又詩曹風云。淑人君子。其儀不忒。不失之謂也。儒效篇曰。君子言有壇宇。行有防表。故貌足畏。色足憚。言足信也。躬今書作身。

子曰。裼襲之不相因也。欲民之毋相瀆也。鄭注不相因者。以其或以裼爲敬。或以襲爲敬。不盛者以襲爲敬。執玉龜之屬也。禮不盛者以裼爲敬。受享是也。孔疏此云毋相瀆。卽是可憚之事也。行禮之時。禮不盛者則露見裼衣。禮盛之時。則重襲上服。是裼襲不相因也。若始末恆裼襲。其相因也。或初襲而後裼。或初裼而後襲。所以然者。欲使人民無相褻瀆。使禮相變革也。案聘禮賓初行聘時則襲。故聘禮云賓襲執圭是也。至聘訖受享之時。賓裼奉束帛加璧行享。聘爲禮盛故襲。享爲禮不盛故裼。方氏慤曰。古者長民衣服不貳。故其效至於民德歸壹。則裼襲不相因。欲民之毋相瀆。固其理也。裼襲見曲禮及玉藻解。孫氏希旦曰。燕居恆襲。玉藻謂不文飾也不裼是也。行禮改襲而裼。若禮之至重。則又改裼而襲。蓋禮以變爲敬。若相因則瀆。瀆則不敬矣。禮案此亦猶卜筮不相襲之義。所用雖同。所尚則異也。

子曰。祭極敬不繼之以樂。朝極辨不繼之以倦。鄭注極猶盡也。辨分別政事也。祭義曰。祭之日樂與哀半。享之必樂。已至必哀。孔疏此明行敬之時不可以樂倦也。言祭祀之時。極盡於敬。不可以終末繼之以樂。而不敬。朝禮極盡於分別。政事不可以終末繼之以解倦。而不分別也。葉氏夢得曰。禮之體無不敬。而極者在祭。故樂以迎來。哀以送往。非繼以樂也。禮之用無不辨。而極者在朝。故日中而退。非繼以倦也。郝氏懿行曰。祭之末終。笑語卒獲。廢徹不遲。是不繼以樂也。樂則敬弛。禮案辨謂辨色。玉藻曰。朝辨色而入是也。

子曰。慎以辟禍。篤以不揜。恭以遠恥。鄭注篤厚也。揜猶困迫也。孔疏言君子恆須謹慎以辟禍患也。篤厚行於善道。不使揜逼困迫。又能恭敬而遠恥辱也。馬氏希孟曰。禍者起於微而生於人之所忽。故君子慎以避之。篤者居於厚不居於薄。處其實不處於華。則輝光發於外。而人不能揜。恭則不侮於人。則人不侮於己。故恭以遠恥。義疏云。案易彖傳。困剛揜也。言剛爲柔所困。故鄭以困釋揜義。姚氏際恆曰。篤以不揜。倣中庸誠之不可揜爲說。禮案慎以避禍。故論語謂言寡尤。行寡悔。篤以不揜。卽大戴禮曾子制言云。故士執仁與義而明。行之未篤故也。胡爲其莫之聞也。恭以遠恥。若衞將軍文子篇。言恭而遜。恥而不使。其過宿也。

子曰。君子莊敬日強。安肆日偸。君子不以一日使其躬儳焉。如不終日。鄭注肆猶放恣也。偸苟且也。肆或爲褻。儳焉可輕賤之貌也。如不終日。言人而無禮。死無時。孔疏此又廣明恭敬之事。言君子恆能莊敬。故德業日強。小人安樂放恣。則其情性日爲苟且。經不云小人。文不具也。如不終日者。言君子則常行善道。不以一日之間。使其身儳焉可輕賤。若小人恆爲無禮。使其身可輕賤。死期促近。不能終竟一日也。應氏鏞曰。收斂則精神內固。操存則血氣不浮。故日進於強。晏安則物欲肆行。縱肆則膚體懈弛。故日趨於偸。儳者參錯不齊之貌。心無所檢束。而分離散亂。遂至儳焉錯出。外既散亂而不整。

內亦拘迫。故遂不終日也。君子主一以直內。而斯須無不莊不敬之態。則心廣體胖。泰然自適。何至於如不終日乎。郭氏嵩燾曰。周語夷翟輕儇。韋昭注進退上下無列也。仲尼燕居手足無所措。耳目無所加。進退揖讓無所制。即此所謂儇焉。如不終日也。禮案君子莊敬則德日起。安肆則德日薄。猶尚書周官所謂。作德心逸日休。作僞心勞日拙。幷無君子小人之別。注疏似誤。子曰。齊戒以事鬼神。擇日月以見君。恐民之不敬也。鄭注擇日月以見君。謂臣在邑竟者。孔疏知者以其經云擇日月以見君。若朝廷之臣。則每日朝君。何得云擇日月。據此故知邑竟。或擇日出使於外。或食邑別都。見君之時。須擇日月也。方氏慤曰。玉藻言將適公所。宿齋戒。則見君者非不齊戒。周官言祭祀前期十日。帥執事而卜日遂戒。則事鬼神者。非不擇日月。葉氏夢得曰。事鬼神則致敬於幽者也。故主言齊戒。見君則致敬於明者也。故主言日月。禮案此蓋致政之臣。有事入朝。若論語謂孔子沐浴而朝。請討陳恆之事。子曰。狎侮死焉而不畏也。鄭注忕於無敬心也。孔疏前明君子。恆能恭敬。此言小人遞相輕狎侮慢相侵。雖有禍害。而不知畏懼。故至於死焉。而不知也。馬氏晞孟曰。狎侮至於死而不畏者。蔽其所褻也。禮案狎侮與恭敬相反。故施之君子。則喪吾德。施之小人。則喪吾身。荀子修身曰。怠慢僄棄。則炤之以禍災。是也。子曰。無辭不相接也。無禮不相見也。欲民之毋相褻也。易曰。初筮告。再三瀆。瀆則不告。鄭注辭所以通情也。禮謂摯也。春秋傳曰。古者諸侯有朝聘之事。號辭必稱先君以相接也。瀆之言褻也。孔疏前明小人狎侮。至於死亡。此明君子。無相褻瀆。無辭言朝聘會聚之時。必有言辭。以通情意。若無言辭。則不得相交接也。贄幣所以示已情。若無贄幣之禮。則不得相見。所以然者。欲民之無相褻瀆也。易蒙卦辭。筮問也。言童蒙初來問者。師則告之。若再三來問。師則不復告之。引者證無相褻瀆之義也。呂氏大臨曰。辭者相接之言。如公與客宴曰。寡人有不腆之酒。以請吾子之與寡人須臾焉。使某也以請之類。禮者相見之贄。如羔鴈雉鶩之類。必以辭。必以禮者。交際不可苟也。苟則褻。褻則不敬。此交所以易疏也。筮之道貴於初筮。而不敢再三。至敬而不褻。鬼神且將告之。況於人乎。賓主慎於交際。不敢苟且。亦敬人之道也。事君數。斯辱矣。朋友數。斯疏矣。其此之謂乎。禮案無辭相接。嫌其易也。無禮相見。嫌其輕也。輕易則褻。褻則瀆矣。故相接必以辭。而相見必以禮也。子言之。仁者天下之表也。義者天下之制也。報者天下之利也。鄭注報謂禮也。禮尚往來。孔疏此一節總明仁義之事。與上別端。故更稱子言之。表謂儀表。言仁恩是行之盛極。故爲天下之儀表也。義宜也。制謂裁斷。既使物各得其宜。是能裁斷於事也。禮尚往來相反報。物得其利。故云天下之利也。呂氏大臨曰。天下有道。所謂德怨之報者。皆出於天下之公而已。有德者報以官。有功者報以賞。所謂以德報德。民知所勸矣。傷人者報以刑。滅人者報以殺。所謂以怨報怨。民知所懲也。孫氏希旦曰。德怨之報得其公。則人皆知怨之不宜樹。而競爲德矣。故曰天下之利。郝氏懿行曰。仁爲人心所同向。如表建而影隨也。禮案仁無義以制其節。則近於墨之兼愛。義無仁以立其體。則近於楊之爲我。報若坊記下天上施。所以警在上者之慎於施政也。子曰。以德報德。則民有所勸。以怨報怨。則民有所懲。詩曰。無言不讎。無德不報。大甲曰。民非后無能胥以寧。后非民無以辟四方。鄭注懲謂創艾。讎猶答也。太甲湯孫也。書以名篇。胥相也。民非君不能以相安。孔疏詩大雅抑之篇。刺厲王之詩。引證經相報之義。尚書大甲篇。大甲湯孫大丁之子。湯崩大甲立。伊尹作書訓之。故云大甲。后君也。伊尹言民若無君。無能相匡正以自安居。君若無民。無以君領四方。引證君臣相報答之義也。黃氏裳曰。以德報德者仁也。則民所有勸。故爲天下之表。以怨報怨者義也。則民有所懲。故爲天下之制。有所勸則民知德而不陷乎惡。有所懲則民知法而不陷乎罪。故爲天下之利。孫氏希旦曰。勸者勉於施德。懲者戒於樹怨。引大甲言君能安其民。則民能戴其君。以德報德之義也。禮案以德報德。以怨報怨。則民競爲善而憚爲惡。斯天下不足平矣。辟君也。民不歸往。而能君臨萬方者。未之有也。荀子君道篇曰。故有社稷者。而不能愛民。不能利民。而求民之親愛已。不可得也。民之不親不愛。而求爲己用。爲己死。不可得也。又尚書咸有一德云。后非民罔使。民非后罔事。無自廣以狹人。匹夫匹婦。不獲自盡。民主罔與成厥功。子曰。以德報怨。則寬身之仁也。以怨報德。則刑戮之民也。鄭注寬猶愛也。愛身以息怨。非禮之正也。仁亦當言民。聲之誤。孔疏言子曰者。廣明以禮相報之義。若以直報怨。是禮之常也。今以德報怨。但是寬愛己身之民。欲苟息禍患。非禮之正也。禮當以德報德。今以怨報德。其人凶惡。是合刑戮之民也。呂氏大臨曰。君子欲蹈乎中庸。則莫如孔子所謂以直報怨。以德報德也。以直報怨。視如國人而已。彼賢當進。吾不敢以怨而蔽之。彼罪當刑。吾不敢避怨而宥之。懷怨而重之。孫氏希旦曰。以德報怨。則天下無不釋之怨矣。雖非中道。而可以寬容其身。亦仁之一偏也。禮案寬仁者。犯而不較可也。以德報怨則過矣。若夫以怨報德。則負恩背義。爲天理所不容。自不免於刑戮也。子曰。無欲而好仁者。無畏而惡不仁者。天下一人而已矣。是故君子議道自己。而置法於民。鄭注一人而已。喻少也。自己自盡己所能仁。孔疏自此以下。廣明仁道有三。一是安仁。二是利仁。三是強仁。此明安仁之事。凡人好仁者。有所欲今無有所求欲。而自好仁道。凡人憎惡不仁。皆有所畏。今無有所畏。而能惡不仁者。雖天下之人。廣能行此者。但有一人而已也。好仁之法。須恩惠及人。當恕己而行。故君子謀議道理。先自己而始。己所能行。乃可以施置法度於人。呂氏大臨曰。無欲而好仁。無畏而惡不仁。所謂性之者也。天下一人而已。則非聖人不足以性仁。苟志於仁矣。無惡也。則衆人皆可以爲仁。以聖人所性。而議道則無不盡。以衆人所能。而制法則法無不行。郭氏嵩燾曰。議道者明道之當然也。至於制法。必以民情通之。而使之知所勸懲。以日遷善遠辠。而自不知。已下文利仁強仁。蓋相與循習於法之中。制情以反之性。君子所以通愚賤之志。而不敢以己之無爲爲之者。強責之人也。禮案曾子制言曰。負耜而行道。凍餓而守仁。無欲而好仁之謂也。吾不仁其人雖獨也。吾弗親也。無畏而惡不仁之謂也。子曰。仁有三。與仁同功而異情。與仁同功。其仁未可知也。與仁同過。然後其仁可知也。仁者安仁。知者利仁。畏罪者強仁。鄭注三謂安仁也。利仁也。強仁也。利仁強仁。功雖與安仁者同。本情則異。功者人所貪也。過者人所辟也。在過之中。非其本情者。或有悔者焉。孔疏此明仁道有三。其功雖同。其情則異。以終能汎愛。其功同也。一則無所求爲而安靜行仁。一則規求其利而行仁。一則畏懼於罪而行仁。是同功異情之事。是未可知也。過謂利之與害。若遭遇利害之事。其行仁則可知也。若天性仁者。非關利害而安仁道。若有知謀者。貪利而行仁。無利則止。非本情也。若畏懼於罪者。自強行仁。求免於罪。若無所畏。則不行也。呂氏大臨曰。仁者安仁。無欲而好仁。無畏而惡不仁者也。知者利仁。有欲而好仁者也。畏罪者強仁。有畏而惡不仁者也。三者之功歸於仁。而其情則異。此堯舜性之。湯武身之。五霸假之。而所以異者也。功者人所貪也。假之者有之。故齊桓公九合諸侯。一匡天下。湯武之舉。不過乎是。而其情則不同。故其仁未可知也。過者人所避也。有不幸而致焉。故周公使管叔監殷。管叔以殷畔。過於愛兄而已。孔子對陳司敗問昭公知禮。過於諱君而已。皆出乎情而無僞。故其仁可知。馬氏晞孟曰。過者人所避。惟仁者受之而不辭。至於利仁強仁者。不能無悔也。故觀過然後知仁。郭氏嵩燾曰。論語觀過知仁。所謂過者。即從仁中推勘而出。甯武子之愚不可及。愚即仁也。小宛之詩之怨。怨即仁也。非仁無以成其過。非過無以成其仁。故曰與仁同過也。禮案曾子制言曰。是故君子以仁爲尊。天下之爲富。何爲富。則仁爲富也。天下之爲貴。何爲貴。則仁爲貴也。昔者舜匹夫也。土地之厚則得而有之。人徒之衆則得而使之。舜唯仁得之。安仁者也。是故君子將說富貴。必勉爲仁。利仁強仁者也。

仁者右也。道者左也。仁者人也。道者義也。厚於仁者薄於義。親而不尊。厚於義者薄於仁。尊而不親。道有至。義有考。至道以王。義道以霸。考道以爲無失。鄭注右也左也。言相須而成也。人也謂施以人恩也。義也謂斷以事宜也。春秋傳曰。執末有言舍之者。此其言舍之何人兼也。厚薄言仁義並行者也。仁多則人親之。義多則人尊之。此讀當言道有至有義有攷。字脫一有耳。有至謂兼仁義者。有義則無仁矣。有攷攷成也。能取仁義之一成之。以不失於人。非性也。孔疏此明仁義相須。若手之左右。仁恩若右手。使用之便。亦行之急也。道是履蹈而行。比仁恩稍劣。故爲左也。仁者人也。言仁恩之道。以人情相愛偶。道者義也。凡可履蹈而行者。必斷割得宜也。如注所云。道有至有義有考。至謂兼行仁義。行之至極也。義謂仁義之中。唯有義無仁。故云有義。考謂於仁義之中。或取仁。或取義之一事。勉力成之。非本性也。至道以王者。既能兼行仁義至極。可以王有天下。義道以霸者。若齊桓晉文以甲兵斷割。可以霸於諸侯也。考道以爲無失者。既於仁義之中。隨取其一而成之。以道不違於理也。項氏安世曰。仁者右也。道者左也。此亦難通。當以下兩句爲解。仁即人身也。道即義理也。人身能行仁義。故爲右。右用力也。義理不能自行。待其人而後行。故爲左。左不用力也。應氏鏞曰。至道即仁也。渾而無迹。故得其渾全精碎以爲王。義道嚴而有方。故得其裁制割斷而爲霸。盡稽考之道。而事無輕舉。亦可以無失矣。吳氏澄曰。仁者中心所具之德體也。道者事物所由之路用也。仁右道左。猶云禮先樂後。志至氣次云爾。仁之爲體。以此心之在人者言。故曰人也。道之爲用。以事物之義理而言。故曰義也。人之氣稟得生物之氣多者。仁厚而義薄。得收物之氣多者。義厚而仁薄。仁者溫然之慈惠。故人親愛之。義者截然之裁制。故人尊敬之。俞氏樾曰。道者義也。義疑我字之誤。左右而人我相對成文。道者我也。卽上文所謂君子議道自己也。禮案親而不尊。尊而不親。卽昭二十六年左傳所謂火烈民望而畏之。水懦弱民狎而翫之是也。子言之。仁有數。義有長短小大。中心憯怛。愛人之仁也。率法而强之。資仁者也。詩云。豐水有芑。武王豈不仕。詒厥孫謀。以燕翼子。武王烝哉。數世之仁也。國風曰。我今不閱。皇恤我後。終身之仁也。鄭注。資取也。數與長短小大。互言之耳。性仁義者其數長大。取仁義者其數短小。芑枸檵也。仕之言事也。詒遺也。燕安也。烝君也。言武王豈不念天下之事乎。如豐水之有芑矣。乃遺其後世之子孫以善謀。以安翼其子也。君哉武王。美之也。閱猶容也。皇暇也。恤憂也。言我今尚恐不能自容。何暇憂我之後人乎。孔疏自此以下至不稱其服。更廣明仁義之道。又顯中心外貌。內外相稱。故更稱子言之。言仁有數。則義亦有數。義言長短小大。則仁亦有長短小大。互言之也。若天性仁義者。則其數長而大。若强取仁義而行者。則其數短而小。長謂國祚久遠。大謂覆養廣多。短謂世位淺促。小謂所施狹近也。性有仁者。以天性自仁。故中心悽憯傷怛。憐愛於人。故云愛人之仁也。率循也。率情善法。自强行之。非是天性。直取仁道行之者也。詩大雅文王有聲篇。美武王之德。言豐水有芑。喩武王之身。自然有天下。猶如豐水豈無此芑乎。厥其也。言武王能遺其子孫以美善之謀。謂代紂定天下。以王業遺於子孫。自翼助也。言武王能安助其子孫。烝哉者有爲君之德。仁之所及。其數長也。國風詩邶風谷風篇。婦人被夫棄絕。初憂子孫困苦。還自悔之云。我今尚不能自容。有何閒暇能憂我後世之人乎。案詩箋以詒爲傳。以孫爲順。以翼爲敬。言傳其天下所順之謀。以安其敬事之子孫。謂使其長行之也。此引詩斷章。云數世之仁。故以爲子孫而翼成之也。呂氏大臨曰。中心憯怛。仁發於性者也。率法而强之。外鑠於仁者也。以其誠心愛人。故曰愛人之仁。以其有取於外。故曰資仁。此所發淺深之數也。數世之仁。終身之仁。此所施遠近之數也。故曰仁有數。義有長短小大者。義無定體。唯其所宜而已。如孔子可以仕則仕。可以止則止。可以久則久。可以速則速是也。陳氏澔曰。豐水之旁。以潤澤生芑穀。喩養成人才也。聖人爲後嗣計。莫大於遺之以人才。是欲傳其孫之謀。而燕安翼輔其子耳。案管子云。爲百年之計者。莫如樹人。禮案大戴禮武王踐阼曰。以仁得之。以仁守之。其量百世。以不仁得之。以仁守之。其量十世。以不仁得之。以不仁守之。必及其世。此仁之數。數世之仁。終身之仁也。義勝欲者從。義之長大者也。欲勝義者凶。義之短小者也。大學言唯仁人爲能愛人。愛人之仁也。論語云。我欲仁。斯仁至矣。資仁者也。

子曰。仁之爲器重。其爲道遠。擧者莫能勝也。行者莫能致也。取數多者仁也。夫勉於仁者。不亦難乎。是故君子以義度人。則難爲人。以人望人。則賢者可知已矣。鄭注。取數多。言計天下之道。仁居其多。以義度人。言以先王成法擬庶人。則難中也。當以時人相比方耳。孔疏此一節廣明仁。故言子曰。仁是愛養。非賢聖不能行。故言爲器重。廣博覆物。是爲道廣遠也。擧者莫能勝。行者莫能致。據凡庸也。取數多者仁也。言力萬種善事之中。論利益於物。取數最多者是仁也。仁爲愛養。行之不易。故勉力行仁者難也。故在上君子。以先王之義。擬度於人。欲人行先王成法。則人難中於古法也。望比也。以今世人道比望於古人。能合於事。則是賢人也。不合則非賢人。故云可知己矣。方氏慤曰。器若器用之器。道若道路之道。勝言勝其任。致言致其至。舉若手舉。行若足行。論語曰。士不可以不弘毅。任重而道遠。仁以爲己任。不亦重乎。死而後已。不亦遠乎。其言正與此合。呂氏大臨曰。仁爲器重。爲道遠。隨其所舉之多少。所至之遠近。皆可以謂之仁。故管仲之功。微子之去。箕子之囚。比干之死。皆得仁之名。請仁之盡。則堯舜其猶病諸。以義度人者。盡義以求人。非聖人不足以當之。故難爲人。舉今之人以相望。則大賢愈於小賢。小賢愈於不賢。故賢者可知已矣。禮案此言仁道之大。非建一功立一善者所能至也。強勉而爲之。或恐功虧一簣。是以難能也。韓詩外傳曰。仁道有四。上知天能用其時。下知地能用其財。中知人能安樂之。是聖仁者也。上亦知天能用時。下亦知地能用財。中能使人肆之。是智仁者也。寬而容衆。百姓之道所以至。弗辱以時。是德仁者也。疾亂而輕死。弗顧弟兄。以法度之。比於不祥。是磏仁者也。

子曰。中心安仁者。天下一人而已矣。大雅曰。德輶如毛。民鮮克舉之。我儀圖之。惟仲山甫舉之。愛莫助之。鄭注輶輕也。鮮罕也。儀匹也。圖謀也。愛猶惜也。言德之輕如毛耳。人皆以爲重。罕能舉行之者。作此詩者。周宣王之大臣也。言我之匹。謀之仲山甫。則能舉行之。美之也。惜乎時人無能助之者。言賢者少。孔疏天下唯一人言少也。引詩大雅烝民篇。以明行仁者少也。言德之輕。易舉如毛。然民尚以爲重。罕能舉而行之也。唯有仲山甫能舉行其德。惜乎無人能助行之者。呂氏大臨曰。天下一人。聖人之任也。雖未至焉。不敢不勉。不以世莫之助而不爲。故曰惟仲山甫舉之。朱子熹曰。儀度也。言我於是而謀度其人。舉之者惟仲山甫而已。應氏鏞曰。前言仁之重且遠。而不可以全責。故以人望人。隨其力量所至。又恐人自怨望。望然以仁爲不可企及。故又總敍而勸勉之。安仁者雖獨立無儔。然德本甚輕。人自鮮舉。幸有能舉者。當衆圖而共助。仰高勤行。終其身而後已。是其望於人者無已。不容有自怨之心也。禮案說是也。前之勉爲仁者一難。恐人之畏難不前。故又引詩言其輶如毛。而民終鮮舉之者。是未嘗用力也。論語云。有能一日用其力於仁矣乎。我未見力不足者。

小雅曰。高山仰止。景行行止。子曰。詩之好仁如此。鄉道而行。中道而廢。忘身之老也。不知年數之不足也。俛焉日有孳孳。斃而後已。鄭注仰高勤行者。仁之次也。景明也。有明行者。謂古聖賢也。廢喻力極罷頓。不能復行則止也。俛焉勤勞之貌。斃仆也。孔疏此小雅車舝篇。言幽王若能修德如高山。則天下之人瞻仰之。若幽王有景明之行。則天下之人仰行之。子曰高山景行。是好愛仁德如此之甚也。向道言向仁道而行。在於中道。力之罷極。而始休廢之也。忘身之老。言行仁勤急。忘己身之衰老。不自知年數之不足也。猶每日孳孳。唯力之斃仆而後已也。朱子熹曰。景行大道也。行如字。方氏慤曰。王氏謂高山出雲雨。故澤於民。民賴而仰之。景行當於道。故德加於民。傚而行之。詩人思高山之可仰。景行之可行。非好仁者。疇或能之。忘身之老者。即所謂不知老之將至是也。斃而後已者。即所謂死而後已是也。陳氏澔曰。俛焉無他顧之意。姚氏舜牧曰。中道而廢。當作中道不廢。孫氏希旦曰。廢謂廢竭。中道而廢。若所謂既竭吾才。言其尤無餘也。郝氏懿行曰。孳生也。言勤勤勉勉。日生新意無窮時。禮案此卽曾子制言所謂。是故君子思仁義。晝則忘食。夜則忘寐。日旦就業。夕而自省。以歿其身是也。

子曰。仁之難成久矣。人人失其所好。故仁者之過易辭也。鄭注言仁道不成。人所由不得其志。辭猶解說也。仁者恭儉。雖有過不爲甚矣。唯聖人無過。孔疏言仁道難成。非始今日。其來久矣。人人謂天下衆人。由仁道不成。天下衆人。皆失其所愛好之事。無所依恃。不得其志意之所好。多有患害。若仁道成。人皆得所願也。以仁是善者。故仁者有過。其惡不甚。易可以言辭解說也。此謂取仁之行者。故有過耳。其聖人天性仁者。全無過也。呂氏大臨曰。仁者之心公。衆人之心私。公則所好者兼容博愛。私則所好者克伐怨欲。此人人失其所好也。心誠鄉仁。雖有過差。其情則善。不待辭而辨矣。故曰仁者之過易辭。孫氏希旦曰。仁之爲道。人莫不知其可好。此秉彝好德之心也。然鮮能勝其重。致其遠。此所以人人失之也。辭猶解免也。仁者有過。如日月之食。人皆見之。未嘗有自解免之意。然人皆知其心之無他。故易辭。禮案所好欲也。人之失皆在於多欲。故難乎爲仁。所以論語云。爲仁者必克己復禮也。仁者之過易辭。若孔子曰。丘也幸。苟有過。人必知之是也。蓋仁人無好回欺詐之事。故有過不畏人知。則易爲辭矣。

子曰。恭近禮。儉近仁。信近情。敬讓以行此。雖有過。其不甚矣。夫恭寡過。情可信。儉易容也。以此失之者。不亦鮮也。詩曰。溫溫恭人。惟德之基。鄭注言罕以此失之。孔疏恭近禮。禮主於敬。恭近於禮。儉近仁者。以儉不費用。無害於物。故近仁也。信近情者。信謂言語信實。故近情也。恆能恭敬。故寡小於過也。以情示人。故可信也。以儉則寡求。故易容也。詩大雅抑之篇。刺厲王之詩。言顏色溫溫。和柔恭敬之人。惟能爲德之基也。王氏肅曰。信近情。當作情近信。呂氏大臨曰。恭儉信未足以爲仁。而仁者之資也。恭則不侮。儉則不奪。言語必信。三者之行。不私於己。又以敬讓行之。向乎仁矣。雖有過差。其情則善。故不甚矣。如是而失者鮮矣。雖未成德。斯德之基矣。方氏慤曰。夫得則爲當。失則爲過。過之不甚。由其失之鮮而已。故始言過而終又言失焉。郝氏懿行曰。敬德之聚也。故敬讓以行三者。雖有過不甚矣。禮案情實也。故近信。然儉者或簡於禮數。信者或病於質慤。故又勉之以敬讓。敬讓爲儉信者言。非爲恭者告也。荀子修身曰。體恭敬而心忠信。術禮義而情愛人。橫行天下。雖困四夷。人莫不貴是也。

子曰。仁之難成久矣。唯君子能之。是故君子不以其所能者病人。不以人之所不能者愧人。是故聖人之制行也。不制以己。使民有所勸勉愧恥。以行其言。禮以節之。信以結之。容貌以文之。衣服以移之。朋友以極之。欲民之有壹也。小雅曰。不愧於人。不畏於天。鄭注言能成人道者少也。病愧謂罪咎之。以中人爲制。則賢者勸勉。不及者愧恥。聖人之言乃行也。移讀如水氾移之移。移猶廣大也。極致也。壹謂專心於善。小雅毛人有所行。當慚怖於天人也。孔疏謂不以己之所能。使他人必能。若他人不能。則爲困病。不以他人力所不能。必欲使之能行。若他人不能。則以爲愧恥。故不以人所不能。愧困於人。亦仁者之行也。是故聖人之制法。立行不以己之所能制法。恐凡人不能行也。但制以中人之行。使得可行。則民有所自勸勉。不能者自懷愧恥。如此則民得以行其聖人之言也。聖人用中禮而作法。故制以禮信容貌。又用衣服移大勸之。使之尊嚴也。朋友以極之者。謂相勸勵。以專壹於善道。所以爲此教化也。小雅何人斯篇。是蘇公刺責暴公。讒譖於己。引之者言人之行。當須愧於人。畏於天也。呂氏大臨曰。君子修其外。則知愧於人。修其內。則知畏於天。故曰不愧於人。不畏於天。方氏苞曰。游惰之士。垂綏五寸。不齒之人。玄冠縞武。所謂衣服以移之也。郝氏懿行曰。移讀如字。謂變移也。禮案不以所能病人。故曾子立事曰。君子不拆辭。不陳人以其所能。禮者敬而已矣。荀子仲尼篇恭敬以先之。忠信以結之。又修身篇云。宜於時通利以處窮。禮信是也。容貌以文之。猶不苟篇謂恭敬謹愼而容。夫是之謂至文。衣服以移之。故哀公篇言端衣玄裳。絻而乘路者。志不在於食葷。斬衰菅屨。杖而啜粥者。志不在於酒肉。朋友以極之。卽詩小雅朋友攸攝。攝以威儀。欲民之有壹。卽詩曹風淑人君子。其儀一兮。不愧於人。不畏於天。詩固刺讒人之無顧忌。然此斷章取義。言民壹於善。則若孟子所云。仰不愧於天。俯不怍於人意同。

是故君子服其服。則文以君子之容。有其容。則文以君子之辭。遂其辭。則實以君子之德。是故君子恥服其服而無其容。恥有其容而無其辭。恥有其辭而無其德。恥有其德而無其行。是故君子衰絰則有哀色。端冕則有敬色。甲冑則有不可辱之色。詩云。維鵜在梁。不濡其翼。彼記之子。不稱其服。

鄭注遂猶成也。無其行謂不行其德。哀敬不可辱言色稱其服也。鵜鶘汙澤也。汙澤善居泥水之中。在魚梁以不濡汙其翼爲才。如君子以稱其服爲有德。孔疏實猶充也。言君子既成其文辭。則當充實之以德。德在於內。行接於外。內既有德。當須以德行之於外。以接於人。民若有德無行。是君子所恥也。詩曹風候人篇。刺共公之詩。言彼曹朝小人之子。其內無其德。不能稱其在外之服。以前經言君子內外皆須相稱。故引此詩結之。案詩注云。鵜鳥在梁。可謂不濡其翼乎。必濡其翼也。如小人在位。必辱其職。與此乖者。注禮在前。注詩在後。故不同也。馬氏晞孟曰。上言衣服以移之。故君子服其服則文以君子之容。蓋人之所以爲人。在於正容體。齊顏色。順辭令。服備然後可以責此。故君子服其服。則文以君子之容。有其容則文以君子之辭。蓋有德者必有言。有言者不必有德。故遂其辭。又實以君子之德。詩曰。抑抑威儀。惟德之隅。傳曰。德行忠信之裏也。威儀文辭表也。君子之於表裏。唯其稱而已矣。義疏云。原注。汙澤。以不濡其翼爲才。如君子以稱其服爲德。似非詩意。詩謂鵜鳥汙賤。在泥澤中宜也。在梁則不濡其翼矣。候人何戈與殺宜矣。今在位而亦芾。不稱其服矣。方氏苞曰。世豈有德而無其行者。是非君子之言也。或曰義理之明於心亦德也。然遭變而毀其行者多矣。如揚雄之類是也。禮案德者得也。謂學有得於己耳。非道德之德也。若揚雄輩之無行。不足以言道德之德矣。詩小雅彼都人士。狐裘黃黃。君子之有服也。其容不改。出言有章。有其容有其辭也。行歸於周。萬民所望。有其德有其行也。韓詩外傳曰。故君子衣服中。容貌得。則民之目說矣。言語孫。應對給。則民之耳說矣。就仁去不仁。則民之心說矣。喪事主哀。故衰絰則有哀色。祭祀主敬。故端冕則有敬色。軍旅主威。故甲胄則有不可辱之色。皆所以稱其服也。曲禮上云。端衰喪則必有哀色。執紼不笑。臨樂不歎。介胄則有不可犯之色。故君子戒慎。不失色於人。

子言之。君子之所謂義者。貴賤皆有事於天下。天子親耕粢盛秬鬯。以事上帝。故諸侯勤以輔事於天子。鄭注。言無事而居位食祿。是不義而富且貴。孔疏。此一節明天子以下。各有其事。又明舜禹文王周公之德。皆能上事天帝。下庇四方。事異於上。故記者詳之。又稱子言之也。天子事上帝。諸侯事天子。是貴賤皆有事於天下。案小宰注云。大地大神。至尊不祼。此祭上帝有秬鬯者。凡鬯有二。若和之以鬱。謂之鬱鬯。鬱人所掌是也。祭宗廟而灌地。若不和鬱。謂之秬鬯。鬯人所掌是也。謂五齊之酒。以秬黍爲之。以芬芳調暢。故言秬鬯。得以事上帝。應氏鏞曰。義者截然正方。而無偏私。唯知賤之事貴。而不知貴之率賤。豈所謂絜矩之道乎。故天子竭力致敬。以尊乎上帝。則諸侯亦服勤以輔事乎天子。馬氏晞孟曰。君子之所謂義者。事而制之。得其宜也。有宜於貴。必有宜於賤。故古之人所惡於上。無以使下。所惡於下。無以事上也。禮案。此所謂義者。即荀子王霸篇謂義立而王。信立而霸。又曰以國齊義。一日而白。湯武是也。

子曰。下之事上也。雖有庇民之大德。不敢有君民之心。仁之厚也。是故君子恭儉以求役仁。信讓以求役禮。不自尚其事。不自尊其身。儉於位而寡於欲。讓於賢。卑己而尊人。小心而畏義。求以事君。得之自是。不得自是。以聽天命。詩云。莫莫葛藟。施於條枚。凱弟君子。求福不回。其舜禹文王周公之謂與。有居民之大德。有事君之小心。詩云。惟此文王。小心翼翼。昭事上帝。聿懷多福。厥德不回。以受方國。鄭注。庇覆也。無君民之心。是思不出其位。役之言爲也。求以事君者。欲成其忠臣之名也。得之自是。不得自是。言不易道徼祿利也。凱樂也。弟易也。言樂易之君子。其求福修德以俟之。不爲回邪之行。要之如葛藟之延蔓於條枚。是其性也。其舜禹文王周公之謂與。言此德。當不回也。昭明也。上帝天也。聿述也。懷至也。言述行上帝德。以至於多福也。方四方也。受四方之國。謂王天下。孔疏。言君子既有庇民之大德。又自謙退。不敢有君民之心。仁愛深厚恭敬節儉。以求施爲仁道。信實退讓。以求施爲於禮也。雖得利祿。自行其爲是之道。不得利祿。亦自行其爲是之道。不問得之與失。恆行其是。以聽天命。不苟易其道也。莫莫葛藟。詩大雅旱麓篇。言文王之興。依約先祖。莫莫然如葛藟之草。施於條枚之木。猶如子孫之興。亦由先祖而德盛也。凱弟君子。言大王王季樂易之君子。引證君子以聽天命。雖求福不爲回邪之行。亦是其性。斷章取義。故與詩文不同也。其舜禹文王周公之謂與。以其雖有庇民之大德。恆有事君之小心。常能畏懼。是不回也。惟此文王。詩大雅大明篇。言文王小心翼翼。以昭明道德。厚事上帝。以受衆多之福。方國者。四方衆國也。引證上求福不回也。葉氏夢得曰。仁過乎恭。用過乎儉。非以求仁。求所以役仁者。故不自尚其事。儉於事而寡於欲。皆役仁之事也。信爲之本。讓爲之末。不足以盡禮。求所以役禮者也。故不自尊其身。讓於賢卑已以尊人。皆役禮之事也。仁以自愛。禮以自敬。而事君有義而已矣。故小心而畏義。求以事君。所以知命。得之不得。自是以聽天命。所以知天。古之聖人。未有不由此而得譽於天下。而獨言舜禹文王周公者。蓋爲臣有事君之小心。而天子又荐之於天。唯舜禹爲有命爲臣而有君民之大德。天子不荐之於天。唯文王周公爲有義。豈弟君子。求福不回。義也。厥德不回。以受方國。命也。若湯武則反其常分。亦義之變。所以不及言也。禮案以道得民。而無覬覦君位之心。忠之至。卽仁之至也。得之不得以聽天命。卽衞將軍文子篇。易行以俟天命。有君民之大德。有事君之小心。卽不苟篇君子大心則天而大。小心則畏義而節。又曰君子位尊而志恭。心小而道大是也。

子曰。先王諡以尊名。節以壹惠。恥名之浮於行也。是故君子不自大其事。不自尚其功。以求處情。過行弗率。以求處厚。彰人之善而美人之功。以求下賢。是故君子雖自卑而人敬尊之。鄭注諡者行之迹也。名者謂聲譽也。言先王論行以爲諡。以尊名者。使聲譽可得而尊信也。壹讀爲一。惠猶善也。言聲譽雖有衆多者。卽以其行一大善者爲諡耳。在上曰浮。君子勤行成功。聲譽踰行。是所恥率循也。行過不復循行。猶不二過。自卑而民敬尊。言謙者所以成行立德。孔疏此廣明君子名行相副。卑已尊人之義。言人身死之後。累列生時之行迹作諡號者。以尊敬生前之聲名。可傳於後世。節以壹惠者。言爲諡之時。善行雖多。但節取一事爲諡。恥善名之多。浮過於行。恐行不副於諡也。大謂誇大。既不欲行過於名。故不自誇大其所爲之事。不自加尚其所爲之功。以求處情實。不欲虛爲矯飾也。若有過失之行。不復循而行之。卽修改以求處其仁厚之道。浮言物在水上。輕如浮雲。君子唯寢默勤行成功。不自彰伐。若使聲譽踰越於行。是所恥也。張子載曰。節以壹惠。惠字必是古德字。呂氏大臨曰。文王非無武。武王非無文。止取其一以爲諡。惟恐名浮於行。方氏慤曰。生則有名。死則有諡。有諡則諱其名矣。故曰諡以尊名。蔽人之善。害人之功。是妬賢而已。故彰人之善。美人之功。以求下賢。凡此皆自卑之道也。揚子曰。自下者人高之。故曰君子雖自卑而民敬尊之。陳氏澔曰。壹專也。善行雖多。但節取大者。以專其美。不率循過高之行。惟求處篤厚之道而已。義疏云。過行是過高之行。足以驚世而取名者。君子恥名之浮於行。惟求處篤厚之行而已。如孔子弗爲索隱行怪。而惟依乎中庸也。郭氏嵩燾曰。處情者防名之過。處厚者防行之過。禮案惠賜也。凡諡皆上之賜下。節以壹惠者。言節錄其善行之一以爲諡也。浮過也。不欲名過於行崇實也。不苟篇曰。君子名不貴苟傳。唯其當之爲貴是也。不自大其事以下。卽不苟篇云。君子能亦好。不能亦好。能則寬容易直。以開道人。不能則恭敬繜絀以畏事人。故曰君子能則人榮學焉。不能則人樂告之。君子崇人之德。揚人之美。非諂諛也。與時屈伸。柔從若蒲葦。非懾怯也。以義變應。知當曲直故也。

子曰。后稷天下之爲烈也。豈一手一足哉。唯欲行之浮於名也。故自謂便人。鄭注烈業也。言后稷造稼穡。天下世以爲業。豈一手一足。喻用之者多。無數也。便人亦言其謙也。辟仁聖之名。云自便習於此事之人耳。孔疏以上經君子恥名浮於行。故此經名后稷。證名不可過行也。后稷周之始祖。有播殖之功。烈業也。言天下之人並將爲業。豈止一人之手。一人之足。而用之哉。言用之者天下皆是也。后稷唯欲得實行過於虛名。故自謂便於稼穡之人。不自謂已之仁聖也。講義曰。黎民阻飢。后稷播時百穀。見於舜典。烝民乃粒。萬邦作乂。見於益稷。稷降播種。農殖嘉穀。見於呂刑。風化之所由。王業之艱難。見於七月。荏菽旆旆。禾役穟穟。見於生民。立我烝民。莫匪爾極。見於思文。則后稷教民稼穡。有充滿四海之德。使天下不復有告飢之患。則其爲功。所謂天下之烈也。禮案后稷之功曰充滿四海。天下之烈。尤未足以盡之。直曰天下萬世永賴斯可耳。仲尼篇曰。貴而不爲夸。信而不忘處謙。功雖甚大。無伐德之色。省求多功。愛敬不勌。如是則常無不順。其后稷之謂乎。便平也。尚書堯典。平章百姓。史記五帝紀作便章百姓。是平便字通。常自謂便人。猶言已亦平常之人耳。

禮記通釋卷六十九

玉環戴禮

表記

子言之君子之所謂仁者其難乎。詩云凱弟君子民之父母。凱以强教之弟以説安之樂而毋荒有禮而親威莊而安孝慈而敬使民有父之尊有母之親如此而后可以爲民父母矣非至德其孰能如此乎。鄭注有父之尊。有母之親。謂其尊親已如父母。孔疏此以下至不勝其文。更廣明仁道。又顯尊親之異。并論虞夏商周。質文不等。仁者其難乎。言行仁之道。爲之不易。詩大雅泂酌篇。戒成王之詩。凱樂也。弟易也。言使民樂易之君子。則得爲民之父母。孔子既引詩。又釋凱弟之義。言君子初以仁政化下。使人樂仰自强不息。是凱以强教之。以孫弟之道。下化於民。民皆説豫而康安。是弟以説安之也。樂失於荒。禮失於疏。言明君教下。爲樂而毋荒。有禮而相親也。凡矜莊者失在危懼。孝慈者失在慢易。今明君臨下。威嚴矜莊。而民安也。孝順慈愛。而民敬也。以有威莊。故尊之如父。以有孝慈。故親之如母也。若非至德之君。其誰能使民如此。言仁道難也。方氏苞曰。先王之教也。順而易者固無所用强。至如喪期之禁食色。戰陳之忘身命。任負之代長老。明知人所難。而取必焉。末始非强教也。故喪服記於旁親皆曰報。記曰禮得其報則樂。知人亦以此致於已。則説而安之矣。郝氏懿行曰。强教如放勳曰匡之直之。輔之翼之。説安如自得之。又振德之。舜典曰敬敷五教在寬。蓋優游饜飫。示以可説。則安其所而無遷矣。强教如父。故有父之尊。説安如母。故有母之親。禮案此即荀子王霸篇所謂厚德音以先之。明禮義以道之。致忠信以愛之。賞賢使能以次之。爵服賞慶以申重之。時其事。輕其任。以調齊之。潢然兼覆之。養長之。如保赤子。生民則致寬。使民則綦理。辯政令制度。所以接天下之人。百姓有非理者如毫末。則雖孤獨鰥寡。必不加焉。是故百姓貴之如帝。親之如父母。爲之出死斷亡。而不愉者。無他故焉。道德誠明。利澤誠厚也。

今父之親子也。親賢而下無能。母之親子也。賢則親之。無能則憐之。母親而不尊。父尊而不親。水之於民也。親而不尊。火尊而不親。土之於民也親而不尊。天尊而不親。命之於民也。親而不尊。鬼尊而不親。鄭注或見尊。或見親。以其嚴與恩。所尚異也。命謂四時政令。所以教民勤事也。鬼謂四時祭祀。所以訓民事君也。孔疏此明尊親之異。父母不同。父之於子。賢則親愛之。無能則下賤之。以父立於義。分別善惡也。母之於子。賢則親愛之。無能則憐愛之。母以恩愛。不能分別善惡故也。水沐浴人多用。故親而不尊。火近則傷害。故尊而不親。土能生物。載養於人是親。爲人所居處。遂不尊也。天有雷霆日月。震耀殺戮是尊。而體高遠是不親也。人君教命。隨四時以教。欲人生厚是親也。附近於民使勤事。是不尊。鬼神嚴敬。降人禍福是尊也。人神道隔。無形可見。

是不親也。呂氏大臨曰。尊親之義。自父母而推之。當其強教也。則不純以恩。故以賢則親之。無能則下之。當其說安也。則有收而無絕。故賢則親之。無能則憐之。此父母尊親之異也。水者民狎而玩之。大者民望而畏之。此水火尊親之異也。應氏鏞曰。命者造化之所以示人者也。顯而易見。故人玩之。鬼幽而難測。故人畏之。禮案孝經云。於母取其愛。於君取其敬。兼之者父也。故父親賢而下無能。土地也。地道母道也。故亦親而不尊。鬼尊而不親。故論語曰。敬鬼神而遠之。此本覆釋上凱弟君子。民尊親之如父母。故獨不言君之尊親也。

子曰。夏道尊命事鬼敬神而遠之。近人而忠焉。先祿而後威。先賞而後罰。親而不尊。其民之敝。惷而愚。喬而野。朴而不文。殷人尊神。率民以事神。先鬼而後禮。先罰而後賞。尊而不親。其民之敝。蕩而不靜。勝而無恥。周人尊禮尚施。事鬼敬神而遠之。近人而忠焉。其賞罰用爵列。親而不尊。其民之敝。利而巧。文而不慚。賊而蔽。

鄭注夏道遠鬼神。近人謂外宗廟。內朝廷。以本不困於刑罰。少詐諼也。敝謂政教衰其之時也。殷人先鬼後禮。謂內宗廟。外朝廷也。禮者思臣朝會。凡以摯交接相施予。以本快於鬼神虛無之事。令其心放蕩無所定。困於刑罰。苟勝。免而無恥也。月令曰。無作淫巧。以蕩上心。周人賞罰用爵列。以尊卑為差。以本數交接。以言辭尊卑多獄訟。孔疏此言夏為政之道。尊重四時政教之命。使人勸事樂功。事鬼神而遠之。以忠恕養民。是親而不尊也。敝謂其後世政教衰敗。民皆惷愚。以昔時恆先祿後罰。則民皆寬裕不知避嚴刑峻法。而驕野質朴也。殷尚虛無之事。故率民以事神。先罰而後賞。其民之敝。至末世放蕩。不能安靜也。由本困於刑罰。但得苟勝。無以慚恥也。周氏賞罰。唯用爵列。尊卑。其民之敝。便利機巧多文辭。而無慚愧之心。共相賊害而困蔽。以其禮失於煩。故致然也。案元命包云。三王有失。故立三教以相變。夏人之立教以忠。其失野。故救野莫若敬。殷人之立教以敬。其失鬼。故救鬼莫若文。周人之立教以文。其失蕩。故救蕩莫若忠。如此循環。周則復始。窮則相承。故三代不同也。方氏愨曰。禹誓師而使聽。則其尊命可知。殷紀年而曰祀。則其尊神可知。周服色皆尚赤。則其尊禮可知。呂氏大臨曰。賞罰用爵列。如刑不上大夫。禮不下庶人。賜君子小人不同日。命夫命婦不躬坐獄訟之類。孫氏希旦曰。夏承重黎絕地天通之後。懲神人雜糅之敝。故事鬼敬神而遠之。而專以人道為教。忠情實也。喬同驕。上之文網疏。則下之機智少。故其敝也。惷愚而少知識。內之忠誠勝。則外之文飾寡。故驕倨而鄙野朴陋而無文。救野莫如敬。故殷人承之而尊神。則尚敬也。觀盤庚三篇。諄諄於先后之降罰。則可以知殷人之先鬼。觀商之詩書皆駿厲而嚴肅。則可以知殷人之先罰。尚鬼神則馳心於虛無。故其敝也心意放蕩。而不安靜。畏刑罰則相競於機變。故求勝上以苟免。而無愧恥之心。救鬼莫若文。故周人承之而尊禮尚施。則文勝也。列等也。周之賞罰。不分先後。但以爵位之等。為輕重之差也。文勝則實意衰。習於威儀揖讓之節。故其敝也。便利而儇巧。相接以言辭。故文辭多而不以捷給為慚。儀物繁多。故傷害於財力。至於困敝。而不能振也。禮案夏以水德王。其政法水之寬柔。親而不尊。故其敝至於民不知禮。論語云。質勝文則野是也。商以金德王。其政法金之肅殺。尊而不親。故其敝至於蕩而無紀。論語云。道之以政。齊之以刑。民免而無恥是也。周以火德王。其政法火之文明。親而不尊。故其敝至於作僞敗德。道經云。慧智出有大僞是也。子曰。夏道未瀆辭。不求備。不大望於民。民未厭其親。殷人未瀆禮。而求備於民。周人強民。未瀆神。而賞爵刑罰窮矣。鄭注未瀆辭者。謂時王不尚辭。民不褻爲也。不求備。不大望。言其政寬貢稅輕也。強民言承殷難變之敝也。賞爵刑罰窮矣。言其繁文備設。孔疏上明三代親尊有異。此更民三代治民有異。瀆謂褻瀆。辭謂言辭。夏時爲政之道。君既不尚辭。民亦不爲。夏言未瀆辭。則殷瀆辭也。求備謂每事徵求備足。大望謂賦稅重責望於民。夏代不然。民無困苦。故未厭其上下相親之心也。殷承夏後。雖已瀆辭。言未瀆禮。則周瀆禮矣。殷不如夏寬。每事求備。亦大望於民。周承殷後。遭紂棄亂。風俗頑凶。故設教強勸以禮義。雖已瀆禮。猶未瀆神。祭天地宗廟尚有限。則周衰之後。而瀆神也。而賞爵刑罰窮矣者。以周人貴禮。禮尚往來交接。故賞爵刑罰之事。窮極煩多。吳氏澄曰。夏先爵賞。以勸人之善爲急。殷先刑罰。以懲人之惡爲急。周雖用夏之爵賞。而不足以勸。用殷之刑罰。而不足以懲。故曰窮。蓋承殷之後。時愈難治故也。黃氏乾行曰。此上三章。疑非孔子之言。孔子嘗學夏殷之禮。而深惜其無徵。極稱周禮之文。而屢發從之之志。何至數其敝壞至此極乎。且以強民與不勝敝。歸諸當代。亦非聖人爲下不倍之義。義疏云。窮字諸家皆作極備解。惟吳氏解爲窮而難治。然兩義相因。故易曰窮則變。變則通。禮案瀆讀如易蒙卦。再三瀆之瀆。夏道未瀆辭。則殷周並瀆辭矣。雖然尚書大禹謨甘誓。並有誓師之辭。則夏未嘗不尚辭。特不瀆而已。昭六年左傳云。夏有亂政。而作禹刑。商有亂政。而作湯刑。周會亂政。而作九刑。三辟之典。皆叔世也。然則所謂民未厭其親。蓋其初政也。若殷周求備於民。而尚賞罰。則始終皆爾。故治道日隆。而民德益下矣。觀下文殷周之道。不勝其敝。則此窮自是困窮之窮。吳讀是也。子曰。虞夏之道寡怨於民。殷周之道。不勝其敝。鄭注勝猶任也。言殷周極文。民無恥而巧利。後世之政難復。孔疏此一節總明四代質文之異。虞夏政寬。故寡怨於民。言民怨尚少。殷周文煩。失在苛碎。故其民不堪敝。敝敗也。不言無怨。而言寡怨者。天地之大。猶有所憾。如冬寒夏雨。民猶怨之。聖人之德。無善不包。人猶怨之。是不備也。呂氏大臨曰。虞夏之道質。質者責人略。故寡怨於民。殷周之道文。文者責人詳。民之不從。則窮刑賞以驅之。故不勝其敝。禮案此即道德經所云。其政悶悶。其民淳淳。其政察察。其民缺缺是也。子曰。虞夏之質。殷周之文。至矣。虞夏之文不勝其質。殷周之質不勝其文。鄭注至矣。言後有王者。其作質文。不能易之。不勝言王者相變。質文各有所多。孔疏至謂至極。言虞夏爲質。殷周爲文。並已至極矣。縱令後王爲質。不能過於虞夏。爲文亦不能過於殷周矣。虞夏之文。文少而質多。故不勝其文。方氏慤曰。加乎虞夏之質。則爲上古之洪荒。加乎殷周之文。則爲後世之虛華。此其所以爲至與。禮案質勝文。其敝不過若上文所云。其民惷愚喬朴而不文而已。文勝質。則如道德經言。人多伎巧。奇物滋起。其敝尤甚焉。子言之曰。後世雖有作者。虞帝弗可及也已矣。君天下生無私。死不厚其子。子民如父母。

有憯怛之愛。有忠利之教。親而尊。安而敬。威而愛。富而有禮。惠而能散。其君子尊仁畏義。恥費輕實。忠而不犯。義而順。文而靜。寬而有辨。甫刑曰。德威惟威。德明惟明。非虞帝其孰能如此乎。鄭注：死不厚其子，言既不傳位，又無以豐饒於諸臣也。恥費，不爲辭費，出空言也。實謂財貨也。辨，別也，猶寬而栗也。靜或爲情。德所威則人皆畏之，言服於罪也。德所明則人皆尊寵之，言得人也。孔疏：此特明虞帝之美。已矣者，言後世之君雖有所作，其善政者而比於虞帝，不可齊及之也。君天下生無私者，言舜爲天下序爵，必以德而不用私也。死不厚其子者，謂不傳位，又不以財物豐厚於其子商均也。子愛於民，如父母愛子。憯怛憯惻，恒憐愛於人，有忠恕利益之教。有母之親，有父之尊。安而能敬。威而自愛。富有四海而不驕。施惠得所，爲能散。其君子謂虞朝之臣也。君聖臣賢，是由舜而得然也。若民有仁者則尊之，有義者則畏之。言必履而行之，是恥於辭費也。實，財貨也。貴人而賤祿，是輕財也。盡心於君，是其忠也。無違政教，是不犯也。極君臣之義而不悖，是義而順也。臣皆有文章而又清靜，儆在舜之寬容治政，而有分別也。甫刑曰，引之者所以結舜德也。下威訓畏，下明訓尊。言舜之道德欲威懼於人，則在下之民惟畏懼之。以德標明善人，惟天下之人皆尊重之。如上之事，不是虞帝，其誰人能得如此乎。案今尚書篇以明堯德，而云虞帝者，言虞帝亦能如是。且記者斷章而爲義也。呂氏大臨曰：三代之道，或親而不尊，或尊而不親，不免流於一偏。若虞帝則子民如父母，有母之親，故有憯怛之愛；有父之尊，故有忠利之教。應氏鏞曰：自庶民大德而下，言臣道之難於盡仁。唯舜禹文王周公可以爲仁之厚，而后稷庶幾近之。自凱弟君子而下，言君道之難於盡仁。唯舜可謂德之至，而夏商周皆未免有所偏也。吳氏澄曰：恥費不侈用也。孫氏希旦曰：尊仁者尊行仁道。畏義者顧畏義理。恥費者恥靡費，儉也。輕實，輕於貨財，廉也。忠而不犯，愛而將之以敬也。義而順，剛而克之以柔也。文則不朴陋，而又能靜，則非浮華之文也。寬而不慘刻，而又有辨，則非縱弛之寬也。禮案：虞帝盡指堯舜也。孔疏尚書堯典云：雖曰唐事，本以虞史所錄，故謂之虞書。先儒並謂虞帝爲舜，非也。夫傳賢不傳子，舜猶法堯也。中庸之稱舜德者屢矣，未嘗謂之虞帝，故知此所言帝德不專謂舜也。大戴五帝德之謂堯曰：富而不驕，非即此所云富而有禮乎。若舜起畎畝之中，可以謂之仁，不可謂之富也。又六韜曰：堯王天下，其自爲奉也甚薄，其賦役也甚寡，非即此所謂恥費乎。下威字今書作畏。威，尊也。德，親也。惟虞帝使億兆尊親，非若夏殷周之或親而不尊，或尊而不親，故引甫刑以證之。

子言之。事君先資其言。拜自獻其身。以成其信。是故君有責於其臣。臣有死於其言。故其受祿不誣。其受罪益寡。鄭注：資，謀也。獻猶進也。言臣事君，必先謀定其言，乃後親進，爲君言也。死其言者，竭力於其所言之事，死而不負。於事不信曰誣。孔疏：此明君子事君之道，又明君子爲行，須內外相副。事君先資其言者，言臣欲見君，必須先謀度其言。言定然後乃拜見，自進其身，成其言之信實。故君有責於其臣，臣當竭力守節，死於其所言也。以其言善乃受祿，是受祿不誣罔也。順死其言，以竭臣力，是受罪益寡少也。方氏愨曰：先資其言者，先以言爲之資也。獻其身，將以行其言也。能行其言。故足以成其信。拜謂受其命也。獻謂效其能也。君無爲也。故有責於臣。臣有守也。故有死於其言。臣能任責。則非尸祿者矣。故受祿不誣。臣能效死。則非有罪者矣。故受罪益寡。人亦或以忠獲罪。此所以不言無罪。止言益寡而已。孫氏希旦曰。資藉也。先藉其言以告君。所謂敷奏以言也。度君之能用我言焉而後進。故無不可踐之言。而能成其信。君有責於其臣。於其所資者課之也。臣有死於其言。於所資者守之也。功與位稱。故受祿不誣。事與言符。故受罪益寡。禮案晉語云。事君者諫過而賞善。薦可而替否。獻能而進賢。擇才而進之。朝夕誦善敗而納之。道之以文。行之以順。勤之以力。致之以死。所謂以成其信也。曾子制言曰。君子直言直行。不宛言而取富。不詘行而取位。仁之見逐。昔之見殺。固不難詘身而爲不仁。宛言而爲不義。則君子弗爲也。君子雖言不受。必忠曰道。雖行不受。必忠曰仁。雖諫不受。必忠曰智。所謂死於其言也。昭元年左傳曰。臨患不忘國忠也。思難不越官信也。圖國亡死貞也。所謂受祿不誣。受罪益寡也。

子曰。事君大言入則望大利。小言入則望小利。故君子不以小言受大祿。不以大言受小祿。易曰。不家食吉。

鄭注大言可以立大事也。小言可以立小事也。入爲君受之。利祿賞也。入或爲人。大祿小祿。言臣受祿。各用其德能也。不家食吉。此大畜辭也。象曰不家食吉。養賢也。言君有大畜積。不與家食之。而已必有祿賢者。賢有大小。祿有多寡。孔疏此廣事君之道。依言大小而受祿。大言進入於君。君所受納。如此乃望大祿。小言進入受於君。則唯望小利也。言臣祿各以其德能相稱。若小言受大祿。則臣濫。若大言受小祿。則君重財而薄德也。張子載曰。利非歸已之利。大言入則吾道可大行。是大利也。小言入則可小利。馬氏晞孟曰。大言入則望其大有利於其國。小言入則望其小有利於其國。望猶言庶幾也。孟子所謂予日望之之意也。呂氏大臨曰。利及天下。澤及萬世。大利也。進一介之善。治一官之事。小利也。諫行言聽。利斯從之矣。先儒謂利祿賞也。人臣之事君。大言小言。各效其忠而已。如言之入。而遂望其祿賞。則懷二心以事上。主於爲利而已。小人之道。非所以事君也。所謂不以小言受大祿。不以大言受小祿。此君之所以報臣。非臣之所以望君也。受之以義。亦稱其大小而已。小言而大祿。則報踰其分。大言而小祿。則君不我知。亦不可受非其義而已。君之所以大畜者。將以祿天下之賢。賢有小大。則祿有多寡。一有不稱。則好惡之私繫焉。人君而存好惡之私。則猶家食而已。非所以爲天下公也。故曰不家食吉。養賢也。義疏曰。案大畜卦以民畜乾。艮賢乾君。賢能以道正君。故君尊之。在上而養之。此賢不食於家也。禮案大利小利。卽荀子君道篇云。有能進言於君。以安國之危。除君之辱。功伐足以成國之大利。故因其懼也。而改其過。因其憂也。而辨其故。則此所謂小利是也。

子曰。事君不下達。不尚辭。非其人弗自。小雅曰。靖恭爾位。正直是與。神之聽之。式穀以女。

鄭注不下達不以私事自通於君也。不尚辭不多出浮華之言也。弗自不身與相親。靖治也。女爾也。式用也。穀祿也。言敬治女位之職事。正直之人。乃與爲倫友。神聽女之所爲。用祿與女。孔疏此明臣之事君。當以正直之道。不以在下細碎小事。通達於君。不尚浮辭。非好人不與之相親。詩小雅小明篇。刺幽王之詩。大夫悔仕亂世。戒其末仕者。靖謀也。共具也。言靖謀共具爾之爵位也。言神明聽聆女德。君若用其善人。則當用女也。詩之本文如此。今記者斷章爲義。證非善人不得與之相親也。呂氏大臨曰。尚辭而實不稱。則欺其君者也。非其人而自達。枉己以事君者也。孫氏希旦曰。詩小明篇與助也。轂善道也。靖則不尚繁辭。恭則責難於君。正直之人是助。則無比匪之失。而所自必正矣。禮案。不下達者。不售惠通好於民。若齊陳氏之屬。不尚辭不巧言欺罔其上。若秦趙高之徒。自由也。弗由非人而進身。若董卓誅而蔡邕不免也。臣道篇曰。上不忠乎君。下善取譽乎民。不恤公道通義。朋黨比周。以環主圖私爲務。是篡臣者也。

子曰。事君遠而諫。則讇也。近而不諫。則尸利也。鄭注尸謂不知人事。無辭讓也。孔疏此一節明臣事君諫諍之道。若與君疏遠。強欲諫諍。則是讇佞之人。望欲自達也。若親近於君而不諫。則似如尸之受利祿也。呂氏大臨曰。既無言責。又遠於君。非其職而諫之。凌節犯分。以求自達。故曰讇。有言責之臣不諫。則曠厥官。懷祿固寵。主於爲利。故曰尸利。義疏曰。或曰。讇讇字之譌。漢王陽病詆讇。谷永傳滿讇誣天。謂遠而諫則犯詆君之過。郭氏嵩燾曰。玉篇讇誣言也。春秋繁露是非之情。不可以相讇也。此言遠臣本無諫君之責。又去君遠。所諫之過。容有未詳。則亦讒言而已。漢書鮑宣傳。以拱默尸祿爲智。尸利猶尸祿也。禮案。讇爲讇字之訛。是也。蓋忠臣諫君。所以匡救其失。非將順其意者。謂之爲讇。不亦過乎。國有失政。必近臣尸利而不言。故遠臣不得已而言之也。若曰守士之臣。宜自盡官守。不可越職言事。然則君政有不利於民者。民若呼籲。則有牧民之責者。又焉得嘿而不諫乎。孔子以爲讇者。蓋明哲保身之道。所以爲遠臣戒也。實則忠臣不怕死。苟有利於國。雖死於其言。若龍逢比干之徒。亦不失流芳千古也。

子曰。邇臣守和。宰正百官。大臣慮四方。鄭注邇近也。和謂調和君事者也。齊景公曰。唯據與我和。宰家宰也。家宰主治百官。孔疏言親近之臣。獻可替否。毗輔贊助於君。守其調和之事。大臣謂二伯州牧之等。謀慮四方。此大臣亦兼家宰。但家宰居於中。故言正百官耳。應氏鏞曰。鹽梅麴櫱。弼諧於上。塤篪金石。協恭於下。邇臣之和也。表端而影正。綱正而目舉。宰之正也。事幾眇綿。瞭如在目。民瘼幽隱。慘如切膚。大臣之慮也。宰以職言。大臣以位言。自三公以下皆是。不特六卿。其序則先君德而後朝廷。先朝廷而後天下也。禮案。邇臣者左右便嬖也。君道篇曰。便嬖左右者人主之所以窺遠收衆之門戶牖嚮也。卿相輔佐者。人主之基杖也。四鄰諸侯之相與。不可以相接也。故人主必將有足使喻志。決疑於遠方者。然後可。故無便嬖左右足信者謂之闇。無卿相輔佐足任者謂之獨。所使於四鄰諸侯者非其人謂之孤。孤獨而晻謂之危。國雖若存。古之人曰亡矣。

子曰。事君欲諫不欲陳。詩云。心乎愛矣。瑕不謂矣。中心藏之。何日忘之。鄭注陳謂言其過於外也。瑕之言胡也。謂猶告也。孔疏詩小雅隰桑篇。刺幽王之詩。瑕遠也勤也。言念君子勤矣。藏善也。言中心善此。何日忘此君子矣。詩本文如此。今記人引此云。心乎愛此君子矣。何不以事告諫於君矣。中心藏之。與詩文同也。方氏慤曰。孟子謂陳善閉邪謂之敬。故諫不欲陳。陳之則是暴君之過矣。然事有犯無隱。則陳之矣。蓋諫之不從。不得已而後陳焉。然則陳者非所欲也。故以不欲言之。呂氏大臨曰。此詩則斷章取義。以心愛矣。爲愛君之心有以告之矣。愛之之誠藏於心而不忘。此所以欲諫而不欲陳也。樂毅報燕惠王書曰。忠臣去國。不絜其名。非有是心能之乎。禮案。事君欲諫不欲陳者。相機進言。不欲顯揭其過也。臣道篇曰。

事君之義。諫而不流。柔而不屈。因其喜也。而入其道。因其怒也。而除其怨。曲得所謂焉。書曰。從命而不拂。微諫而不倦。爲上則明。爲下則遜。此之謂也。子曰。事君難進而易退。則位有序。易進而難退。則亂也。故君子三揖而進。一辭而退。以遠亂也。鄭注。亂謂賢否不別。進難者爲主人之擇已也。退速者爲君子之倦也。孔疏。此明臣事君亦當使賢與不賢分別之事。難進謂君擇已。易退謂君厭已。則位有序者。謂賢愚不別也。周氏諝曰。其進也以禮。故難。其退也以義。故易。故君子三揖而進若甚難。一辭而退若甚易者。蓋遠其亂於賓主之間。況君臣之間。可不遠其亂也哉。呂氏大臨曰。所謂位有序。小德役大德。小賢役大賢也。所謂亂者。則賢不肖倒置也。方氏愨曰。進不難則苟合以貧位。而位之在吾上者。或有所越。退不易則患失以固位。而位之在吾下者。或有所妨。若是則位無序矣。有序則治。無序則亂。禮案。少儀云。事君者量而後入。不入而後量。所謂難進也。衛將軍文子篇曰。君陳則進。不陳則行而退。所謂易退也。易進若佞臣之逢君。一言取寵。難退若權臣執國柄。削之必亂。三揖而進。禮也。一辭而退。義也。君子進禮退義。故亂無自而作也。子曰。事君三違而不出竟。則利祿也。人雖曰不要。吾弗信也。鄭注。違猶去也。利祿言爲貪祿留也。臣以道去君。至於三而不遂去。是貪祿。必以其強與君要也。馬氏晞孟曰。君臣以義合。而未嘗無相愛之仁。至於三諫則去。有相愛之仁。則雖去而未必出竟。君與之環則還。與之玦則去。若孟子去齊。三宿而後出晝是也。然此特始去之禮如此。至於三違而且不出竟。則其志在於利祿。以強要於君也。方氏苞曰。去國無至於三之禮。蓋諫慶屢不用也。此謂羈旅之臣。必出竟以明義。若父母之邦。則歸祿與政焉可也。禮案。說是也。三違謂三諫而君不從也。曲禮上爲人臣之禮。三諫而不聽則逃之。夫至於三違其言。則可知終不能用也。禮有可去而猶不出竟。故知其爲利祿留也。子曰。事君慎始而敬終。鄭注。輕交易絕。君子所恥。孔疏。慎謂謹慎以盡忠。見慎始也。終謂終竟擇善爲朋友。方氏愨曰。翔而後集。所以慎始。不爲苟去。所以敬終。孫氏希旦曰。孔子於魯。以微罪行。孟子於齊。三宿而後出晝。蓋君雖難進易退。而其去亦必有其道也。不然則未免爲小丈夫矣。禮案。衛將軍文子篇。君擇臣而使之。臣擇君而事之。所謂慎始也。君雖不量於臣。臣不可以不量於君。所謂敬終也。子曰。事君可貴可賤。可富可貧。可生可殺。而不可使爲亂。鄭注。亂謂違廢事君之禮。孔疏。言事君可使之貴。可使之賤。可使之富。可使之貧。可使之生。可使之死。但不可使爲亂也。亂謂廢事君之禮也。呂氏大臨曰。臣之事君。富貴貧賤生殺。唯君所命。其不可奪者。吾之理義而已。凡違乎理義者皆亂也。禮案。賤若箕子爲奴。殺若比干剖心。終不肯犯上作亂。以虧臣節也。荀子仲尼篇。禍事至則和而理。禍事至則靜而理。富則施廣。貧則用節。可貴可賤也。可富可貧也。可殺而不可使爲姦也。子曰。事君軍旅不辟難。朝廷不辭賤。處其位而不履其事。則亂也。故君使其臣得志。則慎慮而從之。否則孰慮而從之。終事而退。臣之厚也。易曰。不事王侯。高尚其事。鄭注。言尚忠且讓也。履猶行也。使謂使之聘問師役之屬也。愼慮而從之者。此己志也。孰慮而從之。又計於己利害也。終事而退。非己志也。孔也。事成則去也。事或爲身。不事王侯。言臣致仕而去。不復事君也。君猶高尙其所爲之事。言尊大其成功也。孔疏此廣明爲臣事君之禮。謂使之在軍旅之中。不辟危亡之難。在朝廷之中。不得辭其卑賤之所。履行也。謂處其位而不行其事。則進亂也。故君使其臣。謂聘問師役之事。得志謂臣當己才。猶宜謹愼思慮。從君命而行之。必使成功也。否謂君所使之事。非己本才。而君命無擇。則彌孰思慮而從行之。終事謂事畢也。既本非才。而幸得終竟。竟卽辭退也。得志及不得志。並從而無違。是臣行之篤厚也。易蠱卦上九爻辭。上九艮爻。艮爲山。辰在戌。得乾正父老之象。是臣之致事也。周氏諝曰。幽之使我有是者天也。明之使我有是者君也。苟其使我得則從之。愼慮其所以守道者也。功成身退者。天之道。故曰終事而退。臣之厚也。禮案論語云。士見危致命。所謂不避難也。孟子曰。雖抱關擊柝。吾亦爲之。所謂不辭賤也。孔子嘗爲委吏矣。曰會計當而已矣。所謂處其位。履其事也。論語之君使臣以禮。臣事君以忠。得志謂事明君。使之以禮。則竭忠愼慮。而從王命。臣道之正也。否謂事闇主。使之非禮也。孰與內則孰諫之孰同。言亦須委曲將事。孰慮以彌縫其失。庶不彰君之過。公事畢然後潔身高蹈。臣道之厚也。臣道篇曰。恭敬而遜。聽從而敏。不敢有以私決擇也。不敢有以私取與也。以順上爲志。是事聖君之義也。忠信而不諛。諫爭而不諂。撟然剛折。端志而無傾側之心。是案曰是。非案曰非。是事中君之義也。寬容而不亂。曉然以至道。而無不調和也。而能化易。時關內之。是事暴君之義也。

子曰。唯天子受命於天。士受命於君。故君命順則臣有順命。君命逆則臣有逆命。詩曰。鵲之姜姜。鶉之賁賁。人之無良。我以爲君。鄭注受命言皆有所受。不敢專也。唯當爲雖。字之誤也。順命逆命。言臣受順則行順。受逆則行逆。如其所受於君。則爲君不易矣。姜姜賁賁。爭鬭惡貌也。良善也。言我以惡人爲君。亦使我惡如大鳥姜姜於上。小鳥賁賁於下。孔疏此節明臣事君。不敢專輒。又明君之出命。不可不愼。爲與上更端。故言子曰。雖天子之尊。不敢自專。猶須受命於天。然後行也。詩鄘風鶉之奔奔篇。刺宣姜通於公子頑。母與子淫。鶉鵲之不若也。人謂宣姜無良善之行。我君惠公。反以此爲小君。此經引詩斷章。言君無良善。我等萬民。以惡人爲君也。方氏慤曰。天子者天之所子。故雖天子受命於天。士以事人爲事。故受命於君。由士以上。皆受命於君。此止以事言者。蓋降於士。則有府史胥徒之屬。皆其官長所自辟除。其卑其能上達。故不得受命於君也。然則受命於君者。其卑止於士而已。胡士銓曰。臣有順命。有言遜於汝志也。必求諸非道。臣有逆命。有言逆於汝志也。必求諸道。先儒謂逆命爲行逆非也。陸氏佃曰。唯讀如字。孫氏希旦曰。姜詩作彊。唯發端之辭。禮案君命順則臣順之而行。孝經云將順其美。君命逆則臣當諫爭。故曰逆命。衞將軍文子篇。無道橫命。故臣道篇曰。從命而利君謂之順。從命而不利君謂之諂。逆命而利君謂之忠。逆命而不利君謂之篡。賁今詩作奔。

子曰。君子不以辭盡人。故天下有道則行有枝葉。天下無道則辭有枝葉。鄭注不見人之言語。則以爲善。言其餘行。或時惡也。行有枝葉。所以益德也。言有枝葉。是衆虛華也。枝葉依幹而生。言行亦由禮出。孔疏此明君子之行。不可虛用其辭。言與人交。必須驗行。不得以其言辭之善。則謂行之盡善。或發言善而行惡也。故天下有道之世。則依禮所行。外餘有美好。猶如樹幹之外。更有枝葉也。無道之世。人皆無禮。行不誠但言辭虛美。如樹榦之外。而更有枝葉也。呂氏大臨曰。孔子曰。聽其言而觀其行。不以辭盡人之義也。枝葉者榦之文也。天下有道。則人致文於行。天下無道。則人致文於辭。禮案傳子戒言云。上好德則下修行。上好言則下飾辯。有道無道之異與。枝葉言能庇蔭也。晉語曰。人之有學也。如木之有枝葉也。木有枝葉。猶蔭庇人。而況君子之學乎。行有枝葉。敏於行必訥於言也。辭有枝葉。有言者不必有德也。大戴曾子疾病言。夫華繁而實寡者天也。言多而行寡者人也。是故君子於有喪者之側。不能賻焉。則不問其所費。於有病者之側。不能饋焉。則不問其所欲。有客不能館。則不問其所舍。鄭注皆辟有言。而無其實孔疏此皆戒其虛言也。禮案此並見曲禮上。故君子之接如水。小人之接如醴。君子淡以成。小人甘以壞。小雅曰。盜言孔甘。亂是用餤。鄭注水相得合而已。酒醴相得則敗。淡無酸酢少味也。接或爲交。盜賊也。孔甚也。餤進也。孔疏言君子相接。不用虛言。如兩水相交。小人以虛辭相飾。如似酒醴。水相合爲江河。酒醴相合。而久乃敗壞也。小雅巧言篇。刺幽王之詩。言盜賊小人。其言甚美。幽王信之。禍亂用是進益。引之者。證小人甘以壞。呂氏大臨曰。凡言之甘。而不出乎誠心者。必將有以盜諸人。傳曰。幣重而言甘。誘我也。故甘言入則受盜。禮案水之爲德也。久而不變。酒醴之爲味也。甘而易敗。此禹之所以惡旨酒。而君子之所以貴淡泊也。子曰。君子不以口譽人。則民作忠。故君子問人之寒則衣之。問人之飢則食之。稱人之美則爵之。國風曰。心之憂矣。於我歸說。鄭注譽繩也。皆爲有言不可以無實。歸說欲歸其所說忠信之人也。孔疏前經君子不用虛言。故此明言當以實其事稍殊。故言子曰。繩可以度量於物。凡口譽於人。先須忖度。亦量之於心。故以譽爲繩也。案莊十四年左傳云。蔡侯繩息嬀以語楚子。杜注云繩譽也。國風曹風蜉蝣篇。刺曹君好絜其衣服。不修政事。國將滅亡。故賢臣之心憂矣。說舍也。國既滅亡。於我之身。何所歸舍。此則斷章取義。言虛華之人心憂矣。引證疾其虛言也。方氏慤曰。不以口譽人。則言之所與。必發於心。不止於外貌。故民化之而作忠。若問人之寒則衣之之類。皆非口譽之事也。陸氏佃曰。詩言君將無所依。唯於我歸而已。是非以口繩君相也。陳氏澔曰。詩人憂昭公之無所依。故曰其於我而稅乎。說讀稅。舍息也。義疏曰。以言處與人謂之譽。口與之而實不至。是不忠也。詩言我心之憂。子之無所歸也。其於我歸息乎。是出於中心之誠。不復以言與人也。禮案此卽曾子疾病所謂。言不遠身。言之主也。行不遠身。行之本也。言有主。行有本。謂之有聞矣。子曰。口惠而實不至。怨菑及其身。是故君子與其有諾責也。寧有已怨。國風曰。言笑晏晏。信誓旦旦。不思其反。反是不思。亦已焉哉。鄭注善言而無信。人所惡也。已謂不許也。言諾而不與其怨。大於不許。言笑信誓。此皆相與爲昏禮。而不終也。言始合會。言笑和說。要誓甚信。今不思其本恩之反覆。反覆之不思。亦已焉哉。無如此人何。怨之深也。孔疏此明言若不實。則怨及身。口惠言口施恩惠於人。而實行不至。則怨菑及其身也。諾謂許人之物。責謂許而不與而彼責也。甯可有發初休已不許。許而不與其責大。發初不與其責小。國風衛風氓之篇也。婦人被男子所誘。在後色衰見棄。追恨君子。不思念其本恩。反覆如此。則無如之何。亦已焉哉。恨之其也。引證許而不與。被人所怨。黃氏震曰。諾而不予者。虛言。絕而不許者。直情。故甯此勿彼。彭氏絲曰。口惠如晉許賂秦列城五。既而背之。此怨災所以及也。徐氏師曾曰。詩言今之反覆。乃始者不思之過也。喻今之見責於人。由始不思。而諾之耳。禮案此即曾子立事所言君子終日言不在尤之中。小人一言。終身爲罪是也。

子曰。君子不以色親人。情疏而貌親。在小人則穿窬之盜也與。孔疏此更申以情行相副。君子不以虛僞善色。詐親於人也。情疏貌親。而心不慤實。恆畏於人。譬之於小人。穿窬之盜也。說文云。穿窬者。外貌爲好。而內懷姦盜也。方氏慤曰。穿窬者。穿垣墉而爲之盜也。馬氏晞孟曰。君子不以色親人者。以其有愛之情出於中。愉色婉容見於外。蓋眞積於內。然後情動於外。故君子不以色親人。而慮情之不信也。匿怨而友其人者。君子所恥也。孫氏希旦曰。親人以貌。而不本於誠心。此必有所利於人。而又恐人之窺其實也。故擬之以穿窬之盜。禮案論語云。巧言令色鮮無仁。又曰。巧言令色足恭。左丘明恥之。丘亦恥之。然則此言不以色親人。唯舉一隅也。

子曰。情欲信。辭欲巧。鄭注巧謂順而說也。孔疏言君子情貌欲得信實。言辭欲得和順美巧。不違逆於理。與巧言令色者異也。應氏鏞曰。情之所蘊。必隱惻而盡其情。辭之所發。必委曲而中其節。郭氏嵩燾曰。易修辭立其誠。立其誠者情欲信也。修辭辭欲巧也。言君子不尚辭。求信其情而已。至於修辭則欲其善。鄭氏雨無正詩箋云。巧獲善也。左傳言之無文。行而不遠。正此義。禮案巧若上文云。文以君子之辭。非工於飾說也。

子言之。昔三代明王皆事天地之神明。無非卜筮之用。不敢以其私褻事上帝。是故不犯日月。不違卜筮。卜筮不相襲也。大事有時日。小事無時日。有筮。外事用剛日。內事用柔日。不違龜筮。鄭注言動任卜筮也。神明謂羣神也。日月謂冬夏至正月及四時也。所不違者日與牲尸也。襲因也。大事則卜。小事則筮。大事有事於大神。有常時常日也。有事於小神。無常時常日。有筮臨有事筮之。用剛用柔。順陰陽也。陽爲外。陰爲內。事之外內。別乎四郊。孔疏此以下至於篇末。總言卜筮之用。明王謂夏殷周也。祭祀天帝及諸神明。皆須卜筮。唯九月大享帝於明堂不用卜也。故曲禮下云。大享不問卜。所以必須卜者。不敢以其私褻奉事上帝。故皆卜之也。盡至謂祭圜丘。夏至謂祭方澤。正月謂祭感生之帝。及四時迎氣用四時之吉日也。知皆卜者。案大宰云。祀五帝帥執事而卜日。鄭注云。五帝謂四郊及明堂。大宰又云。祀大神祭大示亦如之。大神則祭圜丘。大示則祭方澤。案公羊穀梁傳云。卜三正。則知天子郊用夏正。亦卜之也。案僖三十一年左傳云。禮不卜常祀。而卜其牲日。案特牲少牢云。大夫士筮尸。則天子諸侯有卜尸也。卜筮不相襲。大事卜。小事筮。是二者不相因也。此與曲禮文同而注異也。有事於大神。既有常時日。而用卜尸者。亦不敢專也。崔氏靈恩曰。若大事卜筮兼用。卜筮各一用之。乃成於一。故尚書云。三龜一襲吉。則知三龜三筮。各一用之。乃成爲一也。故尚書有龜從筮逆。龜逆筮從之義。皆據一用而言也。故於事得兼用者。以再三爲襲。不得兼用者。則無以爲襲故也。何氏休曰。宗廟之祭。據春秋而言。則威八年以己卯烝。夏五月以丁丑烝。十四年秋八月以乙亥嘗。閔二年夏五月以乙酉吉禘於莊公。文二年八月以丁卯大事於大廟。昭十五年二月以癸酉有事於武宮。是俱用柔日。正祭用柔。然繹日必剛矣。義疏云。大宰祭祀用卜者。乃類宜祈報及有事祭告之祀。非二至四時也。傳所云卜郊。則祈穀之郊。非二至之郊社也。金氏榜曰。此指祭祀卜筮時日而言。如郊用辛。社用甲。禘於大廟。日用丁亥之等。皆大事有時日。不用此內外剛柔之限故也。孫氏希旦曰。私謂情之所便。褻謂事之所習。犯謂犯其不吉之日也。卜筮吉然後用。故不犯日月。既卜筮必從之。故不違卜筮。禮案卜筮不相襲。及外事用剛日。內事用柔日。並見曲禮上。不違龜筮。即尚書洪範。汝則有大疑。謀及卜筮。汝則從。龜從。筮從。卿士從。庶民從。是之謂大同是也。

子曰。牲牷禮樂齊盛。是以無害乎鬼神。無怨乎百姓。鄭注。牷猶純也。孔疏。以其事上帝神明。故牲牷之等。禮樂之儔。粢盛之實。皆不違龜筮。是以所用無虧害於鬼神。無見怨於百姓。以其無非卜筮之用。動順於禮故也。方氏慤曰。鬼神有禍福。故於鬼神曰害。百姓有休戚。故於百姓曰怨。呂氏大臨曰。古之聖王。先成民然後致力於神。民和而神降之福也。洞酌之詩曰。洞酌彼行潦。挹彼注茲。可以饋饎。豈弟君子。民之父母。蓋不得乎民心。雖有牲牷禮樂齊盛之備。神將不享矣。無害乎鬼神。則神享之矣。無怨乎百姓。則神歸之矣。禮案此言用卜筮以定時日。又選牲牷。以供祭祀。禮樂必備。齊盛必絜。盡志盡物。則鬼神來格。降福穰穰。時和歲豐。則百姓欣愉鼓舞。而無怨咨者矣。

子曰。后稷之事易富也。其辭恭。其欲儉。其祿及子孫。詩曰。后稷兆祀。庶無罪悔。以迄於今。鄭注。富之言備也。以傳世之祿。恭儉者之祭易備也。兆四郊之祭處也。迄至也。言祀后稷於郊以配天。庶幾其無罪悔乎。福祿傳世。乃至於今。孔疏以前經不違卜筮。動合神明。故此明后稷祭祀。福流後世。以證成其義。后稷乃帝嚳之子。世有祿位。以世祿之饒。供儉薄之祭。故易豐備也。以其辭恭敬。其欲節儉。神之降福。故祿及子孫。詩大雅生民篇。美成王尊祖。后稷配天。事皆合禮。庶幾無罪過悔恨。故迄至於今。文武之時。而王有天下。曾氏鞏曰。自后稷肇祀以前。前後相承。兢兢業業。惟恐一有罪悔。獲戾於天。閱數百年而此心不易。故曰庶無罪悔。以迄於今。言周人世世如此也。徐氏師曾曰。有恭敬之祝辭。則誠足以享神。無求福之大欲。則專乎報本。故不美多品。而祀易備也。由是神格鬼享。降之以福。由身及其子孫。而有國有天下也。禮案事謂祀事也。后稷以帝子之尊。而躬藝稼穡。其恭儉之德。固足以昭格上天。而克昌厥後也。

子曰。大人之器威敬。天子無筮。諸侯有守筮。天子道以筮。諸侯非其國不以筮。卜宅寢室。天子不卜處大廟。鄭注。器言其用之尊嚴。無筮謂征伐出師。若巡守也。天子至尊。大事皆用卜也。春秋傳曰。先王卜征五年。歲襲其祥。守筮守國之筮。國有事則用之。天子將出卜之道。有小事。則用筮。諸侯入他國則不筮。不敢問吉凶於人之國也。諸侯受封於天子。因國而國。唯宮室欲改易者。得卜之耳。天子不卜處大廟。卜可建國之處吉。則宗廟吉可知。孔疏此一節更明天子諸侯。用卜筮有出行之義。大人謂天子所主之器。當威嚴敬重。不可私褻於小事雜用也。天子大事皆用卜。無用筮也。諸侯卑於天子。有守國之筮。居守有事而用筮。天子在國用卜。若出行道路。臨時有小事則用筮。諸侯若出行於外。非其國竟。不用筮也。卜宅寢室者。謂諸侯受封。不敢卜其所建之國以否。但宅及寢室。欲改易者。得卜之。大廟以建國之時。總卜其吉。不待更卜也。張子載曰。諸侯適他國。唯卜寢宅而已。不卜處大廟。舍諸侯祖廟爲常。故不卜。義疏云。大人兼天子諸侯。孔單指天子未安。孫氏希旦曰。器謂龜筴也。無筮無徒筮也。大卜凡國之大事。先卜而後筮。守筮獲言守龜。言所寶守之蓍筴也。天子言道。諸侯言非其國。互見之也。在道。天子但用筮。諸侯不筮。皆簡於其國之禮。宅處也。諸侯適他國。於所舍之寢室。卜而後處之。備不虞也。天子適諸侯。必舍其大廟。不須卜之。至尊無所疑也。禮案說是也。洪範曰。龜從筮從。則天子非無筮。特以龜爲主耳。夫卜以決疑。不疑何卜。諸侯大祖廟唯一。固天子所必處者也。故不須問諸卜筮。

子曰。君子敬則用祭器。是以不廢日月。不違龜筮。以敬事其君長。是以上不瀆於民。下不褻於上。

鄭注。用祭器。謂朝聘待賓客。崇敬。不敢用燕器也。用龜筮。問所貢獻也。言上之於下以直。則下應之以正。不褻慢也。孔疏言慎重其大事。心有恭敬。則用祭器也。不廢明朝聘之時。依其日月。不違謂貢獻之物。必先卜筮而來。以恭敬其君長。不敢褻讀。故也。君謂天子。言長者兼諸侯相朝。小國之於大國也。上不讀於民。言以直道接民。下不褻於上。謂以正事上也。注謂朝聘用祭器。其實冠昏亦不用燕器也。故左傳稱魯襄公冠。季武子曰。君冠必以祼享之禮行之。是用祭器也。周氏諝曰。冠昏人道之始。故亦用祭器也。孫氏希旦曰。言君子敬則用祭器。以引起下文之所言也。諸侯朝於天子。竟邑之大夫。入見於君。皆卜筮其日月而後行。祭祀卜日。事君上亦卜日。是事其長上。與祭祀同。亦敬則用祭器之義。上有以全其尊。故不讀於民。下有以致其敬。故不褻於上。禮案士昏禮器用陶瓠。亦以敬慎重正。故用祭器也。

禮記通釋卷七十

玉環戴禮

緇衣第三十三

孔疏案鄭目錄云：名曰緇衣者，善其好賢者厚也。緇衣，鄭詩也。其詩曰：緇衣之宜兮，敝予又改爲兮。適子之館兮，還予授子之粲兮。粲，餐也。設餐以授之，愛之欲飲食之。言緇衣之賢者，居朝廷宜其服也。我欲就爲改制其衣，反欲與之新衣，厚之而無已。此於別錄屬通論。釋文：劉獻云：公孫尼子所作也。禮案：毛詩序：緇衣，美武公也。父子並爲周司徒，善於其職，國人宜之，故美其德，以明有國善善之功焉。

子言之曰：爲上易事也，爲下易知也，則刑不煩矣。鄭注：言不苛虐，臣無姦心，則刑可以措。孔疏：此篇凡二十四章，唯此云子言之曰，餘二十三章皆云子曰，以篇首宜異故也。爲上謂君。君上正理御物，則臣事之易也。爲下謂臣，臣下無姦詐，則君知其情易也。君易事，臣易知，故刑辟息止，不煩動矣。然此篇題緇衣，而不先云者，欲見君明臣賢如此，後乃可服緇衣也。葉氏夢得曰：君以恕使人而易事，臣以忠事君而易知，則刑之所施者簡，故不煩。呂氏大臨曰：上以機心待民，則民亦以機心報上。上下之交，機心相勝，姦生詐起，欲刑之不煩，不可得矣。禮案：易事者無欲無爲，易知者直言直行也。子曰：好賢如緇衣，惡惡如巷伯，則爵不瀆而民作愿，刑不試而民咸服。大雅曰：儀刑文王，萬國作孚。鄭注：緇衣、巷伯，皆詩篇名也。緇衣首章曰：緇衣之宜兮，敝予又改爲兮。適子之館兮，還予授子之粲兮。言此衣緇衣者，賢者也。宜長爲國君。其衣敝，我願改制授之以新衣，是其好賢，欲其貴之甚也。巷伯六章曰：取彼譖人，投畀豺虎，豺虎不食，投畀有北，有北不受，投畀有昊。此其惡惡，欲其死亡之甚也。爵不瀆者，不輕爵人也。試，用也。咸，皆也。刑，法也。孚，信也。儀法文王之德而行之，則天下無不信也。文王爲政，克明德慎罰。孔疏：此明好賢惡惡，賞罰得中，則爲民下所信。諸侯視朝之服，緇衣素裳。鄭武公、桓公父子並爲周司徒，善於其職，鄭人善之，願君久留鄭國，服此緇衣。衣服敗破，則又作新衣以授之。此是好賢之詩也。巷伯是奄人，爲王后宮巷伯之長。幽王信讒，寺人懼讒及己，故作詩疾讒，是惡讒人之甚，故云惡惡如巷伯也。瀆，濫也。愿，愨也。君若好賢如緇衣，則爵不濫，而民皆謹愨也。惡惡如巷伯，則刑措而不用，民皆服之。大雅文王篇，言成王但象法文王之德，則爲民所敬信。引之者，證上爵不瀆，刑不試也。胡氏銓曰：人莫不有好惡也，而得其正者寡矣。緇衣好得其正，巷伯惡得其正，故舉儀刑文王爲言。文王好仁而仁興，克明德慎罰，其好惡之正如此。禮案：此即大戴禮王言云：上親賢則下擇友，上惡貪則下恥爭，是故君先立於仁，則大夫忠而士信，民敦工璞，商慤女憧，婦空空，是也。國，今詩作邦。子曰：夫民教之以德，齊之以禮，則民有格心；教之以政，齊之以刑，則民有遯心。故君民者，子以愛之，則民親之；信以結之，則民不倍；恭以涖之，則民有孫心。甫刑曰：

苗民匪用命。制以刑。惟作五虐之刑曰法。是以民有惡德。而遂絕其世也。鄭注格來也。遯逃也。涖臨也。孫順也。甫刑尚書篇名。匪非也。命謂政令也。高辛氏之末。諸侯有三苗者作亂。其治民不用政令。專制御之以嚴刑。乃作五虐蚩尤之刑。以是爲法。於是民皆爲惡。起倍畔也。三苗由此見滅無後世。由不任德。孔疏此明教民以德。不以刑也。君若教民以德。整民以禮。則民有歸上之心。故論語云。有恥且格。尚書呂刑篇。甫侯爲穆王說刑。故稱甫刑。言苗民爲君。非用政令。以教於下。制御於下。以嚴刑作蚩尤五種虐刑。自謂爲法。以此之故。民皆有怨惡之德。起倍叛之心。遂被誅而絕其世也。呂氏大臨曰。五虐之刑。謂殺戮及劓刵椓黥也。民愈爲惡德不可止。遂至於絕其世。書所謂民興胥漸。泯泯棼棼。罔中於信。以覆詛盟。又曰。皇帝哀矜庶戮之不辜。報虐以威。遏絕苗民。無世在下。是也。馬氏睎孟曰。德者所以養人於中。而在外有不正。則又以禮齊之。此順其性命之理。而以善養人也。故民有格心。政者所以率人於外。而內有不從。則又以刑齊之。此道其性命之理。而以力服人也。故民有遯心。先王之爲治。德禮以爲本。刑政以爲助。禮案僖二十八年左傳云。禮以行義。信以守禮。刑以正邪。正謂是矣。民有格心。卽尚書罔命。格其非心是也。遯去也。微子云。我不顧行遯是也。子以愛之。愛民如子也。王言曰。上之親下也如腹心。則下之親上也。如保子之見慈母也。上下之相親如此。然後令則從。施則行。因民既邇者說。遠者來懷。信以結之。則民不倍。故論語云。上好信則民莫敢不用情。恭以涖之。則民有遯心。故大學言。一家讓。一國興讓。是也。匪今書作弗。命作靈。

子曰。下之事上也。不從其所令。從其所行。上好是物。下必有甚者矣。故上之所惡好。不可不慎也。是民之表也。鄭注言民化行。不拘於言。甚者甚於君也。言民之從君。如影逐表。孔疏此一節申明上文。君者民之儀表。不可不慎。故此兼言上有其善。則下賴之。馬氏睎孟曰。令者令之於民。行者行之於己。令民而作愿。民未必作愿。令民而使之服。民未必咸服。唯好賢如緇衣。則爵不瀆而民作愿。惡惡如巷伯。則刑不試而民咸服。所謂從其所行。而不從其所令也。禮案此卽荀子君道篇。君者儀也。儀正而景正。君者槃也。槃圓而水圓。君者盂也。盂方而水方。君射則臣決。楚王好細腰。故朝有餓人。故曰聞修身。未嘗聞爲國也。後漢馬廖傳曰。城中好高髻。四方且一尺。城中好廣眉。四方且半額。城中好大袖。四方全匹帛。故王言云。上者民之表也。表正則何物不正。是矣。

子曰。禹立三年。百姓以仁遂焉。豈必盡仁。詩云。赫赫師尹。民具爾瞻。甫刑云。一人有慶。兆民賴之。大雅曰。成王之孚。下土之式。鄭注百姓傚禹爲仁。非本能仁。遂猶達也。詩甫刑大雅。皆言化民也。孚信也。式法也。孔疏言禹立三年。百姓悉行仁道。達於外內。故云百姓以仁遂焉。禹之百姓。豈必盡行仁道。由禹之所化故也。詩赫赫師尹。小雅節南山篇。刺幽王時尹氏爲大師。爲政不平。引證民具法則於上。甫刑一人謂天子也。天子有善行。民皆蒙賴之。大雅下武篇言武王成就王道之信者。故爲下土法式也。方氏慤曰。禹欲百姓之仁。而已及百姓之興仁。亦遂上之所欲。故以遂言之。禮案此指禹以仁化民。亦訊論耳。獲下引詩書之意。若曰禹立三年。而百姓始仁。然則堯舜之民。豈反不仁乎。豈必盡仁。言斯民非均能中心安仁者也。以君仁故莫敢不仁也。表記所謂利仁強仁資仁者是也。故尚書君牙篇謂爾身克正，罔敢弗正。民心罔中，惟爾之中。

子曰。上好仁。則下之爲仁爭先人。故長民者。章志貞教尊仁。以子愛百姓。民致行已。以說其上矣。詩云有梏德行。四國順之。

鄭注章明也。貞正也。民致行己者。民之行皆盡己心。梏大也。直也。孔疏此贊上經。在上行仁之事。言上若好仁。則下皆爲仁。爭欲先他人。故尊長於人。爲君者當須章明己志。爲貞正之教。尊仁道以子愛百姓。上能代下如此。則在下之人。致盡行己之意。以說樂其上矣。詩大雅抑之篇。刺厲王之詩也。言賢者有大德行。四國從之。引證上有其德。下所從也。呂氏大臨曰。章志者明吾好惡以示之。貞教者立不可易之道以教之。所示所教者。尊仁而已。民致行已。以悅其上。如子從父母之命。盡心力以奉之。不忍違也。梏詩大雅爲覺。蓋假借之文。覺明也。明吾德以示之教之。此四國所以順也。陳氏祥道曰。謂之好仁。又謂之尊仁者。好出於中心。尊則因仁之尊爵而尊之。上好仁。則下之爲仁爭先人。言下效上以其仁也。尊仁以子愛百姓。民致行己。以說其上。言下歸上以其仁也。禮案君道篇曰。君子者治之原也。官人守數。君子養原。原源則流清。原濁則流濁。故上好禮義。尚賢使能。無貪利之心。則下亦將綦辭讓。致忠信。而謹於臣子矣。如是則雖在小民。不待合符節。別契券而信。不待探籌投鉤而公。不待衡石稱縣而平。不待計斛敦概而嘖。故賞不用而民勸。罰不用而民服。有司不勞而事治。政令不煩而俗美。百姓莫敢不順上之法。象上之志。而勸上之事。而安樂之矣。

子曰。王言如絲。其出如綸。王言如綸。其出如綍。故大人不倡游言。可言也不可行。君子弗言也。可行也不可言。君子弗行也。則民言不危行。而行不危言矣。詩云淑慎爾止。不諐於儀。

鄭注言言出彌大也。綸今有秩嗇夫所佩也。綍引棺索也。游猶浮也。不可用之言也。危獲高也。言不高於行。行不高於言。言行相應也。淑善也。諐過也。言善慎女之容止。不可過於禮之威儀也。孔疏此明王者出言。下所傚之。其事漸大。不可不慎也。王言初出。微細如絲。及其出行於外。漸大如綸。綸粗於絲。王言如綸。其出亦漸大如綍。綍又大於綸。浮游虛慢之言。不可依用。出言則民皆師法。故尊大之人。不倡道此游言。恐人依象之。口可言說。力不能行。則君子不言也。若有客不能館。則不問其所舍之類是也。熊氏云。可行謂賢人可行此事。但不可言說。爲凡人作法。若曾子有母之喪。水漿不入於口者七日。故子思非之。是君子不行也。如此化民。則民言行相應也。詩大雅抑之篇。刺厲王之詩。言爲君之法。當謹慎容止。守道自居。引證言行不可過也。呂氏大臨曰。生於心則形於言。形於言則發於政。如絲如綸如綍。言其端甚微。其末甚大。綸綬也。游言者無根之言也。易繫辭曰。誣善之人其辭游。爲人上者苟以無根不實之言倡之。則天下蕩然。虛浮之風作矣。可不慎乎。方氏慤曰。王以位言。大人以道言。君子則兼上下言之。可言不可行。即游言也。可行不可言者。亦過行也。王氏引之曰。危讀爲詭。古詭危通。詭者違也反也。言君子言行相顧。則民言不違行。行不違言矣。禮案後漢輿服志云。百石青紺綸一采。宛轉繆織。長丈二尺。言出如絲。而漸大如綸如綍者。喩王者一言興邦。一言喪邦。天下之安危繫焉。可不謹乎。易繫辭曰。君子居其室。出其言善。則千里之外應之。況其邇者乎。出其言不善。則千里之外違之。況其邇者乎。大戴曾子立事曰。君子不唱流言。阮氏元注引此云。游流古字通。故荀子致仕篇。亦作流言。楊倞云流者無根原之謂。可言也。不可行以下。鄭立事所謂君子思而後動。論而後行。行必思言之。言之必思復之。思復之必思無悔。言是也。魯今詩作愆。

子曰。君子道人以言。而禁人以行。故言必慮其所終。而行必稽其所敝。則民謹於言而愼於行。詩云。愼爾出話。敬爾威儀。大雅曰。穆穆文王。於緝熙敬止。鄭注。禁猶謹也。稽猶考也。議也。話善言也。緝熙皆明也。言於明明乎。敬其容止。孔疏。此亦贊明前經言行之事。道言在上。君子誘道在下以善言。使有信也。禁起禁約。謹愼人以行。使行顧言也。初出言之時。必思慮其此言得終末可恆行以否。欲行之時。必須先考校此行。至終敝時無損壞以否。愼爾出話。大雅抑之篇。刺厲王也。爾汝也。謹愼汝之出言。以爲政教。恭敬爾之威儀。爲人法則。引證慮其所終。穆穆文王。大雅文王篇。言穆穆然美者。乃是文王之德。烏乎光明乎。又敬其容止。引證在上當敬其言行也。方氏慤曰。書曰王言惟作命。不言臣下罔攸稟令。道人以言之謂也。孝經曰。示之好惡。而民知禁。禁人以行之謂也。陳氏祥道曰。言以明理。所以通彼此之情。故道人以言。行出於正。率以正則莫取爲非。故禁人以行。孔子於空空之鄙夫。則叩兩端而竭。所謂道人以言也。爲魯司寇而公謹氏出其妻。愼潰氏踰竟而徙。所謂禁人以行也。呂氏大臨曰。進取於善者。考其行而不掩。故言必慮其終。伯夷之淸。柳下惠之和。其末猶爲隘與不恭。故行必稽其所敝。詩言上之言行。不可不謹。大雅言文王之盛德。亦不越敬其容止而已矣。禮案。未言而先慮其終。謹之至矣。則言之必能實踐。將行而先稽其敝。愼之至矣。則行之必無後悔。孝經曰。言滿天下無口過。行滿天下無怨惡。此之謂也。

子曰。長民者衣服不貳。從容有常。以齊其民。則民德壹。詩云。彼都人士。狐裘黃黃。其容不改。出言有章。行歸於周。萬民所望。鄭注。貳不一也。黃衣則狐裘。大蜡之服也。詩人見而說焉。章文章也。忠信爲周。此詩毛氏有之。三家則亡。孔疏。從容謂舉動有其常度。則民德壹者。謂萬人之德。皆齊一不參差。詩小雅都人士篇。刺幽王之時。君臣衣服無常。故詩人導彼明王之時。都邑之人。有士行者。服此狐裘黃黃然。行歸忠信。萬民所以瞻望。以法則之。馬氏晞孟曰。長民者言處於人之上。處人之上。不唯其行不可以無常。而其形於衣服容貌之際。亦不可以無常。然後民望其容貌。而其德歸於一也。彼都人士。狐裘黃黃。服其服也。其容不改。文以君子之容也。出言有章。遂以君子之辭也。行歸於周。萬民所望。實以君子之德也。義疏云言衣服者。亦猶鳲鳩之言其帶伊絲。其弁伊騏之意。禮案。衣服不貳。謂不尙奇衺之服。則德象可尊。從容有常。則無鄙戾舉動。斯周旋可則矣。

子曰。爲上可望而知也。爲下可述而志也。則君不疑於其臣。而臣不惑於其君矣。尹吉曰。惟尹躬及湯。咸有一德。詩云。淑人君子。其儀不忒。鄭注。志猶知也。吉當爲告。告古文誥字之誤也。尹告伊尹之誥也。書以爲咸有壹德。今亡。咸皆也。君臣皆有壹德不貳。則無疑惑也。

孔疏爲上可望而知。謂貌不藏情。望見其貌。則知其情。爲臣下率誠奉上。其行可述而知。尹告是伊尹誥大甲。則咸有一德篇是也。言惟尹躬身與成湯。皆有純一之德。引證上君臣不相疑。詩曹風鳲鳩篇。刺曹君之詩。言善人君子。其儀不有差忒。引證一德之義。陸氏佃曰。可望而知。謂表裏如一。可述而志。言先後如一。陳氏祥道曰。望而知者。望其趨舍。而足以知其情也。述而志者。述其功業。而足以志其情也。姚氏際恆曰。爲上開誠布公。故臣不惑於其君。爲下言行皆可述而志之。不敢有欺蔽。故君不惑於其臣。孫氏希旦曰。志猶誠也。可述而志。謂其言可稱述而記識也。上以誠待下。而見於貌者平易而可親。下以誠事上。而見於言者終始之不渝。則君臣之間。情意交孚。而無所疑惑矣。禮案可望而知。若大戴五帝德云。其色郁郁。其德嶷嶷。志記也。可述而記者。言行可爲後世法。若尚書之典謨訓誥是也。及今書作暨。

子曰。有國家者。章善癉惡。以示民厚。則民情不貳。詩云。靖共爾位。好是正直。鄭注章明也。癉病也。孔疏言爲國者。有善以賞章明之。有惡則以刑癉病之也。詩小雅小明篇。刺幽王之詩。大夫悔仕亂世。告未仕之人。言更待明君。愛好正直之人。然後事之。引之者證上民情不貳。呂氏大臨曰。明之斯好之矣。癉之斯惡之矣。善居其厚。惡居其薄。此所以示民厚也。好善惡惡。則民壹歸於理義。此民情所以不貳也。詩言居位者。惟正直是好。則所好出於理義。民德所以一也。陳氏祥道曰。惟民生厚。則性之本未嘗不善也。因物有遷。而習於惡。則惡者其僞也。有國者知民性之有善。而移於所習。然後爲惡。故爲善則章之。使民知善之可爲。爲惡而癉之。使民知惡之可避。以示民有生厚之善。則民致一於善。而歸厚矣。是以民情不貳。禮案章善謂善者賞以爵祿。癉惡謂惡者懲以刑罰。則民德歸厚。而無懷貳之心矣。

子曰。上人疑則百姓惑。下難知則君長勞。故君民者。章好以示民俗。愼惡以御民之淫。則民不惑矣。臣儀行。不重辭。不援其所不及。不煩其所不知。則君不勞矣。詩云。上帝板板。下民作癉。小雅曰。匪其止共。惟王之卭。鄭注難知有奸心也。淫貪侈也。孝經曰。示之以好惡。而民知禁。儀當爲義。聲之誤也。言臣義事君則行也。重猶尚也。援猶引也。言君所不及。謂必使其君所行如堯舜也。不煩以其所不知。謂必使其知慮如聖人也。凡告喻人。當隨其才以誘之。上帝喻君也。板板辟也。卒盡也。癉病也。此君使民惑之詩。匪非也。卭勞也。言臣不止於恭敬其職。惟使王之勞。此臣使君勞之詩也。孔疏此申明上經君臣各以情相示。則各得其所。上人疑者。謂在上之君多有疑二。則在下百姓有疑惑也。若在下之人。心懷欺詐。難知其心。則在君長治之勞苦。故君長者。章好以示民俗。愼惡以御民之淫。則民不惑矣。臣儀行者。謂臣有義事。則奉行之。不重辭。不尚虛華之辭。不及。謂君才以行所不能及。臣不須援引其所不及之事。不知。謂君有所不知。臣不得煩亂其所不知之事。令必行之。臣能如此。則君不勞苦。詩言君上邪辟。下民盡困病。引證君使民惑之事。此大雅板之篇。刺厲王之詩。小雅巧言篇。刺幽王之詩。言小人在朝。不止息於恭敬。惟爲奸惡。使王之卭勞。引證臣使君勞也。朱氏軾曰。上人之疑有二。猶豫之主。用舍不斷。綜核之君。威福莫測。此民所以從違莫定也。惟章善癉惡。法紀明明。則民曉然於善之當爲。惡之必不可爲矣。下之難知。新進喜事。浮誇無實。聽其言天下事無不可爲。而發而難收。慮而難成。如鼂錯之更令。安石之變法。人主一惑其言。而國家多事矣。責難陳善者。人臣之義。然有當務。有不當務。今撥其所不及。煩其所不知。紛紜滋擾。叢脞貽譏。雖有哲后。日不暇給矣。大人引君當道。正已物正。使吾君垂裳端拱。措天下於磐石之安。何勞之有。禮案下難知。若盤庚之率籲衆慼。周公之監殷頑民。則君長勞矣。章好猶章善也。而惡必曰愼者。罪疑惟輕。則民知上誠於好善。愼於刑惡。而不惑矣。孔注逸周書寶典解曰。儀言也。臣儀行者。臣言行也。重讀如字。不重辭之戒有二。一不可以諫行言聽。而再三煩瀆。一謂進言必量而後入。不可以初言未盡。而更詳之也。

子曰。政之不行也。教之不成也。爵祿不足勸也。刑罰不足恥也。故上不可以褻刑而輕爵。康誥曰。敬民乃罰。甫刑曰。播刑之不迪。鄭注言政教所以明賞罰。康康叔也。作誥尚書篇名也。播猶施也。不衍字耳。迪道也。言施刑之道。孔疏此明愼賞罰之事。皐氏之言在上政會所以不行。教化所以不成者。祇由君上爵祿加於小人。不足勸人爲善也。刑罰加於無罪之人。不足恥其爲惡。故上不可以褻刑而輕爵。刑爵不中。則懲勸失所。故周公作康誥。誥康叔曰。女所施刑罰。必敬而明之也。甫刑穆王戒羣臣云。今爾何監非是伯夷布刑之道。引證重刑之義。葉氏夢得曰。政以養民者也。教以率民者也。養之備。教之詳。然後爵祿以勸善。刑罰以懲惡。則民孰不勸且恥乎。孫氏希旦曰。刑罰必加於有罪。則民知所恥。民知所恥。則政行。爵祿必加於有德。則民知所勸。民知所勸。則教成。所刑者不必有罪。則刑褻而民不恥。所爵者不必有德。則爵輕而民不勸矣。播刑之不迪者。言民之不迪者。乃施之以刑也。今書無不字。禮案政之不行。民不從令也。教之不成。民不卿方也。由上之無德。政之不中也。爵祿不足勸。失於不公也。刑罰不足恥。失於不平也。故爵祿不可濫施。用刑不可枉撓也。民今書作明。

子曰。大臣不親。百姓不寧。則忠敬不足。而富貴已過也。大臣不治。而邇臣比矣。故大臣不可不敬也。是民之表也。邇臣不可不愼也。是民之道也。君毋以小謀大。毋以遠言近。毋以內圖外。則大臣不怨。邇臣不疾。而遠臣不蔽矣。葉公之顧命曰。毋以小謀敗大作。毋以嬖御人疾莊后。毋以嬖御士疾莊士大夫卿士。鄭注忠敬不足。謂臣不忠於君。君不敬其臣。邇近也。言近以見遠。言大以見小。互言之。比私相親也。民之道。言民循從也。圖亦謀也。言凡謀之當各於其黨。於其黨知其過審也。大臣柄權於外。小臣執命於內。或時交爭。轉相陷害。疾猶非也。葉公楚縣公。葉公子高也。臨死遺書曰顧命。小謀小臣之謀也。大作大臣之所爲也。嬖御人愛妾也。疾亦非也。莊后適夫人。齊莊得禮者。嬖御士愛臣也。莊士亦謂士之齊莊得禮者。今爲大夫卿士。孔疏此一節明在下羣臣。無問大小。皆須恭敬謹愼。又君無以小臣而謀大事也。沈氏云。大臣離二。不與上相親。政教煩苛。故百姓不甯。此臣不忠於君。君不敬於臣。所以致然。由君臣富貴已過極也。大臣不肯爲君理治職事。由邇臣與上相親比政也。邇臣是民之道路。邇臣好則人從之好。惡則從之惡也。

君無得與小臣。而謀大臣之事。無得以遠臣共言近臣之事。無得以內臣共圖謀外臣之事。所以然者。小大之臣意殊。遠近之臣不同。恐各爲朋黨。彼此交爭。故不圖謀也。若能如此。則外內情通。小大意合。大臣不怨恨於君。近臣不爲人所非毁。而還臣不被障蔽也。王氏應麟曰。周書祭公篇曰。汝毋以嬖御固莊后。汝無小謀敗大作。汝無以嬖御士。疾大夫卿士。汝無以家相亂王室。而恤其外。原注。葉公當作祭公。疑記禮者之誤。陳氏祥道曰。小臣之於大臣。勢不足以圖之。其所以擠陷之者。謀而已。內臣之於外臣。謀非不足用也。勢足以圖之而已。故於小大言謀。內外言怨。怨生乎心。疾作於外。疾不如怨之深也。故大臣言怨。邇臣言疾。朱氏彬曰。莊猶正也。孫氏希旦曰。葉當作祭。將死而言曰顧命。祭公謀父將死告穆王之言也。今見逸周書。郭氏嵩燾曰。大臣不相親信。則人皆得撓其大權。而政令不一。民無適從。不當者人望不屬。而趨向無所取準也。不治謂大臣不安其位。即中庸敬大臣則不眩之旨。忠敬不足。富貴已過。不謂得之不以忠敬。而既任之以政。勢位固隆。必積而爲猜疑。此百姓之所以不當也。禮案。大臣不爲君所親。則不能督率其屬。欲政之脩。其可得乎。故百姓不當也。富貴已過。言忠敬之失。由於驕溢恣睢也。大臣不治。則君四體不備。是以怩比邇臣。便嬖親而敬大臣之禮益疏矣。欲無患害得乎哉。夫表民之所望。道民之所由也。故大臣宜親敬。而邇臣宜慎簡也。君道篇曰。故人主必將有便嬖左右足使者然後可。其知惠足使規物。其端誠足使定物。必將有卿相輔佐足任者然後可。其德音足以塡拊百姓。其知慮足以應待萬變。夫是之謂國具。葉公即祭公之誤。王孫二說是也。孔汁祭公解引此云作葉公之顧命。乃祭公之訛也。莊后正后也。莊士正士也。言毋寵妾滅妻。親小人遠君子也。尚書冏命云。僕臣正厥后克正。僕臣諛厥后自聖。后德惟臣。不德惟臣。爾無怩於憸人。充耳目之官是也。

子曰。大人不親其所賢。而信其所賤。民是以親失。而教是以煩。詩云。彼求我則。如不我得。執我仇仇。亦不我力。君陳曰。未見聖若也弗克見。既見聖亦不克由聖。

鄭注。親失失其所當親也。教煩由信賤也。賤者無一德也。詩言君始求我。如恐不得我。既得我。持我仇仇。然不堅固。亦不力用我。是不親信我也。克能也。由用也。孔疏。此明君不信用臣也。不親任其所賢有德之人。而信用其所賤無德者。以此化民。民效於上。失其所當親。惟親愛羣小。既無一德。政所以煩亂也。詩小雅正月篇。刺幽王初求我賢人如不得於我。言禮命煩多也。既得賢人。亦不以力而用我。引證不親其所賢也。尚書君陳篇。成王戒君陳之辭也。言凡人未見聖道之時。如似己不能見。既見聖道。亦不能用之也。呂氏大臨曰。王公之用人。將與共天位。治天職也。師其不及。而友其所等。夷有不如已。然後使之。故位尊而德優。德優而身佚。賢者既疏。不肖又不足親。此親所以失所貴者而疑所賤者。又不足任也。此教所以煩。蓋知賢而不親。知可賤而信之。德所以不進。治所以不成也。孟子曰。今之諸侯。好臣其所教。而不好臣其所受教。故地醜德齊。莫能相尚也。馬氏晞孟曰。引詩言始求我之法。則如不我得焉。其好之心。可謂篤矣。及其執我仇仇。亦不我力。既已得我。而反不用我。至於君陳所言。其理亦猶是也。禮案。在上之人。不親賢而信賤。則賊民興而政治必亂矣。說苑理政篇。齊侯問於晏子曰。爲政何患。對曰。善惡之不分。是也。夫親失。言民之無歸也。教煩。以民之不從也。釋文。尚書無已字。

子曰。小

人溺於水。君子溺於口。大人溺於民。皆在其所褻也。夫水近於人而溺人。德易狎而難親也。易以溺人。口費而煩。易出難悔。易以溺人。夫民閉於人而有鄙心。可敬不可慢。易以溺人。故君子不可以不慎也。大甲曰。毋越厥命以自覆也。若虞機張。往省括於厥度則釋。兌命曰。惟口起羞。惟甲冑起兵。惟衣裳在笥。惟干戈省厥躬。大甲曰。天作孽。可違也。自作孽。不可以逭。尹吉曰。惟尹躬天見於西邑夏。自周有終。相亦惟終。

鄭注：言人不溺於所敬者。溺謂覆沒。不能自理出也。言水人所沐浴自潔清者。至於深淵洪波。所當畏慎也。由近人之故。或泳之游之。褻慢而無戒心。以取溺焉。有德者亦如水矣。初時學其近者小者。以從人事。自以爲可。則侮狎之。至於先王大道。性與天命。則遂扞格不入。迷惑無聞。如溺於大水矣。難親。親之當肅敬。如臨深淵。費猶惠也。言口多空言。且煩數也。過言一出。駟馬不能及。不可得悔也。口舌所覆。亦如溺矣。費或爲哼。或爲悖。閉言民不通於人道。而心鄙詐。難卒告諭。人君敬慎以臨之則可。若陵虐而慢之。分崩怨畔。君無所尊。亦如溺矣。故君子慎所可褻。乃不溺矣。越之言蹷也。厥其也。覆敗也。言無自顚蹷女之政教。以自毀敗。虞主田獵之地者也。機弩牙也。度謂所擬射也。虞人之射禽。弩已張。從機間視括與所射參相得。乃後釋弦發矢。爲政亦當以己心參於羣臣及萬民。可乃後施也。兌當爲說。謂殷高宗之臣傅說也。作書以命高宗。尚書篇名也。羞猶辱也。衣裳朝祭之服也。惟口起辱。當慎言語也。惟甲冑起兵。當慎軍旅之事也。惟衣裳在笥。當服以爲禮也。惟干戈省厥躬。當恕己不尚害人也。逭猶辟也。逭逃也。尹吉亦尹誥也。天當爲先。字之誤。忠信爲周。相助也。謂臣也。伊尹言尹之先祖。見夏之先君臣。皆忠信以自終。今天絕桀者。以其自作孽。伊尹始仕於夏。此時就湯矣。夏之邑在亳西。見或爲敗。邑或爲予。孔疏：此一節戒慎言之事。小人卑賤。居近川澤。愛翫於水。所覆。君子卿大夫。以口傷人。而致怨恨。遂被覆沒。亦如溺於水也。大人謂人君。陵虐下衆。則衆離叛。君無所尊。故溺於民。皆在其所褻。不能敬慎。故致溺也。水若遠於民。則人不沒溺。但由近人習以爲常。故致覆溺也。有德者初學其近淺。是易狎也。至莫測其理。是難親也。口虛言而無實從之。是易出也。易出難悔被害。是溺人也。夫民閉於人者。民處卑下。易可褻慢。終致怨畔。是溺人也。伊尹戒大甲言。無得顚越其教命。以自覆敗。爲政之道。如虞人射獸。先弩牙以張。乃釋弦以發矢也。兌命曰者。口爲榮辱之主。若出言不當。則被人所賤。甲冑罰罪之器。所罰不當。反被兵戎所害。衣裳在笥。不可妄與於人。干戈之事。不可妄加無罪。大甲曰天作孽。若水旱災荒。亦可從移避災。是可違也。自作孽。物皆怨恨。所在而致禍害。故不敢逃也。伊尹告大甲。言夏之先君有能忠信。以得自有其終。其輔相之臣。亦如先君得終久也。伊尹言尹之先祖。鄭不見古文尚書故也。呂氏大臨曰。凡人所以覆於禍患。不能自出者。皆在其易而褻之也。德易狎而難親者。謂水之德也。民至愚至賤。知者貴者之所易也。惟愚也。故閉於心而不可以理喻。惟賤也。故有鄙心。爲王公者。慢而不敬。則輕身輕上。無所不至。此民之所以溺人也。郝氏懿行曰。閉謂壅遏不得上聞。括矢本也。王氏引之曰。墨子魯問篇。豈不悖哉。又曰豈不費哉。費卽悖也。大學言悖而出者。亦悖而入。口之所出。逆於義理。則是非擾亂。而禍患隨之。所謂一言僨事也。郭氏嵩燾曰。鄙心私心也。閉於人者。揜閉於人。前是之謂民隱。人君勤求民隱。而敬以臨之。不敢縱己以拂民之欲。亦不敢枉道以徇人之私也。禮案溺於口。若易繫辭云。言行君子之樞機也。樞機之發。榮辱之主也。是以君不密則失臣。臣不密則失身。機事不密則害成。溺於民若大戴武王踐阼篇。盥盤之銘曰。與其溺於人也。甯溺於淵。溺於淵猶可游也。溺於人不可救也。民可敬不可慢。猶尙書五子之歌曰。民可近不可下也。易以溺人故荀子哀公篇云。君者舟也。庶人者水也。水則載舟。水則覆舟是也。惟衣裳在笥者。謹名器也。成二年左傳曰。惟名與器。不可以假人。君之所司也。釋文尙書無厥字。不可作弗。無以字。子曰。民以君爲心。君以民爲體。心莊則體舒。心肅則容敬。心好之身心安之。君好之民心敬之。心以體全。亦以體傷。君以民存。亦以民亡。詩云昔吾有先正。其言明且清。國家以寧。都邑以成。庶民以生。誰能秉國成。不自爲正。卒勞百姓。君雅曰夏日暑雨。小民惟曰怨。資冬祁寒。小民亦惟曰怨。鄭注莊齊莊也。先正先君長也。誰能秉國成。傷今無此人也。成邦之八成也。誰能秉行之。不自以所爲者正。盡勞來百姓。憂念之者。與疾時大臣專功爭美。雅書序作牙。假借字也。君雅周穆王司徒。作尙書篇名也。資當爲至。齊魯之語。聲之誤也。祈之言是也。齊西偏之語也。夏日暑雨。小民怨天。至冬是寒。小民又怨天。言民恆多怨。爲其君難。孔疏此論君人相須。言養人之道。不可不愼也。詩逸詩也。詩人稱昔吾之有先君正長。其教令之言。分明且清潔。國家所以安也。都邑所以成也。庶人所以生也。卒盡也。傷今無復有先正之賢。故云今日誰能執國之八成。又當謙退之。不自爲正者。得其正道。能用仁恩盡勞來百姓。言今無如此之人。疾時大臣專功爭美。各自爲是也。君雅穆王命君牙之辭也。言民心難稱。所怨恆多。夏日暑熱及雨。天之常道。小人惟曰怨也。至於冬日。是大寒之時。小人亦惟曰怨。猶言君政雖曰得當。人怨之不已。是治民難也。案周禮小宰職云。掌以官府之八成。皆成事品式。以聽治於人。案尙書云。小民惟曰怨咨。今此作資字。鄭又讀至。以不見古文尙書故也。呂氏大臨曰。心體言君之說。姑以爲譬。然求之實理。則心體完則心說。猶有民則有君也。體傷則心憯。猶民病則君憂也。引詩言君不正。民以之爲所勞也。引君雅則言非天之寒暑。小民且怨之。況君之政教乎。孫氏希旦曰。民之欲惡由於君。而君之存亡係於民。然則君之所好。其公私得失之間。乃存亡之所由分也。可不謹與。詩逸詩。先正先世之賢臣也。禮案孟子云。君之視臣如手足。則臣視君如腹心。君之視臣如土芥。則臣視君如寇仇。夫心有所欲。手足必致之。心有所畏。手足必扞之。此心以體全也。或禍起蕭牆之內。患生肘腋之間。此心以體傷也。大戴子張問入官。孔子曰。故上者尊嚴而絕。百姓者卑賤而神。民而愛之則存。惡之則亡也。祁大也。冬際祁寒。則民有凍斃。人或怨天宜也。若夏雨生涼。人本喜愛。如霪淋不止。則物多霉壞。故又有怨咨者也。甚言民心不易滿足也。釋文尙書無日字。資作咨。連上句云怨咨。疑此下當亦有咨字脫也。子曰。下之事上也。

身不正。言不信。則義不壹。行無類也。鄭注類謂比式。孔疏此一節明下之事長。當守其一。若身之不正。言之不信。則於義事不能齊一。行無比類。言行之無恆。不可比類也。方氏慤曰。身不正。故義不一。言不信。故行無類。不壹謂不能尊於其身也。無類謂無以別於其言也。王氏引之曰。義讀爲儀。儀謂威儀不齊一也。義疏云。臣之告君。孰不以正。然身者言之本。自處以義。則身正而言之於君。亦信而樂從。身不正不能事事皆出於義。其發之言者。與行絕不相類。而望君之信從。不可得也。諸儒忘却下之事上句。故說多膚。禮案。臣之事君。必有忠心者。乃有忠告。未有身不正而言可信者也。義不壹者。二三其德。行無類者。事不師古也。

子曰。言有物而行有格也。是生則不可奪志。死則不可奪名。故君子多聞。質而守之。多志。質而親之。精知。略而行之。君陳曰。出入自爾師虞。庶言同。詩云。淑人君子。其儀一也。鄭注物謂事驗也。格舊法也。質猶少也。多志謂博交汎愛人。精知。孰慮於衆也。精或爲清。自由也。師庶皆衆也。虞度也。言出內政教。當由女衆之所謀。衆言同乃行之。政教當由一也。孔疏物謂事之徵驗。格謂舊有注式。言必須有徵驗。行必須有法式。既言行不妄。守死善道。故生則不可奪志。死則不可奪名。言名志具善。欲奪不可也。故須多聞前事。當簡質而守之。多以志意博交汎愛。亦質守而親之。精細而知。孰慮於衆。要略而行之。此皆謂聞見雖多。執守簡要也。成王戒君陳云。出入政教。當謀度衆言也。詩曹風鳲鳩篇。刺曹公不均平也。言善人君子。其威儀齊一也。引證爲政之道。須齊一也。呂氏大臨曰。有物則無失實之言。有格則無踰矩之行。生乎由是。死乎由是。故志與名。不可得而奪也。義重於生。舍生而取義。不義之名。君子所不受也。多聞所聞欲博也。多志多見而識之也。質正也。不敢信已。質衆人之所同。然後用之也。守之者服膺弗失也。親之者學問不厭也。由多聞多志而得之。又當精思以求其至約而行之略約也。此皆義壹行類之道也。孫氏希旦曰。略字從田從各。乃士田之界別。故此借以爲分別之義。蓋多聞多志。則所以考之於古者博矣。於是又反之於己。而體驗之。思索之。使所知者。極其精。然後分別其可否而行之。如此必無無物之言。踰格之行矣。禮案。言有物。則非游言。行有格。則動中禮法。可生可死。言行不可得而奪也。孟子曰。生重於義。舍生可也。故生不能降志以從俗。死亦不失其令名也。荀子勸學曰。是故權利不能傾也。羣衆不能移也。天下不能蕩也。生乎由是。死乎由是。夫是之謂德操。德操然後能定。能定然後能應。能定能應。夫是之謂成人。多聞質而守之以下。即荀子宥坐篇。聰明聖知。守之以愚。功被天下。守之以讓。勇力撫世。守之以怯。富有四海。守之以謙。此所謂挹而損之之道也。也今詩作兮。

子曰。唯君子能好其正。小人毒其正。故君子之朋友有鄉。其惡有方。是故邇者不惑。而遠者不疑也。詩云。君子好仇。鄭注正當爲匹。字之誤也。匹謂知識。朋友鄉方。喻輩類也。小人徼利。其友無常也。不惑不疑。言其可望而知。邇近也。仇匹也。孔疏此明其朋匹之事。言君子能愛好其朋友匹偶。以下云君子好仇。故此正爲匹也。有鄉有方。言君子所親朋友。及所惡之人。皆有輩類。既好惡不同。故君子之交。可者與之。不以榮枯爲異。不善者則憎惡之。言有常也。若少人唯利是求。所善所惡。無恆定也。好惡有定。可望貌而知。故近者不惑。遠者不疑也。詩周南關雎篇。詩意云窈窕淑女。君子好仇。此則斷章云。君子之人。以好人爲匹也。呂氏大臨曰。君子之好。不可以非其人。故曰朋友有鄉。所惡不可以及善人。故曰其惡有方。陳氏祥道曰。君子小人異道。故正人君子好之。而小人毒之。邇者不惑。儒行所謂並立則樂。相下不厭也。遠者不疑。儒行所謂久不相見。聞流言不信。其行也。胡氏銓曰。君子正直。是與故好之。小人惡直醜正。故惡之。君子居必擇鄉。游必擇士。所以防邪僻而近中正也。禮案荀子修身篇。非我而當者吾師也。所謂好其正也。君道篇。公正之士。衆人之痤也。是以毒其正也。曾子制言曰。凡行不義。則吾不事。不仁則吾不長。奉相仁義。則吾與之聚羣。所謂朋友有鄉。其惡有方也。君子以仁義有無爲去取。故其好惡昭昭。而民無遠近。莫不信之。故無疑惑也。仇今詩作逑。二字通。玉篇逑呂也。引證君子能好其正也。

子曰。輕絕貧賤而重絕富貴。則好賢不堅。而惡惡不著也。人雖曰不利。吾不信也。詩云。朋友攸攝。攝以威儀。鄭注言此近微利也。攸所也。言朋友以禮義相攝正。不以貧富貴賤之利也。孔疏此明朋友之道。唯善是仇。以儀相攝佐也。以賢而貧賤則輕絕之。是好賢不堅也。而富貴則重絕之。則惡惡不著。如此者是貪利之人。故云雖曰不利。吾不信也。詩大雅既醉篇。美成王之時太平。於時朋友羣臣。所以禮義相攝佐之時以威儀也。言不以富貴貧賤而求利者。陳氏祥道曰。貧賤者人之所易絕。於其所易絕而不絕。然後爲好賢之堅。以富貴者人之所難絕。於其所難絕者而絕之。然後爲惡惡之著也。朱氏軾曰。明知其當絕也。以其富貴而難乎絕之。一念移頓。喪平生之大節。此揚雄蔡邕所以爲萬世罪也。孫氏希旦曰。貧賤者未必不賢也。而輕於絕之。則必有以賢而見絕者。而好賢之心不堅矣。富貴者未必不惡也。而重於絕之。則必有以惡而見容者。而惡惡之心不著矣。如此則其交也。徒以勢而不以道義也。禮案此大戴文王官人所以謂省其交友。觀其任廉。則不惡之趨勢利。而好惡能辨別矣。

子曰。私惠不歸德。君子不自留焉。詩云。人之好我。示我周行。鄭注私惠謂不以公禮相慶賀。時以小物相問遺也。言其物不可以爲德。則君子不以身留此人也。相惠以褻瀆邪辟之物。是爲不歸於德。歸或爲懷。行道也。言示我以忠信之道。孔疏此明君子。唯以德是與。言人以私小恩惠相問遺。不歸依道德。如此者君子不留。言不受其惠也。詩小雅鹿鳴篇。言文王燕飲羣臣。惟以忠信正道示我。不以褻瀆邪辟之物。而相遺也。孫氏希旦曰。君子愛人以德。苟有私惠於我。而不歸於德義之公。則君子不以其身留之。齊景公待孔子以季孟。而不能行其道。則孔子去之矣。齊王饋孟子以兼金。而不能處以禮。則孟子辭之矣。周行大道也。言人之相好。當相示以大道。而不可以私惠也。禮案凡以私惠於人者。必有所希冀。故君子不自留焉。非惟潔己。且以杜絕營求者也。

子曰。苟有車。必見其軾。苟有衣。必見其敝。人苟或言之。必聞其聲。苟或行之。必見其成。葛覃曰。服之無射。鄭注言凡人舉事。必有後驗也。見其軾謂載也。敝敗衣也。衣或在內。新時不見。射厭也。言己願采葛以爲君子之衣。今君子服之無厭。言不虛也。孔疏此明人言行必慎其所終也。將欲明之。故先以二事爲譬喻也。人苟稱家有車。必見其車有載於物。不可虛也。人苟稱家有衣。必見其所著之衣。有終敝破也。人苟有言。必聞其聲也。人苟有行此事。必須見其成驗也。周南葛覃篇。美后妃之德也。詩本意言后妃習絺綌之事。而無厭倦之心。此則斷章云。采葛爲君子之衣。君子實得服而不虛也。引證人之所以終須。有效也。馬氏晞孟曰。言有實於此。有以徵於彼。而君子不可以無其實也。朱氏彬曰。釋文引庾氏曰。隱蔽也。古者先知蔽前。後知蔽後。有衣必見其蔽。舉在前者言之。上文苟有車。必見其軾。軾在車前也。洪氏頤煊曰。敝古通作蔽字。謂蔽膝也。玉藻一命緼韍黝衡。鄭注韍之言蔽也。軾車橫木。蔽膝亦在衣前。其義一也。禮案此卽大戴觀學所謂。夫聲無細而不聞。行無隱而不形是也。射今詩作斁。

子曰。言從而行之。則言不可飾也。行從而言之。則行不可飾也。故君子寡言而行以成其信。則民不得大其美而小其惡。詩云。白圭之玷。尚可磨也。斯言之玷。不可爲也。小雅曰。允也君子。展也大成。君奭曰。在昔上帝。周田觀文王之德。其集大命於厥躬。

鄭注從猶隨也。以行爲驗。虛言無益於善也。寡當爲顧。聲之誤也。玷缺也。言圭之缺。尚可磨而平之。言之缺無如之何。奭召公名也。作尚書篇名也。古文周田觀文王之德爲割申勸甯王之德。今博士讀爲厥亂勸甯王之德。三者皆異。古文似近之。割之言蓋也。言文王有誠信之德。天蓋申勸之。集大命於其身。謂命之使王天下也。孔疏此明重言行之事。言在於先。而後隨以行之。言須實不可虛也。行在於前。言隨於後。論說於行。則行當實。不可虛也。故君子當顧言而行。以成其信也。民美惡者必須以行爲驗。不可虛辭。則人不得虛增大其美事。而減少其惡事也。白圭之玷。詩大雅抑之篇。刺厲王之詩也。白圭玷缺。尚可磨而平之。言語玷缺。不可爲而政之。是無如之何也。允也君子。詩小雅車攻篇。美宣王之詩也。君子謂宣王誠實矣。而大成大平也。引證言信爲本。在昔上帝。此周公告君奭之辭也。言之王有誠信之德。故上天蓋申重獎勸文王之德。引證言當誠信也。陸氏佃曰。寡讀如字。言之必踐之。是以寡。民雖欲虛美隱惡不得也。所謂周田。虞芮質厥成是也。先儒謂虞芮質厥成。諸侯並附。以爲受命之年。故曰其集大命於厥躬。然則周田釋書所謂割。割棄也。以其所爭田爲閒田而退之是多謂割。或作厥亂勸甯主德。厥亂虞芮是也。且經以結君子寡言而行。以成其信。於是爲至。陳氏祥道曰。言之則易失於不信。君子尚乎實行。故寡言而行。則以成其信。有實而不誣也。實之所在。故民不得大其美而小其惡。義疏云。引詩大雅以證寡言。小雅以證成信。引書以證民皆化於君也。齊氏召南曰。鄭不見孔安國之古文尚書。其所謂古文者。卽二十八篇之古本。其字多異於歐陽夏侯三家所傳者也。禮案不大其美小其惡者。民皆化上之言不過行。行不過言。故尚信實而恥於矜善飾非也。荀子大略曰。不足於行者說過。不足於信者誠言。又曰。少言而法君子也。多言無法而流喆然雖辨小人也。玷瑕也。夫守身如執玉。可謂謹矣。而衛武公之詩。尚以爲圭玷可磨。言玷不可爲。抑何愼之至與。故論語云。南容三復白圭。而孔子稱之。也今詩作矣。今書亦作割申勸甯王之德。

子曰。南人有言曰。人而無恆。不可以爲卜筮。古之遺言與。龜筮猶不能知也。而況於人乎。詩云我龜既厭。不我告猶。兑命曰：爵無及惡德。民立而正。事純而祭祀是爲不敬。事煩則亂。事神則難。易曰：不恆其德。或承之羞。恆其德偵。婦人吉。夫子凶。

鄭注：恆，常也。不可爲卜筮，言卦兆不能見其情，定其吉凶也。猶，道也。言褻而用之，龜厭之，不告以吉凶之道也。惡德，無恆之德。純猶皆也。言君祭祀賜諸臣爵，毋與惡德之人也。民將立以爲正，言放傚之疾。事皆如是，而以祭祀，是不敬鬼神也。惡德之人，使事煩，事煩則亂。使事鬼神，又難以得福也。純或爲煩。羞猶辱也。偵，問也。問不爲偵。婦人從人者也，以問正爲常德則吉。男子當專行者，事而以問正爲常德，是亦無恆之人也。孔疏：此明爲人臣之法，當行有恆也。南人，殷掌卜之人。有遺言云：人而性行無恆，龜筮猶不能知，而況於凡人乎？詩小雅小旻篇刺幽王性行無恆，數誣卜筮，引證無恆之人，不可以爲卜筮也。兑命，尚書傳說告高宗之辭，云：祭祀之末，爵人之時，無復及此惡德之人。若爵惡人，則立以爲正事，在下必學之。使主掌祭祀，其事則煩，煩則致亂，事鬼神則難得其福。易恆卦九三爻辭，言人君不恆常其德，故承之羞辱。恆其德偵，此六五爻辭，言恆常其德，問正於人，婦人得吉，夫子爲凶也。陸氏佃曰：民立而正，正讀如政。民立而正事純，卽書所謂惟厥攸居，政事惟醇。而祭祀是爲不敬，卽書所謂黷於祭祀，時謂弟欽。爵無及惡德，民立而正事純，所謂善矣，然祭祀爲不敬，則事煩不能不亂，事神難矣。事煩，讀如事神之事。雖然，恆其德矣，不知化而趨變，是亦凶而已矣。故經合二以爲一，昧者以今書易疑而難之，是案圖以求馬也。善相馬者，若九方皋可也。馬氏晞孟曰：婦人無攸遂，在中饋，吉。德不可以無恆，夫子以知率人，不可以無變，所謂婦人之從一而終，夫子制義，從婦而凶，與此合。郝氏懿行曰：案此節與今尚書文絕異。未詳其義。民立而正句尤難曉，疑有錯誤。又案鄭以民立而正爲句，事連下讀。偵當依周易作貞。禮案：卜筮之道，誠則靈，靈則神，故吉凶悔吝皆能先知。彼無恆之人，其心出入，莫衷一是，故龜筴亦不能決其是否也。蓋卜筮知未來之禍福，不能決無恆之人心也。屈原作卜居，大卜曰：龜策誠不能知此事，義猶是也。引書與今書不合，其逸書之文與。

温州市圖书館藏書

禮記通釋八十卷

第八册

禮記通釋卷七十一

玉環戴禮

奔喪第三十四 孔疏案鄭目錄云。名曰奔喪者。以其居他國聞喪奔赴之禮。此於別錄屬喪服。實逸曲禮之正篇也。漢書藝文志云。漢興得古禮五十七篇。其十七篇與今儀禮正同。其四十篇藏在祕府。謂之逸禮。下文鄭注引逸奔喪禮其不入於記者。又比此爲逸。故二逸不同。其實祇是一篇。此篇兼天子諸侯。然以士爲主。故下注云未成服者素委貌。是士之服也。禮案此篇與投壺禮及大戴禮之諸侯遷廟釁廟。並經文非記文也。

奔喪之禮。孫氏希旦曰。首云奔喪之禮。所以總目一篇之事也。禮案儀禮正經。每篇皆以篇目冠首。故投壺禮亦然。經之與記。體例自不同也。始聞親喪。以哭答使者。盡哀。問故。又哭盡哀。遂行。日行百里。不以夜行。唯父母之喪。見星而行。見星而舍。若未得行。則成服而后行。過國至竟。哭盡哀而止。哭辟市朝。望其國竟哭。鄭注。親父母也。以哭答使者。驚怛之哀無辭也。問故問親喪所由也。雖非父母。聞喪而哭。其禮亦然也。不以夜行。雖有哀戚。猶辟害也。晝夜之分。別於昏明。哭則遂行者。不爲位。見星侵晨冒昏。彌益促也。言唯著其異也。或服后行。謂以君命有爲者也。成喪服。得行則行。過國至竟。感此念親。哭辟市朝。爲驚衆也。望其國竟哭。斬衰者也。自是哭遂行。孔疏此一篇總明奔五服之喪也。從始聞至於喪所成服之節。初聞之節。五服皆然。鄭知然者。以下文云唯父母之喪。見星而行。則知以前兼五服也。若奉君命而使。使事未了。不可以己私喪廢公事。故成服以俟君命。人代己則可行。若未得行。即不可行。案聘禮云。行至他國竟上而誓衆。使次介假道。是國竟行禮之處。去時親在。今反親亡。故過國至竟哭盡哀戚也。凡聞父母之喪。其哭之不離聞喪之處。不得爲位。即奔之也。若有君命。未得奔喪者。既聞而哭。又爲位。更哭也。下云齊衰望鄉而哭。望其國竟哭。雖斬衰其實母之齊衰亦然也。方氏慤曰。古者吉行五十里。今以凶變之遽。故倍之。義疏云。行百里者。痛親之變。窮日之力也。見星不夜行。愼守其身。不敢以先父母之遺體行殆。且親未葬。亦毀不滅性之義也。孫氏希旦曰。身父母之身也。爲父母之喪而奔。雖患不敢避也。非是則不以父母之身痁患。舍就館舍。哭之辟市朝。凡治民之處皆曰朝。禮案始聞親喪者。赴者至。告以其親某死。痛極哭盡哀。哀止乃問其厥疾原由。垂死情狀。傷己不得養疾視含。觸及哀心。故又哭也。不以夜行。與見星而行。見星而舍。雖稍分緩急。均未至夜深也。孝子不服闇。不登危。愛身愼行。不以親之存歿而異也。曾子問曰。見星而行者。唯罪人與奔父母之喪。是故夙興夜寐。猶可說也。蒙露披星。必不可也。若未得行。有官守者也。大戴禮本命云。門外之治義斷恩。故必須待君命。交卸有人。乃可離其職守也。然又不忍吉服從事。故先成服也。哭辟市朝。至其國竟哭者。以至己之國竟。則人知爲某人父母新死。奔喪而哭。不至駭衆。故可行且哭也。至於家。入門左。升自西階。殯東西面坐。哭盡哀。括髮袒。降堂東即位。西鄉哭。成踊。襲絰於序東。絞帶。反位。拜賓成踊。送賓反位。有賓後至者。則拜之。成踊送賓。皆如初。衆主人兄弟皆出門。出門哭止。闔門。相者告就次。於又哭。括髮袒成踊。於三哭。猶括髮袒成踊。三日成服。拜賓送賓。皆如初。

鄭注括髮袒者。去飾也。未成服者。素委貌深衣。已成服者。固自喪服矣。降堂東即位。已殯者位在下。襲服衣也。不於又哭乃絰者。發喪已踰日節。於是可也。其未小斂而至。與在家同耳。不散帶者。不見尸柩。凡拜賓者就其位。既拜反位哭踊。次倚廬也。又哭至明日朝也。三哭又其明日朝也。皆升堂括髮袒如始至。必又哭三哭者。象小斂大斂時也。雜記曰。士三踊。其夕哭。從朝夕哭不括髮不袒不踊。不以爲數。三日三哭之明日也。既哭成其服。喪服杖於序東。孔疏此明父之喪。奔至於家。哭及袒踊成服之節。入中門之左。升自西階者。曲禮云。爲人子者。升降不由阼階。今父母新死。未忍異於生也。括髮袒者。若在家親始喪。則笄縰。小斂畢乃括髮。此所奔者謂主人。故親拜賓。此謂奔父喪。若母喪又哭則免。下云又哭括髮袒。故知爲父。此謂未成服也。故下云三日成服襲絰。在堂下當序牆之東。非謂堂下之序東也。前送賓畢而反位。後送賓亦畢而反位。故云皆如初也。於又哭三哭猶括髮袒成踊者。括髮袒皆在堂上。殯東西面成踊。則在堂下之東西面位也。三日成服於堂下之東。拜賓成踊送賓反位。皆如初也。此素委貌謂士庶人。若大夫以上則素弁。小記云。遠葬者比反哭者皆冠。及郊而后免。明知在路皆冠也。士喪禮小斂訖。降自西階。即位。故知殯單位在下。又士喪禮既小斂帶絰散麻。三日乃絞垂。今奔喪初至則絞帶。與在家異也。知又哭三日皆升堂括髮袒者。約士喪禮小斂大斂。主人皆升堂也。陸氏佃曰。猶括髮猶之言可以已也。成言於是有數。郝氏懿行曰。案襲而後拜賓成踊。敵賓也。其非敵者則篇末云。有大夫至袒拜之。成踊而後襲是也。義疏云。士喪禮主人送賓。不言入。下遂言主人揖衆主人乃就次。則主人出送賓。不復入也。故此言衆主人。而不言主人。孫氏希旦曰。始至即括髮袒者。至在殯後者之禮也。經不著殯前至者之禮。蓋始至笄縰深衣。明日乃袒括髮。與在家者之禮同。既小斂未殯至者。則終其散麻之日數。其成服與在家者異日也。絰首絰要帶也。絞帶絞直麻爲之。吉時有大帶。有革帶。凶時有要絰象大帶。又有絞帶以象革帶也。要絰自大功以上。初喪皆散垂。至成服乃絞之。其象革帶之帶。初服時即絞之。故謂之絞帶。奔喪者至三日成服。未成服之先。其要絰亦散垂。其絞者特象革帶之帶耳。禮案士喪記三日絞垂。絞首絰之散垂者也。此云絞帶。喪服傳所云繩帶是也。小記云。奔父之喪。括髮於堂上。袒降襲絰於東方。即此襲絰於序東是也。又小記云。三日而五哭三袒。而此云三哭者。蓋唯舉初至及明日之朝。又明日之朝。三袒之哭。彼文兼明日之夕。又明日之夕。爲五哭也。

奔喪者非主人。則主人爲之拜賓送賓。

郝氏懿行曰。非主人庶子也。上所謂者主人耳。孫氏希旦曰。此著其異者。其餘禮與主人同。禮案下文言奔喪者。自齊衰以下之禮。則此亦斬衰喪也。惟非主後。故不拜賓。而主人爲之拜也。

奔喪者自齊衰以下。入門左。中庭北面哭盡哀。免麻於序東。即位袒。與主人哭成踊。於又哭三哭皆免袒。有賓則主人拜賓送賓。丈夫婦人之待之也。皆如朝夕哭位無變也。鄭注不升堂哭者。非父母之喪。統於主人也。麻亦經帶也。於此言麻者。明所奔喪雖有輕者。不至喪所。無改服也。凡袒者於位襲。於序東袒襲。不相因位。此麻乃袒。變於爲父母也。又哭三哭。亦入門左。中庭北面。如始至時也。待奔喪者無位變。嫌賓客之也。於賓客以哀變爲敬。此骨肉哀則自哀矣。於此乃言待之。明奔喪者至三哭。猶不以序入也。孔疏此明奔齊衰以下之喪。主人待奔之人。但在東階下不升堂。故奔喪者在中庭北面。繼主人也。主人唯饋奠有事之時乃升。若無下事恆在堂下也。於此言麻不至喪所。無改服者。熊氏沈氏以父母之喪。至喪所乃改服。襲經帶。齊衰以下。亦至喪所。乃免麻而改服也。明所奔雖輕喪。無道路之上著麻也。此經先云免麻。乃云即位袒。上文父母先云括髮至袒。乃云襲經於序東異也。上奔父喪。又哭三哭。皆括髮袒成踊。如初至。則知齊衰以下之喪。又哭三哭。皆如初至時。禮以變爲敬。若有客則拜賓成踊。敬賓故變也。今此奔者是骨肉。不須爲變。平常五屬入哭。則與主人爲初次。重者前。輕者後。今奔喪者急哀。但獨入哭。不俟主人爲次序。又哭三哭皆然。若婦人奔喪。與賓客同。故下文婦人奔喪。東髽即位。與主人拾踊。以婦人外成。適他族故也。然亦異於賓客。故雜記云。婦人奔喪。入自闈門。升自側階。若女賓則喪大記云。寄公夫人入自大門。婦人入闈門者。以奔天屬。不得同於女賓也。陳氏澔曰。齊衰以下。入自門左。而不升階。但於中庭北面哭。免麻。謂加免於首。加經於要。孫氏希旦曰。殯在西階。中庭西階下南北之中。北面向殯也。衆主人在家。免於房。經於序東。比既不升堂。故其免與經。皆於序東。免麻一時爲之。又既麻乃袒。皆異於爲父母也。既成踊乃襲。朝夕哭位。丈夫在阼階下。婦人在阼階上。在家者皆先即朝夕哭位。奔喪者乃入至中庭北面哭也。喪禮爲弔賓皆即朝夕哭位以待之。未嘗爲之變也。此乃特言之者。嫌骨肉之親。始至待之或異也。禮案士喪禮。朝夕哭。婦人即位於堂上南上。丈夫即位於門外西面北上。外兄弟在其南南上。賓繼之北上。門東北面西上。門西北面東上。西方東面北上。主人即位辟門。婦人拊心不哭。主人拜賓旁三。右還入門哭。婦人踊。主人堂下直東序西面。兄弟皆即位。如外位。卿大夫在主人之南。諸公門東少進。他國之異爵者。門西少進。敵則先拜。他國之賓。凡異爵者。拜諸其位。此奔喪既係五服之親。故於中庭哭竟。就序東易服。乃即其本親位而袒成踊者。謂有算之踊。每踊三者三也。

奔母之喪。西面哭盡哀。括髮袒。降堂東即位。西鄉哭。成踊。襲免經於序東。拜賓送賓。皆如奔父之禮。於又哭不括髮。鄭注爲母於又哭而免。輕於父也。其他則同。孔疏此論奔母之喪節也。此謂適子。故云拜賓送賓。皆如奔父之禮。若庶子則亦主人爲之拜賓送賓。此文又喪不括髮。與喪服小記云。又哭而免。雖同。其日則異。小記據在家小斂後。又哭之時。不括髮而免。此則從外奔喪至內乃不括髮而免也。彭氏絲曰。此雖謂適子禮。亦謂父沒者也。若父在奔母喪。則父主之。義疏云。奔喪明日又喪象小斂。母喪而在家小斂而免。故奔喪又哭而免也。上文奔父喪有由左入而升。升而坐。哭而降之節。此言降則入升坐哭可知。上言襲經於序東。對下帶而言。則首經也。此言襲免經於東序。對免而言。則要經也。孫氏希旦曰。上既云免於序東矣。此經又云不括髮者。嫌明日又明日之哭。升堂向殯於時亦括髮。至即位後乃免。故又明之。言又哭升堂時即免。與初至時異也。禮案言又哭不括髮。則免可知矣。小記云：奔母之喪不括髮。袒於堂上。降踊襲免。是始至即免。與此不同也。**婦人奔喪，升自東階，殯東西面坐，哭盡哀，東髽，即位，與主人拾踊。**鄭注：婦人謂姑姊妹女子子也。東階，東面階也。婦人入者由闈門。東髽，髽於東序。不髽於房，變於在室者也。去縰大紒曰髽。拾，更也。主人與之更踊，賓客之。孔疏：此婦人奔喪之禮也。知入自闈門者，雜記篇文。以諸侯夫人奔喪入自闈門，明卿大夫以下婦人皆從闈門入也。闈門謂東邊之門。男子之免在東序，故知婦人亦髽於東序。就掩映之處在堂上也。男子則堂下也。東階謂東面之階。故雜記云：升自側階。熊氏云：未殯之前，婦人髽於室。故士喪禮云：婦人髽於室。若既殯之後，室中是神之所處，婦人在堂，當髽於東房。今此婦人始來奔喪，故髽於東序耳。此文據天子諸侯之禮。案喪大記云：婦人髽帶麻於房中。注云：房中則西房也。鄭注士喪禮云：髽之異於髻髮者，既去縰而以髮為大紒，如今婦人露紒，其象也。方氏慤曰：婦人質弱不勝事，故其禮略於男子。拾踊與拾投之拾同義。陸氏佃曰：不言髽於某所，以闕貴賤。士喪禮髽於室，喪大記髽於房中，房中蓋東房也。於此室亦室之東。東髽殯東，又少東也。方氏苞曰：婦人迎客送客不下堂。主人位在東序，齊衰以下奔喪者復免於此。外賓屬目，而婦人於此變容飾可乎？其不言髽於東房者，婦人變飾必於房中，不必言耳。禮案說是也。雜記下云：夫人奔喪，升自側階，則出自東房，於東房髽可知。注疏謂東序，非也。喪禮男主男賓，女主女賓，此云主人與之拾踊，故鄭知為姑姊妹女子子也。哭踊之節，婦人雖居閒，然諸婦女賓有主婦統之也。若奔喪者，初由外至，故主人之特與拾踊，且以示天屬之親，不同於來賓。否則男女不能無別也。**奔喪者不及殯，先之墓，北面坐，哭盡哀。主人之待之也，即位於墓左，婦人墓右，成踊盡哀，括髮，東即主人位，絰絞帶，哭成踊，拜賓反位成踊，相者告事畢。**鄭注：主人之待之，謂在家者也。哭於墓，為父母則袒。告事畢者，於此後無事也。孔疏：此一節論既葬之後奔父母之喪禮。主人即位於墓左，婦人墓右。主人謂先在家者，非謂適子也。此奔喪者身是適子，故經云拜賓反位成踊。若非適子，則不得拜賓也。陸氏佃曰：主人之待之也，正言主人，著衆主人奔喪，與丈夫婦人之待之也相備。相備而言主人在前，衆主人在後，亦言之法。鄭氏謂在家者，誤矣。拜賓反位，拜之不在其位。吾方為客，重賓也。據奔喪反位拜賓成踊，告事畢者，於此後非無事也，之墓之事畢耳。郝氏懿行曰：括髮之下，疑脫袒字。不言送賓，以下文齊衰送賓，知斬衰不待言矣。孫氏希旦曰：括髮不言袒，文略也。下文除喪而後歸者，其在墓尚袒，則未除喪者可知。括髮而後東即主人位，則括髮即為北面時為之也。禮案不及殯，先之墓，以親之骨肉在墓也。主人，衆主人之為攝主者也。檀弓下云：司徒敬子之喪，夫子相，男子西向，婦人東向。東向則在西，西右也。西向則在東，東左也。即此主人即位於墓左，婦人墓右之禮也。即，就也。若奔喪適子，則反就攝主之位，哭踊拜賓成禮。若非適子，則亦就東方於主人之次。易服猶在家之於序襲絰也。故亦東即主人位也。拜賓不曰主人為之者，文見上也。**遂冠歸，入門左，北面哭盡哀，括髮袒成踊，東即位，拜賓成踊，賓出**

主人拜送。有賓後至者。則拜之成踊。送賓如初。衆主人兄弟皆出門。出門哭止。相者告就次。於又哭括髮成踊。於三哭猶括髮成踊。三日成服。於五哭相者告事畢。鄭注：又哭三哭不袒者。哀戚已久殺之也。逸奔喪禮說：不及殯日。於又哭猶括髮即位不袒。告事畢者。五哭而不復哭也。成服之朝爲四哭。此謂既期乃後歸至者也。其未期猶朝夕哭。不止於五哭。孔疏：三日成服。謂來奔喪日後三日。通奔日則爲四日。於此日成服。則五哭矣。相者告事畢。不復哭也。五哭者。以初至象始死爲一哭。明日象小斂爲二哭。又明日象大斂爲三哭。又明日成服之日爲四哭。又明日爲五哭。皆數朝哭。不數夕哭。故爲五也。若其未期之前。在家者猶朝夕哭。則知奔喪者亦朝夕哭。今云五哭。明是既期已後朔望朝哭而已。故鄭云其未期猶朝夕哭。不止於五哭也。陸氏佃曰：衆主人兄弟皆出門。據此亦言所當奔者外喪也。於五哭相者告事畢者。成服前兩日朝莫哭。成服之朝又一哭。凡五哭。奔喪成服之事畢。故曰相者告事畢。春秋傳曰：歸父使於晉。還自晉至檉。聞君薨。家遣。帷。帷哭君成踊。何休謂臣爲君本服斬衰。故成踊。比二日朝莫哭踊。三日朝哭踊。莫不復哭踊。去事之殺也。然則三日成服。拜賓送賓皆如初。亦事畢也。而不言者。則喪尚新。未忍言也。孫氏希旦曰：冠者。行道不可無飾。不升堂者。柩已葬也。北面哭盡哀。向所殯之處而深哀其不復見也。言主人拜賓。兼容奔喪者非主人之禮也。又哭不言袒。文略也。五哭謂於殯宮即位之哭。是時在家者已卒哭矣。故五日而奔喪者殯宮之哭可以止。此後朝夕哭皆於此次而已。告事畢。告以於殯宮無事也。鄭氏云又哭三哭不袒。哀殺。非也。袒輕而括髮重。袒有不括髮。括髮未有不袒者。果哀久而殺。何以殺其輕者而重者反不殺乎。下文齊衰者奔喪不及殯。於又哭三哭皆免袒。則爲父括髮。安有不袒者乎。禮案：奔喪者自墓歸。哭於殯宮。猶送葬者反哭之禮也。五哭唯畢於殯宮。孫氏說是。注謂既期。非也。夫父母之喪。人子在官。雖有君命遠使。或戎事羈身。故奔喪不及殯殮則有之。至葬後來奔者。雖設此禮。猶未必有此事。又焉有期而後奔喪者哉。若非爲他國之俘。必本國之囚。釋而獲歸者也。

爲母所以異於父者。壹括髮。其餘免以終事。他如奔父之禮。鄭注：壹括髮。謂歸入門哭時也。於此乃言爲母異於父者。明及殯不及殯其異者同。孔疏：鄭恐一括髮是墓所。故明之云入門時也。云明及殯不及殯。及異者同。謂及殯一括髮。不及殯亦一括髮。是異於父者。其事同也。方氏慤曰：入門而哭。於母止於一括髮。於父則不一焉。此隆殺之別也。孫氏希旦曰：爲母之異於父者。前既著之矣。又言此者。嫌不及殯者之禮或異也。禮案：爲母壹括髮亦袒也。不言者。文見上也。

齊衰以下不及殯。先之墓。西面哭盡哀。免麻於東方。即位與主人哭成踊。襲。有賓則主人拜賓送賓。賓有後至者。拜之如初。相者告事畢。遂冠歸。入門左。北面哭盡哀。免袒成踊。東即位。拜賓成踊。賓出。主人拜送。於又哭免袒成踊。於三哭猶免袒成踊。三日成服。於五哭相者告事畢。鄭注：不北面者。亦統於主人。不言祖，言襲者，容齊衰親者或祖。可爲父於又哭括髮而不祖。此又哭三哭皆言祖，祖衍字也。孔疏：此明既葬之後，奔齊衰以下喪禮。但齊衰以下，有大功小功緦麻，日月多少不同。若在葬後而三月之外，大功以上，則有免麻東方，三日成服。若小功緦麻之喪，則不得有三日成服。小功以下不稅，無追服之理。若葬後通葬前，未滿五月，小功則亦三日成服。其緦麻之喪，止臨喪節而來，亦得三日成服也。東卽位，謂奔喪者於東方就哭位。主人代之拜賓。奔喪於主人拜之時而成踊，每一節有三踊，凡三節九踊，乃謂之成也。經文直言免麻於東方卽位，不稱祖，而下云成踊襲。下既稱襲，則有祖理。經若言祖，恐齊衰以下皆祖，故稱襲，容有齊衰重爲之得襲也。方氏慤曰：奔父母之喪，之墓而哭則北面，齊衰以下則西面者，蓋北方重陰，以示哀之隆；西方少陰，以示哀之殺。陸氏佃曰：齊衰奔喪，上言祖而不言襲，此言襲不言祖，相備也。相備而先言祖，後言襲，亦言之法。且上言祖先成踊，祖在成踊之前；此言襲後成踊，襲在成踊之後。亦言與主人踊，遠之也。據與主人拾踊，且言與主人哭成踊，則隨主人踊，不拾主人之踊。於又哭三哭言祖，祖非衍字。齊衰猶祖，則大喪祖可知。爲父於又哭括髮不言祖，上下比義，從可知也。亦於齊衰以祖爲哀，卽父雖祖，祖不足言。孫氏希旦曰：稅與不稅，以聞喪之日爲斷。若奔喪至家，雖在葬後，而聞喪在先，則至家之日，其免經成服之禮，皆不異也。禮案：於齊衰以下，奔喪於墓，不曰祖，而歸哭曰祖者，奔已葬之喪，墓重於家也。於家祖，則於墓必無不祖。陸謂祖非衍字，是也。夫於齊衰以下，又哭三哭皆祖，則於斬衰之自墓反哭，其於又哭三哭，當無不祖者矣。上文之不言祖者，著其輕者，則重者可知。

聞喪不得奔喪，哭盡哀。問故，又哭盡哀。乃爲位，括髮袒成踊，襲經絞帶，卽位，拜賓反位成踊。賓出，主人拜送於門外，反位。若有賓後至者，拜之成踊，送賓如初。於又哭，括髮袒成踊，於三哭，猶括髮袒成踊。三日成服，於五哭，拜賓送賓如初。

鄭注：聞父母喪而不得奔，謂以君命有事。不然者，不得爲位。位有酇列之處。如於家朝夕哭位矣。不於又哭乃經者，喪至此踰日節，於是可也。不言就次者，當從其事，不可以喪服喪公職也。其在官亦告就次。言五哭者，以迫公事，五日哀殺，亦可以止。孔疏：此明聞喪不得奔，於所聞之處發喪成服之禮。聞喪不得奔者，以君事故也。乃爲位，謂君命使爲位，如朝夕哭位矣。哭踊畢，襲所袒之衣，著首經絞帶之垂，卽東方之位。三日成服，通數聞喪爲四日，五哭謂成服之明日哭也。於此哭時，有賓來，卽拜而迎之，去卽送之，皆如初。於五哭訖，亦可以止。不云相者，告事畢，禮文略也。經云又哭，謂當日之中，對初聞喪之哭，乃爲又哭。於此哭後，乃經絞帶，與明日又哭別也。初聞喪，象始死；明日又哭，象小斂時。士喪禮云：小斂乃經，則此亦當又哭乃經。今於聞喪之日卽經帶者，以喪至此，赴者至，踰其日節，故於是日可加經帶也。在官府館舍，是賓之所專有，由館舍之中而作廬，故知禮畢亦告就次也。陸氏佃曰：乃爲位，乃者難辭也。著爲位於此，不得已也。陳氏澔曰：篇首若未得行，則成服而後行，謂此也。金氏榜曰：經凡三言絞帶，卽喪服傳所謂絞帶者，繩帶。鄭云象革帶是也。士喪禮記：既馮尸，主人袒括髮絞帶，衆主人布帶。奔喪大功以上，與彼同節。其齊衰以下，不言絞帶，明其皆布帶也。五服要經通謂之經，又謂之麻；又絞帶謂之經帶，未成服，皆散帶垂。士喪禮卽位經於序東是也。奔喪卽位。經於序東。與在家者同。其要經皆散帶垂。三日成服絞之。此與絞帶異物。故喪服經斬衰苴經下。更出經帶。明要經無絞帶名。孫氏希旦曰。凡聞喪不得奔喪乃爲位。聞喪卽奔者哭不爲位也。爲位列敘親疏而已。卽阼階下西面之位也。上言乃爲位。指其將爲位。下言卽位。正言爲位之禮也。襲經絞帶乃卽位。又變於至家之禮也。袒括髮成踊。在堂上襲經。絞帶於序東。不言者蒙前可知也。卽位拜賓。反位成踊者。謂於卽位之時。先拜賓而後反位成踊也。五哭謂爲位之哭也。五哭之後。哭於喪次而已。禮案據金說。則上文凡言絞帶者。並適子也。

若除喪而后歸則之墓哭成踊。東括阼袒經拜賓成踊送賓反位又哭盡哀遂除於家不哭主人之待之也無變於服與之哭不踊。鄭注東東卽主人位。如不及殯者也。遂除除於墓而歸。無變於服。自若時服也。亦卽位於墓左。婦人墓右。孔疏此明除服之後。奔父母喪節。則之墓者。亦謂主人適子。初在墓南北面哭成踊。乃來就主人之位。括髮袒也。主人亦謂在家者。無變於服。謂著平常之吉服。不踊者。以在家者。其服已除。哀情已殺。故不踊也。上文奔父母之喪。不及殯。先之墓。北面哭。下文東卽主人之位。除喪之後奔。其位如不及殯之時。云遂除。除於墓而歸者。鄭恐來至家始除。故明之。謂墓所遂除服。至於家不復哭也。陸氏佃曰。上言成踊盡哀。而此不言。蓋貶之也。著雖盡哀無及矣。若曾子一夕不離親。閔子退而致仕。無是也。其不言卽位。亦以此。聞喪不得奔喪爲位。君子猶難之。今除喪而后歸何哉。東括髮袒猶言東髽。省文略之也。遂除於家不哭。著於路猶哭也。義疏云。除喪而後歸。此又變禮中之變禮也。卽云君命有奉使之事。聞變卽達。達卽奔。君子愛其親。亦不奪人之喪也。其或行人被拘。金革未息。至萬萬不得已者。通其變使民不窮。不可使忘親者。以除喪後歸之禮爲口實。禮案此若非行人被拘。必有罪逋逃於他邦。而勢無可歸者也。注疏以君命有事爲說誤矣。夫奉使復命。在官俟替。不通遲之月日而已。未有終喪於外者也。如爲官守而不奔父母之喪。非人子也。任非人子之君。亦失君道矣。

自齊衰以下所以異者免麻。孔疏此明齊衰以下。除服之後。奔喪之節。唯著免麻不括髮。墓所哭罷卽除。此免麻者。當謂至緦麻也。陸氏佃曰。變經言麻。自齊衰以下。非其至喪也。據免經於序東。禮案齊衰以下。服除奔喪。則主人或未除也。上云無變於服。則未除者當與之哭而成踊也。

凡爲位非親喪。齊衰以下皆卽位哭盡哀而東免經卽位袒成踊襲拜賓反位哭成踊送賓反位相者告就次三日五哭卒。主人出送賓。衆主人兄弟皆出門哭止相者告事畢成服拜賓若所爲位家遠則成服而往。鄭注謂無君事。又無故可得奔喪。而以已私未奔者也。父母之喪。則不爲位。其哭之不離聞喪之處。齊衰以下。更爲位而哭。皆可行乃行。卒猶止也。與明日又明日之朝夕。備五哭而止。亦爲急奔。已私事當畢。亦明日乃成服。凡云五哭者。其後有賓。亦與之哭而拜之。家遠謂所當奔者外喪也。外喪緩而道遠。成服乃行。容待賓也。孔疏此明齊衰以下。不得往奔。則於所聞之處。爲位及免經成服之禮。所以三日爲五哭者。謂急欲以已之私事須營。早了故也。若衛君命。聞齊衰以下輕喪。不敢以私害公。顯然爲位。此言爲位。故知無君命。自以私事無得奔者也。從上以來。四處有五哭之文。上兩處於五哭之下。無拜賓送賓之事。下兩處之文。五哭雖有拜賓送賓。恐與上有異。故鄭云凡云五哭者。其後有賓。亦與之哭而拜之。總結於上也。以喪恩輕。故哀情緩也。道路又遠。容待齎持賵贈之物。故成服乃去也。陸氏佃曰。三日五哭而卒。卽上所謂五哭。言卒喪輕故也。大喪不言卒。雖云去服之殺。蓋亦嫌遽。今在事畢之後。容成服矣。而後賓至。亦拜亦送也。孫氏希旦曰。上爲正經。此下乃其記也。此篇與投壺皆儀禮之正經也。儀禮古經五十六篇。藏在祕府。世莫之見。後遂散逸。此篇與投壺。爲小戴錄入禮記。故幸而得存。然此篇雖爲小戴所錄。而其中已有刪之者。鄭注所引逸奔喪禮。卽戴氏之所刪者。而鄭氏尚得見之也。義疏云。此節未成服拜賓四字。疑是脫簡。當是三日五哭卒。遂歸成服。主人拜出送賓。故鄭云急奔喪也。對下至家成服。觀之可見。方氏苞曰。此當爲諸父昆弟。死於他國。而本國宗親。爲位以哭之禮。若於他國爲位。不應有衆主人兄弟。禮案說是也。此死於他國者。必已有子。爲主於外。若姑姊妹之死於夫族。故齊衰以下。爲之爲位而哭。若孝子在家。則已有朝夕哭位。齊衰以下。但往哭之而已。何必又爲位乎。家遠謂爲位之家。與已路遠。則先成服而往哭之也。

齊衰望鄉而哭。大功望門而哭。小功至門而哭。緦麻卽位而哭。

鄭注奔喪哭親疏遠近之差也。孔疏此明奔喪所至之處哭泣之禮。案雜記云。大功望鄉而哭。此云望門而哭者。雜記所云者。謂本齊衰者。降服大功。方氏慤曰。以服有重輕之別。故哭有遠近之差也。言齊衰望鄉而哭。則斬衰不待望鄉而哭可知。禮案不云斬衰者。以奔父母之喪。望其國竟哭。文見前也。

哭父之黨於廟。母妻之黨於寢。師於廟門外。朋友於寢門外。所識於野張帷。

鄭注此因五服聞喪而哭。列人恩諸所當哭者也。黨謂族類無服者也。逸奔喪禮曰。哭父族與母黨於廟。妻之黨於寢。朋友於寢門外。壹哭而已不踊。言壹哭而已。則不爲位矣。孔疏此一節明無服之親。聞喪所哭之處。案檀弓云。師吾哭諸寢。與此異。兄弟吾哭諸廟。與此同。朋友哭諸寢門外。與此同。此哭父黨於廟。而檀弓云。有殯。聞遠兄弟之喪。哭於側室。若無殯則在寢。與此不同者。異代禮也。此母黨在寢。逸奔喪禮母黨在廟者。皇氏云。母存則哭於寢。母亡則哭於廟。沈氏云。事由父者哭之廟。事由已者則哭之寢。此師於廟門外者。是父之友。與爲師同也。諸哭本是無服。故但哭不爲位。此朋友喪。將欲奔。故先作壹哭。若朋友死已久。雖聞喪則不復哭。故檀弓云。朋友之墓。有宿草而不哭是也。方氏慤曰。廟者神之所居。有尊之道。故哭父之黨於廟。寢者人之所居。有親之道。故母妻之黨於寢。師以道之尊。而有別於父。故於廟門外。朋友以德之親。而有別於母妻。故於寢門外。所識則非親特與之相識而已。故於野。以示其遠焉。禮案檀弓上孔子云。父之友吾哭諸廟門之外。師吾哭諸寢。朋友吾哭諸寢門之外。所知吾哭諸野。此言哭師於廟門外。必師係父之友也。疏謂異代之禮非也。孔子惡野哭。張帷所以示非野哭。則必爲位可知。注謂哭不爲位亦非也。喪服爲外祖父母從母小功。據檀弓上曾子曰。小功不爲位也者。是委巷之禮也。子思之哭嫂也爲位。申祥之哭言思也亦然。子思申祥哭無服者。而猶爲位。况有服者乎。

凡爲位不奠。

鄭注以其精神不在乎是。張子載曰。爲位者哭位也。然亦有神位不奠者。奠則是久奠也。在他所則難爲久。

奠。喪禮則於殯。當奠。喪不剝奠。爲其久設也。脯醢之奠則易之。爲位不奠。謂之不祭則不可。但恐不如喪奠。以新易舊。如此久設也。禮案此申上文。哭父母妻之黨。及師友所誠者。暫爾爲位。壹哭則止。故不奠也。若子在外不得奔父母之喪。爲位而哭者。當無不奠也。

哭天子九。諸侯七。大夫五。士三。鄭注此臣聞君喪而未奔。爲位而哭。尊卑日數之差也。士亦有屬吏。賤不得君臣之名。陸氏佃曰。凡喪親始死。哭不以數。則士明日朝莫哭。又明日成服之朝哭。所謂三哭者此。與大夫明日又明日朝莫哭。又明日朝哭。凡五哭。諸侯朝莫哭。如大夫。又三日朝哭。凡七哭。於是殯。天子朝莫哭。如諸侯。又四日朝哭。凡九哭。於是殯。義疏云。天子七日而殯。始死襲斂。加二日三日四日五日六日朝哭踊。凡九也。諸侯五日而殯。始死襲斂。加二日三日四日朝哭踊。凡七也。大夫三日而殯。始死襲斂。加二日朝哭踊爲五。若留滯他國。聞喪不得奔喪。爲位而哭。數之如之。禮案此不但言哭之日。亦兼言哭踊之節也。雜記上云。公七踊。大夫五踊。士三踊。遞而上之。則天子九踊矣。

大夫哭諸侯。不敢拜賓。鄭注謂哭其舊君。不敢拜賓。辟爲主。孔疏知哭舊君者。以下文云。諸臣在他國爲位而哭。是於他國爲位而哭。見事之君。則知此是哭舊君也。方氏苞曰。此謂諸侯薨於外。世子出迎柩在他國。卿大夫朝夕哭臨於朝位時也。禮案據方說。則不止本國大夫矣。諸侯出竟。有從行諸臣。若君薨於他國。他國之君必行吊禮。世子在國。喪雖無主。而大夫不敢拜賓。非惟辟爲主。而亦尊卑不敵也。然記稱大夫哭諸侯。不曰哭其君。又似非當時臣子。注疏謂舊君是也。

諸臣在他國。爲位而哭。不敢拜賓。鄭注謂大夫士使於列國。義疏云。案聘禮赴者未至。哭於巷。不爲位也。衰於館。未可以凶服出也。赴者至則衰而出。於時可以爲位矣。而猶不敢拜賓。辟爲主也。禮案不爲主後。則禮不拜賓。公子尙爾。況大夫士乎。在國在外皆然也。檀弓上曰。晉獻公之喪。秦穆公使人吊公子重耳。稽顙而不拜。是也。

與諸侯爲兄弟。亦爲位而哭。鄭注族親昏姻。在異國者。孔疏此謂與諸侯異姓之昏姻。又在他國。不與諸侯爲臣。身又無服。故暫爲位而哭。若與諸侯同姓。是五服之內。皆服斬也。故小記云。與諸侯爲兄弟者。服斬是也。若君之姑姊妹。來嫁於國中者。則有服。故雜記云。諸侯之外宗。猶內宗。是有服也。義疏云。鄭釋兄弟爲婚姻。似未盡。蓋或有兄弟之在他國者。未仕則服斬。已仕則如舊君服。禮案此蓋已仕者也。故不得奔喪。而爲位以哭之。若未仕則當歸國。何必爲位乎。

凡爲位者壹袒。鄭注謂於禮正可爲位而哭也。始聞喪哭而袒。其明日則否。父母之喪。自若三袒也。孔疏此謂齊衰以下之喪。初聞喪應爲位者。初哭一袒而已。又哭則不袒。爲父母之喪。則又哭三哭皆袒。前文所云者是也。禮案此壹袒猶上文之爲位不奠。皆非謂父母之喪也。

所識者吊。先哭於家而後之墓。皆爲之成踊。從主人北面而踊。鄭注從主人而踊。拾踊也。北面自外來便也。主人墓左西面。孔疏此論哭所識者也。所識謂與死者相識。今吊其家後。乃往墓。統於主人故也。雖相識輕亦爲之成踊也。主人在墓左西嚮。賓從外來而北面踊便也。主人先踊。賓從之。故云從主人北面而踊也。陸氏佃曰。爲之成踊強也。坐主人北面而踊。從之而已不拾。陳氏澔曰。所識已葬矣。而吊之必先哭於其家者。情雖由於死者。而禮則施於生者故也。賓主雖拾踊。然必主人先而賓從之。言皆者。必於家於墓皆踊也。孫氏希旦曰：奔父母之喪，不及殯，之墓北面。齊衰以下則西面，變於親喪也。所識者弔於墓北面，又變於有服之親也。禮案：所識即上文哭所識於野，張惟者是也。其交雖淺，而能來弔，則禮意厚矣，故主人之待之，禮不可簡也。

凡喪，父在，父爲主。父設，兄弟同居，各主其喪。親同，長者主之；不同，親者主之。鄭注：父爲主，與賓客爲禮，宜使尊者。各主其喪，各爲其妻子之喪爲主也。祔則宗子主之。親同，父母沒，如昆弟之喪，宗子主之。不同，從父昆弟之喪。孔疏：此論同居主喪之事。言子有妻子喪，則其父爲主。案服問云：君所主，夫人、妻、大子、適婦。不云主庶婦，若此所言，則亦主庶婦也。與服問違者，服問所言通命士以上，父子異宮，則庶子各自主其私喪。今此言是同宮者也。父沒，昆弟同居，各主其喪，當知父在同居，則父主之。親同，謂同三年、期，同父母者，若同父母喪，則推長子爲主。若昆弟喪，亦推長者爲主也。不同，謂從父昆弟，親近者自主之也。姚氏際恒曰：父在，父爲主，如子有妻子之喪，則父爲主。父歿，兄弟雖同居，兄不主弟之妻子之喪，自主之可也。然父母雖歿，若親同，亦長者主之，如兄弟之親同。凡喪必推其長者爲主是也。惟親不同，乃親者主之。如兄公與弟妻之親不同，則任夫之親者主之；伯叔與姪之親不同，則任父之親者主之是也。孫氏希旦曰：父子皆可主，其喪則尊者爲之主。若舅主適婦之喪，則其夫不爲主；祖主適孫之喪，則其世叔父不爲主是也。父之所不主者，則子自主之。禮案：父不爲主，若庶子爲母、爲妻子是也。親同，若父沒母喪，則適長爲主；不同，若庶母喪，則其所生子爲主。同居、不同居皆然。

聞遠兄弟之喪，既除喪而後聞喪，免袒成踊，拜賓則尚左手。鄭注：小功緦麻不稅者也。雖不服，猶免袒。尚左手，吉拜也。逸奔喪禮曰：凡拜，吉喪皆尚左手。孔疏：此論小功以下之喪，既除喪之後而始聞喪之節。小功以下，應除之後，服雖不稅，而初聞喪，亦免袒而成其踊也。以本是五服之親，爲之變也。於時有賓來弔，拜之尚其左手，從吉拜也。禮案：遠兄弟，小功以下，除喪而後聞喪，則不稅。故檀弓上曾子曰：小功不稅，則是遠兄弟終無服也，其可乎？蓋謂其禮大簡也。然此遠字兼包兄錄之居遠者，故至除喪之後而始聞其喪也。

無服而爲位者，唯嫂叔及婦人降而無服者麻。鄭注：雖無服，猶弔服加麻，袒免爲位哭也。正言嫂叔，尊嫂也。兄公於弟之妻則不能也。婦人降而無服，族姑姊妹嫁者。逸奔喪禮曰：無服袒免爲位者，唯嫂與叔。凡爲其男子服，其婦人降而無服者麻。孔疏：此論哭無服而爲位，及弔服加麻也。哭嫂與叔爲位，并及族姑姊妹女子出嫁於人，元是緦麻，今降而無服，亦當爲位哭之，加弔服之麻，不爲之袒免也。麻謂緦之經也。兄公謂夫之兄也。於弟之妻則不能爲位哭之，然則弟婦於夫兄亦不能也。皇氏云：婦人稱夫兄爲公者，須公平尊稱也。逸奔喪禮言男子謂族伯叔兄弟之等，爲其族姑姊妹既降無服，其族姑姊妹爲族伯叔兄弟亦無服加麻，是男之於女，女之於男，皆無服而加麻也。方氏慤曰：檀弓曰：嫂叔之無服也，蓋推而遠之也。姑姊妹之薄也，蓋有受我而厚之者也。制之以義，故無服；本之以仁，故爲位焉。孫氏希旦曰：哭有服之親，乃爲位，嫂叔無服而爲位者，以其本親也。爲兄弟之妻皆然，獨言嫂叔者，避文繁也。凡弔服用葛經，嫂叔及婦人降而無服者，雖弔服而以麻爲經，重之也。蓋二者本應有服，一以遠嫌絕之，一以出嫁降之，故哭之者皆爲位，且重其弔服之經，以別其餘無服者之親也。鄭、孔云卑遠之，尊絕之非也。曲禮曰。嫂叔不通問。檀弓曰。嫂叔無服。雜記嫂不撫叔。叔不撫嫂。凡舉嫂叔。以該兄公與弟妻者多矣。豈容於此。獨生異義。且夫之世叔父。又尊於兄公矣。然且爲之服而報焉。何以不遠之絕之乎。禮案說是也。喪服兄弟相爲皆齊衰期。而不以長幼爲隆殺。然則兄公之與弟妻。又何異於嫂之與叔乎。

凡奔喪有大夫至。袒拜之成踊而后襲。於士襲而后拜之。

鄭注主人袒降君而大夫至。因拜之不敢成已禮。乃禮尊者。或曰後至者。袒拜之謂之成踊。孔疏此論奔喪大夫士來弔待之節。謂大夫來至弔此奔喪之士。其奔喪者。先袒拜之。成踊之後。然後襲衣。尊大夫。故先拜而後襲。士來弔者。初亦袒。襲衣之後。乃始拜之。士卑故先襲而後拜也。此主人身是士。初來奔喪。括髮於堂上。乃降堂而哭。於此時大夫至。因拜之於東階下。不敢成已踊。及襲經帶之事。待拜後始成踊。襲經帶也。若士來弔。則降堂先成已禮。踊之襲經帶之後。乃拜之。士謂兩士相敵。然則兩大夫相敵。則亦襲後乃拜之也。禮案喪事於大夫士之弔。其待之之禮。固不同也。雜記下曰。當袒大夫至。雖當踊絕踊而拜之。反改成踊乃襲。於士既事成踊。襲而后拜之。是也。此以奔喪來弔之禮。嫌其或異。故特明之也。

禮記通釋卷七十二

玉環戴禮

問喪第三十五

孔疏案鄭目錄云：名曰問喪者，以其記善問居喪之禮所由也。此於別錄屬喪服也。吳氏澄曰：服問、三年問，是專問一事，故問字皆在下。此篇設五或問，問喪事，故問字在上。孫氏希旦曰：此篇設爲問答，以發明居喪之禮，故曰問喪。禮案此篇不知作者何人，而篇中所引孝經、檀弓、孔子之言甚多，又不直稱子曰，當非七十子之徒各述所問之翁記也。然於喪制多所發明，非荀子一流，亦未易及此也。

親始死，雞斯徒跣，扱上衽，交手哭。惻怛之心，痛疾之意，傷腎乾肝焦肺，水漿不入口，三日不舉火，故鄰里爲之糜粥以飲食之。

鄭注親，父母也。雞斯當爲笄纚，聲之誤也。親始死去冠，二日乃去笄纚括髮也。今時始喪者邪巾貊頭，笄纚之存象也。徒，猶空也。上衽，深衣之裳前。五藏者，腎在下，肝在中，肺在上。舉三者之焦傷，而心脾在其中矣。五家爲鄰，五鄰爲里。孔疏此一節明初死三日以來居喪哭踊悲哀痛疾之意。笄謂骨笄，纚謂緇髮之繒。言親始死，孝子先去冠，唯留笄纚也。徒跣者，無屨而空跣也。上衽謂深衣前衽。扱之於帶，以號踊履踐爲妨，故扱之。交手，拊心而哭也。肺在上，性近於燥，故云焦。肝近肺，故云乾。腎近下，性多潤，而云傷矣。舉三者，五藏俱傷可知也。哀痛之甚，情不在食，故不舉火也。旁親以下，食不用廢，故鄰里爲之糜粥以食之。糜厚而粥薄，薄者以飲之，厚者以食之。方氏愨曰：曲禮曰「鄰有喪，舂不相；里有殯，不巷歌」，以與之鄰里，故食亦與之同哀戚也。則問喪之禮，鄰里其可以廢也。爲之糜粥以飲食之，即問之之事也。陸氏佃曰：扱上衽，則以有辟踊之端焉。交手哭，奉心而哭。發胸擊心，在斂之後。惻怛痛疾，而精先傷，魂次之，魄又次之，故曰傷腎乾肝焦肺。傷，傷而已。乾，於是爲甚。焦又甚矣。凌氏曙曰：鄭氏之破雞斯爲笄縱，蓋本之於大戴。案喪服變除，斬衰三年之服，始有父之喪，笄縱徒跣。又云父爲長子，不笄縱，不徒跣。姚氏際恆曰：案素問云：藏精於腎，恐則精卻，故此爲傷腎。又云肝主身之筋膜，肝熱則筋膜乾，故此爲乾肝。又云有所亡失，所求不得，則發肺鳴，鳴則肺熱葉乾，故此爲焦肝。用字皆切實有證。方氏苞曰：喪事先遽，親者致其哀，內外徘者各有執事，無暇舉火，故鄰里爲之糜粥。庶民則五家之鄰可共，庶士則二十五家之里始足以周事。先王教民以厚死，喪相恤，故之感人者深，而成俗易矣。禮案喪大記云：主人二手承衾而哭。蓋始死尸在牀，承衾則傴身向前，故衽垂地，必扱也。孝經曰：孝子之喪親也，哭不偯，禮無容，言不文。三日而食，教民無以死傷生，毀不滅性，此聖人之政也。故檀弓上云：曾子執親之喪，水漿不入於口者七日。子思謂其過。檀弓下曰：樂正子春母死，五日而不食，自悔不得其情也。三日不舉火，豈有司賓客亦食諸鄰里之所饋與？又檀弓下謂歠主人、主婦、室老，爲其病也，君命食之也。當在三日之後矣。

夫悲哀在中，故形變於外也。痛疾在心，故口不甘味，身不安美也。

鄭注言人情之中外相應。孫氏希旦曰：口不甘味，故水漿不入口。身不安美。故有笄縱徒跣扱衽之變也。禮案此卽孝經所謂。服美不安。聞樂不樂。食旨不甘。此哀戚之情也。三日而斂。在牀曰尸。在棺曰柩。動尸舉柩。哭踊無數。惻怛之心。痛疾之意。悲哀志懣氣盛。故袒而踊之。所以動體安心下氣也。婦人不宜袒。故發胸擊心爵踊。殷殷田田。如壞牆然。悲哀痛疾之至也。故曰辟踊哭泣。踊以送之。送形而往。迎精而反也。鄭注故袒而踊之。言聖人制法。故使之然也。爵踊足不絕地。辟拊心也。哀以送之。謂葬時也。迎其精神而反。謂反哭及日中而虞也。孔疏爵踊似爵之跳也。其足不離於地也。殷殷田田如壞牆然者。言將欲崩倒也。云辟拊心者。爾雅釋訓文。方氏慤曰。爵踊猶莊子所謂爵躍。如壞牆然。言其不可枝梧。陸氏佃曰。殷殷踊也。田田懇惻也。吳氏澄曰。此言既斂至葬三日以後之哀。動尸謂初死至斂時。舉柩謂啓殯至葬時。動親之尸。舉親之柩。孝子哀甚。故哭踊者數。懣與悶同。心煩鬱也。氣盛。氣滿塞也。袒而踊以運動其身體。使不煩鬱。降下其氣。使不滿塞也。姚氏際恆曰。安心下氣。應志懣氣盛。袒踊則志之憤懣者藉以舒。故曰安心。氣之盈塞者藉以達。故曰下氣。皆情之自然。與勢之不得不然者。朱氏申曰。婦人不宜袒。嫌褻也。孫氏希旦曰。婦人發胸以代袒也。擊心亦拊。爵踊亦踊。但視男子爲輕耳。辟踊哭泣。哀以送之。引孝經語。以證之也。送形而往。謂葬時送其體魄而往。迎精而反。謂反哭時迎其精死而反也。禮案三日而斂。士以下之禮也。在床曰尸。在棺曰柩。並見曲禮下。數算也。士喪禮大小斂。遷尸奉尸夷於堂。殯於棺。既夕禮啓殯祖載至壙既窆。主人皆踊無算。是動尸舉柩。皆哭踊無數也。殷殷誠懇貌。田田猶玉藻之色容顛顛。婦人質弱。哀極則神羸。如壞牆。言四支搖搖。似無所主也。其往送也。望望然。汲汲然。如有追而弗及也。其反哭也。皇皇然。若有求而弗得也。故其往送也如慕。其反也如疑。求而無所得之也。入門而弗見也。上堂又弗見也。入室又弗見也。亡矣喪矣。不可復見已矣。故哭泣辟踊。盡哀而止矣。鄭注望望瞻望之貌也。慕者以其親之在前。疑者不知神之來否。不可後見。說反哭之義。孔疏望望然者。意彷徨也。其往送如孺子啼慕於母也。其反也不知神之來否。如人有疑也。喪亦亡也。重言之者。丁甯之也。若似人之逃。不復來也。以其不可復見。故反哭之時。哭泣辟踊。盡哀而休止也。方氏慤曰。形者成之終。精者生之始。送之而往。所以愼終。迎之而反。則念始之而也。陸氏佃曰。形者其精之委脫者也。皇皇然無所向也。若望望然汲汲者。猶有所向。特有所不逮爾。故曰其往也如慕。其反也如疑。先儒謂皇皇然者。意彷徨也。謏矣。求而無所得之也。入門而弗見也。上堂又弗見也。入室又弗見也。是之謂皇皇然也。朱氏申曰。入門不見。上堂不見。入室不見。皆皇皇之意。方氏苞者。止謂附身附棺之事皆畢。更無可以致愛於親。唯自盡其哀而止耳。禮案往送望望然者。若親之尚可及而瞻望也。汲汲然者。如急君前途。尚可得而扳援者也。及其迎精至家。升堂入室。仍不能得其髣髴。故皇皇然知親之去也。終不可得而求也。故辟踊哭泣。而致其哀也。故檀弓下曰。反哭之弔也。哀之至也。反而亡言。失之矣。於是爲甚。心悵焉愴焉惚焉愾焉。心絕志悲而已矣。祭之宗廟。以鬼享之。徼幸復反也。鄭注說虞之義。孔疏此明反哭之後。虞祭之時也。虞祭於殯宮。神之所在。故稱宗廟。以鬼享之。尊而禮之。冀其魂神復反也。陸氏佃曰。祭之宗廟。以鬼享之。徼幸復反。所謂生事畢。而鬼事始已也。吳氏澄曰。心悵恨愴悽。恍惚嘆氣。皆失志無奈何之貌。孫氏希旦曰。反而歸其形體不可復見。故爲虞祭以安之。蓋葬前殯宮有朝夕奠。猶用事生之禮。至反哭以虞易奠。然後以鬼神之道享之也。方氏苞曰。雖心絕志悲。無如之何。故不得已。而以鬼享之也。禮案說文悵望恨也。愴傷也。愾太息也。惚通忽。前漢書恍忽眼似有無也。言至此而心目中。尙無時不想象親之形狀。恍若見之。故設祭以冀其魂神來享也。

成壙而歸。不敢入處室。居於倚廬。哀親之在外也。寢苫枕塊。哀親之在土也。故哭泣無時。服勤三年。思慕之心。孝子之志也。人情之實也。鄭注言親在外在土。孝子不忍反室自安也。入處室。或爲入宮。勤謂憂勞。孔疏此明葬之後。猶居廬枕塊。不敢入於室處也。哭泣無時。明終喪思慕之心也。服勤言服處憂勞。勤苦也。非詐僞假爲之。是人情悲慕之實也。方氏慤曰。哀親之在外。故不忍居於內。哀親之在土。故不忍寢於牀。陸氏佃曰。居於倚廬。寢苫枕塊。成壙而歸。猶如此。於是爲至矣。哭泣無時。若三哭五哭。先王爲之節耳。禮案荀子禮論曰。三年之喪。稱情而立文。所以爲至痛極也。齊衰苴杖。居廬食粥。席薪枕塊。所以爲至痛飾也。三年之喪。二十五月而畢。哀痛未盡。思慕未忘。然而禮以是極之者。豈不以送禮有已。復生有節也哉。

或問曰。死三日而后斂者何也。曰。孝子親死。悲哀志懣。故匍匐而哭之。若將復生然。安可得奪而斂之也。故曰三日而后斂者。以俟其生也。三日而不生。亦不生矣。孝子之心。亦益衰矣。家室之計。衣服之具。亦可以成矣。親戚之遠者。亦可以至矣。是故聖人爲之斷決以三日。爲之禮制也。鄭注三日斂。怪其遲也。匍匐猶顚蹶。或作扶服。孔疏此記者假設問三日而后斂之意也。三日以士言之。則大斂也。大夫以上言之。則小斂也。此經凡言亦者。亦以俟其生也。若三日不生。亦不生矣。非但不生。孝子之心。亦益哀矣。衣服之具。亦可以成矣。親戚之遠者。亦可以至矣。方氏慤曰。始禮而未忍斂之者。孝子之心存乎仁也。三日而必斂之者。聖人之禮。制以義也。陸氏佃曰。言至情難奪如此。雖聖人猶疑焉。爲之漸決。而後能爲之。孫氏希旦曰。三日而後斂。謂小斂也。士雖以二日而斂。然死有早晚。如日晚而死。死日不及襲。則明日乃襲。又明日乃斂。固事之所必至矣。記者欲明斂之遲。故總據三日發問也。義疏云。家室之計。謂稱家之有無而爲之計。有毋過禮。無亦不以儉其親也。禮案玉篇匍匐伏地手行也。廢牀與復。皆冀其復生也。三日而不生。孝子之心哀。謂幸生之心已哀。乃不得已而行死事也。白虎通曰。崩薨三日。乃小斂何。奪孝子之恩以漸也。一日之時屬纊於口上。以俟絕氣。二日之時。尙冀其生。三日之時。魂氣不還。終不可奈何。故禮曰。天子諸侯。三日小斂。大夫士二日小斂。又禮論云。禮者謹於吉凶不相厭者也。紸纊聽息之時。則夫忠臣孝子。亦知其閔已。然而殯斂之具未有求也。垂涕恐懼。然而幸生之心未已。持生之事未輟也。卒矣然後作具。故雖備家。必踰日然後能殯。三日而成服。然後告遠者出矣。備物者作矣。

或問曰。冠者不肉袒。何也。曰。冠。至尊也。不居肉袒之體也。故爲之免以代之也。然則禿者不免。傴者不袒。跛者不踊。非不悲也。身有錮疾。不可以備禮也。故曰。喪禮唯哀爲主矣。女子哭泣悲哀。擊胸傷心。男子哭泣悲哀。稽顙觸地無容。哀之至也。

鄭注：何也。怪冠衣之相爲也。至尊。言身無飾者不敢冠。冠爲褻尊服。肉袒則著免。免狀如冠。而廣一寸。將踊先袒。將袒先免。此三疾俱不袒不袒不免。顧其所以否者。各爲一耳。擊胸傷心。稽顙觸地。不踊者若此而可。●或曰男女哭踊。孔疏：或問曰冠者不肉袒何也者。此解冠必不袒。袒必不冠之意也。又明孝子身有病闕其喪禮。冠不居肉袒者。謂心既悲哀。肉袒形褻。故不可褻其尊服而冠也。若有吉事。而內心肅敬。則雖袒而著冠也。故郊特牲云。君袒而割牲是也。方氏慤曰：露肉體而袒衣。故謂之肉袒。冠則在首之上服也。故以至尊言之。免雖在首。而非冠焉。故以之代冠而已。亦見檀弓解。禿則頂無髮。故不免。免則露頂矣。傴則形褻矣。跛則足不正。故不踊。踊則足勞矣。此皆禮之權也。陸氏佃曰：明堂位曰。君肉袒迎牲於門。今其言如此何也。曰。凡臣子爲尊者使令。則袒雖冠不嫌也。若喪而袒。非爲使令也。所以動體安心下氣。故不敢。據此免而袒。袒而踊。反爲文矣。蓋先王因其至痛惻怛。爲之制禮。及世衰道微。情有不至。雖免袒踊。務爲如禮。是禮亡情。果在此乎。在彼乎。故曰喪禮唯哀爲主矣。若莊周謂儒者以詩禮發冢。殆不知此之過也。陳氏澔曰：有一疾則廢一禮。朱氏申曰：喪至於哀。哀不闕於袒免踊否。是以女子不袒而發胸。男子不袒免踊而稽顙觸地。不得以其不袒免踊。而謂非哀之至也。孫氏希旦曰：免者。小斂後既去笄纚。而以布約其髮也。禿者無髮。故不免。以其無髮可約也。傴者曲背。故不袒。以其不便於袒也。跛者足廢。故不踊。以其不能踊也。稽顙觸地無容。謂爲喪主拜賓也。喪禮以哀爲主。故有疾之人。雖爲禮有所不能備。亦盡其哀而已矣。鄭氏云三疾俱不踊不袒不免。擊胸傷心。稽顙觸地。不踊者若此而可。非也。婦人不袒踊。故上云發其心爵踊。初非爲不能袒踊而以此代之也。稽顙乃主人拜賓之禮。自非主人。雖不踊而可以稽顙乎。禮案：說是也。上云喪禮唯哀爲主。已結有疾不能備禮矣。下云女子擊胸傷心。男子稽顙觸地無容。二事對文。所以言悲哀之至極。與錮疾之事無涉也。

或問曰。免者以何爲也。曰。不冠者之所服也。禮曰。童子不緦。唯當室緦。緦者其免也。當室則免而杖矣。

鄭注：怪本所爲施也。不冠者猶未冠也。當室謂無父兄而主家者也。童子不杖。不杖者不免。當室則杖而免。免冠之細別。以次成人也。緦者其免也。言免乃有緦服之。孔疏：此怪成人肉袒之時須著免。今非成人肉袒。亦有著免。故問之云。免者以何所爲。曰不冠者之所服也。此答問之辭也。不冠謂未冠童子之所服。以未冠故著免也。童子不緦。此喪服正經文。言不爲族人著緦服也。唯童子無父兄。當室主於家事。乃爲族人著緦服。則得免而杖也。免而冠之流例也。童子當室。亞次成人。故得著免也。云緦者其免也者。疊出經文也。言內爲父母著免。乃有族人緦服。言緦服由於著免。是所以緦者由有免故也。方氏慤曰。不緦則不杖。不杖則不免。此童子之正也。當室者雖童子亦緦。緦則於免而杖矣。童子以幼故不服族人之緦。至當室雖未冠亦責以成人之備禮矣。朱氏軾曰。戴德曰。童子當室緦。年十五以上。若世子生則杖。故曾子問云。子哀杖成子禮是也。孫氏希旦曰。童子不免不緦不杖。蓋免所以代冠。童子在未冠。則不必有以代之也。緦者服之末。杖者服之重。童子於父母之喪。亦未可責其病而予之以杖也。惟無父兄。則與族人有相接之恩。而情不可以不免。故爲應緦者服緦。應著免時則免。當室既應著免。則於其父母之喪。又當爲喪主而杖矣。禮案當室猶文王世子篇正室是也。喪禮適子爲主。雖孩抱中亦予以衰杖。喪大記曰。子幼則使人以衰抱之。人爲之拜。則執杖可知。況已成童者乎。故應杖者杖。應免者免。應緦者緦。自斬衰至於緦麻。皆與成人之禮同矣。

或問曰。杖者何也。曰。竹桐一也。故爲父苴杖。苴杖竹也。爲母削杖。削杖桐也。鄭注。怪其義各異。一也。言所以杖者義一也。顧所用異耳。孔疏。此問居喪有杖。爲父母乃異何意。竹桐一也。言爲父竹。爲母桐。孝子奉親。用心是一。但取義有異。故竹桐而殊也。父是尊極。竹爲之苴杖。言苴惡之物以爲杖。自然苴惡之色。唯有竹也。爲母屈於父。不同自然苴惡之色。故用削杖。其杖雖削。情同於父。桐是同父之義。故不用餘木也。或解云。竹節在外。外陽之象。故爲父矣。桐節在內。內陰之類。故爲母也。陳氏澔曰。苴杖圓以象天。削杖方以象地。孫氏希旦曰。此怪爲父母之杖不同而問之也。言其皆所以輔病。所以担主。其義一也。苴杖用竹。因其苴惡之色。故施之於父喪之斬衰。削杖用桐。而削之則差晳而澤。故施之於母喪之齊衰。此桐竹之所以不同也。禮案桐之同於竹。義猶妣之媲於考也。白虎通云。以竹杖何。取其名也。竹者蹙也。桐者痛也。父以竹。母以桐何。竹者陽也。桐者陰也。竹何以爲陽。斷而用之質。故爲陽。桐削而用之。加人功文。故爲陰也。

或問曰。杖者以何爲也。曰。孝子喪親。哭泣無數。服勤三年。身病體羸。以杖扶病也。則父在不敢杖矣。尊者在故也。堂上不杖。辟尊者之處也。堂上不趨。示不遽也。此孝子之志也。人情之實也。禮義之經也。非從天降也。非從地出也。人情而已矣。鄭注。怪所爲施。扶病。言得杖乃能起也。數或爲時。父在不杖。謂爲母喪也。尊者在不杖。辟尊者之處不杖。有事不趨。皆爲其感動。便之憂戚也。孔疏。此問孝子居喪何以須杖之意也。爲母喪對父之時。不敢遽杖。以尊者在故不敢也。堂上是父之所在。辟尊者之處。所以爲母堂上故不杖也。堂上不爲喪趨者。示父以閒暇。不促遽也。若堂上而趨。則感動父情。使父憂戚。故不杖不趨。冀不悲哀於父也。此孝子之志意。人情之實事。方氏慤曰。父在謂服母喪之時。當父在之處不杖。則不敢以杖病之。懼感尊者之情故也。堂上不趨。見曲禮解。堂上不趨。非止喪禮示遽者。特以喪爾。夫事莫遽於喪。而反以示不遽者。以其近尊者之處。不欲以喪容戚之也。陸氏佃曰。孝子喪親。哭泣無數。無時無朝夕也。無數無三哭五哭也。父在不敢杖。尊者在故也。顏回曰。子在回何敢死。近之矣。此非故隆父殺母。是人情之實。禮義之經也。野人曰。父母何算焉。隆母如父。是之謂野。禮案儀禮喪服傳。杖各齊其心。皆下本。杖者何爵也。無爵而杖者何担主也。非主而杖者。輔病也。童子何以不杖。不能病也。婦人何以不杖。亦不能病也。白虎通云。所以必杖者。孝子失親。悲哀哭泣三日不食。身體羸病。故杖之扶身。明不以死傷生也。孝子之志。言親喪固所自致者也。然禮本天經地義。維民是則之。而此云非從天降地出者。以爪本人情而作也。聖人法天象地。設爲喪紀。其節大。其文備。所以盡孝子之情。立人道之極也。

服問第三十六

孔疏案鄭目錄云。名曰服問者。以其善問。以知有服而遭喪所變易之節。此於別錄屬喪服也。陸氏佃曰。退問在下著服。多微辭奧旨。問有不盡也。據問喪在上。吳氏澄曰。此篇與喪服篇內。喪服一章相類。孫氏希旦曰。上篇廣言居喪之禮。此篇專言喪服之義。故因上篇之名。而謂之服問。禮案儀禮。喪服傳作於子夏。此篇多發明喪服變除之節。疑是子夏之門人記其師所聞於孔子者與。

傳曰有從輕而重。公子之妻爲其皇姑。有從重而輕。爲妻之父母。有從無服而有服。公子之妻爲公子之外兄弟。有從有服而無服。公子爲其妻之父母。鄭注。皇君也。諸侯妾子之妻。爲其君姑齊衰。與爲小君同。舅不厭婦也。從重而輕。妻齊衰。而夫從緦麻。不降一等。言非服差。從無服而有服。謂爲公子之外祖父母。從母緦麻。從有服而無服。凡公子厭無君。降其私親。女君之子不降也。孔疏。此四條。朋從服輕重之異也。皇氏曰。此言傳曰者。卽前大傳之篇。則服術有六。不指其人。今各以其人明之。或者舊有或傳記者引之。公子之妻。爲其皇姑。卽公子之母。諸侯在。尊厭妾子。使爲母練冠。諸侯沒妻子得爲母大功。而妾子妻不辨諸侯存沒。爲夫之母期也。其夫練冠。是輕也。而妻爲期。是重。故云有從輕而重也。謂之皇姑者。此妾既賤。若唯云姑。則有嫡女君之嫌。今加皇字。明此婦所尊。與女君同也。外兄弟謂公子之外祖父母也。公子被厭。不服己母之外家。是無服。妻猶從服。公子外祖父母。從母緦麻。是從無服而有服也。公子之妻爲父母期。是有服也。公子被厭。不從妻服父母。是從有服而無服也。經唯云公子外兄弟。知非公子姑之子者。以喪服小記云。夫之所爲兄弟服。妻皆降一等。夫爲姑之子緦麻。妻則無服。今公子之妻爲服。故知公子之外祖父母從母也。此等皆小功之服。凡小功者。謂爲兄弟。若同宗直種兄弟。以外族故稱外兄弟也。馬氏晞孟曰。大傳從服有六。而此言其四。皆禮之可以變易者。則服亦從而隆殺之。有從輕而重。有從無服而有服者。以其人情無所嫌而伸之也。有從重而輕。有從有服而無服者。以其人情有所嫌而屈之也。先王制服。人情而已矣。然而服術之六。從服爲末。而從服之中。有至無服。則雖禮之微者。不可不辨。陸氏佃曰。謂之皇姑。著死而後稱姑。避小君也。婦之黨爲昏兄弟。壻之黨爲姻兄弟。又各謂其外家之黨爲外兄弟。小功以下。親不足言也。謂之兄弟。故曰四海之內。皆兄弟也。公子不服其母。故爲其妻之父母無服。據喪服傳。公子爲其母練冠麻衣縓緣。孫氏希旦曰。鄭氏謂公子之外兄弟。爲公子之外祖父母從母。非也。公子爲外祖父母從服也。從服不累從。其妻安得又從而服之。此公子之外兄弟。謂公子旁親。易非親昆弟。猶曰遠兄弟云爾。非外親之謂也公子之外兄弟。厭於君。公子爲之無服。而其妻自服其從服。亦猶爲其皇姑服之義也。禮案此公子之外兄弟。疑是公子之女兄弟也。白虎通云。女生外向。有從夫之義。婦人外成。故謂之外兄弟。公子厭於君。爲其母尚練冠縓緣既葬除之。則自不得爲其姊妹服矣。喪服小功章。爲夫之姑姊妹。故公子之妻。爲之服小功。是從無服而有服也。

傳曰母出則爲繼母之黨服。母死則爲其母之黨服。爲其母之黨服。則不爲繼母之黨服。鄭注雖外親亦無二統。孔疏此明繼母之黨。亦是舊傳之辭。事異於上。故更稱傳曰也。方氏慤曰。此雖非大傳之文。然舊傳之所說。故亦以傳曰冠之。方氏苞曰。母出則繼母父之配也。宜奪因母之恩。而服繼母之黨。若母死則父有受於考妣祔於祖廟之初配矣。故不服繼母之黨。以明其義。而繼母之服。仍一同於因母。以篤其恩。孫氏希旦曰。爲出母之父母不服。故爲繼母之黨服。禮案喪服傳曰。出妻之子爲母期。則爲外祖父母無服。所從亡則已也。所以爲繼母之黨服也。母死則爲其母之黨服。屬從之服。故不以生死爲異也。若母未出之先。已爲外祖父母持服矣。則亦不爲繼母之黨服。蓋尊無二統。若子爲人後。女爲人婦。皆降其父母一等。況從服乎。

三年之喪既練矣。有期之喪既葬矣。則帶其故葛帶。經期之葛經。服其功衰。有大功之喪亦如之。小功無變也。鄭注帶其故葛帶者。三年既練。期既葬。差相似也。經期之葛經。三年既練。首經除矣。爲父既練。首經除矣。爲父既練。衰七升。母既葬。衰八升九升。凡齊衰既葬。衰或八升。或九升。服其功衰。服粗衰。大功之麻。變三年之練葛。期既葬之葛帶。小於練之葛帶。又當有經。亦反服其故葛帶。經期之經。差之宜也。此雖變麻服葛。大小同耳。亦服其功衰。凡三年之喪既練。始遭齊衰大功之喪。經帶皆麻。小功無所變於大功齊斬之服。不用輕累重也。孔疏謂三年之喪。練祭之後。又當期喪既葬之節也。今期喪既葬。男子則應著葛帶。與三年之葛帶。粗細正同。以父葛爲重。故帶其故葛帶。三年練後。首經既除。故經期之葛經。若婦人練後。麻帶除矣。則經其故葛經。帶期之麻帶。以婦人不葛帶故也。功衰謂七升。父之衰也。今不云服其父衰。而云功衰者。經稱三年之衰。則父爲長子及父卒爲母。皆是三年。今期喪既葬。反服其服。若言功衰。總道三人。故不得特言服父衰也。有大功之喪。明練後有大功之喪既葬也。亦如之者。亦帶其故葛帶。經期之葛經。大功初死之麻。變三年練後之葛。首要皆麻矣。故間傳謂之重麻也。大功既葬葛帶。小於練之葛帶。故反服練之故葛帶。首服大功既葬之葛經。既粗細相似。不得爲五分去一爲帶之差。故首經進與期之既葬同也。故云經期之經。是差次之宜也。此注亦主於男子。其婦人之服。下間傳具釋也。云此雖變麻服葛。大小同爾者。大功初死之麻。齊衰既葬之葛。大小同也。小功無變。謂先有大功以上喪服。今遭小功之喪。無變於前服。不以輕服減累於重也。呂氏大臨曰。小功麻斷本。故不變三年之練葛首也。孫氏希旦曰。鄭氏云。爲父既練衰七升。母既葬衰八升。此言三年既練之衰也。凡齊衰既葬。衰或八升或九升。此言期喪既葬之衰也。注母既練誤。爲既葬甚明。若云父在爲母既葬。衰八升。則下文齊衰既葬衰八升之內。足以該之矣。又何必持出其文於上哉。禮案小功之喪雖無變於前重喪之服。而於其初死也。亦服其服。而往哭之。見雜記下。

麻之有本者。變三年之葛。既練遇麻

斷本者。於免經之。既免去經。每可以經必經。既經則去之。鄭注：有本謂大功以上也。小功以下澡麻斷本。雖無變。緣練無首經。於有事則免。經如其倫。免無不經。經有不免。其無事則自若練服也。孔疏：大功以上爲帶者。麻之根本并留之。合糾爲帶。如此者期得變三年之練葛。若小功以下。其經澡麻斷本。是麻之無本。不得變三年之葛也。言變三年葛。舉其重者。其實期之葛有本者。亦得變之矣。斬衰既練之後。遭遇麻之斷本小功之喪者。有事於免之時。則爲之加小功之經。斂殯事竟。既免之後。則脫去其麻。自若練服也。倫謂倫類。雖爲之不變服。其應免經之時。如平常有服之倫類也。云免無不經者。於免之時必著經。則大斂小斂之節。衆主人必加經也。經有不免者。謂葬後虞及卒哭之節。但著經不免。以服成故也。方氏慤曰：本謂麻之根也。大功以上之帶。則不斷之。以示其重焉。故可以變三年之葛。陸氏佃曰：喪服小記曰：下殤小功帶澡麻不絶本。此不言小功而言斷本。爲是故也。孫氏希旦曰：有本兼首經要帶而言。喪自大功以上。首經要帶。其麻皆有本。下殤小功。首經去本。而帶猶不絶本。成人小功。則首經要帶皆無本也。三年之葛。謂葬後變麻服葛也。三年之喪。齊衰變既葬。大功變既練。故曰麻之有本者變三年之葛。麻之斷本者。小功以下之麻也。練已除首。乃不經輕服之經者。小功以下之首經。三年之練帶。皆四寸百二十五分寸之七十六。粗細相似。不得爲五分去一之差。緦之經又小焉。而小功緦既輕。故不經其經。於免經之者。以當事爲重也。禮案：此言麻之有本者變三年之葛。蓋釋上文三年之喪既練。有期之喪既葬。得以期喪之經變三年之練也。

小功不易喪之練冠。如免則經其緦小功之經。因其初葛帶。緦之麻不變小功之葛。小功之麻不變大功之葛。以有本爲稅。鄭注：稅亦變易也。小功以下之麻。雖與上葛同。猶不變也。此要其麻有本者。乃變上耳。雜記曰：有三年之練冠。則以大功之麻易之。唯杖屨不易也。孔疏：小功以下之喪。不合變易三年喪之練冠。其期之練冠。亦不得易也。如當緦小功著免之節。則首經其緦小功之經。所以爲後喪經者。以前喪練冠。首經已除故也。上經云小功不易。明緦不易。下經云緦小功之經。兼言緦者。恐免經不及緦故也。前經已云。於免經之。此經又云如免則經者。前但云經。不云練冠。恐小功以下不得改前喪練冠。故重言之也。要中經所著。仍因其初喪練葛帶。上文云期喪既葬。則帶練之故葛帶。此不云故而云初者。以期初喪之時。變練之葛帶爲麻。期既葬之後。還反服練之葛帶。故言故也。小功以下之喪。不變練之葛帶。故云初也。緦之麻不變小功之葛。小功之麻不變大功之葛者。謂以輕喪之麻。本服既輕。雖初喪之麻。不變前重喪之葛也。唯大功以上麻經有本者。得稅變前喪。故大功得變期。期得變三年也。方氏慤曰：麻以有本者爲重。故得變易而稅焉。以此易彼。則彼得以息。故曰稅。稅猶典路說駕之說。陸氏佃曰：於此言小功。嫌下殤之小功不斷本。可以易喪之練冠。稅者脫也。然則所謂小功不稅。嫌言不服者矣。孫氏希旦曰：小功不易喪之練冠者。小功之冠輕於三年練冠。如既練於哭小功緦之喪。不惟經其經。又當爲之變服矣。其不變者。惟葛帶耳。既哭則反其練服。禮案：小功不易喪之練冠。謂小功無事時也。若當小功喪有事之時。則服其服而往。卒事反練服也。

殤長中變三年之葛。終殤之月算。而反三年之葛。是非重麻。爲其無卒哭之稅。下殤則否。

鄭注：謂大功之親爲殤在緦小功者也。可以變三年之葛。正親之也。三年之葛。大功變既練。齊衰變既虞卒哭。凡喪卒哭受麻以葛。殤以麻終喪之月數。非重之而不變。爲殤未成人。文不縟耳。下殤則否。言賤也。男子爲大功之殤中從上。期小功。婦人爲之中從下。服緦麻。孔疏：此論成人小功緦麻不得易前喪之葛。又論殤在小功緦麻得易三年葛也。殤長中者。謂本服大功。今降在長中殤。男子則爲之小功。婦人爲長殤小功。中殤緦麻。如此者得變三年之葛。著此殤服之麻終竟此殤之月算。如小功則五月。緦麻則三月。著麻月滿。反服三年之葛也。言服殤長中之麻也。不改。是非重此麻也。以殤服初死。服麻已後。無卒哭稅麻服葛之法。以其質略。文不縟故也。大功以下殤。男子婦人具爲之緦麻。其情既輕。則不得變三年之葛也。則齊衰下殤小功。是麻之有本。乃得變三年之葛也。注云三年之葛。大功變既練者。則雜記云。三年之練冠。則以大功之麻易之是也。云齊衰變既虞卒哭者。則下閒傳云。斬衰之喪既虞卒哭。遭齊衰之喪。輕者包。重者特。是也。男子爲大功殤中從上。婦人爲之中從下。喪服傳文。陸氏佃曰。下殤則否。言爲其無卒哭之稅。功雖小功。有卒哭矣。姚氏際恆曰。緦小功不得變三年之葛。而亦有得變者。殤長中是也。殤長中本服大功。降而爲小功緦。於是以殤服麻哭帶。變三年之葛。終此小功緦月算。然後乃反三年之葛。夫麻以有本爲重。方得易葛。此無本得易葛者。是非重此無本之麻。乃爲降服緦。雖亦無卒哭之稅。然情輕則否。降服緦與成人小功以下等。則又以無本而不變。所謂小功無變者也。孫氏希旦曰。下殤則否。亦謂大功親之下殤也。若齊衰之下殤。則得變三年之葛。以帶不絕本。重於大功親之長中殤也。禮案喪服傳大功之殤中從上。小功之殤中從下。故喪服大功章無下殤。小功章無中殤。此以殤長中並言。蓋大功之殤也。變謂變三年之葛。服殤服之麻。終殤之月算。若大功長殤九月。中殤七月。小功殤五月。緦殤三月。服滿乃反服三年之葛也。殤服既葬卒哭不變。而爲之服麻以終者。蓋大功之殤。本齊衰之親。故殺其月數。以別於成人之喪。重服終制。以伸其本親之誼。

君爲天子三年。夫人如外宗之爲君也。世子不爲天子服。

鄭注：外宗君外親之婦也。其夫與諸侯爲兄弟服斬。妻從服期。諸侯爲天子服斬。夫人亦從服期。喪大記曰。外宗房中南面。世子不爲天子服。遠嫌也。不服與畿外之民同也。孔疏：君謂列國之君。爲天子三年也。諸侯夫人爲天子。如諸侯外宗之婦爲君也。諸侯外宗之婦爲君期。則夫人爲天子亦期也。諸侯爲天子服斬衰。喪斬正文。熊氏云。凡外宗有三。案禮外宗之女有爵通卿大夫之妻是一也。雜記云外宗爲君夫人猶內宗。是君之姑姊妹之女。舅之女。從母之女。皆爲諸侯服斬。爲夫人服期。是二也。此文外若宗姑之子婦。從母之子婦。其夫是君之外親。爲君服斬。其婦亦名外宗。爲君服期。是三也。引喪大記證外宗之義也。諸侯世子有繼世之道。所以遠嫌不爲天子服也。孫氏希旦曰。外宗宗婦也。外宗之夫爲君服斬。外宗從服期。故曰如外宗之爲君也。畿內之民爲天子齊衰三月。畿外則無服。方氏苞曰。雖先君薨。必三年喪畢類見命於天子。然後得嗣國。若爲世子而不終。則庶人也。安得遽以重服服天子乎。禮案周禮春官司服爲天王斬衰。爲王后齊衰。喪服爲夫之君齊衰。故諸侯爲天子三年。其夫人自從服期也。世子不爲天子服。然則縞冠玄武以終其君之服乎。

君所主夫人妻。大子適婦。

鄭注：言妻見大夫以下。亦爲此

三人爲喪主也。孔疏此三人既正。雖國君之尊。猶主其喪也。陸氏佃曰。言妻非見大夫以下。大夫以下爲此三人爲喪主。不必見也。曲禮曰。公侯有夫人。有世婦。有妻。有妾。孫氏希旦曰。言夫人妻者。嫌爲天子之三夫人。故正言妻以明之。義疏云。大子即世子。其妻爲適婦。大夫以下同。而指言君。嫌君尊或有異也。禮案夫人妻義不可通。此夫上似脫母字。

大夫之適子爲君夫人大子如士服。

鄭注大夫不世。子不嫌也。士爲國君斬。小君期。大子君服斬。臣從服期。孔疏此明大夫適子爲君夫人大子之服。是大夫無繼世之道。其子無嫌。得爲君與夫人及君之大子著服。如士服也。方氏苞曰。大夫之適子。則教於成均。舍不帥教而屏之遠方。鮮不爲士者。故得爲君夫人大子如士服。禮案大夫士爲君。並服斬衰。而禮則有異矣。喪大記云。卿大夫父兄子姓立於東方。有司庶士哭於堂下。此哭位之不同也。又曰。大夫俟練。士卒哭而歸。此喪次有久暫也。如士服者。皆行士爲君夫人大子服士喪之禮也。

君之母非夫人。則羣臣無服。唯近臣及僕驂乘從服。唯君所服服也。

鄭注妾先君所不服也。禮庶子爲後。爲其母緦。言君所服。伸君也。春秋之義。有以小君服之者。時若小君在。則益不可。孔疏若君母是適大人。則羣臣爲其服期。今君母非夫人。君爲之服緦。則羣臣爲之無服也。近臣謂閽寺之屬。僕御車者也。驂車右也。君之母非夫人。貴臣乃不服。而此諸臣賤者。隨君之服也。故云唯君所服服也。天子諸侯爲妾無服。唯大很爲貴妾服緦。故知妾先君所不服。禮庶子爲後。爲其母緦。案喪服緦麻章云。庶子爲父後者。爲其母是也。若其不爲後。則爲母無服。故喪服記之。公子爲其母練冠其縓緣。今以爲君。得著緦麻服。是伸君之尊也。鄭既以正禮言之。又引春秋之時。不依正禮。有以爲小君之服。服其妾母者。文四年夫人風氏薨。是僖公之母成風也。又昭十一年夫人歸氏薨。是昭公之母齊歸也。皆亂世之法。穀梁傳曰。魯僖公立妾母成風爲夫人。是子爵於母。以妾爲妻。非禮也。鄭從穀梁說。孫氏希旦曰。君爲妾母之服。私服也。故羣臣不從而服。近臣閽寺之屬朝夕在君側。僕右與君同車。不可吉凶參差。故皆從君而服。曾子問古者天子練冠以居。此庶子爲君。爲其母之服也。練冠在五服之外。則無可從。而服制有定。亦非可唯君所服者而記之。言乃如此。是知庶子爲君。爲其母雖有練冠之制。而人君各以其意加隆。無復定制。故至春秋。而遂有以小君之服服之者。蓋禮之失。非一日也。禮案說是也。庶子爲君。蓋爲嫡母後。故不爲妾母服也。世衰禮廢。庶子之爲君者。尊崇其母。如君母猶可也。若後唐莊宗之貶君母稱太妃。尊妾母爲太后。則尤悖禮之甚者也。

公爲卿大夫錫衰以居。出亦如之。當事則弁絰。大夫相爲亦然。爲其妻往則服之。出則否。

鄭注弁絰如爵弁而素加絰也。不當事則皮弁。出謂以他事。不至喪所。孔疏此明君爲卿大夫之喪。成服之後。若錫衰以居也。出謂以他事而出。亦著錫衰。其首則皮弁。當事則弁絰者。君行往弔卿大夫。當大斂及殯。并將葬啓殯。當如此之事。則首著弁絰。身衣錫衰。若於士雖當事首服皮弁。故士喪禮云。君視大斂。注云。皮弁服襲裘是也。大夫相爲亦如君於卿大夫也。不當事則皮弁。當事則弁絰。故雜記云。大夫與殯亦弁絰是也。大夫於士。士雖當事。亦皮弁也。爲其妻謂公於卿大夫之妻。及卿大夫相爲其妻。往臨其喪。則服錫衰。不恆著之以居。若餘事出則不服。當殯斂之事亦弁絰。陸氏佃曰。當事則弁絰者。據此王爲三公六卿錫衰。大夫上疑衰。其首服蓋當事而後弁經也。大夫相爲亦然者。雜記曰。大夫哭大夫弁經。與殯亦弁經。爲其妻往則弔也。弔而服之。弔出則除之。喪服傳曰。大夫弔於命婦錫衰。命婦弔於大夫亦錫衰。朱子熹曰。古人君臣之際。如君臨臣喪。坐撫當心要經而踊。今日之事。至於死生之際。恝然不相關。不啻如路人。所謂君臣之義安在。孫氏希旦曰。君於卿大夫有腹心手足之誼。爲之服錫衰。蓋既葬而後除也。大夫相爲有僚友之恩。故其服亦然。喪服記曰。朋友麻。君爲大夫。及大夫相爲皆錫衰以居。則其首亦加麻經。與爲其妻往弔其喪。則服錫衰。既弔而出。則不服也。禮案大夫相爲服錫衰。以同僚之誼。至其妻則嫂叔無服。況僚友之妻哉。故錫衰往弔。出則除之。

凡見人無免經。雖朝於君無免經。唯公門有稅齊衰。傳曰君子不奪人之喪。亦不可奪喪也。

鄭注。見人謂行求見人也。無免經。經重也。稅猶免也。古者說或作稅。有免齊衰。謂不杖齊衰也。於公門有免齊衰。則大功有免經也。孔疏。凡見人無免經者。謂己有齊衰之喪。無免去經。重故也。雖往朝君。亦無免。脫於經也。唯己有不杖齊衰之喪。至公門稅去其衰。經猶不去也。若杖齊衰及斬衰。入公門衰亦不稅也。其大功非但廢衰。又免去經也。傳曰。君子不奪人之喪。引舊記以明君所以許臣不免經而入朝。以已恕物。不可奪人喪禮。使之免經也。非但不奪人喪。亦不可自奪喪。所以已有重喪。猶經以見君。申已喪禮也。案下曲禮云。苞屨不入公門。蔍屨杖齊衰之屨。既不得入也。此云稅齊衰。則不杖齊衰也。陸氏佃曰。經重也。以經該之。下云唯公門有稅齊衰。則此不言斬衰可知。然則君子不奪人之喪。亦不可奪喪。謂奪所重者也。唯公門有稅齊衰。言有有不稅也。大夫以上不稅。據士唯公長稅齊衰。凡所謂稅。皆暫釋喪服。反吉服。若康王麻冕黼裳是也。孫氏希旦曰。喪大記曰。大夫士既葬。公政入於家。既卒哭。弁經帶。金革之事無辟也。則爲母之喪。必無以齊衰蔍屨入公門者矣。此與曲禮所言。蓋主謂齊衰期。自父在爲其母以外者也。朝於君無免經。則冠不易矣。然則齊衰之入公門者。衣與屨皆易之。唯其在首者無變也。下曲禮又曰。厭冠不入公門。冠既不入。則固當免經矣。其爲大功以下者與。禮案稅同說。脫也。唯公門稅齊衰。見檀云下。奪喪見雜記下。

傳曰罪多而刑五。喪多而服五。下附下附列也。

鄭注。列等比也。孔疏言罪之與喪。其數雖多。其限同五。其等列相似。故云列也。陸氏佃曰。列若今例矣。馬氏晞孟曰。法者所以齊天下之過失。然民之過失浩繁。而不勝齊也。故法不可以不省。禮者所以辨天下之親疏。然人之親疏輕重之不易辨也。故死不可以簡。是故制而以五刑。以斷其罪。而罪多者有非五刑所屬。則隨時而參酌之。列爲五服。以定其喪。而喪多而服五。上附下附列也。故有從輕從重。有服無服之別焉。蓋先王之制。必以五數。舉其大者而略言之。五典五禮五聲五色五味五行。日月不可闕一焉。易曰天數五。地數五。王者之政。天地而已。吳氏澄曰。罪多如墨辟千。劓辟千。剕辟五百。宮辟三百。大辟二百之類。喪多如儀禮喪服篇斬衰章爲某人等。齊衰章爲某人等之類。言罪雖多。而皆不出乎墨劓剕宮大辟五者之刑。喪雖多。不皆不出乎斬衰齊衰大功小功緦麻五者之服。其或刑書禮書所載不盡者。以例通之。由輕而加重。則附於在上之例。由重而減輕。則附於在下之例。通此二例。則雖至多之罪。至多之喪。而刑書中之五刑。禮書中之五服。足以說之。而無不足矣。陳氏澔曰。罪重者附於上刑。罪輕者附於下刑。此五刑之上附下附也。大功以上。附外親。小功以下附於疏。此五服之上附下附也。等列相似。故云列也。

姚氏際恆曰。人遭大喪。如獲大罪。遭小喪。如獲小罪。故稱棘人。稱戮氏。凡衣冠食食。居處貌言。一切示異。不得齒於平人之列。此所罪對服言。際得聖人制服之精意。而數亦適合。故於篇終言之。禮案此本言五服。而以五刑倍襯其說者。蓋喪之制服。以親疏爲序。獨刑之治罪。以輕重爲等也。

禮記通釋卷七十三　　玉環戴禮

閒傳第三十七

孔疏案鄭目錄云。名曰閒傳者。以其記喪服之閒。輕重所宜。此於別錄屬喪服。吳氏澄曰。閒當讀爲閒廁之閒。此篇總論喪服哀情之發。非釋經之正傳。而廁於喪服之正傳者也。孫氏希旦曰。名篇之義未詳。吳氏之說稍爲近是。禮案說文云。閒隙也。喪制繁矣。正經雖備。不無閒隙。此篇蓋補其遺漏。謂之閒傳者。傳其所未備者也。

斬衰何以服苴。苴惡貌也。所以首其內而見諸外也。斬衰貌若苴。齊衰貌若枲。大功貌若止。小功緦麻容貌可也。此哀之發於容體者也。

鄭注有大憂者。面必深黑。止謂不動於喜極之事。枲或爲似。孔疏此一節明居喪外貌輕重之異。苴是黎黑色。故爲惡貌也。止平停不動也。大功轉輕。心無斬刺。故貌不爲之變。又不爲之傾。故貌若止。於二者之閒。衰因鍛布。帶屨亦輕。其經色用枲。同者自別表義耳。方氏慤曰。自大功至緦。皆有衰。止以稱齊斬者。以其爲凶服之重故也。凡物精而致者謂之功。粗而略者謂之沽。大小功之布。比斬齊衰之布。則稍精矣。故皆謂之功。自小功以上。無非麻之所爲者。止以之稱緦。則以其爲凶服之最輕。其細至於十五升。功又不足以言之也。特有以別於絲而已。此五服之辨也。苴蓋子麻也。爲布粗惡。故曰苴惡貌也。蓋孝子之情在內者既極其哀。則形於外也。故斬衰則服苴以表之。而貌亦宜如之。故曰斬衰貌若苴。枲亦苴也。蓋謂壯麻耳。上言斬衰服苴。則知齊衰而下服枲矣。且齊衰既以緝而齊其下爲義。則其服緝之枲。固亦宜矣。其服如此。貌亦宜如之。故曰齊衰貌若枲。以其哀既殺於斬衰。故貌不若苴之惡也。吳氏澄曰。儀禮經斬衰苴經杖。齊衰牡麻經。傳曰。苴麻有蕡者。牡麻枲也。斬衰服苴。謂衰裳經杖並苴色也。苴色蒼黑。貌之惡似之。首其內而見諸外。謂內有哀情。則外有此惡貌也。枲無子麻。色亦蒼而黑淺。齊衰稍輕於斬衰。經不用苴而用枲。若苴若枲。貌各如其經之色也。止不動也。貌活動者象春之生。貌靜止者象秋之殺。若止有慘戚無歡欣也。容貌謂如平常之容。小功緦麻之服雖輕。然情之厚者。貌亦略變於常也。義疏云。首當讀去聲。表出之謂。俞氏樾曰。若苴若枲。皆見其貌與服想稱。此言若止。義亦宜然。止當讀爲芓。說文草部。芓麻也。一曰芓即枲也。是枲與芓同類。作止者音近而通用也。廣雅釋室。芓隄也。芓之訓隄。疑即芓讀爲止。止爲下基。故爲隄耳。芓以本字讀之非是。禮案三年之喪。禮無容。故齊斬之貌若苴枲也。小功緦服輕。哀淺。故容貌可也。可者未深許之辭。然戚容所以稱其服。服輕則哀容亦淺也。哀之發於容貌。若問喪謂傷腎乾肝焦肺。始而水漿不入口。繼而歠粥飲水。而容貌焉有不枯瘠者乎。荀子禮論曰。故說豫娩澤。憂戚萃惡。是吉凶憂愉之情發於顏色者也。

斬衰之哭。若往而不反。齊衰之哭。若往而反。大功之哭。三曲而偯。小功緦麻。哀容可也。此哀之發於聲音者也。

鄭注三曲一舉聲。而三折也。偯聲餘從容也。孔疏若如也。若斬衰之哭。一舉而至氣絕。如似氣往而不反。言氣欲絕而不能生也。偯則哀之餘聲也。夫哀之所感。天性然也。孝經言喪親曰哭不偯。

故此至大功，始有偯也。哀容，則其哀從容而不迫。馬氏晞孟曰：凡喪事以哀爲主。開傳一篇，言哀者六。自斬衰以至緦麻，輕重等差，莫不有當也。其始也本於哀，其終也成於禮。有是哀則不得不行是禮，有是禮則不得不致是哀也。然而容體、聲音、言語，動乎內者也；飲食、居處、衣服，在乎外者也。內外俱備，哀禮相稱，五服之制可坐而定也。吳氏澄曰：往而不反，謂氣絕而不續；往而反，謂氣絕而微續；三曲而偯，謂聲不質直而稍文也。哀容則彌文矣。孫氏希旦曰：哀容者，雖致哀而稍爲容飾，哀彌輕也。禮案：大戴禮三本云：「三年之哭不反也。」若往而不反，言若孺子直聲而曾無轉聲也。哀容可也，言當事往哭之際，但戚容垂涕，禮雖不哭亦可。上文容貌可也，言平居之狀，此蓋謂哭時，故不同也。禮論曰：歌謠謸笑，哭泣諦號，是吉凶憂愉之情發於聲音者也。

斬衰唯而不對，齊衰對而不言，大功言而不議，小功緦麻議而不及樂。此哀之發於言語者也。鄭注：議，謂陳說非時事也。孔疏：斬衰但唯於人，不以言辭而對也。皇氏以爲親始死，但唯而已，不以言對。案雜記云：「三年之喪，對而不問。」爲在喪稍久，故對也。大功稍輕，得言他事，而不議論時事之是非。雜記云：「齊衰之喪，言而不語。」彼謂言已事，故鄭注云：言，言已事也；爲人說爲語。與此言異也。方氏慤曰：唯則順之而已，對則有可否焉；對則應彼而已，言則命彼物焉；言則直言而已，議則詳其義焉；議則主於事而已，樂則通其情焉。由其哀有輕重，故發於言語有詳略也。吳氏澄曰：緦麻凡事陳說而議，但不議及於作樂歡娛之事耳。孫氏希旦曰：唯者，應人而已；對則有言辭對其所問而已；言則及於他事矣；至於議，則又有論說之詳焉。及樂，謂及於听樂也。此與上節，皆謂始死時。雜記謂既殯居廬時，故與此不同也。禮案：三年之喪，自天子達於庶人，居喪之禮，唯言語有貴賤之殊，微可以一例而論也。大戴本命曰：「百官備，百制具，不言而事行者，故可唯而不對；若言而後事行，與身自執事而後事行者，焉能不言乎。」

斬衰三日不食，齊衰二日不食，大功三不食，小功緦麻再不食，士與斂焉則壹不食。故父母之喪，既殯食粥，朝一溢米，莫一溢米；齊衰之喪，疏食水飲，不食菜果；大功之喪，不食醯醬；小功緦麻，不飲醴酒。此哀之發於飲食者也。孔疏：斬衰三日不食者，謂三日之內。孝經云「三日而食」者，謂三日之外乃食也。齊衰二日不食者，皇氏云：謂正服齊衰也。喪大記云「三不食」者，當是義服齊衰。小功緦麻再不食者，喪大記云「壹不食，再不食」，則是壹不食謂緦麻，再不食謂小功也。與此不同者，熊氏云：異人之說，故其義別也。方氏慤曰：三不食，則日有半也。此言食與大記不能無小異。溢與孟子言「七十鎰」之鎰同，蓋二十兩也。數登於十則滿矣，而又益倍之爲溢焉。疏食者，粗疏之食也。朱氏軾曰：朋友雖以義合，未嘗無恩。子食於有喪者之側不飽，豈有朋友臨喪而不能廢一食之理？必不云與斂者，以與斂一者，必平日親厚之人，非泛泛交遊可比，非親厚者不與斂，而親厚者亦有不能與斂者。與斂一不食，則不與斂亦一不食矣。孫氏希旦曰：此云大功既殯不食醯醬，大記云大功食飲猶大期之喪，則疏食水飲，不食菜果。蓋齊衰以下之喪，有降服、正服、義服之不同，故其情不能無隆殺。記者各言其大略之而已。然參而觀之，則同於一服之中，而情隆者從其隆，情殺者從其殺，其差等亦可得而見矣。禮案此與斂之士。即儀禮士喪禮。大小斂士舉遷尸之士也。壹不食與於襲。斂者。不忍食也。禮論曰。芻豢稻粱。酒醴餰鬻。魚肉菽藿酒漿。是吉凶憂愉之情。發於食飲者也。父母之喪。既虞卒哭。疏食水飲。不食菜果。期而小祥。食菜果。又期而大祥。有醯醬。中月而禫。禫而飲醴酒。始飲酒者。先飲醴酒。始食肉者。先食乾肉。鄭注先飲醴酒。食乾肉者。不忍發御厚味。孔疏此明父母終喪以來所食之節也。至大祥之節。食醯醬。則小祥食菜果之時。但用鹽酪也。若不能食者。小祥飲菜果之時。得用醯醬也。故喪大記云。小祥食菜果。以醯醬。中月而禫。禫而飲醴酒。又云食肉者。先食乾肉。喪大記云。祥而食肉者。異人之說。故不同也。醴酒味薄。乾肉又澀。所以先食之者。以喪服除。孝子不忍發御醇厚之味故也。吳氏澄曰。父母之喪。既虞卒哭。所食與齊衰既殯同。小祥後所食與大功既殯同。大祥後與小功既殯同。禫得食肉飲酒。漸復常矣。孫氏希旦曰。此又明卒哭以後。飲食變除之節也。方氏苞曰。山陰鍾曉母喪既禫。以未葬不食肉者又數月。及食肉輒腹痛。乃食乾肉。久之乃復。禮案喪服傳云。既虞卒喪。食疏食水飲。既練始食菜果。飯素食。有醯醬。謂有薑桂之滋焉。禫可食肉飲酒。喪復常也。醴釀一宿熟酒。味極淡。乾肉若脯腊之類。服滿必先醴酒乾肉者。以蔬食日久。忽投以鮮美濃厚之味。非惟心有所不忍。亦於胃腑有不宜也。父母之喪。居倚廬。寢苫枕塊。不說絰帶。齊衰之喪。居堊室。芐翦不納。大功之喪。寢翦席。小功緦麻。牀可也。此哀之發於居處者也。鄭注芐今之蒲萃也。孔疏蒲萃為席。翦頭為之。不編納其頭而藏於內也。敖氏繼公曰。喪莫重於絰帶。非變除之時。及有故。雖寢猶不敢說。明其頃刻不忘哀也。吳氏澄曰。士斬衰不居倚廬。乃臣子為君服。父為衆子齊衰。不居堊室。乃尊者為卑者服也。俞氏樾曰。案經文當作平翦不納。注文當作平。今之蒲平也。皆傳寫之誤。釋名釋牀帳曰。蒲平以蒲作之。其體平也。然則漢時自有蒲平之名。故鄭據以為說。平乃席名。說文草部蒻蒲子可以為平席是也。初非萃萍之萃。安得從草。因蒲字從草。而平字亦誤從草。猶月令地氣且泄。因泄字從水。而且字亦誤從水矣。平誤作萃。而上萃字又誤作芐。芐者地黃也。安得以芐為今之蒲萃。即此可決其誤矣。禮案郭注爾雅釋器云。苫白茅。茅勁而上蒲軟。故斬衰寢苫。而齊衰寢蒲也。然下言大功寢有席。則此蓋以蒲草藉地。而不編織應席也。篇海云。納補綴也。不納亦是謂不編綴之義。禮論曰。疏房檖貌。越席牀第。几筵。屬茨。倚廬席薪枕塊。是吉凶憂愉之情。發於居處者也。父母之喪。既虞卒哭。柱楣翦屏。芐翦不納。期而小祥。居堊室。寢有席。又期而大祥。居復寢。中月而禫。禫而牀。孔疏此明遭父母之喪。至終服以來所居改變之節。即斬衰居倚廬。齊衰居堊室。論其正耳。亦有斬衰不居倚廬者。則雜記云。大夫居廬。士居堊室。是士服斬衰。而居堊室也。亦有齊衰之喪。不居堊室者。喪服小記云。父不為衆子次於外。注云。自若居寢是也。方氏慤曰。柱楣以為之固。故曰柱楣。翦屏蔽之草而飾之。故曰翦屏。陸氏佃曰。言翦屏則前此茅茨不翦。柱楣於柱置楣而已。此朞而席。居堊室。喪服傳既虞寢有席。既練舍外寢。傳所記尊者居喪之法。此言大夫士禮而已。知然者，以傳上翦屏不欲視外，尊者之事也。故曰前旒蔽明，黈纊塞聽。亦天子虞之日遠，大夫士近，若寢有席一施之於虞，則疾徐相懸矣。其言既虞卒哭柱楣翦屏，亦以此。然則諸侯五月而葬，七月而卒哭，共寢有席，又在卒哭與吳氏澄曰：既虞卒哭，苄翦不納，與齊衰初喪同。特居廬上爲異耳。小祥寢有席，與大功初喪同。禫而牀，乃與小功緦麻初喪同也。彭氏絲曰：期而小祥，居堊室，則苄草之上有席。又期而大祥，居雖復殯宮寢，猶未備牀，至禫始有牀也。方氏苞曰：大祥居復寢，謂外寢，齊衰喪所居也。孫氏希旦曰：喪服虞而寢有席，此小祥乃有席，蓋禮文曲折，禮俗武有不同，記者各記所聞也。禮案：言禫而牀，則居復寢，仍席地而無牀也。斬衰三升。齊衰四升、五升、六升。大功七升、八升、九升。小加十升、十一升、十二升。緦麻十五升去其半。有事其縷，無事其布曰緦。此哀之發於衣服者也。鄭注：此齊衰多二等，大功、小功多一等，服主於受，是極列衣服之差也。孔疏：此明五服精粗之異。緦者，麻細如絲，故云緦。麻以朝服十五升抽去其半，縷細而疏也。有事謂鍛治其布纑縷也，無事謂織布既成不鍛治其布，以哀在外故也。案喪服記云齊衰四升，此云四升、五升、六升，多於喪服二等也。喪服記云大功八升若九升，此云七升、八升、九升，是多於喪服一等也。喪服記云小功十升若十一升，此云小功十升、十一升、十二升，是多於喪服一等也。云服主於受者，以喪服之經主於受服者而言，以大功之殤無受服，不列大功七升，以喪服父母爲主，欲其文相值，故略而不言。記者於是經極列衣服之差，所以齊衰多二等，大功、小功多一等也。賈氏公彥曰：吉服所以表德，凶服所以表哀。德有高下，章有升降；哀有深淺，布有精粗。喪服十有一章，從斬至緦，升數有異。斬有正義不同：爲父三升爲正，爲君三升半爲義，其冠同六升。齊衰三年惟有正服四升，冠七升。繼母、慈母雖是義，以配父，故與因母同。齊衰杖期，父在爲母、爲妻同正服五升，冠八升，有正而已。齊衰不杖期有正有義：正則五升冠八升，義則六升冠九升。齊衰三月皆義服，六升冠九升。曾祖父母是正服，但正服合小功，以尊其祖，不服小功而服齊衰，非本服，故同義服也。殤大功有降有義，爲夫之昆弟之子之長殤爲義，其餘皆降。降服衰七升，冠十升；義服衰九升，冠十一升。大功有降有正有義：姑姊妹出適之等是降，婦人爲夫族是義，其餘皆正。正服衰八升，冠十升。繐衰唯有義服四升半，冠七升，諸侯之大夫爲天子而已。殤小功有降有義，婦人爲夫之族類是義，其餘皆降。降則衰冠同十升，義則同十二升。小功亦有降有正有義，正服衰冠同十一升也。緦麻亦有降有正有義，但衰冠同十五升去其半而已。孫氏希旦曰：齊衰杖期章之父在爲母，不杖章之爲人後者爲其父母，女子子適人者爲其父母，皆由三年而降者也。周景王有后與大子之喪，叔向謂其有三年之喪二，則妻之服雖非由三年而降，亦本有三年之義者也，則亦當爲降服矣。齊衰正服衰五升，冠八升，則降服四升，冠七升。賈氏謂齊衰無降服，非也。禮案：鄭注喪服傳云：布八十縷爲升。升當爲登，登，成也。禮論曰：卑絻黼黻文織，資粗衰經，非繐管屨，是吉凶憂愉之情發於衣服者也。斬衰三升。既虞卒哭，受以成布六升，冠七升。爲母疏衰四升，受以成布七升，冠八升。去麻服葛，帶三重。期而小祥，練冠縓緣。要不經除。男子除乎首。婦人除乎帶。男子何爲除乎首也。婦人何爲除乎帶也。男子重首。婦人重帶。除服者先重者。易服者易輕者。又期而大祥。素縞麻衣。中月而禫。禫而纖。無所不佩。鄭注葛帶三重。謂男子也。五分去一而四糾之。帶輕既變。因爲飾也。婦人葛絰不葛帶。舊說云三糾之練帶去一股。去一股則小於小功之絰。似非也。易服謂爲後喪所變也。婦人重帶。帶在下體之上。婦人重之。辟男子也。其爲帶猶五分絰去一耳。喪服小記曰。除成喪者。其祭也朝服縞冠。此素縞者。玉藻所云縞冠素紕。既祥之冠。麻衣十五升布深衣也。謂之麻者。純用布無采飾也。大祥除衰杖。黑經白緯曰纖。舊說纖冠者采纓也。無所不佩。紛帨之屬。如平常也。纖或作綅。孔疏此明父之喪。初死至練冠衰升數之變。幷明練後除脫之差也。成布言三四五升之布。其縷既粗疏。未爲成布也。六升以下。其縷漸細。與吉布相參。故稱成布也。男子既虞卒哭。受服之節。要帶以葛代麻。帶又差小於前。以五分去一。唯有四分見在。三重。謂作四股糾之。積而相重。四股則三重。未受服之前。麻帶爲兩股。又相合也。此直云葛帶三重。則首絰雖葛。不三重。猶兩股糾之也。小祥練冠縓緣者。父沒爲母與父同也。至小祥又以卒哭後冠受其衰。而用練易其冠也。又練爲中衣。以縓爲領緣也。素縞麻衣。謂二十五月大祥祭。此日除脫。則首服素冠。以縞紕之。身若朝服。而爲大祥之祭。祭訖而哀情未除。反服十五升麻深衣。未有采緣。故云大祥素縞麻衣也。中間也。更間一月而爲禫祭。二十七月而禫。禫祭之時。去服朝服。祭訖而首著纖冠。身著素端黃裳。以至吉祭。身尋常吉服。平常所服之物。無不佩也。注云婦人葛絰不葛帶者。案少儀云。婦人葛絰而鍚帶。又上檀弓云。婦人不葛帶。故士虞禮曰。婦人既練。脫首絰不說帶也。注云齊斬婦人帶不變也。其大功以下。亦葛帶也。故喪服大功章。男女竝陳。及其變服。三月受以小功衰。即葛九月是也。云易服謂爲後衰所變者。以身先有前喪重。今更遭後喪輕服。欲變易前喪也。云其爲帶猶五分絰去一者。以斬衰婦人既重要。恐不要帶與首絰相似同故也。黑經白緯曰纖。戴德變除禮文。方氏苞曰。大功以上。有受服者。古者衰不脫。非易衰不能服以終喪也。小功以下無受服者。喪期相近。而衰布密緻。不必易也。孫氏希旦曰。衰衣用十五升吉布爲之。而以縓爲緣者也。練中衣已用縓緣。然喪服之中衣。皆用其衰之布爲之。而其袂不復繼揜尺。故不曰長衣。而曰麻衣也。喪服記曰。公子爲其母麻衣縓緣。鄭乃謂麻衣無采飾。非也。禮案說是也。小祥練服。尚以縓緣。未有既大祥之衣。轉純用布者也。除服先重。易服易輕。解見小記。服注。前漢文帝紀云。纖細布衣也。

易服者何爲易輕者也。斬衰之喪。既虞卒哭。遭齊衰大功之喪。輕者包。重者特。既練。遭大功之喪。麻葛重。鄭注何爲易輕。因上說而問之。輕者包。重者特。說所以易輕者之義也。既虞卒哭。謂齊衰可易斬衰之節也。輕者可施於卑。服齊衰之麻。以包斬衰之葛。謂男子帶。婦人絰也。重者宜主於尊。謂男子之絰。婦人之帶。特其葛不變之也。此言包特者。明於卑可以兩施。而尊者不可貳。麻葛重。此言大功可易斬服之節也。斬衰已練。男子除絰。而帶猶存。婦人除帶。而絰猶存。謂之單。單獨也。遭大功之喪。男子有麻絰。婦人有麻帶。又皆易其輕者以麻。謂之重麻。既虞卒哭。男子帶其故葛帶。經期之葛經。婦人經其故葛經。帶期之葛帶。謂之重葛。孔疏此經更釋易輕之意。斬衰之喪。既虞卒哭者。謂士及庶人也。故卒哭與虞並言之。若大夫以上。則虞受服。故喪服注云。天子諸侯卿大夫既虞。士卒哭而受服。輕者包。言斬衰受服之時。而遭齊衰初喪。男子輕要。得著齊衰要帶。而兼包斬衰之帶也。若婦人輕首。得著齊衰首經。而包斬衰之經也。重者特者。男子重首。特留斬衰之經。婦人重要。特留斬衰要帶也。斬衰齊衰既是重服。言包物則知齊衰大功。亦包特也。既練遭大功之喪。麻葛重者。斬衰既練。男子除首經。婦人除要經。今遭大功之喪。男子空首。著大功麻經。婦人要空。著大功麻帶。男子又以大功麻帶易練之葛帶。婦人又以大功麻經。易練之葛經。是重麻也。至大功既虞卒哭。男子帶以練之故葛帶。首著期之葛經。婦人經其練之故葛經。著期之葛帶。是謂之重葛也。謂之期葛帶者。粗細與期同。其實是大功葛帶也。彭氏絲曰。閒傳所言易服。皆是重喪遭輕喪之禮。至於輕喪遭重喪。則經文未載。今舉一條見例。假如初服齊衰之喪。又遭斬衰之喪。雖除下齊衰冠服。別制斬衰冠服。雖遇葬母。亦被斬衰。如遇母虞祔練祥。又須著先所除下齊衰冠服。俟卒事。仍著斬衰。凡先遭輕喪。後遭重喪者倣此。故喪服小記云。父母之喪偕。先葬者不虞祔。待後事。其葬服斬衰。孫氏希旦曰。婦人不葛帶。鄭云特其葛。據男子言之耳。禮案。鄭注士虞記云。齊斬婦人帶不變。然則此斬衰既練。帶麻已除。又焉有期之故葛帶乎。疏謂期之葛帶。與大功之葛帶粗細同。然則婦人本無期之葛帶。又何從而與之同乎。故婦人不葛帶。屢見於經。功衰之有葛帶。惟見於鄭士虞注。然注總不若經之可據也。

既虞卒哭。遭大功之喪。麻葛兼服之。鄭注此言大功可易齊衰期服之節也。兼猶兩也。不言包特。而兩言者。包特著其義。兼者明有經有帶耳。不言重者。三年之喪既練。或無經。或無經。言重者。以明今皆有期以下。固皆有矣。兩者有麻有葛耳。葛者亦特其重。麻者亦包其輕。孔疏此明齊衰既虞卒哭。遭大功之喪。以後服易前服之義也。兼服即前文輕者包。重者特之義。今齊衰既虞卒哭遭大功之喪。易換輕者。男子則大功麻帶易齊衰之葛帶。其首猶服齊衰葛經。是首有葛。要有麻。故云麻葛兼服之。據男子。婦人。則首服大功之麻經。要服齊衰之麻帶。上下俱麻。不得云兼服也。包特著其義。以卑者可包。尊須特著。其尊卑之義。故於斬衰重服言之。兼者不取其義也。所以不稱麻葛重者。以三年之喪既練之後。男子除首經。婦人除要帶。於先既單。今首經皆有經帶。婦人亦然。既不似既練之單。所以不得稱重也。禮案。上文言斬衰既虞。爲齊衰變。既練爲大功變。此單言齊衰既爲大功變。麻葛重猶麻葛兼服。無二義也。斬衰之葛。與齊衰之麻同。齊衰之葛。與大功之麻同。大功之葛。與小功之麻同。小功之葛。與緦之麻同。麻同則兼服之。兼服之服。重者則易輕者也。鄭注此言有上服既虞卒哭。遭下服之差也。唯大功有變三年既練之服。小功以下。則於上皆無易焉。此言大功之葛。與小功之麻同。小功之葛。與緦之麻同。主爲大功之殤長中言之。服重者謂特之也。則者則男子與婦人也。凡下服虞卒哭。男子反其故葛帶。婦人反其故葛經。其上服除。則固自受以下服之受矣。孔疏此明五服葛之與麻。粗細相同。則得服後麻。兼前服葛也。案服問篇小功緦。不得變大功以上。此小功之麻。得變大功之葛。緦之麻得變小功之葛。謂成人大功之殤在長中。服問已釋也。兼服之服。重者則前文重者特是也。易輕謂男子婦人。易換輕者。前文輕者包是也。以前文麻葛兼服之。但施於男子。不包婦人。今此男子易於要。婦人明於首。俱得易輕。故云則者則男子與婦人也。凡後服初喪雖易前服之輕。後服既葬。須反服前喪之重。故云男子反服其故葛帶。婦人反服其故葛經也。張子載曰。兼服之者。若斬衰既練。齊衰既卒哭。則首帶皆葛。又有大功新喪之麻。則與齊衰之首經。麻葛兩施之。蓋既不敢易斬衰之輕。又不敢易齊首之重。故麻葛之經。兩施於首。若大功既葬。則服齊首之葛。不服大功之葛。所謂兼服之服。重者則變輕者。正謂此耳。禮案凡服以輕重爲斷。若如張說。麻葛兼服之義。則分量重逾斬衰。恐無是理也。記文明云。麻同則兼服之。蓋言麻葛之重輕同者。可以服此兼彼矣。故曰兼服之也。

三年問第三十八

孔疏案鄭目錄云。名曰三年問者。善其問以知喪服年月所由。此於別錄屬喪服。方氏愨曰。三年之喪。百王之所同。問喪者以是爲首。故記喪者以是名篇。禮案此記者節取荀子禮論文也。末又引論語孔子謂三年之喪天下之達喪也。以終此篇之義。

三年之喪何也。曰稱情而立文。因以飾羣。別親疏貴賤之節。而弗可損益也。故曰無易之道也。創鉅者其日久。痛甚者其愈遲。三年者稱情而立文。所以爲至痛極也。斬衰苴杖。居倚廬。食粥。寢苫枕塊。所以爲至痛飾也。三年之喪。二十五月而畢。哀痛未盡。思慕未忘。然而服以是斷之者。豈不送死有已。復生有節也哉。

鄭注稱情而立文。稱人之情輕重。而制其禮也。羣謂親之黨也。無易猶不易也。飾情之章表也。復除喪反生者之事也。孔疏此一節問喪三年所由。記者欲釋三年之義。故假設其問云三年喪者。意有何義理。謂稱人情。而立禮之節文。因以飾羣者。因此三年之喪差降。各表其親黨。親謂大功以上。疏謂小功以下。貴謂天子諸侯絶期。卿大夫降期以下。賤謂士庶人服族。其節分明。使不可損益也。故曰無易之道也。引舊說成文。無不也。並有差品。其道不可改易。鉅大也。夫創小則易差。創大則難愈。故其日久也。愈差也。賢者喪親。傷腎乾肝。斬斫之痛既甚。故其差亦遲也。既痛甚差遲。故稱其病情而立三年之文以表。是至痛極者也。賢人君子。於此二十五有之時。悲哀摧痛。未能盡。憂思悲慕。猶未能忘。而外貌喪服。以是斷割。若不斷以二十五月。則孝子送死之情。何時得已。復吉之禮。何有限節。方氏愨曰。其生也父母有三年之愛於其子。及其沒也。故子有三年之喪以報之。愛所謂情也。三年之喪。所謂文也。故曰稱情而立文。禮以情爲本。而以文爲飾。故曰因以飾羣。羣則莊子所謂人羣是也。服君與父。皆斬衰三年。由父而降則殺焉。所以別親疏之節也。由君而降亦殺焉。所以別貴賤之節也。親與貴者。不可易而損之。疏而賤者。不可易而益之。故曰弗可損益。無易之道也。送孔者之禮有已。復生者之事有節。則不以死傷生故也。陳氏澔曰。人不能無羣。羣不能無別。立文以飾之。則親疏貴賤之等明。

矣。弗可損益者。中制不可過。是所謂無易之道也。治親疏貴賤者。惟喪服足以盡其詳。服莫重於斬衰。時莫久於三年。故此篇列言五服之輕重。而自重者始。吳氏澄曰。大祥後所服。非喪之正服也。喪之正服。止於二十五月。方氏苞曰。貴賤謂義服。郭氏嵩燾曰。復生者復生人之常理。居處飲食衣服。以漸而復常。所謂節也。禮案至痛極者。雜記下曰。三年之喪如斬。期之喪如剡是也。至痛飾者。故服食居處。壹變乎粗疏陋惡。皆所以飾哀也。楊注禮論云。羣別謂羣而有別也。故喪多而五服足以該之。創傷也。日久愈遲。互言之也。皆言久乃能平。故重喪必待三年乃除。亦爲至痛之極。不可期月斷決也。三年之喪。二十五月而畢。先儒謂之二十七月者。蓋推雜記下期之喪十一月而練。十三月而大祥。十五月而禫。以爲二十五月。則又期而大祥也。亦後二月而禫。則二十七月矣。

凡生天地之閒者。有血氣之屬必有知。有知之屬。莫不知愛其類。今是大鳥獸。則失喪其羣匹。越月踰時焉。則必反巡過其故鄉。翔回焉。鳴號焉。蹢躅焉。踟躕焉。然後乃能去之。小者至於燕雀。猶有啁噍之頃焉。然後乃能去之。故有血氣之屬者。莫知於人。故人於其親也。至死不窮。鄭注匹偶也。言燕雀之恩。不如大鳥獸。大鳥獸不如人。含血氣之類。人最有知。而恩深也。於其五服之親。念之至死無止已。孔疏此明天地之閒。血氣之類。皆有所知。至於鳥獸大小。各能思其種類。況在於人。何有窮已也。釋文云蹢躅不行。啁噍聲也。姜氏兆錫曰。此承上文未盡未忘之情。以明弗可損之意也。此三年者。特先王爲之節耳。若論情則鳥獸猶篤。而況人乎。是雖三年猶未盡忘。而至死不窮也。而可不及而損之哉。方氏苞曰。窮盡也止也。大鳥獸衰其羣匹。至於越月踰時。鳴號蹢躅。而盡矣止矣。人之於親。則至孝之道。至死不窮。春霜秋露。優見愾聞。思慕追養之不窮也。敬其所尊。愛其所親。繼志述事之不窮也。愼行其身。不遺父母惡名。以至立身行道。揚名於後世。大孝尊親之不窮也。蓋兼父母之死。與子之死。記曰。非終父母之身。終其身也。卽至死不窮之義。禮案大戴易本命篇。羽虫毛虫鱗虫甲虫保虫。其屬各三百六十。其數共千有八百。其間之食水土草木桑肉者。雖各有所長。厥惟食穀者智惠而巧。故夫飛走蠢動之物。尚知愛其種類。哀其死亡。而況人爲萬物之靈。則其於親喪之痛。楚妃匹之分。飛又何如乎。至死不窮。終身之憂。忌日之謂也。蓋此雖言親喪。然引禽獸匹偶爲喻。亦兼言夫婦也。禽獸之性。愛其妃匹。故能羣居不亂。若鴻雁雎鳩之屬。猶能至死靡他。貞義過人也。蹢禮論作躑。楊注云徘徊。徊旋飛翔之貌。躑躅以足擊地也。踟躕不能去之貌。鳥獸猶知愛其羣匹。良久乃去。況人有生之最智。則於親喪悲哀之情。至死不窮。已。故以三年節之也。

將由夫患邪淫之人與。則彼朝死而夕忘之。然而從之。則是曾鳥獸之不若也。夫焉能相與羣居而不亂乎。鄭注言惡人薄於恩。死則忘之。其相與聚處。必失禮也。孔疏此明小人之人。曾鳥獸之不若。若不以禮節之。安能羣居而不亂。陳氏澔曰。患猶害也。邪聲之害性。如疾病之害身。故云患邪淫也。吳氏澄曰。患猶病也。謂有邪僻淫溺之病。王氏念孫曰。案患邪淫之人。當作愚陋邪淫之人。愚陋謂至愚極陋不知禮義也。愚字與古文患字作患者相似，故誤爲患。又脫陋字。荀子禮論正作愚陋邪淫之人。此言從讀爲放縱之縱。言若縱其朝死夕忘之心，則是曾鳥獸之不若也。下文曰然而遂之，彼言遂君子之心，此言縱小人之心。荀子正作然而縱之。孫氏希旦曰：恩莫厚於父母，淫邪之人於父母且朝死而夕忘之，則其所薄者可知矣。此所以羣居而必至於亂也。禮案荀子主性惡，故惡曰從之，下文善曰脩飾也。從之謂縱情恣意，不以禮節之也。夫縱欲敗度，縱情喪德，鳥獸不若之人，未有不底於亂亡者也。將由夫修飾之君子與，則三年之喪，二十五月而畢，若駟之過隙，然而遂之，則是無窮也。鄭注駟之過隙，喻疾也。遂之謂不時除也。孔疏此明賢人君子於三年之喪，若駟之過隙。若不以禮制節之，則哀痛何時窮已。駟之過隙者，駟謂駟馬，隙謂空隙。駟馬峻疾，空隙狹小。以峻疾而過狹小，言急速之甚。陸氏佃曰：言修飾者猶如此，况所謂天資忠孝者與。朱氏申曰：遂其心之所欲，則無除喪之期也。禮案楊注禮論云：隙，壁孔也。遂，成也。若成孝子之志，則服雖終身可也。故先王焉爲之立中制節，壹使足以成文理，則釋之矣。鄭注立中制節，謂服之年月也。釋猶除也，去也。孔疏此明君子小人，其意不同，故先王爲之立中人之制節焉。是語辭。言立中人之制，以爲年月限節。壹謂齊同，言君子小人皆同使足以成文章義理。既成義理，則除去其服。所以成三年文理者，以三年一閏，天道小成，又子生三年，然後免於父母之懷，故服以三年成文章義理。張子載曰：三年之喪，二十五月而畢。此言除之內，於二十五月之晦爲祥祭，又兩月之禫。其是二十七月，二十七月之晦爲禫祭。據禮鑽燧改火，天道一變，期可已矣。情不可已，於是再期。再期又不可已，於是加之三月，是二十七月也。况書有明證。春秋祭祀可以考其得禮不得禮。陸氏佃曰：先王爲之立中制節，一使成文理。詩所謂庶見素韠兮，聊與子如一兮，是矣。傳以爲三年之喪，賢者之所輕，不肖者之所勉，人道之至文者也。情極則文至。孫氏希旦曰：由淫邪之人，則哀不足以及乎三年。由修飾之君子，則哀不止於三年。故先王斟酌乎賢不肖之間，立爲中道，制其限節，使賢者俯而就之，不肖者企而及之。文謂文章，理謂條理。三年之中，有殯葬虞祔練祥之禮，而使之足以成文章；有變除之節，而使之足以成條理。如此則可以除去其服矣。此喪之所以斷以三年也。禮案立中制節，使無過與不及也。故仲尼燕居曰：禮乎禮，夫禮所以制中也。然則何以至期也？曰：至親以期斷。是何也？曰：天地則已易矣，四時則已變矣，其在天地之中者，莫不更始焉，以是斷之也。鄭注言三年之義如此，則何以有降至於期也。期者謂爲人後者、父在爲母也。至親以期斷，言期之正，雖至親皆期而除也。是何也，問服斷於期之義也。莫不更始焉，法此變易，可以期也。孔疏上節既稱爲父母三年，此節釋爲期之義。言期是一年之周匝，而天氣換矣，前時已畢，今時又來，是變改矣。其在天地之中，動植之物，無不於前事之終，更爲今事之始。聖人以是之故，以人事法象天地，故期年也。今檢尋經意，父母本意三年，何以至期者，但問其一期應除之義，故答曰至親以期斷，是明一期可除之節，故禮期而練，男子除絰，婦人除帶。下文云加隆，故至三年。是經意不據爲人後、及父在爲母期。鄭之此釋，恐未盡經意。姚氏際恆曰：父母之喪，孔孟皆言三年。其後短折爲二十七月。固已悖矣。聖人之制爲三年之喪者。蓋以子生三年。然後免於父母之懷。亦姑以是云報也。故必以三年爲斷。其等差則或自下推上。或自上降下。皆由親以及疏焉。故中庸曰。親親爲大。親親之殺。禮所生焉。今不言殺。而獨言隆。則是由疏及親。其義悉逆矣。如期服爲祖父母。爲伯叔父母。爲兄弟。爲妻。爲衆子。此其大概也。如謂以祖父母爲斷耶。祖父母雖尊。而恩不敵父母。故服必由上推。遞上則遞疏。遞疏則遞輕。今謂自上降下。而反重。則是以疏者爲主。而親者失權。無是理也。義疏云。天地易矣。以下。言三年喪既練則首經要帶。因時變除。有更始之象焉。孫氏希旦曰。今案下文。何以三年也。問三年之義。由九月以下何也。問大功以下之義。則此何以至期。乃泛爲期喪設問。故下又總之曰。故三年以爲隆。緦小功以爲殺。期九月以爲閒。固非問三年之練。亦非專問爲人後者及父在爲母之服也。至期也荀子作分之。是總問五服之分限。故下文歷言五期之日月以釋之。其義尤明。楊注分半也。謂半於三年。是欲以牽合禮記。何以至期之意。而反失之。禮案姚說三年之喪是也。竹書紀年。唐虞以上。服喪實是三年。故書陟書元。中陋三年。孟子云。三年喪畢。其明證也。以書考之。則商二十五月。張氏柬之議計書可徵。周亦是二十五月。故三年之喪。謂之再期也。至說問期事。孫氏義優。今從之。

然則何以三年也。曰加隆焉爾也。焉使倍之。故再期也。鄭注言法此變易。可以期。何以爲三年。爲加隆。言於父母加隆其恩。使倍期也。下焉猶然。孔疏此節釋因期及三年之義。故設問云。然則何以三年也。曰加隆焉爾也。本實應期。但子加恩隆重。故三年。焉爾也。語助辭。子既加隆於父母。故然使倍之。然猶如是。倍之言倍一期。故至再期也。方氏慤曰。言服之正。雖至親皆以期而除。至於倍之而再期者。特加隆於父母而已。陸氏佃老。焉是也。春秋傳曰。晉鄭焉依。國語作是。知之也。孫氏希旦老。此因至親以期斷。而轉明三年之義也。禮案荀子以期爲正服。故再期謂之加隆。

由九月以下何也。曰焉使弗及也。故三年以爲隆。緦小功以爲殺。期九月以爲閒。上取象於天。下取法於地。中取則於人。人之所以羣居和壹之理盡矣。鄭注弗及言使其恩不若父母。取象於天地。謂法其變易也。自三年以至緦。皆歲時之數也。言既象天地。又足以盡人。聖居純厚之恩也。孔疏上節既稱期斷。何故有九月以下。故此經釋之。由從也。記者設問。何故有從九月以下。焉亦然也。然使恩隆不及於期也。則五月不及九月。三月不及五月也。隆謂恩愛隆重。殺謂情理殺薄。閒是隆殺之閒也。天地之氣。三年一閏。是三年者取象於一閏。天地一期物終。是一期取象於一周。九月三象陽數。又象三時而物成也。五月象五行。三月象天地一時而氣變。言五服之節。皆取法於天地。則法也。子生三年。而後免於父母之懷。故服三年。人之一歲。情意變改。故服一期。九月五月三月之屬。亦逐人情而減殺。是中取則於人。既法天地與人。三才並備。故能調和羣衆。聚居和諧。專壹義理。盡備矣。方氏慤曰。天以有所垂。故老取象。經言天垂象是矣。地以有所效。故曰取法。易言效法之謂坤是矣。人以有所作。故曰取則。書言明哲實作則是矣。然而喪或以三月。或以五月。或以九月。或以期年。或以三年。喪凶禮也。乃以陽數之奇何哉。蓋陰所以致死。陽所以致生。死而致生之者。孝子不忍死其親之意也。陳氏澔曰。期與大功在隆殺之閒。故云以爲閒。

和以情言。謂情無不睦也。壹以禮言。謂禮無不至也。郝氏懿行曰。天道有盈虧。地形有廣狹。人恩有淺深。是喪禮隆殺開。所取象法則也。孫氏希旦曰。至親以期斷。恩隆於期。則爲三年。不及乎期。則爲九月五月三月之喪。此總結五服之義。大功以上謂之親。小功以下謂之疏。期九月者雖不及三年之加隆。而其情未至於殺也。故曰以爲閒也。人情莫隆於父母。由此而上殺下殺旁殺。而服之輕過出焉。親屬相爲服。則親親之誼篤。故人之所以羣衆居處和睦。而不至於乖離。純壹而不至於僞薄者。其理盡於此矣。禮案楊經禮論云。由從也。從大功以下也。隆厚也。殺減也。閒廁其閒也。夫服之制也。恩厚者隆。親疏者殺。服緣人情而制。故曰取則於人也。服有輕重。所以明親疏也。服有報反。所以篤孝慈也。故上下壹於敦睦。而鮮乖睽矣。

故三年之喪。人道之至文者也。夫是之謂至隆。是百王之所同。古今之所壹也。未有知其所由來者也。孔子曰。子生三年。然後免於父母之懷。夫三年之喪。天下之達喪也。

鄭注言三年之喪。禮之最盛矣。不知其所從來。喻此三年之喪。前世行良久矣。達謂自天子至於庶人。孔疏此一節重明三年之義。言三年喪禮於人道之中至極文理之盛。則期以下非其至極也。至隆言人恩之至極隆厚也。未有知其所由來。言不知從何代而來。引孔子云者。論語之文。證此三年之喪也。案易繫辭云。古之葬者厚衣之以薪。葬之中野。不封不樹。喪期無數。尚書云。百姓如喪考妣三載。此云年不知所由來者。不知定在何時。黃帝堯舜時雖有衣裳。仍未有喪服也。但唐虞以前。喪服與吉服同。皆以白布爲之。故郊特牲云。齊則緇之。若不齊則皆用白布。至三代吉凶異也。馬氏晞孟曰。中庸曰。期之喪達乎大夫。三年之喪達乎天子。父母之喪。無貴賤一也。然而世衰道微。紐於習俗。故雖宰我親受業於孔門。猶曰三年不爲禮。禮必環。三年不爲樂。樂必崩。鑽燧改火。期可已矣。雖聖人之善誘。亦無如之何。姑曰於女安乎。女安則爲之。蓋人情之大不美也如此。亦豈可以強率以從先王之制哉。嗚乎。常人之所行。而宰我乃獨以爲異。固孔子所不取。知禮之所載。三年問者。豈亦當時之人疑此爲重與。故曰凡天地之閒。有血氣之屬。大至鳥獸。小至於燕雀。莫不知愛其類。又況於人乎。其曰三年之喪。人道之至文。百王之所同。古今之所壹。則爲此書者。亦有爲而作也。孫氏希旦曰。此又專明三年之義。人情之實也。蓋自天地生人。而親愛其父母之心。固已與之俱生矣。則親死而哀之者。乃生人所自有之心。而先王特因而飾其禮焉。其由來不已久乎。禮案楊注禮論云。至文飾之人道。可使成忠孝。一謂不變。孔子曰以下。論語。夫子斥宰我之言。記者引之。以證三年之喪不可易也。

禮記通釋卷七十四

玉環戴禮

深衣第三十九

孔疏案鄭目錄云。名曰深衣者。以其記深衣之制也。深衣連衣裳而純之以采者。素純曰長衣。有表則謂之中衣。大夫以上。祭服之中衣用素。詩之素衣朱襮。玉藻曰。以帛裏布非禮也。士祭以朝服。中衣以布明矣。此於別錄屬制度。禮案古者冕而前旒。所以蔽明。正幅無殺。謂之玄端。凡如此類。皆所謂法服。法服者有法度之制也。故記深衣之制度。所以昭先王之法服也。其餘皆可以類推。有其制必有所取義。此記者之深意也。

古者深衣。蓋有制度。以應規矩。繩權衡。矩毋見膚。長毋被土。續衽鉤邊。要縫半下。

鄭注言聖人制事。必有法度。毋見膚。衣取蔽形。毋被土。爲汙辱也。續猶屬也。衽在裳旁者也。屬連之不殊裳前後也。鉤讀如爲喙必鉤之鉤。鉤邊若今曲裾也。續或爲裕。要縫三分要中。減一以益下。下宜寬也。要或爲優。孔疏此一篇從初至末。皆論深衣之制。作記之時。深衣無復制度。故稱古者。規矩繩權衡。則制度之事。所應者備在下文。深衣所取覆形體。縱短不得見其膚肉。縱長無覆被於土。衽爲深衣之裳十二幅。皆寬頭在下。狹頭在上。皆似小要之衽。是前後左右皆有衽也。衽當旁。謂所續之衽。當身之一旁。非謂餘衽。悉當旁也。喪服裳前三幅。後四幅。各自爲之不相連。今深衣裳一旁則連之相着。一旁則有曲裾掩之。與相連無異。故之相連之不殊裳前後也。深衣之衽。已於玉藻釋之。要縫謂要中之縫。尺寸闊狹。半下畔之闊。下畔一丈四尺四寸。則要縫半之。七尺二寸。凡布廣二尺二寸。四寸爲縫。一尺八寸。在三分之一。分爲六寸。減此六寸。以達於下。是下二幅。有二尺四寸。上二幅有一尺二寸。故云三分要中。減一以益下。下容舉足而行。故宜寬也。楊氏時曰。短毋見膚。長毋被土。言其縱也。續衽鉤邊。言其衡也。方氏慤曰。深衣與裳相續。故謂之續衽。裾裳之邊曲以鉤。末焉。故曰鉤邊。要縫之博。居下齊之半。玉藻所謂縫齊倍要是也。以縫齊爲倍。則要縫爲半矣。此所以互言之。方氏苞曰。要縫半下。以衡之縫而言之也。惟衣裳相連。乃有衡縫。郝氏敬曰。邊即衽。裳當旁之邊也。鉤。曲也。深衣既曲袷。故衣衽之邊亦引之而曲。以揜旁除。所以爲深邃也。近世弟子員。有藍衣者。似倣深衣制。其續衽之處。別用帛橫裁之。以揜要縫。郭氏嵩燾曰。疏以下齊之闊一丈四尺四寸。何以適體而便趨走乎。禮案就是也。深衣婦人童子皆可衣也。故寬廣以身爲準。必無下齊之闊如是。即下之制。十二幅以爲之。亦度人身大小。而裁爲幅數耳。非必深衣之裳。必需二尺二寸之全幅布之半也。下文言深衣之長。以及踝爲度。則短毋見膚。謂足膚也。見膚不能蔽體。被土長過其身。又下云袂之長短。以肘爲度。而衽不舉尺寸者。以古今布有廣狹。尺有長短。且人身有高矮肥瘦之殊。故不以尺寸爲準。而以人身爲度也。衽襟也。衣衿前後分幅。以下體有裳蔽膝也。深衣衣連下裳。故衽前後縫合。右衽則用華紐。和其邊際。以便穿脫。故謂之續衽鉤邊與。

袼之高下。可以運肘。袂之長短。反詘之及肘。

鄭注肘不能不出入。袼衣袂當掖之縫也。袂屬幅於衣。詘而至肘。當臂中爲節。臂骨上下各尺二寸。

則袂肘以前尺二寸，肘或爲腕。孔疏：裕謂當臂之處，袂中高下，宜稍可以運動。其肘袂二尺二寸，肘尺二寸，是容運肘也。袂之長短，反詘之及肘者，袂長二尺二寸，并緣寸半，爲二尺三寸半，除去其縫之所殺各一寸，餘有二尺一寸半在。從肩至手二尺四寸，今二尺一寸半之袂，得反詘及肘者，以袂屬於衣，幅闊二尺二寸，身脊至肩但一尺一寸也。從肩覆臂又尺一寸半，故反詘其袂，得及於肘也。司馬氏光曰：案袂即今之所謂袖也。鄭云屬幅於衣，謂禆於身旁，未必皆盡一幅尺二寸也。云臂上下各尺二寸者，亦據中人爲率爾。如孔所言，拘泥太甚。朱子熹曰：度用指尺，中指中節爲寸，則各自與身相應矣。禮案：說文云：肘，臂節。徐注謂寸口手腕動脈處，裕乃袖之當臂處，從肩至掖，其寬廣宜以手可伸縮爲度。其長短亦以平爲度。袂與手齊，則反詘之手及肩，故袖口及肘也。帶下毋厭髀，上毋厭脅，當無骨者。鄭注：當骨緩急難爲中也。孔疏：帶若當骨，則緩急難中，故當無骨之處。此深衣帶下於朝祭之帶也。朝祭之帶則近上，故玉藻云：三分帶下，紳居二焉。是自帶以下四尺五寸也。方氏慤曰：帶下毋厭髀，上毋厭脅，若是則正當腹間矣。深衣燕服也，故欲緩急之適如此。孫氏希旦曰：大夫以上有雜帶，深衣之帶也。士無雜帶，則深衣亦用大帶矣。禮案：帶不當骨，宜及要也。故吉帶謂之要帶，喪帶謂之要經。制十有二幅，以應十有二月。袂圜以應規，曲袷如矩以應方，負繩及踝以應直，下齊如權衡以應平。鄭注：裳六幅，幅分之以爲上下之殺。應規，謂胡下也。袷，交領也。古者方領，如今小兒衣領。繩謂裻與後幅相當之縫也。踝，跟也。齊，緝。孔疏：制十二幅以應十有二月者，深衣其幅有六，每幅交解爲二，是十二幅也。鄭以漢時領皆向下交垂，故云古者方領，似今擁咽，故云若今小兒衣領，但方折之也。衣之背縫上下相當，如繩之正，故云負繩，非謂實負繩也。陳氏祥道曰：十二月者，天數也。袂圜以應規，而圜者，天之體。曲袷如矩以應方，而方者，地之象也。負繩及踝以應直，下齊如權衡以應平，而直與平者，人之道。書曰：平康正直。論語曰：人之生也直。此又足以見負繩下齊之義。方氏慤曰：下齊謂在下之緝也。敖氏繼公曰：衣裳各六幅，象一歲之六陰六陽也。江氏永曰：深衣者，聖賢之法服。衣用正幅，裳之中幅亦以正裁，惟衽在裳旁，始用斜裁。古者布幅闊二尺二寸，深衣一裳用布六幅，裁爲十二幅。其裳之前後正處者，以布四幅正裁爲八幅，上下皆廣一尺一寸，各邊去一寸爲縫，一幅上下皆正得九寸，八幅七尺二寸，其在上者既足要中之數矣。下齊當倍於要，又以布二幅斜裁爲四幅，狹頭二寸，寬頭二尺，各去一寸爲縫，狹頭成角，寬頭得一尺八寸。皆以成角者向上，以廣一尺八寸者向下，則四幅下廣亦得七尺二寸，合於齊得一丈四尺四寸。此四幅連屬於裳之兩旁，別名爲衽。下文衽當旁是也。深衣裳裁縫之法本如此。玉藻衽當旁，鄭注云：衽謂裳幅所交裂也。玩所之一字，明其唯在衽旁，而名衽者，交裂其餘幅不縫交裂也。郭氏嵩燾曰：下文明言完且弗費，折六幅爲十二，裁合參差，幾同褸裰，則非完也。縫紝之功倍於冕服，則非弗費也。經云製十二幅，自通衣言之。衣前後各以四幅，上二幅通前後連屬之，左右袂爲二幅，亦通前後相屬，而自分陰陽。凡前六幅象陽，後六幅象陰，十二律以應十有二月也。禮案：應十有二月，則天數也。大戴曾子天圓云：天道曰圓，地道曰方。人手入袖，則袖口之圓法天道也。領後面高而兩邊曲折，前交於胸，故形方象地道也。負，背也。負繩猶喪衰之負版。彼言綴衰於背之形方若版也。此言背縫由領至踝。其直如繩也。下齊謂邊幅前後齊緝整齊。如權垂衡時之平也。

故規者行舉手以爲容。負繩抱方者以直其政。方其義也。故易曰：坤六二之動。直以方也。下齊如權衡者。以安志而平心也。鄭注：行舉手謂揖讓。言深衣之直方。應易之文也。政或爲正。心平志安行乃正。成低或卬。則心有異志者與。孔疏：所以袂圓中規者。欲使行者舉手揖讓。以爲容儀如規也。負繩背之縫也。抱方領之方也。以直其政。解背繩。以方其義。解抱方也。言欲使人直其政教。方其事也。司坤卦以證之。案鄭注坤之六二云。直也方也。地之性。此爻得中氣而在地上。自然之性。廣生萬物。故生動直而且方。下齊如權衡者。言裳下之齊如權之衡。低卬平也。欲以安其志意。而平均其心也。方氏慤曰。規矩者方圓之體。方圓者規矩之用。自曲給如矩以應方而下。皆上言體而下言用。惟袂則上言用而下言體。蓋袂之圓非其體。然及舉手以爲容。則圓爾。乃其用然也。上言如矩。而下言責繩。以衣先後爲序。下言負繩。而後言抱方。以易直方爲序。且應十有二月。仰觀於天也。直其政。方其義。俯察於地也。可以運肘。近取諸身也。應規矩繩權衡。遠取諸物也。陸氏佃曰。規乾之事也。若所謂動容周旋中禮至矣。下以亦善言規。據以直其政。以安志而平心。言以在上負繩內也。抱方外也。凡向以後爲內。敬以直內。義以方外。案郲子執玉高。其容仰。魯公執玉卑。其容俯。君子於此觀禍福。則如權衡。豈可小哉。禮案手所以執技論力。與人事周旋。故袂圓者。取義乎運動而不窮也。身所貴山立時行。故負繩者。取義乎正直而不曲也。抱擁也。頭頸必中。故抱方者。取義乎端正而不偏。下齊如權衡。言進退俯仰。衣前後之襘如翼如。若權之垂衡。平均正直。而齊一也。

五法已施。故聖人服之。故規矩取其無私。繩取其直。權衡取其平。故先王貴之。故可以爲文。可父禮武。奉以擯相。可以治軍旅。完且弗費。善衣之次也。鄭注：聖人服之。言非法不服也。先王貴之。貴此衣也。完且弗費。言可若衣而易有也。深衣者用十五升布。鍛濯灰治之以采。善衣朝祭之服也。自士以上深衣爲之次。庶人吉服深衣而已。孔疏以其完牢。乃可於苦事衣著。以白布爲之。不須黼黻錦繡。是易有也。雜記云。朝服十五升。此深衣與朝服相類。故用十五升布。鍛濯謂打洗。用灰治理。使和熟也。然則喪服麻衣。雖似深衣之制。不必鍛治。以其雜凶故也。案玉藻。諸侯夕深衣。祭牢肉。又大夫士朝玄端。夕深衣。是深衣爲朝祭之次服也。諸侯之下。自深衣以後。更無餘服。故知是庶人之吉服。喪服有衰--包貴賤上下無差。亦明庶人吉服乃深衣也。方氏慤曰。五法則規矩繩權衡也。五法之所取。無非至公。然必以規矩言無私者。以規矩之方圓。有天地之象焉。其無私爲足道故也。聖人以德言。先王以位言。有德足以稱之。故服之。有位足以作之。故貴之。端冕則有敬色。所以爲文。介冑則有不可辱之色。所以爲武。然端冕可以爲文。而不可以爲武。介冑可以爲武。而不可以爲文。兼之者唯深衣而已。然可以爲文。非端冕可以視朝臨祭也。特可以贊禮而爲擯相而已。可以爲武。非若介冑可以臨難折衝也。特可以運籌而治軍旅而已。制有五法。故曰完。其質則布。其色則白。故弗費。吉服以朝祭爲上。燕衣則居其次。故曰善衣之次。善衣吉服也。陳氏祥道曰。深衣所以異於餘服者。不特衣裳連。餘服幅前三後四。深衣則十二幅矣。餘服之帶。三分帶下。紳居二焉。深衣之帶則當無骨者矣。呂氏大臨曰：深衣之用，上下同也。有虞氏深衣而養老，諸侯大夫夕皆深衣，將軍文子除喪而受越人弔，練冠深衣，親迎女在塗，壻之父母死，深衣縞總以趨喪，此吉凶男女之同也。蓋深衣者，簡便之服，雖不經見，推其義類，則朝祭皆可服之，故曰可以爲文，可以爲武，可以擯相，可以治軍旅也。禮案：規矩方圓之至也，繩墨曲直之至也，權衡輕重之至也。深衣法規之圓，矩之方，繩之直，權衡之平均，則直己而後能直人，正身而後無不正矣。善衣之次，注舉吉服一隅耳，喪禮始死服深衣，是凶服之次也。記云可以爲文武擯相治軍旅，則是賓軍嘉之禮衣，並以深衣爲次也。

具父母大父母。衣純以繢。以爲母衣純以青。如孤子衣純以素。純袂緣純邊，廣各寸半。

鄭注：尊者存，以多飾爲孝。繢，畫文也。三十以下無父稱孤。純謂緣之也。緣袂謂其口也。緣，緆也。緣邊，衣裳之側。廣各寸半，則表裏共三寸矣。唯給廣二寸。孔疏：所尊俱在，故衣純以繢。言具父母，則父母俱在。大父母則亦然也。若其不具，一在一亡，不必純以繢也。唯有父母而無祖父母者，以爲吉不具，故飾少而衣領緣用青。若父母無，唯祖父母在，亦當純以青。純袂謂純其袂口也。純邊謂深衣衣旁側也。既夕禮云明衣縓綼緆，鄭注云在幅曰綼，在下曰緆，則深衣之下緣也。陳氏祥道曰：具父母大父母純以繢，備五采以爲樂也。具父母純以青，體少陽以致敬也。孤子純以素，存凶飾以致哀也。方氏慤曰：其純皆寸半，三五之數也。方氏苞曰：純即緣也。緣字疑衍。郝氏懿行曰：上說深衣制度，來及其緣，故補言之。孫氏希旦曰：繢、青、素皆繪也。朝服之服，其飾有定。深衣用於燕居，故其飾有是三者之異也。家無二尊，父沒母存，則純當以素。母沒父存，純猶以青也。大父母亦然。禮案：繢似謂列采之繪，非畫繢爲緣也。具慶則純采，孤子則純素，卽曲禮上所云父母在冠衣不純素，孤子當室冠衣不純采是也。

投壺第四十

孔疏：案鄭目錄云：名曰投壺者，以其記主人與客燕飲講論才藝之禮。此於別錄屬吉禮，亦實曲禮之正篇。是投壺與射爲類，此於五禮宜屬嘉禮也。或云宜屬賓禮。呂氏大臨曰：投壺射禮之細也。壺之爲器，所以實酒，而置之席間者也。原其始也，必以燕飲之間，謀以樂賓，或病於不能爲射也，舉席間之器以寄射節焉。此投壺所由也。禮案：投壺禮乃儀禮逸篇，與大戴文相備。篇末鼓鼙之節，彼文不具。彼文射事一條，此篇無之。

投壺之禮。禮案：此首篇目。亦如奔喪禮也。主人奉矢。司射奉中。使人執壺。鄭注：矢所以投者也。中，士則鹿中也。射人奉之者。投壺射之類也。其奉之西階上北面。孔疏：此一節論燕禮脫屨升堂之後，主人請投壺於賓，賓辭及許之事。主人奉矢者，謂於阼階之上，西面奉挂其矢。知西面者，以賓在西，故知西面對賓也。中謂受算之器，投壺亦射之類，故司射於西階上奉中北面也。主人使人執所投之壺於司射之西而北面也。所以皆在西階上者，欲就賓處也。唯云使人，不言官者，以賤略之也。案鄉射記云：大夫兕中，士鹿中。此篇投壺，是大夫士之禮。若諸侯則燕禮、大射每事云請於公，不云主人請賓也。而經云首奏貍首者。別取燕飲之義。非謂尊卑之詩。其諸侯相燕。亦有投壺。故左傳云。晉侯與齊侯燕投壺。然則天子亦有之。但古禮亡。無以知也。其中之形。刻木爲之。狀如兕虎而伏。背上立圓圈以盛算。方氏慤曰。矢將以授賓。故主人奉之。中將以待獲。故司射奉之。中必象獸形者。以服猛爲義。必之中者。以中爲善故也。姜氏兆錫曰。中者盛算之器。或如鹿。或如兕。或如虎。或如閭。閭如驢形。一角而歧蹄。或如皮樹。皮樹亦獸名。皆刻木爲之。禮案。下文云。樂奏貍首。又大戴禮頌稱曾孫侯氏。則此篇諸侯之禮也。疏以主人請賓。疑非諸侯。然則昭二十年左傳。齊公孫青聘於衛。與衛侯亦稱賓主。又聘禮主人曰。不腆先君之祧。既拚以俟矣。鄭注彼之主人者公也。不言公而言主人。接賓之辭。聘禮接使尚然。而況兩君相見。投壺爲樂。禮本平交。賓主之稱。分所應爾。而謂非諸侯之禮者。誤解鄭注之失也。鄭亦知此係儀禮正經。而據十七篇中。昏冠皆舉士禮。故亦據士禮而之中。士鹿中也。其實未嘗定此篇爲士禮也。說文。投。擿也。猶擲。役壺如射。以壺爲侯。矢即箭。但無羽鏃耳。引手而擲。不以弓發。故曰投。不曰射也。壺矢之修廣見下。

主人請曰。某有枉矢哨壺。請以樂賓。賓曰。子有旨酒嘉肴。某既賜矣。又重以樂。敢辭。鄭注。燕飲酒。既脫屨升坐。主人乃請投壺也。否則或射。所謂燕射也。枉哨。不正貌。爲謙辭。孔疏。枉謂曲而不直也。哨謂哨峻不正。是主人謙遜云辭。賓稱主人設酒肴以待己。是某既受主人之賜矣。主人又請投壺大樂己。是重以樂也。案燕禮。取俎以出。卿大夫皆降。賓反入。及卿大夫皆脫屨升就席。羞庶羞之後。乃云若射則大射正爲司射。則知此亦在脫屨升坐之後。若鄉射之禮。則在飲酒未旅之前。爲射以其詢衆庶。禮重故早射。異於燕射也。方氏慤曰。矢以直爲善。壺以正爲善。劉氏敞曰。古者投壺之禮。主人以賓燕而後投壺也。燕禮之輕者也。輕則易。易則褻。褻則慢。酒之禍。恆由此作。君子惡其慢以褻也。爲壺矢以節其禮。全其歡也。君子之於人。有以懽之。必有以禮之。有以分之。必有以樂之也。禮案。王篇。哨。小也。說文。旨。美也。猶嘉。正字通。肴。豆實。俎醢也。凡辭讓。一辭曰禮辭。再辭曰固辭。三辭曰終辭。

主人曰。枉矢哨壺。不足辭也。敢固以請。賓曰。某既賜矣。又重以樂。敢固辭。鄭注。固之言如故也。言如故辭者。重辭也。孫氏希旦曰。鄉射禮請射。賓不辭。此賓乃再辭無。鄉射爲射而舉。投壺則燕飲之閒。所以樂賓者也。燕禮不言請射。賓辭。臣於君命不敢辭也。若敵無行燕射。則賓亦當有辭讓之辭。如此禮與禮案不足辭。謂壺矢之苟簡也。固。固執也。夫主人執意請投。賓執意欲辭。並嫌方命不恭。故先以敢言之也。

主人曰。枉矢哨壺。不足辭也。敢固以請。賓曰。某固辭不得命。敢不敬從。鄭注。不得命。不以命見辭。劉氏敞曰。主人之請不怠。賓三辭不煩。尊禮重樂之義也。尊禮則敬。重樂則和。敬以和。故上下能相親也。君子所以異乎人者。其唯易事而難悅乎。不褻其接所以致難悅也。孫氏希旦曰。鄉射禮。司射請射。賓許。適阼階上告主人。此主人親請賓。投壺禮簡故也。禮案。此賓言固辭。不得主人許。許辭之命。故不敢不從也。

賓再拜受。主人般還曰。辟。主人阼階上拜送。賓般還曰。辟。鄭注。賓再拜受。拜受矢也。主人既辭。進授矢兩楹之閒也。拜送。拜送矢也。辟亦於其階上。孔疏。此論賓與主人受矢送矢之節。賓既許。主人投壺。乃於西階上北面再拜遙受矢也。主人見賓拜。乃般曲折旋。謂賓曰。今辟而不敢受。言此者欲止賓之拜也。於是賓及主人各來兩楹之閒。相就俱南面。主人在東。授矢與賓。歸還阼階上北面。拜送矢也。賓受矢後。歸於西階上。見主人拜。乃般還而告主人曰。今辟而不敢受。言此者亦止主人拜。知皆北面者。案鄉飲酒鄉射。拜受爵送爵皆北面。故知亦當北面。熊氏云。以拜時還辟。或可果西面相拜。又以曰辟者。是贊者來辭告主人及賓。言曰辟。義亦通也。劉氏敞曰。主人拜送賓辟。賓拜受文人辟。授受之禮也。授受者人道之大。不可以不敬。拜以敬之也。方氏苞曰。賓先言受。後言辟。倒文也。據主義。主人阼階上拜送二句應在前。而倒之者。以下節已拜受矢。若承賓再拜受之後。則疑受者賓也。郭氏嵩燾曰。辟者記禮者之辭。言所以般還爲辟其拜也。辟者所以爲禮也。安得於此復有辭。禮案。辟。信記者之辭。但不當冠以曰字。此二曰字。疑是回字形近致譌耳。

已拜受矢。進即兩楹閒。退反位。揖賓就筵。

鄭注。主人既拜送。又自受矢進即兩楹閒者。言將有事於此也。退乃揖賓即席。欲與主人階進。明爲偶也。賓席主人席皆南鄉。閒相去如射物。孔疏。此明賓主受矢之後。就投壺之筵。主人拜送矢之後。主人贊者。持矢授主人。主人於阼階上受矢之後。乃獨來就兩階閒。看投壺處所。卻退反阼階上之位。西面揖賓。令就投壺之筵。於是賓主各來就筵。席皆南向。閒相去射物。以壺在於南。故投壺南向也。物謂射者所立之處。物長三尺。闊一尺二寸。兩物東西相去容一弓。故鄉射記云。物長如笴。其閒容弓。孫氏希旦曰。進即兩楹閒。示將投壺於此。而使人設筵也。鄉射記云。序則物當棟。堂則物當楣。此筵在兩楹閒。則亦當楣矣。謂在堂之禮也。若室中蓋在中霤之稍北。庭中蓋在兩階閒之少南與。以室中迫狹。而庭中曠遠。其設筵皆宜近北也。禮案。鄭注周禮春官司几筵云。筵亦席也。孔氏廣森大戴補注云。既就筵。各委所受矢於此。投時拾取之。唯與尊者爲偶不委。少儀曰。侍投則擁矢。

司射進度壺。閒以二矢半。反位。設中。東面執八算興。

鄭注。度壺。度其所設之處也。壺之坐二矢半。則堂上去賓席主人席。邪行各七尺也。反位。西階上位也。設中東面。既設中亦實八算於中。橫委其餘。於中西。執算而立。以請賓侯投。孔疏。此用進度壺并算之節。司射於西階之上。於執壺之人處受壺。乃東向來賓主筵前。進所量度其壺。置於賓主筵前。投壺有三處。室中堂上及庭中也。日中則於室。日晚則於堂。太晚則於庭。是各隨光明處也。矢有長短。則隨地廣狹。室中狹。矢長五扶。堂上稍廣。矢長七扶。庭中大廣。矢長九扶。四指曰扶。扶廣四寸。五扶則二尺也。七扶則二尺八寸也。九扶則三尺六寸也。雖矢有長短。而度壺皆使去賓主之席。各二矢半也。室中去席五尺。堂下則去席七尺。庭中則去席九尺。司射度壺畢。更還西階上取中。稍進東面而設中。既設之後。於中西東面。手執八算而興起。其中裏亦實八算。此約鄉射文。今此投壺射之類故也。方氏慤曰。設中。凡射人各四矢。詩言四矢反兮是也。四矢則四算。投壺亦如之。賓與主則八算矣。故此言執八算也。孫氏希旦曰。鄉射禮釋獲者釋中。投壺無釋獲者。故司射設之。東面者。中象兕鹿。使其面向東也。算所以記獲之籌也。一耦共投八矢。執八算於手。擬釋賓與至人之獲也。禮案。前漢律歷志。算法用竹。徑一分。長六寸。徑六寸。徑象乾律黃鐘之一。而長象坤呂林鐘之六。下文算長尺。尺古今制有不同。且各隨其所用而爲長短。故鄉射記算長尺有握。握一握五指。約三寸。是射之算稍長於投壺之算。

請賓曰。順投爲入。比

投不釋。勝飲不勝者。正爵既行。請爲勝者立馬。一馬從二馬。三馬既立。請慶多馬。請主人。亦如之。鄭注。請猶告也。順投矢本入也。比投不拾也。勝飲不勝。言以能養不能也。正爵所以正禮之爵也。或以罰或以慶。馬勝算也。謂之馬者。若云技藝如此。任爲將帥乘馬也。射投壺之法。順本也。言矢有本末。投矢於壺。以矢本入者。乃名爲入。則爲之釋算。若以末入。則不爲之釋算。比頻也。賓主投壺。要更遞而投。不得以前既入。喜悅不待其後人投之。而已頻投。雖入亦不爲之釋算也。又告云。若投勝者則酌酒飲不勝者。正爵謂勝飲不勝之爵。以其爲正禮。故謂爲正爵。行爵竟。則又取算。以爲馬表於勝數也。每一勝輒立一馬。禮以三馬爲成。若專三馬則爲一成。但勝偶未必專頻得三。若勝偶得二。劣偶得一。徹取劣偶之一以足勝偶之二爲三。故云一馬從二馬。然建一本無此句。若頻得三馬。或取足爲三馬。是其勝已成。又酌酒慶賀於多馬之偶也。司射請賓之黨爲每事並應曰諾。竟而司射又請主人事事亦如賓。而主人皆亦曰諾也。呂氏大臨曰。矢本入則本末之序正矣。左右拾投。則賓主之儀答矣。不如是則雖投不爲入。雖入不釋算。所以責番固詳節文也。故射與投壺所以觀人之德。必容體比於禮。容節比於樂。不尚於苟中也。方氏慤曰。上言入。下言釋。互相明也。勝飲不勝。即揖讓而升。下而飲也。正爵正禮之爵。或以罰。或以慶。故以正言之。算與馬一也。方其執之。則謂之算。以計多少爲義。及其釋之。則謂之馬。以勝敵爲義。孫氏希旦曰。周禮大司馬注引漢田律云。爭禽不審者。罰以假馬。賈疏謂馬爲獲禽之籌。陳用之云。漢人格五之法。有功馬散馬。皆刻馬象而植焉。或投壺之馬。亦如此與。禮案。馬籌馬也。賈方二說爲是。今之記數自者曰號馬。盛鈔之袋曰鈔馬。蓋其遺意焉。外此則若彈碁曰打馬。見字彙補。田野浮氣曰天馬。見莊子逍遙遊。屋四角引出承短椽者曰陽馬。見何氏晏景福殿注。豈亦乘馬表武刻馬象形乎。

命弦者曰。請奏貍首。間若一。大師曰。諾。鄭注。弦鼓瑟者也。貍首。詩篇名也。今逸。射義所云。詩曰。曾孫候氏是也。間若一者。投壺當以爲志。取節焉。孔疏。此明司射命工作樂節投壺之儀。命弦者鼓瑟奏貍首之篇。前後樂節中間疏數。如似一也。大師應曰諾。承領之辭也。知鼓瑟者。鄭約鄉射禮之用瑟也。案下有魯鼓薛鼓節。亦有鼓。以弦爲重。故也。案。鄉射三番。初一番耦射。不釋算。第二番釋算。未作樂。第三番乃用樂。今發初即用樂者。投壺禮輕。主於懽樂故也。陳氏祥道曰。古者投壺之禮。大致與射相爲表裏。故鄉射之禮。命大師奏騶虞。間若一。投壺之禮。命弦者曰。請奏貍首。亦間若一。以投壺射之細故也。大射樂正命大師奏貍首。蓋奠而後發。亦猶是也。呂氏大臨曰。貍首之詩。賓主以禮相會也。猶瓠葉兔首。不敢以微薄廢禮而忘驩也。其詩曰。貍首之班者。執女手之卷者。賓主之懽。於是乎交也。陸氏佃曰。間若間歌。一歌奏。間一無間焉。以爲樂也。非以爲節也。禮案。鄭注樂記云。奏謂動作。射義曰。諸侯以貍首爲節。樂會時也。

左右告矢具。請拾投。有入者則司射坐而釋一算焉。賓黨於右。主黨於左。鄭注。拾更也。告矢具。請更投者。司射也。司射東面立。釋算。則坐以南爲右。北爲左也。已投者退。各反其位。孔疏。此論投壺之事。中者釋算之儀。左謂主人。右謂賓客。司射告主與賓以矢具也。又請賓主更遞而投。若矢入壺者。則司射乃坐釋一算於地。賓黨於右。謂司射之前稍南也。主黨於左。謂司射之前稍北也。方氏愨曰。拾與曲禮言拾級聚禮言拾踊同義。義疏云。射禮主人爲下射。賓爲上射。然則此投壺禮。亦賓黨爲上投。主黨爲下投矣。賓主投畢矣。則賓主之黨繼投。其釋算亦各從其黨也。孫氏希旦曰。司射告時北面。左謂賓。右謂主人也。釋算則賓黨於右。主黨於左。以南爲上也。禮案賓主皆曰黨。則兼賓主之弟子算也。

卒投。司射執算曰。左右卒投。請數。二算爲純。一純以取。一算爲奇。遂以奇算告曰。某賢於某若干純。奇則曰奇。鈞則曰左右鈞。鄭注。卒已也。賓主之黨畢己投。司射又請數其所釋左右算。如數射算。一純以取實於左手。十純則縮而委之。每委異之。有餘則橫諸純下。一算爲奇。奇則縮諸純下。兼斂左算實於左手。一純以委。十則異之。其他如右獲。畢則司射執奇算以告於賓與主人也。若告某賢於某者。未斥主黨勝與賓黨勝與。以勝爲賢。尚技藝也。鈞猶等也。等則左右手各執一算以告。孔疏。此明投壺算數之儀。投壺卒。司射於壺西東面執算請曰。賓主之黨卒投。請數算。二算爲純以取也。純全也。二算合於一全。地上取算之時。一純則別而取之。一算爲奇者。謂不滿純奇隻也。遂以奇算告者。奇餘也。謂左右數鈞等之餘算。手執而告曰。某賢於某若干純者。或左或右不定。故稱某賢。賢謂勝者也。勝者若有雙數。則云若干純。假令十算。則云五純也。若有奇數。則曰奇。假令九算。則曰九奇也。鈞則曰鈞者。左右各執一算以告。注云。一純以取。至如右獲。皆鄉射禮文。謂就地上之算。以右手每一純別而取。實於左手。滿十純則從而委之於地。司射東面。則東西爲縮。每十雙則東西縮爲一委。更別委之。故云每委異之。有餘。謂不滿十雙。或八雙。或九雙以下。則橫於十純之西。南北置之。若唯有一算。則縮之零純之下之西。東西置之。此數右算之法。若數左算。則總斂也之算。實於左手。每一純取以委地。滿十則異之。謂滿十純總謂一委。其他所縱所橫。如右獲也。朱子熹曰。恐是九算則曰四純一奇。方氏愨曰。射禮言若右勝。則曰右賢於左。若左勝。則曰左賢於右。是也。干猶枚也。與服衣若干尺之干同。陸氏佃曰。一純以取。以手取之也。以委。委之而弗取也。一算爲奇。遂以奇算言。投已若餘一算。遂以奇數之。鈞則曰左右鈞者。詩曰。賓載手仇。室人入又。此之謂也。孫氏希旦曰。執算。執爲末耦所釋之餘也。告算右數者。尊賓也。左算不同者。以相變爲文也。告曰左右鈞。左右卒投二句。請數算之辭也。二算者純三句。數算之法也。遂以奇算告以下。告勝負之法也。禮案賢能也。投壺如射。以技能故得獲勝也。師古曰。若干且設數之言。干猶箇也。謂當如此箇數目。

命酌曰。請行觴。酌者曰。諾。當飲者皆跪奉觴曰。賜灌。勝者跪曰。敬養。鄭注。司射又請於賓與主人。以行正爵。酌者。勝黨之弟子。酌者亦酌奠於豐上。不勝者坐取。乃退而跪飲之。灌猶飲也。言賜灌者。服而爲尊敬辭也。周禮曰。以灌賓客。賜灌敬養。各與其偶於西階上。如飲射爵。孔疏。此明飲不勝之儀。司射命此酌酒者曰。敬以請賓與主人行觴。謂罰爵之事。賓主已許。汝當酌之。勝黨之弟子曰。諾。受領許酌。乃於西階上。南面設豐。洗觶升酌。坐奠於豐上。勝者與不勝者俱升西階。勝者在東。不勝者跪取豐上之爵。手奉其觴曰。蒙賜灌。勝者跪執之曰。敬以此觴而養不能。酌者勝黨之弟子。鄉射禮文。彼文云。弟子奉豐升。設於西楹之西。勝者之弟子洗觶升酌。南面坐奠於豐上是也。周禮至射爵典瑞文。引證灌爲飲也。方氏愨曰。灌者自上以灌下。以勝者下而飲不勝。故以灌言之。酒所以養老

養病。故曰敬養。馬氏晞孟曰。不勝者飲而不怨。勝者勸而不矜。則其於禮。庶幾不失。故奉觴曰賜灌。則受之以
禮。而不怨之辭也。勝者跪曰敬養。則獻之以禮。而不矜之辭也。劉氏敞曰。勝飲不勝者。罰也。辭不曰罰。而曰養
者。不尙人以勝。不恥人以不能也。飲而曰賜灌。不恥過也。不忌人以勝已也。孫氏希旦曰。命酌。司射命勝者之
弟子酌酒。弟子之位在西階之西東面。司射命行酌。蓋阼階而西面命之。而曰請者。辭無所不敬也。注疏謂請
於賓主人非也。射禮司射命設豐不請。則投壺可知也。若飲賓則弟子洗爵升。實之以授賓於席前。不置於
豐上。而揖之使飲。少儀曰。侍投勝則洗而以請。客亦如而是也。於主人亦然。禮案射義曰。酒者所以養老也。所
以養病也。求中以辭爵者。辭養也。敬養卽孟子所云中也養不中是也。

正爵既行。請立馬。馬各直其算。一馬從二馬。以慶。慶禮曰。三馬既備。請慶多馬。賓主皆曰。正諸爵既行。請徹馬。

鄭注飲不勝者畢。司射又請爲勝者立馬。當其所釋算時也。三立馬者。投壺如射。亦三之止也。三者一黨不得三勝。其一勝者。幷其馬於再勝者。以慶之。明一勝不得慶也。飲慶爵者偶親酌。不使弟子無豐。正爵既行。投壺禮畢。可以去其勝算也。既徹馬。無算爵乃行。孔疏此論飲不勝者畢。司射請爲勝者立馬。以表顯賢能之事。正爵謂正禮罰酒之爵既行。飲畢之後。司射請爲勝者樹標立其馬也。直當也。謂所立之馬。各當其初釋算之前。當中之西也。投壺與射禮同。亦三番而止。每番勝者則立一馬。假令賓黨三番俱勝。則立三馬。或賓黨兩勝。而立二馬。主黨一勝。但立一馬。卽以主黨從就賓黨二馬。以少足益於多。以助勝者爲榮。乃以慶賀多馬。但此經上云。請立馬者。是司射請辭。馬各直其算。一馬從二馬以慶。是禮家陳事之言也。慶禮曰。三馬既備。請慶多馬者。此還是司射請辭。言爲慶之禮。勝者三馬。既已備具。請酌酒慶賀於多馬者。賓主無問勝與不勝。皆稱曰諾。案鄉射禮初番三耦射。但唱獲而已。未釋算。亦未飲不勝者。第二番耦射畢。賓主之黨皆射中。乃釋算。飲不勝者。第三番三耦及賓主等皆射中鼓節。乃釋算。飲卒觶。今投壺初則不立三耦。唯賓主三番而止。飲不勝之時。賤其無能。故不親酌。使弟子酌奠於豐上。則鄉射所云是也。今既尊賢。當須親酌。手自授之。故知不使其弟子無豐也。應氏鏞曰。一投壺細事也。亦有能否勝負之別。立算以計其數。立馬以表其武。既尙其能矣。然勝負角立。人之能否。不可以一時而定。勝者豈能全勝。將有缺而不足之算。不勝者閒有得。必有棄而不能錄之算。兩俱無所成。而已。今也取不勝者不用之馬。而補勝黨未足之算。則零算不遺。而勝算有助。所以成人之美。遂已之能以與人。可謂達觀而無人己之閒者矣。方氏苞曰。罰爵慶爵。並稱正者。對無算爵而言也。孫氏希旦曰。馬各直其算者。賓黨勝則立馬直右算。主黨勝則立馬直左算。所以表明勝負也。請徹馬以上。投壺正經。以下乃其記也。禮案上云正爵既行。飲罰爵畢也。下云正爵既行。飲慶爵畢。則投壺終。故請徹馬也。孔氏廣森云。一馬從二馬。所謂擢馬也。侍

投於尊者則否。算多少。視其坐。籌。室中五扶。堂上七扶。庭中九扶。算長尺二寸。

鄭注算用當視坐投壺者之衆寡爲數也。投壺者人四矢。亦人四算。籌矢也。鋪四指曰扶。一指案寸。春秋傳曰。膚寸而合。投壺者或於室。或於堂。或於庭。其禮褻。隨晏早之宜。無常處。算長尺二寸。其節三扶可也。或曰算長尺有握。握數也。孔疏此一節明算及矢長短多少。幷言壺之大小及矢之算

所用。以儀禮準之。此亦正篇之意。記者既陳正禮於上。又以此諸事繼之。算之多少。視其所坐之人。四人四矢。亦人四算也。籌。室最狹。故五扶。堂上差寬。故七扶。庭中彌寬。故九扶。案鄉射及大射。人皆乘矢。故知四矢也。春秋僖三十一年公羊傳云。觸石而出。膚寸而合。不崇朝而徧乎天下。唯泰山耳。引證彼膚與此扶同也。陳氏祥道曰。先王制禮。未嘗無所因焉。故室中必用幾。而因幾以度室。堂上必用筵。而因筵以度堂。野外必用步。而因步以度野。投壺用指而已。故用指以度籌。呂氏大臨曰。算長尺二寸。天數也。君子之所法象。必本諸天。求諸陽。因節文而託其義焉。雖小事有所不廢也。禮案。何注公羊傳云。側手曰扶。案指曰寸。孔氏廣森云。射算長尺有握。視此爲長也。周官槁人曰。矢八物。皆三等。鄉射矢三尺。彼射於堂。宜用中等。亦視此七扶爲長。

壺頸脩七寸。腹脩五寸。口徑二寸半。容斗五升。壺中實小豆焉。爲其矢之躍而出也。壺去席二尺半。矢以柘若棘。毋去其皮。

鄭注。修。長也。腹容斗五升。三分益一。則爲二斗。得圜囷之象。積三百二十四寸也。以腹修五寸約之。所得求其圜周。圜周二尺七寸有奇。是爲腹徑九寸有餘也。實以小豆。取其滑且堅。矢以柘若棘。取其堅且重也。舊說云。矢大八分。或以棘。取無節。孔疏。注既稱腹容斗五升。又云三分益一者。以斗五升。其數難計。故加三分益一。爲二斗。從整數記之。以算法方一寸。高十寸。二分爲一升。則一斗之積。爲三百二十四寸也。云以腹修五寸約之所得者。腹之上下高五寸。共有三百二十四寸。今且以壺底一寸約之。卽於三百二十四寸之中。五分之一。得六十四寸八分也。是腹修五寸約之所得之數也。壺底一重既有六十四寸八分。以圜求方。須三分加一。六十四寸八分。分爲三分。則一分有二十一寸六分。并前六十四寸八分。得八十六寸四分也。卽是壺底一重方積之數也。今將八十六寸開方積之。九九八十一。則爲方九寸強也。一面有九寸強。四面凡有三十六寸強。今以方求圜。四方去一。有二十七寸強。是壺圜周二十七寸有強。故云壺圜二尺七寸有奇也。鄭之此計。據二斗之數。不取經文斗五升之義。今算者以其二尺七寸之圜。必受二斗五升之物數。不相會也。云壺體腹之上下各漸減殺。苟欲求合。恐非鄭意。朱子熹曰。經言容斗五升。注乃以二斗釋之。經言圜壺之實數。注乃借一方體言之。算法所謂虛加之數也。若欲得圜壺之實數。則當就此方形規而圜之。去其四角。虛加之數。四分之一。使六十四寸八分者。但爲四十八寸六分。三百二十四寸者。但爲二百四十三寸。則壺腹之高。雖不減於八寸五釐。而其圍則僅爲二尺四寸一分五釐。其中所受。僅爲斗有五升。如經之云。無不諧會矣。方氏慤曰。毋去其皮。則貴其自然而已。禮案。尺當從大戴作矢。周禮冬官考工記。矢人矢長三尺。二矢半七尺五。矢也。投壺之矢。有長短。亦各隨其所用而設。壺去席必以二矢半爲度也。若二尺半。則引手可人。何足以以較勝負哉。說文。柘。桑屬。詩詁云。棘木質堅色赤。孔注大戴引何氏春秋傳解詁云。腹方口圓曰壺。反之曰方壺。然則此壺腹亦方。脰修七。壺謂其上圓者。腹修五寸。謂其下方者。合之則尺二寸。修亦高也。受壺中容實也。於九章粟米術程斛一尺六寸五分寸之一。斗五升。積二百四十三寸。以修五寸除之。開方求其腹徑近七寸也。

魯令弟子辭曰。毋憮毋敖。毋偝立。毋踰言。毋立踰言。有常爵。薛令弟子辭曰。毋幠毋敖。毋偝立。毋踰言。若是者浮。鄭注弟子賓黨主黨。年稚者也。爲其立堂下相褻慢。司射戒令謂魯薛者。禮衰乖異。不知孰是也。幠敖慢也。偝立不正鄉前也。踰言遠談語也。常爵常所以罰人之爵也。浮亦謂是也。晏子春秋曰。酌者奉觴而進曰。君令浮晏子。時以罰梁丘據。浮或作匏。或作符。踰或爲遙。孔疏此一篇是周公正經。而有魯薛之事者。錄記之人以周衰之後。魯之與薛。有當時投壺號令弟子之異。末知孰是。故因以記之也。號令弟子云。毋得幠而敖慢。偝立踰言。有常刑之罰爵也。魯令弟子。則稱有常爵。薛令弟子。則總稱若是者浮。浮亦罰也。其言辭詳略雖異。其意則同。引晏子春秋證浮是罰爵之義。呂氏大臨曰。飲宴之閒易狎。童子之心易流。令之所以飾其敬。不令而責之敬。則近於暴。故令之而後浮。方氏慤曰。前曰正爵。此曰常爵何也。以禮言則曰正。以法言則曰常。前兼於慶。故以禮言之。此主於罰。故以法言之。郝氏懿行曰。浮汎滿也。公乘不仁爲觴政曰。浮之大白。今俗亦謂飲盡曰浮也。禮案說文幠覆也。戒毋俯首。敖若曲禮下凡視上於面則敖。戒毋仰面也。偝立則不向前。失侍投之儀。踰言則遙與人語。恐聞者不審。而語音必高。故並戒之也。鼓○□○○□□○□○○□半○□○□○○○□□○□○魯鼓○□○○□□○□○○□□○□○○□□○半○□○○○□□○薛鼓取以下爲投壺禮盡用之爲射禮鄭注此魯薛擊鼓之節也。圜者擊鼙。方者擊鼓。古者舉事。鼓各有節。聞其節則知其事矣。投壺射之細也。射謂燕射。孔疏以鼓節有圜點。有方點。故以爲圜者擊鼙。方者擊鼓。若頻有圜點。則頻擊鼙聲。每一圜點則一擊鼙聲。若頻有方點。則頻擊鼓聲也。但記者因魯鼓薛鼓之異。圖而記之。但年代久遠。無以知其得失。以此射與投壺相對。用半鼓節爲投壺。用全鼓節爲射禮。又投壺在室在堂。是燕樂之事。故知此射亦謂燕射。非大射及鄉射也。陳氏祥道曰。魯薛所令之辭。所制之鼓。雖見於經。其詳不可得知也。觀春秋齊晉之君。以此行燕禮。爲會同之主。於其中否。以卜興衰。其重投壺之禮如此。則魯薛之詳。亦不是過也。孫氏希旦曰。此鼓之一節也。樂師天子以騶虞爲節。士以采蘩爲節。射人天子九節。諸侯七節。大夫士五節。每奏詩一終爲一節。而鼓節與之相應。每奏詩一終。則鼓亦一終也。然鼓節可以增減。而詩篇長短有定。投壺鼓節。用射節年。其歌之法。未知何如。意者詩辭雖有一定。而其長言咏嘆之閒。固有可舒可蹙者與。不然。則天子之騶虞。反少於大夫士之采蘋采蘩。可以爲尊卑之差別哉。禮案上文令弟子之辭曰魯薛。此記鼓節亦曰魯薛。然則當時投壺之禮。唯此二國有儀文留傳。故記者並采之與。司射庭長及冠士。立者皆屬賓黨。樂人及使者童子。皆屬主黨。鄭注庭長司正也。使者主人所使薦羞者。樂人國子能爲樂者。此皆與於投壺。孔疏案鄉飲酒。將旅之時。使相爲司正在庭中。立於觶南北面。察飲酒不如儀者。故知庭長司正也。冠士者謂外人來觀投壺。成人加冠之士尊之。故令屬賓黨。若童子賤則屬主黨也。樂人非瞽矇視瞭之徒。以其能與主人之黨而觀禮。故知非作樂瞽人也。案國子是王子公卿大夫元士之子。今來觀樂。士大夫投壺者。以國之俊選。皆在學習樂。其士子來觀投壺。非謂一皆是王子及公卿大夫之士也。經云屬賓黨主黨。則是入賓主之朋。故云與於投壺也。陳氏祥奉曰。主人以仁接賓。

則樂人樂賓者也。使者及童子事人者也。故屬主黨。司射作人者也。庭長正人者也。冠士行禮者也。立者觀主禮者也。故屬賓黨。壺以授矢致樂者也。故主黨執之。中以盛算取勝者也。故賓黨奉之。然黨雖有賓主之辨。而黨之樂人。必位於西階之上。使人執射。亦立於司射之側。凡皆所以就賓也。孫氏希旦曰。冠士童子。主人之子弟。觀禮者也。立者自司射以下皆立。惟賓與主人有堂上之席耳。樂人奏樂之人。謂若擊鼓擊鼙者。使者主人所使令之人。若執壺者。設筵者。授矢者。皆是也。以長者爲賓黨。幼者爲主黨。尊賓之意。禮案樂人卽上文弦者及大師也。變大師言樂人者。以此禮不僅諸侯。亦通大夫士也。

魯鼓○□○○□□○○半○□○○□□○○○○□○□○薛鼓○□○○○○□○□○□○□○○○○□○□○○半○□○□○○○○□○鄭注此二者記兩家之異。故兼別之。方氏慤曰。魯薛之鼓既異。而傳之者又異。故記者兩存之。義疏曰。魯薛鼓各有二者。前爲初投之節。後爲再投三投之節也。鼓以君樂。五聲不得不和。升歌下管。閒歌合樂。無不用鼓者。故魯鼓薛鼓。總以鼓名之也。禮案此不言取半爲投壺禮。文見前也。二次鼓節。並薛長於魯。故上云薛鼓取半以下爲投壺禮。然則魯鼓其全用之於投壺禮矣。

禮記通釋卷七十五

玉環戴禮

儒行第四十一

孔疏案鄭目錄云。名曰儒行者。以其記有道德者所行也。儒之言優也柔也。能安人能服人。又儒者儒也。以先王之道。能儒其身。此於別錄屬通論。案下文云。儒有過失可微辨而不可面數。搏猛引垂。不程勇力。此皆剛猛得爲儒者。但儒行不同。或以遜讓爲儒。或以剛猛爲儒。其與人交接。常能優柔。故以儒表名。禮案篇中不程其力。何異暴虎馮河。不習其謀。何能好謀而成。過失不可面數。何爲幸人知過。毀方瓦合。何必待價而沽。與論語皆相矛盾。疑非夫子之辭。

魯哀公問於孔子曰。夫子之服。其儒服與。孔子對曰。丘少居魯。衣逢掖之衣。長居宋。冠章甫之冠。丘聞之也。君子之學也博。其服也鄉。丘不知儒服。鄭注哀公館孔子。見其服與士大夫異。又與庶人不同。疑爲儒服而問之。逢猶大也。大掖之衣。大袂禪衣也。此君子有道藝者所衣服也。孔子生魯。長而之宋。而冠焉。宋其祖所出也。衣少所居之服。冠長所居之冠。是之謂鄉。言不知儒服。非哀公意也。不在於儒。乃今問其服。庶人禪衣。袂二尺二寸。袪尺二寸。孔疏魯哀公問於孔子者。言夫子自衞反魯。哀公館於孔子。問以儒行之事。記者錄之。以爲儒行之篇。孔子說儒凡十七條。其從上以來。至下十五條。皆明賢人之儒。其十六條明聖人之儒。其十七條是夫子自謂也。今此節明哀公見孔子衣服之異。疑其儒服。遂問儒行。爲孔子命席。方說儒行之事。君子之學也博者。言偏知今古之事也。其服也鄉者。其冠服須衣所居之鄉也。不知猶不識也。言我所服。但衣其鄉之服。不知儒服。言此者譏哀公意。不在儒。欲侮笑其服。故以此言非之。掖謂肘掖之所寬大。禮大夫以上。其服侈袂。鄭注司服云。侈之者半而益一。袂三尺三寸。袪尺八寸。朝祭之服必表裏不禪也。孔子若衣尋常移袂。則哀公無由怪之。以其大袂禪衣異於士大夫常服。故問之。今夫子著禪衣與庶人同。其袂大。與庶人異。故謂衣爲逢掖。是大袂深衣也。長居宋冠章甫之冠。殷冠也。禮臣朝於君。應著朝服。而著常服者。特孔子自衞新還。哀公館之。非是常朝故也。呂氏大臨曰。古者衣服之制。自天子至於庶人。皆有差等。未聞儒者之有異服也。末世上下僭亂。至於無別。儒者獨守法度。有異於衆。此衆之所以謂之儒服。哀公可以發問。逢掖魯衣也。章甫宋冠也。少居魯則衣魯之衣。長居宋則冠宋之冠。因其俗而已。非苟異於人也。故曰其服也鄉。方氏慤曰。逢掖之衣。王肅以爲深衣是矣。章甫之冠。郊特牲所謂殷冔是矣。掖當臂之下。其制特大。則可以運肘。故燕居之所服。莊子曰。宋人資章甫而適越。則是宋之所冠也明矣。公西赤掌孔子之喪。用章甫之冠。則孔子之冠衣固如是已。君子之學也博。無狹其所居也。其服也鄉者。不忘其所本也。晏氏光曰。逢掖章甫。是乃儒服。而曰不知者。唯恥服其服。而無其行耳。故必以其學也博先之。蓋能博學。則有其德。又將以成德爲行。然後可稱其服也。孫氏希旦曰。孔子見君不以朝服者。諸侯大夫士之皆夕深衣。時哀公蓋服深衣。就是孔子。故孔子亦服深衣以見之。不敢以有加於君之服也。時人尚簡易。深衣之袂不復二尺二寸。故哀公見之。疑爲儒者之服。逢大也。深衣之袂。其當掖者二尺二寸。至袪而漸殺。故曰逢掖之衣。孔子少衣逢掖之衣。則童子之衣。爲深衣之制。於此可見。章甫殷玄冠之名。宋人冠之。所謂修其禮物也。孔子既長居宋而冠。冠禮始冠緇布冠。既冠而冠章甫。因其俗也。禮案揚子法言。通天地人曰儒。周官大宰以九兩繫邦國之民。四曰儒以道得民。又師氏戢敏德以爲行本。蓋修之曰儒。行之曰道。操之曰德。施之曰行也。鄭注士冠記云。章甫殷道也。章明也。所以表明丈夫。其制未聞。孔子謂少居魯則未冠也。長居宋則冠於宋。故冠殷冠。又孔子本殷後也。曲禮下博聞強識。敦善行而不怠。謂之君子。又云禮從宜。使從俗。然則儒在德行。不在衣服。概可見矣。不知猶言。不習。

哀公曰。敢問儒行。孔子對曰。遽數之不能終其物。悉數之乃留更僕未可終也。鄭注遽猶卒也。物猶事也。留久也。僕大僕也。君燕朝則正位掌擯相。更之者爲久將倦。使之相代。孔疏數說也。終盡也。孔子答言儒行深遠。非可造次。若急而說。則不能盡事也。若委細悉說之則大久。大僕久待疲倦。宜更代之也。晏氏光曰。物者事物之物也。周禮以鄉三物教萬民。以五物詢衆庶。文王世子曰。行一物而三善皆得。皆若是而已。蓋儒者之行。非一事之可盡故也。禮案乃留更僕句。舊說似未得其解。未有臣進言於君。不虞君之倦。而轉恐其僕之倦。而請更代也。既請更代。又何謂未可終也。竊意僕辱也。讀如戰國策傳命僕宮之僕。言君如欲臣悉數之。則必請更辱久留。方能盡言。未敢擅請。故曰未可終也。

哀公命席。孔子侍曰。儒有席上之珍以待聘。夙夜強學以待問。懷忠信以待舉。力行以待取。其自立有如此者。鄭注哀公爲孔子布席於堂與之坐也。君適其臣。升自阼階。所在如主。席陳也。珍善也。鋪陳往古堯舜之善道。以待聘名。懷忠信之德。以待見舉用也。取進論位也。孔疏哀公既聞孔子所答。稱儒行不敢造次而盡。故命爲夫子布席。行子侍坐於哀公。說儒行修待已身。終始之事。儒有席上之珍以待聘者。言能鋪陳上古堯舜美善之道。以待君上聘召也。盧云儒是侍坐。席之珍可重也。此經論儒者自學修飾立身之事。不應直云席上之珍可重。故鄭不從也。力行以待取者。言修身力行。擬待進取榮位也。其自立修身有如此行在上之諸事也。胡氏銓曰。席猶卷也。懷邦無道而可卷而懷之。晏氏光曰。以禮嚴分。則君坐而臣立。以道忘分。則坐而論道。哀公與孔子論儒行。是坐而論道。故命席而孔子侍坐焉。藏器於身。則玉韞於匱中。及其待時而動。則珍陳於席上。郝氏懿行曰。席上取珍貴寶也。待價而後沽。修身厲行。以待君上取用也。孫氏希旦曰。哀公在阼階西向。孔子侍蓋負東房而南向。與珍玉也。以玉之待聘。唯君子之待問待取也。儒者之強學。所以自致其知。懷忠信所以自立其則。力行所以自盡其道。猶玉之在席上。非有求於人。而聘問者自不能舍也。夫無求於世。而其君自不能舍。則可謂能自立矣。禮案珍寶玉也。懷寶迷邦。衒玉求售。乘桴浮海。遯世无悶。或失之過。或失之不及焉。席上之珍。言邦無道則可卷而藏之。邦有道則可張而陳之。胡說是矣。強學待問。即大戴禮曾子立事云。君子愛日以學。及時以行。待取待舉。故曾子制言謂是以君子將說富貴。必勉於仁也。

儒有衣冠中。動作慎。大讓如慢。小讓如僞。大則如威。小則如愧。其難進而易退也。粥粥若無能也。其

容貌有如此者。鄭注中中間謂不嚴厲也。如慢如僞。言之不愊怛也。如威如愧。如有所畏。孔疏此明儒者容貌之事。所服衣冠。在尋常人之中間。不嚴厲自異也。舉動共作。恆謹慎也。有人以大物與己。己之讓時。辭貌寬緩。如傲慢然。如讓小物似詐僞。亦謂寬緩不急切。言儒者不以利動也。有大事之時。形貌大則如有所畏慎。行小事之時。則似有所慚愧。如威如愧。皆謂重慎自貶損。形貌弼弼然。如無所能也。庾氏云。讓大物不受。拒於人則如似傲慢。讓小物之時。初讓後受。如似僞然。陸氏佃曰。大則小則。猶言大讓小讓。讀如敬慎威儀。爲民之則。晏氏光曰。衣冠中者。中於禮。非先王之法服。而不敢服故也。與子臧聚鷸冠者異矣。勤作慎者。慎於事。非先王之德行。不敢行故也。與莫敖舉趾高者異矣。大讓者。祿之以天下弗顧。繫馬千駟弗視。故如慢。如威。小讓者。觴酒豆肉。讓而受惡。衽席之上。讓而就賤。故如僞。如愧。難進者。進以禮也。禮主以敬。故三揖而進。不亦難乎。伊尹之三聘是已。易退者。退於義也。義主於斷。故一辭而退。不亦易乎。仲尼之不稅冕是已。是皆動容周旋而可見者。故曰其容貌有如此者。姜氏兆錫曰。中猶正也。論語正其衣冠是也。方氏苞曰。傳記所稱有高冠長佩以自異者。有短衣厲飾以自雄者。儒者列循理隨俗。而不使見者怪詫。可謂中也。大讓如慢。如不受爵祿。君大夫謂見而不可之類。小讓如僞。如每飯必先告飽。待侑然後加。投壺之禮。賓必再辭之類。涖大事則方嚴肅厲。故如威。臨小事則畏抑讓下。故如愧。禮案中讀如定元年左傳中吾志之中。衣冠中者。謂稱其行也。表記曰。故君子衰絰則有哀色。端冕則有敬色。動作慎。即論語之非禮勿視聽。勿言動也。大讓如慢者。其難其慎。若堯之欲舉天下讓。必歷試舜以諸難也。小讓如僞者。雖知其人才不逮我。然總不肯以言先人。若伯夷之精三禮。猶讓秩宗於夔龍也。大則如威。臨大節而不可奪也。小則如愧。恂恂如不能言者。難進易退。解見表。

記儒有居處齊難。其坐起恭敬。言必先信。行必中正。道塗不爭險易之利。冬夏不爭陰陽之和。愛其死以有待也。養其身以有爲也。其備豫有如此者。鄭注齊難齊莊可畏難也。行不爭道。止不選處。所以遠門訟。孔疏此明儒者先以善道豫防備患難之事。凡所居處容貌齊莊可畏。人則無由慢之也。塗路也。君子行路。不無人爭平易之地。而避險阻以利已也。冬溫夏涼。是陰陽之和處。冬日暖處則暄。夏日陰處則涼。此並爲世人所競。唯儒者讓而不爭也。所以遠門訟。愛其死以待明時。養其身以行道德。豫防患難。有如此在上諸事也。呂氏大臨曰。仲弓問仁。子曰出門如見大賓。使民如承大祭。已所不欲。勿施於人。恕也。居處齊難。坐起恭敬。言必先信。行必中正。如見大賓。如承大祭也。不爭險易。不爭陰陽。已所不欲。勿施於人也。唯敬與恕。則忿懲慾窒。身立德充。可以當天下之變。而任天下之重。備豫之至。有如此者也。講義曰。有待有爲。蓋將有立於天下也。如微子去紂而存殷祀。箕子爲奴。而後爲武王陳洪範。郭氏嵩燾曰。不爭言不與天地陰陽爭一身之休咎。地有險易。地之常也。山行乘樏。泥行乘橇。順其常而已。天有寒暑。天之常也。冬日衣裘。夏日衣葛。順其常而已。推極人事之萬變。一以常應之。險夷豐悴。無與於心。而何爭焉。二語深雋。猶周秦諸子之寓言也。禮案齊整也。難讀如詩小雅其葉有難之難。居處齊難。容儀充盛貌。坐起恭敬。造次不違禮法也。言必先信。即曾子立事謂君子者信矣。而亦欲人之信已也。道塗不爭險易之利。故曾子本孝云。險塗隘巷。不求先焉。以愛其身。以不敢忘其親也。備豫若宋史范仲淹傳言。士當先天下之憂而憂。後天下之樂而樂。

儒有不寶金玉。而忠信以爲寶。不祈土地。立義以爲土地。不祈多積。多文以爲富。難得而易祿也。易祿而難畜也。非時不見。不亦難得乎。非義不合。不易難畜乎。先勞而後祿。不亦易祿乎。其近人有如此者。

鄭注所猶求也。立義以爲土地。以義自居也。難畜難以非義久留也。勞猶事也。積或爲貨。孔疏此明儒者懷忠信仁義。以與人交。不貪金玉利祿。以與人競。人則親而近之。不社土地之福。以義自居。故云以爲土地。積積聚財物也。儒以多學文章技藝爲富。不求財積以利其身。非道之世則不仕。是難得也。先事後食。是易祿也。無義則去。是難畜也。非明時則不見。是不亦難得乎。非義不合。不亦難畜乎者。君有義而與之合。無義則去也。其親近於人。有如此在上之事也。呂氏大臨曰。志非不欲行也。時止則止。時行則行。不可必其見也。道非不欲合也。非其義也。一介不以取諸人。不可必其合也。難得難畜。主於義而所以自貴也。雖曰自貴。時而行義。而合勞而食。未始遠也。於一人而自異也。晏氏光曰。小人懷璧不可以越鄉。而言忠信者可行蠻貊。故不寶金玉。而忠信以爲寶。非其義也。祿之天下弗顧。而義人之正路。故不祈土地。而立義以爲土地。經天緯地日文。故多文以爲富。事君者量而後入。故非時不見。而難得。不可則止。故非義不合。而難畜。不以小言受大祿。故先勞而後祿。仲尼以忠信爲教。而義之與比。百官之富。翔而後集。色斯舉矣。皆此之意。禮案忠者仁之實。信則人親之。檀弓上云。亡人無以爲寶。仁親以爲寶。立義則不祈土地。而土地自至矣。曾子制言曰。舜匹夫也。土地之厚。則得而有之。人徒之衆。則得而使之。舜唯仁得之也。儒之好學。孜孜不倦。猶庸人之好利。多多益善。故曰多文爲富也。天下有道則見。無道則隱。故難得也。廉靜不貪。故易祿也。不得其職則去。不得其言則去。故難畜也。荀子儒效曰。故君子無爵而貴。無祿而富。不言而信。不怒而威。窮處而榮。獨居而樂。豈不至尊至富至重至嚴之情舉積此哉。

儒有委之以貨財。淹之以樂好。見利不虧其義。劫之以衆。沮之以兵。見死不更其守。鷙蟲攫搏不程勇者。引重鼎不程其力。往者不悔。來者不豫。過言不再。流言不極。不斷其威。不習其謀。其特立有如此者。

鄭注淹謂浸漬之。劫劫脅也。沮謂恐怖之也。鷙虫猛鳥猛獸也。字從鳥。鷙省聲也。程猶量也。重鼎大鼎也。搏猛引重。不量勇力堪之與否。當之則往也。雖有負者。後不悔也。其所未見。亦不豫備。平行自若也。不再猶不更也。不極不問所從出也。不斷其威常威畏也。不習其謀。口及則言。不豫其說而順也。斷或爲繼。孔疏此明儒者之行。有異於衆。挺特而立。不與同羣之行。人或多以貨財委之。愛樂玩好浸漬之。執持操行。不虧義。苟且而愛也。劫脅以軍衆。沮恐以兵刃。以致於死。終不更改其可守之志。而苟從免死也。若蓬鷙猛之虫。則身任攫搏。重鼎見則引之。此攫搏引鼎。喻艱難之事。言儒者遇則行之。不豫度量也。若春秋夾谷之會。孔子欲斬齊之優儒。是儒者亦有勇也。往事雖不如意。亦不追悔。將來之事。亦不豫前防備。有愆過之言。不再爲之。聞流傳之言。不窮其根本所從出也。斷絕也。不暫絕其威嚴。容止當可畏也。逢事則謀。不豫習也。此唯儒者獨能特立。有如此之行也。呂氏大臨曰。見利不虧其義。見死不更見守。所謂富貴不能淫。貧賤不能移。威武不能屈。此大人所以立於世也。晏氏光曰。鷙虫而攫搏之。人皆以爲勇。吾則不程計其勇。於其暴虎者。尚勇而不尚義也。重鼎而能引之。人皆以爲有力。吾則不程計其力。爲其尚力而不能尚德也。不斷其威。則權足以制物。不習其謀。則知足以知事。郝氏懿行曰。不搏猛程勇。不引鼎程力。言不尚氣血也。論語云。暴虎馮河。死而無悔者。吾不與也。即此二句之意。往者不悔。行中律也。來者不豫。不億逆也。流言不極。誘自弭也。孫氏希旦曰。鷙虫攫搏。以喻凶暴之威也。勇者。尚從家語作其勇。重鼎以喻艱鉅之任也。言雖有凶暴之威。苟自反而縮。則不自程其勇。而有所必赴也。雖有艱鉅之任。苟義所當爲。則不自量其力。而有所必任也。極。窮也。過言出於己者也。有不善未嘗復。何再之有。此改過之勇也。流言起於人者也。在己者可以自信。何窮之有。此自反之功也。不斷其威者。氣配道義。而無所餒。不習其謀者。道立於豫。而不疑其所行也。禮案大戴禮文王官人篇。淹之以利。以觀其不貪。藍之以樂。以觀其不甯。見利不虧其義也。犯之以卒而不懼。置義而不可遷。見死不更其守也。鷙虫攫搏。引重鼎。蓋以喻兕人勢盛。雖知力不足。而激於忠烈之氣。若段秀實之奪笏擊朱泚。景清之懷刃刺燕王。故不程其勇力。而徑行無慴也。若如舊說。不計力量。而輕試猛獸重物。則若明武宗狎虎被傷。秦武王舉鼎絕臏。縱三尺之童子。亦所不屑爲。而謂儒者乃肯虧體忘親。甘蹈不孝哉。往者不悔。既往不咎也。來者不豫。思不出其位也。過言不再。流言不極。即曾子立事所云。神言弗致。靈言弗與。人言不信不和也。不斷其威。雖獨居燕處。相不愧於屋漏也。不習其謀。吾行吾素。祕福聽之天命也。

儒有可親而不可劫也。可近而不可迫也。可殺而不可辱也。其居處不淫。其飲食不溽。其過失可微辨。而不可面數也。其剛毅有如此者。

鄭注淫謂傾邪也。恣滋味爲溽。溽之言濃厚也。孔疏此明儒有剛毅之事。居處不淫者。言儒者性既剛毅。故居處不傾邪也。溽之言濃厚也。儒性剛儉。故飲食常質。不濃厚也。其剛強嚴毅。有如此諸事。呂氏大臨曰。儒者立於義理。剛毅而不可奪。以義理存焉。以義交者。雖疏必親。非義加之。雖強不畏。故有可親可近可殺之理。而不可刼迫辱也。淫侈也。修其居處。厚其飲食。欲勝之也。欲勝則義不立。不淫不溽。所以立義也。方氏愨曰。不淫不溽。而以爲剛毅何也。孔子曰。棖也慾。焉得剛。非謂是乎。李氏光坡曰。微辨。細核也。面數。明指也。其過失之小。僅可細核。無可明指也。姜氏兆錫曰。此蓋言其自治之勇。但有幾微不自覺之失。而無大過受人指摘者。禮案可親而不可刼。可近而不可迫。即文王官人篇。喜怒以物。而色不作。臨懾以威。而氣不卑。可殺而不可辱。故曾子制言云。辱可避。避之而已矣。及其不可避也。君子視死若歸。

儒有忠信以爲甲胄。禮義以爲干櫓。戴仁而行。抱義而處。雖有暴政。不更其所。其自立有如此者。

鄭注甲鎧。胄兜鍪也。干櫓。小楯大楯也。孔疏此明儒者自立之事也。甲胄干櫓。所以禦其患難。儒者以忠信禮義。辨禦其患難。人不敢侵侮也。戴仁而行。仁之盛。抱義而處。義不離身。雖有暴政。不改其志操。迴然自成立。有如此者。初言自立。謂強學力行。此經自立。謂獨懷仁義忠信也。呂氏大臨曰。忠信則不欺。人亦莫之欺也。有禮者敬人。人亦莫之侮也。忠信禮義。禦人之欺侮。猶甲冑干櫓。可以捍患也。行則尊仁。居則守義。所以自信也。篤。雖暴政加之。有所不變。自立之至者也。首章言自立。論其所學所行。足以待天下之用而不窮。此章言自立。論其所信所守。足以更天下之變而不易。二者皆自立也。而有先後本末之差焉。方氏慤曰。仁善爲元。元者首也。故爲仁曰戴。義善爲臧。臧者藏也。故於義曰抱。有立則有所。故曰雖有暴政不更其所。郭氏嵩燾曰。所謂所處之地。不更其所。卽素患難行乎患難意。但能邦無道。免於刑戮。於暴政何歉焉。禮案。忠信爲甲冑。足以自衞矣。禮義爲干櫓。四海可行矣。曾子制言曰。君子執仁立志。先行後言。千里之外。皆爲兄弟。戴仁抱義。吾行吾素。達則兼善天下。不能則獨善其身。雖有暴政。不更其所。故制言云。凡行不義。則吾不事。不仁。則吾不長。奉相仁義。則吾之與之聚羣是也。

儒有一畝之宮。環堵之室。篳門圭窬。蓬戶甕牖。易衣而出。并日而食。上答之不敢以疑。上不答不敢以諂。其仕有如此者。

鄭注。言貧窮屈道。仕爲小官也。宮爲牆垣也。環堵。一堵也。五版爲堵。五堵爲雉。篳門。荊竹織門也。圭窬。門旁窬也。穿牆爲之如圭矣。并日而食。二日用一日食也。上答之。謂君應生其言。孔疏。此明儒者仕官。能自執其操也。一畝。謂徑一步。長百步爲畝。若折而方之。則東西南北各十步爲宅也。牆方六丈。故云一畝之宮。宮謂牆垣也。環謂周迴也。東西南北唯一堵。篳門。杜氏云。柴門也。圭窬。穿牆爲之。如圭矣。說文云。穿木爲戶。左傳作竇。謂門旁小戶。上銳下方。狀如圭也。蓬戶謂編蓬爲戶。又以蓬塞門。謂之蓬戶。甕牖。牖圓如甕口。又云以敗甕口爲牖。易衣者。王云。更相衣而後可以出。是合家共一衣。出更著之也。并日。謂不日日得食。或三日二日并得一日之食也。上。君也。答。之謂已有言語。君應答而用之。已決竭力不敢疑式於君。言儒者仕官盡忠。上不答者。已有言語。而君不用。及不見使。則已宜靜默。不敢諂媚求進也。呂氏大臨曰。儒者之仕。將以事道也。然有時乎爲貧。食其力以求免死而已。辭尊居卑。辭富居貧。抱關擊柝。乘田委吏。無所往而不可也。故爲貧者非事道。事道者不爲貧。二者不可亂也。一畝之宮。環堵之室。篳門圭窬。蓬戶甕牖。居之陋者也。易衣而出。并日而食。養之至不足者也。儒者所守之篤。窮至於是。而不悔也。上之禮答不答。繫乎知不知。雖窮如是。上苟知之。則必以道自期。不疑乎上之未信也。爲其多聞與。則天子不召師。爲其賢與。未聞見賢而召之也。尊其所聞。行其所知。不疑乎上之未信。而有所屈。蓋事道不爲貧也。上苟不知。則我以力事人。求其食以免死者也。不輕進以求合也。君不知而自獻其身。君不問而自告其謀。枉尋直尺。強聒而不舍。人謂之不諂不信也。蓋爲貧者非事道也。二者儒者仕之大分。不可亂也。方氏苞曰。既見容。則立言不諱。不敢以身家之私而疑慮也。禮案。此言畝者。蓋舉其成數。非必有徑一步。長百步之地。堵亦不必有五版之廣也。蓋謂築土爲室。環堵三方爲垣。以一方爲出入之所。篳門謂無木作門。而用蓬篳蔽戶。不必定編荊竹也。圭窬甕牖。皆言無窗。而穿穴隙以透日光而已。蓋貧者衣不遮身。食不充口。所居僅蔽風雨而已。又焉有一定丈尺之制度乎。大戴盛德篇謂明堂以茅蓋屋。又韓詩外傳原憲居環堵之室。茨以蓬蒿。可以類推也。此蓋舉其凡耳。非門必用篳。戶必用蓬也。疑。惑也。君信之不敢以私惑君。君不信不敢以諂戀祿也。曾子制言曰。布衣不完。蔬食不飽。蓬戶穴牖。日孜孜上仁。知我吾無訢訢。不知我吾無悒悒。

儒有今人與居。古人與稽。今世行之。後世以爲楷。適弗逢世。上弗援。下弗推。讒諂之民。有比黨而危之者。身可危也。而志不可奪也。雖危起居。竟信其志。猶將上通百姓之病也。其憂思有如此者。鄭注：稽猶合也。古人與合，則不合於今人也。援猶引也，取也。推猶進也，舉也。危欲毀害之也。起居猶舉事動作。信讀如屈伸之伸，假借字也。猶圖也。信或爲身。孔疏：此明儒者雖身不居明代，猶能憂思愛及於人之事。儒與小人共居住，與古之君意合同也。楷，法式也。言儒者行事以爲後世楷模法式。適，之也。謂已之生於澆薄之時，不逢明世，又不爲君上之所引取，民下所荐舉也。唯有讒諂之民，羣黨連比，共危已身。身可危而志不可奪，故論語云守死善道是也。竟，終也。行事舉動，猶能終伸我之志操，圖謀不忘百姓之所憂病。言常憂恩於人，有如在上之事也。納蘭氏成德曰：起居猶詩言啓處。危起居者，言讒人危之，使不得動止也。然能自信其志，不爲利害可惑。方氏苞曰：雖與今人居，不敢同流合汙，必以古人自處之道與已所行相稽考也。讒諂之民比黨以危君子，則患必及民，而憂在君國，故志終不奪。此古人與稽、後世爲楷之實德也。禮案：稽，求也。身雖與今人居，而言行舉措必求法先民遺矩，故言而世爲天下法，行而世爲天下則也。若所適弗逢世主之明能知我，亦不肯求援其上以固寵，推荐其下以要譽。若有疾之者，朋比爲奸，以排擠之，傾危之，身可危也，亦不能屈已求容，不申濟世救民之志也。其憂思卽孟子所謂伊尹思天下之民，匹夫匹婦有不被堯舜之澤者，若已推而內之溝中，其自任以天下之重如此，故就湯而說以伐夏救民也。

儒有博學而不窮。篤行而不倦。幽居而不淫。上通而不困。禮之以和爲貴。忠信之美。優游之法。慕賢而容衆。毀方而瓦合。其寬裕忘如此者。鄭注：不窮，不止也。幽居，謂獨處時也。上通，謂仕道達於君也。既仕則不困於道德不足也。忠信之美，美忠信者也。優游之法，法如柔者也。毀方而瓦合，去已之大圭角，下與衆人小合也。必瓦合者，亦君子爲道不遠人。孔疏：此明儒有寬裕之事。廣博學問而不窮止。篤，猶純也。又以純壹之行而行之，不疲倦也。幽居，謂未仕獨處也。淫，謂傾邪也。君子雖復隱處，常自修整，不傾邪也。上通，謂身得通達於君，有道德不被用也。不困，謂既在其位，必行其政，儒德位相稱，不爲困弊不足也。以儒德之備也。禮以體別爲理，人用之嘗患於貴賤有隔，尊卑不親，儒者用之，使貴賤有禮而無閒隔，故云以和爲貴也。見人有忠信則已美之，見人和軟則已法之，見賢思齊是慕賢也。汎愛一切是容衆也。方謂物之方正有圭角鋒鋩。瓦合，謂瓦器破而相合。言儒者毀屈已之方正，下同凡衆也。陳氏澔曰：博學不窮，溫故知新之益也。篤行不倦，賢人可久之德也。幽居不淫，窮不失義也。上通不困，達不離道也。方氏苞曰：瓦形正方，以微倨，故可規而爲圓，而體之方自若也。儒者內方以自守，外微曲以和衆，類此。禮案：曾子立事曰：君子博學而孱守之，故不窮也。微言而篤行之，故不倦也。君子禍之爲患，辱之爲畏，故不淫也。君子不絕小，不殄微，以和爲貴也。衞將軍文子篇：先成其慮，及事而用之，故不困也。以不能學爲已終身之憂，慕賢也。直已而不直於人，容衆也。

儒有內稱不辟親。外舉不辟怨。程功

積事。推賢而進達之。不望其報。君得其志。苟利國家。不求富貴。其舉賢援能有如此者。鄭注君得其志者。君所欲爲賢臣成之。孔疏此明儒者舉賢能之事。稱舉也。不辟親舉人以理。若祁奚舉子祁午。不辟怨若祁奚舉讎人解狐也。稱其讎不爲諂。立其子不爲比。但審知其賢。故不辟也。程功積事。推賢而進達之。舊至此絕句。皇氏以達之連下爲句。言儒者欲舉人之時。必程效其功。積累其事。知其事堪可。乃推而進之。不忘舉人。不求望其報也。君得其志。謂任此儒者。輔助其君。使君志意所欲皆成。此推賢進士。唯在利益國家。不自求富貴。言儒者進達賢能。有如此在上諸事也。呂氏大臨曰。儒者之志。以天下爲度者也。寬裕之至。既足以有容。則物我之間。無所別也。天下有事而不治。有賢而未達。吾任其責矣。故知其賢也。猶有親怨之辟。謂之公而實私也。能忘乎是。而唯天下國家之利。然後舉賢援能。盡其公矣。方氏慤曰。不以一身之小嫌。妨天下之貞才。故雖親也。亦在所稱。不以一心之私忿。害天下之公義。故雖怨也。亦在所舉。程功者。其功優劣。苟利國家。不求富貴者。以利國家爲心而不微舉賢之賞也。孫氏希旦曰。不求其報。不望所舉者之報。不求富貴。不求國家之賞也。禮案程功度其功業。積事歷試諸難。然後進之於君。則無濫功食祿。盲不更事之弊矣。儒有聞善以相告也。見善以相示也。爵位相先也。患難相死也。久相待也。遠相致也。其任舉有如此者。鄭注相先猶相讓也。久相待謂其友久在下位不升。己則待之。乃進也。遠相致者。謂己得明君而仕。友在小國不得志。則相致遠也。孔疏此明儒者舉任同類之屬。前經舉賢援能。謂疏遠者。此經任舉。謂親近者也。相先。謂相讓。言儒者見爵位之事。必先相推讓於朋友。有患難相爲致死。久在下位不升。已則待之而進。在小國不得志。則遠相招致。共仕明君。更相委任。舉荐有如此在上諸事。呂氏大臨曰。舉賢援能。儒者所以待天下之仕也。任舉者。儒者所以待其朋友而已。待天下之士。推賢而後舉。樂與同天下之治者也。朋友則非特是也。必同其好惡。故聞善以相告。見善以相示。必同其憂樂。故爵位相先。患難相死。彼雖居下。不待之同升。則不升。彼雖疏遠。不致之同進。則不進。此任舉朋友。加重於天下之士者。義有厚薄故也。馬氏晞孟曰。久相待也。雖久而不忘。遠相致也。雖遠而不遺。孔子以久要不忘平生之言。亦可以爲成人矣。久相待之謂也。郝氏懿行曰。此儒不善用之。即用朋黨之禍。禮案說是也。此蓋先友後君。於義可取。然非純臣也。患難相死。若左儒之於杜伯。君不納其諫。亦當引身而退。何必死其友而彰君之過乎。遠相致若鮑叔之於管仲。雖利於國。然亦非久不仕。而待其同升也。

儒有澡身而浴德。陳言而伏。靜而正之。上弗知也。麤而翹之。又不急爲也。不臨深而爲高。不加少而爲多。世治不輕。世亂不沮。同弗與。異弗非也。其特立獨行有如此者。鄭注粗猶疏也。微也。君不知已有善言正行。則觀色緣事而徵翹發其意。使知之。又必舒而脫脫焉。已爲之疾。則君納之速。君納之速。怪妒所由生也。不臨深而爲高。臨衆不以己爲尊。自振貴也。不加少而爲多。謀事不以己少勝。自矜大也。世治不輕。不以賢者並衆。不自重愛也。世亂不沮。不以道衰廢壞己志也。孔疏此明儒者殊異於人。特心獨行之事。澡身謂能潔其身不染濁也。浴德謂以德自清也。陳言謂陳設其言。而伏聽君命。靜正謂靜退而自居。守正不傾也。上弗知謂己有善言正行。君既不知。當伺候君也。上顏色因緣有事。微疏而起發之。又不急速而爲之地。既高矣。不臨深下處。更增高大。猶言不臨卑賤。而自尊顯。言儒者卑以自牧。謀事少勝。不加多以矜大也。世治與羣賢並處。不自輕也。世亂時道雖不行。亦不沮己之志也。彼位雖與齊同。行不善則不與之相親。彼人與己疏異。所爲善則不非毀之。其特立獨行有如此所云之事也。前云特立。但明一身之勇武。不論行之所爲。此經所云。非但身所特立。又獨有此行。故更言特立也。呂氏大臨曰。唯大人爲能格君心之非。然在己者未正。未有能直人者也。故澡身浴德者。所以正己也。晏氏光曰。世治則人皆務進。吾則未嘗妄動。故曰不輕。世亂則人皆自屈以辟害。吾則未嘗變節。故曰不沮。徐氏師曾曰。前言特立。自守之義居多。此加獨行。達道之義居多。郝氏懿行曰。靜而正之。謂潛移默孚。格君非心也。粗而翹之。舉事救過。不尙急切也。方氏苞曰。其行之高。皆自然而已。不必臨深以相形。其文之多。皆素有而已。不必加少以相益。禮案。澡身浴德。若論語云人潔己以進也。伏隱也。陳言而隱。若尙書君陳云。斯謀斯猷。惟我后之德也。釋文云。靜徐本作諍。今案作諍是也。諍而正之。能正君也。粗大也。粗而翹之者。諫著不入。國事將危。必不得已。犯顏強諫。撟君之失。以安社稷。孝經所謂天子有諍臣七人。雖無道不失其天下是也。又不急爲者。度其所能行者言之。不強君之所不能也。世治不輕者。安而不忘危也。世亂不沮者。危而不避患也。謀同我者。義不與比。謀異我者。亦不謂非。蓋惟有忠君愛國之誠。而無人我之私也。荀子臣道曰。君有過謀過事。將危國家殞社稷之懼也。大臣父兄。有能進言於君。用則可。不用則去。謂之諫。有能進言於君。用則可。不用則死。謂之爭。有能比知同力。率羣臣百吏而相與彊君撟君。君雖不安。不能不聽。遂以解國之大患。除國之大害。成於尊君安國。謂之輔。有能抗君之命。竊君之重。反君之事。以安國之危。除君之辱。功伐足以成國之大利。謂之拂。

儒有上不臣天子。下不事諸侯。慎靜而尙寬。強毅以與人。博學以知服。近文章。砥厲隅。雖分國如錙銖。不臣不仕。其規爲有如此者。

鄭注。強毅以與人。彼來辨言行而不正。不苟屈以順之也。博學以知服。不用己之知。勝於先世賢知之所言也。雖分國如錙銖。言君分國以祿之。視之輕如錙銖。八兩曰錙。孔疏。此明儒者志操規爲之事。上不臣天子。伯夷叔齊是也。下不事諸侯。長沮桀溺是也。慎靜而尙寬者。既慎而靜。所尙寬緩也。強毅以與人者。若彼人道不正。則不苟屈從人。博學以知服者。先代賢人。不以己之博淩夸前賢也。習近文章。以自磨厲成廉隅也。君雖分國以祿之。視之如錙銖。不貴重也。不與人爲臣。不求仕官。但自規度所爲之事而行之。故云其規爲有如此者也。案算法。十黍爲參。十參爲銖。二十四銖爲兩。八兩爲錙。晏氏光曰。上不臣天子。下不事諸侯者。易所謂不事王侯。高尙其事也。慎靜而寬者。以仁而盡性。強毅以與人者。以義而制事。博學以知服者。以知而窮理。近文章者。外有備成之文。砥厲廉隅者。內有修潔之行。此所以雖分國如錙銖。不肯委質而爲臣。詘道而入仕矣。眞氏德秀曰。文章二字。非止於言語詞章而已。聖人盛德蘊於中。而光輝發於外。孔子稱堯曰。煥乎其有文章。子貢曰。夫子之文章。皆此之謂也。納蘭氏成德曰。分國以人君言。如錙銖以儒者言。猶伊尹祿之以天下弗顧。繫馬千駟弗視之意。孫氏希旦曰。君臣之義。無所逃於天地之間。儒者非不臣天子也。枉其道則有所不事矣。禮案。慎靜者或失之隘迫。故貴乎尚寬。不說人之過。善成人之美也。強毅者或失於高敖。故貴乎與人。可者與之。而無求備也。知多知也。服之習也。曾子立事曰。君子既學之。患其不博也。既博之。患其不習也。既習之。患其無知也。近文章則英華發外。而多文之人。或風流自賞。薄視名教。或狂狷敖世。不得中行。故尤貴乎砥厲廉隅。不輕取與也。分國謂非其道雖時君割土地之半以與之。亦視之若錙銖。曾子制言所謂不得志不安貴位。不懷厚祿。負耜而行道。凍餓而守仁。則君子之義也。正謂是矣。

儒有合志同方。營道同術。並立則樂。相下不厭。久不相見。聞流言不信。其行本方立義。同而進。不同而退。其交友有如此者。鄭注同方同術。等志行也。聞流言不信。不信其友所行。如毀謗也。孔疏此明儒者。與人交友之事。方猶法也。言儒者與友齊志意。而同法則也。合志同方。據所懷志意也。營道同術。據所習道藝也。並立謂與友同官。則權樂也。遞相卑下。不厭賤也。雖朋友久不相見。聞流謗之言。譖毀朋友。則已不信也。其行本方立義者。庾氏言其行所本必方正。所立必存義也。朋友所爲與已同。則進而從之。若不與已同。則退而避之。其結交朋友。有如此者。在上諸事也。以上十五儒所陳之事。亦有前後乖異者。儒包百行。事非一揆。量事制宜。隨機而發。雖或不同。無所怪也。呂氏大臨曰。君子之道。或出或處。或默或語。二人同心。其利斷金。同心之言。其臭如蘭。凡所謂同者。理義也。出於人心之所同然。賢者能存而勿喪之。故不患乎不同也。方氏慤曰。並立則樂。以其無忌心。相下不厭。以其有孫志。久不相見。聞流言不信。以其久要不忘。而相信之篤。本方者以方爲本也。道同則進而與之交。不同則退而與之辨。夫道不同。不相爲謀。而況交友乎。子曰。忠告而善道之。不可則止。毋自辱焉。以是而已。方氏苞曰。方所向也。故於志言之。術路也。故於道言之。郝氏懿行曰。同而進。不同而退。無苟合也。君子和而不同。孫氏希旦曰。其行本乎方。而存於心者。無阿諛取容之意。立乎義而見於外者。無便辟善柔之失。同者益友也。同方同術者也。則進而交之。不同者損友也。異方異術者也。則退而遠之。此儒者交友之道也。禮案。君子非其人不友。慎之在前。故雖疏遠而流言不能閒之於後也。方猶正也。本正則修已之功至。故能立義以斷決人之賢否。賢者進之。不肖者退之。則所交無非類矣。

溫良者仁之本也。敬慎者仁之地也。寬裕者仁之作也。孫接者仁之能也。禮節者仁之貌也。言談者仁之文也。歌樂者仁之和也。分散者仁之施也。儒者兼此而有之。猶且不敢言仁也。其尊讓有如此者。鄭注此兼上十有五儒。蓋聖人之儒行也。孔子嫌若斥已。假仁以爲說。仁聖之次也。孔疏此明聖人之儒。兼上十五儒之行。仁者之儒。先從溫良而起。故云仁之本也。地所以居止萬物。仁者之儒。亦居止敬慎。故云仁之地。動作必以寬裕。故云仁之作。孫辭接物。是儒之技能。禮儀撙節。是儒之外貌。言語談說。是儒之文章也。歌舞喜悅。是儒之和悅也。分散蓄積。而振貧窮。是儒之恩施也。儒者兼有此行。猶尚遜讓。不敢自謂己任也。尊讓如此。謂聖人之儒。仁亞於聖。故假仁以論之。呂氏大臨曰。質之溫良者。可與爲仁。故曰仁之本。行之

敬慎者。可與行仁。故曰仁之地。其規摹寬裕。則稱仁之動作。其與人遜接。則習仁之能事。威儀中節。敬於仁者
也。故爲仁之貌。出言有章。仁之見於外者也。故爲仁之文。詠歌之不足。不知手之舞之足之蹈之。則安於仁而
至於和者也。貨不爲己。則利與人同。與人爲善。則善與人同。凡以分散與物共。而不私。則仁術之施不吝也。八
者儒必兼而有之。然後可以盡儒行之實。猶且不敢言仁。則聖人之志存。則可與入聖人之域矣。陳氏澔曰。仁
包四德。百行之原。故於其終也。以仁爲說焉。朱氏軾曰。存之則爲本。行之則爲地。地猶道也。道者人之所共由。
爲仁而不敬慎。猶欲行而不由道路也。方氏苞曰。敬爲德之聚。諸德諸行。必以敬慎承較之。然後靜而安。動而
順。故曰仁之地也。或曰禮卑者業廣。必敬慎然後有基可據。禮案本性之也。地處之也。作爲之也。能行之也。貌
飾之也。文章之也。和樂之也。施惠之也。不敢言仁謙也。易謙卦云。謙亨。君子有終。朱子本義曰。有而不居之義。

儒有不隕穫於貧賤。不充詘於富貴。不慁君王。不累長上。不閔有司。故曰儒。今衆人之命儒也忘。常以儒相詬病。

鄭注隕穫困迫失志之貌也。充詘歡喜失節之貌。慁猶辱也。累猶繫也。閔病也。言不爲天子諸侯卿大
夫羣吏所困迫而違道。孔子自謂也。充或爲統。閔或爲文。忘之言無也。言今世名儒。無有常人。遭人名
爲儒。而以儒靳故相戲。此哀公輕儒之所由也。詬病猶恥辱也。孔疏此明孔子自言已之儒。所行如此。故繫於
諸儒之末也。言已雖遇貧賤。不隕穫失志也。雖得富貴。不歡喜失節。不見辱於君王。而遺道也。長上謂卿大夫。
言不累繫於長上。而失志也。不困病於有司。而失常也。孔子說儒既畢。遂言今世賤儒。以譏哀公也。命名也。言
今世名之爲儒者。無復常人。遭人則謂之爲儒。以相恥辱所。時世如此。故哀公輕儒。晏氏光曰。隕如籜之隕。而
飄零。穫如禾之穫。而枯稿。不隕穫於貧賤。是貧賤不能移也。充則以滿而必溢。詘則以高而必危。不充詘於富
貴。是富貴不能淫也。事父孝。故忠可移於君。所以不慁君王。事兄弟。故順可移於長。所以不累長上。居家理。故
治可移於官。所以不爲汙吏取辱於君王。不爲過行連及於長上。不閔有司者。不被明刑以見憐於有司也。衆
人之命儒也忘。爲其非眞儒也。故或慢罵而相恥。或深疾而相病矣。揚子謂或問魯用儒而削何也。曰魯不用
眞儒也。梁氏玉繩曰。釋文穫本又作穫。高誘注淮南兵略云。穫誤也。則隕者墮其所守。穫者誤於所從也。朱氏
彬曰。古者感士不遇。多謂之落魄。或言落拓。言窮而無所用也。蓋草木搖落變哀。能如歲寒者松柏者鮮。故貧士
失職。侘傺不得志。以隕穫言。揚雄方言。襜褕以布。而無緣。敝而紩之。謂之襤褸。自關而西。秦晉之間。無緣之衣謂
之統裾。人之不得自檢束者亦似之。故修飾之君子。整躬厲行。裁制委蛇。有羔羊之節焉。故謂之不充詘。若質言
之。不隕穫乃君子之貧而樂。不充詘則富而好禮之謂也。方氏苞曰。充者既得而自滿也。詘者患失而氣餒也。
莊子所謂操之則慄。春秋傳載程鄭求降階。而然明以爲將死而憂是也。禮案今衆人之命儒也忘常。爲自命
者言也。常以儒相詬病。爲鄙之者言也。以其德行不足。而小有才。持之有故。
言之成理。自視固儒矣。由知者觀之。則足以欺惑愚衆而已。故常詬病之也。

孔子至舍。哀公館之。聞此言也。言加信。行加義。終沒吾世。不敢以儒爲戲。

鄭注儒行之作。蓋孔子自衛初反魯時也。孔子歸至其舍。哀公就
面禮館之。問儒服而遂問儒行。乃始覺焉。言沒世不敢以儒爲戲。

當時服。孔疏此明哀公問孔子之言。遂一敬於儒也。言加信。行加義者。是記所錄也。終沒吾世。不敢以儒爲戲。是哀公之言。記者述而錄之。案左傳哀十一年冬。衛孔文子將攻大叔也。訪於仲尼。仲尼曰。胡簋之事。則嘗學之矣。甲兵之事。未之聞也。退命駕而行。文子遽止之。將止魯人以幣召之。孔子乃歸。以傳文無館事。故鄭稱蓋以疑之。哀公終竟不能用孔子。此云不敢以儒爲戲。是當時暫服。非久也。孫氏希旦曰。此篇不類聖人氣象。先儒多疑之。而哀公多忘。卒爲三桓所逐。其於孔子則生不能用。沒而誄之。所謂言加信。行加義。終沒吾世不敢以儒爲戲者。亦夸大之辭耳。見戰國時儒者見輕於世。故爲孔子之學者。託爲此言。以重其道。其辭雖不粹。然其正大剛毅之意。恐亦非荀卿以下之所能及也。禮案不敢以儒爲戲。乃哀公至是始悉儒行之至大至剛。非可視如兒戲也。

禮記通釋卷七十六

玉環戴禮

大學第四十二

孔疏案鄭目錄云。名曰大學者。以其記博學可以爲政也。此於別錄屬通論。此大學之篇。論學成之事。能治其國。章明其德於天下。卻本明德所由。先從誠意爲始。呂氏大臨曰。大學之書。聖人所以教人之大者。其序如此。蓋古之學者。有小學。有大學。小學之教。藝也行也。大學之教。道也德也。禮樂射御書數。藝也。孝友睦婣任恤。行也。自致知至於脩身。德也。所以治天下國家。道也。禮案此卽尚書大傳所謂年二十入大學。見大節而踐大義者也。

大學之道。在明明德。在親民。在止於至善。知止而后有定。定而后能靜。靜而后能安。安而后能慮。慮而后能得。物有本末。事有終始。知所先後。則近道矣。鄭注明明德。謂在明其至德也。止猶自處也。得謂得事之宜也。孔疏此明大學之道。在於身有明德。而章顯之。一也。親愛於民。二也。處於至善之地。三也。知止而后有定。更覆說止於至善之事。既止於至善。而後心能有定。必定無欲故能靜。不躁求。情性安和。能思慮於事。然後於事得宜。物有本末。事有終始者。經營天下。百事產物。皆識知先後。則近於大道矣。程子顥曰。明德者明此理也。親當作新。言既自明其德。而使人用此道以自新也。至善者義理之精微。無可得而名。姑以至善目之也。邵氏甲曰。明明德者成己之事。易曰君子以自昭明德是也。新民者成物之事。易曰君子以振民育德是也。至善者明德新民所正之地。天下之事事物物。皆由此出。雖變態萬狀。不能以奪吾之所得。如此而后有定。所見既定。則道之本體。不外此心。心境內融。寂者無際。如此而后能靜。靜則日享恬澹之樂。而無外馳之勞。夫是以能安。安則靈扃湛然。常明而無物慾之蔽。夫是以能慮。慮則事之隱微曲折。無不瞭然洞見矣。夫是以能得。知止者其本也。慮而能得者其末也。知止者其始也。慮而能得者其終也。方氏愨曰。物與事一也、物以形言之。故有本末。事以理言之。故有終始。禮案明德可道也。親民行也。止於至善擇善而固報之者也。有定者操守堅定也。能靜者習爲固然也。能安則可久。可久則可大。故能通天下之志類。萬物之情。而知其本末終始先後之理也。易繫辭云。安其身而後動。易其心而後語。定其交而後求。君子修此者故全也。古之欲明明德於天下者。先治其國。欲治其國者。先齊其家。欲齊其家者。先修其身。欲修其身者。先正其心。欲正其心者。先誠其意。欲誠其意者。先致其知。鄭注知謂知善惡吉凶之所終始也。孔疏所言大學之道。此明明德之理。以積學能爲明德盛樂之事、以漸到今本其初。故言欲章明已之明德。使徧於天下者。先須能治其國。欲治其國者。先齊其家。若欲齊家。先須修身。若欲修身。必先正其心。先誠其意者。總包萬慮謂之心。爲情所意念謂之意。若欲正心。使無傾邪。必者先至誠在於意念也。若欲精誠其意。先須致其所知之事。言曉其成敗也。朱子熹曰。明明德於天下者。使天下之人。皆有以明其明德也。心者身之所主也。誠實也。意者心之所發也。實其心之所發。欲其一於善。而無所雜也。致推極也。知猶識也。推極吾之知識。欲其所知無不盡也。禮案誠意无妄也。雜念不起。故心正也。荀子天論曰。心居中虛。以治五官。夫五官無失職。則百體從令。而身修矣。身修而刑於寡妻。至於兄弟。以御於家邦。推而放諸四海。亦莫不準矣。孟子云。天下之本在國。國之本在家。家之本在身是也。

致知在格物。物格而后知至。知至而后意誠。意誠而后心正。心正而后身修。身修而后家齊。家齊而后國治。國治而后天下平。自天子以至於庶人。壹是皆以修身爲本。其本亂而末治者否矣。其所厚者薄。而其所薄者厚。未之有也。此謂知本。此謂知之至也。鄭注格來也。物猶事也。其知於善深。則來善物。其知於惡深。則來惡物。言事緣人所好來也。此致或爲至。壹是專行是也。孔疏此明以致知積漸而至格物也。言善事隨人。行善而來應之。惡事隨人。行惡亦來應之。物既來。則知其善惡所至。則行善不行惡。意念精誠。故能心正也。國治而后天下平者。言上從天子。下至庶人。貴賤雖異。所行此者。專壹以修身爲本也。上言誠意正心。齊家治國。今此獨云修身爲本者。細別雖異。其大略皆是修身也。本亂謂身不修也。末治謂國家治也。身不修而望家國治者否矣。否不也。言不有此事也。譬若與人交接。以輕薄待人。欲望以厚報己。未有也。以厚施人。人亦厚以報己也。皆以身爲本。知本其身。是知之至極也。胡氏銓曰。格有三義。書曰格汝舜。緇衣曰民有格心。來也。書曰惟先正格王。至也。語曰有恥且格。正也。此云物格亦謂正也。致知明道也。明道者必明於物理。使一出於正。是格物也。其所厚者薄。而其所薄者厚。未之有也。堯不敦睦九族。而能協和萬邦。無是理也。惠氏棟曰。文選注倉頡篇云。格量度之也。量度事物。致知之道也。禮案致知在格物。謂擴充其良知良能。以推極天地之閒。萬物之理也。天論曰。聖人淸其天君。則其所爲。知其所不爲矣。則天地官而萬物役矣。知至者窮極物理。則能反身而誠。爲正心修身齊家治國平天下之大本。本亂末治。謂末有不本修身而能成治平之功者也。天子則修身及於平天下。庶人則修身及於齊家。大小不同。道則壹焉耳。呂氏春秋執一篇曰。爲國之本。在於爲身。身爲而家爲。家爲而國爲。國爲而天下爲。故曰以身爲國。以國爲家。以家爲天下。此四者異位同本。故聖人之事。廣之則極宇宙。窮日月。約之則無出乎身者也。慈親不能傳於子。忠臣不能入於君。惟有其材者爲近之。

所謂誠其意者。毋自欺也。如惡惡臭。如好好色。此之謂自謙。故君子必慎其獨也。小人閒居爲不善。無所不至。見君子而后厭然。揜其不善。而著其善。人之視己。如見其肺肝然。則何益矣。此謂誠於中。形於外。故君子必慎其獨也。鄭注謙讀爲慊。慊之言厭也。厭讀爲黶。黶閉藏貌也。孔疏此廣明誠意之本。先須慎其獨也。欲精誠其意。無自欺誑於身。必須誠實也。如見惡事。嫌惡之如人嫌臭穢之氣。心實嫌之。口不可道矣。見善事。而愛好之。似人好色。心實好之。口不可道矣。不可外貌詐作好惡。而內心實不好惡也。謙讀如慊。慊然安靜之貌。見君子而后厭然。謂小人獨居無所不爲。見君子而後乃揜然閉藏其不善之事。宣著所行善事。外人視之。昭然明察矣。如見肺肝。雖銷沮閉藏。言何益矣。言既懷詐。實惡事於中心。必形見於外。不可揜藏也。倪氏思曰。自謙注及諸家皆作慊。竊謂不必改經文。作謙可也。謙之象曰。人道惡盈而好惡之正也。人能知謙之好惡則公矣。誠一也。而有善惡之異也。誠於爲善誠也。誠於爲惡亦誠也。誠於中必形於外。君子與小人皆然。君子知其如此。故謹其獨。而誠於爲善也。呂氏居仁曰。揜不善而著其善。此小人之良心猶存也。由不能充之。故其自暴如是。如其知萬物一理。中外一致。作於此者見於彼。至隱至微之間。而有所謂昭昭不可欺者。則亦知所以反身矣。知所以反身者。知格物之道也。淩氏廷堪曰。禮器曰。禮之以少爲貴者。以其內心者也。德產之致也精微。觀天下之物。無可以稱其德者。如此則得不以少爲貴乎。是故君子慎其獨也。此卽學庸慎獨之正義也。慎獨指禮而言。禮之以少爲貴。說文已明言之。後儒置禮器不觀。而高言慎獨。則與禪家之獨坐觀空何異。禮案。惡不善如惡臭。論語所謂見不善如探湯是也。好善如好色。則是好德如好色矣。心動於中。必形於外。荀子大略云。夫盡小者大。積微者著。德至者色澤洽。行盡而聲聞遠。小人不誠於內。而求之於外。故雖善僞飾。而終不能揜其劣跡。以欺當世。所以君子之道。戒慎乎其所不覩。恐懼乎其所不聞也。詩不云乎。嗟爾君子。無恒安息。靖恭爾位。好是正直。神之聽之。介爾景福。

曾子曰。十目所視。十手所指。其嚴乎。富潤屋。德潤身。心廣體胖。故君子必誠其意。

鄭注。嚴乎言可畏敬也。胖猶大也。三者言有實於內。顯見於外。孔疏。此明君子修身。外人所視。不可不誠其意。記人引曾子之言以證之。十目十手。言所指視者衆也。十目謂十人之目。十手謂十人之手。其可嚴憚乎。富潤屋。德潤身。此二句爲喻也。言家若富則能潤其屋。有金玉華飾見於外也。德能霑潤其身。使身有光榮見於外也。心廣體胖者。言內心寬廣。則外體胖大。爲之於中。必形於外。故君子必須精誠其意也。葉氏夢得曰。人之富足。則能潤屋而已。德之修則非特潤身而已。充實在內。則其心也廣。輝光在外。則其體也胖。孟子曰。仁義禮智根於心。其生色也睟然。見於面。盎於背。施於四體。四體不言而喻。陸氏佃曰。凶人爲不善。亦惟日不足。富潤屋。德潤身。雖皆有所潤。然屋與身孰親哉。禮案。言十者舉成數耳。夫衆目所視。衆手所指。雖幾微之失。其能掩乎。故自治不可不嚴。其嚴乎者。嚴其在己者也。譬諸多財。則屋宇宏敞。有德則心身安坦。人皆均見也。若其中無所有者。雖強自矜飾。亦不能揜其短也。大戴禮曾子立事曰。以其見者。占其隱者。又曾子制言云。弟子無曰不我知也。鄙夫鄙婦。相會於廧陰。可謂密矣。明日則或揚其言矣。

詩云。瞻彼淇澳。菉竹猗猗。有斐君子。如切如磋。如琢如磨。瑟兮僩兮。赫兮喧兮。有斐君子。終不可諠兮。如切如磋者。道學也。如琢如磨者。自修也。瑟兮僩兮者。恂慄也。赫兮喧兮者。威儀也。有斐君子。終不可諠兮者。道盛德至善。民之不能忘也。

鄭注。此心廣體胖之詩也。澳隅崖也。菉竹猗猗。喻美盛。斐有文章貌也。諠忘也。道猶言也。恂字或作峻。讀如嚴峻之峻。言其容貌嚴栗也。民不能忘。以其意誠而德著也。

孔疏。此廣明誠意之事。故引詩言學問自新。顏色威儀以證之。詩衛風淇奥篇。衛人美武公之德也。菉王芻也。竹扁竹也。視彼淇水之隅曲之內。生此菉之與竹。猗猗然茂盛。以淇水浸潤故也。衛人有武公。道德茂盛。亦本康叔之餘烈故也。斐然文章。君子學問之盛。如骨之切。如角之磋。又能自修。如玉之琢。如石之磨也。又瑟然顏色矜莊。僩然性行寬大。赫然顏色盛美。諠然威儀宣美。斐然文章之君子。民皆愛念之。終久不可忘也。此詩之本文。以下記者。引爾雅而釋之。朱子熹曰。道學自修。言所以得之之由。恂慄威儀。言其德容表裏之盛。卒乃指其實而歎美之也。郝氏懿行曰。此經明誠意。明明德之事。故言學問自修。威儀宣著。此誠中形外之驗也。禮案襄三十一年左傳曰。有威而可畏謂之威。有儀而可象謂之儀。故君子在位可畏。施舍可愛。進退可度。周旋可則。容止可觀。作事可法。德行可象。聲氣可樂。動作有文。言談有章。以臨其下。謂之有威儀也。菉今詩作錄。斐並作匪。

詩云。於戲前王不忘。君子賢其賢而親其親。小人樂其樂而利其利。此以沒世不忘也。鄭注。聖人既有親賢之德。其政又有樂利於民。君子小人。各有以思之。孔疏。此明誠意之事。周頌烈文篇。美武王之詩。於戲猶嗚呼。以文王武王意誠於天下。故詩人嘆美之云。此前世之王。其德不可忘也。後世之君子。皆美此前王。能賢其賢人。而親其族親也。小人謂民之所樂者。前王亦愛樂之。民爲利者。亦利益之。言施爲政教。下順人情。不奪人所樂利之事。故君子小人。皆所美念。終歿於世。其德不忘也。呂氏大臨曰。誠之至者。非物入於民心。其所以道民者。澤流於後世矣。賢其賢。親其親。君子化其善也。樂其樂。利其利。小人蒙其惠也。朱子熹曰。引烈文之詩。而言前王之沒世不忘何也。曰。賢其賢者。聞而知之。仰其德業之盛也。親其親者。子孫保之。思其覆育之恩也。樂其樂者。含哺鼓腹。而安其樂。利其利者。耕田鑿井而享其利也。此皆先王盛德至善之餘澤。故雖沒世而人猶思之。愈久而不能忘也。禮案。賢其耕義也。親其親仁也。樂其樂各得其所。利其利家給人足。沒世不忘。謂惠澤之入人深也。

康誥曰。克明德。大甲曰。顧諟天之明命。帝典曰。克明峻德。皆自明也。鄭注。皆自明明德也。克能也。顧念也。諟猶正也。帝典堯典。亦尚書篇也。峻大也。諟或爲題。孔疏。此明意誠則能明己之德。周公封康叔而作康誥。戒康叔能明用有德。此記言自明其德。與尚書異也。伊尹戒大甲云。爾爲君當顧念奉正天之顯明之命。不邪僻也。尚書之意。言堯能明用賢俊之德。此記言堯能自明大德也。此所云康誥大甲帝典等文。皆是人君自明其德。故云皆自明也。朱子熹曰。顧謂常目在之也。諟猶此也。或曰審也。天之明命。卽天之所以與我。而我之所以爲德者也。常目在之。則無時不明矣。禮案。揚子法言。勝己之利謂之克。故論語云。克己復禮爲仁。蓋人心虛明。若無私欲之蔽。則德日路而著於天下矣。峻今書作俊。

湯之盤銘曰。苟日新。日日新。又日新。康誥曰。作新民。詩云。周雖舊邦。其命惟新。是故君子無所不用其極。鄭注。盤銘。刻戒於盤也。極猶盡也。君子日新其德。常盡心力不有餘也。孔疏。此明誠意之事。湯沐浴之盤。而刻銘爲戒也。苟日新者。盤銘辭。非唯浴沐自新。苟誠也。誠使道德日日益新也。非唯日日益新。又須恆常日新。皆是丁甯之辭。作新民者。成王旣伐管叔蔡叔。以殷餘民封康叔。誥言殷人化紂惡俗。使之變改爲新人。此記之意。自念其德。爲新民也。詩大雅文王篇。本意言周雖舊是諸侯之邦。其受天之命。唯爲天子。而更新也。此記之意。其所施教命。唯能念德。而自新也。極盡也。言君子欲日新其德。唯在盡其心力。更無餘行也。朱子熹曰。湯以人之洗濯其心以去惡。如沐浴其身以去垢。故銘其盤也。言誠能一日有以滌其舊染之汙而自新。則當因其已新者而日日新之。又日新之。不可略有間斷也。郭氏嵩燾曰。說文槃承槃。內則進盥。少者奉盤。長者奉水。蓋凡盥以匜沃水。以盤承之。故曰承槃。盥器日必用之。內則五日燂湯請浴。三日具沐。三日五日。則其功亦有間矣。則與銘辭之言日新者無當。知此必爲盥盤。非沐浴之槃也。禮案易繫辭云。日新之謂盛德。日日新。又日新者。能進德修業。孜孜而不息也。新民者以斯德覺斯民也。尚書胤征謂咸與維新是也。惟今詩作維。下同。

詩云。邦畿千里。惟民所止。詩云。緡蠻黃鳥。止於丘隅。子曰。於止。知其所止。可以人而不如鳥乎。

鄭注。於止。言鳥之所止也。就而觀之。知其所止。知鳥擇岑蔚安閒而止處之耳。言人亦當擇禮義樂土而自止處也。此記曰。里仁爲美。擇不處仁。焉得知。孔疏。此明誠意在於所止。商頌玄鳥篇。言殷之邦畿方千里。唯人所居止。此記斷章喻其民人而擇所止。言人君賢則來也。詩小雅緡蠻篇。刺幽王之詩。言緡蠻然微小之黃鳥。止在於岑蔚丘隅之處。得其所止。以言微小之臣。依託大臣。亦得其所也。孔子見其詩文而論之云。是觀於鳥之所止。則人亦知其所止。鳥之知在岑蔚安閒之處。則知人亦擇禮義樂土之處。而君止也。豈可以人不擇止處。不如鳥乎。故論語云。里仁爲美。擇不處仁。焉得知。是也。呂氏大臨曰。民之所止。止於邦畿而已。鳥之所止。止於丘隅而已。此是皆知其所止矣。人之學。不知所止。流遁失守。無所適歸。終亦必亡而已矣。雖黃鳥之不若也。朱子熹曰。此夫子說詩之辭也。蓋曰鳥於其欲止之時。猶知其當止之處。豈可人爲萬物之靈。而反不如鳥之能知所止。而止之乎。其所以深明知止之義。亦深切矣。禮案此引詩之意。以謂相彼鳥兮。猶擇木而棲。矧伊人兮。不知擇主而事。如事非其主。明是人不如鳥也。荀子大略篇曰。仁非其里而處之。非禮也。義非其門而由之。非義也。又勸學云。故君子居必擇鄉。遊必就士。所以防邪僻而近中正也。

詩云。穆穆文王。於緝熙敬止。爲人君止於仁。爲人臣止於敬。爲人子止於孝。爲人父止於慈。與國人交止於信。

鄭注。緝熙光明也。此美文王之德光明。敬其所以自止處。孔疏。此大雅文王篇。詩之本意云。文王見此光明之人。則恭敬之。此記之意。於緝熙言。嗚呼文王之德。緝熙光明。又能敬其所止。以自居處也。朱子熹曰。止者必至於是而不遷之謂。孔子說詩。言人當知所當止之處也。穆穆深遠之意。於歎美辭。緝繼續也。熙光明也。敬止言其無不敬而安所止也。引此而言聖人之止。無非至善。五者乃其目之大者也。學者於此究其精微之蘊。而又推類以盡其餘。則於天下之事。皆有以知所止而無疑矣。禮案止即上文在止於至善也。蓋分而言之。於君曰仁。於臣曰敬。於子曰孝。於父曰慈。約而言之。則皆善而已矣。

子曰。聽訟。吾猶人也。必也使無訟乎。無情者不得盡其辭。大畏民志。此謂知本。

鄭注。情猶實也。無實者多虛誕之辭。聖人之聽訟。與人同耳。必使民無實者不敢盡其辭。大畏其心志。使誠其意。不敢訟。本謂誠其意也。孔疏此廣明誠意之事。言聽訟者惟自誠已意。亦服民使誠意也。孔子稱斷獄吾與常人同也。必使無理之人。不敢爭訟。盡竭其虛僞之辭也。大畏民志者。能自誠而使民誠意。自然能使無訟也。而云吾猶人者。斷獄者俱備兩造。吾聽與人無殊。故云吾猶人也。能服民使誠意不敢爭。所以使無訟也。此謂知本者。此從上所謂誠其意者。至此章大畏民志以上。皆是誠意之事。意爲行身之本。能自知其身。是知其本也。張子載曰。大畏民志。大畏服其民志。使民誠服。猶神武而不殺也。威德素著。則民自畏服。無情者不敢盡其辭。則知過必改。不可幸免。故無訟也。禮案家語相魯解云。孔子之爲政也。三月則鬻車馬者不儲價。賣羔豚者不加飾。男女行者別其塗。道不拾遺。男尚忠信。女尚貞順。然則民無無情實者矣。不曰無辭。而曰不得盡其辭。猶謙言也。畏也。尚書五子之歌曰。懍乎若朽索之御六馬。爲人上者奈何不敬。知本即大戴禮察云。禮云禮云。貴絕惡於未萌而起敬於微眇。使民日徙善遠罪。而不自知也。

所謂修身在正其心者。身有所忿懥。則不得其正。有所恐懼。則不得其正。有所好樂。則不得其正。有所憂患。則不得其正。心不在焉。視而不見。聽而不聞。食而不知其味。此謂修身在正其心。鄭注懥怒貌也。或作懫。或作疐。孔疏此覆明前經正心修身之事。有所忿懥。則不得其正。言因怒而違於正也。所以然者。或不察而不當於理。則失於正。有因恐懼而違於正。若心不正。身亦不修。視聽與食。不覺知也。是心爲身本。修身必在於正心也。吳氏如愚曰。忿懥恐懼。好樂憂患。四者惟忿懥在人。不可有。易言懲忿。書戒忿嫉是矣。餘如恐懼修省。好賢樂友。生於憂患。皆學者所不能無。今乃與忿懥懼言之。何與。蓋所以不得其正者。以私欲也。故其所忿懥。則是好勇鬥很。忘其身。與不怒安其民者異也。其所恐懼。則是怯懦無勇。見義不爲者也。與恐懼所不睹。臨事而懼者異矣。其所好樂。則是好色好利。樂驕樂逸遊者也。其與好禮樂善者異矣。其所憂患。則是憂貧患得失者也。其與憂民憂國。患不知患不能者異矣。此其所以不得其正也。乃若喜怒哀樂發而中節。何有於我哉。而心之正則自若也。是知不得其正者。以身有之。而心不在焉故也。故曰心不在焉。視而不見。聲而不聞。食而不知其味。程子頤曰。身有之心當作心。禮案忿懥恐懼好樂憂患。喜怒哀樂之已發者也。故心爲物役。而不得其正焉。心也者神明之主也。有所蒙蔽。則官失其職。而良知汩焉。故修身必本於正心。孟子曰。胸中正。則眸子瞭焉。胸中不正。則眸子眊焉。故耳不能聞聲。舌不能別味。

所謂齊其家在修其身者。人之其所親愛而辟焉。之其所賤惡而辟焉。之其所畏敬而辟焉。之其所哀矜而辟焉。之其所敖惰而辟焉。故好而知其惡。惡而知其美者。天下鮮矣。故諺有之曰。人莫知其子之惡。莫知其苗之碩。此謂身不修。不可以齊其家。鄭注之適也。譬猶喻也。言適彼而以心度之曰。吾何以親愛此人。非以其有德美與。吾何以敖惰此人。非以其志行薄與。反以喻己。則身修與否。可自知也。鮮罕也。人莫知其子之惡。猶愛而不察。碩大也。孔疏此重明前經。齊家修身之事。辟言修身之譬也。設我適彼人。見彼有德。則爲我所親愛。當反自警喻於我也。我若修身有德。必然亦能使衆人親愛於我也。我賤惡彼人者。必是彼人無德。我若無德。則人亦賤惡我也。我畏敬彼人。必是彼人莊嚴。我亦當人莊敬。則人亦必畏敬我。我哀矜彼人。必是彼人慈善柔弱。我有慈善柔弱。則亦爲人所哀矜也。我敖惰彼人。必是彼人邪僻。我若邪僻。則人亦敖惰於我也。知人識也。鮮少也。人心多偏。若心愛好之。多不知其惡。若嫌惡之。多不知其美。今雖愛好知彼有惡事。雖憎惡知彼有美善。天下之內。如此者少矣。人之愛子。其意至甚。子雖有惡。不自覺知。猶好而不知其惡也。農夫種田。恆欲其盛。苗雖碩大。猶嫌其惡。以貪心過甚。故不知其苗之碩。若能以己子而方他子。己苗而匹他苗。則好惡可知。皆以己而待他物也。不知子惡苗碩之人。不修己身。不能以己譬人。故不可以齊整其家。呂氏大臨曰。所謂親愛。德厚者也。所謂賤惡。德薄者也。畏敬。賢於己者也。哀矜。無所知能者也。敖惰。不齊率教者也。見賢思齊。則之其所親愛而辟焉。見不賢而內自省。則之其所賤惡而辟焉。衆人之情。察於人而蔽於己。如以人之賢不肖反求諸己。則己可得而察也。好而不知其惡。惡而不知其美。情亂之也。子溺於私愛。故不能察其有惡。苗求其實利。故唯恐其不碩。皆非好惡之正也。家人之象。君子以言有物而行有常。之其所愛敬而修其言行。則人不可得而賤惡之。如此則人將矜式之。況其家乎。故曰其身不修。不可以齊其家也。朱子熹曰。諺俗語也。溺愛者不明。貪得者無厭。是則偏之爲害。而家之所以不齊也。禮案莫知其子之惡。私心蔽之也。莫知其苗之碩。貪心無厭也。蓋人心之明如日。原無不燭。皆爲私欲之故。若浮雲之蔽日。而失其自然之虛明。此愛而知其惡。憎而知其善。所以爲曲禮也。

所謂治國必先齊其家者。其家不可教而能教人者無之。故君子不出家而成教於國。孝者所以事君也。弟者所以事長也。慈者所以使衆也。康誥曰。如保赤子。心誠求之。雖不中不遠矣。未有學養子而后嫁者也。

鄭注養子者。推心爲之。而中於赤子之耆欲也。孔疏此覆明前經。治國齊家之事。康誥者。成王命康叔之辭。言治民之時。如保愛赤子。愛之甚也。誠求赤子之嗜欲。雖不能正中。所去亦不甚遠。治人之道。亦當如此也。母之養子。自然而愛中。當赤子之嗜欲。非由學習而來。故云未有學養子而后嫁者。此皆本心而爲之。言皆喻人君也。方氏慤曰。事君以忠。本乎事父之孝。事長以順。本乎事兄之弟。使衆以仁。本乎愛子之慈。孝經曰。君子之事親孝。故忠可移於君。事兄弟。故順可移於長。居家理。故治可移於官。正與此合。所謂不出家而成教於國也。赤子言新生體赤也。母之養子。以心度心。皆其自然。不必學也。以言慈之所以使衆。亦舉斯心加諸彼而已。禮案君子不出家而能成教於國。即曾子立事所云。事父可以事君。事兄可以事師長。使子猶使臣。使弟猶使承嗣也。能取朋友者。亦能取所予從政者矣。賜與其宮室。亦猶慶賞於國也。忿怒其臣妾。亦猶用刑罰於萬民也。是故爲善必自內始也。內人怨之。雖外人亦不能立也。如。今書作若。攷天香樓偶得云。書康誥若保赤子。傳云。孩兒。未詳赤字何義。按尺古通赤。尺牘古作赤牘。文獻通考。深赤者。十寸之赤也。是知赤子謂始生小兒。僅長一尺也。古人論長幼。如三尺五尺之童。俗諺有六尺七尺之軀。古謂成人曰丈夫。曲禮問天子之年。對曰聞之始服衣若干尺矣。至尊不敢斥言身長幾尺。故但言衣長幾尺也。此說足補注疏之不逮。故今之生童赴試。塡寫身形。皆謂身中面赤。亦是言其面長一尺耳。非色赤也。

一家仁。一國興仁。一家讓。一國興讓。一人貪戾。一國作亂。其機如此。此謂一言僨事。一人定國。堯舜率天下以仁。而民從之。桀紂率天下以暴。而民從之。其所令反其所好。而民不從。是故君子有諸己而后求諸人。無諸己而后非諸人。所藏乎身不恕。而能喻諸人者。未之有也。故治國在齊其家。

鄭注：一家一人。謂人君也。戾之言利也。機發動所由也。僨猶覆敗也。春秋傳曰。登戾之。又曰。鄭伯之車僨於濟。戾或爲吝。僨或爲犇。民從民不從。言民化君行也。君若好貨。而禁民淫於財利。不能正也。有於己謂有仁讓也。無於己謂無貪利也。孔疏：興仁興讓者。言人君行善於家。則外人化之。故一家一國皆仁讓也。人君一人貪戾惡事。則一國學之作亂。機謂機關。動於近成於遠。善惡之事。亦發於身。而及於一國也。此謂一言僨事。謂惡言也。一人定國。謂善政也。古有此言。記者引之。令謂君所號令之事。若各隨其行之所好。則人從之。其所好者是惡。所令者是善。則反其所好。雖欲以令禁人。人不從也。諸於也。謂君子有善行於己。而后可以求於人。使行善也。於己有仁讓。而后可求於人之仁讓也。無惡行於己。而后可以非責於人也。所藏積於身既不恕。實而能曉喻於人。使從己者。未之有也。言不可得也。呂氏大臨曰：君者國之機也。君仁莫不仁。君義莫不義。一正君而國定矣。其機如此。故國之本在家。家之本在身。可不慎與。民可使心服。而不可使力服。可以身率。而不可以令率。堯舜之仁。桀紂之暴。所以皆從其所好。而不從其所令也。有諸己而后求諸人。無諸己而后非諸人。此所以身率而使人心服者也。方氏慤曰：於仁讓皆曰一家。於貪戾止曰一人者。蓋貪戾之致亂。其效尤易也。一言僨事。則語所謂一言可以喪邦是也。一人定國。則詩所謂一國之事。繫一人之本是也。戾違於道也。率者身爲之先也。有諸己而后求諸人。無諸己而后非諸人。皆內恕及人之道。禮案：荀子彊國曰：凡爲天下之要。義爲本。而信次之。古者禹湯本義務信而天下治。桀紂棄義背信而天下亂。故爲人上者。必將愼禮義。務忠信。而後可。此君人者之大本也。

詩云。桃之夭夭。其葉蓁蓁。之子于歸。宜其家人。宜其家人。而后可以教國人。詩云。宜兄宜弟。宜兄宜弟。而后可以教國人。詩云。其儀不忒。正是四國。其爲父子兄弟足法。而后民法之也。此謂治國在齊其家。

鄭注：夭夭蓁蓁美盛貌。之子者是子也。孔疏：詩周南桃夭之篇。論昏姻及時之事。夭夭少好。蓁蓁茂盛。喻婦人形體少壯。顏色茂盛之時。似桃之夭夭也。歸嫁也。宜可以爲夫家之人。引之者取宜其家人之事。人既家得其宜。則可以教國人也。詩宜兄宜弟。小雅蓼蕭篇。美成王之詩。詩本文言成王之德。宜爲人兄。宜爲人弟。此記之意。謂自與兄弟相宜。而可兄弟之意。而后可以教國人也。詩其儀不忒。曹風鳲鳩之篇。忒差也。正長也。言在位之君子。威儀不有差忒。可以正長是四方之國。言可法則也。此謂脩德在室家之內。使父子兄弟足可以方法。而后民法之也。是先齊其家。而后能治其國也。葉氏夢得曰。先閨門則宜其家人。次親族則宜其兄弟。後國人則民以爲法。故孟子曰。天下之本在國。國之本在家。家之本在身。張氏九成曰。涵泳於斯。而覃桃夭蓼蕭鳲鳩之詩。以證此理。想見大學之道。雍容善端。有如此之樂也。呂氏大臨曰。至誠足以孚其心。儀形足以親其外。國之不治。未之有也。禮案身修則德義可尊。其爲父子兄弟足法。而家正矣。而后民法之。則國定矣。

所謂平天下在治其國者。上老老而民興孝。上長長而民興弟。上恤孤而民不倍。是以君子有絜矩之道也。所惡於上。毋以使下。所惡於下。毋以事上。所惡於前。毋以先後。所惡於後。毋以從前。所惡於右。毋以交於左。所惡於左。毋以交於右。此之謂絜矩之道。鄭注老老長長。謂尊老敬長也。恤憂也。民不倍。不相倍棄也。絜猶結也。挈也。矩法也。君子有挈法之道。謂常執而行之。動作不失之。倍或作偝。矩或作臣。挈矩之道。善持其所有。以恕於人耳。治國之要盡於此。孔疏自此以下至終篇。覆明上文平天下先治其國之事。治國非一義可了。故廣而明之。孤弱之子。人所易棄。在上君長。若能憂恤孤弱。則下民學之。不相棄倍也。是以君子於天下。持法之道。動而無失。以此加物。物皆從也。譬諸侯有天子在上。有不善之事加己。己惡之則不可迴持此惡事。使已下者爲之也。臣下不善事己。己所有惡。不可持此要事。迴事已之君子也。前謂在已之前不以善事施已。已所憎惡。則無以惡事施於前行之人也。所惡於右。毋以交施左者。謂與己平敵。或在已右。或在己左。若右以惡加己。己所憎惡。則無以此惡事施於左人。舉此一隅。餘可知也。上云君子有絜矩之道也。其絜矩之義未明。故此申說能持其所有。以待於人。恕己接物。即絜矩之道也。范氏祖禹曰。漢書云度長絜大。注曰。絜圍束之也。莊子絜之百圍。亦謂圍而度之也。矩所以爲方。絜矩言度之以求其方也。既度其上。又度其下。既度其下。又度其上。於前於後。於左於右。莫不皆然。不使少有大小長短之差焉。是以物我各適其適。無往而不得其方也。天下者國之積耳。以此推之。則自一國以至於萬國。一理而已。禮案與孝與弟。即大戴王言云。上敬老則下益孝。上順齒則下益悌。上樂施則下益諒是也。所惡於上以下。即祭統謂君子之事君也。必身行之。所不安於上。則不以使下。所惡於下。則不以事上。非諸人行諸已。非教之道也。淮南穆稱訓曰。人以其所願於上。以交其下。誰弗戴。以其所欲于下。以事其上。誰弗喜。絜矩之道。即荀子修身云。五寸之矩。盡天下之方。故物莫不正也。又大戴五帝德曰。聲爲律。身爲度。故物莫不準也。

詩云。樂只君子。民之父母。民之所好好之。民之所惡惡之。此之謂民之父母。詩云。節彼南山。維石巖巖。赫赫師尹。民具爾瞻。有國者不可以不慎。辟則爲天下僇矣。鄭注言治民之道無他。取於已而已。巖巖喻師尹之高嚴也。師尹天子之大臣。爲政者在下之民。俱視所行而則之。可不慎其德乎。邪辟失道。則天下共誅之矣。孔疏詩小雅南山有臺篇。美成王之詩。只辭也。言能以已化民。從民所欲。則可爲民父母矣。好謂善政恩惠。是民之願好己亦好之。以施於民。若發倉廩。賜貧窮。賑乏絕是也。惡謂苛政重賦。是人之所惡，已亦惡之，而不行也。詩小雅節南山篇，刺幽王之詩。言幽王所任大臣，非其賢人也。節然高峻者，是彼南山，維積累其石，巖巖然高大，喻幽王大臣師尹之尊嚴。赫赫師尹，民具爾瞻者，赫赫顯盛貌，是太師與人爲則者。具，俱也。爾，汝也。在下之民，俱於汝而瞻視之，言皆視師尹而爲法。此記之意，以喻人君在上，民皆則之，不可不慎。有國，謂天子諸侯也。僇，謂刑僇也。君若邪辟，則爲天下之民共所誅討，若桀紂是也。林氏光朝曰：一人在上，使天下人心固結而不可解者，必有正道焉。蓋四方萬里之遠，若非有以固結之，則如何長有天下？故詩以爲民之父母者，無他，唯與天下同其好惡而已。若是好惡與天下不相關，此之謂獨夫，爾朱子熹曰：言能絜矩而以民心爲己心，則是愛民如子，而民愛之如父母矣。節，讀爲截，截然高大貌。師尹，周之大師尹氏也。辟，偏也。言在上者人所瞻仰，不可不謹。若不能絜矩而好惡狥於一己之偏，則身弒國亡，爲天下之大僇矣。禮案荀子君道曰：省工賈，衆農夫，民之所好好之也；禁盜賊，除姦邪，民之所惡惡之也。瞻，望也。師尹之氣象，猶爲民所仰止，況爲天下之主乎？嚴正則民法之而正，邪僻則民共棄之而身爲戮矣，可不慎乎。

詩云：「殷之未喪師，克配上帝。儀監於殷，峻命不易。」道得衆則得國，失衆則失國。是故君子先慎內德。有德此有人，有人此有土，有土此有財，有財此有用。德者本也，財者末也。外本乎末，爭民施奪。是故財聚則民散，財散則民聚。是故言悖而出者，亦悖而入；貨悖而入者，亦悖而出。

鄭注：師，衆也。克，能也。峻，大也。言殷王帝乙以上，未失其民之時，德亦有能配天者，謂天享其祭祀也。及紂爲惡，而民怨神怒，以失天下。監視殷時之事，天之大命，持之誠不易也。道，猶言也。用，謂國用也。施奪，施其刼奪之情也。悖，猶逆也。言君有逆命，則民有逆辭也。上貪於利，則下人侵畔。老子曰：多藏心厚亡。孔疏：詩大雅文王篇，美文王因以戒成王也。言殷自紂父帝乙之前，未喪師衆之時，所行政教皆能配上天而行也。成王宜監視于殷之存亡，奉此天之大命，誠爲不易也。詩所云者，言帝乙以上得衆則得國，殷紂失衆則失國也。有德之人，人之所附從，故有德此有人也。有人則境土寬大，生植萬物，故有財爲國用也。德能致財，財由德有，故德爲本，財爲末也。外，疏也。內，親也。君若親財而疏德，則爭利之人皆施刼奪之情也。事不兩興，財由民立，君若重財而輕民，則民散也；若散財而賙恤於民，則民咸歸聚也。若人君政教之言悖逆人心，而出行者，則民悖逆而入以報答，謂拒違君命也。若人君厚斂財貨，悖逆民心而入積聚者，不能久如人畔於上，財亦悖逆君心而散出也。言衆畔親離，財散非君有也。張氏九成曰：文王之詩言商未失衆時，克配上帝，至紂失天下，其膚敏之士，反爲周祼將之役。天命如此，可不爲戒乎！且斷之曰：得衆則得國，失衆則失國。何以得衆？曰德。此君子所以先慎乎德也。禮案荀子正論曰：故上者，下之本也。上宣明則下治辨矣，上端誠則下愿愨矣，上公正則下易直矣。治辨則易一，愿愨則易使，易直則易知。易一則強，易使則功，易知則明，是治之所由生也。又富國篇云：今之世而不然，厚刀布之斂以奪之財，重田野之稅以奪之食，苛關市之征以難其事。不然而已矣，有掎挈伺詐，權謀傾覆，以相顛倒，以靡敝之，百姓曉然皆知其汙漫暴亂而將大危亡也。是以臣或弒其君，下或殺其上，粥其城，倍其節。而不死其事者。無他故焉。人主自取之。儀今詩作宜。峻作駿。康誥曰。惟命不於常。道善則得之。不善則失之矣。楚書曰。楚國無以爲寶。惟善以爲寶。舅犯曰。亡人無以爲寶。仁親以爲寶。鄭注。于於也。天命不於常。言不專祐一家也。楚書。楚昭王時書也。言以善人爲寶。時謂觀射父昭奚恤也。舅犯。晉文公之舅狐偃也。亡人謂文公也。時辟驪姬之讒。亡在翟。而獻公薨。秦穆公使子顯弔。因勸之復國。舅犯爲之對此辭也。仁親言親愛仁道也。明不因喪規利也。孔疏。康誥曰者。謂天之命。不於是常住在一家也。道善則得之。不善則失之矣。書之本意。言道爲善則得之。不善則失之。是不常在一家也。舅犯曰者。勸重耳之辭。於時重耳逃亡在翟。秦穆公欲納之反國。不受秦命。對使云。奔亡之人。無以貨財爲寶。唯親愛仁道。以爲寶也。楚書鄭知是昭王時書者。案楚語云。昭王使王孫圉聘於晉。定公享之。趙簡子鳴玉以相。問於王孫圉曰。楚之白珩猶在乎。其爲寶幾何矣。對曰。未嘗爲寶。楚之所寶者曰觀射父。能作訓辭以行事於諸侯。使無以寡人爲口實。又新序云。秦欲伐楚。使者觀楚之寶器。楚王召昭奚恤而問焉。對曰。寶器在賢臣。王遂使昭奚恤應焉。曰客欲觀楚之寶器乎。楚之所寶者。卽賢人也。朱子熹曰。前既言命之不易矣。此又言命之不常何也。曰以天命之重而致其丁甯之意。亦承上文言之也。蓋善則得之者。有德而有人之謂也。不善則失之者。悖入而悖出之謂也。然則命之不常。惟人之所自爲耳。可不謹哉。禮案。善則得之。不善則失之。卽尚書大甲所謂惟天無親。克敬惟親。民罔常懷。懷于有仁。是也。舅犯以下解見檀弓上。秦誓曰。若有一个臣。斷斷兮無他技。其心休休焉。其如有容焉。人之有技。若已有之。人之彥聖。其心好之。不啻若自其口出。實能容之。以能保我子孫黎民。尚亦有利哉。人之有技。媢疾以惡之。人之彥聖。而違之。俾不通。實不能容。以不能保我子孫黎民。亦曰殆哉。鄭注。秦誓。周書尚書篇名也。秦穆公伐鄭。爲晉所敗。於殺還誓其羣臣。故作此篇也。斷斷誠一之貌也。他技異端之技也。有技才藝之士也。若己有之。不啻若自其口出。皆樂人有善之甚也。美士爲彥。黎衆也。尚庶幾也。媢妬也。違猶戾也。俾使也。拂戾賢人所爲。使功不通於君也。殆危也。彥或作盤。孔疏。此明君臣進賢詘惡之事。秦穆公誓辭。兮是語辭。古文尚書兮爲猗。言有一介之臣。猗然專一。與此本異。無他奇異之技。惟其心休休然有包容。如此之人。我當任用也。見人有技藝。欲得親愛之。如已自有也。見人有才彥美通聖。其心中愛樂。不啻如自其口出。心愛此彥聖之美。多於口說。言其愛樂之甚也。若能好賢如此。是能有所包容。則我國家得安。保我後之子孫。黎衆也。尚庶幾也。非直子孫安。其下衆人皆庶幾亦有利益哉也。人之有技。媢疾以惡之者。上明進賢之善。此論蔽賢之惡也。見人有技藝。則掩藏媢妬疾。以憎惡之也。見他人之彥聖。而違抑退之。俾使其善功不通達於君。尚書通爲達字。也。若此蔽賢之人。是不能容納。家國將亡。不能保我子孫。非唯如此。衆人亦曰殆危哉。案。尚書序。秦穆公伐鄭。晉襄公帥師敗諸崤。還歸作秦誓。又左傳僖三十三年。秦穆公興師伐鄭。蹇叔等諫之。公不從。爲晉人與姜戎。

要而擊之。敗諸崤。是其事也。呂氏本中曰。斷斷。專慤。而無他技。則賊之者寡矣。故其心廣大易直。休休然其如有容。固心之本體也。所以迫隘忌克者。小知賊之也。曰其如有容者。莫測其限量。而難乎其形容也。論君子之樂善。終之以不啻如自其口出。好之篤也。論小人之忌善。終之以俾不達。惡之遂也。葉氏適曰。此固其國家之所寶。而終一介臣者。亦所恃以自寶也。夫善不可以有形。德不可以有心。山嶽之所藏。江河之所受。誠有長養潤澤之功也。天下之人。好爲有形之善。而各務自爲。其始本出於善意。而其終遂至於媢疾。其禍遂至於喪邦者衆矣。仁人其好善也篤。則其去惡也果。蓋非仁人之至善。不足以知不仁之爲害也。禮案此蓋任賢則國利。疾賢則國治也。荀子致士曰。人主之患。不在乎不言用賢。而在乎誠必用賢。夫言用賢者口也。卻賢者行也。口行相反。而欲賢者之至。不肖者之退也。不亦難乎。夫耀蟬者務在明其火。振其樹而已。火不明。雖振其樹無益也。

唯仁人放流之。迸諸四夷。不與同中國。此謂唯仁人爲能愛人。能惡人。鄭注。放去惡人媢嫉之類者。獨仁人能之。如舜放四罪。而天下咸服。

孔疏言惟仁人之君。能放流此蔽善之人。使迸遠在四夷。不與同在中國。若舜流四凶。而天下咸服是也。既放此蔽賢之人。遠在四夷。是仁人能愛善人。惡不善之人。葉氏適曰。仁人其好善也篤。則其去惡也果。蓋非仁人之至善。不足以知不仁之爲害也。陸氏佃曰。唯仁人爲能愛人。能惡人。正言仁人。仁者必有勇故也。亦仁人然後能放流之。孔子曰。懷惡而討。雖不服。禮案舜放四凶。能惡人也。舉八元八凱。讓天位於禹。能愛人也。蓋仁人之心。大公至正。物我無私。其所愛普。必天下之大賢。民之所好者也。其所誅者。必當世之元兇。民之所惡者也。故謂之能。以能威而惠也。**見賢而不能舉。舉而不能先。命也。見不善而不能退。退而不能遠。過也。好人之所惡。惡人之所好。是謂拂人之性。菑必逮夫身。**鄭注。命讀爲慢。聲之誤也。舉賢而不能使君以先己。是輕慢於舉人也。拂猶佹也。逮及也。孔疏此謂凡庸小人。見此賢人而不能舉進於君。假設舉又不能使在其己之先。慢謂輕慢於舉人也。小人見不善之人。而不能抑退之使遠。言是愆過之人也。君子所惡者。凶惡之事。今乃愛好凶惡。是好人之所惡也。君子所好仁義善道。今乃惡此仁義善道。是惡人之所好也。若知此者。是謂拂戾善人之性。災必及夫身矣。倪氏思曰。前言去惡。此言舉賢。欲去惡必舉賢可也。此章本爲去聚斂之臣。兼言舉賢者。相況取義也。言舉賢不能先。此其權在他人。尚可以命言。若見不善不能退。退而不能遠。此則在我。不能無過。不可言命也。民之所好好之。民之所惡惡之。人所公惡。而上反好之。人所公好。而上反惡之。是拂逆人之性。宜災禍之及身矣。禮案命名也。義見前漢張耳傳。蓋舉賢而不能先。乃竊薦賢之名。非眞心也。尚書泰誓云。崇信奸回。好人之所惡也。囚奴正士。惡人之所好也。故有敗國亡身之禍焉。**是故**

君子有大道。必忠信以得之。驕泰以失之。鄭注。道行所由。孔疏是故君子有大道者。謂所由行孝悌仁義之大道也。必忠信以得之者。言此孝悌仁義。必由行忠信以得之。由身驕泰以失之也。邵氏淵曰。小人以聚斂失人心。蓋本於奢侈無節。而用度不足。至君子之大道。則以忠信得之。忠信者。誠實不事華靡之意也。經曰。忠信禮之本。苟驕以自矜。泰而自侈。則失之矣。朱子熹曰。

發己自盡爲忠。循物無違謂信。郝氏懿行曰。大道卽謂絜矩之道也。忠恕則違道不遠。驕淫卽縱欲自災。禮案忠信得之。若尚書仲虺之誥。克寬克仁。彰信兆民。驕泰失之。若西伯戡黎。我生不有命在天。

生財有大道。生之者衆。食之者寡。爲之者疾。用之者舒。則財恆足矣。仁者以財發身。不仁者以身發財。未有上好仁。而下不好義者也。未有好義。其事不終者也。未有府庫財非其財者也。

鄭注是不務祿不肖。而勉民以農也。發起也。言仁人有財。則務於施與。以起身成其令名。不仁之人。有身貪於聚斂。以起財務成富。言君行仁道。則其臣必義。以義舉事。無不成者。其爲誠然。如已府庫之財。爲已有也。孔疏。此明人君。生殖其財。有大道之理。則下之所云者是也。生之者衆。謂爲農桑多也。食之者寡。謂減省無用之費也。爲之者疾。謂百姓急營農桑事業也。用之者舒。謂君上緩於營造費用也。人君能如此。則國用恆足。仁德之君。以財散施。發起身之令名也。不仁之人。唯在吝嗇。務於積聚。勞役其身。發起其財。此治家國天下之科。皆謂人君也。人君好以仁道接下。其下感君仁恩。無不愛好於義。使事皆得其宜也。臣下悉皆好義。百事盡能終成。故云未有好義。其事不終也。譬如人君有府庫之財。必爲所用也。故云未有府庫財非其財者也。呂氏大臨曰。國無游民。則生之者衆矣。朝無幸位。則食之者寡矣。不違農時。則爲之者疾矣。量入爲出。則用之者舒矣。此生財之道也。以財發身。唯富足然後可以推吾濟人之惠也。以身發財。則非驕奢無以矜已之富也。此仁不仁之分也。故唯仁者能與天下同其利。上有不私之仁。下有樂輸之義。心誠樂之。如孝子之養父母。未有子富而父貧。百姓足而君不足者也。禮案此卽荀子富國云。足國之道。節用裕民。而善臧其餘。節用以禮。裕民以政。彼裕民故多餘。裕民則民富。民富則田肥以易。田肥以易則出實百倍。上以法取焉。而下以禮節用之。餘若丘山。不時焚燒。無所臧之。夫君子奚患乎無餘。故知節用裕民。則必有仁義聖良之名。而且有富厚丘山之積矣。此無它故焉。生於節用裕民也。不知節用裕民則民貧。民貧則田瘠以穢。田瘠以穢則出實不半。上雖好取侵奪。猶將寡穫也。而或以無禮節用之。則必有貪利糾譑之名。而且有空虛窮乏之實矣。此無他故焉。不知節用裕民也。康誥曰。弘覆乎天。若德裕乃身。此之謂也。上好仁以下。卽正論篇謂主者民之唱也。上者下之儀也。彼將德唱而應。視儀而動。故上者下之本也。

孟獻子曰。畜馬乘不察於雞豚。伐冰之家不畜牛羊。百乘之家不畜聚斂之臣。與其有聚斂之臣。寧有盜臣。此謂國不以利爲利。以義爲利也。

鄭注孟獻子。魯大夫仲孫蔑也。畜馬乘。謂以士初試爲大夫也。伐冰之家。卿大夫以上。喪祭用冰。百乘之家。有采地者也。雞豚牛羊。民之所畜養。以爲財利者也。國家利義不利財。盜臣損財耳。聚斂之臣。乃損義。論語曰。季氏富於周公。而求也爲之聚斂。非吾徒也。小子鳴鼓而攻之可也。孔疏。此明治國家不可務於積財。畜養馬乘。閔察於雞豚之小利。喪祭用冰。從固陰之處。伐擊其冰。以供喪祭。故卿大夫爲伐冰之家。不畜牛羊爲財利。不畜聚斂之臣。謂卿大夫地方百里。故云百乘之家。若其有聚斂之臣。寧可有盜竊之臣。以盜臣盜君府庫。則害小也。此謂國不以利爲利。以義爲利也。能如上所言。是國家之利但以義事爲國家利也。而務財用者。必自小人矣者。言爲人君長於國。財以爲己財者。必自爲小人之行也。孟獻子據左傳文也。案書傳士飭車駢馬。詩云四牡騑騑。大夫以上。乃得乘四馬。今下云伐冰之家。是卿大夫。今別云畜馬乘者。不察雞豚。故知士初試爲大夫也。案昭四年左傳云。大夫命婦喪浴用冰。喪大記云。士不用冰。故知卿大夫也。士若恩賜。亦得用之。但非其常。故士喪禮賜冰則夷槃可也。百乘之家謂卿也。故論語云。百乘之家。鄭云采地一同之廣輪是也。朱子熹曰。其引孟獻子之言何也。曰雞豚牛羊。民之所畜養以爲利者也。既已食君之祿。而享民之奉。禮則不當復與之爭。此公儀子所以拔園葵。去織婦。而董子因有與之齒者去其角。傳之翼者兩其足之喻。皆絜矩之義也。聚斂之臣。剝民之膏血以奉上。而民被其殃。盜臣竊君之府庫以自私。而禍不及下。仁者之心。至誠惻怛。寧亡己之財。而不忍傷民之力。所以與其有聚斂之臣。寧有盜臣。亦絜矩之義也。昔孔子以臧文仲之妾織蒲。而直斥其不仁。以冉求聚斂於季氏。而欲鳴鼓以聲其罪。以聖人之宏大兼容。溫良博愛。而所以責二子者。疾痛深切。不少假借如此。其意亦可見矣。國以利爲利。則上下交征。不奪不饜。以義爲利。則不遺其親。不後其君。蓋唯義之安。而自無所不利矣。孟子分別義利。拔本塞源之意。其傳蓋亦出於此。禮案此云不察於雞豚。則非家不畜養雞豚也。蓋謂不計察雞豚瑣屑之細事也。若史記陳丞相世家謂決獄。責廷尉。錢穀。責治粟內史。宰相主臣是也。

長國家而務財用者。必自小人矣。彼爲善之小人之使爲國家。菑害並至。雖有善者。亦無如之何矣。此謂國不以利爲利。以義爲利也。

鄭注言務聚財爲己用者。必忘義。是小人所爲也。彼君也。君將欲以仁義善其政。而使小人治其國家之事。患難猥至。雖云有善。不能救之。以其惡之已著也。孔疏此明爲君治國。棄遠小人。亦是不以利爲利。以義爲利也。彼爲善之者。謂君也。君欲爲仁義之道。善其政教。彼爲善之小人之使爲國家。災害並至者。言君令小人使爲治國之事。毒害於下。雖有善者。亦無如之何矣。言不能止之。以其惡之已著故也。朱子熹曰。彼爲善之。此句上下疑有缺文誤字。自由也。言由小人導之也。呂氏大臨曰。君不鄉道。不志於仁。而求富之。是富桀也。故長國家而務財用。無與人同利之心。是必小人者也。小人者人之所非。彼之所善。故曰今之所謂良臣。古之所謂民賊也。禮案朱說是。善上似脱不字。

禮記通釋卷七十七　玉環戴禮

冠義第四十三 孔疏案鄭目錄云。名曰冠義者。以其記冠禮。成人之義。此於別錄屬吉事。但冠禮起早晚。書傳既無正文。案略說稱周公對成王云。古人冒而句領。注云。古人謂三王時。以冒覆頭。句領繞頸。至黃帝時。則有冕也。案喪服。大夫爲昆弟之長殤。則不二十始冠也。其士則二十而冠也。曲禮云。二十曰弱冠是也。其天子之子。亦早冠。所以祭殤有五。其諸侯之子。皆二十冠也。故下檀弓云。君大夫之適長殤是也。禮案鄭冠禮目錄云。冠禮於五禮屬嘉禮。夫冠爲成人之始。乃嘉事之重者也。

凡人之所以爲人者。禮義也。禮義之始。在於正容體。齊顏色。順辭令。容體正。顏色齊。辭令順。而后禮義備。以正君臣。親父子。和長幼。君臣正。父子親。長幼和。而后禮義立。故冠而后服備。服備而后容體正。顏色齊。辭令順。故曰冠者禮之始也。是故古者聖王重冠。鄭注正容體。齊顏色。順辭令。言人爲禮。以此三者爲始。三始既備。乃可求以三行也。立猶成也。言服未備者。未可求以三始也。童子之服。釆衣紒。孔疏此一節。明人之所以相敍加冠之事。人之所以異於禽獸者。以其行禮義也。行禮之始。先須正容體。齊顏色。順辭令。爲初也。然後可以正君臣。親父子。和長幼。呂氏大臨曰。容體動乎四體者也。顏色發乎面目者也。辭令見乎言語者也。三者修身之要也。必學而後成。必成人而後備。童子於三者。未能備也。不可以不學。學之而至於二十。則三者備矣。故冠而責以成人之事。故曰冠者禮之始也。焉氏晞孟曰。正容體。則斯遠暴慢矣。齊顏色。則斯近信矣。順辭令。則斯遠鄙悖矣。冠而後服備。服備以德成。德以服彰。故服其服者。文以君子之容。遂以君子之辭。實以君子之德。所以稱其服也。聖言其內。王言其外。知禮樂之情者能作。作者之謂聖。故必曰聖。雖有其位。苟無其德。不敢作禮樂。故必曰王。冠禮出於聖王。而士大夫由之以行也。陸氏佃曰。人者仁也。禮以經之。權之以義。如斯而已。正容體。齊顏色。順辭令。五事一曰貌。二曰言。是已。三始者。雖非所以立也。然闕一於此。不得謂之備。柯陵之會。厲公視遠步高。晉郤犨見其語迂。郤錡見其語犯。郤至見其語伐。單襄公曰。吾見厲公之容。而聽三郤之語矣。殆必禍者也。蓋古之人。於此以觀禍福如此。則容體顏辭令。亦豈可忽哉。徐氏軼曰。夫容貌者。人之符表也。符表正。故情性治。情性治。故仁義存。仁義存。故盛德著。禮案正容體。齊顏色。順辭令。卽表記所謂君子不失足於人。不失色於人。不失口於人。則人道立。而後可責以敦倫。人倫明。則君臣有義。父子有親。長幼有序矣。蓋正身本於備服。而冠爲首服。故謂冠禮爲成人之始也。

古者冠禮筮日筮賓。所以敬冠事。敬冠事所以重禮。重禮所以爲國本也。故冠於阼。以著代也。醮於客位。三加彌尊（一）。加有成也。鄭注國以禮爲本。阼謂主人之北也。適子冠於阼。若不醴。則醮用酒。

於客位。敬而成之也。戶西爲客位。庶子冠於房戶外。又因醮焉。不代父也。冠者初加緇布冠。次加皮弁。次加爵弁。每加益尊。所以益成也。孔疏此明將冠之時。筮日筮賓。重冠禮之事。又明冠禮。三加其冠。以漸成人之禮。冠於阼以著代也者。阼是主人接賓之處。今適子冠於阼階。所以著明代父之義也。若依周禮。適子醴於客位。今云醮者。或因先代夏。殷之禮。醮之用酒於客位。室戶外之西。必在賓客位者。尊以成人。若賓客待之。三加初加緇布冠。次加皮弁冠。三加爵弁冠。彌漸而尊。故云三加彌尊。加有成也。謂加益有成人之事矣。此記之作。是記儀禮士冠禮。故三加也。若大夫亦同。士冠禮云。無大夫冠禮。古者五十而后爵。何大夫冠禮之有。是大夫雖冠。用士禮。若諸侯則有冠禮。故左傳云。公冠用裸享之禮行之。金石之樂節之。其加則四加。而有玄冕也。故大戴禮公冠四加。則天子當五加衮冕也。呂氏大臨曰。國之所以爲國。人道立也。人之所以爲人。禮義立也。冠禮者。所以責成人。禮義所由始也。上帝降衷於下民。則所以爲人。天命之神明相之。筮日筮賓。于廟門之外。成人之始。質之神。而不敢專。敬之至也。敬至則禮重。禮重則人道立。此國之所以爲國也。故曰所以爲國本也。主人升立于序端西面。贊者筵于東序之北西面。將冠者。卽筵而冠。則其位與主人同在阼也。父老則傳之子。姑老則傳之婦。所傳皆適也。故冠禮子冠於阼。昏禮舅姑享婦。卒享降自西階。婦降自阼階。所以著其傳付之意。所以使之知繼之之重。敬守而不敢墜也。卒冠而醴若醮則席於賓位。以禮賓之禮禮其子。所以爲成人敬也。始加緇布。次加皮弁。次加爵弁。三加而服彌尊。亦所以爲成人敬也。禮案國本猶邦本也。尚書五子之歌曰。民爲邦本。冠於阼以下。解見郊特牲。

已冠而字之。成人之道也。見於母。母拜之。見於兄弟。兄弟拜之。成人而與爲禮也。玄冠玄端奠摯於君。遂以摯見於鄉大夫鄉先生。以成人見也。鄭注字所以相尊也。鄉先生。謂鄉老而致仕者。服玄冠玄端。異於朝也。孔疏此明冠畢加字。見母及兄弟及見君之節。以其成人。而見人也。未冠之前。以其名別之。既冠之後。又改以字。且人二十有爲父之道。不可復言其名。故冠而加字之。成人之道也。見於母。母拜之故不拜也。今唐禮母見子。但起立不拜也。案儀禮廟中冠。子以酒脯奠廟訖。子持所奠酒脯。以見於母。母拜其酒脯。重從奠者處來。故拜之。非拜子也。此玄冠玄端。則異於朝服之衣。但衣冠上士則玄裳。中士則黃裳。下士則雜裳。以其初成人。故著玄端。異於朝服也。若朝服則素裳。奠摯。奠之於君也。摯謂以雉也。故士相見禮。冬用雉。夏用雉。見於鄉大夫。謂在朝鄉大夫也。鄉先生。謂鄉老而致仕也。敖氏繼公曰。見於君。不朝服。以未仕也。所見者。亦玄端見之。鄉大夫。鄉之異爵者。先生齒德俱尊者也。萬氏斯大曰。攷禮婦人之拜有二。一肅拜。一手拜。肅拜者。端肅立。微俯躬。非跪拜也。則此之拜受。肅拜也。義疏云。母拜之。兄弟拜之。只是與之行禮。本文成人而與爲禮。一語甚明。蓋幼時父母兄弟。唯慈想之而已。今以成人來見。故母與兄弟。各盡其相見之禮也。孫氏希旦曰。以成人見者。以其爲成人之始。故見之也。國語趙文子冠。徧見六卿。皆有戒諭之辭。凡冠而見鄉大夫鄉先生者。其服皆如此與。禮案賈疏儀禮士冠禮云。爵弁助祭之服。不可服見君及鄉大夫等也。初冠服玄端。爲緇布冠之服。以緇布冠冠而敝之。故易玄冠配玄端也。

成人之者。將責成人禮焉也。責成人禮焉者。將責爲人子爲人弟。爲人臣爲人少者之禮行焉。將責四者之行於人。其禮可不重與。鄭注言責人以大禮者。已接之不可以苟。孔疏此明加冠成人之義。必成人者。將責成人禮焉。葉氏夢得曰。爲人子孝。故事。君則忠。爲人弟弟。故事長則順。既冠而母與兄弟拜之。責以孝弟之行也。君與鄉大夫。鄉先生。以成人見之。責以忠順之行也。忠順之行立。則身脩而人道備。故可以爲人。人道備於己。則推以治國家。故可以治人。古之聖帝明王。欲責人如此。故筮日筮賓。以敬之。乃所以重責之也。胡氏銓曰。前責以三行者。責成人之漸。此責以四行者。責成人之備。孟子白。不得乎親。不可以爲人。故必四行立。而後可以爲人也。言可以者。亦猶所謂事親若曾子者可也。蓋臣子之身。所能爲者。皆所當爲也。故但曰可而已。不以曾子之孝。爲有餘也。呂氏大臨曰。所謂成人者。非謂四體膚革。異於童稺也。必知人倫之備焉。親親貴貴長長。不失其歌之謂備。有諸己。然後可以責諸人。故人倫備。然後謂之成人也。孫氏希旦曰。爲人弟。專以事兄言之。爲人少。則凡在宗族。而屬之尊於我。在鄉黨而齒之長於我。在朝廷而德位之先於我。皆爲之少。而當事之者也。四者之行重。故必重其孔。而後可以責之也。郝氏懿行曰。禮行者禮之實行。非但威儀文辭而已。禮案禮行者。卽內則二十而冠。始學禮是也。故孝弟忠順之行立。而后可以爲人。可以爲人。而后可以治人也。故聖王重禮。故曰冠者禮之始也。嘉事之重者也。是故古者重冠。重冠故行之於廟。行之於廟者。所以尊重事。尊重事。而不敢擅重事。不敢擅重事。所以自卑而尊先祖也。鄭注嘉事嘉禮失。宗伯掌五禮。有吉孔。有凶禮。有賓禮。有軍禮。有嘉禮。而冠屬嘉禮。周禮曰。以昏冠之禮。親成男女也。孔疏冠責以成人之事。若成人事立。可以治人也。是冠者爲治之本。故先王重之。行之於廟。士行之於禰廟。故士冠禮注。廟謂禰廟。既在禰廟。此云尊先祖者。尊禰卽尊先祖之義。且下士祖禰共廟。其諸侯則冠於丈祖之廟。故左傳云。先君之祧以處之。聘禮不腆先君之祧。鄭注以爲始祖之廟。則天子當冠於始祖廟也。服虔注左傳。先君之祧處之。以爲曾祖廟者。以左傳魯成公冠於衛成公之廟。衛成公則當今衛君獻公曾祖。服虔望時解之。故以祧爲曾祖。非鄭義也。呂氏大臨曰。古者重事必行之廟中。昏禮納采至親迎。皆主人筵几於廟。聘禮君親拜迎於大門之外。而廟受。爵有德。祿有功。君親策命於廟。喪禮既啓則朝廟。皆所以示有所尊。而不敢專也。冠禮者。人道之始。所不可後也。孝子之事親也。有大事以告而後行。沒則行諸廟。猶是義也。葉氏夢得曰。五禮而嘉處其終。嘉禮而冠居其首。言冠者禮之始。則知其爲嘉事之重也。蓋在冠則謂之禮。在禮則謂之事。重其事。故行之於廟。孫氏希旦曰。嘉禮之別有六。而冠爲成人之始。其禮爲重。他如飲食慶賀之類。視冠禮則爲輕矣。冠禮行於廟。有二義。一則尊重事。一則不敢擅重事。尊重事者。所以明成人之禮之重。所以原責其子。不敢擅重事者。以明重禮。必成於禰。又所以尊敬其父也。禮案上云行之於廟。下之尊先祖者。則是廟固祖之廟矣。然鄭注儀禮士冠禮。又謂之禰廟者。蓋冠禮父主之。自其父言之則禰也。自冠者言之則祖也。夫冠爲嘉禮之重。成人之始。故於廟行之。示有所尊。不敢擅爲重事。亦所以詔子尊父之道也。

昏義第四十四

孔疏案鄭目錄云。名曰昏義者。以其記娶妻之義。內教之所由成也。此於別錄屬吉事。謂之昏者。鄭昏禮目錄云。娶妻之禮。以昏爲期。必以昏者。取其陽往陰來之義。日入後二刻年爲昏。以定稱之。則壻曰昏。妻曰姻。謂壻以昏時而來。妻則因之而去也。其昏之年。則大戴禮。男三十女二十。合於五十。應大衍之數。自則子達於庶人一也。先儒又以男二十而冠。女十五而笄。自此以後。可以嫁娶。至男三十。女二十。是正禮也。孫氏希旦曰。此篇釋儀禮士昏禮之義。自篇首至禮之大體也。明昏禮之重。自夙與以下四節。明婦事舅姑之義。古者婦人先嫁三月一節。言婦順由於教成。古者天子以下。又因昏義而廣言也。禮案鄭士昏禮目錄云。昏禮於五禮屬嘉禮。

昏禮者。將合二姓之好。上以事宗廟。而下以繼後世也。故君子重之。是以昏禮納采。問名。納吉。納徵。請期。皆主人筵几於廟。而拜迎於門外。入。揖讓而升。聽命於廟。所以敬愼重正昏禮也。鄭注聽命。謂主人聽使者。所傳壻家之命。孔疏此總明昏禮之義。而拜迎於門外。揖讓而升。自從始至終也。納采謂采擇之禮。故昏禮云。下達。納采用雁也。白虎通云。雁取其隨時而南北。不失節也。又是隨陽之鳥。妻從夫之義也。問名者。問其女之所生母之姓名。故昏禮云。謂誰氏。言女之母。何姓氏也。此二禮一使。而兼行之。納吉謂男家既卜得吉。與女氏也。納徵者。納聘財也。徵成也。先納聘財。而后昏成。春秋則謂之納幣。其庶人則緇帛五兩。卿大夫則玄纁。玄三纁二。加以儷皮。及諸侯加以大璋。天子加以穀圭。皆具於周禮經注也。請期謂男家使人請女家以昏時之期。由男家告於女家。必請者。男家不敢自專。執謙敬之辭。故云請也。女氏終聽男家之命。乃告之納吉。納徵請期。每一事則使者。一人行。惟納徵無雁。以有幣故。其餘皆用雁。主人謂女父母。設筵几於禰廟。此等皆據士昏禮。而知之也。聽命謂女之父母聽受壻之使者之命於廟堂之上。兩楹之閒也。賈氏公彥曰。納幣五兩十端也。必言兩者。欲得其配合之名。十象五行。十日相成也。馬氏晞孟曰。二姓者。姓之所自出者異也。繫之以姓而弗別。綴之以食而弗殊。雖百世而昏姻不通者。周道然也。所以重其別。而必待二姓。然後合好也。上主於事宗廟。下主於繼後世。則中宜主於順舅姑。和室人。而以當於夫也。所主者如此。則君子可不重與。采者有所采擇。君子於事之始。未蒙不采擇。故此始於納采。至請期。聽壻家之命。必於廟者。不敢忘其祖。以敬愼重正昏禮也。義疏云。白虎通云。取女不告示不必安也。遣女於廟。重先人之遺支體也。朱子云。鄭忽先配後祖。陳鍼子譏之。楚圍亦言告於莊共之廟。若而來。是娶妻亦先告廟矣。豈左氏據當時俗禮。非先王正法與。考經文筵几於廟。聽命於廟。是女氏之廟。上事宗廟則男以事宗廟而娶。恐無不告廟之理。問名歸卜於廟。乃納吉。是納吉已告廟矣。豈有納徵親迎而不告廟者。孫氏希旦曰。問名者。問女之名。將以加諸卜。故曲禮曰。男女非有行媒。不相知名。士昏記問名辭云。敢請女爲誰氏。謙不敢質言故言誰氏。疏家疾婦人。不以名通。故孔氏謂問其母所生之姓名。賈氏又謂問女之姓氏皆非也。旣已納采。固無不知其姓氏之理。而母所生之女非。止爲一人而姓氏者。尤非一人之所專也。將何以卜。其吉凶乎。禮案問名自問女名。孫氏說是。婦人以字配姓。儀禮士昏記。謂誰氏。說文誰何也。問何伯仲。若伯姬仲子之屬。故曲禮上云。男女異長。自爲伯仲。蓋以許嫁時。將卜諸鬼神故也。然禮女子年十有五。許嫁笄。其未時嫁則二十而笄。則此納采之女。若非至二十以外者。必尚未笄。未笄則無字。所問者必三月見父之名可知矣。

父親醮子。而命之迎。男先於女也。子承命以迎。主人筵几於廟。而拜迎於門外。壻執雁入。揖讓升堂。再拜奠雁。蓋親受之於父母也。降出御婦車。而壻授綏。御輪三周。先俟於門外。婦至。壻揖婦以入。共牢而食。合巹而酳。所以合體同尊卑以親之也。

鄭注酳而無酬酢曰醮。醮之禮如冠醮與。其異者於寢耳。壻御婦車輪三周。御者代之。壻自乘其車。先道之歸也。共牢而食。合巹而酳。成婦之義。孔疏此明親近之時。父之醮子。明迎婦之節。父謂壻父。身親以酒醮子。而命之親迎也。所以必命男往迎之。女則從男而來。是男先於女也。主人女之父。以壻來親迎。故拜迎於門外。以敵禮待之。壻執雁入。主人就東階。初入門。將曲揖。當階北面揖。當碑揖。至階三讓。主人升自阼階。揖壻升自西階。北面奠雁。再拜蓋親受之於父母也。於時女房中南面。母在房戶外之西南面。壻既拜訖。旋降出。女出房南面。立於母左。父西面誡之。女乃西行。母南面誡之。是壻親受之於父母。但親受之非是分明手有親受。示有親受之義。故云蓋以疑之。降出謂壻降西階而出。親御婦車。婦升車時。壻授之以綏。御婦車之輪三匝。然後御者代之。婦至壻之寢門。壻揖以婦入。則稍西避之。故魏詩之宛然左辟。謂此時也。謂食畢飲酒演安其氣。巹謂半瓢。以一瓠分爲兩瓢。謂之巹。壻之與婦。各執一片以酳。故云合巹而酳。同尊卑。謂共牢也。所以合體同尊卑者。欲使壻之親婦。婦亦親壻。所以體同爲一。不使尊卑有殊也。李氏光坡曰。儀禮賓升北面奠雁再拜稽首。鄭注云。主人不答。明主爲授女耳。似此雁爲壻見女之贄。郊特牲云。執贄以相見。指此節也。禮案此申上文。敬慎重正之義也。父命子親迎敬也。儀禮士昏記醮子之辭曰。往迎爾相。承我宗事。勖率以敬。若則有常是也。壻親受之於婦之父母慎也。御輪授綏。重昏姻之禮也。男先於女。明夫倡婦隨之道也。共牢合巹者。示失婦之親也。蓋先之以禮。欲其不相瀆也。繼之以愛。欲其不相違也。荀子大略云。易之咸。見夫婦。夫婦之道。不可不正也。君臣父子之本也。咸感也。以高下下。以男下女。柔上而剛下。聘士之義。親迎之道。重始也。

敬慎重正。而后親之。禮之大體。而所以成男女之別。而立夫婦之義也。男女有別。而后夫婦有義。夫婦有義。而后父子有親。父子有親。而后君臣有正。故曰昏禮者。禮之本也。

鄭注言子受氣性純則孝。孝則忠也。孔疏此論謹慎重正。禮之根本。言行昏禮之時。必須恭敬謹慎。尊重正禮。而後男女相親。若不敬慎重正。則夫婦久必離異。不相親也。夫婦昏姻之禮。是諸禮之本。昏姻得所。則受氣純和。生子必孝。事君必忠。孝則父子親。忠則朝廷正。故昏禮爲諸禮之本也。馬氏晞孟曰：男女者，夫婦之始。夫婦者，男女之終。始則成男女之別。終則必能立夫婦之義。由男女之別，以至於君臣有正，其序如易所謂有男女然後有夫婦。有夫婦然後有父子，以至於有君臣。然後禮義有所措。葉氏夢得曰：納采用雁而擇所昏，敬之也。問名而卜之吉，然後昏，謹之也。納幣而後成昏禮，重之也。請期而後交合，正之也。既至而後同尊卑，親之也。自納采至於請期，未成其爲婦也，故以成男女之別。既受之父母而至於合卺而飲，則非特男女之交而已，故以立夫婦之義。夫婦有義，則內足以事親，故父子有親，則家齊矣。推而治國，故君臣有正。齊家本也，治國末也，故昏禮所以爲禮之至也。孫氏希旦曰：物之苟合者，親也不可以久，故男女有別，而后夫婦有義，有夫婦然後有父子，故父子之親，由於夫婦之別；有父子然後有君臣，故君臣之正，由於父子之親。禮案：荀子大略曰：男女之合，夫婦之分，婚姻娉內，送迎無禮。如是則人有失合之憂，而有爭色之禍矣。孟子云：飲食男女，人生之所大欲也。若夫婦均能守正，並無外變，未有不篤房幃之愛，而有離棄之禍者。蓋離昏之端，在於色衰愛弛，得新忘故，若嚴於男女之別，則不能成禽獸之行。既無禽獸之行，則夫婦之好合，孰得而間之哉。嗚呼，男女有別而后夫婦之義，此聖人正本清原之至教也。

夫禮始於冠。本於昏。重於以祭。尊於朝聘。和於鄉射。此禮之大體也。

鄭注：始猶根也。本猶榦也。鄉，鄉飲酒。孔疏：此因昏禮爲諸禮之本，遂廣明禮之始終。始則在於冠，終則重於喪祭。其間有朝娉鄉射，是禮之大體之事也。呂氏大臨曰：禮始於冠者，童子所以成人也。本於昏者，有夫婦然後有父子君臣也。重於喪祭者，人道之所終也。尊於朝聘者，所以明君臣之義也。和於鄉射者，所以合人情之懽也。八者備，然後禮備，故曰禮之大體也。方氏愨曰：夫禮經而爲三百，曲而爲三千，不特止於如是而已。以體言之，猶之百骸九竅，無非體也，而一身乃其大體焉。馬氏晞孟曰：冠所以成人，故爲禮之始；昏所以繼後世，故爲禮之本；喪以慎終，祭以追遠，故曰重；朝所以教諸侯之臣，娉所以成諸侯之好，故曰尊；習射尚功，習鄉尚齒，皆有飲，故曰和。其大別見於此，故曰禮之大體也。禮案：禮，男子二十而冠，三十而娶，故先言冠而昏次之也。鄉，鄉飲酒禮；射，射禮。此鄉射二字似誤倒，當從仲尼燕居作射鄉爲見。

夙興，婦沐浴以俟見。質明，贊見婦於舅姑，婦執笄棗栗段脩以見。贊醴婦，婦祭脯醢，祭醴，成婦禮也。舅姑入室，婦以特豚饋，明婦順也。厥明，舅姑共饗婦以一獻之禮，奠酬。舅姑先降自西階，婦降自阼階，以著代也。

鄭注：成其爲婦之禮也。贊醴婦，當作禮，聲誤也。以饋明婦順者，供養之禮，主於孝順。著代，言既獻之，而授之以室事也。降者各還其燕寢。婦見及饋享於適寢。昏禮不言厥明，此言之者，容大夫以上禮多，或異日。孔疏：此論昏禮明日，婦見舅姑，舅姑醴婦，又舅姑入室，婦饋特豚，又明日舅姑享婦之節。此即士昏禮，故有特豚饋。若大夫以上，非惟特豚而已。雖以士爲主，亦兼明大夫，故有厥明，舅姑共享婦。若士婦見舅姑之日，即舅姑享婦也。婦執笄棗栗段脩以見者，案士昏禮，舅坐於阼階西面，姑坐於房外南面，婦執笄棗栗，進，東面拜，奠於舅席。訖，婦又執腶脩，升，北面拜，奠於姑席是也。贊醴婦者，案士昏禮，婦席於戶牖間。

贊者酌醴，置於席前，北面。婦於席西，東面拜受。贊者西階上北面拜送，又拜，薦脯醢。婦升席，左執觶，右祭脯醢訖，以柶祭醴三。是祭脯醢、祭醴，所以成其爲婦之禮也。案士昏禮：舅姑入於室，婦盥饋，特豚，合升，側載，無魚腊，南稷。並南上，其他如取女禮。鄭注云：側載者，右胖載之舅俎，左胖載之姑俎，異尊卑。並南上者，舅姑與席於奧，其饌各以南爲上。是特豚饋，所以顯明其爲婦之孝順也。舅姑共享婦者，案士昏禮云：既言舅姑薦俎醢以鄉飲酒之禮約之，席在室外戶之西，舅酌酒於阼階獻婦，婦西階上拜受，即席祭薦祭酒，畢，於西階上北面卒爵。婦酢舅，舅於阼階上受酢，飲畢，乃酬婦，先酌自飲，畢，更酌酒以酬姑，姑受爵，奠於薦左，不舉爵，正禮畢也。阼階是舅姑所升處，今婦由阼階而降，是著明代舅姑之事也。姚氏舜牧曰：享婦與醴婦不同，醴婦是使贊執醴事，享婦則舅姑共享之也。一獻奠酬之禮，男女不相授受，意享婦時，尊卑皆有席，舅但執爵，同姑獻於席上，不親授。婦再拜受，卒爵，更二爵，酢舅姑，亦奠於席上，舅姑又復更爵，奠於婦席上。故記禮者特下一奠字。奠，安也，置也。見此獻酬但安置於席上，不親授也。崇其禮而又別其嫌，若是。義疏云：士昏禮，舅姑共享婦以一獻之禮，舅洗於南洗，姑洗於北洗，奠酬。鄭注：南洗在庭，北洗在北堂，設兩洗者，獻酬酢以絜清爲敬，奠酬者，明正禮成，不復舉。凡酬酒皆奠於薦左，不舉。賈疏：案記云享婦姑薦焉，注云舅洗獻，姑薦脯醢，設北洗者，婦人不下堂也。則是舅獻姑酬，共成一獻。郝氏懿行曰：贊醴婦，醴當如字，謂贊者酌醴置席前也。案鄭以士昏禮無厥明二字，疑此文或爲大夫昏禮。齊召南謂士昏禮有脫文，是也。禮案鄭注儀禮士昏禮云：夙，早也，昏明日之晨，興，起也，俟，待也，待見舅姑於寢門之外。質，平也。算，竹器而衣者，其形蓋如今之筥筶籚矣。莊二十四年公羊傳曰：棗栗云乎，服脩云乎。何注謂：脩者，脯也。禮，婦人見舅以棗栗爲摯，見姑以服脩爲摯。棗栗取其早自謹敬，服脩取其斷脩。自

成婦禮，明婦順，又申之以著代，所以重責婦順焉也。婦順者，順於舅姑，和於室人，而后當於夫，以成絲麻布帛之事，以審守委積蓋藏。是故婦順備而后內和理，內和理而後家可長久也，故聖王重之。

鄭注：室人謂女姑、女叔、諸婦也。當，猶稱也。後言稱夫者，不順舅姑，不和室人，雖有善者，猶不爲稱夫也。順備者，行和當事成。審也。孔疏：此明婦順之事。若婦順既成，則室家長久，故聖王所重也。成婦禮，則上經祭脯醢、祭醴等是也。明婦順，則上經以特豚饋是也。又申之以著代者，中，重也。既明婦禮順，又重加之以著代之義，所以厚重責婦人之孝順焉。故自此以下，唯申明婦順也。言既當夫氏，又成婦事，以此詳審保守家之所有委積掩蓋藏聚之物也。室人是在室之人，非男子也。女姑謂壻之姊也，女叔謂壻之妹，諸婦謂娣姒之屬。呂氏大臨曰：古之大孝，養志而已，雖有三牲之養，而不能如其家人，則不足以解憂，其養也微矣。婦順舅姑，何以異此？故和於室人，而後當於夫，以成絲麻布帛之事，以審守委積蓋藏，是亦養志者也。養志者，順莫大焉，故內和理而後家可長久也。方氏愨曰：成絲麻布帛，婦功之本也。審守委積蓋藏者，坤爲吝嗇故也。馬氏晞孟曰：和於室人，如詩所謂宜其家人者是也。當於夫者，如孟子所謂無違夫子之是也。葉氏夢得曰：舅姑在所尊也，故言順；室人在所親也，故言和。不順於舅姑，和於室人，則爲之夫者，其能安之乎？禮案：順於舅姑，即儀禮士昏記父戒女辭「夙夜無違命」是

也。成絲麻布帛。守委積蓋藏。卽毋戒女辭。夙夜無違宮事是也。當於夫。若孟子云以順爲正者。妾婦之道也。蓋和順爲婦德。布帛爲婦功。和可致祥。勤則不匱。治家之要道也。聖王重之者。以修齊爲治平之本也。鄭注。室人女姑女叔。疏謂夫之姊妹。爾雅釋親。婦稱夫之兄爲兄公。夫弟爲叔。則夫妹爲女叔。義自可通。惟女姑當作女公。字之誤也。岳本中行本山井鼎本。並作妐。增女旁。旁亦非也。是故古者婦人先嫁

三月。祖廟未毀。教於公宮。祖廟既毀。教於宗室。教以婦德婦言婦容婦功。教成祭之。牲用魚。芼之以蘋藻。所以成婦順也。

鄭注謂與天子諸侯同姓者也。嫁女者。必就尊者教成之。教成之者。女師也。祖廟。女所出之祖也。公。君也。宗室。宗子之家也。婦德。貞順也。婦言。辭令也。婦容。婉娩也。婦功。絲麻也。祭之。祭其所出之祖也。魚蘋藻。皆水物。陰類也。魚爲俎實。蘋藻爲羹菜。祭無牲牢。告事耳。非正祭也。其齊盛用黍云君使有司告之。宗子之家。若其祖廟已毀。則爲壇而告焉。孔疏。此明未嫁之前。先教以四德之事。祖廟未毀。教於公宮者。此謂與君爲骨肉。親廟有四。高祖之廟未毀。除此欲嫁之女。教於公宮也。祖廟既毀。教於宗室者。謂與四從以外。同高祖之父以上。其廟有既遷。此女則教於大宗子之室。三月教之。其教已成。祭女所出祖廟。告以教成也。所以成婦順者。以爲未嫁之前。先教四德。成其爲婦之順。欲使嫁而爲婦。奉遵此教。而成和順。此云公宮。知兼天子者。謂公邑官家之宮。爾此昏義雖記士昏禮之事。自此以下。廣明天子以下。教女及夫婦之義。案內則女子十年不出。使姆教之。明已前恆教。但嫁前三月。特就公宮之教。欲尊之也。教者女師。卽詩周南云言告師氏。則昏禮注云。姆婦人五十無子出者也。祭之者。此女出於君之高祖。則祭高祖廟。出於君之曾祖。則祭曾祖。以下皆然。女親行禦。詩云誰其尸之。有齊季女是也。張子載曰。古者婦人。亦須有教之於公宮。宗室是也。故知夙興夜寐。臨祭祀事賓客。承尊長。乃方氏慤曰。有德矣。發之於聲。則有言。有言矣。形之於貌。則有容。有容矣。施之於事。則有功。故先後之序如此。魚之爲物。柔巽隱伏。上下隨陽。易言貫魚以宮人寵。无不利。亦以之比婦人。其牲用之。固所宜矣。前言明婦順。繼言責婦順。又言婦順備。終言成婦順者。蓋婦以順爲正。正故反覆言之則如此。且明而後可責。責而後可備。備而後可成。故言之序如此。孫氏希旦曰。祖廟未毀。謂與君同高祖以下者。則宗室亦謂繼高祖以下宗。非大宗也。女子無祭祖廟之法。教成之祭輕。君又不當親祭。故鄭氏謂使有司告之。若卿大夫之家。則宗子主其祭。而祭饌則此女設之。詩所謂誰其尸之。有齊季女是也。女子之事夫。猶男子之事君也。然男子三十而冠。其仕乃寬以二十年之久。而女子則笄而遂嫁。故雖教之有素。而深懼其未習也。爲之特舉其禮。嚴之以君宗之所。以動其禮法之慕。重之以宗廟之告。以生其恭敬之心。此婦順之所由成也。禮案。白虎通云。婦人所以有學何。學事人之道也。學一時。足以成矣。與君有緦麻之親者。教於公宮三月。與君無親者。各教於宗廟。宗婦之室。國君取大夫之妾。士之妻。老無子。而明於婦道者。又祿之。使教宗室五屬之女。大夫士皆有宗族。自於宗子之室。學事人也。女必有傅姆。何尊之也。古者天子后立六

宮。三夫人。九嬪。二十七世婦。八十一御妻。以聽天下之內治。以明章婦順。故天下內和而家理。天子立六

官。三公。九卿。二十七大夫。八十一元士。以聽天下之外治。以明章天下之男教。故外和而國治。故曰天子聽男教。后聽女順。天子理陽道。后治陰德。天子聽外治。后聽內治。教順成俗。外內和順。國家理治。此之謂盛德。

鄭注天子六寢。而六宮在後。六官在前。所以承副施外內之政也。三夫人以下。百二十人。似夏時也。合而言之。取其相應。有象大數也。內治婦學之法也。陰德謂主陰事陰令也。孔疏此明天子與后各立其官。掌內外之事。法陰陽所爲。但后之所立六宮。周之法也。天子所爲立六官。夏之制也。欲見其數相當。故以夏周相對爲內外也。案宮人云。掌王之六寢之脩。注。足寢一。小寢五。是也。后之六宮。在王六寢之後。亦大寢一。小寢五。其九嬪以下。亦分居之。其三夫人。雖不分居六宮。亦分主六宮之事。或二宮則一人也。或猶如三公。主六卿之類。六卿之官。在王六寢之前。其三夫人。孤亦分主六官之職。總謂之九卿。故考工記云。外有九室。九卿朝焉是也。三公以下。周三百。此百二十人。故云似夏時。案九嬪職云。掌婦學之法。故知內治是婦學也。案內宰掌王之陰事陰令。注云。陰事謂羣妃御見之事。陰令爲王所求爲於此宮也。李氏覯曰。此言三夫人。九嬪。二十七世婦。八十一御妻。至於天官序。則世婦以下不言數。謂君子不苟於色。有婦德者充之。無則闕。世婦女御視大夫士。尚唯其人。則三夫人九嬪官不必備。可知矣。于氏有成曰。右之盛時。政治之要本乎一原。內廷外廷。脈絡相貫。二南之詩。用於鄉人邦國。而家人之位正。乃可以定天下。故求賢審官。知臣下之勤勞。初何預於后妃。而卷耳之詩。乃以輔佐君子言之。男女以正。昏姻以時。若無關於后妃。而桃夭之詩。乃推后妃所致言之。當時一人無爲以守正德。宇雍睦。而福履綏。氣象和平。而子孫衆。職此之由也。是則聽天下之內治。卽所以配天下之外治。婦順之明章。郎所以扶男教之明章。故謂之盛德。金氏鶚曰。周官世婦不言數。而昏義謂天子二十七世婦。八十一御妻。合三夫人九嬪。共一百二十人。以聽天下之內治。此說未可信也。古之聖王。淸心寡欲。以女色爲首戒。安有宮女如此之多。鄭君謂后一夕。三夫人一夕。九嬪一夕。世婦三夕。女御九夕。凡十五日而徧。果如此。一夕而御九人。其荒淫不已甚乎。杭氏世駿曰。唐虞以上。天子四妃。法天后四星也。舜三妃。不求備。昏義百二十人。是漢儒之言。春秋傳所言。天子娶十二女。爲可據。王莽惑於符命。謂黃帝以百二十女致神仙。置後宮位號視公。卿大夫元士者。百二十人。郎昏義所云三夫人等是也。義疏云。鄭孔謂御見之法。各帥其屬。使九九相與從於王所。此則注疏之失也。春秋之昏禮成而亂。及三人古。漢唐之禮失。而附會六經。其不足信決矣。孫氏希旦曰。御妻周禮之女御也。春官世婦。每宮卿二人。下大夫四人。中士八人。世婦之卿。以三夫人九嬪充之。下大夫以世婦充之。中士以女御充之。然合六宮而世婦止二十四人。女御止四十八人。則二十七世婦。八十一御妻。亦略言。三相倍之法如此。而其數有所不必備矣。外官三公九卿以下。亦以三相倍言之。欲見內外官之相當。以明其職之並重耳。二十七大夫。八十一元士。亦惟謂其分屬於六卿之下。若大宰之小宰。宰夫。司徒之小司徒。鄉師。非惟六官之屬。盡於此也。以體言。則曰男女。以德言。則曰陰陽。以位言。則曰外內。其實一也。天子與后。分治內外。乃夫婦之道。之尤重者。故因昏禮而上言之。匡衡曰。大上者。民之父母。后夫人之行。不侔於天地。則無以承神靈之統。而理萬物之宜。是故國家理治。非天子與后。皆有盛德。則不可得而致也。方氏苞曰。聽男教女順者。章其教也。理陽道陰德者。修諸身也。聽外治內職者。治其事也。禮案唐章懷太子後漢書注。引春秋漢含孳曰。三公在天爲三台。九卿爲北斗。故三公象五岳。九卿法河海。二十七大夫法山陵。八十一元士法谷阜。合爲帝佐。以匡綱紀。下文謂后蕩天下之陰事。則古者后之內治。治天下之婦道也。猶天子之御四海。非止於宮闈之治而已也。故詩序云后妃之德化。行江漢汝濆也。周禮天官內小臣。后有好事於四方。則使往。是后本有三佐王治天下之責者也。故設女官之教。比於天子。治六宮之政。有三夫人。九嬪。二十七世婦。八十一御妻。以當三公九卿。大夫元士之職。以佐理內政。後世陰教不脩。后惟處內庭。不與天下之政。故注禮者遂以后之屬官。均天子之妾。啓荒淫之禍。爲怨曠之媒。傷天地之和。實短拆之券。夫始非鄭氏之誤爲階之厲也。

是故男教不脩。陽事不得。適見於天。日爲之食。婦順不脩。陰事不得。適見於天。月爲之食。是故日食則天子素服。而脩六官之職。蕩天下之陽事。月食則后素服。而脩六宮之職。蕩天下之陰事。故天子之與后。猶日之與月。陰之與陽。相須而后成者。天子脩男教。父道也。后脩女順。母道也。故曰天子之與后。猶父之與母也。故爲天王服斬衰。服父之義也。爲后服資衰。服母之義也。

鄭注。適之言責也。食者見道有虧傷也。蕩蕩滌去穢惡也。父母者。施教令於婦子者也。故其服同。資當爲齊。聲之誤也。孔疏。此又明天子與后。是父之與母之義。是故日食。則天子素服。謂救日之時。著素服。蕩除天下之陽事。有穢惡者。案左傳昭三十一年。十二月辛卯朔。日有食之。庚午之日。始有謫。謫謂日之將食之氣。氣見於上。所以責人君也。左傳云。公問於梓慎。禍福何爲。對曰。二至二分。日有食之。不爲災。日月之行也。分同道也。至相過也。其他月則爲災。陽不克也。故常爲水也。然詩之十月。則夏之八月。秋分日食。而爲災者。以辛卯之日。卯往侵辛木。反克金。故爲災。昭七年夏四月甲辰朔。日有食之。而大咎衛君。上卿四月。夏之二月。爲災者。以其甲辰之日。甲爲木。辰爲土。木當克土。今日食。土反克木。故爲災也。昭二十一年秋七月壬午朔。日食。壬爲水。午爲火。水應克火。而日食。火反克水。不爲災者。以秋七月。夏之五月。是壬午之時。得有不克壬之理。故不得爲災。朱子熹曰。日月之食。皆有常度。然王者脩德行政。用賢去姦。能使陽盛足以勝陰。陰衰不能侵陽。則日月之行。雖或當食。而月常避日。故其遲速高下。必有參差而不正相合。不正相對者。所以當食而不食也。若國無善政。使臣子背君父。妾婦乘其夫。小人陵君子。外夷侵諸夏。則陰盛陽衰。當食必食矣。雖曰行有常度。而實爲非常之變矣。呂氏大臨曰。男教陽事。上應乎日。婦順陰事。上應乎月。有不得。則謫見於天。爲之薄食。日食則天子爲之變。月食則后爲之變。素服自責。各正厥事。以答天變。明后與天子。日月陰陽。相須而后成之義也。以人倫推之。天子脩男教。天下之父也。后脩女順。天下之母也。其德之盛。必能以天下爲一家。爲天下父母。然後天下以父服服天子。以母服服后也。方氏慤曰。服天子以父之義。服后以母之義。言以其義而服之。非服之正。故檀弓謂之方喪。孫氏希旦曰。爲天王服斬衰。爲后服齊衰。謂天子之臣。及列國諸侯也。諸侯之臣。爲天子服繐衰。既葬而除。爲后無服。禮案。荀子禮論曰。君之喪。所以取三年何也。曰君者治辨之主也。文理之原也。情貌之盡也。相率而致隆之。不亦可乎。詩曰愷悌君子。民之父母。彼君子者。固有爲民父母之說焉。父能生之。不能養之。母能養之。不能教誨之。君者已能食之矣。又善教誨之者也。三年畢乎哉。

　玉環戴禮

鄉飲酒義第四十五 孔疏案鄭目錄云。名曰鄉飲酒義者。以其記鄉大夫飲賓於庠序之禮。尊賢養老之義。此於別錄屬吉事。儀禮有其事。此記釋其義也。但此篇前後。凡有四事。一則三年賓賢能。二則鄉大夫飲國中賢者。三則州長習射飲酒也。四則黨正蜡祭飲酒。總而言之。皆謂之鄉飲酒也。孫氏希旦曰。此篇首段凡五節。皆引鄉飲酒禮之文而釋之。第二段專明黨正正齒位之禮。第三段引孔子之言。明鄉飲酒備五行。第四段本別爲一篇。而記者合之。禮樂白虎通云。所以十月行鄉飲酒之禮何。所以復尊卑長幼之義。春夏事急。浚井次牆。至有子使父。弟使兄。故以事閒暇。復長幼之序也。

鄉飲酒之義。禮案此亦篇目也。主人拜迎賓於庠門之外。入三揖而后至階。三讓而后升。所以致尊讓也。盥洗揚觶。所以致絜也。拜至拜洗拜受拜送拜既。所以致敬也。尊讓絜敬也者。君子之所以相接也。君子尊讓則不爭。絜敬則不慢。不慢不爭。則遠於鬭辨矣。不鬭辨。則無暴亂之禍矣。斯君子所以免於人禍也。故聖人制之以道。鄭注庠鄉學也。州黨曰序。揚舉也。今禮皆作騰。拜至謂始升時拜。拜賓至。道謂此禮。孔疏此初明鄉飲酒之禮。拜迎至拜洗相尊敬之事。主人謂鄉大夫。故近賓於庠門外。若州長黨正。則於序門外也。盥洗謂主人將獻賓。以水盥手而洗爵。揚觶謂既獻之後。舉觶酬賓之時。亦盥洗者。所以致其絜敬之意也。拜至謂賓與主人升堂之後。主人拜至訖。洗爵而升。賓於西階上北面再拜。拜主人洗也。拜受者。賓於西階上拜受爵也。拜送者。主人於阼階上拜送爵也。拜既者。既盡也。賓飲酒既盡而拜也。所以致敬。言賓主相拜。致其恭敬之心。尊讓絜敬。言入門而三揖三讓。是尊讓。盥洗揚觶是絜。拜至拜洗之等。是致敬。故總結之云。尊讓絜敬也者。君子之所以相接也。案州長職云。春秋射於州序。黨正云。屬民飲酒於序。是州黨曰序也。學記云。黨有庠者。謂鄉人在州黨。但於鄉之庠學。不別立也。呂氏大臨曰。君子之相接。尊讓絜敬。如此其至。雖有爭慢之心。無從生矣。尊讓絜敬之禮行。則尊讓絜敬之俗成。禮所而至於成俗。則天下之人。皆將遠於門辨而免於人禍。則先王制禮也有道。非苟爲繁文飾貌。升降之末者也。陳氏祥道曰。小人由之。而不能知。君子知之。而不能名。此聖人制之以道者也。揚子曰。行禮於此。而民得於彼矣。其制豈非以道乎。葉氏夢得曰。道者義之所自出。言鄉飲酒之禮。則所貴者義也。言鄉飲酒之義。則所出者道也。王氏念孫曰。案故聖人制之以進鄉人士君子十二字。當作一句讀。制之謂制此禮。道讀如道之以德之道。謂聖人制此禮。如教道鄉人士君子耳。下之尊於房戶之閒。賓主共之也。別釋經文。不與上相屬。體案說是也。宜據政。若如鄭讀。則下文鄉人士君子五字義無所屬矣。鄉人士君子尊於房戶之閒。賓主共之也。尊有玄酒。貴其質也。羞出自東房。主人共之也。洗當東榮。主人之所以自絜而以事賓也。

鄭注鄉人鄉大夫也。士州長黨正也。君子道鄉大夫士也。鄉大夫士飲國中賢者。亦用此禮也。共尊者。人臣卑。不敢專大惠。羞燕可私以自專也。絜猶清也。孔疏此明設尊及立酒。貴其質素。又羞出東房。及東榮設洗。主人事賓之義也。以鄉大夫等。唯有東房。故設酒尊於東房之西室戶之東。在賓主之閒。示賓主之共有此酒也。酒雖主人之設。賓亦以酢主人。故云賓主共之也。北面設尊。玄酒在左。謂在酒尊之西也。所以設玄酒在西者。地道尊右。貴其質素故也。羞出自東房。主人共之者。謂供於賓也。榮。屋翼也。設洗於庭。當屋翼也。必在東者。示主人所以自絜以事賓。從冠義以來皆記者疊出儀禮經文。每於一事之下。釋明儀禮經義。每義皆舉經文於上。陳其義於下。以釋之也。他皆倣此也。賈氏公彥曰。榮即今之搏風。疏之屋翼。榮者與屋爲榮飾。翼者與屋爲翅翼也。呂氏大臨曰。酒之主人之物。而曰賓主共之者。賓主皆酌此尊。且明君子之財當與人共。不自有也。玄酒。水也。飲之始也。飲始於水。味極於酒。凡酒之設。皆尚玄酒。質之爲貴。不忘本也。羞出自東房。主人致味以養賓。故曰主人共之。而不以與賓共也。洗當東榮。主人自絜以事賓。賓雖亦就此洗。不曰賓主共之者。明所以敬人者各自盡也。江氏永曰。鄭氏讀故聖人制之以道爲一句。鄉人士君子尊於房戶之間爲一句。案鄉飲酒禮有賓有主有介有僎有衆賓。而酒者主人所設。則當言主人尊於房戶之間。不當混言鄉人士君子尊於房戶之間。且鄉飲酒大夫爲主人。則又當言大夫。不當言鄉人士。然則尊於房戶之間之上。不得有鄉人士君子五字明矣。故聖人制之以道。鄉人士君子當作一句讀。故字結上。非起下也。鄉飲酒之席。本是賓居戶牖開。爲堂之正中。衆賓席不連而在西。介次賓在西階上。主人在阼階上。與介相對。若所謂僎者。儀禮作遵。鄉中卿大夫致仕者。或有或無。或來或否。不定如來觀禮。則僎賓介正禮畢而後入。坐於尊東。南向與賓夾尊。既不儳正賓之位。亦所以示特而優一僎。皆坐位當如此。作鄉飲酒義者不得其說。乃云坐賓於西北。夫賓位在正中。自阼階上望之。若在西北耳。通一堂言之。賓何嘗在西北。又云四面之坐象四時。僎之有無不定。如無僎。豈四時缺一時乎。先儒因尊於房戶之間賓主共之。又云坐賓於西北。遂有大夫士東房西房之說。王氏念孫曰。鄉人一鄉之人也。士君子謂士大夫也。賓介爲士。主人爲大夫。大夫謂之君子。諸公大夫亦謂之君子。故曰以道鄉人士君子也。鄭以鄉人爲鄉大夫。士爲州長黨正。君子爲卿大夫士。又謂卿大夫士飲國中賢者。亦用此禮。於是鄉飲酒禮自賓賢能及蜡祭習射而外。又增其一一而爲四矣。禮案陳師衍曰。侯國卿大夫爲鄉人。未知何據。恐係鄉先生之誤。鄉飲酒禮。主人就先生而謀賓介。注先生鄉中致仕者。古者年七十而致仕。老於鄉里。大夫名曰父師。士名曰少師。而教學焉。恆知鄉人之賢者。是以大夫就而謀之。可見鄉大夫非鄉人。故不知鄉人之賢者。士冠禮遂以摯見於鄉大夫。鄉先生。注鄉先生鄉人老人。爲卿大夫致士。此經鄭注以君子爲卿大夫士。即指先生也。攷夢溪筆談云。榮者夏屋東西序之外屋翼也。謂之東榮。西榮。四注屋謂之東霤西霤。上林賦曰。偓佺之徒。暴於南榮。則東西南北皆有之矣。

賓主象天地也。介僎象陽也。三賓象三光也。讓之三也象月之三日而成魄也。四面之坐象四時也。天地嚴凝之氣始於西南而盛於西北。此天地之尊嚴氣也。

此天地之義氣也。天地溫原之氣。始於東北而盛於東南。此天地之盛德氣也。此天地之仁氣也。主人者。尊賓。故坐賓於西北。而坐介於西南。以輔賓。賓者。接人以義者也。故坐於西北。主人者。接人以仁以德厚者也。故坐於東南。而坐僎於東北。以輔主人也。仁義接。賓主有事。俎豆有數。曰聖。聖立而將之以敬。曰禮。禮以體長幼。曰德。德也者。得於身也。故曰古之學術道者。將以得身也。是故聖人務焉。

鄭注陰陽助天地。養成萬物之氣也。三賓象天。三光者繫於天也。古文禮僎皆作遵。凝猶成也。賓者接人以義。言賓來以成主人之德。以僎輔主人以其仕在官也。聖通也。所以通賓主之意也。將猶奉也。術猶藝也。得身者。謂成已令名。免於刑罰也。言學術道。則此說賓賢能之禮。孔疏此明賓主介僎坐位之義也。天地則陰陽之氣著成爲天地。故賓在西北。天地嚴凝之氣著。主在東西。天地溫厚之氣著。介坐在西南。象陰之微氣。僎在東北。象陽之微氣。象三光者。謂衆賓也。象四時者。主人東南象夏始。賓西北象冬始。僎東北象春始。介西南象秋始。其四時不離天地陰陽之內而坐。郎是賓主介僎之所象也。曰聖者。謂上諸事。並是通賓主之意也。曰禮者。謂通賓主之事。其道已立。能將而行之以恭敬。乃謂之禮也。者德者。既能有禮。以體成長幼。於事得宜。故曰德也。德也者。得於身也。謂其身之所行。皆得於現也。言古之人學此才藝之道也。將以使身得成也。此謂賓賢人。有術道。今以敬接待之事。其尊敬學習身得成就。而有令名。以上賓主德義之事。於禮最重。故聖人務行焉。方氏慤曰。天地者。陰陽之體。陰陽者。天地之用。故賓主象天地。介僎象陰陽也。三賓又衆賓之所觀法而瞻仰者。故象三光。日月星也。介僎兩。至陽三賓三。固以象三兩之數。輔賓主。猶日月運陰陽以成天地之光也。三讓而後成禮。猶月三日而成魄也。夫魄陰也。而禮由陰作。故以况之。且陽道饒而主進。陰道乏而主退。則讓亦陰事也。主人必三揖。仁之至也。賓必三讓。義之盡也。賓主之際。其精至於仁義相接。其粗至於俎豆有數。非夫知禮之情者。莫之能興。故曰聖也。然非將之以敬。則亦急而廢禮矣。禮者。天地之序。長幼有序。然後各得其體。以體長幼曰德。豈他求哉。然禮之所體。固不止乎長幼。而此止以是爲言者。以鄉飲酒之禮主於序齒故也。葉氏夢得曰。主人致敬於賓。其尊之象天。主人以物養賓。其親之象地。介則居乎兩間。以象陽之耶天。僎以卑巽接人而輔主。則象陰之助地。郝氏懿行曰。賓主象天地者。西北天高。東南地下也。方氏苞曰。月行正當日下。則日掩而爲晦。漸遠則明生。是月與日相讓而後明生也。明生而後魄可見。故曰三成而成魄。義疏云。儀禮賓若有遵者。席於賓東。一人舉觶。乃入。賓介皆降揖賢升。是遵乃賓之尊。非主之輔。鄭以遵爲僎。大誤。孫氏希旦曰。三賓。衆賓之長也。衆賓不惟三人。其長者三人耳。鄉飲酒禮。主人西階上獻衆賓。衆賓之長升拜受者三人是也。三賓席於賓西。衆賓立於堂下。三賓之尊。次於介。猶三光之尊次於月。故曰三賓衆三光。三日謂望後三日也。魄月之有體而無光處也。月二日而明生。三日而明著。故三日謂之朏。既望二日而魄生。三日而魄著。明著則進而盈。魄著則退而闕。故三讓者象月之三日。而成魄也。仁義相接以下。又兼習射尚齒之禮而言之。蓋賓以不苟進爲義。主人以好賢爲仁。之義明相接者。賓賢能之義也。賓主相與有事。以習禮樂者。習射之義也。六十者三豆。以至九十者六豆。俎豆有數。以明齒讓者。尚齒之義也。明乎三者之義。則謂之聖。言其有通明之識也。識立而以敬行之。則謂之禮也。禮行於賓賢。則以體仁義。行於習射。則以體禮樂。行於尚齒。則以體長幼。獨言長幼。舉其一。餘從可知也。萬氏斯大曰。考儀禮鄉飲酒第云。乃席賓。主人介衆介之位。皆不屬焉。不明言方與鄉。故此義特詳之。然射義有曰。鄉大夫士之射也。必先行鄉飲酒之禮。故鄉射未射之先其飲酒與鄉飲酒禮同。其布席也賓南面主人阼階上西面皆正向也。二禮相通。原可互見。鄭注鄉飲酒禮曰。賓席牖前南面。主人阼階上西面。介西階上東面。亦是正向。俗儒方氏。不通經。乃創爲賓面東南。介南東北。主人面西北。僎面西南。易正向爲偏向。天上後世奉而行之。與有覺其非者可嘆也。禮案賓主象天地者。賓以禮自尊。法天之垂象。主以酒飲賓。則地之生養。陰陽日月也。介僎輔賓主成禮。猶天地以日月成歲。三光三辰也。爾雅釋天。大辰房心尾。三辰星大而明。故謂之三光。言三賓之於衆賓。猶三民之於衆星也。四面之坐。象四時者。言斯禮之行周流無不偏。猶四時相循而不已也。德謂內有得於已。務謂尚此以成教於人。

祭薦祭酒。敬禮也。嚌肺。嘗禮財。啐酒。成禮也。於席末。言是席之正。非專爲飲食也。爲行禮也。此所以貴禮而賤也也。卒觶致實於西階上。言是席之上。非專爲飲食也。此先禮而後財之義也。先禮而後財。則民作敬讓而不爭矣。

鄭注非專爲飲食言主於相敬以禮也。致實謂盡酒也。酒爲觴實。祭薦祭酒。嚌肺於席中。唯啐酒於席末也。孔疏此明飲酒之禮。祭薦祭酒相尊敬之心。貴禮賤財之義。主人獻賓。賓即席。祭所薦時脯醢。又祭酒。是敬重主人之禮也。賓既祭。興取俎上之肺。嚌齒之。所以嘗主人之禮也。啐謂飲主人酒。而入口。成主人之禮也。案鄉飲酒禮。祭薦祭酒嚌肺。皆在席之中。唯啐酒在席之末。又鄉飲酒禮云。祭脯醢。奠爵。右取肺。卻左手。右絕末以祭。尚左手嚌之。興加於俎。坐稅手。遂祭酒。嚌肺在席前。祭酒在後。此先云祭酒者。嚌是嘗嚌之名。祭酒是未飲之稱。故祭酒與祭薦相連。表其敬禮之事。言是席之設。本不爲飲食。是主人敬重於賓。故祭在席中。敬主人之物。啐酒入於已。故在席末。席上祭是貴禮。席末啐是賤財也。致實謂致盡其所實之酒於西階上。不就席卒爵者。言是席之上。非專爲飲食也。啐纔始入口。猶在席末也。卒觶則盡爵。故遠在西階上。前文方論設席之禮。故言是席之正。此覆說前席。故變文言上。上亦正也。先禮則貴。後財則賤。亦互相通也。方氏慤曰。祭薦祭酒。必祭其先。而後飲食之也。肺者據周人之所貴也。祭薦祭酒。則成之也。故曰敬禮。嚌肺則味之矣。故曰嘗禮。啐酒則飲之矣。故曰成禮。啐酒則獻賓之觴也。卒觶則酬賓之時也。主獻賓之酢主。主酬賓。三事既備。則飲酒之禮畢矣。故曰卒觶。呂氏大臨曰。君子一飲食之間。可以化民成俗。則升降之文。不爲末節也。葉氏夢得曰。鄉飲酒之禮。非專爲飲食而已。其啐爵卒觶。皆避其席。亦所以防酒禍也。貴禮而先之。則民敬順。賤財而後之。則無酒禍而民不競。聖人所務。蓋如此也。盧氏文弨曰。案致實卽是卒觶。其所以別異之。故正義云。既云卒觶。論其將欲卒觶之時。致實論其盡酒之體。此二言極分明。乃上釋卒觶處。各本皆有誤字。本當云。卒觶下人酬賓。賓以卒觶也。宋本作賓卒立以立觶也。汲古閣本作賓卒立。以據觶也。皆譌。今本於主人酬賓主。改爲主人先飲。卒觶也。更大誤矣。此一節自祭荐祭酒。嚌肺啐酒。并此卒觶致實。皆指賓言。未嘗及主人。主人酬賓之觶。奠而不飲。此西階上卒觶。是主人獻賓之時。賓飲卒爵。又注中酒。爲觴實也。禮案。人之所以爭競者。由無禮也。知禮則敬作。賤財則讓作。而爭鬥之源塞矣。家語五刑解曰。鬥變者。生於相陵。相陵者。生於長幼無序。而遺敬讓。鄉飲酒之禮者。所以明長幼之序。而崇敬讓也。長幼必序。民懷於讓。故雖有變鬥之獄。而無陷刑之民。

鄉飲酒之禮。六十者坐。五十者立侍以聽故役。所以明尊長也。六十者三豆。七十者四豆。八十者五豆。九十者六豆。所以明養老也。民知尊長養老。而后乃能入孝弟。民入孝弟。出尊長養老。而后成教。成教而后國可安也。君子之所謂孝者。非家至而日見之也。合諸鄉射。教之鄉飲酒之禮。而孝弟之行立矣。

鄭注。此說鄉飲酒。謂黨正國索鬼神而祭祀。則以禮屬民而飲酒於序。以正齒位之禮也。其鄉射則州長春秋以禮會民。而射於州序之禮也。謂之鄉者。州黨鄉之屬也。或則鄉之所居州黨。鄉大夫親爲主人焉。如今郡國下令長於鄉射飲酒。從大守相臨之禮也。孔疏。此明黨正飲酒。正齒位之事。案。鄉飲酒禮。賓賢能。則用處士爲賓。其次爲介。其次爲衆賓。皆以年少者爲之。此正齒位之禮。其賓介等皆用年老者爲之。其餘爲衆賓。賓內年六十以上。於堂上。於賓席之西南面坐。若不盡。則於介席之北東面北上。其五十者。則立於西階下。東面北上。示有陪侍之義。所以明尊長者。言欲明尊敬六十之長老。故立而聽政役。六十者三豆。至九十者六豆。以其每十年加一豆。非正禮。故不得爲籩豆偶也。其五十者。亦有豆也。但二豆而已。則十鄉飲酒禮。衆賓立於堂下。皆二豆也。其賓介之豆。無正文。當依衆賓之年。而加之也。豆以供養之物。故云明養老也。人若知尊長養老。則能入孝弟之行。謂入門而能行孝弟。出門而能尊長養老也。諸於也。謂之春秋二時聚合其民於州長鄉射之禮以教之。鄉飲酒之禮。謂十月黨至飲酒之禮。則民知尊長養老。故孝弟之行。以此而后立也。呂氏大臨曰。古之禮貴以老。教之也。其政則導其妻子。使養其老。家植之桑。畜之雞豚狗彘。則老者衣帛食肉矣。其教則食三老五更於大學。天子袒而割牲。執醬而饋。執爵而饋。冕而縣干。四代之養。皆於庠序。夷用享燕食之禮。皆所以使民不遺於老。窮知貴老之義。故鄉飲酒之禮。老者加豆。有至於六也。尊長近乎事兄。弟也。養老近乎養親。孝也。入則順乎父兄。出則順乎長老。則民德歸厚矣。強不犯弱。衆不暴寡。人倫既正。教行俗美。薰休涵濡。遷善而不自知。故曰非家至而日見之也。春秋合諸州長而射。冬行黨正之正齒位。鄉黨正習見儀客之盛漸乎禮義之俗。孝弟之行。不肅而成。行禮之效也。胡氏銓曰。鄭謂此章說鄉飲酒。是黨正正齒位。非鄉大夫飲酒。案。鄉黨篇云。鄉人飲酒。杖者出。斯出矣。杖者亦謂五十六十者。而此經下亦云。少長以齒。則鄉飲豈無正齒位之禮乎。竊謂此說之鄉飲酒。是鄉大夫非黨正也。然則鄉射亦不得而謂之州長射矣。若實州黨。則謂之州射黨正飲酒可乎。何得謂之鄉乎。萬氏斯文曰。案儀禮第云。主人就先生而謀賓介。不及齒序。故此義詳之。言六十者坐。知唯六十。以上者得與飲酒坐列。言五十者立侍。知五十以下者。不得坐也。故儀禮記云。立者東面北上。若有北面者。則東上。卽指五十者也。注疏不察。謂儀禮爲賓賢能。此爲正齒位。不思戴記冠昏射鄉諸義。皆就儀禮爲之發明開補其闕略。不能互明其義。而強爲分析。多見其支離也。又孔疏謂儀禮之賓介。皆以年少者爲之。不更誣乎。賓介豆數有常。此專指衆賓言。儀禮未詳。故義明之。於此見鄉飲酒禮。賓介之外衆賓。皆以齒序。不得相踰。故儀禮上獻衆賓升拜受者。唯賓長。蓋鄉黨莫如齒。理宜然也。郝氏懿行曰。孝弟者天性之同。民或以鄙朴而失之。今見上人。尊長養老。則孝弟之心。細然生矣。君子之所謂孝者。孝當作教。字之誤也。禮案孝弟之行立。則無悖逆之禍矣。論語曰。其爲人也孝弟。而好犯上者鮮矣。不好犯上而好作亂者。未之有也。

孔子曰。吾觀於鄉。而知王道之易易也。鄭注鄉鄉飲酒也。易易謂教化之本。尊賢尚齒而已。孔疏謂孔子先觀鄉飲酒之禮。而稱知王道之易易。故記者引之。吾觀於鄉者。言我觀看鄉飲酒之禮。有尊賢尚齒之法。則知王者教化之道。其事甚易。以尊賢尚齒爲教化之本故也。不直云易。而云易易。猶若尚書王道蕩蕩。王道平平。皆重言。取其語順故也。呂氏大臨曰。禮之所尊。尊其義也。其文則擯相習之。其義則君子知之。修其文。達其義。然後可以化民成俗也。貴賤明。隆殺辨。和樂而不流。弟長而無遺。安燕而不亂。此五者。皆見於飲酒之禮。而可以化民成俗矣。故曰吾觀於鄉。知王道之易易也。孫氏希旦曰。禮行於鄉。而人無不化者。故可以知王道之易行也。禮案鄉飲酒之禮行。則孝弟之教成。孝弟爲王化之大本。大本既正。而末未有不順者矣。易易者。言其平易。近民猶無記云。大樂必易。大禮必簡也。

主人親速賓及介。而衆賓自從之。至於門外。主人拜賓及介。而衆賓自入。貴賤之義別矣。鄭注速謂卽家召之。別猶明也。孔疏此明鄉飲酒之禮。主人待賓之異。明貴賤之別也。主人親自速賓。并往遠介。而衆賓不須往速。自從賓介而來也。賓介至門。主人拜賓及介。而衆賓不須拜。自入門。是賓介貴於衆賓。貴賤之義。別矣。呂氏大臨曰。禮主乎別。節文雖繁。而不可亂也。因親疏長幼。貴賤之等。差以爲屈伸隆殺之節。文明辨密察。然後盡乎制禮之意矣。尊無二上。非獨爲君臣言之。國之所尊君也。雖諸父不能抗之。家之所尊父也。雖母不得抗之。羣居五人。長者必異席。則羣居亦有尊也。喪祭燕飲。皆有賓有衆賓。則賓亦有尊也。故酒飲之禮。賓介與衆賓。送迎之節有等。鄉所以別貴賤也。敖氏繼公曰。主人既速介。既先歸介及衆賓。皆同至賓之門外。俟賓同往也。孫氏希旦曰。主人於賓及介。皆拜迎。於衆賓揖之而已。故曰拜賓及介。而衆賓從之。禮案速賓。謂催之使來也。主人先日戒賓。賓已允許。故待正日。羹定復往遠之卽到也。疏知主人親往者。以鄉飲酒禮主人戒賓速賓。並之賓拜辱。故知也。無則衆賓主人不親速。當折簡抬之與。若聽其自然。則不來而酒食徒設。或來多則酒食。又不能徧及矣。

三揖至於階。三讓以賓升。拜至。獻酬辭讓之節繁。及介省矣。至於衆賓。升受坐祭。立飲不酢而降。隆殺之義辨矣。鄭注繁猶盛也。小減曰省。辨猶別也。尊者禮隆。卑者禮殺。尊卑別也。孔疏此明主人於賓介。禮隆殺分別也。主人於賓三揖三讓。拜其來至。又酌酒獻賓。賓酢主人。主人又酢而自飲。以酬賓。是辭讓之節。其數繁多也。案鄉飲酒。介酢主人則止主人不酢介也。是及介省矣。案鄉飲酒之禮。主人獻衆賓。於西階上。受爵坐祭立飲。不酢主人。而降西階東面也。於賓禮隆。衆賓禮殺。是隆殺之義別也。方氏慤曰。主酌賓爲獻。賓答主爲酢。主又答賓爲酬。是禮也。三賓則備之。至於介。則省酬焉。至於衆賓。則又省酢矣。升受坐祭立飲者。其升而受爵之時。惟祭酒得坐。及飲酒則立。蓋飲酒所以養己。以其卑不敢坐。而當其養也。前言貴賤之義。此言隆殺之義。貴賤指其人。隆殺指其禮。因其人之貴。則禮爲之隆。因其人之賤。則禮爲之殺。故其序先貴賤。而復隆殺也。孫氏希旦曰。鄉飲酒禮。主人以介揖讓升拜。如賓禮。則其揖讓拜至之禮。亦與賓同。然其獻之也。於其席前。而不於阼階上。介之受獻。不拜洗。不嚌肺。不啐酒。不告旨。不親酢。又主人不酬。是其禮省於賓矣。至於衆賓。則升而拜受者。惟其長三人。坐祭立飲。不酢主人而降。賓之禮隆。介殺於賓。衆賓又殺於介。此隆殺之義也。禮案。貴者禮隆。賤者禮殺。若禮器所云以多爲貴者是也。

工入，升歌三終，主人獻之。笙入三終，主人獻之。閒歌三終，合樂三終，工告樂備，遂出。一人揚觶，乃立司正焉。知其能和樂而不流也。

鄭注。工謂樂正也。樂正既告備而降。言遂出者。自此至去。不復升也。流猶失禮也。立司正以正禮。則禮不失可知。一人或爲二人。孔疏。此論一鄉飲酒。設樂樂賓。罷則以禮正之。不至流邪之事也。工入升歌三終。謂升堂歌鹿鳴四牡皇皇者華。每一篇而一終也。主人獻之。獻工也。笙入三終。謂吹笙之人入於堂下。奏南陔白華華黍。每一篇一終也。主人獻之。獻笙人也。閒代也。笙歌已竟。而堂上與堂下更代而作也。堂上先歌魚麗。則堂下笙由庚。爲一終。堂上歌南有嘉魚。則堂下笙崇丘。爲二終。堂上歌南山有臺。則堂下笙由儀。爲三終。此皆鄉飲賓之文。魚麗言太平年豐物多。此采其物多賓旨。所以優賓也。南有嘉魚言太平君子有酒。樂與賢者共之。此采其能以禮下賢。與之燕樂也。南山有臺。言太平之治。以賢者爲本。此采其愛賢。爲邦家之基。由庚崇丘由儀。今亡。其義未聞也。合樂三終者。謂堂上下歌瑟及笙並作也。若工歌關雎。則笙吹鵲巢合之。若工歌葛覃。則笙吹采蘩合之。若工歌卷耳。則笙吹采蘋合之。知然者。則鄉飲酒云。乃合樂周南關雎葛覃卷耳。召南鵲巢采蘩采蘋。鄭云。合樂謂歌無衆聲俱作。周南召南。國風篇也。王后國君夫人房中之樂歌也。關雎言后妃之德。葛覃言后妃之職。卷耳言后妃之志。鵲巢言國君夫人之德。采蘩言國君夫人不失職。采蘋言卿大夫妻能循法度也。工告樂備遂出者。謂樂工先告樂正。樂正告賓以樂備。而遂下堂。言遂出者。樂正自此不復升堂也。鄉飲酒注云。降立西階東北面。一人謂主人之吏也。舉觶之後。乃立司正。樂既備。將留賓旅酬。爲有懈惰。故主人使相禮者一人爲司正。以監之。舉觶謂示將行旅酬也。流失禮也。工升歌後。立司正以正之。故知鄉飲酒能和樂不流邪而失禮也。李氏光坡曰。一人揚觶。在未歌之前。立司正在既歌之後。記者以類相從。故連言之。孫氏希旦曰。升歌笙不升者。貴人聲也。先升歌。次笙。次閒歌。次合樂。此正樂之四節也。四者備。則樂備矣。鄉飲酒禮末有無算樂。正樂雖備。弦歌之工尚未得降。惟笙樂正既告樂備。遂降立於堂下。以至於禮畢而遂出也。一人揚觶者。謂主人獻衆賓之後。一人舉觶於賓。賓取奠於薦西。至旅酬。則賓取以酬主人於阼階上也。司正。飲酒之閒監察儀注者也。行禮之始。謂之相。將旅酬。則立之爲司正。蓋旅酬之後。爵行無算。恐飲多。或至惰慢。故立司正以監之也。一人舉觶。在升歌之前。立司正在樂備之後。而謂一人舉觶。乃立司正者。蓋立司正。爲將旅酬。而一人舉觶。乃旅酬之始。二事相因故也。作樂樂賓。可謂和樂矣。又立司正。以防其失。此和樂而不流也。禮案荀子樂論。一人作二人。故注云。或作二人。也。解罰爵也。揚洗所以詔流酒失禮者。有常爵蓋蓋防縱酒耽樂之流生禍也。賓酬主人。主人酬介。介酬衆賓。少長以齒。終於沃洗者焉。知其能弟長而無遺矣。鄭注遺猶脫也忘也。孔疏此經明旅酬之時。賓主人之黨各以少長爲齒。以次相酬。至於執掌罍洗之人。以水沃盥洗爵者。皆預酬酒之限。此經主人酬介。介酬衆賓。雖據旅酬之時。其少長以齒。終於沃洗。是無算爵之節也。但因其旅酬。遂連言無算爵。欲見無不周徧。弟長而無遺。而知終沃洗。是其無算爵。案鄉飲酒記。主人之贊者。西面北上。不與無算爵。然後與是也。弟少也。言少之與長。皆被恩澤。而無遺棄。故云知其能弟長而無遺也。朱子熹曰。弟悌也。敬順之意。言能使少者。皆承順以事長者。而無所遺棄也。馬氏晞孟曰。終於沃洗。逮賤之謂也。少長以齒。能弟長也。終於沃洗。能無遺也。呂氏大臨曰。無遺則均。均則仁矣。陳氏澔曰。沃洗者。滌濯之人也。禮案鄉飲酒禮云。賓北面坐取俎西之觶。阼階上北面酬主人。又主人西階上酬介。未有介酬衆賓明文。而鄭注彼謂。於是介酬衆賓。蓋據此記立說也。降脫屨升坐。脩爵無數。飲酒之節。朝不廢朝。莫不廢夕。賓出主人拜送。節文終遂焉。知其能安燕而不亂也。鄭注朝夕朝莫聽事也。不廢之者。既朝乃飲。先夕則罷。其正也。終遂猶克備也。孔疏此明飲酒之禮。雖爵行無數。猶能節立目終。不至於亂也。降脫屨。謂無算爵之初。以前皆立。而行禮未徹俎。故未說屨。至此徹俎之後。乃說屨升堂坐也。脩爵無數。謂無算爵。熊氏之。行爵無數矣。朝後乃行飲酒之禮。是朝不廢朝矣。飲酒禮畢。乃治私家之事。是莫不廢夕。此謂鄉飲酒之禮。若黨正飲酒。一國若狂。無不醉也。終謂終竟。遂謂申也。言雖至飲畢。主人備禮拜而送賓。節制文章。終竟申遂。不有闕少。故知其能安於燕樂。而不至亂也。馬氏晞孟曰。降說屨升坐。脩爵無數。宜其醉矣。然猶不廢朝夕之聽事。賓出主人拜送。如拜至禮焉。蓋自始以至終。皆有節文終遂焉。此之謂安燕。而不亂也。錢氏大昕曰。熊氏以脩爵爲行爵。後儒無異說。案鄉飲酒禮云。說屨揖讓如初。升堂乃羞。無算爵經文本無修字。始悟脩乃羞字之誤。聲相近也。羞字爲句。禮所云乃羞也。爵無數爲句。禮所云無算爵也。禮案錢讀脩爲羞。是也。夫羞進也。言脫屨升坐。進爵無數。語極據義禮明徹。而據儀禮讀羞爲一句。爵無數爲一句。則非也。此義雖釋彼之禮。而句讀固不必其皆同也。貴賤明。隆殺辨。和樂而不流。弟長而無遺。安燕而不亂。此五行者。足以正身安國矣。彼國安而天下安。故曰吾觀於鄉而知王道之易易也。孔疏此一節。總結上經明上五種之事。又覆說前文。孔子所以知王造之易易也。五行謂上第一云。貴賤之義別。第二云隆殺之義辨。第三云和樂而不流。第四云弟長而無遺。第五云安燕而不亂。是五禮之行也。彼國安而天下安者。以鄉飲酒於此。將天下諸侯爲彼國故也。方氏慤曰。五行行於一身。則身正而無邪。施之於一國則國安而無危。故曰足以正身安國。以天下之本在國。故曰彼國。安而天下安。天下安則王道成矣。胡氏銓曰。前言正席。次言司正正禮。此言正身。蓋席正然後禮正。禮正然後身正。身正則國正。國正而天下正矣。故繼之以國。安而天下安也。禮案韓詩。外傳曰。禮者治辨之極也。強國之本也。威行之道也。功名之統也。王公由之。所以一天下也。

鄉飲酒之義。立賓以象天。立主以象地。設介僎以象日月。立三賓以象三光。古之制禮也。經之以天地。紀之日月。參之以三光。政教之本也。鄭注日出於東。僎所在也。月生於西。介所在也。三光三大辰也。天之政教出於大辰焉。孔疏此記者。更覆說鄉飲酒之義。有所法象之事。前文天地共言。故云賓主象天地。此則析言之。賓以象天。主以象地。賓者主之所尊敬。故以賓象天。主供物以養賓。故以主象地也。介僎象日月。則前經陰陽也。但陰陽據其氣。日月言其體。僎在東北。象日出也。介在西南。象月出也。案昭十七年。有星孛於大辰。公羊云。大辰者何。大火也。伐爲大辰。北辰亦爲大辰。故爾雅云。大辰房心尾也。大火謂之大辰。北極謂之北辰。是三大辰也。何休云。大火與伐。天所以示民時早晚。天下取以爲正。故謂之大辰。辰時也。是天之政教出於大辰。呂氏大臨曰。飲酒之禮。莫先於賓主。立賓象天。立主象地。禮之經也。介僎以輔之。輔之者紀也。三賓以陪之。陪之者參也。政教之立。必有經有紀有參。然後可行。故飲酒之禮。必有此三者。然後可行也。孫氏希旦曰。自此以下。與首一段。大同小異。而別以鄉飲酒之義起其端。蓋傳禮之家。各爲解說其義。本異人之作。別爲一篇。記者見其與前篇所言義雖同。而間有爲前之所未備者。因錄而附於篇末也。禮案天地之德。有常道。故以經言。日月之行有盈朒。故以紀言。尚書洪範四五紀。二曰日。三曰月。是日月本以紀言也。孔疏彼云紀者。天之經紀也。韻會。三相參爲參。參列也。此數者。皆可爲民所法象。故曰政教之本也。

亨狗於東方。祖陽氣之發於東方也。洗之在阼。其水在洗東。祖天地之左海也。尊有玄酒。教民不忘本也。鄭注祖猶法也。狗所以養賓。陽氣主養萬物。海水之委也。大古無酒。用水而已。孔疏此覆明上立主象地。以下諸文之意也。亨狗於東方。祖陽氣之發於東方也者。覆說前文。羞出自東房也。洗之在阼。其水在洗東。祖天地之左海也者。覆說前經洗當東榮。因說水在洗東。法天地左海也。尊有玄酒。教民不忘本也者。覆之說上文尊有玄酒。貴其質也。方氏慤曰。凡動物皆天產。足以養人之陽。不特狗也。而特亨狗以祖陽氣者。蓋陽之辰窮於戌。而爲陽之至。故辰在戌而屬狗。則狗者至陽之畜也。水在洗東。以祖天地之左海。亦東也。以方言之。則曰東。以體言之。則曰左。敖氏繼公曰。堂東北。爨所在也。就而亨焉。凡學宮惟有一門。故牲爨不於門外。而於堂東北。堂東北。即東夾之東北。學宮有左右房。則亦當有夾室。孫氏希旦曰。狗者燕禮之牲也。鄉飲酒故牲亦用狗者。鄉飲酒者。大夫士之燕禮也。狗不爲牢數。牲之小而輕者也。燕禮視享食爲簡。於籩豆惟用其一。故其牲亦推以狗。欲其禮之稱也。東方謂堂之東北。鄉飲酒記。亨於堂東北。是也。烹飪以火。火爲陽氣之盛。亨於東方者。所以法陽氣之發於東方也。洗當東榮。水又當洗之東。法天地之左古者。無酒用水而已。尊有玄酒。非但謂其質素。且教民不忘禮之本始也。禮案鄉飲酒記云。其牲狗也。亨於堂東北。鄭注彼云狗取擇人祖陽氣之所始也。陽氣主養。易曰。天地養萬物。聖人養賢。以及萬民。不忘本貴始也。大戴禮察曰。所以別貴始。德之本也。左海猶東海也。列子湯問云。渤海之東。不知幾億萬里。有大壑焉。實惟無底之谷。其下無底。名曰歸墟。八紘九野天漢之流。莫不注之。

賓必南鄉。東方者春。春之爲言蠢也。產萬物者聖也。南方者夏。夏之爲言假也。養之長之假之仁也。西方者秋。秋之爲言愁也。愁之以時察守義者也。北方者冬。冬之爲言中也。中者藏也。是以天子之立也左聖鄉仁右義階藏也。介必東鄉。介賓主也。主人必居東方。東方者春。春之爲言蠢也。產萬物者也。主人者造之產萬物者也。月者三日則成魄。三月則成時。是以禮有三讓。建國必立三卿。三賓者政教之本禮之大參也。

鄭注。春猶蠢也。蠢動生之貌也。聖之言生也。假大也。愁讀爲揫。揫斂也。察猶察。察嚴殺之貌也。南向向仁。貴長大萬物也。察或爲殺。獻酬之禮。主人將西。賓將南。介覸其閒也。造之言禮之所共由。主人出也。三言禮者陰也。大數取象法於月也。孔疏。此更縣言。鄉飲酒禮。坐位所在。幷明三揖三讓。每事皆三。以成禮。聖之言升也。東方產育萬物。故爲春爲聖。仁也者。謂養育萬物。長之使大。亦爲仁。於五行春爲仁。夏爲禮。今春爲聖。夏爲仁者。春夏皆是生育長養。俱有仁恩之義也。物生於春。如通明之聖。故東方爲聖理亦通也。中者言北方主智。若以五行言之則爲信。若以生長收藏言之。則爲藏也。介必東向者。主人獻酬之禮既行。就賓。賓又南行。將就主人。介在西階之上。以介覸在於賓主之閒也。東方產育萬物。主人共客人所須。故主人造爲產萬物之象者也。月者三日則成魄者。謂月盡之後。三日乃成魄。魄謂月輪有生旁有微光也。此謂月明盡之後。而生魄。非月三日也。若初以前月大。則月二日生魄。前月小。則三日乃生魄。凡建國既立三卿。助君治國。今鄉飲酒立三賓。亦象國之立三卿。故云政教之本也。樂既爲陽。故禮爲陰。月是陰精。故禮之大數。取法於月也。項氏安世曰。此鄉飲乘義也。聖管萬善。故象春。仁濟萬物。故象夏。義制萬事。故象秋。中藏萬理。故象冬。聖以德言。未及於用也。故左之。義以事言。天下之大用也。故右之。向仁以應物。偕藏以反身也。凡道備於身爲聖。施於物爲仁。形於事爲義。存於心爲中。名雖有四。其實一也。考其次序。固人道之當然。推其方位。亦天理之自然也。介必東向。介賓主也。主人必居東方。東方者春。春之爲言蠢也。產萬物者也。主人者造之產萬物者也。此章當在上文。賓必南向之下。末句當云產萬物者聖也。呂氏大臨曰。一生二。二生三。三生萬物。三者。萬物之所由。故禮有三讓。賓有三賓。國有三卿。上法於月。則三日成魄。三月成時。政教所本。禮之所以法也。馬氏晞孟曰。大國三卿。周官所謂設其參是也。陸氏佃曰。以月三日而成魄。是以禮有讓以三。月而成時。是以建國。必立三卿。書曰。卿士惟月。此之謂也。朱子熹曰。魄者月之有體而無光處也。故書言哉生明。旁死魄。皆謂月二三日。月初生時也。凡言既生魄。即謂月十六日月始闕時也。今此篇兩言月三日而成魄。則是漢儒專門陋學。未嘗讀尚書之言耳。劉氏曰。以月魄恩之。望後爲生魄。然人未嘗見其魄。蓋以明盛則魄不可見。月之魄可見。惟晦前三日之朝。月自東出。明將滅。而魄可見。過此則明漸盛。而魄不可復見矣。蓋明讓魄。則魄見。明不讓。則魄隱。姚氏際恆曰。不有朱駁之說。不見劉解之精也。郝氏懿行曰。聖通也。萬物通達而出也。故月令春其器疏以達。方氏苞曰。造造於東方也。以主人養賓亦有產物之義也。鄉大夫鄉宜作卿。尹吉甫飲御諸友。而張仲在焉。公父文伯飲南宮敬叔酒以路堵父爲客。是爲卿大夫飲國中賢者所以別爲一禮也。義疏云。此節有脱誤。若移下主人必居東方。三十一字。置產萬物者聖也上。賓必南向四字。屬南方者夏上。則明順矣。聖知本藏於冬。而發於春。仁義本見於春而大於夏。言各有所當也。禮案尚書大傳曰。東方者何也。動方也。物之動也。何以謂之春。春出也。物之出也。故曰東方春也。南方者何也。任方也。任方者。物之方任。何以謂之夏。夏者假也。吁荼萬物而養之外也。故曰南方夏也。西方者何也。鮮方也。鮮訊也。訊者始入之貌。始入者。何以謂之秋。秋者愁也。愁者物方愁而入也。故曰西方者秋也。北方者何也。伏方也。萬物之方伏。物之方伏。則何以謂之冬。冬者中也。中也者。萬物藏於中也。故曰北方冬也。陽盛則吁荼萬物。而養之外也。陰盛則呼吸萬物而藏之內也。故曰呼吸之交接。

萬物之終始。

禮記通釋卷七十九

玉環戴禮

射義第四十六

孔疏：案鄭目錄云：名曰射義者，以其記燕射大射之禮，觀德行取於士之義。此於別錄屬吉事。案此篇中有鄉射，又云「不失正鵠」，正則賓射，然則鄉射賓射俱有之矣。今目錄唯云燕射大射者，但此篇廣說天子諸侯大射燕射之義，不專鄉射賓射。其射之所起，起自黃帝，故易繫辭黃帝以下九事章云：「古者弦木爲弧，剡木爲矢，弧矢之利，以威天下。」又虞書云：「侯以明之。」是射侯見於堯舜。夏殷無文，周則具矣。孫氏希旦曰：此篇釋儀禮大射儀之義也。冠昏燕聘鄉飲酒等，皆引儀禮正經而釋之。此篇不引儀禮，但泛論習射之義，與他篇不同也。禮案：鄭鄉射禮、大射儀目錄云：鄉射、大射，於五禮並屬嘉禮。

古者諸侯之射也，必先行燕禮。卿大夫士之射也，必先行鄉飲酒之禮。故燕禮者，所以明君臣之義也。鄉飲酒之禮者，所以明長幼之序也。鄭注：言別尊卑老稚，然後射以觀德也。孔疏：此一篇之義，廣說射禮，明天子諸侯將射之時，先行燕禮，所以明君臣之義。卿大夫將射，先行鄉飲酒之禮，所以明長幼之序也。古者諸侯之射也，必先行燕禮者，案儀禮大射，在未旅之前，燕初似享，即是先行享禮。而云先行燕禮者，燕初似享，正謂其行禮似享，其餘則燕，故禮具牲狗，及設折俎，行一獻，此等皆燕之法也。云先行燕禮明君臣之義，謂臣於堂下再拜稽首，升成拜，君答拜，以若臣盡竭其力，致敬於君，君施惠以報之。故云明長幼之序者，此鄉飲酒謂黨正飲酒，以鄉統名，則前篇云六十者坐，五十者立侍，是也。呂氏大臨曰：諸侯之射，必先行燕禮者，大射也。卿大夫之射，必先行鄉飲酒之禮者，鄉射也。射者男子之事，必飾之以禮樂，所以養人之德，使人周旋中禮也。蓋燕與鄉飲酒，皆燕也。因燕以娛賓，不可以無禮，故有大射鄉射之禮。禮者不可無義，故明君臣之義，長幼之序焉。方氏慤曰：必先行禮而後習射者，則射非主皮，以禮爲先爾。馬氏晞孟曰：燕與鄉飲，則有恩；明君臣與長幼，則有義。有恩有義，然後以射而觀其德行，此人所以樂爲之也。孫氏希旦曰：左傳昭公二十七年，齊侯請享公，子家子曰：「朝夕立於其朝，又何享焉？其飲酒也。」乃飲酒，使宰獻而請安。是燕禮亦謂之飲酒也。禮案：周官大宗伯「以嘉禮親萬民」，「以賓射之禮，親故舊朋友」，故自天子以下務焉。燕而習射，所以示利樂而不流也；射以執技，所以脩德藝而毋荒也。

故射者，進退周還必中禮，內志正，外體直，然後持弓矢審固。持弓矢審固，然後可以言中。此可以觀德行矣。鄭注：內正外直，習於禮樂有德行者也。正鵠之名，出自此也。孔疏：此明射者之禮，言內志審正，則射能中，故見其外射，可以觀其內德，故云可以觀德行矣。以賓射之的，謂之正。正者，正也。欲明射者內志須正也。鄭注大射云：正者，正也，亦鳥名。齊魯之間，名題肩爲正，是也。以大射之質，謂之鵠。鵠者，直也。欲使射者外體之直。是正鵠之名，出自射者而來，故云正鵠之名出自此也。呂氏大臨曰：禮射必先比耦，故一一耦皆有上射下射，皆執弓而挾矢。其進也，當階，及階，當物，及物，皆揖；其退也亦如之。其行有左右，其升降有先後，其射皆拾發，其取矢於楅也，始進揖，當楅揖，取矢揖，既搢挾揖，退與將進者揖。其取矢也。有橫弓。卻手兼弣。順羽拾取之節焉。卒射而飲勝者。袒決遂執張弓。不勝者襲說決拾。加弛弓。升飲相揖如初。則進退周旋必中禮可見矣。夫先王制禮。豈苟爲繁文末節。使人難行哉。亦曰以善養人而已。方氏苞曰。內志正。則無分雜。故觀之審。外體直。則無懈惰。故握之固。然其正其直。非可以旦夕矯強而合也。故可以觀德行。孫氏希旦曰。進退周旋必中禮。見於未射之先。內志正、外體直。謹於方射之際。志正則於心無所偏。而持弓矢也審。體直則於力有所專。而持弓矢也固。矢之或出於侯之上下左右者。不審之過也。矢之不及侯而反若大射禮所謂梱復者。不固之過也。既審且固則無不中矣。禮案周禮地官鄉大夫三年則大比攷其德行道藝。而興賢者能者。退而以鄉射之禮。詢衆庶。一曰和。二曰容。三曰主皮。四曰和容。五曰興舞。此雖大射非鄉射。然其選賢觀德之義則一也。白虎通云。夫射者執弓堅固。心平體正。然後中也。二人爭勝樂以養德也。勝負俱降。以崇禮讓也。

其節。天子以騶虞爲節。諸侯以貍首爲節。卿大夫以采蘋爲節。士以采蘩爲節。騶虞者。樂官備也。貍首者。樂會時也。采蘋者。樂循法也。采蘩者。樂不失節也。是故天子以備官爲節。諸侯以時會天子爲節。卿大夫以循法爲節。士以不失職爲節。故明乎其節之志。以不失其事。則功成而德行立。德行立。則無暴亂之禍矣。功成則國安。故曰射者所以觀盛德也。

鄭注。騶虞采蘋采蘩。今詩篇名。貍首逸。下云曾孫侯氏是也。樂官備者。謂騶虞曰。壹發五豝。喻得賢者多也。於嗟乎騶虞。嘆仁人也。無會時者。謂貍首曰小大莫處。御於君所。樂循法者。謂采蘋曰於以采蘋。南澗之濱。循澗以采蘋。喻循法度。以成君事也。樂不失節者。謂采蘩曰。被之童童。夙夜在公。孔疏。此明天子以下射禮。樂章之異。天子歌騶虞之詩。射人云。騶虞九節。諸侯歌貍首。射人云。貍首七節。卿大夫以采蘩。士以采歌者。射人云。皆五節。案鄉射注云。五節歌五終。四節四拾。其一節先以聽也。若然。則九節者五節先以聽。七節者三節先以聽。皆以四節應乘矢拾發也。樂官備。謂射一發而得五豝。喻得賢人多。則官備也。樂會時者。諸侯不來朝射其首。是樂會及盟也。是故天子以備官爲節。謂騶虞也。諸侯以時會天子爲節。謂歌貍首也。卿大夫以循法爲節。謂歌采蘋也。士以不失職爲節。謂歌采蘩也。明乎其節之志。謂天子以備官爲志。諸侯以時會爲志。卿大夫以循法度爲志。士以不失職爲志。是各明達其樂節之志。故能不失其所爲之事也。德行立。則無暴亂之禍。功成則國安者。以射者。各明其志能致盛德。故云射者所以觀盛德也。劉氏敞曰。鄭玄以射義所以。曾孫侯氏爲貍首之詩非也。騶虞采蘋采蘩。皆在二南。則貍首者。亦必其儔矣。疾原壤所歌貍首之斑然。執女手之卷然。卽是其章者。但仲尼删詩之時。樂正已亡此篇。而諸侯朝覲之禮久絕。惡貍首之害。已久。又皆除其籍。故使不在二南也。或曰貍首鵲巢也。篆文貍似鵲首似巢。鵲巢之詩。御之將之成之。此亦時會之道。孫氏希旦曰。劉氏爲貍首。當在二南是也。孔子言自衞反魯。而樂正。雅頌各得其所。則詩之用於正樂者。夫子時必未嘗亡。然删以今詩考之。則貍首之用於射節。新宮之用於下管。采薺之用於樂儀。皆無其篇。則今之詩。豈必皆夫子所之舊乎。禮案功成則國安者以習射爲武功故也。

是故古者。天子以射選諸侯。卿大夫士。射者男子之事也。因而飾之以樂禮也。故事之盡禮樂。而可數爲以立德行者。莫若射。故聖王務焉。鄭注遵士者先考德行。乃後決之於射。男子生而有射事。長學禮樂以飾之。孔疏此明天子。以射禮簡選。諸侯以下。德行能否。故聖王所以務以射選諸侯卿大夫者。諸侯雖繼世而立。卿大夫有功乃升。非專以射而選。但既爲諸侯卿大夫。又考其德行。更以射辨其才藝高下。非謂直有射選補始用之也。男子生有縣弧之義。故云射者。男子之事因此射事更華飾以禮樂。則容體比於禮。其節比於樂。故諸事之中。能窮盡禮樂。而可數數爲之。以與立人之德行無如於射。故聖王務重焉也。呂氏大臨曰。古之選士。必以射者。非專事於射也。諸侯歲貢士於天子。固以德進言揚選也。天子又試於射宮。而進退之。將以考諸侯所選之中否而從之。以有賞罰也。射者男子之事。男子必有志於四方。禦侮扞難。則其任也。故桑弧蓬矢設於始生。士不能射則辭以疾。蓋不能射。則幾於非男子也。及其禮射。則容體欲比於禮。節欲比於樂。而中欲多。非其志專一。則不能也。非動容開習。則不能也。非心夷氣平。強有力。而不憚煩。則不能也。由此觀之。射雖一藝。而可以觀人之德行。則先王選士之意微矣。禮案白虎通云。夫射者發近而制遠也。其兵短而害長也。故可以戒難也。所以必因射助陽選士者。所以扶助微陽。而抑其強。和調陰陽。戒不虞也。

是故古者。天子之制諸侯歲獻貢士於天子。天子試之於射宮。其容體比於禮。其節比於樂。而中多者得與於祭。其容體不比於禮。其節不比於樂。而中少者不得與於祭。數與於祭而君有慶。數不與於祭而君有讓。數有慶而益地。數有讓而削地。故曰射者射爲諸侯也。是以諸侯君臣盡志於射以習禮樂。夫君臣習禮樂而以流亡者。未之有也。鄭注歲獻。獻國事之書及計偕物也。三歲而貢士。舊說云。大國三人。次國二人。小國一人。流猶放也。書曰流共工於幽州。孔疏此明射爲諸侯之事。又明諸侯君臣。盡志於射以習禮樂。無流亡之患。歲獻謂諸侯每歲。獻國事之書。及獻計偕之物。於天子也。貢士者。諸侯三年。一貢士於天子也。天子試此所貢之士。於射宮之中。而中多者。得與於祭。此謂士射也。漢時謂郡國送文書之使。爲計吏。其貢獻之物與計吏俱來。故謂之計偕物也。案書傳云。古者諸侯之於天子也。三年一貢士。一適謂之好德。再適謂之賢賢。三適謂之有功。有功者天子賜以衣服弓矢。再賜以秬鬯。三賜以虎賁百人。號曰命。諸侯不云益地者。文不具矣。又云一不適謂之過。注云三年時也。再不適。謂之敖。注云六年時也。三不適。謂之誣。注云九年時也。一絀以爵。再絀以地。三絀而地畢。注云凡十五年。鄭以此知三歲而貢士也。呂氏大臨曰。天子試士於射宮。以容體比於禮。節比於樂。而中多者。得與於祭。反此者。不得與於祭。蓋禮樂節文之多。唯射與祭爲然。能盡射之節文。而不失其敬。可以奉祭祀矣。能心平體正。持弓矢審固。而中多。則其誠可以事鬼神矣。諸侯以貢士之數。與於祭。不與於祭。而有賞罰。以行益地削地之法焉。則諸侯所以爲諸侯。亦以射選也。故曰射者。射爲諸侯。孫氏希旦曰。古者王國之人才。天子用之。侯國之人才。諸侯用之。蓋教化美。而賢才多。則不必借才於境外。而無憂不足。而王者以公天下爲心。則才之在諸侯。與在王朝一也。豈必使諸侯悉貢其賢者於我。而獨與不賢者。治其國乎。且三歲貢士。以千八百國。每國二人。通率計之。歲常至千餘人。加以成均之所教。鄉大夫之所興。用之必不能盡。詩書周禮。左傳。初無諸侯貢士之事。獨尚書大傳言之。此書駁雜。不足信也。又謂大射爲將祭擇士。中多得與於祭。考周禮祭祀之禮。奉牲贊幣。以及宗祝巫史之屬。皆有常人。所謂宗人授事。以爵以官。恐無臨祭而射。以擇之之理。大射之禮。委曲繁重。亦未必數數爲之。禮案說是矣。謂此禮獨尚書大傳有之則非也。大戴禮虞戴德云。諸侯內貢於天子。以其教士畢行。天子以歲二月。爲壇於東郊。置離抗大侯規鵠堅物。乃升諸侯之教士。教士執弓挾矢。揖讓而升。履物以射。其地心端。色容讓。時以斆伎。時有慶以地。不時有讓以地。非謂是乎。

故詩曰。曾孫侯氏。四正具舉。大夫君子。凡以庶士。小大莫處。御於君所。以燕以射。則燕則譽。言君臣相與盡志於射。以習禮樂。則安則譽也。是以天子制之。而諸侯務焉。此天子之所以養諸侯。而兵不用。諸侯自爲正之具也。

鄭注。此曾孫之詩。諸侯之射節也。四正。正爵四行也。四行者。獻賓。獻公。獻卿。獻大夫。乃後樂作而射也。莫處。無安居其官次者也。御。猶侍也。以燕以射。先行燕禮乃射也。則燕則譽。言國安則有名譽。譽或爲與。孔疏。此明諸侯之射。所歌樂章節者。此貍首之詩也。所以論燕射。則燕則譽。故君臣相與。盡志於射也。此詩名貍首。而發首云曾孫侯氏者。但篇中有貍首之字。以爲篇目。若騶虞之詩。其字在篇內也。曾孫侯氏。謂諸侯出於王。是王之曾孫也。若左傳云。曾孫蒯聵之類。四正具舉者。將射之時。先行燕禮。四度正爵。悉皆舉徧。四獻既畢。乃後射。故云具舉。燕時大夫君子。及庶衆士等。小之與大。無有處於職司。而不來者。皆御侍於君之處所。先行燕禮。而後射也。燕。安也。既君臣歡樂。用是燕安。而有聲譽也。正。謂脩正。言射者是諸侯自爲脩正之具。言脩正得安。由於射也。方氏慤曰。侯氏即諸侯。以旁出於天子。故以氏言之。若韓弈言侯氏燕胥。覲禮言侯氏亦皮弁聽是矣。言曾孫。以見世爲諸侯。其功德非一世之積也。天子制射禮於上。諸侯務之於下。養諸侯者。以使之習禮樂。則所以養之也。養之以禮。則不爭。養之以樂。則無怨。不爭無怨。則兵不用矣。諸侯自爲正之具者。以射求正諸己故也。孫氏希旦曰。則燕謂燕樂也。則譽謂有名譽也。猶詩之言燕笑語兮。是以有譽處也。記者引此詩。以證君臣習射之事。而鄭氏以爲即貍首之詩。非也。儀禮注。又附會樂會時之義。謂貍首者。欲射諸侯不來朝者之首。則益謬矣。騶虞。采蘋。采蘩。皆射節也。然初不及射事。則貍首之詩。必不專爲射而作也。郝氏懿行曰。曾孫本始封之祖而言。大戴投壺禮。亦具此詩。較此爲詳。禮案此曾孫侯氏。蓋逸詩也。以詩言燕射。故記者引之。大戴投壺亦誤入之。而小戴投壺篇。刪之是也。

孔子射於矍相之圃。蓋觀者如堵牆。射至於司馬。使子路執弓矢出延射。曰。賁軍之將。亡國之大夫。與爲人後者。不入。其餘皆入。蓋去者半。入者半。鄭注：矍相，地名也。樹萊蔬曰圃。先行飲酒禮。將射，乃以司正爲司馬。子路執弓矢出延射，則爲司射也。延，進也。出進觀者欲射者也。賁讀爲僨。僨猶覆敗也。亡國，亡君之國者也。與猶奇也。後人者，一人而已。既有爲者，而往奇之，是貪財也。子路陳此三者，而觀者畏其義，則或去也。延或爲誓。孔疏：此一節，載孔子射於矍相之圃，選賢誓衆之禮也。欲射之前，先行鄉飲酒之禮，獻賓及介，獻衆賓之後，未旅之前，作相爲司正。至於將射，轉司正爲司馬，故云射至於司馬也。立司馬之時，孔子使子路爲司射之官，出門而延進觀者及次射之人，曰賁軍之將者，謂敗軍之將，言無勇也。亡國之大夫，謂亡君之國，不忠且無智也。無猶奇也。謂有人無後，既立後訖，此人復往奇之，是其貪財也。有此以前三惡，則不得入。若其餘無此三惡者，皆得入也。方氏慤曰：如堵牆，言其周闤而固密也。射至於司馬，謂射至於使司正爲司馬之時。蓋司正則以治禮名之，司馬則以治兵名之也。燕，禮事也；射，兵事也。方燕之時，則名之爲司正；及射之時，則名之爲司馬，亦各從其類也。馬氏晞孟曰：觀者如堵牆，以言其衆庶也。揚觶而語，以言其詢衆庶也。敗軍之將，亡國之大夫不入，蓋謀人之兵師敗，則死之；謀人之邦邑危，則亡之。二者可以死而不死，則非忠；捨己之親而與爲人之後者，則非孝也。而與入半，以言其圃之外者；去與處半，以言其圃之內者。劉氏敞曰：先儒謂人有後矣，而又往與之者也。有後而又往與之，是兩後矣，安有兩後者？且唯人無後，故求後，未有有後而又求副者。此非子路之指。蓋與之者，干之也，求之也。庶子奪其宗，非干與嫡子；不後人，族人支子係族人嫡子，而後其族，非干與諸父諸兄尊也，諸弟倫也。義不可爲後，非干與禮不後異姓。不爲子，異姓而爲人子，非干與庶子而奪其宗，則篡其祖也；嫡子而後其族，則輕其親也；諸父諸兄而後其子兄弟，則亂昭穆也；異姓而後於人，則背其姓也。周衰，此等蓋多，此仲由之所惡也。然則異姓何以有爲人子者？曰：世衰禮廢，必首於夫婦之閒。夫死子幼，莫安其室，於以適人，少依其居，長從其姓，貴利其祿，富利其貨，而莫之自外，此亂之甚者。君子不易人之姓，亦不可易姓也。汪氏中曰：賁當爲奔。行葦傳引此作奔。俞氏樾曰：爲人後者，禮所不禁，乃與賁軍之將、亡國之大夫並論，恐不然也。後疑役字之誤。孟子公孫丑篇：不仁不智，無禮無義，人役也。人役而恥爲役，猶弓人而恥爲弓，矢人而恥爲矢也。是古有爲人役之說。王制曰：凡執技以事上者，不貳事，不移官，出鄉不與士恥。故曰賁軍之將、亡國之大夫、與爲人役者不入，其餘皆入。禮案：列女傳云：男則墮於脩德，不爲竊盜，則爲虜役矣。是役者，古爲不齒之稱。俞說亦是。但作後義謀可通，注疏誤耳。劉氏謂與異姓爲後者是矣。家語曲禮解：子貢問於孔子曰：凡謀人之軍師，敗則死之；謀人之國邑，危則亡之，古之道也。故軍敗而將偷生，國亡而大夫苟活，皆無恥者也。人忘所姓，而與異姓爲後，是忘本者也。無恥忘本之徒，不足與觀禮樂而與德行，故斥之，作退。若後同姓者而使之不在此列，則凡諸父族屬之無子者之血食，不其餒乎。又使公罔之裘序點揚觶而語。公罔之裘揚觶而語曰。幼壯孝弟。耆耋好禮。不從流俗。脩身以俟死者。不在此位也。蓋去者半。處者半。序點又揚觶而語曰。好學不倦。好禮不變。旄期稱道不亂者。不在此位也。蓋勵有存者。鄭注：之，發聲也。射畢又使此二人舉觶者，古者於旅也語。語謂說義理也。三十曰壯。耆耋皆老也。流俗失俗也。處猶留也。八十九十曰旄。百年曰期頤。稱猶言也。行也者。不言有此行。不可以在此賓位也。序點或爲徐點。壯或爲將。旄期或爲旌勤。今禮揚皆作騰。孔疏公罔爲氏。裘名也。序氏點名也。揚舉也。至將旅之時。使二人俱舉觶以誓衆而說所誓之事。於是公罔之裘先言序點後言。謂二十之幼。三十之壯。能於幼壯以來。能行孝弟也。六十之耆。七十之耋。老而不倦。愛好於堵。身行獨行。不從流移之俗。脩絜其身以俟於死者。問此衆人之中。有此上諸行不若有則可在此賓位矣。好學不倦。好禮不變。所誓彌精於前。前雖云孝弟好禮。未能不倦不變。旄謂八十九十曰旄。百年曰期。願此記所陳。唯納鄉射禮也。子路出延射者。是將射之前。案鄉射司射。比衆耦於堂西。此出延者。但現者既多。庭中不容。故出延之入。乃此耦以初門外未入觀者既多。未有賓主之禮。故誓惡者。令其不入。以鄉飲酒禮差之。射禮畢旅酬之時。乃使二人舉觶。故鄉射禮畢。司馬反於司正。樂正升堂復位。賓取俎西之觶。酬主人。主人酬大夫。自相旅畢。君使二人舉觶酬賓。與大夫。則當此公罔之裘序點二人舉觶之節也。但衆耦射事既了。皆在賓位。主人以禮接之。不復斥言其惡。但簡其善。旄期之老。本來觀禮。雖不能射。與在射中。故知旅酬之時。其人猶在也。陸氏佃曰。揚觶將以飲不勝者。鄉射云。不勝者進北面坐。取豐上之觶。立卒觶。是也。唯賢者發。而不失正鵠。故曰不在此位。聞兮罔之裘之計。而去者蓋不能保其必勝者也。故曰發而不失正鵠者。唯賢者乎。若夫不肖之人。則彼將安能以中。公罔之裘揚觶以待初射之用。序點又揚觶蓋以待再射之用。鄉射曰設豐實觶如施之。此當實序點所揚之觶也。夫禮必再射以備幸中。故序點所言。又進於公罔之裘一等。萬氏斯大曰。不言有此行可以在此賓位也。此於儀禮有據。而或有謂舉觶是罰爵者。夫罰爵乃勝飲不勝。不勝射時已定。飲酒時何煩致問。若謂預揚未罰之爵。益無據矣。其兩言在此位。非謂於此時始定賓位也。蓋因旅酬時。鄉人觀禮者尚多。故因舉觶乎賓。而語此以儆動之。見唯如此者得居賓位。使之勉進於禮耳。禮案公罔複姓。之裘名耳。古罔多姓名四字。若澹臺滅明之屬。注謂之發聲。安有發聲之字。而在姓名中間者。其不然明矣。考家語七十二路子解。無公罔之裘序點二人。或在三千弟子之內。抑非弟子。而延使執司射禮者。曲禮上曰。人生十年曰幼學。二十曰弱冠。三十曰壯有室。幼壯孝弟者。蓋謂自十年出就外傳以至三十。而敦行孝弟也。疏謂二十曰幼非也。大戴禮曾子制言云。日旦就業。夕而自省。以沒其身。卽此所謂不倦不變也。勵通僅少也。

射之爲言者繹也。或曰舍也。繹者各繹己之志也。故心平體正。持弓矢審固。持弓矢審固則射中矣。故曰爲人父者以爲人鵠。爲人子者。以爲子鵠。爲人君者。以爲君鵠。爲人臣者。以爲臣鵠。故射者各射己之鵠。故天子之大射謂之射侯。射侯者射爲諸侯也。射中則得爲諸侯。射不中則不得爲諸侯。

鄭注大射將祭擇士之射。也。以爲某鵠者。將射還視侯中之時意曰此鵠乃爲某之鵠。吾中之則成人。不中之則不成人也。得爲諸侯謂有慶也。不得爲諸侯謂有讓也。孔疏此釋射名及鵠。與侯之文。射之爲言繹也者。繹陳也。言陳己之志射者舍也。舍中也。謂心平驗正。持弓矢審固。則能中也。繹己之志。言君臣父子。各舒陳己之志意。則下云爲人父者。以爲父鵠是也。凡射者。大以射則皮侯。賓射則正侯。燕射則獸侯。唯大射有鵠。此據大射而知。然鵠則上下俱同。無復君臣父子之別。而言以謂升射之時。既身爲人父。則念所射之鵠是爲人父之鵠。中則任爲人父。不中則不任爲人父。故爲人之父者以爲父鵠。以下放此。故衆射之人雖共一鵠。各射己所主之鵠也。故天子所射之物。謂於射侯。言射之中能服諸侯也。舉大射言之。其實賓射。燕射。皆謂之射侯也。射中則數有慶賜。堪得久爲諸侯也。射不中則數被責讓。不堪久爲諸侯也。非爲射中封爲諸侯。不中不得爲諸侯也。案大射禮之耦升自西階。並行東。皆當其物。北面揖。及物揖。皆左足履物。還視侯中。其侯天子大射則射皮侯。故鄭注司裘云。以虎能豹麋之皮。飾其側。又方制之。以爲亭。謂之鵠者。鳱鵠小鳥而難中。是以中之爲雋。亦取鵠之言較。較者直也。射所以直己志也。陸氏佃曰。舍讀如舍矢如破之舍。舍無義也。故經釋釋而已。王文公曰。鵠遠舉難中。中之則可以告。故射侯棲鵠中則告勝焉。同是射侯也。而謂之射侯。主言大射則射侯者。射爲諸侯。正在於此。祭侯之禮。以酒脯醢。其辭曰。毋或若女不甯侯。不屬於王所。故抗而射女。是則所謂射侯。蓋亦取如此。故曰大理物博。有是哉。朱子熹曰。射中則爲諸侯。不中則不得爲諸侯。此等語皆難信。書謂庶頑讒說。侯以明之。然中間若有羿之能。又如何以此分別。恐大意略以射審定。非專以此去取也。禮案鵠正鵠也。謂父子君臣各射己之鵠。猶言各射己去正也。上下並志於正。則國無不正矣。大戴投壺篇。末有祭侯之辭。疑是此篇逸文。而大戴以入投壺則非也。白虎通云侯者以布爲之何。用人事之始也。本正則末正矣。所以名爲侯何。明諸侯有不朝者。則射之所以不射正身何。君子重同類。不忍射之。故畫獸而射之。

天子將祭。必先習射於澤。澤者所以擇士也。已射於澤。而后射於射宮。射中者得與於祭。不中者不得與於祭。不得與於祭者有讓。削以地。得與於祭者有慶。益以地。進爵絀地是也。

鄭注澤宮名也。士謂諸侯朝者。諸臣及所貢士也。皆先令習射於澤己。乃射於射宮。課中否也。諸侯有慶者。先進爵。有讓者。先削地。孔疏前經已言數與於祭。而君有慶數不與於祭。而君有讓。此又重言者。前明諸侯貢士之制。此論人君將祭擇士也。此宮蓋於寬簡之處近水澤而爲之。非唯祭而擇士。餘射亦在其中。故書傳論主皮射云。向之取也。於囿中。勇力之取也。今之取也。於射宮揖讓之取也。是主皮之射。亦在於澤也。選士於澤。不射侯也。但武而已。故司弓失云。澤共射椹質之弓矢。鄭司農司此射義之文以釋之。又鄭注司弓矢云。樹椹以爲射正。射甲與椹。試弓習武也。其主皮之射。則張皮亦揖讓也。上文有讓削以地有慶益以地。此總云進爵絀地。據有慶者。先進爵。有讓者。先絀地進則爵輕於地。故先進爵而後益以地也。退則地輕於爵。故先削地。而後絀爵也。陳氏祥道曰。古之聖人齊明以澡心。而致其恭於內。盛服以治身。而致其恭於外。固足以致神明之來格矣。然猶以爲未足以盡禮也。故又俯而取諸人。故天子將祭。必先習射於澤。夫非以射之。足以盡人之能與衡心之平。然後可以持弓之審。繩體之正。然後可以持矢之固。蓋心不平則弓不審。而體不正則矢不固。此性命之理寓於冥冥。而世人未之或知也。先射於澤宮。以擇士而習之。而射宮則在廟。是已能者陟否者黜。此祭之所以爲有射也。方氏慤曰。先習於澤。而後射於宮。射事有漸也。削地益地。謂所貢士之諸侯也。所謂慶讓者。不特在地。亦有在於爵焉。故總言進爵絀地也。於讓曰絀地。知慶之爲益地也。禮案此即尚書大傳云。戰鬥不可不習。故於搜狩閒之也。閒之者。貫之也。貫之者。習之也。凡祭取餘獲。陳於澤。然後卿大夫相與射。命中者。雖不中取也。命不中者。雖中不取。何以也。所以貴揖讓之取。而賤勇力之助也。鄉之取於國中。勇力之取也。今之取於澤。揖讓之取也。又鄭大射儀目錄云。諸侯有祭祀之事。與其羣臣射。以觀其禮。數中者。得與於祭。不數中者。不得與爲祭。是也。故男子生。桑弧蓬矢六。以射天地四方。天地四方者。男子之所有事也。故必先有志於其所有事。然後敢用穀也。飯食之謂也。鄭注。男子生則設弧於門左。三日負之。人爲之射。乃小食子也。孔疏。此明男子重射之義。以男子生三日。射人以桑弧蓬矢者。則有爲射之志。故長大重之桑弧蓬矢者。取其質也。所以用六者。射天地四方也。所以禮射唯四矢者。示事有不用也。四矢者。象禦四方之亂。欲使其子先有志意。於其所有事之處。謂於天地四方也。三日射罷之後。然後敢用穀。以食其子也。猶若事畢設飯食。故云飯食之謂也。方氏慤曰。天地四方。謂之六合。以上與下爲合。東與西爲合。南與北爲合故也。以射六合。故以六矢射之。射之則以射人代之而已。六合男子之所有事也。生而必射以示其有事之志。射而復食以示其受祿之道。陳氏澔曰。宇宙內事。皆已分內事。皆男子之志也。孫氏希旦曰。射人代之射者。世子生之禮。英大夫士之子。則亦家臣隸之弟之屬代之與。禮案內則曰。子生男子設弧於門左。女子設悅於門右。三日始負子。男射女否。國君世子生。射人以桑弧蓬矢六。射天地四方。故孫云射人代射。世子禮是也。射者仁之道也。聲求正諸己。已正而后發。發而不中。則不怨勝己者。反求諸己而已矣。孔子曰。君子無所爭。必也射乎。揖讓而升。下而飲。其爭也君子。鄭注。諸猶於也。必也射乎。言君子至於射。則有爭也。下降也。飲射爵者。亦揖讓而升降。勝者袒決遂執張弓。不勝者襲說決拾。卻左手。右加弛弓於其上。而升飲。君子恥之。是以射則爭中。孔疏。此明射是仁恩之道。唯內求諸己。不病害於物。既求諸己。恥其不勝。乃有爭心矣。下猶降也。言將飲射爵之時。揖讓而升堂。又揖讓而降下。而飲此罰禮。既以射升降。其事可慚故也。其爭也。君子者。言雖君子。因射亦有爭也。方氏慤曰。爭者德之逆。君子無所爭。曰無所。則與君子無所不用其極之無所同義。君子雖無所爭。然有所必爭者。則有在乎射也。揖讓而升堂。復下而飲。不勝。則材養不材之意也。材養不材。仁之道也。君子當仁不讓。於此安得而不爭乎。王氏謂求勝人。而害之者。小人之事也。求勝人。而養之者。君子之事也。陳氏澔曰。爲仁由己。射之中否亦由己。非他人所能與也。故不怨勝己。而反求諸身。孫氏希旦曰。大射儀。司射作上耦射。出次揖。當階揖。及階揖。升堂揖。當物北面揖。及物揖。此升時揖揖也。卒讓北面射揖。如升揖。此下時射讓也。勝者之弟子洗讓。酌奠於豐上。三耦及衆射者。皆升飲射爵。於西階上。一耦出揖。如升射升堂。卒觶揖。與此飲時揖讓也。禮案。投壺與射。皆勝飲不勝者。則其爭勝也。所以辭飲。故曰其爭也君子。孔子曰。射者何以射。何以聽。循聲而發。發而不失正鵠者。其唯賢者乎。若夫不肖之人。則彼將安能以中。詩云。發彼有的。以祈爾爵。祈求也。求中以辭爵也。酒者所以養老也。所以養病也。求中以辭爵者。辭養也。鄭注何以言其難也。聲謂樂節也。畫布曰正。棲皮曰鵠。正之言正也。鵠之言梏也。梏直也。言之正直。乃能中也。發或爲射。發猶射也。的謂所射之識也。言射的。必欲中之者。以求不飲女爵也。辭養讓見養也。爾或爲有。孔疏此明射中之難。以中爲貴。何以射。言爲射之人。何以能使射中。與樂節相應。何以聽。言何以能聽此樂節。使與射中相合。言射中樂節。兩相應會。至極難矣。循聲而發。謂射者依循樂聲而發矢。不失正鵠。言其中矣。如此者。其由賢者。乃能。然是難也。不肖謂小人也。小人則不能循聲而發。又不能持弓矢審固。彼既如此。則何能以中也。詩小雅賓之初筵篇。刺幽王之詩。陳古之明王。大射核發矢時。射彼所祈之的。以祈中。辭爾所罰之酒爵也。酒既養老病。今射者非病非老。故求射中。以辭讓此爵者。不敢當其養禮也。陳氏祥道曰。鵠之爲物遠矣。舉而難中。射以及遠。中鵠爲善。故正鵠欲其不失所以爲賢也。射者何以射。爲不主皮而射也。何以聽。爲循樂之節而發也。郊特牲曰。禮之以樂也。如此而已。蓋不主皮而射。則其容比於禮。循聲而發。則其節比於樂。禮樂由賢者出。故持弓矢審固。可以言中。若不肖之人事勇力忘禮樂。安能中哉。故孔子曰。射不主皮。爲力不同科。古之道也。此何以射。而後何以聽。主樂而言也。郊特牲。先何以聽。而後何以射。主樂而言也。陸氏佃曰。射而不勝。爲勝者所飲。則非爾爵也。是彼爵也。彼爵所以養。老養病之爵。無彼康爵異矣。詩曰。酌彼康爵。以奏爾時。康爵不病之爵。禮案求中以爭勝也。爭勝以辭養也。於雙方競求勝負之間。而寓禮讓於其中。此射禮之所以爲教之不至。而聖王之所以尚之也。

燕義第四十七

孔疏。案鄭目錄云。名曰燕義者。以其記君臣燕飲之禮。上下相尊之義。此於別錄屬吉事。案儀禮目錄云。諸侯無事若卿大夫有勤勞之功。與羣臣燕飲以樂之。勤勞謂征伐聘問。詩曰。吉甫燕喜是也。臣有王事之勞。亦燕之。故燕禮記云。若有王事是也。禮案凡射必先行燕禮。故儀禮次鄉射於鄉飲酒之下。列大射於燕之後。則此篇應次上篇射義之先明矣。又燕射之禮。皆所以禮賓。應屬賓禮。而鄭目錄以鄉飲燕射。皆屬嘉禮。似爲未合。

古者周天子之官。有庶子官。庶子官職諸侯卿大夫士之庶子之卒。掌其戒令。與其教治。別其等正其位。國有大事。則率國子而致於大子。唯所用之。若有甲兵之事。則授之以車甲。合其卒伍。置其有司。以軍法治之。司馬弗正。凡國之政事。國子存游卒。使之脩德學道。春合諸學。秋合諸射。以考其藝而進退之。鄭注職主也。庶子猶諸子也。周禮諸子之官，司馬之屬也。卒議皆爲倅。諸子副代父者也。戒令致於大子之事，教治修德學道。位，朝位也。國子，諸子也。軍法百人爲卒，五人爲伍。弗，不也。國子屬大子，司馬雖有軍事，不賦之也。游卒，未仕者也。學，大學也。射，射宮也。燕禮有庶子官，是以義載此以爲說。孔疏此從篇首至末皆明燕飲之義。但燕禮有庶子官，故先陳庶子之事。作記之人在於周末，追述周初之事，故云古者。言周之天子其下立有庶子之官。天子謂之諸子，諸侯謂之庶子，其所職掌同也。其所載之事皆諸子職文。庶子官職主諸侯及卿大夫士衆庶子之副倅於父之事。衆子須有戒法政令，而庶子官掌之。教謂教學，治謂治身。言非但掌戒令而已，其教治亦皆掌之。分別其貴賤之等，正其朝廷所立之位也。庶子，適子也。謂之庶者，庶，衆也，以其適子衆多，故總謂之庶子。以其云倅，是副貳於父之言，故鄭注諸子職云：國子者，是公卿大夫士之副貳。又引王制云：王大子、王子、羣后之大子、卿大夫元士之適子是也。若國有大事之時，而進致諸子於大子，唯任大子隨時所用也。若國有甲兵之事，則庶子官傳授以車甲，合會子以卒伍，置立之以有司，謂立其主將，使統領之，用軍旅之法治理之，隨大子之徵發。王家之事，司馬不得征役之也。國之政事，非大事與甲兵也，是國之尋常小小之政事，謂力役、主功、胥徒之屬，不與於國子，唯民庶所爲。國子存游卒來仕者之中，不於其事也。但使之修行其德，學習道藝。仲春之時，合此諸子在於大學；仲秋之時，合其諸子在於射宮，使之修德學道，或習射也。而庶子之官考校其藝之高下，而進退其能否。能者進之，否者退之。案師氏職云：凡國之貴游子弟學焉。鄭注云：貴游子弟，王公之子弟。游無官司者，則此游卒是游逸，以爲副倅，故云未仕者。馬氏晞孟曰：燕義之設，始於公族，而公族之正始於庶子。官記者之言燕義，必先述其燕與鄉飲之禮，凡以本其始而已。司馬治之，則處之以義；司馬弗征，則優之以恩。春合諸學，而教之以文，所以順陽；秋合諸射，而教之以武，所以順陰。方氏苞曰：國子當爲諸子，文誤也。蓋國子司馬不正其倅，則甲兵之事猶聽於司馬。惟凡國之政事，如力役、社田、追胥之類，諸子之官得存游倅而使之修德學道也。謂之游者，以其學道術而無職事也。周官師氏職：凡國之貴游子弟學焉。春秋傳：鄭人游於鄉校。皆此義。庶子之卒，謂衆子之副貳於適子者。周官卿大夫元士之適子，或入大學，或居虎門而學於師氏、保氏。其衆子則諸子掌子，仍學於鄉學。禮案庶子之官，卽文王世子庶子之正於公族者是也。庶子之卒，謂庶子之佐貳也。此非公與族卿云。禮非庶子所治之事，不當列庶子職於篇。通解以此條列篇末，是，宜據改。

諸侯燕禮之義。禮案此篇目也。君立阼階之東南，南鄉爾卿大夫，皆少進，定位也。君席阼階之上，居主位也。君獨升立席上，西面特立，莫敢適之義也。鄭注定位者，爲其始入躓踖而安定也。孔疏此說燕禮之初君獨升立於阼階之上。明君尊，莫敢敵之義也。皆引燕禮正經記者，以義說之。案燕禮：卿大夫皆入門右，北面。君南向爾卿，卿西面北上。爾大夫，大夫皆少進，皆北面。所以然者，定羣臣之位也。定位之語，是記者之辭。君席阼階之上，居主位，亦記者辭也。君獨升立席上，西面特立，莫敢適之義也者，言臣下莫敢與君敵匹，而爲禮也。呂氏大臨曰：燕禮射人告具，小臣設公席於阼階上，西向。公升卽位於席西向，而與諸之燕臣，皆未入也。諸臣未入，而君特立於席，明是君也。燕爲之主，非諸臣之敢敵也。君既卽位，小臣納卿大夫士皆入門立。公乃降立於阼階之東南南向。爾卿。卿西面北上。爾大夫。皆少進。爾近也。近之使前也。必爾之者。所以定臣位也。孫氏希旦曰。諸侯燕禮者。燕其羣臣之禮也。蓋君臣之分雖嚴。而上下之情不可以不通。故無事則相與燕飲爲樂。以通上下之情。而臣有征伐聘問之事。還歸其國。則亦爲特舉此禮。若四牡勞使臣。出車勞還師是也。君立阼階之東南南向。此君視燕朝之位也。爾。揖而進之也。卿大夫初入門右。皆北面東上。爾卿者。君揖卿使進。卿皆西南北上也。君又爾大夫。大夫皆少進。定位者。卿西面。大夫北面者。乃燕朝之常位。故揖之使進。以定其位也。居主位者。阼階上乃主人之位也。燕禮雖別立主人。然君自居主位。膳夫特爲之行獻禮耳。君獨升立席上。西面特立者。君既命爲賓者。揖卿大夫升就席。是時賓及卿大夫皆未升。故曰獨升。言無與偕升也。曰特立。言無與偕立也。以君之尊莫敢與之匹敵故也。禮案鄭注燕禮云。爾。近也。移也。揖而移之近之也。大夫猶北面少進。周禮春官司幾筵。諸侯昨席莞筵紛純。加繅席。定位猶今之揖賓定席也。設賓主。飲酒之禮也。使宰夫爲獻主。臣莫敢與君亢禮也。不以公卿爲賓。而以大夫爲賓。爲疑也。明嫌之義也。賓入中庭。君降一等而揖之。禮之也。鄭注。設賓主者。飲酒致懽也。宰夫主膳食之官也。天子使膳宰爲主人。公。孤也。疑。自下上至之辭也。公卿尊矣。復以爲賓。則尊與君大相近。孔疏。此明燕禮臣莫敢亢君。君又屈而禮之也。公卿朝臣之尊。賓又敵主之義。若以公卿爲賓。則疑其敵君之義。爲其嫌疑。故所以使大夫爲賓。明遠嫌也。賓既至庭。君降階一等而揖之。是以禮待於賓。故云禮之也。此諸侯燕臣子之禮。而稱公。故知是上公得置孤。孤止一人。而燕禮云諸公者。鄭注彼云。諸公者。容牧有三監也。疑。擬也。不是在下比擬於上。故云自下工至之辭也。呂氏大臨曰。既爾卿大夫。然後射人請賓。公曰。命某爲賓。賓以大夫。不以公卿之貴。疑於君也。入之及庭。公降一等。賓揖。公升就席。乃以宰夫爲主人以獻賓。臣不敢亢君也。君不敢以已尊莫亢。而必伸賓主之敬。臣不敢以爲賓。而必屈君之尊。故燕禮之節。至於以宰夫爲獻主。則禮之於賓主。義之於君臣。並行而不相悖矣。君盡君之禮以下下。故賓入及庭。降一等揖之。賓受爵。皆答拜。臣盡之臣禮以事上。故君其舉旅賜爵。賓皆降再拜稽首。君辭。然後升成拜。天下之理。未有不交而成者也。故天地交而萬物通。上下交而其志同。此所以君臣和。禮義行也。故君臣之義。其經見於朝覲。其紀見於燕禮。故曰燕禮者。所以明君臣之義也。禮案儀禮燕禮記云。與卿燕。則大夫爲賓。與大夫燕。亦大夫爲賓。又燕禮公曰。命某爲賓。鄭注彼云。某。大夫也。主人。宰夫也。宰夫。大宰之屬。掌賓客之獻飲者也。其位在洗北西面。君於其臣雖爲賓。不親獻。以其尊莫敢伉禮也。疑。嫌疑也。卿尊而爲賓。嫌敵君也。大夫卑。雖尊之。猶遠於君。別微明嫌之道也。君舉旅於賓。及君所賜爵。皆降再拜稽首。升成拜。明臣禮也。君答拜之。禮無不答。明君上之禮也。臣下竭力盡能以立功於國。君必報之以爵祿。故臣下皆務竭力盡能以立功。是以國安而君寧。禮無不答。言上之不虛取於下也。上必明正道以道民。民道之而有功。然後取其什一。故上用足而下不匱也。是以上下和親而不相怨也。和寧禮之用也。此君臣上下之大義也。故曰燕禮者所以明君臣之義也。鄭注言聖人之禮因事以託政。臣再拜稽首，是甚竭力也。君答拜之，是其報以祿惠也。孔疏此明燕禮臣盡禮於下，君答之於上，上下交歡，而不相怨。明君臣之義也。君舉旋，謂舉旅酬之酒以酬賓，及特賜臣下之爵，賓受君之酬，及臣受君賜爵，皆降自西階，再拜稽首，以受君恩。又升堂更再拜稽首，以成拜也。故燕禮云：公酬賓，賓降西階下再拜稽首，公命小臣辭，賓升成拜。鄭云：升成拜，復再拜稽首也。至禮殺之後，賓下堂是欲拜君，則辭之，賓未拜也，賓乃升堂稽首。案燕禮云君賜爵之時，再拜稽首，示竭力盡能，立功於國也。燕禮臣拜，君皆答之者，示君報之以爵祿也。禮無不答。言臣之拜，君無不答拜之，示爲上之道，不虛取於下，上必須報之也。上下必須相報，故在上明正教以教道於民，民亦依君訓道有功報上，君既薄斂於上，民亦什一而稅於下，故國家生足，而下不匱乏，是上下和平親睦，不相怨恨而和甯也。楊氏復曰：公取媵爵以酬賓，此與尋常酬爵不同，君臣之際其分甚嚴，其情甚親。使宰夫爲獻主，所以嚴君臣之分；舉觶以酬賓，所以通君臣之情。葉氏夢得曰：上以爵祿報下，則下自奮而有功。故禮無不拜，不以功力事上，則上見如而有賜，故禮無不答。無不拜，則非與亢；禮無不答，則非虛取也。勞心者治人，勞力者治於人；治人者食於人，治於人者食人，上下之義也。道民而有功，則勞心矣。民出絲麻穀粟，以奉上，則勞力矣。方其君舉旅於賓而賜爵也，固有惠於下，而下拜之，明其治人也。及君答拜者，明其食於人而已矣。方氏苞曰：人臣虛受爵祿，而不思竭力盡能於國事，則君必惡之；人君虛取什一，而不能明正道以道民，則民必憾之。故必上下交盡其道，然後和親而不相怨也。禮案儀禮燕禮既曰明君臣之禮，又曰明正道以道民者，猶成十二年左傳謂宴以示慈惠。慈惠以布政，政以禮成，民是以息，百官承事，朝而不夕，此公侯之所以扞城其民也。

席小卿。次上卿。大夫次小卿。士庶子以衣就位於下。獻君，君舉旅行酬。而后獻卿，卿舉旅行酬。而后獻大夫，大夫舉旅行酬。而后獻士，士舉旅行酬。而后獻庶子。俎豆牲體薦羞皆有等差，所以明貴賤也。鄭注牲體，俎實也。脀謂脯醢也。羞，庶羞也。孔疏此明尊卑上下。席位之所受獻，旅酬之差，貴賤先後之義。案燕禮上卿在賓席之東，小卿在賓席之西，隔越於賓席，而云次上卿者，以俱南面東上，遙相次耳。大夫在小卿之西。故燕禮云辯獻大夫，遂薦之，繼賓以西東上，於西階上獻。士既受獻者，立於阼階下西面北上，獻庶子於阼階上，既獻，立於阼階下，故云士庶子以次就位於下也。獻君，君舉旅行酬者，案燕禮，宰夫飲主人，酌以獻賓，賓飲畢，酌以酢主人，主人飲畢，酌以獻君，君飲畢，酌以酢主人，更爵以受酢，於阼階下，飲卒爵，主人又洗觚酬主人，先飲卒爵，酌以酬賓，賓受觚，坐奠於薦東訖，小臣請媵爵者二人，媵爵阼階下，皆北面，媵爵於公，媵爵若先自飲畢，洗象觶，酌奠於公席之前，公坐取所媵之觶，以酬賓，賓下再拜稽首，公命小臣辭，賓升成拜，公立卒觶，賓乃受，公虛爵，酌酬大夫於西階上，衆大夫相酬之畢，奠虛觶於篚，此是獻君，君舉旅行酬也。而后獻卿者，案燕禮主人洗升實散。獻卿於西階上。畢。小臣又請媵爵者。公使二人媵爵。奠於公前。公又行一爵。若賓若長。唯公所酬。以旅於西階上。大夫辯而止。此是爲卿旅酬。小卿大酬俱同獻也。而后獻大夫者。案燕禮。主人洗獻大夫於西階上。大夫辯受獻。乃納工。獻衆工畢。公又舉奠解。唯公所賜。以旅於西階上。此是爲大夫而旅酬也。而后獻士者。案燕禮脫屨升堂坐之後。主人獻士於西階上。獻士辯。又獻旅飲。賓媵觚於公。公坐取賓所媵觶興。唯公所賜。乃就席坐。行之終於大夫。終受者興。以酬士。士舉旅於西階上。此是獻士。爲旅酬也。而后獻庶子者。庶子卑。不爲之舉旅。但無算爵之節。執爵者酌而旅之。俎豆牲體薦羞。皆有等差者。公及卿大夫士等。牲體荐羞之節。皆有等差。但燕禮不載。無以言也。呂氏大臨曰。貴貴之義。不行亂之所由生也。禮。禮於君臣貴賤之義極其密察。至於此者。所以院亂也。孫氏希旦曰。賓席牖閒。最尊上。卿在賓東。近君。次於賓。小卿在賓西。又次於上卿也。大夫又在小卿之西。士初入在西方東面。既獻立於東方西面。燕禮不言庶子之位。此言士庶子。以次就位。蓋其初入及既獻後之位。皆在士之南與。案禮禮公與賓以下。皆惟一籩一豆。又燕禮記。唯公與賓有俎。燕牲用狗。故自卿以下皆無俎。以牲小故也。又燕禮獻大夫辯。乃羞庶羞。是庶羞不及士以下也。公與賓荐俎。庶羞備有。卿大夫有荐羞而無俎。士以下又無羞。唯荐而已。是其等差也。席有尊卑。獻有先後。饌有隆殺。此皆所以明貴賤也。禮之案明貴賤之等。即所以嚴上下之分也。然則燕禮之行也。豈但爲君臣燕樂而已哉。

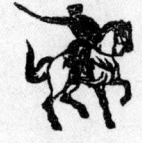

禮記通釋卷八十　玉環戴禮

聘義第四十八 孔疏案鄭目錄云，名曰聘義者，以其記諸侯之國交相聘問之禮，重禮輕財之義也。此於別錄屬吉事。此聘義釋儀禮聘禮之義。但儀禮聘禮者，謂大聘使卿，故經云及竟，張旜是弧，卿所建也。聘禮謂侯伯之卿，故經云上介奉束錦，士介四人，皆奉玉錦，介凡五人，故知侯伯之卿。此聘義所釋，包五等之卿，故此經云上公七介，侯伯五介，子男三介，皆謂其卿也。禮案大戴禮朝事篇有此文，無篇末聘射之禮及子貢問玉二條。鄭聘禮目錄云：大問曰聘，諸侯相於久無事，使卿相問之禮；小聘使大夫。周禮秋官曰：大行人凡諸侯之邦交，歲相問也，殷相聘也。聘禮於五禮屬賓禮。

聘禮，上公七介，侯伯五介，子男三介，所以明貴賤也。 鄭注：此皆使卿出聘之介數也。大行人職曰：凡諸侯之卿，各下其君二等。孔疏：此篇總明聘義，各顯聘禮之經於上，以義釋之於下，從首至末。又明聘所執玉，又因明有諸德之義。今此經以介數不同，明貴賤有異，皆謂使卿出聘之介數也。若上公親行，則九介，其卿降二等，故七介。侯伯子男以次差之，義可知也。方氏愨曰：上公即九命作伯之上公也。王之三公八命而已，以其加三公之一命，故以上言之。周官行人，上公介九人，侯伯七人，子男五人。此言七介、五介、三介者，以大聘使卿，其禮各下其君二等故也。以爵有貴賤，則其介有多寡，故曰所以明貴賤也。禮案諸侯親行，若朝覲天子及自相朝，則介各如命之數。其使卿出聘，則各下其君二等。此言聘禮，故上公七介，侯伯五介，子男三介，謂其使，非謂其君也。其禮見周禮春官典命及大戴禮朝事篇。

介紹而傳命，君子於其所尊弗敢質，敬之至也。 鄭注：質謂正自相當。孔疏：此明聘禮之有介傳達賓主之命，敬之至極也。方氏愨曰：介有三等，末介傳中介，中介傳上介，以相繼而傳之，故曰介紹而傳命也。紹而傳命，則命不直達矣。蓋以主君之尊，而使臣之卑不敢與之亢禮故也，故曰弗敢質。質，對也。陸氏佃曰：言紹，則若上公七介，皆相繼傳命也。蓋如是而後盡敬。父子之閒以質爲敬，君臣之閒以文爲敬。義疏云：儀禮聘禮注云：賓至末介，相去三丈六尺；上擯至末擯，亦三丈六尺。賓乃傳賓君之命於上擯，即此傳命時也。禮案儀禮聘，聘賓有上介、衆介致意，主國有上擯、紹擯、承擯請事，所以慎重其禮，不敢質略，以致其敬也。

三讓而后傳命，三讓而后入廟門，三揖而后至階，三讓而后升，所以致尊讓也。 鄭注：此揖讓主謂賓也。三讓而後傳命，賓至廟門，主人請事時也。賓見主人陳擯，以大客禮當己，則三讓之，不得命，乃傳其君之聘命也。三讓而后入廟門，讓主入廟受也。小行人職曰：凡四方之使者，大客則擯，小客則受其幣，聽其辭。孔疏：此明欲傳命之時，先須三讓，又傳命之後，入廟門，升階揖讓之節，明賓所以尊讓主人。賓在大門外，見主人陳擯，以大客之禮待己，己不敢當，三度辭讓。主人不許，乃後傳聘君之命。主君延賓而入，入至廟，將欲廟受，賓不敢當之，故三讓而后入廟門。主君在東，賓在西，相向三讓，乃入廟門。一揖也，當階北面又揖，當碑又揖，三揖。揖賓至階，主君讓賓升，賓讓主君，如此者三，主君乃先升，賓乃升，是賓致其尊敬讓主人之心也。方氏愨曰：致尊言主人之尊賓致讓言賓讓而不敢受也。呂氏大臨曰：七介以相見也，不然則已慤。三辭三讓而至，不然則已蹙。所謂已慤已蹙，野人之義也。非君子交際之文也。君子之交際，動無不文，禮無不答。故於傳命入門，皆三讓，三揖至階，三讓而升。此賓所以敬主人也。傳命入廟門，皆三讓，而聘禮不載，有所略也。禮案：致尊讓者，所以昭忠信卑讓之道也。文元年左傳云：忠，德之正也。信，德之固也。卑讓，德之基也。

君使士迎於竟，大夫郊勞，君親拜迎於大門之內而廟受，北面拜貺，拜君命之辱，所以致敬也。鄭注：貺，賜也。賓致命，公當楣再拜，拜聘君之恩惠，辱命來聘者也。孔疏：此明主君尊敬聘客，所以致敬於彼君之命也。主君使士迎客於竟，故聘禮賓及竟張旜，君使士請事，遂以入是也。大夫郊勞者，聘禮云：賓至於近郊，君使下大夫請行，君又使卿朝服用束帛勞，此大夫郊勞者，即卿也。案聘禮，賓入門左，公再拜，是君拜迎於大門之內而廟受。又云及廟門，公揖入，納賓，賓入門左，賓升西楹西東面，是廟受也。北面拜貺者，君於阼階之上北再再拜聘君之貺。貺謂惠賜也。聘禮云：公當楣再拜是也。拜君命之辱，言主君所以北面拜貺者，拜聘君之命，來屈辱也。言主君致敬於聘君。呂氏大臨曰：士迎於竟，大夫郊勞，君親拜迎而廟受，拜貺拜辱，此主人所以敬賓也。賓主之交，爭相爲敬讓，則暴慢侵陵無自而生，交日以親，好日以固，此兵所以不用，民所以休息也。禮案：此迎聘賓，故禮殺，若朝禮則君使大夫迎於竟，卿勞於道，君親郊勞致館，見大戴朝事篇。聘禮出聘必告廟，故受幣亦於廟，所以脩先君之好也。文十二年左傳云：君不忘先君之好。又曰：不腆先君之敝器是也。致敬者，謂主國致敬於聘使，所以重其君命也。

敬讓也者，君子之所以相接也。故諸侯相接以敬讓，則不相侵陵。鄭注：君子之相接，賓聘而主人敬也。孔疏：此總結上賓致尊聘於主君，主君又致敬於讓君，故賓主交相敬讓者，是君子所以相接待也。以主人致敬，賓致聘，同心以禮相接，故不相侵陵。方氏慤曰：侵言自此以侵彼，陵言自下以陵上。禮案：此即大戴禮察所謂夫禮者貴絕惡於未萌，而聘禮之致敬讓者，所以禁侵陵之禍於將然之前者也。故周禮秋官大行人云：時聘以結諸侯之好是也。襄元年左傳曰：凡諸侯即位，小國朝之，大國聘焉，以繼好結信，謀事補闕，禮之大者也。

卿爲上擯，大夫爲承擯，士爲紹擯。君親禮賓。賓私面私覿，致饔餼，還圭璋，賄贈，饗食燕，所以明賓客君臣之義也。鄭注：設大禮則賓，客之也；或不親而使臣，則爲君臣也。孔疏：主之國卿爲上擯，接迎於賓；大夫爲承擯，承，副上擯也；紹，繼也，謂繼續承擯。案聘禮注云：主君公也，則擯者五人；侯伯則擯者四人；子男則擯者三人。其待聘客，及朝賓其擯數皆然。君親禮賓者，謂行聘已訖，君親執醴以禮賓。故聘禮賓行聘訖，宰夫徹幾改筵，公出迎賓以入，公徹受醴，賓受醴，公拜送醴是也。賓私面者，謂私以己禮面見主國之卿大夫也。私覿者，私以己禮覿主國之君，以其非公聘正禮，故謂之私。案聘禮，私面在後，此先云私面者，記者便文無義例也。致饔餼者，謂行聘之日，主君使卿致饔餼之禮於賓館。案聘禮，君使卿韋弁歸饔餼五牢。注云：牲殺曰饔，生曰餼。還圭璋者，謂賓將去時，君使卿就賓館還其所聘之圭璋，故聘禮云：君使禮皮弁還玉於館是也。賄贈者，還玉既畢，以賄贈之，故卿聘還圭璋畢，大夫賄用束紡是也。享食燕者，謂主君設大禮。以享賓設食禮以食賓。皆在朝也。又設燕以燕之。燕在寢也。故聘禮云。公於賓壹食再享。燕與羞俶獻無常數。是也或主人敬賓或賓答主人。或君親接賓。或使臣致之。是顯明賓客君臣之義也。敖氏繼公曰。承紹者。皆有爲之先之辭。周官言天子之擯者。其於上公則五人。於侯伯則四人。於子男則三人。皆以朝者之爵爲差也。此但言上擯承擯紹擯。而不言其人數。則是諸侯之擯者。三人而已。不以己爵。及朝聘者之尊卑而異。所以別於天子也。此擯者雖有三人。惟上擯專相禮事。乃必立承紹者。所以別於諸臣之禮也。禮案君親醴賓。待以賓主平敵之禮也。賓私覿主國君者。所以致外臣之禮也。故曰明賓客君臣之義也。璋半圭也。儀禮聘禮。以璋聘夫人之禮。此不言夫人者文略也。**故天子制諸侯。比年小聘三年大聘。相厲以禮。使者聘而誤。主君弗親饗食也。所以愧厲之也。諸侯相聘以禮則外不相侵。內不相陵。此天子之所以養諸侯兵不用。而諸侯自爲正之具也。**鄭注比年小聘。所謂歲相問也。三年大聘。所謂殷相聘也。孔疏此明諸侯交相聘問。相厲以禮。則內崇敬讓外不相侵陵。是自爲正之具。天子立制。使諸侯相於比年使大夫小聘。三歲使卿大聘。來聘使者行聘之時。禮有錯誤。則主國之君不親自享食以接賓。所以使賓恥愧。自勉勵。天子制此禮。使諸侯自相親。是存養諸侯無兵革之患難。國家得正由其外親諸侯。所以如此。是自爲正之具也。案大行人之諸侯之邦交。歲相同也。聘禮記云。小聘曰問。故知此小聘。是歲相問也。大行人又云。殷相聘也。殷中也。謂三年之時。中而無事。故稱殷也。此所云。謂諸侯自相聘也。王制云。諸侯之於天子。比年一小聘。三年一大聘。五年一朝。與此不同者。此經諸侯相聘。是周公制禮之正法。王制所謂文襄之法。故不同也。呂氏大臨曰。王制言諸侯之禮於天子。此言聘禮交相聘。天子制其禮也。使者聘而語。主君不親享食。聘侯所謂大夫來使無罪享之。過則餼之也。先王御諸侯。使之相交以脩好。必求疏數之中。故比年小聘。三年大聘也。使之相敬以全交。必相厲以禮。故使者誤。主君不親享食。以愧厲之。然後仁達而禮行也。陸氏奎勳曰。此周禮所謂殷相聘也。殷者盛也。即大聘之謂。鄭氏於周禮訓殷爲中。尚隔一針。義疏云。古今惟禮可以養人。制諸侯。是天子養之也。自爲正是諸侯自養也。相厲以禮正其以禮相養處。禮案昭十二年左傳云。明王之制使諸侯歲聘以志業。間朝以講禮。再朝而會以示威。再會而盟。以顯昭明。自古以來。未之或失也。**以圭璋聘重禮也。已聘而還圭璋此輕財而重禮之義也。諸侯相厲以輕財重禮。則民作讓矣。**鄭注圭瑞也。尊圭璋之類也。用之還之。皆爲重禮禮必親之。不可以己之有。遙復之也。財謂璧琮享幣也。受之爲輕財者。財可遙復。重賄反幣是也。孔疏此明既聘還圭璋輕財重禮教民廉讓之意。玉以必德。故以圭璋而聘。言其禮可貴與玉相似。既聘之後。賓將歸時。致此圭璋付與聘使而還其君也。凡行聘禮之後。享君用璧。享夫人用琮。圭璋玉之質惟玉而已。璧琮則重其華美。加於束帛。聘使既了。還以圭璋之玉。重其禮。故還之。留其璧琮之財。是輕其財。故留之。重者法可報。復故用本物還之。輕者易可酬償。故更以他物贈之。此是諸侯相厲以輕財重禮之義。君既行之於上。人則效之於下。故民皆作其廉讓矣。方氏慤曰。以儀禮考之。有聘必有享。聘君則以圭。聘夫人則以璋。享君則以璧。享夫人則以琮。聘先於享。其禮爲尊。尊也故圭璋時而達。享因於聘。其禮爲親。親之故璧琮有聘加焉。圭璋固有藻。然特藉玉以爲禮而已。異乎璧琮之加於束帛以爲財也。故後言圭璋特達以此。齊氏召南曰。卿大夫聘。所執之圭。瑑圭也。周禮典瑞。公執桓圭。侯執信圭第是命圭也。又云瑑圭璋璧琮以頫聘。玉人所謂瑑圭璋八寸。璧琮八寸。以頫聘。儀禮疏謂臣所執皆降一等是也。孫氏希旦曰。此據侯伯之禮。故云以圭璋聘。若子男則聘君用璧。聘夫人當用琮。而其享當用琥璜矣。禮案。祭義云致讓以去爭也。故民作讓。則國家安甯矣。論語曰。能以禮讓爲國乎何有。不能以禮讓爲國如禮何。

主國待客出入三積。餼客於舍。五牢之具陳於內。米三十車。禾三十車。芻薪倍禾。皆陳於外。乘禽日五雙。羣介皆有餼牢。壹食再饗。燕與時賜無數。所以厚重禮也。

鄭注。厚重。禮厚此聘禮也。孔疏。此明待賓之厚。所以尊重聘禮之義。主國待客出入三積。謂上公之臣。故司儀云。諸公之臣相爲國客。則三積。注云。侯伯之臣不致積也。出入三積。謂入三積。出亦三積也。案聘禮致客有饔有餼。今直云餼客者。略言之。於舍。謂於賓館也。五牢之具。謂飪一牢在賓館西階也。腥二牢在賓館東階也。餼二牢在賓館門內之西。是皆陳於內也。案聘禮米三十車設於門東。東陳禾三十車設於門西。西陳薪芻倍禾也。鄭注。薪從米。芻從禾。乘禽謂乘行羣匹之禽。雁鶩之屬。聘卿則每日致五雙也。羣介皆有餼牢者。鄭注掌客云。爵卿也則殯二牢。饔餼五牢。爵大夫也則殯大牢。饔餼三牢。爵士也則殯少牢。饔餼大牢也。壹食再享燕。謂聘卿一爲之設食。再爲設享。其樵燕與當時之賜無常數也。厚重禮言備設待賓之物。所以豐厚尊重。行聘之禮也。陸氏佃曰。據周官侯伯七十雙。今曰日五雙。雖曰諸侯大夫。不應如是之縣也。蓋日五雙。旬而稍所致之禽也。據聘禮旬而稍。乘禽日如其饔餼之數義。疏云。禮有飯有殺。設酒不飲。食禮也。體荐不食。爵盈不飲。享禮也。一獻既畢。坐飲至醉。燕禮也。或賜以束紡。或賜以金玉。時賜也。食行於朝。享行於廟。以訓恭儉。故有數。燕行於寢。時賜於館。以示慈惠。故無數。此所以盡品節之宜。而結邦交之好也。禮案。芻所以備秣。薪所以給爨。倍禾者。六十車也。陳。列也。腥恐餒敗。故陳內米薪乾物。故陳外也。時賜者。四時新物也。謂之俶獻。此言待賓之厚者。所以重其禮也。

古之用財者。不能均如此。然而用財如此其厚者。言盡之於禮也。盡之於禮。則內君臣不相陵。而外不相侵。故天子制之而諸侯務焉。

鄭注。不能均如此。言無則從其實也。言盡之於禮。欲令富者不得過也。孔疏。此明聘禮用財之厚。務行禮讓。則君臣內外不相侵陵。所以諸侯務焉。不能均。言古之費用。其財不能悉皆均平。常能如此之厚。然而用財如此之厚者。盡之於禮也。相聘之事。費用其財。如此豐厚者。言用財盡極於禮。則內君臣不相陵。而外不相侵。上下和睦。四鄰歸懷也。故天子制此聘禮。而諸侯務而行焉。呂氏大臨曰。古者制國用。量入如爲出。至於國新殺禮。凶荒殺禮。故有祈以幣更。賓以特牲者。則用財於賓客。不皆如此之厚也。然禮存其數者。將使富而奢汰者不敢過制。而儉嗇者不敢不盡也。不敢過。不敢不盡。則盡之於禮。此天子所以養諸侯。使內外不相侵陵之道也。孫氏希旦曰。厚重禮。言聘禮重。故所以待賓者。豐厚也。聘禮之用財如此其厚。他事不能皆然。是用財不能均也。然聘禮所以用財之厚者。盡用之以行禮也。禮有所不可闕。則財有所不容惜。務行禮而不惜已之財。則必不欲犯非禮以取人之所有。而內外侵陵之患何自而起乎。方氏苞曰。禮意篤。邦交固。則強臣巨族。不敢有輕上之心。故曰內君臣不相陵也。周衰強臣柄國。皆私自結於霸主。強鄰。而其君之邦交。反不及焉。然後顯背其君。而無可如何。魯季孫意如衛孫林父陳慶虎慶寅之徒皆是也。禮之止邪也於未形。觀此亦可見矣。禮案用財盡禮。謂聘禮行而邦交固玉帛修而甲兵戢。則四民樂業。百姓足。君自無不足矣。故雖用財多而國爲困疲也。

聘射之禮。至大禮也。質明而始行事。日幾中而后禮成。非強有力者弗能行也。故強有力者將以行禮也。酒清人渴而不敢飲也。肉乾人飢而不敢食也。日莫人倦。齊莊正齊。而不敢解惰。以成禮節。以正君臣。以親父子。以和長幼。此衆人之所難。而君子行之。故謂之有行。有行之謂有義。有義之謂勇敢。故所貴於勇敢者。貴其能以立義也。所貴於立義者。貴其有行也。所貴於有行者。貴其行禮也。故所貴於勇敢者。貴其敢行禮義也。故勇敢強有力者。天下無事則用之於禮義。天下有事則用之於戰勝。用之於戰勝則無敵。用之於禮義則順治。外無敵。內順治。此之謂盛德。故聖王之貴勇敢強有力如此也。勇敢強有力而不用之於禮義戰勝。而用之於爭鬬。則謂之亂人。刑罰行於國。所誅者亂人也。如此則民順治而國安也。鄭注禮成禮畢也。或曰行成。勝克敵也。或爲陳。孔疏以前經說聘禮既畢。此一節又申明行聘之時。禮儀既大。日晚始罷。故死者引唯故敢之人。能成禮事。故於此明之。此是聘義。兼云射者。以強有餘力之士。非但聘而行禮。又能射爲武事。勇此總明之也。至大禮也。言聘之與射。至極繁大之禮。非如題昏之屬。暫時即畢。幾近也。日近中而後禮成。非強有力者。弗能行也。酒清人渴而不敢飲。謂射禮也。欲射之時。先行燕禮。唯以禮獻酬。不敢恣意醉飽。聘禮行聘之時。但酌醴禮賓。無酒肴之事故也。日莫人斯懈倦。猶齊莊而自整齊。以成就禮之節制。此亦謂射禮。故下云。以正君臣。以親父子。以和長幼也。以正君臣。謂賓射前行燕禮。謂君在阼賓升。成拜稽首之屬。以親父子。和長幼。謂鄉射前行鄉飲酒之禮。有齒於父族之事。以上之事。衆人所難。君子之人。特能行之。故謂有行。身既有行。則事得宜。故云有行之謂有義。有義則臨敵果斷。故云有義之謂勇敢。此總覆說聘之無射也。勇敢射之所須。強有力聘之所須。天下無事。謂兵革休息。故用之於聘射之禮義。天下有事。謂軍旅數起。故用於戰鬥。必得勢也。陳氏祥道曰。聘之爲醴。養諸侯而兵不用。射之爲禮。亦養諸侯。而兵不用。是皆至大之禮。非強有力者。不得能行之也。方氏慤曰。此聘禮兼言射者。賓聘亦有射。故因而明之。且賓有賓之射。則聘有聘之射明矣。自質明始行事。而大以言聘之難行也。自酒清人渴而不下。以言射之難行也。酒以久故清。肉以久故乾。揚子言。日昃不食肉。射又至於日莫者。以先行禮而後射故也。一有一亡。為有。眾人之所難。而君子行之。故謂之有行。義理禮之文也。而無文不行。故有行之謂有義。勇敢言其發於內者。強有力言其形於外者。兩相交為戰。我克彼為勝。戰勝則因與彼敵。故曰外無敵。禮義則本乎我治。故曰內順也。戰勝合天下之公義。故用之於禮義則足以順治。爭門由一時之私忿。故誅之以刑罰。而謂之亂也。郝氏懿行曰。正。齊整齊也。服。留於禮節之農威。故貴勇敢。從容於禮義之繁縟。故貴強有力。此所以能遺大投難。任重致遠。而不辭者也。方氏苞曰。疏以質明行事日幾中而禮成。謂享是也。以日莫禮成。法此節為射禮。則固矣。記者總言聘射。聘兼享燕。幾設而不倚。爵盈而不飲。惟享禮則然。日莫人倦。則燕時之所同也。專以屬射事。義俱不可通。又曰以正君臣二句。疏以三者屬射。亦非也。親父子和長幼。並以旅酬言。聘禮有燕則有旅酬。安得皆以屬射。且受享於廣禮。辭多稱先君嗣君繼世友邦交聘親其父。以及其子。正聘之意也。義疏云。以上皆大戴本文所有。此節大戴無之。疑小戴所附益也。禮案朝聘之禮。行訖。至主國享燕聘賓時。本有射事。所謂賓射是也。周禮夏官小臣賓射掌事。如大僕之法。鄭注彼云。賓射與諸侯來朝者射。襄二十九年左傳曰。范獻子來聘。公享之。展莊叔執幣。射者三耦。公臣不足。取於家臣。家臣展瑕展王父為一耦。公臣公巫召伯仲顏莊叔為一耦。鄫鼓父黨叔為一耦。是也。射者父子君臣各有其鵠。中則能不失已之正道。故曰以正君臣。親父子和長幼也。與鄉飲酒禮之鄉射無涉。

子貢問於孔子曰。敢問君子貴玉而賤碈者何也。為玉之寡而碈之多與。孔子曰。非為碈之多故賤之也。玉之寡故貴之也。夫昔者君子比德於玉焉。溫潤而澤。仁也。縝密以栗。知也。廉而不劌。義也。垂之如隊。禮也。叩之其聲清越以長。其終詘然。樂也。瑕不揜瑜。瑜不揜瑕。忠也。孚尹旁達。信也。氣如白虹。天也。精神見於山川。地也。圭璋特達。德也。天下莫不貴者。道也。詩云。言念君子。溫其如玉。故君子貴之也。

鄭注。碈石似玉。或作玟也。色柔溫潤似仁也。潤或為濡。縝。緻也。栗。堅貌。劌。傷也。義者不苟傷人也。禮尚謙卑。樂作則有聲。止則無也。越猶揚也。詘。絕止貌也。樂記曰。止如槀木。服玉之病也。瑜其中間美者。玉之性善惡不相揜。似忠也。孚讀為浮。尹讀如竹箭之筠。浮筠謂玉采色也。采色旁達不相隱翳。似信也。孚或作姇。或為扶。精神亦謂精氣也。虹。天氣也。山川地所以通氣也。特達謂以朝聘也。璧琮則有幣。惟有德者無所不達。不有須而成也。道者人無不由之。君子言我也。貴玉者以其似君子也。孔疏。以聘用玉。因論玉有諸德。而結成聘義之篇也。子貢之意。以貴玉者豈不為玉之寡少。故貴之。碈之饒多。故賤之與。疑辭也。孔子言貴玉由其有德。非為少故貴之。君子於玉比德。以玉色溫和柔潤而光澤。仁者亦溫和潤澤。故云仁也。玉體密緻而堅剛。人有智者性亦密緻堅剛。故云智也。廉。稜也。玉體雖有廉棱。而不傷割於物。人有義者。亦能斷而不傷物。故云義也。玉體垂之而下墜。人有禮者。亦謙恭而卑下。故言禮也。玉體以物叩擊。其聲清冷發越。以長遠。擊終則詘然而止。其爲樂之法。初作聲而發揚。樂罷則止。如槁木。言玉亦然。故云樂也。玉之病處。不揜映美。爲玉之美處。不揜映病處。皆以忠實見外。如人之忠心見外。故云忠也。浮者在外之名。筠亦潤色在外者。旁者四面之謂也。達者通顯之名也。信者內不欺隱者也。玉采色彰達。著見於外。無隱揜。如人有信者。亦著見於外。故云信也。白虹謂天之白氣。玉之白氣似天。故云天也。精神謂玉之精氣在山川之中。徹見於外。地氣含藏於內。亦徹見於外。與地同。故云地也。行聘之時。唯執圭璋特得通達不加餘幣。言人而有德。亦無事不通。不須假他物而成。言圭璋之特。同人之有德。故云德也。道者通也。言萬物無不由道之通。故天下無不貴之。玉者亦天下貴之。與道相似。故云道也。詩秦風小戎篇。美秦襄公之詩。言襄公出兵征伐西戎。婦人思念其夫。言我念此君子。顔色溫然如玉。引證玉以比德之事。言貴玉者以其似君子。故云君子貴之也。案呂諶字林云。碈美石也。詩大雅云。實穎實栗。栗是禾之堅熟貌。字林云。瑕玉小赤。而云病者。以瑕與疵瘢義同也。案字林云。瑜美玉。瑜玉別名。玉旁孚也。此讀爲浮。取浮見於外。非琈玉之名也。陳氏祥道曰。古今用玉。皆象其美。若鎮玉以召諸侯。以恤凶荒。用其仁。齊有食玉。用其和。牙璋以起軍旅。用其義。國君相見以瑞。相享以璧。用其禮。樂有鳴球。服有珮玉。用其樂。邦國以牽節。用其信。琰玉以結好。琰圭以除慝。用其忠。四圭有邸。蒼璧以禮天。用其能達於天。兩圭有邸。黃琮以禮地。用其能達於地。圭璋特達。用其能達於德。已享而還圭璋。已朝而班瑞。此皆古之爲器。以用玉之美者也。呂氏大臨曰。孚尹未詳。或曰信發於中。謂之孚也。信也。尹或謂誠。亦信也。郝氏懿行曰。垂之如墜。以佩玉言也。齊氏召南曰。許氏說文引孔子贊璵璠曰。遠而望之。奐若也。近而視之。瑟若也。一則理勝。一則孚勝。即此孚尹旁達之說。禮案。此以聘重圭璋。故記人引子貢問玉之說。坿焉。溫潤而澤者。謂玉之不冰也。西京雜記曰。漢制以玉爲硯。取其不冰。周禮天官玉府。齊則共食玉。鄭注之彼云。玉是陽精之純者。食之可禦水寒。攷易中孚之義。孚自是言信。精神見於山川者。即大戴勸學謂玉居山而木潤。又文子纘義精誠篇。石蘊玉而山輝是也。春秋繁露執贄。玉有似君子。子曰。玉至清而不蔽其惡。內有瑕穢。必見之於外。故君子不隱其短。不知則問。不能則學。取之玉也。君子比之玉。視之如庸。展之如石。狀如石。搔而不可從繞。潔白如素而不受訪汚。類備者也。

喪服四制第四十九

孔疏。案鄭目錄云。名曰喪服四制者。以其記喪服之制。取於仁義禮知也。此於別錄舊說屬喪服。鄭云舊說。案別錄無喪服四制之文。唯舊說稱此喪服之篇。屬喪服。然以上諸篇。每篇言義。此不云喪義。而云喪服四制者。但以上諸篇。皆記儀禮當篇之義。故每篇言義也。此則記者別記喪服之四制。非記儀禮喪服之篇。故不云喪服之義也。禮案。大戴禮本命篇有此文。四制蓋取彼文。所謂禮之象五行也。其義四時也。故以四舉。有恩有義。有節有權是也。

凡禮之大體。體天地。法四時。則陰陽。順人情。故謂之禮。訾之者。是不知禮之所由生也。鄭注。禮之言體也。故謂之禮。言本有法則而生也。口毀曰行。孔疏此篇總論喪之大體。有四種之制。初明恩制。次明禮制。次明節制。次明權制。又明三年喪自古而訾之。故引高宗之事。又明斬衰以下節制之差。結成仁義之事。言禮之大綱之體。體於天地之間所生之物。皆禮以體定之法。四時者。則下文云。喪有四制。變而從宜。取之四時是也。則陰陽者下文云。吉凶異道不得相干取之陰陽是也。順人情者。下文云。有恩有理。有節有權。取之人情是也。故謂之禮者。以其無物不體。故謂之爲禮也。若訾毀不信禮之體天地。法四時。則陰陽。順人情。如此之人。是不識知禮之所由生。禮之有法則也。呂氏大臨曰。先王制禮之意。象法天地。以達天下之情而已。書曰天敍有典體也。人倫之謂也。天秩有禮用也。冠昏喪祭射鄉朝聘之類也。二者皆本於天。此禮之所由生也。禮之有吉凶。猶天之有陰陽。可異而不可相干也。禮有恩有理。有節有權。猶天之有四時。可變而不可執一也。仁義禮知人道具矣。人道具。則天道具。其實一也。孫氏希旦曰。體天地者。言本天地以爲體。猶體物不遺之體。禮儀三百威儀三千。莫非天理云所當然。此言凡禮。由是四者而生。蓋五禮之所同也。下文乃專以喪禮言之禮。案此卽禮運所謂聖人作則以天地爲本。陰陽爲端。四時爲柄。人情爲田。訾之者小人以薄文者也。韓詩外傳曰。首天地之體。因人之情。而爲之節文者也。

夫禮吉凶異道。不得相干。取之陰陽也。喪有四制。變而從宜。取之四時也。有恩有理。有節有權。取之人情也。恩者仁也。理者義也。節者禮也。權者知也。仁義禮知。人道具矣。

鄭注吉禮凶禮。異道謂衣服容貌。及器物也。取之四時謂其數也。取之人情謂其制也。孔疏此覆說前文。禮法四時。則陰陽。順人情之事。不覆說體天地者。天地包此四時陰陽。人情無物不總故也。異道言吉凶各異其道。及衣服容貌器物不同也。四制言門內主恩。若於門外。則變而行義。尊卑有定。禮制有恆。以節爲限。或有事故不能備禮。則變而行權。是皆變而從宜。取人情也。恩屬於仁。理屬於義。節屬於禮。故云節者禮也。量事權宜。非知不可。故云權者知也。仁義禮知人道具矣者。此總結四制之義。仁屬東方。義屬西方。禮屬南方。知屬北方。四時並備。是人道具矣。五常五行四時無信者。知中兼之。故北方水爲知。又爲信。是取法四時。故不并數信也。方氏慤曰。恩則有所愛。故曰仁。理則有所宜。故曰義。節則有所制。故曰禮。權則有所明。故曰知。此四者人之所由廢一不可也。取之者。謂取無謂之故也。其所謂則也。順也。蓋亦若是而已。方氏苞曰。舊說四制。謂恩義節權名篇之義。然此四制。則變則以而殯。三月而葬。期而小祥。再期而大祥也。殯而食。葬而沐。小祥而除服。大祥而聽音。變而從宜也。四時之變以漸。故曰取之四時。義疏云。取之陰陽者。謂取則其義也。人生則陽明。故從吉。死則陰暗。故從凶。權何以曰知。凡權度銖兩。由此心之明覺精切不差也。故曰知。禮案。此亦泛言禮之吉凶異制。以起下文喪有四制。以下則專言凶禮也。四制卽下文爲父斬衰三年以恩制。爲君亦斬衰三年以義制。喪不過三年。告民有終。以節制。杖者至老病不止酒肉八者。以權制是也。四時謂仁屬木。法春也。禮屬火。法夏也。義屬金。法秋也。知屬水。法冬也。

其恩厚者。其服重。故爲父斬衰三年。以恩制者也。

鄭注服莫重斬衰也。孔疏此明四制之中恩制也。以父最恩深。故特舉父而言之。其實門內諸親。爲之著服。皆是恩制也。方氏慤曰。天生時。地生財。人其父生則恩之厚者。莫如父。斬衰服三升。則服之重者。莫如斬衰。孫氏希旦曰。喪之正服。皆以恩制。恩莫重於父。故以父言。禮案喪服傳曰。爲父何以斬衰也。父至尊也。彼對母言。故曰尊。此對君言故曰恩。恩猶親也。

門內之治恩揜義。門外之治義斷恩。資於事父以事君而敬同。貴貴尊尊。義之大者也。故爲君亦斬衰三年。以義制者也。鄭注資猶操也。貴貴謂爲大夫君也。尊尊謂爲天子諸侯也。孔疏此明門外之治。四制之中冠制也。門內之親。恩情既多。揜藏公義。得行私恩。若公羊傳云。有三年之喪君。不呼其門是也。門外謂朝廷之門。既仕公朝。當以公義斷絕私恩。若曾子問。父母之喪既卒哭。金革之事無辟是也。資言操持事父之道。以事於君。則敬君之禮。與父同。貴謂大夫之臣事大夫爲君者也。大夫始入尊境則是貴也。此臣盡敬。此君故云貴貴也。尊尊謂天子諸侯之臣。事天子諸侯爲君者也。天子諸侯同爲南面則是尊也。此臣極敬此君。故曰尊尊也。以義斷恩。門非如一。雖復大夫與王侯有異。而其臣敬不殊。故並云義之大者也。故爲君亦斬衰三年。以義制者。言亦同於父也。馬氏晞孟曰。貴貴者以賤言之。尊尊者以卑言之。有爵而爲貴。無爵者爲賤。尊者爵之上者也。卑者爵之下者也。士庶人無爵。故爲賤。卿大夫有爵。故爲貴。有爵而爲貴。則不可以謂之賤也。其視於天子諸侯。卑而已矣。故曰貴貴者。大夫之君也。尊尊者天子諸侯之君也。呂氏大臨曰。極天下之愛。莫愛於父。極天下之敬。莫敬於君。敬愛生乎心。與生俱生者。故門內以親爲重。爲父斬衰親親之至也。門外以君爲重。爲君斬衰。尊尊之至也。內外尊親。其義一也。孫氏希旦曰。門內之服。自義率祖而殺。極於三月。自仁率親而加隆於三年。是恩重而義輕也。故曰恩揜義。蓋恩莫隆於父。而凡爲義者。莫得而奪之也。門外之服。以恩制者不過旁親之期功。以義制者極於至尊之三年。是義重而恩輕也。故曰義斷恩。蓋義莫重於君。而凡爲恩者。莫得而並之也。資藉也。事君之敬同於父。故其服亦同於父。所謂方喪三年也。上以理對恩言。此以義對恩言。在物爲理。處物爲義。體用之名也。喪之義服。皆以義制。義莫重於君。故特以君言之。喪服斬衰章。君至尊也。此以亦斬衰言者。方之於父。故曰義制。明義服而非正服也。禮案

三日而食。三月而沐。期而練。毀不滅性。不以死傷生也。喪不過三年。苴衰不補。墳墓不培。祥之日鼓素琴。告民有終也。以節制者也。鄭注食食粥也。法謂將虞祭時也。補培猶治也。鼓素琴始存樂也。三年不爲樂。樂必崩。孔疏此一節。明四制之中節制也。苴麻之衰雖破不補。培益也。一成丘陵之後。不培益其土。大祥之日。得鼓素琴。所以爲此上事告教其民。使哀有終極也。以情實未已。仍以禮節爲限制。抑其情也。方氏慤曰。練謂練帛以爲冠。毀謂瘠其身毀而過制則傷生矣。鼓琴因所以散哀。止以素而不加飾。以示有漸也。孫氏希旦曰。苴衰謂斬衰之喪用苴麻爲衰也。衰特喪之所服而已。喪畢則將除之。故雖敝而不補。墳特葬之所封而已。既葬則無所事。故雖敝而不補。墳特葬之所封而已。既葬則無所事。故雖瘁而不培。祥之日得鼓素琴。而子路譏朝祥暮歌者。琴之聲出於器。歌之聲出於口。內外之別也。終盡也。孝子有終身之憂。而喪以三年爲限。示民有終。盡之期也。不以死傷生者。所以節其哀之過。告民有終者。所以節其時之過。禮案三日而食者。檀弓上云。君子之執親之喪也。水

漿不入於口者三日。三月而沐者。雜記下云。凡喪自小功以上。非虞祔練祥無沐浴者。毀不滅性者。曲禮上云不勝喪。乃比於不慈不孝。喪不過三年者。荀子禮論云。送死有已。復生有節也。苴衰不補者。故襄三十九年左傳云。魯昭公比及葬。三易衰。衰衽如故衰。於是昭公十九年矣。猶有童心。君子是以知其不能終也。墳墓不培者。檀弓上云。古不修墓。除之日。鼓素琴者。故檀弓上云。子夏子張既除喪。孔子予之琴是也。

資於事父以事母而愛同。天無二日。土無二王。國無二君。家無二尊。以一治之也。故父在為母齊衰期者。見無二尊也。孔疏。此更申明節制。欲尊歸其一。故更明無二事之理。資於事父之道。以事於母。而恩愛雖同。服乃有異以不敢二尊故也。故以天無二日。及家無二尊之等。明皆歸於尊一以治理之。此總結無二尊之理也。賈氏公彥曰。子為母屈而期。心喪猶三年。故父雖為妻期而除。三年乃娶者。達子心喪之志也。方氏慤曰。事母同事父之愛。而敬則異者。以其尊親之殊也。馬氏晞孟曰。君者疏也。資於事父以事君而尊同。故為君斬衰三年。以義制者也。母者親也。資於事父以事母而愛同。故父在為母齊衰期。以權制者也。疏者宜殺而以尊隆之。故曰義。親者宜隆而以卑殺之。故曰權。權不可以為正者也。程子顥曰。古之父在為母服期。今則皆為三年之喪。皆為三年之喪。則家有二尊矣。可無嫌乎。處今之宜。服齊衰一年外。以墨衰終月算。可以右之禮。至今之制禮案。喪服齊衰杖期章。父在為母。傳曰。何以期也。屈也。至尊在。不敢伸其私尊也。天戴本命。無土無二王句而此條無。注疏亦未釋。疑原本其無此四字乎。

杖者何也。爵也。三日授子杖。五日授大夫杖。七日授士杖。或曰擔主。或曰輔病。婦人童子不杖。不能病也。百官備。百物具。不言而事行者。扶而起。言而后事行者。杖而起。身自執事而后行者。面垢而已。秃者不髽。傴者不袒。跛者不踊。老病不止酒肉。凡此八者。以權制者也。鄭注。五日。七日授杖。謂為君喪也。扶而起。歷天子諸侯也。杖而起。謂大夫士也。面垢而已。謂庶民也。髽。婦人也。男子免而婦人髽。髽或為免。孔疏。此明四制之中。權制也。權制之中。所以先明杖者。以下有不應杖而杖。又有應杖而不杖。皆是權宜。故先舉正杖於上。言爵也者。杖之所設。本為扶病。而以爵者有德。其恩必深。其病必重。故杖為爵者而設也。遂歷敘其有爵之人。故云三日授子杖。五日授大夫杖。七日授士杖。或曰擔主者。解無爵而亦杖。喪服傳云。杖者何。爵也。無爵而杖者何。擔主也。鄭注云。担假也。尊其為主。假之以杖。或曰輔病者。喪服傳云。非主而杖何。輔病也。杖既扶病。何婦人童子不杖。為其不能病也。婦人謂未成人之婦人。童子謂幼少之男子。王侯喪。具委任百官。不假自言而事得行。故許子病深。雖有扶病之杖。亦不能足。故又須人扶乃起也。大夫士。既無百官。百物須己言而後喪事乃行。故不許極病。所以杖而起。不用杖也。庶人卑。無人可使。但身自執事。不可許病。故有杖不得用。但使面有塵垢之容而已也。子於父母貴賤情同。而病不得一。故為權制。髽者是婦人之大紒。重喪辮麻繞髮。秃者無髮。故不髽也。女秃不髽。故男子秃。亦不免也。袒者露膊。傴者可憎。故不露也。踊是跳躍。跛人腳蹇。故不跳躍也。孝子悲哀。非病不食滋味若老及病。身已羸瘠。又使備禮。不致滅性。非制所許。故酒肉養之夫喪禮。宜備今有此八條。不可以強逼。故聖人權宜制也。所謂八者。謂應杖不杖不應杖而杖一也。扶而起二也。杖而起三也。面垢四也。禿者五也。傴者六也。跛者七也。老病者八也。庾蔚云。父孝爲五一也。不數杖與不杖之例。方氏慤曰。伊者氏此言軍旅有爵者杖。則不特喪事爲然。凡以優貴者也。三日每日七日。則以爵之貴賤。而爲授之早晚節也。凡皆非禮之經。故曰以權制。權者反經而合道也。方氏苞曰。杖者中制也。扶而起與面垢者。俱授杖。則權制可知。孫氏希旦曰。人之愛其父母一也。而父在則母之服屈而爲期。此權乎分之尊卑而制之也。爲君皆杖。有爵之所同也。而或三日而授。或五日而授。或七日而授。此權乎恩之淺深而制之也。爲父母皆杖。以其無不病也。而婦人童子。以不能病不杖。此權乎年之長幼而制之也。或人皆杖以其無不能病也。而或扶而起或杖而起。或面垢而已。此權乎位之尊卑。而制之也。喪無不祖而傴者不祖。權乎其不便乎祖而制之也。喪無不踊。而跛者不踊。權乎其不能乎踊而制之也。喪不飲酒食肉而老病不止酒肉。權乎其不可以御酒肉。而制之也。此八者。以權制者也。禮案百官備。百物具謂天子之喪也。檀弓下曰古者天子崩王世子。聽於冢宰三年。故可以不言。大夫有世臣。士有家相。不親執事。亦可以致哀庶人力事者也。若三日不食喪事廢矣。故惟不饋而已。食則不病。故不云杖扶杖而起皆盡哀致毀者也。世子非不杖而云扶而起者。蓋扶起須人。用是見世子之尊。雖苦有猶有御者也。杖則自執所以別尊卑也。禿者不髽說男女也。儀禮既夕禮曰。丈夫髽散帶垂即位。是男子亦次髽。注疏以髽指婦人非也。傴者背曲面俯。不宜於袒。疏謂可憎亦非也。老病不止酒肉。解見曲禮上大戴本命篇作身自執事。而后事行者。此無事字。疑佚也。

始死三日不怠。三月不解。期悲哀。三年憂。恩之殺也。聖人因殺以制節。此喪之所以三年。賢者不得過。不肖者不得不及。此喪之中庸也。王者之所常行也。書曰。高宗諒闇三年不言。善之也。王者莫不行此禮。何以獨善之也。曰。高宗者。武丁。武丁者。殷之賢王也。繼世即位。而慈良於喪。當此之時。殷衰而復興。禮廢而復起。故善之。善之故載之書中。而高之。故謂之高宗。三年之喪。君不言。書云。高宗諒闇三年不言。此之謂也。然而曰。言不文者。謂臣下也。禮。斬衰之喪。唯而不對。齊衰之喪。對而不言。大功之喪。言而不議。緦小功之喪。議而不及樂。

鄭注不怠哭不絕聲也。不解。不解衣而居。不倦息也。諒古作梁楣謂之梁。闇讀如鶉鵪之鵪。闇謂廬也。廬有梁者。所謂柱楣也。言不文者。謂喪事辨不所當共也。孝經說曰。言不文者。指士民也。禮斬衰之喪。此謂與賓客也。唯而不對。相者爲之應耳。言謂先發口也。孔疏此一節覆明前經四制之中。節制之事。以禮之大體。喪之三年。爲限節之事。故重明之。三日不怠者。謂哭不休息。三月不解者。謂不解衣而居。則悲哀者。謂朝夕恆哭。三年憂者。謂不復朝夕哭。但憂戚而已。是恩漸減殺也。聖人因其孝子情有減殺，制爲限節，庸常政事也。言三年之喪，賢者不得過，不肖者不得不及。是喪之中平常行之節也。引書者明古來王者皆三年不言政事。載之於書，美善之故也。王者莫不行此禮記者自設問古人獨善高宗之意。武丁中興殷世，故曰賢王也。又尊高其行，謂之高宗。古禮三年之喪，君則不言國事。高宗諒闇三年不言，所行中節，是君不言之事，故云此之謂也。記者既稱古禮，君不言，故又云言不文者，謂臣下也。禮，斬衰之喪，與賓客言，但稱唯而已，不對其所問也。事相者爲之對，不旁及也。齊衰之喪，但對其所問之事，不餘言也。大功之喪，但言說他事，不與人論議，相問答也。總小功之喪，得議他事，但不能聽於樂也。呂氏大臨曰：始死哭不統聲，水漿不入口者，此三日不怠也。未葬哭無時，居倚廬寢不說經帶，此三月不解者也。既虞卒哭，惟朝夕哭，此期悲哀者也。既練不朝夕哭，哭無時，謂哀至則哭，此三年憂也。君子之居喪期合乎中者也。有如是之隆殺，聖人因隆殺而制其禮，所謂品節斯斯之謂禮者也。三年之喪自天子達於庶人。書獨稱高宗諒闇三年不言者，先王之禮墜，王者之貴有不能行之者，高宗以善喪聞，而廢禮所由興，故善之也。對而不言，應之而不倡也。言而不議者，無往反酬問也。議而不及樂，有往反酬問，而不及樂事。此因論三年不言，故備引五服之喪，哀之發於言語之節也。俞氏樾曰：案雜記篇少連大連善居喪，三日不怠，三月不解，期悲哀，三年憂。文與此同。鄭注彼曰：怠，惰也。解，倦也。然則此經不怠不解，義亦當如彼注，乃訓爲不解衣，則前後異義矣。疑不解衣而居五字，爲後人竄入，蓋本盧辯注大戴記本命篇所謂不脫經帶者，非鄭義也。禮案：盧注大戴本命云：制節，謂卒哭祥禫之變。釋文云：孔安國讀爲諒陰。諒，信也。陰，默也。尚書說命：王宅憂亮陰三祀。既免喪，其惟弗言。又尚書大傳：高宗之訓曰：武丁側身修行，思先王之政，興滅國，繼絕世，舉逸民，明養老之禮，諸侯重譯來朝者六國。自禮。斬衰之喪之下，已見間傳篇。

父母之喪，衰冠繩纓菅屨，三日而食粥，三月而沐，期十三月而練冠，三年而祥。比終茲三節者，仁者可以觀其愛焉，知者可以觀其理焉，強者可以觀其志焉。禮以治之，義以正之，孝子弟弟貞婦可以得而察焉。

鄭注：仁，有恩者也。理，義也。察猶知也。孔疏：此章從上以來，至此皆明三年之喪制節之事。居父母之喪，能終此三節，可以知其德行。自初喪至沐一也，十三月練二也，三年祥三也。能終此三節者，言孝子居喪，性有仁恩，則居喪恩慕，可以觀其知愛親也。若不愛親，則非仁恩也。若孝子有知，剛居喪合於道理。若不合理，則非知也。若孝子堅強，其居喪則能守其志節。若無志節，則非堅強。治言用禮以治居喪之事，義言用義以正居喪之禮。孝子謂孝順之子，弟弟謂孫弟之弟，貞婦謂貞節之婦。若能依禮合義，有仁可觀其愛，有理可觀其知，有知可見其強，則是孝子弟弟貞婦也。無此則非，故云可得而察焉也。呂氏大臨曰：父母之喪，其大變有三，始死至於三月一也，十三月而練二也，三年而祥三也。莫不執喪也。善於此者難，莫不善其始也，善於終者難，故終茲三節以善喪稱者，則孝子弟弟貞婦可得而知也。惻怛痛疾，悲哀志懣，非仁者之篤於愛，則不能也。然哭踊無節，喪期無數，服不別精粗，位不別賓主，乃野人夷狄直情徑行者，其知不足道也。哀之發於容體聲音，言語飲食，居處衣服，輕重變除有等，至於襲含斂殯之具，賓客吊哭之文。無所不中於禮。非知者之明於理。則不能也。然有其文。實不足以稱之。有其始。力不足以終之。其強所不足道也。喪事不敢不勉。此強有志者之所能也。故古之善觀人者。察其言動之所趨。而知其情。親喪者。人之所自致者。先王制禮。不敢不及。則其強可知矣。故君子之觀人。常於此而得之。郝氏懿行曰。察如文理密察之察。理謂條理也。強堅忍也。志節操也。喪有四節。猶舉三者。以三日食粥時未久。不足當一節。曰無可觀者也。孫氏希旦曰。繩纓斬衰冠之纓。管屨斬衰之屨也。爲母則布纓疏屨。獨言繩纓管屨。舉其重者也。能終茲三節者。非仁者之篤於愛。知者之明於理。強者之志堅毅。則不能也。居喪而能如此。則其孝可知。本事親之孝而推之以事兄。則爲弟無不弟。本事親之孝。而移之以事夫。則爲婦無不貞。故曰孝子弟弟貞婦。皆可是而察焉。上言五服之哀不同。此又歸重於父母之喪。以結之。蓋喪服以恩爲主。而恩莫隆於父母。故父母之喪。雖以恩制。而仁義禮知。莫不備於是焉。故曰君子務本。本立而道生。蓋人道莫重於是矣。禮案可以得而察焉。即大戴禮文王官人所云。省其喪哀。觀其貞良是也。

溫州市圖書館
藏書